초판머리말

스웨덴을 흔히 "태아에서 무덤까지" 보장된 나라로 일컫듯 이 나라는 일찍이 완벽에 가까운 복지사회를 스칸디나비아 반도에 건설해 놓았다. 이제 국민소득 1만 불을 넘어 선진국으로 발돋음하고 있는 우리에게 가장 중요한 당면과제의 하나는 국민생활의 질을 높이기 위해 이 땅에 복지제도를 펼치는 일이다. 나아가 성숙한 민주사회 건설, 정의사회 구현, 자주적 외교, 남녀평등의 실현을 위해서 우리는 스웨덴의 정치, 경제, 사회, 역사 등 문화 전반을 연구할 필요가 있다.

한 나라의 문화 전체를 올바로 이해하기 위해서는 그 나라의 언어를 습득하는 일이 선행되어야 하기에 1974년 한국외국어대학교에 현 스칸디나비아어과의 모체인 스웨덴어과가 개설되었으며, 그후 스웨덴어과는 스웨덴어문학의 교육과 연구에 많은 노력을 기울여 왔다. 그동안 스웨덴어문학의 교육을 담당해오면서 가장 절실하게 아쉬웠던 것은 스웨덴어-한국어사전이었다. 물론 스웨덴어-영어사전이 있기는 하였으나 영어에 통달해 있지 않은 사람은 영한사전을 또 한 번 거쳐야 하는 불편함을 감수할 수밖에 없었다. 뿐만 아니라 두 차례의 사전찾기 과정을 거치는 동안에 발생하는 어의의 전도는 낱말의 정확한 뜻을 파악하는데 커다란 장애요인이 되었다. 이러한 문제들을 해소하고 스웨덴 연구의 진작에 기여하겠다는 뜻으로 1987년 9월 교육부의 지원하에 스웨덴어-한국어사전의 편찬작업이 시작되었다. 그동안 8년이라는 결코 짧지 않은 세월이 흘러 이제 비로소 사전편찬 작업을 매듭지을 수 있게 되었다. 그동안 3명으로 이루어진 연구진이 감수해야 했던 시행착오나 우여곡절은 한 권의 사전을 펴내기 위해서 꼭 극복되어야 했던 산고였다고 생각한다.

약 50,000개의 표제어를 수록하고 있는 이 사전은 무엇보다도 독자가 이 사전을 편리하게 사용할 수 있는 실용성에 그 초점을 맞추어 제작하였다. 특히 독자가 단어의 정확한 뜻을 파악하는데 도움을 주기 위하여 가능한 많은 용례를 제시하였다. 그리고 불규칙적으로 발음되는 단어에

SVENSK-KOREANSK ORDBOK

스웨덴어-한국어사전

김상열 · 변광수

한국외국어대학교 출판부

✣ 국립중앙도서관 출판시도서목록(CIP) ✣

스웨덴어-한국어사전 / 편저자: 김상열, 변광수. -- 개정판. -- 서울 : 한국외국어대학교출판부, 2009
p. ; cm

본문은 한국어, 스웨덴어가 혼합수록됨
ISBN 978-89-7464-523-6 11790 : ₩45000

스웨덴어[--語]

759.703-KDC4
439.703-DDC21 CIP2009000692

개정판 머리말

1996년에 스웨덴어-한국어사전의 초판이 한국외국어대학교 출판부에서 간행되었고 그로부터 십여 년이 지난 2009년 3월 개정판을 내게 되었다.

개정판 편찬 작업이 진행되면서 작업 규모가 원래 계획보다 대폭 확대되었다. 이런 사정으로 개정판의 출간에 오랜 시일이 소요된 것은 유감이지만 한편으로는 초판과 비교해서 많은 점들을 개선할 수 있었다. 무엇보다도 개정판 준비과정에서 이룩한 전산화 작업은 앞으로 스웨덴어-한국어 전자사전을 출판하기 위한 기초 작업이 완료된 것을 의미하기도 한다.

개정판에는 표제어 약 5,000개가 추가 수록되었다. 그중에는 초판에서 누락된 사용 빈도수가 높은 단어, 최근의 신조어, 그리고 컴퓨터와 인터넷 시대에 흔히 사용되는 정보기술 관련 용어 500개가 포함되었다. 초판 발행 이후 십여 년이 흐르면서 스웨덴어 맞춤법 규정에도 변화가 있었다. 이번 개정판에서는 SAOL(Svenska Akademiens ordlista) 2006, 2007년 판을 참고하여 이러한 변화를 반영하였다. 그 결과 명사의 단 · 복수, 부정형 · 정형어미에서 초판과 다른 모습을 가진 단어도 나타나게 되었다.

이번 개정판 작업에는 많은 분들이 도움을 주셨다. 원고 감수에 참여하신 한국외국어대학교 스칸디나비아어과의 박현숙 교수, Ylva Olausson 교수, Stockholm대학의 Staffan Rosén 교수께 감사를 드린다. 그리고 여러 가지 좋은 의견으로 편찬 작업의 성과를 높여준 한국외국어대학교 출판부의 정재원 선생을 비롯한 임직원 여러분께도 고맙다는 인사를 전한다.

최근에 와서 한국과 스웨덴 간의 교류가 증대함에 따라 스웨덴어-한국어사전을 찾는 분들이 계속 늘어나고 있다. 이번 개정판이 한국어나 스웨덴어를 공부하는 모든 분들에게 편리한 도구가 되어 양국의 문화 이해에 도움이 되기를 바란다. 아울러 초판 때와 마찬가지로 변함없는 지도와 편달을 부탁드린다.

2009년 2월 10일

엮은이

한해서 발음기호를 [ ] 안에 표시하고 일러두기에 각 발음기호에 대한 발음법을 상세하게 설명하여 독자가 단어를 발음하는데 있어서 착오가 없도록 하였다.

이 사전에 제작에는 많은 자료들이 이용되었다 특히 Esselte Studium 출판사에서 발행한 두 사전, Svensk-engelsk ordbok과 Svensk ordbok는 더할 나위없는 큰 도움이 되었다. 신어, 전문어, 속어 등도 다수 수록하여 학생들 뿐만 아니라 각계 각층의 사용 목적에도 부합하도록 노력하였다.

많은 분들이 이 사전의 제작에 도움을 주었다. 스웨덴어과 강사로 재직하는 몇 개월 동안 어휘번역에 직접 참여하였던 정장표 선생, 방학기간 동안 구슬땀을 흘리며 원고 정서 작업을 했던 강용구, 김현진, 박미야, 이유진, 맹희성, 이범희, 임현정, 유혜경, 선메아리, 류정원, 이승환 학생들, 그리고 2, 3, 4차 교정작업에 참여했던 정택진, 임현정, 황은경, 윤영한 학생들, 이분들 모두에게 고맙다는 말을 전한다. 또 이 사전의 제작에 깊은 관심을 표하고 물심양면으로 지원을 아끼지 않았던 Svenska Institutet에도 감사를 드린다.

독자의 많은 지도와 편들을 바라며 끝으로 이 사전은 교육부의 연구비 지원과 한국외국어대학교의 출판을 통해 제작되었음을 밝혀둔다.

1996년 3월 30일

엮은이

일 러 두 기

1. 구성

이 사전의 단어 배열순서는 스웨덴어 알파벳순에 따랐다. 스웨덴어 알파벳은 로마자 26자에 끝으로 å ä ö 가 추가되어 모두 29자이다. 그러나 V와 W는 동일한 알파벳으로 처리하여 W로 시작되는 단어들을 따로 배열하지 않고 V항의 해당 장소에 각각 수록하였다.

2. 표제어

2.1 수록범위 : 합성어를 비롯한 모든 어휘를 독립 표제어로 수록하는 것을 원칙으로 하였다.

2.2 글자체 : 고딕체를 사용하였다. 표제어가 이중형을 가지고 있는 경우도 고딕체로 제시하였다. 표제어와 이중형 사이에는 사선(/)을 그어 구별하였다.

보 기 lilleputt/lillepytt

2.3 같은 낱말이 부분적 생략에 의해 두 가지로 철자될 경우에는 생략될 수 있는 글자를 [ ]안에 넣어 표시했다.

보 기 handlov[e]

3. 발음표기

3.1 스웨덴어의 발음은 철자대로 하는 것이 원칙이나 예외적인 발음이 상당히 있다. 따라서 필요한 경우에만 표제어 다음 [ ] 속에 발음기호를

적되 단어 전체의 발음을 다 표기하지 않고 철자와 발음이 일치하는 부분은 -로 대신하고 일치하지 않는 부분만을 발음기호로 표기하였다. 발음이 까다로운 단어는 발음기호 전체를 표기하기도 하였다.

보기 **dispens**[-paŋs], **förkättra**[fœ:rçɛtra]

3.2 발음법이 두 가지 이상일 경우 이를 모두 제시하고 각 발음법 사이의 경계는 사선으로 표시하였다.

보기 **dirigent**[-gent/-ʃent]

3.3 모음

① 모음의 길이는 뒤에 오는 자음자의 수에 따라 결정된다. 즉 모음 뒤에 자음자가 하나 오면 그 모음은 길게 발음하고 자음자가 두 개 이상 오면 그 모음은 짧게 발음한다.

보기 **hat**[hɑ:t], **hatt**[hat], **fast**[fast]

② e, ä는 -r 앞에서 [æ]로 발음한다.

보기 **herr**[hær], **färg**[færj]

③ ö 는 -r 앞에서 [œ:]로 발음한다.

보기 **höra**[hœ:ra]

④ o는 장모음일 때 [ɷ:], 단모음일 때 [ɷ] 또는 [ɔ]이다. [ɷ:]의 음가는 후설 원순 폐모음으로 영어 moon의 [u]와 비슷하나 원순작용이 강하고 입이 좁게 열린다.

보기 **bo**[bɷ:](부:), **ost**[ɷst](우스트), **kopp**[kɔp](콥)

⑤ u는 장모음일 때 [ʉ:], 단 모음일 때 [ɵ]이다. [ʉ:]의 음가는 전설반폐 초원순 모음으로 우리말의[ㅟ]와 비슷하나 입술을 오므려 안쪽으로 당겨 발음하는 것이 특징이다.

[ɵ]는 중설반개 원순 모음으로 우리말의[ㅜ]에 가깝다. 그러나 [ʉ:], [ɵ] 둘 다 스웨덴어에만 있는 특이한 모음이기 때문에 그 음가에 유의해야한다.

보기 **hus**[hʉ:s](휘:스), **hund**[hɵnd](훈드)

⑥ å는 장모음일 때 [oː], 단모음일 때 [ɔ]로 소리 난다.

보 기 åka[oːka], åtta[ɔta]

⑦ ä는 장모음일 때 [ɛː], 단모음일 때 [ɛ]로 소리 난다.

보 기 räv[rɛːv], häst[hɛst]

⑧ ö는 장모음일 때 [øː], 단모음일 때 [œ]로 소리 난다.

보 기 öga[øːga], höst[hœst]

3.4 자음

① ch 주로 외래어에 나타나며 [ʃ]음을 낼 때의 입모양을 하고 목구멍으로부터 [x]음을 낸다. 정확한 발음기호는 [ɧ]이나 편의상 [ʃ]로 표기한다.

보 기 chef[ʃeːf]

② dj, gj, hj, lj, 이들 자음군은 어두 위치에서 첫 자음 d, g, h, l이 소리 나지 않음으로 모두 [j]로만 발음된다. 그러나 강세가 약한 어말 음절에서 dj, lj는 [dj], [lj]로 소리 난다.

보 기 djur[jʉːr], gjuta[jʉːta], hjälpa[jɛlpa], ljud[jʉːd], glädja[glɛːdja], välja[vɛlja]

③ g 후설모음(a, o, u, å) 앞에서는 [g], 전설모음(e, i, y, ä, ö) 앞에서는 [j]로 각각 소리 난다. 그밖에 강세가 약한 어말 위치에서는 [g]로 소리난다.

보 기 gata[gɑːta], Gustav[gɵstav], ge[jeː], gäst[jɛst], Göteborg[jøtəbɔ̣rj], krage[krɑːgə], skog[skɷːg]

특히 어말의 –lg, –rg에서는 [j]로, –ig에서는 [g] 또는 묵음이 된다.

보 기 helg[hɛlj], berg[bærj], tråkig[troːki(g)]

프랑스어에서 들어온 단어의 g는 [ʃ]로 발음한다.

보 기 geni[ʃeniː], gendarm[ʃaŋdarm]

④ gn 어말에서는 [ŋn], 어두에서는 [gn]로 소리난다.

보 기 regn[re:ŋn], gnugga[gnuga]

⑤ j [j]로 소리난다.

보 기 ja[jɑ:]

⑥ k 후설모음 (a, o, u, å) 앞에서는 [k], 전설모음(e, i, y, ä, ö) 앞에서는 [ç]로 소리 난다. 스웨덴어의 [ç]는 독일어의 [ç]보다 훨씬 [ʃ]에 가깝다.

보 기 katt[kat], känna[çɛna]

또한 강세가 약한 어말음절에서도 [k]로 소리 난다.

보 기 rike[ri:kə], tråkig[tro:ki(g)]

파열음 [k]는 [p], [t]와 함께 유성음 사이에서 무기음으로 소리 나서 우리말의 ㄲ, ㅃ, ㄸ처럼 들린다.

보 기 Monika[모:니까], kypare[쉬:빠레], petig[페:띠그]

⑦ kj [ç] 로 소리 난다.

보 기 kjol[çɷ:l]

⑧ lg 어말위치에서 [lj]로 소리 난다.

보 기 älg[ɛlj], helg[hɛlj]

⑨ rg 어말위치에서 [rj]로 소리 난다.

보 기 berg[bærj], färg[færj]

⑩ rd, rt, rn, rs, rl 이들 자음군을 발음할 때는 두 소리를 따로 내지 않고 융합해서 이른바 권설음으로 발음한다. 즉 r의 음가는 사라지고 혀끝을 윗몸 위쪽으로 치켜 올려서 뒷자음을 발음한다.

rd[ɖ], rt[ʈ], rn[ɳ], rs[ʂ], rl[ɭ]

보 기 bord[bɷ:ɖ], fart[fɑ:ʈ], barn[bɑ:ɳ], fors[fɔʂ], pärla[pæ:ɭa]

⑪ sch, sj, skj, stj 이들 자음군은 [ʃ]처럼 발음하나 영어, 독일어의 [ʃ]와는 좀 다르게 [x](흐) 소리를 수반한다. 정확한 발음기호는 [ɧ] 이나 편의상 [ʃ]로 표기한다(① ch참조).

보 기 **schema**[ʃeːma], **själ**[ʃɛːl], **skjutsa**[ʃɵtsa], **stjärna**[ʃæːn̥a]

⑫ sk 후설모음 (a, o, u, å) 앞에서는 [sk], 전설모음(e, i, y, ä, ö) 앞에서는 [ʃ]로 소리 난다. 그밖에 강세가 약한 어말 음절에서는[sk]로 소리 난다.

보 기 **ska**[ska], **ske**[ʃɛː], **fiske**[fiskə]

⑬ −sion, −tion 보통 [ʃɷːn]으로 발음한다.

보 기 **passion**[paʃɷ̣ːn], **station**[staʃɷ̣ːn]

다만 motion, nation과 ration의 파생어만은 [−tʃɷːn]으로 발음한다.

보 기 **motion**[mɷtʃɷ̣ːn], **nation**[natʃɷ̣ːn], **rationell**[ratʃɷnɛ̣l]

⑭ **tj** [ç]로 발음한다(⑥ k참조).

보 기 **tjäna**[çɛːna]

⑮ z 무성음 [s]로 발음한다.

보 기 **zoologi**[sɔlɔgiː], **nazist**[nasist]

⑯ q, w는 일반 어휘에는 쓰이지 않지만 인명, 지명에 나타날 때는 각각 [k], [v]로 발음한다.

보 기 **Enqvist**[eːnkvist], **Wasa**[vɑːsa]

3.5 악센트

스웨덴어 악센트는 강세와 고저가 함께 어우러지는 고저악센트 유형으로 akut accent(악센트 I)와 grav accent(악센트 II) 두 종류가 있다. 악센트 I은 음조의 정점이 하나로 주로 단음절어에 나타나고, 악센트 II는 음조의 정점이 2개로 2음절 이상의 단어에 나타난다. 단어마다 강세와 고저를 발음기호상에 정확히 표기하기는 매우 복잡함으로 이 사전에서는 악센트의 위치 선정이 어렵다고 판단되는 경우에만 모음 밑에 점(.)으로 표시하였다. 악센트 표시는 발음기호상에 하는 것을 원칙으로 하되, 발음기호가 명시되지 않은 단어의 경우 표제어의 모음 밑에 표시하였다.

보 기 klenod[klenọ:d], hạndel

4. 품사와 어형변화

4.1 명사를 제외한 모든 표제어의 품사 표시는 이탤릭체로 하였다. 명사의 경우 표제어 뒤에 정형어미와 복수형어미를 제시하였음으로 따로 품사 표시를 할 필요가 없다. 모든 어형변화 또한 이탤릭체를 써서 어간과 어미를 구별하였다.

4.2 동일한 표제어가 두 가지 이상의 품사 기능을 갖는 경우 품사가 바뀔 때마다 새로운 표제어로 취급하였다. 이 때 표제어의 오른편에 일련번호를 매겨 품사가 바뀌는 것을 나타냈다.

보 기 från[1] *adv.*
från[2] *prep.*

4.3 명사

① 명사변화 표기 방식:

~는 표제어 전체를 대신한다.

보 기 bil *~en ~ar* ☞ bilen bilar
(정형단수형 bilen, 부정형 복수형 bilar)

–은 수직선(|) 이전까지의 단어 일부분만 대신한다.

보 기 gat|a *–an –or* ☞ gatan gator
(정형단수형 gatan, 부정형 복수형 gator)

② 복수형어미가 없을 경우, 즉 불가산명사일 경우 0로 표시하였다.

보 기 frånvaro *~n 0*
(정형단수형 frånvaron, 부정형 복수형 없음)

③ 정형복수어미는 명사 끝에 일일이 제시하지 않았으나, (부정형)복수어미들 *−or*, *−ar*, *−er* 끝에는 *−na*를, (부정형) 복수어미 *−n*에는 *−a*를, 단복동형명사에는 *−en* 또는 *−na*를 각각 첨가 하여 정형복수형을 만든다(참조: 부록 1 명사변화 일람표).

보 기 ros *~en ~or* 의 정형복수형 rosorna
bil *~en ~ar* 의 정형복수형 bilarna
dam *~en ~er* 의 정형복수형 damerna
äpple *~t ~n* 의 정형복수형 äpplena
hus *~et ~* 의 정형복수형 husen
lärar|e *−[e]n ~* 의 정형복수형 lärarna
(정형단수형은 lärarn 또는 läraren, 부정형 복수형은 lärare 이다, 정형복수 어미 *−na* 는 수직선 | 앞부분, 어간에 붙인다)

④ 표제어가 en−명사이며 어미변화가 없는 경우(불변화 en−명사)라고 표기하였고, 표제어가 ett−명사이며 어미변화가 없는 경우(불변화 ett−명사)라고 표기하였다.

보 기 mån (불변화 en−명사)

보 기 styck (불변화 ett−명사)

⑤ 표제어가 정형명사인 경우 표제어 뒤에 (정형명사)라고 표기하였다.

보 기 djurriket (정형명사)

⑥ 표제어가 복수명사인 경우 표제어 뒤에 (복수명사)라고 표기하였다.

보 기 grönsaker (복수명사)

⑦ 표제어가 두 가지 정형어미를 갖는 경우 이를 모두 제시하고 각 어미 사이에 사선(/)을 그었으며, 이 때 정형어미와 복수어미 사이에는 콤마(,)를 찍어 단수와 복수어미들을 각각 구별하였다.

보 기 sylt *~en/~et*, *~er* (sylt의 정형단수는 sylten 또는 syltet 이며, 복수형은 sylter이다.)

⑧ 표제어가 두 개의 복수어미를 갖는 경우에도 그 사이에 사선(/)을 그었다.

보 기 gask *~en, ~ar/~er*

⑧ 불규칙 복수형을 가진 명사들은 어미 표기 대신에 단어의 복수형을 그대로 제시하였다.

보 기 bok *~en böcker*

4.4 동사

① 동사의 표제어는 부정법(infinitiv) 형태로 제시하고 이어서 시제변화(현재형, 과거형, 완료분사형) 어미를 첨가하였다.

보 기 tala *~r ~de ~t*

보 기 skriv|a *-er skrev skrivit*

② 강변화동사와 불규칙동사의 과거형, 완료분사형, 과거분사형은 따로 표제어로 수록하고 ☞ 를 이용, 원형(부정법)을 찾을 수 있도록 하였다.

보 기 förstått ☞ förstå

4.5 형용사

① 표제어가 불규칙형용사의 원급인 경우 (불규칙형용사)라고 표시하고 비교급과 최상급형을 표제어 뒤에 이탤릭체로 제시하였다.

보 기 bra (불규칙형용사) *bättre, bäst*

② 불규칙형용사의 비교급, 최상급은 표제어로 수록하였고 ☞ 를 이용, 원급을 찾을 수 있도록 하였다.

5. 풀이, 용례

5.1 풀이와 용례는 명조체를 사용하였다.

5.2 풀이가 복잡한 것은 ①, ②, ③ …등으로 나누어 구분하였다.

5.3 의미차이가 나는 풀이들 사이, 풀이와 용례 사이, 용례와 용례 사이에는 세미콜론(;)을 찍어 구분하였다.

5.4 의미가 비슷한 풀이 사이에는 콤마 (,)를 사용하였다.

보 기 landsbygd *~en ~0* 시골, 지방

5.5 풀이 중 표제어에 대한 동의어를 ( )속에 제시하여 표제어의 의미파악에 도움이 되도록 하였다.

5.6 주요 동사의 풀이 뒤에는 그 동사와 강세접사가 함께 사용되는 경우를 열거하고 이에 대한 뜻풀이를 해놓았다.

5.7 någon(ngn)이나 något(ngt)이 용례에 사용되었을 경우 그 용례의 뜻풀이에서는 이것들을 …로 대치하였다.

보 기 berätta om något för någon …에 대하여 …에게 이야기하다.

6. 기호 표기

6.1 [ ]는 생략할 수 있는 알파벳이나 단어 주위에 사용하였다.

6.2 ( )는 동의어와 대체어 주위에, 그리고 부연설명에 사용하였다.

6.3 사선 / 은 4.3의 ⑦ 참조.

6.4 ~, - 은 4.3의 ① 참조.

7. 약어

모든 약어는 이탤릭체를 사용하였다.

a.	adjektiv	형용사
adv.	adverb	부사
best pl.	bestämd form pluralis	정형복수
dep.	deponens	이태동사
e.d.	eller dylik	기타, 등등
hjälpvb.	hjälpverb	조동사
inf.	infinitiv	부정법
intr.	intransitivt verb	자동사
itj.	interjektion	감탄사
jfr.	jämför	비교하라
konj.	konjunktion	접속사
lat.	latin	라틴어
ngn.	någon	…(사람)에게(를)
ngns	någons	…(사람)의
ngt.	något	…(사물)을(를)
ngts	någots	…(사물)의
o.d.	och dylik	기타, 등등
opers.	opersonlig	비인칭
p.p.	perfekt particip	과거분사
pl.	pluralis	복수[명사]
prep.	preposition	전치사
pron.	pronomen	대명사
rel.pro.	relativpronomen	관계대명사
rfl.	reflexivt verb	재귀동사
rpr.	reciprok	상호동사
räkn.	räkneord	수사
s.	substantiv	명사
tr.	transitivt verb	타동사

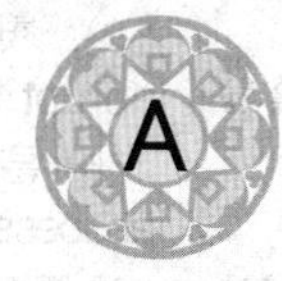

a [ɑ:] *a–[e]t a[–n]* ① 스웨덴어 알파벳의 1번째 글자; ~ och o【성서】알파요 오메가, 처음과 끝, 전체이며 최종적인 것; har man sagt ~, får man [också] säga b【격언】일단 시작한 일은 끝까지 ② 【음악】가음[조] ③ 구제(舊制) 고등학교, 대학의 성적; A ☞ **berömlig** (최우수 합격, 3점); a ☞ **beröm** (우수합격, 2.5점).

à *prep.* (가격, 비율, 정도); biljetter ~ två kronor 2크루나짜리 차표; 5 ~ 6 gånger 5내지 6회; 15 ~ 20 droppar 15방울에서 20방울.

@ ☞ **snabel–a**

AB (약어) 주식회사(aktiebolag); 영어의 Ltd. Inc.에 해당; Svenska Cellulosa AB 스웨덴 셀룰로오스(화학섬유소) 주식회사; AB Svensk Bilprovning 스웨덴 차량정비검사 주식회사.

abbé *~n ~er* 프랑스의 대수도원장; 성직자 신부.

A–avdrag *~et ~* (국가 · 지방 공무원의) 질병, 임신으로 인한 결근 기간중 봉급공제.

abbedịss|a *–an –or* 여자[대]수도원장.

abborr|e [–ọ–] *–[e]n –ar* 【어류】농어 류.

abborrgrund *~et ~* 농어 류가 서식하는 얕은 시냇물.

abbornat|e *–en –ar* 가래(屬)의 수초.

ạbbot *~en ~ar* 대수도원장(abbé).

abbotsdöme *~t ~n* 대수도원장의 관할 구역.

abbotsväldighet *~en ~er* 대수도원장의 직[권] 관구, 임기.

abbreviera *~r ~de ~t tr.* (어 · 구를) 약(略)해서 쓰다, 생략[단축, 요약]하다

abc [abesẹ:] *abc–[e]t abc[–n]* ABC.

abc–[bok] *abc–boken abc–böcker* 초보, 입문서.

ABC–stridsmed|el *–let ~* 화생방(化生放) 무기(=**ABC–vapen**).

abdikation *~en ~er* 양위, 퇴위, 포기.

abdikera *~r ~de ~t tr. itr.* 양위(讓位)하다, (권리 따위를) 포기하다.

aber (불변화 ett–명사) 결점, 장애.

Abessịnien 아비시니아(Abyssinia 에티오피아의 옛 이름).

abessịnier *~n ~* 아비시니아사람, 에티오피아사람.

abessịn[i]sk *a.* 아비시니아(사람, 말

A

의).

ABF [ɑ:be:e̜f:] (약어) 노동자교육협회(Arbetarnas Bildningsförbund).

abiturie̜nt *~en ~er* 졸업예정자.

abnorm [−no̜rm] *a*. 비정상의, 이상의, 변칙의.

abnormite̜t *~en ~er* 이상(異常), 변칙, 기형.

a−bomb/atombomb *~en ~er* 원자폭탄.

abonnema̜ng *~et ~* 구독예약, 응모신청, (극장 좌석) 예약; ha ~ på operan 오페라 극장의 정기입장권을 구입하다.

abonnemangsavgift *~en ~er* 구독신청 요금.

abonnemangsbiljett *~en ~er* 정기[승차, 입장]권(på).

abonnemangsföreställning *~en ~ar* 정기입장권 소지자를 위한 공연.

abonne̜nt *~en ~er* (음악회, 연극, 신문, 전화 등의) 정기구독자, 신청자, 예약자(på).

abonnera *~r ~de ~t itr. tr.* 예약하다, 구독하다(på); ~ på en tidning 신문을 구독하다; ~d buss 전세(專貰) 버스.

abort [−ɔt̜] *~en ~er* 낙태(사람의 경우 임신 2주 이내의); spontan ~ 자연유산.

abortera *~r ~de ~t itr. tr.* 유산(낙태)하다, 유산(낙태)시키다.

aborti̜vmed|el *−let ~* 낙태약.

abortlag *~en ~ar* 낙태법.

abortpill|er *−ret ~* 임신중절 약.

abortör *~en ~er* 낙태 시술자(施術者).

abrakadabra [−dɑ̜:bra] *~t 0* (옛날 질병예방의 부적으로 썼던) 주문(呪文), 헛소리.

abrupt *a*. 뜻밖의, 돌연한, 험준한, 가파른.

abscess [−sɛ̜:s] *~en ~er* 【병리】 농양(膿瘍), 종기.

absi̜nt *~en ~er* 쓴 쑥으로 만든 압생트 주(酒); 쓴 쑥.

abskiss|a [−skisa] *−an −or* 【기하】 횡좌표(橫座標).

absolu̜t[1] *a*. 절대의, 절대적인, 전제(독재)의, ~ majoritet 절대다수, 과반수; en ~ omöjlighet 절대적 불가능.

absolu̜t[2] *adv*. 절대적으로, 무조건으로; 【구어체】 정말 그래, 그렇고 말고; han vill ~ gå 그는 한사코 가려 한다; den ~ bästa 월등히 우수한; ~ inte 절대로 …아니다, 결코 …아니다.

absolutism *~en 0* 절대설, 전제정치, 절대금주(禁酒).

absolutist *~en ~er* 절대론자, 전제정치론자, 전제주의자, 절대금주가(禁酒家).

absolvera *~r ~de ~t tr.* ~ examen 시험에 통과하다.

absorbera *~r ~de ~t tr.* 흡수하다, 빨아올리다, 열중케 하다; han satt absorberad av sina studier 그는 앉아서 공부에 몰두하고 있다.

absorption [−ɔrpʃo̜:n] *~en ~er* 흡수, 병합, 전심(傳心).

absorptionsförmåg|a *−an −or* 흡수력, 집중력.

absorptionsmed|el *−let ~* 흡수제, 탈지면.

abstrahera *~r ~de ~t tr.* 개념을 추상하다; 【화학】 추출하다; ~ fram

en teori ur myllret av fakta 자료의 홍수 가운데에서 하나의 이론을 추출해 내다; ~ från …을 무시하다, 도외시하다.

abstrạkt[1] *a*. 추상적인, 관념상의, 이론적인, ett ~ substantiv 추상명사.

abstrakt[2] *adv*. 추상적으로, 멍하니.

abstraktion [–kʃọ:n] *~en ~er* 추상[작용], 추상적 개념;【화학】추출(抽出).

abstraktionsnivå *~n ~er* 추상(抽象)의 정도.

abstrụs *a*. 난해한, 심원한(사상 따위가).

absụrd *a*. 불합리한, 어리석은, 우스꽝스러운, 터무니없는, 앞뒤가 뒤바뀐.

absurdism *~en 0* (문학, 연극 등의) 부조리주의.

absurditẹt *~en ~er* 불합리, 모순.

acceleration [aks–] *~en ~er* 가속(加速), 촉진.

accelerationsförmåg | a *–an –or* 가속력(加速力).

accelerator [–ɑ:tɔr] *~n ~er* (물(物), 기(機) 따위) 가속자(者), 가속장치,【자동차】가속페달.

accelerera *~r ~de ~t tr*. 빠르게 하다, 촉진하다.

accẹnt [aks–] *~en ~er* 악센트, 강세 (tonvikt).

accentteck | en *–net ~* (복수정형 *–nen*) 악센트 부호, 강세표시기호.

accentuera *~r ~de ~t tr*. 강조하다, 역설하다, 그림 따위를 눈에 띄게 하다.

accẹpt [aks–] *~en ~er* ①【상업】환어음 인수가 끝난 어음; dokument mot ~ 인수필증 ② 필납, 수락, 수리(受理).

acceptạbel *a*. 선물 따위가 만족스러운, 마음에 드는.

acceptạnt *~en ~er* 수납자, 승낙자【상업】어음인수인.

acceptera *~r ~de ~t tr*. 받아들이다, 용인(容認)하다.

accession [akseʃọ:n] *~en ~er* 증가, 성장, 획득, 습득, 취득물, 뜻밖에 얻은 귀한 물건(사람).

accessionskatalog *~en ~er* (도서관의) 신착 도서 목록.

accessoạrer [aks–] (복수명사) 부속물, 부대물.

accẹsstid *~en ~er* 접근시간, 면회시간;【컴퓨터】액세스타임, 호출시간.

accidenstryck *~et ~* (영수증, 공문양식, 선전 광고문 따위) 간이 인쇄물.

accịs [aks–] *~en ~er* 국내 소비세.

accisfri *a*. 면세(국내 소비세)의; ~a varor 면세품.

accispliktig *a*. 과세(국내 소비세)의; ~a varor 과세 대상품목.

acetạt *~et ~[er]*【화학】아세톤(휘발성 액체).

acetylẹn *~en 0*【화학】아세틸렌[가스].

acetylenlamp | a *–an –or* 아세틸렌등(燈).

acetylsalicylsyr | a *–an –or*【의학】아세틸살리실산, 아스피린.

aciditet *~en 0* 신맛, 산[성]도.

ack *itj*. 오오, 아아; ~, om han vore här! 아아, 그이가 여기에 있다면!

ackj | a *–an –or* 라프족의 썰매.

A

acklamation *~en ~er* (칭찬, 찬성의) 대 갈채; 만장일치; väljas med ~ 만장일치의 박수갈채로 선출되다.

acklimatisera *~r ~de ~t tr. itr.* (사람, 동식물 따위가) 새 풍토에 익히다(익다); ~ sig (새 환경에) 몸을 익히다, 적응하다.

ackommodation *~en ~er* 적응, 조화.

ackommodera *~r ~de ~t tr.* (변화된 환경에) 적응하다.

ackompanjatör *~en ~er* 【음악】 반주자.

ackompanjemạng *~et ~* 반주부(部) 반주; 부속물, 딸린 것; till ~ av (악기의) 반주로 [노래하다].

ackompanjera *~r ~de ~t tr.* 반주하다 ~ sång på piano 노래를 피아노로 반주하다.

ackord [-ɔ:d] *~et ~* ① 【음악】 (악기의) 현(弦), 화현(和弦) ② 【노동】 도급계약, (한 일의 양에 따라 보수를 받는) 삯일, 청부 일; arbeta på ~ 도급계약에 따라 일하다 ③ 【법률】 (채무자와의) 타협, 화해.

ackordera *~r ~de ~t tr.* 타협하다, 흥정하다.

ackordsarbete *~t ~n* 능력별 작업.

ackordslön *~en ~er* 능력별 임금.

ackreditera *~r ~de ~t tr.* ① 【외교】 (신임장을 주어 대사 등을) 파견하다 (hos, vid), 전권을 위임하다; vara ~d i Stockholm 스톡홀름대사로 파견되다 ② 【상업】 은행에 예금거래를 열다(hos en bank) ③ väl ~d(ansedd) 명성이 높은; han är väl ~d i Kina 그는 중국에서 명성이 높다.

ackumulation *~en ~er* 축적, 축재(蓄財).

ackvisition *~en ~er* (고객, 광고주 등을 계획적으로) 모집하기, 구하기.

adamsdräkt *~en 0* 남성 나체.

adamsäpple *~t ~n* (성인 남자의) 후두 위쪽 돌출 부분.

adapt|er *-ern -rar* 【전기 · 기계】 어댑터; 【화학】 연결관[기]; 적응인자; 【컴퓨터】 맞춤 틀, 접하기.

ADB (automatisk databehandling) 【컴퓨터】 (컴퓨터에 의한) 자동 정보 처리.

addẹnd *~en ~er* 【수학】 가수(加數), 더하기 수.

adelsbrev *~et ~* 귀족작위 수여증.

adelsdam *~en ~er* 귀족신분의 여성.

adelskalend|er *-ern -rar* 귀족인명부.

adels|man *-mannen -män* (복수정형 *-männen*) 귀족.

adelsståndet (정형명사) 귀족신분.

adenoid [-ɷi:d] *a.* 아데노이드의; ~a vegetationer 【병리】 아데노이드(인후) 편도선 증식 비대증.

adẹpt *~en ~er* 학생, 제자; 풋내기, 신참자.

aderton[1] [ɑ̣:țon/ɑ̣:dețon] *räkn.* 열여덟의, 18의 ☞ **arton**.

aderton[2] [ɑ̣:țon/ɑ̣:dețon] *räkn.* 열여덟, 18살; 발음방식이 2가지이며 후자의 경우는 보통 스웨덴 한림원 위원 18명을 가리킴(en av de ~ i Svenska akademien).

adertonde *räkn.* 제18의, 18번째의.

aderton[de]del 18분의 1.

adertonåring *~en ~ar* 18세의 소년(소녀).

adhesion [ade-] *~en 0* 【물리】 점

착, 흡착, 고착.

adhesionskraft *~en ~er* 접착력.

ad hoc [adhọk] *adv*. 【라틴】 특별히, 특히 그것을 위해서; ad hoc -lösning 특정 문제를 위한 임시 해결방법.

adjektiv *~et ~* 【문법】 형용사.

adjektivattribut *~et ~* 한정 형용사, 한정어(명사를 직접 수식하는 형용사).

adjungera [-juŋg-] *~r ~de ~t tr*. 임시위원으로 초청하다, 임명하다; ~d ledamot 위촉의원.

adjunkt [-juŋt] *~en ~er* ① 중고교의 과목담당 교사; ~ i svenska och tyska på gymnasiet 스웨덴어와 독어 담당 고등학교 교사 ② 대학강사 ③ 목사보(補), 부목사(kyrko~, präst~).

adjutạnt *~en ~er* 【군사】 (장성에게 딸린) 부관, 보좌관(hos).

adjö [ajø:] *itj*. ① 안녕; 안녕히 가(계)시오 ② 작별, 고별; säga ~ till ngn …에게 작별인사를 하다, 안녕히 가(계)시오라고 인사하다; ~ [med dig], ~ så länge! 안녕히!

adla [ɑ:d-] *~r ~de ~t tr*. ① 귀족작위를 수여하다; han ~des 1773 그는 1773년에 귀족신분을 얻었다 ② 【비유적】 품위 있게 하다, 고상하게 하다, 귀족으로 만들다.

adlig *a*. (계급, 지위, 출생) 귀족의, 고귀한; (사상, 성격) 고상한, 숭고한, 고결한; ~ krona 귀족의 (위계를 나타내는) 소관(小冠); upphöja i ~t stånd 귀족의 신분을 얻다.

administration *~en ~er* (인사, 재무) 행정, 관리, 경영.

administrationskostnader (복수명사) 경영 관리비.

administrativ *a*. 행정(관리)의; på ~ väg 행정(관리) 수단으로.

administratọ̈r *~en ~er* 행정가, 관리자.

administrera *~r ~de ~t* 관리하다, 지배하다; partiet ville förändra samhället, inte bara ~ 그 정당은 사회를 다스리는데 그치지 않고 개혁까지 하려한다.

admonition *~en ~er* 훈계, 충고, 경고.

ad notam [ad nω:tam], ta något ~ 유의하다, 마음에 새기다.

adonis [-dọ:-] *~en ~ar* (그리스 신화의) 아도니스(미의 여신 아프로디테에게 사랑받은 미남); 미청년, 미남자, 멋쟁이.

adoptera [-ɔ-] *~r ~de ~t tr*. 양자(양녀)로 삼다; (의견, 방침, 조처 등을) 채용(채택)하다, 골라잡다.

adoption [-pʃọ:n] *~en ~er* 채용, 채택; 양자 결연.

adoptivbarn *~et ~* 입양아.

adoptivföräldrar (복수명사) 양부모.

adrenalịn *~et 0* 【화학】 아드레날린 (부신(副腎)에서 분비되는 호르몬); 아드레날린 제(양 따위의 부신에서 얻는 지혈제, 심장맥관(脈管) 자극제).

adrẹss *~en ~er* ① 편지받는 이의 주소, 성명, (편지 등의) 겉봉 주소; paketet har inte kommit fram till sin ~ 소포가 제 주소에 도착하지 않았다; ändra ~ 주소를 바꾸다; han sade det med ~ till mig 그의 말은 나를 겨냥한 것이었다; adressanmälan, adressanmälning 주소변경 신고 ② (집단적으로 보내는) 축하메시지.

A

adressat ~en ~er 수취인; ~en okänd 수취인 불명.
adressera ~r ~de ~t tr. ① (편지에) 받는 이의 주소를 쓰다, (편지를) 보내다, ② rfl. ~ sig till ngn …에게 말을 걸다.
adressering ~en ~ar 수신인 성명[을 써넣기].
adresseringsmaskin ~en ~er 수신인 성명 자동 인쇄기.
adresskalend|er -ern -rar 주소록.
adresskort ~et ~ 소포에 딸린 주소카드.
adresslapp ~en ~ar 【운송】 화물에 부착하는 주소쪽지.
adressort ~en ~er 행선지.
Adriatiska havet 아드리아 해(海)(the Adriatic Sea, 지중해의 이탈리아와 발칸 반도사이의 만).
adsorption [–ɔrpʃɵ:n] ~en 0 흡착[작용].
adstringerande [–ŋge:] a. 수렴성(收斂性)의, 출혈을 멈추는; ~ medel 【의학】 지혈제.
aducera ~r ~de ~t tr. 담금질하다.
a-dur 【음악】 A 장조(A major).
advent ~et 0 강림절(Advent, 크리스마스 전 4주간); första söndagen i ~ 강림절의 첫 일요일.
adventist ~en ~er 예수 재림론자.
adventstid ~en 0 강림절.
adverb ~et ~ 【문법】 부사.
adverbial ~et ~ 【문법】 부사어.
adverbiell a. 부사의, 부사적.
adversativ [–ti:v] a. 반의(反意)의, 반대의.
advocera ~r ~de ~t tr. 변호하다, 탄원하다, 간청하다(för), …을 반박하다(mot)
advokat ~en ~er 변호사, 법률가.
advokatarvode ~t ~n 변호사 사례비, 수고비, 수수료.
advokatbyrå ~n ~er 변호사 사무실, 법률 사무소.
advokatfirm|a -an -or 변호사 사무소.
advokatknep ~et ~ 고객을 위한 합법적 강변, 둘러대기, 궤변.
advokatorisk a. 강변하는, 협잡적인.
advokatsamfund ~et ~, Sveriges ~ 스웨덴 변호사 협회.
advokatyr ~en ~er 강변, 궤변; hennes ensidiga ~ för en förutfattad mening 선입견에 입각한 그녀의 일방적 강변; politisk ~ 정치적 궤변.
advokatyrke ~t ~n 변호사직; slå sig på ~t 변호사직에 들어서다.
aerodynamik ~en 0 공기(기체)역학.
aerodynamisk a. 공기(기체)역학의.
aerogram ~met ~ 항공우편, 항공봉함엽서.
aeroplan ~et ~ 비행기, 항공기.
aerosol [–so:l] ~en ~er 【화학】 에어로졸, 연무질(煙霧質).
aerostat ~en ~er 【항공】 경(經) 항공기(기구, 비행선 따위).
aerostatik ~en 0 기체정역학(靜力學), (경항공기) 항공학.
afasi ~n 0 【의학】 실어증(失語症).
affekt ~en ~er 감동, 흥분, (상한) 감정.
affektbetonad a. 영향을 받은, 감동된, 감정적인.
affekterad a. 꾸민, …인 체 하는.
affektfri a. 감정적이 아닌, 냉정한,

비정한.
affektionsvärde *~t ~n* 감정치(値).
affisch [-ʃ] *~en ~er* 포스터, 플래카드(간판, 벽보).
affischera *~r ~de ~t tr*. 간판(벽보)를 붙이다.
affischering *~en ~ar* 벽보 붙이기; ~ förbjuden! 벽보 부착 금지!
affischtavl|a *-an -or* 광고 게시판.
affär *~en ~er* ① 사업; 상사, 기업 (firma); 가게, 상점, 점포 ② 거래, 협정; ~erna ligger nere 거래(매매)가 한산하다; hur går ~erna? 사업이 어떻게 되어갑니까?; en dålig ~ 부진한 거래; göra ~er i trävaror 목재를 거래하다; göra stora ~er på Sydamerika 남아메리카와 큰 교역을 한다; göra upp en ~ 거래[계약]를 맺다; ha ~er med …와 거래관계가 있다 ③ 일, 사건, 관심(angelägenhet); göra stor ~ av ngt …에 대해 야단법석을 떨다; sköt du dina [egna] ~er! 네 일이나 잘 처리해!
affärsangelägenhet *~en ~er* 사업 관계 일.
affärsanställd *a*. 상점에 고용된.
affärsban|a *-an -or*, gå i ~n 사업계로 들어서다.
affärsbank *~en ~er* 상업은행.
affärsbrev *~et ~* 상용(商用) 편지.
affärscentr|um *-et ~/-centra* 상점가(街)(shopping center).
affärsdrivande *a*. statens ~ verk 국영회사.
affärsfolk *~et ~* 실업가, 상인.
affärsförbindelse *~n ~r* 사업 관계, 교섭; stå i ~ med …와 거래(사업) 관계가 있다.
affärsföreståndar|e *-[e]n ~* 상점 주인.
affärsföretag *~et ~* 기업, 회사, 상회.
affärsgat|a *-an -or* 상가(商街).
affärsgren *~en ~ar* 기업계열.
affärshus *~et ~* 상가용 건물, 상사(商社), 상점 건물.
affärsinnehavar|e *-[e]n ~* 상점주인, 소유자.
affärsjurist *~en ~er* 회사 법률 고문.
affärskedj|a *-an -or* 연쇄점.
affärskorrespondens *~en ~er* 사업 통신.
affärskretsar (복수명사) 기업계(界).
affärskvinn|a *-n -or* 여류사업가, 여성기업가.
affärskännedom *~en 0* 기업에 대한 지식.
affärsliv *~et 0* 사업계.
affärslokal *~en ~er* 기업의 건물과 대지.
affärsläge *~t ~n* ① 기업의 부지 ② 기업의 상황, 시장 경기.
affärs|man *-mannen -män* 기업인, 실업가, 상인.
affärsmoral *~en ~er* 상도덕.
affärsmässig *a*. 기업 이윤에 맞는, 장사속의.
affärsmässigt *adv*. 기업정신에 맞게, 장사 속으로.
affärsres|a *-an -or* 업무상의 여행; [ute] på ~ 업무여행 차에.
affärsrörelse *~n ~r* 실업, 상업, 장사; idka ~ 사업을 벌이다.
affärssinne *~t ~n* 기업적 감각, 실업에 대한 날카로운 안식(眼識)
affärsspåk *~et ~*/affärsstil *~en ~ar*

상업용어(문체).

affärsställning ~*en* ~*ar* 사업의 (재정적) 상황.

affärstid ~*en* ~*er* 영업시간.

affärsvan|a −*an* −*or* ① 사업 경험(능력) ② 기업 관계.

affärsverksamhet ~*en* ~*er* 기업 활동.

affärsvän ~*nen* ~*ner* 사업 친구.

affärsvärld ~*en* *0* 사업계, 실업계.

affärsväx|el −*eln* −*lar* 기업 어음.

afghan [afgạ:n] ~*en* ~*er* ① 아프가니스탄 사람 ② 아프가니스탄 개(afghanhund).

afghansk *a*. 아프가니스탄(말, 사람)의.

Afghanistạn 아프가니스탄(수도 Kabul).

aforịsm ~*en* ~*er* 격언, 금언(金言), 경구(警句).

A−format ~*et* *0* 【컴퓨터】 컴퓨터 표준 출력 용지(크기 210 x 297 mm).

Afrika [ạ:−] 아프리카.

afrikaans [−kạ:ns] (불변화명사) (남아프리카의) 공용 네덜란드어.

afrikạn ~*en* ~*er* 아프리카 사람.

afrikand ~*en* ~*er* 남아프리카 태생의 백인(특히 네덜란드계(系)의).

afrikansk [−kạ:nsk] *a*. 아프리카(사람)의, 흑인의.

afroamerikan ~*en* ~*er* 미국 흑인.

afroamerikansk *a*. 아프리카계 아메리카인의, 미국(아메리카) 흑인의.

afroasiat ~*en* ~*er* 아시아 및 아프리카인의 통칭; 아프리카에 거주하는 아시아인.

afro−asiạtisk *a*. 아시아 · 아프리카의.

afrofrisyr ~*en* ~*er* 곱슬곱슬한 잔털 머리 스타일.

afton [−ɔn] ~*en* *aftnar* ① 저녁, 해질녘, 밤; god ~! 안녕하세요! (저녁인사, good evening!); 편히 주무세요(밤에 헤어질 때); i ~ 오늘 저녁에; i går ~ 어제 저녁에; i fredags ~ 금요일 저녁에 ② 전야(특히 경축일); jul~ 크리스마스 전야, 크리스마스이브.

aftonandakt ~*en* ~*er*/aftonbön ~*en* ~*er* 저녁기도식; läsa [sin] aftonbön 취침 전 기도를 드리다.

aftondräkt ~*en* ~*er* 야회복.

aftonklänning ~*en* ~*ar* 여성용 야회복.

aftonrodnad ~*en* ~*er* 저녁놀.

aftonskol|a −*an* −*or* 야간학교.

aftonstjärn|a −*an* −*or* ① 금성(Venus, 저녁에 서쪽 하늘에서 반짝이는 행성).

aftonsång ~*en* ~*er* (가톨릭의) 만도(晩禱), 저녁기도 예배.

aga[1] ~*n* *0* 매질, 태형; få ~ 매질을 당하다, 매를 맞다.

aga[2] ~*r* ~*de* ~*t* *tr*. 매질하다, 채찍질하다; den man älskar, den ~r man 귀여운 자식 매 한 번 더 때린다.

agat ~*en* ~*er* 【광물】 마노(瑪瑙), 적갈색, 백색의 광택이 나며 장식물이나 세공물(細工物)로 이용되는 돌.

agave [agạ:ve] ~*n* ~*r* 【식물】 용설란 속(屬)의 식물, 미국산 노회(蘆薈).

agẹnt [ag−] ~*en* ~*er* 대리인, 행위자; hemlig ~ 스파이.

agentfilm ~*en* ~*er* 첩보(諜報)영화.

agentụr [ag−] ~*en* ~*er* 대리[권], 대리점, 취급점(agency).

agenturaffär ~*en* ~*er* 대리점, 대리

상(agency).

agera *~r ~de ~t tr. itr.* 행하다, 행동하다, 활동하다; ~ [som] …로 행동하다; ~ förmyndare 후견인 역할을 하다; de ~nde 【연극】 배우, 출연자.

agg *~et 0* 악의, 적의, 원한; hysa ~ mot ngn …에 원한을 품다.

agglutination *~en ~er* 점착(粘着), 교착, 들러 붙음; 【언어】 교착법, 교착성.

agglutinera *~r ~de ~t tr. itr.* 점착(교착)시키다, 접착시키다; 【언어】 교착(膠着) 방식으로 파생어를 만들다.

aggregat *~et ~* ① 집합체, 집성, 혼합재(材)(모래, 자갈 따위) ② 공장 설비, 기계 장치; kärnkrafts~ 원자로 시설; oljeeldnings~ 석유 버너 장치.

aggregationstillstånd *~et ~* 물질 구성의 여러 상태(고체, 액체, 기체 등).

aggression [agreʃo:n] *~en ~er* (…에 대한) 공격, 침략, 침범.

aggressiv [-si:v] *a.* 침략적인, 공세의, 도전적인.

aggressivitet *~en 0* 공격성.

agio [ɑ:giɷ] *~t 0* 【상업】 프리미엄, 할증(割增)료, 환전[수수료].

agiotage [-tɑ:ʃ] *~t 0* 【상업】 환전업, 환(換) 매매.

agitation [ag-] *~en ~er* ① 선동 ② 동요, 전율.

agitationsmöte *~t ~n* 선전 집회, 선거 유세 집회.

agitator [agitɑ:tɷr] *~n ~er* 선동자, 정치 운동가, 선전원.

agitatorisk [-tɷ:-] *a.* 선동적인.

agitera *~r ~de ~t itr.* 선동하다(för), (여론조성을 위해) 운동하다(propagera); ~ upp en opinion 여론을 일으키다.

agn[1] [aŋn] *~en ~ar* (대개 복수형으로 쓰임) 껍질, 왕겨(tröskavfall), 찌꺼기; 【식물】 포(苞); skilja ~arna från vetet 체질을 하여 밀을 껍질로부터 가려내다, 옥석을 가리다; som ~ar för vinden 바람 앞에 껍질처럼.

agn[2] [aŋn] *~et ~* 미끼, 먹이.

agna *~r ~de ~t tr.* …에 미끼를 달다, 미끼로 꾀다(på).

agnosticism [agnɔs-] *~en 0* 【철학, 신학】 불가지론(不可知論).

agnostiker *~n ~* 불가지론자.

agnostisk *a.* 불가지론[자]의.

agraff *~en ~er* 걸쇠, 버클(spänne); 【의학】 수술부위를 아물게 하는 집게.

agrar[1] *~en ~er* 정당에서 농민 계층의 이익을 대표하는 자.

agrar[2] *a.* 토지의, 농지의, 농민의.

agremang [-maŋ] *~et ~* 【외교】 아그레망(대사, 공사를 파견할 때 상대국에게 미리 구하는 승인).

agremanger (복수명사) 편의시설; 쾌적함, 매력.

agrikultur *~en 0* 농업.

agronom [-o:m] *~en ~er* 농과대학 졸업생, 농학사.

agronomie (불변화형용사) 농업의.

agronomisk *a.* 농학의, 농업의.

ah *itj.* 오오!, 아아!

aha *itj.* 아하!, 하!, 하!, 오호!

aiss [ajs] *~et ~* 【음악】 A샤프(반음 올림표).

aj [aj:] *itj.* 아!, 오!, 아야!, 아이쿠!

aja baja *itj.* 그러지 마! (어린이를

A

만류할 때); ~ inte röra böckerna! 그러지 마, 책을 만지면 안 된다!

à jour [aʃọ:r] *a*. hålla sig ~ med (시대에) 뒤지지 않고 따라가다, … 사정에 밝다.

ajournera [aʃọ:r–] *~r ~de ~t tr*. …을 휴회(산회)하다; ~ på obestämd tid 무기한 휴회하다.

ajournering *~en ~ar* 휴회, 정회.

akạci|a *–an –or* 【식물】 아카시아.

akademị *~n ~er* ① 대학 ② 학술원, 예술원 ③ 협회, 학회.

akadẹmiker [dẹm–] *~n* ~ 대학 졸업자, 학사; vara ~ 대학교육을 받은 자.

akadẹmisk *a*. 대학의, 학원의, 고등교육의, 학구적인; ~ avhandling 박사 논문; avlägga ~ examen 대학을 졸업하다, 학사학위를 받다.

akadẹmiskt *adv*. 학문상으로, 이론적으로; ~ bildad 대학교육을 받은.

akạntus *~en ~ar* 【식물】 아칸더스; 【건축】 (코린트식 원주두(圓柱頭) 따위의) 아칸더스 무늬.

akilleshäl [akil:–] *~en ~ar* (그리이스 신화의) 아킬레스(호머작 일리아드에 나오는 영웅)의 발꿈치란 말에서 유래하여 '유일한 약점'을 뜻함.

akillessen|a *–an –or* 【해부】 아킬레스건(腱).

aklẹj|a [–lẹ:ja] *–an –or*, [vanlig] ~ 【식물】 매발톱꽃.

akrobạt *~en ~er* 곡예사.

akrobatịk *~en 0* 곡예.

akrobạtisk *a*. 곡예의, 재주부리기의.

akrobattrupp *~en ~er* 곡예, 곡마단.

akromạtisk *a*. 무색의.

aksent ☞ **accent**.

akt[1] *~en ~er* ① 의식, 의례; disputations~ 박사논문 공개발표 및 토론회; vigsel~ 결혼식 ② 【연극】 막; drama i tre ~er 3막극 ③ 문서, 서류, 기록 ④ 【미술】 나체화(상).

akt[2] (불변화명사), förklara ngn i ~ 인권을 박탈하다, 법률의 보호밖에 두다.

akt[3] (불변화명사) ① giv ~! (구령) 차렷!; ge ~ på …에 유의하다, 주의하다(lägga märke till); ta sig i ~ [för] …에 대하여 경계하다; ge ~ på sin hälsa 자신의 건강을 돌보다; ta tillfället i ~ 기회를 이용하다 ② i ~ och mening att …할 목적으로.

akta *~r ~de ~t* Ⅰ. *tr*. ① 주의하다 (vara aktsam om), …을 돌보다(ta vård om), …로부터 보호하다(skydda för); ~ huvudet! 머리 조심!; ~s för stötar 취급주의!, 부서지기 쉬움!; ~s för väta 젖지 않게 조심! ② 존경하다(värdera, skatta) ☞ **aktad** Ⅱ. *itr*. ~ på …에 유의하다, 마음을 쓰다(bry sig om) Ⅲ. *rfl*. ① …하지 않도록 주의하다, 조심하다(för att göra det); ~ dig! 조심해!, 주의해라!; ~ dig så [att] du inte faller! 넘어지지 않도록 조심해라!; ~ sig för att begå ett fel 실수하지 않도록 조심하다.

aktad *a*. 존경받는; ett aktat namn 세상에 널리 떨친 이름; en ~ ställning 존경받는 지위.

akter[1] *~n aktrar* 【항해】 고물, 선미.

akter[2] *adv*. ~ ifrån 고물에서부터; ~ om 고물 쪽으로, 고물에, 뒤에, 뒤로; ~ ut (över) 고물에.

akterdäck *~et ~* 【항해】 후갑판.

akterhytt *~en ~er* 후부 선실.

akterifrån ☞ **akter** [ifrån].

akterlantern | a *-an -or* 선미등(船尾燈), 비행기 미등(尾燈).

akterlastad *a.* 뱃꼬리가 뱃머리보다 더 내려갈 정도로 짐을 실은.

akterom ☞ **akter** [om].

aktersalong ☞ **akterhytt.**

aktersegla | d [-e:g-] *a. -t,* 출항 시 뒤쳐진, han blev ~ 그는 출항 시 뒤에 남았다.

akterskepp *~et ~* 배의 고물쪽의 가장 넓은 부분.

aktersnurr | a *-an -or* 【항해】 선외(船外) 발동기.

akterspeg | el *-eln -lar* 고물, 선미(船尾).

akterst *adv.* 고물 쪽에 가장 가깝게, 최후방으로.

aktersta *a.* 고물에 가장 가까운 쪽의.

akterstädersk | a *-an -or* 후부선실(여자) 청소부.

akterstäv *~en ~ar* 선미재(船尾材).

aktie [ạktsie] *~n ~r* 주(株), 주식, 증권; ~r 주식, 증권; en ~ på 100kr. 액면가 100 크로나짜리 주식; ha(äga) ~r i ett bolag 회사에 주식을 소유하고 있다; hans ~r står högt 【비유적】 그의 주가는 높다(hos).

aktiebolag *~et ~* 주식회사, 유한회사 ☞ **AB**(약어); AB Göteborgs Bank 주식회사 예떼보리 은행.

aktiebrev *~et ~* 공채증서, (미국의) 기명증권.

aktieemission *~en ~er* 주식 발행.

aktiekapital *~et ~* 주식 자본.

aktiekupong *~en ~er* (주식) 이자표(票), 이권(利券).

aktiekurs *~en ~er* 주가(株價).

aktiemajoritet *~en ~er* 한 회사의 주식 총액의 과반수.

aktiemarknad *~en ~er* 증권거래소, 주식시장.

aktieägar | e *-[e]n ~* 주주(株主).

aktion [akʃọ:n] *~en ~er* 행동, 활동, (긴급 시 군사, 경찰의) 전투행위, 기소(åtal).

aktionsgrupp *~en ~er* 행동단체, 활동단체.

aktionsradie *~n ~* (해상, 공중에서의) 행동반경.

aktiv[1] [ạkt-] *a.* 활동적인, 적극적인, 활동 중인; ~ medlem 적극적인 회원.

aktiv[2] *~en/~et, 0* 【언어】 능동태(동사의 태(態)).

aktiva (복수명사) 자산, 재산.

aktivera *~r ~de ~t tr.* 활동시키다, 활성화하다.

aktivism *~en 0* 행동(실천)주의.

aktivist *~en ~er* 행동(실천)주의자, 행동대원.

aktivitẹt *~en ~er* 활동, 활약, 행동.

aktivitẹtsfält *~et ~* 【컴퓨터】 태스크 바 (화면 상·하단에 있는 지시어, 아이콘 따위를 표시한 긴 칸).

aktiv | um *-et/~ 0* ☞ **aktiv**[2].

aktning *~en 0* 존경, 경의(för), 고려, 유의(för); hysa ~ för ngn …에 대해 존경심을 가지다; åtnjuta allmän ~ 일반인들의 존경을 받다; av ~ för …에 대한 존경심에서; med all ~ för Er 귀하에 대한 모든 경의를 표하며.

aktninsbevis *~et ~* 존경의 징표.

aktningsfull *a.* 경의를 표하는, 공손한.

aktnings | värd *a. -värt* ① 존경할만한, 중요한; ett -värt försök 믿을만한

시도(試圖) ② 상당한, 많은(betydande, ansenlig); en ~ förmögenhet 상당히 많은 재산.

aktra/aktre *a*. 고물의, 선미(船尾)의.

aktris *~en ~er* 여배우.

aktsam *a*. 주의 깊은, 조심스러운 (försiktig), 신중한; vara ~ om sitt rykte(sina kläder) 자신의 평판(자신의 옷)에 유의하다.

aktsamhet *~en 0* 주의, 신중.

aktualisera *~r ~de ~t tr*. 전면(前面)에 부각시키다, 다시 활기를 불어넣다; frågan har ~ts 문제가 대두되었다.

aktualitet *~en ~er* 시사성, 화제, 당면 문제.

aktuarie *~n ~r* 보험통계기사, 보험계리사; 대법원, 연금위원회, 사회복지청 등의 공무원.

aktuell *a*. 지금의, 현재의, 당장의; 때에 알맞은, 적시의, 때를 맞춘; en ~ fråga 당면한 문제, 가장 중요한 문제; bli ~ 대두되다, 문제가 되다 (komma i fråga); göra ~ ☞ **aktualisera**; det är nu ~t med (tid för) 이제 …할 시기이다; Aktuellt [i TV] 스웨덴 국영TV 채널1의 뉴스 프로그램.

aktör *~en ~er* 배우, 남자배우, 행위자.

akupunktera *~r ~de ~t tr*. …에 침을 놓다.

akupunktör *~en ~er* 침술(鍼術)가, 침놓는 사람.

akustik *~en 0* 음향학(acoustics); (어떤 장소의) 음향상태(ljudförhållandena); god ~ 양호한 음향상태.

akustisk *a*. 청각의, 음향학의.

akut[1] *a*. 긴박한(brännande, överhängande); krigshotet är ~ 전쟁의 위협이 임박해 있다; den ~a situationen tvingar fram ett beslut 긴박한 상황으로 결정을 내릴 수밖에 없다.

akut[2] *~en ~er* ① 단일음조 악센트 (acute accent) ② 응급실.

akutavdelning *~en ~ar* (병원) 응급실.

akutsjukhus *~et ~* 구급병원.

akvamarin *~en ~er* 【광물】 남옥(藍玉, 녹주석(綠柱石)의 일종); 청록색.

akvarell *~en ~er* 그림물감, 수채화[기법]; i ~ 그림물감으로 그린.

akvarellfärg *~en ~er* 수채화 물감.

akvarellist *~en ~er*/**akvarellmålar|e** *-[e]n ~* 수채화가.

akvarellmålning *~en ~ar* 수채화.

akvariefisk *~en ~ar* 수족관 물고기.

akvarieväxt *~en ~er* 수족관 식물.

akvari|um *-et -er* 수족관, 양어장, 유리탱크.

akvavit [ak- / -it] *~en ~er* 향료를 가미한 강한 술(snaps).

akvedukt *~en ~er* 수도관(導水管), 수도.

al ① *~en ~ar* 오리나무속(屬)의 식물 ② *~en 0* 오리나무 재목; av ~ 오리나무로 된.

alabaster *~n 0* 설화(雪花)석고; av ~ 설화석고로 된.

alabasterskål *~en ~ar* 석고 사발.

alabastervit *a*. 석고처럼 흰.

à la carte [alakaːt] *adv*. (불어) 메뉴(차림표, 식단)에 따라.

aladåb *~en ~er* 【요리】 고기젤리 (고기, 생선, 채소 등을 끓여 만든

갤런틴); höns~ 닭고기젤리; kött~ 육류젤리, 갤런틴(송아지, 닭 등의 뼈를 가려내고 양념을 쳐 다져넣고 삶은 요리); ~ på lax 연어 갤런틴.

alarm ~et ~ 경보, 비상신호; falskt ~ 허위경보; slå ~ 경보[신호]를 발하다.

alarmanordning ~en ~ar 경보장치.

alarmapparat ~en ~er 경보장치, 경보체계.

alarmera ~r ~de ~t tr. 경종을 울리다, 놀라게하다; ~ brandkåren(polisen) 소방대(경찰)를 부르다; ~nde nyheter 긴급뉴스(급보).

alarmklock|a -an -or 자명종 [시계].

alarmsignal ~en ~er 경보신호.

alban[es] ~en ~er 알바니아사람.

albansk [-bɑːnsk] a. 알바니아의.

albanesisk|a ① -an 0 알바니아 어 ② -an -or 알바니아 여자.

Albanien 알바니아(유고슬라비아와 그리스 사이의 공화국, 수도 Tirana).

albatross [al- / -ɔs] ~en ~er 【조류】 신천옹(信天翁, 날개 길이가 큰 물새 종류).

albinism ~en 0 (피부의) 색소결핍증, 피부 백변증(白變症).

albin|o -on -er 백인(白人), 피부색소 결핍증의 사람.

album [al-] ~et ~ 앨범; urklipps~ 스크랩북.

albumin ~et/~en, ~er 【생화학】 알부민(단백질의 일종).

albusk|e ~n -ar 오리나무속(屬)의 관목(灌木, 키 작은 나무).

albyl ~en 0 【의약】 통증완화 및 해열제.

aldrig adv. ① (시간부사, never) 결코 …[하지] 않다, 일찍이 …한 적이 없다; ~ mer 두 번 다시 …하지 않다; ~ någonsin [내 생전에는] 결코 …않는다; man skall ~ säga ~ 미래는 예측불허; bättre sent än ~ 【속담】 늦더라도 안하느니보다는 낫다; en ~ sinande källa till glädje 결코 마르지 않는 기쁨의 원천(源泉) ② (강조적 부정의 의미); ~ en enda 단 한번이라도 …않다; ~ ett dugg 조금도 …않다; ~ i livet! 내 생전에는 절대로 …않는다; du kan ~ tro hur roligt vi har haft 우리가 얼마나 즐거웠는지 너는 상상도 못 할 거야; det kommer ~ i fråga! 문제될 것 없어! ③ (양보적); jag gjorde det inte om du gav mig ~ det (hur mycket som helst) 네가 나에게 온 세상을 다 준다 해도 그 일은 안했을 거야; springa som ~ det 맹렬히 뛰다; han må bära sig åt ~ så 그가 무슨 일을 하든지 상관없다; ~ så litet 아무리 적더라도; jag måste tjäna pengar om än ~ så litet 나는 아무리 적은 돈이라도 벌어야만 한다; de må vara ~ så vänliga 그들이 아무리 친절하다 하더라도.

alert [alæt] a. 방심하지 않는, (동작이) 기민한.

alerten (정형명사) 경계, 경보; vara på ~ 방심하지 않고(경계하여, 대기중에) 있다.

alexandrin ~en ~er 【운율】 알렉산더 시행(詩行), 억양격(格), 6시각(時脚)으로 구성된 시행; på ~er 알렉산더 시행으로 구성된.

alf/alv ~en ~er (북구신화의) 꼬마요정(妖精), 난장이.

alfabet [alfabẹ:t] *~et ~* 알파벳, 자모(子母); det latinska ~et 라틴어 알파벳; det kyrilliska ~et 시릴 자모(희랍정교를 믿는 슬라브 민족의 자모, 현 러시아 자모의 모체).

alfabetisk *a.* 알파벳의, 알파벳 순서의; ~ ordning 알파벳 순서.

alfaslang *~en ~ar* ☞ snabel @

alfrẹsko *adv.* 프레스코화법으로(갓 바른 회벽위에 수채로 그리는 화법).

alfreskomålning *~en ~ar* 프레스코 벽화(壁畵).

alfåg|el *-eln -lar* 【조류】 꼬리가 긴 북극지방의 오리.

alg [-j] *~en ~er* 【식물】 마름, 조류(藻類).

algebra [ạlje-] *~n 0* 대수학(代數學).

algebrạisk *a.* 대수학의.

algerier [-ʃẹ:r-] *~n ~* 알제리인(人).

Algerịet 알제리(북아프리카의 공화국).

algẹrisk *a.* 알제리의.

alias [ɑ:-] *adv.* 【라틴】 별명으로, 일명; Smith ~ Simpson 스미스 통칭 심프슨.

ạlibi *~t ~n* 【법률】 현장부재증명, 알리바이; bevisa sitt (ha) ~ 알리바이를 증명하다(갖다); han hade vattentätt ~ 그는 완벽한 알리바이를 가지고 있었다.

alik|a *-an -or* 갈가마귀, 수다장이; full som en ~ 매우 취(醉)한, 곤드레 만드레 취하여.

alkali *~t ~er* 【화학】 알칼리, 가성소다; 【지질】 알칼리성 토양.

alkalisk [-kạ:-] *a.* 알칼리성의.

alkaloid [-ọi:d] *~en ~er* 【화학】 알칼로이드(식물의 염기성 물질).

alkemi [-çe-] *~n 0* 연금술(비(卑)금속을 황금으로 만들려던 중세의 연구).

alkemist *~en ~er* 연금술사.

alkemistisk *a.* 연금술 상의.

alkohol [-họ:l] *~en ~er* 알코올, 주정(酒精), 주정음료, 술; 【화학】 알코올류.

alkoholfri *a.* 알코올 성분이 없는; ~ dryck (알코올 성분이 없는) 청량음료; ~tt öl (알콜 성분이 없는) 대용맥주.

alkoholförgiftning *~en ~ar* 알코올 중독.

alkoholhalt *~en 0* 알코올 함유량.

alkoholhaltig *a.* 알코올[성]의; ~a drycker 알코올음료.

alkoholiserad *a.* vara ~ 술고래(모주꾼)가 되다, 알코올 중독이 되다.

alkoholism *~en 0* 알코올 중독.

alkoholist *~en ~er* 알코올 중독자, 술주정꾼.

alkoholistvård *~en 0* 알코올 중독자 치료.

alkoholmissbruk *~et 0* (사회문제로서의) 알코올 남용.

alkoholpolitik *~en 0* 알코올 정책(알코올 판매, 중독자 치료 등의 문제를 다룸).

alkoholstark *a.* 알코올 성분이 강한.

alkotestapparat *~en ~er* 취도(醉度) 측정기.

alkov [-kọ:v] *~en ~er* 방안의 후미지고 구석진 곳(침대, 서가용), 방벽의 오목한 곳.

all[1] *pron.* ① (명사 앞에서) 모든, 전부의, 전체의, 온갖, 어느 …이나, 각

…마다; med ~ aktning 지당한 말씀이오나, …을 감안하드라도; ha ~ anledning att(till) …할(에) 충분한 이유가 있다; ~t annat 무엇보다도; det var ~t annat än bra 그것은 결코 좋지 않았다; ~a böckerna 그 모든 책들(all the books); ~a dagar (somrar) 매일(매 여름); kors i ~a mina dagar(dar)! 저런!, 어럽쇼!, 아뿔싸! (놀람, 분노를 나타냄); i ~a fall 좌우간, 어쨌든 간에; ~ fisk 모든 물고기; utan(utom) ~ fråga 질문의 여지가 없이; ~t gott [som han har uträttat] [그가 이룩한] 좋은 일들; av ~t hjärta(~a krafter) 진심(온 힘)을 다하여, 충심으로, 기꺼이; till ~ lycka 아주 운 좋게도; för ~ del! 천만에요! ('감사합니다'에 대한 대꾸 말); i ~ hast 황급히; vad i ~ världen säger du? 도대체 무슨 소리를 하는 거야?; ~a människor säger detsamma 모든 사람이 똑같은 이야기를 한다; ~t möjligt 온갖 종류의 것; på ~a sidor 온갖 방면에; på ~t sätt 모든 방면에 있어, 모든 점에 있어; i ~ tysthet 비밀리에, 몰래; 조용히 ② (독립적으로) ☞ **alla**[2], **allt**[2]; i ~o 모든 점에서; hans ~t i ~o[m] 그의 오른 팔, 믿을만한 사람, 심복; det är icke ~om givet 누구에게나 주어진 운이 아니다; det är inte guld ~t som glimmar 반짝인다고 해서 모두 금은 아니다; (vem) i ~ sin dar 도대체 (누가).

all[2] *a*. (서술적으로) 끝난(slut); så är den sagan ~ 이렇게 해서 그 이야기는 끝난다.

all|a[1] *-an -or* (동시에 던져) 같은 수가 나온 두개의 주사위; slå -or 같은 수가 나오는 두개의 주사위를 던지다.

alla[2] *pron*. ① (명사 앞에서) ☞ **all**[1] ② (독립적으로) 모두; ~ är av samma åsikt 모두가 같은 의견이다; så säger ~ 그게 모든 사람들이 하는 말이야; ~ tycker vi om honom 우리 모두가 그를 좋아 한다; en gång för ~ 결정적으로, 확정적으로; vara föremål för ~s blickar 모든 시선에 주목의 대상이 되다; för ~s vår vän S 우리 모두의 친구 S; det är till ~s vår nytta 그것은 우리 모두에게 유익하다.

allahanda[1] (불변화형용사) 모든 종류의, 갖가지의, 잡다한.

allahanda[2] (불변화명사) 온갖 종류의 물건, 잡화.

allaredan *adv*. 이미(already); ~ [nu] 이제는 이미.

allasamman[s] ☞ **allesamman[s]**.

allbekant *a*. 알려진.

alldaglig *a*. 매일의(부가적으로만 쓰임); 일상의(vanlig), 평범한; 진부한(banal), 흔해빠진.

alldeles *adv*. 완전히(fullkomligt), 아주, 전혀, 철저히, 전적으로(helt och hållet), 모조리; 틀림없이, 바로; ~ ensam 아주 홀로; ~ för långt 너무 먼; ~ för många (tidigt) 지나치게 너무 많은(이른); ~ förfärlig (förtjusande) 대단히 불유쾌한(유쾌한, 매력적인); ~ häpen 아주 놀란; ~ intill väggen 벽에 아주 가까이; ~ nog 아주 충분히; ~ nyss 이제 막; ~ omöjlig 전적으로 불가능한; ~ rätt 전적으로 옳은; det är ~ slut 그것은 완전히 끝났다; ~ som om 정말로

마치 …인 것처럼; [det här är] ngt ~ särskilt 아주 특별한 것; ~ särskilt bra 보기 드물게 좋은; det gör ~ detsamma 전혀 차이가 없다; han misstog sig ~ 그는 완전히 실수를 했다.

alldenstụnd *konj*. …이므로, …인 까닭에.

allé *~n ~er* 가로수길.

allegorị *~n ~er* 풍유(諷諭), 비유.

allegorisk [–ọ–] *a*. 우의(寓意)의, 우화(寓話)적인, 풍유의.

allehanda ☞ **allahanda**.

allemansrätt *~en 0* 개인소유의 영역에 출입할 수 있는 법적 권리.

allena *a*. *adv*. 홀로, 독자적으로, 단독으로.

allenahärskande/allenarådande *a*. 단독지배하의; 널리 유행하는; 최고 통치권의; 【무역】 독점, 전매권을 가진.

allenast *adv*. 오직, 단지; endast och ~ 오로지, 다만.

allergị *~n ~er* 【의학】 알레르기(특정한 음식물, 물질 따위에 대한 과민증세); 【속어】 반감, 혐오.

allẹrgisk *a*. 【의학】 알레르기[체질]의, 알레르기에 걸린; 【속어】 …에 질색인, 몹시 싫은(mot).

allergisjuk *a*. 【의학】 알레르기 증세의.

allesamman[s] *pron*. 우리(너희들) 모두, 모조리; adjö ~! 여러분 모두 안녕!

allestädes *adv*. 어디에나, 도처에.

allestädesnärvarande *a*. (신에 대해서) 무소부재(無所不在)한, 어디에나 계시는.

allfarväg *~en ~ar*, vid sidan om ~en 관례를 깨고.

allgod *a*. 지선(至善)의; (특히 신과 세상과의 관계에 있어서) 지극히 자비로운.

allhelgonadag *~en ~ar* 【종교】 제성첨례(諸聖瞻禮), (구교에서) 모든 성인의 축일(11월 1일).

allhus *~et ~* 다목적 활동실.

allhärskar|e *–[e]n ~* 절대 지배자(통치자); 신(神), 절대자.

allians [–ạŋs] *~en ~er* 동맹, 맹약; (집합적) 동맹국(자), 협력.

alliansfri *a*. 중립을 지키는, 비동맹의; ~ politik 비동맹 정책.

alliera *~r ~de ~t rfl*. …와 동맹(결연, 연합, 제휴)하다(med).

allierad *a*. 동맹한, 연합한, 결연을 맺은(med); de ~e 동맹국들, 연합국들.

alligator [–ạ:tɔr] *~n ~er* 악어의 일종(미국, 중국산).

allihop[a] ☞ **allesamman[s]**.

allitteration *~en ~er* 두운(頭韻, 강세가 있는 단어들 사이에 어두의 자음이나 모음으로 운을 맞추는 옛 시나 속담의 형식); 예를 들어 hals över huvud 곤두박질로, 황급히, 앞뒤를 가리지 않고 (h의 운이 맞는 경우).

allitterera *~r ~de ~t tr*. *itr*. 【운율】 두운(頭韻)이 맞다, 두운을 사용하다; ~d 두운이 맞는, 두운[체]의.

allmakt *~en 0* 전능(全能), 무한한 힘.

allmoge *~n 0* 【고어】 (집합적) 농민(일반).

allmogedräkt *~en ~er* 농민 복장.

allmogeförfattar|e *–[e]n ~* 서민(농민) 대중작가.

allmogekultur *~en ~er* 농민 문화.
allmogemål *~et ~* 시골 사투리, 방언.
allmogespel|man *-mannen -män* 부락 바이올린 연주자.
allmogestil *~en ~ar* 농민들 사이에 대대로 전해 내려오는 [예술]양식, 풍.
allmos|a *-an -or* 의연금, 자선[행위]; -or 자선사업, 보시(布施); be [ngn] om en ~ […에게] 자선을 청하다; leva av -or 구호금(의연금)으로 살아가다.
allmän *a.* 일반의, 보통의, 평범한, 보편적; 현행의, 지금의, 현재의; 공공의; tallen är ~ i Sverige 소나무는 스웨덴에서 흔하다; på ~ bekostnad 공공비용으로; ett ~t bruk 일반적 관행(慣行); ~ helgdag 공휴일; ~ idrott 일반스포츠, 육상경기; ~ landsväg 지방 간선도로; den ~na linjen 【교육】 일반 계열; ett ~t läroverk [i Sverige] [스웨덴] 공립 고등학교; [den] ~na meningen 일반 여론, 청중의 의견; i ~na ordalag 개괄적인 말로, 평이한 말로; ett ~t rykte 요즘 소문(평판); ~ rösträtt 보통 선거권; ~na val 총선거; ~ åklagare 검사; i det ~nas tjänst 공무중, 공용으로; ~ försäkring 국민개보험(國民皆保險)(스웨덴에 거주하는 모든 이에게 적용되는 질병, 출산, 노후를 위한 보험); ~ rättshjälp 법률부조법에 의한 법률상담에 소요되는 비용지원; ~ röstlängd 선거인명부; ~ tilläggspension(ATP) 국민기본연금(folkpension)을 보완하는 추가 연금.
allmänbefinnande *~t 0* 전반적 [건강]상태.
allmänbildad *a.* 교양이 많은, 견문이 넓은, 박식한.
allmänbildande *a.* 교양을 넓혀주는; boken är ~ 이 책은 지성(교양)을 넓혀준다.
allmänbildning *~en 0* 일반 교양교육.
allmänbildningstävlan (불변화 en-명사) 교양상식퀴즈.
allmänfattlig *a.* 모두가 이해할 수 있는.
allmängiltig *a.* 보편타당한.
allmängiltighet *~en 0* 보편타당성.
allmänhet *~en 0* ① i ~ 일반적으로, 대체로, 보통, 일반적으로 말하면 : [uttala sig] i största ~ 아주 개괄적으로 [말하다] ② ~en 공중, 민중, [일반]사회; den bildande ~en 교육받은 계층, 교양 있는 계층; den läsande ~en 독자층; den stora ~en 일반대중; ~en äger tillträde 일반인 출입허용.
allmänläkar|e *-[e]n ~* (전문의가 아닌) 일반 개업의(開業醫).
allmänmedicin *~en ~er* 일반의학.
allmänmänsklig *a.* 인간의, 인간적인, 인간다운; 전 인류의.
Allmänna försäkringskassan (국영)사회보험공사(保險公事)(스웨덴 주민 모두에게 적용되는 질병, 출산, 노후를 위한 사회보험 담당부서).
Allmänna reklamationsnämnden 소비자 보호원(구입상품에 대한 소비자들의 불만을 무료로 해결해주는 기관).
allmänning *~en ~ar* 공동소유지.
allmännytta *~n 0* 공익, 공공복리.
allmännyttig *a.* 공공복리를 위한; ~a företag 공익사업(시설).
allmän tilläggspension(ATP) 일반 추가연금(기초연금(folkpension) 이

A

외의).

allmäntjänstgöring *~en ~ar* 의사자격 시험 후 실습과정(21개월간).

allmänt *adv.* 일반적으로, 보통으로, 평범하게; det tros ~ att… 일반적으로 …라고 생각되다; det är ~ känt 그것은 이미 알려져 있는 사실이다; i ~ hållna ordalag 일반적으로 말해서; en ~ känd sak 주지하고 있는 일; en ~ omtalad händelse 일반적으로 논란된 사건; ~ utbredd 널리 보급되어 있는, 만연된.

allmäntillstånd *~et ~* (어떤 사람의) 전반적 건강상태.

allo[m] ☞ **all**[1].

allongeperuk [alɔŋʃ-] *~en ~er* 뒤로 길게 늘어진 가발.

allra *adv.* 아주, 전혀, 완전히; (최상급 앞에서) 진실로, 정말로, 바로; den ~ bästa eleven 최우수학생; de ~ flesta bilar 압도적 다수의 자동차; han är ~ högst 40 år 그는 고작해야 40세이다; ~ högst uppe i trädet 나무의 맨 꼭대기에; ~ mest 그중에서도, 유달리; inte det ~ ringaste 아주 조금도 …하지 않는(없는); det ~ sannolikaste är att … 가장 그럴 법한 일은 …한 것이다; med [den] ~ största omsorg 최대의 관심을 기울여.

allraheligast *a.* det ~e 【성서】 가장 신성한 장소, (신의 언약궤가 놓여있는 유태신전의) 지성소.

allrakäraste, *~n* 가장 사랑하는 사람, 소중한 이.

allrakärest|a *-an -or* 가장 사랑하는 사람, 소중한 이(여성).

allriskförsäkring *~en ~ar* 종합 재산보험.

allrum *~met ~* 거실(居室).

allrådande *a.* 전능의.

alls *adv.* inte ~ 조금도 …하지 않다; utan några svårigheter ~ 전혀 문제가 없이.

allseende *a.* 널리 만물을 내다보는.

allsidig *a.* (지식 등이) 해박한, 넓은, 다방면에 걸친, 만능의; ~t utvecklad 골고루 발달된.

allsköns (불변화형용사) ① 모든 종류의, 잡다한 ② i ~ ro 아주 평화로이.

allsmäktig *a.* 전능의, 전능한; den Allsmäktige 전능하신 하느님; Gud, den ~e 전능하신 하느님.

allströmsmottagar|e *-[e]n ~* 교류, 직류 겸용 라디오.

allsvensk *a.* den ~a fotbollsserien 스웨덴 축구 최강 리그[전].

allsång *~en ~er* 회중 일동의 합창, 제창.

allt[1] *~et 0* ① ~et 우주, 만물, 전세계 ② hela ~et 전체, 전부.

allt[2] *pron.* ① (명사 앞에서 부가적으로) ☞ **all**[1] ② (단독으로) 모두, 전부, 일체의 것; ~ eller intet 전부가 아니면 무(無); ~ har sin tid 매사에는 다 때가 있다; hon är mitt ~ på jorden 그녀는 이 세상에서 내 모든 것이다; han tror sig kunna ~ 그는 자신이 모든 일을 다 알고 있다고 생각한다; ~ utom 결코 …아닌, …은 커녕; ~ som ~ kan man säga 대체로 …라고 말할 수 있을 것이다; gör ~ vad du kan 네가 할 수 있는 것을 다 해봐라; spring ~ vad du kan 될 수 있는 대로 빨리 달려라; efter (av) ~ att döma 모든 점으로 미루어 보건대(판단하

건대); framför ~ 특히, 무엇보다도.

allt[3] *adv*. ① (비교급 앞에서); hon blir ~ bättre 그녀는 점점 더 좋아진다; i ~ större utsträckning 더욱 더 광범위하게 ② [nog] det vore ~ bra, [om] …하면 물론 좋겠지; han är ~ bra dum 그는 상당히 멍청한 것이 틀림없다 ③ (관용구) ~ som oftast 꽤 자주; ~ framgent 이제부터는, 지금부터, …한 이래 줄곧; du hade ~ rätt ändå 결국 네가 옳았다.

alltefter *prep*. …에 따라서.

allteftersom *konj*. (단계, 과정, 국면) …하면서, …함에 따라; (원인, 이유) …해서, …이므로.

alltemellanåt *adv*. 때때로, 이따금.

alltfort *adv*. 아직도, 여전히.

alltför *adv*. 너무; jag känner honom ~ väl 나는 그를 너무 잘 안다; ~ ärelysten 지나치게 야심적인.

alltid *adv*. ① 항상, 늘, 언제나; för ~ 영원히, 길이길이, 언제까지나 ② 하여간, 어쨌든(i alla fall); du kan ~ försöka 어쨌든 힘써보아라.

alltifrån *prep*. ① (시간) …이래로 줄곧; ~ den dagen 그날 이후 내내 ② (장소) 멀리 …에서부터 내내.

alltigenom *adv*. 철두철미하게, 어디까지나; ~ hederlig 철두철미하게 정직한.

alltihop[a] ☞ alltsamman[s].

allting *pron*. 모든 것, 전부(비교 ☞ allt[2]).

alltjämt *adv*. 아직도, 변함없이, 여전히, 항상.

alltmer[a] *adv*. 점점, 더욱 더, 증가하여.

alltnog *adv*. 요컨대, 결국; 좌우간, 어쨌든.

alltomfattande *a*. 전반적인, 보편적인; 포용적인; (관심, 취미가) 광범위한, 다방면에 걸친, 박학한.

alltsamman[s] *pron*. (그것, 그것들의) 전부, 모두; jag är trött på ~ 나는 모든 일에 신물이 난다.

alltsedan *prep*. *adv*. *konj*. 그 후 계속(내내).

alltsomoftast *adv*. 아주(꽤), 자주.

alltså *adv*. 따라서, 그러므로, 그 결과(로써); 바꾸어 말하자면, 즉(det vill säga); resan kunde ~ börja 그리하여 여행이 시작될 수 있었다.

alltysk *a*. 범(汎) 게르만[인, 주의]의.

alludera *~r ~de ~t ir*. 암시하다, (뜻을) 비추다.

allusion *~en ~er* 암시, 빗댐; 【수사학】 인유(引喩).

allvar *~et 0* 진지함, 근엄, 엄숙; 중대함, 심상치 않음; livets ~ 삶의 냉엄함; situationens ~ 사태의 심각성; göra ~ av sitt löfte 자기의 약속을 지키다; jag menar ~ 진심이야, 진심으로 말하는 거야; tala ~ med ngn …와 진지하게 이야기하다; är det ditt [fulla] ~? 자네 진심인가?; på [fullt] ~, [riktigt] på ~ 진지하게, 성실하게; på fullaste ~ 아주 진지하게, 매우 심각하게; ta ngt på ~ …을 심각하게 받아들이다(다루다).

allvarlig *a*. 심각한, 중대한, 진지한; i ~ fara 심각한 위험에 직면하여; få ~a(viktiga) följder 심각한(중대한) 결과를 초래하다; en ~(farlig) sjukdom 중병(重病); en ~ tillrättavisning 호된 질책(견책); hålla sig ~ 진지하게 행동하다; se ~ ut (사람,

A

사건이) 심각해 보이다.

allvarligt *adv*. 심각하게, 엄숙하게, 진지하게; ~ sinnad 진지한, 신중한; ~ talat 진지하게 말하자면(농담은 그만두고).

allvarsam ☞ **allvarlig**.

allvarsamhet *~en 0* 심각성, 진지함, 근엄, 엄격, 중대성.

allvetande *a*. 모든 것을 알고 있는, 전지(全知)의.

allvetar|e *–[e]n ~* 만물박사, 살아있는 백과사전.

allvis *a*. 지극히 지혜로운, 전지전능하신 (하느님).

allätar|e *–[e]n ~* 잡식동물, 무엇이나 다 먹는 동물(사람).

alm *~en ~ar* 【식물】 느릅나무.

almanack|a *–an –or* (날짜가 표시된) 수첩, 달력, (상세한) 역서(歷書); vägg~ 벽걸이 달력; fick~ 일기장, 수첩; ~ i fickformat 주머니 휴대용의 작은 수첩.

aln [aln] *~en ~ar* 옛 길이의 척도(45 인치에 해당).

aloe *~n ~r* 【식물】 (열대지방에서 기르는) 용설란.

aloehampa *~n 0* 용설란 섬유.

alp *~en ~er* 높은 산, 고산(高山); (알프스산 중턱의) 목장지; Alperna 알프스 산맥.

alpack|a *–an –or* ① 【동물】 알파카(남미 산 라마의 일종) ② 알파카의 털[로 짠 천] ③ (전기도금을 한) 양은.

alpbestigar|e *–[e]n ~* 등산가.

alpflor|a *–an –or* 고산(高山)식물.

alphydd|a *–an –or* (스위스) 양치기들의 오두막집; (스위스풍의) 산장, 별장.

alpin *a*. 높은 산의, 아주 높은; (종종 Alpin) 알프스 산맥의.

alpinist *~en ~er* 등산가; Alpinist 알프스 등산가.

alpjägar|e *–[e]n~* 고산 사냥꾼.

alpros *~en ~or* 【식물】 철쭉 속(屬)의 식물(망병초 따위).

alp|stav *~en –stäver* 등산지팡이.

alpviol *~en ~er* 【식물】 시클라멘 (앵초과(科)의 다년초).

alrun|a *–an –or* 【식물】 귀구(鬼臼), 흰독말풀.

alsikeklöver *~n 0* (구미산) 클로버의 일종.

alst|er *–ret ~* 생산품, 생산물, 제작품, 창작[품]; (복수형) 저작물.

alstra *~r ~de ~t tr*. 생산하다, 낳다, 산출하다, 제작하다; (상태를) 발생시키다; (감정을) 일으키다.

alstring *~en 0* 생산, 산출, 발생, 제작.

alstringsförmåg|a *–an –or*/**alstringskraft** *~en ~er* 생산(생식)력.

alt *~en ~ar* 【음악】 알토, 성악에서의 여성저음부.

altan *~en ~er* 발코니, 테라스.

altarbord *~et ~* 【종교】 제대(祭臺, 미사 성제를 드리는 제단).

altare *~t ~n/~* 【종교】 제단, 제대(祭臺), (교회의) 성찬대; ~ts sakrament 성체성사, 주(主)의 잔치; 성체용 빵과 포도주.

altarkärl *~et ~* 【종교】 성체용 그릇.

altarring *~en ~ar*/**altarrund** *~en ~er* 제단의 난간.

altarskåp *~et ~* 제단 위에 세워 놓는 세 장의 연속된 그림(병풍).

altartavl|a *–an –or* 제단 뒤편, 위쪽의 장식(그림, 조각, 병풍 따위).

altartjänst *~en ~er* 예배식; 기도문(文); (희랍정교의) 성찬식.

altaruppsats *~en ~er* 제단 뒤의 선반(십자가, 촛대 등을 세움); 제단 뒤의 칸막이.

altererad *a.* 혼란한, 동요된, 당황한 (upprörd).

alternativ[1] *a.* 양자택일의, 선택적인, 달리 택할, 대신의.

alternativ[2] *~et ~* (둘 또는 셋 이상에서) 하나를 택할 여지.

alternativ jul 대안성탄절(전통적, 상업적 성탄 행사 대신에 소외계층, 독거노인과 함께하는 성탄절).

alternativ skola/alternativskola 대안학교.

alternatvink|el *-eln -lar* 【수학】 엇각.

alternera *~r ~de ~t itr.* 번갈아 일어나다, 교체(교대)하다;【전기】교류하다.

altfiol *~en ~er* 비올라(바이올린과 첼로의 중간 크기의 현악기).

althorn *~et ~*【음악】알토호른(군대용 관악기).

altklav *~en ~er*【음악】낮은 음자리표.

altruism *~en 0* 애타(이타)주의(egoism(이기주의)의 반대말).

altruistisk *a.* 이타주의의, 애타적인.

altröst *~en ~er* 여성 저음(알토) 음성.

altsaxofon *~en ~er* 알토색소폰(대형 목관악기).

altstämm|a *-an -or* 여성 저음 음성.

alumini|um *-[um]et 0* 알루미늄(금속원소; 기호 Al; 번호13).

alumn *~en ~er* (대학의) 졸업생, 동창생.

alun *~en/~et, 0*【화학】명반, 황산알루미늄.

alv *~en 0* 하층토(土), 밑 흙.

amalgam *~et ~[er]*【화학】아말감(수은에 다른 금속을 섞은 것); 혼합물, 합성물.

amalgamera *~r ~de ~t tr. itr.* 융합(혼합)하다, 아말감(amalgam)으로 하다.

amalgamfyllning *~en ~ar* (치아의) 아말감 충전재(材).

amanuens *~en ~er* (대학의) 교육조교.

amason *~en ~er* (그리스 신화의) 아마존(옛날 흑해 근처에 살았다는 용맹한 여족(女族)의 한 사람).

Amasonfloden (남미의) 아마존 강.

amatör *~en ~er* 아마추어(på); 애호가; 호사가.

amatörfotograf *~en ~er* 아마추어 사진사.

amatöridrott *~en ~er* 아마추어 경기.

amatörmässig *a.* 아마추어 같은, 소인다운, 서투른.

amatörskap *~et 0*, hans ~ 그의 아마추어 자격.

amatörspelar|e *-[e]n ~* 아마추어 선수.

amatörteat|er *-ern -rar* 소인극(素因劇, 전문가가 아닌 사람들이 출연하는 연극).

Amazonfloden ☞ Amasonfloden.

ambassad *~en ~er* 대사관.

ambassadris *~en ~er* 대사부인.

ambassadör *~en ~er* 대사(여(女)대사도 포함); den svenska ~en i Washington 워싱턴 주재 스웨덴 대사.

ambition *~en ~er* 야심, 열망

A

(framåtanda); 성실, 근직(謹直).

ambitiös [–ʃø:s] *a*. 야망을 품은, 야심 있는; 성실한, 근직(謹直)한.

ambra ~*n 0* 용연향(龍涎香, 향수의 원료).

ambrosia ~*n 0* (그리스, 로마 신화의) 신의 음식, 신찬(神饌).

ambulans ~*en* ~*er* 야전병원; (병원) 구급차.

ambulans[flyg]plan ~*et* ~ 구급비행기, 병자 수송기.

ambulera ~*r* ~*de* ~*t itr*. 이리저리로 이동하다, 걸어 다니다.

ambulerande *a*. ~ cirkus 이동 곡마단.

amen[1] *itj*. 아멘(히브리어로 '그러할지어다'의 뜻), 기도 끝에 부르는 말.

amen[2] (불변화명사) 아멘을 부르는 일; säga ja och ~ till allt 모든 일에 동의(찬성)하다; så säkert som ~ i kyrkan 반드시, 틀림없이.

Amerika 아메리카; ~s förenta stater 미합중국.

amerikan ~*en* ~*er* 아메리카 사람(미국인 또는 아메리카대륙의 주민).

amerikanar|e –[*e*]*n* ~ 아메리카 사람.

amerikanisera ~*r* ~*de* ~*t tr*. *itr*. 미국화(化)하다, 미국풍(식)으로 되다.

amerikanism ~*en* ~*er* 미국 기질, 미국풍(식); 미국 숭배.

amerikansk *a*. 아메리카 [사람]의.

amerikansk|a ① –*an* –*or* 아메리카 여자 ② –*an 0* 아메리카어, 미어(美語); –engelska 미국 영어.

amerikares|a –*an* –*or* 아메리카 여행.

amerikansvensk ~*en* ~*ar* 미국계 스웨덴인(人).

ametist ~*en* ~*er* 【광물】 자수정, 자석영(紫石英, 보석으로도 이용됨).

amfibie ~*n* ~*r* ① 양서(兩棲) 동식물 ② 수륙 양용 차량.

amfibie[flyg]plan ~*et* ~ 수륙 양용비행기.

amfibiefordon ~*et* ~ 수륙 양용 차량.

amfibisk *a*. 수륙 양용의, 양서류의.

amfiteat|er –*ern* –*rar* 원형 경기장(극장); (옛 로마의) 원형 경기장, 투기장(鬪技場).

aminosyr|a –*an* –*or* 【화학】 아미노산.

amiral [amirɑ:l] ~*en* ~*er* ① 해군대장, 제독 ② 【곤충】 네발나비 따위의 속칭.

amiralitet ~*et 0* 해군 본부.

amiralsflagg ~*en 0* 해군 대장기(대장이 지휘할 때 쓰는 기).

amiralsperson ~*en* ~*er* 해군 장관(대장, 중장, 소장의 총칭).

amiralsskepp ~*et 0* 【항해】 기함(함대의 사령관이 탑승한 군함).

amm|a[1] [am:a] –*an* –*or* 유모.

amm|a[2] –*ar* –*ade* –*at tr*. 젖을 먹이다.

ammoniak [amo:niak] ~*en 0* 【화학】 암모니아(질소나 수소의 화합물. 악취가 나는 무색의 기체로 석탄 건류의 부산물에서 얻어짐).

ammonium ~*et 0* 【화학】 암모늄.

ammoniumur 암모늄 시계.

ammunition [amuniʃo:n] ~*en 0* 탄약; skarp ~ 실탄; lös ~ 공포탄(空砲彈).

ammunitionsdepå ~*n* ~*er* 탄약 저장소.

ammunitionsfabrik *~en ~er* 탄약 공장.

ammunitionsfartyg *~et 0* 탄약 운송 군함.

ammunitionsförråd *~et 0* 탄약고(탄약을 저장하여 두는 창고).

amnesi [amnesi:] *~n ~er* 【의학】 건망증, 기억력 상실 ☞ **minnesförlust**.

amnesti [amnesti:] *~n ~er* 은사(恩赦), 특사(特赦); bevilja ~ 은사를 내리다; få ~ 은사를 받다.

amnestikungörelse *~n ~r* 특사령.

amning *~en 0* 수유(授乳), 젖 먹이기.

amok [amɔk] (불변화 en-명사), löpa ~ 미친 듯이 날뛰며 행패부리다, 닥치는 대로 때려 부수다.

a-moll [ɑ:mɔl] 【음악】 가 단조(마이너 키 A).

Amor [-ɑ:-] (로마 신화의) 큐피트(연애의 신, Cupid).

amoralisk [amɔrɑ:lisk] *a.* 도덕과는 관계없는, 부도덕의.

amorbåg|e [ɑ:mɑ:rbo:ge] *-en -ar* 큐피트의 활(활모양의 것); 윗입술의 윤곽.

amorf [amɔrf] *a.* 무정형의; 특성이 없는; 【물리】 비결정성의(고체가 일정한 모양이나 구조를 갖지 않는).

amorin [amɔri:n] *~en ~er* 아이 모습의 사랑의 신(神) 큐피트.

amortera [amɔʈe:ra] *~r ~de ~t tr.* 【경제】 감가상각하다; 분할불로 빚을 갚다; (감채기금으로) 상환하다.

amortering *~en ~ar* (감채기금에 의한) 할부상환; 연부상환, 상각, 할부불.

amorteringsbelopp *~et 0* 분할상환 금액.

amorteringsfond *~en ~er* 감채 기금; 상환적립금.

amorteringsfri *~tt ~a*, ~tt lån 만기에 전액을 청산하는 대부.

amorteringstid *~en ~er* 분할상환 기간.

amorteringsvillkor *~et 0* 분할상환 조건.

amorös [amɔrø:s] *a.* 연애의; en ~ sång 연가(戀歌).

ampel[1] *a.* (관용적 문구에서), de amplaste lovord 아끼지 않는 칭찬의 말.

amp|el[2] [ampel] *-eln -lar* 천장이나 벽에 걸리는 꽃바구니(화분); 천장에 매다는 램프(hänglampa)의 일종.

amper [amper] *a.* 쓴; 신랄한.

ampere [-pæ:r] *~n ~r* 【전기】 암페어(전류의 세기의 실용 단위, 기호 A).

amperemet|er *-ern -rar* 【전기】 전류계, 암페어계.

amperemätar|e *-[e]n ~* ☞ **amperemeter**.

amperetimm|e *-en -ar* 【물리】 암페어시(암페어의 전류가 한 시간 동안 흐르는 전기량, 기호 Ah).

amplifiera [amplifie:ra] *~r ~de ~t tr.* 확대하다, 확장하다; 상세히 설명하다, 부연하다.

amplitud [-u:-] *~en ~er* 【물리 · 전기】 진폭(진동하는 물체에 있어 그 정지의 위치로부터 진동 좌우의 극점에 이르기까지의 변위).

amplitudmodulering *~en ~ar* 진폭 변조.

ampull [ampul] *~en ~er* 【의학】 앰풀(1회분의 주사약을 넣은 조그마한 유리 용기), 작은 약병.

amputation [-aʃɑ:n] *~en ~er* 절단

[수술].

A

amputera [ampute:ra] *~r ~de ~t tr.* 절단하다.

AMS (약어) 노동시장위원회 ☞ **Arbetsmarknadsstyrelsen**.

amsag|a [-ɑ:-] *-an -or* 믿어지지 않는(과장된) 이야기, 어리석은(허황된) 이야기(유모가 하는 동화에서 유래된 말).

AMU (약어) 노동시장교육 ☞ **Arbetsmarknadsutbildning**.

AMU-cent|er *-ret -rer* 노동시장교육 센터.

AMU-kurs *~en ~er* 노동시장교육 학습.

amulett [amulet] *~en ~er* 호부(護符), 부적(符籍).

amylacetat [-setɑ:t] 【화학】 아밀 초산염.

amyotrofi *~n 0* 근위축증(筋萎縮症).

amöb|a [-ø:-] *-an -or* 아메바.

an[1] *adv.* av och ~ 왔다 갔다 하다; se tiden ~ 때를 기다리다, 두고 보다; ta sig ~ …을 처리하다, …을 맡다; det går ~ 도움이 된다, 충분하다, 쓸모가 있다.

an[2] *adv.* 【부기용어】 대변(貸邊).

ana [ɑ:na] *~r ~de ~t tr.* 예감하다; ~ oråd 흉계를 눈치 채다(짐작하다), 낌새를 알아채다; intet ont ~nde 이상이 없는 줄 알고, 의심하지 않으며; du kan inte ~ hur(vad) glad jag blev 내가 얼마나 기뻤는지 너는 전혀 상상하지 못한다; jag ~de det(det ante mig) 그럴 줄 알았다.

anabaptism *~en 0* 재침례파(再浸禮派)의 교리.

anabaptist *~en ~er* 재침례파의 교도.

anacka/anagga *itr.* (관용적 문구에서만 나타남), jäklar ~! 제기랄! (jävlar anamma!의 미화법)

anafor [-fo:r] *~en ~er* 【수사학】 수구반복(首句反復).

anagram *~met 0* 어구의 철자 바꿔놓기(예를 들어 amor의 anagram은 Roma, Mora 따위이다).

anakolut [-u:t] *~en ~er* 【문법】 파격 구문(문법적 일관성을 결하는 문장).

anakond|a [-ɔn-] *-an -or* 아나콘다(남미 산의 큰 구렁이).

anakoret [-ɔret] *~en ~er* 은자(隱者, 속세를 떠나 숨어 사는 사람), 은둔자 ☞ **eremit**.

anakronism [-krɔnism] *~en ~er* 시대착오; 시대에 뒤떨어진 것; 연대의 오기(誤記).

anal [anɑ:l] *a.* 항문(肛門)의; 항문 부근의.

analfabet [-be:t] *~en ~er* 문맹자, 교양이 없는 사람; 무식자.

analfen|a *-an -or* 【어류】 꼬리 지느러미.

analöppning *~en ~ar* 【해부】 항문.

analism 문맹, 무학.

analog[1] [analo:g] *a.* 유사한, 비슷한, 닮은.

analog[2] 【정보통신】 아날로그.

analogdator [-lo:gda:tor] *~n ~er* 아날로그 컴퓨터 ☞ **analogimaskin**.

analogi [-lɔgi:] *~n ~er* 유사, 비슷함; 유추; i ~ med …에서 유추하여.

analogibildning *~en ~ar* 유추 구성.

analogimaskin *~en ~er* 아날로그(상사형) 전자계산기; 아날로그 컴퓨터.

analogislụt *~et 0* 유추 추리, 유추 진단.

analogisk [−lọ:gisk] *a.* 유추의; 비슷한, 닮은.

analys *~en ~er* 분석; 분해; (문법·심리) 분석; (수학) 해석.

analysẹra *~r ~de ~t tr.* 분석하다; 분해하다; 해석하다.

analytiker *~n ~* 분해자, 분석자.

analytisk *a.* 분해의; 분석적인.

anạmma[1] *~r ~de ~t tr.* (제안 따위를) 받아들이다, 사유(私有)로 하다.

anạmma[2] (관용적 문구에서) fan ~! 제기랄!

anamnes [−e:s] *~en ~er*【의학】기왕증(환자가 지금까지 경험한 질병), 병력 구술.

ananas *~en, ~/~er* 파인애플.

anapẹst *~en ~er*【운율】약약강(弱弱强)격, 단단장(短短長)격.

anarki [−kị:] *~n 0* 무정부 상태, (사회적, 정치적) 무질서 상태; 무정부론; (일반적) 무질서.

anarkism *~en 0* 무정부주의.

anarkist *~en ~er* 무정부주의자.

anarkistisk *a.* 무정부의, 무정부주의의.

anatẹm|a *−at −an*【종교】아나테마, 파문(破門, 신도의 자격을 뺏고 종문(宗門)에서 쫓음).

anatom [−tọ:m] *~en ~er* 해부 학자, 분석 해부자.

anatomi [−ị:] *~n 0* 해부학, 해부술(론); (동식물의) 구조, 조직; 인체(人體).

anatomisk *a.* 해부의, 해부[학]상의.

anbefall|a [ạnbefala] *−er −de −t tr.* ① (…에게) 명령하다, 분부하다; ~ ngn tystnad …에게 침묵하도록 명령하다; läkaren −de honom vila 의사는 그 사람에게 휴식할 것을 지시했다 ② 추천하다; 충고하다; 권하다; ~ på det varmaste 진정으로 추천하다, 충심으로 추천하다 ③【종교】맡기다, 위탁하다; ~ sin själ i Guds hand 하느님께 영혼을 내맡기다(안심하고 죽다).

anbelanga [ạnbelaŋa] *~r ~de ~t tr.* 관계하다; vad mig ~r 나에 관한 한, 나만은; ☞ **beträffa, angå**.

anblick [anblik] *~en 0* 목격, 일견, 일별; 출현; 경치, 광경; en ståtlig ~ 장관; vid ~en av …을 보고, …을 보자; vid första ~en 일견하여, 언뜻 보기에는; vid blotta ~en 보기만 해도.

anbringa [anbriŋa] *~r ~de ~t tr.* 붙이다, 고착시키다; (이론을) 적용하다, (힘을) 가하다; 맞추다, 짜 맞추다; 끼워 넣다; 두다, 대다; ~ ett stetoskop till någons bröst 청진기를 …의 가슴에 대다.

anbud [anbu:d] *~et 0*【경제】입찰, 매매제의; (팔 물건으로서의) 제공; 제안; lämna ~ på …의 입찰을 하다; ~ infordras härmed på …의 입찰을 공고한다; skådespelaren fick smickrande ~ 배우는 자랑스럽고 마음에 드는 역할을 맡아달라는 청을 받았다; öppet ~ 경쟁 입찰.

anbudsformulär *~et 0* 입찰장(入札狀)).

anbudsgivar|e *−[e]n ~* 입찰자, 경매인.

anbudsgivning *~en ~ar* 입찰.

anbudskartẹll *~en ~er* 입찰 기업 연합.

A

anciennitẹt *~en ~er* 【노동】 선임(고참)권(고참자가 신참자보다 유리한 입장에 서는 지위); efter ~ 선임권에 따라.

and *~en änder* 들오리.

anda *~n 0* ① 숨; dra[ga] ~ 숨 쉬다; ge upp ~n 숨을 거두다, 죽다; hålla ~n 숨을 죽이다, 마음을 죄다; hämta ~n 거칠어진 숨을 정상으로 돌리다; kippa efter ~n 숨이 차다, 숨을 헐떡이다; med ~n i halsen 숨이 차서, 헐떡이며; 숨을 죽이고; tappa ~n 숨을 헐떡이다; springa ~n ur sig 뛰어서 숨이 차다 ② 기풍; 분위기; 도덕; 기운, 기분; ~n hos trupperna 군대의 사기(士氣); i en ~ av samförstånd 서로 이해하는 기분으로; i samma ~ 같은 마음으로; när ~n faller på …할 기분이 날 때; samma ~s barn 같은 성질의 사람들, 마음이 맞는 사람; tidens ~ 시대정신

andakt *~en ~er* 헌심, 전심, 전념; 【종교】 신앙심, 귀의(歸依); 기도; med ~ 헌신적으로, 애착으로(경건한 마음으로); förrätta sin ~ 예배를 집도하다; 기도하다.

andakts|bok *~en -böcker* 성구집(聖句集).

andaktsfull *a.* 헌신적인; 신앙심에서 우러난; 경건한.

andaktsstund *~en ~er* 기도하는 시간.

andaktsövning *~en ~ar* 기도하는 일.

ạndanom [-nɔm] (불변화명사), i ~ 상상 속에, 마음속에.

andạnte[1] *adv.* 【음악】 천천히, 느린 속도로, 안단테.

andante[2] *~t ~n* 안단테 곡.

anda|s *~ -des -ts tr. itr.* 호흡하다, 숨을 쉬다; ~ in 흡입하다, 들이마시다; ~ ut 내쉬다; 안도의 한숨을 내쉬다, 한숨 돌리다(비유); allting ~ frid och fröjd (자연의) 모든 것들이 평온감을 준다.

and|e *~n -ar* ① 영혼; 지성; ~n är villig, men köttet är svagt 마음은 원하나 육신이 약하도다; de i ~n fattiga 마음이 가난한 자들; ~ns värld 정신세계, 지능계 ② 유령; 신(神); 영혼; 마음; den Helige Ande 성신(聖神); de avlidnas -ar 죽은 사람들의 영혼; ngns onda ~ 누군가의 악한 마음(악귀); tjänande ~ (농담조로, 일상적인 표현) 충실한 시종(하인) ③ 성격, 인격; 성품; 기력; en stor ~ 천재; besläktade andar 마음 맞는 사람들.

andebesvärjar|e *-[e]n ~r* 귀신을 쫓아내는 사람, 무당.

andebesvärjelse *~n ~r* 귀신 쫓기, 굿, 불제, 액막이.

andedräkt *~en ~er* 입김; dålig ~ 악취 나는 입김, 나쁜 입 냄새.

andefattig *a.* 공허한; 멍청한; 머리가 둔한; 영감이 없는.

andel [ande:l] *~en ~ar* 몫, 배당 몫, 할당, 분담; ha ~ i ett företag 사업에 출자(관계)하고 있다.

andelsbevis *~et 0* 【경제】 주권(株券); 공채 증서.

andelsförening *~en ~ar* 【농업】 협동 조합; 소비자 [구매]조합.

andelsföretag *~et ~* 협동조합 형태의 회사.

andemening *~en ~ar* 본질, 근본적

성질; 중심의도.

Anderna [andeṇa] 안데스 산맥.

ande|skådar|e -*[e]n* ~ 심령가(心靈家).

andeskådning *~en ~ar* 신접.

andetag *~et* ~ 호흡, 숨; ta ett djupt ~ 깊은 숨을 쉬다; i ett ~ 단숨에; till sista ~et 죽을 때까지.

andevärld *~en ~ar* 영적 세계, 정신적 세계.

andeväsen *~et* ~ 영혼, 정신.

and|fådd *-fått a*. 숨찬, 헐떡이는.

andfåddhet *~en ~er* 숨을 헐떡임.

andhämtning *~en ~ar* 호흡.

andhämtningspaus *~en ~er* 숨 돌릴 여유.

andjakt *~en ~er* 들오리 사냥.

andlig *a*. ① 심령적인, 영적인; 정신적인; ~ utveckling 정신적 발달; ~ odling 문화 교양, 지육(지능의 개발과 지식의 함양을 목적으로 하는 교육); ~a värden 정신적 가치; ~t liv 영적 생활 ② 신성한, 성령의; 교회의; 성직의, 목사의; ~ makt 신성한 힘; ~a sånger 성가(聖歌); ~ orden 수도회; ~t ämbete 교회의 관직(성직); ~t stånd 성직 신분; inträda i det ~a ståndet 성직에 들어서다.

andligen *adv*. 정신적으로.

andlös *a*. 숨 막히는, 숨 막힐 듯한; ~ tystnad 죽음과 같은 침묵; ~t spännande 숨을 죽이는, 박진감 있는.

andmat *~en 0* 【식물】 좀개구리밥(다년생 수초, 연못에 나는데, 수면에 뜬 엽상체 중앙에서 다수의 가는 수근이 늘어지고 담녹색의 잔 꽃이 핌).

andning *~en ~ar* 호흡, 한번 숨쉼; konstgjord ~ 인공호흡; komma in i andra ~en 심하게 운동한 뒤 숨이 몹시 가빠졌다가 가라앉으면서 정상적인 상태로 돌아오다; 하는 일이 쉬워지다.

andningsapparat *~en ~er* 인공호흡 장치.

andningsorgan *~et 0* 호흡 기관.

andningspaus *~en ~er* 휴식, 숨을 돌리는 사이.

andningssvårigheter (복수명사) 호흡 곤란.

andnöd *~en 0* 호흡 곤란; ha ~ 호흡이 곤란하다.

andra/andre[1] (남성명사단수) *räkn*. 제2의, 둘째 번(두 번째)의; ~ Mosebok 【성경】 출애굽기(구약성서중의 모세 오서(五書)의 하나, 출애굽에 관한 기록으로서, 유명한 십계명도 이중에 기록되어 있음); göra ett ~ försök 한번 더 시도하다; ~ våningen 3층; för det ~ 둘째로; köpa i ~ hand 중고품을 사다; ha en uppgift i ~ hand 보도를 전해 듣다; det får komma i ~ hand 나중에라도 할 수 있을 것이다; andre styrman 【海】 제2항해사; ett ~ klassens hotell 2등 호텔; ~ världskriget 제2차 세계 대전(1939~1945).

andra[2] ☞ annan.

andra[ga][3] *~r/andrager androg andragit tr*. 진술하다, 언급하다, 발표하다; 의뢰하다; ~ till sitt försvar 자신의 변호를 하다.

andragande *~t ~n* 진술; 공술.

andragradsekvation *~en ~er* 【수학】 2차 방정식.

andrahands- *a*. 간접적인, 중고[품]의.

A

andrahandsaffär ~en ~er 중고품 상점.
andrahandsbutik ~en ~er ☞ andrahandsaffär.
andrahandspris ~et, 0/~er 재매(再賣)의 가격.
andrahandsuppgift ~en ~er 간접적으로 얻어 들은 보도(정보).
andrahandsvärde ~t ~n 중고품 가격.
andrakammarval ~et 0 제2원 선거.
andrak|e -en -ar 수오리.
andraklassar|e -[e]n ~ 2학년 학생.
andraklassbiljett ~en ~er 2등 차표.
andraklasskupé ~n ~er (열차의) 2등 칸막이 실.
andraklassvagn ~en ~ar 2등 객차.
andraplacering ~en ~ar 【스포츠】 2등; han fick en ~ 그는 2등이 되었다.
andraplansfigur ~en ~er (신분 따위가) 천한 놈; 보조적(부수적) 인물.
andraslagsförmåg|a [-fœrmo:ga] -an -or 제2의 능력(숨겨진 핵무기가 핵공격의 보복용으로 쓰일 수 있는 능력).
andre ☞ andra.
andreaskors [-askɔʂ] ~et 0 X형 십자(十字).
andremaskinist ~en ~er 【海】 2등 기관사.
andreopponent ~en ~er 제2 질의자 (구제도에서 박사논문 발표자가 지명한 질의자).
andrepilot ~en ~er 【항공】 부조종사.
androg ☞ andra[3].
androgener (복수명사) 남성 호르몬 물질, 안드로겐.
androgyn ~en ~er 남녀추니, 남녀양성 구유자(具有者), 반음양, 어지자지; 【식물】 자웅동화 ☞ hermafrodit.
andrum ~met 0 【비유】 숨 돌릴 여유; 휴식 시간.
andtäppa ~n 0 호흡 곤란.
andtäppt a. 호흡이 곤란한.
andäktig a. 경건한, 독실한; 주의 깊은, 세심한.
andäktighet ~en ~er 독실, 경건.
andäktigt adv. 경건히, 주의 깊게; hon lyssnade ~ på honom 그녀는 그의 말을 주의 깊게 들었다.
anekdot [-do:t] ~en ~er 일화, 기담(奇譚).
anemi ~n 0 【의학】 빈혈증.
anemisk [-ne:-] a. 빈혈증의, 빈혈성의.
anemomet|er -ern -rar 풍력계(風力計).
anemon [anemo:n] ~en ~er 【식물】 아네모네.
anestesi ~n ~er 【의학】 마취; 마비, 무감각증.
anestesiologi ~n ~er 마취학.
anestetisk [-te:-] a. 마취의.
anestetika [-te:-] (복수명사) 마취제.
an|fader ~n -fäder 조상, 선조.
anfall [anfal:] ~et ~ 공격; (병의) 발작, 경련; rikta ett ~ mot …에 공격을 돌리다; gå till ~ 공격하다; ett hysteriskt ~ 히스테리 적 발작; i ett ~ av vrede 홧김에, 벌컥 화가 나서.
anfall|a -er anföll -it tr. 공격하다,

비난하다.
anfallskrig *~et ~* 침략 전쟁.
anfallsmål *~et ~* 공격 목표.
anfallsplan *~en ~er* 공격 계획(계략).
anfallsrobot *~en ~ar* 공격 미사일.
anfallsvap|en *–net ~* 공격 무기.
anfang [anfaŋ] *~en ~er* 【인쇄】 머리 글자(책의 각 장을 시작하는 크고 장식적인 글자).
anflygning *~en ~ar* 【항공】 활주로에의 진입, 강하[코스]; 착륙, 진입.
anfordran (불변화 en–명사) 요구; att betalas vid ~ 청구에 따라 지불할 수 있는, 일람불의.
anfrätning *~en ~ar* 부식, 침식.
anfrätt *a*. 부식한, 침식당한; ~a tänder 충치; ~ av rost 녹슬어 있는.
anfäkta *~r ~de ~t tr*. 괴롭히다, 애먹이다; ~s av tvivel 의구심에 시달리다; ~s av svartsjuka 질투심이 일어나다, 질투로 괴로워하다.
anfäktelse *~n ~r* 고난, 고민, 괴로움; 시련.
anföll ☞ **anfalla**.
anför|a *– –de –t tr*. ① 인도하다, 지도하다; 지휘하다; ~ en orkester 악단을 지휘하다 ② 진술하다, 지정하다, 말하다; ~ besvär [över] 탄원하다; ~ som bevis 증거로서 내놓다; ~ som skäl 이유로서 제시하다; ~ till sitt försvar 자신을 변호 하다 (andraga till sitt försvar) ③ 인용하다; på det –da stället 인용된 장소에.
anförande *~t ~n* ① 인도, 지도; 지휘 ② 진술; 연설; hålla ett ~ 연설하다.
anförar|e *–[e]n ~* 사령관, 지도자; 【음악】 지휘자.
anföring *~en ~ar*, direkt ~ 직접 화법; indirekt ~ 간접 화법.
anföringssats *~en ~er* 인용에 끼워 넣는 구절.
anföringsteck|en *–net ~* 인용 부호.
anföringsverb *~et ~* 화법 유도 동사.
anförtro [anfœtˌroː] *~r ~dde ~tt* ① *tr*. ~ ngn ngt …에게 …을 맡기다; ~ ngn en hemlighet …에게 비밀을 털어놓다; hon ~dde mig att 그녀는 나에게 …을 털어놓았다 ② *rfl*. ~ sig åt …에게 털어놓다.
anförvant [–fœr–] *~en ~er* 친척.
angav [aŋgɑːv] ☞ **angiva/ange**.
an|ge [anjeː] *–ger –gav –gett /–givit tr*. ① 알리다, 진술하다; ~ skälet till …의 이유를 제시하다; det –givna skälet 제시한 이유; ~ noga 상술(詳述)하다, 자세히 알리다; det på fakturan –givna priset 송장(送狀)에 적은 가격 ② 고발하다, 밀고하다; ~ ngn för polisen 경찰에 …를 밀고하다; ~ sig själv 자수(自首)하다 ③ ~ takten 【음악】 박자를 표시하다.
angelsaxare ☞ **anglosaxare**.
angelä|gen [–jelɛː–] *a*. 중요한; 긴급한, 매우 위급한, 절박한; 열망하는; ~ om att vara ngn till lags …를 애써 즐겁게 하고 싶어 하다; ~ om att göra …하려고 열망하다; visa sig mycket ~ …에 대해 열의를 보이다.
angelägenhet *~en ~er* ① 용건, 사건, 사무, 직무, 일; inre ~er 국내사건, 내부적인 일; sköta sina egna ~er 자기의 일에 관심을 갖다 ② 긴급, 절박; 긴급한 일.
angelägenhetsgrad *~en ~er* 긴급의 정도.

A

angenäm [–jenɛ:m] *a*. 유쾌한, 즐거운; 좋은; det var ~t att träffas 만나서 반갑습니다.
angett ☞ ange.
angick ☞ angå.
angin|a –*an* –*or* 안기나, 후두염(喉頭炎).
angiv|a –*er angav* –*it* ☞ ange.
angivar|e –[*e*]*n* ~ 밀고자.
angivelse ~*n* ~*r* 고발, 신고[서]; 밀고.
angiveri ~*et* ~*er* (큰 규모의) 밀고.
angjorde [–jɷ:ɖe] ☞ angöra.
angjort [–jɷ:ʈ] ☞ angöra.
angla [aŋla] ~*r* ~*de* ~*t tr*. *itr*. 낚시질하다.
anglicism ~*en* ~*er* 영국식(풍); 영국주의; 영국식 말투.
anglikansk *a*. 영국 국교회(the Church of England)의.
anglisera ~*r* ~*de* ~*t tr*. 영국 풍으로 하다; (외국어를) 영어화하다.
anglofil ~*en* ~*er* 친영파의 사람.
anglosaxar|e –[*e*]*n* ~ 앵글로색슨 사람.
angoragarn [aŋgo:ragaɳ] ~*et 0* 앙고라 모직물(앙고라염소의 털로 만든 모직물).
angoraget [–je:t] ~*en* ~*ter* 앙고라염소(앙카라 지방산 염소의 한 변종).
angorakatt ~*en* ~*er* 앙고라 고양이.
angoraull ~*en 0* 앙고라염소의 털; 모헤어 털.
angostura [aŋgɔstụ:ra] ~*n 0* 앙고스튜라 수피(樹皮, 해열·강장제, 주류용 양념).
angrep ☞ angripa.
angrepp ~*et 0* 공격; 침식; gå till ~ mot …을 공격하다.
angreppspunkt ~*en* ~*er* 공격점, 공격 목표.
angreppsvap|en –*net* ~ 공격 무기.
angrip|a –*er angrep angripit tr*. 공격하다; 강습하다; 공박하다; 침범하다; 훼손하다, 손상시키다; 부식시키다; ~ ett problem 문제에 달려들다.
angripar|e –[*e*]*n* ~ 공격자, 가해자; 침략자.
angripen *a*. metallen är ~ av rost 금속은 녹이 슬었다; järnet är angripet av röta 철이 녹슬어 부식(腐蝕)하다; ~ av sjukdom 병든.
angripit ☞ angripa.
angränsande *a*. 접근한, 인접한, 부근의(till), …의 옆의.
angå [aŋgo:] ~*r angick angått tr*. …에 관계가 있다, 관계하다, 관여하다; saken ~r dig inte 네가 알 바 아니다; vad mig ~r (드물게 씀) 나에 관한 한.
angående *prep*. …에 관하여, …에 대하여; …에 관해서는, …로 말한다면.
angått [–gɔt] ☞ angå.
angö|ra [anjœ:ra] *angör angjorde angjort tr*. ① 【항해】 ~ hamn 입항하다; ~ land 육지가 보이는 곳으로 오다 ② 계류하다, (배를) 부두에 대다(밧줄로 붙잡아 대놓다).
angöringshamn ~*en* ~*ar* 기항항(寄航港), 기항지.
angöringsplats ~*en* ~*er* 계류하는 곳, 기항지.
anhalt ~*en* ~*er* 정지, 휴지, (멈추어) 섬.
anhang ~*et*, ~/*0* 【경멸어】 종자

(從者); 오합지졸; 앞잡이, 끄나풀; hans ~ 그의 동배(同輩).

anhopa [−hɷ:−] *~r ~de ~t* ① *tr*. 모으다; 쌓다 ② *rfl*. 쌓이다, 모이다 (~ sig).

anhopning *~en ~ar* 집적, 축적; ~ av trupper 부대의 집결.

an|hålla [−hɔla] *−håller −höll −hållit* ① *tr*. 체포하다, 구속하다; ~ ngn som misstänkt för mord …를 살인 혐의로 구속하다 ② *itr*. ~ om 신청하다; 요구하다; om svar −hålles(약어 o.s.a.) 회답해주시기 바랍니다. (초대장 따위에 씀, R.S.V.P.라고도 씀); ~ hos ngn om ngt …에게 …을 신청하다; ~ om en flickas hand 여자에게 청혼하다; ~ om snar betalning 조속한 결산을 요구하다; ~ om tillstånd 허락을 신청하다.

anhållan (불변화 en−명사) 신청; ~ om uppehållstillstånd 체류허가 신청; enträgen ~ 간청, 간절한 부탁; ödmjuk ~ 탄원, 애원.

anhållande *~t ~n* 체포, 구속.

anhängar|e *−[e]n ~* 종자; 추종자; 신자(av, till); ~ av förbud 금지론자; ~ av partiet 당파심이 강한 사람.

anhängig|göra *−gör −gjorde −gjort tr*. ~ ett mål vid domstol 사건을 재판에 넘기다; 소송을 제기하다; ~ rättegång mot …에 대하여 소송을 제기하다.

anhängiggjorde ☞ **anhängiggöra**.

anhängiggjort ☞ **anhängiggöra**.

anhöll ☞ **anhålla**.

anhörig *a*. (주로 명사화되어 사용됨) 친척; mina ~a 우리 가족; närmaste ~[a] 가장 가까운 친척.

Aniarabarn *~et ~* 현대 사회의 부정적 측면의 영향으로 무관심과 무감동의 성향을 보이는 아이.

anilin *~en/~et, 0* 【화학】 아닐린(염료, 합성수지의 원료).

anilinfärg *~en ~er* 아닐린 염료.

anilinförgiftning *~en ~ar* 아닐린 중독.

anilinpenn|a *−an −or* 아닐린 펜.

animal/animalisk *a*. 동물성의, 동물의.

animation *~en ~er* 【영화】 동화(動畫), 만화영화(영화에 나오는 그림이나 무생물을 움직이거나 살아 있는 것처럼 보이게 하는 것).

animera *~r ~de ~t tr*. 격려하다, 고무하다; 생명을 불어넣다; 활기를 띄게 하다; stämningen var mycket ~d 분위기는 아주 명랑했다; ~d film 만화 영화.

animism *~en 0* 【철학】 물활론(범신론의 한 형태, 세상 만물은 본래 생명, 영혼, 마음이 있다고 하는 주장).

animositet *~en 0* 악의, 증오, 원한, 앙심.

aning *~en ~ar* ① (불길한) 예감, 예각(豫覺)(om, om att); ond ~ 불길한 예감, 걱정, 불안 ② 관념, 개념, 생각; det har jag inte den ringaste ~ om 그것은 내가 전혀 모르고 있는 일이다(짐작도 할 수 없다); politik har jag ingen ~ om 정치에 관하여 조금도 모른다 ③ en ~ 조금, 약간; en ~ bättre 조금 나은; en ~ trött 약간 피곤한.

aningsfull *a*. 예감 있는; 걱정하는,

근심하는.

aningslös *a*. 의심하지 않는, 신용하는, 수상히 여기지 않는; 순진한.

ạnis *~en 0* 【식물】 아니스[의 열매](미나리과의 1년 초, 북아메리카의 원산, 높이 60센티미터 정도, 잎은 심장형, 가을에 줄기 끝에 흰 꽃이 피며 열매는 갈색을 띤 달걀꼴임, 건위 · 거담 약 또는 향미료로 쓰임).

anisẹtt *~en ~er* 아니스 술.

ank|a *-an -or* ① 집오리 ② tidnings~ 허위 보도.

ankare[1] *~t ~n* ① 닻; kasta ankar 투묘(投錨)하다, 닻을 주다(내리다); lätta ~ 닻을 올리다(감다); 출항하다; ligga för ~ 정박해 있다, 닻을 내리고 있다; 【轉義】 잠자고 있다; 병상에 누워있다 ② 【전기】 전기자(電氣子); 접근자(발전기 · 전동기 따위의 회전자) ③ 【건축】 나비장(재목을 서로 이을 때 쓰는 나비 모양의 나무 조각), 나무 쐐기 ④ 【시계】 탈진기(기어의 회전 속도를 고르게 하는 닻 모양의 장치) ⑤ 【스포츠】 중심 선수.

ankare[2] *~n/~t, ~/~n* (39.25리터의 물건을 담는) 조그만 나무통.

ankare[3] *~t ~n* ☞ **hypertext anchor** (하이퍼텍스트 앵커).

ankarfäste *~t ~n* 안전한 곳, 피난처.

ankarklys *~et ~* (이물의) 닻줄 구멍, 호스 파이프(닻줄 관).

ankarkätting *~en ~ar* 닻줄, 앵커 케이블(쇠로 만듦).

ankarplats *~en ~er* 투묘지, 정박지.

ankarspel *~et ~* 윈드리스(양묘기 揚錨機), 앵커 캡스턴.

ankarspol|e *-en -ar* 【전기】 앵커 코리.

ankarstock *~en ~ar* 【항해】 앵커 스톡, 닻장.

ankartross *~en ~ar* 앵커 케이블, 닻줄(밧줄).

ank|bonde *~n -bönder* 숫 오리.

ankdamm *~en ~ar* 오리가 노는 못; 아무 일도 일어나지 않는 (심심한) 곳.

ank|el *-eln -lar* 발목, 복사뼈.

ankelled *~en ~er* 발목 관절.

ankellång *a*. (길이가) 발목까지의.

anklaga *~r ~de ~t tr*. 고발하다, 비난하다; ~ ngn för utpressning …를 공갈죄로 고발하다; den ~de 피고인; med ~nde miner 비난하는 조로; sitta på de ~des bänk 피고석에 앉아 있다; 비난의 세례를 받고 있다.

anklagelse *~n ~r* 비난, 규탄; 고발, 고소; rikta en ~ mot myndigheterna 당국을 비난하다; ömsesidiga ~r 상호 비난; ~ för skattefusk 탈세 혐의로 기소.

anklagelseakt *~en ~er* 기소장, 고발장.

anklagelsepunkt *~en ~er* 【법률】 기소 조항, (기소장의) 소인(訴因).

anklang *~en ~er* 승인, 찬성; vinna ~ 찬성을 얻다; väcka ~ hos ngn …의 마음을 끌다.

anklar ☞ **ankel**.

anknutit ☞ **anknyta**.

an|knyta *-knyter -knöt -knutit tr*. 연결하다, 잇다, 접속하다, 붙이다; bibanan -knyter till stambanan vid Bollnäs 지선은 볼내스에서 본선과 연결되어 있다; berättelsen -knyter till verkliga händelser 이야기는 사실

에 기초를 두고 있다.

anknytning *~en ~ar* 연결, 결합; 연락; (전화의) 접속 내선, 연접선.

anknöt [aŋknøːt] ☞ **anknyta**.

ankom [aŋkɔm] ☞ **ankomma**.

an|komma [−kɔma] *−kommer −kom −kommit itr*. ① 도착하다(till); ~nde post 도착 우편물; ~nde tåg 도착 열차; 열차의 도착[시간] ② …나름이다, …에 달려있다(på); vad på mig −kommer 나에 관한한; det −kommer på henne att se till det 그것을 돌보는 일은 그녀의 임무다.

ankomm|en *−et a*. ① 도착한 ② −et kött 상하기 시작한 고기 ③ 약간 술에 취한.

ankomst [−kɔm−] *~en ~er* 도착; vid ~en till stationen 역에 도착한 뒤(도착하는 대로 곧).

ankomstdatum *~/~et*, *~* 도착일(日).

ankomsthall *~en ~ar* 여객 대합실.

ankra *~r ~de ~t itr*. 【항해】 정박하다, 닻을 내리다.

ankring *~en ~ar* 정박.

ankringsplats *~en ~er* 정박지, 투묘지(投錨地); 계류장(배를 대고 매어 놓는 장소).

anlade ☞ **anlägga**.

anlag *~et ~* ① 재능, 소질; 경향; ~ för …의 소질; ärftliga ~ 유전적 성향; musikaliska ~ 음악적 소질; ~ för fetma 비만체질; ha goda ~ 타고난 재능이 있다 ② 【생물】 원기(原基).

anlagsprövning *~en ~ar* 적성 검사.

anlagt ☞ **anlägga**.

anledning *~en ~ar* 목적, 이유; ~ till …의 이유; 원인, 까닭, 근거; det finns ingen ~ till oro 걱정할 까닭이 없다; han hade all ~ att resa 그는 여행할 이유가 있었다; ha ~ till missnöje 불평할 까닭이 있다; av vilken ~? 무슨 이유로?; med (i) ~ av …때문에; …한 이유로, …로 인하여; med ~ härav 이것 때문에; på förekommen ~ får vi meddela att … 이러한 이유로 우리가 꼭 …을 알리지 않을 수 없다; utan all ~ 이유도 없이; vid minsta ~ 조그마한 이유가 있을지라도.

anlete *~t ~n* 【시어】 얼굴 모습, 용모, 안색; 【비유】 i sitt ~s svett 열심히, 땀 흘려.

anletsdrag *~et ~* 얼굴의 생김새(윤곽).

anliggningsyt|a *−an −or* 접촉면.

anlita *~r ~de ~t tr*. ① 의뢰하다; ~ läkare 의사의 진단을 받다; ~ advokat 변호사에 의뢰하다; vara mycket ~d 많이 사용되다, 큰 수요가 있다, 부탁을 많이 받다 ② 사용하다, 쓰다; …에 의지하다; ~ lexikon 사전을 사용하다; ~ vapenmakt 무력에 의지하다; ~ telefonen 전화를 사용하다; en ofta ~d utväg 자주 사용하는 수단.

anlitande *~t ~n*, med ~ av …의 도움으로.

anlopp [−lɔp] *~et ~* ① 달음박질 ② 돌진 ③ 공격; göra ~ mot 공격하다.

anlup|en *−et −na a*. 변색된, 퇴색된; 손상된; 산화한; ~ av fukt 습기로 손상된.

anlägg|a *−er anlade anlagt tr*. ①

건설하다, 짓다, 세우다, 설립하다; ~ en fabrik 공장을 세우다; ~ en park 공원을 만들다 ② 일으키다; 작정하다; ~ mordbrand 방화죄(放火罪)를 범하다 ③ 기르다; ~ skägg 수염을 기르다; (태도를) 취하다; ~ kritiska synpunkter på …에 대해 비판적인 태도를 취하다; ~ sorg (상복을) 입다 ④ ~ förband på ett sår 상처에 붕대를 감다.

anläggar|e −[*e*]*n* ~ ☞ **anläggings-arbetare**.

anläggning ~*en* ~*ar* ① 건립, 설립; (총의) 겨누기 ② 설립물, 공장 설치 시설; 건물.

anläggningsarbetar|e −[*e*]*n* ~ 건설 공, 토목(운하 · 철도 · 도로 따위의) 일꾼.

anläggningskapital ~*et* ~ 고정 자본.

anläggningskostnad ~*en* ~*er* 창업비(회사 등의 창업에 드는 비용); 공사비.

anläggningstillgång ~*en* ~*ar* 고정 자산.

anlän|da [−lɛn−] −*der* −*de* −*t* *itr*. 도착하다; ~ till …에 도착하다, 닿다, 이르다.

anlöp ☞ **anlöpning**.

anlöp|a −*er* −*te* −*t* ① *tr*. 【海】 ~ en hamn 입항하다; 【공학】 (쇠를) 불리다, 단련하다 ② *itr*. 녹슬다; 변색하다.

anlöpning ~*en* ~*ar* 【海】 입항.

anlöpningshamn ~*en* ~*ar* 기항 항(寄抗港).

anmana ~*r* ~*de* ~*t* *tr*. 요구하다, 강요하다, 촉구하다; ~ ngn att betala …에게 납부를 요구하다.

anmaning ~*en* ~*ar* 간청; utan ~ 독촉 없이; vid ~ 청구 시(時).

anmarsch [−marʃ] ~*en* ~*er* 전진, 진보.

anmoda ~*r* ~*de* ~*t* *tr*. 요구하다, 청하다; 강요하다.

anmodan (불변화 en−명사) 간청; 청구; på ~ av mig 나의 청구에 따라.

anmäl|a [−mɛː−] ~*er* ~*de* ~*t* *tr*. ① 알리다, 고지(告知)하다; 신고하다; 발표하다; ~ förhinder 못 가게 되었다는 말을 알리다; ~ en besökande 손님이 왔다고 알리다; ~ ngt för polisen 경찰에 …을 신고하다; ~ sitt utträde ur en förening 협회(단체)에서 탈퇴하다, 물러나오다 ② *rfl*. ~ sig som sökande till (일자리에) 응모하다; ~ sig för tjänstgöring 출근을 알리다; ~ sig till en examen 시험에 원서를 내다, 응시하다 ③ 평론을 쓰다, (새 소설을) 비평하다.

anmälan ~*0* ① 알림, 통지; 발표; 신고; göra en ~ om en olyckshändelse 사고를 신고하다 ② 평론.

anmälar|e −[*e*]*n* ~ 평론가.

anmälningsavgift ~*en* ~*er* 신청료.

anmälningsblankett ~*en* ~*er* 등록장; 신청장, 원서, 신청 양식.

anmälningsplikt ~*en* ~*er* (경찰서에) 소재 신고의 의무.

anmälningstid ~*en* ~*er* 신고(청) 기간(만기).

anmärk|a −*er* −*te* −*t* ① *tr*. 주의하다; 발언하다; 관찰하다; som ovan −ts 상술한 바와 같이 ② *itr*. 비난하다; ~ på …을 비평하다; han hade ingenting att ~ på 그는 별로 탓할게

없었다.

anmärkning *~en ~ar* ① 주의, 주목 ② 주석, 각주 ③ 비난, 불평 ④【학교】비행(非行), 나쁜 성적; en träffande ~ 적절한 논평; göra ~ar mot …을 비평하다, 비난하다; med ~ar försedd upplaga 주석판(註釋版).

anmärmningsvärd *a.* ① 주목할 만한, 현저한, 독특한 ② 눈에 띄는, 이목을 끄는.

ann *pron.*【속어】(구어체) ☞ annan.

annaler (복수명사) 연대기(年代記).

annalkande[1] *~t 0* 접근하기, 다가오기; vara i ~ 다가오고 있다.

annalkande[2] *a.* 임박한; ett ~ oväder 접근해 오는 폭풍; ~ fara 긴박한 위험.

annan/andre (남성명사단수) *annat andra pron.* 다른; en ~ 다른 것, 딴 사람; gång efter ~ 몇 번이고 계속해서, 되풀이하여; i annat fall 그렇지 않으면; tid efter ~ 때때로; av en eller ~ anledning 어떠한 이유로든지; en ~ gång är en skälm【격언】내일은 결코 오지 않는다, 오늘 할 일을 내일로 미루지 마라; jag är av ~ mening 나는 동의할 수 없다; alla andra 다른 모든 사람들; alla de andra 그 밖의 사람들; ingen ~ 그 밖의 아무도 [···않다]; ngn ~ 누군가 딴 사람; på ett eller annat sätt 이럭저럭, 어떻게든지 하여; lova är ett och hålla ett annat 약속을 하는 것과 약속을 지키는 것은 전혀 별개의 문제이다; säga ett och mena ett annat 성의 없는 말을 하다; vi talade om ett och annat 우리는 잡담을 했다; inte annat än jag vet 내가 알고 있는 한에서는 그렇다; hon gör inget annat än gråter 그녀는 울기만 한다; hon kunde inte annat än skratta 그녀는 웃지 않을 수 없었다; hon är allt annat än vacker 그녀는 결코 아름답지 않다; en annan är så god som en annan 어느 사람도 다른 사람만큼 좋다; här ska bli annat av! 이제 무엇인가를 바꿀 때가 되었다!, 혼내주겠다!; du ska få se på annat! 두고 보자, 내가 얼마나 무서운지 알게 될거야!; det är en ~ historia 그것은 다른 이야기이다; ngt helt annat än ···와 전혀 다른 것; med andra ord 바꾸어 말하자면; en och ~ gäst har kommit 한두 손님이 와있다.

annandag *~en ~ar*, ~ jul 크리스마스 다음날; ~ pingst 성신강림축일 이후의 첫째 월요일; ~ påsk 부활주일의 다음날인 월요일.

annanstans *adv.* 다른 곳에; ingen ~ 아무 곳도 [···않다].

annars [anas] *adv.* 만약 그렇지 않으면(i annat fall); 그 외에, 그밖에(för övrigt); var det ~ ngt? 그 외에 무엇인가 있나?; ~? 어떻게 지내니?, 안녕하세요?, 잘 있었지?; 평소에(i vanliga fall); mera trött än ~ 여느 때보다 더 피곤하다.

annat ☞ annan.

annektera *~r ~de ~t tr.* 합병하다.

annektion ☞ annexion.

annex [aneks] *~et ~* 부속 가옥, 증축 건물, 별관; 부록.

annexbyggnad *~en ~er* 부속 가옥.

annexion [anekʃɷːn] *~en ~er* 부가물; 합병.

A

anno (불변화명사) 년(年), 기원; från ~ dazumal 아주 오래전부터; ~ dazumal 옛날.

annons [anọns/anọŋs] *~en ~er* 광고, 공포(公布); 선전(om); sätta in en ~ i en tidning 신문에 광고를 내다; enligt ~ 광고에 의하면.

annonsackvisitör *~en ~er* 광고업자.

annonsbyrå *~n ~er* 광고대리점.

annonsera [-ɔnsẹ-] *~r ~de ~t tr. itr.* 광고하다; 공시하다, 알리다; 전하다; ~ om …의 광고를 하다; ~ efter en person 구인(求人)광고를 내다; ~ ut en bil 자가용 판매광고를 내다; ~ sin ankomst till klockan 12 12시 도착시간을 알리다.

annonsẹring *~en ~ar* 광고[하는 것].

annonskampanj *~en ~er* 광고 선전.

annonsorgan *~et ~* 광고기관.

annonspelar|e *-[e]n ~* 광고탑.

annonssid|a *-an -or* 광고면.

annonsspalt *~en ~er* 광고란.

annonstavl|a *-an -or* 광고[게시]판.

annonstax|a *-an -or* 광고요금[표].

annonsör [-ɔnsọ̈:r] *~en ~er* 광고자(廣告者).

annorledes/annorlunda *adv.* 다른 방법으로(på annat sätt), 달리; jag kan inte göra ~ 달리 할 수가 없다; såvida inte ~ föreskrivs 다른 지시가 없다면; han har blivit helt ~ 그는 완전히 달라졌다.

annorlunda *a.* de ~ människorna 특별한(특이한) 사람들 ☞ annorledes.

annorlundabarn *~et ~* 정신장애 아동.

annorstädes *adv.* 다른 곳에[서].

annotatiọn [-ɔta-] *~en ~er* 주석(註釋), 주해(註解); 기록.

annotẹra *~r ~de ~t tr.* 적어두다, 써놓다; …에 주석을 달다; ~d bibliografri 주석을 단 서지(書誌, 저서목록).

annuẹll *a.* 일 년마다의, 일 년의, 일 년에 걸친; ~a växter 일년생 식물 (perenna växter 다년생 식물).

annuitẹt *~en ~er* 연부(年賦, 납부 또는 반제해야 할 금액을 연액 얼마라고 할당하여 지급하는 일, 또는 그 돈).

annullẹra *~r ~de ~t tr.* 취소하다, 삭제하다, 무효로 하다; 폐기하다; ~ en beställning 주문을 취소하다.

annullering *~en ~ar* 무효로 함; 취소.

annulleringsklausul *~en ~er* 취소(말소) 조항.

anod [anọ:d] *~en ~er* 【전기】 양극, 애노드.

anodbatteri *~et ~er* 양극전지.

anodspänning *~en ~ar* 양극전압.

anomali [-nɔ-ị:] *~n ~er* 변칙, 이례, 이상(異常).

anonym [-ɔny:m] *a.* 익명의, 변명(가명)의; 성명 불명의; 세상에 알려져 있지 않은; 아무 특징이 없는.

anonymisẹra *~r ~de ~t tr.* 익명(匿名)으로 하다.

anonymitẹt *~en 0* 익명[사용], 익명성.

anor (복수명사) 조상, 선조; 계통; 전통; släkten har gamla ~ 그 가문은

유서(由緖)가 깊다; det har ~ från antiken 그것은 고대에서 비롯되었다.
anorak ~en ~er 아노락(후드가 달린 가볍고 짧은 외투, 방한용이며 스키 · 등산 때 입음).
anordna [anoːɖ–] ~r ~de ~t *tr*. 정하다; 조정하다; 구성하다; 정돈하다; 계획하다; ~ lekar 놀이를 계획하다.
anordning [anoːɖniŋ] ~en ~ar 조정; 정돈; 계획; 장치, 설비; 도구 한 벌, 장비.
anordningar (복수명사) 설비, 시설; 기관.
anorexi [anɔreksiː] ~n *0* 【의학】 병적인 식욕감퇴.
anormal ☞ abnormal.
anpart [–paːʈ] ~en ~er 몫; 할당; 분담.
anpassa ~r ~de ~t Ⅰ. *tr*. 조절하다, 적응하다; ~ språket efter publiken 청중을 고려하여 말을 조절하다 Ⅱ. *rfl*. 순응하다; ~ sig till miljön 환경에 순응하다; ~ sig efter kollegerna 동료와 보조를 맞추다; ~d studiegång 능력별 학습.
anpassbar *a*. 적응(순응)할 수 있는.
anpassling ~en ~ar 배반자, 변절자; 아첨꾼.
anpassning ~en ~ar 조절; 적응, 순응; 적합.
anpassningsförmåg|a *–an –or* 적응성; 융통성.
anpassningssvårigheter (복수명사) 적응 곤란; han har ~ 그는 [환경에] 적응하기 어렵다.
anpassningsproblem ☞ anpassningssvårigheter.
anrika ~r ~de ~t *tr*. [광석을] 가려내다; 선광(選鑛)하다.
anrikningsverk [–værk] ~et ~ 【광물】 선광장(選鑛場).
anrop [–rɷːp] ~et ~ 부르는 소리; 호출.
anropa ~r ~de ~t *tr*. 부르다; ~ Gud om hjälp 하느님에게 도움을 기구하다.
anropssignal ~en ~er 【통신】 호출신호.
anropsstyrd *a*. ~ trafik 노선(路線)이 승객의 편의에 따라 기획된 대중 교통.
anrätta ~r ~de ~t *tr*. 요리하다, 음식을 만들다.
anrättning ~en ~ar 요리; 음식물; 한 끼; göra heder åt ~arna 음식을 맛있게 먹다.
ans ~en *0* 돌보기; (말의) 손질; (나무의) 가지치기.
ansa ~r ~de ~t *tr*. (말의) 털을 빗겨주다; 마무르다; 전정(剪定)하다; (나뭇가지를) 치다, 전지하다.
ansamling ~en ~ar 쌓인 것, 퇴적; 괸 곳(물웅덩이); (쓰레기의) 더미, 쌓아 올린 것.
ansats ~en ~er ① 【스포츠】 달음박질; höjdhopp utan ~ 선 자리 높이뛰기; höjdhopp med ~ 달려서 높이뛰기; framryckning i ~er 달음박질로 돌진 ② 시작; 시도, 기도; 충동; visa ~er till förbättring 개선될 기미를 보이다 ③ 【음악】 터치 ④ 【기계】 돌출부; 견각(肩角).
ansatt *a*. ① 괴로움을 당한(av); hårt ~ 곤경에 빠진.
anse ~r *ansåg ansett tr*. ① …라고 믿다, 생각하다; han ~r sig orättvist

A

behandlad 그는 자신이 부당한 대우를 받는다고 생각한다; man ~r allmänt att vintrarna är kalla 일반적으로 겨울은 춥다고 생각한다 ② 여기다, 간주하다; det ~s sannolikt 가능하다고 여겨진다; jag ~r det som min plikt 나는 그것을 나의 의무로 여기고 있다.

ansedd *a*. 존경받고 있는; 위대한; 영명(令名) 높은; en ~ firma 평판이 좋은 회사; en ~ man 훌륭한 남자.

anseende *~t 0* ① 명성, 명망, 높은 평판; ha gott ~ hos ngn …에게 인기가 있다 ② 존경, 경의 ③ utan ~ till person 사람을 무시하고(고려하지 않고); i ~ till …에 비해서는.

ansenlig *a*. 상당한; 중요한; 유력한.

ansikte *~t ~n* 얼굴; 생김새; 면목; det är ett slag i ~ 그것은 모욕이다; visa sitt rätta ~ 본성을 드러내다; han blev lång i ~t 그는 낙담한 표정을 하였다; 침울한 얼굴을 하였다; stå ~ mot ~ med 마주 대하다; säga ngn ngt rakt i ~t 노골적으로 …에게 …을 말해주다; skratta ngn rakt (mitt) i ~t …를 맞대놓고 비웃다; tappa (förlora) ~t 면목이 없다, 체면을 손상하다; tvätta sig i ~t 얼굴을 씻다; välkända ~n 잘 알려진 사람들.

ansiktsbehandling *~en ~ar* 미안술(美顔術), 안면 마사지.

ansiktsdrag (복수명사) 용모, 얼굴 생김새.

ansiktsform *~en ~ar* 얼굴 모습.

ansiktsfärg *~en ~er* 안색.

ansiktskräm *~en ~er* 얼굴에 바르는 화장용 크림.

ansiktslyftning *~en ~ar* ① (얼굴의) 주름 펴는 마사지; 정형 미안술 ② (자동차 디자인 따위를) 새롭고 멋지게 하는 것.

ansiktsmask *~en ~er* 탈, 가면.

ansiktsservett *~en ~er* 얼굴을 닦는 티슈.

ansiktsuttryck *~et ~* (얼굴의) 표정.

ansiktsvatt|en *–net ~* 얼굴에 바르는 물약(로션, 화장수).

ansjovis [–ʃọ:–] *~en ~ar* 【어류】 안초비(멸치 류 젓, 지중해산).

ansjovisburk *~en ~ar* 안초비 깡통.

anskaffa *~r ~de ~t tr*. 획득하다; 갖추다; 손에 넣다; 얻다.

anskaffning *~en ~ar* 획득, 입수.

anskaffningskostnad *~en ~er* 취득비용; sälja till ~ 원가에 팔다.

anskaffningspris *~et, ~er/0* 매입원가, 취득 원가.

anskaffningsvärde *~t ~n* 원가.

anskri *~et ~n* 고함소리, 부르짖음; ge till ett ~ 소리치다, 날카로운 비명을 울리다.

anskriven *a*. väl ~ hos ngn …의 마음에 꼭 들어; illa ~ hos ngn …의 마음에 들지 않아, 미움을 받아.

anskrämlig [–ɛ:–] *a*. 추한; 싫은, 보기 싫은; 무시무시한; 추악한; 지독한.

anslag *~et 0* ① 공고; 게시; 벽보; 광고; sätta upp ett ~ 광고를 붙이다, 게시하다 ② 보조금, 보수금; 예산금액; bevilja ett ~ 보조금을 주다 ③ 음모; onda ~ 책략, 책모, 음모 ④ 【음악】 탄주법, 터치(touch) ⑤ 【군사】 탄착.

anslagit ☞ **anslå**.

anslagsbeviljande *a*. ~ myndighet

보조금 지급 당국.

anslagsbevillning *~en ~ar* 보조금 지급 결정, 예산 가결.

anslagstavl|a *-an -or* 게시판.

anslagsäskande *~t ~n* 예산 견적.

anslog [-ɷ:-] ☞ **anslå**.

anslut|a *-er anslöt -it tr. itr. rfl.* 연결하다, 잇다(till); ~ sig till ngns åsikt …의 의견에 동조하다; ~ sig till ett parti 정당에 가입하다; ~ sig till ett avtal 협정을 맺다.

ansluten *a.* (till) …에 가입하고 있는, …와 관계가 있는.

anslutning *~en ~ar* ① 관계; 연결; 가입 ② 보호; 원조(stöd); i ~ till vårt brev 우리가 보낸 편지에 관련하여; vinna ~ 지원을 얻다, 호응을 받다.

anslutningsbuss *~en ~ar* (지하철과 같은 대중교통 노선에) 연결하는 버스.

anslutningsflyg *~et ~* 연결 비행기.

anslutningskontakt *~en ~er* [정보통신] 접속터미널.

anslutningstid *~en ~er* 【정보통신】 사용자가 인터넷이나 서버에 접속하는 시간.

anslutningstrafik *~en 0* 연계교통.

an|slå *~r -slog -slagit tr.* ① ~ en kungörelse (공지 사실을) 게시하다 ② 할당하다, 배분하다 ③ 【음악】 쳐서 울리다; 켜다.

anslående *a.* 매력적인; en ~ predikan 감명 깊은 설교.

anslöt ☞ **ansluta**.

ansols ☞ **motsols**.

anspela *~r ~de ~t itr.* 암시하다, 넌지시 비추다; 언급하다(på).

anspelning *~en ~ar* 암시; 언급.

anspråk *~et 0* 요구, 청구; göra ~ på ngt …에 대한 권리를(소유권을) 주장하다; göra ~ på ersättning 배상을 청구하다; motsvara ngns ~ …의 요구를 충족시키다; avstå från ~ på …에 대한 권리를(주장을) 포기하다; ta i ~ (…의 시간을) 빼앗다, 요구하다.

anspråksfull *a.* 자부하는, 잘난 체하는.

anspråkslös *a.* …인 체 하지 않는, 거만 떨지 않는, 소박한, 겸손한.

anspråkslöshet *~en 0*, i all ~ 매우 겸소하게.

anspänn|a *-er anspände anspänt tr.* ① (…에 마구(馬具)를) 채우다 ② (비유) 긴장시키다; 노력하게 하다.

anspänning *~en ~ar* 노력.

anstalt *~en ~er* ① 요양기관; 시설; 수용소 ② 계획; 채비; 수단; vidtaga ~er för …의 준비를 하다, 조치를 취하다.

anstaltsbehandling *~en ~ar* 요양원내 치료.

anstaltsvård *~en 0* 요양원내 간호.

anstaltsbunden *a.* 수용소와 관련된; 수용소의 환경을 떠날 수 없는.

anstifta *~r ~de ~t tr.* 일으키다; 꾸미다; ~ en sammansvärjning 음모를 꾸미다; ~ mordbrand 방화죄를 범하다.

anstiftan (불변화 en-명사), på ~ av …에게서 부추김을 받아, …의 선동으로.

anstiftar|e *-[e]n ~* 선동자, 교사자(av).

anstod ☞ **anstå**.

anstorma ☞ **storma** [an].

anstormning *~en ~ar* 습격, 강습.

anstryk|a *–er anströk anstrukit tr.* 초벌칠하다.

anstrykning *~en ~ar* ① 초벌칠 ② 색조; 미묘한 차이, 사소한 차이 ③ 필치; 기색; utan minsta ~ av förakt 조금도 경멸의 기색이 없이.

anstrukit ☞ **anstryka**.

ansträng|a *–er –de –t* Ⅰ. *tr.* 혹사하다; 너무 긴장시키다; 무리하다; ~ hjärnan 머리를 짜내다, 생각해 내려고 애쓰다 Ⅱ. *rfl.* ~ sig 노력하다, 애쓰다; ~ sig till det yttersta 전력을 다하다; ett –t skratt 억지웃음.

ansträngande *a.* 힘든; ~ arbete 힘든 일.

ansträngning *~en ~ar* 노력, 수고; med gemensamma ~ar 공동의 노력으로; utan minsta ~ 조금의 노력도 기울이지 않고.

ansträngt *adv.* han log ~ 그는 억지로 미소 지었다.

anströk ☞ **anstryka**.

anstucken *a.* ~ av radikala idéer 급진적인 사상에 물들어.

an|stå *~r –stod –stått itr.* ① 어울리다, 알맞다; det ~r inte mig att …하는 것은 나에게 적당치 않다, 그것은 내가 할 일이 아니다 ② 늦춰지다, 연기되다; låta saken ~ 사안을 연기시키다; det får ~ med betalningen 지불을 연기하다.

anstånd *~et 0* 연기, 유예; begära en veckas ~ med betalningen 1주일간의 지불유예를 요구하다.

anställ|a *–er –de –t tr.* ① 고용하다 ② 일으키다, 야기하다; ~ blodbad 대량 학살을 자행하다; ~ ett gästabud 연회를 베풀다; ~ skada 손해를 입히다; ~ examen 시험을 시행하다; ~ förhör …를 심문하도록 하다; ~ efterforskningar 수색하다, 조사하다, 조사를 시작하다; ~ betraktelser över …를 관찰하다.

anställd *a.* 고용된; bli ~ på bank 은행에 취직하다; fast ~ 정식 직원(의).

anställning *~en ~ar* 직업; 직위; 고용; 고용기간.

anställningsbetyg *~et ~* 취업 추천장, 재직증명서.

anställningskontrakt *~et ~* 고용계약[서].

anställningsskydd *~et ~* ☞ **anställningstrygghet**.

anställningsstopp *~et ~* 고용 중지(동결).

anställningstid *~en ~er* 고용 기간.

anställningstrygghet *~en 0* 고용 안정.

anställningsvillkor *~et ~* 고용 조건.

anständig *a.* 예의 바른; 점잖은; 상당한.

anständighet *~en ~er* 예의 바름; 예모; 예절; för ~ens skull 체면상.

anständighetskänsl|a *–an –or* 예절 감각.

anständigtvis *adv.* 예의상으로; 체면상.

anstöt [–tœ:t] *~en 0* 분개; 모욕; ta ~ av …에 성내다; väcka ~ hos …을 성나게 하다; 기분을 상하게 하다.

anstötlig *a.* 모욕적인; 무례한; (도덕적으로) 더러운, 비열한.

ansvar *~et 0* 책임; 부담; bära ~et för …에 대하여 책임이 있다; kasta

~et på …에게 책임을 지우다; ta på sig ~et för …의 책임을 지다; på eget ~ 독단으로; 자기의 책임으로; ställa ngn till ~ för …에게 …의 책임을 지우다; yrka ~ på ngn …를 고발(기소)하다; vid laga ~ 벌을 받는 조건으로.

ansvara [ansvạ:ra] *~r ~de ~t itr.* 책임지다; jag ~r för att det ska lyckas 나는 그것이 성공할 것을 보증한다; jag ~r inte för hur det går 그 결과에 대해서 나는 책임을 지지 않는다; för ytterkläder ~s icke 걸어놓은 외투에 대해서는 책임을 지지 않음.

ansvarig *a.* 책임있는; ~ utgivare 편집인, 발행인.

ansvarighet *~en ~er* 책임; begränsad ~ 제한 책임; bolag med begränsad ~ 유한 책임 회사.

ansvarighetsförsäkring 책임 보험 ☞ **drulleförsäkring**.

ansvarsbefrielse *~n 0* 책임 면제.

ansvarsfri *a.* 책임을 지지 않은.

ansvarsfrihet *~en 0* 책임이 없음; bevilja ~ 책임으로부터 해방시키다; bevilja styrelsen ~ 이사회의 경영을 승인하다.

ansvarsfull *a.* 책임있는.

ansvarslös *a.* 무책임한, 책임이 없는.

ansvarspåföljd *~en ~er* 형벌.

ansvarsyrkande *~t ~n*, ~ mot ngn …에 대한 유죄 판결 요구.

ansvällning *~en ~ar* 팽창; 혹.

ansåg [anso:g] ☞ **anse**.

ansätt|a [ansæta] *~er ansatte ansatt tr.* 공격하다, 괴롭히다; vara ansatt av gikt 통풍을 앓다; vara hårt(illa) ansatt 곤경에 빠져있다.

ansök|a [ansø:ka] *~er ~te ~t itr.* ~ om …을 신청하다.

ansökan (불변화 en-명사) 신청; avslå en ~ 신청을 기각하다; lämna in en ~ 신청하다; 신청서를 제출하다.

ansökning *~en ~ar* ☞ **ansökan**, inkomna ~ar 제출된(접수된) 신청서.

ansökningsblankett *~en ~er* 신청 용지(양식).

ansökningsförfarande *~t ~n* 신청 절차.

ansökningshandling *~en ~ar* 신청장(서류).

ansökningsskrivelse *~n ~r* 신청서.

ansökningstid *~en ~er* 신청 기간; ~en utgår den … 신청 마감 시간은 …이다.

ạntabus (불변화명사) 알콜을 멀리하게 하는 약, 술 끊는 약.

antabuskur *~en ~er* 술을 끊는 일련의 치료법.

an|ta[ga] *antar/antager antog antagit tr.* ① 받다, 받아들이다(mottaga); ~ en utmaning 도전을 받아들이다; ~ en plats …자리(지위)를 수락하다; ~ som elev (…를) 학생으로 받아들이다(입학 허가하다) ② …에 동의하다, 승인하다, 인정하다(godkänna); ~ en lag …법안을 통과시키다(승인하다) ③ 채택하다, 받아들이다(göra till sin t. ex. idé, övergå till); ~ kristendomen 기독교를 받아들이다; ~ namnet 이름을 택하다; ~ fast form【비유적】일정한 형태를 이루다, 구체화되다,【물리】응고하다 ④ …하는 체하다, …을 가장

하다, (찌푸린 얼굴을) 하다 (anlägga); ~ en dyster min 슬픈(우울한) 표정을 짓다 ⑤ …를 고용하다, 임명하다 (anställa); ~ ett biträde 보조원을 두다; ~ ngn till (som) kompanjon …를 동업자에(로서) 임명하다 ⑥ …라고 여기다, 추정하다, 가정하다(förmoda); ~ att …라고 여기다; jag −tar att vi skall vänta här 우리는 여기서 기다려야 할 것 같아; låt oss ~ att oljan tar slut, vad gör vi då? 기름이 떨어진다고 가정합시다. 그럼 어떻게 하죠?

antagande *~t ~n* ① ☞ anta[ga] 동의, 채택, 고용, 임명 ② 추측, 가정 (förmodan).

antagbar *a*. 받아들일 수 있는, 정당한.

antaglig *a*. ① 타당성 있는, 그럴 듯한 (rimlig), 있음직한, 가능하다고 생각되는, 사실같은(sannolik); det är mycket (föga) ~t 아주 그럴듯한 일이지(있을 법한 일이 아니야) ② 받아들일 수 있는, 정당한(antagbar); ge en ~ förklaring till ngt …에 대해 타당성 있는(정당한) 설명을 하다; utan ~a skäl 정당한 사유 없이.

antagligen *adv*. 아마, 추측컨대.

antagning *~en ~ar* 입학[허가], 입회.

antagningsbevis *~et ~* 입학(합격) 증명[서].

antagningsnämnd *~en ~er* 입학(입회) 자격 심의위원회.

antagonism *~en 0* 반대, 반론(反論)(motstånd, motsättning), 적대감 (fiendskap).

antagonist *~en ~er* 반대자(motståndare), 적(fiende).

antagonistisk *a*. 적대적인(fientlig).

antal *~et ~* ① (일정 수) 수(數), 양(量) (bestämd summa, numerär); ~et födda utgör 82 태어난 아기수는 82명이다; spelarna är till ~et elva(elva till ~et) 선수들은 11명이다; vara underlägsen till ~et (i ~) 수적으로 열세다; finnas i stort ~ 많이 있다 ② (단순히 많은 것) 수, 양(obestämd mạngd, mångfald); ett stort ~ människor 많은 사람들; ett ~ 몇 개의, 일부분의.

Antarktis 남극 지방, 남극권.

antarktisk *a*. 남극의, 남극 지대의.

antasta *~r ~de ~t tr*. ① …를 (짓궂게) 괴롭히다, (여자에게) 지근거리다(ofreda, ansätta); ~ kvinnor på gatan 거리에서 여자들에게 지근거리다; ~s av tiggare 걸인에게 성가심을 당하다 ② …을 공격하다(비난하다)(angripa, klandra); ~ ngns heder …의 명예를 의심하다, …의 체면을 손상시키다.

antastbar *a*. 비난의 여지가 있는, 비난 받을 만한; en ~ sats 비판받을 만한 명제(주장).

antastlig *a*. ☞ antastbar.

antavl|a [ạn−] *−an −or* 족보, 계보 (anor).

antecedẹntia/antecedentier [−tsi−] (복수명사) …의 과거, 경력; ngns ~, …의 과거 생활·행위·처신 등.

antecipation *~en ~er* 예상, 기대; 선손 쓰기, 앞지름, 선수(先手); 【음악】 선입(선행)음.

antecipatịv *a*. 선손을 쓰는, 앞지르

는;【법】사전 행위의.

antecipera *~r ~de ~t tr*. 예기하다, (수입을 예기하고) 미리 돈을 찾다, 예상하다; 선수를 치다.

anteckna *~r ~de ~t tr*. 기억하기 위해 적어두다, 메모해 두다(upp-teckna, skriva upp, teckna till minnes, annotera); ~ ett telefon-nummer 전화번호를 적어놓다; ~ de frånvarande 결석자들의 이름을 적어 놓다; ~ under lektionen 강의시간 중에 요점을 정리하다; ~ sig (till, för)(…에, …을 위하여) 서명하다; ~ sig till ngns föreläsning …의 강의에 등록하다; ~ sig för ett bidrag …에 기부할 것을 서명하다.

anteckning *~en ~ar* 메모, 적어놓은 것; ~ar till föreläsningar 강의에 대한 요점 정리; göra en ~ om ngt …에 대해 메모해 두다.

anteckningsblock *~et ~* 공책, 메모장.

antedatera *~r ~de ~t tr*. 실제보다도 날짜를 이르게 하다, 실제보다도 날짜를 앞당겨 기록하다.

antediluviansk *a*. (노아의) 대 홍수 이전의, 태고 때의; 낡은.

antenn *~en ~er* ① 전파 수신기, 안테나 ② (곤충의) 더듬이.

antependi|um *−et −er* (제단의) 앞 치장, 앞에 드리운 막.

anti− (접두사) 반(反), (형용사 앞에서) …에 반대하는.

antibiotik|um *~/−et, −a*【의학】항생 물질(페니실린, 스트렙토마이신, 오레오마이신 따위).

antibiotisk *a*. 항생[물질]의.

antibyråkratisk *a*. 관료주의에 반대하는.

antichambrera *~r ~de ~t itr*. 알현을 기다리다(대기실에서 고위직 인사와의 만남을 기다리는 것).

antifon [−ɔ−] *~en ~er* (보통 고무로 되어 있는 소음방지를 위한) 귀마개.

antifoni *~n ~er* 번갈아 부르는 노래, 교창(交唱)(주로 교회에서).

antifrysvätsk|a *−an −or* 부동액.

antihistamin *~et ~er* 항(抗) 히스타민제.

antik[1] *a*. (특히 고대 그리스 · 로마시대의) 고전의, 오래된; (생각, 사고방식 등이) 구식인, 케케묵은; de ~a författarna (그리스 · 로마시대의) 고전 작가들; en ~ spegel 오래된 거울(골동품); ha ~a åsikter (시대에 걸맞지 않는) 구식의 의견을 가지고 있다; hennes hatt ser ~ ut 그 여자의 모자는 구식으로 보인다.

antik[2] *~en 0* 골동품, 고(古) 미술품.

antikaffär *~en ~er* 골동품 상점.

antikbehandling *~en ~ar* 고풍(古風)스럽게 보이도록 손질하는 것.

antiken (정형명사) 그리스 · 로마시대와 그 시대의 문화.

antikhandel *~n 0* 골동품의 상거래; 골동품 상점.

antikiser|a *~r ~de ~t itr*. 고전적인 풍(風)을 본따다; ~ande stil 고전 양식을 본뜬 양식.

antiklimax *~en ~ar*【수사학】점강법(漸降法), 급락법(及落法);【비유법】용두사미, 부실한 감상(感傷).

antikonceptionell *a*. 피임[용]의; ~a medel 피임약[기구].

antikrist (불변화명사) 그리스도 반대자, 그리스도의 적.

A

antikropp ~*en* ~*ar* 【생물】 항체(抗體), 항독소(抗毒素).

antikva [–ti̥:k–] ~*n* *0* 【인쇄】 로마자체 활자.

antikvariạt ~*et* ~ 헌책방, 고서점(古書店).

antikvarie ~*n* ~*r* 고물(古物)연구가, 골동품 연구가.

antikvarisk *a*. 고물 연구(수집)의; ~a böcker 고서(古書)들, 헌책들.

antikvastil ~*en* ~*ar* 로마자체 형색.

antikverad *a*. 시대에 뒤진, 낡아 빠진, 구식의.

antikvitet ~*en* ~*er* ① 헌것, 구식의 물건, 고물, 골동품 ② (복수형) 고고학.

antikvitetshandel ~*n* *0* 골동품 거래, 고물(古物)거래(antikvitetsaffär).

antikvitetshandlar|e –[*e*]*n* ~ 골동품을 취급하는 사람, 골동품상.

antikvitetssamlar|e –[*e*]*n* ~ 골동품 수집가.

antikvitetsvärde ~*t* ~*n* 골동품적 가치.

Antillerna (복수명사) 앤틸리스 열도 (서인도 제도의 일부).

antilop ~*en* ~*er* 【동물】 영양(羚羊), (미국산) 뿔 갈라진 영양.

antimakạss ~*en* ~*er* (소파 · 의자 등의) 덮개.

antimateri|a –*an* –*or* 【물리】 반물질.

antimilitarism ~*en* ~*er* 반(反) 군국주의.

antimilitarist ~*en* ~*er* 반(反) 군국주의자.

antimilitaristisk *a*. 반(反) 군국주의의.

antimon [–o̥:/–ω̥:–] ~*et*/~*en*, *0* 【화학】 안티몬(금속원소, 기호 Sb; 번호 51).

antingen [–ŋ–] *konj*. ① … 아니면 …(=endera); ~ A eller B A 아니면 B(둘 중의 하나); ~ fadern eller modern är sjuk 아버님 아니면 어머님 중의 어느 한 분이 아프시다; ~ skall du eller jag resa 너 아니면 내가 여행을 가야만 한다; ~ skall han lämna rummet eller också gör jag det 그가 방을 나가든지 아니면 내가 나가야 한다 ② (양보를 나타내는 부사절을 인도) …이든지 아니든지, 여하간에 (vare sig); ~ du vill eller inte så måste du lyda 네가 원하든 원치 않든 복종해야만 한다.

antipati ~*n* ~*er* 반감, 비위에 안맞음; ha en stark(utpräglad, oförklarlig) ~ för(mot) ngn …를 굉장히(두드러지게, 공연히) 싫어하다.

antipatisk *a*. …를 싫어하는, …에 대해 반감을 가지는(mot)

antipod [–ω̥:d/–o̥:d] ~*en* ~*er* ① 지구상의 정반대되는 지점에 사는 사람 ②【비유적】 다른 사람과 정반대되는 의견, 취미, 감정 등.

antipodisk *a*. 지구의 정반대 쪽에 있는 사람의;【비유적】 정반대의 의견, 성격을 가진.

antirobotvap|en –*net* ~ 미사일 요격(방어)용 무기.

antisemit ~*en* ~*er* 반유태주의자.

antisemitisk *a*. 반유태의, 유태인을 배척하는.

antisemitism ~*en* *0* 반유태주의[운동].

antiseptik ~*en* *0* 방부(防腐)[법], 소독

[법].

antiseptisk *a*. 방부의.

antisionism *~en 0* 반유태주의.

antisocial *a*. 사회를 어지럽히는, 반사회적인.

antites *~en ~er* 반대; (헤겔의 변증법에서의) 반(反); 반정립(反定立), 안티테제.

antitetisk *a*. 안티테제를 내포하는, 반대적으로 작용하는.

antitoxin *~et/~en, ~er* 항독소, 면역소.

antiubåtvap|en *-net ~* 대(對) 잠수함 무기, 잠수함 공격용 무기.

antologi *~n ~er* 한 명 또는 여러 명의 작가의 시(詩)나 그 밖의 작품들의 모음(집), 명시전집.

antracit *~en 0* 무연탄.

antropo- (접두사) 인간과 관계되는 뜻을 가진 접두어.

antropolog *~en ~er* 인류학자.

antropologi *~n 0* 인류학.

antropologisk *a*. 인류학의.

antropomorf [-ɔrf] *a*. 인간을 닮은; ~a apor 유인원(類人猿).

antropomorfism *~en 0* 신인 동형(동성)론(神人同形(同性)論).

anträ|da *-der -dde -tt tr*. …을 시작하다; ~ en resa 여행을 떠나다.

anträffa *~r ~de ~t tr*. …을 발견하다. …을 만나다; den försvunne ~des död 실종자는 죽은 채로 발견되었다; adressaten har icke kunnat ~as 수취인을 찾을 수가 없었다.

anträffbar *a*. 찾을 수 있는, 만나볼 수 있는.

antvarda *~r ~de ~t tr*. 【고어】 …을 넘겨주다, …을 제출하다.

anty|da *-der -dde -tt tr*. ① …에 대해 잠깐(간단히) 언급하다, …을 지나가는 말처럼 하다; talaren hann endast ~ sin tankegång 연사는 자신의 의견을 잠깐 비칠 시간밖에 없었다; som ovan antytts 위에서 잠깐 언급했듯이 ② …을 암시하다(넌지시 알리다); han -dde att han visste åtskilligt om stölden 그는 자신이 그 도난사고에 대해 많은 것을 알고 있었음을 암시했다; han -dde för mig att han hade för avsikt … 그는 나에게 …을 할 의사가 있음을 넌지시 알렸다. ③ …을 가리키다(나타내다, 알려주다); hans min -dde en viss osäkerhet 그의 표정에서 어떤 불안감을 읽을 수 있었다; allt -dde att ett brott blivit begånget 모든 점으로 미루어 보아 어떤 범죄가 저질러졌음이 분명했다.

antydan (불변화 en-명사) ① 넌지시 알림(om), 힌트, 암시; detta är en ~ om vad vi har att vänta 이것이 바로 우리가 무엇을 기다릴 수 있는가에 대한 암시이다 ② 투, 기색, 모양, 조짐(till); en svag(liten) ~ till mustascher 서서히 콧수염이 나는 모양.

antydning *~en ~ar* 암시, 슬쩍 말함.

antydningsvis *adv*. 지나가는 말로, 슬며시.

antåg *~et ~* ☞ antågande.

antåga *~r ~de ~t itr*. 앞으로 나아가다, 전진하다.

antågande *~t 0* 전진, 진군, truppernas ~ 부대의 진군; vara i ~ 다가오다, 가까이 오고 있다; ett oväder var i ~ 궂은 날씨가 다가오고

A

있었다.

antän|da *-der -de -t tr.* …에 불을 붙이다(tända på, sätta i brand); ~ ett bål 화톳불을 놓다; huset -des av blixten 그 집은 벼락을 맞아 불이 났다.

antändbar ☞ **antändlig.**

antändlig *a.* 불붙을 수 있는, 가연성(可燃性)의.

antändning *~en ~ar* 점화, 발화.

anus *~en 0* 【해부】 항문.

anvisa *~r ~de ~t tr.* ① …을 보여주다, 가리키다(visa, utpeka); ~ ngn en plats …를 자리로 안내하다; …을 배당(배정)하다, 지정해 두다(tilldela); han ~des ett rum på baksidan [av huset] 그에게 [집] 뒤쪽의 방 하나가 배정되었다 ② (…의 예산 등을) 책정하다, 배정하다(anslå, bevilja); kommunen ~r en miljon till bygget 군 지방자치단체에서는 건설비로 백만 크로나의 예산을 책정하고 있다; hundra kronor ~des för ändamålet 그 (사업) 목적으로 100크로나가 책정되었다.

anvisning *~en ~ar* ① 안내, 설명, 조언(upplysning, instruktion); ~ar för första hjälpen vid olycksfall 사고 발생시 첫 번째 응급조치에 대한 설명; ge ngn ~ på ett bra hotell …에게 좋은 호텔을 안내하다 ② 지불 전표(utanordning); post~ 우편환(換); få en ~ på 200 kronor 200크로나에 대한 지불 전표를 받다.

anvisningsbelopp *~et ~* 지불(지급)액, 송금액.

anvisningsläkar|e *~[e]n ~* 정부기관이나 기업체의 지정 의사.

använ|da *-der -de -t tr.* ① …을 사용하다(쓰다, 이용하다); ~ glasögon 안경을 쓰다; ~ käpp 지팡이를 이용하다(가지고 다니다); ~ en ordbok vid en skrivning 시험 시 사전을 이용하다; ~ sig av ngt …을 사용하다(이용하다) ② […에] …을 쏟다; ~ mycken energi på att …하는 데 많은 노력을 기울이다; ~ sina pengar till ngt nyttigt 유용한 일에 돈을 쓰다 ③ …을 적용하다(채택하다); ~ en regel 어떤 법칙을 적용하다; ~ en metod 어떤 방법을 채택하다.

användargränssnitt *~et ~* 【컴퓨터】 사용자 인터페이스(user interface). 사용자가 컴퓨터와 대화하기 위한 기호나 명령 체계.

användbar *a.* 사용할 수 있는, 유용한; 제 구실을 하는; maskinen är gammal men fortfarande ~ 그 기계는 오래되었지만 아직도 제 구실을 한다; tången är ~ till många ändamål 뻰찌는 여기저기 쓸모가 있다; föga ~ 별로 쓸모가 없는.

användning *~en ~ar* 사용(av), 적용; (사람에 대해서) 고용; jag har ingen ~ för den 그것은 나에게 아무 소용이 없다; ~en av hjälpverb 조동사의 사용; komma till ~ 소용이 되다, 사용되다.

användningsområde *~t ~n* 사용 범위, 쓰이는 분야.

användningssätt *~et ~* 사용 방법.

aorist *~en ~er* 【그리스 문법】 부정(不定) 과거.

aorta [aọṭa] *~[n] 0* 【해부】 대동맥.

ap|a[1] *-an -or* 원숭이; 【비유적】 흉내를 [잘] 내는 사람.

apa² *~r ~de ~t tr. itr.* 흉내 내다; ~ efter allt utländskt 외국 것이면 무엇이든지 흉내 내다(모방하다).

apache [apạʃ] *~n ~r* ① 아파치족(아메리카 원주민의 한 종족); (주로 파리의) 거리 깡패, 무뢰한.

apaktig *a.* 원숭이처럼 생긴, 원숭이처럼 행동하는.

apanage [–ɑːʃ] *~t ~* 왕자의 녹(祿), 왕자령(領).

apạrt *a.* 특별난, 유별난.

apartheid [apạːʈhejd] (불변화명사) 인종 차별(특히 남아프리카 공화국의).

apartheidpolitik *~en 0* 인종 차별 정책.

apatị *~n 0* 냉담, 무관심, 무감동, 무감각.

apatisk *a.* 냉담한, 무관심한.

apatịt *~en 0* 인회석(燐灰石).

apbrödsträd *~et ~* 【식물】 (아프리카산) 바오밥 나무.

ạp|el *–eln –lar* 사과나무(äppelträd).

apelkastad *a.* (말 종류) 회색돈점박이의, 얼룩배기의.

apelsin *~en ~er* 오렌지.

apelsinmarmelad *~en ~er* 오렌지 마멀레이드(오렌지 · 레몬의 껍질로 만든 잼).

apelsinsaft *~en ~er* 오렌지 주스.

apelsinträd *~et ~* 오렌지 나무.

Apennịnerna (복수명사) 아펜니노 산맥(이탈리아 반도를 세로로 뻗은).

aperitif [–tịːf] *~en ~er* 【불어】 아페리티프, 식전 반주.

AP–fonden [ɑ̣ːpeːfɔn–] 국민연금기금(Allmänna Pensionsfonden).

aphus *~et ~* 원숭이 집(우리).

aplik/apliknande ☞ apaktig.

aplomb [–ɔ̣–] *~en 0* 【불어】 끄떡도 않음, 태연자약; 수직.

apmännisk|a *–an –or* 유인원.

apokalyps *~en ~er* 천계(天啓), 묵시(默示); (A–) 요한 계시록.

apokalyptisk *a.* 묵시의.

apokọpe *~n 0* 【언어학】 단어 끝의 소리나 음절이 탈락하는 현상(예를 들면 bygga가 bygg로 발음되는 현상) ☞ synkope.

apokryf *~en ~er* 【종교】 (성서, 특히 구약의) 경외서(經外書), 외경(外經).

apokryfisk *a.* 성서 외전(外典)의; 저작자가 의심스러운.

apollofjäril [apɔ̣lɑ–] *~en ~ar* (나비의 일종) 아폴로 나비.

apologẹt *~en ~er* (어떤 학설 · 이론, 특히 기독교의) 대변자, 변증자, 변호자.

apologetik *~en 0* 【신학】 변증론, 기독교 옹호론.

apologetisk *a.* 변증하는, 기독교 옹호적인.

apologi *~n ~er* 변명, 변호.

apoplẹktisk *a.* 【병리】 중풍의, 졸도(卒倒)의.

apoplexi *~n 0* 【의학】 졸중풍, 일혈(溢血).

apọst|el *–eln –lar* 사도(예수의 12제자중의 한 사람), 이방인들 사이에 기독교를 전파한 사람, 선교자; 【비유적】 주창자; en ~ för nykterheten 금주 운동의 주창자.

a posteriori [–ọːri] *a.* 【라틴】 경험에 의거한 ☞ a priori.

apostlagärningarna 【성서】 (A-)

A

사도행전.

apostlahästar (복수명사), färdas (resa) med ~na 걸어서 가다(여행하다); använda(anlita, begagna) ~na 걸어서 가다, 도보로 가다(gå till fots).

apostlaskap *~et ~* 사도직(職).

apostolisk *a*. 사도의, 사도시대의, 교황의; den ~a trosbekännelsen 사도신경; den ~a stolen 교황이 앉는 좌석.

apostrof [-o̜:f] *~en ~er* ① 아포스트로피 ②【수사학】돈호(頓呼)[법], 호칭(시행(詩行)·연설 따위 도중에 사람·사물을 부르기).

apostrofera *~r ~de ~t tr*. *itr*. ① 아포스트로피를 붙이다 ② (연설 따위를) 돈호법으로 하다, 돈호법을 쓰다.

apote̜k *~et ~* 약국; inrätta(anlägga) ett ~ 약국을 세우다, 약국을 차리다; gå på ~et (약을 사러) 약국에 가다; biträde på (i) ett ~ 약국에 근무하는 약제사(조제사); 약국 점원.

apotekar|e *-[e]n ~* 약사; apotekarexamen 약사 자격시험.

apoteksbiträde *~t ~n* 약제사(조제사); 약국 점원.

apoteksvar|a *-an -or* 약품.

apoteos [-o̜:s] *~en ~er* (어떤 사람을) 신으로 받들음, 신격화(神格化).

appara̜t *~en ~er* ① 기계 설비, 도구, 기구; ~ för att mäta vätskors tryck 액체의 압력을 측정하는 기구 ② 부속, 보조 장비 ③ 신체의 일부기관; matsmältningsapparat 소화 기관.

apparatu̜r *~en ~er* 장비·도구의 일체.

apparition *~en ~er* (외형적인) 모습, 행동.

appe̜ll *~en ~er* 호소, 간청;【법】상고, 항소.

appellationsdomstol *~en ~ar* 항소(상고) 법원.

appellativ *~et ~[er]*【문법】보통명사, 가산(加算) 명사.

appellera *~r ~de ~t itr*. 호소(간청)하다, 상고(항소)하다.

appendi̜cit [-si̜:t] *~en ~er*【의학】맹장염(blindtarmsinflammation).

appendix *~et ~* ① 부록, 첨부, 부속물 ②【해부】충양돌기.

applicera *~r ~de ~t tr*. ① …을 붙이다(대다); ~ ett plåster (일회용) 반창고를 붙이다 ② …을 적용하다; ~ en lagparagraf 어떤 법조항을 적용시키다.

applikation *~en ~er* 부착; 적용; 아플리케, 꿰매 붙인 장식, 박아 넣은 장식.

applåd *~en ~er* 박수; livliga(starka, svaga) ~er 활기찬(강한, 약한) 박수; sångerskan hälsades med en kraftig ~ 그 여가수는 힘찬 박수로 영접 받았다.

applådera *~r ~de ~t tr*. …에게 박수를 보내다, …를 격려하다, 치하하다; ~ ngn …에게 박수를 보내다; ett livligt ~t tal 열렬한 박수를 받은 연설.

applådåsk|a *-an -or* 우레 같은 박수.

apport [-ɔ-] *itj*. 개 훈련 때 무엇을 던지면서 집어오거나 찾아오라고 명령하는 말; ~! 가져와, 물어와, 찾아와.

apportera *~r ~de ~t tr.* (사냥개가) 사냥물을 물어오다(찾아오다).

apposition *~en ~er* 【문법】 동격(同格) (예를 들면 'Karl Ⅱ, kung av England, dog 1685'란 문장에서 'kung av England' 부분).

appreciera *~r ~de ~t tr.* (…의 가치를) 높이 평가하다, 화폐의 가치를 평가절상하다.

appreciering *~en ~ar* …을 높이 평가함, 존중; 증가.

appretera *~r ~de ~t tr.* 마무리 손질을 하다, 옷감 등을 (마무리 손질로써) 광택을 내고 빳빳하게 하다.

appretur/appretyr *~en ~er* (옷감 등의) 빳빳함과 광택.

approximation *~en ~er* 근사치, 어림셈, 【수학】 근사값.

approximativ *a.* 근사치의, 근사한, 대략(대체)의; en ~ beräkning 대략적인 계산; ett ~t värde 근사치.

approximera *~r ~de ~t tr.* …을 대략적으로 계산하다, …의 근사치를 내다.

aprikos *~en ~er* 살구나무 또는 그 열매; 살구 빛.

aprikosfärgad *a.* 살구 빛의.

april (불변화명사) 4월; narra ngn ~ (만우절에) …를 속이다.

aprilskämt *~et ~* 만우절에 하는 거짓말.

aprilväd|er *-ret ~* 변덕스러운 날씨.

a priori [-o:-] *adv.* 연역적으로, 선험적으로.

à-pris *~et ~er* 한 개의 값, 개당(個當) 가격, 단가.

apropå[1] *adv.* 임시로, 예기치 않게, 갑작스럽게; han kom helt ~ 그는 전혀 예기치 않게 왔다.

apropå[2] *prep.* …에 대해서 말인데; ~ semester, var ska ni vara i sommar? 휴가 얘긴데, 너희들 올 여름에 어디서 지낼 거니?; ~ riksdagen, har skatteförslaget antagits? 국회얘기가 나왔으니 말인데, 그 세제안(稅制案)은 채택되었습니까?

apropå[3] *~t, ~n/~er* 화제와 관련이 있지만 약간 중심내용에서 벗어난 것; som ett ~ till detta 이와 관련하여, 이에 대한 예(例)로서.

aptera *~r ~de ~t tr.* …을 개작(改作)하다, …을(…에 소용이 되도록) 고치다; ~ ngt på(i) ngt …에 손질을 보다, …에 …작업을 가하다; slottet ~des till sjukhus 성(城)은 병원 건물로 개조되었다.

aptering *~en ~ar* 개작, 개조, 조정.

aptit *~en 0* 식욕; ha god(dålig) ~ 식욕이 좋다(없다); jag har ingen ~ 통 먹을 생각이 없다; mista(förlora) ~ 식욕을 잃다; ~en kommer medan man äter 음식은 씹을수록 맛이 난다 (일은 열심히 할수록 의욕이 생긴다); ha ~ på livet 삶에 의욕을 갖다.

aptitlig *a.* 식욕을 돋우는, 맛이 있는, 구미를 당기는.

aptitretande *a.* 구미를 당기는, 입에 군침이 돌게 하는.

aptitretar|e *-[e]n ~* 식욕을 돋우는 음식, 또는 음료, (식전에 식욕을 돋우기 위해서 마시는) 술.

ar *~et/~en, ~* 【면적】 100제곱미터.

arab *~en ~er* 아라비아 사람; 아라비아 종(種)의 말.

arabesk *~en ~er* 당초(唐草)무늬.

Arabförbundet 아랍연맹(1945년 이

집트와 기타 이슬람교도 나라들이 결성한 지역 동맹).

Arabien 아라비아(Arabia).

arabisk *a.* 아라비아 말의, 아라비아[사람]의; ~a siffror 아라비아 숫자.

arabisk|a *-an -or* 아라비아 말(語); 아라비아 여자.

Aragonien 아라곤(Aragon, 스페인 동북부 지방의 옛 왕국).

aragonier *~n ~* 아라곤 사람.

aragonisk *a.* 아라곤[사람]의.

arameisk *a.* 아람[지방]의(고대 메소포타미아 및 시리아).

arameiska *~n 0* 아람어(예수가 살던 시대에 팔레스티나 지방에서 쓰이던 언어).

arbeta *~r ~de ~t* Ⅰ. *itr.* ① 일하다, 수고하다, 애써(힘써) 일하다; ~ av alla krafter 혼신의 힘을 다하여 일하다; ~ med svårigheter 어려움을 안고 일하다 ② 움직이다, 운동하다; hjärtat ~r våldsamt 심장이 무척 가쁘게 뛴다 ③ …을 위해서(성취하기 위해) 일하다(på); ~ på ngns fördärv …를 망하게 하려고 애쓰다 ④ (직장 등에서 규칙적으로) 일하다; ~ långsamt(fort) 천천히(빨리) 일하다; ~ på övertid 시간외로 근무하다 ⑤ 작동하다, 가동 중에 있다; fabriken ~r natt och dag 그 공장은 밤낮없이 가동 중이다; hans hjärna ~r snabbt 그는 머리회전이 빠르다(그는 머리가 빨리 돌아간다) Ⅱ. *tr.* …을 가공하다, …에 손질을 가하다; jorden är lätt att ~ 흙은 가공하기가 쉽다; ~t guld och silver 금속 가공 처리한 금·은 Ⅲ. *rfl.* ~ sig trött 너무 일해 피곤하다; ~ sig upp 입신양명하다, 출세하다 Ⅳ. ① ~ av (일을 해서) …를 청산하다; ~ av en skuld 빚을 청산하다 ② ~ bort 제거하다, 없애 버리다, …을 고쳐나가다; ~ bort en ovana 나쁜 습관을 (노력해서) 끊다 ③ ~ emot …을 방해하다, …의 일을 방해하다; ④ ~ ihjäl sig 죽도록 일하다, 아주 열심히 일하다 ⑤ ~ ihop …을 (한 덩어리로) 모으다, 축적하다(till), 같이 일하다; ~ ihop en förmögenhet 재산을 모으다; ~ ihop tre förslag till ett nytt 세 가지 제안을 합 쳐서 하나의 새로운 안으로 만들다 ⑥ ~ in a) (요리재료를) 섞어 넣다; ~ in mjöl i degen 밀가루를 빵 반죽에 섞어 넣다 b) …의 시장개척을 하다; ~ in en artikel på den svenska marknaden 스웨덴 시장에 어떤 상품을 들여 놓다; en inarbetad vara (시장개척이 된 상품으로서) 잘 팔리는 상품, 유행하는 상품 c) …을 보상(보충, 벌충)하다, …을 메우다; ~ in förlorad arbetstid (어떤 사정으로) 채우지 못한 작업시간을 보충하다 ⑦ ~ med 일에 동참하다, 함께 일하다; hela familjen ~r med 전 가족이 함께 일하고 있다 ⑧ ~ om 작업을 해서 수정하다, 고쳐쓰다, 재작업하다(till); ~ om gammalt guld till nya smycken 오래된 금을 다시 손질하여 새 장식품으로 만들다; han ~r om sitt utkast till skrivelse 그는 공문서 초고(初稿)를 고쳐쓰고 있다 ⑨ ~ samman ☞ ~ ihop ⑩ ~ undan (미리) 많은 일을 하다; han ~r undan med fart för att bli ledig tidigare på dagen 그는 일찍 쉬기 위해서 속도를 내서 많은 일을 한다 ⑪ ~ upp 일으키다,

점차 발전시키다, 향상시키다; ~ upp en affär 사업을 발전시키다 ⑫ ~ ut a) 완성하다, (책 등을) 써서 내놓다; ~ utarbeta en lärobok 교과서를 한 권 써서 내놓다 b) (재귀대명사와 함께) 녹초가 되도록 일을 하다; hon har ~t ut sig alldeles 그 여자는 완전히 녹초가 되도록 일을 했다; hon är fullständigt utarbetad 그 여자는 완전히 녹초가 되었다 ⑬ ~ över 시간외 근무를 하다, 초과 근무를 하다; han har ~t över hela veckan 그는 한 주내내 초과 근무를 했다.

arbetarbo|stad *-staden -städer* 노동자 합숙소, 고용인 숙소.

arbetar|e *-[e]n ~* 근로자, 노동자, 일하는 사람, 육체노동자, 직공, 공원, 농장 노동자, 머슴; (고용주에 반대되는 말로서) 피고용인.

arbetarfamilj *~en ~er* 근로자출신 가족, 노동자계급 가정.

arbetarförbund *~et ~*/**arbetarförening** *~en ~ar* 노동조합, 노동자 협회.

arbetarklass *~en ~er* 노동자 계급.

arbetarkommun *~en ~er* 사회민주주의 노동당의 지구당.

arbetarparti *~et ~er* 노동당(노동자계급의 이익을 대표하는 정당).

arbetarregering *~en ~ar* 노동당(arbetarparti) 소속 당원들이 다수를 차지하고 있는 정부(내각).

arbetarrörelse *~n ~r* 노동 운동.

arbetarskydd *~et 0* 산업재해 방지.

arbetarskyddslag *~en ~ar* 산업재해 방지법.

Arbetarskyddsnämnden 산업재해 방지위원회(LO와 SAF의 공동기구).

Arbetarskyddsstyrelsen 산업재해 방지청(산업재해 방지법, 노동 환경법, 노동 시간 기준법 등의 준수 여부를 감독하는 국가 기관).

arbete *~t ~n* 일, 노동; 직업; 수고, 노력; ett ansträngande(mödosamt) ~ 힘든(고된) 일; förtjäna sitt uppehälle genom hårt(tungt) arbete 힘들게 일해서(중노동으로) 생계를 유지하다; gå i tungt ~ 고된(힘든) 일을 하다; vara i fullt ~ med en sak 어떤 일에 전력투구하다(매달리다); intellektuellt ~ (육체노동에 반대되는 말로서) 정신노동; många händer gör ett lätt ~ 많은 사람이 매달려서 하면 일이 쉬워진다, 백짓장도 맞들면 낫다; ha ~ hos …의 집에서 일하다, …에게 고용되어 있다; nedlägga ~ på en sak 어떤 일에 노력을 기울이다(쏟다); vara under ~ 준비 중에 있다, 공정 중이다; kostymen är under arbete 그 양복은 재단 중이다.

arbetsam *a.* 부지런한, 열심히 일하는; han är flitig och ~ 그는 부지런하고 열심히 일한다; 힘든, 일이 많은; ett ~t år 힘든 한 해, 바쁜 한 해.

arbetsavtal *~et ~* 노동 계약.

arbetsbeskrivning *~en ~ar* 작업 지시, 작업 안내.

arbetsbesparande *a.* 노동 절약의.

arbetsbesparing *~en ~ar* 노동 절약.

arbetsbi *~et ~n* 【곤충】 일벌.

arbetsbänk *~en ~ar* 작업대.

arbetsbörd|a *-an -or* 작업량.

arbetsdag *~en ~ar* 일하는 날(일반적으로 평일을 가리킴).

arbetsdomstol *~en ~ar* 노동 재판소.

arbetsduglig *a.* 일하기에 알맞은.
arbetsfred *~en 0* 노사 평화(고용주와 피고용인 간에 분쟁이 없는 상태).
arbetsfri *a.* 노력하지 않고 얻은; ~ inkomst 불로(不勞) 소득.
arbetsfält *~et ~* 활동 범위, 작업 범위.
arbetsför *a.* 일을 할 만한, …일에 맞는; ~ ålder 근로 연령; partiellt ~ 신체적으로 불구인(신체의 일부만이 노동 가능한).
arbetsfördelning *~en ~ar* 작업 분배(배당), 분업.
arbetsförhållande *~t ~n* 노동 조건(사정).
arbetsförmedling *~en ~ar* (국영) 취업센터, 취업알선소, 노동자 소개소.
arbetsförmåg|a *-an -or* 일할 수 있는 능력, 노동 능력.
arbetsförtjänst *~en ~er* 노동대가, 수입, 번 것.
arbetsgivar|e *-[e]n ~* 고용주, 사용자.
arbetsgivaravgift *~en ~er* 경영자 요금(기업가로부터 국가가 사회보험 비용(socialavgift) 명목으로 징수하는 요금).
arbetsgivarförening *~en ~ar* 경영자 협회.(☞ Svenska arbetsgivarföreningen (SAF) 스웨덴 경영자 연합회).
arbetsglädje *~n 0* 일의 보람, 노동의 기쁨.
arbetsgrupp *~en ~er* 작업조, 작업팀.
arbetshypotes *~en ~er* 작업가설(假說).
arbetshäst *~en ~ar* 짐마차 말 (☞ ridhäst *~en ~ar* 승마용 말).
arbetsinkomst *~en ~er* 근로소득, 일의 대가로 얻는 수입.
arbetsinställelse *~n ~r* 파업; 공장 폐쇄(고용주 측의).
arbetskamrat *~en ~er* 직장 동료.
arbetskapacitet *~en ~er* 작업 수용 능력.
arbetskarl *~en ~ar* 막노동꾼, 날품팔이꾼.
arbetskläder (복수명사) 노동복, 작업복.
arbetskonflikt *~en ~er* 노동쟁의.
arbetskraft *~en ~er* 노동력, 노동자.
arbetsklimat *~et ~* 작업환경, 직장 분위기.
arbetsköpar|e *~[e]n ~* 노동력 구매자(사회주의적 입장에서 '고용주'를 일컫는 말).
arbetslag *~et ~* 작업반, 작업조.
arbetsledar|e *-[e]n ~* 작업반장(조장).
arbetsledning *~en ~ar* 작업 지휘(감독).
arbetsliv *~et 0* 직장 생활.
arbetslivserfarenhet *~en ~er* 직장 생활 경력.
arbetslust *~en 0* 노동 의욕.
arbetsläg|er *-ret ~* 강제 노역자 수용소.
arbetslön *~en ~er* [노동] 임금.
arbetslös *a.* 실업의, 일자리가 없는.
arbetslöshetsförsäkring *~en ~ar* 실업 보험.
arbetslöshetskass|a *-an -or* 실업자 기금(가입자에게는 실업 시에 실업 수당을 지급함).

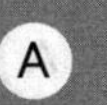

arbetslöshetsunderstöd *~et ~* 실업자 보조금.
arbetsmarknad *~en 0* 노동시장.
Arbetsmarknadsnämnden 노동시장 조절위원회.
arbetsmarknadsstyrelse *~n ~r* 노동시장청(AMS: 국가기관으로서 노동시장의 원활한 기능을 위해서 일함).
arbetsmarknadsstöd *~et ~* 실업수당.
arbetsmarknadsutbildning *~en ~ar* 노동시장교육(AMU : 실업자나 실업위험에 처한 사람을 위한 (재)교육).
arbetsmetod *~en ~er* 작업 방법, 작업 요령.
arbetsmiljö *~n ~er* 작업 환경.
arbetsminne *~t ~n* 【컴퓨터】 작업 기억 영역.
arbetsmyr|a *–an –or* 개미처럼 열심히 일하는 사람, 일벌레.
arbetsmännisk|a *–an –or* 열심히 일하는 사람.
arbetsnarkoman *~en ~er* 지나치게 일을 많이 하는 사람, 일벌레.
arbetsnedläggelse *~n ~r* 파업, [노동]쟁의.
arbetsoduglig *a*. 작업 능력이 없는.
arbetsoförmögen *a*. (다쳐서) 일을 할 수 없는, 작업 능력이 없는.
arbetsområde *~t ~n* ① 작업 공간(영역) ② 전문 영역, 학습 분야.
arbetsordning *~en ~ar* 작업 계획, 작업 진행 순서.
arbetspass *~et ~* 교대 작업 시간, 교대작업 조(組).
arbetsplan *~en ~er* 작업 계획.
arbetsplats *~en ~er* 작업장, 직장.
arbetsplikt *~en ~er* 작업 임무, (예비군의) 향토방위 의무.
arbetsprestation *~en ~er* 작업성과(실적).
arbetspsykologi *~n 0* 산업 심리학.
arbetsres|a *–an –or* 출퇴근 왕래.
arbetsro *~n 0* 쾌적한 노동환경.
arbetsrum *~met ~* 작업실, 연구실, 공부방.
arbetsrätt *~en ~er* 노동관계법.
arbetsskygg *a*. 일하기 싫어하는.
arbetsstudier (복수명사) 인간공학(작업능률 향상을 위해 기계 장치나 작업 환경을 인간의 특성에 맞추어 설계 · 조정하고자 하는 공학의 한 부문).
arbetsstudieingenjör *~en ~er*/ arbetsstudie|man *~nen –män* 작업능률 향상 연구자.
arbetsstycke *~t ~n* 작업 대상물.
arbetsstyrk|a *–an 0* 작업능력, 인력.
arbetstag *~et ~*, vara i ~en 전력투구로 일하다.
arbetstagar|e *–[e]n ~* 피고용인.
arbetstakt *~en 0* 작업속도, 일의 페이스; han har en hög ~ 그는 작업속도가 빠르다.
arbetsstation *~en ~er* 【컴퓨터】 정보 처리 시스템에 연결되어 있으나 단독으로도 처리를 할 수 있는 단말장치.
arbetstempo *~t ~n* ☞ arbetstakt.
arbetsterapeut *~en ~er* 작업 요법사.
arbetsterapi *~n 0* 【의학】 작업 요법, 건강회복을 위해 가벼운 일을 시키는 요법.
arbetstid *~en ~er* 노동시간, 일과시간; efter ~ens slut 일이 끝난 후[에],

A

퇴근 후; 8 timmars ~ 8시간 노동.
arbetstidsförkortning *~en ~ar* 노동 시간 단축, 일과시간 단축.
arbetstillfälle *~t ~n* 일거리, 취직자리, 돈벌이 기회. 고용기회.
arbetstillstånd *~et ~* 노동 허가.
arbetstvist *~en ~er* 노동쟁의.
arbetsutskott *~et ~* 운영 집행위원회.
arbetsveck|a *-an -or* 주당 작업일(근무일); 40 timmars ~ 주당 40시간 근무; fem dagars ~ 주당 5일 근무; de har fem dagars ~ medan vi har sex dagars 우리가 주당 6일 근무하는 반면 그들은 주당 5일 근무한다.
arbetsvillig *a.* 일에 의욕을 가진, 기꺼이 일하고자 하는.
arbetsvillkor *~et ~* 노동 조건.
arbitrage [-ɑ̣:ʃ] *~t 0* 외국환 매매.
arbitrageaffär *~en ~er* 외국환 거래, 외국환 매매업.
arbiträr *a.* 임의의; 자의적(恣意的).
arbogaöl/Arbogaöl (불변화명사), det kommer efter som ~ 뒷맛이 씁쓸하다, 좋지 않은 결과가 뒤따른다.
ardenner *~n ~* ☞ **ardennerhäst**.
ardennerhäst *~en ~ar* 알르덴네(the Ardennes)산 말.
Ardennerna 아르덴네(the Ardennes, 프랑스 북동부, 벨기에와 접한 지대; 제1·2차 세계 대전의 격전지).
are|a *-an -or* 면적, 평지.
areal *~en ~er* 면적.
aren|a *-an -or* 투기장(고대 로마의 원형경기장 중앙에 모래를 깐 곳); 【일반적】 시합장, 경기장; 【비유적】 경쟁장, 활동 무대, …계(界); från den litterära -an kom han snart över till den politiska 그는 문학계로부터 곧 정계로 옮겨 갔다.
arg [arj] *a.* 화난, 성난(på ngn, på ngt), 악의에 찬; bli ~ på ngn …에게 화가 나다; han blev ~ för att han fick vänta 그는 기다리게 되자 화가 났다; ~a konkurrenter 상대하기 힘든 경쟁자, 무자비한 경쟁자; ~a katter får rivet skinn 싸움 좋아하는 사람 상처 아물 날 없다.
argbigg|a *-an -or* 성을 잘 내는 아낙네(계집애).
Argentina 아르헨티나.
argentinar|e *-[e]n ~* 아르헨티나 사람.
argentinsk *a.* 아르헨티나 (사람)의.
argentinsk|a *-an -or* 아르헨티나 여자.
argon [-o̜:n] *~et 0* 【화학】 아르곤.
argsint *a.* 성 잘 내는, 금방 화내는.
argsinthet *~en 0* 화 잘 내는 성미(성질, 성격).
argument *~et ~* 논의, 논쟁; 이론; 논거(för, mot).
argumentation *~en ~er* 입론(立論), 논증; 논쟁, 변론, 토론.
argumentationsanalys *~en ~er* 논증 분석.
argumentera *~r ~de ~t itr.* 논하다, 논의하다, 논쟁하다(för, mot).
argumentering *~en ~ar* ☞ **argumentation**.
argusblick *~en ~ar*/**argusögon** (복수명사) 경계하는 눈[초리]; bevaka ngn med ~, …를 경계하다, 의심을 가지고 …를 지켜보다.
ari|a *-an -or* 【음악】 영창(詠唱), 아리아; 선율.

arian *~en ~er* 아리우스(4세기 초 알렉산드리아의 신학자)파의 사람.

arianism *~en 0* 아리우스주의(그리스도의 신성(神性)을 부인하는 것).

ariansk 아리우스파의, 아리우스(Arius)의.

arier *~n ~* 아리안 사람, 인도-유럽 어족(族) 중 인도, 이란 지역의 사람.

arisk *a.* 아리안 어족의, 아리안 인종의.

aristokrat *~en ~er* 귀족, 상류계급, 귀족정치론 자.

aristokrati *~n ~er* (집합적) 귀족, 귀족 사회, 상류계급.

aristokratisk *a.* 귀족적인, 귀족풍의; 당당한, 품위 있는; ~t utseende 귀족적인 자태, 품위 있는 모습; ~a vanor 귀족풍의 관습(습관).

aritmetik *~en 0* 산수, 산술[법].

aritmetiker *~n ~* 산술가.

aritmetisk *a.* 산수[상]의; ~t medium 등차중항(等差中項); ~ serie 등차급수.

ark[1] *~en 0* ① 【성서】 법궤(모세의 십계명을 새긴 두 개의 석판(石板)을 넣어둔 상자); förbundets ~ 법궤 ② 큰 배, 방주(方舟); Noaks ~ 노아의 방주.

ark[2] *~et ~* ① 사각형의 종잇장; ett ~ skrivpapper [필기용] 종이 한 장; ett ~ brevpapper 편지지 한 장 ② 【인쇄】 일정량의 인쇄된 면(面); ett ~ oktav 접어서 16면(페이지)이 나오는 커다란 종이 한 장.

arkad *~en ~er* 【전축】 아케이드, 줄지은 홍예랑(虹霓廊).

Arkadien 아르카디아(옛 그리스 산속의 이상향).

arkadisk *a.* 아르카디아의; 전원(田園)풍의, 목가적인.

arkaisera *~r ~de ~t itr.* 고풍(古風)을 흉내 내다, 고어체(古語體)로 글을 쓰다.

arkaiserande *a.* 고풍을 흉내 내는, 고어체로 글을 쓰는.

arkaisk *a.* 고풍의, 고어체의.

arkaism *~en ~er* 고어(古語), 고문체(古文體), 의고체(擬古體).

arkaistisk *a.* 고풍을 흉내 낸, 의고체의, 고문체의.

arkebusera *~r ~de ~t tr.* 총살형을 집행하다.

arkebusering *~en ~ar* 총살 집행.

arkeolog [-ɔ-oː-] *~en ~er* 고고학자.

arkeologi *~n 0* 고고학.

arkeologisk *a.* 고고학의, 선사시대의.

arkipelag *~en ~er* 다도해, 군도(群島).

arkitekt [-ki-/-çi-] *~en ~er* 건축가, 설계자.

arkitektbyrå *~n ~er*/arkitektkontor *~et ~* 건축[설계] 사무실.

arkitektonik *~en 0* 건축학, 건축 체계론.

arkitektonisk *a.* 건축학의, 건축술의.

arkitektur *~en ~er* 건축술, 건축 양식.

arkiv [-k-] *~et ~* ① 옛 기록, 공문서 ② 옛 기록(공문서) 보관소; sitta på(i) ~et 옛 기록(공문서) 보관소에 앉아 있다.

arkivalier (복수명사) 보관된 옛 기록(공문서).

arkivarie *~n ~r* 기록 보관인, 기록

보관소장(長).

arkivera *~r ~de ~t tr.* 문서를 정리해 보관하다, 철하다.

arkivering *~en ~ar* 문서의 정리 보관 (철하기).

arkivexemplar *~et ~* 납본자료(문서 보관서 및 도서관에 보내는 사본).

arkivforskar|e *-[e]n ~* 옛 기록(공문서) 연구가.

arkivforskning *~en ~ar* 옛 기록(공문서) 연구.

arkivsystem *~et ~* (통신 · 수송 등의) 조직망, 시스템; 통일성

Arktis 북극 지방, 북극권.

arktisk *a.* 북극[권]의.

arla[1] (불변화형용사) (시적인 표현) [아침] 일찍; i ~ morgonstund 이른 아침에; från ~ morgon till sena kvällen 이른 아침부터 저녁 늦게까지.

arla[2] *adv.* 이르게, 일찍; ~ om morgonen 아침 일찍; ~ och särla 일찍 그리고 늦게.

arm[1] *a.* ① 불쌍한, 불행한; ~a barn 불쌍한 애들 ② 비참한, 형편없는, 보잘것없는 ③ (서정적) [몹시] 가난한.

arm[2] *~en ~ar* 팔; (강의) 지류(支流), 촛대; bjuda ngn ~en …에게 제휴(提携)를 제의하다; gå ~ i ~ 서로 팔을 끼고 걸어가다; med ~arna i kors 팔장을 낀 채 (방관하다); med öppna ~ar 두 팔(손)을 벌려, 충심으로 환영하여; på rak ~ 아무 준비 없이; hålla ngn under ~arna …를 지원하다, 돕다; slå ~arna om halsen på ngn …의 목을 두 팔로 껴안다; kröka ~en 한잔 꺾다(술을 한잔 들다); ha långa ~ar 세력을 지니다, 영향력을 가지고 있다.

armad|a [-mɑː-] *-an -or* 대규모 함대; den stora -an 【역사】 1588년 스페인의 필립 2세가 영국공격을 목표로 보냈던 함대, 일명 무적함대.

armatur *~en ~er* ① 【전기】 조명기구, 조명장치 ② 【기계】 부속물, 전기자(電機子, 발전기 · 전동기 따위의 회전자), (자석의) 접극자(接極子).

armband *~et ~* 팔찌.

armbandsur *~et ~* 손목시계.

armbind|el *-eln -lar* 완장.

armborst *~et ~* 석궁(石弓).

armbrott *~et ~* 팔 골절.

armbåga *~r ~de ~t rfl.* ~ sig fram (사람들을) 팔꿈치로 제치고 나아가다.

armbåg|e *-en -ar* 팔꿈치.

armbågsled *~en ~er* 팔꿈치 관절.

armbågsrum *~met ~* 팔꿈치를 자유롭게 움직일 수 있을 만한 여지, (충분한) 활동 범위.

armé *~n ~er* ① 군대, (해 · 공군에 대하여) 육군; ~n, flottan och flyget 육 · 해 · 공군; chefen för ~n 육군 참모총장 ② 단체, 조직체; frälsningsarmén 구세군 ③ 대군(大群), 떼; en hel ~ av gräshoppor 메뚜기의 큰 떼.

arméchef *~en ~er* 육군 참모총장.

armédivision *~en ~er* 【군대】 (보병) 사단.

arméfördelning *~en ~ar* 【군대】 사단.

arméförvaltning *~en ~ar* 군 최고행정부.

armégevär *~et ~* 군용 소총.

armékår *~en ~er* 【군대】 군단.

arméledning *~en ~ar* 군 사령부, 군 지휘부.

armélott|a *-an -or* 여군(女軍).

Armẹnien 아르메니아(이란 북서부의 한 공화국).

armẹnier *~n ~* 아르메니아 사람.

armẹnisk *a.* 아르메니아[사람]의.

armera *~r ~de ~t tr.* ① 【군사】 무장시키다 ② 【건축 · 기술】 보강하다, (힘 등을) 증강 시키다; ~d betong 철근 콘크리트.

armering *~en ~ar* 무장; 보강, 증강.

armeringsjärn *~et ~* 콘크리트에 집어넣는 철근.

armgång *~en 0* 【체육】 팔 힘으로 매달린 채 이동하기.

armhål|a *-an -or* 겨드랑이.

armkrok *~en ~ar* ① 상대방의 팔 아래에 자기 팔을 껴서 상대방을 움직이면 이기는 힘겨루기 ② 서로 팔을 끼기; gå ~ 서로 팔을 끼고 걸어가다 (gå arm i arm).

armod *~et 0* 가난, 궁핍.

armring *~en ~ar* 팔찌.

armslängd *~en ~er,* på en ~s avstånd 팔을 뻗으면 닿을 만한 거리에 있는.

armstyrk|a *-an -or* 팔의 힘.

armstöd *~et ~* 팔을 걸쳐 놓을 수 있는 것, (주로 의자의) 팔걸이.

armsvett *~en 0* 팔이나 겨드랑이에 난 땀.

arom [-rọ:m] *~en ~er* 향기, 좋은 냄새 또는 맛.

aromạtisk *a.* 좋은 냄새가 나는, 향긋한, 고소한.

aromglas *~et ~* 밑 부분이 둥글게 불룩 나온 술잔.

ạrrak *~en 0* 아라크 술(야자열매 · 당밀 따위의 즙으로 만듦).

arrangemang *~et ~* ① 정돈, 배열, 마련, 주선 ② 【음악】 (다른 악기에 맞춘) 편곡.

arrangẹra *~r ~de ~t tr.* ① 정돈하다, 배열하다, 마련하다, 주선하다 ② 【음악】 (다른 악기에 맞춰서) 편곡하다.

arrangör [-ŋʃœ:r] *~en ~er* ① (행사) 주관자, 마련하는 사람, 주최자 ② 편곡자.

arrendator [-ạ:tɔr] *~n ~er* 차가인(借家人), 차지인(借地人), 소작인.

arrende [arẹn-] *~t ~n* (땅 · 집 등의) 차용(借用), 임차, 차용기간; överlåta jakträtten på ~ 사냥권(수렵권)을 임대(賃貸)하다; betala(få) 1000 pund i ~ 차용료로 1000파운드를 지불하다(받다).

arrendegård *~en ~ar* 임차(賃借)한 농지(농토, 농장).

arrendekontrakt *~et ~* 임대차 계약.

arrendera *~r ~de ~t tr.* 빌다, 임차(賃借)하다; ~ en gård(jakträtten) 농장(수렵권)을 임차하다; ~ ut en gård 농장을 임대하다.

arrẹst *~en ~er* ① 감금, 구금, 구류, 체포 ② 감옥, 구치소, 유치장; sitta i ~ 감금되어 있다; sätta i ~ 감금하다, 투옥하다.

arrestạnt *~en ~er* 감금(구류) 중에 있는 자.

arrestera *~r ~de ~t tr.* 감금(구류)하다; 체포하다.

arrestering *~en ~ar* 감금, 투옥, 체포.

arresteringsorder *~n ~* 체포 영장.

arriärgarde [-æ:r-] *~t ~n* 【군사】 후위부대, 후방 견제부대.

A

arrogans [-gaŋs/-gans] *~en 0* 오만, 거만, 뽐냄, 으스대기.

arrogant *a.* 거만한, 뽐내는, 으스대는.

arsenal *~en ~er* 군수품 창고, 병기고; (일반적) 비축, 저장.

arsenik *~en 0* 【화학】 비소(砒素, 양성원소; 기호 AS; 번호 33).

arsenikförgiftning *~en ~ar* 비소에 의한 중독(中毒).

arsenikhalt *~en ~er* 비소 함유량.

arsenikhaltig *a.* 비소를 함유하고 있는.

art [ɑ:rt] *~en ~er* ① 종류, 종(種); olika ~er av talspråk 여러 종류의 구어(口語) ② 성질, 성격, 특성, 천성; språkets ~ 언어의 특성; visa sin rätta ~ 자신의 진정한 특성을 보이다 ③ 【생물】 종(種).

arta *~r ~de ~t rfl.* ① 모양을 갖추다, 잘 되어가다; ~ sig väl(illa) (일이) 잘 되어가다(잘 안 되어간다) ② 발전하다, 향상하다 ③ …이 될 것으로 전망되다(여겨진다); rågen ~r sig att bli bra i år 올해 호밀농사는 풍작이 될 것 같다.

artefakt *~en ~er* 인공품, 가공품.

arteriell *a.* 동맥의, 동맥 같은.

arterioskleros [-o:s] 【의학】 동맥경화[증].

artesisk *a.* ~ brunn (물줄기 있는 데까지) 깊이 판 우물(지하의 압력으로 물을 뿜음), 분수(噴水) 우물.

artfrämmande *a.* 특이한, 외부와 연고가 없는.

artificiell *a.* 인공의, 가공의.

artig *a.* 공손한, 예의바른(mot), 정중한; vara ~ mot damerna 부인들에게 예의바르게 대하다.

artighet *~en ~er* ① 공손함, 예의바름; för ~ens skull 예의상 ② 공손한 언행, 예의바른 말; utbyta ~er med ngn …와 예의바른 말을 주고 받다; säga ngn en ~ …에게 듣기 좋은 말을 하다, …를 칭찬하다.

artighetsbetygelse *~n ~r* 경의 표시, 공손의 표시.

artighetsfras *~en ~er* 의례적 표현, 예의에 맞는 말.

artighetsvisit *~en ~er* 의전상의 방문, 예방.

artik|el [-tik-] *-eln -lar* ① (계약, 강연 등의) 단락, 조항; en ~ i fredsfördraget 평화조약의 한 조항 ② (신문, 잡지의) 기사; en serie skarpa -lar om spritmissbruket 알콜 중독에 대한 일련의 날카로운 기사들 ③ 물품, 제품, 품목 ④ 【문법】 관사; obestämd och bestämd ~ 부정관사 및 정관사.

artikelserie *~n ~r* 연속 기사, 연재 기사.

artikulation *~en ~er* 조음(調音), 명확한 발음.

artikulera *~r ~de ~t tr.* 조음하다, 명확하게 발음하다.

artilleri *~et 0* 중화기, 포병.

artillerield *~en ~ar* 포화(砲火).

artilleriförband *~et ~* 포병 부대.

artillerikår *~en ~er* 포병단.

artilleriregemente *~t ~n* 포병 연대.

artillerist *~en ~er* 보병 또는 포병 장교.

artist *~en ~er* 예술가, 연예인.

artisteri *~et 0* 예술적 수완, 예술품.

artistisk *a.* 예술적[인], 예술가적인.

artistnamn *~et ~* 예명(藝名).

artnamn *~et ~* ① 식물, 동물의 라틴어 이름 ②【문법】보통명사.

arton *räkn.* 18, 열여덟(기수); ~ hundra 1800; på ~hundranittiotalet 1890년대에; ~hundratalet 19세기에; vid ~ tiden 오후 6시경; i ~ årsåldern 18세가량의.

artonde *räkn.* 열여덟번째의(서수).

artrit *~en ~er*【의학】관절염.

artskild *a.* 종류가 다른, 종류의 차이가 나는.

artskillnad *~en ~er* 종류 상의 차이.

artär *~en ~er*【해부】동맥.

arv *~et ~* ① 유산, 상속물(재산); lämna ~ efter sig 유산을 남기다; få ~ 유산을 물려받다; klockan är ett ~ efter(från) min far 그 시계는 아버지로부터 물려받은 것이다 ② 상속; få ngt i ~, …을 상속받다; gå i ~ 상속되다; lämna ngt i ~ åt ngn …을 …에게 상속하다(물려주다).

arvedel *~en ~ar* 유산의 몫, …에게 상속되는 몫.

arvegods *~et 0* 유산, 상속물.

arvfiende *~n ~r* 천적(天敵).

arvföljd *~en ~er* 상속 순위, 계승 순위.

arving|e *-en -ar* 상속권자, 상속자.

arvlös *a.* 상속권을 잃은, 상속권이 없는; göra ngn ~ 상속권을 박탈하다, 자식과 의절하다.

arvode *~t ~n* (주로 임시직의) 급료, 보상금, 수고한 대가, 진료비; begära ett ~ av 500kr. 500크로나의 수고비를 요구하다; läkarens ~ 진료비.

arvodera *~r ~de ~t tr.* 급료를 주다, …에 대한 수고비를 지불하다.

arvprins *~en ~ar* 황태자.

arvrike *~t ~n* 세습군주국.

arvsanlag *~et ~*【생물】유전인자.

arvsanspråk *~et ~* 상속권의 주장.

arvsberättigad *a.* 상속권이 있는, 상속 자격이 있는.

arvskifte *~t ~n* 유산의 분배.

arvslott *~en ~er* (…에게 돌아오는) 유산의 몫, 상속분.

arvsmass|a *-an -or*【생물】생식질, 유전형질.

arvsrätt *~en ~er* 상속법.

arvsskatt *~en ~er* 상속세.

arvstvist *~en ~er* 상속 분쟁.

arvsynd *~en ~er*【성서】원죄(原罪).

arvtagar|e *-[e]n ~* ☞ arvinge.

arvtant *~en ~er* 돈 많은 노파(먼 친척들이 각자 자기에게 재산을 물려주기를 바라는).

as[1] *~et ~* ① 짐승의 시체; stinka som ett ~ 지독한 냄새가 나다 ② (skällsord) 욕설; ditt ~! 이 나쁜 자식아!

as[2] *~en ~ar* 북구 신화에 나오는 신(神)들의 총칭.

asaläran (불변화 en-명사) 북구 신화.

asbest *~en 0*【광물】아스베스토스, 석면.

asbestplatt|a *-an -or* 아스베스토스 판(板).

asch [aʃ] *itj.* 에이! (가볍게 여기는 투의 말); ~, bry dig inte om det! 에이! 그까짓 거 신경 쓰지 마!

aseptik *~en 0*【의학】무균[상태], 방부법(防腐法).

A

aseptisk [asẹp–] *a.* 무균의, 방부성의.

asfalt *~en ~er* (포장용) 아스팔트.

asfaltbeläggning *~en ~ar* 아스팔트 도로, 아스팔트 포장.

asfaltera *~r ~de ~t tr.* 아스팔트로 포장하다.

asfaltpapp *~en 0* 아스팔트를 앞뒤로 입힌 종이, 루핑(roofing), 아스팔트지(紙).

asfalttjär|a *–an –or* (섬유정제 과정에서 생기는) 타르.

asgam *~en ~ar* 이집트 독수리.

asiat *~en ~er* 아시아 사람.

asiatisk *a.* 아시아의 ,아시아 사람의, 아시아적인.

Asien [ɑ:–] (불변화 ett–명사) 아시아; Främre ~ 중동(中東); Mindre ~ 소아시아(극동은 Fjärran Östern).

ask *~en ~ar* ①【식물】서양물푸레나무 또는 그 재목 ② (조그마한) 상자; en ~ cigaretter 담배 1갑; en ~ tändstickor 성냥 1갑.

ask|a[1] *–an 0* 재; slå av –an från (slå –an av) cigarren 시가담배(여송연)의 재를 털다.

aska[2] *~r ~de ~t tr. itr.* 재를 뿌리다; sanda eller ~ [på] trottoarerna vid halka 미끄러울 때 보도(步道) 위에 모래나 재를 뿌리다; ~ av cigarren 시가담배의 재를 털다.

askblond *a.* (머리털, 수염 등이) 회색 금발의.

askẹs *~en 0* 금욕주의 ,고행(수도) 생활.

askẹt *~en ~er* 금욕주의자, 고행자.

askẹtisk *a.* 금욕주의적인, 수도의, 고행의.

askẹtism *~en 0* 금욕[주의], 고행.

askfat *~et ~* 재떨이.

askgrå *~tt a.* 잿빛 회색의.

askkopp *~en ~ar* ☞ **askfat**.

askonsdag *~en ~ar* 성회일(聖灰日, 사순절의 첫날, 천주교에서 참회의 상징으로 머리에 재를 뿌림).

askregn *~et ~* (화산 폭발 시 공중으로부터 떨어져 내리는) 화산재.

Askungen 신데렐라.

askurn|a *–an –or* 유골 단지(죽은 사람의 유해를 담아놓은 단지).

asocial *a.* 반사회적인, 비사교적인.

asocialitet *~en 0* 사회 부적응, 반사회주의.

asp *~en ~ar* ①【동물】잉어 ②【식물】사시나무, 백양(白楊).

aspekt *~en ~er* 관점; se saken ur en helt ny ~ 그 일을 전혀 새로운 관점에서 보다; ur en annan ~ 다른 관점에서 [볼 때].

aspirant *~en ~er* 지원자(till, på), 후보생; det är många ~er till(på) tjänsten 그 자리에 지원자가 많다.

aspiration *~en ~er* ① 열망, 포부, 야심; ha ~er på ngt(på att bli ngt) …을 열망하다, …되기를 희망하다 ②【음성학】기[식]음, 대기음 ③【의학】(흡출기로) 빨아냄.

aspirera *~r ~de ~t itr.* ① ~ på ngt …을 열망하다 ②【음성학】어떤 음을 기[식]음으로 내다.

aspirịn *~et 0*【의학】아스피린.

asplöv *~et ~* 사시나무 잎.

aspvirke *~t 0* 사시나무 목재.

ass *~et ~* ① 보험에 든 우편물 ②【음악】A–플랫(A flat); Ass–dur, A–플랫 장조.

assegaj *~en ~er* (남아프리카 원주민이 쓰는) 가는 투창.

assessor [-sɔr] *~n ~er* 배석 판사, 보좌 판사.

assiett [aʃet] *~en ~er* ① 작은 접시 ② (메뉴) hors-d'œuvre (불어, 복수형) 오르되브르, 전채(前菜, 식욕을 돋우기 위해 식사 맨 처음에 나오는 채소).

assimilation *~en ~er* 【음성학】 동화(同和, 예를 들면 자음접변 등); (일반적으로) 동화[작용], 같게 함.

assimilera *~r ~de ~t tr.* …을 닮다, …에 동화되다; A har ~ts till B A는 B로 동화되었다.

assistans [-aŋs, -ans] *~en ~er* 도움, 보조; komma till ~ 도와주다, 보조하다; med ~ av ngn …의 도움을 받아, …의 도움으로.

assistent *~en ~er* 보조자, 조교.

assistera *~r ~de ~t tr. itr.* 보조하다, 보조역할을 하다(hjälpa till); …을 보좌하다, 돕다(hjälpa).

association *~en ~er* ① 연합, 결합 ② 【철학】 연상; vilka ~er väcker ordet 'guld' hos dig? '금(金)'이란 말은 당신에게 무슨 생각을 떠오르게 합니까?

associationsförmåg|a *-an -or* 연상 능력.

associera *~r ~de ~t tr. itr.* ① 참가시키다, (회원 · 동료로서) …을 가입시키다; ~ sig med ngn …와 결탁하다(결합하다) ② 연관시키다, 관련시키다; 'flädermus' ~r vi oriktigt med 'fläder' 우리는 '박쥐'를 잘못해서 '양딱총나무'와 연관시킨다.

associering *~en ~ar* ☞ **association**.

assonans [-aŋs] *~en ~er* 【운율】 유운(類韻); 모음압운(母音押韻, 두 단어의 강세가 있는 모음만의 압운; 예를 들면 rakt på sak; gård, små).

assuradör *~en ~er* 보험업자.

assurans [-ŋs] *~en ~er* (특수 우편물에 대한) 보험금.

assuransbelopp *~et ~* 보험금액.

assurera *~r ~de ~t tr.* (특수 우편물에 대한) 보험을 들다; ~ för(mot) skördeskada 흉작에 대비하여 보험에 가입하다.

Assyrien 아시리아 사람.

assyrier *~n ~* 아시리아 사람.

assyrisk *a.* 아시리아의, 아시리아 사람의.

asteniker *~n ~* 신체가 허약한 사람.

astenisk *a.* 쇠약한, (심신이) 허약한.

ast|er *-ern -rar* ① 【식물】 애스터 (국화과의 개미취, 쑥부쟁이 따위) ② 【생물】 (세포의) 성상체(星狀體).

asterisk *~en ~er* 별표(*).

astigmatisk *a.* 난시안(亂視眼)의.

astigmatism *~en 0* 난시안, 난시; 【광학】 (렌즈의) 비점수차(非點收差).

astma *~n 0* 【의학】 천식.

astmaanfall *~et 0* 천식에 의한 기침 (발작).

astmatiker *~n ~* 천식 환자.

astmatisk *a.* 천식의.

astrakan *~en ~er* ① 아스트라한(러시아 아스트라한 지방산의 작은 양의 모피), 아스트라한 모조(模造)의 직물 ② 러시아 원산인 사과의 일종(아스트라한, 홍색 또는 황색으로 맛이 시다).

A

astral *a*. 별의, 별 세계의.
astralkropp *~en ~ar* 영체(靈體, 육체와는 별개의 것으로 믿어진).
astrofysik *~en 0* 천체 물리학.
astrolog *~en ~er* 점성가(占星家).
astrologi *~n 0* 점성학[술].
astronaut [−naut] *~en ~er* 우주 비행사, 우주 여행자.
astronautik *~en 0* 우주 비행술(항행학).
astronautisk *a*. 우주 비행(항행)의, 우주 비행사의.
astronom *~en ~er* 천문학자.
astronomi *~n 0* 천문학, 성학(星學).
astronomisk *a*. 천문학[상]의, 성학(星學)의; (숫자 따위가) 천문학적인, 엄청나게 큰, 방대한; ~a observationer 천문 관측; ~a tal 천문학적[인] 숫자.
asur ☞ azur.
asyl *~en ~er* 피난처, 은신처; (보호) 수용소(맹인·노인·고아·정신병자를 위한).
asylrätt *~en ~er* 망명 결정권(한 나라의 망명객을 받아들이거나 거절할 수 있는 권리).
asymmetri *~n 0* 불균형, 부조화, 【수학·화학】 비대칭(非對稱).
asymmetrisk *a*. 불균형의, 부조화의, 비대칭의.
atavism *~en ~er* 【생물】 격세유전 또는 그 실례.
atavistisk *a*. 격세유전의.
ateism *~en 0* 무신론, 무 신앙.
ateist *~en ~er* 무신론자, 무 신앙인.
ateistisk *a*. 무신론[자]의.
ateljé *~n ~er* (예술가·사진작가 등의) 작업실, 스튜디오.

Aten 아테네.
atenar|e *−[e]n ~* 아테네 사람.
atensk *a*. 아테네 (사람)의.
Atlanten 대서양(the Atlantic).
Atlantdeklarationen 대서양 헌장(the Atlantic Charter, 1941년 8월 14일 북대서양 상에서 루스벨트와 처칠이 발표한 미영 공동 선언).
atlantfartyg *~et ~* 대서양 횡단 정기[여객]선.
Atlantpakten 북대서양조약(서구 세력이 동구공산권 세력에 대항하기 위해 1949년 4월 워싱턴에서 조인한 상호 방위 조약).
Atlantpaktsorganisationen 북대서양조약기구(NATO).
atlantångar|e *−[e]n ~* ☞ atlantfartyg.
atlas ① *~en ~er* 지도, 도해(圖解), 지도책(över) ② *~en/~et, 0* (비단, 나일론 따위의) 견수자(絹繻子), 공단, 새틴.
Atlasbergen 아틀라스 산맥; 아프리카 북서부의 산맥.
atlet *~en ~er* ① 【역사】 그리스·로마 시대의 공식경기의 격투사 ② 신체 건장한 남자.
atletisk *a*. 강건한, 체력이 좋은.
atmosfär *~en ~er* ① 대기, 천체를 둘러싼 가스체 ② 기압(압력의 단위) ③ 분위기, 기분, 주위의 상황; företeelser i ~en 대기 중의 현상; ~en i hemmet är helt förändrad 집안의 분위기는 완전히 달라졌다.
atmosfärisk *a*. ① 대기의, 기압의 ② 분위기의; ~a störningar 【전기】 공전(空電)에 의한 공중 장애.
atmosfärtryck *~et ~* 기압.

A

atoll [–ọ–] *~en ~er* 환초(環礁).
atom [–ọːm] *~en ~er* 원자, 미분자, 극소량.
atombomb *~en ~er* 원자 폭탄.
atombombsanfall *~et ~* 원자탄 폭격(투하).
atomdrift *~en ~er* 원자력 추진.
atomdriven *a*. 원자력으로 추진되는.
atomenergi *~n 0* 원자력.
atomforskar|e *–[e]n ~* 원자 연구가.
atomforskning *~en ~ar* 원자 연구.
atomfysik *~en 0* 원자 물리학.
atomkraft *~en 0* 원자력.
atomkraftverk *~et ~* 원자력 발전소.
atomkrig *~et ~* 핵전쟁.
atomkärn|a *–an –or* 원자핵.
atomnum|mer *–ret ~* 원자 번호.
atomreaktor *~n ~er* 원자로.
atomubåt *~en ~ar* 원자력 잠수함.
atomvap|en *–net ~* 핵무기.
atomvikt *~en ~er* 원자량.
atomåldern (정형명사) 원자력 시대.
atomär *a*. 원자의, 원자에 의한.
atonal *a*. 【음악】 무조(無調)의.
ATP [atepẹ] (allmän tilläggspension 의 약어) 국민 추가 연금.
atri|um *–et –er* 【건축】 안마당; (고대 로마 건축의) 안뜰[이 딸린 홀]; 【해부】 심장 가운데 정맥과 연결되어 있는 부분으로 심장 내부 윗부분에 위치하고 있음, 심이(心耳) 또는 심방(心房)이라고도 함.
atrofi *~n ~er* ① 【의학】 위축 ② 【생물】 (영양 장애에 의한) 발육 불능, (기능의) 감퇴, 쇠퇴.
atrofin *~et/~en, 0* 【화학】 아트로핀(벨라도나 등에 함유된 유독 물질).

att[1] (부정법 표시어), ~ vara eller inte vara 죽느냐 사느냐; ~ åka skidor är roligt 스키 타는 것은 재미있다; han lämnade landet för ~ aldrig återvända 그는 다시는 돌아오지 않을 작정으로 나라를 떠났다; han är inte ~ leka med 그를 우습게보아서는 안 된다; vad hindrar honom från ~ resa? 그의 여행을 방해하는 것이 무엇인가?; jag kunde inte låta bli ~ skratta 나는 웃지 않을 수 없었다; han var rädd ~ störa henne 그는 그녀에게 방해가 될까 봐 걱정되었다; av utseendet ~ döma 외모 상, 외모를 보건대; sanningen ~ säga 진실을 말하자면, 솔직히 말해서.
att[2] *konj*. ① (종속절 앞에서) jag är glad ~ det är över 일이 끝나서 기쁘다; jag trodde ~ han skulle komma 나는 그가 올 것이라고 생각했다 ② (전치사, 부사와 함께) vänta på ~ ngn skulle komma …가 오기를 기다리다; frånsett ~ han inte tycker om musik 그가 음악을 좋아하지 않는다는 사실을 접어둔다면; på det ~, …하도록(목적표시); på det ~ icke …하지 않도록; så ~ 그래서(결과표시); under det ~, …하는 동안에; utan ~ ngn såg honom 누가 그를 보지 못한 채 ③ (감탄문 앞에서) ~ jag inte tänkte på det! 그것을 생각하지 못하다니!; ~ du inte skäms! 네 스스로 부끄러운 줄 알아야 하는데!
attaché [–ʃẹː] *~n ~er* (대사 · 공사의) 수행원; 공사(대사)관원; militär-attaché 무관.
attack *~en ~er* ① 공격(mot, på) ② sjukdoms~ 발병.

attackera ~*r* ~*de* ~*t tr.* ① 공격하다 ② (병이) 침범하다.

attackplan ~*et* ~ 요격기.

attackrobot ~*en* ~*ar* 공대지(空對地) 미사일.

attentat ~*et* ~ 암살기도(mot); ett ~ mot ngn …에 대한 암살기도.

attentator [-tạːtɔr] ~*n* ~*er* 암살기도자, 자객.

attest ~*en* ~*er* 증명, 증명서, 인증(på); födelse~ 출생증명서.

attestera ~*r* ~*de* ~*t tr.* …을 증명하다.

attiralj ~*en* ~*er* ① 장비, 설비 ② (개인의) 자잘한 소지품, 여러 가지 도구.

attisk [ạt-] *a.* (옛 그리스) 아티카(아테네)의, 아테네식의, 고전풍의, 우아한; ~t salt 기지, 점잖은 익살.

attityd ~*en* ~*er* 태도, 자세, 몸가짐.

attrahera ~*r* ~*de* ~*t tr.* 끌다, 유인하다, 매혹하다; verka ~nde 매력적이다, 사람의 마음을 끌다.

attraktion ~*en* ~*er* 매력, 유혹; 사람의 마음을 끄는 물건, 인기거리.

attraktionsförmåg|a -*an* -*or* 인력, 흡인력.

attraktiv *a.* 매력적인, 인력이 있는.

attrapp ~*en* ~*er* 모조품, 가짜.

attribuera ~*r* ~*de* ~*t itr.* …에 돌리다, …의 탓으로하다; …의 행위로(소치로, 업적으로) 하다.

attibut [-bụːt] ~*et* ~ ① 【문법】 한정사 ② 속성, 특질 ③ 상징, 부속물, 붙어 다니는 것.

attributiv *a.* 【문법】 한정적인, 부가적인, 직접 수식하는.

att-sats ~*en* ~*er* att가 이끄는 절.

audiens ~*en* ~*er* (국왕 등의) 공식 회견, 알현; få ~ hos 배알을 하다; mottaga ngn i ~ …의 알현을 받다; söka ~ hos …의 회견을 구하다.

audiovisuell *a.* 시청각의; ~a(AV) hjälpmedel 시청각 보조물(자료).

auditiv *a.* 귀의, 청각의.

auditori|um -*et* -*er* 청중석, 방청석; 청중, 관객.

auditör ~*en* ~*er* 【군사】 법무관.

augiasstall ~*et* ~ 아주 더럽고 정돈되지 않은 장소; (그리스 신화) Augeas 왕의 외양간(30년간 한 번도 청소를 안 한 것을 헤라클레스가 강물을 끌어들여 하루 만에 말끔히 치웠다 함).

augụr ~*en* ~*er* 【로마】 복점관, (일반적) 점장이, 예언자.

augurleende ~*t* ~*n* 뜻있는(비밀스런) 미소.

augụsti (불변화 en-명사) 8월.

augustin[er]munk ~*en* ~*ar* 아우구스티누스교단의 수도사.

augustinorden (정형명사) 아우구스티누스교단.

Augustinus 성 아우구스티누스(기독교 초기의 성인, 350~430).

auktion [aukʃọːn] ~*en* ~*er* 경매, 공매; exekutiv ~ 강제 경매; köpa på ~ 경매에서 사다; sälja på ~ 경매하다.

auktionera ~*r* ~*de* ~*t tr.* ~ bort, …을 경매하다.

auktionist ~*en* ~*er* 경매인 보조원 (auktionsutropare).

auktionsbridge ~*n* *0* 카드놀이의 일종.

auktionsbud ~*et* ~ 경매가격 입찰.

auktionsförrättar|e -[*e*]*n* ~ 경매인.

auktionskam|mare *−maren −rar* 경매장.

auktionsutropar|e *−[e]n ~* 경매인 보조원(auktionist).

auktor [ạuktor] *~en ~er* 저자; 창시자.

auktorisation *~en ~er* 위임; 인가, 인정.

auktorisera *~r ~de ~t tr.* ① 권한을 주다, 위임하다 ② 인가(허가)하다 ③ 정당하다고 인정하다; ~d revisor 공인회계사.

auktorisering *~en ~ar* ☞ **auktorisation**.

auktoritativ *a.* 권위 있는, 신뢰할 만한; 명령적인; 당국의, 관헌의.

auktoritet *~en ~er* 권위, 권력, 권한; 당국(주로 복수형); 권위자, 근거가 되는 문서; 근거, 전거.

auktoritetstro *~n 0* 권위에 대한 맹신.

auktorsrätt *~en 0* 저작권.

aul|a *−an −or* (특히 대학이나 일반 학교의) 강당, 회의장, 회관.

aura *~n* ① 광채, 영광(靈光) ② 【의학】 (간질 · 히스테리 등의) 전조(前兆).

aurik|el *−eln, −ler/−lar* 【식물】 (노란 꽃이 피는) 앵초의 일종.

auskultạnt *~en ~er* 교생, 특히 의대 실습생.

auskultera *~r ~de ~t tr. itr.* 교생으로서 수업에 참관하다; 【의학】 청진하다.

auspịcier (복수명사) ① 후원, 찬조; under ngns ~ …의 찬조로, …의 후원하에 ② 전조(förebud), 길조(吉兆).

Australien 오스트레일리아.

australiensar|e *−[e]n ~* 오스트레일리아 사람.

australier *~n ~* ☞ **australiensare**.

australisk *a.* 오스트레일리아의, 오스트레일리아 사람의.

autarki *~n 0* 독재, 전제정치(envälde); 자치.

autenticitẹt *~en ~er* 확실성, 신빙성, 출처가 분명함(äkthet).

autentisk *a.* 진짜의(äkta), 믿을만한(tillförlitlig), 진정한(verklig).

autodafé *~n ~er* 분서갱유.

autodidạkt *~en ~er* 독학한 사람.

autogiro *~t ~n* 오토자이로, 풍차 비행기, 도르래 식 비행기.

autograf *~en ~er* 자필 서명.

autoklạv *~en ~er* 압력냄비의 일종(소독 · 요리용).

autokrati *~n ~er* 독재, 전제.

automạt *~en ~er* 자동 기계; 자동판매기.

automatgevär *~et ~* 자동 소총.

automation *~en ~er* 오토메이션, 자동조작(제어).

automatisera *~r ~de ~t tr.* 자동화하다.

automatisering *~en ~ar* 자동화.

automatisk *a.* 자동의, 자동적인; 기계적인, 무의식적인, 습관적인.

automatisk databehandling (ADB) 【컴퓨터】 자동 데이터 처리.

automatkaffe *~t 0* 자동판매기 커피.

automatkanon *~en ~er* 자동[대]포.

automatlåd|a *−an −or* (자동차의) 자동 변속장치.

automatsvarv *~en ~ar* 자동 선반.

automattelefon *~en ~er* 다이얼 전화.

automatvap|en *−net ~* 자동식 무기.

automatväx|el *-eln -lar* ① 【자동차】 자동기어 ② 【전화】 자동 교환대.

automobil *~en ~er* 자동차(bil).

autonom *a.* 자치의, 독립한.

autonomi *~n 0* 자치(自治).

autopilot *~en ~er* 【항공】 자동 조종 장치.

autopsi *~n 0* 검시, 시체 해부.

autostrad|a *-an -or* 고속도로(motorväg); 넓은 거리.

av[1] *prep.* ① a) (부분적 관계를 나타냄); en del ~ tiden 시간의 일부; någon annan ~ dem 그들 중의 다른 사람; i nio fall ~ tio 십중팔구 b) (재료); ett bord ~ ek 참나무로 만든 책상; ett hus [byggt] ~ trä 목재 건물; vad har det blivit ~ honom 그는 무엇이(어떤 사람이) 되었는가? c) (기타; 소속, 기원, 근원, 특징 등); ett tal ~ Branting 브란팅이 행한 연설; ~ god familj 좋은 가문 출신의; Ert brev ~ igår 어제 일자 귀하의 서신; ett hotell ~ högsta klass 최고급 호텔; ~ stor vikt 매우 중요한; ~ samma åsikt 같은 의견의; rädd(vidskeplig) ~ sig 두려움이 많은(미신적인) ② (수동태, 영어 by에 해당); huset är byggt ~ A, A가 지은 집; det var snällt ~ dig att …, …하다니 너는 참 친절하구나; det var inte vackert gjort ~ dig 점잖치 못한 짓을 했군; ~ sig själv 저절로, 자발적으로 ③ (이유); a) (의도하지 않은 행동이나 상태가 원인이 될 때); utsliten ~ arbete 일로 지친; utom sig ~ glädje 기쁨에 겨워 제정신이 아닌; blekna(vara röd) ~ vrede 분노로 얼굴이 질리다(얼굴이 빨개지다); b) (의식적인 행동이 원인일 때); han handlade inte så ~ hat utan ~ kärlek 미움에서가 아니라 사랑으로 그는 그렇게 행동했다; han gjorde det ~ nyfikenhet 그는 호기심으로 그랬다 c) (관용적 표현); ~ brist på …의(에 대한) 결핍으로; ~ fruktan för …에 대한 두려움으로; ~ vissa orsaker 모종의 원인으로; ~ ett eller annat skäl 이런저런 이유로; ~ princip 원칙상 ④ (수단); ~ erfarenhet 경험을 통하여; ~ en händelse 우연히; leva ~ sin penna 문필로 생활하다 ⑤ (~으로부터); en gåva ~ min fru 나의 아내가 준 선물; ta duken ~ bordet 책상에 있는 책상보를 치우다 ⑥ (현재분사 뒤에서) med utelämnande ~, …을 제외하고(생략하고).

av[2] *adv.* ① (동사와 함께 쓰이며 강세가 있음) a) (격리, 이동); borsta ~ smutsen 먼지를(흙을) 털어 내다; ge sig ~ 떠나다; lägga ~ tio kronor i veckan 일주일에 10크로나를 저축하다; lämna ~ ett paket 소포를 보내다; ramla ~ [cykeln] [자전거]에서 떨어지다; runda ~ 수의 우수리를 반올림하다; locket är ~ 뚜껑이 열려져 있다 b) svimma ~ 기절하다; tyna ~ 파리(수척)해지다 c) klä ~ ngn …의 옷을 벗기다; lasta ~ 짐을 풀다, 하적하다 d) diska ~ tallriken 접시를 깨끗이 닦다; rita ~, …을 본떠 그리다; skriva ~ 베끼다, 복사하다 e) (절단); repet gick ~ 밧줄이 끊어졌다; hans ben är ~ 다리가 부러지다 ② ~ och an [på golvet] [방바닥에서] 왔다 갔다 하다; ~ och till 때때로(då och då); ~ med hatten! 모자를 벗으시오!; rent ~ 순전히, 아주.

avancemang *~et, ~/~er* 진급, 승진; 발전.

avancera *~r ~de ~t itr*. 진급하다, 승진하다; 발전하다; 진출하다; ~de åsikter 진보적인 견해.

avạns [-aŋs/-ans] *~en ~er* 이익, 이득; (봉급의) 가불.

avantgarde [avant-] (불변화 ett-명사) (문인이나 예술가들 중에서) 전위 그룹.

avantscenloge [-lo:ʃ] *~n ~r* 무대에 가장 가까운 객석.

avart *~en ~er* 종류, 이종; 변종.

avbalkning *~en ~ar* 칸막이; 격벽(隔壁), 칸막이된 방.

avbasning *~en ~ar* ① 꾸중, 나무람, 질책 ② 매.

avbeställ|a *-er -de -t tr*. 취소하다.

avbeställning *~en ~ar* 취소.

avbetala *~r ~de ~t tr*. 분할로 지불하다.

avbetalning *~en ~ar* 할부.

avbetalningskontrakt *~et ~* 할부 계약.

avbetalningsköp *~et ~* 할부 구입.

avbild *~en ~er* 복사; en ~ av sin far 아버지의 복사판(꼭 닮은 아들).

avbildning *~en ~ar* 재생, 재현.

avbitar|tång *~en -tänger* 【연장】 니퍼, 철사 자르는 집게.

avblås|a *-er -te -t tr. itr*. 끝내다, 멈추게 하다 ② ☞ **blåsa** [av].

avblåsning *~en ~ar* (시합에서) 경기 중지를 알리는 심판의 (호루라기) 신호.

avbrott *~et ~* 중단; 휴식.

avbryt|a *-er avbröt avbrutit tr*. ① ☞ **bryta** [av] ② 중단하다, 중지시키다 ③ 휴식을 취하다.

avbräck *~et ~* ① 좌절, 차질; lida ~ 좌절을 겪다 ② 피해, 타격; vålla ~ 타격을 입히다.

avbränning *~en ~ar* ① 손비(損費) (순익을 제외한 필요 경비); ~ar på en affär 사업 손비 ② 임시비, 잡비.

avbytar|e *-[e]n ~* 교체자(물).

avböj|a *-er -de -t tr*. 거절하다, 사절하다.

avbön *~en ~er* 사과; göra ~ offentligt 공개사과를 하다.

avbörda *~r ~de ~t tr*. ① (마음의 무거운 짐을) 덜다 ② *rfl*. 자유롭게 하다, 해방하다; ~ sig en skuld 빚을 갚다.

avdankad *a*. 해임된; 제대한; 퇴직한.

avdela *~r ~de ~t tr*. ① ☞ **dela** av ② 나누다, 분할하다, 쪼개다(i).

avdelning *~en ~ar* 부분; (관청 등의) 부, 과, 반; (책의) 절, 항, 단락; (병원) 동, 과.

avdelningschef *~en ~er* (관청, 회사의 부, 과, 반 등의) 장.

avdelningskontor *~et ~* (특히 은행의) 지부(사무실).

avdelningsskötersk|a *-an -or* 한 병동의 책임 간호사, 수 간호사.

avdika *~r ~de ~t itr*. 물을 빼다, 배수하다.

avdikning *~en ~ar* 배수.

avdrag *~et ~* 공제; 【인쇄】 교정쇄.

av|dra[ga] *-drar/-drager -drog -dragit tr*. 공제하다; 교정쇄를 뜨다.

A

avdragsgill *a*. 공제할 수 있는, 공제가 허용된; ~t belopp 공제 허용액.

avdrift *~en 0*【항해】표류;【군사】(탄환의) 편향, 편차.

avdunsta *~r ~de ~t tr. itr*. ① 증발하다(수증기 상태로) ② (비유적) 사라지다; han ansåg det klokast att han ~de 그는 사라지는 것이 가장 현명하다고 판단했다.

avdunstning *~en ~ar* 증발.

avdöm|a *-er -de -t tr*. 결정하다, 심판하다; ~ ett mål 소송사건을 판결하다.

avel *~n 0* ① 양식, 양육, 사육(uppfödande) ② 종류, 품종, 혈통; en häst av god ~ 혈통이 좋은 말 ③ (사람, 동·식물의) 자손.

avelsdjur *~et ~* 씨받이 동물.

avelshingst *~en ~ar* 종마.

avelsreaktor *~n ~er* 증식[형 원자]로.

avenbok [ɑ:-] *~en ~ar* 서나무속의 식물(hornbeam, 자작나무과의 낙엽수).

aveny *~n ~er* 큰 가로수길.

aversion [-rʃọ:n] *~en ~er* 혐오, 반감(mot).

avfall *~et ~* ① 쓰레기, 찌꺼기; radioaktivt ~ 방사성 폐기물 ② (비유적) 변절, 탈당; ~ från kristendomen 기독교 신앙을 버린 사람(개종한 사람).

av|falla *-faller -föll -fallit itr*. ① 떨어지다; löven faller av 잎이 떨어지다 ② 변절하다, 탈당하다, 개종하다.

avfallen *a*. ① (열매 등이) 떨어진 ② 야윈(mager); avfallna kinder 야윈 볼.

avfallskvarn *~en ~ar* 폐물(쓰레기) 처리기.

avfallsprodukt *~en ~er* (생산 과정에서 나오는) 폐기물.

avfasning *~en ~ar* 비스듬하게(사각으로) 베기, 경사, 사각(斜角).

avfatta *~r ~de ~t tr*. (편지 등을) 쓰다; (시문 등을) 짓다; (문서를) 작성하다.

avfattning *~en ~ar* 말씨, 어법, 용어; 초안, 초고.

avflytta *~r ~de ~t itr*. 이사하다, 이동하다, 이전하다.

avflyttning *~en ~ar* 이동, 이전.

avflöde *~t ~n* 유출.

avfolka *~r ~de ~t tr*. 인구를 감소시키다(주로 수동태로 사용); landet ~s mer och mer 나라의 인구가 점점 감소하다.

avfolkning *~en ~ar* 인구 감소.

avfordra *~r ~de ~t tr*. ~ ngn ngt …로부터 …을 요구하다; ~ ngn räkenskap …에게 계산을[계산서를] 요구하다.

avfrosta *~r ~de ~t tr*. 서리를 제거하다.

avfrostning *~en ~ar* 서리 제거.

avfyra *~r ~de ~t tr*. 발사하다.

avfyrning [-y:-] *~en ~ar* 발사.

avfyrningsbas *~en ~er* 발사대.

avfälling *~en ~ar* 배교자, 배반자, 탈당자, 탈주자.

avfärd *~en ~er* 출발.

avfärda *~r ~de ~t tr*. ① 배제하다, 물리치다; jag låter inte ~ mig så lätt 나는 그렇게 쉽사리 물러나지 않을 것이다. ② 해치우다, 마치다, 끝내다; hela ärendet ~s på några minuter 몇 분 만에 모든 일이 끝나다 ③ 우송하다; ~ en skrivelse 서한을 보내다; [요청]서한을 기각하다

avföda *~n 0* 자손, 새끼(흔히 비하하는 뜻으로 쓰임); huggormars ~ 독사의 새끼, (비유적) 독사 같은 사람.

avför|a *- -de -t tr.* ① 옮기다 ② 지우다, 없애다, 삭제하다; ~ från dagordningen 의사일정에서 삭제하다.

avföring *~en ~ar* 배설물.

avföringsmed|el *-let ~* 【의학】 하제(下劑).

avgas *~en ~er* 배기가스.

avgasa *~r ~de ~t tr. itr.* 독가스를 제거하다.

avgasrör *~et ~* 배기[가스]관.

av|ge *-ger -gav -gett tr.* ① 내다, 방출하다; havsvattnet ~r fukt och värme 바닷물은 습기와 기온을 방출한다 ② 주다; ~ ett löfte 약속을 하다.

avgift *~en ~er* 요금, 대금.

avgiftsbelagd *a.* 요금(대금)이 부과된.

avgiftsfri *~tt a.* 무료의.

avgiva ☞ **avge**.

avgjord *a.* 결정된; 분명한.

avgjutning *~en ~ar* 주조, 주형, 주물.

avglans *~en 0* 반사, 반영.

avgrund *~en ~er* ① 심연, 나락, 구렁텅이 ② (비유적) 위기, 위험, 파멸, 종말; kriget förde riket till ~ens rand 전쟁은 나라를 파멸의 구렁텅이로 몰고 갔다 ③ ~en 지옥.

avgrundsand|e *-en -ar* 악령, 악마 같은 사람.

avgrundsdjup[1] *a.* 심연의; 나락의; 끝없이 깊은.

avgrundsdjup[2] *~et ~* 심연; 나락 (avgrund).

avgrundskval (복수명사) 모진 고통.

avgrundslik *a.* 지옥 같은, 잔악한, 소름끼치는.

avgränsa *~r ~de ~t tr.* 구분하다; ~의 경계(한계)를 정하다; skarpt ~d 명확히 규정된(구분된).

avgud *~en ~ar* 우상.

avguda *~r ~de ~t tr.* 우상처럼 떠받들다, 숭배하다.

avgudabild *~en ~er* 우상, 신상(神像).

avgudadyrkar|e *-[e]n ~* 우상 숭배자.

avguderi *~et 0* 우상 숭배.

av|gå *~r -gick -tt itr.* ① 출발하다; båten ~r om en timme 배는 한 시간 후에 출발한다 ② (편지, 소포 따위가) 발송되다; brevet har redan ~tt 편지는 이미 발송되었다 ③ 사임하다, 사직하다, 물러가다; ~ från sin befattning 직책에서 사임하다 ④ 증발하다; vid kokning ~r vattenånga 끓일 경우 수증기가 증발한다 ⑤ ~ med döden 임종하다.

avgång *~en ~ar* 출발; 사임, 사직; 사망; 【의학】 배출; urinens ~ 오줌의 배출.

avgångsbetyg *~et ~* 졸업성적 (증명서).

avgångsersättning *~en ~ar* (경영 축소에 따른 사무직의) 해고 보상비.

avgångs|examen *~ -examina* 졸업시험.

avgångssignal *~en ~er* 출발 신호.

A

avgångsstation *~en ~er* 출발지(역).

avgångstid *~en ~er* 출발 시간.

av|göra *-gör -gjorde -gjort tr.* 판가름하다, 결정하다; målet avgöres i hovrätten 그 소송사건은 고등법원에서 결정된다; det är svårt att ~ vem som har rätt 누가 옳은지 판가름하기가 어렵다.

avgörande[1] *a.* 결정적인, 판가름하는; ~ seger 결정적인 승리; det ~ ögonblicket 결정적인 순간.

avgörande[2] *~t ~n* 결정, 결판; träffa ett ~ 결정을 내리다; i ~ts stund 결단의 순간에.

avhandla *~r ~de ~t tr. itr.* ① ~ (om) 의논하다, 토론하다 ② 다루다, 취급하다; vi kommer att ~ frågan vid följande möte 우리는 그 문제를 차기모임에서 다룰 것이다.

avhandling *~en ~ar* 논문; ~ över …에 관한 논문.

avhjälp|a *-er -te -t tr.* (잘못, 악습 등을) 치유하다, 고치다; (고장, 훼손 등을) 수선하다; (어려움 등을) 제거하다.

AV-hjälpmed|el *-let ~* ☞ **audiovisuell**

avhopp *~et ~* 【정치】 이탈, 변절, 탈당.

avhoppar|e *-[e]n ~* 【정치】 변절자, 탈당자.

avhåll|a *-er avhöll -it* Ⅰ. *tr.* ① 방해하다, 막다; ~ barnen från allt sällskap med jämnåriga 아이들이 같은 또래와 어울리는 것을 못하게 하다 ② 유치하다; ~ ett möte 모임을 유치하다 Ⅱ. *rfl.* ~ sig från …하는 것을 삼가다.

avhållen *a.* 사랑받는, 인기 있는.

avhållsam *a.* 자제(절제)하는, 금욕적인.

avhållsamhet *~en 0* 자제, 절제, 금욕.

avhämta *~r ~de ~t tr.* 가져오다.

avhämtning *~en ~ar* 가져오기; vid ~ av resgodset 여행 짐을 가져올 때.

avhän|da *-der -de -t* Ⅰ. *tr.* (불법으로) 뺏다, 탈취하다; ~ ngn hans egendom …의 소유물을 뺏다 Ⅱ. *rfl.* …을 내놓다, 빼앗기다; ej låta ~ sig äganderätten till ngt …에 대한 소유권을 내놓지 않다.

avhängig *a.* …에 의존한, 종속된.

avhängighet *~en 0* 의존, 종속.

avhärda *~r ~de ~t tr.* (물을) 단물로 하다.

avhör|a *- -de -t tr.* ① 듣다, 심문하다 ② ☞ **höra** [av].

avi *~n ~er* 통지(서), 알림.

aviatik *~en 0* 비행, 항공.

aviatiker *~n ~* 비행사, 비행가.

avig *a.* ① 뒷면의, 반대쪽의 ② 불친절한, 적의가 있는; vara ~ mot ngn …에 대해 감정이 좋지 않은 ③ 서투른.

aviga *~n 0* 뒷면, 반대면.

avigsid|a *-an -or* 뒷면, 배면, 반대쪽; 단점, 결점, 약점.

avigvänd *a.* (윗면, 반대면)이 바깥(앞)으로 나온.

avisera *~r ~de ~t tr.* 통지하다, 알리다, 고지하다.

avista *adv.* 【상업】 일람 후에, 요구가 있는 즉시.

avistaväx|el *-eln -lar* 일람불 어음.

avkall (불변화 ett-명사), ge(göra) ~ på …을 포기하다, 단념하다.

avkasta *~r ~de ~t tr*. ① (…의 소득을) 가져오다 ② ☞ **kasta** [av].

avkastning *~en 0* 이윤, 이득, 이익.

avklä|[da] *-r/-der, -dde, -tt* Ⅰ. *tr*. ① ☞ **klä** [av]. ② (비유적) 빼다, 박탈하다; - ngn alla falska illusioner om sig själv …으로 하여금 자신에 대한 모든 거짓된 망상을 버리게 하다 Ⅱ. *rfl*. ① ☞ **klä** [av sig]. ② - sig den gamla människan 낡은 인간성을 벗어 버리다(성경).

avklädning *~en ~ar* 탈의.

avklädningshytt *~en ~er* 탈의장.

avkok *~et ~* 달이기, 달인 즙(약); göra ~ på …을 달이다.

avkomling *~en ~ar* 후손, 후예.

avkomm|a *-an -or* 자식, 자손.

avkoppling *~en ~ar* ① (기계) 단절, 단선 ② 긴장 해소, 기분 전환.

avkorta *~r ~de ~t* ☞ **korta** [av].

avkortning *~en ~ar* ① ☞ **förkortning** ② 감소, (월급) 감봉, (세금) 공제.

avkristna *~r ~de ~t tr*. 기독교세가 약화하다.

avkristning *~en ~ar* 비기독교화.

avkrok *~en ~ar* 오지, 세상에서 동떨어진 곳.

avkräv|a *-er -de -t* ☞ **avfordra**.

av|kunna *-kan -kunde -kunnat tr*. ① 【법】 선고하다; ~ dom 선고를 내리다 ② (교회); ~ lysning 결혼을 예고하다(식을 올리기 전에 교회에서 계속하여 세 번, 일요일마다 예고하여, 그 결혼에 대한 이의여부를 살핌, 혼인 공시).

avkunnande *~t 0* 공표, 선언, 발표.

avkyl|a *-er -de -t* ☞ **kyla** [av].

avkylande[1] *a*. 냉각의.

avkylande[2] *adv*. 식게 하는, 냉각시키듯이; verka ~ 기를 꺾는(찬물을 끼얹는 듯한) 작용을 하다.

avkylar|e *-[e]n ~* 냉장고.

avkylning *~en ~ar* 냉각, 냉장.

avla *~r ~de ~t tr*. 낳다, 출생하다; ~ av sig 번식하다.

avlagd *a*. ☞ **lägga** [av].

avlagra *~r ~de ~t tr*. 침전시키다, 가라앉히다; ~ sig 침전하다.

avlagring *~en ~ar* 【지질】 지층, 층, 층화(層化), 층형성.

avlasta *~r ~de ~t tr*. ① ☞ **lasta av** ② 【상업】 배로 보내다.

avlastar|e *-[e]n ~* ① 짐꾼 ② 【상업】 선적, 출하.

avlat *~en 0* 면죄(로마 카톨릭 교회가 내리는).

avlatsbrev *~et ~* 면죄부.

avlatskrämar|e *-[e]n ~* 면죄부를 파는 사람.

av|leda *-leder -ledde -lett tr*. ① (물길 따위를 다른 데로) 돌리다, 전환하다 ② 【문법】 새 단어를 파생시키다(접두사, 접미사를 붙이거나, 음성변이를 이용함).

avledd *a*. 【문법】 파생된, 파생적인.

avledning *~en ~ar* 파생, (구체적) 파생어.

avledningsändelse *~n ~r* 파생어미 (접미사, suffix).

avlelse *~n 0* 수태, 임신; *den obefläckade ~n* 【종교】 (성모 마리아의) 무염시태(無染始胎).

A

avleverera *~r ~de ~t tr.* 인도하다, 배달하다(주문된 물품 등을).

av|lida *-lider -led -lidit itr.* 사망하다, 별세하다.

avliden *a.* 별세한, 죽은, 고(故); den avlidne 고인(故人).

avling *~en 0* 번식; ~skraft 번식(생식)력.

avliva *~r ~de ~t tr.* (동물 따위를) 죽이다, 구제하다, 끝장내다; ~ ett rykte 소문을 근절시키다.

avljud *~et ~* 【문법】 모음전환(인도 유럽어족의 언어에 나타나며, 특히 강변화 동사에서 볼 수 있다(예 : springa- sprang- sprungit)).

avlocka *~r ~de ~t tr.* ~ ngn 꾀어서 …하게 하다; ~ ngn pengar …로부터 돈을 후리다.

avlopp *~et ~* 배수법, 방수; (구체적) 배수구, 하수구.

avloppsbrunn *~en ~ar* (도로 상에 쇠창살 뚜껑을 덮은) 하수도 구멍.

avloppsledning *~en ~ar* 하수도.

avloppsrör *~et ~* 하수관, 배수관.

avloppsvatt|en *-net ~* 더러운 물, 오염된 물, 하수물.

avlossa *~r ~de ~t tr.* 발사하다.

avlusa *~r ~de ~t tr.* 구충하다(이, 벼룩 등을).

avlusning *~en ~ar* 구충.

avlyssna *~r ~de ~t tr.* 도청하다.

avlång *a.* 가늘고 긴, (사각형) 직사각형의, 타원형의(oval).

av|låta *-låter -lät -låtit tr.* 【법】 양도하다; 보내다, 발송하다.

av|lägga *-lägger -lade -lagt tr.* ① …하다; ~ besök hos ngn …의 집을 방문하다; ~ examen (졸업) 시험에 합격하다, 졸업하다; ~ rapport om …에 관한 보고를 하다 ② ☞ lägga [av].

avläggar|e *-[e]n ~* 【원예】 휘묻이, 뿌리를 내도록 하기 위해 땅에 묻혀지는 움.

avlägsen *a.* 먼, 동떨어진; i en ~ framtid 먼 장래에.

avlägsenhet *~en 0* 멀리 떨어져 있음.

avlägsna *~r ~de ~t* Ⅰ. *tr.* ① 제거하다, 해고하다 ② 소원하게 하다; politiken har ~t dem från varandra 정치는 그들 사이를 소원하게 하였다 Ⅱ. *rfl.* 멀리 떠나다, 은퇴하다.

avlämna *~r ~de ~t tr.* 제출하다, 넘기다, 인도하다.

avlämnande *~t 0* ☞ **avlämning**.

avlämning *~en ~ar* 인도, 양도, 전달.

avläs|a *-er -te -t tr.* (온도계 따위를) 읽다, 판독하다, 해독하다; ~ ngt i ngns ansikte …의 얼굴에서 …을 들여다 보다(읽다).

avläsar|e *-[e]n ~* 감침원.

avläsning *~en ~ar* (측정기 따위) 감침, 판독.

avlöna *~r ~de ~t tr.* (월급을) 지불하다.

avlöning *~en ~ar* 급료, 월급.

avlöningsdag *~en ~ar* 봉급 지불일.

avlöningslist|a *-an -or* 임금 대장, 급료 지불 명부.

avlöp|a *-er -te -t itr.* 진행하다, 끝나다; allt -er efter beräkning 계획대로 모든 일이 진행된다; hur -te tvisten? 그 분쟁은 어떻게 끝났는가?

avlös|a *-er -te -t tr.* ① 교대하다

(보초), 교체하다, 계승하다 ② 【종교】 사면하다; ~ från (…벌로부터) 사면하다.

avlösar|e *–[e]n* ~ 교대자, 교체자, 승계자.

avlösning *~en ~ar* 교대, 교체, 승계; 사면, 면죄.

avlöva *~r ~de ~t tr.* (나뭇)잎들을 제거하다.

avmagnetisera *~r ~de ~t tr.* …의 자성을 없애다.

avmagring *~en ~ar* 여윔, 살이 빠짐.

avmagringskur *~en ~er* 다이어트(diet), 체중 조절.

avmagringsmed|el *–let* ~ 다이어트 약.

avmarsch *~en ~er* 출발.

avmaskning *~en ~ar* (편물의 코를) 풀리지 않도록 마무르기.

avmatta *~r ~de ~t tr. itr.* ☞ **matta** [av].

avmattning *~en ~ar* 쇠퇴, 처짐, 늘어짐, 악화(경향).

avmobilisera *~r ~de ~t tr. itr.* 【군사】 부대를 해산하다, 제대시키다.

avmobilisering *~en ~ar* 동원 해제, 부대 해산.

avmåla *~r ~de ~t* Ⅰ. *tr.* ☞ **måla** [av] Ⅱ. *rfl.* 반영되다, 떠오르다; glädjen ~r sig i hans ansikte 그의 얼굴에 기쁨이 떠오른다.

avmät|a *–er –te –t tr.* ① (형벌 따위를) 내리다, 주다 ② ☞ **mäta** [av].

avmätning *~en ~ar* 측정.

avmätt *a. adv.* 잰, 측정된; 신중한, 말없는, 내성적인; han hälsade ~ 그는 차갑게 인사했다.

avmönstra *~r ~de ~t* ☞ **mönstra** [av].

avmönstring *~en ~ar* 【항해】 (배에서 일을 그만두고) 하선, 제대.

avnjut|a *–er avnjöt –it tr.* 즐기다.

avnämar|e *–[e]n* ~ 구입자, 구매자, 소매자.

avnötning *~en ~ar* ☞ **nötning.**

avog *a.* vara ~ mot ngn …에게 적대적이다(감정이 좋지 않다); vara ~ mot ngt …에 반대하다; bära ~ sköld mot fosterlandet 조국을 배반하다.

avoghet *~en 0* 반대, 적대[감], 적의.

avogt *adv.* 적대적으로, 반대적으로.

avpassa *~r ~de ~t tr.* ① 맞추다, 적합시키다; ~ efter …에 맞추다 ② (시간 등을) 맞추다; väl ~ tiden för besöket 방문하기에 적당한 시간을 잡다.

avpassning *~en ~ar* 맞춤, 접합; ~ av…, …을 적합하게 맞춤.

avpatrullera *~r ~de ~t tr.* 순찰하다.

avplockning *~en ~ar* 따기, 뜯기, 줍기, 채집.

avpolitisera *~r ~de ~t tr.* 탈정치화하다, 정치적으로 중립이 되게 하다.

avpollettera *~r ~de ~t tr.* ① 【군대】 병원으로 보내다 ② (군함 등에서 만기가 되기 전에) 제대시키다 ③ 다른 부서로 보내다, 해임하다.

avporträttera *~r ~de ~t tr.* …의 초상을 그리다.

avpressa *~r ~de ~t tr.* (억지로) …하게 하다; ~ ngn ngt …로 하여금 …하게 하다.

avprova *~r ~de ~t* ☞ **prova** [av].

avprovning *~en ~ar* 테스트, 시험.

avreagera *~r ~de ~t tr.* 【심리학】

A

신경병적 증상을 제거하기 위해 (억제된 감정 따위를) 자유로이 표현하게 하다.

avre|da *-der -dde -tt tr.* 【요리】 진하게 하다; -dd soppa 진하게 처리된 스프.

avredning *~en ~ar* 농화(濃化), 진하게 함.

avregistrera *~r ~de ~t tr.* (자동차) 등록을 말소시키다.

avregistrering *~en ~ar* 등록 말소.

avres|a[1] *-er -te -t itr.* 떠나다, 출발하다.

avres|a[2] *-an -or* 출발, 떠남.

avrevidera *~r ~de ~t tr.* 【인쇄】 교정(수정, 교열)하다.

avringning *~en ~ar* 전화통화가 끝났다는 신호.

avrinning *~en 0* 유출, 배수, 방수.

avrivning *~en ~ar* ① 떼어냄, 찢어냄 ② en kall ~ 냉수마찰.

avrop *~et ~* 【상업】 계약된 물품의 주문.

avrunda *~r ~de ~t* ☞ **runda** [av].

avrundning *~en ~ar* 반올림; 둥글거나 고르게 하기; 【비유적】 대단원.

avrusta *~r ~de ~t tr. itr.* ①【군사】 군비를 축소하거나 폐기하다 ② 【비유적】 줄이다, 축소하다.

avrustning *~en ~ar* 군비 축소, 무장해제.

avrå|da *-der -dde -tt tr.* ~ ngn från ngt …에게 …하지 말라고 충고하다; ~ ngn från att gå …에게 가지 말라고 충고하다.

avrådan (불변화 en-명사) (…하지 말라는) 설득, 충고.

avräkna *~r ~de ~t* ☞ **räkna** [av].

avräkning *~en ~ar* 공제, 제외; 【경제】 청산, 결산, 지불.

avrätta *~r ~de ~t tr.* 처형하다; han blev dömd att ~s genom hängning 교수형의 판결이 그에게 내려졌다.

avrättning *~en ~ar* 처형.

avsaknad *~en 0* 결핍; i ~ av tillräcklig information 충분한 정보의 결핍으로.

avsalu (불변화명사), till ~ 팔려고 내놓은(for sale).

avsats *~en ~er* (담이나 낭떠러지의) 턱; 테라스; 【지질】 고원, 해안[하안] 따위의 단구(段丘).

avse *~r avsåg ~tt tr.* ① 주의를 돌리다, 관계를 갖다, 관련시키다; vad ~r priset har jag inget att invända 가격에 관해서는 반대할 게 없다 ② 뜻하다, …을 목표로 하다; hon ~r att resa till Indien 그녀는 인도로 여행할 생각이다 ③ 가리키다, 겨냥하다, 염두에 두다; det var inte honom jag avsåg 내가 염두에 둔 것은 그가 아니었다.

avsedd *a.* …을 위해 고안된, …용의, …을 위한; ett arbetsbord avsett för två 2인용 사무용 책상.

avseende *~t ~n* ① 관련, 관계; ha ~ på …와 관계가(관련이) 있다 ② 고려, 유의, 유념; fästa ~ vid …을 유념하다; utan ~ på …을 무시하고.

avsegla *~r ~de ~t itr.* 출항하다.

avsegling *~en ~ar* 출항.

avsevärd *a.* 현저한, 괄목할만한; ~ förbättring 괄목할만한 개선.

avsides (불변화형용사) 먼, 동떨어진.

avsigkommen *a.* 초라한.

avsikt *~en ~er* 목표, 목적; hysa onda ~er mot ngn …에 대해 악의를 품다.

avsiktlig *a*. 고의의.

avsjung|a *-er avsjöng -it tr*. (찬송가 등을) 노래하다.

avskaffa *~r ~de ~t tr*. 폐지하다, 제거하다, (악습을) 끊다.

avskaffande *~t 0* 폐지, 제거.

avsked *~et ~* ① 해고, 해임, 사직; anhålla om ~ 사직을 청원하다; få ~ 해고당하다 ② 작별; ta ~ 작별을 고하다.

avskeda *~r ~de ~t tr*. 해고하다, 사직하다.

avskedsansökan (불변화 en-명사) 사표.

avskedsbesök *~et ~* 작별(이별) 방문.

avskedsföreställning *~en ~ar* 고별 연주, 고별 공연.

avskedshälsning *~en ~ar* 작별 인사.

avskedsord *~et ~* 고별사, 이별의 말.

avskedstal *~et ~* 고별사(연설).

avskeppa *~r ~de ~t tr*. 배로 보내다.

avskeppning *~en ~ar* 선적, 발송, 출하.

avskild *a*. 고립된, 은둔한; leva ~ från världen 세상과 인연을 끊고 살다.

avskildhet *~en 0* 은퇴, 은둔, 한거.

avskil|ja *-jer -de -t* Ⅰ. *tr*. 분리하다; 절단하다(hugga av); 분할하다, 구분하다, (방 따위) 칸막이하다, 고립시키다 Ⅱ. *rfl*. ~ sig från allt umgänge 모든 교제를 끊다.

avskjutning *~en ~ar* 발사.

avskjutningsramp *~en ~er* 발사대.

avskrap *~et 0* 쓰레기, 폐기물; 【비유적】 인간 쓰레기.

avskrift *~en ~er* 복사, 사본(손으로 쓴); ~ens överensstämmelse med originalet 원본과 복사본의 일치.

avskriv|a *-er avskrev -it tr*. ① 【경제】 (장부에서) 지우다, 삭제하다 ② 【법】 기각시키다; ~ ett mål 소송사건을 기각시키다 ③ ☞ **skriva** [av].

avskrivning *~en ~ar* 【경제】 (장부로부터) 삭제; 기각; 필사.

avskräck|a *-er -te -t tr*. 놀라게 하다, 두렵게 하다.

avskräckande[1] *a*. 제지(억제)하는, 경고하는; som ~ exempel 경고를 주는 본보기로.

avskräckande[2] *adv*. 불쾌하게, 무서우리만큼.

avskräde *~t 0* 쓰레기, 잡동사니; stanken från hinken med ~ i köket 부엌에 있는 쓰레기통에서 나는 악취.

avskrädeshög *~en ~ar* 쓰레기 더미.

avskum *~met 0* (비유적) 악당, 무뢰한, 인간 쓰레기; samhällets ~ 사회의 인간 쓰레기.

avsky[1] *~n 0* 증오; hysa ~ för …에 대해 증오심을 품고 있다.

avsky[2] *~r ~dde ~tt tr*. 증오하다.

avskyvärd *a*. 증오스러운.

av|skära *-skär -skar -skurit tr*. ① ☞ **skära** [av] ② 끊다, 절단하다(특히 군대); ~ fiendens förbindelser 적의 연결망을 차단하다.

avskärmning *~en ~ar* (스크린, 칸막이 등을 이용한) 구분, 가리기, 차폐.

A

avskärning *~en ~ar* 절단; 분할[면], 단면, 절단면; (옛날 화폐 · 메달 뒷면의) 도형의 하부와 가장자리 사이(연, 월, 일, 주소, 이름 등을 찍은 곳).

avslag *~et ~* ① 거절; få ~ på ngt …에 대해 거절당하다 ② (일상적으로) ~ på priset 가격인하; avslagsauktion 값을 깎아 내려가는 경매(Dutch auction).

avslagen *a.* (맥주 따위가) 김빠진.

avslagsyrkande *~t ~n* 제안 반대 동의.

avslipning *~en ~ar* (쇠붙이를) 갈기, 연마.

avslut *~et ~* 【상업】 ① (가격 등에 관한) 판매자와 구매자 사이의 동의 ② 거래의 결산.

avsluta *~r ~de ~t tr.* ① 끝내다, 완결짓다, 완성하다 ② 결론(결말)짓다.

avslutning *~en ~ar* 완결, 완성, 끝내기; 결말, 결론.

av|slå *–slår –slog –slagit tr.* ① 기각하다(기각시키다); ansökan om resning i målet –slogs 재심청구가 기각되었다 ② 물리치다, 퇴치하다; anfall –slogs 공격은 퇴치되었다.

avslöja *~r ~de ~t* Ⅰ. *tr.* 폭로하다 Ⅱ. *rfl.* 정체를 드러내다; ~ sig som …으로 정체를 드러내다.

avslöjande *~t ~n* 폭로.

avsmak *~en 0* 싫음, 혐오, 반감; väcka ~ hos ngn …에게 반감을 주다.

avsmakning *~en ~ar* 시식, 맛을 봄.

avsmalnande[1] *a.* 협소해지는, 좁아지는.

avsmalnande[2] *~t 0* 협소.

avsminkning *~en ~ar* 화장 지우기.

avsnitt *~et ~* 과, 단원, (전집, 연속간행물 등의) 일 회분.

avsomna *~r ~de ~t itr.* 죽다(dö), 하직하다.

avspark *~en ~ar* (경기 따위의) 시작.

avspegla *~r ~de ~t tr.* 반사하다, 반영하다, 투영하다, 비추다.

avspegling *~en ~ar* 반사, 반영, 투영.

avspisa *~r ~de ~t tr.* 회피하다, 물리치다; hon ~de honom med några vaga ursäkter 그녀는 몇 가지 불투명한 변명으로 그를 물리쳤다.

avspänd *a.* 긴장이 풀어진.

avspänning *~en ~ar* 긴장 완화.

avspärrning *~en ~ar* 차단, 봉쇄, 차단된 지역.

avstava *~r ~de ~t tr.* 음절로 나누다.

avstavning *~en ~ar* 음절 구분, 분철.

avstavningsreg|el *–eln –ler* 분철법.

avsteg *~et ~* 이탈, 벗어남.

avstickar|e *–[e]n ~* (여행) 탈선, 우회; 본제를 벗어남.

avstigning *~en ~ar* (말이나 타는 것으로부터) 하차.

avstjälpning *~en ~ar* 쓰레기 버리기.

avstjälpningsplats *~en ~er* 쓰레기 버리는 곳.

avstyckning *~en ~ar* 분할.

avstyr|a *– –de –t tr.* 막다, 방해하다; 막아서 …못하게 하다; (질병, 재해 따위를) 예방하다.

avstyrk|a *−er −te −t tr.* 반대하다; kommittén −te förslaget 위원회는 그 제안을 반대했다.

avstyrkande[1] *a.* 반대하는, 부정적인.

avstyrkande[2] *adv.* 반하여.

avstyrkande[3] *~t ~n* 반대.

avstå *~r avstod ~tt* Ⅰ. *itr.* ~ från 포기하다, 단념하다; ~ från att rösta 투표를 포기하다 Ⅱ. *tr.* 양보하다; ~ ngt åt(till) ngn …을 …에게 양보하다.

avstånd *~et* ~ 거리; ta ~ från …와의 관계를 끊다(부인하다).

avståndsbedömning *~en ~ar* 거리 (측정) 판단.

avståndsmätar|e *−[e]n* ~ 거리 측정기.

avståndstagande *~t 0* 거부, 거절, 부인; 절연.

avstäm|ma *−mer −de −t tr.* (라디오) …에 파장을 맞추다, 주파수를 맞추다, 동조시키다.

avstämning *~en ~ar* 주파수 맞추기, 동조.

avstämpla *~r ~de ~t tr.* (편지, 티켓 등에) 스탬프를 찍다.

avstämpling *~en ~ar* 스탬프 찍기.

avstämplingsdag *~en ~ar* 스탬프를 찍은 날; (기차표 등의) 발행일.

avstäng|a *−er −de −t* ☞ **stänga** [av].

avstängning *~en ~ar* (교통의) 차단, (수도꼭지 등의) 잠금, 닫음.

avsutten *a.* 【군사】 (말에서) 내린; avsuttet kavalleri 말에서 내려 싸우는 경기병.

avsvalning *~en ~ar* 냉각.

avsvimmad ☞ **svimma** [av].

avsvuren *a.* ~ fiende 철천지 원수.

av|svärja *−svär/−svärjer, −svor, −svurit tr. rfl.* (주의, 신앙 따위를) 버릴 것을 맹세하다; 포기하다, 철회하다.

avsyna *~r ~de ~t tr.* 검사하다, 검열하다.

avsyning *~en ~ar* 검사, 검열.

av|säga *−säger −sade −sagt* Ⅰ. ☞ **avkunna** Ⅱ. *rfl.* (관직, 임무 따위를) 그만두다, (권리 따위를) 포기하다, 사양하다; ~ sig kronan 양위하다.

avsägelse *~n ~r* 사임, 포기, 양보, (왕위) 양위.

avsän|da *−der −de −t* ☞ **skicka** [av].

avsändar|e *−[e]n* ~ 발신인, 회송인, 전달자; 송신기, 송신 장치.

avsändning *~en ~ar* 발신, 회송, 송신.

av|sätta *−sätter −satte −satt tr.* ① 해임(해고)시키다, 폐위시키다 ② 팔다; varan är lätt att ~ 그 물건은 팔기에 쉽다 ③ 【화학】 침전시키다 ④ ~ märken 흔적을 남기다 ⑤ 【수학】 그리다; ~ en vinkel 하나의 각을 그리다 ⑥ ☞ **sätta** [av].

avsättlig *a.* 해임할 수 있는; 판매할 수 있는.

avsättning *~en ~ar* ① 해임, 폐위 ② 판매; ha god ~ 판매가 좋다 ③ 침전.

avsättningsmöjligheter (복수명사) 판매 가능성.

avsökning *~en ~ar* (텔레비젼, 레이더 등) 주사(走査).

avsöndra *~r ~de ~t tr.* Ⅰ. 절단시키다, 구분시키다(separate), 【생리학】 분비하다, 분결(分結)시키다 Ⅱ. *rfl.* 분리하다, 갈라지다.
avsöndring *~en ~ar* 분리, 【생리학】 분비.
avsöndringsorgan *~et ~* 분비 기관.
avta ☞ avtaga.
avtacka *~r ~de ~t tr.* (마친 일에 대해) 감사하다; 【군대】 제대시키다.
avtacklad *a.* 야위고 지친, 영락한.
av|ta[ga] *-tager -tog -tagit* Ⅰ. *itr.* 감소하다, 줄다; (달) 기울다, 이지러지다; (폭풍, 비, 건강) 약해지다; (명성) 떨어지다; den här fågelarten -tar från år till år 이 조류는 해마다 그 수가 줄어든다 Ⅱ. ☞ ta [av].
avtagande[1] *~t 0* 감소; 이지러짐; 약해짐.
avtagande[2] *a.* 감소하는; 약해지는; 기우는.
avtagbar *a.* 떼었다 붙였다 할 수 있는, 분리할 수 있는.
avtagsväg *~en ~ar* 옆길, 샛길.
avtal *~et ~* 협약, 계약, 조약; träffa (sluta, göra) ~ med …와 조약(협약)을 맺다.
avtala *~r ~de ~t* Ⅰ. *itr.* 동의하다 (om) Ⅱ. 조약하다, 협력하다; det finns ingenting ~t om det 그것에 관해서 협약된 것이 없다.
avtalsbrott *~et ~* 협약(계약)의 파기.
avtalsförhandling *~en ~ar*, ~ar 임금협상; kollektiva ~ar 단체 임금 협상.
avtalsrörelse *~n ~r* 임금협상 (avtalsförhandlingar).
avtalsstridig *a.* 협약에 위배되는.
avtappning *~en ~ar* (물 등을) 끌어내기, 배수, 유출.
avteckna *~r ~de ~t* Ⅰ. ☞ teckna [av] Ⅱ. *rfl.* ~ sig skarpt mot …에 대해서 강렬(뚜렷)하게 부각되다.
avtjäna *~r ~de ~t tr.* ~ ett straff 징역을 살다, 복역하다.
avtorkning *~en ~ar* 걸레질, 청소.
avtrubbning *~en ~ar* 무디어짐, 둔감해짐.
avtryck *~et ~* ① (눌러서 생기는) 자국, 날인, 각인; finger~ 지문 ② 중쇄, 재쇄(再刷), 교정쇄(avdrag).
avtryckar|e *-[e]n ~* (총의) 방아쇠, (카메라의) 셔터.
avträ|da *-der -dde -tt* Ⅰ. *itr.* 물러나다, 그만두다; ~ från …로부터 물러나다 Ⅱ. *tr.* 포기하다, 철회하다.
avträdande *~t 0* ① 물러남, 은퇴 ② 포기, 철회.
avträde *~t ~n* ① ☞ avträdande ② 양도, 보상; ge(få) i ~ 보상으로 주다(받다) ③ 토사(土砂) 살포식 변소(본채와 떨어져 있음).
avtvagning *~en ~ar* (철저한) 세탁.
avtvinga *~r ~de ~t/avtvungit tr.* ~ ngn ngt …로부터 …을 억지로 빼앗다 (강청하다, 강요하다).
avtvå *~r ~dde ~tt tr.* 세탁하다; (죄) 씻다.
avtynande[1] *~t 0* 쇠퇴, 쇠약.
avtynande[2] *a.* 쇠약해지는, 쇠퇴해 가는.
avtåg *~et ~* 출발(avmarsch); 캠프를 거두고 물러남.

avtåga *~r ~de ~t itr.* (캠프를 거두고) 물러나다, 출발하다.

avtäck|a *-er -te -t tr.* 벗기다(덮개, 뚜껑 따위).

avtäckning *~en ~ar* 벗기기.

avtärd *a.* 여윈, 마른.

avund|as *~ -ades -ats tr. dep.* ~ ngn ngt …에 대해 …를 질투하다.

avundsam *a.* 질투의, 질투심이 많은, …을 부러워하는.

avundsamhet *~en 0* 부러움.

avundsjuka *~n 0* 질투심, 시기심; spricka av ~ 질투심으로 어쩔 줄 모르다.

avunds|man *-mannen -män* (질투, 시기심을 가지고 있는) 적.

avundsvärd *a.* 부러워할 만한.

avvakta *~r ~de ~t tr.* 대기하다, 주시하다.

avvaktan (불변화 en-명사), i ~ på …을 기대하며.

avvand *a.* (나쁜 버릇 따위를) 버린, 젖을 뗀.

avvara *~r ~de ~t tr.* …없이 지내다.

avveckla *~r ~de ~t tr.* ① (회사 따위를 단계적으로) 정리하다, 해산하다, 폐지하다 ② ☞ **veckla** [av].

avveckling *~en ~ar* 정리, 폐지, 일소.

avverka *~r ~de ~t tr.* ① 벌목하다 ② 일정한 거리를 가거나 활동을 수행하다, 완수하다; hon ~de sträckan Haparanda-Ystad på 14 dagar 그녀는 하파란다에서 위스타드까지 구간을 14일만에 도달했다.

avverkning *~en ~ar* 벌목(벌채).

av|vika *-viker -vek -vikit itr.* ① (의견 따위가) 차이지다, 불일치하다, (주제에서) 빗나가다, (진실, 상도 따위를) 벗어나다; däri -viker våra åsikter från varandra 거기에서 우리의 의견에 차이가 있다 ② 도망치다(rymma) ③ ☞ **vika** [av].

avvikande[1] *a.* 차이나는, 불일치하는, 빗나간, 벗어난.

avvikande[2] *~t 0* 도망(flykt).

avvikelse *~n ~r* 탈선, 일탈, 차이.

av|vinna *-vinner -vann -vunnit tr.* …로부터 …을 얻다; ~ jorden sin bärgning 땅을 갈아 생계를 이어가다.

avvisa *~r ~de ~t tr.* ① 외면하다, (손님 등을) 거절하다 ② (제안 등을) 거절하다; (비난을) 부인하다, 받아들이지 않다.

avvisande[1] *a.* 거절하는, 매정한; inta en ~ hållning 매정스런 태도를 취하다.

avvisande[2] *adv.* 부정적으로, 매정하게.

avvisande[3] *~t 0* 외면, 거절.

avvita[1] (불변화형용사) ① 상식을 벗어난, 터무니없는, 어리석은 ② 미친, 정신이상의.

avvita[2] *adv.* bete sig ~ 어리석게 행동하다.

avvittring *~en ~ar* 【지질】 부식, 침식, 침식 작용.

avväg *~en ~ar* ① 옆길, 샛길 ② föra ngn på ~ar …를 나쁜 길로 유혹하다.

avväg|a *-er -de -t tr.* ① 맞추다, 조정하다(조절하다); ~ sina ord 자신의 말을 조정하다 ② 수준 측량을 하다, 수평(평평)하게 하다 ③ ☞ **väga** [av].

avvägning *~en ~ar* 조정, 조절; 수준측량; 평평하게 고르기.

A

avvägningsinstrument *~et ~* 수준 측량기.
avvän|da *-der -de -t tr.* ① (주의, 관심 따위를) 딴 데로 돌리다; ~ uppmärksamheten från ngn …로부터 주의를 돌리다 ② 막다, 방지하다; ~ en olycka 불상사를 방지하다.
av|vänja *-vänjer -vande -vant tr.* (유아가) 젖을 떼다, (나쁜 버릇 등을) 고치다; ~ ngn från en ovana …의 나쁜 버릇을 고치다.
avvänjning *~en ~ar* 이유, 치료.
avvänjningskur *~en ~er* 치료[법].
avväpna *~r ~de ~t tr. itr.* 무장 해제시키다(하다).
avväpning *~en ~ar* 무장 해제.
avvärj|a *-er -de -t tr.* ① 피하다(타격 등을) ② 방지하다, 막다.
avvärjande[1] *a.* med en ~ åtbörd 방어하는 동작으로.
avvärjande[2] *~t 0* 방지, 방어.
avyttra *~r ~de ~t tr.* 팔아버리다, 매각하다.
avyttring *~en ~ar* 판매, 매각.
av|äta *-äter -åt -ätit* ① (만찬회 등에서) 식사를 하다 ② ☞ **äta** [av].
ax *~et ~* ①【식물】(곡물류의) 이삭; 수상화서(穗狀花序) ② 열쇠의 튀어 나온 부분.
axbildning *~en ~ar* 이삭의 형성.
ax|el *-eln -lar* ① (바퀴)축, (기계의) 축 ② 어깨; hon drog sjalen tätare om axlarna 그녀는 숄을 어깨위로 더 꽉 잡아 당겼다; klappa ngn på axlarna …의 용기를 북돋우다; rycka på axlarna 무관심해하다, 못 본 체 하다; 어깨를 으쓱하다; se ngn över ~n …를 업신여기다.
axelband *~et ~* 견장.
axelbred *a.* 어깨가 벌어진.
axelbredd *-en -er* 어깨너비.
axelbrott *~et ~* 축의 부러짐, 축의 이탈.
axelklaff *~en ~ar*【군대】견장.
axelkoppling *~en ~ar* (축과 바퀴의) 연결, 연결 장치.
axelled *~en ~er* 어깨뼈.
axelmakterna (복수명사)【역사】추축국(제2차 세계대전 당시 독일, 이탈리아, 일본 등 3국).
axelremsväsk|a *-an -or* 어깨에 매는 가방(shoulder bag).
axelryckning *~en ~ar* 어깨를 으쓱하기.
axeltryck *~et ~* 축에 걸리는 하중.
axelvadd *~en ~ar* 어깨심.
axial *a.* 축 방향의, 축의.
axiom *~et ~* 자명한 이치, 원리.
axiomatisk *a.* 자명한, 원칙적인.
axla *~r ~de ~t tr.* 어깨에 걸치다, 뒤를 이어받다; ~ ngns kappa …의 후임이 되다.
axplock *~et ~* (비유적) ett [litet] ~ från …으로부터 몇 가지 안 되는 선택(선정, 선발).
azale|a *-an -or* 진달래.
Azorerna (복수명사) 아조레즈 제도(대서양상의 포르투갈령의 제도).
aztek *~en ~er* 애즈텍족(멕시코의 원주민).
azur *~[e]n 0* 하늘색, 담청색.
azurblå *~tt a.* 하늘색의, 담청색의.

B

b [beː] *b–[e]t, b[–n]* ① 스웨덴어 알파벳의 2번째 글자 ②【음악】내림표(b); 나음(音) ③ (성적 등급) 합격.

Ba [beːɑː] (B의 위 등급) 우수합격.

babb|el *–let 0* 허튼 소리, 지껄임.

babbla *~r ~de ~t itr.* 더듬거리며 말하다; 쓸데없는 말을 하다.

babblan (불변화 en–명사), håll –lan! 입 닥쳐!

babian *~en ~er*【동물】비비.

babord[1] [–d] (불변화명사)【항해】(이물을 향하여) 좌현(左舷); på ~s bog 좌현 이물에; segla för ~s halsar 바람을 좌현 쪽으로 받고 범주(帆走)하다.

babord[2] *adv.* 좌현으로; [dikt] ~ med rodret! 좌로 [완전히] 꺾어라! 좌현으로 키를 [완전히] 잡아라!

babordssid|a *–an –or* 좌현.

baby [beːbi] /**bebi** *~n bebisar/ bäbisar* 갓난아기.

Babylonien 바빌로니아(아시아 남서부에 있던 고대 제국).

babylonier *~n ~* 바빌로니아 사람.

babylonisk *a.* 바빌론의; ~ förbistring 왁자지껄한 말소리.

babysitter *~n ~* (아기를 등에 업어다니는) 캐리어.

babyutstyrs|el *–eln –lar* 갓난이 용품.

bacill [–sil] *~en ~er* 세균.

bacillbärar|e *–[e]n ~* 보균자.

bacillskräck *~en 0* 결벽증(潔癖症).

back[1] [bak] *~en ~ar* ① 상자(유리그릇 · 과실 · 맥주 운송용) ②【항해】선원의 식량을 넣는 작은 통; 선수루(船首樓) ③【스포츠】후위 ④【기계】역진 장치; lägga in ~en 엔진을 후진에 넣다.

back[2] *adv.*【항해】뒤로; full fart ~! 전속력 후진!; få ~ i seglen 역풍을 받아 돛이 거꾸로 되다; slå ~ i maskin 엔진을 역전시키다; gå ~ 손해를 보다(gå med förlust).

backa *~r ~de ~t* Ⅰ. *tr.* 후진하다; ~ in en bil (차고에) 차를 뒤로(후진하여) 넣다 Ⅱ. *itr.* 역회전하다; ~ upp 후원하다, 뒷받침하다(stödja).

backanal *~en ~er* 취해 떠드는 사람, 큰 술잔치(원래 주신제(酒神祭)).

backanalisk *a.* 취해 떠드는; 주신제의.

backant *~en ~er* 바커스(주신) 예찬자; 취해 떠드는 사람.

back|e *–en –ar* ① 언덕, 구릉, 경사

면; uppför -en 언덕위로; ~ upp och ~ ned 산을 넘고 골짜기를 건너; 여기저기; över berg och -ar 방방곡곡에; sakta i -arna! 서두르지 말라, 침착해라 ② 땅; slå ngn i -en …를 때려눕히다; det kan du slå dig i -en på! 정말이야!, 틀림없어!; regnet står som spön i -en 비가 억수로 내리다; stå på bar ~ 매우 궁핍해지다.

backfisch [-fiʃ] *~en ~ar* 10대의 소녀(소녀), 틴에이저(tonåring).

backhoppar|e *-[e]n ~* 스키 점프 선수.

backhoppning *~en ~ar* 스키 점프 경기.

backig *a*. 구릉이 많은.

backkrön [-krø:n] *~et ~* 언덕의 꼭대기.

backsipp|a *-an -or* 【식물】 아네모네의 일종.

backsluttning *~en ~ar* 언덕의 중턱, 산허리.

backspeg|el *-eln -lar* (자동차의) 백미러(뒤쪽 거울).

backstugusittar|e *-[e]n ~* 【고어】 남의 땅에 오두막을 짓고 사는 매우 가난한 사람.

backsval|a *-an -or* 【조류】 개천 제비.

backväx|el *-eln -lar* 【기계】 역전 기어, 후진 기어.

bad[1] ☞ be[dja].

bad[2] *~et 0* 목욕; 해수욕; 담그기, 잠그기; ligga i ~et 목욕하는 중이다; 목욕통에 들어 있다; ta sig ett ~ 목욕하다, 해수욕하다.

bada *~r ~de ~t* Ⅰ. *tr*. 목욕시키다 Ⅱ. *itr*. 목욕하다; 해수욕하다; gå [ut] och ~ 목욕(수영)하러 가다; gå och ~! 뒈져버려라! (dra åt helvete의 미화법), 꺼져버려!; staden ~de i solsken 시내(市內)는 햇볕이 내리쬐고 있었다; ~ i blod 피에 젖다, 피바다가 되다.

badanstalt *~en ~er* ① (공중) 목욕탕 ② 수치료원(水治療院).

badbyxor (복수명사) (남자용) 수영복.

badda *~r ~de ~t tr*. (물에 적신 수건을) 가볍게 …에 대다, (해면으로) 닦다.

baddar|e *-[e]n ~* ① 아주 큰 것; det var en [riktig] ~ till bläckfisk 저 오징어는 굉장히 크다 ② 탁월한 사람; han är en ~ på att simma 그는 대단한 수영 선수이다.

baddräkt *~en ~er* (여자용) 수영복.

badersk|a [-eʂka] *-an -or* 목욕탕에서 시중드는 여자.

badflick|a *-an -or* (미인 대회 등의) 수영복의 미인.

badgäst *~en ~er* 탕치객(湯治客), 해수욕하러 온 사람.

badhandduk *~en ~ar* 목욕용 수건.

badhus *~et ~* 실내 수영장.

badhytt *~en ~er* 실내 수영장 안의 작은 칸막이; 해수욕장의 탈의실.

badkar *~et ~* 욕조.

badlakan *~et ~* (목욕용) 큰 수건.

badminton [bäd-tɔn] (불변화명사) 배드민턴.

badmöss|a *-an -or* 수영 모자.

badort *~en ~er* 해안의 유원지, 해수욕장.

badrum *~met ~* 목욕실.

badsalt *~et ~er* 입용 소금.

bad|strand *~en* –stränder 해수욕장.

badsäsong *~en ~er* 해수욕 시즌.

badvatt|en *–net ~* 목욕물; kasta ut barnet med –net 악을 제거하려다가 좋은 것까지 잃다.

bag [bäg] *~en ~ar* 백(bag), 작은 가방.

bagage [–gɑ:ʃ] *~t 0* 수하물, (집합적) 여행 하물.

bagagehyll|a *–an –or* (열차 따위의) 선반, 그물 선반.

bagageinlämning *~en ~ar* (역의) 수하물 임시 보관소.

bagageluck|a *–an –or* 트렁크(자동차의 짐 넣는 곳).

bagarbarn [–baɳ] *~et 0*, bjuda ~ på bröd 헛수고 하다.

bagar|e *–[e]n ~* 빵 굽는 사람, 빵 제조업자.

bagatẹll *~en ~er* 하찮은 것(일); en ren ~ 정말 하찮은 것; jag köpte den här boken för en ~ 나는 이 책을 헐값으로 샀다.

bagatellartad [–aʈad] *a.* 하찮은, 시시한; 소량의; en ~ summa 소액(少額).

bagatellisera *~r ~de ~t tr.* 얕잡다, 하찮게 보다.

bagerị *~et ~er* 빵집, 제과점.

bageriidkar|e *–[e]n ~* 빵 제조업자.

bagersk|a [–gẹska] *–an –or* 빵 굽는 여자.

bagg|e *–en –ar* (거세하지 않은) 숫양.

baguett|e [–gẹt] *–en –er* 바게트.

Bahamaöarna [–maø:aɳa] (복수명사) 바하마 군도.

bahaman *~en ~er* 바하마 군도(공화국) 사람.

Bahrain 바레인.

bahrainar|e *–[e]n ~* 바레인 사람.

baisse [bɛ:s] *~n ~r* 【경제】 (물가, 주가의) 하락; 하락세, 약세; spekulera i ~ 하락을 예상하고 투기하다.

baissespekulant *~en ~er* 시세 하락을 내다보는 사람.

baja/bajsa *~r ~de ~t itr.* (아기가) 똥 누다.

Bajern [–eɳ] 바이에른(독일 남부의 주, Bavaria).

bajersk *a.* 바이에른의.

bajonẹtt *~en ~er* 총검, 대검(총 끝에 꽂아 적을 무찌를 때 씀).

bajonettanfall *~et ~* 총검 돌격.

bajonettfattning *~en ~ar* 베이어니트식 연결.

bajonettfäktning *~en ~ar* 총검술.

bak[1] *adv.* 뒤로; ~ i boken 책의 뒤에; veta varken fram eller ~ 쩔쩔매다, 어쩔 줄 모르다; ~ och fram ☞ bakfram.

bak[2] *~et 0* 빵 굽기, 빵을 한번 구워 낸 것.

bak[3] *~en ~ar* ① (몸, 바지의) 엉덩이, 궁둥이 ② 평판(平板).

bak[4] *prep.* …의 뒤에.

baka *~r ~de ~r itr. tr.* (빵 따위를) 굽다, 구워지다; ~ bröd 빵을 굽다; ~, ~ kaka 어린이의 빵 굽기 놀이; ~ ihop sig 굳히다, 덩어리지다; ~ in 【비어】 포함하다; ~ ut en deg 반죽하여 빵의 모양을 만들다.

bakax|el *–eln –lar* 자동차의 후부차축.

bakben *~et ~* 【동물】 뒷다리.

B

bak|binda *-binder -band -bundit tr*. (사람의 양팔을) 등 뒤로 묶다.

bakbord [-bɷd] *~et ~* 밀가루 반죽에 쓰는 나무판.

bakdanta ☞ baktala.

bakdel *~en ~ar* 궁둥이, 둔부.

bakdörr *~en ~ar* 뒷문.

bakefter *adv*. 뒤에, 나중에.

bakelit *~en 0* 베이클라이트(석탄산과 포름알데히드를 반응시켜 만든 인조 수지).

bakelse *~n ~r* 가루 반죽으로 만든 단 과자.

bakerst [bakeşt] *adv*. 맨 뒤에.

bakersta *a*. 가장 뒤쪽의.

bakfick|a *-an -or* (바지의) 뒤주머니; ha ngt i ~n 비책이 있다, 복안(腹案)을 가지고 있다.

bak|fot *~en -fötter* 뒷발; få saken (det) om ~en 잘못 해석하다, 오해하다.

bakfram *adv*. 반대로, 거꾸로.

bakfull *a*. vara ~ 【속어】 숙취(宿醉)하다.

bakgat|a *-an -or* 뒷골목.

bakgrund *~en ~er* 배경; 원인; 경력; träda i ~en för …로 인해 빛을 잃게 되다, 별로 눈에 뛰지 않는 자리에 서게 되다; mot denna ~ 이러한 사정을 배경으로.

bakgrundsmusik *~en 0* 배경 음악, 음악 효과.

bakgrundsstrålning *~en ~ar* 【물리】 물질이 자연적으로 방출하는 방사선.

bakgård *~en ~ar* 뒤뜰.

bakhas *~en, ~or/~a*, sätta sig på ~orna 【비어】 고집이 세다.

bakhuvud *~et, ~/~en* 【해부】 후두부.

bakhåll *~et ~* 잠복; ligga i ~ 매복하다.

baki *adv. prep*. 뒤에, 뒤의.

bakifrån *adv*. 뒤에서; börja ~ 뒤로부터 시작하다.

bakkapp|a *-an -or* (구두의) 뒤축 가죽.

bakkropp *~en ~ar* (곤충의) 복부.

bakladdar|e *-[e]n ~* 후장총(포)(탄약을 후장하게 된 총(포)).

baklykt|a *-an -or* (자동차·자전거 따위의) 꼬리 등(燈), 미등(尾燈).

baklås (불변화명사), dörren har gått i ~ 열쇠로 문이 잘 열리지 않게 되었다; hela saken har gått i ~ 사건이 완전히 교착상태에 빠졌다, 실수했다.

baklänges *adv*. 뒤로, 후방으로, 뒤를 향하여.

bakläx|a *-an -or*, få ~ ① 숙제를 다시 해야 하다 ② 퇴짜를 맞다.

bakning *~en ~ar* 빵 굽기.

bakom [-kɔm] *adv. prep*. 뒤에, 뒤의; det ligger mycket arbete ~ 숨은 노력이 많이 들었다; vara ~ flötet 밥통이다, 좀 모자라다.

bakomvarande *a*. de ~ 뒤에 있는 사람들.

bakpulv|er *-ret ~* 베이킹 소다.

bakpå [-po:] *adv. prep*. 뒤에, 뒤의; ~ vagnen 마차의 뒤에.

bakre *a*. ~ bänk (극장의) 뒤에 있는 좌석.

bakrus *~et ~* 숙취(宿醉); gå i ~ 숙취하다.

bakrut|a *-an -or* (자동차의) 뒤창.

baksid|a *−an −or* 뒤쪽, 뒷면; (화폐의) 이면; medaljens ~ 문제의 이면, 사물의 단점(그것만으로는 올바른 관찰을 못하는).

bakslag *~et ~* ① 불운; 실패 ②【생물】격세 유전 ③【기계】백 파이어, 역화(逆火, 가솔린 기관의 회전중 기화기에 연소가 팡팡 소리를 내며 되돌아 오는 것, 특히 저온 시동 시에 일어나기 쉬움).

bakslug *a.* 교활한.

baksmäll|a *−an −or* 숙취(宿醉); ha ~ ☞ [gå i] **bakrus**.

bakström *~men ~mar* 역수(逆水), 둑에 부딪쳐 되밀리는 물;【전기】역전류.

bakstycke *~t ~n* (옷의) 등 부분.

baksäte *~t ~n* (자동차의) 뒷자리.

baktala *~r ~de ~t tr.* 중상하다, 비방하다.

baktalar|e *−[e]n ~* 중상자.

baktank|e *−en −ar* 숨은 동기; 속마음, 저의.

baktẹrie *~n ~r* 세균, 병균.

bakteriedödande *a.* 살균[제]의.

bakteriefri *a.* 균 없는, 살균한.

bakteriehärd *~en ~ar* 세균 군락(群落).

bakteriekrig *~et ~* 세균전(戰).

bakteriekultur *~en ~er* 세균 배양.

bakteriolog [−riolọ:g] *~en ~er* 세균학자.

bakteriologị *~n 0* 세균학.

baktill *adv.* 뒤에.

baktrapp|a *−an −or* 뒤 층계.

baktråg [−tro:g] *~et ~* (나무로 된) 반죽 통.

baktung *a.* 뒤가 무거운;【항공】꼬리가 무거운.

bakugn *~en ~ar* 오븐, 빵 굽는 오븐.

bakut *adv.* 뒤로; slå(sparka) ~ (말이) 뒷발질하다.

bakvatt|en *−net 0* 역수(逆水).

bakverk *~et ~* 가루 반죽 과자.

bakväg *~en ~ar* 뒷문; han kom ~en 그는 뒷문(곁길)으로 들어왔다; gå ~ar 불공정한 수단을 사용하다.

bakvänd *a.* 거꾸로, 역의; 불합리한; i ~ ordning 역순으로.

bakvänt *adv.* 거꾸로; 불합리하게; 어줍게; bära sig ~ åt 서투르다.

bakåt [ba:kot] *adv.* 뒤로.

bakåtböjning *~en ~ar* 뒤로 굽히기.

bakåtlutad *a.* 뒤로 젖힌, 기대는.

bakåtlutande *a.* 뒤로 기우는; ~ [hand]stil 왼쪽으로 기운 필적.

bakåtsträvar|e *−[e]n ~* 반동 [보수] 주의자.

bakända ☞ **bakdel**.

bal[1] *~en ~er* 무도회.

bal[2] *~en ~ar* (배에 싣는 상품의) 짐짝, 가마니, 꾸러미, 포대.

balalạjk|a *−an −or*【음악】발랄라이카(만돌린 계의 현악기).

balạns *~en ~er* ① 균형, 평균, 평형; hålla(tappa) ~en 몸의 균형을 유지하다(잃다) ②【기계】밸런스, 평균대 ③【경제】균형, 차액(差額), 차인잔액(差引殘額); ingående ~ 전기(前期) 이월잔고(移越殘高); utgående ~ 차기(次期) 이월잔고.

balansera *~r ~de ~t itr. tr.* ① 균형을 잡다, 평균을 이루다 ②【경제】(수지를) 차감(差減)하다.

balanserad *a.* 균형이 잡힌; 타당한.

balansgång *~en 0*, gå ~ 줄을 타다;

B

(넘어지지 않게) 몸의 균형을 잡다.

balanshjul *~et 0* 【기계】 평형 바퀴; 플라이 휠, 플리차(기관이나 프레스 등의 크랭크축의 회전을 균일하게 하기 위하여 무거운 테를 붙인 차).

B

balanskonto *~t ~n* 【상업】 잔액 계정.

balansräkning *~en ~ar* 【상업】 대차대조표.

balanssinne *~t ~n* 평형감각.

balansvåg *~en ~ar* 보통 저울.

baldakin *~en ~er* 닫집, 천개(天蓋) 모양의 차양.

baldersbrå [−deʂbro:] *~n/~t, ~r/~n* 【식물】 국화과에 속하는 꽃의 일종.

balẹtt *~en ~er* 발레, 무용극; hela ~en 【속어】 모든 것 다, 모든 사람들(allihop).

balettdansör *~en ~er* 남자 발레 무용수.

balettdansös *~en ~er* 여자 발레 무용수.

balj|a *−an −or* ① 물통(bunke) ② 칼집; (콩의) 꼬투리.

baljväxt *~en ~er* 콩과의 식물.

balk *~en ~ar* ① 대들보 ② 【법률】 법전.

balka *~r ~de ~t tr.* ~ av 칸막이하다, 분리하다.

Balkạn 발칸 반도.

balkọng [−kɔŋ] *~en ~er* 발코니; (극장의) 2층 좌석.

balkonglåd|a *−an −or* 발코니에 놓는 화초 가꾸는 상자.

balkongräcke *~t ~n* 발코니의 난간.

ballast *~en ~er* ☞ **barlast**.

ballistik *~en 0* 탄도학(彈導學), 발사학(탄도와 그에 관련된 모든 물리적·화학적 이론을 연구하는 학문).

ballong [−lɔ̣ŋ] *~en ~er* 풍선; 기구.

ballongdäck *~et ~* (자전거의) 굵은 타이어.

ballongfarar|e *−[e]n ~* 기구 조종사.

ballongspärr *~en ~ar* 조색(阻塞) [방공] 기구망.

balsal *~en ~ar* 무도장, 댄스홀.

balsam *~en ~er* 발삼, 방향성(芳香性) 수지; 진통제; 위안.

balsamera *~r ~de ~t tr.* (시체를) 방부 보존하다.

balsampopp|el *−eln −lar* 미국산 포플러.

balt *~en ~er* 발트 사람.

Bạltikum 발트 제국.

baltisk *a.* 발트의.

balustrad *~en ~er* 난간.

bạmbu *~n 0* 대나무.

bamburidå *~n ~er* 죽의 장막(1949년 중화인민공화국 수립 이후 외부세계로부터의 고립을 의미함, 철의 장막(järnridå)을 본떠서 만든 말).

bamburör *~et ~* 대나무[통].

ban|a[1] *−an −or* ① 작은 길, 코스, 행로; 【천문】 궤도; (방사체가 그리는) 탄도; (인생의) 행로; brottets ~ 범죄의 길 ② 【스포츠】 트랙, 경주로, (테니스 따위의) 코트, (스케이트)장 ③ (운수 기관의) 노선, 도로 ④ i långa −or 많은 양의.

bana[2] *~r ~de ~t tr.* ~ väg 길의 장애물을 치우다; 길을 열다; (…을) 가능하게 하다.

banạl *a.* 평범한, 진부한; ~a fraser 상투적인 문구.

banalisẹra *~r ~de ~t tr.* 평범하게 하다; 진부하게 하다.

banalitẹt *~en ~er* 평범; 진부한 말(생각).

banạn *~en ~er* 바나나.

bananflug|a *-an -or* 【곤충】 초파리.

banankontakt *~en ~er* 【전기】 바나나 플러그.

bananrepublik *~en ~er* 바나나 공화국(라틴아메리카의 소국들을 비하하는 명칭).

banbrytande *a.* 개척적인; 획기적인; av ~ betydelse 획기적으로 중요한.

banbrytar|e *-[e]n ~* 개척자, 선구자.

band[1] *~et ~* ① 끈, 밴드, 줄, 테이프, 리본; 테; (콘베이어) 벨트; (어깨에 거는) 붕대; gå med armen i ~ 팔을 붕대로 어깨에 메고 있다; hålla hunden i ~ 개를 끈으로 매어 두다; löpande ~ 콘베이어 벨트; skriva böcker på löpande ~ 연달아서 책을 쓰다; ta upp på ~ 녹음하다 ② 연분, 인연; 유대; 속박; träldomens ~ 노예의 멍에; äktenskapets ~ 결혼의 멍에; lägga ~ på sig 화를 억누르다; lägga ~ på sin tunga 침묵을 지키다, 입을 다물고 있다 ③ (책의) 권(卷); en roman i tre ~ 3권으로 된 장편소설 ④ 악대, 밴드; 일대, 그룹.

band[2] ☞ binda.

banda *~r ~de ~t tr.* ① 녹음하다 ② (통 따위에) 테를 두르다.

bandage [-dɑ:ʃ] *~t ~* 붕대; det blev hårda ~ 【일상】 지독한 꼴을 당했다.

bandbredd *~en 0* 【전자】 대역폭(帶域幅) (데이터 통신 기기의 전송용량).

banderoll [-rọl] *~en ~er* 구호가 적힌 리본 모양의 가늘고 긴 기(旗), 펼침막.

bandhund *~en ~ar* 집 지키는 개, 경비견; skälla som en ~ 【속어】 지독하게 욕설하다.

bandinspelning *~en ~ar* 테이프 녹음.

bandịt *~en ~er* 산적, 도둑, 도적; 악당; 무법자; enarmad ~ 자동 도박기.

bandjärn *~et ~* 밴드 아이언, 대철(帶鐵).

bandmask *~en ~ar* 【동물】 촌충(寸蟲, 촌충 류에 속하는 기생충의 총칭).

bandning *~en ~ar* 테이프 녹음.

bandotẹk *~et ~* 녹음테이프의 수집(보관소).

bandspelar|e *-[e]n ~* 녹음기.

bandsåg *~en ~ar* 띠톱.

bandtraktor *~n ~er* 캐터필러, 무한궤도식 트랙터.

bandupptagning *~en ~ar* 테이프 녹음.

bạndy *~n 0* 【스포츠】 아이스하키의 일종(스웨덴 · 노르웨이 · 핀란드 · 소련 등에 흔한 구기(球技), 축구장의 사이즈로 된 얼음판에서 11명씩의 경기자가 스케이트를 타고 하는 하키).

bandyklubb|a *-an -or* 반디 스틱(필드하키용 스틱과 비슷하게 생겼음).

bane (불변화 en-명사) 죽음; få sin

~ 죽다; skottet blev hans ~ 총탄은 그의 사인(死因)이 되었다.
bane|man *-mannen -män* 암살자, 살해자.
baner *~et ~* 기(旗).
banerförar|e *-[e]n ~* 기수(旗手).
banesår [-so:r] *~et ~* 치명상.
bang *~en ~ar* 소닉 붐(항공기가 음속을 넘어설 때에 발생하는 폭발음 비슷한 소리).
Bangladesh [-deʃ] 방글라데시.
bangladeshier *~n ~* 방글라데시 사람.
bangladeshisk *a.* 방글라데시의.
bangolf *~en 0* 미니골프.
bangård *~en ~ar* 【철도】 보통 큰 역에서 차량을 전철(轉轍)하는 장소.
baningenjör *~en ~er* 철도 기사.
banjo *~n ~r* 【음악】 밴조(미국의 악기로 재즈나 민속 음악에 사용되는 기타의 일종, 4~9현의 것까지 있음).
bank[1] *~en ~ar* ① 제방, 둑 ② 모래톱.
bank[2] *~en ~er* 은행; (도박의) 판돈; 물주의 돈; gå på ~en 은행에 가다; sätta in på ~en 은행에 예금하다; ta ut från ~en 은행에서 돈을 찾다; spränga ~en (도박에 이겨) 물주의 돈을 휩쓸다; 은행을 털다.
banka *~r ~de ~t tr. itr.* (문 따위를) [세게] 두드리다; hjärtat ~r 가슴이 두근거린다.
bankaffärer (복수명사) 은행 거래.
bankbesked *~et ~* 거래(구좌)대차표.
bank|bok *~en -böcker* 은행 통장.
bankbud *~et ~* 은행으로부터의 통지문(그것을 전하는 사람).
bankdirektör *~en ~er* 은행 전무이사.
bankett *~en ~er* 연회.
bankfack *~et ~* (은행 지하실에 개인의 귀중품 보관용으로 설치한) 대여금고.
bankfilial *~en ~er* 은행 지점.
bankförbindelse *~n ~r* 은행 거래.
bankgiro *~t ~n* 은행지로(대체) 제도.
bankir [-ki:r] *~en ~er* (개인) 은행업자.
bankkamrer *~en ~er* 은행 회계 담당자, 지점장.
bankkassör *~en ~er* 은행의 출납계원.
bankkonto *~t ~n* 은행 당좌(구좌).
bankkrasch *~en ~er* 은행 파산(破産).
bankkredit *~en ~er* 은행 신용[장], 보증 대부.
banklån *~et ~* 은행 융자[금].
bank|man *-mannen -män* 은행원.
bankofullmäktige (불변화 en-명사) 스웨덴 중앙은행의 이사회.
bankomat *~en ~er* (은행의) 현금자동인출기.
bankomatkort *~et ~* 현금 자동인출카드.
bankrutt *~en ~er* 파산, 파탄; göra ~ 파산하다.
bankruttmässig *a.* vara ~ 파산할 지경이다.
bankrån *~et ~* 은행 강탈, 은행 강도.
bankränt|a *-an -or* 은행 이자.
bankvalv *~et ~* 은행의 (지하) 금고실.
bankväsen *~det ~[den]* 은행업계.
bann *~et 0* ① 추방; 파문(破門); 공권박탈의 선고; lysa i ~ ☞ **bannlysa**

② 주술(呪術), 마력(trollmakt).

banna *~r ~de ~t tr.* ① …을 꾸짖다 ② ☞ förbanna.

bannbull|a *-an -or* 【종교】 파문 칙서.

bannlys|a *-er -te -t tr.* ① 파문하다 ② 금하다, 금지하다; svordomar är ~ta 욕은 금지되어 있다.

bannlysning *~en ~ar* 파문.

bannor (복수명사) 질책; få ~ 질책을 받다.

banrekord *~et ~* 트랙 경기의 기록.

banta *~r ~de ~t* ① *itr.* (절식 따위로) 체중을 줄이다, 절식하다 ② *tr.* 줄이다; ~ ned utgifterna 경비를 줄이다, 비용을 절약하다; nedbantad budget 축소된 예산.

bantamvikt *~en 0* 밴텀급(복싱 · 레슬링 · 역도에서 선수의 체중 등급의 하나).

bantning *~en ~ar* (체중을 줄이는) 식이요법(食餌療法).

bantningskur *~en ~er* ☞ bantning.

banvagn *~en ~ar*, fritt å ~ 【상업】 화차인도, 철도인도((영) free on rail (약어) f.o.r.).

banvakt *~en ~er* (철도의) 보선공.

banvall *~en ~ar* 철도의 노반.

baptism *~en 0* 【교회】 침례교.

baptist *~en ~er* 침례파의 사람.

bar[1] *a.* 벌거벗은, 나체의; (나무 · 가지가) 잎이 없는, (토지가) 초목이 없는; ~a ben 맨 다리; han kör [ut] av ~a fan 그는 자동차로 질주한다; bli tagen på ~ gärning 현행범으로 체포되다; be på sina ~a knän 간청하다, 무릎을 꿇고 부탁하다; våt inpå ~a kroppen 흠뻑 젖은; under ~ himmel 야외에서, 옥외에서.

bar[2] *~en ~er* 술집; 바.

bar[3] ☞ bära.

bar[4] *~en ~* 【물리】 바(기압의 단위 =1000hPa).

bara[1] *adv.* 오직, 단지, 다만 …뿐, …밖에 없는; han är ~ barnet 그는 어린애에 불과하다; han röker som ~ den 그는 심하게 담배를 피운다; i ~ skjortan 셔츠 바람으로; det sade jag ~ på skoj 그저 농담 삼아 그렇게 말했을 뿐이야; det är inte så ~ det 하찮은 일이 아니야, 시시한 일이 아니야; 꽤 좋다; kom ~! 따라와!, 빨리 와!, 덤벼!; om det ~ ville sluta regna! 비가 그치기만 한다면 말이야!; tänk(tänka sig) ~! 좀 생각해 봐!; du skulle ~ våga! 네가 할 수 있거든 해보라구! (그냥 안 둘 테니); vänta ~! 어디 두고 보자!; fattas ~! 그럼, 당연하지!

bara[2] *konj.* 오직 …이기만 하면 [좋으련만]; ~ du gör ditt bästa så kommer du att lyckas 네가 최선을 다하기만 한다면 성공하게 마련이다.

barack *~en ~er* 병사(兵舍), 병영; (많은 사람을 수용할 수 있는) 크고 엉성한 집; 공동 주택.

bararmad *a.* 팔을 드러낸.

barbacka *adv.* rida ~ 말에 안장 없이 타다.

barbar *~en ~er* 야만인, 미개인.

barbari *~et 0* 야만, 미개 [상태].

barbarisk *a.* 야만적인, 미개한; 잔인한.

barbarism *~en ~er* 문법 위반, 파격; 버릇없음.

barbent *a.* 다리(종아리)를 드러낸;

맨발의.

barberar|e –[*e*]*n* ~ 이발사(frisör).

bard [bɑːɖ] ~*en* ~*er* ① (중세의) 음영시인(吟詠詩人) ② 고래수염.

bardisk [baɖisk] ~*en* ~*ar* 바(술집) 카운터.

bardụn ~*en* ~*er* 【항해】 돛대 받침 줄.

barẹtt ~*en* ~*er* 베레모; 토크(챙이 좁고, 위가 불룩하게 생긴 여성용 모자).

barfota [–fɷːta] (불변화형용사, 부사로도 사용됨) 맨발의, 맨발로.

barfotalass|e –*en* –*ar* 맨발로 다니는 사람; 누더기를 걸친 사람.

barhuvad *a*. 맨 머리의, 모자를 쓰지 않은.

barhänt *a*. *adv*. 맨손의, 맨손으로.

bari|um –*um*/–[*um*]*et*, *0* 【화학】 바륨.

bark[1] ~*en*, ~*er*/~*ar* 【항해】 바크선(2개의 앞 돛대에 가로돛을, 뒷 돛대에 세로돛을 장치한 범선, barkskepp).

bark[2] ~*en 0* 【식물】 나무 껍질, 수피; gå mellan ~en och trädet 부부의 생활에 간섭하다(사이에 끼어들다).

barka ~*r* ~*de* ~*t* Ⅰ. *tr*. ① ~ [av] trä 나무의 껍질을 벗기다 ② ~ hudar 가죽을 무두질하다 Ⅱ. *itr*. det ~r åt skogen 엉망이 되다.

barkaroll [–rọl] ~*en* ~*er* 【음악】 곤돌라(gondola)의 뱃노래, 뱃노래의 곡조).

barkạss ~*en* ~*er* 【항해】 소정(小艇), 란치, 함선의 대형 보트.

barkborr|e –*en* –*ar* 【곤충】 나무좀.

barkig *a*. 수피로 덮은, 수피로 된.

barkskepp ☞ **bark**[1].

bạrlast ~*en* ~*er* 【항해】 밸러스트, 각하(脚荷, 화물이 적을 때 배를 안정시키기 위하여 선저에 싣는 자갈·물 따위); ta in ~ 배에 바닥짐(밸러스트)을 싣다(ballast).

barm ~*en* ~*ar* 가슴, 흉부; nära en orm vid sin ~ 은혜를 원수로 갚을 사람에게 친절을 베풀다.

barmark ~*en* ~*er* 눈에 덮이지 않은 땅.

barmhärtig *a*. 자비로운, 인정많은 (medlidsam); ~ mot …에게 자비롭다; den ~e samariten 인자한 사마리아 사람, 자선가(누가복음 Ⅹ: 30~37).

barmhärtighet ~*en 0* 자비; 동정.

barmhärtighetsinrättning ~*en* ~*ar* 자선 시설.

barmhärtighetsmord ~*et* ~ 안락사(安樂死, euthanasia).

barn [–ɳ] ~*et* ~ 아이, 어린이, 아동; 유아; ~ och blomma 아내와 자식[들]; ett stundens ~ 충동적인 사람; Barnens Dag 어린이날; bränt ~ skyr elden 당해 보아야 맛을 안다; lika ~ leka bäst 【속담】 유유상종(類類相從); alla ~ i början 시작은 항상 어려운 법(경험이 없어서 실수할 때); klockan är bara ~et 아직 이르다(초저녁에 쓰는 말); vara(bli) med ~ 임신중에 있다(임신이 되다).

barnadödlighet ~*en 0* 유아 사망률.

barna|fader –*fadern* –*fäder* 아이의 아버지.

barnafödersk|a –*an* –*or* 해산 중인 여자.

barnaföds|el –*eln* –*lar* 출산.

barnamord ~*et* ~ 유아 살해.
barnamödar|e –[*e*]*n* ~ 유아 살해범.
barnarbete ~*t* ~*n* 유년 노동, 미성년자 노동.
barnarov ~*et* ~ 어린이 유괴범.
barnasinne ~*t* ~*n* 어린이 같은 마음.
barnavård ~*en* *0* 아동 복지, 아동 보육.
barnavårdscentral ~*en* ~*er* 아동건강 센타, 아동 보건소.
barnavårds|man –*mannen* –*män* 아동 복지과 직원.
barnavårdsnämnd ~*en* ~*er* (군의) 아동 복지과.
barnbarn ~*et* ~ 손자.
barnbarnsbarn ~*et* ~ 증손.
barnbegränsning ~*en* ~*ar* 산아제한.
barnbidrag ~*et* ~ 자녀 수당(아이가 있는 부모에게 지급되는 정부의 보조금).
barn|bok ~*en* –*böcker* 어린이 책, 아동 서적.
barnbördsklinik ~*en* ~*er* 산부인과 병원(BB).
barndaghem ~*met* ~ 탁아소.
barndom [baɳ–] ~*en* *0* 유년 시대, 아동기; [allti]från ~en 유년 시대로부터, 어렸을 때부터; [redan] i ~en [이미] 어렸을 때에; gå i ~ 노망들다; i filmens ~ 영화의 유년기에는.
barndomshem ~*met* ~ 고향.
barndomsminne ~*t* ~*n* 어린 시절의 추억.
barndomsvän ~*nen* ~*ner* 어릴 때부터의 친구.
barnfamilj ~*en* ~*er* 자녀가정, 아이가 있는 가족, .
barnflick|a –*an* –*or* 아이 보는 젊은 여자, 보모.
barnfödd *a*. … 태생의; ~ i Stockholm 스톡홀름 토박이의.
barnförbjuden *a*. ~ film 미성년자 입장 금지 영화(15세 미만 사절 영화).
barnförlamning ~*en* *0* 소아마비 (polio).
barnhag|e –*en* –*ar* 유아용 놀이터.
barnhem ~*met* ~ 고아원.
barnjungfru ~*n* ~*r* 【고어】 유모.
barnkalas ~*et* ~ 어린이 파티(잔치).
barnkammar|e –[*e*]*n* ~ 아이 방.
barnkammarrim ~*met* ~ 동요; 자장가.
barnkoloni ~*n* ~*er* (여름철의) 어린이 캠프(kollo).
barnkrubb|a –*an* –*or* ☞ barndaghem.
barnkultur ~*en* ~*er* 아동문화 활동 (아동서적, 아동연극 따위).
barnledig *a*. 신생아 양육 휴가의(출생이나 입양 시 부모가 받는 유급휴가).
barnlek ~*en* ~*ar* 쉬운 일; det är en ~ 그것은 식은 죽 먹기이다.
barnlös *a*. 아이가 없는, 자손이 없는.
barnmorsk|a –*an* –*or* 산파; 조산원.
barnparkering ~*en* ~*ar* 아이를 잠시 맡겨 놓는 곳.
barnpassning ~*en* ~*ar* 아이 보는 일.
barnpension ~*en* ~*er* 아동 연금(양쪽 또는 한쪽 부모를 잃은 아이가 받는 보조금).
barnpig|a –*an* –*or* 【고어】 ☞ barn-

B

flicka.
barnrik *a.* ~ familj 대가족.
barnsag|a *-an -or* 동화.
barnsben (복수명사), från ~ 어릴 때부터.
barnsbörd *~en ~er* 출산.
barnsjukdom *~en ~ar* 소아병(小兒病, 백일해, 디프테리아, 홍역, 작은 마마, 성홍열 따위); ~ar【비어】일의 시작에 따르는 어려움.
barnsko *~n ~r*, han har inte trampat ur(ut) ~rna än 그는 아직도 애와 같다.
barnskydd *~et ~* 어린이아동 복지.
barnskötersk|a *-an -or* 보모.
barnslig [bɑːŋslig] *a.* 어린이다운, 어린애 같은; 철없는, 미숙한(ofördståndig).
barnslighet *~en ~er* 어린이다움; 철없음; sådana ~er! 정말 어린애 같구나(철이 없구나)!
barnsnöd *a.* vara i ~ 해산(분만)중이다.
barnspråk *~et ~* 어린이의 말, 아기의 말.
barnstug|a *-an -or* 탁아소 · 유치원의 다른 명칭.
barnsäker *a.* 아이들에게 안전한.
barnsäng *~en ~ar* ① 분만 중, 산욕중(産褥中); ligga i ~ 분만중이다 ② 어린이용 침대.
barnsängsfeb|er *-ern -rar* 산욕열(産褥熱).
barntillsyn *~en ~* 육아, 보육.
barntillåt|en *-et -na, a.* 어린이에게 허용된; ~ film 어린이 관람 영화.
barnträdgård *~en ~ar* 유치원(lekskola).
barnung|e *-en -ar* (경멸적) 애새끼, 꼬마 녀석; hon är ingen ~ [längre] 그녀는 이제 어린애가 아니야.
barnvagn *~en ~ar* 유모차.
barnvakt *~en ~er* 애 봐주는 사람(보통 저녁이나 밤에 부모의 외출 중 임시로 고용되는 사람).
barock[1] *a.* ① 바로크의 ② 불합리한, 부조리한.
barock[2] [-ɔk] *~en 0* 바로크(17~18세기에 유럽에서 유행한 회화 · 건축 · 조각 · 문학 · 음악 · 장식 · 미술의 한 양식).
barome̩t|er *-ern -rar* ① 기압계, 청우계 ② 표준, 지표, 척도; kulturens ~ 문화의 척도.
baron [-ro̩ːn] *~en ~er* 남작.
barone̩ss|a *-an -or* 남작 부인, 여자 남작.
barr[1] *~en ~er* ① (체조의) 평행봉 ② (금속의) 막대, 괴, 봉.
barr[2] *~et ~*【식물】침엽, 바늘 모양의 잎.
barra *~r ~de ~t itr.* 침엽이 떨어지다.
barrig *a.* 침엽이 덮인, 침엽이 많은.
barrika̩d *~en ~er* 바리케이드, 방책, 장벽(방어를 위해 임시로 노상에 구축하는 장애물).
barrikadera *~r ~de ~t tr.* …에 바리케이드를 쌓다.
barriär [-rie̩ːr] *~en ~er* 방책, 방벽, 장애물; språk~ 언어 장애.
barrskog [-skoːg] *~en ~ar* 침엽수림.
barrskogsbälte *~t ~n* 침엽수 지대.
barrträd [-træːd] *~et ~* 침엽수.

barservering *~en ~ar* 카페테리아(손님이 음식을 가져다 먹는 식당).

barsk [başk] *a.* (태도 · 성격이) 엄숙한, 거친.

barskrapad [baːşkra−] *a.* 생활이 곤란한, 궁핍한, 돈에 궁한, 돈이 없는.

barskåp *~et ~* 술을 보관하는 캐비넷.

bartend|er *−ern −rar* 바텐더.

barvint|er *−ern −rar* 눈이 없는 겨울.

baryton *~en ~er* 【음악】 바리톤(남성(男聲)의 한 종류, 테너와 베이스의 중간 소리).

bas[1] *~en ~er* 기초, 기반; 【군사】 기지; 【화학】 염기; 【수학】 밑면.

bas[2] *~en ~ar* ① 【음악】 베이스(남성(男聲)의 가장 낮은 음역) ② (노동자의) 우두머리, 직공 장(長), 감독.

basa *~r ~de ~t itr.* 두목 행세를 하다.

basalt *~en 0* 【광업】 현무암(바탕이 단단하고 빛이 검은 화산암, 건축 재료로 쓰임).

basar *~en ~er* 잡화 시장; 바자(자선 또는 단체의 기금을 모으기 위해 개최함); (백화점 따위의) 특매장.

basbelopp [−lɔp] *~et 0* (각종 사회보장비 산출의 근거가 되는) 월별 기본 생계비지수.

basedowska sjukan [−dɔfska ʃuː−] 【병리】 그레이브스 병(病), 바제도병(안구 돌출성 갑상선종).

basera *~r ~de ~t tr.* …에 기초를 두다; ~ sig på (논거를) …에 두다.

basfiol [−fiɷːl] *~en ~er* 【음악】 더블베이스, 콘트라베이스(현악기 중에서 제일 크고 최저음을 내는 것, kontrabas).

basilik|a *−an −or* (옛 로마의) 회당(법정, 교회당으로 사용됨); 바실리카풍의 교회당; 【식물】 나륵풀(약용 · 향미료).

basilisk *~en ~er* 바실리스크(전설상의 도마뱀과 비슷한 괴물로 그 입김을 쐬거나 눈길에 닿으면 사람이 즉사했다고 함).

basindustri *~en ~er* 기초 산업.

basis (불변화 en−명사) 기초, 기저; på ~ av …을 기초로 하여.

basisk *a.* 【화학】 염기를 함유한, 염기성의.

basist *~en ~er* 더블베이스 주자.

bask *~en ~er* ① 바스크 사람 ② ☞ basker.

bask|er *−ern −rar* 베레모.

basketboll *~en 0* 농구.

baskisk *a.* 바스크의.

basklav *~en ~er* 【음악】 저음부 기호, 낮은음자리표.

baslivsmed|el *−let ~* 기본 식품.

basnäring *~en ~ar* 기간산업.

basrelief *~en ~er* 얕은 양각(陽刻).

basröst *~en ~er* 최저음.

bass|e *−en −ar* 【속어】 병사, 졸병; 무뚝뚝한 사람.

bassångar|e *−[e]n ~* 저음 가수.

bassäng *~en ~er* 수영장, 풀장.

bast *~et 0* 【식물】 인피, 사관부; 인피 섬유; 왕골, 짚 따위의 섬유.

basta[1] *adv.* och därmed ~! 그것으로 끝!, 이상 끝!

basta[2] *~r ~de ~t itr.* [일상적] 사우나 목욕하다.

bastant *a.* 건장한, 튼튼한; ett ~ mål 실속 있는 식사.

bastard [−tạːd] *~en ~er* 【생물】 잡

종; 혼혈아; 놈.

bastion [-tiọːn] *~en ~er* 요새(要塞); 능보(稜堡, 요새의 5각형을 이루는 돌출부).

bastonạd *~en ~er* 매질.

bastrumm|a *-an -or* 【음악】 큰 북, 베이스 드럼.

bastu *~n ~r* 사우나 목욕, 증기욕; bada ~ 사우나 목욕하다; hett som i en ~ 한증탕 속처럼 뜨거운.

bastub|a *-an -or* 베이스 튜바(최저 음의 대형 금관 악기).

basturökt [-rœkt] *a.* 특별한 방법으로 훈제한.

basun [basụːn] *~en ~er* 트롬본; stöta i ~ för sig [själv] 제 자랑하다; 허풍을 떨다.

basun[er]a *~r ~de ~t itr. tr.* ~ ut 널리 알려주다.

basunist *~en ~er* 트롬본 부는 사람 (trombonist).

batạlj *~en ~er* 전투; 싸움.

bataljon [-ljọːn] *~en ~er* 【군대】 대대(2개 이상의 중대로 구성됨).

bataljonschef *~en ~er* 대대장.

batịk *~en 0* 납결(蠟纈) 염색(무늬에 밀랍을 바르고 염색하여 그 부분만 염색이 안 되게 하는 염색법); 납결 염색을 한 천.

batịst *~en ~er* 바티스트 천, 얇은 고급 삼베.

batong [-tọŋ] *~en ~er* 경찰봉.

batterị *~et ~er* ① 【전기】 전지, 배터리 ② 【군사】 포대; 화포 ③ 【음악】 드럼부; (사람 · 물건의) 다수, 수많음; ett ~ av flaskor 일련의 병.

batterịst *~en ~er* 드러머, 드럼 치는 사람.

batting *~en ~ar* [일상적] 소년.

bautasten *~en ~ar* 【역사】 죽은 자를 위해 세운 비석(碑石).

B-avdrag *~et ~* 국가 · 지방 공무원이 휴직 기간 중에 받는 봉급 공제(봉급의 3분의 2만 받게 됨).

baxa *~r ~de ~t tr.* …을 (지레로) 움직이다.

baxna *~r ~de ~t itr.* 깜짝 놀라다, 허를 찔리다; det är så man ~r 이렇게 해서 사람이 놀라는 거야.

Bayern ☞ **Bajern**.

BB 병원의 산부인과.

BC (불변화명사) (학업 성적의) 불합격, 낙제.

b-dur 【음악】 나 장조.

be/bedja *ber bad bett tr. itr.* ① 기도하다 ② 부탁하다, 청하다; 빌다; ~ ngn om en tjänst …에게 청탁을 하다; ~ att få gå 가게 해 달라고 요청하다; jag bad honom komma 나는 그에게 와줄 것을 청했다; ~ honom om hjälp! 그에게 도움을 청해라! ③ 바라다; (공손하게) …하고 싶다; jag skall ~ att få gå 가고 싶군요; får jag ~ om namnet? 누구십니까?; får jag ~ om notan? (식당에서) 계산서를 주실까요?; å, jag ~r! 별말씀을!, 천만에! ④ 초대하다; ~ hem ngn på middag …를 집으로 저녁 식사에 초대하다; ~ ngn vara välkommen …에게 환영의 말을 하다.

beạkta *~r ~de ~t tr.* …에 주의하다, …을 인지하다; …을 고려하다.

beạktande *~t 0* 고려, 고찰; i ~ av …을 고려해서.

beaktansvärd [beạk-væːḍ] *a.* 상당한, 중요한.

beạrbeta *~r ~de ~t tr*. ① (광산을) 파다; 가루 반죽을 이기다; (밭을) 갈다; (원료를) 마무르다; (가죽을) 무두질하다; ~ med knytnävarna 주먹으로 다스리다 ② (자료를) 연구 집성하다; …에 영향을 주다; (희곡을) 번안하다, 고쳐 만들다, 각색하다; (음악을) 편곡하다.

bearbetning *~en ~ar*, i ~ för radio 라디오 방송용으로 각색된.

beblạnda *~r ~de ~t rfl*. ~ sig med …와 교제하다.

bebo *~r ~dde ~tt tr*. …에 살게 하다, 이주시키다, 정착시키다.

bebo[e]lig *a*. 거주할 수 있는, 거주에 적당한.

bebygg|a *-er -de -t tr*. …을 건물로 채우다; …을 식민지로 하다; -t område 건물이 빽빽하게 들어선 지역.

bebyggelse *~n ~r* 식민지 건설, 정착(bosättning); 건물들, 가옥들.

bebåda [-bo:-] *~r ~de ~t tr*. …을 미리 암시하다, 예시하다; 예고하다.

bebådelse *~n ~r*. 예고, 암시; 고지; Marie ~dag 성수태 고지일(3월 25일).

beck *~et 0* 피치(원유 · 콜타르 따위를 증류하고 난 뒤 생성되는 끈적끈적한 검은 물질); (구두 꿰매는 실에 먹이는) 밀.

becka *~r ~de ~t* Ⅰ. *tr*. …에 피치를 바르다; …에 밀랍을 바르다; 【항해】(배 밑, 이은 틈 따위) …에 타르나 피치 따위를 바르다 Ⅱ. *rfl*. *itr*. ~ sig 진해지다, 탁해지다.

beckartad *a*. 거무칙칙한; 피치 비슷한.

beckasịn *~en ~er* 【조류】 도요새.

beckbyx|a *-an -or* 【구어체】 선원 (sjöman).

beckmörk *a*. 새까만, 캄캄한.

becksvart ☞ **beckmörk**.

bedạrra *~r ~de ~t itr*. (바람이) 잔잔해지다, 누그러지다.

bedja ☞ **be**.

bedjande[1] *a*. 애원하는, 탄원하는, 간청하는; ~ blick 애원하는 눈초리.

bedjande[2] *adv*. 애원하듯이, 탄원 자세로.

be|dra[ga] *-dra[ge]r -drog -dragit* Ⅰ. *tr*. (거짓말로) …를 속이다, 기만하다; ~ en man på hans pengar 남자에게서 돈을 속여 빼앗다; snållheten ~r visheten 【속담】 기와 한 장 아끼려고 대들보 썩힌다; skenet ~r 외관만으로는 믿을 수 없다 Ⅱ. *rfl*. ~ sig 잘못 생각하다, 오해하다.

bedrạgar|e *-[e]n ~* (남자) 사기꾼.

bedragersk|a [-eṣka] *-an -or* (여자) 사기꾼.

bedrev ☞ **bedriva**.

bedrịft *~en ~er* 위업, 공적, 공훈.

bedriv|a *-er bedrev -it tr*. …을 영위하다; 경영하다; 처리하다; 실행하다; ~ hotellrörelse 호텔을 경영하다; ~ studier 공부를 하다; ~ ofog 못된 짓을 하다.

bedrivande *~t 0* 운영, 경영.

bedrog ☞ **bedraga**.

bedrägeri [-rɛ:gerị:] *~et ~er* 속임수, 위계, 계교; 사기, 사취; ett fromt ~ (종교 따위에 있어서) 방편적인 거짓말.

bedräglig [-rɛ:g-] *a*. 사기의, 속이는, 거짓의; 환상적인.

B

bedräglighet *~en 0* 사기, 기만.

bedröva *~r ~de ~t tr.* 슬프게 하다; 근심케 하다; 난처하게 하다; det ~r mig att höra att han är sjuk 그가 몸이 아프다는 소식을 들으니 슬픔을 가눌 수 없다.

bedrövad *a.* 슬픈, 비통한; ~ över …을 슬퍼하는.

bedrövelse *~n ~r* 고민; 비탄; 슬픔.

bedrövlig *a.* 비참한, 슬픈; 빈약한; hans rum är i en ~ ordning 그의 방은 한심할 정도로 난잡하다; ett ~t väder 끔찍한 날씨; en ~ mat 빈약한 식사; det är för ~t 참 안됐군.

beduin *~en ~er* 배두인 사람(사막 지방에서 유목 생활을 하는 아랍인).

bedyra *~r ~de ~t tr.* …을 주장하다, 증언하다; jag ~r att … 저는 …을 맹세합니다.

bedyrande *~t ~n* 주장, 증언; under ~ av sin oskuld 범죄에 대해 결백함을 주장하며.

bedåra [–dọ:–] *~r ~de ~t tr.* …를 매혹하다, 황홀하게 하다; hennes skönhet ~r mig 그녀의 아름다움은 나를 매혹시켰다.

bedårande *a.* 매혹적인, 매료하는; ett ~ poem 황홀한 시(詩).

bedöm|a *–er –de –t tr.* …라고 판단하다, 생각하다, 추측하다; 평가하다; ~ en persons förmåga …의 능력을 평가하다; jag kan inte ~ poesi 나는 시(詩)를 평가할 수 없다.

bedömande *~t 0*/**bedömning** *~en ~ar*, det undandrar sig mitt ~ 나로서는 평가(판단)할 수 없는 일이다; efter eget ~ 자신의 판단에 의거하여; vid ~t av …을 판단하건대.

bedömar|e *–[e]n ~* 감정가, 감식가; 평론가.

bedömning *~en ~ar* 판단; 감정; 견해; 비판; enligt min ~ 나의 생각으로는, 나의 판단으로는.

bedöva *~r ~de ~t tr.* ① 의식 불명으로 만들다; (마약으로) …을 마취시키다; (때려서) 실신(기절) 시키다; jag är ~d av hettan 나는 열기로 멍해졌다 ②【의학】…을 마취시키다.

bedövning *~en ~ar* ① 의식 불명; 마취 ②【의학】마취법; få ~ 마취 주사를 맞다; under ~ 마취 상태 하에; allmän ~ 전신 마취; lokal ~ 국소 마취.

bedövningsmed|el *–let ~* 마취제.

beediga *~r ~de ~t tr.* 맹세하다, 선서하다; ~d förklaring【법률】선서 공술서.

beedigande *~t ~n* 맹세를 거친 확인, 서약, 선서.

befall|a *–er –de –t* Ⅰ. *tr.* ① 명령하다, 지령하다, 지시하다; som ni –er! 원하시는 대로; vad –s? (무슨 말씀인지) 다시 한 번 말씀해 주십시요 ② ~ sin själ i Guds hand 영혼을 신에게 맡기다 Ⅱ. *itr.* 명령을 내리다, 지휘하다.

befallande *a.* 명령하는, 지휘하는.

befallning *~en ~ar* 명령, 지휘; få ~ att…, …하라는 지시를 받다; ge ~ om att…, …하라고 명령하다; på hans ~ 그의 명령에 따라서.

befallningshavande *~n ~*, konungens ~ 주 행정위원회(länsstyrelsen).

befann ☞ **befinna**.

befara[1] *~r ~de ~t tr.* …을 걱정하다, 염려하다; …이 아닌가 생각하다; jag

B

~r att han inte kommer 그가 오지 않을까봐 걱정이다; jag ~r att han kommer att misslyckas igen 그는 아무래도 또 실패할 것 같다.

befạr|a² – *befor –it tr.* (길을) 떠나다; 바다를 항해하다; 장소를 여기저기 돌아다니다; ~ de sju haven 7대양을 두루 항해하다.

befaren *a.* 경험이 있는(berest).

befạtta *~r ~de ~t rfl.* ~ sig med …에 관여하다; det ~r jag mig inte med 그것은 내가 알 바 아니다.

befattning *~en ~ar* ① 지위, 직업; 관직 ② jag vill inte ha ngn ~ med honom 나는 그 사람과는 아무 관계도 갖고 싶지 않다; ta ~ med …에 관여하다(befatta sig med).

befattningshavar|e *–[e]n ~* 근무자, 직원; ~ i offentlig tjänst 공직 관리(ämbetsman).

befịnn|a *–er befann befunnit* Ⅰ. *tr.* –s vara …임이 밝혀지다; det befanns att han var berusad 결국 그는 취해 있었음이 드러났다; ryktet befanns vara falskt 그 소문은 거짓임이 밝혀졌다 Ⅱ. *rfl.* 있다, 기분이 되다; ~ sig i Söul 서울에 있다; patienten –er sig väl 환자는 양호한 상태에 있다.

befinnande *~t 0* 건강 상태, 컨디션.

befịntlig *a.* 현존(존재)하는, 지금의; 쓸모 있는, 사용할 수 있는, 입수할 수 있는; alla i rummet ~a personer 방에 있는 모든 사람들; i ~t skick 현 상태로.

befintlighet *~en 0* 현존, 존재.

befjädrad *a.* 깃털이 난, 깃털 장식이 있는.

beflịta *~r ~de ~t rfl.* ~ sig om …을 취득하려고 노력하다; ~ [om] att …하려고 노력하다.

beflạ̈cka *~r ~de ~t tr.* 더럽히다, …을 얼룩지게 하다; 오손하다; 명성을 훼손하다.

befọgad *a.* ① 도리에 맞는, 정당한, 충분한 이유가 있는 ② 권위 있는, 권한을 부여받은.

befogenhet *~en ~er* ① 권위, 권한; jag har ingen ~ att lösa problemet 나에게는 그 문제를 해결할 권한이 없다; överskrida sina ~er 월권을 하다 ② 정당(正當).

befolka *~r ~de ~t tr.* 거주시키다, 정착시키다, 살게 하다; ett tätt ~t land 인구가 조밀한 나라; Sverige är glest ~t 스웨덴은 인구밀도가 낮다.

befolkning *~en ~ar* 인구, 주민.

befolkningsexplosion *~en ~er* 급격한 인구증가, 인구 폭발.

befolkningslag|er *–ret ~* 인구 층.

befolkningslär|a *–an –or* 인구 통계학.

befolkningstillväxt *~en 0* 인구 증가.

befolkningstäthet *~en 0* 인구 밀도.

befolkningsöverskott *~et ~* 인구 과잉.

befordra [befọ:dra] *~r ~de ~t tr.* ① 발송하다, 보내다, 회송하다; 운송하다, 수송하다 ② 승진시키다(upphöja); han blev ~d till kapten 그는 대위로 진급했다 ③ 촉진시키다, 조장하다, 장려하다.

befordran (불변화 en–명사) ① 발송, 회송; för vidare ~ 회송(전송)할 것 (약어, f. v. b.) ② 진급, 승진 ③ 촉진, 장려.

B

befordringsavgift *~en ~er* 운송료; 우편 요금.

befordringsgång *~en ~ar* 진급 제도; reglerad ~ 자동 승진 제도.

befordringsmöjlighetet *~en ~er* 승진 가능성.

befrakta *~r ~de ~t tr.* …을 운송하다, 화물을 발송하다; (선박을) 계약에 의해 전세 내다.

befraktar|e *-[e]n ~* 용선자(傭船者), 전세 내는 사람; 운송인.

befraktning *~en ~ar* 화물 발송, 운송.

befraktningsavtal *~et ~* 선하 운송의 용선(傭船) 계약[서].

befria *~r ~de ~t* Ⅰ. *tr.* 해방하다, 석방하다, 자유롭게 하다, 구제하다; 면제하다; ~ från militärtjänst 병역을 면제해주다 Ⅱ. *rfl.* ~ sig från …에서 벗어나다, 면하다, 버리다.

befriande[1] (불변화형용사), en ~ suck 안도의 한숨; ett ~ skratt 긴장을 완화시키는 웃음.

befriande[2] *adv.* verka ~ 안심시키는 효과가 있다.

befriar|e *-[e]n ~* 해방자, 구조자.

befrielse *~n ~r* 해방, 석방; 경감, 안심; 구조, 구제.

befrielsefront *~en ~er* 해방(운동) 전선.

befrielserörelse *~n ~r* 독립운동, 해방운동

befrukta *~r ~de ~t tr.* 수태시키다; (꽃을) 수정(受精)시키다, (속어) 자극하다.

befruktning *~en ~ar* 수정(수태); konstgjord ~ 인공 수정.

befryndad *a.* ① ~ med ngn genom gifte 결혼으로 …와 친척관계가 된 ② ~e själar 관심사가(성질, 특징이) 같은 사람들.

befrämja *~r ~de ~t* ☞ **främja**.

befullmäktiga *~r ~de ~tr.* …에게 권한을 부여하다, 위임하다; en ~d(ett ~t ombud) 대리인.

befunnit ☞ **befinna**.

befäl *~et ~* ① 지휘; ha(föra) ~[et] över …을 지휘하다; under ~ av …의 지휘 하에 ② 사령관, 지휘관.

befälhavande (불변화형용사), ~ officern 지휘관.

befälhavar|e *-[e]n ~* ①【군사】지휘자, 사령관, 부대장; högste ~ 최고 사령관 ②【항해】선장(sjökapten).

befälsperson ☞ **befäl** ②.

befälsteck|en *-net ~*【군사】(함대에서 사령관의 배를 표시하는) 표지기, 함장기.

befängd *a.* 불합리한, 부조리한; 어처구니없는; 어리석은.

befäst *a.* (적의 공격에 대비하여) 방어를 굳힌.

befäst|a *-er -e -* Ⅰ *tr.* …의 방어를 강화하다, …에 방어 공사를 하다; 확인하다; (우정을) 굳게 하다 Ⅱ. *rfl.* 튼튼히 하다.

befästning *~en ~ar* 요새(要塞), 성채.

befästningsarbete *~t ~n* 성채 건설.

befästningskonst *~en ~er* 축성법(築城法).

befästningsverk *~et ~* 방어 공사.

begabba *~r ~de ~t tr.* …을 비웃다, 조롱하다.

begagna [begaŋnɑ] *~r ~de ~t* Ⅰ.

tr. …을 사용하다(använda) Ⅱ. *rfl*. ~ sig av (기회 따위를) 이용하다, 자기에게 유리하도록 이용하다; ~ sig av sin rätt 권리를 행사하다, 사용하다.

begagnad *a*. 헌, 중고의; ~e kläder 헌 옷; ~ bil 중고차.

begagnande *~t 0* 사용, 사용하는 것.

begapa *~r ~de ~t tr*. (놀라서) 입을 딱 벌리고 쳐다보다.

begav ☞ **bege**.

be|ge [bejẹ:]/**begiva** *~r/-giver*, *-gav*, *-gett/-givit rfl*. ① 앞으로 나아가다, 진출하다; ~ sig till Malmö 말뫼로 향하다; [be]ge sig av 출발하다; ~ sig [ut] på resa 여행을 떠나다; ~ sig till sjöss 선원이 되다 ② det -gav sig att (…하는 일이) 일어났다, 발생했다; det -gav sig inte bättre än att han omkom 불행히도 그가 사망했다; på den tiden då det -gav sig 예전에, 왕년에.

begeistrad [begẹj-/begạj-] *a*. 열광적인, 열렬한; vara ~ över …에 대해 기뻐서 어찌할 바를 모르다.

begeistring *~en ~ar* 열광, 열중.

begick [bejịk] ☞ **begå**.

begiva [-jị:va] ☞ **bege**.

begịv|en *-et -na a*. ~ på …에 몰두하고 있는, …을 아주 좋아하는; ~ på starka drycker 술에 빠져있는.

begivenhet *~en ~er* ① 아주 좋아함, 애호 ② 대사건, 행사, 일어난 일.

be|gjuta [-jụta] *-gjuter -göt -gjutit tr*, ~ något med vatten …에 물을 쏟다.

begọni|a *-an -or* 베고니아(추해당속(屬)의 식물).

be|grạva *-graver*, *-grov/-gravde*, *-gravit/-gravt tr*. …을 묻다, 매장하다; 찔러 넣다; ~ i glömska 잊게 하다; bli levande -gravd 생매장되다; ~ ansiktet i händerna 두 손으로 얼굴을 감싸다; ~ sig i studier 공부에 몰두하다; här ligger en hund begraven 무슨 낌새가 있는 것 같다, 심상치 않다.

begravning *~en ~ar* 매장; 장례식; gå på ~ 장례식에 참석하다.

begravningsakt *~en ~er* 장례식.

begravningsbyrå *~n ~er* 장의사(葬儀社).

begravningsentreprenör *~en ~er* ☞ **begravningsbyrå**.

begravningskass|a *-an -or* 장례기금.

begravningsplats *~en ~er* 묘지, 장지.

begravningsprocession *~en ~er* 장례 행렬(begravningståg).

begrep ☞ **begripa**.

begrẹpp *~et ~* ① 개념, 관념; bilda(göra) sig ett ~ om …에 대한 개념을 형성하다; förvirra ~en 생각을 혼란시키다; mitt ~ om livet 나의 인생관; ha klara ~ om …에 관해 명확한 개념을 가지다; han har inga ~ om 그는 …을 전혀 알지 못 한다; moderna ~ 현대적 개념 ② stå(vara) i ~ att 이제 막(바야흐로) …하려고 하다.

begreppsbestämning *~en ~er* (개념의) 정의.

begreppsförvirring *~en ~ar* 개념의 혼란.

B

begreppsmässig *a*. 논리적인.
begreppsvidrig *a*. 비논리적인, 불합리한.
be|gripa *–griper –grep –gripit* Ⅰ. *tr*. 이해하다, 알아듣다, 납득하다; –griper du?(–grips?) 알았어?; ~ sig på 이해하다, 납득하다; jag –griper inte hur han gjorde det 그가 그것을 어떻게 해냈는지 알다가도 모르겠다 Ⅱ. *rfl*. ☞ **förstå**.
begriplig *a*. 뜻이 명료한; 이해할 수 있는; göra saken ~ 설명하다, (…을) 분명히 하다; av lätt ~a skäl 명백한 이유로.
begripligt *adv*. ~ nog 당연히, 물론.
begrụnda *~r ~de ~t tr*. (문제 따위를) 깊이 생각하다, 숙고하다.
begrundan (정형명사) 숙고, 심려(深慮).
be|gråta *–gråter –grät –gråtit tr*. …을 한탄하다; 애도하다.
begrạnsa *~r ~de ~t* Ⅰ. *tr*. …을 제한하다, 한정하다 Ⅱ. *rfl*. jag skall ~ mig till fakta 사실을 말하는 선에서 그치겠다; bolag med ~d ansvarighet 유한 책임 회사(Ltd.).
begränsad *a*. 제한된, 한정된, 유한한.
begrạnsning *~en ~ar* 제한, 한정; 좁은 범위; känna sin ~ 자신의 한계를 알다.
begrät ☞ **begråta**.
begyn|na [–jy–] *–ner –te –t tr*. *itr*. 시작하다(börja).
begynnande *a*. (병(病) 따위) 초기의, 발단의.
begynnelse [–jy–] *~n ~r* 시초, 최초, 시작; 기원, 초기.
begynnelsebok|stav *~en –stäver* 머리글자, 첫 글자.
begynnelselön *~en ~er* 초봉, 초임금.
begynnelsestadi|um *–et –er* 초기.
be|gå *~r –gick –gått tr*. ① (죄, 과실 따위를) 범하다, 잘못을 저지르다; ~ [ett] självmord 자살하다; ~ en orättvisa mot ngn …에게 부당한 짓을 하다; ~ ett brott 죄를 범하다 ② (…를) 식을 올려 축하하다; (의식을) 거행하다; ~ nattvarden 【종교】 성찬식에 참석하다, 성찬식을 거행하다.
begående *~t 0* (죄를) 범하기, (과실, 잘못을) 저지르는 것; 축하, (의식의) 거행.
begạva *~r ~de ~t tr*. ~ ngn med …에게 (능력, 자질 따위를) 주다, 부여하다; alla hans döttrar är ~de med skönhet 그의 딸들은 모두 아름다움을 타고 났다.
begạvad *a*. 천부적인 재능이 있는; 유능한, 영리한, 똑똑한, 재치있는; han är konstnärligt ~ 그는 그림에 재능이 있다; mindre ~ 재능이 비교적 없는.
begåvning *~en ~ar* ① 재능, 자질; ha ~ för …에 재능이 있다 ② 재능 있는 사람, 인재.
begär [bejæ̣:r] *~et* ~ 욕망, 욕구, 소망; 갈망; 육욕, 색욕; fatta ~ till …에 욕망을 가지다; ha sjukliga ~ 병적인 욕망이 있다; hysa ~ till …을 갈망하다; tygla sina ~ 욕망(색욕)을 억누르다.
bgär|a *– –de –t* 요구하다, 청구하다; (승급을) 신청하다; 갈망하다;

~ ordet (토론에서) 발언권을 요청하다; ~ uppskov 연기(유예)를 신청하다; hur mycket – ni för …? …은 얼마입니까?; det är för mycket –t 너무 무리한 요구군요.

begäran ~ *0* 요구, 요망, 요청(anhållan); 수요; 신청(ansökan); på ~【상업】 요청에 의해; på egen ~ 자의(自意)에 따라, 자청(自請)한 대로.

begärelse *~n ~r* 욕망, 욕구, 요망; 갈망.

begärlig *a.* ① 수요가 많은; 매력 있는 ② 욕심 많은; 갈망하는.

begärligt *adv.* 탐욕스럽게, 욕심을 부려.

begöt ☞ **begjuta**.

behag *~et ~* ① 즐거움, 기쁨, 만족; finna ~ i(…하는 것을) 즐거움으로 삼고있다 ② (tycke); fatta ~ till …을 좋아하게 되다, 마음에 들어 하다 ③ (gottfinnande); efter ~ 뜻대로, 마음대로 ④ 매력, 미점(美點); lantlivets ~ 시골생활의 즐거움 ⑤ (구체적); kvinnliga ~ 여성미(女性美).

behaga *~r ~de ~t tr.* ① 만족시키다, 기쁘게 하다; 매혹하다; gör som det ~r er 좋을 대로 하십시오 ② 좋아하다, 바라다(önska); ni ~r skämta! 농담하시는군요; ~r ni kaffe? 커피를 드시겠습니까?; vad ~s? 무엇을 드시겠습니까(원하십니까)?

behagfull *a.* 매력이 있는, 매력적인.

behaglig *a.* 기분이 좋은, 즐거운, 좋은; 마음에 드는; en ~ röst 듣기 좋은 목소리; ett ~t väder 좋은 날씨; ett ~t sätt 상냥한 태도.

behagsjuk *a.* (남자를) 홀리는, 교태를 부리는, 요염한(kokett).

behagsjuka *~n 0* 아양, 교태.

behandla *~r ~de ~t tr.* (사람을) 다루다, 대우하다; (병을) 치료하다; (물질을) 처리하다; (신청, 문제 따위를) 검토하다; han ~de mig illa 그는 나를 구박했다; doktorn ~de honom för lunginflammation 의사는 그의 폐렴을 치료해 주었다; ~ mig inte som ett barn! 나를 어린애 취급하지 마!

behandling *~en ~ar* 대우; 취급방법, 다루는 방법; 치료; frågan är under ~ 그 문제는 처리중이다.

behandlingshem *~met ~* (마약중독자 따위를 위한) 치료원.

behandlingsmetod *~en ~er* 치료방법.

behaviorism [bihejviɔri–] *~en 0*【심리학】 행동주의.

behjälplig *a.* vara ngn ~ med att skriva …에게 쓰는 것을 도와주다.

behjärtad [–jætɑd] *a.* 용감한, 대담한(modig).

behjärtansvärd *a.* 동정을 받을 만한, 동정 받을 가치가 있는.

behov *~et ~* ① 필요[성]; 결핍, 부족; ha ~ av …이 필요하다; alltefter ~ 필요에 따라; vid ~ 필요할 때 ② (naturbehov); förrätta sina ~ 대변을 보다.

behovsprövning *~en ~ar* (보조금, 수당 등의 지급과 관련하여) 재산 상태를 조사하는 것.

behå *~n ~ar*/**bh** *~:n ~:ar* (여성의 속옷 류) 브래이저(bysthållare).

behåll (불변화명사); jag har pengarna i ~ 나는 돈에 손도 대지 않고 그대로 가지고 있다(원상태 그대로 남아 있다); han undkom med livet i ~ 그는 생명을 건졌다; i gott ~ 무사히.

be|hålla *-håller -höll -hållit tr.* …을 가지고 있다, 간직하다; 유지하다; ~ för sig själv …을 알리지 않다, 자기의 것으로 하다; ~ fattningen 침착을 유지하다; om jag får ~ livet 목숨이 붙어있다면; han får inte ~ maten 그는 먹은 것을 토해버린다.

behållar|e *-[e]n ~* 탱크(급수소); (램프의) 기름통; (가스, 공기)통, 용기(容器).

behållen *a.* 남아있는, 그대로의.

behållning *~en ~ar* ① 나머지, 잔여; 과잉, 초과액; 【상업】 수지(收支); ~ i dödsbo 【법률】 잔여 재산; kontant ~ 현금 보유액 ② 이익, 수익, 매상; ha ~ av …에서 이익을 보다.

behäftad *a.* vara ~ med (빚을) 지고 있다; (병을) 앓다.

behändig *a.* 편리한, 형편이 좋은 (bekväm); 능란한(flink); 아담한 (smånäpen).

behäng|a *-er -de -t tr.* (벽에 그림을) 걸다.

behärska [-hæʂ-] *~r ~de ~t* Ⅰ. *tr.* ① 지배하다, 억제하다, …을 마음대로 하다; ~ marknaden 매점매석으로 시장을 좌우하다; ~ situationen 상황을 통제하다 ② (기술, 기능 따위를) 습득하다, …에 숙달하다; han ~r koreanska bra 그는 한국어에 능통하다; lära sig att ~, …에 정통하다, 숙달하다 Ⅱ. *rfl.* ~ sig 자제하다, 감정을 억제하다.

behärskad *a.* 자제력이 있는; 침착한; 온당한.

behärskning *~en 0* 자제, 극기.

behöll ☞ **behålla**.

behörig *a.* ① 적당한, 타당한; i ~ ordning 순서에 따라; på ~t avstånd 안전한 거리에 ② 자격이 있는; ~ lärare 유(有)자격 교사; ~a myndigheter 주무(主務) 관청.

behörigen *adv.* 적절히.

behörighet *~en 0* 자격, 능력; 권한, 권위, 권력; 허가권.

behöv|a *-er -de -t tr.* …을 필요로 하다, …할 필요가 있다, …이 필요하다; jag -er inte dina råd 네 충고는 필요 없다; han har fått vad han -er 그는 마땅히 받아야 할 것(벌)을 받았다; han -er inte gå 그는 가지 않아도 된다; det -er inte vara så 반드시 그렇다는 것은 아니다; det -er knappt sägas 말할 것도 없다; jag -er bara se henne så blir jag glad 나는 그녀를 보기만 해도 기분이 좋아진다; jag har aldrig -t ångra det 나는 그것을 후회할 이유가 전혀 없었다.

behövande *a.* 몹시 가난한, 궁핍한.

behöv|as *-s -des -ts itr. dep.* det -s 필요가 있다; det -s ingen förklaring 설명할 필요가 없다; det -s pengar för att göra det 그것을 하는 데는 돈이 든다; om så -s 필요하다면.

behövlig *a.* 필요한, 필수불가결한, 없어서는 안 될.

beige[1] [bɛːʃ] *a.* 베이지색(밝은 다갈색)의.

beige[2] [bɛːʃ] (불변화명사) 베이지색(밝은 다갈색).

beivra *~r ~de ~t tr.* 고발하다; överträdelse ~s 위반자는 기소(처벌)된다.

beivran (불변화 en-명사) 고발, 소송.

bejaka *~r ~de ~t tr.* 긍정하다.

bekant[1] *a.* ① 알고 있는, 아는; såvitt jag har mig ~ 내가 아는 한; som ~ 아시는 바와 같이, 아시다시피 ② bli ~ med …과 사귀다.

bekant[2] (명사화된 형용사) ~a 아는 사람, 친지; en ~ till mig 내가 아는 사람; vi är gamla ~a 우리는 오래전부터 잘 아는 사람들이다.

bekant[3] *adv.* 친하게.

bekanta *~r ~de ~t rfl.* ~ sig med varandra 서로 사귀다.

bekant|göra *-gör -gjorde -gjort tr.* 선언하다, 공언하다, 성명하다.

bekantskap *~en ~er* 아는 사이; 지식; stifta ~ med …와 아는 사이가 되다; säga upp ~en med …와 절교하다.

bekantskapskrets *~en ~ar* 교제층.

bekika *~r ~de ~t tr.* 쳐다보다.

beklaga *~r ~de ~t* Ⅰ. *tr.* ① 불쌍히 여기다, 애석하게 여기다 ② 유감으로 생각하다; 애도하다; 반대하다; jag ~r att jag inte kan komma 못 가게 되어서 죄송합니다; jag ber att få ~ sorgen 애도의 뜻을 표합니다. Ⅱ. *rfl.* 불편하다; han ~r sig alltid över att han inte har tid 그는 언제나 시간이 없다고 불평하고 있다.

beklagande[1] *a.* 유감으로 여기고 있는, 애석해 하는, 서운해 하는.

beklagande[2] *~t ~n*, uttrycka sitt ~ över …에 대해 유감의 뜻을 표하다; det är med ~ jag måste meddela er att 유감스럽게도 …을 알려드려야겠습니다.

beklagansvärd [-væ:d] *a.* 불쌍한, 비참한; 가엾은, 가련한.

beklaglig *a.* 유감스러운, 섭섭한, 애석한, 한탄스러운.

beklagligtvis *adv.* 유감스럽게도, 섭섭하게도.

beklä|da *-der -dde -tt tr.* ① …에게 옷을 [사]주다 ② 덮다, 가리다 ③ (지위를) 차지하다, 취임하다.

beklädnad *~en 0* 덮개; 의복; (옷 따위의) 안감.

beklädnadsartiklar (복수명사) 의복, 의류.

beklädnadsindustri *~n ~er* 피복(의류 사업).

beklämd *a.* 낙담한, 풀이 죽은; 고민하는.

beklämmande *a.* 낙담시키는; 비참한; 괴롭히는.

beklämning *~en 0* 의기소침, 우울, 압박감.

bekomm|a *-er bekom -it* Ⅰ. *tr.* 받다, 수령하다; valuta -en【상업】대가령수필(對價領收畢, 어음액면의 기재문구) Ⅱ. *itr.* ① det bekom honom illa 그의 감정을 상하게 했다; väl -e! 천만의 말씀을, …해도 좋습니다, 그것 보라니까, 시원하시겠습니다(재채기를 했을 때) ② det -er mig ingenting 나는 조금도 상관없다; utan att låta sig ~ 걱정하지 않고, 상관하지 않고.

bekosta *~r ~de ~t tr.* (비용, 경비 등을) 부담하다, 지불하다.

bekostnad (불변화명사) 비용; på hennes ~ 그녀의 비용으로, 그녀를 희생시켜서; på egen ~ 자비(自費)로, 자신을 희생하여; på allmän ~ 공공

비용으로; på ~ av …의 비용을 부담하여, …을 희생시켜서.

bekransa *~r ~de ~t tr.* (화환 따위로) …을 장식하다; …을 둥글게 둘러싸다, 에워싸다.

bekriga *~r ~de ~t tr.* (어느 나라와) 전쟁하다.

bekräfta *~r ~de ~t tr.* 확인하다, 확증하다; 인정하다; (조약을) 비준하다; ~ mottagande av ett brev 편지의 수령을 알리다; undantag ~r regeln 예외가 있다는 것은 원칙이 있다는 증거이다; ~ med ed 맹세하다.

bekräftande[1] *a.* 확실하게 하는, 확증적인, 확인하는.

bekräftande[2] *~t 0* 확인(bekräftelse).

bekräftelse *~n ~r* 확정, 확인, 확증; ~ på …의 확증, 확인.

bekväm *a.* ① 편안한, 편리한, 형편이 좋은; göra det ~t för sig 자신에게 편하게 하다; gör som det är ~ast för dig 편하신 대로 하세요 ② ~ [av sig] 서두르지 않고 느긋하게 하다, 게으르다.

bekväma *~r ~de ~t rfl.* ~ sig till att (skriva brev) 힘들여 …하다(편지를 쓰다).

bekvämlighet *~en ~er* ① 편리, 편의; till de resandes ~ 승객의 편의를 위해서; ett hyreshus med moderna ~er 현대적 시설을 갖춘 임대주택 ② 게으름, 나태.

bekvämlighetsflagg *~en 0* (선박의) 편의취적(便宜就籍).

bekvämlighetsinrättning *~en ~ar* 공중 화장실.

bekvämt *adv.* 편리하게, 형편이 좋게; 안락하게, 쾌적하게.

bekym|mer [–ç–] *–ret ~* 걱정, 근심, 불안, 염려, 고민; ekonomiska ~ 재정에 대한 걱정; ~ för framtiden 미래에 대한 불안; göra sig onödiga ~ 쓸데없이(이유 없이) 걱정하다; ha ~ för …을 걱정하다; det är inte mitt ~ 그것은 내가 알 바 아니다.

bekymmersam *a.* 걱정스러운, 근심하는, 불안해하는.

bekymmerslös *a.* 걱정이 없는, 근심 없는; 유쾌한, 낙천적인.

bekymra [–ç–] *~r ~de ~t* Ⅰ. *tr.* 걱정시키다, 괴롭히다; det ~r mig föga 나는 별로 걱정하지 않는다 Ⅱ. *rfl.* ~ sig 걱정하다; ~ dig inte om honom! 그 사람 걱정은 하지 마세요!

bekymrad *a.* 걱정하는; ett bekymrat ansiktsuttryck 걱정스러운 표정.

bekyttad [–ç–] *a.* 아주 난처한.

bekämpa *~r ~de ~t tr.* …에 반대하여 싸우다, …에 저항하다, 항쟁하다; (잡초 따위를) 근절하려고 노력하다.

bekämpningsmed|el *–let ~* 살충제, 제초제.

bekän|na [–çɛ–] *–ner –de –t* Ⅰ. *tr.* ① 고백하다, 자백하다, 털어놓다; 인정하다; 공언하다; ~ färg (kort) 카드놀이에서 남이 내놓은 패와 같은 패를 내다 ② (비유적) 실력을 보이다, 의도를 알려주다; jag måste ~ att 사실은 내가 …, 솔직히 말하자면 …하다 Ⅱ. *rfl.* ~ sig till …에 대한 신앙을 고백하다.

bekännelse [–çɛ–] *~n ~r* 자백; 신앙 고백; 고백서; avlägga en ~ 자백하다, 고백하다.

belạcka *~r ~de ~t tr.* 뒤에서(안 보는데서) 욕하다, …의 험담을 하다.

belackar|e *–[e]n ~* 험담하는 사람.

belạmra *~r ~de ~t tr.* …을 어지럽히다, 어수선하게 하다.

belanga *~r ~de ~t* ☞ **beträffa.**

belạsta *~r ~de ~t tr.* ① (정신적인) 짐을 지우다, 부담을 주다, 괴롭히다; ~ med tunga skatter (…에게) 중과세를 부과하다; han är ~d med skulder 그는 많은 빚을 지고 있다; ~ sitt minne med onödiga fakta 쓸데없는 사실을 무턱대고 암기하다 ② 【상업】 차변(借邊)에 기입하다; 부담시키다.

belastad *a.* vara ärftligt ~ 유전적인 결함을 가지고 있다.

belastning *~en ~ar* (정신적인) 무거운 짐, 부담; 불리, 불리한 사정.

beledsaga [bẹ–/–lẹd–] *~r ~de ~t tr.* …에 동반하다, 수반하다; ~ med 잇따라 …하다; ~nde omständigheter 부대상황.

beledsagar|e *–[e]n ~* 반려자(남자), 동반자.

beledsagarinn|a *–an –or* 반려자(여자).

belẹvad *a.* 예절바른, 기품이 있는, 공손한(artig); (여러 분야, 특히 문화 등에) 경험이 많은.

belgar|e *–[e]n ~* 벨기에 사람, 벨기에 남자.

Bẹlgien 벨기에.

belgier *~n ~* ☞ **belgare.**

belgisk *a.* 벨기에의.

belgisk|a *–an –or* 벨기에 여자; 플랑드르(Flandre) 말.

Bẹlgrad 베오그라드(유고슬라비아의 수도).

be|ljuga [bejụ:ga] *–ljuger –ljög –ljugit tr.* …에게 거짓말하다.

beljög [bejø:g] ☞ **beljuga.**

belladọnn|a *–an –or* 【식물】 벨라도나(가지과(科)의 유독 식물); 【의학】 벨라도나 제제.

bẹllis *~en ~ar* 【식물】 데이지, 프랑스 국화.

belọpp *~et ~* 액수(額數); hela ~et 총계; en check på ett ~ av en miljon won 백만원짜리 수표; till ett ~ av 총계 …으로.

belys|a *–er –te –t tr.* …을 밝게하다, 비추다, 조명하다; …을 밝히다, …의 설명을 돕다; 설명하다.

belysande *a.* 밝히는, …을 분명히 하는; 특유한.

belysning *~en ~ar* 조명, 불빛; 광명; 설명; dämpad ~ 약한 조명; elektrisk ~ 전깃불; i historisk ~ 역사의 조명 속에.

belysningsanläggning *~en ~ar* 조명 설비, 조명 장치.

belysningsarmatur *~en ~er* 조명용구, 조명용 부속품.

belåna *~r ~de ~t tr.* ① 저당 잡히다, 담보로 돈을 빌리다 ② 담보로 돈을 대부하다.

belåningsvärde *~t ~n* 저당가, 담보가격.

belåten *a.* 만족해하는(med).

belåtenhet *~en 0* 만족(över); skina av ~ 만족하여 희색이 만면하다.

belägen *a.* …에 처한; …에 위치한; ~ mot norr 북향으로 위치하다, 북향이다.

B

belägenhet *~en ~er* 위치; 상황.

belägg *~et ~* 예, 보기; 증거; ge ~ för 예시하다.

be|lägga *-lägger -lade -lagt tr.* ① 덮다, 깔다; 입히다(med); ~ med gatsten (돌을 깔아) 도로포장하다 ② 예로써 증명해 보이다; ordet är inte -lagt före 1500-talet 이 단어는 16세기 전에는 그 용례를 찾아볼 수 없다 ③ 【항해】 (밧줄걸이에) 밧줄을 감아 매다(고정시키다) ④ ~ sjukhus med patienter 병원에 환자를 수용시키다; ~ en plats 장소를 예약하다(확보하다); ~ ngt med …에 …을 지우다(부과하다); ~ ngt med stämpel …에 스탬프를 찍다; ~ ngn med bojor …에게 쇠고랑을 채우다(…을 가두다).

beläggning *~en ~ar* 덮개, 가리개; 보호층, 피막; 도로포장; sjukhusets ~ 병원에서 환자가 수용된 침상의 수.

belägra *~r ~de ~t tr.* 에워싸다; de ~de 포위된 사람들.

belägring *~en ~ar* 포위; upphäva ~en 포위를 풀다.

belägringstillstånd *~et ~* 계엄[상태]; förklara i ~ 계엄 상태를 선언하다; proklamera ~ 계엄령을 선포하다.

beläsenhet *~en 0* 학식.

beläst *a.* 학식이 깊은.

beläte *~t ~n* 조상(彫像); 형상; Gud skapade människa till sitt ~ 신은 자신의 형상을 본따 인간을 창조했다.

belöna *~r ~de ~t tr.* 상을 주다, 보상하다.

belöning *~en ~ar* 상, 보상.

belöp|a *-er -te -t rfl.* ① ~ sig på …의 몫으로 돌아가다(되다); av arvet -er sig en tredjedel på den dödes dotter 유산의 3분의 1이 고인의 딸의 몫으로 돌아 간다 ② ~ sig till …에 달하다; inkomsterna -te sig till 25,000kr. 수입이 25,000크로나에 달했다.

bemanna *~r ~de ~t* Ⅰ. *tr.* …에 사람을 배치하다(두다) Ⅱ. *rfl.* 용기를 내다; ~ sig med tålamod 인내심을 갖다.

bemanning *~en ~ar* 인원 배치; 승무원.

bemedlad *a.* 부유한.

bemyndiga *~r ~de ~t tr.* 공인하다, 인가하다; ~d översättning 공인된 번역.

bemyndigande *~t ~n* 위임; 권한.

bemäktiga *~r ~de ~t rfl.* 장악하다, 지배하에 두다, 점유하다; fruktan ~de sig honom 두려움이 그를 사로잡았다.

bemälde *a.* ~ person(ovan ~ person) 상기인(上記人).

bemäng|a *-er -de -t tr.* ~ med …와 섞다, 혼합하다.

bemärk|a *-er -te -t tr.* 주시하다, 유념하다.

bemärkelse *~n ~r* 의미; i bokstavlig ~ 문자(축자, 사전)적인 의미에서.

bemärkelsedag *~en ~ar* 경축일, 기념일.

bemärkt *a.* 유명한, 저명한.

bemästra *~r ~de ~t tr.* …에 숙달하다; (감정을) 억누르다, 극복하다.

bemöda *~r ~de ~t rfl.* 노력하다; ~ sig [om] att …하려고 노력하다.

bemödande ~*t* ~*n* 노력.
bemöt|a -*er* -*te* -*t tr*. ① 응답하다, 반박하다 ② …를 대하다, 취급하다, 다루다; ~ ngn med förakt …를 멸시하다.
bemötande ~*t* ~*n* ① 취급, 접대, 대함; röna ett vänligt ~ 친절한 대접을 받다 ② 응답, 반박.
ben ~*et* ~ 뼈; 다리; dra ~en efter sig 느릿느릿하게 걷다; lägga ~en på ryggen 서두르다, 전속력으로 질주하다; inpå [bara] ~en 뼛속까지 철저히; hjälpa ngn på ~en …가 일어날 수 있도록 도와주다; komma på ~en igen 회복하다; stå på egna ~ 자립하다; vara på ~en 자리에서 일어나 활동하고 있다; ta till ~en 도망치다.
ben|a[1] -*an* -*or* (머리의) 가리마.
bena[2] ~*r* ~*de* ~*t tr*. ① (생선의) 가시를 발라내다; ~ upp 분석하다 ② ~ håret 가르마를 타다.
benartad *a*. 골질(骨質)의.
benaska ~*n 0* 골회(骨灰).
benbrott ~*et* ~ 골절, 다리가 부러짐.
benbyggnad ~*en* ~*er* ☞ benstomme.
benediktin[er]munk ~*en* ~*ar* 베네딕트교단의 수도승.
benediktin[er]ord|en ~ -*nar* 베네딕트교단.
Bengalen 벵골(본래 인도 북동부의 주, 현재는 인도령 서벵골과 방글라데시령으로 나누어 있음).
bengal ~*en* ~*er* 벵골인.
bengalier ☞ bengal.
bengalisk *a*. 벵골의.
ben|get -*geten* -*getter* (농담) 갈비씨(매우 마른 사람).
benhinn|a -*an* -*or* 【해부학】 골막.
benhård *a*. 뼈처럼 단단한.
benig *a*. ① (생선) 가시가 많은, 앙상한 ② (비유적) 복잡한, 난해한.
benkläder (복수명사) 팬티; 바지.
benknot|a -*an* -*or* 뼈(일반적으로 팔뼈나 다리뼈를 가리킴).
benlind|a -*an* -*or* 각반.
benmjöl ~*et 0* (비료, 사료용의) 골분(지방을 뽑은 동물의 뼈로 만든 가루).
benmärg ~*en 0* 골수(骨髓).
benrang|el -*let* ~ 해골.
benröta ~*n 0* 【의학】 카리에스 골양(骨瘍, 골질, 골수, 골막 등에 염증이 생기는 질병).
bensin ~*en 0* 휘발유, 벤젠, 가솔린.
bensinbolag ~*et* ~ 석유회사.
bensinmotor ~*n* ~*er* 가솔린 기관.
bensinpump ~*en* ~*ar* 가솔린펌프.
bensinsnål *a*. 유류 절약형의; bilen är ~ 이 차는 휘발유가 적게 든다.
bensinstation ~*en* ~*er* 주유소.
bensintank ~*en* ~*ar* 연료(가솔린) 저장 탱크.
benskydd ~*et* ~ (축구, 하키 등의) 무릎 보호대.
bensoe ~*n 0* 안식향, 벤조인 수지.
bensoesyr|a -*an* -*or* 안식향산.
bensol [-ol] ~*en 0* 벤졸, 불순 벤젠.
benstomm|e -*en* -*ar* 골격; ha kraftig ~ 강인한 골격을 가지다.
benvit *a*. 상아빛의.
benåda ~*r* ~*de* ~*t tr*. ① 용서하다, 사면하다, 사형을 면하게 하다 ② 재능을 부여하다, 은총을 내리다

(med).

benådning *~en ~ar* 사면.

benägen *a.* …하는 경향의; 호의적인, 너그러운(주로 정중한 문체에서 사용); den benägne läsaren 너그러운 독자; vi avvaktar Ert benägna svar 당신의 호의적인 답변을 기다리겠습니다.

B

benägenhet *~en 0* 경향, 기질, 성질.

benämn|a *-er -de -t tr.* 호명하다; 명명하다; denna växt -es olika på olika platser 이 식물은 장소에 따라 명칭이 다르다.

benämning *~en ~ar* 명칭, 명명.

beordra *~r ~de ~t tr.* 명령하다, 지시하다; vara ~d till B【항해】B를 향해 항해할 것을 지시받다.

beprisad *a.* 칭찬이 자자한.

bepry|da *-der -dde -tt tr.* 장식하다.

beprövad *a.* 숙달한, 노련한, 경험이 풍부한.

bepudra *~r ~de ~t tr.* (식물이나 동물에 있는 해충을 없애기 위해) 약을 뿌리다.

beramad *a.* 계획된.

berber *~n ~* 베르베르 사람(북아프리카 원주민).

berberis *~en 0* 매자나무속(屬)의 식물(매발톱나무 따위).

bere|da *-der -dde -tt* Ⅰ. *tr.* ① 준비하다, 대비하다; 만들다; ~ ngn på ngt …를 …에 대비시키다 ② 가공하다, 정련시키다; ~ hudar och skinn 가죽과 털을 가공하다 ③ 유발시키다; 주다; ~ ngn glädje …에게 기쁨을 주다 Ⅱ. *rfl.* ① 대비하다, 준비하다; man får ~ sig på det värsta 사람은 최악의 경우에 대비하여야 한다 ② 확보하다, 획득하다; inbrottstjuven -dde sig tillträde till huset 도둑이 집 안으로 들어왔다.

beredning *~en ~ar* 준비, 대비; 가공, 정련, 정제.

beredningsutskott *~et 0* 입안(기초) 위원회.

beredskap *~en ~er* 준비, 대비;【군사】군비; 예비군.

beredskapsarbete *~t ~n* 실업 구제 사업, 취로사업.

beredskapstjänst *~en ~er*【군사】비상 근무.

beredvillig *a.* 준비된; 각오가 되어있는; …할 태세를 갖춘.

beredvillighet *~en 0* 자진해서 함, 준비, 채비.

berest *a.* 여행을 많이 한; 견문이 넓은.

berg [bærj] *~et ~* ① 산, 언덕 ②【지질】암석.

bergamott [-mọt] *~en ~er*, ~päron【식물】약간 길죽하고 작은 배.

bergart *~en ~er* 암석[의 종류].

bergban|a *-an -or* 산악지방에 위치한 철로 또는 케이블.

bergbestigar|e *-[e]n ~* 등산가.

bergbestigning *~en ~ar* 등산.

bergfast *a.* 산처럼 견고한, 끄떡없는.

berggrund *~en ~er*【지질】기반.

berghäll *~en ~ar* 암반.

bergig *a.* 산이 많은, 산간지방의.

bergkristall *~en ~er* 수정암.

bergland *~et ~* 산간지방.

bergmassiv *~et ~* 대산괴(大山塊).

berg-och-dalban|a *-an -or* (유원지) 청룡열차; (철도) 전향선(가파

른 고개를 올라가기 위한).
bergolj|a *−an −or* 석유.
bergsbo *~n ~r* 고지에 사는 사람, 고산주민.
bergsbruk *~et ~* 광업, 채광.
bergshantering *~en ~ar* ☞ bergsbruk.
bergsingenjör *~en ~er* 광부.
bergskam *~men ~mar* 능선.
bergskedj|a *−an −or* 산맥.
berg[s]knall|e *−en −ar* 헐벗은 야산.
bergskrev|a *−an −or* 산의 균열(갈라진 틈).
bergslag *~en/~et ~er/~* 광산촌.
bergsluttning *~en ~ar* 산의 경사진 곳, 산허리, 산중턱.
bergspass *~et ~* 산길.
bergsplatå *~n ~er* 고원.
bergspredikan (불변화 en−명사) 산상수훈(마태복음에 나오는 예수가 산에 올라 행한 설교).
bergsprängar|e *−[e]n ~* 암석 폭파용 폭약.
bergsrygg *~en ~ar* 산등성이.
bergstopp *~en ~ar* 정상, 산꼭대기.
bergstrakt *~en ~er* 산악지방.
bergsäker *a*. 명백한, 더할 나위 없이 확실한; vara ~ på att…, …을 확신하다.
bergtagen *a*. bli ~ 산속에서 길을 잃은; (비유적) …에 눈이 먼, 사로잡힌.
bergtroll *~et ~* (북유럽 신화에 나오는, 동굴이나 숲 속에서 기거하는) 거인.
berguv *~en ~ar* 수리부엉이.
bergvägg *~en ~ar* 암벽면, 산의 급경사 면.
beriḅeri *~n 0* 【의학】 각기병.
beriden *a*. 말 탄.
berika *~r ~de ~t tr*. 풍부하게 하다.
beriktiga *~r ~de ~t tr*. 교정하다.
beriktigande *~t ~n* 교정.
berlịnar|e *−[e]n ~* 베를린 사람.
berlock *~en ~er* 걸치거나 매다는 장식물(시계 줄 따위).
Bermudasöarna 대서양상의 버뮤다 군도(영국령 군도).
bero *~r ~dde ~tt itr*. ① ~ på a) …에 기인하다 b) …에 달려있다; det ~r på dig 그것은(그 일은) 너에게 달려있다 ② låta ~ 놔두다; låta det ~ vid det 그대로 놔두다.
beroende[1] *a*. …에 의존한(av, på); ~ på a)… 때문에, …한 이유로 b) …에 따라서.
beroende[2] *~t 0* 의존; stå i ~ av ngn …에 의존하고 있다.
berså *~n ~er* 정자(亭子), 나무 그늘진 휴게소(lövsal).
berusa *~r ~de ~t* Ⅰ. *tr*. 취하게 하다, 도취시키다 Ⅱ. *rfl*. 취하다, 도취하다(med).
berusad *a*. 취한, 도취한.
berusande *a*. 취하게 하는, 도취시키는.
berusning *~en ~ar* 도취, 취함.
berusningsmed|el *−let ~* 취하게 하는 것(술, 마약 따위).
beryktad *a*. 유명한, 악명 높은.
beryll *~en ~er* 【광물】 녹주석(綠柱石, 담청색).
beråd (불변화 ett−명사), efter mycket ~ 많은 망설임 끝에.
berått *a*. med ~ mod 의도적으로.

B

beräkna *~r ~de ~t tr.* ① 계산하다; 평가하다; 예정하다, 측정하다; ~den tid som åtgår 소요되는 시간을 계산하다; ~ att få fem procent 5퍼센트를 얻을 것으로 예상하다 ② 청구하다; till det i fakturan ~de priset 청구서에 나와있는 금액에.

beräknad *a.* …용으로 고안된, 기도된; sjukhuset är beräknat för 100 patienter 병원은 100명의 환자를 수용할 수 있도록 지어졌다.

beräknande *a.* 계산하는, 계산적인.

beräkning *~en ~ar* 계산, 평가, 측정; 예정; efter mina ~ar 나의 계산에 의하면; mot all ~ 모든 추정과는 정반대로.

berätta *~r ~de ~t tr.* 이야기하다; ~ ngt för ngn (~ ngn ngt) …에게 …을 이야기하다.

berättar|e *–[e]n ~* 이야기를 하는(쓰는) 사람, 해설자.

berättarkonst *~en ~er* 화술.

berättartalang *~en ~er* 이야기 재능.

berättelse *~n ~r* 이야기; 묘사; 진술 (över, om).

berättiga *~r ~de ~t tr.* …에게 권리(자격)을 주다.

berättigad *a.* 권리가(자격이) 있는, 정당한; han är ~ till pension 그는 연금을 탈 자격이 있다; det ~e i …에 있어서의 정당함.

berättigande *~t 0* 권한, 권리; 정당함.

beröm *~met 0* ① 칭찬; eget ~ luktar illa 자화자찬은 듣기에 좋지 않다 ② (졸업성적의 단위) 우수; med utmärkt ~ godkänd 매우 우수한 성적으로 합격.

berömd *a.* 유명한.

berömdhet *~en ~er* 유명; 유명(저명)인사.

berömlig *a.* ① 칭찬(칭송)할만한 ② (졸업 성적의 단위) 우수한.

beröm|ma *–mer –de –t* Ⅰ. *tr.* 칭찬(칭송)하다 Ⅱ. *rfl.* ~ sig själv 자화자찬하다.

berömmelse *~n ~r* 명성; 명예.

berömvärd *a.* 칭찬할만한.

berör|a *– –de –t tr.* ① …에 (손을) 대다, 만지다, 건드리다; 접촉하다 ② 거론하다 ③ 다루다 ④ 영향을 주다; de som ~s av det 그것에 영향을 받는 사람들.

beröring *~en ~ar* 접촉, 관계, 연관.

beröringspunkt *~en ~er* 접점; (비유적) 공동 관심사.

beröva *~r ~de ~t tr.* ~ ngn ngt …로부터 …을 뺏다(박탈하다).

besanna *~r ~de ~t* Ⅰ. *tr.* ① …의 진실을 깨닫다; Du kommer att ~ riktigheten härav 너는 이것의 진실을 깨닫게 될 것이다 ② 증명하다, 실증하다; utgången ~de mina förutsägelser 결과는 나의 예측을 증명하였다 Ⅱ. *rfl.* 증명되다, (꿈이나 예언 따위가) 들어맞다, 실현되다.

besatt *a.* 몰두한, 사로잡힌; ~ av en ond ande 악령에 사로잡힌.

be|se *–ser –såg –sett tr.* 구경하다; ~ Stockholm 스톡홀름시(市)를 구경하다.

besegla *~r ~de ~t tr.* ① (편지 따위를) 봉하다 ② (운명 따위를) 결정하다, 확정하다; hans öde var ~t 그의 운명은 결정되었다.

besegra *~r ~de ~t tr.* …을 이기다,

정복하다, 승리하다.

besegrar|e –[*e*]*n* ~ 승리자, 정복자.

besiktiga ~*r* ~*de* ~*t tr*. 조사하다, 검사하다.

besiktning ~*en* ~*ar* (관계 당국의) 검사, 조사; bil~ 자동차 검사.

besiktningsinstrument ~*et* ~ 【자동차】 검사증.

besiktnings|man ~*nen* –*män* 검사인, 조사자; (자동차 운전면허 주행 시험의) 시험관.

besinna ~*r* ~*de* ~*t* Ⅰ. *tr*. 심사숙고하다, 고려하다 Ⅱ. *rfl*. ① 자제하다, 심사숙고하다 ② 마음을 돌리다.

besinnande ~*t 0* 심사숙고.

besinning ~*en* ~*ar* 심사숙고, 정신; förlora ~en 정신을 잃다.

besinningsfull *a*. 침착한.

besinningslös *a*. 경솔한.

be|sitta –*sitter* –*satt* –*suttit tr*. 소유하다.

besittning ~*en* ~*ar* 소유; komma i ~ av …을 소유하다.

be|sjunga –*sjunger* –*sjöng* –*sjungit tr*. 찬송하다.

besjäla ~*r* ~*de* ~*t tr*. 영혼을 불어넣다.

besk[1] *a*. 쓴; ~ kritik 혹평.

besk[2] ~*en* ~*ar* 칵테일에 쓰는 쓴 술.

beskaffad *a*. (육체적, 정신적으로) …성향을 띤, 구조된, 구성된; han är nu en gång så ~ 그는 성격이 원래 그렇다.

beskaffenhet ~*en 0* 성격, 본질; (물품의) 질; 상태.

beskatta ~*r* ~*de* ~*t tr*. 세금을 부과하다.

beskattning ~*en* ~*ar* 과세; direkt ~ 직접세.

beskattningsbar *a*. 과세할 수 있는.

besked ~*et* ~ ① 대답(om), 지시 ② med ~ 철저하게, 심하게; det regnar med ~ 비가 몹시 내린다.

beskedlig *a*. (성격이) 온화한, 부드러운.

beskedlighet ~*en 0* 친절, 온순함.

beskhet ~*en* ~*er* ① (맛) 쓴 맛 ② 비평, 혹평.

beskickning ~*en* ~*ar* 공사관, 대사관, 영사관.

be|skjuta –*skjuter* –*sköt* –*skjutit tr*. 총격하다.

beskjutning ~*en* ~*ar* 총격.

be|skriva –*skriver* –*skrev* –*skrivit tr*. ① 묘사하다; … låter sig inte ~s …은(는) 말로는 표현할 수가 없다 ② 그리다; ~ en båge i luften 하늘에 곡선을 그리다.

beskrivande *a*. 기술적인, 묘사적인.

beskrivning ~*en* ~*ar* ① 기술, 묘사 ② (복수형) 지시; 요리법.

beskugga ~*r* ~*de* ~*t tr*. 그늘을 드리우다.

beskydd ~*et 0* 보호(mot).

beskydda ~*r* ~*de* ~*t tr*. 보호하다.

beskyddande[1] *a*. (부정적인 뜻) 선심 쓰는 체 하는, 은인인 체 하는; 보호하는, 지키는.

beskyddande[2] ~*t 0* 보호.

beskyddarmin ~*en* ~*er* 선심 쓰는 체하는 표정.

beskyll|a –*er* –*de* –*t tr*. …에게 책임을 전가하다, 비난하다, 고소하다.

beskyllning ~*en* ~*ar* 비난, 고소.

beskåda *~r ~de ~t tr.* 구경하다; 검사하다, 조사하다.

beskådan *~ 0*/beskådande *~t 0* 조사, 검사; 관람.

B

beskäftig *a.* 참견하기 좋아하는, 오지랖 넓은.

beskäftighet *~en 0* 참견하기 좋아함.

beskänkt *a.* 약간 술이 취한, 거나한.

beskär|a[1] *- -de -t tr.* 허용하다, 주다, 내리다; få sin -da del 자신에게 주어진 몫을 받다.

be|skära[2] *-skär -skar -skurit tr.* 【원예】 전정하다; 【기술】 절단하다, 자르다.

beskärma *~r ~de ~t rfl.* ~ sig över 슬퍼하다, 한탄하다.

beskär[n]ing *~en ~ar* 【원예】 전정, 가지치기.

beslag *~et ~* ① (복수형) (장식용) 마구(馬具)(관, 가구, 문, 장총 등에 부착하는 보호용 또는 장식용의 철제물); 표장(表裝) ② 【물리 · 화학】 덮음, 입힘, 도장(塗裝), 코팅 ③ 몰수(압수); lägga ~ på …을 독점하다, 몰수하다, 압수하다.

beslag|ta[ga] *-tar/tager, -tog, -tagit tr.* 몰수하다, 압수하다, 독점하다.

beslut *~et ~* 결정, 결심.

be|sluta *-slutar, -slutade/-slöt, -slutat/-slutit* Ⅰ. *tr. itr.* 결정하다 Ⅱ. *rfl.* 결심하다.

beslutanderätt *~en 0* 결정권.

besluten *a.* 결정된.

beslutför/beslutmässig *a.* 결정할 권한[자격]이 있는.

beslutsam *a.* 단호한.

beslutsamhet *~en 0* 단호함.

beslutsmässig ☞ beslutmässig.

be|slå *-slår -slog -slagit tr.* ① 마구로 장식하다; 덮다, 입히다, 코팅하다 ② (특히 피고 측) …의 말을 반박하다(ertappa, överbevisa); ~ ngn med lögn …의 말이 거짓임을 반증하다.

besläktad *a.* 친척지간의; 관련이 있는.

beslöja *~r ~de ~t tr.* 베일로 가리다; (비유적) 덮어 감추다.

besman *~et ~* 대저울.

besmitta *~r ~de ~t tr.* 전염시키다, 불순(불결)하게 하다.

besmittelse *~n ~r* 불결, 불순; 타락.

bespara *~r ~de ~t tr.* 절약하다, 저축하다; 면하게 하다; ~ ngn besvär …에게 괴로움을 끼치지 않다.

besparing *~en ~ar* 절약, 저축; 【재단】 (윗도리 · 블라우스 · 스커트 따위의) 요크, 말기[천].

besparingsåtgärd *~en ~er* 절약책.

bespeja *~r ~de ~t tr.* 염탐하다, 몰래 감시하다.

bespetsa *~r ~de ~t rfl.* ~ sig på …을 기대하다.

bespisa *~r ~de ~t tr.* 음식을 대접하다; 식사를 제공하다, 음식을 먹이다.

bespisning *~en ~ar* 급식; (학교의) 식당.

bespotta *~r ~de ~t* 조롱하다, 경멸하다.

bespruta *~r ~de ~t tr.* (초목에) 물을 뿌리다.

besprutning *~en ~ar* 주수(注水).

bessemermetod *~en ~er* 베세머 제강법(bessemerprocess).

bessemerprocess *~en ~er* ☞ bessemermetod.

best *~en ~ar* 야수; 괴물; (비유적) 짐승 같은 사람.

bestialisk *a*. 야수적인, 비인간적인.

bestialitet *~en ~er* 짐승 같은 행동.

bestick *~et ~* ① rit~ 제도 기구 세트; mat~ 【집합적】 식사도구(포크, 나이프, 스푼을 통틀어 일컫는 말) ② 【항해】 배 위치의 측정.

be|sticka *-sticker -stack -stuckit tr*. 매수하다.

bestickande[1] *a*. 음험한, 교활한.

bestickande[2] *adv*. 음험하게, 교활하게.

besticklig *a*. 매수하기에 용이한.

bestickning *~en ~ar* 매수.

be|stiga *-stiger -steg -stigit tr*. (산에) 오르다; (왕위에) 즉위하다.

bestigning *~en ~ar* 오르기, 즉위.

be|stjäla *-stjäl -stal -stulit tr*. 도둑질하다, 훔치다.

bestorma *~r ~de ~t tr*. 공격하다; (비유적) 휩쓸다, 압도하다.

bestraffa *~r ~de ~t tr*. 처벌하다.

bestraffning *~en ~ar* 처벌.

be|strida *-strider, -stred/-stridde, -stridit/-stritt tr*. ① 부인하다, 반박하다; ~ ett påstående 진술을 반박하다 ② 지불하다, 지출하다 ③ (직책 등을) 갖다, 돌보다.

bestridande *~t 0* 부인, 반박; 지불; (직책을) 돌봄.

be|stryka *-stryker -strök -strukit tr*. ① 바르다 ② (수면 등을) 스쳐 지나가다; flygmaskinen -strök hustaken 비행기는 지붕을 스쳐 지나갔다.

bestråla *~r ~de ~t tr*. 비추다, (광선을) 조사(照射)하다; (광선에) 노출시키다.

bestrålning *~en ~ar* 조사(照射), 노출.

beströ *~r ~dde ~tt tr*. (모래, 꽃, 씨 등을) 뿌리다.

bestsell|er *-ern, -rar/~* 베스트셀러.

bestycka *~r ~de ~t tr*. (중화기, 대포 등으로) 무장하다.

bestyckning *~en ~ar* (탱크나 전함에 장착한) 중화기.

bestyr *~et ~* 일; ha många ~ att sköta 해야 할 일이 많다.

bestyr|a *- -de -t tr*. 하다, 처리하다.

bestyrelse *~n ~r* (잠정적 성격의) 위원회.

bestyrk|a *-er -te -t tr*. 보강하다, 강화시키다, 강력하게 하다; 확언(確言)하다, 확증하다, 확실히 하다.

be|stå *~r -stod -stått* Ⅰ. *tr*. ① (시험 따위를) 통과하다 ② (대금을) 지불하다 Ⅱ. *itr*. ① 존재하다; 버티다, 지탱하다; 지속하다 ② ~ av …로 구성되다.

bestående *a*. 존재하는, 지속하는; den ~ ordningen 현행 질서.

bestånd *~et ~* ① 존재; 지속, 지탱 ② 군(群, 동식물군); (물건의) 수효; (표본 · 미술품 따위의) 소장품.

beståndsdel *~en ~ar* 구성 요소; (vara) en väsentlig ~ av …의 기본 요소(이다).

beställ|a *-er -de -t tr. itr*. ① (물건 등을) 주문하다 ② (일을 맡기기 위해 사람을) 부르다.

beställar|e -[e]n ~ 주문자, 구입자, 고객.
beställd a. 주문된.
beställning ~en ~ar 주문; [옛말] 지위, 관직.
beställningssed|el ~n -lar 주문서.
beställningsskrädderi ~et ~er 맞춤 양복점.
beställsam a. 참견하기 좋아하는.
bestämbar a. 정의할 수 있는, 한정할 수 있는, 결정할 수 있는.
bestämd a. 결정된; 한정된; 단호한.
bestämdhet ~en 0, veta med ~ 확실히 알다.
bestäm|ma -mer -de -t Ⅰ. tr. 결정하다; 규정하다; 한정하다 Ⅱ. rfl. ~ sig för att…, …하기로 결심하다.
bestämmande[1] a. 결정적인, 한정적인.
bestämmande[2] ~t ~n 결정, 규정, 한정.
bestämmanderätt ~en 0 결정권.
bestämmelse ~n ~r 약정, 규정; 임무; 운명; 목표.
bestämmelseort ~en ~er 목적지.
bestämning ~en ~ar 결정, 규정; 【문법】 한정어.
bestämningsord ~et ~ 한정어.
bestämt adv. 결정적으로, 단호히; 틀림없이, 확실히.
beständig a. 지속적인, 충실한; ~ mot …에 의해 변질되지 않는.
bestänk|a -er -te -t tr. 부리다, 끼얹다.
bestört a. 당황한; 경악한.
bestörtning ~en ~ar 당황, 경악.
besudla ~r ~de ~t tr. 더럽히다.
besutten a. 토지를 소유한, 부동산을 소유한.
besvara ~r ~de ~t tr. 대답하다; 답례하다.
besvikelse ~n ~r 실망, 기대에 어긋남.
besviken a. 실망한, 환멸을 느낀.
besvär ~et ~ 문제, 고생, 걱정, 수고, 노고, 폐; 【법】 항소, 상고.
besvära ~r ~de ~t Ⅰ. tr. 폐를 끼치다, 수고스럽게 하다 Ⅱ. rfl. ① 수고하다; 일부러 애써 …하다 ② 상고(항소)하다.
besvärad a. 당황한, 난처한.
besvärande a. 귀찮은; 난처하게 하는, 당황케 하는, 수고를 끼치는.
be|svärja -svärjer, -svor/-svärjde, -svurit/-svärjt tr. 탄원하다, 기원하다; (주문으로 마물 · 영혼 따위를) 불러내다; 맹세하다.
besvärjelse ~n ~r 기원, 주술, 주문.
besvärjelseform|el ~n -ler 주문, 마법.
besvärlig a. 귀찮은, 성가신.
besvärlighet ~en ~er 폐, 수고스러움, 곤란함, 어려움.
besvärsskrift ~en ~er 항소(상고) 탄원서.
besvärstid ~en ~er 항소(상고) 신청 기한.
besynnerlig a. 이상한, 묘한.
besynnerlighet ~en ~er 이상함, 기묘함.
besynnerligt adv. 이상하게, 묘하게.
beså ~r ~dde ~tt tr. 씨를 뿌리다.
be|sätta -sätter -satte -satt tr. ① 【군대】 점령하다 ② (지위를) 채우다, 선임하다 ③ -satt a) 덮힌; en

ring −satt med äkta pärlor 진짜 보석으로 장식한 반지 b) salongen var glest −satt 연극관의 좌석은 드문드문 채워져 있었다.

besättning *~en ~ar*, ① 요새, 주둔지; 승무원; ② (가축의) 떼, 무리 ③ (옷, 모자 등에 붙이는) 장식품.

besättnings|man *~nen −män* 승무원.

besök *~et ~* ① 방문(hos); 참석 ② 방문객; få ~ 방문을 받다.

besök|a *−er −te −t tr.* 방문하다.

besökande *~n ~* 방문객(besökare).

besökar|e *−[e]n ~* ☞ **besökande**.

besökstid *~en ~er* 방문 시간.

besörj|a *−er −de −t tr.* ~ [om] 돌보다; 수행하다.

bet[1] (불변화형용사), bli(gå) ~ (게임에) 지다; han gick ~ på uppgiften 그는 그 임무를 수행해 내지 못했다.

bet[2] (불변화명사), gå i ~ 풀을 뜯어먹다.

beta[1] *~r ~de ~t* Ⅰ. *tr.* ① 풀을 뜯어먹게 하다, 목축하다; (빵을) 쪼개 (우유 따위에) 적시다 ② (옷감, 가죽, 나무, 금속, 씨앗 등을) 화학약품으로 처리하다 ③【어업】~ på 미끼를 달다 Ⅱ. *itr.* (풀 따위를) 뜯다.

bet|a[2] *−an −or* ① en ~ bröd 한입의 빵; efter den ~n 그것을 경험한 후(주로 불유쾌한 일) ②【염색】매염제, 착색료; 담그는 액체;【가죽】타닌액 ③【식물】비트(근대, 사탕무우 따위).

betacka *~r ~de ~t rfl.* ~ sig för ngt …을 (정중히) 사양하다; jag ~r mig 고맙지만 사양하겠습니다.

be|ta[ga] *−tar/−tager, −tog, −tagit tr.* ① 뺏다, 강탈하다; ~ ngn ngt …로부터 …을 빼앗다 ② 압도하다.

betagande *a.* 압도하는, 매혹적인.

betagen *a.* 사로잡힌(i).

betala *~r ~de ~t* Ⅰ. *tr. itr.* 지불하다 Ⅱ. *rfl.* 보상하다; arbete som inte ~r sig 돈벌이가 안 되는 일.

betalar|e *−[e]n ~* 지불자.

betalbar *a.* 지불할 수 있는.

betalning *~en ~ar* 지불; 보수; 보상.

betalningsanstånd *~et ~* 지불 연기.

betalningsbalans *~en ~er* 국제 수지.

betalningsfri *a.* (대부금의) 지불 의무가 끝난.

betalningsförmåg|a *−an −or* 지불 능력.

betalningsinställelse *~n ~r* 지불 중지.

betalningsmed|el *−let ~* 지불 수단.

betalningsskyldig *a.* 지불 책임이 있는, 납입해야 할.

betalningstermin *~en ~er* 지불 기한.

betalningsvillkor *~et ~* 지불 조건.

bẹte[1] *~t ~n* 목초지;【어업】미끼.

bẹt|e[2] *−en −ar* 엄니(멧돼지나 코끼리의 긴 송곳니).

betẹ[3] *~r ~dde ~tt rfl.* 행동하다, 처신하다.

beteckna *~r ~de ~t tr.* 상징하다; 의미하다; 가리키다.

betecknande *a.* 특징적인, 전형적인.

beteckning *~en ~ar* 상징, 증표; 명칭.

beteckningssätt *~et ~* 기호법, 표시법.

beteende *~t ~n* 행동.

beteendemönst|er *-ret ~* 행동 양식.

beteendevetenskap *~en ~er* 행동 과학.

betel *~n 0* 【식물】 구장(蒟醬; 후추나무 과).

betelnöt *~en ~ter* 빈랑나무의 열매.

betesmark *~en ~er* 목초지.

beting *~et ~* 청부 계약(일한 분량대로 보수를 받는 계약); 강독과제(학습).

betinga *~r ~de ~t* Ⅰ. *tr.* ① …에 대한 전제가 되다 ② 수반하다, 포함하다, 일으키다 ③ ~ ett högt pris 높은 가격을 형성하다 Ⅱ. *rfl.* (조건으로) 요구하다.

betingelse *~n ~r* 조건, 전제.

betitla *~r ~de ~t tr.* 호칭하다, 제목을 달다.

betjäna *~r ~de ~t* Ⅰ. *tr.* 시중들다 Ⅱ. *rfl.* ~ sig av …을 이용(고용)하다.

betjäning *~en 0* 시중; 직원, 간부(staff).

betjäningsavgift *~en ~er* 봉사료.

betjänt *~en ~er* 남자 하인.

Betlehem 베들레헴.

bet[nings]med|el *-let ~* 종자(씨앗) 살균제 ☞ **beta**[2] ②.

betodlar|e *-[e]n ~* 비트(근대, 사탕무우 따위) 재배인.

betodling *~en ~ar* 비트 재배.

betona *~r ~de ~t tr.* 강세를 두다, 강조하다.

betonad *a.* ① 【음성학】 강세가 있는 ② i kulturellt ~e kretsar 문화층에서; praktiskt ~ 실제적인.

betong *~en 0* 콘크리트.

betongförort *~en ~er* 콘크리트 지역(도시 교외의 아파트 밀집지역을 낮잡아 부르는 명칭).

betongblandar|e *-[e]n ~* 콘크리트 혼합기.

betoning *~en ~ar* 강세, 강조.

betrakta *~r ~de ~t tr.* ① 보다, 주시하다, 관조하다; 관찰하다; ~ ngn uppmärksamt(noga) …를 면밀하게 보다 ② ~ ngn (ngt) med förakt …를 경시하다 ③ ~ ngn (ngt) som …를 …으로 간주하다.

betraktande *~t 0*, i ~ av …을 감안하여; komma(ta) i ~ 참작하다; under ~t av …을 살피는 가운데(동안에).

betraktar|e *-[e]n ~* 관찰자.

betraktelse *~n ~r* 숙고, 심사, 고찰; 명상; bibel~ 신앙 강화(강연, 설교).

betraktelsesätt *~et ~* 사물을 대하는 법, 관찰법.

betro *~r ~dde ~tt tr.* 맡기다, 기탁하다; ~ ngn med ngt …에게 …을 맡기다.

betrodd *a.* 신용 있는, 믿음직한.

betryck *~et 0* 압박; 어려움, 곤란함.

betryckt *a.* 침울한, 풀이 죽은; 곤란에 처한.

betrygga *~r ~de ~t tr.* 안전하게 하다, 편안하게 하다.

betryggande[1] *a.* 만족(흡족)한, 안전한.

betryggande[2] *~t 0*, till ~ av …의 안녕을 위해.

beträ|da *-der -dde -tt tr.* ① …에 발을 들여놓다, 밟다; Beträd ej gräsmattan! 잔디밭을 밟지 마시오 ② ☞ **beslå** ②.

beträffa *~r ~de ~t tr.* vad mig ~r 나에 관해서, 내 경우에 있어서는.
beträffande *prep.* …에 관해서; ~ Eder order 귀하의 주문에 관해서.
beträngd *a.* 위기(곤란)에 처한.
bets *~en ~er* ① (목재에 물을 들이는) 색소, 물감 ② 잿물(가죽으로부터 석회질을 제거하는데 이용).
betsa *~r ~de ~t tr.* (목재에) 색소를 들이다.
bets|el *-let ~* 재갈.
betsla *~r ~de ~t tr.* 재갈을 물리다; ~ av 재갈을 벗기다.
bett *~et ~* ① 물리기, 곤충에 쏘임; 상처 ② 아가리;【치과】한 턱에 위치한 모든 치아 ③ (말의) 재갈 ④ (도끼, 칼 따위) 날.
bettla *~r ~de ~t itr.* 구하다, 구걸하다.
bettlar|e *-[e]n ~* 걸인, 거지.
bettleri *~et 0* 구걸, 걸식.
betunga *~r ~de ~t tr.* …에게 (짐을) 지우다; vara ~d av(~s av) …에 억눌리다.
betungande *a.* 무거운, 짐이 되는.
betuttad *a.* vara ~ i ngn …에 반하다.
be|tvinga *~r, ~de/-tvang, ~t/-tvungit tr.* 복종(진압)시키다; 정복하다, …을 이기다; ~ sig 자제하다.
betvivla *~r ~de ~t tr.* 의심하다, 의혹을 품다.
bety|da *-der -dde -tt tr.* 의미하다, 뜻하다; 나타내다, 표시하다.
betydande *a.* 중요한, 괄목할만한.
betydelse *~n ~r* 의미, 뜻; 중요함; av föga ~ 별로 중요하지 않은.
betydelsefull *a.* 중요한; 의미심장한.
betydelselär|a *-an -or* 의미론 (semantics).
betydelselös 중요하지 않은; 의미 없는.
betydenhet *~en 0* 중요성.
betydlig *a.* 상당한, 중요한; en ~ skillnad 큰 차이.
betyg *~et ~* ① 증명서 ② 성적; få fina ~ 좋은 성적을 거두다; sätta ~ på 성적을 매기다.
betyga *~r ~de ~t tr.* ① 증명하다; härmed ~s att…, …을 증명함 ② 언명(선언)하다, 표현하다; ~ ngn sin aktning …에 대한 존경을 나타내다.
betygsavskrift *~en ~er* 성적증명서 복사본.
betygsskal|a *-an -or* 성적 등급.
betyg|sätta *-sätter -satte -satt tr.* 채점하다, 성적을 매기다.
betäck|a *-er -te -t tr.* 덮다, 보호하다; 교미시키다.
betäckning *~en ~ar* 덮기, 보호; 교미.
betänk|a *-er -te -t* Ⅰ. *tr.* 숙고하다; man måste ~ att…, …을 명심해야한다 Ⅱ. *rfl.* 심사숙고하다.
betänkande *~t ~n* ① 심사숙고; vid närmare ~ 곰곰이 생각해 보니 ② 견해, 소견.
betänketid *~en ~er* 심사숙고(고려) 기간(시간).
betänklig *a.* 심각한; 위험한, 불안한; 모호한.
betänklighet *~en ~er* 주저, 의혹; 걱정, 염려; övervinna sina ~er 염려를 씻어버리다.
betänksam *a.* 조심스러운, 침착한;

망설이는; en ~ min 근심스러운 표정.

betänkt *a*. vara ~ på ngt …에 대해 깊이 생각하다.

beundra *~r ~de ~t tr*. 감탄하다.

beundran (불변화 en-명사) 감탄, 찬탄.

beundransvärd *a*. 감탄을 받을만한.

beundrar|e *-[e]n ~* 감탄자, 탄복하는 사람; 팬.

beundrarinn|a *-an -or* (여성) 감탄자, 칭송자, 팬.

bevaka *~r ~de ~t tr*. ① 지키다, 살피다 ② 돌보다; ~ sina intressen 자신의 이익을 지키다.

bevakad *a*. ~ järnvägsövergång 통제소가 있는 건널목.

bevakning *~en ~ar* 수비, 경계, 감시; stå under ~ 수감 중에 있다, 감시하에 있다.

bevakningstjänst *~en ~er* 보초 근무, 감시 근무, 순찰 근무.

bevandrad *a*. …에 익숙한, 숙지하고 있는(i).

bevara *~r ~de ~t tr*. ① 간직하다, 간수하다; ~ skenet 체면을 차리다, 겉 치레하다; ~ ngt åt eftervärlden …을 후세에 남기다 ② 보호하다; bevare mig väl! 저를 지켜 주소서!; 야단났군!

bevarande *~t 0* 간직, 간수, 보호.

bevars *itj*. ja ~! 그럼 그렇고 말고; nej ~! 저런!, 맙소사!

bevattna *~r ~de ~t tr*. 관개하다(운하 따위); 물을 대다; 축이다.

bevattning *~en ~ar* 관개; 물대기.

bevattningsanläggning *~en ~ar* 관개 시설.

bevek|a *-er -te -t tr*. 마음을 돌리게 하다; ~ ngn till eftergifter …로 하여금 사양하게 하다.

bevekande[1] *a*. 마음을 돌리게 하는, 호소력(설득력)있는, 감동시키는.

bevekande[2] *adv*. 감동적으로, 심금을 울리게.

bevekelsegrund *~en ~er* 동기, 이유.

bevilja *~r ~de ~t tr*. 승인하다; 허락하다.

bevillning *~en ~ar* 【고어】 (의회의 승인을 받은) 임시국세.

bevillningsutskott *~et ~* 【고어】 (스웨덴 의회의) 세입 예산 위원회.

bevinga|d *a*. 날개 달린; -t ord 관용어.

bevis *~et ~* 증거; 증명; 증명서; ett bindande ~ 확실한 증거; som ett ~ på …에 대한 증거로서.

bevisa *~r ~de ~t tr*. ① 증명하다; 실증(입증)하다; 증거를 대다 ② 보이다, 표현하다; ~ ngn sin tacksamhet …에게 고마움의 표시를 하다.

bevisföring *~en ~ar* 논증; 실연; 증거의 제출.

beviskraft *~en ~er* 근거, 전거.

bevislig *a*. 논증할 수 있는, 증명할 수 있는.

bevisligen *adv*. 의심의 여지없이.

bevismaterial *~et ~* 논증(증거) 자료.

bevismed|el *-let ~* 논증(증명) 수단.

bevisning *~en ~ar* ☞ bevis.

bevista *~r ~de ~t tr*. 참석하다.

bevittna *~r ~de ~t tr*. 증명하다, 증언하다, 입회하다; …의 증인이 되다.

bevuxen *a*. 무성하게 자란, 뒤덮힌.
bevåg (불변화 ett-명사), på eget ~ 자신의 책임 하에, 책임을 지고.
bevågen *a*. vara ngn ~, …에게 호의적인.
bevågenhet *~en ~er* 호의.
bevänt *a*. 쓸모 있는, 소용 있는; det är inte mycket ~ med hans kunskaper 그의 지식은 그리 쓸모가 없다.
beväpna *~r ~de ~t tr*. 무장시키다.
beväpnad *a*. 무장한.
beväpning *~en ~ar* 무장.
bevärdiga *~r ~de ~t tr*. 황송하게도 …을 하다(내리다); ~ ngn med en blick 황송하게도 …에게 눈길을 주다.
bevärning *~en ~ar* 신병(新兵), 의무병.
beväxt *a*. ☞ **bevuxen**.
bh *~:n ~:ar* ☞ **behå**.
bi[1] *adv*. ① ☞ **dreja bi** ② ☞ **stå bi**.
bi[2] *~et ~n* [꿀]벌.
biaccent *~en ~er* 제2강세.
biavsikt *~en ~er* 부차적인 동기.
biban|a *-an -or* 【철로】 지선.
bibe|hålla *-håller -höll -hållit tr*. 보유(보지)하다, 간직하다; 지탱하다; ~ gamla seder och bruk 옛 관습을 지키다.
bibehållande *~t 0* 보유(보지); 간직; 지탱; 유지.
bib|el *-eln -lar* 성경.
bibelcitat *~et ~* 성경 인용.
bibelkonkordans *~en ~er* 성경 용어 색인.
bibelkritik *~en 0* 성경 비평.
bibelkunskap *~en ~er* 성서 지식.
bibelspråk *~et ~* 성경에 나오는 단어, 성경 문체; 성경 인용.
bibelsprängd *a*. 성경에 대해 훤히 알고 있는.
bibelställe *~t ~n* 성경 구절.
bibeltolkning *~en ~ar* 성서 해석.
bibelöversättning *~en ~ar* 성서 번역.
bibetydelse *~n ~r* 부차적 의미, 내포(內包).
bibliofil *~en ~er* 애서가, 서적 수집가.
bibliofilupplag|a *-an -or* 【인쇄】 호화판.
bibliografi *~n ~er* 서지학(書誌學); 저서 목록.
bibliotek *~et ~* 도서관.
bibliotekarie *~n ~r* 도서관 직원, 사서.
biblioteksband *~et ~* 도서관용 제본(견고성을 중시한).
biblioteksväsen *~det ~*/**biblioteksväsende** *~t ~n* 도서 관계분야.
biblisk *a*. 성경의, 성경적인.
bi|bringa *~r ~de/-bragte, ~t/-bragt tr*. ~ ngn ngt …에게 …을 제공하다; ~ ngn kunskaper …에게 지식을 전해주다.
biceps *~/en, ~ar* 【해부】 이두근(二頭筋), 근력(筋力).
bida *~r ~de ~t tr. itr*. 기다리다; ~ sin tid 때를 기다리다.
bidevind *adv*. segla ~ (바람을 측면에 받도록) 돛을 눕혀 펴고(활짝 펴고) 항해하다, 역풍을 받으며 항해하다.
bidrag *~et ~* 기부; 보조; 공헌; 원조[금].
bi|dra[ga] *-drar/-drager, -drog*

B

-*dragit itr*. 기부하다, 원조하다, 보조하다; 공헌하다; bidragande orsak 부차적 원인.

bidragsgivar|e -*[e]n* ~ 기부자, 공헌자.

bidragstagar|e -*[e]n* ~ 보조금 수혜자.

bifall ~*et 0* ① 동의, 승인; ge sitt ~ till …에 동의하다 ② 박수; 함성(동의, 찬성한다는 뜻의).

bi|falla -*faller* -*föll* -*fallit tr*. 동의하다, 찬성하다, 승인하다.

bifallsrop ~*et* ~/**bifallsstorm** ~*en* ~*ar* ☞ **bifall** ②.

bifallsyrkande ~*t* ~*n* 동의를 구함, 동의에 대한 요구.

bifallsyttring ~*en* ~*ar* 박수, 함성(동의의 표현으로서).

biff ~*en* ~*ar* ① 두껍게 저민 쇠고기 점 ②【요리】 비프스테이크; vi klarade ~en 우리는 해냈다.

biffko ~*n* ~*r* 육우.

biffstek ~*en* ~*ar*【요리】 비프스테이크.

bifigur ~*en* ~*er* 별로 중요하지 않은 인물, 조역.

biflod ~*en* ~*er* 지류(支流).

bifoga ~*r* ~*de* ~*t tr*. …에 붙이다; 동봉하다; 끝에 덧붙이다, 추가하다; härmed bifogas …, …을 동봉함.

bifurkation ~*en* ~*er* 두 갈래로 가라짐, (두 갈래로) 분기.

bifförtjänst ~*en* ~*er* ☞ **biinkomst**.

bigamị ~*n 0* 중혼, 이중결혼.

bigamist ~*en* ~*er* 중혼자.

bigarrạ̊ ~*n* ~*er* 버찌(의 일종).

bigat|a -*an* -*or* 샛길.

bigọtt *a*. 편협한, 위선적인.

bigotterị ~*et* ~*er* 편협.

bigård ~*en* ~*ar* 양봉장.

bihang ~*et* ~ (서적) 부록, 부속물.

bihustru ~*n* ~*r* 첩, 정부.

bihål|a -*an* -*or*【해부】 공동(空洞).

biinkomst ~*en* ~*er* 부수입.

bijouterịer [biʃɷ-] (복수명사) 보석.

bikarbonat [bị-/-ạt] ~*et*/~*en*, *0*【화학】 중탄산염.

bikịni ~*n*, ~/~*er* 투피스의 여자 수영복, 비키니.

bikt ~*en* ~*er* 고백, 고해.

bikta ~*r* ~*de* ~*t tr*. *rfl*. 고백하다, 고해하다.

biktbarn ~*et* ~ 고해자.

bikt|fader ~*n* -*fäder* 고해신부.

biktstol ~*en* ~*ar* 고해실.

bikup|a -*an* -*or* 벌집.

bil ~*en* ~*ar* 자동차; åka ~ 자동차를 타다(타고 가다).

bila[1] ~*r* ~*de* ~*t* Ⅰ. *itr*. 자동차를 타다(타고 가다); ~ [omkring] i Europa 자동차를 타고 유럽을 돌다 Ⅱ. *tr*. 운전하다, 드라이브하다.

bil|a[2] -*an* -*or* (날이 넓은) 도끼.

bilabial ~*en* ~*er* 양순음(p, m, b 따위).

bilag|a -*an* -*or* 부록; 첨부 별지(문서).

bi|land ~*et* -*länder* 속국, 보호령.

bilateral *a*. 양측의(양측이 있는); 쌍무적인.

bild ~*en* ~*er* 그림; 사진, 슬라이드 사진; 도해; 초상화; 이미지, 상(像); 은유적 표현; en ~ av förtvivlan 실망 그 자체; en ~ av läget 상황에 대한 이해(전망); tala i ~er 은유적으로

말하다.

bilda *~r ~de ~t* Ⅰ. *tr.* ① 형성하다, 세우다, 설립하다, 만들다; ~ bolag 회사를 설립하다 ② 교육하다; ~ sin själ 정신을 도야하다 Ⅱ. *rfl.* ① 형성되다 ② 교육받다, 수련하다 ③ (의견 따위를) 정립하다; ~ sig en uppfattning om …에 관한 인식을 갖다.

bildad *a.* 교양 있는.

bildande[1] *~t 0* 형성.

bildande[2] *a.* ① 시각적; ~ konst ☞ bildkonst ② 교육적인, 교훈적인.

bildarkiv [−kịːv] *~et ~* (신문사 편집부의) 사진, 그림 자료실.

bildband *~et ~* (연속적인) 영사 슬라이드.

bildbar *a.* 배움성이 있는, 교육할 수 있는.

bilder|bok *~en böcker* 그림책.

bildhuggar|e *−[e]n ~* 조각가.

bildhuggerị *~ et ~er* 조각; 조각가의 작업실.

bildkonst *~en ~er* 시각적 예술.

bildlig *a.* 비유적인; i ~ betydelse 비유적인 의미로.

bildläsar|e *−[e]n ~* ☞ skanner.

bildmaterial *~et ~* 그림 자료, 사진자료.

bildning *~en ~ar* ① 교육, 교양 ② 형성.

bildningsgrad *~en ~er*/**bildningsnivå** *~n ~er* 교육 수준.

bildningstörst *~en 0* 배움에 대한 갈구.

bildpunkt *~en ~er* 【전기전자】 영상소자 (映像素子) (실물의 대응하는 부분과 상관을 갖는 영상의 최소 부분).

bildrull|e *~en ~ar* 난폭 운전자.

bildrut|a *−an −or* (텔레비전의) 화면.

bildrör *~et ~* (텔레비전의) 수상관(受像管).

bildskrift *~en ~er* 상형문자.

bildskärm *~en ~ar* 【컴퓨터】 화면, 스크린.

bildskön [−ʃøːn] *a.* 그림같이 아름다운.

bildspråk *~et ~* 은유적 언어, 비유적 표현; 시각적 표현 방식.

bildstod *~en ~er* 조상(彫像).

bildstormar|e *−[e]n ~* 우상 파괴자, 구습 타파주의자.

bildtelegrafi *~en 0* 사진전송술.

bildtext *~en ~er* (기사, 사진, 그림 따위의) 설명문.

bildtelefon *~en ~er* 텔레비전(영상) 전화.

bildtidning *~en ~ar* 화보(그림, 사진 등이 담긴 잡지나 신문).

bildverk *~et ~* 그림, 사진 등이 많이 들어 있는 책.

bildäck *~et ~* 자동차 타이어.

bilfabrik *~en ~er* 자동차 공장.

bilfri *a.* 자동차 없는(통행이 금지된); ~a gator i centrum 시내 중심부에 차 없는 거리.

bilfärd *~en ~er* 자동차 운행.

bilfärj|a *−an −or* 자동차를 운반하는 배, 카페리(car ferry).

bilförar|e *−[e]n ~* 운전자.

bilförsäkring *~en ~ar* 자동차 보험.

bilförsäljar|e *−[e]n ~* 자동차 판매원.

bilhandlar|e *−[e]n ~* 자동차 판매상.

B

B

bilindustri *~en ~er* 자동차 산업.
bilism *~en 0* 자가용 운행.
bilist *~en ~er* 자동차 운전자.
biljard *~en 0* 당구.
biljardboll *~en ~ar* 당구공.
biljardbord *~et ~* 당구대.
biljardkö [-kø:] *~n ~er* 당구 큐.
biljardsalong *~en ~er* 당구장.
biljardspel *~et 0* 당구 게임.
biljardspelar|e *-[e]n ~* 당구치는 사람.
biljett *~en ~er* ① (승차 · 입장)표; halv~ 반표 ② 메모.
biljettförsäljar|e *-[e]n ~* 표 판매원, 매표원.
biljettförsäljning *~en ~ar* 매표.
biljetthäfte *~t ~n* 차표 철(綴)(예를 들어 비행기 표, 버스회수권 따위), 쿠폰.
biljettkontor *~et ~* 매표소, 표 예약소.
biljettluck|a *-an -or* 매표구
biljettpris *~et, ~er/~* 입장료, 티켓료.
biljon/billion *~en ~er* (수사) 일조(一兆).
biljud *~et ~* 잡음.
bilkart|a *-an -or* 도로 지도.
bilkrock *~en ~ar* 차의 충돌.
bilkö [-kø:] *~n ~er* 차가 서있는 줄, 차량의 행렬.
bill ① *~en ~er* 법안 ② *~en ~ar* 쟁기의 날.
billig *a.* ① 싼 ② 천한, 야박한; hon verkar så ~ 그녀는 매우 천박해 보인다 ③ 적당한, 정당한; en ~ begäran 정당한 요구.
billighet *~en 0* ① 값이 쌈 ② 적당, 정당.
billighetsupplag|a *-an -or* (책) 염가판.
billigt *adv.* 싸게; 천하게.
billion ☞ **biljon**.
bilmekaniker *~n ~* 자동차 기술자.
bilmärke *~t ~n* 차명(車名), 차형(車型).
bilolyck|a *-an -or* 자동차 사고.
bilparkering *~en ~ar* 주차.
bilring *~en ~ar* ① 타이어, 타이어 안의 튜브 ② (농담) 허리에 뚱뚱하게 찐 살.
bilskatt *~en ~er* 자동차세.
bilskol|a *-an -or* 자동차 운전 교습소.
bilsport *~en ~er* 자동차운전, 드라이브, 자동차 여행.
bilstöld *~en ~er* 자동차 도난.
biltog *a.* 법의 보호로부터 방치된.
biltrafik *~en 0* 차량 교통.
biltur *~en ~er* 자동차 드라이브.
biltäthet *~en 0* 차량 밀도(한 지역의 주민 수와 차량 수와의 관계).
biltävling *~en ~ar* 자동차 경주.
bilutställning *~en ~ar* 자동차 전시[회].
bilverk|stad *~en -städer* 자동차 정비소(공장).
bilväg *~en ~ar* 차도.
bi|lägga *-lägger -lade -lagt tr.* ① 동봉하다(bifoga) ② 화해시키다, 해결하다.
biläggande *~t 0* 화해, 해결.
binamn *~et ~* 별명.
bind|a[1] *-an -or* (감는) 붕대.
bind|a[2] *-er band bundit* I. *tr.* ① 묶다, 잡아매다, 붙들어 매다(vid);

~ båten vid bryggan 배를 선착장에 매어두다; ~ hästen vid ett träd 말을 나무에 붙들어 매다; ~ ngn till händer och fötter …의 손과 발을 묶다; ~ en näsduk för ögonen 손수건으로 [묶어서] 눈을 가리다; ~ ett skärp om livet 허리에 혁대를 두르다 ② (줄, 끈 등을 이용해서) 한군데에 묶다, 여러 개를 합쳐서 하나로 묶다; ~ blommor till buketter 꽃들을 묶어서 부케를 만들다; ~ ark till en bok 종이 낱장들을 묶어 책 한권으로 엮다; ~ böcker 제본하다 Ⅱ. *itr*. 들러붙다(fästa, sammanhålla); limmet -er bra 그 풀은(접착제는) 잘 붙는다 Ⅲ. *rfl*. ~ sig [vid] …에 얽매이다, 구애받다, 어떤 의무감을 느끼다; ~ sig vid ett program 어떤 프로그램에 따라 행동하다 Ⅳ. ~ fast 꽉(단단히) 붙들어 매다; ~ om a) (책을) 다시 제본하다 b) (끈으로 소포 등을) 묶다 (med).

bindande *a*. ① (계약 등이) 강제적인, 의무적인, 구속력이 있는(förpliktande) ② 확실한, 틀림없는, 결정적인 (övertygande); ~ bevis 결정적 증거(증명); äga ~ kraft 구속력을 지니다.

bindehinn|a *-an -or* 【해부】 (눈의) 결막.

bind|el *-eln -lar* 붕대, (매거나 가리는) 헝겊 또는 띠, 안대(ögonbindel).

bindemed|el *-let* ~ 접착제.

bindeord *~et* ~ 접속사, 연계사.

bindestreck *~et* ~ 이음표, 하이픈 (hyphen), 연자부호(連字符號).

bindgalen *a*. 완전히 미친, 정도가 심하게 돌아버린.

bindgarn *~et* ~ 짐 꾸리는 [노]끈.

bindning *~en ~ar* ① 묶기, (책 등의) 제본 ② 【언어학】 연결, 연성(連聲, 특히 프랑스어에서 어미의 묵음자음이 다음에 오는 말의 모음과 연결되어 발음되는 것) ③ (구두를 스키에) 고정시키는 기구, 바인딩.

bindsul|a *-an -or* 구두의 속창(안창).

bindväv *~en ~ar* 【해부】 결합 조직.

bingbång *itj*. 딩동(종 울리는 소리).

bing|e *-en -ar* (곡물 등의) 저장용 광(lår), 저장 궤.

bingo [-iŋgɔ] *~n 0* 복권 방식의 도박 (= bingospel).

binjur|e *-en -ar* 【해부】 부신선(副腎線, 아드레날린이 이 선을 통해 분비된다).

binnikemask *~en ~ar* 【생물】 촌충.

binom *~et/~en*, ~ 【수학】 이항식 (二項式, 두 개의 항으로 된 정식).

binär *a*. 둘(쌍 · 복)의, 이원(二元)의, 2항식의.

binära tal 【컴퓨터】 2진 숫자 (0과 1의 두 가지).

binäring *~en ~ar* ① 부차(副次) 산업, 보조 산업 ② 부업(副業), 내직(內職).

bio *~n 0* (일반적으로) 영화관, 극장; gå på ~ 영화 보러 가다.

biocịd *~en ~er* 살충제.

biodlar|e *-[e]n* ~ 벌치는 사람, 양봉가.

biodling *~en ~ar* 양봉.

biofysik *~en 0* 생물 물리학.

bioföreställning *~en ~ar* 영화 상영.

biograf *~en ~er* ① 영화관, 극장 ② 전기(傳記) 작가.

B

biografi ~n ~er 전기(傳記).
biografisk a. 전기적(傳記的), 전기상의.
biograflokal ~en ~er ☞ biograf ①.
biokemi ~n 0 생화학.
biolog ~en ~er 생물학자.
biologi ~n 0 생물학.
biologisk a. 생물학적[인].
biomedicin ~en ~er 생물의학(생물화학과 기능의 관계를 다루는 임상의학).
bi|omständighet ~en ~er 부수적인 상황; 【법률】 부대 사정(사항).
biperson ~en ~er (연극, 영화 등의) 조연자(助演者), 부차적(부수적) 인물.
biplan ~et ~ 복엽(複葉)비행기.
biprodukt ~en ~er 부산물.
biroll ~en ~er 보조역, 보조 역할.
bisak ~en ~er 부차적인 일, 덜 중요한 일.
bisam ~en 0 사향뒤쥐 모피 또는 그 모피로 만든 제품.
bisamhälle ~t ~n 벌들의 집단, 벌들의 군서(群棲).
bisamråtť|a -an -or 【동물】 사향뒤쥐.
bisarr a. 기괴한, 기묘한.
bisats ~en ~er 【문법】 종속절.
bisektris ~en ~er 【수학】 이등분선.
bisexuell [bi-/-el] a. (자웅) 양성(兩性)의, 양성을 갖춘.
bisittar|e -[e]n ~ 배석판사, 하급법원의 배심원.
biskop ~en ~ar 주교(가톨릭), 감독(개신교).
biskopinn|a -an -or 주교의 부인.
biskoplig a. 주교의, 주교로서의.
biskopsmöss|a -an -or 주교관(主教冠, 주교가 의식 때 쓰는 관).
biskopsstol ~en ~ar 주교가 앉는 자리; 주교직(主教職).
biskopssäte ~t ~n 주교구(主教區, 주교가 관할하는 교구).
biskvi ~n ~er 마카롱(달걀흰자, 아몬드, 설탕으로 만든 작은 과자).
biskötsel ~n 0 양봉.
bismak ~en ~er (원래의 맛 이외의) 이상한 맛.
bison [-ɔn] (불변화 en-명사) /bisonox|e -en -ar 들소.
bi|springa -springer -sprang -sprungit tr. 도와주다, 보조하다(hjälpa, bistå); ~ ngn i nöden 곤경에 처한 …를 도와주다.
bissera ~r ~de ~t tr. 【음악】 반복하다(ta om, upprepa).
bissering ~en ~ar 반복, 재연(再演).
bister a. ① (표정이) 엄한, 모진, 굳센, 냉혹한; ~ min 냉혹한 표정 ② 어려운, 힘든(svår, sträng); bistra tider 어려운 시대(시기) ③ (추위 따위가) 혹독한; ~ köld 혹독한 추위.
bisting ~et ~ 벌침(벌의 꽁지에 달린 독침).
bisträck|a -er -te -t tr. 돕다, 원조하다(bispringa, hjälpa); ~ ngn med pengar …에게 금전적 도움을 주다.
bisturi ~n ~er (접을 수 있는) 외과용 메스.
bi|stå ~r -stod -stått tr. 돕다, 지원하다(stödja, hjälpa); ~ ngn med råd och dåd …를 물심양면으로 돕다.
bistånd ~et 0 도움, 지원(hjälp, understöd, undsättning); juridiskt ~

법적 조언, 법률 구조; lämna ngn ~, …를 돕다, 지원하다; med benäget ~ av …의 자비로운 도움으로.

biståndsarbetar|e *-[e]n* ~ 개발도상국 지원 활동 요원.

biståndsminist|er *-ern -rar* 개발원조 장관

biståndspakt *~en ~er* 상호원조 협약(조약).

biståndspolitik *~en 0* 개발도상국 원조 정책.

bisvärm *~en ~ar* 벌 떼.

bisyssl|a *-an -or* 부업, 내직(內職).

bi|sätta *-sätter -satte -satt tr*. (장례를 앞두고) 시체를 임시 안치소로 옮기다.

bit *~en ~ar* ① 조각, 부분, (음식) 조금; en ~ bröd 빵 한 조각; äta en ~ [mat] [음식물을] 조금 먹다, 요기하다; en ~ papper 종이 한 장; gå i tusen ~ar 산산조각이 나다 ② (길, 여정의) 구간, 거리; en ~ av vägen 여정의 일부분; gå en bra ~ 상당한 거리를 걷다 ③ 조금, 약간 (smula, grand, dugg); inte en ~ bättre 조금도 더 낫지 않은; ~ för ~ 조금씩 조금씩, 차근차근.

bit|a *-er bet -it* Ⅰ. *tr*. 물다; hunden bet mig i benet 개가 내 다리를 물었다; ~ sig i läppen 입술을 깨물다; ~ huvudet av skammen 뻔뻔스럽게 행동하다, 체면을 전혀 무시하다 Ⅱ. *itr*. ① (칼, 도끼 등이) 잘 들다; sågen(kniven) -er inte 그 톱(칼)은 잘 안 든다 ② (비유적) 고통을 주다; vinden bet i ansiktet 바람이 얼굴을 파고들었다; kölden -er genom märg och ben 추위는 뼛속까지 파고든다 (살을 에는 듯한 추위다) ③ (맛이) 독하다; 영향을 주다; 베어 물다(i, efter), tobaken -er på tungan 그 잎담배를 피우니 혀가 얼얼하다; han är så förhärdad att ingenting -er på honom 그의 마음은 너무 굳어져서 아무것도 그에게 영향을 미칠 수 없다; hunden bet efter mig 개는 내 다리를 물었다; ~ i det sura äpplet 신 사과를 베어 물다(고배를 마시다, 쓴 맛을 보다) ~ i gräset 전사(戰死)하다, 실패하다, 파산하다 Ⅲ. (강세접사와 함께) ① ~ av 물어서 떼어내다(끊다, 나누다); ~ av en tråd 실을 물어서 끊다; han bet av cigarren 그는 시가의 뾰족한 끝을 물어 뜯어냈다; ~ av en tand 이를 한 개 부러뜨리다 ② ~ sig fast vid (비유적) …에 집착하다 ③ ~ ifrån sig 능수능란하게 응수하다, 지지 않고 반박하다; hästen bet ifrån sig så vi kunde inte hålla honom 그 말은 이를 악물고 버텨서 우리는 그 놈을 붙들고 있을 수가 없었다 ④ ~ ihop(samman) tänderna 이를 악물다, 굳은 결심을 하다 ⑤ ~ till 갑작스레 꽉 물다.

bitande *a*. ① 날카로운(skarp), (추위 등이) 살을 에는 듯한(genomträngande), en ~ kyla 살을 에는 듯한 추위 ② (비유적) 날카로운, 무자비한; ~ anmärkningar 날카로운 지적; ~ ironi 신랄한 풍자.

bitank|e *-en -ar* 숨은 동기, 저의.

bit|as *-s bets -its itr*. *dep*. *rpr*. ① 물다; (비유적으로) 싸우다, 다투다; hunden -s 그 개는 문다(사람을 무는 버릇이 있다); han är inte god att ~ med 그는 싸울 상대가 못 된다

② 서로 물다(bita varandra); hästarna ~(-s) på lek 말들이 서로 물며 장난하다.

bitit ☞ **bita**.

biton *~en ~er* 【음성학】 제2강세; 다른 의미를 지닌, 정상과는 다른 억양.

biträ|da *-der -dde -tt tr.* ① 보조하다, 돕다, 거들다; ~ ngn …를 돕다(보조하다) ② …에 동의하다, …을 지지하다; ~ ett förslag 제의에 동의하다.

biträdande *a.* 보조의, 부(副)…, …보(補).

biträde *~t ~n* ① 보조, 지원, 도움(bistånd) ② 보조원, 점원(medhjälpare); affärs~ 가게 점원; sjukvårds~ 간호보조원.

bitsk *a.* (사람이) 흉포한, 사나운; (가축이) 물기 잘하는.

bitsock|er *-ret 0* 각설탕.

bitter *a.* ① (맛이) 쓰고 짠; ~ smak 쓴 맛 ② (추위가) 맹렬한, 혹독한; (감정이) 사무치는, 통한(痛恨)의; gråta bittra tårar 통한의 눈물을 흘리다 ③ 심한, 격렬한; hans bittra fiende 그의 철천지원수; ~t hat 격심한 증오.

bitterhet *~en ~er* 쓴 맛, 통한(痛恨), 혹독함, 신랄한 풍자[의 말]; utslunga ~er 원한에 사무친 말들을 내뱉다.

bitterligen *adv.* 매우 슬프게, 사무치게.

bitterljuv *a.* 괴로움과 즐거움이 섞인, 씁쓸하면서도 달콤한; ett ~t avsked 슬픔과 기쁨이 교차하는 이별.

bittermand|el *-eln -lar* 【식물】 쓴 아몬드(아몬드의 일종).

bittersta *a.* inte det ~ 조금도 …않다, 전혀 …않다(inte det minsta, inte ett grand); inte ha den ~ aning om ngt …에 대해 전혀 아는 바 없다.

bitti[da] *adv.* 이르게, 일찍; i morgon ~ 내일 아침 일찍.

bitụm|en *~/-inet, 0* 역청(瀝靑), 아스팔트.

bitvarg *~en ~ar* 불평불만 하는 사람, 불친절한 사람.

bitvis *adv.* ① 조금씩, 부분적으로(styckevis); landet erövrades ~ 나라는 조금씩 조금씩 정복되었다 ② 일부, 어느 정도(delvis); vägen är ~ dålig 그 길은 여기 저기 나쁘다.

bivack *~en ~er* 야영(野營)[지]; gå i ~ 야영하다.

biverkan (불변화 en-명사) 부작용.

biverkningar (복수명사) 부작용.

biväg *~en ~ar* 옆길, 샛길, 지선(支線) 도로.

biämne *~t ~n* 부전공.

bjud|a *-er bjöd -it tr. itr.* Ⅰ. ① 제공하다, 대접하다, 봉사하다; ~ ngn armen(en stol) …에게 팔을 [끼라고] 내밀다(의자를 건네다); ~ motstånd 저항하다; ~ kaffe åt gästerna 손님들에게 커피를 따라주다 ② 초대하다; ~ ngn på middag …를 만찬에 초대하다; ~ på bröllop 결혼식에 초대하다; är du -en? 당신은 초대받았습니까? ③ 지불하다, (함께 먹은 것에 대한 비용을) 계산하다; låt mig ~ [på det här] [이것은] 내가 지불하겠습니다; jag -er 제가 계산하겠습니다; ~ ngn på en kopp kaffe …에게 커피 한 잔을 사다 ④ 기원하다; ~ farväl 작별을 고하다

⑤ 명령하다, 요구하다; ~ tystnad 조용히 하도록 명하다; samvetet −er mig att··· 양심은 내가 ···하도록 명하고 있다 ⑥ (경매 등에서) 값을 부르다 Ⅱ. (강세접사와 함께) ① ~ emot 싫어하다, (···의) 성격(성미)에 맞지 않다; det −er mig emot 그것은 나의 성격(성미)에 맞지 않는다 ② ~ igen (초대받은 답례로 상대방을) 초대하다 ③ ~ in (···를) 손님으로서 초대하다 ④ ~ omkring 봉사하다, (손님들을) 골고루 대접하다 ⑤ ~ till 최선을 다하다; ~ till sig 자기 집에 초대하다 ⑥ ~ under ···보다 싼 값을 부르다(붙이다) ⑦ ~ upp ngn [till dans] ···에게 [춤출 것을] 권하다(신청하다) ⑧ ~ ut [till salu] ···을 [팔려고] 내놓다; ~ ut sig (여자가) 매춘하다 ⑨ ~ över (경매에서) ···보다 비싼 값을 매기다.

bjudit ☞ bjuda.

bjudning *~en ~ar* ① 초대; anta ~ 초대에 응하다 ② 연회, 파티; ha ~ 파티를 열다.

bjudningskort *~et ~* 초대장.

bjäbba *~r ~de ~t itr.* 말다툼하다, 싸우다; ~ emot 건방진 태도로 대답하다.

bjäfs *~et 0* (아름다운) 장식, 화려한 것.

bjälk|e *−en −ar* [대]들보, 각재(角材); inte se ~n i sitt eget öga 자기 눈 속의 들보는 보지 못한다(자신의 결함은 보지 못한다).

bjälklag *~et ~* (건축의) 버팀대 부분(수개의 들보나 버팀대로 이루어진).

bjällerklang *~en 0* (작은) 종소리(딸랑딸랑 하는 소리).

bjällr|a *−an −or* 작은 종.

bjärt *a.* ① (색상이) 강한, 환한 ② 선명한, 뚜렷한; stå i ~ kontrast mot (···에 대해) 뚜렷한 대조를 이루다.

bjäss|e *−en −ar* 거인(jätte, baddare).

bjöd ☞ bjuda.

björk *~en ~ar* 【식물】 자작나무; 자작나무 목재 또는 땔감.

björkbevuxen *a.* 자작나무가 무수히 들어선; en ~ kulle 자작나무가 무수히 들어선 언덕.

björkris *~et ~* 자작나무 가지; 【고어】 자작나무 회초리.

björn *~en ~ar* ① 【동물】 곰; väck inte den ~ som sover! 긁어 부스럼 만들지 말라!(괜히 일을 확대시키지 마!); Stora(Lilla) ~[en] (별자리) 큰(작은), 곰자리 ② (농담조로) 빚쟁이, 빚 독촉자.

björnbär *~et ~* 검은 딸기(나무딸기류, 검은 열매가 열림).

björnhon|a *−an −or* 암곰.

björnmoss|a *−an −or* 금빛 애디안텀(adiantum, 섬공작고사리, 공작고사리 따위의 고사리류).

björnskinnsmöss|a *−an −or* 검은 털가죽 모자(특히 영국 근위병의).

björntjänst *~en ~er* 해를 끼침(otjänst); göra ngn en ~, ···에게 해를 끼치다.

björntråd *~en 0* 거칠고 강한 실의 일종.

björnung|e *−en −ar* 곰 새끼.

bl.a. ☞ bland annat(andra).

black[1] *~en ~ar* 【고어】 말에 채우는 족쇄의 일종; (비유적) 행동을 방해(억제)하는 것; en ~ om foten [för ngn] [···에게] 방해가 되는 것, 장애물.

black² *a.* ① 우중충한 담갈색의, 칙칙한 황갈색의 ② (비유적) 속이 빈, 내용이 없는.

blad *~et ~* ① 잎; fälla ~en 잎을 떨구다; ta ~ et från munnen 까놓고 말하다, 솔직히 말하다 ② 종잇장, 책장; ett oskrivet ~ 글씨를 안 쓴 종이, 백지; han är ett oskrivet ~ 그는 미지수의 사람이다 ③ 신문 ④ (칼 · 도끼 등의) 날, (연장 등의) 평평하거나 넓은 부분; kniv~ 칼날; såg~ 톱날; ~et har vänt sig 상황이 바뀌었다; spela från ~et 준비없이 (악보를 보고) 연주하다.

bladgrönt (불변화명사) 클로로필, 엽록소, 잎파랑이.

bladguld *~et 0* 금박(金箔).

blad|lus *~en –löss* 진디(진디과의 곤충, 원예 · 농작물의 해충).

bladlös *a.* 잎이 없는.

bladmag|e *–en –ar* (반추동물의) 제3위(胃).

bladrik *a.* 잎이 무성한.

bladveck *~et ~* 【식물】 엽액(葉腋).

blamage [–ɑːʃ] *~n ~r* 실수, 과실; 비례(非禮), 실언.

blamera *~r ~de ~t rfl.* 실수하다, 실언하다.

blancmangé [blaŋmaŋʃeː] *~n ~er* 블라망즈(우유를 갈분, 우무로 개서 굳힌 과자).

bland *prep.* ···의 사이에, ···의 가운데, ··· 중에서; ~ andra, ~ annat(☞ **bl. a.**) 그중에서도 특히; ~ annat därför att 그중에서도 특히 ···때문에; han företog många resor, bl. a. till Kina 그는 많은 여행을 했는데 그중의 하나는 중국 여행이었다; i sitt tal sade han bl. a. att 그의 연설 가운데 그는 특히 ···라고 얘기했다; han blev utvald ~ tio sökande 10명의 신청자 중에서 그가 선발되었다; omtyckt ~ ungdom 젊은 층에서 사랑받는, 젊은 층에서 인기 있는; ~ det bästa jag sett 내가 본 가장 좋은 것 중의 하나; ingen ~ dem 그들 중 아무도 ···않다.

blanda *~r ~de ~t* Ⅰ. *tr.* 섞다, 혼합하다, 합성하다; (카드를) 섞다; ~ drinkar 칵테일하다; ~ färger (여러 가지) 색을 혼합하다; ~ mjölk med vatten 우유에 물을 타다; ~ vatten i vinet 포도주에 물을 섞다; ~ gift i maten 음식에 독(毒)을 섞다; han ~r sanning och lögn om varandra 그는 사실과 거짓말을 뒤섞는다; ~ kort 카드를 섞다 Ⅱ. *rfl.* ···에 끼어들다, ···에 섞다, ···와 혼혈하다; olja ~r sig icke med vatten 기름은 물과 섞이지 않는다; indianer ~r sig icke gärna med andra folk 인디안들은 다른 민족들과 혼인하려 하지 않는다; ~ sig bland de dansandes skaror 춤추는 사람들의 무리 속에 끼어들다; ~ sig i samtalet 대화에 끼어들다; ~ sig i andras affärer 남의 일에 참견하다 Ⅲ. (강세접사와 함께) ① ~ bort begreppen (여러가지) 개념들을 혼동하다; ~ bort korten [för ngn] [···를] 잘못 인도하다, [···를] 혼동시키다 ② ~ i ngt i (···에 ···을) 섞다 ③ ~ ihop ···을 혼동하다 ④ ~ in ngn i ngt ···를 ···에 끌어들이다(가담시키다); bli inblandad 연루되다, 관련되다; de inblandade 연루자들, 관련자

들 ⑤ ~ samman 혼동하다 ⑥ ~ till 합성하다, 섞어서 만들어내다 ⑦ ~ upp ngt med …을 섞다, 첨가하다; hans svenska var uppblandad med engelska ord 그의 스웨덴어에는 영어 낱말이 섞여 있었다.

blandad *a*. 섞인, 혼성의, 잡종의; ~ kost 여러 가지가 섞인 음식, 혼식(混食); ~ kör 혼성 합창단; blandat tåg 객차와 화차가 함께 달린 기차; ~e känslor 만감(萬感)이 교차하는 감정.

blandar|e *–[e]n ~* 섞는 기계, 믹서(mixer); 찬물과 뜨거운 물이 섞여 나오는 수도꼭지.

blandfolk *~et ~* 여러 인종으로 구성된 민족, 혼혈 인종.

blandning *~en ~ar* ① 혼합[물]; 구색을 갖추어 놓음; 합금; 혼잡 ② 섞음, 혼합하기.

blandras *~en ~er* (동 · 식물의) 잡종(雜種); vara [av] ~ 잡종이다.

blandskog *~en ~ar* 침엽수와 활엽수가 섞인 숲.

blandspråk *~et ~* 혼합어.

blandsäd *~en 0* 여러 종류의 곡식을 섞어 재배하는 것; 잡곡.

blank *a*. ① (반짝반짝) 빛나는; 깨끗한, 비어있는(ren, tom, oskriven); ~ som en spegel 거울처럼 깨끗한; ett ~t avslag 완전한 거부; mitt på ~a förmiddagen 백주에, 대낮에; ~a knappar 번쩍거리는 단추들; rösta ~t (투표용지에 아무 표시도 하지 않고) 백지 투표하다; lämna in ~t vid skrivningen 백지 답안지를 제출하다 ② ~t 완전히, 전혀; ~t omöjligt 전혀 불가능한.

blanka *~r ~de ~t tr*. 광을 내다, 윤을 내다.

blankett *~en ~er* 양식, 서식(ifyllingsformulär).

blanko (불변화명사), in ~ (수표 또는 위임 증서 등에) 금액, 이름, 조건 등을 적지 않은 채, 백지인 채로; ge fullmakt in ~ 조건(제한)없이 전권을 위임하다.

blankocheck *~en, ~ar/~er* 백지수표.

blankoväx|el *–eln –lar* 백지 어음.

blankpolera/blankputsa *~r ~de ~t tr*. 광을 내다, 윤을 내다.

blanksliten *a*. (옷감 등이) 닳아서 윤이 나는, 닳아서 반질반질해진.

blankvers *~en 0* 무운시(無韻詩) (오각약강격(五脚弱强格)의).

blasé/blaserad *a*. 놀이에 지친, 싫증이 난, 지쳐버린.

blasfemi *~n ~er* 신에 대한 불경, 모독, 욕설, 신성모독.

blasfemisk *a*. 신을 불경하는, 모독하는.

blask *~et 0* ① 진창[길]; (눈이 녹은 후) 질퍽거리는 날씨 ② 구정물; (비유적) 맛이 형편없는 음료(커피 따위).

blask|a[1] *–an –or* 【속어】 (저질) 신문; afton~ 석간신문.

blaska[2] *~r ~de ~t itr*. 물을 튀기다, 물을 철퍼덕거리다, 물장난을 치다.

blaskig *a*. ① (날씨가) 질퍽질퍽한, 진창인 ② 무기력한, 싱거운, 무미건조한, 맛이 형편없는.

blast *~en 0* (뿌리 열매를 가진 식물의) 땅위로 나온 부분(잎, 줄기).

blaz|er [blẹs–/blẹjs–] *–ern, –rar*

스포츠용 상의.

bleck *~et ~* 주석(금속원소; 기호 Sn; 번호 50); 함석[판]; 금관 악기(집합적으로).

B

bleckburk *~en ~ar* (통조림의) 깡통, (맥주, 콜라 등 음료수의) 캔.

bleckplåt *~en ~ar* 함석판; en ~ 함석판 한 장.

bleckslagar|e *-[e]n ~* 양철(주석)장이, 양철공.

bleckslageri *~et ~er* 【고어】 함석집, 함석 제조[업].

blek *a.* 창백한, (빛, 색깔 등이) 약한, 엷은, 희미한; ej den ~aste aning 조금도(전혀) …않는, 전혀 짐작이 가지 않는; det är ju ~a döden 그것은 완전한 죽음이다; en ~ efterbildning 생기 없는 모방; ~a nöden 절박한 곤경; ~a vanvettet 확 돌아버림, 완전히 미친 짓; bli ~ [av fasa] [공포로] 창백해지다; ~ som ett lik 시체처럼 창백한; ~ om kinden 얼굴이 창백한.

blek|a *-er -te -t tr.* 탈색시키다, (색이) 바래지게 하다; tyget har -ts av solen 그 옷[감]은 태양빛에 색이 바랬다.

blekansikte *~t ~n* 백인(본래 북미 원주민(인디언)들이 백인을 이르는 말).

blekblå *~tt a.* 엷은 청색의.

blekfet *a.* 뚱뚱하면서도 창백한.

blekhet *~en 0* 창백함.

bleklagd *a.* ① (원래가) 파리한, 창백한 ② 지쳐버린, 약한, 힘이 하나도 없는; ett bleklagt nej 단호한 거절.

blekmed|el *-let ~* 표백제(가루 또는 액체).

blekna *~r ~de ~t itr.* 창백해지다 (av); (기억 등이) 희미해지다.

blekning *~en ~ar* ① 표백 ② 【식물】 (녹색식물의) 백화(白化)[현상].

bleknos *~en ~ar* 병색을 띤 창백한 모습의 어린애를 이르는 말, din lilla ~ (그러한 어린애를 부를 때) 요 파리한 어린 것아.

blekselleri *~n 0* 【식물】 셀러리(celery, 특히 재배기간 중 빛이 하얘지는 셀러리).

bleksiktig *a.* 빈혈[증]의.

bleksot *~en 0* 【의학】 빈혈, 위황병(萎黃病, 빈혈의 일종).

blemm|a *-an -or* 【의학】 구진(丘疹), 작은 뾰루지(kvissla).

blessera *~r ~de ~t tr.* 상처를 입히다(såra).

blessyr *~en ~er* 상처(sår).

blev ☞ bli.

bli *~r blev ~vit* Ⅰ. (수동태를 만드는 조동사); ~ avrättad 사형당하다; ~ överkörd 차에 치이다; ~ civiliserad 문명화되다, 개화되다 Ⅱ. …이 되다 (변화를 표시함), …하기 시작하다, …이 일어나다(발생하다); när ~r mötet? 회합은 언제 있느냐?; vad blev resultatet(svaret)? 결과가 어떻게 되었는가?(대답은 무엇이었는가?); vad har klockan ~vit 지금 시간이 어떻게 되었습니까?; tre och två ~r fem 셋 더하기 둘은 다섯이다; hur mycket ~r det? [모두] 얼마나 됩니까?; hur ~r det med affären? 사업(장사)은 어떻게 될까?; det blev märken [på mattan] efter skorna [양탄자에] 신발자국이 났다; det ~r att börja spara igen 다시 절약(저축)해야만 한다; det ~r nog bra till sist 결국에

가서는 잘 될 거야; det ~r dans här 여기서 춤이 벌어진다; det ~r du som får betala 네가 계산(지불)해야만 할 거야; det ~r regn 비가 올 것이다; när det ~r sommar 여름이 오면(되면); det blev ett allmänt skratt 모두가 웃음을 터뜨렸다; ~ katolik 천주교 신자가 되다; jag vill (tänker) ~ lärare när jag ~r stor 커서 선생이 되고 싶다(되려고 한다); han ~r (kommer att ~) en bra lärare 그는 훌륭한 선생이 될 것이다; han ~r fem år i dag (nästa vecka) 그는 오늘(다음 주에) 다섯 살이 된다; ~ blind(tokig) 장님이 되다(미치다); det ~r svårt 어려울 것이다; det börjar ~ mörkt 어두워지기 시작한다; det får ~ som det ~r 되는 대로 놔둘 수 밖에 없다; ~ affärsman 상인이 되다; ~ frisk (병 등이) 낫다, 건강해지다; han blev förvånad 그는 [깜짝] 놀랐다; klänningen blev för kort 치마가 너무 짧아졌다; ~ kär i 사랑하게 되다, 사랑에 빠지다 ② …인채로 남아있다, 머무르다; ~ hemma 집에 남아 있다; ~ liggande(sittande) 누워 있다(앉아 있다); ~ vid sin syssla 하던 일을 계속하다; låta det ~ därvid 그 상태로(그런 채로) 놔두다; låt detta ~ oss emellan 우리끼리의 일로 해두자 ③ låta ~ ngn(ngt) 내버려 두다, 그냥 놔두다; låta ~ att …하지 않다, …을 그만 두다; jag borde låta ~ att gå 나는 가지 않는 편이 좋다; jag kan inte låta ~ att (skratta) …하지 않을 수 없다(웃지 않을 수 없다); om du inte kan låta ~ 꼭 …해야만 한다면; det är svårt att låta ~ …하지 않기가 어렵다; det låter jag allt ~! 나는 절대 그런 일은 하지 않는다; låt ~! [그냥] 내버려 둬! Ⅲ. (강세접사와 함께) ① ~ av a) 실현되다, 발생하다, 일어나다; ~r det ngt av? 무엇이 될 것 같애?; det ~r aldrig av för mig att … 나는 절대로 …하지 않는다(내가 …하는 일은 절대로 없을 것이다); det blev ingenting av med resan 여행은 무산되었다; det ~r ingenting av [med det]! 그 일은 되지 않을 꺼다!; vad ska det nu ~ av? 이제 어떻게 될까? b) …로 가다 (ta vägen); var blev han av? 그는 어딜 갔지? c) ~ av med …이 없어지다, 잃다(bli kvitt, förlora) ② ~ borta 떠나 있다, 실종되다; jag ~r inte borta länge 오래 떠나있지 않을거야; han blev borta på sjön 그는 호수에서 실종되었다 ③ ~ efter 뒤에 처지다, (성적 등이) 뒤떨어지다; han snubblade och blev efter 그는 넘어져서 뒤에 처졌다; klassen har ~vit efter i tyska 그 학급은 독일어에서 뒤떨어졌다 ④ ~ ifrån sig 이성을 잃다; hon blev alldeles ifrån sig 그녀는 완전히 이성을 잃었다 ⑤ ~ kvar a) …에 머물러 있다 b) (음식 등이) 남다; det blev ingenting kvar efter måltiden 식사 후에 남은 것은 하나도 없었다 ⑥ ~ till 생기다, 발생하다; sagan om hur Lunds domkyrka blev till 룬드 대성당이 어떻게 세워졌는지에 대한 이야기 ⑦ ~ till sig 흥분하다, (흥분해서) 제정신을 잃다; han blev alldeles till sig 그는 완전히 흥분했다 ⑧ ~ utan 아무것도 얻지 못하다, 빈 손이 되다; alla andra fick sitt, men jag blev utan 다른 사람들은 모두 제 몫을 받았지만 나는 아무것도 받지 못했다 ⑨ ~ utom sig ☞ bli [ifrån sig] ⑩ ~ över 남다; mat som ~vit över från kalaset 파티 후에 남은 음식; det blev 100kr över 100크로나가 남았다.

B

blick *~en ~ar* 보기, 일견(一見), 눈빛, 눈[길], (…에 대한) 안목; allas ~ar 모든 이의 눈길; en förstulen ~ [på] 은밀한 눈길, 슬쩍 엿보기; hans ~ föll på 그는 …을 보았다(목격했다); fästa ~en på …을 주시하다; hans ~ strålade av glädje 그의 눈은 기쁨으로 빛났다; ge ngn en vänlig ~ …에게 친근한 눈길을 보내다; han har en god ~ för … 그는 …에 대한 안목이 좋다; ha en klar ~ för situationens krav 그 상황의 요구에 대한 명확한 안목을 가지고 있다.

blicka *~r ~de ~t itr.* 보다, 눈길을 보내다(på).

blickfång *~et ~* ① 시야(synfält) ② (광고에서) 독자의 시선을 끌기 위한 그림 · 문안 또는 색상, 사람의 눈을 끄는 것.

blickfält *~et ~* 시야.

blickpunkt *~en 0* 시점.

blickstill[a] *a.* (물의 표면이) 죽은 듯이 잔잔한.

bli|d *–tt a.* (목소리가) 부드러운; (성격이) 인자한; (날씨가) 온화한; (inte) se ngt med ~a ögon …을 좋아하다(싫어하다); vädret känns –tt 날씨가 온화하게 느껴진다.

blidhet *~en 0* 온화함; 부드러움; 인자[함].

blidka *~r ~de ~t tr.* (화 따위를) 가라앉히다, 진정시키다; låta ~ sig 마음을 가라앉히다, 누그러지다.

blidväd|er *–ret 0* 따뜻한 날씨, (눈이 녹는) 날씨.

bliga *~r ~de ~t itr.* 쳐다보다, 응시하다(på).

blind *a.* 눈이 먼, (잠시) 앞을 못 보게 된; (비유적) (…을) 보지 못하는, 맹종의, 현명치 못한; han är ~ på ena ögat 그는 한쪽 눈이 보이지 않는다; en ~ höna hittar också ett korn 바보도 때로는 기지(奇智)를 발휘할 때가 있다; ~ för allt utom för den egna fördelen 자신의 이득 이외엔 아무것도 보지 못하는; ~ tro 맹신; ~ lydnad 맹종; jag blir alldeles ~ av det starka ljuset på snön 강한 눈(雪)빛 때문에 전혀 볼 수가 없다; i ~o 무식하게, 맹목적으로, 계획 없이; blint hat 강렬한(극심한) 증오.

blindbock *~en ~ar* 장님놀이, 술래잡기; leka ~ 술래잡기하다.

blindfönst|er *–ret ~* 봉창(封窓), 장식창.

blindgångar|e *–[e]n ~* 불발된 포탄 또는 폭탄.

blindhet *~en 0* 눈이 먼 것; 맹목, 무분별; slå med ~ 무턱대고(되는대로, 무분별하게) 치다.

blindhund *~en ~ar* 맹인 인도용 개.

blindinstitut *~et ~* 맹인 학교, 맹인을 위한 교육기관.

blindkart|a *–an –or* 약도, 개략적인 지도.

blindo ☞ **blind**.

blindpip|a *–an –or* 오르간의 장식용인 파이프(실제로는 소리를 내지 않음); (비유적) 합창단 중 도움이 되지

못하는 단원, 도움이 되지 않는 사람.
blindskol|a *-an -or* 맹인 학교.
blindskrift *~en 0* 점자(點字).
blindskär *~et ~* 암초.
blindstyre *~t ~n* 부주의한 사람, 조심스럽지 못한 사람.
blindtarm *~en ~ar* 맹장; ta ~en 맹장 수술하다.
blindtarmsinflammation *~en ~er* 맹장염.
blink ① *~et 0* 깜박거림 ② *~en ~ar* 깜박거리는 빛, 윙크; i ~en(i en ~) 눈 깜빡할 새에.
blinka *~r ~de ~t itr.* ① (빛이) 깜박거리다; 윙크하다 ② (겁이 나서) 눈을 깜박이다, 망설이다; utan att ~ 망설임 없이, 눈 하나 깜짝거리지 않고.
blink|er *-ern, -rar/-ers* (자동차의) 방향 표시등, 깜박이.
blinkfyr *~en ~ar* ☞ **blänkfyr**.
blinkhinn|a *-an -or* 【동물】 (특히 새의) 순막(瞬膜).
blinkljus *~et ~* ① (자동차의) 방향 표시등 ② 깜박거리는 등(燈) 또는 기구.
bliva ☞ **bli**.
blixt[1] *~en ~ar* ① 번개, 번쩍하는 빛; en ~ 번쩍하는 빛; ~en slog ned i huset 그 집에 벼락이 쳤다; som en [oljad] ~ 매우 빠르게, 순식간에; det kom som en ~ från en klar himmel 청천벽력(맑게 갠 하늘에 날벼락)처럼 나타났다; som träffad av ~en 벼락 맞은 것처럼; med ~ens hastighet 총알처럼, 순식간에 ② (카메라의) 플래시.
blixt[2] *adv.* ~ kär 사랑에 미친; ~ snabb 굉장히 빠른.
blixtanfall/blixtangrepp *~et ~* (전격 작전 시의) 기습 공격.
blixtbelysning *~en ~ar* 플래시를 이용하여 사진 찍을 때의 조명; i ~ 순식간에, 눈 깜빡할 사이에(in a flash).
blixtkrig *~et ~* 전격 작전, 기습 [전법].
blixtljus *~et 0* ① (카메라의) 플래시 ② (비유적) 강한(날카로운) 빛, 갑작스런 밝음.
blixtlamp|a *-an -or* 【사진】 섬광 전구.
blixtlås *~et ~* 지퍼.
blixtnedslag *~et ~* 낙뢰.
blixtra *~r ~de ~t itr.* ① det ~r (till) 번개 치다 ② (비유적); ~nde huvudvärk 빠개지는 듯한(심한) 두통; ~nde kvick 재치가 번득이는.
blixtsnabb *a.* 매우 빠른; ~t 재빠르게, 신속히.
blixtvisit *~en ~er* 황급한(화급한) 방문; 지나는 길의 잠시 방문.
block *~et ~* ① (나무 · 돌 · 금속 따위의) 큰 덩이 ② (뗄 수 있게 된) 공책, 필기장, 달력; skriv~ 공책; almanacks~ 달력 ③ 도르래 ④ 블록, (정치 경제상의) 권(圈).
blockad *~en ~er* (항구 · 해안, 직장 · 작업장의) 봉쇄, 차단; bryta ~en 봉쇄[선]를 뚫다; häva ~en 봉쇄를 풀다.
blockadbrytar|e *-[e]n ~* 봉쇄 돌파선(자).
blockbildning *~en ~ar* (정치 · 경제적) 블록의 형성(조직).
blockchoklad *~en 0* 조각조각 떼어

낼 수 있게 만든 (요리용)초콜렛.

blockera *~r ~de ~t tr.* (항구 · 해안 등을) 차단하다, 봉쇄하다; (직장을) 폐쇄시키다; ~ linjen 전화선을 차단하다.

blockflöjt *~en ~er* 피리.

blockhus *~et ~* ① 토치카, 요새 ② 통나무집 ③ 도르래 뭉치(여러 개의 도르래가 안으로 모여 있음).

blocktyg *~et ~* 이중 도르래(두 개 이상의 도르래로 구성된).

blod *~et 0* 피, 혈통; gråta ~ 피눈물을 흘리다; ha hetsigt ~ 성질이 급하다, 성격이 급하다; väcka ont(ond) ~ 악의(원한)를 불러일으키다; en prins av ~et 왕자, 황자(皇子); det har gått dem i ~et 그것은 그들의 일부가 되었다; röd som blod 새빨간(핏빛처럼 빨간); näsan springer i ~ 코피가 나기 시작하다; ha blått ~ 귀족출신이다; det ligger oss i ~et 그것은 타고난 것이다; ~et är tjockare än vattnet 피는 물보다 진하다.

bloda *~r ~de ~t tr.* 핏빛이 되게 하다, 피를 묻히다; få ~d tand (사냥개, 들짐승 따위가) 피 맛을 보다, 처음으로 진미를 알다; ~ ned 피를 묻혀 더럽히다; en nedblodad näsduk 피 묻은 손수건.

blodapelsin *~en ~er* 석류에 접목한 오렌지(과즙이 핏빛임).

blodbad *~et ~* 대량 학살, 살육.

blodbank *~en ~er* 혈액은행.

blodbok *~en ~ar* 【식물】 너도밤나무의 일종.

blodbrist *~en 0* 빈혈[증].

blodcirkulation *~en 0* 혈액 순환.

bloddrypande *a.* 피가 뚝뚝 떨어지는, 피에 젖은, 피투성이의; (비유적) 소름이 끼치는, 잔학한.

blodfattig *a.* 빈혈[증]의.

blodfläck *~en ~ar* 핏자국, 피 얼룩.

blodflöde *~t ~n* 피를 흘림, 출혈.

blodfull *a.* 혈기 왕성한, 활력 있는.

blodförgiftning *~en ~ar* 패혈증(敗血症).

blodförlust *~en ~er* 출혈.

blodgivarcentral *~en ~er* 혈액 센터.

blodgivar|e *–[e]n ~* 헌혈자.

blodgrupp *~en ~er* 혈액형.

blodhosta *~r ~de ~t itr.* 각혈하다.

blodhund *~en ~ar* 【동물】 블러드하운드(후각이 예민한 영국 산의 경찰견).

blodig *a.* 피 묻은, 피가 얼룩진, 피가 섞인, 유혈이 낭자한; (비유적) 고통스러운, 잔학한, 비싼 대가를 치르는; klä ~ skjorta för fosterlandet 조국을 위해 피를 흘리다; en ~ strid 피비린내 나는 전투; gråta ~a tårar 피눈물을 흘리다; ~a utgifter 엄청난 지출; det blir inte så ~t dyrt 엄청나게 비싸진 않을 것이다.

blodig|el [–iːgəl] *–eln –lar* 거머리.

blodkropp *~en ~ar* 【해부학】 혈구(血球).

blodkräfta *~n 0* 【의학】 백혈병.

blodkärl *~et ~* 혈관.

blodlös *a.* 빈혈증을 앓고 있는, 핏기 없는, 창백한.

blodomlopp *~et 0* 혈액 순환.

blodplasma *~n/~t, 0* 【생리학】 혈장(血漿, 수혈용).

blodplätt *~en ~ar* 【의학】 혈소판(血小板).

blodpropp *~en ~ar* 【의학】 혈관내

의 굳어진 피, 혈전증(血栓症), 색전증(塞栓症).

blodprov *~et, ~/~er* 혈액 검사.

blodpudding *~en ~ar* 검은 푸딩(동물의 피를 일부 섞어 만듦).

blodrisk|a *-an -or* 【식물】 버섯의 일종.

blodröd *a.* 피처럼 붉은, 붉은 핏빛의.

blodsband *~et ~* 근친(近親), 혈연(血緣).

blodsdåd *~et ~* 인명 살상 행위, 살인.

blodserum *~et 0* 【해부학】 혈청.

blodsförvant *~en ~er* 혈족, 육친.

blodsjukdom *~en ~ar* 혈액 또는 혈관에 관계되는 병.

blodskam *~men 0* 근친상간(近親相姦).

blodsock|er *-ret 0* 혈당(血糖).

blodsprängd *a.* (눈이) 충혈 된, 핏발이 선.

blodspår *~et ~* 피 흘린 자국(흔적).

blodstillande *a.* 지혈의, 출혈을 멈추게 하는.

blodstockning *~en 0* 충혈.

blodstörtning *~en ~ar* (신체의 내부 기관에서의) 출혈.

blodsugar|e *-[e]n ~* 흡혈귀, 흡혈 동물; (비유적) 고혈(膏血)을 빠는 사람.

blodsutgjutelse *~n ~r* 유혈극, 살해.

blodsänka *~n 0* ☞ **sänka** (혈구 침전 속도).

blodtransfusion *~en ~er* 수혈.

blodtryck *~et ~* 혈압.

blodtörstig *a.* 피에 굶주린, 잔악한, 흉악한.

blodutgjutning *~en ~ar* (내)출혈.

blodvite *~t 0* 찰과상, 가벼운 상처.

blodåd|er *-ern -ror* 【의학】 정맥.

blodöverföring *~en ~ar* 수혈.

blogg *~en ~ar* 【컴퓨터】 블로그, 웹로그(weblog)라고도 함. 관심사에 따라 자유롭게 글을 올릴 수 있는 일종의 개인 웹사이트. 인터넷을 의미하는 '웹(web)'과 자료 또는 일지를 뜻하는 '로그(log)'의 합성어인 '웹 로그(weblog)'의 줄임.

bloggar|e *-[e]n ~* 【컴퓨터】 blogg를 만드는 네티즌.

bloggning *~en ~ar* 【컴퓨터】 블로그 만들기.

blom *~men 0* ① (집합적) 꽃들; blad och ~ 잎과 꽃 ② 개화(開花); gå(slå ut) i ~ 꽃이 피다, 개화하다; stå i ~ 꽃이 피어있다(꽃이 핀 상태이다).

blomblad *~et ~* 【식물】 꽃잎.

blombukett *~en ~er* 꽃다발, 부케.

blomkalk *~en ~ar* 꽃부리, 화관(花冠).

blomknopp *~en ~ar* 꽃눈, 꽃봉오리.

blomkron|a *-an -or* 【식물】 두 겹으로 된 화관의 안쪽 화관, 코롤라(corolla).

blomkruk|a *-an -or* 화분.

blomkål *~en 0* 콜리플라워, 꽃양배추(양배추의 일종).

blomkålshuvud *~et ~* 꽃양배추의 머리 부분.

blomm|a[1] *-an -or* 꽃, 꽃이 피는 식물, 화초; -orna börjar slå ut 꽃들이 피기 시작한다; vattna -orna i fönstret 창가의 화초들에 물을 주다.

blomma[2] *~r ~de ~t itr.* 꽃이 피다;

(den sorten) ~r sent (그 종류는) 꽃이 늦게 핀다, 늦게 피는 꽃(종류)이다; ~ om 꽃이 다시 피다; ~ upp 꽃이 만개하다, (비유적) 완숙의 경지에 도달하다, 완성하다; hans diktning ~de upp 그의 문예창작은 완숙의 경지에 이르렀다.

blommig *a*. 꽃이 많은, 꽃으로 뒤덮인; 화려한.

blommografera *~r ~de ~t itr*. 축하 인사로 꽃가게를 통해 꽃을 보내다.

blommogram *~met ~* 축하 인사로 꽃가게를 통해 꽃을 보내는 것.

blomning *~en ~ar* 꽃이 핌.

blomningstid *~en ~er* 꽃이 피는 시기(계절), 개화기.

blomst|er *-ret ~* 꽃.

blomsteraffär *~en ~er* 꽃가게, 꽃집.

blomsterförmedling *~en ~ar* 꽃가게 상인들 간의 서비스 협력체(타 지역 꽃 배달을 위한).

blomsterhand|el *-eln -lar* ☞ **blomsteraffär**.

blomsterhyllning *~en ~ar* 꽃다발.

blomsterlök *~en ~ar* 【식물】 구근(球根).

blomsterodlar|e *-[e]n ~* 꽃 가꾸는 사람, 화초 재배자.

blomsterprakt *~en 0* 꽃의 화려함.

blomsterrabatt *~en ~er* 꽃밭, 화단.

blomsterspråk *~et 0* 미사여구(美辭麗句), 생각이나 감정을 꽃에 비유해서 표현하는 것;

blomsteruppsats *~en ~er* 꽃꽂이.

blomsterutställning *~en ~ar* 꽃[꽃이] 전시회.

blomstra *~r ~de ~t itr*. 꽃이 피다; 번창하다; ~ av hälsa 아주 건강하다; ~ upp 번영하다, (일이) 잘되다.

blomstring *~en 0* 번영, 번창.

blomstringstid *~en ~er* 번영기, 전성기; i sin ~ 한창때에.

blomställning *~en ~ar* 개화(開花).

blomvas *~en ~er* 꽃병.

blond *a*. 금발의.

blondera *~r ~de ~t tr*. 살결을 희게 하다; 금발로 염색하다.

blondin *~en ~er* (흰 피부의) 금발 여인.

bloss *~et ~* 횃불, 섬광(fackla); (담배의) 한 모금; dra ett ~ på pipan 파이프를 한 모금 빨다.

blossa *~r ~de ~t itr*. ① 빛을 발하다, 불이 타오르다, (볼 등이) 달아오르다 ② (담배를) 뻐끔뻐끔 피우다(빨다).

blot *~et ~* (사람이나 동물을 제물로 바친 고대 북구의) 종교 의식.

blott[1] *a*. 벌거벗은; (비유적) 명백한, 숨김없는; tro ngn på hans ~a ord …의 말을 그대로 믿다; vid ~a åsynen 빤히 보는 데서; med ~a ögat 육안으로.

blott[2] *adv*. 단지, 그저; ~ och bart 있는 그대로, 숨김없이; icke ~ … utan även …뿐만 아니라 …도; det är ett minne ~ 그건 그저 추억일 뿐이야.

blott[3] *konj*. 단지 …이라면, 단지 …하기만 한다면.

blott|a[1] *-an -or* (펜싱에서) 허점, 약점; ge en ~ på sig 허점을 보이다(드러내다), 비난의 여지를 두다.

blotta[2] *~r ~de ~t tr*. 폭로하다, 드러내다, 허점을 보이다; 배신하다; ~

huvudet 모자를 쓰지 않다(벗다); ~ sig 무심코 본성(비밀)을 드러내다, 정체를 드러내다, 허점을 드러내다.

blott|lägga *-lägger -lade -lagt tr.* 드러내다; 벗기다.

blottställ|a *-er -de -t tr.* 내놓다, 전시하다; 위험에 처하게 하다, 곤경에 빠지게 하다.

bluff *~en ~ar* 속임수, 사기(bedrägeri).

bluffa *~r ~de ~t tr.* 속임수를 쓰다, 사기 치다; ~ sig fram 속임수를 써서 성공하다; ~ sig igenom 속임수로 살아가다.

bluffmakar|e *-[e]n ~* 사기꾼.

blund *~en 0* 눈을 감음, 눈을 붙임; inte få en ~ i ögonen 한숨도 자지 못하다; ta sig en ~ 잠깐 눈을 붙이다.

blunda *~r ~de ~t itr.* 눈을 감다; (비유적) 못 본 체 하다, 눈감아 주다 (för); ~ för ngns fel …의 잘못을 눈감아주다.

blunddock|a *-an -or* 눈을 깜박이는 인형.

blund|er *-ern -rar* 실수, 잘못.

blus *~en ~ar* 블라우스; 작업복 (arbetsjacka).

blusa *~r ~de ~t rfl.* ~ sig (옷이) 블라우스처럼 넉넉하게 맞다.

bly *~et 0* 【화학】 납(금속원소; 기호 Pb; 번호 82).

blyerts *~en ~ar* ① 흑연 ② ☞ ~penna; skriva med ~ 연필로 쓰다.

blyertspenn|a *-an -or* 연필.

blyertsstift *~et ~* 연필심.

blyertsteckning *~en ~ar* 연필로 그린 그림.

blyförgiftning *~en ~ar* 납 중독.

blyg *a.* 수줍어하는(försagd), 소심한, 용기 없는; han är inte ~ av sig 그는 숫기가 있다, 그는 용기가 있다.

blyg|as *-[e]s -des -ts itr. dep.* 부끄러워하다, 수줍어하다, …을 창피해하다; ~ över sin enkla härkomst 자신의 보잘 것 없는 출신(배경)을 부끄럽게 여기다; du borde ~ över ditt beteende 네 행동을 부끄러워해야 한다.

blygd *~en 0* 창피, 불명예(skam, vanära); 【해부학】 (여성의) 외음부.

blygdben *~et ~* 치골(恥骨).

blygdläpp *~en ~ar* 【해부학】 음순(陰脣).

blyghet *~en 0* 수줍음, 부끄러움, 소심함, 겁이 많음.

blyglans *~en 0* 【광물】 방연광(方鉛鑛, 연회색의 금속광택이 나는 광석).

blygrå *~tt a.* 연회색의.

blygsamhet *~en 0* 절제, 사양; falsk ~ 거짓 사양.

blygsel *~n 0* 창피, 부끄러움; känna ~ över …에 대해 창피하게 여기다; rodna av ~ 창피해서 얼굴이 빨개지다.

blyinfattad *a.* (창유리 등에) 납 테두리를 한.

blyinfattning *~en ~ar* (창유리 등에 한) 납 테두리.

blymalm *~en ~er* 【광물】 연광(鉛鑛).

blytung *a.* 납덩이처럼 무거운.

blyvitt (불변화명사) 백연, 탄산 연.

blå *~tt a.* 파란; ett ~tt hav 파란 바다; ~[a] ögon 파란 눈; få ett ~tt öga 얻어맞아서 눈언저리에 멍이 들다; ~ av köld(ilska) 추워서(화가 나

B

서) 얼굴이 파랗게 질린; himmelsblå ~ 파란 하늘빛의; vara i det ~ 비현실적이다.

blåaktig *a.* 푸른빛을 띤.

blåbär *~et ~* 월귤나무 속(屬)의 나무 열매.

blåbärsris *~et ~* (집합적) 월귤나무과(科)의 [잔]가지들.

blådår|e *-en -ar* 미친 사람.

blåfrusen *a.* 추워서 입술이 파래진 (추워하는).

blågrå *~tt a.* 회청색(灰靑色)의.

blågrön *a.* 푸른빛을 띤 녹색의, 청록색의.

blågul *a.* 푸른빛을 띤 황색의.

blåjack|a *-an -or* 수병(水兵).

blåjeans[-ji:ns] *~en ~* 청바지.

blåklint *~en ~ar* 【식물】 수레국화, 선웅초.

blåklock|a *-an -or* 【식물】 초롱꽃류.

blåkopi|a *-an -or* 청사진.

blåkullafärd *~en ~er* 마녀의 여행(부활절 전 성목요일 밤에 마녀가 빗자루를 타고 Blåkulla(독일의 Brocken산)로 가는 여행.

blålera *~n 0* 푸른빛을 띤 진흙.

blåmes *~en ~ar* 박새과(科)의 작은 새.

blåmussl|a *-an -or* 홍합, 마합류의 조개.

blåmärke *~t ~n* (꼬집히거나 맞아서 생긴) 멍; ha ~n överallt 전신에 멍이 들다; lätt få ~n 쉽게(금방) 멍이 든다.

blåna *~r ~de ~t itr.* 아스라해지다; 파래지다, 파란색 물이 들다.

blånad *~en ~er* ① 멍(blåmärke) ② 【시어】 파란 하늘 ③ (옷감 등의) 파란 색.

blåneka *~r ~de ~t* ☞ bondneka.

blånor (복수명사) 삼(아마) 부스러기 (뒤엉켜 있는 상태의).

blåpenn|a *-an -or* 파란색 연필.

blåräv *~en ~ar* 【동물】 파란색 털을 가진 여우.

blåröd *a.* 자줏빛의.

blås|a[1] *-an -or* ① 거품, 방울; (피부에 생기는) 물집; få -or i händerna 손에 물집이 생기다 ② 【해부학】 방광, 공기주머니, (물고기의) 부레.

blås|a[2] *-er -te -t* Ⅰ. *tr. itr.* ① 바람이 불다, (모자 등이) 바람에 날려가다; det -er [starkt] 바람이 [강하게] 분다; vinden -er vart den vill 바람은 가고 싶은 데로 분다; vart -te min hatt? 내 모자가 어디로 날아갔느냐?; det långa håret -te hit och dit 긴 머리가 이리저리 [휘]날렸다; vad -er det för vind idag, eftersom hon kommer hit? 무슨 바람이 불었기에 그녀가 이리 온대?; det -er nordan(nordlig vind) 북풍이 분다 ② 불다, (악기를) 불어 연주하다; (불어서) 신호를 하다, 때를 알리다; ~ på soppan 국을 불어서 식히다; ~ i händerna 손을 호호 불다; - inte röken i ansiktet på mig! 연기를 내 얼굴에다 뿜지 마라; ~ klarinett (trumpet) 클라리넷(트럼펫)을 연주하다; ~ i pipan 피리를 불다; ~ alarm (불어서) 위험을 알리다 ③ 불어서 만들어내다, 불어내다; ~ såpbubblor 비눗방울을 (불어서) 만들다; ~ glas (불어서) 유리를(유리제품을) 만들다; ~ [nytt] liv i … 에 생기를 불어넣

다 Ⅱ. (강세접사와 함께) ① ~ av a) (바람에) 날아가다, 부러지다, 벗겨지다 b) 부러뜨리다, 날려 보내다, 신호를 보내다, (운동경기에서) 호각을 불어 경기를 중단시키다; grenen −te av 그 가지는 바람에 부러졌다; hatten −te av, vinden −te av hatten 바람에 모자가 벗겨졌다; ~ av ett tåg 기차의 출발신호를 하다 ② ~ bort (바람에) 날아가다, 날려보내다; papperen −te bort 종이들이 (바람에) 날아가버렸다; ~ bort dammet 먼지를 날려보내다; … är som bortblåst …이 바람처럼 사라지다 ③ ~ igen (문 따위가) 바람에 닫히다, (흔적 따위가) 없어지다, (자취를) 없애다; dörren −te igen 문이 바람에 [쾅] 닫혔다; spåren har −t igen(vinden har −t igen spåren) 바람에 자취가 없어졌다(사라져버렸다) ④ ~ in a) 바람이 들어오다; vindarna −te in genom fönstret 바람이 창문을 통해 들어왔다 b) 바람을 불어넣다; ~ in luft i [örat] [귀에] 바람을 불어넣다 ⑤ ~ ned 쓰러뜨리다(☞ ~ omkull) ⑥ ~ omkull (바람에) 넘어지다, 넘어지게 하다; trädet −te omkull 나무가 바람에 넘어졌다; stormen −te omkull trädet 폭풍이 나무를 쓰러뜨렸다 ⑦ ~ sönder (바람에) 찢어지다, 찢다 ⑧ ~ under ☞ **underblåsa** ⑨ ~ upp a) 바람이 일기 시작하다 b) (…이) 바람에 열리다, …을 열다; (~이) 바람에 불어올라가다, …을 불어올리다 c) 바람으로 채우다 d) (악기를) 연주하다; det −er upp 바람이 일기 시작하다; det −er upp till storm (바람이) 점점 세져 폭풍이 되다; ~ upp (till dans) [오케스트라의] 음을 맞추다, 연주를 시작하다(춤곡을 연주하기 시작하다) ⑩ ~ ur (…을) 불어서 비우다, 불어서 (속을) 깨끗하게 하다 ⑪ ~ ut (바람에) 날아가다, 날려보내다, (바람에 불이) 꺼지다, (불을) 불어서 끄다, (연기를) 불어 내보내다.

blåsar|e −*[e]n* ~ 관악기 연주자; 유리를 불어 만드는 장인(匠人).

blåsbälg *~en ~ar* 풀무.

blåsig *a*. ① 바람이 부는 [날씨의]; ~t väder 바람 부는 날씨 ② 물집이 생긴.

blåsinstrument *~et* ~ 관악기.

blåsipp|a *−an −or* 【식물】 노루귀속(屬)의 식물, 설앵초.

blåskatarr *~en ~er* 【의학】 방광염.

blåslamp|a *−an −or* 온풍기; 용접용 소형 발염(發炎) 장치.

blåsljud *~et* ~ 【의학】 (특히 심장판막에 결함이 있을 때 들리는) 심장의 잡음.

blåsorkest|er *−ern −rar* 취주악단, 관악기가 포함된 악단(오케스트라).

blåsrör *~et* ~ 불어서 화살을 쏘는 통(원시적 사냥도구), 바람을 불어 내뿜는 통, (유리세관 용의) 취관(吹管).

blåst *~en 0* 바람, 바람 부는 날씨, 폭풍.

blåstrump|a *−an −or* (속어) 지식인 여자, 여류작가.

blåställ *~et* ~ 청(靑) 작업복.

blåsväd|er *−ret 0* 바람 부는 날씨.

blåsyra *~n 0* 【화학】 청산(靑酸).

blåval *~en ~ar* 흰 긴 수염고래

blåvit *a*. 푸른빛 흰색의, 청백색의.

B

blåögd *a*. 파란 눈을 가진, 벽안의; (비유적) 공상가적인, 천진난만한.

bläck *~et 0* 잉크; skrivet med ~ 잉크로 쓴.

bläcka *~r ~de ~t tr*. 잉크를 묻혀(엎질러) 더럽히다(얼룩지게 하다).

bläckfisk *~en ~ar* 오징어, 문어(연체동물).

bläckhorn *~et ~* 잉크를 담는 것, 작은 잉크병.

bläckpenn|a *-an -or* 펜, 만년필.

bläckplump *~en ~ar* 잉크 얼룩.

bläckstråleskrivar|e *-[e]n ~* 【정보통신】 잉크 분사 인쇄기 [ink-jet printer].

bläcksvamp *~en ~ ar* 버섯의 일종.

bläddra *~r ~de ~t itr*. 책장을 이리저리 넘기다, (책 등을) 뒤적이다(i); ~ i en bok 책을 뒤적거리다; ~ igenom 건성으로 죽 읽다.

blända *~r ~de ~t tr*. ① 눈멀게 하다, (잠시 강한 빛 등으로) 앞을 못 보게 하다; de ~de honom med ett glödgat järn 그들은 벌겋게 달군 쇠로 [지져] 그를 실명케 했다; snön är ~nde vit 눈(雪)이 눈부시게 희다 ② (비유적) 눈멀게 하다(판단을 흐리게 하다), 어지럽게 만들다, 혼동시키다, 매혹하다 ③ 빛을 (완전히 또는 약간) 차단하다, 감광(減光)하다(av); (차의) 헤드라이트를 어둡게 하다; ~ [av] vid möte (다른 차와) 마주쳤을 때 [헤드라이트] 빛을 어둡게 하다; ~ ned 【사진】 조리개로 (렌즈)를 조르다.

bländande[1] (불변화형용사) 눈이 부시는, (잠시) 눈멀게 하는, 휘황찬란한, 눈부신; en ~ skönhet 빼어난 아름다움; en ~ talang 뛰어난 재능.

bländande[2] *adv*. 눈부시게; ~ vit 눈부시게 하얀.

bländar|e *-[e]n ~* 광학기구 또는 카메라의 조리개; minska ~n 조리개를 줄이다; ställa in ~n 조리개를 (적당한 노출량이 들어오게) 맞추다(조절하다).

bländaröppning *~en ~ar* 노출량 계수(보통 카메라 렌즈 측면에 렌즈 구경 대비(對比)로 표시되어 있음).

blände *~t 0* 【광물】 섬(閃) 아연광.

bländverk *~et ~* 환상, 착각.

bläng|a *-er -de -t itr*. (화가 나서) 쳐다보다, 노려보다, 째려보다; (놀라서) 쳐다보다(på).

blänk *~et/~en, ~/~ar* 섬광, 번쩍이는 빛; (눈의) 윙크.

blänk|a *-er -te -t itr*. 번쩍이다, 빛을 발하다; stjärnorna -er i skyn 별들이 하늘에[서] 반짝인다.

blänkar|e *-[e]n ~* (신문의) 짧은 기사.

blänkfyr *~en ~ar* 섬광(閃光)등대.

bläs *~en ~ar* (말이나 소의 머리 앞쪽의) 흰 점 또는 줄.

bläst|er *-ern -rar* 송풍기, 풀무, 소형 발염(發炎) 장치.

blästra *~r ~de ~t tr*. 온풍기 또는 소형 발염 장치로 가열하다.

blö|da *-der -dde -tt itr*. 피 흘리다; (비유적) 마음 아파하다, 가슴 아파하다; du -der i ansiktet 네 얼굴에서 피가 흐른다; det har -tt igenom 피에 젖었다; näsan -der 코피가 나다; han -der näsblod 그는 코피를 흘리다; mitt hjärta -der av medömkan med de små 어린 것들이 불쌍해서 가슴이 아프다.

blödar|e −[e]n ~ 혈우병 환자.
blödarsjuka ~n 0 【의학】 혈우병.
blödig a. 마음이 여린, 민감한 (lättrörd, klenmodig).
blödighet ~en 0 마음이 여림, 감정이 예민함, 민감함.
blödning ~en ~ar 출혈; (복수형) 월경.
blöj|a −an −or 기저귀.
blöjbyxor (복수명사) 기저귀가 붙어 있는(기저귀 대용으로 입는) 바지.
blöjåld|er −ern −rar 기저귀 나이.
blöt[1] a. ① 젖은, 축축한(våt, fuktig) ② 민감한, 감정이 여린.
blöt[2] (불변화명사), ligga i ~ [물속에] 잠기다; lägga i ~ [물속에] 담가 놓다; lägga kläder(ärter) i ~ 옷(콩)을 물에 담가 놓다; lägga sin näsa i ~ 남의 일에 참견하다.
blöt|a[1] −an 0 ① 소나기 ② (눈이 녹아서) 질퍽질퍽한 날씨; (길 위의) 물이 고인 곳.
blöt|a[2] −er −te −t tr. 적시다, 축축하게 하다; ~ ned sig om fötterna 발을 온통 적시다.
blötdjur ~et ~ 연체동물(달팽이, 조개, 오징어 따위).
blöt|lägga −lägger −lade −lagt tr. (불리기 위해) 물에 담그다(lägga i blöt).
blötläggning ~en 0 물에 담금.
blötsnö ~n 0 진눈깨비.
bo[1] ~[e]t ~n ① (새의) 둥지, 보금자리; (야수의) 잠자리(굴); bygga ~ 둥지를 틀다, 잠자리(굴)를 마련하다 ② (집합적) 유산(遺産)(kvarlåtenskap) ③ 가정, 집; sätta ~ 정착하다, 가정을 이루다, 결혼하다; medföra i ~[e]t (결혼 시) 지참하다; sitta i orubbat ~ 재산을 분배하지 않다(배우자의 사망 시 재산을 자녀들과 분배하지 않고 재산관리를 혼자 하다).
bo[2] ~r ~dde ~tt itr. 거주하다, (집을 가지고) 살다, 머무르다; jag ~r här(i detta hus) 나는 여기(이 집에) 산다; det är billigt att ~ här 여기는 주거비가 싸다; ~ hos ngn …네 집에서 살다(머물다); du kan få ~ hos mig 내 집에 머물러도 된다; ~ på hotell 호텔에 투숙하다; jag ~r bra(trångt) 내가 사는 곳은 좋다(비좁다); ~ gratis(billigt, dyrt) 무료로(싸게, 비싸게) 숙박하다; vi ska ~ på landet i sommar 이번 여름에[는] 시골에 가있을 것이다.
bo|a −an −or 보아뱀, 왕뱀; 긴 모피(깃털)의 여성용 목도리.
boaorm ~en ~ar 보아뱀, 왕뱀.
boasera ~r ~de ~t tr. 판넬로 만들다, 장식용 판자를 붙이다.
boasering ~en ~ar 판넬, 판넬을 댐, 장식용 판자를 붙임.
bob ~ben ~bar/bobb ~en ~ar 두 대의 연결 썰매; 봅슬레이 경기용 썰매.
bobb|a[1] −an −or 【의학】 구진(丘疹), 뾰루지, 여드름.
bobba[2] ~r ~de ~t Ⅰ. itr. 봅슬레이 경기를 하다, 봅슬레이 경기용 썰매를 타다 Ⅱ. tr. 짧게 자르다, 단발로 하다.
bobin ~en ~er 얼레, 보빈, 전깃줄 감개.
bock ~en ~ar Ⅰ. ① 숫염소, han är en riktig ~ 그는 [영락없는] 난봉꾼이다; sätta ~en till trädgårdsmästare

부적임자(不適任者)를 임용하다 ② 가대(架臺, 네 다리로 받침을 댄 구조물); (체조용의) 도약대(台); hoppa ~ 앞 사람의 등을 손으로 짚고 뛰어넘다; stå ~ åt ngn …가 손 짚고 넘을 수 있도록 몸을 앞으로 굽히고 서다 ③ 점검의 표시(V); (일반적으로) 실수, 잘못; sätta ~ för 잘못했다는 표시(체크)를 하다 Ⅱ. (머리를 숙여) 절하기, 절, 인사.

bocka *~r ~de ~t* Ⅰ. *tr*. 구부리다 (böja) Ⅱ. *itr*. 절하다, 인사하다 (för); ~ djupt för ngn …에게 몸을 깊숙이 굽혀 인사하다; gå upp och ~ sig för chefen 사장에게 경의를 표하다(종종 아첨의 뜻을 내포함).

bock|fot *~en –fötter*, ~en sticker fram 악성(나쁜 본성)이 드러난다.

bockskägg *~et ~* 염소수염.

bocksprång *~et ~* (새끼염소, 양 등의) 뛰놀기, 깡충깡충 뛰기; göra ~ 뛰며 돌아다니다, 뛰놀다.

bod *~en ~ar* ① 가게, 상점(handel, butik affär) ② 헛간, 창고(skjul).

bodelning *~en ~ar* 【법률】 이혼 시에 배우자 사이의 재산분배.

bodknodd *~en ~ar* 상점 점원(경시(輕視)하는 어감을 지님).

bodybuilding *~en 0* 보디빌딩, 육체미 만들기.

boer *~n ~* 보어사람(남아프리카의 네덜란드계 백인).

boendeform *~en ~er* 주거 방식(자택, 전세 따위).

boendekostnad *~en ~er* 주거비용.

boendemiljö *~n ~er* 주거환경.

boendeparkering *~en ~ar* 거주자 주차(소).

boett *~en ~er* 회중시계 갑(케이스).

bofast *a*. 사는, 거주하는, 정착한; vara ~ 거주하다, 살다, 정착하다.

bofink *~en ~ar* 【조류】 되새, 검은 방울새 종류의 작은 새.

bog *~en ~ar* ① (말, 소 등 비교적 큰 동물의) 어깨부분 ② 이물, 뱃머리; slå in på fel ~ 배의 침로를(방향을) 잘못 잡다; slå om på en annan ~ 다른 침로를 잡다.

boggi *~n ~er* (철도) 방향전환이 자유로운 차축.

boggivagn *~en ~ar* (철도) 보기 차 (차축이 자유로이 전향하는 차량).

bogsera *~r ~de ~t tr*. 끌다, (배, 자동차 따위를) 밧줄로 끌다; det ~de fartyget 예인되는 배; låta ~ sig 예인되다.

bogserar|e *–[e]n ~*/**bogserbåt** *~en ~ar* 예인선(船).

bogsering *~en ~ar* 예인.

bogserlin|a *–an –or*/**bogsertross** *~en ~ar* 예인 용 밧줄 따위.

bogspröt *~et ~* 【항해】 제1사장(斜檣, 이물에서 앞으로 튀어나온 마스트모양의 둥근 나무).

bohag *~et ~* (집 안의) 가구, 식기류 등.

bohem *~en ~er* 자유분방한 예술가, 학생; (집합적) 자유분방한 사람들 [이 모여 사는 곳, 사회]; 자유분방한 (예술가적) 생활.

bohemisk *a*. 보헤미안적인, 자유분방한.

boj[1] *~en ~ar* 부표, 찌, 구명부이; lägga ut en ~ 부표를 설치하다.

boj[2] *~en ~er* 거친 양모천, 일종의 올이 거친 나사(羅紗)(테이블보, 당구대 용).

boj|a *-an -or* 족쇄; (비유적) 속박하는 것; bryta sina -or 자신의 족쇄를 풀다, 압박에서 벗어나다; lösa ngns -or …의 족쇄(압박)를 풀어주다; slå ngn i -or …에게 족쇄를 채우다.

bojkott *~en ~er* 불매 운동(동맹), 배화(排貨), 배척.

bojkotta *~r ~de ~t tr.* 불매 동맹을 하다, 거래를 거절하다, 배척하다.

bok[1] *~en böcker* ① 책; böckernas ~ 성서(聖書) ② 회계부, 명부, 장부; föra(avsluta) böckerna (회계) 기장하다(장부를 마감하다); föra ~ över ngt …에 대해 기록하다; införa i ~en 문서, 명부에 기록하다; hänga näsan över ~en 독서에 열중하다; stå väl(illa) till ~s hos ngn …에게 잘 보이다(잘못 보이다) ③ 1첩(帖), 1권(卷)(종이 24 또는 25매).

bok[2] Ⅰ. *~en ~ar* 너도밤나무 Ⅱ. *~en 0* 너도밤나무 목재.

boka *~r ~de ~t tr.* ① (회계) 장부에 기록하다(bokföra) ② (차표, 비행기표 등을) 예약하다.

bokanmälan (불변화 en-명사) 서평(書評).

bokanmälar|e *-[e]n ~* (신간 서적의) 서평가.

bokauktionskam|mare *~n, -rar/~* 책 경매장.

bokband *~et ~* (책의) 제본, 장정(裝幀), 겉표지.

bokbestånd *~et ~* 장서(藏書); (집합적) (서고의) 책들.

bokbindar|e *-[e]n ~* 제본하는 사람, 제본업자.

bokbinderi *~et ~er* 제본[기술]; 제본소.

bokbuss *~en ~ar* 이동도서관(보통 버스를 개조하여 책을 싣고 마을을 순회함).

bokcirk|el *-eln -lar* 독서 클럽.

boken *a.* 반쯤 썩은, (과일이) 농익은(övermogen).

bokflod *~en ~er* 책의 호수, 책이 한꺼번에 (시장에) 쏟아져 나옴.

bokform *~en ~er*, i ~ 책의 형태로, 책처럼; uppsatserna skall utkomma i ~ 논문은 책으로 엮어져 나와야만 한다.

bokför|a *- -de -t tr.* 【회계】 장부에 기재하다; det bokförda värdet 장부에 기재된 가치(가격).

bokförar|e *-[e]n ~* 회계원, 부기(장부)계원.

bokföring *~en ~ar* 회계, 부기; dubbel[enkel] ~ 복식[단식] 부기.

bokföringsmaskin *~en ~er* 회계(부기) 장부 등재기(登載機).

bokföringsplikt *~en 0* 회계(부기) 의무.

bokförlag *~et ~* 출판사.

bokförläggar|e *-[e]n ~* 출판업자, 발행인.

bokhand|el *-eln -lar* 책방, 서점; 도서 판매.

bokhandlar|e *-[e]n ~* 서점(책방) 주인.

bokhyll|a *-an -or* 책장, 책꽂이.

bokhållar|e *-[e]n ~* 회계원, 부기계원, 사무직원(kontorist).

bokkafé *~et ~er* 독서 커피점.

bokklubb *~en ~ar* 독서 클럽(일종의 도서 판매 수단으로 회원으로 가입하면 저렴한 가격으로 일정량의 도서를 의무적으로 사게 됨).

boklig *a*. 서적상(上)의, 책을 읽어서 얻은; äga ~ bildning 책을 읽어 지식을 얻다, 박학하다; ~a kunskaper 책을 읽어서 습득한 지식.

B

boklärd *a*. 책으로만 배운(실정에는 어두운).

bokmal *~en ~ar* 좀, 책벌레; 독서광(狂).

bokmärke *~t ~n* 갈피표, [장]서표.

bokna *~r ~de ~t itr*. 너무 익다, (과일이) 농익다.

bokomslag *~et ~* 책의 표지, 바인더(bokpärm).

boksamlar|e *-[e]n ~* 장서가(藏書家).

bokskåp *~et ~* 책장.

bokslut *~et ~* (회계)장부의 마감, 결산.

bok|stav *~en -stäver* 글자, 문자(文字); liten(stor) ~ 소(대)문자; efter ~en 축어적(逐語的)으로, 자구상(字句上)으로; gå efter ~en 자구상(字句上)의 뜻에 집착하다; beloppet skall anges med -stäver 총액[금액]은 글자로 명시해야 한다; med latinska -stäver 라틴 글자로.

bokstavera *~r ~de ~t tr*. 철자를 대다, (낱말을) 맞춤법에 따라 쓰다.

bokstavering *~en ~ar* 철자로 말하기(알리기).

bokstavlig *a*. 문자의, 문자 그대로의.

bokstavligen *adv*. 문자 그대로; 완전히.

bokstavsföljd *~en ~er* ☞ **bokstavsordning**.

bokstavsordning *~en ~ar* 철자 순서, 알파벳 순서.

bokstöd *~et ~* 책 버팀(쓰러지지 않게 하기 위한).

boksynt *a*. 책을 많이 읽은, 박식(박학)한.

boktryck *~et 0* ① (임시 또는 상업용) 책의 인쇄, 서적 인쇄 ② 인쇄[물].

boktryckar|e *-[e]n ~* 인쇄공, 인쇄업자.

boktryckeri *~et ~er* 인쇄술[업]; 인쇄소.

bolag *~et ~* 회사.

bolags|man *-mannen -män* (회사의) 합작 투자자, 동료.

bolagsordning *~en ~ar* (회사의) 정관(定款).

bolagsstämm|a *-an -or* 주주총회(株主總會).

bolẹro *~n, ~ar/~s* 볼레로(스페인 무용의 일종); (여성용) 짧은 웃옷의 일종.

bolịn *~en ~er* 【항해】 가로돛의 양 끝을 팽팽하게 당기는 밧줄; låta det gå på(för) lösa ~er …을 그대로 놔두다(무슨 일이 그저 되어가는 대로 내버려 두다).

boll *~en ~ar* ① 공 ② 치기, 타격(kast, lyra) ③ 구기 운동; hög ~ (테니스에서) 로브; spela ~ 구기 종목을 하다.

bolla *~r ~de ~t itr*. 공을 치다, (탁구 · 테니스에서) 연습 공을 치다; (비유적) 말다툼을 하다; ~ med ord 말다툼하다.

bollkastning *~en ~ar* 공 던지기, 캐치볼 놀이.

bollpojk|e *-en -ar* 볼 보이(정구 · 축구 시합에서 밖으로 나간 공을 줍는 아이, bollkalle).

bollsinne *~t 0* 볼 센스(공을 다루는

운동 감각).
bollspel *~et ~* 공을 가지고 하는 놀이 또는 경기.
bollträ *~[e]t ~n* 배트.
bolma *~r ~de ~t itr*. (담배 연기를) 뿜어내다, 연기를 내다; en ~nde skorsten 연기를 뿜어내는 굴뚝.
bolmört *~en 0* 사리풀(가지과(科)의 약용 식물).
bolsjevịk *~en ~er* 볼셰비키(러시아 사회민주노동당의 다수파)의 일원, 소련 공산당원; (일반적) 극단적 공산주의자; 볼셰비키 정책(사상) 옹호자.
bolsjevikisk *a*. 볼셰비키의.
bolsjevism *~en 0* 볼셰비키의 정책(사상), 과격론.
bolst|er *~n/-ret, -rar/~* 부드러운 (털을 넣은) 침대.
bolstervar *~et ~* 'bolster' 침대 잇.
bom[1] *~men ~mar* ① 빗장, 가로장; (타자기의) 실린더; (체조 경기의) 수평대; inom lås och ~ 단단히 자물쇠를 채워둔 ② 못(빗)맞힘, 미스 (felskott).
bom[2] *adv*. kasta(skjuta) ~ 잘못 던지다(쏘다)(과녁이나 목표에서 벗어남).
bom[3] *itj*. (대포, 북 등이) 울리는 소리.
bomb *~en ~er* 폭탄; (비유적) 깜짝 놀랄만한 일, 폭탄 성명; låta ~en springa (의견, 성명 따위로) 남들을 놀라게 하다, 폭탄 성명을 발표하다; det slog ner som en ~ 갑작스런 일(돌발사건)이었다.
bomba *~r ~de ~t tr*. 폭격하다.
bombanfall *~et ~* 폭격.
bombardemang *~et ~* 포격, 폭격.
bombardera *~r ~de ~t tr*. 포(폭)격하다; (…을) 퍼부어 대다.
bombạsm *~en ~er*/bombast *~en ~er* 과장된 말, 호언장담.
bombạstisk *a*. 과대한, 과장된.
bombattentat *~et ~* (폭탄에 의한) 살인 기도.
bombflyg *~et 0* 폭격기 편대.
bombning *~en ~ar* 폭격.
bombplan *~et ~* 폭격기
bombraid/bombräd *~en ~er* (비행기로부터의) 폭격.
bombsikte *~t ~n* 폭격 조준기.
bombsäker *a*. ① 방탄(防彈)의, 포탄[공격]에 견디는 ② 절대 확실한; det är ~t 절대로 확실하다.
bomma *~r ~de ~t* Ⅰ. *tr*. ~ för (igen, till) 빗장(가로장)으로 막다 Ⅱ. *itr*. (사격이나 스포츠에서) 빗맞추다, 빗나가다(på).
bomolj|a *-an -or* 산업용 올리브 유(油)(보통의 올리브유보다 저질의 기름).
bomull *~en 0* 목화, 무명.
bomullsbal *~en ~ar* (목화로 짠 운반용의) 곤포(梱包).
bomullsbusk|e *~n -ar* 목화나무.
bomullsgarn *~et, ~/~er* 무명실.
bomullsklänning *~en ~ar* 면(綿)으로 만든 옷(치마).
bomullskrut *~et 0* 면화약(綿火藥), 솜화약.
bomullsspinneri *~et ~er* 방적 공장, 면직 공장.
bomullstråd *~en ~ar* 무명실.
bomullstyg *~et ~[er]* 면직물(綿織物).

B

bomärke *~t ~n* 소유 표시, 경계[선].
bona *~r ~de ~t tr.* ① …에 왁스를 바르다, …에 왁스를 발라서 광택을 내다; ~ om 다시 광택을 내다 ② ~ om ngn väl …를 옷, 담요 등으로 감싸다, 두르다; (벽 등을) 겹 싸다.
bonad *~en ~er* 무늬 놓은 두꺼운 천, 벽에 거는 융단.
bonbonjär [bɔŋbɔnjæ:r] *~en ~er* 사탕 갑(과자 갑).
bondbröllop *~et ~* 시골(농촌) 결혼식.
bondbön|a *-an -or* 【식물】 잠두.
bonddräng *~en ~ar* 머슴, (농사)일꾼.
bonde *~n bönder* ① 농부, 시골사람; (pl.) 농민 계급, 농민층 ② (경멸적) 촌놈, 어리숭한 사람 ③ (서양장기에서) 졸(卒).
bondekultur *~en ~er* 농경문화, 농촌 문화.
bondepraktik|a *-an -or* 농경 일지(일기예보, 건강 규칙, 일진(日辰)이 좋지 않은 날 등을 기록해 놓은 책).
bondestånd *~et 0* 농민계급(특히 역사적으로 귀족 · 성직자 · 상공인 · 농민의 4계급과 관련됨).
bondflick|a *-an -or* 시골 계집아이, 농부 집안의 계집아이(처녀).
bondfolk *~et ~* (집합적) 농민.
bondfångar|e *-[e]n ~* 사기꾼(남의 무식이나 바보스러운 면을 이용해 먹는 자).
bondförstånd *~et 0* [일반] 상식.
bondförsök *~et ~* 서투른 시도, 솜씨 없는 시도.
bondgrann *a.* 보기에 좋은, (실속 없이) 겉만 번지르르한.
bondgubb|e *~n -ar* 나이든 농부, 시골 노인.
bondgumm|a *-an -or* 나이든 농부 아낙네, 시골 할머니.
bondgård *~en ~ar* 농가(農家), 농장.
bondhund *~en ~ar* 잡종 개, (속어) 똥개.
bondhustru *~n ~r* 농부의 아내.
bondkvinn|a *-an -or* 농촌 여인, 시골 아낙네.
bondland *~et 0*, på [rena] ~et 도시[문명]로부터 멀리 떨어진 외딴 시골에.
bondneka *~r ~de ~t itr.* han ~de [till det] 그는 [그것에 대해] 딱 잘라(단호하게) 부인했다.
bondpermission *~en ~er* 【군대】 무단 휴가 또는 이탈.
bondpig|a *-an -or* (농촌 · 시골의) 하녀, 계집종.
bondpojk|e *-en -ar* 농부 집안의 사내아이, 시골 소년.
bondsk *a.* 조야한, 야비한, 촌스러운.
bondslug *a.* 교활한, 약삭빠른.
bondtur *~en 0* (순전한) 운(運); det var ren ~ 그것은 순전히 운이었다.
bondtölp *~en ~ar* 시골뜨기, 촌뜨기.
bondånger *~n 0* 자책, 후회(특히 술이 깨고 난 상태에서의 자기 책망).
bong *~en ~ar* 영수증, (식당에서의) 계산서.
bonga *~r ~de ~t tr.* (물품에 대해서 명세서, 계산서 등을) 끊어주다, 내어놓다, 기록하다.
boning[1] *~en 0* 윤을 내기, 윤을 냄.
boning[2] *~en ~ar* 주거용 건물, 집.
boningshus *~et ~* 주거용 주택.
bonjour *~en ~er* 2열의 단추가 달린

외투의 일종, 프록코트(frockcoat, 남자용 예복).

bonus ~*en 0* 보너스, 상여금; 할증 배당금(주식에 대해서).

boplats ~*en* ~*er* 주거지.

bopålar (복수명사), slå ner[ned] sina ~ 정착하다, 거주하다.

bor ~*en 0* 【화학】 붕소(硼素, 비금속 원소; 기호 B; 번호 5).

borax ~*en 0* 【화학】 붕사(硼砂).

bord ~*et* ~ ① 탁자, 식탁, 책상 ② 음식[상], 식사; göra rent ~ 깨끗하게 (싹) 먹어치우다; hålla öppet ~ 집을 개방해서 찾아오는 손님을 환영하다; lägga pengarna på ~et 현금으로 지불하다; föra ngn till ~et …를 만찬에 데리고 오다; gå till Herrens ~ 성체(聖體)를 영(領)하러 가다(가톨릭에서); läsa sig till ~s (식전, 식후에) 감사 기도를 드리다 ③ 【항해】 뱃전, 배 안, 비행기 안; om ~ 배(비행기)에 타고 있는 ☞ ombord; över ~ ☞ överbord.

borda ~*r* ~*de* ~*t tr.* …을 (탈 것에) 싣다, 승선시키다; (승선을 위하여) …에 대다.

borddans ~*en* ~*er* (특히 예전의 단체 오락으로써) 몇 사람이 손을 대면 신령의 힘으로 테이블이 저절로 움직여 한쪽으로 기우는 일종의 강신술(降神術).

bordduk ~*en* ~*ar* 테이블 보.

bordell ~*en* ~*er* 매음굴, 갈보집 (glädjehus, horhus, otuksnäste).

bord|lägga -*lägger* -*lade* -*lagt tr.* 연기하다, (해결 따위를) 미루다.

bordläggning ~*en* ~*ar* 연기, (일, 해결 따위의) 미룸; 【항해】 선체의 겉 판자.

bordlöpar|e -*[e]n* ~ 좁고 기다란 테이블보.

bordsbön ~*en* ~*er* 식사 전(후) 기도; läsa ~ 식사 전(후) 기도를 드리다.

bordsdam ~*en* ~*er* 파티의 식탁에서 남자의 옆에 앉은 여자 파트너; vem hade du till ~ ? (만찬)식사 때 옆에 어느 여성 손님이 앉았었나?

bordsdator ~*n* ~*er* 탁상용 개인 컴퓨터.

bordsdekoration ~*en* ~*er* 식탁(테이블) 장식.

bordsgrann|e ~*n* -*ar* 식탁에서 옆에 앉은 사람.

bordskavaljer ~*en* ~*er* 파티의 식탁에서 여성의 옆에 앉은 남성 파트너.

bordskniv ~*en* ~*ar* 식탁용 칼.

bordslamp|a -*an* -*or* 식탁용 등(燈)(스탠드).

bordssamtal ~*et* ~ 식사 중 나누는 대화.

bordsservis ~*en* ~*er* 정찬용 식기 일체(각종 접시, 그릇 류).

bordssilv|er -*ret 0* 식탁용 은제(銀製) 나이프, 포크, 스푼 일체(bestick).

bordsskick/bordskick ~*et* ~ 식사예절(예법).

bordsskiv|a -*an* -*or* 테이블의 윗면.

bordsuppsats ~*en* ~*er* 차려놓은 식탁 중앙의 (꽃)장식.

bordsvatt|en -*net* ~ 식탁용 광천수(鑛泉水).

bordsvis|a -*an* -*or* 주연(연회석)의 노래.

bordsänd|a -*an* -*or* 식탁 끝.

bordtennis ~*en 0* 탁구.

boren *a.* 타고난, 선천적인; en ~

B

vältalare 선천적인 웅변가.
borg *~en ~ar* 성(城); 요새, 성채 (fäste).
B
borga *~r ~de ~t itr.* …에 대한 책임을 지다(för).
borgar|e *–[e]n ~* 상인, 수공업자; 성 안에 사는 사람(stadsinvånare); (역사적으로) 상공인 계급, (정치적으로) 우익계열의 사람.
borgarråd *~et ~* 군(郡)지방자치단체(kommun)의 고급관리(지방의회의 다수 정당인 중에서 임명됨).
borgarstånd *~et ~* (역사적으로 4계급 중의) 상공인 계급.
bọrgen [bɔrjən] (불변화 en-명사) ① 보장, 보증, 담보, 보석[금]; ställa ~ för ett lån 빚을 얻기 위해 담보를 제공하다; teckna ~ 보증인으로서 서명하다; gå i ~ för ngn …의 보증인이 되다 ② 보증인(löftesman); stå som ~ för ngn …의 보증인이 되어 주다.
borgensförbindelse *~n ~r* 연대 보증, 보증인 과계.
borgenslån *~et ~* 담보를 설정한 대부.
borgens|man *~nen –män* 보증인.
borgenạr *~en ~er* 채권자; 【부기】 대변.
borgerlig *a.* ① 중산(유산) 계급의, 중산층의; vanligt ~t folk 일반 평민, 서민 대중; vara av ~ härkomst 일반 평민(대중) 출신이다; ~a vanor (일반) 중산층의 관습 ② 시민적인, 세속적인(종교적인, 교회적인 사항에 반하여); ~ vigsel (교회에서 하는 결혼식이 아닌) 시민 결혼식 ③ 우익의, 비사회계의; de ~a (partierna) (사회민주당, 공산당의 좌익블록에 대해) 비사회계 블록(정당들).
borgerlighet *~en 0* ① 중산(유산)계층의 관습 ② ~en 비사회계[블록].
borgfred *~en ~er* 제 정당간의 일시적인 분쟁 중지(국가 위기 시에).
borggård *~en ~ar* 성(城)내의 마당, 뜰.
borgmästar|e *–[e]n ~* 시장(市長).
borgmästarinn|a *–an –or* 시장(市長)의 부인.
bornera *~r ~de ~t itr.* 거품이 일다.
bornerad *a.* (사람이) 속이 좁은, 젠체하는.
bornyr *~en 0* 거품.
borr *~en/~et, ~ar/~* 기계 드릴, 천공기(穿孔機), 착암기.
borra *~r ~de ~t tr.* 구멍을 내다, 우물을 파다; ~ huvudet i kudden 머리를 베개에 파묻다; ~ hål i ngt …에 구멍을 내다; ~ ögonen i ngn …를 뚫어지게 쳐다보다; ~ ett fartyg i sank 배에 (포격하여) 구멍을 내서 가라앉히다; 배를 격침시키다; ~ sig in i ngt …를 뚫고 들어가다; ~ om en cylinder 실린더를 보링하다; ~ upp …을 더 넓게 파다, 구멍을 더 넓게 하다(vigda).
borrhål *~et ~* 드릴로 뚫은 구멍.
borrmaskin *~en ~er* 드릴 기계.
borrning *~en ~ar* 구멍 뚫기[작업].
borrsväng *~en ~ar* 드릴의 버팀대.
borrtorn *~et ~* 데릭(석유갱(坑)의 유정탑(油井塔)).
borst *~et/~en, ~* 뻣뻣한 털, (식물의) 가시; resa ~ 털을 곤두세우다; få ngn att resa ~, …를 성나게 하다; försedd med ~ 뻣뻣한 털이 많은.

borsta *~r ~de ~t tr.* 솔질하다, 칫솔질하다, 솔로 (먼지 등을) 털어내다 (av); ~ skorna(tänderna) 솔로 구두를 닦다(이를 닦다); ~ av …을 솔로 털어내다.

borstbindar|e *–[e]n ~* 솔 만드는 사람; ljuga som en ~ 거짓말을 수없이 하다; supa som en ~ 술을 벌컥벌컥 마시다; svära som en ~ 호되게 욕을 퍼붓다.

borstbinderi *~et ~er* 솔 제조[업]; 솔 만드는 공장.

borst|e *~n –ar* 솔.

borstig *a.* 털이 많은, 솔처럼 생긴; ett ~t skägg 짧고 억센 턱수염.

borstnejlik|a *–an –or* 【식물】 아메리카 패랭이꽃.

borsyr|a *–an 0* 【화학】 붕산.

bort *adv.* långt ~ 멀리 떨어진; dit ~ 저쪽으로; resa ~ 집을 떠나다, 길을 떠나다; ~ med er! 사라져!; ~ med fingrarna(tassarna)! 손 치워!

borta *adv.* 떨어져 있는, 사라져 버린; 집에 없는; 죽은; 꿈을 꾸는; långt ~ 멀리 떨어진 곳에; han är ~ 그는 집에 없다; plånboken är ~ 지갑이 사라졌다(없어졌다); alla gamla vänner var redan ~ 옛 친구 모두가 이미 세상을 떠났다; där ~ 저 멀리에, 저 쪽에; ~ bra men hemma bäst 뭐니 뭐니 해도 [역시] 집이 최고다.

bortackordera *~r ~de ~t tr.* ① (아이 등을) 남의 집에 맡기다(기숙시키다) ② (일을) 도급 맡기다.

bortalag *~et ~* (홈 팀에 대해서) 원정팀, 어웨이 팀(away team).

bortanför *adv. prep.* 반대편에[의], 꽤 멀리 떨어진 곳에[의].

bortaplan *~en ~er* (홈그라운드에 대해) 원정 경기장.

bortbjuden *a.* 초대받은; ~ på middag 만찬에 초대된; ~ till Eks 에크씨 가족에게 초대된.

bortblåst *a.* ☞ **blåsa** [bort].

bortbyting *~en ~ar* 남몰래 바꿔치기한 어린애(트롤(troll)이 훔쳐간 예쁜 아이 대신 두고 간 못생긴 아이); 부모와 아주 다르게 생긴 아이.

bortbytt *a.* ☞ **byta** [bort].

bortefter *prep.* …을 따라서(어떤 지정된 장소로부터).

bortemot *prep.* ☞ **bortåt**[1].

borterst *adv.* ☞ **borta**.

bortersta *a.* 가장 멀리 떨어져 있는; på ~ bänken 맨 뒤 열(列)에.

bort|färd *~en ~er* 떠남, 출발.

bortförklara *~r ~de ~t tr.* 변명을 하다, 자기 측에 유리하게 해석하다, 핑계를 대다.

bortförklaring *~en ~ar* 핑계, 변명.

bortgång *~en 0* 죽음, 세상을 떠남.

bortifrån[1] *prep.* …로부터.

bortifrån[2] *adv.* där ~ 저쪽으로부터; långt ~ 멀리서, 먼 곳으로부터.

bortkastad *a.* ☞ **kasta** [bort].

bortklemad *a.* 응석받이로 자란, 나약한.

bortkommen *a.* ① 소심한, 겁 많은, 당황해하는 ② 서투른, 익숙하지 못한 ③ 없어진(förkommen).

bortom[1] *prep.* … 너머[에], …을 지나.

bortom[2] *adv.* där ~ 저 너머에.

bortovaro *~n 0* 자리에 없음, 결석.

bortre *a.* [더] 먼, [더] 멀리 떨어져 있는.

bortres|a *~an ~or* ① (집으로부터의) 여행, 떠남 ② 출발, 떠남(resa) ☞ avresa[2].

B

bortrest *a.* ☞ resa [bort].

bort|se *−ser −såg −sett itr.* ~ från 무시하다, 염두에 두지 않다, 고려하지 않다; bortsett från (med bortseende från) …은 별 문제로 하고, …은 제쳐두고.

bortskämd *a.* 버르장머리 없는, 버릇없이(응석받이로) 자란.

bortsprungen *a.* ☞ springa [bort].

bortåt[1] *adv.* där(här) ~ 저쪽[이쪽] 방향에(어딘가에); en tid ~ 얼마동안(지금부터).

bortåt[2] *prep.* ① …쪽으로, …방향으로, …을 따라서; hela gatan ~ 길을 따라 쭉, 길을 따라(길 처음부터 끝까지) ② 거의; ~ 20 år gammal 약 20세가량인.

bortöver *prep.* (일정 지점으로부터) … 너머에.

bosatt *a.* 거주하는, 살고 있는; vara ~ 살고 있다.

bosch[1] *~et 0* 쓸데없는 것, 쓰레기.

bosch[2] *itj.* 에이! (쓸데없는 소리) ☞ äsch.

boskap *~en 0* (집합적) 가축(특히 소를 가리킴).

boskapsavel *~n 0* 가축사육, 소를 먹임, 가축을 기름.

boskapsskötsel *~n 0* 가축을 돌봄, 목축[업].

boskifte *~t ~n* ☞ 【역사】 bodelning.

boskillnad *~en 0* ① 부부간의 재산 공동 소유권 폐기 ② 정확한 분리(구분, 분별).

boss Ⅰ. *~en ~ar* 【정치】 당수(黨首) Ⅱ. *~et 0* 짚단에서 떨어지는 부스러기, 페물, 쓰레기.

bo|stad *~en −städer* 거주지, 집, 아파트; fri ~ 무상 주택(거주지); moderna −städer 현대식 주택(아파트); han saknar ~ 그는 집이 없다; söka ~ 집을(거주지를) 구하다; han träffas i ~en (전화상의 대답) 집으로 걸면 그를 만날 수 있습니다; utan fast ~ 일정한(고정된) 거주지가 없는(없이).

bostadsadress *~en ~er* 현주소, 집주소.

bostadsbidrag *~et ~* 주택 보조금.

bostadsbrist *~en 0* 주택난(難).

Bostadsdepartementet (정부의) 주택부(住宅部)

Bostadsdomstolen 주택 법원.

bostadsfråg|a *−an −or* 주택문제.

bostadsförmedling *~en ~ar* 주택소개소(군(kommun)에서 관장하는 알선·소개소).

bostadskvarter *~et ~* 주택구역.

bostadskö [−kø:] *~n ~er* 주택 청약 순번.

bostadslägenhet *~en ~er* 아파트.

bostadsrätt *~en ~er* 전세 입주권(무기한 아파트를 이용할 권리).

bostadsrättsförening *~en ~ar* 전세 입주권 협회(전세입주용 아파트를 소유하여 회원들에게 임대, 관리함).

boställe *~t ~n* 공관(公館)(목사, 행정 관리 등에게 봉급의 일부로 제공하는).

bo|sätta *−sätter −satte −satt rfl.* ~ sig 정착하여 살다, 거주하다.

bosättning *~en ~ar* 주택의 건축,

정착, 정주(定住); 가정을 이룸.

bosättningsaffär *~en ~er* 가정용품 판매 상점.

bosättningslån *~et ~* 정착 대여금 (처음으로 가정을 꾸리는 사람에게 정부가 살림살이의 구입을 위해 대부해 주는 제도).

bot *~en 0* ① 치료[제]; råda ~ på(för) …을 치료하다, 고치다(바로 잡다); skaffa ~ för …의 치료 방법을 찾아내다 ② 【종교】 (특히 가톨릭교회에서 죄에 대한) 보속(補贖); göra ~ och bättring 속죄하다 ③ 【법률】 벌과금, 벌.

bota *~r ~de ~t tr.* ① (병을) 치료하다, 낫게 하다(läka) ② 교정하다, 바로 잡다(avhjälpa).

botanik *~en 0* 식물학.

botaniker *~n ~* 식물학자.

botanisera *~r ~de ~t itr.* 식물 채집을(연구를) 하다.

botanisk *a.* 식물학의, 식물연구의; ~ trädgård 식물연구를 위한 식물원.

botanist *~en ~er* 식물학자.

botemed|el *-let ~* 치료제, 치료약.

botfärdig *a.* (죄를) 뉘우치는, 보속하는, 속죄하는.

botfärdighet *~en 0* 죄를 뉘우침.

botförar|e *-[e]n ~* 참회하는 사람; (죄에 대한) 보속[생활]을 하는 사람.

botföring *~en ~ar* 참회, 보속[행위].

botpredikan (불변화 en-명사) 회개와 속죄를 촉구하는 설교.

bott|en *-nen -nar* ① 밑바닥, (바다·호수의) 밑, (광산·우물 등의) 밑; (비유적) 형편없는 것, 좋지 않음; det här är ~ 이것은 아주 형편없다; det är ingen ~ i honom 그의 식욕은 한(限)이 없다; känna ~ 배부르게 느끼다; nå ~ 발끝이 물밑에 닿다, 좌초하다, (값·운명 따위가) 밑바닥에 닿다; dricka [glaset] i ~ 끝까지 [죽] 들이키다; drick i ~!(~ opp!) 건배합시다!(잔을 비워서 끝까지 들이킴을 의미); i grund och ~ 완전히, 원래; gå till ~ 가라앉다, 탐구하다; gå till ~ med en sak …을 자세하게(철저하게) 조사(탐구)하다 ② (2층 이상 건물의) 1층; på nedre ~ 1층에 ③ (직물·장판지 등의) 바탕색, 바탕 모형.

botten|frysa *-fryser -frös -frusit itr.* 완전히 (밑바닥까지) 얼다.

bottenfärg *~en ~er* ① ☞ **botten** ③ ② 초벌칠.

botteninteckning *~en ~ar* 첫 번째 저당(표시).

bottenkurs *~en ~er* (그래프의) 최저 수준, 최저가(價).

bottenkänning *~en ~ar* (배의 밑바닥이) 바다 또는 호수 밑바닥에 닿음, 좌초; ha ~ 좌초하다.

bottenlån *~et ~* 첫 번째 저당을 잡히고 받는 대부(貸付).

bottenlös *a.* 끝이 없는, 무한정한; ~a vägar 통행할 수 없는(질퍽질퍽한) 흙탕길.

bottenpris *~et, ~er/~* 최저 가격.

bottenrekord *~et ~*, det här är ~[et] 최하의 기록이다(최저 기록 갱신).

bottenreva *~r ~de ~t tr.* 【항해】 마지막 축범부(縮帆部)를 말아 올리다.

bottenrik *a.* 아주 부유한(stenrik).

bottensats *~en ~er* 앙금, 침전물, (포도주 따위의) 재강, 찌꺼기.

bottenskrap *~et 0* 깎은 부스러기,

쓰레기, 찌끼.

bottenskyl | a *-an -or*, ha ~ 밑바닥을 덮을 만큼 충분하다.

bottenvåning *~en ~ar* (이층 이상 건물의) 1층, 맨 아래층.

bottenärlig *a*. 매우 솔직한.

bottịn *~en ~er* 고무 덧신, 오버 슈즈(overshoes).

bottna *~r ~de ~t itr*. ① (바닥에) 닿다, 가라앉다 ② ~ i …에 기인하다, …에 근거를 두다.

botövning *~en ~ar* (속죄를 위한) 참회, 고행.

boudoir/budoar [bɷdɷạ:r] *~en ~er* (상류) 부인의 내실.

boulevard/bulevard *~en ~er* 넓은 가로수 길(산책길).

bouppteckning *~en ~ar* 재산 목록(채무 · 재산 상태를 조사한 목록), 재산상태 조사.

bouquet [bɷkẹ] *~en ~er* (포도주, 코냑 따위의) 향기, 맛.

bourgogne [bɷrgọnj] *~n 0* 부르고뉴(Burgundy; 프랑스의 동남부 지방산 포도주).

boutredning *~en ~ar* 재산 정리(특히 유산을 상속자에게 남기기 위한), 재산 관리.

boutrednings | man *~nen -män* 재산관리[정리]인.

bov *~en ~ar* 악당, 깡패, 불량배(skurk, usling).

bovaktig *a*. 악한(악당)같은, 악당이 하는 짓과 같은.

bovaktighet *~en 0* 악당(악한)같음, 악당 같은 짓(행동).

bovete *~t 0* 【식물】 메밀.

bovfysionomi *~n ~er* 악당처럼 생긴 얼굴(관상).

bowling [bọvliŋ] *~en 0* 【운동】 볼링.

bovstreck *~et ~* 악당이 하는 짓, 야비한(비열한) 행동.

box *~en ~ar* ① 상자(låda) ② (주먹으로) 한방 갈기기, 강타.

boxa *~r ~de ~t tr. itr*. (주먹으로) 갈기다, 강타하다; 권투 연습을 하다.

boxar | e *-[e]n ~* 권투선수.

boxa | s *~ -des -ts dep*, 권투[경기]를 하다; ~ med kamraterna 친구들과 권투[경기]를 하다; ~ mot svenske mästaren i lättvikt 플라이급 스웨덴 챔피언과 권투 경기를 하다.

box | er *-ern -rar* 【동물】 복서(bulldog 비슷한 꼬리가 짧은 개).

boxhandsk | e *-en -ar* 권투 장갑.

boxkalv *~en 0* 복스카프(box-calf, 구두 · 가방 따위를 만드는 데 쓰이는 무두질한 송아지 가죽).

boxning *~en ~ar* 권투; 권투 경기.

boxningsmatch *~en ~er* 권투 경기.

bra[1] *bättre bäst* (불변화형용사) ① 좋은; 남 보기 흉하지 않은, 꽤 좋은; 우수한, 훌륭한, 제1류(급)의; 만족할 만한, 더할 나위 없는; ~! 좋아!, 멋있어!; det är(var) ~! 아주 좋소!; det var ~, att du kom 참 잘 왔소; det är ~ så! 충분하오, 좋습니다; blir det ~? 잘 될까요?; vara ~ (användbar) att ha 쓸모가 있다, 유용하다; det är ~ dem emellan 그들은 사이가 좋다; vad ska det vara ~ för? 그것이 무슨 소용이 있느냐?; han är ~ i engelska 그는 영어에 능숙하다; ~ (nyttig) mot förkylning 감기

에 좋다 ② 건강한(frisk); han är ~ igen 그는 건강을 되찾았다 ③ (수량 · 크기 따위가) 적지(작지) 않은.

bra[2] *adv*. ① 잘, 좋게(väl, gott); 훌륭하게, 만족스럽게, 멋지게; tack, [mycket] ~ (안부를 묻는 인사에 대한 답으로써) [아주] 좋습니다; hon dansar ~ 그녀는 춤을 잘 춘다; ha det ~ 편안하다, 행복하다; ha det ~ [ställt] (경제적으로) 잘 살다, 유복하다; ha det [så] ~! 즐겁게 보내시오, 즐거운 시간 되세요!; boken slutar ~ 그 책은 행복한 결말로 끝난다; se ~ ut a) (사람의 얼굴이) 잘 생겼다, 미모이다 b) (사건 등이) 잘 되어가는 것 같다; jag mår inte riktigt ~ 몸 상태가 별로 좋지 않다; jag får ~ betalt 나는 보수가 좋다; det dröjde ett ~ tag innan …하기까지 상당한 시간이 걸렸다; jag skulle ~ gärna vilja veta 나는 정말로 알고 싶다; ta ~ med (smör) (버터를) 충분히 섞다(듬뿍 바르다).

brack|a *-an -or* 속된 사람; 실리주의자; 교양 없는 사람.

brackig *a*. 잘난 체 하는, 마음이 편협한, 야비한.

brackighet *~en 0* 속물근성; 실리주의; 교양 없음.

bragd *~en ~er* 공훈, 공적(空寂), 위업, (영웅적) 업적.

bragelöfte *~t ~n* 엄숙한(과장된) 서약.

bragt ☞ **bringa**.

bragte ☞ **bringa**.

braindrain *~en 0* 두뇌 유출.

brak *~et 0* ① (무너지거나 충돌할 때 나는) 요란한 소리; (☞ **dunder**) ② 파멸, 붕괴 ③ (비행기의) 추락.

braka *~r ~de ~t itr*. 와지끈 소리를 내며 부서지다(산산조각 나다); 굉장한 소리를 내다; 날카로운 폭음을 내다; ~ ihop 충돌하다; ~ ned (비행기가) 추락하다, 무너지다; ~ [sönder] 쨍그랑하며 깨지다, 지끈하며 부서지다.

brakmiddag *~en ~ar* 굉장한(훌륭한) 만찬(dinner).

brakved *~en 0* 【식물】 갈매나무.

braman/bramin *~en ~er* 브라흐마나(婆羅門, 인도의 사성(四姓) 중에서 가장 높은 승려계급 사람들).

bramanism *~en 0* 바라문(교).

bramseg|el *-let 0* 돛대(아래로부터 세 번째 돛대)에 맨 가로돛.

bram|stång *~en ~stänger* 세 단계로 구분된 돛대의 맨 윗부분.

brand *~en bränder* ① 불, 화재, 큰 화재; med hjärtat i ~ 마음이 활활 타올라; råka i ~ 불이 붙다; stå i ~ 불이 나다, 화재가 발생하다; sätta … i ~, …에 불을 지르다, (감정 따위) 부채질하여 격하게 하다 ② 【병리학】 회저(壞疽), 탈저정(脫疽疔) ③ 【식물】 말라죽는 병, 충해(蟲害).

brandalarm *~et ~*, automatiskt ~ 자동 화재경보.

brandbil *~en ~ar* 소방[자동]차.

brandbomb *~en ~er* 소이탄(적의 인축 · 가옥을 불살라 버리는데 쓰는 포탄이나 폭탄).

brandchef *~en ~er* 소방대장.

branddörr *~en ~ar* 내화성(耐火性) 문.

brandfackl|a *-an -or*, bli(kasta

[ut]) en ~ 열띤 토론을 일게 하다.
brandfar|a *-an -or* 화재위험.
brandfast *a.* 불타지 않는.
B
brandförsäkra *~r ~de ~t tr.* …을 화재보험에 들다.
brandförsäkring *~en ~ar* 화재보험.
brandgat|a *-an -or* 방화대(防火帶), 방화선.
brandgul *a.* 불꽃같은 색깔의, 적황색(赤黃色)의.
brandhärjad *a.* 화재가 휩쓴.
brandkår *~en ~er* 소방대, 소방서.
brandkårsutryckning *~en ~ar* 소방대 출동; (비유적) 긴급조치, 비상대책.
brandlukt *~en ~er* 타는 냄새, 탄내.
brandman *~nen brandmän* 소방수, 소방대원.
brandmur *~en ~ar* 방화벽, 내화성 벽.
brandpost *~en ~er* 소화전(消火栓).
brandredskap *~et/~en, ~* 소방기구, 소방장치.
brandrisk *~en ~er* 화재위험.
brandrök *~en ~ar* 화재연기; det luktar ~ 불타는 냄새가 나다.
brandsignal *~en ~er* 화재경보(火災警報).
brandskad|a *-an -or* 화재손상(火災損傷), 화재손실.
brandskadad *a.* 화재로 손상된(손실된).
brandskatta *~r ~de ~t tr.* 빼앗다, 약탈하다; 【상업】 교묘한 수단으로 폭리를 취하다.
brandskydd *~et ~* 화재예방[기구].
brandskåp *~et ~* 화재경보장치가 든 상자.
brandslang *~en ~ar* 소화용 고무관(호스).
brandsläckar|e *-[e]n ~* 소화기(消火器).
brandsläckning *~en ~ar* 소방 활동, 소방.
brandsläckningsarbete *~t ~n* 소방 작업.
brandsoldat *~en ~er* ☞ brandman.
brandsprut|a *-an -or* 소방용 펌프.
brandstation *~en ~er* 소방서.
brandsteg|e *-en -ar* 비상[소방] 사닥다리, 비상계단, 피난용 사닥다리, 신축(伸縮) 사닥다리.
brandstodsbolag *~et ~* 화재보험회사.
brandsyn *~en ~er* 화재 예방시설 점검.
brandsäker *a.* 내화성의, 방화의. ☞ brandfri.
brandtal *~et ~* 격앙(激昂)시키는 연설, 선동적 연설.
brandvakt *~en ~er* [방화]경비원; gå ~ 밤새 자지 않고 거리를 헤매다.
brandvägg *~en ~ar* 【정보통신】 방화벽(防火壁)(네트워크에 접근하려는 접속자들을 제어하여 네트워크 보안을 유지하는 시스템).
brandväsen *~det ~*/brandväsende *~t ~n* 소방체제(기구·시설·인원 포함).
brann ☞ brinna.
bransch *~en ~er* 기업부문.
branschkännedom *~en ~ar* 통상거래에 대한 지식(정보).
brant[1] *a.* 가파른, 경사가 급한, 험한.
brant[2] *~en ~er* ① 절벽, 낭떠러지(stup) ② 가장자리, 맨 끝, 변두리;

på undergångens ~ 파멸의 직전에.

brant[3] *adv*. 가파르게 stupa ~ ned 수직으로 떨어지다.

bras|a *-an -or* (몸을 따뜻하게 하거나 분위기를 돋구기 위해 피워놓은) 모닥불; tända en ~ 불을 피우다.

brasilian *~en ~er* ☞ **brasilianare**.

brasilianar|e *-[e]n ~* 브라질 사람.

brasiliansk *a*. 브라질의.

briasiliansk|a *-an -or* 브라질 여자.

Brasilien 브라질.

braskande *a*. 화려한, 눈에 반짝 띄는 (striking), 보기에 좋은; ~ annonser 눈에 확 띄는 광고.

brasklapp [brask-] *~en ~ar* 【법률】 심중유보, 마음속에 감춤.

brass *~en ~ar* 【항해】 아딧줄(돛단배의 활대 밧줄).

brassa *~r ~de ~t* ① *tr*. *itr*. 버티다, 떠받치다, 죄다, 고정시키다; 【항해】 (야드 돛의) 방향을 바꾸다 ② *itr*. ~ på a) (난로 따위에) 불을 피우다, (화로 따위에) 불을 때다(elda) b) 탄약을 마구 쏴대다, 헛되이 쏘다 (skjuta).

brast ☞ **brista**.

Braunschweig [braʊnʃvajg] 브런즈윅 (독일 중부의 주(州), Brunswick).

bravad *~en ~er* (큰) 공, 공훈, 업적, 성취; ~er 행실, 행동(doings).

bravera *~r ~de ~t itr*. 자랑하다, 떠벌리다(skryta).

bravo *itj*. 잘한다! 좋아! 브라보!; 찬성이오! 옳소! (연설자에게).

bravorop *~et ~* 갈채, 환호, 브라보 소리.

bravur *~en 0* 취미로 즐기는 미술, 골동품 애호; 예술상의 묘기; med ~ 찬란하게, 빛나게, 훌륭히.

bravurnum|er *-ret ~* 전시용 우수 견본, 특별품, 자랑거리.

brax|en *-en -nar* 잉어 과의 식용어; 도미 류.

bre ☞ **breda**.

bred *brett a*. 폭이 넓은, 광대한, 크게 열린, 광범위에 걸치는; på ~ basis 대규모로; de ~a lagren 일반대중, 근로자; en kort och ~ näsa 납작코; den ~a vägen (셰익스피어 작 햄릿에서) 환락의 길; göra sig ~ 자기의 권리를 주장하다, 자기를 내세우다.

bred|a *-er -de brett* Ⅰ. *tr*. *rfl*. 펴다, 펼치다, 늘이다; ~ en smörgås 빵조각에 버터를 바르다, 샌드위치를 만들다 Ⅱ. ~ på 겹쳐 두껍게 만들다, 과장하다; ~ ut (가지 따위가) 뻗다, (팔 · 양손 따위를) 벌리다, 내밀다; ~ ut sig över ngt …에 대해서 상세히 설명하다, 부연하다.

bredaxlad *a*. 어깨가 딱 벌어진.

bredband *~et ~* 【정보통신】 광대역 [broadband] (기술 개발에 따라 범위도 확대되는 상대적 개념으로서, 보통보다 아주 넓거나 빠른 대역. 주파수 이외에도 데이터 속도나 공간 개념 등을 나타낼 때에도 사용됨).

bredbandsnät *~et ~* 광대역 망.

bredbar *a*. (버터 등이 빵조각에) 바르기 쉬운.

bredbent [-be:nt] *a*. 양쪽 다리를 쩍 벌린; stå ~ 양쪽 다리를 쩍 벌리고 서 있다.

bredbrättad *a*. 가장자리가 넓은, (모자의) 테가 넓은.

bredd *~en ~er* ① 너비, 폭; 【선박】 선복(船腹), 최대선폭(船幅); gå i ~

나란히 걷다; i ~ med ngt …와 나란히; det är en meter på ~en 너비가 1미터이다; mäta ngt på ~en …의 너비를 재다 ② 【지리】 위도(緯度), 위선(緯線), 씨줄; på 20° sydlig ~ 남위 20°.

bredda *~r ~de ~t tr.* 넓히다, 확장하다.

bredde ☞ **breda**.

breddgrad *~en ~er* 위도(緯度); 38 ~en 38° 위선(緯線).

bredmunt/bredmynt *a.* 입이 넓은.

bredrandig *a.* 넓은 줄무늬가 진.

bredsid|a *-an -or* ① 큰 물체의 넓은 면 ② 군함의 우현 또는 좌현 대포들의 일제 사격.

bredvid[1] *adv.* 바로 곁에; i huset ~ 이웃집에; han gick ~ (hela vägen) 그는 내 옆에 서서 걸어갔다; hälla ~ 잔을 잘못 붓다; han förtjänar en del ~ 그는 일부 부수입이 있다.

bredvid[2] [bre[d]vi:d/bre:[d]vid] *prep.* …의 곁(옆)에; 접근한, 인접한 (intill); (…와) 나란히, …에 접하여; …에 더하여, …위에 또(förutom); ~ mig 내 곁에; ~ varandra 나란히; prata ~ munnen 비밀을 누설하다.

bredvidläsnings|bok *-boken -böcker* 참고서, 부교재.

bretagnar|e [-tạnja-] *-[e]n ~* 브리타니(프랑스의 한 지방)사람.

Bretagne [-tanj] 브리타니.

bretagnisk [-tanjisk] *a.* 브리타니의.

brett[1] ☞ **breda**.

brett[2] *adv.* 넓게, 널리; tala vitt och ~ 장황하게 말하다.

brev *~et ~* 편지, 짧은 통지문, 전달, 통신; (신약성서 중의) 사도행전; genom (per, i) ~ 편지로; få(skriva) [ett] ~ 편지를 받다(쓰다); tack för ~et 주신 편지 감사합니다; komma som ett ~ på posten 결과가 불가피하게 나타나다, 느닷없이 나타나다.

brevbefordran (불변화 en-명사) 전송, 송달.

brevbärar|e *-[e]n ~* 우편 집배인, 우체부.

brevbäring *~en 0* 우편배달, 전달.

brevcensur *~en 0* (관공서의) 서신검열.

brevduv|a *-an -or* 전서(傳書) 비둘기.

brevfråg|a *-an -or* ① (신문, 라디오, TV, 질문 프로에 필요한) 서신질문 ② 시청자가 편지로 답하는 현상퀴즈.

brevhemlighet *~en ~er* 통신 비밀.

brevhuvud *~et ~* 편지 윗부분의 인쇄문구(회사명 · 소재지 따위).

breviạri|um *-et -er* 【가톨릭】 일과(日課) 기도서.

brevinkast *~et ~* (대문이나 벽에) 편지를 넣도록 낸 구멍 또는 틈.

brevkorg *~en ~ar* (편지 · 서류 따위를 넣어두는) 바구니 또는 상자.

brevkort *~et ~* 우편엽서(postkort).

brevledes *adv.* 편지로.

brevlåd|a *-an -or* 우체통; 편지를 집어넣는 구멍, 틈(대문이나 벽에).

brevpapper *~et ~* 편지지; ~ och kuvert 편지지와 봉투.

brevporto *~t ~n* 우편요금.

brevpress *~en ~ar* 서진(書鎭), 문진(文鎭), 책장, 종이쪽이 바람에 날리지 않도록 누르는 물건.

brevsamlingspärm *~en ~ar* 편지철

(綴).
brevskol|a *-an -or* 통신학교(대학).
brevskrivar|e *-[e]n ~*/**brevskriversk|a** *-an -or* 편지 쓰는 사람, 통신원.
brevskrivning *~en ~ar* 편지쓰기, 통신.
brevtelegram *~met ~* 서신전보 (요금이 싸며 보통전보보다 느림).
brevvåg *~en ~ar* 우편 저울.
brevvän *~nen ~ner* 편지를 통하여 사귀는 친구, 펜팔친구.
brevväxla *~r ~de ~t itr*. 교신하다, 서신왕래를 하다.
brevväxling *~en ~ar* 통신, 교신, 서신 왕래.
brick|a *-an -or* ① 쟁반; en ~ full med 쟁반 가득히; 접시(plåt) ② 배지, 기장(identitets~, polis~) ③ 점검 번호표(nummer); 산가지(카드놀이 등에서 득점 계산에 쓰는 나뭇조각 따위의 작은 원판) ④ 서양장기의 말;; en ~ i spelet 경기(시합)에 있어서 한 개의 졸(卒, 앞잡이) ⑤【기계】(볼트의) 따리쇠.
brickduk *~en ~ar* 쟁반 탁자보, (쟁반) 행주.
brickplockar|e *-[e]n ~* 쟁반, 식기 등을 치우는 사람(손님이 직접 음식을 가져다 먹는 식당에서).
bridge [-idʃ] *~n 0* 브리지(카드놀이의 일종).
bridgelag *~et ~* 브리지 놀이 편(팀).
birdgeparti *~et ~er* 브리지 게임.
brigad *~en ~er*【군사】여단(旅團).
brigadgeneral *~en ~er* 여단장; (미국) 육군준장.
bigg *~en ~ar* (가로돛의) 쌍돛대 범선의 일종.
brikett *~en ~er* 연탄; (분탄으로 만든) 고형 연료.
briljant[1] [-aŋt/-ant] *a*. 찬란히 빛나는, 훌륭한; 머리가 예리한.
briljant[2] *adv*. 화려하게, 재기 넘치게.
briljant[3] *~en ~er* 브릴리언트 형으로 다듬은 다이아몬드[보석].
briljantin *~et/~en, 0* 포마드(윤내는 머릿기름)의 일종.
briljantsmycke *~t ~n* 다이아몬드 장식품.
briljera *~r ~de ~t itr*. 자랑해 보이다, 과시하다; ~ med sin engelska 자신의 영어를 과시하다.
brillor (복수명사)【속어】안경.
bring|a[1] *-an -or* 가슴, 옷가슴; (짐승의) 가슴 [고기].
bring|a[2] *-er, bragte/~de, bragt/~t tr*. (물건을) 가져오다, (사람을) 데려오다; ~ ngn hjälp …에게 도움을 제공하다; ~ olycka över …에게 파멸을 초래하다; ~ ngn sin hyllning …에게 경의를 표하다; ~ ngn till förtvivlan …를 절망 속으로 몰아넣다; ~ ngn om livet …를 죽게 하다; ~ (förmå) ngn (till) att göra ngt …로 하여금 …하도록 유도하다; ~ det därhän att man är skuldfri 부채에서 벗어날 지경에 이르다.
brink *~en ~ar* (가파른) 언덕(backe); älv~ (가파른) 강 언덕.
brinn|a *-er brann brunnit* Ⅰ. *itr*. 타다, 불타다, 화재가 나다; (감정 따위가) 격해지다; ~ av nyfikenhet 호기심에 불타다; ~ av otålighet 조바심으로 안달을 하다; det -er hos herr A (i gardinen) A씨 댁 (커텐)에 불이

났다; det −er i spisen 요리용 레인지에 불이 피워졌다; det −er i hallen 현관에 불이 났다 Ⅱ. (강세접사와 함께) ~ av (총알이) 나가다; (폭탄이) 터지다; ~ inne (실내에 갇힌 채) 타죽다; ~ ned(ner) (집 따위가) 전소하다, 소진하다; (모닥불의) 불기운이 죽다; ~ upp 타서 없어지다; ~ ut 다 타버리다; elden har brunnit ut 불이 다 꺼졌다.

brinnande *a*. (불이) 타고 있는, 뜨거운; 강렬한, 격심한; ~ bön 열렬한 기도; ~ kärlek 불타는 사랑; ett ~ ljus 불 켜진 초; springa för ~ livet 죽을 힘을 다하여 달리다; mitt under ~ krig 전쟁이 한창 진행되는 중에.

brio *~n 0*, med ~ 생기 있게, 활기를 가지고.

bris *~en ~ar* 산들바람, 미풍, 연풍(軟風, breeze).

brisera *~r ~de ~t itr*. 터지다, 폭발하다, 파멸하다.

brist *~en ~er* ① 부족, 결핍, 결여; ~ på lärare 교원 부족; ~ på omdöme (utrymme) 판단(장소)의 부족; lida ~ på …이 부족하다; i(av) ~ på …의 부족으로; i ~ på bättre 좀 더 나은 것이 없어서 ② 결함, 결점(bristfällighet, ofullkomlighet) ③ 결손, 부족(underskott); täcka ~en 결손을 메꾸다.

brist|a *−er brast brustit itr*. ① 터지다, 파멸하다; 깨지다; 부러지다(gå av, gå sönder); 무너지다, 꺾이다(ge vika); 쪼개지다, (천 따위가) 찢어지다; (눈이) 희미해지다; (희망·환상이) 깨지다, 좌절되다; brustna illusioner 깨어진 환상; det var som om hjärtat ville ~ 내 가슴이 터질 것만 같았다; dö av brustet hjärta 실연(失戀)으로 죽다; mitt tålamod brast 나의 인내가 꺾이고 말았다; ~ i gråt 울음을 터뜨리다; ~ ut i skratt 폭소하다 ② 미치지 못하다(fattas), 부족하다; ~ i aktning 존경심이 모자라다; ~ i lydnad 복종심이 부족하다.

bristande *a*. 결핍된, 불충분한(otillräcklig); 부적절한; 결점이 있는, 모자라는 점이 있는(bristfällig); ~ betalning 지불하지 않음, 지불 불능(거절); ~ kunskaper 불충분한 지식; ~ uppmärksamhet 부주의.

bristfällig *a*. 결함이 있는, 불완전한; 그릇된; 불충분한.

bristfällighet *~en 0* 결점, 결함.

bristning *~en ~ar* 터지기, 깨짐, 균열.

bristningsgräns *~en 0* 【물리】 파열점(破裂點); fylla till ~en 용량의 한계점까지 채우다.

bristsjukdom *~en ~ar* 【병리】 비타민 결핍증, 영양실조.

brits *~en, ~ar/~er* (배·기차에 있는 선반 모양의) 침상(대).

britt *~en ~er* (고대의) 브리튼 사람, 【문어】 영국 사람; 영국 [본토] 사람(Britisher); ~erna 영국 사람들(보통 스코틀랜드와 웨일즈인도 포함).

brittisk *a*. 영국의; B−a öarna 영국 제도(諸島).

brittsom|mar *~[e]n −rar* (늦가을의) 봄날 같은 화창한 날씨(Indian summer).

bro *~n ~ar* 다리(bridge); slå en ~ över (강에) 다리를 놓다.

broavgift *~en ~er* 교량 통과료, 다리세.

brobyggar|e *-[e]n ~* 교량 건설업자.

brobygge *~t ~n*/**brobyggnad** *~en ~er* 교량 건설.

brobänk *~en ~ar* 선창, 돌제(突堤)(화물의 선적, 하역 작업을 위해 육지에서 강이나 바다로 길게 내밀어 둑같이 만든 시설).

broccoli [brọk-] *~n 0* 브로콜리(양배추의 일종).

brock *~et ~* 【병리】 헤르니아, 탈장(脫腸, hernia).

brockband *~et ~* 【의학】 헤르니아(탈장) 대(帶).

brodd *~en ~ar* ① 【생물】 유아(幼芽), 배(胚), 배종(胚種), 눈, 새싹; sädes ~ 갓 나온 새싹; skjuta ~ 싹트다 ② 큰 못, 담장 못(끝이 날카로운, 담 따위에 박는), (신창 · 말굽 · 쇠굽 등에 박는) 징.

brodda *~r ~de ~t tr.* 징을 박다, 큰 못으로 박다.

broder *~n bröder*(☞ **bror**) 형제; (복수형) 같은 교회 신도, 조합의 조합원, 동업자(brethren); Bröderna Grimm 그림 형제; Bröderna Ek "에크 형제" 회사; Bäste Bror Jan, 얀 형께(편지 서두); dela som bröder ☞ [dela] **broderligt**.

brodera *~r ~de ~t itr. tr.* 수놓다; ~ ut 윤색하다, 과장하다, 장식하다.

broderbåg|e *-en -ar* 수틀.

broderfolk *~et ~* 형제나라 국민.

brodergarn *~et 0* 수놓는 실.

broderi *~et ~er* ① 자수, 자수품 ② 윤색(潤色), 장식.

broderlig *a.* 형제의, 형제다운(fraternal); 친밀한.

broderlighet *~en ~er* 형제의 사랑(우애).

broderligt *adv.* 형제같이, 형제답게; dela ~ 공평하게 나누다.

brodermord *~et ~* 형제(자매) 살해[죄].

brodermördar|e *-[e]n ~* 형제(자매) 살해범.

broderskap *~et 0* ① 형제의 연분(緣分), 정의; 형제간 ② 협동단체, 조합, 협회.

broderparti *~et ~er* 자매 당(유사한 정치적 이념을 가진 여러 국가 간의 정당들).

broderskärlek *~en 0* 형제간의 사랑, 우애.

brofäste *~t ~n* 교대(橋臺), 교량의 양쪽 끝을 받치는 기둥.

brohuvud *~et, ~/~en* 【군사】 교두보(橋頭堡).

brokạd *~en ~er* 무늬를 두드러지게 짠 옷감, 능라(綾羅).

brokig *a.* ① 잡색(雜色)의, 얼룩덜룩한(av) ② 잡다한, 잡동사니의.

brokighet *~en ~er* 변덕스러운 성질; 변화, 다양성, 변종.

brokigt *adv.* 저속하고 화려하게; ~ klädd 화사한 색깔의 복장을 한.

brom [-ɔ-] *~en 0* 【화학】 취소(臭素, 기호 Br, 번호 35).

broms *~en ~ar* ① 【동물】 말파리, 쇠등에; 귀찮은 사람 ② 【기계】 브레이크, 제동기; 【비유】 저지, 견제(på).

bromsa *~r ~de ~t* Ⅰ. *tr.* 브레이크를 걸다; 저지하다, 방해하다 Ⅱ. *itr.*

제동이 걸리다.

bromsanordning *~en ~ar* 브레이크 장치.

bromsback *~en ~ar* 제동자(制動子, 바퀴나 브레이크 드럼을 눌러서 돌지 못하게 하는 장치).

bromsband *~et ~* 제동 마찰대(-帶, 제동 대에 부착한 내(耐) 마찰제).

bromsning *~en ~ar* ① 제동 ② 방해, 저지.

bromspedal *~en ~er* 제동 페달.

bromsraket *~en ~er* 역진(逆進) 로켓 (로켓, 인공위성 따위를 감속시켜 천체에 착륙하게 하기 위한 보조 로켓 또는 제트 엔진).

bromssträck|a *-an -or* 제동 거리.

bromsvätsk|a *-an -or* 제동 장치 내에 사용되는 액체.

bronker [brɔŋkər] (복수명사) 기관지.

bronkit *~en ~er* 기관지염.

brons [brɔŋs/brɔns] *~en ~er* 청동(青銅).

bronsera *~r ~de ~t tr. itr.* 청동 빛으로 만들다(되다).

bronsfärg *~en ~er* 청동색[물감].

bronsmedalj *~en ~er* 동메달.

bronsstaty *~n ~er* 동상(銅像).

bronsålder *~n 0* 【고고학】 (대체로 B.C. 2300년경에 시작되는) 청동기(青銅器) 시대.

bror ☞ **broder**.

brorsbarn *~et ~* 조카.

brors|dotter *~n -döttrar* 조카딸(姪女).

brorskål *~en ~ar*, dricka ~ 서로 존칭을 안 쓰기로 하며 건배하다.

bror|son *~en -söner* 조카, 생질 (nephew).

broräcke *~t ~n* 다리의 난간.

brosch [-ɔ-] *~en ~er* 브로치 (brooch).

broschyr [-ɔ-] *~en ~er* 팸플릿 (pamphlet), 작은 책자; (불어) 가철(假綴)한 책(brochure); reklam~ 낱장의 광고용 인쇄물(folder).

brosk [-ɔ-] *~et ~* 【해부학】 연골(軟骨) 조직.

broskartad [-ɑː-] *a.* 연골질의, 연골과 같은.

broslagning *~en ~ar* (임시)교량 가설.

brospann *~et ~* 교량의 경간(徑間, 지주(支柱) 사이의 거리).

brotsch *~en ~er* 리머(reamer) 확공기(擴孔器), 구멍 뚫는 송곳; 꼬챙이.

brott [-ɔ-] *~et ~* ① 깨진 틈, 깨짐, 파손; ben~ 절골(折骨) ② sten~ 채석장 ③ 범죄(mot) ④ 위반, 반칙, (계약 따위의) 불이행(mot).

brottar|e [-ɔ-] *-[e]n ~* 레슬링 선수, 씨름꾼, 장사(壯士).

brotta|s *~ -des -ts itr. dep.* 씨름하다, 맞붙어 싸우다, (문제를 해결하려고) 노력하다.

brottmål *~et ~* 형사 사건.

brottmålsdomar|e *-[e]n ~* 형사재판소 판사.

brottmålsdomstol *~en ~ar* 형사재판소.

brottning *~en ~ar* 레슬링; 발버둥질, 몸부림, 노력, 악전고투.

brottsbalk *~en 0* 형법.

brottsjö *~n ~ar* 부서지는 파도, 넘나드는 흰 파도.

brottsförebyggande *a.* 범죄 예방의.

brottslig *a*. 범죄[성]의, 형사상의; 중범죄의, 벌주어야 할, 응징해야 할 (straffbar); den ~e 범죄자, 형사피고 (skyldige).

brottslighet *~en 0* 범죄[행위], 범죄성; 유죄·과실이 있음; ~en ökar 범죄가 증가하다.

brottsling *~en ~ar* 범인.

brottsplats *~en ~er* 범죄 현장.

brottstycke *~t ~n* 부서진 조각, 단편 (추상적 의미).

brottställe *~t ~n* 골절된 부위, 좌상 (挫傷).

brottsäker *a*. 도난 방지(장치)의.

brottyt|a *–an –or* 【지질】 갈라진 곳, 단구(斷口).

brovalv *~et ~* 다리(橋) 안쪽의 궁형 (弓形)문, 아치.

brr *itj*. 으스스(추위에 떨면서 내는 소리).

brud *~en ~ar* ① 신부, 새색시; hemföra ngn som [sin] ~ …를 신부로 집에 데려오다; stå ~ 결혼하다; klädd till ~ 신부 복장을 한, 웨딩드레스를 차려입은 ② (일반적으로) 여자, 아가씨의 의미로도 쓰임; pang~ 아주 매력적인 아가씨.

brudbukett *~en ~er* 결혼식에서 신부가 드는 꽃다발, 부케.

brudfölje *~t ~n* 들러리, 결혼식장에서 신랑, 신부를 뒤따르는 사람들.

brudgum *~men ~mar* 신랑.

brudklänning *~en ~ar* (흰색의) 신부복, 웨딩드레스.

brudkron|a *–an –or* 신부의 머리위에 얹는 화관(花冠).

brudnäbb *~en ~ar* 신랑 신부 앞에 서는 들러리 아동.

brudpar *~et ~* 신랑 신부; ~et A, 결혼하는 한 쌍 A씨께(전보용).

brudslöj|a *–an –or* 면사포.

brudstol *~en ~ar*, gå(träda) i ~ 결혼하다.

brudsäng *~en ~ar* 신혼 첫날 밤 침대 (이부자리).

brudtärn|a *–an –or* 결혼식장에서 신부를 돌보는 젊은 처녀.

bruk *~et ~* ① 사용, 이용, 용도; göra ~ av …을 이용하다; för [mitt] eget ~ [내] 자신의 용도로; ha ~ för …을 사용하다, …의 용도를 알게 되다; komma i ~ 쓰게 되다, 유행이 되다; komma ur ~ 못쓰게 되다, 유행이 지나가다; ta ngt i ~, …을 제대로 쓰기 시작하다; färdig att tas i ~ 사용할 수 있도록 준비된; [endast] till utvärtes ~ 외용에 한함; avsedd till skolans ~ 교내 사용을 목적으로 한 ② (개인의) 습관; (사회의) 관습, 실행, 실제, 유행; efter gammalt ~ 옛 습관에 따라; ~et att läsa 독서 습관; seder och ~ 관례와 풍습 ③ (토지) 경작, 경영; ha en gård under eget ~ 농장을 스스로 경영하다 ④ 공장; järn~ 제철소, 철공소; pappers~ 제지공장; ett ~ 공장, 제조소 ⑤ (벽에 바르는) 회반죽, 모르타르.

bruka *~r ~de ~t tr*. ① 쓰다, 사용하다(begagna) ② 경작하다, 재배하다 (odla) ③ 습관적으로 …하다; ~de …하곤 했다, …하는 것이 보통이었다(used to); han ~r(~de) komma vid 3-tiden 그는 보통 3시에 온다(왔다); jag ~r äta lunch kl. 12 나는 보통 12시에 점심을 먹는다; han ~r(~de) sitta i timmar utan att göra någonting 그는 특별히 하는 일도 없이 몇 시간씩 앉아 있곤 한다(앉아있기 일수였다).

B

bruka|s ~ *-des -ts itr. dep.* det ~ inte 흔히 그렇게 하지 않는다.

brukbar *a.* ① 쓸 수 있는, 쓰기에 편리한(användbar) ② 경작할 수 있는(odlingsbar), (과수 따위가) 재배될 수 있는; försätta … ur ~t skick …을 쓸모없게 하다.

brukbarhet *~en 0* 유용성, 유효성, 적합성.

bruklig *a.* 일반적으로 쓰이는; ordet är mycket ~t 그 단어는 자주 사용된다; föga [mindre] ~a talesätt 좀처럼 안 쓰는 말투.

bruksanvisning *~en ~ar* 사용법.

bruksdisponent *~en ~er* (공장, 제철소 등의) 공장장, 소장(verkställande direktör).

bruksföremål *~et ~* 일상용품.

brukshund *~en ~ar* 일하는 개.

brukspatron *~en ~er*/**bruksägar|e** *-[e]n ~* 제철소(제지공장) 사장, 주물공장 소유주.

brukssamhälle *~t ~n* 산업지구, 공장지역.

brum *~met 0* 윙윙, (라디오) 잡음, 멀리서 들리는 소음.

brumbjörn *~en ~ar* 불평가.

brumma *~r ~de ~t itr.* (개, 곰 따위가) 으르렁거리다.

brumning *~en 0* 윙윙거림, 으르렁거림, 잡음, 소음; 투덜댐, 불평.

brun *a.* 갈색의, 무두질하여 가죽 색깔을 띤, 햇볕에 그을린; ~a bönor 붉은 강낭콩.

brunaktig *a.* 갈색을 띤.

brunbränd *a.* 불에 그을린, 햇볕에 타서 구리 빛이 된.

brunett *~en ~er* 거무스름한 피부, 머리칼, 눈을 가진 여자.

brungul *a.* 황갈색의.

brunhyad/brynhyllt *a.* 갈색의, 햇볕에 그을린.

brunkol *~et ~* 갈탄(褐炭), 아탄(亞炭).

brunn *~en ~ar* 샘, 광천(mineral spring), 분수.

brunnen *a.* 타버린 (brinna의 과거분사).

brunnit ☞ **brinna**.

brunnsborrning *~en ~ar* 샘 파기.

brunnskur *~en ~er* 【의학】 수료법(水療法).

brunnsort *~en ~er* 보양지(保養地).

brunnsvatt|en *-net 0* 샘물.

brunrostad *a.* (빵 따위가) 갈색으로 구워진.

brunst *~en 0* (암컷의) 암내, 교미기; (수컷의) 발정(發情), 발정기(期).

brunstig *a.* (암컷의) 암내가 나는; (수컷) 발정기의.

brunsttid *~en ~er* (새의) 교미기.

brus *~et 0* ① (바다, 폭풍우 따위) 노호(怒號), 굉굉한 소리; 큰 파도, 물너울; 【음악】 증음(增音); (라디오) 소음(특히 불쾌하고 비음악적인) ② 슈욱하는 소리; 거품이 이는 음료.

brusa *~r ~de ~t itr.* (사자 따위가) 으르렁거리다, 고함치다, 울리다; (탄산수 따위가) 끓어오르다, 거품이 일다; det ~r i mina öron 내 귀가 윙윙 거린다; ~nde trafik 요란한 교통; en ~nde älv (물결이) 휘몰아치는 강; ~ upp 불끈 화내다, 참을성을 잃다; ~ ut mot ngn …에게 별안간 고함치기 시작하다, 대들다.

brushuvud *~et ~* 성급한 사람 (hothead).

brustit ☞ **brista**.

brutal *a.* 잔인한, 짐승 같은, 난폭한, 야수적인, 무지막지한; ~a metoder 무자비한 방법.

brutalitet *~en ~er* 야만, 잔인성, 무자비.

bruten *a.* 부서진, 깨어진, 터진, 찢어진, (팔, 다리가) 골절된; brutet tak 두 번 경사진 지붕.

brutit ☞ **bryta**.

brutto[1] *~t 0*, ~belopp 총액; ~inkomst 총수입(세금 공제 이전의).

brutto[2] *adv.* 총(總), 전체; ~ för netto 순(純) …에 대한 총[액].

bruttopris *~et, ~/~er* 총 가격.

bruttovikt *~en 0* 총량.

bruttovinst *~en ~er* 총 이익.

bry *~r ~dde ~tt* Ⅰ. *tr.* ① ~ sin hjärna (sitt huvud) med ngt(med att …) …에 대해서 곰곰이 생각하다, 지혜를 짜내다 ② ~ ngn för ngn(ngt) …에 대해 …를 놀려주다 Ⅱ. *rfl.* ~ sig om(bekymra sig) 유의하다, 염두에 두다, 돌보다(tycka om); ~ dig inte om det! 그것에 대해 걱정(염려)하지 마시오; det är ingenting att ~ sig om 그것은 걱정할 필요가 없다; vad ~r jag mig om det? 내가 무슨 상관이냐?; jag ~r mig inte ett dugg om det 나는 그것에 대해서 전혀 개의치 않는다(신경 쓰지 않는다); ~ dig inte om vad han säger 그가 하는 말에 괘념치 말아라.

brydd *a.* 당황한(för), 어리둥절한, 혼란스러운.

bryderi *~et ~er* 당황, 혼란; vara i ~ (villrådig) 당황하다, 우물쭈물하다; försätta ngn i ~, …를 곤경에 빠뜨리다; råka i ~ 당황하게 되다; i ~ för pengar 돈에 곤란을 받아.

brydsam *a.* 난처한, 곤란한, 쩔쩔매게 하는.

brygd *~en ~er* 양조[업], 양조물.

brygg|a[1] *–an –or* 다리(橋); 떠있는 선창(landgång); 【의학】 브리지 기공(技工).

brygg|a[2] *–er –de –t tr.* 양조하다; (커피를) 필터를 사용해서 뽑다.

bryggar|e *–[e]n ~* ① 양조업자(釀造業者) ② ☞ **kaffebryggare**.

bryggeri *~et ~er* (맥주) 양조장.

brylépudding *~en ~ar* 커스터드푸딩(우유 · 계란에 사탕 · 향료를 넣어서 구운 과자).

brylling *~en ~ar* 팔촌, 삼종(三從)(third cousin).

bryn *~et ~* 가장자리, 맨 끝, 변두리.

bryn|a *–er –te –t tr.* ① 갈색으로 만들다, 튀기어 갈색이 되다; –t av solen 햇볕에 그을린 ② 갈다, 갈아서 날카롭게 하다.

bryne *~t ~n* 숫돌.

brynj|a *–an –or* 쇠줄로 얽어 만든 갑옷(pansarskjorta).

brynsten *~en ~ar* 숫돌.

brysk *a.* 퉁명스러운, 쌀쌀한, 무뚝뚝한.

Bryssel 벨기에의 수도.

brysselkål *~en 0* 【식물】 양배추의 일종.

brysselmatt|a *–an –or* 양탄자의 일종.

B

brysselspets *~en ~ar* 브뤼셀 레이스(손으로 뜨개질한 고급품).

bryt|a *-er bröt brutit* Ⅰ. *tr.* 깨뜨리다, (협약 · 법 따위를) 위반하다, 어기다; (광석을) 채굴하다, 갱도를 파다; (돌을) 잘라내다; (색깔 · 맛을) 바꾸다, 수정하다; (광선을) 굴절시키다; (편지를) 뜯다; (냅킨을) 접다; (약혼을) 파기하다; ~ en blockad 살그머니 봉쇄망을 뚫고 출입하다; ~ strömmen 전원을 차단하다 Ⅱ. *itr.* (파도가) 부서지다; ~ med ngn …와 관계를 끊다; ~ med en vana 습관을 버리다; ~ mot lagen 법을 어기다; ~ på tyska 독일어투로 말하다 Ⅲ. (강세접사와 함께) ~ av 툭 끊어지다, 지끈 부러지다; ~ av mot …와 대조를 이루다; ~ fram 탈출하다, (햇빛이) 새어들다; ~ in (계절이) 시작되다, (밤이) 되다; ~ in i ett land (남의 나라를) 쳐들어가다; ~ lös 탈출하다, 떨어져 달아나다; stormen -er lös[t] 폭풍이 일어나다; ~ samman 꺾이다, 무너지다, 좌절되다; ~ upp 분쇄하다, 파헤치다, 해체하다; 움직이다, 떠나다, 행동하다【군사】야영을 거두다; ~ upp en dörr(ett lås) 문(자물쇠)을 부수고 열다; ~ ut (전쟁 · 유행병 · 화재 등이) 돌발하다, 시작하다 Ⅳ. *rfl.* (빛이) 굴절되다, (의견이) 갈라지다(åsikterna -er sig); ~ sig ut ur fängelset 감옥에서 도망치다.

brytarspetsar (복수명사)【기계】전류 차단점(點).

brytbön|a *-an -or* 강낭콩의 일종.

brytning *~en ~ar* ① (석탄) 채굴, 채석(採石) ② (빛의) 굴절, (광파, 음파, 전파의) 회절(廻折) ③ (발음상) 지방(외국) 말투 ④ 맛, 풍미 ⑤ 불화, 절교 ⑥ (의견 · 견해) 분기, 일탈(逸脫), 차이; en tid av stora ~ar 일대(一大) 불안의 시기; ~ med det förflutna 과거와의 단절.

brytningstid *~en ~er* 일대 전환기, 과도기(övergångstid).

brytningsvink|el *-eln -lar* 굴절각도.

brytningsåld|er *-ern -rar*/ **brytningsår** *~et ~* 사춘기.

brytpunkt *~en ~er* 전환점, 새 시발점.

bråck ☞ **brock**.

bråd *brått a.* 바쁜, 분주한, 갑작스런; en ~ tid 바쁜 때; en ~ död 갑작스런 죽음; få ett brått slut 갑작스레 끝나다.

brådjup[1] *a.* 깎아지른 듯한, 험한, 절벽을 이루는; det är ~t i vattnet 이 물은 갑자기 깊어진다.

bråddjup[2] *~et 0* 절벽, 낭떠러지, 위기.

brådmogen *a.* 조숙(早熟)한, 숙성한.

brådrasket (정형명사), i ~ 갑자기, 불쑥, 단번에; inte i ~ 당장에는 …않다.

bråddes ☞ **brås**.

brådska[1] [brɔs:ka] *~n 0* 서두름, 조급; det är ingen ~ 서두를 필요가 없다; vi har ingen ~ 우리는 서두를 필요가 없다; han gör sig ingen ~ 그는 서두르지 않는다.

brådska[2] *~r ~de ~t itr.* 서두르다, 허둥지둥하다; (사건이) 긴박하다; det ~r inte med betalningen 급히 지불하지 않아도 된다.

brådskande *a*. 시급한, 긴박한, 조르는, 황급한; ett ~ arbete 긴급한 일거리.

brådstupa *adv*. 가파르게, 수직으로.

brådstörtad *a*. 거꾸로의, 돌진하는, 다급한, 무모한, 곤두박질의.

bråk *~et ~* ①【수학】분수; allmänt ~ 보통 분수; egentligt(oegentligt) ~ 진(가)분수 ② 소음, 시끄러움(buller); 교란, 방해, 소동 ③ 근심, 걱정, 귀찮음, 성가신 일, 곤란(besvär); ställa till ~ 야단법석을 떨다(för).

bråka *~r ~de ~t* Ⅰ. *itr*. 시끄럽게 하다, 소동을 일으키다; 귀찮은 일(불평)을 말하다, 야단스레 떠들어대다(krångla) Ⅱ. *tr*. 아마(亞麻)를 찧어 빻다(lin).

bråkdel *~en ~ar* 단편, 파편, 소부분.

bråkig *a*. 떠들썩한, 시끄러운, 요란한(bullersam); 말썽부리는, 까다로운(besvärlig); 무질서한, 난폭한(oregerlig); (아이들이) 조바심하는, 안절부절 못하는.

bråkmakar|e *–[e]n ~*/**bråkstak|e** *–en –ar* 소란을 피우는 자, 난폭한 사람, 싸움을 좋아하는 자; 말썽꾸러기, 분쟁을 일으키는 사람.

brånad *~en 0* ☞ **brunst** (인간의) 강한 욕망; 색욕, 육욕.

brå|s *~ –ddes –tts itr*. *dep*. ~ på ngn …를 닮다; han ~ på sin far 그는 자기 아버지를 꼭 닮았다.

bråt|e Ⅰ. *~n –ar* 통나무더미, 노적가리; timmer~ 뗏목가리 Ⅱ. *~n 0* 쓰레기더미, 찌꺼기, 폐물.

brått *a*. ☞ **bråd**.

bråttom *adv*. ha mycket ~ med [att+부정법] …일로(때문에) 매우 급하다; det är ~ 아주 급하다; det är ~ med leveransen 배달이 급하다; det är inte ~ med det 그것은 서서히 해도 된다.

bråtts ☞ **brås**.

bräck|a[1] *–an –or* 흠, (갈라진) 금, 결점.

bräck|a[2] *–er –te –t* Ⅰ. *tr*. 깨다, 부수다, 쪼개다(bryta, knäcka, krossa); ~ till 욱박지르다, 기를 꺾다; 기름으로 튀기다(steka) Ⅱ. *itr*. när dagen –er 날이 새면(샐 때).

bräckage [–ɑ:ʃ] *~t 0* 파손, 파손물(breakage).

bräckjärn *~et ~* 바, 쇠지레.

bräckkorv *~en ~ar* 튀김용 훈제(燻製) 소시지.

bräcklig *a*. 부스러지기(깨어지기) 쉬운, 허약한, 연약한.

bräcklighet *~en 0* 부서지기 쉬움, 연약함, 허약.

bräckt *a*. ~ vatten 염수(소금기가 있는 물).

bräd|a[1] *–an –or* 판자, 널빤지(bräde).

bräda[2] *~r ~de ~t tr*. ~ ngn …를 잘라내다, 제거하다(slå ut rival).

brädd *~en ~ar* (그릇의) 가장자리, 테두리; 물가, 변두리; fylla ett glas till ~en 잔 가득히 붓다; floden stiger över sina ~ar 강물이 (제방을) 넘쳐흐르다; stå på gravens ~ 무덤 속에 한 발을 넣고 있다, 다 죽어가다.

bräddad/**bräddfull** *a*. 넘쳐흐르는, 가득 차게 부은.

bräde *~t, ~r/~n* ① 판자 ② 서양의 주사위 놀이판 ③ hyvla ~ (판자를)

반반하게 하다; 대패질하다; slå ur ~t 잘라내다, 제거하다; sätta allt på ett ~ 한 사업에 모든 것을 걸다.

B

brädfodra *~r ~de ~t tr.* 판자를 치다, 널빤지로 에워싸다, 벽판을 붙이다.

brädfodring *~en ~ar* 판자를 침, 판자 두르기, 비를 막는 판자.

brädgård *~en ~ar* 목재 저장소.

brädsegla *~r ~de ~t itr.* 서핑(파도타기)하다.

brädsegling *~en ~ar* 서핑(surfing), 파도타기.

brädskjul *~et ~* 재목 두는 곳; 판자로 지은 창고.

brädspel *~et ~* 서양의 주사위놀이.

brädstap|el *–eln –lar* 판자더미.

bräk|a *–er –te –t itr.* (염소 따위가) 매[애]하고 울다; 재잘거리며 말하다.

bräm *~et ~* 경계, 가장자리; 옷에 모피 등의 다른 천으로 마름질한 부분.

brän|na *–ner –de –t* Ⅰ. *tr.* 태우다, 불사르다; 그을리다(sveda); 볶다(rosta); 기와(tegel) 따위를 구워 묻히다; 자기(磁器)(porslin) 따위를 굽다; (시체) 화장하다, 소각하다; ~ fingrarna (쓸데없는 참견을 하여) 욕보다; ~ sitt ljus i båda ändar (정력, 건강, 금전 따위를) 심하게 낭비하다, 무리를 하다; brända mandlar 불에 구운 편도(扁桃); bränd lera 내화점토(耐火粘土, 내화벽돌의 원료); bränt barn skyr elden 자라보고 놀란 가슴 솥뚜껑 보고 놀란다; ~ av ett fyrverkeri 불꽃을 끄다; det luktar –t 타는 냄새가 난다 Ⅱ. *itr.* (혀 · 입이) 얼얼하다(hetta, svida); 화끈거리다; kinden –de efter örfilen 따귀를 맞으니 볼이 얼얼하다 Ⅲ. *rfl.* (끓는 물 따위에) 데다(på vatten); ~ sig på nässlor 쐐기풀에 찔리다(쏘이다); jag –de mig på soppan 나는 국에 입안을 데었다.

brännande *a.* [불]타고 있는, 뜨거운, 강렬한, 격심한, 맹렬한, 태우는, 볶는(찌는) 듯한; en ~ fråga 심각한 문제(사회적); ~ längtan 강렬한 동경(憧憬); ~ smärta 심한 아픔.

brännar|e *–[e]n ~* 연소기(燃燒器), 점화물; (석유 · 남포 · 가스 등의) 등구(燈口), 버너.

brän|nas *–ns –des –ts itr. dep.* 불타다, 그을리다; det –ns! (숨박꼭질 따위) "꼭꼭 숨어라!"; nässlor –ns 쐐기풀은 찌른다.

brännbar *a.* 불타기 쉬운, 가연성(可燃性)의; en ~ fråga 말썽의 소지가 있는 문제.

brännblås|a *–an –or* (신발에 쓸리거나 물에 데어 생긴) 물집.

brännboll *~en 0* (영어) 라운더스(야구와 비슷한 구기).

bränneri *~et ~er* (특히 위스키 · 진 따위의) 증류주 제조소.

brännglas *~et ~* 화경(火鏡, 볼록렌즈).

brännhet *a.* 타는 듯이 뜨거운, 격렬한.

bränning *~en ~ar* ① (시체의) 화장(av lik) ② 부서지는 파도, 밀려드는 파도, 넘나드는 흰 파도; ~arna (해안에) 밀려드는 파도, 밀려와서 부서지는 파도. ③【정보통신】CD 나 DVD 굽기.

brännmärk|a *–er –te –t tr.* 낙인을

찍다, 누명을 씌우다, …을 비난하다.

brännmärke *~t ~n* 낙인(烙印), 오명(汚名, disgrace).

brännässl|a *-an -or* 쐐기풀.

brännoff|er *-ret ~* 번제물(燔祭物, 불살라 제물로 바친 희생물).

brännolj|a *-an 0* 연료용 기름.

brännpunkt *~en ~er* 초점(焦點); stå i ~en för …의 초점이 되고 있다.

brännskad|a *-an -or* 화상(火傷).

bränntid *~en ~er* 연소 시간.

brännugn [-uŋn] *~en ~ar* (굽거나 말리는) 가마, 화로.

brännvidd *~en ~er* 초점 거리(focal distance).

brännvin *~et ~er* 스칸디나비아 보드카(vodka), 진(gin), 독한 술.

brännvinsadvokat *~en ~er* 엉터리 변호사(전문가 따위).

brännvinsbränneri *~et ~er* (특히 위스키 · 진 따위) 증류주 제조소.

brännvinsglas *~et ~* 독한 술을 마실 때 사용하는 원추형의 작은 유리잔.

bränsle *~t ~n* 연료(석탄 · 기름 · 장작 따위); fasta och flytande ~n 고체 및 액체 연료.

bränslebehållar|e *-[e]n ~* (자동차 따위의) 연료 탱크.

bränslebesparing *~en ~ar* 연료 절약(저축).

bränsleförbrukning *~en 0* 연료 소비.

bränslesnål *a.* 연료가 절약되는, (자동차 등) 연료 절약형의.

bränsletillförsel *~n 0* (엔진의) 연료 공급(i motor).

bränsletillägg *~et ~* (전세 주택) 난방비 추가료.

bräsch [-ɛːʃ] *~en ~er* ① (벽 · 보루 따위) 갈라진 틈, 돌파구 ② (법률 · 도덕 · 약속 따위의) 위반, 불이행, 침해; gå i ~en för …을 용감히 변호하다, …을 앞장서서 적극적으로 힘쓰다; skjuta en ~ (성벽 · 방어선 따위)를 돌파하다.

bräss *~en/~et, 0* 【해부】 흉선(胸腺).

brätte *~t ~n* (그릇의) 가장자리, 테두리; (모자의) 테; en hatt med breda ~n 테가 넓은 중절모.

bröa *~r ~de ~t tr.* 빵가루를 뿌리다(끼얹다).

bröd *~et ~* 빵, (커피에 곁들이는) 케이크, 양과자; fransk~ (가늘고 긴) 프랑스 빵, 바게트; hårt ~ 바삭바삭하게 구운 얇고 납작한 빵; rostat ~ 토스트, 구운 빵; den ens död, den andres ~ 【속담】 갑의 손해는 을의 이득; förtjäna sitt ~ 생활비를 벌다; ta ~et ur munnen på ngn …의 생계 방도를 빼앗다.

brödbutik *~en ~er* 빵집, 제과점.

brödfrukt *~en ~er* 【식물】 (빵 나무의) 열매.

brödföd|a *-an 0* 생계, 호구지책, 필요한 양식; slita för ~n 생계를 위해 고생하다.

brödkak|a *-an -or* 납작하고 둥근 모양의 빵(속이 비어 있는 것도 있음).

brödkant *~en ~er* 빵 껍질.

brödkav|el *-eln -lar*/**brödkav|le** *-len -lar* (빵 반죽을 미는) 방망이(양쪽 끝에 손잡이가 있고 밀면 방망이가 구르게 되어있음).

B

B

brödlös *a*. bättre ~ än rådlös 식량이 없는 것이 지혜(슬기)가 없는 것보다 낫다.

brödrafolk (복수명사) 형제 국가(국민).

brödraskap *~et* ~ 형제간, 형제간의 정; 협동 단체, (특히) 종교 단체, 신도회(信徒會); 친목.

brödrost *~en ~ar* 빵 굽는 기구 (toaster).

brödskiv|a *–an –or* (얇게 썬) 빵한 조각(slice of bread).

brödsmulor (복수명사) 빵조각, 빵부스러기.

brödspad|e *–en –ar* (빵 굽는 데 쓰는) 삽 모양의 기구.

brödstil *~en 0*【인쇄】본문(本文) 활자(중간 크기의).

brödsäd *~en 0* (주로 복수형) 빵의 원료(밀, 밀가루); 곡식, 곡류.

bröllop *~et* ~ 결혼식, 혼례; 결혼, 결혼 생활.

bröllopsdag *~en ~ar* 결혼식 날; 결혼기념일.

bröllopsmarsch *~en ~er* 결혼 행진곡.

bröllops|natt *~en –nätter* 결혼 첫날밤.

bröllopsres|a *–an –or* 신혼여행.

bröllopsvittne *~t ~n* 결혼식 증인.

bröst *~et* ~ 가슴, 젖, 흉곽(~korg); 속마음; (부인의) 흉부, (의복의) 앞가슴 부분; ha klent ~ 빈약한(허약한) 가슴을 가지고 있다; ha ont i ~et 가슴에 통증을 느끼다; förkylningen sitter i ~et 기침감기에 걸렸다; ge ett barn ~et 아기에게 젖을 주다; slå sig för ~et 자기 가슴을 두드리다.

brösta *~r ~de ~t* Ⅰ. *itr*. ~ av【군사】(대포의) 발포 준비를 하다 Ⅱ. *rfl*. ~ sig över 뽐내다, 자만하다.

böstarving|e *–en –ar*【법률】직계 상속인, 법정 상속인; 자식, 자녀.

bröstben *~et* ~ 가슴뼈.

bröstbild *~en ~er* 상반신 사진(초상화).

bröstcanc|er *–ern –rar* 유방암(乳房癌).

bröstdroppar (복수명사) 기침약.

bröstfick|a *–an –or* 가슴부분의 주머니.

bröstgänges [–jɛŋes] *adv*. gå ~ till väga 고압적(공격적) 자세로 행동하다.

brösthål|a *–an –or* 흉곽강(胸廓腔).

brösthöjd (불변화 en–명사) 가슴높이.

bröstkaramell *~en ~er* 해수약, 기침을 멈추게 하는 드롭스.

bröstkorg *~en ~ar* 흉곽(胸廓), 가슴.

bröstkört|el *–eln –lar* 유선(乳腺).

bröströntgen (불변화 en–명사) 유방 X선 촬영(법).

bröstsim *~met 0*【수영】평영, 개구리헤엄.

bröstsjuk *a*. 폐병의.

bröstsock|er *–ret 0* 고급 캔디; (영어) 얼음사탕.

bröstton *~en ~er* 흉성음(胸聲音, 저음역 소리); ta till ~erna 신념에 찬 어조로 말하다.

bröstvidd *~en ~er* 가슴둘레.

bröstvårt|a *–an –or* 젖꼭지.

bröstvärn *~et* ~ (복도·다리 따위의) 난간;【군대】흉장(胸墻, 방어용

의 낮은 벽).

bröt[1] *~en ~ar* 뗏목가리.

bröt[2] ☞ **bryta.**

B-skatt 봉급이외의 소득에 부과되는 임시 과세.

B-språk *~et ~* (9년제 기초학교의 선택과목인) 제2외국어.

bu *itj.* 피!(경멸 · 금지 · 위협을 나타냄).

bua *~r ~de ~t itr.* 피 소리를 내다, 조소하다, 비난하다(åt).

bubbelgum *~met ~* 풍선껌.

bubbl|a[1] *-an -or* 거품, 기포(氣泡), 거품일기, 부글부글 끓음.

bubbla[2] *~r ~de ~t itr.* 거품이 일다, 부글부글 끓다.

buckl|a[1] *-an -or* ① 움푹 들어간 곳(inbuktning) ② 둥그렇게 불룩 나온 부분, 혹, 마디(upphöjning).

buckla[2] *~r ~de ~t rfl.* (열 · 압력으로) 굽어지다; ~ till 움푹 들어가다.

bucklig *a.* ① 움푹 들어간 ② 양각(陽刻)의.

bud *~et ~* ① 명령, 지휘(befallning); tio Guds ~【성서】십계명; samvetets ~ 양심의 명령, 지시 ② 제의, 제공, 내거는 가격, 보는 값(anbud); 입찰[가격](auktionsbud); (트럼프에서) 상대방의 패를 보이라고 요구하는 것; ett ~ på 5 pund 입찰가격 5파운드; vara många om ~et 입찰자(신청자)가 많다 ③【정보】통신, 전갈, 전언; skicka ~ efter ngn …를 데리러 보내다; skicka ~ att …라고 하는 내용의 전언을 보내다; få ~ om ngt …에 관한 전갈을 받다 ④ 사자(使者) ⑤ stå till ~s 가까이 있다, 이용할 수 있다; med alla till ~s stående medel 모든 이용 가능한 수단을 다하여.

buda *~r ~de ~t tr.* 소집하다, 불러들이다.

budbärar|e *-[e]n ~* 사자(使者), 선구자.

buddism *~en 0* 불교(Buddhism).

buddist *~en ~er* 불교신자.

buddistisk *a.* 불교도의, 불교의.

budget [bụdjet] *~en, ~er/~ar* 예산[안]; 운영비, 가계, 생활비; balanserad ~ 균형예산; göra upp en ~ 예산을 편성하다(세우다).

budgetdepartement (정부의) 예산부(豫算部).

budgetera *~r ~de ~t tr.* 예산을 세우다(계산하다).

budgetförslag *~et ~* 예산안.

budgetår *~et ~* 회계 연도.

budgetproposition *~en ~er* (정부의) 예산안.

budgivning [-jiv-] *~en ~ar* 비드(브리지에서 으뜸 패와 자기편이 딸 패수의 선언).

budkavl|e *~en ~ar*【역사】혈화(血火) 십자가, 불의 십자가; (징병 · 징집을 위해서 전달되는) 어떤 표시가 새겨진 나무막대기 또는 바통(baton).

budoar/boudoir [bʊdʊạ:r] *~en ~er*【역사】부인의 내실.

budord *~et ~* 십계명 중의 하나.

budskap *~et ~* 전언, 공고, 고시, 발표; 연설, 강연, 소식, 통지; 복음.

budskickning [-ʃik-] *~en ~ar* 메신저 보내기.

buffé ☞ **byffé.**

buff|el *-eln -lar* (집합적) 들소, 물

소; (비유적) 촌뜨기, 농민, 소박한 사나이.

buffelaktig *a*. 촌티가 나는, 상스러운.

buffert [bu-] *~en ~ar* (열차에 달린) 완충기(緩衝期)[장치].

buffertstat *~en ~er* 완충국[지대].

buga *~r ~de ~t itr*. *rfl*. ~ [sig] 허리를 굽히다, 절하다, (남자가) 모자를 벗고 인사하다(för).

bugning *~en ~ar* (존경과 복종의 뜻으로) 허리를 굽힘, 인사, 절; 존경, 복종.

buk *~en ~ar* 배, 복부(腹部).

Bukarest [bu̦-] 루마니아 수도.

bukett *~en ~er* 꽃다발; plocka en ~ 꽃다발을 꺾다.

bukfen|a *-an -or* (불고기의) 배지느러미.

bukfyllnad *~en ~er* 영양가는 없지만 양적으로 많은 음식(bukfylla).

bukhinn|a *-an -or* 【해부】 복막(腹膜).

bukhinneinflammation *~en 0* 【병리】 복막염.

bukhål|a *-an -or* 복부강(腹部腔).

bukig *a*. (배가) 부풀어 오른, 부룩해진.

buklandning *~en ~ar* 【항공】 동체(胴體)착륙(belly-landing).

bukspott *~en/~et, 0* 【생리】 췌액(膵液, 췌장으로부터 분비되는 무색·무취의 알칼리성 소화액).

bukt *~en ~er* ① 곡선, 굴곡[부], 굽이, 구부러짐(böjning) ② (작은) 만(灣, bay, gulf); 만(灣) 안의 후미, 해안 낭떠러지의 후미진 곳; (바다·강·호수의 작은) 후미[만] ③ få ~ med …에 이기다, 극복하다, 요령껏 이리저리하여 …을 해내다.

bukta *~r ~de ~t itr*. *rfl*. 구부러지다, 휘다, 만곡하다, 구불거리다; ~ sig ut(åt) 부풀다.

buktalar|e *-[e]n ~* 복화술자(複話術者).

buktig *a*. 구부러진, (강·길 따위가) 구불구불한.

bul|a *-an -or* 혹(knöl), 종기, 부풀어 오름(buckla).

bulevard [-ɑ:-] *~en ~er* 대도시의 넓고 긴 거리.

bulgar *~en ~er* 불가리아 사람.

Bulgarien 불가리아.

bulgarisk *a*. 불가리아의.

bulgarisk|a Ⅰ. *-an -or* 불가리아 여자 Ⅱ. *-an 0* 불가리아 말.

buljong [-jɔŋ] *~en ~er* (불어) 맑은 고깃국(쇠고기 닭고기 따위); 쇠고기즙, (화자용) 육즙(肉汁).

buljongtärning *~en ~ar* 쇠고기 엑스(육면체로 생겼고 끓여서 용해시키면 'buljong'이 됨).

bulk *~en 0* 크기, 용적, 부피; (원유·곡물 따위의) 비포장 화물.

bulklast *~en ~er* (석탄·식량 따위를 화물선의 짐칸에 바로 싣는 경우의) 비포장 적하물(積荷物).

bulklastfartyg *~et ~* 비포장 화물 적재 선박.

bull|a[1] *-an -or* 로마 교황의(påvlig) 교서.

bulla[2] *~r ~de ~t itr*. ~ upp (음식을) 충분히 차리다.

bulldogg *~en ~ar* (개의 종류) 불도그; 완강한 사람.

bulldoz|er [bu̦ldɑser] *-n, -rar/ -ers* 불도저(땅을 고르는 기계).

bull|e *-en -ar* 건포도를 넣은 단 빵, (말아서 만든) 롤빵; nu skall ni få se på andra -ar! 이제부터는 무엇인가 좀 엄격해질 것이다.

bull|er *-ret ~* 소음, (쟁쟁, 꽝꽝하는) 시끄러운 소리; (천둥 · 지진의) 으르렁거림; 떠드는 소리, 법석, 유흥; med ~ och bång 와글와글하며, 소란을 피우며.

bullerbekämpning *~en ~ar* (주택가 · 작업장 부근의) 소음을 절감시키는 방법.

bullerforskning *~en ~ar* 소음의 인체에 대한 영향 연구.

bullergräns *~en ~er* (주택가 · 작업장의) 소음의 최대 허용기준[치].

bullermätning *~en ~ar* 소음 측정.

bullernivå *~n ~er* 소음도.

bullerskad|a *-an -or* 소음에 의한 청력 감퇴.

bulletin *~en ~er* 고시(告示), 보고(報告), 공보, 회보, 작은 신문.

bullra *~r ~de ~t itr.* 떠들어대다, 와글와글 소리치다(지껄이다); (천둥 · 지진 따위가) 우르르 울리다 (dåna).

bulna [-u:-] *~r ~de ~t itr.* (상처 따위가) 곪아 부어오르다, 붓다.

bulnad *~en ~er* 곪음, 부어오름, 종기, 농양(膿瘍).

bult *~en ~ar* 볼트, 나사, 조임 못.

bulta *~r ~de ~t* Ⅰ. *tr.* 연거푸 치다, 두드리다; (고기를) 빻다, 가루로 만들다 Ⅱ. *itr.* 두드리다(på); 맥이 뛰다; med ~nde hjärta 뛰는 가슴으로; det ~de på dörren 문 두드리는 소리가 났다.

bulvan *~en ~er* ① 【사냥】 (오리 따위를 덫에 걸리도록 꾀어내는) 장치, 유인하는 물건, 미끼로 쓰이는 인조새 ② (비유적) 허수아비와 같은 인물, (다른 사람의) 앞잡이; köp genom ~ 표면상의 구매인을 통해 사들임.

bumerang *~en ~er* 부메랑(오스트레일리아 토인의 던지는 무기, 표적에 맞지 않을 경우 곡선을 그리고 던진 사람에게 되돌아옴); (비유적) 역효과를 일으키는 논쟁 · 공격 따위.

bums *adv.* 당장, 현장에서.

bunden ☞ binda *a.* 장정(裝幀)한, 표지를 단; 묶이어 있는(fästad vid); (비유적) 의무가 있는, 속박된, 꼭 …해야 하는; bundet lån 기한부 대여, 조건부 융자.

bundenhet *~en 0* 구속, 부자유, 제약.

bundit ☞ binda.

bundsförvant *~en ~er* 동맹국; 동맹자, 맹우(盟友).

bundsförvantskap *~et 0* 동맹, 동맹국 결연(結緣).

bunk|e *-en -ar* (금속으로 된) 납작한 냄비, 증발접시; 사발, 쟁반.

bunk|er *-ern, -rar/-ers* (배의) 연료창고, 【군대】 엄폐호, 콘크리트 방공호, 토치카.

bunkekol *~et/~en, ~* (배의) 석탄창고.

bunkra *~r ~de ~t itr.* 배에 필요한 연료를 들여놓다.

bunsenbrännar|e *-[e]n ~* 분젠등(-燈, 독일의 화학자 Bunsen이 고안).

bunt *~en ~ar* 소포, 수하물; (종이 · 건초 · 실의) 다발; (비유적) hela

B

~en 한패, 한 떼거리.

bunta *~r ~de ~t tr.* ~ [ihop] 꾸러미로 만들다, 함께 싸다.

buntmakar|e *–[e]n* ~ 모피상인.

buntvis *adv.* 꾸러미로, 다발로.

bur *~en ~ar* 새장, 우리, 닭장; känna sig som en fågel i ~ 우리에 갇힌 기분이다.

bura *~r ~de ~t tr.* ~ in 가두다, 감금하다, 자물쇠를 채우다.

burdus[1] *a.* 뜻밖의, 돌연한, 험준한.

burdus[2] *adv.* 갑자기, 뜻밖에; (비유적) 무디게.

burfåg|el *–eln –lar* 새장에 넣어 기르는 새, 새장에 든 새.

burgen [–j–] *a.* 유복한, 부자인, 풍부한, 부유한; han är en ~ man 그는 매우 부유하다.

burk *~en ~ar* 항아리, 단지, 분(盆), 독, (주둥이가 넓은) 병, 주석깡통, 약단지; på ~ 통조림으로 된.

burkmat *~en 0* 통조림 음식; (비유적) 라디오나 TV의 녹화된 프로그램.

burköl *~et* ~ 깡통 맥주.

burköppnar|e *–[e]n* ~ (맥주 · 주스 등의) 깡통 따개.

burlesk *a.* 해학적인, 광대의, 희작(戲作)적인.

Burma [bɷrma] 버마.

burman *~en ~er* 버마 사람.

burmansk *a.* 버마의.

burnus *~en, ~ar/~er* 두건이 달린 아랍인들의 외투, 망토.

burr[1] ☞ **brr** *itj.* 어!, 악!(추위 · 혐오 · 경멸 · 공포 따위를 나타내는 소리).

burr[2] *~et* ~ 잔털, 보풀, 솜털; 고수머리.

burra *~r ~de ~t tr.* ~ upp (몸을 떨며) 털을 세우다; fågeln ~de upp sig 새가 털을 세웠다.

burrig *a.* 보풀 같은, 잔털 모양의.

burskap *~et 0* ① 【역사】 일정한 도시에서 직업을 수행할 수 있는 권리 ② vinna ~ 귀화하다, 풍토에 익숙해지다, 시민권을 얻다, 확실한 지보(地步)를 얻다.

burspråk *~et* ~ 【건축】 퇴창(벽에서 불쑥 나온 창; utbyggt fönster).

bus *~et 0* 심한 장난질, 어지럽힘; leva ~ på skolgården 학교 운동장에서 말썽을 피우며 놀다.

bus *adv.* leva ~ 야단법석을 떨다, 소동을 피우다(leva busliv, bråka, väsnas).

busa [bʉ:sa] *~r ~de ~t itr.* 말썽을 일으키다, 법석을 떨다.

busaktig *a.* 세련되지 않은, 상스러운, 단정치 못한, 떠들썩한, 시끄러운, 말썽을 피우는.

bus|e *–en –ar* 불량배, 난폭한 사람; 말썽꾸러기, 애 녀석(악의 없이 사내아이를 가리키는 말); klassens ~ 학급의 말썽꾸러기.

busfasoner (복수명사) 난폭한 행위, 소동, 말썽.

busfrö *~et ~n* 말썽꾸러기.

busig *a.* 거친, 장난이 심한, 소란을 피우는.

buskablyg *a.* (부정적 표현에서) 진취적이거나 야심적이지 못한; han är inte ~ precis 그는 어느 정도 전향적이다(수줍어하지만은 않다, 소심하지만은 않다).

buskage [–kɑ:ʃ] *~t* ~ 관목[숲], 잡목 숲, 덤불숲.

busk|e *-en -ar* 수풀, 덤불, 관목(灌木).

buskig *a.* 관목이 무성한, 덤불이 많은; ~a ögonbryn 짙은 눈썹.

busksnår *~et ~* 덤불, 잡목 숲.

buskteat|er *-ern -rar* 야외 광대극(쇼).

busliv *~et 0* 난폭함, 야단법석, 망나니 생활.

buss[1] Ⅰ. *~en ~ar* ① 버스(omnibus), 승합자동차 ② 【역사】 용감한 전사(戰士), 무인(武人) ③ 씹는담배(tugg) Ⅱ. *a.* 가깝게 지내는; jag är ~ med honom 그는 나의 단짝(친구)이다.

buss[2] *itj.* ~ på honom! (개에게) 그를 물어!(ta honom!).

bussa [bɵsa] *~r ~de ~t tr.* ① 버스로 수송하다 ② ~ hunden på ngn 개에게 …를 물게 하다(쫓게 하다).

bussarong [-rɔŋ] *~en ~er* (선원이 입는) 잠바, 작업용 웃옷.

busschaufför [-ʃɔfœ:r] *~en ~er* 버스 운전기사.

bussförbindelse *~n ~r* 버스 연결(연계).

busshållplats *~en ~er* 버스 정류장.

bussterminal *~en ~er* 버스 터미날.

bussvärdinn|a *-an -or* 버스 안내양.

bussig *a.* 좋은, 괜찮은, 훌륭한, 상당한, 예절바른(hygglig); hon är en ~ flicka 그녀는 괜찮은 여자다; är du ~ och diskar idag? 오늘 설거지 좀 해줄래?

busslinje *~n ~r* 버스 노선.

bussning *~en ~ar* 【기계】 슬리이브 관(管), 부싱(베아링의 일종).

busväd|er *-ret ~* 비바람 치는 아주 나쁜 날씨.

butạn *~et ~* 【화학】 부탄(탄화수소의 일종).

butẹlj *~en ~er* [술]병.

buteljera *~r ~de ~t tr.* 병에 술을 채우다.

buteljgrön *a.* 짙은 녹색의.

butịk *~en ~er* 가게, 상점; slå igen (stänga) ~en 상점을 닫다; upphöra med ~en 폐점(閉店)하다; stå i ~en 가게에서 일하다.

butiksbiträde *~t ~n* 상점 점원.

butiksbuss *~en ~ar* 이동 판매 버스.

butikscentr|um *-et, ~/-a* 상점가(街).

butiksföreståndar|e *-[e]n ~* 상점 지배인.

butikskedj|a *-an -or* 연쇄점.

butiksrått|a *-an -or* 가게 좀도둑.

butiksstöld *~en ~er* 상점 도난 사고.

butiksägar|e *-[e]n ~* 상점주인.

butter *a.* 부루퉁한, 벌쭉한, 심술이 난, 뚱한, 시무룩한(mot).

butterhet *~en ~er* 시무룩함, 샐쭉함.

buxbom *~en ~ar* 회양목, 회양목 재목.

by *~n ~ar* ① 마을, 동네, 촌락; (교회가 없는) 작은 마을; forskar~ 연구센터; industri~ 산업공단; semester~ (호텔, 여관 시설을 갖춘) 바캉스 촌 ② 일진의 광풍, 돌풍, 스콜(단시간의 국부적 돌풍, 종종 비, 눈, 진눈깨비 따위를 수반, vindstöt).

byalag *~et ~* 촌락 공동체.

bybo *~n ~r* 부락주민.

byffé *~n ~er* ① (식당의 벽 쪽에 비치된) 찬장, 식기대(臺) ② 간이식당; (열차 역 내의) 식당; 뷔페식탁

(buffet).

bygat|a *~an ~or* 마을 거리.

bygd *~en ~er* 시골, 지방, 지역; ute i ~erna 지방[시골]에서; bryta ~ 경작을 시작하다.

bygdegård *~en ~ar* 마을 회관 (hembygdsgård).

bygdemål *~et ~* 지방 사투리.

bygdespel|man *~nen -män* 마을 악사(樂士, 바이올린 켜는 사람), 민속 음악인.

byg|el *-eln -lar* 활 모양의 것, 쇠테, (기둥의) 감는 테; 고리, 테(ögla); (손가방의) 손잡이; 족쇄, 수갑.

bygg|a *-er -de -t tr. itr.* Ⅰ. 세우다 (uppföra), 건축(건조, 건설)하다, 부설하다; 기초를 두다, 근거를 두다 (grunda); ~ sitt hopp på ngt 자기의 희망을 …에 두다; det -er(grundar sig) på … 그것은 …에 근거한다; det är ingenting att ~ (stödja sig) på 지지할 만한 게 못 된다; ~ och bo 거주하다, 살다 Ⅱ. (강세접사와 함께), ~ bort 새로 건축하여 (빈민가를) 없애다; ~ om 다시 짓다, 재건하다; ~ på ngt [med ngt] […을] …에 추가하다; huset har blivit påbyggt 집이 증축되었다; ~ till 확장하다; ~ upp (재물, 명성, 인격 등을) 쌓아 올리다, 확립하다; (건강 등을) 증진시키다.

byggande *~t 0* 건축, 건조, 건설 공사 (작업).

bygge *~t ~n* 건축 중에 있는 건물.

byggherr|e *~n -ar* 건물 소유주.

byggjätt|e *~n -ar* 대 건축회사.

byggkloss/byggklots *~en ~ar* 집 짓는 [장난감] 벽돌; 쌓기 놀이의 토막나무.

bygglåd|a *-an -or* (장난감) 벽돌 넣는 상자.

byggmästar|e *-[e]n ~* 건축업자.

byggnad *~en ~er* ① 건물(집), 대건축물 ② huset är under ~ 집은 건축 중에 있다 ③ 건축방식, 구조; kroppens ~ 신체의 구조; språkets ~ 언어 구조.

byggnadsarbetar|e *-[e]n ~* 건축 노동자.

byggnadsentreprenör *~en ~er* 건축업자, 건축 청부인.

byggnadsfirm|a *-an -or*/**byggnadsföretag** *~et ~* 건축 회사.

byggnadsindustri *~n ~er* 건축업.

byggnadsingenjör *~en ~er* 건축기사.

byggnadskonst *~en ~er* 건축술, 건축학.

byggnadslån *~et 0* 건축 대부금.

byggnadsmaterial *~et ~* 건축 자재.

byggnadsnämnd *~en ~er* (지방)주택건설위원회.

byggnadsprojekt *~et ~* 건축 계획.

byggnadssnickar|e *-[e]n ~* 목수, 대목.

byggnadsstadg|a *-an -or* 건축규정.

byggnadsstil *~en ~ar* 건축 양식.

byggnadsställning *~en ~ar* 발판, (건축 장의) 가구(架構).

byggnadstillstånd *~et ~* 건축 허가 (인가).

byggnadsverksamhet *~en ~er* 건축사업[활동].

byggnation *~en ~er* (문어체) 건축 [활동].

byggstopp *~et ~* 건물 신축 금지.

byig *a.* 일진광풍의, 폭풍우가 일 듯한; 【비행】 악기류(惡氣流)가 있는.

byk *~en ~ar* 빨래, 세탁; han har en trasa med i den ~en 그는 그 사건에 관계하고 있다.

byk|a *-er -te -t tr. itr.* 빨래하다, 씻다, 세척하다.

byke *~t 0* 어중이떠중이, 오합지졸; (경멸) 하등사회, 천민; 거품, 쓰레기, 찌꺼기.

byling *~en ~ar* 【속어】 경관, 순경(cop).

bylta *~r ~de ~t tr.* ~ ihop …을 다발(꾸러미)로 하다; (짐)을 꾸리다, 묶다; ~ på ngn 소리를 내지 못하게 …의 머리를 덮어씌우다, 옷을 너무 많이 입히다.

bylte *~t ~n* (운반, 저장에 편리하도록) 묶음, 꾸러미.

byrack|a *-an -or* (잡종의) 개, 똥개; (경멸) 쌍놈, (잡종의) 동물.

byrå Ⅰ. *~n ~ar* 서랍 달린 장롱 Ⅱ. *~n ~er* (관청) 부, 성; 국, 과(office, department, bureau).

byråchef *~en ~er* (관청의) 국장, 과장; 서기관 보(書記官 補).

byrådirektör *~en ~er* (관청의) 과장(head of a section); 행정관, byråchef 다음 자리; 주 또는 중앙행정 관서의 국장.

byråkrạt *~en ~er* 관료, 관료적인 사람; 관료주의자, 독선자.

byråkratị *~n 0* 관료 정치(주의, 제도); (집합적) 관료.

byråkratisk *a.* 관료 정치의, 관료적인.

byråkratism *~en 0* 관제(官制), (관청식의) 형식주의; 관료 근성(기질).

byrålåd|a *-an -or* 서랍.

Bysans [by:-] 비잔티움(Byzantium, 옛 콘스탄티노플; 지금의 이스탄불).

bysantịnsk *a.* 비잔티움의.

byst *~en ~er* 상반신, 흉상(胸像); 부인의 흉부, 바스트(bust).

by|sätta *-sätter -satte -satt tr.* 채무를 이행할 때까지 구류하다.

bysättningshäkte *~t ~n* 채무자 구치소.

byt|a *-er -te -t tr.* ① 바꾸다(skifta), 변화시키다, 변경하다, 고치다; 교환하다(utbyta), 서로 주고받다; ~ buss(spårvagn) 버스(전차)를 갈아타다; ~ ord med ngn …와 언쟁하다; ~ bil 헌 차를 새 차로 갈다; jag skulle inte vilja ~ med honom 나는 그와 자리를 바꾸고 싶지 않다; ~ kläder 옷을 갈아입다; ~ plats a) 자리를 옮기다(flytta sig) b) 새 일자리를 얻다 ② (강세접사와 함께) ~ av ngn …를 해임하다; ~ bort …과 바꾸다(mot); ~ bort sin rock (실수로) 다른 사람의 외투와 바꿔 입다; ~ om 옷을 갈아입다; ~ till sig ngt …을 교환해서 얻다; ~ ut 바꾸다; ~ ut A mot B A를 B와 바꾸다.

byte *~t ~n* ① 교환(utbyte), 바꿈; 바꾼 것, 교환물, 물물교환, 교역품; förlora på ~t 교환에서 손해를 보다; göra ett gott ~ 바꾸어서 득을 보다 ② 전리품, 노획물, 약탈품(rov); 사냥감, 추구의 대상, 공격의 목표; 먹이(동물이 잡아먹는 딴 짐승), 희생, 밥.

bytesaffär *~en ~er* 물물교환.

bytesbalans *~en 0* 국제 수지.

B

byteshandel ~*n 0* 교역, 물물교환.
bytesvar|a -*an* -*or* 교환물품, 교역 품목.
bytt ☞ byta.
bytt|a -*an* -*or* 통, 함지.
bytte ☞ byta.
byx|a -*an* -*or* ☞ byxor.
byxben ~*et* ~ 바지의 한 쪽.
byxdress ~*en*, ~*er*/~*ar* 부인용 바지와 웃옷의 한 벌.
byxfick|a -*an* -*or* 바지 주머니.
byxgörd|el -*eln* -*lar* 팬츠 띠, (예복의) 허리띠.
byxkjol ~*en* ~*ar* (승마용의) 통이 넓은 여자용 바지.
byxlinning ~*en* ~*ar* (스커트 · 바지 따위의) 마루폭, 말기; 허리띠.
byxor (복수명사) (긴) 바지, 팬츠, 품이 넓은 스포츠 바지(slacks); (ett par) nya ~ 새 바지(한, 두 벌).
byxångest ~*en 0* 겁, 불안; ha ~, …에 겁을 내다.
båda[1] ~*r* ~*de* ~*t tr*. ① 알리다, 공고하다(bebåda); …의 전조가 되다, 조짐이다, 예시(豫示)하다, 징조를 보이다(förebåda); det ~r inte gott 좋지 않은 징조다 ② ~ upp 호출하다, 회의를 소집하다, (전투 준비를) 명령하다.
båda[2] *pron*. (강세를 주어 읽을 경우) 양쪽, 쌍방(~ två로도 쓰임); (비강세일 경우) 둘(två)이라는 의미로도 쓰임; vi ~ är … 우리 둘(양 쪽)은 …이다; mina ~ bröder 내 두 형제들; i ~ fallen 양 쪽 경우에 모두; för ~s vår skull 우리 양 편을(모두를) 위하여; ~s föräldrar 그들 양 편의 부모들; en vän till oss ~ 우리들 서로의 친구.
bådadera *pron*. 둘 (다), 양자, 쌍방.
både *konj*. ~ han och hon 그와 그녀 모두 (둘 다); ~ Korea och Japan 한국과 일본 모두.
båg ~*et 0* 거짓, 속임, 허세; det som står i reklamen är rena ~et 선전 광고에 써있는 것은 순전히 거짓이다.
båg|e -*en* -*ar* ① 활, 활 모양의 것; (안경의) 테(på glasögon); 나비꼴 리본[넥타이]; ha flera strängar på sin ~ 여러 가지 방안을 가지고 있다; spänna ~n för högt …을 과하게 요구하다(kräva för mycket), …을 [너무] 심하게 시험하다 ② 곡선(曲線); 【수학】 호(弧), 원호(圓弧), 궁형(弓形) ③ 【음악】 붙임줄, 슬러 ④ 【건축】 아치, 홍예문, 궁형, 반원형, 둥근 천장 ⑤ (sy~) 자수의 제작대.
bågfil ~*en* ~*ar* 쇠톱.
bågformig *a*. 구부러진, 궁형의.
bågfönst|er -*ret* ~ 활 모양의 창[문].
båglamp|a -*an* -*or* 아크 등(arc-lamp).
båglinje ~*n* ~*r* 곡선, 만곡(彎曲), 굴곡.
bågna [bɔgna/bɔŋna] ~*r* ~*de* ~*t itr*. 구부러지다, 휘다(böja sig); (길 · 땅 따위가) 가라앉다, 꺼지다; 부풀다.
bågskytt ~*en* ~*ar* 활 쏘는 사람, 궁수(弓手), 궁술가.
bågskytte ~*t 0* 궁술, 궁도, 궁술대(隊).
bågsträng ~*en* ~*ar* 활시위.
båk ~*en* ~*ar* 신호소, 등대(light-house), 수로(水路)표지(sjömärke).

bål Ⅰ. *~en ~ar* 【해부】 몸뚱이, 몸통 Ⅱ. *~en ~ar* 사발, 공기, 주발; 펀치(술 · 설탕 · 우유 · 레몬 · 향료를 넣어 데워 마시는 음료) Ⅲ. *~et ~* (축하의) 큰 횃불, (노천의) 화톳불; lik~ 화장용 장작더미; brännas på ~ 화형에 처해지다, 화형당하다.

båld *a*. 씩씩한, 용감한.

bålgeting *~en ~ar* 호박벌(큰 벌).

bålrullning *~en ~ar* 【체조】 몸통 굽히기와 돌리기.

bålverk *~et ~* 성채(城砦), 보루(堡壘); (비유적) 보호물, 안전장치.

bångstyrig *a*. 감당할 수 없는, 다루기 힘든, 순종하지 않는.

bår *~en ~ar* 환자나 부상자를 옮기기 위한 널판대, 들것, 칠성판; ligga på ~ (비유적) 죽어 있다(죽어서 칠성판에 누워 있다).

bårbärar|e *−[e]n ~* 들것 운반인; 상여꾼.

bård *~en ~er* 가장자리, 변두리; 가장자리 장식, 가 여미기.

bårhus *~et ~* (매장하기 전의) 시체 안치장(安置場).

bårtäcke *~t ~n* 관 덮개 보(검은 보라, 흰 빛깔의 벨벳).

bås *~et ~* 마구간, 마구간의 한 칸; 오두막, 좁은 방; 칸막이 한 자리.

båt *~en ~ar* 배, 보트, 기정(汽艇), 돛단배, 어선(작은 기선); gå i ~arna 구명정을 타다; sitta i samma ~ (비유적) (운명, 위험 등을) 같이 하다; ge ngn på ~en (궁지에 빠진 사람을) 저버리다, 파기하다.

båta *~r ~de ~t itr*. det ~r föga att …해도 소용이 없다; vad ~r det att …해봤자 무슨 소용이 있는가?

båtbrygg|a *−an −or* (물 위에) 떠있는 선창(船艙), 부잔교(浮棧橋), 부두.

båtflykting *~en ~ar* 보트 난민(베트남 전쟁 직후 배를 타고 조국을 떠난 난민).

båtförbindelse *~n ~r* 선편 연결, 해상 교통 연결.

båthus *~et ~* 해변 가의 배를 넣어 두는 작은 집, 보트창고.

båtlast *~en ~er* 뱃짐, 배 1척분의 적하 량.

båtluffa *~r ~de ~t itr*. 배를 타고 떠돌아다니다(할인 승선표나 편도표를 가지고).

båtlägenhet *~en ~er*, med första ~ [가급적] 첫 배를 타고.

båtmotor *~n ~er* 배의 엔진.

båtmöss|a *−an −or* (보병의) 약모(略帽), 작업모.

båtnad *~en 0* 유리, 우월, 이로운 형편, 이점, 강점; till ~ för…, …에 유리하도록.

båtres|a *−an −or* 선박 여행.

båtshak|e *−en −ar* 보트를 잡아당기는 갈구리 장대.

båts|man *−mannen −män* 갑판장(甲板長), 수부장.

båtvarv *~et ~* 보트 제작(수선)소.

bä *itj*. 매애!(양의 울음소리), 비웃는 소리.

bäck *~en ~ar* 시내, 지류; många ~ar gör en stor å 【속담】 티끌 모아 태산; det är bättre att stämma i ~en än i ån 【속담】 적당한 때 한 뜸 꿰매면 후에 아홉 뜸을 덕본다(오늘의 일침, 내일의 열침, 뒤늦어짐을 경계함).

bạcken *~et ~* ① 【해부】 골반(骨盤)

② 대야, 요강, 변기 ③【지질】반층(盤層) ④【음악】심벌즈(cymbals, 타악기).

B

bädd *~en ~ar* 침대; 하상(河床), (보통 물이 마른) 협곡; 지층.

bädda *~r ~de ~t tr. itr.* ~ en (sin) säng (자고나서) 잠자리를 정돈하다(이불을 개다); 잠자리를 깔다; som man ~r får man ligga【속담】자업자득(自業自得), 제가 뿌린 씨는 제가 거두기 마련이다; ~ ned (어린이를) 잠재우다; ~ upp [sängen] 잠자리를 정돈하다, 잠자리를 깔다.

bäddjack|a *-an -or*/**bäddkoft|a** *-an -or* 부인들이 잠옷 위에 입는 짧고 낙낙한 재킷.

bäddning *~en ~ar* 잠자리 정돈(깔기).

bäddsoff|a *-an -or* 침대 겸용 소파.

bägar|e *-[e]n ~* 좀 큰 술잔, (손잡이가 있는) 대형 컵;【교회】성찬배(聖餐杯).

bägge *pron.* ☞ **båda**[2].

bälg [bɛlj] *~en ~ar* 풀무; en ~ 보통 두 짝으로 되어 있는 손풀무.

bälga [bɛlja] *~r ~de ~t tr.* ~ i sig 꿀꺽꿀꺽 마시다, 단숨에 들이켜다.

Bält, Stora(Lilla) ~ 대(소) 벨트(덴마크의 해협 이름, Great(little) Belt).

bält|a *-an -or*【동물】아르마딜로(남미 산).

bälte *~t ~n* 띠, 벨트, 혁대, 허리띠; 지대(地帶).

bältros *~en 0*【병리】대상포진(帶狀疱疹).

bän|da *-der -de -t tr. itr.* 지레로 들다(움직이다), 억지로 비틀어 열다(~ upp).

bäng|el *-eln -lar* 악한, 불량배.

bänk *~en ~ar* 벤치, 긴 의자, 좌석(의자 · 걸상 따위), 자리, (교회의) 좌석; skol~ 학교걸상; teater~ 극장의 좌석 줄; sista ~en 뒤줄; (교회 · 학교 따위의) 등받이 없는 긴 의자.

bänka *~r ~de ~t rfl.* 앉다.

bänkkamrat *~en ~er* 교실의 옆 자리 친구; vi är ~er 우리는 학교에서 바로 옆 자리에 앉는다.

bär *~et ~*【식물】장과(漿果), 베리, 일반적으로 씨가 없고 살이 연한 식용의 작은 열매(주로 딸기류); plocka ~ 베리를 따다(blåbär 따위); lika som ~ 꼭 같이 생긴(닮은).

bära *bär bar burit* Ⅰ. *tr.* 운반하다, 나르다; (의무 · 책임을) 지다, 분담하다; 옷을 입다; 유지하다, 지속시키다; ~ bud om…, …에 대한 소식(전언)을 가져오다; ~ ngt på ryggen …을 등에 지다; ~ huvudet högt 거만떨다, 거드럭거리다; ~ sina år med heder 나이에 비해 원기왕성하다; ~ hand på ngn …에게 폭력을 가하다; ~ frukt 열매를 맺다, 결실을 보다; ~ ansvar för…, …에 대한 책임을 지다; ~ skulden för…, …에 책임이 있다, …가 나쁘다 Ⅱ. *itr.* ① 지탱하다, 견디어 내다; isen bär inte 얼음이 단단하지 못하다; det mår ~ eller brista 좌우지간에 (…하기로 결정하다); han går och bär på ngt 그의 심중에 무엇인가 있다 ② (길 따위가 어떤 방향을) 취하다, 향하다 ③ (강세접사와 함께) ~ av【해운】(육지 · 다른 배로부터) 떨어져 나가다; (비인칭구문) när bär det av? 언제 떠나느냐?; i morgon bär det av för mig(honom) 나는(그는) 내일 떠난다; det bär mig emot 그것은 나의 성미에 맞지 않는다; vart bär det av (hän) 어디로 가느냐?; ~ på sig …을 휴대하다, 동반하다; han bär upp hela föreställningen 그는 공연의 총 책임자이다; han kan ~ upp en frack 그는 연미복이 잘 어울린다; vägen bär uppför(utför) 길이 오르막(내리막) 길이다; bär ut det! 그것을 내가라! Ⅲ. *rfl.* ① 수지가 맞다, 돈벌이가 되다(löna sig); företaget bär sig 사업이 빚지지 않고 잘 되어 간다 ② 일어나다, 생기다; det bär sig inte bättre än att han … 운수 나쁘게 그는 … ③ ~ sig åt 행동하다, 처신하다; hur bar du dig åt för att …을 하기 위해 어떻게 하였느냐?; hur jag än bär mig åt 내가 어떻게 하든지 간에.

bärande *a.* 주축이 되는, 주요한; den ~ tanken 기본 사상; han var den ~ kraften 그는 중심적 인물이었다; den ~ principen 주요 원칙.

bärar|e *-[e]n ~* 짐꾼, 운반인.

bärbar *a.* 옮길 수 있는, 운반할 수 있는.

bärbusk|e *-en -ar* 산딸기 밭.

bärfis *~en ~ar* 딸기류에 기생하는 벌레(곤충류).

bärga [bærja] *~r ~de ~t* Ⅰ. *tr.* ① 구해내다, 구조하다(rädda) ② 거두어들이다, 수확하다(skörda) ③ (돛을) 말아 올리다(segel) Ⅱ. *rfl.* ① 살아가다, 꾸려가다(reda sig) ② 참다, 자제하다(avhålla sig).

bärgad [bærjad] *a.* 유복한, 부자인.

bärgarlön[bærjalø:n] *~en ~er* 해난 구조료.

bärgning *~en ~ar* ① 구조, 해난(海難) 구조, (침몰선의) 인양작업 ② 수확, 거두어 들임 ③ 돛을 말아 올리기; begära ~ av bilen 차의 구난(救難)을 요청하다 ④ 생계, 살림, 호구지책(糊口之策)(utkomst).

bärgningsbil *~en ~ar* 구조차, 구난 자동차, 레커차.

bärighet *~en ~er* ① 적재량(積載量) ② 이윤성(利潤性), 채산성(採算性).

bäring *~en 0* 방위각(方位角).

bärkass|e *-en -ar* (물건을 담는 망사 모양의) [장]바구니.

bärkorg *~en ~ar* (딸기류를 담는) 바구니.

bärkraft *~en 0* 적재량; 【경제】 재력(財力).

bärnsten *~en 0* 호박(琥珀); av ~ 호박으로 된, 호박으로 만든.

bärplan *~et ~* 【항공】 날개; 수중익(水中翼), 고속정 하부의 이수 장치.

bärplansbåt *~en ~ar* 수중익을 장치한 배.

bärplockning *~en ~ar* 딸기 따위의 열매 따기.

bärpås|e *~en ~ar* 시장바구니, 쇼핑백.

bärraket *~en ~er* 운반용 로켓, 상승용 로켓.

bärrem *~men ~mar* 가죽 끈, 혁대.

bärsel|e *-en -ar* 아기를 등 뒤나 배 앞에 메는 멜빵.

bärstol *~en ~ar* (중국, 인도의) 사람 타는 가마.

bärsärk *~en ~ar* (북유럽 전설) 용맹한 전사(戰士), 폭한; gå fram som en ~ 광폭해지다.

bärvåg *~en ~or* 【통신】 반송파(搬

B

B

送波)(음성, 영상의 신호파 전송에 사용되는 고주파 전류).

bärår *~et ~*, ett dåligt ~ (베리류, 산딸기류의) 과일이 적게 열린 해.

bäst[1] *a*. bra, god의 최상급, 가장 좋은, 최량의; med de bästa avsikter 최선의 의도로써; de allra ~a vänner 가장 좋은 친구들; hon är ~ i engelska 그녀는 영어를 제일 잘한다; efter ~a förmåga 힘 자라는 데까지; i ~a fall 잘 해야, 기껏해야; i ~a mening 가장 좋은 의미에서; i sina ~a år 장년(壯年)에, 혈기왕성한 때에; på ~a möjliga sätt 최선의 방법으로; hoppas på det ~a 잘 되기를 바라다; 또 좋을 때가 있겠지, 비관하지 말라; det är ~ att vi går nu 이제 우리는 가는 게 좋겠다; bäste bror! …인형(仁兄)께(편지 서두에); vid första ~a tillfälle 기회가 닿는 대로.

bäst[2] *adv*. ☞ **väl** 가장 좋게; 가장 잘; vad tyckte du ~ om? 무엇이 제일 좋았느냐?; jag höll som ~ på med … 나는 한참 …하는 중에 있었다; det vet jag ~ själv 그것은 내가 제일 잘 안다; du får klara dig ~ du kan 너의 최선을 다해서 일을 처리해야 한다; du gör ~ i att … 네가 …하는 것이 제일 좋겠다.

bäst[3] *konj*. ~ [som] han gick där 그가 마침 거닐고 있을 때에; ~ [som] det var 갑자기, 홀연히(all at once); ~ som vi pratade 바로 우리가 이야기를 하고 있었을 때에.

bästa (불변화 ett-명사) 선(善), 미덕, 이익, 복지, 후생; det allmänna ~ 공공의 복리; tänker på sitt eget ~ 자신의 이익을 생각한다; göra sitt [allra] ~ [자기의] 최선을 다하다; få ngt till ~ 다과(茶菓)를 들다; ge ngn ngt till ~ …에게 다과를 주다; ta sig för mycket till ~ 취하다, 술을 너무 마시다.

bästsäljar|e *-[e]n ~* 판매 실적이 아주 좋은 상품(특히 책, 베스트셀러).

bättra *~r ~de ~t* Ⅰ. *tr*. 개선하다, 개량하다, 고치다; ~ på 수정하다, (회화·그림 등에) 가필하다 Ⅱ. *rfl*. (도덕적으로) 나아지다, (건강이) 양호해지다.

bättre[1] *a*. bra, god의 비교급, 나은, 보다 좋은(양자 중에서); 더 좋은(학급), 더 좋은(질(質)); bli ~ (일반적으로) 나아지다, (병세가) 좋아지다; få(ha) det ~ 전보다 살림살이(형편)가 낫다, 전보다 잘 지내다(be better off); det vore ~ om du inte gjorde det 그 일을 하지 않는 편이 더 낫다; komma på ~ tankar …을 고쳐서 생각하다, …을 다시 보다; ~ mans barn 좋은 가정의 아이들; så mycket ~ för mig (그렇다면) 내게는 더욱더 좋다; i brist på [ngt] ~ 더 나은 것이 없이.

bättre[2] *adv*. ☞ **väl**; 보다 좋게(낫게); han förstår inte ~ 그는 더 이상 잘 이해하지 못한다; det hände sig inte ~ än att han … 운수 나쁘게도 그는 …; bättre upp [än så] …보다 더 낫게.

bättring *~en ~ar* 개선, (건강의) 회복.

bättringsvägen (정형명사) vara på ~ (건강이) 회복단계에 있다, (병·사태 따위) 나아져 가고 있다.

bäva *~r ~de ~t itr*. …의 생각에

떨다(för), 전율하다, 와들와들 떨다 (darra, rysa).

bävan ~ *0* 공포, 두려움, 무서움, 근심.

bäver *~n bävrar* 비버 또는 그의 모피.

böckling *~en ~ar* 훈제(燻製)한 발틱 해산(産) 청어.

böd|el *~n -lar* 사형집행인, 교수형 집행인(hangman); (비유적) 괴롭히는 사람(것).

bödelsyx|a *-an -or* 사형집행인의 도끼.

Böhmen 보헤미아(Bohemia, 체코슬로바키아의 서부지방).

böhmisk/bömisk *a.* 보헤미아[사람]의, 방랑의.

böj|a *-er -de -t* I. *tr. itr.* ① 구부리다, (머리를) 숙이다, 구부러지다, 휘다, 굴복하다(kuva); ~ knä inför…, …에게 무릎을 꿇고 탄원하다, …에게 굴종하다; det skall böjas i tid som krokigt skall bli【속담】나뭇가지는 어릴 때 굽히는 것이 제일 낫다 ②【문법】굴절시키다, 어형변화를 하다, (동사가) 활용변화하다 II. *rfl.* 몸을 구부리다, 웅크리다 (bend down), 기대다(luta sig över), 굴복하다, 항복하다(ge vika för) 절하다; ~ sig för det oundvikliga 피할 수 없는 운명에 굴복하다 III. (강세접사와 함께), (vägen) -er av åt öster (길이) 동쪽으로 구부러진다; ~ undan 길을 잘못 들다, 얼굴을 돌리다, 비키다.

böjbar *a.* 굽힐 수 있는.

böjd *a.* ① 굽은; 허리가 구부정한, 새우등의; 활 모양의; ~ av ålder 늙어서 허리가 굽은 ②【문법】활용한, 어형변화를 한 ③ …의 경향이 있는, …하고 싶어 하는(benägen); vara ~ för …을 찬성(지지)하다.

böjlig *a.* 구부리기 쉬운, 휘기 쉬운, 유연성의, 적응성이 있는.

böjlighet *~en ~er* 유연성, 융통성, 적응성.

böjning *~en ~ar* 굽음, 굽은 곳, 굴곡(만곡)부;【문법】굴절, 어미변화.

böjningsform *~en ~er*【문법】어형변화표, 활용례(paradigm).

böjningsändelse *~n ~r*【문법】어형변화 어미, 굴곡어미.

böka *~r ~de ~t itr.* (돼지 등이) 코로 땅을 헤집다, 헤적이다, 찾다, 찾아내다; (뼈 빠지게) 일하다.

böl *~et 0* (황소의) 우는 소리, 울부짖는 소리.

böla *~r ~de ~t itr.* (소가) 큰 소리로 울다, 고함치다, 으르렁거리다.

böld *~en ~er*【의학】부스럼, 종기, 농양(膿瘍).

bölj|a[1] *-an -or* 큰 놀(물결), 파도, 굽이침.

bölja[2] *~r ~de ~t itr.* (바다, 들판의 곡식(sädesfält) 따위가) 파도치다, 물결치다.

böljande *a.* 파도치는, 물결치는; (바다, 평야가) 융기한, 부풀은; (머리카락이) 휘날리는, (인파가) 밀어닥치는.

bömar|e *-[e]n ~* 보헤미아 사람 (Bohemian).

bömisk *a.* 보헤미아 사람의(Bohemian), 방랑의.

bön *~en ~er* ① 요구, 요망(anhållan om); 간청, 호소; jag har en ~ till dig 부탁이 하나 있습니다; rikta en

~ till ngn …에게 간청하다 ②【종교】 기도; Herrens ~ 주기도문; be en ~ 기도를 드리다; förrätta ~ 기도를 드리다; bords~ (식전 · 식후의) 감사기도.

B

bön|a[1] *–an –or* 콩(강낭콩, 잠두류).

böna[2] *~r ~de ~t itr.* ~ för ngn 탄원하다, 간청하다.

bön|bok *~en –böcker* 기도서, 【가톨릭】 일과(日課) 기도서.

böndag *~en ~ar* 감사기도 특별예배일.

bönehus *~et ~* 채플(큰 교회, 학교, 병원 내의 예배당).

böne|man *~nen –män* 돈을 받고 명복을 비는 사람.

bönematt|a *–an –or* 기도나 예배의식 장소에 깐 양탄자(이슬람교).

bönemöte *~t ~n* 기도회.

böneskrift *~en ~er* 청원, 탄원(서), 진정서.

bönfall|a *–er bönföll bönfallit tr. itr.* 탄원하다(om), 애원하다(ngn om ngt).

bönhör|a *– –de –t tr.* ~ ngn …의 기도를 듣다; han blev –d 그의 기도가 응답을 받았다, 그의 요청이 수락되었다.

bönhörelse *~n ~r* 기도에 대한 응답.

bör|a *– borde bort* …해야만 한다, …하는 것이 당연하다(ought to, should); hon – vara framme nu 그녀는 지금 그 곳에 도착해 있어야 하는데; jag anser mig ~ göra det 내 생각에는 그 일을 내가 해야 한다; det borde vi ha tänkt på 우리는 응당 그것을 고려했어야 했다; man bör inte prata med munnen full 입 안에 음식을 담고 이야기를 해서는 안 된다; man bör aldrig glömma 결코 잊어서는 안 된다.

börd *~en 0* 탄생, 출생, 출산; 가계, 혈통, 계보(härkomst); av ädel ~ 명문 집안 출신의; av ringa ~ 보잘것 없는 집안 출신의; till ~en 타고난, 선천적인(으로).

börd|a *–an –or* 무거운 짐, 짐, (정신적인) 부담; digna under ~n 짐에 눌리다; livet blev honom en ~ 생활이 그에게 짐이 되었다; lägga sten på ~ 짐을 더 무겁게 하다, 가중시키다; 피해를 주고 또 모욕하다.

bördig *a.* ①…의 혈통을 이은, …출신의; hon är ~ från 그녀는 …에서 태어났다, 그녀는 …태생이다 ② (땅이) 비옥한, 기름진, 열매가 많이 열리는(frukbar), (비유적) 결실이 풍부한.

bördighet *~en ~er* (땅이) 기름짐, 비옥함; 다산(多産), 풍부.

bördsadel *~n 0* 세습귀족.

bördshögfärd *~en 0* 가문의 자랑.

bördsstolt *a.* 가문(혈통)을 자랑하는.

börja *~r ~de ~t tr. itr.* 시작하다, 출발하다; (의식을) 거행하다; ~ [att] … (~ på med [att] …) …에 착수하다, …을 하기 시작하다(ta itu med); det ~r bli mörkt 어두워지다; till att ~ med 우선, 첫째로; nu ~s det 자 이제 시작한다(here we go); ~ om 다시 시작하다; ~ om från början 처음부터 다시 하다; ~ på [att] …을 착수하다.

början (불변화 en–명사) 처음, 최초, 시작, 발단; 출발, 개시; 원천, 발단,

기원(ursprung); från första ~ 애당초, 맨 처음에; från ~ till slut 처음부터 끝까지; i ~ var hon nervös varje gång hon skulle undervisa 처음에 그녀는 강의할 때마다 초조해 하였다; i ~ av maj 5월 초에; i ~ av åttiotalet 80년대 초에.

börs[1] *~en ~ar* 돈지갑, 돈주머니 (portmonnä).

börs[2] *~en ~er*, (fond-) 증권거래소, 환전, 어음교환(주로 복수형); spela på ~en 증권에 손을 대다(투기하다).

börsaffärer (복수명사) 증권거래.

börsjobbar|e *-[e]n ~* 증권거래인, 투기업자.

börskurs *~en ~er* 증권(공채)시세표.

börsmäklar|e *-[e]n ~* 증권 중매인.

börsnotering *~en ~ar* 증권시세[가격표].

börsspekulant *~en ~er* 증권투기업자.

börsspekulation *~en ~er* 증권 투기, 증권매매[업], 투기.

börstransaktion *~en ~er* 증권거래.

böss|a *-an -or* ① 총, 소총, 엽총 (gevär, hagel~) ② (spar~) 저금통, 헌금상자.

bösskolv *~en ~ar* 개머리판, 굵은 쪽의 끝.

bösskul|a *-an -or* 탄알, 권총탄, 소총(기관총)탄.

bössmynning *~en ~ar* 총구(銃口), 포구.

bösspip|a *-an -or* 포신, 총신.

böta Ⅰ. *itr.* 벌금을 치르다; ~ för ngt …의 댓가를 치르다 Ⅱ. *tr.* få ~ 250 kronor 벌금 250 크로나를 물다.

böter (복수명사) 벌금; döma ngn till 10 punds …에게 10파운드의 벌금을 과하다; belagd med 250 kronors ~ 250 크로나의 벌금형을 받은[벌금형에 처해진].

bötesstraff *~et ~* 벌금[형], 처벌.

bötfäll|a *-er -de -t tr.* ~ ngn …에게 벌금을 부과하다.

bötfälld *a.* ~ till …에 벌금형이 내려진.

böv|el *-eln/-elen, -lar*, för -eln (tusan bövlar) 제기랄, 빌어먹을.

B

C [se:] *c*–[*e*]*t c*[–*n*] ① 스웨덴어 알파벳의 3번째 글자 ②【음악】「다」음(音) ③【구학점제】 낙제점, 불합격(underkänd).

café ☞ **kafé**.

cafeteri|a/kafeteri|a *–an –or* 카페테리아 (각자 날라다 먹는 간이식당).

callgirl [ko:lgœl]/[kɔ:lgəl] *~en ~s* (전화로 불러내는) 매춘부, 콜걸.

calmettevaccination [kalmet–] *~en ~er* 결핵예방용 백신(BCG).

camouflage [kamɷflɑ:ʃ] *~t 0* 카무플라주 위장.

camouflera *~r ~de ~t tr.* 위장하다.

campa *~r ~de ~t itr.* 캠프하다, 야영하다.

camping *~en 0* 캠프, 야영.

campingbåt *~en ~ar* 잠자리를 갖춘 간단한 모터보트.

campingstug|a *–an –or* 야영장의 작은 숙박실.

canc|er [kanser] *–ern –rar* 암(癌).

cancerprov *~et ~* 암세포 검사.

candela [kande:la] *~n ~* 광도의 단위(cd).

cannabis *~en 0* 마약의 일종.

cardigan *~en ~er* 카디건(앞을 단추로 채우는 스웨터).

cash[1] [kɛʃ] *adv.* 현금으로; *betala ~* 현금으로 지불하다.

cash[2] (불변화명사) 현금; jag har för lite ~ på mig 내게 현찰이 조금밖에 없다.

casting [ka–] *~en 0*【스포츠】 제물낚시(로 하는 던질낚시)질.

caterpillar [kɛter–] *~n ~s* 무한궤도식 트랙터.

C-avdrag *~et ~* (국가 · 지방공무원의) 휴직기간 중 봉급 전액 공제(봉급 지급액이 없음).

Cd-rom【컴퓨터】 시디롬(많은 양의 디지털화한 데이터를 기억할 수 있는 콤팩트디스크).

CD-spelar|e [sede–] *–*[*e*]*n ~*【컴퓨터】 콤팩트 디스크 플레이어(CD player) (하이파이 음향 장치).

C-dur【음악】 다 장조.

Cd-växlar|e *–*[*e*]*n ~*【컴퓨터】 CD-ROM 체인저 (복수의 CD-ROM을 내장하고, 필요에 따라 로드(load)시켜 판독하는 장치).

ced|er [se:der] *–ern –rar* 삼나무.

cedilj [sedilj] *~en ~er*【불어】 ç처럼 C자아래 붙여 [s]음을 나타내는 부호(보기: façade, françois).

celeber [sele:ber] *a.* 유명한, 고명한.

celebrera ~r ~de ~t tr. 의식을 행하다, 경축하다.
celebritet ~en ~er 유명인, 명사.
celest a. 천체(天體)의.
celibat [selibɑ:t] ~et 0 (특히 수도사의 종교적인) 금욕생활; leva i ~ 금욕생활을 하다.
cell [sel:] ~en ~er ① 형무소의 독방 ② 벌집의 봉방(蜂房) ③【전기】전지 ④【생물】세포.
celldelning ~en ~ar 세포 분열.
cellfängelse ~t ~r 독방 감금, 격리 수용 교도소.
cellist [selist] ~en ~er 첼로연주자.
cello ~n ~r/celli ☞ violoncell.
cellofan [selɷfɑ:n] ~en/~et, 0 셀로판.
cellplast ~en ~er 작은 공기쿠션이 많은 비닐(보호 포장으로 사용함).
cellskräck [sel:skrek:] ~en 0【의학】폐소(閉所) 공포증 ☞ klaustrofobi.
cellstoff ~en/~et, 0 섬유소(종이기저귀[속의 내용물]).
cellstraff ~et ~ 독방 감금.
cellulosa ~n 0【화학】셀룰로오스, 섬유소.
cellvägg ~en ~ar【생물】세포벽.
cellvävnad ~en ~er 세포조직.
Celsius [sel:sius] (불변화명사) 섭씨 온도(℃); 25 grader ~ 섭씨 25도(25℃).
cembalo [çembalɔ] ~n, ~r/cembali 하프시코드(16~18세기에 쓰인 피아노의 전신).
cement [sement] ~en/~et, 0 시멘트.
cementera ~r ~de ~t tr. 시멘트로 접합하다; …에 시멘트를 바르다.
cendré (불변화형용사) 회백색의.
cendréfärgad ☞ cendré.
censor [sensɷr] ~n ~er ① 검열관 ② [옛 로마의] 감찰관.
censur [sensu:r] ~en ~er 검열.
censurera ~r ~de ~t tr. 검열하다.
centaur [kentaur] ~en ~er (그리스 신화의) 켄타우루스(반인반마(半人半馬)의 괴물).
cent|er [senter] Ⅰ. ~n -rar ① 중심, 핵심, 중앙;【정치】중도파, 중앙당 (보통 단수정형으로 centerparti의 줄임말) ② (축구 등의) 전위 중견, 센터포드 Ⅱ. -ret -rer 중앙시설, 센터; affärscenter 쇼핑센터.
centerbord ~et ~【선박】이동용골(移動龍骨).
centerforward ☞ center Ⅰ. ②.
centerpartiet【정치】중앙당.
centiliter ~n, ~/-litrar 센티리터 (100분의 1리터, cl).
centimeter ~n, ~/-metrar 센티미터(1미터의 100분의 1).
centra ~r ~de ~t tr. itr. [축구]공을 센터로 보내다.
central[1] a. 중심의, 중앙의.
central[2] [sentrɑ:l] ~en ~er 중앙역(中央驛); 전화 교환국; 본부, 사령부.
Centrala studiestödsnämnden 중앙 학자금 후원처(CSN).
Centralamerika 중앙아메리카, 중미.
centralamerikansk a. 중앙아메리카의.
centralbank ~en ~er 중앙은행 ☞ Riksbanken.
centralfigur ~en ~er 주요한 인물, 중심인물.

C

centralisera *~r ~de ~t tr*. 중앙화하다, 집중하다, 중심에 모으다.
centralisering *~en ~ar* 중앙 집중화.
centralpostkontor *~et ~* 중앙우체국.
centralregering *~en ~ar* 중앙정부 (연방체제 국가의).
centralstation *~en ~er* 중앙철도역.
centralstimulantia (복수명사) 중추신경 흥분제(마약류).
centralstyrd *a*. 중앙의 통제를 받는.
centraluppvärmning *~en 0* 중앙(집중)난방 (장치)(centralvärme).
centrifug [sentrifu̩:g] *~en ~er* 원심[분리]기, (세탁기의) 탈수기.
centrifugalkraft *~en ~er* 탈수력, 원심력.
centrifugera *~r ~de ~t tr*. 탈수하다, …을 원심 분리기에 걸다.
centr|um *-et, ~/centra* 중심, 중앙; 초점.
cerat [sera̩:t] *~et ~[er]* 입술에 바르는 연고(軟膏), 납고약(蠟膏藥).
cerebral [serebra̩:l] *a*. 뇌의, 두뇌적인.
cerebral par|es 뇌성마비(CP).
ceremoni [seremɷni̩:] *~n ~er* 의식, 의례; utan [alla(vidare)] *~er* 허물없이, 격식을 차리지 않고.
ceremoniell *a*. 예의의, 예의 바른; 의례적인, 허식적인.
ceremonimästar|e *-[e]n ~* 사회자.
certeparti [seʈepaʈi̩:] *~et ~er* 【무역】 용선 계약[서](C/P).
certifikat [seʈifika̩:t] *~et ~* 증명서, 검증서; 면허장; 증권.
Cesar 시저, 카이사르 Gaius Julius Caesar (100-44 B.C.) (로마의 장군 · 정치가).
cesi|um *-et/-um/-umet, 0* 【화학】 세슘 (금속 원소; 기호 Cs, 번호 55).
cess [ses] *~et 0* 【음악】 반음 내린 「다」음.
cession [seʃo̩:n] *~en ~er* 【법률】 재산 인도, 양여 물건; 파산.
cesur [sesu̩:r] *~en ~er* (운율) 행(行) 중의 휴지(休止).
champagne [ʃampa̩nj] *~n 0* 샴페인.
champinjon [ʃampinjo̩:n] *~en ~er* 버섯, 양송이.
chans [ça̩ŋs/ʃ-] *~en ~er* 기회, 호기; 가망, 가능성; 모험; ~en finns att …할 기회가 있다, …할지도 모르겠다; ta ~en 운명에 맡기고 해보다, 기회를 잡다, ha inte en ~ 조금도 가망이 없다.
chansa *~r ~de ~t itr*. 운에 맡기고 해보다, 위험을 무릅쓰고 해 보다.
chansartad *a*. 모험적인; 운에 맡기는, 되는 대로의.
chargé-d'affaires [ʃarʃe̩:dafæ̩:r] 대리 대사(공사).
chargera [ʃarʃe̩:ra] *~r ~de ~t tr*. 과장하다.
chark *~en 0* ☞ **charkuteri**.
charkuteri [ʃarkuteri̩:] *~et ~er* 정육점, 푸줏간.
charkuteriaffär *~en ~er* ☞ **charkuteri**.
charkuterivar|a *-an -or* (판매용) 육류(肉類).
charlatan [ʃaɭata̩:n] *~en ~er* 아는 체하는 사람, 떠벌리는 사람; 돌팔이 의사.
charm [ʃarm] *~en 0* 매력, 아름다운

용모.

charma ~r ~de ~t tr. 매혹하다 (=charmera), …의 마음을 빼앗다.

charmạnta a. 매력적인, 호감이 가는; 훌륭한.

charmbubbl|a -an -or 【일상】 매력적인 사람.

charmẹrad a. ~ av …에 매혹된.

charmfull a. 매력적인.

charmoffensiv ~en ~er 유리한 입장에 서기 위해 의도적으로 사람의 마음에 들도록 처신하는 것.

charmtroll ~et ~ 매력적인 사람(특히 아이들), 귀여운 아이.

charmọ̈r ~en ~er 멋진 호남자, 여자가 반할 남자(kvinnotjusare).

charterbolag ~et ~ 전세 여행 항공회사.

charterflyg [çɑ̣:ṭer-] ~et ~ 전세 여객기.

charterres|a -an -or 전세 여행.

chartra ~r ~de ~t tr. (비행기 · 버스 · 선박을) 전세 내다, 계약에 의해 전세 내다.

chassi [ʃạsi] ~[e]t, ~er ~n (자동차의) 차대(車臺); 비행기의 각부(脚部).

chaufför [ʃɔfœ̣:r] ~en ~er 운전사.

chauvinism [ʃɔviniṣm] ~en 0 맹목적 애국심.

chauviniṣt ~en ~er 맹목적 애국자.

chauvinistisk a. 맹목적 애국심의.

check [çek] ~en, ~ar/~er 수표; utställa en ~ 수표를 발행하다.

checka ~r ~de ~t tr. itr. 검사하다, 조사하다; ~ in 체크인 하다(공항의 카운터에서 여객이 탑승절차를 밟는 일, 호텔에서 성명을 기입하고 투숙하는 일).

checkbedrägeri ~et ~er 수표 위조.

checkhäfte ~t ~n 수표장(帳).

checklön ~en ~er 은행계좌를 통한 월급 지불.

chef [ʃe:f] ~en ~er 수령, 우두머리 장(長).

chef-d'œvre[ʃɛdøvr] (불변화 ett-명사) 걸작품, 대작.

chefredaktör ~en ~er 편집장, 주간, 주필.

chefsförhandlar|e -[e]n ~ 협상단 대표.

chefskap ~et 0 우두머리, 사장, 장(長)의 지위(임무).

chevaleresk [ʃevalerẹsk] a. (여성에게) 정중하고 친절한.

chevelyr ~en ~er 머리 말기; 가발.

cheviot [ʃẹ:viɔt] ~en ~er 사지, 세루(원래 견모(絹毛) 교직을 일컬었으나, 근래엔 주로 소모사로써 능직으로 짠 양복감을 일컬음).

chic[k] [ʃik] a. 멋진, 세련된.

chiff|er [ʃịfer] -ret, ~/-rer 암호[문]; i(med) ~ 암호로.

chifferskrift ~en ~er 암호문.

chiffertelegram ~met ~ 암호 전보.

chiffong [ʃifọŋ] ~en ~er 시폰, 견(絹) 모슬린.

chiffonjé [ʃifɔnjẹ:] ~n ~er (서랍이 달린 접는) 책상.

chiffrera ~r ~de ~t tr. (보통문을) 암호로 고쳐 쓰다.

chikan [ʃikɑ̣:n] ~en ~er 모욕, 무례.

chikanera ~r ~de ~t tr. 모욕하다; 면목을 잃게 하다.

Chile [çi:le] 칠레.

chilẹn ~en ~er/chilenar|e -[e]n ~ 칠레 사람.

chilensk *a*. 칠레의.
chilesalpeter *~n 0* 【화학】 질산나트륨.
chimär [ʃimæ̣:r] *~en ~er* 망상, 환상, 실현될 것 같지 않은 꿈.
chips [çips] *~et ~* ① 얇게 썬 감자튀김, 포테이토 칩 ② 【전자공학】 칩, 반도체 소자(素子)(집적회로를 붙이는 반도체 조각).
chock [ʃɔk] *~en ~er* 충격; 타격.
chocka *~r ~de ~t tr*. 충격을 주다, 쇼크를 주다.
chockbehandling *~en ~ar* 【의학】 충격 요법.
chockera *~r ~de ~t tr*. 충격을 주다.
chockerande *a*. 충격적인, 무서운.
chockhöj|a *–er –de –t tr*. (가격, 세금 등을) 무겁게 올리다.
chockpris *~et ~er* 아주 높은 가격.
choka [ço:ka] *~r ~de ~t itr*. (엔진을) 초크하다(혼합기(氣)를 진하게 하기 위하여 카뷰레터에 흘러 들어가는 공기를 막음).
chok|e [ço:k–] *–en –ar* 【기계】 초크(엔진의 공기 흡입을 조절하는 장치).
choklad [ʃɷklɑ̣:d] *~en ~er* 초콜릿, 코코아 음료.
chokladbrun *a*. 초콜릿 빛의.
chokladkak|a *–an –or* 판 초콜릿.
chokladpralin *~en ~er* 크림 초콜릿.
chosefri [ʃọ:sfri:] *~tt a*. 꾸밈없는, 있는 그대로의, 순수한.
ciceron [siserɷ̣:n] *~en ~er* (명승고적의) 관광 안내인.
cif [sif] *adv*. 【상업】 운임 · 보험료 포함 가격으로(CIF, c.i.f.).
cigarr [sigạr] *~en ~er* 여송연.
cigarraffär *~en ~er* 담배 가게.
cigarrcigarrett *~en ~er* 작은 여송연.
cigarrett/cigar|ett [sigarẹt] *~en ~er* 담배(궐련).
cigarrettmunstycke *~t ~n* (궐련의) 물부리, 파이프.
cigarrettpaket *~et ~* 담배갑.
cigarrettändar|e *–[e]n ~* 라이터.
cikạd|a *–an –or* 매미.
cinnober [sinọ:ber] *~n 0* 【광물】 진사(辰砂).
cinnoberrö|d *–tt a*. 주홍[색]의.
cirka [sirka] *adv*. 대충, 대체로, 대략, …쯤(경)(ca.).
cirkapris *~et ~er* 【상업】 근사 가격.
cirk|el *~n –lar* ① 원(圓), 원주, 원형의 것 ② 집단, 사회 …계(界); litterära cirklar 문학계.
cirkelformig *a*. 원형의(cirkelrund).
cirkelkomposition *~en ~er* 순환구조, 순환구성.
cirkelrörelse *~n ~r* 순환운동, 원운동.
cirkla *~r ~de ~t itr*. 돌다, 선회하다.
cirklad *a*. 공식의, 의례상의, 예식의.
cirkulation [sirkulaʃɷ̣:n] *~en 0* 순환; 유통.
cirkulationsrubbning *~en ~ar* 【의학】 순환 장애.
cirkulẹra *~r ~de ~t itr*. 순환하다, 돌다; 【화폐】 유통하다.
cirkulär[1] [sirkulæ̣:r] *a*. 원형의, 원모양의, 둥근.
cirkulạ̈r[2] *~et 0* 회장(回章).
cirkumflex [sirkumflẹks] *~en ~er* 곡절음표(曲折音標, ^, ~ 또는⌒).
cirkus [sịrkus] *~en ~ar* 서커스; full

~ 큰 소동; rena ~en 어리석은 일, 익살, 우스운 일.
cirkusdirektör *~en ~er* 서커스 감독.
cirrusmoln [sịrus–] *~et ~* 【기상】 새털 구름, 권운.
ciselera [siseleːra] *~r ~de ~t tr.* (금속에) 돋을새김하다, 양각하다.
ciselör *~en ~er* 양각사(陽刻師).
ciss [sis] *~et 0* 반음 높은 「다」음 (charp).
ciss–moll *~en 0* 반음 높은 「다」음 단조.
cisterciens[er]orden (정형명사) 시토수도회(1098년 프랑스의 수도사 Robert가 Citeaux에서 창설했음).
cistern [sistæːn] *~en ~er* 탱크, 물통.
cisternvagn *~en ~ar* 탱크차.
citadell [sitadẹl] *~et ~* (도시를 지키는) 성채(城砦).
citat [sitạːt] *~et ~* 인용(引用), 인용구(어, 문).
citationsteck|en *–net ~* 인용부호, 따옴표.
citera *~r ~de ~t tr.* 인용하다, 인증하다.
citron [sitrọːn] *~en ~er* 【식물】 레몬.
citrongul *a.* 레몬 빛의, 담황색의.
citronsaft *~en ~er* 레몬주스.
citronsyra *~n 0* 【화학】 구연산(枸櫞酸).
citrusfrukt *~en ~er* 감귤류(柑橘類).
cittr|a [sitra] *–an –or* 치터(현이 30~40개 있는 거문고와 비슷한 현악기).
city *~t/~, ~n* 상업지역, 도심지(都心地).
civil *a.* 시민(공민)의, (군에 대하여) 민간의, 일반인의; en ~ 일반인, 민간인; i ~a kläder 평복(사복)을 입은; i det ~a 일반 생활에.
civilbefolkning *~en 0* 일반 주민.
civildepartement *~et ~* (정부의) 지방행정자치부 (1950–1996; 1974–1983 (kommundepartement)).
civildomstol *~en ~ar* 민사 법원.
civilekonom *~en ~er* 경영학석사 학위자.
civilflyg *~et 0* 민간 항공.
civilförsvar *~et 0* 민방위 체제.
civilförvaltning *~en ~ar* (군정(軍政)에 대하여) 민정(民政).
civilingenjör *~en ~er* 공학 석사 취득자, 공학자.
civilisation *~en ~er* ① 문명, 문화 ② 문명국[국민] ③ 문명이 발달한 지역.
civilisera *~r ~de ~t tr.* …을 개화시키다, 문명으로 이끌다.
civilkurage *~t 0* 도덕적(시민적) 용기.
civilklädd *a.* 평복(사복) 차림의; en ~ detektiv 사복형사.
civilminist|er *–ern –rar* 총무처 장관.
civilmotstånd *~et ~* 시민 저항.
civilmål *~et ~* 민사 소송.
civilrätt *~en 0* 민법(民法).
civilstånd *~et ~* 가족관계(결혼, 이혼, 미혼 등의 상황).
clearing [klịːriŋ] *~en 0* 【상업】 (은행 상호간의) 어음 교환.
clementin [klementịːn] *~en ~er* 귤의 일종.
clip [klip] *~et ~* (보석이 붙은) 귀걸이 장식.

C

clips [klips] ~et ~ ☞ clip.
clitoris ~en ~ar 【해부】 음핵(陰核).
clou [klɷː] ~n 0 절정, 하이라이트.
clown [klaun] ~en ~er (서커스의) 어릿광대.
club-blaz|er [club-] -ern -rar 블레이저코트의 일종.
clubstek ~en ~ar 뼈가 있는 작은 비프스테이크.
c/o [sẹːɷ/kɛ̣ːrɔv] (편지에) …씨 댁/방, 전교(轉交); Herr Andersson, c/o Eriksson, 에릭손씨 방 안데손씨 귀하.
coach [kɔutʃ] ~en ~er 【경기】 코치, 지도원.
cockpit [kɔ̣kpit] ~en ~ar 【항공】 조종실.
cognac [kɔ̣njak] ☞ konjak.
collage [kɔlạːʃ] ~et 0 【미술】 콜라주(신문이나 광고의 스크랩을 맞추어서 선 또는 색채를 묘미 있게 나타낸 추상적 회화구성법).
collier [kɔljẹː] ~[e]n ~er 목걸이.
comeback [kambạek] ~en ~er 복귀; göra ~ 복귀하다.
conferencier ~[e]n ~er (프로그램·연예 따위의) 사회자.
contain|er [kɔntɛ̣jnər] -ern -rar 컨테이너(화물 수송용 대형 철제 상자).
containerfartyg ~et ~ 컨테이너 화물선.
containerterminal ~en ~er 컨테이너 터미널(집적장 集積場).
contangent ~en ~er 【수학】 코탄젠트.
copyright [kɔ̣pirajt] ~en 0 판권(板權), 저작권.
courtage [kɷtạːʃ] ~t 0 중매 수수료, 중개료.
cowboy [kaubɔi] ~en ~er (미국, 캐나다) 소몰이 목동, 카우보이.
cp [seːpeː] (불변화명사) 두뇌 부분마비(cerebral pares).
crawl [kroːl] ~en 0 【수영】 크롤.
crawla ~r ~de ~t itr. 크롤 수영을 하다.
crêpe ☞ kräpp.
crescendo[1] [kreʃɛ̣ndɔ] ~t ~n 【음악】 점점 세게 연주하거나 노래하라는 기호.
crescendo[2] adv. 【음악】 점점 세게.
cricket [krịket] ~en 0 크리켓(1명씩의 2개 팀이 하는 영국의 구기).
croquis [krɔkịː] ~en ~er 스케치, 사생화(寫生畫).
crosschecking ~en ~ar 【아이스하키】 크로스체크(상대방의 신체 앞부분을 하키 채 손잡이로 가격하는 반칙).
CSN ☞ Centrala studiestödsnämnden.
C-språk ~et ~ 고등학교 과정의 제3외국어(먼저 영어, 다음에 독어나 불어를 배운 후 노어, 서반아어 등을 선택할 수 있음).
cumulusmoln ~et ~ 【기상】 적운(積雲).
cup [kup/kap] ~en ~er ① 우승배, 우승컵 ② 결승 경기대회.
cupfinal ~en ~er 결승전.
cupmatch ~en ~er 결승 시합.
curie [kyrịː] (불변화명사) 【물리·화학】 퀴리(방사능 계량 단위).
curling [kœ̣ːl̩iŋ] ~en 0 컬링(얼음판에서 둥근 돌을 미끄러뜨려 과녁에 맞추는 놀이).

cyan [syạ:n] *~en/~et, 0* 【화학】 시아노겐(가연성 유독 가스).

cyanblå *a.* ☞ **kornblå**.

cyankali|um *-et/-um[et], 0* 【화학】 청산(靑酸)(blåsyra).

cybernetik [s-/k-] *~en 0* 인공두뇌학, 사이버네틱스(인간의 신경계통과 컴퓨터를 비교 · 연구하여 두뇌의 기능을 연구하는 학문).

cyberrymd *~en ~er* 【정보통신】 사이버스페이스 (컴퓨터와 정보통신 시스템으로 실현하는 활동 공간).

cyberspråk *~et ~* 【정보통신】 사이버 언어.

cyk|el [sykel] *-eln -lar* ① 자전거; åka ~ 자전거를 타다. ② 순환, 순환기; 완전한 한 바퀴; (사시(史詩) · 전설 따위의) 일군(一群); ③ 【전기】 사이클, 주파

cykelban|a *-an -or* 자전거 도로.

cykelbud *~et ~* (자전거로) 심부름하는 소년 .

cykelkedj|a *-an -or* 자전거 체인.

cykellopp *~et ~* 자전거 경주.

cykelslang *~en ~ar* 자전거 타이어의 튜브.

cykelsport *~en ~er* 사이클링.

cykelställ *~et ~* 자전거 스탠드.

cykeltur *~en ~er* 자전거 여행.

cykeltrupp *~en ~er* (군인의) 자전거 부대.

cykeltävling ☞ **cykellopp**.

cykelåkar|e *-[e]n ~* ☞ **cyklist**.

cykelåkning *~en ~ar* 자전거 타기.

cykla [sykla] *~r ~de ~t itr.* ① 자전거 타다 ② vara ute och ~ 잘못 생각하고 있다, 터무니없는 이야기를 하다.

cyklamat [syklạmạ:t] *en 0* 치클로(스웨덴에서 금지된 무영양의 인공 감미료).

cyklamen [syklạ:men] (정형명사) 【식물】 시클라멘.

cykling *~en ~ar* ☞ **cykelåkning**.

cyklisk [sy:klisk] *a.* 순환의.

cyklist [syklịst] *~en ~er* 자전거를 타는 사람.

cyklon [syklọ:n] *~en ~er* 선풍, 회오리바람, 구풍(颶風).

cyklopög|a [cyklọpø:ga] *-at -on* (안경알이 하나인) 잠수부용 안경 마스크.

cylind|er [sylịnder] *-ern -rar* ① 【기계】 실린더 ② 실크해트(stormhatt).

cylindrisk/cylinderformig *a.* 원통 모양의, 원주 모양의.

cyniker [sy:niker] *~n ~* 냉소자, 비꼬는 사람.

cynisk *a.* 냉소적인, 비꼬는.

cynism *~en ~er* 냉소, 비꼬는 버릇.

Cypern [sypen] 키프로스(터키 남쪽에 있는 지중해상의 섬).

cypress [syprẹs] *~en ~er* 【식물】 삼(杉)나무의 일종.

cypriot [sypriọ:t] *~en ~er*/**cyprier** *~n ~* 키프로스 사람.

cypriotisk *a.* 키프로스의.

cyst|a [systa] *-an -or* 【의학】 낭포(囊胞), 낭종(囊腫).

cystoskop [-skọ:p] *~et 0* 【의학】 방광경(膀胱鏡).

cytolog [sytɔlọ:g] *~en ~er* 세포학자.

cytologi *~n 0* 세포학.

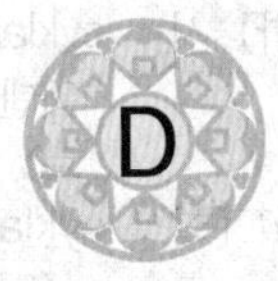

D

d [de:] *d–[e]t d[–n]* ① 스웨덴어 알파벳의 4번째 글자 ②【음악】「라」음(音), 라 조.

dabba *~r ~de ~t rfl.* ~ sig 실수하다.

dadaism *~en 0* 다다이즘(20세기의 예술 · 문학상의 허무주의).

dadd|a[1] *–an –or*【유아어】보모, 아이 보는 할머니.

dadda[2] *~r ~de ~t tr.* ~ *ngn* …를 어린애 취급하다.

dad|el [dɑ:del] *–len –lar* 대추야자의 열매; ~palm 대추야자나무.

dag [dɑ:g] *~en/dan, ~ar/dar* ① 낮, 주간(晝間); ~ ut och ~ in 날이면 날마다, 언제나; kommer ~, kommer råd 아무 걱정할 것 없다; god ~! 안녕하십니까!; han har sett bättre ~ar 그는 영락(零落)했다; vara ~en efter 숙취하다; den ~en, den sorgen 그것에 지금 신경 쓸 필요가 없다; ~en lång 하루 종일; ta ~en som den kommer 내일을 걱정하지 않다; se(skåda) ~ens ljus 태어나다; hela ~arna 하루 종일; de senaste ~arna 지난 며칠 동안; ~ efter ~ 매일, 날마다; från ~ till ~ 나날이; ~ för ~ 날마다; i ~ 오늘; i ~ åtta ~ar 다음 주의 오늘; i ~ på morgonen 오늘 아침에; den ~ som i ~ är 바로 오늘; från och med i ~ 오늘부터; vad i all sin dag gör du? 도대체 뭘 하고 있느냐?; vad är det för ~ i ~ ? 무슨 요일이냐?; i ~arna(i dessa ~ar) 요사이, 요즈음; i våra ~ar 오늘날에는, 우리 시대에는; i yngre ~ar 젊었을 때에; kors i all min(sin) dar! 설마, 저런!; på(om) ~en 낮에; om några ~ar 며칠 후에; på ~en ett år sedan 바로 일 년 전 오늘; mitt på ljusa ~en 백주(白晝)에; på gamla dagar 말년에; en vacker ~ 장래에, 어느 날 갑자기; leva för ~en 그날 벌어 그날 먹다, 간신히 살아가다; ~ens sanning 절대적인 진리; härom~en 며칠 전에 ② 일광; det är klart som ~en 극히 명백하다; vacker som en ~ 매우 아름답다; bringa i ~en 드러내다, 폭로하다; komma i ~en 드러나다; det ligger i öppen ~ 누구에게나 명백한 것이다; han är sin far upp i ~en 그는 아버지를 꼭 닮았다.

daga [dɑ:ga], ta ngn av ~ 죽이다.

dag|as [dɑ:gas] ~ *–ades –ats itr.* det ~ 날이 샌다.

dagbarn *~et* ~ 가정탁아소(familjedaghem)에 의탁된 아이.

dagbarnsvårdar|e –[e]n ~ 자가(自家) 보모(직업적으로 자기 집에서 낮 시간에 남의 아이를 보아주는 사람, dagmamma).

dagbefäl ~et ~ 당직자.

dag|bok –boken –böcker 일기(日記).

dagbrott ~et ~【광산】노천 채굴.

dagbräckning ~en ~ar 새벽(=gryning).

dagdrivar|e –[e]n ~ 빈둥거리는 사람, 빈둥거리며 노는 사람.

dagdriveri ~et 0 빈둥거리기, 백수건달 생활.

dagdrömmar (복수명사) 백일몽, 공상.

dag|er –ern –rar 일광; 낮;【미술】빛을 받아 밝은 부분.

dagg[1] [dag] ~en 0 이슬; när ~en faller 이슬이 맺힐 때.

dagg[2] ~en ~ar 아홉 가닥으로 된 채찍(채벌용).

daggdropp|e –en –ar 이슬방울.

daggfrisk a. 새로 맺힌 이슬처럼 신선한.

daggig a. ☞ daggfrisk.

daggmask ~en ~ar 지렁이.

daghem ~met ~ 탁아소(=dagis).

dagjämning ~en 0 주야평분시, (춘·추)분.

dagis ~et ~【일상】☞ daghem.

dagisfrök|en ~ –nar【일상】탁아소 보모.

daglig [dạ:glig] a. 매일의; i ~t tal 일상용어로; ~ tidning 일간지.

dagligdags adv. 날마다.

dagligen adv. 매일, 날마다.

dagligvar|a –an –or 일상용품.

daglön ~en ~er 하루임금, 일급.

daglönar|e –[e]n ~ 날품팔이꾼.

dagmamm|a –an –or 보모(남의 어린애를 모아 자기 집에서 돌보아 주고 보수를 받는 여성).

dagning [dạ:gniŋ] ~en 0 새벽; i ~en 새벽에.

dagofficer ~[e]n ~are 일직 사관, 당직 장교.

dagorder ~n ~ (군 지휘관의) 지시, 명령 사항.

dagordning ~en ~ar 일정, 의제, 협의 사항; övergå till ~en 그날의 일정에 들어가다; det hör till ~en 일정에 속하다, 일정 중의 하나다, 자주 일어나는 일이다.

dagrum ~met ~ (군사기지·공공시설 안의) 오락실.

dags [daks] adv. hur ~ ? 몇 시에?; så här ~ 이제야, 지금쯤; så [här] ~ på dagen (하루쯤) 이맘때에; 이렇게 늦게(빨리); är det så ~? 벌써 시간이 그렇게 되었어?; det är så ~ nu! 좀 늦었다!

dạgsaktuell a. (시사 문제의) 오늘 화제의; 최근의, 새로운.

dạgsböter (복수명사) 일당(日當) 벌금액.

dạgsed|el –eln –lar 빰따귀.

dagsfärsk a. 아주 신선한, 새로운; en ~ händelse 아주 최근의 사건.

dagsförtjänst ~en ~er 하루의 벌이, 일당 소득.

dagsinkomst ~en ~er 일급.

dagsjukvård ~en 0 주간 입원치료(낮에는 병원에 입원, 치료를 받고 밤에는 집에 돌아가 생활하는 치료 방법).

dạgskass|a –an –or 하루의 매상고,

D

소득.

dagskift *~et 0* 낮 근무(시간).

dagskurs *~en ~er* 일일 환율, ~en 당일 환율.

dagsljus *~et 0* 일광(日光).

dagsländ|a *-an -or* 【곤충】 하루살이의 일종.

dagsmej|a *-an -or* 대낮의 해동(解凍, 영하의 기온에서도 햇볕이 드는 곳에 눈이나 얼음이 녹아내리는 것).

D

dagsnyheter (복수명사) (라디오 · TV를 통한) 하루의 종합 뉴스.

dag[s]penning *~en ~ar* 일급(日給) (노동시장교육을 받을 때 타는 교육보조금 따위).

dagspress *~en 0* 일간 신문.

dagspris *~et ~er* 시가(時價).

dagstidning *~en ~ar* 일간지.

dagsverke *~t ~n* 일급 일거리, 날품, 하루 동안의 일거리(분량); gå på ~ (일급을 받고) 하루의 일을 하다.

dagtinga *~r ~de ~t itr*. 타협하다, 절충하다.

dagtraktamente *~t ~n* 출장경비수당.

dahli|a [dạ:lia] *-an -or* 【식물】 달리아.

dakapo[1] [dakạ:pω] *-t -n* 앙코르.

dakapo[2] *adv*. 【음악】 반복하여, 다시 한 번.

daktyl [dakty:l] *~en ~er* 【운율】 강약약격(强弱弱格).

dal [dạ:l] *~en ~ar* 골짜기.

dala [dạ:la] *~r ~de ~t itr*. 천천히 떨어지다, 내리다; solen ~r 해가 지고 있다.

Dalarna [dạ:laŋa] (복수명사) 【지명】 중부 스웨덴의 지방.

dalkarl *~en ~ar* Dalarna 지방의 남자.

dalkull|a *-an -or* Dalarna 지방의 여자.

dallra [dalra] *~r ~de ~t itr*. 떨리다, 나부끼다.

dallring *~en ~ar* 떨림.

dalmas *~en ~ar* Dalarna 지방의 남자(mas).

dalmål *~et ~* Dalarna 방언.

dalmålning *~en ~ar* (성경의 내용을 주제로 한) Dalarna 지방의 민속 벽화(壁畵).

dalta *~r ~de ~t itr*. ~ med ngn 지나치게 소중히 하다, 지나치게 귀여워하다.

dam[1] [dạ:m] *~en ~er* ① 숙녀, 귀부인; mina ~er och herrar [신사 숙녀] 여러분! ② (카드놀이 · 체스) 퀸.

dam[2] *~en 0* 서양장기에서 말의 하나; spela ~ 서양장기를 두다.

damask [damạsk] *~en ~er* 각반(脚絆); 구두 등의 씌우개; ett par ~er 각반 한 벌.

damast [damạst] *~en ~er* 단자(緞子), 능직(綾織).

dambekant *s*. 여성친지(형용사가 명사적으로 쓰인 경우).

dambind|a *-an -or* 생리대(生理帶).

dambjudning *~en ~ar* 여자만의 회합.

damdubb|el *-eln -lar* 【스포츠】 (정구 따위의) 여자 복식 경기.

damejeanne [dameʃạn] *~n ~r* (채롱에 든) 목이 가는 큰 병.

damfrisering *~en ~ar* 미용실.

damfrisör *~en ~er* 미용사.

damfrisörsk|a *-an -or* 여자 미용사.

damig *a*. 부인다운, 부인 테가 나는.
damklock|a *-an -or* 여성용 시계.
damkläder (복수명사) 여성복.
damlinne *~t ~n* 여성 속옷.
damm[1] [dam:] *~en ~ar* ① 댐, 둑 ② 못, 샘 ③ 저수지.
damm[2] [dam:] *~et 0* 먼지; riva(röra) upp ~ 먼지를 일으키다.
damma *~r ~de ~t* Ⅰ. *tr*. ~ av … 의 먼지를 털다, 닦아내다; ~ av ett bord 테이블의 먼지를 털다; ~ ned 먼지투성이로 만들다; ~ på(till) (남을) 때리다 Ⅱ. *itr*. ① 먼지 청소를 하다 ② 먼지가 일다; så det ~r! 이 먼지 좀 봐!; det ~r väldigt på vägen 길에 먼지가 뽀얗다.
dammanläggning *~en ~ar* 댐 설비 (dammbyggnad).
dammborst|e *-en -ar* 먼지 터는 솔.
dammfri *a*. 먼지 없는.
dammhandduk *~en ~ar* 먼지 닦는 헝겊.
dammig *a*. 먼지가 많은, 먼지가 쌓인.
dammkorn *~et ~* 티끌, 아주 작은 조각.
dammluck|a [damluka] *-an -or* 수문(水門).
dammoln [dammɔ:ln] *~et 0* 자욱한 먼지.
damm|suga *-suger -sög -sugit tr*. 진공청소기로 청소하다.
dammsugar|e *-[e]n ~* 진공청소기.
dammtorka *~r ~de ~t tr*. 먼지를 닦아내다.
dammtras|a *-an -or* 먼지떨이(걸레).
dammvipp|a *-an -or* 깃털로 만든 떨이개.
damp ☞ **dimpa**.
damrum *~met ~* 여자용 화장실, 세면소; 휴게실.
damsing|el *-eln -lar* 【스포츠】 여성 단식(정구 따위의 경기).
damspel *~et ~* ☞ **dam**[2].
damsällskap *~et ~*, i ~ 여자와(여지들과) 함께.
damtidning *~en ~ar* 여성 잡지.
damväsk|a *-an -or* 핸드백.
dan/dann *a*. 【일상】 ① (사정이) 딱한, 매우 유감스런; det var då för ~t! 얼마나 딱한 일이냐; 유감천만이다 ② (betagen) hon är så ~ i 그녀는 …에 열광해 있다(정신이 나가 있다).
dana *~r ~de ~t tr*. 모양을 잡다, 만들다(till); ~ dem till hjältar 그들을 영웅으로 만들다; ~ (utbilda) ngn till …를 …로 훈련시키다; ~ ngns karaktär …의 성격을 형성하다, 인격을 만들다.
dandy [dæ̣:ndi/dạndi] *~n, ~ar/~er* 멋쟁이, 하이칼라 남자, 차림새가 멋진 남자.
danism *~en ~er* 덴마크어 풍(風), 덴마크어 식 말버릇.
dank ① *~en ~ar* 가느다란 양초; 수지(獸脂)양초 ② (불변화명사), slå ~ 하는 일 없이 빈둥거리다.
Danmark 덴마크.
dann *a*. ☞ **dan**.
dans *~en ~er* 댄스, 무도, 무용 (dansstycke, danstillställning); efter supén blev det ~ 저녁 식사 후 댄스를 하였다; det går som en ~ (일이) 순조롭게 진행되다; en ~ på rosor

안락한 처지(생활); bli bjuden på ~ 댄스에 초대받다; middag med ~ 정찬과 댄스; vara ur ~en 경주에 불참하다, 승산이 없어지다.

dansa *~r ~de ~t tr. itr.* ① 댄스하다, 춤을 추다; gå ut och ~ 춤추러 나가다; ska vi ~? 한번 추실까요?; ~ bra(dåligt) 춤을 잘 추다(못 추다); det ~des hela natten 밤새도록 춤을 추었다; ~ folkdanser 민속춤을 추다; ~ efter grammofon 축음기에 맞추어 춤추다; ~ [om]kring …주위를 돌며 춤추다; ~ efter ngns pipa …의 장단에 춤추다(하라는 대로 행동하다); när katten är borta ~r råttorna på bordet 고양이가 사라지면 쥐가 판친다; ~ sig trött 지칠 때까지 춤추다 ② [bordsservisen] ~de i golvet (정찬용 식기가) 방바닥으로 미끄러 떨어졌다; ~ omkull 넘어지다, 자빠지다 (falla, trilla).

dansande *a.* 춤추는; de ~ 춤추는 사람들.

dansant *a.* 춤에 능숙한, 춤에 빠진 (danslysten) hon är inte ~ 그녀는 춤을 못춘다.

dansban|a *-an -or* (야외) 댄스 무대.

dansar|e *-[e]n ~* 춤추는 사람, 댄서, (전문적인) 무용가.

dansersk|a *-an -or* (여성) 댄서, 춤추는 여자(dansös).

dansgolv *~et ~* 댄스 장.

dansk[1] *a.* 덴마크의; 데인족의.

dansk[2] *~en ~ar* 덴마크 사람.

dansk|a Ⅰ. *-an -or* 덴마크 여자 Ⅱ. *-an 0* 덴마크어.

danskfödd *a.* 덴마크 태생의.

dansklänning *~en ~ar* 무도복(舞蹈服); 파티 의상.

danslek *~en ~ar* 춤 놀이.

danslektion *~en ~er* 댄스 교습.

danslokal *~en ~er* (일반적) 댄스홀.

danslysten *a.* 춤에 빠진, 춤에 열중한.

danslärar|e *-[e]n ~* 댄스 교사.

danslärarinn|a *-an -or* 댄스 여교사.

dansmelodi *~n ~er* 댄스 음악(선율).

dansmusik *~en 0* 무도곡, 무용곡.

dansorkest|er *-ern -rar* 무도 악단 (악대).

dansrestaurang *~en ~er* 댄스여흥을 겸한 식당.

danssjuk|a *-an 0* 무도병(舞蹈病).

dansskol|a *-an -or* 댄스 교습소, 무용 학교.

danssteg *~et ~* 댄스의 스텝.

danstillställning *~en ~ar* 댄스파티.

dansvis|a *-an -or* 댄스 노래(춤 놀이 때 부르는 노래).

dansör *~en ~er* 댄서.

dansös *~en ~er* (직업적인) 여성 댄서.

darr *~et 0*, med ~ på rösten 떨리는 목소리로.

darra *~r ~de ~t itr.* 떨다, (병 따위로) 벌벌 떨다, (추위로) 후들후들 떨다(huttra), (공포에) 흔들리다, 떨리다; ~ av köld 추위로 떨다; ~ av rädsla 공포에 몸을 떨다; ~ av vrede 분노로 몸을 떨다; ~ i hela kroppen 온 몸을 떨다; han ~r på handen 그의 손이 부르르 떨린다.

darrande *a.* (손이) 떨리는, (불빛이)

흔들리는, (목소리가) 떨리는, (노인의) 다리가 비틀거리는, (줄이) 흔들흔들 하는.
darrgräs *~et ~* 방울내풀 속(屬)의 식물.
darrhänt *a*. han är så ~ 그는 손을 픽 떤다.
darrhänthet *~en 0* 손을 떪.
darrig ☞ darrande.
darrning *~en ~ar* 떨림, (몸, 손, 목소리 따위의) 전율.
darrock|a *–an –or* 【어류】 전기가오리.
darrål *~en ~ar* 【어류】 (남아메리카 산) 전기장어.
darwinism *~en 0* 다윈설(Darwin–ism), 진화론.
dask Ⅰ. *~et 0*, ge ngn ~, …를 찰싹 때리다 Ⅱ. *~en ~ar* 찰싹 치기.
daska *~r ~de ~t tr. itr.* (손바닥으로) 찰싹 때리다.
daskig *a*. 초라한, 텁수룩한 차림의.
dass *~et ~* (수세식이 아닌) 야외 간이변소.
dat|a Ⅰ. (복수명사) 정보, (숫자상으로 나타난 측정 결과 따위의) 자료 Ⅱ. *–an –or* 전자계산기, 컴퓨터.
dataanläggning *~en ~ar* 전산실 설비(시설).
databank *~en ~er* 【정보통신】 데이터뱅크/데이터베이스; 자료은행 (컴퓨터 정보의 축적 및 이 정보의 제공 서비스).
databas *~en ~er* ☞ databank.
databehandla *~r ~de ~t tr.* 전산 처리하다, 전산화하다.
databehandling *~en ~ar* (큰 자료의) 전산 처리.
databrott *~et ~* 【정보통신】 컴퓨터 범죄.
datacentral *~en ~er* 【정보통신】 전산소, 컴퓨터 센터.
datafil *~en ~er* 【정보통신】 데이터용 파일 (작업용 파일에 대하여 내용의 구별을 인식할 때 사용하는 용어로 여러 개의 필드를 갖는 논리 레코드 단위로 구성되는 파일).
datagrafik *~en 0* 컴퓨터 그래픽스 (컴퓨터에 의한 도형 처리).
datainsamling *~en ~ar* 【전기전자】 데이터 수신 (데이터를 수집하는 것).
Datainspektionen 【정보통신】 중앙 데이터보호 관리소(개인정보 보호를 위해 데이터보호법 준수를 감독하는 기관).
datakörkort *~et ~* 【컴퓨터】 컴퓨터 운용 자격증.
datalagen 【컴퓨터】 데이터 보호법 (사용의 법적 규제).
datalingvistik *~en 0* 【컴퓨터】 전산언어학.
datamaskin *~en ~er* 【컴퓨터】 전자계산기.
dataoperatör *~en ~er* 【컴퓨터】 데이터 처리요원.
dataprogram *~met 0* 【컴퓨터】 컴퓨터 프로그램.
dataskärm *~en ~ar* 【컴퓨터】 컴퓨터 스크린(컴퓨터로 출력을 나타내는 장치의 화면).
dataspel *~et ~* 【컴퓨터】 전자오락.
datasäkerhet *~en ~er* 【컴퓨터】 데이터 보호 (사용의 법적 규제).
datatekniker *~n ~* 컴퓨터 전문가(기

D

술자).

datera *~r ~de ~t* Ⅰ. *tr*. 날짜를 쓰다; Ert brev ~t 2 maj, 5월 2일자 귀하의 서신 Ⅱ. *rfl*. 비롯되다, 시작되다, 거슬러 올라가다; 추정되다; ~ sig från förra århundradet 지난 세기의 것으로 추정되다.

daterbar *a*. 시일을 측정할 수 있는(미루어 짐작할 수 있는).

D

datering *~en ~ar* 날짜 기입.

dativ *~en ~er* 【문법】 여격(dative case).

dativobjekt *~et ~* 여격(간접) 목적.

dato *~t ~n*, från dags ~ 금일부터; till dags ~ 금일까지 (상업 거래 관계).

dator *~n* ~er 컴퓨터.

datorbaserad *a*. 컴퓨터를 이용한.

datorisera *~r ~de ~t tr*. (분류 · 계산 · 정보를) 컴퓨터화 하다, 전산화 하다; 컴퓨터로 처리하다.

datorisering *~en ~ar* 【컴퓨터】 전산화, 전산처리.

datorstödd *a*. 컴퓨터를 이용한.

datorsystem *~et ~* 【정보통신】 전자식 데이터 처리 방식(시스템).

datoväx|el *-eln -lar* 【금융】 정일불(定日弗)어음.

datum *~/~et*, ~ 날짜, 연월일; poststämpelns ~ 우편 소인 날짜; av senare ~ 최근의 날짜.

datumparkering *~en ~ar* 날짜별 야간주차 방식(짝수와 홀수 날로 나누어 도로 양편에 교대로 주차함).

datumstämp|el *-eln -lar* (우편물 따위에 찍는) 날짜 인자기(印字器), 날짜 스탬프, 소인(消印).

d-dur (불변화명사) 【음악】 D-장조.

de ☞ den[1].

debacle [-bạkel] *~n/~t, 0* 와해(瓦解), 패주, 부서짐.

debarkera *~r ~de ~t itr*. 상륙하다, (배가) 항구(해안)에 닿다; (배로부터) 하적하다.

debarkering *~en ~ar* 양륙, 상륙, 하적.

debạtt *~en ~er* 토론, 논쟁(diskussion); 심의, 토의(överläggning); ~ om …에 관한 토의; den ekonomiska ~en 경제문제 공개 토의; stå under ~ 토의 중에 있다; en livlig ~ 활발한 토의; ställa ngt under ~, …을 토의에 부치다(토의 의제를 삼다).

debattera *~r ~de ~t tr. itr*. 토론 · 토의하다; ~ om ngt …에 대하여 토의하다; ~ igenom en fråga 문제를 충분히(철저히) 검토하다.

debattfråg|a *-an -or* 논쟁의 여지가 있는 문제(tvistefråga).

debattinlägg *~et ~* (투고) 토의 자료; ett ~ i fråga om …의 문제에 관한 기고문.

debattsugen *a*. 토론에 열중하는, 토론을 좋아하는.

debattọ̈r *~en ~er* 토론자.

dẹbet (불변화명사) 차변(借邊)[기입]; ~ och kredit 차변과 대변(貸邊); få ~ och kredit att gå ihop (부기에서) 좌우 양측이 일치하도록 하다.

debetsed|el *-eln -lar* 임시 과세표.

debetsid|a *-an -or* 차변(장부의 좌측).

debitera *~r ~de ~t tr*. 차변에 기입하다; kostnaderna skall ~s oss 비용은 우리에게 달아놓는다.

debitering *~en ~ar* 차변에 기입한

것, 차변 항목, 계정(計定)상의 부채.

debitor ~n ~er 차주(借主), 채무자, 의무를 진 사람.

debụt ~en ~er 처음으로 사교계에 나감, 첫 무대데뷔(출연).

debutạnt ~en ~er 처음으로 무대에 선 배우, 처음으로 사교계에 나온 사람.

debut|bok ~en –böcker 처음으로 낸 책.

debutera ~r ~de ~t tr. 처음으로 무대(사교계)에 나가다, 데뷔하다.

december (불변화 en–명사) 12월.

decenni|um –et –er 10년간(årtionde); 50–talet var det kalla krigets ~ 50년대는 냉전의 10년간이었다.

decentralisera ~r ~de ~t tr. 관공서나 직원들을 지방으로 분산시키다.

decentralisering ~en ~ar 공공기관이나 직원들의 지방분산.

decharge [–ʃạrʃ] ~n ~r (임무 수행에 대한) 면책 특권, 의회가 정부 각료에 대한 면책을 허용하는 경우 따위.

dechargedebatt ~en ~er 내각의사록 승인에 관한 토의.

dechiffrera ~r ~de ~t tr. (암호, 수수께끼를) 풀다, 해독하다(decode).

decibẹl (복수명사) 【물리 · 전기】 데시벨(전기량, 음향의 크기를 측정하는 단위).

deciderad a. 결정적인, 단호한; 명백한, 뚜렷한.

decigram ~met ~ 데시그람(10분의 1그람).

decilịter ~n, ~/–litrar 데시리터(10분의 1리터).

decimạl ~en ~er 십진법(十進法), 소수(小數).

decimalbråk ~et ~ 소수.

decimalkomma ~t ~n 소수점.

decimalräkning ~en ~ar 십진산(算), 소수산.

decimalsystem ~et ~ 십진법.

decimera ~r ~de ~t tr. 대폭 감소시키다.

decimẹter ~n, ~/–metrar 데시미터(10분의 1미터).

deckar|e –[e]n ~ ① 탐정, 형사 ② 탐정 소설.

dedicera ~r ~de ~t tr. 봉납(헌납)하다; (생애를) 바치다.

dedikation ~en ~er 헌납, 봉납, 바침, 기부.

dedikationsexemplar ~et ~ 저자 기증본[책].

deducera ~r ~de ~tr. ~ [fram] 연역하다, 추론하다.

deduktion ~en ~er 추론, 【논리】 연역[법](일반적인 원리에서 특수한 [미지의] 사례를 추론하는 일).

deduktiv [de–/–tịv] a. 추론적인; 【논리】 연역적인.

defaitism [–fɛtịsm–] ~en 0 패배주의, 패배주의적 행동.

defaitist ~en ~er 패배주의자.

de facto adv. 사실상.

defẹkt[1] a. 결점(결함)이 있는, 불완전한, 비난받을 만한.

defẹkt[2] ~en ~er 결점, 결함, 단점, 약점(bristfällighet); moraliska ~er 도덕적 결함; en ~ i hans karaktär 그의 성격상의 단점.

defensiv [dẹ–/–sịv] ~en 0 방어, 수세; hålla sig på ~en 방어태세를 취하다.

dẹficit ~[et] ~ 결손, 부족(액).

defilera *~r ~de ~t itr.* ~ [förbi] (고위층 인사(人士)를 위해) 분열 행진하다.
defilering *~en ~ar* 분열 행진.
definiera *~r ~de ~t tr.* 정의를 내리다; (말의 뜻을) 명확히 하다.
definierbar *a.* 정의(定義)를 내릴 수 있는, 한정할 수 있는.
definition *~en ~er* 정의(定義), 한정.
definitiv [dẹ-/-tịv] *a.* 한정된, 일정한; 결정적인, 최후적인(final).
definitivt *adv.* 결정적으로, 뚜렷이, 명확히.
deflation *~en 0* ① 【경제】 일반물가 인하, 통화수축, 디플레이션 ② (기구열) 가스 방출.
deformera *~r ~de ~t tr.* 추하게 하다, 볼품없게 하다, 병신으로 만들다.
deg [de:g] *~en ~ar* (빵 굽는) 가루반죽.
deg|el *-eln -lar* 도가니.
degeneration *~en 0* ① 타락, 퇴보, 퇴폐 ② 【생물】 퇴화.
degenerera *~r ~de ~t itr.* 퇴보하다, 타락하다.
degenererad *a.* 퇴화한, 타락한; en ~ individ 타락한 자, 변질한 것.
degig [dẹgi:(g)] *a.* 가루 반죽 같은, 반죽 투성이의, 덜 구워진; jag är ~ om händerna 내 손에 반죽이 묻어 있다.
degradera *~r ~de ~t tr.* 지위를 낮추다, 좌천시키다, 면직(강등)하다; 품위를 떨어뜨리다.
degradering *~en ~ar* 좌천, 파면, 하락, 퇴보.
dehumanisera *~r ~de ~t tr.* 비인간화하다.
deiktisk/dejktisk *a.* 【문법】 지시적 (utpekande)인.
deism *~en 0* 【철학】 자연신론[교].
deist *~en ~er* 자연신교 신봉자.
dejlig *a.* 【고어】 아름다운, 깨끗한.
dekạd *~en ~er* 10년(decade).
dekadans [-dạŋs] *~en 0* 쇠미(衰微), 타락, 【문예】 퇴폐, 데카당스.
dekadanslitteratur *~en ~er* 퇴폐문학, 데카당스 문학.
dekadẹnt *a.* 퇴폐적인, 【문예】 퇴폐기의, 데카당스파의.
dekạn *~en ~er* 대학의 학부장, 학장 (dean).
dekantera *~r ~de ~t tr.* 고이(찬찬히) 붓다.
dekạnus (불변화명사) ☞ **dekan**.
dekis (불변화명사), komma på ~ 【구어】 영락(몰락)하다, 파멸하다; vara på ~ 심신이 모두 쇠진(衰盡)하다.
deklamation *~en ~er* 시낭송, 음송.
deklamatọrisk *a.* 낭독조의, 연설 투의, (문장이) 지나치게 수사적(修辭的)인.
deklamatọ̈r *~en ~er* 읊는 사람, 암송자.
deklamera *~r ~de ~t tr.* 읊다, 낭송하다.
deklaration *~en ~er* ① 선언, 발표 ② 물품 내역.
deklarationsblankett *~en ~er* 종합 소득 신고서[양식].
deklarera *~r ~de ~t tr. itr.* ① 선언(포고)하다, 공포하다 ② själv~ 종합 소득 신고를 하다, 종합 소득 신고서를 기입하다; tull~ 세관에서 신고하다; ~ falskt 허위 신고하다.

deklassera *~r ~de ~t tr*. 사회적 위신을 떨어뜨리다, 면목을 잃게 하다.

deklination *~en ~er* ① 【문법】 어형변화, 격변화, 굴절(명사 · 형용사의 성 · 수 · 격에 따른 변화) ② 기울음, (자침의) 편차.

deklinationsändelse *~n ~r* 어형 변화 어미.

deklinera *~r ~de ~t* Ⅰ. *tr*. (명사 · 대명사 · 형용사를) 격변화 시키다 Ⅱ. *itr*. 기울다, 쇠퇴하다.

dekokt [–ọkt] *~en ~er* 달인 즙(약).

dekolletage [–ạ:ʃ] *~t ~* 목덜미와 어깨를 드러냄, 목둘레를 깊이 판 옷깃.

dekolleterad *a*. (부인복의) 목덜미와 어깨를 드러낸.

dekor [–ọ:r] *~en ~er* 장식; 무대장치.

dekoration *~en ~er* ① 장식(법), 꾸밈새 ② 훈장.

dekorativ *a*. 장식의, 장식적인; 부인복 따위가 화사한.

dekoratör *~en ~er* 장식하는 사람; 실내 장식업자.

dekorera *~r ~de ~t tr*. ① 장식하다 ② [···에게] 훈장을 주다.

dekorum ~ *0* 단정, (훌륭한) 예의범절; hålla på (iaktta) ~ 예의범절을 지키다.

dekret *~et ~* 법령, 제령(制令), 포고.

dekretera *~r ~de ~t* Ⅰ. *tr*. (법령으로서) 포고하다, 판결하다 Ⅱ. *itr*. 법령을 발표하다.

del *~en ~ar* ① 부분, 몫, 구분, 구획; 권(책의); 부분품; 【수학】 분수; blandas med en ~ vatten 물을 조금 섞는다; stora ~ar av tidningspressen 신문의 상당 부분 ② (en [hel] del [av] 표현); en ~ av eleverna 학생 중 일부; en ~ bläck rann ut 잉크가 약간 흘러나왔다; en ~ brev(av breven) förstördes 편지들의 일부가 훼손되었다; i en ~ fall 몇 가지 경우에는; en hel ~ (åtskilligt) 상당량의, 많은; en hel ~ tror det 많은 사람들이 그렇게 생각한다; en hel ~ bläck(sanning) 상당량의 잉크(진실); en hel ~ fel 많은 실수; en hel ~ besvär 여러 가지 폐; en hel ~ kvinnor 다수의 여인들; större (största) ~en av klassen(eleverna) 학급(학생)의 대부분이; till stor ~ 크게, 주로, 널리, 대규모로; till största ~en 대개, 주로; till en viss ~ 어느 정도까지는, 약간은, 다소 ③ 관점, 견해; i(till) alla ~ar 모든 점에서; för den ~en 그 점에 관해서는; för ingen ~ 결코 ···[하지] 않다 ④ 일, 것; ta båda ~arna! 양쪽 다 가져라!; (du måste göra) endera ~en 둘 중에 하나는 해야 된다 ⑤ för all ~! (ingen orsak) 천만에, 별말씀을; [ja,] för all ~, det kan jag väl göra 좋소, 내가 하겠소; nej, för all ~!(visst inte) 천만에, 결코 ···하지 않는다(아니다); låt honom för all ~ inte få veta det! 어떻게 해서라도 그가 알지 못하도록 하라; Kom för all ~ inte hit! 어떤 일이 있어도 여기에 오지 마라 ⑥ 몫; ha sin ~ i (=bidra till) 기부하다, ···에 기여하다; ta [verksam] ~ i ngt ···에 참여[활동]하다; för egen ~ kan jag 내 개인으로는 ···할 수 있다; jag för min ~ tror

내 생각으로는 …인 거 같다; på min ~ kom 100 kronor, 100크로나가 내게 부담되었다.

dela *~r ~de ~t* Ⅰ. *tr*. ① 나누다, 쪼개다(dela upp); ~ i …를 쪼개다; ~ med 5 다섯으로 나누다; 12 kan ~s med 3, 12는 3으로 나뉜다; ~ ett ord [på två rader] 줄을 바꿀 때에 한 단어를 둘로 쪼개다 ② 똑같이 나누다, 함께 나누다; ~ en flaska vin [med] […와] 포도주 한 병을 함께 나누다; ~ ngns glädje(vinsten, ngns åsikt) …의 기쁨(이익 · 견해)을 함께 나누다; ~ rum [med] […와] 방을 함께 쓰다; vill du ~ äpplet med mig? 우리 사과 나누어 먹을까? ~ lika 똑같이 나누다 Ⅱ. *rfl*. 분리하다, 격리하다, 갈라지다; ~ sig 쪼개지다; folkmassan ~de sig 군중들은 갈라졌다; vägen ~r sig där framme 길은 저 앞쪽에서 갈라진다 Ⅲ. (강세접사와 함께) ~ av 나누다; ~ in ☞ **indela**; ~ med sig 다른 사람과 나누다; ~ med sig av ngt åt ngn …에게 …의 일부를 나눠 주다; ~ upp 분배하다, 가르다(i); ~ ut 배포(배부)하다, 분할하다; ~ ut brev(paket) 편지(소포)를 배달하다; ~ ut julklapparna 성탄 선물을 배포하다.

delad *a*. 분할된, 나누어진; ~ glädje är dubbel glädje 기쁨을 함께 나누면 배가 된다; det råder ~e meningar (om ngt) (…에 대하여) 이견이 있다.

delaktig *a*. 가담하거나 알고 있는; vara ~ i ett beslut 결정에 참여하다; han är ~ i brottet 그는 범죄에 가담하였다(공범이다).

delaktighet *~en 0* 공모, 공범, 연루(連累).

delbar *a*. 나눌 수 있는, 가분의; 【수학】(나머지 없이) 나누어지는.

delbarhet *~en 0* 나눌 수 있음, 가분성; 【수학】(나머지 없이) 나누어짐.

delegat *~en ~er* 대표, 사절, 파견의원.

delegation *~en ~er* 대표[파견]단; den ryska ~en vid nedrustningskonferensen 군축회의 러시아대표단.

delegera [-ge:-] *~r ~de ~t tr*. ① (권한 따위를) 위임하다 ② (대표자 · 대리자로) 파견하다; en ~d 대표자, 파견자.

delfin *~en ~er* 돌고래.

del|ge *~r -gav -gett*/**del|giva** *-giver -gav -gett/-givit*, ~ ngn ngt …에게 …을 알리다; ~ ngn sina intryck …에게 자신이 받은 인상을 알리다; ~ ngn en stämning …에게 영장을 송달하다.

delgivning *~en ~ar* 【법률】(영장 기타 소송 서류의) 송달(送達).

delikat *a*. 매우 맛이 좋은, 맛있는; 섬세한, 고운, 가냘픈, 민감한, 다루기 어려운.

delikatess *~en ~er* ① (비싸거나 진귀한) 맛좋은 음식 ② 섬세, 정교, 민감.

delinkvent *~en ~er* 【법률】 형사피고, 범죄자.

deliri|um *-et 0* 일시적 정신 착란, 광란.

delning *~en ~ar* 분할, 분배, 구획, 분단.

delo (불변화명사), komma(råka) i ~

med ngn …와 싸우다, 사이가 틀어지다; ligga(vara) i ~ med ngn …와 사이가 나쁘다.

dels *konj*. ~ … ~ … 일부는 … 일부는 …; 한편으로는 … 또 다른 한편으로는 …(å ena sidan …, å andra sidan …).

delstat *~en ~er* 연방국가, 연방국의 일원; några av USA:s ~er 미합중국의 몇 개 주.

delta *~t ~n* ① 【지리】 (강 하구의) 삼각주(三角洲) ② 【글자】 델타(그리스 말 알파벳의 네 번째 글자, Δ·δ로 영어의 D·d에 해당함).

del|ta/del|taga *-ta[ge]r -tog -tagit itr*. ① 참가하다, 협력하다; ~ i (ansluta sig till) …에 참여하다; ~ i arbetet 그 일에 같이 참여하다; ~ i debatten (samtalet) 토론(대담)에 참가하다; han -tog i kriget 그는 전쟁 시 복무하였다; ~ i ett val 선거에 참가하다 ② (närvara), ~ i 출석하다; ~ i en kurs 강의에 참석하다 ③ ~ i 함께 나누다; ~ i ngns sorg …와 슬픔을 같이하다; ~ i betalningen 비용을 같이 나누다.

deltagande[1] *a*. 동정하는, 공감하는, 동정심 있는.

deltagande[2] Ⅰ. *~n* ~ 동정자, 지지자; de ~ 그들 지지자 Ⅱ. *~t 0* ① 참가, 협력, 출석; ~t i valet var livligt 투표에는 다수가 참가하였다 ② 동정, 연민, 인정(medkänsla); känna (hysa) ~ med [för] ngn …를 동정하다, 동감(공감)하다.

deltagar|e *-[e]n* ~ 참가자, (경기) 출전자; anmäla sig som ~ 참가 신청을 하다.

deltaving|e *-en -ar* 삼각형 모양의 짧은 비행기 날개.

deltid *~en ~er* 시간제 [일]; arbeta på ~ 시간제로 일하다.

deltidsanställd *a*. vara ~ 시간급(給)으로 고용되다; en ~ 시간제 고용인.

deltidsarbete *~t ~n* 시간급제 일.

deltidspension *~en ~er* 부분 양로연금(비상근 근무를 하며 받는 연금).

deltidsstuderande *~n* ~ 일부과목 수강 대학생.

delvis[1] *adv*. 일부는, 부분적으로.

delvis[2] *a*. 일부의, 부분의.

delägar|e *-[e]n* ~ 공동 소유권자.

dem ☞ **den[2]** Ⅰ.

demagog *~en ~er* 선동 정치가, (민중) 선동가.

demagogi *~n 0* 민중 선동.

demagogisk *a*. 선동적인, 민중선동가의.

demarkationslinje *~n ~r* 경계선, 분계선; ~n mellan Syd- och Nordkorea 남한과 북한 간의 비무장지대 군사분계선.

demarsch *~en ~er* 【외교】 수단, 조치, 전환책.

demaskera *~r ~de ~t tr*. *rfl*. ~ [sig] …의 가면을 벗기다, 정체를 나타내다.

dementera *~r ~de ~t tr*. 부정(부인)하다, (공식적으로) 반박하다.

dementi *~n ~er* (공식적인) 부인(否認), 부정(否定).

demilitarisera *~r ~de ~t tr*. 비무장화하다; ~d zon 비무장지대.

demilitarisering *~en 0* 비무장화, 비군사화.

demimond [-ɔŋd] *~en ~er* 화류계

의 여자, 매춘부, 첩.

demission ~*en* ~*er* 사직, 사임.

demissionera ~*r* ~*de* ~*t* *itr*. 사임하다, (지위 · 관직 따위를) 사퇴하다.

demissionsansökan ☞ **avskedsansökan**; inlämna sin ~ 사표를 제출하다.

demobilisera ~*r* ~*de* ~*t* *tr*. 【군사】 복원(제대)시키다.

D

demobilisering ~*en* ~*ar* 【군사】 동원해제, 복원(復員).

demografi ~*n* *0* 인구 통계학.

demokrat ~*en* ~*er* ① 민주주의자[정치론자] ② (미국) 민주당원.

demokrati ~*n* ~*er* 민주주의, 민주정치, 민주정체.

demokratisera ~*r* ~*de* ~*t* *tr*. 민주화하다, 민주적(평민적)으로 하다.

demokratisering ~*en* ~*ar* 민주화.

demokratisk *a*. 민주정체(주의)의, (미국) 민주당의.

demolera ~*r* ~*de* ~*t* *tr*. (건물 · 계획을) 뒤집다, 헐다, 파괴하다.

demolering ~*en* ~*ar* 파괴, (특권 따위의) 타파.

demon [-ɔn] ~*en* ~*er* 악마, 마귀, 귀신.

demonisk *a*. 악마의(악마 같은), 귀신의(귀신같은), 마력을 가진.

demonstrant ~*en* ~*er* 시위운동자, 데모 참가자.

demonstration ~*en* ~*er* ① 논증, 증명; 실연(實演) ② 시위운동, 데모.

demonstrationståg ~*et* ~ 데모 대열.

demonstrativ *a*. ① 예증적인, 논증할 수 있는, 표현적, 시위적 ② 【문법】 지시의, 지시대명사(den här, denne 따위)의.

demonstratör ~*en* ~*er* 시위자.

demonstrera ~*r* ~*de* ~*t* Ⅰ. *tr*. 논증(증명)하다, (상품을) 실물로 선전하다, (모형 · 실험 따위로) 설명하다 Ⅱ. *itr*. 시위하다, 데모에 참가하다.

demontera ~*r* ~*de* ~*t* *tr*. (공장 · 기계 설비 등의) 장비를 떼어내다, 비품을 치우다, 분해하다.

demoralisera ~*r* ~*de* ~*t* *tr*. 풍속을 문란시키다, 사기를 떨어뜨리다; ~nde för …의 풍속을 저해하는, …의 사기를 꺾는.

demoralisering ~*en* *0* 풍속문란, 사기저상(沮喪).

den[1] (정관사) *det*(중성), *de*(복수), *dom*(구어체 복수형); 정형(定形)명사가 형용사의 수식을 받을 때 그 형용사 앞에 붙이는 독립정관사 (**den**[2] Ⅲ. 과 비교); ~ nya bilen 새 자동차; det stora vita huset 큰 하얀 집; de mossiga stenarna 이끼 낀 바위돌; ~ första i varje månad 매월 1일; ~ 5 april 4월 5일; ~ lille Sven 꼬마 스벤; det medeltida Sverige 중세 스웨덴; (명사화한 형용사 앞에서) ~ sjuke har haft en lugn natt 그 환자는 편안하게 하룻밤을 보냈다; ~ närvarande 출석한 사람.

den[2] (대명사) Ⅰ. (인칭 대명사) *det* (중성), *de*(복수), *dem*(복수목적격), *dom*(구어체 복수형) ① (사람 · 사물을 가리킴) var har du köpt kameran? jag har fått den i present 너 카메라 어디에서 샀니? 나는 그것을 선물로 받았어; pengarna? de ligger på bordet 그 돈은? 책상 위에 있다 ② det (비인칭주어, 형식상의 주어, 강조구문에

쓰임) det regnar 비가 온다; det är 10 grader kallt 영하 10도로 춥다; det är tid att gå 가야할 때다; vad är det för dag i dag? 오늘 며칠이지?; det står i tidningen att … 신문에 …라고 보도되었다; det är synd att han … 그가 …한 사실이 유감이다; vem är det som knackar 문을 두드리는 게 누구냐?; det är ingen brådska 급할 것 없어; det var mycket folk där 거기에 사람이 많이 있었다; det var en gång en kung 옛날에 어떤 왕이 살고 있었다; det står en lampa där 저기에 전등이 하나 있다; det knackar på dörren 문을 두드리는 소리가 난다; det luktar gott här 여기서 좋은 냄새가 난다; (동사의 목적어, 보어로서) det gör han också (med) 그도 그렇게 한다; kommer han? jag antar (hoppas, tror) det 그가 올까? 나는 그러리라고 보는데; var det inte det jag sa! 내가 그렇게 말했잖아; Det är han också, och det är jag med 그도 그렇고, 나도 그래; (강세와 함께 '이것' '저것') det har jag aldrig sagt 나는 절대로 그런 말을 한 일이 없어; det var snällt av Er! 고맙습니다!; det var det jag ville veta 그것이 바로 내가 알고자 하던 것이다; det vill säga 말하자면, 즉; det är här ni ska av 여기가 당신이 내릴 곳입니다; (특별한 의미없이 습관적으로) han idrottar inte, och det gör jag inte heller 그는 운동을 안하는데, 나 역시 않는다; ha det trevligt 유쾌하게 지내라; är du sjuk? ja, det är jag 너 아프냐? 그래, 그렇다; det gör ont i foten 발이 아프다; det ser illa ut för honom 형세가 그에게 불리한 것 같다; det är fullsatt i bussen 버스가 만원이다; det var roligt att höra att …라는 소식을 들으니 반갑다 Ⅱ. (지시대명사) 그것; den(det) där(här) 저것(이것); de här 이것들, de där 저것들, dem 그것들; det har du så rätt i! 그 점은 네가 정말 옳았어; är det ~(det) här(där)? 이것(저것) 말이야?; är det här mina handskar? ja, det är det 이것이 내 장갑이냐? 그래, 그렇단다; (정형(定形)명사 앞에서 강조적 의미로) den saken får vi diskutera en annan gång 그 일에 관해서는 다음 기회에 토의하자; det bordet vill vi köpa 우리는 그 책상을 사고 싶다; jag vill inte ha den här karamellen, jag vill ha det där i stället! 나는 이 캬라멜은 싫고 대신 저 캬라멜을 갖고 싶다 Ⅲ. (한정대명사) *den det de* (종속절을 이끄는 명사 앞에서 또는 단독으로 쓰임, 강세를 받음) …하는 사람, …하는 것; de som har upplysningar i ärendet ombedes hänvända sig till polismyndigheten 이 사건과 관련된 정보를 가진 자들은 경찰서에 연락해 주시기 바랍니다; de som lever får se 살아있는 자(者)는 볼 것이요; den som är utom skuld må kasta första stenen 죄없는 자가 먼저 돌을 던질 지어다; saken är den att … 사실은 …이다(하다); den som blev glad, det var jag! 기쁜 사람은 나였잖아!; den som vore rik ändå! 내가 만약 부자였더라면!; han är inte den som klagar 불평하는 이는 그가 아니다; allt det som …, …하는 모든 것; den person som i går rymde från

D

fångvårdsanstalten har nu gripits 어제 교도소를 탈출한 사람이 이제 붙잡혔다; det faktum som åberopas har knappast med saken att göra 참조된(조회된) 사실은 그 일과 별 관계가 없다; de lyckliga som …, …하는 행복한 자들은; det är dens fel, som … 그것은 …한 사람의 과실이다.

denaturera *~r ~de ~t tr.* 변성(變成)시키다; ~d sprit (마시지 못하는) 변성 알콜.

denna (*denne*(남성), *detta*(중성), *dessa*(복수)) (대명사) ① (명사나 소유대명사와 함께) hon började på denna arbetsplats redan för 25 år sedan 그 여자는 이 직장에서 25년 전부터 일을 시작하였다; jag vet inte om detta förslag är användbart 나는 이 방안(方案)이 유용할지 모르겠다; all nödvändig information finns i dessa pärmar 모든 필요한 정보가 이들 서류철에 들어있다; denne föregångsman skall aldrig bli glömd 이 개척자는 절대로 잊혀지지 않으리라; denna min anmärkning 이러한 나의 지적(질책); denna min uppfattning 이와 같은 나의 견해 ② (단독으로, 앞에서 언급하였거나 뒤에 말할 사람, 사물, 동물을 가르킬 때); i och med detta har du fullgjort din plikt 이로써 당신은 임무를 다하였다; man får leta efter en sådan som denna 이와 같은 것은 찾기 힘들다; förklaringen är denna 설명은 이렇다; detta är min rock 이것은 내 윗저고리이다; detta är min enfödde son 이 사내애가 내 외아들이다 ③ (후자) utskottet lät frågan gå vidare till årsmötet för att detta skulle fatta beslutet 상임위원회는 그 문제를 연례총회로 이월하여 총회로 하여금 결정을 짓도록 하였다.

densamme (*den–*, *det–*, *desamma*) (지시대명사) 이미 언급된 동일한 사람, 현상을 가리킴; hon är begåvad, men detsamma kan inte sägas om brodern 그녀는 수재이지만 그녀의 오빠는 그렇다고 할 수 없다; tack, detsamma! 당신에게도 똑같은 행운이 있기를 빈다(상대방의 인사에 답할 때); det gör detsamma 상관없다(마찬가지다); det gör alldeles detsamma 내게는 꼭 마찬가지다; i detsamma hörde han … 바로 그 순간 그는 …을 들었다; i detsamma som 막 …하려는 참에; med detsamma 즉시, 곧장.

densitet *~en 0* 밀도, 농도, 비중.

dental[1] *~en ~er* 【음성학】 치음(齒音, 자음 ([t, d]처럼 혀끝을 윗니 뒤나 잇몸에 대어 내는 소리).

dental[2] *a.* 이(齒)의, 치과의; 【음성학】 치음의.

departement *~et ~* ① (행정 조직의) 성(省), 부(部) ② 프랑스의 대단위 행정 구역.

departementschef *~en ~er* 성(省), 부(部)의 수뇌, 장관.

depesch [–eʃ] *~en ~er* 급송공문서, (관공서 사이에서) 지급보.

depeschbyrå *~n ~er* (구독신청 · 입장권 판매 등을 담당하는) 신문사 사업부.

deplacement [deplasə–] *~et 0* (군함의) 배수량[톤], 배기량(排氣量).

deponens [–ɔ–] *~ ~* 【언어학】 이태동사(어미가 s로 끝나지만 능동적인 의미를 가진 동사, hoppas, andas

따위).

deponent *~en ~er* 예금(공탁)자.

deponera *~r ~de ~t tr.* 맡기다, 공탁(供託)하다; ~ pengar i [en] bank 은행에 예금하다; ~ hos mig 나에게 맡기다.

deportation *~en ~er* 국외 추방, 강제 이송.

deportera *~r ~de ~t tr.* 국외에 추방하다, 유형에 처하다.

deposition *~en ~er* 기탁, 맡김, 공탁.

depositionsavgift *~en ~er* 공탁 요금, 기타 요금.

deppa *~r ~de ~t itr.* 기분이 저조하고 우울해지다.

deppig *a.* vara ~ 우울해 있다.

depraverad *a.* 타락한, 저열한.

depreciering *~en 0* 가치하락, 화폐의 평가절하.

depression *~en ~er* ① 의기소침(意氣銷沈), 우울 ② 불경기.

deprimerad *a.* 우울증에 걸린 (nedstämd).

deputation *~en ~er* 대리[행위], 대표, 대리 위원단.

deputerad *~en ~e* (명사형 형용사) 대리[자], 대리역.

depå *~n ~er* 저장소, 창고; olje~ (대규모의) 유류 저장소.

depåfartyg *~et ~* 모함(母艦).

derangera [–raŋʃe–] *~r ~de ~t tr.* 흐트러뜨리다, 어지럽히다; ~d klädsel 엉망인 옷차림.

deras ① (소유대명사) (명사 앞에서) 그들의 ② (단독으로) 그들의 것.

derivat *~et ~* 【화학】 유도체.

desamma ☞ densamme.

desarmera *~r ~de ~t tr.* 무기를 빼앗다, 무장을 해제하다.

desav[o]uera *~r ~de ~t tr.* 거부(부인)하다.

desav[o]uering *~en ~ar* 거부, 부인.

desengagemang *~et 0* (특정 국가에 대한 정치, 경제 이해관계의) 청산, 정리.

desegregation *~en ~er* 인종 차별[격리] 폐지.

desertera *~r ~de ~t itr.* 【군사】 (전장에서)탈영(脫營)하다.

desertering *~en ~ar* 탈영.

desertör *~en ~er* 탈영병, 이탈자; ~erna avrättades omedelbart 탈영병들은 즉각 처형되었다.

deshabillé [desabijé] *~n ~er* 여성의 부적절한 옷차림(특히 잠옷 따위).

design [–sajn] *~en 0* 디자인, 의장(意匠), 도안.

designa [–sajna] *~r ~de ~t tr.* 디자인하다, 밑그림(도안)을 만들다; 설계하다.

designera [–siŋne–/–sinje–] *~r ~de ~t tr.* 지명하다, 선정하다; ~d till ambassadör 대사로 지명된.

desillusion *~en ~er* 환멸[감] (besvikelse, missräkning).

desillusionerad *a.* 환멸을 느낀 (besviken).

desinfektera *~r ~de ~t tr.* (살균)소독하다.

desinfektion *~en ~er* 소독, 살균(작용).

desinfektionsmed|el *–let ~* 살균(소독)제.

desinficera *~r ~de ~t tr.* (살균)

소독하다.
desinficerande *a*. 살균성의, 소독력 있는.
desinficering *~en ~ar* 소독, 살균(작용).
deskriptiv *a*. 기술적(記述的)인, 설명적인.
desorganisation *~en 0* 해체, 분열, 혼란.
D
desorganisera *~r ~de ~t tr*. 조직(질서)을 어지럽히다, 혼란시키다.
desorienterad *a*. 당황하는, 어리둥절한, 갈피를 못 잡는.
desperado *~n, ~r/~er* 불량배, 자포자기의 무법자.
desperat *a*. 절망적인(förtvivlad), 자포자기의, 필사적인.
desperation *~en 0* 절망, 자포자기.
despot [–o:t] *~en ~er* 폭군(tyrann), 전제군주, 독재자.
despoti *~n ~er* 전제정치, 독재제, 압제; 전제국, 전제정부.
despotisk *a*. 전제(독재)적인, 횡포한.
despotism *~en 0* 전제정치, 독재제.
dess[1] *adv*. (desto) (비교급과 함께) …하는 만큼 그 만큼, …할수록 더욱 더; ju förr ~ bättre(hellre) 이르면 이를수록 더 좋다; icke ~ mindre 그럼에도 불구하고, 여전히.
dess[2] *pron*. ① (소유대명사로써 사람이나 사물에의 귀속을 나타냄); förhållandet mellan supermakten och ~ grannstater 강대국과 그 주변 국가들 간의 관계 ② (문맥상의 시점); innan ~(dessförinnan) 그 이전에; till ~ 그 때까지; sen ~ 그 후.
dessa ☞ denna.
dessemellan *adv*. 두 시점 사이에, 중간에.
dessert [–æ:r] *~en ~er* 디저트, 후식(後食, efterrätt); önskas kaffe till ~en 후식에 커피도 하실까요?
dessertsked *~en ~ar* 후식용 스푼.
desserttallrik *~en ~ar* 후식용 접시.
dessertvin *~et ~er* 후식용 포도주.
dessförinnan *adv*. 그 이전에, 전에(förut); vi ska åka till stan, men ~ ska du bada 우리는 시내에 나갈 텐데, 그 이전에 너는 목욕을 해야 된다.
dessförutan *adv*. (이미 문맥상에 나타난) 그것 없이.
desslikes *adv*. 마찬가지로, 또한.
dessutom *adv*. 그밖에(이에, 게다가[또], vidare, ytterligare).
destillat *~et 0* 증류된 물질, 증류액.
destillation *~en ~er* 증류(법), 증류물.
destillationsapparat *~en ~er* 증류기(器).
destillera *~r ~de ~t tr*. 증류하다, 증류하여 [위스키 · 진 따위를] 만들다.
destination *~en ~er* (특히 선박 · 비행기 여행의) 목적지, 행선지.
destinationsort *~en ~er* 목적지(여행의).
destinerad *a*. ① …로 정해진(여행방향), …행(行) ② 운명 지어진; han var ~ att dö ung 그는 젊어서 죽을 운명이었다.
desto ☞ dess[1].
destruktiv *a*. 파괴적인, 위해를 끼치는.
det ☞ den[1], den[2]
detachement [detaʃə–] *~et ~* 분리,

【군사】 분견대.

detachera *~r ~de ~t tr.* 떼다, 떼어 내다; (군대, 군함을) 분견(分遣)하다, 파견하다.

detalj *~en ~er* ① 세부, 세목(細目), 사소한 일; närmare ~er om olyckan är ännu inte kända 사고에 대한 자세한 사항은 아직 알려지지 않았다; kontrollera ngt i ~ (i alla ~er, in i minsta ~) …에 대해 자세히 (모든 세목에까지; 마지막 세부 사항까지) 조사하다 ② 【상업】 handel i ~ 소매 상업; sälja i ~ 소매하다.

detaljanmärkning *~en ~ar* 사소한 지적; komma med ~ar 몇 가지 사소한 점을 지적하다.

detaljerad *a.* 상세한.

detaljerat *adv.* 자세하게.

detaljfråg|a *-an -or* 사소한 질문.

detaljgranska *~r ~de ~t tr.* 자세히 검사하다.

detaljhandel *~n 0* 소매상.

detaljhandlar|e *-[e]n ~* 소매상인.

detaljkännedom *~en 0* 세부사항에 대한 지식.

detaljpris *~et 0* 소매가격.

detaljrik *a.* 상세한; en ~ beskrivning av resan 여행에 대한 상세한 기술; en ~ karta 상세한 지도.

detaljrikedom *~en ~ar* 세부, 상세(詳細).

detektiv *~en ~er* 탐정, 형사.

detektivbyrå *~n ~er* 비밀 탐정소.

detektivhistori|a *-en/-an, -er* 탐정 소설.

detektor *~n ~er* ① 탐지기; lögndetektor 거짓말 탐지기 ② 【통신】 검파기.

determinativ *a.* 한정적인, 확정적인; 【문법】 한정(대명사)의.

determinism *~en 0* 【철학】 결정론.

detonation *~en ~er* 폭발, 폭음.

detonera *~r ~de ~t tr.* 폭발하다.

detronisera *~r ~de ~t tr.* (제왕 따위를) 폐하다; 권위 있는 자리에서 밀어내다.

detronisering *~en ~ar* 폐위, 찬탈, 강제 퇴위.

detsamma ☞ densamme.

detta ☞ denna.

devalvera *~r ~de ~t tr.* (화폐) 평가절하(切下)하다, 가치를 떨어뜨리다.

devalvering (화폐의) 평가절하.

devis *~en ~er* ① 좌우명(座右銘), 표어, 모토; (방패 · 문장(紋章)의) 제명(題銘) ② 금언, 처세훈(處世訓).

devot *a.* 순종하는, 맹종하는,복종하는, 고분고분한; 독실한, 경건한.

di *~n 0,* ge [ett barn] ~ [아기에게] 젖을 먹이다; få ~ 젖을 먹다.

dia[1] *~an ~or* (diapositiv의 약어) 【사진】 투명화(畵), 슬라이드.

dia[2] *~r ~de ~t tr.* 젖을 빨다, 젖을 먹이다(보통 동물에게만 쓰임).

diabetiker *~n ~* 당뇨병 환자.

diabild *~en ~er* 슬라이드(사진).

diabolisk *a.* 악마의(악마와 같은), 마성(魔性)의.

diadem *~et ~* 【시 · 문어】 (동양의 왕 · 여왕의 머리에 감는) 띠, 리본.

diafragm|a *-at/-an, -er/-or* 횡경막(mellangärde).

diagnos *~en ~er* 진단[법]; ställa en felaktig ~ på magsår 위궤양에 대한 진단을 잘못 내리다.

diagnostisera/diagnosticera *~r ~de*

D

~*t tr*. 진단하다.
diagnostik ~*en 0* 진단학.
diagnostiker ~*n 0* 진찰전문 의사, 진단을 잘 하는 의사.
diagnostiskt prov 학력 진단 시험.
diagonal[1] *a*. 대각선의, 비스듬한, 사선의.
diagonal[2] ~*en* ~*er* 대각선, 사선(斜線).

D

diagram ~*met* ~ 그림, 도형, 도식, 도표.
diakon ~*en* ~*er* 【종교】 (영국국교회(英國國教會), 천주교회) 부제(副祭); (신교, 장로교회의) 집사(執事).
diakoniss|a -*an* -*or* 【종교】 (원시 기독교의) 여자 집사; (기독교의) 자선사업 부인 회원.
dialekt ~*en* ~*er* 방언, 지방사투리.
dialektal *a*. 방언의.
dialektforskar|e -[*e*]*n* ~ 방언 연구가.
dialektforskning ~*en* ~*ar* 방언학, 방언 연구.
dialektgeografi ~*n 0* 【언어학】 방언 지리학.
dialektik ~*en 0* 【철학】 변증법, 논리적 토론술.
dialektisk *a*. 변증법적인, 변증을 잘 하는.
dialog ~*en* ~*er* 대화, 문답.
dialogpedagogik ~*en 0* 선생과 학생 간의 문답식 강의 방법.
diamant ~*en* ~*er* 다이아몬드, 금강석.
diamantborr ~*en*/~*et*, ~*ar*/~ (광산용) 검정 다이아 시추기(試錐機).
diamantbröllop ~*et* ~ 다이아몬드혼식(婚式, 결혼 60년 기념식).
diamanthård *a*. 금강석 같은, 견고무비한, 철석같은.
diamantnål ~*en* ~*ar* 축음기의 다이아몬드로 된 바늘.
diamantring ~*en* ~*ar* 다이아몬드 반지.
diamet|er -*ern* -*rar* 지름, 직경.
diametral 직경의; 정반대의.
diapositiv ~*et* ~ 【사진】 투명화(畵), 슬라이드.
diaram ~*en* ~*ar* 슬라이드를 꽂는 틀.
diarieför|a - -*de* -*t tr*. 일지(日誌), 회의일지, 의사록(議事錄).
diarré ~*n* ~*er* 【의학】 설사.
dibarn ~*et* ~ 젖먹이, 젖먹이 짐승, 풋내기; han vill inte bli behandlad som ett ~ 그는 젖먹이 취급을 받으려 하지 않는다.
didaktisk *a*. 교훈적인, 설교적인.
diet ~*et 0* 일상의 음식물; (치료 · 체중 조절을 위한) 규정식(規定食); 음식 조섭; hålla ~ 규정식을 취하고 있다.
dietmat ~*en 0* 규정식(規定食).
differens ~*en* ~*er* 차이, 상위, 다름, 상위점.
differential [-ts-] ~*en* ~*er* ① 【수학】 미분 ② 【기계】 차동(差動)장치.
differentialkalkyl ~*en* ~*er* 미분.
differentiera ~*r* ~*de* ~*t tr*. ① 구별짓다, 차별하다 ② 변이시키다, 특수화(분화)하다, 다양화하다.
differentiering ~*en* ~*ar* ① 차별(의 인정), 구별, 차별 대우 ② 분화, 변이, 파생.
diffus *a*. 널리 퍼진, 흩어진; (문제 따위가) 산만한, 흐린, 불분명한.

difteri ~n 0 디프테리아.
diftong ~en ~er 【음성학】 2중모음(二重母音).
diftongera [-ŋge-] ~r ~de ~t *tr*. 2중모음화하다.
diftongisk *a*. 2중모음(성)의.
dig ☞ du.
diger [di:ger] *a*. 두꺼운, 부피가 큰(voluminös), 거대한.
digerdöden (정형명사) (1930년대 중반에 유럽을 휩쓴) 흑사병.
digital [digi-] *a*. ① [정보통신] 디지털(방식)의 (반대: analog), 숫자로 나타내는(계산하는) ② [컴퓨터] 디지털형의, 컴퓨터화 된.
digitalis ~en 0 디기탈리스(식물)로 만든 약제.
digitalkamer/a ~n -or 디지털 카메라 (화상을 디지털 데이터로 기록하는 카메라).
digitalur ~et ~ 디지털시계(시간이 숫자로 표시되는).
digna [diŋna] ~r ~de ~t *itr*. (맥없이) 쓰러지다, 쇠약해지다, 타락하다, 몰락(영락)하다; ett ~nde bord 상다리가 휘어지도록 잘 차린 식탁.
dignitet [diŋni-] ~en ~er 【수학】 멱, 거듭제곱, 누승.
dignitär [diŋntiæ:r-] ~en ~er 고위층 인사, 고관.
dika ~r ~de ~t *tr*. 도랑을 파다, 배수구를 만들다; ~ av(bort) vatten 물을 빼다.
dike ~t ~n 도랑, 배수구(溝).
dikesgrävar|e -[e]n ~ 도랑 파는 사람, 도랑치는 사람(기계).
dikeskörning ~en ~ar 차를 도랑으로 처박기; under veckohelgen inträffade många ~ar 주말에 도랑으로 빠진 차(차사고)가 많이 있었다.
dikt[1] ~en ~er ① 시(詩); hans ~er 그의 시(詩)작품 ② 허구; ~ och verklighet 허구와 사실; rena ~en 순전히 꾸며낸 이야기; lögn och förbannad ~ 얼토당토않은 거짓말투성이.
dikt[2] *adv*. 【해양】 가까이; hålla ~ babord 좌현(左舷)으로, (키를) 좌현으로 잔뜩 돌려!
dikta ~r ~de ~t *tr. itr*. (시 · 산문을) 쓰다, 작문하다, 저술하다.
diktafon ~en ~er (속기용) 구술(口述) 녹음기.
diktam|en ~ -ina 받아쓰기, 구술(口述).
diktan (불변화명사) 노력, 추구; all hans ~ och traktan 그의 모든 노력(분투).
diktar|e -[e]n ~ 저자, 작가, 시인.
diktat ~et ~ (이성 · 양심의) 명령, 지시; 강요된 합의(해결방안).
diktator ~n ~er 독재자.
dikatorisk *a*. 독재자의, 독재적, 전단적(專斷的).
diktatur ~en ~er 독재정권(정치), 절대[독재]권(diktaturstat).
diktcyk|el -eln, -ler/-lar 일련의 시가(詩歌).
diktera ~r ~de ~t *tr*. ① (필기자 따위에게) 불러주다, 구술(口述)하다 ② (강화(講和)조건 · 방침 따위를) 명령하다.
dikteringsmaskin ~en ~er ☞ diktafon.
diktion ~en 0 어법(語法), 말씨, 발성법.

diktkonst *~en 0* 작시[법], 시가(詩歌), 시(詩), 문예.
diktning *~en ~ar* 시작(詩作), 저작.
diktsamling *~en ~ar* 시집(詩集).
diktverk *~et ~* 장시(長詩); 문학작품.
dilemma *~t ~n* 진퇴양난, 궁지, 딜레마.
dilettant *~en ~er* 문학·예술의 애호가; 아마추어 평론가, (전문적 지식이 없는) 도락 예술가.
dilettantisk *a*. 도락(道樂)기분의, 딜레탕트적인, 아마추어 같은, 전문적이 못되는.
dilettantism *~en 0* (전문적이 아니고) 취미로 하는 일, 도락; 아마추어 예술, 아마추어 예술가 풍.
diligens [–ʃaŋs] *~en ~er* 【고어】 (사람이나 우편 운송용) 역마차.
dill *~en 0* 【식물】 이논드(미나리과, 열매나 잎은 향료로 쓰임).
dilla *~r ~de ~t itr*. 헛소리를 하다, 의미 없는 말을 뇌까리다.
dille *~t 0* ① 일시적 정신 착란, 광란(狂亂), 섬망(譫妄)상태 ② 열광적 성벽, 심취(心醉); han har ~ på gamla bilar 그는 구식 자동차에 대한 흥미가 대단하다.
dillkött *~et 0* 이논드를 뿌린 삶은 송아지 고기 또는 양고기.
dimbank *~en ~ar* 안개 장막, 안개층(層).
dimbildning *~en ~ar* 【군사】 연막; (보도 따위의) 극비, 덮어두기.
dimbälte *~t ~n* 안개지대.
dimension *~en ~er* ① (길이·넓이·두께의) 치수, 【수학·물리】 차원 ② (복수형) 넓이, 면적; 정신적 차원의 인식 문제.
dimensionera *~r ~de ~t tr*. 넓이·면적 따위를 정하다.
dimfigur *~en ~er* 희미한 모습(물체).
dimhöljd *a*. 안개에 싸인.
diminutiv[1] *a*. 소형의, 아주 작은, 자그마한; 지소의.
diminutiv[2] *~et ~[er]* 【문법】 지소어(指小語).
diminutivändelse *~n ~r* 지소(指小)어미.
dimljus *~et ~* (자동차의) 안개등(霧燈), 포그램프(안개 속에 켜는 노란 빛의 조명등).
dimm|a *–an –or* 안개, 아지랑이, 농무(짙은 안개).
dimmig *a*. 안개(농무)가 자욱한, (안개 따위로) 침침한, 몽롱한, 흐릿한; glasögonen är ~a 안경이 침침하다.
dimp|a *–er damp dumpit itr*. (갑자기) 넘어지다, 쓰러지다; ~ i golvet 마루에 쓰러지다.
dimridå *~n ~er* 연막; (진실을 감추려는) 장막.
dimslöj|a *–an –or* 안개의 베일(장막).
din (소유대명사) *ditt*(중성), *dina*(복수); (부가적으로) 너의; (단독으로) 너의 것; ~ dumbom! 야, 이 바보야!; Din tillgivne Erik (편지 맺는말로써) 당신께 충실한 에릭으로부터, 에릭 아룀(드림); det är ~a problem 그것은 네 문제다.
dinar *~en ~er* (유고슬라비아와 여러 아랍 국가들이 사용하는) 화폐 단위.
diné *~n ~er* 만찬, (공식적인) 오찬; 연회.
dinera *~r ~de ~t itr*. 정찬(만찬)을 먹다.

dingla *~r ~de ~t itr*. (달랑달랑) 매달리다; ~ i galgen [galjən] 교수형을 당하다; hon satte sig på muren och ~de med benen 그녀는 담장 위에 앉아서 다리를 흔들거렸다.

dionysisk *a*. 술의 신 디오니소스(Dionysus)의.

diplom [–o̩:m] *~et ~* ① 졸업(수업)증서; [학위 · 자격]증서 ② 공문서, 상장, (고고학상의) 고문서.

diploma̩t *~en ~er* 외교관, 외교가.

diplomati̩ *~n 0* 외교(술); 외교적 수완; 절충의 재능.

diplomatisk *a*. 외교상의, 외교적 수완이 있는; på ~ väg 외교적 경로를 통하여.

diplomerad *a*. 졸업(수업)증서를 받은(가진).

direkt[1] *a*. 똑바른, 직접의, 정면의, 솔직한, 노골적인, 단도직입적인; ~ biljett 직행표; ~ följd(orsak) 직접적인 결과(원인); ett ~ förnekande 단호한 부인(否認); vi kräver ~a förhandlingar 우리는 직접협상을 요구한다; en ~ lögn 새빨간 거짓말; ~ skatt 직접세; ~ svar 솔직한 대답.

direkt[2] *adv*. 곧장, 직접으로, 즉각; den var så billig att jag köpte den ~ 그것이 아주 싸서 나는 당장에 샀다; hon var ~ oförskämd 그녀는 정말 오만하였다; ~ berörs av strejken 파업으로 인해 직접 영향을 받는다; se ~ på 곧바로 보다; svara ~ på en fråga 질문에 곧 대답하다; ett radioprogram som sänds ~ 라디오 생방송 프로.

direktdemokrati *~n 0* 직접민주주의(중요한 사안에 국민이 직접 참여하여 결정하는 정치제도).

direktflygning *~en ~ar* 직행항로.

direktförbindelse *~n ~r* (두 지역 간의) 직항로.

direktion *~en ~er* ① 이사회 중역회의 ② 방향.

direkti̩v *~et ~* (상급기관으로부터의) 지시, 지령.

direktreferat *~et ~* (라디오의 시사문제 · 연설 따위의) 동시해설, 실황중계.

direktri̩s *~en ~er* 여성 관리자, 여성 지도자; 여사장.

direktsändning *~en ~ar* (라디오, TV) 생방송.

direktör *~en ~er* (회사의) 관리자, 이사, 사장.

direktörsassistent *~en ~er* 이사보(補).

dirigent [–ge̩nt/–ʃe̩nt] *~en ~er* 【음악】 지휘자.

dirigera [–ge̩–/–ʃe̩–] *~r ~de ~t tr. itr*. 【음악】 지휘하다; (어느 방향으로) 돌리다, 보내다; han ~de bollen över mållinjen 그의 지휘 하에서 골인이 되었다.

dis *~et 0* 아지랑이, 엷은 안개.

disci̩p|el *–eln –lar* 제자(lärjunge).

discipli̩n Ⅰ. *~en 0* 규율, 질서, 훈련; hålla ~ 규율을 지키다, 질서를 확립하다 Ⅱ. *~en ~er* 학문분야(부문), 학과.

disciplinera *~r ~de ~t tr*. ① (자세 · 정신을) 훈련(단련)하다 ② 징계하다.

disciplinstraff *~et ~* (군대 따위에서의) 징계.

disciplinär *a*. 규율상의, 징계의; 훈육

D

의, 훈련 상의.

disco/disko *~t ~n* ① 디스코댄스장(diskotek의 준말) ② 디스코 음악.

diskomusik *~en 0* 디스코 음악.

diselmotor *~n ~er* 디젤 엔진, 디젤식 내연 기관.

disharmoni *~n ~er* 불일치, 불화, 알력, 의견 충돌; 【음악】 불협화음.

disharmonisk *a.* 조화되지 않는, 불협화음의.

disig *a.* 아지랑이 낀, 안개로 흐린, 어렴풋한, 몽롱한.

disjunktiv *a.* 분리성의; 【문법】 이접적인; den ~a konjunkionen "eller" 이접적 접속사 "eller".

disk ① *~en ~ar* (상점 · 은행 따위의) 계산대, 카운터 ② *~en 0* 설거지, 설거지거리; det blir en stor ~ 설거지 거리가 많아지다; torka ~en (접시 따위의 물기를) 닦다; det blir så mycket matlagning och ~ i en stor familj 대가족에서는 음식도 많이 해야 하고 설거지도 많다 ③ *~en ~ar* 【컴퓨터】 자기디스크, 원판.

diska *~r ~de ~t* ① *tr. itr.* (그릇 · 식사도구 따위를) 씻다 ② *tr.* 【운동】 실격시키다, 실격자(부적임자)로 판정하다.

diskant *~en ~er* 【음악】 고음부[의 가수 · 목소리 · 악기].

diskar|e *-[e]n ~* 접시닦이(식당에서 직업으로 하는 사람).

diskbalj|a *-[a]n -or* 설거지대야(통).

diskborst|e *-en -ar* 설거지 솔, 씻는 솔.

diskbrock/diskbråck *~et ~*, ha ~ 척추(등뼈) 연골에 부상을 입다(진통이나 마비가 옴).

diskbänk *~en ~ar* 설거지대(臺).

diskett *~en ~er* 【컴퓨터】 플로피 디스크 (컴퓨터용 데이터를 담는 플라스틱제 자기 원판).

diskhandduk *~en ~ar* (씻은 접시를 닦는) 행주.

diskmaskin *~en ~er* 접시 씻는 기계, 설거지 기계.

diskmed|el *-let ~* (설거지용) 세척제.

diskofil *~en ~er* (취미로서의) 레코드 수집가.

diskontera *~r ~de ~t tr.* 【상업】 (어음을) 할인하여 팔다(사들이다); 할인하다.

diskontering *~en ~ar* 할인, (액면 이하의) 감가(減價), 할인율.

diskonto *~t ~n* 중앙은행 할인율.

diskontör *~en ~er* (환)어음 할인업자.

diskotek *~et ~* ① 디스코 댄스 장 ② 레코드판 수집, 음반 도서관; gå på ~ 디스코 장에 가다.

diskplockar|e *-[e]n ~* (식당에서) 접시치우고 식탁 정리하는 사람.

diskreditera *~r ~de ~t tr.* 평판을 나쁘게 하다, 신용을 잃게 하다.

diskret[1] *a.* 사려(분별 · 지각)있는, (언어 · 행동 따위가) 신중한.

diskret[2] *adv.* 신중하게, 사려 깊게; ~ hederssak 신중을 요하는 명예 문제.

diskretion *~en 0* 신중, 배려(사려), 조심.

diskriminera *~r ~de ~t* 차별하다, 차별 대우하다; 구별하다, 식별하다.

diskriminering *~en ~ar* 차별, 차별

대우; ras~ 인종 차별.

diskställ *~et ~* 접시대(설거지 후 접시 등의 식기를 세워 놓는 곳).

disktras|a *-an -or* 행주.

diskus *~en ~ar* (경기용) 원반, 원반 던지기; kasta ~ 원반을 던지다.

diskuskastning *~en ~ar* 원반던지기.

diskussion *~en ~er* 토론, 토의(om); ta upp till ~ 토론에 부치다.

diskussionsinlägg *~et ~* 토의 자료(안건).

diskussionsämne *~t ~n* 토의 주제(안건).

diskutạbel *a.* 논쟁의 여지가 있는, 이론(異論)이 있는, 미해결의.

diskutera *~r ~de ~t tr. itr.* 토론(토의)하다; 논의(논쟁)하다; den saken skall vi inte ~ 우리는 그 문제로 논쟁을 원치 않는다; det kan ju ~s, om …, …할지의 여부는 물론 토론할 수 있다; ~ igenom en fråga 문제를 충분히 토의하다.

diskvalificera *~r ~de ~t tr.* 실격시키다, 실격자(부적임자)로 판정하다.

diskvalificering *~en ~ar*/**diskvalifikation** *~en ~er* 자격 박탈, 무자격 불합격; 실격이 되는 이유, 결격 조항.

diskvatt|en *-net ~* 설거지 물.

dispạsch *~en ~er* (항공 · 해상) 사고 조사.

dispaschör *~en ~er* (항공 · 해상) 사고 조사자.

dispens [-ạŋs] *~en ~er* (의무나 자격 · 조건 따위에서) 면제; få ~ 면제를 받다; ge ngn ~ från …를 …로부터 면제시키다.

dispensạ̈r [-aŋ-] *~en ~er* (특히 결핵 환자를 위한) 환자 보건 상담소.

dispensärläkar|e *-[e]n ~* 결핵 보건소 담당 의사.

disponẹnt *~en ~er* 공장장, 전무이사(för, vid).

disponent[s]bo|stad *-staden -städer* 공장장 사택.

disponera *~r ~de ~t tr. itr.* ① ~ över …의 마음대로 처분할 수 있다, 임의로 쓸 수 있다(ha till sitt förfogande), …에 접근(이용)할 수 있다(ha tillgång till); den tid jag ~r [över] 내가 할애할 수 있는 시간; pengarna kan ~s för rödakorsverksamheten 그 돈은 적십자 사업에 사용될 수 있다 ② 계획하다, 예정하다, 준비하다 ③ 경향이 있다, 걸리기 쉽다; klimatet ~r för febersjukdomar 기후 때문에 사람들은 열병에 걸리기 쉽다.

disponerad *a.* ① 배치된, …할 의향이 있는(för att) ② …하기 쉬운(för).

disponịb|el *a.* 처분할 수 있는, 마음대로 쓸 수 있는; ~ tid 할애 시간; ~la tillgångar 유동자산(자본).

disponibilitẹt *~en 0*, vara i ~ 이용할 수 있다.

disposition *~en ~er* ① 처분(정리)권; stå(ställa ngt) till ngns ~, …의 임의대로 처리할 수 있다(있게 하다); jag står till Er ~ 분부를 받들어 모시겠습니다 ② (논문 · 자료 따위의) 배열, 배치 ③ (복수형) 대책, 준비; hans ~er bara förvärrade situationen 그의 대책은 사태만 더 악화시켰다 ④ 경향, 의향, 【의학】 소인(素因)

(för).

dispositionsrätt *~en 0* 처분권, 재량권.

dispositionsövning *~en ~ar* (작문 · 글짓기의) 구성 연습.

disproportion *~en ~er* 불균형, 불균등, 불일치, 불협화음.

disputation *~en ~er* 박사학위 논문 공개발표.

D

disputera *~r ~de ~t itr*. ① 논쟁하다; ~ emot(med) ngn …와 논쟁하다; ~ om …에 대해서 논쟁하다 ② 박사학위 논문을 공개발표하다; han ~de på en avhandling om ngt 그의 박사학위 논문은 …에 관한 것이었다, 그는 …에 관한 논문으로 박사학위를 취득하였다.

disputerad *a*. 박사학위를 취득한.

dispyt *~en ~er* 논쟁, 말다툼; råka i ~ 논쟁에 끼어들다.

diss *~et ~* 【음악】 올림 「라」.

dissekera *~r ~de ~t tr*. ① (학문의 목적으로 동물 · 사람 등의 몸을) 해부하다, 절개하다 ② (비유적) 자세히 분석(조사)하다.

dissektion *~en ~er* 해부, 절개.

dissident *~en ~er* 의견을 달리하는 사람; 반체제자; 비국교도(dissenter).

dissonans *~en ~er* ① 【음악】 불협화음 ② 불화, 반대.

distans *~en ~er* 간격, 거리(avstånd), 구간(sträcka); hålla ~ 가까이 하지 않다, 거리를 두다.

distansera *~r ~de ~t tr*. 지나쳐가다, 앞지르다, 앞서가다, 능가하다(överträffa).

distansminut *~en ~er* 해리(海里, 1해리는 1852m).

distansstuderande *~n ~* 통신대학 수강생.

distansundervisning *~en 0* 통신대학 교육.

distingerad [distiŋgeː–] *a*. 현저한, 두드러진, 훌륭한(förnäm), 뛰어난.

distinkt *a*. 명백한, 분명한(tydlig, klar).

distinktion *~en ~er* 구별, 차이, 명백성, 뛰어남.

distorsion *~en ~er* ① (얼굴 · 손 · 발 따위의) 비틀어짐, 【의학】 골격만곡 ② 【전자공학】 (전자음파 따위의) 변화 ③ (비유적) 왜곡, 곡해.

distrahera *~r ~de ~t tr*. (마음 · 주의 따위를) 빗나가게 하다, 흩뜨리다, (딴 데로) 돌리다, 혼동시키다, (슬픔 · 걱정 따위를 잊도록) 기분전환시키다(förströ).

distribuera *~r ~de ~t tr*. 나눠 주다, 배포하다, 분배하다(utdela, fördela).

distribution *~en ~er* 분배, 배포.

distributionsnät *~et ~* (물류)유통망.

distributiv *a*. 분배하는, 배포의.

distributör *~en ~er* 분배자, 배포자.

distrikt *~et ~* 지역, 구역(område), 행정구역(provins).

distriktschef *~en ~er* 행정구역의 우두머리, 장(長).

distriktsmästar|e *–[e]n ~* 지역 챔피언.

distriktssköterskl|a *–an –or* 지역 담당 간호원.

disträ (불변화형용사) (정신, 마음이) 산만한, 정신없는.

dit *adv*. ① 저쪽으로, 저기로(åt det hållet); ~ bort 저쪽으로; resan ~

och tillbaka 왕복여행; ~ hör(räknas) även ngt …까지도 거기에 속한다; det var ~ jag ville komma (비유적) 바로 그 점이 내가 다루고 싶었던 점이다; det är långt ~ 거기까지는 멀다 ② (관계부사로서) den plats ~ han kom 그가 간 장소.

dithörande *a*. 거기에 속하는, 그것과 관계있는; inte ~ 그것과 상관없는; ~ fall 그 범주에 속하는 경우[들].

ditintill[s] ☞ **dittills**.

dito *a. adv*. 거기다가, 추가해서, …까지, 비슷한, 같은 종류의(dylik); nya skor och ~ strumpor 새 신에다 새 양말까지.

ditt[1] (불변화명사), prata ~ och datt 이런 저런 얘기를 하다.

ditt[2] ☞ **din**.

dittills *adv*. 그때까지, 거기까지.

dittillsvarande *a*. 그때까지의, 앞서의.

ditvägen (정형명사) på ~ 그곳으로 가는 길에.

dityramb *~en ~er* ① (고대 그리스의 주신(酒神) Dionysus) 찬양가 ② 열광적인 시(詩), 찬송.

dityrambisk *a*. 주신(酒神)찬가의, 열광적인.

ditåt *adv*. 저쪽 방향으로, 그쪽 방향으로; något ~ 그것과 비슷한 것, 그것과 같은 형식의 것.

div|a *-an -or* 프리마돈나, 인기 있는 여배우 또는 여가수; ~later (복수형) 거만한 주역 여배우(여가수)의 행동.

divạn *~en ~er* ① (낮은) 안락한 소파 ② (터키의) 추밀원 ③ (아랍의) 시집.

divergens [-gẹns] *~en ~er* 분기, 차이, 이탈.

divergera [-gẹ:ra] *~r ~de ~t itr*. 갈리다, 분기하다, (의견 따위가) 차이나다.

divẹrse *a*. 다른, 여러 가지의(åtskilliga, allehanda).

diversearbetar|e *-[e]n ~* 잡부(雜夫), 잡역부(雜役夫).

diversehand|el *-eln -lar* 잡화상(雜貨商).

diversehandlar|e *-[e]n ~* 잡화상인.

dividẹnd *~en ~er* ①【수학】피젯수 ② (회사주식의) 이익 배당금.

dividera *~r ~de ~t* Ⅰ. *tr*. …을 나누다(med), 나눗셈을 하다 Ⅱ. *itr*. 토론하다, 논쟁을 벌이다.

divis *~en ~er* 하이픈(bindestreck), 연자부호(連字符號).

division *~en ~er* ①【수학】나누기, 나눗셈 ②【군대】사단, 비행중대(공군), 포병대대.

divisionschef *~en ~er*【공군】비행중대장,【육군】사단장.

divisionsteck|en *-net ~* 나눗셈표(÷).

divisor *~n ~er*【수학】젯수.

djung|el [jụŋəl] *-eln -ler* 정글, 밀림 습지.

djungeltelegraf *~en 0* 비공식적인 통신망을 통한 뉴스 전달.

djup[1] [ju:p] *a*. 깊은; (비유적) 진지한, 숙고하는; 완전한(fullständig); (슬픔 등이) 큰, 심한; en ~ bugning 허리를 깊이 숙이는 인사, 큰 절; mitt ~a förakt 나의 깊은 경멸; ~ förnedring 커다란 모욕, 수치; ~ okunnighet 일자무식; en ~ röst(ton) 낮고 굵은 목소리; en ~ sorg 커다란

D

슬픔; ligga i ~ sömn 깊은 잠을 자다; [försänkt] i ~a tankar 깊은 생각에 잠겨[서]; ~ tallrik 가운데가 깊은 스프용 접시; [en] ~ tystnad 깊은 침묵; den ~are meningen med det 그것의 내포적(內包的) 의미; i ~aste fred 지극히 평화로운 가운데; ur ~aste hjärta 가슴속 깊은 곳으로부터 우러나오는; den ~aste orsaken 가장 근본적인 이유; i ~a skogen 깊은 숲속에[서].

djup[2] *~et ~* 깊이, (비유적) (생각·감정 등이) 깊음(avgrund), 심연(深淵), 나락, 구렁텅이; försvinna i ~et 심연 속으로 사라지다, 완전히 사라지다; gå på ~et med ngt …을 끝까지 파헤치다, …을 철저히 분석하다; komma ut på ~et 물이 깊은 곳까지 (헤엄쳐) 나가다.

djupborrning *~en ~ar* 깊이 구멍을 뚫음.

djupdykning *~en ~ar* 깊은 바다 속의 잠수(보통 50~60미터 아래로).

djupfrys|a *–er –te –t tr.* (꽁꽁) 얼리다, 냉동시키다.

djupfryst *a.* (꽁꽁) 언, 냉동된; ~a livsmedel 냉동식품.

djupgräv|a *–er –de –t tr.* (땅을) 깊이 파다.

djupgående[1] *a.* 깊은, (배가) 물에 깊이 잠기는; 진지한, 근본적인, 중요한, 철저한.

djupgående[2] *~t 0* 【항해】 (배의) 흘수(吃水).

djuphavsfiske *~t ~n* 원양어업.

djuphavsforskning *~en ~ar* 해양학, 해양연구.

djuplek *~en 0* 깊이.

djuplodning *~en ~ar* 측심(測深).

djupna *~r ~de ~t itr.* 더 깊어지다, (생각 등이) 더 깊어지다, 진지해지다, (색깔 등이) 진해지다.

djuprotad *a.* (생각·믿음 등이) 뿌리 깊은.

djupsinne *~t 0* (생각이) 깊음.

djupskärpa *~n 0* (카메라의) 선명도(度).

djupt *adv.* 깊게, 깊숙이, (생각 등이) 깊게, 심오하게; (강조어로서) 매우, 굉장히; ~ allvarlig 매우 심각한; ~ bedrövad 매우 슬픈, 매우 낙심한; ~ känd tacksamhet 마음으로부터의 감사, 진심에서 우러나오는 감사; ~ rörd 깊이 감동된; ~ urringad (여자 옷의) 목 부분이 깊이 파인; buga sig ~ 허리를 깊이 숙여 인사하다.

djuptryck *~et ~* 음각, 요조(凹彫), 【인쇄】 그라비어 사진·인쇄(photogravure).

djur [jʉːr] *~et ~* 동물, 짐승, (소·말 등의 커다란) 가축, (비유적) 짐승 같은 사람, 거친 사람(경멸적으로); ~et inom oss 우리 마음속에 있는 야수성, 비인간성(금수); arbeta som ett ~ 짐승처럼 (열심히) 일하다.

djurart *~en ~er* 동물 종류.

djurfabrik *~en ~er* (고도로 합리화된) 동물사육장 [부정적 의미].

djurförsök *~et ~* (살아있는) 동물의 실험.

djurisk *a.* ① 동물의 ② 감각적인, 수준 낮은, 야수적인.

djurkrets *~en 0* 【천문】 황도대(黃道帶), 수대(獸帶).

djurpark *~en ~er* 동물원(주로 규모가 큰 동물원을 가리킴).

djurplågeri *~et 0* 동물학대.
djurriket (정형명사) 동물의 왕국.
djursjukhus *~et ~* 동물병원.
djurskydd *~et ~* 동물보호.
djurskyddsförening *~en ~ar* 동물보호 협회.
djurskötar|e *–[e]n ~* 동물사육사.
djurtämjar|e *–[e]n ~* 동물조련사.
djärv [jærv] *a.* ① 대담한, 용기 있는, 두려움을 모르는(oförvägen); 뻔뻔스러운; 도전적인 ② 놀랄만한, 모험적인, 무모한(överraskande); lyckan står den ~e bi 행운은 용감한 자의 것.
djärv|as *–s –des –ts itr. dep.* 감히 …하다, 용기를 내어 …하다, 용기를 내다.
djärvhet *~en 0* 용감[성], 대담무쌍, 뻔뻔스러움, 무례.
djäv|el/jäv|el *–eln –lar* 악마, 사탄; 놈, 상대, –lar! 제기랄! 빌어먹을; det(han) är en ~ [till] att slåss 그는 싸움질에는 도통한 녀석이다.
djävla/jävla (불변화형용사·부사) 빌어먹을 [놈의], 제기랄 놈의, 쌍놈의; [din] ~ drulle 이 빌어먹을 놈의 자식아.
djävl|as/jävl|as *–as –ades –ats itr. dep.* ~ med ngn …와 싸우다.
djävlig/jävlig *a.* ① ☞ **djävulsk** ② (경멸적으로) 사악한, 나쁜, 악마 같은(mot).
djävligt/jävligt *adv.* ① 악마같이, 악마적으로 ②【속어】(강조) 매우, 기차게, 굉장히; hon är ~ söt 그녀는 매우 귀엽다; han är ~ rik 그는 굉장한 부자다.
djäv|ul *–ulen –lar* 악마, 사탄.
djävulsdyrkan (불변화 en–명사) 악마숭배.
djävulsk *a.* 악마의, 악마적인.
djävulskap *~et 0* 마성(魔性), 악마의 짓, 마법, (비유적) 지독한 장난.
djävulstyg *~et ~* ☞ **djävulskap**.
dobb|el *–let 0* 도박.
dobbla *~r ~de ~t itr.* 도박하다.
dobblar|e *–[e]n ~* 도박사(꾼).
docent *~en ~er* (대학의) 부교수(원래 박사학위 취득자 중에서 우수한 연구 능력을 갖춘 자에게 인정하는 자격 또는 보직).
docentur *~en ~er* 부교수직(職), docent 자격.
docera *~r ~de ~t itr.* 강연조로 말하다.
docerande *a.* 교훈적인, 권위 있는.
dock *adv. konj.* 그럼에도 불구하고(likväl), 그렇지만, 하지만(ändå).
dock|a[1] *–an –or* Ⅰ. ① 인형(장난감) ② 마네킹 ③ 실타래, 토리 Ⅱ. 독(dock), 선거(船渠).
docka[2] *~r ~de ~t tr. itr.* (배를) 선거(船渠) 안으로 들여오다.
dockning *~en ~ar* 두 우주선의 결합.
dockskåp *~et ~* 인형의 집(dockhem).
dockteat|er *–ern –rar* 인형극.
doft[1] *~en ~er* 냄새, (특히) 향기, 좋은 냄새.
doft[2] *~en/~et, 0* 고운 가루, 분말; icke ett ~ 전혀 …하지 않는(icke det minsta).
dofta *~r ~de ~t* Ⅰ. *itr.* 냄새나다, …향기가 나다; 뿌리다; det ~r [av] rosor 장미꽃 향내가 난다; syrenerna ~r ännu 아직까지도 라일락꽃 향기

가 난다 Ⅱ. *tr*. ~ mjöl över köttet 고기에 [밀]가루를 뿌리다.

dogg *~en ~ar* ☞ bulldog.

dogm *~en ~er* (종교적인) 교리(敎理), 교의, 신조, 도그마(dogma).

dogmatik *~en 0* 【종교】 교리론, 교의학, 교리신학.

dogmatiker *~n ~* 교리교사, 교리신학자; 독단주의자.

D

dogmatisk *a*. 교리(교의)의; 독단적인, 고압적인.

dok *~et ~* (수녀들이 머리에 쓰는) 베일(slöja), 여자들이 쓰는 모자; ta ~et 수녀가 되다.

doktor *~n ~er* 박사; 의사.

doktorand *~en ~er* 박사과정 이수자.

doktorinn|a *–an –or* 박사의 부인.

doktorsavhandling *~en ~ar* 박사학위 논문.

doktorsexam|en *–en –ina* 박사학위.

doktorsgrad *~en ~er* 박사학위; ta ~en 박사학위를 받다.

doktrin *~en ~er* 교의, 교리, 주의(主義), 가르침.

doktrinär[1] *a*. 공론적인, 순리파(純理派)의, 교조주의의, 편협한.

doktrinär[2] *~en ~er* 공론가, 순이론가, 교조주의자.

dokument *~et ~* 서류, 기록, 증서.

dokumentarisk *a*. 문서의, 문서에 의한, 증서의, 기록적인.

dokumentation *~en ~er* (서류·문서에 의한) 증명, 확증.

dokumentera *~r ~de ~t* Ⅰ. *tr*. (서류·문서를 통해) 증명하다, 확증하다 Ⅱ. *rfl*. ~ sig som … 서류·문서·증서를 통해 자신이 …임을 증명하다(신원, 자격).

dokumentärfilm *~en ~er* 기록영화.

dold *a*. 숨겨진, 잠재적인, 비밀의; ~a reserver 숨겨놓은 비축금(재산), 숨겨놓은 자원.

dolk *~en ~ar* 단검.

dolkstöt *~en ~ar* 단검으로 찌르기 (dolkstygn); (비유적) 기습공격, 불의의 습격; få en ~(ett dolkstygn) i ryggen 등을 단검으로 찔리다; (비유적) 허를 찔리다, 기습을 당하다.

dollar *~n~[s]* 달러.

dollardiplomati *~n 0* (외국에 대한) 미국의 경제적 압력.

dollargrin *~et ~* (미국산) 대형 호화자동차.

dollarprinsess|a *–an –or* 미국인 백만장자의 딸.

dolsk ☞ lömsk.

dom[1] *~en ~ar* 판결, 판정, 【법】 판결, (형의) 선고; (종교상의) 벌; eftervärldens ~ 후대의 판결; fällande (friande) ~ 유죄(무죄) 판결; yttersta ~en 최후의 심판; ~en [över honom] löd på ngt [그에게] …의 형(刑)이 선고되었다; avkunna(fälla) [en] ~ över ngt …에 대한 판결을 내리다; ~ har ännu inte avkunnats(fallit) i detta mål 이 건(件)은 아직 미결이다; sitta till ~s över 재판하다, 판단을 내리다; 비판하다; sätta sig till ~s över …에 대한 심판을 떠맡다.

dom[2] *~en ~er* 대성당, 주교좌성당 (domkyrka).

dom[3] *pron*. 'de'의 일상 대화체 표기법.

domar|e *–[e]n ~* ① 재판관, 판사,

(일반적으로) 판관 ② (운동경기의) 주심.

Domar[e]boken (정형명사)【구약성서】 판관기(判官記), 사사기(師士記).

domared *~en ~er* 재판관의 선서.

domarkår *~en ~er* 사법부, 재판소, (집합적) 법관, 판사.

dom|bok *–boken –böcker* 판례집.

domdera *~r ~de ~t itr.* (소리 높여) 떠들어대며 욕설을 퍼붓다, 욕을 해대다.

domedag *~en 0*【종교】 최후의 심판일; till ~ 최후의 심판 날까지.

domherr|e *–en –ar*【조류】 피리새.

domicịl *~et 0*【법률】 거주지, 주소, 집;【상업】 어음 지급장소.

dominạns *~en 0* 우월성, 지배;【생물】 (유전에서의) 우성(優性).

dominera *~r ~de ~t tr. itr.* 앞서다, 뛰어나다, 지배하다.

dominerande *a.* 지배하는, 앞서는, 뛰어난, 지배적인.

dominikạn *~en ~er* 도미니크 수도회의 수사.

dominikan[er]orden (정형명사) 도미니크 수도회.

domino Ⅰ. *~n ~r* 두건이 붙은 겉옷 (가장 무도회 따위에서 입음) Ⅱ. *~t 0* 도미노 놀이(28매의 패로 하는 점수 맞추기).

dominobrick|a *–an –or* 도미노 놀이에서 쓰는 패.

dominospel *~et ~* 도미노 놀이.

dominoteori *~n ~er* 도미노 이론(한 나라의 공산화가 연쇄반응식으로 이웃나라에 파급된다는 미국의 국제정치 이론).

dọmkapit|el *–let ~* 주교 관구의 참사회.

dọmkraft *~en ~er* 잭(jack, 밀어 올리는 기계).

dọmkyrk|a *–an –or* (주교관구의) 대성당, 대교회.

dọmna *~r ~de ~t itr.* 감각을 잃다, 마취되다(bedövas), 무감각해지다, 마비되다; min fot har ~t 내 발은 감각을 잃었다(마비되었다).

domprost *~en ~ar* (대성당의) 사제장(司祭長); ~en Ek 사제장 에크씨.

domptör *~en ~er* 동물 조련사.

domsag|a *–an –or* 사법권이 미치는 지역, 사법관할 구역.

domsbasun *~en ~er* 최후의 심판을 알리는 나팔[소리].

domslut *~et ~* 판결.

dom[s]söndag *~en ~ar* 강림절 (Advent) 바로 전(前) 일요일.

domstol *~en ~ar* 법정, 법원.

domvärjo (불변화 en–명사), falla (lyda) under ngns ~, …의 [사법]관할권 내(內)에 속하다.

domạ̈n *~en ~er* ① (국가소유의) 땅, 부동산, (왕실소유의) 재산 ②【정보통신】 도메인.

domännamn *~et ~*【정보통신】 도메인 이름.

Domänverket (정형명사) 국유림 및 농지관리청.

don *~et ~* 작업도구, 연장, 물건들(복수형); ~ efter person 각자에게 어울리는 것(행동 · 장비 따위).

donation *~en ~er* 기부[금], 의연금.

donationsbrev *~et ~* 기부증서.

donạtor *~n ~er* 기부자, 증여자.

D

donera *~r ~de ~t tr.* 기부하다, 증여하다; de ~de medlen 기부금(一金).

doning *~en ~ar* 연장, 도구, 물건들.

donjuan [dɔnjụ:an/dɔn:ụan] *~[en] ~er* 호색가, 염색가, 난봉꾼.

dop [dɑ:p] *~et ~* 【종교】 세례; bära ett barn till ~et (세례를 받기 위하여) 어린애를 (세례반(盤) 앞으로) 데리고 나가다.

D

dopa *~r ~de ~t tr.* (운동경기에서) 자극제(흥분제)를 복용시키다.

dopfunt *~en ~ar* 【종교】 세례반(盤), 성수반(聖水盤).

doping *~en 0* 【스포츠】 약물(흥분제) 복용.

dopnamn *~et ~* 세례명, 영세명.

dopp [dɔp] *~et ~* ① 물에 몸담기; ta sig ett ~ 멱을 한차례 감다 ② 적시기; kaffe med ~ 과자를 곁들인 커피.

doppa *~r ~de ~t* Ⅰ. *tr.* (물속에) 몸을 잠깐 담그다; ~ sig 가벼운 목욕을 하다 Ⅱ. *tr. itr.* (과자 등을) 커피에 살짝 담갔다 꺼내다, (커피 · 차를 마실 때) 빵, 과자 등을 곁들이다; ~ till kaffet 커피에 빵(과자)을 곁들이다; var så god och ~ 자, 드세요! Ⅲ. *rfl.* ~ sig 멱을 한차례 감다.

doppar[e]dagen (정형명사) 크리스마스이브(julafton).

dopping *~en ~ar* 【조류】 농병아리.

doppsko *~n ~r* ① (지팡이 끝에 단) 쇠붙이 ② (쇠고기, 돼지고기, 감자를 잘게 썰어서 튀긴) 음식의 일종.

doppvärmar|e *–[e]n ~* 물 끓이는 투입 식 전열기(코드 끝의 방수 발열체를 직접 물에 담금).

dorisk *a.* 도리스식의, 도리스 사람의.

dos *~en ~er* (특히 약의) 일정량, 복용량; en för stor ~ 과량(過量).

dos|a *–an –or* ① 곽, 상자, 깡통 ② 【기계】 기계의 부분을 보호하기 위한 덮개.

dosera/dossera[1] *~r ~de ~t tr.* 경사지게 하다, 기울이다.

dosera[2] *~r ~de ~t tr.* (약을) 조제하다, 양(量)을 조절하다.

dosering *~en ~ar* 【의학】 1회분의 투약[복용]량, 적량.

dosimẹt|er *–ern –rar* ① 【약학】 약량계(藥量計) ② 【물리 · 의학】 (방사선) 선량계(線量計).

dos|is *–en –er* ☞ **dos**.

dossié *~n ~er*/**dossier** *~[e]n ~er* (한 개인, 한 사건에 관한) 일건 서류, 사건 기록, 파일(file).

dotter *dottern döttrar* 딸.

dotterbolag *~et ~* 자회사(子會社).

dotter|dotter *–dottern –döttrar* 외손녀; sons(dotters) ~ 아들(딸)의 외손녀; brors(systers) ~ 형제(자매)의 외손녀.

dotterlig *a.* 딸다운, 딸의.

dotter|son *–sonen –söner* 외손자; sons(dotters) ~ 아들(딸)의 외손자; brors(systers) ~ 형제(자매)의 외손자.

doublé ☞ **dubblé**

dov [do:v] *a.* 분명치 않은, (소리가) 왕왕거리는; (날씨가) 후덥지근한, 아픈, 고통스런.

dovhjort [do:vjɑ:ṭ] *~en ~ar* 담황색에 흰 반점이 있는 사슴(유럽산).

dra[ga] *drar/drager drog dragit* Ⅰ. *tr. itr.* ① (잡아)당기다, (질질) 끌다;

~! 끌어!, 당겨!; ~ åt var sitt håll 서로가 자기 쪽으로 잡아당기다; det är du som skall ~ (서양장기에서) 네가 둘 차례다; ~ i(på) klocksträngen (줄을 잡아당겨) 종을 치다; ~ eld på en tändsticka 성냥불을 켜다; ~ förhänget åt sidan 커튼을 한쪽으로 걷어 제치다; ~ kniv [mot ngn] [···에게] 칼을 들이대다; ~ ett kort 카드를 한 장 뽑다; ~ ett streck över ···위에 선을 긋다, 없었던 것으로 하다, 취소하다; ~ ngn avsides ···을 옆으로 비켜 세우다; ~ ngn i rocken(skägget) ···의 외투(턱수염)를 잡아당기다; ~ ngn inför rätta ···를 고소하다; ~ om vem som skall ge (카드놀이에서) 선(패 돌리는 사람)을 결정하다; komma dragande[s] med ngt ···을 가지고 오다, ···를 제출하다 ② 펴다, 펀펀하게 하다; ~ lakan 침대시트를 잡아당겨 주름을 없애다; ~ på munnen (smilbandet) 빙긋이 웃다; ~ på orden(svaret) 머뭇거리면서 말하다(대답하다); ligga och ~ sig (누워서) 기지개 켜다 ③ (기계 등을) 가동시키다, (크랭크 등을) 돌리다 ④ (시선·주의를) 끌다; ett stycke som ~r folk 사람을 끄는 묘기; man ~s(känner sig dragen) till ngn ···에게 매료되다(정신을 빼앗기다); ~ uppmärksamheten från ngt ···로부터 시선을 돌리다 ⑤ 빼다, 감하다, 공제하다 ⑥ 취하다, 사용하다, 소비하다 ⑦ 술술 이야기하다 Ⅱ. *itr*. ① (차 따위가) 우러나다; låt teet stå och ~ 차가 우러나오도로 두시오 ② 가다, 행진하다, 나아가다, 이동하다; ~ i fejd(härnad) mot ngn ···에 대항해서 싸우다; ~ i fält(krig) 전쟁에 뛰어들다(참가하다); ~ åt skogen! (욕설) 꺼져라! 뒈져라!; gå och ~ sig 빈둥빈둥 놀며 지내다 ③ (비인칭 주어와 함께); det ~r (förskräckligt) 바람이 (심하게) 들어온다, 외풍(外風)이 있다(세다); det ~r inte i skorstenen 그 굴뚝은 연기가 잘 빠지지 않는다 Ⅲ. *rfl*. ① 움직이다, 이동하다, 떠나다; molnen ~r sig norrut 구름은 북쪽으로 이동한다 ② 시계가 늦게 또는 빨리가다, 시간이 맞지 않는다; klockan ~r sig 그 시계는 시간이 맞지 않는다; ~ sig efter(före) 시계가 늦게(빨리) 간다 ③ hennes läppar drog sig till ett leende 그녀의 입술이 웃음을 띠었다 ④ ligga och ~ sig på soffan 소파에 누워 기지개를 켜다 ⑤ ~ sig för ngt(för att göra ngt) ···을 (하기를) 꺼리다(두려워하다) Ⅳ. (강세접사와 함께) ① ~ av (옷·구두 등을) 벗다, 제거하다(med) ② ~ bort 떠나[게 하]다, 철수하다, 철수시키다, 치우다 ③ ~ sig efter 시계가 늦게가다; klockan har –git sig 10 minuter efter 시계가 10분 늦게 간다 ④ ~ fram 내어놓다, 가져오다, (철로 등을) 깔다, 꺼내다, 나아가다; ~ fram näsduken 손수건을 꺼내다; ~ fram stolen 의자를 가져오다; ~ sig fram [i världen] 성공하다, 출세하다 ⑤ ~ för (휘장·커텐 등을) 치다 ⑥ ~ förbi 지나가다 ⑦ ~ sig före 시계가 빨리 가다 ⑧ ~ ifrån (커텐을) 걷다, 치우다, 공제하다; han drog ifrån [de andra] 그는 선두에 나섰다; ~ sig ifrån ngt ···을 피하다, ···을 가까이 하지 않다 ⑨ ~ igen (문을) 닫다

⑩ ~ igenom 급하게 훑어보다 ⑪ ~ i gång ngt …을 가동시키다 ⑫ ~ ihop 모으다, 집중시키다, (천에 난 구멍을) 깁다, (신문기사를) 줄이다; ~ ihop sig 계약을 맺다, 연합하다; det ~r ihop [sig] till oväder 폭풍우가 들이닥치려고 한다; det ~ r ihop [sig] till regn 비가 올 기미다 ⑬ ~ in a) 철수시키다, 불러들이다, 중단시키다, 폐지하다, 압수하다; ~ in ngn i ett rum …를 방으로 불러들이다; ~ in ett körkort 운전면허를 (일정기간) 정지시키다; ~ in magen 배를 쑥 들어가게 하다; ~ in en tidning 신문을 정간(停刊)시키다; bli indragen i ngt …(사건 · 일 등)에 연루되다(관련되다) ⑭ ~ in på (예산을) 삭감하다, 절감하다 ⑮ ~ isär 분리시키다 ⑯ ~ iväg 떠나가다(till) ⑰ ~ med (가방 · 짐 등을) 가지고 가다(질질 끌고 가다); ~ med sig …를 데리고 가다, (비유적) 수반하다, 초래하다, 가져오다; det ~r med sig, att man är ngt 사람이란 …임을 의미한다; ~ med sig ngn i fallet …를 …(사건 · 일)에 끌어 들이다 ⑱ ~ ned 끌어 내리다, 더럽히다 ⑲ ~ om sig sjalen 숄(어깨걸이)을 걸치다; det ~r länge om 시간을 오래 끌게 하다 ⑳ ~ omkring a) 흩뿌리다, 여기저기 늘어놓다 b) 여기저기 돌아다니다, 방황하다 ㉑ ~ omkull (끌어당겨서) 넘어뜨리다, 때려눕히다 ㉒ ~ på (기계를) 가동하다, (이야기 등을) 계속하다, (옷 · 구두 등을) 입다, 착용하다 ㉓ ~ samman ☞ ~ ihop ㉔ ~ till a) (문을) 꼭 닫다, (바짝) 죄다; ~ till bromsen 브레이크를 꽉 밟다 b) (욕설 등을) 내뱉다(med); ~ till med en svordom(lögn) 욕설을 내뱉다(거짓말을 하다) c) ~ till sig 끌어들이다, 흡수하다, 끌다 ㉕ ~ tillbaka [뒤로] 물러서다, 철수시키다; ~ tillbaka handen(trupperna) 손을 움츠리다, 뒤로 물리다(군대를 철수시키다); ~ sig tillbaka 물러나다, 퇴임하다, 그만두다 ㉖ ~ undan 치워두다, 치우다; ~ sig undan 피하다(från) ㉗ ~ upp 들어 올리다, (시계의) 태엽을 감다, 열다, (마개를) 따다, (애들을) 교육시키다, (식물, 작물 등을) 재배하다, (그림 등을) 그리다, 긋다; ~ upp en jämförelse(parallell) 비교하다(대비하다); ~ upp ngt med roten …을 뿌리 채 뽑다; ~ upp en bil ur diket 도랑에서 차를 들어 올리다; ~ upp ngt ur fickan …를 주머니에서 꺼내다 ㉘ ~ ur; ~ sig ur spelet 놀이에서 손을 떼다, 놀이를 그만두다 ㉙ ~ut a) 늘이다, 늘어나게 하다, 뽑아내다, (연기, 냄새 등이) 빠지다, 빠져나가다; ~ ut tänder 이를 뽑다; ~ ut ngt ur ngt …로부터 …을 끄집어내다(추출하다); ~ ut saften ur ngt …에서 즙을 내다(추출하다) b) 시간을 늘리다, 길게 끌다, 이야기를 길게 늘여서 하다; ~ ut på historien 얘기를 길게 늘어놓다; han försökte ~ ut på tiden genom … 그는 …함으로써 시간을 끌려고 했다; det drog ut på tiden innan … 꽤 긴 시간이 지난 후에 …했다 ㉚ ~ vidare 계속해 나가다 ㉛ ~ åt (바짝) 죄다, (쪽) 빨아들이다, 흡수하다; ~ åt sig (꽉, 바짝) 끌어안다 ㉜ ~ över [tiden] 시간이 초과하다(med).

drabant *~en ~er* ① 근위병, 경호원, ② 인도자, 지도자(ledsagare) ③ 위성(衛星).

drabantstat *~en ~er* 위성국(國), 정치적 속국.

drabba *~r ~de ~t* Ⅰ. *tr*. …을 겪게 하다, …이 …에게 일어나게 하다; en sjukdom som ~r barn 어린이들에게 발생하는 병(病); ~s av en svår förlust 커다란 손해를 보다; ~s av en svår sjukdom (지독한) 병고(病苦)를 치르다 Ⅱ. *itr*. ~ samman (ihop) 맞닥뜨리다, 교전(交戰)하다, 다투다 (om).

drabbning *~en ~ar* 전투, 싸움, 다툼.

drack ☞ dricka.

drag *~et ~* ① 끌기, 잡아당기기 ② 한 번 쓰기, (펜·붓 등의) 한 획; i korta ~ 짧게, 간략하게; i stora ~ 전체적으로 [볼 때], 대체로 ③ (장기 등에서) 한 번 하기, (말을) 한 번 옮기기, 두기; ett mycket skickligt ~ 매우 재치 있는(솜씨 좋은) 플레이, 묘수 ④ 특징, 특성, 모습; han har ett otrevligt ~ kring munnen 그는 입 근처의 모양이 좋지 않다; ett utmärkande ~ för …의 특징(다른 것과 구별되는) ⑤ 기미, 성향 ⑥ 공기, 환기; det är inget ~ i kaminen 이 벽난로는 공기가 잘 빠지지 않는다; njuta [av] ngt i fulla ~, …을 만끽하다(마음껏 즐기다); han tömde glaset i ett ~ 그는 단숨에 잔을 비웠다 ⑦ i det ~et 그때에, 그 순간에 ⑧ 후림낚시.

draga ☞ dra.

dragar|e *–[e]n ~* 짐수레를 끄는 동물(말·소 등).

dragas ☞ dras.

dragbasun *~en ~er* 【음악】 트롬본 (저음의 금관악기).

dragbil *~en ~ar* 견인차, 구난차, 레커차.

dragdjur *~et ~* ☞ dragare.

dragé [–ʃẹ] *~n ~er* 당의(糖衣)로 싼 과실·당과, 【약】 당의정.

dragen *a*. (가볍게) 술이 취한.

dragg *~en ~ar* (넷 또는 다섯 개의 갈고리가 달린) 소형 닻.

dragga *~r ~de ~t itr*. 소형 닻(dragg)을 가지고 물속에 가라앉은 물건을 찾다(efter).

dragig *a*. (방에) 외풍(外風)이 센; det är ~t här 이곳은 외풍이 심하다.

dragit ☞ dra.

dragits ☞ dras.

dragkamp *~en ~er* 줄다리기.

dragkedj|a *–an –or* ☞ blixtlås.

dragkraft *~en ~er* 견인력.

dragkärr|a *–an –or* 손수레.

dragning *~en ~ar* ① 추첨, 제비뽑기 ② 매력, 매혹(till), 경향, 편향(böjelse)(till) ③ 기미, …기, …티; en ~ åt blått 파란색 기미.

dragningskraft *~en 0* 매력, 주의를 끄는 힘; ha stor ~ 매우 매력적이다.

dragningslist|a *–an –or* 복권 추첨 결과표(당첨된 번호가 명시되어 있음).

dragọn[1] *~en ~er* 기병(騎兵).

dragọn[2] *~en ~er/~***ört** *~en ~er* 개사철쑥 (식물); 그 잎(조미료).

dragplåst|er *–ret ~* ① 【약】 칸타리스 깁스포대(cantharides, 발포(發泡)·자극·이뇨(利尿)·최음제) ②

D

(비유적) 굉장한 매력.
dragspel *~et ~* 아코디언(악기).
dragstift *~et ~* (제도용) 오구(烏口).
drak|e *–en –ar* 용(龍), 연; släppa upp en ~ 연을 날리다.
drakm|a *–an –er* 옛 그리스의 은화 이름.
drakonisk *a.* 비인간적인, 무자비한.
drakskepp *~et ~* 【역사】 바이킹 배 (용의 머리를 한).
draksådd *~en ~er* 장기적으로는 큰 재난을 가져올 활동.
dram|a *–at –er* ① 연극, 드라마 (skådespel) ② 극적인 사건, 비극.
dramatik *~en 0* 희곡, 각본.
dramatiker *~n ~* 희곡작가, 극작가.
dramatisera *~r ~de ~t tr.* 극화(劇化)하다, 각색하다.
dramatisering *~en ~ar* 극화, 각색.
dramatisk *a.* ① 연극하기에 알맞은, 희곡의 ② 생생한, 극적인.
drank *~en 0* (특히 맥주의) 지게미.
drapera *~r ~de ~t* Ⅰ. *tr.* (커튼 따위) 주름을 잡아 예쁘게 달다 Ⅱ. *rfl.* ~ sig [i] …을 몸에 감추다, (천, 커튼 등이) 쳐져 있다.
draperi *~et ~er* 휘장.
dras/dragas *~ drogs dragits itr. dep.* [få] ~ med a) … 병을 앓다 b) …을 겪다, … 때문에 고통 받다, 참아내다, 견디다; du får ~ med det 너는 그것을 참아내야만 한다 c) 싸우다; pojkarna ~ med varandra 소년들이 서로 싸운다.
drastisk *a.* (표현 · 화법 등이) 생생한, 표현력이 강한.
drasut *~en ~er* 키가 크고 느릿느릿한 사람; (경멸적) 키가 큰 녀석(놈).
drav|el *–let 0* 쓸데없는 말, 무의미한 말, 난센스.
dreg|el *–let/–eln, 0* 떨어지거나 흐르는 침.
dregla *~r ~de ~t itr.* (어린애가) 침을 흘리다.
dreglig *a.* ① 침을 흘리는 ② 침이 흘러 더럽혀진.
dreja *~r ~de ~t* Ⅰ. *tr.* (진흙을) 회전대에 놓고 빚다(가공하다) Ⅱ. *itr.* 【항해】 ~ bi 활대를 돌려 돛의 전면에 바람을 받도록 하다(brassa back).
drejskiv|a *–an –or* 도공(陶工)의 녹로(轆轤), 물레.
dress *~en ~er* 옷, 양복(dräkt, kostym).
dressera *~r ~de ~t tr.* (동물을) 훈련시키다; (경멸적) (사람을) 훈련시키다; väl ~d (주로 개에 대해서) 잘 훈련된, 말을 잘 듣는.
dressin *~en ~er* 일반 기차에 비해 크기가 작은 광차(鑛車).
dressyr *~en ~er* 훈련, 교육.
dressör *~en ~er* 조련사.
drev[1] *~et ~* ① (복수형) 【기계】 피니언, 톱니바퀴 ② (복수형) 【기계】 패킹, (틈새 등에) 채워 넣는 것 ③ (복수형) (사냥할 때 사냥개나 몰이꾼들이 사냥감을 포수 쪽으로 몰아오는 식(式)의) 몰이사냥(drevjakt).
drev[2] ☞ driva.
drevkarl *~en ~ar* 몰이꾼.
dribbla *~r ~de ~t itr.* 【운동】 (볼을) 드리블하다, 몰다.
drick|a[1] *–er drack druckit tr. itr.* 마시다, (마셔서) 비우다, 술 마시다; ~ en kopp kaffe(kaffe till frukost)

커피를 한잔 마시다(아침식사 때 커피를 마시다); ska vi ~ något? 우리 뭘 좀 마실까?; ~ ngns skål([en skål] för ngn) …를 위하여 건배하다; han har druckit 그는 술 취했다; ~ av ölet 맥주를 조금 마셔보다(맛보다); ~ ngt i djupa drag …을 한 번에 많이 마시다; ~ upp 마셔버리다; ~ ur flaskan (마셔서) 병을 비우다; 병째로 마시다; ~ sig otörstig (마셔서) 갈증을 풀다(해소하다).

dricka² *~t 0* 청량음료수; en(två) ~ 청량음료수 한(두) 잔.

drickbar *a.* 마실 수 있는.

dricks *~en 0* 팁, 봉사료; ge kyparen ~ 웨이터에게 팁을 주다; hur mycket skall jag ge i ~? (웨이터에게) 팁으로 얼마주면 되겠습니까?; systemet att ge ~ 봉사료를 주는 제도.

dricksglas *~et ~* [물]잔(vattenglas).

drickspengar (복수명사) 팁, 봉사료.

dricksvatt|en *−net 0* 음료수, 식수.

drift *~en ~er* ① 충동, 욕망, 본능(begär, böjelse); av egen ~ 스스로의 의지로, 스스로 원해서(av egen vilja) ② (기계 따위의) 조작, 운동, 가동, 운영, 조정(skötsel); elektrisk ~ 전력(電力)[의 사용]; införa elektrisk ~ på järnvägarna 전철화(電鐵化)하다; kontinuerlig ~ 지속적인 가동; vara billig i ~ 가동비용(稼動費用)이 싸게 먹히다; arbeta med inskränkt ~ 짧은 시간 일을 하다 ③ 표류; råka (komma) i ~ 표류하다 ④ 농담, 조크(skämt); utsätta ngn för ~ …를 놀리다.

driftig *a.* 기업심이 강한, 진취적인, 활동적인, 유능한.

driftkucku *~n ~ar* 놀림감, 조롱거리[감].

driftliv *~et 0* 본능.

drift[s]budget *~en, ~er/~ar* 운영예산.

drift[s]kapital *~et ~* 운영 자본.

drift[s]kostnad *~en ~er* 운영(영업)비.

driftstopp *~et ~* (공장의) 가동중단.

driftsäker *a.* (기계가) 믿을만한, 안전한.

drill Ⅰ. *~en ~ar* ①【음악】전음(顫音), (새의) 지저귐; slå sina ~ar (새가) 지저귀다, 목소리를 떨며 노래하다 ② 천공기, 드릴, 송곳 Ⅱ. *~en 0*【군사】(엄격한) 훈련.

drilla *~r ~de ~t* Ⅰ. *tr.*【군사】(엄격히) 훈련시키다 Ⅱ. *itr.*【음악】목소리를 떨며 노래하다, (새가) 지저귀다 Ⅲ. *tr. itr.* (드릴로) 구멍을 내다(뚫다).

drillborr *~en/~et, ~ar/~* 드릴(돌려서 구멍을 뚫는 손 드릴).

drink *~en ~ar* 알코올음료, 칵테일.

drinkar|e *−[e]n ~* 모주꾼, 알코올중독자, 술꾼.

drista *~r ~de ~t rfl.* ~ sig [till] att … 감히 …하다.

dristig *a.* 대담한, 용기 있는, (때때로) 성급한, 신중하지 못한.

driv|a¹ *−an −or* (눈)더미; lägga sig i −or 더미로 쌓이다.

driv|a² *−er drev drivit* Ⅰ. *tr.* ① …하게 하다, 억지로 시키다, 가동시키다; ~ maskinen(verket) 기계를 작동하다; ~ priserna i höjden 가격을 올리다; driv det inte(inte saken) för långt (till sin spets) 일을 너무 깊이

D

끌고 가지 마시오; ~ ngn på flykten …를 도망치게 하다, 패주시키다; ~s till det yttersta(ytterligheter) 극한 상황으로 몰리다; driven med elektricitet 전기로 가동되는 ② 【식물】 촉성재배하다 ③ 수행하다, 해 나가다; ~ en affär(en fabrik) 사업을 하다(공장을 경영하다); ~ handel 교역하다; ~ en politik 어떤 정책을 수행하다 ④ 쫓다, 몰다 ⑤ 뱃밥으로 틀어막다 Ⅱ. *itr*. ① 흘러가다, (눈·모래 등이) 큰 더미로 쌓이다 ② [gå och] ~ 반항하다, ~ med ngn …를 놀리다 Ⅲ. (강세접사와 함께) ① ~ bort a) 쫓아내다, 내몰다; ~ bort fienden från …로부터 적을 몰아내다 b) 표류하다, (정처 없이) 떠돌다 ②~ igenom 성취하다, 관철하다; ~ sin vilja igenom 자신의 의지를 관철시키다 ③ ~ in a) 몰아내다(쳐 넣다) b) 흘러들어가다 ④ ~ omkring 떠돌아다니다, 표류하다; kringdrivande 떠돌아다니는, 표류하는 ⑤ ~ på 재촉하다, 압력을 가하다, 몰아내다 ⑥ ~ tillbaka 쫓아버리다, 격퇴하다 ⑦ ~ undan 치워버리다, 제거하다 ⑧ ~ upp 올리다, (가격 등을) 오르게 하다; (비유적) 증가시키다, 상승시키다; ~ upp en affär 사업을 발전시키다; ~ upp moln av damm 먼지를 일으키다; högt uppdrivna förväntningar 부푼 기대; högt uppdrivna hyror 비정상적으로 높은 집세 ⑨ ~ ut 내몰다, 내쫓다.

drivande[1] *a*. 진취적인, 활동적인; den ~ kraften 활력, 추진력, 동기가 되는 힘.

drivande[2] *-t 0* 경영, 수행, 운전, (할 일 없이) 빈둥거리기.

drivankare *~t ~n* 【항해】 물돛, 부묘(浮錨); (비유적) 중심인물.

drivax|el *-eln -lar* (공작기계의) 주동축.

drivbänk *~en ~ar* 【농업】 온상.

driven *a*. ① 유능한(skicklig) ② 솜씨 좋은, 능숙한; en ~ [hand]stil 빼어난 필체.

drivfjäd|er *-ern -rar* ① (시계 따위의) 큰 태엽 ② 주요동기, 주인(主因).

drivhjul *~et ~* 구동륜.

drivhus *~et ~* 【농업】 온실, 비닐하우스.

drivis *~en 0* 부빙, 유빙, 성엣장.

drivkraft *~en ~er* 추진력, 동력.

drivmed|el *-let ~* 연료.

drivmin|a *-an -or* 부류 기뢰(浮流機雷).

drivrem *~men ~mar* 구동(驅動)벨트.

drivved *~en 0* 유목(流木), 부목(浮木).

drivit ☞ **driva**.

drog[1] *~en ~er* 약, 마약.

drog[2] ☞ **dra**.

drogs ☞ **dras**.

dromedar *~en ~er* 단봉(單峯)낙타 (주로 아라비아산(產)).

dropp *~et 0* ① 물이 뚝뚝 떨어짐, 물이 떨어지는 곳 ② 【의학】 포도당 주사.

droppa *~r ~de ~t* Ⅰ. *tr*. 똑똑 떨어뜨리다, 붓다; ~ citronsaft i såsen 소스에 레몬쥬스를 몇 방울 첨가하다 Ⅱ. *itr*. 물이 뚝뚝 떨어지다, 물 방울져 떨어지다.

dropp|e *-en -ar* ① [물]방울, 눈물 ② [주사]약; (som) en ~ i havet 바다의 물 한 방울(처럼), 구우일모(九牛一

毛); en ~ blod(vatten) 피(물) 한 방울; ~n urholkar stenen 낙수 물이 바위를 뚫는다.
droppflask|a −an −or (주사약병 등과 같이) 내용물이 한 번에 한 방울씩 떨어지도록 된 병.
droppfri a. 물이 스며들지 않는, 물이 새지 않는.
droppstensbildningar (복수명사) 【광물】 종유석, 석순(石筍)을 일컫는 말.
droppstensgrott|a −an −or 종유석 동굴.
droppvis adv. 한 방울 한 방울씩.
drosk|a −an −or (4륜으로 된) 승합 마차, 역마차.
droskkusk ~en ~ar 승합마차(역마차) 마부.
drott ~en ~ar (고대 북구의) 왕, 지배자, 통치자.
drottning ~en ~ar 여왕.
drucken a. 술 취한.
druckit ☞ dricka.
drulla ~r ~de ~t ☞ drumla.
drull|e −en −ar 바보, 멍청이.
drulleförsäkring ~en ~ar 책임보험 (ansvarighetsförsäkring), 손해배상 책임보험.
drullig ☞ drumlig.
drumla ~r ~de ~t itr. 주의하지 않다, 서투르게 행동하다, 실수를 저지르다; ~ i sjön 물에 (실수로) 빠지다; ~ omkull (돌에 걸려서) 넘어지다.
drumlig a. 서투른, 바보 같은.
drum|mel −meln −lar 바보, 멍청이.
drunkna ~r ~de ~t itr. 익사하다, (비유적) …에 파묻히다(압도되다)(i); räddad från att ~ 익사 직전에 구출된; han var nära att ~ 그는 거의 익사할 뻔 했다.
drunkning ~en ~ar 익사; ~solycka 익사사고.
druv|a −an −or 포도.
druvsock|er −ret 0 포도당.
dryad ~en ~er (그리스 신화의) 숲(나무)의 요정.
dryck ~en ~er 음료, 마실 것; starka ~er 알코올 성분이 있는 음료, 주류.
dryckenskap ~en 0 주벽; vara hemfallen åt ~ 주벽을 갖게 된다.
dryckes|broder −brodern −bröder 술친구.
dryckeskärl ~et ~ 술잔.
dryckeslag ~et ~ 대 주연, 떠들썩한 큰 잔치.
dryckesvaror (복수명사) 술, 주류.
dryckesvis|a −an −or 술을 찬양하는 노래, 주가, 연회용의 노래.
dryckjom (불변화 en−명사 또는 불변화 ett−명사) ① 술 마시기 ② (복수형) 술, 주류.
dryfta ~r ~de ~t tr. …에 대해 토론하다, 토의하다, 논쟁하다.
dryg a. ① 뽐내는, 자만하는 ② (물건이) 오래가는, 경제적인, 양(量)이 꽉 차는 ③ (일이) 힘든; ett ~t arbete 힘이 드는 일, 힘겨운 일; det är en ~ kilometer dit 거기까지의 거리는 1킬로미터가 족히 된다; en ~ kopp (mjöl) 한 컵이 꽉 찬 (밀가루); [en] ~ ränta 부담이 가는 이자; en ~ timme 한 시간이 좀 넘는 시간, 힘들었던 한 시간; det här kaffet är ganska ~t 이 커피는 꽤 오래간다(경제적이다).
dryga ~r ~de ~t tr. ~ ut kaffe med cikoria 커피에 치커리(chicory)를 첨

가하다.

dryghet *~en 0* ① 뽐냄, 자만 ② (사용에 있어서) 경제적임, 오래감.

drygt *adv*. ① 뽐내면서, 자만해서 ② ~ 300, 300이 족히 되는, 300이상; ~ hälften av 절반이상, 절반이 약간 넘는.

drypa *dryper dröp drupit* Ⅰ. *tr*. 몇 방울 떨어뜨리다(på, i) Ⅱ. *itr*. 방울방울 떨어지다, (땀 등을) 흘리다; han dröp av svett 그는 땀을 흘렸다; ~ av 살금살금(몰래) 도망치다.

dråp *~et ~* 살인; ett ~ 살인사건.

dråpar|e *–[e]n ~* 살인자.

dråplig *a*. 매우 재미있는.

dråpslag *~et ~* 치명타.

dråsa *~r ~de ~t itr*. ① (눈·곡식 등이) 한꺼번에 쏟아지다(내리다) ② 실수로 넘어지다; ~ i vattnet 물속에 풍덩 빠지다.

drägel ☞ dregel.

drägg *~en 0* 찌꺼기, 앙금; tömma [ända] till ~en [바닥까지] 깨끗이 (싹) 비우다.

drägla ☞ dregla.

dräglig *a*. 견딜 만한, 뵈줄 만한, 타당성 있는, 비교적 괜찮은; någorlunda ~a villkor 어느 정도는 받아들일 수 있는 조건들.

dräkt *~en ~er* ① 옷, 의류, 예복; historiska ~er 역사적인 의상들 ② (여성용의) 옷, (윗저고리와 치마로 이루어진) 투피스.

dräktig *a*. ① (짐승의 암컷) 새끼를 밴 ② 【항해】 (배) 일정량의 화물 적재 능력이 있는.

dräktighet *~en 0* ① (짐승의 암컷) 새끼를 밴 상태 ② 【항해】 적재량, 적재능력, 톤수.

dräll *~en 0* 마름모꼴 무늬의 삼베.

dräll|a *–er –de –t* Ⅰ. *tr*. 흘리다, 엎지르다 Ⅱ. *itr*. [gå och] ~ (정처 없이) 돌아다니다, 빈둥거리다.

dräm|ma *–mer –de –t tr*. *itr*. ~ näven i (bordet) (탁자)를 주먹으로 쾅하고 치다; ~ igen dörren 문을 세게 닫다.

dränering *~en ~ar* 배수[로], 하수[로], 하수도[시설].

dräneringsrör *~et ~* 배수관, 하수관.

dräng *~en ~ar* 머슴, 하인; sådan herre, sådan ~ 그 주인에 그 머슴; själv är bästa ~[en] 자기 자신이 가장 좋은 하인이다, (무슨 일이 있으면) 네 자신이 하는 것이 최선이다.

drängkam|mare *~n –rar*/ drängstug|a *–an –or* 하인(머슴)들의 거처.

dränk|a *–er –te –t tr*. 익사시키다, 물에 빠뜨려 죽게 하다, 물에 잠기게 하다, 범람하다, 스며들게 하다; ~ [in] med olja 기름이 먹게(스며들게) 하다; [gå och] ~ sig 물에 빠져 자살하다.

dräp|a *–er –te –t tr*. 죽이다, 살인하다; du skall icke ~ 【성서】 살인하지 말라(십계명); ~ av ngn …의 입을 막다, 찍소리 못하게 하다.

drätselkam|mare *~n –rar* 시(市)의 재정담당 부서, 재정과(課).

dröj|a *–er –de –t tr*. ① 시간이 지연되다, 늦다, 늦게 오다; svaret har –t länge 회답(대답)이 오래 걸렸다 ② 연기하다, 지연되다, 기다리다, 망설이다; ~ med att …하기를 망설

이다;, …하는 것을 뒤로 미루다(연기하다); han dröjde inte med att begagna tillfället 그는 망설이지 않고 기회를 이용하였다; vi ber om ursäkt för att vi −t med att besvara Ert brev 당신의 편지에 회답을 늦게 드린데 대해 사과 합니다 ③ 머무르다, 기다리다; ~ [kvar] [남아서] 기다리다; ~ vid …에서 머물다(기다리다); var god och −! (전화상에서) (잠시만) 기다려 주십시오!; − lite (ett tag)! 잠깐만[기다려]!; − inte länge! 오래 머무르지 마!; ~ sig kvar 남아있다 ④ (시간이) 걸리다; det −er länge innan …하는데 시간이 오래 걸리다; det −de inte länge, förrän(innan) … 금방 …했다, 얼마 안 있어서 …하다; det dröjde inte länge innan han kom 얼마 안 있어서 그가 왔다.

dröjsmål *~et ~* 지연, 연체; utan ~ 즉시, 지체 없이.

dröm *−men −mar* 꿈, 이상; i −men(i mina −mar) (내) 꿈에; i mina djärvaste −mar 꿈에도 ~할 수 없는(항상 부정어와 함께 사용됨); försjunken i −mar 꿈속에 푹 빠진, 환상에 빠진; i −marnas land 꿈의 나라에서; hon var som en ~ 그녀는 이상적 인물이다.

drömbild *~en ~er* 환상.

dröm|bok *~en −böcker* 해몽서(書), 꿈 풀이 책.

drömlik *a.* 꿈같은, 비현실적인.

drömlös *a.* 꿈이 없는, 꿈꾸지 않는.

dröm|ma *−mer −de −t* Ⅰ. *tr. itr.* 꿈을 꾸다, …을 꿈속에서 보다(경험하다); ~ en dröm om …에 대한 꿈을 꾸다; det −da idealet 꿈꿔온 이상; det kunde jag aldrig ~ om 그것은 내가 전혀 꿈꿔볼 수(바라볼 수)없는 것이다 Ⅱ. *rfl.* ~ sig tillbaka till …을 회고해 보다(돌이켜 상상해 보다); ~ sig tillbaka till sin barndom 자신의 유년기를 돌이켜 상상해보다.

drömmar|e *−[e]n ~* 이상주의자, 몽상가.

drömmeri *~et ~er* 몽상; ~er 몽상, 숙고; ett ~ 공상, 환상, 몽상.

drömtydar|e *−[e]n ~* 해몽가(解夢家).

drömtydersk|a *−an −or* 여자 해몽가.

drömtydning *~en ~ar* 해몽(解夢).

dröna *~r ~de ~t itr.* 할일 없이 빈둥거리다.

drönar|e *−[e]n ~* ① (꿀벌 중) 수벌 ② 게으름뱅이, 무능력자.

dröppel *~n 0* (비어) 임질(성병(性病)의 일종).

drös|a *−er/~r, −te/~de, −t/~t itr.* (소나기처럼) 좍좍(세차게) 내리다(떨어지다).

du [dʉ:] *pron.* 2인칭 단수 주격 인칭대명사; 목적격은 dig, 특히 친한 사이나 안면이 있는 사이에 사용한다; ~ gode Gud! 자비로우신 주(主)여!; kära ~! (친한 친구, 가족 사이에서) 야! 얘! 여보! 등; hör ~! 이봐! 여보세요! (누구에게 말을 걸거나 누구를 불러 세울 때); kom(spring) ~ bara! 그냥 와(뛰어 와)!; tag ~ det! 이것(그것)을 잡아! (명령형의 문장에서 강조 용법으로); bli ~ med ngn …와 친구가 되다; säga ~ till ngn …에게 너(du)라고 하다(경칭이나 존칭을 생략하고 부름), 말을 놓다; vi är ~ med varandra 우리는 친한 사이다(경칭 · 존칭을 생략하고 서로를 부르는 사이다).

dua *~r ~de ~t tr*. ~ ngn …에게 'du'를 사용하다(존칭을 생략하고 서로 너니 나니 하고 부르다); vi ~r varandra우리는 서로 존칭을 생략하고 부른다, 우리는 서로 말을 놓는다(놓는 사이다).

D

dualism *~en 0* 이중성, 이원론, 이신교.

dualistisk *a*. 이중성의, 이원론의.

dubb *~en ~ar* (가죽 따위에 박는) 징, 【기계】 박아 넣는 볼트, 마개.

dubba *~r ~de ~t tr*. ① 기사작위를 수여하다(till riddare) ② 【영화】 (외국영화의 필름에 자국어 대사 따위를) 새로이 녹음하다 ③ 못(징)을 박다.

dubbel[1] *a*. 이중의, 두면의; [det] dubbla antalet 두 배 수효(의); betala det dubbla [beloppet] 두 배의 금액을 지불하다; ett ~t syfte 이중목적; ligga ~ av skratt 배를 쥐고 웃다; vika duken ~ 수건을(보따리를) 둘로 포개 접다; priserna har stigit till det dubbla 가격이 두 배로 뛰어올랐다.

dubb|el[2] *-eln -lar* 【스포츠】 복식(경기); spela ~ 복식경기하다.

dubbelarbete *~t ~n* ① 두번 일 ② 한 사람에 의한 두 가지 일; kvinnor med ~ 두 가지의 직업가진 가정주부들.

dubbelbeskattning *~en ~ar* 이중 과세.

dubbelbottnad *a*. ① 바닥이 이중으로 된 ② (구두가) 이중창으로 된 ③ 이중성격의, (행동이) 애매모호한; en ~ människa 성격 · 행동이 애매모호한 사람.

dubbelbröllop *~et ~* (두 쌍의 신랑 · 신부가 동시에 결혼하는) 두 쌍의 합동결혼.

dubbelböss|a *-an -or* 쌍발장총(雙發長銃).

dubbeldäckar|e *-[e]n ~* ① 이중갑판선, 이층 배 ② (양쪽 날개가 두개씩으로 된) 쌍(雙)엽비행기.

dubbeldörr *~en ~ar* ① (양쪽으로 열리게 되어있는) 두 쪽 문 ② (복수형) (안쪽과 바깥쪽의 이중으로 된) 이중문.

dubbelexponera *~r ~de ~t tr*. 【사진】 이중노출하다.

dubbelexponering *~en ~ar* 【사진】 이중노출.

dubbelfönst|er *-ret ~* 이중창[문].

dubbelgångar|e *-[e]n ~* 꼭 닮은(빼닮은) 사람, 【영화】 대역; 유령.

dubbelhak|a *-an -or* 이중 턱, 두턱진 사람, 뚱보.

dubbelknäppt *a*. 【의류】 단추가 두 줄(이열(二列)로) 달린, (상의가) 더블인.

dubbelkommando *~t ~n* (항공기, 자동차의) 이중 조종 장치.

dubbelliv *~et ~* 이중생활.

dubbelmatch *~en ~er* 복식[경기].

dubbelmening *~en ~ar* 이중의 의미, 모호한 의미.

dubbelmoral *~en 0* 이중인격, 이중성, 이중 모랄.

dubbelnamn *~et ~* (이름이) 둘 겹친 이름(예를 들면 Ann-Marié, Karl-Gustav 등).

dubbelpipig *a*. (총이) 쌍발인.
dubbelriktad *a*. (교통이) 쌍방향통행인; ~ trafik 쌍방향통행.
dubbelroll *~en ~er* 1인2역; spela en ~ 1인2역을 하다; (비유적) 애매모호하게 행동하다, 표리 있는 수단을 쓰다.
dubbelrum *~met* ~ 더블베드가 있는 호텔 방.
dubbelsidig *a*. 양면의, 양쪽에 다 있는; ~ lunginflammation 양쪽 폐렴.
dubbelspel *~et* ~ 복싱[경기], (비유적) 표리 있는 수단, 애매모호한 행동, 불성실한 행동.
dubbelspår *~et* ~ 【철도】 복선.
dubbelspårig *a*. 【철도】 복선의, 복선인; en ~ järnväg 복선[철도].
dubbelsäng *~en ~ar* 더블베드, 2인용 침대.
dubbelt *adv*. 두 배로; ~ så gammal [som] […보다] 나이가 두 배나 되는; ~ så mycket(många) [som] […보다] 두 배가 더 많은; ~ upp …의 두 배의(곱절인); betala(se) ~ 곱절로 지불하다(곱절을 보다); det räknas ~ 그것은 두 배로 계산된다.
dubbeltydig *a*. (뜻이) 애매모호한, 두 가지 뜻으로 풀이할 수 있는.
dubbelvikt *a*. 두 겹의, 두 겹으로 접은; ~ krage 접어 젖힌 [옷]깃; ~ av skratt 배를 잡고 웃는, 너무 웃어서 몸이 반으로 접힌.
dubbla *~r ~de ~t tr*. 두 배로 늘이다, (카드놀이 · 놀음 등에서 상대방의) 두 배를 걸다.
dubblé *~n ~er* ① 【당구】 친 공이 다른 공을 맞추기 전에 쿠션부터 맞히는 기술(일명 '가락구'라고도 함) ② 금이나 은으로 도금한 금속.
dubblera *~r ~de ~t tr*. ① 배로 늘리다 ② 【연극 · 영화】 하나의 역(役)을 두 사람이 하게 하다, 한 가지 역을 다른 사람과 교대해 가며 하다 ③ (같은 내용의 강의 · 강연 등을) 하루에 연이어 두 번 하다; ~ en föreläsning 한 강의를 하루에 두 번 하다; ~ ett tåg 임시열차를 운행하다.
dubbleringståg *~et* ~ (정규 열차의 수송량을 덜기 위한) 임시 열차.
dubblẹtt *~en ~er* ① (그림 · 사진 따위의) 복제, 복사본, 여벌 ② 방 두 개짜리 아파트.
dubblettnyck|el *-eln -lar* 여벌 열쇠.
dubier (복수명사) ha sina ~ 의심을 품다(갖다)(om).
dubiọ̈s *a*. 의심스러운, 미심쩍은.
duẹll *~en ~er* (두 사람 사이의) 결투; ~ på pistol 두 사람 사이의 권총결투.
duellạnt *~en ~er* 결투자.
duẹtt *~en ~er* 【음악】 이중창, 이중주(곡).
dug|a *-er -de/dög -t itr*. 적당하다, 알맞다, 적합하다; 충분하다; svampen -er inte att äta 그 버섯은 식용으로 적당치 않다; han -er inte till sjöman 그는 선원으로 적합하지 않다.
dugg *~et 0* ① 보슬비, 가랑비 ② inte ett ~ 전혀, 조금도(inte alls); det bryr jag mig inte ett ~ om 나는 그것에 관해 전혀 개의치 않겠다.
dugga *~r ~de ~t itr*. 보슬비가 내리다; det ~r [med] ansökningar 신청이 쇄도한다.
duggregn *~et* ~ 보슬비.
duggregna ☞ **dugga**.

D

duglig *a*. 능력 있는, 유능한; 적당한, 적합한, 알맞은; en ~ medarbetare 유능한 동료.

duglighet *~en 0* 능력, 유능함; 적당, 적합.

duk *~en ~ar* ① 테이블보(bordduk) ② (조그만 크기의) 천, hals~ 목도리, hand~ 수건 ③ [den] vita ~en (영화의) 스크린.

D

duka *~r ~de ~t tr*. *itr*. ~ [bordet] 상을 차리다; ~ av bordet 상을 치우다; ~ fram 상에 내놓다; ~ upp en historia 이야기를 지어내다; ~ under 굴복하다, 지다, 죽다.

dukat *~en ~er* 옛 유럽제국에서 통용된 구화.

dukning *~en ~ar* [상]차리기.

duktig *a*. ① 실력 좋은, 우수한, 능력 있는(i); ~ i matlagning 요리솜씨가 좋은 ② 건강한, 튼튼한; 기력이 왕성한 ③ 용감한 ④ 대단한, 상당한; en ~ aptit 대단한 식욕.

duktigt *adv*. ① 잘; det var ~ gjort! 잘했다! ② 열심히; arbeta ~ 열심히 일하다 ③ 두텁게; få ~ betalt 보수를 후하게 받다.

dum [dəm] *a*. ① 둔한, 어리석은; ~t prat 넌센스 ② (어린이들의 표현) 심술궂은; han var ~ mot mig 그 애는 나에게 심술궂게 굴었어.

dumbom *~men ~mar* 바보, 멍청이, 천치.

dumdristig *a*. 무모한.

dumdristighet *~en ~er* 무모함, 무모한 행동.

dumhet *~en ~er* 바보스러움, 어리석음.

dumhuvud *~et ~* 얼간이, 멍텅구리.

dumma *~r ~de ~t rfl*. 어리석게 행동하다, 바보 같은 짓을 하다.

dummerjöns *~en ~ar* 바보, 멍청이, 얼간이.

dumpa *~r ~de ~t* Ⅰ. *tr*. ① (쓰레기 따위를) 바다에 버리다 ② (특히 해외 시장에) 투매하다 Ⅱ. *itr*. 물건을 헐값으로 팔다.

dump[n]ing *~en ~ar* 투매, 덤핑.

dumpit ☞ dimpa.

dumskall|e *~en ~ar* 얼간이, 멍청이.

dumsnut *~en ~ar* 바보, 얼간이.

dumt *adv*. 어리석게, 바보스럽게.

dun *~et ~* 솜털, (이불 · 의복 등에 넣는) 부등 깃털.

dund|der *-ret ~* 천둥소리, 대포소리, 큰 북소리 등; 둔하고 육중하게 나는 소리; med ~ och brak 우지끈, 와르르, 요란한 소리를 내며.

dundra *~r ~de ~t itr*. 천둥소리가 나다, 대포소리가 나다; 우르르(쿵, 우지끈) 소리가 나다.

dundrande *a*. 우레와 같은 소리가 나는; 엄청난, 굉장한; ett ~ fiasko 대실패; en ~ succé 대성공; ett ~ kalas 큰 잔치.

dung|e *-en -ar* 수풀.

dunig *a*. 솜털의, 배내털의; 솜털 같은, 푹신푹신한, 포근한, 부드러운.

dunk[1] Ⅰ. *~en ~ar* ① 양철통 ② 탁 치기(두들기기); leka ~ 숨바꼭질하다 Ⅱ. *~et 0* 고동, 박동; ~et av en fiskebåt 고기잡이배의 고동소리.

dunk[2] *itj*. 쿵, 쿵!(반복해서 나는 둔탁한 소리).

dunka *~r ~de ~t* Ⅰ. *tr*. ~ ngn i ryggen …의 등을 툭툭 치다 Ⅱ.

itr. (맥박이) 뛰다; 두드리다, 때리다; ~ på en trumma 북을 두들기다.
dunkel[1] *a.* 어두운; 희미한, 애매모호한; en ~ kvällshimmel 어두운 저녁하늘; en ~ fråga 애매한 질문.
dunk | el[2] *-let 0* 어두움, 애매함; höljd i ~ 비밀에 쌓인.
dunkelt *adv.* 어둡게, 희미하게.
dunkudd | e *~en ~ar* 부등 깃털을 채워 만든 베개.
duns *~en ~ar* (육중한 물체가 부딪힐 때 나는) 소리, 털썩, 쿵.
dunsa *~r ~de ~t itr.* ~ [ned] 털썩하고 떨어지다.
dunst *~en ~er* ① 수증기, 안개; slå blå ~er i ngn …를 속이다 ② 산탄(새 사냥에 쓰이는 조그만 총알들).
dunsta *~r ~de ~t tr. itr.* 증발하다; 천천히 가열하다; 사라지다.
duntäcke *~t ~n* 오리털 이불.
duo *~n ~r* 【음악】 이중창, 이중주[곡].
dupera *~r ~de ~t tr.* 속이다.
duplett ☞ dubblett.
duplicera *~r ~de ~t tr.* 복사(사본)하다.
duplicering *~en ~ar* 복사.
dupliceringsmaskin *~en ~er* 복사기.
duplikat *~et ~* 정 · 부(正 · 副) 두 통으로 작성된 서류 기록 따위.
dur (불변화 en-명사) 【음악】 장조.
durk *~en ~ar* ① 【조선】 뱃바닥, 선상(船床) ② 탄약(화약)고.
durka *~r ~de ~t itr.* 내닫다, 뛰다; hästen ~r 말이 질주하다.
durkdriven *a.* 재주 있는, 솜씨 좋은; 교활한.
durkslag *~et ~* 여과기.
dus (불변화 ett-명사), leva i sus och ~ 흥청망청 지내다.
dusch *~en ~ar* 샤워.
duscha *~r ~de ~t* Ⅰ. *itr.* 샤워를 하다 Ⅱ. *tr.* 샤워를 시키다.
dussin *~et ~* 1다스, 1타, 12개.
dussinmännisk | a *-an -or* 보통 사람.
dussintal *~et ~* 12(열둘); i ~ 몇 다스씩(수십 개씩).
dussintals (불변화형용사) 수십의, 많은.
dussinvar | a *-an -or* 저질품, 염가품.
dussinvis *adv.* 12개씩, 1다스씩.
dust *~en ~er* 싸움, 격투.
dusör *~en ~er* 팁(tip), 수고비.
duv | a *-an -or* ① 비둘기 ② 비둘기파(외교정책에서 온건 노선 주창자).
duven *a.* (맥주 따위의 음료가) 김빠진; (사람이) 맥없는.
duvhök *~en ~ar* 【조류】 새매 류.
duvkull | a *-an -or* ☞ skogsstjärna.
duvning *~en ~ar* ① 꾸지람, 질책 ② ge ngn en ~, …를 지도하다.
duvslag *~et ~* 비둘기 집.
duvung | e *-en -ar* 비둘기 새끼; jag är ingen ~ 나는 병아리(애송이)가 아니다.
dval | a *-an 0* 혼수, 마비, (정도가 약한) 의식불명; 【동물】 동면; ligga i ~ 동면하다.
dvallik[nande] *a.* 혼수상태의, 무감각한, 둔한.
dvs 【약어】 (det vill säga의 준말) 즉, 다시 말하자면.
dvälj | as *-[e]s, -des/dvaldes, -ts/*

dvalts itr. dep. 기거하다.
dvärg [-rj] *~en ~ar* 난장이.
dvärgartad *a.* 난장이 같은, 왜소한, 작은.
dvärgfolk *~et ~* 피그미족.
dvärginn|a *-an -or* 여자 난장이.
dvärglik[nande] *a.* 난장이 같은, 왜소한.
dy *~n 0* 진흙, 진창.
dyblöt *a.* 흠뻑 젖은.
dybott|en *-nen/~, -nar* (바다 · 호수의) 진흙바닥.
dyft ☞ dugg ②.
dygd *~en ~er* 덕, 순결; ~ens väg 덕을 쌓는 길; förlora sin ~ 순결을 잃다.
dygdemönst|er *-ret ~* 모범적 덕인 (전형).
dygdig *a.* 덕[망]있는, 순결한.
dygn *~et ~* 하루, 24시간; ~et runt 하루 종일(밤낮); en gång per ~ (하루에 한 번(om ~et); vid denna tid på ~et 하루의 이때쯤.
dygnslång *a.* en ~ resa 만 하루(24시간)가 걸리는 여행.
dygnsparkering *~en ~ar* 주야(24시간) 주차.
dygnsproduktion *~en ~er* 일일 생산고(량).
dyig *a.* 진창의, 진흙투성이의.
dyk|a *-er dök/-te -t itr.* 다이빙하다; (잠수함 등이) 잠수하다; ~ fram 나타나다, 나오다; ~ ned i 잠수하다; ~ upp 나타나다, 나오다, 모습을 보이다.
dykardräkt *~en ~er* 잠수복.
dykar|e *-[e]n ~* 잠수부.
dykarhjälm *~en ~ar* 잠수모.
dykarklock|a *-an -or* (수중 작업용, 종모양의) 잠수기(器).
dykarsjuka *~n 0* 잠함병(潛函病), 잠수병(潛水病).
dykdalb *~en ~er* 계선주(繫船株), 배를 매어 두는 말뚝.
dykning *~en ~ar* 다이빙, 잠수.
dylik *a.* 같은 [종류의], 유사한, 그러한; och ~t (o.d.), med mera ~t 등등.
dymmelonsdag *~en ~ar* (부활절 전의) 성(聖)수요일.
dymmelveckan (정형명사) 부활절 전주.
dyn *~en ~er* 모래 언덕.
dyn|a *-an -or* 쿠션(충격 · 마찰을 방지하기 위해) 받치는 것, 끼워 넣는 것.
dynamịk *~en 0* ① 【물리】 역학 ② 【음악】 강약법.
dynạmisk *a.* 동력의, 동적인; 활기 있는, 힘 있는.
dynamịt *~en 0* 다이너마이트.
dynamitạrd *~en ~er* 범죄 목적으로 폭약을 사용하는 사람.
dynamo *~n ~r* 직류 발전기.
dynastị *~n ~er* 왕조.
dynạstisk *a.* 왕조의.
dynga *~n 0* 똥, 거름; prata ~ 부질없는(쓸 데 없는) 말을 지껄이다.
dyng|grep[e] *-grepen -grepar* (거름을 줄 때 쓰는) 쇠스랑.
dynghög *~en ~ar* 똥(거름)더미, 퇴비.
dyning *~en ~ar* ① 파도 ② 영향, 결과; ~arna efter andra världskriget 제2차 세계대전의 영향(여파)들.
dypöl *~en ~ar* 진창.

dyr *a*. ① 비싼 ② (비유적) a) 사랑하는, 친애하는; ~e broder! 친애하는 형제들! b) 엄숙한, 성스러운; en ~ ed 엄숙한 맹세 c) 귀하기 짝이 없는, 무엇과도 바꿀 수 없는; nu är goda råd ~a 이제 궁지에 빠졌다, 어떻게 해야 좋을지 모르겠다.

dyrbar *a*. 값비싼; 귀한; (반어법적) 돈으로 살 수 없는.

dyrbarhet *~en ~er* 진귀한 물건, 보물.

dyrgrip *~en ~ar* ☞ **dyrbarhet**.

dyrk *~en ~ar* (여러 자물쇠에 맞는) 열쇠.

dyrka *~r ~de ~t tr*. ① ~ upp 열쇠로 자물쇠를 열다 ② ~ upp priset 가격을 올리다 ③ 떠받들다, 존경하다, 숭배하다, 우상화하다.

dyrkan (불변화 en-명사) 존경, 숭배.

dyrkansvärd *a*. 존경(숭배)할만한.

dyrkar|e *-[e]n ~* 숭배자, 흠모자.

dyrkfri *a*. 열쇠로 열 수 없는, 도난에 안전한.

dyrköpt *a*. 비싼 대가를 치른; en ~ erfarenhet 비싼 대가를 치른 경험.

dyrort *~en ~er* 생활비가 많이 드는 지역.

dyrt *adv*. ① 비싸게, 소중하게; han fick ~ betala 그는 비싸게 지불해야만 했다; … kom att stå honom ~, …이 그를 혼이 나게 했다 ② 끔찍이, 매우; ~ älskad 매우 사랑을 받는, 총애받는, ③ 엄숙하게; lova ~ och heligt 진지하게 약속하다.

dyrtid *~en ~er* 물가고(物價高)시기.

dyrtidstillägg *~et ~* 고물가에 대한 월급보상.

dysch|a *-an -or* 소파, 침상.

dyschatell *~en ~er* ☞ **dyscha**.

dysenteri *~n 0* 【의학】 이질, 설사병.

dyster *a*. 우울한, 음울한, 울적한, 슬픈.

då[1] *adv*. ① 그때, 당시에; ~ var jag mycket ung 당시 나는 매우 젊었다; ~ och ~ 가끔 ② 그렇다면, 그럴 경우에; ~ är det bäst att du går 그렇다면 네가 가는 편이 좋겠다; vad nu då? 이게 무슨 일이야?; ja ~ 물론, 그렇고 말고(ja visst); hej ~ 안녕!(헤어질 때).

då[2] *konj*. ① (시간, 때) …할(했을) 때; ~ jag kom hem var dörren stängd 내가 집에 왔을 때 문은 닫혀 있었다 ② (이유) …하니까, …하므로; ~ han visste att fadern ogillade planen avstod han 그는 아버지가 그 계획을 좋아하지 않는 것을 알았으므로 포기하였다 ③ (양보) …했음에도 [불구하고]; alla trodde honom vara förmögen ~ han i själva verket var ruinerad 그가 사실상 망했음에도 불구하고 모두가 그를 부자인 줄 믿고 있다.

dåd *~et ~* ① 비행, 죄; efter förövat ~ tog banditerna till flykten 일을 저지른 후 무법자들은 도망을 쳤다 ② 공훈, 공적.

dåförtiden *adv*. 그때는, 당시에는.

dålig (sämre, sämst; värre, värst) *a*. ① 나쁜, 열등한, 열악한; en ~ lärare 실력이 좋지 않은 교사; ~ ekonomi 부실 경제; vara på ~t humör 기분이 좋지 않다; ha ~t samvete 양심에 거리끼다; ~t väder 좋지 않은 날씨 ② 부도덕적인, 건전하지 못한; föra ett ~t liv 부도덕한 삶을 영위하다 ③ 아픈, 허약한; jag känner mig ~ 몸 상태가 나쁘다.

dålighet *~en ~er* 나쁨; 사악함; dra ut ngn på ~er …를 나쁜 길로 인도하다.

dåligt (sämre, sämst; värre, värst) *adv.* 나쁘게, 불충분하게, 빈약하게; den här varan går ~ 이 물품은 잘 팔리지 않는다.

D

dån *~et ~* (천둥 · 파도 · 폭포 · 눈사태 등의) 소리, (매우 무겁고 둔한) 소리.

dåna *~r ~de ~t itr.* (천둥 · 파도 · 폭포 · 눈사태 등의) 소리가 나다, 포효하다; 기절하다; 정신을 잃다, 인사불성이 되다.

dåndimpen (정형명사), få ~ 기절하다.

dåra *~r ~de ~t tr.* 매료시키다; 속이다, 기만하다.

dåraktig *a.* 어리석은, 바보 같은; 정신이상의, 미친.

dåraktighet *~en ~er* 어리석음; 정신이상, 미침.

dår|e *-en -ar* 바보, 멍청이; 미친 사람, 정신이상자.

dårhus *~et ~* 정신병원.

dårhusmässig *a.* ☞ **dåraktig**.

dårskap *~en ~er* 어리석음, 어리석은 짓; 미침, 미친 짓.

dåsa *~r ~de ~t itr.* 졸다; ~ bort tiden 졸면서 시간을 보내다, 허송세월하다.

dåsig *a.* 조는, 활기 없는.

dåsighet *~en 0* 졸음, 활기 없음, 무기력, 나른함.

dåtida (불변화형용사) 당시의; ~ seder 당시 풍습.

dåtiden (정형명사), ~s 당시의.

dåvarande *a.* 당시의; [den] ~ ägaren till huset 당시의 집 소유자.

däck *~et ~* 갑판; 타이어.

däckad *a.* 갑판이 구비되어 있는, 갑판을 가지고 있는.

däckslast *~en ~er* 갑판에 선적한 짐.

däckspassagerar|e *-[e]n ~* 갑판[삼등] 선객.

däcksplats *~en ~er* 갑판 석.

dägga *~r ~de ~t tr.* 젖을 주다(먹다).

däggdjur *~et ~* 포유동물.

däld *~en ~er* 작은 골짜기, 소 계곡.

däm|ma *-mer -de -t tr.* 둑(제방, 댐)을 쌓다.

dämpa *~r ~de ~t tr.* 줄이다, 약하게 하다, 부드럽게 하다, 낮추다; ~ belysningen 조명을 약하게 하다.

dämpad *a.* 줄인, 약화된, 부드러운, 낮춘; med ~ röst 나직한 목소리로.

dän *adv.* 멀리, 저곳으로; gå ~ 비켜나다.

däng *~et 0* 때림, 두들김; ge ngn ~ …를 때려주다.

däng|a *~er ~de ~t tr. itr.* 때리다, 두들기다; 던지다.

där *adv.* ① 거기에, 거기; ~ står han 거기에 그가 서 있다; är vi nu ~ igen? 또 그 문제(사안)인가?; ~ har vi det (문제의 핵심은) 바로 그것이야 ② (허사로서 별 의미 없이) se ~, var det inte det jag sa? 그것 봐요, 내가 말했던 것이 바로 그것 아니오?; så ~ ja 자 그렇지; 그래 좋아; här och ~ 여기저기에 ③ (다른 부사와

함께) ~ bakom 거기 뒤에; ~ borta 저 쪽에(over there); ~ inne 그 안에; ~ nere 그 아래; ~ uppe 그 위에 ④ (관계부사) huset ~ jag bor 내가 살고 있는 집; ~ huset låg finns nu en motorväg 집이 서 있던 곳에는 지금 고속도로가 생겼다.

däran *adv*. vara illa ~ 중병을 앓고 있다, 심하게 부상을 입다; 곤경에 빠지다.

därav *adv*. av denna(den, dessa, dem 등)의 축약형; på grund ~ 그것으로 인하여; ~ följer att … 그것으로 인해 …한 사실이 나타난다.

därbak *adv*. 그 뒤쪽에.

därbakom *adv*. 그 뒤에.

därbredvid *adv*. 그 옆에; 근처에, 가까이에.

därefter *adv*. ① 그 후에; kort ~ 바로 그 후에 ② …에 따라서, …에 준해서; så blev det också ~ 예상대로 되었다.

däremellan *adv*. 그 [장소들] 사이에; det går buss ~ 그곳들 사이를 버스가 운행하고 있다.

däremot *adv*. ① 그러나, 반면에; jag har aldrig varit i Norge, ~ har jag varit i Sverige 나는 노르웨이에 가본 적은 없으나 스웨덴은 가보았다 ② mot denna(den, dessa, det 등)의 축약형, 그것에 반해서(대해서); ingenting hjälper ~ 그것에 대해 도움이 되는 것은 아무 것도 없다.

därest *konj*. 만약에(if); ~ icke 만약에 …하지 않는다면(unless).

därframme *adv*. 저 앞에; stå ~ 저 앞에 서 있다.

därför *adv*. ① 그래서; jag försov mig, ~ missade jag tåget 나는 늦잠을 잤다, 그래서 기차를 놓쳤다 ② ~ att …하기 때문에; jag missade tåget därför att jag försov mig 나는 늦잠을 잤기 때문에 기차를 놓쳤다 ③ 그것에 대해서; till stöd ~ 그것에 대한 지지로서.

därförinnan ☞ dessförinnan.

därhän *adv*. ① 거기까지; 그 쪽(방향)으로; hon ödmjukade sig ända ~ att … 그녀는 …할 정도까지 자신을 낮추었다 ② lämna ngt ~, …을 그대로 놔두다.

däri *adv*. 그 안에, 그 점에 관해서는; ~ har du rätt 그 점에 관해서는 네가 옳다.

däribland *adv*. 그것들 사이에, 그것을 포함하여.

därifrån *adv*. 그곳(장소)으로부터; 그것으로부터; långt ~ 그곳으로부터 멀리 떨어져; han vägrade att avstå ~ 그는 그것을 포기하기를 거절하였다; ~ räknat är det tio år 그 때부터 계산하면 10년이 된다.

därigenom *adv*. 그리하여, 그것을 통해, 그런 방법으로, 그런 식으로; ~ lyckades han nå målet 그렇게 하여 그는 목표에 도달하는 데 성공하였다.

därinne *adv*. 그 안에.

därintill *adv*. 가까이에, 그 근처에.

därjämte *adv*. 그 외에도, 게다가.

därmed *adv*. 그리하여, 그렇게 하여, 그런 식으로, 그것과 관련되어; ~ är saken avgjord 그리하여 그 일은 결정이 났다; alla ~ förenade rättigheter 그것과 관련된 모든 권한들; och ~ jämförliga föremål; 그리고 그것과 비교될 수 있는 대상들; ~ är inte

D

sagt att … 그렇다고 해서 …이라는 것은 아니다; i enlighet ~ 그것에 준해서(따라서); i samband ~ 그것과 관련하여.

därnere *adv*. 그 아래.

därnärst *adv*. 그 다음, 그 뒤.

därom *adv*. 그것에 관해서; norr ~ 그것의 북쪽에; ett förslag ~ 그것에 관한 제안.

D

däromkring *adv*. ① 그 주위; Stockholm och trakten ~ 스톡홀름과 그 주변지역 ② 약, 대략, 그 정도; det kostar 100kr. eller ~ 그것은 100 크로나 정도 나간다.

därovan *adv*. 그 위[에].

därpå *adv*. ① (시간) 그 후[에], 나중에, 다음에; strax ~ 바로 그 후에; året ~ 그 다음 해 ② 그것에 관한, 그 위[에]; den ~ stående statyn 그 위에 서 있는 조상; ett bevis ~ 그것에 대한 증거.

därstädes *adv*. 거기[에]; förhållandena ~ 그곳 상황들.

därtill *adv*. ① 그것에 [대한]; orsakerna ~ 그것에 대한 사유들; de ~ nödvändiga pengarna 그것에 꼭 필요한 돈 ② 그 외에도.

därunder *adv*. ① 그 동안에; nu följde en lång föreläsning och ~ somnade han 이제 긴 강의가 뒤따랐고, 그[강의] 도중에 그는 잠이 들었다 ② 그 밑에, 그 이하; barn på tolv år och ~ 12세 이하의 아동들.

däruppe *adv*. 그 위에.

däruppifrån *adv*. 그 위로부터.

därur *adv*. 그것(곳)으로부터.

därute *adv*. 저 밖에.

däruti ☞ **däri**.

därutifrån *adv*. 그 밖으로부터.

därutöver *adv*. 그 외에도, 그것에 첨가하여, 그 이상의; belopp på 100 kronor och ~ 100크로나 이상의 금액.

därvarande *a*. 거기에 있는, 그 장소에 있는.

därvaro *~n 0* 그곳 현지 체재(참석).

därvidlag *adv*. 그 점에 있어서; ~ håller jag med dig 그 점에 있어서 나는 당신과 동감이다.

däråt *adv*. ① 그 쪽(방향)으로; banken ligger ~ 은행은 그 쪽 방향에 있다 ② 비슷(유사)하게, 그 정도로, 그따위; han talade göteborgska eller någonting ~ 그는 예테보리 말(사투리)이나 또는 그와 비슷한 말을 한다 ③ 그것에 대(관)해서; han gladde sig mycket ~ 그는 그것에 대해 매우 기뻐하였다.

däröver *adv*. ① 그 위로, 그것에 대해서; flygplanet passerade ~ 비행기가 그 위를 지나갔다; förvånad ~ 그것에 대해 놀란 ② ☞ **därutöver**.

däst *a*. 부푼, 포만한; känna sig ~ 배부르게 느끼다(포만감을 느끼다).

dästhet *~en 0* 부품, 포만.

däven *a*. 축축한.

dävert *~en ~ar* (구명보트 등을 끌어올리는) 철주, 보트 다빗.

dö *~r dog ~tt* I. *itr*. 죽다, 사망하다, 시들다, 꺼지다, 사라지다; ~ en naturlig död 자연사하다; ~ för egen hand 자살하다; jag är så hungrig så jag kan ~ 배고파 죽을 지경이다; ~ på sin post 순직하다; ~ som ungkarl 개죽음하다; ~ som flugor 맥없이 죽다; leendet dog på hennes läppar 그녀의 입술에서 미소가 사라졌다; blommorna ~r 꽃들이 시들다 Ⅱ. (강세접사와 함께) ① ~ bort 사라지다, 깨지다; bullret dog bort 소음이 사라져다 ② ~ undan 차례로 죽다, 죽어 사라지다 ③ ~ ut (풍습·종족 따위가) 소멸하다, (불이) 꺼지다, (단어가) 고어가 되다, 사어가 되다; samtalet dog ut 대화가 시들해졌다.

död[1] *dött a.* 죽은, 사망한, 생기 없는; en ~ blick 생기 없는 눈길; en ~ bokstav 사문(死文), 공문(空文, 더 이상 사용되지 않거나, 적용되지 않는 법률); 의미가 없는 텍스트; Döda havet 사해(死海, 팔레스타인의 염수호); ~a inventarier 가구(家具, levande inventarier: 가축) dött kapital 유휴자본; dött lopp (경주에서의) 막상막하의 접전; ~ mans grepp【기계】자동제어 장치(손을 떼면 동력이 멈추는 비상 안전장치); ~ punkt【기계】크랭크의 사점(死點), (선반의) 부동(不動)중심; 꽉 막힌 상황; en ~ punkt i förhandlingarna 협상에서의 꽉 막힌 상황; ett dött språk 사어(死語); den ~e 사망자 (남자); ~ säsong 불경기철; uppstå från de ~a 부활하다, 소생하다.

död[2] *~en ~ar* 죽음, 사망; ~ åt förtryckaren! 압제자에게 죽음을!(압제자를 죽여라!); ligga för ~en 임종에 처해있다; jag är din in i ~en 나는 죽는 순간까지 당신의 것이다; Döden 죽음의 신(liemannen), 죽음의 의인화; du är ~ens om … 만약에 …하면 너는 죽은 목숨이다; gå i ~en för …을 위해 생명을 바치다; döma ngn till ~en …에게 사형선고를 내리다; till ~s 죽도록; sårad till ~s 치명상을 입은.

döda *~r ~de ~t tr.* ① 죽이다, 살해하다; ~ tiden 시간을 헛되이 보내다 ② 【상업】 (계약 등을) 취소하다, (구좌 등을) 폐쇄하다.

dödande[1] ☞ dödlig, ett långsamt ~ gift 효과가 서서히 나타나는 독약.

dödande[2] *adv.* ~ tråkig 지루하기 짝이 없는.

dödande[3] *~t 0* 죽임, 살해; 취소, 폐쇄.

dödda[ga]r (복수명사), till ~ 죽을 때까지.

döddansar|e *-[e]n ~* 재미없는 사람, 남을 피곤하게 하는 사람, 흥을 깨는 사람.

dödfull *a.* 고주망태가 된, 만취한.

dödfödd *a.* 사산한, 실패의; ett dödfött företag 실패로 끝난 기업(사업).

dödförklara *~r ~de ~t tr.* 사망을 공식적으로 발표하다.

dödförklaring *~en ~ar* 사망 선고.

dödgrävar|e *-[e]n ~* 무덤 파는 사람; 【곤충】 송장벌레.

dödhungrig *a.* jag är ~ 나는 배고파 죽을 지경이다.

dödkött *~et 0* (상처가 나을 때 그 주위에 생기는) 새살, 육아(肉芽); 무가치한 것; 대신[대리]하는 것; 메울 거리.

dödlig *a.* 죽을 운명의, 치사의, 치명적인; en ~ dos 치사량(약물 따위); ett ~t hat 사라질 줄 모르는 증오; en vanlig ~ 보통 사람.

dödlighet *~en 0* 죽어야 할 운명, 죽음을 면할 수 없음; 사망률, 사망자수.

dödlighetsprocent *~en ~* 사망률.
dödligt *adv.* 치명적으로, 매우; ~ förälskad 사랑에 푹 빠진, 사랑에 미친.
dödläge *~t ~n* 꽉 막힌 상태, 교착상태; råka i ett ~ 교착상태에 빠지다.
dödperiod *~en ~er* 비수기, 불경기, 한산기.
dödsannons *~en ~er* 사망 기사, 부고(訃告).
dödsarbete *~t ~n* 죽음(단말마)의 괴로움.
dödsattest *~en ~er* 사망 진단서.
dödsblek *a.* 창백하기 짝이 없는.
dödsbo *~et ~n* 죽은 자의 재산.
dödsbringande *a.* 죽음을 수반하는, 치명적인.
dödsbud *~et ~* 사망 소식.
dödsbädd *~en ~ar* 죽음의 자리, 임종; ligga på ~en 임종에 이르다.
dödsdag *~en ~ar* 사망일.
dödsdans *~en ~er* 【역사】 죽음의 무도(손을 맞잡은 긴 행렬의 춤에서 죽은 자와 산 자를 그린 것).
dödsdom *~en ~ar* 사형 선고.
dödsdömd *a.* 사형선고가 내려진; försöket är dödsdömt 그 시도는 애초부터 실패하게 되어 있다; huset är dödsdömt 그 집은 저주받았다.
dödsfall *~et ~* 사망 [사례].
dödsfar | a *-an -or*, han var i ~ 그의 목숨이 위험한 지경에 처해 있었다.
dödsfiende *~n ~r* 철천지원수.
dödsfruktan (불변화 en-명사) 죽음에 대한 공포.
dödsfäll | a *-an -or* 죽음의 함정.
dödsförakt *~et 0* 죽음에 대한 경멸(무시).
dödsföraktande *a.* 죽음을 가볍게 보는; 두려움을 모르는, 용맹한.
dödsförskräckt *a.* vara ~ 두려움에 질려 있다.
dödshjälp *~en 0* 안락사.
dödskall | e *-en -ar* 해골.
dödskallefjäril *~en ~ar* 【곤충】 나방의 일종.
dödskörning *~en ~ar* 치명적 교통(자동차) 사고.
dödsliknande *a.* 죽음과 같은.
dödsläg | er *-ret ~* 임종, 죽음의 자리.
dödsmask *~en ~er* 데스마스크, 사면(死面), 죽은 자의 석고 초상.
dödsmärkt *a.* 죽음의 그림자가 드리워진.
dödsoff | er *-ret ~* 희생자, 사망자.
dödsolyck | a *-an -or* 사망 사고.
dödsorsak *~en ~er* 사인(死因), 죽게 된 원인.
dödsriket (정형명사) 사자(死者)의 나라, 황천.
dödsrossling *~en ~ar* 임종 시의 가래 끓는 소리.
dödsrun | a *-an -or* (간단한 약력을 붙인) 사망 기사; 비문.
dödsryckningar (복수명사) 죽음의 고통, 단말마(숨이 끊어질 때의 고통).
dödssiffr | a *-an -or* 사망자수.
dödssjuk *a.* 죽을병이 든, 죽어가는, 빈사의.
dödsstraff *~et ~* 사형.
dödsstund *~en ~er* 임종의 시간.
dödsstöt *~en ~ar* 치명타.
dödssynd *~en ~er* 죽을 죄, 지옥에

갈만한 죄.
dödssätt *~et ~* 죽는 방식(방법).
dödstillfälle *~t ~n*, vid ~t 임종 시, 죽을 때.
dödstrött *a.* 피곤해 죽을 지경인.
dödstyst *a.* 괴괴한, 매우 조용한.
dödsur *~et ~* 【곤충】 살짝수염벌레 (우는 소리가 죽음을 예고한다고 함).
dödsångest *~en 0* 죽음의 고통, 괴롭기 짝이 없는 번민 · 고통.
dödsår *~et ~*, hans ~ 그의 사망년도.
dödsäng|el *-eln -lar* 죽음의 천사.
dödvatt|en *-net 0* ① 흐르지 않는 물 ② 항적와류(航跡渦流, 고물 밑의 소용돌이) ③ 막힘, 교착상태; råka i ~ 교착상태에 빠지다.
dödvikt *~en 0* 【항해】 재화(載貨) 중량톤수(선박이 감당할 수 있는 화물과 연료의 합계 중량).
dök ☞ dyka
dölj|a *-er dolde dolt* Ⅰ. *tr.* 감추다, 숨기다; ~ en gäspning 하품을 가리다(몰래 하품하다); ~ en flykting 망명자를 숨기다 Ⅱ. *rfl.* 숨다, 잠복하다.
döm|a *-er -de -t tr. itr.* ① 【재판】 선고하다; 심판하다, 판단하다; ~ ngn till 2 års straffarbete …에게 2년간의 징역형을 내리다; att ~ av …(av … att ~) …으로 판단하건대; av allt att ~ 모든 점을 종합해서 판단하건대; staden är -d till undergång 그 도시는 몰락할 운명이다; planen är -d till att misslyckas 그 계획은 실패로 끝날 운명이다; ~ ut ☞ utdöma ② 【스포츠】 심판하다; ~ bort 득점을 무효로 판정하다; ~ fel 잘못 심판하다; ~ frispark 프리킥을 선언하다.
döp|a *-er -te -t* ① 세례를 주다 ② (선박 따위를) 명명하다; ~ om 개명하다.
dörr [dœ:r] *~en ~ar* 문, 도어; den öppna ~ens politik 개방정치; för stängda(lyckta) ~ar 밀실에서; stå för ~en 바로 가까이에(대령해) 있다, 임박해 있다; stå i ~en 출입구에 서 있다; köra ngn på ~en …를 문밖으로 쫓아 보내다; jag har inte varit utom ~en idag 나는 오늘 문 밖에 나가 본 적이 없다.
dörrhandtag *~et ~* 문고리.
dörrhandkarm *~en ~ar* 문틀.
dörrklock|a *-an -or* 초인종.
dörrknackar|e *-[e]n ~* 도붓장수, 행상인.
dörrlås *~et ~* 문 자물쇠.
dörrmatt|a *-an -or* 현관에 깔려 있는 매트.
dörrnyck|el *-eln -lar* 문 열쇠.
dörrpost *~en ~er* 문설주, 문기둥.
dörrskylt *~en ~ar* 문패.
dörrspring|a *-an -or* 문틈.
dörrstängar|e *-[e]n ~* 도어첵(doorcheck, 문이 자동적으로 닫히게 되는 장치).
dörrtrösk|el *-eln -lar* 문지방.
dörrvakt *~en ~er*/dörrvaktar|e *-[e]n ~* 수위.
dörrvred *~et ~* ☞ dörrhandtag.
dörröppning *~en ~ar* 문간, 출입구.
dös *~en ~ar* 【고고학】 돌멘, 고인돌.
döv *a.* 귀먹은, 귀머거리의; ~ på ena örat 한쪽 귀가 먹은; tala för ~a öron 귀머거리에게 말을 하다, 아무 말도 들으려 하지 않는 사람에게 말하다.

D

döva *~r ~de ~t tr*. 누그러뜨리다, 약하게 하다, 둔화시키다; 무감각하게 하다.

dövhet *~en 0* 귀먹음, 귀를 기울이지 않음.

dövstum *a*. 귀먹고 말 못하는, 농아의.

dövstumhet *~en 0* 농아 상태.

dövstum[s]institut *~et ~* 농아 학교.

dövtolk *~en ~ar* 귀머거리와 보통사람 사이의 통역.

E [e:] *e*–[*e*]*t e*[–*n*] ① 스웨덴어 알파벳의 5번째 글자 ② 【음악】 마 음(音); 마 조(調).

ebb *~en 0* 썰물, 간조; ~ och flod 조수의 간만, 썰물과 밀물; det är ~ i kassan 돈이 부족하다, 돈이 아주 적다.

ebba *~r ~de ~t itr*. ~ ut 사라져 없어지다.

ebenholts *~en*/*~et, 0* 【식물】 흑단(黑檀).

e–brevlåd|a *~n –or* 【정보통신】 전자우편함.

ed [e:d] *~en ~er* 맹세, 서약; 저주; avlägga ~ 맹세하다, 선서하다; gå ~ på att …이 틀림없다고 맹세하다; under ~ 맹세 하(下)에.

e.d. (eller dylikt 의 준말) ☞ **dylik**.

edd|a *–an –or* 고대 아이슬란드의 신화 및 시집.

eder ☞ **er**.

edikt *~et ~* 칙령(勅令), 포고.

edlig *a*. 맹세한, 선서를 마친; ~t intyg 서약서(誓約書); under ~ förpliktelse 맹세하에.

e–dur (불변화 en–명사) 【음악】 마 장음(長音).

e.dyl. ☞ **dylik**.

efemär [efemæ:r] *a*. 하루 밖에 안가는, 단명한, 하루살이의.

effekt [efekt] *~en ~er* ① 효과(verkan) ② 효력, 출력 ③ ~er 휴대품, 사물.

effektfull *a*. 효과적인, 효력이 있는.

effektförvaring *~en ~ar* 휴대품 보관소.

effektiv *a*. 효과적인; 실제의; ~a åtgärder 효과적 대책.

effektuera *~r ~de ~t tr*. 【상업】 실행하다, 실시하다.

efter[1] *prep*. ① …의 뒤에, …의 다음에, …의 후에; ~ [det] att ha slutat arbetet 일을 마친 뒤; den ena ~ den andra 번갈아; dag ~ dag 매일매일; hon heter Anna ~ sin mamma 그녀는 어머니의 이름을 따서 '안나'라고 이름이 지어졌다; han lämnade en stor familj ~ sig 그는 대가족을 남기고 죽었다; han ligger ~ de andra 그는 다른 사람들보다 못하다(뒤져있다); du är ~ din tid 자네는 시대에 뒤떨어져 있다 ② …하기 위해, …하러; skicka ~ en doktor 의사를 부르러 보내다; böja sig ~ en slant 동전을 줍기 위해 허리를 굽히다; gräva ~, …을 찾아 땅을 파다; leta ~, …을

찾다; se sig om ~, …을 찾으려 주위를 둘러보다(살피다); vara ute efter …, …을 얻으려고 애쓰다; ~ honom! 저 사람 잡아라! ③ …에 따라서, ~에 의하면; ~ min mening 내 생각으로는; ~ vad han säger 그의 말에 따르면; ~ vad jag vet 내가 아는 한; dansa ~ musik 음악에 맞추어 춤추다 ④ …을 따라, …을 따라 아래로; gå ~ stranden 강가를 따라 걷다; tårarna rann ~ kinderna på henne 눈물이 그녀의 뺨을 흘러내렸다 ⑤ (방향) kasta sten ~ ngn …에게 돌을 던지다; gripa ~ 붙들려고 하다 ⑥ 남아있는; spår ~ en hare 산토끼의 발자국; änka ~ en murare 벽돌공의 과부; få i arv ~ far 아버지로부터 물려받다(상속받다) ⑧ ~ hand 점차로.

efter² *adv.* ① (시간) 뒤, 후; året ~ 그 다음 해; kort ~ 그 뒤 곧 ② vara ~ med betalningen 지불이 지연되다, 연체되다.

efter³ *konj.* …하므로(이므로), …까닭에.

efter⁴ (강세접사로 쓰일 때) ge ~ 굴복하다; 구부러지다.

efterapa *~r ~de ~t tr.* 흉내 내다, 모방하다.

efterapning *~en ~ar* 모방, 흉내.

efterbehandla *~r ~de ~t tr.* 마무리하다.

efterbehandling *~en ~ar* 마무리; 후속조치(의사의 환자에 대한).

efterbeskattning *~en ~ar* 추가 과제.

efterbilda *~r ~de ~t tr.* 모방하다.

efterbliv|en *a. -et -na* 발달이 늦은, 뒤진; 저능(低能)의.

efterblivenhet *~en 0* 발달부진; 저능.

efterbörd *~en 0* 【의학】 후산(後産), 태.

efterdebitera *~r ~de ~t tr.* (요금을) 나중에 부담시키다, 청구하다.

efterdyning *~en ~ar* 잔존(殘存)효과; 여파, 영향.

efterforska *~r ~de ~t tr.* 구하다, 찾다.

efterforskning *~en ~ar* 연구, 수색, 탐구.

efterfråga *~r ~de ~t tr.* ☞ fråga efter; är mycket ~d …의 수요가 많다.

efterfrågan (불변화 en-명사) 문의; 【경제】 수요.

efterföljande *a.* 후속의.

eftergift *~en ~er* 양보; 면제.

eftergiftspolitik *~en 0* 유화정책.

eftergiv|en *-et -na a.* 남의 영향을 잘 받는, 고분고분한.

eftergjor|d *-t a.* 모방한.

eftergranska *~r ~de ~t tr.* 재검사하다, 재검토하다; 자세히 조사하다.

eftergymnasial *a.* ~ utbildning 고등학교 이후 교육.

efterhand¹ ☞ efter¹ ⑧.

efterhand² *~en 0*, sitta i ~ (카드놀이에서) 마지막으로 카드를 내놓는 사람이 되다.

efterhängs|en *-et -na a.* 버티는, 벗어나기 어려운, 질긴; han är ~ 그는 귀찮게 졸라댄다, 언제나 따라다닌다.

efterindustriell *a.* 후기 산업사회의.

efterklang *~en ~er* 반향, 울림, 어렴

픗이 들리는 소리.
efterklangspoesi *~n ~er* 모방 시(epigonpoesi), 아류(亞流).
efterklok *a.* 일이 끝난 뒤에 알아차리는.
efterkom|ma *-mer - -mit tr.* 승낙하다, (요구에) 응하다; (명령을) 따르다.
efterkommande[1] *a.* 장래의.
efterkommande[2] (불변화명사) 자손, 후예; 후계자.
efterkrav *~et ~* 대금 상환 인도, 화물 상환 불.
efterkrigstiden (정형명사) 전후(戰後)시대(1,2차 세계대전 이후).
efterkälken (정형명사), komma på ~ 뒤지다, 늦어지다; (빚 · 지불 따위가) 밀리다.
efterkänning *~en ~ar* 잔존(殘存)효과, 여파; ha ~ar av …의 여파를 입다.
efterled *~en/~et, ~[er]* 【언어학】 (복합어의) 후부(後部); 뒷가지.
efterlev|a *-er -de -[a]t tr.* (법률에) 따르다, 복종하다.
efterlevande[1] *a.* 살아남은.
efterlevande[2] (불변화명사) 유족(遺族).
efterlevandepension *~en ~er* 유족 연금.
efterlevnad *~en 0*, lagarnas ~ 법률의 준수.
efterlikna *~r ~de ~t tr.* 모방하다, …을 모범으로 삼다.
efterlys|a *-er -te -t tr.* (생사불명의 사람을) 찾다, 지명수배하다; han är -t av polisen 그는 경찰의 지명수배를 받고 있다; (범인의) 용모파기(容貌疤記)를 하다; (분실물을) 광고하다; ~ en förklaring 설명을 요구하다.
efterlysning *~en ~ar* 지명수배; 분실물 광고.
efterlåten ☞ **eftergiven**.
efterlämna *~r ~de ~t tr.* …을 남기고 죽다; han ~de två söner 그는 두 아들을 남겨 둔 채 죽었다; ~de skrifter 유저(遺著).
efterlängtad *a.* 간절히 바라는, 열망하는; 그리워하는, 사모하는.
eftermiddag *~en ~ar* 오후, 하오(e.m.); i ~ (미래) 오늘 오후에(i dag på ~en); i ~s (과거) 오늘 오후에; igår ~ 어제 오후; i morgon ~ 내일 오후; på ~en 오후에는 [언제나](på(om) ~arna); [på] fredag ~ 금요일 오후에.
eftermäle *~t ~n* 사망기사; 사후(死後) 명성; (죽은 사람에 대한)세평.
efternamn *~et ~* 성(姓).
efterräkning *~en ~ar* 후탈(後頉), 사후(事後)에 나는 탈.
efterrätt *~en ~er* 디저트, 후식.
efterrättelse *~n 0* (법률 따위의) 준수; lända(tjäna) till ~ 전범(모범)이 되다, 길잡이가 되다.
eftersatt *a.* ① 쫓기는 ② 무시된, 경시된.
eftersinnande[1] *a.* 생각에 잠긴.
eftersinnande[2] *adv.* 생각에 잠겨, 생각 깊게.
efterskott (불변화명사), i ~ 후불로, 나중에 지불하는; betala i ~ 후불하다.
efterskrift *~en ~er* (편지의) 추신; 후기(後記).
efterskänk|a *-er -te -t tr.* (빚 따위

E

를) 면제하다.

efterskörd *~en 0* 그루갈이; 후작(後作), 여파.

eftersläckning *~en 0* ① 최종 소화(消火) 작업 ② 후속파티.

eftersläng *~en ~ar*, *en ~* av förkylning 가벼운 감기.

eftersläntrar|e *-[e]n ~* 느림보, 지참(遲參)자.

eftersläpning *~en 0* 지연, 지체.

eftersmak *~en 0* 뒷맛.

eftersnack *~et 0* (회의 · 경기 후에) 결과 · 실행 · 성과 등에 대한 토론.

eftersom *konj*. …하므로(이므로), …까닭에, …하여서.

efterspana *~r ~de ~t tr*. 수색하다.

efterspaning *~en ~ar* 수색, 탐색.

efterspel *~et ~* (행동의) 결과.

eftersträva *~r ~de ~t tr*. …을 얻으려고 노력하다; (목적 · 희망 따위를) 이루려고 노력하다; ~ fullkomlighet 완전의 경지에 이르고자 노력하다; ~ makt 세력을 얻으려고 노력하다.

eftersträvansvärd *a*. 바람직한.

eftersän|da *-der -de -t tr*. …앞으로 보내다, 회송하다.

efter|sätta *-sätter -satte -satt tr*. 무시하다, 경시하다.

eftersökt *a*. 수요가 있는, 요구된.

eftertanke *~n 0* 고려, 숙려, 숙고; 회상; vid närmare ~ 다시 생각해보니; utan ~ 경솔하게.

eftertrakta *~r ~de ~t tr*. ☞ trakta [efter].

eftertraktad *a*. 열망하는, 탐나는.

eftertryck *~et ~* ① 강조, 강세; 정력; ge ~ åt …을 강조하다; med ~ 강조하여; 힘주어; 정력적으로 ② 번각; ~ förbjudes 복제(復製)금지.

eftertrycklig *a*. 강조한, 강제적인, 단호한.

efterträ|da *-der -dde -tt tr*. …의 뒤를 잇다, 대신하다, 계승하다; ~ på tronen 왕위를 계승하다.

efterträdar|e *-[e]n ~* 계승자, 후임자.

eftertänksam *a*. 신중한, 생각에 잠기는; 용의주도한.

efterverkan (불변화 en-명사)/ efterverkning *~en ~ar* 잔여 효과; 여파.

eftervård *~en 0* 병 치료 후의 몸조리.

eftervårdsavdelning *~en ~ar* (수술 환자의) 회복병실.

eftervärkar (복수명사) 산후 복통, 훗배앓이.

eftervärld *~en 0* 후세, 후대; gå till ~en 후세에 전해지다.

efteråt [eftero:t] *adv*. ① 뒤에, 나중에, 그 후 ② 배후(背後)에.

egal [egɑ:l] *a*. det är mig ~t 어느 쪽이든 나에겐 상관없다.

egalitär *a*. 평등을 추구하는.

Egeiska havet 에게 해(Aegean Sea).

egen [e:gen] *a*. ① 자기 자신의; mitt eget hus 내 소유의 집; vara sin ~ 자유롭다, 독립적이다; för ~ del kan jag 나로서는 …할 수 있다; på ~ hand 혼자서, 혼자 힘으로; stå på egna ben 독립해 있다; öppna eget företag 자기의 사업을 시작하다 ② 고유의, 독특한; 괴상한, 색다른.

egenart *~en 0* 개성, 특성, 특질.

egenartad *a*. 기묘한; 특이한.

egenavgift *~en ~er* 사회보조비 중 수혜자의 부담부분.

egendom ① *~en 0*, 재산; fast ~

부동산; lös ~ 동산, 개인재산 ② ~en ~ar 토지.

egendomlig [egendɷmlig] a. 이상한, 기묘한, 괴상한.

egendomligt *adv.* 이상하게, 별스럽게; ~ nog 이상하게도.

egendomsbrott *~et ~* 소유권 침해죄.

egendomslös *a.* 재산이 없는.

egendomsgemenskap *~en 0* 공유권(公有權).

egenförbrukning *~en 0* (생산자의) 자체 소비.

egenförsörjning *~en 0* 자립생활.

egenhet *~en ~er* 특색; 이상, 기묘.

egenhändig *a.* 자필(自筆)의; ~ namnteckning 서명.

egenhändigt *adv.* 자필로, 자신이 직접 쓴.

egenkär *a.* 자기만족의, 독선의; 자만에 빠진(=självbelåten).

egenkärlek *~en 0* 자기만족.

egenmäktig *a.* 마음대로의, 독단적인; ~t förfarande 권한 외의 행동(간섭).

egennamn *~et ~* 고유명사; 이름, (물건의) 명칭.

egennytta *~n 0* 이기주의.

egensinne *~t 0* 억지, 제멋대로임, 완고.

egenskap [e:genskɑ:p] *~en ~er* ① 성질, 특성; medfödda ~er 선천적 특성, 타고난 성격; järnets ~er 철의 여러 성질 ② 자격; i min ~ av lärare 선생의 자격으로 나는 …

egentlig [ejẹntlig] *a.* 진실의, 현실의, 실제의; 정당한; i ordets ~a bemärkelse 문자 그대로의 뜻으로는; det ~a syftet med …의 실제(진정한) 목적은; ~t bråk 【수학】 진분수; det ~a Sverige 스웨덴 본토; ~t subjekt 【문법】 진주어.

egentligen [ejẹntligen] *adv.* 참으로, 정말, 실제로, 사실은, 정확하게 말하면; 결국; vad spelar det ~ för roll? 도대체 무슨 상관이 있습니까?

egenvård *~en 0* (의사, 병원의 도움이 없는) 자기 간호.

egg [eg] *~en ~ar* (칼 따위의) 날.

egga [ega] *~r ~de ~t tr.* ~ [upp] 격려하다, 부추기다; ~ att göra stordåd 큰 (위대한) 일을 하도록 격려하다.

eggande *a.* 격려적인, 자극적인.

eggelse *~n ~r* 격려, 자극; 동기.

egid [egi:d] *~en 0* 보호, 옹호; under ~ av …의 보호 아래, …의 후원으로.

egnahẹm [egnahɛm] *~met ~* 자기 집, 자택.

egnahemslån *~et ~* 주택 융자, 대부.

ego [e:gɷ] *~t 0*, mitt alter ~ 제2의 나.

egocentricitẹt *~en 0* 자기중심.

egocẹntriker *~n ~* 자기본위의 사람.

egoism *~en 0* 이기주의.

egoist *~en ~er* 이기주의자.

Egypten [ejypten] 이집트.

egyptier [ejyptsier] *~n ~* 이집트 사람(남자).

egyptisk *a.* 이집트의.

egyptisk|a Ⅰ. *-an -or* 이집트 사람(여자) Ⅱ. *-an 0* 이집트어.

e-handel (=elektronisk handel) *~n 0* 인터넷 사업, 인터넷[전자] 상거래; 인터넷 기업[회사]

E

ej ☞ **inte**.
ejakulation *~en ~er* (정액 따위의) 사출(射出).
ehuru *konj*. 비록 …할지라도.
ejd|er [ẹjder] *-ern -rar* 물오리의 일종.
ek [e:k] *~en ~ar* 참나무.
ek|a[1] [e:ka] *-an -or* 노로 젓는 너벅선, 작은 평저선(平底船).
eka[2] [e:ka] *~r ~de ~t itr*. 메아리치다, 소리가 울려 퍼지다.
ek|er [ẹker] *-ern -rar* (수레바퀴의) 살(輻).
EKG [e:ko:ge:] 【의학】 심전도(心電圖) (elektrokardiogram).
ekipage [ekipɑ:ʃ] *~t ~* 마차(馬車); 말과 기수(騎手).
ekipera *~r ~de ~t tr*. …을 차려입게 하다, 장비를 갖추다.
ekipering *~en ~ar* 장비.
ekivok [ekivọ:k] *a*. 외설스러운.
eklatant *a*. 현저한, 뚜렷한; en ~ framgång 화려한 성공.
eklatera *~r ~de ~t tr. itr*. 알리다, 발표하다; ~ förlovning 약혼을 발표하다.
eklut [e:klu:t] *~en 0* 참나무 껍질로 달여진 즙(가죽을 무두질할 때 사용); gå igenom ~en 괴로운 경험을 쌓다, 시련을 겪다.
eko [ẹkω] *~t ~n* 메아리; ge ~ 메아리치다.
ekobrott *~et ~* ☞ **ekonomiskt brott** (경제범죄).
ekollon [e:kɔlɔn] *~et ~* 도토리.
ekolod [e:kωlω:d] *~et ~* 음향 측심기(音響 測深器).
ekologi *~n 0* (자연)생태학.
ekonom [ekɔnọ:m] *~en ~er* 경제학자; 절약가.
ekonomi [ekɔnɔmị:] *~n ~er* 경제학, 절약; 재원; 재정; han har god ~ 그는 재정이 풍부하다.
ekonomibrev *~et ~* 보통 편지보다 우편요금이 싸지만 송달이 느린 편지.
ekonomiförpackning *~en ~ar* 염가 판매용 포장.
ekonomiklass *~en 0* (여객기의) 2등석.
ekonomikörning *~en ~ar* 절약 운전법(연료를 가장 적게 소비하는 운전법).
ekonomisera *~r ~de ~t itr*. 경제적으로 쓰다, 절약하다, 가장 잘 이용하다.
ekonomisk [ekɔnọ:misk] *a*. 경제상의, 경제적인; 절약하는.
ekonomiskt *adv*. 경제적으로; vara ~ oberoende 경제적으로 독립하고 있다.
ekonomiskt brott 경제사범 (經濟事犯).
ekorot|el *-eln -lar* 【경찰】 경제사범 전담반.
ekorr|e [ẹ:kɔre] *-en -ar* 다람쥐.
ekorrhjul *~et 0* 단조로운 일, 진전이 없는 일.
ekosfär [ekωsfæ̣:r] *~en 0* 호흡 대기권(자연호흡이 가능한 해발 4000미터 대기층).
ekosystem *~et ~* 【생물】 생태계.
ekox|e *-en -ar* 【곤충】 사슴벌레.
e.Kr. 서력, 기원후(efter Kristus).
eksem [eksẹ:m] *~et 0* 【의학】 습진(濕疹).

ekumẹnisk *a.* 전(全) 기독교의, 세계 그리스도교회의; ~t möte 바티칸 공의회.
ekvation [ekvaʃɷ:n] *~en ~er* 방정식.
ekvạtor [ekvạ:tɔr] *~n 0* 적도(赤道).
ekvatoriạl *a.* 적도의.
ekvilibrist [ekvilibrịst] *~en ~er* 줄타기 광대.
ekvivalẹns *~en 0* 같음; 등가; 균력(均力).
ekvivalẹnt *a.* 동등한, 같은, 대등한.
el ☞ **elektricitets, elektrisk.**
elaffär *~en ~er* 전기 부품 상점.
elak [ẹ:lak] *a.* ① 성질이 나쁜; 난폭한; 사악한; 심술궂은; 흉악한 ② 【의학】 악성의, 치료하기 어려운 (elakartad).
elakartad *a.* ☞ **elak** ②.
elakhet *~en ~er* 성질이 나쁨; 난폭; 사악; 심술궂음.
elakt *adv.* 심술궂게, 불친절하게.
elasticitẹt *~en 0* 탄력, 탄성; 신축성.
elastisk *a.* 탄력 있는, 팽창력 있는.
eld *~en ~ar* ① 불; fatta(ta) ~ 불이 붙다; göra upp ~ 불을 피우다; sätta(tända) ~ på …에 불을 지르다 (지피다); ~en är lös! 불이야!; ge ~ 발사하다; ~ upphör! 사격 중지! ② 정렬, 열광; vara ~ och lågor 열중해 있다.
elda [elda] *~r ~de ~t itr.* 불을 피우다, 불을 때다; ~ upp sig 흥분하다.
eldar|e *−[e]n ~* 화부(火夫).
elddop *~et ~* 포화의 세례; 첫 출전; 괴로운 시련; få sitt ~ 최초로 시련을 받다.
eldfara *~n 0* 발화 위험.
eldfarlig *a.* 불붙기 쉬운; ~a ämnen 불타기 쉬운 물품, 인화물.
eldfast *a.* 내화(내화)의; ~ lera 내화 점토(粘土).
eldflug|a *−an −or* 【곤충】 개똥벌레.
eldfängd *a.* 불붙기 쉬운; 성미가 급한.
eldgaff|el *−eln −lar* 부지깽이.
eldgivning *~en 0* 발사.
eldhandvap|en *−net ~* 개인용 총기류(소총, 권총 등), 소화기(小火器).
eldhav *~et 0* 불바다.
eldhärjad *a.* 불에 휩쓸린, 화재가 휩쓴.
eldig *a.* 열띤, 열렬한, 격렬한.
eldkastar|e *−[e]n ~* 【군대】 화염방사기.
eldkraft *~en 0* (총포의) 화력(火力).
eldkvast *~en ~ar* 화염.
eldlinje *~n ~r* 【군사】 사선(射線, 공격의 최전선).
eldning *~en 0* 난방; 가열.
eldningsolj|a *−an −or* 난방용 유류.
eldorado [eldɔrạ:dɔ] *~t ~n* 이상향(理想鄕).
eldpelar|e *−[e]n ~* 불기둥.
eldprov *~et ~* 호된 시련, 고통스러운 체험.
eldrift [e:ldrift] *~en 0* 전기·전력 사용(이용).
eldriven *a.* 전기로 작동하는.
eldrör *~et ~* 【군사】 총열, 포신; (보일러의) 연관(煙管).
eldsjäl *~en ~ar* 정열가.
Eldslandet 티에라 델 푸에고 제도(제도) (남미대륙 남단의 제도, Tierra del Fuego)

E

eldslukar|e -[e]n ~ 불을 먹는 요술쟁이.
eldsläckar|e -[e]n ~ 소화기(소화기)(brandsläckare).
eldsprut|a -an -or ☞ eldkastare.
eldsprutande a. ~ drake (게르만신화의) 불을 내뿜는 용; ~ berg 화산(火山, vulkan).
eld|stad -staden -städer 난로, 벽로.
eldsvåd|a -an -or 화재.
eldunderstöd ~et 0 【군사】 엄호사격, 지원사격.
elefant [elefant] ~en ~er 코끼리.
elefantbet|e -en -ar 코끼리의 어금니.
elefantiasis ~ 0 【의학】 상피병(elefantsjuka).
elefantinhopp ~et ~ 서투른 개입.
elefantsnab|el -eln -lar 코끼리의 코.
elegans [elegans] ~en 0 고상, 세련, 우아미.
elegant a. 우아한, 세련된, 품위 있는; 멋진.
elegi [elegi:/-ʃi:] ~n ~er 비가(悲歌), 만가, 애가.
elegisk a. 비가의, 만가의.
elektor ~n ~er 선거인.
elektricitet ~en 0 전기.
elektrifiera ~r ~de ~t tr. 전화(電化)하다.
elektrifiering ~en 0 전화(電化).
elektriker ~n ~ 전기 기사.
elektrisk a. 전기의.
elektrod [elektro:d] ~en ~er 전극(電極).
elektrodynamik ~en 0 전기역학.
elektrodynamisk a. 전기역학의.
elektrofoni ~n ~er 전자음악.
elektrokardiogram ~met 0 ☞ EKG.
elektrolys ~en ~er 전기분해, 전해(電解).
elektromagnet ~en ~er 전자석.
elektron [elektro:n] ~en ~er 전자(電子).
elektronblixt ~en ~ar 【사진】 스트로보(발광장치).
elektronhjärn|a -an -or 전자계산기.
elektronik [elektroni:k] ~en 0 전자공학.
elektronisk a. 전자[학]의.
elektronisk musik 전자음악(電子音樂).
elektronisk post ☞ e-post
elektronisk publicering 전자 출판.
elektronisk skrivare 전자 프린터기(예: 레이저 프린터).
elektroniskt skivminne 【컴퓨터】 디스크 기억 장치.
elektroniska motorvägar 【정보통신】 정보고속도로, 디지털고속도로(미국 내 초고 속 정보통신망 구축 프로젝트).
elektronmikroskop ~et ~ 전자 현미경.
elektronrör ~et ~ 전자관(管).
elektroteknik ~en 0 전기공[예]학.
element ~et ~ ① 요소; 본령; vara i sitt rätta ~ 자기 본령 내에 있다, 득의의 경지에 있다; ljusskygga ~ 수상한 인물들 ② 난방기, 방열기, 라디에이터; elektriskt ~ 전열기 ③ 【전기】 galvaniskt ~ 전지.
elementar|bok ~en -böcker 입문서

(入門書).

elementarpartik|el *-eln -lar* 【물리】 소입자(素粒子).

elementär [-tæ̣:r] *a.* 기본의, 초보의.

elev [elẹ:v] *~en ~er* 학생; 견습생; 연습생, 훈련생.

elevhem *~met ~* 학생 기숙사.

elevriksdag *~en ~ar* 학생 연합기구 전국대회.

elevråd *~et ~* 학생 자문위원회.

elevtidning *~en ~ar* 학생(제작)신문.

elevunderlag *~et ~* 학생 수 (예산 배분의 근거가 되는).

elfenben *~et 0* 상아(象牙).

elfte *a.* 제11의, 열한 번째의; i ~ timmen 마지막 기회에, 아슬아슬한 고비에, 막판에.

elftedel *~en ~ar* 11분의 1.

elförbrukning *~en 0* 전기 소비.

elhyv|el *-eln -lar* 전기면도기.

eliminera *~r ~de ~t tr.* 제거하다, 축출하다.

elit [elị:t] *~en ~er* 엘리트, 선발된 사람들; ~ i samhället 사회지도급 인사.

elittrupp *~en ~er* 【군대】 정예부대.

elittänkande *~t 0* ① 엘리트주의 ② 엘리트에 의한 지배; 엘리트 의식.

eljes[t] ☞ annars.

elkraft *~en 0* 전력.

eller *konj.* (선택적) 혹은, 또는, …이나; varken … ~ …, …도 아니고 …도 아니다(없다); ~ hur? 그렇죠?, 안 그래요?

ellips [elips] *~en ~ar* ① 【수학】 타원 ② 【문법】 (말의) 생략.

elliptisk *a.* 타원[형]의; 생략된.

elljus *~et 0* 전기불(조명).

ellok [e:llɷ:k] *~et ~* 전기 기관차.

elmotor *~n ~er* 전동기.

elmätar|e *-[e]n ~* 전기계량기.

elnät *~et ~* 전력공급망.

eloge [elɷ:ʃ] *~n ~r* 칭찬; ge ngn en ~, …를 칭찬하다.

elransonering *~en ~ar* 전력의 배급.

elspis *~en ~ar* (요리용) 전기화덕, 전기 레인지.

elv|a Ⅰ. 【숫자】 11, 십일, 열하나 Ⅱ. *-an -or* 【스포츠】 (축구팀의) 11인조 구단; 11의 기호; 11번.

elverk [elværk] *~et ~* 발전소.

elände[1] [e:lɛnde] *~t 0* 불행; 비참, 빈곤; 골치 아픈 것; råka i ~ 불운을 만나다; till råga på ~t 설상가상(雪上加霜)으로.

elände[2] *~t ~n* 불행한 사람, 가엾은 사람.

eländig *a.* 불행한; 비참한.

e.m. ☞ eftermiddag.

emalj [emạlj] *~en ~er* 에나멜, 법랑(琺瑯).

emaljẹra *~r ~de ~t tr.* …에 에나멜을 칠하다; ~de kärl 법랑그릇.

emaljög|a *-at -on* 의안(義眼).

emancipation *~en 0* (노예, 여성 등의) 해방.

emancipiera *~r ~de ~t rfl.* ~ sig 해방하다, 독립하다.

emballage [embalạ:ʃ] *~t ~* 싸개, 포장.

emballera *~r ~de ~t tr.* 싸다, 꾸리다.

embargo [embạrgɔ] *~t/~n, 0* (선박의)출항금지; lägga ~ på …, …의

출항을 금지하다.

embarkẹra *~r ~de ~t itr.* 배를 타다; 비행기에 탑승하다.

embarkeringskort *~et ~* [비행기]탑승권.

emblem [emblẹ:m] *~et ~* 기장, 배지.

ẹmbryo *~t ~n* 태아, 배(胚); (발달의) 초기.

emedan [emẹ:dan] *konj.* …하므로(이므로), …하여서; ~ jag var sjuk, kunde jag inte gå 병이 나서 못 갔다 (eftersom).

emellan[1] *prep.* …의 사이에, 중간에; oss ~ sagt 우리끼리의 이야기지만.

emellan[2] *adv.* 사이에; 사이를 두고; lägga(ge) 100 kronor ~ 덤으로 100크로나를 보태다.

emellanåt *adv.* 이따금, 때때로.

emellertid [emẹlertị:d] *adv.* 그러나, 그렇지만.

emẹritus *a.* professer ~ 명예교수.

emfas [emfạ:s] *~en 0* 강조; 강세.

emfatisk *a.* 강조한.

emigrant [emigrạnt] *~en ~er* 출국이민, 이주민.

emigration *~en 0* 출국이주.

emigrera *~r ~de ~t itr.* 출국 이주하다.

eminẹnt *a.* 신분이 높은; 뛰어난, 탁월한; 저명한.

emissạrie *~n ~r* 밀사(密使).

emission [emiʃɷ:n] *~en ~er* 【상업】 어음의 발행; ~ av aktier 주식(株式)의 발행.

emittẹra *~r ~de ~t tr.* 발행하다.

emm|a *-an -or* 안락의자.

emot[1] [emɷ:t] ☞ **mot**.

emot[2] *adv.* mitt~ 맞은편에; inte mig ~ 나는 반대하지 않는다; det bär mig ~ 그것은 내 뜻과 어긋난다, 그것은 하기 싫다.

emotionell [emɔtʃɷnẹl] *a.* 감정적인; 감동시키는, 정에 약한.

emotiv *a.* 감정의(에 관한).

emotse ☞ **motse**.

emotstå ☞ **motstå**.

empatị *~n 0* 【심리】 감정 이입(感情移入), 공감.

empirism *~en 0* 【철학】 경험주의.

emulgera *~r ~de ~t tr.* 유제(乳劑)로 하다, 유화(乳化)하다.

emulsion [-ʃɷ:n] *~en ~er* 유제; 유상액; 【사진】 감광유제(感光乳劑).

en[1] [e:n] *~en ~er* 노간주나무.

en[2] [en] *adv.* 대략, 약; 경, 쯤, 정도; det var väl ~ 50 personer i rummet 방에는 약 50명이 있었지; han har varit här ~ fjorton dar 그는 여기에 온 지가 2주일쯤 되었다(omkring).

en/ett[3] Ⅰ. (수사) 하나, 일(一); ~ och ~ 한 사람씩, 한 개씩; ~ för alla och alla för ~ 하나는 전체를 위하여, 전체는 하나를 위하여; ~ och samma 동일한, 똑같은; i ett 끊임없이; i ett eller annat avseende 이러저러한 관점에서; ~ åt gången [i taget] 하나씩; det går(kommer) på ett ut 어느 쪽이든 (아무래도) 상관없다; i ett [kör(sträck)] 단번에, 한숨에; ~ till 또 하나, 하나 더 Ⅱ. (부정관사) ~ dag 어느 날, 언젠가 Ⅲ. (pron) man의 목적격; 사람을, 누군가를; ~ och annan 몇 사람; var och en 각자; ~s eget 자기 소유의; den ~e 둘 중의 하나; det ~a ögat 한쪽의

눈; den ~a efter den andra 차례차례로, 잇따라; från det ~a till det andra 그것은 그렇고, 그런데(화제를 바꾸려고 할 때); vad är du för ~? 자네는 누군가; på ett eller annat sätt 이럭저럭, 어떻게 해서든지; en sån ~! 그 사람 참!; det var mig ~ riktig dumbom 정말 바보 같은 친구야.

ena *~r ~de ~t tr.* 결합하다, 혼합하다; 일치하다.

enahanda[1] (불변화형용사) 한결같은, 단일한, 여전한, 똑같은, 단조로운.

enahanda[2] *~t 0* 동일함; 단조로움.

enaktar|e *–[e]n ~* 단막극; Strindbergs ~ 스트린드베리의 단막극.

enande *~t 0* 통일.

enarmad *a.* 손이 하나인, 한 손만 사용하는, 외팔의.

ena|s *–s –des –ts itr. dep.* 통일되다, 일치되다.

enastående[1] (불변화형용사) 유일한, 독보적인(makalös, ojämförlig, unik); en ~ förmåga att komma ihåg siffror 숫자에 대한 뛰어난 기억력; ~ framgång 비할 데 없는 성공; hennes ~ skönhet 그녀의 빼어난 미모; jag hade en ~ tur 나에게는 특별한 행운이었다; ~ i sitt slag 유일한, 타(他)의 추종을 불허하는.

enastående[2] *adv.* 유별나게, 예외적으로.

enbart *adv.* 단지, 다만, 오직(blott, bara, endast, helt enkelt); ~ i Stockholm finns det 오직 스톡홀름에만 있다; det vore ~ glädjande 다만 기쁠 뿐이다.

enbent *a.* 다리가 하나인, 외다리의.

enbusk|e *–[e]n –ar* 노가리나무속(屬) 관목(灌木).

enbyggar|e *–[e]n ~* 암수 한 그루 식물, 양성화(兩性花) 식물.

enbäddsrum *~met ~* 침대가 하나만 있는 방(보통 호텔 방의 경우, enkelrum).

encyklik|a *–an –or* 회칙(回勅, 특히 로마 교황이 전 세계 주교들에게 보내는 회람장).

encyklopedi *~n ~er* 백과사전.

encyklopedisk *a.* 백과사전의.

enda (남성 ende) *a.* 오직 하나의, 유일한, 한 사람만의(en과 함께 강조적 의미로 쓰임); ~ (ende) arvinge till …의 유일한 상속자; hon är ~ barnet 그녀는 무남독녀이다; min ~ kärlek 나의 유일한 사랑; [den] ~ möjligheten 단 한 가지 가능성; (명사로 쓰이는 경우) han är den ende för henne 그는 그녀에게 유일한 남성이었다(애정관계); det ~ viktiga 한 가지 중요한 일; vi är inte de ~ som tror …라고 생각하는 사람은 우리들만이 아니다; jag har bara denna ~ vän 나는 이 친구 밖에 없다; ett ~ stort fiasko 완전한 실패; en ~ gång 단 한 번뿐; bara en ~ gång 단 한 번 만; allt var en ~ röra 모든 게 뒤죽박죽 이었다; en ~ lång rad av …의 긴 연속; med ett ~ slag 한 대 쳐서, 일거(一擧)에; inte en ~ av mina vänner 내 친구 중에 단 한 사람도 … 않다; hans ~ talang 그의 유일한 재능.

endast[1] *adv.* 오직, 다만(bara, blott, enbart).

endast[2] *konj.* 만일 …이라면, …을 조건으로 하여(om bara, om blott);

E

vad spelar medlen för roll ~ målen nås? 목적만 달성된다면 수단이야 무슨 상관이 있느냐?

ende ☞ enda.

ẹndera/ettdera[1] *pron*. ① 둘 중의 하나; ~ av föräldrarna 부모 중 한 사람; ~ parten 당사자 중 한 편; läsa eller jobba, ettdera måste du välja 공부나 일, 한 가지를 택해야 한다 ② 여러 것 중의 하나; ~ av släktingarna 친척들 중 한 사람; ~ dagen 다가오는 며칠 중의 하루.

ẹndera[2] *konj*. (eller와 함께 숙어적으로) …이든가, 또는 …이든가(=antingen); ~ får vi höja skatten eller slopa en del förmåner 세금을 올리든가 [사회보장] 혜택의 일부를 폐기하든가.

endimensionell *a*. 1차원의; 깊이 없는, 피상적인; en ~ bild av ett komplicerat samhälle 복잡한 사회의 피상적 단면.

endịv [en-/aŋ-] *~en ~er* 【식물】 꽃 상치(샐러드용, 국화과(科)에 속함).

endorfin *~et ~er* 【생화학】 엔도르핀 (내인성(內因性)의 모르핀 모양의 펩티드(peptides); 진통 작용이 있음).

endossạt [aŋ-/en-] *~en ~er* 【상업】 피 이서인(被裏書人), 양수인(讓受人, 환어음이나 수표의).

endossement [aŋdɑsemaŋ/en-] *~et ~* 이서(裏書), 보증, 시인(是認).

endossẹnt *~en ~er* 이서(양도)인.

endossera *~r ~de ~t tr*. (어음·증권) 이서하다.

endräktig ☞ enig.

energi [-ʃiː] *~n 0* ① 정력, 힘, 세력, 원기 ② 【물리】 에너지, 세력.

energiförbrukning *~en 0* 에너지 소비.

energiförlust *~en ~er* 에너지 상실(유실).

energiförsörjning *~en 0* 에너지(전력, 천연가스, 석유 등) 공급.

energiknippe *~t ~n* 정력가, 에너지가 솟구치는 사람.

energikris *~en ~er* 에너지 위기.

energikäll|a *-an -or* 에너지의 원천(源泉), 에너지원.

enẹrgisk [-ærg-] *a*. 정력적인, 활기에 찬, 원기 왕성한.

energiskt *adv*. 정력적으로, 활기 있게; förneka ~ 강경하게 부인하다.

energiskatt *~en ~er* 전력 에너지와 고체, 액체 연료 사용에 부과하는 국세(國稅).

energisnål *a*. 에너지 절약의.

enervera *~r ~de ~t tr*. 화를(신경을) 돋구다; hans sörplande ~de bordssällskapet 그가 소리 내어 들여 마시는 바람에 동석한 사람들의 기분이 상했다.

en face [aŋfɑːs] *adv*. 정면으로.

enfaceporträtt *~et ~* 정면 초상화.

enfald *~en 0* 어리석음, 우둔, 바보짓; 우직(愚直), 무지, 간소.

enfaldig *a*. 아주 어리석고 무지한.

enfasig *a*. 【전기】 단상(單相)의.

enformighet *~en ~er* 단조로움, 천편일률, 지루함.

enfärgad *a*. 단색(單色)의, 단채(單彩)의; 무늬가(채색이) 없는.

enfödd *a*. 【종교】 독생자의; Kristus, Guds ~e son 하나님의 독생자이신 그리스도.

enföräldersfamilj *~en ~er* 아이와 부모 중 한 사람만으로 구성된 가족.

engagemang [aŋgaʃemaŋ] *~et ~* ① (사심 없는, 순수한) 열의와 관심; hon visade ett djupt ~ i miljöfrågor 그녀는 환경문제에 깊은 관심을 보였다; hennes outtröttliga ~ i fredsrörelsen 평화운동에 대한 그녀의 부단한 관심; han gör sin plikt utan ~ 그는 별다른 열의 없이 자기의 임무를 수행한다 ② 위임, 관여; stormakternas militära ~ i området 그 지역에서 강대국의 군사적 개입 ③ (특히 연극 등에서 임시) 고용; erbjuda ngn ~, …에게 고용 계약을 제시하다.

engagera [aŋgaʃe:ra] Ⅰ. *tr*. …에게서 관심을 불러일으키다 ☞ **intressera, fängsla**; hon försökte ~ barnen i fiolspel 그녀는 아이들로 하여금 바이올린 연주에 관심을 갖도록 시도해 보았다 Ⅱ. *rfl*. 열중하다; ~ sig i det mänskliga lidandet 인간적 고통에 대해 깊은 관심을 보이다; ~ sig för …을 떠맡다, 일하다; ~ sig i 참여하다, 관계하다.

engagerad *a*. ① …과 관계하고 있는 ② (분쟁 · 사업 등과) 관련된, 연루된; vara för starkt ~ för att …하기에는 너무 깊이 관련되어 있다 ③ 열중한; ~ i …에 열중하고 있는.

engelsk [eŋel-] *a*. 영국의 ☞ **brittisk**; ~född 영국 태생의; ~influerad 영국의 영향을 받은; ~språkig 영어를 사용하는; forn-engelsk 고대 영어의; Engelska kanalen 영국해협(영국과 프랑스 사이의); ~a kyrkan 영국교회, 성공회(聖公會); ~ mil 마일(1.6킬로미터 : 스웨덴 마일의 6분의 1); ~a pund 영국 파운드(화폐 단위); ~a sjukan 구루병, 곱추병(病).

engelsk|a Ⅰ. *-an 0* 영어 Ⅱ. *-an -or* 영국 여자; hon är ~ 그녀는 영국여자이다.

engelskfientlig *a*. 반 영국적(反英國的).

engelsk-svensk *a*. 영어-스웨덴어의; ~ ordbok 영어-스웨덴어 사전.

engelskvänlig *a*. 친영적(親英的)인.

engels|man *~nen -män* 영국남자.

engifte *~t 0* 일부일처주의(monogami).

England 잉글랜드, 영국(보통 대영제국을 일컬음, Storbritannien).

en gros [aŋgro:] *adv*. 도매로; 대대적으로.

engrospris *~et, ~er/~* 도매가격.

engrossist [aŋgrɔsist] *~en ~er* 도매상인.

engångsbestick *~et ~* 일회용 플라스틱 식사도구.

engångsbruk *~et 0* 일회용 사용.

engångsflask|a *-an -or* 일회용 병(瓶).

engångsföreteelse *~n ~r* 일회적 현상.

engångskaraktär *~en 0* (재현되지 않는) 일회적 성격.

engångskostnad *~en ~er* 일회적 비용.

enhet[1] *~en ~er* ① 단일성, 유일체, 통일, 뭉침 ② 【수학】 단위 ③ 【군사】 부대.

enhet[2] *~en ~er* 【정보통신】 디바이스, 디바이스드라이버, 장치(裝置)(데이터 변환기능과 기기 하드웨어의 동작조작을 하는 프린터나 외부

기억장치, 입력장치 등 계산기 시스템을 구성하는 주변장치).

enhetlig *a*. 한결같은, 동형(同形)의, 균일한; 동질의; i ~ klädsel 동일한 복장(제복) 차림새로.

enhetlighet *~en ~er* 한결같음; 고름; 동질, 불변성.

enhetsflygplan *~et 0* 다목적 전투기 (공격 및 정찰용).

enhetsfront *~en ~er* 공동전선(共同戰線).

E

enhetsparti *~et ~er* 단일정당(독재국가 하에서 야당이 배제된 가운데 유일하게 존재하는 정당); det socialistiska ~et i DDR 독일 민주공화국 사회당(옛 동독).

enhetspris *~et, ~er/~* 균일가(均一價).

enhetsskol|a *–an 0* 통합학교(모든 계층의 적령 아동을 교육하는 초등과 중등 과정을 합친 학교).

enhetssträvanden (복수명사), ~a i Norden 북유럽 단일화 운동(추구).

enhetstank|e *–en –ar*, den nordiska ~n 북유럽 통합에 대한 구상(이상理想).

enhetsverk *~et ~* 단일화, 통일화.

enhjärtbladig *a*. 【식물】 단자엽(單子葉) 식물의.

enhällig *a*. 만장일치의, 단결한.

enhällighet *~en ~er* 만장일치.

enhänt *a*, 한 손잡이의, 손이 하나인.

enhörning *~en ~ar* 일각수(一角獸, 뿔이 이마에 하나 달린 말과 비슷한 전설 상의 동물).

enig *a*. 일치한, 단결한, 뭉친; 만장일치의, 이의 없는; bli(vara) ~[a] med ngn om ngt …와 …에 대해 의견을 같이하다 (om att …); vi blev ~a om hur vi skulle göra 우리는 어떻게 할 것인가에 대해 합의를 보았다; ett ~t beslut 일치된 결정.

enighet *~en ~er* 일치, 조화(samförstånd); nationell ~ 국민총화; ~ ger styrka 단결은 힘이다.

enkammarsystem *~et ~* (의회의) 단원제.

enkannerligen *adv*. 특별히.

enk|el *~t –la a*. ① 간단한, 쉬운, 기초적, 보통의, 일반의, 평범한; ~ och okonstlad 순박한, 천진한; det –la faktum att …라는 단순한(평범한) 사실; en ~ klänning 평범한 드레스(부인복); ett ~t levnadssätt 소박한 생활; ~ majoritet 가까스로 넘은 과반수; en ~ liten middag 조촐한 정찬; ett ~t ord 단일어(單一語); en rätt ~ prestation a)보잘 것 없는 성과 b)약식; för att göra saken –lare 사건을 보다 간편하게 처리하려면; se rätt ~ ut 아주 소박해 보이다 ② 자명한, 자연스런; det är din –la plikt att …하는 것은 너의 당연한 임무다 ③ känna sig ~ 스스로 왜소함을 느끼다.

enkelbiff *~en ~ar* 소갈비.

enkelbiljett *~en ~er* 편도 승차권.

enkelhet *~en 0* 단순, 간단, 평범; i all ~ 아주 약식으로; för ~ens skull 간단히 하기 위해서.

enkelhytt *~en ~er* 단칸 선실(船室).

enkelknäppt *a*. (양복저고리의) 단추가 외줄인.

enkelrikta *~r ~de ~t tr*. ~ trafiken 일방통행으로 하다; ~d 일방통행의; 한쪽으로 치우친, 편협한.

enkelrum *~met ~* (호텔의) 침대가

하나 있는 방; beställa två ~ 침대 하나짜리 방 두 개를 예약하다; (주택의 경우) 부엌이 없는 단칸방.

enkelspårig *a*. ~ järnväg 단선(單線) 철도; (비유적) vara ~ (생각이) 일방적인, 얕은.

enkelsäng *~en ~ar* 일인용 침대.

enkelt *adv*. 솔직히, 수수하게; 간단하게, 간편하게, 평이하게, 단순하게; 단순히, 다만; klä sig ~ 옷차림을 수수하게 하다; 【구어】 (강조) 전혀, 오직, 전연, 절대적으로; jag tycker helt ~ inte om det 나는 그것을 좋아하지 않을 뿐이야; nu tiger du helt ~! 너는 그저 입을 다물고 있도록 해! (침묵하다).

enkeltimm|e *-en -ar*/**enkeltimm|a** *-an -or* 한 시간짜리 강의.

enklang *~en 0* 【음악】 동음(同音), 제창(齊唱).

enkom *adv*. 오로지, 일부러, 특별히 (endast och allenast); festen ordnades ~ för din skull 파티는 오직 너를 위해서 주선한 것이다; ~ för att 다만 …을 위한 목적으로.

enkron|a *-an -or* 1 크로나 짜리 동전(화폐 단위).

enkät [aŋ-/en-] *~en ~er* 앙케트, 질문, 조사.

enkönad [enʃø-] *a*. 【식물】 단성(單性)의.

enlevera *~r ~de ~t tr*. 유괴하다, …를 데리고 달아나다, …와 사랑의 도피를 하다.

enlevering *~en ~ar* 유괴, 도피행각.

enlighet (불변화명사), i ~ med …과 일치하여(i överensstämmelse med, 요구 · 희망 · 견해 따위) i ~ därmed 따라서, 그것에 준하여.

enligt *prep*. …에 따라서, …에 의하여; ~ artikel 3 i fördraget 조약 제3항에 따라서; betala ~ faktura 송장(送狀)에 근거하여 지불하다; ~ vår tidigare överenskommelse 이전에 우리가 합의한 대로.

enmans (불변화형용사) 한 사람의, 일인의; ~båt 일인승 보트; ~föreställning 단독공연(~teater); ~hytt 일인용 선실(船室).

enmanslivsbåt *~en ~ar* 일인용 구명보트.

enmansshow *~en ~er* 일인(一人)쇼, 원맨쇼.

enmansutredning *~en ~ar* 단독 조사.

enmansvalkrets *~en ~ar* 의석수가 하나 뿐인 선거구.

enmastad *a*. 돛대가 하나인.

enorm [-ɔrm] *a*. 엄청난, 아주 큰, 거대한, 막대한; prinsens ~a rikedomar 왕자의 거대한 재산.

enormt *adv*. 거대하게, 엄청나게; ~ billig 엄청나게 싼.

enplansvill|a *-an -or* 단층집, 단독주택.

enprocentig *a*. 일 퍼센트의.

enradig *a*. (양복 윗저고리의) 단추가 한 줄인.

enrisrökt *a*. 노간주나무로 훈제한; ~ skinka 노간주나무로 훈제한 햄고기.

enrollera [aŋrɔlẹ:ra] *~r ~de ~t tr*. (이름을) 명부에 올리다, 등록하다, 입학(입회)시키다.

enrollering *~en ~ar* 명부기재(기입), 입대, 입학.

E

enrum (불변화명사), i ~ 남몰래, 은밀히(당사자 이외에 아무도 없이).

enrummar|e −[*e*]*n* ~ 단칸방짜리 아파트.

ens[1] ☞ ense.

ens[2] *adv*. (주로 부정문 · 의문문에서) 도대체, 심지어, …까지도; hon tittade inte ~ på sin present 그녀는 자기 선물을 쳐다보지도 않았다; de vågade inte ~ fråga 그들은 감히 질문조차 하지 못했다; har han ~ försökt? 그는 도대체 노력이나 해 보았나?; utan att ~ säga 말도 없이.

ens[3] (불변화명사), med ~ 즉각, 곧장, 당장에, 갑자기…; göra upp saken med ~ 일을 당장에 결말짓다.

ensak (불변화 en−명사) 다른 사람과 관계없는 사적(私的)인 일; det är min ~ vem jag går ut med på kvällarna 밤에 누구와 외출을 하든 그것은 내 개인의 일이다.

ensam *a*. 홀로, 단독으로(allena), 독신의 (ensamboende, ogift); har den lille rest hit alldeles ~ ? 꼬마가 여기를 정말 혼자 왔느냐(여행했느냐)?; hon bodde ensam över sommaren 그녀는 여름 내내 혼자 지냈다; hon kände sig ~ och utanför 그녀는 외롭고 소외당한 기분이었다; plötsligt stod hon ~ i världen 갑자기 그녀는 이 세상의 외톨이가 되었다; en ~ människa 고독한 인간; jag vill tala med dig ~ 너하고 단 둘이서만 이야기하고 싶다; han är inte ~ om arvet 그만이 상속자가 아니다; han är ~ i sitt slag 그는 독보적 존재이다.

ensamagentur ~*en* ~*er* 독점 대리점.

ensamförsäljar|e −[*e*]*n* ~ 독점 대리인(판매인).

ensamförälld|er −*ern* −*rar* 자식 보육을 맡은, 부모 중 한 사람.

ensamhet ~*en 0* 고독, 외로움.

ensamjungfru ~*n* ~*ar* (부엌과 집안일을 모두 맡아 하는) 하녀.

ensamrätt ~*en* ~*er* 전권(全權), 독점권.

ensamstående (불변화형용사) 홀로 사는, 가족이 없는, 독신인; en ~ mor 독신모(獨身母).

ensamt *adv*. ① 오직(blott); ~ detta 오직 이것뿐 ② ~ belägen 외딴 곳에 위치한; huset ligger ~ 집은 외딴 곳에 있다.

ensamvarg [−varj] ~*en* ~*ar* 【비유】 외톨이 늑대(집단 밖에서 홀로 지내는 사람).

ensartad *a*. 한결같은, 동형(同形)의, 동질의.

ense (불변화형용사), bli(vara) ~ (의견이)일치하다; vi är ~ om försäljning av huset 우리는 집을 매각하는 일에 합의하였다.

ensemble [aŋsạmbel] ~*n* ~*r* ①【음악】 앙상블(중창과 합창을 섞은 대합창) ② 앙상블(코트와 스커트가 어울리는 한 쌍의 부인복).

ensidig *a*. ① 일방적인, 한 쪽만의 ② 한쪽으로 치우친, 편견에 사로잡힌; 마음이 좁은, 편협한; hon var ~ i sin bedömning av sökande 그녀는 지원자들의 심사에서 편파적이었다.

ensidighet ~*en* ~*er* 일방성, 편견, 편협, 치우침.

ensiffrig *a*. ~t tal 한 자리 숫자(0~9).

ensilage [−ɑ̣:ʃ] ~*t 0* 압축 · 발효시킨

동물사료.

ensitsig *a.* ~t flygplan 좌석이 하나인 비행기.

enskenig *a.* ~ järnväg 단궤(單軌) 철도.

enskild [enʃild] *a.* 개인의, 사적인, 단독의, 독립의; för min ~a del 내 개인으로는; den ~a människan(den ~e) 그(해당) 개인; en ~ människa 일개인; ett ~t folk 일개국민(민족); på ~a punkter 몇 가지 점에서는; be om enskilt samtal 개별 면담을 요청하다.

enskildhet *~en ~er* ① 세부, 사소한 일 ② (단수로만) 차단, 분리.

enskilt *adv.* 개인으로서, 남몰래, 은밀히.

enslig *a.* 외딴, 홀로의. 고립한; stugan var ~t belägen 그 집은 외딴 곳에 서 있었다.

ensling ☞ **enstöring**.

enspråkig *a.* 한가지 언어(보통 모국어)만 구사하는.

enstaka (불변화형용사) 개별의, 산발적인, 별개의, 예외적인(enskild); vi såg bara några ~ bilar 우리는 지나가는 차 몇 대만 보았다; någon ~ gång 드물게, 때로는; vi åkte förbi några ~ bondgårdar 우리는 몇몇 농가를 지나갔다(자동차로); hon förstod bara ~ ord av samtalet 그녀는 대화중에서 몇 마디만 겨우 이해하였다.

enstavig *a.* ① 단음절(單音節)의; -t ord 단음절어 ② (비유적) 말수가 아주 적은(예 · 아니오 같이 짧게 대답하는).

enstämmig *a.* 만장일치로, 한 목소리로.

enständig *a.* 닥쳐 온; 마구 다그치는, 끈덕진, 귀찮은; ~t vägra att …하기를 끈질기게 거부하다.

enstöring *~en ~ar* 은둔자, 세상을 등진 자; han har blivit en riktig ~ på gamla dar 그녀는 노년에 철저한 은둔자가 되었다.

ental *~et ~* ① 한 자리 수 ② 【문법】 단수.

entente [aŋtạŋt] *~n ~r* 1차 세계대전 중에 영 · 불 · 러 3국간에 체결된 우호조약.

entimmesföreställning *~en ~ar* 한 시간짜리 공연.

entlẹdiga *~r ~de ~t tr.* 해고하다(공직에서); han ~des p.g.a. (på grund av) förskingring 그는 공금횡령으로 해고당했다.

entledigande *~t ~n* 해고, 해임, 면직.

entomolọg *~en ~er* 곤충학자.

entomologi *~n 0* 곤충학.

entonig *a.* 단조로운, 변화가 없는, 지루한.

entré [aŋ-] *~n ~er* ① 입구, 문간, 현관 ② 입장(入場), 들어감; fri ~! 무료입장! ③ (배우의) 무대등장(inträdande på scenen); göra sin ~ 등장하다 ④ 입장료; ~n till museet var fem kronor 박물관 입장료는 5크로나였다.

entréavgift *~en ~er* 입장료.

entrébiljett *~en ~er* 입장권.

entrecote [aŋtrekọ:t] *~n ~r* 【요리】 (프랑스의) 갈비대 사이의 스테이크용 쇠고기.

entreprenạd [aŋ-] *~en ~er* 계약, 청부; få ~ på 청부를 맡다; utbjuda

… på ~, …을 입찰에 부치다; utföra på ~ 계약대로 …을 수행하다.

entreprenadarbete ~*t* ~*n* 계약일, 청부일.

entreprenadvillkor ~*et* ~ 계약조건.

entreprenör ~*en* ~*er* 계약자(회사), (특정 사업의) 중계업자, 청부업자. 시공업자.

entresol[l]våning ~*en* ~*ar* 【건축】 1층과 2층 사이의 낮은 중간층, 중(中)2층.

E

enträgen *a*. 긴급한, 끈질긴, 다그쳐 대는, 성가신; på hans enträgna begäran 그의 끈질긴 요청으로; ~ inbjudan 끈질긴 초청; han är mycket ~ 그는 아주 끈덕지다.

enträget *adv*. 끈질기게; ~ avråda ngn från att …, …에게 …하지 않도록 끈질기게 충고하다.

entumsspik ~*en* ~*ar* 일 인치 못.

entusiasm [aŋ-/en-] ~*en* *0* 열광, 열중, 감격, 열의.

entusiasmera ~*r* ~*de* ~*t* *tr*. 열광으로 가득 채우다, 열의를 불러일으키다.

entusiast ~*en* ~*er* 열광자, 열성적인 사람, …팬(fan), …광(狂).

entusiastisk *a*. 열광적인, 열렬한; 【고어】 광신적인; ~ för …하는 데 매우 열중한.

entydig *a*. (뜻이) 분명한, 모호하지 않은, 선명한, 명쾌한.

envar *pron*. 각 개인, 각자 모두, 누구든지[모두]; ~ bör tänka på detta 각자 모두 이것을 생각해 보아야 한다.

enveten ☞ envis.

envig ~*et* ~ 결투, 1대1의 싸움.

environger [aŋviroŋər] (복수명사) (도시의) 주위, 근교, 교외.

envis *a*. 완고한, 고집 센, 집요한, 완강한, 제멋대로 하려 드는(tjurskallig); ~t motstånd 완강한 저항; en ~ kamp 끈질긴 투쟁; vilken ~ hosta du har! 웬 줄기침을 그렇게 하니!

envisa|s ~ *-des* *-ts* *itr*. *dep*. 고집하다, 주장하다; ~ [med] att …, …하는 것을 고집하다.

envist *adv*. 완강하게, 집요하게; ~ neka till allt 모든 것을 완강하게 부인하다; tiga ~ 완강히 침묵을 지키다.

envoyé [aŋvoaje] ~*[e]n* ~*er* ① 사절(使節) ② (특히 전권)공사.

envåldshärskar|e *-[e]n* ~ 절대군주, 독재자.

envåldsmakt ~*en* ~*er* ☞ envälde.

envånings *a*. 단층의; ett ~ radhus 단층 연립 주택.

envägskommunikation ~*en* ~*er* 단(單) 방향 통신(전달).

envälde ~*t* *0* 독재체제, 독재정치, 독재.

envåldig *a*. 독재의, 독재적인; regera ~t 독재로 다스리다.

envärdig *a*. 【화학】 일가(一價)의.

enzym ~*et* ~*[er]* 【화학】 효소.

enäggstvilling ~*en* ~*ar* 일란성 쌍생아(一卵性 雙生兒).

enär ☞ eftersom.

enögd *a*. 외눈의; 편협한.

enörad *a*. 외귀의; (도자기류에서) 손잡이가 하나인.

eolsharp|a *-an* *-or* 풍명금(風鳴琴).

epidemi ~*n* ~*er* (유행성) 전염병.

epidemisjukhus ~*et* ~ 격리병원[실].

epidẹmisk *a*. 전염병의.
epifyt ~*en* ~*er* 【식물】 착생(着生)식물, 기착(寄着)식물.
epigọn ~*en* ~*er* (저질의) 모방자.
epigrạm ~*met* ~ ① 경구(驚句) ② (짧고 날카로운) 풍자시 ③ 경구적 표현.
epịk ~*en* *0* 서사시, 사시(史時, 영웅의 업적모험 또는 민족의 역사를 읊은 시), 서사시적 작품.
ẹpiker ~*n* ~ 서사시인.
epikuré ~[*e*]*n* ~*er* 미식가(美食家), 식도락가; 쾌락주의자.
epikureisk *a*. 식도락의, 쾌락주의의.
epilepsị ~*n* *0* 지랄병, 간질.
epilẹptiker ~*n* ~ 간질병 환자.
epileptisk *a*. 지랄병의, 간질의.
epilọg ~*en* ~*er* 【문학】 결어(結語), 발시(跋時); 【연극】 끝 맺음말.
episk *a*. 서사시의.
episkopal *a*. 감독(주교)의; 감독파의.
episọd ~*en* ~*er* 삽화, 에피소드.
episodisk *a*. 우발적인, 하찮은.
epịst|el -*eln* -*lar* 편지, 서한, 서한체의 시(詩); (신약 중의) 사도행전.
epitạfi|um -*et* -*er* 비명(碑銘), 비문, 비문체(碑文體)의 산문.
epitẹl ~*et* ~ 【생리】 상피(上皮) 세포.
epitẹt ~*et* ~ 별명, 통칭; 【문법】 한정사, 동격.
epọk ~*en* ~*er* 시대; (특색 있는) 획기적 시대, 새 시대(역사 등), 신기원; bilda ~ 신기원(新紀元)을 이루다.
epokgörande *a*. 획기적인.
ẹpos ~*et* ~ 서사시, 사시(史時).
e-post (=elektronisk post) ~*en* ~*er* 전자우편.
e-postlist|a -*an* -*or* 【컴퓨터】 이메일, 전자우편 명부.
e-postserv|er ~*n* -*rar* 【컴퓨터】 이메일의 송수신 기능을 처리하는 컴퓨터 시스템과 관련된 소프트웨어. 이메일 사용자가 컴퓨터로 작성한 메시지의 송수신을 요구하면 수신인의 이메일 주소로 전송하고, 전송되어 온 메시지를 수신인의 이메일 사서함에 보관하여 수신인이 수시로 로그인하여 꺼내 볼 수 있게 한다.
EP-skiv|a ~*n* ~*or* 【레코드】 이피반(盤, 연주시간을 늘인 45회전의 레코드).
epålẹtt ~*en* ~*er* (장교 정복의) 견장(肩章).
er ~*t*, ~*a* (복수형); (일상적으로) ~*an* ~*at*, ~*a*(복수형); ① (인칭대명사) ☞ ni ② (소유대명사, 부가적) 너희들의, 당신의; (독립적) 너희들의 것, 당신의 것; Er tillgivene Erik 친애하는 당신의 에릭으로부터(편지 끝 말); ~a stackare! 가엾은 것들!; Ers Majestät 폐하(어전에서 아뢸 때); nu kan ni ta fram ~a böcker, barn 얘들아, 이제 책들을 꺼내거라; får jag be om ~t pass 선생의 여권을 보여 주실까요? (존칭).
er|a -*an* -*or* 연대, 시대, 시기; den viktorianska ~n 빅토리아 여왕시대(왕조).
erbạrmlig *a*. 비참한, 불쌍한, 불행한; 나쁜; 열등한.
er|bjuda [ẹ-/æ:-] -*bjuder* -*bjöd* -*bjudit* Ⅰ. ① 제공하다, 권하다, (자진하여) 내놓다; ~ anställning åt flera ungdomar 수명의 청소년에게

E

일자리를 제공하다; ~ plats åt en gammal dam på bussen 버스에서 한 노인에게 자리를 양보하다; ta du emot, när det erbjuds (남이) 권할 때 받아들이는 편이 낫다 ② 가져오다, 초래하다, 일어나다; ~ många fördelar 많은 이점이 생기다; ~ föga av intresse 별로 흥미를 일으키지 않다; genomförandet av planen har erbjudit en mängd svårigheter 계획을 시행하는 데는 많은 어려움이 나타났다; detta −er ett utmärkt tillfälle att … 이것이 바로 …을 하기 위한 절호의 기회다 Ⅱ. *rfl*. …을 하기로 자원하다, 앞으로 나서다, 나타나다; hon erbjöd sig att stanna kvar och släcka och låsa efter de andra 그녀는 다른 사람 뒤에 남아서 불을 끄고 문을 잠그겠다고 자청하였다; en härlig utsikt erbjöd sig 멋진 전망(前望)이 전개되었다; en möjlighet erbjöd sig för honom 그에게 기회가 하나 찾아왔다.

erbjudan (불변화 en−명사) ☞ erbjudande.

erbjudande *~t ~n* 신청, 제의, 제안; 【상업】 오퍼, (팔 물건의) 제공; special~ 특별제공; avslå ett ~ 제의를 거절하다; hon fick två olika ~n 그녀는 두 가지 다른 제안을 받았다.

erbjöd ☞ erbjuda.

erektion *~en ~er* 【생리】 발기(勃起).

eremịt *~en ~er* 은둔자, 은인(隱人), 세상을 등진 사람.

eremitkräft|a *−an −or* 소라게.

er|fara [ẹ−/æ−] *−far −for −farit tr*. ① 알다, 듣다, 들어서 알다; enligt vad vi erfarit har han … 우리가 알고 있는 바에 의하면 그는 … ② 알게 되다; ~ en stor besvikelse 큰 실망을 맛보다(경험하다).

erfaren *a*. 경험을 가진, 노련한(i); en gammal ~ lärare 노련한 교사.

erfarenhet *~en ~er* 경험, 체험; arbetslivserfarenhet 직업(직장)경력; lärarerfarenhet 교직경력; livserfarenhet 생활체험; nu har jag lärt mig av ~erna 이제 나는 체험을 통하여 터득하였다; han har dåliga(goda) ~er av den restaurangen 그는 그 식당에 대해 나쁜(좋은) 인상을 가지고 있다; fjällvandringen var en nyttig ~ 등반은 좋은 경험이었다; ha stor ~ 많은 경험; samla(vinna) ~[er] 경험을 쌓다(얻다); av [egen] ~ [개인적] 경험으로 보아; enligt min ~ (mina ~er) 내 경험에 의하면; brist på ~ 무경험, 서투름, 익숙하지 않음.

erforderlig *a*. 필요한, 필수의(어떤 결과를 얻기 위해).

erfordra *~r ~de ~t tr*. 요구하다, 명령하다, 요청하다.

erfordra|s *~ −des −ts itr. dep*. 요구되다.

ergonọm *~en ~er* 인간공학 연구자.

ergonomị *~n 0* 인간공학(작업 중 신체의 기능, 작업환경, 기구 등을 연구하는 학문 분야).

er|hålla [ẹ−/æ−] *−håller −höll −hållit tr*. 받아들이다, 얻다, 획득하다; jag har erhållit Ert brev 나는 귀하의 서신을 접수 했습니다; fartyget erhöll allvarliga skador 선박은 심한 손상을 입었다; närmare upplysningar kan ~s genom … 더 자세한

안내는 …을 통해서 얻을 수 있다; metall –hålls ur malm 금속은 광석에서 얻는다.

erhållande *~t 0* 받음, 영수, 수취; för ~ av licens 면허 취득을 위하여.

erhöll ☞ **erhålla**.

eriksgat|a *–an –or* 【역사】 새로 선출된 국왕의 공식적인 국내 순례; kungaparet befinner sig på ~ i Dalarna 국왕부처가 공식순례 차 달라나에 체류 중이다.

erinra [ẹ–/æ̣:–] *~r ~de ~t* Ⅰ. *tr*. ① ~ [ngn] om ngt(om att) …에게 …을(…한 사실을) 상기시키다; tidningen ~r om att …, 신문은 우리에게 …한 사실을 생각나게 한다; det bör ~s om att…, …한 사실을 기억(유념) 해야 한다 ② (사람이나 현상을) 닮다; ~ starkt om …과 아주 닮다 ③ 반대하다(invända); jag har(det finns) inget att ~ mot det 나는 그것에 반대할 이유가 없다 Ⅱ. *rfl*. 기억하다, (애써, 힘들여) 회상하다; såvitt jag kan ~ mig 내 기억으로는; jag kan inte ~ mig att ha(att jag har) sett honom 내가 그를 보았는지 기억할 수 없다; jag kan inte ~ mig när … 내가 언제 …했는지 생각이 안 난다.

erinran (불변화 en–명사) ① 기억(om), 상기(påminnelse) ② 주의, 주목, (공식적인) 훈계.

erinring *~en ~ar* ☞ **erinran**.

erkänd *a*. (공식적으로)인정된, 승인된, 공인된, 세상의 인정을 받은; det är en ~ sak att …, …하는 것은 용인된 일이다; allmänt ~ som en produktiv författare 일반적으로 창작력이 풍부한 작가로 알려진; bli ~ 인정을 받다.

erkän|na [ẹ–/æ̣:–] *–ner –de –t* Ⅰ. *tr*. 시인하다. 고백하다, 인정하다; ~ sina brister 자기의 결점들을 인정하다; ~ ett brott 범죄행위를 시인하다; ~ ngns förtjänster …의 공로를 인정하다; ~ ett misstag 과오를 시인하다; ~ en ny regering 새 정부를 승인하다; jag måste ~ att han inte är dum 나는 그가 바보가 아니라는 점을 인정 해야겠다; härmed –nes att jag mottagit 수령한 사실을 이에 증명합니다(확인합니다) Ⅱ. *rfl*. ~ sig besegrad 패배를 자인하다; han har ~t sig vara upphovsmannen 그가 장본인(주도자)이었음을 스스로 시인하였다.

erkännande *~t ~n* ① 승인, 인정, 시인; ~t gjordes då rättegången fortsatte på torsdagen 목요일에 속개된 공판(公判)에서 자백이 이루어졌다. ② 승인; få ~ som landets lagliga regering 국가의 합법적인 정권으로 승인을 받다.

erkännansvärd *a*. 칭찬할 만한, 기특한, 훌륭한.

erkännsam *a*. 감사하는, 고맙게 여기는; visa sig ~ för …에 대해 감사를 표하다; säga några ~ma ord 몇 마디 사의(謝意)를 말하다.

erkänsla *~n 0* 감사, 사의(för, mot); som en ~ för 감사의 표시로서, …의 답례로; mot kontant ~ 현금보상에 대하여; dansösen visade sin ~ för applåden med en djup nigning 무용가(여성)는 깊숙이 절을 하며 박수갈채에 답례하였다.

erkänt *adv*. 틀림없이, 명백하게, 확

실히; han är en ~ duglig lärare 그는 확실히 유능한 교사로 인정받고 있다.

er|lägga *-lägger -lade -lagt tr.* 지불하다; ~ betalning för vara 물품대가를 지불하다.

erläggande *~t 0* 지불.

ernå [ẹṇ-/æṇ-] *~r ~dde ~tt tr.* 달성하다, 이루다, 성취하다.

erodera *~r ~de ~t tr.* 벌레가 파먹다, 침식(侵蝕)하다, 부식시키다.

erosion *~en ~er* 부식, 침식.

E

erotịk *~en 0* 성적 사랑; ~en i hans diktning 그의 시에 나타난 에로티시즘; en skald som alltid förband ~ med synd 성애(性愛)를 항상 죄와 결부시킨 어느 시인.

erọtiker *~n ~* 연애시인; 호색가.

erọtisk *a.* 성적 사랑의, (성적) 연애의; ~ dikt 연애 시.

ersatte, ersatt ☞ **ersätta**.

er|sätta [e-/æ-] *-sätter -satte -satt tr.* ① 보상하다; a) ~ ngn för ngt …에게 …을 보상해 주다; hur kan jag ~ dig för dina uppoffringar? 너의 희생(손실)에 대해 어떻게 보상해야할까?; jag skall ~ dig 네 결손을 보충해주겠다; ~ ngn för hans kostnader(utgifter) …에게 비용을 보상하다 b)보충하다, 메꾸다; ~ en brist 결손을 채우다; ~ den skada man har vållat 입힌 손상을 배상하다; få sina omkostnader ersatta …의 비용을 보상받다 ② 교체하다, 바꾸다, 대치하다(byta ut); kol har ersatt olja 석탄이 기름을 대체하였다; ~ kol med olja 석탄을 기름으로 바꾸다(대체하다).

ersättar|e *-[e]n ~* 대리인, 후보, 보결(자); vi har inte funnit någon ~ för honom 그를 대신할 수 있는 후보자를 아직 우리는 찾지 못했다.

ersättlig *a.* 대체할 수 있는, 보상할 수 있는.

ersättning *~en ~ar* ① 보상(gottgörelse), 상환, 배상, 빚 갚음; ~ för förlorad arbetsförtjänst 근로소득 손실에 대한 보상; ge ngn ~ för det …에게 그 것에 대한 보상을 해주다; få 100 kr. i(som) ~ 보상으로 100크로나를 받다; ~ i pengar 금전상의 보상; ~skrav 보상 요구; ~sskyldig 배상의무를 진 ② 교체, 대치; ~sindustri 대체산업; ~sord 대용어.

ersättningsanspråk *~et ~* 보상요구.

ersättningsleverans *~en ~er* 대체물 조달.

ersättningsmed|el *-let ~* 대용품.

ersättningsskyldighet *~en ~er* 보상의무(책임).

ersättningstalan (불변화 en-명사) 손해배상 청구소송.

ertappa *~r ~de ~t tr.* 붙잡다, 부딪치다; ~ ngn med lögn 거짓말을 하는 …를 잡다; ~ ngn på bar gärning …를 범행현장에서 붙잡다.

eruption *~en ~er* (화산의) 폭발, 분화, (용암 · 간헐천 따위의) 분출.

eruptịv *a.* 폭발적인, 폭발성의, 분출성의

erövra *~r ~de ~t tr.* 사로잡다, 포획하다, 정복하다; ~ en ny marknad 새로운 시장을 획득하다; ~ fiendens ställningar 적의 진지(陣地)를 함락시

키다.

erövrar|e –[*e*]*n* ~ 정복자, 전승자.

erövring ~*en* ~*ar* 정복, 포획; göra en ~ 정복하다.

erövringskrig ~*et* ~ 정복전쟁.

erövringslysten *a*. 호전적인, 정복욕에 가득 찬.

erövringspolitik ~*en* *0* 팽창정책, 세력부식(扶植) 정책.

eskạd|er ~*n* –*rar* 【해군】 [소]함대, 전대(戰隊); 【공군】 비행전대 (10~18대로 편성).

eskaderchef ~*en* ~*er* 【해군】 [소] 함대사령관, 전대장(戰隊長); 【공군】 비행전대장(대령).

eskalera ~*r* ~*de* ~*t* *tr*. (전쟁 등을) 단계적으로 확대하다(= upptrappa).

eskapạd ~*en* ~*er* 탈선적 행위, 엉뚱한 행위.

eskapism ~*en* *0* 현실 도피.

eskimå ~*n* ~*er* 에스키모 사람.

eskimåisk *a*. 에스키모의.

eskimåkvinn|a –*an* –*or* 에스키모 여자.

eskọrt ~*en* ~*er* 호위자(대); 호송자[대]; 경호선, 호위; under ~ av …의 호위 하에.

eskortera 호위(경호)하다, 호송하다, 동행하다, 수행하다.

esomọftast *adv*. 꽤 자주(alltsomoftast, 문어체에 쓰임).

esotẹrisk *a*. 비기(秘技)에 달한, 비밀의, 심원한.

esperạnto (불변화명사) 에스페란토 (Esperánto)말(폴란드인 Zamenhof가 창안한 국제어), 국제어.

esplanạd ~*en* ~*er* 가로수가 양쪽에 늘어선 넓은 거리(aveny).

esprị Ⅰ. ~*n* *0* 기지(機智), 재치, 정신 Ⅱ. ~*n* ~*er* 백로의 깃 장식, (모자·투구 따위 앞에 꽂는) 깃 장식.

ess Ⅰ. ~*et* ~ (트럼프에서 제일 센) 1의 패, 포인트: 최고의 물건, 넘버원; 우수한 선수, 노련한 사람 Ⅱ. ~*et* ~ 【음악】 마 조(調) 변음; ~-dur 마장조(長調) 변음; ~-moll 마단조(短調) 변음.

esse (불변화명사), vara i sitt ~ (물고기가 물속에 있는 것 같이) 본래의 활동 범위 안(능력 지위)에 있다.

essẹns ~*en* ~*er* 본질, 정수(精髓).

essä/essay ~*n* ~*er* 평론, 시론(試論); 수필, 에세이.

essäist/essayist ~*en* ~*er* 수필가, 평론가.

est ~*en* ~*er* 에스토니아 사람.

est|er ~*n* ~*rar* 【화학】 에스테르.

estẹt ~*en* ~*er* 탐미주의자(耽美主義者), 심미가(審美家).

estetịk ~*en* *0* 【철학】 미학; 【심리학】 미적 정서(情緒)의 연구.

estetiker ~*n* ~ ☞ **estet**.

estetisk *a*. 미의, 미술의, 미학(美學)의, 심미적.

estetsnobb ~*en* ~*ar* ☞ **estet**.

Estland 에스토니아.

estländar|e –[*e*]*n* ~ 에스토니아 사람.

estländsk/estnisk *a*. 에스토니아의.

estnisk|a ① –*an* –*or* 에스토니아 여자 ② –*an* *0* 에스토니아 말.

estrạd ~*en* ~*er* 연단, 교단, 강단, 대(臺).

estraddebatt ~*en* ~*er* 공개 토론회 (영어 panel discussion, 선정된 문제에 대해 대립된 의견의 대표자가 청중

앞에서 의견을 발표함).

etablera *~r ~de ~t* Ⅰ. *tr*. 설치(설립)하다, 개설(창립)하다(inrätta, grunda); 일으키다, 해내다(åstad- komma); ~ samarbete mellan …, 사이에 협력관계를 설정하다; firman ~des redan 1857 회사는 이미 1857년에 설립되었다 Ⅱ. *rfl*. 정착하다, 자리 잡다(slå sig ned); ~ sig som tandläkare 치과의사로 정착하다; utländska företag som ~t sig i landet 국내에 자리 잡은 외국기업.

etablering *~en ~ar*/**etablissemang** *~et ~* ① 큰 회사, 백화점 따위 시설 ② 기존제도, 규제, 기성 권력기구, 기득권.

etage [–ɑ:ʃ] *~t/~n, ~/~r* (건물의) 층; bo på tredje ~t 3층에 산다.

etagevåning *~en ~ar* 복식 아파트(상하층을 한 가구가 사용하는).

etapp *~en ~er* ① 단계, 정도(발달 따위의); 기(期); 국면; 【경기】(경주 · 수영 코스의)한 바퀴; reser i [korta] ~er [천천히] 여행하다; försiggå i ~er 단계적으로 진행하다(일어나다) ② 【군사】 보급창고.

etapplinje *~n ~r* 【군사】 (근거지와 전선(戰線)과의) 연락로, 수송로.

etappvis *adv*. 단계적으로(stegvis).

etc. (etcetera/et cetera [etsetera]의 준말) …등등(och så vidare).

eter *~n 0* 【화학】 에테르(유기 화합물, 마취제).

eterisk *a*. 【물리 · 화학】 에테르의, 에테르 성(性); ~a oljor 방향유(芳香油, 향수의 원료).

eternell *~en ~er* 모양과 색깔을 오래 지탱하는 꽃, 부조화(不凋花, 밀집국화 따위).

etik *~en 0* 윤리학, 도덕(원리), 윤리강령(sedelära); den kristna ~en 기독교 윤리.

etikett Ⅰ. *~en ~er* 상표(상표, 물건 이름 · 내역 따위를 적은); sätta ~ på ngt …에 상표를 붙이다; adress~ 주소 딱지 Ⅱ. *~en 0* 예식, 예법, 예의범절, 에티켓(umgängesformer); klara ~en vid ett middagsbord 정찬 예절을 지키다.

eitkettera *~r ~de ~t tr*. 상표를 붙이다; 이름을 달아 주다(비유적).

eitkettsbrott *~et ~* 실례(失禮).

eitkettsfråg|a *–an –or* 예의 문제.

Etiopien 에티오피아.

etiopier *~n ~* 에티오피아 사람.

etiopisk *a*. 에티오피아의.

etisk *a*. 도덕상, 윤리적인, 윤리학적인; 【문법】 ~ dativ 심성적 여격(心性的 與格, 감정을 강조하기 위해 덧붙이는 영어의 me 또는 you와 같은 것; knock me at the door).

etnisk *a*. 인종적인, 종족적인, 인종학상의.

etnocentrisk *a*. 자기 문화 중심주의의.

etnograf *~en ~er* 민속(民俗)학자.

etnografi *~n 0* 기술적(記述的) 인종학, 민속학.

etnografisk *a*. 민속학의, 인종학상의.

etnolog *~en ~er* 인종(민속)학자.

etnologi *~n 0* 인종학, 민속학.

etnologisk *a*. 인종학적인.

etologi *~n 0* 동물 행동학.

etrusker *~n ~* 에트루리아 사람(이탈리아 서부에 있던 옛 나라).

etruskisk *a*. 에트루리아의.

etruskisk|a Ⅰ. *-an 0* 에트루리아 말 Ⅱ. *-an -or* 에트루리아 여자.

etsa *~r ~de ~t tr*. (금속판 · 유리 따위의 장식을 위해) 식각(蝕刻)하다, 부식하다, 에칭하다; ~ bort 산(酸)으로 …을 지우다; ~ in …에 식각을 하다; det har ~t sig fast i mitt minne 그것은 내 기억 속에 새겨져 있다.

etsar|e *-[e]n ~* (에칭에 의한)동판 화공; 에칭(동판)화가.

etsmed|el *-let ~*【의학】부식제(腐蝕劑), 소작제(燒灼劑).

etsning *~en ~ar* 식각법(蝕刻法), (부식)동판술; 식각판화[도], 부식동판지.

etsnål *~en ~ar* 식각 바늘.

ett ☞ en[3].

ett|a *-an -or* 숫자 1; 1과 관련하여 사람 · 사물을 지칭할 때; hon kom ~ i finalen 그녀는 결승에서 1등으로 들어왔다, en billig ~ 방세가 싼 단칸짜리 아파트.

ettbetygskurs *~en ~er*【구제학제】1학점짜리 과정(한 과목의 1학기 과정).

ettdera ☞ endera.

ett|er[1] *-ret 0* 독액(毒液, 독사 · 전갈 · 벌 따위가 분비하는), 독(毒); (비유적) spruta ~ 독설(毒舌)을 퍼붓다.

etter[2] *adv*. ~ värre 더욱 더 나쁘게.

ettermyr|a *-an -or* 독개미.

etternässl|a *-an -or*【식물】(쏘는) 쐐기풀.

etthundra 일백(一白); [fem]hundra [오]백.

ettrig *a*. 성급한, 화 잘 내는, 성미가 거친, 열렬한, 격하기 쉬운.

ettrighet *~en ~er* 격렬, 열렬; 성급함; 격노, 광포; säga ~er 독설을 퍼붓다.

ettrigt *adv*. ~ anfalla 맹렬히 공격하다.

ettårig *a*. 한 살짜리; en ~ växt 일년생 식물; avtalet är ~t 계약은 일 년간이다.

ettåring *~en ~ar* 한 살 된 아이.

etui *~et, ~er/~n* (보석이나 안경 따위를 넣어 두는) 상자, 케이스, 집, 통.

etyd *~en ~er*【음악】연습곡; (그림 · 조각 따위) 에튀드, 습작.

etyl *~en 0*【화학】에틸.

etylalkohol *~en 0* 에틸알코올(보통 알코올).

etylen *~en/~et, 0*【화학】에틸렌 (탄화수소).

etymolog *~en ~er* 어원학자, 어원연구가.

etymologi [-giː] *~n ~er* 어원학.

etymologisk *a*. 어원적인, 어원[학]상.

eufemism *~en ~er*【수사학】(불쾌한 내용에 대한) 완곡어법(婉曲語法), 완곡 어귀.

eufemistisk *a*. 완곡어법의, 완곡한.

Euklides ① 유클리드(기원전 300년경의 알렉산드리아의 기하학자) ② 유클리드 기하학.

eunuck *~en ~er* 거세된 남자 (kastrerad man), (옛날 동양의) 환관 (宦官).

eurokommunism *~en 0* 유러코뮤니즘(서유럽 공산당의 자주 · 자유 · 민주 노선).

Europa 유럽.

europamästar|e *~[e]n ~* 유럽 선수

권 보유자(개인 또는 단체).

Europaväg ~*en* ~*ar* 유럽고속도로 (스웨덴 E번 국도가 이에 직접 연결되어 있음).

europé ~*n* ~*er* 유럽사람.

europeisera ~*r* ~*de* ~*t tr*. 유럽식으로 만들다, 유럽화하다.

europeisk *a*. 유럽의, 전 유럽적인.

Eurovisionen 유럽 텔레비전 방송 협력기구.

eutanasi ~*n 0* 안락사(安樂死); 【의학】 안락사술(安樂死術, dödshjälp).

Eva 성서에 나오는 Adam의 아내 또는 일반적 여성 이름으로 영어의 Eve.

evad[1] *konj*. …이든 아니든(vare sig).

evad[2] *pron*. ~ [*som*] 【고어】 …하는 것은 무엇이든(vad än (som)).

evakostym (불변화명사) i ~ 【희곡언어】 알몸으로.

evakuera ~*r* ~*de* ~*t tr*. 【군사】 철수(철병)하다; (천재지변의 위험지대로부터 주민들을) 이주시키다; en ~d (전투지대로부터의) 철수자, 피난민.

evakuering ~*en* ~*ar* 【군사】 철수, 철병.

evakueringsorder ~*n* ~ 철수 명령.

evangelie|bok [–vanje–] ~*en* –*böcker* 그리스도의 교의(教義); 복음서.

evangelietext ~*en* ~*er* 복음서 원문(구절).

evangelisk [–nj–] *a*. ① 복음[서]의, 복음전도의 ② 복음주의(신교)의.

evangelisk-lut[h]ersk *a*. 루터교[파]의.

evangelist ~*en* ~*er* ① 복음서 저자(마태, 마가, 누가, 요한) ② 복음전도자, 순회설교자.

evangeli|um –*et* –*er* ① 복음; Matteus' ~ 마태복음 ② 아침예배에서 설교 직전에 읽는 성경 구절; predika ~ 복음을 전하다.

evenemang ~*et* ~ (대)사건; 큰 규모의 행사, 의식, 제전.

eventualitet ~*en* ~*er* 예측 못할 사건, 만일의 경우, 우발(偶發)사고, 뜻밖의 사건; vara beredd på alla ~er 모든 우발적 사고에 대비하다; för alla ~ers skull för att inte ta några risker 위험을 당하지 않도록 모든 우발사고에 대비하여.

eventuell *a*. 있음직한, 일어남직한, (실행)가능한; ~a (ett ~t) fel 발생할 수 있는 과오(오류); en ~ fiende 잠재적 적(敵); ~a följder 예상되는 결과; vid ett ~t krigsutbrott 실제 전쟁이 일어날 경우에; ~a missförstånd måste klaras upp 일어날 만한 오해는 분명히 해 두어야 한다; ett ~t överskott 예상되는 잉여.

eventuellt *adv*. 아마 모르긴 하지만; vid ~ fult väder 날씨가 나쁜 경우에는; du kan behålla den tills jag ~ behöver den 내가 혹시 그것을 필요로 할 지 모르니 가지고 있어라; ~ kommer hon att studera vidare i höst 아마 그녀는 가을에도 공부를 더 계속해야 될 거야; jag kan ~ hjälpa dig 내가 너를 도와줄 수도 있지; om han ~ skulle komma 그가 온다면; han reser ~ i morgon 그는 내일 여행을 떠나야 될거야.

evidens ~*en 0* 증거[물]; bevisa till full ~ 확실하게 증명하다.

evident *a*. 명백한, 분명한.

evig *a*. 영원(영구)의, 불후의, 불멸의, 끝없는; 지리한; den ~a vilan, döden 영원한 휴식, 죽음; ~t liv i himmelen 천국에서의 영원한 삶; detta ~a regnande 요즈음의 지루한 비; ~a förebråelser 끊임없는 비난; det vore en ~ skam! 씻을 수 없는 수치 일거야!; jag har väntat en ~ tid 나는 오랫동안 기다렸다; det var en ~ tid sedan …한 지 오래만이다; för ~ tid(~a tider) 영원히.

evighet *~en ~er* 영원, 영겁; 내세, 영세; det är en [hel] ~ sedan …한 지 꽤 오래다; för tid och ~ 영원히; i all ~ 영원히; 끊임없이; aldrig i ~ kommer jag att göra det 평생토록 그렇게는 하지 않으리라.

evighetsblomm|a *–an –or* 【식물】 떡쑥무리, 부조화(不凋花).

evighetsgöra *~t 0* 끝없는 일.

evighetskalend|er *–ern –rar* 만세력(萬歲曆, 요일 표시를 옮겨가며 계속 쓸 수 있는).

evigt *adv*. 영원히, 끝없이; 언제까지나; han stannade ~ länge 그는 매우 오래 머물렀다; för ~ 영원히.

evinnerlig *a*. 장기간 끈질기게 계속되는 (반복되는).

evolution *~en ~er* 진화, 발달, 발전, 전개.

evärdlig *a*. 이 세상 다할 때까지의, 영원한.

exakt[1] *a*. 정확한, 적확한, 꼼꼼한, 엄격한; 정밀한, 엄밀한.

exakt[2] *adv*. 정확하게, 엄밀하게, 꼭, 빈틈없이.

exaltation *~en 0* 높임, 고양(高揚); 의기양양, 기고만장.

exalterad *a*. 너무 고조된, 지나치게 흥분한(활발한).

exam|en *–en –ina* ① 교육수료, 대학졸업; 학위증서, 졸업증서; student~ 고등학교 졸업시험; grund~ 학사학위; filosofie doktors~ 박사학위 ② 시험; ta(kuggas i) ~ 시험에 합격(불합격)하다.

examensarbete *~t ~n* 졸업과제.

examensdag *~en ~ar* 졸업일.

examensfeb|er *–ern –rar*, få(ha) ~ 시험 때문에 마음이 초조해지다.

examensfordringar (복수명사) 시험요건(내역), 학위요건.

examensläsning *~en ~ar* 시험공부(준비).

examensplugg *~et 0* 시험을 앞둔 집중공부.

examenssprov *~et ~[er]* 졸업시험.

examensämne *~t ~n* 전공과목(학위취득에 필요함).

examinand *~en ~er* 수험생(자).

examination *~en ~er* 시험, 성적고사; 검사, 조사.

examinator *~n ~er* 시험관, 검사관, 심사원.

examinera *~r ~de ~t tr*. 시험하다, 시험을 보이다(förhöra); 조사하다.

excellens *~en ~er* 각하(장관, 대사 따위에 대한 존칭); hans ~, ambassadör Johansson 요한손 대사각하.

excellera *~r ~de ~t tr*. (남을) 능가하다, (…보다) 낫다(i, på); hon ~de på seminarierna 그녀는 세미나에서 능력을 과시하였다.

excent|er *–ern –rar* 【기계】 편심기(偏心機); 이심원(권)(離心圈).

excentricitet *~en ~er* (행동 · 옷차

림 따위가) 남다름, 별남, 괴벽;【기계】편심[률], 이심률.

excentrisk *a*. (행동 따위가) 별난, 괴벽스러운.

exceptionell *a*. 예외적인, 특별한, 드문.

excerpera *~r ~de ~t tr*. (글귀를) 발췌하다, (서적에서) 초록(抄錄)하다.

excerpt *~en/~et, ~er* 발췌, 추출물(抽出物), 초록(抄錄).

excess *~en ~er* ① (복수형) 과다, 과잉, 과도(過度), 초과 ② 부절제(不節制), 폭음폭식.

exeges [−ge:] *~en 0* (특히 성경의) 주해(註解), 해석.

exeget [−ge:t] *~en ~er* (성경) 주해자, 해석학자.

exegetik *~en 0* 성경해석학.

exegetisk *a*. 해석(상)의.

exekution *~en ~er* ① 법의 집행 ② 사형집행.

exekutionsbiträde *~t ~n* (법의) 집행관(범인의 체포, 영장, 형 따위의 집행을 맡아 보는 사람).

exekutionspluton *~en ~er* (총살형에서) 집행 사격조(組).

exekutiv[1] *a*. 집행력[권]이 있는, 집행부의; ~ myndighet 집행관서; ~ kommitté 집행위원회; ~ auktion 집행영장에 의한 공매(公賣), 경매.

exekutiv[2] *~en ~er* 행정부, 정부.

exekutor *~n ~er* ① 지정 유언집행인 (av testamente) ② 형(刑)을 집행하는 자, 형 집행 반(av dom).

exekvera *~r ~de ~t tr*. ①【음악】연주하다 ② ~ en dom 형(刑)을 집행하다, (민사사건) 판결 따위를 집행하다.

exemp|el *−let ~* 보기, 예, 실례; böjnings~ 변화의 예; ett bra ~ på detta 이에 대한 좋은 예; ett dåligt ~ 나쁜 예; ge några ~ på maktmissbruk 권력남용에 대한 예를 몇 가지 들다; som ~ på …에 대한 예로써; jag följde hans ~ 나는 그의 본을 따랐다; ta ~ av …의 예를 들다; ta ngn till ~ …를 본보기로 들어보다; till exempel(t.ex.) 예컨대, 이를테면; rovdjur, som t.ex. lejon och tigrar 예를 들어 사자와 호랑이와 같은 육식동물.

exempellös *a*. 전례가 없는, 견줄 나위없는, 비할 바 없는; 미증유의.

exempelsamling *~en ~ar* 보기모음, 용례집.

exempelvis *adv*. 예를 들어(till exempel); ~ kan jag nämna 예를 들면 …라고 말할 수 있다.

exemplar *~et ~* (몇)부, 벌, 권, 통(주로 책 · 서류 따위의); i två(tre) ~ 두 벌(세 벌)로; köpa två ~ av samma bok 같은 책 두 벌을 사다; handskriften finns i tre ~ 필사본(筆寫本)은 세 벌이 있다.

exemplarisk *a*. 모범적인, 훌륭한, 본보기의(föredömlig, mönstergill); en ~ medborgare 모범시민; en ~ äkta man 모범남편; med ~t tålamod 본받을 만한 인내로써.

exemplifiera *~r ~de ~t tr*. 예증하다, 예시하다; (일이 …의) 좋은 예가 되다.

exemplifikation *~en ~er*/**exemplifiering** *~en ~ar* 예증, 모범, 표본.

exercera *~r ~de ~t* Ⅰ. *tr*. 기초

군사훈련을 시키다(행진·도열 따위) Ⅱ. *itr*. 기초 군사훈련을 받다, 군복무를 이행하다; (비유적) 기초부터 훈련하다(연습하다).
exercis *~en ~er* ① 제식훈련 ② 군복무(värnplikt) ③ (엄격한) 연습, 훈련.
exercisfält *~et ~* 훈련장.
exercisreglemente *~t ~n* 【군사】 교련교범.
exhibitionism *~en 0* 남의 눈에 자기 신체(성기 따위)를 드러내 보이기를 좋아하는 병적 증세; 자기선전을 과시하는 버릇; 【정신의학】 노출증(露出症).
exhibitionist *~en ~er* 노출증 환자; 자기 선전자.
exil *~en 0* 망명, 추방, 유형(流刑).
exilregering *~en ~ar* 망명정부.
existens *~en ~er* (주로 단수) 존재, 실재, 현존(utkomst, uppehälle); sam~ 공존.
existensberättigande *~t 0* 존재이유 (raison d'être); boken har inget ~ 그 책은 쓸모가 없다.
existensmed|el *-let ~* 생계수단.
existensminimum *~ 0* 최저 생계(비); många arbetare lever under ~ 많은 노동자들이 최저 생계 이하의 수준에서 산다.
existensmöjlighet *~en ~er* 생계 유지능력.
existentialism *~en 0* 【철학】 실존주의.
existentialist *~en ~er* 실존주의자.
existentialistisk *a*. 실존주의[자]의.
existera *~r ~de ~t itr*. 존재하다, 현존하다; 있다, 나타나다, 생존하다, 살아가다(på); fortfarande ~ 아직 생존해 있다.
exklusiv *a*. ① 배타적인, 독점적인, 유일한; ~a rättigheter till fiske 어업독점권; en ~ intervju 단독 회견 ② 고급의, 상류의, 엄선(嚴選)한; ~a kläder 고급 옷; en mycket ~ restaurang 고급 음식점(식당).
exklusive *prep*. …을 제외하고는.
exklusivitet *~en 0* 배타(성), 제외, 비개방; 독점.
exkommunicera *~r ~de ~t tr*. 【기독교】 파문하다, 추방하다.
exkommunikation *~en 0* 【기독교】 파문, 추방, 제명.
exkrementer (복수명사) 배설물, 대변.
exkret *~et ~* 배설물, 선(線)분비물, 대변.
exkurs *~en ~er* 탈선, 일탈(逸脫); 지엽으로 흐름, 여담.
exkursion *~en ~er* 견학(見學, 특히 대학생들의), 현지 연구 여행.
exlibris *~et ~* 장서표(藏書票).
exorcism *~en ~er* 귀신 쫓아내기, 푸닥거리, 액막이.
exorcist *~en ~er* 귀신 쫓아내는 사람, 무당.
exotisk *a*. 외래의, 이국적인, 이국정서의, 색다른.
expandera *~r ~de ~t tr*. 넓히다, 확장하다, 펼치다.
expansion *~en 0* 확장, 팽창; 영토확장, 거래 확장.
expansionskärl *~et ~* 중앙난방 시설의 물탱크에 달린 수량(水量)조절용기(容器).
expansionspolitik *~en 0* 팽창정책,

확장정책.
expansiv *a*. 팽창성의, 확장적인, 외향적인.
expartriera *~r ~de ~t tr*. 국외로 추방하다(landsförvisa).
expediera *~r ~de ~t tr*. ① 발송하다, 운송하다 ② (손님을)맞다, 시중들다(betjäna); ~ en kund 고객을 맞다; finns det ingen som ~r här? 여기 점원(서비스요원)없나요? ③ (주문 · 명령 따위를)수행하다, 실행하다; (전화를) 연결하다 ④ 다루다, 취급하다, 처리하다; hennes privata ärenden var snart ~de 그녀의 사사로운 안건은 곧 처리되었다.
expediering *~en ~ar* ① 발송, 운송 ② (손님 · 고객의)접대, 시중; ~ av kunder 고객맞이; ~en går långsamt här 여기서는 서비스가 늦다 ③ 실행, 수행, (전화)연결 ④ 취급, 처리.
expedit *~en ~er* [상점]점원.
expedition *~en ~er* ① ☞ expediering ② 사무실; låne~ 도서관 대출계; biljett~ 매표계 ③ (원정(遠征), 탐험 등의) 여행.
expeditionsavgift *~en ~er* 수수료.
expeditionschef *~en ~er* 정무(사무)차관.
expeditionsföreståndar|e *-[e]n ~* 큰 역(驛)의 소화물 또는 승차권 계장.
expeditionskår *~en ~er* 【군사】 원정군(遠征軍).
expeditionsminister *~en ~er* 과도정부(차기 정부 성립 시까지의), 잠정내각(차기내각 성립 시까지 선거관리 내각).
expeditionsregering *~en ~ar* ☞ expeditionsministär.
expeditionstid *~en ~er* 집무시간, 영업시간.
expeditionsvakt *~en ~er* 관청 수위.
expeditör *~en ~er* 운송업자, 운송사업소, 화물취급소.
experiment *~et ~* (과학상의) 실험; (실제로) 해보기.
experimentalfonetik *~en 0* 실험 음성학.
experimentera *~r ~de ~t itr*. 실험하다; ~ ut (실험을 통해) 발견하다; ~ ut var felet ligger 착오가 어디에 있는지 찾아내다; metoden är ännu inte fullt utexperimenterad 그 방법은 아직 완전히 발달되지 않았다(실험단계에 있다).
experimenterande *~t 0* 실험, 실제연습; 실험법.
experimentstadi|um *~et ~er* 실험단계; på -et 실험 단계에서.
expert *~en ~er* 전문가, 숙련가(熟練家), 명수(名手), 권위자(på)
expertgrupp *~en ~er* 전문가 집단.
expertis *~en 0* ① 전문가 그룹; finans~ 재정 전문가들; språk~ 언어 전문가들 ② 전문인의 식견, 지식.
expertutlåtande *~t ~n* 전문가 보고서.
explicit *a*.(중성형) (진술, 기술 등이) 명백한, 뚜렷한(clear), 명시적인.
exploatera *~r ~de ~t tr*. (산야 따위를)개척하다, (자원을)개발하다, 이용하다; (노동력을) 착취하다; ~ arbetskraften i u-länderna 후진국의 노동력을 착취하다.
exploaterande *~t 0*/exploatering *~en ~ar* ① (산야 · 산림 · 광산 따위) 개발, 개척, 이용 ② (남을) 이기

적으로 이용하기; (노동력의) 착취.
explodera ~r ~de ~t *itr*. 폭발(파열)하다, (감정이) 격발하다. 화를 버럭 내다; bringa(få, komma) ngt att ~ …을 폭파시키다; ~ av skratt 폭소하다.
explosion ~en ~er 폭발, 파열, (분노의) 격발.
explosionsartad *a*. 폭발(성)의, 폭발적인.
explosionsfar|a -an -or 폭발위험.
explosionsfri *a*. 폭발위험이 없는.
explosionsolyck|a -an -or 폭발사고.
explosionssäker ☞ explosionsfri.
explosiv *a*. ① 폭발[성]인, 폭발적인; ~a ämnen 폭발물, 폭약 ②【음성학】파열음의.
explosiv|a -an -or【음성학】파열음(klusil).
expo ~n ~r 전람회, 박람회.
exponent ~en ~er ① 대표적인 것, 특징적인 것(för). 전형적인 것 ②【수학】지수(指數).
exponera ~r ~de ~t Ⅰ. *tr*. (일광·풍우 따위에)드러내놓다, 노출시키다, (몸을) 드러내다 Ⅱ. *rfl*. (일광·관찰·공격 따위에) 드러내다(för).
exponering ~en ~ar【사진】노출(露出).
exponeringsmätar|e -[e]n ~【사진】노출계.
exponeringstid ~en ~er 노출시간.
export ~en ~er 수출; 수출품; bil~ 자동차 수출; en betydande ~ [av] …의 상당한 수출; Sveriges ~ på(till) Norge 스웨덴의 대(對) 노르웨이 수출.
exportaffär ~en ~er ☞ exportfirma.
exportartik|el -eln -lar 수출품목.
exportera ~r ~de ~t *tr*. 수출하다.
exportfirm|a -an -or 수출회사.
exportförbjuden *a*. exportförbjudna varor 수출금지 품목.
exportförbud, ~ på en vara 어느 상품에 대한 수출 금지.
exporthamn ~en ~ar 수출무역항.
exportförening ~en ~ar 무역[업자]협회.
exporthandel ~n *0* 수출무역.
exportindustri ~n ~er 수출산업.
exportkredit ~en ~er 수출신용장.
export|land ~et -länder 수출국.
exportlicens ~en ~er 수출면허장.
exportmarknad ~en ~er 수출시장.
exporttull ~en ~ar 수출세(輸出稅).
exportör ~en ~er 수출업자.
exportöverskott ~et ~ (수입에 대한) 수출초과.
exposé ~n ~er 개관, 요약, 설명.
express[1] *adv*. 특별히, 지급 편으로, 속달로.
express[2] ~en ~er ☞ ~byrå, ~tåg.
expressbrev ~et ~ 지급편지, 속달편지.
expressbyrå ~n ~er 통운(通運)회사,
expressförsändelse ~n ~r ☞ expressbrev, expresspaket.
expressgods ~et ~ 특별(지급)화물; sända ngt som ~ …을 지급화물로 보내다.
expressionism ~en *0* 표현주의.
expressionist ~en ~er 표현주의자.
expressionistisk *a*. 표현주의의, 표현주의적.

E

expressiv *a.* 감정 따위를 나타내는, 표현(표정)이 풍부한.

expresspaket *~et ~* 속달 소포.

expresståg *~et ~* 급행열차.

expropriation *~en ~er* (토지 따위의) 수용(징발); 몰수.

expropriera *~r ~de ~t tr.* (토지 따위를) 수용(收用)하다, 징발(徵發)하다; (재산을) 몰수하다.

extas *~en 0* 무아지경; 넋을 잃고 기뻐함(슬퍼함); 광희(狂喜), 황홀; råka i ~ 무아지경에 이르다.

E

extatisk *a.* 희열에 넘친, 완전히 마음이 팔린; 황홀한, 무아지경의(över).

extempore *adv.* (원고·본안의) 준비 없이, 즉석에서, 즉흥적으로.

extemporera *~r ~de ~t tr. itr.* 즉석에서 만들다, 즉석에서 연설(연주, 작곡)하다.

extensiv *a.* 광대한, 넓은, 대규모의.

exteriör *~en ~er* (건물의) 외모, 외형, 외부, 외관.

exterritorialrätt *~en 0* 치외법권(治外法權).

extra[1] (불변화형용사) 여분의, 가외의, 임시의, 특별한; en ~ avgift (kostnad, utgift) 별도요금(비용, 지출); ~ erbjudande 특가 제공; ~ fördel 가외이득; ~ möte 임시회의; i dag blir det någonting (alldeles) ~ 오늘은 특별히 색다른 것이 있을 것이다; han är bara ~ 그는 임시 임원일 뿐이다.

extra[2] *adv.* 가외로, 특별히, 각별히; ~ billig 각별히 싼, 헐값으로; ~ god 아주 질이 좋은; arbeta ~ som nattvakt 밤 간호인으로 가외로 일하다; förtjäna lite ~ (100 kronor ~) 가외로 약간 벌다(가외로 100크로나 정도); läsa ~ med ngn …에게 개인지도를 하다.

extraarbete *~t ~n* 가외 일, (본업 이외의)부업.

extraerbjudande *~t ~n* 특별 염가(할인가) 제공.

extrafin *a.* 우수한, 아주 좋은.

extraförtjänst *~en ~er* ☞ bi-inkomst.

extrahera *~r ~de ~t tr.* 뽑아내다, (추상적 요소를) 추출(抽出)하다(ur), 발췌하다.

extraknäck *~et ~* 부업(副業), 가외의 일; ta ~ för att få pengarna att räcka till 돈을 충분히 마련하기 위해 가외의 일을 하다.

extraknäck|a *-er, ~de/-te, ~t/-t tr.* 부업 일을 하다, 가외로 돈을 벌다.

extrakt *~et, ~/~er* ① 추출물(抽出物), 달여 낸 즙, ② 정제(精劑) 발췌, 인용구(ur).

extraktion *~en ~er* ① 뽑아냄, 빼어 냄 ② 추출, (약물 따위를) 달여 냄, (즙 따위를) 짜냄 ③ 발췌, 엑기스 ④ 혈통, 계통(härkomst).

extralektion *~en ~er* (privatlektion) 개인교수(지도).

extranum|mer *-ret ~* ① (신문)호외(號外) ② (앙코르에 의한) 연주, 출연.

extraordinarie (불변화형용사) 임시의, 특명의; han är ~ (tjänsteman) 그는 임시 직원이다.

extraordinär *a.* 비상한, 보통이 아닌, 예외적인; ~a åtgärder 비상 대책; en ~ situation som den i vintras 작년 겨울과 같은 비상사태.

extrapris *~et, ~/~er* 임시 특별 염가

(싼 가격).

extratimm|e *-en -ar* 【학교】 과외 수업.

extratåg *~et ~* 임시특별열차.

extraupplag|a *-an -or* (책 · 잡지 따위의) 특별 판.

extrauterin *a.* 자궁 외의.

extrautgift *~en ~er* 가외 경비.

extravagans *~en ~er* 사치, 낭비, 무절제, 방종.

extravagant *a.* 낭비하는, 사치스런, 지나친.

extrem *a.* 극도의, 과격한, 극단적인, 맨 끝의.

extremist *~en ~er* 극단론자, 과격(극우, 극좌)론자, 극단적인 사람.

extremitet *~en ~er* 사지, 손발; 말단, 첨단.

f [ef] *f–et* ~ ① 스웨덴어 알파벳의 6번째 글자 ② 【음악】 F(바)음, F(바)조.

fab|el *–eln –lar* ① 우화(寓話, 동물 따위를 의인화한 이야기) ② 꾸민 이야기, 지은 이야기(fiction) ③ 【문학】 플롯, 구성.

fabelaktig *a*. 믿어지지 않는, 거짓말 같은, 터무니없는.

fabeldiktar|e *–[e]n* ~ 우화 작가, 거짓말쟁이.

fabeldjur *~et* ~ 우화 속의 동물.

fabla *~r ~de ~t itr*. 터무니없는 말을 하다.

fabricera *~r ~de ~t tr*. 제조하다, 만들다; (거짓말 따위를) 꾸며내다, 날조하다.

fabrịk *~en ~er* 공장, 공장설비.

fabirkạnt *~en ~er* ① ☞ **fabriksägare** ② (대규모의) 제조업자.

fabrikạt *~et* ~ ① 제조, 제조품 ② 제작, 생산; av svenska ~ 스웨덴제의.

fabrikation *~en ~er* 제조공업, 제조; under ~ 제조 중(中).

fabrikationsfel *~et* ~ 제조상의 결함(흠).

fabriksanläggning *~en ~ar* 공장 시설.

fabriksarbetar|e *–[e]n* ~ 공장 직공.

fabriksarbete *~t ~n* 공장일.

fabriksarbetersk|a *~an ~or* 공장 여공(女工).

fabriksdistrikt *~et* ~ 공장 지대.

fabriksgjord *a*. 공장 제품의.

fabriksmärke *~t ~n* 상표.

fabriksmässig *a*. 공장 생산의; ~ tillverkning 대량생산.

fabriksområde *~t ~n* 공장지대(구역).

fabriksrörelse *~n ~r*, idka ~ 제조업을 경영하다.

fabrikssamhälle *~t ~n* 산업사회(industrisamhälle).

fabriks|stad *~en –städer* 산업(공장) 도시.

fabrikstillverkad *a*. 공장 제품의.

fabrikstillverkning *~en ~ar* 대규모 생산.

fabriksvar|a *~an ~or* 공장 제품.

fabriksägar|e *~[e]n* ~ 공장주, (대규모의) 제조업자.

fabrikör *~en ~er* 공장주, 경영자.

fabulera *~r ~de ~t tr*. (사건 따위를) 가공적으로 만들어 내다(om); 환상적으로 생기 있게 쓰다(말하다) (om);

상상하다.

fabluös *a.* 전혀 믿기지 않는, 거짓말 같은, 가공의.

facil *a.* (가격이) 적당한, 알맞은; på ~a villkor 무난한 조건으로.

facilitet ~*en* ~*er* 편의시설(주로 복수형으로).

facit Ⅰ. ~[*en*] ~ (문제의) 해답; ~bok 해답집 Ⅱ. ~ ~ (최종) 결과, 결산.

fack ~*et* ~ ① 보관창고의 구획, 칸막이, 서류 분류용 장; post~ 사서함; bank~ 은행의 개인 서류 보관함; lägga in papperen i deras respektive ~ 서류를 그들 각자의 서류함에 넣다; uppdelad i ~(서류가) 분류 칸별로 나누어진 ② 전문분야, 계열, 활동분야; ~område 전문분야; ~ordbok 전문용어사전; det tillhör inte hans ~ 그것은 그의 분야에 속하지 않는다; hans ~ är invärtes medicin 그의 전문 분야는 내과이다; han är arkitekt av ~et 그의 직업은 건축가이다 ③ (지방의) 노조기구.

fackarbetar|e −[*e*]*n* ~ 기능공, 장인(匠人), 기계공.

fackbildad *a.* 직업교육을 받은, 숙련된; icke ~ 미숙한, 숙달되지 않은.

fackbildning ~*en* ~*ar* 직업훈련[교육].

fackelblomst|er ~*ret* ~ 【식물】 자주 빛 까치수염속(屬); (특히) 좁쌀풀.

fackelbärar|e −[*e*]*n* ~ 횃불을 드는 사람.

fackelsken ~*et* ~ 횃불의 빛, 거화(炬火).

fackeltåg ~*et* ~ 횃불 행진.

fackfolk ~*et* ~ 지적(知的) 직업 종사자, 기술 전문가, 전문가, 직업선수.

fackförbund ~*et* ~ (스웨덴 전국노동조합총연맹(LO) 산하) 전국 산업별 노동조합연합(연맹).

fackförening ~*en* ~*ar* (전국, 지방) 노동조합 연맹.

fackföreningsfunktionär ~*en* ~*er* 노조임원.

fackföreningsledar|e −[*e*]*n* ~ 노조 지도자.

fackförenings|man ~*nen* −*män*/ fackföreningsmedlem ~*men* ~*mar* 노조원.

fackföreningsombuds|man ~*nen* −*män* 노조 대의원, 노조 간부.

fackföreningspamp ~*en* ~*ar* 노조 수뇌.

fackföreningsrörelse ~*n* ~*r* 노조운동, 노동조합 조직(주의, 이론).

fackhögskol|a −*an* −*or* (직업) 전문대학.

fackidiot ~*en* ~*er* 자기분야 이외는 알지 못하는 전문 직업인.

fackkretsar (복수명사) (전문) 직업계(界).

fackkunnig *a.* 숙련된, 노련한.

fackkunskap ~*en* ~*er* 전문 [기술]지식.

fackl|a −*an* −*or* 횃불.

fackligt *adv.* han är ~ organiserad 그는 노조에 가입되어 있다.

facklitteratur ~*en* *0* 전문 서적.

facklärar|e −[*e*]*n* ~ 과목담당 교사 (ämneslärare)

fack|man ~*nen* −*män* 전문인, 전문가; ~ på området 그 분야의 전문가.

fackmannahåll ~*et* ~, på ~ 전문가

F

들 중에서.

fackminist|er *-ern -rar* 부(部)의 장관, 각료.

fackmässig *a.* 전문성을 띤, 전문지식을 요하는.

fackorgan *~et ~* ① (특별 임무를 가진) 전문기구; FN: s olika ~ 유엔의 여러 전문기구 ② 업계지(業界誌).

fackprat *~et 0* 직업용어; (직장 밖에서의) 직업[일] 이야기.

fackpress *~en 0* 전문 직종별 신문.

fackskol|a *~an ~or* 2년제 실업고등학교.

fackspråk *~et ~* 전문어(용어).

F

facktidskrift *~en ~er* (무역 · 과학 · 기술 따위) 전문 직종별 잡지.

fackutbildad *a.* ☞ **fackbildad.**

fackutbildning *~en ~ar* ☞ **fackbildning.**

fackverk *~et ~* (건축의) 골격, 구조, 구성.

fadd *a.* 멋없는, 맥 빠진, 단조로운, 흥미 없는(banal).

fadd|er *-ern -rar* 대부(代父), 대모(代母) (gudfar, gudmor); 대부모(代父母); stå ~till 대부가 되다; 보증인이 되다.

fadderbarn *~et ~* 대자(代子), 양자.

faddergåv|a *-an -or* (유아의 세례 때) 대부모가 주는 선물.

fadderskap *~et 0* 대부모(보증인, 스폰서) 관계; 발기, 후원.

faddhet *~en ~er* 단조로움, 맥이 없음, 무미건조함; ~er 평범, 진부.

fader/far *~n fäder* ① 아버지, 부친 (pappa) ② 아버지로 숭상 받는 사람 ③ (주로 복수형) 조상, 선조 ④ 시조, 창시자; Gud ~ 하나님 아버지; den helige ~n 로마 교황; Fader vår som är i himmelen 하늘에 계신 우리 아버지(주기도문 첫 구절); kubismens ~ 큐비즘의 시조; stadens fäder 도시의 수호자들; våra förfäder 우리의 조상(선조); vara i ~s ställe 아버지의 입장이 되다(för); på ~ns sida 아버지의 편에서.

faderlig *a.* 아버지[로서]의, 아버지다운.

faderlighet *~en 0* 아버지다움, 아버지의 자애(慈愛).

faderlös *a.* 아버지가 없는.

fadermord *~et ~* 부친(모친) 살해, 존속살인.

fadermördar|e *-[e]n ~* ① 부친 살해범 ② 풀을 먹여 꼿꼿하게 세운 칼라.

fadersbunden *a. vara ~* 아버지에게 집착하는.

fadersgestalt *~en ~er* 아버지 상(像).

fadershus *~et ~* 부모의 집, 자기 집.

faderskärlek *~en 0* 아버지 사랑.

faderskap *~et ~* 친부관계, 아버지 자격, 부권(父權).

faderskapsmål *~et ~* 친자 확인 소송 (결혼외적 출생아에 대한).

fadervår (불변화 ett-명사) 주기도문.

fading [feidiŋ] *~en 0* 【통신】 페이딩 (전파의 강도가 시간적으로 변동하는 현상).

fadäs *~en ~er* 매우 부적절한 행동, 과실, 실책(dumhet); begå en ~ att skåla med värdinnan (초대해준) 안주인과 건배하는 실수를 하다.

fager [fɑ̣:ger] *a*. 아름다운, 매력적인 (vacker, skön); en ~ ungmö 아름다운 처녀; låta sig luras av fagra ord 듣기 좋은 말에 속아 넘어가다.

faggorna (복수정형명사), jag har en förkylning i ~ 감기 기운이 있다(ha förkänningar av); vara i ~ 접근하다, 다가오다, 닥쳐오다.

fagott *~en ~er* 바순, 파고토(저음 목관 악기).

fagottblåsar|e *–[e]n ~* 바순(파고토) 연주자(fagottist).

faiblesse *~n ~r* ☞ fäbless.

fajạns *~en ~er* 윤택이 나는 질그릇, 채색을 한 도자기.

fajansfabrik *~en ~er* 도자기 공장.

fakịr *~en ~er* (회교 · 바라문교 따위의) 고행자(苦行者).

fakirkonst *~en ~er* 요술, 속임수.

faksimịl *~et ~*/**faksịmile** *~t, ~n/~r* 원본대로의 복사(필적 · 그림 따위), 모사(模寫); handskriften är utgiven i ~upplaga 수기(手記) 원본이 복사판으로 간행되었다.

faktablad *~et ~* 설명 안내 팸플릿.

faktafylld *a*. 사례에 충실한.

faktisk *a*. 사실상의, 실제로의, 현실의; det ~a läget 실제의 상태; kardinalen var landets ~e regent 추기경은 그 나라의 실질적인 지배자였다.

faktiskt *adv*. 사실상, 실제로, 참으로 (verkligen); jag har ~ inte tid just nu 나는 정말 지금은 시간이 없단 말이야.

faktor *~n ~er* ① (어떤 현상의) 요소, 요인 ②【수학】인수, 인자(因子);【생물】인자, 유전자 ③ (인쇄소의) 십장, 현장주임.

faktotum (불변화 ett–명사) 심복부하, 요긴하고 믿을 만한 조력자(allt i allo).

faktum *~[et], ~/fakta* 사실, 실상, 여건, 환경; fakta 자료; att jorden är rund är ett ~ 지구가 둥글다는 것은 사실이다; ta reda på fakta först 우선 자료를 조사해 보다.

faktur|a *~an –or* (물품이나 용역에 대한) 계산서, 청구서(över); enligt ~ 청구서에 의하면; ~ på reparationerna 수리비 청구서.

fakturabelopp *~et ~* 청구 액수, 계산서 금액.

fakturadatum *~et ~* 청구일자.

fakturera *~r ~de ~t tr*. 계산서를 작성하다. 가격을 메기다.

faktureringsmaskin *~en ~er* 자동경리 계산기.

fakultativ *a*. 임의의, 수의적(隨意的) (valfri, frivillig).

fakultet *~en ~er* 대학의 학부, 단과대학; medicinsk ~ 의학부, 의과 대학; samhällsvetenskaplig ~ 사회과학부, 사회과학대학.

fakultetsopponent *~en ~er* 대학에서 지명한 반론자(박사학위 논문 공개토론회에서).

fal *a*.【고어】① 돈으로 좌우되는, 매수할 수 있는(mutbar), 부패한 ② 돈버는 것이 목적인; ~a kvinnor 창녀.

falạng *~en ~er* ① 정당내의 계파; vänster~ 좌파 ② 밀집보병대 ③ 손가락, 발가락의 뼈.

falangist [–aŋgist] *~en ~er* 정당 내의 군부파 당원(보통 파시스트);

F

högerkristna ~er 기독교 우익 군부파 당원.

falk *~en ~ar* (매 사냥에 쓰는) 매, 새매.

falka *~r ~de ~t itr*. ~efter (특히 남의 물건 같은 것을) 턱없이 탐내다, 몹시 바라다.

falkblick *~en ~ar* 날카로운 눈.

falkenerar|e *–[e]n* ~ 매 사냥꾼, 매를 부리는 사람.

falkjakt *~en ~er* 매사냥, 매의 훈련법.

Falklandsöarna 포클랜드 섬(남미의 영국식민지 : 1982년 영국-아르헨티나 간에 군사 분쟁이 일어남).

F

fall *~et* ~ ① 낙하, 추락, 몰락, 쇠퇴, 하락, 강하; vatten~ 폭포; regeringens ~ 정권의 몰락(정부의 실각); hårets vackra ~ 머리칼이 아름답게 늘어진 양; temperaturens ~ 기온강하; knall och ~ 갑자기, 당장, 현장에서; det blev platt ~ 완전 실패로 끝나다; bringa(komma) ngn på ~ …를 망하게 하다 ② 경우, 사건, 사실, 사례; ett intressant ~ 흥미로운 사례; ett oförutsett ~ 예측치 못했던 사건; i bästa ~ är vi hemma vid sjutiden 잘하면 7시경에 집에 있게 될 것이다; det var just ~et med honom 바로 그와 관련된 사건이었다; detsamma är ~et med …의 경우도 마찬가지다; som ~et är med …의 경우에서와 같이; så är inte fallet 이 경우는 다르다; om så är ~et 그런 경우라면; från ~ till ~ 경우에 따라서; i ~ av …의 경우에는; i alla ~ 하여간, 어쨌든; i samtliga ~ 모든 경우에; i annat ~그렇지 않으면; i enstaka ~ 몇몇 개별적 경우에; i förekommande ~ 사례(경우)의 발생시; i nio ~ av tio 십중팔구는; i så ~ 그런 경우에는, 그렇다면; i varje ~ ☞ i alla ~; I vilket ~ som helst 어느 경우에 있어서도, 하여간에, 어쨌든; i värsta ~ 최악의 경우에 ③【해양】(돛 · 활대 · 깃대 따위를 올리고 내리게 하는) 당김 줄.

fall|a *~er föll –it* Ⅰ. *itr*. ① 떨어지다, 내려가다, 낙하하다; (온도가) 내려가다; 죽다; låta ngt ~ …을 떨어지게 하다; det föll mycket snö 눈이 많이 내렸다; han föll och gjorde sig illa 그는 넘어져서 다쳤다; kjolen –er bra 스커트의 주름이 멋지게 잡혀 있다; klänningen –er efter kroppen 드레스가 몸에 잘 맞는다; ~ för fosterlandet 조국을 위해 목숨을 바치다; ~ för en kula 한방의 총탄에 쓰러지다. ② (비유적) (환율 · 가격이) 떨어지다; (국가 · 정부가) 실각하다, 전복되다; (문제 · 제안이)기각되다; 어떤 상태에 이르다; låta förslaget ~ 의제안을 기각시키다; låta masken ~ (비유적) 자기의 원 모습을 보이다; låta en plan ~ 계획을 포기하다; avgörandet –er idag 오늘 결말이 날 것이다; dom(utslag) –er om en vecka 일주일 후면 재판이 선고된다; det föll några ord mellan dem 그들 간 몇 마디가 오갔다; priserna föll kraftigt 가격이 폭락하다; det –er av sig självt 말할 나위가 없다, 명백하다; ~ för frestelsen 유혹에 걸려들다; han föll för hennes charm 그는 그녀의 매력에 홀딱 반했다; saken –er i glömska 그 사건은 잊혀 질 것이다;

~ i ngns aktning …의 존경심이 떨어지다; misstanken föll på honom 의심이 그에게 쏠렸다; samtalet föll på politik 대화는 정치문제로 돌려졌다; det −er under(utanför) …의 범위 내에(밖에) 든다; stigande och −ande skala 신축법(伸縮法), 순응률(順應率, 임금 · 물가 · 세금 따위가 경제상태에 따라 오르내리는 방식); −ande tendens 하락 경향(추세) Ⅱ. *rfl*. 일어나다, 우연히 발생하다; allteftersom det −er sig 경우에 따라서, 사정여하에 따라서; det är som det −er sig 그것은 때와 형편에 달려 있다(사정여하에 달려 있다); när det så −er sig 사정이 그러할 때; när det −er sig lägligt 기회가 오면, 편리할 때; det −er sig svårt för mig att lita på honom 나는 그를 믿기가 어렵게 되었다; det föll sig så bra att jag … 나는 다행히도 …하게 되었다 Ⅲ. (강세 접사와 함께) ① ~ av (과일 · 잎사귀 등이) 떨어지다; (머리카락이) 빠지다, (말에서) 떨어지다; (바람이 불어가는 쪽으로) 배를 돌리다 ② ~ bort (기억에서) 사라지다, 소실하다; 탈락하다; e −er bort i vissa ord 어떤 단어에서는 e자가 탈락한다; lektionen −er bort 수업이 없을 것이다; tänderna har −it bort i överkäken 윗니가 빠졌다 ③ ~ ifrån 죽다, 사라져가다, 쇠약해지다 ④ ~ igenom (i examen) (시험에) 떨어지다(bli kuggad); han föll igenom vid valet 그는 선거에서 패배하였다 ⑤ ~ ihop på honom 그의 눈이 자지러 들었다 ⑥ ~ in a) (군대가) 어느 지역으로 쳐들어오다; fienden föll in i landet 적이 나라 안으로 침입하였다 b) 대화에 끼어들다 c) 생각이 떠오르다; det har aldrig −it mig in 그 생각이 내게는 전혀 떠오르지 않았다; det skulle aldrig ~ mig in! 이런 일은 꿈에도 생각하지 않았는데! ⑦ ~ isär 떨어져 부서지다, 떨어져 깨지다(~ sönder) ⑧ ~ ned (해가) 지다; ~ ned död 죽어 넘어지다 ⑨ omkull 떨어지다, 넘어지다; han höll på att ~ omkull av trötthet 그는 피로하여 거의 쓰러질 뻔하였다 ⑩ ~ på, när andan(lusten) −er på honom 그에게 마음(기분)이 내킬 때는; natten −er på 밤이 다가오다 ⑪ ~ tillbaka 후퇴하다. 뒤떨어지다, 처지다; ~ tillbaka i gamla vanor 옛 습관으로 되돌아가다(퇴보하다); beskyllningen −er tillbaka på honom själv 비난이 그 자신에게 돌아오다 ⑫ ~ undan 져버리다, 손을 떼다, 약해지다; 굴복하다(för) ⑬ ~ upp (책이) 펼쳐져 있다, 열려 있다; boken föll upp vid sidan tio 책 10쪽이 열려있다 ⑭ ~ ur 낙오하다; han föll ur vagnen 그는 차에서 굴러 떨어졌다 ⑮ ~ över 넘어지다, 자빠지다.

fallandesjuk|a *−an 0* 간질(癎疾).

fallbil|a *−an −or* 단두대; (종이 따위의) 재단기; 【외과】 (편도선 따위를) 잘라내는 기구.

fallen *a*. ① 떨어진, 쓰러진, 타락한; en ~ kvinna 타락한 여자 ② vara ~ för 경향이 있다, 마음이 내키다; vara ~ för lögner 거짓말 하는 나쁜 버릇이 있다; vara ~ för vrede 화를 잘내다; vara ~ för skämt 농담을 잘하다 ③ (가축 따위가) 번식한; ~ efter hingsten 종마(種馬)에서 태어난.

F

fallenhet *~en 0* 타고난 능력, 재능 (anlag); ung man med ~ för mekanik 기계에 재능이 있는 젊은이.

fallera *~r ~de ~t itr.* 잘못되다, 예정대로 되지 않다.

fallfrukt *~en ~er* 바람에 떨어진 과실; (비유적) 소박맞은 여자.

fallfärdig *a.* (마차 · 집 따위가) 넘어질 듯한, 흔들거리는, 덜컹거리는.

fallgrop *~en ~ar* (비유적) 함정.

fallhastighet *~en ~er* 낙하 속도.

fallhöjd *~en ~er* 낙하 물체의 출발점과 추락점 사이의 거리(특히 폭포의 높이).

fallissemang *~et 0* 【경제】 파산, 도산(倒産); 실추.

fallit ☞ falla.

fallrep *~et ~* 승선(乘船)계단(손잡이 밧줄이 달린).

fallseg|er *-ern -rar* 【스포츠】 (레슬링에서) 폴승(勝).

fallskärm *~en ~ar* 낙하산; hoppa med(ut/i) ~ 낙하산으로 내리다; släppa ned med ~ 낙하산으로 투하하다.

fallskärmshopp *~et ~* 낙하산 강하(降下).

fallskärmshoppar|e *-[e]n ~* 낙하산병, 낙하산 강하자.

fallskärmsjägar|e *-[e]n ~* 공수부대원.

fallskärmssel|e *-en -ar* 낙하산을 메고 죄는 밴드.

fallskärmstrupp *~en ~er* 공수부대.

falluck|a/fall-luck|a *-an -or* (마루 · 지붕 · 천정 · 무대의) 뚜껑문, 함정문, 들창.

falna *~r ~de ~t itr.* 사라져 버리다, (초목이) 말라 죽다, 시들다.

fals *~en ~ar* 솔기, 이은 곳, 맨 자리, 접합된 곳.

falsa *~r ~de ~t tr.* (책 제본) 접다, 겹치다; (끝을) 구부리다; ~ ihop 접어넣다.

falsari|um *-et -er* 위조, 날조; 위조문서.

falsett *~en 0* 【음악】 가성(假聲, 본음성을 꾸민 음성); sjunga i ~ 가성으로 노래하다; tala i ~ 가성의 음색으로 말하다.

falsifikat *~et ~* 위조, 변조(förfalskning); 가짜물.

falsk *a.* 거짓의, 허위의, 가짜의, 그릇된, 기만적인, 믿을 수 없는; ~ angivelse är straffbar 경찰에 허위신고 행위는 처벌 받는다; ~ check (sedel) 위조 수표(지폐); ~a förhoppningar 헛된 희망; ~ lära 그릇된 학설; ~t pass 위조 여권; ~a pengar 가짜 돈; ~a pärlor 모조 진주; ~t rykte 헛소문; ett ~t sken av …의 가장한 모습; ~ slutledning 그릇된 결론; ~t spel (카드놀이에서) 속임수, 반칙; ~t spår 잘못 잡은 단서; ~a tärningar 부정(不正) 주사위(6이 나오도록 납을 박은 것); ~ uppsyn 기만적 외양(눈빛).

falskdeklarant *~en ~er* 탈세자.

falskdeklaration *~en ~er* 탈세, 허위 종합소득신고.

falskeligen *adv.* 거짓으로, 속여서, 불성실하게.

falskhet *~en 0* 불성실, 부정(不正), 허위, 기만성.

falskmyntar|e *-[e]n ~* 위조화폐를 만드는 사람.

falskmyntning *~en ~ar* 주화 위조자.
falskskyltad *a.* (자동차에) 가짜 번호판을 단.
falskspelar|e *–[e]n ~* 사기꾼, 협잡꾼.
falskt *adv.* 거짓으로, 속여서, 부정으로; handla ~ mot ngn …를 사기치다, 속이다; spela ~ a) 음을 틀리게 연주하다(바이올린 따위) b) 속임수를 쓰다(카드놀이에서); svära ~ 거짓으로 맹세하다; vittna ~ 위증하다.
fallstudie *~n ~r* 사례 연구.
falukorv *~en ~ar* 약간 훈제한 삶은 소시지.
familj *~en ~er* (집합적) 가족; ~en Brown 브라운씨 일가(the Brown family, the Browns); ~en satt vid middagsbordet 온 가족이 저녁식탁에 앉았다; bilda ~ 결혼하여 가정을 이루다; vara av god ~ 명문가 출신이다, 가정적 배경이 좋다; av holländsk ~ 화란계 출신의; hela ~en åker till sommarstugan 온 가족이 여름 별장으로 떠난다.
familjeangelägenheter (복수명사) 가사(家事), 가정문제.
familjebidrag *~et ~* (부양의무가 있는 의무병에게 지급되는) 가족수당.
familjedaghem *~met ~* 가정탁아소(낮에 자기 집에서 다른 아이들을 돌보아주는 탁아형태).
familje|fader/ familjefar *~n –fäder* 가부(家父), 가장(家長).
familjeflick|a *–an –or* 양가(良家)의 딸, 가정교육을 잘 받은 딸, 독립하지 않고 집에 머물러 있는 딸.
familjeföretag *~et ~* 가족기업.
familjeförsörjar|e *–[e]n ~* 가족부양자, 가장(家長).
familjegrav *~en ~ar* 가족묘지.
familjehem *~met ~* (남의 자식을 맡아 기르는) 양육가정(fosterhem).
familjehotell *~et ~* (노인들을 위한) 호텔식 아파트(필요한 서비스를 받을 수 있음).
familjeliv *~et ~* 가정생활.
familjemedlem *~men ~mar* 가족구성원, 식구.
familjenamn *~et ~* 성(姓).
familjeplanering *~en ~ar* 가족계획(födelsekontroll, barnbegränsning).
familjerabatt *~en ~er* 가족 할인.
familjerådgivning *~en ~ar* 가정상담[소](결혼 생활의 문제점 따위를 취급).
familjerätt *~en 0* 가족법(法).
familjär *a.* 친한, 허물없는(intim), 잘 알고 있는; han blev ganska ~ med sin bordsdam 그는 식탁의 파트너(여자)와 꽤 친숙해졌다.
famla *~r ~de ~t itr.* 손으로 더듬다, 손으로 더듬어 찾다(efter); ~ i mörker 어둠속에서 더듬어 찾다; ~ sig fram 더듬어 가다.
famlande (불변화형용사) 손으로 더듬는, 암중모색 중인; ~ försök 조심스런 시도(試圖).
famn *~en ~ar* ① 팔, 팔대, 팔짱; 품안; stora ~en 커다란 포옹; ta ngn i ~, …를 껴안다. 포옹하다; kom in i min ~! 내 품에 안겨라!; med ~en full av blommor 꽃다발을 한 아름 안고 ② 양팔 간격의 길이(1.83 미터, 6피트); 길(길이 척도); på tio ~ars vatten 열 길 물속.
famna *~r ~de ~t tr.* 껴안다, 포옹하

다; 둘러싸다, 에워싸다.
famnsdjup *a*. 한 길 깊이의.
famntag *~et ~* 포옹, 껴안음(애정을 품고).
famös *a*. (보통 나쁜 의미로) 유명한, 이름난.
fan Ⅰ. ~ *0* (욕설 · 저주) 악마(den Onde); fy ~! 제기랄! 빌어먹을!; springa som [av bara] ~ 전속력으로 (죽을 힘을 다해) 달리다; det var [som] ~! 맙소사! 아이쿠! 저런!; vad(var, vem) ~ 도대체 뭐야(어디야, 누구야); nu är ~ lös! 이거 큰 낭패군!; ta mig ~, om … 천만에 그럴 리가 있나!, …한다면 내 손에 장을 지져라; nu ska du få se på ~ 내 실력을 한번 보여주지!; ge ~ i ngt 될 대로 되라!; nu tog ~ bofinken(nu gick det alldeles galet) 이거 미칠 지경이군, 완전히 망했군!; vara full i(av) ~ 재치가 넘치다; han måste för ~ förstå 그가 이 정도는 충분히 이해해야 되잖아; det ger jag ~ [i] 나는 조금도 상관없다; det gör jag så ~ heller 나는 절대로 … 않는다; visst ~! 물론이지! 옳지! 그렇지! Ⅱ. [fæn] ~s 유명인사의 열광자(특히 가수 · 배우 따위의) 팬 Ⅲ. ~et ~ 깃뿌리의 좌우 쪽에 붙어있는 엷은 막처럼 생긴 부분.
fan|a *~an ~or* 기(국기 · 군기 · 교기 따위); 기치(旗幟); den röda -an 적기(赤旗); den blågula -an 청황기 (스웨덴 국기).
fanatiker *~n ~* 광신자, 열광자, 열중자
fanatisk *a*. 광신(열광)적인.
fanatism *~en 0* 열광, 광신.
fanborg *~en ~ar* (연단 주위에 빽빽하게 들어선) 국기진열.
fanbärar|e *-[e]n ~* 기수(旗手).
fanders (불변화명사), åt ~ med ngn! 에끼 망할 것!, …을 타도하라!, 집어쳐라!; dra åt ~! 꺼꾸러져라! 뒈져라!
faned *~en ~er* 충성 맹세(서약).
fanér *~et ~*(합판용) 얇은 판자; 겉치장으로 겉에 대는 각종의 널빤지.
fanerogam[1] *a*. 현화(顯花) 식물의.
fanerogam[2] *~en ~er* 【식물】 현화(顯花) 식물.
fanerpress *~en ~ar* 합판용 압착기.
fanerskiv|a *-an -or* 합판 한 장, 합판의 결켜.
fanflykt *~en ~er* 탈주.
fanfar *~en ~er* (나팔의) 화려한 취주(吹奏), 팡파아르.
fanjunkar|e *-[e]n ~* 【군대】 (육군의) 준위; (미 해군의) 병조장.
fanken (불변화명사) (정도가 약한 욕설) 제기랄! (fan, katt, sjutton).
fanskap *~et 0* 악마, 불쾌한 것, 성가신 것, 해로운 것(사람).
fantasi *~n ~er* ① 상상력, 구상력 (inbillningsförmåga); 공상, 환상; en frodig(levande, livlig, sjuk) ~ 풍부한(생생한, 활기찬, 병적인) 상상력; ge ~n fritt lopp(spelrum) 자유로운 상상에 맡기시오; ~er 꿈, 몽상; ~ och verklighet 꿈과 현실; fria(rena) ~er 완전히 꾸며낸 일, 순전한 허구(虛構); sjukliga ~er 병적인 환상 ② 【음악】 환상곡; fria ~er 즉흥곡.
fantasibild *~en ~er* 상상도(想像圖), 환상, 환영.
fantasidräkt *~en ~er* 가장복, 가장무도회의 의상.

F

fantasieggande *a*. ~ bilder 상상력을 일으키는 그림들.
fantasilös *a*. 상상력이 없는, 시적(詩的)이 아닌.
fantasipris *~et*, *~er/~* 엄청난 가격.
fantasirik ☞ **fantasifull**.
fantasiskapelse *~n ~r* 상상의 산물.
fantasistycke *~t ~n* 【음악】 환상곡(幻想曲).
fantasivärld *~en ~ar* 환상의 세계.
fantạst *~en ~er* 공상가, 망상가(drömmare).
fantastisk *a*. 별난, 환상적인, 믿기어려운, 기이한.
fantisera *~r ~de ~t* Ⅰ. *itr*. ① 환상에 빠지다, 꿈꾸다(drömma) ② 【음악】 즉석에서 짓다(연주하다) Ⅱ. tr. ~ ihop 섞어서 만들다, (각본 · 이야기 따위를) 엮어내다.
fantọm *~en/~et*, *~er* ① 환영, 허깨비 ② 한 영역에서 비상한 재주를 가진 사람(en－명사).
fanvakt *~en ~er* 군기(軍旗) 위병, 기수.
far ☞ **fader**.
far|a¹ *－an －or* 위험[상태], 위난, 모험; ingen ~ på taket! 걱정할 까닭이 없다, 설치지 마라; överhängande ~ 임박한 위험; ~n är [den] att han … 위험한 것은 바로 그가 …한 것이다; det är ~ för krig 전쟁의 위험이 있다; det är ingen ~ för det! 그것은 염려할 필요가 없다; det är ingen ~ med honom(den saken) 그이(그일)에 대해서는 걱정을 안 해도 된다; han räddade henne med ~ för eget liv 그는 자신의 생명을 무릅쓰고 그 여자를 구해냈다; den sjuke är utom all ~ 그 환자는 전혀 위험한 상태는 아니다; det är ~ värt(för) att han 그가 …할 위험이 있다; utsätta ngn för ~ …를 위험에 처하게 하다; utsätta sig för ~n att 스스로 …할 위험을 자초하다; vara i ~위험에 직면하다; det är förenat med stor ~ att …하는 것은 매우 위험하다; hoppa med ~ för livet 목숨을 걸고 뛰어들다; vid ~ 위험시(時).
far|a² *－ for －it* Ⅰ. *itr*. ① 가다, 떠나다, 출발하다(till), 여행하다; ~ sjövägen 해로(海路)로 여행하다; ~ söderut 남쪽으로 가다; vi for samma väg 우리는 같은 경로(經路)로 여행하였다; ~ sin väg 떠나가다, 출발하다; ~ med bil 자동차로 떠나다; ~ till fjällen 산악지대로 여행하다; låta hoppet ~ 희망을 버리다; låta sorgen ~ 슬픔을 잊다(져버리다) ② 돌진하다, 쇄도하다, 별안간 일어나다(나타나다); det for genom mitt huvud 그것이 문득 머리에 떠올랐다; ~ i luften 폭발(파열)하다; fjunet far i luften 솜털이 공중에 날다; han lät blicken ~ över 그는 대충 훑어보았다; han for med handen över pannan 그는 손으로 이마를 쓰다듬었다; komma ~nde 곧장 달려오다; komma ~nde in i rummet 방안으로 들이 닥치다 ③ (비유적) ~ illa 고생하다; han har －it illa i Amerika 그는 미국에서 혼이 났다, 욕보았다; det － du inte illa av 그것이 너를 해롭게 하지 않을 것이다; ~ illa med ngt …을 거칠게 다루다; han － väl av att …하는 것이 그에게 유익하리라; ~ efter ett namn 이름을 찾아내려고 애쓰다; vad är

det han – efter? 그가 생각하고 있는 것이 무엇이냐?; ~ med osanning [lögner] 거짓말을 하다 Ⅱ. (강세접사와 함께) ① (hatten) for av (모자가) 날아갔다; (pinnen) for av (젓가락이) 부러졌다 ② ~ bort (여행을) 떠나다 (resa); ~ bort från staden 도시를 떠나다(여행목적으로) ③ ~ efter (여자 따위의) 뒤를 쫓아다니다 ④ ~ emot ngt …과 충돌하다; ~ emot ngn …와 만나기 위해 차를 몰고 가다. ⑤ ~ fram 몰고 나아가다, 계속해서 하다; 파괴하다, 약탈하다; ~ hårt fram med ngn …를 거칠게 다루다 ⑥ (jag undrar) vad som –it i honom 무엇이 그를 사로잡았는지 (궁금하군); det for i mig 그것이 문득 내 머릿속에 떠올랐다 ⑦ ~ ifrån ngn …부터 떠나가다; hon for ifrån sin väska 그녀는 가방을 잊었다…(남겨놓았다) ⑧ ~ igen (문을) 닫다, 쓰윽 닫히다 ⑨ ~ igenom …를 경유하여 여행하다; en tanke for igenom mig 한가지 생각이 문득 머리에 떠올랐다 ⑩ ~ i väg 출발하다, 떠나다 ⑪ ~ om 통과하다, 지나가다; ~ om varandra 서로 마주치지 않은 채 지나가다 ⑫ ~ omkring 떠돌아 다니다; ~ omkring [som ett torrt skinn] 부산하게 돌아다니다 ⑬ ~ på ngn …에게 덤벼들다(공격하다) ⑭ ~ upp a)펄듯이 일어서다. b)문 따위가 갑자기 확 열리다; ~ upp ur sängen 침대에서 벌떡 뛰어 내리다 ⑮ ~ ur 빠지다, 벗어나다; det for ur mig 나는 무심결에 그말을 꺼냈다 ⑯ ~ ut 차를 몰고 나가다; ~ ut på(till) landet 시골로 가다; ~ ut mot ngn …를 공격하다, 욕하다.

farao *~/~n, ~ner* 파라오, 바로(고대 이집트 왕); (일반적) 전제군주, 폭군, 착취자.

farbar *a.* (길 · 도로 따위가) 통행할 수 있는; 실행 가능한; en ~ väg 통행 가능 도로.

farbroder ☞ **farbror**.

farbroderlig *a.* 숙(백)부의, 숙(백)부와 같은; 인자한, 상냥한; 짐짓 은혜를 베푸는 듯이 구는.

far|bror/far|broder *~n –bröder* 숙(백)부, 삼촌; min ~ kom med presenter 나의 숙부(백부)가 선물을 가지고 오셨다; (나이든 남자, 특히 호칭으로써) 아저씨; kan ~ säga hur mycket klockan är? 아저씨, 몇 시나 됐지요?; ~ jultomten 산타클로스 아저씨; ~ Sven 스벤 아저씨; får jag säga ~? '아저씨'라 불러도 될까요?; ~s tillgivene(tillgivna) 귀여운 조카로부터(편지 끝에 씀).

fardag *~en ~ar* 【역사】 부동산 소유주가 재산권을 양도하는 날; 이삿날; 이(취)임일.

far|far/far|fader *~n –fäder* 조부, 할아버지; ~s far(mor) 증조부(증조모).

farföräldrar (복수명사), mina ~ 나의 조부모(祖父母).

fargalt *~en ~ar* (거세하지 않은) 수퇘지.

farhåg|a *–an –or* (주로 복수형) 우려, 염려, 걱정거리, 근심; hysa –or 염려하다(för att …); mina –or besannades 나의 우려가 그대로 맞아 들었다; hysa överdrivna –or 지나친 염려를 하다.

farinsock|er *-ret 0* (갈색의) 누런 설탕.

farisé *~[e]n ~er* (유태교 내의) 바리새교도; 형식주의자.

fariseisk *a.* 바리새인의, 바리새주의의.

farit ☞ fara.

farkost *~en ~er* (바다에서의) 작은 운송기, 보트, 선박.

farled *~en ~er* 항로, 해협, 수로(水路).

farlig *a.* ① 위험한, 위태로운(för); livs~ 생명이 위태로운; miljö~ 환경에 유해한; ~a följder 위험한 결과; ett ~t företag 위험한 사업; en ~ medtävlare(sjukdom) 위험한 경쟁자(병(病)); den ~a åldern 위기 연령; det är ~t att …, …하는 것은 안전치 못하다; det är inte så ~t 그리 나쁘지 않다, 상관없다(det gör ingenting); det kan inte vara så ~t att försöka …해보는 것도 괜찮을 것이다(그리 나쁘지 않다); vara ~ för den allmänna säkerheten 공공(公共)의 안녕에 위험하다 ② 지독한, 대단한, 심한; ett ~t oväsen 지독한 소음.

farlighet *~en ~er* 위험, 위태; inlåta sig på ~er 위험에 노출시키다.

farm *~en, ~ar/~er* 농장; höns~ 양계농장.

farmaceut [-sẹpt]/ farmacevt [-sẹvt] *~en ~er* 약제사.

farmaceutisk *a.* [제]약학의, 약제의.

farmacị *~n 0* 조제술(調劑術), 약학.

farmacie (불변화형용사) 약학의; ~ kandidat 약학 대학생, 약학사 후보생.

farmakologi *~n 0* 약[물]학.

farmakopé *~n ~er* 약국방(藥局方), 약전(藥典); 약종(藥種).

farmar|e *-[e]n ~* 농장 경영자, 농장주, 농부(미국에서의).

farmoder ☞ farmor.

farmoderlig *a.* 할머니의, 할머니 같은.

far|mor/far|moder *~n -mödrar* 할머니.

farofylld *a.* 위험이 따르는.

farozon *~en ~er* 위험 지역; 위험 상태.

fars *~en ~er* 익살 광대극, 소극(笑劇); 익살, 웃기는 것.

fars|a *-an -or* (일상적) 아버지.

farsartad *a.* 웃기는, 익살맞은.

farsarv *~et ~* (아버지로부터의) 세습재산; han gjorde snabbt slut på sitt ~ 그는 세습재산(돈)을 금방 탕진했다.

fạrsgubben (정형명사) (일상적 호칭) 아버지(fadern).

fạrsot *~en ~er* 전염병; det nya modet sprider sig som en ~ 새 유행은 전염병처럼 빨리 퍼진다.

fạrstu *~n ~r* 현관, 문간방, 층계; ta av sig stövlarna i ~n 현관에서 장화를 벗다; (비유적) falla i ~n 어수룩해 보이다; inte vara född i ~n 바보는 아니다.

fart *~en ~er* ① 속력, 속도(hastighet), (배의) 항해 속도; 5 knops ~ 5 노트 속도; full ~ framåt! 전속력으로 전진!; ~en var 80km/tim. 속도는 시속 80킬로미터였다; göra en ~ på 90km 속도를 90킬로미터로 하다; ta(öka) ~en! 속도를 올려라!; minska ~en 속도를 줄이다; sätta ~

서두르다; sätta ~ på bilen 자동차 속력을 올리다; tappa ~en 속력이 떨어지다; elden tog ~ 불길이 번지다; försäljningen har tagit ~ 판매가 급증하였다; av bara ~en 자동적으로; i full ~ 전속력으로; köra i rasande ~ (차를) 미친 듯이 빨리 몰다; med en ~ av 100km, 100킬로미터의 속력으로 ② 지속적 활동; medan du ändå är i ~en 네가 활동하는 동안에; hon är ständigt i ~en 그녀는 쉴 새 없이 일만 한다; här har tjuvar varit i ~en 여기에 도둑들이 일을 보고 갔다 ③ 활기, 자극, 기세; det är ingen ~ i honom 그에게는 활기가 없다; det är ~ och fläkt över berättelsen 그 이야기는 매우 흥미진진하게 쓰여 있다; sätta ~ i(på) ngn …에게 원기를 북돋아주다; sätta ~ på det hela 전체를 명랑한 분위기로 만들다.

fartbegränsning *~en ~ar* 속도제한.

fartblind *a. –blint* (순간적으로) 속도감을 잃은.

fartdår|e *–en –ar* (자동차 · 자전거의) 속도광(狂).

fartgräns *~en ~er* 제한속도 .

farthållar|e *–[e]n* ~ 속도 조종기.

fartmätar|e *–[e]n* ~ 속도계(計).

fartyg *~et* ~ 선박, 함정, 배(船).

fartygsbefäl *~et* ~ (명령, 지휘를 할 수 있는) 고급 선원.

fartygsbefälhavar|e *–[e]n* ~ 선장, 함장.

fartygsbesättning *~en ~ar* 선원.

fartygsinspektör *~en ~er* (관청의) 선박 감정인.

fartygsskrov *~et* ~ 선체(船體).

farvatt|en *–net* ~ (주로 복수형) 영해, 근해, 수로(水路), 해협; i egna (svenska) ~ 자국(스웨덴) 해역 내에서.

farväl *~et* ~ 작별, 고별; ta ~ av sina närmaste 가까운 친지들에게 작별을 고하다; säga ~ 작별 인사를 하다; ~ kära vänner! (작별 인사말) 친구여 안녕!

fas *~en ~er* ① 국면(局面), (변화 · 발달의) 단계, 상태 ② 사각(斜角), 경사, 사면(斜面).

fas|a[1] *–an –or* 공포, 전율, 심한 혐오; en ~s natt 공포의 하룻밤; krigets –or 전쟁의 공포; det är min ~ 그것은 내가 아주 싫어하는 것이다; hon är min ~ 나는 그녀를 혐오한다; ha en ~ för ngt …에 대한 강한 혐오를 가지다; slagen av ~ 공포에 휩쓸린; stel av ~ 공포에 질린; fylla ngn med ~ …를 무섭게 하다.

fasa[2] *~r ~de ~t* Ⅰ. *itr*. 심한 공포증을 가지다, 두려움을 느끼다; jag ~r för vad som kan hända om det upptäcks 그것이 발견될 경우에 일어날 사태에 대해 나는 매우 두렵다 Ⅱ. *tr*. 모서리가 경사지도록 대패로 깍다; 두 개의 교류가 전압이 같아지게 연결하다.

fasad *~en ~er* 건물의 정면(보통 가장 멋진 부분); (문 따위의) 장식 벽.

fasadbelysning *~en ~ar* 투광 조명 (건물 · 인물 따위에 여러 각도에서 강한 광선을 비추어 뚜렷이 드러나게 하는 조명법).

fasadklättrar|e *–[e]n* ~ 건물 외부를 통해 건물 상층부에 침입하는 도둑.

fasadteg|el *–let* ~ 치장용 벽돌.

fasan *~en ~er* (야생의) 꿩.
fasaneri *~et ~er* 양치장(養·場).
fasanhön|a *-an -or* 암꿩.
fasansfull *a.* 무서운, 끔찍한, 심히 지겨운.
fasantupp *~en ~er* 수꿩, 장끼.
fasaväckande[1] (불변화형용사) 무서운, 소름끼치는, 으스스해지는.
fasaväckande[2] *adv.* 소름이 끼치게, 끔찍스럽게, 무섭게.
fascinera *~r ~de ~t tr.* 매혹하다, 뇌쇄하다.
fascism [-ʃ-] *~en 0* 파시즘(독재적 국가 사회주의).
fascist *~en ~er* (이탈리아의) 파시스트 당원, 파시즘 신봉자.
fascistisk *a.* 파쇼주의의.
fasett *~en ~er* (결정체·보석의) 한 면(面), (컷 글라스의) 자른 면; (사물의) 면.
fasetterad *a.* 자른 [깍은] 면이 있는; 다방면의.
fasettög|a *-at -on* 【곤충】 (새우·게 따위의) 복안(複眼, 여러 개의 작은 눈이 한 묶음으로 된 눈).
fashionabel [-ʃɷ-] *a.* 유행의, 멋진, 우아한.
faslig *a.* 비위에 맞지 않는, 아주 싫은, 증오하는; (강조적) det var ett ~t väder 날씨치곤 고약하군!; ett ~ besvär 심한 폐(곤란); ett ~t oväsen 엄청난 소음.
fason *~en ~er* ① 모양, 꼴, 형(형), (옷의)마름질; förlora ~en 원래 모양을 잃다; sätta(få) ~ på 구체화시키다. 틀을 잡다 ② (주로 복수형) 방법, 태도; vad är det för ~ er? 자네의 태도는 도대체 무어야?
fasonerad *a.* 본을 따서 만든.
fast[1] *a.* 고착된, 단단히 붙은; 굳은, 꼭 닫은, 존속하는, 영구적인; ~ anställning 정규 고용; ~ bostad 거처; 영구 주소; ~ bränsle 고체 연료; ~a bänkar 고정 벤치; ~ egendom 고정자산, 부동산; ~ form 고체 형태; ~ grepp 꽉 움켜잡기, 꽉 쥐기; ~ grund 굳건한 기초(토대); ~ hand(röst) 떨리지 않는 손(목소리); ~a baser i Asien 아시아의 영구 기지(基地); ~a kunskaper 확실한 지식; på ~a land 육지에; ~ lön 고정 임금, 정규 임금; ha ~ mark under fötterna 확고한 토대위에 서다; ha ~a principer 확실한 원칙을 세우다; ~ pris 정가; köpa(sälja) i ~ räkning 현금을 내고(받고) 사다(팔다); en ~ utgångspunkt 확실한 출발점; ~ vänskap 변함없는 우정; ~ övertygelse 굳은 확신(신념).
fast[2] *adv.* 확고하게, 굳게, 영구적으로; en ~ avlönad befattning 고정 봉급을 받는 직책(일자리); ~ besluten 확고히 결정된; hålla ~ tillsammans 다함께 굳게 버티다.
fast[3] *konj.* [사실] …이긴 하지만, …에도 불구하고(fastän); hovmästaren sade att det var upptaget, ~ stolarna var tomma 좌석이 비어 있는데도 불구하고 급사장은 자리가 없다고 말했다; (대등 접속사 men과 같은 구실을 하나 일상적 대화체로 많이 쓰임) det är nog fint, ~ jag inte skulle vilja bo där 거기가 좋은 것 같기는 하지만 그곳에 살고 싶지는 않다; han är vacker ~ fåfäng 그녀는 아름답지만 지나치게 허영에 차 있다.

F

fast|a[1] Ⅰ. (불변화명사), ta ~ på (ngns ord eller löfte) (…의 말이나 약속을) 기억해 두다, 붙잡다, 명심하다; det är ingenting att ta ~ på 그 일은 더 이상 집착할 것이 못 된다 Ⅱ. -an -or ① 단식, 단식일(斷食日); tre dagars ~ 3일간의 단식 ② ~n 사순절(四旬節).

fasta[2] *~r ~de ~t itr.* 단식하다; på ~nde mage 공복(空腹)에.

fastedag *~en ~ar* 단식일.

fast|er *-ern -rar* 고모; [min] fars(mors) ~ [나의] 종(외)조모(從(外)祖母).

fastetid *~en ~er* 단식 시간.

fasthet *~en 0* 견고, 확고부동, 결의가 굳음; ~ i karaktären 확고부동한 성격.

fast|hålla *-håller -höll -hållit tr.* 고수(固守)하다, 집착하다.

fasthållande *~t 0* 보유, 쥠, 붙들기; ~ vid krav 요구에 대한 고집(집착).

fastighet *~en ~er* 대지(垈地), 부동산.

fastighetsaffär *~en ~er* 부동산 거래.

fastighetsbolag *~et ~* 부동산 회사.

fastighetsköp *~et ~* 부동산 매입.

fastighetsmäklar|e *-[e]n ~* 부동산 중개업자, 매매 중개인.

fastighetsskatt *~en ~er* 부동산 세.

fastighetsskötar|e *-[e]n ~* 부동산 (토지 · 가옥) 관리인.

fastighetsägar|e *-[e]n ~* 가옥 소유주.

fastlagen (정형명사) 사순절(四旬節).

fastlagsbull|e *-en -ar* (사순절에 먹는) 건포도를 넣은 단빵.

fastlagsris *~et ~* 알록달록한 깃털을 단 작은 가지(사순절에 장식용으로 쓰임).

fastlagssöndag *~en ~ar* 사순절 바로 앞 일요일.

fastland *~et 0* 본토, 대륙(부근의 섬이나 반도와 구별); från Gotland kommer man till ~et på fem timmar 고틀란드에서 본토까지는 5시간이면 온다.

fastlandsklimat *~et 0* 대륙성 기후.

fastmera *adv.* 차라리, 오히려; det har inte minskat utan ~ ökat 그것이 줄어들기보다는 오히려 늘어났다.

fastna *~r ~de ~t itr.* 붙잡히다, 걸리다, 얽히다, 빠지다; 달라붙다(붙어 있다); 고수(고집)하다, 남아 있다, (최종적으로) 결정하다; frimärket ~r inte 우표가 붙질 않는다; han har ~t för en blondin 그 친구는 금발의 아가씨한테 완전히 빠졌어; ~ i gyttjan 진창에 빠지다. 꼼짝 못하게 되다; orden ~de i halsen på honom 그는 목이 메어 말을 잇지 못했다; nyckeln ~de i låset 열쇠가 자물쇠 속에 박혀 빠지지 않았다; ~ i minnet 기억에 남아 있다(생생하다); min blick ~de på 내 시선이 …에 고정되었다; han ~de för det senare förslaget 그는 나중의 안(案)으로 결정하였다.

fastnaglad *a.* stå som ~ (뿌리가 박힌 것처럼) 꼼짝 못하고 그 자리에 서 있다; stå som ~ av skräck 공포에 질려 그 자리에 꼼짝 못하고 서 있다.

fast|slå *-slår -slog -slagit tr.* ① 못을 쳐 박다(slå fast) ② (단호히) 주장하다(konstatera), 증명하다; 확신하다, 확정하다; tidningen -slår att den försvunne svenske diplomaten lever 신문은 실종된 스웨덴 외교관이 생존해 있다고 주장한다.

fastställ|a *–er –de –r tr.* ① 결정하다, 확정하다; kan vi ~ dag för nästa sammanträde? 다음 회의 날짜를 정할까요?; en på förhand –d plan 사전에 결정된 계획; –t pris 정가(正價); på de –da villkoren 약정된 조건에 따라 ② (사실 따위를) 입증(확증)하다; man har –t att miljögifter orsakar cancer 환경 유해 요소가 암을 유발시킨다는 사실이 입증되었다.

fastställande *~t 0* 확정, 지정, 확인.

fastvuxen *a.* 뿌리를 단단히 박은, 확고한.

fastän *konj.* [사실] …이긴 하지만, 비록 …일지라도(trots att); han blev professor ~ han inte hade disputerat 그는 박사논문(공개 토의) 과정을 거치지 않았지만 교수가 되었다.

fat *~et ~* ① (음식을 담는) 접시; ett ~ gröt 죽 한 접시 ② 받침접시; te~ 찻잔 받침 접시; blom~ 화분 받침 접시; ask~ 재떨이(움푹 패인 접시) ③ (중배가 불룩한) 통; ett ~ olja 기름 한 통; ett ~ öl 맥주 한 통; förvaras på ~ 통속에 저장하다 ④ (비유적) det ligger honom i ~et att … 그는 …때문에 장해를 받고 있다; kräva ngns huvud på ett ~, …에 대해서 엄격한 대책을 요구하다.

fạtabur/fatbur *~en ~ar* 저장소, 창고; (관용적 표현에서) 창의, 창안; det är inte ur min egen ~ 그것은 나의 창의(創意)가 아니다(본래의 내 생각이 아니다).

fatạl *a.* 불운의, 치명적인, 숙명적인, 불길한.

fatạlier (복수명사) 【법률】 시효(時效); försitta sina ~ 시효가 지나다(잃다).

fatalietid *~en ~er* 유효 기간, 마감일.

fatalism *~en 0* 【철학】 운명론, 숙명론.

fatalist *~en ~er* 운명론자, 숙명론자.

fatalitẹt *~en ~er* 불운, 불행, 역경, 재난.

fatbur ☞ **fatabur**.

fatt[1] *a.* hur är det ~? 무슨 일이야? 어때?

fatt[2] *adv.* ① ☞ **ifatt** ② få ~ …을 잡다, 찾아내다, 만나다, 발견하다; ta ~ i 붙잡다.

fatta *~r ~de ~t* Ⅰ. *tr. itr.* ① 붙잡다, 꽉 쥐다; ~ ngns hand …의 손을 꽉 잡다; han ~de tag i repet 그는 밧줄을 움켜잡았다; ~ om ngt …을 쥐다. ② (생각·의견·원한 따위를) 마음에 품다, (계획 따위를) 생각해 내다; ~ agg mot(tillgivenhet för) …에게 원한(애착)을 품다; ~ ett beslut 결정하다; ~ hat mot ngn …에게 증오심을 품다; hon ~de nytt hopp 그녀는 새 희망을 품게 되었다; ~ medlidande med ngn …에 대한 연민에 사로잡히다; ~ mod 용기를 가지다; ~ smak för …에 취미를 가지다 ③ 이해하다, 파악하다(förstå); jag ~r inte varför han är så sur 그가 왜 그렇게 불만에 차 있는지 나는 이해하지 못 하겠어; ha lätt (svårt) att ~ 이해가 빠르다(느리다); det är mer än jag kan ~ 나로선 알 수 없는 일이다; jag ~r inte hur … 나로서

어쩐 일인지 알 수가 없다; om jag ~r saken rätt 내가 이해하기로는; ~r du vad jag menar? 내가 뜻하는 바를 이해하느냐? Ⅱ. *rfl*. för att ~ mig kort 간단히, 요약해서 말하면.

fattad *a*. 침착한, (마음이) 가라앉은.

fatta|s *-s -des -ts itr*. *dep*. ① 모자라다, 부족하다, 결핍하다; det -des bara 물론, 그렇고 말고; det ~ 5 kronor 5크로나가 부족하다 ② vad ~ dig? 무슨 일이야?

fattbar *a*. 이해할 만한, 이해할 수 있는.

fattig *a*. ① 가난한; rika och ~a 부자와 빈자; de i anden ~a 마음이 가난한 자; ~ på träd 나무가 없는, 헐벗은 ② 보잘 것 없는, 하찮은; mina ~a slantar 나의 몇 푼 안 되는 돈.

F

fattigbegravning *~en ~ar* 빈민의 장례.

fattigböss|a *-an -or* 빈민구호 모금 상자, (교회의) 자선 헌금함.

fattigdom *~en 0* ① 가난, 빈곤; råka i ~ 가난에 처하다, 가난하게 되다 ② 결핍, 부재; ~ på idéer 아이디어 결핍, 상상력 부족.

fattigdomsbevis *~et ~* ① (주무관청에서 발급한) 극빈자 증명서 ② 무능력 증거; ett andligt ~ 정신적 무능력 증거.

fattighjon *~et ~* 【역사】 (구호의 대상이 되었던) 극빈자.

fattighus *~et ~* 【역사】 빈민 구호소.

fattigkvarter *~et ~* 슬럼가, 빈민가.

fattiglapp *~en ~ar* 가난뱅이.

fattigmansbarn *~et ~* 가난한 사람의 자식.

fattigt *adv*. 가난하게.

fattigvård *~en 0* 빈민 구호(구제).

fattning *~en ~ar* ① 자루, 손잡이 ② (전구의)소켓; (보석의) 세팅(setting) ③ 침착, 평정, 냉정, 자제; behålla ~en 침착함을 잃지 않다; bringa ngn ur ~en …의 자제력을 잃게 하다.

fattningsförmåg|a *-an -or* 이해력, 터득력.

fatöl *~et ~* 생맥주.

faun *~en ~er* (로마 신화의) 목신(牧神, 반인반양의 모습으로 음탕한 성벽을 가지고 있음, 그리스 신화에서는 satyr라고 함).

faun|a *-an -or* (일정한 지역의) 동물군.

favorisera *~r ~de ~t tr*. 편애하다, 소중히 하다, 귀여워하다.

favorit *~en ~er* ① 총아, 마음에 드는 것(사람), 인기 있는 사람 ② 【경기】 우승후보 선수, (경마의) 우승이 예상되는 말.

favoriträtt *~en ~er* 좋아하는 요리.

favoritsystem *~et ~* 편애, 편파, 정실(情實).

favorituttryck *~et ~* 좋아하는 표현, 애용하는 문구.

favör *~en ~er* 총애, 편애, 지지, 이익, 호의; till min ~ 나에게 이롭게; visa ngn en ~, …에게 호의를(친절을) 베풀다.

fax[1] *~et ~* 【통신】 팩스 문서, 전송 사진.

fax[2] *~en ~ar* 【통신】 팩스(송신); (기계 장치로서의) 팩스, 전송 사진 장치.

faxa *~r ~de ~t tr*. 팩스를 보내다.

f.d. före detta의 준말 ☞ före[2] ②.
·**f-dur** (불변화 en-명사) 바-장조.
fe *~n ~er* 요정, 선녀.
feb|er *-ern -rar* ① 열; hög ~ 고열; ~n släpper 열이 내리다 ② 열광, 흥분, 초조; jazz~ 재즈 선풍.
feberaktig *a.* 열이 있는, 열병의; 열병 같은, 열광하는; 뜨거운.
feberanfall *~et ~* 열의 발작, 발열.
feberfri *a.* 열이 없는, 열이 가신.
febersjuk *a.* 열이 있는, 열병이 걸린.
febersjukdom *~en ~ar* 열병, 열기가 있는 병.
feberstillande *a.* 해열[제]의, 해열시키는.
febertermomet|er *-ern -rar* 체온계.
febrig *a.* 열이 있는, 열기가 있는; 뜨거운.
febril *a.* 열병의; 초조한; 뜨겁게 달아오른.
febrilt *adv.* 뜨겁게, 초조하게; 열광하여.
februari (불변화 en-명사) 2월.
federal *a.* 연방[정부]의, 연합의, 동맹의.
federalism *~en 0* 연방주의, 연방제도.
federation *~en ~er* 연방, 연맹, 연합, 동맹.
federativ *a.* 연방의, 연맹의, 연합의, 동맹의.
fedrottning *~en ~ar* 요정(선녀)의 여왕.
feedback [fi:dbɛk] *~en 0* (정보·질문·서비스 등을 받는 측의) 반응, 의견.
feg *a.* 비겁한.
feghet *~en 0* 비겁[함].
fegt *adv.* 비겁하게.
feja *~r ~de ~t tr. itr.* 청소하다, 걸레질하다, 닦다.
fejd *~en ~er* 싸움, 반목, 분규; ligga i ~ med ngn …와 분규상태에 있다.
fejka *~r ~de ~t tr.* 날조하다, 위조하다, 꾸미다.
fel (불변화형용사) 틀린, 옳지 않은; uppge ~ adress 틀린 주소를 가르쳐 주다.
fel *adv.* 틀리게, 잘못되게; räkna ~ 잘못 계산하다; ge ~ (카드놀이에서) 잘못 나누어 주다; ha ~ 잘못하다, 틀리다; skörden slog ~ 흉작이 되었다; ta ~ 실수하다; ta ~ på tiden 시간을 잘못 알다.
fel *~et ~* ① 결점, 흠, 단점; kroppsligt ~ 신체상의 결함; ~ och förtjänster 약점과 장점, 공과; 잘못, 과실, 실수; ett grovt ~ 큰 실수; begå(göra) ett ~ 실수를 저지르다(범하다) ② 탓, 죄, 책임; det var inte mitt ~ 내 탓이 아니다.
fela *~r ~de ~t itr.* ① 모자라다, 부족하다, 결핍하다; ännu ~r några kronor 그래도 몇 크로나가 부족하다 ② 잘못하다, 실수하다, 죄를 범하다.
feladresserad *a.* 주소가 잘못 적힌.
felaktig *a.* 틀린, 잘못된; 결함이 있는; 허위의; ~ användning 오용.
felaktighet *~en ~er* 그릇됨, 잘못됨; 실수.
felande *a.* ① 부족한, 모자란; den ~ länken 하나의 연쇄를 이루는 것 중에서 빠진 것, 진화론에서 인간과 유인원 사이의 빠진 연결고리 ② 잘못

(실수)하는, 죄를 범하는; den ~ 죄인, 피의자.

fela|s *–s –des –ts* ☞ fattas.

felfri *~tt a.* 잘못이 없는, 결함이 없는, 단점이 없는; en ~ diamant 결함이 없는 다이아몬드.

felgrepp *~et ~* 실수.

felhanterar|e *–[e]n ~* 【컴퓨터】 발생하는 오류를 해소하거나 교정하는 프로그램이나 단위.

felmarginal *~en ~er* 오차 범위.

felparkeringsavgift *~en ~er* 주차 위반 과태료.

felslut *~et ~* 그릇된 결론, 오류.

felsteg *~et ~* (비유적) 과오, 과실; 헛디딤.

felsäkert läge 【컴퓨터】 안전모드, Windows를 시작하는 한 가지 방식. 즉 장치 구동기(device driver)를 사용하지 않고 Windows 스스로 작동을 시작 하게 하는 것.

felsökning *~en ~ar* 【컴퓨터】 오류 검색, 디버깅(프로그램의 잘못을 찾아내어 수정하기).

fem *räkn.* 5, 다섯(기수).

femdagarsveck|a *–an –or* 주당 5일 근무(제) (월–금요일까지).

femett|a *–an –or* 명중, 적중; (비유적) 결과의 적중.

feminin *a.* 여성의, 여자의.

feminin|um *–et –er* 여성; 여성명사.

feminiserad *a.* 여성화된.

feminism *~en 0* 여권주의, 여권신장론; 여성적 성향, 나약, 우유부단.

feminist *~en ~er* 여권주의자, 여권신장론자.

femkamp *~en ~er* 【스포츠】 5종 경기.

femkampar|e *–[e]n ~* 5종 경기 출전 선수.

femkron|a *–an –or* 5크로나 짜리 동전.

femkronessed|el/femkronorssed|el *–eln –lar* 5크로나 짜리 지폐.

femling *~en ~ar* 다섯 쌍둥이 중 한 사람.

femm|a *–an –or* ① 숫자 5 ② 5의 숫자 개념을 가진 동전, 지폐, 카드 등 ③ 5학년; han går i –an 그는 5학년이다. ④ (일상적) det var en annan ~ 그것은 다른 일이다(무관한 일이다).

femte *räkn.* 5번째의(서수); Gustaf den ~ 구스타프 5세; ~ hjulet under vagnen 차 밑의 다섯 번째 바퀴(아무 짝에도 쓸모없는 것을 뜻함).

femtekolonn *~en ~er* 제5열 분자(전쟁 발발 시 적군에 동조하는 분자).

femtekolonnar|e *–[e]n ~* ☞ femtekolonn.

femtio *räkn.* 오십, 50(기수).

femti[o]elva *räkn.* 많은, 무수한; det har jag giort ~ gånger (일상적) 나는 수 없이 그 일을 했다.

femti[o]lapp *~en ~ar* 50크로나 짜리 지폐.

femtionde *räkn.* 50번째[의] (서수).

femti[o]procentig *a.* 50퍼센트의, 절반의.

femti[o]öring *~en ~ar* 50외레 짜리 동전.

femton *räkn.* 15, 열다섯(기수).

femtonde *räkn.* 열다섯 번째[의](서수).

femöring *~en ~ar* 5외레 짜리 동전.

fen|a *–an –or* ① 지느러미; han är

~ på ngt 그는 …에 숙달되어 있다(…을 잘 한다) ② (항공기의) 수직 안전판; utan att röra en ~ (비유적) 꼼짝달싹 않고.

fend|er -ern -rar/ fendert ~en ~ar (배의) 방현재(防舷材).

Fenicien 페니키아.

fenicier ~n ~ 페니키아 사람.

fenicisk *a.* 페니키아의.

fennicism ~en ~er 핀란드어의 영향에 기인한 언어현상.

fenol ~en 0 【화학】 페놀, 석탄산.

fenomen ~et ~ ① 현상 ② 기재(奇才), 별난 사람.

fenomenal *a.* 비상한, 드문, 굉장한; han är ~ på 그는 …에 비상한 머리를 가지고 있다.

fenomenologisk *a.* 현상학적인, 현상학적의.

feodal *a.* 봉건의, 봉건적인.

feodalism ~en 0 봉건제도.

ferie ~n ~r 휴가, 방학(주로 복수로 사용됨).

ferment ~et, ~/~er 효소, 발효제.

ferniss|a[1] -an -or 니스, 바니시, 유약(釉藥).

fernissa[2] ~r ~de ~t *itr.* …에 니스를 칠하다.

fest ~en ~er ① 잔치, 파티, 향연, 축연 ② (종교상의) 축제일.

festa ~r ~de ~t *itr.* ① 잔치를 베풀다, 향연을 베풀다, 파티를 열다. ② 즐거운 시간을 보내다; 술을 취하도록 마시다.

festival ~en ~er 축제; 행사.

festivitas (불변화 en-명사) 축제의 분위기.

festklädd *a.* 예복의, 예복을 차려 입은; 이브닝드레스 차림의.

festlig *a.* ① 축제의, 잔치의, 즐거운 ② 화려한.

festlighet ~en ~er 축제, 잔치; 제전.

festong ~en ~er 꽃 줄(꽃 · 잎 · 리본 등을 길게 이어 양끝을 질러놓은 장식).

festpriss|e -en -ar 잔치(파티)를 즐기는 사람.

festskrift ~en ~er 기념 논문집.

festtåg ~et ~ 축제행렬.

festvåning ~en ~ar 연회장.

fet *a.* 기름진, 살찐; 비만의; 비옥한; 수지맞는; (태도 · 말씨 등이) 번드레한; en ~ bit (비유적) 재미있는 뉴스(화제), 토막기사; ~ hy 지방성 피부; ~ mat 기름진 음식.

fetisch ~en ~er 주물, 물신(초자연적인 힘을 가진 것으로 숭배되는 생명이 없는 것들, 예를 들어 돌, 나뭇가지 등).

fetischism ~en 0 주물(물신)숭배.

fetknopp ~en ~ar 【식물】 꿩의비름(돌나물과); (비유적) 뚱보.

fetlagd *a.* 살찐, 뚱뚱한, 비만의.

fetma[1] ~n 0 비만, 뚱뚱함.

fetma[2] ~r ~de ~t *itr.* 살이 찌다, 뚱뚱해지다.

fetstil ~en ~ar 【인쇄】 굵은 활자체.

fett ~et ~er 기름; 지방분; 비계.

fetthalt ~en 0 지방분의 함유도.

fettisdag ~en ~ar ① 참회화요일 ② 단식기간 중의 화요일.

fettisdagsbull|e -en -ar ☞ semla.

fetvadd ~en 0 표백처리가 안된 무명(솜).

fez ~en ~er 터키모(帽)(붉은색, 검은 술이 달렸음).

F

fiasko ~t ~n 실패; göra ~ 실패하다.
fibbla ☞ fibla.
fib|er -ern -rer 섬유, 실; 섬유조직, 섬유질(근육).
fiberoptisk kabel 광섬유 케이블.
fibl|a -an -or 【식물】 조밥나무의 일종.
fibrös a. 섬유의, 섬유성의.
fick|a -an -or 호주머니, 포켓.
fickbok ~en fickböcker 포켓북, 문고본.
ficklamp|a -an -or 회중전등.
fickparkering ~en ~ar (두 대 사이의) 틈새기 주차.
fickpengar (복수명사) 용돈.
fickspeg|el -eln -lar 손거울(여자 핸드백 속의).
ficktjuv ~en ~ar 소매치기; en ~ på det stora varuhuset 대형 백화점의 한 소매치기.
fickupplag|a -an -or 포켓판.
fideikommiss ~et ~ 한사(限嗣)상속 부동산(유언에 의하여 특정인들에게 순차적으로 상속되는 부동산).
fideikommissarie ~n ~r 한사상속(限嗣相續) 부동산 권리인.
fiende ~n ~r 적(敵); ~n 적군.
fiendskap ~en 0 적의, 불화, 반목.
fientlig a. 적대적인, 적의의, 적의.
fientlighet ~en ~er 적의(敵意), 적개심.
fiffa ~r ~de ~t itr. ~ upp 말쑥하게(깨끗하게, 산뜻하게) 하다.
fiff|el ~let 0 사기, 속임수, 협잡.
fiffla ~r ~de ~t itr. 사기하다, 속이다.
figur ~en ~er ① 모습, 형태 ② (소설 속의) 인물 ③ 도형, 도표, 도식, 도해, 일람표 ④ 【사격】 표적[인형] ⑤ (비하의 뜻으로) 작자, 인물; en konstig ~ 이상한 작자.
figurera ~r ~de ~t itr. 나타나다, 등장하다.
fik ~et ~ 카페.
fika ~r ~de ~t itr. ① 커피를 마시다. 커피 타임을 갖다 ② ~ efter …을 갈망하다, 열망하다.
fikon ~et ~ 무화과.
fikon[a]löv ~et ~ 무화과 나뭇잎.
fikonträd ~et ~ 무화과나무.
fiktion ~en ~er 가공, 허구.
fiktiv a. 가공의, 허구의.
fikus ~en ~er 【식물】 고무나무.
fil Ⅰ. ~en ~er ① 줄, 선 ② 차선 ③ 【연장】 줄(쇠붙이를 쓸거나 깎는) Ⅱ. ~en 0 신 우유 Ⅲ. ~en ~er 【컴퓨터】 파일 (한 단위로 다루어지는 관련 기록).
fila ~r ~de ~t tr. itr. 줄로 갈다; (비유적) 다듬다; ~ [på] ngt …을 다듬다.
filantrop ~en ~er 박애주의자.
filantropi ~n 0 박애주의.
filantropisk a. 박애주의의.
filar|e -[e]n ~ 줄질을 업으로 하는 사람.
filateli ~n 0 우표수집, 우표연구.
filatelist ~en ~er 수표수집가, 우표전문가.
filatelistisk a. 우표수집의, 우표연구의.
filbunk|e -en -ar 【요리】 신 우유 제조용 용기; 용기 속에서 만들어진 신 우유.
filé ~n ~er ① 【요리】 필레 살(소·돼지고기 등의 연한 허리부분, 양고기의 허벅지 부근) ② 망사, 그물 레이스.
filẹa ~r ~de ~t tr. 필레 살을 발라내다.
filhanterar|e –[e]n ~【컴퓨터】파일 관리자.
filhanteringssystem ~et ~【컴퓨터】파일 관리체계.
filharmọnisk a. ① 음악애호의 ② 교향악단의.
filiạl ~en ~er 지점, 분점.
filigrạn ~en/~et, ~er/~ (금, 은 등의) 선조(線條) 세공.
filipịn ~en ~er 핵이 둘 있는 호도류 과일; spela ~ [med ngn] […와] filipin 놀이를 하다(filipin 놀이: 호도의 두 핵을 둘이서 나누어 먹고 어떤 약속을 맺은 후 그 약속을 잊으면 벌로써 선물을 주는 놀이).
Filipperbrevet【신약성서】필립보서.
Filippinerna 필리핀군도, 필리핀 공화국.
filisté ~[e]n ~er 팔레스타인 사람 (옛날 팔레스타인의 남부에 살던 민족이며 유태인의 강적).
filköming ~en ~ar (적정) 차선 운전.
film ~en ~er ① 필름 ② 영화 ③ 얇은 막(층).
filma ~r ~de ~t tr. itr. ① 영화를 찍다; …을 영화화하다 ②【스포츠】부상당한 것처럼 가장하다.
filmateljé ~n ~er 영화 촬영소.
filmatisera ~r ~de ~t tr. 영화화하다.
filmcensur ~en 0 영화 검열.
filmfestival ~en ~er 영화제(映畫祭).
filmindustri ~n ~er 영화산업.
filminspelning ~en ~ar 영화제작.
filmisk a. 영화의.
filmjölk ~en 0 신 우유.
filmregissör ~en ~er 영화감독.
filmrull|e –en –ar 필름.
filmstjärn|a –an –or 영화 스타.
filolọg ~en ~er 문헌학자, 언어학자.
filologị ~n 0 문헌학, 언어학.
filolọgisk a. 문헌학의, 언어학의.
filosọf ~en ~er 철학자.
filosofera ~r ~de ~t itr. 사색하다.
filosofị ~n 0 철학.
filosofie (불변화형용사), ~ doktor (fil. dr) 박사; ~ kandidat(fil. kand.) 학사.
filosọfisk a. 철학[상]의.
filt ~en ~ar ① 담요 ② 펠트, 모전(毛氈).
filt|er –ret ~ 여과기,【사진】필터, (담배의) 필터.
filtercigarrett ~en ~er 필터 담배.
filtrat ~et ~ 여과액, 여과 수.
filtrera ~r ~de ~t tr. 여과하다.
filtrering ~en 0 여과.
filtrerpapp|er ~et/–ret, ~ 여과지.
filur ~en ~er 교활한 사람(녀석).
fimbulvint|er –ern –rar ①【북구신화】세계 종말 직전의 매우 혹독한 겨울 ② 추위가 극심한 겨울.
fimp ~en ~ar 담배꽁초.
fimpa ~r ~de ~t tr. (피우던 담배를) 비벼 불을 끄다.
fin a. 좋은, 멋진; 상등[품]의; 가는; 섬세한; 민감한; 정교한; 우수한; 고결한; 미묘한; 어여쁜; extra ~ 최상[품]의; ~t folk 상류층; ~ ironi 미묘한 아이러니; ha ~ känsla för …에 대해 예민한 감각을 가지고 있다; på

ett ~t sätt 우아하게, 세련되게.

finạl¹ *~en ~er* ① 【음악】 피날레, 종악장 ② 【스포츠】 결승[전]; gå upp i(gå till) ~en 결승전에 올라가다.

finạl² *a*. 【문법】 목적을 표시하는; ~sats 목적절.

finalist *~en ~er* 【스포츠】 결승 진출자.

finalmatch *~en ~er* 결승전.

finạns *~en ~er* ① 재정; mina ~er tillåter icke denna utgift 나의 재정 형편상 이러한 지출을 감당할 수 없다 ② ~en 재계.

finansdepartement *~et ~* 재무성.

finansiẹll *a*. 재정적인, 재정의.

finansiera *~r ~de ~t tr*. …에 자금을 공급(조달)하다, …에 융자하다.

finansiering *~en 0* 자금조달.

finans|man *-mannen -män* 재정가, 자본가.

finansminist|er *-ern -rar* 재무장관.

finansrätt *~en 0* 재정법.

finẹss *~en ~er* 교묘함, 특질, 두드러진 점; ~en med apparaten 이 기구의 특징(장점).

finfördela *~r ~de ~t tr*. 가루로 만들다, 빻다, 부수다, 분쇄하다; 세분하다.

fing|er [fiŋ:ər] *-ret/-ern, -rar* 손가락; ge honom ett ~ och han tar hela handen 손가락 하나 주었더니 손을 통째로 잡는다(욕심이 과하다는 의미); ha ett ~ med i spelet 제 몫을 가지고 있다, 관여하다, 참여하다; hålla -rarna borta från ngt …에 관여하지 않다; se genom -rarna med ngt 보고도 못본 체 하다.

fingera [fiŋge:ra]/[finjẹ:ra] *~r ~de ~t tr*. 가공하다, 꾸미다; ~d 가공된, 허위의, 가짜의; ~t namn 가명.

fingeravtryck [fiŋ:ər-] *~et ~* 지문.

fingerborg *~en ~ar* 골무.

fingerfärdig *a*. 능란한, 기민한.

fingerfärdighet *~en ~er* 능란[함], 기민[함].

fingerkrok *~en 0*, dra ~ 손가락 씨름 놀이(장지를 서로 걸어 잡아 당겨서 상대편이 장지를 펴도록 하는 놀이)를 하다.

fingerskiv|a *-an -or* 전화 다이알판.

fingerspets *~en ~ar* 손가락 끝.

fingersvamp *~en ~ar* 버섯의 일종.

fingersättning *~en ~ar* 음악 운지법(運指法).

fingertopp *~en ~ar* ☞ fingerspets.

fingertut|a *-an -or* 손가락싸개; 엄지손가락싸개.

fingervisning *~en ~ar* 힌트, 암시.

fingra [fiŋra] *~r ~de ~t itr*. ~ på 손가락으로 만지다(대다).

fingranska *~r ~de ~t tr*. 세밀하게 검사하다.

finhackad *a*. 잘게 썬.

finish *~en 0* ① 【스포츠】 끝, 마지막, 종국 ② 【기술】 마무리, 끝손질.

finịt *a*. 【언어】 정형(동사)의.

fink *~en ~ar* 【조류】 피리새 류.

fink|a¹ *-an -or* ① 교도소, 유치장 ② 열차의 화물칸(godsfinka).

finka² *~r ~de ~t tr*. 교도소(유치장)에 집어넣다.

finkam *~men ~mar* (날이 섬세한) 빗.

finkamma *~r ~de ~t tr*. 머리를 잘 빗다; 철저하게 수색하다.

finkel *~n 0* 【화학】 퓨젤.

finkelolj|a *-an -or* 퓨젤유(油).
finklä|dd *~tt a.* 옷을 잘 차려입은.
finkornig *a.* ① (곡식의 낟알이) 영근; (돌 따위의) 결이 고운 ② 【사진】 미립자의, 미립자로 된.
finkultur *~en 0* 고급문화 (통속문화, 대중문화에 대비되는).
finkänslig *a.* 용의주도한, 섬세한.
finkänslighet *~en 0* 용의주도함, 섬세함.
Finland 핀란드.
finlandisera *~r ~de ~t tr.* 한 나라의 정책을 점차 강대국의 이익에 일치하도록 유도해나가다.
finlandssvensk[1] *a.* 핀란드-스웨덴인의.
finlandssvensk[2] *~en ~ar* 핀란드-스웨덴인(핀란드 태생으로 스웨덴어를 제1언어로 사용하는 자).
finlandssvensk|a *-an -or* ① (주로 단수형) 핀란드-스웨덴어 ② 핀란드-스웨덴 여자.
finlemmad *a.* 날씬한.
finländar|e *-[e]n ~* 핀란드 사람(남자).
finländsk *a.* 핀란드의.
finländsk|a *-an -or* 핀란드 여자.
finmal|a *-/-er -de -t tr.* 잘게 갈다.
finmalen *a.* 잘게 갈아진.
finmaskig *a.* 그물눈이 작고 정교한.
finn|a *-er fann funnit* Ⅰ. *tr.* ① 찾다; den som söker han -er 구하는 자는 찾을 것이다 ② 발견하다; ~ ngn avsvimmad …가 졸도한 것을 발견하다 ③ 얻다, 받다; ~ nåd 남의 눈에 들다, 총애를 받다 ④ 알게 되다; ~ problemet olösligt 문제가 해결될 수 없다는 것을 알게 되다 ⑤ 간주하다, …라고 치다; ~ honom skyldig till brottet 그가 범죄에 대해 책임이 있다고 간주하다 Ⅱ. *rfl.* ① ~ sig [vara] 자신의 현재위치(상태, 처지)를 알다 ② ~ sig själv 자기 자신을 깨닫다 ③ 느끼다 ④ han -er sig alltid 그는 항상 난관을 극복하다 ⑤ ~ sig i a) 참다, 인내하다 b) 따르다, 복종하다 c) 만족하다; ~ sig i sitt öde 자신의 운명에 따르다(인종(忍從)하다).
finnande, vara till ~s 찾을 수 있다, 만날 수 있다, 대면할 수 있다.
finn|as *-s fanns funnits itr.* 있다, 존재하다.

finn|e *-en -ar* ① 핀란드 사람 ② 여드름.
finnig *a.* 여드름투성이의.
finnmark *~en 0* 【화폐】 핀란드 마르크(유로화로 바뀌기 이전의).
finsk *a.* 핀란드의; 핀란드어의.
finsk|a Ⅰ. *-an -or* 핀란드 여자 Ⅱ. *-n 0* 핀란드어(語).
finsk-ugrisk *a.* 피노우그리아 어족의(우랄어족의 한 갈래).
fint[1] *~en ~er* ① 술책, 계략, 전략 ② (펜싱, 권투에서) 양공(佯攻), 페인트(공격하는 체 하기, 견제 동작).
fint[2] *adv.* 좋게, 곱게, 세밀하게.
finurlig *a.* 꾀 많은, 약삭빠른, 재간이 좋은.
fiol *~en ~er* 바이올린, 제금.
fiolhals *~en ~ar* 바이올린의 목 부분.
fiollåd|a *-an -or* 바이올린 케이스.
fiolspel *~et ~* 바이올린 연주.
fiolspelar|e *-[e]n ~* 바이올린 연주가.
fiolstråk|e *-en -ar* 바이올린을 켜는 활.

fiolsträng *~en ~ar* 바이올린의 선.
fira *~r ~de ~t* Ⅰ. *tr.* 축하하다; 기념하다; ~ minnet av …를 추모하다, 기념하다 Ⅱ. *itr.* (직장을 무단) 결근하다 Ⅲ. *tr. itr.* ~ [på]【항해】(밧줄 따위를) 늦추다, 늦추어지다; ~ ned [잡아]내리다.
firande *~t 0* 축하; 기념.
firm|a *-an -or* 회사.
firmament *~et 0* 하늘, 창공.
firmamärke *~t ~n* 상표.
firmanamn *~et ~* 상호.
fisk *~en ~ar* 물고기; en ful ~ (비유적) 믿을 수 없는 사람; vara som en ~ i vattnet 물고기가 물을 만난 것과 같다(뜻대로 할 수 있는 처지에 있다는 의미); få sina ~ar varma 질책을 받다; Fiskarna【천문】물고기자리(座); 쌍어궁(雙魚宮).
fiska *~r ~de ~t tr. itr.* 물고기를 잡다; ~ i grumligt vatten 자신에게 유리한 상황을 이용하여 이득을 취하다; ~ efter (비유적) 찾다, 뒤지다; ~ upp 물속에서 끌어올리다.
fiskaffär *~en ~er* 어물전.
fiskafänge *~t ~n* 어획(漁獲).
fiskal *~en ~er*【법률】검사, 공소관(公訴官).
fiskarbefolkning *~en ~ar* 어민.
fiskarbåt *~en ~ar* 어선.
fiskar|e *-[e]n ~* 어부.
fiskargubb|e *-en -ar* 나이 많은 어부.
fiskarhustru *~n ~r* 어부의 처.
fiskarstug|a *-an -or* 어부의 집.
fiskart *~en ~er* 물고기 종류.
fiskben *~et ~* 물고기 뼈.
fiskbensmönst|er *-ret ~* 오늬무늬 (물고기 뼈 모양의 무늬).
fiskblås|a *-an -or* 부레.
fiskbull|e *-en -ar*【음식】생선으로 만든 소고기 단자 모양의 것.
fiskdamm *~en ~ar* 양어 못(池).
fiske *~t ~n* 낚시질; 어업;【법률】어업권;【산업】수산업.
fiskebåt *~en ~ar* 고기잡이 배.
fiskedon *~et ~* (주로 복수형) 낚시질 도구.
fiskefartyg *~et ~* 어선.
fiskeflott|a *-an -or* (어선의) 선대(船隊).
fiskegräns *~en ~er* 어로구획선.
fiskekort *~et ~* 낚시터 입장권.
fiskelycka *~n 0*, ha god ~ 고기잡이 운이 좋다.
fiskeläge *~t ~n* 어촌.
fiskeri *~et ~er* ① 어업 ② 수산회사.
fiskeriintendent *~en ~er* 수산업 조사관.
fiskerikonsulent *~en ~er* 수산업 지도인.
fiskerinäring *~en ~ar* 수산업.
fiskerätt *~en 0* 어업(어로)권.
fiskevatt|en *-net ~* 낚시터, 어장.
fiskfilé *~n ~er* (생선에서) 가시를 바르고 저민 살.
fiskfjäll *~et ~* 생선비늘.
fiskgjus|e *-en -ar*【조류】물수리.
fiskhall *~en ~ar* 어전(생선시장).
fiskhandel *~n 0* ☞ fiskaffär.
fiskhandlar|e *-[e]n ~* 생선장수.
fiskhandlersk|a *-an -or* 여자 생선장수.
fiskhåv *~en ~ar*【낚시】(낚은 고기를 떠올리는) 그물, 사내끼.
fiskkonserv *~en ~er* 생선 통조림.

fiskleverolj|a *-an -or* (대구 따위의 간에서 뽑은) 간유.

fisklim *~met ~[mer]* 부레풀, 어교.

fisklukt *~en ~er* 생선내, 비린내.

fiskmås *~en ~ar* 【조류】 갈매기.

fisknät *~et ~* 고기그물.

fiskodling *~en ~ar* 양어(養魚).

fiskolja *~n 0* 간유(肝油).

fiskpinn|e *-en -ar* 가느다란 생선토막에 빵가루를 묻혀 튀긴 것.

fiskpudding *~en ~ar* 생선푸딩.

fiskredskap *~et ~* 낚시도구.

fiskrik *a.* 물고기가 많이 있는.

fiskrom *~men 0* 생선 알.

fiskrätt *~en ~er* 생선요리.

fiskskinn *~et ~* 생선 껍질.

fiskstim *~met ~* 물고기 떼.

fiskstjärt *~en ~ar* 물고기 꼬리.

fisksump *~en ~ar* (산 물고기를 넣어 두는) 활어 탱크.

fisktärn|a *-an -or* 【조류】 제비갈매기.

fiskyng|el *-let ~* (알에서 갓 깬) 치어(稚魚).

fiskög|a *-at -on* ① 물고기 눈 ② (비유적) 생기 없는 눈.

fiss *~et ~* 【음악】 F샤프.

fist|el *-eln -lar* 【병리】 누(瘻), 누관(궤양, 상처 따위 때문에 생긴 구멍).

fistelartad *a.* 누(瘻)처럼 생긴, 누관(瘻管)의.

fistelgång *~en ~ar* 누관.

fix *a.* ① 고정된, (관념 따위가) 마음에 깊이 새겨진; ~ idé 고정관념 ② ~ och färdig 만반의 준비가 된.

fixa *~r ~de ~t. tr.* 해결하다, 마련하다; ~ ngt åt ngn …에게 …을 해결해 주다.

fixera *~r ~de ~t tr.* ① 결정하다, 정하다; ~ sin ståndpunkt 자신의 입장을 결정하다 ② …을 빤히 보다.

fixerbad *~et ~* 【사진】 정착용액.

fixering *~en ~ar* ① 【정신분석】 인격향상의 정지 ② (시야 등의) 고정 ③ 【사진】 정착.

fixeringsbild *~en ~er* (그림 찾기 놀이의) 그림.

fixeringsmed|el *-let ~* 정착제(액).

fixpunkt *~en ~er* 고정점; 【물리】 정점(定點).

fixstjärn|a *-an -or* 【천문】 항성(恒星).

fjant Ⅰ. *~et 0* 야단법석, 수다 Ⅱ. *~en ~ar* 수다쟁이, 참견하기 좋아하는 사람.

fjanta *~r ~de ~t itr.* 알랑거리다, 아첨하다, 참견하다.

fjantig *a.* 참견하기 좋아하는; 어리석은, 법석을 떠는; 지나치게 꾸민.

fjantighet *~en 0* 어리석음; 나서기 좋아함.

fjol (불변화명사), i ~ 작년에는; i ~ sommar 작년 여름에; modeller från i ~ 지난해의 모델.

fjoll|a *-an -or* 어리석은 여자.

fjollig *a.* 어리석은.

fjollighet *~en 0* 어리석음.

fjolåret (정형명사) 작년.

fjor (불변화명사) ☞ **fjol**.

fjord *~en ~ar* 피오르드. 협만(절벽 사이로 깊숙이 들어간 협강(峽江)).

fjorton *räkn.* 14, 열넷(기수).

fjortonde *räkn.* 열네 번째의(서수).

fjun *~et ~* (새의) 솜털, (새 새끼의) 배내털, 부드러운 털.

F

fjunig *a.* 솜털의, 배내털의, 부드러운 털의, 솜털로 덮인.
fjäd|er *-ern -rar* ① 깃털 ② 스프링, 용수철.
fjäderbeklä|dd *-tt a.* 깃털로 덮인.
fjäderbolst|er *-ern/-ret, -rar/~* 깃털침대.
fjäderdräkt *~en ~er* (집합적) 깃[털].
fjäderfä *~[e]t ~n* (집합적) 가금(家禽).
fjäderfäskötsel *~n 0* 가금 사육.
fjäderkudd|e *-en -ar* 깃털 베게.
fjädermoln *~et ~* 새털구름.
fjäderpenn|a *-an -or* 깃털로 만든 펜.
fjäderpry|dd *-tt a.* (새의) 깃털로 장식된.
fjädervåg *~en ~ar* 용수철저울.
fjädra *~r ~de ~t* Ⅰ. *itr.* 융통성을 보이다, 양보하다 Ⅱ. *rfl.* 뽐내다, 과시하다.
fjädrande *a.* 탄력 있는, 융통성 있는.
fjäll[1] *~et ~* 산악지대.
fjäll[2] *~et ~* 비늘, 허물.
fjäll|a[1] *-an -or* 애인(愛人), 젊은 여자.
fjälla[2] *~r ~de ~t* Ⅰ. *tr.* (생선으로부터) 비늘을 벗기다 Ⅱ. *itr.* (뱀 따위가) 허물을 벗다.
fjällandskap *~et ~* 산악의 경치.
fjällig *a.* 비늘로 덮혀 있는; 허물진.
fjällning *~en 0* 비늘 벗기기; 껍질 벗기기; (표피 따위의) 벗겨짐, 박리(剝離).
fjällräv *~en ~ar* (산악지대나 북극에 서식하는) 여우.
fjällskivling *~en ~ar* 【식물】 버섯의 종류.
fjälluggl|a *-an -or* 올빼미의 종류.
fjällvandring *~en 0* 등반, 등산.
fjällvidd *~en ~er* 광활하게 펼쳐져 있는 산들.
fjällväxt *~en ~er* 고산식물.
fjälläm|mel *-meln -lar* 【동물】 나그네쥐.
fjälst|er *-ret ~* 소시지(순대)의 껍질.
fjär *a.* 냉담한, 쌀쌀한.
fjärd *~en ~ar* 만(灣).
fjärde *räkn.* 네 번 째[의] (서수).
fjärdedel *~en ~ar* 사분의 일.
fjäril *~en ~ar* 나비; natt~ 나방.
fjärilshåv *~en ~ar* 나비그물.
fjärilsim *~met 0* 【수영】 접영.
fjärilslarv *~en ~er* 나비 애벌레.
fjärma *~r ~de ~t* Ⅰ. *tr.* ~ från …로부터 멀어지다 Ⅱ. *rfl.* ~ sig från …으로부터 소원해지다.
fjärmare *a.* 더 먼.
fjärran[1] (불변화형용사) 먼, 멀리 떨어진; Fjärran Östern 극동.
fjärran[2] *adv.* ~ ifrån 멀리서, 먼 곳으로부터.
fjärran[3] (불변화명사) 멀리 떨어진 장소.
fjärrblockering *~en ~ar* 철도 중앙 교통통제장치(자동적으로 운행 중의 열차속도를 감속시켜 주는 장치).
fjärrfotografering *~en 0* 망원 사진술.
fjärrkontroll *~en ~er* 원거리 조정; 리모콘.
fjärrobot *~en ~ar* 장거리 미사일.
fjärrskådar|e *-[e]n ~* 투시자; 통찰자, 천리안을 가진 사람.
fjärrstyrd *a.* 원격조정의.

F

fjärrtrafik *~en 0* 장거리 교통(기차나 버스를 수단으로 하는).

fjärrvap|en *-net ~* 장거리 무기.

fjärsing *~en ~ar* 【어류】 눈동미리류(類)

fjärt *~en ~ar* 방귀.

fjärta *~r ~de ~t itr.* 방귀를 뀌다.

fjäsk Ⅰ. *~et 0* ① 아양, 아부 ② 소동, 혼잡 Ⅱ. ~en ~ar ☞ fjäsker.

fjäska *~r ~de ~t itr.* ① ~ för 해롱거리다, 아양 떨다, 아부하다 ② 소동을 부리다, 법석을 떨다.

fjäsk|er *-ern -rar* 아양 꾼, 아첨꾼; 수다쟁이.

fjäskig *a.* ① 아양 떠는, 아첨하는 ② det är inte så ~t 그것은 그리 중요하지 않다.

fjät *~et ~* 걸음걸이; 발자국.

fjättra *~r ~de ~t tr.* 가두다, 사슬을 채우다, 수갑을 채우다.

fjättrar (복수명사) 사슬, 수갑, 쇠고랑, 수(족)쇄.

f.Kr. 기원전(före Kristus).

flabb Ⅰ. *~et 0* 깔깔거리는(자제하지 못한) 웃음 Ⅱ. *~en ~ar* 속없이 지껄이기 좋아하는 사람, 수다쟁이.

flabba *~r ~de ~t itr.* 깔깔거리고 웃다.

flabbig *a.* 사소한, 하찮은.

flack *a.* ① 평범한 ② 표면적인, 진부한.

flacka *~r ~de ~t itr.* 배회하다, 유랑하다, 떠돌다.

flackande[1] *a.* en ~ blick 불안정한 눈길(시선).

flackande[2] *~t 0* 배회, 유랑, 표류.

fladder|mus *~en -möss* 박쥐.

fladdra *~r ~de ~t itr.* ① (날개를) 퍼드덕거리다, (깃발 따위가) 펄럭이다 ②훨훨 (나비처럼) 날다 ③ (불이) 명멸하다, 깜박거리다.

fladdrig *a.* ① 퍼덕거리는, 팔락이는 ② (비유적) 변덕스러운.

flag|a[1] *-an -or* 박편(薄片); 조각, 지저깨비.

flaga[2] *~r ~de ~t itr. rfl.* ~ sig 벗겨져 떨어지다; ~ av [sig] [박편이 되어] 떨어져 내리다.

flageolett [-ʃɔlẹt] *~en ~er* 【악기】 플래절렛(구멍이 여섯 개인 피리); (파이프 오르간의) 음전(音栓).

flagg *~en 0* 깃발; hissa ~ 깃발을 올리다.

flagg|a[1] *-an -or* 국기, 깃발.

flagga[2] *~r ~de ~t itr.* 기(깃발)를 달다(올리다).

flaggdag *~en ~ar* 국기 게양일.

flagglin|a *-an -or* 깃발(게양대)에 매달린 줄.

flaggskepp *~et ~* 【항해】 기함(旗艦).

flagg|stång *~en -stänger* 게양대.

flagna/flagra *~r ~de ~t itr.* 벗겨져 떨어지다, (조각으로) 떨어져 내리다.

flagrạnt *a.* 분명한, 명백한.

flak *~et ~* ① (해상에 떠 있는) 부빙(浮氷) ② (짐차의 짐 싣는) 대, 데크.

flakvagn *~en ~ar* (짐 싣는 부분이 있는)차.

flamịngo *~n ~r* 플라밍고(스페인 춤).

flamländar|e *~[e]n ~* (벨기에의) 플랑드르 지방사람.

flamländsk. *a.* 플랑드르의.

flamländsk|a Ⅰ. *-an -or* 플라망

F

여자 Ⅱ. *-an 0* 플라망 말(네덜란드 말의 방언).

flamm|a[1] *-an -or* ① 불길, 불꽃, 화염 ② 마음에 드는 여자

flamma[2] *~r ~de ~t itr.* ① (불꽃을 내며) 타오르다 ② (정열 따위가) 불타오르다.

flammande *a.* 불타오르는, (색채가) 타는 듯한.

flammig *a.* 얼룩(붉은 반점) 투성이의, 물결[무늬]같은.

flams *~et 0* 어리석은 행동, 사려 깊지 못한 행실.

flamsa *~r ~de ~t itr.* 희롱거리다, 희희낙락 하다.

flamsk *a.* 플랑드르의.

Flandern 플랑드르 (벨기에 서부, 네덜란드 남서부, 프랑스 북부에 걸친 중세 국가).

flandrisk *a.* 플랑드르의.

flanell *~en ~er* 플라넬, 면.

flanera *~r ~de ~t itr.* 배회하다; ~ på stan 시내를 배회하다.

flank *~en ~er* 【군사】 측면, 익(翼); (말의) 옆구리[살]; angripa fienden i ~en 적의 측면을 공격하다.

flankanfall *~et ~* 측면공격.

flankera *~r ~de ~tr.* 【군사】 측면 공격을 하다; 양면을 둘러싸다.

flanör *~en ~er* 배회(소요)하는 사람.

flarn *~et 0*, driva som ett ~ 부평초처럼 떠다니다.

flask|a *-an -or* 병; en ~ vin 포도주 한 병.

flaskbarn *~et ~* 인공영양아(우유로 자란 아기).

flaskhals *~en ~ar* ① 병목 ② 좁은 통로[길]; 교통 체증[병목 현상](이 일어나는 곳) ③ (사물의) 진행[활동]을 방해하는 요인.

flaskpost *~en ~er* 병 속에 편지를 넣어 [물에 띄워] 보내는 우편(특히 해상 사고 시).

flasköl *~et ~* 병맥주.

flat *a.* ① 평평한, 얕은 ② 놀랜, 당황한 ③ 관대한; 약한.

flat|a *-an -or* ① 평평한 면 ② ☞ handflata.

flatbottnad *a.* 바닥(밑)이 평평한.

flathet *~en 0* 약함, 부드러움, 관대함.

flatskratt *~et ~* 너털웃음.

flau *a.* (불변화형용사) 활기가 없는, 둔한; 부진한, 한산한, 침체한; börsen var ~ 주식시장이 침체하였다.

flax *~en 0* 행운; ha ~ 운이 좋다.

flaxa *~r ~de ~t itr.* 퍼덕거리다; 펄럭이다; ~ med vingarna 날개를 퍼덕이다.

flegma *~n 0* 무기력, 냉담, 무관심.

flegmatiker *~n ~* 냉담한 사람.

flegmatisk *a.* 냉담한, 무기력한, 수동적인.

flektion ☞ **flexion**.

flera[1] *a.* 더 많은(fler); de är ~ än vi 그들은 우리보다 더 많다.

flera[2] *pron.* 더 많은 사람(것)(=flere); på ~s begäran 다수의 의견에 따라.

fleranvändarsystem *~et ~* 【컴퓨터】 하나의 공동 디바이스에 여러 사용자가 함께 이용할 수 있는 컴퓨터 체계 (예: 대형 메모리 저장장치 또는 프린터).

flerbarnsfamilj *~en ~er* 자녀가 많은 가족.

flerdubbel *a.* 다수의.

flerdubbla *~r ~de ~t tr.* 수배로 곱하다(늘리다).
flerfaldig *a.* 다수의, 수배의.
flerfaldiga *~r ~de ~t tr.* ① 수배를 곱하다 ② (복사기로) 여러 통을 복사하다.
flerfalt *adv.* 수배로, 다수, 많이.
flerfamiljshus *~et ~* 다세대 주택(건물).
flerfärgstryck *~et ~* 다색 인쇄.
flersidig *a.* 【기하】 다면[체]의.
flersiffrig *a.* 【수학】 다 단위 수(數)의.
flerspråkig *a.* 다국어를 구사하는; 다국어가 공용되는; 다국어 판의.
flerstavig *a.* 다음절의.
flerstegsraket *~en ~er* 다단식 로켓.
flerstädes *adv.* 여러 장소(곳)에서.
flerstämmig *a.* 【음악】 다성(多聲) 음악의; 대위법의.
flerstämmigt *adv.* 다성 음악으로.
flertal *~et 0* ① 다수; ~et människor 대다수 사람들, i ~et fall 다수의 경우[에 있어서] ② ett ~ 여러 개의, 여럿의 ③ 【문법】 복수.
flervalsuppgift *~en ~er* 다항 선택식 문제.
flerårig *a.* 수년의.
flesta *a.* de flesta 가장 많은, 대다수의; de ~ pojkar 대다수 소년들.
flexịbel *a.* 융통성 있는, 적응성 있는, 탄력적인; föra en ~ politik 탄력적 정책을 쓰다.
flexibilitẹt *~en 0* 융통성, 탄력성, 적응성.
flexion *~en ~er* 【문법】 어형변화, 굴절.
flextid *~en ~er* 변형 근로 시간제.
flick|a[1] *–an –or* 소녀.
flicka[2] *~r ~de ~t tr.* ① ~ ihop 조각을 대어 수선하다, 이어 맞추다 ② ~ in ☞ inflicka.
flickaktig *a.* 소녀 같은.
flickbekant *~ ~a* 여자친구.
flick|bok *~en –böcker* 소녀들을 위한 책, 소녀들에 관한 책.
flickjägar|e *–[e]n ~* 여자들을 쫓아다니는 사람.
flicknamn *~et ~* 여자 이름; 여자가 혼인 전에 가졌던 성.
flickpension *~en ~er* 여자(여학생) 기숙사.
flickscout *~en ~er* 걸스카우트, 소녀단원.
flickskol|a *–an –or* 여자 학교.
flicksnärt|a *–an –or* 어린 것, 철부지; hon är bara en ~ 그녀는 철부지에 불과하다.
flicktycke *~t 0*, ha ~ 소녀들에게 인기가 좋다.
flickvän *~nen ~ner* 여자친구; han ska flytta ihop med sin ~ 그는 여자친구와 동거하려 한다.
flik *~en ~ar* (봉투에 접는)부분; 천의 모서리 부분; 가장자리; 모서리.
flikig *a.* 【식물】 가늘게 째진; 톱니 모양의.
flim|mer *–ret 0* 빛의 명멸(깜박임).
flimmerhår *~et ~* (잎 · 깃 따위의) 솜털.
flimra *~r ~de ~t itr.* 얼굴을 찡그리며 웃다, 조소하다.
flin *~et 0* (얼굴을) 찡그림, 조소.
flina *~r ~de ~t itr.* 얼굴을 찡그리며 웃다, 조소하다.
fling|a *–an –or* 박편(薄片), 조각,

지저깨비, (눈)송이.

flink *a.* ~ av sig 민첩한; ~ i benen 발이 빠른.

flint *~en 0* ☞ flintskalle.

flint|a *-an -or* 부싯돌.

flintlåsgevär *~et ~* 부싯돌 식 발화장치의 총; 화승총.

flintskall|e *-en -ar* 대머리.

flintskallig *a.* 대머리의.

flintyx|a *-an -or* 부싯돌로 만든 도끼.

flirt ☞ flört

flis|a[1] *-an -or* 박편(薄片), 조각, 부스러기, 지저깨비; 대팻밥; 나무토막.

flisa[2] *~r ~de ~t* Ⅰ. *tr.* ~ sönder 쪼개다, 찢다 Ⅱ. *rfl.* 쪼개지다, 찢어지다.

flit *~en 0* ① 근면, 성실 ② med ~ 의도적으로.

flitig *a.* 부지런한, 성실한, 근면한.

flock Ⅰ. *~en 0* 털(솜)부스러기 Ⅱ. *~en ~ar* 떼, 무리; vargar jagar i ~ 늑대는 무리를 지어 사냥 한다; 【식물】 산형화서(繖形花序)(꽃차례).

flocka *~r ~de ~t rfl.* 떼(무리)를 짓다.

flock|as *~ -ades -ats itr. dep.* 떼(무리)를 짓다.

flockblomstrig *a.* 【식물】 산형(繖形)화가 피는; 산형화의.

flod *~en ~er* ① 강 ② 밀물; det är ~ 밀물 때이다.

flodarm *~en ~ar* 강의 지류.

flodbädd *~en ~ar* 하상(河床), 강의 바닥.

flodhäst *~en ~ar* 하마.

flodmynning *~en ~ar* 강어귀.

flodsprut|a *-an -or* 화재 진압 호스를 장착한 배.

flodvåg *~en ~ar* 밀물의 파도.

flor Ⅰ. *~et ~* 성기고 얇은 천; 가제; 면사포 Ⅱ. (불변화명사) stå i (sitt) ~ 꽃이 만개해 있다.

flor|a *-an -or* 식물군.

Florens 플로렌스, 피렌체(이탈리아의 중부도시).

florentinar|e *-[e]n ~* 플로렌스 사람.

florentinsk *a.* 플로렌스의.

florera *~r ~de ~t itr.* 번영(번성)하다.

florett *~en ~er* (끝을 둥글고 뭉툭하게 만든) 연습용 펜싱 검.

florettfäktning *~en ~ar* 연습용 검으로 하는 펜싱.

florstunn *a.* 매우 얇은, 면사포처럼 얇은.

floskler (복수명사) 허튼 소리(tomt prat).

flott[1] (불변화형용사) ① bli(få) ~ 해상으로 나가다 ② 사치스러운, 풍성한, 풍요한, 우아한, 멋진; en ~ middag 풍성한 정찬.

flott[2] *adv.* 사치스럽게; 멋지게, 우아하게.

flott[3] *~et 0* 동물의 지방분.

flott|a[1] *-an -or* 해군 함대.

flotta[2] *~r ~de ~t tr.* ① (물에) 띄우다 ② 뗏목으로 나르다.

flottar|e *-[e]n ~* 뗏목 운반자.

flottbas *~en ~er* 함대기지.

flott|e *-en -ar* 뗏목.

flottfläck ☞ fettfläck

flottig *a.* 기름칠이 된, 기름기 있는.

flottilj *~en ~er* 소함대, 소형 선대; 전투비행단, 항공단.

flottist *~en ~er* 해군.

flottled ~*en* ~*er* 항로, 선로, 해로.

flottning ~*en* ~*ar* 뗏목 수송.

flottningsränn|a −*an* −*or* (목재 운반용의)용수로.

flottyr ~*en* ~*er* 음식을 튀길 때 이용하는 기름.

flottör ~*en* ~*er* (물탱크의 수위를 조절하는) 부구(浮球); (수상 비행기의) 플로트, 부주(浮舟).

flox ~*en* *0*【식물】플록스(꽃창포 과의 화초).

flug|a −*an* −*or* ① 파리; en ~ gör ingen sommar 파리 한 마리가 보였다 해서 여름이 온 것은 아니다(하나를 가지고 속단하지 말라) ② 나비 넥타이.

flugfiske ~*t* ~*n* 파리를 미끼로 하는 낚시.

flugfångar|e −[*e*]*n* ~ 파리 잡는 사람(기구);【식물】파리풀.

flugig *a*. 미친, 머리가 돈.

flugit ☞ flyga

flugsmäll|a −*an* −*or* 파리채.

flugsvamp ~*en* ~*ar* 독버섯의 일종.

flugsvikt ~*en* *0*【권투】플라이급.

flụid|um −*et* −*er* 유동체; 액체.

fluktuation ~*en* ~*er* 오름내림; 변동; (복수명사) 성쇠, 흥망.

fluktuera ~*r* ~*de* ~*t* *itr*. 오르내리다, 변동하다.

flummig *a*. (마약 중독으로 정신이) 흐리멍덩한.

flundr|a −*an* −*or* 넙치.

fluor ~*en* *0*【화학】불소.

fluorbehandling ~*en* ~*ar*【치과】플루오르화물로 처리하기.

fluorescens ~*en* ~*er*【물리】형광[성].

fluorescera ~*r* ~*de* ~*t* *itr*. 형광을 발하다.

fluss ~*en* ~*er*【화학】융제(融劑), 용매제.

flusspat ~*en* *0*【광물】형석.

flust|er −*ret* ~ 벌통 입구의 구멍.

flutit ☞ flyta.

fly[1] ~*et* ~*n*【항해】닻혀, 닻가지.

fly[2] *adv*. ~ förbannad 대노한, 화가 잔뜩 난,

fly[3] ~*r* ~*dde* ~*tt* Ⅰ. *itr*. ① 도망가다 ② 사라지다; ~dda tider 흘러간 시간들 Ⅱ. *tr*. 피하다.

flyg ~*et* *0* ① 비행기; med (per) ~ 비행기로; sända med ~ 항공으로 보내다 ② 공군 ③ 비행.

flyg|a −*er* *flög* *flugit* ① 비행하다, 날다. ② 비행기 · 기구 등을 타고 가다; ~ emot 비행 중 …과 충돌하다; ~ igen 꽝하고 닫히다; ~ ihjäl sig 공중 충돌로 생명을 잃다; ~ in mot …로 가까이 가다(접근하다).

flygande *a*. 날아가는, 비행하는; ~ reporter 떠돌이 리포터; i ~ fläng 매우 서둘러서; 처음부터 전속력으로 달리는; ~ start 신속한 시작; 처음부터 빠른 출발; ~ tefat 비행접시.

flyganfall ~*et* ~ 공습.

flygar|e −[*e*]*n* ~ 비행사.

flygbas ~*en* ~*er* 공군 기지.

flygbiljett ~*en* ~*er* 비행기 표.

flygblad ~*et* ~ 삐라.

flygbolag ~*et* ~ 항공사.

flygcertifkat ~*et* ~ 비행사 자격[증].

flyg|el −*eln* −*lar* ①【군사】(본대 좌우의) 측면 지원 부대 ②【건축】물림, 퇴(간), 날개, 익면(翼面) ③ 그랜드 피아노.

flygbyggnad *~en ~er* 【건축】 퇴(간), 익(翼), 물림.
flygeskad|er *-ern -rar* 비행전대(戰隊), 비행연대.
flygfisk *~en ~ar* 날치.
flygflottilj *~en ~er* 비행단.
flygfoto *~t ~n* 공중사진.
flygfä *~et ~n* 날개가 있는(달린) 곤충.
flygfält *~et ~* 비행장.
flygfärdig *a.* ① 【조류】 (날 수 있을 정도로) 성장한 ② 비행준비가 완료된.
flygförbindelse *~n ~r* 항공노선.
flyghaveri *~et ~er* 비행기 사고; 비행기 고장.
flygkapten *~en ~er* (비행기) 기장.
flygkropp *~en ~ar* (비행기의) 동체, 기체.
flyglarm *~et ~* 공습 공보.
flyglinje *~n ~r* (정기) 항공노선.
flygmaskin *~en ~er* ☞ flygplan.
flygmekaniker *~n ~* 항공기 정비사.
flygmotor *~n ~er* 비행기 엔진.
flygmyr|a *-an -or* (날개 있는) 개미.
flygning *~en ~ar* ① 비행, 항공 ② 날기, 비행기 여행.
flygolyck|a *-an -or* 비행기 사고.
flygplan *~et ~* 비행기.
flygplats *~en ~er* 비행장.
flygpost *~en 0* 항공 우편.
flygsand *~en 0* (바람에 날리는) 모래.
flygspaning *~en ~ar* 공중사찰 (정찰).
flygstridskrafter (복수명사) 공군력.
flygtrafik *~en 0* 항공 교통.
flygtransport *~en ~er* 항공 수송, 공수(空輸).
flyguppvisning *~en ~ar* 에어쇼, 공중 쇼.
flygvap|en *-net ~* 공군.
flygvärdinn|a *-an -or* 스튜어디스, 탑승 여승무원.
flygödl|a *-an -or* 【고생물】 익수룡(翼水龍).
flyhänt *a.* 손이 잽싼, 민첩한, 날렵한.
flykt Ⅰ. *~en ~er* 비행; 날기 Ⅱ. *~en 0* 도망, 도주, 탈출.
flyktförsök *~et ~* 도망시도, 탈출시도.
flyktig *a.* ① 빨리 지나가는, 덧없는, 무상한; 일시적인; en ~ bekantskap 일시적인 친교 ② 변덕이 심한, 경박한; en ~ kvinna 변덕스러운 여자 ③ 【화학】 휘발성의.
flykting *~en ~ar* 망명자; 도망자, 난민.
flyktingläg|er *-ret ~* 난민 수용소.
flyt|a *-er flöt flutit* Ⅰ. ① 뜨다 ② 흐르다; allting -er 모든 것은 변화한다 ③ 액체 상태이다 Ⅱ. (강세접사와 함께) ① ~ bort 멀리 떠내려가다; ~ med strömmen 물살을 타고 멀리 떠내려가다 ② ~ ihop a) (강의 지류 등이) 만나다, 합쳐지다 b) 흐려지다 ③ [vilja] ~ ovanpå 우월해지기를 원하다 ④ ~ upp 표면으로 떠오르다.
flytande[1] *a.* ① 떠 있는; 흐르는; 액체 상태의; ~ föda 액체 상태의 음식 ② 희미한.
flytande[2] *adv.* 유창하게.
flytdock|a *-an -or* 부선거(浮船渠, 자유자재로 물 위에 떠오르고 잠기도록 설계된 시설, 도크).
flytning *~en ~ar* ① (종기 따위의)

고름 ② 【의학】 백대하(白帶下).

flytta ~*r* ~*de* ~*t* Ⅰ. *tr*. ① 이동시키다 ② 상급반으로 올리다 ③ (장기 등의 놀이에서 말을) 움직이다 Ⅱ. *itr*. ~ (på) sig 자리를 옮기다; inte ~ sig en tum 한 치도 움직이지 않다 Ⅲ. (강세접사와 함께) ① ~ ihop (동거하기 위해) 이사하다 ② ~ ned (지위 등을) 떨어뜨리다 ③ ~ upp 승진시키다.

flyttbar *a*. 이동시킬 수 있는, 나를 수 있는.

flyttfåg|el −*eln* −*lar* 철새.

flyttkarl ~*en* ~*ar* 이삿짐센터 인부.

flyttlass ~*et* ~ 이삿짐.

flyttning ~*en* ~*ar* ① 이동, 이사 ② 철새의 이동.

flyttningsbetyg ~*et* ~ 주민등록 변경 증명서.

flytväst ~*en* ~*ar* 구명복(재킷).

flå ~*r* ~*de* ~*tt* *tr*. (껍질을) 벗기다.

flåsa ~*r* ~*de* ~*t* *itr*. 씨근덕거리다, 헐레벌떡하다, 가쁜 숨을 몰아쉬다.

fläck ~*en* ~*ar* ① 얼룩 ② 오명, 오점 ③ 작은 구획; på ~en 당장, 즉시.

fläcka ~*r* ~*de* ~*t* *tr*. 더럽히다; ~ ngns heder …의 명예를 더럽히다.

fläckfeb|er −*ern* −*rar* ☞ **fläcktyfus**.

fläckig *a*. ① 얼룩(반점)이 있는 ② 더러워진, 오점(오명)의.

fläcktyfus ~*en* *0* 【의학】 발진 티푸스.

fläder ~*n* *flädrar* 【식물】 양딱총나무.

fläder|mus −*musen* −*möss* 박쥐.

fläderte ~[*e*]*t* ~*er* 양딱총 나무의 꽃을 재료로 만든 차로 발한제(땀을 촉진시키는 약재)로 쓰임.

fläk|a −*er* −*te* −*t* *tr*. 쪼개다, 째다.

fläkt ~*en* ~*ar* ① 바람, 미풍; 기풍(비유적); en ~ av romantik 낭만적 기풍 ② 선풍기.

fläkta ~*r* ~*de* ~*t* Ⅰ. *tr*. (바람을) 일게 하다 Ⅱ. *itr*. 바람이 불다.

flämta ~*r* ~*de* ~*t* *itr*. ① 숨을 가쁘게 몰아쉬다, 헐떡거리다 ② (불이) 가물거리다, 깜박거리다.

flämtning ~*en* ~*ar* ① 헐떡임, 씨근덕거림 ② 가물거림, 깜박임.

fläng ~*et* *0* 소동, 혼잡, 재촉, 분잡; i flygande ~ 매우 급하게.

fläng|a −*er* −*de* −*t* Ⅰ. *tr*. (껍질 따위를) 벗기다 Ⅱ. *itr*. 소동을 부리다, 부산떨다.

fläns ~*en* ~*ar* 플랜지, 불쑥 나온 테두리, (철관 끝의) 테두리, 테두리의 가장자리.

flänsad *a*. 플랜지가 붙은.

flärd ~*en* *0* 허영, 천박함.

flärdfri *a*. 허영이 없는, 소박한.

flärdfull *a*. 허영에 찬, 천박한.

fläsk ~*et* *0* 돼지고기; 베이컨.

fläskhar|e −*en* −*ar* ① 돼지의 허리(갈비뼈 부근) 고기 ② ☞ **fläskfilé**.

fläskig *a*. 돼지같이 살찐, 통통하게 찐.

fläskkarré ~*n* ~*er* 돼지 갈비뼈 부근의 고기.

fläskkotlett ~*en* ~*er* 고기가 붙은 돼지갈비.

fläsklägg ~*en* ~*ar* 돼지 앞다리 고기.

flät|a[1] −*an* −*or* 댕기, 엮은 밀짚, 땋은 끈.

fläta[2] ~*r* ~*de* ~*t* *tr*. (머리카락 등을) 땋다, 꼬다, 엮다.

flöda ~*r* ~*de* ~*t* Ⅰ. *itr*. 넘쳐흐르다;

ett kalas där brännvinet ~de (스칸디나비아) 브랜디가 넘쳐흘렀던 잔치(파티) Ⅱ. *tr*. (기화기 따위에) 가솔린을 주입하다; ~ 에 기름을 가득 채우다.

flöde ~*t* ~*n* (물 따위의) 흐름. 범람; 흐르는 물.

flög ☞ flyga.

flöj|el −*eln* −*lar* 풍경.

flöjt ~*en* ~*er* 플룻, 피리.

flöjtist ~*en* ~*er* 플룻 연주자.

flört ~*en 0* ① (남·녀의) 새롱거리기, 농탕 ② 바람난 여자(남자).

flörta ~*r* ~*de* ~*t itr*. 농탕치다. 새롱거리다.

flörtig *a*. 새롱거리는, 농탕치는.

flöt ☞ flyta.

flöte ~*t* ~*n* 찌; 부구(浮球); vara bakom ~t 세상(물정)을 모르다, 어리석다.

flöts ~*en* ~*er*【지질】두 지층 사이의 경계선; (석탄 따위가 매장되어 있는) 얇은 층.

f.m.【약어】오전(förmiddagen).

FN【약어】☞ Förenta Nationerna.

fnas ~*et 0* (호두·땅콩 따위의) 겉껍데기, 깍지.

fnasig *a*. ① 피부가 튼 ② 시시한, 하잘 것 없는.

fnask ~*et* ~ ① 매춘부 ② 사탕, 과자 ③ 대수롭지 않은 것, 중요하지 않은 것.

fniss ~*et 0* 킥킥거림(웃음소리).

fnissning ~*en* ~*ar* ☞ fnitter.

fnissa ☞ fnittra.

fnitt|er −*ret 0* 킥킥거림.

fnittra ~*r* ~*de* ~*t itr*. 킥킥거리다.

fnittrig *a*. 킥킥거리는.

fnoskig *a*. 머리가 돈; 어리석은.

fnurr|a −*an* −*or* (실의) 매듭; det har kommit en fnurra på tråden mellan dem 그들 사이에 틈이 벌어졌다.

fnys|a −*er* −*te*/*fnös* −*t itr*. 콧방귀를 뀌다.

fnysning ~*en* ~*ar* 콧방귀.

fnöske ~*t* ~*n* 부싯깃.

foajé ~*n* ~*er* (극장 따위의) 휴게실, 큰 홀, 로비.

fob [fɔb] *adv*.【약어】fritt ombord (free on board) 의 약어;【무역】본선인도(本船引渡) 조건으로.

fock ~*en* ~*ar* 앞 돛대의 큰 돛.

focka ~*r* ~*de* ~*t tr*. 해고하다.

fod|er Ⅰ. −*ret* ~ 안감; sätta ~ i …에 안감을 대다;【식물】꽃받침 Ⅱ. −*ret 0* (동물의)사료; ge korna ~ 소에게 사료를 주다.

foderblad ~*et* ~【식물】악편, 꽃받침 조각.

fodra ~*r* ~*de* ~*t tr*. 안감을 대다. 안을 대다; 먹이를 주다, 사료를 주다.

fodral ~*et* ~ 갑, 케이스, 덮개.

fog Ⅰ. (불변화명사) 이유, 납득이 가는 이유, 일리(一理); med fullt ~ 충분한 이유로; ha ~ för sig 동기를 가지고 있다 Ⅱ. ~*en* ~*ar* 이음매, 접합부; knaka(lossna) i ~arna 이음매에서 삐꺽거리는 소리가 난다; 기초가(근본이) 흔들린다(위협을 받다).

foga ~*r* ~*de* ~*r* Ⅰ. *itr*. ① (이음매를 이용하여) 연결시키다, 접합시키다 ② 적합하게 하다, 일치시키다 ③【법률】~ anstalter för ~ 에 대해 조처를 취하다; ödet har ~t det så att … 운명이 그렇게 정해져 있어서 ~하다 Ⅱ. *rfl.* ① 따르다, 쫓다, 순종하다; ~ sig efter bestämmelserna 규정을 따르다 ② det har ~t sig så 일이 그렇게 되었다 ③ ~ sig till …와 제휴하다.

fogd|e *-en -ar* 군 지방 관리(특히 세금 징수 업무를 맡음).

foglig *a.* 순종하는, 말을 잘 듣는, 고분고분한.

fogsvans *~en ~ar* 일종의 톱.

fokus *~en/~, ~ar* 초점.

fold|er *-ern, -er[s]/-rar* 접도록 되어 있는 인쇄물, 접는 기구(서류철).

foliant *~en ~er* 2절판(判)책 (제일 큰 책, 보통 높이가 30센티미터 이상).

folie *~n ~r* 주석으로 된 박(箔); 거울 뒷면의 박.

folio (불변화명사) 2절지(二折紙).

folk *~et 0* ① 국민, 인민; svenska ~et 스웨덴 국민 ② ~et 서민, 민중; ~et har rest sig mot tyrannen 민중은 폭군에 대항하여 봉기했다 ③ 사람; vanligt ~ 보통사람 ④ 하인, 부하, 노동자, 종업원; anställa dugligt ~ 능력이 있는 사람을 고용하다.

folkbokföring *~en ~ar* 주민등록.

folkdans *~en ~er* 민속춤.

folkdemokrati *~n ~er* 인민민주주의 (옛 동구권 국가의 정치체제 형태).

folkdräkt *~en ~er* 민속의상.

folketymologi *~n ~er* 민중어원[설].

folkhem *~met ~*, ~met 인민의 가정 (사회보장제도가 잘 갖추어진 사회를 말함).

folkhögskol|a *-an -or* 인민(국민)대학(성인학생 및 청소년들을 대상으로 교양 및 실용 과목을 교육하는 학교).

folklig *a.* 서민적인; 국민의; 민주주의의; 상냥한, 붙임성 있는.

folklore [-o:r] *~n 0* 민간전승; 민속; 민속학.

folkloristisk *a.* 민간전승의; 민속의; 민속학의.

folklynne *~t ~n* 국민성.

folkmord *~et ~* (민족 · 국민 따위에 대한) 계획적 대량 학살, 민족(종족) 근절.

folkomröstning *~en ~ar* 국민투표.

folkpark *~en ~er* 시민공원.

folkpartist *~en ~er* 인민(국민)당원 (스웨덴 5대 정당 중의 하나).

folkpension *~en ~er* 국민기초연금 (연로 연금).

folkrepublik *~en ~er* 인민공화국.

folkrätt *~en 0*, allmän ~ 국제법, 국제공법.

folkrörelse *~n ~r* 대중운동(전국 차원의).

folksag|a *-an -or* 민간 설화, 전설.

folksamling *~en ~ar* 군중, 인파.

folkskol|a *-an -or* 【역사】 인민학교, 초등학교(7년제 의무교육제로 현행 9년제 grundskola에 해당함.)

folkskygg *a.* 비사교적인, 부끄러움을 잘 타는.

folkslag *~et ~* 민족, 종족.

folksång *~en ~er* 민요(folkvisa).

folksångar|e *-[e]n ~* 민요가수.

folkssäg|en *-nen -ner* 짧은 민담(民譚).

folktandvård *~en 0* 국민치과의료(국가 보조를 받음).

folkvandring *~en ~ar* 이주; 민족

F

이동; den stora germanska ~en 게르만족의 대이동.

folkvis|a *-an -or* 민요.

fond *~en ~er* ① 배경, 무대의 배경 ② 기금, 기본금; 재원; bolagets [egna] ~er 회사 [자체의] 자산.

fondbörs *~en ~er* 증권거래소.

fondera *~r ~de ~t tr.* ① 자금으로 넣다 ② 공채에 투자하다.

fonẹm *~et ~* 【언어학】 음소(音素).

fonetịk *~en 0* 음성학.

fonẹtiker *~n ~* 음성학자.

fonẹtisk *a.* 음성[학]의, 음성상의, 음성을 표시하는.

F

fonologị *~en 0* 【언어학】 음운학, 음운론.

fontanẹll *~en ~er* 【해부】 숫구멍, 정문(유아의 정수리의 발딱이는 부분).

fontän *~en ~er* 분수.

forcera *~r ~de ~t tr.* ① (일의 강도를) 증가시키다, 속도를 늘리다; i ~t tempo 빠른 템포로 ② (문 따위를) 부수고 열다, 함락시키다.

forcerad *a.* 무리한, 억지의; 과장된; 부자연스러운; ett forcerat skratt 억지 웃음.

fordom[1] *adv.* 옛날에, 지난날에.

fordom[2] (불변화명사), från ~ 옛적부터.

fordon *~et ~* 차량.

fordra *~r ~de ~t tr.* ① 요구하다; ~ ngt av ngn …에게 …을 요구하다 ② 청구하다; jag har 100kr. att ~ av honom 나는 그에게 100크로나를 청구할 게 있다 ③ 필요로 하다; fallet ~r en undersökning 이[사]건은 조사를 필요로 한다.

fordran *~ 0* ① 요구, 임무; den första ~ på en lärare 교사에게 부과되는 첫 번째 임무 ② 청구, 지불요구.

fordrande *a.* 강하게 요구하는, 강요적인.

fordra|s *~ -des -ts itr. dep.* ~을 필요로 하다, 요구하다; det ~ mod 용기가 필요하다.

fordringar (복수명사) ① 필요사항, 요구사항; ~na för att bli antagen 입학조건들 ② 지불요구.

fordringsägar|e *-[e]n ~* 채권자.

forehand *~en 0* 【정구】 정타(正打), 전타(前打).

forẹll *~en ~er* 【어류】 송어.

form Ⅰ. *~en ~er* 형, 형태, 형상, 모습, 윤곽, 외모, 형식; hennes runda ~er 그녀의 포동포동한 모습; förlora ~en 형태를(모양을) 잃어버리다; ta ~ 모양을 이루다, 구체화하다, 실현하다; i aktiv ~ 【언어】 능동태로; hålla på ~en (~erna) 격식을 까다롭게 차리다; i ~ av …모양으로, …의 형태로 Ⅱ. *~en 0* 【스포츠】 심신의 상태, 몸의 컨디션; inte vara i ~ 컨디션이 좋지 않다; i god(fin) ~ 컨디션이 좋은 Ⅲ. *~en ~ar* 주형; 판(액체 상태의 것이나, 음식 등을 담아 응고시켜 특정한 모양을 만들기 위해 사용하는 틀); stöpt i samma ~ 같은 패턴(방식)으로 만들어진.

forma *~r ~de ~t tr.* 만들다. 형성하다.

formalịn *~et/~en, 0* 포르말린(살균·방부제).

formalism *~en 0* 형식주의, 형식존중, 형식론.

formalist *~en ~er* 형식주의[론]자, 딱딱한 사람.

formalistisk *a.* 형식주의의, 형식을

존중하는, 딱딱한.

formalitẹt ~en ~er 격식, 예식, 정식 절차; det är en ren ~ 이것은 격식(형식)에 지나지 않는다.

formạt ~et ~ ① 규격, 사이즈; i stort ~ 큰 규격으로 ②【컴퓨터】포맷, 형식.

formatering ~en ~ar【컴퓨터】포맷 지정하기.

formation ~en ~er ① 구성, 조직, 구조 ②【군사】대형, 편대 ③【지질】(지층의) 계통, 층.

formbar *a*. 만들 수 있는, 형성할 수 있는.

formbröd ~et ~ 빵 판으로 구워 낸 빵.

form|el -eln -ler ①【수학】공식 ②【화학】식(式) ③【언어】정해진 말씨(문구), 관용적 표현.

formẹll *a*. ① 형식적인, 외면적인; ett ~t fel 기술상의 과오, 외형적인 실수 ② 관습적인, 관례적인 ③【언어】~t subjekt 가주어(형식상 주어).

formenlig *a*. 형식에 맞는.

formera ~r ~de ~t *tr*. ① 형성(구성)하다; 연필을 뾰족하게 깎다 ②【군사】대형을 만들다, 정렬시키다.

formering ~en ~ar (병력 · 전함 · 전투기 따위의) 배치.

formfulländad *a*. (모양 · 구성이) 보기 좋은, 아주 아름다운, 완벽한 형식의.

formgivar|e -[e]n ~ 디자이너, 도안자.

formgivning ~en ~ar 디자인, 도안.

formidạbel *a*. 엄청난, 대단한, 놀랄 만한(보통 추상적 현상에 대해)

formlig *a*. ① 정식의 ② 실제적인.

formligen *adv*. 실제로, 사실상, 문자 그대로; 단지.

formlär|a -an -or【언어】형태론(조어법과 어형변화에 관한 이론).

formord ~et ~【언어】형식어(empty word, 관사, 전치사, 접속사 등과 같이 다른 단어들과의 관계를 맺어주는 기능을 가진 단어).

formsak ~en ~er 형식적(상)인 일, 형식에 구애됨, 딱딱함; 격식을 차림; 예식, 정식.

formulera ~r ~de ~t *tr*. 형식(공식)으로 나타내다, 공식화하다; 표현하다; ~ ansökan 신청서를 작성하다; frågan var skickligt ~d 문제가 잘 출제되었다.

formulering ~en ~ar 문구작성; 간명하게 말함; 형식(공식)화.

formulär ~et ~ 서식, 양식(위임장, 혼인신고, 계약서 따위).

forn [-ɷ:-] *a*. ① 고대의; gammalt och ~t 아주 오랜 옛적의 ② (시간적으로) 전의, 앞의; hennes forna medarbetare 그녀의 전 직장동료.

fornborg ~en ~ar 고대 성곽.

fornengelsk *a*. 고대 영어의.

fornengelsk|a -an *0* 고대영어.

fornfynd ~et ~ 고대의 발견물(유물).

fornlämning ~en ~ar 고대의 유적(건축물, 생활도구, 거처 따위).

fornminne ~t ~n ☞ fornlämning.

fornnordisk *a*. 고대 북구의.

fornsvensk *a*. 고대 스웨덴의.

fornsvensk|a -an *0* 고대스웨덴어.

forntid ~en ~er 선사시대; ~ och nutid 과거와 현재.

forntiden 고대(중세이전).

F

forntida (불변화형용사) 옛날의, 고대의; ~ historia 고대사(古代史).

fors [fɔʂ] *~en ~ar* 급류, 여울.

forsa *~r ~de ~t itr*. 물결이 몰아치다, 세차게 내려가다; regnet ~de ned hela natten 비가 밤새 퍼부었다.

forska *~r ~de ~t itr*. 체계적으로 연구하다; 찾다, 조사하다; ~ i insektsögats funktioner 곤충 눈의 작용에 대해서 연구하다; 찾다, 조사하다; se ~nde på ngn …을 훑어보다.

forskar|e *-[e]n ~* 연구원, 학자, 과학자.

forskarassistent *~en ~er* 대학의 연구 직원.

forskarutbildning *~en ~ar* 박사과정, 연구과정.

forskning *~en ~ar* (학술적) 연구, 조사, 탐구; ~ i …에 대한 연구; ~ens frihet 연구의 자유.

forskningsanslag *~et ~* 연구비.

forskningsfält *~et ~* 연구 분야.

forskningsinstitut *~et ~* 연구소.

forskningsreaktor *~n ~er* 연구용 원자로.

forskningsråd *~et ~* 연구진흥청(한국의 학술진흥재단의 역할을 수행함).

forsla *~r ~de ~t tr*. 수송하다, 운반하다; ~ i(på) en kärra(på järnväg) 수레로 나르다(철도로 운송하다).

forsythi|a *-an -or* 개나리 속(屬)의 식물(장식용 식물).

fort[1] *[-ɷ-] adv*. 급히, 빨리(snabbt), 곧; ~ast möjligt 가급적 빨리; det gick ~ 일이 빨리 되었다; det går inte så ~ för mig att räkna 나는 계산을 빨리 하지 못 한다; spring så ~ du kan 힘껏 빨리 뛰어라; hon lärde sig ~ hur man gör 어떻게 하는지를 그 여자는 재빨리 배웠다; det går ~ att glömma 잊기는 쉽다; så ~ som (konj.) …하자마자, …하자 곧.

fort[2] [fɔʈ] *~et ~* 성채, 보루, 요새.

forta *~r ~de ~t rfl*. ~ sig (시계가) 너무 빨리 가다; klockan ~r sig en minut i timmen 시계는 한 시간에 일 분이 빠르다.

fortbestå *~r fortbestod fortbestått itr*. 지속하다, 존속하다.

fortbestånd *~et 0* 지속, 존속, 연속.

fortbilda *~r ~de ~t rfl*. 전문교육을 받다, 보완교육을 받다.

fortbildning *~en ~ar* 전문교육, 보수교육.

fortbildningskurs *~en ~er* 전문교육 과정, 보수교육 과정.

forte [-ɔ-] *~t ~n* 【음악】 강음, 강성, 포르테.

fortfar|a *- fortfor fortfarit itr*. 계속하다, 진행하다.

fortfarande *adv*. 아직[도], 여전히; rider du ~? 아직도 말을 타니? det är ~ lika varmt 여전히 덥다; vi bor ~ i Götebrog 우리는 아직도 예테보리에 살고 있다.

fortfärdig *a*. 재빠른, 말쑥한; 이해가 빠른, 꾀 빠른.

fortgå *~r forrtgick fortgått itr*. 계속해 나아가다, …하기를 계속하다, 그치지 않다.

fortgående *a*. 계속되는, 연속하는.

fortifikation *~en ~er* (도시 따위의) 요새화; 방어공사, 요새.

fortfikationskår *~en ~er* 요새 공병단.

fortkörning ~*en* ~*ar* 과속; få böta för ~ 과속으로 벌금을 물다.

fortlev|a −*er* −*de* −*t itr*. (제도·활동 따위가) 지속하다, 지속되다.

fortlöpande (불변화형용사) 계속되는, 지속되는(oavbruten).

fortplanta ~*r* ~*de* ~*t* Ⅰ. *tr*. 전파하다, 전달하다, 퍼뜨리다 Ⅱ. *rfl*. 퍼지다, 번식하다; ryktet ~de sig över staden 소문이 시내에 퍼졌다.

fortplantning ~*en* ~*ar* ① (동·식물 따위의) 번식, 양식(養殖), 부화, 사육 ②【물리】전도, 힘의 전달.

fortplantningsorgan ~*et* ~ (동·식물의) 생식기.

fortskaffningsmed|el −*let* ~ 운송수단.

fortskrid|a ~*er fortskred fortskridit itr*. 진행하다, 나아가다, 진척하다.

fortsätt|a −*er fortsatte fortsatt tr*. *itr*. (시작한 일을) 계속하다, 진행하다 ([med] ngt); ~ [med] att spela piano 계속해서 피아노를 치다; − kampen! 계속 투쟁하라; − rakt fram! 계속 곧장 나아가라; han fortsatte att arbeta utomlands 그는 해외에서 계속 일하였다; vi fortsatte till Paris 우리는 계속해서 파리로 향했다; jag −er med studierna nästa år 나는 내년에도 공부를 계속할 것이다.

fortsättning ~*en* ~*ar* 계속, 연속 (av, på); ~ (forts.) (följer i nästa nummer) 다음 호에 계속; god ~ (på det nya året)! 새해 복 많이 받으세요(주로 정초가 지난 뒤의 인사); i ~en måste vi vara mera på vakt 앞으로는 우리가 더 주의를 해야만 한다.

fortsättningskurs ~*en* ~*er* 중급과정.

fortsättningsvis *adv*. 계속해서, 앞으로도, 여전히.

fortuna (불변화명사) 일종의 당구놀이(금속 알을 굴리는).

fortvara ~*r* ~*de* ~*t itr*. 존속하다, 계속되다.

fortvaro ~*n 0* 존속, 계속, 생존.

for|um [fɑ:−] −*um*/−*umet*, −*a*/−*um* 어떤 일을 결정하거나 토의하는 장소, (공공 집회를 위한) 광장.

forward [fọ:rvad] ~*en*, ~*s*/ ~*ar*【구기】전위, 공격수, 포워드.

fọsfạt ~*et* ~[*er*]【화학】인산염(燐酸鹽); 인산 광물, 인산 비료.

fosfor ~*n 0*【화학】인(비금속 원소; 기호 P; 번호 15).

fosforescens [−sẹns/−ʃẹns] ~*en 0* 인광(을 냄).

fosforescera ~*r* ~*de* ~*t itr*. 인광(燐光)을 내다.

fossịl[1] *a*. 화석의.

fossịl[2] ~*et* ~ 화석; (비유적) 시대에 뒤진 사람이나 현상.

fostbrödralag ~*et* ~ 맹우(盟友)관계, 피를 나눈 끊을 수 없는 관계(고대 북구시대).

fost|er −*ret* ~ ① 태아(임신 3개월이 넘은) ② (지적) 창작, 산물, 작품.

fosterbarn ~*et* ~ 다른 가정에서 양육되는 아이(16세 미만, 법적으로 입양된 양자(adoptivbarn)와는 다름).

fosterfördrivning ~*en* ~*ar* 불법 낙태.

fosterföräldrar (복수명사) 남의 아이를 양육하는 부모.

fosterhem ~*met* ~ 남의 아이를 맡아 기르는 집.

fosterjord *~en ~* 조국 땅, 고향 땅.

fosterland *~et ~* 조국, 고국; försvara ~et 조국을 수호하다.

fosterljud *~et ~* 태아의 심장 소리.

fosterländsk *a.* 조국의, 애국적.

fostervatt|en *-net 0* 【생리】 양수(羊水), 모래집 물.

fostra *~r ~de ~t tr.* 양육하다, 기르다, 가르치다; ~ sina barn till goda medmänniskor 자기 자식을 좋은 인간으로 길러내다.

fostran (불변화 en-명사) 양육, 교육; religiös ~ 종교적 교육.

fot *~en fötter* ① 발(足); ~ för ~ 한 걸음 한 걸음 씩, 천천히; försätta på fri ~ 방면(放免)되다, 감옥에서 탈출하다; leva på stor ~ 호화롭게 살다; stå på god ~ med ngn …와 좋은 관계를 맺고 있다; stryka på ~en 양보하다, 굴복하다; på stående ~ 즉각, 곧장; till ~s 도보로, 걸어서; gå till ~s 걸어가다; komma på fötter (경제적으로) 향상되다, 회복되다 ② (사물의) 밑받침, 기슭, 아래, 밑바닥; julgrans~ 성탄 츄리 밑받침; lamp~ 램프대; bergets ~산기슭 ③ 【운율】 운각, 시각(詩脚, vers~) ④ (옛 길이의 척도) 약 30 센티미터(단수로만 쓰임).

fota *~r ~de ~t tr.* …에 바탕을 두다, …에 기초하다; ~ sig …에 근거하다 (på).

fotabjälle *~t 0* 【고어】 från hjässan till ~t 머리끝에서 발끝까지, 완전히 (från topp till tå).

fortarbete *~t 0* (권투 · 테니스에서) 발동작, 발놀림.

fotboll *~en ~ar* ① 축구 ② 축구공; spela ~ 축구를 하다.

fotbollförbund *~et ~* 축구협회; svenska ~et 스웨덴 축구협회.

fotbollsplan *~en ~er* 축구 경기장(보통 잔디밭).

fotbollsspelar|e *-[e]n ~* 축구선수.

fotbroms *~en ~ar* 밟는 브레이크(자동차 따위의).

fotfolk *~et 0* ① (옛) 보병 ② (비유적) 정당이나 기관 내의 평당원 또는 평직원.

fotfäste *~t ~n* 발판, 기반; få ~ 기반을 얻다; förlora ~ 기반을 잃다.

fotgängar|e *-[e]n ~* 발목, 복사뼈.

fotled *~en ~er* 발목관절.

fotnot *~en ~er* 각주(脚註, 본문 아래쪽에 단 설명).

foto *~t ~n* 사진; han är inte med på ~t 그는 사진에 없다.

fotoaffär *~en ~er* 사진[기] 재료상점.

fotoalbum *~et ~* 사진첩, 앨범.

fotoateljé *~n ~er* 사진관, 촬영소.

fotoautomat *~en ~er* 증명사진 자동촬영대.

fotoblixt *~en ~ar* 섬광(사진 촬영용), 플래시 라이트.

fotocell *~en ~er* 광전지(光電池), 광전관(光電管).

fotoelektrisk *a.* 광전자(光電子)의, 광전자 사진 장치의.

fotogen [-ʃe̜:n] *~en/~et, 0* 파라핀유, 등유.

fotogenkök *~et ~* 버너(캠핑 취사용).

fotograf *~en ~er* 사진사.

fotografera *~r ~de ~t tr.* 사진을 찍다; [låta] ~ sig 자신의 사진을 찍다.

fotografi Ⅰ. *~et ~er* 사진; ta ett ~ av ngn …의 사진을 찍다 Ⅱ. *~n 0* 사진술, 사진촬영(예술로서).

fotografisk *a*. 사진의, 사진용의, 사진 같은.

fotogrammetri *~n 0* (공중 촬영에 의한) 사진 측량법.

fotokopi|a *-an -or* (서류 따위의) 사진 복사.

fotometri *~n 0* 광도 측정; 측광법(測光法).

fotomodell *~en ~er* (직업적) 사진 모델.

fotomontage *~t ~* 합성사진(제작법), 몽타주사진.

foton *~en ~er* 【물리】 광자(光子, 빛의 에너지).

fotostatkopi|a *-an -or* 사진 복사(서류 따위).

fotosättning *~en ~ar* 사진식자(寫眞植字).

fotsack *~en ~ar* 썰매 탄 사람용의 발 덮개.

fotsi|d *-tt a*. (옷이) 발까지 늘어진.

fotskrap|a *-an -or* (현관 따위의) 신발 흙 털이개.

fotspår *~et ~* 발자국; gå i ngns ~ …의 선례를 따르다, 뜻을 잇다.

fotsteg *~et ~* ① 발자국[소리]; det hördes ~ i trappan 계단에 발자국 소리가 들렸다 ② (기차나 마차의) 발판, 승강장.

fotstöd *~et ~* (이발대 따위의) 발판.

fotsul|a *-an -or* 발바닥.

fotsvamp *~en ~ar* (발) 무좀.

fotsvett *~en 0*, *ha ~* 발에 땀 냄새가 나다.

fotvalv *~et ~* 발바닥의 움푹 들어간 부분.

fotvandra *~r ~de ~t itr*. 걷다, (장거리를) 걸어 다니다.

fotvård *~en 0* 발미용, 발 다듬기.

foul [faul] (불변화 en-명사) 반칙, 파울.

foxtrot *~en ~er* 【무도】 폭스트롯(짧고 빠르며 활발한 스텝).

frack *~en ~ar* 연미복, (남자의) 야회복; klä sig i ~, ta ~en på sig 연미복을 입다; klädd i ~ 야회복 차림을 하다.

fradga[1] *~n 0* 거품, 포말.

fradga[2] *~r ~de ~t rfl. dep*. 거품을 일으키다; (말(馬) 따위가) 거품을 뿜다; ölet ~de sig 맥주에 거품이 일다; mungiporna ~des på henne 그녀의 입가에서 거품을 내 뿜었다.

fragil [-ʃi:l/-gi:l] *a*. 부스러지기 쉬운, 허약한, 연약한.

fragment *~et ~* 부서진 조각, 파편, 단편.

fragmentarisk *a*. 파편의, 단편적인, 토막토막의.

frakt *~en ~er* ① 화물, 운송; järnvägs~ 철도화물; flyg~ 항공화물 ② 운송료, 운임; ~ betald 운임 지불; ~en betalas vid framkomsten 운임 수취인 지불; betala 100 kronor i ~ 운임으로 100 크로나를 지불하다.

frakta *~r ~de ~t tr*. (선박 · 철도 · 육로 · 항공으로) 운송하다, 수송하다.

fraktfritt *adv*. 운임 무료로, 운임 선불로.

fraktgods *~et 0* (보통) 화물.

fraktion *~en ~er* ① 당내의 분파, 파벌, 도당 ② 【화학】 (증류의) 분류(分溜).

F

fraktionera *~r ~de ~t tr*. 【화학】 (혼합물을) 분별하다, 분류(分溜)하다.

fraktkostnad *~en ~er* (화물) 운송료, 운임.

fraktsed|el *-eln -lar* (기차편의) 출하(出荷)통지서; (영) 선하(船荷)증권; (미) 화물 인환증(引換證), 인보이스(invoice).

fraktur Ⅰ. *~en 0* 【인쇄】 (독일의) 흑체 (고딕체) 활자 Ⅱ. *~en ~er* 【외과】 골절, 좌상(挫傷).

fram *adv*. ① a) (장소 · 동작표시) 앞쪽으로, 밖으로, 그쪽으로; kom ~ 나오라; sanningen måste(skall) ~ 진실은 밝혀야한다; knuffa ~ ngn …를 떠밀어내다; storma ~ 돌진하다; sätta ~ stolar 의자를 내놓다; ta ~ 꺼내다, 내놓다; hinna ~ i tid 시간에 맞게 가다; gå [vägen] rakt(rätt) ~ (길을) 곧장 걸어가다; få sin vilja ~ 자기의 뜻을 내세우다(펴다, 관철하다); ända ~ till … 끝까지; vinden svepte ~ över slätten 바람이 벌판을 휩쓸었다; ~ och tillbaka 이리저리, 왔다갔다; gå ~ och tillbaka i rummet 방 안을 왔다 갔다 하다; åka ~ och tillbaka på samma dag 당일에 오고가다 b) (위치) 앞에, 앞쪽에; sitta långt ~ 훨씬 앞쪽에 앉다; ~ och bak 앞뒤에 ② (시간) längre ~ 나중에; från 1700-talet och ända ~ till våra dagar 1700년대부터 오늘에 이르기까지; ~ i maj(på hösten, på nyåret) 오월(가을, 새해) 어느 때 쯤에; ~ i veckan(på eftermiddagen) 주 중(오후) 어느 때에; ~ på dagen 아침 느지막이; till långt ~ på natten 밤늦게까지.

framax|el *-eln -lar* 앞바퀴 차축(車軸).

framben *~et ~* (짐승 · 곤충의) 앞다리.

frambe|svärja *-svärjer -svor -svurit tr*. 주문을 외워 죽은 이의 영혼, 귀신 따위를 불러내다.

frambring|a *~r/-er, ~de/frambragte, ~t/frambragt tr*. 생기게 하다, 낳다, 만들어 내다, 산출시키다.

frambär|a *- frambar framburit* ☞ bära [fram].

framdel *~en ~ar* 앞부분.

framdeles *adv*. 나중에, 이후에, 장래에.

framemot *prep*. ~ kvällen(sjutiden) 저녁(7시) 무렵.

framfart *~en 0* 질주, 광란, 노호(怒號); stormens ~ 폭풍의 광란.

framflytta *~r ~de ~t tr*. 연기하다.

framfot *~en framfötter* 앞 발; Nu får du visa framfötterna 이제 네가 할 수 있는 것을 보여주라.

framfusig *a*. 숫기 좋은, 뱃심 좋은, 뻔뻔스런, 저돌적인.

framfö|da *-der -dde -tt tr*. 낳다, 생기게 하다, 초래하다.

framför[1] *adv*. 앞에, 선두에; han är långt ~ 그는 훨씬 앞서 있다(목표를 향해서).

framför[2] *prep*. 앞에, 앞 쪽에; han satte sig ~ henne 그는 그 여자 앞에 앉았다; hålla ngt ~ elden …을 불앞에 쳐들다; (비유적) 먼저, 우선; ~ alla andra 다른 사람들보다 우선적으로; ~ allt 특히, 더욱이, 무엇보다도; hälsan ~ allt 건강을 최우선으로; föredra te ~ kaffe 커피보다는 차를

F

더 좋아한다.

framför|a – *framförde framfört tr*. ① 전하다, 전달하다, 말하다; – min hälsning till …에게 내 안부(인사)를 전해 주시오; vi – vårt varma tack för uppvaktningen 내방(來訪)해 주신 데 대하여 저희는 심심한 감사를 드립니다(경조사 때 공식 예방의 경우); ~ sin lyckönskan …에게 행운을 빌다; ~ en ursäkt 사과하다; är det något jag kan ~ [till …]? (전화상으로) […에게] 전할 말씀이 있습니까? ② (연극 · 음악 따위) 상연하다, 연주하다 ③ 차를 몰다, 운전하다.

framförallt *adv*. ☞ **framför** [allt].

framförande *~t ~n* 공연(음악), 발표(강연 따위).

framgent *adv*. 금후, 계속해서, 이제부터는.

framgå *~r framgick framgått itr*. 나타나다, 밝혀지다; 명백하게 되다; det ~r av vad han säger, att … 그의 말에 의하면 …한 사실이 뚜렷한 것 같다.

framgång *~en ~ar* 성공; ha ~ i …에 성공하다; med ~ 성공적으로; utan ~ 성과 없이, 실패하여.

framgångsrik *a*. 성공적인; en ~ affärsman 성공한 사업가.

framhjul *~et ~* 앞바퀴.

framhålla *–er framhöll framhållit tr*. 주의를 환기시키다, 강조하다, 주장하다; ~ ngt för ngn …에게 …을 환기시키다(지적하다); ~ nödvändigheten av …의 필요성을(불가피성을) 주장하다; ~ sig själv 자기 자신을 선전하다, […라고] 떠벌리다; slutligen vill jag särskilt ~ hans insats 마지막으로 저는 그의 공로를 특히 강조하고 싶습니다.

framhärda *~r ~de ~t itr*. 고집하다, 주장하다, 집착하다.

framhäv|a *–er –de –t tr*. 부각시키다, …에 주의를 집중시키다, 표시하다; den vita blusen –de hennes solbränna 흰 블라우스가 그녀의 검게 탄 얼굴을 돋보이게 했다.

framifrån *adv*. 앞 쪽으로부터.

framkalla *~r ~de ~t tr*. ① 불러오다, 일으키다, 일깨우다, 야기시키다; ~ motstånd 저항을 불러일으키다; ~ skratt (남을) 웃기다 ② 【사진】 현상하다.

framkasta *~r ~de ~t tr*. (토의 따위에서) 갑자기 제안(발언)하다.

framkomlig *a*. (도로 · 강 · 지세 따위) 통과할 만한, 통행할 수 있는.

framkomm|a *–er framkom framkommit itr*. ☞ **komma** [fram]; ~ med 내놓다, 제시하다.

framkomst *~en 0* 도착; frakten betalas vid ~en 운임 수취인 지불; vid ~en till sjukhuset var han redan död 병원에 도착하니 그는 이미 죽어 있었다.

framlev|a *–er –de –t tr*. ~ sitt liv i stillhet 평온 속에 삶을 보내다.

framliden *a*. 작고한, 돌아가신; hans far, framlidne Erik Eriksson 그의 부친 고(故) 에릭 에릭손.

framlägg|a *–er framlade framlagt* ☞ **lägga** fram; (결과 · 제안 따위를) 제출하다, 내놓다.

framlänges *adv*. (운동 방향) 앞 쪽으로, hon kan krypa både ~ och baklänges 그 여자(애)는 앞뒤 양 쪽으

로 길 수 있다.

frammana *~r ~de ~t tr*. 불러오다, 일으키다; ~ Guds vrede 하나님의 노여움을 불러일으키다.

frammarsch *~en ~er* 진전, 진행, 진척, 향상(특히 정치적 상황과 관련하여); miljöpartiet är på stark ~ 환경당이 강력한 상승세를 보이고 있다; vara på ~ 진전되고 있다, 토대를 보이고 있다.

framme *adv*. ① 앞에(한가운데, 잘 보이는 곳에); han står här ~ 그는 이쪽 앞에 서 있다; långt ~ i salen 그 홀의 훨씬 앞쪽에; solen är ~ 해가 나왔다; maten står ~ 음식이 식탁에 준비되어 있다 ② 목적지에; när(hur dags) är vi ~? 몇 시에 도착하지요?; nu är vi ~! 이제 다 왔다.

framom *prep*. (장소, 추상적) …의 앞에, …의 면전에, …전도에.

frampå[1] *adv*. 앞부분에(framtill); en tröja som är grön ~ 앞바탕이 초록색인 스웨터.

frampå[2] *prep*. (시간) ~ eftermiddagen började det regna 오후 무렵에 비가 오기 시작했다.

framryckning *~en ~ar* 전진, 진군.

framskjuten *a*. 앞으로 나온, 돌출한, 상(고)급의; han fick en ~ position inom förvaltningen 그는 행정관리분야에서 상당한 지위를 얻었다.

framskrid|a *–er framskred framskridit itr*. 전진하다, 나아가다, 진척되다.

framskriden *a*. (시간이) 경과된, 흘러간, (나이가) 많은; tiden är långt ~ 시간이 늦어졌다; den långt framskridna tiden 늦은 시간, 지체된 시간.

framsteg *~et ~* 전진, 진보, 개선, 향상; göra stora ~ 커다란 발전을 이룩하다; patienten gör inga vidare ~ 환자는 별 차도가 없다.

framstupa *adv*. 납죽 엎드린, 배를 깐; falla(ligga) ~ 앞으로 넘어지다(엎드려 있다); kasta sig ~ i gräset 잔디 위에 머리를 곤두박고 몸을 던지다.

framstycke *~t ~n* 앞부분.

framstå *~r framstod framstått itr*. 나타나다, 드러나다, …처럼 보이다(visa sig [vara]); detta ~r som omöjligt 이것은 불가능한 것으로 보인다; han ~r alltmer som en diktator 그는 점점 독재자처럼 행세한다.

framstående *a*. 저명한(högt ansedd), 유명한, 뛰어난, 현저한; en ~ musiker 저명한 음악가.

framställ|a *–er –de –t tr*. ① 만들다, 생산하다(tillverka); varor som är billiga att ~ 제조비가 싼 물품 ② 기술하다, 묘사하다, 그리다; ~ ngn som en hjälte …를 영웅처럼 묘사하다; är det så otäckt som du –er det? 네가 말하듯이 그게 그토록 무서우냐?; ~ en fråga 질문을 하다; ~ en begäran 요청을 하다.

framställan (불변화 en–명사) ☞ **framställning**.

framställning *~en ~ar* ① (공장에서) 생산, 제작; ~skostnad 제작비, 생산비 ② (공식적) 제안, 요청 (om); ~en till regeringen föranledde ingen årgärd 정부에 제출한 요청은 아무런 대책도 얻어 내지 못했다 ③ 기술, 묘사, 해설, 설명, 보고; kort[fattad] ~ 개요, 요약; skådespelarens ~ av …에 대한 배우의 연기; skriftlig och muntlig ~ 필답 및 구두 기술(서술).

framstöt *~en ~ar* 【군사】 (제한적) 공격(mot)

framsynt *a*. 선견지명이 있는, 멀리 내다보는.

framsäte *~t ~n* 자동차의 앞자리; man skall inte ha småbarn i ~t 앞자리에 어린이를 태워서는 안된다.

framtid *~en ~er* 미래, 장래; ~en ter sig mörk för dem 그들의 장래는 어두워 보인다; han har ~en för sig a) 그에게는 장래가 있다 b) 그의 장래는 밝다; för(i) framtiden 장래, 미래에, 금후에는; någon gång i ~en 장래 어느 날에; i en avlägsen ~ 먼 훗날에; i en nära ~, inom den närmaste ~en 가까운 장래에; ställa saken på ~en 그 일을 당분간 보류시키다; i Sverige har han ingen ~ 그는 스웨덴에서는 전망이 없다.

framtida (불변화형용사) 미래의, 장래의.

framtidsdröm *~men ~mar* 미래의 꿈.

framtidsland *~et framtidsländer* 미래의 나라.

framtidsmöjligheter (복수명사) 미래의 가능성, 잠재력.

framtidsforskning *~en ~ar* 미래 연구.

framtidshopp *~et 0* 장래의 희망.

framtidsplats *~en ~er* 장래성이 있는 일자리.

framtidsutsikter (복수명사) 장래에 대한 전망.

framtill *adv*. 앞쪽에, 전면에; en jacka med stora vita knappar ~ 앞쪽에 흰색의 커다란 단추가 달린 자켓.

framträ|da *-der -dde -tt itr*. ①나타나다, 출두하다, 보이다(uppträda, visa sig); 두드러지다; ~ i radio(TV) 라디오(TV)에 출연하다 ②(분리동사) ☞ **träda** [fram] 앞으로 나서다, 나오다.

framträdande[1] (불변화형용사) 비교적 중요한, 뚜렷한; spela en ~ roll 중요한 역할을 하다.

framträdande[2] *~t ~n* (공식석상에) 출두, 나타남; ett lyckat ~ i TV av partiledaren 그 당수의 성공적인 TV 출연.

framåt[1] *adv*. 앞에, 앞쪽으로; ett år ~ 앞으로 일 년간; ett steg ~ 일보 전진; ta ett stort steg ~ 거보(巨步)를 내딛다; ~ marsch 앞으로 전진; gå raskt(stadigt) ~ 장족의(꾸준한) 진보를 하다; se(titta) [rakt] ~ 앞쪽을 [똑바로] 보다; luta sig ~ 앞으로 몸을 구부리다.

framåt[2] (불변화형용사) 기업열이 대단한, 진취적인.

framåt[3] *prep*. …을 따라서, 좇아서, …때쯤; gå ~ vägen 길을 따라 가다; han skulle ringa ~ kvällen 그가 저녁 무렵에 전화를 걸 텐데.

framåtand|a *-an 0* 진취적 정신(기상).

framåtskridande[1] *a*. 발전적인, 진취적인.

framåtskridande[2] *~t 0* 발전, 진보.

framänd|a *-an -or* 맨 앞부분.

framöver *adv*. 앞으로 [얼마간은]; de närmaste åren ~ 앞으로 몇 년간; jag var rädd en lång tid ~ (과거시절) 그 후 나는 오랫동안 두려웠다.

franc [fraŋ] *~en ~[s]* 프랑(유로화로

바뀌기 이전의 프랑스, 벨기에, 룩셈부르크, 스위스의 화폐단위; 기호 F, FR).

franciskan *~en ~er* 프란체스코 (수도)회의 수도사.

franciskanerorden (정형명사) 프란체스코 수도회(1209년 이탈리아의 St. Francis가 창시한 수도회, 회색 수도복을 입었음).

frank[1] *a*. 솔직한, 숨김없는, 똑바른.

frank[2] *~en ~er* 프랑크 족(사람) (민족이동 시기에 현재의 프랑스에 침입한 게르만계 민족).

frankera *~r ~de ~t tr*. 우표를 붙이다; otillräckligt ~t brev 우편요금 미달 편지.

franko *adv*. 우편요금 무료로, 우편요금이 선불된(portofritt).

frankokuvert *~et ~* 우표(인지)가 찍힌 봉투.

frankostämp|el *–eln –lar* 우편요금 별납소인(消印).

frans *~en ~ar* (숄 · 테이블 보 · 치마 가두리 따위의) 술, 가두리 장식.

fransad *a*. 가두리 장식이 달린.

fransig *a*. 천 따위가 닳아서 해어진 (trasig).

fransk *a*. 프랑스의; ~ lilja 백합 모양의 문장(紋章, 1147년 이래 프랑스 왕의 문장); den ~a kokkonsten (우아함과 문화 따위의 함축적 의미가 내포된) 프랑스 요리법; ~ parfym 프랑스 향수(香水).

fransk|a Ⅰ. *~an 0* 프랑스 어 Ⅱ. *~an/~at*, ~ ☞ **franskbröd**; lång-franska, småfranska.

franskbrittisk *a*. 불영의.

franskbröd *~et ~* 흰 색깔의 프랑스 식빵(långfranska).

fransk–engelsk *a*. 불영의; ~ ordbok 불영사전.

franskfientlig *a*. 반 프랑스적인.

franskklassisk *a*. 프랑스 고전주의의.

fransktysk *a*. 불독의; ~a kriget 보불(普佛)전쟁(Franco–Prussian war).

franskvänlig *a*. 친불(親佛)의.

fransman *–nen fransmän* 프랑스 사람.

fransos *~en ~er* 프랑스 인(일상 대화에서); (고어) 매독병.

fransysk *a*. (관용어), en ~ visit 짧은 방문.

fransysk|a *–an –or* ① 프랑스 여자 ② 소고기의 엉덩이 살.

fransäs *~en ~er* 쿼드릴(방형의 모양으로 2(4) 사람 씩 짝지어 추는 옛날식 춤, 1800년대 유행); 방무곡(方舞曲).

frappant *a*. 현저한, 뚜렷한, 인상적인.

frappera *~r ~de ~t tr*. 강한 인상을 주다, 놀라게 하다(förvåna).

frapperande *a*. 현저한, 뚜렷한, 놀랄 만한.

fras Ⅰ. *~en ~er* 구(句), 관용구, 성귀(成句), 글귀; hälsnings~ 인사말귀; standard~ 표준어귀 Ⅱ. *~et 0* 살랑살랑하는 소리, (비단 옷) 스치는 소리.

frasa *~r ~de ~t itr*. 살랑살랑 소리나다.

fraseologi *~en 0* 말씨, 어법, 문체, 술어(術語), 어귀, 표현.

frasera *~r ~de ~t itr*. 연설 · 음악에서 필요한 휴지를 취하다.

frasig *a*. (음식물이) 아삭아삭하는, (종이 따위가) 바삭바삭 소리가 나는.

F

frasmakar|e *−[e]n ~* (공허한) 미사여구(美辭麗句)를 늘어놓는 사람.

frasvåffl|a *−an −or* 워플(밀가루 · 우유 · 계란 따위를 반죽하여 구운 것).

fraternisera *~r ~de ~t itr.* 형제처럼 친하게 사귀다.

fred *~en ~er* 평화; hålla(sluta) ~ 평화(조약)을 유지하다(체결하다); leva i ~ 평화롭게 살다; lämna ngn i ~, …를 방해하지 않다. 조용히 놔두다; låt mig vara i ~ 나를 좀 방해하지 말아 주시오; mellan våra länder har det rått ~ länge 우리 양국 사이에는 오랫동안 평화가 유지되어 왔다; ett hot mot internationell ~ och säkerhet 세계평화와 안전에 대한 위협.

freda *~r ~de ~t tr.* 보호하다, 안정시키다, 달래다; ~ sitt samvete 양심에 어긋나는 일을 하지 않다; med ~t samvete 바른 양심으로; ~ sig mot …으로부터 보호하다.

fredag *~en ~ar* 금요일; ~en den 8 maj 5월 8일 금요일에; förra ~en 지난 금요일에; nästa ~ 다음 금요일; i ~s för en vecka(åtta dagar) sedan 일주일 전 금요일에; i ~s [i] förra veckan 지난 주 금요일에; i ~ens tidning [지난] 금요일 자 신문에; på ~arna åker folk ut till landet 매주 금요일에는 사람들은 시골로 떠난다; [på] ~ morgon 금요일 아침에.

fredagskväll *~en ~ar* 금요일 저녁(밤); på ~arna 매 금요일 저녁(밤)마다.

fredlig *a.* 평화로운, 평화적인(fridsam); på ~ väg 평화적 방법(수단)으로.

fredlös *a.* 법률상의 보호를 박탈당한; förklara(göra) ngn ~, …를 법률상의 보호밖에 두다.

fredsanbud *~et ~* 평화제의.

fredsbevarande (불변화형용사) 평화유지의.

fredsdomar|e *−[e]n ~* (지방에서) 재판권을 행사하는 관리.

fredsduv|a *−an −or* 평화를 상징하는 비둘기.

fredsforskning *~en ~ar* 평화연구(국가 간 분쟁을 평화적으로 해결할 방법을 과학적으로 연구하는 분야).

fredsfot *~en fredsfötter*, på ~ 【군사】 평시 편제로.

fredsfördrag *~et ~* 평화조약.

fredsförhandlingar (복수명사) 평화협상.

fredskonferens *~en ~er* 평화회의.

fredskår *~en ~er* 평화군단(개발도상국의 사회 · 경제발전을 지원할 임무를 띠고 조직된 기구).

fredsmäklar|e *−[e]n ~* 평화중재자.

fredspip|a *−an −or* 인디언 추장들 간에 평화 협상 시 피우는 파이프.

fredspris *~et, ~/~er* 평화상(일정한 기간 동안 평화 창달을 위해 기여한 사람에게 주는 상으로 노벨평화상이 가장 유명함).

fredsrörelse *~n ~r* 평화운동.

fredsslut *~et ~* 평화조약체결.

fredstid *~en ~er* 평화시기; i(under) ~ 평화 시에는.

fredstrevar|e *−[e]n ~* 평화협상 타진[자].

fredsvillkor (복수명사) 평화의 조건.

free lance [fri:lans] ☞ **frilans**.

fregatt *~en ~er* 소형 구축함(대(對)

F

잠수함용).

frejdad *a*. 유명한, 평판이 좋은.

frejdig *a*. 대담한, 용기 있는; med ~t mod 대담한 마음으로.

frekvẹns *~en ~er* 빈도수; 주파수.

frekvensmodulering *~en ~ar* 주파수 변조, (특히) 주파 변조 방송(FM).

frekvẹnt *a*. 빈번한, 자주 일어나는, 흔한.

frekventera *~r ~de ~t tr*. (단골손님으로) 자주 가다.

frenesị *~n 0* 격분, 광포, 광란.

frenẹtisk *a*. 격분한, 극도로 흥분한, 미친 사람 같은.

F

frenolọg *~en ~er* 골상학자.

frenologị *~n 0* 골상학(骨相學).

fresk *~en ~er* 프레스코 화법(갓 칠한 회벽 토에 수채(水彩)로 그리는 벽화법), 프레스코 벽화.

freskmålning *~en ~ar* 프레스코 화법, 프레스코 벽화.

fresta *~r ~de ~t* Ⅰ. *tr*. 유혹하다, 부추기다(locka), …할 생각을 일으키게 하다; ~ ngn att göra ngt …에게 …을 하도록 부추기다; känna sig ~d att …하고 싶은 생각이 들다 Ⅱ. *itr*. 힘들다, 긴장되다, 뒤틀리다, 약이 오르다, 괴롭다; ~ på ögonen 눈이 피로하다.

frestande *a*. 유혹하는, 마음을 끄는, …하고 싶은 생각이 드는(lockande); en ~ lukt 구미를 돋우는 냄새.

frestar|e *−[e]n ~* 유혹자, 유혹하는 것.

frestelse *~n ~r* 유혹; falla för en ~ 유혹에 빠지다; hon kunde inte motstå ~n att ta några bilder 그녀는 사진을 몇 장 찍고 싶은 충동을 억제할 수 없었다; inled oss icke i ~ 우리를 시험에 들지 말게 하옵소서; Janssons ~ 감자, 양파, 잔 물고기 젓을 섞어 화덕에 구운 음식(스웨덴의 대표적 요리 중의 하나).

fri *a*. 자유로운, 독립한, 속박이 없는, 마음을 터놓은; under ~are former 좀 더 자유로운 형태로; ~idrott 육상경기; ~tt inträde 무료입장; ~ konkurrens 자유(공개)경쟁; bli ~ 석방되다, 자유로워지다; bli ~ från ngt …로부터 해방되다; …을 벗어나다; försätta på ~ fot 석방하다; göra sig ~ från ngt …에서 벗어나다; hålla vägarna ~a från snö 길에 눈을 치우다; det står dig ~tt att 너는 마음대로 …할 수 있다; vara ~ från misstankar 의심을 면하다; ordet är ~tt 토의가 시작되었습니다; 이제 모든 분들이 자유롭게 이야기해주십시오; i det ~a 야외에서.

fria *~r ~de ~t* Ⅰ. *tr*. 무죄로 하다, 방면(放免)하다; hellre ~ än fälla …에 대해서 미심한 점을 선의로 해석하다, 유죄보다는 차라리 무죄로 하다; ~nde dom (배심원의) 면소(免訴)평결 Ⅱ. *rfl*. ~ sig från misstankar 혐의를(의심을) 벗다 Ⅲ. *itr*. 구혼하다; han ~de till flickan men hon sade nej 그는 처녀에게 청혼하였으나 그녀는 거절했다.

friarbrev *~et ~* 구혼장.

friar|e *−[e]n ~* (남자) 구혼자.

friarfärd *~en ~er*, vara stadd på ~ 구혼 중에 있다.

fribiljett *~en ~er* 무료입장권(승차권).

fribord *~et ~* 【선박】 건현(乾舷, 수

선(水線)에서 상갑판까지의 현측(舷側).

friboren *a.* (노예 따위가 아니라) 자유의 몸으로 태어난.

fribrev *~et ~* 이미 불입한 보험료에 의한 생명보험 증서.

fribrottning *~en 0* 자유형 레슬링.

fribytar|e *–[e]n ~* 약탈자, 해적.

frid *~en 0* 평화, 조용함, 평온; allting är ~ och fröjd 만사형통이다; vad i hela ~ en? (vad i ~ens namn?) 도대체 무슨 일이야? (놀랄 때).

fridag *~en ~ar* 직장에서 쉬는 날, 비번일; ha en ~ 직장을 하루 쉬다.

fridfull *a.* 평화로운, 조용한.

fridlys|a *–er –te –t tr.* 동 · 식물이나 문화재를 위해 일정한 지역을 보호구역으로 지정하다; –t område ① 자연보호구역 ② 제한구역.

fridlysning *~en ~ar* (동 · 식물, 자연에 대한) 훼손 금지.

fridsam *a.* 평화를 사랑하는, 온화한, 조용한.

frieri *~et ~er* 구혼, 청혼.

frige *~r frigav frigivit tr.* ① 석방하다, 놓아주다(släppa lös), 해방시키다; ~ ngn …에게 자유를 허락하다; ~ en fånge 죄수를 석방하다; frigivna slavar 해방된 노예들; de avtjänade tio år innan de frigavs 그들은 석방되기까지 10년형을 치렀다 ② (수출품 따위에 대한) 금지 조치를 해제하다; ~ försäljningen av …의 판매를 허가하다.

frigid [–gi:d] *a.* (여성의) 성적 불감증의.

frigiditet *~en 0* (여성의) 성적 불감증.

frigiva ☞ frige.

frigivning *~en ~ar* 석방, 방면, 해방, 놓아줌.

frigjord *a.* 개방된, 전통적 규범을 무시하는; en ~ ande 자유분방한 기질(의 사람); en modern och ~ ung kvinna 개방된 현대 젊은 여성 (특히 성적으로).

frigör|a *– frigjorde frigjort* Ⅰ. *tr.* …을 자유롭게 하다, 해방하다, …을 석방하다 Ⅱ. *rfl.* 독립하다, 해방되다; ~ sig från sina föräldrar 부모로부터 독립하다; jag kan inte ~ mig från den tanken att 나는 …한 생각으로부터 벗어날 수가 없다.

frigörelse *~n 0* 해방(befrielse); kvinnans ~ 여성해방.

frihamn *~en ~ar* (수출입 관세가 모두 면제되는) 자유항, 비과세항.

frihandel *~n 0* 자유무역.

frihandelsområde *~t ~n* 자유무역 지역.

frihandelspolitik *~en 0* 자유무역 정책.

frihandsteckning *~en ~ar* (자나 도구 없이) 손으로만 그리는 자재화(自在畵).

friherr|e *–en –ar* 남작(男爵).

friherreskap *~et ~* 남작의 지위(신분).

friherrinn|a *–an –or* 남작부인.

friherrlig *a.* 남작의, 남작에 어울리는, 남작다운.

frihet *~en ~er* 자유, 해방, 독립; 면제, 재량; ge slavarna ~en 노예들에게 자유를 주다; pressens ~ 언론 출판의 자유; tankens ~ 사고(思考)의 자유; ~ens sak 자유의 대의(大義); eleverna beviljades en viss ~ i fråga

F

om ämnesvalet 학생들은 과목선택에서 어느 정도 자유가 허락되었다; ge ngn full ~ att göra ngt …에게 …할 자유를 완전히 허용하다; njuta av sin ~ 자기의 자유를 누리다; ta sig ~en att …할 자유를 얻다; portofrihet 우편요금 면제; straffrihet 처벌면제.

frihetsand | a *–an 0* 자유의 정신.

frihetsbegär *~et ~* 자유에 대한 염원.

frihetskamp *~en ~er* 자유를 위한 투쟁.

frihetskrig *~et ~* 독립전쟁.

frihetskämp | e *–en –ar* 애국지사, 독립투사.

F

frihetsstraff *~et ~* 투옥[상태], 구금, 감금.

frihjul *~et ~* (자동차의) 프리휠, 자유회전장치; (자전거의) 자유륜(輪).

frihult/friholt *~et/~en, ~/~ar* (자동차 · 마차 따위의) 흙받이, 펜더, 완충장치; (배의) 방현물(防舷物).

frikadell *~en ~er* (수프에 넣는) 가늘게 썰어 양념한 고기.

frikalla *~r ~de ~t tr.* (의무 특히 병역을) 면제받다.

frikallad *a.* ~ från värnplikt 병역이 면제된.

frikallelse *~n ~r* 면제, 방면, 해제.

frikassé *~n ~er* 프리카세(달고 새큼한 소스에 송아지나 닭의 고기를 잘게 썰어 넣어 만든 요리).

frikast *~et ~* 【농구】 프리드로우, 자유투(投).

frikativ | a *–an –or* 【음성】 마찰음.

frikoppla *~r ~de ~t tr.* (모터에서) 회전축과 연결축과의 연결을 잠시 풀어놓다.

frikort *~et ~* 무료 탑승권; han har ~ på SAS 그는 스칸디나비아 항공에 무임탑승권을 가지고 있다.

frikostig *a.* 관대한, 너그러운; 손이 큰, 아끼지 않는.

friktion *~en ~er* 마찰, 불화, 알력.

friktionsfri *a.* 마찰 없는.

frikyrk | a *–an –or* (국교 이외의) 자유교회, 비국교파(非國敎派) 교회.

frikyrklig *a.* 자유교회의.

frikän | na *–ner –de –t tr.* 무죄를 선언하다; han –des i högsta domstolen 그는 대법원에서 무죄를 선고받았다.

frikännande *~t ~n* 무죄방면, 석방, 면소; en ~ dom 무죄판결.

friköp | a *–er –te –t tr.* (이전에 소작하던 땅의) 소유권을 얻다, …을 되사다, …을 도로 찾다, (몸값을 받고) …을 석방하다.

friland *~et ~* ☞ **kalljord**.

frilans *~en ~ar* 자유계약자, 프리랜서(특별계약이 없는 기고가(寄稿家)).

frilist | a[1] *–an –or* 면세물품표.

frilista[2] *~r ~de ~t tr.* 면세물품표에 올리다; ~de varor 면세물품.

friluftsbad *~et ~* 야외 수영장.

friluftsdag *~en ~ar* (학생들의) 체육대회일, 옥외행사.

friluftsliv *~et 0* 야외 생활.

friluftsmöte *~t ~n* 옥외 집회, 야외모임.

friluftsområde *~t ~n* 야외 유원지.

friluftsteat | er *–ern –rar* 야외극장.

friläge *~t ~n,* lägga växeln i ~ 기어를 중립 위치에 놓다.

frilägg | a *–er frilade frilagt tr.* 폭로하다, 들어내다, 노출하다.

frimodig *a.* 솔직한, 숨김없는, 거리낌이 없는; ~t framföra sina åsikter 자기의 의견을 솔직히 말하다.

frimodighet *~en ~er* 솔직함, 털어놓음.

frimurar|e *-[e]n ~* (회원 간의 우애와 상호부조를 목적으로 하는) 프리메이슨단(團)의 회원.

frimuralog|e *-en -er* 프리메이슨단의 지부(支部).

frimurarorden (정형명사) 프리메이스단(團).

frimureri *~et 0* 프리메이스 단(團)의 활동; (비유적) 묵계(默契).

frimärk|a *-er -te -t tr.* 우표(수입인지)를 붙이다.

frimärke *~t ~n* 우표(인지).

frimärksalbum *~et ~* 우표앨범, 우표첩.

frimärksautomat *~en ~er* 우표 자동판매기.

frimärkshäfte *~t ~n* (판매용) 우표묶음.

frimärkssamlar|e *-[e]n ~* 우표 수집가.

frimärkssamling *~en ~ar* 우표 수집.

fri- och rättigheter (복수명사) 자유와 권리.

fripassagerar|e *-[e]n ~* 무임 승차자(승선자); gripen som ~ ombord 무임 승객으로 붙잡힌.

friplats *~en ~er* (학교의) 수업료 면제생 자리.

frireligiös *a.* 비국교파의(frikyrklig).

fris *~en ~er* ① 【건축】 프리스, 소벽(小壁) ② 프리슬란드 사람(주로 네델란드에 사는 게르만 족의 일파).

frisbee [frisbi:] *~n ~ar* 두 서너 사람 사이에 던지는 접시 모양의 플라스틱 원반(놀이기구).

frised|el *-eln -lar* 병역면제 증명.

frisera *~r ~de ~t tr.* ~ ngn …의 머리를 손질하다; (비유적) …을 꾸며내다, 날조하다, 부정수단으로 변경하다.

frisersalong *~en ~er* 이발소, 미용실 (damfrisering).

frisim *~met 0* 자유형 수영(경기종목).

frisinnad *a.* (개혁정책을 지지하는) 자유주의의, 편견이 없는.

frisinne *~t 0* 자유주의(liberalism), 넓은 도량.

frisisk *a.* 프리슬란드의.

frisisk|a Ⅰ. *-an 0* 프리슬란드 말 Ⅱ. *-an -or* 프리슬란드 여자.

frisk *a.* ① (정신적 · 육체적으로) 건강한(kry); ~ och kry 원기 왕성한; 노익장(老益壯)의; ~a tänder 건강한 치아; ~ som en nötkärna 매우 건강(건전)한; ~ till kropp och själ 심신이 건강한; bli(känna sig) ~ 건강해지다; se ~ ut 건강해 보이다; de ~a 건강한 사람들 ② 신선한, 싱싱한; 기운찬, 활발한; 산뜻한; [en] ~ aptit 왕성한 식욕; ~a krafter 활기찬 힘; hämta lite ~ luft 바람을 쏘이다, 산책하다; med ~a tag 열의를 가지고; ~a vindar 강풍, 거센 바람.

friska *~r ~de ~t* Ⅰ. *tr.* ~ upp …을 새롭게 하다, 활기를 띠게 하다; (비유적) ~ upp sina kunskaper(minnet av ngt) 지식을(…에 대한 기억을) 새로이 하다; drick en läsk, det ~r upp 음료수 한 잔 들게, 그러면 기운이 날테니 Ⅱ. *itr.* det (vinden) ~r 바람이 일고 있다.

friskanmäl|a *-er -de -t tr.* (국영의료보험회사에) 쾌유 신고를 하다.
friskanmälan (불변화 en-명사) 쾌유 신고.
friskintyg *~et ~* 건강증명[진단]서.
friskna *~r ~de ~t itr.* ~ till 체력을 되찾다, 회복하다.
friskskriv|a *-er friskskrev friskskrivit tr.* 건강증명서를 발급하다.
frisksport *~en 0* 야외체육(운동).
friskt *adv.* det blåser ~ 시원한 바람이 불다; ljuga ~ 거짓말을 몹시 하다; ~ vågat är hälften vunnet 【속담】 범의 굴에 들어가야 범 새끼를 잡는다.
friskus *~en ~ar* 쾌활하고 적극적인 사람; han är en riktig ~ 그는 매사에 적극적이다.
frislag *~et ~* (반디 경기 중) 상대편이 반칙을 범했을 때 자유로이 공을 치는 일.
frisläpp|a *-er -te -t* (흔히 분리동사로서) …의 확산을(전파를) 허가하다; filmen har nu -ts av censuren 그 영화는 이제 검열에서 통과되었다; 감옥에서 석방되다.
frispark *~en ~ar* 【축구】 프리킥.
frispråkig *a.* (말에) 거리낌이 없는, 솔직한, 거침없이 마구 말하는.
frist *~en ~er* 연기, 연장(uppskov, anstånd); betalnings~ 지불연기; få ytterligare en dags ~ 하루 더 연기하다; när utlöper ~en? 마감일이 언제이냐.
fristad *~en fristäder* 피난처, 은신처.
fristående *a.* 홀로 서 있는, 고립된.
friställ|a *-er -de -t tr.* (일시적으로) 남을 해고하다, 일시 휴무시키다 (permittera); *-d* arbetskraft 일시 해고된 노동력.
frisyr *~en ~er* 머리치장, 모발스타일; vad tycker du om min ~? 내 머리 모양 어떠니?
frisör *~en ~er* (남자) 이발사; gå till ~en och klippa sig 이발소에 가서 머리를 깎다.
fri|ta[ga] *~tar/~tager fritog fritagit tr.* ① (감금 · 억류 상태에서) 구해내다, (물리적 힘을 가해) 빼내다 ② ~ från (고통 따위를) 면하게 하다, 해방하다; ~ ngn(sig) från en beskyllning …를(자신을) 구설로부터 벗어나게 하다.
fritera *~r ~de ~t tr.* 기름에 잠기게 하여 튀기다.
fritid *~en 0* 여가, 쉬는 때; på ~en (직장을 쉬는) 여가에는, 자유 시간에는.
fritidsgård *~en ~ar* (청소년을 위한) 여가활동 장소.
fritidshem *~met ~* (방과 후) 어린이들의 여가 선용의 집.
fritidskläder (복수명사) 여가복장, 레저복, 평상복.
fritidsområde *~t ~n* 유원지, 야외운동장.
fritidsproblem *~et ~* 여가선용 문제.
fritidssysselsättning *~en ~ar* 여가 소일거리.
fritt *adv.* 자유롭게, 방해받지 않고, 구속 없이; avgifts~ 무료로; ~ fabrik 공장에서 직접, 공장도(渡)의; ~ ombord 【상업】 (화물의) 본선적재 인도(fob, FOB); ~ förfoga över ngt …에 대해 모든 재량권을 갖다, …을 마음대로 하다; en ~ uppfunnen historia 완전한 창작[물]; 순전한 허

구(날조).

fritänkar|e –[*e*]*n* ~ (종교상의) 자유사상가.

fritänkeri ~*et 0* (종교상의) 자유사상.

frivakt ~*en* ~*er* 항해 비번 승무원, 비 당직 선원; ha ~ 비번이다.

frivillig *a*. ① 자유의지에 의한, 자발적인, 임의의; på ~ väg 자발적으로, 임의로 ② (형용사가 명사로 쓰인 경우) 지원자, 지원병; gå med som ~ 지원하다, 지원병이 되다.

frivillighet ~*en 0* 자발적 행위, 자유의지.

frivilligkår ~*en* ~*er* 자원대.

frivol [–oːl] *a*. 방자한, 외설스런, 제멋대로의, 상스러운, 추잡한, 음탕한 (oanständig, lättsinning).

frivolitet ~*en* ~*er* 상스러움, 점잖지 못한(음란한) 언동.

frivolt ~*en* ~*er* 공중제비, (손 대지 않고) 재주넘기.

frivård ~*en 0* 교도소 밖의 교도행정 [방식].

froda|s ~ –*des* –*ts dep*. 번영하다, 번성하다, 잘되다; ogräset ~ 잡초가 무성하다.

frodig *a*. (식물 따위가) 무성한, 울창한; (토지가) 기름진, 비옥한; 풍부한; (사람 · 동물 따위가) 살찐, 통통한.

from *a*. 경건한, 신앙심이 깊은; ett ~t bedrägeri (종교상) 선의의 속임수; en ~ stiftelse 종교(자선)단체; en ~ önskan 경건한 소망; ~ som ett lamm 매우 얌전한, 양처럼 순한.

fr.o.m. (약어) ☞ från [och med].

fromage [–ɑːʃ] ~*n* ~*er* 거품을 낸 크림, 계란, 향료를 넣어서 얼린 크림과자(후식용).

fromhet ~*en 0* (종교적인) 경건, 경신(敬神), 신심.

fromleri ~*et 0* 독실한 신자인 체하기, 믿음이 깊은 체 함; 위선.

fromma (불변화 en–명사), till ~ för …을 위해서.

fromsint *a*. 얌전한, 온순한, 마음씨가 착한.

frondera ~*r* ~*de* ~*t itr*. 반대하다, 거역하다(mot).

frondör ~*en* ~*er* 반대자, 반역자, (현실 정치의) 반항자.

front ~*en* ~*er* (활동 · 투쟁 따위의) 선두; (전쟁터의) 최전선, 제일선; göra ~ mot …에 대하여 공동으로 투쟁하다.

frontal *a*. 앞쪽의, 정면의.

frontalkrock ~*en* ~*ar* 정면충돌.

frontavsnitt ~*et* ~ 정면의 일부분.

frontespis ~*en* ~*er* ①【건축】정면 ②【책】권두화(卷頭畵, extra, smyckat titelblad).

frontlinje ~*n* ~*r* 전선, 일선.

frontsoldat ~*en* ~*er* 최전방 전투병.

fross|a[1] –*an* –*or* ① 한기, 오한; skaka av ~ 오한으로 몸을 떨다 ② ~[n] 말라리아, 학질.

frossa[2] ~*r* ~*de* ~*t itr*. ① 게걸스럽게 먹다, 배가 터지도록 먹다(på) ② (비유적) (쾌락 · 사치 따위에) 빠지다, 열중하다, 골몰하다.

frossare –[*e*]*n* ~ 대식가, 폭식가; 술 마시고 흥청대는 사람.

frossbrytning ~*en* ~*ar* 오한으로 떨기, 발작, 경련, 쥐.

frosseri ~*et 0* 대식, 폭식(瀑食).

frost [–ɔ–] ~*en 0* (서리를 맺는) 추

F

위, 혹한; 결빙 온도; 서리; rim~ 흰 서리; 5 graders ~ 영하 5도의 추위; det var stark ~ 된서리가 내렸다.

frosta *~r ~de ~t tr.* ~ av …의 성에를 (얼음을) 제거하다, (냉동식품 따위의) 얼음을 녹이다.

frostbeständig *a.* 얼지 않는.

frostbiten *a.* 상해(霜害)를 입은, 동상에 걸린.

frostfjäril *~en ~ar* 겨울 나방.

frostfri *~tt a.* 자동 서리 제거장치가 달린, 서리가 끼지 않는.

frostig *a.* ① 서리를 맺는, 얼어붙는 듯한, 혹한의 ② (태도 · 성질 따위가) 쌀쌀한, 냉담한.

frostknöl *~en ~ar* 【병리】 동상(凍傷).

frostnatt *~en frostnätter* 서리 내린 밤.

frostsalv|a *-an -or* 동상(凍傷) 연고(고약).

frostskad|a *-an -or* 상해(霜害), 동상(凍傷).

frostskyddsvätsk|a *-an -or* 부동액(不凍液, 자동차 엔진용).

frotté *~n ~er* 테리 천(보풀을 고리지게 짠 두꺼운 직물).

frottéhandduk *~en ~ar* 터키수건(거친 보풀코를 없애지 않은 두꺼운 무명수건).

frottera *~r ~de ~t* Ⅰ. *tr.* 문지르다 Ⅱ. *rfl.* 친하게 사귀다, (너무) 가깝게 지내다; ~ med överklassen 상류층과 교제하다.

fru *~n ~ar* ① 결혼한 부인, 아내; grann~ 이웃집 부인; präst~ 목사부인; en äldre ~ 중년 부인; hur mår ~n(Er ~)? (till herr Ek) (에크씨를 향하여) 부인(당신 부인)은 안녕하시오?; herr Andersson med ~ 안데손씨와 부인 ② 【경칭】 …[씨] 부인, …여사; hur mår ~ Ek? 에크씨 부인 안녕하십니까? ③ 여주인, 주부; ~n i huset 집 안주인.

frug|a *-an -or* 【구어】 처, (자기의) 아내; ~n och ungarna 처와 어린 애들.

frugal *a.* 절약하는, 검소한; ett ~t kvällsmål 검소한 저녁식사.

frukost *~en ~ar* 아침식사, 조반; äta ~ 아침을 먹다; (때때로) 점심; ~rast 점심 휴식시간; skol~ 학교점심.

frukostbord *~et ~* 아침식탁; vid ~et 아침 식탁에서, 조반 때에.

frukostera *~r ~de ~t itr.* 조반을 먹다(의전 상의 표현).

frukostmiddag *~en ~ar* 점심을 겸한 이른 저녁식사.

frukostrast ☞ lunchrast.

frukt *~en ~er* ① 【식물】 과실, 열매, 과일; färsk ~ 신선한 과일; förbjuden ~ smakar bäst 금단의 열매가 가장 맛있다(금지된 쾌락이 가장 즐겁다) ② 성과, 효과, 소산; ~en av hans forskningar 그의 연구 성과; skörda ~en av sin möda 노력의 결실을 거두어들이다.

frukta *~r ~de ~t* Ⅰ. *tr.* 두려워하다, 무서워하다; ~ det värsta 최악의 사태를두려워하다 Ⅱ. *itr.* 염려하다, 걱정하다; ~ för sina söner vid fronten 전선에 나가 있는 아들을 염려하다.

fruktaffär *~en ~er* 과일 가게.

fruktan *~ 0* 두려움, 공포; 외경; hysa ~ för …에 두려움을 품다.

fruktansvärd *a*. 가공할 만한, 무서운; (비유적) 지독한.

fruktansvärt *adv*. 무섭게, 소름 끼치게; 지독하게.

fruktbar *a*. 비옥한; (비유적) 풍요한 결실을 가져오는, 효과가 좋은; 수익이 좋은; ~t samarbete 효과적인 협력.

fruktbarhet *~en ~er* 비옥함; 다산, 풍요.

fruktkött *~et 0* 과육(果肉), 과일의 살.

fruktlös *a*. 무익한, 쓸데없는.

fruktlöshet *~en ~er* 무익함, 쓸모없음.

fruktodlar|e *-[e]n ~* 과수 재배 자.

fruktodling *~en ~ar* 과수 재배,

fruktsam *a*. 다산의; 풍요한, 기름진.

fruktsamhet *~en ~er* 다산; 풍부, 비옥함.

fruktträd *~et ~* 과수.

fruktträdgård *~en ~ar* 과수원.

fruktämne *~t ~n* 【식물】 씨방.

fruntim|mer *-ret ~* (농담조 또는 경멸조로) 계집, 아녀자.

fruntimmersveck|an (불변화 en-명사) 여성주간(7월 19일부터 25일까지 첫 날을 제외하고 달력에 모두 여자 이름을 가지고 있음).

frus|en *a*. ① 언, 곱은; 냉동한; ~et kött 냉동고기 ② 추위를 타는, 으스스한; känna sig ~ 으스스하게 느끼다, 춥게 느끼다(춥다).

frusenhet *~en ~er* 냉기, 한기, 차가움.

frusta *~r ~de ~t itr*. (말이) 콧김을 뿜다; 콧방귀 뀌다, 코를 씨근거리다 (분개 · 격노할 때).

frustrera *~r ~de ~t tr*. 좌절시키다, 실망시키다, 꺾다.

frustrerad *a*. 실망한, 좌절한.

frustration *~en ~er* 좌절, 실망.

fryntlig *a*. 쾌활한, 명랑한, 유쾌한; 상냥한.

fryntlighet *~en ~er* 명랑함, 쾌활, 유쾌함; 상냥함.

frys *~en ~ar* ☞ **frysbox**.

frys|a Ⅰ. *-er frös frusit itr*. ① 얼다; vattnet har frusit 물이 얼었다 ② 동상에 걸리다; potatisen har frusit 감자가 얼어 못쓰게 되었다 ③ 춥다, 시리다; jag -er om händerna 손이 시리다 Ⅱ. *-er -te -t tr*. 냉동시키다 Ⅲ. (강세 접사와 함께) ① ~ bort 얼어서 못쓰게 되다 ② ~ fast 얼어붙다 ③ ~ igen 얼다; sjön har frusit igen 호수가 얼었다. ④ ~ in a) *itr*. 동결되다; infrusna krediter 회수가 어려운 대금(貸金) b) *tr*. (음식 등을) 냉동 보관하다 ⑤ det fryser på (얼음이) 얼고 있다 ⑥ ~ till (얼음이) 얼다(~ igen); tillfrusna hamnar 얼음으로 갇힌 항구들 ⑦ ~ ut ngn …를 몰아내다, …를 냉대하여 참을 수 없게 하다.

frysbox *~en ~ar* 냉동장치, 냉동기(실).

frysfack *~et ~* 냉장고 안의 냉동 칸.

frysning *~en ~ar* ① 냉동 ② (복수형) 오한, 몸서리.

fryspunkt *~en ~er* 빙점.

fråg|a *-an -or* 물음, 질문; 문의, 조회; 문제, 일; (논쟁)점; en ~ av allmänt intresse 일반의 관심사; i ~ om …에 관해서; vad är det ~ om? 무슨 일인지?, 무엇이 문제인가?, 원하는 게 무엇인가?; nu är det ~[n] om att … 이제 …하는 것이 문제다,

F

이제 …하지 않으면 안 된다; få ~n om ngt …에 관해 심문(조사)을 받다; kringgå [själva] ~n 문제의 핵심을 피하다; boken i ~ 문제의 책; han kan komma i ~ som chef 그가 책임자가 될지 모른다; det kan komma i ~ att …하는 것이 가능할 수(일어날 수) 있다; det kommer aldrig i ~ (på ~n) 그것은 절대로 문제시 되지 않는다; sätta i ~ 문제 삼다, 제안(제의)하다; det är utom all ~ att han är … 그가 …하다는 것은 의심의 여지가 없다.

fråga *~r ~de ~t* Ⅰ. *tr. itr.* ~ ngn om ngt …에게 …에 대해 묻다. 질문하다; 조사하다; 문의(조회)하다; 심문하다; ~ efter ngn …를 찾다, …의 안부를 묻다; ~ efter en bok i bokhandeln 서점에서 어느 책이 있느냐고 문의하다; ~ ngn om råd …에게 충고(조언)을 구하다 Ⅱ. *rfl.* 의아해 하다; det kan man verkligen ~ sig 당연한 질문이야 Ⅲ. (강세 접사와 함께) ① ~ efter ngt …에 관심을 두다, 신경을 쓰다; jag ~r inte efter vad andra tycker 다른 사람이 어떻게 생각하든 나는 상관 안 한다 ② ~ sig fram 길을 물어 찾아가다 ③ ~ sig för om ngt …에 대해 문의하다 ④ ~ ut ngn …를 심문(조사)하다.

frågande *a.* 묻는, 질문의, 의문의; 문의의; se ~ ut 어리둥절해 보이다.

frågeform *~en ~er* 【문법】 의문문 형식.

frågesport *~en ~er* 퀴즈.

frågeställning *~en ~ar* 문제 제기.

frågeteck|en *-net* ~ 의문부호; sätta ett stort ~ för ngt …에 대해 매우 미심쩍어하다.

frågvis *a.* 캐묻기 좋아하는.

från[1] *adv.* ① …으로부터 떨어져 ② ☞ **till**[2] [och från] ③ ☞ **ifrån**[1].

från[2] *prep.* …으로부터(영어의 from); …으로부터 떨어져; …으로부터 벗어나(영어의 off); ~ och med den 1 maj, 5월 1일부터(당일도 포함); ~ och med den 20 april till och med den 5 maj, 4월 20일부터 5월 5일까지(당일도 포함); ~ det ena till det andra 그런데, 말하자면(말머리를 바꿀 때); ~ det jag kom hit 내가 여기에 온 후로; han är ~ Stockholm 그는 스톡홀름 출신이다; ett brev ~ Amerika 미국에서 온 편지; undantaget ~ regeln 해당 규칙에서 제외; bilder ~ en resa i Paris 파리 여행에서 찍은 사진.

frånfälle *~t ~n* 사망.

från|gå *~r -gick -gått* 포기하다, 버리다; 철회하다; egendom som ~tt ngn …에게서 없어진 재산; ~ ett tidigare beslut 이전의 결정을 철회하다.

frånhän|da *-der -de -t* ☞ **avhända**.

frånkän|na *-ner -de -t tr.* ~ ngn auktoritet …의 권위를 부인하다.

från|se *~r -såg -sett tr.* …를 무시하다.

frånsid|a *-an -or* ① 뒷(배)면 ② 부정적인 면, 좋지 않은 몇; 결점, 약점.

frånskild *a.* 이혼의, 이혼한.

frånstötande *a.* 불쾌한, 싫은; 비위에 거슬리는, 지겨운, 정떨어지는.

från|säga *-säger -sade -sagt* 거절

하다, 사양하다; ~ sig ngt …을 거절(사양)하다.

från|taga *–tager –tog –tagit tr.* 뺏다, 강탈하다.

från|träda *–träder –trädde –trätt tr.* ① 물러나다, 퇴직하다; ~ ämbetet 관직에서 사임하다 ② 포기하다, 단념하다.

frånvarande *a.* ① 결석한 ② 멍한, 얼빠진.

frånvaro *~n 0* 결석, 결핍; ~n av humor gör berättelsen enbart trist 유머의 결핍은 이야기를 지루하게만 한다.

fräck *a.* 건방진, 무례한; 뻔뻔한; ~ i mun 입이 거친; hans ~a uppsyn 그의 무례한 태도.

fräckhet *~en ~er* 건방짐, 무례, 뻔뻔함; en ~ utan like 무례하기 짝이 없음; ha ~en att …할 정도로 낯가죽이 두껍다.

fräckt *adv.* 뻔뻔하게, 건방지게, 무례하게.

fräk|en *–nen 0* 【식물】 속새(속새과의 상록 다년초).

fräkn|e *–en –ar* 주근깨.

fräknig *a.* 주근깨[투성이]의.

fräls|a *–er –te –t tr.* 구원하다, 해방하다; ~ oss ifrån ondo! 우리를 악으로부터 구원하소서.

frälsar|e *–[e]n ~* 구원자, 해방자.

frälsarkrans *~en ~ar* 【해양】 구명부륜(浮輪), 부표, 부이.

frälse[1] *a.* 면세 받은; ~ och ofrälse [män] 귀족과 평민.

frälse[2] *~t 0* 면세(특혜)권자; åtnjuta ~ 면세의 특전을 누리다.

frälsning *~en 0* 구원, 해방.

Frälsningsarmén (정형명사) 구세군.

frälsningssoldat *~en ~er* 구세군 군인(대원).

främja *~r ~de ~t tr.* (성장 · 발전 · 진보 따위를) 촉진시키다, 조장하다; 돕다.

främjande[1] *adv.* verka ~ för …을 조장(촉진)하는 역할을 하다.

främjande[2] *~t 0* 촉진, 조장, 장려; till ~ av …을 촉진시키기 위하여.

främling *~en ~ar* 이방인, 낯선 사람; 외국(이국)인; 거류 외국인; 국외자(outsider).

främlingsfientlig *a.* 이국인에게 적대적인.

främlingshat *~et 0* 외국(이국)인 혐오.

främlingskap *~et 0* 거류 외국인 신분; (비유적) 소원함, 소외.

främlingspass *~et ~* 거류 외국인 여권.

främmande[1] *a.* 미지의, 보도 듣지도 못한; 외국(의); 타인의; ~ hjälp 외부 도움; falla i ~ händer 낯선 사람의 수중에 들어가다(빠지다); ~ kapital 외자(外資); ~ kropp 이물체; jag är inte ~ för tanken 내가 그 생각을 해보지 않은 것은 아니다; bli ~ för varandra 서로 소원해지다.

främmande[2] ① *~n ~* 이방인, 손님, 방문객 ② *~t 0* (집합적인 의미로서의) 손님, 초대 객; vi fick ~ 손님이 오셨다; ha ~ 파티를 열다; de har ofta ~ 그들은 자주 손님을 초대한다, 그들에게는 손님이 자주 찾아온다.

främre *a.* 앞의, 앞부분의, 앞면의; Främre Asien 중동; Främre Indien

F

인도.

främst *adv*. 첫째로; 맨 앞줄에, 전방(앞쪽에); 주로, 대체로; ligga främst (i tävling) (시합에서) 리드하고 있다, 앞서고 있다; stå ~ på 첫째다, 일등이다.

främ|sta *a*. 첫째의, 일류의, 주요한, 으뜸가는, vår −ste nu levande författare 현재 생존해 있는 최고의 우리 작가; ~ i ledet 맨 앞에서, 최전선에서; (비유적) 최고 부류 중에서; vår −ste leverantör 우리의 주공급자.

frän *a*. (냄새 · 맛이) 악취가 나는, 맛이 고약한; 신랄한, 격렬한; ~ kritik 신랄한 비평; en ~ skildring av …의 적나라한 묘사, 무자비한 표현.

frände *~n ~r* 친척, 일가.

frändskap *~en 0* 혈연관계, 인척관계; 【화학 · 생물】 친화력.

frănhet *~en ~er* 악취; 고약스러운 맛; 신랄함.

fränk|a *−an −or* 혈연(인척) 관계의 여자.

fräs Ⅰ. *~en ~ar* 커터(cutter), 절삭기 Ⅱ. *~et 0* ① ☞ **fräsande** ② 속도; för full ~ 최대 속도로; sätta ~ på ngt …에 속도를 가하다.

fräs|a *−er −te −t* Ⅰ. *tr*. ① (재목 따위를) 켜다 ② 튀기다, 지지다; ~ smör 버터를 (프라이팬에) 녹이다 Ⅱ. *itr*. ① (거품이 일 때, 음식을 튀길 때) 쉿 소리를 내다; så arg att han −te 그는 분노로 이글거렸다 ② − [ut] ordentligt! 코를 세게 풀어라.

fräsande *−t 0* (거품이 일 때, 음식을 튀길 때) 쉿 하는 소리.

fräsch *a*. 신선한; 새로운; 맑은; 생기 있는; 건강해 보이는.

fräscha *~r ~de ~t tr*. ~ upp 기운나게 하다; (기억 등을) 새롭게 하다.

fräschör *~en 0* 신선함, 새로움; 발랄함, 싱싱함.

fräta *−er −te −t* Ⅰ. *tr*. *itr*. a) ~ (på) ngt …을 부식시키다, …을 침식시키다 b) (벌레가) …을 갉아먹다, …에 먹어 들어가다; ~ hål på (벌레 등이) …에 구멍을 뚫다; ~nde bekymmer 속을 태우는 근심; frätt av maskar 벌레가 파먹고 들어간 Ⅱ. (강세 접사와 함께) ① ~ bort 부식시키다, 침식하다 ② ~ sig in i …을 파먹고 들어가다, …을 좀먹다.

frö *~et ~n* ① (복수형) ~er 씨앗, 종자, 열매; bilda(sätta) ~ 여물다, 씨앗이 생기다 ② 불씨; ~ till framtida tvister 장래 갈등이 될 불씨.

fröa *~r ~de ~t itr*. *rfl*. ~ sig 열매를 맺다, 씨를 뿌리다.

fröhus *~et ~* 【식물】 과피(果皮).

fröjd *~en ~er* 즐거움, 기쁨, 환희; en ~ för ögat 눈요기; i ~ och gamman 즐겁게.

fröjda *~r ~de ~t* Ⅰ. *tr*. 기쁘게 하다, 즐겁게 하다 Ⅱ. *rfl*. ☞ **fröjdas**.

fröjd|as *~ −ades −ats itr*. *dep*. 기뻐하다, 즐거워하다.

frök|en *~ −nar* (미혼 여성의 성 또는 성명 앞에 붙이는 경칭) …양; 처녀, 미혼여성; 아가씨(점원, 사환 등에 쓰이는 호칭); 여선생(미혼 · 기혼 구별 없이 부를 때 쓰는 호칭).

frömjöl *~et 0* 꽃가루.

fuchsi|a [fụksia] *−an −or* 【식물】 퓨셔(바늘꽃과의 관상용 관목).

fuffens (불변화 ett−명사) 속임수, 장난.

fug|a *-an -or* 【음악】 푸가, 둔주곡(遁走曲).

fukt *~en 0* 습기.

fukta *~r ~de ~t tr.* 적시다, 축이다; ~ läpparna 입술을 축이다.

fuktig *a.* 습한, 축축한; 눈물에 젖은; 부어라 마셔라 식의; 취한; ~a ögon 눈물에 젖은 눈; tillställningen blev något ~ 파티에서 술을 꽤들 마셨다.

fuktighet *~en ~er* 축축한, 습함.

ful [fʉːl] *a.* 추한, 흉한, 궂은(비 내리는); 비겁한, 정직하지 못한; 점잖지 못한; ~t väder 궂은 날씨; han är en ~ fisk 그는 정직하지 못한 녀석이다; ~a ord 점잖지 못한 말.

fulhet *~en ~er* 흉함; 비겁함; 점잖지 못함.

fuling *~en ~ar* 못난 녀석; 천덕꾸러기.

full [fɵl] *a.* ① 찬, 가득한, 가득 채워진, 충만한 ② 완전한, 결여됨이 없는, 완벽한; 절대적인(absolut); 진실한(sann); rummet är ~t möblerat 그 방은 가구가 제대로 갖춰져 있다; i ordets ~a bemärkelse 단어의 진정한 의미에 있어서; han har min fulla sympati 그는 나의 절대적인 지지를 받고 있다; min ~a beundran 나의 진정한 감복(감탄) ③ 충만한, 풍요한, 한도껏; snart har vi ~ sommar 곧 우리는 한여름을 맞는다; i ~ fart 전속력으로; i ~ blomning 꽃이 한참 피어 ④ (술에) 만취된.

fullastad *a.* 짐을 가득 실은.

fullblod *~et ~* 순종, 종마(種馬).

fullbokad *a.* 예약이 완료된, 모두 예약된.

fullborda *~r ~de ~t tr.* 마치다, 끝내다, 이루다, 달성하다; ett ~t faktum 기정사실; efter ~d gärning 행위가 끝난 뒤; ~d handling 【문법】 완료동작; ~d våldtäkt 강간기수(既遂).

fullbordan (불변화 en-명사) 성취, 달성, 완성, 완료; i tidens ~ 때가 오면, 불원간; gå i ~ 달성되다, (예언 등이) 적중하다, 사실이 되다.

fullfjädrad *a.* 깃털이 다 난, 제 몫을 다하게 된, 어엿한.

fullfölj|a *-er -de -t tr.* 완성시키다, 끝내다, 마치다; (계획 따위를) 성취하다, 끝까지 밀고 나가다; …을 계속해서 하다, 추구하다; ~ en plan 계획을 끝까지 추진하다; ~ segern 승리를 달성하다; ~ sina studier 자신의 학업을 마치다.

fullgo|d *-tt a.* 매우 만족스러운, 적당한; 완벽한, 훌륭한; 타당한; 표준의, 모범의; ~ kost 영양을 골고루 갖춘 식사; i -tt skick 완전한 상태로; ~a skäl 충분한 이유; ~ säkerhet 완벽한 안전.

fullgången *a.* 완전히 (완벽하게) 발달된.

full|göra *-gör -gjorde -gjort tr.* (의무 등을) 다하다, 완수하다; (명령 등을) 수행하다; ~ likvid 셈을 청산하다, 지불의무를 이행하다.

fullkomlig *a.* ① 완전한, 완벽한; ~ i sitt slag 나름대로 완벽한 ② 전(면)적인, 철저한, 전혀 …한; en ~ brist på logik 심각한 논리적 결핍; en ~ främling för mig 내게 전혀 낯선 사람.

fullkomlighet *~en ~er* 완전, 완벽.

fullkomna *~r ~de ~t tr.* 완전(완벽)하게 하다; det är ~t 그것은 완성되었다.

F

fullkomning *~en 0* 완전, 완벽.

fullkornsbröd *~et ~* (기울을 제거하지 않은) 완전 밀가루로 만든 빵.

fullmakt *~en ~er* ① 위임, 위임장; ge ngn ~ att …에게 위임을 시켜 …하게 하다; äga oinskränkt ~ 전권(全權)을 장악하다; enligt ~ 위임장에 의거하여 ② 사령장(공직).

fullmån|e *-en -ar* 보름달.

fullmäktig ~ *~e* (선출된) 대표자, (기관 · 기구 · 협의체 등의) 위원.

fullo (불변화명사), *till* ~ 충분히, 완전히.

fullriggar|e *-[e]n* ~ 완전 장비를 갖춘 배(활대를 붙인 마스트가 최소한 세 개 이상 있는 범선).

fullsatt *a.* (좌석 등이) 꽉 찬.

fullständig *a.* 완전한, 완벽한; 충분한, 절대적인; ~ avhållsamhet 절대 금주; ~ förbränning 완전연소; skriva ut ~a namnet 성명과 이름을 모두 기입하다.

fullständiga *~r ~de ~t tr.* 완전하게(완벽하게) 하다.

fullständigt *adv.* 완전히, 완벽하게.

fullt *adv.* 완전히; 절대적으로; 전적으로; 가득히, 가득 차게; det är ~ förståeligt att … …하는 것은 충분히 이해할 만(납득할 만)하다; ~ upp med …을 많이, …을 충분히; ha ~ upp att göra med arbete 할 일이 매우 많다; arbeta för ~ 온 힘을 다해 일하다; gå för ~ 전속력으로 가다(진행하다); med radion på för ~ 라디오 볼륨을 최대한으로 틀어놓고.

fulltalig *a.* 완전한; 전부의; ~ publik 가득 메운 청중; är vi ~a? 우리 모두가 여기에 있니?; vara ~ 정원에 달하다.

fulltonig *a.* 낭랑한, 울려 퍼지는.

fullträff *~en ~ar* 완전한 성공, 히트.

fullvux|en *-et -na* 완전히 성장한, 성인의.

fullända *~r ~de ~t tr.* ① 완성시키다 ② 완벽하게 하다; ~d skönhet 완벽한 아름다움.

fulländning *~en 0* 완벽.

fullödig *a.* 진짜의; 완벽한; 잘 어울리는, 아주 적당한.

fumla *~r ~de ~t itr.* 굼뜨게 행동하다, 더듬[어 찾]다, 서투르게 다루다.

fumlig *a.* (행동이) 굼뜬, 더듬[어 찾]는, 솜씨가 어설픈.

fundament *~et ~* ① 기초, 토대, 기본 ②【문법】정동사 앞에 오는 문장 요소.

fundamental *a.* 기초적인, 토대의, 기본의.

fundera *~r ~de ~t itr.* (깊이) 생각하다, 숙고하다; 묵상하다; ~ på att …, …할 것을 신중히 고려하다.

funderar|e *-[e]n* ~, ta sig en ~ 심사숙고하다, 신중히 생각하다.

fundering *~en ~ar* 생각; 착상; 계획.

fundersam *a.* 사려 깊은; 신중한 생각에 잠긴.

fungera [-ŋgeː-] *~r ~de ~t tr.* ① (제대로) 기능을 발휘하다, 작동하다, 움직이다; hissen ~r inte 엘리베이터(승강기)가 고장이다 ② …의 기능을 갖다, … 노릇을 하다, 일을 하다; ~ som …로서 행동하다, 노릇을 하다.

funktion *~en ~er* 기능, 역할, 임무; ha en ~ att fylla 담당할 역할이 있다; i vilken ~ är du här? 너는 여기서 무슨 역할을 하니? ur ~ 고장.

funktionalism *~en 0* 기능심리학; (건축 따위의) 기능주의, 실용제일주의.

funktionell *a*. 기능의, 직무의.

funktionera *~r ~de ~t tr*. ☞ **fungera**.

funktionär *~en ~er* 직원; 공무원, 관리; (운동 시합에서) 관리 요원.

funt *~en ~ar* (유아) 세례 대.

funtad *a*. (육체적, 성격적으로) …의 성향이 있는; jag är inte så ~ att jag kan …, …을 할 수 있도록 나는 생겨먹지 않았다; han är så ~ 그는 그렇게 되어먹었다; enkelt ~ 어리석은; normalt ~ 정상적인; inte riktigt ~ 좀 모자란.

fur Ⅰ. *~en 0* 【고어】 ☞ **furu** Ⅱ. ~en ~or ☞ **fura**.

fur|a *-an -or* 소나무(왜송 류).

furage [-ɑ:ʃ] *~t 0* 꼴, 마초, 말먹이.

furie *~n ~r* 【신학】 복수의 여신; 표독한 여자.

furir *~[e]n ~er* (육군과 공군의) 중사, (해군의) 하사관.

furnera *~r ~de ~t tr*. 공급하다, 제공하다.

furor[e] [furo:r] (불변화명사), göra ~ 열광시키다.

furst|e *-en -ar* (제왕에 예속된 소국의) 군주, 제후; 왕자, 왕족; 군주; 공작(보통 성 앞에 직함으로 쓰임).

furstendöme *~t ~r* 공국(公國, furste 가 통치하는 나라).

furstinn|a *-an -or* 공주, 왕녀, 공작 부인.

furstlig *a*. 군주다운, 왕후다운, 왕자다운; 왕후의, 왕자의, 군주의.

furu *~t/~n, 0* 소나무 재목.

furunk|el *-eln -lar* 【의학】 정종(疔腫), 부스럼.

fusion *~en ~er* 용해, 융해; 연합, 합병; 【물리학】 결합, 융합.

fusk *~et 0* ① 속임수, 사기; (시험의) 부정행위 ② 서투른 일.

fuska *~r ~de ~t itr*. ① 속이다, 남의 것을 보고 베끼다 ② …을 엉망으로 만들다, …을 망쳐 놓다.

futil *a*. 쓸데없는, 무익한; 하찮은, 쓸모없는.

futilitet *~en ~er* 쓸데없는 것; 사소한 것.

futtig *a*. 볼품없는, 하찮은, 사소한.

futurum *~et ~* 【문법】 미래형, 미래 시제.

fux *~en ~ar* 구렁말(밤색의 말).

fy *itj*. 치!, 체!; ~ fan! 빌어먹을! 제기랄!; ~ skam! 부끄럽지도 않니!

fylka *~r ~de ~t rfl*. ~ *sig* ☞ **fylkas**.

fylk|as *~ -ades -ats itr. dep*. 모이다, 집합하다.

fylke *~t ~n* 바이킹 시대 노르웨이의 소왕국 또는 주(州).

fylking *~en ~ar* 고대북구의 방진(方陣), 창병(槍兵)을 네모꼴로 배치하는 진영.

fyll|a¹ *-an -or*, ta sig en redig ~ 술을 많이 마시다; i -an och villan 취중에.

fyll|a² *-er -de -t* Ⅰ. *tr*. ① a) (가득) 채우다; …을 다시 채우다, 보충하다 (på); 채워놓다; (의무 등을) 다하다, 수행하다 b) (술 등을) 붓다, 따르다; (숫자 등을) 채우다; ~ antalet 수를 채우다; ~ ett länge känt behov 오랫동안 가지고 있던 욕구를 채우다; ~ en tand 이(치아)를 때우다; ~ tanken 연료통을 채우다; ~ vin i glaset 잔에

술을 채우다 ② när −er du år? 너의 생일이 언제인가; till −da tjugo år 만 20세가 될 때까지 Ⅱ. (강세접사와 함께) ① ~ i a) 액체 등을 채우다 b) 기입하다; ~ i en blankett 서식(용지)에 기입하다 ② ~ igen a) 다시 채우다 b) (igen에 강세가 올 때) 메우다 ③ ~ på a) …에 가득 채우다, 다시 채우다 b) (액체 등을) 붓다; ~ på bensin (휘발유를) 주유하다; får jag ~ på lite kaffe? 커피 좀 더 드시겠어요? ④ ~ upp (장소를) 가득 채우다; (의무 등을) 다하다, 수행하다 ⑤ ~ ut (공간 등을) 채우다.

fyllbult *~en ~ar* 주정꾼, 취한(醉漢).

fyllerị *~et 0* 음주.

fyllerist *~en ~er* 음주자.

fyllest *adv*. till ~ 충분히; 만족스럽게.

fyllig *a*. ① 풍만한, 통통한 ② 충만한, 풍부한 ③ (성량이) 풍부한 ④ (술이) 감칠맛 나는.

fyllna *~r ~de ~t itr*. ~ till (술에) 얼큰히 취하다.

fyllnad *~en ~er*, till [som] ~ 보충(보완)으로.

fyllnadsval *~et ~* 보궐선거.

fyllning *~en ~ar* (특히 치아용) 속에 집어넣는 재료; tand~ 이(치아)의 충전재.

fyllo *~t ~n* 주정꾼, 취한(醉漢).

fynd *~et ~* ① 발견된 것, (특히 고대에 속하는 귀중한) 발견물; göra ett ~ 싼 물건을 구입하다 ② 발견.

fyndig *a*. ① 기발한, 지모가 풍부한; 재치 있는 ② 금속을 함유하고 있는, 광석(원광)이 매장된.

fyndighet *~en ~er* ① 재치, 지모 ② 광석 매장량.

fyr[1] *~en ~ar* ① 등대 ② 사격; ge ~! 발사!; en glad ~ 명랑한 친구(남자).

fyr[2] (불변화 ett−명사) ☞ **fuffens**.

fyr|a[1] Ⅰ. 기수(基數) 4(넷); på alla ~ 네 발로 기어 Ⅱ. *−an −or* 4의 문자; 네 번째의 것(사람); 노가 넷 있는 보트 경주; *~n* 4단 기어; 4점(학교 성적 중 두 번째로 높은 수); 4학년.

fyra[2] *~r ~de ~t tr*. ~ av 발사하다.

fyrfaldig *a*. 네 갑절의.

fyrfotadjur *~et ~*/**fyrfoting** *~en ~ar* 네발짐승.

fyrhändig *a*. ~ sättning 두 사람의 피아니스트를 위한 편곡.

fyrkant *~en ~er* 사각형.

fyrkantig *a*. 사각이 진(있는), 사각형의.

fyrklöver *~n 0* ☞ **fyrväppling**.

fyrling *~en ~ar* 네 쌍둥이, 네 쌍둥이 중의 하나.

fyrmästar|e *−[e]n ~* 등대지기.

fyrspann *~et ~* 네 필이 끄는 마차; 말 네 필로 된 한 조.

fyrsprång (불변화명사), i ~ (말이) 전속력으로, 쏜살같이.

fyrti[o] [fœṭi] 기수 40.

fyrtionde 【수사】 서수 40번째의.

fyrverkerị *~et ~er* 불꽃놀이.

fyrväppling *~en ~ar* 네 잎 클로버; 4인조.

fysịk *~en 0* ① 물리학 ② 체격.

fysikạlisk *a*. 물리학의, 물리학적인; ~ behandling 물리요법.

fysiker *~n ~* 물리학자.

fysiolọg *~en ~er* 생리학자.

fysiologị *~n 0* 생리학.

fysiologisk *a.* 생리학의, 생리학적인.

fysionomi *~n ~er* 외모, 얼굴, 생김새, 인상.

fysisk *a.* ① 물리학의, 물리학적인 ② 체격의, 신체의 육체의; ~ fostran 체력단련; ~ geografi 신체해부도.

få[1] *~r fick fått* Ⅰ. 조동사 ① a) …해도 좋다; ~r inte …해서는 안 된다(엄한 금지를 나타냄); om jag fick ge dig ett råd 내가 너에게 충고를 해도 좋다면(된다면); ingen ~r veta detta utom du 너 이외에 아무도 이것을 알아서는 안 된다; jag ~r inte för mamma 어머니께서 못하게 하셔; ~r ej vidröras! 손대지 마시오! b) (정중한 말씨에 쓰임) be att ~, …하는 것을 부탁하다; han bad att ~ tala med henne 그는 그녀와의 대화를 요청하였다; vi ber att ~ meddela att …, …을 (…한 사실을) 전해드리고자 합니다; ~r jag be om brödet? (식탁에서) 빵을 좀 건네주시지요; ~r jag föreställa herr A? A씨를 소개할까요?; låt mig ~ göra det 제게 그것을 하도록 해주십시오; jag ~r (ber att) tacka så mycket 고맙기 그지 없습니다; vad ~r det vara? (vad ~r det lov att vara?) (가게 · 상점에서) 무엇을 도와 드릴까요, 손님? ② a) …할 수 있다, …할 기회를(가) 갖다(있다); vi fick göra som vi ville 우리가 원하는 대로 할 수 있었다; numera ~r varje barn lära sig läsa 요즈음에는 모든 아이들에게 공부할 기회가 있다(주어진다); vi ~r väl se (어떻게 되는지) 한 번 두고 보자; vi ~r tala om det senare 나중에 그것에 관해서 이야기 하자; det ~r vara så länge 당분간 그대로 놔두자, 서두를 필요가 없다; då ~r det vara 그렇다면 …하는 것에 신경 쓰지 말아라 b) ~ höra, ~ se, ~ veta ☞ **höra, se, veta** ③ …하지 않으면 안 되다, …할 수 밖에 없다 (have to); ~r böta 벌금을 물지 않으면 안된다; det ~r duga 이 정도로 족하다, 충분하다; du ~r ursäkta mig 나를 꼭 용서해 다오 Ⅱ. *tr.* ① a) 얻다, 획득하다, (고기 등을) 잡다 b) 받다, 수령하다, 수상하다; (돈을) 벌다; (병에) 걸리다 c) (피부에 두드러기 등이) 나다; ~ arbete 일을 구하다, 직장을 얻다; ~ avslag 거절(거부)당하다, 기각되다; ~ sin lösning 해결되다; här ~r den inte plats 여기에는 그것에 대한 여지가 없다; ~ ro 안정을 얻다; ~ ett slut 끝맺다; ~ snuva 코감기에 걸린다; ~ tillträde 입장가; ~ ungar 새끼를 낳다; de fick varann till slut 마침내 그들은 결혼하게 되었다; be att ~ svar 대답을 요청합니다; jag ska be att ~ (kan jag ~, ~r jag) lite frukt (가게 · 상점 등지에서) 과일을 좀 주시겠습니까; ~r jag boken där, är du snäll? 죄송하지만, 거기 있는 책을 좀 주시겠습니까?; finns inte längre att ~ det 더 이상 그것을 구할 수가 없다; det ska du ~ för! 앙갚음을 해주지!(복수하겠다!); där fick han! 그래 싸다, 그것 보라니까! ② (목적격 보어 역할의 형용사나 과거분사와 함께); han har ~tt det bra (ekonomiskt) 그는 (경제적으로) 형편이 좋다; ~ ngt färdigt …을 끝마치다; ~ håret klippt 이발하다; han fick benet överkört 그는 다리를 차에 치었다; jag fick mig

tillskickat ett paket 소포가 하나 나에게 왔다 ③ ~ ngn till [att göra] ngt …로 하여금 …하게 하다; jag kunde inte ~ mig till att göra det 나는 그것을 정말 할 수가 없다; ~ ngn i säng …를 잠자리에 들게 하다; jag ~r det inte ur fläcken 나는 그것을 움직일 수가 없다 Ⅲ. (강세접사와 함께) ① ~ av (뚜껑 등을) 열다; ~ av sig kläderna 옷을 벗다 ② ~ bort 제거하다 ③ ~ ngn fast …를 잡다(붙들다) ④ ~ fram 꺼내다, 구하다, 만들어내다, 생산해내다; jag kunde inte ~ fram ett ord 말 한마디도 꺼낼 수 없었다 ⑤ ~ för sig a) …으로 생각하다, 믿다 b) 상상하다 ⑥ ~ hem (물건 등을) 집으로 배달받다 ⑦ ~ i ngt i …을 …에 넣다; ~ i ngn ngt …을 …에게 먹이다, …을 …의 머리 속에 넣다, …로 하여금 …을 믿게하다; jag fick i mig lite kaffe 억지로 커피를 조금 마셨다 ⑧ ~ ngn ifrån ngt (나쁜 습관 등을) …으로 하여금 …를 못하게(그만 두게) 하다 ⑨ ~ igen 닫다; 닫게 하다; 다시 찾다, 다시 받다; det skall du allt ~ igen! 빚을 꼭 갚겠다! ⑩ ~ igenom ett lagförslag 법률안을 통과시키다 ⑪ ~ ihop 닫다, 모으다; vi fick ihop till en vas 우리는 꽃병 하나를 살 만한 돈을 모았다 ⑫ ~ in (~ in ngt[ngn] i) …을 …에(게) 넣다; ~ in pengar 돈을 벌다, 모금하다 ⑬ ~ loss 떼어 놓다 ⑭ ~ med (sig) 가져오다; har du fått med allt? 전부 가져왔니?; inte ~ med 놔두고 오다, 빼먹다; ~ ngn med sig …를 데리고 오다, …를 자기 편으로 만들다 ⑮ ~ ned 내려놓게 하다, 삼키다 ⑯ ~ omkull 억지로 …를 넘어지게 하다 ⑰ ~ på [sig] …을 입다, 쓰다, 신다 ⑱ ~ undan …을 제거하다, …을 끝마치다 ⑲ ~ upp (문 · 자물쇠 등을) 열다, 눈을 뜨다, 매듭을 풀다, 들어올리다, 잠자리에서 일어나게 하다, (물고기를) 낚아(잡아)올리다, 진학(진급)시키다, 토하다, 속력을 내다 ⑳ ~ ur ngn ngt …로부터 …을 얻다, 받아내다 ㉑ ~ ut (월급 · 유산 등을) 받다, (정보를) 얻다; ~ ut det mesta möjliga av …을 최대로 이용하다 ㉒ ~ över …를 남겨두다.

få² *a*. 약간의, 많지 않은; 조금 밖에 없는, 소수의, 거의 없는, 근소한; alltför ~ 너무 적은; blott ~ 단지, 약간의; ytterst ~ 매우 적은; han kan … som ~ 그와 같이 …할 수 있는 사람은 몇 사람 밖에 없다.

fåfäng *a*. ① 허영심이 강한, 우쭐대는, 헛된, 무익한; ~ möda 헛된 수고; det ~a i att …에 있어서의 무익함 ② ~ gå lär[er] mycket ont 태만은 모든 악의 근원이다.

fåfänga *~n 0* 허영, 자만심; sårad ~ 상처 입은 자존심; ~ns marknad 허영의 시장(Bunyan의 소설에 나오는 시장(市場)이름).

fåfänglig *a*. 헛된, 무익한; 허영심이 강한.

fåfänglighet *~en ~er* 헛된, 무익함; 허영.

fåg|el *-eln -lar* 새; bättre en ~ i handen än tio i skogen【속담】수중의 한 마리 새는 숲속의 열 마리보다 낫다; hon äter som en ~ 그녀는 잘 먹지 않는다; det vete fåglarna! 하느

님만이 아신다(나는 모른다).
fågelbär ~et ~ 야생벚나무의 버찌.
fågelfri a. ☞ fredlös.
fågelperspektiv ~et ~, i ~ 위에서 내려다보았을 적에, 조감(鳥瞰)적인.
fågelskrämm|a -an -or 허수아비.
fågelsträck ~et ~ 집단 이동하는 새 떼.
fågelväg ~en ~ar 지름길.
fåglalåt ~en ~ar 새의 지저귀는 소리.
fåkunnig a. 무식한.
fål|e -en -ar 【옛 시어】 (수컷) 망아지; 군마.
fåll ~en ~ar (천 · 옷의) 옷단, 가장자리, 헴(풀리지 않도록 감친 가두리).
fåll|a[1] -an -or 우리(동물).
fålla[2] ~r ~de ~t tr. …의 가장자리를 감치다, 옷단을 대다.
fåmäld a. 말없는, 조용한.
fån ~et ~ 바보, 멍청이.
fåna ~r ~de ~t rfl. 어리석게 굴다; 허튼 소리를 하다.
fån|e -en -ar ☞ fån.
fåneri ~et ~er 바보스러움; 바보스러운 짓; ~er 허튼 소리.
fång ~et ~ ① 품, 한 아름; bära ngt i ~et 품에 …을 나르다; ett ~ hö 한 아름의 건초 ② 【법률】 laga ~ 합법적 취득
fånga[1] (불변화명사), ta … till ~ …를 잡다, 가두다; ta sitt förnuft till ~ 정신을 차리다, 이성에 따르다.
fånga[2] ~r ~de ~t tr. 잡다; (덫에) 걸리게 하다; ~ ngns uppmärksamhet …의 관심을 끌다.
fång|e -en -ar 죄수; 포로.
fång|en a. ① 잡힌, 감옥에 갇힌; hålla ngn ~ …을 감금해 두다; sitta ~ 감금 되어 있다, 갇혀 있다; ~ i fördomar 편견에 사로잡혀 있는 ② lätt -et lätt [för]gånget 쉽게 얻은 것은 쉽게 없어진다; orätt -et snart [för]gånget 부당하게 얻은 것은 곧 사라진다.
fångenskap ~en 0 감금; 구류, 구류 기간; 포로; råka i ~ 포로가 되다.
fånglin|a -an -or 【항해】 배를 부두에 대기 위해 던져주는 밧줄.
fångläg|er -ret ~ 포로수용소.
fångst ~en ~er ① 포획 ② 포획한 것, 포획물.
fångvård ~en 0 교도행정.
fånig a. 어리석은, 우스꽝스러운.
fåordig a. 말이 없는, 과묵한.
får ~et ~ 양, 양고기.
får|a[1] -an -or 고랑, 주름살; plöja ~or 쟁기로 고랑을 파다.
fåra[2] ~r ~de ~t 고랑을 파다; ett ~t ansikte 주름진 얼굴.
fårakläder (복수명사), en ulv i ~ 양의 탈을 쓴 늑대.
fåraktig a. 어리석은, 둔한.
fårskall|e -en -ar 어리석은 녀석, 바보, 멍청이.
fårtick|a -an -or 버섯의 일종.
fåt ~en ~er 실수, 과오.
fåtal ~et 0 소수; endast ett ~ medlemmar 단지 소수의 회원들.
fåtölj ~en ~er 안락의자.
fåvitsk a. 어리석은, 바보스러운.
fä ~[e]t ~n ① (집합적) 가축 ② 짐승 같은 녀석; ditt dumma ~! 짐승만도 못한 녀석!
fäaktig a. 비루한, 야비한.
fäbless ~en ~er 약함; (좋아서 못 견딜 정도의) 애호; ha en ~ för …에

대해 약하다(…을 무척 좋아하다).

fäbod *~en* ~ar 축사; (양치기들의) 오두막집.

fäderne *~t 0*, vara släkt på ~t 부친 쪽으로 친척 관계에 있다.

fädernes|land *~et -länder* 조국.

fäfot (불변화명사), ligga för ~ (땅이) 개간되어 있지 않다.

fägna [fɛŋna] *~r ~de ~t*, det ~r mig att höra …을 들으니 기쁘다.

fägnad *~en 0* 기쁨, 즐거움.

fägring *~en 0* 【시어】 아름다움.

fähund *~en ~ar* 야비한 녀석, 짐승 같은 놈.

F

fäkta *~r ~de ~t itr.* ① 【군대 · 스포츠】 검을 가지고 싸우다, 검술(펜싱) 시합을 하다 ② ~ med armarna 몸짓(손짓)을 심하게 하다; ~ efter ngt …을 쟁취하기 위해 노력하다.

fäktar|e *-[e]n ~* 검술사; 검객.

fälb *~en 0* 플러시(천)(빌로도, 우단의 일종).

fälg *~en ~ar* 림(타이어를 끼우는 외륜).

fäll *~en ~ar* 털가죽; 털가죽으로 된 담요, 이불.

fäll|a[1] *-an -or* 함정, 덫; gå i ~n 덫을 놓다, 함정을 파다.

fäll|a[2] *-er -de -t* Ⅰ. *tr.* ① 떨어뜨리다; ~ ett förslag 안건을 기각시키다; ~ tårar 눈물을 떨어뜨리다 ② 잃다; (색깔 등을) 바래게 하다; 탈모하다; ~ modet 용기를 잃다; ~ färgen 색깔이 바래지다; hunden ~er 개가 털갈이를 한다 ③ …을 내리다; ~ en dom 선고하다; ~ utslaget 판결을 내리다; ~ ett yttrande 진술하다 Ⅱ. (강세접사와 함께) ① ~ igen(ihop) (뚜껑 등을) 닫다; (접의자 등을) 접다 ② ~ in 끼우다, 삽입시키다; en infälld karta 삽입되어 있는 지도 ③ ~ ned (뚜껑 등을) 닫다; (문 등을) 걸어 잠그다; (옷깃을) 접어 내리다; (우산을) 접다 ④ ~ upp (뚜껑 등을) 열다; (옷깃을) 세우다; (우산을)펴다 ⑤ ~ ut 【화학】 …을 침전시키다.

fällbar *a.* 접을 수 있는.

fällkniv *~en ~ar* 접칼, 접는 주머니칼.

fällning *~en ~ar* ① 벌채 ② 【화학】 침전, 【지질】 외적.

fält[1] *~et ~* 들, 벌판; 분야, 영역; 【건축】 패널(천장 · 벽 따위의 한칸); ett nytt ~ för forskning 연구의 새로운 분야; lämna ngn fritt ~ (~et fritt) … 에게 재량권을 주다; rymma ~et för ngn …를 위해 자리를 물러나다, 퇴진 하다; i ~ 전쟁터에서; draga i ~ 출전하다, 전투를 시작하다; det står ännu i vida ~et 일이 매듭지려면 아직도 멀었다; arbeta på ~et 현장에서 연구하다.

fält[2] *~et ~* 【컴퓨터】 필드(데이터베이스의 최소한의 데이터 집합 영역).

fältarbete *~t ~n* 야외연구; 현장 방문 조사.

fältflygar|e *-[e]n ~* 하사관 파일로트.

fält|fot *~en -fötter*, sätta på ~ 전시 편제(체제)에 들어가다.

fältherr|e *-en -ar* 장군, 장수(將帥), 지휘관.

fältmarskalk [-ʃalk] *~en ~ar* 육군 원수.

fältrop *~et ~* 【군대】 암호; (군대의) 함성.

fältskär [–ʃæːr] *~en ~er* 【역사】 야전군의관.

fältslag *~et ~* 야전전투.

fältspat *~en ~er* 【광물】 장석.

fälttåg *~et ~* 【군사】 전역(戰役), 회전(會戰), 출정, 일련의 군사행동.

fängelse *~t ~r* 감옥, 구치소; 감금; få livstids ~ 종신형을 선고받다.

fängelsekund *~en ~er* 상습범, 전과자.

fängsla *~r ~de ~t tr*. ① 가두다 ② 묶다, 수갑을 채우다 ③ 매료시키다, 사로잡다.

fängslig *a*. hålla(taga) i ~t förvar 감옥에 가두어 놓다(가두다).

fänkål *~en 0* 【식물】 회향풀[의 열매].

fänrik *~en ~ar* 소위(군 장교).

färd *~en ~er* ① 여행; 항해; forsknings~ 탐사여행; ställa ~en till …로 향하다 ② (비유적) ge sig i ~ med att …을 시작하다, 개시하다; vara i [full] ~ med att …하느라고 바쁘다, …에 열중하고 있다.

färda|s *~ –des –ts itr. dep*. 여행하다.

färdig *a*. ① 완료된, 마친, 끝난, 준비된; ~ att gå 갈 준비가 된; få(göra) ngt ~t a) …을 완료하다, 끝내다; bygga huset ~t 집을 완성하다, skriva brevet ~t 편지를 다 쓰다 b) …을 끝장내다; han är alldeles ~ 그는 술에 취해 떨어졌다, 그는 아주 지쳐 있다; köpa ~t c) 기성복을 사다; 인스턴트 음식을 사다 ② …에 가까운, …할 지경인; vara ~ att svimma av trötthet 피곤해서 쓰러질 지경이다; vara ~ att spricka av nyfikenhet 호기심으로 가득 차다 ③ frisk och ~ 무사히, 탈 없이.

färdighet *~en ~er* 숙련, 노련; 솜씨, 재주; ~er 실제적 기술, 기능; ~ i …하는 솜씨, 재주; övning ger ~ 연습을 통해 숙달에 이른다.

färdknäpp *~en ~ar* 여행을 떠나기 전에 드는 한 잔의 술.

färdskrivar|e *–[e]n ~* (자동차, 기관차의 운행시간 속도 따위를 자동으로 기록하는) 자기(自記) 회전속도계.

färg *~en ~er* 색, 색깔; 그림물감, 도료, 안료; 염료; 잉크; 농담(濃淡)이나 명암의 정도; (카드놀이) 한조, 짝패; ge ~ åt tillvaron 삶에 즐거움을 주다; skildra i mörka ~er 어둡게 묘사하다; gå i ~ med …과 생각이 맞다; röd till ~en 빨강색의.

färga [–ja] *~r ~de ~t tr*. 색을 칠하다; 염색하다; 물들이다; …에 특색을 부여하다.

färgblindhet *~en 0* 색맹.

färgeri *~et ~er* 염색소.

färgglad *a*. 밝고 맑은 색의.

färggrann *a*. 화려한 색의.

färglägga *–lägger –lade –lagt tr*. 채색하다; 윤색하다.

färing ☞ **färöing**.

färj|a[1] *–an –or* 페리, 연락선, 나룻배, 도선.

färja[2] *~r ~de ~t tr*. ~ över ngn …를 [배로] 건네주다.

färjeläge *~t ~n* (페리, 도선의) 정박소, 선착장.

färm *a*. 신속한.

färmitet *~en 0* 신속.

färre *a*. (형용사 få의 비교급) 적은; vi är ~ till antalet 우리는 소수이다; mycket ~ fel 과오가 거의 없음.
färs *~en ~er* 갈은 고기; 잘게 저민 고기.
färsera *~r ~de ~t tr*. 고기를 갈다(잘게 저미다); 갈은 고기를 …에 채워 넣다.
färsk *a*. 신선한; 새로운, 새것의; ~t bröd 금방 구워낸 빵; av ~t datum 근자의, 근래의; jag har ~a hälsningar från din bror 너의 형(오빠)을 바로 얼마 전에 만났는데 네게 안부 전하더라.
färska *~r ~de ~t tr*. (금속을) 정련하다; ~ upp 신선하게 하다.

F

färskvaror (복수명사) 가공되지 않은 음식.
färskvatt|en *-net* ~ 생수.
Färöarna (복수정형명사) 페로스 제도(북대서양 북부, 영국과 아이슬란드 사이에 위치한 덴마크 자치령의 군도).
färöing *~en ~ar* 페로스 사람.
färöisk *a*. Färöarna의 형용사.
fäst|a *-er fäste fäst* Ⅰ. *tr*. ① 고정시키다, 부착시키다, 붙이다 ② (비유적) ~ avseende vid …에 주의를 기울이다(쏟다); ~ blicken på …에 시선을 고정시키다; ~ stor vikt vid …에 중점을 두다; ~ ngt på papperet …을 종이에 기록하다 Ⅱ. *itr*. 부착하다, 달라붙다 Ⅲ. *rfl*. ~ sig i ngns minne …의 기억에 남다; ~ sig vid ngn …에게 정을 느끼다; ~ sig vid ngt …에 주의를 기울이다.
fäste *~t ~n* ① 붙잡는 곳; 고정대, 연결대; få ~, …을 잡다, 기반을 잡다; 장악하다 ② 손잡이 ③ 성채, 요새 ④ (교량 등의) 받침 ⑤ himmelens ~ 하늘, 창공, 천계(天界).
fästfolk *~et ~* 약혼한 한 쌍.
fästing *~en ~ar* 진드기.
fäst|man *~nen -män* 약혼자.
fästmö *~n ~r* 약혼녀.
fästning *~en ~ar* 【군대】 요새.
fäsör *~en ~er* 삼류작가, 삼류 예술가.
föda[1] *~n 0* 음식, 자양분, 먹이; 생계; fast ~ 고형 음식; flytande ~ 액체 음식; arbete för ~n 생계를 잇기 위해 일하다; inte göra skäl för ~n 밥 값을 못하다, 제 구실을 못하다.
fö|da[2] *-der -dde -tt tr*. ① (새끼를) 낳다; ~ barn 아이를 낳다; ~s på nytt 재생하다; ~ levande ungar 태생(胎生)으로 새끼를 낳다 ② …을 일으키다, 야기하다, 낳다; hat -der hat 증오는 증오를 낳는다 ③ 키우다, 양육하다; ~ sig på …을 먹고 자라다; han är uppfödd på landet 그는 시골에서 성장했다.
född *a*. 태어난; han är ~ blind 그는 날 때부터 장님이다; han är ~ till talare 그는 타고난 연사이다.
födelse *~n ~r* 태어남, 탄생; alltifrån ~n 태어날 때부터.
födelsedag *~en ~ar* 생일; hjärtliga lyckönskningar på ~en! 생일을 진심으로 축하합니다.
födelsekontroll *~en ~er* 산아 제한.
födelsemärke *~t ~n* (태어날 때부터 있는) 모반(母斑).
födelsetal *~et ~* 출산율.
födgeni *~et ~er*, ha ~ 자신의 이익을 도모하다.
födkrok *~en ~ar* 생계의 수단.

födoämne *~t ~n* 음식, 식료품; ~n 식품.

föds|el *~n –lar* 출산; av ~ och ohejdad vana 오래된 습관에서.

föga[1] (불변화형용사) 약간의; av ~ värde 가치가 거의 없는.

föga[2] *adv*. 약간; ~ bättre än …보다 별로 좋을 것이 없는.

föga[3] (불변화명사) ① 약간; det har ~ att betyda 별 의미가 없다 ② falla till ~ 양보(사양)하다.

fögderi *~et ~er* 세금 관할 지역.

föl *~et ~* 망아지.

följ|a *–er –de –t* Ⅰ. *tr*. ① 뒤따르다, 계승하다; han –des av A, A가 그의 직책을 계승했다; ~ händelsernas gång 사태의 추이를 주시하다; ~ föreläsningar 수강하다; – denna gata! 이 길을 따라 가시오!; ~ ngn i hälarna …의 뒤를 바짝 따르다 ② 동반하다; ~ ngn till tåget 기차까지 …와 같이 가다 Ⅱ. *itr*. 뒤따르다; som –er 다음에 오는, 뒤에 오는; fortsättning –er 다음에 계속; härav –er att han 이로 인한 결과로서 그는 …; det –er av sig självt 그것은 물론 이다(자명한 일이다), 그렇게 되는 것은 말할 필요도 없다; de plikter som –er med ämbetet 직책에 수반되는 의무; den ena olyckan –de den andra 재앙이 겹쳐서 일어났다 Ⅲ. (강세접사와 함께) ① ~ av ngn …를 바래다 주다 ② ~ efter …을 뒤따르다, 쫓다 ③ ~ med a) 동반하다; ~ med ngn …와 같이 가다 b) 보조를 맞추다; ~ med sin tid 시대를 따르다 c) 주위를 기울이다 d) 동봉하다 ④ ~ upp 끝까지 추구하다, 완수하다.

följaktligen *adv*. 결과적으로, 따라서.

följande *a*. 다음에 계속되는, 다음의, 이하의; ~ dag 다음날; den därpå ~ diskussionen 그 뒤에 계속된 토의; på ~ sätt 다음과 같은 방법으로; därmed ~ utgifter 그에 부수되는 경비; på ~ villkor 다음의 조건하에서; i det ~ a) 다음의, 아래의 b) 나중에.

följ|as *–s –des –ts itr. dep*. ~ åt 같이 가다, 동행하다; 동시에 일어나다, 발생하다.

följd *~en ~er* ① 연속, 연재; en ~ av olyckor 불행의 연속; i ~ 계속하여, 연속하여, 그 결과 till ~ av …의 결과로.

följdriktig *a*. 논리적인, 일관성 있는.

följdsjukdom *~en ~ar* 【의학】 합병증.

följe *~t ~n* ① ha ngn i ~, …를 동반(대동)하다; slå ~ med ngn …와 동반하다, 합류하다 ② 일행, 수행원; 무리.

följeslagar|e *–[e]n ~ –na* 동반자, 종자.

följetong *~en ~er* 연재소설, 연재물.

följsam *a*. 고분고분한, 말을 잘 듣는.

fönst|er *–ret ~* ① 창문; stå i –ret 창가에 서다 ② 【컴퓨터】 창; 윈도 (디스플레이 화면상의 한 부분에 지정된 영역).

fönsterbleck *~et ~* 창턱, 창 받침.

fönsterkuvert *~et ~* (주소 · 성명이 보이는) 파라핀 창, 봉투.

fönsternisch *~en ~er* (창 주위에) 비스듬히 벌어진 부분; 안쪽을 바깥쪽보다 넓게 낸 창구멍.

för[1] *prep*. ① (영어 for에 해당) a)

…에 대하여; det har du ingenting ~ 그것에 대해 당신은 아무 대가도 받지 못한다; köpa ~, …을 지불하고 …을 사다; betala ~, …에 대해 값을 지불하다; ~ mitt liv 죽는 한이 있더라도 [···하지 않다]; vad tar Ni ~ 얼마입니까?; ord ~ ord 문자 그대로, 말대로 b) …대신에; en gång ~ alla 단지 한 번만, 이번 뿐; han arbetar ~ två 그는 두 몫의 일을 한다; tala ~ ngn …를 대신해서 말하다, 대변하다 c) …때문에; berömd ~, …으로 유명하다; jag får inte ~ pappa 아빠가 허락하지 않으신다; ~ mig får han göra vad han vill 나에 관한 한 그는 자신이 원하는 대로 해도 좋다; misstänka ngn ~ ngt …에게 …으로 혐의를 두다; anklaga ngn ~ ngt …에 대해 …를 비난하다; han kunde inte tala ~ skratt 그는 웃음이 나서 말할 수가 없었다 d) …에 비해서; han är ung ~ sin ålder 나이에 비해 그는 젊어 보인다 e) ~ [en] lång tid framåt 앞으로 오랫동안 f) …을 위해, …용으로, …목적으로; jag har ingen användning ~ det 그것이 나에게는 쓸모가 없다; ha öga ~, …에 대해 식견이 있다 ② (간접목적어 앞에서) …에게; berätta ngt ~ ngn …에게 …을 이야기하다; blind ~, …에 눈이 먼; gemensam ~ alla 모두에게 공통된; svag ~, …에 약한, 편파적인 ③ (소유관계); vara föremål ~, …의 대상이다 ④ …로부터, …을 피해; dölja ngt ~ ngn …에게 …을 숨기다, 감추다 ⑤ …에 관해서, 대해서; oroa sig ~ ngn …에 대해서 걱정하다 ⑥ (수단); ~ hand 손으로, 필사(筆寫)에 의해; ~ egna pengar 자신의 돈으로 ⑦ …로부터 …의 지도하에; ta lektioner i engelska ~ ngn …에게 영어 강의를 듣다 ⑧ (가격); köpa tyg ~ 5 kronor metern 1미터당 5크로나를 주고 천을 사다 ⑨ (배분(配分)적 표현에서); dag ~ dag 매일; punkt ~ punkt 항목마다, 일일이; ~ varje dag 날이 갈수록; ~ var gång 매번; var och en ~ sig 제각기, 따로 ⑩ …앞에, …전면에; hålla handen ~ munnen 손을 입에 갖다 대다; knyta en näsduk ~ ögonen på ngn 손수건으로 묶어 …의 눈을 가리다; sova ~ öppna fönster 창문을 열어놓고 자다 ⑪ ~ … sedan …전에; ~ ett år sedan 1년 전에 ⑫ ~ sig själv 혼자서, 홀로; han sitter ofta ~ sig själv 그는 자주 혼자 앉아있다 ⑬ (욕설) ~ tusan [hakar]! 제기랄!, 빌어먹을! ⑭ ~ det första, ~ det andra 첫째로, 둘째로 ⑮ intressera sig ~, …에 대해 흥미를(관심을) 갖다; typisk ~, …에 전형적인.

för² *adv*. Ⅰ. ~ om …앞에; ~ om bogen 이물 쪽에(정면에서 좌우 45° 이내); ~ ut (över) …앞에, 앞쪽에 Ⅱ. ① 너무나; ~ gammal 너무 늙은 ② (공간적 의미) gardinen är ~ 커튼이 드리워져 있다; regeln är ~ 빗장이 걸려 있다; hålla ~ hålet med någonting (hålla ~ någonting för hålet) …으로 구멍을 막다 ③ 찬성; jag är ~ förslaget 나는 제안에 찬성이다; är du ~ eller emot? 당신은 찬성입니까 반대입니까?

för³ *konj*. ① 왜냐하면(ty) ② ~ [att] (därför att); inte ~ att jag hört ngt

내가 …을 들었기 때문이 아니다 ③ ~ att …하기 위해서는; ~ att produktionen skall kunna ökas måste vi … 생산량을 증가하기 위해서, 우리는 반드시 …해야 한다 ④ vägen var [allt] för smal ~ att två bilar skulle kunna mötas 두 대의 자동차가 지나가기에 길은 너무 좁았다 ⑤ ~ så vitt 만약 …이라면(한다면) ⑥ ~ att a) …하기 위해서; han har gått ut ~ att jaga 사냥하려고 그는 나갔다; ~ att inte tala om …은 논외로 치더라도 b) (결과) han reste sin väg ~ att aldrig återvända 그는 길을 떠난 후 다시 돌아오지 않았다 c) [allt] för stor ~ att …하기에는 너무나 큰 d) (제한적 의미) han talar bra ~ att vara utlänning 그는 외국인 치고는 말을 잘하는 편이다.

för[4] *~en ~ar* 선수(船首), 이물; från ~ till akter 이물에서 고물까지.

för|a [fœ:ra] – *–de –t* Ⅰ. *tr.* ① 운반하다, 나르다, 운송(수송)하다; 옮기다; 가져오다; 가져가다; ~ svensk flagg 스웨덴 국기를 달다; ~ glaset till munnen 잔을 입으로 가져가다 ② 인도하다, 운전하다; ~ bil 자동차를 운전하다; ~ ngn …를 인도하다; vad –de dig hit? 무슨 바람이 불어 이곳에 왔니? ③ (도구를) 쓰다, 사용하다 ④ 팔다, 취급하다; vi för billiga strumpor 우리는 값이 싼 양말을 취급하고 있습니다 Ⅱ. *itr.* ① (길 · 문 따위가) …에 이르다, 통하다; 이끌다; dörren – till 이 문은 …로 통한다 ② ~ bra (춤에서) 리드를 잘한다 Ⅲ. *rfl.* 행동하다(몸가짐을 단정이 하다) Ⅳ. (강세접사와 함께) ① ~ bort 나르다, 옮기다, 제거하다 ② ~ framåt 발전시키다 ③ ~ ihop ☞ ~ samman ④ ~ in …을 데리고 입장하다(들어오다), …을 집어넣다, 수입하다; 게재하다, 싣다; ~ ngn in i rummet …를 방안으로 인도하다; ~ in handen 손을 집어넣다; ~ in varor 물품을 수입하다; ~ in en annons 광고를 게재하다 ⑤ ~ med sig a) 가져오다 b) 수반하다 ⑥ ~ samman 모으다, 소집하다, 맞추다 ⑦ ~ undan ☞ ~ bort ⑧ ~ upp a) 이끌다, 유도하다 b) 등재하다, 올리다; för upp det på mitt konto 그것을 내 구좌에 올리도록 하시오 ⑨ ~ ut 외지로 운송하다, 수출하다, 안내하다; ~ ngn ut i sällskapslivet …를 사교계에 안내하다 ⑩ ~ vidare 전달하다 ⑪ ~ över; ~ över blod 수혈하다; ~ över pengar 다른 사람의 구좌에 입금시키다.

förakt *~et 0* 멸시, 조롱, 경멸; hysa ~ för ngn …을 경멸하다, 얕보다.

förakta *~r ~de ~t tr.* 멸시하다, 경멸하다.

föraktfull *a.* 얕보는, 깔보는, 경멸에 찬.

föraktlig *a.* 천시하는, 경멸할 만한; 하찮은.

förandlig|ad *a.* 천상(天上)의; hennes ansikte var som –at 그녀의 얼굴은 성스러웠다.

föraning *~en ~ar* ☞ **aning**.

förankra *~r ~de ~t tr.* 정박시키다; 정착(고정)시키다.

föran|leda *–leder –ledde –lett* ① 야기시키다 ② …하게 하다; ~ ngn att …에게 …하게 하다.

föran | låta –*låter* –*lät* –*låtit* *tr*. ☞ föranleda, känna sig –låten att …을 해야 한다고 느끼다.

föranstalta ~*r* ~*de* ~*t* *tr*. *itr*. ~ [om] …의 준비를 하다.

förarbeta ~*r* ~*de* ~*t* *tr*. *tr*. 사전작업(준비작업)을 하다.

förarbete ~*t* ~*n* 사전(事前) 작업.

förar | e –[*e*]*n* ~ ① 안내자, 인도자 ② 운전자, 파일럿.

förarga [fœrạrja] ~*r* ~*de* ~*t* Ⅰ. *tr*. 화나게 하다 Ⅱ. *rfl*. 화내다.

förargad [–ạrjad] *a*. 화난, 성난.

förargelse [–arjelse] ~*n* ~*r* ① 화, 곤혹 ② 불쾌.

förargelseklipp | a –*an* –*or* 성가심, 괴로움, 불쾌의 원인[이 되는 것].

förargelseväckande *a*. 불쾌감을 주는.

förarglig *a*. 성가신, 귀찮은; 불쾌한; 화나게 하는.

förband ~*et* ~ ①【의료】붕대; första ~ 구급붕대; lägga ~ på …에 붕대를 감다 ②【군대】부대.

förbandslåd | a –*an* –*or* 구급상자.

förbạnna ~*r* ~*de* ~*t* *tr*. 저주하다, 욕설을 퍼붓다; förbanne mig om jag gör det! 내가 그 일을 한다면 천벌을 받을 것이다.

förbannelse ~*n* ~*r* 저주; 재앙, 천벌.

förbạrma ~*r* ~*de* ~*t* *rfl*. 자비를 베풀다.

förbarmande ~*t* *0* 자비.

förbạskad *a*. 화가 난, 분에 찬, 비위에 거슬리는.

förbehåll ~*et* ~ 유보[조항], 단서, 조건; ett tyst ~【법률】심중유보(心中留保); utan ~ 무조건으로.

förbe | hålla –*håller* –*höll* –*hållit* Ⅰ. *tr*. ~ ngn …에게 …을 유보하다 Ⅱ. *rfl*. 요구하다.

förbehållsam *a*. 말없는, 과묵한, 내성적인.

förbenad *a*. ① 골화된, 경화된, 딱딱하게 된; 화석화된 ② 성난, 화난, 골이 잔뜩 난; förbenat! 빌어먹을!(förbannat의 부드러운 표현으로 주로 여성들이 사용).

förbe | reda –*reder* –*redde* –*rett* Ⅰ. *tr*. 준비하다, 준비시키다 Ⅱ. *rfl*. 할 준비를 하다, 태세를 갖추다.

förberedande *a*. 예비적인; ~ arbete 예비 작업.

förberedelse ~*n* ~*r* 준비.

förbi[1] *adv*. ① 옆을 지나; bilarna kör bara ~ 자동차들이 그냥 지나간다 ② 끝난; den tiden är ~ 그 시절(시간)은 지나갔다.

förbi[2] *prep*. …을 지나[서]; gå ~ ngn …[옆]을 지나가다.

förbi[3] *a*. 몹시 피곤한; han var alldeles ~ efter nattvakan 그는 밤샘을 하고난 뒤 완전히 녹초가 되었다.

förbida ~*r* ~*de* ~*t* *tr*. ☞ bida.

förbidan (불변화 en–명사) ☞ väntan.

förbifarten (정형명사) ① 우회로(路)(임시의) ② i ~en 지나가는 길에, 말이나 온 김에.

förbi | gå ~*r* –*gick* –*gått* *tr*. 지나가다, 무시하다.

förbigående ~*t* ~, i ~ 지나가는 길에.

förbigången *a*. 무시된, 지나친; bli ~ vid befordran 승진이 안 되다(무시되다).

förbilliga ~*r* ~*de* ~*t* *tr*. 저렴하게

하다.

för|binda *-binder -band -bundit* Ⅰ. *tr*. ① 붕대로 감다 ② 연결하다, 잇다 ③ …을 서약시키다 Ⅱ. *rfl*. …을 맹세하다.

förbindelse *~n ~r* ① 연결; (사람이나 국가 간의) 유대관계; (교통)편, 운항; 군무, 병역; diplomatiska ~r 외교관계 ② 의무, 책임; 책무.

förbindlig *a*. 공손한, 정중한.

förbi|se *~r -såg -sett tr*. 간과하다; (결점 따위를) 눈감아 주다.

förbiseende *~t ~n* 빠뜨림, 못 봄; av ~ 잘못하여, 까딱 실수하여.

förbistring *~en 0* 혼란, 혼동, 혼잡.

förbittra *~r ~de ~t tr*. ① 쓰라리게 하다, 비참하게 하다 ② 격분하게 하다.

förbittrad *a*. 비참한, 쓰라린; 격분한.

förbittring *~en 0* 비참함; 격분, 격노.

för|bjuda *-bjuder -bjöd -bjudit tr*. 금지하다.

förblanda *~r ~de ~t tr*. 혼합하다. 뒤섞다.

för|bli *~r -blev -blivit itr*. …한 대로이다, 여전히 …이다; ~ ung 젊음을 간직하다.

förblinda *~r ~de ~t tr*. 눈멀게 하다; 혹하게 하다.

förblindelse *~n ~r* 열중, 심취.

förbliva ☞ **förbli**.

förbluffa *~r ~de ~t tr*. 놀라게 하다, 경악케 하다.

förbluffande *a*. 놀라운, 경악케 하는.

förblöd|a *-er -de förblött itr*. 피를 과다하게 흘려서 죽다.

förborgad *a*. 숨겨진, 감추어진, 신비스러운.

för|brinna *-brinner -brann -brunnit itr*. 연소하다, 다 태워버리다, 다 먹어(마셔) 버리다.

förbruka *~r ~de ~t tr*. 소비하다, 소모하다.

förbrukning *~en 0* 소비, 소모.

förbruten *a*. (죄 · 과실 등에 의하여 지위 · 재산 · 권리가) 상실된, 몰수된.

förbrylla *~r ~de ~t tr*. 어리둥절케 하다, 당황하게 하다.

för|bryta *-bryter -bröt -brutit rfl*. 죄를 짓다, 위법행위를 하다.

förbrytar|e *-[e]n ~* 죄인, 범인.

förbrytelse *~n ~r* 죄.

förbrän|na *-ner -de -t tr*. 연소하다, 산화시키다, 그을리다.

förbränning *~en 0* 연소, 산화.

förbränningsmotor *~n ~er* 내연기관.

förbrödra *~r ~de ~t rfl*. 호형호제(呼兄呼弟)하다.

förbrödring *~en 0* 형제처럼 지내기.

förbud *~et ~* 금지.

förbund *~et ~* ① 연합, 연맹; ingå (sluta) ~ med …과 연합하다 ② 조약, 협정.

förbụnden *a*. ① ☞ **förbinda** ② jag vore Er mycket ~ 귀하에게 대단히 감사한 마음입니다.

förbundskansler *~n ~er* (독일 · 스위스의) 연방정부 수상.

förbyt|a *-er -te -t* Ⅰ. *tr*. ① ☞ **byta** [bort] ② vara som förbytt 감쪽같이 달라지다 Ⅱ. *rfl*. ☞ **förbytas**.

förbyt|as *-s -tes -ts itr*. *dep*. 변화하다, 달라지다.

förbättra *~r ~de ~t* Ⅰ. *tr*. 개선하다,

F

개혁하다 Ⅱ. *rfl*. 개선되다.

förbättring *~en ~ar* 개선; (건강의) 회복.

förbön *~en ~er* 타인을 위한 기도; 중재, 조정.

fördel *~en ~ar* 이점; 이익; 이득; dra(ha) ~ av …로부터 이익을 얻다.

fördela *~r ~de ~t tr*. 배포하다, 나누다; 분배하다.

fördelaktig *a*. 이로운; ~t yttre 매력적인 외모.

fördelning *~en ~ar* ① 배포, 분배 ② 【군사】 사단.

fördelningspolitik *~en 0* (국부의 균등한) 분배정책.

fördenskull *adv*. 그것 때문에.

fördetting *~en ~ar* 한창 때가 지난 사람.

fördjupa *~r ~de ~t* Ⅰ. *tr*. 깊게 하다 Ⅱ. *rfl*. 열중하다, 몰두하다, 깊이 파고들다.

fördjupning *~en ~ar* 움푹 파진 곳.

fördjupningskurs *~en ~er* 심화과정 (대학 전공과목의 제3학기 과정; 구제도의 trebetygskurs 또는 C-과정에 해당함).

fördom *~en ~ar* 편견.

fördomsfri *a*. 편견이 없는.

fördomsfull *a*. 편견에 찬.

för|dra *~r -drog -dragit* 참다, 견디다.

fördrag *~et ~* ① 조약, 협정 ② ha ~ med …에 참을성을(인내를) 갖다.

fördraga ☞ **fördra**.

fördragsam *a*. 인내하는, 참는(mot).

för|driva *-driver -drev -drivit tr*. ① 내쫓다, 추방하다, ~ foster 애를 지우다, 유산시키다 ② ~ tiden 시간을 보내다.

fördröj|a *-er -de -t* Ⅰ. *tr*. 지연(지체)시키다 Ⅱ. *rfl*. 지연(지체)되다.

fördubbla *~r ~de ~t tr*. 두 배로 하다, 배로 늘리다.

fördunkla *~r ~de ~t tr*. 어둡게 하다; 불분명하게 하다; …의 빛을 잃게 하다.

fördyra *~r ~de ~t tr*. 비싸게 하다, 값을 올리다.

fördystra *~r ~de ~t tr*. 우울하게 하다.

fördäck *~et ~* 앞 갑판.

fördämning *~en ~ar* 제방, 둑.

fördärv *~et 0* ① 파멸, 파산, 몰락 ② 타락.

fördärva *~r ~de ~t tr*. ① 파멸(파산, 몰락)시키다 ② 타락시키다.

fördölja *tr*. ☞ **dölja**.

fördöm|a *-er -de -t tr*. 비난하다, 저주하다.

fördömd *a*. 저주받은.

fördömelse *~n 0* 저주, 비난.

fördömlig *a*. 비난 받을. 비난할만한.

före[1] *adv*. 앞으로, 전에.

före[2] *prep*. ① 전에, 앞에 ② ~ detta(f.d) 전(前); ~ detta ambassadör 전(前)대사.

före[3] *~t 0*, det är dåligt ~ 눈이 스키타기에 좋지 않다.

förebild *~en ~er* 원형; 전형; 모형; tjäna som ~, …의 모델 역할을 하다.

förebildlig *a*. 모범적인, 본보기의.

förebrå *~r ~dde ~tt tr*. 비난하다, 질책하다, 꾸중하다.

förebråelse *~n ~r* 비난, 질책, 꾸중.

förebrående *a*. 비난적인, 비난하는, 질책의, 나무라는.

förebud *~et ~* 조짐, 증후.

förebygg|a *-er -de -t tr*. 예방하다, 방지하다.

förebåda *~r ~de ~t tr*. 예고하다, 예시하다.

före|bära *-bär -bar -burit tr*. 이유로서 내세우다, 변명하다.

före|dra *~r -drog -dragit tr*. ① (차라리) …을 좋아하다, 택하다(~ framför) ② (시 따위를) 낭독하다, 연주하다 ③ 보고하다, 말하다.

föredrag *~et ~* ① 보고, 강의, 강연 ② 낭독, 연주.

föredraga ☞ **föredra**.

föredragande *~n ~* 보고자.

föredragning *~en ~ar* 보고.

föredragningslist|a *-an -or* 안건, 의제, 의사일정.

föredragshållar|e *-[e]n ~* 강사.

föredöme *~t ~n* 모범, 본보기.

föredömlig *a*. 모범적인.

före|falla *-faller -föll -fallit itr*. ① 일어나다, 발생하다 ② …처럼 보이다; det -faller mig att 나에게 …처럼 보이다.

före|finnas *-finns -fanns -funnits itr. dep*. 있다, 존재하다, 실재하다, 현존하다.

förefintlig *a*. 존재하는, 실재하는, 현존하는.

före|ge/före|giva *~r/-giver, -gav, -gett/-givit tr*. …을 이유로 내세우다, 변명하다.

föregivande *~t ~n*, under ~ av …의 핑계(구실)하에.

före|gripa *-griper -grep -gripit tr*. …을 앞지르다, …을 미리 수배하다, 미리 고려하다.

före|gå *~r -gick -gått* Ⅰ. *tr*. ① …에 앞서다; 선행하다 ② ~ [ngn] med gott exempel […의] 좋은 귀감이 되다 Ⅱ. *itr*. 일어나다, 발생하다 (försiggå).

föregående[1] *a*. 지난, 앞선; ~ dag 전날.

föregående[2] *~t ~n*, *hans ~* 그의 과거.

föregångar|e *-[e]n ~* 선구자, 선임자; föregångerska 여성선구자.

föregångs|man *-mannen -män* 선구자.

förehavande *~t ~n*, hans ~n 그의 사업, 활동.

före|hålla *-håller -höll -hållit tr*. ~ ngn ngt …에게 …을 지적하다, 훈계하다.

före|komma *-kommer -kom -kommit* Ⅰ. *tr*. ① 앞지르다, 선행하다 ② 예방하다, 방지하다 Ⅱ. *itr*. ① 일어나다, 발생하다 ② 실재하다, 현존하다 ③ 취급되다, 다루어지다 ④ …처럼 보이다, 생각되다.

förekommande *a*. ① 일어나는, 발생하는 ② 정중한, 공손한.

förekommande *~t 0* 예방, 방지.

förekomst *~en ~er* 발생; 존재, 실재; 산지(産地).

före|ligga *-ligger -låg -legat itr*. 존재하다, 있다; 이용(사용)할 수 있다; här måste ~ ett misstag 여기에 무언가 잘못이 있다; i ~nde fall 이번의 경우에, 본건에 있어.

före|lägga *-lägger -lade -lagt tr*. ① (임무 · 안건 · 일거리 따위를) 넘겨주다; ~ ngn en uppgift …에게 임무를 부과하다; ~ riksdagen en

F

proposition 의회에 안건을 제출하다 ② 지시하다, 명령하다.

föreläs | a *−er −te −t itr.* 강의하다.

föreläsar | e *−[e]n* ~ 강사.

föreläsning *~en ~ar* (대학)강의; gå på ~ 청강하다, 수강하다.

föreläsningssal *~en ~ar* 강의실.

föremål *~et* ~ ① 물체, 사물, 물건 ② 대상, (연구 · 실험 · 협상 따위) 목표; bli(vara) ~ för …의 대상이 되다.

förena *~r ~de ~t* Ⅰ. *tr.* …을 하나로 합동(통합)하다, 결합(연합)시키다 (med, till); vara ~d med …와 연합하다; med ~de krafter 단합된 힘으로, 공동으로 Ⅱ. *rfl.* 일체가 되다, 합동하다, 결합(합병)하다; ~ sig med …와 결합(연대)하다.

förening *~en ~ar* ① 협회, 조합, 연합; 【화학】 화합; i ~ med …와 연합하여, …와 공동으로 ② (교우, 동료) 조직, 모임, 친목단체; 【정치】 조합, 동맹, 연맹, 연방.

föreningsbank *~en ~er* 신용협동조합, 농협은행 따위.

föreningsrätt *~en 0* 결사의 자유, 조직 · 단체에 가입할 권한.

förẹnkla *~r ~de ~t tr.* …을 간단히 하다, 단순화하다, 쉽게 하다.

förẹnkling *~en ~ar* 단순화, 간소(간략)화, 평이(간이)화.

förẹnlig *a.* (의견 따위가) 일치하는, 양립하는, 서로 모순되지 않는.

förenta *a.* Förenta nationerna(FN) 국제연합, 유엔; Förenta staterna 미합중국(USA).

föresats *~en ~er* 의도, 목적, 결심; hans ~ att sluta röka 그의 금연 의지.

föreskrift *~en ~er* 명령, 지시, 사용법, 지시서, 처방[전]; enligt läkares ~ 의사의 처방에 따라.

före | skriva *−skriver −skrev −skrivit tr.* …을 지시하다, 명령하다, 규정하다; ~ ngn diet …에게 식이요법을 지시하다; ~ villkor för ngn …에게 조건을 지시하다.

före | slå *−slår −slog −slagit tr.* (계획 따위를) 발의하다, 제안하다; (문제를) 내다; (동의 따위를) 제출하다, 건의하다; ~ ngn att …, …에게 …하도록 제안하다; ~ ngn till ordförande …를 회장후보로 추천하다.

förespegla *~r ~de ~t tr.* …에게 환상을 품게 하다.

förespegling *~en ~ar* 환상, 유혹.

förespråkar | e *−[e]n* ~ ① 옹호자, 지지자, 주창자(förkämpe) (för) ② 간청(탄원)하는 사람, 중재자(för).

förespå *~r ~dde ~tt tr.* 예언하다, 예견하다.

förestava *~r ~de ~t tr.* 복창(復唱)하게 하다; ~ ngn eden …에게 맹세를 시키다.

före | stå *~r −stod −stått* Ⅰ. *tr.* …을 책임지다, …을 맡다; ~ hushållet 가사를 책임지다 Ⅱ. *itr.* 임박하다, 가까워 오다; jag vet inte vad som ~r mig 나에게 무엇이 닥쳐오고 있는지 모른다.

förestående (불변화형용사) 곧 닥쳐올, 바로 가까운, 가까운 장래에 있을(발생할).

föreståndar | e *−[e]n* ~ (작은 단체나 기구의) 책임자, 지배인, 감독, (연구소) 소장, (작은 구역단위 학교의) 교장(för).

F

föreställ|a *-er -de -t* Ⅰ. *tr.* 나타내다, 표현하다, …의 역할을 하다; vad skall det ~ 이것은 무엇을 표현하는 것일까?; (정식으로) 소개하다; får jag ~ herr A, A씨를 소개하겠습니다 Ⅱ. *rfl.* 상상하다, 생각하다.

föreställning *~en ~ar* ① 생각, 개념, 관념, 이해(om) ②【연극】공연 ③ 충고, 훈계, 상기; göra ngn ~ar för ngt …에게 …을 충고하다.

föresväva *~r ~de ~t tr.* …에 대한 희미한 생각을 가지다; en sådan tanke hade aldrig ~t henne 그런 생각이 그녀에게는 전혀 들지 않았다.

före|sätta *-sätter -satte -satt rfl.* 결정하다, 마음을 정하다; han har -satt sig att sluta röka 그는 담배를 끊기로 결심했다.

före|ta *~r -tog -tagit tr.* 착수하다, 수행하다; ~ en resa 여행을 떠나다; ~ sig(ta sig för) …[일]을 하다.

företag *~et ~* ① 기업, 사업, 회사 ② (모험적) 기획, 계획.

företaga ☞ **företa**.

företagar|e *-[e]n ~* 기업가, 사업주; han är egen ~ 그는 자영업자(自營業者)이다.

företagsam *a.* 기업심이 왕성한; [매우] 진취적인, 모험적인.

företagsamhet *~en 0* 기업, 기업심, 기업경영.

företagsdemokrati *~n 0* 기업민주주의(근로자가 기업의 활동 및 기획에 영향력을 행사할 수 있는 제도).

företagsekonomi *~n 0* 경영학.

företagsläkar|e *-[e]n ~* 기업체 소속 의사(기업체 종사자들의 건강, 의료를 책임짐).

företagsnämnd *~en ~er* 노사위원회(사용자와 근로자 대표들 간의 정보교환 및 협의를 위한 기업체내의 기구).

företal *~et ~* (책의) 서문, 머리말.

förete *~r ~dde ~tt tr.* ① 보이다(공식적으로) ② 제시하다.

företeelse *~n ~r* 현상, 사실; en vanlig ~ 일상적 현상.

företrä|da *-der -dde -tt tr.* ① 대표하다 ② 선행하다, 앞서다 ③ ~ ngn (관직에서) …의 전임자가 되다.

företrädar|e *-[e]n ~* ① 전임자, 선배, 선행자(föregångare) ② (이념 따위의) 지지자, 옹호자.

företräde *~t ~n* ① 우선권, 우선(중요)사항(framför); ha ~ i rangordning 순서에 있어 윗자리를 차지하다; lämna ~ åt trafik från höger 우측에서 진입하는 차에 양보하다 ② 장점, 유리한 점(framför), 우월 ③ (국왕의) 알현 허가, 공식 예방 허가.

företrädesrätt *~en 0* 우선권.

företrädesvis *adv* 되도록이면, 특히, 무엇보다도.

före|vara (현재형 사용 기피) *-var -varit itr.* (안건이) 처리 중에 있다, 걸려있다.

förevarande *a.* under ~ omständigheter 현재 상태에서는.

förẹviga *~r ~de ~t tr.* 영속시키다, 불후(不朽)케 하다.

förevisa *~r ~de ~t tr.* 보이다, 제시하다, (실물·모형 등을 들어) 설명하다.

förevisning *~en ~ar* 전시, 시범, (영화)상영.

förevändning *~en ~ar* 구실, 핑계,

F

번명(svepskäl)(för); under ~ av ··· 의 구실로; ta ngt till ~ för ···을 핑계로 삼다.

för|fader *-fadern -fäder* 조상, 선조 (주로 복수형).

för|falla *-faller -föll -fallit itr.* ① 파손되다, 황폐되다, 몰락하다, (도덕적으로) 타락하다 ② 무효가 되다, 소멸하다(권리 · 재산 따위가) ③ ~ [till betalning] 지급기일이 되다, 만기가 되다.

förfallen *a.* ① 파손된, 황폐한, 몰락하는 ② 무효인, 소멸된(권리재산 따위가) ③ vara ~ [till betalning] 지급기일이 된, 만기가 된.

förfallodag *~en ~ar* 지급기일, 만기일.

förfalska *~r ~de ~t tr.* (서류 따위를) 위조하다, 조작하다, 변조하다.

förfalskar|e *-[e]n ~* 위조자, 변조자.

förfalskning *~en ~ar* 위조, 변조, 조작.

för|fara *-far -for -farit itr.* 진행하다, 착수하다, 처리하다(gå till väga); ~ strängt mot(med) ngn ···를 엄격하게 처리하다.

förfarande *~t ~n* 처리방법, 진행방안, 진행절차(tillvägagångssätt).

för|faras *-fars -fors -farits itr. dep.* (음식 따위가) 상하다, 못쓰게 되다.

förfaren *a.* 경험이 있는, 노련한, 숙련된.

förfaringssätt *~et ~* 진행[법], 절차, 순서, 처리.

förfasa *~r ~de ~t rfl.* 놀라다, 당황하다(över).

förfạtta *~r ~de ~t tr.* (책 · 소설 따위를) 쓰다.

författar|e *-[e]n ~* 저자, 작가(av, till).

författarskap *~et 0* 저작 활동, (개인의) 문예활동, 작품.

författning *~en ~ar* ① 헌법 ② 법령, 법규 ③ (정신적 · 신체상의) 상태 ④ gå i ~ om att 조치를 취하다.

författningssamling *~en ~ar* 법률집, 법령전서.

förfela *~r ~de ~t tr.* 놓치다, 실패하다; ~ sin verkan 기대했던 효과를 이루지 못하다.

förfina *~r ~de ~t tr.* 정련하다, 세련하다, 품위 있게 하다.

förfining *~en 0* 정련, 순화, 세련, 우아, 품위 있음.

förfjol (불변화명사), i ~ 재작년에.

förflacka *~r ~de ~t tr.* ···을 천박하게 하다, 피상적으로 만들다.

förflụgen *a.* (생각 · 말씨 따위가) 나오는 대로의, 거친; 경[솔]한; **förfluget** ord 부주의한 말.

förflụten *a.* 과거의, 지난.

förflyktiga|s *~ -des -ts itr. dep.* 휘발하다, 발산하다; 사라지다, 증발하다.

för|flyta *-flyter -flöt -flutit itr.* 지나다, 경과하다.

förflytta *~r ~de ~t* Ⅰ. *tr.* 직장을 옮기다, 전근하다, 옮겨 심다 Ⅱ. *rfl.* 몸을 움직이다, 이사하다.

förflyttning *~en ~ar* 이동, 이전, 전근, 이식.

förfọga *~r ~de ~t* Ⅰ. *itr.* ~ över ngt ···을 마음대로 이용하다 Ⅱ. *rfl.* ···로 향하다, 가다.

förfogande *~t ~n* 배치, 처분; 처분

의 자유; stå(ställa ngt) till ngns ~ 아무의 뜻(마음)대로 이용하게 하다.

förfriskning *~en ~ar* 음료수, 다과.

förfrụsen *a.* 동상에 걸린, 얼음 박힌.

för|frysa *–fryser –frös –frusit* Ⅰ. *tr.* 동상에 걸리다; han –frös fötterna 그는 발에 동상을 입었다 Ⅱ. *itr.* 얼어 죽다(frysa ihjäl).

förfråga *~r ~de ~t rfl.* ~ sig om …에 대해 묻다.

förfrågan (불변화 en–명사) 질문, 문의(공식적) (복수형은 förfrågningar 사용).

förfrågning *~en ~ar* (주로 복수명사) 질문, 조회.

förfụska *~r ~de ~t tr.* 실수하다, 잡치다, 서투른 짓을 하다.

förfång (불변화 ett–명사) 손실, 손해, 상해; till ~ för [ngt] …을 희생으로 하여, …에 손해를 주고.

förfäa *~r ~de ~t tr.* 멍청하게 만들다, (지각 · 감각 따위를) 마비시키다.

förfäder ☞ **förfader**.

förfäkta *~r ~de ~t tr.* 주장하다, 옹호하다.

förfära *~r ~de ~t tr.* 겁나게 하다, 놀래다.

förfäran (불변화 en–명사) (매우 심한) 공포, 겁, 무서움.

förfära|s *~ –des –ts itr. dep.* 공포에 질리다, 놀라다.

förfärdiga *~r ~de ~t tr.* 만들다(보통 수공업 식으로).

förfärlig *a.* ① 겁나는, 무서운, 무시무시한 ② 굉장한, 대단한, 엄청난.

förfọ̈lj|a *–er –de –t tr.* 추적하다, …을 뒤쫓다; …을 짓궂게 괴롭히다; (종교 · 정치 · 민족 따위가 달라) 남을 박해하다.

förfọ̈ljelse *~n ~r* 추적, 추격; 박해, 학대.

förföljelsemani *~n 0* 피해망상.

förför|a *– –de –t* 유혹하다, 나쁜 길로 유도하다.

förfördela *~r ~de ~t tr.* …를 부당하게 다루다, …를 모욕주다.

förfọ̈relse *~n ~r* 유혹.

förförisk *a.* 유혹하는, 매혹적인.

förgạpa *~r ~de ~t rfl.* ~ sig i …에 열광하다, …에 미치다.

förgasa *~r ~de ~t tr. itr.* 가스로 만들다(되다); 기체로 만들다(되다).

förgasar|e *–[e]n ~* (내연기관의) 기화기(氣化器), 카뷰레터(휘발유와 공기를 혼합하여 안개상태의 혼합가스를 만드는 장치).

förgifta *~r ~de ~t tr.* …에 독을 넣다, 독살하다; …을 악(미움)으로 채우다.

förgiftning *~en ~ar* 독을 넣는 일, 독살, 중독.

förgjord *a.* det(allting) är som förgjort 매사가 그른 것 같다.

förglöm|ma *–mer –de –t tr.* 잊다.

förgrẹna *~r ~de ~t rfl.*/**förgrena|s** *~ –des –ts itr. dep.* 가지를 내다, 가지 치다, 분기(分岐)하다.

förgrening *~en ~ar* 분지(分枝), 분기(分岐); 세부, 소구분.

för|gripa *–griper –grep –gripit rfl.* ~ sig på ngn …에게 폭행을 가하다, …을 범하다, …을 위반하다.

förgriplig *a.* 부당한, 불법의; 모욕적인; 처벌할 수 있는, 처벌해야 할.

förgrova *~r ~de ~t tr.* …을 조잡하게

하다, …을 거칠게 하다.

förgrund *~en ~er* (풍경 · 그림의) 앞 경치, 전경(前景); 가장 눈에 띄는(화려한) 지위(위치); träda i ~en 전면에 나타나다.

förgrundsfigur *~en ~er*/**förgrunds-gestalt** *~en ~er* 탁월한 인물, 저명 인사.

förgrymmad *a*, 몹시 화가 난, 격분한 (på, över).

förgråten *a*. 울어서 눈이 새빨개진.

förgrämd *a*. 비탄에 잠긴, (고생 · 근심 따위로) 지친,

förgubba|s ~ *-des -ts itr*. *dep*. 나이를 먹다, 늙다.

F

förgudning *~en 0* 우상화, 우상시; 맹목적인 숭배.

förgyll|a [-jyla] *-er -de -t* …에 금을 도금하다, 금박을 입히다; …을 아름답게 하다, 미화하다.

för|gå *~r -gick -gått* Ⅰ. *itr*. (시간이) 흐르다, 지나다; 사라지다, 끝나다 Ⅱ. *rfl*. (감정의 격화로) 거칠게 행동하다.

förgången *a*. 지나간; det förgångna 과거, 옛날.

förgård *~en ~ar* (건물의) 앞뜰.

för|gås ~ *-gicks -gåtts itr*. *dep*. (폭력 · 궁핍 때문에) 죽다, 사라지다; [vara nära att] ~ av skratt 우스워 죽을 지경이다; jag håller på att ~ av törst 나는 목말라 죽겠다.

förgängelse [-jɛŋelsə] *~n 0* 괴멸, 멸종, 소멸; 【종교】 허무로 돌아감, 무상.

förgänglig *a*. 사멸하기 쉬운, 죽을 운명의, 죽어야 할, 무상한.

för|gäta [-jɛta] *-gäter -gat -gätit tr*. 【고어】 ☞ glömma.

förgätmigej *~en ~[er]* 물망초(신의와 우애의 상징).

förgäves *adv*. 보람 없이, 헛되이.

för|göra *-gör -gjorde -gjort tr*. 파멸시키다, 죽이다.

förhala *~r ~de ~t tr*. ① …을 지연시키다, 지체시키다(genom, med); ~ tiden 시간을 끌다, 시간을 벌려고 하다 ② 【항해】 (밧줄을 당겨서 혹은 엔진을 이용해서) 배를 정해진 자리로 이동시키다.

förhalning *~en ~ar* ① 지연, 지체 ② (밧줄과 엔진에 의한) 선체 이동.

förhand *~en 0* ① på ~ 미리, 먼저; tacka(betala) på ~ 먼저 감사하다(선불하다) ② ha(sitta i) ~ (트럼프 놀이에서) 먼저 시작하다.

förhandenvarande (불변화형용사), under ~ omständigheter 현재 상황 하에서.

förhandla *~r ~de ~t* Ⅰ. *itr*. 협상하다(om) Ⅱ. *tr*. 토의하다.

förhandlar|e *-[e]n* ~ 협상자, 교섭자.

förhandling *~en ~ar* 교섭, 협상, 담판; 【법률】 소송절차; (학회의) 회보.

förhandlingsbar *a*. 교섭[협정]할 수 있는.

förhandlingsbord *~et* ~ 협상테이블.

förhandlingsrätt *~en 0* (노사 간의) 협상권.

förhandsbesked *~et* ~ 사전 통보(최종 결정에 앞선 관계당국의).

förhandslöfte *~t ~n* 사전 약속.

förhasta *~r ~de ~t rfl*. 성급히 하다,

너무 서두르다.

förhastad *a*. 성급한, 너무 이른.

förhạtlig *a*. 미운, 가증스러운, 불쾌한 (för).

förhind | er *-ret ~*, få ~ 참석하지 못하게 방해받다.

förhindra *~r ~de ~t tr*. …을 막다, …하는 것을 방해하다, 훼방하다; 예방하다(från att …).

förhistori | a *-en 0* ① 이전의 역사 ② 유사 이전의 역사, 선사 시대사(史).

förhistorisk *a*. 유사 이전의, 선사(先史) 시대의.

förhopping *~en ~ar* 희망, 기대; ha(hysa) ~ar om …에 대한 기대를 걸다; väcka ~ar hos ngn …에게 희망을 북돋아 주다; i ~ om …을 기대(희망)하여.

förhoppningsfull *a*. ① 희망에 찬 ② 유망한, 가망성이 큰.

förhoppningsvis *adv*. 바라 건데, 잘만 되면.

förhud [fœ:rhʉ:d] *~en 0* 【해부】 음경의 표피(表皮).

förhyr | a *- -de -t tr*. 【문어체】 …을 임차하다, 빌리다, 세내다.

förhålla *-håller -höll -hållit rfl*. 행동하다, 처신하다; (약 · 물질 따위가) 작용하다, 반응을 보이다; hur -håller det sig med …? …일은 어떻게 되어가고 있는가?; 관계에 있다; längden -håller sig till bredden som 3 till 2, 길이와 너비의 관계는 3대 2이다.

för | hållande [fœ:rhɔlandə]*~t ~n* ① (일 · 사건의) 상태, 상황, 형편, 사정; ~t är det att … 사정은 …하다; om så är ~t 사정이 그렇다면; leva i goda(knappa) ~n 유족한(궁한) 형편에서 생활하다; under sådana ~n 그와 같은 여건 하에서 ② 관계, 관련; kärleks~ 애정 관계; stå i vänskapligt ~ till …와 우호적 관계에 있다 ③ 비율, 비례; i ~ till …에 비례하여; …과 관련하여; …과 비교하여; i ~ till sin ålder är han 나이에 비하여 그는; i ~t 1 till 3, 1대 3의 비율로.

förhållandevis *adv*. 비교적.

förhållningsorder *~n ~* 행동 지침.

förhåna *~r ~de ~t tr*. 비웃다, 조소(조롱)하다.

förhårdnad[1] *a*. 굳은; 【병리】 조직이 경화된.

förhårdnad[2] *~en ~er* 【생리】 (피부의) 경화, 경결(硬結), 못.

förhänge *~t ~n* 커튼, 휘장, 장막.

förhärda *~r ~de ~t tr*. 무정하게 하다, 무감하게 하다, 완고(비정)하게 하다; ~ sig (마음을) 경화시키다.

förhärdad *a*. 굳어진; 비정한, 완고한, 무감한; en ~ brottsling 비정한 범인.

förhärja *~r ~de ~t tr*. 황폐시키다, 파괴하다.

förhärliga *~r ~de ~t tr*. …을 칭찬(찬미)하다, 미화(장식)하다.

förhärska *~r ~de ~t tr*. 지배하다, 우위를 점하다, 우세하다; en ~nde princip 지배적 원리.

förhäv | a *-er -de -t rfl*. 뽐내다, 자랑하다 (över).

förhäxa *~r ~de ~t tr*. …에 마법을 걸다, 매혹시키다, …의 넋을 빼앗다.

förhöj | a *-er -de -t rfl*. (가치 · 가격

F

따위를) 높이다, 고양하다, 늘이다; ~ stämningen 분위기를 고조시키다.

förhör *~et ~* ① (사건 따위의)조사, 취조, 심리, 질문 ② (학교의) 시험.

förhör|a *- –de –t* Ⅰ. *tr.* ① 조사하다, 심문하다 ② …를 시험하다; ~ henne på läxan 그녀의 숙제를 시험하다 Ⅱ. *rfl.* ~ sig 질문을 하다, 묻다, 알아보다(om, hos).

förịnta *~r ~de ~t tr.* …을 철저하게 파괴하다, …을 전멸시키다.

förintelse *~n 0* 전멸, 섬멸, 파괴.

förirra *~r ~de ~t rfl.* 길을 잃다; hur har du kunnat ~ dig hit? 어떻게 여기까지 오게 되었니?

förivra *~r ~de ~t rfl.* …에 열중하다, 도취되다, 넋을 잃다.

förjạga *~r ~de ~t tr.* 쫓아내다, 추방하다.

förkalkning *~en ~ar* 석회화.

förkasta *~r ~de ~t tr.* (제안 · 요구 따위를) 거절하다, 거부하다, 인정하지 않다. 기각시키다.

förkastelse *~n 0* 거절, 폐기, 배제, 기각.

förkastlig *a.* 비난을 받을 만한, 괘씸한, 형편없는.

förkastning *~en ~ar* 【지질】 단층.

förklara *~r ~de ~t tr.* ① 설명하다 (för), 밝히다 ② 알리다, 발표하다, 선언하다; ~ krig mot …에 대하여 선전포고를 하다.

förklarad *a.* ① 공언(선언)한, 공표된 ② 미화된, 이상화된.

förklaring *~en ~ar* ① 설명(av, på, till, över, till att); ge ~ på …에 대한 설명을하다, 밝히다; allting har sin ~ 모든 일에는 사리(事理)가 있다; utan ett ord till ~ 설명 한 마디 없이 ② 공언, 선언, 언명; avge en ~ 성명을 발표하다.

förklarlig *a.* 설명할 수 있는, 납득이 가는; av lätt ~a skäl 명백한 이유로.

förklẹna *~r ~de ~t tr.* (명예를) 손상시키다, …을 얕보다, 헐뜯다.

förklinga *~r ~de ~t itr.* (소리 따위가) 꺼지다, 사라지다, 희미해지다.

förklä *~t ~n* ☞ **förkläde**.

förklä|da *–[de]r –dde –tt tr.* 변장하다, 가장하다(till).

förkläde *~t ~n* ① 앞치마, (어린이용) 턱받이 ② 샤프롱(사교계에 나가는 젊은 미혼 여성을 보호하는 기혼 여성).

förklädnad *~en ~er* 변장, 위장.

förknippa *~r ~de ~t tr.* 관련시키다, 결합시키다.

förkọlna *~r ~de ~t itr.* 까맣게 타다, 숯이 되다; (비유적) 커지다, 죽다.

förkọm|ma *–mer – –mit itr.* 없어지다, 분실되다, (우편물 따위가) 도착하지 않다.

förkommen *a.* ① 없어진, 분실한 ② 창피한, 꼴사나운.

förkonstlad *a.* 인공적인, 인위적인, 부자연스러운.

förkorta *~r ~de ~t tr.* 줄이다, 단축하다, 생략하다; 【수학】 약분(통분)하다; ~ sitt liv genom självmord 자살로 자기의 수명을 단축시키다; ~d upplaga (책 따위의) 축약판.

förkortning *~en ~ar* 줄임, 단축, 생략; 【수학】 약분(통분).

förkovra *~r ~de ~t* Ⅰ. *tr.* (지식 · 숙련도 따위를)개선하다, 향상시키다, 늘리다 Ⅱ. *rfl.* 개선하다, 승진하다;

~ sig i engelska 영어실력을 향상시키다.

förkọvran (불변화 en-명사) 개선, 향상, 증대.

förkroma *~r ~de ~t tr*. 크롬(광택 있는 단단한 금속) 판금으로 덮다.

förkroppsliga *~r ~de ~t tr*. (정신에) 형체를 부여하다, …을 구체화하다; …을 인격화하다, …을 상징하다, 화신(化身)시키다.

förkrọssad *a*. 가슴이 미어질 듯한, 슬픔에 잠긴, 회한(悔恨)의.

förkrossande *a*. 결정적인, 압도적인; ett ~ nederlag 결정적 패배.

förkrosselse *~n 0* 절망, 회한(悔恨).

förkrympt *a*. 성장을 멈춘, 위축된, 왜소한.

för|kunna *~r ~de ~t tr*. ① …을 알리다, 발표(공표)하다, 공포하다 (för) ② 설교하다, 전도하다.

förkunnar|e *-[e]n ~* 설교자, 전도자.

förkunnelse *~n ~r* 설교, 설법.

förkunskaper (복수명사) 사전지식, 기초지식; boken är tillgänglig utan speciella ~ 그 책은 예비지식이 없어도 이용할 수 있다.

förkväv|a *-er -de -t tr*. 질식시키다, (성장·행동 따위를) 억제하다, 저지하다.

förkyl|a *-er -de -t rfl*. 감기에 걸리다.

förkỵld *a*. 감기에 걸린; vara litet (mycket) ~ 감기가 약간(몹시)걸렸다.

förkylning *~en ~ar* 감기.

förkämp|e *-en -ar* 투사, 옹호자, 주창자(för).

förkänning *~en ~ar* 예감, 징후, 전조.

förkänsl|a *-an -or* 예감, 육감.

förkärlek [fœ:rçæ:ḷek] *~en 0* 좋아함, 편애(för); med ~ 즐겨.

förkättra [fœ:rçɛ̣tra] *~r ~de ~t tr*. 비난(중상)하다, 헐뜯다.

förköp *~et 0* 예매(豫買).

förköp|a *-er -te -t rfl*. 과도하게 (물건을) 사다.

förkörsrätt [fœ:rçœ:rʂrɛt] *~en 0* 우선 주행권(교차로에서 다른 차량보다 먼저 주행할 수 있는 권리).

förlạg *~et ~* ① 출판사(bokförlag); utgiven på B: s ~, B 출판사에서 간행된 ② 운영자금 ③ 창고.

förlag|a *-an -or* 원본, 표본.

förlạgsbevis *~et ~* 약속 어음.

förlagskapital *~et ~* 유동자본, 운전자금, 운영자금.

förlama *~r ~de ~t tr*. 마비시키다.

förlamning *~en ~ar* 마비.

förled *~en/~et, ~[er]* 【언어】 복합어의 앞가지.

för|lẹda *-leder -ledde -lett tr*. 남을 꾀다, 유인하다, 꾀어 들이다.

förlẹgad *a*. 낡은, 구식의, 시대에 뒤떨어진.

förliden *a*. 지난(förra), 최근의(senaste); ~ vecka 지난 주.

förlig *a*. ~ vind 순풍(medvind, öppenvind).

förlị̈k|a *-ar -ade/-te -at/-t tr*. 화해시키다(med), 조정하다.

förlịk|as *~ -tes -ts itr. dep*. 화해하다; 일치하다.

förlịkna *~r ~de ~t tr*. 비교하다(med, vid).

F

förlịkning *~en ~ar* 조정, (특히 노사 간의) 화해, 타결.
förlikningskommission *~en ~er* (큰 노사분규의) 조정위원회.
förliknings|man *~nen –män* 중재인, 조정자.
förlịs|a *–er –te –t itr*. (배가)조난하다, 난파하다.
förlịsning *~en ~ar* 난선, 난파(難破).
förlita *~r ~de ~t rfl*. ~ sig på ngn …를 믿다; ~ sig på ngt(사람·운 따위에)맡기다.
förlitan (불변화 en–명사) 신뢰, 신용.
förlitande *~t 0* ☞ **förlitan**.
förljụdande *~t ~n*, enligt ~ 떠도는 소리(소문)에 의하면.
förljụgen *a*. 거짓에 찬, 허위의.
förljuva *~r ~de ~t tr*. 감미롭게 하다, …을 쾌적하게 하다, 즐겁게 하다.
förlọpp *~et ~* ① (시간의) 경과; efter flera års ~ 여러 해가 지난 후 ② (사건·행동의) 추이, 경과, 과정.
förlora *~r ~de ~t* Ⅰ. *itr*. 잃다, 패배하다; ~ i styrka(vikt, värde) 힘(무게, 가치)를 잃다 Ⅱ. *rfl*. …에 열중하다(몰두하다), 사라지다, (서서히) 없어지다.
förlorad *a*. 잃어버린, 놓쳐버린, 절망적인; den ~e sonen (회개한, 돌아온) 탕아(누가복음 15: 11~32).
förlorar|e *–[e]n ~* 실패자, 패자.
förlọssa *~r ~de ~t tr*. ① (의사 등이) 태아를 분만시키다 ② 【신학】(그리스도가 죄인을)구하다, 구원하다.
förlossning *~en ~ar* ① 분만, 출산 ② 【신학】 구제, 속죄(그리스도에 의한).
förlov [–lọːv] (불변화명사), med ~ [sagt] 양해해 주신다면.
förlova *~r ~de ~t rfl*. 약혼하다 (med).
förlovad *a*. ① 약속한(med); de ~e 약혼한 한 쌍 ② 축복받은; det ~e landet 【성서】 약속의 땅(하나님이 이스라엘 사람들에게 약속한 가나안 땅).
förlovning *~en ~ar* 약혼; ingå ~ 약혼하다(med).
förlụpen *a*. 빗나간, 도망한.
förlust *~en ~er* 손실, 손해, 상실(för, i, av, på); lida stora ~er 큰 손해를 입다; sälja med ~ 손해를 보고 팔다.
förlusta *~r ~de ~t tr*. (남의) 기분을 전환시키다, (남을) 즐겁게 해주다; ~ sig 기분을 전환하다, 즐기다.
förlustelse *~n ~r* 즐거움, 재미, 오락, 유흥.
förlustig *a*. gå ~ ngt …을 잃어버리다.
förlyft|a *–er –e – rfl*. 너무 무거운 것을 들어 무리하다(다치다).
förlåt *~en ~er* 【고어】 휘장, 베일, 장막.
för|låta *–låter –lät –låtit tr*. 용서하다; förlåt! 실례합니다! 미안합니다!; –låt att jag …죄송합니다만 …; –låt, jag hörde inte 죄송합니다만 다시 한 번 말씀해 주십시오(상대방의 말을 잘못 알아들었을 때).
förlåtelse *~n 0* 용서(för); be [ngn] om ~ [의] 용서를 빌다.
förlåtlig *a*. 용서할 수 있는.
förlägen *a*. 수줍은, 당황해 하는; göra ngn ~, …를 당황하게 만들다.
förlägenhet *~en 0* 당황, 거북스러움, 어색함, 곤란함; vara i ~ för pengar 사정이 어렵다.

F

för|lägga *-lägger -lade -lagt tr.* ① …에 놓다, 배치하다, (군대를) 주둔시키다; handlingen är -lagd till medeltiden 줄거리는 중세를 무대로 하고 있다 ② 잘못 두다, 둔 곳을 잊다; nu har han -lagt glasögonen igen 그는 또 안경 둔 데를 찾지 못하고 있다 ③ 출판하다 ④ 자금을 대다.

förläggar|e *-[e]n ~* ① 출판인, 출판업자 ② 운영자금 대여자.

förläggning *~en ~ar* 장소, 소재, (군대의) 주둔지, 야영지.

förläna *~r ~de ~t tr.* 부여하다, 수여하다, (은혜 따위를) 베풀다; 【역사】 봉토(封土)를 부여하다.

förläng|a *-er -de -t tr.* 길게 하다, 연장하다, 확대하다.

förlängning *~en ~ar* 연장, 연기, 유예.

förläning *~en ~ar* 영지(領地)수여, 봉토(封土).

förläst *a.* 공부를 너무 많이 한, 책에만 빠진.

förlöjliga *~r ~de ~t tr.* 비웃다, 조롱하다, 놀리다.

förlöp|a *-er -te -t* Ⅰ. *itr.* 절차가 진행되다; 시간이 경과하다 Ⅱ. *tr.* 버리다, (처자 등을) 돌보지 않다 Ⅲ. *rfl.* 경솔하게 행동하다, 분별없이 굴다.

förlöpning *~en ~ar* 무분별한 비평, 소견, 행동.

förlös|a *-er -te -t tr.* ① …의 분만을 돕다, 산파 일을 하다 ② 풀어놓다, 해방시키다.

förlösande *a.* han kom med det ~ ordet 그는 모두가 고대하던 말을 꺼냈다.

förmak *~et ~* ① 작은 규모의 객실, 응접실 ② (심장의) 심이(心耳).

för|man *~nen -män* (작업장의) 우두머리, 직공 장(長), 십장, 감독.

förmana *~r ~de ~t tr.* …에게 열심히 권유하다, 권하다, 훈계하다.

förmaning *~en ~ar* 권고, 훈계, 충고.

förmast *~en ~er* 【항해】 앞 돛대, 맨 앞의 돛대.

förmedla *~r ~de ~t tr.* 중재하다, (중간에서) 소개하다, 주선하다; ~ nyheter 뉴스를 제공하다.

förmedlar|e *-[e]n ~* 중개자, 중재자.

förmedling *~en ~ar* 중재, 조정, 주선; 중개소(기관); genom hans ~ 그의 중개로(주선으로); arbetsförmedling 직업소개소; bostadsförmedling 주택소개소.

förmena *~r ~de ~t tr.* ① 거절하다, 부정하다 ② …라 생각하다, 믿다 (anse); ~ sig ha rätt (자신이) 옳다고 보다.

förmenande *~t 0,* enligt mitt ~ 내 의견으로는.

förment *a.* 가정의, 상상의; 추정되고 있는.

förmer[a] *a.* vara ~ än (사회적으로) …보다 우세하다, 우월하다.

förmiddag *~en ~ar* 오전; kl. 11 på ~en 오전 11시에(f.m.); i ~s 오늘 아침에; på ~en 오전 중에.

förmildra *~r ~de ~t tr.* ☞ mildra; ~nde omständigheter 참작해야 할 사정.

förminska *~r ~de ~t tr.* ☞ minska; i ~d skala 축소된 규모로.

F

förminskning *~en ~ar* 축소.

förmọda *~r ~de ~t tr.* 가정하다, 믿다, 추정하다, 기대하다; ~ att …, …라고 가정하다; den ~s vara stulen 그것은 도난당한 것으로 생각된다.

förmodan (불변화 en-명사) 가정, 추측, 기대; mot ~ 기대와는 달리.

förmodligen *adv.* 아마도, 추측컨대 (antagligen).

förmụltna *~r ~de ~t itr.* 썩다, 허물어지다, 붕괴하다.

förmultning *~en ~ar* (식물 · 잡초 따위를) 퇴비로 만들기.

förmyndar|e [fœrrmynd-] *-[e]n ~* 【법률】 후견인, 보호자, 관리인; stå under ~ 보호 하에 있다.

F

förmyndarskap *~et 0* 후견인의 직무(역), 후견, 감독.

förmå *~r ~dde ~tt* Ⅰ. *itr.* ① …할 수 있다, 능력이 있다; han sprang allt vad han ~dde 그는 힘껏 뛰었다; bjuda på allt vad huset ~r 할 수 있는 모든 것을 대접하다 ② ~ ngn [till] att …로 하여금 …하도록 유도하다, 설득하다; Ⅱ. *rfl.* ~ sig till att …하기로 결심하다; han kunde inte ~ sig till att säga ja 그는 "예"라고 대답할 수 없었다.

förmåg|a ① *-an 0* (정신적 · 육체적)힘, 능력, 역량(att …); ha(sakna) ~ att …할 능력이 있다(없다); det står inte i min ~ 내 힘으로는 도리가 없다 ② *-an -or* 재능(능력)있는 사람; firman söker unga -or 회사는 유능한 젊은이를 찾고 있다.

förmån *~en ~er* 이점(利點), 유리(有利), 편익, 편의; 특전; sociala ~er 사회보장제도에 의한 보조금; till ~ för …에 유리하도록, …에 이익이 되도록, …을 위하여; ha ~en …할 특권을 얻다.

förmånlig *a.* 유리한, 편리한, 이익이 있는(för ngn).

förmånserbjudande *~t ~n* 특별 염가제공.

förmånsrätt *~en 0* 우선권, 선취특권.

förmånstagar|e *-[e]n ~* (이익 · 은혜를) 받는 자, 수혜자, (연금 · 보험 등의) 수령인.

förmäl|a Ⅰ. *-er -de -t tr.* 알리다; ryktet -er att …라는 소문이 있다; det -er inte historien 그것은 역사에 언급되어 있지 않다 Ⅱ. *-er, -de/-te, -t* tr. 【고어】 결혼하다 (med); ~ sig med …와 결혼하다.

förmälning *~en ~ar* 결혼, 혼인.

förmänskliga *~r ~de ~t tr.* 의인화하다, …에 인간적 성질(형태)을 부여하다.

förmärk|a *-er -te -t tr.* 알아채다, 인지하다.

förmäten *a.* 뻔뻔스러운, 주제넘은, 건방진.

förmögen *a.* ① 부유한, 유족한; en ~ man 재산가 ② ~ till ngt …할 능력이 있는.

förmögenhet *~en ~er* ① (막대한) 부(富), 재산 ② ~er (복수명사) 재능, 능력; (정신적 · 신체적)기능.

förmögenhetsbrott *~et ~* 재산침해죄.

förmögenhetsskatt *~en ~er* 재산세.

förmörka *~r ~de ~t tr.* …을 어둡게 하다, …을 음산(음울)하게 하다, (남의 이해력 따위를) 흐리게 하다.

förmörkelse *~n ~r* 일식(日蝕), 월식(月蝕).

förnamn *~et ~* (부모가 지어준) 이름, 세례명(성(姓)은 eftermamn).

förnedra *~r ~de ~t tr.* (남에게) 창피를 주다, (남에게) 굴욕감을 갖게 하다, (남의) 자존심을 상하게 하다; ~ sig [till] 체면을 잃다, 창피를 당하다.

förnedring *~en 0* 굴욕, 창피, 모욕.

förneka *~r ~de ~t tr.* 부정하다, 부인하다; jag kan inte ~ att … 나는 …라는 것을 인정할 수밖에 없다; han ~r sig aldrig 그는 언제나 여전하다.

förnekelse *~n ~r* 부인(否認), (신앙 따위의)부정.

förnickla *~r ~de ~t tr.* 니켈 판으로 씌우다.

förnimbar *a.* 지각(감지)할 수 있는.

för|nimma *-nimmer -nam -nummit tr.* 감지(지각)하다, 느끼다.

förnimmelse *~n ~r* 감각, 지각, 느낌; ha en ~ [av] att… …라는 인상(감)을 받다.

förning *~en ~ar* 조촐한 모임(kalas)에 손님이 가지고 가는 음식; ha ~ med sig 먹을 것을 가지고 가다.

förnuft *~et 0* 이성(理性), 양식(良識), 사려, 분별; sunt ~, sunda ~et 상식(정상적 분별, 양식); det finns inget ~ i det 거기에는 무리(無理)가 있다.

förnuftig *a.* 분별(양식)이 있는, 현명한, 합리적인; människan är en ~ varelse 인간은 이성적 동물이다.

förnuftsskäl *~et ~* 이성론(理性論).

förnuftsstridig/förnuftsvidrig *a.* 이성이 없는, 분별이 없는, 불합리한.

förnumstig *a.* 진부한, 평범한.

förnya *~r ~de ~t tr.* 새롭게 하다, 갱신하다, 재개하다.

förnyelse *~n ~r* 재개, 갱신, 쇄신.

förnäm [fœɳɛ:m] *a.* 유명한, 저명한, 고매한, 고귀한.

förnämitet Ⅰ. *~en 0* 순화, 세련, 고상 Ⅱ. *~en ~er* 고명(高名)한 사람, 유명인사.

förnämlig *a.* 뛰어난, 우수한.

förnämligast *adv.* 특별히(형식문체에서).

förnämst *a.* 맨 앞의, 주요한, 일류의, 가장 좋은, 훌륭한.

förnär *adv.* göra ngn ~, …를 다치게 하다; han kan inte göra en fluga ~ 그는 남에게 조금도 해를 끼칠 사람이 아니다.

förnärma *~r ~de ~t tr.* 모욕하다, …무례하게 대하다(förolämpa); bli~d över …으로 모욕을 당하다.

förnödenheter (복수명사) 생활필수품(의복 · 식량 따위).

förnöj|a *-er -de -t tr.* …를 즐겁게 하다, 기쁘게 하다; ombyte -er 변화는 생활의 활력소이다.

förnöjd *a.* 즐거운, 기쁜, 만족스러운.

förnöjsam *a.* (적은 것으로도) 만족하는.

förnöt|a *-er -te -t tr.* (시간을) 낭비하다(med ngt).

förolyck|as *~ -ades -ats itr. dep.* 사고로 사망하다, (배가)파산하다, (비행기가)추락하다; de förolyckade (사고의) 희생자들.

förolämpa *~r ~de ~t tr.* 모욕하다, 창피를 주다; bli~d över …에 화가 나다, 비위를 상하다.

F

förolämpning *~en ~ar* 모욕, 창피 (mot).

förord *~et ~* ① 서언, 머리말 ② 추천 ③ äktenskaps~【법】혼인 전 계승적 부동산 처분(재산 중 일부는 부부 공동재산에 귀속시키지 않는다는 약정).

förorda *~r ~de ~t tr.* 추천하다(hos, till).

förordna *~r ~de ~t tr.* ① …를 (직책·보직에)임명하다, 명하다 ② …을 법령으로 정하다.

förordnande *~t ~n* ① (공직) 임명; få ~ som rektor 교장에 임명되다 ②【법률】조항, 규정.

förordning *~en ~ar* (국회의 동의 없이 정부가 정한) 법령, 법규, 조례 (stadga).

förorena *~r ~de ~t tr.* 오염시키다, 더럽히다.

förorening *~en ~ar* 오염, 더럽히기, 공해(公害); ~ar i vatten 수질(水質)오염; luftföroreningar 대기오염.

förorsaka *~r ~de ~t tr.* …을 일으키다, …의 원인이 되다, …을 야기하다.

förort *~en ~er* 교외(郊外), 근교.

förorätta *~r ~de ~t tr.* 모욕하다, (감정·명예 따위를) 손상시키다.

förpacka *~r ~de ~t tr.* 짐을 꾸리다, 포장하다.

förpackning *~en ~ar* ① 포장, 짐꾸리기 ② 꾸러미, 짐, 포장.

förpassa *~r ~de ~t tr.* (강제로) 이주시키다, 추방하다; ~ ngn ur landet …를 국외로 추방하다; ~ sig bort 떠나다.

förpesta *~r ~de ~t tr.* (공기를) 악취로 채우다.

förplikta *~r ~de ~t tr.* ~ ngn till att …, …에게 …할 의무(책임)를 부과하다; känna sig moraliskt ~d att 도덕적으로 …할 의무를 느끼다.

förpliktelse *~n ~r* 의무, 임무, 책무.

förpliktiga *~r ~de ~t tr.* ☞ förplikta.

förpläga *~r ~de ~t tr.* 음식물을 제공하다.

förplägnad *~en 0* 음식, (군대에서) 배급량, 급식.

förpost *~en ~er* 전초 지점, 전초[대] (前哨).

förpostfäktning *~en ~ar*【군사】소규모 접전.

förpuppa *~r ~de ~r rfl.*/förpuppa|s *~ −des −ts itr. dep.* 번데기가 되다; 동면으로 들어가다.

förr *adv.* ① (때)이전에, 전에(förut); varken ~ eller senare 이전에나 이후 한번도 …않다 ② ~ i tiden(världen) 이전에는, 옛날에는(fordom); ~ och nu 옛날과 지금; allt är som ~ 모든 것이 여전하다 ③ 일찍이(tidigare); ~ eller senare 조만간, 멀지 않아 ④ 차라리, 오히려(hellre); ~ svälter jag än jag går och tigger 구걸하러 다니기 보다는 차라리 굶어 죽겠다.

förra *a.* (남성은 förre) (시간) 먼저의, 앞의, 이전의(före detta, tidigare); den förre … den senare 전자 … 후자; i ~ veckan 전(前)주에; under ~ hälften av 1800-talet 1800년대 전반기에.

förresten *adv.* 그밖에, 그런데(för övrigt).

förrgår, i ~ 그저께; i ~ morse 그저께 아침에.

förringa *~r ~de ~t tr.* …을 실제보다 낮게 평가하다; 경시하다, 축소하다.

för|rinna *–rinner –rann –runnit* (시간 · 세월이)지나다, 경과하다, 흐르다; 힘이 빠지다, 쇠잔하다.

förruttna *~r ~de ~t itr.* 썩다, 부패하다.

förruttnelse *~n 0* 부패, 썩음, 부식; stadd i ~ 부패한, 썩기 시작한.

förryck|a *–er –te –t tr.* …을 혼란시키다, 틀어지게 하다, 평형을 잃게 하다, 방해하다.

förryckt *a.* 미친, 미친 듯한, 발광한.

förrymd *a.* 도망한, 탈주한.

förråa [fœrọ:a] *~r ~de ~t tr.* …을 거칠게 하다, …에게 잔인하게 하다.

förråd *~et ~* 창고, 저장소; 자원; ha i ~, …에 저장되어 있다.

förrå|da *–der –dde –tt tr.* 배반(배신)하다, 적에게 팔아넘기다, (남을) 속이다(åt, för); ~ sig (무의식적으로) 폭로하다, 드러내다.

förrädar|e *–[e]n ~* 배반자, 반역자, 매국노.

förräderi *~et ~er* 배반, 배신, 반역(mot); lands~ 반역[죄], 대역[죄].

förrädisk *a.* 신뢰를 배반하는, 반역하는(mot).

förrän *konj.* …하기 전에, …하기에 앞서서; knappt hade han … ~ …, …하기가 무섭게 그는, …하자마자 그는; inte ~, …하기까지는 않다, …한 후 비로소 …하다; det dröjde inte länge ~, …하기까지 오래 걸리지 않았다.

förränta *~r ~de ~t tr.* 이자를 붙이다, …에 대한 이자를 지불하다; ~ sig 이익이 생기다, 이자가 붙다.

förrätt *~en ~er* 정찬에서 주식전에 나오는 가벼운 음식,

förrätta *~r ~de ~t tr.* (세례 · 혼인식 · 선거 따위를) 치르다, 거행하다, 수행하다; vigseln ~des 결혼식이 거행되었다.

förrättning *~en ~ar* (공직상의) 임무, 기능, 직무.

försade ☞ **försäga**.

försagd *a.* 소심한, 겁 많은, 수줍은, 자신이 없는.

försagt ☞ **försäga**.

försaka *~r ~de ~t tr.* …없이 때우다(지내다), 포기하다.

försakelse *~n ~r* 결여, 궁핍, 결핍; underkasta sig ~r 금욕을 실천하다.

församla *~r ~de ~t tr.* 모으다, 소집하다.

församla|s *~ –des –ts itr. dep.* 모이다, 회합하다.

församling *~en ~ar* (정치,종교 등의) 회합, 모임, 집회, 대표자 회의 ② 교회 조직의 기본단위, (조직체로서의) 교회, 교구; 신도.

för|se *~r –såg/~dde ~tt tr.* 공급하다, 갖추다(med); ~dd med etikett …이란 딱지를 붙인; ~ sig [med] 자활하다, 자급하다.

förseelse *~n ~r* (규칙 · 법령 따위의) 위반, 반칙, 경범죄.

försegla *~r ~de ~t tr.* …에 봉인하다, 밀봉하다; i ~t kuvert 밀봉한 봉투에; hans läppar var ~de 그는 말문을 열지 않았다.

försegling *~en ~ar* 봉인, 증인(證印).

försena *~r ~de ~t tr.* 미루다, 연기하다, …을 지체하게 하다, …을 늦추다(förhala); ~ sig; vara ~d …에

늦다.

försenad *a*. 늦은, 지체된.

försening *~en ~ar* 지연, 지체, 연기.

försig|gå *~r -gick ~tt* 사건이 일어나다, 발생하다(äga rum), 진행되다(pågå, ske).

försigkommen *a*. 진보한, 나아간, 앞선; 조숙한.

försiktig *a*. 주의 깊은(med), 신중한.

försiktigtvis *adv*. 경계하여, 조심해서.

försilvra *~r ~de ~t tr*. 은도금을 하다, 은을 입히다.

försinka *~r ~de ~t* ☞ **försena**.

för|sitta *-sitter -satt -suttit tr*. (기회를) 잃다, (권리를) 상실하다; en försutten chans 놓친 기회.

för|sjunka *-sjunker -sjönk -sjunkit itr*. …에 열중(몰두)하다; -sjunken i tankar 생각에 골몰한.

förskaffa *~r ~de ~t tr*. 얻다, 조달하다, 획득하나; vad ~r mig den äran? 무슨 일로 왕림하셨습니까? (옛날식의 매우 정중한 인사).

förskansa *~r ~de ~t rfl*. 자신을 보호하다, 대피하다.

förskansning *~en ~ar* 참호, 참호 구축 작업, 보루.

förskepp [-ʃep] *~et ~* 선박의 전반부(前半部).

förskingra [fœrʃiŋgra] *~r ~de ~t tr*. 횡령하다, 착복하다, 남용하다.

förskingrar|e [fœrʃiŋgrarə] *-[e]n ~* 횡령범인, 공금 착복 자.

förskingring *~en ~ar* ① 횡령, 착복, 남용 ② 고향에서 멀리 떨어진 곳; svenskar i ~en 해외에 흩어져 사는 스웨덴인들.

förskinn [-ʃin] *~et ~* 가죽으로 만든 작업용 앞치마.

för|skjuta *-skjuter -sköt -skjutit* Ⅰ. *tr*. ① 밀어 제치다, 제거하다 ② 제 것이 (책임이) 아니라고 말하다, …에 관계가 없다고 말하다 Ⅱ. *itr*. (아들과) 의절하다.

förskjuta|s *~ -des -ts itr. dep*. 변경되다, 옮겨지다.

förskjutning *~en ~ar* 위치 전환, 환치(換置); 【정신분석】 감정 전이(轉移), 변경.

förskol|a [-skɷ:la] *-an -or* 유치원(lekskola), 예비학교.

förskollärar|e *-[e]n ~* 유치원 교사.

förskona *~r ~de ~t tr*. ~ ngn från (för) ngt …를 …으로부터 구제 하다, 면하게 하다.

förskoning *~en 0* 자비, 관용.

förskott *~et ~* 선불; be om ~ på lönen 월급을 미리 지불해 달라고 요청하다; betala i~ 선불하다, (운임 따위를) 미리 치르다.

förskottera *~r ~de ~t tr*. 선불하다, 선납하다.

för|skriva *-skriver -skrev -skrivit* Ⅰ. *tr*. 서류상으로 양도하다 Ⅱ. *rfl*. ~ sig från 유래하다, (편지가) 몇 일부로 적혀있다.

förskräck|a *-er -te -t tr*. 두려워하게 하다, 겁나게 하다; bli -t över …에 대해 놀라다.

förskräckelse *~n ~r* 놀람, (갑작스런) 공포, 불안.

förskräcklig *a*. 무서운, 소름끼치는, 두려운.

förskrämd *a*. 놀란, 겁에 질린.

förskuren *a*. i förskuret skick (술을)

섞어서, 칵테일해서.
förskyllan (불변화 en−명사), utan min egen ~ 나의 과오 때문이 아닌.
förskämd *a*. (음식이) 약간 상한; (도덕적으로) 타락한(fördärvad).
förskärarkniv *~en ~ar* 고기를 자르는 큰 칼.
förskö̦na [−ʃφ:na] *~r ~de ~t tr*. 더 아름답게 보이게 하다, 미화시키다.
förslạg *~et ~* ① 제안, 제의(om, till, på); på ~ av …, …의 제안으로; på mitt ~ 나의 제안으로; har du ngt(ngn) på ~ ? 무슨 의견이라도 있니? ② (가격) 견적(för, till) ③ (보직) 천거, 추천; komma på ~, …자리에 추천되다 ④【음악】 전타음(前打音, 장식음의 일종).
förslạgen *a*. 간교한, 약삭빠른, 교활한.
förslạgsrum *~met ~*, få första(andra) ~met 지명자(추천자)명단에서 첫 번째(두 번째)로 오르다.
förslạgsvis *adv*. 제안에 따르면, 예컨대, 대체로 말하면.
förslạppa *~r ~de ~t tr*. 약화시키다, 원기를 빼다; (도덕적으로) 해이하게 하다.
förslappning *~en ~ar* 약화, 해이, 쇠약, 무기력.
förslạva *~r ~de ~t tr*. 노예로 만들다, 예속하다.
för | slịta *−sliter −slet −slitit tr*. ~s 닳다, 입어서 헤어지다.
för | slụta *−sluter −slöt −slutit tr*. (봉투 · 통조림 따위를) 봉하다.
förslutning *~en ~ar* 봉인(封印), 막는 장치.
för | slå *~r −slog −slagit itr*. 족하다, 충분하다; så det ~r mer än nog 남을 만큼 충분하다.
förslöa *~r ~de ~t tr*. 우둔하게 하다. 냉담하게 하다, 나른하게 하다, 멍청하게 하다.
förslösa *~r ~de ~t tr*. (시간 · 돈 · 따위를) 낭비하다, 헛되이 쓰다(på).
försmak *~en 0* 시식(試食), 미리 맛봄; 예기.
försmå *~r ~dde ~tt tr*. 거절하다.
försmädlig *a*. 조롱하는, 약 올리는.
försmäkta *~r ~de ~t itr*. ① 약해지다, 쇠잔해지다, 죽을 지경이다(av hunger, törst etc) ② 번민하다, 애타게 그리워하다.
försnịlla *~r ~de ~t* ☞ **förskingra**.
försoffa *~r ~de ~t* ☞ **förslöa**.
försom | mar *~[e]n −rar* 초여름(하지 전까지).
försona *~r ~de ~t tr*. 화해하다, 속죄하다(med ngn); ~ sig(~s) med …와 화해하다, 조정이 되다.
försoning *~en 0* 화해, 속죄(förlikning), 조정; med handen utsträckt till ~ 화해의 손을 내밀고.
försonlig *a*. 화해하는, 융화적인, 타협적인, 속죄하는.
försorg (불변화명사) ① genom ngns ~, …의 배려로 ② dra ~ om …을 돌보다.
försov | a *−er − −it rfl*. 늦잠자다.
förspel *~et ~*【음악】 전주곡, 서곡; 전조, 성교전의 유희.
förspill | a *−er −de −t tr*. 낭비하다, 헛되이 하다(på); ett −t liv 헛된 삶, 실패한 인생; det är −d kraft 그것은 정력낭비이다.

försprång *~et 0* 출발, (경주의) 첫발, 앞섬, 우세; få ~ före ngn …보다 앞서다.

förspänd *a.* (차량 · 탈 것에) 붙들어 맨; vagnen var ~ med två hästar 마차에는 두 마리 말이 매여 있었다; han har det väl förspänt 그에게는 모든 일이 잘 풀리게 되어 있다, 그는 좋은 조건을 구비하고 있다(경제적 · 사회적으로).

för|spörja *–spörjer –sporde –sport tr.* (소문을) 들어보다.

för|spörjas *–spör[j]s –spordes –sports itr. dep.* (주로 수동형으로) 듣다, (소문을) 듣게 하다; det –spordes att …라는 소문이 돌았다.

först *adv.* ① 우선, 먼저, 맨 처음에; vara ~ på platsen 제일 먼저 도착하다; ~ och främst 우선적으로, 먼저 ② …까지 …않다, 비로소 …하다; jag fick det ~ i går 나는 어제서야 그것을 받았다; han kommer ~ i morgon 그는 내일에나 올 거야.

första *räkn.* (남성은 förste) 첫째의; på ~ bänk 맨 첫줄에; från ~ början 맨 처음부터; ~ dagen i månaden 매달의 첫날에; ~ sidan i tidningen 신문의 첫 면; på ~ våningen 일층에(미국에서는 2층); den ~ jag mötte 내가 만난 첫 번째 사람; det ~ du bör göra 네가 해야 할 맨 처음 일; för det ~, för det andra, för det tredje … 첫째는, 둘째는, 셋째는 …; med det [allra] ~ 될 수 있는 대로 속히.

för|stad *~en ~städer* 교외(郊外), 위성도시.

förstadi|um *–et –er* 초기(준비) 단계.

förstaklassbiljett *~en ~er* 일등석표.

förstamajblomm|a *–an –or* 5월 1일(노동절)에 자선목적으로 만들어 파는 조그만 꽃.

förstamajdemonstration *~en ~er* 노동절(5월 1일) 기념 시위(행진).

förstatliga *~r ~de ~t tr.* (생산 수단을) 국유화 하다.

förstavelse *~n ~r* 【문법】 전철(prefix). 접두사; 주강세음절의 앞음절.

förste ☞ **första**.

försteg *~et ~*, ha ett ~ framför ngn 다른 사람보다 유리한 입장에 있다, 앞서있다.

förstelna *~r ~de ~t itr.* 굳어지다, 무감각해지다.

förstena *~r ~de ~t tr.* 돌이 되게 하다, 돌같이 굳게 하다; ~d av fasa 겁에 질려 굳어 있다.

förstening *~en ~ar* 돌이 됨, 석화(石化); 망연자실.

förstfödd *a.* 맨 먼저 태어난, 첫 번째 아이(보통 명사화하여 쓰임).

förstfödslorätt *~en 0* 장자 상속권.

förstklassig *a.* 일류의, 최고의.

förstlingsarbete *~t ~n* 처녀작, 첫 작품.

förstockad *a.* (태도 따위가) 굳어버린, 냉담한, 개선의 여지가 없는; en ~ syndare 구제받을 수 없는 죄인.

förstod ☞ **förstå**.

förstone [fœʂtʊnə] (불변화명사), i ~ 처음에는.

förstoppning *~en ~ar* 【의학】 변비; ha ~ 변비가 있다.

förstora *~r ~de ~t tr.* 확대하다.

förstoring *~en ~ar* 확대; 확대사본.

förstoringsglas *~et* ~ 확대경.

försträck|a *−er −te −t tr*. ① (무리한 동작으로 근육 따위를) 접질리다, 삐다 ② ~ ngn pengar …에게 돈을 선불하다(빌려주다).

försträckning *~en ~ar* 선불, 선금.

förströ *~r ~dde ~tt tr*. 즐겁게 하다; ~ sig 즐기다; ~ sig med att …, …을 하며 즐기다.

förströdd *a*. 방심상태의, 멍한.

förströelse *~n ~r* 즐거움, 유희.

förstu ☞ **farstu**.

förstukvist *~en ~ar* 지붕이 달린 베란다.

förstulen *a*. 남 몰래 하는, 은밀한; en ~ blick 엿보는(은밀한) 시선.

förstumma|s ~ *−des*, *−ts itr*. *dep*. (놀람 따위로) 말이 막히다; 침묵하다; ~ av häpnad 놀라서 말이 나오지 않다.

för|stå *~r −stod ~tt* Ⅰ. *tr*. 이해하다, 양해하다, 알아듣다; 깨닫다, 지각하다; låta ngn ~ att …, …에게 …라고 알리다; å, jag ~r 아하, 알았어요, 그렇군요; ~r du(har du ~tt)? …이란 말이야, 알았지?; ~ mig rätt! 저를 오해하지 마세요!; så gott man ~r 될 수 있는 한, 힘자라는 데까지; jag −stod på honom att … 그의 말을 듣고(행동을 보고) 나는 그가 …하다고 알았다(생각했다); det ~s av sig självt 당연하다; ja det ~s 그렇고말고, 그럼요, 당연하지; göra sig ~dd 자기의 말(생각)을 남에게 이해시키다, 자신의 의사를 남에게 통하게 하다 Ⅱ. *rfl*. ~ sig på 이해하다; jag ~r mig inte på henne 그 여자를 이해할 수가 없다.

förståelig *a*. 이해할 수 있는, 알기 쉬운.

förståelse *~n 0* 이해; 동감, 동의; jag har full ~ för henne 나는 그녀를 잘 이해하고 있다; jag har ingen ~ för hans idéer 나는 그의 생각에는 찬성할 수 없다.

förstående *a*. 호의적인, 이해하는.

förstånd *~et 0* 지력(知力), 지능; 지성; 양식; 제 정신; 현명; 이해력; förlora ~et 제 정신을 잃다, 미치다; som man har ~ till 자기 능력에 따라; tala ~ med ngn …에게 사리를 밝혀 이야기하다; det går över mitt ~ 나로서는 그것을 도무지 이해할 수 없다; vara ifrån ~et 제 정신을 잃고 있다, 머리가 돌았다; med ~ 사려 깊게.

förståndig *a*. 현명한, 양식이 있는, 영리한, 총명한.

förståndsfråg|a *−an −or* 지력을 요하는 질문.

förståndsgåvor (복수명사) 지능.

förstås *adv*. 물론.

förståsigpåar|e *−[e]n* ~ 전문인, 숙련자.

förstått ☞ **förstå**.

förställ|a *−er −de −t* Ⅰ. *tr*. (목소리를) 꾸미다, 가장하다 Ⅱ. *rfl*. 위선적으로 행동하다.

förställning *~en 0* 알고도 모르는 체하기; (감정을) 숨기기; 가장, 위선.

förstämd *a*. ① 낙담한, 기운 없는 ②【음악】소리가 잘 들리지 않는.

förstämning *~en 0* 의기소침, 우울; väcka allmän ~ i staden 전 시민에게 암영을 던지다.

förständiga *~r ~de ~t tr*. ~ ngn att …, …에게 …라고 명령하다.

förständigande *~t ~n* 명령.

förstärk|a *–er –te –t tr*. 강하게 하다, 보강하다; 【전기】 증폭하다.

förstärkar|e *–[e]n ~* (전기)증폭기; 확성기, 앰프.

förstärkning *~en ~ar* 강화, 보강.

förstäv *~en ~ar* 이물, 선수재(船首材).

förstör|a *– –de –t* Ⅰ. *tr*. 파괴하다, 파멸시키다; 못쓰게 만들다 Ⅱ. *rfl*. 건강을 망치다.

förstörelse *~n ~r* 파괴, 파멸.

förstöring *~en 0* ☞ **förstörelse**.

försumlig *a*. (의무에) 태만한, (지불을) 태만히 하는.

försumma *~r ~de ~t tr*. (의무를) 게을리 하다, 해야 할 일을 하지 않고 그대로 두다; 경시하다; ~ en överenskommelse 약속을 어기다; ~ ett tillfälle 호기를 놓치다; känna sig ~d 냉대를 받았다고 느끼다.

försummelse *~n ~r* 태만, 부주의; 경시.

försụmpa *~r ~de ~t tr*. 정체시키다; 습지가 되도록 하다.

försụpen *a*. 알코올 중독에 걸린.

försura *~r ~de ~t tr*. 산성화시키다.

försura|s *~ –des –ts itr*. *dep*. 【환경】 산성화되다.

försurning *~en 0* 【환경】 산성화.

försutten *a*. 놓쳐버린.

försvaga *~r ~de ~t tr*. 무기력하게 하다, 힘을 약하게 하다, 약화시키다.

försvagning *~en 0* 약화.

försvann ☞ **försvinna**.

försvạr *~et 0* 방어, 방위; 변명, 변호; det svenska ~et 스웨덴의 국방; ta … i ~ …을 옹호하다; Försvarets forskningsanstalt 스웨덴 국방연구소 (FOA).

försvara *~r ~de ~t tr*. 방어하다, 방위하다; 옹호하다; ~ sin rätt 권리를 지키다; det kan inte ~s 변명의 여지가 없다.

försvạrar|e *–[e]n ~* ① 방어자; 옹호자; 변호인 ② (축구 · 하키 따위의) 후위, 백.

försvạrlig *a*. ① 방어할 수 있는, 옹호할 수 있는; 인정할 만한 ② 상당한.

försvạrsadvokạt *~en ~er* 변호사.

försvarsdepartement *~et ~* 국방부.

försvarsgren *~en ~ar* (육 · 해 · 공) 군(軍)의 하나.

försvarslös *a*. 방비가 없는, 무방비의.

försvarsminịst|er *~n –rar* 국방부 장관.

försvarsspelare ☞ **försvarare** ②.

försvenska *~r ~de ~t tr*. 스웨덴화하다, 스웨덴 식으로 바꾸다.

för|svinna *–svinner –svann –svunnit itr*. 사라지다; 없어지다; 실종하다; 도망가다; –svinn! 꺼져버려!

försvinnande *~t ~n* 사라짐; 없어짐; 실종; 도망.

försvunnit ☞ **försvinna**.

försvåra *~r ~de ~t tr*. 더 어렵게 하다; 방해하다.

försyn *~en 0* 신의 뜻, 신의 섭리; låta det gå på Guds ~ 운에 맡겨 두다.

försynda *~r ~de ~t rfl*. 죄를 저지르다, 범하다.

försyndelse *~n ~r* 죄, 위반.

försynt *a*. 조심성 있는, 신중한, 삼가는.

F

försåt *~et 0* 복병, 매복, 함정; lägga ~ för ngn …를 함정에 빠지게 하다, …에게 함정을 파다; ligga i ~ 매복하다.

försåtlig *a.* 두 마음을 품은, 배반하는, 믿을 수 없는.

försåvitt ☞ såvida(såvitt).

för|säga *-säger -sade -sagt rfl.* 정체를 드러내다, (무심코) 비밀을 누설하다.

försäkra *~r ~de ~t* Ⅰ. *tr.* ① 확신시키다, 맹세하다; han ~de att … 그는 …을 보증했다; det ~r jag! 나는 맹세한다 ② 보험을 들다; det är ~t för 5000 kronor 보험가격 5000크로나로 보험에 들었다 Ⅱ. *rfl.* ① ~ sig om [ett faktum] (사실 여부를) 확인하다; ~ sig om att dörren är stängd 문이 닫혀 있는지 확인하다 ② 보험에 들다.

försäkran (불변화 en-명사) 증언, 보증, 확인.

försäkring *~en ~ar* ① ☞ försäkran ② 보험, 보험금; 보험증권; teckna en ~ 보험에 들다.

försäkringsagent *~en ~er* 보험 회사원.

försäkringsbrev *~et ~* 보험 증권.

försäkringskass|a *-an -or* 국영 보험회사.

försäkringspolis *~en ~er* ☞ försäkringsbrev.

försäkringspremie *~n ~r* 보험료.

för|sälja *-säljer -sålde -sålt tr.* 팔다.

försäljar|e *-[e]n ~* 판매원, 점원.

försäljersk|a *-an -or* 여점원, 여자 판매원.

försäljning *~en ~ar* 판매, 판매일; lämna till ~ 팔려고 내놓다.

försämra *~r ~de ~t tr.* 나쁘게 하다, (품질을) 저하시키다; 악화시키다.

försämring *~en ~ar* 저하; 악화.

försända ☞ sända Ⅰ.

försändelse *~n ~r* 탁송품; 우편물, 편지, 소포.

försänk|a *-er -te t tr.* ① (나사 · 못의 대가리를) 구멍에 박아 넣다 ② (비유적) ~ ngn i sorg …를 슬픔에 빠지게 하다; -t i tankar 사색에 잠겨 있는; vara -t i djup sömn 깊이 잠들어 있다.

försänkning *~en ~ar*, goda ~ar 좋은 연출, 도움이 되는 교제.

för|sätta *-sätter -satte -satt tr.* ① ~ i frihet 석방하다; (어느 상태에) 빠뜨리다; ~ ngn i raseri …를 격노시키다 ② 움직이다; ~ berg【성서】기적을 행하다.

försättsblad *~et ~* 권두 · 권말의 백지.

försättslins *~en ~er*【사진】렌즈 부속물.

försök *~et ~* 시도, 노력; 실험; ~ till självmord 자살 미수; göra ~ med 시도하다, 노력하다, 애쓰다; på ~ 시험적으로.

försök|a *-er -te -t* Ⅰ. *tr. itr.* 시도하다; 노력하다; 실험하다; 해보다; - att uppföra dig bättre! 좀 더 점잖게 행동하도록 노력해라!; jag -te flera gånger men misslyckades varje gång 나는 여러 번 해 보았으나 매번 실패했다; - inte med mig! 나를 속이려 해 봤자 소용없다; ~ duger 해봐도 손해는 없다 Ⅱ. *rfl.* ~ sig på ngt …일에 손을 대보다, 해보려고 시도

F

하다.

försöksballong ~en ~er 관측기구, (반응을 보기 위한) 시도.

försöksdjur ~et ~ 실험용 동물.

försökskanin ~en ~er (비유적) 실험 재료.

försöksvis adv. 실험적으로.

försörj|a -er -de -t Ⅰ. tr. 부양하다, 먹여 살리다; 지원하다; 공급하다 Ⅱ. rfl. 생활비를 벌다, 생계를 세우다; han -er sig på att skriva romaner 그는 소설을 써서 생계를 유지하다.

försörjning ~en 0 부양; ~ med livsmedel 식료품의 공급.

försörjningsbalans ~en ~er 자원의 균형.

för|ta[ga] -tar[tager] -tog -tagit Ⅰ. tr. (소리를) 죽이다 Ⅱ. rfl. (실력 이상의) 무리를 하다; han -tar sig inte 그는 과로하지 않을 것이다.

förtal ~et 0 비방, 중상.

förtala ~r ~de ~t tr. 비방하다, 중상하다.

förtappad a. 영겁의 벌을 받은, 파멸한.

förtappelse ~n 0 지옥에 떨어짐, 파멸.

förteck|en -net ~ 【음악】 조표(調表, 악곡의 첫머리에 붙이는 #, b).

förteckna ~r ~de ~t tr. 목록을 작성하다, …을 표로 작성하다.

förteckning ~en ~ar 목록표; 기록부.

förteg ☞ förtiga.

förtegen a. 말이 적은, 과묵한.

förtenna ~r ~de ~t tr. 에 주석을 입히다, 아연 도금을 하다.

förti ☞ fyrtio.

förtid (불변화명사), i ~ 너무 일찍, 너무 이르게, 조급히; gammal i ~ 너무 일찍 늙은, 조로(早老)한.

förtidspension ~en ~er 조기 퇴직 연금.

för|tiga -tiger -teg tigit tr. 비밀에 부치다, 비밀로 하다, 숨기다; ~ för ngn …을 …에게 숨기다.

förtjusande [fœrçʉːsandə] a. 매력적인, 아름다운; 유쾌한.

förtjusning ~en 0 즐거움; 열중; 매혹, 매력; jag kommer med ~ 기꺼이 가겠습니다.

förtjust a. 기뻐하는; 매혹된; han är ~ i musik 그는 음악을 매우 좋아한다.

förtjäna ~r ~de ~t Ⅰ. tr. itr. (생활비를) 벌다; han ~r bra 그는 돈을 잘 번다; ~ på …으로 이익을 얻다 Ⅱ. tr. …할(받을) 만하다; få vad man ~r 응분의 보답을 받다; den här boken ~r att läsas 이 책은 읽어볼만하다.

förtjänst ~en ~er ① 소득, 벌이; 이익 ② 장점, 공적; 공헌(~er); det är din ~ att …, …한 것은 당신의 덕분이다.

förtjänstfull a. 가치 있는; 칭찬할 만한.

förtjänt a. göra sig ~ av …받을 가치가 있다.

förtona ~r ~de ~t itr. 희미해지다, 사라져가다, (색이) 바래다.

förtorka ~r ~de ~t itr. 말라 버리다, 시들다.

förtorkad a. 말라버린, 시든.

förtret ~en 0 화, 괴로움, 고민; 근심,

걱정; vålla ngn ~, …에게 폐를 끼치다; svälja ~en 화를 억누르다; till sin ~ 유감스럽게도.
förtretlighet *~en ~er* 애태움; 괴로움; 화.
förtroende Ⅰ. *~t 0* 신용, 신뢰; ha(hysa) ~ för …을 신뢰하다; jag har hans ~ 나는 그의 신임을 받고 있다 Ⅱ. *~t ~n* 속이야기, 내막.
förtroendefråg | a *−an −or* (정치적) 신임문제.
förtroendevot | um *~/−umet, −a/−um* 신임투표.
förtrogen Ⅰ. *a.* ① 친밀한, 친한 ② ~ med 에 정통한 Ⅱ. (명사적으로도 사용) 비밀 등을 털어 놓을 수 있는 믿을 만한 사람.
förtrolig *a.* ① 내밀한, 은밀한, 비밀의 ② 친밀한, 비밀을 터놓는; ett ~t samtal 친밀한 대화.
förtrolla *~r ~de ~t tr.* …에게 마법을 걸다; …을 매혹하다, 황홀케 하다.
förtrollning *~en 0* 마법, 요술, 마법에 걸린 상태; 매혹.
förtrupp *~en ~er* 첨병(尖兵), 전위, 선봉.
förtryck *~et ~* 압박, 압제.
förtryck | a *−er −te −t tr.* 압박하다, 학대하다.
förtryckar | e *−[e]n ~* 압제자.
för | tryta *−tryter −tröt −trutit tr.* 화나게 하다, 노하게 하다; det −tröt mig 그것은 나를 화나게 하였다.
förtrytelse *~n 0* 노함; 분노.
förträfflig *a.* 훌륭한, 우수한, 뛰어난.
förträng | a *−er −de −t tr.* ① 압축하다; 수축시키다 ② 억누르다.
förträngning *~en ~ar* ① 압축, 수축 ② 【의학】 협착 ③ 【심리학】 억제.
förtrösta *~r ~de ~t itr.* ~ på …를 믿다, …에 기대를 걸다.
förtröstan (불변화 en−명사) 기대, 믿음.
förtrötta | s *~ −des −ts itr. dep.* 피로해지다.
förtulla *~r ~de ~t tr.* 관세품을 신고하다, 관세를 치르다.
förtunna *~r ~de ~t tr.* 엷게하다, 묽게하다.
förtunning *~en ~ar* 묽게 하는 것.
förtur[srätt] *~en ~er* 우선, 우선권.
förtvina *~r ~de ~t itr.* 시들다; 쇠퇴하다, 위축하다.
förtvining *~en ~ar* 쇠퇴, 위축.
förtvivla *~r ~de ~t itr.* 절망하다.
förtvivlad *a.* 몹시 불행한; 비참한; 비탄에 젖은; 절망적인; göra ngn ~, …를 절망으로 몰아넣다.
förtvivlan (불변화 en−명사) 절망, 자포자기.
förtvätt *~en ~ar* (세탁기) 초기세탁.
förty *adv.* 그래서; icke(inte) ~ 그럼에도 불구하고, 그런데도.
förtyck | a *−er −te −t tr.* 싫어하다; du får inte ~ 나쁘게 생각하지 마세요.
förtydliga *~r ~de ~t tr.* 명백하게 하다, 분명하게 하다.
förtydligande *~t ~n* 명시(明示), 해명.
för | tälja *−täljer, −täljde/−talde, −täljt/−talt tr.* 이야기하다.
förtänk | a *−er −te −t tr.* 비난하다; man kan inte ~ honom 그 사람을 비난할 수 없다.

F

förtänksam *a*. 세심한, 조심성 있는, 신중한.

förtär|a – –*de* –*t* 먹다, 마시다, 소비하다; farligt att ~ 주의, 맹독! (약병 따위에).

förtäring ~*en* *0* 섭취; 음식.

förtäta ~*r* ~*de* ~*t tr*. 응축하다, 농축하다; ~d stämning 긴장된 분위기.

förtöj|a –*er* –*de* –*t tr*. *itr*. (배를) 정박시키다.

förtöjning ~*en* ~*ar* 정박, 계류.

förtörna ~*r* ~*de* ~*t tr*. 노하게 하다; vara ~d på ngn …에게 성을 내다; vara ~d över ngt …에 대해서 성을 내다.

F

förụnderlig *a*. 이상한, 기묘한.

förundersökning ~*en* ~*ar* 예비 조사, 예비 검사.

förụndra ~*r* ~*de* ~*t* ☞ förvåna.

förundran (불변화 en–명사) 경탄.

förụnna ~*r* ~*de* ~*t tr*. 부여하다, 베풀다.

förut[1] ☞ för[2] I.

förụt[2] *adv*. 이전에, 옛날에는.

förutan *prep*. mig ~ 나 없이.

förutbestämd *a*. 사전에 결정된, 예정된.

förutfattad *a*. 미리 생각한, 예상한; ~ mening 편견.

förutom *prep*. ☞ utom ②.

förutsatt *a*. ~ att 만약 …이면, …을 조건으로.

förut|se –*ser* –*såg* –*sett tr*. 예견하다, 예기하다.

förutseende[1] *a*. 선견지명이 있는; 현명한.

förutseende[2] ~*t* *0* 선견지명, 예상.

förutspå ☞ förespå

förut|säga –*säger* –*sade* –*sagt tr*. 예언하다, 예보하다.

förutsägelse [–sɛjelsə] ~*n* ~*r* 예보; 예상, 예언.

förut|sätta –*sätter* –*satte* –*satt tr*. 가정하다, …을 전제하다.

förutsättning ~*en* ~*ar* 전제[조건]; 원인; 가정(假定); skapa ~ar för …의 기회를 만들다; under ~ att …이라는 전제하에.

förutsättningslös *a*. 선입관이 없는, 객관적인.

förutvarande *a*. 전의, 이전의.

förvalta ~*r* ~*de* ~*t tr*. 관리하다, 보관하다, 이행하다.

förvaltar|e –[*e*]*n* ~ 관리인, 준위(해군계급).

förvaltning ~*en* ~*ar* 관리, 경영; 행정.

förvạltningsberättelse ~*n* ~*r* 회사의 연간사업 보고서.

förvaltningsbolag ~*et* ~ 지주(持株)회사, 모회사.

förvandla ~*r* ~*de* ~*t tr*. 변형시키다, 변화시키다.

förvandling ~*en* ~*ar* 변화, 변형, 변태, 변신.

förvanska ~*r* ~*de* ~*t tr*. 곱새기다, 왜곡하다; 오전(誤傳)하다.

förvanskning ~*en* ~*ar* 왜곡; 오전(誤傳).

förvạr ~*et* *0* ① i fängsligt ~ 수감되어 ② 보관, 보호; ha ngt i sitt ~, …을 보관하고 있다.

förvạra ~*r* ~*de* ~*t tr*. 보관하다, 보호하다.

förvạring ~*en* ~*ar* ① (추상적) 보관, 보존, 저장; 예비 구속 ② (구체적)

휴대품 보관소.
förvarna ~r ~de ~t tr. 사전에 경고하다, 예고하다.
förvarning ~en ~ar 사전 경고, 예고; utan ~ 예고 없이.
förvẹckling ~en ~ar 혼란; 복잡.
förverka ~r ~de ~t tr. 상실하다, 몰수되다.
förverkliga ~r ~de ~t tr. 현실화하다, 실현하다, 이행하다.
förvildad a. 미개한, 야만의; 타락한.
förvilla ~r ~de ~t Ⅰ. tr. 오해하게 하다, 나쁜 일에 꾀다; 혼란시키다; ~nde 현혹시키는 Ⅱ. rfl. 길을 잃다.
förvillelse ~n ~r 오해, 착오; 탈선.
förvirra ~r ~de ~t tr. 혼란시키다, 혼동시키다, 당황하게 하다; tala ~t 횡성수설하다.
förvirring ~en 0 혼동, 혼란.
förvịsa ~r ~de ~t tr. ① 추방하다 ② …에게 돌리다.
förvịsning ~en ~ar 추방.
förvịssa ~r ~de ~t Ⅰ. tr. ~ ngn om att …을 …에게 확신시키다; jag är ~d om hans ärlighet 그의 정직함을 믿고 있다 Ⅱ. rfl. ~ sig om ngt …에 대해 확인하다, 확신하다.
förvịssning ~en 0 확신, 보증, 보장; i ~ om …을 확신하여.
förvịsso adv. 확실히, 의심 없이.
förvittra ~r ~de ~t/förvittra|s ~ -des -ts itr. 분해하다; 허물어지다, 부서지다.
förvittring ~en ~ar 풍화; 분해.
för|vrida -vrider -vred -vridit tr. 비틀다, 곱새기다; 찡그리다; ~ huvudet på ngn …를 우쭐대게 만들다, …의 머리를 돌게 하다.
förvräng|a -er -de -t tr. 비틀다, 왜곡하다; 거짓 설명을 하다; 곡해시키다.
förvrängning ~en ~ar 왜곡, 곡해.
förvụxen a. (풀이) 무성한; 너무 자란, 볼품없는.
förvålla ~r ~de ~t ☞ vålla.
förvållande ~t 0, genom eget ~ 자기가 잘못해서; 자기의 태만으로; 자신의 과실로.
förvåna ~r ~de ~t Ⅰ. tr. 놀라게 하다; det ~r mig att …하다니 놀랍다 Ⅱ. rfl. 놀라다.
förvånansvärd a. 놀랄 만한.
förvåning ~en 0 놀람; 놀라운 일; till min ~ 놀랍게도.

förväg (불변화명사); i ~ 미리, 앞당겨; gå händelserna i ~ 미리 … (처리)하다.
förvägen a. 경솔한.
förvägra ~r ~de ~t ☞ vägra.
förväll|a -er -de -t tr. 반죽하다, (채소 등을) 살짝 삶다, 뒤치다.
förvänd a. 가장한; 부정의, 그릇된, 변태의, 곡해된.
förvän|da -der -de -t tr. 겉모습을 바꾸어 속이다, (사실 등을) 꾸미다, 가장하다, 변장하다; ~ synen på ngn …를 속이다.
förvänta ~r ~de ~t tr. ~ [sig] 기대하다; 예상하다.
förväntan (불변화 en-명사) 기대, 예기; över ~ 기대 이상으로.
förväntning ~en ~ar 기대, 예기; motsvara ~arna 기대한 대로 되다.
förvärldsliga ~r ~de ~t tr. ~s, bli ~d 세속화되다.
för|värra ~r ~de ~t tr. 악화시키다,

심하게 하다.

förvärra|s ~ *–des –ts itr*. 악화하다, 심해지다, 나빠지다.

förvärv *~et* ~ 취득, 획득.

förvärva *~r ~de ~t tr*. 획득하다; surt ~de pengar 힘들여서 번 돈.

förvärvsarbetande *a*. 임금 노동의, 돈 벌기 위해 일하는.

förvärvsavdrag *~et* ~ 자녀공제(세제의 일종).

förvärvskäll|a *–an –or* 수입원.

förväxla *~r ~de ~t tr*. 혼돈하다; ~ en bil med en buss 승용차를 버스로 잘못보다.

förväxling *~en ~ar* 혼동.

föryngra [fœryŋra] *~r ~de ~t tr*. 도로 젊어지게 하다, 젊어보이게 하다.

föryngring *~en 0* 다시 젊어짐, 회춘, 원기회복.

föråldrad *a*. 시대에 뒤진, 구식의; 낡아 빠진; 못 쓰게 된; ~e ord 폐어, 고어(古語), 사어(死語).

förädla *~r ~de ~t tr*. ① 고상하게 하다; 품위 있게 하다 ② 정련하다 ③ (동·식물) 개량하다.

förädling *~en ~ar* ① 고상하게 만들기; 품위 있게 하기 ② 정련 ③ (동·식물) 개량.

föräld|er *–ern –rar* 어버이 중의 한 분(아버지 또는 어머니).

föräldrafri *a*. 부모의 감시가 없는; ha ~tt i helg 주말에 잠시 부모의 통제에서 벗어나다.

föräldrahem *~met* ~ 부모의 집.

föräldraledighet *~en 0* 육아휴가 (아이가 출생했을 때 부모가 받는 휴가). 가질 수 있는 휴가).

föräldralös *a*. 고아의.

föräldramöte *~t ~n* 학부형회의.

föräldrar (복수명사) 부모.

föräldrapenning *~en 0* 부모수당(육아휴가 기간 중 임금대신 받는 수당).

föräldraskap *~et 0* 부모[의 자격].

förälska *~r ~de ~t rfl*. bli ~d i …에게 반하다.

förälskad *a*. 사랑에 빠진.

förälskelse *~n ~r* 사랑, 연예.

föränderlig *a*. 변하기 쉬운; 변덕스러운.

förändra *~r ~de ~t tr*. 바꾸다, 변경하다; 변형시키다; det ~r saken 그것이라면 문제는 전혀 달라진다.

förändra|s ~ *–des –ts itr*. *dep*. 바뀌다, 변하다; tiderna ~ 세월은 변한다.

förändring *~en ~ar* 변화, 변경; 혁신; vidtaga ~ar 변경시키다.

förära *~r ~de ~t tr*. ~ någon något …에게 …을 증정하다.

för|äta *–äter –åt –ätit rfl*. 과식하다.

för|öda *–öder –ödde –ött tr*. 황폐시키다, 유린하다.

förödelse *~n ~r* 유린, 황폐; 파멸; anställa stor ~ 파괴하다.

förödmjuka *~r ~de ~t tr*. 욕보이다, 창피를 주다; 굴복시키다; ~ sig 창피를 당하다, 면목을 잃다.

förödmjukelse *~n ~r* 굴욕, 창피.

föröka *~r ~de ~t* Ⅰ. *tr*. ① ☞ **öka** ② 늘리다(~ sina rikedomar), 확대(확장)시키다(~ kunskaper) Ⅱ. *rfl*. 번식하다.

förökelse *~n ~r* 번식.

förökning *~en ~ar* ① ☞ **ökning** ② ☞ **förökelse**.

föröva *~r ~de ~t tr*. 저지르다, 행하

다, (죄를) 범하다.

förövar|e −[*e*]*n* ~ 범죄자, 가해자.

föröver *adv*. (배의) 이물 쪽으로.

förövning *~en ~ar* 예비 연습.

fös|a *−er −te −t tr*. (소 · 말 따위를) 몰다, 몰아내다; 밀다; ~ ut en tiggare 거지를 내쫓다.

G

g [geː] *g–[e]t g[–n]*, (복수정형) *g–na* ① 스웨덴어 알파벳의 7번째 글자 ② 【음악】 사음(音), 다장조의 제5음, 도레미 창법의 '솔'음; 사조(調).

gabardịn *~en/~et, 0* 능직(綾織), 방수복지, 개버딘[천].

gadd *~en ~ar* 【동물】 침(針), (벌, 곤충, 뱀 따위) 독아(毒牙).

gadda *~r ~de ~t rfl.* ~ sig samman, ~ ihop sig 결집하다, 뭉치다(mot).

gaelisk [gɛː–] *a.* 게일인의, 게일어의.

gaelisk|a [gɛː–] *–an 0* ① 게일어(스코틀랜드에서 쓰이는 켈트어의 한 가지) ② *–an –or* 게일인(여자).

gaff|el *–eln –lar* 식탁용 포크; 삼지창; 【항해】 개프, 사형(斜桁, 세로돛의 위단에 뻗은 둥근 재목).

gaffeltruck *~en ~ar* 포크 트럭, 지게차.

gaffla *~r ~de ~t tr.* 재잘거리다, 빨리 지껄이다.

gage [gɑːʃ] *~t ~[r]* (공연, 출연에 대한) 보수, 사례.

gaggig *a.* (고령으로 인해) 사고(思考)가 혼란된; vara ~ 망령이 들다.

gagn [gaŋn] *~et 0* 유용, 이익, 편의; till ~ för [vårt land] …(우리나라)를 위해서, …에 유익하도록; vara till ~ för …에 유익하다, …에 이롭다.

gagna [gaŋna] *~r ~de ~t tr. itr.* ~ [ngn] […에게] 쓸모가 있다, 이롭다 (vara till nytta för); vartill ~r det? 그것이 무슨 소용이 있겠는가?

gagnelig *a.* 유용한, 쓸모있는, 편리한.

gagnlös *a.* 쓸모없는, 무익한.

gal|a[1] Ⅰ. *–an –or* 경축, 축제 Ⅱ. *–an 0* 예복, 나들이 옷; i ~ 성장(盛裝)하고.

gal|a[2] *gal gol –t/–it itr.* (수탉, 뻐꾸기가) 울다.

galaföreställning *~en ~ar* 대공연.

galamiddag *~en ~ar* 축하연.

galạnt[1] *a.* (여인의 호감을 사려고) 공손한; ~a äventyr 정사(情事), 연애 사건.

galạnt[2] *adv.* 멋지게, 훌륭하게; det gick ~ 멋지게 진행되었다.

galanterị *~et ~er* (여인에게 지나친) 공손, 친절.

galạx *~en ~er* 【천문】 은하, 은하수, 은하계 우주.

galeạs *~en ~er* 쌍돛대의 연안 무역선.

galen *a.* ① 미친, 미친 듯한, 무모한 ② 잘못된, 그릇된 ③ (이성에) 열광한; en ~ hund 미친개; är du [alldeles] ~? 너 (완전히) 미쳤어?

galenpann|a *-an -or* 앞뒤를 헤아리지 않는 사람, 무모한 사람.

galenskap *~en ~er* 광기(狂氣), 정신착란, 미친 짓.

galg|e [-ljə] *-en -ar* ① (사형) 교수대 ② 옷걸이.

galgenfrist (불변화 en-명사) (고뇌, 일, 의무 따위의) 일시적 중단, 휴지, 소강상태, 연기, 유예.

galgfysionomị [galj-] *~n ~er* 험상궂은 용모, 범죄형 용모.

galgfåg|el *-eln -lar* 사기꾼, 교활한 놈.

galghumor *~n 0* 체념이나 절망에서 나오는 유머.

galilé *~n ~er* 갈리리(현재 이스라엘 지방) 사람.

galjonsbild/galjonsfigur *~en ~er* ① 명목상의 대표, 표면상의 우두머리 ② 【항해】 선수상(船首像).

gall|a *-an -or* 【생리】 담즙, 쓸개즙; 【해부】 담낭, 쓸개.

gallblås|a *-an -or* 【해부】 담낭, 쓸개.

gall|er[1] *-ret ~* (창 따위의) 격자, 쇠창살.

galler[2] (복수명사) 골(Gaul)사람 (프랑스, 북 이태리 지방에 살고 고대 켈트족의 일부).

gallerị *~et ~er* ① 회랑(回廊), (공공 건물의) 좁고 긴 방, 넓은 복도 ② 미술품 진열실 ③ (극장의) 맨 위층 좌석.

galleri|a *-an -or* 아케이드, 상가.

gallfeber *~n 0*, reta ~ på någon …를 격분시키다.

gallgång *~en ~ar* 담관(膽管).

gallicism *~en ~er* (다른 나라의 말에 쓰이는) 프랑스어의 표현(숙어).

gallimatịas *~en/~et, 0* 무의미한 말, 실없는 소리(struntprat).

gallisk *a.* (특히 정신에 있어서) 프랑스풍의.

gallra *~r ~de ~t tr. itr* 나뭇가지를 치다, 솎다, 드문드문하게 하다; ~ [i] sitt bibliotek 도서관에서 불필요한 책을 가려내다.

gallring *~en ~ar* 고르기, 솎아내기, 가려내기.

gallskrik *~et ~* 고함, 비명.

gallsprängd *a.* ① 비장(脾臟)의 ② 성미가 까다로운, 성미가 급한.

gallsten *~en ~ar* 담석(膽石).

gạllupundersökning *~en ~ar* 갤럽 여론 조사; företa en ~ 갤럽 여론 조사를 실시하다.

galläpple *~t ~n* (식물의 잎, 줄기 따위에 생기는) 벌레혹(균혹), 오배자(五倍子).

galning *~en ~ar* 미치광이, 정신이상자.

galon[1] [-ọ:n] *~et/~en, 0* 비닐을 입힌 천(가방, 아이들 겉옷 재료).

galọn[2] *~en ~er* (금, 또는 은으로 장식한) 끈, 납작한 끈, 끈목, 몰.

galonẹrad *a.* (금몰 따위로) 장식한, 리본으로 묶은.

galọpp *~en ~er* ① 갤럽(말 따위가 전속력으로 달리기), 속보; fattar du ~en? 무슨 일인지 알 만하니? ; i full ~ 전속력으로 ② 폴카 비슷한 한 쌍이 추는 활발한 춤.

G

galoppera *~r ~de ~t itr*. (말 따위가) 속보로 달리다, 질주하다, 전속력으로 달리다.

galosch [-ɔʃ] *~en ~er* 고무로 만든 덧신(오버슈즈).

galt *~en ~ar* ① (거세하지 않은) 수퇘지 ② 일종의 열린 화덕, 오븐.

galvanisera *~r ~de ~t tr*. …에 아연 도금을 하다.

galvanomet|er *-ern -rar* 약한 전류 측정기.

galär *~en ~er* 갤리선(옛날에 노예, 죄수에게 젓게 한 노가 있는 돛배).

galärslav *~en ~ar* 갤리선을 젓는 노예(죄수).

gam *~en ~ar* 독수리 종류, 콘돌(죽은 동물고기를 주식으로 하는 맹금).

G

Gambia 감비아.

gambier *~n ~* 감비아(Gambia)사람.

game [ge:m] *~t ~* 시합, 경기(테니스); vara gammal i ~t …에 노련하다, 숙련되어 있다.

gamling *~en ~ar* 노인(남녀); ~ar 노년층.

gammal (*äldre, äldst*) *a*. 나이 많은, 늙은; 옛날의, 고대의; ~ och van 숙달된, 노련한; gamla nummer 묵은 잡지; en fem år ~ pojke 다섯 살짜리 사내아이; en ~ skolkamrat till mig 나의 옛 동창생; den gamla goda tiden 그리운 옛날; hur ~ är du? 너 몇 살이냐?; sedan ~t 예로부터.

gammaldags ☞ **gammalmodig**.

gammaldans *~en ~er* 전통무용(폴카, 함보, 쇼티스 따위).

gammalmodig *a*. 시대(유행)에 뒤진, 구식(고풍)의; ~a åsikter 구시대적 사고.

gammaltestamentlig *a*. 구약[성경]의.

gammalstavning *~en ~ar* (스웨덴어의) 1906년 이전의 옛 철자법.

gamman (불변화 en-명사)【고어】 i fröjd och ~ 즐겁게, 유쾌하게.

gammastrålning *~en 0* 감마방사선, 감마선 방사.

gammel ☞ **gammal**.

gamäng *~en ~er* (불어) 부랑아.

ganglie *~n ~r*/**gangli|on** *-et -er* 【해부】 신경절(節), 신경구(球).

gangst|er *-ern -rar*【미,구어】 갱, 악당.

gangsterlig|a *-an -or* 갱단.

ganska *adv*. 꽤, 아주, 어지간히, 상당히; ~ gammal 꽤 나이가 든; ~ mycket(många) 상당히 많은.

gap *~et ~* 입, 아가리; 구멍, 틈새.

gapa *~r ~de ~t itr*. ① 입을 크게 벌리다, 입을 벌린 채로 있다 ② 말을 많이 하거나 큰 소리로 떠들다 ③ 열리어 있다, 텅 비어 있다.

gaphals *~en ~ar* 큰 목소리로 떠드는 사람, 시끄러운 사람.

gapskratt *~et ~* 너털웃음, 폭소.

garage [-ɑ:ʃ] *~t ~* (자동차) 차고.

garageinfart *~en ~er* 주차장 입구, 주차장 진입 통로.

garagera [-ʃe:] *~r ~de ~t tr*. 차고에 넣다.

garant [-ant/-aŋt] *~en ~er* 【법률】 담보인, 보증인.

garantera *~r ~de ~t tr. itr*. ~ [för] 보증하다, 보장하다.

garanti *~n ~er* 보증, 보증서(för); lämna(ställa) ~[er] för …에 대한 보증을 서다, …에 대해 담보를 내놓다.

garantibevis *~et ~* 보증서.
garantilån *~et ~* 국가 보증 대여금.
gard [gɑ:d] *~en ~er* (권투, 레슬링) 방어자세, (펜싱의) 시작자세.
garde [gɑ:də] *~t ~n* 근위대, 경호부대.
gardẹni|a *-an -or* 【식물】 치자나무.
gardera *~r ~de ~t tr.* 보호하다, 방어하다; ~ sig mot …로부터 자신을 보호하다.
garderob [-rọ:b] *~en ~er* ① 겉옷(외투)를 걸어두는 옷장 ② (집합적으로) 의류, (보유) 의상.
garderobsavgift *~en ~er* (호텔 · 극장 등의) 외투류(類)[휴대품] 보관비.
garderobié *~[e]n ~er*/**garderobiär** *~en ~er* 겉옷(외투) 보관소 지킴이.
gardịn *~en ~er* 커튼, 차양.
gardist *~en ~er* 위병, 근위병.
garn *~et, ~/~er* ① 털실, 피륙 짜는 실, 뜨개실 ② (복수로) 그물; fastna i ngns ~, …의 올가미에 걸리다.
garnera *~r ~de ~t tr.* ① (옷 가장자리를) 장식하다, 꾸미다; (케이크를) 장식하다 ② 선박의 안쪽에 판자를 대다.
garnering *~en ~ar* 장식, (요리의) 고명.
garnison [gɑ:nisọ:n] *~en ~er* 수비대, 주둔군.
garnityr *~et ~* 장식물, 장식, 부속물.
garv *~et ~* 【일상】 (소리내어) 웃음.
garva *~r ~de ~t tr.* ① (가죽을) 무두질하다, 햇볕에 태우다 ② 【일상】 (소리내어) 웃다.
garvar|e *-[e]n ~* 무두장이, 제혁업자.
garverị *~et ~er* 무두질 공장.
garvsyr|a *-an 0* 【화학】 타닌 산(酸).
gas[1] *~en 0* 성기고 얇은 천, 사(紗); 가제.
gas[2] *~en ~er* 가스, 기체; ge mer ~ (자동차의) 액셀러레이터(가속페달)를 밟다, 속도를 내다; minska ~en 속도를 줄이다.
gasa *~r ~de ~t* Ⅰ. *itr.* ~ på 가속페달을 밟다 Ⅱ. *tr.* 독가스로 죽이다.
gasbind|a *-an -or* 가제붕대.
gasẹll *~en ~er* 【동물】 가젤(아프리카 영양(羚羊)의 일종).
gasform *~en ~er*, i ~ 가스 상태로.
gask *~en, ~ar/~er* 학생축제 파티.
gaska *~r ~de ~t itr.* ~ upp sig 기운이 나다, 기운이 좋아지다.
gaskam|mare *-mar[e]n -rar/-mare* (제2차 대전 중 나치스가 만든) 가스 사형실.
gasklock|a *-an -or* 가스용기, 가스탱크.
gasledning *~en ~ar* 가스관.
gasmask *~en ~er* 방독면(防毒面).
gasol [-ọ:-] *~en 0* (연료용) LPG가스.
gasolkök *~et ~* 가스레인지(요리용 난로).
gaspedal *~en ~er* (자동차의) 액셀러레이터, 가속기.
gass *~et 0* 열, 열기, 더운 기운.
gassa *~r ~de ~t* Ⅰ. *itr.* 불에 굽다, 쬐다 Ⅱ. *rfl.* 구워지다, 타는 듯이 덥다; ~ sig i solen 햇볕을 쬐다.
gassig *a.* 찌는 듯이 더운, 타는 듯이 뜨거운.
gasspis *~en ~er* (요리용) 가스레인

지 (비교; elspis).

gast[1] *~en ~ar* 【항해】 선원, 승무원.

gast[2] *~en ~ar* 유령, 망령, 허깨비.

gasta *~r ~de ~t itr*. 크게 소리치다, 고함치다.

gastkramande *a*. 소름이 끼치는, 머리끝이 쭈뼛해지는.

gastronom [–ọ:m] *~en ~er* 미식가, 식도락가.

gastronomi̤ *~n 0* 미식법(美食法); 요리법, 식도락.

gat|a *–an –or* 거리, 도로; gammal som ~n 매우 오래된; på öppen ~ 대로상에서.

gatflick|a *–an –or* (하급의) 창녀 (hora).

gathus *~et ~* 도로변에 있는 집.

gathörn *~et ~* 네거리 모퉁이.

gatlopp *~et ~* 태형(두 줄로 늘어선 사람들 사이를 알몸으로 뛰게 하여 채찍, 몽둥이 따위로 때리는 형벌); löpa ~ 태형을 당하다; (비유적) 추문의 대상이 되다, 체모를 깎이다.

gatlykt|a *–an –or* 가로등.

gatläggning *~en ~ar* 도로포장.

gatpojk|e *–en –ar* 악동(惡童), 불량 소년.

gatsopar|e *–[e]n ~* 거리 청소부.

gatsten *~en ~ar* (네모난) 포장용 돌.

gatt *~et ~* 【항해】 ① 바다로 나가는 좁은 수로 ② (갑판의) 배수구.

gatuadress *~en ~er* 거리주소.

gatuarbete *~t ~n* 도로[거리] 보수작업.

gatubarn *~et ~* 거리의 부랑아.

gatubelysning *~en ~ar* 가로조명.

gatubeläggning *~en ~ar* 도로포장.

gatuförsäljar|e *–[e]n ~* 노점상인.

gatukorsning *~en ~ar* 네거리, 사거리, 십자로.

gatukök *~et ~* (소시지, 햄버거 따위를 파는) 노상 간이식사 판매대.

gatuplan *~et ~* 1층, 거리와 같은 높이의 층.

gatuvim|mel *–let 0* 거리의 번잡함.

gatuvåld *–et 0* 거리의 폭력.

gaucho [gaωçɔ] *~n, ~r/~er* 아르헨티나 카우보이.

gav ☞ **ge**.

gav|el Ⅰ. *–eln –lar* 【건축】 박공(膊栱), 박풍(膊風) Ⅱ. på vid ~ 활짝 [열고].

gavọtt *~en ~er* 가보트(프랑스의 활발한 4분의 4박자 춤).

ge/giva *ger/giver, gav, gett/givit* Ⅰ. *tr*. ① 주다, 증정하다, 바치다(ngn ngt), 제공하다, 건네주다, 제출하다; 인정하다, 허가하다, 산출하다, 가져오다; ~ arbete åt många 많은 사람에게 일자리를 마련하다; ~ ngn förlåtelse …를 용서하다; träden ~r skugga 나무는 그늘을 드리운다; hur mycket ~r du i hyra? 방세는 얼마나 내느냐?; boken gav mig inte mycket 그 책에서 얻은 게 별로 많지 않다; jag ska ~ dig! 너를 혼내 주겠다!; Gud give att …! 신이여 …하게 해주시옵소서! ② (연극, 연회를)공연하다, 개최하다 ③ 【카드놀이】 도르다; du ~r! 네가 도를 차례다; ~ fel 패를 잘못 도르다 Ⅱ. *rfl*. 항복하다, 굴복하다, 양보하다, 힘이 빠지다; ~ sig åt ngn …에게 몸을 허락하다; det ~r sig nog med tiden 세월이

가면 해결될 것이다 Ⅲ. (강세접사와 함께) ~ efter 굴복하다, 양보하다 (för); ~ efter för ngns krav 아무개의 요구에 응하다; ~ sig av 출발하다, 떠나다; ~ sig på 착수하다, 시작하다; ~ sig på ngn …에게 덤벼들다; sig på affärer 사업에 착수하다; ~ tillbaka 돌려주다; ~ upp 포기하다, 기권하다; jag ~r upp! 내가 졌다!; ~ ut 돈을 쓰다; 출판하다; ~ sig ut 나가다; ~ sig ut och fiska 낚시질하러 가다.

gebit [ge-/je-] *~et ~* (전문)분야, 영역.

gedig|en [jedi:gən] *a.* ① 【금속】 순수한, 섞이지 않은(ren) ② 견고한, 확실한, 건실한; -na kunskaper 확실한 지식.

geggamoj|a [gɛ-] *-an 0* 【일상】 진흙투성이, 진창, 진흙.

geggig [gɛgig] *a.* 【일상】 들러붙는, 끈끈한, 진창의.

gehäng [je-] *~et ~* 검대(劍帶).

gehör [je-] *~et 0* ① 청력, 음감(音感); ha absolut ~ 절대음감을 갖다 ② (사상, 생각에 대한) 지지; han vann ~ för sina synpunkter 그의 견해는 지지를 받았다.

geigermätar|e [gajg-/gejg-] *-[e]n ~* 가이거 계수관(計數管, 방사능 측정기).

geish|a [gejʃa] *-an -or* 일본기생

gejs|er [g-] *-ern -rar* (아이슬란드의) 온천.

gelatin [ʃe-] *~et/~en, 0* 젤라틴, 정제한 아교.

gelé [ʃe-] *~et/~n, ~er* 젤리, 한천, 우무.

gelea *~r ~de ~t rfl.* 젤리 모양이 되다.

gelik|e [je-] *-en -ar* 동등자, 동배(同輩).

gem[1] [jem/gem] *~men ~mer* 보석, 주옥.

gem[2] [gem] *~et ~* 종이 물리개.

gemak *~et ~* (궁중 따위의) 알현실, 대접견실.

gemen *a.* ① 야비한, 천한, 상스러운, 낮은; en ~ lögn 야비한 거짓말; ett ~t uppförande 천한 행동 ② ~e man 보통 사람; i ~ 일반적으로 ③ ~a [bokstäver] 인쇄체 소문자.

gemenhet *~en ~er* 야비함, 천함, 상스러움

gemenligen *adv.* 일반적으로, 보통.

gemensam *a.* 공통의(för), 상호의; vi hade ~ kassa under resan 우리는 여행비용을 공동출자하였다; ha ~t sovrum 한 침실에서 자다.

gemensamhet *~en 0* 공동체, 공동사회; (사상, 이해 따위의) 일치, 공통.

gemensamhetsbad *~et ~* 남녀 혼탕.

gemensamt *adv.* 공동으로; äga ngt ~, …을 공동으로 소유하다.

gemenskap *~en 0* ① 공동체 정신, 연대성, 【종교】 친교 ② 공동체, 지역 공동사회.

gems/gäms [g-/j-] *~en ~er* 【동물】 샤무아(남유럽, 서남아시아산 영양류).

gemyt [g-/j-] *~et 0* 온화, 쾌적; 친절, 싹싹함.

gemytlig *a.* 다정한, 친절한, 상냥한.

gemål [jemo:l] *~en ~er* (왕족의) 배

G

우자.

gen[1] *a*. 짧은, 가까운, 곧바른; ta genaste vägen 가장 가까운 길을 택하다.

gen[2] *~en ~er* 【생물】 유전자, 인자(因子).

gena *~r ~de ~t itr*. 지름길을 택하다.

genant [ʃenạnt/-ạŋt] *a*. 당혹케 하는, 난처한(för).

genast *adv*. 즉시, 곧; nu ~ 즉시, 당장; jag kommer ~ om ett ögonblick 잠시 후 곧 간다.

gendarm [ʃaŋdạrm] *~en ~er* 헌병, 무장 경찰.

gen|driva *-driver -drev -drivit tr*. 반박하다, 논박하다.

genealog [jenealọ:g] *~en ~er* 계보학자, 계도가(系圖家).

genealogi [-logị:] *~n ~er* ① 계보학, 통계학 ② 가계, 혈통, 계통.

genẹra [ʃe-] *~r ~de ~t* Ⅰ. *tr*. 난처하게 하다, 괴롭히다; ~r det [Er], om jag röker? 담배를 좀 피워도 될까요? Ⅱ. *rfl*. 주저하다, 망설이다; ~ dig inte [för mig]! [나에게] 신경 쓸 것 없어!

generad *a*. 당황한(över), 난처한; göra ngn ~ …를 당황하게 하다; vara ~ för (inför) ngn …의 면전에서 당황해하다.

generạl *~en ~er* 【군사】 육군대장, 공군대장(해군대장은 amiral).

generalagent *~en ~er* 총 대리점.

generaldirektör *~en ~er* (중앙 행정 관청(ämbetsverk)의) 장, 청장.

generalförsamling *~en 0* (국제연합의)총회.

generalguvernör *~en ~er* (식민지 따위의) 총독.

generalisera [ʃe-] *~r ~de ~t tr*. 일반화하다, 총괄하다.

generalịssimus [je-] (불변화 en-명사) 총통, 최고 권력자.

generalkonsul *~n ~er* 총영사.

generallöjtnant *~en ~er* 【군사】 중장.

generalmajor *~en ~er* 【군사】 소장.

generalorder *~n ~* 【군사】 일반명령.

generalrepetition *~en ~er* (첫 공연을 앞둔) 마지막 총 연습, 리허설.

generalsekreterar|e *-[e]n ~* 사무총장.

generalstab *~en ~er* 【군사】 (일반)참모.

generalstrejk *~en ~er* (각계 봉급자가 참여하는) 총파업.

generation [je-] *~en ~er* 세대, 대(代).

generationsklyft|a *-an -or* 세대 간 격차(특히 견해 차이에 있어서).

generationsmotsättning *~en ~ar* 세대 간의 이견(불일치).

generationskifte *~t ~n* 세대교체.

generatịv [je-] *a*. 생성의; ~ grammatik 생성문법.

generạtor [je-] *~n ~er* 발전기; (가스, 증기의) 발생기.

generẹll [ʃe-] *a*. 일반의, 보통의; 총체적.

generellt *adv*. 일반적으로; ~ sett 일반적으로 보아, 대체로 말하면.

generera *~r ~de ~t tr*. 발생시키다, 생성시키다, 만들다.

genẹrisk [je–] *a*. 생물 속(屬)의.
generositẹt [ʃe–] *~en 0* 관대, 아량; 협협함.
generös [ʃe–] *a*. 협협한, 관대한, 아량 있는.
genetịk *~en 0* 유전학(遺傳學).
genẹtiker *~n ~* 유전학자.
genẹtisk *a*. 발생(기원)의, 발생(유전)학적인.
genever [ʃenɛ̣–] *~n 0* (네덜란드산의) 진, 술.
gengas [je:n–] *~en 0* 발생로 가스(연료).
gengångar|e *–[e]n ~* 귀신, 유령.
gengåv|a *–an –or* 선물에 대한 답례 선물.
gengäld [jenjɛld] (불변화 en–명사), i(till) ~ 답례로, 대답으로; 그 대신에.
gengälda *~r ~de ~t tr*. 보답하다, 갚다.
geni [ʃenị:] *~et ~er* 천재, 비상한 재주.
genial[isk] [ʃeniạ:l–] *a*. 총명한, 재능이 있는, 영리한.
genialitẹt *~en ~er* 천재, 비상한 재주.
genie [jẹ–] *~n ~r* 수호신, 보호신.
geniknöl *~en ~ar*, gnugga *~arna* 머리를 짜내다.
genitiv *~en ~er* 【문법】 소유격.
genius [je–] (불변화 en–명사) ☞ genie.
genklang *~en 0* 메아리, 반향, 공명; vinna(väcka) ~ 동조(지지)를 얻다.
genljud *~et 0* 메아리, 반향, 여운.
gen|ljuda *–ljuder –ljöd –ljudit itr*. 울려 퍼지다, 반향하다, 울리다.
genmanipulation *~en ~er* 유전자 조작.
genmäl|a *–er, –de/–te, –t tr*. (문어체) 답변하다, 응수하다, 반박하다.
genmäle *~t ~n* 대답, 응답, 응전.
genom[1] *adv*. 통과하여, 지나서.
genom[2] *prep*. ① (시간, 공간) …을 통과하여, 경유하여, 지나서; han gick ~ parken 그는 공원을 지나 걸어갔다; resa hem ~ Tyskland 독일을 경유하여 귀국하다; ~ åren har deras vänskap vuxit sig allt starkare 해가 거듭되면서 그들의 우정은 더욱 두터워졌다; titta in(ut) ~ fönstret 창을 통해 들여다(내다) 보다; kasta ut ngt ~ fönstret 창밖으로 …을 내던지다 ② (매개, 수단) …에 의하여, …을 통하여; sälja varor ~ en agent 대리점을 통하여 물건을 팔다; nyheten nådde dem ~ pressen 신문을 통해 뉴스가 그들에게 전해졌다 ③ …수단으로, …때문에, …덕택에; komma till makten ~ en kupp 쿠데타로 정권을 잡다; omkomma ~ olyckshändelse (drunkning) 사고(익사)로 죽다; ~ hans hjälp kunde jag 그의 도움으로 나는…할 수 있었다 ④ 【수학】 tre ~ fyra, 3을 4로 나누면; 6 ~ 3 är 2, 6 나누기 3은 2이다.
genomarbeta *~r ~de ~t tr*. 샅샅이 검토하다, 철저히 작업하다.
genomblöt *a*. 흠뻑 젖은.
genomborra *~r ~de ~t tr*. 관통시키다, 꿰뚫다.
genombrott *~et ~* 【군사】 돌파, 돌파구; 대두, 출현; demokratins ~ 민주주의의 출현; få sitt ~ som författare 작가로서 유명해지다.

G

genombruten *a*. genombrutna strumpor 망사(網紗)로 짠 스타킹(긴 양말).

genom|driva *-driver -drev -drivit tr*. (의지, 계획을) 관철하다(driva igenom), 밀고 나가다.

genomfart *~en ~er* 통행, 통과; ~ förbjuden! 통행금지(게시판).

genom|föra *-för -förde -fört tr*. 수행하다, 실행하다, 성취하다.

genomförande *~t 0* 성취, 실천, 완성.

genomförbar *a*. 실행할 수 있는, 가능한.

genomgripande *a*. 포괄적인, 철저한.

genom|gå *~r -gick -gått itr*. 통과하다, 지나다, 건너가다; 검토하다, 조사하다; (어려움을) 당하다; 복습하다.

G

genomgående[1] *a*. 이쪽에서 저쪽으로 통하는; 어느 것에나 있는; ett ~ drag 공통특질; ett ~ fel 일반적 과오, 일관된 실수.

genomgående[2] *adv*. 시종일관, 철두철미, 예외 없이, 일관되게.

genomgång *~en ~ar* ① (철저한) 검토, 검사; vid ~en av läxan 숙제를 검사하는 도중에 ② 통과, 경과 ③ 소개 및 준비절차; ~ av dagens arbetsuppgifter 금일의 일과에 대한 소개 및 준비절차.

genom|lida *-lider -led -lidit tr*. 견디다, (고난 따위를) 경험하다, 참다.

genomlys|a *-er -te -t tr*. ① …의 뢴트겐 사진을 찍다, X선으로 검사하다 투시하다 ② (비유적) (문제 따위를) 세밀히 분석하다.

genom|läsa *-läser -läste -läst tr*. 정독하다.

genompyrd *a*. (사상 따위가) 주입된, 스며든, 물든(av, med).

genomres|a *-an -or* 여행 중 통과, 통과여행지.

genomresevis|um *-umet, -a/~* 통과사증.

genomskinlig *a*. 투명한, 명백한.

genomskåda *~r ~de ~t tr*. 꿰뚫어 보다, 간파하다, 알아채다, 통찰하다.

genomskärning *~en 0* 횡단면, 단면.

genomslag *~et ~* ① (복사지에 의한) 복사본, 사본 ② (강력한) 영향.

genomslagskraft *~en 0* 강한 영향력.

genomsnitt *~et ~* 평균; i ~ 평균하여; under(över) ~ 평균 이하(이상).

genomsnittlig *a*. 평균의, 보통의.

genomsyra *~r ~de ~t tr*. 스며들다, 침투하다, 퍼지다; ~s av …으로 침투되다, …에 물들다.

genomtryckt *a*. (천의 무늬가) 안팎으로 선명하게 찍힌.

genomträngande *a*. (소리, 시선, 이해 따위가) 날카로운, 예리한, 통찰력 있는.

genomtänkt *a*. 용의주도한, 심사숙고한.

genomvåt *a*. 흠뻑 젖은.

genre [ʃaŋər] *~n ~r* (불어) (예술, 문학의) 유형, 양식(stilart), (문학) 장르.

genrebild *~en ~er* 풍속화.

genrep *~et ~* ☞ **generalrepetition**.

gensag|a *-an -or* 항의, 이의.

gen|skjuta *-skjuter -sköt -skjutit tr*. 가로채다, 지름길로 먼저가다.

gensträvig *a*. 말을 안 듣는, 다루기 어려운.

genstörtig ☞ **gensträvig**.

gensvar *~et 0* 반응, 지지.
gensägelse *~n ~r* 부인, 반박; utan ~ 논의(반박)의 여지가 없이.
gentemot *prep.* ① …에 대하여 ② …와 비교하여.
gentil [ʃaŋ–] *a.* 관대한, 우아한.
gentjänst *~en ~er* 보답; göra ngn en ~, …에게 보답하다.
gentle|man [jentle–] *–mannen –män* 신사.
gentlemannamässig *a.* 신사적인, 신사다운.
genu|a [je–] *–an –or* 【항해】 이물의 세로 돛, 앞 돛.
genuin [je–] *a.* 진짜의, 진실의.
genus *~et ~* ① 【문법】 성(性) ② 【생물】 속(屬); 【논리】 유(類), 유개념.
genväg *~en ~ar* 지름길; ta en ~ 지름길을 택하다.
geo– 【접두사】 지구를 뜻함.
geofysik *~en 0* 지구 물리학.
geograf *~en ~er* 지리학자.
geografi *~n 0* 지리, 지리학.
geografisk *a.* 지리학의, 지리의.
geolog [–lo:g] *~en ~er* 지질학자.
geologi [–ɔgi:] *~n 0* 지질학.
geologisk *a.* 지질학[상]의, 지질의.
geometri *~n 0* 기하학.
geometrisk *a.* 기하학[상]의, 기하학적 도형의.
Georgien 그루지야.
georgier *~n ~* 그루지야 사람.
gepard *~en ~er* 【동물】 치타.
gepäck [g–/j–] *~et 0* 수하물, (여행용) 일용품, 트렁크.
geriatri [ge–] *~n 0* 노인병학[과].
geriatrik [ge–] *~en 0* ☞ **geriatri**.
gerill|a [ge–] *–an –or* 게릴라, 비정규군.
german *~en ~er* 게르만족 (서력기원원년 경 남부 스칸디나비아 반도와 북부 독일에 살았던 인도유럽 인종).
germanism *~en ~er* (단어 및 표현에 있어서 다른 언어에 영향을 미친) 독일어법.
germansk *a.* 게르만족의, 게르만 어.
geschäft [ge–] *~et ~* 사업, 장사.
gesims [j–/g–] *~en ~er* 【건축】 배내기 (벽 윗부분에 장식으로 두른 돌출부).
gest [ʃest] *~en ~er* 몸짓, 손짓, 얼굴표정, 동작, 제스처.
gestalt [j–] *~en ~er* 인물, 거물, 형체, 모양, (소설의) 인물; en av historiens största ~er 역사상 위인 중의 한 사람; i en tiggares ~ 거지 모양새로.
gestalta *~r ~de ~t* Ⅰ. *tr.* 모양 짓다, 형체를 이루다, (사상, 문학상의 인물 따위를) 형상화 시키다 Ⅱ. *rfl.* 형체가 이루어지다, 만들어지다.
gestaltpsykologi *~n 0* 게슈탈트 심리학, 형태심리학(지각의 대상을 형성하는 통일적 구조로서 형태를 강조하는 심리학).
gestikulera [ʃe–] *~r ~de ~t itr.* 손짓으로 이야기하다, 몸짓으로 표시하다.
gesäll *~en ~er* (수습기간을 마친) 직공.
gesällprov *~et ~* 직공 자격시험.
get *~en ~ter* 염소.
getabock *~en ~ar* 숫염소.
geting *~en ~ar* 【곤충】 장수말벌, 나나니벌.

getingbo *~et ~n* 장수말벌 집; (비유적) 각축장.
getingmidj|a *–an –or* 아주 가는 허리, 개미허리.
getingstick *~et ~* 말벌에 쏘임.
getost *~en ~ar* 염소우유로 만든 치즈.
getto/ghetto [g–] *~t ~n* 유대인 거리(지구); 빈민지구, 슬럼가.
getög|a *–at –on*, kasta ett ~ på ngt …을 힐끗 흘겨보다.
gevär *~et ~* 소총, 엽총; i ~! 전투준비!; för fot ~! 세워 총!
Ghana 가나.
ghetto ☞ getto.
gick [jik] ☞ gå.
giff|el *–eln –lar* 반달모양의 빵.
gift[1] [jift] *a*. 결혼한(med).
gift[2] *~et ~er* 독, 독약; ge ngn ~, …를 독살하다.
gif|ta *–ter –te –t* Ⅰ. *tr*. ~ bort 시집(장가) 보내다, 결혼시키다; ~ bort sin dotter 딸을 출가시키다 Ⅱ. *rfl*. 결혼하다(med ngn); ~ sig rikt 돈과 결혼하다, 재산 보고 결혼하다; ~ om sig 재혼하다.
giftaslysten *a*. 결혼하고 싶어 하는.
giftastankar, gå i ~ 결혼할 생각을 하다.
giftasvuxen *a*. 결혼 적령기의.
gifte *~t ~n* 결혼, 혼인; hans barn i första ~t 첫 번째 결혼에서 낳은 그의 자녀.
giftermål *~et ~* 결혼[식].
giftfri *a*. 독이 없는.
giftig *a*. ① 독이 있는, 독액을 분비하는 ② (비유적) 악의에 찬.
giftighet *~en ~er* 독기(毒氣), 악의; 독설(毒舌).
giftmord *~et ~* 독살(毒殺).
giftorm *~en ~ar* 독사.
giftorätt *~en 0* 배우자 재산에 대한 반분권(半分權).
gigant [g–/j–] *~en ~er* 거인.
gigantisk *a*. 거대한.
gigolo [jigɔlɔ] *~n ~r* [남성] 직업댄서; 기둥서방.
gikt *~en 0* 【의학】 통풍(팔, 다리 따위에 염증을 일으켜 아픔).
gilja *~r ~de ~t tr*. 【고어】 …에게 구혼하다.
giljotin [g–] *~en ~er* 단두대.
gill *a*. 유효한, 적절한, 틀림없는; tredje gången ~t! 세 번째는 성공!; gå sin gilla gång 정상적으로 진행되다.
gilla *~r ~de ~t tr*. 좋아하다; 인정하다, 승인하다(godkänna).
gille *~t ~n* ① 연회, 향연, 잔치 ② (상호부조, 자선을 위한) 조합, 협회.
gill|er *–ret ~* 함정, 덫, 올가미.
gille[s]stug|a *–an –or* 오락실(주로 지하실).
gillra *~r ~de ~t tr*. 덫을 놓다; (비유적) ~ en fälla för ngn …를 잡기위해 덫을 놓다.
giltig *a*. (법률상) 유효한; biljetten är ~ [i] en månad 승차권(표)은 일개월간 유효하다; 받아들일 수 있는, 적절한; testet är inte ~t i det här fallet 그 시험은 이 경우에는 받아들일 수 없다.
giltighetstid *~en ~er* 유효기간.
gin[1] *a*. 짧은, 가까운, 곧 바른.
gin[2] *~en/~et 0* 진(술).
gina *~r ~de ~t tr*. 지름길을 택하다.
ginst [j–/g–] *~en ~er* 【식물】 금작화.

gips [j–] ~en/~et, ~er ①【광물】 석고 ② 회반죽.

gipsa ~r ~de ~t tr. ① (천정, 벽 따위에) 회반죽을 바르다 ② 석고붕대로 감다.

gipsförband ~et ~ 석고붕대.

gir [j–] ~en ~ar【항해, 항공】한쪽으로 흔들림, 침로에서 벗어남.

gira ~r ~de ~t tr. 한쪽으로 흔들리다, 침로에서 벗어나다.

giraff [ʃ–] ~en ~er 기린.

girera ~r ~de ~t tr. (돈을) 한 계정에서 다른 계정으로 옮기다.

girering ~en ~ar【경제】대체계정(對替計定).

girig a. 탐욕스런, 욕심 많은, 인색한.

girigbuk ~en ~ar 욕심 장이, 구두쇠, 수전노.

girighet ~en 0 탐욕, 욕심, 인색.

girland/girlang [jirlaŋ/gir–] ~en ~er 화관, 꽃 줄.

giro [j–] ~t 0 ☞ **bankgiro/postgiro** (은행, 우편 대체(對替)제도).

gissa [ji–] ~r ~de ~t tr. itr. Ⅰ. 추측하다, 짐작으로 말하다; ~ rätt 똑바로 알아맞히다; rätt ~t av dig! 네가 잘 알아맞히었다!; du får ~ tre gånger 네가 세 번까지 알아맞히어 보아라 Ⅱ. rfl. ~ sig fram 추정하다, 추측으로 알아채다; ~ sig fram till vad som hänt 무슨 일이 있었는지 알아채다.

giss|el –let ~ ①【고어】채찍, 매 ② (비유적) 고통, 응징, 저주.

gissla ~r ~de ~t tr. 채찍(매)으로 때리다.

gisslan ~ ~ 인질, 볼모.

gissning ~en ~ar 추측, 짐작; det är rena ~ar 그것은 순전한 억측이다.

gisten a. 틈이 생긴, 새기 쉬운.

gistna ~r ~de ~t itr. 틈이 생기다, (물 따위가) 새게 되다.

gitarr [j–] ~en ~er 기타.

gitarrist ~en ~er 기타 연주자.

gitt|a –er, –e/–ade, –at itr. …할 수 있다; jag –er inte höra på längre 나는 더 이상 듣기가 곤란하다; han får bråka bäst han –er 그가 실컷 싸우게 놔둬라.

giv ~en 0 (카드놀이에서) 패 도르기; det är du som har ~en 네가 도를 차례다.

giv|a[1] –an –or 가축사료; 비료, 퇴비.

giva[2] [ji:] ☞ **ge**.

givakt (불변화 en–명사), stå i [stram] ~【군사】차려 자세를 취하고 있다.

givande a. 유익한, 이로운, 수지가 맞는; ~ diskussioner 유익한 토론.

givar|e –[e]n ~ 기부자, 기증자.

givas/ges giv[e]s/ges, gavs, givits itr. dep. (고어, 문어체), det ges …이 있다 (finns); det ges ingen återvändo 되돌아 설수는 없다.

given a. 주어진; 명백한, 분명한; under givna förhållanden 주어진 여건하에서; en ~ sak 당연한 일; det är givet att han gör det! 그는 물론 그렇게 할 것이다; ta för givet att …, …을 당연하다고 생각하다.

givetvis adv. 물론, 당연히.

givmild a. 아량 있는, 인색하지 않은, 아끼지 않는.

givmildhet ~en 0 아량, 풍부, 헙헙함, 인색하지 않음.

gjord[1] [jɔ:–] a. göra의 과거분사.

G

gjord[2] *~en ~ar* (짐이나 안장을 묶는) 끈, 띠.

gjut|a *–er göt –it tr.* ① 붓다, 쏟다, 뿌리다, 흘리다; ~ tårar 눈물을 흘리다 ② 【금속, 유리】 (주형에) 뜨다, 주조하다, …의 꼴로 만들다; hans rock sitter som –en 그의 윗저고리가 꼭 맞는다.

gjutar|e *–[e]n ~* 주물공장 직공.

gjuteri *~et ~er* 주물(주조) 공장.

gjutgods *~et 0* 주물.

gjutjärn *~et 0* 주철, 무쇠.

glacéhandsk|e *–en –ar* 윤이 나는 가죽으로 만든 장갑.

glacial *a.* 빙하의.

glaciologi [–gi:] *~n 0* 빙하학.

glaciär *~en ~er* 빙하.

glad *glatt a.* 기쁜, 즐거운(över, över att– 절); hon var ~ över att hon fick jobbet 그녀는 그 일자리를 얻게 되어 기뻤다; ~ påsk! 부활절을 축하합니다!; ~a nyheter 희소식; jag känner mig lite ~are i dag 오늘은 기분이 약간 더 좋다; jag är ~, att du kom 네가 와서 기쁘다.

glad|a *–an –or* (독수리, 매, 솔개 따위) 맹금(猛禽).

glad[e]ligen *adv.* 기꺼이, 즐거이.

gladiator *~n ~er* (옛 로마의) 검사(劍士), 투사.

gladiatorsspel *~et ~* 검사(劍士)들 사이의 결전.

gladlynt *a.* 기분 좋은, 즐거운.

glam *~met 0* 담소(談笑).

glamma *~r ~de ~t itr.* 담소하다.

glamorös *a.* 매력에 찬, 매혹적인.

glans *~en 0* ① 광택, 윤택 ② 광휘, 명도(明度) ③ 화려함, 뛰어남; i all sin ~ 모든 영광 속에; klara ett prov med ~ 시험을 훌륭히 치르다.

glansdagar (복수명사) 전성시대.

glansfull *a.* 찬란하게 빛나는, 화려한.

glansig *a.* 광택 있는, 번들번들한.

glans[k]is *~en 0* 투명한(유리 같은) 얼음; det var ~ på sjön 호수가 투명한 얼음으로 깔려있다.

glansnum|mer *–ret ~* 전시 용 우수 견본, 특별 품, 자랑거리.

glanspapper *~et ~,* (복수정형) *~en/~na* 유광지. 한 면에 번들번들하게 색깔을 입힌 종이(성탄트리 장식용).

glansperiod *~en ~er* ☞ **glansdagar**.

glansroll *~en ~er* 가장 훌륭한 배역 (자신의 연기력을 최고로 발휘하는).

glapp[1] *a.* 느슨한, 고정돼 있지 않은, 헐렁한.

glapp[2] *~et ~* (불필요한) 공간, 단절; ett ~ i informationskedjan 정보체계 내의 단절.

glappa *~r ~de ~t itr.* 헐겁다, 꼭 맞지 않다.

glas *~et ~* ① 유리, 유리잔; tom~ 빈잔; ett ~ vin 포도주 한 잔; dricka ett ~ med ngn …와 한 잔하다; han tar sig ett ~ då och då 그는 가끔씩 한 잔 한다 ② 【항해】 (배 안에서 반 시간마다 치는) 시종(時鐘); slå ~ (배 안의) 시종(時鐘)을 치다.

glasartad *a.* 유리모양의; 투명한, 생기 없는, 흐리멍텅한; en ~ blick 흐리멍텅한 시선.

glasberg *~et 0,* hamna(sitta) på ~et (여자가) 결혼을 하지 못하게 되다.

glasblåsar|e *–[e]n ~* 유리 부는 직공.

glasbruk *~et ~* 유리공장.

glasera *~r ~de ~t tr.* ① (창 따위에) 판유리를 끼우다, (건물에) 유리창을 달다 ② (과자 따위에) 당의(糖衣)를 입히다.

glashus *~et ~*, man skall inte kasta sten, nän man sitter i ~ 자기 자신도 잘못하면서 남을 탓하지 말라.

glasklar *a.* 유리처럼 맑은.

glasmålning *~en ~ar* 착색유리 그림 (교회유리창).

glasmästar|e *–[e]n ~* 유리직공, 유리가게 주인.

glasrut|a *–an –or* (집, 자동차의) 한 장의 창유리.

glass *~en, ~er/~ar* 아이스크림 (glasspinnar).

glassbägar|e *–[e]n ~* 종이나 플라스틱으로 된 아이스크림 컵.

glasspinn|e *–en –ar* 아이스케이크.

glasstrut *~en ~ar* 아이스크림 콘(원추형).

glasstånd *~et ~* 아이스크림 매점.

glasull *~en 0* 유리솜(실) (단열제).

glasvaror (복수명사) 유리제품.

glasverand|a *–an –or* 벽을 유리로 덮은 베란다.

glasyr *~en ~er* ① 도자기, 질그릇의 겉에 반들반들하게 입힌 것 ② 케이크에 희게 설탕을 입힌 것.

glasögon (복수명사) 안경.

glasögonbåg|e *~n –ar* (복수명사) 안경테.

glasögonorm *~en ~ar* 독사, 코브라.

glatt[1] *a.* 매끄러운, (식물이) 털이 없는; springa för ~a livet 전력을 다해서 뛰다

glatt[2] *adv.* ① 기쁘게, 즐거이, 명랑하게; bli ~ överraskad 깜짝 놀랐지만 반가워하다; det gick ~ till 즐거운 시간을 보냈다; han accepterade ~ (med glädje) 그는 기꺼이 받아들였다 ② 매끄럽게, 반드럽게.

gles *a.* 얇은, 드문드문한, 조밀하지 않은 (반의어; tätt); ~a tänder 사이가 벌어진 이(齒).

glesa *~r ~de ~t tr.* ~ [ut] 엷게(희박하게) 하다.

glesbygd *~en ~er* 인구밀도가 희박한 지역.

glesna *~r ~de ~t itr.* 엷어지다, 희박해가다.

gli *~[e]t ~n* ① (복수로) 작은 물고기 떼 ② (경멸적) 애새끼.

glid *~et ~* ① 미끄럼틀, 활주대 ② det är bra ~ 스키가 잘 나간다 ③ (비유적) ungdom på ~ 빗나가는 청소년.

glid|a *–er gled –it itr.* 미끄러지다, 활주하다, 【항공】 활공하다; tillfället gled mig ur händerna 기회가 내게서 사라졌다; ~ ifrån varandra 뿔뿔히 흩어지다, 소원해지다; samtalet gled in på …대화는 …으로 접어들었다(흘러들었다); han gled lätt över problemen 그는 문제를 쉽게 넘어갔다.

glidflygplan *~et ~* 【항공】 글라이더, 활공기.

glimma *~r ~de ~t itr.* 희미하게 빛나다, 명멸하다; 번쩍번쩍하다; det är ej guld allt som ~r 번쩍이는 것이 모두 금은 아니다.

glim|mer Ⅰ. *–ret 0* 번쩍임, 미광 Ⅱ. *–men 0* 【광물】 운모, 돌비늘.

glimra ☞ **glimma**.

G

glimt *~en ~ar* ① 미광, 섬광, (비유적) 흘끗 보임, 일견; han har en ironisk(humorisk) ~ i ögat 그는 빈정대는(유머러스한) 눈빛을 담고 있다.

glimta *~r ~de ~t itr*. 번쩍이다, 빛나다; (생각, 희망 따위가) 번뜩이다, 어렴풋이 생각나다.

gliring *~en ~ar* 비웃음, 우롱; ge ngn en ~ för ngt …에 대하여 …를 비웃다.

glitt|er *-ret 0* 반짝임, 빛남, 광채.

glittra *~r ~de ~t itr*. 번쩍번쩍하다, 빛나다.

glittrande *adv*. vara ~ glad 기분이 매우 좋다.

glo *~r ~dde ~tt itr*. 빤히 보다, 노려보다.

glob *~en ~er* 구(球), 공; 지구본.

global *a*. 공 모양의, 지구의, 전 세계의.

glop *~en ~ar* 건방진 놈.

glori|a [-ɑ:-] *-an -or* (해, 달의) 무리; (성인(聖人)의 머리 위쪽에 비치는) 후광.

glorifiera *~r ~de ~t tr*. (신 따위를) 찬미하다, 찬송하다; 영광을 돌리다.

glos|a *-an -or* 단어.

gloslist|a *-an -or* 단어장, 단어목록.

glossari|um *-et -er* (고어, 희귀 어) 사전.

glosögd *a*. 퉁방울눈의.

glufsa *~r ~de ~t itr*. ~ i sig (음식을) 게걸스레 먹다, 꿀꺽 삼키다.

glugg *~en ~ar* 구멍, 틈.

glukos *~en 0* ☞ glykos.

glunka|s *~ -des -ts itr. dep*. det ~ 소문이 나돌고 있다(om).

glupande *a*. ~ aptit 엄청난 식욕.

glupsk *a*. 게걸스러운.

glutta *~r ~de ~t itr*. 흘깃 보다, 엿보다.

glycerin *~et/~en, 0* 【화학】 글리세린.

glykos *~en 0* 【화학】 글루코스, 포도당.

glåmig [glo:mig] *a*. (얼굴이) 할쑥한, 창백한.

glåpord *~et ~* 욕, 비웃음, 모욕, 조롱; kasta ~ efter ngn …를 야유(조롱)하다, 욕하다.

gläd|ja *-er/-jer gladde glatt* Ⅰ. *tr*. 즐겁게 하다, 기쁘게 하다; det -er mig! 그거 반갑군!; det -er mig att …, …하게 되어 기쁘다 Ⅱ. *rfl*. 기쁘다, 반갑다; jag -er mig åt att få träffa honom 그를 만나게 되어 기쁘다.

glädjande[1] *a*. 즐거운, 기쁜; en ~ tilldragelse 기쁜 일, 경사(흔히 출생 때); ~ nyheter 반가운 소식.

glädjande[2] *adv*. ~ nog 다행스럽게도; 반갑게도.

glädjas *gläds/glädes, gladdes, glatts* ☞ glädja sig.

glädje *~n 0* 즐거움, 기쁨, 만족(över); det är mig en [stor] ~ att ……하게 되어 (매우) 기쁩니다; gråta(sjunga) av ~ 기뻐서 울다(노래하다); han antog mitt förslag med ~ 그는 내 제안을 기꺼이 수락하였다; återseendets ~ 재회의 기쁨.

glädjebetygelse *~n ~r* 기쁨의 표시.

glädjedödar|e *-[e]n ~* 흥을 깨는 사람.

glädjefattig *a*. 즐겁지 않은, 우울한, 쓸쓸한.

glädjeflick|a *-an -or* 창녀.

glädjehus *~et ~* 갈보 집, 유곽(遊廓).
glädjekvarter *~et ~* 사창가.
glädjelös *a.* 즐거움이 없는, 우울한, 쓸쓸한.
glädjerus *~et ~* 황홀, 도취.
glädjeyra *~n 0* 기뻐서 어쩔 줄 모름.
gläfs *~et 0* (개 따위가) 캥캥 짖는 소리; (비유적) 잔소리.
gläfs|a *-er -te -t itr.* 캥캥 짖다; 잔소리하다(på).
gläns|a *-er -te -t itr.* 빛나다, 번쩍이다; (비유적) 자랑해 보이다, 과시하다, 드러내다(med), 뽐내다.
glänsande *a.* 빛나는, 번쩍이는; 훌륭한, 화려한, (머리가) 총명한.
glänt, dörren står på ~ 문이 약간 열려져 있다.
glänt|a[1] *-an -or* 숲 사이의 빈터, 오솔길.
glänta[2] *~r ~de ~t itr.* ~ på dörren 문을 빠끔히 열다.
glätta *~r ~de ~t tr.* 매끄럽게 하다, …에 윤을 내다.
glättig *a.* 기분 좋은, 쾌활한.
glöd *~et/*(비유적 *~en*), *~/~er* ① 불꽃 없이 타는 숯불, 석탄, 백열, 백열광 ② 열정, 정열.
glöd|a *-er -de glött itr.* 불꽃 없이 타다, 백열(작열)하다; (비유적) 후끈 달아오르다, 흥분하다.
glödga *~r ~de ~t tr.* 백열상태로 열을 높이다(가하다).
glödlamp|a *-an -or* 백열전구.
glödtråd *~en ~ar* (전구의) 필라멘트.
glögg *~en ~ar* 향료, 건포도, 편도 따위를 넣어 끓인 포도주.
glöm|ma *-mer -de -t tr.* ① 잊다, 부주의하다 ② 빠뜨리다; glöm det nu inte! 이제 잊지 말아라!; jag har -t hans namn för tillfället 나는 그의 이름을 깜빡 잊었다; jag hade sånär -t det viktigaste 제일 중요한 일을 하마터면 잊어버릴 뻔하였다; ~ bort 잊어버리다; ~ kvar ngt på bordet 책상 위에 …을 빠뜨리다; jag -mer henne inte så länge jag lever 나는 생전 그녀를 잊지 못한다.
glömsk *a.* 잘 잊는, 잊어버리는, 등한히 하는(av).
glömska *~n 0* 망각; 건망증; 부주의, 태만.
gnabb *~et 0* 말다툼, 언쟁; (친구, 애인간의) 승강이.
gnabba|s ~ *-des -ts itr. dep.* 말다툼하다, 승강이하다(om).
gnag|a *-er -de -t tr. itr.* …을 쏠다, 갉다, 조금씩 물어뜯다(på ngt); ~ hål på(i) 갉아 구멍을 내다; hunden låg och -de på ett ben 개가 누워서 뼈다귀를 갉아 먹고 있다; (비유적) en -ande oro för framtiden 장래에 대한 초조한 불안.
gnagar|e *-[e]n ~* 【동물】 작은 포유동물류(쥐, 비버 따위).
gnat *~et 0* 끈질긴 잔소리, 트집 잡기.
gnata *~r ~de ~t itr.* 성가시게 잔소리하다, 바가지 긁다(på, över).
gnatig *a.* 성가시게 잔소리하는, 잔소리가 심한; ~ av sig 안달하는.
gned ☞ **gnida.**
gnejs *~en ~er* 【지질】 편마암(片麻巖).
gnid|a *-er gned gnidit* Ⅰ. *tr. itr.* 비비다, 문지르다; ~ kinden mot babyns hår 아기의 머리털에 뺨을 비벼대다; ~ på fiolen 바이올린을 켜다

G

Ⅱ. itr. 물건을 너무 아끼다, 인색하다(på); ~ och spara 인색하게 굴어 돈을 모으다.

gnidar|e *−[e]n ~* 구두쇠, 노랑이, 수전노.

gnidig *a.* 인색한.

gniss|el *−let 0* (쥐 따위가) 찍찍거리는 소리, (차륜, 구두 따위가) 삐걱거리는 소리; (비유적) 귀에 거슬리는 소리, 불화, 충돌.

gnissla *~r ~de ~t itr.* (문 따위가) 삐걱거리다; det ~r i maskineriet ① 기계에서 삐걱거리는 소리가 나다 ② 일이 순조롭게 되어가지 않다; ~ med tänder 이를 갈다 (skära tänder).

gnist|a *−an −or* 불꽃, 불똥, 섬광; (재치 따위의) 번득임; en ~ [av] hopp 한줄기 희망; spruta −or 불꽃을 내뿜다.

G

gnistra *~r ~de ~t itr.* 불꽃을 튀기다, 번득이다; hans ögon ~de av vrede 그의 눈은 노여움으로 번득였다.

gno *~r ~dde ~tt* Ⅰ. *tr.* 문지르다, 비비다, (솔 따위로) 북북 문지르다 Ⅱ. *itr.* (생계를 위해) 힘들여 일하다; 종종걸음으로 (허둥지둥) 돌아다니다.

gnola *~r ~de ~t tr. itr.* 콧노래를 하다.

gnugga *~r ~de ~t tr.* 반복해서 세게 문지르다; ~ sig i ögonen 눈을 비비다.

gnutt|a *−an −or* 작은 조각, 부스러기; inte en ~ sunt förnuft 상식이라고는 털끝만큼도 없이.

gny[1] *~[e]t 0* 소음, 시끄러운 소리; 불평, 투덜대는 소리.

gny[2] *~r ~dde ~tt itr.* 시끄럽게 하다, 큰 소리를 내다; 투덜대다(över).

gnägga *~r ~de ~t itr.* (말이) 울다; ett ~nde skratt 째지는 듯한 웃음소리.

gnäll *~et 0* ① 삐걱대는 소리 ② (개, 아기 등의) 낑낑거림, 투정부림.

gnäll|a *−er −de −t itr.* ① (문, 빗장 등이) 삐걱대다 ② 낑낑거리다; 투덜대다.

gnällig *a.* (문이) 삐걱거리는, (아이가) 칭얼대는.

gobeläng *~en ~er* 무늬 놓은 두꺼운 천(융단).

god/bra *godare/bättre godast/bäst*; 단수 중성형 *gott a.* Ⅰ. ① 좋은, 친절한(mot), 호감이 가는, 상냥한; ~ dag! 안녕하십니까; på ~ engelska 능숙한 영어로; tack, ~e Gud! 고마워라, 이런, 고맙게도; en ~ idé 좋은 생각(의견); ~ jul! 메리 크리스마스!; ~ natt! 안녕히 주무세요; gott nytt år! 새해 복 많이 받으세요; ha gott samvete 떳떳한 마음을 가지다; ha ett gott sätt 친절한 태도를 갖다; på ~a villkor 유리한 조건으로; en ~ vän 친한 친구; i ~an ro 평화로이, 조용히, 한가롭게; göra det gott igen 다시 좋게 하다, 화해하다; ta ngt för gott …을 시인하다, 인정하다; det är kanske lika gott att du gör det genast 그것을 당장 하는 것이 좋겠다; var så ~! a) (상대방에게 무엇을 건네줄 때) 자, 여기 있습니다; 자, 드십시오 b) 어서 오십시오; var [så] ~ och stäng dörren 문을 좀 닫아 주실까요 ② 충분한, 상당한; vi satt en ~ stund och väntade 우리를 한동안 앉아서 기다렸다; ha ~ tid [på sig] 시간이 충분히 있다; det är en ~ bit kvar att gå 갈 길이 꽤 남아있다 ③ 유효한, 값어치가 있는; vara ~ för en halv miljon kr. 50만 크로나 상당의 상품

④ 맛이 좋은(비교급은 godare); ~ mat 맛있는 음식 Ⅱ. (명사적으로 쓰일 때) ① föredra det ~a framför det onda 악(惡)보다는 선(善)을 택하다; livets ~a 인생의 진미(眞味) ② gå i ~ för 보증하다(비교; gå i borgen för ngn …를 위해 보증을 서다).

godartad *a*. 【의학】 양성(良性)의; en ~ tumör 양성종양.

godbit *~en ~ar* (맛있는 것) 한 입, 작은 조각; 재미있는 뉴스, 토막기사.

goddag ☞ **god** dag!

goddagar (복수명사), ha ~ 【고어】 태평 세월을 보내다.

goddagspilt *~en ~ar* 【고어】 한량(閑良), 돈 잘 쓰고 잘 노는 사람.

godhet *~en 0* 선량, 미덕; 친절(mot), 자애; barnens rena ~ 아이들의 선량한 마음; vill ni ha ~en att visa mig vägen? 미안하지만 길을 좀 안내해 주시겠습니까?

godhetsfullt *adv*. 【문어】 친절하게.

godhjärtad *a*. 마음이 상냥한, 친절한, 인정 많은.

godhjärtenhet *~en 0* 상냥한 마음, 친절.

godis *~et 0* 【일상】 단 것, 사탕.

godkänd [gǫ:dçɛnd] *a*. (규격, 검사 기준에) 합격한, 통과된; (대학성적의) 합격, 통과; jag har fått godkänt på tentan 나는 시험에 통과하였다.

godkän|na *-ner -de -t tr*. ① 인가하다, 승인하다 ② (시험에) 합격시키다; ~ ngn i examen …를 시험에 통과시키다; ej ~ 탈락시키다(비교; han blev kuggad 그는 시험에 실패하였다).

godkännande *~t 0* 인가, 승인, 수락.

godlynt *a*. 마음이 좋은, 친절한.

godmodig *a*. 친절한, 상냥한.

godo (불변화명사), göra upp saken i ~ 우호적으로 일을 매듭짓다; en uppgörelse i ~ 우호적 타결(결정); med ~ eller ondo 공정한 방법이나 비열한 수단으로; får jag ha det till ~ till en annan gång? 다음 기회로 연기할 수 있을까요?; håll till ~! a) 자, 드십시오! b) (고맙습니다에 대한 인사로) 천만에요!; hålla till ~ med …을 참다; komma ngn till ~ …에게 유용하다; räkna ngn ngt till ~ …을 …에게 외상으로 주다.

gods *~et ~* ① 물품, 상품; 화물 ② 재산, 동산, 소유물 ③ 재료, 자재 ④ 토지, 장원, 영지.

godsaker (복수명사) 단 것, 사탕 류.

godsfink|a *-an -or* 【철도】 수하물차, 유개화차.

godsint ☞ **godmodig**.

godståg *~et ~* 화물열차.

godsvagn *~en ~ar* 화차(貨車).

godsägar|e *-[e] n ~* 지주(地主).

god|ta/god|taga *-tar/-tager, -tog -tagit tr*. 승인하다, 찬성하다, 동의하다.

godtagande *~t 0* 승인, 인가, 신청.

godtagbar *a*. 받아들일 수 있는, 수락할 만한.

godtemplar|e *-[e]n ~* 국제 금주운동기구 회원.

godtrogen *a*. 남을 믿는, 쉽게 믿는.

godtycke *~t 0* ① 임의, 자유재량; efter [eget] ~ …의 재량으로, …의 임의로 ② 자의(恣意), 독단; [det] rena ~t 순전한 독단.

godtycklig *a*. 임의의, 자의적인, 멋대

G

로의.

godvillig *a*. 자발적인, 지원의

goja *~n 0*, rena ~n 바보 같은 짓, 쓸데없는 말; prata ~ 허튼 소리를 지껄이다.

golf Ⅰ. *~en ~ar* 만(灣, 보통 bukt보다 크며 폭에 비해 안길이가 넓음, vik) Ⅱ. *~en 0* 골프; spela ~ 골프를 치다.

golfban|a *-an -or* 골프장.

golfbyxor (복수명사) (골프용의) 짧은 바지.

golfklubb *~en ~ar* 골프클럽.

golfklubb|a *-an -or* 골프채.

golv *~et ~* 마룻바닥, 방바닥; slänga ngt i ~et …을 방바닥에 던지다.

golva *~r ~de ~t tr*.【권투】상대를 바닥에 때려눕히다.

golvbeläggning *~en ~ar* 플로어링, 마루 놓기.

gom [gɔm] *~men ~mar* ① 입천장 ② 틀니 세트.

gomljud *~et ~* 입천장소리(구개음).

gomseg|el *-let ~* 연구개(여린입천장).

gona [gɷ:-] *~r ~de ~t rfl*. 즐기다, 즐거운 시간을 찾다.

gondol [-dọ:l] *~en ~er* (베니스의) 곤돌라 (양 끝이 뾰족하고 바닥이 평평한 배).

gondoljär *~[e]n ~er* 곤돌라 사공.

gonggong *~en ~er* 징, 접시 모양의 종.

gonorré *~n ~er*【의학】임질.

goodwill [gɷdvil] *~en 0* 호의, 후의, 친절;【상업】신용, 호평.

gorill|a *-an -or* 고릴라.

gorma *~r ~de ~t itr*. 말다툼하다, 큰소리로 야단치다; ~ för(över) …에 대해서 소동을 일으키다.

gossaktig *a*. 아이 같은, 소년다운.

goss|e *-en -ar* 소년, 사내 아이, 사내 녀석.

gossebarn *~et ~* 사내아이.

gosskör *~en ~er* 소년 합창대.

got [gɷt/gọ:t] *~en ~er* (흔히 복수형으로 쓰임) 고트인(3~5 세기경에 로마 제국을 침략한 튜튼 계의 한 민족).

gotịk *~en 0*【건축】고딕양식.

gotiska *~n 0* 고트어(현재는 사어(死語)가 된 동게르만어파의 한 갈래).

gott[1] (불변화명사) ① ~ och ont 선악(善惡); något ~ att äta 맛있는 먹을 것 ② ha ~ om tid(äpplen) 시간이(사과가) 충분하다; det är(finns) ~ om …이 많이 있다 ③ 사탕 류, 캔디.

gott[2] *adv*. ① 잘, 훌륭히, 충분히; ~ och väl 용이하게, 쉽사리; hälsa så ~! 안부 잘 전해 주시오; lukta(smaka) ~ 냄새가 (맛이) 좋다; skratta ~ 마음껏 웃다(åt); göra så ~ man kan 최선을 다하다; så ~ som ingenting 사실상 거의 없는 ② 쉽사리, 용이하게; det kan jag ~ förstå 나는 그것을 충분히 이해할 수 있다; ~ om plats 자리가 충분한.

gotta *~r ~de ~t rfl*. 즐겁게 보내다, 즐거운 시간을 갖다; ~ sig åt(i) ngt …을 한껏 즐기다, …에 빠지다.

gotter (복수명사) 사탕, 캔디.

gottfinnande *~t 0*, efter [ditt eget] ~ (네가) 제일 좋은 대로.

gott|göra *-gör -gjorde -gjort tr*. ① 보충해 주다, 메꾸어 주다, 보상해 주다 ② ~ ngn ngt …에게 …을 보상해 주다; ~ ngn för hans förlust 그의 손해를 보상해 주다.

gottgörelse *~n ~r* ① 보상(för), 보

G

장, 보수; mot skälig ~ 합당한 보수로 ② 배상, 구제(av).

gottköpsaffär *~en ~er* 염가판매 상점, 할인판매 상점.

gottköpspris *~et ~*, till ~ 염가로, 아주 싼 가격으로.

gott|skriva *-skriver -skrev -skrivit tr.* ~ ngn ngt …을 …에게 외상으로 달아놓다.

gottsugen *a.* 사탕이(과자가) 먹고 싶은.

gourmand [gɷrmạnd] *~en ~er* 대식가, 식도락가.

gourmé *~[e]n ~er* 식통(食通), 미식가, 포도주통(通).

goutera [gɷ-] *~r ~de ~t tr.* (좋게) 평가하다, 판단하다, (남의 호의를) 고맙게 여기다.

gouterad *a.* 애호 받는, 인기 있는; historien blev mycket ~ 그 이야기는 매우 애호되었다.

grabb *~en ~ar* 사내 아이, 녀석, 놈.

grabba *~r ~de ~t tr. itr.* 【일상】 (손으로) 움켜쥐다, 잡다.

grabbnäv|e *-en -ar* 한 줌(의 분량).

grace [grɑ:s] *~n ~r* ① 우아함, 아름다움, 친절; dela på ~rna 친절(은전)을 베풀다 ② de tre ~rna 로마 신화의 세 여신(광휘, 기쁨, 개화(開花)를 상징).

gracil *a.* 가느다란, 날씬한, 홀쭉한.

graciös *a.* 우아한, 단아한, 품위 있는.

grad *~en ~er* ① 정도, 등급, 범위; i hög ~ 고도로, 상당한 정도로; i högsta ~ 최고도로, 극히, 최고로; till en viss ~ 어느 정도까지 ② (온도계, 분도기 따위의) 도(度); det är 10 ~er kallt 영하 10도이다; i 45 ~ers vinkel, 45도의 각도로; på 38 ~ers nordlig bredd 북위 38도 선상에; koka vid 60~70 ~er, 섭씨 60~70도로 끓이다 ③ 활자의 크기 ④ 계급, 지위, 등급; stiga i ~erna 계급이 오르다; tjänstemän av lägre ~[er] 하급 공무원.

gradbeteckning *~en ~ar* 【군사】 계급장.

gradera *~r ~de ~t tr.* (계급, 서열 따위로) 구분하다.

gradskiv|a *-an -or* 각도기.

gradualavhandling *~en ~ar* 【역사】 박사 논문.

gradvis[1] *a.* 단계적인, 점진적인, 순차적인.

gradvis[2] *adv.* 점진적으로, 단계적으로, 점차.

grafik *~en 0* ① (글씨, 그림, 판화 따위의) 필사 예술, (동판, 목판 따위에 의한) 판화(版畵), 인각(印刻) 작품 ② 【정보통신】 컴퓨터 그래픽스(Computer graphics, 컴퓨터를 이용하여 도형이나 화상 등의 그림 데이터를 생성, 조작, 출력하는 데 관련된 방법의 총칭, datorgrafik이라고도 함).

grafiker *~n ~* 필사(筆寫) 예술가, 필사 예술도안가.

grafisk *a.* 필사의, 도해의, 도표의; ~ industri 인쇄업.

grafit *~en 0* 【광물】 흡연, 석묵(石墨).

grafolog [-lọ:g] *~en ~er* 필적학자, 필적 관상법가.

grahamsbröd *~et ~* 전맥(全麥)으로 만든 빵.

grahamsmjöl *~et 0* 전맥(全麥).

gram *~met ~* 그램(무게 단위).

grammatik *~en ~er* 문법, 문법론, 문법책.

G

grammạtiker *~n ~* 문법가, 문법학자.

grammofon [-ọ:n] *~en ~er* 축음기.

grammofonskiv|a *-an -or* 축음기판, 레코드 판.

gramse *a.* vara ~ på ngn …에게 원한을 품다.

gran *~en ~ar* 전나무.

granạt *~en ~er* ①【광물】(심홍색의) 석류석(石榴石) ② 포탄, 유탄(榴彈); hand~ 수류탄.

granatkastar|e *-[e]n ~* 박격포.

granatäpple *~t ~n* 석류.

grand Ⅰ. ① *~et ~* 티; ~et i din broders öga 네 형제의 눈 속에 있는 티, 형제의 사소한 결점(마태복음 7장 3절) ② 부스러기, 조각; vänta lite[t] ~ [grann] så kommer jag 조금만 기다려라, 곧 돌아오마 Ⅱ. *~en ~er* 스페인 귀족의 칭호.

grand danois [grandạnωa] *~en, ~/~er* 덴마크 종(種)의 큰 개.

grandezza [-ẹsa] *a.* 웅장한, 거대한, 당당한.

grand prix [graŋprị:] (불변화명사) (불어) 그랑프리, 대상(大賞).

granịt *~en ~er*【광물】화강암, 쑥돌.

grann[1] ☞ **grand.**

grann[2] *a.* 찬란하게 빛나는, 화려한, (남성이) 멋지게 보이는; 잡색의, 얼룩덜룩한.

grannby *~n ~ar* 이웃 마을(동네).

grann|e *-en -ar* 이웃, 이웃 사람, (식탁에서) 옆에 앉은 사람.

grannfolk *~et ~* ① 이웃 집 사람 ② 이웃 나라 사람.

grannlaga *a.* 재치 있는, 신중한; 가냘픈, 미묘한.

grannlagenhet *~en 0* 재치, 신중, 민감함.

grann|land *~et -länder* 이웃나라, 인접국.

grannlåt *~en ~er* 화려한 장식[품], 주름 장식.

grannskap *~et 0* 근처, 이웃, 인근.

granntyckt *a.* 까다로운, 괴팍스러운, (음식 따위를) 가리는.

granska *~r ~de ~t tr.* 조사하다, 연구하다, 검토하다.

granskar|e *-[e]n ~* 시험관, 조사관, 검사원.

granskning *~en ~ar* 검사, 조사, 시험.

grapefrukt [grẹjp-/grɛp-] *~en ~er* 자몽.

grassera *~r ~de ~t itr.* (유행병이) 창궐하다, 격노하다, …에 출몰하다.

gratifikation *~en ~er* 상여금, 보너스.

gratin ☞ **gratäng.**

gratinera *~r ~de ~t tr.* 빵가루, 치즈를 입혀서 오븐에 굽다.

gratis[1] *a.* 무료의, 세금(공납금)이 없는; inträde ~ 입장료 무료.

gratis[2] *adv.* 무료로, 거저.

gratisaktie *~n ~r* 증정주, 무상주(株).

gratisexemplar *~et ~* 증정본(本).

gratisprogram *~met ~*【정보통신】프리웨어 (저작자(개발자)에 의해 무상으로 배포되는 컴퓨터 프로그램).

grattis *itj.*【일상적】축하해요(gratulerar!); ~ på födelsedagen! 생일 축하해요!

gratulạnt *~en ~er* 축하객, 경하(慶賀)

자.
gratulation ~*en* ~*er* 축하, 경하(lyckönskan, lyckönskning); hjärtliga ~er på födelsedagen! 생일을 축하합니다. 장수를 빕니다.
gratulera ~*r* ~*de* ~*t tr*. 축하하다; jag ~r på bröllopsdagen! 결혼기념일을 축하 합니다; vi måste ~ henne till den nya befattningen 우리는 그녀의 영전을 축하해야겠다.
gratäng ~*en* ~*er* (불어) 그라탱(빵가루, 치즈를 입혀서 오븐에 구운 요리).
grav[1] *a*. 중대한, 심각한.
grav[2] Ⅰ. ~*en 0* 【언어】 ~ accent 그라브악센트, 복합음조 악센트 Ⅱ. ~*en* ~*ar* ① 무덤, 분묘; från vaggan till ~en 요람에서 무덤까지; på ~ens brädd 죽음에 임하여; följa ngn till ~en …의 장지까지 따르다, 경의를 표하다 ② 도랑, 구멍, 【군사】 참호.
gravad *a*. 생선에 설탕, 소금, 후추가루, 향료 따위를 문질러 바른.
gravallvarlig *a*. 엄숙한, 장엄한.
gravation ~*en* ~*er* 【법률】 (양도) 저당.
gravationsbrev ~*et* ~ 【법률】 동산 또는 부동산의 유치권(留置權) 증명.
gravera ~*r* ~*de* ~*t tr*. 파다, (문자, 도형 따위를) 새기다(i, på).
graverande *a*. ~ omständigheter 중대한 상황.
gravid *a*. 임신한; hon var ~ i tredje månaden 그녀는 임신 3개월째였다.
graviditet ~*en* ~*er* 임신(havandeskap).
gravitation ~*en 0* 인력[작용], 중력.
gravitetisk *a*. 근엄한, 엄숙한.
gravkor ~*et* ~ 【역사】 큰 교회당 안에 명사들의 관(棺)을 안치한 장소.
gravlax ~*en* ~*ar* 설탕, 소금, 후추가루 등을 문질러 바른 연어(생선).
gravskrift ~*en* ~*er* 비명, 비문.
grav|sätta -*sätter* -*satte* -*satt tr*. 매장하다, 묻다.
gravvård ~*en* ~*ar* 묘비, 비석.
gravyr ~*en* ~*er* 조각, (동판, 목판 따위에 의한) 판화.
gravöl ~*et* ~ 【고어】 장례 잔치.
gravör ~*en* ~*er* 조각사, 조판공(彫版工).
gredelin *a*. 연보라색의, 자주 빛의.
gregoriansk *a*. ① ~a kalendern 그레고리오 역(曆); 1753년부터 스웨덴에서 사용되고 있는 서양 신력(新曆) ② ~ sång 그레고리오 성가(聖歌).
grej ~*en* ~*er* 【일상】 ① 일, 물건(sak) ② 사건, (활동)대상.
greja ~*r* ~*de* ~*t tr*. 【일상】 해결하다, 처리하다.
grejor (복수명사) 일[거리], 사건, 부속물.
grek ~*en* ~*er* 희랍인.
grekinn|a -*an* -*or* 희랍 여자.
grekisk *a*. 희랍의.
grekisk|a Ⅰ. -*an 0* 희랍어 Ⅱ. -*an* -*or* 희랍 여자.
grekisk-katolsk *a*. ~a kyrkan 희랍 정교회.
Grekland ~*et 0* 희랍(Greece).
gren ~*en* ~*ar* ① (나무)가지, 분지(分枝) ② 분기, 분파 (사람의) 샅.
grena ~*r* ~*de* ~*t rfl*. ~ [ut] sig 가지를 내다(뻗다), 분기하다.
grenadjär ~*en* ~*er* (원래) 척탄병(兵), (현재) 보병연대 병사.
grensle *adv*. 걸터앉아서(över).

G

grenverk *~et 0* 나무 가지의 총칭.

grep[1] *~en ~ar*/**grep|e** *-en -ar* 건초용 갈퀴.

grep[2] ☞ gripa.

grep|e *-en -ar* ① (바구니 따위의) 손잡이 ② 건초용 갈퀴.

grepp *~et ~* ① 붙잡음, 꽉 쥠; 파악, 이해; falla på eget ~ 화(禍)를 자초하다; man får inget ~ om problemet 문제를 전혀 파악하지 못하고 있다; ha det rätta ~et på ngt …에 대한 요령을 알고 있다 ② 재치, 요령 ③ 손잡이.

grev|e *-en -ar* 백작; i ~ns tid 마지막 순간에.

grevinn|a *-an -or* 백작부인.

grevlig *a.* 백작의.

grevskap *~et ~* 백작의 지위; 백작령(領).

griff|el *-eln -lar* 석필(石筆).

griffeltalvl|a *-an -or* 석판(石板).

grift *~en ~er* (성서, 의식 용어로서) 무덤, 묘.

griljera *~r ~de ~t tr.* 계란과 빵가루 반죽에 담근 다음 튀기다(굽다).

grill *~en ~ar* ① 석쇠, 적철; 불고기, 생선구이 ② 그릴식당.

grilla *~r ~de ~t tr.* (석쇠에) 굽다; 엄하게 심문하다.

grillbar *~en ~er* 구운 음식(소시지, 햄버거 등)을 주로 파는 간이식당.

griller (복수명사) 환상, 기상(奇想), 변덕.

grimas *~en ~er* 얼굴을 찡그림, 찡그린 얼굴; göra en ~ åt …에게 얼굴을 찡그리다.

grimasera *~r ~de ~t itr.* 얼굴을 찡그리다.

grimm|a *-an -or* (말의) 고삐; 목조르는 밧줄.

grimskaft *~et ~* (쇠가죽으로 만든) 고삐 줄.

grin *~et ~* ① 실쭉한 표정 ② 씩 웃음 (노여움, 경멸 따위로) ③ 흐느낌.

grina *~r ~de ~t itr.* ① 얼굴을 찡그리다 ② (비웃듯이) 웃다 ③ 울다.

grind *~en ~ar* (정원의) 출입문, 개찰구, 철도 건널목의 개폐기.

grindstolp|e *-en -ar* 대문기둥.

grinig *a.* ① (어린 애가) 징징대는, 칭얼대는 ② 기분이 언짢은; 까다로운.

grip *~en ~ar* 독수리의 머리, 날개, 발톱에 사자의 몸을 가진 동화 속의 괴상한 짐승.

grip|a *-er grep gripit* Ⅰ. *tr.* ① (붙)잡다, 꽉 (움켜)쥐다; ~ ngn i armen …의 팔을 잡다; ~ ngt ur luften 날조하다, 지어내다; -as av förtvivlan 절망에 빠지다; -as på bar gärning 현장에서 붙잡히다 ② 마음을 움직이다. 감동시키다; prästens tal grep de församlade djupt 목사의 설교는 신자들을 깊이 감동시켰다 Ⅱ. *itr.* ~ efter ngt 붙잡으려고 하다, 매달리다, 기대다; ~ till flykten 도망치다; ~ till vapen 무장궐기하다, 개전(開戰)하다 Ⅲ. (강세접사와 함께) ① ~ sig an med ngt …일을 착수하다 ② ~ fatt i(på) …을 붙들다 ③ ~ in 끼어들다, 개입하다; ~ in i varandra 맞물리다, 연결되다, 관계하다 ④ ~ omkring sig (널리) 퍼지다.

gripande *a.* 감동시키는, 애처로운; en ~ berättelse 감동적인 이야기.

gripbar *a.* 이해할 수 있는; 손으로

만질 수 있는.

gripen *a*. ① 사로잡힌(av); historien är fullständigt ~ ur luften 이야기가 완전히 날조되었다 ② 감동된.

gris *~en ~ar* ① 돼지(svin); späd~ 새끼 돼지; köpa ~en i säcken 잘 보지도 않고 물건을 사다 ② (비유적) 욕심장이; 귀염둥이.

grisa *~r ~de ~t itr*. ① (돼지가 새끼를) 낳다 ② 더럽히다; ~ ner sina kläder 옷을 더럽히다.

grisig *a*. 불결한, 더러운.

griskulting *~en ~ar* 새끼 돼지, 젖빨이.

grissl|a *-an -or* 【동물】 바다오리류.

gro *~r ~dde ~tt itr*. 싹트다, 자라나다; medan gräset ~r dör kon 【속담】 소 잃고 외양간 고친다.

grobar *a*. 싹 트는, 싹 틀 힘이 있는.

grobian *~en ~er* 촌놈, 야비한 사람, 교양 없는 거친 사람.

groblad *~et 0* 【식물】 질경이.

grod|a *-an -or* ① 개구리 ② 큰 실수, 대실책; säga(göra) en ~ 큰 실수를 하다.

grodd *~en ~ar* 【생물】 싹, 유아(幼芽).

groddjur *~et ~* 【동물】 꼬리 없는 양서류(개구리, 두꺼비 따위).

grodfötter (복수명사) (잠수용) 물갈퀴 오리발.

grod|man *-mannen -män* 잠수부.

grodperspektiv *~et 0* 아래에서 올려다보는 시각(視角); i ~ 이지러진 시각에서.

grogg *~en ~ar* 위스키 류에 소다수를 섞은 음료.

grogga *~r ~de ~t itr*. grogg를 마시다.

groggy (불변화형용사) 술 취한, 갈지자걸음의, 비틀거리는.

grogrund *~en ~er* 비옥한 토양(땅); (범죄, 악의) 온상, 번식 장.

groll *~et 0* 원한, 적의(敵意); glömma gammalt ~ 【속담】 지난 일은 묻지(탓하지) 말자.

groning *~en 0* 발아(發芽), 발생.

grop *~en ~ar* (땅의) 구멍, 구덩이, 우묵한 곳; den som gräver en ~ åt andra, faller själv däri 【속담】 속이려다 도리어 속는다, 혹 떼려다가 혹 붙인다.

gropig *a*. 구멍이 많이 난, 울퉁불퉁한; (악천후로) 흔들리는, 【항공】 상승기류가 있는.

gross *~et ~* 12다스(144개).

grossess *~en ~er* 임신(graviditet); i ~ 임신 중인, 임신한.

grosshandel *~n 0* 도매상(반의어; detaljhandel).

grosshandlare *-[e]n ~* 도매상인, 도매업자.

grossist *~en ~er* 【고어】 도매상인.

grotesk *a*. 기괴한, 괴상한, 이상한.

grott|a *-an -or* 동굴, 굴.

grottekvarn *~en 0* 디딜방아(흔히 자본주의 착취의 상징으로서 이용됨).

grov (*grövre grövst*) *a*. 거친, 정교하지 못한, 세련되지 않은, 가공하지 않은, 엄청난, 심한(범죄, 부정 따위); 크고 무거운; ~t arbete 막일, 육체노동; ~t artilleri 중포대(병); ~t bedrägeri 엄청난 사기; ett ~t brott 중대한 범죄; ~a drag 거친 용모(얼굴); i ~a drag 대략적인 윤곽으로;

G

~a fasoner 거친 태도; en ~ förolämpning 심한 모욕; en ~ karl 크고 힘센 사내; ~a medel 야비한 수단; ~a ord 상스러운 말; ~a pengar 엄청난 돈; ett ~t skämt 무례한 농담; ~ tråd 굵은 실; vara ~ i munnen 잡스러운 말을 쓰다.

grovarbetar|e *-[e]n ~* 막 노동자, 막일꾼.

grovarbete *~t 0* 힘든 육체노동.

grovgöra *~t 0* ☞ **grovarbete**.

grovhuggen *a*. 거칠게 자른; (비유적) 자세가 세련되지 못한.

grovkornig *a*. 상스러운, 조야한; 노골적인, 까놓은.

grovkök *~et ~* 세탁실, 허드레 방.

grovlek *~en ~ar* (두께, 무게 따위의) 치수, 크기.

G

grovsopor (복수명사) 부피가 큰 쓰레기.

grovsysslor (복수명사) 막일, 힘들고 지저분한 일.

grovtarm *~en ~ar* 【해부】 결장(結腸).

grovänd|a *-an -or* 굵은 쪽의 끝, 개머리판, (나무의) 그루터기.

grubb|el *-let 0* 심사, 숙고; 근심, 우울한 생각; ~ över …에 대한 심사[숙고].

grubbla *~r ~de ~t itr*. 곰곰이 생각하다; ~ över …에 대해 곰곰이 생각하다.

grubblar|e *-[e]n ~* 생각에 잠긴 사람.

grubbleri *~et ~er* ☞ **grubbel**, försänkt i ~er 생각에 잠겨.

gruff *~et ~* 다툼, 싸움.

gruffa *~r ~de ~t itr*. 다투다, 싸우다.

grumla *~r ~de ~t itr*. 흐리게 하다, 더럽게 하다; (비유적) …를 수심에 차게 하다, (명성 따위를) 더럽히다, 모호하게 하다.

grumlig *a*. 흐린, 더러운; 목 쉰, 모호한; ~ av …로 더러워진(흐려진); fiska i ~t vatten 타인의 곤경이나 혼돈된 상태를 이용하여 자신의 이익을 추구하다.

grums *~et 0* (음료 따위의 그릇 바닥에 남는) 찌꺼기, 앙금.

grumsa *~r ~de ~t itr*. 투덜거리다.

grumsig *a*. 더러운, 흐린(grumlig).

grund[1] *a*. 얕은(반의어; djup); 피상적인(ytlig).

grund[2] Ⅰ. *~en ~er* ① 기초, 토대; 바닥; (비유적) 근본, 기본; ha en god ~ 기초가 튼튼하다; lägga ~en till …의 기초를 다지다, 토대를 세우다; ryktet saknar all ~ 그 소문은 전혀 근거가 없다; ligga till ~ för …의 기초(토대)가 되다; brinna ner till ~en 잿더미가 되다 ② (일상적 표현) i ~ 완전히, 철저하게; kunna ngt i ~ [och botten] …을 철저하게 알다; gå till ~en med frågan 문제를 엄밀히(철저하게) 다루다 ③ 땅; äga gård och ~ 집과 땅을 소유하고 있다 ④ 이유, 원인; 동기; ha sin ~ i ngt …에 기초하고 있다, …에 기인하다; på ~ av …때문에, …의 이유로 ⑤ 원리, 원칙; handla efter samma ~er 똑같은 원칙에 의거하여 행동하다 Ⅱ. *~et ~* 여울; 사주(砂州); 암초; fartyget gick på ~ 배가 여울에 얹히다, 좌초하다.

grunda *~r ~de ~t* Ⅰ. *tr*. ① 세우다; 창건하다, 건립하다 ② …을 토대로

하다; ~ sin mening på 자신의 견해를 …에 근거하다 ③ (그림의) 바탕 색칠을 하다, 밑칠하다 Ⅱ. *rfl*. ~ sig på …을 기초로 하다, …에 의거하다 Ⅲ. *itr*. 곰곰이 생각하다, 심사숙고하다.

grundar|e *−[e]n ~* 창시자, 창건자, 건립자.

grunddrag *~et ~* 윤곽, 개요.

grundforskning *~en ~ar* 기초 연구, 기초 조사.

grundlag *~en ~ar* 헌법.

grundlig *a*. 철저한; 세밀한, 엄밀한; (학문 등이) 깊이 있는, 심오한; (개혁 등이) 급진적인; (변화가) 근본적인, 근원적인.

grundlurad *a*. 철저하게 사기당한.

grund|lägga *−lägger −lade −lagt tr*. …의 기초를 세우다, …의 토대를 이루다; 세우다, 건립하다.

grundläggar|e *−[e]n ~* 창시자, 창건자, 건립자, 설립자.

grundlös *a*. 근거 없는.

grundmurad *a*. 확립된, 확정된; ett grundmurat anseende 확고한 명성.

grundplåt *~en ~ar* 기금의 토대가 되는 증여금.

grundsats *~en ~er* 원리, 원칙; 좌우명.

grundskol|a *−an −or* (9년제 의무교육의) 기초학교.

grundskott *~et ~, ett ~* mot …에 대한 결정타.

grundsten *~en ~ar* 주춧돌(비유적으로 많이 사용).

grundtal *~et ~* 기수(基數).

grundtext *~en ~er* 원본.

grundval *~en ~ar* 기초, 토대(비유적으로도 사용); på ~ av …을 기초(토대)로 하여.

grundvatt|en *−net ~* 지하수.

grundämne *~t ~n* 요소, 성분; 【화학】 원소.

grunk|a *−an −or* ☞ grej, grejor.

grunna *~r ~de ~t* ☞ grunda Ⅲ.

grupp *~en ~er* 떼, 집단, 그룹; (꽃, 과실 따위의) 송이, 다발; 【군대】 분대.

gruppchef *~en ~er* 분대장.

gruppera *~r ~de ~t itr*. …을 떼로(그룹으로) 나누다.

grus *~et 0* 굵은 모래, 자갈; 【병리】 결사(結砂).

grusban|a *−an −or* 흙으로 된 테니스 코트(정구장).

grusa *~r ~de ~t itr*. …에 자갈을 깔다; 좌절시키다; ~de förhoppningar 산산조각 난 기대(소망).

grusig *a*. 자갈이 많은, 자갈로 이루어진.

grustag *~et ~* 자갈 채취장.

gruv|a[1] *−an −or* 광산, 광갱; kol~ 탄광.

gruva[2] *~r ~de ~t itr*. [gå och] ~ sig för(över) ngt …에 대해서 걱정하다.

gruvarbetar|e *−[e]n ~* 광부.

gruvbolag *~et ~* 광산회사.

gruvgas *~en ~er* 메탄가스.

gruvlig *a*. 무서운, 가공할, 소름끼치는.

gruvolyck|a *−an −or* 광산(탄광)사고,

gruvras *~et ~* 광산(탄광)매몰.

gruvsamhälle *~t ~n* 광산 촌.

gry[1] *~[e]t 0* 자질; det är gott ~ i honom 그는 좋은 자질을 가지고 있다.

G

gry² *~r ~dde ~tt itr.* 동이 트다, 날이 새다, 날이 밝아 오다.
grym *a.* 잔인한, 무자비한; 무서운.
grymhet *~en ~er* 잔인[함], 잔인한 짓(행동).
grymta *~r ~de ~t itr.* (돼지가) 꿀꿀거리다; (비유적) 불평하다, 투덜거리다.
grymtning *~en ~ar* 꿀꿀거리는 소리; 불평.
gryn *~et ~[er]* (껍질을 벗긴) 곡식알.
gryna *~r ~de ~t itr.* 타작하다.
grynig *a.* (곡식의) 알 모양의, 알갱이의.
gryning *~en ~ar* 여명, 새벽.
grynn|a *-an -or* 암초, 사주(砂洲).
gryt *~et ~* (두더지 등이 사는) 굴.
G **gryt|a** *-an -or* 단지, 큰 솥(냄비); 이런 용기 속의 요리.
grytlapp *~en ~ar* (뜨거운 주전자 등을 잡을 때 쓰는) 행주.
grå *~tt a.* 회색의; 지루한; 우중충한; den ~ vardagen 지루한 나날(하루하루).
gråberg *~et ~* ① 【광물】 맥석(脈石; 유용광상(有用鑛床)에 포함되어 있는 무용광물) ② 화강암.
gråbroder *~n gråbröder* (회색 옷을 입은) 프란체스코의 수도사.
grådaskig *a.* 우중충한.
grågoss|e *-en -ar* 나이가 많은 심부름꾼.
gråhund *~en ~ar* (스칸디나비아 원산의) 사슴 사냥개.
gråhårig *a.* 흰 머리가 난.
gråkall *a.* 날씨가 우중충하고 추운.
gråll|e *-en -ar* 늙은 말.
gråna *~r ~de ~t itr.* 회색이 되다; 늙다.
gråsej *~en ~ar* 검정 대구.
gråsparv *~en ~ar* 참새.
gråsprängd *a.* 머리가 희끗희끗한, 반백의.
gråsten *~en ~ar* 화강암.
gråsugg|a *-an -or* 쥐며느리, 갯강구 따위(등각류(等脚類)에 속하는 벌레).
gråsäl *~en ~ar* 물개의 일종.
gråt *~en 0* 울음, 흐느낌.
gråt|a *-er grät gråtit itr.* 울다, 흐느끼다.
gråtfärdig *a. vara ~* 울음이 나오려고 하다, 울상이다.
gråtmild *a.* 잘 우는, 눈물이 많은; 감상적인.
gråtrut *~en ~ar* 갈매기의 일종.
gråverk *~et ~* 다람쥐 털.
grädda¹ *~n 0* 가장 좋은(훌륭한) 것, (비유적) 정수(精髓); ~n av societeten 사교계의 스타들.
grädda² *~r ~de ~t tr.* (오븐 속에 넣고) 굽다; (팬케이크 등을) 부치다.
gräddbakelse *~n ~r* 크림 케이크.
grädde *~n 0* 크림.
gräddfil *~en 0* 샤워 크림(생크림과 신 우유를 혼합시킨 것).
gräddsnip|a *-an -or* 크림을 담아 두는 조그만 단지.
gräl *~et 0* ① 다툼, 싸움 ② 잔소리, 꾸중.
gräla *~r ~de ~t itr.* ① 다투다, 싸우다(말싸움) ② 꾸중하다; 잔소리를 늘어놓다.
gräll *a.* (색이) 야한, 현란한; 지나치게 화려한.
grälsjuk *a.* 다투기 잘 하는, 싸움을

좋아하는.

gräm|a *−er −de −t* Ⅰ. *tr*. 슬프게 하다, 비참하게 하다; det ~er mig att han … 그가 …해서 슬프다 Ⅱ. *rfl*. 슬퍼하다; 후회하다.

grämelse *~n ~r* 슬픔, 비탄; 분함, 통분.

gränd *~en ~er* 골목.

gräns *~en ~er* 경계[선]; 한계, 한도; på ~ en till …에 매우 근접하여, 바야흐로 …하려고 하여; hans högfärd känner ingen ~ 그의 오만함은 한이 없다.

gränsa *~r ~de ~t itr*. ~ till …와 경계를 이루다, …와 접해 있다; det ~r till vanvett 그것은 미친 짓이나 마찬가지다.

gränsfall *~et ~* 이도 저도 아닌 사례(경우), 어중간한 경우.

gränsle ☞ **grensle**.

gränslös *a*. 경계 없는; 한없는, 어마어마한.

gränssnitt *~et ~* 【정보통신】 인터페이스 (Interface, 하나의 시스템을 구성하는 하드웨어와 소프트웨어 또는 2개의 시스템이 상호 작용할 수 있도록 접속되는 경계(boundary)나 이 경계에서 상호 접속하기 위한 하드웨어, 소프트웨어, 조건, 규약 등을 포괄적으로 가리키는 용어).

gränsvärde *~t ~n* 【수학】 극한[치]; 최대한도.

gräs *~et ~* 풀, 잔디; i ~et (på gräsmattan) 잔디 위에서.

gräsand *~en gräsänder* 청둥오리.

gräshopp|a *−an −or* 메뚜기.

gräsklippar|e *−[e]n ~* 잔디 깎는 기계 (gräsklippningsmaskin).

gräslig *a*. 충격적인; 소름끼치는, 무서운.

gräslök *~en ~ar* 【채소】 실파.

gräsmatt|a *−an −or* 잔디밭.

gräsrot *~en gräsrötter* 서민, 보통사람; på gräsrotsnivå 서민 차원에서; 근본 차원에서.

gräsänk|a *−an −or* (남편이 일시 출타 중인) 여자.

gräsänkling *~en ~ar* (부인이 일시 출타 중인) 남자.

grätten *a*. 까다로운.

gräv|a *−er −de −t* Ⅰ. *tr*. *itr*. (땅을) 파다; (비유적) …을 애써 찾다 Ⅱ. (강세접사와 함께) ① ~ bort (파) 옮기다 ② ~ fram 파내다; 찾아내다, 발굴하다 ③ ~ ned 숨기다 ④ ~ upp 파내다; 조사해내다, 밝혀내다 ⑤ ~ ut 찾아내다, 발굴하다.

grävling *~en ~ar* 오소리.

grävskop|a *−an −or* 굴착기 (grävmaskin).

gröd|a *−an −or* (농)작물.

grön *a*. 초록(의); 미숙한; ~ av avund 질투에 가득 찬; vara på ~ kvist 성공적이다; i det ~a 야외에서.

grönbete *~t ~n*, vara på ~ 시골에 머무르다(체재하다).

gröngöling *~en ~ar* ①【조류】 딱따구리 ② 풋내기, 초심자.

grönkål *~en 0* 【채소】 케일(양배추의 일종); 케일로 만든 수프.

grönköpingsmässig *a*. 시골의; 촌스러운, 시야가 좁은(grönköpingsaktig).

Grönland 그린란드.

grönländar|e *−[e]n ~* 그린란드 사람.

grönländsk *a*. 그린란드의.

grönländsk|a *−an −or* 그린란드 여자.

G

grönområde *~t ~n* 녹지대.
grönsaker (복수명사) 채소, 야채.
grönsisk|a *-an -or* 검은 방울새.
grönska[1] *~n 0* 신록, 녹음; 푸른 초목, 푸른 풀.
grönska[2] *~r, ~de ~t itr.* 푸르러지다, 녹음이 짙어지다, 녹음으로 우거지다.
gröp|a *-er -te -t tr.* ~ ur 파다, 파내다.
gröpe *~t 0* 굵게 간 곡물(사료용).
gröt *~en ~ar* (먹는) 죽; gå som katten kring het ~ 요점을 피하다, 변죽을 울리다; vara het på ~en 과열해 있다.
grötig *a.* ① 죽 같은, 걸쭉한 ② (비유적) 목소리가 쉰, 탁한.
grötmyndig *a.* 젠 체하는, 거만한, 오만한.
G
guano *~n/~t, 0* 구아노(남미, 특히 페루 서해안의 섬에 있는 주로 해조의 똥이 퇴적, 경화하여 생긴 천연비료).
gubb|e *-en -ar* ① 노인, 영감(남편이나 부친 등 윗사람을 지칭하는 뜻으로도 사용) ② (비유적) rita -ar 우스꽝스러운(재미있는) 그림을 그리다; ~ eller pil 동전의 앞면이거나 뒷면; ~n i lådan 깜짝(도깨비)상자; göra -ar 얼굴을 찡그리다 ③ 실수; göra en allvarlig ~ 중대한 실수를 하다.
gubbig *a.* 노쇠한, 늙은; 노인의, 노인 같은.
gubbstrutt *~en ~ar* (노령으로 심히 쇠약한) 노인.
gubevars[1] ☞ **bevars**.
gubevars[2] *adv.* 물론.
gud Ⅰ. *-en -ar* 신(神) Ⅱ. Gud (기독교의) 하나님, 주(主); han är skyldig Gud och hela världen pengar 그는 온 천지 빚투성이다; Gud vet om han någonsin blir bra 언제나 그가 좋아질지 모르겠다(강한 회의를 나타냄); Gud ska veta att jag har försökt 나는 정말로 노력했다; Gud give att …, …을 진심으로 바란다; Gud ske(vare) lov ☞ **gudskelov**; för Guds skull 제발, 아무쪼록, 부디; Gudi(för Gud) 신을 위하여; en Gudi behaglig gärning 주님의 뜻을 따르는 일.
gudabenådad *a.* 탁월한 재능(소질)을 가진, 천재적인.
gudagåv|a *-an -or* 신께서 주신 선물; 탁월한 재능(소질).
gudaktig ☞ **gudfruktig**.
gudalär|a ☞ **gudasaga**.
gudasag|a *-an -or* 신화.
gudasänd *a.* 신께서 보내신, 하늘이 주신.
gudbarn *~et ~* 대자(代子; 대부모가 세례 때 입회해 준 아이).
guddotter *~n guddöttrar* 대녀(代女) (비교; gudbarn).
gud|far *-fadern -fäder* 대부(代父).
gudfruktig *a.* 신을 두려워하는; 신앙심이 깊은, 독실한.
gudilov ☞ **gudskelov**[2].
gudinn|a *-an -or* 여신(女神).
gudinog *adv.* 충분히, 남을 정도로, 철철 넘치게.
gudlig *a.* 독실한, 신앙심이 두터운; 위선적인.
gudlös *a.* 신을 모르는; 신앙심이 없는; 불경스러운; 이교의, 이단의; 비속한.
gud|mor *-modern -mödrar* 대모(代母).
gudom *~en ~ar* 신성, 신격(神格); (구체적으로) 신.

gudomlig *a*. 신성한, 신의; 거룩한.
gudsfruktan (불변화 en-명사) 독실함, (두터운) 신앙심, 경건함.
gudsförgäten *a*. 신에게 버림받은, 타락한, (장소가) 황량한, 외진; en ~ ort 신에게 버림받은(황량한) 곳.
gudsförnekar|e *-[e]n ~* 무신론자.
gudskelov[1] *itj*. ~ (att du kom) (네가 와서) 참 다행이다.
gudskelov[2] *adv*. 다행스럽게, 운 좋게.
gudstjänst *~en ~er* 예배; 제식.
guida [gajda] *~r ~de ~t itr*. 안내하다.
guide [gajd] *~n ~r* 여행안내자.
gul *a*. 노란; ~a febern【병리】황열병; slå ngn ~ och blå(grön) …를 멍이 들도록(모질게) 때리다.
gul|a *-an -or* 노른자.
gulasch Ⅰ. *~en 0*【요리】굴라쉬 (매콤한 맛의 쇠고기와 야채 스튜 요리) Ⅱ. *~en ~er* (전시 따위의 비상시에) 폭리를 취해 축재한 사람.
guld *~et ~* 금; lova ngn ~ och gröna skogar …에게 기적[같은 일]을 약속하다, 허황된 약속을 하다; skära ~ med täljknivar 돈을 많이 벌다.
guldbröllop *~et ~* 금혼식.
guldbågad *a*. 금테의.
guldfisk *~en ~ar* 금붕어.
guldgruv|a *-an -or* 금광; 보고.
guldkalv *~en ~ar* 황금 송아지; dansen kring ~en 황금만능[주의].
guldkantad *a*. (책, 종이 따위의) 가장자리에 금박을 입힌; (어음, 증권 따위가) 확실한.
guldkorn *~et ~* 금가루; 교훈적인 의미심장한 말이나 표현.
guldkron|a *-an -or* 금관;【치의학】부식된 치아에 입히는 금.
guldmedalj *~en ~er* 금메달.
guldsmed *~en ~er* 금(보석) 세공사; 귀금속 세공사; 보석상(juvelerare).
guldsmidd *a*. 금으로 풍부하게 장식된.
guldsnitt *~et ~* (책, 종이 따위의) 가장 자리에 금물 칠하기.
guldtack|a *-an -or* 금괴.
guldvåg *~en ~ar* 금 저울; väga sina ord på ~ 신중하게 말하다.
guldåld|er *-ern -rar* 황금시대.
gullgoss|e *-en -ar* 귀염둥이; lyckans ~ 행운아.
gullig *a*. 예쁜, 귀여운.
gullregn *~et ~*【식물】금련화(金蓮化) 무리(부활절에 장식으로 쓰임).
gullris *~et ~*【식물】메역취 속(屬)의 식물.
gullstol *~en ~ar*, bära ngn i ~ …을 손가마에 태우다.
gullviv|a *-an -or*【식물】구륜앵초.
gulmår|a *-an -or* 갈퀴덩굴 속(屬)의 풀; (침대의) 속 짚.
gulna *~r ~de ~t itr*. 노랗게 되다; 색이 바래다.
gulsot *~en 0*【병리】황달.
gumaktig *a*. 할머니 같은, 할머니식의; 노쇠한.
gumm|a *-an -or* 늙은 여자, 할머니; ~n min 나의 아내; min lilla gumma ① 내 사랑하는 아내 ② 내 귀여운 딸.
gummera *~r ~de ~t tr*. 고무풀로 붙이다, …에 고무를 바르다.
gummi *~t ~n* ① 고무 ② 지우개

③ (피임기구) 콘돔.

gummiband *~et ~* 고무줄.

gump *~en ~ar* (동물의) 엉덩이, 둔부.

gums|e *-en -ar* 숫양.

gung|a[1] *-an -or* 그네; vara i ~n 약간 취해 있다.

gunga[2] *~r ~de ~t* Ⅰ. *itr.* 흔들거리다; (시소를 타고) 위아래로 움직이다 Ⅱ. *tr.* 흔들다; (갓난아기 등을) 무릎에 올려놓고 어르다.

gungbräde *~t ~n* 시소 판.

gungfly *~[e]t ~n* 습지, 수렁; (비유적) 곤경, 궁지.

gunghäst *~en ~ar* 흔들 목마.

gungning *~en ~ar* 흔들[거]림; 동요; sätta ngt i ~ …을 위태롭게 하다.

G

gungstol *~en ~ar* 흔들의자.

gun[n]rum *~met ~* (군함 안의) 하급 장교 실.

gunst *~en 0* 총애, 호의(välvilja); stå högt i ~ hos ngn …의 총애를 받다.

gunstig *a.* 호의를 보이는, 호의적인.

gunstling *~en ~ar* 총아.

gunås[1] *adv.* 물론.

gunås[2] *itj.* 아뿔사!, 저런!

gupp *~et ~* ① (도로 따위의) 융기, 돌기; 구멍; (스키 탈 때) 도약, 점프 ② (갑작스러운) 충격.

guppa *~r ~de ~t itr.* 위아래로 흔들리다.

guppig *a.* (도로 따위가) 울퉁불퉁한.

gurg|el [gɵrgəl] *-let ~* 싸움, 다툼, 시비.

gurgelvatt|en *-net ~* 가글, 양치질 약.

gurgla *~r ~de ~t* Ⅰ. *tr. itr.* ① 목을 물로 꼬르륵 꼬르륵 소리 내며 씻어 내다 ② 목을 꼬르륵 꼬르륵 소리 나게 하다 Ⅱ. *rfl.* ~ sig 양치질하다.

gurgling *~en ~ar* 양치질하기, 양치질할 때 나는 소리.

gurk|a *-an -or* 오이.

gustavian *~en ~er* 구스타브 3세 시대 (1771~1779)의 대표적 작가와 예술가.

gustaviansk *a.* 구스타브 시대의.

guttaperka *~n 0* 구타페르카(말레이 반도, 수마트라, 보르네오 산의 야생 식물의 유액에서 얻어지는 고무질의 물질).

guttural[1] *a.* 목구멍의, 인후의.

guttural[2] *~en ~er* 【음성】 후음, 연구개음(g, k, ŋ 따위).

guvernant *~en ~er* 여자 가정교사 (남자 가정교사; informator).

guvernör *~en ~er* (도, 현, 지방, 도시 따위의) 지사, 장관, 총독; (미국의) 주지사.

gyck|el [jyk] *-let 0* 농담; 장안, 놀이, 유희; driva ~ med ngn …와 농담하다; …을 조롱하다.

gyckla *~r ~de ~t itr.* 농담하다, 조롱하다; 장난하다, 익살부리다; ~ med ngn …을 놀리다, 조롱하다.

gycklar|e *-[e]n ~* 재담꾼, 익살꾼; 광대.

gylf *~en ~ar* 양복의 단추 가리개; 남자 바지의 단추 가리개.

gyllen|e (불변화형용사) 황금의, 황금빛의; den ~ medelvägen 중용지도(中庸之道); ~ snittet 황금분할.

gymnasial *a.* 고등학교의.

gymnasieskol|a *-an -or* (통합)고등학교 (일반 고등학교와 직업 고등학교를 통합한 1971년 학제개편 이후

의 명칭).
gymnasist ~*en* ~*er* 고등학생.
gymnasi|um -*et* -*er* 고등학교(1971년 학제개편 이전의 명칭).
gymnast ~*en* ~*er* 체육가, 체육 전문가.
gymnastik ~*en* *0* 체조; 체육.
gymnastikdirektör ~*en* ~*er* 체육교사 자격 소지자.
gymnastisera ~*r* ~*de* ~*t* Ⅰ. *itr*. 체조하다 Ⅱ. *tr*. 운동시키다, 단련시키다; en väl ~d kropp 잘 단련된 신체.
gymnastisk *a*. 체조의, 체육의, 운동의.
gympa Ⅰ. ~*r* ~*de* ~*t itr*. 체조하다, 운동하다 Ⅱ. ~*n* *0* 체조; 체육.
gynekolog [jynekɔlo:g] ~*en* ~*er* 산부인과 의사.
gynekologi ~*n* *0* 부인과학, 부인병학.
gynekologisk *a*. 부인과 의학의, 부인병학의.
gynna ~*r* ~*de* ~*t tr*. 이롭게 하다; 보호하다; 지지하다; …에 호의를 베풀다.
gynnar|e -[*e*]*n* ~ ① 보호자, 찬성자 ② (친근하게 부르는 말이나 경멸적인 뜻으로) 놈, 녀석.
gynnsam *a*. 이로운, 유리한; 호의적인, 찬성의.
gyrokompass [gyro-/jyro-] ~*en* ~*er* 자이로 콤파스, 회전 나침의(羅針儀).
gyroskop ~*et* ~ 자이로스코프, 회전의(回轉儀).
gytt|er -*ret* *0* 뒤죽박죽, 뒤범벅[이 된 물체].
gyttj|a -*an* -*or* 진흙, 진창; (강바닥의) 침전물.
gyttjig *a*. 진흙의, 진창의.
gyttra ~*r* ~*de* ~*t* Ⅰ. *tr*. ~ ihop (samman) 뒤엉키다, 뭉치다 Ⅱ. *rfl*. 모이다, 뭉쳐지다.
gyttrig *a*. 모인, 뭉쳐진, 밀집된.
gyttring ~*en* ~*ar* ☞ gytter.
gå ~*r* *gick* ~*tt* Ⅰ. *itr*. ① (일반적 의미; 공간 속에서의 동작을 나타냄) a) 가다, 걷다, 걸어가다; jag har varit ute och ~tt 나는 밖에서 산보를 했다; ~ till fots 걸어가다, 도보로 걷다; det ~r (i trappan) (계단에서) 발자국 소리가 난다 b) 떠나다; 여행하다; (교통수단을) 운행하다; 출발하다; 움직이다; (기계가) 작동하다, 가동하다; bilen har ~tt 5000 mil 이 자동차는 5000마일을 달렸다; klockan ~r 이 시계는 작동하고 있다; klockan ~r rätt (fel) 이 시계는 맞다(틀리다); ridån gick 막이 닫혔다(내렸다); ~ sorgklädd 상중(喪中)에 있다; ~ Storgatan, 스투르가탄 (거리이름)을 따라 가다; får jag komma som jag ~r och står? 내가 이대로(입은 채로) 가도 되겠습니까?; ~ och tigga 구걸하며 다니다; ~ som (professor) (교수로) 재직하고 있다, (교수)의 신분이다; ~ efter (anvisning) (사용 설명서) 그대로 하다(따르다); ~ för halv avgift 요금을 절반만 내고 입장하다; ~ i hatt 모자를 쓰고 다니다; ~ i kyrkan 교회에 나가다; ~ i ngns (fickor) (남의 사사로운 일 따위를) 캐다, 파고들다; det har ~tt mal i …에 좀이 먹었다; ~ i(ur) vägen för ngn …를 방해하다(…에게 양보하

다); ~ med elektricitet 전기로 작동된다; ~ (omkring) i (trasor) (누더기를 입고) 다니다; ~ på universitet 대학에 다니다; klockan ~r på 12, 12시가 되어 간다; ~ i arv till ngn …에게 상속되다; pengarna ~r till 돈이 …에 사용된다; ~ under (namnet K), (K라는 이름으로) 통하다 c) (강, 길 등이 특정한 방향으로) 흐르다, 뻗어 있다, …에 이르고 있다 ② (특이한 의미로 사용될 때) a) (일이) 되어가다, 이루어지다, 행하여지다; ~이 가능하다; det ~r nog 아마 잘 될거야; det ~r inte 안 된다, 불가능하다; det får ~ hur det vill 어떻게 되더라도 신경쓸 필요없다, 어떻게 되어도 좋다; hur det än ~r 무슨 일이 일어날 지라도, 어떻게 되드라도; hur ~r det för dig? 어떻게 지내니?; ta reda på vad ngn ~r för …가 어떤 사람인지 알아보다; det ~r på en timme 1시간 걸린다 b) 공연되다, (북소리가) 나다; pjäsen gick för fulla hus 연극은 성황리에 공연되었다 c) 팔리다 d) (시간이) 흐르다, 지나다, 경과하다 e) (병, 소문 등이) 떠돌다, 퍼지다; det ~r rykten om att …라는 소문이 돌고 있다 f) 포함하다, 수용하다, 담다; det ~r 2 liter i flaskan 이 병에는 2리터가 들어간다 g) …에 미치다, 닿다 h) …에 달하다 Ⅱ. *tr*. ~ ed 맹세하다; ~ ärenden 심부름가다, 일보러 가다 Ⅲ. *rfl*. ~ sig trött 너무 걸어서 지치다; ~ sig varm 걸어서 더워지다 Ⅳ. (강세접사와 함께) ① ~ an 좋다, 적당하다; 가능하다; det ~r inte an 좋지 않다, 적당치 않다, 불가능하다; svaret ~r an 대답이 적당하다, 좋은 대답이다 ② ~ av a) (차에서) 내리다(stiga av) b) 부러지다, 끊어지다 c) (총기 등이) 발사되다 d) (색이) 바래다, (옷감, 실 등이) 닳다 e) ~ av och an 서성거리다 ③ ~ bort a) 멀리 가다 b) 사라지다 c) 죽다 d) 외출하다 ④ ~ efter a) …의 뒤를 따르다 b) 시계가 늦게 가다 c) …를 부르러(데리러)가다 ⑤ ~ emellan ☞ **träda²** Ⅱ ⑥ ~ emot a) 만나러 가다 b) ~ mig emot …이 나에게 좋지 않게(불리하게) 되어가다 ⑦ ~ fram a) 앞으로 가다 b) 【교회】 견진성사(堅振聖事)를 받다 c) (강 · 길 등이) 흘러나가다, 뻗어 나가다 d) (총알 등이) 목표물(과녁)에 미치다 e) (폭풍 등이) 지나가다, 휩쓸고 가다(svepa fram) f) 나아가다 ⑧ ~ för sig 좋다, 적당하다, 가능하다 (~ an) ⑨ ~ förbi a) 지나치다 b) …을 추월하다 c) …을 내버려두다, 고려하지 않다, 무시하다 d) 피하다, 변하다 ⑩ ~ före a) 앞에 가다 b) 시계가 빨리 가다 c) 미리 가다 d) 우선하다, 선행하다 e) 상위(우위)를 정하다 ⑪ ~ i 들어가다, 수용되다; 통하다; det där ~r inte i mig 그것은 나에게 통하지 않는다 ⑫ ~ ifrån a) 떠나다, 사라지다 b) 감해지다, 감산되다; 5kr. ~r ifrån 5크로나가 감해진다 ⑬ ~ igen a) (문 따위가) 닫히다 b) 유령이 되어 나타나다; den gamle ägaren gick igen i huset 옛날 집주인이 유령이 되어 집에 나타났다 c) 반복하다 ⑭ ~ igenom a) 통과하다, 관통하다 b) …에 온통 퍼지다, 고루 미치다; 침투하다 c) 조사하다, 검사하다 d) …을 받다, 겪다, 경험하다 e) (시험에) 합

G

격하다, 통과하다 ⑮ ~ ihop a) (연)합하다, (의견 따위가) 일치하다, 부합하다 b) 맞다, 조화를 이루다 c) få det att ~ ihop 빚 안 지고 살아가다, 수입 내에서 꾸려나가다 ⑯ ~ ikull ☞ ~ omkull ⑰ ~ in a) 들어가다, 입장(입실)하다 b) (신발 등이) 맞다 c) (시기 · 계절 등이) 시작하다; dagen gick in 날이 샜다 d) 들어가다, 수용되다 e) ~ in för (사상 따위를) 받아들이다, 지지하다, 찬성하다; bordet ~r inte genom (dörren) 그 책상은 (문으로) 들어가지 않는다; ~ in i 참가하다, …의 회원이 되다; 들어가다, 진입하다; ~ in till ngn …의 방으로 들어가다; ~ in på …에 들어가다; ~ med på …에 찬성(동의)하다; ~ in vid …에 입회(참가)하다; ~ in vid teatern 배우가 되다 ⑱ ~ inåt 안쪽으로 들어가다 ⑲ ~ isär 분리되다, (의견 따위가) 갈라지다 ⑳ ~ itu(i två delar) (두 조각(부분)으로) 나누어지다 ㉑ ~ med a) 따라가다, 동반하다 b) 참가(참여)하다 c) ~ med i …의 회원이 되다, 입회하다 ㉒ ~ ned(ner) 내려가다, 하강하다, (막이) 내리다, 닫히다; ~ ned i (어떤 직장 따위에) 들어가다; ~ ned i vikt 몸무게가 줄다 ㉓ ~ om a) 지나가다 ~ om ngn på vägen 길에서 …를 지나치다 b) 길이가 한 바퀴 충분하다; bältet ~r nätt och jämnt om midjan 혁대가 허리에 꽉 맞는다 c) 흐르다, 지나다; innan året ~tt om 해가 다 지나기 전에 d) 방향을 바꾸다; vinden har ~tt om till sydlig 바람이 남쪽으로 진로를 바꾸었다 e) 다시 하다, 재차 …하다; spelet får ~ om 시합은 다시 해야 된다 ㉔ ~ omkring a) 이리저리 돌아다니다 b) ☞ ~ runt b) ㉕ omkull a) 넘어지다 b) 파산하다, (계획 등이) 와해되다 ㉖ ~ på a) 타다, 승차하다 b) 계속하다, (계속해서) 나아가다, 진행하다 c) (배가) 좌초하다 ㉗ ~ runt a) 이리저리 돌아다니다 b) 순회하다; bägaren gick runt 술잔이 돌았다 c) (관용적으로) det ~r runt i huvudet på mig 머리가 핑핑 돈다(어질어질하다) ㉘ ~ samman ☞ ~ ihop ㉙ ~ till a) …를 찾아가다, 방문하다 b) 일어나다, 생기다; visa ngn hur det ~r till att (sy) (재봉)하는 법을 …에게 보여주다; hur ska det ~ till? 그것을 어떻게 해야 하는가?; så ~r det till här i världen 세상만사가 다 그런 것이다; det gick livligt till 활기 있게 진행되었다 ㉚ ~ tillbaka a) 돌아가다, 회귀하다 b) 취소하다 ㉛ ~ tillsammans 함께 가다 ㉜ ~ undan a) 비키다, 비켜나다 b) 신속하게 진행하다; låt det ~ undan! ~ 서둘러! ㉝ ~ under a) 파국을 맞다, (배 등이) 침몰하다, 멸망하다 b) …보다 싸게 입찰하다 ㉞ ~ upp a) 올라가다, 상승하다; (침대 · 잠자리에서) 일어나다; det gick upp för mig att … 나는 …을 깨달았다 b) (문 등이) 열리다 c) ~ upp i rök 연기처럼 사라지다; (비유적) 물거품되다 d) ☞ uppgå e) ~ upp [e]mot …과 비교되다; ingenting ~r upp [e]mot …과 같은 것은(견줄만한 것은) 아무 것도 없다 ㉟ ~ uppe 병석에서 일어나다(건강해지다) ㊱ ~ uppför 오르다, 올라가다 ㊲ ~ ur a) (차에서) 내리다 b) (얼룩이) 없어지다, (색깔이) 바래지

G

다 ㊳ ~ ut a) 나가다; 외출하다 b) 만기가 되다 ㊴ ~ utför 내려가다, 하강하다 ㊵ ~ vidare 계속하다, 계속해서 나아가다 ㊶ ~ åt a) 걸리다, 소모되다; hela dagen gick åt för mig att …하는 데 하루종일이 걸렸다 b) ~ åt av skratt 우스워 죽을 지경이다 c) ~ illa åt ngn …을 거칠게 대하다 d) vad ~r det åt dig? 너 무슨 일이냐? ㊷ ~ över a) 건너가다, 횡단하다 b) 넘다, 넘어가다; vattnet gick över huvudet 물이 머리(키)를 넘었다 c) 초과하다, … 이상이다, … 밖이다; det ~r över mina krafter 그것은 내 힘(역량)에 부치는 일이다 d) (재난 따위가) …을 덮치다; olyckan gick över honom 재앙이 그를 덮쳤다 e) 멈추다, 정지하다; när regnet har gått över 비가 멈춘 후에 f) 세밀하게 조사하다, 검사하다 g) ~ över i (점차) 변하다, 서로 융합하다 h) ~ över till (적편에) 투항하다; 개종하다; 바꾸다; stormen gick över till orkan 폭풍은 태풍으로 바뀌었다.

gågat|a *-an -or* 보행자 전용도로.

gång Ⅰ. *~en 0* ① 걷기, 산보; 걸음걸이, 걷는 모양; (말이) 걷는 속도; en ostadig ~ 불안정한 걸음걸이; påskynda ~en 걸음을 서두르다 ② 운동, 운행, 동작; vara i ~ från morgon till kväll 아침부터 저녁까지 운행(작동) 중이다; sätta i ~ 시작하다, 작동하다 Ⅱ. *~en ~er* (몇) 번 회; en ~ för alla 단 한 번만, 이번만; 단호하게; en ~ (i tiden) (언젠가) 한번은; en ~ om året 일 년에 한 번; en ~ vart tredje år 매 3년마다 한 번; en ~ till 다시 한 번; det var en ~ 옛날 옛적에(…가 살았었다; 동화 구절); en annan ~ 다음번에, 다른 기회에; förra ~en 지난번에; en åt ~en 일회에 하나씩; för en ~s skull (이번만) 예외적으로; ~ på ~ 가끔, 때때로, 번번이, 되풀이 하여; på en ~ 동시에, 단번에; två ~er två är fyra, 2 곱하기 2는 4이다.

gångar|e *-[e]n ~* ① 보행가(걷기를 스포츠로 삼는 사람) ② 승용마.

gångart *~en ~er* (말의) 보조(步調).

gångavstånd *~et ~* 걸어서 갈만한 거리.

gångban|a *-an -or* 보도, 인도(人道).

gångbar *a.* 현행의; (화폐 따위가) 유통하고 있는; (말 · 사상 따위가) 통용되고 있는.

gånggrift *~en ~er* 통로와 방을 갖춘 석기시대의 돌무덤.

gångjärn *~et ~* (문의) 돌쩌귀, 경첩.

gångkläder (복수명사) 의복, 일상복.

gånglåt *~en ~ar* (민속음악의) 행진곡.

gångsport *~en 0* 도보경기.

gåpåaraktig *a.* 적극적인, 진취적인.

gåpåar|e *-[e]n ~* 적극적인 사람, 활동가.

gåpåig *a.* 적극적인, 진취적인, 활동적인.

går (불변화명사), i ~(igår) 어제.

gård [go:d] *~en ~ar* ① 농장, 농원, 농지; bond~ 농가; herr~ 장원(莊園), 영주의 저택 ② 뜰.

gårdagen (정형명사) 어제.

gårdfarihandel *~n 0* 행상(行商), 도부 장사.

gårdshus *~et ~* 길가에 접해 있지 않고 뜰 안에 위치한 집.

gårdskarl *~en ~ar* (도시주택) 관리인, 잡역부.

gås *~en gäss* 거위; (비유적) 바보; det går vita gäss på sjön 하얀 파도가 친다.

gåshud *~en ~ar* 소름, 소름 돋는 피부; få ~ 소름이 끼치다.

gåskarl *~en ~ar* 거위의 수컷.

gåsleverpastej *~en ~er* 거위의 간을 갈아서 풀처럼 만든 식품.

gåsmarsch *~en ~er*, gå i ~ 일렬[종대]로 걷다.

gåt|a *-an -or* 수수께끼, 신비, 불가사의.

gåtfull *a.* 신비한, 수수께끼의.

gåv|a *-an -or* 선물; 재질, 소질.

gåvobrev *~et ~* 기증서.

gåvoskatt *~en 0* 증여세.

gäck Ⅰ. *~en ~ar*, släppa ~en lös 거침없이 농담을 하다 Ⅱ. *~et 0*, driva ~ med ngn …와 농담하다, …을 조롱하다.

gäcka *~r ~de ~t tr.* 좌절시키다; 농담하다, 놀리다.

gäcka|s *~ -des -ts itr. dep.* ~ med ngn …를 놀리다, 조롱하다.

gäckeri *~et ~er* 조롱, 농담.

gädd|a *-an -or* 강꼬치고기(입이 뾰족한 대형의 담수어).

gäl *~en ~ar* 아가미.

gäla *~r ~de ~t tr.* (물고기 등을 요리하기 위해) 손질하다.

gäld *~en 0* 빚, 채무.

gälda *~r ~de ~t tr.* 빚을 갚다, 보상하다.

gäldenär *~en ~er* 채무자.

gäll *a.* (음성 따위가) 날카로운, (색깔 등이) 강렬한.

gäll|a [jɛla] *-er -de -t tr. itr* ① …의 가치가 있다, …에 상당하다, 평가되다; en krona gäller för cirka 170 won 일크라운은 현재 환율이 170원이다 ② 유효하다, 적용되다; biljetten -er fem dagar 그 표는 5일간 유효하다 ③ …의 비중을 갖다; hans ord -er mycket 그의 말은 비중이 크다 ④ 간주되다, …로 통하다; han -er för en duktig lärare 그는 우수한 교사로 알려져 있다 ⑤ …을 의도하다, …와 관계가 있다, …을 뜻하다; besöket -de mig 방문은 나와 관련된 것이었다(방문은 나를 만나기 위함이었다) ⑥ det -er …의 문제다, …해야 된다, …이 요구된다, …이 필요하다; det -er liv eller död 생사가 달린 문제다; nu -er det att handla 지금은 행동할 때다; när det -er 결정적 상황에서; när det -er … (har du rätt) …에 관한 한 (네가 옳다).

gällande *a.* ① 유효한, 적용되는, 현행의, 통용되는; enligt ~ avtal 현행 조약에 의하면 ② göra ~ att …을 주장하다; göra sig ~ 눈에 띄게 나타나다, (집회 따위에서) 의견을 말하다; göra sin åsikt ~ 자기의 견해를 주장하다 ③ 영향력 있는, 비중 있는; en ~ politiker 영향력 있는 정치인.

gällen *a.* 약간 쉰(변질된).

gäms ☞ **gems**.

gäng *~et ~* 일파, 일당, 그룹.

gäng|a¹ *-an -or* 나사산(나사의 솟아나온 부분); vara ur gängorna 컨디션이 좋지 않다.

gänga² *~r ~de ~t tr.* …(볼트, 구멍)

에 나사산을 내다, …에 나사를 박다.

gänglig *a*. 껑충한, 여위고 키가 큰.

gängse (불변화형용사) 현행의, 현재 통용되는.

gärd *~en ~er*, en ~ av (tacksamhet) (감사)의 증표.

gärde *~t ~n* ① 울타리 ② 전답, 경작지.

gärdsgård *~en ~ar* 울타리.

gärdsmyg *~en ~ar* 굴뚝새.

gärna [jæːɳa] (*hellre helst*) *adv*. ① 기꺼이; det gör jag ~ 나는 기꺼이 그렇게 하겠다 ② 흔히, 자주; han cyklar ~ 그는 자주 자전거를 탄다(자전거 타기를 좋아한다).

gärning *~en ~ar* 행위, 행동; i ord och ~ 언행에 있어서.

G

gärnings|man *-mannen -män* 가해자, 범인.

gäspa *~r ~de ~t itr*. 하품하다.

gäspning *~en ~ar* 하품.

gässling *~en ~ar* 거위 새끼.

gäst [jɛst] *~en ~er* 손님.

gästa *~r ~de ~t tr. itr*. 방문하다; ~ [hos] ngn …을 방문하다, …의 집에서 손님으로 머무르다.

gästabud *~et ~* 연회, 파티.

gästbok *~en gästböcker* 방문록.

gästfri *a*. (손님에게) 대접이 후한, 환대하는.

gästgivar|e *-[e]n ~* 여관주인.

gästgivargård *~en ~ar*/**gästgiveri** *~et ~er* (시골의) 여관, 여인숙.

gästspel *~et ~* 초청연주(공연).

gästspela *~r ~de ~t itr*. 초청연주(공연)를 갖다.

gästvänlig ☞ **gästfri**.

gö|da *-der -dde -tt* Ⅰ. *tr*. ① 살찌게 하다 ② 거름을 주다 Ⅱ. *rfl*. 살찌다, 잘 살다; (비유적) 부자가 되다.

gödkalv *~en ~ar* 육우(육류용 소).

gödning *~en ~ar* ① (식용 가축 따위의) 비육(肥育) ② ☞ **gödsel**.

gödsel *~n 0* 퇴비, 거름.

gödselhög/gödselstack *~en ~ar* 거름더미.

gödsel|stad *~en -städer* 거름(퇴비)을 모아 두는 곳, 외양간 밖의 큰 퇴비장.

gödsla *~r ~de ~t tr*. 거름을 주다.

gödsling *~en ~ar* 거름주기.

gök *~en ~ar* ① 【동물】 뻐꾸기; ~en gal 뻐꾸기가 울다 ② (친근하게 부를 때) 친구, 녀석.

gökung|e *-en -ar* 뻐꾸기 새끼; en ~ i boet 도와준 사람에게 해를 끼치는 자.

göl *~en ~ar* 작은 못, 물웅덩이.

göm|ma[1] *-man -mor* 숨는 장소, 은신처; 보관소.

göm|ma[2] *-mer -de -t* Ⅰ. *tr*. 숨기다; 보관하다, 아껴두다 Ⅱ. *rfl*. 숨다, 은신하다.

gömme/gömsle/gömställe *~t ~n* 숨는 장소, 은신처.

göra[1] [jœːra] *~t 0* 일, 수고; jag hade ett fasligt ~ att öppna dörren 문을 여느라고 고생했다.

göra[2] *gör gjorde gjort* Ⅰ. *tr. itr*. ① 만들다, 제조(제작)하다; fabriken gör … 그 공장은 …을 제작한다 ② …하다, 수행하다; 창작하다; …을 야기하다; ~ affärer 사업을 하다; ~ ngn den glädjen att …에게 …의 기쁨을 주다; ~ ett mål 한 골을 넣다; ~ en paus 휴식(시간)을 갖다; ~ ngn sorg …에게 슬픔을 주다 ③ 얻다, 획득하다; ~ erfarenheter 경험하다 ④ …하게 하다; ~ ngn galen …을 미치게 하다; ~ ngn till general …를 장군이 되게 하다 ⑤ …이 되다; två gånger två gör fyra 2곱하기 2는 4가 된다 ⑥ 행동(행위)하다; jag vet inte hur man bör ~ 어떻게 행동해야 할지 모르겠다 ⑦ 영향을 주다; 상관이 되다; 의미를 갖다; gör det någonting om jag uteblir? 내가 빠지면 문제가 되겠느냐? ⑧ 주유(周遊)하다, 두루 보고 다니다; en amerikansk miljonär som gjort Europa på tre veckor 3주 동안에 유럽을 두루 돌아 본 어느 미국인 백만장자 ⑨ 대변(소변)을 보다; ~ i byxorna 바지 속에 대변(소변)을 보다 ⑩ (대동사(代動詞)로서 사용), han borde besöka läkare om han inte redan har gjort det 그가 아직까지 안그랬다면 그는 의사에게 가 봐야 한다 ⑪ (관용적으로), ~ en kvinna med barn 한 여자를 임신시키다; det låter sig inte ~s 불가능하다, 실현될 수 없다; Ⅱ. *rfl.* ① 어울리다, 돋보이다, 나아 보이다, 좋아 보이다; han gör sig alltid på kort 그는 항상 사진에 잘 나온다; kudden gör sig bra i soffan 쿠션이 소파와 잘 어울린다 ② …하는 체 하다, 가장하다; ~ sig sjuk 아픈 체 하다 ③ …을 …[의 상태로] 하다, …을 하다, …을 품다; ~ sig ren om händerna 손을 깨끗이 하다; ~ sig besvär att … 수고를 들여 …하다; ~ sig en föreställning om ngt …에 대한(관한) 생각을 품다(하다); ~ sig en förmögenhet 재물을 벌다(얻다) Ⅲ. (강세접사와 함께) ① ~ an ☞ **angöra** ② var skall jag ~ av [brevet]? [이 편지를] 어디에 두어야 하느냐?; jag visste inte var jag skulle ~ av mig 나는 몸둘 바를 몰랐다 ③ ~ av med a) …을 모두 써버리다(사용·소모해 버리다) b) 끝장을 내다, 죽이다; ~ av med sig 자살하다 ④ ~ bort ngn …를 당황케하다, 어리둥절케 하다; ~ bort sig 실수하다, 창피를 당하다 ⑤ ~ ngn emot …의 뜻을 거부하다(반하여 행동하다), …을 무시하다 ⑥ ~ fast 고정시키다 ⑦ ~ ifrån sig 끝마치다, 일을 끝내다; jag kommer så snart jag gjort ifrån mig 일을 마치는 대로 가겠다 ⑧ ~ loss 풀다, 놓다 ⑨ ~ ned(ner) ☞ **nedgöra** ⑩ ~ om 반복하다, 반복해서 …하다; gör inte om det! 다시는 그런 짓 하지마! ⑪ ~ på sig 바지 속에 똥(오줌)을 싸다 ⑫ ~ till a) 공헌하다; det gör varken till eller från 이래도 저래도 아무 차이가 없다 b) ~ sitt till 최선을 다하다, …을 돕다; han gjorde sitt till för att planen skulle lyckas 계획을 성공시키기 위해 그는 최선을 다했다 c) ~ sig till 과시하다; …의 환심을 사려고 노력하다, 아양떨다 ⑬ ~ undan 끝마치다, 해결하다 ⑭ ~ upp (문제 따위를) 해결하다, 처리하다; (계산서를) 청산하다; 지불하다; (계획 따위를) 짜다; ~ upp planer 계획을 짜다; ~ upp saken 일을 해결하다.

görande *~t ~n*, hans ~[n] och låtande[n] 그의 행실.

görd|el *-eln -lar* 거들(양말걸이가 달린 코르셋); 허리띠.

görlig *a.* 가능한, …할 만한; i ~aste

måns 가능한 한, 될 수 있는 대로.

görningen (정형명사), det är något i ~ 무슨 일인가가 진행 중이다(일어나고 있다).

göromål *~et ~* 일; 맡은 일, 직무.

gös *~en ~ar* ① 농어 류의 물고기 ② 선철덩어리(조각) ③ 선수기 (船首旗, 뱃머리에 걸어 국적을 알리는 작은 기).

göt Ⅰ. *~en ~ar* 고트 사람 (고대에 스웨덴 남부에 살았던 사람들) Ⅱ. *~et ~* 주조(鑄造), 주물(鑄物).

göteborgar|e *–[e]n ~* 예테보리(스웨덴의 서부 항구도시) 사람.

götisk *a*. 고트 사람의, 고트어의.

G

h [hoː] *h–[e]t h[–n]* ① 스웨덴어 알파벳의 8번째 글자 ②【음악】(C–장조의) 한 옥타브에서 최고음.

ha[1] [hɑː] *~r hade haft* Ⅰ. (조동사) ① han ~r åkt till Sverige 그는 스웨덴에 가버렸다; har du någonsin varit i Korea? 한국에 가본 적이 있습니까?; om jag [~de] vetat …/~de jag vetat … 내가 …라는 것을 알고 있었더라면 ② ~ att …해야 한다; ni ~r att anmäla er till imorgon 내일까지 신고하셔야 합니다 Ⅱ. *tr*. ① …를 가지고 있다, 가지다, 소유하다; han har aktier 그는 주식을 가지고 있다; ~ ansvar 책임이 있다; ~ besök 방문객이 와있다; ~ hund 개를 기르다; jag ~r huvudvärk 나는 머리가 아프다; du ~r fel 너는 잘못 생각하고 있다, 틀렸다; vad ~r du här att göra? (부정적) 뭘 하러 왔니?; idag ~r vi lördag 오늘이 토요일입니다; där ~r vi det! 그렇지, 바로 그것이다!; nu ~r jag det! ~ 옳지!, 이제 알았다!; nu ~r jag dig [allt]! 자, 어때 항복하지! ② 얻다, 받다, 가지다; hur mycket (vad) skall ni ~ för det här? 이것은 얼마에 팝니까?; här ~r du pengarna 자, 이 돈을 받아라; det kan han gärna ~! 거봐라!, 그래 싸다!; han ~r hög lön 그는 많은 급료를 받는다 ③ …하게 하다; ~ någon [till] att göra något …에게 …를 하게 하다 ④ han ~r det bra 그는 잘 지낸다; ~ det så bra! 즐겁게 보내세요!, 안녕히 계십시오(가십시오)!; hur ~r du det? 어떻습니까?, 안녕하십니까?, 잘 지냈니?; han ville ~ det till att jag var en lögnare 그는 내가 거짓말쟁이인 것처럼 말했다; han ~r lätt för språk 그는 어학에 재능이 있다 Ⅲ. *rfl*. han skrattade och ~de sig 그는 (마음껏) 웃으며 즐겁게 보냈다 Ⅳ. (강세접사와 함께) ① ~ av 꺾다, 끊다 ② ~ bort 잃어버리다, 치우다, 없애버리다, 제거하다 ③ det ~r jag inget emot 그것에 대해 이의는 없다 ④ ~ för sig; vad ~r du för dig? 뭘 하십니까?; ~r du något för dig ikväll? 오늘 저녁에 할 일이(약속이) 있습니까? ⑤ ~ i (액체를) …에 붓다, 따르다 ⑥ ~ inne (물품이) 재고가 있다 ⑦ ~ kvar 남아 있다 ⑧ ~ med [sig] 가지고 있다, 휴대하다, 가져오다, 가져가다; ~r du med dig allt vad du behöver? 필요한 것을 다 갖고 왔니?; ~ ögonen med sig 눈을 부릅뜨고 경계하다, 방심하지 않다;

det ~r det goda med sig att … 그것의 장점은 …이다 ⑨ ~ på sig (옷을) 입고 있다, 가지고 있다; jag ~r inga pengar på mig 나는 돈을 가지고 있지 않아; vi ~r gott om tid på oss 우리는 아직 충분한 시간이 있다; vi ~r bara en dag på oss 하루밖에 안 남았다 ⑩ ~ sönder 부수다, 깨다.

ha² *itj.* ha! 하!, 어! (의심, 뽐냄).

Haag [hɑ:g] 헤이그(The Hague, 네덜란드의 행정상의 수도).

habegär [hɑ:bejæ:r] *~et 0* 강한 소유욕.

habil [habi:l] *a.* 유능한, 능숙한, 재치 있는.

habilitering *~en 0* 장애자 사회복귀 훈련.

habitué *~[e]n ~er* 단골손님.

hack¹ (불변화명사), följa någon ~ i häl …의 뒤를 바짝 따라가다.

H

hack² *~et ~* 흠집, 패인 곳.

hack|a¹ *-an -or* ① (카드놀이) 시시한 카드 ② 소량의 현금 ③ han går inte av för -or 그는 하찮은 사람이 아니다.

hack|a² Ⅰ. *-an -or* 곡괭이, 괭이 Ⅱ. *~r ~de ~t tr.* ① 괭이로 파다 ② (고기를) 저미다, 잘게 썰다; ~t kött 잘게 썬 고기, 다진 고기; varken ~t eller malet 죽도 밥도 아니다(이것도 아니고 저것도 아니다) ③ ~ hål 구멍을 쪼아 뚫다 ④ ~ tänder 이를 달각달각 소리 나게 하다, (추위로) 이를 덜덜 떨다 Ⅲ. *itr.* ① ~ på …를 비난하다, 괴롭히다 ② 말을 더듬다 ③ ~ och hosta 헛기침하다; (기계가) 멈출락 말락 하다 Ⅳ. ① ~ loss 잘라내다 ② ~ sönder 분쇄하다.

hackar|e *-[e]n ~* 【컴퓨터】 컴퓨터광(狂) (컴퓨터 프로그래밍에 열중하는 사람); 해커(남의 네트워크 등에 불법 침입하여 정보를 빼내거나 프로그램을 파괴하는 사람); 엉터리 프로그래머.

hackelse *~n 0* (사료용으로 썬) 짚, 여물.

hackhost|a [hakhɷsta] *-an 0* 마른기침.

hackig *a.* ① 들쑥날쑥한, 톱니 모양의 ② 경련적인, 더듬는.

hackkyckling *~en ~ar* 모든 사람의 비난을 받는 사람.

hackmat *~en 0*, göra ~ av någon …를 묵사발로 만들다.

hackspett *~en ~ar* 딱따구리.

haffa *~r ~de ~t tr.* 붙잡다; (범인을) 잡다, 체포하다.

hafs *~et 0* 부주의; 소홀; 단정치 못함.

hafsa *~r ~de ~t itr.* ~ med något …를 바삐 서둘러서 하다, …를 되는 대로 하다.

hafsig *a.* 소홀한, 되는 대로의; 함부로 하는.

hag|e [hɑ:gə] *-en -ar* ① 목초지 ② 작은 숲 ③ (격자로 둘러친) 갓난아기의 놀이터 ④ hoppa ~ 돌차기 놀이(지면에 1에서 10정도의 번호를 써서 줄을 치고, 그 속으로 납작한 돌을 번호순으로 차 넣으며, 한쪽 발로 선을 밟지 않고 껑충껑충 뛰어서 전 구획을 빨리 도는 놀이)를 하다.

hagel [hɑ:gəl] *haglet ~* ① 우박 ② 사냥용 산탄.

hagelby *~n ~ar* 우박을 동반한 폭풍.

hagelskur *~en ~ar* ☞ **hagelby**.

hagla *~r ~de ~t itr.* det ~r 우박이

내리다; 비 오듯이 내리다.

hagtorn *~en ~ar* 산사나무.

haj[1] *~en ~ar* 상어.

haj[2] *~en ~ar* 고리대금업자, 사기꾼.

haja[1] *~r ~de ~t itr.* ~ till 놀라다.

haja[2] *~r ~de ~t tr.* (비어) 이해하다.

hak *~et ~* 흠집, 패인 곳, 저급한 식당, 댄스 홀.

hak|a[1] *–an –or* 턱; tappa ~n 깜짝 놀라다.

haka[2] *~r ~de ~t tr.* ① ~ av 갈고리에서 벗기다 ② ~ fast något …를 갈고리에 걸다; ärmen ~de fast i en spik 소매가 못에 걸렸다 ③ ~ upp sig 움직이지 못하게 되다, 고장이 나다; 말이 막히다, 곤궁에 처하다; ~ upp sig på småsaker 시시한 일로 걱정하다.

hak|e *–en –ar* ① 갈고리; (문의) 걸쇠 ② det finns en ~ 뜻하지 않은 장애가 생겼다; tusan –ar! 아이, 참!

hakkors *~et ~* 만(卍)자형.

haklapp *~en ~ar* (유아용) 턱받이.

hal *a.* 미끄러운; 입담이 좋은, 잘 지껄이는; komma ut på ~ is 살얼음을 밟다; sätta någon på det ~a 남을 궁지에 몰아넣다.

hala *~r ~de ~t itr. tr.* 끌어당기다, 잡아끌다; ~ ned 끌어 내리다; ~ ned flaggan 깃발을 끌어 내리다; ~ upp något ur fickan 호주머니에서 무엇을 꺼내다.

halka[1] *~n 0* 미끄러움; det är svår ~ 거리는 몹시 미끄럽다.

halka[2] *~r ~de ~t itr.* 미끄러지다; ~ omkull 미끄러져 넘어지다; ~ över 무시하고 넘어가다.

halkig *a.* 미끄러운.

halkkörning *~en ~ar* 빙판길 운전 연습.

hall *~en ~ar* 넓은 현관, 홀, 집회장.

hallick *~en ~ar* (속어) 포주, 기둥서방(sutenör).

hallon *~et ~* 산딸기.

hallstämp|el *–eln –lar* 품질 증명각인(刻印).

hallucination *~en ~er* 환각; 망상.

hallå[1] *itj.* 여보세요!; 이봐, 야아!

hallå[2] *~[e]t 0* 떠들썩함, 큰 소란.

hallå|a ① *~r ~de ~t itr.* 여보세요(hallå)! 하고 말하다; 아나운서로 근무하다 ② *–an –or* ☞ **hallåkvinna**.

hallåkvinn|a *–an –or* 【방송】 여자 아나운서.

hallå|man *–mannen –män* 【방송】 남자 아나운서.

halländsk *a.* 할란드(Halland) 지방의.

halländsk|a Ⅰ. *–an 0* 할란드(Halland) 방언 Ⅱ. *–an –or* 할란드(Halland) 지방 여자.

hallänning *~en ~ar* 할란드(Halland) 지방 남자.

halm *~en 0* 짚.

halmhatt *~en ~ar* 밀짚모자.

halmstrå *~et ~n* 짚; gripa efter ett ~ 조그마한 찬스에도 필사적으로 매달리다, 지푸라기라도 잡다.

halo *~n, ~er/~r* (태양·달 주위의) 무리, 훈륜(暈輪).

hals *~en ~ar* ① 목; ~ över huvud 곤두박이로; ge ~ 외치다; ha gråten i ~en 울려고 하다, 울 지경이다; sätta maten i ~en 음식이 목에 걸리다; falla någon om ~en 남의 목을 끌어안다; få ngt på ~en …에 대한 부담을 떠안다, 빚을 지다; få en sjukdom på ~en

H

병에 걸리다; det står mig upp i ~en 그것엔 신물이 난다, …에 싫증나다 ② 【음악】 (음표의) 대(수직선 부분) ③ 【항해】 가로 돛 앞의 밑 모퉁이; segla för styrbords ~ar 바람을 우현으로 받고 범주(帆走)하다.

halsa *~r ~de ~t tr*. 병 채로 마시다, 꿀꺽꿀꺽 들이켜다.

halsband *~et ~* 목걸이.

halsbloss *~et ~*, dra ~ (담배 연기를) 깊숙이 빨아들이다.

halsbrytande *a*. 몹시 위험한(속도 따위가).

halsbränna *~n 0* 【병리】 가슴앓이.

halsduk *~en ~ar* 목도리.

halsfluss *~en ~er* 【의학】 편도선염.

halsgrop *~en ~ar*, ha hjärtat i ~en 깜짝 놀라다, 혼비백산하다.

hals|hugga *-hugger -högg -huggit tr*. 참수하다, 목을 베다.

halsmand|el *-eln -lar* 편도선.

halsstarrig *a*. 고집스러운.

halst|er *-ret ~* 석쇠, 적철; hålla någon på ~ …를 걱정하게 하다, 조바심시키다.

halstra *tr*. 석쇠에 굽다.

halt[1] *a*. 절름발이의, 절뚝거리는.

halt[2] Ⅰ. *~en 0* ① 함유량, 비율 ② inre ~ (액면 가치에 대한) 화폐의 실질 가치 Ⅱ. *~en ~er* 정지; 휴지(休止); göra ~ 정지하다, 멈추다, 서다 Ⅲ. *itj*. 서!

halta *~r ~de ~t itr*. ① 절뚝거리다 ② 억양이 안 맞다, 시가(詩歌)의 운율이 고르지 않다.

halv *a*. 반(半), 절반의, 2분의 1의; en och en ~ timme 한 시간 반; två och en ~ månad[er] 두 달 반; för ~ maskin 절반 속도로; för ~a priset 반값으로; på ~ stång (조의를 표시하는) 반기(半旗)의 위치에; ~ tjänst 반일(半日)제 노동; [klockan] ~ fem 네 시 반.

halv|a *-an -or* ① 반, 절반 ② en ~ vin 포도주 반병 ③ ~n 두 번째의 술잔.

halvannan *a*. 한 개 반.

halvbild *~en ~er* 상반신 사진.

halvblod *~et ~* 잡종.

halv|bror *-brodern -bröder* 배다른 형제.

halvbutelj *~en ~er* 37.5 센티 리터짜리의 [술]병; en ~ vin 포도주 반병.

halvdager [-dɑ:ger] *~n 0* 어스름, 황혼.

halvdan[n] *a*. 좋지도 나쁘지도 않은.

halvera *~r ~de ~t tr*. 2등분하다, 반씩 나누다.

halveringstid *~en ~er* 반감기(半減期) (방사선 물질의 원자의 반수가 붕괴하는데 필요한 시간).

halvfabrikat *~et ~* 반제품.

halvfet *a*. ① (인쇄) 볼드체의 ② ~ ost 지방분이 적은 치즈.

halvfransk *a*. ~t band (제본) 반 가죽 장정(등과 모서리만 가죽).

halvhjärtad *a*. 마음이 내키지 않는, 할 마음이 없는.

halvklot *~et ~* (지구의) 반구.

halvkombi *~n, ~/~er* 뒷좌석을 접어 내릴 수 있는 상자 모양의 자동차.

halvkonserv *~en ~er* 저장시간이 한정된 통조림 식품.

halvkväden *a*. förstå ~ visa 암시를 알아채다.

halvledar|e *-[e]n ~* 【물리】 반도체.

H

halvlek ~*en* ~*ar* 【스포츠】 시합의 전반전(후반전).

halvljus ~*et* ~, köra på ~ 헤드라이트의 조명을 낮추어 운전하다.

halvmesyr ~*en* ~*er* 임시변통의 수단, 미봉책.

halvnot ~*en* ~*er* 【음악】 2분 음표.

halvpann|a –*an* –*or* 【속어】 ☞ halvbutelj.

halvpension ~*en* ~*er* 하루 이식(二食)제 투숙(여관, 호텔 등).

halvskydda|d *a*. –t arbete 준 보호노동.

halvslag ~*et* ~ (밧줄의) 반 매듭; dubbelt ~ 감아 매기(밧줄 매는 방식의 하나).

halvspråkig *a*. 반거층이 언어의(다중언어 사회에서 모국어도, 현지어도 제대로 못하는 사람의 경우).

halvsula ~*r* ~*de* ~*t tr*. 구두창(앞부분)을 대다.

halvsyst|er ~*n* –*rar* 배다른 자매(아버지나 어머니가 다른 자매).

halvt *adv*. 절반; ~ om ~ 절반만, 불완전하게; göra något ~ om ~ 일을 아무렇게나 하다, 어중간하게 하다.

halvtid ~*en* ~*er* ① 【스포츠】 중간 휴식, 하프 타임 ② 반나절 노동.

halvvägs *adv*. 도중까지, 중도에.

halvö [halvø:] ~*n* ~*ar* 반도(半島), Koreanka halvön 한반도.

hạmbo [hạmbo] ~*n* ~[*r*] 스웨덴 민속춤의 하나.

hamburgar|e [hamburjarə] –[*e*]*n* ~ 햄버거.

hamburgerkött [–burjərçœt] ~*et* ~ 훈제 말고기.

hamịt ~*en* ~*er* 함족(아프리카 북동부에 사는 아프리카인).

hammar|e –[*e*]*n*, ~/*hamrar* 망치; 【해부】 (中耳의) 추골.

hạmm|el –*eln hamlar* 거세된 숫양(羊).

hạmmock ~*en* ~*ar* 해먹 의자(정원의 그네 소파).

hammondorg|el –*eln* –*lar* 해먼드 오르간(2단 건반의 전기 오르간).

hamn[1] ~*en* ~*ar* ① 외관, 겉보기, 모습 ② 유령, 귀신.

hamn[2] ~*en* ~*ar* 항구, 배가 닿는 곳; trygg ~ 안전한 피난처; löpa in i en ~ 항구에 정박하다; föra något i ~ …를 결론으로 이끌다.

hamna ~*r* ~*de* ~*t itr*, ~ i 우연히 …에 도착하다; 어떤 상태로 되다; han ~de i fängelse 그는 투옥 당하게 되었다; ~ i svårigheter 곤란한 상태에 빠지다.

hamp|a –*an 0* ① 삼, 대마 ② ta någon i ~n 사람의 목덜미를 잡다, 붙잡다.

hamra ~*r* ~*de* ~*t tr*. *itr*. 망치로 치다; ~ på bordet 테이블을 톡톡 두드리다; ~ in något i någon 어떤 일을 …의 머릿속에 두들겨 넣다(머리에 주입시키다).

hamst|er –*ern* –*rar* (일종의) 큰 쥐.

hamstra ~*r* ~*de* ~*t tr*. *itr*. (몰래) 저장하다, 축적하다.

hamstrar|e –[*e*]*n* ~ (몰래) 저장하는 사람; (전시 중의 매점, 매석 자).

han *pers*. *pron*. 그가(는)(인칭대명사 3인칭 남성, 단수, 주격).

hand ~*en händer* 손; flata ~en, ~ens insida 손바닥; knuten ~ 쥔 주먹; ~en på hjärtat 솔직히 말해서; anhålla om en dams ~ 청혼하다; bära ~

på någon 아무에게 폭행을 가하다; ge någon en ~ …를 도와주다; han har ingen ~ med i spelet 그는 (사건에) 관여하지 않고 있다; ha ~ om 책임지다; ta ~ om …를 돌보다, 처리하다; ta sin ~ ifrån …에서 손을 떼다, …와 관계를 끊다; efter ~ 점차로; vara för ~en 바로 가까이 있다; i första ~ 첫째로; ~ i ~ 손을 마주잡고; allt går honom väl i händer 그는 모든 일에 성공한다; ta [någon] i hand 인사하다(악수하다); ta någon i ~ på …하기로 약속하다; de kan ta varann i ~ 그들은 잘 어울린다; ta saken i egna händer 자신이 직접 일에 뛰어들다, 일을 맡다, 손수 처리하다; med varm ~ 기꺼이; bort med händerna! 간섭하지 마시오, 손대지 마시오; upp med händerna! 손들어!; ha något på ~ 선택할 수 있다; på egen ~ 독자적으로, 자력으로; till ~a 수중에, 손수; brevet har kommit mig till ~a 편지는 [제 때에] 잘 들어왔다; gå någon till ~a …를 도와주다; ha till ~s 근처에(곁에) 있다; leva ur ~ i mun 그날 벌어 그날 살다, 간신히 지내다; ge vid ~en 보이다, 지적하다.

handarbete *~t ~n* 바느질, 자수, 뜨개질.

handbagage [handbagɑ:ʃ] *~t ~* 수하물(手荷物).

handbojor [–bɔj:ɷr] (복수명사) 수갑(手匣); belägga någon med ~ …에게 수갑을 채우다.

hand|bok *~en –böcker* 안내서, 지침서, 편람.

handduk *~en ~ar* 수건, 타월; kasta in ~en 포기하다.

handel *~n 0* ① 무역, 상업; 시장; ~ på(med) utlandet 대외 무역; driva(idka) ~ med …와 무역하다; vara [ute] (finnas) i ~n 팔 것으로 나와 있다, 판매되고 있다 ② ~ och vandel 행동, 처사, 행실.

handelsbalans *~en 0* 무역 수지(貿易收支).

handelsbod *~en ~ar* (시골에 있는) 상점, 가게.

handelsbolag *~et ~* 상사.

handelsflott|a *–an –or* 상선대(商船隊).

handelshögskol|a *–an –or* 상과대학.

handels|kammare *–kammaren –kamrar* 상업 회의소.

handels|man *–mannen –män* 상인(商人).

handelsresande *~n ~* 순회 판매원, 외판원.

handelsträdgård *~en ~ar* 시장판매를 위한 야채 재배원.

handfallen *a.* 어찌할 바 모르는.

handfast *a.* 크고 센, 억센.

handfat *~et ~* 대야.

handflat|a *–an –or* 손바닥.

handfull, en ~ 소량(少量); 한 움큼의.

handgemäng [–jemɛŋ] *~et ~* 드잡이, 난투.

handgranat *~en ~er* 수류탄.

handgrepp *~et ~* 조종; 취급법.

handgriplig *a.* 거친, 완력에 의한; ① ~t skämt (말 뿐이 아닌) 짓궂은 장난; ~ tillrättavisning 체형(體刑); (학교에서) 체벌 ② 쉽게 지각할 수 있는, 명백한; ~t bevis 명백한 증거.

handgripligheter (복수명사) 싸움.

hand|gången *a*. hans −gångne man 그의 충실한 부하, 추종자.

hand|ha[va] *−har −hade −haft tr*. 다루다; 사용하다; 처리하다; …의 책임이 있다, …의 임무를 맡다.

handikapp *~et ~* ① 신체장애 ② 【스포츠】 핸디캡(경기에서 우열을 고르게 하기 위하여 유리한 사람에게 지우는 부담).

handikappad *a*. 장애가 있는, 장애자의.

handikappidrott *~en ~er* 장애인 경기(競技).

handkann|a *~n −or* (도자기, 유리 따위로 만든 손잡이가 달린) 주전자.

handklappning *~en ~ar* 박수.

hạndklavẹr *~et ~* 아코디언 ☞ dragspel.

handklovar [−klɷ:var] (복수명사) ☞ handbojor.

handkraft *~en 0* 수공(手工)능력, 손재주.

handla *~r ~de ~t itr*. ① 무역하다, 매매하다, 장사하다, 물건을 사다, 쇼핑하다; ~ i parti 도매하다; jag ~r hos A 나는 항상 A상점에서 쇼핑 한다; jag har ~t upp alla pengar 나는 쇼핑에 돈을 다 써버렸다 ② 행동하다, 조치를 취하다 ③ ~ om …를 다루다, (주제는 …이다).

handlag *~et 0* 숙련된 기술, 교묘한 솜씨, 다루는 방식, 취급방식; ha det rätta ~et 솜씨가 좋다.

handlande Ⅰ. *~t 0* 무역; 행동; 행위 Ⅱ. *~n ~* 상인; 장수; 소매상인.

handled *~en ~er* 손목.

hand|leda *−leder −ledde −lett tr*. 가르치다; 인도하다, 지도하다.

handledar|e *−[e]n ~* 지도교수.

handling *~en ~ar* ① 행동, 활동, 행위; fientlig ~ 적대행위; straffbar ~ 처벌받을 행동; en ~ens man 활동적인 사람; omsätta i ~ 실행에 옮기다 ② (작품의) 줄거리, 스토리, 플롯 ③ 서류, 문서; lägga ngt till ~arna …을 제쳐놓다.

handlingsfrihet *~en ~er* 자유재량(권).

handlingskraftig *a*. 정력적인, 활동적인.

handlingsmännisk|a [−mɛniʃa] *−an −or* 활동적인 사람, 행동으로 옮기는 사람.

handlingsprogram *~met ~* 활동방향(목표).

handlov|[e] [−lɷ:v] *−en −ar* 손목.

handlån *~et ~* 임시 대부.

hand|lägga *−lägger −lade −lagt tr*. 다루다, 취급하다; 처리하다; ~ ett mål 소송을 심리하다.

handläggar|e *−[e]n ~* 안건 담당 공무원.

handlöst *adv*. 곤두박이로.

handpenning *~en ~ar* (할부금의) 첫 지불액, 선금, 계약금.

handplocka *~r ~de ~t tr*. 자신이 아는 사람을 고르다, 마음대로 고르다.

handpåläggning *~en ~ar* 【교회】 (성신의 은총을 비는) 안수, 안수례(按手禮).

handräckning *~en ~ar* ① 원조, 도움, 도와주는 사람 ② 【군사】 작업, 작업반.

handsekreterar|e *−[e]n ~* 개인 비서.

H

handsk|as *-as -ades -ats itr. dep.* ~ med 다루다, 처리하다; ~ vårdslöst med …를 부주의하게 다루다.

handsk|e *-en -ar* 장갑; passa som hand i ~ 꼭 맞다; ta upp den kastade ~n 도전에 응하다.

handskfack *~et ~* (자동차 앞좌석의) 사물함.

handskrift *~en ~er* 원고; 수서(手書), 필사본.

handslag *~et ~* 악수; lova (bekräfta) med ett ~ 악수로 약속(확인)하다.

handstil *~en ~ar* 필적, 필체.

handtag *~et ~* ① 손잡이, 핸들, (연장, 무기의) 자루 ② ge någon ett ~ …를 도와주다; han har inte gjort ett ~ 그는 아무 일도 안했다.

handtryckning *~en ~ar* ① 악수 ② ge en ~ 뇌물을 주다.

handvändning *~en ~ar*, i en ~ 순식간에, 눈 깜짝할 사이에.

H

han|e/hann|e *-en -ar* ① 동물의 수컷 ② (총의) 공이치기, 격철, 방아쇠; spänna ~n 방아쇠를 당기다.

hanegäll [hɑːnejɛl], i ~et 【고어】 새벽에.

hangar [haŋgɑ̣ːr] *~en ~er* (항공기의) 격납고.

hangarfartyg *~et ~* 항공 모함.

hank *~en ~ar* ① inom stadens ~ och stör 도시의 구역 내에 ② (옷깃의) 걸고리.

hanka *~r ~de ~t rfl.* ~ sig fram 그럭저럭(어렵사리) 해나가다, 살아가다.

hann ☞ **hinna**.

hanne ☞ **hane**.

hans (소유대명사) 그의, 그의 것.

hant|el *-eln -lar* 아령.

hantẹra *~r ~de ~t tr.* 처리하다, 다루다, 조작하다.

hantẹring *~en ~ar* 처리, 취급, 조종; 상업; skum ~ 수상한 일.

hanterlig *a.* 다루기 쉬운; 처리하기 쉬운.

hantlangar|e *-[e]n ~* 조수, 보조자.

hantverk *~et ~* 수세공, 수공업; (특수한 기술을 요하는) 직업.

hantverkar|e *-[e]n ~* 장인(匠人), 기공(技工).

hantverksmässig *a.* 손으로 만드는; 개성이 없는, 기계적인.

harang *~en ~er* 장황한 이야기, 장광설.

harangera *~r ~de ~t tr.* (환영, 축하) 연설을 하다.

har|e *-en -ar* 산토끼; 겁쟁이; ingen vet var ~n har sin gång 무슨 일이 일어날지 아무도 모른다.

harem *~et ~* 회교국의 후궁(後宮).

harhjärtad *a.* 겁많은, 소심한.

harig *a.* 겁많은.

harkla *~r ~de ~t itr. rfl.* ~ sig (말을 시작하기 전에) 헛기침하다.

harkrank [hɑːrkrank] *~en ~ar* 꾸정모기 (모양이 큰 모기 비슷하지만 피는 빨지 않음).

harlekin [hɑ̣ːrlekin] *~en ~er* 할리퀸 (무언극이나 발레 따위에 나오는 어릿광대).

harm [harm] *~en 0* 분개, 분노; 원한; med ~ 분개하여.

harma *~r ~de ~t tr.* 성나게 하다, 기분 나쁘게 하다.

harm|as *-as -ades -ats its. dep.* 성내다, 기분 나빠하다; ~ över (남의

행동 따위를) 불쾌하게 여기다, 분개하다.

harmlig *a*. 난처한, 귀찮은; 짜증나는, 화나게 하는.

harmlös *a*. 천진한; 악의가 없는; 해가 없는.

harmoni *~n ~er* 조화; 【음악】 화성.

harmoniera *~r ~de ~t itr*. 조화하다; 【음악】 해조(諧調)를 이루다, 가락이 맞다.

harmonik [harmoniːk] *~en 0* 【음악】 화성학.

harmonisera *~r ~de ~t tr*. 조화시키다; 【음악】 …에 화음을 가하다.

harmonisk [harmoːnisk] *a*. 조화된; 【음악】 화성의.

harmoni|um *–et –er* 소형(小形) 오르간, 페달 식 오르간.

harmsen *a*. 분개한, 성난.

harmynt *a*. 언청이의.

harmynthet *~en ~er* 언청이.

harnesk [hɑːrnesk] *~et ~* 갑옷과 투구, 가슴에 대는 갑옷; vara i ~ mot …에게 반기를 들다.

harp|a[1] *–an –or* ① 【음악】 하프 ② 【비어】 추악한 노파 ③ 어레미, 도드미.

harpa[2] *~r ~de ~t tr*. 체질해서 가르다(sålla).

harpun *~en ~er* (고래잡이용) 작살.

harpunera *~r ~de ~t tr*. 작살로 잡다.

harr *~en ~ar* 【어류】 살기.

harskraml|a *–an –or* 딸랑이(산토끼 몰이에 쓰이는 나무로 만든 사냥도구).

harsyr|a *–an –or* 【식물】 수영속(屬)의 식물.

hart [hɑːʈ] *adv*. ~ när 거의.

hartass *~en ~ar*, stryka över med ~en (과실을) 숨기다.

harts *~et ~er* 송진, 수지; 로진.

hartsa *~r ~de ~t tr*. …에 로진을 바르다.

harv *~en ~ar* 써레.

harva *~r ~de ~t* Ⅰ. *tr*. 써레질하다 Ⅱ. *itr*. 【군대 비어】 힘든 훈련을 받다.

harvärja, ta till ~n 허둥지둥 달아나다.

has *~en, ~or/~ar* (짐승 뒷다리의) 무릎; rör på ~orna! 빨리 해라!

hasa *~r ~de ~t tr. itr*. ① 발을 질질 끌며 가다; ~ sig fram 앉은 채로 몸을 끌고 나아가다 ② 미끄러지다; strumpan har hasat ned på benet 긴 양말이 다리 밑으로 흘러내렸다.

hasard *~en 0* ① 도박; spela ~ 도박하다 ② det är rena ~en 순전히 우연이다.

hasch *~en/~et, 0* 대마(大痲) 잎으로 만든 마취제 (haschtisch의 준말).

hasp *~en ~ar* 걸쇠, 잠그는 고리.

haspa *~r ~de ~t tr*. …를 고리로 잠그다.

hasp|el *–eln –lar* 얼레, 자새.

haspelspö *~t ~n* 얼레 달린 낚시 대.

haspla *~r ~de ~t tr*. (실을) 얼레에 감다; ~ ur sig 막힘없이 말하다.

hass|el *–eln –lar* 개암나무.

hast (불변화명사) 급함, 서두름; i största [all] ~ 몹시 급하게; i en ~ 당장에, 충동적으로, 돌연히, 앞뒤 생각 없이.

hasta *~r ~de ~t itr*. 급히 하다, 서두르다.

hastig *a*. 급속한, 빠른, 급한; 서두르는, 허둥대는; 황급한, 갑작스러운; i ~t mod 즉석에서, 미처 생각지 않고 얼떨결에; ta ett ~t slut 갑작스럽게 끝나다.

hastighet *~en ~er* 속도; hög ~ 고속; högsta(tillåtna) ~ 제한속도; i ~en 급해서.

hastighetsgräns *~en ~er* (차량의 최고) 제한속도.

hastigt *adv*. 빨리, 급히; helt ~ 갑자기; 뜻밖에; ~ och lustigt 곧, 즉시; titta in som hastigast 잠시 방문하다.

hastmat *~en 0* 빨리 준비할 수 있는 음식.

hastverk *~et ~* 되는 대로 한 일(작품), 마구잡이로 만든 물건.

hat *~et 0* 증오, 원한(怨恨).

hata *~r ~de ~t tr*. 미워하다, 증오하다.

hatisk *a*. 원한을 품은, 증오에 찬.

hatkampanj *~en ~er* 배척운동.

hatkärlek *~en 0* 강렬한 애증(愛憎)의 감정.

hatt *~en ~ar* 모자; (치약 튜브 따위의) 뚜껑; han är karl för sin ~ 그는 굴하지 않는 사람이다.

hattpartiet (정형명사) 【역사】 스웨덴 자유주의시대(Frihetstiden) 때 활동했던 정당.

hattbrätte *~t ~n* 모자의 테, 챙.

haubits *~en, ~er/~ar* 유탄포, 곡사포(曲射砲).

haussa [họ:sa] *~r ~de ~t tr*. ① ~ [upp] priserna 가격을(물가를) 등귀시키다 ② …의 인기를 상승시키다, 붐을 일으키다(조성하다).

hausse [họ:s] *~n ~r* [물가] 폭등; 인기상승; spekulera i ~ (값이 오를 것을 기대하고) …를 자꾸 사들이다.

hav [hɑ:v] *~et ~* 바다; 광대(廣大), 넘쳐흐르는 빛; som en droppe i ~et 구우일모(九牛一毛)(한강에 물 쏟기).

hava ☞ ha.

havande *a*. 임신한, 아이를 밴.

havandeskap *~et ~* 임신.

haverera *~r ~de ~t itr*. (배·비행기가) 난파하다, 조난하다; (자동차가) 충돌하다; (기계가) 고장 나다.

haveri *~et ~er* 난파, 조난; 충돌; 고장.

haverikommission *~en ~er* 사고조사위원회.

haverist *~en ~er* 난파선; 조난당한 사람.

havre [hɑ:vrə] *~n 0* 귀리.

havre[gryns]gröt *~en 0* 귀리죽.

havsband *~et 0*, i ~et 군도(群島)의 변두리.

havskatt *~en ~er* 메기류의 물고기.

havsrätt *~en 0* 해양법.

havtorn *~en ~ar* 【식물】 산사나무(장미과 식물).

h-dur 【음악】 나장조.

heat [hi:t] *~et ~* 【스포츠】 예선의 1회; (시합의) 1라운드.

hebré *~[e]n ~er* 헤브라이 사람, 이스라엘 사람.

hebreisk *a*. 히브리 사람의, 유태인의.

hebreiska *~n 0* (고대) 히브리어(語), (현대) 이스라엘어.

hed *~en ~ar* (히스 관목이 우거진) 황야, 황무지.

hedendom [-dɔ:m] *~en 0* 이교의 신앙, 이단; 무종교.

hedenhös [-hø:s] (불변화명사), från (sedan) ~ 태고부터, 아득한 옛날부터.

heder *~n 0* 신의(信義), 신용; 명예; 정직; göra ~ åt maten 음식을 실컷 먹다; han bär sina år med ~ 그는 나이에 비해 젊어 보인다; på ~ och samvete 맹세코, 명예를 걸고.

hederlig *a*. 정직한, 성실한, 솔직한; 정장한; ~ begravning 예를 다한 장의(葬儀); en gammal ~ spårvagn 그리운 옛날의 전차.

hedersdoktor [-dɔktɔr] *~n ~er* 명예박사.

hedersknyff|el *-eln -lar*, en riktig ~ 꽤 좋은(믿을 만한) 사람.

heders|ledamot [-mɷ:t] *-ledamoten -ledamöter* 명예 회원.

heders|man *-mannen -män*, en ~ 정직한(솔직한) 사람.

hedersord *~et ~* 맹세, 서약; 솔직한 말; på ~! 맹세코.

hedersskuld *~en ~er* (특히 도박에서) 신용으로 꾼 돈(빚).

hednafolk *~et ~* 무종교의 민족; 야만인, 이교 족.

hedning *~en ~ar* 신앙이 없는 사람, 이교도.

hednisk *a*. 무종교의, 신앙심이 없는; 이단의.

hedonism *~en 0* 쾌락설, 쾌락주의(快樂主義).

hedra *~r ~de ~t tr*. 경의를 표하다, 공경하다.

hedrande *a*. 명예스런, 칭찬할만한; en ~ vandel 훌륭한 행위.

hegemoni *~n 0* 지배권, 패권, 지도권.

hej *itj*. 안녕!, 여보, 이봐; ~ [då] 잘 가; 잘 있어; ~ så länge! 또 만나자; man ska inte ropa ~ förrän man är över bäcken【속담】아주 안심할 수 있을 때까지는 좋다고 날뛰지 말라; 위기를 벗어날 때까지는 안심하지 말라.

heja[1] *itj*.【스포츠】으샤(응원).

heja[2] *~r ~de ~t itr*. ① ~ på【스포츠】응원하다 ② 인사하다.

hejar|e *-[e]n ~* ① (기계) 드롭해머, 낙하망치; 항타기(杭打機) ② 대단한 사람 ☞ **baddare**.

hejarklack *~en ~ar*【스포츠】응원단, 응원군.

hejd (불변화명사), det är ingen ~ på …에는 한도가 없다, 끝이 없다.

hejda *~r ~de ~t* Ⅰ. *tr*. 그만두다, 그치다, 막다, 멈추다; ~ farten 속력을 늦추다; ~ en taxi 택시를 멈추다; ~ tårarna 눈물을 참다; ~ sin vrede 노여움을 억누르다 Ⅱ. *rfl*. ~ sig 참다, 억제하다; 그만두다.

hejdlös *a*. 제어할 수 없는; 격렬한, 엄청난, 지나친.

hejdlöst *adv*. 제어할 수 없이.

hejduk *~en ~ar* 갱, 깡패 따위의 앞잡이, 추종자, 심복(心腹).

hejdundrande *a*. 거대한, 대단한, 훌륭한; ett ~ fiasko 완전한 실패.

hejsan ☞ **hej**.

hekatomb [hekatɔmb] *~en ~er* ① 제물, 큰 희생(원래는 그리스 · 로마의 신들에게 바친 소 100마리) ② 많은 양(量).

hektar [hektạ:r] *~et/~en, ~* 헥타르(면적의 단위); ett(en) ~ 1만㎡(2.471 acres).

H

hẹktisk *a.* 열광적인; 소모열의.

hẹkto *~t ~* 핵토그램(무게의 단위, 100그램); 3.5 ounces.

hektogram *~met ~* ☞ **hekto**.

hektolit | er *-ern -rar* 헥토리터(용적의 단위, 100리터); 22 gallons.

hel [he:l] *a.* ① 전부의, 전체의, 전(全), 완전한; ~a dagen 하루 종일; en ~ dag 꼬박 하루; i ~a sitt liv 한평생 동안; ~a staden 전시가(全市街); ~a beloppet 총액, 총합; vad i ~a friden? 도대체; som en ~ karl 사나이다운, 사나이답게; ~a namnet 성명; ~a tiden 그간 줄곧, 언제든지; det är inte så ~t med kunskaperna 지식이 빈약하다; på det ~a taget 대체로, 전반적으로 ② 깨어지지 않은, 완전히 갖춰진, 온전한.

hel | a[1] *-an -or* (술의) 한 병; ~n 술의 첫째 잔.

hela[2] *~r ~de ~t tr.* (병, 상처를) 고치다.

helautomatiserad *a.* (기계 · 장치 등이) 완전 자동화된, 전(全)자동식의.

helbrägda (불변화형용사) (병에서) 회복한, 부상당하지 않은.

helbrägdagörelse *~n ~r* (기도에 의한) 신앙 치료.

helbutelj *~en ~er* ☞ **hela**[1].

heldag *~en ~ar* 평일.

helförsäkring *~en ~ar*, ~ för motorfordon 자동차 종합보험.

helg [helj] *~en ~er* (기독교의) 축제일; 휴일(주말).

helga [helga] *~r ~de ~t tr.* 신성하게 하다; ~t varde ditt namn 주 하느님의 이름을 거룩하게 하옵소서; ändamålet ~r medlen 목적이 수단을 정당화한다.

helgd [heljd] *~en 0* 신성; 청정(淸淨); 불가침성; hålla i ~ 존중하다, 신성시하다.

helgdag [hẹlj-] *~en ~ar* 공휴일.

helgdagsaft | on [helj-] *-onen -nar* 공휴일 전날의 저녁.

helgedom [helgedo͝om] *~en ~ar* 성소(聖所); 절.

helgeflundr | a [helje-] *-an -or* 넙치류와 비슷한 가자미 ☞ **hälleflundra**.

helgelse [helg-] *~n 0* 성화(聖化)[된 상태], 축성(祝聖)[식].

helgerån [helgero:n] *~et ~* 성소(聖所)를 더럽힘; 교회 도둑.

helgjuten [he:lju:ten] *a.* 진짜의, 순수한, [비유적] (성격 따위가) 훌륭한, 조화된, 균형 잡힌, 완전한.

helgmålsringning *~en ~ar* 안식일을 미리 알리는 교회의 저녁 종소리.

helgon [helgɔn] *~et ~* 성인(聖人).

helhet *~en 0* 전체, 완전; i sin ~ 전체로서, 온전히, 그대로.

helhjärtad [he:ljæṭad] *a.* 전심(專心)의, 충심의.

helig [he:li(g)] *a.* 신성한; 지성(至聖)의; den ~e ande 성령(삼위일체의 제3위).

helighet *~en ~er* 신성, 영적 순결; Hans ~ 성하(聖下, 로마 교황에 대한 존칭).

helikon *~et ~* 대형 취주악기의 일종.

helikọpt | er *-ern -rar* 헬리콥터.

helikopterplatt | a *-an -or* 헬리콥터의 착륙장소.

helinackorderad *a.* vara ~ 숙식을 제공하는 하숙을 하다.

heliocentrisk *a.* 태양 중심의.

heliofob [−ọ:b] *~en ~er* 햇빛을 피하는 사람.

heliotrop [−trọ:p] *~en ~er* 【식물】 헬리오트로프.

heli|um *−umet/−et, 0* 【화학】 헬륨.

hell *itj.* 【고어】, ~ dig! 만세!; 안녕!

hellẹn *~en ~er* (순수한) 그리스 사람.

heller *adv.* (부정) …도 아니다(부정문에서 också와 같은 뜻으로 쓰임); han gick inte dit, och inte jag ~ 그는 그 곳에 가지 않았고 나 역시 가지 않았다; jag sade att jag inte hade köpt det, och det hade jag inte ~ 나는 그것을 사지 않았다고 말했고, 또 실제로 사지 않았다; (강조적) du är väl inte sjuk ~ 정말로 네가 아프지 않기를 바래; (강세) man är väl inte född igår ~! 나는 쉽게 안속아; 내가 바보인 줄 알아?

helljus [he:lju:s] *~et ~* (자동차의) 전조등(前照燈).

hellre *adv.* …보다는 오히려, 차라리; ~ dör jag än jag gör det 그것을 할 바에는 차라리 죽음을 택하겠다; ju förr dess ~ 빠르면 빠를수록 좋다; hon dricker ~ te än kaffe 그녀는 커피보다는 차를 더 마신다.

helmintologi [−lɔgi:] *~n 0* 기생충(회충 · 촌충 따위)학.

helnot [−nọ:t] *~en ~er* 【음악】 전음표(全音標).

helpension [−paŋʃọ:n] *~en ~er* 일일 3식제 투숙(호텔 따위).

helsike *~t 0* helvete의 미화어(美化語).

Helsingfors [−fɔʂ] 헬싱키(Helsinki, 핀랜드의 수도(首都)).

helskinnad [−ʃinad] *a.* komma ~ undan 부상을 면하다.

helskotta (미화법) ☞ **helvete.**

helskägg [−ʃæg] *~et ~* 텁수룩한 수염.

helspänn (불변화명사), på ~ 애가 타서, 조바심하여.

helst[1] *adv.* ① 오히려, 되도록, 될 수 있으면; jag ser ~ att han inte kommer 오히려 그가 안 오는 것이 좋다 ② hur som ~ 어떻게든[지]; hur som ~, så tänker jag 어쨌든 나는 그렇게 생각 한다; vare därmed hur som ~ 그 이야기는 그만두고; hur mycket som ~ 더할 나위 없이 많이, 얼마든지; jag skulle kunna läsa hur länge som ~ 얼마든지 오랫동안 계속해서 읽을 수 있는데; det må vara hur kallt som ~ ute 밖이 아무리 춥더라도; det finns inga som ~ tvivel 추호도 의심할 여지가 없다; när som ~ 언제든지; vad som ~ 무엇이든지; vem som ~ 누구든지; vilken som ~ 어느 것이던지; i vilket fall som ~ 아무튼; 좌우간.

helst[2] *konj.* ~ som(när, om) 특히 …하니까(하면).

helsyskon (복수명사) 부모가 같은 남매.

helt *adv.* 완전히, 전혀, 전면적으로, 온통; ~ och fullt 완전하게, 충분히, 마음껏, 실컷; han svarade ~ fräckt att … 그는 뻔뻔스럽게 …라고 대답했다; jag håller ~ med dig 너와 전적으로 동감이다; det är en ~ annan fråga 그것은 전혀 별개의 문제다; ~ enkelt 단적으로, 오직, 다만; inte förrän ~ nyligen 요즈음에 와서야; ~ om! 뒤로 돌아!; ~ plötsligt 갑자기, 돌연히,

H

불시에; ~ säkert 확실히, 의심할 바 없이; 꼭.

heltid *~en ~er* 전일(全日) 노동시간; arbeta på ~ 전일제(全日制)로 일하다.

heltidar|e *-[e]n ~* 전일(全日) 일하는 사람.

heltäckande *a.* ~ matta 바닥전체에 깐 양탄자.

heltänd *a.* ~ på …을 열렬히 좋아하는, …이 마음에 쏙 든.

helvete *~t ~n* 지옥; 고통의 상태(장소); ett ~s … 대단한; 심한, 비참한, 고생스러운; 굉장한; i ~ heller 절대로, 결코, 천만에; vad i ~ skrattar du åt? 도대체, 뭣 때문에 그렇게 히히 거리느냐?; dra åt ~! 뒈져 버려라!; 빌어먹을!; det gick åt ~ 틀렸다, 실패하고 말았다.

helvetesmaskin *~en ~er* 【고어】 시한폭탄.

helvetisk *a.* 지옥과 같은; 지독한; 무서운.

hem[1] *adv.* ① gå ~ 집으로 돌아가다; gå ~ till någon …의 집으로 가다; kom ~ till mig! 내 집에 들러라!; hälsa ~! 가족에게 안부 전해 주시오!; då kan vi hälsa ~ (반어적으로) 그러면 우리는 끝장 날거야; vända ~ 집으로 돌아가다 ② gå ~ (카드놀이에서) 이기다; det gick ~ (농담 따위) 목적을 달성했다; ta ~ spelet 경기(놀이)를 이기다; ta ~ ett stick (카드놀이) 한 판을 이기다.

hem[2] *~met ~* 집, 주택, 주거; eget ~ 자택; lämna ~met 집을 떠나다; vara borta från ~met 외출 중이다; i ~met 집에.

hemarbete *~t ~n* 숙제, 집에서 하는 예습; 집안 일; 가사.

hematit *~en ~er* 【광물】 적철광(炙鐵鑛).

hematologi *~n 0* 【의학】 혈증(血症).

hembageri *~et ~er* 자가(自家) 제과점.

hembiträde *~t ~n* 가정부, 하녀.

hem|bjuda *-bjuder -bjöd -bjudit tr.* ① 집에 초대하다 ② 【법률】 상환을 허가하다.

hembränning *~en 0* 가정에서 하는 불법 주조(酒造), 밀주.

hembud *~et 0* ① 제공, 구매 제안 ② få ~ 죽다.

hembygd *~en ~er* 고향.

hembygdskunskap *~en ~er* 향토 지리 역사.

hembygdsmuse|um *~et ~er* 지역 수공예품 박물관.

hem|bära *-bär -bar -burit tr.* ① 집으로 가져가다(배달하다) ② ~ någon sin hyllning …에게 경의를 표하다; ~ segern 승리하다.

hemdator *~n ~er* 가정용 컴퓨터.

hemdragande *a.* komma ~ med någon …를 집으로 끌어 들이다(경멸적으로).

hem|falla *-faller -föll -fallit itr.* ① ~ åt (till) …에 몰두하다, …에 빠지다; han -föll åt knark 그는 마약에 빠졌다 ② 【법률】 ~ till 복귀하다, 귀속하다.

hemfridsbrott *~et ~* 가정파괴죄, 가정침입죄.

hem|föra *-för -förde -fört tr.* 집으로 가지고 가다; ~ segern 싸움에서 승리하다.

hemförlova *~r ~de ~t tr*. 【군사】 군인을 제대시키다.

hemförlovning *~en ~ar* 【군사】 동원 해제, 제대.

hemförsäkring *~en ~ar* (포괄적) 가재(家財)보험.

hemgift *~en ~er* 신부 지참물(재산).

hemgjord *a*. 집에서 만든.

hemhjälp [-jɛlp] *~en ~er* 가정부, 파출부(환자 · 노인의 가정에 지방 자치체가 파견하는 여성).

hemifrån *adv*. 집에서, 집으로부터.

hemisfär *~en ~er* 반구체(半球體).

hemkomst *~en 0* 귀향, 귀국.

hemkonsulent *~en ~er* 가재도구 매입 및 가계운영 상담자.

hemkunskap *~en 0* 가사(家事) 과목.

hemköp *~et ~* (전화를 이용한) 배달 구매.

hemlagad *a*. 집에서 만들어진.

hem|land *-landet -länder* 모국, 고향.

hemlandstoner (복수명사), detta är ~ för mig 이것을 보니까(들으니까) 고향 생각이 난다.

hemlig *a*. 비밀의; strängt ~t (서류 따위가) 극비의; ~ agent 첩보원, 간첩.

hemligen *adv*. 몰래, 은밀히.

hemlighet *~en ~er* 비밀; 신비; bevara en ~ 비밀을 지키다; inte göra någon ~ av …을 비밀로 하지 않다; i all ~ 몰래; giftermål i ~ 비밀결혼.

hemlighetsmakeri *~et ~er* 극비, 비밀로 함, 신비화함.

hemlighus *~et ~* 【고어】 뒷간.

hemlig|hålla *-håller -höll -hållit tr*. 비밀로 지키다, 숨기다.

hemligstämplad *a*. 기밀 취급으로 지정된.

hemlån *~et ~* (도서관의 장서의) 가정 대출.

hemlängtan (불변화 en-명사) 향수(鄕愁).

hemläx|a *-an -or* 가정예습, 숙제.

hemlös *a*. 집 없는.

hemma *adv*. 집에; ~ hos oss 우리 집에; ha något ~ (집에) 사 놓고 있다; hålla sig (stanna) ~ 외출하지 않다; känn dig som ~! (스스럼없이) 편히 하십시오!

hemmabruk *~et ~*, för ~ 가정용.

hemmafru *~n ~ar* 주부.

hemmahörande *a*. ~ i …에 거주하는, …에서 사는.

hemmalag *~et ~* 홈팀, 본고장 팀.

hemma|man *-mannen -män*, (정형복수) *-männen* (가사를 돌보는) 전업 남편, 주부(主夫)(반의어 hemmafru).

hemman *~et ~* 자영농장.

hemmansägar|e *-[e]n ~* 자영농부.

hemmanplan *~en ~er* 【스포츠】 홈그라운드(팀 소재지의 경기장).

hemmastadd *a*. …에 익숙한, 정통한, 마음 편한; vara ~ i …을 잘 알고 있다.

hemofili [-li:] *~n 0* 【의학】 혈우병(血友病).

hemoglobin *~et 0* 【생화학】 헤모글로빈, 혈색소.

hemorrojder [-rɔjd-] (복수명사) 【의학】 치질(痔疾).

hemort [-ʊt] *~en ~er* 고향, 주거지.

hemortsrätt *~en ~er*, ha ~ i 주거지

의 지방자치단체로부터 지원을 받을 권리를 갖고 있다, 주민등록지가 … 이다; ordet har fått ~ i vårt språk 그 단어는 우리말 속에 정착했다.

hemsamarit *~en ~er* 불구자나 노인 병자의 가정을 돌보는 공인 가정부(지방자치단체에 고용됨).

hemsid|a *-an -or* 【컴퓨터】 홈 페이지.

hemsk *a.* 무시무시한, 소름끼치는, 무서운; 지겨운, 심한; 대단한.

hemskillnad [-ʃilnad] *~en 0* 【법률】 이혼 전 별거(과거의 법제로서 부부가 이혼하기 전에 1년 동안 갖는 별거).

hemskt *adv.* 아주, 대단히.

hemslöjd *~en ~er* 가내 수공예.

hemspråk *~et ~* 이민자 2세들이 집에서 쓰는 언어(이민자 아동의 부모들의 모국어).

hemspråkslärar|e *-[e]n ~* (이민자 2세를 위한) 모국어 교사.

hemställ|a *-er -de -t tr. itr.* ① ~ [hos någon] om något …을 요청하다, 구하다, …에게 청원하다, 신청하다 ② 제안하다.

hemställan (불변화 en-명사), 청원, 신청; 제안.

hemsyst|er *-ern -rar* 가정부, 파출부(환자 · 노인의 가정에 지방 자치체가 파견하는 여성).

hemsök|a *-er -te -t tr.* ① 침입하다, 침략하다, 쳐들어가다; 엄습하다; 유린하다, 황폐시키다; (유령이) 출몰하다 ② …에게 폐를 끼치다 ③ (죄)를 벌하다.

hemsökelse *~n ~r* 창궐; 재해, 불행, 역경, 천벌.

hemtam *a.* 정통한, 잘 알고 있는.

hemtjänst [-çɛnst] *~en 0* (노인, 장애자를 위한 국가차원의) 가사보조일.

hemtrevlig *a.* (집 따위) 아늑한, 기분 좋은, 자기 집 같은.

hemtrevnad *~en 0* 아늑하고 자기 집 같은 분위기.

hẹmul *~n 0*, det finns ~ för detta 이것에는 확실한 근거가 있다.

hemvist *~en/~et, ~* 거처, 소재지.

hemvärn *~et ~* 향토방위군.

hemvävd *a.* 손으로 짠; 시골풍의.

hemåt *adv.* 집으로.

henna *~n 0* 헤너염료(여성의 머리 염색용, 적(황)갈색).

henne ☞ **hon**.

hennes (소유대명사) 그 여자의, 그 여자의 것.

heparịn *~et 0* 【생화학】 헤파린(간장이나 폐에서 혈액의 응고를 막는 물질).

hepatịt *~en ~er* 【병리】 간염(肝炎).

heraldịk *~en 0* 문장학(紋章學), 계보 문장법.

herbạri|um *~et ~er* 석엽집(腊葉集), 건조식물 표본집.

herbicid [-sị:d] *~en ~er* 제초제(除草劑).

herdabrev *~et ~* (주교가 목사, 사제에게 주는) 교서(敎書).

herd|e *-en -ar* 목양자(牧羊者), 양치기; 목사, 지도자.

hereditär [-tæ:r] *a.* 유전성의, 유전적인.

heresị *~n ~er* (기성 종교, 특히 기독교에 대한) 이단, 이교(kätteri, irrlära).

herẹtiker *~n ~* 이단자, 이교도(kättare).

herkulesarbete *~t ~n* 대단히 어려운 일, 중노동.

hermafrodịt *~en ~er* 양성구유자(兩性具有者), 남녀추니.

hermelịn *~en ~er* 【동물】 어민, 산족 제비, [흰]담비.

hermeneutik [hærmenevtị:k] *~en 0* 해석학.

hermẹtisk *a.* 밀폐(密閉)한, 밀봉한.

hernia 【의학】 헤르니아, 탈장(脫腸).

heroịn *~et 0* 【약학】 헤로인(강장제, 이것을 복용하면 상습 중독증에 빠질 위험이 있다).

heroisk [herọ:isk] *a.* 영웅의, 영웅다운.

heroịsm *~en 0* 영웅정신, 장열함, 의열함, 용맹스러움.

hẹros *~en heroer* 【신화】 반신적(半神的)인 용사, 신인(神人).

herostrạtisk *a.* (보통 나쁜 의미로) 소문난, 이름난, 악명 높은.

hẹrpes (불면화명사) 【병리】 포진(疱疹).

herr *~n ~ar* ☞ **herre** ②.

herravälde *~t 0* 지배, 통치권, 지배권; 주권; förlora ~t över bilen 차를 제어할 수 없게 되다; lägga ett land under sitt ~ 한 나라를 정복하다, 예속시키다; under japanskt ~ 일본 지배하에.

herr|e *-[e]n/-an, -ar* ① 신사; spela [fin] ~ 신사인 체하다; höga -ar 높은 양반들; vill -n(min ~) vänta? 좀 기다려주시겠습니까; mina damer och -ar! 신사 숙녀 여러분! ② 씨(氏, 남자의 성 앞에 붙이는 존칭); - Kim 김씨; - domare 판사님 ③ 주인; -n i huset 호주(戶主); min ~ och man (익살) 우리 남편; sådan ~ sådan dräng 【속담】 그 주인에 그 하인; 약장(弱將)밑에 강졸(强卒)없다; vara ~ på täppan (구어) 일을 주관하다, 좌지우지하다; han är sin egen ~ 그는 자기 뜻대로 살아가는 사람이다 ④ Herren 하나님; ~ gud! 저런! 큰일이군!; många -ans år 아주 오랫동안; Vad i Herrans namn …? 도대체가 …?

herrefolk *~et ~* 지배민족.

herrekipering *~en ~ar* 양복부, 신사용품점.

herrelös *a.* 임자 없는; en ~ hund 임자 없는 개, 들개.

herresäte *~t ~n* (봉건시대의) 장원(莊園); 영주의 저택.

hẹrrgård *~en ~ar* 영주의 대저택.

herrgårdsvagn *~en ~ar* 뒤에 짐을 실을 수 있는 상자모양의 승용차.

herrnhutar|e *-[e]n ~* 모라비아교도(신교의 일파).

herrskap [hæşkap] *~et ~* ① 부부(夫婦), 부처; ~et Kim 김씨 부부 ② mitt ~ 신사숙녀 여러분 ③ 양가(良家) 사람들.

herrtidning *~en ~ar* 남성잡지(성적 자극을 주는 나체 사진을 곁들인).

herrtrosor (복수명사) 남성용 팬티.

herrtycke *~t ~n*, hon har ~ 그녀는 매력적인 여자다.

hertig [hætig] *~en ~ar* 공작.

hertigdöme *~t ~n* 공작령, 공국(公國).

hertiginn|a *-an -or* 공작부인.

hertz [hærts] (불변화명사) 【전기】 헤르츠(진동수 단위, Hz).

hes [he:s] *a.* (목소리가) 쉰.

H

het *a*. ① 뜨거운; 열렬한; 흥분된; en ~ debatt 격론; ~a linjen 비상 직통 전화선; ~t temperament 급한 성미; få det ~t om öronen 곤경에 빠지다; vara ~ på …을 갈망하고 있다 ② 화제의, 가장 중요한; en ~ potatis 까다롭고 곤란한 문제.

het|a *-er -te -at itr*. ① (이름이) …로 불리다; vad -er han? 그의 이름은 무엇입니까?; det finns något som -er sunt förnuft 상식이라는 것도 있으니까 말이야; allt vad bilar -er (부정적) 자동차와 관계되는 모든 것; fotboll, baseball och allt vad det -er 축구 · 야구 그 밖의 여러 가지 ② 쓰여 있다, …이라는 말이 있다; det -er i lagen … 법에 …라고 쓰여 있다; som det -er 속담대로.

heterogen [-jẹ:n] *a*. 이성분(異成分)으로 이루어진, 이종의, 이질의.

heteronom [-nọ:m] *a*. 타율(他律)의.

heterosexuell *a*. 이성애(異性愛)의.

hetlevrad *a*. 성미 급한, 성마른, 화를 잘 내는.

hets *~en 0* 박해; 선동; 소동, 격앙, 광란; 법석, 소란스러움.

hetsa *~r ~de ~t tr*. 급하게 하다, 격앙시키다, 돌진시키다; ~ hundar på ett djur 개를 부추겨서 어떤 짐승을 괴롭히다; ~ upp 흥미를 일으키다, 격려하다, 자극하다, 흥분시키다, 격앙시키다.

hetsig *a*. ① (기질이) 격렬한, 성급한 ② 바쁜 듯한, 떠들썩한, 격앙된, 소란스러운.

hetsjakt *~en ~er* 탐색, 추구, 박해.

hetskampanj *~en ~er* 마녀사냥, 정적 중상 운동.

hetsporr|e [he:tspɔre] *-en -ar* 성미 급한 사람, 참을성 없는 사람.

hetta[1] *~n 0* 뜨거움, 더위; 열렬, 열정; i stridens ~ 싸움이 한창일 때에.

hetta[2] *~r ~de ~t itr*. 뜨거워지다, 화끈해지다; ~ upp 뜨겁게 하다, 데우다.

hette ☞ **heta**.

hetvägg *~en ~ar* 사순절에 먹는 작은 크림빵의 일종(fettisdagsbulle).

hetär [hetæ:r] *~en ~er* (고대희랍의) 고급 매춘부.

heuristik [hevristị:k] *~en 0* 발견적 방법, 발견적 교수법[학습].

hexa|meter *~n -metrar* 【운율】 6보격(의 詩).

hiạtus *~en 0* ① 벌어진 틈 ② 【음성】 모음접속.

hibịskus *~en ~ar* 【식물】 하이비스커스, 불상화.

hicka[1] *~n 0* 딸꾹질; ha(få) ~ 딸꾹질이 나오다.

hicka[2] *~r ~de ~t itr*. 딸꾹질을 하다.

hickory [hịkɔri] *~n 0* 히코리(북미 원산 호두 과(科)의 식물).

hierarkị *~n ~er* 성직자 계급제도, 계급제도(조직); 분류 단계, 체계.

hierạrkisk *a*. 계급제도의, 성직계급제도의.

hieroglỵf *~en ~er* 상형문자, 히에로글리프.

hillebard [hilebɑ:d] *~en ~er* 도끼창(槍), 창과 도끼를 결합한 무기 (15~16세기에 사용되었음).

himla[1] *a*. 대단한, 무시무시한; 무서운, 심한; det var en ~ tur 천만다행이었다.

himla[2] *adv*. 몹시, 대단히, 정말로.

H

himlakropp *~en ~ar* 천체(天體).

himlapäll *~en 0* ☞ **himlavalv**.

himlavalv *~et 0* 창공(蒼空); på ~et 하늘에, 창공에.

him|mel *-mel[e]n/-len, -lar* 하늘, 천공; du milde ~! 저런! 어쩌나! 큰 일이군!; röra upp ~ och jord för …, …에 대해서 심하게 야단치다; i sjunde -len 지극히 행복한; allt mellan ~ och jord 이 세상에 있는 모든 것들; som en blixt från klar ~ 갑자기, 난데없이; under bar ~ 야외(野外)에서; Vad i -lens namn …! 도대체 …!

himmelfärdsdag *en 0*, Kristi ~ 그리스도 승천일(부활절 후 40일째의 목요일).

himmelrike *~t ~n* 천국.

himmelsk *a*. 천국과 같은; 아름다운; 신성한.

himmelsskriande *a*. 극악무도한; 심한, 지독한; ett ~ brott 극악무도한 범죄.

himmelsstreck *~et ~* 풍토, 기후; 방위, 방각.

himmelssäng *~en ~ar* 사주(四柱)식 침대, 천개(天蓋)침대.

himmelsvid *a*. 거대한, 엄청난; en ~ skillnad 극심한 차이.

hin *pron*. ~ håle (onde) 악마; han är ett hår av ~ 그는 정말 지겨운 녀석이다.

hind *~en ~ar* 암사슴.

hind|er *~ret ~* 방해, 장애, 방해물; 【스포츠】 허들; lägga ~ i vägen för …, …에 훼방을 놓다; det möter inget ~ att du gör det 당신이 그렇게 하는 것에 대해서는 반대가 있을 수 없다.

hinderlöpning *~en ~ar* 【스포츠】 장애물 경주; 장애 경마.

hindersam *a*. 장애가 되는.

hindersmäss|a *-an -or* 매년 1월 26일 외레브루(Örebro)시에 열리는 겨울 시장.

hindra *~r ~de ~t tr*. …이 일어나지 못하게 하다; 예방하다, 방지하다; 막다; 억제하다, 방해하다.

hindu *~n ~er* 힌두교도, 인도사람.

hinduisk *a*. 힌두교의.

hinduism *~en 0* 힌두교.

hingst *~en ~ar* 종마(種馬).

hink *~en ~ar* 물통.

hinn|a[1] *-an -or* 엷은 막, 엷은 껍질.

hinn|a[2] *-er hann hunnit* Ⅰ. *tr*. *itr*. (특정한 장소 · 상태 · 시간 따위에) 이르다, 도달하다; 진보하다; 진척하다; (…에 충분한, 알맞은, 필요한) 시간이 있다; han går så fort [allt vad] han -er 그는 가능한 빨리 간다; om jag -er 시간이 있으면; det -er jag inte 나는 그것을 할 시간이 없다; de hade hunnit åka innan jag kom 내가 왔을 때는 그들은 이미 떠난 뒤였다 Ⅱ. ~ fram 제자리에 도착하다; ~ med 따라 갈 수 있다; ~ [med] att äta 먹을 시간이 있다; ~ med tåget 열차 시간에 대다; ~ undan bra med arbetet 일이 잘 진척되다; ~ upp (ifatt) 뒤진 것을 잘 만회하다.

hinsides *prep*. 【고어】 맞은 편에; 내세에, 저승에; 피안에.

hipp[1] *adv*. det är ~ som happ 하건 말건 전혀 마찬가지이다.

hipp[2] *itj*. ~, ~ hurra! 만세!

hipp|a *-an -or* 파티.

hippodrom [-drọ:m] *~en ~er* 경마장.

H

hippologi ~*n 0* 마학(馬學).
hird [hid] ~*en* ~*er* (상고 스칸디나비아시대) 호위자, 신변 경호원.
hirs [hiş] ~*en 0* 【식물】 기장(벼과(科)의 1년 초).
hisklig *a*. 무서운; 대단한.
hisna ~*r* ~*de* ~*t* ☞ **hissna**.
hiss Ⅰ. ~*en* ~*ar* 승강기, 엘리베이터 Ⅱ. ~*et 0* 【음악】 B#, 올림나.
hissa ~*r* ~*de* ~*t tr*. ① 끌어올리다, 게양하다; ~ ett segel 돛을 올리다; ~ en flagga 기(旗)를 올리다; ~ ned 기를 내리다 ② (사람을) 던져 올리다.
hissna ~*r* ~*de* ~*t itr*. 현기증이 나다; en ~nde höjd 아찔해지는 높이.
histamin ~*et* ~*er* 【생화학】 히스타민(자궁수축, 혈압저하용 약).
histolog [–lo:g] ~*en* ~*er* 조직학자.
histologi [–lɔgi:] ~*n 0* 조직학.
histori|a [histo:rja] Ⅰ. –*en 0* 역사; forntidens ~ 고대사; medeltidens ~ 중세사; svensk ~ 스웨덴 역사; gå till –en 역사(의 일부)가 되다 Ⅱ. –*en* –*er* 이야기, 지어낸 이야기, 허풍 섞인 이야기; 기지; berätta en ~ 이야기를 늘어 놓다 Ⅲ. –*en* –*er*, det blir en dyr ~ 몹시 혼날 것이다; just en snygg ~! 골치 아픈 사태군!
historiett ~*en* ~*er* 단편소설.
historik ~*en* ~*er* 연혁, 내력, 유래; 발달사.
historiker ~*n* ~ 역사가, 사학 전공자.
historisk [histo:risk] *a*. 역사[상]의, 역사적인, 역사적으로 유명한, en ~ händelse 역사적 사건; ~a fakta 역사적 사실; ett ~t kloster 유서 깊은 수도원.
hit *adv*. 여기로, 여기에, 이쪽으로, 이곳으로; 여기까지; ~ och dit 여기저기로; det hörs ända ~ 여기까지 들린다; hon är så ~ och dit 그녀는 항상 망설인다.
hiterst *adv*. (여기에서) 가장 가깝게.
hitersta *a*. (여기에서) 가장 가까운.
hitintills ☞ **hittills**.
hitkomst ~*en 0*, vid ~en 이곳에 도착했을 때.
hitom *prep*. 이쪽에, 이편에.
hitta ~*r* ~*de* ~*t* Ⅰ. *tr*. 찾다, 발견하다; det är som ~t för det priset 굉장히 (값이) 싸다; ~ på ① 생각해 내다 ② 지어내다 ③ 발명하다, 고안해 내다 Ⅱ. *itr*. (…으로 가는) 길을 찾다, 알다.
hittebarn ~*et* ~ 주워 온 아이, 기아(棄兒).
hittegods ~*et* ~ 분실물.
hittelön ~*en* ~*er* (분실물을 찾아준데 대한) 사례금.
hittills *adv*. 지금까지, 현재까지, 여기까지.
hittillsvarande *a*. 현재까지의.
hitåt *adv*. 이쪽으로.
hiva ~*r* ~*de* ~*t tr*. (닻을) 끌어올리다, 잡아 올리다; 던지다.
hjord [jo:d] ~*en* ~*ar* (짐승의) 무리; (경멸적) 군중, 대중.
hjordinstinkt ~*en* ~*er* 군중 심리, 집단본능.
hjort ~*en* ~*ar* 사슴, 수사슴(암사슴; hind).
hjortdjur ~*et* ~ 사슴과(科) 동물.
hjorthorn ~*et* ~ ① 사슴뿔 ② 녹각정(鹿角精; 옛날 사슴뿔에서 뽑아 암모니아 원료로 삼았음).
hjorthornssalt ~*et* ~*er* 탄산암모늄.

hjortron *~et ~* 야생의 나무딸기.

hjul *~et ~* 바퀴.

hjula *~r ~de ~t itr*. (체조의 한 동작) 옆 재주넘다.

hjulbent *a*. 안짱다리의.

hjulångar|e *–[e]n ~* 외륜선[기선].

hjälm *~en ~ar* 헬멧, 안전모, 철모, 투구.

hjälp [jɛlp] Ⅰ. *~en 0* 도움, 조력, 구조; komma ngn till ~ …에게 도움이 되다 Ⅱ. *~en ~er* ① 조수, 보조자, 보조물 ② söka ~ mot reumatismen 류마치스 치료제를 구하다.

hjälp|a *~er ~te ~t* Ⅰ. *tr*. *itr*. ① 돕다, 조력하다, 구조하다 ② 치료하다, 효과를 보다, 소용이 있다; en medicin som –er mot hosta 기침에 효과가 있는 약; här –er inga böner 기도해도 소용이 없다; vad –er det att man sparar? 저축을 한들 무슨 소용인가? ③ 고치다, 교정하다, 제거한다, 개선하다; jag kan inte ~ det 나로서는 어쩔 도리가 없구나 Ⅱ. (강세접사와 함께) ① ~ ngn av med (rocken) …가 (코트를) 벗는 것을 돕다 ② ~ fram ngn (i livet) …가 성공(출세)하는데 도와주다 ③ ~ ngn på med (rocken) …가 (코트) 입는 것을 돕다 ④ ~ till …에 보탬(도움)이 되다, 조력하다, 기여하다; ~ till i hushållet 가사를 돕다 ⑤ ~ upp …을 도와 일어나게(앉게 등등) 하다, 나아지게 하다; ~ upp någon på en häst …가 말에 오르도록 돕다; ~ upp ngns minne …의 기억을 돕다 ⑥ ~ ngn över …를 도와 …을 넘게(극복하게) 하다.

hjälpar|e *–[e]n ~* 도와주는 사람, 조력자.

hjälp|as *–s –tes –ts dep*. ① det –s inte(det kan inte ~) 어떻게 할 도리가 없다 ② ~ åt 서로 돕다.

hjälplig *a*. 상당한, 보통의, 괜찮은.

hjälplös *a*. 스스로 어떻게 할 수 없는, 도움이 없는, 어찌 할 도리가 없는.

hjälpmed|el *–let –el* 보조물, 도움이 되는 것; 편의(시설).

hjälpred|a *–an –or* ① 보조자, 도와주는 사람 ② 지침서, 안내서.

hjälpsam *a*. 도움이 되는; 기꺼이 도우려 하는.

hjälpverb *~et ~* 조동사.

hjält|e *–en –ar* 영웅, 주인공.

hjältedåd *~et ~* 영웅적인 행동.

hjältemod *~et 0* 용기, 용맹.

hjältemodig *a*. 용맹한, 용감한, 영웅적인.

hjältinn|a *–an –or* 용감한 여자, 여장부; 여자주인공.

hjärn|a [jæɳa] *–an –or* ① 골, 뇌; lilla –an 작은 골 ② 두뇌, 지력, 지도자; han har en klar, skarp ~ 그는 명석한 두뇌를 가지고 있다; han är gruppens hjärna 그는 그룹의 지도자이다.

hjärnbark *~en ~ar* 두피(頭皮).

hjärnblödning *~en ~ar* 뇌출혈.

hjärndöd[1] *a*. 뇌사(腦死)의.

hjärndöd[2] *~en 0* 뇌사(腦死) 상태.

hjärnhinn|a *–an –or* 뇌막(腦膜).

hjärnskakning *~en ~ar* 뇌진탕.

hjärnskål *~en ~ar* 두개(頭蓋).

hjärnspöke *~t ~n* 환상.

hjärntvätt *~en ~ar* 세뇌, (강제적인) 사상 전향.

hjärta [jæʈa] *~t ~n* ① 심장, 염통

H

② 심장(하트) 모양의 것; pepparkakshjärta 심장모양의 pepparkaka(비스킷의 일종) ③ 마음, 심성; (감정이나 인성을 나타내는 관용적 표현에서) han har ett gott ~ 그는 인정 많은 사람이다; krossa ngns ~ …의 마음을 아프게 하다, …의 마음을 찢어 놓다; det skär mig i ~t 그것이 정말 나의 마음을 아프게 하는 구나; ha ~t i halsgropen 매우 놀라다; inte ha ~ att göra ngt …을 할 정도로 마음이 모질지 못하다; lätta sitt ~ 솔직하게 털어놓다; det ligger mig om ~t 그것은 나에게 중요한(중대한) 일이다; vad har du på ~t? 너, 하고 싶은 말이 무엇이니? ④ i ~t av Sverige 스웨덴의 중심부에 ⑤ av hjärtans lust 열심히, 열성적으로; hjärtans gärna a) 아주 기꺼이 b) 좋고말고(승낙의 대답) ⑥ kära ~n(d)es! 어이구! 저런!

hjärtattack *~en ~er* 【병리】 심장 발작[마비], (특히) 심근 경색.

hjärtblad *~et ~* 떡잎.

hjärtbyte *~t ~n* 【의학】 심장이식.

hjärtelag *~et ~* 성벽, 성질, 기질.

hjärter *~n ~* (카드의) 하트.

hjärtesak *~en ~er*, det är en ~ för mig 그것은 나에게 중대한(중요한) 일이다.

hjärtevän *~nen ~ner* 절친한 친구.

hjärtfel *~et ~* 심장병.

hjärtinfarkt *~en ~er* 심장마비.

hjärtinnerlig *a.* 진심에서 우러난, 마음으로부터의.

hjärtklappning *~en ~ar* 가슴이 두근거림, 떨림.

hjärtlig *a.* 진심의, 충심으로부터의; 따뜻한, 융숭한; ~a gratulationer på födelsedagen! 진심으로 생일을 축하합니다.

hjärtligt *adv.* 진심으로; 따뜻하게, 융숭하게.

hjärtlös *a.* 냉정한, 인정머리 없는, 잔혹한, 잔인한.

hjärtnupen *a.* 감상적인, 다정다감한, 정에 약한.

hjärtpunkt *~en ~er* 중심, 구심(점), 핵심.

hjärtskärande *a.* 가슴이 터질 듯한, 비통한.

hjärtslag *~et ~* ① 심장의 박동 ② 심장마비.

hjärtslitande ☞ **hjärtskärande**.

hjäss|a *-an -or* 정수리, 머리꼭지.

ho *~n ~ar* 구유 모양의 용기, 통; tvättho 빨래통.

hobby *~n ~er* 취미.

hobbyarbete *~t ~n* 취미 삼아 하는 일.

hockey *~n 0* 아이스하키 또는 필드하키의 준말로 운동 경기의 일종.

hokuspokus[1] *itj.* (요술이나 마술을 할 때의 주문) 수리수리 마수리!

hokuspokus[2] (불변화명사) 요술, 기술.

holdingbolag *~et ~* 지주(持株)회사, 모회사(母會社).

holk *~en ~ar* ① (새들의) 집, 보금자리 ② 【식물】 부악(副萼).

holka *~r ~de ~t tr.* ~ ur 속을 파내다.

Holland 네덜란드, 화란.

holländar|e *-[e]n ~* 네덜란드인.

holländsk *a.* 네덜란드의.

holländsk|a Ⅰ. *-an -or* 네덜란드 여자 Ⅱ. *-an 0* 네덜란드어.

holm|e *-en -ar* 작은 섬.

homeopạt *~en ~er* 【의학】 동종(同種)요법 의사.

homeopatị *~n 0* 동종요법(많이 쓰면 건강체라도 환자 비슷한 증상을 일으키는 약제를 환자에게 조금 쓰는 요법).

homẹrisk *a*. 호메로스(고대 그리스의 대시인)의, 호메로스적인.

homofịl *~en ~er* 동성연애자.

homogen *a*. 동종(동질, 균질)의, 동원(同原)의, 순일(純一)의.

homogenisera *~r ~de ~t tr*. 균질로 하다.

homogenitẹt *~en ~er* 동종(성), 동질(성); 【수학】 동차성(同次性).

homonỵm[1] *a*. 동음이의어의, 동음이의어적인.

homonỵm[2] *~en ~er* 동음이의어(同音異義語).

homosexuẹll *a*. 동성연애의.

hon (인칭대명사) 3인칭 단수 여성, 목적격 henne, 소유격 hennes; 그녀, 그것(동물이나 사물을 가리킬 때); vad är ~(klockan)? 몇 시인가?(시간을 묻는 대화에서).

họn|a *-an -or* 암컷; elefanthona 코끼리 암컷.

honblomm|a *-an -or* 암꽃.

honnẹtt *a*. 정직한, 강직한.

honnọ̈r *~en ~er* ① [군사] 경례(총, 칼, 포, 기를 사용한); göra ~ 경례하다 ② 경의, 존경 ③ (카드놀이) 최고의 패.

honnörsbord *~et ~* 명예석(주빈과 주인이 같이 하는 자리), 상석.

honom *pron*. 3인칭 단수 남성 han의 목적격, 그 남자에게(를).

honorạr *~et ~* 수수료, 보수, 사례, 고료.

honoratiores [-tsiọ:-] (복수명사), stadens ~ 그 도시의 유지들.

honorera *~r ~de ~t tr*. 보수를 주다, 수수료를 내다.

honung [họ:nuŋ] *~en 0* 꿀.

hop[1] ☞ ihop.

hop[2] *~en ~ar* 군중; 더미, 덩어리; 많음, 다수, 다량, en ~ (med) … 많은(다량의, 다수의) …; en hel ~ (med) pengar 거액의 돈; höja sig över ~en 군계일학(群鷄一鶴), 보통 사람보다 뛰어나다.

hopa *~r ~de ~t* Ⅰ. *tr*. (다수, 다량으로) 쌓다 Ⅱ. *rfl*. 쌓이다.

hopfällbar *a*. 접을 수 있는; ~t paraply 접을 수 있는 우산

hopkok *~et ~* 뒤범벅, 날조.

hopp Ⅰ. *~et 0* 희망, 기대; allt ~ är ute 희망이 없다; hysa ~ om att 희망을 …에 걸다; i ~ om ett snart svar 조속한 회답을 기대하며 Ⅱ. *~et ~* ① 점프, 도약, 뜀, 다이빙 ② 【스포츠】 뛰기.

hoppa *~r ~de ~t* Ⅰ. *itr*. 뛰다, 껑충 뛰다, 도약하다; det kom honom att ~ av överraskning 그것 때문에 그는 놀라서 펄쩍 뛰었다; ~ av glädje 기뻐 껑충 뛰다; ~ längdhopp 넓이 뛰기를 하다 Ⅱ. (강세접사와 함께) ① ~ av a) ~ av bussen 버스에서 뛰어 내리다 b) …에서 손을 떼다, 탈퇴하다, 정치적 망명을 하다 ② ~ in (som ersättare) (…의 후임으로) 들어가다 ③ ~ på a) ~ på tåget 기차에 뛰어 타다 b) ~ på ngn …에게 달려들다 c) ~ på ett erbjudande 제의, 초대 등에 기꺼이 응하다 ④ ~ till (놀람, 공포 따위로)

H

움찔하다 ⑤ ~ över a) …을 뛰어넘다 b) 빠뜨리다, 생략하다, 지나치다.

hoppa|s ~ *-des -ts itr. tr. dep.* 기대하다, 희망하다, 바라다; ~ det bästa 잘 되기를 빌다; ~ i det längsta 요행을 바라다; jag ~ på honom 나는 그에게 희망을 걸고 있다.

hoppfull *a.* 희망적인, 낙천적인.

hoppingivande *a.* 희망적인, 유망한.

hoppjerk|a *-an -or* 일자리(직장)를 전전하는 사람.

hopplös *a.* 가망 없는, 절망적인.

hopprep *~et ~* 줄넘기; hoppa ~ 줄넘기하다.

hor *~et 0* 간통.

hor|a *-an -or* 매춘부, 갈보.

hord *~en ~er* 대집단, 무리, 군중.

horisont *~en ~er* 지평선, 수평선; 시계, 시야; (지식 따위의) 범위; vidga sin ~ 자신의 시야를(지식을) 넓히다; med en snäv ~ 편협하게, 좁은 시야로; det går över min ~ 그것은 내 힘(이해력)에 미치지 않는다.

horisontal *a.* 수평의, 평평한, 가로의.

hormon *~et ~er* 【생리】 호르몬.

horn *~et ~* 뿔; 뿔나팔; (자동차의) 경적; ha ett ~ i sidan till ngn …를 싫어하다, …에게 적의를 품다; ta tjuren vid hornen 문제 해결을 위해 대담하게 달려들다.

hornhinn|a *-an -or* 【해부】 각막.

horoskop *~et ~* 【점성용(占星用)】 천궁도(天宮圖), 12궁도(宮圖); ställa ngns ~ 천궁도를 만들어 별점을 치다.

horribel *a.* 무서운, 소름끼치는, 끔찍한.

horst *~en ~ar* 고원(高原).

hortensi|a *-an -or* 【식물】 수국.

hos *prep.* (장소를 나타내는 전치사) ① …집에, …에, …곁에; hemma ~ mig 나의 집에; jag har varit ~ doktorn 나는 병원에 갔다 왔다 ② (특징, 감정을 나타내는 표현과 함께) blodomloppet ~ fiskarna 물고기들에 있어서 혈액 순환; stå högt i gunst ~ ngn …의 총애를 입고 있다 ③ (작가의 작품을 나타낼 때) uttrycket förekommer ofta ~ Strindberg 그 표현은 스트린드베리의 작품에서 자주 나온다.

hosianna *itj.* 호산나! (신을 찬미하는 말).

hospital *~et ~* 【고어】 옛날에는 일반병원의 뜻으로 사용했으나 요즈음에는 정신병원을 가리킴(mentalsjukhus).

hospitaliserad *a.* (정신병자 등이) 공공시설의 수용에 익숙해진.

host|a[1] *~an 0* 기침.

host|a[2] *~r ~de ~t itr. tr.* 기침하다.

hosti|a *-an -or* 【종교】 성체, 성찬식의 빵(그리스도의 살).

hot *~et ~* 위협, 협박.

hota *~r ~de ~t tr. itr.* 위협하다, 협박하다.

hotande *a.* 위협적인; 나쁜 일이 일어날 듯한, 임박한; 흉조의.

hotell *~et ~* 호텔.

hotelse *~n ~r* 공갈, 협박, 위협하는 말; fara ut i ~r mot ngn …에게 협박하다.

hotfull *a.* 위협적인, 협박하는, 험악한.

hottentott *~en ~er* (남아프리카의) 호텐토트 사람.

hov Ⅰ. [hɷ:v] *~en ~ar* (짐승의)

H

발굽 Ⅱ. [ho:v] *~et ~* 궁전, 왕실; hålla ~ 알현식을 거행하다.

hovdam *~en ~er* 시녀, 궁녀.

hovdjur *~et ~* 발굽동물.

hovera *~r ~de ~t rfl*. 자랑하다, 으스대다.

hovkapell *~et ~*, (kungliga) ~et 왕실 가극 관현악단.

hovleverantör *~en ~er* 왕실 조달(납품)업자.

hovmarskalk [–maʃa–] *~en ~ar* 왕실의 의전 및 재정 담당관.

hovmästar|e *–[e]n ~* ① (식당의) 급사장 ② (개인집의) 하인 우두머리, 집사.

hovrätt *~en ~er* 고등법원 (지방법원(tingsrätt)과 대법원(Högsta domstolen) 사이의 중간 단계 법원).

hovrättspresident *~en ~er* 고등법원장.

hovrättsråd *~et ~* 고등법원 판사.

hovsam *a*. 알맞은, 적당한; 신중한.

hovslagar|e *–[e]n ~* 편자공.

hovtång *~en hovtänger* 못뽑이, 펜치.

hu *itj*. (놀라움을 나타냄) 어휴! ~, så kallt! 어휴, 춥기도 해라!

huckle *~t ~n* (머리에 쓰는) 숄.

hud *~en ~ar* 피부, 짐승의 가죽; få ordentligt på ~en 호되게 두들겨 맞다, 호되게 야단맞다; ha tjock ~ 낯짝이 두껍다.

hudfläng|a *–er –de –t tr*. 【고어】 등을 발가벗겨 놓고 회초리로 때리다; 【현재】 혹평하다.

hudlös *a*. 예민한, 민감한.

hudvänlig *a*. 피부에 좋은.

hugad *a*. ~e spekulanter 예상 구입자 (매입자).

hug|fästa *–fäster –fäste –fäst tr*. 마음에 새기다, 명심하다.

hugfästelse *~n 0*, till ~ av …을 기념하여.

hugg *~et ~* ① 절단, 자르기, 일격; (med käppen) i högsta ~ (지팡이로) 치려고(때리려고) ② 심한 아픔, 양심의 가책; han kände ett ~ i hjärttrakten 그는 심장 부위에 통증을 느꼈다 ③ 가격 · 타격; ge ~ på sig 허점을 보이다, 비난의 빌미를 주다.

hugg|a *–er högg –it* Ⅰ. *tr*. *itr*. ① (칼 따위로) 베다, 절단하다, 자르다; (돌 따위를) 새기다; (장작을) 패다 ② (이빨로) 물다; (칼, 포크 따위로) 쑤시다; ~ klorna(tänderna) i ngt 발톱으로 (이빨로) …을 낚아채다(물어뜯다) ③ 잡다, 붙들다; ~ ngn i armen …의 팔을 붙들다 ④ 간헐적으로 심한 진통이 오다, 심하게 쑤시다; det –er i tanden 이가 매우 쑤신다 ⑤ 부딪치다, 충돌하다 ⑥ 비난하다; ~ på ngn …를 비난하다 ⑦ (관용적) ~ i sten 잘못 짚다, 실수하다; det är hugget som stucket 마찬가지다 Ⅱ. *rfl*. ① (칼 등으로) 몸에 상처를 입다; ~ sig i foten 발을 베다 ② (나무나 수풀 따위를) 쳐 내다; han högg sig [en] väg genom snåren 그는 수풀을 쳐 내어 숲 속에 길을 내었다 Ⅲ. (강세접사와 함께) ① ~ av 잘라내다, 베어내다 ② ~ för sig 게걸스럽게 먹다; 바가지를 씌우다, 돈을 많이 받다 ③ ~ i 돕다, 전력을 다 하다; …에 손대다, 나서다; jag måste själv ~ i 내 자신이 나서지 않으면 안 된다 ④ ~ in på a) (적을 향해) 돌격하다 b) 밀어 넣다,

게걸스럽게 먹다 ⑤ ~ ned (베어서) 쓰러뜨리다 ⑥ ~ till a) 타격을 주다, 가격하다 b) 심하게 아프다, 쑤시다 c) 바가지요금을 물리다(~ för sig) d) ~ till med ett årtal som var alldeles fel 그는 얼토당토않은 연도를 짐작으로 말했다.

huggar|e *–[e]n* ~ ① 짧고 폭이 넓은 단도 ② (운동 등에) 뛰어난 사람, 챔피언.

huggkubb|e *–en –ar* (장작을 팰 때 사용하는 나무로 된) 밑받침.

huggorm *~en ~ar* 독사.

huggsex|a *–an –or* (모두가 게걸스럽게 먹어 대는) 파티, 식사.

hugna [huŋna] *~r ~de ~t tr.* 【고어】 기쁘게 하다, 즐겁게 하다.

hugnad *~en 0* 기쁨, 즐거움.

hugskott *~et ~* (갑자기 떠오른) 생각, 착상.

hugsvala *~r ~de ~t tr.* 위로하다, 안락하게 하다.

hugsvalelse *~n 0* 위로, 위안; 안락.

huj (불변화명사), i ett ~ 즉시, 순식간에.

huk (불변화명사), sitta på ~ 웅크리다, 쭈그리다.

huka *~r ~de ~t rfl.* (몸을) 쭈그리다, 웅크리다.

huld *a.* ① 【고어】 사랑스러운; min ~a maka 사랑하는 나의 아내 ② 자비로운, 친절한, 다정한; ett hult leende 다정한 미소 ③ 충성스러운, 신의를 지키는.

huldr|a *–an –or* 요부, 마녀(스웨덴 토속신앙에 나오는 초자연적 존재로 숲 속에 살며 남성을 유혹한다. skogsrå라고도 함).

hull *~et 0* 살; lägga på ~et 살이 찌다; ha dåligt ~ 몸이 여위어 있다; tappa ~et 살이 빠지다; med ~ och hår 몽땅.

huller *adv.* ~ om buller 어수선하게.

hulling *~en ~ar* (살촉, 낚시 따위의) 미늘.

hum (불변화명사) 짐작, 추측; 이해(력); jag har ingen ~ om …에 관해서 전혀 알지 못한다.

humạn *a.* 인정있는, 친절한; ~t pris 합당한 가격.

humaniọra (불변화 복수명사) 인문과학.

humanisera *~r ~de ~t tr.* 인간답게 만들다, 교화시키다, 인정있게 만들다.

humanism *~en 0* 인문주의; 인본주의; 인문학(14~16세기에 왕성했던 그리이스, 로마 문학연구).

humanist *~en ~er* ① 인문계열 학생, 인문학자 ② 인본주의자.

humanistisk 인문과학(계열)의; ~a fakulteten 인문과학 대학.

humanitẹt *~en 0* ① 인류 ② 인간애, 박애.

humanitạ̈r *a.* 인도주의의, 박애의.

humbug Ⅰ. *~en 0* 사기, 허위, 속임 Ⅱ. *~en ~ar* 사기꾼, 협잡꾼.

huml|a *–an –or* 【곤충】 뒝벌.

humle *~n/~t, 0* 호프(뽕나무 과의 다년생 덩굴 풀, 맥주의 쓴맛을 내는 원료).

hum|mer *–mern –rar* 【동물】 바다가재.

hụmor *~n 0* 유머, 유머감각.

humorẹsk *~en ~er* ① 유머러스한 이야기, 해학 ② 【음악】 표일곡(飄

逸曲), 유머레스크.
humorist ~en ~er 유머감각이 있는 사람, 익살꾼, 해학가.
humoristisk a. 유머스런, 익살스러운.
humus ~en 0 【라틴어】 부식토(腐植土).
humör ~et ~ 성질, 성격, 기질, 성미, 기분; 화, 노기; ha ett glatt ~ 명랑한 성격을 지니다; fatta ~ 화내다, 노하다; förlora(tappa) ~ 화내다, 노하다; visa ~ 성질을 보이다(내다).
hund [hǝnd] ~en ~ar 【동물】 개; här ligger en ~ begraven 여기 무엇인가 의심나는(의혹스러운) 것이 있다; slita ~ 고되게 일하다.
hundgöra ~t 0 막일, 힘든 일.
hundhuvud ~et ~, fä bära ~et för ngt …에 대한 책임을 짊어지게 되다.
hundkex ~en 0 개먹이용의 비스킷.
hundkoj|a -an -or 개집.
hundkäx ~en 0/hundkäxa ~n 0 ☞ hundloka.
hundliv ~et 0 개 같은 인생(삶).
hundlok|a -an -or 【식물】 야생 파슬리 류(類).
hundlort ~en ~ar 개똥.
hundra räkn. 100[의], 100개의; fem på(per) ~ 100개당 5; säljas per ~ 100개 단위로 팔리다.
hundrade[1] ~t ~n 몇 백, 다수.
hundrade[2] Ⅰ. ☞ hundra Ⅱ. (기수) 100번째의.
hundrafalt adv. 100배로, 100겹으로.
hundralapp ~en ~ar 백 크로나 짜리 지폐.
hundraprocentig a. 100퍼센트의.
hundratal[1] ~et ~ ① 100자리 수; på tiotalen följer ~en 십 자리 수 다음에는 100자리 수가 온다 ② 2세기; i början av ~et e.Kr. 서기 2세기 초엽에.
hundratal[2] a. 100여개의, 100여명의; ett ~ personer 100여명의 사람들.
hundratals (불변화형용사) 수백의, 다수의 ~ människor 수많은 사람들; 수백명의 사람들.
hundsfottera ~r ~de ~t ☞ hunsa.
hundtoalett ~en ~er (밀집 주택가의) 개 화장실.
hundväder hundvädret ~ 고약한 날씨.
hundår ~et ~ 고된 세월, 역경의 세월.
hundöra ~t hundöron 책장 모서리의 접힌 귀.
hunger [hunjǝr] ~n 0 배고픔, 굶주림, 기아.
hungersnöd ~en 0 기근.
hungerstrejka ~r ~de ~t itr. 단식 농성을(데모를) 하다.
hungra ~r ~de ~t itr. 굶주리다; 고대하다, 갈망하다; ~ efter ömhet 정에 굶주리다; ~ ut fienden 적을 굶겨서 항복시키다.
hungrig a. 배고픈, 굶주린; ~ som en varg 몹시 배고픈.
hunn ~et ~er/hunner ~n ~ 훈족(서기 4세기경에 동유럽을 휩쓸었던 몽고족).
hunsa ~r ~de ~t tr. itr. ~ [med] 약자를 인정사정없이 다루다.
hur adv. ① (의문부사) 어떻게, 얼마나; ~ är det med dig? 어떻게 지내니? (인사말); ~ gammal är han? 그는 몇 살인가? ② (관용적) ~ skicklig han än är 그가 아무리 솜씨(재주)가 좋다 한들; ~ jag än gör 내가 어떻게

H

한다 해도; ~ det nu var 어쨌든; eller ~? 그렇지(그렇잖아)?

hurdan *a*. (의문사) 어떠한 [종류의], ~ är han? 그는 어떤 인물인가?; ~t vädret än blir 날씨가 어떨지라도.

hurra[1] *itj*. 만세!

hurra[2] *~t ~[n]* 만세(소리), 환성; ett högt ~ 드높은 만세소리.

hurra[3] *~r ~de ~t itr*. 만세를 부르다, 환성을 지르다.

hurtfrisk *a*. (지나치게) 활발한, 활달한.

hurtig *a*. 활발한, 발랄한.

hurts *~en ~ar* 책상 밑에나 옆에 두는 보조서랍.

huru ☞ **hur**.

hurudan ☞ **hurdan**.

huruvida *konj*. …인지 아닌지, …인지 어떤지 (영어 : whether); han frågade ~ jag kunde det 그는 내가 그것을 할 수 있는 지 없는 지 물었다.

hus [hʉːs] *~et ~* ① 집, 건물, 주택; 가문; ~et Bernadotte, Bernadotte 가문; gå för fulla ~ (영화, 연극 등이) 만원사례를 이루다; göra rent ~ med gamla fördomar 해묵은 편견을 제거하다(말소하다); hålla öppet ~ 방문객은 누구나 환대하다; håll tillgodo med vad ~et förmår! 차린 것은 없지만 많이 드십시오!; var har du hållit ~? 너 어디에 갔었니?; gå man ur ~e 한 사람도 남김없이(모두, 일제히) 가다 ② (달팽이 등의) 집.

hus|a *−an −or* 하녀, 가정부.

husar *~en ~er* 경기병.

husarrest *~en ~er* 가택연금.

husbehov *~et ~*, till ~ a) 가사에 필요한 것으로, 자신에게 필요한 것으로 b) 그럭저럭, 꽤, 적당하게; lära sig tyska till ~ 독일어를 꽤 배우다.

husbock *~en ~ar* 투구벌레류(애벌레는 나무판자 등을 좀먹고 들어가 훼손시킴).

husbonde *~n husbönder* 집주인.

husbåt *~en ~ar* 주택의 구조를 갖춘 배.

husdjur *~et ~* 가축.

husera *~r ~de ~t itr*. ① (유령 따위가) 출몰하다 ② 떠들어대다.

husesyn *~en ~er*, förrätta ~ 주택 점검을 실시하다; gå ~ 【농담】 집을 둘러보다.

husfabrik *~en ~er* 조립식 주택 부품 공장.

husfrid *~en 0* 집 안의 평화, 가족의 평화.

husförhör *~et ~* (옛날의 관습) 주민들의 성경(기독교)지식을 시험하기 위해 목사가 집이나 학교 등지에서 행한 테스트.

husgeråd *~et ~* 가재도구.

hushåll *~et ~* 가사, 가계; 5 personers ~ 5인 가계.

hushålla *~r ~de ~t itr*. ① 살림을 꾸려나가다 ② 절약하다.

hushållersk|a *−an −or* ① 주부 ② 가정부.

hushållning *~en 0* ① 살림 꾸려 나가기, 가사, 가계 ② 절약.

hushållsrull|e *−en −ar* 부엌용 두루마리(종이).

huskors *~et ~* 엄처, 바가지 긁는 부인.

huskur *~en ~er* 민간요법.

huslig *a*. 가정의; 가사상의; 가정적인.

husläkar|e *−[e]n ~* 가정의(醫).

husmanskost *~en 0* 일상의 음식(특

히 옛날 스웨덴 농가의 일상음식).

husmo[de]r *~n husmödrar* ① 주부 ② (기숙사 등의) 사감, 보모, 요모(寮母).

husrannsakan *~ 0* 가택수사.

husrum *~met ~* 숙소.

huss|e *-en -ar* (노예, 가축 따위의) 임자, 소유주.

hustru *~n ~r* 부인, 아내, 처.

husundersökning *~en ~ar* ☞ husrannsakan.

husvagn [-vaŋn] *~en ~ar* 이동주택, 하우스 트레일러(house-trailer), 야영용 자동차.

husvagnscamping *~en 0* 하우스 트레일러 야영.

husvill *a.* 집 없는, 살 곳이 없는.

hut[1] *itj.* å [vet] ~! 건방진 소리 마라!, 부끄러운 줄 알아라!

hut[2] (불변화통성명사), lära ngn veta ~ …에게 예의를 가르치다; han har ingen ~ i sig 그는 부끄러운 줄을 모른다.

huta *~r ~de ~t itr.* ~ åt(till) ngn …에게 호된 질책을 하다, …을 호되게 꾸짖다.

hutch ☞ hurts.

hutlös *a.* 부끄러움을 모르는, 염치없는, 수치심이 없는.

hutt *~en ~ar* (술)한 모금, 한 잔.

hutta *~r ~de ~t itr.* 한잔하다, 술 마시다.

huttla *~r ~de ~t itr.* ① 망설이다, 주저하다 ② jag låter inte ~ med mig! 나를 우습게보지(소홀하게 다루지) 말라!

huttra *~r ~de ~t itr.* (추위로) 몸을 떨다.

huv *~en ~ar* 두건 모양의 것; (타이프라이터의) 덮개; (자동차의) 엔진 뚜껑; (굴뚝의) 갓.

huv|a *-an -or* 두건.

huvud *~et ~[en]* 머리; 지능, 재능; 사람에게 있어서 머리와 같은 역할을 하는 것; han har ett gott ~ 그는 좋은 머리를(재능을) 가졌다; det är ~ på honom 그는 두뇌가 명석하다; han har ~et på skaft 그는 재능이 있다; ha ont i ~et 골치가 아프다; ha sitt ~ för sig a) 자신의 주관을 가지다 b) 특이한 성격을 지니다; köra ~et i väggen 고집이 세다; vara ~et högre än ngn …보다(정신적으로) 월등하다; kort om ~et a) 성질이 급한, 성마른 b) 어리석은; stå på ~et 물구나무서다; stå på ~et i kofferten 여행 가방에 짐을 챙기느라고 경황이 없다.

huvudbonad *~en ~er* 모자.

huvudbry *~[e]t ~* 골치, 걱정.

huvudförhandling *~en ~ar* 공판, 재판, 심리.

huvudgärd *~en ~er* 베개.

huvudled *~en ~er* 주도로(主道路), 간선도로.

huvudlös *a.* 어리석은, 무모한.

huvudman *~nen huvudmän* ① 수령, 우두머리, 지도자 ② 【법률】 본인 ③ 피신탁인, 수탁자, 보관인 ④ 귀족 가문에서 가장 나이가 많은 어른.

huvudord *~et ~* (문장 성분의) 중심어, 으뜸말.

huvudpart *~en ~er* 대부분.

huvudsak *~en ~er* 중요한 것, 주요문제; i ~ 대개는, 주로; 본질적으로, 대체로.

huvudsaklig *a.* 주요한, 중요한, 결정

H

적인.

huvudsakligen *adv*. 대개, 주로; 대체적으로, 본질적으로.

huvudsats *~en ~er* 【문법】 주절.

huvudskål *~en ~ar* 두개골.

huvudstad *~en huvudstäder* 수도(首都).

huvudstupa *adv*. 곤두박질로, 앞 뒤 가리지 않고.

huvudtit|el *-eln -lar* 국가 예산의 주요부문.

huvudvärk *~en 0* 두통, 골치.

hux flux *adv*. 갑자기.

hy *~n 0* 피부, 피부색(특히 얼굴의).

hyacint *~en ~er* 【식물】 히아신스.

hybrid *~en ~er* 잡종, 트기, 혼혈아; 혼성물.

hybriddator *~n ~er* 【정보통신】 복합형 컴퓨터 (하이브리드 계산기: analogue와 digital 계산 장치를 결합한 것).

hybris *~[en] 0* 오만, 거만, 건방짐.

hyckla *~r ~de ~t* Ⅰ. *tr*. …을 하는 체하다, 가장하다; ~d fromhet 가장된 경건함 Ⅱ. *itr*. 위선적인 태도를(행동을) 취하다(하다), 위선적이다.

hycklar|e *-[e]n ~* 위선적.

hyckleri *~et ~er* 위선.

hydd|a *-an -or* 오두막집.

hydr|a *-an -or* 히드라(희랍 신화에서 헤라클레스가 퇴치한 머리 아홉개의 뱀); 근절키 어려운 재해.

hydrat *~et ~(er)* 【화학】 함수화합물(含水化合物), 수화물(水化物).

hydraulisk *a*. ① 수력의, 수압의 ② 물속에서 굳는(시멘트 따위).

hydrofon *~en ~er* 압력 물탱크.

hydroplan *~et ~* 수륙양용 비행기.

hyen|a *-an -or* ① 【동물】 하이에나 ② 스캔들, 센세이션을 좇는 사람들.

hyende *~t ~n* 베개, 쿠션; lägga ~ under lasten 악덕(악습)을 조장시키다.

hyfs (불변화통성명사) 좋은 예의범절; sätta ~ på …을 다듬다, 단정하게 하다.

hyfsa *~r ~de ~t tr*. ① 다듬다, 단정하게 하다 ② 【수학】 방정식을 풀다, 약분하다, 환산하다.

hyfsad *a*. 예의바른.

hyfsning *~en 0* ① ☞ **hyfs** ② 【수학】 약분, 환산.

hygge *~t ~n* 벌목; 벌목지.

hygglig *a*. ① 친절한; 예의바른, 점잖은 ② 알맞은, 적당한; ~t väder 괜찮은 날씨.

hygien [-gje:n] *~en 0* 위생(학), 건강법.

hygienisk *a*. 위생(상)의, 보건상의; 위생학의.

hygrometer *-ern -rar* 습도계.

hygroskopisk *a*. 습기를 빨아들이는, 축축해지기 쉬운; 습도계의.

hyll|a[1] *-an -or* ① 선반, 시렁, 단 ② (극장의) 일반석.

hylla[2] *~r ~de ~t* Ⅰ. *tr*. ① 축하하다, …에게 경의를 표하다 ② 충성을 맹세하다 ③ (주의, 신앙 따위를) 채택하다, 신봉하다, 지지하다; en allmänt ~d åsikt 일반적으로 지지되는 견해 Ⅱ. *rfl*. ~ sig till …의 보호를 구하다, …에게 의지하다.

hylle *~t ~n* 【식물】 화피(花被).

hyllning *~en ~ar* 축하, 경의; 충성의 맹세; (복수로) 환희, 갈채.

H

hysl|a *-an -or* 케이스, 갑, 집; 【식물】 껍질.

hymen (불변화명사) (희랍신화의) 혼인의 신; 결혼; 처녀막; knyta ~s band 결혼하다.

hymla *~r ~de ~t itr.* …인 체 하다(가장하다), 얼버무리다; 속이다.

hymn *~en ~er* 찬송가, 성가, 찬가.

hynd|a *-an -or* 암캐, (이리, 여우 따위의) 암컷.

hypẹrb|el *-eln -ler* 【수학】 쌍곡선.

hyperbọl *~en ~er* 【수사학】 과장[법], 과장어구.

hyperlänk *~en ~ar* 【컴퓨터】 하이퍼링크 (데이터 파일을 서로 연결시키는 것).

hypertext anchor 하이퍼텍스트 앵커(하이퍼텍스트 생성 언어(HTML)로 작성된 하이퍼텍스트 문서에서 텍스트의 일부분이나 아이콘, 기타 요소를 그 문서 내의 다른 요소 또는 다른 하이퍼텍스트 문서 내의 다른 요소와 연결하는 하이퍼텍스트 링크(또는 하이퍼링크)로서 식별하는 데 사용되는 태그. 하이퍼텍스트 앵커는 텍스트 문서 내에 간직되는데, 〈A〉로 시작되고 〈/A〉로 끝난다. 〈A〉와 〈/A〉 사이에 들어 있는 단어나 텍스트, 아이콘 등의 요소가 하이퍼텍스트 링크의 핫스폿이 된다).

hypertrofị *~n 0* (영양과다 등에 의한) 비대, 이상발달.

hypnọs *~en ~er* 최면[상태].

hypnotisera *~r ~de ~t tr.* 최면 시키다, 최면술을 걸다.

hypnotisk *a.* 최면의, 최면술의.

hypnotism *~en 0* 최면술.

hypnotisọr *~en ~er* 최면술사.

hypofỵs *~en ~er* 【해부】 뇌하수체.

hypokọnd|er *-ern -rer* 우울증 환자.

hypokondrị *~n 0* 우울증.

hypokondrisk *a.* 우울증의.

hypotẹk *~et ~* 【법률】 저당, 저당증서.

hypotekslån *~et ~* 저당설정 대부.

hypotenụs|a *-an -or* 【수학】 직각삼각형의 빗변.

hypotẹs *~en ~er* 가정, 가설, 전제.

hypotetisk *a.* 가정의, 가설의.

hyr|a[1] *-an -or* ① 임대료, 집세, 방세 ② a) 선원[직]; ta ~ på ett fartyg 배에서 선원으로 일하다 b) 선상에서의 봉급.

hyr|a[2] *- -de -t tr. itr.* ① 임차하다, 빌리다; han -de en enrummare i centrum 그는 시내 중심부에 단칸짜리 방을 하나 세 들었다; ~ ut 임대하다, 세놓다 de -de ut våningen möblerad 그들은 가구가 구비된 아파트를 세놓았다.

hyresgäst *~en ~er* 차가인(借家人), 세 들어있는 사람.

hyreshus *~et ~* (대규모) 임대 아파트.

hyreskasern *~en ~er* (빈민들이 사는) 아파트, 공동주택.

hyreskontrakt *~et ~* (입주자와 집주인 간의) 임대계약.

hyreslägenhet *~en ~er* 임대 아파트.

hyresstrejk *~en ~er* 임대료 지불 거부 행동.

hyresvärd *~en ~ar* 집주인, 임대자.

hys|a *-er -te -t tr.* ① 품다, 느끼다;

H

~ motvilja mot …에 대해 반감을 품다 ② …에게 거처할 곳을 주다, 숙박시키다.

hysk|a *–an –or* ① 고리; ~ och hake 고리와 갈고리 ② klara ~n 일을(문제를) 해결하다, 해내다.

hyss *~et ~*, ha ~ för sig 못된 일을 꾀하다, 획책하다.

hyss[j] *itj*. 쉿! (조용히).

hyss[j]a *~r ~de ~t itr*. 쉿! 하고 말하다, 조용하게 하다.

hysteri *~n 0* 【의학】 병적흥분, 히스테리; 히스테리 발작.

hysteriker *~n ~* 히스테리 환자.

hysterisk *a*. 히스테리의, 병적으로, 흥분한.

hytt *~en ~er* (여러 가지 용도의) 조그만 방, 칸, 구획; telefon~ 공중 전화 박스.

hytt|a[1] *–an –or* 용광로.

hytt|a[2] *–er hytte hytt itr*. (위협조로) 주먹을 (지팡이를) 들어 흔들다.

hyva *~r ~de ~t* ☞ **hiva**.

hyv|el *–eln –lar* ① 대패 ② 면도날.

hyvelbänk *~en ~ar* 목수의 작업대.

hyvelspån *~et ~* 대팻밥.

hyvla *~r ~de ~t tr*. 대패질하다; 얇게 베다, 저미다.

håg *~en 0* ① 마음, 기분; dyster i ~en 마음이 울적해서; slå ngt ur ~en …할 마음을 버리다 ② 의욕, 의사, 의향; ha ~ och fallenhet för …에 대한 편향과 기호를 가지고 있다.

hågad *a*. …할 마음이 있는, …할 의향을 가지고 있는, …하고 싶어 하는; vara ~ att …하고 싶어 하다.

hågkomst *~en ~er* 기억.

håglös *a*. …할 마음이 없는, 내키지 않는; 무관심한, 무감각한.

hål *~et ~* 구멍, 틈새, 금, 간격; få ~ på …에 구멍을 내다, …을 열다; det gick ~ på strumpan 양말에 구멍이 났다 (låta) göra ~ i öronen (귀걸이를 달기 위해) 귀에 구멍을 뚫다; slå ~ i …에 구멍을 내다(뚫다).

hål|a *–an –or* ① 동굴; 【해부】 강(腔); (짐승의) 굴 ② 쓸쓸한 소도시, 소굴; opiumhåla 아편소굴.

hålfot *~en hålfötter* (발의) 장심(掌心).

hålfotsinlägg *~et ~* 장심(掌心) 보조대(발바닥에 부착시켜 발의 피로를 줄여주는 장치).

hålig *a*. 구멍이 파진.

hålighet *~en ~er* 구멍, 공동; 【해부】 강(腔).

hålkort *~et ~* (통계, 계산기용의) 구멍 뚫린 카드.

hålkäl *~en ~ar* 오목형 쇠시리.

håll *~et ~* ① 방향, 쪽; 방면, 통(通); från alla ~ [och kanter] 사방(군데)에서; på sina ~ 여기저기에(here and there); någonting åt det ~et 그것과 유사한 것 ② 거리, 간격; inte på långa ~ så 그 정도는 전혀(결코) …아니다; på långt ~ 멀리 떨어진 곳에[서] ③ (능력, 지식, 감각 따위가 미치는) 범위, 한계; 시계; 사정거리; haren kom inom skott~ 산토끼가 사정거리 안에 들어왔다 ④ 심한 통증; klaga över ~ i sidan 옆구리의 통증을 불평하다.

håll|a *håller höll hållit* Ⅰ. *tr*. *itr*. ① (손에) 갖고 있다, 유지하다; 붙들다, 잡다, 쥐다; ~ huvudet stilla 머리를(고개를) 꼼짝 않고 들고 있다; ~ händerna för öronen 손으로 귀를 막고

있다; ~ ngn i …를 …에 매놓다(붙들어 놓다); ~ ngt mot (ljuset) (빛을) 막기 위해 …을 들고 있다; ~ ngn om halsen …의 목을 껴안다; ~ hårt om ngt …을 꽉 붙들고 있다 ② (…을 어떤 상태 또는 위치로) 유지하다; ~ farten 속력을 유지하다; ~ sitt löfte 자신의 약속을 지키다; ~ en plats åt ngn …를 위해 자리를 잡고 있다; ~ tiden 시간을 지키다; ~ dörren stängd 문을 닫아 놓고 있다; ~ rent i huset 집 안을 깨끗이 해 놓고 있다; ~ ngt för sig själv …에 대해서 함구하다 Ⅱ. *tr.* ① (요새, 진지 따위를) 지키다, 방어하다 ② (재산, 권리 따위를) 보유하다, 가지고 있다; ~ banken 은행을 소유하다 ③ (하인 따위를) 두다, (…의 경비를) 부담하다; ~ ngn i skola …를 학교에 보내다 ④ (강의, 설교 따위를) 하다, 열다; ~ en konsert 음악회를 열다 ⑤ 수용하다, …의 수용력(용량)이 있다 ⑥ (내기에서 돈 따위를) 걸다; ~ vad 내기를 걸다 ⑦ …라고 생각하다, 평가하다; ~ ngn för en skurk …를 악당이라고 생각하다 Ⅲ. *itr.* ① 지탱하다, 견디다, 감당하다; stolen -er inte att sitta på 그 의자는 체중을 감당하지 못 한다 ② hålla i gång 계속해서 …하다; 겨냥하다; ~ till höger (운전 시) 오른편으로 (차량을) 몰다 ③ 멈추다 ④ ~ på a) 아끼다, 절약하다 ~ på slantarna 돈을 아끼다 b) 주장하다 c) …을 중시하다 ~ mycket på formerna 형식을 매우 중시하다 d) …를 높이 평가하다 e) …에 (내기 돈을) 걸다 Ⅳ. *rfl.* ① (한 손 또는 양 손으로) 붙잡다, 막다; ~ sig i handtaget 손잡이를 붙잡다; ~ sig för näsan 코를 막다 ② (어떤 상태, 위치를) 유지하다; ~ sig frisk 건강을 유지하다; ~ sig hemma 집에 머무르다; ~ sig redo 준비 태세를 갖추고 있다; ~ sig väl med …와 사이좋게 지내다; ~ sig för sig själv 혼자 지내다 ③ (생리적 욕구 등을) 자제하다, 참다; jag kunde inte ~ mig från att 나는 …하는 것을 참을 수 없었다 ④ (음식물 등이) 견디다, 썩지 않다; färgen -er sig i tvätten 세탁해도 색이 빠지지 않는다 ⑤ …을 보유하다; ~ sig med bil 자가용을 가지고 있다 ⑥ ~ sig till …에 의지하다(의거하다), …을 표준으로 삼다, …에 집착하다, 달라붙다; hon höll sig hela tiden till mig 그녀는 한시도 나를 떠나지 않았다; - dig till fakta! 사실에 의거하라! Ⅴ. (강세접사와 함께) ① ~ av a) 좋아하다(tycka om) b) ~ av från 【항해】 …으로부터 침로를 바꾸다(피하다) ② ~ borta …을 멀리하다, 가까이 하지 않다 ③ ~ efter ngn …을 감시하다, 지키다 ④ ~ emot 버티다, 지탱하다; 저항하다 ⑤ ~ fast …을 꽉 붙들다; ~ sig fast i(vid) …에 꽉 달라붙다 ⑥ ~ fram (손 따위를) 앞으로 내밀다 ⑦ ~ för näsan 코를 막다; ~ för öronen 귀를 막다 ⑧ ~ före …라고 생각하다 ⑨ ~ i a) 잡다, 붙들다; ~ i tyglarna (비유적) …을 억제하다, 훈련하다 b) 지속하다, 계속하다; ~ i med arbetet 일을 계속하다 ⑩ ~ … ifrån sig …을 멀리하다, 삼가다; ~ ngn ifrån sig …를 멀리 하다, 피하다 ⑪ ~ igen a) 닫혀 있다, 덮고 있다; håll igen dörren! 문을 닫아라! b) ☞ ④ ~

H

emot ⑫ ~ ihop a) …을 꽉 잡다; ~ ihop händerna! 손을 잡아라! b) 합치다, 모으다, 결집시키다 ⑬ ~ in a) (안으로) 잡아 당기다 b) 세우다; ~ in sin häst 자신의 말을 세우다 c) 【항해】 조종하다, (일정한 방향으로) 나아가다; ~ in mot land 배를 육지로 향하게 하다 ⑭ ~ inne a) 집안에 (실내에) 두다 ~ sig inne 집안에 틀어박혀 있다 b) (월급 지불 등을) 보류하다, 주지 않고 있다 c) 함구하다; ~ inne med sin mening 자신의 의견을 말하지 않다 ⑮ ~ isär 나누어 놓다, 분리시켜 두다 ⑯ ~ med ngn …에 찬성하다 ⑰ ~ ned(ner) a) 낮추다; ~ ned tavlan, du –er den för högt 그림을 낮게 들어라, 너는 지금 그림을 너무 높게 들고 있다 b) 【항해】 ~ ned mot 배를 …쪽으로 향하게 하다 ⑱ ~ nere (감정 등을) 억누르다; ~ nere ngns iver …의 열성을 억누르다(제지하다) ⑲ ~ på a) …하고 있는 중이다; ~ på att skriva till honom 그에게 편지를 쓰고 있는 중이다; ~ på med …하고 있는 중이다 b) …할 뻔 하다; ~ på att drunkna 물에 빠져 죽을 뻔 하다 c) 계속해서 …하다; ~ på och göra ngt …을 계속해서 하다 ⑳ ~ samman ☞ ⑫ ~ ihop ㉑ ~ till a) 있다, 서식하다; hon håller mest till i köket 그녀는 주로 부엌에 있다 b) ☞ ⑪ ~ igen a) ㉒ ~ tillbaka 억제시키다 ㉓ ~ undan a) (운전시) 옆으로 비키다 b) 우세를 지키다 c) ☞ **undanhålla** d) …을 대피시켜 놓다, 숨겨두다; ~ sig undan 숨다, 피신하다 ㉔ ~ upp a) 떠받치다, 올리다; håll upp händerna! 손을 들어라(올려라)! b) 열다; ~ upp dörren för ngn …를 위해 문을 열다 c) 중단(중지)하다; håll upp ett ögonblick! 잠깐만 중단하시오! d) 비가 그치다 ㉕ ~ uppe a) 좋은 날씨가 계속되다; medan det –er uppe 날씨가 좋은 때에 b) 떠받치다, 올리다, 지지하다; ~ sig uppe 밤잠을 자지 않다 c) (좋은 상태를) 유지시키다; hoppet höll mig uppe 그 희망이 나를 지탱하게 하였다 ㉖ ~ ut a) (손 따위를) 내밀다 b) (소리를) 길게 끌다 c) 견디다, 참다 ㉗ ~ ngn utanför …를 제외시키다 ㉘ ~ ute …을 안에 들이지 않다.

hållar|e –*[e]n* ~ 지지하는 것, 지지대, byst~ 브래지어.

håll|as –*s hölls hållits itr. dep.* ① låta ngn ~ …를 내버려두다, 그냥 놔두다 ② 머무르다.

hållbar *a.* ① 오래 견디는, 질긴, (음식물 등이) 잘 부패하지 않는 ② (논리상) 정당한, 타당한.

hållfast *a.* 안정된, 강력한, 단단한.

hållfasthet *~en 0* 저항력, 내구력; 강도.

hållhak|e –*en* –*ar*, ha en ~ på ngn …을 통제할 수 있다.

hållning *~en 0* 자세, 태도; 기골, 용기; (증권시장의) 경향.

hållningslös *a.* 우유부단한.

hållplats *~en ~er* 정류소, 정거장.

hållpunkt *~en ~er* 근저, 근거, 실마리.

hålslag *~et ~* 구멍을 내는 기계 (punch).

hålsöm *~men ~mer* 자수의 한 형태.

håltimm|e –*en* –*ar* (강의시간 사이의) 빈 시간.

hålväg *~en ~ar* 협곡, 협로.
hålögd *a.* 눈이 움푹 팬.
hån *~et 0* 조롱, 경멸.
håna *~r ~de ~t tr.* 조롱하다, 경멸하다.
hånfull *a.* 경멸에 찬, 모멸적인, 비웃는.
hångla *~r ~de ~t itr.* …와 시시덕거리다, 농탕치다.
hår *~et ~* 머리[카락], 털; det hängde på ett ~ (det var på ett ~) 아슬아슬하기 짝이 없었다; på ~et 정확하게.
håra *~r ~de ~t itr.* 탈모하다, 털갈이하다.
hårbott|en *-nen -nar* 머리가죽.
hård *hårt a.* ① 굳은, 단단한, 딱딱한; ~ som granit 돌(화강암)처럼 단단한 ② 냉정한, 냉혹한, 무정한; ~ mot sina undersåtar 신하에게 냉혹한 ③ 거친, 엄[격]한; ett hårt klimat 거친 기후 ④ (물이) 경질인, 염분을 함유한; hårt vatten 경수 ⑤ 견디기 어려운, 고된; ett hårt öde 고달픈 운명(신세) ⑥ 견고한; ~ mot kulor 총알에도 끄떡없는 ⑦【음성】 경음의; (소리·음이) 사나운, 귀에 거슬리는; ett hårt ljud (귀에 거슬리는) 날카로운 소리.
hårddisk *~en ~ar*【컴퓨터】 하드디스크 (자성체로 코팅된 알루미늄 등의 딱딱한 원판을 기록 매체로 사용하는 자기 디스크 장치).
hårdfjällad *a.* 억센, 고집 센; 다루기 힘든.
hårdfrusen *a.* 꽁꽁 얼어붙은.
hårdför *a.* 강인한, 단단한, 억센; 다루기 힘든, 끈질긴.
hårdhandskar (복수명사), ta i med ~na [med] […에 대하여] 강경하게 대응하다.
hårdhjärtad *a.* 무정한, 엄격한.
hårdhudad *a.* 가죽이 두꺼운; 무감각한, 둔감한, 둔한; 뻔뻔스러운.
hårdhänt[1] *a.* 거친, 무자비한.
hårdhänt[2] *adv.* handskas ~ med …을 거칠게(마구) 다루다.
hårding *~en ~ar* 강인한 사람, 굳센 사나이.
hårdkodad *a.*【컴퓨터】 (프로그램 속에서) 데이터 따위를 변경하지 못하게 코드화한.
hårdkokt *a.* ① (달걀을) 단단하게 삶은 ② (문학작품이) 비정적(非情的)인.
hårdna *~r ~de ~t itr.* 단단해지다, 굳어지다.
hårdnackad *a.* 완고한, 고집센, (저항 따위가) 완강한.
hår|draga/hår|dra *-drager/~r, -drog, -dragit tr.* (법조문 따위를) 억지해석하다, 곡해하다.
hårdragen *a.* 견강부회의, 무리한, 억지의.
hårdrock *~en 0* 로큰롤(재즈·대중음악의 일종).
hårdsmält *a.* ① 소화불량의, 소화가 안 되는 ② 이해하기 힘든.
hårdvalut|a *-an -or* 경화(硬貨), (국제적으로) 교환 가능한 통화.
hårdvar|a *~n -or*【컴퓨터】 하드웨어 (정보 처리용 전자 기기의 총칭) (cf. software).
hårfin *a.* 머리카락처럼 가는, 근소한, 아주 작은.
hårfrisör *~en ~er* 남성 이발사.
hårfrisörsk|a *-an -or* 여성 이용사 (理容師).

H

hårfärgning [-færjniŋ] *~en ~ar* 머리털 염색.
hårfäste *~t ~n* 머리털과 이마의 경계 부분(huvudhårets gräns mot ansiktet).
hårig *a*. 털로 덥힌, 털이 많은.
hårklippning *~en ~ar* 이발.
hårklyveri *~et ~er* 사소한 내용을 꼬치꼬치 따지기, 사소한 일에 구애하기.
hårkors *~et ~* (망원렌즈 따위의) 과녁(십자형) 표지.
hårnål *~en ~ar* (U자 모양의) 머리핀.
hårnålskurv|a *-an -or* 도로의 급커브길.
hårpisk|a *-an -or* (남자의) 땋아 올린 머리.
hårresande *a*. 소름이 끼치는, 무서운.
hårsmån *~en 0* 아주 적은 양, 근소.
hår|sprey/-spray *~en ~er* 헤어스프레이.
hårspänne *~t ~n* 머리집게.
hårt *adv*. 강하게, 세게, 단단히; 열심히.
hårtest *~en ~ar* 머리카락의 작은 다발.
hårtork *~en ~ar* (전기를 이용한) 머리 말리는 기구.
hårvatt|en *-net ~* (화장용) 머릿기름.
hårvård *~en 0* 머리 가꾸기(이발, 파마 따위).
håv *~en ~ar* (물고기, 곤충을 잡는) 그물채; (교회의) 연보채; gå med ~en (일부러 스스로를 낮춤으로써) 칭찬을 받으려 하다.
håva *~r ~de ~t tr*. (물고기, 곤충 따위를) 그물로 낚다; ~ in 긁어 들이다.
håvor (복수명사) 【고어】 선물, 증여물; Guds ~ 신의 선물; lyckans ~ 행운의 선물.
häck *~en ~ar* ① 덤불 울타리 ② 【경주, 경마】 장애물, 허들 ③ (격자로 된) 사료 선반 ④ (파일운송용) 상자 ⑤ (배의) 선미(船尾).
häcka *~r ~de ~t itr*. (알을) 품다.
häckl|a[1] *-an -or* (삼 따위를) 훑는 빗.
häckla[2] *~r ~de ~t tr*. ① 삼 따위를 빗질하다 ② (무턱대고) 흠잡다, 트집잡다, 질문공세를 퍼붓다, 야유하다.
häcklar|e *-[e]n ~* 질문공세로 대화를 중단시키는 자.
häcklöpning *~en ~ar* 장애물 경주, 허들.
häda *~r ~de ~t tr. itr*. (신이나 신성한 것에 대하여) 불경스런 말을 하다, 모독하다.
hädan *adv*. 【고어】 gå(skiljas) ~ 이 세상을 떠나다.
hädanefter *adv*. 이제부터는, 금후.
hädanfärd *~en ~er* (형식문체) 서거, 별세.
hädangången *a*. (형식문체) 별세한, 서거한.
hädankalla *~r ~de ~t tr*. 생명을 불러가다; Herren har behagat ~ ngn 하나님이 아무개의 명(命)을 부르셨다(부고(訃告)에서).
hädar|e *-[e]n ~* (신의) 모독자, 벌받을 소리를 하는 자.
hädelse *~n ~r* 신에 대한 불경, 모독(mot); 욕설.

hädisk *a*. 불경한, 모독적인.

häft|a¹ *-an -or* 접착물, 접착테이프.

häfta² *~r ~de ~t tr*. 붙이다, 접착시키다; 꿰매다; ~d bok 종이표지의 염가판책; ~ fast ngt [vid] …을 고(접)착시키다; ~ i skuld till ngn …에게 빚을 지다.

häftapparat *~en ~er* 책자를 철하는 기구, 호치키스.

häfte *~t ~n* (가철한) 소책자, 팸플릿.

häftig *a*. ① 격렬한, 맹렬한; ~ feber 고열; ett ~t oväder(regn) 격렬한 폭풍우(폭우).

häftigt *adv*. 격렬하게, 맹렬히, 갑자기; andas ~ 거칠게 숨쉬다; bli ~ sjuk 갑자기 병이 나다; regna ~ 비가 억수같이 쏟아지다.

häftklam|mer *-mern -rar* (U자 모양의) 꺾쇠; (호치키스의) 철쇠.

häftplåst|er *-ret ~* 반창고.

häftstift *~et ~* 압정(押釘).

häg|er *-ern -rar* 【조류】 왜가리.

hägg *~en ~ar* 【식물】 향기 짙은 흰 꽃송이가 달린 관목.

hägn *~en 0* 보호, 후원; i(under) lagens ~ 법의 보호 아래.

hägna *~r ~de ~t tr*. ~ in(inhägna) 둘러싸다, 에워싸다.

hägnad *~en ~er* 울타리, 담장; 보호.

hägra *~r ~de ~t itr*. ① det ~r i öknen 사막에 신기루가 나타나다 ② (비유적) 망상(妄想)으로 나타나다; ett mål som ~r för mig 내가 꿈꾸는 목표.

hägring *~en ~ar* 신기루, 아지랑이; 망상, 환상.

häkt|a¹ *-an -or* (걸거나 걸어 잡아당기는) 갈고리, 걸쇠.

häkta² *~r ~de ~t tr*. ① ~ av 갈고리를 풀다(från); ~ ihop 갈고리를 걸다; ~ på ngt …에 갈고리를 걸다 ② 구속하다, 체포하다; vara ~d 구속(구금)되다; den ~de 체포(구금)된 자.

häkte *~t ~n* 구금, 체포; (구체적) 감옥, 구치소; kvarhålla ngn i ~ …를 구류하다, 감금하다; frige ngn ur ~t …를 석방하다.

häktning *~en ~ar* (법원의) 체포결정, 구금영장 발부; 체포, 구금.

häktningsorder *~n ~* 체포(구금)영장; utfärda ~ mot ngn …에 대해 체포영장을 발부하다.

häl *~en ~ar* 발뒤꿈치, (신발 · 양말의) 뒤축; följa ngn i ~arna …을 바싹 뒤따르다.

hälar|e *-[e]n ~* 장물아비.

häleri *~et ~er* 장물 취득.

hälft *~en ~er* 반(半), 절반; hans äkta(bättre) ~ 그의 아내; ~en av boken 책의 절반; ~en av dem är ruttna 그것들의 절반은 썩었다; ~en av vad han sade 그가 한 말 가운데 절반은; ta ~en var 각각 반씩 가지다; de fick var sin ~ av apelsinen 그들은 귤을 반쪽씩 받았다; ~en så stor som …의 절반 정도로 큰; till ~en 반쯤은; han gjorde det till ~en mot sin vilja 그는 그 일의 반쯤은 자기 의사에 반(反)하여 행하였다.

hälgångar|e *-[e]n ~* 발바닥 전면을 땅에 대고 걷는 동물, 척행성 동물(사람, 곰 따위).

häll *~en ~ar* 평석(平石), 노상(爐床), 노(爐)의 바닥 돌.

häll|a¹ *-an -or* 혁대 고리, 바지 고리 (발바닥에 매어 바지가 위로 올라가지

H

않도록 하는데 이용).

häll|a² *-er -de -t tr.* (액체를) 따르다, 붓다, 채우다, 엎지르다; ~ ett glas fullt 잔을 채우다; ~ [ut] vatten på golvet 방바닥에 물을 엎지르다; ~ vin i glaset 잔에 포도주를 따르다; skall jag ~ upp mer kaffe åt dig? 커피를 좀 더 따라줄까?; ~ i sig ngt …으로 목을 적시다; ~ ur 비우다.

hälleberg *~et 0* 암석, 암반.

hälleflundr|a *-an -or* 큰 넙치.

hällregn *~et ~* 억수같이 쏟아지는 비.

hällregna *~r ~de ~t itr.* det ~r 비가 억수같이 퍼붓다.

hällristning *~en ~ar* 반석인각(盤石印刻).

hälsa¹ *~n 0* 건강, 보건; återvinna ~n 건강을 회복하다; se ut som ~n själv 매우 건강해 보이다; bra för ~n 건강에 좋은; slit den med ~n! 선물이 마음에 들었으면 좋겠어요! (선물을 건네줄 때); vara vid god ~ 건강상태가 양호하다.

hälsa² *~r ~de ~t tr. itr.* ① (편지나 구두로) 남에게 인사하다, 절하다, (거수, 받들어총으로) 경의를 표하다; 환영하다; ~ ngn välkommen …에게 환영의 말을 하다; värden ~de alla varmt välkomna 주인은 모든 이들을 따뜻하게 환영하였다 ② 인사하다; de ~r på varandra då de möts 그들은 만날 때 서로 인사를 한다; han ~de inte ens på mig 그는 나를 아는 척도 하지 않았다 ③ 안부 전하다; ~ [till ngn] …에게 인사 전하다; ~ dem så hjärtligt(mycket) [från mig] 그들에게 안부 인사 잘 전해 주시오; ~ din fru [så mycket] 부인에게 인사 전해 주시오; ~ honom [och säg] att vi kommer 우리가 간다고 그에게 전해주게; jag kan ~ [dig] från din bror 네 형(동생)으로부터 안부 전한다; han är inte inne nu, vem får jag ~ ifrån? 그 분은 지금 안 계신데요, 누구시라고 전할까요? ④ ~ på [ngn (hos ngn)] 잠깐 방문하다, 잠깐 들르다; han kom och ~de på mig 그는 내게 잠깐 들렀다.

hälsning *~en ~ar* ① 인사[동작], (환영의) 인사말, 경례 ② (보통 복수형으로) 편지 따위에서 인사말, 안부; hjärtliga ~ar från … (till …); med vänlig ~ 편지 끝에 쓰는 말(yours sincerely).

hälsningstal *~et ~* 인사말(연설), 환영사; hålla ~et för ngn …을 위해 환영사를 하다, 개회인사를 하다.

hälsokontroll *~en ~er* 건강진단.

hälsokost *~en 0* 건강식품(식물성).

hälsosam *a.* 건강한, 건전한; 건강에 유익한.

hälsotillstånd *~et ~* 건강상태.

hälsovådlig *a.* 건강에 나쁜(해로운), 비위생적인.

hälsovård *~en 0* 보건대책, 건강관리시책.

hälsovårdsnämnd *~en ~er* (군(郡)의) 보건소, 보건과.

hälta *~n 0* 불구, 절름발이.

hämma *~r ~de ~t tr.* …을 억제하다, 견제하다, 멈추게 하다; ~ blodflödet 지혈(止血)하다; verka ~nde på …에 억제 작용을 하다.

hämmad *a.* (감정 따위가) 억제된, 내성적인.

H

hämna *~r ~de ~t* Ⅰ. ☞ **hämnas** Ⅱ. *rfl*. (잔꾀, 비행 따위의) 응보(應報)를 받다; han överskattade sina krafter och det ~de sig mot slutet 그는 자신의 힘을 과신한 나머지 결국 그 대가를 치르고 말았다.

hämna|s *~ –des –ts dep*. 복수하다, 원수를 갚다; ~ på ngn för ngt …에 대해 …에게 복수하다; jag ska ~! 복수하고 말겠다!

hämnd *~en 0* 복수, 원수 갚기, 보복[행위]; ~en är ljuv 앙갚음은 시원하다; ta ~ på ngn för ngt …에 대해 …에게 복수하다.

hämning *~en ~ar* 【심리】 (다른 심리작용에 의한) 억제, 억압.

hämningslös *a*. 억압되지 않은, 거리낌 없는, 구애받지 않는(행동 따위에).

hämpling *~en ~ar* 홍방울새.

hämsko *~n ~r* 장애물, 방해물; sätta ~ på 억제하다, 제동을 걸다.

hämta *~r ~de ~t* Ⅰ. *tr*. …을 [가서] 가져오다, 데리고 오다; ~ ngt åt ngn …을 …에게 가져오다; ~ ngn på hotellet(vid stationen) 호텔(정거장)에서 …를 데려(마중해) 오다; du har brev att ~ på posten 우체국에 네가 찾아가야 할 편지가 한 통 있다; ~ polis (läkare) 경찰(의사)을 부르다; ~ barnen på dagis 탁아소에서 아이들을 데려오다; han lovade att ~ henne med bilen 그는 그녀를 차로 데려오기로 약속했다; citatet är hämtat från 그 인용문의 출처는 …이다; där har man(finns det) ingenting att ~ 거기서는 얻을 게 전혀 없다; ~ andan (심한 긴장 끝에) 숨을 돌리다 Ⅱ. *rfl*. (건강 · 체력 따위를) 회복하다; han har inte ~t sig än efter sjukdomen 그는 질병 끝에 아직도 회복을 못하고 있다.

hän *adv*. vart ska du ~? 어디에 가는 길이냐?; vart vill han ~? 그가 노리는 것은 무엇일까?; ~ emot …을 향하여, …의 방향으로.

hän|da *–der –de –t* Ⅰ. *itr*. 일어나다, 발생하다; ~ ngn …에게 일이 발생하다; har det –t (honom) någonting? [그에게] 무슨 일이 일어났느냐?; det har –t en olycka 사고가 발생했다; det –de mig en olycka 내게 사고가 일어났다; vad har –t med …에게 무슨 일이 일어났느냐?; det –der [så] lätt att man glömmer 우리는 잊기를 잘 한다; vad som än –der 무슨 일이 일어나도 [상관없다]; det kan [nog] ~ att jag går 아마 내가 갈지도 몰라; det kan väl ~ att boken är tråkig men … 그 책이 좀 지루할지 모르지만; nåja, det må vara –t! 그럼 좋아! Ⅱ. *rfl*. (우연히) 일어나다, 발생하다; det –de sig att jag gick 우연히 걷게 되었다.

händelse *~n ~r* ① 사건, 생긴 일, 작은 사건; dagens ~r 오늘의 사건들; ~rnas centrum 사건의 중심부 ② 우연의 일치; av en [ren] ~ [아주] 우연히, 뜻밖에; jag såg ngn av en ~ 우연히 …를 보게 되었다 ③ 경우, 상황; för(i) den ~ att han skulle komma 그가 올 경우에; i ~ av regn finns ett reservprogram 비가 올 경우에는 예비 프로그램이 준비돼 있다; i alla ~r 좌우간, 여하튼 간에.

händelseförlopp *~et ~* 사건의 진전.

händelserik *a*. 다사한, 사건 사고가

H

많은.

händelsevis *adv*. 우연히; jag var ~ där 우연히 나는 거기에 있었다; (공손한 의문문에서) du har inte ~ en penna på dig? 네게 혹시 펜 가진 것 없니?

händig *a*. 간편한, 편리한, 능숙한, 솜씨 좋은.

hänför|a – *-de -t* Ⅰ. *tr*. ① …의 범주에 넣다, 귀속시키다; boken kan inte ~s till någon bestämd genre 그 책은 어떤 특정한 장르에 귀속시키기 어렵다 ② …의 넋을 빼앗다, 현혹시키다; hennes sång -de publiken 그녀의 노래는 청중을 사로잡았다; i -da ordalag 열정적인 말씨로 Ⅱ. *rfl*. ~ sig till …와 연관되다, 관련짓다; uttalandet – sig till affären med ngn 발언은 …가 연관되어 있는 사건을 겨냥하고 있다.

hänförande *a*. 매혹적인, 매료하는.

hänförelse *~n 0* 큰 기쁨, 황홀, 황홀경; 환희; vara full av ~ över …에 대해 기뻐서 어찌할 바를 모르다.

häng|a *-er -de -t* Ⅰ. *tr*. ① …을 걸다, 매달다; 교살하다, 교수형에 처하다; ~ ngt i taket 천장에 …을 매달다; ~ ngt på en krok …을 걸이에 걸다; ~ ngt till tork …을 내어 널어 말리다; ~ läpp 침울해하다, 뾰로통하다, 침울한 표정을 하다; ~ näsan över boken 열심히 책을 읽다 ② ~ ngn 【스포츠】 …의 뒤를 바짝 따르다 Ⅱ. *itr*. 걸리다, 매달리다; köttet bör ~ 고기는 매달아야 한다; tavlan -er snett 그림이 비스듬히 걸려 있다; ~ och dingla(slänga) 흔들흔들하다, 대롱대롱 매달려 있다; gå och ~ 어슬렁거리다, 어정거리다; sitta och ~ 축 늘어져 있다, 빈둥거리다; ~ ngn i kjolarna …의 치맛자락에 매달리다; hon -er om halsen på honom 그녀는 그의 목에 매달린다; ~ på krogen 술집에 죽치고 있다; ~ över böckerna 책에 매달려 있다 ② det -er på …에 달려 있다, 좌우되다 Ⅲ. *rfl*. ~ sig 목매어 죽다 Ⅳ. (강세접사와 함께) ① ~ av sig [ytterkläderna] [겉옷]을 벗어 걸다 ② ~ efter ngn …을 계속 따라 다니다; han -er efter henne hela tiden 그는 그녀를 줄곧 따라 다닌다; förkylningen -de efter hela våren 감기가 봄 내내 떨어지지 않았다 ③ ~ fast vid …에 꼭 달라붙다, 집착하다 ④ ~ i (냄새 등이) 달라붙어 있다, (병이) 오래가다; 계속 남아서 일하다 ⑤ ~ ihop 단단히 들러붙다; (이야기 등에) 조리가 있다; 관계가 있다, 관련이 있다; han har -t ihop med henne länge 그는 오랫동안 그녀와 가까이 지내왔다(어울려 지냈다) ⑥ ~ med 함께 가다, 따라가다; de frågade om han ville ~ med på bio 그들은 영화관에 함께 갈 것인지 그에게 물었다; (토론내용 등을) 이해하다, 따라가다; kan du ta det en gång till? jag -de inte med 한번 더 말해 주시겠습니까, 이해하지 못했는데요 ⑦ ~ på (경주에서) 앞 사람과의 거리를 좁히다 ⑧ ~ samman ☞ ~ ihop ⑨ ~ upp sig 걸리다, 얽히다, 고장나다; växeln hade -t upp sig så det gick inte att få in ettan 기어가 고장나서 1단이 들어가지 않았다 ⑩ ~ över (미해결의 과제, 일 따위가) 걸려 있다, 짓누르다; de orättade uppsatserna -de över henne 채점하지 않은 작문들

H

이 그녀를 짓눌렀다.

hängar|e −[*e*]*n* ~ 옷걸이.

hängavtal ~*et* ~ (경영자연합회에 가입하지 않은 기업주와 체결하는) 지방 단위 협약.

hängbro ~*n* ~*ar* 적교(吊橋), 현수교(양쪽 언덕에 줄, 쇠사슬 등을 건너질러 거기에 의지하여 매달아 놓은 다리).

hänge[1] [−ŋe] ~*t* ~*n* 【식물】 미상화(尾狀花, 버드나무, 자작나무 따위의 꽃).

hän|ge/hän|giva[2] −*ger*/*giver*, −*gav*, −*givit rfl*. ~ sig åt 빠지다, 몰두하다; 몸을 맡기다.

hängfärdig *a*. 침울한, 풀이 죽은; se ~ ut 풀이 죽어 보이다.

hängglidar|e −[*e*]*n* ~ 행글라이더; 행글라이딩을 하는 사람.

hängig *a*. 기분이 좋지 않은, 언짢은; 흐늘흐늘한, (신체가) 축 쳐진.

hängiva ☞ **hänge**[2].

hängiven *a*. 헌신적인, 충실한, 열심인; en ~ beundrare 열렬한 숭배자.

hänglås ~*et* ~ 맹꽁이자물쇠.

hängmatt|a −*an* −*or* 달아매는 그물 침대.

hängning ~*en* ~*ar* ① 교살, 교수형 ② 매달기, 매다는 법.

hängsle ~*t* ~*n* 양복바지의 멜빵.

hänryck|a −*er* −*te* −*t* ☞ **hänföra** Ⅰ. ②.

hänryckning ~*en 0* 큰 기쁨, 황홀, 광희; falla i ~ (över) …에 대해 황홀해지다.

hänseende ~*t* ~*n* 고려, 관심, 점; i alla ~n 모든 점에서; i tekniskt ~ 기술적으로 보아; i ~ till det faktum att …라는 사실을 고려하여.

hän|skjuta −*skjuter* −*sköt* −*skjutit tr*. (사건, 문제 따위를) …에 위탁하다, 맡기다, 회복하다(till); frågan −sköts till utskottet 그 문제는 상임위원회로 회부되었다.

hänsyfta ~*r* ~*de* ~*t itr*. ~ på 넌지시 비치다, 암시하다.

hänsyftning ~*en* ~*ar* 암시, 빗대어 말하기(på).

hänsyn ~*en* ~ 고려, 관심, 유념, 관점; ta ~ till …을 고려하다, …에 유념하다; utan att ta ~ till …에 무관심한 채, …을 고려하지 않고; av ~ till 고려하여, med ~ till …을 참작하여 볼 때; utan ~ till person (누구를 막론하고).

hänsynsfull *a*. (남에 대해) 동정심(이해심)이 많은(mot).

hänsynslös *a*. 무정한, 무자비한(mot); ~ uppriktighet 우직(愚直), 고지식함.

hänsynstagande ~*t 0* 고려, 유념, 배려(till).

hänvisa ~*r* ~*de* ~*t tr*. ① (지식, 원조 따위를 구하기 위해 …에게) …을 보내다, 조회시키다, 참조시키다; ~ ngn att vända sig till …에게 …에 가서 알아보도록 하다 ② (원인 따위를) …에 돌리다, …의 탓으로 하다; han ~de till sin bristande erfarenhet 그는 …을 자신의 경험부족 탓으로 돌렸다 ③ 부득이 …하게 되다; vara ~d till att använda ngt 부득이 …을 사용하게 된다.

hänvisning ~*en* ~*ar* 참조, 참고, 출전(出典) 지시, 동일서적 중의 전후참조; med ~ till …을 고려(참작)하여

H

볼 때.

hänvän|da *-der -de -t rfl*. ~ sig till ngn för att få upplysningar 안내를 받으려고 …에게 문의하다.

hänvändelse *~n ~r* 조회, 문의(till); genom ~ till …와 접촉하여.

häpen *a*. 깜짝 놀란, 경악한; bli ~ 깜짝 놀라다; nu blev du allt ~! 깜짝 놀랐지! hon var ~ och förvirrad 그녀는 놀라서 어리둥절했다.

häpna *~r ~de ~t itr*. 놀라다.

häpnad *~en 0* 놀람, 경악; slå ngn med ~ …를 아주 경악케 하다.

häpnadsväckande *a*. 놀랄 만한; 불가사의한, 굉장한.

här[1] *adv*. (화자 쪽에서의) 여기에, 이 점에 있어서; ~ bakom mig 여기 내 뒤에; ~ i huset 이 집에; ~ i staden 이 도시에; ~ i Sverige 여기 스웨덴에; så ~ går det till 이렇게 한단 말이야; det är ~ jag bor 여기가 내가 사는 데야; ~ går vägen till 여기가 …로 가는 길이다; ~ har du boken! 자, 여기 책이 있다; har någon varit ~ medan …? …한 동안 누가 여기에 찾아 왔었느냐?; ~ är så skönt 여기는 참 멋진 곳이야; ~ har du fel 이것이 바로 네가 틀린 곳이야; ~ och där 여기저기.

här[2] *~en ~ar* 군대; 큰 무리, 떼.

härad *~et, ~[er]/~en* 옛날의 행정구역, 랜(län)의 일부(촌락).

häradshövding *~en ~ar* 【고어】 지방판사.

häradsrätt *~en ~er* 【역사】 옛 지방법원.

härav *adv*. 이로써; på grund ~ 이러한 이유로; ~ följer att ngn har fel 따라서 …는 오류를 범한 것이다.

härbre *~t ~n* 농가의 통나무집 창고.

härbärge *~t ~n* 은신처, 보호물, 대피소, 여인숙; skaffa ngn ~ för natten …에게 하룻밤 묵을 곳을 마련해 주다.

härbärgera *~r ~de ~t tr*. 유숙시키다, 숙박시키다.

härd *~en ~er* ① 노상(爐床), 난로 ② 가정 ③ (범죄의) 온상; egen ~ är guld värd 내 집만 한 곳이 없다; vid hemmets ~ 가정에서, 단란한 분위기에서.

härda *~r ~de ~t* Ⅰ. *tr*. ① …을 단단하게 하다, 굳히다 ② …을 단련하다; ~ ngn mot köld …을 추위에 익숙하게 단련시키다 Ⅱ. *itr*. ~ ut 견디다, 참다; jag ~r inte ut längre 나는 더 이상 견딜 수가 없다.

härdig *a*. 튼튼한, 건장한, 강인한.

härdning *~en 0* (시멘트, 도자기 따위의) 경화, (강철의) 담금질, 단련.

härefter *adv*. ① 이제부터, 금후 ② 따라서, 준해서.

härför *adv*. 이를 위해; som bevis ~ 이에 대한 증거로서; ~ var han tacksam 이에 대해 그는 고마워했다.

härförar|e *-[e]n ~* 사령관, 장군.

häri *adv*. 이에, 이 점에 있어서; ~ ligger en motsägelse 여기에 모순이 있다.

härifrån *adv*. ① 여기로부터, 여기에서; ~ är det 20 mil till Stockholm 여기서부터 스톡홀름까지는 20마일이다; ut ~! 여기서 나가라, 꺼져! ② 이것으로부터; det är ~ han har fått sina idéer 그는 바로 이것으로부터 착안하였다.

härigenom *adv*. ① 이렇게 하여, 이러

H

한 방법으로 ② 여기를 통하여.

härja *~r ~de ~t* Ⅰ. *tr*. 황폐하게 하다, 파괴하다, 휩쓸다(ödelägga); ~d av sjukdom 병으로 쇠약해진; ett ~t ansikte 찌든 얼굴; det av kriget ~de Europa 전쟁에 파괴된 유럽 Ⅱ. *itr*. ① (유행병 따위가) 창궐하다 ② 요란법석을 떨다, 말썽피우다.

härjning *~en ~ar* (복수형으로) 파괴, 황폐, 파괴된 자취, 휩쓸고 간 자리.

härjạmte *adv*. …의 위에 또, …에 더하여(dessutom).

härkomst *~en 0* 계통, 출신, 혈통; 근원, 기원; av förnäm ~ 명문 태생의; av utländsk ~ 외국혈통의.

här|leda *–leder –ledde –lett* Ⅰ. *tr*. …에서 유래하다, 나오다(종종 수동형으로), 추론하다(från, ur) Ⅱ. *rfl*. 파생하다, 나오다(från).

härledning *~en ~ar* 【문법】 (말의) 파생, 어원; 유도, 추론; 기원, 유래.

härlig *a*. 장엄한, 영광의, 명예로운, 빛나는, 아름다운; ~t! 좋아!, 멋있어!; en ~ måtid 맛 좋은(진수성찬의) 식사.

härliga *adv*. så (att) det står ~a till 깊은(좋은) 인상을 주다.

härlighet *~en ~er* ① 영광, 찬란함, 화려함, 장려(壯麗); alla ~er i skyltfönstren 진열창의 모든 화려한 물건들; ~er 맛있는 것, 진미 ② hela ~en 전체, 총체.

härma *~r ~de ~t tr*. 모방하다, (남의 언동, 태도, 풍채 따위를) 흉내 내다.

härmed *adv*. 이로써, 이 방법에 의해; ~ får jag meddela att 이로써 …이라는 사실을 알려 드리고자 합니다; ~ är det slut på programmet 이제 프로그램이 다 끝났습니다; ~ är saken avgjord 이로써 그 일은 결말이 났습니다.

härnad *~en ~er* 【고어】 전쟁; dra i ~ mot …에 대항하여 무장하다, 군사를 일으키다.

härnạst *adv*. 요다음에, 다음번에; när vi ses ~ 다음번에 우리가 다시 만날 때는.

hạrold *~en ~er* 【역사】 포고관, 전령관; 전달자, 보도자.

härom *adv*. ① 이에 관하여(om detta) ② 【방향】 staden ligger norr ~ 도시는 여기에서 북쪽으로 위치하고 있다; till höger ~ 이것의 바른쪽에.

häromdagen *adv*. 일전에, 요전번에.

häromsịstens *adv*. 바로 요전번에.

härpå *adv*. ① 이것에 관하여 ② 【시간 · 때】 이후, 그 다음에.

härrör|a *– –de –t itr*. ~ *ifrån* …으로부터 일어나다, 발원하다, 시작되다; ~ av …에 기인하다.

härs *adv*. ~ och tvärs 여기저기, 이쪽 저쪽, 도처에.

härska *~r ~de ~t itr*. 통치하다, 지배하다; 우세하다; ondskan ~r i världen 악이 세상을 지배한다.

härskar|a *–an –or* 큰 무리, 떼.

härskar|e *–[e]n ~* 통치자, 군주, 지배자(över); –[e]n över liv och död 생사(生死)를 주관(主管)하는 자.

härskarinn|a *–an –or* 여성지배자, 여주인.

härsken *a*. ① 썩은 냄새가 나는, 불쾌한 ② (하찮은 일로) 언짢은, 실쭉한; 숙취한.

härsklysten *a*. 권력욕에 사로잡힌, 전제적인.

härskna *~r ~de ~t itr*. ① 썩다, 악취

H

가 나다 ② ~ till 씰쭉해지다, 우울해지다, 언짢아지다.

härskri ~ *~n* (전쟁터의) 함성, 고함.

härstamma *~r ~de ~t itr.* ~ från …의 자손이다, 계통이다; 생기다, 시작하다; …로부터 유래하다.

härstamning *~en ~ar* 혈통, 출신, 가계, 유래.

härstädes *adv.* 【고어】 여기에.

härtagen *a.* 정복된, 정복당한.

härtappad *a.* 병에 넣은, 병입(甁入)한.

härtill *adv.* 이것에다, 여기에; med hänsyn ~ 이 점을 고려하여, 이에 비추어.

härutinnan *adv.* 이러한 점(면)에서.

härv|a *-an -or* 실타래, 토리; 엉클어짐, 혼란.

härvarande *a.* ~ myndigheter 이곳 관청.

härv|el *-eln -lar* 릴, 얼레; 물레.

härvid *adv.* 이에, 차제에.

härvidlag *adv.* 이 점에 있어서, 이 경우에; ~ har du rätt 이 점에 있어서 네가 옳다.

hässj|a[1] *-an -or* 건초 선반.

hässja[2] *~r ~de ~t tr.* ~ hö 건초 선반 위에 건초를 쌓다.

häst *~en ~ar* ① (타는) 말; sitta till ~ 말에 올라타다; man skall inte skåda given ~ i munnen 선사품의 흠을 잡아서는 안 된다; sätta sig på sina höga ~ar 뽐내다, 거만하게 행동하다.

hästkastanj|[e] *-en -er* 마로니에; 그 열매.

hästkraft *~en ~er* 마력(馬力, 힘의 단위); en motor på 50 ~er 50마력짜리 엔진.

hästkur *~en ~er* 집중치료; 비상대책(치유책).

hästlängd *~en ~er* 마장(馬長, 8피트); vinna med en ~ (경마에서) 한 마장의 차이로 이기다.

hästminne *~t 0* 비범한 기억력.

hästskjuts *~en ~ar* 마차(馬車).

hästsko *~n ~r* 말굽, 편자.

hästsvans *~en ~ar* ① 뒤로 묶어 늘인 머리 ② 【식물】 속새.

hästväg (불변화명사), ngt i ~ 굉장히 큰 것, 기괴한 것.

hätsk *a.* 악의에 찬, 심술궂은, 증오에 찬.

hätt|a *-an -or* 두건 모양의 모자.

häv|a *-er -de -t* Ⅰ. *tr.* ① 들어 올리다, 높이다 ② 취소하다, 무효로 하다; (병을) 고치다 Ⅱ. *itr.* på tå häv! 발끝을 들어! Ⅲ. *rfl.* 쳐들다, 내밀다; ~ sig upp (팔로 철봉 등을 잡고) 몸을 들어 올리다 Ⅳ. (강세접사와 함께), ~ i sig glupskt 먹어 치우다; ~ upp ett skri 고함을 지르다; ~ ur sig 거침없이 말하다; 토해내다, 내뱉다; 토로하다.

hävd *~en ~er* ① 습관, 전통 ② 【법률】 시효에 의한 권리; gammal ~ 예부터의 관습; kulturlivet var av ~ ett privilegium för ett litet fåtal 문화생활은 전통적으로 극소수의 특권에 속하였다 ③ (양호한) 경작상태 ④ (복수형으로) 역사.

hävda *~r ~de ~t* Ⅰ. *tr.* 주장하다, 단정하다; 옹호하다 Ⅱ. *rfl.* 자기의 입장을(지위를) 지키다, 지지 않고 버티다; firman ~r sig väl i den hårda konkurrensen 회사는 치열한 경쟁 속에서 잘 버티어 간다.

hävdatecknar | e *–[e]n ~* 역사학자, 역사가.
hävdvunnen *a*. 【법률】 시효에 의하여 얻은; 관례의, 인정된; ~ praxis 관행.
hävert *~en ~ar* u자 모양의 빨아올리는 관(管, 시폰).
häv | stång *–stången –stänger* 【기계】 지레, 레버.
häx | a *–an –or* 마녀; 마법사, 무당.
häxdans *~en ~er* (사건의) 소용돌이.
häxeri *~et ~er* 마법, 요술.
häxkitt | el *–eln –lar* 큰 소용돌이, 대혼란.
häxmästar | e *–[e]n ~* (남자) 마법사, 마술사.
häxprocess *~en ~er* 【역사】 마녀재판(마법행위로 피소된 여자에 대한 재판); (비유적) 피고가 변호할 기회 없이 날조된 범죄에 대한 재판; diktaturens ~er mot oliktänkande 반체제 인사에 대한 독재 권력의 조작된 재판.
hö *~et 0* 건초, 마초.
höfeber *~n 0* 【의학】 건초열(乾草熱)(꽃가루로 인한 눈, 코, 목구멍 등의 카타르)(=hösnuva).
höft *~en ~er* ① 궁둥이, 히프; ~er fäst! 손을 허리에 얹어! ② på en ~ 대충, 대략, 되는 대로.
höfthållar | e *–[e]n ~* 허리띠, 코르셋의 일종.
höftled *~en ~er* 【해부】 고관절(좌절과 대퇴골 사이의 관절).
hög[1] (*högre högst*) *a*. 높은; (신분, 지위가) 고위의, 고귀한; ~a berg 높은 산; ~a betyg 높은 점수; ~ officer 고급 장교; ha en ~ tanke om …에 대한 고귀한 생각을 갖다, …을 높이 평가하고 있다; det är ~ tid att …해야 할 때다; vid ~ ålder 고령에, 늙은 나이에; en ~ ämbetsman 고급 관리; en ~t uppsatt person 고위 인사(人士).
hög[2] *~en ~ar* 퇴적, 더미; en ~ [med] böcker 책 더미; stora ~ar med 많은, 다량의; i en enda ~ 한 덩어리가 되어; lägga(samla) pengar på ~ 돈을 모으다; ur ~en 우연히, 되는 대로, 아무렇게나.
högadel *~n 0* 귀족 계급 중에서 가장 높은 귀족.
högaff | el *–eln –lar* 건초용 쇠스랑.
högakta *~r ~de ~t tr*. 존경하다, 존중하다(för).
högaktning *~en 0* 크나큰 존경, 높은 경의.
högaktningsfullt *adv*. 친지가 아닌 사람에게 보내는 편지의 끝맺는 말(영어의 Yours faithfully).
högaktuell *a*. 현재 최대 관심거리인, 극히 시사적인.
högaltare *~t ~n* (교회의) 대 제단, 제대(祭臺).
högborg *~en ~ar* 본거지, 거점, 중심부.
högburen *a*. gå med högburet huvud 머리를 꼿꼿이 세우고 가다.
högdjur *~et ~* 【구어】 높은 사람(VIP).
högdragen *a*. 건방진, 교만한, 오만한(högfärdig).
högeligen *adv*. 고도로, 크게, 매우.
hög | er[1] *a*. 오른쪽의, 우측의; min –ra arm 나의 오른 팔; ~ hand(–ra handen) 오른 손; på ~ hand ser man 오른 편에 …이 보인다; på ~ sida

H

[om] …의 바른 편에; gå på ~ sida! 오른쪽으로 가라; från ~ 오른쪽으로부터; till(åt) ~ 오른쪽으로; se till ~ 오른쪽을 보아라; sitta till ~ om …의 바른쪽에 앉다; hon är hans -ra hand 그녀는 그의 오른팔과 같은 존재이다(가까운 협조자이다).

höger² *~n 0* ① 우익(右翼), 우파, 보수당 ② 【권투】 en rak ~ 오른손 스트레이트.

högerextremist *~en ~er* 극우론자, 극우과격파.

högerhänt *a.* 오른손잡이의.

högerparti *~et ~er* 보수[우익]당.

högerregel *~n 0* 우측 차량 통행 우선권

högersid|a *-an -or* (책의) 바른쪽 면.

högertrafik *~en 0* 우측통행.

högervind *~en ~ar* 우익바람, 보수주의 성향.

högervriden *a.* 우익의, 보수 지향적.

högfjäll *~et ~* (험한) 높은 산[봉우리].

högfjällshotell *~et ~* 산악 호텔.

högform (불변화명사) vara i ~ (신체가) 가장 좋은 상태에 있다.

högfrekvens *~en ~er* 고(高) 빈도; 고 주파수.

högfrekvent *a.* 고 주파수의, 고 빈도의; (비유적) 아주 흔히 일어나는.

högfärd [hœk-] *~en 0* 오만, 자만심, 교만.

högfärdig *a.* 교만한, 거만한, 의기양양한(över).

högfärdsblås|a *-an -or* 교만한 자, 건방진 사람(보통 여성을 가리킴).

högförrädar|e *-[e]n ~* 대 역적, 대반역자.

högförräderi *~et ~er* 대 반역[죄], 대역[죄].

högg ☞ hugga.

höggradig *a.* 높은 정도의, 높은 함량의.

höghalsad *a.* (여성복의) 목둘레를 치켜세운, 폴로형의.

höghet Ⅰ. *~en ~er* 왕족에 대한 존칭; Ers(Hans) H~ 전하(殿下) Ⅱ. *~en 0* 높음, (인품 따위의) 고결.

höghus *~et ~* 고층 아파트 건물.

höginkomsttagar|e *-[e]n ~* 고소득자.

högkant (불변화명사), stå(ställa) på ~ 가장자리에 서다(놓다); tändsticksasken står på ~ 성냥갑이 짧은 면을 밑으로 서 있다.

högklackad *a.* 굽 높은, 하이힐의.

högkonjunktur *~en ~er* 호경기, 호황; det råder ~ 지금은 호경기이다; under ~ 호황 때에.

högkvarter *~et ~* 본부, 본서(本署); (군대의) 사령부.

högkyrklig *a.* 고(高)교회 파의(교회의 권위, 의식, 성찬 등을 중시하는 교파의).

hög|land *-landet -länder* 고지, 고원, 산악(해발 200미터 이상의 지대).

högljudd *a.* 큰 소리가 나는, 시끄러운; tala högljutt 큰 소리로 말하다.

högländar|e *-[e]n ~* 고원지대 주민 (특히 스코틀랜드 사람).

högmod *~et 0* 자만심, 오만; ~ går före fall 【속담】 교만한 자는 곧 망하게 마련이다.

högmodig *a.* 교만한, 건방진(över).

högmäldig *a.* 큰 소리로 말하는.

högmäss|a *-an -or* 【신교】 아침 예배, 【구교】 (성가대나 음악이 따르는) 장엄미사.

högnivåspråk *~et 0* 【컴퓨터】 고수준 언어, 고급 언어 (일상어에 가장

가까운 프로그램용 언어).

högpros|a *-an 0* 문예체 산문.

högre[1] *a.* 더 높은, 보다 높은; ~ än …보다 더 높은; de ~ klasserna (학교에서의) 상급반, (사회의) 상류층; i de ~ kretsarna 상류계에, 상류 사회에; en ~ officer 고급 장교; en ~ ämbetsman 고급 관리.

högre[2] *adv.* 보다 높게, 더 높이; ~ avlönade arbetare 고 임금 노동자; på ~ belägna platser 고 지대에; tala ~! 더 크게 말해라!; ingenting önskar jag ~ än …이상 더 바랄게 없다.

högrest *a.* 키가 큰.

högrev *~et ~* (쇠고기의) 등심.

högröd *a.* 진홍색, 선홍색; bli ~ av ilska 노여움으로 얼굴이 새빨개지다.

högröstad ☞ **högljudd**.

högsinnad/högsint *a.* (성격이) 대범한, 관대한, 고고한.

högsjö *~n 0* 공해(公海).

högskol|a *-an -or* (전문)대학; teknisk ~ 공과 대학.

högskolelektor *~n ~er* 대학의 전임 강사(미국의 조교수에 해당).

högslätt *~en ~er* 고원지대.

hög|sommar *-sommar(e)n -somrar* 한 여름[철]; på ~en 한 여름에.

högspänning *~en ~ar* 【전기】 고압전류(250볼트 이상).

högst[1] *a.* 제일 높은, 최고의; min ~a chef 나의 직장 책임자; 나의 우두머리(두목); ~a domstolen 대법원; på ~a hyllan 선반 맨 위에; av ~a klass 일류의, 최고의; säljas till ~a pris 최고 가격에 팔다; av ~a vikt 극히 중요한; min ~a önskan 나의 가장 큰 소망.

högst[2] *adv.* ① 가장 높게, 제일 높게; allra ~ uppe 맨 꼭대기에 ② 매우, 가장, 특히; ~ sällan 극히 드물게 ③ 기껏해야, 고작, 많아야(inte mer än); ④ ~ fem personer 많아야 다섯 사람; det varar ~ en timme 기껏해야 한 시간 계속 된다.

högstadielärar|e *-[e]n ~* (9년제 기초 학교의) 상급반(7, 8, 9학년) 교사.

högstadi|um *-et -er* (기초학교의) 상급반(7, 8, 9학년); på -et får eleverna ämneslärare i stället för klasslärare 상급반에서는 학생들이 담임선생 대신에 과목 선생의 수업을 받는다.

högstämd *a.* 진지한, 엄숙한, 고양된.

högsäsong *~en ~er* (일 년 중) 한창일 때, (활동, 사업이) 가장 활발한 시기; under ~en 한창일 때에, 시즌에.

högsäte *~t ~n*, sitta i ~t 상석에 앉다.

högt (*högre högst*) *adv.* ① 고도로, 크게, 매우; vara ~ begåvad 매우 재능이 있다; tavlan gick ~ på auktion 그림은 경매에서 비싼 가격에 팔렸다; leva ~ på sitt goda rykte 명성으로 살아가다; solen står ~ 해가 중천에 있다; älska ngn ~ …을 극진히 사랑하다 ② (소리를) 크게, 큰 소리로; läsa ~ för ngn …에게 큰 소리로 읽어주다; skrika så ~ man kan 가장 큰 소리로 소리지르다.

högtalar|e *-[e]n ~* 확성기.

högtflygande *a.* 야심적인,(목적, 생각 따위가) 터무니없는; hans ~ planer 그의 야심에 찬 계획.

högtid [hœk-] *~en ~er* 축제, 축일; 잔치; 정기적인 행사, …제(祭); det är en ~ för mig att …하게 되어 제게는

큰 기쁨입니다.

högtidlig *a.* ① 진지한, 엄숙한 ② 격식을 차리는, 격식에 맞는 ③ 감동적인; en ~ stämning 엄숙한 분위기; vid ~a tillfällen 의식(儀式) 때에, 특별한 계제에; det hela var mycket ~t 전체가 매우 엄숙하고 감동적이었다.

högtidsdag *~en ~ar* 축일, 기념일, 생일; 50-årsdagen och andra stora ~ar i livet 일생에서 50세 생일과 그 밖에 기념해야 할 날들; många lyckönskningar på ~en(din ~) (당신의) 기념일을 맞이하여 행운을 빕니다.

högtidsdräkt *~en ~er* 야회복, 예식 복장.

högtidsstund *~en ~er* 특별한 즐거움을 주는 시간, 큰 기쁨의 시간; hans lektioner är riktiga ~er 그의 수업시간은 정말 즐겁다.

högtrafik *~en 0* 교통량이 가장 많은 시간; vid ~ 교통 혼잡 시간에.

högtravande *a.* 과장된, 허풍의.

högtryck *~et ~* 고기압[권]; (비유적), arbeta för(under) ~ 집중적으로 일하다.

högtrycksrygg *~en ~ar* (두 저기압권 사이의) 좁은 고기압 지대.

högtstående *a.* 고도로 발달한, 앞선, 고도의, 진보적인; kulturellt ~ människor 문화적으로 매우 앞선 사람들.

högtysk *a.* 중남부 독일의.

högtysk|a *-an 0* 고지 독어.

högutbildad *a.* 고학력의.

högvakt *~en ~er* 경비 본대; 스톡홀름 왕궁 근위대.

högvatt|en *-net 0* (강, 호수 따위의) 최고 수위(水位) (특히 밀물 때).

högvilt *~et 0* 사냥 대상의 큰 짐승(큰 사슴, 노루 따위); (비유적) 화제의 인물.

högväxt *a.* 키가 큰.

högönsklig *a.* [leva] i ~ välmåga 부족한 것이 없을 정도로 [살다].

höj|a *-er -de -t* Ⅰ. *tr.* 높이다, 올리다; 개선하다, 촉진하다; ~ muren [med] en meter 담을 1미터 더 높이 쌓다; ~ sitt glas(en skål) för …을 위해 건배하다; ~ moralen 사기를 진작시키다; ~ rösten 목소리를 높이다; ~ [på] ögonbrynen (놀람, 의심의 표정으로) 눈썹을 치켜 올리다; ~ upp 올리다, 인상하다; [en] -d levnadsstandard 향상된 생활수준; till -da priser 인상된 가격에; ~ till skyarna (남을) 극구 치켜세우다; han är -d över alla misstankar(allt tvivel) 그는 혐의를 받을 만한 인품이 아니다 Ⅱ. *rfl.* 일어나다, 오르다, 부상하다, 융기하다; landet -er sig en meter 육지가 1미터 융기되다; hon -de sig på tå 그녀는 발끝을 딛고 섰다; ~ sig över …보다 월등하다, …보다 낫다.

höjd *~en ~er* ① 높이, 고도 ② 높은 곳, 언덕; 꼭대기, 정점(頂點); ~ över havet 해발(海拔); bergets högsta ~ 산의 정점; nå ärans ~er 명예가 절정에 이르다; det är då ~en! 더 이상 못 참겠다; ~en av lycka(dumhet) 행복(우둔)의 절정; skjuta i ~en (값, 수 따위를) 올리다, 늘리다; i ~ med …와 같은 높이로; på 5 meters ~ 5미터 높이에; stå på ~en av makt 권력의 정점에 서다 ③ 하늘; Ära vare Gud i ~en 하늘에 계신 주님께 영광이 있으

시기를!

höjdar|e –[*e*]*n* ~ ① 【농담】 높은 사람(양반) ② 높은 볼(축구 등); alla –na i förstaklasskupén 일등칸에 탄 모든 높은 양반들.

höjdhopp ~*et* ~ [육상경기] 높이뛰기.

höjdled (불변화명사), i ~ 수직으로.

höjdpunkt ~*en* ~*er* 절정, 정점, (연설, 연극 따위의) 최고조; festens ~ var fyrverkeriet 축제의 절정은 불꽃놀이였다; kulturen nådde sin ~ 문화발전이 최고조에 이르렀다.

höjning ~*en* ~*ar* ① 오름, 인상, 향상; hyres~ 집세 인상; pris~ 가격인상; ~ och sänkning i priser 가격의 인상과 하락 ② 【지질】 융기; en ~ i marken 지각의 융기.

hök ~*en* ~*ar* 【조류】 매; (비유적) 매파(派), 강경론자.

hölj|a –*er* –*de* –*t* *tr*. 덮다, 감싸다; träden var –da av snö 나무가 눈에 덮여 있다; –d i dimma 안개 속에 휩싸인; –d i dunkel 장막에 가린; –d i trasor 누더기를 걸친; ~ över 덮어씌우다.

hölje ~*t* ~*n* 싸개, 덮개, 포장.

höll ☞ **hålla**.

hölst|er –*ret* ~ ① 권총용 가죽 케이스 ② 【식물】 불염포(不焰苞).

hön|a –*an* –*or* 암탉, 닭고기.

höns ~*et* ~ 닭, 가금(家禽); 닭고기; högsta ~et 유력자, 두목; som yra ~ 얼빠진 닭(거위)처럼.

hönseri ~*et* ~*er* 양계장.

hönshjärn|a –*an* –*or* 지능이 낮은 두뇌; det gick inte in i hans ~ 그의 닭대가리 같은 머리로는 도저히 이해되지 않았다.

hönsig *a*. 침착치 못한, 머리가 산만한, 들뜬.

hönsminne ~*t* ~ 아주 나쁜 기억력.

hör|a – –*de* –*t* Ⅰ. *tr*. *itr*. 듣다, …이 들리다, 알게 되다(få veta, få ~) ① (목적어와 함께) ~ föreläsningar 강의를 듣다; hon –de steg i trappan 그녀는 계단의 발자국 소리를 들었다; ~ sin egen röst 자신의 목소리를 듣다; ~ olika myndigheter 여러 관청에 알아 보다 ② (목적어+원형부정사와 함께), hon –de honom komma nedför trappan 그녀는 그가 계단을 내려오는 소리를 들었다; ~ sitt namn nämnas 자신의 이름을 들먹이는 소리를 듣다; [få] ~ talas om honom 그에 관해서 듣다; jag –de att han hade kommit tillbaka 나는 그가 돌아왔다는 소식을 들었다 ③ (목적어+전치사구) ~ av ngn att …에게서 …을 듣다; jag –de det av honom själv 나는 그것을 그이 자신한테서 들었다; har du –t [ngt] från honom? 그에게서 소식을 들었느냐?; de har inte –t av henne på flera månader 그들은 그녀로부터 수개월간 소식을 못 들었다 ④ (수동형으로) det –s att han är arg 그의 목소리를 들으니 화가 난 것 같다; det –s bra härifrån 이쪽에서는 잘 들린다; tala högre, det –s så dåligt 아주 잘 안 들리니 좀 크게 말해라 ⑤ (명령이나 주의를 환기시키기 위해) hör! 들어라!; hör, hör! 잘 들어봐!; – du, jag tror han ljuger 그런데 이보게, 나는 그가 속이고 있는 것 같아 ⑥ låt ~! 말해!; han lät ~ en gäll vissling 그는 날카로운

H

휘파람 소리를 내었다 Ⅱ. *itr.* ~ till (회원, 소유 따위) …에 속하다, …의 하나가 되다; han – till dem som 그는 …한 사람들 중에 속한다; det – till yrket 그것은 직무의 일부이다; det – inte till saken 그것은 이 일과는 상관이 없다 Ⅲ. (강세접사와 함께) ① ~ av ngn …로부터 소식을 듣다; jag har inte –t av boken som jag beställde 내가 주문한 책이 아무 소식이 없다; jag – av mig nästa vecka 다음 주에 기별하겠다 ② ~ efter 귀를 기울이다(hur), 알아보다, 물어보다; har du –t efter bagaget? 짐에 대해 알아보았느냐? ③ ~ sig för 문의하다 (om ngt); flera personer har –t sig för om den nya tjänsten 여러 사람이 새 일자리에 대해 문의했다 ④ ~ hemma (있어야 할 장소에) 있다, 속하다 ⑤ ~ ihop(samman) 함께 있다, 서로 붙어 다니다, 공존하다, 같은 소속이다; ~ ihop(samman) med …과 연관되어 있다, …과 같은 소속이다 ⑥ ~ på (충고따위에) 귀를 기울이다, 경청하다; ~ på ngn(ngt, vad som sägs) …의 말을(…에 대해서) 잘 들어보다; – på nu! 자, 들어보아라! ⑦ ~ samman ☞ ~ ihop ⑧ ~ upp a) 주의를 기울이다; – upp ordentligt så slipper vi ta om det 그것을 되풀이 하지 않도록 잘 들어라 b) ~ upp läxan 숙제를 검사하다 c) 그치다, 멎다; regnet –de upp 비가 그쳤다.

hörapparat *~en ~er* (휴대용) 보청기.

hörbar *a.* 들리는, 들을 수 있는.

hörhåll (불변화명사), inom(utom) ~ 들리는(들리지 않는) 곳에.

hörlur *~en ~ar* (귀에 대는) 수신기, (라디오의) 이어폰.

hörn *~et ~* 구석, 모퉁이, 모서리, 한 구석; i ~et 구석에; i ~et av Kungsgatan Kungsgatan의 모퉁이에; en affär i ~et 모퉁이에 있는 가게; Europas oroliga ~ 유럽의 위험지대; får jag vara med på ett ~? 합류해도 될까요(한 축 끼어도 될까요)?

hörn|a *–an –or* ① 한 구석, 가장자리 ②【운동】구석차기, 코너 킥.

hörnhus *~et ~* 길모퉁이 집.

hörnsten *~en ~ar*【건축】(건물 귀퉁이에 놓인) 주춧돌, 정초(定礎).

hörn|tand *–tanden –tänder* 송곳니.

hörsal *~en ~ar* 강당.

hörsam *a.* 복종하는, 순종하는(mot).

hörsamhet *~en ~er* 복종, 순종 (mot).

hörsamma *~r ~de ~t tr.* 복종하다, 순종하다.

hörsel *~n 0* 듣기, 청취, 청력; ha dålig(god) ~ 청력이 나쁘다(좋다); spänna ~n 열심히 귀를 기울이다.

hörselsinne *~t 0* 청각.

hörselskadad *a.* 청각장애의; de ~e 청각 장애자들.

hörspel *~et ~* 방송극(radiopjäs).

hörsäg|en [hœːʂɛːgən] *–nen –ner* 소문, 풍문; 구전된 이야기; av ~ 풍문으로, 소문으로; … grundar sig på –ner …은 풍문에 의한 것이다.

höskull|e *–en –ar* 건초를 두는 다락.

hösnuv|a *–an 0*【병리】건초열, 고초열(枯草熱), 화분증(花粉症).

höst *~en ~ar* 가을; ~en 1914, 1914년 가을; det blev ~ 가을이 왔다; avsedd för ~en 가을용(用); [nu] i ~, nu på ~en, denna ~ 이 가을에;

i ~as 지난 가을에; [inte senare än] till ~en 가을까지는; han skall börja skolan till ~en 그는 가을에는 학교에 들어갈 것이다; (비유적) 노년기 livets ~ 인생의 노년기.

hösta ~r ~de ~t *tr*. ~ in ☞ **inhösta**.

höstack ~*en* ~*ar* (저장용) 큰 건초더미.

höstdagjämning ~*en* ~*ar* 추분(秋分, 9월 23일 경 밤과 낮의 길이가 같은 날).

höstkanten (정형명사), på ~ 초가을 무렵.

höstlig *a*. 가을의.

hösttermin ~*en* ~*er* 가을 학기.

hösäck ~*en* ~*ar* 게으름뱅이.

höt|a −*er* −*te* −*t itr*. ~ åt ngn [med näven] (불만이나 위협의 표현으로) …에게 [주먹을] 흔들다(hytta).

hötapp ~*en* ~*ar* 건초 한 움큼.

hötjug|a −*an* −*or* (두 갈래로 된) 건초용 쇠스랑.

hötorgskonst ~*en* *0* 잡동사니 예술, 졸작.

hövan (불변화명사) över ~ 지나치게 많은, 무진장하게; han blev bönhörd över ~ 그는 자신이 원했던 것보다 더 많이 얻었다.

höv|as −*s* −*des* −*ts itr*. *dep*. 알맞다, 적당하다.

hövding ~*en* ~*ar* 수령, 지도자, 추장.

hövisk *a*. 공손한, 예의 바른(특히 여성에게); 기사도의.

hövits|man −*mannen* −*män* 【역사】 지휘관, 사령관.

hövlig *a*. 공손한, 정중한, 예의바른.

hövlighet ~*en* ~*er* 공손, 예의, 정중; en ~ 정중한 행위(태도); av ren ~ borde han ha … 순수한 예의로서 그는 …했어야 한다.

hövlighetsvisit ~*en* ~*er* 공식방문, 예방.

hövligt *adv*. 공손하게, 예의바르게; bemöta ngn ~ …를 정중하게 대하다; svara ~ 공손하게 대답하다.

hövolm/hövålm ~*en* ~*ar* 작은 건초더미.

i[1] [i:] *i*-[e]t *i*[-n] 스웨덴어 알파벳의 9번째 글자.

i[2] *adv*. en vas med blommor ~ 꽃이 꽂힌 화병; ~ med dig! 들어가라!; vill du hälla ~ te åt mig? 차 좀 따라 주시겠습니까?

I[3] 【고어】 ☞ ni.

i[4] *prep*. ① a) (장소, 위치) …의 속에, …에, …에서; jag bor ~ Korea 나는 한국에 살고 있다; det läste jag ~ tidningen 나는 그것을 신문에서 읽었다; resa omkring ~ Sverige 스웨덴을 여행하다; Katten rev mig ~ ansiktet 고양이가 내 얼굴을 할퀴었다; en fluga ~ taket 천장에 앉은 파리; ett ärr ~ ansiktet 얼굴의 흉터; lampan hänger ~ taket 등불이 천장에 걸려있다; titta ~ kikare 망원경으로 보다; han gömde sig ~ buskarna 그는 덤불 속에 몸을 숨겼다; 5 ~ 15 går 3 gånger, 15 나누기 5는 3이다; ~ frihet 자유로; ~ liten skala 소(小)규모로; vara ~ tjänst 근무 중이다 b) (운동의 방향, 변화) dela ett äpple ~ 3 사과를 세 조각으로 자르다; falla ~ vattnet 물에 빠지다; klättra upp ~ ett träd 나무에 기어오르다; resultera ~ …으로 끝나다; störta landet ~ krig 나라를 전쟁 속으로 몰아넣다; få ngt ~ sitt huvud …생각이 머리에 떠오르다; växla mynt ~ sedlar 동전을 지폐로 바꾸다 c) (…으로 만든, …으로 된) en kjol ~ silke 비단치마; ett hus ~ trä 목조가옥; gjuta en staty ~ brons 청동으로 동상을 주조하다; en ask ~ guld 금으로 된 상자 d) (수단, 방법) betala ~ kontanter 현금으로 지불하다; ~ full fart 전속력으로; ta ngn ~ armen …의 팔을 잡다; ta ngn ~ kragen …의 멱살을 잡다 e) …의 관계로; han är här ~ affärer 그는 업무관계로 와 있다 f) (이유, 원인) …으로; dö ~ cancer 암으로 죽다 g) …로서, …으로; ~ fickpengar 용돈으로; ~ regel 일반적으로, 대개, ~ skatt 세금으로 e) …에 관하여, …의 일원으로; ge föreläsningar ~ fonetik 음성학 강의를 하다; han sitter ~ en kommitté 그는 위원회의 일원이다 i) (행위의 대상) han är bra ~ svenska 그는 스웨덴어를 잘한다; snabb ~ räkning 계산이 빠르다 j) (기타) förtjust ~ blommor 꽃을 무척 좋아하다; vara kär ~ …에게 반해 있다; vara galen ~ en flicka 한 여자에게 열을 올리고 있다; ha ont ~ magen 배가 아프다; han är smutsig ~ ansiktet 그는 얼굴이 더럽다; trött ~ benen 다리가 피곤하다 ② 시간, 기간 a) ('언제' 라는 질문의 대답) ~ april 4월에; tio [minuter] ~ fyra 4시 10분전; ~ jul 오는 성탄절에; ~ soluppgången 일출시에; förr ~ tiden 옛날에; ~ barndomen 어린시절에; ~ vilket ögonblick som helst 당장에라도, 하시를 막론하고 b) ('얼마동안'이라는 질문에) ~ två månader 두 달간; det regnade ~ flera dagar 비가 수일간 계속 내렸다; en gång ~ veckan 1주에 한 번 c) …당; med en fart av 90 km ~ timmen 시속 90킬로미터로 ③ gatorna ~ Söul 서울에 있는 거리; lärare ~ svenska 스웨덴어 교사; huvudstaden ~ landet 그 나라의 수도; ett hus ~ tre våningar 3층집; (전치사구를 이루거나 접속사와 함께) a) ~ och för studier 공부하기 위하여; ~ och för sig 사실상, 본래, 본질적으로; 정확하게 말하면 b) ~ och med att [så snart som] …하자마자, …하면 곧, …하는 대로 c) ~ det [att] han sade detta lämnade han rummet 그는 이렇게 말하면서 방에서 나갔다.

iakt|ta[ga] *−ta[ge]r −tog −tagit tr.* 감시하다, 관찰하다, 주목하다, 지키다; ~ tystnad 침묵을 지키다; ~ reglerna 규칙에 따르다.

iakttagande[1] *a.* 주의 깊은, 관찰적인.

iakttagande[2] *~t 0* 관찰, 감시, 준수; ~ av lagar 법률의 준수.

iakttagar|e *−[e]n ~* 관찰자.

iakttagelse *~n ~r* 관찰, 감시; jag har gjort den ~n att …, …하는 것을 알게 되었다.

iakttog iaktta[ga]의 과거형.

ibidem (ibid. 또는 ib.) *adv.* 같은 장소에, 같은 책(페이지, 구, 장)에.

ibis [iːbis] *~en ~ar* 【조류】 따오기.

ibland[1] *adv.* 때때로, 이따금(stundom).

ibland[2] ☞ **bland**.

icke [ikə] *adv.* 【문어】 ☞ **inte**.

ickeangreppspakt *~en ~er* 불가침 조약.

ickerökar|e *−[e]n ~* 금연가.

id [iːd] Ⅰ. *~en ~ar* 【어류】 쥐노래미 류의 식용어(食用魚) Ⅱ. *~en 0* 【고어】 근면.

idag *adv.* 오늘; 요즈음(i dag).

id|as *−[e]s −des itts itr.* …할 기력이 있다; jag ids inte …, …할 기력이 없다.

iddes ☞ **idas**.

ide [iːde] *~t ~n* 동면(冬眠) 장소; gå i ~ 동면하러 가다; ligga i ~ 동면하다; 잠복하다.

idé [ideː] *~[e]n ~er* 개념, 관념, 생각; en fix ~ 고정관념; det är ingen ~! 소용이 없다.

ideal[1] [ideɑːl] *a.* 이상의, 이상적인.

ideal[2] [ideɑːl] *~et ~* 이상(理想).

idealisera *~r ~de ~t tr.* 이상화하다. 이상적으로 하다.

idealisk *a.* 이상적인, 완전한, 더할 나위없는.

idealism *~en 0* 이상주의, 관념론, 이상을 품기.

idealist *~en ~er* 공상가, 이상주의자, 관념론.

idealistisk *a.* 이상주의의, 관념론의, 이상주의적인, 관념론적인.

idéassociation *~en ~er* 【철학·심리】 관념연합, 연상.

I

idé | drama *~t -dramer* 【문학】(관념상의) 문제극.
ideẹll *a.* 이상적인; 비영리의; ~förening 비영리 단체, 협회.
idéfattig *a.* 상상력(독창성)이 없는.
ịdegran *~en ~ar* 주목(朱木, 전나무의 일종).
idéhistoria *~n 0* 사상사.
ịdel (불변화형용사) 완전한, 단순한, 단지 …뿐, 변함없는; han var ~ öra 그는 열심히 귀를 기울이고 있었다; hon är ~ solsken 그녀는 언제나 생글생글 웃고 있다.
idelig *a.* 계속되는, 연속적인, 끊임없는.
ideligen *adv.* 끊임없이, 계속하여.
identifiera *~r ~de ~t tr.* (사람의 성명, 신원, 물건의 명칭, 소속 따위를) 알다, 인지하다; 인정하다; (본인을) 확인하다; ~ ett lik 시체의 신원을 판명하다.
identifierbar *a.* 인정할 수 있는, 확인할 수 있는, (시체의) 신원을 판명할 수 있는.
identifikatiọn *~en ~er* 확인, 검증, 감정, 신원판명 (identifiering).
idẹntisk *a.* 똑같은, 동일한, 꼭 일치하는.
identitẹt *~en ~er* 신원, 정체; styrka sin ~ 자신의 신원을 확인시키다, 신원을 밝히다.
identitetsbrick | a *-an -or* 【군대】 인식표(ID-bricka).
identitetskort *~et ~* 신분증명서 (ID-kort).
ideolog [-lọ:g] *~en ~er* 관념학자, 관념론자.
ideologi [-lɔgi:] *~n ~er* 【철학】 관념학, 관념론; 【사회】 이데올로기, 이념 형태.
ideologisk [-lọ:gisk] *a.* 관념적인, 이데올로기의.
idérik *a.* 상상력(독창성)이 풍부한.
idévärld [-væ:d] *~en ~ar* (플라톤 철학) 이데아의 세계, 이상세계.
idiom [idiọ:m] *~et ~* 관용어법, 숙어.
idiomạtisk *a.* 관용구적인.
idiosynkrasị *~n ~er* 혐오, 반감; 【의학】 과민증.
idiot [idiω:t] *~en ~er* 바보, 멍청이, 천지, 백치.
idiotị *~n ~er* 정신박약, 바보 같은 행위.
idiọtisk *a.* 정신박약의, 바보스러운.
idiotsäker *a.* 절대 안전한, 절대 확실한.
idissla [i:-] *~r ~de ~t tr. itr.* ① 반추하다, 되새김질하다 ② (같은 말을) 자꾸만 되풀이해서 말하다.
idisslar | e *-[e]n ~* 반추 동물.
idka *~r ~de ~t tr.* 경영하다, 영업하다, …에 열중하다; ~ studier 공부하다, 수학하다; ~ sällskapsliv 사교에 열중하다.
id-kort/ID-kort *~et ~* 신분증.
idog [i̩:dωg] *a.* 부지런한, 근면한.
idol [idọ:l] *~en ~er* 숭배 받는 사람, 인기 있는 사람, 우상.
idrott [-rɔt] *~en ~er* 스포츠, 운동, 운동경기; fri~ 육상경기(트랙과 필드 경기를 가리킴).
idrotta *~r ~de ~t itr.* 운동하다.
idrottar | e *-[e]n ~* 스포츠맨, 운동선수; (트랙과 필드경기의) 육상경기 선수.
idrottsanläggning *~en ~ar* 종합운동장(시설).

idrottslig *a*. 운동경기의.

ids ☞ idas.

idyll *~en ~er* 전원시적 풍경(그림, 생활), 목가(牧歌).

idyllisk *a*. 전원시풍의, 전원적인.

ifall *konj*. 만일 …이면, …하는 경우에는, 만약 …이면.

ifatt/i fatt *adv*. hinna (gå, köra) ~ […을] 따라잡다.

ifjol/i fjol [ifjɷ:l] *adv*. 작년에.

ifråga ☞ fråga.

ifrågakom|ma ☞ fråga.

ifrågasatt ☞ ifrågasätta.

ifråga|sätta *–sätter –satte –satt tr*. …에 의심을 품다, 이의를 제기하다, 의문시하다.

ifrågavarande *a*. ~ fall 관련된 문제(것, 사건), 당해사건, 본건.

ifrån[1] *adv*. 떨어져서.

ifrån[2] *prep*. gå ~ ngn …에게서 떠나다; lägga ~ sig 제쳐놓다, 내려놓다; vara ~ sig 제 정신을 잃고 있다, 어찌할 바를 모르고 있다.

iför|a – *–de –t tr*. ~ (ikläda sig) 차려입다.

igel [i:gəl] *~n iglar* 【동물】 거머리, (비유적) 착취자, 남의 돈을 빨아먹는 자.

igelkott [i:gelkɔt] *~en ~ar* 고슴도치.

igen [ijen] *adv*. ① 다시, 또; om och om ~ 몇 번이고 되풀이하여 ② komma ~ 돌아오다; ta ~ 벌충하다, 만회하다, 되찾다; ge ~ 복수하다; gå ~ 죽은 사람의 영혼이 나타나다 ③ fylla ~ (구멍 등이 난 곳을 같은 재료로) 채우다.

igenfrusen *a*. (얼음이) 꽁꽁 언, 얼음으로 덮힌.

igenkännande *a*. (얼굴을) 알아보는.

igenkännlig *a*. 알아볼 수 있는.

igenmulen *a*. 구름이 잔뜩 낀, 잔뜩 흐린.

igenom[1] [ije:nɔm]/genom *adv*. läsa ~ 끝까지 읽다, 통독하다.

igenom[2] [ije:nɔm]/genom *prep*. …을 통하여; titta ~ ett nyckelhål 열쇠구멍으로 들여다 보다; livet ~ 일생을 통하여.

igensnöad *a*. 눈이 많이 내린, 눈사태가 난.

igenvuxen *a*. 잡초가 무성한.

iglo/igloo [i:glɷ] *~n ~r* 이글루(에스키모인의 집, 주로 눈덩이로 만듦).

ignorans [iŋnɔ–/injɔ–, –ans/–aŋs] *~en 0* 무지, 모르고 있음.

ignorant *~en ~er* 무지한 사람, 모르는 사람.

ignorera *~r ~de ~t tr*. 무시하다, 냉랭한 태도를 보이다.

igång/i gång *adv*. 움직이고 있는, 활동 중의; sätta ~ 실행하다, 실시하다; hålla ~ 항상 활동하고 있다, 즐거운 생활을 보내다.

igår/i går [igo:r] *adv*. 어제.

ihjäl [ijɛ:l] *adv*. skjuta ~ 쏴 죽이다; slå ~ 때려죽이다; slå ~ tiden 시간을 허송하다; svälta ~ 굶어죽다.

ihjälfrusen *a*. 얼어 죽은.

ihop [ihɷ:p] *adv*. ① 공동으로, 연합하여, 함께, 같이; vi bor ~ 우리는 같이 살고 있다. ② köra ~ med en bil 자동차와 충돌하다 ③ fälla ~ ett paraply 우산을 접다; krympa ~ 오그라들다, 줄어들다; smälta ~ 녹아버리다.

ihåg [iho:g] *adv.* komma ~ 기억하다, 생각나다; jag kommer inte ~ 나는 잊어버렸다. 생각나지 않는다; kom ~ att posta brevet! 그 편지를 잊지 말고 부쳐다오.

ihålig [i:ho:lig] *a.* 속이 빈 (나무), 허실한; ~a ord 빈 말.

ihållande[1] *a.* 연속의, 계속적인, 끊임없는; ~ regn 줄곧 내리는 비.

ihållande[2] *adv.* 연속해서, 계속적으로.

ihängande *a.* 연속하는, 끊임없는; en ~ huvudvärk 끈질긴 두통.

ihärdig *a.* 고집 있는, 끈기 있는, 참을성 있는, 근면한.

ikapp *adv.* springa ~ 경주하다; hinna ~ ngn …를 따라잡다.

iklädꞁa *-er -de iklätt* Ⅰ. *tr.* 차려 입히다 Ⅱ. *rfl.* ① ~ sig 차려입다 ② ~ sig ansvaret 책임을 짊어지다.

iklädd *a.* …을 입고 있는, …차림의.

ikon [iko:n] *~en ~er* 【희랍정교회】 (예수, 성자 등의) 성상(聖像), 상, 초상; 【전자용어】 그림문자, 아이콘 (워크스테이션에서 정보 처리를 할 때 디스플레이 화면 중 일부에 정보의 제어를 위해 메시지 영역을 확보하여 이 메시지 영역에서 도형 표시에 의해 입력, 출력, 인쇄, 편집 등을 지시할 수 있는 기능).

ikraft/i kraft *adv.* lagen träder ~ 법률이 시행되다, 발효하다.

ikring/omkring/kring *prep. adv.* …의 둘레에, …쯤에; sitta ~ bordet 식탁 둘레에 앉아있다; ~ jul 크리스마스쯤에.

ikull/omkull *adv.* ramla ~ 넘어지다.

ikväll/i kväll *adv.* 오늘 저녁에.

il[1] [i:l] *~en ~ar* (갑자기) 휙 부는 바람, 돌풍.

il[2] [i:l] (복합어의 전철), ~gods 속달 우편물.

ila[1] [i:la] *~r ~de ~t itr.* 서두르다, 질주하다; tåget ~de förbi 열차가 휙 지나갔다; tiden ~r 세월은 쏜살같다.

ila[2] [i:la] *~r ~de ~t itr.* det ~r i tänderna 이빨이 욱신욱신 아프다.

i-ꞁland *~et -länder* 산업화된 나라, 발전된 나라, 선진국(industriland).

ilbud *~et ~* 특사, 속달전갈, 지급 메시지.

ilfart (불변화명사) köra i ~ 급속도로 차를 몰다.

ilgods *~et ~* 속달 우편물, 급행열차로 보내는 화물.

ill *a.* ① (복합어에서) 나쁜; ~dåd 난폭, 비행, 폭행 ② (강도) ~tjut 맹렬한 고함.

illa *adv.* 나쁘게, 굉장히; inte [så] ~! 그다지 나쁘지 않다; ~ kvickt 굉장히 빨리; ~ sjuk 중병이다; göra sig ~ 다치다, 부상하다; ~ klädd 형편없는 옷을 입은; lukta ~ 나쁜 냄새가 나다; må ~ 메스껍다; ta ~ upp (일을) 나쁘게 생각하다, 기분나빠하다; ta inte ~ upp om jag röker 담배 피워도 괜찮겠지요?; det var ~ 유감스럽다; vara ~ ute 곤란한 입장에 있다.

illamående[1] *a.* känna sig ~ 몸이 불편하다, 몸이 찌뿌드드하다.

illamående[2] *~t 0* 기분이 언짢음.

illande *adv.* ~ röd 타는 듯이 붉은.

illasinnad *a.* 사악한, 악의가 있는.

illavarslande *a.* 불길한, 조짐이 나쁜.

illbatting *~en ~ar* 나쁜 짓을 하는 소

년, 성가신 녀석.
illdåd *~et ~* 난폭, 비행, 만행, 폭행.
illegal *a*. 불법의, 위법의.
illegitim *a*. 위법의; 사생의, 서출의.
iller *~n illrar* 【동물】 긴털족제비.
illfundig *a*. 교활한, 음험한.
illgärning *~en ~ar* ☞ illdåd.
illistig ☞ illfundig.
illitterat *a*. 문맹의, 교육받지 못한.
illmarig *a*. 기민한, 교활한, 짓궂은.
illojal *a*. 불충[실]한.
illojalitet *~en ~er* 불충[실].
illröd *a*. 타는 듯이 붉은 (illande röd).
illtjut [iːlçʉːt] *~et ~* 거친 고함소리, 째지는 소리.
illumination *~en ~er* 조명, 투광(投光).
illuminera *~r ~de ~t tr*. 조명하다, 비추다; 색 무늬로 꾸미다.
illusion [–ʃoːn] *~en ~er* 환각, 환영, 환상; 망상, 미상; beröva ngn hans ~er …를 환상에서 깨어나게 하다.
illusionist *~en ~er* 환상가, 망상에 빠진 사람; 요술쟁이.
illusionsfri *a*. 미망에서 벗어난, 착각하지 않는, 환상이 없는, 현실적인.
illusionslös *a*. 환멸을 느낀, 현실적인.
illusorisk *a*. 환상적인, 실체가 없는, 착각적인.
illuster *a*. 현저한, 저명한; 빛나는.
illustration *~en ~er* 삽화, 설명도; 예증.
illustrativ *a*. 설명적인.
illustratör *~en ~er* 삽화가.
illustrera *~r ~de ~t tr*. 삽화를 넣다, 예증하다.
illvilj|a *–an 0* 악의, 적의.
illvillig *a*. 악의 있는, 앙심을 품은.
illvrål *~et ~* ☞ illtjut.
ilning *~en ~ar* 오싹함, 두근거림, 설렘, 욱신거리는 아픔.
ilsk ☞ ilsken.
ilska *~n 0* 노염, 성, 화, 격노, 격분; låta sin ~ gå ut över ngn …에게 화풀이를 하다.
ilsken *a*. 성난, 화를 낸, 광폭한.
ilskna *~r ~de ~t itr*. ~ till 화를 내다.
imaginär [imaʃinæːr] *a*. 상상의, 가상의.
imbecill [–sil] *a*. 어리석은, 저능의, 정신박약의.
imbecillitet *~en 0* 정신박약, 저능.
imitation *~en ~er* 모방, 흉내.
imitatör *~en ~er* 모방자, 흉내 내는 사람.
imitera *~r ~de ~t tr*. 모방하다, 흉내 내다; 모사(模寫)하다; ~de pärlor 인조 진주.
imm|a[1] *–an 0* 수증기, 김, 입김, 아지랑이.
imma[2] *~r ~de ~t itr*. *rfl*. 증기가 나다.
immanent *a*. 내재적인, 마음속에서 일어나는.
immaterialrätt *~en 0* 무형 재산권 (저작권, 특허권, 상표권 따위).
immateriell *a*. 실체가 없는, 비물질적인.
immig *a*. 김이 자욱한.
immigrant *~en ~er* 이주민, (입국)이민.
immigration *~en 0* (타국으로부터의) 이주.
immigrera *~r ~de ~t itr*. 이주해

I

오다, 이주해 와서 살다.
immobil *a*. 부동의, 움직이지 않는, 정지된.
immun *a*. 면역[성]의, 면제된; ~ mot förkylning 감기에 면역된; han är ~ mot kritik 그는 비판에 대해 조금도 신경을 쓰지 않는다.
immunisera *~r ~de ~t tr*. 면역시키다, …에 면역성을 주다.
immunitet *~en 0* 면역; 면제; 【법률】 소추 면책.
imorgon [imɔrgɔn]/**imorron** *adv*. 내일; ~ bitti 내일 아침.
imorse [imɔʂə] *adv*. 오늘 아침 (과거).
impedans *~en 0* 【전기】 임피던스 (교류회로에서 전류의 자기감응에 의해 생기는 저항).
imperativ Ⅰ. *~en ~er* 【문법】 명령형 Ⅱ. ~et ~ 【철학】 명령.
imperator *~n ~er* (옛 로마의) 황제, 제왕.
imperatorisk *a*. 제국의, 황제의.
imperfekt *~et ~[er]* 【문법】 과거 시제.
imperfekt|um *-et -er* ☞ imperfekt.
imperialism *~en 0* 제국주의, 침략주의.
imperialist *~en ~er* 제국주의자.
imperialistisk *a*. 제국주의의.
imperi|um *-et -er* 제국.
impertinens *~en ~er* 건방짐, 뻔뻔함; 버릇없음.
impertinent *a*. 건방진, 뻔뻔스러운, 버릇없는.
impetigo *~n 0* 【의학】 농가진(膿痂疹, svinkoppor).
implicera *~r ~de ~t tr*. 관련시키다; 함축하다, 내포하다.
imponderabilia (복수명사) 【물리】 불가량물(不可量物).
imponera *~r ~de ~t itr*. 감명을 주다, 인상지우다; ~ på ngn …에게 좋은 인상을 주다.
imponerande *a*. 감동적인, 강한 인상을 주는, 남의 눈을 끄는; en ~ byggnad 당당한 건물; en ~ ceremoni 감명 깊은 의식(儀式).
impopularitet *~en 0* 인기 없음, 비대중성.
impopulär [-læ:r] *a*. 인기가 없는.
import [impɔt] *~en ~er* 수입, 수입품.
importera *~r ~de ~t tr*. 수입하다.
importör [-tœ:r] *~en ~er* 수입업자.
imposant *a*. 감동적인, 남의 눈길을 끄는 (imponerande).
impotens *~en 0* (남성의) 성적 무능력, 교접불능.
impotent *a*. (남성이) 성적 능력이 없는. 교접 불능의.
impregnera [-reŋne:ra] *~r ~de ~t tr*. 방수처리 하다.
impregneringsmed|el *~let ~* 방수제.
impressari|o *~n -er* (가극단, 악단 따위의) 단장.
impressionism *~en 0* 【문학·미술】 인상주의.
impressionist *~en ~er* 인상주의자, 인상파 예술가.
impressionistisk *a*. 인상주의적인, 인상주의의.
improduktiv *a*. 비생산적인, 효과가 없는; 이익이 없는.
impromptu [imprɔmptʉ] *~t ~n* 즉흥

곡 (연주).

improvisation *~en ~er* 즉석에서 만든 것 (즉흥곡, 즉흥시).

improvisera *~r ~de ~t itr. tr.* 즉석에서 만들다; (시, 음악 따위를) 즉석에서 짓다 (연주 따위를 하다, 노래하다); ett ~t tal 즉석연설.

impuls *~en ~er* 충격, 추진력; 자극; 일시적인 감동, 충동; 【전기】 충격.

impulsiv *a.* 감정에 끌린, 충동적인; 자극적인.

impulsivitet *~en 0* 충동; 충격; 자극; 순발력.

impulsköp *~et ~* 충동구매 (계획, 필요성에 의하지 않은 물품 구입).

in *adv.* (방향) 안으로, 속으로; kom (stig) ~! 들어오십시오; jag måste ~ 나는 들어가야 한다; stoppa ~ en kaka i ugnen 오븐에 쿠키를 넣다; arbeta till långt ~ på natten 밤 늦게까지 일하다; ~ i det sista 끝까지.

inackordera *~r ~de ~t tr.* 침식을 제공하다, 하숙시키다; bo ~d hos ngn … 집에 기숙하다.

inackordering Ⅰ. *~en ~ar* (식사를 제공받는) 하숙인 Ⅱ. *~en 0* 하숙, 침식.

inadekvat *a.* 맞지 않은, 부적당한.

inadvertens *~en ~er* 부주의, 실수.

inaktiv *a.* 활동치 않는; 활기 없는; 활발하지 못한.

inaktuell *a.* 이미 맞지 않은, 구식의, 시대에 뒤진, 케케묵은.

inalles *adv.* 전부, 전체적으로, 다 합해서.

inanda|s *-s -des -ts tr. dep.* 흡입하다, 숨을 들이쉬다.

inandning *~en ~ar* 흡입, 들이쉬기.

inatt/i natt *adv.* 오늘밤.

inaugurera *~r ~de ~t tr.* 취임식을 거행하다, 개관(개통, 개업)하다, (새 시대를) 열다.

inavel [inɑ:vel] *~n 0* 【생물】 동종번식, 근친교배.

inbakad *a.* 포함된, 들어가 있는, 내재된.

inbegrepp *~et ~* 본질, 가장 순수한 형체, 정수, 진수, 전형.

inbe|gripa *-griper -grep -gripit tr.* ① 포함하다, 포괄하다 ② vara inbegripen i samtal 대화중이다.

inberäkna [-rɛ:kna] *~r ~de ~t tr.* …을 계산에 넣다, 포함하다; frakten ~d 운송료 포함하여.

inbesparing *~en ~ar* 절약; 저축; göra ~ar 절약하다, 긴축하다.

inbetalning *~en ~ar* 지불.

inbetalningskort *~et ~* 불입용지(拂入用紙), 납입용지.

inbilla *~r ~de ~t* Ⅰ. *tr.* (근거가 없는 것을) 믿게 하다; vem har ~t dig det? 누가 그것을 믿게 하였느냐? Ⅱ. *rfl.* 상상하다, 착각하다; ~ dig ingenting! 망상을 품지 마라!; han ~r sig vara ngt 그는 자기 자신을 훌륭하다고 생각한다.

inbillad *a.* 가공의, 근거 없는; en ~ fiende 가상의 적.

inbillning *~en ~ar* 상상, 공상, 망상.

inbillningsfost|er *-ret ~* 꾸며낸 것 (이야기), 망상.

inbillningssjuk *a.* 우울증의, 심기증(心氣症)에 걸린.

inbilsk *a.* 자만심이 강한, 우쭐대는, 거만한, 콧대 높은.

inbiten [-bi:tən] *a.* 상습적인, 굳어버

I

린, 개선의 여지가 없는; ~ rökare 용고뚜리, 골초.

in|bjuda *-bjuder -bjöd -bjudit tr*. 초대하다, 초청하다; 유혹하다; ~ ngn till lunch …을 점심에 초대하다; ~ till skratt 웃음을 자아내다.

inbjudan ~ *0* 초대, 초청; 초청장; på ~ av …의 초대로.

inbjudande *a*. 초대하는; 매혹적인; 맛있어 보이는.

inblanda *~r ~de ~t tr*. …을 섞다 (blanda i/in); bli ~d i ngt …에 말려들다.

inblandning *~en ~ar* ① 혼합, 혼합물 ② 간섭, 간여.

in blạnko *adv*. (수표 따위를) 공백 그대로, 백지 형태로.

inblick [-blik] *~en ~ar* 통찰, 인식.

inboka [-bɷ:ka] *~r ~de ~t tr*. 자리를 예약하다, 부킹하다.

inbringa *~r ~de ~t tr*. 이익을 가져오다, 산출하다, …에 팔리다; investeringen ~de hög vinst 투자는 높은 이익을 가져왔다.

inbringande *a*. 이익이 있는, 유리한, 돈벌이 되는; en ~ affär 유리한 사업.

inbromsning *~en ~ar* 제동; göra en mjuk ~ 가볍게 브레이크를 걸다.

inbrott [-brɔt] *~et ~* 가택침입, 침입 강도질; göra ~ 가택에 침입하여 강도질 하다; vid dagens ~ 새벽녘에; vid nattens ~ 해질 무렵에.

inbrottstjuv [-çʉ:v] *~en ~ar* 강도, 도둑, 가택 침입자.

inbrytning *~en ~ar*, göra en ~ i fiendens linjer 적진에 뛰어들다.

inbuktad *a*. 오목한, 요면(凹面)의; vara ~ 안쪽으로 굽어 있다.

inbunden *a*. ① ~ bok 장정(裝幀)한 책 ② 말이 없는, 수줍어하는.

inbyggar|e *-[e]n ~* ☞ **invånare**.

inbyggd *a*. (건물에) 붙박이로 만들어 놓은; ~ bokhylla 붙박이로 된 책꽂이.

inbyte *~t ~n* 대금의 일부로 내는 것, 신품 대금의 일부로 계산하는 중고품; ta den gamla bilen i ~ 새 차 대금의 일부로 중고차를 수령하다.

inbädda ☞ **bädda** (in).

inbäddad *a*. 끼워진, …으로 둘러싸인, …에 숨겨진, …속에 있는.

inbördes[1] (불변화형용사) 서로 관계가 있는, 상호의; ~ hjälp 상호 원조; ~ testamente 공동 유서.

inbördes[2] *adv*. 상호간에, 서로, 공동으로.

inbördeskrig *~et ~* 내란.

incest [-sẹst] *~en ~er* 혈족상간(相姦), 근친상간.

incheckning [-çekniŋ] *~en ~ar* (호텔 투숙시의) 숙박등록, 체크인, 수하물을 맡기고 물표를 받기.

incidẹnt [insi-] *~en ~er* 작은 사건, 발생한 일.

incitamẹnt [-sitamɛnt] *~et ~* 자극, 동기.

in corpore [kɔrpɔrə] *adv*. 전체로, 단체로.

indefinịt *a*. 일정하지 않은,【문법】부정(不定)의; ~a pronomen 부정 대명사.

indela *~r ~de ~t tr*. 나누다, 분류하다, 유별하다; 배치하다.

indelning *~en ~ar* 분류, 유별, 분할.

index [ịndeks] *~et/~en, ~* 색인, 찾아보기; 지표;【수학】지수.

I

indexreglera *~r ~de ~t tr.* 【경제】 물가지수변동에 따르게 한다.
indian *~en ~er* 아메리카 인디언.
indiansk *a.* 아메리카 인디언의.
indiansk|a *-an -or* 아메리카 인디언 여자.
indiansom|mar *-mar[e]n -rar* (늦가을, 초겨울의) 따뜻한 날씨.
indicera *~r ~de ~t tr.* 지시하다 (indikera).
indici|um *-et -er* 징조, 징후; 【법률】 정황 증거 (간접적인 추리적 증거).
Indien 인도(India).
indier *~n ~* 인도사람.
indifferens *~en 0* 무관심, 냉담.
indifferent *a.* 관심이 없는; 냉담한; 【화학】 중성의.
indignation *~en 0* 분노, 분개.
indignerad *a.* 격분한, 분개한.
indigo *~n 0* 인디고, 남색[물감].
indigoblå *a.* 남색의.
indikation *~en ~er* 표시, 지적, 지시.
indikativ *~en ~er* 【문법】 직설법.
indikator *~n ~er* 표시기; 지시하는 사람; 인디케이터; 【화학】 반응지시약 (리트머스 따위).
indikera ☞ indicera.
indirekt[1] *a.* 간접적, 간접의; ~ anföring 【문법】 간접화법.
indirekt[2] *adv.* 간접적으로.
indisk *a.* 인도의, 인도인의.
indisk|a *-an -or* 인도 여자.
indiskret *a.* 무분별한, 경솔한.
indiskretion *~en ~er* 무분별, 경솔, 무분별한 행위.
indisponerad *a.* 마음이 내키지 않는, (…할) 기분이 안 나는.
indisposition *~en ~er* 마음이 내키지 않음, 싫증.
individ [-vi:d] *~en ~er* 개인; 개체; 사람; 인물; en skum ~ 수상한 인물.
individualisera *~r ~de ~t tr.* 개성화하다, 개인화하다, 개체화시키다, 낱낱으로 구별하다, 특기하다.
individualism *~en 0* 개인주의.
individualist *~en ~er* 개인주의자.
individualistisk *a.* 개인주의적인.
individualitet *~en ~er* 개성, 개인성.
individuell *a.* 개개의; 개인적인.
indoeuropé *~[e]n ~er* 인도유럽 인종.
indoeuropeisk *a.* 인도유럽어족의.
indoktrinera *~r ~de ~t tr.* (남에게) 어떤 사상을 심어주다.
indoktrinering *~en ~ar* 사상 주입.
indolens *~en 0* 나태, 게으름.
indolent *a.* 나태한, 게으른.
indologi *~n 0* 인도학.
Indonesien 인도네시아 (Indonesia).
indones *~en ~er*/indonesier *~n ~* 인도네시아 사람.
indonesisk *a.* 인도네시아의.
indonesisk|a Ⅰ. *-an 0* 인도네시아 말 Ⅱ. *-an -or* 인도네시아 여자.
indrag [-drɑ:g] *~et ~* (타이핑을 할 경우) 줄을 바꿀 때 자리를 당겨쓰기.
indraga ☞ dra (in).
indragen *a.* bli ~ 연루되다.
indragning *~en ~ar* 취소, 철회; 몰수, 징발.
indragningsstat, leva på ~ 긴축생활을 하다.
indriv|a *-er indrev -it tr.* (세금 따위를) 징수하다.
indrivning *~en 0* 징수.

I

induktion *~en ~er* 【전기】 유도, 감응; 【논리】 귀납법.

industri *~n ~er* 산업, 공업.

industrialisera *~r ~de ~t tr.* 산업화하다.

industrialisering *~en ~ar* 산업화, 공업화.

industrialism *~en 0* 산업주의, 산업조직, 공업화.

industriell *a.* 산업[상]의, 산업용의, 공업의.

industri|land *~et -länder* 산업이 발달한 나라, 선진국, 공업국 (i-land).

ineffektiv *a.* 효과 없는, 쓸모없는, 무능한.

inemot *prep.* 거의, 약, …가까이; ~ aftonen 저녁 무렵; han är ~ 60 그는 60에 가깝다.

in extenso (라틴어) 상세하게, 생략하지 않고, 전체로.

infall *~et ~* ① 생각, 변덕, 공상; ett lyckligt ~ 갑자기 떠오른 멋진 생각 ② 【군대】 침입, 침략, 습격.

infall|a *-er inföll -it. itr.* ① min födelsedag -er på en onsdag i år 내 생일은 금년엔 수요일이다 ② (말하는 도중에) 끼어들다.

infall|en *a.* -na kinder 야윈 볼.

infallsvink|el *-eln -lar* 입사각(入射角); (어떤 문제에 대한) 접근 방법.

infam *a.* 수치스러운, 증오할만한, 파렴치한; en ~ lögn 파렴치한 거짓말.

infamt *adv.* 파렴치하게, 철저하게; kungen är ~ påpassad av journalisterna 왕은 기자들에게 철저하게 주시받고 있다.

infanteri *~et 0* 보병, 보병대.

infanteriregemente *~t ~n* 보병 연대.

infanterist *~en ~er* 보병.

infantil *a.* 유아의, 아이다운, 미발달의.

infarkt *~en ~er* 【병리】 경색(증)(硬塞(症)).

infart *~en ~er* 입구, 진입로; ~en till hamnen 항구(부두) 진입로.

infartsparkering *~en ~ar* 역 주차 통근 방식(승용차로 역까지 가서 주차하고 전철이나 버스로 갈아타고 통근하는 방식).

infatta *~r ~de ~t tr.* …에 테두리를 두르다, 끼우다, 박아 넣다; ~ ngt i ram …을 틀(액자)에 끼워 넣다.

infattning *~en ~ar* 끼워 넣는 장치, 틀.

infektera *~r ~de ~t tr.* 전염(감염)시키다.

infektion *~en ~er* 전염, 감염.

infekionssjukdom *~en ~ar* 전염병.

infernalisk *a.* 지옥같은, 지독한.

inferno [-fær-] *~t ~n* 지옥, 지옥 같은 장소 (상태).

infiltration *~en ~er* 스며듦, 침입, 잠입.

infiltrera *~r ~de ~t tr.* 스며들게 하다, 침투시키다.

infinit *a.* 무한의, 무수한; 【문법】 부정형(不定形)의 (인칭, 수 따위의 제한을 안 받는 형).

infinitiv *~en ~er* 【문법】 부정사(不定詞).

infinitivmärke *~t ~n* 부정사(不定詞) 표지어; svenskans ~ är 'att' 스웨덴어의 부정사 표지어는 'att' 이다.

in|finna *-finner -fann -funnit rfl.* 나타나다, 출두하다; ~ sig hos ngn för att anhålla om ngt …을 부탁하러 …에게 가다; ~ sig vid begravningen 장례식에 참석하다.

inflammation *~en ~er* 【의학】 염증.
inflammera *~r ~de ~t tr.* …에 염증을 일으키다; (감정 따위를) 불지르다, 흥분시키다.
inflation *~en 0* 【경제】 통화 팽창, 인플레, (물가) 폭등.
infli[c]ka *~r ~de ~t tr.* 말참견을 하다, …사이에 넣다.
influẹns *~en ~er* 영향.
influẹns|a *-an -or* 유행성 감기, 독감, 인플루엔자.
influera *~r ~de ~t tr.* …에 영향을 미치다; författaren är tydligt ~d av Strindberg 작가는 분명히 스트린드베리의 영향을 받았다.
inflygning *~en ~ar* (항공기의 비행장) 진입, 착륙 접근.
inflytande *~t ~n* 영향; en person med stort ~ 큰 영향력을 가진 사람; ha (öva) ~ på …에 영향을 미치다; under ~ av …의 영향 하에, …의 영향으로.
inflytelse *~n ~r* 영향[력].
inflytelserik *a.* 영향을 미치는, 유력한.
inflytta *~r ~de ~t itr.* 이주하다 (이사하다); flytta in i den nybyggda villan 새로 지은 단독주택으로 이사하다.
inflyttning *~en ~ar* (들어오는) 이사.
infordra *~r ~de ~t tr.* (정중하게) 요구하다, 청하다; ~ anbud på …에 대한 입찰을 요구하다, …의 입찰을 [모집]하다; ~ uppgifter från ngn om ngt …에게 …에 관한 정보를 요구하다.
informatịk *~en 0* 【정보통신】 정보과학 (정보의 체계화를 전문적으로 설명하는 이론과 기법, 즉 정보의 생성, 전달, 교환, 축적, 이용, 검색에 관한 일반 원리를 연구하는 학문).
information *~en ~er* 정보, 알림, 소식 (upplysning, underrättelse).
informationsbehandling *~en ~ar* 정보처리[학].
informationsteknologi *~n 0* 【정보통신】 정보기술 (정보의 생산과 획득, 가공 처리 및 응용에 관련된 모든 기술).
informationsteori *~n ~er* 정보이론.
informatịv *a.* 정보(지식)를 주는, 유익한.
informạtor *~n ~er* 【역사】 남성 가정교사 (여성은 guvernant).
informatör *~en ~er* 정보 제공자(조달자).
informẹll *a.* ① 정식이 아닌, 비공식의 ② 형식(격식)을 차리지 않은; ett informellt besök 비공식 방문.
informera *~r ~de ~t tr.* 알리다, 통지하다 (om); väl ~d 사정에 밝은 (정통한); han är väl ~d i handelsfrågor 그는 통상문제에 정통하다.
infraröd *a.* (스펙트럼) 적외부(赤外部)의, 적외선의; ~a strålar 적외선.
infrastruktur *~en ~er* 【경제】 기반, 하부구조(기구, 조직).
infravärme *~n 0* 적외선 열.
infria *~r ~de ~t tr.* (의무, 약속을) 이행하다, 충족시키다; ~ ett löfte 약속을 이행하다; en spelare som inte ~t förväntningarna 기대를 충족시키지 못한 연주자 (선수).
infrusen *a.* 얼어붙은; 동결된; ~ lön 동결된 임금.
infusion *~en ~er* ① 【의학】 주입(注入) ② 우려냄, 달여 낸 즙(汁).
infusionsdjur *~et ~* 【동물】 적충(滴蟲), 단세포 원생동물의 일종.
infödd *a.* …태생의, 태어난; en ~

I

토착민; en ~ svensk 스웨덴 태생; han är ~ stockholmare 그는 스톡홀름 태생이다.

inföding *~en ~ar* 토박이, 원주민.

inför *prep.* ① …의 앞에, 면전에; ~ den nyktra verkligheten 냉엄한 현실에 직면하여; stå maktlös ~ ngn(ngt) …앞에 무력해지다; häpna ~ ngt …에 아연실색하다; stå (ställas) ~ ett svårt problem 난관에 봉착하다 ② 【시간】 직전에; stå ~ sitt avgörande 결단의 순간에 있다; stå ~ bankrutt 파산에 직면하다; ~ utsikten (hotet) att …라는 전망(위협)에 임하여.

inför|a *– –de –t tr.* (유행 따위를) 퍼뜨리다, 소개하다, 반입하다 (föra in), 수입하다.

införliva *~r ~de ~t tr.* (조직체 따위 속에) 넣다, 편입하다, 합병하다; ~ ngt med …, …을 …과 합치다; Österrike ~des med Tyska riket 오스트리아는 독일제국에 병합되었다.

införsel *~n 0* ① 수입 ② (양육비, 세금 따위를) 봉급에서 공제하기.

införskaffa *~r ~de ~t tr.* 얻다, 장만하다; ~ upplysningar om …에 관한 정보를 얻다.

införstådd *a.* vara ~ med …와 합의하다, 일치하다.

ingalunda [iŋa–] *adv.* 결코 (전혀) 아니다 (inte alls); vattnet är ~ gratis som många tror 물은 많은 사람들이 생각하는 것처럼 거저 얻는 것은 아니다.

in|ge *~r –gav –givit tr.* ① (관공서 따위에) 제출하다, 보내다; ~ en skrivelse 서류를 제출하다; ~ sin avskedsansökan 사직서를 내다 ② (감정, 사상을) 불어넣다, 주입시키다, 고취하다; ~ ngn aktning (förtroende, hopp, mod) …에게 존경심(신뢰, 희망, 용기)을 고취시키다; ~ ngn den föreställningen att …에게 …한 생각을 갖게 하다; ~ ngn en känsla av …에게 …한 감(感)을 가지게 하다.

ingefära [iŋə–]*~n 0* 생강; syltad ~ 설탕 조림한 생강.

ingen [iŋən] (부정대명사 *intet/inget, inga*) ① (결합적으로) 하나도 …없는, 조금도 …아닌; det kom inga brev i dag 오늘은 편지가 한 장도 없다; han är ingen dumbom 그는 절대로 바보가 아니다; inga [mer] dumheter! 바보 같은 소리 [더] 하지 마!; ~ dum idé! 꽤 좋은 생각인데!; inga blommor hade slagit ut 꽃이라곤 전혀 피지 않았다; ~ annan 다른 어느 것도 아닌; han är ~ stor skald 그는 위대한 시인은 아니다; det är ~ tillfällighet att …, …한 것은 우연한 일이 아니다 ② (단독으로) a) (사람; *ingen, inga*) 아무도 …가 아니다; det var ~ (inga) där som jag kände 내가 아는 사람은 거기에 아무도 없었다; ~ kan tjäna två herrar 아무도 두 주인을 섬길 수는 없다; ~ mer får komma in 더 이상 들어와서는 안 된다 b) (중성형으로; intet inget) 아무것도 …아니다; inget är omöjligt 불가능한 것은 없다 ③ 아무것도 (아무도) …않다; finns det inget hopp (kaffe kvar)? 희망(커피 남은 것)이 없느냐? nej, inget …, …이 조금도 없다; ~ av dem har kommit tillbaka 그들 중 아무도 돌아온 사람이 없다 ④ ~ annan 아무도 …않다, 한 사람도 …않다; ~ annan bok 다른 어느 책도 …않다; den här duger inte, har du ~ annan? 이것으로는 되지 않는다, 다른것 없느냐?; ~ annan (inga andra) av mina vänner 내 친구 중에 아무도(복수형) …하지 않는다; ~ annan än …이외에는 아무도 …않는다.

ingendera (부정대명사, intetdera, ingetdera) (독립 또는 부가적으로), ~ av de båda 둘 중 아무도 …않다; ~ delen stämmer 그것들 중 한 부분도 맞지 않는다; ~ [parten] ville ge vika 어느 편도 굴복하려 하지 않았다.

ingeni|um [injẹ:nium] *-et -er* (창의적) 재능; 재능 있는 사람, 천재.

ingenjör [iŋʃenjœ:r] *~en ~er* 엔지니어, 기사(技師).

ingenjör[s]trupp *~en ~er* 공병대.

ingenjörsvetenskapsakademi *~n ~er* (스웨덴)과학기술원 (IVA).

ingenmansland *~et 0* (양군의) 최전선 사이의 무인지대, 비무장지대.

ingenstans/ingenstädes *adv.* 아무데서도 …않다; han sökte men fann henne ~ 그는 그녀를 찾아보았지만 아무데서도 찾지 못했다.

ingenting (부정대명사) 아무것도 …아니다; ~ (inget, intet) betydelsefullt 아무것도 중요하지 않다; ~ nytt 새로운 것은 없다; ~ av värde 가치 있는 것은 없다; det är ~ som angår dig 네가 참견할 일이 아니다; det gör han som ~ 그는 아무렇지도 않게 그렇게 한다; jag har ~ att invända 나는 반대하지 않는다; han är ~ [märkligt] 그는 보잘 것 없는 사람이다.

ingenvart *adv.* 아무데도 …않다; vi reser ~ i år 우리는 올해 아무데도 여행하지 않는다.

ingeny [ɛŋʃəny:] *~n ~er* 천진난만한 소녀[역].

ingift [inji–] *a.* bli ~ i …집안과 혼인을 맺게 되다.

ingifte *~t ~n* 가까운 친족 간의 결혼, 동성동본 혼인.

ingiva ☞ **inge**.

ingivelse *~n ~r* 순간적 착상, 영감; 자극, 고무; hon fick en ~ att besöka honom 그녀는 그를 방문하고 싶은 충동을 받았다; följa stundens ~ 순간의 충동에 따라 행동하다.

in|gjuta [inju:ta] *-gjuter -göt -gjutit tr.* ~ nytt liv i ngt …에 새 활력을 불어넣다.

ingrediẹns *~en ~er* (혼합물의) 성분, 요소.

ingrepp *~et ~* ① 【의학】(외과) 수술; göra ett ~ 수술을 하다 ② 간여, 개입, 침해; göra ~ i …에 개입하다.

ingrẹss *~en ~er* 서론, 머리말, 머리기사.

in|gripa *-griper -grep -gripit itr.* 개입하다, 간섭하다 (i); 대응하다, 대처하다 (mot).

ingripande[1] *a.* 과격한, 광범위한.

ingripande[2] *~t ~n* 개입, 조치, 간여; genom polisens ~ 경찰의 개입으로.

ingrodd *a.* 깊이 베어든, 뿌리 깊은; en ~ vana 만성적 습관.

in|gå *-går -gick -gått* Ⅰ. *itr.* ① 도착하다, 당도하다 (소식, 편지 따위); ett just ingånget brev 방금 접수된 편지 ② …에 속하다, …의 일부가 되다 (i); frakt ~r i priset 운임은 가격에 포함된다; fiskbullar ~r i dagens matsedel 생선완자는 오늘 메뉴 중의

하나이다 ③ ~ i svaromål (법정에서) 자신을 변론(변호)하다 Ⅱ. *tr*. (협회 따위에) 가입하다, 체결하다, 합의에 도달하다; ~ avtal med …와 합의를 보다, …와 협정을 맺다; ingångna avtal 체결된 협약.

ingående[1] *a*. ① 자세한, 철저한 (반의어; ytlig); en ~ analys 철저한 분석 ② 【부기】 ~ saldo 이월금(移越金).

ingående[2] *~t 0*, tåget är på ~ 기차가 도착하고 있다.

ingång *~en ~ar* ① (건물의) 입구, 출입구; vid ~en 입구에서 ② 입장, 들어가기; ~ från gården 뜰 안쪽의 출입구; förbjuden ~! 입장사절, 출입금지 ③ 처음, 시작; fr.o.m. ~en av nästa år 내년 초부터; vid årets ~ 금년 초에.

inhalation *~en ~er* 흡입.

inhalera *~r ~de ~t tr*. …을 (폐 속까지) 들이 마시다, 흡입하다.

inhemsk *a*. 국내의, 대내의; den ~a befolkningen 국내 인구; ~a produkter 국내 생산품; malarian är ~ i 말라리아는 …지방의 토종병이다.

inhibera *~r ~de ~t tr*. 취소하다.

inhopp *~et ~* ① 방해, 간섭, 개입 ② 선수교체.

inhoppar|e *-[e]n ~* 교체 선수.

inhuman *a*. 무자비한, 무정한; 비인간적인.

inhys|a *-er -te -t tr*. 수용하다, 넣어두다, 저장하다.

inhägna [-hεŋna] *~r ~de ~t tr*. 둘러싸다; ~ ngt med staket (mur) …에 울타리(담)를 치다, 울타리(담)를 쳐서 …을 가두다.

inhägnad *~en ~er* 울, 담.

inhämta *~r ~de ~t tr*. ① 얻다, 배우다, 습득하다; ~ kunskaper i …에 대한 지식을 얻다; ~ ngns råd 아무개와 상의하다; ~ ngns tillåtelse 아무개의 승인을 받다 ② ~ det försummade 소홀히(게을리) 한 것을 보상(보충, 벌충)하다.

inhösta *~r ~de ~t tr*. 수확하다, (찬사, 승인 따위를) 얻다; ~ beröm 칭찬을 받다.

inifrån[1] *adv*. 안쪽에서, 내부에서.

inifrån[2] *prep*. 안쪽으로부터, 내부에서부터.

initial[1] [-tsial] *a*. (복합어의 앞가지로서), ~hastighet 초(初)속도.

initial[2] [-tsial] *~en ~er* 단어의 첫 글자.

initialord *~et ~* 두문자어(頭文字語; FN(유엔), SACO(스웨덴 전문직 중앙노조) 따위).

initiativ [-tsiati:v] *~et ~* 발단, 창시, 선수(先手), 주도권; han tog ~et till det nya biblioteket 그는 새 도서관 건립을 주도하였다; på eget ~ 자신의 솔선으로.

initiativrik *a*. 진취적인, 솔선하는.

initiativtagar|e *-[e]n ~* 발기자, 주도자 (till).

initierad [-tsie:rad] *a*. …을 잘 알고 있는 (i), …에 정통한.

injaga *~r ~de ~t tr*. ~ skräck hos ngn …에게 공포심을 일으키게 하다; ~ respekt hos ngn …에게 존경심을 고취시키다.

injektion *~en ~er* 주사(注射).

injektionssprut|a *-an -or* 주사기.

injic[i]era *~r ~de ~t tr*. 주사를 놓다.

inkalla *~r ~de ~t tr*. 소환하다, 부르

다; ~ vittnen (inför rätta) (법정에) 증인을 소환하다.

inkallelse *~n ~r* 소환, 소집; 징집.

inkallelseorder *~n ~* 징집영장.

inkapạbel *a.* 능력이 없는, 무능한.

inkarnation *~en ~er* 【신학】 (신이) 인간의 모습으로 나타남; (성질, 관념 따위의) 구체화, 실현; 화신.

inkassera *~r ~de ~t tr.* (세금, 집세 따위) 징수하다, 수금하다.

inkasso *~t 0* (세금, 채무 따위) 징수.

inkast *~et ~* (농구, 축구의) 드로인, 던져 넣기.

inklarera *~r ~de ~t itr.* (귀항 선박 내에서) 세관의 통관허가를 신청하다.

inklination *~en ~er* ① 성향, 경향 ② 기울기, 경사.

inkludera *~r ~de ~t tr.* 포함하다, 계산에 넣다.

inklusive *prep.* …을 포함하여, 합산하여; priset är 25 kr ~ kaffe 값은 커피를 포함하여 25크로나이다; det är ~ moms 그것은 부가가치세를 포함한 것이다.

inkognito[1] [–kọŋni–] *adv.* 익명으로, 변명(變名)으로.

inkognito[2] [–kọŋni–] *~t 0* 익명, 변명(變名); bevara sitt ~ 익명을 유지하다; under djupaste ~ 철저하게 익명으로.

inkommande *a.* 들어오는, 반입되는.

inkommensurạbel *a.* 같은 척도(기준)로 잴 수 없는, 비교가 안 되는, 엄청나게 다른.

inkompetẹns *~en 0* 무능력, 무자격.

inkompetẹnt *a.* 무능한, 자격이 없는 (för, till att …) han förklarades ~ för tjänsten 그는 그 직책에 무자격자로 발표되었다.

inkomst *~en ~er* ① 수입 (av, på), 소득; ha goda (små) ~ er 수입이 좋다(적다); mina ~er och utgifter 나의 수입과 지출; affären ger en stor ~ 그 거래에서 큰 소득을 올리고 있다; han har 500,000 kr i årlig ~ 그는 연수입이 50만 크로나이다 ② 수익, 수입금 (av).

inkomstbortfall *~et ~* 수입 감소.

inkomstbringande *a.* 이익이 있는, 돈벌이가 되는, 수지가 맞는.

inkomstkäll|a *–an –or* 수입원(收入源), 수입근거.

inkomstskatt *~en ~er* 소득세.

inkongruẹns *~en ~er* 불일치, 부조화.

inkongruẹnt *a.* 일치하지 않는, 부적당한.

inkonsekvẹns *~en ~er* 불일치, 부조화, 모순, 일관적이 아님.

inkonsekvẹnt *a.* (그 자체가) 조화되지 않는, 일관성이 없는, 자기모순이 있는.

inkorporera *~r ~de ~t tr.* 편입하다, 합병하다 (i, med).

inkorrẹkt[1] *a.* 옳지 않은, 틀린.

inkorrẹkt[2] *adv.* 옳지 않게, 그르게; handla ~ mot ngn 에게 온당치 않게 행동하다 (처신하다).

inkråm *~et 0* 빵 속의 부드러운 부분; 동물의 내장.

inkräkta *~r ~de ~t itr.* 침입하다, (권리, 재산 등을) 침해하다.

inkräktar|e *–[e]n ~* 침입자, 침해자.

inkubationstid *~en ~er* 【병리】 잠복기.

inkunạb|el *–eln –ler* 인쇄술 초기인

I

1500년까지 간행된 서적.

inkvartera *~r ~de ~t tr*. 숙박시키다, (병사를) 숙영시키다; ~ sig hos ngn …의 집에서 묵다.

inkvartering *~en ~ar* ① 숙박, 숙영 ② 숙소, (군대의) 막사; ta emot ~ar (군인을) 숙박시키다.

inkvisition *~en 0* 【역사】 (가톨릭) 종교재판[소].

inkvisịtor *~n ~er* 종교재판소 판사.

inkvisitọrisk *a*. 종교재판 같은(식의), 엄하게 심문하는.

inköp [inçø:p] *~et ~* 구입, 매입; jag gör mina ~ hos ngn 나는 …의 상점에서 구입한다; stora ~ 대량구입; det kostar 5 kr i ~ 원가는 5크로나이다; till ~ av kläder 의복구매에.

inköpspris *~et ~* 원가, 사들인 가격; sälja till ~[et] 원가로 판매하다.

inkörning *~en ~ar* (기계 따위) 시동 단계의 조심스런 운전.

inkörsport *~en ~ar* 입구, 출입구, 통로.

I

inlag|a *-an -or* ① (책의 표지를 제외한) 내용 부분 ② (관청에 보내는) 청원서, 탄원서, 신청서.

inlag|d *a*. ① (병원에) 입원한 ② …에 절인; ~ sill (gurka) 간물에 절인 청어 (오이) ③ 장식을 위해 금 따위를 아로새긴; -t arbete 장식을 위해 금 따위를 아로새기는 작업.

inland *~et 0* ① 내륙지방 ② i in- och utlandet 국내외에서.

inlandsis *~en ~ar* 내륙빙하.

in|leda *-leder -ledde -lett tr*. ① (거래, 대화, 토론 따위) 시작하다, 개시하다; ~ förhandlingar 협상을 시작하다; detta -ledde en ny epok 이것은 신기원을 열어놓았다 ② -led oss icke i frestelse 우리를 시험에 들게 하지 마옵소서.

inledning *~en ~ar* 시초, 처음, 시작; 서언, 머리말.

inledningsvis *adv*. 우선, 먼저.

inlemma *~r ~de ~t tr*. 병합하다, 합치다(i).

inlevelse *~n 0* 통찰(력), 감정, (직관적) 동감, 이해; hans ~ i rollen 배역에 대한 그의 통찰력; hon spelade rollen men stark ~ 그녀는 생동감에 넘치는 역(役)을 하였다.

inloggning *~en 0* 【정보통신】 접속 개시 (사용자가 컴퓨터 시스템을 사용하기 위해 시스템에 자신을 알리고 등록하는 작업. 단일 사용자 시스템에서는 이러한 작업이 필요 없으나 다중 사용자 시스템에서는 작업을 시작하기 전에 자신의 사용자명과 패스워드를 입력하여 시스템에 접속해야 한다).

inlopp *~et ~* ① 입구, 통로; ~et till Stockholm 스톡홀름 쪽으로 들어가는 통로 ② (강의) 유입(流入), 합류점 (flodens ~ i sjön) ③ (물, 공기의) 흡입구.

inlåning *~en ~ar* ① 차용 ② 예입 ③ (언어) 차용; ~en av engelska facktermer 영어 전문술어 차용.

in|låta *-låter -lät -låtit rfl*. ~ sig i (på) (토론, 경기, 사업, 따위를) 시작하다, 착수하다, 관계하다; ~ sig med ngn …와 거래(교제)를 트다.

inlägg *~et ~* ① 물건 속에 처넣은 부분, 내용물 (재료) ② (토론에서) 참고발언; (신문, 잡지 등에) 기고, 투고.

in|lägga *-lägger -lade -lagt tr*. ①

(목공, 공예에서) (물건을) 박아 넣다, …에 상감하다 ② 공식적으로 알리다; ~ sitt veto 거부권을 제출하다 ③ ~ stora förtjänster om ngt …에 대해 가상할 만한 이바지를 하다 (lägga in).

inläggning *~en ~ar* ① 삽입물, 끼워넣기 ② 저장[식료품] ~ar av frukt (grönsaker) 과일(야채) 절임(조림).

inlämning *~en ~ar* ① 넘겨주기, 건네주기, 제출 ② 접수처, 맡기는 곳; resgodsinlämning 수하물 접수[처].

inländsk *a*. 내국의 (inhemsk, inrikes); in- och utländska valutor 내국환과 외국환.

inlärning *~en 0* 학습, 숙련; 암기.

inlärningsstudio *~n ~r* 언어실습실 (språklaboratorium).

inlöp|a *-er -te -t itr*. (배, 정보 따위가) 들어오다, 도착하다.

inlös|a *-er -te -t itr*. 저당물을 되찾다, 상환하다 (lösa in).

inmarsch *~en ~er* 진입, 진군.

inmatning *~en ~ar* 급송(給送), 주입, 【정보통신】 입력.

inmundiga *~r ~de ~t tr*. (농담조로) 먹다 (마시다).

inmuta *~r ~de ~t tr*. (채광권, 면허장 따위를) 따내다, 획득하다.

inmönstring *~en ~ar* [군]입대.

innan[1] *adv*. ① (장소) 안쪽에, 내부에; utan och ~ 안팎으로 ② (시간) …전에(dessförinnan); kvällen ~ hade de varit på bio 그전 날 저녁에 그들은 영화관에 갔었다; året ~ 전년도.

innan[2] *konj*. …하기 전에, …할 때까지; ~ du berättade det, visste jag ingenting om saken 네가 나에게 말하기까지 나는 그 일에 대해 전혀 몰랐다; hon bodde i Tyskland ~ hon kom till Sverige 그녀는 스웨덴에 오기 전에는 독일에서 살았었다.

innan[3] *prep*. …전에, …앞에; ~ kvällen 저녁 전에; ~ dess 그 전에; ~ jul 성탄 전에.

innandöme *~t ~n* 내부, 안쪽; jordens ~ 땅속.

innanför[1] *adv*. 안쪽에, 내부에; i rummet ~ 저 안쪽에 있는 방에; stanna ~! 안에 머물러 있어!

innanför[2] *prep*. …의 안쪽에, …의 뒤에; alldeles ~ dörren 바로 문 안쪽에; ~ murarna 담의 안쪽에.

innanhav *~et ~* 내해.

innanlår *~et ~* (소, 송아지의) 안쪽 허벅지살.

innanmäte *~t ~n* (동물의) 내장, 창자.

innantill *adv*. läsa ~ 책을 보고 읽다.

in natura 【라틴어】 (금전이 아닌) 물품으로.

inne *adv*. ① (장소) 안에, 안쪽에, 실내에; det är kallare ~ än ute 바깥보다 실내가 더 춥다; djupt ~ i skogen 숲속 깊숙이; sitta ~ [i fängelse] 감옥에 갇혀 있다; han är ~ hos rektorn 그는 교장실에 있다; han har varit ~ i stan 그는 시내에 갔었다; långt ~ i landet 멀리 시골에, 내륙 깊숙한 오지까지 ② (지식, 정보) vara ~ i …을 잘 아는, 정통한; sitta ~ med information 정보를 가지고 있다; han var så ~ i samtalet att han inte märkte … 그는 이야기에 몰두하여 …을 알지 못했다; jag har varit ~ på den tanken 나 자신도 그 생각에 이르렀다 ③ (시

간) nu är tiden ~ att 이제 …할 때가 되었다; när tiden är ~ 때가 되면; den stora dagen var ~ 중대한 그 날이 왔다; ~ i maj 오월에 들어서서; ~ på det nya året 새해에 들어서서.

innebandy *~n 0* 【스포츠】 실내하키.

inneboende[1] *a.* ① 세 들어 사는 ② 타고난, 고유의.

inneboende[2] (형용사의 명사화) 하숙인, 세 들어 사는 사람.

innebruk (불변화명사) för (till) ~ 실내용, 옥내용.

innebränd *a.* bli ~ i ett hus (garage) 집(차고) 안에서 타 죽다.

innebyggar|e *–[e]n ~* (신축지역의) 주민.

inne|bära *–bär –bar –burit tr.* 뜻하다, 의미하다, …의 뜻을 내포하다; detta –bär en förolämpning mot ngn 이것은 …에 대한 모욕과 같다; med allt vad detta –bär 이것이 의미하는 모든 것을 미루어 보아.

I

innebörd *~en 0* 의미, 뜻, 의도, 취지; den verkliga ~en av hans tal 그의 연설의 진정한 의미는; mitt liv fick en helt ny ~ 내 삶은 전혀 새로운 의미를 갖게 되었다.

innefatta *~r ~de ~t tr.* 포함하다, 함유하다, …을 구성하다.

inne|ha *–har –hade –haft tr.* 가지다, 보유하다, 소유하다; ~ rekordet 기록을 보유하다; ~ ett högt ämbete 고위직에 있다.

innehav *~et ~* 보유, 소유, 소지(所持).

innehavar|e *–[e]n ~* 소유자, 보유자; lägenhetens ~ 아파트 소유주; licens~ 면허증 소지자.

innehåll *~et 0* ① 내용, 내용물; 목차, 차례 ② (철학, 사상, 정보에서) 내용; ett brev av följande ~ 다음과 같은 내용의 편지; till ~et 내용에 있어서는.

inne|hålla *–håller –höll –hållit tr.* ① 포함하다, 함유하다; vad –håller lådan (brevet)? 상자(편지) 속에 무엇이 있느냐? ② 지불을 보류하다.

innehållsdeklaration *~en ~er* (식품, 의약품 따위) 내용명세.

innehållsförteckning *~en ~ar* 목차, 차례, 목록 (till).

innehållslös *a.* 내용이 빈약한.

innehållsrik *a.* 내용이 충실한; en ~ bok 내용이 풍부한 책; det är ett ~t brev 많은 사연이 담긴 편지다; en ~ dag 다사(多事)한 하루.

inneliggande *a.* ① ~ beställningar 입수된 주문; ~ lager 재고[품] ② 포함된, 동봉한.

in|ner *–nern –rar* 【스포츠】 (축구, 농구에서) 포워드, 좌우전위.

inner– 【접두사】 안쪽에, 내부에 (inre).

innerdörr *~en ~ar* 안쪽 문.

innerlig *a.* 진정의, 깊이 느낀, 마음으로부터의; 열렬한; ~ kärlek 진정한(열렬한) 사랑; ~ avsky 강한 혐오.

innerligen/innerligt *adv.* 진정으로, 마음으로부터; hålla innerligt av ngn …를 아주 좋아하다; det gör mig innerligt ont 대단히 죄송합니다; 매우 유감입니다; du vet så innerligt väl … 너는 너무도 …을 잘 알고 있지 않니.

innerst *adv.* 가장 깊숙이, 한가운데에; ~ inne 맨 한가운데에, 가장 안쪽에, 가장 깊숙한 곳에; ~ i skåpet 찬장 맨 안쪽에.

innersta *a*. 가장 깊은, 마음 속 깊은 곳의; hans ~ tanker 그의 마음 속 깊이 간직한 생각; det ~ av (i) blomman 꽃의 속 부분.
innerstad *~en/innerstan, 0* 도심, 시내.
innertak *~et ~* 천정.
innersko *~n ~r* 실내화.
inne|sluta *-sluter -slöt -slutit tr*. 둘러싸다, 에워싸다, 포위하다; …을 동봉하다; frukten -sluter kärnan 과육(果肉)은 씨를 에워싸고 있다.
innestående *a*. (권리, 이익 따위를) 아직 사용하지 않은; hur mycket har jag ~? 나의 예금액에 얼마나 있나요?; ~ lön 지급받을 임금; ~ semester 타야 할 휴가.
innevarande *a*. 현재의; 진행 중인; ~ år 당해(금)년; den 3 i ~ månad 이달 3일에.
innofficiell *a*. 비공식의.
inom *prep*. ① (장소) 안에, 내부에, 분야에; ~ dörren 문 안에; ~ textilbranschen 방직분야에; både ~ och utom skolan 학교 내외에 ② (시간의 한도) 이내에; ~ ett år 1년 이내에; ~ den närmaste tiden 아주 가까운 시일 내에; ~ ett ögonblick 순식간에, 곧; ~ kort 곧.
inombords *adv*. ① 배 안에 ② 체내에; få lite (mat) ~ (음식물을) 좀 먹다; han har mycket ~ 그는 [지적] 능력이 많다.
inombordsmotor *~n ~er* 선내(船內) 발동기.
inomhus *adv*. 실내의, 옥내의.
inomhusban|a *-an -or* 실내경기장.
inomhusantenn *~en ~er* 실내안테나.
inomhusbruk *~et 0* 실내용.
inomskärs *adv*. 군도(群島)의 안쪽에 (해안과 군도 사이에).
inordna *~r ~de ~t tr*. 정리하다, 정돈하다, 배열하다; det är svårt att ~ dem i ett system 그 것들을 하나의 체계 속에 정리하기는 어렵다; ~ sig i samhället 사회에 적응하다.
inpass *~et ~* 별안간 끼어들기; göra ett ~ 말 한마디 하다, 한 몫 끼다.
inpiskad *a*. 완전한, 철저한, 순전한; en ~ lögnare 순전한 거짓말쟁이; en ~ skojare 짓궂은 장난꾸러기; 간교한 사기꾼.
inpiskar|e *-[e]n ~* 【정치】 의회의 각 정당 원내 총무; 한 정당이나 어떤 조직에서 소속 국회의원이나 조직원의 투표 참여를 독려하는 사람.
inplanta *~r ~de ~t tr*. (마음에) …을 심다, 깊이 새기다, 불어 넣다; ~ sparsamhet hos barnen 아이들에게 절약정신을 심어 주다.
inprägla *~r ~de ~t tr*. (비유적) 아로새기다, 강한 인상을 주다; ~ ngt i minnet …을 마음에 새기다; det har ~t sig i hans minne 그것은 그의 기억 속에 확고히 남아 있다.
inpränta *~r ~de ~t tr*. ~ ngt hos ngn (i ngns minne) …을 …의 마음에 깊이 새기다.
input (불변화 en-명사) 투입, 입력 (컴퓨터).
inpyrd *a*. (불필요한 물질로) 가득 찬; ~ med rök 담배연기로 가득 찬.
inpå *prep*. ① (장소) 아주 가까이에, 접근하여; våt ~ bara kroppen 함빡 젖은; alldeles ~ ngn …에게 아주 가까이 접근하여 ② (시간) till långt

~ natten 밤늦게 까지; nära ~ julen 성탄이 다 되어.

inrama *~r ~de ~t tr.* (그림 따위를) 액자에 넣다, 틀에 끼우다.

inrangera *~r ~de ~t tr.* ☞ inordna.

inre[1] *a.* ① (장소) 안쪽의, 내부의, 실내의; det ~ Afrika 아프리카 내륙 지방; ~ angelägenheter 대내적 문제; de ~ delarna av staden 도시의 중심부; ~ och yttre fiender 내외의 적 ② (비유적) (정신세계의) 내적, 본유의; en ~ drift 내적 충동; ~ frid 마음속의 평화; ~ liv 내면적 삶; ~ värde 본유의 가치.

inre[2] (형용사의 명사화) 내부, (육체에 대한) 영혼, 정신; hela mitt ~ upprördes 나는 속이 뒤집힐 정도로 화가 났다; det ~ av landet 그 나라의 내륙지방.

in|reda *-reder -redde -rett tr.* 장비하다, (필요한 물건을) 갖추어 주다; ~ bottenvåningen till butiker 1층을 상점으로 만들다; en väl -redd 잘 고안된, 잘 갖추어진.

inredning *~en ~ar* 장비, 설비, 장식.

inregistrera *~r ~de ~t tr.* ① 등록하다, 기록하다; ~ en ny förening 새 협회를 등록하다 ② …에 주의하다, 마음에 간직하다; han ~de hennes nervositet 그는 그녀의 초조함에 유의하였다.

inres|a *-an -or* 입국.

inresetillstånd *~et ~* 입국허가.

inresevis|um *~et, ~/-a* 입국비자.

inrikes[1] *a.* 국내의, 대내적; ~ postanvisning 국내우편 규정.

inrikes[2] *adv.* 국내에, 대내에; ~handel 국내거래; vistas ~ 국내에 거주하다.

inrikesdepartement *~et ~* 내무부.

inrikesflyg *~et 0* 국내항공.

inrikesminist|er *-ern -rar* 내무부 장관.

inrikespolitik *~en 0* 국내정책, 대내정책.

inrikespolitisk *a.* en ~ debatt 대내정책 토의.

inrikesporto *~t ~n* 국내우편요금.

inrikta *~r ~de ~t* Ⅰ. *tr.* …을 겨냥하다, …을 향하다 (rikta in); ~ kikaren mot bergstoppen 망원경을 산꼭대기로 겨냥하다 (돌리다) Ⅱ. *rfl.* ~ sig …에 집중하다; ~ sig på ngt …에 전념하다.

inriktad *a.* socialt ~ verksamhet 사회분야의 활동; vara ~ på att …을 의도하고 있다, …에 전념하고 있다; han är helt ~ på studiet av 그는 …의 연구에 전념하고 있다; han är mera ~ på 그는 …에 더 전념하고 있다.

inriktning *~en ~ar* ① 조정, 조절, 조준 ② (목표의) 방향, 경향.

inringa *~r ~de ~t tr.* 포위하다, 에워싸다.

inristning *~en ~ar* (도안, 문자 등의) 새기기, 명각(銘刻).

inrop *~et ~* 경매로 구입함, 또는 그 물건.

inropning *~en ~ar* 커튼 콜 (막이 내린 뒤 박수를 쳐 출연자를 막 앞으로 불러내기).

inrotad *a.* (감정, 편견 따위가) 뿌리 깊은; en ~ vana 뿌리 깊은 습관.

inryckning *~en ~ar* 군 입대.

inrym|ma *-mer -de -t tr.* 포함하다, 수용하다, …을 넣을 수 있다; huset -mer fyra familjer 그 집은 네 가족을 수용할 수 있다; biblioteket är -t i övervåningen 도서관은 위층에 자리 잡고 있다.

inrådan (불변화 en-명사) på min ~ 나의 충고로.

inrätta *~r ~de ~t* Ⅰ. *tr.* ① 설치하다, 설립하다, 시작하다; vi har ~t en befattning 우리는 자리(직책)를 하나 만들었다 ② 정돈하다, 조정하다; ~ det bekvämt för sig 편리하게 사물을 정돈하다; ~ sitt liv efter ngt …에다 자기의 삶을 맞추다 Ⅱ. *rfl.* 적응하다, 순응하다 (efter).

inrättning *~en ~ar* ① 사회제도, 공공기관; sjukvårdsinrättning 의료기관 ② 기구, 장치, 방책.

insamling *~en ~ar* (자선목적의) 모금, 수집; sätta igång en ~ 모금을 시작하다.

insats *~en ~er* ① 삽입물, 안감 ② 내기, 내기에 건 돈, 착수금, 출자금; försvara friheten med livet som ~ 자유를 위해 목숨을 걸다 ③ 공적, 성취, 성과, 노력, 기여; hans vetenskapliga ~ 그의 학문적 성과(기여); göra en ~ för (i) …을 위해 기여하다; han har gjort en stor ~ inom föreningen 그는 협회에 큰 기여를 했다.

insatt *a.* 정통한, 잘 아는 (hemma-stadd).

inscenering *~en ~ar* (연극) 연출, (영화) 제작 (iscensättning).

in|se *-ser -såg -sett tr.* 인지하다, 알아채다, 깨닫다, 인식하다; jag -ser fullkomligt att … 나는 …을 확실히 인식하고 있다; av lätt -sedda skäl 명백한 이유로.

inseende *~t 0* 감독, 관리; ha ~[t] över ngt …을 감독하다.

inseg|el *-let ~* 봉인(封印) (sigill).

insegla *~r ~de ~t tr. itr.* 입항하다.

insekt *~en ~er* 곤충; 벌레(작은 절족(絶足)동물).

insekticid *~en ~er* 해충 박멸제.

insektsbekämpning *~en ~ar* 방충.

insekt[s]bett *a.* 벌레에 물린.

insektsmed|el *-let ~* 방충제.

insemination *~en ~er* 【생물】 인공수정(授精), 매정(媒精).

inseminera *~r ~de ~t tr.* …에 수정(授精)시키다.

insid|a *-an -or* 내부, 안쪽.

insignier [insiŋjər] (복수명사) 훈장, 기장(記章).

insikt *~en ~er* ① 인식, 식견, 통찰력; få bättre ~ i ngt …을 더 잘 인식하게 되다; komma till ~ om ngt …을 깨닫게 되다 ② 지식; ha goda (sakna) ~er i …에 대한 충분한 지식을 갖다 (지식이 없다).

insiktsfull *a.* 통찰력이 있는, 분별 있는, 유능한.

insinuant *a.* 암시하는, 돌려서 말하는, 빗대어 말하는.

insinuation *~en ~er* 빗대어 말함, 빈정거림, 암시.

insinuera *~r ~de ~t tr.* 넌지시 비치다, 둘러서 말하다, 빗대어 말하다.

insistera *~r ~de ~t itr.* 조르다, 강요하다; 주장하다; han ~r på att det är fråga om en olycka 사고(事故)의 문제라고 그는 주장한다.

insjukna *~r ~de ~t itr.* 병들다 (i).

insjunk|en *a.* 말라빠진, 움푹 꺼진; -na ögon 움푹 들어간 눈.

insjö *~n ~ar* 호수.

inskeppa *~r ~de ~t* Ⅰ. *tr.* ① (선박

I

편으로) 수입하다 ② …을 배에 싣다, 적재하다 Ⅱ. *rfl*. ~ sig [på] 승선하다, …을 향하여 출항하다 (till).

in|skjuta *-skjuter -sköt -skjutit tr*. *itr*. (말, 이의, 반대 따위를) 제기하다, 끼어들다, 가로채다 (skjuta in).

inskolning *~en ~ar* (새 환경, 분위기에) 길들이기, 익숙해지기, 적응시키기; ~ på dagis 탁아소에 익숙해지기.

inskott *~et ~* 삽입[물]; ~svokal 삽입모음.

in|skrida *-skrider -skred -skridit itr*. 참가하다, 끼어들다, 개입하다; 대처하다.

inskridande *~t ~n*, 개입, 대책.

inskrift/inskription *~en ~er* 비명(碑銘), 비문; 명각(銘刻).

in|skriva *-skriver -skrev -skrivit tr*. ① (대학에) 등록하다, 입학하다 ② 【수학】 …을 내접(內接)시키다 (skriva in).

inskrivning *~en ~ar* (대학에) 등록, 입학, (군대) 병적등록.

inskrivingsavgift *~en ~er* 등록비.

inskrivings|bok *~en -böcker* 병무기록서.

inskrivingsdomar|e *-[e]n ~* (저당, 부동산 매입 따위를 취급하는) 등기담당 직원.

inskränk|a *-er -te -t* Ⅰ. *tr*. 제한하다, 한정하다, 줄이다; ~ sin verksamhet 자신의 활동을 줄이다; ~ antalet deltagare 참가자수를 제한하다; ~ ngns handlingsfrihet …의 자유재량권을 제한하다 Ⅱ. *rfl*. 한정하다, 국한하다, 축소하다; utgifterna -te sig till 500 kr, 비용이 500크로나로 축소되었다.

inskränkning *~en ~ar* (범위) 축소 또는 제한, 유보; göra ~ar i ngns rörelsefrihet …의 활동의 자유를 제한하다.

inskränkt[1] *a*. ① 제한된, 한정된; ~ monarki 입헌군주정치(정체); i ~ bemärkelse 좁은 의미에서 ② 편협한.

inskränkt[2] *adv*. 제한적으로, 한정하여; leva ~ 검소하게 살다.

inskärp|a [-ʃærpa] *-er -te -t tr*. (사상, 지식 등을) 되풀이하여 가르치다, …을 (마음에) 심어주다, 주입하다, 강조하다; ~ vikten av enighet 단결의 중요성을 강조하다.

inslag *~et ~* ① (직물의) 세실 ② 요소, 요인, 특징, 인상, 기미, (이야기, 글의) 투; ett intressant ~ i programmet 프로그램 중에 재미있는 요소; ett ~ av grymhet 잔인한 면(요소).

inslagen *a*. ① 포장된 ② (타격 등으로) 부서진, 깨진.

insmickrande *a*. 비위를 맞추는, 아첨하는; ~ leende 비위를 맞추려는 미소; ~ melodi 감미로운 멜로디.

in|smyga *-smyger -smög -smugit rfl*. ~ sig 살짝 끼어들다, 따라붙다, 몰래 들어가다.

insnöad *a*. bli ~ 폭설로 고립되다(갇히다), (비유적으로) 편협한, 고리타분한.

insolvẹns *~en 0* 지불불능, 파산.

insomna *~r ~de ~t itr*. 잠들다, (비유적으로) 영면하다; … har i dag stilla ~t …가 오늘 편안하게 영면하셨다.

inspektera *~r ~de ~t tr*. 검열하다, 점검하다.

inspektion *~en ~er* 검열, 검사, 점

검; förrätta ~ i (av) …에서(의) 검열을 실시하다.

inspektor Ⅰ. [−spɛktɔr] *~n ~er* (학교, 연구소 따위의) 장학관, 감독관 Ⅱ. *~en ~er* (재산의) 관리인; (조합, 단체 등의) 사무장, 지배인.

inspektris *~en ~er* 여성검열관, 사열관.

inspektör [−spɛktœr] *~en ~er* 감독관, 검사관, 관리자.

inspelad *a*. 녹음이 되어 있는.

inspelning *~en ~ar* (녹음테이프, 레코드) 녹음, 취입, TV 녹화; film~ 영화촬영(제작); jag har en ~ klockan 5 나는 5시에 녹화가 있다; filmen är under ~ 영화가 촬영 중이다.

inspicient *~en ~er* 무대감독 조수, 조감독.

inspiration *~en ~er* (종교, 예술상의) 영감, 착상, 감흥.

inspirera *~r ~de ~t tr*. (감정, 사상 따위를) 고무하다, 불어넣다, 일으키게 하다.

insprutning *~en ~ar* 주사, 주입.

inspärrad *a*. 감금된, 유페된; ~ i ensamcell 독방에 감금된.

instabil *a*. 불안정한, 동요하기 쉬운.

installation *~en ~er* ① (주교, 교수직 따위의) 취임, 임관 ② 가선, 배선 [공사] ③【컴퓨터】(소프트웨어 등의) 인스톨.

installatör *~en ~er* 배선기사, 전기공.

installera *~r ~de ~t tr*. ① (장치 따위를) 설치하다, 달다 ② (의식 절차를 통해 정식으로 직위에) 임명하다, 취임케 하다(i) ③ ~ sig 정착하다 ④【컴퓨터】(소프트웨어 등을) 인스톨하다.

instans *~en ~er*【법률】심의단계; 관계당국; hovrätten fastställde den lägre ~ens dom 고등법원은 하급법원의 판결을 확정하였다; gå till högre ~ 상급법원에 상소(上訴)하다; ärendet har gått genom alla ~er 그 안건은 모든 관계기관을 두루 거쳤다; i alla ~er 모든 단계에서; i sista ~ 결국, 최후로.

insteg (불변화명사) få (vinna) ~ 발판을 굳히다, 들어서다, 채택되기 시작하다; vinna allt mera ~ 입지를 점점 더 확보하다.

instifta *~r ~de ~t tr*. 제정하다, 설립하다.

instinkt *~en ~er* 본능, 직관, 직각력; sunda ~er 건전한 직관; av ~ 본능적으로; handla på(efter) ~ 본능에 따라 행동하다.

instinktiv *a*. 본능적인, 본능의.

institut *~et ~* ① 연구소; (학술, 예술, 교육 등에 관한) 협회, 학회 ②【법률】특정 영역에만 적용되는 법률체계.

institution *~en ~er* ①【사회】제도, 관습, 관례; äktenskapet som ~ 관습으로서의 결혼 ② (학술적, 사회적) 학회, 협회, 공공 단체(기관), 대학의 연구소, 대학의 학과.

institutionalisera *~r ~de ~t itr*. ~ 제도화하다, 관습화하다.

instruera *~r ~de ~t tr*. ~ ngn i ngt …에게 …을 가르치다; ~ ngn att …에게 …하도록 지시하다 (가르쳐 주다).

instruktion *~en ~er* ① 설명, 지침, 사용법; ~sbok 설명서 ② 명령, 지시.

instruktiv *a*. 교육적인, 설명의, 교훈적인.

I

instruktör *~en ~er* 교사, 교관, 훈련 지도자.

instrument *~et ~* ① 기구, 기계, 도구 ② 악기 ③ 기록, 비망록 ④ 보조도구.

instrumentalmusik *~en 0* 기악(器樂, 반의어; vokalmusik, sång).

instrumentation *~en ~er* 기악편곡, 관현악 편곡법.

instrumentera *~r ~de ~t tr.* (…을) 오케스트라를 위하여 작곡(편곡)하다.

instrumentbräd|a *-an -or* 계기판.

instrumentflygning *~en ~ar* 계기비행.

instrumentpanel *~en ~er* 계기판.

instudering *~en ~ar* 연습, 학습, 예행연습; ~en av rollen 배역연습.

instundande *a.* ~ sommar 오는 여름, 이번 여름.

inställ|a *-er -de -t* Ⅰ. *tr.* …을 중지하다, 그만두다, 취소하다; ~ arbete 파업하다; ~ betalning ~ 지불을 정지하다; ~ förhandlingarna 협상을 중단하다 Ⅱ. *rfl.* ① (법정에) 출두하다, (회합장소에) 나타나다; vittnen -de sig i rätten klockan 3, 증인은 3시에 법정에 출두하였다 ② (추상적 현상) 징후를 보이다, 대두하다; då -er sig den frågan 그 때에 그 문제가 대두 한다; sömnen ville inte ~ sig 잠이 오지 않았다; ~ sig på …을 준비하다, 대비하다.

inställbar *a.* 조절할 수 있는.

inställd *a.* vara ~ på ngt …을 준비하다; vara ~ på att …할 준비를 하다; vara sympatiskt ~ till ngt …에 대하여 호의적이다; vänligt ~ 호의적 자세인.

inställelse *~n ~r* ① 취소, 중지; arbets~ 작업중지, betalnings~ 지불정지 ② 【법률】 (법정에) 출두; 직장에 출근; försumma ~ (재판에) 궐석하다; ~dag 출두일; ~ till militärtjänst 【군대】 징집, 소집.

inställning *~en ~ar* ① (기계, 장치의) 조절, 조정 ② 태도, 자세, 입장; hans politiska ~ 그의 정치적 시야(견해); en negativ ~ till …에 대한 부정적 시각(태도).

inställsam *a.* 비위를 맞추는, 영합적인.

instäm|ma *-mer -de -t* Ⅰ. *itr.* 동의하다, 찬성하다, 일치하다; jag -mer (med er) i att 나는 …에 있어서 (당신과) 동의한다; ~ i ett förslag 제안에 찬성하다 Ⅱ. *tr.* …을 법정에 출두시키다; ~ ngn som vittne …를 증인으로 출석시키다.

instäng|d *a.* ① 닫힌, 감금된, 잠긴; ett -t liv 폐쇄된 생활 ② 통풍이 안 되는, 답답한, 숨 막히는.

insubordination *~en ~er* (군대) 명령 불복종.

insulin *~et 0* 【생화학】 인슐린, 【약】 인슐린 제(劑; 당뇨병 치료약).

in|supa *-super -söp -supit tr.* ① (입이나 코로) 들이 마시다; 흡수하다 ② (지식 따위를) 흡수하다, 받아들이다.

insurgent [-gɛnt] *~en ~er* 폭도, 반란자.

insvängd *a.* 안쪽으로 굽은 (만곡의); en klänning med högt ~ midja 허리가 깊숙이 패인 부인복 (드레스).

insyltad *a.* (좋지 않은 일에) 연류된, 결부된, 말려든.

insyn *~en 0* ① 들여다 봄, 관찰; gardinen skyddade mot ~ 커튼이 외부의 이목을 막아준다 ② 단속, 감독,

관리.

insändar|e –[*e*]*n* ~ 기고가, 투고가; 투고.

insättning ~*en* ~*ar* ① 은행입금, 예금 ② 적합, 적용, 맞춤.

intag ~*et* *0* (물, 공기 따위의) 흡입구, 입구.

in|ta[ga] –*ta*[*ge*]*r* –*tog* –*tagit* ① 자리를 차지하다, …지위에 오르다; 입장을 취하다; ~ en avvaktande hållning 관망적 자세를 취하다; ~ ngns plats …의 자리를 차지하다 ② 점령하다 함락시키다 ③ 먹다, 식사하다; ~ frukost 아침을 먹다 ④ (마음을) 사로잡다; 매혹하다; vara (bli) –tagen av (i) ngn …에게 사로잡히다, 매료되다.

intagande *a*. 호감을 주는, 매력적인.

intagen *a*. ① (병원에) 입원한; (감옥 등에) 수감된 ② 반한, 매혹된, 사로잡힌.

intagning ~*en* ~*ar* (학교에) 입학; (병원에) 입원.

intạkt *a*. 손대지 않은, 원상 그대로의.

intala ~*r* ~*de* ~*t* *tr*. ① 설득하다, (용기 따위를) 고취시키다, 주입시키다; hon ~de dem lugn 그녀는 그들에게 조용히 하도록 타일렀다 ② 녹음하다; föredraget finns ~t på band 강연은 녹음되어 있다 (녹음테이프에 담겨 있다).

inte (부정부사) ① … 아니다, … 않다; visst ~! 안됩니다, 당치 않아요; ~ en enda gång 단 한 번이라도 …않다; jag har ~ [någon] tid 나는 시간이 없다; det hoppas jag ~! 그렇게 되지 않길 바래; hon reste för att ~ återkomma 그녀는 떠나 간 뒤 돌아오지 않았다; hon röker, ~ sant? 그녀는 담배를 피우지, 그렇지?; ~ desto (dess) mindre 그럼에도 불구하고 ② (비교급 앞에서), det blir ~ bättre för det! 그것 때문에 일이 더 잘되지는 않을 것이다; ~ längre 더 이상 …아니다 ③ (수사적 질문에서 부정의 뜻이 없이 사용), hur skickligt har han ~ …! 얼마나 재치 있게 그가 …하지 않았느냐!; hur många gånger har jag ~ bett dig? 내가 너에게 몇 번이나 부탁을 하지 않았느냐?

inteckna ~*r* ~*de* ~*t* *tr*. (대가를) 저당하다(för).

inteckning ~*en* ~*ar* 【법률】 저당, 저당권; lån mot ~ 담보부 대부.

integrạl ~*en* ~*er* 【수학】 적분학 (integralkalkyl).

integration ~*en* ~*er* (수학, 정치, 경제상의) 통합, 융화.

integrera ~*r* ~*de* ~*t* *tr*. (부분, 요소 따위를) 전체로 합치다, 통합하다.

integrering ~*en* ~*ar* ☞ **integration**.

integrerande *a*. ~ del (전체를 구성하는데) 필수적 부분.

integritẹt ~*en* *0* 완전무결, 원상 그대로의 상태, 독립성, 정체; hon var tvungen att hävda sin ~ mot en dominerande man 군림하려는 남자에 대하여 그녀는 자신의 정체를 견지해야만 했다.

intellẹkt ~*et* ~ 지성, 지력(知力); 사유력, 지능; 이지, 예지.

intellektualism ~*en* *0* 【철학】 주지(主知)주의, 이지주의.

intellektuẹll *a*. 지성적인, 지적인, 지력의, 총명한; en ~ 지식인.

intelligẹns [–gẹns] I. ~*en* *0* 지성,

이지; 지능, 판단력 Ⅱ. *~en ~er* 지식인, 재능이 뛰어난 사람.

intelligenskvot *~en ~er* 지능지수 (IQ).

intelligent *a*. 총명한, 지능적인.

intelligent[s]ia [–gɛntsia] *~n 0* (집합적으로) 지식계급, 인텔리겐차.

intendent *~en ~er* 지배인, (박물관의) 관리자, 감독관, 총경, (상선, 여객기의) 사무장.

intendentur *~en ~er* 【군사】 병참, 보급.

intensifiera *~r ~de ~t tr*. …을 강화하다, 심하게 하다.

intensitet *~en 0* 강력함, 격렬함; (빛, 열, 색, 진동 따위의) 강도, 세기.

intensiv *a*. 강렬한, 열렬한, 격렬한; 집중적인.

intensivt *adv*. 강렬하게, 맹렬히, 극도로, 열심히, 집중적으로.

intensivvård *~en 0* 긴급 환자를 위한 집중적 간호, 중환자실.

I

intention *~en ~er* 의도, 목적, 계획.

interferens *~en ~er* ① 방해, 장애, 간섭 ② 【물리】 간섭, 상태 ③ 【무전】 혼선.

interfoliera *~r ~de ~t tr*. (책 따위에) 메모용 백지를 끼워 넣다.

interimistisk *a*. 임시적, 잠정적.

interimsregering *~en ~ar* 임시정부, 과도정부.

interiör *~en ~er* (그림의) 내부, 실내.

interjektion *~en ~er* 감탄사.

interkontinental *a*. 대륙간의.

interlokutör *~en ~er* 대화자, 대답자.

intermezzo [–mɛtso/–mɛsso] *~t ~n* ① 예기치 못했던 사건; gräns~ 국경 충돌 ② (극, 오페라 따위) 막간극, 【음악】 간주곡.

intermittent *a*. 때때로 끊기는, (열, 흐름 따위가) 간헐성의.

intern[1] [–tæ:ɳ] *a*. ① 안의, 내부의, 체내의; ~ telefon 구내전화; ~a motsättningar i ledningen 지도부내의 갈등 ② 국내의, 대내의.

intern[2] [–tæ:ɳ] *~en ~er* 수감자, 수형자(受刑者), 입소자.

internat *~et ~* 기숙학교 (전체 학생을 기숙사에 수용하는 학교).

international *~en ~er*, Första *~en* 제1인터내셔널 (1864년 Karl Marx를 중심으로 런던에서 결성된 국제 사회주의 노동자 연맹); Internationalen 인터내셔널의 노래 (1871년 프랑스의 E. Potter 작사, A. Degeyter 작곡의 공산주의자, 노동자가 부르는 혁명가).

internationalisera *~r ~de ~t tr*. …을 국제화하다, 국제적으로 하다.

internationalism *~en 0* 국제주의 (국제적 협력을 추구함).

internationell *a*. 국가 간의, 만국의, 국제적인.

internatskol|a *–an –or* ☞ internat.

internera *~r ~de ~t tr*. (포로, 범죄자를) 억류하다, 구류하다, 감금하다, 수감하다.

internering *~en ~ar* 억류, 구금, 감금, 수감.

internetleverantör *~en ~er* 【정보통신】 인터넷서비스 제공자 (Internet Service Provider, ISP).

internordisk *a*. 북구(스칸디나비아) 제국간의.

interpellant *~en ~er* (의회에서 국무위원에 대한) 질문자.

interpellation *~en ~er* (의회에서 장

관에 대한) 질문, 설명의 요구.

interpellera *~r ~de ~t tr*. ~ ngn om ngt (…장관)에게 …에 관한 질문을 하다.

interpolera *~r ~de ~t tr*. ① (책, 문서를) 변조하다, …에 가필(加筆)하다, 끼워 넣다 ②【수학】중간 항을 급수(級數)에 삽입하다.

interpunktera *~r ~de ~t tr*. …에 구두점을 찍다, …을 구두점으로 끊다.

interpunktion *~en 0* 구두점 찍기, 구두법.

interregnum [−rɛŋnəm] *~[et] 0* (국왕, 원수 등의) 궐위기간; (내각의 경질에 따른) 정치의 공백 기간.

interrogativ [in−/−i:v] *a*. ① 의문을 나타내는, 질문하는 듯한 ②【문법】의문사.

interurban *a*. ~t samtal 장거리 시외 통화 (rikssamtal).

intervall *~en/~et, ~/~er* ① (시간적) 간격, 사이 ② (공간적) 간격, 거리.

intervenera *~r ~de ~t tr*. 사이에 끼어들다, 중재하다, 간섭하다.

intervention *~en ~er* 사이에 끼어들기, 중재, 조정, 간섭.

intervju *~n ~er* (신문, 잡지 기자의) 취재 방문, 인터뷰, 기자회견; anhålla om en ~ med ngn …에게 인터뷰를 요청하다.

intervjua *~r ~de ~t tr*. (기자가 취재를 위하여) …와 회견하다.

intervjuar|e *−[e]n ~* 회견하는 사람, 회견기자.

intet (부정(不定)대명사) 아무것도 …않다, 조금도 …않다 (inte något, inget); gå om ~ 실패로 끝나다, 헛수고하다; på ~ sätt 결코 … 아니다.

intetdera ☞ ingendera.

intetsägande *a*. 공허한, 무의미한, 내용 없는; ett ~ ansiktsuttryck 얼빠진 표정; se ~ ut 보잘 것 없는 것처럼 (시시하게) 보이다.

intighet *~en ~er* 공허, 허무, 무가치 사소한 일, 하찮은 것.

intill[1] *adv*. i rummet ~ 옆방에; vi bor alldeles ~ 우리는 바로 옆집에 산다.

intill[2] *prep*. ① (장소) …에까지, …에 달하여 ② (시간) …까지; ~ slutet 끝까지 ③ (척도, 양) …까지.

intim *a*. 친한, 친밀한, 절친한.

intimhygien *~en 0* 개인위생, 몸을 청결히 하기.

intimitet *~en ~er* 친밀[함], 절친[함].

intolerans *~en 0* 편협, 불관용(不寬容).

intolerant *a*. 아량이 없는, 편협한.

intonation *~en ~er* ①【음성학】억양, 인토네이션, 어조 ② 조음.

intonera *~r ~de ~t tr*. 조음하다, 읊조리다, …에 억양을 붙이다.

intransitiv *a*. 자동사의.

intrasslad *a*. 얽힌; 걸린.

intravenös *a*. 정맥내의.

intressant *a*. 재미있는, 흥미있는.

intresse *~t ~n* ① 관심, 흥미; fatta (hysa, ha) ~ för ngt …에 대해 흥미를 가지다 ② 중요성; det har förlorat betydligt i ~ 그것은 중요성을 상당히 잃었다 ③ 이익, 이득; det ligger i ditt eget ~ att följa mitt råd 내 충고를 따르는 것이 네 자신에게 이롭다.

intressent *~en ~er* 공동소유자, 조합원, 이해 당사자.

intressera *~r ~de ~t* Ⅰ. *tr.* 관심을 가지게 하다, 흥미를 유발시키다 Ⅱ. *rfl.* ~ sig för …에 대해서 관심(흥미)을 갖다.

intresserad *a.* …에 관심 있는, 흥미를 가진 (av).

intressesfär *~en ~er* 관심 분야; 외세의 영향권.

intrig *~en ~er* 음모, 술책; (연극 따위의) 줄거리, 구성, 플롯.

intrigant[1] *a.* 음모에 찬, 교활한.

intrigant[2] *~en ~er* 음모자.

intrigera [-ge:-] *~r ~de ~t tr.* 음모를 꾸미다.

intrikat *a.* 까다로운, 복잡한, 어려운, 미묘한.

introducera *~r ~de ~t tr.* 소개하다.

introduktion *~en ~er* ① 소개 ② 【음악】 서곡, 전주곡.

introduktionsbrev *~et ~* 소개장.

intryck *~et ~* 인상; ge (göra) ~ av …의 인상을 주다; ta ~ av …의 인상을 받다.

intrång *~et 0* 침해; göra ~ på …를 침해하다, 침입하다.

in|träda *-träder -trädde -trätt itr.* ① 입장하다 ② 참가하다, 참여하다; ~ i kriget 참전하다; ~ i ngns ställe …를 대신하다; ~ i sitt ämbete 취임하다 ③ 발생하다, 일어나다; en märkbar förändring har inträtt 뚜렷한 변화가 일어났다.

inträde *~t 0* ① 입장; vid hans ~ i rummet 그가 입실했을 때 ② 입회, 입학; söka ~ i en skola 입학 신청을 하다 ③ ☞ **inträdesavgift**.

inträdesavgift *~en ~er* 입장료.

inträffa *~r ~de ~t itr.* ① 일어나다, 발생하다; om en olycka ~r 사고가 발생하면 ② pingsten ~r detta år i slutet av maj 올해 성신강림절은 5월 말이 된다 ③ 도착하다; när kommer han att ~ i staden? 언제 그가 이 도시에 도착할 것인가?

intuition *~en 0* 직관, 직관적 통찰, 직관적 지식.

intuitiv *a.* 직관의, 직관적인.

intyg *~et ~* 증명서; utfärda ett ~ 증명서를 발부하다.

intyga *~r ~de ~t tr.* (문서상으로) 증명하다, 확인하다.

intåg *~et ~* 입장; våren har hållit sitt ~ 봄이 왔다.

intäkt *~en ~er* ① 수입, 소득 ② ta ngt till ~ för …를 …에 대한 구실(핑계)로 삼다.

inunder[1] *adv.* 아래에, 밑에, 하부에; våningen ~ 아래층.

inunder[2] *prep.* …의 아래에.

inuti *adv. prep.* 안에, 내부에.

invadera *~r ~de ~t tr.* 침입하다.

invagga *~r ~de ~t tr.* 속여서 …하게 하다; ~ ngn i säkerhet …를 속여 안심시키다.

invald *a.* 선출된.

invalid *~en ~er* 불구자; krigs~ 상이군인.

invalidiserad *a.* 불구가 된, 불구의.

invaliditet *~en 0* 불구; 무능.

invand *a.* 깊이 배어든, 뿌리 깊은; ~a föreställningar 고정관념.

invandra *~r ~de ~t tr.* 이주해 오다, 이주하다.

invandrar|e *-[e]n ~* 이주민, (입국) 이민.

invandrarverket (정형명사) 스웨덴

I

이민국.

invandring *~en 0* 이주, (입국) 이민.

invasion *~en ~er* 침입, 침략.

inveckla *~r ~de ~t* Ⅰ. *tr.* (분쟁 · 전쟁 따위에) …를 끌어들이다, 휩쓸어 넣다; vara ~d i en process 소송(사건)에 연루되어 있다 Ⅱ. *rfl.* ~ sig i ngt …에 말려들다, 휩쓸리다; ~ sig i motsägelser 모순된 말을 하다, 자가당착에 빠지다.

invecklad *a.* 복잡한.

invektiv *~et ~* 비난, 공격; 욕설, 독설.

inventarieförteckning *~en ~ar* 재산목록; 상품목록, 재고목록.

inventari|um *-et -er* ① ☞ inventarieförteckning ② ett gammalt ~ (일정한 직업, 장소에) 오래 눌러 있는 사람 ③ 동산, 개인 소유물; levande -er 가축.

inventera *~r ~de ~t tr.* ① (재산 · 상품 따위를 대상으로) 목록을 만들다, (재산 · 재고품 따위를) 목록에 기입하다 ② ~ kassan 회계감사를 하다.

inventering *~en ~ar* 재고조사, 재고정리.

inventiös [-ʃø:s] *a.* (장치 · 착상 따위가) 교묘한, 기발한; 적합한.

inverka *~r ~de ~t itr.* 영향을 주다 (입히다).

inverkan (불변화 en-명사) 영향; röna ~ av …의 영향을 입다.

inversion *~en ~ar* ① 전도, 전환, 전치 ②【문법】도치 ③【의학】내반(內反),【해부】역위(逆位) ④【음악】자리바꿈, 전화(轉化).

invertera *~r ~de ~t tr.* ① …를 거꾸로 하다, 뒤집다 ②【음악】(음정중의 어떤 음을) 자리바꿈하다 ③【화학】전화(轉化).

investera *~r ~de ~t tr.* 투자하다.

investering *~en ~ar* 투자.

invid Ⅰ. *adv.* 바로 곁에; i rummet ~ 바로 옆방에 Ⅱ. *prep.* …의 바로 옆에 (곁에).

invig|a *-er -de -t tr.* ① 개관(개최, 개통, 개회)하다; ~ en bro 다리를 개통하다 ② 취임시키다; ~ ngn till biskop …를 주교로 취임시키다 ③ …에게 비법을 전수하다, …에 가입을 승인하다, …를 입회시키다; ~ ngn i en hemlighet …에게 비밀을 알려주다; han är -d i planen 그는 계획을 알고 있다.

invigning *~en ~ar* ① 개통, 개관, 개최, 개회 ② 취임.

invit *~en ~er* 초대, 초청; 넌지시 알림.

invitera *~r ~de ~t tr.* 초대하다, 초청하다.

invånar|e *-[e]n ~* 주민, 거주민.

in|vända *-vänder -vände -vänt tr.* (…에 대해) 이의를 제기하다, 반대하다; jag invände att 나는 …하라고(라고) 이의를 제기했다 (반대했다).

invändig *a.* 안의, 속의, 내부의.

invändning *~en ~ar* 이의, 반대, 항의.

invänta *~r ~de ~t tr.* 기다리다, 기대하다, 대기하다 (vänta보다 더 문어적).

invärtes[1] *a.* 안의, 속의, 내부의, 내과적인.

invärtes[2] *adv.* 안에, 속에, 내부에.

inympa *~r ~de ~t tr.* 접종하다; 접붙이다, 접목하다.

inåt[1] *adv.* 안으로, 속으로, 내부로.

inåt[2] *prep*. …안으로, …속으로.
inåtvänd *a*. 내향적인, 내성적인.
inälvor (복수명사) 내장.
Irak 【국명】 이라크.
irakier *~n ~* 이라크 사람 (남자).
irakisk *a*. 이라크의.
Iran 【국명】 이란.
iranier *~n ~* 이란 사람 (남자).
iransk *a*. 이란의.
iransk|a ① *~n 0* 이란어 ② *-an -or* 이란 여자.
irer *~n ~* 게일인(gaeler), 아일랜드의 켈트족.
iris *~en ~ar* ① 【해부】 (안구의) 홍채 ② 【식물】 붓꽃과의 식물, 그 꽃.
irisk *a*. 게일인의.
iriska *~n 0* 게일어, 아일랜드의 소수 민족이 사용하는 켈트어.
Irland 아일랜드.
irländar|e *-[e]n ~* 아일랜드 사람 (남자).
irländsk *a*. 아일랜드의, 아일랜드인의.
irländsk|a Ⅰ. *-an -or* 아일랜드 여자 Ⅱ. *-an 0* 아일랜드어.
ironi *~n 0* 풍자, 비꼬기; 아이러니; genom en ödets ~ 운명의 장난으로.
ironisera *~r ~de ~t itr*. ~ över 에 대해 풍자적으로 비꼬아(아이러니컬하게) 말하다.
ironisk *a*. 비꼬는, 풍자적인, 아이러니컬한.
irra *~r ~de ~t itr*. ~ [omkring] 떠돌다, 헤매다, 방황하다, 방랑하다, 배회하다; han har en ~nde blick 그의 눈길은 갈피를 잡지 못하고 있다.
irrationell *a*. ① 불합리한, 분별이 없는 ② 【수학】 무수리의.
irrbloss *~et ~* 도깨비불.
irreguljär *a*. 불규칙적인.
irrelevant *a*. 부적절한, 부적합한.
irreligiös [-ʃø:s] *a*. ① 무종교의, 신앙이 없는 ② 반종교적인, 신성모독의.
irreparabel *a*. 수리(치료)할 수 없는, 보상할 수 없는.
irrfärd *~en ~er* 방랑.
irrgång *~en ~ar* 미로.
irritabel *a*. 성마른, 짜증 잘 내는.
irritation *~en ~er* ① 화냄, 초조 ② 【병리】 자극, 흥분.
irritationsmoment *~et ~* 화나게 하는 것, 자극 원.
irritera *~r ~de ~t tr*. 화나게 하다, 자극시키다.
irrlär|a *-an -or* 이설, 사론(邪論), 이단, 이교.
irrlärig *a*. 이설의, 사론적인; 이단의, 이교적인.
is *~en ~ar* 얼음; ~arna har ännu inte lagt sig 얼음이 아직 얼지 않았다; ~en är bruten 첫 난관이 극복되었다; ha ~ i magen 냉정하다, 아주 침착하다; lägga ngt på ~ …을 연기하다; under ~en (도덕적으로) 타락한, 지친.
isa *~r ~de ~t tr*. …를 얼리다, 차게 하다, 냉장하다.
isabell[a]färgad *a*. 비스킷색의, 크림색의.
isban|a *-an -or* 스케이트장, 빙상 경기장.
isbark *~en, ~ar/~er* 살얼음.
isbelagd *a*. 얼음이 언, 얼린.
isberg *~et ~* 빙산.
isbergssallat *~en 0* 양상추의 일종.
isbill *~en ~ar* 얼음 깨는 송곳, 아이스픽.

isbjörn *~en ~ar* 백곰.
isbrytar|e *-[e]n ~* 쇄빙선.
iscen|sätta *-sätter -satte -satt tr.* ① (극이나 영화 따위를) 연출하다, 제작하다 ② 계획하다, 실행하다.
iscensättning *~en ~ar* 연출, 제작; 계획, 실행.
ischias [iʃias] *~[en] 0* 【병리】 좌골신경통.
isdubb *~en ~ar* 물 얼음판에서 빠진 사람이 기어 나올 때 사용하는 쇠꼬챙이.
isfri *a.* 얼지 않은, 얼음이 녹은.
ishockey [-hɔki] *~n 0* 【스포츠】 아이스하키.
isig *a.* 얼음으로 덮인; 얼음처럼 차가운.
isjakt *~en ~er* (돛과 활주부가 달린) 빙상요트.
iskall *a.* 얼음처럼 차가운.
iskyld *a.* 얼음을 넣어 차갑게 한.
islạm (불변화명사) 회교; 회교도.
islamisk/islamịtisk *a.* 회교의, 회교도의.
Island 【국명】 아이슬란드.
islandssill *~en ~ar* 아이슬란드 근해에서 잡히는 크고 기름진 청어.
islossning *~en ~ar* 해빙.
isländar|e *-[e]n ~* 아이슬란드 사람 (남자).
isländsk *a.* 아이슬란드의; 아이슬란드인의.
isländsk|a Ⅰ. *-an -or* 아이슬란드 여자 Ⅱ. *-an 0* 아이슬란드 어.
islänning *~en ~ar* ☞ isländare.
ism *~en ~er* 이즘, 주의(主義).
isobạr *~en ~er* 【기상】 등압선.
isolation *~en ~er* ① 고립, 단절 ② 절연.
isolationism *~en 0* (정치상의) 고립주의, 불간섭주의.
isolạtor *~n ~er* 절연체, 절연장치.
isolera *~r ~de ~t tr.* ① 고립시키다, 단절시키다 ② 절연시키다.
isoleringsband *~et ~* 절연테이프.
ịsop *~en 0* 히솝풀 (향기가 좋은 자극성 식물).
isotẹrm *~en ~er* 【기상 · 물리】 등온선(等溫線).
isotop *~en ~er* 【화학】 동위원소, 동위체.
Israẹl 【국명】 이스라엘.
israẹl *~en ~er* 이스라엘 공화국 사람.
israẹlisk *a.* 이스라엘[공화국]의.
israelịt *~en ~er* 야곱의 자손, 고대 헤브라이 사람, 이스라엘 왕국의 국민.
israelịtisk *a.* 고대 이스라엘(사람)의, 고대 헤브라이(사람)의.
istadig *a.* 고집 센, 말 안 듣는.
ist|er *-ret 0* 라드(돼지비계로 만든 반고체의 기름).
isterband *~et ~* 훈제 소시지 (소고기나 돼지고기를 주재료로 해서 만든 소시지).
isterbuk *~en ~ar* 배가 불룩 나온 사람, 배불뚝이.
istid *~en ~er* 빙하시대.
istället *adv.* 그 대신에.
isynnerhet *adv.* ☞ [i] synnerhet.
isänder *adv.* ☞ [i] sänder.
isär *adv.* 따로 따로, 떨어져; gå ~ 부서지다, 떨어져 나가다.
isärtagbar *a.* 탈착할 수 있는.
isättning *~en ~ar* (레이스나 자수 따위의) 끼워넣기.

Italien 【국명】 이탈리아.

italienar|e -[e]n ~ 이탈리아 사람 (남자).

italiensk *a*. 이탈리아[사람]의.

italiensk|a Ⅰ. *-an -or* 이탈리아 여자 Ⅱ. *-an 0* 이탈리아어.

itu *adv*. 두 조각으로, 두 갈래로; gå ~ 두 조각나다; ta ~ med …에 착수하다, 시작하다.

iver *~n 0* 열심, 열망; med stor ~ 매우 열심히.

ivra *~r ~de ~t itr*. ~ för …에 대해 열성적으로 지지하다 (지원하다).

ivrig *a*. 열심히; 열망적인; 안절부절하는; 열띤; en ~ diskussion 열띤 토의.

iväg *adv*. ge sig ~ 길에 나서다, 떠나다.

iögon[en]fallande *a*. 뚜렷한, 명백한; 이채로운; 두드러진; på ett ~ sätt 명백하게, 뚜렷하게.

I

j [ji:] *j*–[*e*]*t j*[–*n*] 스웨덴어 알파벳의 10번째 글자.

ja[1] *itj*. (가끔 *adv*.의 기능을 가질 때도 있음) ① 예; 그래요, 그렇습니다; 좋아요; 글쎄요; kommer du? ja, jag vet inte 너 오겠니? 글쎄, 잘 모르겠는데 ② (군더더기 말로) kommer du med oss? – nej. – ja, slipp då! 우리와 같이 갈래? – 아니. – 그럼, 그만둬; ~, i så fall 그래, 그렇다면 ③ (의미 강화의 표시) jag trodde, ~, jag var säker på att han var oskyldig 내 생각으로는, 아니, 나는 그에게 죄가 없다는 것을 확신하고 있었어 ④ (다른 부사나 감탄사와 함께) ~ då! 그래 좋아(oh yes!); ~ ~ män[san]! 암!, 물론!

ja[2] ~[*e*]*t* ~[*n*] 예, 네라는 말 (긍정, 동의, 승낙의 말); få ~ 동의를 얻다; rösta ~ 찬성투표를 하다.

jack Ⅰ. ~*et* ~ (땅 따위의) 깊이 갈라진 틈 Ⅱ. ~*en* ~*ar* 【전기】 잭, 플러그 구멍.

jack|a [jaka] –*an* –*or* 자켓, 소매달린 짧은 웃옷.

jacketkron|a –*an* –*or* 의치.

jackett [ʃ–] ~*en* ~*er* 모닝코트 (남자의 주간 예복).

jag[1] (인칭대명사) 1인칭 주격; mig 1인칭 목적격; det är ~ som har fel 잘못한 것은 나다; ingen annan än ~ 나 외에 그 어느 누구도 (…하지 못하다); han tog mig i armen 그는 내 팔을 잡았다; gärna för mig 나는 좋아; en vän till mig 내 친구 중의 한 사람; kom hem till mig! 우리 집으로 와!; jag var utom mig 나는 제정신이 아니었다.

jag[2] ~*et* ~ (철학적 맥락에서) 자아, 자기, 에고(ego); hans andra ~ 그의 분신(分身).

jaga ~*r* ~*de* ~*t* Ⅰ. *tr*. 사냥하다, 쫓다; ~ efter ngt …를 추구하다, …을 얻으려고 애쓰다; ~ bort 멀리 쫓아버리다; ~ upp a) ~ upp ngn ur sängen 잠자리에서 …를 내쫓다 b) 당황하게 하다, 동요시키다; en uppjagad stämning 동요된 분위기 Ⅱ. *itr*. 질주하다, 휘몰아치다; ~nde skyar 바람에 날리는 구름.

jagar|e –[*e*]*n* ~ 구축함.

jaguar ~*en* ~*er* 재규어, 아메리카 표범.

jaha *intj*. (의아스러움을 나타낼 때) 그래요?; (상대방의 진술 등을 이해했다고 확인해줄 때) 알았습니다, 그렇군요.

jak ~*en* ~*ar* 야크 (티베트 고원 지대에

서 사는 털이 긴 소).

jaka *~r ~de ~t itr.* 예(네)라고 대답하다, 긍정하다, 동의하다, 찬성하다.

jakaranda [ʃ–] *~n 0* 능소화과 나무 또는 그 목재 (열대 아메리카산(產)).

jakt Ⅰ. *~en ~er* 요트 Ⅱ. *~en ~er* 사냥; 추적; ~ och fiske 사냥과 낚시; ~en efter mördaren 살인자 추적.

jaktmark *~en ~er* 사냥터; 먹이를 찾는 장소, 뒤질 만한 곳; förpassa ngn till de sälla ~erna …를 죽이다; gå till de sälla ~erna 죽다.

jaktplan/jaktflygplan ~et ~ 전투기.

jalusi [ʃ–] *~n ~er* ① 시기[심], 질투[심] ② 베니션 블라인드 (끈으로 오르내리게 하여 채광조절을 하는 올이 넓은 발), 판자발.

jama *~r ~de ~t itr.* 야옹하다, 고양이 우는 소리를 내다; ~ med 무비판적으로 찬성하다, 동의하다.

Jamaika 자메이카 (서인도 제도의 독립국).

jamaikansk *a.* 자메이카의.

jamb *~en ~er* 【운율】 (고전시의) 단장격, (영시, 스웨덴시의) 약강격.

J **jamboree** [–ri:] *~n ~r* Boy Scouts (소년단)대회, 잼버리.

Janssons frestelse 얀손스 프레스텔세 (감자와 청어 등을 주재료로 해서 만든 스웨덴 전통 요리).

januari (불변화 en–명사) 1월, 정월.

Japan 일본(日本).

japan *~en ~er* 일본 사람 (남자).

japansk *a.* 일본의, 일본인의.

japansk|a Ⅰ. *–an –or* 일본 여자 Ⅱ. *–an 0* 일본어.

jargong [ʃar–] *~en ~er* ① (특수한 직업, 집단의) 은어, 특수용어, 전문어 ② 횡설수설, 뜻을 알 수 없는 말.

jaröst *~en ~er* 찬성표.

jasmin [ʃas–] *~en ~er* 【식물】 재스민.

jaspis *~en ~ar* 【광물】 벽옥(碧玉), 재스퍼.

jaså *interj.* 아, 그렇습니까?; ~, gjorde han det? 그가 정말로 그랬습니까?

jasägar|e [jɑsɛjarə] *–[e]n ~* 항상 “예”라고만 말하는 사람.

javan/javanes *~en ~er* 자바섬 (인도네시아에 속하는 큰 섬) 사람.

javan[esi]sk *a.* 자바섬의, 자바섬 사람의, 자바어의.

javan[esi]sk|a Ⅰ. *–an –or* 자바섬 여자 Ⅱ. *–an 0* 자바어.

javisst ☞ **visst**.

jazz *~en 0* 재즈.

jazza *~r ~de ~t itr.* 재즈 춤을 추다.

jeans [ji:ns] (복수명사) 청바지.

jeep [ji:p] *~en ~ar* 지프.

jehu, som ett/en ~ 태풍처럼.

jeremiad *~en ~er* 한탄, 하소연.

jersey [jœ:şi] *~n 0* 저지 (모직 양복감).

jesuit *~en ~er* 예수회 수사(修士).

jesuitisk *a.* 예수회의; 음흉한, 교활한.

Jesus 예수.

Jesusbarnet 아기예수.

jetflyg *~et ~* 제트기.

jet|motor *~n ~er* 제트엔진.

jet|plan *~et ~* 제트기.

jfr, jämför의 준말로 ‘…을 비교하라, …을 참고하라’는 뜻.

jiddisch *~en 0* 이디시어 (고지 독일어 방언에 슬라브어 · 히브리어어가 섞여서 생긴 언어로 히브리 문자를 사용함, 중부 유럽의 여러 나라 및 그 지방 출신의 유대인들에 의해 사용됨).

jo *itj*. (가끔 *adv*.로도 사용) ① (부정의 문문에 대한 긍정대답에 사용) 예(네), 그래요, 그렇습니다, 좋아요; är han inte hemma? – ~, det är han 그가 집에 없느냐? –아니요, 그는 집에 있어요 ② (말의 서두나 대화를 연결할 때 사용, 갑자기 기억났다는 뜻으로); ~, jag tänkte fråga om Ni kan … 참, 한 가지 여쭙고 싶었는데 …하실 수 있는지 ③ (*adv*.와 함께) varför hör du inte på? – ~ då, det gör jag! 왜 듣지 않고 있니? –천만에요, 잘 듣고 있습니다.

JO ☞ justitieombudsman.

jobb *~et ~* ① 일; 직장 ②【컴퓨터】작업 (컴퓨터에서 처리해야 할 일의 한 단위. 즉, 한 단위로 처리되는 프로그램이나 관련된 프로그램의 집합을 말한다. 프로세스, 태스크와 비슷한 뜻이나 더 일반적인 용어이다).

jobba *~r ~de ~t itr*. ① 일하다 ② 투기를 즐기다.

jobbar|e *–[e]n ~* ① 노동자 ② 투기꾼.

jobberi *~et ~er* 투기.

jobbig *a*. 힘든, 어려운.

jobspost *~en ~er* 나쁜 소식.

jockej [ʃɔkej] *~en ~er*/**jocky** [jɔki] *~n ~er* (직업적) 경마기수.

jod [jo:d] *~en 0*【화학】옥소, 요드.

joddla *~r ~de ~t itr*. 요들을 부르다.

joddling *~en ~ar* 요들[부르기].

jogga *~r ~de ~t itr*. 조깅하다.

joggar|e *–[e]n ~* 조깅하는 사람.

joggingsko *~n ~r* 조깅화.

joggning/jogging *~en 0* 조깅 (합성어에만 사용됨).

jok|er [jo:–] *~ern ~rar* (카드놀이) 조커.

joll|e [–ɔ–] *–en –ar* 노를 저어 가는 작은 배.

joll|er *–ret 0* (갓난아기의) 옹알거리기.

jollra *~r ~de ~t itr*. (갓난아이들이) 옹알거리다.

jolmig *a*. 메스꺼운, 구역질나는; 김빠진, 맛이 없는.

jon *~en ~er*【물리 · 화학】이온.

jonglera [jɔ/ʃɔ–] *~r ~de ~t itr*. (구슬 · 날붙이 따위로) 마술을 부리다.

jonglör *~en ~er* 마술사.

jonisera *~r ~de ~t tr*. 이온화시키다, 전리하다.

jonisk *a*. ①【건축】이오니아식의 (우아하고 아름다운 기둥과 기둥머리의 나선형 또는 소용돌이형 조각을 특징으로 한다) ② 이오니아인의.

jonosfär *~en ~er* 전리층(성층권의 상부로 무선전파가 반사된다).

jord [jo:d] *~en ~ar* ① 지구, 세계; på ~en 지구에; resa runt ~en 세계 여행을 하다 ② 땅, 흙, 토양; odla ~en 땅을 경작하다; kunna (vilja) sjunka genom ~en av blygsel 부끄러워 땅 속으로 가라앉기라도 하겠다(가라앉고 싶다)/ 부끄러워 쥐구멍 속에라도 들어가겠다; komma ordentligt i ~en 안정되다; under ~en 지하에; gå under ~en 지하로 숨다 ③ (부동산으로서) 토지, 소유지; kronans ~ 왕실소유지 ④【전기】접지.

jorda *~r ~de ~t tr*. ① 장사지내다,

J

매장하다, 땅에 묻다 ②【전기】접지하다.
jordabalk ~en ~ar 토지법.
Jordanien【국명】요르단.
jordanier ~n ~ 요르단 사람.
jordansk *a*. 요르단의, 요르단 사람의.
jordart [jo:dɑt] ~en ~er 토양, 토질, 토류(土類).
jordbruk ~et ~ ① 농사, 농업 ② 농장.
jordbrukar|e -[e]n ~ 농부.
jordbunden *a*. 세속사(世俗事)에 집착하는, 세속적인.
jordbävning ~en ~ar 지진.
jordenruntres|a ~n -or 세계일주 여행.
jordfräs ~en ~ar 회전식 경작기.
jord|fästa -*fäster* -*fäste* -*fäst* 장례를 치르다.
jordfästning ~en ~ar 장례식.
jordglob ~en ~er 지구의(地球儀).
jordgubb|e -en -ar 딸기.
jordig *a*. 흙 묻은, 흙으로 더렵혀진.
jordisk *a*. 세속의, 이승의, 현세의; lämna det[ta] ~a 죽다.
jordklot ~et ~ 지구; över hela ~et 전 세계에서.
jordledning ~en ~ar 접지선.
jordmån ~en ~er 토양, 토질.
jordning ~en 0 접지.
jordnära *a*. 소박한, 흙냄새 나는, 자연 그대로의.
jord|nöt -*nöten* -*nötter* 땅콩.
jordreform ~en ~er 토지개혁.
jordränt|a -an -or 소유한 토지에서 나오는 수익.
jordskalv ~et ~ ☞ jordbävning.
jordskorp|a -an -or【지질】지각.
jordskred ~et ~ 산사태, 사태.
jordskredsseg|er -ern -rar 압도적 승리.
jordärtskock|a -an -or【식물】돼지감자.
jos ~en ~er ☞ juice.
jota [jo:-] (불변화 ett-명사), inte ett ~ 눈곱만치도 (…하지 않다).
jour [ʃo:r] ~en ~er 당직.
jourhavande[1] *a*. 당직의.
jourhavande[2] ~n ~ 당직의사.
journal [ʃoɳɑ:l] ~en ~er ① 일기, 일지 ② 항해일지 ③ 정기 간행물.
journalist ~en ~er 신문(잡지)기자, 신문인, 저널리스트.
journalistik ~en 0 저널리즘, 신문잡지 업.
journalistisk *a*. 신문(잡지)의, 신문(잡지)식의.
jourtjänst ~en ~er 당직(근무).
jovial[isk] *a*. 유쾌한, 명랑한, 쾌활한.
jox ~et 0 쓰레기, 잡동사니.
joxa ~r ~de ~t *itr*. ~ med ngt 불필요하게 (쓸데없이) …를 복잡하게 만들다.
ju[1] *adv*. 물론, 너도 알다시피, 틀림없이; varför hör du inte på? – ja, men jag gör ~ det! 왜 듣고 있지 않지? –무슨 말씀이세요, 제가 듣고 있는 것 아시잖아요.
ju[2] *konj*. ~ … dess(desto) …, … 하면 할수록 …하다; ~ förr dess(desto) bättre 빠르면 빠를수록 좋다.
jubel *jublet 0* 열광, 환희; 환호; då brast jublet lös 그 때 환호가 터졌다.
jubeldoktor ~n ~er 박사학위 취득

J

후 50년이 된 사람에게 주는 칭호.
jubelidiot *~en ~er* 어리석기 짝이 없는 바보.
jubilar *~en ~er* 기념일을 맞는 사람, 당사자.
jubilera *~r ~de ~t itr.* …를 기념하다, …에 대한 기념으로 연회를 베풀다.
jubile | um *-et -er* 기념일, 기념제.
jubla *~r ~de ~t itr.* 환호하다, 열광하다.
judaskyss *~en ~ar* 유다의 입맞춤; 거짓된 우정의 표시.
jud | e *-en -ar* 유태인.
judendom *~en 0* 유태교; 유태교주의; 유태식.
judiciẹll *a.* 사법의; 재판의; 재판관의.
judinn | a *-an -or* 유태인 여자.
judisk *a.* 유태의, 유태교의, 유태인의.
judo *~n 0* 【스포츠】 유도.
jugoslạv *~en ~er* 유고슬라비아 사람 (남자).
Jugoslạvien 【국명】 유고슬라비아.
jugoslạvisk *a.* 유고슬라비아의; 유고슬라비아 사람의.
jugoslạvisk | a *-an -or* 유고슬라비아 여자.
juice [jɷ:s] *~n ~r* 주스.
jul *~en ~ar* 크리스마스, 성탄; i ~ 금년 성탄에; i ~as 작년 성탄에; på ~en 매년 성탄에 (일반적 의미).
jula *~r ~de ~t itr.* 성탄절을 보내다.
jul | afton *-aftonen -aftnar* 크리스마스 이브.
juldag *~en ~ar* ① *~[en]* 성탄일 ② ~arna 성탄절 휴일.
julgran *~en ~ar* 크리스마스 트리.
julgransplundring *~en ~ar* 크리스마스가 지난 뒤 크리스마스 트리의 장식물을 치우고 버리는 아이들의 잔치.
juli (불변화 en-명사) 칠월(七月).
julklapp *~en ~ar* 크리스마스 선물.
julkort *~et ~* 크리스마스 카드.
julle ☞ jolle.
julott | a *-an -or* 성탄일 아침 일찍이 드리는 예배.
julros *~en ~or* 성탄꽃, 크리스마스 로즈 (크리스마스 무렵 청백색 꽃이 피는 미나리아제비과의 식물).
julstjärn | a *-an -or* ① *~n* 세 사람의 목자를 베들레헴으로 인도한 별 ② 크리스마스 트리의 꼭대기에 붙이는 별 ③ 포인세티아 (멕시코 원산의 관상용 식물).
julstök *~et 0* 성탄절 준비.
julsång *~en ~er* 크리스마스 축가.
jultomt | e *-en -ar* 산타클로스 (할아버지).
jumbo *~n 0* 꼴찌; komma ~ 꼴찌로 들어오다 (경주에서).
jumpa[1] *~n 0* 【은어】 체육.
jumpa[2] *~r ~de ~t itr.* 한 부빙(浮氷)에서 다른 부빙 위로 건너뛰다.
jum | per *-ern -rar* 풀오버식 스웨터.
jungfru *~n ~r* ① 처녀, 동정녀 Jungfru Maria 성모마리아 ② 하녀 ③ 큰 망치, 나무메, 절굿공이, 달구 ④ 【항해】 3구멍 도르래 (활차).
jungfrudom *~en 0* 처녀성, 순결.
jungfruföds | el *-eln -lar* 【생물】 단위생식, 처녀생식.
jungfru | kammare *-kammar[e]n, -kamrar/~* 하녀 방.

J

jungfrulig *a*. 순결한, 더렵혀지지 않은; 소녀의, 처녀의; 처음의, 첫 무대의.

jungfrures|a *-an -or* 첫 번째 여행, 처녀비행, 처녀항해.

jungfrutal *~et ~* 처녀연설.

jung|man *-mannen -män* 상선의 최하급 선원 (갑판에서 일하는).

juni (불변화 en-명사) 유월, 6월.

junior[1] *a*. 나이어린, 손아래의 (특히 두 형제 중의 동생, 성명이 같은 부자간의 아들을 가리켜 성명 다음에 붙이는 명칭); Frans Malmros ~ 프란스 말름로스 2세.

junior[2] [-o̦:r] *~en ~er* 하위자, 후진자, 후배.

junk|er *-ern -rar* 귀족이나 지주에 대한 칭호.

junọnisk *a*. (여성이) 기품 있는, 의젓한.

junt|a *-an -or* (쿠데타 직후 정권을 장악하는) 군사정부.

juraperioden 【지질】 쥐라기(紀).

juridịk *~en 0* 법학, 법리학.

jurịdisk *a*. 사법상의, 법률[상]의; 법학상의; 법리학상의; ~ person 법인.

juris *a*. ~ doktor 법학박사; ~ kandidat (jur. kand.) 법학사.

jurisdiktion *~en 0* 사법권, 재판권; 사법권이 미치는 범위, 사법 관할지역.

jurịst *~en ~er* ① 법[리]학자, 법률에 정통한 사람 ② 법학생.

jury *~n ~er* 배심원 [전원], 심사원.

jus *~en 0* ☞ sky[2].

just[1] *adv*. 지금 막, 방금; 바로, 정말로, 틀림없이, 정확히; jag har ~ kommit 나는 방금 왔다; ~ där[i] ligger svårigheten 바로 거기에 어려움이 있다; det var ~ trevligt 정말 즐거웠다 (비꼬듯이); det kan göra ~ detsamma 아무 상관(차이)없어, 마찬가지야.

juste[2] [ʃyst] Ⅰ. *a*. 공평한, 공정한, 정직한; 올바른 Ⅱ. *adv*. 공평하게, 공정하게; 올바르게; spela ~ 공명정대하게 승부하다.

justera [ʃy-/ʃu-] *~r ~de ~t tr*. ① 교정하다, 바로잡다; 조절하다 ② 【스포츠】 …에게 부상을 입히다.

justerbar *a*. 교정(조절)할 수 있는.

justering *~en ~ar* ① 교정, 조절, 수정 ② 【스포츠】 부상.

justerings|man *-mannen -män* 의사록의 교정임무를 맡은 사람.

justịtiedepartement [-tị:tsie-] *~et ~* 법무부, 법무성.

justitiekansler *~n 0* 검찰총장.

justitiemisist|er *-ern -rar* 법무부장관.

justitiemord *~et ~* 사법살인 (부당하다고 생각되는 사형선고); 오판(誤判).

justitieombuds|man *-mannen -män* 사법옴부즈맨 (공무원의 집무실태를 감독하도록 의회의 지명을 받은 사법대리인, JO).

justitieråd *~et ~* 대법원 판사.

jute *~n/~t, 0* 【식물】 황마(黃麻), 그 섬유.

juvẹl *~en ~er* 보석, 보옥, 귀금속.

juvelerar|e *-[e]n ~* 보석상, 귀금속상, 보석세공인.

juv|er *-ret ~* (포유동물의) 유방.

jyck|e *-en -ar* (일상적 비어) 개.

jympa *~r ~de ~t itr*. ☞ gympa.

jägar|e –[e]n ~ 사냥꾼, 수렵가.

jägmästar|e –[e]n ~ 삼림관(森林官).

jäk|el –eln –lar 악마; –lar! 빌어먹을! 젠장! (djävlar보다 강도가 약한 욕).

jäkelskap ~et/~en, ~, göra ngt på rent ~ 고의로 …를 하다.

jäkla[1] (불변화형용사) 지긋지긋한, 빌어먹을.

jäkla[2] adv. 지긋지긋하게, 빌어먹게.

jäkla|s –s –des –ts itr. dep, ~ med ngn …에게 시비를 걸다, …에게 귀찮게 굴다.

jäklig a. 빌어먹을, 천벌을 받을, 지긋지긋한.

jäkt ~et 0 바쁨, 분주[함], 분망; storstadens ~ 대도시의 분주함.

jäkta ~r ~de ~t Ⅰ. itr. 서두르다; vi måste ~ för att komma i tid 제시간에 가려면 서둘러야 한다 Ⅱ. tr. …를 서두르게 하다, 재촉하다, …를 황급하게 하다; ~ mig inte! 재촉하지 마!

jäktad a. 일에 치인; 시간에 쫓기는, 틈이 없는.

jäktig a. 매우 바쁜, 황급한, 분주한.

jämbred ☞ jämnbred.

jämbredd, i ~ med …의 바로 옆에, …과 같은 수준에서.

jämbördig a. ① 동등한, 비슷한; utan ~ medtävlare 경쟁이 될 만한 선수가 없이 ② 비슷한 태생의, 동등한 가문의.

jämfota adv, hoppa ~ 두 발로 뛰다.

jämför|a – –de –t tr. 비교하다; ~ med a) …과 비교하다 b) …에 비유하다; –t med (om man jämför med) …과 비교하여.

jämförbar a. 비교할 수 있는, 비길 만한.

jämförelse ~n ~r 비교; dra upp en ~ mellan A och B, A와 B를 비교하다.

jämförelsevis adv. 비교적, 비교 상.

jämförlig a. 비교할 만한, 비교할 수 있는.

jämgammal a. 동갑의.

jämka ~r ~de ~t tr. itr. ① ~ [på] [약간] 자리를 이동하다, 비키다; ~ på 조정하다; ~ på stolen 의자를 조금 비키다; ~ ngt till rätta …를 옮겨 바르게 하다 ② (비유적) a) 고치다, 수정하다, 교정하다, 조정하다; ~ på sina åsikter 자신의 견해를 고치다 b) (금액을) 빼다, 공제하다 c) 중재하다; ~ mellan två parter 두 당사자들 사이를 중재하다.

jämkning ~en ~ar 수정, 교정, 조정; ~ av skatt 세액 조정 (일년 총 예상 수입을 계산하여 임시과세액을 감해 주는 세제의 하나).

jämlik a. 평등한.

jämlik|e –en –ar (능력, 사회적 지위 등에서) 동등한 사람.

jämlikhet ~n 0 평등.

jämlikt prep. …에 준해서.

jämmer ~n 0 탄식, 비탄.

jämmerdal ~en ~ar 탄식의 골짜기 (죽지 못해 사는 세상이라는 뜻).

jämmerlig a. ① 비참한 ② 비통해하는, 탄식의.

jämn [jɛmn] a. ① 평평한(표면), 평탄한 ② 고른, 규칙적인; 한결같은, 단조로운, 대등한; ~a andetag 고른 숨결; en ~ kamp 대등한 전투(시합);

ett ~t klimat 고른 기후; med ~a mellanrum 일정한 간격을 두고 ③ (수량, 거리, 높이 따위의) 똑같은, 균등한, 동일한; 짝수의, 꼭 …의; 우수리 없는; ~a par 동일한 수의 남 · 녀; ha ~a pengar 과부족이 없는 (우수리 없는) 돈, 딱 맞는 돈; en ~ summa 개산(概算)액; i ~a tusental (꼭 떨어지는) 천단위로; det är ~t 거스름돈은 필요 없습니다.

jämna *~r ~de ~t tr*. 평평하게 하다; ~ vägen för …를 위해 길을 다지다; ~ med marken 초토화시키다; ~ av summan 합을 반올림하다; det ~r ut sig (서로) 고르게 되다, 엇비슷하게 되다.

jämnan (불변화명사) för ~ 항상, 영원히.

jäm[n]bred *a*. 넓이가 같은.

jämnhöjd, i ~ med …과 같은 높이에서, …과 같은 수준에서.

jämnmod *~et 0* 평정, 침착, 차분함.

jämnstruken *a*. 평범한; (성적) 전반적으로 열등한.

jämnt *adv*. ① 균등히; dela ~ 똑같이 나누다 ② 꼭, 딱, 정확히; det är ~ fjorton dar sen 정확히 14일째다; vi undgick nätt och ~ att … 우리는 가까스로 …하는 것을 모면했다 ③ (성질이) 한결같이 ④ 우수리(과부족) 없이; 9 delas ~ med 3, 9는 3으로 꼭 나누어떨어진다.

jämnårig *a*. 동갑[내기]의; han och jag är ~a 그와 나는 동갑내기다.

JÄMO ☞ **jämställdhetsombuds|man**.

jämra *rfl*. 흐느끼다, 비탄하다, 울부짖다; 신음하다; (고통 · 병의 용태 등을) 호소하다.

jäms *adv*. ~ med (efter) a) …과 같은 수준(높이)에서 b) …를 따라서.

jämsides *adv*. 나란히, 동시에; ~ med …과 나란히 (동시에).

jämspelt *a*. 대등한 시합을 벌인.

jämställ|a *-er -de -t tr*. 동등하게 배치하다, 비견시키다; som författare kan han -as med Strindberg 작가로서 그는 스트린드베리에 비견될 수 있다.

jämställdhetsombuds|man -mannen -män 남녀평등 옴부즈맨.

jämt *adv*. 항상, 언제나, ~ och ständigt 항상, 끊임없이.

jämte *prep*. …과 함께, …외에도; …를 포함하여, …를 위시하여; kungaparet ~ uppvaktning 국왕부처와 그 수행원들.

jämvikt *~en 0* 균형, 평형; 평정, 차분함; bringa ngn ur ~[en] …의 평정을 흩뜨리다.

jämväl *adv*. 마찬가지로; 역시.

jänt|a *-an -or* 소녀, 아가씨.

järn [jæːɳ] *~et~* ① 철 (화학기호 Fe) ② 철제기구, 철기 ③ 【의학】 철제(鐵劑) ④ 수갑, 쇠고랑 ⑤ 【고어】 검(劍); ha [för] många ~ i elden 한꺼번에 [너무] 많은 일에 손을 대다.

järnaffär *~en ~er* 철물점.

järnbrist *~en ~er* 【의학】 철분 결핍.

järnbruk *~et ~* 철공소, 제철소.

järnek *~en ~ar* 【식물】 호랑가시나무.

järngrepp *~et ~* 세게 움켜 쥠, 꼭 잡음; fasan höll henne i sitt ~ 두려움이 그녀를 완전히 사로잡았다.

järnhaltig *a*. 철을 함유하고 있는.

järn|hand *-handen -händer*, styra med ~ 엄하게 (혹독하게) 지배하다,

사정없이 다루다.
järnhandlar|e −[*e*]*n* ~ 철물상.
järnhård [jæːn̩hoːd] *a.* 쇠 같은, 굳센, (쇠처럼) 강한, 단단한; en ~ vilja 굳은 의지.
järnhälsa ~*n 0* 강건함, 강골.
järnklubb|a −*an* −*or* 쇠머리 달린 골프채, 아이언.
järnnätter (복수명사) (늦봄이나 이른 가을에) 갑자기 밤에 서리가 내리는 시기.
järnridå ~*n* ~*er* (극장의) 방화 막; 철의 장막.
järnvilj|a −*an* −*or* 굳센 의지.
järnväg ~*en* ~*ar* 철로, 철도; vara [anställd] vid ~en 철도청에 근무하다; möta ngn vid ~en 역에서 …를 만나다.
järnvägsknut ~*en* ~*ar* (철도의) 접속점, 갈아타는 점.
järnvägslinje ~*n* ~*r* 열차노선.
järnvägsstation ~*en* ~*er* [기차]역.
järnåldern (정형 명사) 철기시대.
järteck|en −*net* ~ 전조, 조짐, 징조.
järv ~*en* ~*ar* (족제비 과에 속하는 미국산의) 오소리.
jäs|a −*er* −*te* −*t itr.* 발효하다, 격동(동요)하다; det −te i sinnena 사람들의 마음은 흥분되었다.
jäsning ~*en* ~*ar* 발효; bringa ngn till ~ …를 흥분(자극) 시키다.
jäst ~*en 0* 이스트, 효모, 누룩.
jätte[1] (불변화형용사) 몹시 좋은, 멋진, 훌륭한.
jätte[2] ~*n jättar* 거인; 거장.
jättegryt|a −*an* −*or* 【지질】 구혈(甌穴).
jättelik *a.* 거인의, 거대한, 대규모의, 어마어마한.
jätteödl|a −*an* −*or* 공룡.
jävel ☞ **djävel**.
jävla *a.* ☞ **djävla/jävla**.
jökel ~*n jöklar* 빙하.
jöss|e −*en* −*ar* 산토끼 (사냥꾼들이 우스갯소리로 산토끼(hare)를 지칭할 때 사용하는 단어).
jösses/jössus *itj.* 저런! 어쩌나! 맙소사!; ~ vad skall jag nu göra? 맙소사! 나보고 어쩌란 말이냐?

J

k [koː] *k–[e]t k[–n]* 스웨덴어 알파벳의 11번째 글자.

kabaré *~n ~er* (노래, 시, 댄스를 곁들인) 카바레 쇼, 또는 이런 쇼를 하는 곳.

kabbelek/kabbelök *~en ~ar*/**kabbelek|a** *–an –or* 【식물】 눈이나물 종류.

kabel *~n kablar* ① 굵은 전선, 케이블 ② 배 매는(끄는) 밧줄.

kạbeljo *~n 0* 말린 대구(魚).

kabel-TV 유선 텔레비전(CATV).

kabịn *~en ~er* (항공기의) 조종실, 여객실; (배의) 선실.

kabinétt *~et ~* ① 작은 방, 회의실, (미술품 따위의) 진열장 ② 내각 ③ 【고어】 공중변소.

kabinettsfråg|a *–an –or* (의회에서) 정부의 신임 여부를 묻는 정치적 문제; ställa ~ 신임투표를 요구하다.

kabinettssekreterar|e *–[e]n ~* 외부차관.

kabla *~r ~de ~t tr. itr.* 해외 전보를 치다.

kabỵss *~en ~er*/**byss|a** *–an –or* (배 안의) 요리실, 취사장.

kackalọrum *~et 0* 소음, 큰 소동.

kackerlack|a *–an –or* 바퀴벌레.

kackla *~r ~de ~t itr.* (암탉 따위가) 꼬꼬하고 울다.

kadạv|er *–ret ~* (짐승의) 시체, (경멸적) 사람의 시체.

kadaverdisciplin *~en ~er* 맹목적인 복종을 요구하는 기율.

kadaverlydnad *~en 0* 무조건 복종.

kadens [–ẹns/–aŋs] *~en ~er* ① (말의) 리듬; 억양; (목소리의) 하강조 ② 【음악】 카덴차 (특히 협주곡에서 악장의 끝 부분에 삽입된 화려한 독주 부분).

kad|er *–ern, –rar/–rer* 【군대】 (집합적) 간부(진), 기간요원; (공산당, 노조의) 간부, 요원.

kadẹtt *~en ~er* 사관생도.

kadettfartyg *~et ~* 해군 사관생도의 훈련용 군함.

kạdmi|um *~[et]/–et, 0* 【화학】 카드뮴 (청색을 띤 은백색의 푸른 금속; 원자기호 Cd).

kadrịlj *~en ~er* 캬드릴 (남녀 4쌍이 추는 일종의 스퀘어 댄스, 1800년대 초기 유행).

kafé/café *~et ~er* ① 커피 집 ② 간이식당.

kafetẹria ☞ cafeteria.

kaffe *~t 0* 커피; två ~! 커피 두 잔

주세요; ~ med grädde 크림을 탄 커피.
kaffebryggar | e –[*e*]*n* ~ 여과기가 달린 커피 끓이개.
kaffebröd ~*et 0* 커피에 곁들이는 빵, 과자.
kaffegrädde ~*n 0* 커피 크림.
kaffekann | a –*an* –*or* 커피 주전자.
kafferast ~*en* ~*er* 커피시간, 작업 중의 휴식시간.
kafferep ~*et* ~ (여성들의) 간단한 커피 모임.
kaffesugen *a*. 커피가 마시고 싶은.
kaftạn ~*en* ~*er* 카프탄 (근동지역에서 착용하는 긴 소매와 띠가 있는 긴 의복); 긴 신부(神父)복.
kagg | e –*en* –*ar* 작은 나무통.
kainsmärke ~*t 0* 악의 표시 (카인의 표시).
kaj ~*en* ~*er* 부두, 선창.
kạj | a –*an* –*or* 갈가마귀.
kajạk ~*en* ~*er* 카약 (에스키모인의 수렵용 작은 가죽배).
kajẹnnpeppar ~*n 0* 고춧가루.
kajka ~*r* ~*de* ~*t itr*. 목적 없이 배를 띄우다, 노를 젓다.
kajụt | a –*an* –*or* (범선의) 선장실.
kak | a –*an* –*or* ① 쿠키, (납작하고 얇게 구운) 딱딱한 빵 ②【정보통신】쿠키 (웹 서버가 웹 브라우저에 보내어 저장했다가 서버의 부가적인 요청이 있을 때 다시 서버로 보내 주는 문자열 정보. 예를 들면, 어떤 사용자가 특정 웹 사이트에 접속한 후 그 사이트 내에서 어떤 정보를 보았는지 등에 관한 기록을 남겨 놓았다가, 다음에 접속했을 때 그것을 읽어 이전의 상태를 유지하면서 검색할 수 있게 하는 역할을 한다).
kakadụ | a –*an* –*or* 도가머리가 있는 앵무새의 총칭.
kạkao ~*n 0* 카카오 나무 (열대 지방산의 작은 상록수로 씨는 코코아 및 초콜릿의 원료로 쓰임).
kak | el –*let*/–*eln*, ~ (마루, 벽 따위의) 타일.
kakelugn ~*en* ~*ar* 타일을 입힌 벽난로.
kạki ~*n 0* ① 카키색 ② 카키색 옷감.
kaktus ~*en* ~*ar* 선인장.
kal *a*. (산등성이가) 벌거벗은, 드러낸, 나체의, (나뭇잎, 머리카락이) 없는.
kalabalịk ~*en* ~*er* 큰 소동, 소란, 떠들썩함.
kalabass ☞ kalebass.
kalamitẹt ~*en* ~*er* 불운, 재난.
kalạs ~*et* ~ (조촐한) 잔치, 초대; födelsedagskalas 생일잔치; ha stort ~ 큰 잔치를 베풀다.
kalasa ~*r* ~*de* ~*t itr*. 잔치를 벌이다, 잘 먹다.
kalaskul | a –*an* –*or* 올챙이 배, 장구통배.
kalasmat ~*en 0* (특별히) 맛있는 음식.
kalci | um –*um*[*et*]/–*et*, *0*【화학】칼슘 (원자기호 Ca).
kalebass ~*en* ~*er* 호리병박 제품 (공, 파이프, 술병 따위).
kalejdoskọp ~*et* ~ 만화경(萬華鏡).
kalejdoskọpisk *a*. 만화경의(같은), 변화무쌍한.
kalẹnd | er –*ern* –*rar* ① 달력, 역법 ② 역, 역서(曆書) ③ 연감.
kalenderbitar | e –[*e*]*n* ~ 달력이나

연감을 들추기 좋아하는 사람.

kalendermånad *~en ~er* 역월(曆月) (1월, 2월 따위).

kalenderår *~et ~* 일 년 기간(1월1일부터 12월 31일).

kalfaktor *~n ~er* (장교의) 당번병.

kalfatra [kal-/-fa-] *~r ~de ~t tr.* ① (배의 널판 틈에 뱃밥 따위를 채워 넣어) 물이 새지 않게 하다 ② 호되게 비판하다.

kalfjäll *~et ~* 산림지역이 끝난 산악지대.

kal|hugga *-hugger -högg -huggit tr.* (나무를 베어) 숲을 개척하다.

kalhygge *~t ~n* (나무를 베어낸) 개척지.

kali *~t 0* (비료로 쓰이는) 나뭇재, 【화학】 가성 칼리.

kalib|er *-ern, -rar/-rer* (원통형 물건의) 직경, (총포의) 구경(口徑); 인품, (사물의) 품질.

kalif *~en ~er* 칼리프 (마호메트 후계자로서의 회교국가의 교주 겸 국왕 (Sultan)의 칭호).

Kalifornien 캘리포니아(California).

kali|um *~[et]/-et, 0* 【화학】 포타슘, 칼륨 (금속원소 K).

kalk Ⅰ. *~en ~ar* ① 굽이 있는 잔, 술잔 ② 【식물】 화피(花被) Ⅱ. *~en 0* 석회, 석회석, 석회암.

kalka *~r ~de ~t tr.* ① …에 백색도료를 칠하다, 회반죽을 바르다 ② (토양 따위에) 석회를 뿌리다.

kalkbrott *~et ~* 석회암 채석장.

kalkera *~r ~de ~t tr.* (선, 윤곽을 따라) 그리다, 투사(透寫)하다, 베끼다.

kalkon *~en 0* 칠면조.

kalksten *~en 0* 석회석.

kalkyl [-ky:l] *~en ~er* 계산, 비용산출.

kalkylator *~n ~er* 작은 전자계산기 (포켓용).

kalkylera *~r ~de ~t tr. itr.* 계산하다; det har jag inte ~t med 나는 그것을 계산에 넣지 않았다.

kall[1] *a.* ① 추운, 찬; han är ~ om fötterna 그는 발이 시리다 ② 냉정한, 무감각한; det ~a kriget 냉전; hålla huvudet ~t 냉정을 유지하다.

kall[2] *~et ~* 직업; 인생, 종교상의 사명; 천직, 소명.

kall|a[1] *-an -or* 【식물】 토란의 일종, 칼라.

kalla[2] *~r ~de ~t* Ⅰ. *tr.* 부르다; ~ ngn [för] lögnare …를 거짓말쟁이라고 부르다; ~ saken vid dess rätta namn 솔직히 말하다, 까놓고 말하다 Ⅱ. *tr. itr.* 불러오다, 소집하다; ~ på en taxi 택시를 부르다; ~ ngn till ledare för …를 지도자로 지명하다; ~ hem 소환하다; ~ in 소집하다, 징집하다; ~ in ngn som vittne …를 증인으로 소환하다.

kallbad *~et ~* 냉수목욕.

kallblodig *a.* ① 【동물】 냉혈의 ② 무감동의, 무정한; ~t mord 잔인한 살인.

kallbrand *~en 0* 【병리】 회저(壞疽), 탈저(脫疽).

kalldusch *~en ~ar* 냉수샤워; 냉수세례, 물벼락.

Kalle Anka (만화에 등장하는 오리 이름) 도날드 덕 (Donald Duck).

kallelse *~n ~r* ① (회의, 소집) 통보, 알림; ~ till sammanträde 회의 참석

K

통보 ② 사명, 천직; känna ~ för ngt …에 대한 사명감을 느끼다.

kallfront *~en ~er* 【기상】 한랭전선.

kallhamrad *a.* 무정한, 비정한.

kallhyr|a *-an -or* 난방과 온수 사용료를 뺀 방세.

kalligrafi *~n 0* 서예.

kalljord *~en 0*, odla på ~ 야외(옥외) 재배를 하다.

kallna *~r ~de ~t itr.* 추워지다, 차가워지다.

kallprata *~r ~de ~t itr.* 실속 없는 이야기를 하다, 잡담하다.

kallsinnig *a.* 냉담한, 무감동의.

kallskuren/kallskuret *a.* (흔히 명사화 하여) 냉육(冷肉)요리.

kallskänk|a *-an -or* 냉 요리부의 여반장.

kallsup *~en ~ar* (수영할 때 실수로 삼킨) 물 한 모금.

kallsvett *~en 0* 식은 땀 (겁에 질린).

kalmuck *~en ~er* 칼무크 인 (중국 서부에서 볼가 강 하류의 지역에 걸쳐 사는 유목 몽고족).

kalops [-lɔps] *~en 0* 양념이 강한 스웨덴식 쇠고기 스튜 요리.

kalori *~n ~er* 【물리】 칼로리 (열량의 단위).

kalott [-lɔt] *~en ~er* 스컬캡 (비단, 빌로드 따위로 만든 테두리 없는 실내 모자).

kalsonger [-ɔŋer] (복수명사) (남성용) 팬츠; stå i bara ~na 팬츠 바람으로 서 있다.

kalufs *~en 0*/**kaluv** *~en 0* 앞머리; ta ngn i ~en …의 머리채를 잡다.

kalv *~en ~ar* ① 송아지 ② (식용의) 송아지 고기.

kalva *~r ~de ~t itr.* (소 따위가) 새끼를 낳다; (빙하 따위가) 얼음덩이를 쏟아내다, 토하다.

kalvinism *~en 0* 【신학】 칼빈주의, 칼빈교.

kalvinist *~en ~er* 칼빈신도, 칼빈주의자.

kam *~men ~mar* 빗; (닭 따위의) 볏; 산등성이; (지붕의) 종마루; skära (dra) alla över en ~ 모든 사람을 어림짐작으로 똑같이 다루다.

kamax|el *-eln -lar* 【기계】 캠축(軸).

Kambodja 캄보디아.

kambodjan/kambodjansk *a.* 캄보디아의.

kamé *~n ~er* 카메오 세공 (보석 따위의 돌을 새김).

kamel *~en ~er* 낙타.

kameleont *~en ~er* 카멜레온 (주위의 색깔에 따라 몸의 빛깔을 바꾸는 도마뱀); 변덕스러운 사람.

kamelhår *~et 0* 낙타털 (피륙, 붓, 담요 따위에 사용).

kameli|a *-an -or* 동백꽃, 동백나무.

kamer|a [kɑ:mera] *-an -or* 카메라, 사진기.

kameral *a.* 재정상의, 재무의, 회계의.

Kamerun 카메룬 (서아프리카 나이지리아 동쪽에 위치한 나라).

kamerunsk *a.* 카메룬의.

kamfer *~n 0* 【화학, 약학】 장뇌(樟腦).

kamgarn *~et 0* 털실, 소모사(流毛絲).

kamin *~en ~er* (벽)난로.

kamma *~r ~de ~t tr.* (머리, 털을) 빗다, 빗질하다; ~ sig (håret) 머리를

K

빗다; ~ bena 머리를 가르다; ~ noll 실수하다, 실패하다; ~ tillbaka håret 머리를 빗어 넘기다.

kammar|e -[*e*]*n kamrar* ① 방(房), 【역사】 första (andra) ~en (의회의) 1원 (2원) ② (동물의) 강(腔), (심장의) 심실(心室).

kammarherr|e -*en* -*ar* 시종(侍從), 궁중의 고관.

kammarjungfru ~*n* ~*r* (귀부인의) 시녀, 몸종.

kammarlärd *a.* en ~ 책에서 얻은 지식은 많으나 실제 경험이 부족한 사람.

kammarmusik ~*en 0* 실내악.

kammarrätt ~*en* ~*er* (세금, 사회 보장비 관련 상소를 취급하는) 행정 재판소.

kammarspel ~*et* ~ 실내극.

kamomịll ~*en* ~*er* 카밀레 (유럽산 국화과의 약용식물).

kamouflage/camouflage [-mɷflɑ:ʃ] ~*t 0* 위장, 변장.

kamouflera/camouflera ~*r* ~*de* ~*t tr.* 【군사】 위장하다, 변장하다.

kamp Ⅰ. ~*en* ~*er* 전투, 투쟁, 싸움; ~en om makten 권력투쟁; ~en för tillvaron 생존경쟁; ~en mot skjukom och nöd 질병 및 빈곤 퇴치; ~en på liv och död 사활(死活)을 건 투쟁 Ⅱ. ~*en* ~*ar* 야윈 말, 노쇠한 말(馬).

kampa ~*r* ~*de* ~*t* ☞ **campa**.

kampạnj ~*en* ~*er* (특별한 목적을 위한) 운동, 경쟁; 정치(선거) 운동.

kampar|e -[*e*]*n* ~ 캠핑하는 사람.

kampẹra ~*r* ~*de* ~*t itr.* 야영하다, 캠프를 치다, 천막을 치다; ~ ihop 함께 살다, 지내다.

kamping ~*en 0* ☞ **camping**.

Kampuchea 캄푸치아 (캄보디아의 구칭).

kampuchean [-tɕeạn] ~*en* ~*er* 캄보디아인.

kamrạt ~*en* ~*er* 동지, 동료.

kamratlig *a.* 친구다운, 우정 있는, 다정한; ett ~t råd 우정의 충고; ~t umgänge 격의 없는 교제; vara ~ mot …와 아주 친하다.

kamratskap ~*et 0* 동료사이, 동지애, 우애.

kamrẹr ~[*e*]*n* ~*er* 회계과장, 경리국장.

kan ☞ **kunna**.

kan|a -*an* -*or* 좁은 (경사진) 얼음판; åka ~ 미끄럼을 타다.

kanadensar|e -[*e*]*n* ~ 캐나다 사람; (배) 카누의 일종.

kanadẹnsisk *a.* 캐나다의.

kanadẹnsisk|a -*an* -*or* 캐나다 여자.

kanạl ~*en* ~*er* ① 운하, 수로, 해협; Engelska ~en 영국 해협 ② (라디오, 텔레비전) 채널, 주파수대(帶); (보도 따위의) 경로, 통로.

kanalisera ~*r* ~*de* ~*t tr.* …에 방향을 잡아주다, (어떤 방향으로) …을 돌리다, …에 배출구를 만들어 주다.

kanạlje ~*n* ~*r* 악당, 불량배.

kanariefåg|el -*eln* -*lar* 【새】 카나리아.

Kanarieöarna (복수명사) 카나리아 제도(諸島) (아프리카 서북 해안에 위치한 스페인령의 섬).

kancer ☞ **cancer**.

kandelạb|er -*ern* -*rar* (장식이 달린) 큰 촛대.

kanderad *a.* 설탕에 절인.

kandidat *~en ~er* ① 지망자, 후보자. ② 대학 학부 졸업자에 대한 칭호; kandidatexamen 학사학위; filosofie ~ 문학사(文學史); medicine ~ 의학사; (이전에는) 학부학생에 대한 칭호로도 사용되었음.

kandidera *~r ~de ~t itr.* 후보로 나서다, 출마하다 (till).

kandisock|er *~ret 0* 얼음사탕.

kanel *~en 0* 육계(肉桂, 향료로 쓰임), 계피.

kanfas ☞ **kanvas**.

kanhända *adv.* 아마도, 어쩌면, 혹시나 (kanske).

kanin *~en ~er* 집토끼.

kanist|er *–ern –rar* 깡통, 작은 상자.

kanjon *~en ~er* (북미의) 협곡.

kann|a *–an –or* ① (커피) 주전자, 냄비, 병 ② 옛 용적 단위 (약 2.5리터).

kannibal *~en ~er* 식인종.

kannibalism *~en 0* 동족끼리 잡아먹기, 식인풍습.

kannstöp|a *~er ~te ~t itr.* 전문지식 없이 정치에 대해 말하다.

kannstöperi *~et ~er* 정치에 대한 잡다한 이야기.

kanon[1] *~en/~, ~er/~* ① 교회법, 계율 ② 【음악】 윤창.

kanon[2] *~en ~er* ① 대포 ② 급속히 출세한 사람; de stora ~erna 거물들, 높은 양반들.

kanonad *~en ~er* 연속 포격.

kanonbåt *~en ~ar* 【해군】 포함(砲艦).

kanonisera *~r ~de ~t tr.* 【기독교】 …을 시성(諡聖)하다, 성자의 반열에 올리다.

kanonisk [–no:nisk] *a.* 교회법에 따른, 정전(正典)의, 성전(聖典)의.

kanot *~en ~er* 카누, 통나무배.

kanota *~r ~de ~t itr.* 카누를 젓다, 카누를 타다.

kanotist *~en ~er* 카누 젓는 사람.

kanske *adv.* 아마도, 어쩌면; jag ~ träffar honom i kväll 오늘 저녁 어쩌면 그이를 만날거야; ~ vi skulle gå ut? 우리 외출하는 게 어떨까?(제안); du vill ~ ha litet te 차 한 잔 하겠어?; ni ~ inte har något emot att jag öppnar fönstret? 창문을 열어도 괜찮겠지요?

kansler *~n ~er* 고위관직; justitiekansler 검찰총장; universitetskansler 전국대학사무총장 (우리나라는 교육부 대학교육국장이 업무 를 수행함).

kansli *~[e]t, ~er/~n* 관청의 문서과.

kanslihuset (정형명사) 내각청사.

kanslIråd *~et ~* 정부 부서(部署)의 국장.

kanslisekreterar|e *–[e]n ~* 서기관보.

kanslispråk *~et 0* 관공서 문체, 관청용어.

kanslistil *~en 0* ☞ **kanslispråk**.

kanslisvenska *~n 0* 관공서체 스웨덴어.

kant *~en ~er* ① 가장자리, 변두리, 끝 모서리; i ~en 가장자리에; ställa på ~ 물건을 모로 놓다 ② på den här ~en 이 지역에는; hålla sig på sin ~에서 떨어져 있다, …에 가담하지 않고 있다; komma på ~ med ngn …와 사이가 나쁘다, 싸우다.

kanta *~r ~de ~t itr.* ① 가장자리를 매끄럽게 하다 ② 가장자리에 테를 두르다 ③ …을 따라 늘어서다; gatan var ~d av folk 사람들이 도로가에

K

늘어 서 있었다.

kantarell *~en ~er* 버섯의 일종, (프랑스 요리에 쓰이는) 살구버섯.

kantat *~en ~er* 【음악】 칸타타 (독창, 중창, 합창 따위로 이루어진 서정적 가극풍의 성악곡).

kantig *a.* 모가 난; 어색한, 경직된, 무뚝뚝한.

kanton [-tɔ:n/-to:n] *~en ~er* (스위스 연방의) 주(州).

kantor *~n ~er* 성가대 합창 지휘자.

kantra *~r ~de ~t itr.* ① (배가) 뒤집히다, 전복하다 ② (바람, 강물) 방향을 바꾸다.

kantstött *a.* (사기그릇이) 약간 이가 빠진.

kanvas/canvas *~en 0* 돛베, 삼베, 범포(帆布).

kanyl *~en ~er* 의학 캐뉼러, 배관(排管), 투관(套管, 환부에 꽂아 넣어 액체의 주입, 추출에 사용함).

kaolin *~et/~en, 0* 고령토.

kaos *~et 0* 혼돈, 대혼란, 무질서.

kaotisk *a.* 대혼란의, 무질서한.

kap Ⅰ. *~et ~* 곶, 갑(岬, 바다나 호숫가에 뾰족하게 내민 땅) (udde) Ⅱ. *~et ~* 포획물, 나포; ett gott (fint) ~ 풍성한 어획.

K

kapa [kɑ:pa] *~r ~de ~t tr.* ① (선박, 항공기 따위)를 납치하다, 강탈하다 ② 자르다, 잘라내다, 절단하다.

kapabel *a.* 역량이 있는, 유능한 (till).

kapacitet *~en ~er* ① 능력, 수용력, 역량 ② 유능한 사람, 수완가; en stor ~ 능력이 뛰어난 사람.

kapar|e *-[e]n ~* (배, 항공기) 납치범.

kapell *~et ~* ① (학교, 왕실 부속의) 예배소, 채플 ② 소규모 오케스트라 ③ (보트, 돛단배에 사용하는) 덮개.

kapellmästar|e *-[e]n ~* 【음악】 지휘자.

kapillär *~en ~er* 【해부】 모세혈관.

kapital[1] *a.* 완전한, 철저한, 엄청난; ett ~t misstag 엄청난 실수.

kapital[2] *~et ~* 자본, 자산.

kapitalisera *~r ~de ~t tr.* ① 이자를 자본금으로 계산하다 ② 연간 수입을 일시금으로 계산하다.

kapitalism *~en 0* 자본주의.

kapitalist *~en ~er* 자본가, 자본주의자; 부자.

kapitalistisk *a.* 자본의, 자본가의, 자본주의적인.

kapitalvaror (복수명사) 【경제】 자본재(財).

kapit|el *-let ~* (책, 논문 따위의) 장(章), 제목, 화제; 한 구획; ett [helt] annat ~, ett ~ för sig 전혀 다른 이야기; ett lyckligt ~ i hennes liv 그녀의 생애에서 행복했던 시절.

kapitulation *~en ~er,* 항복, 굴복; ~ utan villkor 무조건 항복.

kapitulera *~r ~de ~t itr.* 항복하다, 굴복하다; ~ för ngns charm …의 매력에 빠지다.

kapitäl[1] *~et/~en, ~/~er* 【건축】 기둥머리.

kapitäl[2] *~en ~er* 조그만 크기의 대문자.

kaplan *~en ~er* 교구목사의 보조역.

kapock/kapok *~en 0* 판야 (베개 따위에 넣는 솜).

kapp ☞ ikapp.

kapp|a *-an -or* ① (여성용) 코트, 외투, 긴 웃옷; vända ~n efter vinden

변절하다, 자기에게 유리하도록 입장을 바꾸다 ② (커튼의 쇠막대를 가리는) 장식 덮개.

kappa|s ~ *-des -ts itr. dep.* 경주하다, 경쟁하다 (om, om att …); ska vi ~! 우리 경주할까!; ~ med ngn …와 경주하다.

kapp|e *-en -ar* 스웨덴의 옛 도량형, 반펙 짜리 되(약 9리터).

kapplöpning *~en ~ar* 경주.

kapprak *a.* 똑바른, 곧추선.

kapprum *~met ~* (공공건물안의) 외투 보관실.

kapprustning *~en ~ar* 군비경쟁.

kappsegling *~en ~ar* 요트 경주, 범주(帆柱)경기.

kappsäck *~en ~ar* 큰 여행 가방, 이민 가방; bo i ~ 거처를 자주 옮기다.

kapriciös *a.* 변덕스런, 마음이 변하기 쉬운.

kaprifol [-fọ:l] *~en ~er*/**kaprifoli|um** *-en -er* 【식물】 인동덩굴.

kapris[1] *~en ~er* 변덕, 일시적 기분, 변덕스런 성질.

kapris[2] *~en 0* 백화채 나무 꽃봉오리를 말려서 만든 조미료.

kapsejsa *~r ~de ~t itr.* 뒤집히다, 전복하다.

kaps|el *-eln -lar* (약을 싸는) 교갑, 캡슐; (승무원, 화물을 적재한) 우주선의 한 구획 (칸).

kapsla *~r ~de ~t tr.* 싸다, 캡슐 속에 넣다.

kapson [-ọ:n], lägga ~ på ngn …의 입을 막다 (봉하다).

kapsyl *~en ~er* 병마개, 병뚜껑.

kapten *~en ~er* ① (육군) 대위, (해군) 대령 ② 함장, (비행기) 기장.

kapucin [kapəsị:n] *~en ~er*/**kapuciner** *~n ~* 【가톨릭】 카푸친회 수도사.

kapun *~en ~er* (식용의) 거세한 수탉.

kapuschong *~en ~er* 겉옷에 달린 두건 모양의 모자.

kaputt (불변화형용사) 부서진, 끝나버린.

kar *~et ~* 큰 통, (액체) 용기; bad~ 욕조(浴槽), 목욕통.

karaff *~en ~er* (물, 술을 담는) 식탁용 목이 긴 병.

karaffin *~en ~er* (식탁, 연단용의) 유리 물병.

karakterisera *~r ~de ~t tr.* …의 특성을 밝히다, …의 특성을 나타내다.

karakteristik *~en ~er* 특성의 기술, 묘사.

karakteristisk *a.* 특유의, 독특한 (för).

karaktär *~en ~er* 성격, 성질, 특징; (동식물의) 속성; hurdan är hans ~? 그의 성격은 어떠한가?; samtalet fick ~en av en diskussion 대화는 토론의 양상을 띠게 되었다.

karaktärsfast *a.* 성격이 강한.

karamell *~en ~er* 캐러멜(과자), 고아서 조린 설탕.

karantän *~en ~er* 검역, 검역소, (방역을 위한) 격리; ligga i ~ 검역 격리 중에 있다.

karat *~en/~et, ~* 캐럿 (보석의 중량 단위; 200mg); 18 ~s guld 18캐럿 금.

karate *~n 0* 일본의 격투기 운동 (가라테).

karavạn *~en ~er* (사막의) 대상(隊商); (한 떼의) 포장마차; 긴 행렬 (자동차 따위의).

karbạs *~en ~er* 회초리.

karbịd *~en 0* 【화학】 카바이드, 탄화물.

karbịn *~en ~er* 카빈 총 (총신이 짧은 소총).

karbinhak|e *-en -ar* 자동식 갈고리.

karbol *~en 0* ☞ **karbolsyra**.

karbolsyr|a *-an -or* 【화학】 석탄산.

karbonat *~et, ~/~er* 【화학】 탄산염.

karbonpapper *~et ~* (복수정형) *~na/~en* 카본지, 먹지.

karbụnk|el *-eln -lar* ① 【병리】 옹 (화농균의 전염으로 생기는 혹), 부스럼, 여드름 ② 석류석, 홍옥(紅玉).

karburạtor *~n ~er* ☞ **förgasare**.

kard|a[1] *-an -or* 소모기(梳毛機, 양모, 삼 따위의 섬유를 다듬는 기계), 보풀을 세우는 기계.

karda[2] *~r ~de ~t tr.* …을 빗다, 보풀을 세우다.

kardạnax|el *-eln -lar* 추진축(推進軸).

K

kardanknut *~en ~ar* 【기계】 카르단 자재(自在) 이음쇠.

kardạnsk *a.* ~ upphängning 주위의 운동에 영향을 받지 않도록 물건을 매달기 (배의 나침반 따위).

kardborr|e *-en -ar* ① 【식물】 우엉, (또는 우엉의) 가시 ② 귀찮게 달라붙어 떠나지 않는 사람.

kardemumma *~n 0* ① 소두구 (아시아 열대 지역에서 나는 생강과(科)의 식물) ② 열매 (향료, 의약용); summan av ~n 전체의 결과.

kardinạl[1] *~en ~er* 【가톨릭】 추기경 (교황 다음 가는 지위).

kardinal[2] *a.* 【전철】 주요한, 기본적인.

kardinalfel *~et ~* 기본적 결함.

kardinaltal *~et ~* 기수(基數).

kardiogrạm *~met ~* 심장운동도(圖), 심전도(心電圖).

karensdag *~en ~ar* 질병수당이 지급되지 않는 발병일.

karenstid *~en 0* 질병수당이 적용되지 않는 시기 (발병의 초기).

karg [-rj] *a.* (땅이) 불모인, 벌거벗은; ~ på ord 입이 무거운, 말수가 적은.

kạries (불변화명사) 【병리】 카리에스 (뼈, 이 따위의 부식).

karikatỵr *~en ~er* 풍자만화, 풍자화(畫).

karikẹra *~r ~de ~t tr.* …을 풍자만화로 그리다.

karl [kạ:ḷ] *~[e]n ~ar* 남자, 사나이; en ~ står vid sitt ord 사나이는 약속을 꼭 지킨다; vara ~ för sin hatt 맡은 일을 해내다, 자신의 책임을 지다.

karlakarl [kɑ:ḷakɑ:ḷ] *~en ~ar*, en ~ 진짜 사나이, 남자다운 남자.

Karlavagnen 【천문】 북두칠성, 큰곰자리.

karljọhanssvamp *~en ~ar* 맛있는 그물 버섯의 일종.

karlslok *~en ~ar* 놈, 녀석.

karm *~en ~ar* ① (의자 따위의) 팔걸이 ② 창, 문의 틀.

karmelịt *~en ~er* 【가톨릭】 카르멜 (Carmel) 회의 수사(수녀), karmelit[er]orden 카르멜 교단.

karmin *~et/~en, 0* 양홍(洋紅), 붉은 빛 물감 (채색재료).

karmosin *~et/~en, 0* 심홍색, 심홍색 안료(顔料).

karmstol *~en ~ar* 안락의자.

karneval *~en ~er* 카니발, 사육제(謝肉祭).

karolin *~en ~er* 칼 12세(Karl Ⅻ)의 군대, 병사.

karolinsk *a.* (스웨덴 역사에서 대강국 시대를 이끌었던) 칼(Karl) 왕들이 통치했었던 시대의 (Karl Ⅹ Gustav, Karl Ⅺ, Karl Ⅻ의 시기를 말함).

kaross [-ɔs] *~en ~er* 4두 4륜 대형마차.

karosseri *~et ~er* 자동차의 차체.

karotin *~et 0* 【화학】 카로틴 (일종의 탄수화물).

karott[1] *~en ~er* 음식을 담는 사발 모양의 그릇, 보시기.

karott[2] *~en ~er* 당근의 일종.

karp *~en ~ar* 잉어.

karriär *~en ~er* (직업상의) 경력, 이력; 출세, 성공; göra ~ 출세하다, 승진하다; i full ~ 전속력으로.

karriärdiplomat *~en ~er* 직업 외교관.

karsk *a.* 용기 있는, 담력 있는.

kart [kɑ:t] *~en ~[ar]* 익지 않은 과일.

kart|a *-an -or* ① 지도 ② (인쇄물, 우표, 똑딱 단추 따위의) 한 권 (한 세트) ③ hamna på den överblivna ~n (미혼 여자가) 결혼할 기약이 없다, 결혼하지 못하다.

kartell *~en ~er* 【경제】 카르텔, 기업 연합.

kartig *a.* 익지 않은, 생것의.

kart|lägga *-lägger -lade -lagt tr.* …의 지도를 만들다; (지도에) 상세히 나타내다; 체계적으로 계획하다, 입안하다, 배치하다, 조사하다.

kartläsar|e *-[e]n ~* (자동차 경주에서) 운전자 옆에 앉아 지도를 보아주는 사람.

kartnag|el *-eln -lar* 기형의 손톱, 발톱.

kartograf *~en ~er* 지도 제작자, 제도사.

kartong [-tɔŋ] *~en ~er* ① (두꺼운 종이로 만든) 상자 ② 마분지 상자.

kartotek *~et ~* 카드식 색인, 등록부.

karusell *~en ~er* 회전목마 (유원지에 설치된); åka ~ 회전목마를 타다.

karva *~r ~de ~t tr. itr.* 나무를 조금씩 깎다, 베다 (i, på).

karyatid *~en ~er* 【건축】 여상주(女像柱).

kasa *~r ~de ~t itr.* 미끄러져 내리다, 발을 끌며 가다.

kaschmir *~en/~et, 0* 캐시미어 (염소의 부드러운 털), 모조 캐시미어 (양모제(製)).

kasein *~et 0* 【화학】 카세인, 건락소(乾酪素).

kasern [-sæ:n] *~en ~er* 군부대의 영구 막사; hyres~ (빈민들이 사는) 아파트, 공동주택.

kasino *~t ~n* 카지노, 도박장.

kask *~en ~ar* ① (군인, 소방수, 노동자들의) 철모 ② 꼬냑 따위의 독한 술을 탄 커피.

kaskad *~en ~er* 작은 폭포, (정원의) 인공폭포.

kaskoförsäkring *~en ~ar* 화물을 제외한 선박 보험; 승객을 제외한 자동차 보험.

kasperteat|er *-ern -rar* 꼭두각시 놀음 (인형극).

kass *a*. 쓸모없는.

kass|a *-an -or* ① 돈, 현금, 자금, 기금; ~bok 현금출납장부; ~n stämmer【부기】현금계정이 맞다; göra upp ~n för dagen 하루의 금전 출납을 결산하다; hon sköter ~n i firman 그녀는 회사의 회계 일을 보고 있다; vara [stadd] vid ~ 현금이 있다 ② 출납계, 회계계; ~[lucka] 출납구 (은행, 우체국 따위의); betala i ~n 출납계에 지불하다.

kassarabatt *~en ~er* 현금 할인.

kass|e *-en -ar* ① (종이, 플라스틱 따위로 만든 봉지 모양의) 쇼핑용 가방 ② (물고기를 잡는) 긴 대망 ③ (아이스하키의) 골문.

kassera *~r ~de ~t tr*. ① (쓸데없는 것을) 버리다, 파기하다; 가려내다 ② ~ in (세금, 기부금 따위를) 수금하다, …의 대금을 징수하다.

kassett *~en ~er* ① (사진기의) 필름통, 카세트(소형 녹음테이프 통) ②【건축】(소란반자 따위의) 소란(小欄), 정간(井間).

kassettbandspelar|e *-[e]n ~* 녹음기.

kassun/kasun *~en ~er* (수중 공사용의) 잠함(潛函), 물이 스며들지 않는 큰 상자.

kassör *~en ~er* 출납인, 회계원.

kassörsk|a *-an -or* 여 출납원, 여 회계원.

kast Ⅰ. *~et ~* 던짐, 던지기(운동경기), 낚싯줄 던지기; göra ett ~ med huvudet (공 따위를) 머리로 받아 올리다; ge sig i ~ med (일, 따위에) 달려들다, 달라붙다 Ⅱ. *~en ~er* ① 사회계급 ②【인쇄】활자 케이스 (상자).

kasta *~r ~de ~t* Ⅰ. *tr*. *itr*. 던지다, 포기하다, 그만두다; ~ snöboll 눈덩이를 던지다; månen ~de ett blekt sken in i rummet 창백한 달빛이 방안에 드리웠다; ~ skulden på ngn …에게 책임을 씌우다; ~ pärlor för svin 돼지에게 진주를 던지다 Ⅱ. *itr*. ① 풍향이 급변하다 ②【동물】유산하다, 낙태하다 Ⅲ. *rfl*. …에 몸을 맡기다; ~ sig i en bil 차에 뛰어들다; ~ sig i vattnet 물에 뛰어들다; vågorna ~de sig mot klippan 파도가 절벽에 부딪쳤다 Ⅳ. (강세접사와 함께) ① ~ av …을 벗어 던지다; ~ av sig kläderna 옷을 벗어 던지다 ② ~ bort 내던지다, (돈 따위를) 낭비하다; bortkastad tid 허비한 시간 ③ ~ fram 내어놓다, 제출하다; ~ fram ett förslag om ngt …에 대한 제안을 내놓다 ④ ~ i; ~ i ngn i vattnet …를 물에 던지다; ~ i sig maten 부리나케 먹다 ⑤ ~ in (어느 분야에) 몸을 던지다, 몰아넣다, 꿰뚫다; ~ sig in i ett företag … 일에 뛰어들다; ~ sig in på en ny bana 새로운 직업(분야)으로 들어서다 ⑥ ~ ned; ~ sig ned på marken 땅에 몸을 던지다 ⑦ ~ om 다시 던지다 (낚시질 따위에서); 어순을 바꾸다, 풍향을 바꾸다; ~ om sig en sjal 숄을 걸치다 (감싸다) ⑧ ~ till ngn ett föremål …에게 …을 던지다 ⑨ vinden ~de upp fönstret 바람에 창문이 열리다 ⑩ ~ ut pengar på 돈을 낭비하다; ~ sig ut genom fönstret 창밖으로 몸을 내던지다 ⑪ ~ över sig en kappa 외투를 급히 걸치

다; ~ sig över maten 음식을 게걸스레 먹다.

kastạnj *~en ~er* 먹는 밤, 밤나무; kratsa/raka ~erna ur elden (för ngn) 곤경에 처해 있는 …을 구해주다.

kastanjẹtt *~en ~er* 캐스터네츠 (두개의 상아 또는 나뭇조각을 조가비처럼 합친 타악기, 흔히 스페인 무용에서 리듬을 맞추기 위해 손안에 쥐고 소리를 낸다).

kastby *~n ~ar* (갑자기) 획 부는 바람, 돌풍.

kastẹll *~et ~* ① 성채, 요새 ② (중세 군함의) 포대, 포탑.

kastiliạn *~en ~er* (스페인의) 카스탈리아인.

kastiliansk *a.* 카스탈리아의.

kastlös *a.* en ~ (남부 인도의) 하층민.

kastrạt *~en ~er* 거세(去勢)된 남자, 환관(宦官).

kastratsångar|e *-[e]n ~* 【역사】 변성기 이전에 거세하여 연한 목소리를 가진 남성가수.

kastrera *~r ~de ~t tr.* 【동물】 …을 불까다, 거세하다, 난소를 제거하다; ~d häst 거세한 말.

kastrering *~en ~ar* 【동물】 거세, 난소 제거.

kastrụll *~en ~er* 긴 자루가 달린 스튜 냄비.

kastspö *~[e]t ~n* 줄감개가 달린 낚싯대.

kastväsen *~det ~*, 복수정형 *~dena*, 카스트(계급) 제도.

kạsus *~en/~et, ~* 【문법】 격(格); ~böjning 격변화; ~ändelse 격어미.

katafạlk *~en ~er* 관대(棺臺).

katakomb [-kɔmb] *~en ~er* 지하 납골당, 지하묘지.

katalạn *~en ~er* 카탈로니아인 (스페인 동북부 지방).

katalạnsk|a Ⅰ. *-an 0* 카탈로니아어(프로방스어와 같은 어족인 로망스어) Ⅱ. *-an -or* 카탈로니아 여자.

katalọg [-lọːg] *~en ~er* 목록 (över); telefon~ 전화번호부.

katalogisera *~r ~de ~t tr.* 목록을 작성하다.

katalysạtor *~n ~er* 【화학】 촉매; 자기 자신의 개입 없이 사건을 일으키는 사람.

katapụlt *~en ~er* 【역사】 뇌쇠 (옛날 군대에서 창이나 큰 화살, 돌 따위를 발사하기 위해서 쓴 무기), 투석기; (항공모함의) 함재기 사출기.

katapultstol *~en ~ar* 사출좌석 (비상시에 조종사가 앉은 채로 비행기 밖으로 튀어나와 낙하산으로 탈출하게 되어 있는 장치).

katarạkt *~en ~er* ① 큰 폭포, 격류 ② 【안과】 백내장(白內障).

katạrr *~en ~er* 【병리】 카타르 (점막의 질환).

katastrof [-rọːf] *~en ~er* 큰 재해, 재난.

katastrofạl *a.* 대이변의, 파멸적인.

katẹd|er *-ern -rar* 교탁; 연단.

katedrạl *~en ~er* 대성당.

kategorị *~n ~er* 부문, 부속(部屬); 범주.

kategorisk [-gọː-] *a.* 절대적인, 무조건의, 단언적인.

katekes [-çẹːs] *~en ~er* 【종교】 교리 문답집.

katẹt *~en ~er* 직삼각형의 짧은 변의 하나.

K

katẹt|er *-ern -rar*【의학】 도뇨관(導尿管), 카테터.

katgut/catgut *~en 0* 장선(腸線, 양 따위의 창자로 만든 질긴 실로 외과 수술용으로 사용됨).

katod *~en ~er*【물리】 음극(陰極).

katolicism *~en 0* 가톨릭교회의 교리, 조직, 신앙.

katolịk *~en ~er* 가톨릭교도.

katọlsk [-tɷ:lsk] *a.* 가톨릭교회의, 로마 가톨릭 교회의.

katrịnplommon *~et ~* 자두의 일종, 말린 자두.

katt *~en ~er* 고양이; inte en ~ 조금도 …아니다 (없다); när ~en är borta dansar råttorna på bordet【속담】 고양이가 없으면 쥐가 설친다; 호랑이 없는 골엔 토끼가 스승; det osar ~ 위태롭게 느끼다, 위험이 도사리고 있는 것을 느끼다; gå som ~en kring en het gröt 그러고 싶지만 실제 엄두를 못 내다; det ger jag ~en 나는 그것에 대해 전혀 상관하지 않는다.

katt|a *-an -or* 암 고양이 (honkatt).

kattdjur *~et ~* 고양이 과(科)의 동물.

katt|fot *~en -fötter*【식물】 적설초 (덩굴식물).

kattguld *~et 0*【광물】 운모, 돌비늘.

kattgutt ☞ **katgut**.

kattuggl|a *-an -or* 황갈색 올빼미.

kattụn *~et/~en, ~er* 옥양목.

kattung|e *-en -ar* 고양이 새끼; lekfull som en ~ 재롱부리는, 장난치는.

kattög|a *-at -on* ①【보석】 묘안석(猫眼石) ② (자동차, 자전거에 부착한) 야간 반사장치 ③ 고양이 눈.

kausạl *a.* (보통 복합어에서) 원인의; ~sammanhang 인과관계;【문법】 원인을 나타내는, ~sats 원인을 나타내는 절.

kaustịk *a.* 가성(苛性)의, 부식성의; ~soda 가성 소오다.

kạutschuk Ⅰ. *~en ~ar* 지우개 Ⅱ. *~en 0* 고무, 탄성고무.

kav *adv.* (강조어) 매우, 몹시 ~ lugn 죽은 듯이 고요한.

kava *~r ~de ~t itr.* ~ [sig] fram 허우적거리며 나아가다.

kavạj *~en ~er* 짧은 웃옷, 재킷; ~kostym 신사복.

kavaljẹr *~[e]n ~er* ① 조신, 수행원 ② (예절바른) 신사 ③ (연회에서의) 여자의 상대(호위)를 하는 남자, 파트너.

kavalkạd *~en ~er* 기마행렬, (축제) 행렬.

kavallerị *~et ~er*【군대】 기병대; 기갑부대.

kavallerist *~en ~er* 기마병.

kavạt *a.* 용감한, 대담한.

kav|el *-eln -lar* ☞ **kavle**.

kaveldun *~et 0*【식물】 부들.

kaviar [-ɑ̣:r/kɑ̣:v-] *~[e]n 0* 캐비아 (생선(특히 철갑상어) 알을 소금에 절인 것).

kavitẹt *~en ~er* 움푹 팬 곳, 구멍;【해부】 강(腔); näskavitet 비강(鼻腔).

kavla *~r ~de ~t tr.* ① 편편해지게 밀다; ~ degen 반죽을 밀다 ② ~ upp (소매 따위를) 걷어 올리다.

kavl|e *-en -ar* 밀방망이, 국수방망이.

kax|e *-en -ar*【구어】 중요인물, 거물; 약한 자를 못살게 구는 사람.

kaxig *a*. 【구어】 으쓱대는, 건방진; 용기 있는, 대담한; 월등한.

Kazakstan 카자흐 공화국 (서아시아 서부에 있는 독립국가연합 가맹국. 수도 Alma-Ata).

kedj|a[1] [çe:dja] *-an -or* 쇠사슬; 연쇄, 일련(一連); bergs~ 산맥; tanke~ 일련의 생각; slå ngn i -or …를 구속하다; 【축구】 전방 공격조.

kedja[2] *~r ~de ~t tr*. 쇠사슬로 묶다, 구속하다; ~ fast 사슬로 단단히 묶다.

kedjebrev *~et ~* 연쇄편지 (받은 사람이 차례로 몇몇 사람에게 사본을 보내게 되어 있는 것), 행운의 편지.

kedjehus *~et ~* 연쇄주택.

kedjereaktion *~en ~er* 연쇄반응.

kedjerökar|e *-[e]n ~* 줄담배를 피우는 사람.

kejsardöme *~t ~n*, 제국; ~t Japan 일본 제국.

kejsar|e *-[e]n ~* 황제.

kejsarinn|a *-an -or* 여황제; 황후.

kejsarsnitt *~et ~* 제왕절개 수술.

kejserlig *a*. 제국의, 황제의, 황실의.

kela *~r ~de ~t itr*. 애무하다, 쓰다듬다 (med).

kelen *a*. 애무를 바라는, 껴안기 좋아하는.

kelgris *~en ~ar* 귀염둥이, 애완동물; mammas lilla ~ 엄마의 귀염둥이.

kelig ☞ **kelen**.

kelsjuk *a*. 애무를 바라는, 껴안아주기를 좋아하는.

kelt [ke-] *~en ~er* 켈트인 (현재는 아일랜드인, 게일인, 웨일스인, 부르타뉴인이 이에 속하는 주요한 인종).

keltisk *a*. 켈트인의.

keltiska *~n 0* 켈트어 (인도유럽어족의 한 어파로서 아일랜드어, 게일어, 웨일스어, 부르타뉴어인 등의 여러 언어를 포함).

kemi [çemị:] *~n 0* 화학; teknisk ~ 화공학.

kemikạlier (복수명사) 화학약품, 화학제품.

kemisk *a*. 화학의, 화학적.

kemiskt *adv*. 화학적으로; tvätta ~ 드라이 크리닝(건식(乾式)세탁)하다; ~ fri från …이 전무한.

kemist [çe:-] *~en ~er* 화학자.

kemtvätt *~en ~ar* 드라이 크리닝, 건식(乾式)세탁법; 드라이 크리닝 세탁소.

kenn|el [kẹ-] *-eln -lar* 개 사육장.

kentạur [kɛn-] *~en ~er* 【그리스신화】 켄타우로스 (상반신은 사람, 하반신은 말의 모습을 한 괴물).

Kenya 케냐.

kenyansk 케냐의.

keps [k-] *~en ~ar* 앞차양이 달린 모자.

keramịk [çe-] *~en 0* 도자기; 도자기 예술.

kerạmisk *a*. 도자기의, 도기 제조의.

kerụb [çerʉ:b] *~en ~er* 구약성서의 에덴동산을 지키는 수위, 신의 옥좌를 지키는 사람; 아기천사.

ketchup [k-] *~en 0* 케첩, 토마토 소스.

kex [ke-/çe-] ☞ **käx**[1]

kick[1] [ki-] (불변화 ett-명사) 【구어】 på ett litet ~ 곧, 즉시.

kick[2] *~en ~ar* 차기, 발길질, 걷어차기; (구어) få ~en (직장에서) 쫓겨나다.

kid [çi:-] *~et ~* (염소, 노루, 사슴

등의) 새끼.

kidnappa [kịd−] *~r ~de ~t tr.* 납치하다.

kidnappning *~en ~ar* 납치.

kika [çiːka] *~r ~de ~t itr.* (구멍, 틈 따위로) 들여다 보다, 엿보다; får jag ~ på det? 나 한번 들여다볼까?

kikar|e *−[e]n ~* 쌍안경; ha ngt i ~n …을 계획하다, 전망하다, …을 의중에 두고 있다.

kikarsikte *~t ~n* (총포에 달린) 조준용 망원렌즈, 망원 가늠자.

kikhost|a *−an 0* 【병리】 백일해.

kikna *~r ~de ~t itr.* (심한 기침, 웃음 따위로) 숨이 막히다; ~ av skratt 웃음보가 터져 숨이 막히다.

kil *~en ~ar* 쐐기.

kila *~r ~de ~t* Ⅰ. *tr.* ~ in … i …에 쐐기를 박다; ~ sig in …를 파고 들다 Ⅱ. *itr.* (구어) 급히 떠나다, 허둥지둥 도망가다; nu ~r jag i [min] väg! 이제는 가야겠어; ~ hem 빨리 집에 가다; ~ i väg nu! 그럼 빨리 가려무나!.

kill|e [k−] *−en −ar* (구어) 사내아이, 남자, 녀석.

killing [ç−] *~en ~ar* 염소새끼.

kilo [ç−/k−] *~t, ~/~n* 킬로그램(kilogram)의 약어; 5 ~ äpplen 사과 5킬로그램; han väger 70 ~ 그는 체중이 70킬로그램 나간다.

kilogrạm *~met ~* 킬로그램 (1,000그램).

kilomẹter *~n, ~/metrar* 킬로미터 (1,000미터).

kilovis *adv.* 킬로그램 당, 킬로그램 단위로.

kilowạtt *~en ~* 【전기】 킬로와트 (1,000와트, kw).

kilowattimm|e *−en −ar* 【전기】 킬로와트 시(時) (에너지, 전력량의 단위 kwh).

kilskrift *~en 0* 설형문자(楔形文字).

kilt [k−] *~en ~ar* 킬트 (스코틀랜드 고지인(高地人) 남자가 입는 스커트).

kimono [kị−] *~n ~r* 기모노 (일본의 전통의상).

kimrök [çịm−] *~en 0* 그을음, 검댕 (인쇄용 잉크, 흑색 안료의 원료).

Kina [çịːna] 중국.

kina *~n 0* 화학 키니네 (말라리아 특효약).

kinabark *~en 0* 기나피(幾那皮, 이것에서 키니네를 채취함).

kind *~en ~er* 빰, 볼; vara blek om ~erna 볼이 창백하다.

kindergarten [kịː−] (불변화 en−명사) 유치원(förskola)의 옛 명칭 (독어).

kindknot|a *−an −or* 광대뼈.

kind|tand *−tanden −tänder* 어금니.

kinẹs [çịnẹːs] *~en ~er* 중국인.

kinẹsa *~r ~de ~t itr.* (구어) 자고 가다, 하루 밤 지내다; du kan få ~ hos mig 우리 집에서 묵어가도 좋아.

kineserị *~et ~er* ① (17~18세기 유럽에서 유행한 복장, 가구 등의) 중국양식, 중국취미 ② 관청의 형식주의, 관료주의, 번문욕례(繁文縟禮).

kinẹsisk *a.* 중국의; kinesiska muren 중국의 만리장성.

kinesisk|a Ⅰ. *−an −or* 중국 여자 Ⅱ. *−an 0* 중국어.

kinịn *~et/~en, 0* ☞ **kinabark** 키니네 (말라리아 특효약).

kinka *~r ~de ~t itr.* ① 엉키다, 꼬이

K

다 ② (아이가) 징징 거리다, 칭얼대다.

kinkig *a*. ① 보채는, 투정하는; vara ~ med maten 음식 투정을 하다 ② 힘든, 까다로운; en ~ fråga 까다로운 문제.

kiosk [kịɔsk/çiɔsk] *~en ~er* 가두판매대 (신문, 잡지, 담배, 사탕류를 파는), 창구판매대; glass~ 아이스크림 판매대; korv~ 소세지 (핫도그) 판매대; telefon~ 공중전화박스.

kippa *~r ~de ~t itr*. ① ~ efter andan 숨이 차다, 헐떡거리다 ② (구두가) 꼭 맞지 않다, 구두가 헐렁거리다.

kippskodd [-kɷd] *a*. gå ~ utan strumpor 맨발로 구두를 신은 채 걷다.

kirgis [kirgị:s] *~en ~er* 키르기스 인 (중앙아시아의 터키계 유목민).

kirgisisk *a*. 키르기스의.

kiropraktiker *~n ~*/**kiropraktor** *~n ~er* 척추교정 지압요법 전문가.

kirurg [çirɵrg] *~en ~er* 외과 의사.

kirugi [-gị:] *~n 0* 외과 [의술]; 수술.

kirurgisk *a*. 외과[의술]의.

kis Ⅰ. [ç-] *~en ~er* 【광산】 ① 황철광 ② 백철광 Ⅱ. [k-] *~en ~ar* (구어) 사내아이.

kisa *~r ~de ~t itr*. 실눈을 뜨고 보다; ~ med ögonen mot (på) (강한 햇빛을 피하려고) 실눈으로 바라보다.

kis|el *-eln/-let, 0* 【화학】 규소.

kiselsten *~en ~ar* 조약돌.

kiss [k-] *itj*. ~! ~! 고양이를 부르는 소리.

kissa [k-] *~r ~de ~t itr*. 쉬하다, (어린이가) 오줌 누다.

kiss|e [k-] *-en -ar* (구어, 어린이 말) 고양이.

kissekatt [k-] *~en ~er* (구어, 어린이 말) 고양이.

kist|a *-an -or* ① 뚜껑이 달린 보관함 ② 관(棺).

kistbott|en *-nen/~, -nar*, ha pengar på ~ (쓰지 않고) 모아둔 돈이 조금 있다.

kitslig *a*. 간지러운; 화를 잘 내는, 속이 좁은, 사소한, 하찮은; (일이) 힘 드는, 난해한.

kitt *~et 0* 시멘트, 접합체; (비유적) 잇는 것, 결합시키는 것.

kitta *~r ~de ~t tr*. 접합제로 잇다, 메우다.

kitt|el *-eln -lar* (손잡이가 하나이고 바닥이 깊은) 스튜 냄비.

kittla *~r ~de ~t tr. itr*. …을 간질이다; det ~r i näsan på mig 내 코가 간지럽다.

kittla|s *~ -des -ts itr. dep*. 간질이다; ~ inte! 간지럽히지마!

kittlig *a*. 간지러운.

kiv *~et 0* [말]다툼 (om); på pin ~ 괜히 집적거릴 요량으로, 괜히 심술로.

kiva|s *~ -des -ts -itr. dep*. (하찮은 일로) 말다툼을 하다 (om).

kiwi [kị:vi] *~n ~er*/**kiwifrukt** *~en ~er* 키위, 양다래.

kjol [ɕɷ:l] *~en ~ar* 치마, 스커트; springa efter alla ~ar 여자 꽁무니만 따라다니다.

kjort|el *-len -lar* ① ☞ **kjol** ② 남자용의 짧은 상의.

klabb Ⅰ. *~en ~ar* 짧고 두꺼운 나무 조각 Ⅱ. *~et 0* 【구어】 hela ~et 모두, 전체.

klabba *~r ~de ~t itr*. (눈 따위가)

K

엉겨 붙다, 달라붙다.

klabbföre, det är ~ 눈이 축축하여 스키가 잘 나아가지 않는다.

klabbig *a*. 끈적거리는, 끈끈한 것이 붙은, 엉키는.

klack[1] *~en 0* (극장, 운동 시합에서) 응원(성원)을 보내는 패; hejar~ (축구) 응원단.

klack[2] *~en ~ar* (구두) 뒤축, 산꼭대기, 튀어나온 바위; slå ~arna i taket 신나게 지내다; slå ihop ~arna 발꿈치를 팍 맞부딪치다.

klack[3] ☞ **kläcka** Ⅰ.

klacka *~r ~de ~t tr*. (구두 따위에) 뒤축을 달다.

klackbar *~en ~er* (백화점 따위에 설치된) 간이 구두 수선소.

klackring *~en ~ar* 도장을 새긴 반지.

kladd[1] *~en ~ar* 초안, 초고, (대충의) 설계도 (till).

kladd[2] *~et 0* 끈적거리는 것, 발라댄 것.

kladda *~r ~de ~t itr*. (벽 따위에) 칠하다, 바르다; 더럽히다, 낙서하다; vem har ~t på bordet? 누가 식탁을 더럽혀 놓았느냐?

kladdig *a*. 끈적거리는, 더렵혀진; jag är ~ om händerna 내 손이 끈적끈적하다.

klaff *~en ~ar* 여닫을 수 있는 뚜껑, (책상 따위의) 늘어뜨린 판자, 발브의 혀; 【해부】 판, 판막.

klaffa *~r ~de ~t itr*. (구어) 꼭 들어맞다, (일이) 잘 돌아가다.

klaffbord *~et ~* 현수판이 달린 책상.

klaffbro *~n ~ar* 【토목】 도개교(跳開橋).

klaffel *~et ~* 【의학】 심장 판막증.

klafsa *~r ~de ~t tr. itr*. (물, 진흙탕 따위의 가운데를) 철벅철벅 소리가 나게 밟다.

klaga *~r ~de ~t tr. itr*. ① 불평하다 (över), 투덜대다; 슬퍼하다, 애도하다; ingen kan ~ på honom 아무도 그를 나무랄 수 없다; maten var inte att ~ på 음식은 나무랄 데가 없다 ② 불평(항의)을 제기하다.

klagan (불변화 en-명사) ① 불평, 푸념, 호소 ② 비탄, 애도.

klagande[1] *a*. 불평하는, 호소하는.

klagande[2] *~n ~* 【법률】 공소인(公訴人), 고소인.

klagolåt *~en 0* 울부짖는 소리, 통곡, 슬픈 소리.

klagomur *~en ~ar*, Klagomuren 예루살렘에 있는 통곡의 벽; ~en 호소처, 제소처.

klagomål *~et ~* 불평, 불만 (över, på); framföra (anföra) ~ hos ngn mot ngt …에게 …에 대해 불평(항의)를 제기하다.

klam|mer *-mern -rar/~* ① 【인쇄】 각(角)괄호, 기호 [ ]; sätta … inom ~ …을 꺽쇠 괄호 속에 넣다 ② häft~ (제본이나 서류를 철하는) U자 모양의 꺽쇠, 호치키스의 핀, 거멀 못.

klammerparentes *~en ~er* 기호 { }.

klammeri *~et ~er*, råka i ~ med ngn (rättvisan) …와 (법과) 다투다 (싸우다).

klamp Ⅰ. *~en ~ar* 나무토막, 쇠토막 Ⅱ. *~et 0* 쿵쾅거리며 걷기, 짓밟기.

klampa *~r ~de ~t itr*. 쿵쾅거리며 걷다, 육중하게 걷다.

klamra *~r ~de ~t* Ⅰ. *tr*. …을 꺽쇠

K

(스테이플러)로 고정시키다 (철하다) Ⅱ. *rfl.* ~ sig fast vid …에 꼭 달라붙다, 밀착하다.

klan *~en ~er* ① (특히 스코틀랜드 고지의) 씨족 ② 한 패, 동아리, 도당.

kland|er *–ret 0* ① 비난, 책망; uppbära ~ 비난을 당하다 ②【법률】anföra ~ mot …에 대해 항의를 제기하다.

klandervärd *a.* 비난을 받을 만한 (받아야 할).

klandra *~r ~de ~t tr.* 비난하다.

klang *~en ~er* ① 소리, 음향 ② (음, 목소리, 말 따위의) 느낌, 울림, 인상; hans namn har god ~ 그의 이름은 평판이 좋다; ordet har [en] otrevlig ~ 그 말은 음색이 좋지 않다 ③【의성어】땡! (유리잔 등이 부딪힐 때 나는 소리) ④ ☞ **klinga**[2].

klangfull *a.* (물건, 장소가) 잘 울려 퍼지는, 잘 울리는, 낭랑한.

klangfärg *~en ~er* 음질, 음색.

klanglös *a.* 소리가 잘 나지 않는, 울리지 않는.

klanka ☞ **klaga**, **klandra**.

klantig *a.* 서투른, 재치 없는.

klantskall|e *~n –ar* 바보, 얼간이.

klapp *~en ~ar* ① (손바닥으로) 가볍게 두드리기, 톡톡 두드리기 ② ☞ **julklapp**.

klappa *~r ~de ~t tr. itr.* (손바닥을) 가볍게 두드리다, 세게 치다; 쓰다듬다; ~ ngn på kinden …의 뺨을 도닥거리다; ~ [i] händerna 손뼉 치다, 박수갈채하다; med ~nde hjärta 뛰는 가슴으로; saken är ~d och klar 일은 해결되었다; ~ om ngn …을 꼭 껴안다 (애정을 가지고).

klapp|er *–ret 0* (접시, 기계, 말발굽 소리 따위가) 덜커덕거리는 소리, 소음.

klappjakt *~en ~er* ①【사냥】몰이사냥 (på) ② (무방비, 무저항 집단에 대한) 추적, 방해.

klappra *~r ~de ~t itr.* 덜커덕거리다, 이를 딱딱 마주치다; han ~de med tänderna 그는 이를 덜덜 떨었다.

klar *a.* ① 밝은, 환한, 맑은, 갠; 투명한, 맑은 ② (사실, 논리 따위가) 명백한, 명료한; (두뇌가) 명석한, 이해가 빠른; i ~ belysning 밝은 불빛에; ~t besked 명백한 회답; ~ himmel 맑게 갠 하늘; en man med ~t huvud 명석한 두뇌를 가진 사람; bli ~ i huvudet 정신을 똑바로 차리다; det blev ~t för mig att 내게는 …이 확실해졌다; få ngt ~t för sig …에 대한 분명한 생각을 갖다; det är ~t 그것은 분명하다, 물론; saken är ~! 문제는 끝났다 (해결되었다); han har varit på det ~a med det länge 그는 오래 그것을 잘 알고 있었다 ③ 완성된, 준비된, 끝낸; ~a, färdiga, gå 준비, 차례, 땅!; är du ~ [med arbetet]? [일은] 다 끝냈니?; maten är ~ 식사가 다 준비되었다 ④【항해】gå ~ för ngt …에 대한 지장(방해) 없이 지나가다.

klara *~r ~de ~t* Ⅰ. *tr.* ① ~ av 난관을 극복하다, (만족스런 결과로써) 통과하다, 해내다; ~ [av] alla svårigheter själv 모든 어려움을 스스로 극복하다; ~ skrivningen 시험에 통과하다; 구해내다; ~ … ur en knipa …를 궁지에서 구해내다 ② (생각, 문제 따위를) 명백하게 하다; ~ tankarna 사고를 뚜렷하게 하다 ③

K

~ upp (ut) problemet 문제를 해결하다, 설명하다 Ⅱ. *rfl.* …을 잘 해내다, 이끌어 가다; han ~r sig nog! 그는 잘 해 낼 거야!; ~ sig bra i skolan 학교에서 공부를 잘해가고 있다; jag kan inte ~ mig på den här lönen 나는 이 월급으로 제대로 살 수가 없다; ~ sig utan ngt …없이 지내다.

klarblå *a.* 하늘색의.

klarbär *~et ~* 【식물】 앵두나무의 일종, 그 열매.

klarera *~r ~de ~t tr.* ① 조정하다, 수습하다, 정리하다, …의 준비를 하다 ② 【선박】 출항 절차를 밟다.

klar|göra *-gör -gjorde -gjort tr.* ① 밝히다, 설명하다 (utreda); ett ~nde exempel 설명해주는 예 ② 실연해(시범해) 보이다 ③ 【항해】 출항 준비를 하다.

klarhet *~en ~er* 맑음, 명백, 명료; 계몽; bringa ~ i ngt …을 밝히다; få ~ i ngt …의 전체적 관계를 알게 되다, …에 대한 분명한 생각을 가지다.

klarinett *~en ~er* 클라리넷.

klarinettblåsar|e *-[e]n ~* 클라리넷 연주.

klar|lägga *-lägger -lade -lagt* ☞ klargöra.

klarmed|el *-let ~* 정화제.

klarna [klɑːn̩a] *~r ~de ~t itr.* 맑아지다, 걷히다; vädret har ~t upp 날씨가 개었다; det börjar ~ för mig 나는 그것을 알게(깨닫게) 됐다.

klarsignal [klɑːʂiŋnɑːl] *~en ~er* 【철도】 통과 신호; få ~ (비유적) 허가를 받다.

klarspråk *~et ~* ☞ **klartext**.

klarsynt [klaːrsynt] *a.* 명민(明敏)한; 통찰력이 있는.

klart [klɑːʈ] *adv.* 밝게, 분명하게, 맑게.

klartext *~en ~er* ① 쉬운 문체; 평이체; uttrycka sig i ~ 쉬운 말로 표현하다 ② 【정보통신】 평문 (암호화 대상이 되는 문자열, 또는 암호문을 복호화한 본래의 문자열).

klartänkt *a.* 이해력 있는, 생각이 명료한.

klarvaken *a.* 완전히 잠이 깬.

klas|e *-en -ar* (꽃, 과실의) 송이, 다발; en ~ vindruvor 포도 한 송이.

klass *~en ~er* 학급, 반; 종류, 부류; 등급; första ~ 1학년; första~vagn 1등차; andra ~ens hotell 이류의(평범한, 열등한) 호텔; han står i en ~ för sig 그는 단연 우수하다.

klassa *~r ~de ~t tr.* 분류하다, 등급을 정하다.

klassamhälle *~t ~n* 계급(계층) 사회.

klassföreståndar|e *-[e]n ~* 담임교사.

klassicism *~en 0* 고전주의, 고전적 양식.

klassificering *~en ~ar*/**klassifikation** *~en ~er* 분류, 구별.

klassiker *~n ~* 【문학 · 예술】 고전 작가, 고전주의자.

klassisk *a.* 고전적인, 고풍의; 전통적인; 전형적인; ~ litteratur 고전주의 문학.

klasskamp *~en ~er* 계급투쟁.

klasskillnad [klasʃilnad] *~en ~er* (경제, 사회적) 계급 구별, 계층적 차이.

klasslärar|e *-[e]n ~* 담임교사(기초학교의 초급, 중급과정에서 전 과목 수업을 담당하는).

K

klatsch[1] [klatʂ]/ [klatʃ] *itj*. 휙! 찰싹! 우지직!

klatsch[2] *~en ~ar* 손바닥으로 치기, 살짝 치기.

klatscha *~r ~de ~t tr*. *itr*. ① (채찍이) 휙 울리다, (채찍을) 휙 울리다 ② ~ färg på ngt (그림물감 따위를) …에 마구 칠하다 ③ ~ med ögonen åt ngn …에게 추파를 보내다.

klatschig *a*. 남의 눈에 띄는; 재기발랄한; 대담한.

klaustrofobi *~n 0* 밀실 공포증 (cellskräck).

klausul *~en ~er* (조약, 협약 등에서) 단서(조항), 조건, 유보(조항).

klav *~en ~er* 【음악】 음부(音部)기호.

klav|binda *-binder -band -bundit tr*. 묶어 놓다, 매어 놓다.

klav|e *~en ~ar* ① (동물의) 목걸이 ② 동전의 뒷면 그림 ③ 나무의 굵기를 재는 기구.

klaver *~et ~* 피아노; trampa i ~et 실수하다, 곤경에 빠지다.

klavertramp *~et ~* 실수, 곤경에 처함.

klaverutdrag *~et ~* 피아노 편곡.

klaviatur *~en ~er* (피아노, 타자기의) 건반, 키보드.

klavikord [-ko:d] *~et ~* 클라비코드 (피아노의 전신인 건반 악기).

klema *~r ~de ~t itr*. ~ med …을 과잉보호하다, 지나치게 소중히 하다; (강세 접사와 함께) ~ bort (아이의 응석을 받아주어) 성격을 버려놓다.

klemig *a*. 연약해진.

klen *a*. ① (신체적으로) 약한, 가냘픈, 허약한; han är ~ till hälsan 그는 병약하다 ② 빈약한, 서투른; en ~ ursäkt 서투른 변명; vara ~ i svenska 스웨덴어에 약하다.

klenmodig *a*. 겁이 많은, 소심한.

klenod [klenọ:d] *~en ~er* 보물, 보석; 소중한 사람.

klensmed *~en ~er* 작은 철물을 만드는 대장장이.

klentrogen *a*. 쉽사리 믿지 않는, 의심 많은.

klenät [-nɛ:t] *~en ~er* 도넛의 일종.

kleptoman [-mạ:n] *~en ~er* 병적인 도벽자.

kleptomani [-manị:] *~n 0* 병적인 도벽.

klerikal [-kạ:l] *a*. 목사의, 성직의.

kleta *~r ~de ~t* ☞ **smeta**.

kletig ☞ **smetig**.

klev[1] *~et ~* 가파른 산길.

klev[2] ☞ **kliva**.

kli *~et 0* (보리, 밀 따위의) 겨.

klia *~r ~de ~t* Ⅰ. *itr*. 가렵다; det ~r i fingrarna på mig att få slåss 싸우고 싶어서 손이 근질거리다 Ⅱ. *tr*. 긁다; ~ myggbettet 모기한테 물린 데를 긁다.

klibba *~r ~de ~t itr*. 점착하다, 부착하다, 밀착하다; ~ ihop 단단히 들러붙다.

klibbig *a*. 끈적거리는, 찐득찐득한, 점착하는.

kliché [kliʃẹ:] *~n ~er* ① 【인쇄】 쇠판, 목판; 망판 인쇄물 ② (비유적) 상투어구.

klick [klik] *~en ~ar* ① 덩어리, 소량(小量) ② 도당, 붕당(朋黨), 파벌; 모임, 회 ③ 불발, 실패.

klicka *~r ~de ~t itr*. ① 딸깍 소리가 나다; (총, 포 따위가) 불발이 되다, 실패하다 ② 【컴퓨터】 마우스나 키보드 같은 입력 장치의 버튼을 누르다.

klickväsen *~det ~*/**klickväsende** *~t ~n* 도당심, 배타주의.

klient *~en ~er* 변호 의뢰인.

klientel *~et/~en, ~* (집합적) (변호사의) 소송 의뢰인들.

klimakteri|um *–et 0* 여성의 폐경기(閉經期).

klimat *~et ~* 기후, 풍토.

klimatisk *a.* 기후의.

klimax *~en ~ar* 절정, 정점; 클라이막스.

klimp *~en ~ar* 덩어리, 엉긴 덩어리; 【요리】 가루 반죽을 찐 경단.

klimpig *a.* 덩어리가 많은, 덩어리의.

kling|a[1] *–an –or* 톱(검, 군도)의 날.

klinga[2] *~r, ~de/klang, ~t/klungit itr.* 소리가 나다, 울리다, 딸랑딸랑 소리가 나다, 짤랑짤랑 울리다, 쨍강 울리다.

klingande[1] *a.* ~ mynt 경화(硬貨); på ~ latin 좋은 라틴어로.

klingande[2] *~t 0* 울리는 소리, 딸랑딸랑 소리.

klinik *~en ~er* 병원의 부속 진료소, 요양원.

klinisk *a.* 진료소의, 임상의.

kliniker *~n ~* 임상의사.

klink *~et 0* 저급의 (피아노)연주.

klink|a[1] *–an –or* (문의) 걸쇠.

klinka[2] *~r ~de ~t tr. itr.* 아무렇게나 (수준 낮게) 연주하다.

klinkbyggd *a.* 【조선】 (뱃전의 널을) 겹쳐 댄.

klinker *~n ~* 단단한 벽돌, 투화(透化) 벽돌.

klint *~en, ~ar/~er* (해안의) 벼랑, 절벽; 산봉우리.

klipp *~et ~* 싹둑 자르기, (영화의) 커트, (신문의) 오려낸 것; 이득을 올리는 재빠른 장사; 힘센 타격.

klipp|a[1] *–an –or* 바위; (비유적) 튼튼한 받침.

klippa[2] *–er –te –t* Ⅰ. *tr.* 자르다, (잔디를) 깎다, (나무 울타리의 가지를) 치다, (영화의 장면을) 커트하다, 편집하다; ~ håret 머리를 깎다; vara som –t och skuren för ngt …에 안성맞춤이다 Ⅱ. *itr.* ~ med ögonen 눈을 깜빡깜빡하다 Ⅲ. *rfl.* [låta] ~ sig 이발하다 Ⅳ. (강세접사와 함께) ① ~ av 잘라내다, 갑자기 끝나게 하다, 말을 가로막다 ② ~ bort 베어버리다 ③ ~ itu 둘로 자르다 ④ ~ sönder 산산조각으로 자르다 ⑤ ~ till (의복을) 재단하다; 타격을 가하다 ⑥ ~ upp 잘라서 열다, 가느다랗게 째다 ⑦ ~ ur 베어 내다.

klippig *a.* 바위투성이인.

klipsk *a.* 눈치 빠른, 재치가 넘치는; 교활한.

klirra *~r ~de ~t itr.* 딸랑딸랑 소리나다, 쨍강 울리다.

klisché ☞ **kliché**.

klist|er *–ret 0* (접착용) 풀; råka i –ret 곤란에 빠지다; sitta i –ret 곤경에 빠져 있다.

klistra *~r ~de ~t* Ⅰ. *tr.* ① 풀로 붙이다 ② 【컴퓨터】 (문서 편집 등의 프로그램에서) '붙여넣기'를 하다 Ⅱ. (강세접사와 함께) ① ~ fast ngt …을 붙이다 ② ~ igen 붙이다 ③ ~ ihop 서로 들러붙다 ④ ~ upp 내붙이다; ~ upp ett meddelande 고지사항을 내붙이다.

klitoris/clitoris (불변화명사) 【해

K

부】 음핵(陰核).

klitter (복수명사) (해변의) 사구, 모래 언덕.

kliv *~et ~* 큰 걸음; gå med långa ~ 성큼 성큼 걷다.

kliv|a *–er klev klivit* Ⅰ. *itr*. 성큼성큼 걷다, 활보하다, 걸음을 옮기다 Ⅱ. (강세접사와 함께) ① ~ i 안에 들어가다 ② ~ på (차에) 올라타다; 계속해서 걸어가다.

klo [klɷː] *~n ~r* 갈고리 발톱; 집게발; 포크의 갈래; råka i ~rna på ngn …의 손아귀에 들어가다.

kloak *~en ~er* 하수구.

kloakdjur *~et ~* 단공류(單孔類)의 동물(오리너구리, 바늘두더지 등).

klock|a[1] *–an –or* ① 종, 벨, 방울 ② 시계; hur mycket (vad) är ~n? 몇 시입니까?; ~n är två 두 시입니다; ~n är halv fem 4시 반 입니다; ~n är mycket 늦었다; ~n tre 세 시에; veta vad ~n är slagen 무슨 일이 일어날지 알고 있다.

klocka[2] *~r ~de ~t tr*. 【스포츠】스톱워치로 경기의 시간을 재다 ② 종 모양으로 만들다; en ~d kjol 종 모양의 치마.

klockar|e [klɔkarə] *–[e]n ~* 교회서기(교회행정, 음악, 건물관리 등을 담당함).

klockarkatt *~en ~er*, kär som en ~ 열렬히 사랑하는.

klockarkärlek [–çæːleːk] *~en 0* 강한 경향, 취미, 기호.

klockradio *~n ~r* 시계가 내장된 라디오.

klockren *a*. (소리가) 아주 맑은.

klockslag *~et ~*, på ~et 정확한 시간에.

klockspel *~et ~* (한 벌의 종이 연주하는) 선율, (교회의) 차임 벨.

klockstap|el *–eln –lar* 종루, 종탑.

klok [klɷːk] *a*. 영리한, 현명한; 양식이 있는, 똑똑한; ~ gubbe 민간요법 전문가; lika ~ som förut 전보다 더 똑똑해 보이지 않는; jag blir inte ~ på honom 나는 그를 이해할 수 없다; han är inte riktigt ~ 그는 머리가 좀 돌았다; det var ~t av dig 너 참 잘했다.

klokhet *~en 0* 영리, 현명; 양식.

klokt *adv*. 영리하게, 현명하게; du gjorde ~ i att gå 네가 간 것은 현명했다(잘 한 일이다).

klor [klɷːr] *~en 0* 【화학】 염소.

klorat *~et ~* 【화학】 염소산염.

klorid *~en ~er* 【화학】 염화물.

kloroform *~en 0* 【화학 · 약품】 클로로포름 (무색의 휘발성 액체).

klorofyll *~et/~en, 0* 【식물 · 생화학】 엽록소, 클로로필.

klosett *~en ~er* 화장실, (수세식) 변기.

kloss [klɔs] *~en ~ar* (나무)토막, 각재.

klost|er *–ret ~* 수도원; gå i ~ 수녀(수도사)가 되다.

klosterväsen *~det ~*/**klosterväsende** *~t ~n* 수도원 제도.

klot [klɷːt] Ⅰ. *~et 0* 공, 구체(球體), 천체 Ⅱ. *~en 0* 면수자(綿繻子).

klotband *~et ~*, bok i ~ 책 표지에 입히는 무명천, 헝겊 표지 제본.

klots *~en ~ar* ☞ kloss.

klott|er [klɔtər] *–ret 0* 휘갈겨 쓰기, 난필, 낙서.

klotterplank *~et ~* 잡기(雜記)용 판자.

K

klottra *~r ~de ~t tr. itr.* 휘갈겨 쓰다, 마구 쓰다, 낙서하다.

klottrig *a.* 갈겨 쓴.

klov|e [klɷ:və] *–en –ar* 【기계】 바이스.

klubb *~en ~ar* 클럽, 동호회; en idrottsklubb 스포츠 클럽.

klubb|a[1] *–an –or* 곤봉, 나무망치; 막대기 끝에 붙인 사탕; föra –an 의장 노릇을 하다; gå under –an 경매되다.

klubba[2] *~r ~de ~t tr.* ① 곤봉으로 때리다 ② ~ igenom (제안 등을) 날치기 통과시키다; ~ ned (몽둥이로) 때려눕히다; (제안을) 거절하다, 물리치다 ③ (경매에서) 낙찰하다.

klubbmästar|e *–[e]n ~* ① (파티 따위의) 주최, 진행 담당자 ② 【스포츠】 클럽의 챔피언.

klucka *~r ~de ~t itr.* ① (암탉 따위가) 꼬꼬하고 울다; ett ~nde skratt 낄낄거리는 웃음 ② 콸콸 흐르다, (파도가) 겹치다.

kludd Ⅰ. *~et 0* 서투른 그림 Ⅱ. *~en ~ar* 솜씨가 나쁜 화가 (사람), 서투른 직공 (klåpare).

kludda *~r ~de ~t tr. itr.* 더럽히다, 마구 칠하다; ~ ner 더럽히다.

kluddig *a.* (그림이) 서투른; 더러워진, 부스럼투성이의.

klump *~en ~ar* (부정형 물체의) 덩어리, 흙덩이; i ~ 전부 한 묶음으로; 무차별로, 닥치는 대로.

klumpa *~r ~de ~t rfl.* ~ sig 부정형의 덩어리 모양을 이루다; 어색한 행동을 하다.

klumpedụns *~en ~ar* 서투른 사람, 투박한 사람.

klump|fot *~en –fötter* 만족(彎足), 내반족(內反足), 기형의 발.

klumpig *a.* 어색한, 서투른; 눈치 없는; 꼴사나운; 솜씨 없는.

klumpsumm|a *–an –or* 일괄, 총액.

klung|a *–an –or* (나무의) 밀집, (사람의) 무리, 떼; 군중.

klungit ☞ **klinga**[2].

klunk *~en ~ar* 액체의 한 모금, 단숨에 마시는 양; ta sig en ~ av ölet 맥주 한 모금을 마시다.

klunka *~r ~de ~t tr.* ~ i sig (술을) 벌컥벌컥 마시다.

kluns *~en ~ar* ☞ **klump**, **klumpeduns**.

klunsig *a.* 크고 수통스런.

klusịl *~en ~er* 【음성】 파열음, 폐쇄음.

klut *~en ~ar* 여성이 머리에 쓰는 사각형의 천, 천 조각; 돛; sätta till alla ~ar 전력을 다 하다, 최선을 다 하다.

klust|er *–ret ~* 【컴퓨터】 클러스터 (① 유사성(類似性)과 같은 어떤 개념을 바탕으로 몇 개의 집단으로 분류한 데이터 집합 ② 서로 근접한 위치에 있으며 하나의 제어 장치에 의해 제어되는 입출력 장치나 단말 장치 등의 장치 집단 ③ 플로피 디스크나 하드디스크에 정보를 기록하고 기록된 정보를 읽어 내기 위해 운영체계(OS)가 사용하는 디스크 저장 공간의 단위).

kluven *a.* 쪼개진, 분리된; ~ personlighet 인격분열.

kluvit ☞ **klyva**.

klyft|a *–an –or* ① 협곡, 계곡, 산협; 갈라진 틈; –an mellan rik och fattig 빈부의 격차 ② 구분, 부분; apelsin~ 귤 한 쪽.

klyftig *a.* 영리한, 똑똑한.

K

klyk|a *-an -or* 갈라진 나뭇가지, 나무의 아귀; 노걸이.

klys *~et ~* 【선박】 닻줄 구멍.

klysch|a [klyʃa] *-an -or* 진부한 비유, 상투어구.

klyv|a *-er klöv kluvit tr.* 쪼개다.

klyvar|e *-[e]n ~* 【항해】 지브, 뱃머리의 삼각형 돛.

klå *~r ~dde ~tt tr.* ① 매질하다【구어】 …을 패배시키다 (besegra); ~ upp (ordentligt) 호되게 때려주다 ② 긁다 ③ 강탈하다, 속여 빼앗다; ~ ngn in på bara kroppen …로부터 돈을 다 짜내다.

klåda *~n 0* 가려움[증].

klåfingrig *a.* (물건을) 그대로 놔두지 못하는.

klåpa *~r ~de ~t itr.* 서투른 짓을 하다, 실수하다.

klåpar|e *-[e]n ~* 솜씨가 나쁜 사람, 서투른 직공.

klä *~r ~dde ~tt* Ⅰ. *tr.* ① (옷을) 입히다, 성장시키다 ② (의복에) 안감을 대다, 가장자리를 대다; 장식하다; ~ julgranen 크리스마스트리를 장식하다; ~ sina tankar i ord 자기의 생각을 말로 표현하다 ③ 어울리다; hon ~r i rött 빨간 옷이 그녀에겐 잘 어울린다 Ⅱ. *rfl.* 입다; ~ sig 옷을 입다; ~ sig väl a) 옷을 잘 (어울리게) 입다 b) 따뜻한 옷을 입다 Ⅲ. (강세접사와 함께) ① ~ av ngn …를 벗기다; ~ av sig 옷을 벗다; ~ av sig naken 벌거벗다 ② ~ om (가구의) 덮개를 바꾸다; ~ om sig 옷을 갈아입다 ③ ~ på sig 옷을 입다 ④ ~ upp 성장하다, 정장하다 ⑤ ~ ut sig 분장하다 ⑥ ~ över (의자에) 덮개를 대다.

kläck|a [klɛka] Ⅰ. *-er klack* (완료분사 없이 주로 과거시제만 사용) *itr.* det klack till i mig 나는 깜짝 놀랐다 Ⅱ. *-er -te -t tr.* (알, 병아리를) 까다; ~ fram (알을) 까다, (좋은 생각이) 머리에 떠오르다; ~ ur sig ngt …을 입 밖에 내다.

klä|da *-der -dde -tt* ☞ **klä**

kläde *~t ~n* 옷감, 직물.

klädedräkt *~en ~er* 옷, 의복.

kläder (복수명사) 옷; han äger inte ~na på kroppen 그는 매우 가난하다; jag skulle inte vilja vara i hans ~ 나는 그의 입장에 서고 싶지 않다; om jag vore i dina ~ 만일 내가 네 처지에 있다면.

klädesplagg *~et ~* 옷가지, 의복.

klädhängar|e *-[e]n ~* 옷걸이.

klädnad *~en ~er* 의복.

klädnyp|a *-an -or* 빨래집게.

klädsam *a.* 잘 어울리는, 알맞은.

kläds|el *-eln -lar* ① 옷차림, 치장 ② 의복, 의상, 복장, 드레스 ③ (가구의) 덮개.

klädstreck *~et ~* 빨랫줄.

klädväg (불변화명사) i ~ 옷에 관해서는.

kläm [klɛm] *~men ~mar* ① få fingret i ~ 손가락이 끼이다; komma i ~ 끼어들다, 끼이다; 궁지에 빠지다 ② 힘, 박력; 기운; det är ~ i honom 그는 활력이 있다 ③ ha ~ på ngt …에 관해서 다 알고 있다 ④ 적요; 주요점(主要點).

klämdag *~en ~ar* 휴일 사이에 낀 평일.

klämm|a[1] *-an -or* 클립, 종이집게; 난국, 궁지, 곤란; råka i ~ 궁지에

K

빠지다; sitta i ~ 곤란에 빠져 있다.

kläm | ma² *-mer -de -t* Ⅰ. *tr. itr.* 압착하다, 짜다, (구두가) 조이다; han vet var skon -mer 그는 문제의 원인이 무엇인지를 알고 있다; han -de fingret i dörren 그는 문짝에 손가락을 끼었다; ~ ngn på pengar …에게서 돈을 뜯어내다 Ⅱ. (강세접사와 함께) ~ fast (종이집게로) 꽉 붙이다; ~ fram [med ngt] …을 토로하다; ~ i med (노래를) 부르기 시작하다, (음악을) 연주하기 시작하다; ~ ihjäl 압사시키다; ~ ihop (종이 등을) 뭉치다, 찌부러뜨리다; ~ in 우겨넣다, 쑤셔 넣다; ~ sönder 짜서 (눌러서, 죄어서) 산산조각을 내다; ~ till 누르다; (남을) 때리다; han -de till med en svordom 그는 욕지거리를 했다; ~ ur sig 숨김없이 말하다; ~ ut ngt ur …에서 …을 짜내다; ~ åt …에게 압력을 가하다, 비난하다.

klämmar | e *-[e]n ~* ☞ **klämm | a¹**.

klämmig *a.* (음악이) 활발한, 기지(機智) 있는; 대담한; 멋있는.

klämta *~r ~de ~t itr.* (종이 천천히) 힘 있게 울리다; ~ i klockan 종을 울리다.

klämtar | e *-[e]n ~* 【일상】 술 한 잔 (sup).

kläng | a *-er -de -t* Ⅰ. *itr.* 기어오르다 Ⅱ. *rfl.* (식물의 덩굴이) 기다, 뻗다, 퍼지다.

klänge *~t ~n* 【식물】 덩굴손.

klängväxt *~en ~er* 덩굴식물.

klänning *~en ~ar* (원피스의) 여성복, 드레스.

kläpp *~en ~ar* (종의) 추.

klärobskyr [-ʃyr] *~en 0* 【미술】 (그림의) 명암의 배분, 명암법.

klärvoajans *~en 0* 천리안, 투시력.

klärvoajant *a.* 투시력이 있는.

klättra *~r ~de ~t itr.* 기어오르다; ~ i träd 나무에 기어오르다; ~ ned 기어 내려오다.

klös | a *-er -te -t tr.* 할퀴다.

klös | as *-es -tes -ts itr. dep.* 할퀴다.

klöv¹ *~en ~ar* 갈라진 발굽.

klöv² ☞ **klyva**.

klöver *~n ~* Ⅰ. 클로버, 토끼풀 Ⅱ. 【카드놀이】 클럽 Ⅲ. 【일상】 (많은) 돈.

klövja *~r ~de ~t tr.* 말의 등에 짐을 실어 운반하다.

knacka [knaka] *~r ~de ~t tr. itr.* 두드리다, 노크하다; (기계가 상태가 좋지 않아) 덜커덩 덜커덩 소리를 내다; ~ på dörren 문을 두드리다.

knackig *a.* 좋지 않은, 서투른; på ~ svenska 서투른 스웨덴 말로.

knackigt *adv.* ha det ~ 빚 안 지려고 고생해 가며 살아가다, 돈에 쪼들리다.

knackning *~en ~ar* 두드리기.

knaggla *~r ~de ~t rfl.* ~ sig igenom (책을) 힘겹게 읽어 가다, …을 어렵게 해나가다.

knagglig *a.* 울퉁불퉁한, 평평하지 않은; ~ engelska 변칙 영어, 서투른 영어.

knaggligt *adv*, det går ~ för honom i grammatik 그는 문법에 약하다; ha det ~ 좀 가난하게 살다, 쪼들리다.

knaka *~r ~de ~t itr.* 삐걱거리다, 삐걱 삐걱하다; golvet ~r 마루가 삐걱 거린다; isen ~r 얼음이 삐걱거리다.

knal *a*. det är ~t med födan 식량이 부족하다.

knall *~en ~ar* (대포의) 꽝하는 소리, 폭음, (천둥의) 굉음; dö ~ och fall 즉석에서 (갑자기) 죽다.

knalla *~r ~de ~t itr*. ① 꽝하는 소리가 나다 ② 천천히 걸어가다; ~ vidare 계속해서 나아가다; det ~r och går 그럭저럭 해나가다.

knall|e *-en -ar* ① 작은 언덕 ② 단단한 둥근 빵 ③ Västergötland 지방의 봇짐장수.

knallgas *~en 0* (폭발성) 산수소 가스.

knallhatt *~en ~ar* (구식 소총의) 뇌관(雷管).

knallpulv|er *-ret ~* 【화학】 폭약분(粉).

knallgrön *a*. 선명한 초록빛의.

knallröd *a*. 새빨간.

knap *~en ~ar* 【항해】 밧줄걸이.

knapadel [knɑ:pɑ:del] *~n 0* 준 남작 계급, 낮은 귀족계급.

knapert *adv*. ha det ~ 근근이 지내다.

knapp[1] *a*. 모자라는, 부족한, 불충분한; är i ~aste laget 너무 적다, 많이 모자라는 편이다; en ~ meter 거의 1미터; en ~ majoritet 빠듯한 과반수; med ~ och nöd klara sig från att drunkna 가까스로 익사를 면하다; tiden är ~ 시간이 별로 없다.

knapp[2] *~en ~ar* ① 단추 ② 【식물】 꽃받, 약(葯) ③ 장식옷; 도검(刀劍)의 자루 끝; 안장머리.

knappa *~r ~de ~t itr*. ~ av [in] på ngt …을 줄이다, 삭감하다.

knappast ☞ **knappt**.

knapphål *~et ~* 단추 구멍.

knapphändig *a*. (정보 따위가) 빈약한, 불충분한; 짤막한.

knappnål *~en ~ar* 핀.

knappnålshuvud *~et, ~/~en* 핀의 머리.

knappologi [knapɔlɔgi] *~n 0* 현학적인 행동 (말), 무가치한 것을 체계화시키거나 거창하게 하는 짓.

knappt *adv*. 겨우, 간신히; 빈약하게; 간결하게; hon är ~ 15 år 그녀는 겨우 15살이다; ~ … förrän …하자마자 …, …한 순간에.

knapptelefon *~en ~er* 누름단추식의 전화.

knapra *~r ~de ~t itr*. 조금씩 물어뜯다, 조금씩 먹다(på), 와삭와삭 먹다.

knaprig *a*. 와삭와삭한, 단단하나 부서지기 쉬운.

knark *~et 0* 【구어】 마약 (narkotika).

knarka *~r ~de ~t itr*. 마약을 상용하다.

knarkar|e *-[e]n ~* 마약 상용자.

knarr Ⅰ. *~et/~en, 0* 삐걱거리는 소리, (구두의) 삐거덕거리는 소리 Ⅱ. *~en ~ar* ① 불평이 많은 사람, 화를 잘 내는 사람 ② 【일상】 오토바이.

knarra *~r ~de ~t itr*. 삐걱삐걱하다, 삐걱거리다, 자박자박 소리 내다.

knarrig *a*. 삐걱거리는; 짜증을 내는, 기분이 언짢은.

knasig *a*. 어리석은, 바보 같은.

knast|er Ⅰ. *~n 0* 담배의 일종 Ⅱ. *-ret 0* 탁탁 소리.

knastra *~r ~de ~t itr*. (불이 붙은 나뭇가지가) 탁탁 소리를 내다.

knata *~r ~de ~t itr*. 【일상】 빠른 걸음으로 걷다.

knatt|e *-en -ar* 소년.

knattelag *~et ~* 13세 이하의 소년들

로 구성된 스포츠 팀.

knatt|er *−ret 0* 덜컹덜컹하는 소리.

knattra *~r ~de ~t itr.* 기관총 소리와 같은 소리를 내다; kulsprutorna ~de oupphörigt 기관총 소리가 끊이지 않았다.

knega *~r ~de ~t itr.* 부지런히 (힘들여) 일하다.

knegar|e *−[e]n ~* 임금 노동자.

knekt *~en ~ar* ① 【고어】 병사(兵士); 【현재】 군인을 가리키는 경멸적인 말 ② 【카드】 잭.

knep[1] *~et ~* 계략, 책략; 교묘한 수단, 요령 비법; kunna ~en 요령을 알고 있다.

knep[2] ☞ knipa[2].

knepig *a.* 까다로운; 교묘한; 어려운; 영리한, 계략에 능한.

knip|a[1] *−an −or* 난국, 곤란.

knip|a[2] *−er knep knipit* Ⅰ. *tr.* 집다, 꼬집다; ~ av 따다; ~ ihop läpparna 입술을 꼭 다물다, 오므리다; ~ ihop ögonen 눈을 가늘게 뜨다 Ⅱ. *itr.* det −er i magen 복통이 났다; om det −er 위기를 당하면.

knipp|a[1] *−an −or* 다발, 꾸러미, 뭉치.

knippa[2] *~r ~de ~t tr.* 다발 짓다, 묶다.

knippe *~t ~n* Ⅰ. ☞ knippa[1] Ⅱ. 【식물】 취산화서(聚繖花序).

knipsa *~r ~de ~t tr.* ~ av 깎아내다, 따다, 잘라내다.

knipslug *a.* 교활한, 꾀 많은.

knip|tång *~en −tänger* 집게의 일종.

kniptångsmanöv|er *−ern, −rer/ −rar* 【군대】 협공작전.

knittel *~n 0* 【문학】 (운율이 고르지 않고 내용이 천한) 광시(狂詩), 졸렬한 시, 무운시.

kniv *~en ~ar* 칼; med ~en på strupen 협박을 당하여, 다른 방도가 없이; strid på ~en 사투(死鬪).

knivig *a.* (문제가) 까다로운; 꾀 많은, 교활한.

knix [kniks] *~en ~ar* 머리를 끄떡 숙이는 것.

knixa [kniksa] *~r ~de ~t itr.* 머리를 까딱 숙여 인사하다.

knocka [nɔka] *~r ~de ~t tr.* 【권투】 녹 아웃시키다.

knockout [nɔkaɷt] *~en ~er* 【권투】 케이오 (K.O).

knodd [knɔd] *~en ~ar* 【고어】 점원(店員); 상스러운 사내.

knog [knɷ:g] *~et 0* 단조롭고 힘 드는 일.

knoga *~r ~de ~t itr.* 꾸준히 일하다, 열심히 하다, 힘들여 일하다.

knog|e [knɷ:gə] *−en −ar* 손가락 관절.

knogig *a.* 힘 드는.

knogjärn *~et ~* (격투할 때 손가락 관절에 끼는) 금속 조각.

knollrig [knɔlri(g)] *a.* 곱슬곱슬한, 고수머리의.

knop [knɷ:p] Ⅰ. *~en ~ar* 매듭 Ⅱ. *~en ~* 【항해】 노트 (배의 속도의 단위, 1시간에 1해리(海里)의 속도).

knopp [knɔp] *~en ~ar* ① 싹, 꽃봉오리; gå i ~ 움(싹)이 트다, 봉오리지다 ② (문, 서랍 따위의) 손잡이; (배의 돛대 꼭대기의) 원형 또는 각형의 나뭇조각 ③ 【속어】 머리.

knoppa|s *~ −des −ts itr. dep.* 봉오리지다, 싹트다.

K

knorr [knɔr] Ⅰ. ☞ **knot** Ⅱ. *~en ~ar* 똘똘 말린 것; ha ~ på svansen 똘똘 말린 꼬리를 달고 있다; sätta ~ på ngt …을 멋지게 하다.

knorra *~r ~de ~t* Ⅰ. *itr*. ① 불평을 말하다, 투덜대다 ② 우렁우렁 울리다 Ⅱ. *rfl*. ~ sig 말아 올리다.

knot [knɑ:t] *~et 0* 불평, 투덜거림.

knot|a[1] [knɑ:ta] *–an –or* 뼈, 과상(髁狀) 돌기.

knota[2] *~r ~de ~t itr*. 불평하다.

knotig *a*. 여윈, 뼈만 앙상한.

knott [knɔt] *~et/~en, ~* 【곤충】 각다귀; 잔디등에.

knottra *~r ~de ~t rfl*. skinnet ~r sig på mig 내 온 몸에 소름이 돋는다.

knottrig *a*. 알갱이 꼴의; 과립상의; (피부 등이) 거친; (나무가) 매듭이 많은, 마디가 많은.

knuff *~en ~ar* 떠밀기, 부딪치기.

knuffa *~r ~de ~t* Ⅰ. *tr*. *itr*. 떠밀다, 부딪치다; ~ ngn i sidan …의 옆구리를 찌르다 Ⅱ. (강세접사와 함께) ① ~ sig fram 제치고 나아가다 ② ~ ned 밀어 떨어뜨리다 ③ ~ omkull 밀어 넘어뜨리다 ~ upp 떠밀어 열다.

knuffa|s ~ *–des –ts itr*. *dep*. ~ inte! 떠밀지 마라!

knull *~et* ~ 성교.

knulla *~r ~de ~t itr*. 【속어】 성교하다.

knụss|el *–let 0* 인색; utan ~ 무제한으로, 아낌없이.

knussla *~r ~de ~t itr*. 인색하다.

knusslig *a*. 인색한.

knut *~en ~ar* ① 매듭; 쪽진 머리; knyta (slå) en ~ 매다, 매듭을 짓다; det är just ~en 문제는 바로 그것이다 ② (집의) 모퉁이; inpå ~arna (문전에) 다가와 있는, 목전에 둔; inte gå utanför ~arna 밖에 안 나가다 ③ 【속어】 100 ~ar 시속 100km.

knuten *a*. 묶여 있는.

knutit ☞ **knyta**.

knutpisk|a *–an –or* 매듭이 있는 가죽 채찍.

knutpunkt *~en ~er* (철도의) 접속점, 갈아타는 역; 중심지, 주요 도시.

knuttimring *~en ~ar* 【건축】 통나무집을 열장 장부촉 이음으로 짓는 방식.

knyck [knyk] *~en ~ar* 급격한 동작, 잡자기 힘껏 당기기.

knyck|a *–er –te –t* Ⅰ. *itr*. 갑자기 홱 움직이다 Ⅱ. *tr*. (돈 따위를) 짜내다, 훔치다.

knyckig *a*. 홱 움직이는, 덜컹덜컹 움직이는.

knyckla *~r ~de ~t tr*. ~ ihop 구깃구깃 뭉치다, ~ till 찌그러뜨리다.

knyppla *~r ~de ~t tr*. *itr*. 자수(刺繡)하다, 레이스를 뜨다.

knyppling *~en ~ar* 레이스 뜨기, 손으로 뜨는 레이스.

knyst (불변화명사) inte ett ~ 전혀 소리 없이; inte [säga] ett ~ 한마디도 없이.

knyst|a *–er/~r, –e/~de, knyst/~t itr*. utan att ~ 말을 입 밖에 내지 않고.

knyt|a *–er knöt knutit* Ⅰ. *tr*. ① 매다, 묶다; ~ skosnöret 구두끈을 매다, ~ nät 그물을 만들다 ② ~ handen (näven) 주먹을 꼭 쥐다 ③ ~ bekantskap med ngn …와 사귀다, …와 교제를 시작하다; ~ förbindelser 관계를 맺다 Ⅱ. *rfl*. (양배추 따위에)

K

결구(結球)의 심이 생기다; 잠자리에 들다 Ⅲ. (강세접사와 함께) ① ~ an ☞ **anknyta** Ⅱ. ② ~ fast 얽어매다 ③ ~ igen 단단히 얽어매다, 고정시키다 ④ ~ ihop 합쳐 묶다, 연합시키다; 싸매다 ⑤ ~ till 싸매다, 단단히 묶다 ⑥ ~ upp (묶은 것을) 풀다.

knyte *~t ~n* 꾸러미, 보따리; 조그마한 아이.

knytkalas *~et ~* 각자 먹을 것을 지참하는, 조촐한 잔치(모임).

knytnäv|e *-en -ar* 주먹.

knåda *~r ~de ~t tr.* (가루 · 흙 따위를 반죽하다).

knåp *~et 0* 지나치게 까다로운 일, 잔일(smågöra).

knåpa *~r ~de ~t itr.* 꾸준히 일하다, 잔일을 하다.

knåpgöra *~t 0* ☞ **knåp**.

knä [knɛ:] *~[e]t ~n* ① 무릎; böja ~ 무릎을 꿇다; bringa ngn på ~ …를 굴복시키다; gräset gick upp till ~na 풀이 무릎까지 닿았다 ② 팔꿈치 모양(L자 모양)의 것, (팔꿈치 모양의) 굽은 관, (팔꿈치 모양의) 굽은 이음매.

knäa [knɛ:a] *~r ~de ~t itr.* 무릎을 꿇고 걷다; 쓰러질듯하다; 무릎을 꿇다.

knäbyxor (복수명사) 무릎까지 닿는 반바지.

knäböj|a *-er -de -t itr.* 무릎을 꿇다.

knäck [knɛk] *~en ~ar* ① 째진 틈; 타격; det tog ~en på mig 그것이 나의 희망을 꺾어 놓았다, 그것 때문에 나는 죽을 뻔했다 ② 타피 (캔디의 일종).

knäck|a [knɛka] *-er -te -t tr.* ① 깨다, 부수다, 째다 ② (건강을) 해치다, (문제를) 해결하다; en svår nöt att ~ 난물(難物), 난제; ~ en flaska vin 포도주 한 병을 따서 마시다.

knäckebröd *~et ~* 호밀로 만든 납작하고 딱딱한 빵.

knähund [knɛ:hund] *~en ~ar* 애완용 작은 개.

knäpp Ⅰ. *~en ~ar* 딸깍하는 소리; 손가락으로 튀기기; 시계의 똑딱똑딱 소리 Ⅱ. *~et ~*, inte minsta ~ 전혀 소리 없이.

knäpp|a *-er -te -t itr.* ① (손가락으로) 튕기다 ② 사진 찍다 ③ 죽이다 ④ 단추를 채우다; ~ igen 단추를 채우다; ~ upp 단추를 끄르다 ⑤ ~ [ihop] händerna [감동적으로] 두 손을 마주 잡다 ⑥ ~ av (전등, 라디오 따위를) 끄다; ~ på (전등을) 켜다.

knäppinstrument *~et ~* 현악기.

knäppning *~en ~ar*, klänningen har ~ bak 드레스는 등에서 단추를 채우게 되어 있다.

knäreflex *~en ~er* 【의학】 무릎(슬개) 반사.

knäskål *~en ~ar* 【해부】 슬개골, 종지뼈.

knäsvag *a.* 무릎이 약한, 무릎에 힘이 없는.

knä|sätta *-sätter -satte -satt tr.* ① 무릎에 앉히다; 양자(양녀)로 삼다; 받아들이다 ② (의견, 방침, 조처 따위를) 채택하다.

knäveck *~et ~* 무릎 뒤편.

knöl *~en ~ar* ① 혹, 부스럼; 융기(돌출)한 부분; 마디 ② 놈, 자식; 개자식 ③ 감자.

knöla *~r ~de ~t tr.* ~ ihop 구겨

뭉치다, 찌부러뜨리다; ~ till 쭈그러뜨리다.

knölaktig ☞ knölig.

knölig *a*. ① 울퉁불퉁한, 마디가 진 ② (성격이) 못된, 형편없는.

knölros ~*en 0* 【의학】 홍반(紅斑).

knölsvan ~*en*, ~*ar*/~*or* 【조류】 백조의 일종.

knös ~*en* ~*ar*, en rik ~ 부자 양반(나리).

ko ~*n* ~*r* 암소 (발굽동물의 암컷).

KO ☞ konsumentombudsman.

koaffyr ~*en* ~*er* 이발의 양식, 머리형.

koagulera ~*r* ~*de* ~*t itr*. 응고하다.

koalition ~*en* ~*er* 연합, 연립.

koalitionsregering ~*en* ~*ar* 연정, 연립정부(내각).

koaxialkab|el -*eln* -*lar* 【전기】 동축 케이블.

kobb|e -*en* -*ar* (조그만) 섬.

kobent *a*. 안짱다리의.

kobolt [kɷ:-] 【화학】 코발트 (금속 원소, 기호 Co, 번호 27)

koboltblå *a*. 짙은 청색의, 암청색의.

kobr|a -*an* -*or* 코브라 (뱀).

kock ~*en* ~*ar* (남자) 요리사; ju flera ~ar dess sämre soppa 사공이 많으면 배가 산으로 올라간다는 뜻의 속담.

kock|a -*an* -*or* 여자 요리사.

kod ~*en* ~*er* ① 코드, 부호, 부호시스템 ② ☞ kodex ③.

koda ~*r* ~*de* ~*t tr*. (전문을) 약호로 보내다, (프로그램을) 전산기 용어로 고치다.

kodein ~*et 0* 코데인 (아편에서 채취되는 진통 수면제)

kodex ~*en* ~*ar* ① (성서, 고전의) 필사본 ② 법전 ③ (어떤 계급, 사회, 동업자 등의) 규약.

kodifiera ~*r* ~*de* ~*t tr*. 법전으로 편찬하다.

kodifiering ~*en* ~*ar*/kodifikation ~*en* ~*er* 법전 [편찬].

koefficient ~*en* ~*er* 【수학】 계수(係數).

koffein ~*et*/~*en*, *0* 카페인.

koffert ~*en* ~*ar* 여행용 가방, 트렁크.

kofot ~*en*, *kofötter*/~*ar* 쇠지레.

koft|a -*an* -*or* 【의복】 카디건 (앞을 단추로 채우는 스웨터).

kofångar|e -[*e*]*n* ~/stötfångar|e -[*e*]*n* ~ (자동차의) 범퍼.

kog|er [kɷ:gər] -*ret* ~ 화살 통.

kohandel ~*n 0* (원칙을 벗어난) 정치적 타결.

kohesion ~*en 0* (분자의) 응집[력], 결합[력].

koj ~*en* ~*er* 【항해】 해먹; 침대; gå (krypa) till ~s 잠자리에 들다.

koj|a¹ -*an* -*or* 오두막, 움막.

koja² ~*r* ~*de* ~*t itr*. *rfl*. 【항해】 (일상적) 잠자리에 들다.

kojplats ~*en* ~*er* (배에서의) 잠자리.

kok ~*et* ~ ① ett ~ [potatis] (분량) 냄비 하나 가득한 [감자]; oljan kan användas till flera ~ 이 식용유는 튀김에 여러 번 사용할 수 있다; komma i ~ 끓다, 비등하다 ② ett [ordentligt] ~ stryk [호된] 매질.

kok|a¹ -*an* -*or* 흙덩이.

kok|a² ~*r*, -*te*/~*de*, -*t*/~*t* Ⅰ. *tr*. 끓게 하다, 끓이다 Ⅱ. *itr*. 끓다; det ~de i mig (jag ~de) av vrede 나는 화가 나 속이 뒤집힐 것 같았다 (끓어오르다) Ⅲ. (강세 접사와 함께) ① ~ av 달이다, 끓여 우리다 ② ~ bort

끓어 증발하다; 삶아 제거하다 ③ ~ ihop (여러 가지를 뒤섞어) 끓이다, (이야기 따위를) 꾸미다, 조작하다 ④ ~ in 저장식품으로 만들기 위해 끓이다 ⑤ ~ upp a) 끓다 b) 끓이다 ⑥ ~ ur 끓여 우리다 ⑦ ~ över 끓어 넘치다.

kokạin *~et 0* 코카인.

kokạrd [–kạ:d] *~en ~er* 꽃 모양의 모장(帽章).

kokbok *~en kokböcker* 요리책.

kokersk|a [–kəʂka] *–an –or* (여)요리사.

kokẹtt[1] *a.* 요염한, 교태 있는, 아양 떠는.

kokẹtt[2] *~en ~er* 교태부리는 여자, 요부.

kokettera *~r ~de ~t itr.* 아양 떨다, 교태부리다.

koketterị *~et ~er* 아양, 교태.

kokhet *a.* 끓는 물처럼 뜨거운.

kokịll [–ki:l] *~en ~er* 주형(鑄型), 형(型).

kokkonst *~en 0* 요리.

kokkärl [–çæ(r)ɭ] *~et ~* (끓이는데 이용하는) 냄비, 단지 등.

kokọng *~en ~er* (곤충의) 고치.

kokos *~en 0* 코코넛, 야자열매의 총칭.

kokosfett *~et 0* 야자 기름.

kokos|nöt *–nöten –nötter* 야자열매.

kokọtt [–kɔt] *~en ~er* 고급 매춘부.

kokpunkt *~en ~er* 비등점.

koks *~en 0* 코크스 (연료의 일종).

koksalt *~et 0* (보통) 소금.

kokvrå *~n ~r* (아파트 따위의) 간이 부엌, 작은 부엌.

kol [–o:–] *~et/~en, ~* ① 석탄; 숯, 목탄; bränna sina ~ förgävas 헛고생하다 ② (목탄그림용의) 목탄 ③【화학】탄소 (비금속 원소, 기호 C; 번호 6).

kol|a[1] [–o:–] *–an –or* 캐러멜의 일종.

kola[2] [–o:–] *~r ~de ~t itr.* 태워서 숯으로 만들다.

kola[3] [–ɑ:–] *~r ~de ~t itr.* 죽다.

kolar|e *–[e]n ~* 숯 굽는 사람.

kolartro *~n 0* 맹신.

kolchọs [kɔlʃọ:s] *~en ~er* 콜호스 (구소련의 집단농장).

koldioxid *~en 0* 이산화탄소.

kolera *~n 0*【병】콜레라.

kolẹriker *~n ~* 성 잘 내는 사람.

kolerisk *a.* 성 잘 내는.

kolesterol *~et/~en, 0* 콜레스테롤.

kolhydrat *~et/~en, ~/~er* 탄수화물.

kolibakterie *~n ~r* 대장균.

kolibri *~n ~er*【조류】벌새.

kolịk *~en 0* 복통, 배앓이.

kolj|a *–an –or*【어류】명태.

koljé *~n ~er* 목걸이.

kolka *~r ~de ~t tr.* 꿀꺽꿀꺽 마시다.

koll *~en ~ar*, ta en snabb ~ 신속하게 조사하다.

kolla *~r ~de ~t tr.* (약어) kollationera; 조사(검사)하다, 체크하다.

kollaboratör *~en ~er* 매국노, 배신자.

kollag|er *–ret ~* ①【지질】석탄계, 탄층 ② 저탄장.

kollaps *~en ~er* 붕괴.

kollapsa *~r ~de ~t itr.* 붕괴하다, 무너지다.

kollationera *~r ~de ~t tr.* 맞추어 보다, 대조하다.

kollẹg|a *-an, -er/-or* (직장) 동료.
kollegial [-giɑ:l] *a*. 동료의; 충실한.
kollẹgi|um [-giəm] *-et -er* ① 교사회, 교사협의회 ② (표결로 의사 결정을 하는) 직원협의회 ③ 연구소
kollẹkt *~en ~er* 헌금, 모금.
kollektion *~en ~er* 수집.
kollektiv[1] *a*. 집단의, 단체의.
kollektiv[2] *~et ~[er]* 집단, 단체, 집단농장; 【문법】 집합명사.
kollektivavtal *~et ~* 단체협약.
kollektivfil *~en ~er* 대중교통 이용차선.
kollektivhus *~et ~* 집단거주 주택.
kollektivtrafik *~en 0* 대중교통.
kolli *~t ~[n]* 꾸러미, 소포.
kollidera *~r ~de ~t itr*. 충돌하다.
kollision *~en ~er* 충돌.
kolloịd[1] *a*. (kolloidal로도 표기함) 콜로이드(모양)의.
kolloịd[2] *~en ~er* 【화학】 콜로이드, 교상체(膠狀體).
kollra *~r ~de ~t itr*. ~ bort ngn …를 얼빠지게 하다, 미치게 하다.
kollrig *a*. 얼빠진, 머리가 돈, 미친.
kolmil|a *-an -or* 옛날에 숯을 만들기 위해 쌓아 놓은 나무토막의 더미.
kolna *~r ~de ~t itr*. 타서 숯이 되다.
kolon *~et ~* 콜론(:) (구두점의 하나로 대구(對句) 사이 또는 설명구, 인용구 등의 앞에 써서 문, 절의 휴지부와 구별함).
koloni̩ *~n ~er* ① 식민지 ② (같은 인종, 동업자 따위의) 집단, 부락 ③ 【동물】 군서(群棲) 【식물】 군락(群落) ④ ☞ koloniträdgård ⑤ ☞ barnkoloni.
koloniạl *a*. 식민지의, 군서의, 군락의.
kolonialmakt *~en ~er* 식민지 통치국.
kolonialvaror (복수명사) 식민지 생산물.
kolonisation *~en 0* 식민지화.
kolonisatör *~en ~er* 식민지 개척자.
kolonisera *~r ~de ~t tr*. 식민지로 만들다, 식민지화 하다.
kolonistug|a *-an -or* 분할 대여된 밭에 단조롭게 지은 집.
koloniträdgård *~en ~ar* 분할 대여된 밭.
kolọnn *~en ~er* ① 기둥, 원주 ② 【군사】 종대; 종렬.
kolonnạd *~en ~er* 【건축】 (지붕을 받치는) 열주(列柱), 주랑.
kolorạdo[skal]bagg|e *-en -ar* 열줄잎 벌레 (감자의 해충).
koloratu̩r *~en ~er* 【음악】 콜로라투라 (성악곡의 장식적 부분).
kolorera *~r ~de ~t tr*. …에 착색(채색)하다.
kolori̩t *~en ~er* 착색[법], 채색[법]; 【음악】 음색.
kọlos *~et 0* 연기.
kolọss *~en ~er* 거상(巨像); 크고 멋대가리 없는 것; en ~ på lerfötter 사상누각(砂上樓閣).
kolossạl *a*. 거대한, 어마어마한, 굉장한.
koloxid *~en 0* 일산화탄소.
kolportạge [-ɑ:ʃ] *~t 0* ① 도서 방문판매 ② 저질 도서.
kolportageroman *~en ~er* 흥미 본위의 저질 도서.
kolportera *~r ~de ~t tr*. 방문판매하다.
kolportör *~en ~er* 【역사】 방문 도

K

서 판매인; 방문설교자 (종교서적도 판매하였음).

kolsvart *a*. 칠흑같이 어두운.

kolsyr|a *-an 0* 탄산; 탄산가스.

kolsyresnö *~n 0* 드라이 아이스.

kolt [-ɔlt] *~en ~ar* ① 아동용 긴 외투 ② (라프족의) 허리 밑까지 내려오는 외투.

koltablett *~en ~er* 소염진통제의 일종으로 복통이 심할 때 사용.

koltrast *~en ~ar* 【조류】 지빠귀.

kolugn *a*. 냉정한, 침착한.

kolumbạri|um *-et -er* 유골 안치소, 납골당.

kolụmn [-lɵmn] *~en ~er* 【인쇄】 단, 세로줄.

kolv *~en ~ar* ① (기관의) 피스톤 ② (총의) 개머리판 ③ 빗장, 자물쇠청 ④ 플라스크병 ⑤ 【식물】 육수화서 (肉穗花序).

kolväte *~t ~n* 【화학】 탄화수소.

koma *~n 0* 혼수, 의식불명.

kombi *~n, ~/~er* 스테이션왜건 (접거나 뗄 수 있는 좌석이 있고 뒷문으로 짐을 실을 수 있는 자동차).

kombination *~en ~er* 결합.

kombinera *~r ~de ~t tr*. 결합시키다.

komedị *~n ~er* ① 희극 ② 가장, 위선.

komẹt *~en ~er* 혜성.

komfọrt *~en 0* 편안[함].

komfortạbel *a*. 편안한.

komịk *~en 0* 희극; 우스꽝스러움.

kọmiker *~n ~* 희극 배우, 코미디언.

komisk *a*. 우스꽝스러운, 익살스런; 희극적인.

komma[1] *~t ~n* ① 콤마, 쉼표 ② 【수학】 소수점.

komm|a[2] *-er kom -it* Ⅰ. *tr*. ~ ngn att …로 하여금 …하게 하다; ~ ngn att skratta …를 웃게 하다 Ⅱ. *itr*. ① 가까이 오다, 접근하다; här -er …여기 …가 온다 ② 일어나다, 발생하다; en olycka -er sällan ensam 재앙(불행)은 꼬리를 물고 오는 법이다 ③ 방문하다; jag -er till dig i morgon 내가 내일 너에게 가겠다 ④ 도착하다; jag -er med morgontåget 나는 아침 기차로 도착 한다 ⑤ 나타나다; ett gammalt brott kom i dagen 오래전에 저질러졌던 죄가 밝혀졌다 ⑥ …에 이르다, (시간 내에) 도착하다; ~ till åren 나이가 들다; jag kom i tid till stationen 나는 제시간에 역에 도착했다 ⑦ … 출신이다, (…으로부터) 유래하다; han är -en av bättre folk 그는 좋은 집안 출신이다; många ord -er från latinet 많은 단어가 라틴어에서 유래한다 ⑧ (순서에 관한 표현에서), turen -er till ngn …의 차례가 되다; han kom efter den gamle rektorn 그는 전임(연로한) 교장 후임으로 왔다 ⑨ …에게 책임이 지워지다; det kom på min lott att göra detta 이 일을 하는 것은 내 책임이 되었다 ⑩ (상황에 이르다, … 처지가 되다), komma till makten 권력을 잡다 ⑪ …에게 …이 되다; ~ till nytta 소용이 되다; ~ ngn till godo …에게 이익이 되다 ⑫ ~ på ngn …의 몫이 되다, …에게 떨어지다, …에게 배당(할당) 되다; hur mycket -er på var och en? 각각의 몫이 얼마나 되느냐?; på hans andel kom 200 kr 그의 몫으로 200 크로나가 떨어졌다 ⑬ ~ på (합계가)

K

…에 달하다; det kom [allt som allt] på 1000 kr 모두 합해서 1000 크로나에 달했다 ⑭ ~ till; till detta -er, att han är en bra föreläsare 그 밖에도 그는 훌륭한 강사이다 ⑮ ~ att a) (미래에 일어날 일을 지시) -er du att 너 …할 것이냐? b) (신의(神意), 섭리, 운명 등을 표현할 때), han kom aldrig att återvända till sitt hem 그는 집에 다시 돌아갈 수 없는 운명이었다 c) 우연히 …하게 되다; hur kom du att tänka på det? 무슨 연유로 (어떻게) 그 일을 (그것을) 생각하게 되었니?; han kom att slå sönder fönstret 그는 본의 아니게 어쩌다가 창문을 부수게 되었다 d) 서서히 (점차적으로) …하게 되다; så småningom kom jag att tycka om det 나는 그것을 점점 좋아하게 되었다 Ⅲ. *rfl.* ① 회복하다, 나아지다 ② 일어나다, 발생하다; hur -er det sig? 어떻게 해서 그 일이 일어나게 되었는가; hur kom det sig att …? 어떻게 해서 …하게 되었는가? Ⅳ. (강세접사와 함께) ① ~ an a) ~ an på …에 기인하다, …의 문제이다 b) kom an! 이리 와! 자 오라! ② ~ av 내리다, ~ av sig 줄거리를 놓치다, 말이 막히다 ③ ~ bort från henne i trängseln 사람들 틈바구니에서 그녀와 떨어지다 ④ ~ efter …뒤에서 오다, …를 따르다; jag -er efter dig 너의 뒤를 따를께 ⑤ ~ emellan a) fingrarna kom emellan 손가락이 …사이에 끼었다 b) (사이에 들어) 방해하다 ⑥ ~ emot a) …를 향해 오다 (만나기 위해) b) …와 부딪히다 ⑦ ~ fram a) (여기로) 나오다, (저기로) 나가다 b) …에 전달되다, (편지, 전화 따위가) …에 통하다 c) 도착하다, …에 [도]달하다; vi har -it fram till följande siffror 우리는 다음과 같은 수치에 접했다 (다음과 같은 수치가 나왔다); vi kom fram till att … 우리는 …과 같은 결과에 도달했다 d) 나타나다, 등장하다 e) …이 알려지다; de upplysningar som -it fram 알려진 정보 f) 통과하다, 해내다 g) ~ fram med …를 개진하다, 진술하다; ~ fram med sitt ärende 안건을 말하다 ⑧ ~ framåt 진전하다, 전진하다 ⑨ ~ för a) det kom för mig att …이 문득 생각나다 b) ~ sig för med att …할 마음을 먹다; …를 결심하다 ⑩ ~ förbi 지나다 ⑪ ~ före [ngn] […보다] 먼저 오다(가다) ⑫ ~ ifrån …으로부터 빠져 나오다, …으로부터 떨어지다; ~ ifrån varandra 헤어지다; man kan inte ~ ifrån [det faktum] att […한 사실을] 부인할 수 없다 ⑬ ~ igen 다시 오다, 다시 시도하다 ⑭ ~ igenom (어려운 책무, 일 등을) 해내다, 치루어 내다 ⑮ ~ ihop sig/~ sig ihop 사이가 틀어지다, 불화하다 ⑯ ~ ihåg 기억하다 ⑰ ~ in 들어오다 (가다) ⑱ ~ i väg 떠나다, 가다 ⑲ ~ loss a) (물건 등이) 떼어지다, 벗겨지다, 빠지다 b) (사람이) 떠나다 ⑳ ~ lös 탈출하다, 도망가다; 불이 나다 (붙다) ㉑ ~ med a) 동반하다, 함께 가다 (오다) b) 참가(참여)하다; ~ med i kriget 전쟁에 참가하다 c) (차를) 타다; han kom inte med tåget 그는 기차를 놓쳤다 d) 가져오다, 수반하다; termosen kom inte med 보온병을 빠뜨렸다; namnet kom inte med på listan 그 이름이 명부에 빠져 있다

K

㉒ ~ ned (ner) 내려오다, 하향하다, 하강하다; ~ ned på fötterna [뛰어] 내려 서다, 부상을 면하다; ~ ned på huvudet 곤두박질치다 ㉓ ~ omkring a) ~ vida omkring 방방 곡곡을 여행하다 b) när allt −er omkring 결국, 마침내 ㉔ ~ på a) 오르다, 타다 b) 발생하다, 일어나다; det kom hastigt på 그것은 (그 일은) 갑자기 일어났다 c) när lusten −er på [honom], kan han 마음만 먹으면 그는 …할 수 있다 d) 기억하다; jag kan inte ~ på namnet 이름을 기억할 수가 없다 e) 발견하다; ~ på hemligheten 비밀을 알아내다 f) 생각해 내다; han kom på en bra idé 좋은 생각이 그에게 떠올랐다 ㉕ ~ till a) 방문하다; han kom till oss igår 그가 어제 우리를 찾아왔다 b) 첨가되다; härvid −er det till att 여기에 …이 첨가된다 c) 생기다, 만들어지다; en del extrautgifter har −it till 일부 과외 지출이 있었다 ㉖ ~ tillbaka 돌아오다; jag −er tillbaka imorgon 내일 다시 전화 하겠습니다; du måste ~ tillbaka med den 반드시 그것을 가지고 돌아와야 해 ㉗ ~ tillsamman[s] 같이 오다, 만나다, 모이다 ㉘ ~ undan 피하다, 모면하다 ㉙ ~ under … 밑으로 들어오다 (들어가다), [… 상태에] 빠지다 ㉚ ~ upp a) 떠오르다, 올라가다; ~ upp i ett flygplan 비행기에 탑승하다 b) (병석으로부터) 일어나다 c) (별이) 뜨다 d) 유행하기 시작하다 ㉛ ~ ur …으로부터 나오다 ㉜ ~ ut a) 나오다; så snart vi hade −it ut på gatan 길에 나오자마자 b) 출판되다; en nyligen utkommen bok 최근에 출간된 책 c) (소문 등이) 퍼지다, 유포하다 d) jag kan inte ~ ut med hela summan 나는 전액을 지불할 여유가 없다 ㉝ vad −er det mig vid? 그것이 나와 무슨 상관이 있느냐? ㉞ ~ åt a) 수중에 넣다, …를 잡다 (붙들다), 접하다; jag kan inte ~ åt de inlåsta böckerna 안에 잠겨 있는 책들을 꺼낼 수가 없다 b) (단어의 의미를) 파악하다 c) …에게 해를 입히다 d) jag vet inte vad som kom åt honom 그에게 무슨 생각이 들었는지 알 수가 없다 e) 기회를 잡다 ㉟ ~ över a) 건너다, 횡단하다; (방문) 들르다; jag −er över senare 내 나중에 들를게 b) (변심하여 다른 편으로) 붙다 c) 수중에 넣다, 획득하다 d) (분노, 생각 등이) …를 사로잡다 e) (어려움 따위를) 극복하다.

kommanditbolag *~et ~* 유한책임 합자회사 (limited partnership company).

kommando *~t ~n* ① 명령, 지휘; föra ~ över …를 지휘하다; ta ~t över …를 지휘하다, …에 대한 지휘권을 갖다 ②【컴퓨터】어떤 동작이나 기능의 개시, 종료 또는 제어를 위해 이용자가 컴퓨터 프로그램에 부여하는 명령.

kommandobrygg|a *−an −or*【선박】항해선교(航海船橋).

kommatera *~r ~de ~t itr.* 쉼표(코머)를 찍다, 구두점을 찍다.

kommendant *~en ~er* 지휘관, 사령관.

kommendera *~r ~de ~t tr. itr.* 명령하다, 지휘하다.

kommendering *~en ~ar* 명령.

kommendör *~en ~er* ① (육군 대령

K

에 해당하는) 해군 고급장교 ② 구세군에서 대장 다음의 직책 ③ 제2계급 훈작사(勳爵士).
kommendörkapten ~*en* ~*er*, ~ av första graden 해군 중령; ~ av andra graden 해군 소령.
kommensurabel *a*. 동일단위로 계량할 수 있는, 【수학】 통약(약분)할 수 있는.
kommentar ~*en* ~*er* ① 논평, 견해, 의견 ② 주석, 설명, 해설.
kommentator ~*n* ~*er* 해설자.
kommentera ~*r* ~*de* ~*t tr*. 논평하다, 해설하다, 주석을 달다.
kommers ~*en* ~*er*, ~en var i full gång 거래는 매우 활발했다; sköta ~en 영입을 맡다, 사업을 경영하다.
kommerseråd ~*et* ~ 스웨덴 상공회의소의 의장.
kommersialisera ~*r* ~*de* ~*t tr*. 상업화하다.
kommersiell *a*. 상업의, 상업에 관한; 영리 본위의.
komminist|er −*ern* −*rar* 교구의 준목 (부목사).
kommissariat ~*et* ~ ① (전람회, 전시회 등의) 책임자실, 감독관실 또는 그 직 ② 【경찰】 총경실 또는 그 직.
kommissarie ~*n* ~*r* ① (전람회, 전시회 등의) 책임자, 감독관 ② 총경 (경찰).
kommission ~*en* ~*er* ① 부탁(위임) 사항, 위임, 위탁; sälja i ~ 위탁판매하다. ② 전문위원[단].
kommissionär ~*en* ~*er* 대리상 (오퍼상); 대리인.
kommitté ~*n* ~*er* 위원회.
kommitterad (형용사의 명사화) 위원회의 위원.
kommod ~*en* ~*er* 세면대.
kommun ~*en* ~*er* (스웨덴의 행정 단위) 자치 군(郡), 콤뮨.
kommunal *a*. 자치 군(郡)의, 콤뮨의.
kommunalfullmäktig ☞ **kommunfullmäktig** 의 옛 명칭.
kommunfullmäktig (형용사의 명사화) 지방(군)의회 의원; ~e(복수) 지방(군)의회.
kommunicera ~*r* ~*de* ~*t itr*. ① 통신하다, 교통하다, 의사를 서로 통하다 ② 성체를 봉령(奉領)하다.
kommunikation ~*en* ~*er* ① 전달, 통신 ② 교통, 교통수단(기관).
kommuniké ~*n* ~*er* 공보, 콤뮤니케.
kommunism ~*en* *0* 공산주의.
kommunist ~*en* ~*er* 공산주의자.
kommunistisk *a*. 공산주의의.
kompakt *a*. 밀집한; 짙은, 농후한; 견고한; 소형(차)의; ett ~ motstånd 완고한 저항; en ~ bil 소형차.
kompani ~*et* ~*er* ① 【군사】 보병중대 ② 회사, 상사.
kompanjon ~*en* ~*er* 동업자.
kompanjonskap ~*et* *0* 동업, 합자.
komparation ~*en* ~*er* 【문법】 (형용사, 부사의) 비교 변화.
komparativ[1] *a*. 비교의.
komparativ[2] ~*en* ~*er*, ~[en] 비교급.
komparera ~*r* ~*de* ~*t tr*. ① (형용사, 부사를) 비교급, 최상급으로 변화시키다 ② 비교하다, 대조하다.
kompass ~*en* ~*er* (제도용) 콤파스; 나침반.
kompatibel *a*. 【컴퓨터】 호환성이 있는.

K

kompendi|um *-et -er* 개요, 개략, 요약; 요점을 정리한 교재.

kompensation *~en ~er* 보상, 변상.

kompensera *~r ~de ~t tr.* 보상하다, 변상하다.

kompetens *~en 0* 자격.

kompetent *a.* 유자격의, 자격을 갖춘.

kompilera *~r ~de ~t tr.* 편집하다, 편찬하다.

kompis [-ɔ-] *~en ~ar* 친구.

komplement *~et ~* 보충물, 보완하는 것.

komplementfärg *~en ~er* 여색, 보색.

komplett[1] *a.* 완전한; han är en ~ idiot 그는 바보 멍청이다.

komplett[2] *adv.* 완전히.

komplettera *~r ~de ~t* Ⅰ. *tr.* 보충하다, 마무르다, 완성시키다; ~ varandra 서로를 보완하다 Ⅱ. *itr.* ~ i engelska 영어 보충 시험을 보다.

komplex *~et/~, ~[er]* ① 열등의식 ② 종합 건축물.

komplicera *~r ~de ~t tr.* 복잡하게 하다.

komplicerad *a.* 복잡한, 복합적인.

komplikation *~en ~er* 복합적 정황, 복잡화; 합병증.

K

komplimang *~en ~er* 칭찬.

komplimentera *~r ~de ~t tr.* 칭찬하다.

komplott *~en ~er* 음모; vara i ~ med ngn …와 작당하다.

komponent *~en ~er* 요소.

komponera *~r ~de ~t tr.* 작곡하다, 집필하다; (음식 등을) 만들다.

komponist *~en ~er* 작곡가.

komposition *~en ~er* 작곡, 구성.

kompositör *~en ~er* 작곡가.

kompost *~en ~er* 퇴비, 혼합비료.

kompott *~en ~er* 설탕 찜 과일 (주로 후식으로 먹음).

kompress *~en ~er* 압박 붕대, 습포.

kompression *~en ~er* 압축, 압착.

kompressor *~n ~er* (공기, 가스 등의) 압축기, 압축 펌프.

komprimera *~r ~de ~t tr.* 압축시키다.

komprimering *~en ~ar* 【정보통신】 압축 (원형은 유지하면서 데이터양을 줄이거나 전송 속도나 주파수 대역을 축소하는 것).

kompromettera *~r ~de ~t tr.* (명예, 평판 따위를) 더럽히다, 손상시키다; 우세시키다.

kompromiss *~en ~er* 타협, 절충; gå med på (ingå) en ~ 타협[안]에 동의하다 (응하다).

kompromissa *~r ~de ~t itr.* 타협하다, 절충하다.

komvux kommunal vuxenutbildning 의 준말로 '지방자치단체에서 운영하는 성인교육'.

kon [kɷ:n] *~en ~er* 【수학】 원뿔; 원추체.

koncentrat *~et ~* 농축 물; 개략, 대요.

koncentration *~en ~er* 집중; 농축.

koncentrationsförmåga *~n 0* 집중력.

koncentrationsläg|er *-ret ~* (나치의) 강제 수용소.

koncentrera *~r ~de ~t tr.* 집중시키다; 농축하다, 응집하다; ~ sig på ngt …에 집중하다.

koncentrisk *a.* 동심(同心)의, 중심이

같은.

koncept *~et ~[er]* 초안, 초고; tappa/förlora ~erna 당황하다, 정신을 빠뜨리다.

koncern [kɔnsœːŋ/kɔnsæːrŋ] *~en ~er* 기업연합(합동), 카르텔.

koncession [–ʃɷːn] *~en ~er* 허가, 면허.

koncessiv *a.* 양보의, 【문법】 양보를 나타내는.

konciliant *a.* 타협적인, 융화적인.

koncis *a.* 간결 명료한.

kondensation *~en 0* 응축, 액화.

kondensator *~n ~er* 【전지】 콘덴서, 축전기.

kondensera *~r ~de ~t tr.* 응축시키다; 액화시키다.

kondis[1] *~et ~* ☞ **konditori**.

kondis[2] *~en 0* ☞ **kondition**.

kondition *~en ~er* ① (건강) 상태; jag är i dålig (god) ~ 컨디션이 나쁘다 (좋다) ② 조건.

konditional *a.* 조건의, 조건부인; 【문법】 조건을 나타내는.

konditionalis (불변화 en–명사) 【문법】 조건법.

konditor *~n ~er* 빵장수 (직공).

konditori *~et ~er* 카페, 제과점(빵과 커피를 파는).

kondoleans [–ans/–aŋs] *~en ~er* 조위, 애도, 조사(弔辭).

kondolera *~r ~de ~t tr.* 조문하다.

kondom [–doːm] *~en ~er* 콘돔 (피임 기구의 일종).

kondor [–oːr] *~en ~er* (남아프리카에 서식하는) 독수리.

konduktör *~en ~er* 차장(기차, 버스의).

konfekt *~en 0* (초콜릿 등의) 과자, 캔디.

konfektion *~en 0* 기성복; 기성복 제조; 기성복 판매.

konferencié/konferencier [–feraŋsieː] *~[e]n ~er* (무대의) 사회자, 진행자.

konferens [–ens/–aŋs] *~en ~er* 회의, 협의회.

konferera *~r ~de ~t itr.* 의논하다, 협의하다.

konfession *~en ~er* 【종교】 신앙고백; 고해.

konfetti *~n 0* (축제 때 던지는) 색종이 조각.

konfidentiell [kɔnfidɛn[t]siɛl] *a.* 비밀의, 기밀의; 신임이 두터운, 비밀을 보장할 수 있는.

konfiguration *~en ~er* 【정보통신】 구성 (단일 마이크로컴퓨터의 구성은 중앙 처리 장치(CPU)와 기억 장치, 디스크 구동기, 키보드 및 표시 장치를 포함하는 내부 · 외부 구성 요소의 편성을 말하며 일반적으로 마우스, 모뎀, 인쇄기와 같은 부가 하드웨어는 포함되지 않는다).

konfigurera *~r ~de ~t tr.* 【정보통신】 구성하다 (☞ **konfiguration**).

konfigurering *~en ~ar* ☞ **konfiguration**.

konfirmand *~en ~er* 【종교】 견진성사를 받을 대상자.

konfirmation *~en ~er* 【종교】 견진성사, 안수례(按手禮).

konfirmera *~r ~de ~t tr.* 【종교】 견진성사(堅振聖事)를 베풀다, …에게 안수를 행하다.

konfiskation *~en ~er*/**konfiskering** *~en ~ar* 몰수, 압수; 【법】 사유재

K

산 몰수.

konfiskera *~r ~de ~t tr.* 몰수하다, 압수하다.

konflikt *~en ~er* 갈등, 충돌, 불일치; komma i ~ med lagen 법에 저촉되다.

konfrontation *~en ~er* 대결, 직면.

konfrontera *~r ~de ~t tr.* …와 대결하다, …와 직면하다.

konfundera *~r ~de ~t tr.* 혼란시키다, 어지럽히다, 당황케 하다.

kongenial [-jeniɑ:l] *a.* en ~ översättning 원작의 의도와 주제를 잘 살려낸 번역.

konglomerat *~et ~* ① 집성물, 집괴(集塊) ②【지질】역암 ③【경제】복합기업.

kongoles *~en ~er* 콩고인.

kongolesisk *a.* 콩고의.

kongress *~en ~er* 회의, 협의회.

kongressa *~r ~de ~t itr.* 회의를 열다 (개최하다).

kongruens *~en 0* 일치(형상, 크기의);【수학】합동[성]【문법】(성, 수, 인칭 등의) 일치.

kongruent *a.* 일치하는,【수학】합동의.

konisk [kɷ:-] *a.* 원추의, 원뿔꼴의.

konjak *~en 0* 꼬냑 (프랑스 산 브랜디).

konjugation *~en ~er*【문법】동사의 활용.

konjugera [-ge:-] *~r ~de ~t tr.*【문법】동사를 활용(변화)시키다.

konjunktion *~en ~er*【문법】접속사.

konjunktiv *~en ~er*【문법】가정법.

konjunktur *~en ~er* 경기(景氣); goda (dåliga) ~er 호(불)경기.

konkav *a.* 오목한, 옴폭한.

konklav *~en ~er* 비밀회의; (비밀로 행해지는) 교황 선거회의.

konkordans [-ans/-aŋs] *~en ~er* 일치; 용어 색인.

konkret *a.* 구체적인.

konkretisera *~r ~de ~t tr.* 구체화시키다.

konkubin *~en ~er* 첩; 내연의 처.

konkurrens [-ens/-aŋs] *~en 0* 경쟁; fri ~ 자유경쟁; illojal ~ 불공정한 경쟁.

konkurrent *~en ~er* 경쟁자.

konkurrera *~r ~de ~t itr.* 경쟁하다.

konkurs *~en ~er* 파산; bedräglig ~ 허위 파산; begära ngn i ~ …의 파산선고를 신청하다; begära sig i ~ 자신의 파산선고를 신청하다; försätta ngn i ~ …를 파산시키다; gå i (göra) ~ 파산하다.

konnässör *~en ~er* 감식가, (미술품의) 감정가, 전문가.

konossement *~et ~* 선하(船荷)증권.

konsekutiv [kɔn-/-i:v] *a.*【문법】결과를 나타내는.

konsekvens *~en ~er* 일관[성]; 결과; det finns ingen ~ i hans handlingssätt 그의 행동방식에는 일관성이 없다; ta ~erna (자신의 행동으로 야기되는) 결과를 감수하다.

konsekvent[1] *a.* 일관성 있는.

konsekvent[2] *adv.* 일관성 있게.

konselj *~en ~er* 각료회의.

konsert [-sæ:r/-sæ:t] *~en ~er* ① 음악회, 콘서트 ②【음악】협주곡, 콘체르토.

konsertera *~r ~de ~t itr.* 음악회를 열다.

K

konserv *~en ~er* 저장식품, 통조림 식품.

konservatism *~en 0* 보수성, 보수주의.

konservativ *a*. 보수적인.

konservator *~n ~er* (박물관 등의) 관리자; 박제사.

konservatori|um *-et -er* 음악전문 학교.

konservburk *~en ~ar* 깡통, 통조림.

konservera *~r ~de ~t tr*. 저장식품으로 만들다, 통조림으로 하다.

konserveringsmed|el *-let ~* 방부제.

konservöppnar|e *-[e]n ~* 깡통따개.

konsistens *~en ~er* 농도, 밀도, 끈기; (물질의) 단단하기; anta fast ~ 딱딱해지다, 굳어지다.

konsistori|um *-et -er* ①【기독교】총회 ② (대학의) 평의원회.

konsol [-so:l] *~en ~er*【건축】까치발; 돌출한 선반.

konsolidera *~r ~de ~t tr*. 공고(견고)히 하다, 강화하다.

konsonant *~en ~er*【음성】자음.

konsorti|um *-et -er* 기업 연합, 신디케이트.

konspiration *~en ~er* 음모, 공모, 모의, 모반.

konspiratör *~en ~er* 음모자, 공모자, 모반자.

konspirera *~r ~de ~t itr*. 공모하다, 음모를 꾸미다.

konst *~en ~er* ① 예술; ~ och vetenskap blomstrade i Aten 예술과 학문은 아테네에서 발달했다; 회화, 미술 ② 예술품; 그림, 미술 작품 ③ 기술, 재주, 기능; ~en att läsa väl är svår 독서를 잘 하는 법을 터득하기는 어렵다 ④ ~en 묘기, 곡예, 요술 ⑤ vad är det för ~er? 이게 무슨 어리석은 짓인가?

konstakademi *~n ~er* 미술학원, 미술 전문대학.

konstant[1] *a*. 지속적인.

konstant[2] *~en ~er*【수학】상수, 정수, 항수.

konstap|el *-eln -lar* ① 순경, 경관 ②【군대】포병 하사관.

konstatera *~r ~de ~t tr*. 확증하다, 확인하다; 진술하다, 주목하다; 주장하다; jag bara ~r faktum 나는 단지 사실을 말하는 것이다; smittkoppor har ~ts i 천연두가 …지역에서 확인되었다.

konstaterande *~t ~n* 확인, 확증; 진술; 발견.

konstellation *~en ~er* 별자리.

konsternerad *a*. bli ~ 깜짝 놀라다.

konstfackskol|a *-an -or* 예술전문대학.

konstfib|er *-ern -rer* 화학섬유.

konstfrusen *a*. 인공으로 얼린; ~ skridskobana (인공으로 얼린) 스케이트장.

konstförfaren *a*. 솜씨가 뛰어난, 손재주가 능한.

konstgjord *a*. 인공의, 인공적인.

konstgrepp *~et ~* ① 비결; 요령 ② 책략, 계교, 속임수.

konstgödsel *~n 0* 인공 비료.

konsthantverk *~et ~* 수공예[품].

konstig *a*. 이상한, 기이한; en ~ kropp 이상한 녀석.

konstindustri *~n ~er* 공예산업.

konstituera *~r ~de ~t tr.* 구성하다, 조직하다; styrelsen har ~t sig 위원회가 구성(조직)되었다 ② 임시로 …를 임명하다.

konstitution *~en ~er* ① 구성, 구조, 조직 ② 헌법 ③ 체질, 체격.

konstitutionell *a.* ① 헌법의, 합헌의, 입헌적인, 법치의 ② 타고난, 체질적인, 선천적인.

konstlad *a.* 인위적인, 인공적인.

konstlös *a.* 단순한, 자연스러운.

konstnär *~en ~er* 예술가, 화가.

konstnärinn|a *-an -or* 여류예술가, 여성화가.

konstnärlig *a.* 예술가의, 미술가의; 예술의, 미술의; 예술적인.

konstnärskap *~et 0* ① 예술적 수완(기교) ② (직업으로서의) 예술, 예도(藝道).

konstpaus *~en ~er* (자신이 한 말이나 할 말을 강조하기 위한) 의도적 중단, 휴지.

konstra *~r ~de ~t itr.* (아이들이) 말썽을 부리다, 떼쓰다; 곤란하게 하다.

konstrik *a.* 예술적인; 기발한.

konstruera *~r ~de ~t tr.* ① (이야기 따위를) 꾸미다, 고안하다, 구성하다 ②【문법】문법적으로 결합하다; verbet ~s med dativ 그 동사는 여격을 지배한다 (여격과 함께 쓰인다).

konstruktion *~en ~er* ① 고안, 구성, 구조; den bärande ~en 기본구조 ②【문법】구문; (어, 구의) 구성.

konstruktiv *a.* 건설적인; 구조적인.

konstruktör *~en ~er* 건설자, 건조자, 조선기사.

konstsilke *~t ~n* 레이온; 인조견사.

konstskicklig *a.* 솜씨 있는; 기술이 좋은.

konststoppa *~r ~de ~t tr.* (옷감 등이 손상된 곳을) 보이지 않게 수선하다.

konststycke *~t ~n* 재주, 묘기.

konstverk *~et ~* 예술품.

konstvetenskap *~en ~er* 예술사(학).

konståkning *~en 0* 피겨 스케이팅(figure skating).

konsul *~n ~er* 영사(領事).

konsulat *~et ~* 영사관(領事官).

konsulent *~en ~er* 조언자, 충고자, 고문; 상담원.

konsult *~en ~er* 무임소장관; 전문고문.

konsultation *~en ~er* 의논, 협의, 상담.

konsultativ [-ti:v] *a.* 상담(협의)의, 자문의; ~t statsråd 무임소장관.

konsultera *~r ~de ~t tr.* …의 충고를 구하다, 상담하다; ~ en läkare 의사와 상담하다, 의사의 진찰을 받다.

konsum (불변화 ett-명사) 소비자 조합이 경영하는 매점.

konsument *~en ~er* 소비자.

konsumentombuds|man *~nen -män* 소비자 옴부즈만.

konsumentprisindex *~et 0* 소비자 물가 지수.

konsumentupplysning *~en ~ar* 소비자를 위한 정보(안내).

konsumera *~r ~de ~t tr.* 소비하다.

konsumtion *~en 0* 소비.

konsumtionsvar|a *-an -or* 소비재, 소모품.

kontakt *~en ~er* ① 접촉, 교제, 연줄;

K

bra (goda) ~er 원활한 (유익한) 교제 (연줄); få (ta, komma i) ~ med …와 교제하다, …와 접촉하다 ② 【전기】 접촉; 스위치; 개폐기; 플러그, 콘센트.
kontakta ~r ~de ~t *tr.* 접촉하다; 교제하다; 연결하다.
kontaktglas ~et ~/kontaktlins ~en ~er 콘택트 렌즈.
kontamination ~en ~er 【언어】 혼교(混交), 'ta ställning' 또는 'fatta beslut'라고 하는 대신에 'fatta ställning'이라고 잘못 표현하는 것.
kontant[1] *a.* 현금의, 현찰의; ~ betalning 현금 지불; vid ~ betalning 현금 지불 시에; ~a medel 현금; per extra ~ 맞돈으로, 즉시 현금불로.
kontant[2] *adv.* betala ~ …을 현금으로 지불하다.
kontanter (복수명사) 현금, 현찰.
kontemplation ~en ~er 사색, 사변; 명상.
kontemplativ *a.* 사색(사변)적인; 명상의.
kontenans [–nans/–aŋs] ~en *0*, bevara ~en 태연하다, 냉정을 잃지 않다; förlora ~en 냉정을 잃다, 감정을 나타내다.
kontenta ~n *0*, ~n av …의 주요내용, 핵심, 개요, 요지.
konteramiral ~en ~er 해군소장.
konterfej ~et ~ 그림, 초상화.
kontext ~en ~er 문맥, (문장의) 전후 관계, (어떤 일의) 정황.
kontinent ~en ~er 대륙.
kontinental *a.* 대륙[성]의.
kontingent [–iŋgent/–injent] ~en ~er ① 【군사】 분견대 (함대), 파견단, 대표단 ② 몫, 분담[액].
kontinuerlig *a.* 계속의, 계속적인.
kontinuitet ~en *0* 계속[성], 연속[성].
konto ~t ~n 회계, 계정; 거래 계좌, 구좌; 당좌계정; ha ~ i en affär (bank) 상점(은행)에 거래(계좌)를 가지고 있다; skriv (sätt) upp det på mitt ~ 나의 회계(셈)에 달아 놓도록 하시오.
kontoinnehavar|e –[*e*]*n* ~ 거래자, 계좌(구좌)주.
kontokurant ~en ~er 【상업】 당좌계정, 계산 명세서.
kontor ~et ~ 사무실.
kontorist ~en ~er 사무원, 서기.
kontorsartiklar (복수명사) 사무용품.
kontra *prep.* (소송, 운동, 경기 등에서) …대(對), …과 대비해서.
kontraband ~et ~ 수출입 금지제품, 밀수품.
kontrabas ~en ~ar 콘트라베이스 (최저음 현악기).
kontradiktorisk *a.* 모순의, 모순적인.
kontrahent ~en ~er 계약당사자.
kontrahera ~r ~de ~t ☞ kontraktera.
kontrakt ~et ~ ① 계약, 합의; avsluta (ingå) ett ~ med ngn om ngt …와 …에 대해 계약을 맺다; bryta (uppsäga) ett ~ 계약을 파기하다 ② 【가톨릭】 관구(管區)(교구보다 큰 행정단위).
kontraktera ~r ~de ~t *tr. itr.* ~ [om] ngt […에 대해서] 계약하다, 합의하다.
kontraktprost ~en ~ar 관구(管區) 사제.
kontramärke ~t ~n 물표, 보관증.
kontrapunkt ~en ~er 【음악】 대위법.

kọntrarevolution *~en ~er* 반혁명.

kontrasignẹra [-siŋnẹ:ra] *~r ~de ~t tr.* 부서(副署)하다, 연서(陣署)하다.

kontraspionage [-nɑ:ʂ] *~t 0* 역 스파이 활동, 방첩활동.

kontrạst *~en ~er* 대조, 대비, 대조법.

kontrastera *~r ~de ~t itr.* 대조가 되다, 대조를 이루다.

kontrọll *~en ~er* ① 감시, 감독, 단속 ② 통제[력], 지배[력] ③ 【기계】 조종 장치 ④ 통제소, 감시실.

kontrollạnt *~en ~er* 감시인, 감독관, 단속인.

kontrollera *~r ~de ~t tr.* ① 감시하다, 감독하다, 단속하다; ~t silver 품질보증 표시가 되어 있는 은 ② 지배하다, 통제하다.

kontrollpanel *~en ~er* 【컴퓨터】 제어판 (윈도즈나 매킨토시에서 날짜, 글꼴, 화면 조정, 마우스의 동작 속도, 스피커 음량 등 사용자가 컴퓨터와 주변 장치를 사용할 때 파라미터를 지정할 수 있도록 만든 유틸리티 메뉴).

kontrollör *~en ~er* 감시인, 감독관.

kontrovẹrs *~en ~er* 논쟁, 언쟁.

kontroversiẹll *a.* 논쟁의 여지가 있는; 언쟁의.

konträr *a.* 정반대의.

kontụr *~en ~er* 윤곽.

kontusion *~en ~er* 【의학】 좌상(挫傷), 타박상.

kọnung *~en ~ar* 왕, 임금; heliga tre ~ar (그리스도의 탄생을 알고 찾아온) 세 사람의 동방박사.

konungslig *a.* ① 왕의, 제왕의 ② 왕다운, 당당한, 위엄 있는.

konvalescẹns [-sɛns/-ʃɛns] *~en 0* 회복[기].

konvalescẹnt [-sɛnt/-ʃɛnt] *~en ~er* 회복기에 있는 환자.

konvạlje *~n ~r* 은방울 꽃.

konvenạns [-naŋs] *~en 0* (일반적인) 관례, 인습, 통례; 예의, 예절; byrta mot ~en 관례를 무시하다.

konvẹnt *~et ~* 회의, 회합, 집회.

konvention *~en ~er* ① 협약, 협정 ② 관습, 관례.

konventionẹll *a.* ① 협약의, 협정에 관한, 협약에 의거한 ② 관습적인, 통례의 ③ 판에 박힌, 틀에 박힌, 형식적인, 상투적인; samtalstonen var ~ och tråkig 대화의 어조는 상투적이고 지루했다.

konvergera [kɔnværgẹ:ra] *~r ~de ~t itr.* 한 점(선)에 집중하다, 모이다, (의견 등이) 한데 모이다; 【수학】 수렴하다.

konversation *~en ~er* 회화, 대화.

konversationslexikon *~et ~* 【고어】 백과사전.

konversera [kɔnvæʂẹ:ra] *~r ~de ~t tr. itr.* 대화하다.

konvertera *~r ~de ~t* Ⅰ. *tr.* 변화(전환)시키다 Ⅱ. *itr.* 개종하다.

konvertering *~en ~ar* 【정보통신】 전환, 변환 (컴퓨터 처리에서, 가장 기본적인 처리로 판독이 가능한 기록매체에서 자기 테이프나 자기 디스크 등의 파일 매체로 변환하는 것, 또는 그 반대. 데이터 처리의 효율화, 파일 취급의 용이성 확보를 목적으로 한다).

konvertịbel *a.* 전환(변환)할 수 있는.

konvertịt *~en ~er* (종교의) 개종자.

konvẹx *a.* ① 볼록면의, 돌출한;

~lins 볼록렌즈 ② 【수학】 (다각형에서) 모든 내각(內角)이 다 180도 이하인.

konvoj [-vọj] *~en ~er* 호위, 호송; 호위(호송)선 (군함에 의해 호위를 받는 상선); segla under (i) ~ 호위를 받으며 항해하다.

konvojera *~r ~de ~t tr*. 호위하다, 호송하다.

konvolụt *~et ~* (편지, 서류 따위의) 봉투.

konvulsion *~en ~er* (발작적인) 경련.

konvulsịvisk *a*. 경련적인.

kooperation *~en ~er* 협동, 협력.

kooperatịv *a*. ① 협동의, 협력의 ② 협동조합의.

koordinera *~r ~de ~t tr*. …을 동등하게(동위로, 동격으로) 하다, 조정하다.

kopị|a *-an -or* 복사; 사본.

kopiator *~n ~er* 복사기.

kopiera *~r ~de ~t tr*. 복사하다.

kopieringsskydd *~et 0* 【정보통신】 저작권 보호, 복사 방지.

kopist *~en ~er* 모조가, 복사자.

kopiös *a*. 무진장한, 엄청난; gossen hade en ~ aptit 그 사내애는 엄청난 식욕을 가지고 있었다.

kopp *~en ~ar* 컵, 찻잔; en ~ te 차 한잔.

kopp|a[1] *-an -or* ① 【병리】 농포(膿疱) ② *-or[na]* ☞ smittkoppor, vattenkoppor.

koppa[2] *~r ~de ~t tr*. 【의학】 …에 흡갑(부항)을 대다.

koppar *~[e]n 0* 동, 구리.

kopparorm *~en ~ar* (유럽산) 발 없는 도마뱀.

kopparslagar|e *-[e]n ~* ① 구리세공인 ② ha ~ 숙취가 있다.

kopparstick *~et ~* 동판 (인쇄).

kopp|el *~let ~* ① (개 따위를 매어 두는) 끈, 줄 ② 【군대】 멜빵, 견대(肩帶) ③ (철도차량의) 자동 연결기.

koppla *~r ~de ~t* Ⅰ. *tr*. ① 【전기, 기계】 연결하다, 결합하다 ② (개 등을) 줄로(끈으로) 묶어 놓다 Ⅱ. *itr*. ① 이해하다; han ~r långsamt 그는 이해가 늦다 ② 포주 노릇을 하다 Ⅲ. (강세접사와 함께) ① ~ av a) 스트레스를 해소하다, 긴장을 풀다, 기분전환 시키다 b) 【전기, 기계】 단락시키다, (라디오 등을) 끄다 ② ~ ngn fel (전화선 등을) 잘못 연결시키다 ③ ~ ifrån 【전기, 기계】 분리시키다, (엔진의 기어를) 중립상태에 두다, 단락시키다 ④ ~ ihop 연결시키다, 결합시키다 ⑤ ~ in a) 연결시키다(플러그를 콘센트에) 꽂다 b) 의뢰하다, (경찰 등을) 부르다 ⑥ ~ loss (개 등을 끈으로부터) 풀어 놓다 ⑦ ~ om (전화 등을) 재 연결시키다 ⑧ ~ på (라디오 등을) 켜다 ⑨ ~ till (차량 등을) 접속시키다, 연결하다 ⑩ ~ ur 분리시키다, 단락시키다.

kopplar|e *-[e]n ~* (남자)포주.

kopplerị *~et ~er* 매춘주선, 매춘알선 행위.

kopplersk|a *-an -or* (여자)포주.

koppling *~en ~ar* 연결, 결합.

kopplingsschema *~t ~n* 배선도.

koppärrig *a*. 마마자국이 있는.

kopra *~n 0* 코프라(코코야자의 핵이나 과육을 말린 것).

kopt *~en ~er*/**kopter** *~n ~* ① 콥트

사람 (고대 이집트인의 자손) ② 콥트 교도 (이집트의 기독교도).
koptisk *a.* 콥트 사람의.
kopulation *~en 0* 성교, 교미, 교접.
kor *~et ~* 【교회】 내진(內陣), 사제석 (교회당의 성단 동쪽에 있는).
kora *~r ~de ~t tr.* 선택하다, 선정하다.
koral *~en ~er* 성가, 코랄 (성가대 또는 회중일동이 합창하는 힘찬 리듬의 장엄한 제창성가).
korall *~en ~er* 산호.
koran *~en 0,* koranen 코란 (이슬람교의 성전).
kord *~en 0* 코르덴 천, 골 지게 짠 천.
kordial *a.* 진심에서 우러나는, 마음으로부터의.
kordong *~en ~er* ① 묶는 끈 ② 비상(경계)선.
Korea 대한민국.
korean *~en ~er* 한국인.
koreansk *a.* 한국[말]의, 한국인의.
koreansk|a ① *-an 0* 한국말 ② *-an -or* 한국 여자.
koreografi *~n 0* 【연예】 안무.
korg [kɔrj] *~en ~ar* ① 바구니 ② få ~en (결혼 제의에 대해) 거절당하다, 퇴짜 맞다; ge ngn ~en (결혼 제의에 대해) 퇴짜를 놓다, 거절하다.
korgblommig *a.* 【식물】 국화과의.
korgboll *~en 0* 【스포츠】 농구.
korgoss|e *~en ~ar* 교회에서 신부의 전례를 돕는 소년.
korint *~en ~er* 씨 없는 작은 건포도.
korintisk *a.* (고대 그리스의 도시) 코린트의; 【건축】 코린트식의.
korist *~en ~er* 성가대원; 합창대원.
kork *~en ~ar* ① 코르크 (코르크나무의 외피 아래 생기는 코르크 조직을 벗겨 낸 것); (코르크로 만든) 병마개; sätta ~en i flaskan 병에 마개를 채우다 ② vara styv i ~en 잘난 체 하다.
korka *~r ~de ~t tr.* (병에) 코르크 마개를 하다; ~ igen 코르크 마개로 막다; ~ upp 코르크마개를 열다.
korkad *a.* 어리석은.
korkek [-ke:k] *~en ~ar* 코르크나무 (지중해 연안 지방에 서식하는 식물로 두꺼운 코르크 조직에서 코르크를 채취).
korkmatt|a *-an -or* 리놀륨 (내화성과 탄성이 있어 마루깔개 따위로 사용된다).
korkskruv *~en ~ar* 코르크마개 뽑이.
korn *~et ~* ① 곡식알, 낟알; 씨앗 ② 극소량, 미량; ett ~ av sanning 손톱만큼의 진실; ge tionde ~et 열 곱의 수확을 올리다 ③ 보리 ④ (총의) 가늠쇠; få ~ på ngt …을 목격하다.
kornblixt *~en ~ar* 마른번개 (천둥을 동반하지 않는 번개).
kornblå *a.* 팔랑개비국화처럼 푸른.
kornett *~en ~er* 코넷 (세 개의 피스톤을 지닌 트럼펫과 흡사한 악기).
korngryn *~et ~* 납작보리.
kornig *a.* 알갱이[꼴]의.
kornisch *~en ~er* 【건축】 천장돌림띠 (실내에서 천장과 벽의 경계에 돌출한 부분); (커튼의 윗부분을 덮은) 상인방(上引枋).
kornknarr *~en ~ar* 뜸부기.
koron|a *-an -or* 【천문】 코로나, 광관(光冠).
korp *~en ~ar* ① 까마귀 ② 까마귀 모양의 곡괭이.

K

korpgluggar (복수명사), upp med ~na! 눈을 크게 떠라!

korpidrott ~en 0 ☞ korporationsidrott.

korporation ~en ~er 사단법인; 조합; 협회.

korporationsidrott ~en 0 (비전문적인) 클럽 스포츠, 직장 동호인 스포츠.

korpral ~en ~er 【군대】 (육군)하사.

korpulens ~en 0 비만, 비대.

korpulent a. 비만한, 비대한.

korrekt a. 정확한, 맞은.

korrektiv ~et ~ 교정물, 교정책.

korrektur ~et ~ 교정쇄; läsa ~ på …의 교정쇄를 읽다.

korrekturläs | a -er -te -t tr. …의 교정판을 읽다.

korrelat ~et ~ 【문법】 선행사.

korrespondens ~en 0 ① 서신왕래 ② 교응, 상응, 대응, 일치; har du lagt märke till ~en mellan dessa två begrepp? 이 두 개념 간에 상응점이 있다는 것을 유념하였는가?

korrespondent ~en ~er 통신자, 통신원; (신문, 잡지의) 기고가; 【상업】 거래선, 거래자.

korrespondera ~r ~de ~t itr. ① 서신 교환하다 ② 일치하다, 부합하다, 상응하다.

korridor ~en ~er 복도; 낭하; 통로; 로비.

korridorpolitik ~en 0 (의회) 정치 공작; bedriva ~ 로비활동을 하다, 정치 공작을 하다, (의안의) 통과 운동을 하다.

korrigera [-ʃẹ:-] ~r ~de ~t tr. 고치다, 정정하다.

korrumpera ~r ~de ~t tr. ① 부패시키다, 매수하다; ~de ämbetsmän 부정 공무원 ② 【언어】 (언어를) 전와(轉訛)시키다.

korruption ~en 0 (도덕적) 부패, 타락 부정행위.

kors[1] adv. ~ och tvärs 사방팔방으로.

kors[2] itj. ~ i Jesu (jösse) namn (i alla mina dar)! 하느님, 맙소사!.

kors[3] ~et ~ ① 십자가 (죄수를 처형할 때 매달아 둠); 기독교의 상징으로서 십자가; han hängdes på ~et 그는 십자가에서 처형되었다; höja ~et 기독교를 전파하다 ② 고통, 시련; bära sitt ~ med tålamod 인내를 가지고 자신의 십자가를(고통, 시련을) 짊어지다 ③ 십자가 모양의 것 ④ 【해부】 요부(腰部) ⑤ 【포유동물】 엉덩이 부분.

korsa ~r ~de ~t Ⅰ. tr. ① 교차시키다, 가로지르다 ② 십자가를 그리다 ③ 이종(異種) 교배시키다 ④ (선, 면 따위를) 서로 만나게 하다, 교차시키다; ~d check 횡선 수표 Ⅱ. rfl. ① 성호를 긋다 ② 이종 교배하다.

korsband ~et ~ ① sända som ~ a) (우편요금이 저렴한) 인쇄우편으로 보내다 b) 견본우편으로 보내다 c) 서적우편으로 보내다 ② ☞ korsbandsförsändelse.

korsbandsförsändelse ~n ~r 인쇄(서적) 우편(우송).

korsblommig a. 【식물】 십자화과 식물의.

korsdrag ~et ~ 틈으로 들어오는 바람.

korseld ~en ~ar 【군사】 교차사격; (질문 등의) 일제사격.

korselett ~en ~er 코셀레트 (코르셋과 브래지어를 한데 합친 여성의 속옷).
korsett ~en ~er 코르셋.
korsfarar|e -[e]n ~ 십자군 용사.
korsfäst|a -er -te - tr. 십자가에 못 박아 사형시키다.
korsförhör ~et ~ 【법률】 반대심문 (변호사가 상대방 증인에 대해서 하는 심문).
korsikan ~en ~er /korsikanar|e -[e]n ~ 코르시카인.
korsikansk a. 코르시카의, 코르시카 사람의.
korsning ~en ~ar ① 가로지르기, 횡단, 교차 ② 교차점, 네거리 ③ 【생물】 이종 교배; 이화(異花)수정.
korsnäbb ~en ~ar 【조류】 솔잣새 (부리를 닫으면 끝이 엇물리는 새).
korsord ~et ~/korsordsgåt|a -an -or 십자말 풀이.
korsrygg ~en ~ar 요부(腰部), 요추(腰椎).
korsstygn [kɔʂʂtyŋn] ~et ~ 십자뜨기, 십자수.
korsteck|en -net ~ 성호(聖號).
korståg ~et ~ ① 십자군 ② (교황이 인가한) 성전(聖戰) ③ 개혁(박멸)운동.
korsvirkeshus ~et ~ 목골조(木骨造) 집 (뼈대는 나무이고 다른 부분은 석회 따위를 칠한 집).
kort[1] [-ɔʈ] a. ① 짧은, 작은; ~a varor 잡화, 장신구 ② 단기간의; deras lycka var ~ 그들의 행복은 길지 않았다 ③ komma till ~a 실패하다, 참패하다.
kort[2] [-ɔʈ] adv. 짧게; 짤막하게; 대략; andas ~ 헐떡이다; ~ sagt 간단히 말해서; ~ och gott 단지, 간신히.
kort[3] [-ɔʈ] ~et ~ ① (트럼프) 카드; 엽서; 명함; fina (dåliga) ~ 좋은 (나쁜) 패; lägga ~en på bordet 가진 패를 내보이다; 계획(의도)을 드러내다; spela (sköta) sina ~ väl 카드놀이에 능숙하다, 일을 능숙하게 처리하다 ② 사진 ③ 해도(海圖).
korta ~r ~de ~t tr. 짧게 하다, 줄이다.
kortege [-e:ʃ] ~n ~r ① 행렬 ② 수행원, 시종들.
korteligen adv. 짧게 말해서, 간단히 말하자면.
kortfattad a. 대략의, 개요적인, 개괄적인.
kortfristig a. 단기[간]의.
korthet ~en ~ 짧음, 간략함; i ~ 간략히.
korthuggen a. 짤막한; 무뚝뚝한, 퉁명스러운.
korthus ~et ~ 카드로 만든 집, 형편없이 만들어진 집.
kortklippt a. (머리를) 짧게 자른 (깍은).
kortkonst ~en ~er 카드묘기.
kortlek ~en ~ar 카드놀이.
kortlivad a. 단명의, 덧없는.
kortox|e -en -ar 카드놀이를 매우 좋아하는 사람.
kortregist|er -ret ~ 카드식 색인.
kortsiktig a. 단기의.
kortslutning ~en ~ar 【전기】 단락, 쇼트; 누전.
kortspel ~et ~ 카드놀이, 카드게임.
kortsynt a. ① 근시[안]의 ② 단견의, 근시안적인.
korttänkt a. 선견지명이 없는, 단견

K

의, 근시안적인.

kortvarig *a.* 단명의, 단기간의, 일시적인.

kortvåg *~en 0* 【전파】 단파.

korum [kɷ:rəm] *~[et] ~* 군대식 예배.

korund [−ɷ:−] *~en ~er* 【광물】 강옥(鋼玉).

korus [−kọ:rəs] (불변화명사) i ~ 일제히, 이구동성으로.

korv *~en ~ar* 소시지.

korva *~r ~de ~t rfl.* (볼품없이) 늘어지다, 축 처지다; 늘어져 주름살이 지다.

korvẹtt *~en ~er* ① 코르벳함(평 갑판, 일단포장(一段包裝)의 옛날 목조 군함) ② 코르벳함(소형 경무장의 고속함정으로 주로 수송 선단 호송에 이용).

korvgubb|e *−en −ar* 핫도그 장수.

korvspad *~en 0*, klart som ~ 지극히 명백한.

korvstoppning *~en ~ar* 주입식 공부.

korvöre *~t ~n*, inte ha ett ~ 일전 한 푼도 없다.

koryfé *~[e]n ~er* 지도자 (리더); (풍자적으로) 높은 양반, 거물.

kos (불변화명사) gå sin ~ 가버리다; springa sin ~ 달려가 버리다; resa sin ~ 떠나버리다.

kos|a [kɷ:sa] *−an −or* 발길, 방향, 진로.

kosạck *~en ~er* (러시아의) 코사크 사람.

kosing *~en ~ar* 【일상】 돈.

kosmetịk *~en 0* ① 피부미용 ② 화장품.

kosmẹtisk *a.* 피부미용의, 화장의.

kosmetolọg *~en ~er* 미용사.

kọsmisk *a.* ① 우주의 ② 우주적인, 광대무변한.

kosmonaut [−aụt] *~en ~er* 우주비행사.

kosmopolịt *~en ~er* 세계주의자, 세계인, 코스모폴리턴.

kosmos [kɔs−] (불변화명사) 우주.

koss|a [kɵ−] *−an −or* 암소.

kost [kɔst] *~en 0* 음식물; god och närande ~ 맛좋고 영양가 있는 음식; ~ och logi 숙식.

kosta *~r ~de ~t* Ⅰ. *tr. itr.* (돈, 시간, 노력 따위가) 들다, …을 필요로 하다, (값이) …이다; jordgubbarna ~de femtio kronor 딸기 값은 50크로나였다; det ~de honom friheten 그것은 그의 자유를 앗아갔다; att ~ på reparation på den kåken lönar sig inte 그 오두막집을 수리하는 데 돈을 쓴다는 것은 득이 되지 않는다 Ⅱ. (강세접사 på와 함께) ① (돈 따위를) 들이다, 쓰다, 소비하다; han har ~t på huset en hel del 그는 그 집에 많은 것을 투자하였다; jag kan inte~ på mig att 나는 …할 여유가 없다 ② (노력, 힘, 수고를) 들게 하다, 필요로 하다; det ~r på att läsa 공부하는 것은 힘이 드는 것이다.

kostbar *a.* 값비싼.

kostbarhet *~en ~er* 값비싼 물건, 보물.

kost|er [kɔ−] *−ern −rar*/**kosterbåt** *~en ~ar* (원래 스웨덴에서 사용되었던) 선미가 뾰족하고, 마스트가 한 개 달린 폭 넓은 배.

kosthåll *~et 0*/**kosthållning** *~en 0* 규정식, 식이요법, 음식조섭.

K

kostlig *a.* ① ☞ **kostbar** ② 재미있는, 우스꽝스러운; en ~ anblick 재미있는 광경.

kostnad *~en ~er* 경비, 비용; 가격; 대가, 희생; draga (medföra) en ~ av hundratals kronor 수백 크로나의 경비가 소용되다; för en ~ av …의(에 상당하는) 경비로.

kostnadsfritt *adv.* 무료로.

kostsam *a.* 비싼, 비용이 많이 드는.

kostym *~en ~er* ① 양복 한 벌 ② 【연극】 의상.

kostymera *~r ~de ~t tr.* 분장하다; 정장하다; ~ om sig 옷을 갈아입다.

kostymering *~en ~ar* 복장; 분장.

kot|a [kɷ:ta] *–an –or* 【해부】 척추골, 추골(推骨).

kotiljong [kɔtiljɔŋ] *~en ~er* 코티용 (프랑스 기원의 활발한 춤).

kotknackar|e *–[e]n ~* 척추지압 치료사.

kotlett *~en ~er* 【요리】 (굽거나 튀김용의) 얇게 저민 고기, 코트렛.

kott|e *–en –ar* ① 솔방울 ② inte en ~ kom 단 한 명도 오지 않았다; det vet väl varenda ~ 그런 것은 누구라도 알겠지.

kotteri *~et ~er* (사교, 문학 따위를 위해 모이는) 그룹, 동인, 동호회.

ko|vända *–vänder –vände –vänt itr.* ① 【항해】 배의 선미를 바람이 불어오는 쪽으로 돌리다 ② (의견, 견해 등을) 갑자기 바꾸다, 전향하다.

kovändning *~en ~ar* ① 【항해】 배의 선미를 바람이 불어오는 쪽으로 돌리기 ② (견해 등의) 갑작스런 바꾸기; 선회, 전향.

krabat *~en ~er* 활달한 어린 아이를 일컫는 말; en vildsint liten ~ 거친 아이.

krabb *a.* 잔물결이 이는, 파도치는; ~ sjö 잔물결이 이는 호수.

krabb|a *–an –or* 게.

krackelerad *a.* (도자기 등이) 잔금무늬가 진; krackelerat porslin 잔금무늬가 있는 도자기.

krafs *~et 0* 쓰레기, 잡동사니, 허드레기; de har bara ~ i souvenirshopen 기념품 상점에 볼 만한 것이 하나도 없다.

krafsa *~r ~de ~t tr. itr.* 긁다, 할퀴다; ~ ned 휘갈겨 쓰다; ~ till (åt) sig 움켜잡다, 낚아채다.

kraft *~en ~er* ① 힘; köp~ 구매력; motstånds~ 저항력; hon hade inte ~ att ta hand om sina barn 그녀는 자기 아이들을 돌볼 능력이 없었다; handlings~ 행동력, 결단력; initiativ~ 지도력 ② 사람, 노동자, 종업원, 동료; vara den drivande ~en 주동자(지도자)다; duglig ~ 능력있는 (적합한) 사람; frivilliga ~er 자원자들; firman har förvärvat nya ~er 회사는 신입사원들을 구했다 ③ a) (법률상의) 효력; bindande (laga) ~ 구속력, (법적) 효력; äga ~ 유효하다, 효력을 지니다; träda i ~ 효력을 발생하다, (법률 따위를) 실시하다; vara i ~ 유효하다, 효력을 지니다; träda ur ~ 효력을 상실하다; utan ~ och verkan 무효의 b) i ~ av (…의 효력)에 의해, …의 힘으로, …의 덕택으로.

kraftfull *a.* 힘 있는, 세력 있는, 강력한, 강한; en ~ personlighet 강한 성품; ~a åtgärder 강력한 조치.

kraftfält *~et ~* 【물리】 장(場), 역

(域), 계(界), 힘의 작용이 미치는 범위; magnetiskt ~ 자장(磁場).

kraftig *a.* ① 힘 있는, 강력한, 막강한; ~t bistånd 적극적 원조 (지원); ~ kritik 혹독한 비평; ~ motor 강력한 엔진; ~t motstånd 강한 저항; ett ~t slag 강타 ② 괄목한 만한, 대폭적인, 큰; en ~ prissänkning 대폭적 가격 인하 ③ (체격, 체구 등이) 장대한, 억센, 건장한; ~ haka 억센 턱; ~ karl 건장한 사나이 ④ 영양가 좋은, (음식 등이) 실속 있는.

kraftledning *~en ~ar* 송전선.

kraftlös *a.* 쇠약한, 허약한, 힘없는.

kraftmätning *~en ~ar* 힘겨루기, 대결; ~en mellan de två politiska blocken 두 정치 블록간의 힘겨루기.

kraftpapper *~et 0* (시멘트 부대용 등으로 사용되는) 크라프트지(紙).

krafttag *~et ~*, ett verkligt ~ 분투, 대단한 수고, 노력, 애씀; ta ett ~ för att …하기 위해 대단한 노력을 경주하다.

kraftuttryck *~et ~* 저주, 욕설(격한 감정을 나타낼 때 사용되는 표현).

kraftverk *~et ~* 발전소.

kraftåtgärd *~en ~er* 강력한 조처.

krag|e [krɑːgə] *–en –ar* ① 칼라, 깃 ② (피륙 등의) 접어 젖힌 부분; ta ngn i ~n …의 [목]덜미를 잡다 (멱살을 잡다); ta sig i ~n 정신을 차리다.

kragstöv|el *–eln –lar* 윗부분이 넓어 접어 젖힐 수 있는 장화(1600년대 사용).

krak|e *–en –ar* ① 얼간이; en feg ~ 겁쟁이 ② 못쓰게 된 야윈 말.

krakel *~et 0* 말다툼, 싸움.

krakmand|el *–eln –lar* ① 껍질이 얇고 잘 부서지는 아몬드 ② 무기력한 녀석.

kram[1] *a.* (눈이) 습기가 있어 잘 뭉쳐지는.

kram[2] Ⅰ. *~et 0* ☞ **kramvaror** Ⅱ. *~en ~ar* 포옹.

krama *~r ~de ~t tr.* ① 누르다, 짜다; ~ saften ur en citron 레몬즙을 짜다 ② 껴안다, 포옹하다.

kramp *~en ~er* 경련; 쥐; få ~ i benet 다리에 쥐가 나다.

kramp|a *–an –or* 【연장】 꺾쇠.

krampaktig *a.* 경련적인, 경련의, 발작의; ~t försök 필사적인 시도.

krampanfall *~et ~* 발작, 경련.

kramsfåg|el *–eln –lar* 식용의 조그만 새.

kramvaror (복수명사) 방물; 장신구류; 잡화.

kran *~en ~ar* ① 꼭지, 마개, (급수)전(栓) ② 크레인 ③ 【속어】 커다란 코.

krani|um *~et ~er* 두개골.

krans *~en ~ar* 화환.

kransa *~r ~de ~t* ☞ **bekransa**.

kranvatt|en *–net ~* 수돗물.

kras *~et 0* (딱, 탕, 우지끈 등 무엇인가 부서질 때 나는) 날카로운 소리; gå i ~ 산산조각이 나다; slå ngt i ~ …을 때려 부수다.

krasa *~r ~de ~t itr.* (딱, 탕, 우지끈 등의) 날카로운 소리를 내며 부서지다; isen ~de under skosulorna 얼음이 신발 밑에서 뿌지직거렸다.

krasch[1] *itj.* (무엇인가 부서져 조각이 날 때) 와지끈, 쨍그렁.

krasch[2] [kraʃ] *~en ~er* 충돌; 붕괴; 파산.

K

krascha *~r ~de ~t tr. itr.* (요란한 소리를 내며) 충돌하다; 파산하다, 붕괴하다; motorcykeln ~de mot en stolpe 오토바이는 전신주와 충돌했다.

kraschan *~en ~er* 성형(星形)훈장.

kraschlanda *~r ~de ~t itr.* 불시착하다, 동체착륙하다.

krass *a.* 천박한; 탐욕스러운; 야비한; den ~a verkligheten 천박한 (조라한) 현실.

krasse *~n 0* 한련 속(旱蓮屬)의 식물; 후추풀 (양념으로 쓰임).

krasslig *a.* 몸이 불편한. 기운이 없는.

krat|er *-ern -rar* 분화구; 운석구멍.

krats *~en ~er* 문지르는 (긁는, 깎는) 도구.

kratsa *~r ~de ~t tr.* 문질러 (먼지 등의 불순물을) 제거하다.

kratt|a[1] *-an -or* ① 갈퀴 ② 겁쟁이, 약질.

kratta[2] *~r ~de ~t tr.* 갈퀴질하다.

krav *~et ~* 요구; resa ~ på …을 요구하다.

kravall *~en ~er* (복수명사) 폭동; -polis 폭동 진압 경찰.

kravatt *~en ~er* 넥타이.

kravellbyggd *a.* 【선박】 (뱃전의 널을) 겹치지 않고 평평하게 댄 (붙인).

kravla *~r ~de ~t itr.* 기다, 포복하다; ~ sig upp ① 기어오르다 ② 힘을 들여 (가까스로) 일어서다.

kraxa *~r ~de ~t itr.* (까마귀가) 깍깍 울다; 목 쉰 소리를 내다.

kreation *~en ~er* ① (유행의) 새 디자인; de senaste ~erna från Paris 파리의 최신 디자인 ② (배우의) 연기; hans ~ av Hamlet 그의 햄릿 역 연기.

kreativ *a.* 창의적인.

kreatur *~et ~* 가축.

kreatursbesättning *~en ~ar* 한 농장의 보유 가축.

kreatör *~en ~er* 패션 디자이너.

kredit Ⅰ. (불변화 en-명사) 【부기】 대변(貸邊), 대변 기입액 Ⅱ. *~en ~er* 신용대부, 외상판매; 신용; ~avtal 신용계약; ~försäljning 외상판매; ha ~ i affären 그 가게에 신용이 있다 (외상구입을 한다).

kreditera *~r ~de ~t tr.* (금액을 …의) 대변에 기입하다.

kreditiv *~et ~* 【상업】 신용장.

kreditivbrev *~et ~* 【외교】 신임장.

kreditkort *~et ~* 신용카드, 신용구입권.

kreditmarknad *~en 0* 신용대부 시장, 금융자본 시장.

kreditor *~n ~er* 채권자.

kreditupplysning ☞ soliditetsupplysning.

kreera *~r ~de ~t tr.* ① 창조하다 ② (연극 등을) 초연하다 ③ 임명하다; ~ till hedersdoktor 명예박사로 임명하다.

kremator|ium *-et -er* 화장터, 화장로(火葬爐).

kremera *~r ~de ~t tr.* 화장하다.

kreml|a *-an -or* 【식물】 버섯의 일종.

krenelerad *a.* 흉벽(胸壁)에 총안(銃眼)이 있는.

kreol [-o:l] *~en ~er* 남아메리카 제국, 서인도 제도, Mauritius섬 태생의 프랑스 사람, 스페인 사람 또는 포르투갈 사람 (주로 혼혈계통이 많음).

kreolsk *a.* 크리올 사람의.

K

kreolspråk *~et ~* 혼합어.

Kreta 크레타 섬 (지중해 동부에 있는 그리스 령의 섬).

kretensar|e *–[e]n ~* 크레타 섬 사람.

kretịn *~en ~er* 크레티빙 환자, 백치.

kreti och pleti 어중이떠중이, 극히 평범한 사람들, 너나 할 것 없이 모두.

kretọng *~en ~er* 크레톤 사라사 (의자 덮개, 커튼 따위로 사용).

krets *~en ~ar* ① 원(모양의 선); dra en ~ omkring ngn …주위에 원을 그리다 ② (사람, 사물 등으로 이루어진) 고리, 테, 원; sitta i ~ omkring ngn …주위로 빙 둘러 앉다 ③ 지역, 지구, 조직, 범위, 계; val– 선거구; i litterära ~ar 문예계에서.

kretsa *~r ~de ~t itr.* ① 선회하다, 돌다; ~ kring ngt …주위를 선회하다 (돌다) ② (새, 비행기 따위가) 원모양을 그리며 날다.

kretslopp *~et ~* 순환, (지구의) 공전; årstidernas ~ 계절의 순환.

krevạd *~en ~er* 폭발.

krevera *~r ~de ~t itr.* 폭발하다, 터지다.

kri|a *–an –or* 【고어】 (연습)작문.

kricket *~en 0* 【스포츠】 크리켓.

krig *~et ~* 전쟁; 전략; det kalla ~et 냉전; förklara ett land ~ … 나라에 대해 선전포고하다; draga (gå) ut i ~ 출전하다, 전쟁터에 나가다.

kriga *~r ~de ~t itr.* 전쟁하다, 싸우다, 전투하다.

krigare *–[e]n ~* 전사, 군인.

krigföring *~en 0* ① 전략, 전술 ② 전쟁, 교전.

krigisk *a.* 전투적인; 호전적인; 전쟁의, 전쟁에 관한.

krigsdans *~en ~er* (인디언 등의) 출전의 춤, 전승의 춤.

krigsfot (불변화명사) vara på ~ 임전 태세를 갖추고 있다.

krigsförbrytar|e *–[e]n ~* 전범(戰犯).

krigslist *~en 0* 전략; 계략.

krigsmakt *~en ~er* 전력 (전쟁을 수행할 능력).

krigsmålning *~en ~ar* (미개인 등이 출전 전에 물감을 얼굴 등에) 바르기; 진한 화장.

krigsrätt *~en ~er* 군사재판[소]; ställas inför ~ 군사재판에 회부되다.

krigsstigen (정형명사) på ~ 임전태세가 되어 있는, 싸울 준비가 되어 있는, 싸울 듯한.

krịkon *~et ~* 【식물】 서양자두[나무]의 일종.

Krim 크리미아 (흑해 북안 러시아 남서부의 반도).

kriminạl *~en 0* (주로 정형으로만 사용). ☞ kriminalpolis.

kriminalar|e *–[e]n ~* 형사.

kriminalisera *~r ~de ~t tr.* ① 법으로 금지하다, 불법화하다; ~ spekulationerna i bostäder 주택투기를 불법화하다 ② 범죄화하다; narkotikamissbrukaren kan inte undgå att ~s 마약 상습 복용자는 범법자 신세를 모면할 수 없다.

kriminalitẹt *~en 0* 범죄성, 범죄행위.

kriminalpolis *~en ~er* ① 형사 ② 수사과.

kriminalvård *~en 0* 범죄자(복역자) 교도, 감호.

kriminẹll *a.* 범죄의, 범죄적인.

kriminologị *~n 0* 범죄학, 형사학.

krimmer *~n 0* 아스트라칸 (러시아

Astrakhan 지방에서 생산되는 어린 양의 모피); 아스트라칸 모조(模造) 직물.

krimskrams *~et 0* 자질구레한 장신구.

kring *prep.* ① … 주위에(로); ~ solen 태양 주위로; ~ jul 크리스마스 무렵에 ② …에 관한; en debatt ~ …에 관한 토의.

kringbyggd *a.* 건물로 둘러싸여 있는.

kringflackande *a.* 떠돌아다니는, 방랑하는.

kring|gå *-går -gick -gått tr.* 피하다; 둘러대다; (법망 등을) 빠져 나가다; (책임 등을) 회피하다; ~ende svar 둘러대는 대답, 얼버무리는 대답.

kringgärda [-jæ:da] *~r ~de ~t tr.* 주위에 울타리를 치다; 제한하다; ~d av …으로 제한된.

kringl|a *-an -or* ① 꽈배기 모양의 쿠키 ② 스키폼대에 있는 원판모양의 것

kringrän|na *-ner -de -t tr.* 포위하다.

kring|skära *-skär -skar -skurit tr.* 제한하다; ett nytt försök att ~ yttrandefriheten 표현의 자유를 제한하려는 새로운 시도.

krinolin *~en ~er* 버팀 테를 넣은 페티코트 (스커트).

kris *~en ~er* 위기.

kristall *~en ~er* 수정; 커트글라스 (조탁 세공유리).

kristallinisk *a.* 수정의; 【화학, 광물】 결정성[상(狀)]의.

kristallisera *~r ~de ~t tr. itr. rfl.* ① 결정(結晶)시키다, 결정하다; vätskan ~de till en vit massa 액체는 흰색의 덩어리로 결정되었다 ② 구체화시키다, 구체화되다; i hans huvud började en tanke ~s 그의 머리에는 한 가지 생각이 구체화되기 시작했다.

kristallisk *a.* 수정처럼 투명한, 맑은; 수정 같은.

kristallkron|a *-an -or* 커트글라스로 된 샹들리에.

kristallmottagar|e *-[e]n ~* 광석수신기.

kristallolja *~n 0* 휘발유 (석유를 정제하여 만든 것으로 테레빈유의 대용으로 페인트의 희석제, 얼룩 빼는 약 따위로 쓰인다).

kristen[1] *a.* 기독교의.

kristen[2] (형용사의 명사화) 기독교인.

kristendom *~en 0* 기독교, 기독교 신앙, 기독교 정신.

kristenhet *~en 0* 기독교계, 기독교국, 기독교도 전체.

kristid *~en ~er* (경제적) 위기시기.

Kristi Himmelsfärdsdag 예수승천일.

kristlig *a.* 기독교의, 기독교적인; ~ kärlek 기독교적(신앙적) 사랑.

kristna *~r ~de ~t tr.* ① 기독교도로 개종시키다 ② 세례를 베풀다.

kristtorn *~en ~ar* 【식물】 호랑가시나무.

Kristus 예수, 그리스도; efter ~ 기원후(e. Kr.); före ~ 기원 전 (f. Kr.).

krita[1] *-an -or* ① 백묵, 분필; 크레용 ② ta ngt på ~ 외상으로 사다; när det kommer till ~n 결정적인 상황에 가서는, 결국, 마침내.

krita[2] *~r ~de ~t tr.* …에 분필 칠을 하다, …을 표백하다, 희게 하다.

kriteri|um *-et -er* (판단의) 표준, (비판, 단정의) 기준; sannings~ 진실의 척도.

K

kritik *~en 0* ① 비판; samhälls~ 사회비판 ② 비평; teater~ 연극비평; litterär ~ 문예비평.

kritiker *~n ~* 비평가; 흠잡는 사람, 비난자.

kritiklös *a.* 비판력이 없는, 맹종하는.

kritisera *~r ~de ~t tr.* ① 비난하다, 흠잡다 ② 비평하다.

kritisk *a.* ① 비판적인, 까다로운 ② 위태로운, 위기의, 위급한, 위독한; ~ situation 위급한 상황.

kritvit *a.* 창백한.

kroat *~en ~er* 크로아티아 사람.

Kroatien 크로아티아.

kroatisk *a.* 크로아티아[사람]의.

krock *~en ~ar* (자동차끼리의) 충돌.

krocka *~r ~de ~t tr. itr.* 충돌하다; ~ [med] ngt …과 충돌하다.

krock[er]a *~r ~de ~t tr. itr.* (크로케에서) (상대방 공을) 자기 공으로 쳐서 물리치다.

krocket [−rɔ−] *~en 0* 크로케 (잔디 위에서 하는 공놀이).

krog [krɷ:g] *~en ~ar* (주류 판매 허가를 받은) 식당, 주막.

krogrond *~en ~er* 하룻밤에 여러 차례 술집을 찾기.

krok *~en ~ar* ① 갈고리 [모양의 것]; nappa på ~en 미끼를 삼키다; (비유적으로) 덫에 걸리다; lägga [ut] sina ~ar för ngn …에게 (…를 잡기 위해) 덫을 놓다 ② 굽음, 굴곡; vägen går i ~ar 길이 구불구불하다 ③ här i ~arna 이 부근(근처)에.

kroka *~r ~de ~t tr.* 갈고리에 걸다; ~ av 갈고리에서 내리다 (떼내다); ~ upp 갈고리에 걸다.

krokan *~en ~er* 아몬드 덩어리를 높이 쌓아 만든 케이크의 일종.

krokben *~et 0*, sätta ~ för ngn (ngns planer) …를 (…의 계획을) 곱드러지게 하다, 걸려서 넘어지게 하다.

krokett *~en ~er* 【요리】 크로켓(고기, 생선, 버섯을 밀가루에 반죽해서 튀긴 두루마리 음식).

kroki *~n ~er* 스케치, 사생화, 소묘.

krokig *a.* 구부러진, 굽은, 갈고리모양의.

krokna *~r ~de ~t itr.* 구부러지다, 굽다.

kroknäst *a.* 매부리코의.

krokodil *~en ~er* 악어.

krokodiltårar (복수명사) 거짓 눈물 (동정을 얻기 위한).

krokus *~en ~ar* 【식물】 크로커스 (이른 봄에 사프란무늬의 아름다운 꽃이 핀다).

krollsplint *~en 0* 난쟁이당종려의 잎으로부터 추출한 섬유.

krom [−ɷ:m] *~en 0* 【화학】 크롬 (광택 있는 단단한 금속 원소; 원소 기호 Cr).

kromatisk *a.* 【음악】 변위음의, 반음계의.

kromosom [−so:m] *~en ~er* 【유전】 염색체.

kron|a *−an −or* ① 왕관; (결혼 때 신부가 쓰는) 관; 꼭대기, 정상, 정수리, 머리; ~n 왕권, 국가; ~ns egendom 왕실(국유)재산; sätta ~n på verket (마지막 손질을 가해) …을 완성시키다; äta ~ns kaka 공직에 종사하다, 국록을 먹다; vara i ~ns kläder 군에 복무하고 있다 ② 크로나 (스웨덴의 화폐 단위); ~ eller klave 앞이냐, 뒤냐 (동전을 던져 어느 쪽이

K

나오는가를 맞힐 때) ③【의학】치관(齒冠) ④【식물】내(內)화관 ⑤(귀족 등의 위계를 나타내는) 소관(小冠) ⑥ (발굽동물의) 뿔 ⑦ 샹들리에.

kronblad ~*et* ~【식물】꽃잎.

kronhjort ~*en* ~*ar*【동물】고라니.

kronisk *a*. 만성의, 고질의, 오래 끄는.

kronjuvel ~*en* ~*er* 왕실이나 국가가 보유하고 있는 보석.

kronofogd|e -*en* -*ar* 국세체납자의 재산 차압을 집행하는 관리(länsstyrelse 소속).

kronojord ~*en* ~*ar* 국가소유지.

kronologi [-giː] ~*n 0* 연대학; 연대기, 연표.

kronologisk *a*. 연대의, 연대순의.

kronomet|er -*ern* -*rar* 크로노미터 (천문, 항해용의 정밀시계).

kronopark ~*en* ~*er* 국가소유 임야.

kronprins ~*en* ~*ar* 황태자.

kronprinsess|a -*an* -*or* 황태자비.

kronvittne ~*t* ~*n* 면죄를 조건으로 공범자에 대한 증언을 하는 범죄인.

kronvrak ~*et* ~【병역】신체검사 불합격자.

kronärtskock|a -*an* -*or*【식물】아티초크.

kropp ~*en* ~*ar* 몸, 신체; 몸통, 동체; (영혼에 대한 반대 개념으로써) 육체; 시체, 송장, (도살한 짐승의) 몸통; fast ~ 고체; en konstig ~ 이상한 녀석; våt inpå bara ~en 온 몸이 흠뻑 젖은; till ~ och själ 심신이 모두.

kroppsarbetar|e -[*e*]*n* ~ 육체노동자.

kroppsarbete ~*t* ~*n* 육체노동.

kroppshydd|a -*an* -*or* 몸, 몸통; 체격.

kroppkak|a -*an* -*or* 돼지고기, 마늘, 썬 감자를 넣은 만두(스웨덴 전통요리 중의 하나).

kroppslig *a*. 신체의, 육체의; 물질적인, 외적인.

kroppspulsåder ~*n 0*, stora ~n【해부】대동맥.

kross ~*en* ~*ar* 분쇄기.

krossa ~*r* ~*de* ~*t tr*. ① a) 부수다, 분쇄하다; 으깨다, 짓밟다; 눌러서 뭉개다; ~ glasrutan 유리창을 깨다 b) (도구를 이용하여) 분쇄하다; ~ ngt i mortel …을 절구에 넣고 찧다 c) …의 마음을 아프게 하다, 실망시키다 d) 격파하다, 꺾다; ~ allt motstånd 모든 저항을 분쇄하다 ② (강, 바다를) 가로지르다, 건너다.

krossår ~*et* ~ 타박상.

krubb|a -*an* -*or* 구유, 여물통.

krucifix ~*et* ~ (예수상이 부착되어 있는) 십자가.

kruk|a -*an* -*or* ① 화분; 단지 ② 겁쟁이.

krukmakar|e -[*e*]*n* ~ 도공, 옹기장이.

krukväxt ~*en* ~*er* 화분에 기르는 식물.

krulla ~*r* ~*de* ~*t tr*. *rfl*. (머리카락을) 곱슬곱슬하게 하다, 지지다.

krullig *a*. 곱슬곱슬한.

krum *a*. 구부러진, 굽은.

krumbukt ~*en* ~*er* ① 구부러짐, 굽이, 굴곡 ② (과장된) 굽실거림 ③ 둘러대기, 변명, 핑계.

krumbukta ~*r* ~*de* ~*t itr*. *rfl*. ① 구부러지다, 굽이치다 ② (과장되게) 굽실거리다 ③ 둘러대다, 핑계(변명)를 대다.

K

krumelur *~[e]n ~er* ① 소용돌이[장식]; 알아보기(해독하기) 어려운 글자 ②【농담】 기이한 사람.

krumsprång *~et ~* 깡충거림.

krupp *~en 0*【의학】 크루프, 위막성 후두염(僞膜性喉頭炎).

krus Ⅰ. *~et ~* (흙, 유리, 금속 따위를 재료로 만든 손잡이가 달린) 단지, 주전자 Ⅱ. *~et 0* ① 지나친 겸손 ② 격식, 허례; utan ~ 격식을 차리지 않고, 곧장 ③ 주름장식.

krusa *~r ~de ~t* Ⅰ. *tr. rfl.* 곱슬곱슬하게 하다; 굽이치게 하다; 잔잔한 물결이 일게 하다; (천 따위를) 주름살이 지게 하다; en sakta bris ~de vattnet 미풍이 잔잔한 물결을 일게 하였다 Ⅱ. *tr. itr.* 지나친 겸손을 표하다; 예의(격식)을 갖추다; han skall alltid ~s 그는 항상 사양한다.

krusbär *~et ~*【식물】 구스베리 열매 (또는 그 나무).

kruserlig *a.* 사양하는; 격식(예의)을 차리는.

krusiduller (복수명사) 장식, 소용돌이; 당초무늬; 장황한 말이나 글.

krusig *a.* 곱슬곱슬한; 주름진; 잔물결이 이는.

kruskål *~en 0*【식물】 무결구성(無結球性) 양배추의 일종.

krusmynt|a *–an –or*【식물】 박하의 일종.

krust|a *–an –or* 부스럼딱지.

krut *~et 0* ① 화약; spilla ~ på döda kråkor (hökar) 쓸데없는 일에 헛수고하다; det är ~ i honom 그는 정력적이다 ② ont ~ förgås inte så lätt【속담】 잡초는 잘 없어지지 않는다.

krutdurk *~en ~ar* 화약고.

krutgubb|e *–en –ar* 원기 왕성한 노인.

krutgumm|a *–an –or* 원기 왕성한 할머니.

krutong *~en ~er* 크루톤 (버터로 튀기거나 구운 빵의 조각).

krux *~et ~* 어려움, 난점.

kry *a.* (서술적으로만 사용) 건강한, 건강이 회복된.

krya *~r ~de ~t itr.* ~ på sig 건강을 회복하다.

kryck|a *–an –or* ① 목발; gå på –or 목발로 다니다 ② (지팡이, 우산 따위의) 구부러진 손잡이.

krydd|a[1] *–an –or* 양념, 조미료; hungern är den bästa ~n【속담】 시장이 반찬이다; livets ~ 인생의 자극제.

krydda[2] *~r ~de ~t tr.* (양념, 향료 따위로) 음식에 맛을 들이다, 양념을 치다; ~ efter smak 기호에 맞도록 양념을 치다.

kryddnejlik|a *–an 0* 정향(丁香, 정향나무의 꽃봉오리를 말린 향료); 정향나무.

kryddpeppar *~n 0* 올(열대 아메리카산) 향미료, 자메이카 후추.

krylla *~r ~de ~t itr.* (개미, 사람들이) 바글바글하다, 우글거리다; det ~de av myror 개미가 바글거리다.

krymp|a *–er –te –t tr. itr.* …을 수축시키다, 줄이다; 줄다, 오그라들다.

krympfri *a.* 줄지 않는.

krympling *~en ~ar* 앉은뱅이, 절름발이, 신체장애자; göra till ~ 절음발이로 만들다, 병신으로 만들다.

kryp *~et ~* 기어 다니는 작은 곤충, 벌레 따위.

K

krypa *-er kröp krupit* Ⅰ. *itr*. (아기가) 기다, 기어가다; (식물의 덩굴, 뿌리가) 휘감기다; timmarna kröp fram 시간이 서서히 지나갔다; ~ för ngn …에게 아첨하다; det -er i mig när jag ser det 그것을 보는 순간 내 몸이 섬뜩해진다; ~ i (ur) kläderna 옷을 입다 (벗다); ~ i säng (till sängs) 잠자리에 들다 Ⅱ. (강세접사와 함께) ① ~ bakom …의 뒤로 숨다 ② fram 나오다 ③ ~ ihop (upp) (소파 구석에) 웅크리고 있다; sitta hopkrupen 움츠린 채 앉아있다 ④ ~ in (몰래) 기어들어가다 ⑤ ~ omkring (아기가) 기어 다니다.

kryperi *~et ~er* 아첨, 아부.

kryphål *~et ~* 빠져나가는 구멍, (법률 따위의) 허점.

krypin *~et ~* (아늑한) 은신처, 보금자리.

krypskytt *~en ~ar* 밀렵꾼.

krypskytte *~t 0* 불법사냥, 밀렵.

krypt|a *-an -or* 큰 교회당의 지하실 묘소.

kryptering *~en ~ar* 【정보통신】 암호화 (의미를 알 수 없는 형식(암호문)으로 정보를 변환하는 것).

kryptisk *a*. 비밀의, 암호의, 수수께끼 같은.

kryptogam *~en ~er* 은화식물 (고사리, 이끼처럼 꽃이 피지 않는 식물).

krysantemum *~en ~* 국화[꽃].

kryss Ⅰ. *~et ~* ① X표 ② 십자말풀이 ③ 【스포츠】 축구 골문의 양측 맨 위 구석 Ⅱ. *~en 0* 범주(帆柱), 요트놀이; 항해.

kryssa *~r ~de ~t itr*. ① ~ för X자 표시를 하다 ② 범주(帆柱)하다, 항해하다, 바람을 거슬러서 갈지자(之)로 나아가다.

kryssar|e *-[e]n ~* ① 순양함 ② 큰 범선.

kryssfaner *~et 0* 합판, 베니어 판.

kryssning *~en ~ar* 범주, 항해.

krysta *~r ~de ~t itr*. (출산 시에) 힘을 주다.

krystad *a*. 애쓴; 억지의, 무리한.

krystvärkar (복수명사) (출산시의) 진통.

kråk|a *-an -or* ① 까마귀; hoppa ~ 깡총 뛰다; elda för -orna 연료를 낭비하다 ② (점검할 때) V표지를 하다.

kråkfötter (복수명사) [휘]갈겨쓰기, 난필.

kråkslott *~et ~* 낡고 황폐한 건물.

kråkspark *~en 0* 깃 모양의 뜨개 법.

kråksång *~en 0* 듣기에 아름답지 못한 노래; det är det fina i ~en 【구어】 요점은 바로 그거야.

kråkvinkel *~n 0* 작고 보잘 것 없는 도시.

kråma *~r ~de ~t rfl*. 으쓱거리다, 뽐내다.

krång|el *-let 0* 두통거리, 고민, 번거로움, 곤란, 어려움; det är något ~ med motorn 엔진에 이상(異常)이 있다.

krångla *~r ~de ~t* Ⅰ. *itr*. ① 말썽부리다, 난처해지다, 어렵게 되다; erkänna utan att ~ 발뺌을 하지 않고 인정하다; ~ med betalningen 지불문제로 논란이 되다, 트집을 잡다 ② (기계가) 잘 작동되지 않다; magen ~r 뱃속이 좋지 않다 Ⅱ. (강세 접사와 함께), ~ sig ifrån ngt 교묘하게 몸을

K

피하다, 빠져나가다; ~ sig igenom ngt 그럭저럭(간신히) 넘기다; ~ till (문제 따위를) 복잡하게 만들다, 엉켜 놓다.

krånglig *a*. 힘든, 까다로운, 얽힌, 잘 풀리지 않는.

krås Ⅰ. *~et 0* (닭, 거위 따위의) 내장; smörja ~et 걸신들린 듯 먹다, 게걸스럽게 먹다 Ⅱ. *~et ~* 주름 잡힌 가장자리, 주름장식.

kräft|a Ⅰ. *-an -or* 가재; vara röd som en kokt ~ 삶은 가재처럼 보이다 Ⅱ. *-an 0* 【의학】 암(癌).

kräftdjur (복수명사), *~en* 갑각류(甲殼類) 동물.

kräftgång *~en ~ar*, gå ~ 뒤로 가다, 뒷걸음질 치다.

kräftskiv|a *-an -or* 가재 회식(會食).

kräk *~et ~* ① 못된 놈, 무자비한 녀석; ett beskedligt ~ 나약한 사람, 겁보 ② 기어 다니는 미물(微物).

kräk|as *-s -tes -ts dep*. Ⅰ. *itr*. 토하다, 메슥거리다 Ⅱ. *tr*. ~ upp 토해내다; ~ blod 피를 토하다.

kräkl|a *-an -or* 사교장(司敎杖).

kräkning *~en ~ar* 토하기, 구토.

kräla *~r ~de ~t itr*. ① (뱀처럼) 기다; ~ i stoftet 머리가 땅에 닿도록 굽실거리다, 비굴하게 행동하다(för) ② ~ [av ngt] (…으로) 득실거리다, 우글우글하다.

kräldjur *~et ~* 파충류의 동물, 기어 다니는 동물.

kräm *~en ~er* 크림, 유지(乳脂); 화장용(약용) 크림; fruktkräm 과일 크림; tandkräm 치약.

krämar|e *-[e]n ~* 장사꾼, 돈이면 무엇이든지 하는 사람.

krämfärgad [-færjad] *a*. 크림색의.

krämla ☞ **kremla**.

krämp|a *-an -or* (주로 가벼운 병); ålderdomens -or 노인병(질환).

kräng|a *-er -de -t* Ⅰ. *tr*. ① (외투 따위를) 뒤집다, 뒤집어쓰다 ② 힘들여 …를 하다 ③ 배를 기울이다 Ⅱ. *itr*. 배가 기울다, 비행기가 동요하다.

kränk|a *-er -te -t tr*. 위반하다, 침해하다; 모욕하다; ~ freden 평화를 깨뜨리다; det är ~nde för mig 그것은 나에 대한 모욕이다; känna sig -t över ngt …에 대해서 불쾌하게 여기다.

kränkning *~en ~ar* 위반; (권리의) 침해; 모욕.

kräpp *~en/~et, ~er* 크레이프 (비단의 일종).

kräppapper *~et ~*, (복수정형) *~en/~na* 크레이프 페이퍼 (냅킨용의 주름진 종이).

kräpperad *a*. 주름이 잡힌, 오그라든.

kräsen *a*. 꽤 까다로운, 꼼꼼한.

kräslig *a*. 맛좋은, 맛있는.

kräv|a[1] *-an -or* (새의) 모이주머니.

kräv|a[2] *-er -de -t tr*. ① 요구하다, 요청하다; ~ sin rätt 자기의 권리를 주장하다 ② 지불을 요구하다; ~ ngn på betalning …에게 돈을 지불하라고 하다 ③ …을 희생시키다, 잃게 하다; olyckan -de tre liv 사고는 3명의 목숨을 앗아갔다.

krävande *a*. (일, 임무가) 몹시 힘드는, 고된, 호된.

kräv|as *-s -des -ts itr. dep*. 필요로 하다; det -s mycket av honom 그가 해야 할 일이 많다.

krögar|e *-[e]n ~* 술집, 음식점 따위

의 주인.

krök *~en ~ar* ① (강, 도로 따위의) 굽이, 급커브, 굴곡 ②【일상】술 한 잔.

krök|a *–er –te –t* Ⅰ. *tr.* …을 구부리다, (활 따위를) 당기다; ~ [på] läpparna 입을 삐쭉거리다 (경멸의 표정); ~ rygg (고양이가) 등을 움츠리다, 굽실거리다 (för); ingen skall ~ ett hår på hans huvud 그의 머리 털끝 하나라도 다치면 안된다 Ⅱ. *itr. rfl.* ① 길이 구부러지다, 몸을 구부리다 ② 술 한 잔 하다 (꺾다).

krön *~et ~* (산, 담장 등의) 꼭대기, 산등성이.

krön|a *–er –te –t tr.* ① (사람, 머리에) 관을 씌우다, 왕위에 앉히다, …의 꼭대기를 장식하다; ~ ngn till kung …를 왕위에 오르게 하다 ② 꼭대기를 만들다 (장식하다).

krönik|a *–an –or* 연대기, 연보(年譜), (주, 월별) 사건개요.

krönikör *~en ~er* 연대기 작자, 편사(編史)가; (신문의) 특별난 담당자.

kröning *~en ~ar* 대관식, 즉위식.

kröp ☞ **krypa**.

krösus *~en ~ar*【일상】대부호.

kub *~en ~er* 입방체, 정6면체 ②【수학】3승, 세제곱, 입방.

Kuba 쿠바.

kubạn *~en ~er* 쿠바인.

kubansk *a.* 쿠바의.

kubb[1] *~en ~ar* 중산모자.

kubb[2] *~en ~ar*/**kubb|e** *–en –ar* 나무토막, 각재(角材).

kubba|s *–s –des –ts dep.* (구어) 싸우다, 다투다.

kubịk *~en 0* 입방체; 5m i ~ 5입방미터 ($5m^3$); 부피 량.

kubisk *a.* ① 입방체의 ② 입방의, 세제곱의.

kubism *~en 0*【미술】입체파, 큐비즘 (후기 인상파의 하나, 1907년부터 1914년까지 진행되었던 예술운동).

kuck|el *–let 0*【구어】속임수, 부정.

kuckeliku/kukeliku *itj.* 꼬끼오! (닭 우는 소리).

kudd|e *–en –ar* 베게, 쿠션.

kuddvar *~et ~* 베갯잇.

kuf *~en ~ar* 괴이한 사람.

kufisk *a.* 기이한, 야릇한, 묘한.

kugga *~r ~de ~t tr.* 시험에 낙제하다; han blev ~d 그는 시험에 떨어졌다.

kugg|e *–en –ar*/**kugg** *~en ~ar* 톱니; 조직 속의 작은 일부.

kuggfråg|a *–an –or* 까다로운 문제, 난제.

kugghjul *~et ~* 톱니바퀴.

kujọn *~en ~er* 겁쟁이.

kujonera *~r ~de ~t tr.* …을 못살게 굴다, 위협하다; ~d 엄처시하의, 여편네 손에 쥐어 사는.

kuk [kʉːk] *~en ~ar* (구어) 남성의 성기 (penis).

kukelikụ ☞ **kuckelikụ**.

kul [kʉːl] *a.* 재미있는, 즐거운; vi hade väldigt ~ 우리는 정말 즐거웠다; så ~ att träffas igen! 다시 만나니 아주 반갑다!

kul|a *–an –or* ① 공, 구체, 공 모양의 것; 탄환, 포탄; 구슬; (빵, 종이 따위) 작은 뭉치; skjuta sig en ~ för pannan 자신의 머리를 쏘다; spela ~ 구슬치기를 하다 ② (경기용) 포환(砲丸) ③

börja på ny ~ 다시 시작하다 ④ 동굴, 구멍.

kulblixt ~*en* ~*ar* 유성처럼 천천히 타오르는 꽃불.

kulen *a*. (날씨가) 구름이 끼고 쌀쌀한.

kuli ~*n* ~*er* (인도, 중국 등지의) 하급 노동자, 막일꾼, 쿨리.

kulinarisk *a*. 요리의, 요리에 쓰이는.

kuling ~*en* ~*ar* 강풍; frisk ~ 강풍.

kuliss ~*en* ~*er* 【연극】 이동식 배경 장면, 보조도구; växla ~er 장면을 바꾸다; bakom ~erna 무대장면의 뒤에, 막후에.

kull[1] [kəl] ☞ **omkull**.

kull[2] ~*en* ~*ar* ① (동물의) 한배 새끼, 한배 병아리; barnen i den andra ~en 재혼해서 낳은 아이들; 일단(一團), 일군(一郡); det var stora studentkullar på 1950-talet 1950년대의 학생층이 매우 두터웠다 ② ☞ **kulle**. ①

kull[3] (불변화명사) leka ~ 술래잡기를 하다.

kull|a[1] -*an* -*or* 달라나 여자 (dalkulla).

kulla[2] ~*r* ~*de* ~*t* *tr*. ~ ngn …를 술래로 정하다.

kullag|er -*ret* ~ 볼 베어링.

kullbyttera ~*r* ~*de* ~*t* *itr*. 넘어지다, 재주넘다, 뒤집히다; 실패하다.

kull|e -*en* -*ar* ① (모자의) 춤; en hatt med låg (hög) ~ 춤이 낮은(높은) 모자 ② 언덕, 작은 산, 흙 둔덕.

kullerbytt|a -*an* -*or* 공중제비, 재주넘기; framlänges (baklänges) ~ 앞으로(뒤로) 구르기; slå (göra) en ~ 한번 구르다; bilen gjorde en ~ 차가 뒤집어졌다.

kullersten ~*en* ~*ar* (철도, 도로포장 따위에 쓰이는) 알돌.

kullig *a*. ① 언덕, 구릉이 많은 ② 뿔이 없는.

kullkasta ~*r* ~*de* ~*t* *tr*. …을 뒤엎다, 좌절시키다.

kullrig *a*. 불룩한, 돌출한, 울퉁불퉁한.

kulmen (불변화 en-명사) 절정, 최고조, 극점; trafiken nådde sin ~ på eftermiddagen 교통량은 오후에 최고조에 달했다; ~ på hans karriär 그에게 있어서 성공(출세)의 정점.

kulmination ~*en* ~*er* 정점, 꼭대기, 최고점.

kulminera ~*r* ~*de* ~*t* *itr*. 최고조(절정)에 이르다.

kulpenna ☞ **kulspetspenna**.

kulram ~*en* ~*ar* 주판의 일종.

kulspetspenn|a -*an* -*or* 볼펜.

kulsprut|a -*an* -*or* 기관총.

kulsprutegevär ~*et* ~ 경기관총.

kulsprutepistol ~*en* ~*er* 기관단총 (kpist).

kulstötar|e -[*e*]*n* ~ 투포환 선수.

kulstötning ~*en* ~*ar* 【스포츠】 포환 던지기.

kult ~*en* ~*er* (종교적) 예배, 제례; (사람, 물건, 사상에 대한) 예찬, 숭배.

kultiverad *a*. ① 경작된, 재배된 ② 계발된, 고상한, 세련된.

kultje ~*n* *0* ☞ **kuling**.

kultur [kəltʉːr] ~*en* ~*er* ① 문화, 문명; mat~ 식생활 문화; andlig ~ 정신문화; primitiva ~er 원시문화 ② 경작, 재배, 양식(樣式); ostron~ 굴 양식; bakterie~ 세균배양.

kulturarbetar|e *-[e]n ~* (현실 참여적) 문화계 직업인.

kulturarv *~et ~* 문화적 유산 (전통).

kulturattaché *~[e]n ~er* (대사관의) 문화공보관(官).

kulturell *a.* 문화의, 교양의.

kulturfolk *~et ~* 문화국인, 문화민족.

kulturgeografi *~n 0* 인문지리학.

kulturhistori|a *-[e]n 0* 문명사, 문화사.

kulturminne *~t ~n* 문화재 (건물 따위).

kultursid|a *-an -or* (신문의) 문화면.

kulturväxt *~en ~er* 재배식물.

kulvert *-en -ar* 지하수로, 하수관, 지하케이블.

kulör *~en ~er* 색깔, 빛깔; 명암의 정도.

kulört *a.* 색깔이 있는, 착색된.

kum|mel I. *-let ~, sten~* (이정표, 기념비로 삼기 위해 쌓아올린) 돌무더기; grav~ 고분 II. *~n kumlar* 대구류(類)의 물고기.

kummin *~en/~et, 0* 【식물】 캐러웨이 (빵, 치즈, 술의 향료로 쓰임).

kumpan *~en ~er* 동료, 패거리, 놈들.

kumulativ *a.* 점증적, 누가적(累加的).

kund [kønd] *~en ~er* 손님, 고객, 단골; behålla ngn som ~ …를 단골로 잡다; han är ~ hos oss 그는 우리 집의 단골손님이다.

kunde ☞ **kunna**.

kundkrets *~en ~ar* (집합적) 단골손님; en stor ~ 폭 넓은 고객층.

kundservice *~n 0*/**kundtjänst** *~en ~er* 고객서비스.

kung *~en ~ar* 왕(王); gå till ~s 최고 당국에 신청하다.

kungadöme *~t ~n* 왕국, 군주국.

kungafamilj *~en ~er* 왕실.

kungarike *~t ~n* 왕국; ~t Sverige 스웨덴 왕국.

kunglig *a.* 국왕의, 왕실의, 황실의; Kungliga Biblioteket 왕립도서관; Kunglig Majestät (이전의) 스웨덴 정부를 지칭함 (국왕이 내각 수반일 당시).

kunglighet *~en ~er* ① 왕의 신분, 왕위 ② 왕족.

kungsfiskar|e *-[e]n ~* 물총새류의 새.

kungsfåg|el *-eln -lar* 정수리가 황금색 깃털로 덮인 작은 굴뚝새.

kungsgård *~en ~ar* 왕실소유의 저택.

kungsljus *~et ~* 현삼과(玄蔘科) 식물의 일종.

kungstank|e *-en -ar* 기본사상.

kungsvatt|en *-net 0* 【화학】 왕수 (진한 질산과 진한 염산의 혼합액; 금, 백금 등을 용해시킨다).

kungsväg *~en ~ar* 왕도(王道), 첩경, 지름길.

kungsörn *~en ~ar* 금독수리.

kun|göra *-gör -gjorde -gjort tr.* …을 발표하다, 고지(告知)하다, 공포하다, 공표하다; härmed -göres att 이에 …함을 공포합니다.

kungörelse *~r ~n* 공고(公告), 알림, 공포(公布); kunglig ~ 칙령(勅令).

kunna *kan kunde kunnat* I. *tr.* 알고 있다; 할 수 있다; han kan allt 그는 모든 것을 알고 있다; han kan [allt om] bilar 그는 자동차에 관해 무엇이든 알고 있다; han kan flera språk

K

그는 여러 나라의 말을 할 수 있다 Ⅱ. (hjälpverb; 명사 또는 생략된 부정법과 함께) ① kan (kunde) a) (능력) jag skall göra allt jag kan 내가 할 수 있는 일은 다 하겠다; jag kan själv 나는 그것을 혼자 할 수 있다; man kan vad man vill 뜻이 있는 곳에 길이 있다; vi sprang det fortaste vi kunde 우리는 힘껏 달렸다; det kan jag inte säga 나는 그렇게 말할 수 없다 b) (가능성) ⓐ (가능여부) jag kan inte förstå 나는 이해하지 못하겠어; kan du komma i morgon? 내일 올 수 있겠니?; det kan inte vara sant 그것은 사실이 아닐거야; du kan åka buss eller tåg 버스나 기차를 타면 된다 ⓑ (확실성), man kan lätt föreställa sig … …라고 쉽게 상상 할 수 있겠지; man kan gifta sig med sin kusin 사촌과 결혼할 수 있어; det kan ifrågasättas om …, …에 대한 여부를 검토해 볼 수도 있지; jag vet att problemet kan lösas 그 문제는 해결될 수 있다고 본다 ⓒ (개연성) han kan komma vilket ögonblick som helst 그가 금방이라도 올 수 있다; jag kan ha misstagit mig 내가 실수를 했는지도 모른다 (실수했을 수도 있다); det kan vara sant 사실일 수도 있을꺼야; det kan göra en galen 그것이 사람을 미치게 만들수도 있지 (kanske, eventuellt, möjligen) c) (허락) kan jag få lite mera te? 차를 좀 더 주시겠습니까?; du kan komma om du vill 네가 원하면 와도 좋다; kan jag få fråga dig om en sak? 한가지 질문을 해도 되겠습니까? d) ((a~c)와 구별되는 특별한 경우) ⓐ (정당한 사유, 당위성), det kan man kalla otur! 그것은 운이 나빴다고 할 수 있어; jag tror jag kan säga att jag har gjort mitt bästa 나는 최선을 다했다고 말할 수 있을것 같다; du kan vara glad att du inte kom 네가 오지 않았던 것을 다행으로 알라 ⓑ …해도 괜찮을 것을 (좋았을 것을) de kunde gärna ha erbjudit oss 그들이 우리를 초청해도 좋았을 텐데; du kan lika gärna göra det själv 네 스스로 그것을 해도 좋아; det kan du ha rätt i 네가 옳을 수도 있다; du kan säga vad du vill men 네가 하고픈 말을 해도 되지만… ⓒ (권고, 청유) ni kan behålla resten 거스름돈은 필요없다; ni kan ta in kaffet nu 이제 커피를 들여와도 돼; kan du inte vara tyst! 좀 조용히 하지 못하겠어!; du kan väl komma 꼭 오지 그래 ⓓ (분노, 놀라움의 의문문에서) varför kan det inte sluta regna? 왜 비가 그치질 않지?; hur kan du vara så dum? 너는 어쩌면 그렇게 멍청할 수가 있니? ⓔ (무지에서 나온 질문) vad kan en sådan här vas kosta? 이런 꽃병은 얼마입니까?; vem kan det vara? 그게 누구일까?; vad kan klockan vara? 몇시나 되었을까? ⓕ (추측) boken kan väl kosta … 책값은 …정도는 될거야; det kan lätt missförstås 그것은 오해받기 쉽지; han kan väl inte vara sjuk 그가 병날 사람이 아닌데 ⓖ (습관, 경향), sådant kan ofta hända i krigstid 그런 일은 전시에는 흔히 일어난다; hon kan sitta så i timmar i sträck 그녀는 몇 시간을 계속해서 그렇게 앉아 있기도 해 ② kunna (부정법) …할 수 있는, 재능이 있는, 유능한; problemet tycks knappast ~ lösas 그 문제는 풀릴 것 같지 않다; han börjar ~ tala 그가 말을 하기 시작한다; jag har gjort så gott jag [har] ~t 내가 할 수 있는 한 최선을 다했다; detta har inte ~t undvikas 이 일은 피할 수가 없었다; skulle ha ~t göra 할 수 있었을텐데 Ⅲ. (강세접사와 함께) jag kan inte med honom 나는 그를 용납할 수가 없다.

kunnande *~t 0* 지식, 능력, 기술, 숙달, 전문기능 (know-how).

kunnig *a.* 지식이 있는, 박식한, 유능한.

kunnighet *~en 0* 지식, 능력, 숙달(i).

kunskap *~en ~er* 지식, 학식, 식견; ~ens träd (träd på gott och ont) 선악과 나무; goda ~er i matematik 훌륭한 수학지식.

kunskapsteori *~n 0* 인식론.

kup|a[1] *-an -or* 차양, 해가리개; 램프의 갓 (lampkupa); ost~ 치즈접시 덮개.

kupa[2] *~r ~de ~t tr.* ① ~ hand 손바닥을 오목하게 하다 ② ~ potatis 감자밭 이랑에 흙을 돋구어주다.

kupé *~n ~er* ① 객차의 독립된 객실; rök~ 흡연 칸; sov~ 침대 칸 ②【역사】상자형의 4륜마차 ③ 작은 스포츠카의 일종.

kupera *~r ~de ~t tr.* ① (꼬리, 귀 따위의 끝을) 자르다 ② (카드놀이에서) 패를 떼다, 뽑다.

kuperad *a.* 구릉이 많은, 기복이 심한.

kupig *a.* 볼록한, (이마, 눈 따위가) 튀어나온.

kuplett *~en ~er* 경(輕)희극 이나 레뷰에서 부르는 풍자적 노래.

kupol [-ọ:l] *~en ~er* 둥근 지붕, 둥근 천장.

kupong [-pɔŋ] *~en ~er* ① 한 장씩 떼어 쓰는 승차권(식권), 회수권의 한 장 ② (국채, 공채 따위의) 정기 이자 증권;【상업】이자표(票), 이권(利券).

kupp *~en ~er* ① (장사, 사업에서의) 대성공, 큰 히트, 대담한 절도, 대담한 침입 ② 쿠데타, 무력정변; bank~ 은행 강도; militär~ 군사쿠데타; på ~en 갑자기, 뜻밖에 (…이 일어나다).

kuppmakar|e *-[e]n ~* 쿠데타 주동자, 범죄자.

kur Ⅰ. *~en ~ar* 초소, 파수막 Ⅱ. *~en ~er* ① 치료, 의료, 치유; gå igenmon en ~ 치료를 받다 ② 군주가 베푸는 공식 집회, 궁중회의, 알현 ③ göra ngn sin ~ …에게 수작을 걸다, 구애하다.

kura *~r ~de ~t itr.* ~ ihop sig 몸을 둥글게 웅크리다.

kurage [kʉrạ:ʃ] *~t 0* 용기, 담력.

kurant *a.* ① 잘 팔리는, 팔만한 ② 나은, 건강이 회복된.

kurativ [kʉ:r-/-ị:v] *a.* 치유하는, 낫게 하는 (특히 정신적, 사회적 병).

kurator *~n ~er* ① 상담자 (병원, 학교, 군의 사회과에서 생활문제 상담을 전담하는) ② 대학의 향우회(nation) 회장.

kurbits *~en, ~ar/~er* ① 달라나 지방의 장식용 환상적 꽃무늬 ② 오이 비슷한 열대성 과일 ③ 호박.

kurd *~en ~er* 쿠르드사람.

kurdisk *a.* 쿠르드의.

kurera *~r ~de ~t tr.* 치료하다, 환자

K

를 낫게 하다.

kurfurst|e *–en –ar* 【역사】 선거후(選擧侯, 신성로마제국에서 황제 선거권을 가졌던 제후).

kurialstil *~en 0* 관공서 문체(kanslispråk).

kuriositet *~en ~er* 호기심, 진기함, 진기한 물건; för ~ens skull (som en ~) 호기심 때문에(으로).

kurios|um *–umet –a* ☞ **kuriositet**.

kurir *~en ~er* 급사(急使), 정부와 해외 공관 사이의 전달 매체; med kurirpost (중요문서 따위를) 급사의 가방에 넣어 (보내다).

kuriös *a.* 호기심이 강한, 진기한, 이상한.

kurort *~en ~er* 보양지(保養地).

kurr *~et ~* 싸움.

kurra[1] *~n 0* 교도소, 감옥; sitta i ~n 감옥에 들어가 있다.

kurra[2] *~r ~de ~t itr.* det ~r i magen på mig 내 배속이 우글거린다.

kurragömma (불변화명사) leka ~ 숨바꼭질을 하다.

kurr|e *–en –ar* 남자, 사내, 녀석; en underlig ~ 이상한 녀석.

kurs [kɵʂ] *~en ~er* ① (항해, 비행, 정치 따위의) 진로, 방향, 노선; hålla ~en 같은 진로로 계속 나아가다; ändra ~ 방향을 바꾸다 ② 비율, 율(교환), 가격, 시세; noterad ~ 시가; högsta ~ 최고시세; dollar~ 달러교환율; en aktie till en ~ av 125 kr 시가 125 크로나 주식 ③ (학교, 대학) 과목, 과정, 커리큘럼; gå igenom (delta i) en ~ 강의를 받다(듣다); ta en ~ i matlagning 요리강습을 받다.

kursa *~r ~de ~t tr.* (물건을) 내다 팔다.

kursdeltagare *–[e]n ~* 수강생.

kursiv[1] *a.* 【인쇄】 이탤릭체의; ~ läsning 대충 읽기.

kursiv[2] *~en ~0* 【인쇄】 이탤릭체; med (i) ~ 이탤릭체로.

kursivera *~r ~de ~t tr.* 이탤릭체로 인쇄하다.

kurskamrat *~en ~er* 반 친구, 급우; vi är ~er 우리는 동급생이다.

kurslitteratur *~en ~er* 강의교재.

kursplan *~en ~er* 교과과정, 강의요강, 교수요목.

kurtis *~en 0* (남녀가) 히히덕거리기, 연애장난, 바람피우기.

kurtisan *~en ~er* 고급 매춘부.

kurtisera *~r ~de ~t tr.* ~ en flicka 여자를 희롱하다, 구애하다.

kurv|a *–an –or* 곡선, 굴곡, 커브.

kurvig *a.* 굴곡이 많은; (여자가) 곡선미가 있는, 육체미가 있는.

kuscha *~r ~de ~t* Ⅰ. *itr.* (개가) 엎드리다 Ⅱ. *tr* …을 위협하다, 으르다, 깔아뭉개다; en ~d hund 말을 잘 듣는 개; en ~d kvinna 잘 복종하는 여자.

kus|e *–en –ar* ① 【일상】 말(馬) ② 빵의 일종.

kusin *~en ~er* 친사촌.

kusinbarn *~et ~* 재종, 육촌 (syssling).

kusk *~en ~ar* (마차의) 마부.

kuska *~r ~de ~t itr.* ~ omkring (i) (일정한 목적 없이) 떠돌아다니다, 여행하다.

kuskbock *~en ~ar* (마차의) 마부 석.

kuslig *a.* 으스스한, 소름끼치는, 무서운; känna sig ~ till mods 오싹해지다.

kust ~*en* ~*er* 해변 가, 해안; bo vid ~en 해변 가에서 살다.

kustartilleri ~*et* *0* 해안포병[대].

kustband ~*et* *0*, i ~et 해안선에, 해변에.

kustbevakning ~*en* *0* 해안 경비.

kustjägar|e −[*e*]*n* ~ 해안포병대의 특수요원.

kut ~*en* ~*ar* 물개 새끼.

kuta ~*r* ~*de* ~*t* *itr*. ① 꾸부정하게 걷다 ② ~ i väg 뛰어가다.

kutig *a*. 허리가 구부러진 (kutryggig).

kutt|er Ⅰ. −*ret* *0* (비둘기 따위의 울음소리) 구구구 Ⅱ. −*ern* −*rar* ① 외 돛대의 소형 범선 ② 자르는 도구.

kutting ~*en* ~*ar* 작은 나무통.

kuttra ~*r* ~*de* ~*t* *itr*. (비둘기가) 구구 울다; (애인끼리) 달콤하게 속삭이다.

kuttrasjụ (불변화 ett−명사) 【고어】 남녀의 새롱거림, 애무.

kutỵm ~*en* ~*er* 풍습, 관례, 습관; det är ~ att …, … 하는 것은 관례이다.

kuva ~*r* ~*de* ~*t* *tr*. 억누르다, 진압하다, 제압하다; inte låta ~ sig 항복(굴복)하지 않다.

kuvert [−vạ:r/−vạ:t] ~*et* ~ ① 편지 봉투 ② (식탁의) 1인분 식기 (접시, 나이프, 포크, 냅킨 따위); det var dukat med sex ~ 6인분 식기가 차려져 있다.

kuvertbröd ~*et* ~ 작은 흰 빵, 롤(두루마리)빵.

kuvertẹra ~*r* ~*de* ~*t* *tr*. 봉투 속에 넣다.

kuvös ~*en* ~*er* 조산아(미숙아) 보육기.

Kuwait [−vajt] 쿠웨이트.

kuwaitier [−vạjtçe] ~*n* ~ 쿠웨이트인.

kuwaitisk *a*. 쿠웨이트의.

kvacka ~*r* ~*de* ~*t* *itr*. 돌팔이 의사 노릇을 하다; 자신이 없는 일을 엉터리로 하다.

kvackar|e −[*e*]*n* ~ 돌팔이 의사.

kvacksalvare ☞ kvackare.

kvacksalverị ~*et* ~*er* (돌팔이 의사의) 엉터리 치료법; 협잡질.

kvadda ~*r* ~*de* ~*t* *tr*. 산산이 부수다, 때려 부수다, 분쇄하다.

kvadrạnt ~*en* ~*er* 【기하】 사분원 (四分圓).

kvadrạt ~*en* ~*er* ① 정방형, 사각형; en ~ med sidan 5cm har arean 25㎠ 1변이 5센티미터인 정사각형의 면적은 25제곱센티미터이다 ② 제곱, 평방; ~en på 4 är 16, 4의 제곱은 16이다.

kvadratisk *a*. 정방형의, 사각의; 【수학】 평방의, 제곱의.

kval Ⅰ. ~*et*/~*en*, *0* 【스포츠】 예선경기 (kvalificeringsmatch) Ⅱ. ~*et* ~ 고통, 고뇌, 시련; hungerns ~ 배고픔의 고통; i valet och ~et 망설임 속에서.

kvala ~*r* ~*de* ~*t* *itr*. 예선전을 치르다; 자격을 부여받다.

kvalfull *a*. 고통스러운, 고통을 주는.

kvalificera ~*r* ~*de* ~*t* *tr*. *rfl*. 자격을 부여하다; denna examen ~r honom för statstjänst 이 시험은 그에게 국가공무원 자격을 인정한다.

kvalificerad *a*. (직능, 직위 등에) 자격이 있는, 적격의 (för).

kvalificering ~*en* ~*ar* ☞ kval, klara ~en till … … 의 예선을 통과하다.

K

kvalifikation *~en ~er* ① 자격, 능력, 면허 ② 제한, 한정.
kvalifikationsår *~et ~* 휴가 해당 연도.
kvalitativ [–tị:v/kvạl–] *a.* 성질상의, 질적인.
kvalité *~n ~er* ☞ **kvalitet**.
kvalitẹt *~en ~er*, 질, 품질, (본래의) 성질; varor av bästa (dålig) ~ 최상(저질)의 상품(물품).
kvalm *~et 0* 후덥지근한 공기.
kvalmatch *~en ~er* ☞ **kval**.
kvalmig *a.* 후덥지근한, 숨 막히는.
kvalst|er *–ret ~* 진드기.
kvantfysik *~en 0* 양자물리학.
kvantitativ [kvạnt–/–ị:v] *a.* 양으로 잴 수 있는, 양적인.
kvantitẹt *~en ~er* 양(量), 분량, 수량.
kvantteori *~n 0* 【물리】 양자론.
kvant|um *–um[et], –a/–um* ① 분량, 정량(定量) ② 【물리】 양자(量子).
kvar *adv.* 아직도 거기에 (여기에), 남겨놓은, 남은; hur mycket blir [det] ~? 얼마나 남아 있느냐; jag har 5 kr ~ 나에게는 5 크로나가 남아있다; boken ligger ~ på bordet 책은 아직 책상에 놓여있다; han var ännu ~ där när jag gick 내가 떠날 때 그는 아직 거기에 있었다; det är långt ~ till målet 목표 지점까지는 아직도 많이 남아있다.
kvar|bliven *a.* 남아있는; –blivna biljetter (팔다) 남은 차표.
kvark *~en 0* 커드 치즈 (응유(凝乳)에 소금을 약간 섞어서 만든 희고 부드러운 치즈).
kvarka *~n 0* 【수의학(獸醫學)】 말 따위의 전염성 감기.
kvarlev|a *–an –or* ① 나머지, 잔여, 자취 ② 고인의 유물, 시체, 유골; hans jordiska kvarlevor 그의 시체, 송장.
kvarlåtenskap *~en 0* 유산(遺産); hans ~ uppgår till … 그의 유산은 …에 달한다.
kvarlämna *~r ~de ~t tr.* 남기다 (lämna kvar).
kvarn *~en ~ar* 맷돌, 제분기, 분쇄기, 물레방앗간, 제분소; väder~ 풍차; prata som en ~ 마구 지껄여대다, 쉴 새 없이 지껄이다; den som kommer först till ~en får först mala 【속담】 부지런한 사람이 득을 본다; få vatten på sin ~ 신바람이 나다.
kvarndamm *~en ~ar* 물방아보, 물방아용의 연못.
kvarnhjul *~et ~* 물방아(바퀴).
kvarnsten *~en ~ar* 맷돌 (위, 아래 2개의 돌 가운데 하나).
kvarsittar|e *–[e]n ~* 낙제생, 유급생; bli ~ i trean 3학년에 유급하다.
kvarskatt *~en ~er* 미납세금.
kvarstad *~en ~er* 【법률】 재산의 가처분 (몰수, 압수); belägga med ~ (재산을) 가처분하다, …을 몰수하다.
kvar|stå *~r –stod –stått itr.* 남아있다 (stå kvar).
kvarstående *a.* 남은, 잔여의; ~ skatt 미납세금 (kvarskatt).
kvart[1] *~en ~er* ① 4분의 1; en och tre ~s meter 1과 4분의 3미터 ② 1시간의 4분의 1, 15분; akademisk ~ 대학의 15분 (정시보다 15분 늦게 교수가 입실하는 시간); klockan är en ~ över

två 2시 15분이다 ③【음악】제4도 음정 ④ 4절판(折版).

kvart² *~en ~ar* 간이 숙소, 묵어가는 집; knarkarkvart 마약 상용자들이 모여드는 곳.

kvartal *~et ~* 1년의 4분의 1(3개월), 4분기 지불기(支拂期)의 하나.

kvartalsvis *adv.* 연 4회에 걸쳐, 분기별로.

kvarter *~et ~* ① (도시의 4면이 도로로 둘러싸인) 한 구획, 가구(街區); slum~ 빈민가 ②【천문】현(弦, 달이 차고 기우는 주기의 4분의 1) ③ 군대의 막사, 임시 숙소; söka ~ för natten 잠 잘 곳을 찾다.

kvartett *~en ~er* ①【음악】4중창(주)곡 ② 4중창단.

kvarting *~en ~ar* 용적이 보통 병의 4분의 1 정도(37.5cl)되는 작은 병.

kvarto (불변화명사) 4절판 크기(25-35cm).

kvarts *~en ~er*【광물】석영(石英).

kvartsfinal *~en ~er*【스포츠】준준결승전.

kvartslamp|a *-an -or* 자외선 등(燈).

kvartssek|el *-let, ~/-ler* 사반세기(四半世紀, 25년).

kvartär *a.*【지질】제4기의; ~perioden【지질】제4기.

kvarvarande *a.* 남은, 남아있는.

kvasibildning *~en ~ar* 피상적인 교육.

kvasivetenskap *~en ~er* 사이비 과학.

kvast *~en ~ar* ① 비, 빗자루; nya ~ar sopar bäst【속담】신임자는 악폐 일소에 열심이다. ② 송이, 다발.

kvav¹ *a.* 답답한, 후덥지근한, 무더운.

kvav² (불변화명사) gå i ~ (배 따위가) 침수하여 가라앉다; 실패하다.

kved ☞ kvida.

kverulant *~en ~er* 투덜대는 사람, 불평가.

kverulera *~r ~de ~t itr.* 투덜대다, 불평하다 (över).

kvick *a.* ① 빠른, 잽싼; ~ i benen 발이 빠른 ② 기지 있는, 재기 발랄한; en ~ och rolig bok 재미와 재치가 넘치는 책; så ~t av dig! 너 재치가 있구나!; det ~a i det här 이것의 요점.

kvicka *~r ~de ~t itr. rfl.* ~ på (sig) 서두르다.

kvickhet *~en ~er* ① 신속, 민첩 ② 기지, 재치 ③ 재담, 농담; gamla vanliga ~er 진력이 나도록 들은 진부한 농담.

kvickhuvud *~et, ~/~en* 재담을 잘 하는 사람, 익살맞은 친구.

kvickna *~r ~de ~t itr.* ~ till 의식을 되찾다.

kvickrot *~en 0* 개밀 (뿌리가 길게 뻗는 잡초).

kvicksand *~en 0* 늪, 수렁.

kvicksilv|er *-ret 0* 수은; (비유적) ha ~ i kroppen (vara som ett ~) 잠시를 가만히 있지 못하다, 활기에 차 있다.

kvicksilvertermomet|er *-ern -rar* 수은 온도계.

kvicktänkt *a.* 기민한, 기지가 있는.

kvid|a *-er kved -it itr.* 신음하다, 끙끙거리다, 불평하다.

kvig|a *-an -or* 아직 새끼를 낳지 않은 3세 이하의 암소.

kvigkalv *~en ~ar* 암송아지.

kvillajabark *~en 0* 킬라하라 부르는 남미산 나무의 껍질 (이전에 세척제 원료로 사용하였음).

K

kvinn|a *-an -or* (성인)여자, 여성; ~ns rättigheter 여성의 권리.

kvinnfolk *~et ~* ① (집합적으로) 여성, 여자 (약간 무시하는 듯한 어감) ② ett ~ 한 여자.

kvinnlig *a.* 여성의; ~a författare 여류작가; en ~ läkare 여의사; ~ nyfikenhet 여성적 호기심.

kvinnoarbete *~t ~n* 여성 직종, 여성 일거리.

kvinnodräkt *~en ~er* 여성복.

kvinnofrid *~en 0* 여성들을 괴롭히지 못하게 하는 보호법.

kvinnofråg|a *-an -or* 여성문제.

kvinnokamp *~en 0* (남녀평등을 위한) 여성운동.

kvinnoklinik *~en ~er* 부인병 진료소.

kvinnokön [-çø:n] *~et 0* 여성(女性, kvinnkön).

kvinnoläkar|e *-[e]n ~* 【고어】 산부인과 의사 (gynekolog).

kvinnorörelse *~n ~r* 여성해방운동, 여권신장운동.

kvinnosakskvinn|a *-an -or* 여성해방 운동에 참여하는 여자.

kvinnosjukdom *~en ~ar* 부인병.

kvinnotjusar|e *-[e]n ~* 여자를 잘 유혹하는 사람, 엽색가.

kvinnotycke *~t 0*, han har ~ 그는 여자를 끄는 힘이 있다 (매력적이다).

kvint *~en ~er* 【음악】 제5도, 5도 음정.

kvintessens [-saŋs/-sẹns] *~en 0* (사물의) 본질, 정수, 진수(眞髓).

kvintẹtt *~en ~er* 【음악】 ① 5중주(중창)곡 ② 5중창단.

kvintilera *~r ~de ~t itr.* ~ på fiol (flöjt) 바이올린(플루트)을 즉흥적으로 켜다.

kvissl|a *-an -or* 뾰루지, 여드름.

kvisslig *a.* 뾰루지가 난, 여드름 투성이의.

kvist *~en ~ar* ① 작은 가지, 가는 가지 ② (나무, 풀 따위의) 마디, 옹이.

kvista *~r ~de ~t* Ⅰ. *tr.* ~ [av] 나뭇가지를 치다 (자르다) Ⅱ. *itr.* 급히 가다; ~ över [hem] till ngn …집에 잠깐 들르다.

kvistig *a.* ① 잔가지가 많은 ② 매듭(옹이)이 있는 ③ 얽힌, 곤란한; en ~ fråga 까다로운 문제.

kvitt (불변화형용사) ① därmed är vi ~ 이로써 우리는 청산이 되었다, 대등해지다, 피장파장이 되다; vara ~ med ngn …와 피장파장이 되다; ~ eller dubbelt (노름에서) 두 배로 받느냐 아니면 몽땅 잃느냐의 승부 ② bli ~ ngn (ngt) …을 면하다, 제거하다; skönt att bli ~ honom (det)! 그를 (그것을) 떨쳐내어 시원하다!; göra sig ~ …에서 벗어나다.

kvitta *~r ~de ~t tr.* ① 상쇄하다; ~ en skuld mot en annan 다른 것과 상쇄하여 빚을 청산하다; jag tycker vi ~r med varann 우리 사이는 청산된 것으로 나는 생각해 ② (비인칭 구문) 마찬가지이다; nu ~r det om han kommer, det är ändå för sent 그가 온다 해도 마찬가지야, 이미 늦었으니까.

kvitten *~en/~et, 0* 마르멜로 열매.

kvittens *~en ~er* 지불영수증, 인수증.

kvitt|er *-ret 0* 짹짹, 찍찍 (새, 벌레의 울음소리).

kvittera *~r ~de ~t tr. itr.* ① …에

K

영수했다는 서명을 하다, 영수증을 내주다; en ~d räkning 결제된 계산서; betalt ~s! 오는 말에 가는 말 (맞받아 쏘아주기) ② 갚아주다; hon ~de hans oförskämdhet med … 그녀는 그의 파렴치를 …으로 갚아주었다.

kvittning *~en ~ar* 【정치】 경쟁 관계에 있는 당 의원과 짜고 투표를 기권하기.

kvitto *~t ~n* 영수증 (på).

kvittra *~r ~de ~t itr.* (새가) 짹짹거리다.

kvot *~en ~er* ① 몫, 할당, 지분; 할당 인원수 ②【수학】 몫, 상(商).

kvotera *~r ~de ~t tr.* …을 할당하다, 배분하다.

kväde *~t ~n* 【고어】 시(詩), 노래로 불리는 짧은 서정시.

kväk|a *-er -te -t itr.* (개구리, 까마귀 따위가) 개굴개굴(까악까악) 울다.

kväkar|e *-[e]n ~* 퀘이커교도 (미·영의 한 종파).

kvälj|a Ⅰ. *-er -de -t tr.* ① …에게 구역질나게 하다, 몹시 불쾌하게 하다 ②【법률】 ~ dom 판결 결과를 부당하게 비난하다 Ⅱ. *-er -de/kvalde -t/kvalt tr.* …에게 고통을 주다.

K

kväljning *~en ~ar* 구역질; man får ~ar bara man ser det 그것을 보기만 해도 구역질이 난다.

kväll *~en ~ar* ① 저녁, 밤; en ~ i maj 5월의 어느 저녁; god ~! a) 안녕하세요 (저녁에 만났을 때) b) 안녕히 주무세요 (저녁에 헤어질 때); hela ~en 저녁 내내 (밤새껏); i ~ 오늘저녁, 오늘 밤; i fredags ~ 지난 금요일 저녁; mot ~en 저녁때쯤; om (på) ~en(~arna) 저녁에; kl 10 på ~en 저녁(밤) 10시; på ~en den 3 maj 5월 3일 저녁에; under de närmaste ~arna är jag ledig 나는 앞으로 며칠 저녁은 쉰다.

käll|a *-er -de -t itr.* ~ [fram] 쏟아져 나오다.

kväll|as *~ -ades -ats itr. dep.* det ~ 저녁이 다가온다, 어두워진다, 황혼이 진다.

kvällning *~en 0*, i ~en 해질 무렵에.

kvällskvisten (불변화 en-명사), på ~ 저녁 무렵에.

kvällstrött *a.* 초저녁잠이 많은.

kvällsvard *~en ~er* 저녁식사.

kväs|a *-er -te -t tr.* (힘, 의지 따위를) 무너뜨리다, 꺾다, 남의 콧대를 꺾어놓다.

kväv|a *-er -de -t tr.* 숨 막히게 하다, 질식시키다; (감정을) 억제하다, (폭동, 혼란 따위를) 진압하다; ~ elden 덮어 불을 끄다.

kväve *~t 0* 【화학】 질소.

kvävehaltig *a.* 【화학】 질소를 함유하고 있는.

KW ☞ kilowatt.

kybernetik/cybernetik [ky-] *~en 0* 인공두뇌학, 사이버네틱스.

kyckling [çyk-] *~en ~ar* 병아리, 새끼 새.

kycklingkull *~en ~ar* 한 배의 병아리.

kyffa [çy-] *~r ~de ~t rfl.* ~ ihop sig 좁은 장소에 모여 떼를 이루다.

kyffe [çy-] *~t ~n* 오두막; 좁은 방; (농담조로) 작은 아파트.

kyl [çy:l] *~en ~ar* ① 냉장고, 냉장실 ② (짐승의) 정강이 살.

kyl|a[1] [çy:la] *-an 0* 추위; 냉담.

kyl|a² [çy:la] *-er -de -t tr.* 냉각하다.

kylanläggning *~en ~ar* 냉동설비.

kylar|e *-[e]n ~* (자동차 엔진의) 냉각기; (포도주 따위를 냉각시키는) 얼음 통.

kylarvätsk|a *-an 0* 부동액(不凍液).

kyldisk *~en ~ar* 냉장 진열창.

kylig *a.* 서늘한, 차가운; 냉담한.

kylklamp *~en ~ar* 휴대용 냉동상자에 넣는 작은 얼음용기.

kylkonserv [-særv] *~en ~er* 냉장고 보관용 통조림 식품.

kyll|er [çy] *-ret ~* 유피(鞣皮)코트.

kyls|a¹ *-an -or* ① 덩어리 ② (스타킹의) 주름.

kylsa² *~r ~de ~t itr.* (바지, 스타킹이) 주름지다.

kylskåp *~et ~* 냉장고.

kylslagen *a.* 미지근한.

kylvatt|en *-net 0* 냉각수.

kymig [ky:mi(g)/çy:mi(g)] *a.* ① 불쾌한, 싫은 ② 몸이 좋지 않은.

kymriska [kym-] *~n 0* 웨일즈 말(Welsh)의 한 가지.

kyndelsmäss|a [çynd-] *-an -or* 【가톨릭】 성촉절 (2월2일; 성모마리아의 순결을 기려서 촛불행렬을 한다).

kynne [çy-] *~t ~n* 기질, 성질.

kynologi [kynɔlɔgi:] *~n 0* 견학(犬學), 개에 대한 연구.

kypar|e [çy:-] *-[e]n ~* 웨이터, 급사.

kypert [çy:-] *~en ~ar* 능직물(綾織物).

kyrk|a [çy-] *-an -or* 교회, 성당; gå i ~n 교회에 다니다.

kyrkdags *adv.* det är ~ 교회에 갈 시간이 되었다.

kyrklig *a.* 교회의; ~ jordfästning 교회장(教會葬).

kyrkoadjunkt *~en ~er* 목사보, 부목사.

kyrk[o]bokföring *~en ~ar* 교구민(教區民) 등록 (주민등록).

kyrkofullmäktig (형용사의 명사화, 단수로 사용) 교구회 위원.

kyrkofullmäktige (형용사의 명사화, 복수로 사용) 교구회(教區會).

kyrkogård *~en ~ar* (교회 경내 또는 부근의) 묘지.

kyrkoherd|e *-en -ar* 교구목사.

kyrkomöte *~t ~n* 교회회의.

kyrksam *a.* vara ~ [av sig] 교회에 열심히 다니는.

kyrktagning *~en ~ar* 【역사】 출산한 여성이 다시 교회미사에 참석하도록 하는 의식.

kyrkvärd *~en ~ar* 교회의 회계 사무를 관장하는 교구위원.

kysk [çysk] *a.* 정숙한, 순결한.

kyss [çys] *~en ~ar* 키스, 입맞춤; 가볍게 닿기.

kyss|a *-er -te -t tr.* …에게 키스하다, …에 입맞춤하다, …에 가볍게 닿다; han -te henne på kinden 그는 그녀의 볼에 키스했다; ~ ngn till avsked …에게 이별의 키스를 하다.

kyss|as *~ -tes -ts itr. dep.* 키스하다; ~ och smekas (연인들이) 서로 애정을 표시하다, 애무하며 사랑을 속삭이다.

kysstäck *a.* 【고어】 (여성의 매력이) 키스의 충동을 일으키게 하는.

kyssäkta *a.* 키스해도 묻지 않는 (입술

K

연지).

kåd|a *-an -or* 수지(樹脂).

kådig *a.* 수지 질(質)의, 수지가 많은, 수지가 묻은.

kåk *~en ~ar* 허물어질 것 같은 집; 【일상】 빌라; 감옥; sitta på ~en 감옥에 있다.

kåkfarar|e *-[e]n ~* 죄수, 감옥에 자주 들락거리는 사람, 상습범.

kål *~en 0* ① 양배추 ② (비유적) göra (ta) ~ på 죽이다, 망치다, 거의 미칠 지경으로 만들다; de tar ~ på mig 그들은 나를 몹시 괴롭힌다.

kåldolma *~n ~r*/**kåldolm|e** *-en -ar* 【요리】 저민 고기를 양배추에 채워 삶은 요리.

kålfjäril *~en ~ar* 나비의 일종.

kålhuvud *~et, ~/~en,* (복수정형) *~ena* 양배추의 먹기 좋은 윗부분.

kålrabbi *~n 0* 구경(球莖) 양배추.

kål|rot *~en -rötter* 순무의 일종 (뿌리가 황색).

kålsupar|e *-[e]n ~* 【일상】 de är lika goda ~ [båda två] 그들은 똑같이 못된 놈들이다.

kånka *~r ~de ~t itr.* ~ på ngt …을 무거운 듯이 나르다 (끌다).

kåp|a *-an -or* ① (수도사의) 두건 달린 옷 ② (기계 등을 보호하기 위한) 뚜껑, 덮개.

kår *~en ~er* 단체, 집단, 집합체; 특수부대.

kår|e *-en -ar* ① 산들바람, 미풍, 잔물결 ② (비유적), det går kalla -ar efter ryggen på mig (공포로) 몸서리가 난다, 오싹해진다.

kårhus *~et ~* 대학생 자치회의 건물 (회관).

kårknutt|e *-en -ar* 학생회의 멤버.

kåsera *~r ~de ~t itr.* 재치 있는 기사를 쓰다, 만담을 쓰다.

kåseri *~et ~er* 만담, 만필(漫筆), 재치 있는 기사.

kåsör *~en ~er* (신문의) 특별란 담당자, 칼럼리스트.

kåt *a.* (구어), vara ~ (성적으로) 달아올라있다, 흥분해 있다; vara ~ på ngt …을 꼭 갖고 싶다.

kåt|a *-an -or* 라프족의 천막집.

käbb|el [çɛbel] *-let 0* 언쟁, 논쟁.

käbbla [çɛ-] *~r ~de ~t itr.* 언쟁하다, 논쟁하다, 말다툼하다; ~ emot 말대꾸하다.

käck [çɛk] *a.* 쾌활한, 활발한, 명랑한.

käft [çɛft] *~en ~ar* ① 턱, (동물의) 입; dödens ~ar 사지(死地); håll ~en! 입 닥쳐!; vara slängd i ~en 언변이 좋다; slå ngn på ~en 주먹으로 턱을 한 대 치다 ② inte en ~ fanns där 거기에는 아무도 없었다 ③ (집게 따위의) 물건을 끼워 잡는 부분.

käfta [çɛ-] *~r ~de ~t itr.* 지껄이다, 잔소리하다; ~ emot (뻔뻔스럽게) 말대꾸하다.

kägelban|a [çɛːgel-] *-an -or* 구주희장(九柱戲場) [레인].

kägelformig *a.* 원추형의.

kägelspel *~et ~* 구주희 (나무원반, 공을 각기 던지거나 굴려서 9개의 핀을 넘어뜨리는 놀이).

kägl|a *-an -or* ① 원추 ② (구주희의) 나무기둥.

käk [çɛːk] *~et 0* 【속어】 음식, 먹는 것.

käka *~r ~de ~t itr.* 【일상】 밥 먹다.

käk|e [çɛːkə] *-en -ar* 턱.

K

käl [çɛːl] *~en ~ar* (액자, 틀 따위의) 홈.

kälkborgar|e [çɛ–] *–[e]n ~* 속물, 실리주의자; 소시민, 부르주아.

kälk|e [çɛ–] *–en –ar* (보통 경사진 언덕에서 타고 내려오는) 터보건 썰매.

käll|a [çɛ–] *–an –or* 수원, 샘, 원천; 근원, 근본, 원인, 출처, 출전(出典); nyheter från en tillförlitlig ~ 믿을만한 소식통에서 나온 정보(소식).

källar|e [çɛ–] *–[e]n ~* 지하실, 술집, 식당.

källarmästar|e *–[e]n ~* 술집(식당) 주인.

källbeskattning *~en ~ar* 원천과세.

källing [çɛ–] *~en ~ar* 고양이 새끼.

källkritik *~en 0* 원전(출처)비평.

källskatt *~en 0* 원천 세.

kält [çɛlt] *~et 0* 잔소리.

kälta *~r ~de ~t itr.* 잔소리하다.

kämpa [çɛ–] *~r ~de ~t itr.* 싸우다, 다투다, 격투하다; ~ för ngt …을 얻으려고 노력하다; ~ för frihet 자유를 위하여 싸우다; ~ med (mot) svårigheter 역경과 싸우다; jag har svårigheter att ~ med 나는 싸워 나가야할 어려움들이 있다; ~ mot frestelsen 유혹과 싸우다; ~ emot ngt …에 저항하다, …을 방해하다.

kämp|e [çɛ–] *–en –ar* 용사, 병사; 주창자.

kämpig *a.* 힘든, 어려운.

känd *a.* 유명한, 이름난, 알려져 있는, 잘 알려진, 소문난; det är ett allmänt känt faktum 모든 사람들에게 알려져 있는 사실이다, 주지의 사실이다; han är ~ som en bra författare 그는 훌륭한 작가로 유명하다; historien blev ~ genom tidningarna 그 이야기는 신문을 통해 세상에 알려졌다; han är mer ~ som poet än som politiker 그는 정치가보다는 시인으로 더 잘 알려져 있다.

kände ☞ **känna**.

kändis [çɛndis] *~en ~ar* 유명한 사람, 널리 알려져 있는 사람.

käng|a *–an –or* 장화; ge ngn en ~ …에게 빈정대다, …을 [신랄하게] 비평하다.

känguru [çɛŋg–] *~n ~[e]r* 캥거루.

känn [çɛnː] (불변화명사) på ~ 느낌으로, 본능적으로; ha ngt på ~ …을 감지하다; ha på känn ngt skall hända 어떤 일이 일어날 듯한 느낌이 들다.

känna[1] (불변화명사) ge sig till ~ 이름을 대다, 정체를 밝히다.

kän|na[2] [çɛ–] *–ner –de –t* Ⅰ. *tr. itr.* ① 느끼다, 감지하다; ~ smärta 아픔을 느끼다; ~ lukten av tobaksrök 담배연기를 맡다; –ner du för en kopp kaffe? 커피 한 잔 드실 생각이 있습니까?; jag –ner djupt för dig 정말 안됐습니다 ② …와는 아는 사이이다; ~ ngn till namnet 이름만은 알고 있다; ~ ngn flyktigt …과 만나면 목례를 나누는 정도이다, …을 조금 알고 있다 Ⅱ. *rfl.* ~ sig trött 피곤을 느끼다; ~ sig [som] hemma 마음이 편안하다 Ⅲ. (강세접사와 함께) ① ~ av kölden 추위를 느끼다; få ~ av fattigdom 가난을 맛보다 ② ~ efter i sina fickor om man har pengar 돈이 있는지 호주머니를 뒤적이다; ~ efter om dörren är låst 문이 잠겨 있는지를 확인하다 ③ ~ sig för hos ngn …의 의중을

떠보다 ④ ~ igen ngn …을 알아보다; ~ igen sig (어떤 장소의) 지리에 밝다 ⑤ ~ på svårigheter 고생을 겪다; få ~ på hur det är att svälta 굶주린다는 것이 어떤 것인지를 알게 되다; det känns på att vaka hela natten 밤 새우는 일은 힘들다 ⑥ ~ till 잘 알고 있다.

kännar|e *-[e]n* ~ (미술품 따위의) 감정가, 전문가.

kän|nas *-ns -des -ts itr. dep.* ① 느끼다; tyget -ns mjukt 그 옷감은 감촉이 부드럽다; det -ns konstigt 이상한 느낌이 든다; hur -ns det? 기분이 어떻습니까? ② ~ vid 인정하다; han ville inte ~ vid att han var besegrad 그는 자기의 패배를 인정하려 하지 않았다.

kännbar *a.* 상당한, 눈에 띄는, 적지 않는, 심한, 엄한; en ~ förlust 꽤 큰 손실; ett ~t straff 엄벌; ~a utgifter 많은 비용 (지출).

kännedom *~en 0* 인식, 지식, 정통; det har kommit till min ~ att han bor i Sverige 나는 그가 스웨덴에서 살고 있는 것을 알게 되었다.

kännemärke *~t ~n* ☞ **kännetecken**.

kännetecк|en *-net* ~ ① 표시, 표상, 징조 ② 특징, 조짐.

kännetecknа *~r ~de ~t tr.* …의 특성을 나타내다; …을 특징짓다; hans stil ~s av enkelhet 그의 문체는 간결한 것이 특징이다.

känning *~en ~ar* ① 접촉; få ~ med fienden 적군과 접촉하다 (접전하다); ha ~ av land 육지가 보이다 ② 감각; ~ av värk 통증 ③ 아는 사람.

känsel *~n 0* 느낌, 감각, 지각력, 촉각; jag har inte någon ~ i foten 내발엔 감각이 없다.

känselkropp *~en ~ar* (자동 온도 조절 장치 따위에 부착된) 감지기.

känselspröt *~et* ~ (곤충의) 촉수(觸鬚).

känsl|a *-an -or* 느낌, 감동, 감정; 지각; ömma -or 애정; en ~ av köld 냉기; han hade en ~ av att ngt skulle hända 그는 어떤 일이 일어날 듯한 느낌이 들었다; en ~ av socialt ansvar 사회적 책임감; vädja till -orna 감정에 호소하다.

känslig *a.* 민감한, 예민한, 섬세한; 신경질적인, 신경과민의; ~ för kritik 비판에 대해서 민감한.

känslolös *a.* 무감각한, 느끼지 못하는, 냉정한; 굳어진.

känslomännisk|a *-an -or* 감정가, 정서적인 사람.

känslomässig *a.* 감정의, 감정적인.

känslosam *a.* 감동적인, 감상적인.

känt ☞ **känna**.

käpp [çɛp] *~en ~ar* 막대기, 단장(短杖); få smaka ~en 매맛을 보다; han satte en ~ i hjulet för mig 그는 나를 방해했다.

käpphäst *~en ~ar* (장난감) 흔들목마; 취미; musik är hans ~ 그는 음악이 취미다.

käpprätt *adv.* det går ~ åt helvete (skogen) 완전히 실패로 돌아갈 것이다.

kär [çæ:r] *a.* 사랑스러운, 사랑하는; ~a nån! 저런!, 어머나!; en ~ gäst 환영받는 손님; bli ~ i ngn …에게 반하다, …을 사랑하게 되다.

kära *~r ~de ~t* Ⅰ. *itr.* ~ ner sig

i ngn …에게 홀딱 반하다 Ⅱ. *itr*. 【법률】 소송을 제기하다.

kärande *~n ~* 원고.

kärest|a *-an -or* 연인(여성); 약혼녀.

käril *~et ~* 【고어】 ett svagt ~ 여자, 부인, 아내.

käring/kärring *~en ~ar* 노파, 집사람 (자기 부인에 대한 비어); han är en riktig ~ 그는 겁쟁이다.

käringaktig *a*. 남자잡지 않은; 비겁한, 중상(中傷)하는; 잔소리 많은.

käringknop *~en ~ar* 거꾸로 매는 옭매듭.

käringprat *~et ~* 험담, 잡담, 지껄여댐.

käring|tand *~en -tänder* 【식물】 콩과의 목호.

kärkommen *a*. 매우 환영하는, 반가이 맞이하는.

kärl [çæ:(r)l̥] *~et ~* 그릇, 용기(容器); 【해부】 도관, 수송관.

kärlek [çæ:l̥e:k] *~en 0* 사랑, 연애, 애정, 정애; 열정.

kärleksaffär *~en ~er* 연애 사건.

kärleksfull *a*. 애정 어린, 자애로운, 다정한.

kärleksgnabb *~et ~* 애인끼리의 말다툼.

kärlekshistori|a *-an -er* ① 연애소설 ② 연애 사건.

kärlekskrank *a*. 상사병에 걸린, 사랑에 번민하는.

kärlekslös *a*. ① 무자비한 ② 사랑이 없는, 사랑받지 못하는.

kärlig *a*. 애정이 있는, 애정 어린.

kärlkramp *~en ~er* 【의학】 혈관 경련.

kärn|a[1] *-an -or* ① (버터 제조용의) 교유기(攪乳器) ② (사과, 귤 따위의) 씨, 종자 ③ 곡식알 ④ 핵심 ⑤ (문제의) 중요부분.

kärna[2] *~r ~de ~t tr*. ① ~ smör (크림을 휘저어서) 버터를 만들다 ② (과실의) 속을 빼다.

kärnbränsle *~t ~n* 핵연료.

kärnenergi [çæ:ŋ̩enærʃi:] *~n ~er* 핵에너지.

kärnfamilj *~en ~er* 핵가족 (남편, 부인, 아이들로 이루어짐).

kärnfri *a*. 씨가 없는, 씨를 빼낸.

kärnfrisk *a*. 매우 건전한, 건강한.

kärnfull *a*. 정력적인, 기운찬, 힘찬; (표현 등이) 알찬.

kärnfysik *~en 0* 핵물리학.

kärnhus *~et ~* (과일의) 과심(果心).

kärnklyvning *~en ~ar* 핵분열.

kärnkraft *~en ~er* 핵에너지, 원자력.

kärnkraftverk *~et ~* 원자력 발전소.

kärnladdning *~en ~ar* 원자핵 충전.

kärnmjölk *~en 0* 버터밀크 (우유에서 버터를 제거한 후에 남는 신맛 나는 액체).

kärnpunkt *~en ~er* 요점.

kärnreaktion *~en ~er* 핵반응.

kärnreaktor [-reaktɔr] *~n ~er* [-tɔ:rər] 원자로.

kärnvap|en *-net ~* 핵무기.

kärnved *~en 0* (목재의) 적목질(赤木質), 심재.

kärnvirke *~t 0* ☞ **kärnved**.

käromål *~et ~* 원고 측의 변론.

kärr *~et ~* 늪, 습지.

kärr|a *-an -or* 2륜 짐마차, 운반차, 손으로 미는 1륜차; 【일상】 자동차, 비행기.

K

kärrhök ~*en* ~*ar* 개구리매의 일종.
kärring ☞ käring.
kärv *a*. (성격이) 엄격한, (표면이) 거칠거칠한, (맛이) 쓴, 떫은, (소리가) 삐걱거리는, (비평이) 날카로운; läget är ~t 어려운 상황이다.
kärva ~*r* ~*de* ~*t* Ⅰ. *itr*. (기계가 걸려서) 움직이지 않게 되다; ~ till sig (상태가) 곤란해지다 Ⅱ. *tr*. (베어낸 곡물을) 묶다.
kärv|e -*en* -*ar* (베어낸 곡물의) 단, 묶음.
kärvänlig *a*. 애정이 있는, 자애로운.
kättar|e -[*e*]*n* ~ 이단자, 이교도.
kätt|e -*en* -*ar* (가축의) 외양간에 있는 우리.
kätteri ~*et* ~*er* 이단, 이교.
kättersk *a*. 이단의, 이교의.
kätting ~*en* ~*ar* 굵은 쇠사슬.
kättja ~*n* 0 색욕, 육욕, 욕정.
kättjefull *a*. 음탕한, 호색의.
kättla ~*r* ~*de* ~*t* *itr*. (고양이가) 새끼를 낳다.
käx[1] [kɛks/çɛks] ~*et*/~*en*, ~ 비스킷, 크래커.
käx[2] [çɛks] ~*et* ~【해부】장간막 (tarmkäx).
käx[3] [çɛks] ~*et* 0 잔소리.
käxa ~*r* ~*de* ~*t* *itr*. 끊임없이 잔소리하다, 귀찮게 볶아대다.
kö [kø:] ~*n* ~*er* ① 당구채, 큐 ② (차례를 기다리는 사람, 차 따위의) 줄; stå i ~ 줄을 서다 ③【스포츠】맨 뒤에서 달리는 선수들.
köa [kø:a] ~*r* ~*de* ~*t* *itr*. 줄을 서다.
köbrick|a -*an* -*or* (줄 서는 사람의) 차례 번호표.
kök [çø:k] ~*et* ~ ① 부엌 ② 요리법 ③ (요리용) 버너, 레인지.
kökkenmödding [køken-] ~*en* ~*ar* 【고고학】패총, 조개무지.
köks|a [çøksa] -*an* -*or* 식모, 요리사의 조수.
köksmästar|e -[*e*]*n* ~ 요리장(料理長).
köksträdgård ~*en* ~*ar* 야채밭.
köksväxt ~*en* ~*er* 야채.
köl [çø:l] ~*en* ~*ar* 용골(龍骨); segla på svenska ~ar 스웨덴 배에서 일하다; komma på rätt ~ igen 악습에서 벗어나다.
köld [çœld] ~*en* 0 추위, 한기, 한동안 계속되는 추운 날씨; 냉담.
köldknäpp ~*en* ~*ar* 한동안의 강추위.
kölhalning ~*en* ~*ar* (수리를 위하여) 배를 기울이는 것; 선원을 배의 용골 밑으로 지나가게 하는 형벌.
köln|a [çœlna] -*an* -*or* 맥아(麥芽)를 말리는 장소.
kölsträckning ~*en* ~*ar* 용골을 놓는 일.
kölsvin ~*et* ~【선박】내용골(內龍骨); mata ~et (배에서) 토하다.
kölvatt|en -*net* ~ (배가) 지나간 자국, 함적; följa i ngns ~ …의 뒤를 따르다(밟다).
kön [çø:n] ~*et* ~ 성별(性別); av kvinnligt ~ 여성의;【문법】성(性).
könlös *a*. 성별이 없는, 무성의.
könsakt ~*en* ~*er* 성교(性交).
könscell ~*en* ~*er* 성 세포.
könsdiskriminering ~*en* ~*ar* 남녀차별.
könsdrift ~*en* ~*er* 성적 본능.
könshormon [çø:nshɔrmɑ:n] ~*et*,

~/~*er* 【생리】 성호르몬.
könskvotering *~en ~ar* (특정한 직종에서 남녀의 균형을 위해) 성별로 일자리를 배당하는 것.
könskyla *~n 0* (여성의) 성적 불감증.
könsorgan *~et ~* 생식기관.
könssjukdom *~en ~ar* 성병.
könsumgänge *~t ~n* 성교.
köp [çø:p] *~et ~* 구입, 구매, 매입; 【카드놀이】 카드를 바꾸는 것; göra ett gott ~ 물건을 싸게 사다; det får du på ~et 그것은 덤으로 드리겠습니다; till på ~et 게다가.
köp|a *–er –te –t tr.* 사다, 구입하다; 매수하다; 뇌물주다; 【카드놀이】 카드를 바꾸다; ~ in 사들이다; ~ grisen i säcken 물건을 잘 알아보지도 않고 사다.
köpar|e *–[e]n ~* 구매자, 사는 사람.
köpebrev *~et ~* 【상업】 매도증[서].
Köpenhamn [çø:–] 코펜하겐(Copenhagen).
köpenickiad [kø:–] *~en ~er* (가명이나 직권 사칭으로) 남을 속이기.
köpenskap *~en 0* 매매, 상업, 무역; idka ~ 장사하다.
köpeskilling [çø:peʃiliŋ] *~en ~ar* 매입금액, 대금.
köping *~en ~ar* (1971년 까지) 자치읍(邑).
köpkraft *~en 0* 구매력.
köp|man *~nen ~män* 상인.
köpmän ☞ **köpman**.
köpslagan (불변화 en–명사) 교섭, 타협, 매매 계약.
köp|slå *~r –slog –slagit itr.* 타협하다, 매매교섭을 하다, 매매약속을 하다.
kör Ⅰ. [kœ:r] *~en ~er* 합창단; i ~ 소리를 합쳐서 Ⅱ. [çœ:r] (불변화명사) i ett ~ 계속해서.
kör|a [çœ:ra] *– –de –t* Ⅰ. *tr.* ① 운전하다, (손수레를) 밀다, 움직이다 ② …을 짐수레로 나르다, 수송하다 ③ ~ kniven i ngn …를 칼로 찌르다 ④ ~ ngn på dörren …를 내쫓다, …를 나가게 하다 ⑤ ~ en film 영화를 상영하다 ⑥ ~ ngn i ett ämne …과목에서 …를 낙제시키다 ⑦ ~ ekonomin i botten 경제를 엉망으로 만들다 Ⅱ. *itr.* ① 운전하다 ② (시험에) 낙제하다 ③ – till [för det]! 좋아! ④ ~ med ngn (ngt) …을 혹사하다, …을 쥐고 흔들다; …을 자랑삼아 사용하다; 속이다 Ⅲ. (강세접사와 함께) ① ~ av vägen 길에서 벗어나다; ~ av ngn från tåget 기차에서 …을 내리게 하다 ② ~ bort 운반해 가다; 쫓아 버리다; (모인 사람을) 해산시키다, 해고하다 ③ ~ emot ett träd 나무에 부딪치다 ④ ~ fast (진창에) 빠져서 나오지 못하다 förhandlingarna har –t fast 협상은 교착상태에 빠졌다 ⑤ ~ fram 앞으로 나아가다; ~ fram till dörren 문 앞까지 가다; ~ fram ngn …를 앞으로 밀다 ⑥ ~ ifatt 따라붙다 ⑦ ~ ihjäl sig 자동차 사고로 죽다 ⑧ ~ ihop 충돌하다, 몰아넣다; det har –t ihop sig 일이 복잡해졌다 ⑨ ~ in 몰아넣다; ~ in hö 건초를 차로 날라서 외양간의 다락에 두다; ~ in förlorad tid 허비한 시간을 벌충하다; ~ in en ny bil 새로운 차를 길들이다; ~ in barnen 아이들을 집안으로 들여보내다 ⑩ ~ om 추월하다 ⑪ ~ omkull med cykeln 자전거를 타다가

K

엎어지다 ⑫ ~ på 더 (빨리) 나아가다; ~ på ngn …를 치다 ⑬ ~ sönder bilen 충돌하여 자동차를 부수다, 운전하다가 차에 고장이 나다 ⑭ ~ upp för körkort 자동차 운전면허 시험을 보다; ~ upp ngn ur sängen …를 침대에서 끌어내리다; ~ upp en kund 손님을 속이다 ⑮ ~ ut ngn …를 내쫓다, 나가게 하다; ~ ut varor 물품을 배달하다 ⑯ ~ över ngn 차로 …를 치다, …의 의견을 무시하다.

körar|e *-[e]n ~* ① 자동차 운전자 ② 꽤 센 바람 ③ ge ngn en …를 격려하다.

körban|a *-an -or* 차도(車道).

körbar *a.* bilen är i ~t skick 자동차는 몰 수 있는 상태에 있다.

körfil *~en ~er* 차선(車線).

körförbud *~et ~* (자동차의) 운행금지.

körig *a.* 바쁜.

körkort [çœ:rkɷʈ] *~et ~* 운전면허증.

körning *~en ~ar* 운전; 운반.

körriktningsvisar|e *-[e]n ~* (자동차의) 방향지시기.

körsbär [çœʂbæ:r] *~et ~* 버찌.

körsbärsträd *~et ~* 벚나무.

körsl|a [çœʂ[a] *-an -or* (말과 마차 등을 이용한 옛날 방식의) 화물 수송.

körsnär [çœʂɳæ:r] *~en ~er* 모피상인, 모피 가공업자.

körsven [çœ:ʂven] *~nen ~ner* 마부(馬夫).

körsång [kœ:ʂɔŋ] *~en ~er* 합창곡.

körtel [çœʈəl] *~n körtlar* 【해부】 선(腺).

körvel [çœrvəl] *~n 0* 【식물】 파슬리의 일종(샐러드용).

kösamhälle [kø:-] *~t ~n* 줄을 서는 생활이 습관이 된 사회.

kött [çœt] *~et 0* 고기, (인간, 동물의) 살, 과육(果肉); sätta ~ på benen på ngt …에 살을 붙여 더 재미있게 만들다.

köttbull|e *-en -ar* 【요리】 고기완자.

kötted [çœte:d] *~en ~er* 심한 악담, 욕.

köttfärs *~en ~er* 저민 고기, (다른 음식에 넣는) 가늘게 썰어 양념한 고기.

köttgryt|a *-an -or* 바닥이 깊은 스튜냄비; 양고기, 또는 쇠고기와 감자를 넣어 끓인 요리; sitta vid maktens -or 정권을 잡고 있다.

köttig *a.* 육체의, 살과 같은.

köttsaft *~en 0* 육즙.

köttslams|a *-an -or* 고기 찌꺼기.

köttslig *a.* 피를 나눈, 같은 부모에게서 태어난; 육욕적인, 관능적인.

köttspad *~et 0* 고기를 삶아낸 국물.

köttätar|e *-[e]n ~* 육식가, 육식동물.

K

l [ɛl] *l–et* ~, (복수정형) *l–en* 스웨덴어 알파벳의 12번째 글자.

labb Ⅰ. *~en ~ar* ① (날카로운 발톱이 달린 동물의) 발; 【일상】 거친 손 ② 도둑 갈매기 Ⅱ. *~et 0* 【일상】 실험실 (laboratorium).

laber *a*. (바람이) 약한.

labiạl[1] *~en ~er* ① 입술 ② 【음성학】 순음, 입술소리.

labiạl[2] *a*. 입술의, 【음성학】 순음의.

labialisera *~r ~de ~t tr*. 원순화하다, 입술을 둥글리다.

labịl a. 불안정한.

labilitẹt *~en 0* 불안정.

laborạnt *~en ~er* 실험실 조수 (요원).

laboration *~en ~er* 실험실습, 과학 실험.

laborạtor *~n ~er* 【고어】 자연 과학부의 부교수.

laboratọri|um *–et –er* 실험실.

laboratọrieassistent/laboratorsassistent *~en ~er* 실험실 조수.

laboratrịs *~en ~er* 실험실 여성 조수.

laborera *~r ~de ~t itr*. ① 실험하다 ② ~ med 실험해 보다.

labyrịnt *~en ~er* 미로, 미궁.

labyrịntisk *a*. 미로의, 미궁의; 뒤얽힌.

lack Ⅰ. *~et ~er* ① 봉랍 ② 래커(도료), 옻칠 (한국산, 중국산) Ⅱ. *~en 0* 도료를 칠한 표면.

lacka *~r ~de ~t* Ⅰ. *tr*. ① 봉랍하다; 봉인하다, 밀봉하다 ② ☞ lackera Ⅱ. *itr*. ① svetten ~r av honom 그에게서 땀이 뚝뚝 떨어진다 ② det ~r mot jul 성탄이 다가오고 있다.

lackera *~r ~de ~t tr*. …에 래커(옻)를 칠하다.

lạckmus *~en 0* 【화학】 리트머스 (청색색소).

lacksko *~n ~r* (검은) 에나멜 가죽구두.

lad|a *–an –or* 곡간.

ladda *~r ~de ~t tr*. ① (축전지에) 충전하다 ② (총포에) 화약을 장전하다 ③ 채워 넣다, 가득 채우다; en ~d roman 사건과 흥분으로 가득 찬 소설; han är ~d med energi 그는 정력이 넘쳐 있다 ④ 【컴퓨터】 올려놓다 (load; 외부의 보조 기억 장치에 저장된 프로그램이나 데이터를 읽어서 주기억 장치에 기억시키다) ⑤ (강세접사와 함께) ~ om 다시 장전하다, 재충전 하다; ~ upp 기력을 채우다, 충전시키다; ~ ur 풀리다, 짐을 벗다, 면제되다, 방전(放電)하다.

laddning *~en ~ar* ① 충전 ② (화약) 장전 ③ 다수, 많음.

lade ☞ **lägga**

ladugård/lagård *~en ~ar* 외양간, 우사(牛舍).

ladugårdsför|man *–mannen –män*, (복수정형) *–männen* 우사(牛舍) 작업반장.

ladusval|a *–an –or* (외양간이나 옥외 건물에 집을 짓고 사는) 제비.

lafs *~et 0* 【일상】 나태, 부주의, 단정치 못함.

lafsa *~r ~de ~t itr*. 흐트러진 자세로 걷다.

lafsig *a*. 【일상】 부주의한, 단정치 못한; 유치한.

lag Ⅰ. *~en ~ar* 법, 법률, 법령, 법규; Sveriges rikes ~ 스웨덴 법령집; ~en om hyresstopp 임대금지법; ~ och ordning 법과 질서; ~ar och förordningar 법률과 규정; det är ~ på det (på att …) 그것에 대한 법이 있다; stifta ~ar 법률을 제정하다; det är i ~ förbjudet 그것은 법으로 금지되어 있다; i ~ens namn 법의 이름으로 Ⅱ. *~et ~* ① 집단, (운동, 작업) 팀, 반, 편; fotbolls~ 축구팀; arbets~ 작업반 ② (어울리는) 모임, 그룹; i glada vänners ~ 즐거운 친구들과 함께; bryta ~et 즐거운 판을 깨다; få [ha] ett ord med i ~et 함께 결정하다; över ~ 대체로 ③ 층, 켜; ett lag sylt i tårtan 켜를 잼으로 덮은 케이크 ④ vid det ~et 그 무렵에; göra (vara) ngn till ~s …를 기쁘게 하다, …의 마음에 들게 하다; i kortaste ~et 너무 짧을 정도로; i senaste ~et 마지막 순간에, 겨우 시간에 대어 Ⅲ. *~en 0* 용해, 용액, 달인 즙.

laga[1] *a*. 법률상의, 합법의, 적법한; vid ~ ansvar (straff) 법을 위반하면 처벌을 받는 조건으로; vinna ~ kraft 법률상의 효력을 얻다, 합법화되다; i ~ ordning 온당한 절차에 따라.

laga[2] *~r ~de ~t* Ⅰ. *tr*. ① 음식을 만들다, 요리하다; hon ~r god mat 그녀는 음식을 잘 한다 ② 고치다, 수선하다; ~ skorna 구두를 수선하다; få bilen ~d 자동차를 수리 받다 Ⅱ. *itr*. 돌보다, 유념하다; ~ att du kommer i tid 너는 시간에 늦지 않도록 유념해라 Ⅲ. *rfl*. ~ sig hem (i väg) 집에 가다 (길을 나서다).

lagarbete *~t ~n* 팀워크, 협동작업.

lag|bok *–boken –böcker* (한 나라의) 법령집.

lagbunden *a*. 법으로 규정된, 합법적인 (인과관계를 따르는).

lagd *a*.. vara ~ för (åt) 성향을 띠고 있다, 경향이 있다; han är konstnärligt ~ 그는 예술에 소질이 있다.

lagenlig *a*. 법규에 의한.

lag|er Ⅰ. *–ret –er* ① 재고품, (물품) 창고; sälja hela –ret 재고품을 모두 팔다 : det är slut på –ret 그것은 재고(在庫)에 없다 (동이 났다) ② 층, 켜, 덮개 Ⅱ. *–ern –rar* 월계수; skörda [vinna] –rar 명예(명성)을 얻다; vila på sina –rar 이미 얻은 명성에 만족하다 Ⅲ. *~n ~* 라거 비어 (알콜 성분이 중간 정도인 검은 빛깔의 백주).

lagerbärsblad *~et ~* 월계수의 잎 (향료원료).

lagerkrans *~en ~ar* 월계관.

lagerkrönt *a*. 월계관을 쓴.

lagfaren *a*. 법률에 능한.

lagfart *~en ~er* 개인의 부동산 등기; söka ~ på fastighet 부동산 등기를 신청하다.

lag|föra *–för –förde –fört tr*. 고소하다, …을 상대로 소송을 제기하다.

lagg *~en ~ar* 프라이 팬 (기름을 넣고 튀기는 냄비).

laggkärl *~et ~* 나무로 만든 원통형의 통.

lagkapten *~en ~er* 운동경기 팀의 주장(主將).

laglig *a*. 법률상의, 합법적인, 적법한; på ~ väg 사법적 수단에 의해.

laglydig *a*. 법률을 지키는, 준법의.

laglös *a*. 무법의.

lag|man *–mannen –män*, (복수정형) *–männen* ① 지방법원의 부장판사 ② 【고어】 판관.

lagning *~en ~ar* ① 수선, 고침 ② ~ av mat 요리.

lagom[1] (불변화형용사) 적당한, 알맞은, 딱 들어맞는; på ~ avstånd 딱 알맞은 거리에서; skon är [precis] ~ åt mig 구두는 내게 [딱] 맞는다.

lagom[2] *adv*. 적당하게 (많지도 적지도 않게); ~ saltad 간이 알맞게 쳐진; det är ~ svalt (varmt) 알맞게 선선하다 (따듯하다); komma precis ~ i tid 시간에 딱 맞추어 오다; skrik ~! 그렇게 크게 소리치지 마!

lagom[3] (불변화명사) det rätta ~ 중용; ~ är bäst 중용(절제)이 최고다.

lagra *~r ~de ~t* Ⅰ. *tr*. 저장하다, (술이) 다 될 때까지 놓아두다 Ⅱ. *rfl*. 층층이 쌓이다; dammet ~des på skafferihyllorna 찬장 선반 위에 먼지가 겹겹이 쌓였다; ~ av sig 퇴적물이 층층이 쌓이다.

lagrad *a*. ① (저장하여) 익은, (포도주가) 잘 발효된 ② 지층을 이룬.

lagrum *~met ~* 법률 조문 중에 특정한 부분.

lagstadgad *a*. 법령의, 법령에 근거한; 입법화된.

lagstiftning *~en 0* 법률 제정, 입법.

lagstridig *a*. 불법의, 법에 어긋나는.

lagsök|a *–er –te –t tr*. 부채 상환을 목적으로 …를 고소하다.

lagtima (불변화형용사) ~ riksdag 국회의 일반회기.

lagụn *~en ~er* 석호(潟湖), 초호(礁湖).

lagutskott *~et ~* 국회(의회) 법사위원회.

lagård ☞ **ladugård**.

laka *~r ~de ~t tr*. ~ ur (액체를) 거르다, 여과하다, (물 따위에 담가 가용성분(可溶成分)을) 걸러내다, 소금기를 빼내다.

lakan *~et ~* 시트, 요, 잇; vit som ett ~ 시트처럼 희다.

lak|e Ⅰ. *–en 0* 소금물, 채소 절이는 소금물 Ⅱ. *–en –ar* 모캐 (대구과의 민물고기).

lakẹj *~en ~er* 제복을 입은 시중인; 아첨하는 사람.

lakọnisk *a*. (말이나 문체가 짧으면서) 의미심장한, 간결한.

lakrits *~en 0* ① 감초(甘草), 건조한 감초뿌리 ② 감초(뿌리)엑스 (약용, 감미료).

lakụn *~en ~er* (원고 따위) 탈락된 부분, 공백, 빈틈.

lalla *~r ~de ~t itr*. 발음[말]을 불분명하게 하다.

lam *a.* 마비된, 불수가 된; han är ~ i benen 그는 다리가 마비되었다.

lam|a Ⅰ. *-an -or* 라마(아메리카 낙타) Ⅱ. *-an/-at, 0* 라마 털 Ⅲ. *-an, -aer/-or* 라마승(僧).

lamé *~n ~er* (불어) 금란 (금실과 은실을 섞어 짠 천).

lamell *~en ~er* 얇은 판자, 얇은 층.

lamellträ *~[e]t 0* 베니어 합판.

laminat *~et ~* 얇은 판을 겹쳐 만든 재료; 천이나 철판에 플라스틱 등을 얇게 씌우는 것.

lamm *~et ~* 어린양, 새끼 양.

lamma *~r ~de ~t itr.* (양이) 새끼를 낳다.

lamp|a *-an -or* 등불; glöd~ 전구(電球).

lampett *~en ~er* 벽 따위에 내어 단 촛대.

lam|slå *-slår -slog -slagit tr.* 마비시키다; -slagen av skräck 겁에 질려 굳어버린.

land Ⅰ. *~et länder* 나라, 국가 : det heliga ~et 성지 (팔레스티나를 이름); ~ets tillgångar 나라의 자원; från alla världens länder 세계 모든 나라로부터; både inom och utom ~et 국내외에서 Ⅱ. *~et 0* 시골; bo på ~et 시골에 살다; livet på ~et 시골 생활; vara från ~et 시골 출신이다 Ⅲ. *~et 0* 육지; gå (stiga) i ~ 상륙하다; inåt (mot) ~ 육지 쪽으로, 내륙으로; till ~s och sjöss 육지와 바다로 Ⅳ. *~et ~* 땅, 작은 경작지; trädgårds~ 채소 밭.

landa *~r ~de ~t itr.* (비행기가) 상륙하다, 착륙하다.

landamären (복수명사) inom våra ~ 【고어】 우리 국경 내에; 우리 경내(境內)에.

landbacken (정형명사) på ~n 육지에.

landgång *~en ~ar* ① (배와 부두를 연결하는) 건널 판; 상륙 ② 크고 길쭉한 샌드위치.

landkrabb|a *-an -or* 바다에 익숙하지 않은 사람 (경멸적), 뭍사람.

landkänning *~en ~ar* ① få (ha) ~ 육지가 시야에 들어오다 ② 좌초; få ~ (배가) 해저에 닿다.

landning *~en ~ar* (비행기의) 착륙.

landområde *~t ~n* 국토, 영토.

landsarkiv *~et ~* 지방 기록물 보관소.

landsbygd *~en 0* 시골, 지방.

landsfiskal *~en ~er* 지방의 경찰, 검찰업무를 담당하는 국가 공무원.

landsflykt *~en 0* 망명, 망명자; gå i ~ 망명하다, 추방당하다.

landsförräderi *~et ~er* 반역[죄], 대역[죄].

landsförvisa *~r ~de ~t tr.* 추방하다.

landshövding *~en ~ar* 주지사.

landskamp *~en ~er* 국가 간 경기(시합), 국제 경기.

landskap *~et ~* ① 주(州, 역사적 문화적으로 구분된), 지방 ② 풍경, 경관, 풍경화.

landslag Ⅰ. *~et ~* (운동) 국가 대표팀; svenska ~et 스웨덴 국가대표팀 Ⅱ. *~en ~ar* 국법.

lands|man *-mannen -män* 동족, 동포, 자국민.

landsmål *~et ~* 지방 방언.

landsomfattande *a.* 전국적인, 전국 규모의.

L

Landsorganisationen, ~ i Sverige 스웨덴 노동자총연맹(약어; LO).

landsort *~en 0* 수도를 제외한 지방; i ~en 지방에, 시골에.

land|stiga *–stiger –steg –stigit itr.* 상륙하다.

landsting *~et ~* 주지방 의회.

landstingsråd *~et ~* 주 의회의 특정 부서 국장(정치인).

landstorm *~en 0* 최고령자 예비군단.

landstrykar|e *–[e]n ~* 방랑자, 뜨내기, 나그네.

landställe ☞ **lantställe**.

landsväg *~en ~ar* 지방 국도.

landsvägsriddar|e *–[e]n ~* 방랑자, 유랑인, 나그네.

landsänd|a *–an –or* (멀리 떨어진) 국토의 일부.

land|sätta *–sätter –satte –satt tr.* (군대를) 상륙시키다.

landtung|a *–an –or* 갑(岬), 곶.

landvinning *~en ~ar* ① 점령지역, 빼앗은 땅 ② 진보, 성과; kirurgins ~ar 외과학의 발달 (성과).

landvägen (정형명사) 육로.

landå *~n ~er* 【역사】 앞뒤 포장을 따로 개폐할 수 있는 4륜 마차.

langa *~r ~de ~t* ① 손에서 손으로 전달하다 ② (주류, 마약 따위를) 불법거래하다.

langar|e *–[e]n ~* (주류, 마약 따위의) 불법 거래자.

langett [laŋgɛt] *~en ~er* 천의 테두리 감치기.

langobạrd [laŋɡɔbɑːd] *~en ~er* 롬바르드족 (6세기에 이탈리아를 정복한 게르만 민족).

lans *~en ~ar* 창(무기); bryta en ~ för …을 위해 싸우다, 지원하다.

lansera *~r ~de ~t tr.* (새로운 것을) 소개하다, 시장에 선보이다.

lansẹtt *~en ~er* 【의학】 양 날의 끝이 뾰족한 의료용의 칼, 란셋.

lantarbetar|e *–[e]n ~* 농장인부, 농장 근로자.

lantbo *~n ~r* 시골뜨기, 촌놈.

lantbruk *~et ~* ① 농업, 농경 ② 농장.

lantbrukar|e *–[e]n ~* 농부, 농장주.

lantern|a [–tæːɳa] *–an –or* (선박, 비행기에 부착된) 항해등.

lantgård *~en ~ar* 농장.

lanthand|el *–eln –lar* 시골상점, 가게.

lạntis *~en ~ar* 시골뜨기, 촌놈.

lantlig *a.* 시골의, 시골풍의.

lantloll|a *–an –or* 촌색시, 촌뜨기.

lant|man *–mannen –män* 농부, 농장주.

lantmästar|e *–[e]n ~* 영농기사.

lantmätar|e *–[e]n ~* 측량기사.

lantmäterị *–et ~er* 측량.

lantställe *~t ~n* 시골 별장 (여가의 집).

lapa *~r ~de ~t tr.* 핥다, 게걸스레 핥아먹다.

lapidạrisk *a.* 짧고 의미심장한, 간결한.

lạpis *~en 0* 【화학】 질산은.

lapp *~en ~ar* ① 라프족 (스칸디나비아의 북부지방에 사는 원주민) ② 헝겊 조각, 딱지, 종이 조각, 꼬리표, 레테르; pris~ 가격표; parkerings~ 자동차 주차권; 【일상】 지폐; femti[o]-lapp 50크로나 지폐.

lappa *~r ~de ~t tr.* …에 헝겊조각을 대다, 고치다, 깁다; ~ till …을 때리다.

L

lappkast *~et ~* 스키 타기에서 완전히 방향을 전환하기, 돌연한 태도변경.
Lappland 라플란드 (스칸디나비아의 북부지방).
lapplis|a *-an -or* 【일상】 주차 위반 여성 단속원.
lappländsk *a.* 라플란드의.
lappländning *~en ~ar* 라플란드 사람.
lappri *~t 0* 사소한 일, 시시한 것; det är rena ~t 그것 아주 시시한 거야.
lappsjuk|a *-an 0* 외진 데서 오는 고독, 우울증.
lappskrivning *~en ~ar* 즉석에서 보는 쪽지 시험.
lapptäcke *~t ~n* (여러 색깔의) 천 조각을 이어서 만든 윗덮개 (덧 이불).
lapsk *a.* 라프족의.
lapsk|a Ⅰ. *-an -or* 라프족 여자 Ⅱ. *-an 0* 라프어(Lappish).
lapskojs *~en 0* 고기, 야채, 감자 따위를 함께 삶은 간단한 음식.
lapsus *~en ~[ar]* 실수.
larm *~et ~* ① 소음, 시끄러운 소리 ② 경보, 경종; flyg~ 공습경보; slå ~ 경보를 울리다, 경고하다.
larma *~r ~de ~t* Ⅰ. *itr.* 소음을 내다. 시끄럽게 하다 Ⅱ. *tr.* 경보를 울리다.
larv Ⅰ. *~en ~er* 【동물】 (곤충의) 유충 Ⅱ. *~et 0* 무의미한 소리, 어리석음, 실없는 소리.
larva *~r ~de ~t* Ⅰ. *itr.* 배회하다, 빈들빈들 거닐다; gå och ~, ~ omkring 어슬렁 어슬렁 돌아다니다. Ⅱ. *rfl.* 멍청하게 행동하다, 쓸데없는 소리를 지껄이다.
larvfötter (복수명사) 탱크나 트랙터의 무한궤도 바퀴.
larvig *a.* 유치한, 바보스런.
lasarett *~et ~* 일반 종합병원.
lasciv [laʃiːv] *a.* 음란한, 색정을 즐기는.
las|er *-ern -rar* 【물리】 레이저.
lasera *~r ~de ~t tr.* 그림에 투명한 겉칠을 하다.
laserskrivar|e[lɑːsəʂkriː-] *-[e]n ~* 【컴퓨터】 레이저 프린터.
lask *~en ~ar* (목재, 금속 따위의) 끼워 잇기, 접합.
laska *~r ~de ~t tr.* ① (목재, 금속 따위를) 끼워 잇다, 접합하다 ② 가죽 제품의 둘레를 누비다.
lass *~et ~* (무거운) 짐, 적하(積荷); ett bil~ kol 화물 트럭 한 대분의 석탄; ta fullt ~ 짐을 잔뜩 싣다.
lassa *~r ~de ~t* Ⅰ. *tr.* 짐을 싣다; ~ allt arbetet på ngn …에게 모든 짐을 지우다 Ⅱ. (강세 접사와 함께) ~ av 짐을 풀다; ~ på 짐을 싣다.
lasso *~n/~t, ~r/~n* (던지는) 올가미 밧줄; fånga med ~ …을 밧줄로 잡다.
last *~en ~er* ① 화물, 짐; skepps~ 선하(船荷); frakta en ~ spannmål 곡물을 (배로) 운송하다 ② falla (ligga) ngn till ~ [ekonomiskt] …에게 [경제적으로] 부담이 되다 ③ lägga ngn ngt till ~ …에게 …을 책임 지우다; …에 대해 …를 비난하다; låta ngt komma sig till ~ …을 자신의 책임으로 돌리다 ④ 악덕, 비행, 악습(惡習).
lasta *~r ~de ~t* Ⅰ. *tr. itr.* (차, 배 따위에) 짐을 싣다; ~ och lossa 짐을 싣고 내리다; ~ varor på (till) London 런던으로 갈 짐을 싣다 Ⅱ. *tr.* 비난하다 (för) Ⅲ. (강세접사와 함께) ① ~ av 짐을 내리다 (풀다), 짐을 덜어주

다; ~ av ngn ngt …에게서 …을 완화해 주다 ② ~ i för mycket 너무 많이 집어넣다 ③ ~ om 짐을 다시 싣다 ④ ~ på för mycket [på den] [그것에] 짐을 너무 많이 싣다 ⑤ ~ ur 짐을 내리다.

lastageplats [lastɑ:ʃ–] *~en ~er* 선창, 부두.

lastbar *a.* 악덕의, 비난할 만한, 타락한.

lastbil *~en ~ar* 화물자동차, 트럭.

lastgammal *a.* 아주 늙은; så ~ är jag inte 내가 그 정도로 늙어 빠지지는 않았다.

lastvagn *~en ~ar* 트럭, 짐차.

lat *a.* 게으른, 무기력한.

lata *~r ~de ~t rfl.* 게으르다, 게으름을 피우다; gå och ~ sig 하는 일 없이 빈둥거리다.

latẹnt *a.* 잠재적인, 잠복한.

lạter (복수명사) (뽐내는) 자세, (으쓱거리는) 태도; stora ~ 거드름 피우는 태도; utan ~ 주제넘지 않게, 겸손하게.

lathund *~en ~ar* 【일상】 ① 게으른 사람 ② (목록, 참고자료 등 기억을 돕는) 보조 자료.

latịn *~en 0* 라틴어.

Latinamerika 중남미 (라틴 아메리카).

latịnar|e *–[e]n ~* ① 라틴계 민족에 속하는 사람 ② 라틴어를 공부하거나 연구하는 사람 ③ 【역사】 구제 고등학교의 라틴(고전어) 계열 학생.

latinisera *~r ~de ~t tr.* …을 라틴어식으로 하다, 라틴화하다.

latinsk *a.* 라틴계의, 라틴 민족의; 라틴어의.

latitụd *~en ~er* ① 【지리, 천문】 위도; på 30 nordlig ~ 북위 30 ② 행동반경.

latmask *~en ~ar* 【일상】 게으른 사람.

latrịn *~en ~er* ① (야영, 병영, 공장 따위의) 간이변소 ② 인분.

latsidan (정형명사) ligga på ~ 게으름을 피우다.

latt|a *–an –or* 【항해】 활대.

lav *~en ~ar* 【식물】 지의류(地衣類).

lav|a *–an –or* (유동체 또는 고체의) 용암, 화산암.

lav|e *–en –ar* (선박 비슷한) 긴 의자.

lavemạng *~et ~* 【의학】 관장(灌腸); 관장제(액).

lavẹndel *~n 0* (라벤더의) 꽃, 잎, 줄기 (의복의 좀약, 향료로 쓰임).

lavera *~r ~de ~t tr.* (그림물감을) 엷게 칠하다.

lavering *~en ~ar* (붓 먹물 따위를 이용한) 담색 그림.

lavẹtt *~en ~er* 【군사】 포차(砲車), 포가(砲架).

lavịn *~en ~er* 눈사태; 사태처럼 갑자기 쏟아져 내리는 것.

lax *~en ~ar* ① 연어 ② en glad ~ 쾌활하고 명랑한 사람.

laxatịv *~er ~* 통변(通便)케 하는 하제(下劑).

laxera *~r ~de ~t itr.* 하제(下劑)를 사용하다.

laxermed|el *–let ~* 하제.

laxfärgad *a.* 연어 살빛의, 주황색의.

laxtrapp|a *–an –or* 연어가 강의 상류로 올라 갈 수 있도록 만든 어도(魚道).

laxöring *~en ~ar* (유럽산의) 바다송어.

layout [lejaut] *~en ~er* (신문, 광고,

책 따위의) 지면 배정.

le *ler log lett itr.* 미소 짓다.

leasa [li:sa] *~r ~de ~t tr.* (가계, 장비 따위) 임대하다, 임차하다.

lebe|man *-mannen -män* 호화롭게 사는 사람, 사치하는 사람.

led[1] *a.* ① ~ på (åt) …에 지친, …에 멀미난; ~ vid livet 삶에 지친 ② 나쁜, 사악한, 비열한 (mot).

led[2] Ⅰ. *~et ~* 울타리의 출입문 Ⅱ. *~en ~er* ① 길, 통로, 방향, 배가 다니는 수로(水路); på fel (rätt) ~ 틀린 (바른) 길로 (방향으로); i öster ~ 동쪽 길로 ② 【해부, 기계, 식물】 접합부분, 마디, 관절, 이음매, 이음쇠; styv i ~erna 마디가 뻣뻣하다; darra i alla ~er 수족이 다 떨리다; dra (få) ur ~ 관절을 탈구시키다; gå ur ~ 탈골되다 Ⅲ. *~et ~[er]* ① 고리, 연줄, 부분, 단계; vara ett viktigt ~ i …의 중요 부분을 이루다 ② 【수학】 항(項) ③ 열(列), 줄, 선; bakre (främre) ~ 뒷(앞)줄; gå ur ~et 대열에서 이탈하다, 낙오하다 Ⅳ. *~en/~et, ~[er]* ① 세대, 자손, 집안; äktenskap i förbjudna ~[er] 혼인금지 인척간의 결혼; härstamma i rakt nedstigande ~ från …의 직계자손이다 ② 【언어】 가지, 마디, 요소.

led[3] ☞ lida.

led|a[1] *~n 0* (정신적으로) 지쳐 있음, 진력남, 싫증; inge ngn ~ för ngn …에 대해 …를 싫증나게 하다; känna ~ vid ngt …에 혐오를 느끼다; av ~ vid …에 진력이 나서.

led|a[2] Ⅰ. *~r ~de ~t* ① *tr. itr.* 【해부】 (관절 따위를) 구부리다; hon kunde inte ~ på foten 그녀는 발을 구부릴 수 없었다 Ⅱ. *-er ledde lett* ① *tr.* 이끌다, 인도하다, 지휘하다, 관리하다; ~ ett barn vid handen 손을 잡고 아이를 인도하다; ~ ett sammmanträde 회의를 주재하다 ② *itr.* (운동 시합에서) 앞지르다, 리드하다, 길을 가르키다; Sverige -er med 3-2 스웨덴이 3대2로 리드하고 있다; vart ska det ~? 결과는 어찌 될 것인가?; vart -er den här vägen?; 이 길은 어디로 가느냐?; det ledde inte till något 결과는 아무 것도 없었다 Ⅲ. (강세접사와 함께), ~ av (bort) …을 딴 데로 돌리다, 전환하다; ~ fram …쪽으로 이끌다, …의 결과를 가져오다; ~ ifrån sig …을 피하다, …을 돌리다; ~ in (ngn i rummet) (…를 방으로) 안내하다; ~ tillbaka 거슬러 올라가다. 추적하다.

leda|mọt *-moten -möter* (의결 기관의) 위원.

ledande *a.* 주요한, 주된, 지도하는, 통솔하는; i ~ kretsar 지도층; en man i ~ ställning 지도층의 인사; de ~ inom företaget 기업체의 지도급 인사.

ledar|e *-[e]n ~* ① 지도자, 최고 결정권자; ~ av (för) ett företag 한 회사의 경영자 ② (신문의) 사설, 논설 ③ 전도물, 도체(導體).

ledarhund *~en ~ar* 맹인(인도)견.

ledarskap *~et 0* 지도자 상(像), 지휘력, 통솔력.

ledarskribent *~en ~er* (신문의) 논설위원.

ledas/leds *led[e]s leddes letts itr. dep.* 지루하게 느끼다, 진력나다 (vid, åt).

ledband *~et ~* 이끌어 주는 끈 (유아의

보행 연습용); gå i ~ 자립하지 못하다, 속박되어 있다; hålla ngn i ~ 남을 마음대로 끌고 다니다, 맹종시키다.

ledbruten *a*. 뻣뻣하고 아픈; känna sig alldeles ~ 온 몸이 다 쑤시다.

leddjur *~et ~*【동물】절족동물(節足動物, 곤충, 가재류).

ledgångsreumatism *~en 0*【병리】류머티스성 관절염.

ledig *a*. ① 자유로운, 한가한, 비번의; en ~ dag i veckan 주당 1일 휴일; på mina ~a stunder 내가 한가한 때에; bli ~ från arbetet 직장을 쉬게 되다 (비번이 되다); han är ~ (har ~t) i dag 그는 오늘 직장을 쉰다 ② (자리가) 비어 있는, 사용하지 않는; det finns inte en ~ bil 빈 택시가 한대도 없다; ~a platser 빈 일자리 (직장); är det ~t här? 이 자리 비어 있습니까? ③ 자연스런, 긴장하지 않은, (말이) 유창한; ~a! 쉬엇!; ett ~t sätt 편한 자세.

ledigförklara *~r ~de ~t tr*. 공석(公席)임을 공고하다.

ledighet *~en ~er* ① 여가, 휴가 ② 편안한 자세 (태도).

ledighetskommitté *~n ~er*【농담】실업자 동우회.

ledigt *adv*. ① få (ge ngn) …를 쉬게 하다 ② 쉽게, 자유롭게, 편안하게; han talar ~ (engelska ~) 그는 말을 (영어를) 잘 한다; sitta ~ (옷이) 잘 맞는다.

ledmotiv *~et ~* 반복적 주제 또는 동기 (動機).

ledning *~en ~ar* ① 경영, 지도부, 지휘, 안내, 단서, (운동에서) 선두; ta ~en 기선을 잡다; tjäna som ~ 안내자로서 봉사하다; med ~ av …의 안내로 (도움으로); under sakkunnig ~ 전문인의 지도 아래 ②【집합적】경영자 측, 관리자 측 ③【기술】전선, 케이블, 관(管).

leds ☞ **ledas**.

ledsaga *~r ~de ~t tr*. 동행하다, 따라가다, 동반하다.

ledsagar|e *–[e]n ~* 수행원, 동반자.

ledsam [lẹsam] *a*. 지루한, 따분한, 단조로운.

ledsen [lẹsən] *a*. ① 기분이 저조한, 불유쾌한, 슬픈, 유감스러운; jag är ~ att jag stör dig 방해해서 미안합니다; jag blir inte alls ~ om 비록 …한다 할지라도 절대로 언짢게 생각지 않겠습니다; var inte ~! 힘내라(걱정하지 마)!; vad är du ~ för? 무엇 때문에 기분이 언짢니? ② 피곤한, 지친.

ledsna *~r ~de ~t itr*. 지루해지다, 지치다; ~ på att …에 싫증나다, 무리다.

ledsnad *~en 0* 서러움, 슬픔, 유감; till min ~ hör jag att … 유감스럽게도 …을 듣게 되다.

ledstjärn|a *–an –or* 길잡이가 되는 별, 북극성; 지도원리, 지침.

led|stång *–stången –stänger* (계단 따위의) 난간.

ledsyn *~en 0* (겨우 길을 찾아 갈 정도의) 약한 시력.

ledtråd *~en ~ar* 단서, (문제, 수수께끼를 푸는) 실마리 (till).

leende[1] *a*. 미소 짓는.

leende[2] *~t ~n* 미소.

legal *a*. 법률의, 법정(法定)의, 적법한.

legalisera *~r ~de ~t tr*. …을 법률화

L

(합법화)하다, 공인하다.

legat[1] ☞ ligga.

legat[2] Ⅰ. *~et ~* 유언장에 의한 재산 증정, (동산의) 유증(遺贈) Ⅱ. *~en ~er* 로마 교황의 사절.

legation *~en ~er* (집합적) 공사관 직원, 공사관(公使館).

legend [-gend] *~en ~er* 전설, 신화.

legendarisk *a.* 전설적인.

legera [-ge-] *~r ~de ~t tr.* …을 합금하다.

legering *~en ~ar* 합금.

legio [-g-] (불변화명사/형용사) 【라틴어】 수많은, 셀 수 없는; det finns ~ av den 그것들은 무수히 많이 있다.

legion [-gi͡on] *~en ~er* (고대 로마의) 보병 군단 (약 4000~6000명으로 구성됨).

legionär *~en ~er* 고대 로마 보병 군단의 군인.

legislativ [-g-] *a.* 입법권이 있는, 입법부의.

legitim *a.* 합법의, 정당한.

legitimation *~en ~er* ① 신분증, 동일인 확인; mot ~ 신분증을 제시하고서, 신분을 확인하여 ② 면허, 인가.

legitimera *~r ~de ~t* Ⅰ. *tr.* …을 합법화하다. 정당화하다; 인가하다, 허가하다 Ⅱ. *rfl.* 신분증을 제시하다, 신분을 밝히다.

legoknekt *~en ~ar* 용병(傭兵).

legosoldat *~en ~er* ☞ legoknekt.

legotrupp *~en ~er* 용병군대.

legymer [-gy-] (복수명사) (삶은) 채소.

legär [-ʃæ:r] *a.* 경솔한, 부주의한.

lej|a *-er -de -t tr.* 임시로 고용하다; -d mördare 청부 살인자.

lejd *~en 0* (적지의) 안전 통행보장; ge ngn fri ~ …에게 안전 통행을 보장하다.

lejdar|e *-[e]n ~* (배 옆에 달린) 줄사다리.

lejon *~et ~* ① 사자 ; (비유) 자기 직업에서 두각을 나타낸 사람 ② Lejonet 【천문】 사자좌.

lejoninn|a *-an -or* 암사자 (lejonhona).

lejonklo *~n ~r*, visa ~n 탁월한 능력을 내보이다.

lejonparten (정형명사) 가장 크거나 좋은 부분.

lek *~en ~ar* ① 놀이, 게임, 장난; en ~ med ord 말장난; blanda (ge) sig i ~en 놀이에 끼이다; på ~ 재미로; han tar allting på ~ 그는 모든 일을 경솔하게 처리한다 ② 【동물】 물고기의 산란, 새들의 짝짓기 ③ 트럼프의 한 벌.

lek|a *-er -te -t tr. itr.* ① 놀다, 장난하다, 놀이를 하다; ~ indianer (krig) 인디안(전쟁) 놀이를 하다; ~ lekar 게임 놀이를 하다; ~ med 가볍게 다루다, 만지작거리다, 장난치다, 되는대로 행동하다; ~ med tanken att …이라는 생각으로 들떠 있다; ~ bort sin tid 시간을 헛되이 보내다 ② (물고기가) 알을 낳다, (새들이) 짝짓기를 하다.

lekam|en *~ 0* (불변화 ett-명사) 신체; Kristi ~s fest 그리스도 성체절(聖體節).

lekamlig *a.* 육체적.

lekatt *~en ~er* 【동물】 산족제비.

lekfull *a.* 놀기 좋아하는, 희롱거리는.

L

lekis *~et ~* ☞ lekskol|a.

lek|man *-mannen -män* 비전문가; 속인(俗人), 평신도.

lekplats *~en ~er* ① 놀이터 ② 고기들이 모여 노는 지역.

leksak *~en ~er* 장난감; 노리개로 취급 되는 사람.

leksaksaffär *~en ~er* 장난감 상점.

lekskol|a *-an -or* 유치원.

lekstug|a *-an -or* (아이들의) 놀이집.

lektion *~en ~er* 수업(시간), 교수; ge (hålla) ~er i engelska 영어를 교수하다; han har ~er på kvällarna 그는 야간 수업을 한다.

lektor *~n ~er* 고등학교 주임 교사, 대학의 (전임)강사.

lektyr *~en 0* 읽을거리, 독서물.

lektör *~en ~er* 출판사에서 원고의 내용을 검토하는 사람.

lem *~men ~mar* (사람, 동물의) 손발; 남성 성기.

lemlästa *~r ~de ~t tr.* …를 불구(병신)로 만들다.

lemonad *~en ~er* 레몬스쿼시, 레몬탄산수 (음료).

len *a.* 부드러운, 매끄러운; *~ hud* 부드러운 살결.

lena *~r ~de ~t tr. itr.* ① (남의 기분을) 가라앉히다, 달래다 ② (고통 따위를) 덜어주다, 편하게 하다; det ~r i halsen 그 것은 목을 가라앉혀 준다.

leopard [-pɑ:d] *~en ~er* 표범.

lepra *~n 0* 【병리】 나병, 문둥병 (spetälska).

ler *~et 0*, de hänger ihop som ~ och lång halm 그들은 밀착되어 있다. 사이가 좋다.

ler|a *-an -or* 진흙.

lerduveskytte *~t 0* 【사격】 클레이사격 (공중에 던져지는 점토제 원반 쏘기).

lergods *~et 0* 토기, 질그릇.

lergök [le:rjø:k] *~en ~ar* 진흙으로 구워 만든 새 모양의 피리.

lerig *a.* 점토를 바른, 질척한, 진흙투성이의.

lervälling *~en ~ar* 진흙탕.

lesbisk *a.* 동성애의 (또는 동성애에 빠진 여자).

leta *~r ~de ~t* Ⅰ. *itr. tr.* 찾다, 탐색하다 (efter); har du ~t ordentligt? 제대로 찾아보았느냐?; gå ut och (för att) ~ efter 나가서 …을 찾다; han ~r efter orden 그는 말을 머뭇거린다; ~ i sina fickor efter 주머니를 뒤져 …를 찾다 Ⅱ. *rfl.* ~ sig dit (hem) 그쪽(집)으로 발길을 향하다 Ⅲ. (강세접사와 함께) ~ igenom 샅샅이 찾다, 수색하다; ~ ihop 찾아 모으다; ~ upp 찾아내다; ~ ut 가려내다.

letargi [-gi:] *~n 0* 혼수상태, 기면(嗜眠); 무기력.

lett *~en ~er* 라트비아 사람 (발트해 동해안의 옛 소련 연방 공화국의 하나).

lettisk *a.* 라트비아의.

lettisk|a Ⅰ. *-an -or* 라트비아 여자 Ⅱ. *-an 0* 라트비아어.

Lettland 라트비아(Latvia).

leukemi [lɛfkemi:] *~n ~er* 【의학】 백혈병.

lev|a *~er ~de ~[a]t* Ⅰ. *itr. tr.* ① 살다, 생존하다; han -er ännu 그는 아직 살아 있다; om jag -er och har hälsan 내가 죽지 않고 건강하다면;

L

om han fått ~ nu 그가 지금 살아있다면; så länge jag –er 내가 살아 있는 동안은; ~ som om var dag vore den sista 내일을 걱정 않고 살아가다; ~ livets glada dagar 즐거운 생활을 하다; ~ enkelt 검소한 생활을 하다; ~ av jakt och fiske 사냥과 고기잡이로 살아가다; vad –er han av? 그는 생계를 어떻게 유지하느냐?; hur –er världen med dig? 어떻게 지내느냐?; ~ på …을 (해)먹고 살다 ② 활기에 넘치다; stadens centrum –er igen 시내 중심부가 다시 활기를 찾았다 ③ 시끄럽다, 소란을 피우다; det var värst vad barnen –er i kväll 애들 법석대는 게 오늘 저녁이 제일 심하군 ④【항해】 펄럭이다; det –er i segeln 돛이 펄럭거리다 Ⅱ. (강세 접사와 함께) ~ igenom (genomleva) 생활을 체험하다; ~ ihop med 함께 살다; ~ kvar 살아남아 있다; ~ om 방탕한 생활을 하다; ~ sig in …에 대한 통찰력을 갖다, 이해하다, 소화해내다; ~ upp 다 써버리다, 재생하다, 활기를 되찾다; ~ ut (känslor) (감정)이 폭발하다, …을 억제하지 않고 그대로 나타내다.

levande *a*. 살아있는, 생생한, 활기찬; han är ett ~ lexikon 그는 살아있는 백과사전이다; komma ~ ifrån …으로부터 살아나오다; ~ intresse (språk, tro) 깊은 관심 (살아있는 언어, 열렬한 신앙); ~ inventarier 가축; ingen ~ ro 평화라고는 전혀 없음; en ~ skildring 생생한 묘사; de ~ 생존자.

leve *~t ~n* 환호, 환성; utbringa ett fyrfaldigt ~ för konungen 왕에게 4번 환호를 보내다 (~ han!; han ~!).

levebröd *~et 0* 생계(生界), 밥벌이.

lev|er *–ern –rar* ①【해부】 간장 ② blod~ 피가 엉긴 덩어리, 응혈(凝血).

leverans [–lạns/–lạŋs] *~en ~er* 배달, 선적, 탁송; betala vid ~ 배달시에 지불하다.

leverantör *~en ~er* 공급(배급)하는 사람, 배달인, 인도(引渡)인.

leverera *~r ~de ~t tr*. ① 배달하다, 공급하다; ~ till grossister 도매상에 공급하다 ②【군사】 ~ batalj 도전하다.

leverfläck *~en ~ar* 간반(肝斑, 간장병으로 얼굴에 생기는 갈색 기미).

leverne *~t 0* ① 생활방법, 생활태도, 삶(의 방식) ② 시비, 소란.

leverpastej *~en ~er* 리버페이스트 (간(肝)을 이겨서 풀 모양으로 만들어 빵 위에 발라 먹는 식품).

levertran *~en 0* 간유 (대구 따위의 간에서 뽑은 지방유).

levnad *~en 0* 생애, 삶, 생존, 생활자세.

levnadsban|a *–an –or* 생애의 직업, 경력.

levnadsbeskrivning *~en ~ar* 전기, 일대기.

levnadskonstnär *~en ~er* 낙천가(樂天家).

levnadsstandard *~en 0* 생활수준.

levnadsteckning *~en ~ar* 전기, 일대기.

levra *~r ~de ~t rfl*. (피 따위가) 응고하다, 응결하다.

lexikạl/lexikạlisk *a*. 어휘의, 사전적인.

lexikogrạf *~en ~er* 사전편찬자.

lexikografi *~n 0* 사전편찬(법), 사전편찬 작업.

L

lexikon ~et ~ 사전, 참고서적; konversations~ 백과사전.

lian ~en ~er 열대산(産)의 덩굴 식물.

libanes ~en ~er 레바논 사람.

libanesisk a. 레바논의.

Libanon 레바논(Lebanon).

liberal a. 자유주의의; de ~a 자유주의자, 자유주의 당파.

liberalisera ~r ~de ~t tr. …을 자유화하다, 자유주의화하다.

liberalism ~en 0 (정치적 이념으로서) 자유주의.

liberalitet ~en 0 공평무사, 마음이 넓음, 관대.

libertin ~en ~er 난봉꾼, 방탕한 사람.

libretto ~t ~n 가극가사, 가극대본.

Libyen ① 이집트 서쪽, 아프리카 북부 지방의 옛 명칭 ② 리비아 (북아프리카의 공화국으로 Tripoli가 수도).

libyer ~n ~ 리비아사람.

libysk a. 리비아의.

licens ~en ~er ① 면허, 인가, 특허 ② 면허증, 인가증 ③ (TV, 라디오 등의) 시청료.

licentiat [lisɛn(t)siaːt] ~en ~er 유럽 대학의 석사와 박사 사이의 중간학위, 준박사.

lid | a −er led −it Ⅰ. itr. ① 가다, 지나다, 시간이 흐르다; det −er mot kvällen 저녁이 되고 있다; han kommer vad det −er 그가 조만간에 올 것이다 ② 고통을 받다, 괴로워하다; ~ av …으로 고통을 받다 Ⅱ. tr. 입다, 받다, 경험하다; …에 견디다, 참다; ~ hunger 굶주리다; ~ nederlag 패배를 당하다(맛보다).

lidande[1] a. 고통 받는, 수난 받는, 괴로워하는.

lidande[2] ~t ~n 고통, 고생, 괴로움.

lidelse ~n ~r 열정, 정열.

lidelsefri a. 감정에 움직이지 않는, 냉정한.

lidelsefull a. 정열적인, 열정적인, 열렬한.

lid | er −ret −er 헛간, 창고.

liderlig a. 호색의, 음란한; 방탕한, 방종한, 난봉피우는.

lidit ☞ lida.

lidnersk a. få en ~ knäpp 의외의 재능을 내보이기 시작하다.

lie ~n liar 자루가 긴 낫.

liemannen (정형명사) 낫을 든 사람의 모습으로 죽음을 상징.

liera ~r ~de ~t rfl. 연합하다; 친구가 되다.

lift ~en, ~ar/~er ① 리프트, 간단한 승강기 ② få ~ 지나가는 자동차에 편승하다.

lifta ~r ~de ~t itr. 히치하이크(엄지 손가락을 세워 지나가는 자동차에 편승하는 것)를 하다.

liftar | e −[e]n ~ 자동차 편승 여행자.

lig | a −an −or ① (악한 등의) 일당, 갱단 ② 리그, 경기 연맹.

ligament ~et ~ 【해부】 인대(靭帶).

ligatur ~en ~er ①【의학】 결찰사(結紮絲) ②【인쇄】 합자(合字) ③【음악】 연결선, 슬러(slur).

ligg | a −er låg legat Ⅰ. itr. ① 누워있다; 누워서 휴식을 취하다; 잠을 자고 있다; …에 위치하다; snön kommer inte att ~ 눈은 쌓여 있지 않을 것이다 (녹을 것이다); −er du bra? 너 누운 자리가 편안하니?; ~ först (sist) (시합에서) 1위(꼴찌)에 있다; man bör ~ hårt 딱딱한 잠자리에서 자야한다;

huset −er nära stationen 집은 역 가까이에 위치해 있다; ~ och läsa 누워 책을 읽고 있다; det −er och möglar 그것은 곰팡이가 끼고 있다; låta något ligga …을 그대로 놔두다; rollen −er bra för honom 배역은 그에게 잘 맞는다; avgörandet −er hos honom 결정은 그에게 달려 있다; ~ i influensa 유행성 감기에 걸려 누워 있다; ~ i fönstret och titta på 창턱에 기대어 …을 보다; lyckan −er i att … 행복이란 …하는 데에 있다; det −er i släkten 그것은 그 집안 내림이다; ~ med …와 동침하다; ~ mot …을 향해 놓여 있다(위치해 있다); ~ länge på ett ärende … 일로 오랫동안 지체하다; ~ vid universitet 대학 재학 중이다; han −er inte åt det hållet 그는 그 방면에 취미가(소질이) 없다 ② ~ på ägg 알을 품고 있다 ③ 얼어 있다, 결빙되어 있다 Ⅱ. (강세접사와 함께) ① ~ an 꼭 닫혀져 있다, 밀봉되어 있다 ② ~ av sig (재능들이) 녹슬다; (질적으로) 나빠지다; vinet har legat av sig 포도주가 김이 빠졌다 ③ ~ bakom …의 근원이다; vad är det som −er bakom det märkliga ryktet? 그 이상한 소문의 진상은 무엇인가? ④ ~ efter a) …를 끈덕지게 괴롭히다 b) 지체(지연)되어 있다; ~ efter med inbetalningarna 납입이 지체되다 c) (발전 따위가) …보다 뒤지다, 못하다, 뒤떨어지다 ⑤ ~ för a) …에게 맞다, 어울리다; matematik −er inte för honom 수학은 그에게 맞지 않는 과목이다 ⑥ ~ i 정력적으로 일하다; organisationskommittén har legat i från morgon till kväll 조직 위원회는 아침부터 저녁까지 열심히 일하였다 ⑦ ~ på 왕성한 힘으로 작용하다; här −er vinden på 여기에는 강풍이 불고 있다 ⑧ ~ till a) …에 위치해 있다; … 상황에 처해 있다; staden −er bra till för sjöfart 그 도시는 해상 교통면에서 볼 때 위치가 좋다; om man råkar in i en poliskontroll, −er man illa till 경찰 검문에 걸리면 곤경에 빠지게 될텐데 b) 밀착되어 있다, 잘 닫혀져 있다; locket måste ~ till 뚜껑은 꼭 닫혀져 있어야 한다 ⑨ ~ till sig 사용하지 않고 잠시동안 보관함으로써 질을 개선시키다; äpplena måste ~ till sig lite 이 사과들은 얼마동안 그냥 놓아 두어야 한다 (맛이 좋아진다) ⑩ ~ ute a) 야영하다; 외국에 체재하다 b) ~ ute med en tusenlapp 빌려준 천 크로나가 있다 ⑪ ~ över a) …에서 자다; hon −er över hos en kamrat 그녀는 친구 집에서 잠을 잔다 b) …을 끈덕지게 괴롭힌다 c) han −er över mig i fråga om …에 관한 한 그가 나보다 낫다.

liggar|e −[*e*]*n* ~ 기록부.

liggsår *~et* ~ (오래 병상에 누워 있을 때 생기는) 욕창.

ligist [−gi−] *~en ~er* 폭력단, 불량배 집단의 일원.

lignin [liŋniːn] *~et 0* 【화학】 리그닌, 목질소(木質素).

ligust|er *−ern −rar* 【식물】 쥐똥나무의 일종.

lik[1] *a.* 비슷한, 닮은; de är ~a 그들은 닮았다; ~ som bär 쏙 빼 놓은 것처럼 닮은; vara sig ~ 예전과 다름없다, 여전하다.

lik[2] *~et* ~ ① 시체, 송장, 잔해; stå

~ 정장 안치되다; han går över ~ 그는 무슨 일에나 서슴치 않는다 ② (부호) 생략 ③ (배의) 돛 가장자리 줄.

lika (불변화형용사) 같은; 맞는; 동등한; ~ för ~ 앙갚음, 보복; ~ barn leka bäst 유유상종(類類相從); ~ inför lagen 법 앞에서 동등한; vara ~ med …와 같다; vara ~ mot alla 모두에게 똑같이 대하다.

lika *adv*. ① 같은 식으로; vi står ~ (게임에서) 우리는 지금 동점이다 ② (형용사나 부사 앞에서) 똑같이, 꼭; det är ~ bred som … 그것은 …와 똑같이 넓다.

likaberättigad *a*. 똑같은 권리를 가진.

likadan *a*. 비슷한, 유사한.

likafullt *adv*. 그럼에도 불구하고.

likaledes *adv*. 비슷한 방식으로.

likalydande *a*. 동일한 어구로 되어 있는, 같은 내용의.

likalönsprincipen (정형명사) 동일직종 동일임금의 원칙.

likar | e *-[e]n* ~ 표준, 규격; 규범.

likartad *a*. 유사한, 비슷한.

likasinnad *a*. 같은 생각의.

likaså *adv*. 역시; 같은 생각의.

likaväl *adv*. 똑같이; vi kunde ~ ha stannat hemma 우리는 집에 머물렀어도 좋았었을 텐데; det vet du ~ som jag 너도 나처럼 잘 알고 있잖아.

likbent *a*. 【수학】 이등변의.

likbjudarmin *~en ~er* 숙연한 표정.

likblek *a*. 창백한.

lik | e *-en -ar* 대등한 사람, 필적; söka (inte ha) sin ~ 필적할 만한 사람이 없다; en fräckhet utan ~ 유례를 찾아보기 힘든 야비함.

likformig *a*. 균일한, 획일적인, 일정한.

likgiltig *a*. ① 무관심한 ② 무의미한, 사소한, 중요하지 않은; en helt ~ roman 매우 보잘 것 없는 소설.

likhet *~en ~er* (외모의) 닮음, 유사; i ~ med …과 같이; …에 따라서, …에 일치하여.

likhetsteck | en *-net* ~ 동등부호(=).

likkist | a *-an -or* 관(棺), 널; en spik i min ~ 나의 수명을 줄이는 것.

likmätigt *prep*. …에 합당하게, …에 일치하여; sin plikt ~ 주어진 임무에 따라.

likna *~r ~de ~t* Ⅰ. *itr*. …을 닮다; …답다, …다운 일이다; hon ~r sin mor 그녀는 어머니를 닮았다; det ~r inte henne att komma för sent 늦게 오다니 (지각하다니) 그녀답지 않은 일이다 Ⅱ. *tr*. ~ vid …에 비교하다, 비유하다; människans liv ~s ofta vid en vandring 인생은 흔히 방랑에 비유된다.

liknande *a*. 비슷한, 유사한.

liknelse *~n ~r* 비유, 은유.

liknöjd *a*. 무관심한.

likrikta *~r ~de ~t tr*. 【전기】 정류(整流)하다; 표준(규격)화하다.

likriktar | e *-[e]n* ~ 【전기】 정류기.

liksidig *a*. 등변의; en ~ triangel 정삼각형.

liksom[1] *adv*. 마치.

liksom[2] *konj*. …처럼, …같이; han är lärare ~ jag 그는 나처럼 교사이다.

likström *~men ~mar* 직류.

likställ | a *-er -de -t tr*. 등위시키다; 똑같이 대하다; man bör inte ~ rädsla med feghet 두려움과 비겁함을 똑같이 취급해서는 안된다.

likställd *a.* vara ~ med …와 같은 지위(위치)에 놓다, 등위시키다.

likställig *a.* 대등한.

likställighet *~en 0* 대등, 동등, 평등.

liktorn *~en ~ar* (발가락의) 못, 티눈.

liktydig *a.* 동의[어]의; det ät ~t med att 그것은 …과 같은 뜻이다.

likvid[1] *a.* 【경제】 현금으로 바꾸기 쉬운, 유동의; bolagets ~a medel 그 회사의 유동자산.

likvid[2] *~en ~er* 지불.

likvidera *~r ~de ~t tr. itr.* ① 지불하다 ② (회사 따위를) 정리하다, 해산하다 ③ 폐지하다; 죽이다, 없애다; ~ censuren 검열을 폐지하다; motståndsmännen ~des i gryningen 적대자들은 해뜰 무렵에 처치되었다.

likviditet *~en 0* 지불 능력.

likväl *adv.* 그래도, …함에도 불구하고; hans idéer var underliga men ~ inte ointressanta 그의 생각이 이상하긴 하지만 흥미가 없는 것은 아니다.

likör [-kœ:r] *~en ~er* 리큐르 (달고 향기 있는 독한 술).

lila[1] *~n 0* 자줏빛.

lila[2] (불변화형용사) 자줏빛의.

lilj|a *-an -or* 백합.

liljekonvalje *~n ~r* 은방울꽃.

lilla ☞ **liten**.

lillan (불변화 en-명사) 막내 딸; 키가 작은 여자에 대한 애칭.

lillasyst|er *~n -rar* 여동생.

lillebror (불변화명사) 남동생.

lillen (정형명사) 막내아들; 키가 작은 남자에 대한 애칭.

lilleputt/lillepytt *~en, ~ar/~er* 작은 사람, 난장이.

lillfing|er *-ret/-ern, -rar* 새끼손가락.

lillgammal *a.* 조숙한.

lilltå *~n ~r* 새끼발가락.

lim *~met, ~/~mer* 접착제.

limerick *~en ~ar* 오행속요(五行俗謠).

limma *~r ~de ~t tr.* ① 접착시키다 ② ~t papper 풀을 칠한 종이.

limning *~en ~ar* 접착; 접착된 부분; gå upp i ~en 더 이상 자제하지 못하다, 자제력을 잃다.

limp|a *-an -or* ① (빵의) 한 덩어리 ② en ~ cigarretter 담배 한 상자.

lin *~et 0* 【식물】 아마.

lin|a *-an -or* [밧]줄; löpa ~n ut (고집스럽게) 끝장을 보다; dansa på ~ (곡예사가) 줄타기를 하다; visa sig på styva ~n 실력(재능)을 발휘하다.

linban|a *-an -or* (운송 목적의) 공중 케이블; 스키 리프트.

lind *~en ~ar* 보리수.

lind|a[1] *-an -or* 기저귀; kväva ngt i sin ~ 미연에 방지하다; ligga i sin ~ 아직 발달되지 않은(미숙한) 상태에 있다.

linda[2] *~r ~de ~t tr.* 감다, 싸다; 기저귀를 채우다.

lindansar|e *-[e]n ~* 줄타기 곡예사.

lindebarn *~et ~* 유아 (spädbarn).

lindra *~r ~de ~t tr.* 누그러뜨리다, 가라앉히다, 완화시키다; straffet ~des till böter 형벌은 벌금으로 완화되었다.

lindrig *a.* 부드러운, 가벼운, 경한.

linearritning *~en ~ar* 선화(線畵).

linfrö *~[e]t ~n* 아마씨.

lingon *~et ~* 월귤나무의 일종, 그 열매.

lingul *a.* 아마 빛의, 담황색의.

L

lingvist *~en ~er* 언어학자.
lingvistịk *~en 0* 언어학.
liniment *~et ~* (피부에) 바르는 약.
linjạl *~en ~er* (재는) 자, 부기봉.
linje *~n ~r* ① 줄, 선; två parallella ~r 두 개의 평행선 ② 열, 줄, 횡대; plutonen ställdes upp på ~ 소대는 일렬로 늘어섰다 ③ 윤곽; landskapets mjuka ~r 전경(前景)의 부드러운 윤곽 ④ (대학 등의) 과; 계열; hon kom in på den naturvetenskapliga ~n 그녀는 자연과학계열에 들어갔다 ⑤ (운수기관의) 노선; ~n Stockholm –Helsingfors 스톡홀름–헬싱키 간 노선.
linjearbetar|e *–[e]n ~* (전신, 전화의) 가설공.
linjedomar|e *–[e]n ~* 【스포츠】 (테니스, 축구 등의) 선심(線審).
linjefart *~en 0* 정기 항해.
linjera *~r ~de ~t tr.* ① …에 자로 줄을 긋다; ~t papper 괘지 ② 기초(입안)하다. (대강의) 윤곽을 잡다.
linjetrafik *~en 0* 정기노선을 운행하는 교통수단.
linka *~r ~de ~t itr.* (약간) 절뚝거리다.
linne Ⅰ. *~t 0* ① 아마포, 리넨 ② 의복을 제외한 직물 제품 (예를 들어 수건, 탁자보 등) Ⅱ. *~t ~n* 속옷, 샤쓰; 잠옷.
linnẹ|a *–an –or* 【식물】 린네 풀.
linning *~en ~ar* 끈, 밴드; 말기; byx~ (바지의) 마루폭, 말기.
linọleum *~et/~en, 0* 리놀륨 (마루의 깔개).
linolj|a[1] *–an –or* 아마유.
linolja[2] *~r ~de ~t tr.* …에 아마유를 바르다.
lins *~en ~er* ① 【식물】 렌즈콩, 편두 ② 렌즈.
lintott *~en ~ar* 머리카락이 아마색인 사람.
lip Ⅰ. *~et 0* 엉엉 울기 Ⅱ. *~en 0*, ta till ~en 【일상】 울음보를 터뜨리다.
lipa *~r ~de ~t itr.* 【일상】 ① 엉엉 울다 ② ~ åt ngn …에게 혀를 쏙 내밀어 보이다.
lipsill *~en ~ar* 울보.
lir|a[1] *–an –e*/**lire** *~n ~* 【화폐】 리라 (이탈리아).
lira[2] *~r ~de ~t itr.* (축구 등의 운동을) 하다; 연주하다.
lirar|e *–[e]n ~* (운동)선수; 연주가.
lirka *~r ~de ~t itr.* ① ~ med ngn …을 달래다, 구슬리다 ② 조심스럽게 다루다 ~ upp låset med en gaffel 포크를 이용하여 자물쇠를 열다.
lisa *~n 0* 위안, 위로; fjällvandringen var en ~ för nerverna 산행은 신경에 위안이 되었다.
lisma *~r ~de ~t itr.* 아첨하다, 아양 떨다.
lismar|e *–[e]n ~* 아첨꾼.
list Ⅰ. *~en 0* 계략, 술책 Ⅱ. *~en ~er* ① (나무나 금속으로 된) 폭이 좁고 긴 판 ② 가장자리, 테두리 ③ 【건축】 쇠시리 ④ 화단; 묘상(苗床).
list|a[1] *–an –or* 목록, 명부.
lista[2] *~r ~de ~t* Ⅰ. *tr.* ① …에 대한 목록을 (명부를) 작성하다 ② ~ ur ngn ngt …로부터 …(비밀 등)을 캐내다; ~ ut …을 알아내다 Ⅱ. *rfl.* ~ sig in 살짝 안으로 들어가다.
listig *a.* 교활한, 약삭빠른; 재치 있는.

lisös *~en ~er* 베드 자켓 (여성이 나이트가운 위에 입는 짧고 헐렁한 자켓).

lit (불변화명사) sätta [sin] ~ till …를 신뢰하다.

lita *~r ~de ~t itr.* ~ på …를 믿다, 신뢰하다; det kan du ~ på 그거 믿어도 좋아.

litanị|a *-an -or* 【교회】 연도(連禱; 기도의 한 형식으로 선창자가 외는 기도에 따라 회중이 제창한다).

Litạuen 【국명】 리투아니아.

litạuer *~n ~* 리투아니아 사람.

litauisk *a.* 리루아니아의.

litauisk|a Ⅰ. *-an -or* 리투아니아 여자 Ⅱ. *-an 0* 리투아니아 말.

lit de parade [li:dø:parɑ:d], ligga på ~ 유해가 정장 안치되어 있다.

lite ☞ litet[2].

liten *litet, lille, lilla, små a.* ① (공간적 개념으로써) 조그만, 작은; en ~ bil 조그만 자동차 ② (애정을 나타내는 수식어로서), min kära lilla mamma 사랑하는 나의 엄마; få en ~ 아이를 갖다 ③ (비공간적 개념으로서) 조그만, 짧은; en ~ stund 잠깐.

lit|er Ⅰ. *~n ~* (용량의 단위) 리터 Ⅱ. *-ern -rar* 1리터들이 술병.

litet[1] ☞ liten.

litet[2] (형용사의 명사화) 적은 양, 부족함; bara ~ 약간만, 조금만; jag har fått en krona för ~ tillbaka 나는 1크로나를 덜 받았다.

litet[3] *adv.* 좀, 약간; ~ [mer] bröd 약간의 [더 많은] 빵; vill du ha ~ jordgubbar? 딸기 좀 먹을래?; vara ~ över femtio 50이 약간 넘은; inte så ~ vin 그리 적지 않은 양의 포도주; inte så ~ arg 상당히 화가 난.

litogrạf *~en ~er* 석판 기술자, 석판공.

litografị *~n ~er* 석판술, 석판 인쇄.

litografisk *a.* 석판술의, 석판인쇄의.

literatụr *~en ~er* (문자화된 모든 것을 가리키는 총칭으로서) 문학; 문예; 문헌; ~anmälan 서평; ~förteckning 참고문헌 목록; ~historia 문학사; ~kritiker 문학평론가; ~vetenskap 문학.

litteratör *~en ~er* 문인.

litterär *a.* (순수) 문학의.

liturgi [-gi:] *~n ~er* 예배식의, 전례의.

liv *~et ~* ① 삶, 생; 생명, 목숨; ~räddning 생명의 구출; han är ännu vid ~ 그는 아직 생존해 있다; ta ~et av ngn …의 생명을 끊다, 죽이다; hon fick sätta ~et till … 그녀는 …에 목숨을 바쳤다 ② 생활 방식; ungkarls~ 총각생활; hans ~ var ganska enformigt 그의 생활은 꽤 단조로웠다 ③ 인생, 삶의 과정; ett långt ~ 긴 인생; hela sitt vuxna ~ tillhörde han partiet 그는 반평생을 당에 몸담고 있었다 ④ 생활, 활동; 활력; 소동; affärs~ 사업생활; privat ~ 사적(개인) 생활; på torget var det ~ och rörelse 광장에는 생기가 넘쳐있었다; för inte ett sånt ~! 그렇게 소동 피우지 말라! ⑤ 살아 움직이는 것 (귀엽다는 뜻); det lilla ~et 그 조그맣고 귀여운 것 (깜찍한 것) ⑥ 몸; 허리; med ~ och själ 몸과 마음을 다해; vara smal om ~et 허리가 가늘다 ⑦ 보디스 (블라우스. 드레스 위에 입는 여성용 조끼).

liva *~r ~de ~t tr.* ① 생기를 불어넣다; ~ upp stämningen 분위기를

일신시키다 ② …을 못살게 굴다, 괴롭히다.

livad *a.* ① 들뜬, 쾌활한 ② vara ~ för …하기를 몹시 바라다, 갈망하다.

livaktig *a.* 정력적인, 활동적인.

livboj *~en ~ar* 구명 부륜(浮輪).

livbåt *~en ~ar* 구명선.

livegen *a.* 농노(신분)의.

livegenskap *~en 0* 농노임, 농노의 처지 (신분).

livfull *a.* 활발한, 발랄한, 생기에 넘친; 생생한.

livförsäkring *~en ~ar* 생명보험.

livgarde *~t ~n* 호위대.

livhanken (정형명사) klara ~ 목숨을 부지하다.

livlig *a.* 발랄한, 생기에 넘친; 생생한; en ~ affärsgata 생기에 넘쳐 있는 상가(商街); det har vi i ~t minne 그것을 우리는 생생하게 기억하고 있다.

livlös *a.* 죽은; 표정이 없는; 생기 없는.

livmedikus *~en* livmedici (왕족의) 주치의.

livmoder *~n 0* 자궁.

livnär|a *- -de -t* Ⅰ. *tr.* 부양하다 Ⅱ. *rfl.* ~ sig 생계를 유지하다, …을 먹고 살다.

livré *~et ~er* (하인, 고용인 등에게 입히는) 일정한 옷; 제복.

livrem *~men ~mar* 허리띠, 혁대.

livrustkammar|e *-[e]n livrustkammar* 왕족의 장구(의복, 무기, 갑옷) 보관실.

livrädd *a.* 매우 두려워하는.

livräddning *~en ~ar* 생명 구조.

livränt|a *-an -or* (보험회사 등에 맡긴 현금이나 재산 등에 대한 이자의 형식으로 지불되는) 종신(영구) 연금.

livrätt *~en ~er* (가장) 좋아하는 요리.

livsandar (복수명사) 기력, 생기; efter en kopp kaffe kände hon ~na vakna 커피 한 잔을 마신 후 그녀는 기력이 살아나는 것을 느꼈다.

livsbejakande *a.* 생에 대해 긍정적인.

livsbejakelse *~n 0* 생에 대한 긍정적 자세.

livselixir *~et ~* 불로장생의 영약; 생에 의욕과 활력을 주는 것.

livsfarlig *a.* 생명에 위험한.

livsföring *~en 0* 생활방식; en spartansk ~ 스파르타식 생활.

livskraftig *a.* 원기 왕성한, 활발한; 강건한.

livsleda *~n 0* 삶에 대한 염증.

livsledsagarinn|a *-an -or* 인생의 반려자.

livslevande *a.* 생생한, 핍진한, 실물 그대로의.

livslåg|a *-an -or* (꺼져가는) 생명의 불꽃.

livsmed|el *-let ~* 생활필수품 (주로 복수로 사용).

livsnerv *~en ~er* (활력, 생명의) 근원; skolan är kulturens ~ 학교는 문화의 근원이다.

livssyn *~en ~er* 인생관.

livsteck|en *-net ~* 생기, 살아 있다는 증표; hunden visade svaga ~ när den hittades 그 개는 발견되었을 때 희미하게나마 숨이 붙어 있었다.

livstid *~en 0* 일생; ~sfängelse 무기징역.

livsviktig *a.* (생명에 관계될 정도로) 중요한.

livvakt *~en ~er* 신변 보호인, 경호원.

ljud [jʉːd] *~et ~* 소리, 음; 음향; vi har inte hört ett ~ från honom 우리는 그로부터 아무 말도 듣지 못했다. 소식이 없었다.

ljud|a *-er ljöd ljudit* Ⅰ. *itr*. 소리가 나다, 들리다; 울리다; 메아리치다 Ⅱ. *tr*. …을 발음하다, 읽다.

ljudband *~et ~* 녹음테이프.

ljudboj *~en ~ar* 신호음을 내는 부표(浮漂).

ljuddämpar|e *-[e]n ~* 소음기(消音器).

ljudit ☞ **ljuda**.

ljudkort *~et ~* 【컴퓨터】 사운드카드.

ljudlag *~en ~ar* 음성법칙, 음운법칙.

ljudlig *a*. 소리가 나는, 고음의; han läste med ~ stämma 그는 큰 소리로 읽었다.

ljudlär|a *-an -or* 음성학; 음운론.

ljudlös *a*. 소리 없는, 조용한.

ljudskrift *~en ~er* 음성 문자.

ljudvall *~en ~ar* 【물리】 소리의 장벽 (음속에 가까운 속도를 낼 때의 공기저항).

ljug|a *-er ljög ljugit* Ⅰ. *itr*. 거짓말하다; ~ på ngn …에게 거짓말하다; ~ som en häst travar 거짓말을 밥 먹듯이 하다 Ⅱ. *rfl*. ~ sig till ngt 거짓말을 하여 …을 얻다.

ljugit ☞ **ljuga**.

ljum *a*. 미지근한; 따스한; boken fick ett ~t mottagande 그 책은 별로 반응이 좋지 않았다; ~ma sommarnätter 온화한 여름밤.

ljumma *~r ~de ~t tr*. 따스하게 데우다.

ljumsk|e *-en -ar* 【해부】 샅.

ljung *~en 0* 【식물】 히드.

ljunga *~r ~de ~t itr*. 번개 치다.

ljungeld *~en ~ar* 번개.

ljus[1] [jʉːs] *a*. 밝은; 맑은, (빛깔이) 엷은; ett ~t och trevligt rum 밝고 아늑한 방; ett ~t och glittrande skratt 밝고 명랑한 웃음소리; framtidsutsikterna är ~a 장래 전망은 밝다.

ljus[2] *~et ~* ① 빛, 광선; ha ~et på 전기를 켜 놓고 있다; föra ngn bakom ~et …을 속이다; signalen visade rött ~ 신호등은 빨간 불이었다 ② 광원이 되는 것 (초 따위); stearin~ 양초 ③ 탁월한 재능을 가진 사람.

ljusbild *~en ~er* 슬라이드.

ljusblå *a*. 연한 파란색의.

ljusbåg|e *-en -ar* 【전기】 아크, 전호(電弧).

ljusdunk|el *~let 0* 【미술】 명암(농담)의 배분에 의한 묘사, 명암법.

ljusglimt *~en ~ar* 가냘픈 희망; 한 줄기 빛.

ljusgård *~en ~ar* ① 【천문】 코로나 (태양의 개기식 때 그 둘레에 보이는 장관) ② 【건축】 천정이 유리로 된 공간.

ljushuvud *~et ~* 천재(天才).

ljushyllt *a*. 하얀 피부의.

ljushårig *a*. 금발의.

ljuskron|a *-an -ar* 샹들리에.

ljuslagd *a*. 하얀 피부와 금발의.

ljusmanschett *~en ~er* (유리나 금속으로 된) 촛농받이.

ljusna *~r ~de ~t itr*. ① 날이 새다, 동트다; 밝아지다; (색깔이) 엷어지다; himlen ~r i öster 동녘이 밝아오다 ② (표정이) 밝아지다, 환해지다; utsikterna ~r 전망이 밝아지다.

ljusning ~*en* ~*ar* ① 새벽, 동틈 ② (상태의) 호전 ③ 숲 사이의 빈 터.
ljuspunkt ~*en* ~*er* ① 광원(光源) ② 희망을(기대를) 걸어볼 수 있는 것.
ljusskygg *a*. ① 빛을 싫어하는 ② 수상한, 미심쩍은.
ljusstak|e –*en* –*ar* 촛대.
ljust|er –*ret* ~ (물고기를 찔러 잡는) 작살.
ljustra ~*r* ~*de* ~*t tr*. 작살로 (물고기를) 잡다.
ljusår ~*et* ~ 광년(光年).
ljusäkta *a*. 빛에 바래지 않는.
ljut|a –*er ljöt ljutit tr*. ~ döden 죽다, 전사하다.
ljutit ☞ ljuta.
ljuv [jʉ:v] *a*. 아늑한, 포근한, 감미로운; ~a sommarnätter 포근한 여름 밤; dela ~t och lett 기쁨과 슬픔을 나누다; det ~a livet 즐거운 인생.
ljuvlig *a*. 매우 좋은, 상쾌한, 황홀한; ~a dagar på landet 농촌에서의 유쾌한 나날들; en ~ blomsterbukett 우아한 꽃다발.
ljöd ☞ ljuda.
ljög ☞ ljuga.
ljöt ☞ ljuta.
LO ☞ Landsorganisationen.
lo ~*n* ~*ar* 【동물】 스라소니.
lob ~*en* ~*er* 【해부】 엽(葉; 폐엽, 간엽 따위).
lobb ~*en* ~*ar* 상대방이 닿지 못하도록 공을 높이 띄우기.
lobba ~*r* ~*de* ~*t itr*. 공을 높게 띄워 보내다.
lock Ⅰ. ~*en* ~*ar* 곱슬곱슬한 머리 타래 Ⅱ. ~*et* ~ 뚜껑, 마개 Ⅲ. ~*et* *0* (큰 이득을 암시하는) 설득; försöka med ~ och pock 모든 수단을 다해 설득하다.
locka[1] ~*r* ~*de* ~*t* Ⅰ. *tr*. 머리를 곱슬거리게 하다 Ⅱ. *rfl*. hennes hår ~r sig 그녀의 머리카락이 (저절로) 곱슬곱슬해진다.
locka[2] ~*r* ~*de* ~*t* Ⅰ. *tr. itr*. 유혹하다; ~ ngn i fällan …를 유혹하여 함정에 빠트리다 Ⅱ. (강세접사와 함께) ① ~ av ngn ngt …을 꾀어 …을 내놓게 하다 ② ~ fram ngn ur gömställe …를 꾀어 은신처로부터 나오게 하다 ③ ~ med sig ngn …를 꾀어 동행하게 하다 ④ ~ till sig (자신에게 오도록) 유혹하다.
lockbete ~*t* ~*n* 미끼.
lockelse ~*n* ~*r* 유혹.
lockfåg|el –*eln* –*lar* 후림새; 미끼.
lockig *a*. 곱슬곱슬한.
lockout [lɔkaut] ~*en* ~*er* 직장 폐쇄 (노조 파업 시 고용주의 대응책으로서).
lockouta ~*r* ~*de* ~*t tr*. 직장을 폐쇄하다.
lod [lɷ:d] ~*et* ~ ① [다림]추; 낚싯봉 ② 【측량단위】 13그램.
loda ~*r* ~*de* ~*t* Ⅰ. *tr. itr*. (길이를) 헤아리다, 측량하다 Ⅱ. *itr*. ~ omkring …의 주위를 배회하다, 싸돌아다니다.
lodar|e –[*e*]*n* ~ 건달(일하지 않고 빈둥거리며 지내는 사람), 한량.

lodjur ~*et* ~ 【동물】 스라소니 (lo).
lodlinje ~*n* ~*r* 수직선.
lodning ~*en* ~*ar* 깊이 측량.
lodrät *a*. 수직의.
loft ~*et* ~ 다락.
logaritm ~*en* ~*er* 【수학】 대수(對數).

log|e Ⅰ. [lɑ:gə] *~en ~ar* 헛간(곡식 저장용) Ⅱ. [lo:ʃ] *~n ~r* ① (극장 따위의) 칸 막은 관람석; (배우들의) 분장실 ② (비밀결사 따위의) 지방지부 또는 집회소.

logement [lɔʃəmɛnt] *~et ~* 막사.

logera [−ʃe−] *~r ~de ~t* Ⅰ. *itr*. 숙박(투숙)하다 Ⅱ. *tr*. 숙박(투숙)시키다.

logg *~en ~ar* 【항해】(거리와 속도를 재는) 측정기.

logga *~r ~de ~t tr*. 측정기로 배의 속도 따위를 재다.

logg|bok *~en −böcker* 항해 일지.

loggi|a [lɔgja/lɔdja] *−an −or* 【건축】 로지아 (한쪽에 벽이 없는 복도 모양의 방).

logi [−ʃi:] *~n 0* 숙박, 임시 숙소.

logik [−gi:k] *~en 0* 논리[학].

logisk *a*. 논리적인, 합리적인.

logoped *~en ~er* 언어치료사.

loj *a*. 굼뜬, (행동 따위가) 미적지근한, 무관심한.

lojal *a*. 충성스러운.

lojalitet *~en ~er* 충성.

lok *~et ~* 기관차.

lokal[1] *a*. 지방의, 고장의.

lokal[2] *~en ~er* (모임, 회합을 위한) 장소; 【생물】 서식처.

lokalbedövning *~en ~ar* 국부(局部) 마취.

lokalfärg *~en ~er* 향토색; 【미술】 대상의 고유색.

lokalisera *~r ~de ~t* Ⅰ. *tr*. ① …의 위치를 정하다, 찾아내다 ② 국한시키다; företaget ~des i södra delen av landet 그 사업은 나라의 남부지역에 배정되었다 Ⅱ. *rfl*. ~ sig på platsen 장소를 익히다.

lokaliseringspolitik *~en 0* 지방 개발 정책.

lokalitet *~en ~er* 장소.

lokalkännedom *~en 0*, ha god (dålig) ~ 지리에 밝다 (어둡다).

lokalpatriot *~en ~er* 향토를 지극히 사랑하는 사람, 애향주의자.

lokalsinne *~t ~* 공간 감각.

lokaltrafik *~en 0* 시외 교통.

lokförar|e *−[e]n ~* (철도의) 기관사.

lokomotiv *~et ~* 기관차.

lom *~men ~mar* ① 【동물】 무자맥질하는 새 (아비 따위) ② 노의 손잡이 부분.

loma *~r ~de ~t itr*. 터벅터벅 걷다, 축 늘어져서 걷다; hunden ~de av när den inte fick något socker 그 개는 사탕을 받지 못하자 어슬렁어슬렁 걸어가 버렸다.

lomhörd *a*. 귀먹은, 귀가 멍멍한 (일시적 현상).

lomma ☞ **loma**.

longitud [lɔŋgi−/lɔŋi−] *~en ~er* 경도(經度); på 10 östlig ~ 동경 10도.

longör [lɔŋgœ:r] *~en ~er* (책 등에서의) 지루한 대목.

lopp *~et ~* ① 달리기 경주; stafett~ 이어 달리기 ② 강의 구역; flodens övre ~ 강 상류 ③ 연속; 진행; 흐름; i det långa ~et 결국, 마침내; inom ~et av …의 기간 동안에 ④ ge fritt ~ åt …을 자유로이 표출하다, 발산하다 ⑤ 총구멍.

lopp|a −an −or 벼룩; 용접 시에 튀기는 불똥; leva ~n ① 방탕한 생활을 하다 ② 소란을 피우다.

loppcirkus *~en ~ar* (길들인 벼룩을

보여주는) 서커스(구경거리).

loppmarknad *~en ~er* 중고품 시장.

lord *~en ~er* 영국의 귀족; 경(卿).

lornjett *~en ~er* 손잡이 달린 안경; (손잡이 달린) 오페라 글라스.

lort *~en ~ar* ① 오물, 불결물 ② 동물의 배설물 ③ prata ~ 엉터리 같은 소리를 하다.

lorta *~r ~de ~t tr.* 더럽게 하다, 불결하게 하다.

lortgris *~en ~ar* 지저분한 아이 (꼬마).

lortig *a.* 더러운, 불결한.

loss (불변화 형용사/부사) 묶여 있거나 갇히지 않은 상태의; få ~ …을 풀어내다, 빼내다; komma ~ 빠져 나오다.

lossa *~r ~de ~t tr.* ① 풀다, 끄르다, 늦추다; 놓아주다 ② 짐을 내리다 ③ 발사하다; ~ ett skott 총을 한 방 발사하다.

lossna *~r ~de ~t itr.* 풀어지다, 늦추어지다, 끌러지다, 느슨해지다.

lossning *~en ~ar* 하역(작업).

lots *~en ~ar* 수로 안내인.

lotsa *~r ~de ~t tr.* 수로를 안내하다.

lott *~en ~er* ① 복권; 제비뽑기; de drog ~ om vem som skulle få börja 그들은 누가 먼저 시작할지 제비뽑기를 했다 ② 몫, 할당부분; arvs~ 할당된 유산; det blev hans ~ 그것은 그의 차지가 되었다 ③ lägga ngt om ~ …을 겹치게 하다.

lott|a[1] *-an -or* (스웨덴 국방에 일조를 하기 위해 여성들이 자발적으로 만든 조직의) 여성 회원.

lotta[2] *~r ~de ~t tr. itr.* ~ om ngt …을 정하기 위하여 제비를 뽑다; ~ bort 복권 식으로 팔다 (양도하다).

lottad *a.* vara lyckligt ~ 유복하다, 잘살다, 팔자가 좋다.

lottakår *~en ~* 여성 국방후원단 (스웨덴 국방에 일조를 하기 위해 여성들이 자발적으로 만든 단체 조직).

lottdragning *~en ~ar* 제비뽑기.

lotteri *~et ~er* 복권 뽑기, 제비뽑기, 추첨; det är rena ~et 순전한 우연이다, 운에 달렸다.

lottning ☞ **lottdragning**.

lottsed|el *-eln -lar* 복권.

lotus *~en ~ar* 연꽃 (lotusblomma).

lov [lɑ:v] Ⅰ. *~et ~* ① 방학 ② 허가, 허락; får jag ~ 저와 춤추시겠습니까?; får det ~ att vara en kopp kaffe? 커피 한 잔 드시겠습니까?; vad får det ~ att vara? 뭘 드시겠습니까? 뭘 원하십니까?; utan ~ 허가 없이 ③ få ~ att 해야 하다; nu får jag ~ att gå 이제 가야 되겠어 ④ 칭찬; sjunga ngns ~ …을 칭송하다; Gud ske ~! 고마워라 Ⅱ. *~en ~ar* ①【항해】바람을 비스듬히 받고 배를 맞바람 쪽으로 돌리기 ② (비유적), slå sina ~ar kring ngn …에게 구애하다; ta ~en av ngn …을 앞서다.

lova [lɑ:va] *~r ~de ~t* Ⅰ. *tr.* ① 허락하다, 약속하다; det ~r gott 전망이 좋다; han ~de hjälpa mig 그는 나를 도와주겠다고 약속했다 ② 칭찬하다 ③ jo, det vill jag ~! 그렇고말고 Ⅱ. *itr.*【항해】뱃머리를 바람 불어오는 쪽으로 돌리다.

lovande [lo:-] *a.* 유망한, 전망이 좋은.

lovart [lọ:vaṭ] (불변화 en-명사)【항해】i ~ 바람이 불어오는 쪽에.

loven [lo̦:–] (불변화 en–명사) hålla tro och ~ 서약을 지키다.
lovlig [lo̦:–] *a*. 허용된, 합법적인.
lovligt *adv*. vara mer än ~ dum 지나치게 어리석다.
lovord [lo:vɷ:ɖ] *~et ~* 칭찬.
lovorda *~r ~de ~t tr*. 칭찬하다.
lovsång *~en ~er* 칭송의 노래.
LP–skiv|a [ɛlpe:ʃi:va] *–an –or* 장시간 레코드 (매분 33 1/3 회전하는 음반; 한 면 당 약 20분 회전).
LSD [ɛlesde:] 강한 환각작용을 일으키는 마약 (lysergsyradietylamid의 약어).
lubb *~en ~ar* 【어류】 대구의 일종.
lubba *~r ~de ~t itr*. 서둘러 가다, 빠른 걸음으로 걷다.
luci|a [lʉsi̦:a] *–an –or* Lucia 제전을 거행할 때 흰 치마를 입고 머리에 촛불관을 쓰고 나타나는 소녀.
luciadagen (정형명사) 북구의 어둠을 밝히는 빛의 축제일 (12월 13일).
luciafirande *~t ~n* 루시아 축제.
luck|a *–an –or* ① 덧문, 겉문, 뚜껑, 구멍문 ② 빈틈, 갈라진 틈; 판매대의 구멍; (사본, 원고, 책 따위의) 탈락, 탈문, 공백; en ~ i lagen 법률의 허점; en ~ i minnet 기억이 상실된 부분 ③ 【속어】 병영(兵營).
lucker *a*. (흙 따위가) 푸석푸석한.
luckra *~r ~de ~t tr*. ~ upp 푸석푸석하게 하다; (윤리, 전통 등이) 흐트러지다, 느슨해지다.
ludd *~en/~et, 0* 솜털; (직물의) 보풀.
ludda *~r ~de ~t* Ⅰ. *itr*. ~ [av sig] 보풀이 빠지다 Ⅱ. *rfl*. 보풀이 나다.
luddig *a*. 털이 많은, 털투성이의, 털로 덮인.
luden *a*. 털이 많은.
lud|er *–ret ~* 【일상】 창녀 (prostituerad, hora).
luff *~en 0*, vara på ~en 방랑하고 있다.
luffa *~r ~de ~t itr*. 방랑하다, 유랑하다; 육중하게 걷다.
luffar|e *–[e]n ~* 방랑자.
luffarschack *~et ~* 삼목 놓기 (아이들 놀이의 일종).
lufsa *~r ~de ~t itr*. 곰처럼 걷다, 둔하게 걷다, 비슬비슬 거리다.
lufsig *a*. 서투른, 꼴사나운.
luft Ⅰ. *~en ~er*, en ~ gardiner 커튼의 한 쌍 Ⅱ. *~en 0* 공기; behandla ngn som ~ …를 무시하다; ute i fria ~en 야외에서; få ~ under vingarna 발전할 수 있는 가능성을 얻다, 기회를 맞이하다; ge ~ åt (노여움 따위를) 터뜨리다, …을 나타내다; det ligger i ~en (무슨 일이) 일어나려 하고 있다; ett slag i ~en 결과가 없는 행동; gripet ur ~en (이야기 등을) 꾸며낸; ~en gick ur honom 그는 일할 기운과 의욕이 없어졌다.
lufta *~r ~de ~t* Ⅰ. *tr*. (방 안의) 공기를 갈다, (옷을) 바람에 쐬어 말리다, 바람을 통하다 Ⅱ. *itr*. ~ på sig (상쾌한) 공기를 쐬다, 들이마시다; ~ sin ilska 화를 내보이다, 터뜨리다.
luftaffär *~en ~er* 사취, 사기.
luftbro *~n ~ar* 공중보급, 격리된 곳으로 대규모 공중수송.
luftfart *~en 0* 【항공】 항공교통.
luftfuktar|e *–[e]n ~* 가습기.
luftförorening *~en ~ar* 대기오염.
luftgevär *~et ~* 공기총.
luftgrop *~en ~ar* 에어포켓 (항공기를 실속시켜 급강하하게 하는 기류 상태).

luftig *a.* 통풍이 잘 되는; 공상적인, 비현실적인.
luftkonditionering *~en ~ar* 냉방장치, 에어컨디셔너.
luftkuddefarkost *~en ~er* 고압공기를 밑으로 분출하여 기체를 떠올려 달리게 하는 차 또는 배(svävare).
luftled *~en ~er* 항공로.
luftledning *~en ~ar* 가공 전선(架空電線).
luftpost *~en 0* 항공 우편.
luftpump *~en ~ar* 공기(배기) 펌프.
luftrenar|e *–[e]n ~* 공기 청정기, 정화기.
luftrör *~et ~* ① 기관지 ② 통기관(通氣管).
luftrörskatarr *~en ~er* 【병리】 기관지염.
luftskall|e *–en –ar* 【의학】 뢴트겐을 이용한 두뇌 진찰법.
luftskepp *~et ~* 비행선.
luftslott *~et ~* 백일몽.
luftspärr *~en ~ar* 【군사】 기구조색(氣球阻塞), 조색(방공) 기구망.
luftstreck *~et ~* 기후 전선.
luftstrup|e *–en –ar* 【해부】 기관(氣管).
lufttrumm|a *–an –or* 통풍공(孔).
lufttryck *~et ~* 기압.
luftväg *~en ~ar* ① 항공로; *~en* 항공기로(路) ② 【해부】 호흡기관.
luftvärn *~et ~* 대공(對空)부대.
luftvärnsartilleri *~et 0* 고사포.
luftvärnsrobot *~en ~ar* 지대공 미사일.
lugg Ⅰ. *~en ~ar* ① (이마 위에) 드리운 앞머리; titta under ~ på ngn …을 엿보다 ② få ~ 꾸지람을 듣다 Ⅱ. ~et 0 보풀, 솜털.
lugga *~r ~de ~t tr.* ~ ngn …의 머리카락을 잡아당기다.
luggig *a.* (의복이) 닳아서 실밥이 보이는, 낡은; 빈약한; 닳아 헤어진 옷을 입은; 녹초가 된.
luggsliten *a.* (의복이) 닳아서 실밥이 보이는, 헤진.
lugn[1] [loŋn] *a.* 잔잔한, 고요한, 조용한, 평온한; 침착한; (색체가) 은은한; med ~t samvete 편안한 마음으로; i de ~aste vattnen går de största fiskarna 【속담】 잔잔한 물이 깊다, 말없는 사람이 생각이 깊다; var bara ~! 걱정하지 마시오.
lugn[2] [loŋn] *~et 0* 고요, 침착, 평정, 냉정; ~et före stormen 폭풍 직전의 고요; i ~ och ro 편안하고 여유 있게.
lugna *~r ~de ~t* Ⅰ. *tr.* 가라앉히다, 차분하게 하다, 진정시키다; ~ dig! 침착해라 Ⅱ. *itr.* 잔잔해지다, 누그러지다, 약해지다; vinden har ~t på 바람이 누그러졌다.
lugnande *a.* 안심시키는, 진정시키는, 달래는; ~ medel 진정제.
lugnt *adv.* 조용하게, 진정하게, 안심하게; ta det ~! 서두르지 마세요, 화내지 마세요.
Lukas 【성서】 성 누가(Luke).
lukrativ *a.* 유리한, 돈벌이 되는.
lukt *~en ~er* ① 냄새, 향기, 악취 ② 후각.
lukta *~r ~de ~t tr. itr.* 냄새를 맡다; du ~r sprit 너는 술 냄새가 난다; hon ~r på blommorna 그녀는 꽃 냄새를 맡고 있다; det ~r gott 좋은 냄새가 난다; det ~r illa 지독한 냄새가 난다; jag har ~t lite på svenska 나는 스웨덴

L

어를 조금 공부해 보았다.

luktsalt *~et 0* 탄산암모늄.

luktsinne *~t ~n* 후각.

luktärt *~en ~er* 【식물】 스위트피.

lukullisk *a*. en ~ måltid 사치스러운 식사, 진수성찬.

lull *adv*. stå ~ (아기가) 붙잡지 않고 혼자서 서다.

lulla *~r ~de ~t* Ⅰ. *tr*. ~ ett barn till sömns 콧노래로 아기를 잠재우다 Ⅱ. *itr*. 비틀거리다.

lumbalbedövning *~en ~ar* 요추마취.

lumbalpunktion *~en ~er* 【의학】 뇌척수액을 빼고 진찰하는 일.

lumberjack|a *–an –or* 두꺼운 천이나 가죽으로 만든 외투.

lummer *~n 0* 【식물】 석송(石松).

lummig *a*. ① 잎이 무성한 ② 얼큰히 취한.

lump Ⅰ. *~en ~or* 누더기 Ⅱ. *~en 0* 【일상】 göra (ligga i) ~en 병역에 복무하다.

lumpa *~r ~de ~t itr* 병역에 복무하다.

lumpen *a*. 비열한, 천한, 야비한, 거칠은.

lumphandlar|e *–[e]n ~* 넝마장수.

lumpig *a*. 닳아 해진.

lumpor ☞ lump Ⅰ.

lunch *~en ~er* 점심.

lund *~en, ~ar/~er* 작은 숲.

lundensar|e *–[e]n ~* Lund 대학교와 관련된 사람.

lung|a *–an –or* 허파.

lunginflammation *~en ~er* 폐렴.

lungmos *~et 0* 【요리】 허파로 만든 해시.

lungsiktig *a*. 폐병에 걸린.

lungsot [–sɷ:t] *~en 0* 폐결핵.

lungsäck *~en ~ar* 【해부】 폐흉막.

lungsäcksinflammation *~en ~er* 늑막염.

lungtuberkulos *~en 0* 폐결핵.

lunk *~en 0* (말 따위의) 서행, 터벅터벅 걷기.

lunka *~r ~de ~t itr*. 터벅터벅 걷다, 느릿느릿 나아가다.

lunnefåg|el *–eln –lar* 섬새의 일종.

luns *~en ~ar* 무람없는 사람, 시골뜨기, 촌놈.

lunsig *a*. 무뚝뚝한, 투미한, 거칠고 천한.

lunt|a *–an –or* ① (옛날 대포의) 도화선 ② 두꺼운 책, 종이의 더미; nådiga ~n 예산 의안.

lupin *~en ~er* 【식물】 루핀.

lupp *~en ~er* 외알 확대경.

lur Ⅰ. *~en ~ar* ① 【음악】 호른, 뿔피리 ② 선잠, 낮잠; ta sig en ~ 잠깐 잠자다 Ⅱ. (불변화명사) ligga på ~ 숨어 기다리다; stå på ~ 매복하다.

lura *~r ~de ~t* Ⅰ. *itr*. ① ~ till 잠들다 ② 숨어 기다리다; ~ på ett tillfälle 기회를 기다리다 Ⅱ. *tr*. 속이다, 기만하다, 짓궂은 장난을 치다, 꾀다; ~ ngn till att skratta …를 웃게 하다 Ⅲ. (강세접사와 함께) ① ~ av 속여서 빼앗다; han ~de av mig pengar 그는 나에게서 돈을 사취했다 ② ~ i ngn ngt …를 속여서 …이라고 믿게 하다; …를 속여서 …을 먹게 하다 ③ ~ på ngn ngt …를 속여서 …을 사게 하다 ④ ~ till sig 속여서 획득하다 ⑤ ~ ur ngn [en hemlighet] …에게서 [비밀을] 캐내다 ⑥ ~ ut ngt …을

L

발견하다.

lurendrejar|e –*[e]n* ~ 사기꾼.

lurendrejeri ~*et* ~*er* 사기, 속임.

lurifax ~*en* ~*ar* 꾀보, 꾀 많은 사람.

lurig *a*. 영리한, 재치 있는, 꾀 많은.

lurk ~*en* ~*ar* 무람없는 사람, 무례한 녀석.

lurpassa ~*r* ~*de* ~*t itr*. 가만히 기회를 기다리다.

lurt (불변화형용사) 【일상】 det är ngt ~ med det 그것에 의아스런 점이 있다.

lurvig. *a*. (머리털이) 덥수룩한, 헝클어진.

lus ~*en löss* 이(蝨); läsa ~en av ngn …를 몹시 꾸짖다.

lusern ~*en* ~*er* 【식물】 자주개자리.

lusig *a*. ① 이 투성이의 ② 느릿느릿한, 꾸무럭거리는.

luska ~*r* ~*de* ~*t itr*. 찾다, 뒤지다; ~ reda på ngt …을 찾아내다.

lusläs|a –*er* –*te* –*t tr*. 세심하게 읽다.

luspank *a*. 무일푼이 된, 돈이 한 푼도 없는.

lussa ~*r* ~*de* ~*t itr*. Lucia제전을 거행하다 (☞ **lucia**).

lussekatt ~*en* ~*er* luciadagen(루시아 축제일)에 먹는 사프란 빵.

lust ~*en 0* 마음의 경향, 소망, 기쁨; jag har ~ att läsa 나는 공부하고 싶다; i nöd och ~ 화복 어느 경우에도, 즐거울 때나 슬플 때나.

lust|a –*an* –*ar* 색욕, 육욕.

lustgas ~*en 0* 【화학】 웃음가스 (이산화질소).

lustgård ~*en* ~*ar*, Edens ~ 에덴동산.

lusthus ~*et* ~ 정원의 정자.

lustig *a*. 재미있는, 즐거운; 이상한; göra sig ~ över ngn …를 조롱하다; hastigt och ~t 갑작스레.

lustighet ~*en* ~*er* 재미있는 것; säga en ~ 우스갯소리를 하다, 농담을 하다.

lustigkurr|e –*en* –*ar* 농담하는 사람, 재담꾼, 익살꾼.

lustigt *adv*. 재미있게; ~ nog 이상하게도.

lustjakt ~*en* ~*er* 호화 유람선.

lustmord ~*et* ~ 색정 살인.

lustspel ~*et* ~ (소)희극.

lut Ⅰ. ~*en* ~*ar* 잿물 Ⅱ. ~*en*/~*et*, *0*, stå på ~ 비스듬히 서있다; ha ngt på ~ …을 언제든지 내놓을 수 있도록 몰래 준비해 두고 있다.

lut|a[1] –*an* –*or* 류트 (기타와 비슷한 15~17세기의 악기).

lut|a[2] ~*r* ~*de* ~*t* Ⅰ. *itr*. ① 몸을 구부리다, 굽히다; 경사지다, 기울다; väggen ~r 벽이 기울어져 있다 ② …의 경향이 있다; jag ~r åt den åsikten att det blir regn 내 생각에는 비가 올 것 같다; det ~r nog ditåt 그렇게 될 것 같다 Ⅱ. *tr*. ① 기울이다, 구부리다; ~ käppen mot väggen 지팡이를 벽에 기대 세우다 ② 잿물에 담그다 Ⅲ. *rfl*. ~ sig över 위로 몸을 구부리다; ~ sig bakåt i soffan 소파에서 상체를 뒤로 젖히다; ~ sig ut genom fönstret 창문에서 상체를 내밀다.

luteran ~*en* ~*er* 루터파의 신도.

lutfisk ~*en 0* 잿물에 담궈 말린 생선.

luthersk *a*. 루터파의.

lutter ☞ **idel**.

luttra ~*r* ~*de* ~*t tr*. 더러움을 제거하

다, 정화하다. 순화하다.

luv *~en ~ar*, vara i ~en på varandra 서로 싸우고 있다.

luv|a *-an -or* 모직물 모자, 빵 모자.

luxuös [løksuø:s] *a.* 호화로운.

ly|a *-an -or* 짐승(특히 여우)의 굴; 작고 아담한 사실(私室).

lyck|a[1] Ⅰ. *-an 0* 행복, 호운, 행운; ~ till! 행운을 빕니다; ha ~ med sig 성공하다, 운이 좋다. Ⅱ. *-an -or* 울타리로 둘러싸인 밭

lyck|a[2] *-er -te -t tr.* 【법률】 bakom -ta dörrar 비공개로.

lyckad *a.* 성공한, 잘 된; en ~ investering 운이 좋은 투자.

lyck|as *-as -ades -ats itr. dep.* 성공하다, 잘 해내다.

lycklig *a.* 행복한, 운이 좋은, 성공한; ~ resa! 안녕히 다녀오십시오; en ~ tilldragelse 출산; i ~aste fall 기껏해야, 고작.

lyckligen *adv.* han har ~ anlänt 그는 무사히 도착했다.

lycklig|göra *-gör -gjorde -gjort tr.* 행복하게 하다.

lyckligtvis *adv.* 다행스럽게도.

lyckokast *~et ~* 성공, 요행으로 맞힘, 요행수.

lyckoklöver *~n ~* 네잎 클로버(찾아낸 사람에게 행운이 찾아온다고 함).

lyckosam *a.* 운이 좋은.

lyckoslant *~en ~ar* 행운 동전 (몸에 지니면 행운을 가져다준다고 믿는).

lycksalig *a.* 더없이 행복한, 기쁨에 넘치는; 신의 은총을 입은.

lycksökar|e *-[e]n ~* 재산을 탐하여 구혼하는 사람, 투기꾼, 기회주의자.

lyckt *a.* [in]för (inom, bakom) ~a dörrar 비밀리에, 비공개로.

lyckträff *~en ~ar* 운 좋게 들어맞음, 요행수, 성공; det var en ren ~ att han hade rätt 그가 들어맞은 것은 요행이다.

lyckönska *~r ~de ~t tr.* 축하하다, 행운을 빌다.

lyckönskning *~en ~ar* 축하.

ly|da *-der -dde/löd -tt* Ⅰ. *tr.* 복종하다, 따르다, (법률을) 지키다 Ⅱ. *itr.* ① ~ under 지배를 받다; …에 부속하다 ② frågan lyder som följer 질문은 다음과 같다; domen löd på 5 års fängelse 판결은 5년 금고형이었다.

lydelse *~n ~r* (문서의) 대의(代意).

lydig *a.* 말 잘 듣는, 복종하는.

lydnad *~en 0* 복종; 충실.

lydstat *~en ~er* 위성국, 속국.

lyft *~et ~* 끌어 오리기, 들어올리기; 지극히 중요한 성공.

lyf|ta *-ter -te -t* Ⅰ. *tr.* ① 올리다, 게양하다; ~ ankar[et] 닻을 올리다; 출항하다; ~ ned 내리다 ② (봉급을) 꺼내다 Ⅱ. *itr.* ① dimman -ter 안개가 걷히다; flygplanet -ter 비행기가 이륙하다 ② ~ på hatten 모자를 약간 올리며 인사하다; ~ på luren 수화기를 들다 Ⅲ. *rfl.* ~ sig själv i kragen 기운(정신)을 차리다, 자제심을 발동하다; oväsen så att taket ville ~ sig 지붕이 떠나갈 듯한 큰 소란.

lyftblock *~et ~* 올리는 도르래.

lyftkran *~en ~ar* 기중기.

lyftning *~en 0* 고상(高尙), 고결(사상, 문체 등의).

lyhörd *a.* ① 청력이 예민한(날카로운) ② bostaden är ~ 아파트는 방음이

잘 되지 않는다.

lykt|a[1] *-an -or* 제등(提燈), 각등(角燈), 랜턴, 등불.

lykta[2] *~r ~de ~t tr. itr.*【고어】마치다, 끝내다, 끝나다.

lyktgubb|e *-en -ar* 도깨비불.

lyktstolp|e *-en -ar* 가로등 기둥.

lymfa *~n 0*【해부】림프, 임파(淋巴).

lymfkört|el [-çœtəl] *-eln -lar*【해부】임파선.

lym|mel *-meln -lar* 건달, 악당, 녀석, 건방진(버릇없는) 놈.

lymmelaktig *a.* 악당 같은, 깡패 같은, 건방진, 버릇없는.

lyncha [-ʃa] *~r ~de ~t tr.* (재판이나 심리 없이) 사적 제재로 죽이다 (특히 교수형의 경우); 린치를 가하다.

lynchning *~en ~ar* 린치.

lynne *~t ~n* 성격, 성질; 기분; han har ett häftigt ~ 그는 성미가 급하다; jag är vid gott ~ 나는 기분이 좋다.

lynnig *a.* 성미가 까다로운; 변덕스러운.

lyr|a *-an -or* ① 높은 투구(投球), 로빙볼 ② 라이어, 칠현금(七絃琴, 고대 그리스의 7현으로 된 수금); stränga sin ~ 시(詩)를 짓다.

lyrik *~en 0* 서정시.

lyriker *~n ~* 서정시인.

lyrisk *a.* 서정적인.

lys|a *-er -te -t* Ⅰ. *itr. tr.* ① 빛나다, 비추다; det-er i köket 부엌에 불이 켜져 있다; ~ med en tändsticka 보기 위해 성냥을 긋다; han -er med sin frånvaro 그의 불참이 주목 된다; ~ med sina kunskaper 자신의 지식을 과시하다 ②【역사】교회에서 결혼을 예고하다(결혼하기 한 달 전부터 매주 일요일에) Ⅱ. (강세접사와 함께), solen -er fram genom molnen 해가 구름 사이로 빛난다; solen -er in i rummet 해가 방 안으로 비친다; plötsligt -te det till i mörkret 어둠 속에서 갑자기 번쩍였다.

lysande *a.* 빛나는, 비치는, 비추는; 훌륭한, 위대한.

lysboj *~en ~ar*【항해】등(燈)부표.

lyse *~t 0* 등화, 램프, 불.

lysmask *~en ~ar* 개똥벌레의 일종.

lysning *~en ~ar* (주일예배에서) 결혼예고.

lysningspresent *~en ~er* 결혼 선물.

lysrör *~et ~* 형광등.

lyssna *~r ~de ~t itr.* 듣다, 귀 기울이다, 엿듣다; ~ på musik 음악을 듣다.

lyssnar|e *~[e]n ~* 듣는 사람, 청취자.

lysten *a.* 욕심 많은.

lyst|er[1] *-ern, -rar/-rer* 광채, 광택, 윤.

lyster[2] *itr. pres.*【고어】det ~ mig att sjunga 나는 노래를 부르고 싶다.

lystmäte *~t ~n*, få sitt ~ av musik 음악을 충분히 (더 이상 원이 없을 만큼) 듣다.

lystnad *~en 0* 욕심, 욕망.

lystra *~r ~de ~t tr.* ~ till ngt …에 주의하다, 유의하다, 복종하다; ~ till en order 명령을 따르다; han ~r till namnet Erik 그의 이름을 에릭이라고 부른다.

lystring *~en 0*【군대】, ~! 차려.

lyte *~t ~n* 불구(不具); 결점, 약점.

lyteskomik *~en 0* 타인의 장애나 약점, 불행 등을 소재로 하는 코메디.

lytt *a.* ① 불구가 된 ② ☞ **lyhörd** ②.

lyx *~en 0* 사치, 호사; leva i ~ 호화롭게 살다, 호사스럽게 지내다.

lyxartik|el *-eln -lar* 사치품.

lyxig *a.* 사치스러운, 호화로운, 호사한.

lyxskatt *~en 0* 사치세.

låd|a *-an -or* ① 큰 상자, 서랍 ② 그라탱 요리 ③ hålla ~ 쉴 새 없이 마구 지껄여대다.

låg[1] *a.* 낮은, 작은; 비천한; ~t belopp 작은 금액; ~a betyg 낮은 성적; ~t gräs 짧은 잔디; med ~ röst 작은 소리로.

låg[2] ☞ **ligga**.

låg|a[1] *-an -or* 불길; gå upp i -or 불길에 휩싸여 사라지다; huset står i ljusan ~ 집이 타고 있다.

låg|a[2] *~r ~de ~t itr.* 불이 활활 타다.

lågadel *~n 0* 하류 귀족.

lågavlönad *a.* 저소득의, 월 급여 수준이 낮은.

lågfrekvens *~en ~er* 【전기】 장파(매초 30~300 킬로헤르츠).

låghalt *a.* vara ~ (한 다리가 다른 쪽보다 짧아) 다리를 절다.

låghet *~en ~er* 비열, 비열한 행위.

låginkomsttagar|e *-[e]n ~* 저소득자.

lågkonjunktur *~en ~er* 불경기.

lågkyrklig *a.* 저교회파(低敎會派)의 (영국 국교 중 의식을 경시하며 복음을 강조하는 종파).

låg|land *-landet -länder* 저지(低地)대.

låglänt *a.* 저지(低地)의.

låglönegrupp *~en ~er* 저임금 층.

lågmäld *a.* 말수가 적은, 조용한.

lågsinnad *a.* 비열한, 천한.

lågsko *~n ~r* 단화(短靴).

lågspänning *~en 0* 【전기】 250V 이하의 낮은 전압.

lågstadi|um *-et -er* 기초학교 초급반 (1~3학년).

lågsäsong *~en ~er* 비수기(제철이 아닌 때); resa under ~ 관광철이 아닌 때에 여행하다.

lågtrafik *~en 0* 한산할 때의 교통, 출퇴근 시간 이외의 교통.

lågtryck *~et ~* 【기상】 저기압.

lågtstående *a.* 원시적인, 발달되지 않은.

lågtyska *~n 0* 저지(低地)독일어 (plattyska).

lågväxt *a.* 키가 작은.

lån *~et ~* 대여, 대부; 외래어; ordet är ett ~ från koreanskan 그 단어는 한국어에서 차용한 말이다; ge ett ~ mot ränta 이자를 받고 돈을 빌려주다.

låna *~r ~de ~t* Ⅰ. *tr.* 빌려주다, 대여하다, 빌리다, 차용하다; ~ en bil 자동차를 빌리다; 자동차를 훔치다 Ⅱ. (강세접사와 함께) ① ~ bort 빌려주다 (☞ ~ ut) ② ~ ihop 빌려서 모으다 ③ ~ in (단어를) 차용하다 ④ ~ upp 빌리다, 여러 사람한테서 돈을 빌리다 ⑤ ~ ut 빌려주다.

lånekort *~et ~* (도서관의) 대출증.

lång *längre längst a.* 긴; 장기의; 먼, 장거리의; 오랜; ~a ben 긴 다리; en ~ person 키가 큰 사람; en ~ resa 장거리 여행; en ~ sjukdomstid 오랜 기간의 병치레.

lång|a *-an -or* 대구의 일종.

långbent *a.* 다리가 긴.

långdans *~en ~er* 줄을 지어 추는 춤.

långdistanslöpning *~en ~ar* 장거리 경주.

långdragen *a.* (너무) 오래 걸리는, 지루한.

långfilm *~en ~er* 장편영화 (상영시간 최소한 1시간 반 이상의).

långfing|er *–ret/–ern, –rar* 가운데 손가락, 장지.

långfingrad/långfingrig *a.* 손버릇이 나쁜.

långfransk|a *–an –or* 긴 프랑스빵.

långfredag *~en 0* 【교회】 성(聖) 금요일, 수난일(부활절 직전의 금요일).

långfristig *a.* 장기간의 (대부 따위).

långgrund *a.* 해안의 경사도가 낮은.

långhalm *~en 0* 지붕 이는 짚.

långivar|e *~[e]n ~* 대금업자, 빌려주는 사람.

långkok *~et ~* 오랫동안 끓인 요리.

långlivad *a.* 목숨이 긴; han blir inte ~ i Korea 그는 한국에서 오래 견디지 못할 것이다.

långmjölk *~en 0* 발효시킨 끈끈한 우유.

långmodig *a.* 참을성이 있는.

långods *~et ~* 빌린 물건.

långrandig *a.* 장황하게 말하는. (연설이) 장황한, 지루한.

långrev *~et ~* 주낙 (낚시 바늘이 여러 개 달린 긴 낚싯줄을 물속에 담갔다가 물린 고기를 끌어올림).

långs ☞ **längs**.

långsam *a.* 느린, 완만한, 우둔한; 지루한; det är ~t efter henne 그녀가 없어서 몹시 적적하다.

långsamt *adv.* 천천히, 느리게, 점차로.

långsides *adv.* 【항해】 옆으로 대어, 뱃전에.

långsiktig *a.* 장기의.

långsint *a.* 원한을 쉽게 풀 수 없는, 뒤끝이 있는.

långsjal *~en ~ar* 【속어】 1000 크로나 짜리의 지폐.

långskepps *adv.* 【항해】 이물에서 고물까지의.

långsluttande *a.* 완만하게 경사진, (경사가) 심하지 않은.

långsmal *a.* 후리후리한.

långstrump|a *–an –or* 스타킹, 긴 양말.

långsträckt *a.* 기다란.

långsynt *a.* 원시의.

långsökt *a.* 무리한, 부자연스러운; ett ~ skämt 억지 농담.

långt *adv.* 멀리, 오래; huset ligger ~ borta 집은 멀리 떨어져 있다; hur ~ är det härifrån till Busan? 여기서 부산까지 얼마나 됩니까? vi satt och pratade till ~ in på natten 우리들은 밤이 이슥하도록 앉아서 이야기했다; hon kan koreanska ~ bättre än jag 그녀는 나보다 한국어를 훨씬 잘 한다; han är inte dum, ~ därifrån 바보이기는커녕 그는 아주 똑똑하다; han kommer att gå ~ 그는 유명해질 것이다, 크게 성공할 것이다; nu har du gått för ~ 이건 네가 너무 지나쳤구나.

långtradar|e *–[e]n ~* 장거리 수송용의 대형 화물차.

långtråkig *a.* 지루한, 지겨운.

långvarig *a.* 장기의, 오래 끄는, 지속된.

långvåg *~en ~or* 【무선】 장파(長波).

långväga[1] (불변화 형용사), ~ gäster 멀리서 온 손님들.

långväga[2] *adv*. 멀리서.

lånord *~et* ~ 외래어.

låntagar|e *-[e]n* ~ 차용인, 빌려 쓰는 사람.

lår Ⅰ. *~en ~ar* (감자, 장작 등에 사용되는) 저장용의 큰 상자 Ⅱ. *~et* ~ 넓적다리, 가랑이.

lårben *~et* ~ 대퇴골(大腿骨).

låring *~en ~ar* 【항해】 선미측(船尾側), 고물쪽.

lås *~et* ~ 자물쇠; 걸쇠; 방취판 (배수관 속에서 물의 역행을 막는 장치); dörren gick i ~ 문의 자물쇠가 잠겼다; gå i ~ 잠기다, (계획 등이) 들어맞다; planen gick i ~ 계획이 맞아 떨어졌다.

lås|a *-er -te -t* Ⅰ. *tr*. 잠그다, 자물쇠를 채우다; ~ in en fånge i cellen 죄수를 독방에 가두다; ~ armarna 팔을 꽉 끼다 Ⅱ. *rfl*. hjulen -te sig 바퀴가 돌지 않게 되었다; förhandlingarna har -t sig 협상이 교착상태에 빠졌다. Ⅲ. (강세접사와 함께) ① ~ fast 자물쇠로 잠그다 ② ~ igen 잠그다 ③ ~ in 가두다, 감금하다 ④ ~ upp 자물쇠를 열다.

låskolv *~en ~ar* 자물쇠 창, 빗장.

låssas/låtsa ☞ **låtsas**.

låssmed *~en ~er* 자물쇠 제조공.

låsvred *~et* ~ 문의 손잡이.

låt *~en ~ar* 곡조, 가곡, 노래.

låt|a *-er lät -it* Ⅰ. *itr*. 소리가 나다, 울리다; berättelsen -er trolig 이야기는 그럴 듯하게 들린다; det -er mycket bra 그것은 굉장할 것 같다 Ⅱ. (사역동사) 하게 하다, 하도록 하다, 허락하다; ~ bli 그대로 놔두다; – vara att han är fattig, men han är lycklig 그는 비록 가난하지만 행복하다; – se att han äter upp maten 그가 밥을 다 먹어버리도록 해주게; ~ lampan vara tänd 계속 불을 켜두다; ~ ngn vänta …을 기다리게 하다; det -er göra sig …할 가능성이 있다; det -er höra sig! 굉장하다, 훌륭하다; – oss gå! 갑시다! Ⅲ. *tr*. ~ sitt liv 목숨을 버리다; ~ sitt vatten 소변을 보다.

låtande ☞ **görande**.

låtgåpolitik *~en 0* 자유방임주의 정책 (låtgåsystem).

låtsa ☞ **låtsas**.

låtsa|s ~ *-des -ts tr. itr. dep*. …인 체하다, …처럼 보이게 하다; ~ som om 마치 …인 체하다; ~ vara sjuk 아픈 척하다; hon -des sova 그녀는 자는 척했다; ~ inte om det för honom! 그에게는 모르는 척해라; göra ngt på ~ 장난삼아 …하다, 가짜로 …하다; det är bara på ~ 그냥 하는 척만 하는 거야, 시늉만 내면 돼; på ~ 【일상】 장난으로, 거짓으로, 가짜로.

lä (불변화 ett-명사) 바람막이 보호; 바람이 불어가는 쪽; sitta i ~ 바람을 피해 정박하다; i ~ om …의 바람 불어가는 쪽에; där ligger du i ~ 그 쪽에서는 네가 가망이 없다.

läck (불변화형용사) 새는; springa ~ (지붕, 배에) 물이 새기 시작하다.

läck|a[1] *-an -or* 누출, 새어 나옴; (비밀 따위) 누설, 누출.

läck|a[2] *-er -te -t itr*. (용기, 지붕, 배 따위가) 새다, 누출하다; det -er från (ur) tanken 탱크에서 새다; ~ ut 새어 나오다, (비밀이) 누설되다.

läckage [-ɑːʃ] *~t ~* 누출, 새어 나옴.

läcker *a*. 맛있는, 아주 맛좋은.

läckerbit *~en ~ar* 한 입(한 조각)의 맛있는 음식.

läckergom *~men ~mar* ☞ **gourmand**.

läckerhet *~en ~er* 맛있는 것(음식), 진미.

läd|er *-ret 0* 무두질한 가죽, 피혁; av ~ 가죽제품의.

läderartad *a*. 가죽 같은.

läderhud *a*. 【해부】 진피(眞皮).

läderlapp *~en ~ar* 박쥐 (fladdermus).

läge *~t ~n* 위치, 장소; 상태, 사정; röst~ 목소리의 높이; geografiskt ~ 지리적 위치; som ~t nu är 현 상태하에서는; jag är inte i det ~t att jag kan hjälpa 나는 도움을 줄만한 입장에 있지 않다; i nuvarande (i dagens) ~ 현재의 형편으로는.

läg|el *-eln -lar* 【고어】 병, 술병.

lägenhet *~en ~er* ① 아파트, 다세대 주택의 주거지; en ~ på tre rum och kök 방 3개와 부엌이 달린 아파트 ② 교통수단, 교통편; med första ~ 첫 번째 교통편으로 ③ 기회, 가능성; efter råd och ~ 능력에 따라.

läg|er *-ret ~* ① 야영지, 노숙지, 캠프장; bryta -ret 야영을 철수하다; slå ~ 천막을 치다; flykting~ 난민 수용소; koncentrations~ (정치범, 포로 등의) 강제 집단 수용소; ② 그룹, 진영, 분파; dela sig i två ~ 두 진영으로 갈라지다; det blev oro i -ret 모두가 당황했다 ③ 은신처, 피난처; 짐승의 굴 (집, 잠자리).

lägerbål *~et ~* 야영의 모닥불.

lägereld *~en ~ar* ☞ **lägerbål**.

lägerliv *~et ~* (장시간의) 야영 생활.

lägervall *~en 0*, ligga i ~ 폐물이 되다; råka i ~ 썩다, 부패하다.

lägg Ⅰ. *~en ~ar* (네 발 짐승의) 허벅지살 Ⅱ. *~et ~* (종이, 신문, 잡지 등의) 철(綴).

lägg|a *-er lade lagt* Ⅰ. *tr*. (어떤 장소에) …을 놓다, 두다, 눕히다; 어떤 상태로 만들다; 정돈하다; ~ håret 머리를 세트하다; ~ ägg 알을 낳다; ~ barnen 아이들을 잠재우다; hon lades in på sjukhus 그 여자는 병원에 입원하였다; ~ i ngns händer …의 수중에 맡기다; ~ en stad i ruiner 한 도시를 초토화하다; ~ ett brev i (på) brevlådan 편지를 우체통(편지함)에 넣다; ~ ansvaret (skulden) på ngn …에게 책임(과실)을 돌리다; ~ en duk på bordet 식탁에 책상보를 깔다; ~ pengar på ngt …에 돈을 들이다(쓰다) ② 【기술】 (방바닥, 도로 등을) 깔다, 건설하다 Ⅱ. *itr*. ① ~ i land 정박하다; ~ i väg 급히 떠나다; ~ på hullet 살이 찌다 ② 알을 낳다 Ⅲ. *rfl*. ① 눕다 (~ sig ned), 잠자리에 들다 (gå till sängs); ~ sig att sova (vila) på bänk 의자 위에서 잠자다 (쉬다); ~ sig sjuk 앓아눕다; ~ sig först i tävling 경주에서 선두를 달리다; ~ sig på knä 무릎을 꿇다; ~ sig på sidan 옆으로 눕다; vädret -er sig på humöret [på mig] 날씨가 나를 우울하게 만든다 ② (비유적으로) (폭풍, 추위 따위가) 누그러지다, 꺾이다, 가라앉다 ③ 얼음이 얼다 Ⅳ. (강

세접사와 함께) ① ~ an på ngt …을 겨냥하다, …하는 것을 중시하다 ② ~ av …을 저축하다, 포기하다, 버리다;【속어】 끝내다, 일을 그만두다 ③ ~ bi【항해】 뱃머리를 바람 부는 쪽으로 향해 정선하다 ④ ~ bort (버릇이나 습관 등을) 중단하다, …을 한쪽으로 치우다, …을 내려놓다. (장소도 생각나지 않을 만큼) …을 어디에 두고 잊어버리다 ⑤ ~ emellan 차액을 지불하다; ~ sig emellan 사이에 끼어들다, 간섭하다 ⑥ ~ fram 꺼내다, 내놓다; (비유적으로) (계획, 의견 등을) 제시하다, 제출하다 ⑦ ~ för ngn av efterrätten …에게 후식을 제공하다 ⑧ ~ i 넣다, 포함하다; ~ i ngt i …에 …을 넣다; ~ i ettan[s växel] 기어를 1단에 넣다; ~ sig i …에 관여하다, 개입하다; – dig inte i det här 이 일에 참견마라 ⑨ ~ igen 닫다, 채우다, 메우다 ⑩ ~ ihop (부분, 요소를) 모으다, 짜 맞추다; 접다, 닫다, 더하다; ~ ihop två och två 둘에 둘을 더하다; ~ ihop till en present 여럿이 돈을 모아 선물을 사다 ⑪ ~ in (☞ **inlägga**) a) …에 집어넣다, (물건을) 싸다, (음식물을 소금, 식초 등에) 저장하다, 편지 속에 동봉하다 (i brev); ~ in ngt i en ask …을 상자 속에 넣다; ~ in ngn (sig) på sjukhus …(자신)를 병원에 입원시키다; – in det på mitt bord 그것을 내 책상 위에 놓아라 b)【구어】 …을 먹다, 먹어치우다 c) 참가하다, 제출하다; ~ in ansökan hos ngn om ngt …에게 …에 관한 신청서를 제출하다 ⑫ ~ ned (ner) a) 내려놓다, 두다, 배설하다; ~ ned en krans på en grav 무덤에 화환을 놓다 b) (활동을) 중단하다, 폐쇄하다; ~ ned arbetet 작업을 중단하다; ~ ned sin röst 표결에서 기권하다 c) 사용하다, (시간, 돈, 노력 따위를) 소비하다; ~ ned ngt på ngt (på att) …에 …을 쓰다 (들이다); ~ ned pengar i ett företag 기업에 돈을 투자하다 d)【사냥】 죽이다 ⑬ ~ om a) …에 붕대를 감다 b) 바꾸다, 재조정하다; ~ om produktionen till 생산을 …으로 전환하다; ~ om rodret【항해】 키를(타륜을) 반대 반향으로 바꾸다; ~ om trafiken 교통망을 재조정하다 ⑭ ~ på a) …위에 놓다, 덮다, 더하다; ~ på en duk på bordet 책상 위에 책상보를 깔다; ~ på ngn en filt …에게 담요를 덮어주다; ~ på [luren] (전화해서) 전화를 끊다, 수화기를 내려놓다 ⑮ 추가하다, 덧붙이다, 늘리다; ~ på ngn skatter …에게 세금을 부과하다; ~ på en krona på priset (på varorna) 가격(물건)에 1크로나를 더 붙이다; mellanhanden –er på 25 procent 중간 상인이 25퍼센트를 더 붙인다 ⑯ ~ till a) 추가하다, 첨가하다 b) 배를 정박시키다 (vid) c) ~ sig till med 장만하다, 사다, (견해, 습관을) 받아들이다 ⑰ ~ undan …을 치우다, 간수하다, …을 따로 떼어놓다, 비축하다; han –er undan en tusenlapp varje månad till resan 그는 여행을 위해 매월 1000크로나씩 따로 떼어놓는다 (저축한다) ⑱ ~ upp a) …을 저축하다, 쌓아올리다 b) (치마 따위를) 접어올리다, 짧게 하다 c) (선수 생활을) 끝내다, 은퇴하다 d) ~ upp håret 머리를 세트하다 e) 조직하다, 계획하다, 준비하다

(planlägga); arbetet är stort upplagt 그 일은 큰 규모로 계획되었다 ⑲ ~ ut a) 놓다, 벌리다, 늘이다; ~ ut ngt i ett skyltfönster …을 진열창에 펼쳐 놓다 b) 돈을 쓰다, 지불하다; ~ ut [pengar] för ngn …를 위하여 돈을 지불하다 c) 설명하다 d) 살찌다, 뚱뚱해지다 e) 【항해】 배가 출범하다.

läggdags *adv*. (어린이의) 잠잘 시간에 (sängdags).

läggning *~en ~ar* ① 기질, 성벽; hon är envis till sin ~ 그녀는 기질적으로 고집이 세다 ② 머리 세트하기; beställa tvättning och ~ 머리감기와 세트를 예약하다.

läglig *a*. 때가 적당한, 시기가 좋은; vid ~t tillfälle 적당한 때에.

lägra *~r ~de ~t rfl*. 캠프를 치다, 야영하다; 퍼지다, (안개 따위가) 덮다; (농담조) 남자가 여자를 범하다.

lägre[1] *a*. (låg의 비교급) 한층 낮은, 하급의; ~ klasser 하급학년; en ~ tjänsteman 하급 공무원.

lägre[2] *adv*. 한층 낮게; gå ~ 값이 내려가다; hänga tavlan ~ 그림을 더 낮게 걸다; ~ stående djur 하등 동물.

lägst[1] *a*. (låg의 최상급) 최하의, 최저의; på ~a hyllan 맨 아래 칸 선반.

lägst[2] *adv*. 최하로, 최저로; man måste räkna med ~ 100 kronor 최하 100크로나는 셈에 넣어야 한다; när aktierna står [som] ~ 주식시세가 최하일 때.

läk|a *-er -te -t tr*. *itr*. (병, 상처 따위를) 고치다, 낫게 하다; såret är illa -t 상처가 잘 아물지 않았다; ~ ut 완전히 낫다.

läkar|e *-[e]n ~* 의사, 내과 의사; praktiserande ~ 개업의(開業醫); gå till (söka) ~ för ngt …에 대해 의사와 상담하다.

läkarhus *~et ~* 의료센터.

läkarintyg *~et ~* 의사의 진단서.

läkarmottagning *~en ~ar* ① 의사의 환자 접견실 ② 의사의 환자 접견 시간.

läkarrecept *~et ~* 의사 처방전.

läkarundersök|a *-er -te -t tr*. låta ~ sig 의사의 진찰을 받다.

läkarvetenskap *~en 0* 의학.

läkarvård *~en 0* 의료; fri ~ 무상 의료.

läk|as *-s -tes -ts itr*. *dep*. 낫다, 치유되다; såret -tes av sig självt 상처가 저절로 나았다.

läkedom *~en 0* (정신적 갈등에 대한) 치유, 위로.

läkekonst *~en 0* 의학, 의술.

läkemed|el *-let ~* 약제, 의약, 약.

läkkött *~et 0* 잘 치유되는 유기조직; han har gott ~ 그는 상처가 쉽게 낫는다.

läkt *~en ~er* 욋가지, 외 (회반죽 칠의 바탕이 되는 얇고 가는 나뭇조각).

läktar|e *-[e]n ~* ① 회랑(回廊), 베란다, 발코니 ② (교회, 의사당의) 특별석, 방청석; 관중석 ③ 화물운반선.

läm *~men ~mar* 여닫게 된 판자로 만든 칸막이.

läm|mel *-meln -lar* 레밍, (북극 산) 나그네쥐.

lämna *~r ~de ~t* Ⅰ. *tr*. ① (장소, 인물로부터) 떠나다, 남겨두다. (소속, 단체 따위를) 물러나다, 그만두다; ~ sitt arbete 직장을 그만두다; ~ ngn ensam hemma …를 집에 혼자 남겨두다; ~ ur siktet 시야에서 벗어

나다; ~ ngn åt sitt öde …를 자신의 운명에 맡겨버리다 ② 주다, 허락하다, 제공하다; ~ ngt till ngn …에게 …을 주다; jag ~de dig en femma 나는 네게 5 크로나 짜리 지폐를 한 장 주었다; ~ ngt till reparation …을 수선하도록 맡기다 Ⅱ. (강세 접사와 함께) ① ~ av (물품을) 전달하다, (승객을) 내려놓다, (명령을) 전달하다 ② ~ bakom sig …을 두고 가다, 잊고 가다, …을 남겨놓다; (비유) …보다도 빨리 성장하다, …을 훨씬 앞서다 ③ ~ efter sig 남겨놓다, …을 넘겨주다, 양도하다 ⑤ ~ in …을 넘겨주다, (서류를) 제출하다 ⑥ ~ kvar …을 놓고 가다, 두고 가다, 잊고 가다 ⑦ ~ tillbaka …을 되돌려놓다, 반환하다 ⑧ ~ ut (소포, 물품 따위를) 내어주다, 나누어주다, 분배하다 ⑨ ~ över ☞ **överlämna**.

lämning *~en ~ar* 유물, 유적, 자취 (från).

lämp|a[1] *–an –or* 유화적인 설득; använda –or för att få ngn att …를 달래어 …하게하다.

lämpa[2] *~r ~de ~t* Ⅰ. *tr.* ① 적응시키다, 조절하다; vara ~d för …에 적응되다, 적합하다, 적격이다 ② 【항해】 화물을 균형 있게 싣다, 화물을 선창에 쌓다 Ⅱ. *rfl.* ~ sig för ngt …에 적합하다, 알맞다.

lämplig *a.* 적당한, 알맞은, 어울리는; vid ~t tillfälle 적당한 시기에; han är ~ som (till) ledare 그는 지도자로서 적격이다.

lämpligen *adv.* 적절하게, 적당히; vi tar ~ lunchpaus vid tolvtiden 우리는 점심휴식을 12시경에 하는 것이 좋겠다.

lämplighetsintyg *~et ~* (운전면허 따위에 필요한) 적성(適性) 증명.

län *~et ~* ① '랜' (주(洲)에 해당하는 행정지역 단위); Sverige indelas i 24 ~ 스웨덴은 24개의 랜(주)으로 구분된다 ② ☞ **förläning**.

länd *~en ~er* 허리, 요부(腰部).

län|da *–der –de –t itr.* ~ till ngt …에 이르게 하다; ~ ngn till heder …의 명예가 되다.

läng|a *–an –or* (사람, 건물의) 연속, 줄, 열.

läng|a *–er –de –t tr.* …을 길게 하다, 연장하다, 늘이다.

längd *~en ~er* ① 길이, 키; en bräda av fem meters ~ 길이 5미터짜리 판자; sträcka ut sig i hela sin ~ 네 활개를 쭉 뻗다 ② (시간상의) 길이; i ~en 긴 안목으로 보면, 결국은; livs~ 수명(壽命), 목숨의 길이; skära (mäta) ngt på ~en …을 길게 (세로로) 자르다 (재다); den är en meter på ~en 그것의 길이는 1미터이다; kjolen är randig på ~en 치마는 수직으로 줄무늬가 있다 ③ 【지리】 경도(經度) ④ 명부, 목록, 등록부.

längdax|el *–eln –lar* 세로축(軸).

längdhopp *~et ~* 넓이 뛰기.

längdlöpning *~en ~ar* (스키의) 장거리경주.

längdmått *~et ~* 길이 단위, 길이 척도.

länge *längre längst adv.* 길이, 오래; sitta stilla ~ 오랫동안 조용히 앉아 있다; sitta uppe ~ 밤늦도록 자지 않고 있다; hur ~? 얼마동안이냐?; hur ~ till stannar du? 얼마동안이나 더 머무를 것이냐?; jag har bott här lika

~ som du 나는 너만큼 여기서 오래 살았다; vi har inte setts på ~ 우리는 오랫동안 만나지 못했다; inte på ~ 오랫동안 …하지 않았다; så ~ 그간(그동안) 내내; var har du varit så ~? 그간 내내 어디에 있었니?; jag väntar här så länge 그 사이에 나는 여기서 기다리겠다; än[nu] så ~ har ingenting hänt 아직까지는 아무 일도 일어나지 않았다; så ~ [som] …하는 동안; för ~ sedan 오래전에; det är ~ (inte ~) sedan han for 그가 떠나간 지도 오래되었다 (오래되지 않았다); det var ~ sedan sist [vi sågs]! 오랜만 일세!; det är ~ sedan …한지 오래다.

längesedan/längesen ☞ länge [sedan].

längre[1] *a*. (lång의 비교급), efter ~ förhandlingar 오랜 협상끝에; ett ~ tal 장황한 연설; en ~ tid 상당한 시간; dagarna börjar bli ~ 낮이 길어지기 시작한다.

längre[2] *adv*. (långt, länge의 비교급) (공간, 시간적으로) 더 멀리, 더 오래, 더 이상; man kan inte komma ~ 더 이상 갈 수가 없다; åka en hållplats ~ 한 정거장 더 가다; du älskar mig inte ~ 너는 나를 더 이상 사랑하지 않는다; ~ bakåt 더 뒤쪽으로; ~ fram 나중에, 추후로.

längs *adv*. ~ [efter (med)] …을 따라서, 나란히, 옆에.

längst[1] *a*. (lång의 최상급), tillbringa ~a tiden på resor 대부분의 시간을 여행으로 보내다; i det ~a 끝까지, 최후까지; hoppas i det ~a 가망은 없지만 계속 희망을 버리지 않는다.

längst[2] *adv*. (långt, länge의 최상급; 장소. 시간 등의 표시) 가장 멀리, 가장 오랜 동안; ~ bodde jag i Uppsala 나는 웁살라에서 주로 살았다; ~ bort 아주 저 멀리; ~ fram 맨 앞쪽에; ~ till vänster 맨 왼쪽에; [allra] ~ uppe i trädet 나무의 맨 꼭대기에.

längta *~r ~de ~t itr*. 열망하다, 동경하다, 사모하다; ~ efter 그리워하다, …이 없어서 섭섭하게 생각하다; ~ efter att ngn skall komma …가 와 주기를 간절히 바라다; ~ ihjäl sig efter [att få] ngt …을 몹시 탐내다; ~ till sommaren 여름이 오기를 고대하다; ~ hem 집(고향)을 그리워하다; ~ tillbaka [till] […로] 돌아가기를 간절히 바라다.

längtan (불변화 en-명사) 동경, 갈구, 열망 (efter).

längtansfull *a*. 열망하는, 동경하는.

länk *~en ~ar* ① (쇠사슬의) 고리; 연줄, 유대 ② 라디오 단파 송신 중계 장치 ③【정보통신】연결[문] (웹 페이지에서 하이퍼링크가 붙은 단어나 문구. 일반적으로 밑줄을 그어 연결문을 나타내며, 연결문을 클릭하면 해당 페이지나 장소로 하이퍼링크가 수행된다).

länka *~r ~de ~t tr*. ① ~ fast …을 사슬로 메다; ~ ihop (samman) …을 연결하다, 잇다 ② 이끌다, 지도하다.

läns (불변화형용사) ① (배에) 물이 마른, 건조한; pumpa en båt ~ 배에서 물을 전부 퍼내다 ② 텅 빈.

länsa *~r ~de ~t* Ⅰ. *tr*. 배에서 물을 퍼내다, 비우다, 깨끗이 치우다 (på) Ⅱ. *itr*.【항해】~ undan för vinden 바람이 부는 쪽으로 항해하다.

länsarbetsnämnd *~en ~er* 주(州)노

동국.

länsbok|stav *–staven –stäver* (자동차 번호판에 표시하는) 주(län)표시 글자 (예를 들어 C는 웁살라를 가리킴).

länslasarett *~et ~* (보통 주마다 설치된) 큰 종합병원.

länspolischef *~en ~er* 주 경찰국장.

länsresidens *~et ~* 주지사 관저.

länsrätt *~en 0* 주 지방법원 (주로 조세, 운전면허 취소 등을 취급함).

länsstyrelse *~n ~r* 주 행정청.

länstol [lɛn–] *~en ~ar* 안락의자, 팔걸이 의자.

länsväsen *~det 0* 【역사】 봉건제도.

länsåklagar|e *–[e]n ~* 주 공소관(州公訴官), 검사.

läpp *~en ~ar* 입술; falla ngn på ~en …의 기호에 맞다, 마음에 들다; ha ordet på ~arna 말이 자칫하면 입에서 나올 뻔하다; hans namn lever på folkets ~ar 그의 이름은 아직도 대중의 입에 오르내리고 있다; vara på allas ~ar 모든 이의 입에 오르다; det skall inte komma över mina ~ar 나는 그것에 대해 침묵하겠다.

läppja *~r ~de ~t itr.* ~ på 조금씩 마시다; 【비유】 잠깐 손을 대다, 약간 연구를 하다.

L

läppljud *~et ~* 입술소리, 순음(脣音).

läppstift *~et ~* 입술연지(막대모양의), 루즈.

lär *hjälpvb.* ① …인 것 같다, …라고 한다; det ~ vara sant 그것은 사실인 것 같다; han ~ sjunga bra (사람들이) 그는 노래를 잘한다고 한다 ② (추측) jag ~ inte 나는 …할 것 같지 않다.

lär|a[1] *–an –or* ① 과학, 학문, 이론; 원리, 학설; 신앙, 믿음; den rätta ~n 올바른 신앙 ② gå (komma, vara) i ~ hos ngn …한테서 견습생이 되다.

lär|a[2] *– –de –t* I. *tr.* ① 가르치다, 교육하다; ~ ngn [att] simma …에게 수영을 가르치다; jag skall ~ dig, jag! 내가 너에게 가르쳐주마!; 내가 너를 혼내주겠다! ② 배우다; man – så länge man lever 사람은 살아있는 동안 계속 배운다 II. *rfl.* 배우다, 습득하다 få ~ sig av ngn …로부터 배우다; han – sig spela piano 그는 피아노를 배우고 있다; vi har –t oss [att] uppskatta 우리는 평가하는 방법을 배웠다 III. (강세접사와 함께) ① ~ bort en yrkeshemlighet 직업상의 기밀을 가르쳐주다 ② ~ in 배우다, 공부하다 ③ ~ upp ngn …를 가르치다 ④ ~ ut ngt till ngn …에게 …을 가르쳐주다.

läraktig *a.* 배우고자 하는, 쉽사리 익히는.

lärar|e *–[e]n ~* 교사, 선생; ~ i svenska och engelska 스웨덴어와 영어 담당 교사.

lärarhögskol|a *–an –or* 사범대학 (교육학 이론과 교생실습을 주로 함).

lärarinn|a *–an –or* 여교사.

lärarkandidat *~en ~er* 교사후보생, 교생.

lärarkollegi|um *–et –er* 교사협의회, 교사진.

lärarlinje *~n ~r* (대학 과정에서) 사범계열.

lärd *a.* 학식이 있는, 정통한, 박식한; en ~ filsof 학식이 깊은 철학자; gå den ~a vägen 학문의 길을 가다; en

~ 학자.

lärdom *~en ~ar* ① 학문, 학식, 박식 ② 교훈; dra (ta) ~ av misslyckandena 실패에서 교훈을 얻다.

lärdomshistori|a *~en 0* 과학사상사 (idé– och lärdomshistoria의 약어).

lärft *~et/~en, ~er* 아마포(亞麻布), 리넨.

lärjung|e *–en –ar* 제자, 문하생, 신봉자; en ~ till Rembrandt 렘브란트의 제다; Jesus och hans tolv –ar 예수와 그의 12제자.

lärk *~en ~ar* 낙엽송.

lärk|a *–an –or* 종달새; glad som en ~ 종달새처럼 명랑한.

lärling [læ:(r)l̩iŋ]/[læ:rliŋ] *~en ~ar* 견습생, 수습생, 도제(徒弟).

läroanstalt *~en ~er* 교육기관, 학교.

läro|bok *–boken –böcker* 교과서.

läro|fader *–fadern –fäder* (철학, 종교, 예술 따위의) 스승, 정신적 지도자; hans ~ på det psykologiska området var Freud 그가 심리학 분야에서 크게 영향을 받은 학자는 프로이드였다.

läromed|el *–let ~* (보통 복수로 쓰임) 교과서 및 강의 보조 자료.

läroplan *~en ~er* 교수요강, 커리큘럼.

lärorik *a.* 교육적인, 교훈적인, 지식을 주는.

lärospån *~et ~* (복수로) göra sina första ~ 첫 번째 지식(경험)을 얻다.

lärostol *~en ~ar* 교수직의 자리, 강좌(講座).

lärosäte *~t ~n* 대학(도시).

läroverk *~et ~* 【고어】 대학진학의 예비 과정으로서 중등학교 (현재는 기초학교와 고등학교로 개편됨).

lärpengar (복수명사), få betala dyra ~ 경험의 대가를 비싸게 치르다.

läs|a *–er –te –t* Ⅰ. *tr. itr.* ① 읽다, (암호문을) 해독하다, (기도를) 암송하다; 텍스트를 컴퓨터언어로 바꾸다; ~ korrektur 원고를 교정보다; ~ ngns tankar …의 마음을 알아채다; ~ en saga för ngn …에게 동화를 읽어주다; han –te sig hes 그는 목이 쉴 때까지 읽었다 ② 공부하다, 연구하다; ~ läxor med ngn …의 숙제를 도와주다; ~ sin läxa 숙제를 준비하다 ③ gå och ~ 【교회】 견진성사, 안수례를 받다 Ⅱ. (강세접사와 함께) ① ~ av (문자, 기호 이외의 것을) 자세히 읽다 (avläsa); ~ av mätaren 계기(計器)를 읽다 ② ~ efter ngn …를 따라 읽다 ③ ~ emot 다른 사람이 큰 소리로 읽을 때 눈으로 따라 읽다 ④ (교정 목적으로) ~ igenom 통독하다 ⑤ ~ in (과목, 과정을) 철저하게 학습하다 ⑥ ~ på 준비하다, 정독하다 ⑦ ~ upp 큰 소리로 읽다 ⑧ ~ ut a) 끝까지 다 읽다 b) 발음하다 c) 알다, 이해하다; vad kan man ~ ut av det här? 이것으로부터 무엇을 알아낼 수 있는가?

läsar|e *–[e]n ~* (신문, 책의) 독자 ② 컴퓨터의 원문 자동입력 장치 ③ 경건파 교도.

läsbar *a.* (문자 따위가) 읽을 수 있는, 읽을 만한.

läsecirk|el *–eln –lar* 독서클럽, 독서회.

läsekrets *~en ~ar* 독자층.

läsesal *~en ~ar* (도서관의) 독서실, 열람실.

läshuvud *~et ~[en]*, ha gott (vara ett) ~ 우수한 학습 능력을 가지고 있다.

läsk ☞ **läskedryck**.

läska *~r ~de ~t tr*. ① ~ sin strupe (törst) 갈증을 풀다; ~ sig med …으로 기운(생기)을 되찾다 ② (압지 따위로) …을 빨아들이다, …의 물기를 닦아내다 ③ 총구를 깨끗이 닦다.

läskedryck *~en ~er* (알코올 성분이 없는) 청량음료.

läskig *a*. 【일상】 무서운, 소름끼치는.

läskpapp|er *~et/−ret*, ~, (복수정형) *~en/−ren/~na* 압지.

läskunnig *a*. 읽을 수 있는.

läslig *a*. (필적, 인쇄 문자가) 읽기 쉬운, 판독하기 쉬운.

läsminne *~t 0* 【컴퓨터】 읽기용 기억장치 (read only memory; ROM).

läsning *~en ~ar* ① 읽기, 해독(解讀) ② 강의.

läs- och skrivkunnig *a*. 읽고 쓸 수 있는.

läspa *~r ~de ~t itr*. 혀 짧은 소리를 하다.

läst *~en ~er* 구두골.

lästa *~r ~de ~t tr*. ~ [ut] skon 구두골을 넣어 구두를 넓히다.

lät ☞ **låta**.

läte *~t ~n* 동물의 울음소리; 사람의 불분명한 소리.

lätt[1] *a*. ① 가벼운, (양, 정도 따위가) 얼마 안 되는, 적은, 하찮은, 보잘 것 없는; en ~ förkylning 가벼운 감기; på ~a fötter 가벼운 발걸음으로; med ~ hand 가볍게, 살며시; med ~a rörelser 가벼운 (민첩한) 동작으로; ha [en] ~ sömn 얕은 잠을 자다; ett ~ vin 약한 포도주; göra ngt ~are …을 가볍게 하다; vara ~ på hand 손끝이 날렵하다, 손재주가 있다; ~ till mods 편안한 마음으로 ② 쉬운, 간단한; en ~ och ledig stil 쉽고 자연스러운 문체; det är en ~ sak för mig att …하는 것은 내게는 쉬운 일이다(쉽다); hur ~ som helst 쉽기 짝이 없는; problemet är ~ att lösa 그 문제는 풀기가 쉽다; hon har ~ för att gråta 그녀는 잘 운다; han har ~ för att läsa 그는 빨리 배운다 ③ 경박한, 무절제한; ~a kvinnor 경박한 (바람기 많은) 여자.

lätt[2] *adv*. 가볍게, 쉽게, 얕게; sova ~ 선잠을 자다; man andas ~are 더 자유롭게 호흡을 하다; ta ngt för ~ …을 너무 경솔하게 다루다; han tog det ~ 그는 아무렇지도 않게 그것을 받아들였다; man blir ~ trött 피로하기 쉽다; det går ~ att …하기는 쉽다; sådant händer ~ 그런 일은 흔히 일어난다; det kan så ~ missförstås 그것은 오해받기 쉽다; det är ~are sagt än gjort 일을 하기보다 말하기가 더 쉽다; i ungdomen är man ~ utsatt för frestelser 젊은 시절에는 유혹에 빠지기 쉽다; av ~ begripliga skäl 명백한 이유로.

lätta *~r ~de ~t* Ⅰ. *tr*. ① (배, 뱃짐 따위를) 가볍게 하다, (부담, 고통 따위를) 덜다, 경감하다, 완화하다; ~ sitt hjärta för ngn …에게 자기의 심중을 털어놓다; känna sig ~d 마음이 안정되다; ~ upp (분위기 등이) 가벼워지다, 기분이 활기를 띠다 ② ~ ankar 닻을 올리다, 출항하다 Ⅱ. itr.

① 가벼워지다, 풀리다 ② 풀어놓다, 헐겁게 하다; ~ på restriktionerna 제한을 완화하다 ③ (안개 따위가) 걷히다, (날씨가) 개이다.

lättantändlig *a.* 불붙기 쉬운, 인화성의.

lättbetong *~en 0* (건축용) 가벼운 콘크리트.

lättfattlig *a.* 이해하기 쉬운; på ~t språk (이해하기 쉬운) 대중 언어체로.

lättfotad *a.* 발걸음이 가벼운; 행동이 단정치 못한, 바람둥이의.

lättfärdig *a.* 품행이 단정치 못한, 추잡한, 상스러운; hennes ~a leverne 그녀의 방탕한 생활.

lättförtjänt *a.* 쉽게 번; ~a pengar 쉽게 번 돈.

lätthanterlig *a.* 다루기 쉬운; en ~ kamera 조작이 쉬운 카메라.

lätthet *~en 0* 가벼움, 용이, 간편; med ~ 쉽게.

lättillgänglig *a.* 쉽게 접근할(얻을) 수 있는.

lätting *~en ~ar* 게으름뱅이, 빈둥거리는 사람.

lättja *~n 0* 게으름, 나태.

lättjefull *a.* 게으른, 나태한, 빈둥거리는.

lättklädd *a.* 가벼운 옷차림으로.

lättkokt *a.* 살짝 삶은.

lättköpt *a.* 값싼, 얻기 쉬운.

lättledd *a.* 쉽게 조종되는 (영향을 받는).

lättlurad *a.* 속기 쉬운.

lättläst *a.* (필체 따위가) 읽기 쉬운.

lättmatros *~en ~er* (2년 이상 승선 근무한) 선원.

lättmetall *~en ~er* 경금속; 알루미늄.

lättmjölk *~en 0* 지방질의 함유량이 적은 우유.

lättna ☞ lätta Ⅱ. ①.

lättnad *~en ~er* (고통, 애로 등의) 경감, 제거; 안심, 위안 (för, i); (세금 등의) 감소; dra en ~ens suck 안도의 한숨을 쉬다.

lättroad *a.* 쉽사리 즐거워하는, 웃기기 쉬운.

lättrogen *a.* 쉽게 믿는, 잘 속는.

lättrörd *a.* 감동하기 쉬운, 정에 약한.

lättsam *a.* ① 쉬운, 가벼운 ② 사람좋은; (태도 따위가) 느긋한, 부드러운; vara ~ att umgås med 교제하기가 편하다.

lättsinne *~t 0* 경솔, 무분별, 지각없음.

lättsinnig *a.* 무분별한, 지각없는, 무책임한.

lättstekt *a.* 고기를 살짝 구운.

lättskött *a.* (아이, 기계 따위) 다루기 쉬운.

lättstött *a.* 성마른, 성미가 급한, (신경이) 과민한.

lättvikt *~en 0* (복싱, 레슬링, 역도 따위) 경량급.

lättvin *~et ~er* 알코올 농도가 적은 포도주 (15%까지).

lättvindig *a.* 간단한, 쉬운; 경솔한, 다급한, 서두르는, 부주의한.

lättöl *~et/~en, ~* 알코올 함유량이 적은 맥주 (1.8%까지).

läx|a[1] *–an –or* ① 숙제, 과제 (hemläxa); ha många –or till torsdagen 목요일까지 해야 할 숙제가 많다 ② 교훈, 질책; ge ngn en ~ …에게

L

교훈을 주다.

läx|a² *~r ~de ~t tr.* ~ upp ngn ordentligt …를 톡톡히 야단치다 (skälla ut).

löd|a *-er lödde lött tr.* …을 땜질하다 (fast), …을 결합하다 (ihop).

lödd|er *-ret 0* 비누거품; (말의) 비지땀.

löddra *~r ~de ~t itr. rfl.* 거품이 일다.

löddrig *a.* 거품투성이의, (말 따위가) 땀을 몹시 흘리는.

lödig *a.* 순수한, 진짜의, 섞이지 않은.

lödighet *~en 0* (은의) 순도.

lödkolv *~en ~ar* 땜질인두.

lödlamp|a *-an -or* (용접공이 쓰는) 가스 발염기(發焰器).

löfte *~t ~n* 약속; ge ngn ett ~ om ngt …에게 …에 대한 약속을 하다; hålla (stå vid) sitt ~ 자신의 약속을 지키다.

löftesbrott *~et ~* 약속 위반.

löftesrik *a.* 유망한, 전망이 좋은.

lögn [lœŋn] *~en ~er* 거짓말, 허언; en liten (oskyldig) ~ 사소한 (악의 없는) 거짓말.

lögnaktig *a.* 거짓의, 허위의, 거짓말하는.

lögnar|e *-[e]n ~* 거짓말쟁이.

lögndetektor *~n ~er* 거짓말 탐지기.

lögnhals *~en ~ar* 거짓말쟁이.

löj|a *-an -or* 잉어 과(科)의 민물고기 (유럽산).

löje *~t ~n* 조소(嘲笑), 비웃음; ett ~ts skimmer 비웃는 기미, 일말의 비웃음, 우스꽝스러움.

löjeväckande *a.* 우스꽝스러운, 비웃음을 자아내는.

löjlig *a.* 우스운, 엉터리없는, 어처구니없는; göra en ~ figur 우스꽝스러운 인상을 주다; göra ngn (sig) ~ …(자신)을 우세스럽게 하다.

löjtnant *~en ~er* 육군 중위, 해군 중위.

löjtnantshjärta *~t ~n* 【식물】 금낭화.

lök *~en ~ar* ① 마늘 류 ② 양파; lägga ~ på laxen 일을 더 악화시키다.

lömsk *a.* 간교한, 술책을 부리는, 음흉한.

lön *~en ~er* ① 임금, 급료; vecko~ 주급; månads~ 월급; en ~ som man kan leva på 최저 생활 임금; full ~ 전액 임금; vad har han i ~? 그의 임금은 얼마나 됩니까? ② 보상, 배상; få ~ för sin möda 수고에 대한 보상을 받다.

löna *~r ~de ~t* Ⅰ. *tr.* …에게 보답하다, 보상을 주다; ~ ont med gott 악을 선으로 갚다 Ⅱ. *rfl.* 수지가 맞다, 이문이 있다, 유익하다; det ~ sig inte att …해 보았자 소용없다.

löneanspråk *~et ~* (임금협상에서) 임금요구.

löneavtal *~et ~* (경영주와 봉급자 사이의) 임금에 대한 협약.

lönebesked *~et ~* 봉급 명세서.

löneförmån *~en ~er* 봉급을 포함한 제반 편의 (이익이 되는 것).

löneglidning *~en ~ar* 임금협약에서 예정하지 않은 임금인상.

lönegrad *~en ~er* 직급(職給).

lönestopp *~et ~* 임금 동결.

lönevillkor (복수명사) 임금 조건.

löning *~en ~ar* 【일상】 임금, 보수, 급료.

lönlös *a*. 쓸데없는, 효과 없는; det är ~t att göra det 그것을 해도 아무 소용이 없다.

lönn Ⅰ. *~en ~ar* 단풍[나무] Ⅱ. (불변화명사) i ~ 비밀로, 비밀리에.

lönnbränning *~en ~ar* 불법 증류주 제조, 밀주제조.

lönndom (불변화명사) i ~ 비밀리에, 남몰래.

lönndörr *~en ~ar* 비밀 문.

lönnmord *~et ~* 암살(暗殺).

lönsam *a*. 이윤이 남는, 수지가 맞는.

lönsamhet *~en 0* 수익성, 수익률.

lönsparande *~t 0* 월급 적립 적금.

lönt (불변화형용사) (서술적으로 쓰임) det är inte ~ att försöka 해보아도 소용없다.

löntagar|e *–[e]n ~* 임금 노동자(생활자).

löp|a *–er –te –t* Ⅰ. *tr*. *itr*. 달리다, 뛰다; ~ ett lopp 경주하다; han –er aldrig längre distanser än 800 meter 그는 800미터 이상 장거리 경주는 해 본 일이 없다; ~ med skvaller 남의 흉을 보고 돌아다니다; låta tankarna ~ [i väg] 생각이 내키는 대로 두다 Ⅱ. (강세접사와 함께) ① ~ ihop 모이다, 집중하다; 수렴하다 ② –a in på stadion 경기장 안으로 들어오다 ③ ~ om ngn …를 뒤따라 잡다, 추월하다 ④ ~ ut a) 항구를 떠나다 b) 협정(유효기간)이 만료되다 c) 돌출하다 d) 뛰어 나가다; ~ ut från stadion 경기장 밖으로 뛰어나가다.

löpande (불변화형용사) 연속적인, 계속하는; 가동(可動) 중인; ~ band (공장 내의) 유동 벨트; 지속적인, 중단 없는; i ~ följd 연속적으로, 잇달아; ~ utgifter (회사 따위의) 경상비; ~ ärenden 일상 업무.

löpar|e *–[e]n ~* ① 달리는 사람, 경주자 ② (서양장기) 주교 모자 모양의 장기 말 ③ (기계의) 롤러, 동활차.

löpe *~t 0* 응유효소 (치즈 제조에 씀).

löpeld *~en ~ar*, sprida sig som en ~ 삽시간에 퍼지다.

löpmag|e *–en –ar* 반추동물의 제 4위, 주름위.

löpmeter *~n ~* 1미터의 길이 (두루마리, 천 등 직선이 아닌 대상물의 길이를 잴 때 사용되는 단위).

löpning *~en ~ar* ① 달리기, 경주 ② 【음악】 빠른 연주; 성악곡의 급주구(急走句).

löpsed|el *–eln –lar* 신문의 벽보판.

löpsk *a*. vara ~ (동물의 암컷이) 발정기에 있다.

löptid *~en ~er* ① 계약의 유효기간 ② 교배(交配)시기.

lördag *~en ~ar* 토요일.

lös[1] *a*. ① 풀린, 매어있지 않은, 헐렁한; ~a blommor 꽃나무에서 꺾은 꽃들; gå ~ 자유로이 나다니다; vara ~ och ledig 한가하다, 빈들거리다, 일정한 직업이 없다; inte ha några pengar ~a 쓸 돈이 없다; ha pengar ~a i fickan 주머니에 낱돈을 가지고 다니다 ② 느슨한, 부드러운; på ~an sand 빈약한 토대위에, 근거 없이; ~ snö 내린 지 얼마 되지 않아 잘 뭉쳐지지 않는 눈(雪); ägget är för ~t 달걀이 너무 살짝 삶아졌다 ③ 근거 없는, 사실무근의, 공허한; en ~ förbindelse 일시적 성관계; på ~a grunder 빈약한 근거; ~t prat 잡담.

lös[2] *adv*. gå ~ på ngn …을 공격하다;

L

slå sig ~ 진탕 마시고 놀다; det går ~t på 100 kronor 100크로나 정도는 든다; ligga ~t till 어려운 입장에 처하다.

lös|a *-er -te -t* Ⅰ. *tr.* ① 풀어놓다, 놓아주다, …을 해방(방면)하다 ② 끈을 풀어주다 ③ ~ upp …을 분해하다, …을 용해시키다; ~ upp en sats 문장을 분석하다 ④ (문제를) 해결하다, 처리하다; ~ ett chiffer 암호를 해독하다 ⑤ 장만하다, 구입하다; ~ biljett till …행 차표를 사다; ~ in 돈을 지불하다; 사들이다; ~ ut a) (우체국에서) 물건을 찾다 b) 소유권을 사다 c) …을 되사다, (저당물을) 도로 찾다 d) (포로 등의) 몸값을 지불하고 석방시키다 Ⅱ. *rfl.* ① …에 용해되다 ② ~ sig själv (문제가) 저절로 해결되다.

lösaktig *a.* 품행이 단정치 못한, 바람둥이인.

lösande (불변화형용사) 용변을 완화하는; ~ medel 완화제, 관장약.

lösdrivar|e *-[e]n ~* 방랑자, 떠돌이.

lösdriveri *~et 0* 방랑[생활].

lösegendom *~en ~ar* 개인 재산, 동산(動産; 화폐, 유가증권 따위).

lösen (정형명사) ① 배상금, (우편 따위의) 부족 요금에 대한 과태료; (포로, 감금에서 석방하기 위한) 보석금; begära ~ för ngn …에 대한 보석금을 요구하다 ② 암호말 (lösenord).

lösenord *~et ~* 【컴퓨터】 암호말.

lösgom *~men ~mar* 【치과】 의치, 틀니.

lös|göra *-gör -gjorde -gjort* Ⅰ. *tr.* 놓아주다, 석방하다, 풀어놓다, 해방시키다 Ⅱ. *rfl.* (속박 따위에서) 스스로 벗어나다, 자신을 자유롭게 하다.

löskokt *a.* (달걀을) 살짝 삶은.

löslig *a.* (액체에) 용해될 수 있는; (문제가) 해결될 수 있는.

lösmynt *a.* vara ~ 수다쟁이이다, 비밀을 쉽게 발설하다.

lösning *~en ~ar* ① (문제의) 해결 (av, på) ② 용해, 용액.

lösnum|mer *-ret ~* (구독용 이외의) 낱장으로 파는 신문.

lösnäs|a *-an -or* 가짜 코, 만든 코.

lösryckt *a.* 따로 떨어진, 분리된, 고립된.

löss Ⅰ. ☞ **lus** Ⅱ. *~en 0* 【지질】 황토 (lössjord).

lösskägg *~et ~* 가짜 턱수염.

lössläppt *a.* 억제하지 않는, 구속 없는, 마음 편한.

löst *adv.* 느슨하게, 헐겁게; 막연히; vara ~ knuten till …에 느슨하게 묶여져 있다; 약간 관련이 있다; sitta ~ (옷이) 헐렁하다.

löstagbar *a.* 떼어낼 수 있는, 분리할 수 있는.

löständer (복수명사) 의치 (tandprotes), 틀니.

lösöre *~t ~n* (화폐와 유가증권을 제외한 가구, 자동차 따위의) 동산(動産)에 대한 총칭.

löv *~et ~* 나뭇잎, 잎사귀.

löva *~r ~de ~t tr.* 나뭇잎으로 장식하다.

löv|as *-as -ades -ats itr. dep.* 잎이 나다.

lövbiff *~en ~ar* 아주 얇게 썬 쇠고기.

lövkoj|a *-an -or* 【식물】 수톡, 자라난화(紫羅欄花).

lövsal *~en ~ar* 정자(亭子), 나무 그늘진 휴식 장소.

lövskog *~en ~ar* 낙엽수가 주종인 숲.

lövsåg *~en ~ar* 실톱.

lövsångar|e *-[e]n ~* (스웨덴에 흔한) 굴뚝새.

lövverk *~et ~* 잎이 무성함, 군엽(群葉).

löväng *~en ~ar* 낙엽수와 잡목이 있는 목초지 (풀밭).

m [ɛm] *m–et, m* 스웨덴어 알파벳의 13번째 글자.

mack *~en ~ar* ☞ **bensinpump/ bensinstation**.

mack|a *–an –or* 【구어】 ① 샌드위치 ② 일회분의 마약 ③ 【스포츠】 (축구에서) 멋진 패스볼.

mackapär *~en ~er* 이상한 것 (물건).

mack|el *–let 0* 어려움, 문제.

mackla *~r ~de ~t itr*. 만지작거리다, 손질하다.

mad [mɑ:d] *~en ~er* 소택지, 습지.

madagạsk *~en ~er* 마다가스카르인 (아프리카 남동의 섬나라 사람).

madạm *~men ~mer* 【고어】 부인.

madeira [–dẹ:ra]/ [–dɛjra] *~n 0* (달고 강한) 마데이라 포도주.

madọnn|a *–an –or* 성모 마리아[상].

madrạss *~en ~er* (침대용) 매트리스.

madrassẹra *~r ~de ~t tr*. …에 솜(심)을 넣다.

madrigạl *~en ~er* ① 서정소곡(抒情小曲) ② 【음악】 마드리갈 (대위법에 의한 무반주 합창곡).

maffi|a *–an –or* 마피아 (국제적 범죄 조직).

maffig *a*. 대단한, 훌륭한.

magasin *~et ~* ① 창고 ② 잡지 ③ (연발총의) 탄창(彈倉).

magasinẹra *~r ~de ~t tr*. 비축하다, 축적하다.

mag|e *–en –ar* 배(胃), 복부; jag har ont i –en 나는 배가 아프다; jag är trög i –en 나는 변비가 걸려 있다; ligga på –en 엎드려 눕다; vara lös i ~n 설사를 하다; han har ~ att röka i klassrummet 그는 뻔뻔하게도 강의실에서 담배를 피운다.

mạger[1] [mɑ:gər] *a*. 야윈, 마른; (고기가) 지방이 적은; (소득이) 모자라는; 결핍된, 빈약한.

mager[2] *~n ~* (고대 동방의) 사제; 점성가, 마술사.

magerlagd *a*. 약간 야윈.

maggrop [–rɷ:p] *~en ~ar* 명치.

maggörd|el [mɑ:gjœ:ḍəl] *–eln –lar* ① 복대(腹帶) ② 여송연의 밴드.

magi [–gị:] *~n 0* 마술, 마법.

mạgiker [–gi–] *~n ~* 마술사.

maginfluens|a *–an –or* 위(胃) 인플루엔자.

mạgisk *a*. 마법의, 마술의; 마법 같은, 이상하게 매력 있는.

magist|er [–jị–] *–ern –rar* ① 교사, 선생 ② 교육석사 (fil, mag.).

magistrạt *~en ~er* 1965년 이전까지 특정 도시에 있던 국가 행정기관.

magkatarr *~en 0* 【의학】 위염.

magknip *~et 0* 【병리】 위통 (胃痛).

magm|a [mɑ:gma] *–an –or* 【지질】 마그마, 암장(岩漿).

magmun *~nen ~nar* 위 (胃)의 입구 또는 출구 (부분).

magnạt [maŋnɑ:t] *~en ~er* 유력자, 권력가.

magnẹsi|um *–er/~/–umet, 0* 【화학】 마그네슘.

magnet [maŋnẹ:t] *~en ~er* ① 자석(磁石) ② 남을 끄는 (매혹하는) 사람 (물건).

magnetisera *~r ~de ~t tr*. ① …을 자화(磁化)하다, …에 자력을 띠게 하다 ② (남의 마음을) 끌다, 매료하다.

magnetisk *a*. ① 자석의, 자기를 띤 ② 자화(磁化) 되는 ③ 매력 있는.

magnetism *~en 0* ① 자성(磁性), 자기작용, 자력 ② 마력.

magnetofon [–fọ:n] *~en ~er* ☞ **bandspelare**.

magnifik [maŋnifị:k] *a*. 훌륭한, 장대한, 고상한; 멋진.

magnoli|a *–an –or* 목련류의 식물.

magra *~r ~de ~t itr*. 여위다, 마르다.

magsaft *~en ~er* 위액.

magstark *a*. det var ~t! 너무 했다! 너무 지독하다.

magsur *a*. 까다로운, 심술궂은.

magsår *~et ~* 위궤양.

magsäck *~en ~ar* 【해부】 위(胃), 배.

magyar [madjɑ:r] *~en ~er* 헝가리 사람.

maharạdj|a *–an –or* 마하라자 (인도 회교 군주의 위계).

mahogny [–hɔŋni] *~n/~t, 0* 마호가니 재목.

mailbombning *~en ~ar* 【정보통신】 메일폭탄 (어떤 이메일(e–mail) 사용자의 이메일 프로그램(mailer program)을 마비시키거나 다른 정당한 메시지의 수신을 방해할 의도로 그 사용자의 이메일 주소로 일시에 엄청난 양의 이메일 데이터를 발송하는 것, 또는 발송된 데이터).

maj (불변화 en–명사) 5월.

maja *~r ~de ~t tr*. ☞ **löva**.

majblomm|a *–an –or* 5월 1일 노동절에 자선모금을 위하여 파는 작은 조화(造花).

majestạ̈t *~et, ~/~er* 폐하, Ers ~ 폐하 (호칭).

majestätisk *a*. 위엄이 있는, 장대한.

majestätsbrott *~et ~* 【법률】 불경죄, 대역죄.

majolika *~n 0* 마졸리카 도자기 (이탈리아의 장식용 칠보 도자기).

majonnạ̈s *~en ~er* 마요네즈.

major [–jɷ:r] *~en ~er* 【군대】 육군 소령.

majoritẹt *~en ~er* 대부분, 과반수; med stor ~ 큰 차이로.

majorsk|a *–an –or* 소령의 부인.

majs *~en 0* 옥수수.

majsẹna *~n 0* 옥수수 가루.

majskolv *~en ~ar* 옥수수의 속대.

maj|stång *–stången –stänger* 6월 하지축제 때 세우는 나무기둥 (꽃과 나뭇잎으로 장식한 기둥을 풀밭 광장에 세운 다음 그 주위를 돌며 춤춘다).

majụsk|el *–eln –ler* 대문자(大文字).

mak [-ɑːk], *i sakta* ~ 천천히.

maka[1] (불변화형용사), *ett par* ~ *skor* 짝이 맞는 구두 한 켤레.

mak|a[2] *-an -or* 부인.

maka[3] *~r ~de ~t* Ⅰ. *tr. itr.* 옮기다; ~ på sig 몸을 움직이다, 옆으로 비키다 Ⅱ. (강세접사와 함께) ① ~ fram 앞으로 옮기다 ② ~ undan 치우다 ③ ~ åt sig 자리를 비키다.

makạber *a.* 무시무시한, 어쩐지 무서운.

makadam *~en 0* (철도의 포장용) 자갈, 쇄석(碎石).

makalös *a.* 비길 데 없는, 무비의, 무쌍의.

makaroner [-rɷː-] (복수명사) 마카로니.

mak|e *-en -ar* ① 쌍을 이루는 한 짝; -en till den här handsken ligger där borta 이 장갑 한 짝이 저기에 있다 ② 남편; äkta -ar 부부 ③ 엇비슷한 것 (사람); 상대; hennes skönhet har inte sin ~ 그녀의 아름다움은 비길 데 없다; jag har då aldrig sett på -en! 이런 것은 평생 본 적이 없는 걸!

makedonier *~n ~* 마케도니아인.

make-up/mejkạp *~en 0* 화장(化粧).

maklig *a.* 마음 편한; 게으른; 느린, 완만한.

mạkrill *~en ~ar* 고등어.

makt *~en ~er* 능력, 힘, 세력, 권력; mörkrets ~er 암흑의 신들; milda ~er! 이런!, 큰일 났군!; komma till ~en 정권을 잡다; ha ngn i sin ~ …를 마음대로 부리다; det står inte i min ~ att göra det 그 일은 나의 능력으로는 안 된다; med väpnad ~ 무력으로; hålla vid ~ 유지하다.

maktbalans *~en ~er* (국가 간의) 군사력 균형.

maktbegär *~et ~* 정권욕.

maktfullkomlig *a.* 독재적인, 독재의.

makthavar|e *-[e]n ~* 권력자, 집권자.

maktlysten *a.* 정권을 갈망하는, 권력욕에 불타는.

maktlös *a.* 권력이 없는, 무력한.

maktmed|el *-let ~* 강제 수단; 통제 수단; 폭력.

maktpåliggande *a.* 매우 중요한.

maktspråk *~et ~* 권위적 말투, 지배자의 명령조 언어.

makulatụr *~en 0* 폐기된 인쇄물.

makulera *~r ~de ~t tr.* 무효로 하다; 삭제하다.

mal *~en ~ar* ① 좀(蟲) ② (유럽산의) 큰 메기.

mal|a *-er -de -t tr. itr.* ① 갈다, 빻다; 분쇄하다 ② ~ om 말을 계속 되풀이 하다 ③ 약간 아프다.

malạj *~en ~er* ① 말레이 사람 ② 전투능력이 없는 병역 의무자.

malajisk|a Ⅰ. *-an -or* 말레이 여자 Ⅱ. *-an 0* 말레이 어.

malakịt [-kịːt] *~en ~er* 공작석(孔雀石).

malạria *~n 0* 【병리】 말라리아.

maliciọ̈s *a.* 악의가 있는, 심술궂은.

Maldiverna 몰디브 (인도양상에 위치한 영연방내의 공화국).

mall *~en ~ar* 패턴; 모형; 방침; 형판(型板).

mallig *a.* 건방진, 젠 체하는, 교만한.

Mallorca 마조르카 섬 (지중해 서부에 있는 스페인령의 섬).

malm *~en ~er* ① 광석 ② 【야금】 청동.

malmåd|er *-ern -ror* 광맥(鑛脈).

malning *~en ~ar* 제분[하는 것].

malplacerad *a.* 부적당한, 어울리지 않는; 잘못 놓은; 불필요한.

malpås|e *-en -ar* 방충(防蟲) 자루; flotta i ~ 예비 함대; ligga i ~ 계획(일)이 뒷날로 미루어져 있다.

malström *~men ~mar* 큰 소용돌이; 혼란, 격동.

malt *~et/~en, 0* (양조용) 맥아, 몰트.

maltdryck *~en ~er* 맥아주(麥芽酒).

maltes *~en ~er/maltesar|e -[e]n ~* 말타인.

malteser *~n ~* 말타견(犬, 말타섬 원산의 작은 개).

malträtera *~r ~de ~t tr.* 혹사하다, 학대하다, …를 거칠게 다루다.

malv|a *-an -or* 아욱과(科)의 식물; 엷은 자주 빛.

maläten *a.* 좀 먹은; (옷이) 낡은.

malör *~en ~er* 좀 불행한 일, 불상사, 재난.

malört *~en ~er* 쑥; blanda ~ i glädjebägaren för ngn …의 즐거움을 망쳐놓다.

mamelucker (복수명사) 판탈렛 (19세기의 헐렁한 여자용 긴 속바지).

mamm|a *-an -or* 어머니, 엄마.

mammig *a.* 엄마 밖에 모르는, 응석받이의.

mammon (불변화 en-명사) 【성서】 (특히 죄악을 가져오는) 부 (富), 재물; den snöda ~ 부정한 이득, 부정축재.

mammut *~en ~ar* 맘모스.

mamsell *~en ~er* 【고어】 미스, 미혼여성.

man[1] [mɑːn] *~en ~ar* (말, 사자 따위의) 갈기.

man[2] [man] *~nen män* 남자; 일꾼, 노동자, 직원; gemene (menige) ~ 평범한 사람들, 백성; tredje ~ 【법】 (사건, 분쟁의) 제3자; var ~ 모두다; det ska jag bli ~ för 나는 그것이 되도록 하겠다; han är ~ att göra det 그는 그것을 해낼 실력이 있다; äkta ~ 남편.

man[3] [man] *pron.* (일반적으로) 사람, 누구든; 나, (이야기하는 사람 스스로를 가리켜) 자신; ~ måste göra sitt bästa 사람은 최선을 다해야 한다; som ~ bäddar får ~ ligga 【속담】 자업자득; så får ~ inte göra 그렇게 (그런 짓을) 하면 안된다; det vet ~ aldrig 그것은 알 수 없지; ~ påstår att han är en bra konstnär 그는 그림을 잘 그린다고들 한다; som ~ säger 속담에 있듯이, 흔히 말하듯이; ser ~ på! 이것 참!, 원 이거! (놀람을 나타낼 때 쓴다).

mana *~r ~de ~t tr.* …에게 열심히 권하다, 설득하다, 격려하다, 자극하다; detta ~r till försiktighet 이것은 주의를 요한다.

manager [mɛnidjer] *~n ~(s)* (가극, 악단 따위의) 단장; 【스포츠】 매니저, 감독인.

manbar *a.* 성적으로 성숙한; bli ~ 성년이 되다 (남자).

manbyggnad *~en ~er* 장원 영주의 저택.

manchester [-çɛstər] 코르덴 (천, 바지 등).

mandarin *~en ~er* ① 중국 종(種)의 귤 ② (중국 제정 시대의) 관원, 관리

② 북경관화(官話, 중국의 표준어, 공용어).

mandat *~et ~* 권한 부여, 위임, 통치 위임; (대의기관) 의원의 지위, 의석; förlora sitt ~ 의석을 잃다.

mandattid *~en ~er* (의원) 임기.

mand|el *–eln –lar* ① 편도(扁桃) 나무의 열매, 아몬드 ② 【해부】 편도선.

mandelblomm|a *–an –or* 범의귀 속(屬)의 식물.

mandelmass|a *–an –or* 아몬드를 으깨어 설탕과 버무려 만든 반죽.

mandolin *~en ~er* 【악기】 만돌린.

mandom *~en 0* 남자의 성년, 장년, 어른.

mandrill *~en ~er* 【동물】 (서 아프리카산의) 큰 비비(狒狒).

manege [–eːʃ] *~n ~r* (말의) 조련장(調練場).

maner *~et ~* 버릇, 몸가짐, 예법, 예절, 태도; han har fina ~ 그는 예절이 바르다.

manet *~en ~er* 해파리.

manfall *~et ~*, det blev stort ~ 많은 사람들이 죽었다; 많은 학생들이 [시험에] 낙제했다.

manfolk *~et ~* 남자들.

mangan [maŋgɑːn] *~et/~en, 0* 【화학】 망간.

mang|el [maŋəl] *–eln –lar* 맹글, (시트 따위의) 주름을 펴는 기계.

mangla [maŋla] *~r ~de ~t tr.* …의 주름을 펴다.

mangling *~en ~ar* ① (시트 따위의) 주름을 펴는 일 ② 시일을 끄는 어려운 협상.

mango *~n ~(e)r* 【식물】 망고나무, 또는 그 열매.

mangold [maŋgɔld] *~en 0* 【식물】 근대.

mangrant *adv.* 한 사람도 남김없이, 모두; de infann sig ~ 그들은 모두 다 왔다.

mangårdsbyggnad *~en ~er* 영주의 저택, 농장의 본채 건물.

manhaftig *a.* 남자다운, (여자가) 남자 같은; 용감한.

mani *~n ~er* ① 영광, 열중, …광(狂) ② 【정신의학】 조병(躁病).

manick *~en ~er* (구어) 작은 것, 사소한 일; 작은 기계 장치.

manierêrad *a.* 버릇이 있는; 틀에 박힌; 부자연스런.

manifest[1] *a.* 명백한, 분명한.

manifest[2] *~et ~* (정부 등이 발표하는) 성명, 선언.

manifestation *~en ~er* 명시, 표명.

manifestera *~r ~de ~t tr.* 명시하다, 분명하게 보여 주다; 증명하다.

manikyr [–kyːr] *~en 0* 매니큐어, 미조술(美爪術).

manikyrera *~r ~de ~t tr.* (손과 손톱을) 다듬다, 매니큐어를 하다.

manikyrist *~en ~er* 매니큐어 사(師).

manillahamp|a *–an –or* 마닐라산(産) 삼.

maning *~en ~ar* 권고; 격려.

maniok [-ɔk/ -oːk] *~en 0* 카사바 (열대 지방에서 나는 대극과의 식물).

manipulation [–ʃoːn] *~en ~er* 조작, 조종; 속이기.

manipulera *~r ~de ~t tr. itr.* 조작(조종)하다; 끌고 다니다.

manisk *a.* 【정신의학】 조병(躁病)의, 조병과 같은.

mank|e *-en -ar* 기갑 (말 어깨뼈 사이의 융기(隆起); lägga -en till 열심히 노력하다, 온 힘을 다 쏟다.

mankemang *~et, ~/~er* 고장, 잘못, 과실, 결점; utan ~ 거침없이, 술술.

mankön [-çø:n] *~et ~* 남성.

manlig *a.* 남자의; 남자다운; 용감한; ~t rim 남성 운(男性韻).

manna[1] *~n/~t, 0* ① 만나 (만나 나무의 수액) ② 【성서】 아리비아 광야를 헤매던 옛 이스라엘인이 신에게서 받은 음식.

manna[2] *~r ~de ~t tr.* ~ ett fartyg 배에 승무원을 배치하다.

mannagryn *~et ~* 세몰리나 (양질의 거친 밀가루; 마카로니, 푸딩용).

mannaminne (불변화명사) i ~ 현존하는 사람들의 기억에 남아 있는.

mannamån (불변화명사) utan ~ 차별 없이.

mannekäng [-kɛŋ] *~en ~er* 마네킹, 패션모델.

mannekänguppvisning *~en ~ar* 패션쇼; 유행 전시회.

manodepressiv *a.* 【정신의학】 조울병의.

manomet|er *-ern -rar* 마노미터, 유체 압력계.

manschett [-ʃet] *~en ~er* 소맷부리; 【기계】 투환(套還); darra på ~en 부들부들 떨다; 겁내다.

manschettknapp *~en ~ar* 커프스 버튼.

manschettyrke *~t ~n* 사무직.

mansgris *~en ~ar*, mullig ~ 남녀평등을 인정하지 않는 남자.

manskap *~et 0* (집합적) 배나 비행기의 승무원, 선원.

manslem *~men ~mar* 음경, 남근, 페니스, 남자의 성기.

manslukersk|a *-an -or* 요부, 탕녀.

mansperson *~en ~er* 남자.

manspillan (불변화 en-명사) 인명 손실.

manssamhälle *~t ~n* 남성 위주 사회.

manstark *a.* 다수의, 강력한, 우세한, 전력이 강한.

manslåld|er *-ern -rar* 세대.

mantal *~et ~* 【역사】 (과세를 위한) 지적(地積) 단위.

mantalslängd *~en ~er* (지방자치 지역의) 납세자 등록부.

mantalsskrivning *~en ~ar* 납세자 등록.

mant|el *-eln -lar* ① 망토 ② (기관총의 과열을 방지하는) 물 재킷; (보일러의) 방열을 막는 피복.

mantilj *~en ~er* 만틸라 (스페인, 멕시코 등지에서 여자가 사용하는 머리와 어깨를 덮는 베일의 일종).

manuell *a.* 수동식의.

manufakturaffär *~en ~er* 포목점.

manufakturvaror (복수명사) 직물류, 포목류; 철기.

manus *~et ~* ☞ manuskript.

manuskript *~et ~* 필사본, 원고.

manöv|er *-ern, -rer/-rar* ① 전략적 행동; 대연습, 기동훈련, 군사 행동 ② 조종, 조작.

manöverduglig *a.* 조종(운용, 기동)할 수 있는.

manövrera *~r ~de ~t tr. itr.* 책략으로 움직이다; …하게 하다; 기동하다; 연습하다; 교묘히 일을 처리하다.

M

mapp *~en ~ar* ① (두꺼운 종이를 한번 접은) 서류철 하는 종이, 편지꽂이, 공문서철 ②【정보통신】폴더.
mar|a *-an -or* ① 잠자는 사람 위에 올라타서 질식시킨다는 마녀 ② 악몽 ③ ☞ maratonlopp.
marabu [mɑ:rabɵ] *~n ~er*【조류】아프리카 무수리(황새 과).
maratonlopp *~et ~* 마라톤 경주.
mardröm *~men ~mar* ① 악몽, 가위눌림 ② (악몽 같은) 무서운 경험.
mareld *~en 0* 인광, 푸른 빛.
margarin *~et ~er* 마가린, 인조버터.
marginal [-gi-/-ji-] *~en ~er* 가장자리; (인쇄물 따위의) 여백, 난외(欄外);【상업】마진, 차익금, 판매수익; (가능성의) 한계, 극한; med små ~er 간신히, 겨우.
marginalskatt *~en ~er* 초과 수입세 (부수입에 부과하는).
marginalväljar|e *-[e]n ~* 부동표(浮動票), 부동 투표자.
marginell *a.* 가장자리의; 한계의, 최저한의.
Maria ① 여자이름 ② jungfru ~ 성모 마리아.
Marie Bebådelsedag【교회】성수태고지의 축제일 (3월 25일).
marig *a.* ① 위축된, 왜소한 ② 곤란한.
marijuana *~n 0* 대마초 류의 마약 재, 마리화나 (그 잎, 꽃을 말려서 뽑은 마약, 담배로 피움).
marin[1] *a.* 해군의; 해산(海産)의.
marin[2] *~en ~er* ① 해군, 해군력 ② 바다를 주제로 한 그림.
marinad *~en ~er* 양념장 (醬, 고기, 생선, 야채 따위를 요리하기 전에 여기에 담근다).
marinblå *a.* 짙은 감색의.
marinera *~r ~de ~t tr.* (고기, 생선 따위를) 양념장에 담그다.
marionett *~en ~er* 마리오네트, 꼭두각시, 괴뢰.
marionettregering *~en ~ar* 괴뢰정부.
maritim *a.* 바다의, 해사의, 항해의, 해운의.
mark Ⅰ. *~en ~* 마르크 (독일, 핀란드의 화폐단위) Ⅱ. *~en ~er* ① 땅, 지면, 토지; 밭; stå på fast ~ 대지에 서다, 튼튼한 기초위에 서다; bryta ~ 갈다; 착수하다; förlora ~ 퇴각하다, 세력을 넓히다 ②【도박】산가지 (득점을 세기 위한 둥근 금속, 상아, 나무 따위로 된 작은 원판) ③ (무게의 단위) 180-280 그램.
markant *a.* 눈부신, 현저한.
markatt|a *-an -or* ① 원숭이의 일종 ② 심술궂은 여자.
markera *~r ~de ~t tr.* 표시하다, 득점을 기록하다; (축구 따위에서) 상대를 방해하다.
markerad *a.* 표시된; 현저한.
markering *~en ~ar*【정보통신】강조표시 (밑줄을 긋거나 색상을 다르게 하는 방법 등으로 음극선관(CRT) 화면에 자료를 강조하거나 눈에 띄게 하기).
marketenteri *~et ~er* 군인 매점, 구내매점.
markis *~en ~er* ① (창밖에 치는) 차양 ② 후작(侯爵).
marknad *~en ~er* 시장, 소매점, 판로.
marknadsföring *~en ~ar* 마케팅 (물품의 제조에서부터 판매에 이르기까지의 전반적인 기업 활동).
marknadspris ~*et* ~*er* 시장가.
marknadsvärde ~*t* ~*n* 시장 가치; 시가, 시세.
markör ~*en* ~*er* ① (사격에서) 득점 기록원, 감적수(監的手); 표지, 표시 ② 【컴퓨터】 단말 장치에서 어떤 문자를 수정하거나 입력시킬 위치를 표시할 때 사용하는 기호.
markörstyrningstangent ~*en* ~*er* 【컴퓨터】 화면상에서 커서를 상하좌우로 이동시키는 데 사용되는 키.
marmelad ~*en* ~*er* 잼.
marmor ~*n* *0* 대리석.
marockan ~*en* ~*er* 모로코인 (남자).
marockansk|a −*an* −*or* 모로코인 (여자).
Marocko 모로코 (아프리카 서북부의 회교 왕국).
marodera ~*r* ~*de* ~*t* *itr*. 약탈하다.
marodör ~*en* ~*er* 약탈자.
marokäng [−kɛŋ] ~*en* *0* ① 무두질한 염소 가죽 ② 마로케인 (견직 또는 모직류를 골 지게 짠 묵직한 여자 옷감).
Mars [maʂ] 【천문】 화성.
mars [maʂ] (불변화 en−명사) 3월.
marsch [marʃ] Ⅰ. ~*en* ~*er* 행진, 행군, 행진곡; vara på ~ 행진중이다 Ⅱ. framåt ~! 앞으로 가!
marschall ~*en* ~*er* 횃불.
marschera ~*r* ~*de* ~*t* *itr*. (대열을 지어) 행진하다, 행군하다.
marschfart ~*en* ~*er* (가장 경제적인) 순항 속도.
marsipan [maʂipɑ:n] ~*en* *0* 아몬드를 으깨어 설탕과 버무려 만든 반죽 (과자).
marsk [maʂk] Ⅰ. ~*en* ~*er* 늪, 소택지 Ⅱ. ~*en* ~*ar* 【역사】 군 총사령관.
marskalk [maʂalk/maʃalk] ~*en* ~*ar* ① (군대의 최고 계급) 원수(元帥) ② 신랑의 들러리.
marsk|land ~*et* −*länder* 바닷물이 드나드는 늪지.
marsvin [mɑ:ʂvi:n] ~*et* ~ 【동물】 기니피그 (쥐와 토끼의 중간 동물).
martall ~*en* ~*ar* 소형(小形)의 소나무.
marter [mɑ:ʈər] (복수명사) 고통, 고뇌.
martera ~*r* ~*de* ~*t* *tr*. 괴롭히다.
martialisk [−tsiɑ:l−] *a*. 군사의, 전쟁의, 호전적인.
martinprocess [martɛŋ−] ~*en* ~*er* 평로법(平爐法).
martyr ~*en* ~*er* 순교자, 목숨을 바치는 사람, 희생자.
martyri|um −*et* −*er* 순교.
marulk ~*en* ~*ar* 【어류】 아귀.
marvatt|en [mɑ:r−] −*net* *0*, ligga i ~ (배가) 침수되다, 물에 잠겨 있다.
marxism [marksism] ~*en* *0* 마르크시즘, 마르크스주의.
marxist ~*en* ~*er* 마르크스주의자.
marxistisk *a*. 마르크스주의자의.
maräng ~*en* ~*er* 머랭 (달걀의 흰자와 설탕을 섞어서 살짝 구운 과자).
mas ~*en* ~*ar* ① 스웨덴 달라나 (Dalarna) 지방의 남자 (☞ dalmas) ② 체납세금 징수관 (☞ skattmas)
masa ~*r* ~*de* ~*t* Ⅰ. *itr*. [gå och] ~ 빈둥빈둥 지내다, 어정어정 걷다, 어슬렁거리다 Ⅱ. *rfl*. ~ [sig] i väg 어슬렁거리며 가버리다.
mask Ⅰ. ~*en* ~*ar* ① 벌레 (지렁이, 회충, 모충, 구더기 따위) ② 컴퓨터

바이러스의 하나 Ⅱ. *~en ~er* 탈, 복면, 가면; 【연극】 분장; hålla ~en 내막을 폭로하지 않다, 진지한 표정을 하다; kasta ~en 정체를 나타내다.

mask|a[1] *-an -or* 그물눈; 한 바늘; 한 뜸; avig ~ 뒤집어 뜨기.

maska[2] *~r ~de ~t* Ⅰ. *itr.* ① 【카드놀이】 피네스를 쓰다 (높은 패를 두고 낮은 패로 판에 깔린 패를 따려 하기) ② 일하는 척 하다, (노동조합이) 준법 투쟁을 하다 Ⅱ. *tr.* ~ [på] 낚싯바늘에 지렁이를 달다; ~ av (편물의 코를) 풀리지 않도록 마무르다.

maskera *~r ~de ~t tr.* 가면으로 가리다, 가면을 씌우다; 분장하다; 위장하다.

maskerad *~en ~er* 가장 무도회.

maskering *~en ~ar* 가장(假裝); 구실.

maskeringstejp *~en ~er* 보호테이프 (도료를 분사하여 칠할 때 다른 부분을 보호하기 위한 접착테이프).

maskformig *a.* ~a bihanget 【해부】 충양돌기.

maskin [maʃiːn] *~en ~er* 기계; för full ~ 전속력으로.

maskinell *a.* 기계의, 기계적.

maskineri *~et ~er* 기계, 기계 장치; 기관.

maskingevär *~et ~* 기관총.

maskinist [-ʃinst] *~en ~er* 기관사; 아파트 관리실의 보일러 기사.

maskinmässig *a.* 기계적인.

maskinpark *~en ~er* 기계 장치.

maskinskriven *a.* 타이핑이 된.

maskinvar|a *-an -or* 【컴퓨터】 하드웨어, hårdvara라고도 함.

maskning *~en ~ar* 태업(怠業), 고의로 일을 느리게 하여 작업을 지체시키는 것.

maskopi *~n ~er*, vara i ~ med ngn …과 짜고 행동하다.

maskot *~en, ~er/~ar* 마스코트 (행운을 가져다주는 것).

maskros *~en ~or* 【식물】 민들레.

maskspel *~et ~* 탈놀음, 탈춤.

maskstungen *a.* 벌레 먹은.

maskulin *a.* 【문법】 남성의.

maskulin|um *-et -er* 【문법】 남성.

maskäten *a.* 벌레 먹은.

maskör *~en ~er* 분장사(扮裝師).

masochism [-ʃism/-kism] *~en 0* 피학대성애.

masochist *~en ~er* 피학대성애 자.

masonit *~en 0* 압착한 목질(木質) (건재, 방수, 방열용 섬유판).

mass|a *-an -or* ① 덩어리 ② (밀집한) 무리, 집단, 다수 ③ 군중, 사람무리; den stora -an 일반대중 ④ en [hel] ~ [무척] 많은; -or av (med) böcker 많은 책.

massage [-ɑːʃ/-ɑːʂ] *~n 0* 마사지.

massaindustri *~n ~er* 펄프 산업.

massak|er *-ern -rer* 대학살, 대살륙.

massakrera *~r ~de ~t tr.* 대학살을 잔행하다.

massaved *~en 0* 펄프재 (材).

massera *~r ~de ~t tr.* …에게 마사지를 하다.

massiv[1] *a.* 크고 묵직한, 육중한; 속이 비지 않은 (나무 따위).

massiv[2] *~et ~* 대산괴(大山塊), 단층지괴.

masskorsband *~et ~* 요금 별납 우편.

M

massmedi|um *-et, -a/-er* 매스미디어, 대량 전달 매체.

massminne *~t ~n* 【정보통신】 대용량 기억 장치.

masspsykos [-psykɷ:s] *~en ~er* 군중 이상(異常)심리.

massvis *adv.* ~ av (med) hus 수많은 집.

massọ̈r *~en ~er* (남자) 마사지사, 안마사.

massös *~en ~er* (여자) 마사지사.

mast *~en ~er* 돛대, 마스트; 높은 기둥, 장대.

mastig *a.* 【일상적】 튼튼한, 굳건한; 진한, 걸죽한.

mạstix *~en 0* 유향수지(乳香樹脂); 회반죽의 일종.

mastodont [-dɔnt] *~en ~er* 마스토돈 (코끼리와 비슷한 고대의 대형 포유동물).

masturbatiọn *~en ~er* 수음(手淫).

masturbera *~r ~de ~t itr.* 수음하다.

masugn [-ɵŋn] *~en ~ar* 용광로.

masurbjörk *~en ~ar* 단단하고 옹이가 많은 자작나무.

masurk|a *-an -or* 마주르카 (폴란드의 경쾌한 춤).

mat *~en 0* 식품, 먹을 것, 식료품, 요리; ett mål ~ 한 끼의 식사; ~ och dryck 음식물; ~ och husrum 식사를 제공하는 하숙; ~en är halva födan 음식은 생명의 양식이다; laga ~ 요리하다; vara liten i ~en 소식가이다.

mata *~r ~de ~t tr.* 먹이다; (지식, 생각 따위를) 머리에 채우다; (기계에) 원료 (자료)를 공급하다, 【컴퓨터】 입력하다.

matador [-do:r] *~en ~er* 투우사.

matarbuss *~en ~ar* 지선(支線) 버스.

matbestick *~et ~* (집합적) 식탁용 도구 (나이프, 포크 따위).

matbord *~et ~* 식탁.

matbröd *~et ~* 식빵.

match [matʃ] *~en ~er* 경기, 시합; det är en enkel ~ 그것은 누워서 떡먹기다.

matcha *~r ~de ~t tr. itr.* ① 【스포츠】 ~ ngn …에 필적하다, …과 대등하다 ② 어울리게 하다, 어울리다; mattan och gardinerna ~r inte 그 양탄자와 커튼은 잘 조화되지 않는다.

matchboll *~en ~ar* 매치 포인트 (승패를 좌우하는 마지막 1점).

matematịk *~en 0* 수학.

matemạtiker *~n ~* 수학자.

matemạtisk *a.* 수학의, 수학적인.

materi|a/materi|e *-en -er* 물질, 본질.

materiạl *~et ~* 재료, 원료, 자료.

materialförvaltar|e *-[e]n ~* 창고 관리인.

materialisẹra *~r ~de ~t tr. rfl.* 구체화하다, 실현시키다.

materialism *~en 0* ① 【철학】 유물론, 유물주의 ② 물질주의, 실리주의.

materialịst *~en ~er* 유물론자; 물질주의자.

matẹrie ☞ materia.

materiẹl *~en 0* 실비, 부품, 장치, 용구; 부속물.

materiẹll *a.* 물질의, 물질적인; ~a tillgångar 유형 자산.

matfett *~et ~er* 요리용 기름, 식용기름.

matfrisk *a.* 식욕이 왕성한.

matförgiftning *~en ~ar* 식중독.

mathållning *~en 0* 음식을 조달하는 일.
matiné *~n ~er* (영화, 연극 등의) 낮 흥행 (공연).
matjessill *~en ~ar* 간물에 절인 청어.
matjord *~en 0* 표토(表土), 상층부 흙.
matlag *~et ~* 종종 식사를 같이 하는 그룹.
matlagning *~en ~ar* 요리, 요리법.
matlust *~en 0* 식욕.
mat|mor (불변화명사)【고어】 여주인, 마님; 여성 가축 소유자, 사육주.
matnyttig *a.* ① 먹을 수 있는, 식용의 ② 쓸모 있는, 유용한.
matolj|a *-an -or* 식용유.
matpengar (복수명사) 가계돈, 살림살이 돈.
matriarkat *~et 0* 여가장제(女家長制).
matrik|el *-eln -lar* 명부, 기록부.
matris *~en ~er* 모체, 기반; 모형(母型), 자형.
matron|a [-rɷ:na] *-an -or* (품위 있고 지체가 높은) 기혼녀.
matros [-rɷ:s] *~en ~er* (갑판에서 일하는) 5년 이상의 경험이 있는 선원.
maträtt *~en ~er* 요리.
mats (불변화 en-명사) ta sin ~ ur skolan 퇴각하다, 손을 떼다, 난처한 입장에서 빠져 나오다.
matsal *~en ~ar* 식당.
matsed|el *-eln -lar* 식단표, 메뉴.
matsilv|er *-ret 0* 은으로 된 식사도구.
matsked *~en ~ar* 식탁용 큰 스푼.
matsmältning *~en ~ar* 소화(消化).
matsmältningsapparat *~en 0* 소화계통.
matsmältningskanal *~en ~er* 소화[기]관.
matstrup|e *-en -ar* 식도, 목구멍.
matsäck [masɛk/ma:tsɛk] *~en ~ar* 도시락 rätta mun[nen] efter ~en 환경에 익숙해지다, 분수에 맞는 생활을 하다.
matt[1] Ⅰ. *a.* ① 기절할 듯한, 약한, 힘없는, 기운이 없는 ② (표면, 빛깔 등이) 반들거리지 않는, 광택이 없는, 칙칙한 Ⅱ. (불변화형용사) (서양장기에서) 판이 결정 난.
matt[2] *~en 0* (서양장기에서) 외통 장군; göra ngn ~ …를 외통수로 몰다.
matt|a[1] *-an -or* 양탄자, 융단; hålla sig på -an 제 분수를 알다, 정도를 넘지 않다, 자제하다.
matta[2] *~r ~de ~t tr. itr.* 약하게 하다, 힘이 빠지게 하다; ~ *av* 약해지다.
matta|s *-s -des -ts itr. dep.* 약해지다, 쇠퇴하다, (색깔이) 바래다, (빛이) 희미해지다, (소리가) 사라지다.
matt|e Ⅰ. *~n 0*【일상】 수학 Ⅱ. *-en -ar* (개나 고양이 등의 집짐승을 기르는) 여주인.
Matteus【성서】 마태 (그리스도 12 사도 중의 한 사람).
matthet *~en 0* 기력이 없음, 피곤함.
mattighet ☞ matthet.
matvanor (복수명사) 음식습관.
matvaror (복수명사) 음식물.
matvägran *~ 0* 식사거부.
mausergevär *~et ~* 모제르총.
mausole|um *-et -er* 영묘(靈廟), 능(陵).
maxim *~en ~er* 격언, 금언, 처세훈.
maximal *a.* 최대의, 최고의.
maximera *~r ~de ~t tr.* ① 최대

M

(최고) 한계를 두다, 제한시키다; hastigheten är ~d till 70 km/h 최고속도는 시속 70킬로미터로 제한되어 있다 ② 최대한으로 (극대화)하다; ~ insatserna för att bli färdiga i tid 제시간에 끝내기 위해 노력을 극대화하다.

maxim|um *-um/-et, -a/-um* 최대, 최대량 (수).

mazarin *~en ~er* 양과자의 일종 (속은 아몬드 덩어리로 채우고 겉은 설탕을 발라 구운 것).

MBL ☞ **medbestämmandelag.**

mecenat *~en ~er* (예술, 학문 등의) 후원자.

med¹ *adv.* ① 역시, 마찬가지로; ge mig det ~ 그것도 나에게 줘; det tycker jag ~ 나도 그렇게 생각해; till och ~ jag 나까지도 ② (강세접사처럼) följa (gå) ~ 동행하다; jag håller ~ [dig] om det 그것에 대해서 너와 같은 의견이다.

med² *prep.* ① a) …으로 (도구나 운송수단 등); skriva ~ blyertspenna 연필로 쓰다; ~ post 우편으로 b) (비율, 득점 등) höja ~ 10 procent, 10% 올리다; vinna ~ 2-1, 2대1로 이기다 ② …으로 (방법, 속도, 결과 등); ~ stora bokstäver 대문자로; tala ~ brytning 지방(외국) 사투리로 말하다; ~ en hastighet av 80 km 80킬로미터의 속도로; ~ fem minuters mellanrum 5분 간격을 두고; ~ andra ord 다시 말해서; ~ säkerhet 확실하게; sluta ~ en katastrof 파멸로 끝나다 ③ …와 함께, …와 같은 식으로, …와의 사이에; diskutera ~ …와 토의하다; hon har två barn ~ sin första man 그녀는 첫 남편과의 사이에 자식 둘을 두었다; jag tror ~ dig 나는 너처럼 생각한다; kapplöpning ~ tid 시간과의 싸움 (경주) ④ …와(과) (합(合), 친척관계, 비교 등); förlovad(gift) ~ …와 약혼(결혼)한; jämföra ~ …와 비교하다; vara släkt ~…와 친척이다 ⑤ …을 가진, 갖춘(설비, 장치 등) a) …을 가지고 있는, …을 입고 있는; vara ~ barn 임신 중이다; en man ~ rött hår 빨간 머리의 남자; en man ~ grå kavaj 회색빛 외투를 입고 있는 남자 b) …를 가지고 있는, 담고 있는; en plånbok ~ 100 kr, 100 크로나가 든 지갑; en lista ~ namn 명부(名簿) c) …임에도 불구하고; ~ all beundran för hans nit 그의 열성에 감탄은 하지만 ⑥ 그리고; ~ flera (약어; m.fl.) 등등; ~ mera (약어; m.m.) 등등; det ena ~ det andra 이것저것 ⑦ …을 포함하여; ~ dricks 봉사료 (팁)를 포함하여; ~ föraren var vi fem 기사(운전수)를 포함해서 우리는 다섯 명이었다 ⑧ (동시 또는 병행의 뜻) ~ en gång 동시에, 바로; ~ ens 갑자기; 동시에; ~ åren 세월이 흐름에 따라, 시간이 지남에 따라 ⑨ a) …에 대해; nöjd ~ …에 대해 만족한 b) (비인칭 표현과 함께), det drog ut på tiden ~ arbetet 그 일을 하는 데 시간이 걸렸다; hur står det till ~ dig? 너 어떻게 지내니?; vad är det ~ dig? 너 무슨 일이야? 왜 그래?; det är likadant ~ mig 나에게도 마찬가지야 ⑩ (소유관계를 나타냄), felet ~ honom 그의 잘못; fördelen ~ detta system 이 체계(방법)의 이점 ⑪ (기타) a) 동명사와 함께; ~ bifogande av …를 동봉하면서; ~ hänvisning till …를 참조하기

바라며 b) (축약된 표현에서), bort (upp) ~ händerna! 손치워 (들어)!; hit ~ pengarna! 돈 내놔!; tyst ~ dig! 너 조용히 해!; ut ~ er! 너희들 밖으로 나가!

med[3] *~en ~ar* (스케이트, 썰매 따위의) 활주부.

medalj *~en ~er* 메달, 상패, 기념패, 기장, 훈장; ~ens frånsida 메달의 뒷면; 좋은 일의 이면.

medaljong [–ɔ̣ŋ] *~en ~er* 큰 메달, 상패; (초상화 따위가 새겨져 있는) 원형의 양각(陽刻).

medaljör *~en ~er* 메달 수령자.

medan *konj*. …하는 동안에; 반면에; du kan läsa en bok ~ jag skriver brevet 내가 편지를 쓰는 동안 너는 책을 읽어라; några lever i lyx ~ andra svälter 어떤 사람들은 굶주리는 반면에 어떤 사람들은 사치스레 살고 있다.

medarbetar|e *–[e]n ~* 동료, 보조원.

medbestämmande *~t 0* (노조 측의) 의사결정 참여권.

medbestämmandelag *~en ~ar* (노조 측의) 경영참여권 (MBL).

medborgar|e *–[e]n ~* 국민, 시민; svensk ~ 스웨덴 국민.

medborgarrätt *~en ~er* 공민권, 민권.

medborgarskap *~et ~* 국적, 시민권, 공민의 신분 (자격).

medborgerlig *a*. 공민의, 시민의.

meddela *~r ~de ~t* Ⅰ. *tr*. ① …에게 알리다, …에게 통지하다; vi ber Er ~ …귀하의 연락을 바랍니다; jag låter ~ … 제가 알려 드리겠습니다; han lät ~ att 그가 …라고 알려 왔다; jag ber härmed få ~ 본인은 …을 전달(통지)하고자 합니다; det ~des mig att 나에게 …라고 알려왔다 ② 주다, 제공하다; (명령, 법률 따위를) 내다, 발하다; 승인하다; ~ dom 판결을 내리다; ~ ngn kunskaper …에게 지식을 전수하다 Ⅱ. *rfl*. 의사를 소통하다; han hade svårt att ~ sig med publiken 그는 청중에게 자신의 뜻을 전달하기가 어려웠다.

meddelaktig *a*. vara ~ i ett brott 범죄에 공모하다.

meddelande *~t ~n* 전언, 전갈; 통지; 발표; radio~ 라디오 발표; det ligger ett ~ på bordet 전달 쪽지가 책상 위에 놓여있다 ~ om …에 관한 통지.

meddelar|e *–[e]n ~* 전달자, 통지자, 발표자.

meddelsam *a*. 마음을 터놓고 말하는; 소식을 잘 알려 주는.

meddetsamma *adv*. 즉시(medsamma).

med|e *–en –ar* 썰매의 활주부 ☞ med[3].

med|el *–let ~* ① 방법, 수단; bote~ 치료제; läke~ 의약품; antiseptiskt ~ 방부제; med alla ~ 모든 수단 (방법)을 다해; han skyr inga ~ 그는 수단과 방법을 가리지 않는다 ② 돈, 자금; allmänna ~ 공금; förfoga över betydande ~ 상당한 재원을 가지고 있다.

medelbar *a*. 간접적인; ~ besittning 간접 소유.

medelbetyg *~et ~* 평균성적.

medeldistans *~en ~er* 중거리; ~robot 중거리 미사일.

Medelhavet 지중해.

medelklass *~en ~er* 중간 계급, 중산층.

M

medellivslängd *~en ~er* 평균 수명.

medellängd *~en ~er* 평균 신장.

medellös *a.* 재력이 없는, 가난한, 빈곤한.

medelmått|a *-an -or* ① 평균, 평범; över (under) ~n 평균 이상 (이하) ② 평범한 사람, 범인(凡人).

medelmåttig *a.* 평균의, 평범한.

medelproportional *~en ~er* 【수학】 비례 중항.

medelpunkt *~en ~er* 중심점, 중앙; en cirkels ~ 원심; han blev snabbt sällskapets ~ 그는 곧바로 사교계의 중심이 되었다.

medelst *prep.* …을 통해, …을 수단으로, …을 이용하여.

medelsvens|son *0 -söner* 보통 스웨덴인, 평균적인 스웨덴 사람.

medeltal *~et ~* 평균; ~et av 3 och 5 är 4, 3과 5의 평균치는 4이다.

medeltida *a.* 중세의.

medeltiden (정형명사) 중세.

medelväg *~en ~ar* 중도(中道); den gyllene ~en 중용지도(中庸之道).

medelvärde *~t ~n* 평균치.

medelåld|er *-ern -rar* ① 평균 연령 ② 중년; en man i ~n 중년의 남자.

medfaren *a.* illa ~ (물건이) 함부로 사용된, 닳고 해진.

medfödd *a.* 선척적인, 타고 난; en ~ talang för målning 타고 난 미술 재능.

medför|a *- -de -t tr.* ① 가져오다, 휴대하다; 동반하다; förbjudet att ~ alkoholhaltiga drycker 주류 휴대 금지 ② …의 결과를 초래하다; en sjukdom som kan ~ döden 사망할 수도 있는 병.

medge/medgiva *medger/medgiver, medgav, medgett/medgivit* ① 허락하다, 허가하다; lagen medger inga undantag 법에는 예외가 없다 ② 인정하다, 시인하다; han medgav att han hade misstagit sig 그는 자신이 실수했음을 시인했다.

medgivande *~t ~n* ① 허락, 허가 ② 인정, 시인; 양보; få motparten till vissa ~n 상대방에게 몇 가지 양보를 얻어내다.

medgång *~en ~ar* 성공; 행운; 번영; må lycka och ~ följa dig 다복과 행운이 있기를!

medgörlig [me:djœ:[i(g)] *a.* 고분고분한, 말 잘 듣는, 순종하는.

medhavd *a.* 가져온, 휴대한; vi åt de ~a smörgåsarna 우리는 가져온 샌드위치를 먹었다.

medhjälpar|e *-[e]n ~* 조수, 조력자.

medhåll *~et 0* 지지; 동의; 후원; 총애; få ~ hos (av) ngn …로부터 지지를 받다; han har ~ hos läraren 그는 선생님으로부터 총애를 받고 있다.

medhårs *adv.* 털이 나 있는 방향으로; stryka hunden ~ 털이 난 방향으로 개를 쓰다듬다.

medicin *~en ~er* ① 의학; invärtes~ 내과 ② 의약, 약품; host~ 기침약.

medicinalråd *~et ~* 사회복지청의 의료담당국장.

medicinväxt *~en ~er* 약용 식물.

medicinar|e *-[e]n ~* 의과대학생; 의사.

medicine (불변화형용사) ~ doktor 의학 박사.

medicinera *~r ~de ~t itr.* 약을 먹다.

M

medicin|man *−mannen −män* 주술사(呪術師).

medicinsk *a*. 의학의; ~a fakulteten 의학부.

medikamẹnt *~et, ~/~er* 의약.

medio (전치사 또는 불변화명사로 사용) ~ (i ~ av) April 사월 중순에.

meditation *~en ~er* 묵상, 명상; 숙고, 고찰.

meditatịv *a*. 묵상의, 명상에 잠기는.

meditera *~r ~de ~t itr*. 명상하다, 묵상하다; 숙고하다.

medi|um *−et, −er/−a* ① 가운데, 중(中) i −et av juni 유월 중순 ② 【수학】 평균치 ③ 매개[물], 매체, 수단; massmedia 대중보도기관, 매스미디어 ④ 무당, 영매(靈媒).

medkänsla *−n 0* 동정; hysa ~ med de förtryckta 압박받는 사람들에 대한 동정을 품다.

medla *~r ~de ~t* Ⅰ. *itr*. 중재하다; ~ i lönekonflikten 임금분쟁을 중재하다 Ⅱ. *tr*. 조정하다, 화해시키다; ~ fred 평화를 중재하다.

medlar|e *−[e]n ~* 중재자, 조정자.

medlem *~men ~mar* 회원.

medlemskap *~et 0* 회원임, 회원자격.

medlidande *~t 0* 연민, 동정.

medlidsam *a*. 동정 (연민)을 느끼는.

medling *~en ~ar* 조정, 중재.

medlingsförslag *~et ~* 조정안, 중재안.

medlingskommision *~en ~er* 중재 (조정) 위원회.

medljud *~et ~* 자음 (子音) (모음 självljud).

medmännisk|a *−an −or* 같은 인간, 동포; ge en av sina njurar åt en livshotad ~ 생명을 잃을 위험에 처해 있는 사람에게 자신의 신장 중의 하나를 기부하다.

medryckande *a*. 사로잡는, 흥미진진한; ett ~ krigsreportage 흥미진진한 전쟁르포.

medsols *adv*. 시계바늘과 같은 방향으로.

medtagen *a*. 지친, 기력이 다한, 맥빠진; han var svårt ~ efter sjukdomen 그는 병을 앓은 후로 기력이 매우 쇠잔해 있었다.

medtävlar|e *−[e]n ~* (시합의) 상대방, 경쟁자.

medurs *adv*. 시계바늘과 같은 방향으로.

medverka *~r ~de ~t itr*. 참여하다, 기여하다; 보조하다; 협연하다; en ~nde orsak till prisstegringarna var oljekrisen 가격상승을 부채질한 한 가지 요인은 석유파동이었다.

medverkan (불변화 en−명사) 참여, 기여; 보조; 협연.

medvetande *~t 0* 의식; förlora ~t 의식을 잃다.

medveten *a*. 알고 있는, 의식하고 있는; vara ~ om …을 의식하고 있다.

medvetslös *a*. 의식불명의, 의식을 잃은.

medvind *~en ~ar* 순풍; segla i ~ 순풍에 항해하다; videobranschen seglar för närvarande i ~ 비디오 업계는 현재 활황중이다.

medvurst *~en ~ar* 소고기나 돼지고기를 다져서 만든 소시지의 일종.

medömkan (불변화 en−명사) 동정, 연민.

M

mefistofẹlisk *a*. 악마의, 악마 같은.

megafon [-fo:n] *~en ~er* 확성기.

megaton [-to:n] *~net ~* 백만 톤, 메가톤 (핵무기의 폭발력 단위; 1메가톤은 TNT 백만 톤의 폭발력에 상당함).

megär|a [-gæ-] *-an -or* 악독한 여자.

meja *~r ~de ~t tr*. 낫으로 베다, 자르다.

mejerị *~et ~er* 낙농, 착유장 (搾乳場), 버터 · 치즈 제조장.

mejerist *~en ~er* 낙농장 주인 (관리인).

mejl *~et ~* 【정보통신】 이메일(e-mail), e-post라고도 함.

mejram *~en 0* 【식물】 마요라나 (꿀풀파의 식물 : 약용, 향미용).

mejs|el *-eln -lar* 【연장】 끌; skruv~ 【연장】 드라이버.

mejsla *~r ~de ~t tr*. 끌로 깍다, 끌로 파다.

meka *~r ~de ~t tr*. 수리하다; (기계를) 손보다.

mekanịk *~en 0* ① 기계학, 역학 ② 기계[장치], 구조; urets invecklade ~ 시계의 복잡한 기계 장치.

mekạniker *~n ~* 기계공, 기계 수리공; bil~ 자동차 수리공.

mekanisera *~r ~de ~t tr*. 기계화하다.

mekanisering *~en ~ar* 기계화.

mekạnisk *a*. ① 기계학의, 역학의 ② 기계[장치]의, 구조의.

mekanism *~en ~er* ① 기계[장치], 구조 ② 【철학】 우주 기계론.

melankolị *~n 0* 우울[증].

melankolisk *a*. 우울한.

melạss *~en 0* 당밀.

melerad *a*. 색깔이 섞인, 혼합된.

mellan *prep*. (두 개의) 사이에 (가끔 영어의 among이란 뜻으로도 사용됨); ~ femtio och sextio personer 50명과 60명의 사이; läsa ~ raderna 행간을 읽다; ~ fyra ögon 내밀히.

mellanakt *~en ~er* (연극의) 막간, 휴식시간.

mellandag *~en ~ar* ① 공휴일 사이에 끼는 날 ② 액일, 운수 사나운 날; världsmästaren hade en ~ och slutade sexa 세계 챔피언은 그 날 저조하여 6위를 했다.

mellanfolklig *a*. 민족 간의, 국민 간의.

mellangärde *~t ~n* 【해부】 횡경막.

mellan|hand *~en -händer* ① 중간상인 ② 중개자, 조정자.

mellanhavande *~t ~n* 청산을 못한 (미해결의, 미결제의) 계산, 셈; 갈등, 불화; låt oss glömma våra små ~n och vara vänner 우리의 자질구레한 불화를 잊고 친구가 되자.

mellankomst *~en 0* 중재, 조정, 개입.

mellanlanda *~r ~de ~t itr*. (비행기가 도중에) 기착(寄着)하다.

mellanmål *~et ~* 간식.

mellanrum *~met ~* 사이, 간격, 간극; med korta ~ 짧은 간격으로.

mellanserver *~n servrar* 【정보통신】 프락시 서버 (proxyserver; 컴퓨터 시스템에 침입 차단 시스템(firewall)을 설치하는 경우 외부와 연결하여 통신을 하도록 만들어 놓은 서버. 사용자가 외부에 접근하여 한 번 이용한 정보는 프락시 서버에 저장되어, 이후에 다시 정보를 요청하면 프락시 서버에 저장된 정보를 바로 제공한다).

mellanskillnad *~en ~er* 차액; de flyttade över till första klass och betalade ~en 그들은 1등석으로 옮기고 차액을 지불했다.

mellanslag *~et ~* ① (타자에서) 글자간 간격 ②【인쇄】인테르 (활자의 행간에 삽입하는 납).

mellanspel *~et ~* 막간극; 간주곡.

mellanstadi|um *-et -er* 중급, 중급 과정 (9년제 스웨덴 기초 학교에서 4, 5, 6학년을 가리킴).

mellanstick *~et ~* (텍스트 안으로의) 삽입, 끼워 넣기.

mellanting *~et ~, ett ~ mellan …* 중간물, 가운데 것.

mellanvar|a *-an -or*【정보통신】미들웨어 (middleware; 주로 상하 관계나 동종 관계로 구분할 수 있는 프로그램 사이에서 매개 역할을 하거나 프레임워크 역할을 하는 일련의 중간 계층 프로그램).

mellanvikt *~en 0* (격투기에서) 중량급.

mellanvåg *~en ~or* (라디오의) 중파.

mellanör|a *-at -on*【해부】중이(中耳).

Mellanöstern 중동(中東).

mellerst *adv.* 가운데; han satt ~ i soffan 그는 소파 가운데에 앉아 있었다.

melodị *~n ~er* 곡조, 멜로디, 가락.

melọdisk *a.* 선율이 아름다운, 곡조가 좋은.

melodrạm *~en ~er*/**melodram|a** *-at -er* 멜로드라마 (권선징악 위주의 통속극).

melodramạtisk *a.* 멜로드라마 식의, 신파 연극식의, 몹시 감상적인.

melọn *~en ~er*【과일】멜론, 참외.

membrạn *~en ~er* ① 얇은 막(膜), 막피(膜皮) ② (송 · 수화기 등의) 진동판.

memoạrer (복수명사) 회고록, 자서전.

memorạnd|um *-um/-et, -a* 비망록, 메모.

memorera *~r ~de ~t tr.* 암기하다.

memoriạl Ⅰ. *~et ~* ① 공식보고서 ②【외교】각서 Ⅱ. *~en ~er* (거래의) 적요(摘要).

men[1] *konj.* ① 그러나, 그렇지만, 그런데; han är bra ~ alldeles för ung 그는 양호하나 너무 어리다; nej ~ mamma! 아이구! 엄마! ② (장애, 걸림, 난관; 반대), inga ~ nu, du skall gå och lägga dig 잔소리 그만하고 자리에 눕도록 (자도록)해라.

men[2] *~et 0* 상처, 해, 손상; han fick ~ för livet av olyckan 그는 그 사고로 평생 동안 낫지 않는 상처를 입었다.

mena *~r ~de ~t tr. itr.* ① 의미하다, 뜻하다, 말하고자 하다; ~ allvar 심각하다; jag ~de inget illa med det 그는 아무 뜻이 없이 그랬다; jag ~r bara väl med dig 나는 단지 너를 위해 그런 거야 ② …라고 생각한다; han ~r att… 그는 …라는 의견을 가지고 있다 ③ (말할까 말까) 망설이다; stå inte där och ~, fram med vad du har på hjärtat! 망설이고 서 있지만 말고 마음속에 있는 말을 해 보아라.

menageri [-ʃerị] *~et ~er* 이동 (유랑) 동물원.

menande[1] *a.* 의미심장한, 뜻있는.

menande[2] *adv.* 의미심장하게, 뜻있게; se ~ på ngn …를 의미심장하게

M

쳐다 보다.

mẹned ~*en* ~*er* 【법】 위증[죄].

menig[1] *a*. ~e man 일반(보통) 사람.

menig[2] (형용사의 명사화) 【군대】 병졸.

menighet ~*en* ~*er* (교회에 모인) 회중, 군중.

mening ~*en* ~*ar* ① 의견, 견해; vad är din (var har du för) mening om saken? 그 일에 대해 너는 어떻게 생각하니?; dela ngns ~ (vara av samma ~ som ngn) …와 같은 의견이다; stå för sin ~ 확고한 견해를 가지고 있다; säga sin ~ rent ut 자신의 의견을 솔직하게 말하다 ② 의도, 뜻, 목적; det är inte min ~ att gå 갈 작정은 아니다; det var inte ~en 그럴 뜻은 아니었다, 일부러 그런 것은 아니었다; vad är ~en med det här? 이것이 무엇을 뜻하는가?; i bästa ~ 선의로; det gjordes inte i någon ond ~ 악의로 그런 것은 아니었다 ③ 의미, 뜻; det är ingen mening med att …하는 것은 아무 의미가 없다 ④【문법】 문장.

meningsbyggnad ~*en* ~*er* 문장 구조.

meningsbyte ~*t* ~*n* 토론, 논쟁.

meningsfrände ~*n* ~*r* 동지, 동지자, 지지자.

meningsfull/meningsfylld *a*. 의미 있는.

meningslös *a*. 의미 없는, 무의미한.

meningsskiljaktighet ~*en* ~*er* 견해 차이.

menịsk ~*en* ~*er* 요철, 렌즈; 원통 속 액체의 오목한 (볼록한) 면.

menlig *a*. 해가 되는, 상처를 주는, 손상을 입히는.

menlös *a*. 순진한, 악의 없는; 맛이 없는; 흥미 없는; Menlösa barns dag 갓난아기 순교자의 날 (헤롯왕에게 살해된 베들레헴의 사내 아기들의 추도일 12월 28일).

mens ~*en* *0* 【생리】 월경[기간].

menstruation ~*en* ~*er* 월경.

menstruera ~*r* ~*de* ~*t* *itr*. 월경을 하다.

mentạl *a*. 정신의, 마음의.

mentalhygien [–gjẹ:n] ~*en* *0* 정신위생법.

mentalitet ~*en* ~*er* 심적(정신) 상태, 심리, 사고방식, 성향, 성격.

mentalsjuk *a*. 정신이상의.

mentalsjukhus ~*et* ~ 정신병원.

mentol [–tọ:l] ~*en* *0* 【화학】 멘톨, 박하뇌.

menuẹtt ~*en* ~*er* 【무용】 미뉴에트 (춤).

meny ~*n* ~*er* ① 메뉴, 식단, 차림표 ②【컴퓨터】 메뉴 (표시 장치에 표시되는 입력 기법의 하나. 차림표라고도 한다. 화면에 사용자가 선택할 수 있는 항목을 표시한다).

menystyrt *a*. 【컴퓨터】 메뉴에 따라 조작하는 구조의.

mer/mera *a*. *adv*. 보다 많은, 더 큰, 이 이상의, 더 나아가서; 차라리, 오히려; det kräver ~ arbete 더 많은 일이 요구된다; om du går dit någon ~ gång 네가 언젠가 거기에 다시 가게 되면; han är ~ poet än tänkare 그는 사상가라기보다는 차라리 시인이다; han är inte ~ konstnär än jag 그는 나처럼 예술가가 아니다; i ~ egentlig bemärkelse 더 엄밀한 의미에 있어서, 더 엄밀하게 말하여; det är ~ ovanligt

오히려 드문 일이다; säg inte ~ 더 이상 말하지 마!; ingen ~ än han såg det 그 사람 외에는 아무도 그것을 보지 않았다; inte ~ än 10 personer 최대한 10명, 기껏해야 10명; för inte ~ än ett år sedan 단지 1년 전에; det räcker ~ än väl 충분하고도 남는다; ~ och ~ (allt~) 점점 더; mer eller mindre 다소간, 어느 정도.

Mercurius/Merkurius ① (로마 신화에 등장하는) 머큐리 신 ②【천문】 수성.

meridian *~en ~er* 자외선, 경선(經線).

merit *~en ~er* ① 자격, 경력 ② 장점, 상점(賞點).

meritera *~r ~de ~t* Ⅰ. *tr*. …에게 자격을 보태주다; språkkunskaper anses ~nde 어학실력은 자격을 높여주는 것으로 사려된다 Ⅱ. *rfl*. 자격을 갖추다, 얻다.

meritförteckning *~en ~ar* 이력서.

merkantil *a*. 무역의, 상업의.

Merkurius ☞ **Mercurius**.

mersmak *~en 0* (…을 더 하고 싶은) 욕구, 욕망; det spännande inlednings-kapitlet gav verkligen ~ 흥미진진한 첫 장(章)이 정말로 읽고 싶은 마음을 불러일으킨다.

mervärde *~t ~n*【경제】 잉여 가치.

mervärdesskatt *~en ~er*【경제】 부가가치세.

mes *~en ~ar* ① 박새 과의 작은 새 ② 배낭 틀 ③ 겁쟁이.

mesallians [-ạŋs] *~en ~er* 어울리지 않는 결혼, 사회적 지위가 낮은 사람과의 혼인.

mesan *~en ~er* 뒷 돛대의 세로 돛.

meson [-ọ:n] *~en ~er*【물리】 중간자.

Mesopotamien【지리】 메소포타미아.

mesopotamisk *a*. 메소포타미아의.

mesost *~en ~ar* 유장(乳漿) 치즈.

Messias 메시아, 구세주.

messmör *~et 0* 유장(乳漿) 버터.

mest[1] *a*. (명사로도 사용됨) 가장 큰 (많은), 최대 (최고)의; 대개의, 대부분의; han fick ~ av dem alla 그들 중에서 그가 가장 많이 받았다; där det finns ~ [med] bilar 가장 많이 차가 있는 곳에; det som tar ~ tid 시간이 가장 많이 드는 것; det upptar [den] ~a tiden 그것이 대부분의 시간을 차지한다; det ~a teet exporteras 차(茶)의 대부분은 수출 된다; det allra ~a i boken är sant 책의 내용 중 대부분은 사실이다; han har sett det ~a i livet 그는 인생의 거의 모든 것을 보았다.

mest[2] *adv*. ① 가장, 최대한으로; en av våra ~ kända författare 우리에게 가장 널리 알려진 작가들 중의 하나; på det ~ hjärtlösa sätt 가장 무자비하게 ② 대부분, 주로, 일반적으로; han fick ~ pengar 그가 가장 많은 돈을 받았다; 그는 주로 돈을 받았다; han röker ~ pipa 그는 주로 파이프 담배를 피운다; som pojkar är ~ 남자아이들이 대개 그러하듯이 ③ 거의; sova ~ hela dagen 거의 온종일을 자다.

mestadels *adv*. 주로, 대부분이, 대개; ~ svag vind 대체로 약풍.

mestis *~en ~er* (특히 스페인 사람과 북아메리카 원주민의) 혼혈아.

meta *~r ~de ~t* Ⅰ. *tr*. (고기를)

낚다 Ⅱ. *itr*. 낚시질하다.

metafor [–fo:r] *~en ~er* 은유[법].

metafysik *~en 0* 형이상학.

metafysiker *~n 0* 형이상학자.

metafysisk *a*. 형이상학의.

metall *~en ~er* 금속.

metallisk *a*. 금속의, 금속성의.

metallurgi [–gi] *~n 0* 야금[학], 야금술.

metamorfos [–fo:s] *~en ~er* 탈바꿈, 변형, 변화.

metan *~et/~en, ~er* 메탄, 소기(沼氣).

metar|e *–[e]n ~* 낚시꾼.

metastas *~en ~er* 【의학】 (환부의) 전이(轉移).

metates *~en ~er* 【언어】 소리(글자)의 자리바꿈, 음위(자위) 전환; genom ~ av e och r uppstod namnformen Anders ur Andreas, e와 r의 자리전환에 의해서 Andreas란 이름이 Anders가 되었다.

mete *~t 0* 낚시[질].

meteor [–eo:r] *~en ~er* 유성, 별똥별, 운석; han har stigit upp som en ~ 그는 혜성과 같이 나타났다.

meteorit *~en ~er* (지구 표면에 떨어진) 운석.

meteorolog [–lo:g] *~en ~er* 기상학자.

meteorologisk *a*. 기상학의, 기상의.

meter Ⅰ. *~n ~* (길이 단위의) 미터; två ~s höjd 2미터 높이 Ⅱ. *~n metrar* 운율.

metkrok *~en ~ar* 낚시 바늘.

metmask *~en ~ar* 낚싯밥 지렁이.

metod *~en ~er* 방법, 방식; 처리, 절차.

metodik *~en 0* 방법론, 방법학.

metodisk *a*. 방법의, 방법론적인.

metodist *~en ~er* 감리교 신자.

metrik *~en 0* 시형론, 운율학.

metrisk *a*. 운율의, 운율적인.

metronom *~en ~er* 【음악】 메트로놈, 박절기(拍節器).

metropol [–po:l] *~en ~er* 대도시, (행정, 경제의) 중심지.

metspö *~[e]t ~n* 낚싯대.

metvurst ☞ **medvurst**.

metyl *~en 0* 【화학】 메틸, 목정(木精).

metylalkohol *~en 0* 메틸알코올.

Mexico 멕시코.

mexikan *~en ~er*/**mexikanar|e** *–[e]n ~* 멕시코 사람.

mexikansk *a*. 멕시코의.

mexikansk|a *–an –or* 멕시코 여자.

mezzosopran *~en ~er* 메조소프라노.

m.fl. (med flera의 준말) 등등.

miau *itj*. 야옹 (고양이 울음소리).

mick|el *–eln –lar* 중세의 서사시 '여우 (Mickel)'에 나오는 여우 이름.

middag [mida:g/mida] *~en ~ar* ① 정오; 한낮; klockan 12 ~en 정오에, 정각 12시에; god ~ 안녕하세요 (낮 인사); i går ~ 어제 낮에 ② 정찬; ~en var mycket lyckad 정찬 파티는 대 성공이었다; vara [borta] på ~ 정찬 파티에 나가고 없다; dricka öl till ~en 정찬에 곁들여 맥주를 마시다; äta fisk till ~[en] 정찬으로 생선요리를 들다.

middagshöjd *~en ~er* 자오선, 경선(經線); 정점, 절정.

midfastosöndag *~en ~ar* (주로 정형

M

으로) 사순절의 넷째 일요일.

midj|a *-an -or* 허리; 허리선; smal ~ 가는 허리.

midnatt *~en 0* 자정; vid ~ 자정에.

midskepps *adv*. 배의 한 가운데에.

mid|sommar *-sommaren -somrar* 하지 (스웨덴에서는 큰 축제일 중의 하나임).

midsommar|afton *-aftonen -aftar* 하지 전야, 하지 전날.

midsommardag *~en ~ar* 하지 날.

midsommar|stång *-stången -stänger* 하지 날 축제를 위해 꽃이나 나뭇잎으로 장식한 기둥.

midvint|er *-ern -rar* 동지(冬至).

mig ☞ jag.

migration *~en ~er* 이주, 이동.

migrạn *~en 0* 편두통 (偏頭痛).

miko ☞ mindervärdeskomplex.

mikrọb *~en ~er* 세균; 미생물.

mikrofilm *~en ~er* 마이크로필름; 축사 (縮寫) 필름.

mikrofọn *~en ~er* 마이크[로폰], 송화기.

mikromẹt|er *-ern -rar* (현미경, 망원경용의) 측미계(測微計), 측미척 (測微尺); mm(밀리미터)의 천분의 일.

mikroorganism *~en ~er* (박테리아 따위의) 미생물.

mikroskọp *~et ~* 현미경.

mikroskọpisk *a*. 현미경의, 현미경적인; 극히 작은, 극소한.

mikrougn *~en ~ar*/mikrovågsugn *~en ~ar* 전자레인지.

mil *~en ~*, en ~ 스웨덴 1마일 (10 km); engelsk ~ (영어권 국민 간의) 마일 (약 1609m).

mil|a *-an -or* 숯, 목탄을 만들어 내는 장치.

mild *a*. 부드러운, 온화한; (처벌 등이) 가벼운; 인자한; ~a makter (tid)! (du ~e!) 이런! 큰일났군! (놀람, 노여움을 나타내는 표현).

mildra *~r ~de ~t tr*. 부드럽게 하다, 누그러뜨리다, 가라앉히다, 완화시키다.

mildväd|er *-ret ~* 온화한 (겨울) 날씨.

milịs *~en ~er* 의용군, 시민군.

militant *a*. 호전적인, 전투적인.

militarism *~en 0* 군국주의.

militaristisk *a*. 군국주의의.

militieombudsman [militsə-] ~nen (MO) [스웨덴] 군사옴부즈맨.

militạ̈r[1] *a*. 군인의, 군대의.

militạ̈r[2] *~en ~er* ① 군인 ② ~en 군대; tillkalla ~en 군대를 동원하다.

militärisk *a*. 군인의, 군인다운; 군대의.

militärområde *~t ~n* 군사 관할 구역, 군사지역.

militärtjänst *~en ~er* 군 복무; inkallad till ~ 군복무 소집을 받은.

militärtjänstgöring *~en ~ar* 군 복무.

miljạrd *~en ~er* 십억.

miljon *~en ~er* 백만; ~ [av] människor 수백만 명.

miljonạ̈r *~[e]n ~er* 백만장자.

miljọ̈ *~n ~er* 환경, 자연환경.

miljöskadad *a*. 환경장애의.

mille, pro ~ ☞ promile.

milleniumproblematiken (정형명사) 【컴퓨터】 이천년문제(Y2K problem; 연도를 끝의 두 자릿수만으로 다루는 컴퓨터 시스템이 서기 2000년 이후의 날짜를 올바로 처리할 수 없어서 발생할 것으로 예상되었던 문제).

milliard ☞ miljard.

millibar *~en ~* 【기상】 밀리바 (1바의 천분의 일, 기압 시도 (示度)의 단위).

million ☞ miljon.

milsten *-en -ar*/**milstolp|e** *-en -ar* 이정표; 획기적인 사건.

milsvid *a*. 수마일 넓이의; ~a skogar 수마일 넓이의 숲.

mim *~en ~er* (옛 그리스, 로마의) 몸짓 익살극, 무언극.

mimicry *~n 0* 【생물】 의태(擬態)

mimik *~en 0* 표정.

mimisk *a*. 표정의; 몸짓 익살극의, 무언극의.

mimos|a *-an -or* 【식물】 함수초, 감웅초; 아카시아의 일종.

min[1] *poss. pron*. (*mitt*, *mina*) 나의, 나의 것; ~a damer och herrar! 신사 숙녀 여러분!; och jag, ~ åsna, som trodde honom 그리고 그를 믿은 바보 같은 나; på ~a och ~a kollegers vägnar 나와 나의 동료들을 대표하여; detta mitt förbiseende 이 같은 나의 소홀 (실수); denne ~ vän 이 나의 친구; jag har gjort mitt 나는 나의 몫을 해내었다; jag och de ~a 나와 나의 가족들.

min[2] *~en ~er* 표정, 모양, 태도; 외모; en bister ~ 혹독한 표정, 엄한 표정; göra ~er ① 얼굴을 찡그리다 ② …에게 신호하다; göra ~ av att gå 가려는 태도를 취하다; hålla god ~ i elakt spel 억지로 웃으며 참다; inte [för] ändra en ~ 눈썹 하나 까딱하지 않다.

min|a *-an -or* ① 지뢰 ② 광갱(鑛坑).

minaret *~en ~er* (회교 사원의) 뾰족탑, 첨탑.

mindervärdeskomplex *~et ~* 【심리】 열등 콤플렉스, 열등감.

mindervärdeskänsl|a *-an -or* 열등감, 열등의식.

mindervärdig *a*. 하위의; 열등한; 품질이 나쁜.

minderårig *a*. 성년에 달하지 않은, 미성년의.

mindre[1] *a*. (liten의 비교급) 더 적은, 더 짧은, 더 어린, 덜 중요한; av ~ betydelse 별로 중요하지 않은; Mindre Asien 소아시아; ett ~ fel 대수롭지 않은 잘못.

mindre[2] *adv*. (litet의 비교급), ett ~ gott resultat 별로 좋지 않은 결과; icke (inte) desto ~ 그럼에도 불구하고; med ~ (än att) 만약 …하지 않는다면; mer eller ~ 대략, 다소간.

mindretal *~et ~* 소수; vara i ~ 소수이다.

minera *~r ~de ~t* Ⅰ. *tr*. …의 밑에 구멍을 (갱도를) 내다 Ⅱ. *itr*, 지뢰를 부설하다.

mineral *~et*, *~/~[i]er* 광물, 무기물.

mineralogi *~n 0* 광물학.

mineralriket (정형명사) 광물계.

mineralvatt|en *-net 0* 광수(鑛水), 천연광천수; 탄산수.

minering *~en ~ar* 지뢰 부설.

minfält *~et ~* 지뢰밭.

miniatyr *~en ~er* ① 모형, 축소형, 축소 ② 세밀화(畵).

minimal *a*. 극소의, 미량의; 무한소의; 무시해도 좋을 정도의.

minimera *~r ~de ~t tr*. 최소화하다.

minimikrav *~et ~* 최소한의 요구.

minim|um *-et/-um/-umet, -a/-um* 최소, 최소 (최저) 한도; 【수학】 극소; reducera till ett ~ 최소한도로 줄이다.

minist|er *-ern -rar* 장관, 대신, 각료.

ministeri|um *-et -er* (장관이 통할하는) 부(部), 성(省).

ministär *~en ~er* 내각, (집합적으로) 장관[들].

mink *~en ~ar* 【동물】 밍크.

min|nas *-ns -des -ts tr. dep.* 기억하다, 상기하다, 회상하다; lätt att ~ 기억하기 쉬운; jag har svårt att ~ 나는 기억력이 좋지 않다; jag vill ~ att 내 기억에 의하면 …인 것 같다; du -ns fel 네 기억이 틀렸다; så länge jag kan ~ 내가 기억하는 한, 내가 기억하기로는.

minne *~t ~n* ① 기억, 상기; (컴퓨터의) 기억장치; ~n 회상록, 회고록, 자서전 (항상 복수); ett ~ för livet 영원히 간직될 기억, 평생의 추억; förlora (tappa) ~t 기억을 상실하다; ha (inte ha) ~ för …에 대한 기억력이 좋다 (나쁘다), …을 잘 외다 (외우지 못한다); jag har inget ~ av …에 대한 기억이 전혀 없다; ha (hålla) ngt i ~t …을 마음에 새겨 두다, …을 잊지 않다; lagra i ~t (컴퓨터) 기억장치에 입력시키다; lägga på ~t 기억해 두다; till ~[t] av …을 기념하여; dra sig till ~s 기억하다, 기억에 떠올리다; namnet har fallit mig ur ~t 그 이름은 나의 기억 속에 없다, 그 이름은 기억이 나지 않는다 ② 기념물; 기념품; 유물, 유적; som ~ 기념품으로[서] ③ 동의; med hans goda ~ 그의 동의와 함께, 동의를 얻어.

minnesbet|a *-an -or*, ge ngn en ~ …에게 본때를 보여주다 …에게 잊지 못할 교훈을 주다.

minnesgod *a.* 기억력이 좋은; ~ vänskap 영원한 우정.

minnesgömma *~n 0* 【컴퓨터】 캐시 기억 장치 (cacheminne라고도 함. 주기억 장치와 중앙 처리 장치(CPU) 사이에서 데이터와 명령어를 일시적으로 저장하는 소형의 고속 기억 장치).

minneskort *~et ~* 【정보통신】 메모리 카드.

minnesluck|a *-an -or* 기억이 나지 않는 부분.

minnesmärke *~t ~n* ① 기념품; 기념비 ② 유물.

minnesrun|a *-an -or* (약력을 붙여 신문에 싣는) 사망기사.

minoritet *~en ~er* 소수, 소수파, 소수당.

minsann[1] *adv.* 참으로, 정말로; det är ~ inte lätt 정말로 쉽지 않다.

minsann[2] *itj.* 과연, 어머나, 저런 (놀라움을 나타내는 말); ~, där är han 아니 그가 저기 있잖아!; [nej] ~ om jag det gör 설마 내가 그런 짓을 할라구.

minska *~r ~de ~t* Ⅰ. *tr.* 줄이다, 감소시키다, 낮추다; ~ segel 돛을 줄이다; ~ ngt till hälften …을 반감시키다 Ⅱ. *itr.* ① ~ på …을 줄이다, 감소시키다, 낮추다 ② 낮아지다, 감소하다; folkmängden har ~t 인구가 감소하였다; ~ 5 kilo i vikt 몸무게가 5킬로그램 줄다.

minskning *~en ~ar* 감소, 하락.

M

minspel *~et 0* 표정.

minst[1] *a*. ① 가장 작은; 가장 짧은; 가장 어린; den ~a (~e) av pojkarna 아이들 중 가장 어린애, 막내아들; jag har inte [den] ~a anledning att 나는 …할 이유가 전혀 없다; vid ~a beröring 조금만 움직여도, 조금만 손을 대도 (힘을 가해도); ~ till storleken 가장 작은 치수 ② 가장 적은; han fick ~ pengar 그가 돈을 가장 적게 받았다 ③ det ~a du kan göra är att …당신이 할 수 있는 최소한의 일로는 …이 있다; om du är det ~a rädd 당신이 조금이라도 두렵다면; om han vore det ~a [till] konstnär 그가 진실로 예술가라면.

minst[2] *adv*. 적어도, 최소한; när han [allra] ~ väntar det 그가 그것을 전혀 기다리지도 (기대하지도) 않고 있을 때; allra ~ 최소한; inte ~ 특히, 무엇보다도, 가장; ~ sagt 적어도, 줄잡아 말하더라도.

minsvepar|e *-[e]n ~* 소해정(掃海艇).

minsvepning *~en ~ar* 소해작업(掃海作業).

minus[1] *adv*. ~ 2 grader 영하 2도.

minus[2] *~et ~* ① 【수학】 마이너스 부호 ② 부족, 손해, 결손 ③ 약점; ligga på ~ efter den senaste spelomgången 마지막 게임 후로 손해를 보고 있다 (잃고 있다).

minusgrad *~en ~er* 영하 온도.

minut *~en ~er* ① (시간의 단위) 분; han talade i 25 ~er 그는 25분간 말(연설) 하였다; i sista ~en 가까스로 시간에 맞춰 (대어); på ~en 정각에, 제시간에 ② 소매; köpa (sälja) i ~ 소매로 사다 (팔다).

minuthandel ☞ detaljhandel.

minutiös [-çiø:s] *a*. 세밀한, 정밀한.

minutvisar|e *-[e]n ~* 분침(分針).

mirak|el *-let ~* 기적, 경이.

mirakulös *a*. 기적적인.

misantrop [-o:p] *~en ~er* 인간을 싫어하는 사람, 염세주의자.

misantropisk *a*. 인간을 싫어하는, 염세적인.

mischmasch *~et 0* 뒤범벅.

miserabel *a*. 불쌍한, 가여운, 비참한; 초라한, 비천한.

miss *~en ~ar* 실수, 과오, 실패; 못 (빗)맞힘.

missa *~r ~de ~t tr. itr*. 못 (빗)맞히다; 놓치다; 잃다; 실수하다; ~ poängen i … (과목)의 점수를 따지 못하다.

missakta *~r ~de ~t tr*. 소홀히 하다, 업신여기다, 경멸하다.

missanpassad *a*. 환경에 적응을 못한.

missbildad *a*. 기형의.

missbildning *~en ~ar* 기형.

missbruk *~et ~* 남용; 오용.

missbruka *~r ~de ~t tr*. 남용하다, 오용하다.

missdåd *~et ~* 잔악한 행위; 악행; 비행.

missdådar|e *-[e]n ~* 죄인; 범인; 악인.

miss|e *-en -ar* 애완용 고양이에 대한 애칭.

missfall *~et ~* 유산(流産).

missfirmelse *~n ~r* (말이나 글을 통한) 모독.

missfost|er *-ret ~* 기형적인 생물,

M

기형아, 불구, 괴물.

missförhållande *~t ~n* 불만족스러운 상황, 어려운 상태, 불편.

miss|förstå *-förstår -förstod -förstått tr.* 오해하다, 곡해하다, 잘못 이해하다.

missförstånd *~et ~* 오해; 곡해.

missgrepp *~et ~* 실수, 과오.

missgynna *~r ~de ~t tr.* 불공정하게 하다, 불리하게 하다.

missgärning *~en ~ar* 악행; 비행; 범죄.

misshag *~et 0* 불만, 미움, 불쾌; han ådrog sig direktörens ~ 그는 사장의 불만을 샀다.

misshaga *~r ~de ~t tr.* …을 불쾌하게 하다.

misshaglig *a.* 불쾌한.

misshandel *~n 0* 학대; 혹사.

misshandla *~r ~de ~t tr.* 학대하다, 혹사시키다.

misshugg *~et ~*, i ~ 실수로.

misshumör *~et 0* 나쁜(저조한) 기분; vara i (på) ~ 기분이 나빠 있다.

misshällighet *~en ~er* 불화.

mission [miʃɷːn] ① (공식적인) 임무 ② 사명; 천직; hon ser det som sin ~ att ta hand om de gamla 그녀는 노인을 돌보는 것을 그녀의 사명으로 알고 있다 ③ 선교활동.

missionera *~r ~de ~t itr.* 선교하다.

missionshus *~et ~* (국교에서 분리된) 교회의 예배당.

M

missionạr *~en ~er* 선교사.

missklä/misskläda *~r/~[de]r. -dde -tt tr.* (옷 따위가) 어울리지 않다.

missklädsam *a.* 어울리지 않는.

misskredit (불변화 en-명사) 불신, 불신임, 신용을 잃음, 의혹; råka i ~ hos ngn …로부터 신용을 잃다.

misskreditera *~r ~de ~t tr.* 불신하다, 불신임하다, 수상쩍게 여기다.

misskund *~en 0* 자비, 동정; diktatorn visade ingen ~ med de oppositionella 그 독재자는 자신을 반대하는 사람들에게 자비를 베풀지 않았다.

misskundsam *a.* 자비로운.

misskän|na *-ner -de -t tr.* 그릇 판단 (평가, 심판)하다.

misskött|a *-er -te -t* Ⅰ. *tr.* 소홀하게 하다, 잘못 관리하다 Ⅱ. *rfl.* 게으름피우다, 소홀하다; ~ sig i sitt arbete 자신의 직무를 소홀히 하다.

missle|da *-der -dde -tt tr.* 오도하다.

missljud *~et ~* 소음; 불협화음.

misslyckad *a.* 실패한.

misslyckande *~t ~n* 실패.

misslyck|as *~ -ades -ats itr. dep.* 실패하다.

misslynt *a.* 기분이 좋지 않은.

missmin|na *-ner -de -t rfl.* om jag inte -ner mig 내 기억이 틀리지 않다면.

missmodig *a.* 풀이 죽은, 용기를 잃은; 상심한.

missnöjd *a.* 불만의.

missnöje *~t 0* 불만.

missriktad *a.* 잘못 겨냥된, 목표 설정이 잘못된.

missroman *~en ~er* (비현실적인) 감상적 소설.

missräkna *~r ~de ~t rfl.* 계산 착오하다, 잘못 판단하다, 실망하다; ~ sig på ngn …에 대해서 실망하다.

miss | ta ☞ misstaga.

misstag *~et ~* 실수, 과오, 잘못.

miss | taga *−tar/−tager, −tog −tagit rfl*. 실수하다, 틀리다; om jag inte −tar mig 내가 틀리지 않다면; jag skulle mycket ~ mig om han inte gjorde det 그가 그러지 않는다면 나에겐 뜻밖의 일이 되겠지; ~ sig om vägen 길을 잘못 들다; ~ sig på ngn …에 대해서 잘못 평가하다, 실망하다, 잘못 알다; man kan inte ~ sig på avsikten 그 의도가 무엇인지는 불을 보듯 뻔하다 (확실히 알 수 있다); jag −tog mig på person 사람을 잘못 알았습니다.

misstank | e *−en −ar* 혐의, 의심; 심증; ~n om självmord 자살에 대한 의혹.

misstro[1] ☞ misstroende.

misstro[2] *~r ~dde ~tt tr*. 불신하다; ~ sig själv 자신을 믿지 않다, 자신이 없다.

misstroende *~t 0* 불신, 불신임.

misstroendevot | um *−umet, −a/−um* 불신임투표.

misstrogen *a*. 의심하는, 수상쩍어하는.

misströsta *~r ~de ~t* 절망하다, 비판하다.

misströstan (불변화 en−명사) 비판, 절망.

misstyck | a *−er −te −t itr. tr*. 싫어하다; om du inte −er 당신이 싫어하지 않는다면, 당신이 괜찮다면.

misstänk | a *−er −te −t tr*. 의심하다, 수상하게 생각하다, 혐의를 두다; 생각하다, 짐작하다; jag −er att han ljuger 나는 그가 거짓말을 하는지 의심스럽다; ~s för ngt …으로 의심을 (혐의를) 받다.

misstänklig | göra *−gör −gjorde −gjort tr*. 의혹을 불러일으키다, 혐의를 두게 하다; ~ ngns avsikter …의 의도를 의심하다.

misstänksam *a*. 의심스러운, 수상한, 혐의가 가는.

misstänkt *a*. ① 혐의를 받은; en ~ 혐의자 ② 수상한, 미심쩍은.

missunna *~r ~de t tr*. 시기하다; folk ~r honom hans rikedomar 사람들은 그의 부(富)를 시기한다.

missunnsam *a*. 시기하는.

missvisande *a*. 오도하는, 현혹시키는, 판단을 그르치게 하는.

missväxt *~en 0* 흉작; det rådde svår ~ i landet 그 나라에는 극심한 흉년이 들었다.

missväxtår *~et ~* 흉년.

missöde *~t ~n* 불운한 일, 재난 (olyckhändelse '불행' 보다는 약한 의미).

mist *~en 0* (엷은) 안개 (특히 항해와 관련해서).

mist | a *−er −[ad]e −[at] tr*. 잃다; ~ livet 생명을 잃다.

miste *adv*. ① 틀리게; bitterheten i hans röst var inte att ta ~ på 그의 목소리에 담긴 쓰라림을 흘려듣기는 어려웠다 ② gå ~ om ngt …을 잃다, 상실하다.

mist | el *−eln −lar* 【식물】 겨우살이.

mistlur *~en ~ar* 【항해】 농무(濃霧) 경적(警笛).

misär *~en 0* 빈곤, 궁핍, 비참함.

mitell | a *−an −or* 삼각붕대.

mitr|a *-an -or* (가톨릭교의) 주교관(主教冠)(모자).

mitt[1] *adv*. …의 가운데; ~ emellan Stockholm och Göteborg 스톡홀름과 예테보리의 중간 지점에; ~ i salen 홀의 한 가운데에; ~ i 70-talet 70년대 중반에; ringa ~ i natten 한밤중에 전화하다; han fick bollen ~ i magen 그는 배 한 가운데를 공에 맞았다; ~ emot 바로 맞은편에; ~ över 바로 건너편에.

mitt[2] ☞ **min**.

mitt[3] *~en 0* 가운데, 중앙, 중심; Mittens rike 중국(中國); i ~en 중앙에, 가운데, 가운데에; i vår ~ 우리들 속에 섞여서.

mittemellan *adv*. …의 한가운데에; ~ Stockholm och Uppsala 스톡홀름과 웁살라의 중간지점에.

mittemot *adv*. …의 맞은편에.

mitterst *adv*. 중심부에, 중앙에; Sverige ligger ~ i Norden 스웨덴은 북유럽의 중앙에 자리 잡고 있다.

mixtra *~r ~de ~t itr*. 손보다, 손질하다 (주로 med와 함께 사용); han ~de lite med motorn 그는 엔진을 좀 손보았다.

mjau *itj*. (고양이 울음소리) 야옹.

mjugg (불변화명사) i ~ 몰래, 은밀하게.

mjuk *a*. 부드러운, 매끄러운, 폭신한, 보들보들한, (윤곽이) 또렷하지 않는, 아련한, 어슴푸레한, 유연한, (기후 따위가) 온화한, (경사가) 완만한; ~ och behaglig 온화하고 상냥한; ~ i ryggen 고분고분한, 순한; ~t [bok]band 얇은 표지 제본; ~ hatt 펠트모자, 중절모; ~t järn 연철; göra vattnet ~t 물을 단물로 만들다; göra ngn ~ …를 고분고분하게 만들다.

mjuka *~r ~de ~t tr*. ~ [upp] 부드럽게 하다; ~ upp muskler och leder (준비 운동 등을 하여) 온 몸을 유연하게 하다.

mjukna *~r ~de ~t itr*. 부드러워지다.

mjukost *~en ~ar* 연성치즈.

mjukvar|a *-an -or* 【정보통신】 소프트웨어(software).

mjäkig *a*. 계집애 같은, 감상적인, 유약한.

mjäll[1] *a*. ① 연한, 부드러운 ② (피부가) 투명한, 하얀.

mjäll[2] *~en/ ~et, 0* (머리) 비듬.

mjältbrand *~en 0* 【의학】 (집짐승이 잘 걸리는) 비탈저(脾脫疽), 탄저병(炭疽病).

mjält|e *-en -ar* 【해부】 비장, 지라.

mjälthugg *~et ~* 비장 근처에서 오는 통증.

mjältsjuka *~n 0* 우울증.

mjärd|e *-en -ar* 물고기 덫.

mjöd *~et 0* 꿀물을 발효시켜 만든 술.

mjöl *~et 0* (곡식을 곱게 갈아 만든) 가루; majs~ 옥수수가루; vete~ 밀가루; ha rent ~ i påsen 숨길 게 없다.

mjöla *~r ~de ~t tr*. …에 가루를 뿌리다 (치다).

mjölbagg|e *-en -ar* 밀가루에 꾀어드는 벌레.

mjöldagg *~en 0* 【식물】 흰가루병.

mjöldryg|a *-an -or* 【농업】 맥각(麥角).

mjölig *a*. 가루의, 분말의, 가루투성이의.

mjölk *~en 0* 우유; fet (mager, sur)

~ 강지방성 (약지방성, 신) 우유; oskummad ~ 전유(全乳).

mjölk|a -ar -ade -at Ⅰ. tr. (젖을) 짜내다, 빼앗다, …에게서 정보를 알아내다; ~ ngn på en hemlighet …로부터 비밀을 알아내다 Ⅱ. itr. 젖이 나오다; kon -ar bra 이 소는 젖이 잘 나온다.

mjölk|e Ⅰ. -en -ar 이리(물고기의 수컷 뱃속에 있는 정액 덩어리), 백자(白子) Ⅱ. ☞ mjölkört.

mjölksaft ~en 0 【식물】 유액(乳液), 라텍스.

mjölksock|er -ret 0 유당(乳糖).

mjölksyr|a -an -or 유산(乳酸).

mjölk|tand ~en -tänder 젖니, 유치.

mjölkört ~en ~er 【식물】 버들잎 바늘꽃.

mjölnar|e -[e]n ~ 방앗간 주인, 제분업자.

mjölon ~et ~ 월귤나무; 털갈매나무.

m.m. med mera의 준말로 '등 등'이라는 뜻.

mnemo[tek]nik [-i:k/mne:] (주로 단수 취급) 기억법.

MO ☞ militieombudsman.

mo Ⅰ. ~n ~ar 굵은 모래 토질에 소나무로 뒤덮인 고원지대 Ⅱ. ~n 0 (굵은) 모래 땅.

moaré ~n/~et, ~er 물결무늬 옷감의 일종.

moatjé [-tçe:] ~n ~er ① 짝, 상대, 파트너 ② (식탁 등에서) 옆 또는 마주 보고 앉은 사람.

mobb ~en 0 군중.

mobba ~r ~de ~t tr. 괴롭히다, 따돌림하다.

mobbning ~en 0 괴롭힘, 따돌림.

mobil[1] a. 움직일 수 있는, 이동성의, 유동하는; 【군사】 기동성 있는.

mobil[2] ~en ~er 【미술】 모빌 작품 (움직이는 부분이 있는 조각).

mobilier (복수 명사) 동산(動産).

mobilisera ~r ~de ~t tr. itr. 【군사】 동원시키다.

mobilisering ~en ~ar 【군사】 동원.

mobiltelefon ~en ~er 휴대용 전화기, 휴대폰, 핸드폰

mocka[1] [-ɔ-] ~n 0 ① 모카 (아라비아 원산의 커피) ② 아라비아 염소의 가죽.

mocka[2] [-ɔ-] ~r ~de ~t tr. itr. (가축의) 오물을 청소하다.

mocka[3] ☞ mucka Ⅱ.

mockakopp ~en ~ar (작은) 커피 잔.

mockasin ~en ~er 북아메리카 원주민(인디언)의 뒤축 없는 가죽신.

mockasked ~en ~ar (작은) 커피 스푼.

mod ~et 0 ① 용기; hon tog ~ till sig 그녀는 용기를 내었다; tappa ~et 용기를 잃다 ② 기분, 정서, 심리적 상태; jämnmod (마음의) 침착, 냉정, 평정; känna sig illa till ~s 기분이 나쁘다, 풀이 죽다; i hastigt ~ 홧김에; med berått ~ 의도적으로.

modal a. 【논리】 양상(樣相)의; 【문법】 서법(敍法)의, 화자의 심적태도를 나타내는; ~a hjälpverb 화법조동사.

modd ~en 0 진창 눈 (녹기 시작한 지저분한 눈).

moddig a. 진창의.

mode ~t ~n 유행, 풍조, 패션; följa ~ets växlingar 유행을 따르다; bestämma ~et 유행을 창조하다, 유행

에 앞장서다; komma på ~et 유행이 되다; komma ur ~et 유행이 (때가) 지나다.

modedock|a *-an -or* 항상 최신 유행을 따르려는 여자.

modelejon *~et ~* 유행을 좇는 사람, 멋쟁이.

modell *~en ~er* ① 모형, 형, 견본; romantiska byggnader uppförda efter ~ av klostret i Uppsala 웁살라에 있는 수도원을 모형으로 지어진 낭만주의 시대 건물들 ② 모범, 본보기 ③ (그림, 조각, 광고, 사진 따위의) 모델.

modeller|a[1] *-an -or* 모형제작에 이용되는 진흙; 세공용 점토.

modellera[2] *~r ~de ~t tr. itr.* (점토, 밀랍 따위로) …의 형을 만들다 (뜨다).

modellflygplan *~et ~* 모형비행기.

moder *~n mödrar* 어머니; (동물들의) 어미; 근원, 원천; blivande mödrar 임신모들; alla lasters ~ 모든 악덕의 근원; på ~ns sida 모친 쪽으로.

moderat *a.* ① 적당한, 온건한; priserna steg i ~ takt 물가는 적정한 속도로 올랐다 ②【정치】(온건) 보수적인.

moderation *~en 0* 적당함; 온건; 중용; 절제; de visade ~ i förhandlingarna 그들은 협상에서 절제를 보였다.

moderbolag *~et ~* 모(母)회사.

moderera *~r ~de ~t tr.* 알맞도록 하다; 온건하게 하다; 완화하다, 경감하다, 조절하다; ~ farten i kurvan 커브 길에서 속도를 조절하다 (낮추다).

moderkak|a *-an -or*【해부】태반.

moderlig *a.* 모성 (母性)의, 자애로운.

moderliv *~et ~*【해부】자궁.

modern *a.* 현대의, 현대적인.

modernisera *~r ~de ~t tr.* 현대화시키다.

modernism *~en 0*【예술】현대주의, 모더니즘.

modernitet *~en ~er* 현대성; 현대적 감각; 현대식; 현대적인 것; en våning med alla ~er 모든 현대시설을 갖춘 아파트; Almqvists ständigt framhållna ~ 끊임없이 부각되어 온 알름크비스트의 현대성.

moderskap *~et 0* 어머니임, 모성.

moderskärlek *~en 0* 모성애.

modersmjölk *~en 0* 모유.

modersmål *~et ~* 모국어; 조어(祖語).

modeskapar|e *-[e]n ~* 유행의 창조자.

modest *a.* 겸손한, 삼가는; hans artiga och ~a uppträdande 그의 얌전하고 겸손한 몸가짐 (처신).

modfälld *a.* 기가 꺾인, 풀이 죽은, 용기를 잃은, 낙담한.

modifiera *~r ~de ~t tr.* 수정(변경)하다; 완화시키다; 조절(제한)하다; bestämmelserna har ~ts något 그 결정들은 약간 수정되었다.

modifikation *~en ~er* 수정, 변경; 완화, 제한, 조절; en sanning med ~ 조건부 진실, 제한적 진실.

modig *a.* ① 용기 있는; det var ~t av dig att göra det 그런 일을 하다니 용감하구나 ② 능히, 거뜬히, 족히; han vägde sina ~a 100 kg 그의 몸무게는 족히 100킬로그램이나 됐다.

modist *~en ~er* 여성 모자 상인 (제조

와 판매를 모두 여성이 담당하는).

modlös *a*. 용기가 없는, 기죽은, 풀이 죽은.

modstulen *a*. 용기를 잃은.

modụl *~en ~er* 【건축】 (각 부분의) 산출기준.

modulation *~en ~er* 조음(調音), 조절; (음성, 리듬의) 억양; 【음악】 전조; 【무전】 변조.

modulera *~r ~de ~t tr*. (음성 등의) 음조를 바꾸다; 【음악】 전조하다; 【무전】 주파수를 바꾸다, 변조하다.

modulteg|el *-let ~* 표준치의 벽돌.

modus (불변화명사) ① 【문법】 법(法), 서법(敍法) ② 【논리】 논식(論式), 식.

modärn ☞ **modern**.

mogen *a*. ① 익은; 성숙한; 잘 발육(발달)한; bråd~ 조숙한; bananen är nästan väl ~ 바나나가 아주 잘 익었다 ② 만기가 된, …할 때가 다 된; frågan är ~ för beslut 그 문제는 결정을 내릴 때가 되었다; tiden är ~ (…할) 때가 되었다; efter moget övervägande 신중하게 고려를 한 후, 심사숙고 후.

mogna *~r ~de ~t* Ⅰ. *itr*. 익다; 성숙하다; 잘 발육 (발달)하다; ~ till man 어른으로 성숙하다 Ⅱ. *tr*. 익게 하다; 성장하게 하다.

mognad *~en 0* 성숙; 성장; 발달; ~sprocess 성장과정; nå sin fulla ~ 만개하다, 절정에 이르다.

mohammedan ☞ **muhammedan**.

moj [mɔj] Ⅰ. *~et 0* 쓰레기, 폐물, 잡동사니 Ⅱ. *~en ~ar* (기계의) 장치, 부속품.

mojna *~r ~de ~t itr*. 잠잠해지다, (세기, 강도 등이) 약해지다; det ~de mot kvällen 저녁 무렵에 바람이 잠잠해졌다.

mojạng *~en ~er* (기계의) 장치, 도구, 부속품.

mol (강조부사) 완전히, 전혀; ~ tyst 한마디 말도 없는, 쥐 죽은 듯이 조용한; ~ allena 단독으로.

mola [mɑ:la] *~r ~de ~t itr*. 약한 진동이 계속되다; 계속해서 조금씩 아프다; det ~r i tänderna 치아가 조금씩 아프다.

molekyl [-ky:l] *~en ~er* 【화학, 물리】 분자; 미분자 (微分子); 그램 분자.

moll [-ɔ-] Ⅰ. (불변화명사) 【음악】 단조; i ~ 단조로; 음울한 (기분으로) Ⅱ. *~en 0* 얇고 부드러운 무명 옷감.

moll|a *-an -or* 【식물】 명아주 무리.

mollskinn *~et 0* 능직(綾織, 무명의 일종).

mollụsk *~en ~er* 【동물】 연체동물류.

moln *~et ~* 구름; ett ~ lade sig över hans panna 그의 이마에는 구름 (수심)이 끼었다; solen gick i ~ 구름 속으로 해가 모습을 감추었다.

molnbetäckt *a*. (서술적으로) 구름으로 덮인.

molnfri *a*. 구름 없는, 맑은.

molnig *a*. 구름 낀, 흐린.

molntäckt *a*. (서술적으로) 구름 낀, 잔뜩 흐린.

molok [mɑ:lɔk] *~en 0* 셈족의 신 (신자는 아이를 제물로 바쳐야 했음); (비유적) 매우 탐욕스러운 괴물.

moloken [mɷ:lɷ−] *a*. 기죽은, 풀죽은.
molotovcocktail [mɷ:−] *~en ~s/~ar* 화염병.
mol|tiga *−tiger −teg tigit itr*. 침묵으로 일관하다, 한마디 말도 하지 않다.
moltyst *a*. 한마디 말도 없는, 쥐 죽은 듯이 조용한.
molybdẹn *~et/~en, 0* 【화학】 몰리브덴 (금속 원소; 기호 Mo; 번호 42).
momạng *~en ~er* 순간, 찰나; i sista ~en 마지막 순간에; på ~en 즉시, 당장.
momẹnt *~et ~* ① (과정, 기술, 설명문 등의) 요점, 요인, 계재, 단계; nya ~ i språkundervisningen 어학교육의 새로운 요목 ② (법률 조문에서) 조, 항; beskriva händelsens väsentliga moment 사건의 본질적 부분을 묘사하다 ③ 【물리】 모멘트, 역률 (力率), 능률; 【기계】 회전 우력(偶力) ④ 순간, 찰나.
momentạn *a*. 순간적인, 찰나의.
moms ☞ **mervärdesskatt**.
momsfri *a*. 부가가치세가 면제된.
monạrk *~en ~er* 군주.
monarkị *~n ~er* 군주정치, 군주주의, 군주국.
monạrkisk *a*. 군주의, 군주정치의.
mondän *a*. (사교계, 상류층, 상류인사 등이) 애호하는, 우아한, 멋진; ~a villaförorter 교외의 우아한 고급주택지들.
M
monegạsk *~en ~er* 모나코 사람.
monegaskisk *a*. 모나코의, 모나코사람의.
monetär *a*. 화폐의, 통화의.
mongọl *~en ~er* 몽골인, 몽골사람.
Mongoliet 몽골.
mongolisk *a*. 몽골인의, 몽골 사람을 닮은.
mongolisk|a Ⅰ. *−an −or* 몽골여자 Ⅱ. *−an 0* 몽골어.
mongolism *~en 0* 【병리】 다운증후군 (21번 염색체의 이상으로 인한 선천적 질환).
mongoloid *a*. 몽골인의, 몽골 사람을 닮은; 다운증후군의.
monitor *~en ~er* 모니터.
monogạm *a*. 일부일처[제]의.
monogamị *~n 0* 일부일처제.
monografị *~n ~er* (특정한 테마에 관한) 논문.
monogrạm *~met ~* 성명의 첫 글자 모음; LG (Leif Gustafsson).
monọk|el *−eln −lar* 단안경, 외알 안경.
monolog [−lọ:g] *~en ~er* 독백.
monomạn[1] *a*. 편집광적인.
monomạn[2] *~en ~er* 한 가지 일에만 열중하는 사람, 편집광자.
monomanị *~n ~er* 한 가지 일에만 열중하기, 편집광.
monopọl *~et ~* 독점.
monopọlisera *~r ~de ~t tr*. 독점하다.
monoteism *~en 0* 일신론(一神論); 일신교.
monoton [−to:n] *a*. 단조로운; 변화 없는; 지루한.
monotonị *~n 0* 단조로움; 천편일률.
monst|er *−ret ~* 괴물.
monstr[u]ọ̈s *a*. 괴물의, 괴물처럼 생긴.
monstr|um *−et −er* ☞ **monster**.
monsụn *~en ~er* 계절풍.
montage [−ɑ:ʃ] *~t ~* 【그림, 사진】

합성화법; 혼성화; 몽타주 사진.

mont|er *–ern, –rer/–rar* 유리 진열장.

montera *~r ~de ~t tr.* ① 조립하다; 짜다; 맞추다; ~ [upp] 조립하다; ~ ner 분해하다.

montering *~en ~ar* 짜기, 맞추기, 조립.

montọ̈r *~en ~er* 조립공.

monumẹnt *~et ~* 기념비; resa ett ~ över …을 기려 기념비를 세우다.

monumentạl *a.* 기념비적인, 길이 남을만한.

mopẹd *~en ~er* 모터 달린 자전거.

mopedist *~en ~er* 모터 달린 자전거를 타는 사람.

mopp *~en ~ar* 자루걸레.

moppa *~r ~de ~t tr.* 자루걸레로 닦다.

mopp|e *–en –ar*, moped의 일상적인 용어.

mops *~en ~ar* 팍 (불독 비슷한 얼굴의 발바리개의 일종).

mopsa *~r ~de ~t rfl.* ~ sig 건방지게 굴다, 불손하게 대하다.

mor [mɑ:r] Ⅰ. ☞ **moder** (*modern mödrar*). Ⅱ. *~en ~er* 무어사람 (아프리카 북서부에 거주); 8세기에 스페인을 점거한 무어 사람의 일파

morạl *~en ~er* ① 도덕, 윤리; 도덕관; (군대의) 사기 ② (우화, 사건 따위에 내포된) 교훈.

moralkak|a *–an –or*/**moral|predikan** (불변화 en–명사) 설교, 잔소리, 훈계.

moralisera *~r ~de ~t itr.* 설교하다, 교화하다, 도덕적으로 해석하다.

moralisk *a.* ① 도덕적인, 윤리적인 ② 정상적인; ett ~t stöd 정신적인 지원.

moraṣ *~et ~* 소택지, 늪; (비유적) 곤경, 곤란한 상황.

moratọri|um *~et ~er* ①【법】모라토륨, 지불유예 ② (어떤 활동의) 일시적 중지; ett ~ för underjordiska kärnvapenprov 지하 핵무기실험의 일시적 중지.

morbịd *a.* 병적인.

mor|bro[de]r *–brodern –bröder* 외삼촌, 외숙부.

mord[mɑ:d] *~et ~* 살해, 살인; begå ~ 살인하다.

mord|brand *–branden –bränder* 방화; anstifta ~ 방화하다.

mordbrännar|e *–[e]n~* 방화자 (범).

mordisk *a.* 살인의, 살인적인; 살상의.

morẹll *~en ~er* (매우 신) 버찌의 일종.

morfader ☞ **morfar**.

mor|far *–fadern –fäder* 외할아버지, 외조부.

morfin *~et/~en, 0*【화학】모르핀.

morfinism *~en 0*【의학】모르핀 중독, 모르핀 상용.

morfinist *~en ~er* 모르핀 중독자, 모르핀 상용자.

morfologị *~n 0* ①【생물】형태학 ②【언어】형태론, 어형론.

morföräldrar (복수명사) 외할아버지와 외할머니, 외조부모.

morganạtisk *a.*【역사】귀천상혼(貴賤相婚)의; ~t äktenskap 귀천상혼.

morgna ☞ **morna**.

morgon [mɔrɔn]/[mɔrgɔn] *~en, morgnar* [mo:ɳar] ① 아침; god ~! 안녕하세요 (아침인사); i tidernas ~

태초에 ② i ~ 내일.

morgondag *~en ~ar* 내일, 다음 날; 미래, 장래; uppskjut inte till ~en vad du kan göra i dag 오늘 할 수 있는 일을 내일로 미루지 말라.

morgongåv|a *-an -or* 결혼 다음날 아침 남편이 아내에게 주는 선물.

morgon|kröken/-kulan/-kvisten (불변화명사) på ~ 아침 일찍이; så här på ~ 아침나절 이 무렵에.

morgonluft *~en 0* 아침의 (상쾌한) 공기; vädra ~ 새로운 가능성을 (기회로) 포착하다.

morgonrock *~en ~ar* 아침(모닝) 가운, 실내복, 화장 옷(여자).

morgonrodnad *~en ~er* 서광, 새벽의 (동트는) 빛.

morgonstjärn|a *-an -or* ① 샛별, 금성 ② (중세의 무기로) 갈고리가 달린 철퇴.

morian *~en ~er* 흑인, 살갗이 검은 사람.

morisk [mɷ:-] *a.* 무어 사람의; 무어 사람 (양)식의 (건축 따위).

morkull|a *-an -or* 【조류】 누른도요.

mormoder ☞ **mormor**.

mormon *~en ~er* 몰몬교도.

mormonsk *a.* 몰몬교의, 몰몬교도의.

mor|mor *-modern -mödrar* 외할머니, 외조모.

morna/morgna [mo:ɳa] *~r ~de ~t rfl.* 잠에서 깨어나 정신을 차리다.

mo|rot [mɷ:rɷt] *-roten rötter* 당근.

morotsfärgad *a.* 당근색의; (머리털이) 붉은.

morra *~r ~de ~t itr.* (개 등이) 으르렁거리다; vargen stod bara och ~de åt fåren 늑대는 서서 양에게 으르렁거리기만 하였다.

morrhår *~et ~* (고양이, 범 따위의) 수염.

morrning [mɔrɳiŋ] *~en ~ar* 으르렁거림.

morron ☞ **morgon**.

morsa [mɷʂa] *~n morsor* (일상적) 어머니.

morse (불변화명사) i (i går) ~ 오늘 (어제) 아침.

morsealfabet *~et ~* 모르스 전신부호.

morsgris *~en ~ar* 응석받이.

morsk *a.* 대담한, 용감한, 씩씩한; 자만심이 센.

morska *~r ~de ~t rfl*, ~ sig 대담하게 굴다; ~ upp sig 용기를 내다.

mortalitet *~en 0* 사망률; ~en i Sverige har sjunkit kraftigt under 1900-talet 스웨덴의 사망률은 1900년대에 급격히 낮아졌다.

mort|el *-eln -lar* 절구, 막자사발.

moræn *~en ~er* 【지질】 (빙하에 의한) 퇴석(堆石).

mos [mɷ:s] *~et 0* (갈아서) 짓이긴 것; han gjorde ~ av sin motståndare 그는 상대자를 혼내 주었다.

mosa [mɷ:sa] *~t ~de ~t* Ⅰ. *tr.* ~ (sönder) 짓이기다; 혼내주다 Ⅱ. *rfl.* ~ sig 짓이겨지다, 흐늘흐늘해지다.

mosaik *~en ~er* 모자이크; 모자이크 세공; 모자이크 그림; lägga in med ~ 쪽매붙이다, 모자이크 식으로 만들다.

mosaisk *a.* 모세의.

mose|bok *-boken -böcker*, de fem -böckerna 【성서】 모세5경 (經, 구

약성서의 첫 5편)

mosel [−oː−] *~n 0* (프랑스 Moselle 강 유역에서 나는) 모젤 포도주.

mosig *a.* ① 짓이겨진, 흐늘흐늘한 ② (술에) 취한, (술기운으로) 얼굴이 불그죽죽한.

moské [−keː] *~n ~er* (회교의) 사원.

moskit [kiːt] *~en ~er* 【곤충】 모기.

Moskva (러시아의 수도) 모스크바.

moss|a *−an −or* 이끼; låta det växa ~ på ngt 쓰지 않고 (이용하지 않고) 버려두다.

mossbelupen *a.* 이끼에 덮인; (비유적) 오래된, 한물 간.

moss|e *−en −ar* 늪, 토탄지(土炭地).

mossig *a.* 이끼 낀.

most|er [møst−] *−ern −rar* 이모 (외숙모도 해당됨).

mot[1] [moːt] ☞ **emot** Ⅱ.

mot[2] *prep.* ① (운동의 방향) …를 향하여; sätta sig i rörelse ~ kusten 해안을 향해 움직이기 시작하다; ~ öster 동쪽을 향해; ~ slutet av året 연말 무렵에; ~ nya djärva mål 새롭고 대담한 목표를 향해; vara vänlig ~ kunderna 고객들에게 친절하다 ② (접촉을 의미하는) …에; han körde med bilen ~ staketet 그는 울타리에 차를 처 박았다; ställa stolen ~ väggen 벽에 의자를 기대어 놓다 ③ …에 반[대]하여, …에 적대하여; kamp ~ imperialismen 반제국주의 투쟁; skydd ~ förkylning 감기에 대한 보호 ④ (대조 및 비교를 나타낼 때) …에 대하여, …과 비교하여; ~ en bakgrund; …을 배경으로; hålla tio ~ ett (내기) 하나에 열을 걸다; priset är nu 5 kr ~ 4 förra året 작년 4크로나 하던 것이 지금은 5크로나이다; blått är vackert ~ gult 파랑은 노랑과 잘 어울린다; hon går inte upp ~ systern 그녀는 누이에 비할 바가 못 된다; väga ngt ~ varandra …을 서로 저울질해보다 (견주어보다) ⑤ …에 대한 보상으로; göra ngt ~ betalning 돈을 받고 …을 하다; han bytte ut sina gamla skridskor ~ ett par nya 그는 헌 스케이트를 새 것으로 바꾸었다; ~ kvitto 영수증을 제시하고 (영수증을 받고); ~ legitimation 신분증을 제시하는 조건으로.

mota [moːta] *~r ~de ~at tr.* ① 막다; 제지하다; 저지하다; de försökte komma in, men vakten ~de dem i dörren 그들이 들어오려 하였으나 수위가 문에서 그들을 제지시켰다 ② 쫓다; 몰다; 물리치다; 몰아내다; poliserna ~ade bort demonstranterna 경찰들은 시위자들을 쫓았다; ~ Olle i grind …을 미연에 방지하다.

motanfall *~et ~* 반격.

motarbeta *~r ~de ~t tr.* …와 반대로 행동하다; 방해하다, 저항하다; 투쟁하다; ~ sina egna intressen 자신의 이익에 반하게 행동하다.

motbevis *~et ~* 반증.

motbjudande *a.* 비위에 거슬리는; 불쾌한; 싫은.

motbok *−boken −böcker* ① 【역사】 주류소비 제한통장 (스웨덴에서 주류의 소비를 감소시키기 위해 취했었던 제도) ② 예금통장.

motell [mɔt−] *~et ~* 모텔.

motett [mɔt−] *~en ~er* 【음악】 모테토, 성가, 경문가(經文歌).

motgift [moːt−] *~et ~er* 해독제.

motgång *~en ~ar* 역경, 불행, 불운; 실패.

mothugg *~et ~* 반대; 비판; få (röna) ~ 반대에 접하다.

mothåll *~et ~*, ha (få) ~ för ngn …으로부터 미움을 사다.

mothårs *adv.* 털이 난 방향과 반대로.

motig *a.* 거스르는; 불리한; 힘 드는; han har det ~t på jobbet 그는 직장에서 곤란한 처지에 있다.

motion [mɔʃɷ:n] Ⅰ. *~en 0* 운동; bordtennis är utmärkt ~ 탁구는 좋은 운동이다 Ⅱ. *~en ~er* 동의, 발의, 제의, 제안; väcka ~ 제안을 하다.

motionera *~r ~de ~t* Ⅰ. *tr.* 운동시키다 Ⅱ. *itr.* ① 운동하다 ② 제안하다, 발의하다.

motionär *~en ~er* ① 운동하는 사람 ② 제안자, 발의자.

motiv *~et ~* ① 동기; 자극, 유인; 이유; vad hade han för ~? 그는 어떤 동기(이유)를 가지고 있는가? ② (미술, 음악, 문학의) 주제, 작의(作意).

motivation *~en 0* 자극, 동기, 동기부여.

motivera *~r ~de ~t tr.* 동기를 부여하다; 설명하다, …의 정당함을 증명하다; 자극하다; ~ sin ståndpunkt i frågan 그 문제에 있어서 자신의 견해를 설명하다; ~ eleverna att läsa litteratur 학생들에게 문학 공부의 동기를 부여하다.

motivering *~en ~ar* 이유, 설명; hon avböjde med ~en att hon inte hade tid 그녀는 시간이 없다는 이유로 사양하였다.

motljus *~et 0* 역광.

motlut *~et ~* 비탈, 오르막.

motläs|a *–er –te –t tr.* (대조, 점검의 목적으로) 소리 내어 읽다.

motocross *~en 0* 오토바이 (야외 횡단) 경주.

motoffensiv *~en ~er* 반격.

motor *~n ~er* 모터, 발동기, 내연기관, 전동기; bil med stark ~ 강력한 엔진의 자동차.

motor|cykel *–cykeln –cyklar* 오토바이.

motorcyklist *~en ~er* 오토바이 운전자.

motordriven *a.* 모터로 움직이는, 엔진 장착의.

motorfordon *~et ~* 자동차량 (자동차, 버스, 트럭 따위의 총칭).

motorförar|e *–[e]n ~* 자동차 (자가용) 운전자.

motorhuv *~en ~ar* (자동차의) 보닛.

motorisera *~r ~de ~t tr.* …에 동력 설비를 하다; 자동차화하다; 기계화하다.

motorisk *a.* 운동의; 운동 신경의.

motorism *~en 0* (교통수단으로서) 자동차 사용.

motorstyrk|a *–an –or* 동력, 엔진 파워.

motorväg *~en ~ar* 고속도로.

motpart *~en ~er* 상대편, 상대방, 상대자.

motpol *~en ~er* 상극; 정반대.

motrevolution *~en ~er* 반혁명.

motsats *~en ~er* 반대; 대립; 반의어; kontradiktoriska ~en 【논리】 명사(名辭) 모순; raka ~en till en fridfull hemmakväll 가정의 평화로운 저녁과는 정반대; i ~ till …과는 반대로.

motsatsförhållande *~t ~n* 대립 상황; det finns inget ~ mellan kommunen och sommarstugeägarna 콤뮨과 여름별장 주인들 사이에는 아무 대립도 없다.

motsatt *a*. ① 반대의, 서로 용납되지 않는; regeringen hoppades att åtgärden skulle dämpa inflationen, men effekten blev den ~a 정부는 그 조처가 통화 팽창을 둔화시키기를 바랬으나 그 효과(결과)는 반대였다 ② 반대편의; fara över till ~a stranden 반대편 해안으로 건너가다; växter med ~a blad 마주나기 식물, 대생(對生) 식물; han gick åt ~ håll 그는 반대 방향으로 걸어갔다.

mot | se *-ser -såg -sett tr*. 고대하다, 예견하다; länge -sedda förändringar 오랫동안 기다렸던 변화.

motsid | a *-an 0* 상대편 (경기).

motskäl *~et ~* …에 반하는 이유.

motsols *adv*. 시계바늘과 반대방향으로.

motspänstig *a*. 다루기 어려운; 고분고분하지 않는; 반항하는; tämja ~a hästar 사나운 말들을 길들이다.

motstridig *a*. ① 모순된; de lämnade ~a uppgifter 그들은 서로 맞지 않는 (모순된) 정보를 주었다 ② 다루기 어려운; 고분고분하지 않는; 반항하는.

motsträvig ☞ **motspänstig**.

motström *~men ~mar*/**motströmning** *~en ~ar* 역류; 【전기】 역전류.

motströms *adv*. 파도를 거슬러.

motstycke *~t ~n* 대응물(자), 동등 자격자, 견줄 만한 것(사람); den har inte sitt ~ 그것과 견줄 만한 것이 없다.

mot | stå ☞ **stå** [emot].

motstående *a*. 반대편의.

motstånd *~et ~* ① 저항, 반항; 방해; göra ~ mot …에 대해 저항하다; möta ~ 저항에 직면하다, 저항을 받다 ② 【전기 · 물리】 저항; 저항 장치.

motståndar | e *-[e]n ~* 적; 상대자; 반대자.

motståndskraft *~en 0* 저항력; ~ mot infektioner 전염병에 대한 저항력, 면역; ~ mot eld 내화력(耐火力).

motståndsrörelse *~n ~r* 저항 운동, 투쟁 운동.

motsvara *~r ~de ~t tr*. …에 해당하다, 상당하다; 대응하다, 맞다; resultatet ~r inte arbetet 노력(일)과 결과가 맞지 않는다, 노력에 비해 결과가 좋지 않다; vi hoppas ~ Ert förtroende 귀하의 기대(신뢰)에 어긋나지 않기를 우리는 바랍니다.

motsvarande *a*. …에 맞는, 해당하는, 상당하는; 대응하는.

motsvarighet *~en ~er* 유사한 것, 대응물; det saknar ~ 견줄 만한 것이 없다.

mot | säga *-säger -sade -sagt tr*. 부인하다; 부정하다; 반론하다; (사실, 진술이) …와 모순되다; auktoriteterna -säger varandra 전문가들이 서로 어긋나는 말을 하고 있다.

motsägelse *~n ~r* 부인; 부정; 모순, 자가당착.

mot | sätta ☞ **sätta** [sig emot].

motsättning *~en ~ar* 대립, 반대, 배척, 반목; ras~ 인종 대립.

mott [-ɔ-] *~en/~et, ~* 【곤충】 나방.

mot | ta/mot | taga *-tar -tog -tagit*

☞ ta [emot].

mottagande *~t ~n* 응접, 접대; få ett vänligt ~ 친절한 응접을 (환대를) 받다.

mottagar|e *–[e]n ~* ① 받는 사람, 수취인, 수령인 ② 수신기, 수상기.

mottagarstation *~en ~er* 수신소.

mottaglig *a*. 개방적인; 민감한; (병 등에) 잘 걸리는; ~ för kritik 비판에 민감한; ~ för förkylning 감기에 잘 걸리는.

mottagning *~en ~ar* ① 접견, 응접; rektorn har ~ mellan 10 och 12 교장 선생님의 면담시간은 10시에서 12시 까지다 ② 접견실, 면담실 ③ 수신.

mottagningstid *~en ~er* 접견시간, 면담시간, 면회시간.

motto[mɔtə] *~t ~n* 표어; 좌우명.

mottryck *~et ~* 반대 압력.

moturs *adv*. 시계 바늘과 반대 방향으로.

motvallskäring *~en ~ar*, hon är en riktig ~ 그녀는 정말로 고집불통이다.

motverka *~r ~de ~t tr*. 방해하다, 저지하다; 반작용하다; 중화시키다; 없애다; vi måste ~ de orimliga hyreshöjningarna 우리는 부당한 임대료 인상을 저지시키지 않으면 안 된다.

motvikt *~en ~er* 평형력; bilda ~ mot …에 대해 균형을 맞추다.

motvilja *~n 0* 반감, 악감; hysa en djup ~ mot allt nytt 모든 새로운 것에 강한 반감을 가지다.

M

motvillig *a*. 억지의, 내키지 않는.

motvind *~en ~ar* 역풍.

motväg|a *–er –de –t tr*. 균형을 맞추다, 평형시키다, …와 걸맞다, 걸맞게 하다.

motvärn (불변화명사) 저항, 항거; sätta sig till ~ 저항하다, 항거하다.

motåtgärd *~en ~er* 대책, 대응책(수단), 대응 수단.

moussera [mə–] ☞ **mussera**.

muck Ⅰ. *~et 0*, inte säga ett ~ 말 한마디도 하지 않다; inte förstå ett ~ 전혀 이해하지 못하다 Ⅱ. (불변화명사) 제대.

mucka *~r ~de ~t* Ⅰ. *itr*. ① 불평하다, 구시렁거리다; lyda utan att ~ 불평 없이 순종하다 ② (군에서) 제대하다, (감옥에서) 풀려나다 Ⅱ. *tr*. 다투다, 싸우다; ~ gräl 싸움을 걸다, 약을 올리다.

mudd *~en ~ar* (방한용, 장식용의) 토시.

mudd|er *–ret 0* (바다, 강의 바닥에 있는) 진흙, 진창.

mudderverk *~et ~* 준설선, 준설기.

muddra *~r ~de ~t itr*. *tr*. (강바닥 따위를) 긁어내다, 준설하다; (호주머니를) 뒤져 …을 찾다.

muff *~en ~ar* ① 머프 (부인들이 손을 따뜻하게 하는 데 쓰는 통 모양의 모피 토시) ② 【기계】 통 (筒), 통 모양의 이음쇠.

muffins *~en ~* 머핀 (살짝 구운 둥근 빵).

mugg *~en ~ar* 컵 (원통 모양); för fulla ~ar 전속력으로, 온 힘을 다해.

Muhammed 마호메트 (A.D. 570–632; 이슬람교의 창시자).

muhammedan *~en ~er* 마호메트교도, 이슬람교도.

muhammedanism *~en 0* 마호메트교, 이슬람교.

muhammedansk *a*. 이슬람교의, 회교도의.

mul|a *-an -or* 노새 (수나귀와 암말의 잡종).

mulatsk|a *-an -or* (백인과 흑인의) 여자 혼혈아.

mulatt *~en ~er* (백인과 흑인의) 혼혈아.

mul|e *-en -ar* (동물의) 비구부(鼻口部), 주둥이.

mulen [mʉːlən] *a*. 흐린, 구름이 낀.

muljera *~r ~de ~t* 【음성】 …을 구개음화하다.

mull *~en 0* 흙; 시체, 육골.

mullbänk *~en ~ar* 윗입술이나 아랫입술 안에 넣는 한 줌의 입담배.

mullbär *~et ~*/**mullbärsträd** *~et ~* 뽕나무.

mullig *a*. 풍만한, 통통한, 포동포동한.

mullra *~r ~de ~t itr*. 우렁우렁하다, 우르렁거리다.

mullvad *~en ~ar* 두더지.

mullvadsarbete *~t ~n* 지하 운동; kommunisternas ~ 공산당들의 지하 운동.

mulna *~r ~de ~t itr*. (날씨가) 흐려지다; (비유적) 우울해지다.

mul- och klövsjuka 아구창 (가축의 입, 발굽에 잘 걸리는 전염병).

multilateral *a*. 다변의; 여러 나라가 참가하는; ~t avtal 다국간 조약.

multinationell *a*. 다국적의; 다국간의.

multip|el *-eln, -ler/-lar* 【수학】 배수(倍數).

multiplicera *~r ~de ~t tr*. 배가시키다; 곱하다.

multiplikand *~en ~er* 【수학】 피승수(被乘數).

multiplikation *~en ~er* 【수학】 곱하기.

multiplikator *~n ~er* 【수학】 승수.

multna *~r ~de ~t itr*. 썩다, 부패하다.

mulåsn|a *-an -or* 버새 (수말과 암나귀 사이에 난 잡종).

mumie [mʉːmjə] *~n ~r* 미라.

mumifiera *~r ~de ~t tr*. 미라로 만들다.

mumla *~r ~de ~t tr. itr*. 중얼거리다.

mumm|a *-an 0* 혼합주 (porter와 맥주, 설탕을 혼합한 술).

mum|mel *-let 0* 중얼거림, 구시렁거림.

mums[1] *itj*. (맛좋은 것을 먹을 때 내는 소리) 냠냠.

mums[2] (불변화명사) det smakar ~ 맛이 그만이다.

mun *~nen ~nar* 입; en ~ vatten 한 모금의 물; hålla ~[nen] ① 침묵하다 ② 발설하지 않다; ta ~[nen] full, vara stor i ~[nen] 떠벌리다, 입심 좋다; ta ~nen för full 말이 많다; täppa till (tysta) ~[nen] på ngn …의 입을 막다, 함구시키다; prata bredvid ~[nen] 무심코 비밀을 발설하다; ful i ~[nen] 입이 험한, 말이 험한; jag vill inte ta ordet i min ~ 나는 그 단어를 (말을) 내 입에 올리기 싫다; vara i var mans ~ 세상 사람이 다 알고 있다, 공공연하다; lägga orden i ~[nen] på ngn 말해야 할 것을 …에게 가르쳐 주다 (말하게 하다); tala i ~[nen] på varandra 동시에 말하다; med en ~ 한 목소리로.

munart *~en ~er* 사투리, 방언.

mundering *~en ~ar* (군인의) 무장, 장비.

munfull *a*. 한입의.

mungip|a *-an -or* 입가, 입 가장자리.

mungo [məŋgɔ] *~n ~r* 몽구스 (사향고양이 과의 육식동물).

mun|huggas *-huggs -höggs -huggits itr. dep*. 말다툼하다.

munhål|a *-an -or* 구강(口腔).

municipalsamhälle *~t ~n* 【역사】 자치사회 (지역).

munk *~en ~ar* ① 중, 승(僧) ② 프랑스의 리큐르 술 ③ 도넛.

munkav|el *-eln -lar*/munkavl|e *-en -ar* (말을 못하도록) 입에 처넣는 것, 입마개, 재갈; sätta ~ på ngn …에게 재갈을 물리다; …의 입을 봉하다.

munkklost|er *-ret ~* 수도원.

munkorg *~en ~ar* 재갈, 입마개.

munlås *~et ~* ☞ munkavel.

munläd|er *-ret 0*, ha gott (smort) ~ 말솜씨가 좋다, 입심이 좋다.

mun-mot-mun-metod *~en 0* 입에다 입을 대고 하는 인공호흡.

munsbit *~en ~ar* 한입.

munskydd *~et ~* 마스크.

munskänk *~en ~ar* (궁정이나 연회석 따위에서) 술 따르는 사람.

munspel *~et ~* 하모니카.

munstycke *~t ~n* ① (관, 용기 따위의) 주둥이, 꼭지쇠 ② (악기 따위의) 입에 대는 부분 ④ 궐련 물부리.

munt|a *-an -or*, ~n 구두시험.

munter *a*. 명랑한, 즐거운.

muntergök *~en ~ar* 명랑한 사람, 익살꾼.

muntlig *a*. 구두의; ~ tentamen 구두시험.

muntligen/muntligt *adv*. 구두로.

muntra *~r ~de ~t tr*. 즐겁게 하다.

muntration *~en ~er* 오락, 놀이; 유흥, 여흥.

munvig *a*. 말재주가 좋은, 입심 좋은.

munväd|er *-ret ~* 허튼 소리, 헛소리.

mur [mʉ:r] *~en ~ar* 담, 벽.

mura *~r ~de ~t* Ⅰ. *tr*. 담을 쌓다, 벽돌을 쌓다; ~ igen (till) …을 벽돌로 막다; ~ igen ögonen på ngn …의 눈을 때려 부어오르게 하다; ~ in ngn …를 담 속에 가두다 Ⅱ. *itr*. 벽돌 쌓는 일을 하다.

murar|e *-[e]n ~* 벽돌공, 석공.

murbruk *~et ~* 모르타르, 회반죽.

murbräck|a *-an -or* 파성퇴(破城槌; 옛날에 성벽을 부수는 데 사용한 전쟁기구).

murgrön|a *-an -or* 담쟁이덩굴.

murken *a*. 썩은, 부패한.

murkl|a *-an -or* 곰보 버섯 (식용).

murkna *~r ~de ~t itr*. 썩다, 부패하다.

murkrön *~et ~* 담쟁이 꼭대기, 두겁대, 갓돌.

murmeldjur *~et ~* 마멋 (유럽산으로 땅을 파고 구멍에 사는 설치류의 동물).

murrig *a*. ① 퉁명스러운, 무뚝뚝한 ② (색깔이) 충충한, 칙칙한.

murslev *~en ~ar* 흙손 (미장이의 연장).

mursten *~en ~ar* 벽돌.

murv|el *~eln ~lar* 삼류 기자 (기자를

낮추어 부르는 말).

mus ~*en möss* ① 생쥐 ② 【컴퓨터】 마우스.

mus|a *-an -er* 뮤즈 신 (Zeus의 딸로서 시, 음악, 무용을 관장하는 9여신의 하나).

musch ~*en* ~*er* 애교 점 (얼굴 등에 붙이는 검은 비단의 작은 조각); 【복식】 도트.

museạl *a*. 박물관의.

musẹiföremål ~*et* ~ 박물관의 진열품, 일품, 진품.

muselmạn ☞ muhammedan.

musẹ|um ~*et* ~*er* 박물관.

musicera ~*r* ~*de* ~*t itr*. 연주하다; vi ~r 우리는 연주하고 있다, 노래하고 있다.

musịk ~*en 0* ① 음악, 곡 ② 악단, 밴드.

musikal ~*en* ~*er* 뮤지컬.

musikạlisk *a*. 음악적인, 음악의.

musikalitẹt ~*en 0* 음악성, 음악적임, 음악적 재능.

musikạnt ~*en* ~*er* 음악가, 악사.

musikdirektör ~*en* ~*er* ① 음악 전문학교 졸업생에 대한 칭호 ② 악단장.

mụsiker ~*n* ~ 음악가, 악사.

musikkår ~*en* ~*er* 악단; 오케스트라, 관현악단.

muskatẹll ~*en 0*/muskatellvin ~*et 0* (남유럽 산의) 포도주.

muskedụnd|er *-ret/-ern, -er/-rar* 나팔 총 (총부리가 굵은 18세기 총).

musk|el *-eln -ler* 근육.

musketọ̈r ~*en* ~*er* 【역사】 머스켓 총병, 총사, 보병.

muskot ~*en 0* 【식물】 육두구 (열대산 상록수로 약용, 향료로 씀).

muskulatur ~*en* ~*er* 【해부】 근육 조직.

muskulọ̈s *a*. 근육의; 근육질의, 근육이 잘 발달한, 억센.

muskọ̈t [møskø:t]/[-ʃø:t] ~*en* ~*er* (총강(銃腔)에 선조(旋條)가 없는) 구식 소총.

muslịm ~*en* ~*er* ☞ muhammedan.

muslimsk *a*. 회교도의.

muslin ~*en*/~*et, 0* 모슬린, 메린스; 옥양목.

musselskal ~*et* ~ 홍합(조개)껍질.

mussera ~*r* ~*de* ~*t itr*. (포도주 따위가) 거품이 일다.

musserọn ~*en* ~*er* 식용 버섯의 일종 (라틴어; tricholoma).

mussl|a *-an -or* ① 쌍각류의 조개; 대합조개; 홍합; 새조개 ② 홍합 껍질; 새조개 껍질.

must ~*en 0* ① 자양분; koka ~en ur köttet 고기를 끓여 (삶아) 자양분을 뽑아내다 ② 즙; äppel~ 사과즙.

mustạng ~*en* ~*er* 무스탕 (미국 남서부 평원에 사는 반(半) 야생마).

mustạsch ~*en* ~*er* 콧수염.

mustig *a*. ① 자양분이 담뿍 들어 있는 ② (표현 따위가) 생동하는; 흥미진진한; 거친, 상스러운; en ~ historia 흥미진진한 이야기; ~a svordomar 상스러운 욕들.

mut|a[1] *-an -or* 뇌물.

muta[2] ~*r* ~*de* ~*t tr*. ① 뇌물을 주다, 매수하다 ② ~ in ☞ inmuta.

mutkolv ~*en* ~*ar* 뇌물 수수자.

mutt|er *-ern -rar* 너트, 암나사.

muttra ~*r* ~*de* ~*t itr*. 중얼거리다, 투덜거리다.

myck|en *a*. (양이) 많은, 다량의; 다

M

액의 ① (수식하는 명사의 성, 수에 따라 어미변화를 하는 경우), ~ möda och stort besvär 많은 노력과 고초; det –na talet om frihet 자유에 대한 허다한 말들; han var inte till ~ hjälp 그는 큰 도움이 되지 못했다 ② (수식하는 명사의 성, 수에 관계없이 중성형이 되는 경우), –et pengar 많은 돈; det har fallit –et snö 눈이 많이 내렸다 ③ (독립적으로 [명사화하여] 사용될 때); inte –et att göra 할 일이 많지 않다; i mångt och –et 많은 점에 있어서.

myckenhet ☞ mängd.

mycket *adv*. (mer[a], mest) (양이) 많게, 다량으로; 크게; 매우, 대단히; ~ tidigt på morgonen 아주 이른 아침에; han körde ~ snabbt 그는 차를 매우 빨리 몰았다; tack så ~ 대단히 감사합니다.

mygg *~en 0* (집합적으로) 모기; sila ~ och svälja kameler 하루살이는 걸러내고 약대는 삼키도다, 작은 일에 구애되어 큰일을 소홀히 하다 (마태복음 19장 24절).

mygg|a *–an –or* 모기.

mygbett *~et ~* 모기에 물림, 모기에 쏘임, 모기에 물린 자국 (상처).

myggbiten *a*. 모기에 물린.

mykolog *~en ~er* 균[류]학자.

myll|a[1] *–an –or* 기름진 땅, 옥토.

mylla[2] *~r ~de ~t tr*. ~ ned ngt …을 흙에 파묻다, …을 흙으로 덮다.

myll|er *–ret 0* 무리, 떼; ett ~ av flugor över gödselstacken 거름더미 위에 (날아다니는) 한 떼의 파리들.

myllra *~r ~de ~t itr*. ① 떼(무리)를 지어 우글거리다; barnen ~de ut på skolgården 아이들은 우루루 운동장으로 몰려 나갔다 ② 가득 차다; det ~de av barnen på skolgården 운동장은 아이들로 가득 차 있었다.

myndig *a*. ① 성년의; ~ ålder 성년; bli ~ 성년에 달하다; 성인이 되다 ② 권위적인, 거만한, 위압적인.

myndighet Ⅰ. *~en 0* ① 성년, 성인 ② 권위 ③ 권능, 권한 Ⅱ. *~en ~er* 당국, 관헌.

myndling *~en ~ar* 【법률】 피후견인.

mynna *~r ~de ~t itr*. ~ [ut] i a) (강 등이) 흘러 들어가다; (길 등이) …으로 빠지다; trappan ~de i en liten hall 그 계단을 따라가면 조그만 홀에 다다르게 되었다; var ~r floden ut? 그 강은 어디로 흘러 들어가는가? b) …으로 끝나다, 귀결되다.

mynt *~et ~* 동전, 화폐; i klingande ~ 현금으로; utländskt ~ 외화; betala ngn med samma ~ 남에게 대갚음(앙갚음)을 하다; prägla ~ 동전을 주조하다; slå ~ av …로부터 이익(이득)을 취하다; två sidor av samma ~ 한 동전의 안과 밖 (한 사물이나 사건이 내포하고 있는 상반된 면).

mynt|a[1] *–an –or* 박하.

mynta[2] *~r ~de ~t tr*. (화폐를) 주조하다; 신조어를 만들다; en slogan som ~des i rent propagandasyfte 순전히 선전용으로 만들어진 슬로건.

myntenhet *~en ~er* 화폐단위.

myntfot *~en 0* 화폐 본위; guld~ 금본위제.

myom [–o̜:m] *~et ~* 근종(筋腫)(근육에 생기는 부스럼).

myr *~en ~ar* 습지, 소택지.

myr|a *-an -or* 개미; vara flitig som en ~ 개미처럼 부지런하다; sätta -or i huvudet på ngn …에게 골칫거리를 주다.

myriad *~en ~er* 무수; ~er stjärnor 무수히 많은 별들.

myrlejon *~et ~* (명주 잠자리의 유충인) 개미귀신.

myrmalm *~en ~er* 소철광 (늪지대에서 나는 다공질의 갈철광).

myrra *~n 0* 미르라, 몰약 (沒藥, 동아프리카, 아라비안 산 수지의 일종으로 향료, 약재로 사용).

myrslok *~en ~ar* 【동물】 개미핥기.

myrstack *~en ~ar* 개미둑, 개미탑.

myrten *~ myrtnar* 【식물】 은매화 (銀梅花).

myrtenkron|a *-an -or* 은매화로 만든 신부의 화관.

mys|a *-er -te -t itr*. ① 미소 짓다 ② 편안해하다; sitta och ~ i soffan med en filt omkring sig 몸에 담요를 두르고 편안하게 소파에 앉아 있다.

mysig *a*. 편안한, 아늑한.

mysk *~en 0* 사향.

myskdjur *~et ~* 사향노루.

myskox|e *-en -ar* (그린란드 등지에 사는) 사향소.

mysteriespel *~et ~* 기적극 (성경의 내용을 토대로 해서 연출되었던 중세의 연극).

mysteri|um *~et ~er* 신비, 수수께끼.

mysteriös *a*. 신비한.

mysticism *~en 0* 신비주의.

mystifiera *~r ~de ~t tr*. …을 신비화하다, 불가해하게 만들다.

mystifik *a*. 불가해한, 불가사의한.

mystifikation *~en ~er* 신비화; (사람의 마음을) 혼미하게 하기.

mystik *~en 0* 신비, 불가사의; 비밀, 불명확성.

mystiker *~n ~* 신비주의자.

mystisk *a*. 신비스러운, 불가사의의; 신비주의의.

myt *~en ~er* 신화(神話); 허구.

myteri *~et ~er* 반란, 모반, 폭동; göra ~ 반란을 일으키다.

mytisk *a*. 신화의, 신화적인.

mytologi [-gi:] *~n ~er* 신화(체계); 신화학.

myxödem *~et 0* 【병리】 점액수종 (粘液水腫).

må¹ *~r ~dde ~tt itr*. 느끼다; (건강) 기분이 …하다; hur ~r du? 안녕하세요?; jag ~r illa av vin 나는 술이 몸에 맞지 않는다; ~ så gott! 잘 지내시오!

må² *~ ~tte hjälpvb*. ① (허가를 나타냄, 현재형으로만 쓰임), vill någon gå till fots, så ~ han göra det 걸어가고 싶은 사람은 그렇게 해도 좋다; mot beslutet ~ talen ej föras 결정된 사항에 대해서는 왈가왈부할 수 없다 (…하지 않으면 안 된다는 뜻으로 사용); kan vi hjälpa dem, så ~ vi göra det 우리가 그들을 도울 수 있다면 도와야 한다; du ~ tro att 당신은 …을 믿어야 한다 (확신해도 좋다) ② (양보의 뜻 현재형으로만 사용), hon ~ protestera aldrig så mycket, det blir som vi har bestämt 그녀가 얼마든지 항의할 수 있지만 (암만 항의한다고 하더라도) 결국 우리가 결정한 대로 될 것이다; det ~ vara hur som helst med den saken 그것(일)은 어떻게 되어도 좋다 ③ (소망, 기원을 나타냄, 현재,

과거형으로 두루 쓰임), ja, ~ han leva! 그가 오래 살기를!; ~tte det inte bli regn! 비가 오지 말기를! ④ (추측을 나타냄, 과거형으로만 쓰임), han ~tte ha dåligt minne! 그는 기억력이 나쁠 거야!

måfå (불변화명사) på ~ 멋대로, 닥치는 대로, 마구잡이로.

måg *~en ~ar* 사위.

måhända *adv*. 아마, 어쩌면.

mål *~et ~* ① 말; 언어 구사력; 목소리; darra på ~et 목소리가 떨리다; vara grov i målet 말이 험하다; sväva på ~et 주저하다, 머뭇거리다, 분명치 않게 말하다 ② 방언; sydsvenska ~ 남부 스웨덴 사투리 ③【법률】소송, 소송사건 förlora ~et 재판에 지다, 소송에 지다 ④ 식사; frukost~ 아침 식사; ett ~ mat 한 끼의 식사 ⑤ a) 표적, 과녁; skjuta till ~s 목표물 사격 연습을 하다; skjuta till ~s på ngt …을 겨냥해 쏘다 b) (구기의) 골; 득점; göra [ett] ~ 득점하다; vinna med två ~ mot noll 2대0으로 이기다 c) (경주의) 골, 결승점; komma (gå) i ~ 결승점에 달하다 (들어오다) ⑥ 목적, 목표; hans ~ i livet 그의 인생의 목표; nå sitt ~ 자신의 목표에 달하다.

måla *~r ~de ~t* Ⅰ. *tr*. *itr*. 그리다; 채색하다; ~t glas 채색 유리; ~ av ngt (ngn) …을 그리다 Ⅱ. *rfl*. 화장하다.

målande *a*. (문체 등이) 생생한, 그림 같은.

målar|e *-[e]n ~* ① 화가 ② (트럼프의) 그림카드.

målarinn|a *-an -or* 여류화가.

målbrott *~et 0*, hon är i ~et 그녀는 변성기에 있다.

målbur *~en ~ar* (구기의) 골, 골대 뒤에 친 망.

måleri *~et ~er* 회화, 그림 그리기.

målerisk *a*. 그림 같은, 아름다운.

målföre *~t 0* 말하는 능력, 말문; han var så nervös att han förlorade ~t 그는 매우 초조하여 말문을 열지 못했다.

målgrupp *~en ~er* 대상 집단.

målla ☞ molla.

mållös *a*. (일시적으로) 벙어리가 된, 말을 잊은; ~ av häpnad 경악하여 말을 잊은.

målmedveten *a*. 목적의식이 있는, 확고한.

målning *~en ~ar* ① 채색, 색칠 ② (채색된) 칠 ③ 그림.

målro *~n 0* 식사 시간 때의 편안함; 식탁에서의 즐거운 대화; hålla ~n vid makt (식사 때) 대화가 계속 이어지게 하다.

måls|man *-mannen -män* ① 후견인, 보호자 ② 대변인; 대표자.

målsnöre *~t ~n* 결승테이프, 결승선.

målstolp|e *-en -ar* 골대; 결승점(의 표주(標柱)).

målsägar|e *-[e]n ~*【법률】원고, 고소인; (형사소송에서) 검사; 피해자.

målsättning *~en ~ar* (설정)목표, 목적.

måltid *~en ~er* 식사.

målvakt *~en ~er* 문지기, 골키퍼.

mån[1] *a*. ~ om ① …을 열망하는, …에 열심인; han var ~ om att understryka vikten av enighet 그는 애써 단결의

중요성을 강조하였다 ② 아끼는, 고려하는; på det hotellet är man mycket ~ om sina gäster 이 호텔은 손님을 매우 잘 모신다.

mån[2] (불변화 en-명사) 정도, 범위; ej i minsta ~ 조금도 …하지 않은; i motsvarande ~ …에 상당한 정도로(상응하게); i möjligaste (görligaste) ~ 가능한 한, 될 수 있는 대로; i någon ~ 어느 정도까지, 다소; i vad ~ 어느 정도까지; i den ~ som …한 정도까지; i ~ av behov 필요에 따라, 필요시; i ~ av tillgång 자원이 허락하는 데까지.

måna *~r ~de ~t itr*. ~ om …을 돌보다, 배려하다; de ~de om oss på alla sätt 그들은 우리를 모든 면에서 잘 돌보아 주었다.

månad *~en ~er* 달, 월 (月); en gång i ~en 한 달에 한 번; 100 kr per ~ 한 달에 100크로나.

månadslön *~en ~er* 월급.

månadsvis *adv*. 한 달씩, 한 달 간격으로.

månatlig *a*. 한 달의.

månatligen *adv*. 매달.

månbelyst *a*. 달빛이 비치는, 달 밝은.

måndag *~en ~ar* 월요일.

månde (불변화조동사), vad ~ detta betyda? 이것이 무엇을 의미할 수 있을까?; vad ~ bliva av detta barn? 이 아이가 장차 무엇이 될까?; vem det vara ~ 그가 누구일지라도.

mån|e *~en ~ar* ① 달(月) ② 머리가 벗겨진 정수리 부분; redan i trettioåldern hade han ~ 30세 때에 벌써 그는 정수리 부분이 대머리가 되었다.

månförmörkelse *~n ~r* 월식.

många (부정대명사) 다수, 많은 사람(것); 다수의, 많은; 대부분, 대다수; ~ av oss 우리들 중 대부분; köpte du ~ böcker? [너는] 많은 책을 샀느냐?; lika ~ som …만큼 많은; dubbelt så ~ som …보다 두 배나 많은.

mångahanda (불변화형용사) 여러 가지 많은; ~ plikter 여러 가지 많은 의무들.

mångdubbel *a*. 몇 곱의, 몇 갑절의.

mången (부정대명사) (비한정형 *månget/mångt*, 복수형 *många*) ① (부가적 사용) 많은; han fick höra månget sanningens ord 그는 진실이 담긴 말을 많이 듣게 되었다 ② (독립적 사용) a) 많은 사람 b) i mångt och mycket 많은 점에 있어서.

mångenstädes *adv*. 여러 곳에서.

mångfald *~en ~er* ① a) 다수; en ~ bevis på vänskap 우정에 대한 많은 증표 b) 다양함, 다양성 ②【수학】배수, 배량.

mångfaldig *a*. 다양한, 다수의.

mångfaldiga *~r ~de ~t tr*. …를 배가시키다, 증가시키다, 늘이다;【수학】…를 곱하다; …를 복사하다.

mångfasetterad *a*. 뉘앙스가 풍부한, 복합적 의미의.

mångfrestar|e *-[e]n ~* 팔방미인; 만물박사.

månggifte *~t 0* 일부다처[제].

månghövdad *a*. 머리가 여럿 달린; 다수의; ett månghövdat vidunder 머리가 여럿 달린 괴물; en ~ skara 한 떼의 많은 사람.

månglar|e *-[e]n ~* 가두판매인, 행상인.

mångsidig *a*. 다면의, 다재다능한;

다방면의.

mångt ☞ mången.

mångård *~en ~ar* 달무리.

mångårig *a*. 다년간의, 해묵은.

månljus[1] *a*. 달 밝은; det här var ~t (풍자적으로) 이건 불쾌한데.

månljus[2] *~et 0* 달빛.

månne/månntro *adv*. (의문스럽다는 뜻), vad vill han mig ~? 그가 나에게 원하는 것이 무엇인지 궁금하구나; ~ det? 글쎄? 정말일까?

månsken *~et 0* 달빛.

månskär|a *-an -or* 초승달; 상현달.

månvarv *~et ~* 태음월 (초승달에서 다음 초승달까지의 기간); (시어) 달.

mår|a *-an -or* 갈퀴덩굴속 초본의 속칭, 솔마물 (예전에 그 줄기를 침대 속에 넣었음).

mård *~en ~ar* 담비; 담비의 모피.

mårtensgås (불변화명사) 성 마르틴 (316?~400?) 축일 (11월 10일이나 11일로 이 날에 거위를 요리해먹는 풍습이 있다).

mås *~en ~ar* 갈매기.

måste *måste måst hjälpvb*. ① (강제) …하지 않으면 안 된다; …하지 않으면 안 되었다; han ~ sälja huset 그는 집을 팔 수 밖에 없었다; jag ~ verkligen säga att jag uppskattar detta 내가 이것을 높이 평가한다는 것을 정말 말하지 않을 수 없다 ② (확신) …임에 틀림없다; han ~ vara sjuk eftersom han inte kommer 그가 오지 않는 것을 보니 아픈 게 틀림없다.

mått *~et ~* ① 도량의 단위; 기준, 표준, 척도; ~system 도량형제(度量衡制); längd~ 길이의 단위, 길이 ② 치수; 정도, 도수, 한도; räkna antalet fönster och ta ~ på dem 창문의 수를 세고 치수를 재다; ta ~ till en kostym 양복치수를 재다; ett framtidslöfte av enorma ~ 미래에 대한 방대한 약속 ③ 수단, 조치, 방책; vidta ~ och steg 수단과 조처를 취하다.

mått|a[1] *-an 0* 적도(適度), 알맞음, 중용; det ska vara ~ i allt 만사에 절도가 있어야 된다; det är ingen ~ på vad han fordrar 그가 요구하는 것에는 한도가 없다; i högsta -o 최대한; i synlig -o 눈에 띌 정도로; med ~ 알맞게.

mått|a[2] *~r ~de ~t tr. itr*. 조준하다, 겨냥하다.

måttband *~et ~* 줄자.

måtte ☞ må.

måttenhet *~en ~er* 측정단위.

måttfull *a*. 적당한, 알맞은, 중용의, 절도 있는.

måttlig *a*. 알맞은, 적당한, 중용의, 절도 있는; 수수한, 보잘 것 없는; förslaget väckte ~ entusiasm 그 제안은 그리 큰 호응은 얻지 못했다.

måtto ☞ mått|a[1]

måttstock *~en ~ar* 기준, 표준, 척도; mätt efter en annan ~ 다른 기준에 의해서 측량된.

mähä *~et ~n* 나약한 사람, 겁쟁이.

mäkla *~r ~de ~t tr. itr*. 중재하다.

mäklar|e *-[e]n ~* 중재인, 중개인.

mäkta[1] *adv*. 대단히 (반어적으로); hon var ~ populär bland eleverna 그녀는 학생들 간에 인기가 대단하였다.

mäkta[2] *~r ~de ~t tr. itr*. …할 능력이 있다; jag ~r inte [göra] mera 나는 더 이상 할 수 없다.

mäktig *a*. ① 강대한, 강력한, 힘찬;

en ~ furste 강력한 영주(領主) ② (음식이) 진한, 기름진; 배를 부르게 하는 ③ vara ~ att …할 능력이 있다; inte vara sig själv ~ 자신을 통제할 수 없다.

mäld *~en ~er* 【고어】 제분용 곡물; 빻은 곡물.

män[1] *adv*. (일반적으로 강조어로서) 참으로, 정말로; ja ~! 그렇고말고!

män[2] ☞ **man**.

mäng|a *-er -de -t tr*. 혼합하다, 섞다.

mängd *~en ~er* ① 대량, 다수; en [stor] ~ (~er av, stora ~er) te har importerats 대량의 차가 수입되었다; en [stor] ~ (~er av, stora ~er) böcker 다수의 책 ② 군중, 대중; försvinna i ~en 군중 속으로 사라지다.

människ|a [-niʃa] *-an -or* 인간, 사람; en gammal ~ 노인; den moderna -an 현대인; jag är inte ~ att begripa 나는 도대체 이해를 못 하겠다; vi är inte mer än -or 우리는 인간 이상도 이하도 아니다; hur är han som ~ 인간으로서 그는 어떠한 사람인가; -orna 인류.

människoap|a [mɛniʃɷɑ:pa] *-an -or* 유인원(類人猿).

människofientlig *a*. 인간에 해로운.

människoförakt *~et 0* 인간 멸시, 염세.

människokärlek *~en 0* 인간애.

Människosonen (인격체로서의) 그리스도.

människovänlig *a*. 박애의, 인정 많은.

människovärde *~t ~n* 인간의 가치.

människoätar|e *-[e]n ~* 식인종.

mänska [-nʃa] ☞ **människa**.

mänsklig [-nskli(g)] *a*. 인간의, 인간적인; den ~a hjärnan 인간두뇌; de ~a rättigheterna 인권; det är ~t att fela 실수하는 것은 인간으로서 자연스러운 일이다.

mänsklighet *~en 0* ① ~en 인류 ② 인간적임; 인간애.

märg [mærj] *~en 0* ① 【해부】 (뼈의) 골, 골수 ② 【식물】 고갱이, 목수(木髓) ③ 정수, 중심부; skriket gick (trängde) genom ~ och ben på mig 그 비명소리는 나의 뼛속까지 파고들었다.

märgben *~et ~* (요리용) 골이 든 뼈.

märgel *~n 0* 이회(泥灰), 이회토.

märgfull *a*. (문체가) 힘찬, 골수가 많은.

märgpip|a *-an -or* (요리용) 골이 든 뼈; 소의 정강이뼈.

märk|a *-er -te -t tr*. ① 표시하다 -t med rött 빨간색으로 표시된; ett av sjukdom -t ansikte 병색의 얼굴 ② …를 알게 되다, 인지하다; man -er hans avsikt 사람들이 그의 의도를 알아채다; man -er på allting att 모든 점에서 …이라는 것을 알아채다; skillnaden -s knappt 차이는 거의 나타나지 않는다; det -s att han är trött 그가 피곤한 것을 알 수 있다.

märkbar *a*. 주목할 만한, 알아 챌 수 있는, 인지할 수 있는; 명백한, 분명한.

märke *~t ~n* ① 표시, 표지; 자극, 흔적; 상표; gräns~ 국경(경계) 표시; blå~ 멍; varu~ 물품 상표 ② lägga ~ till …에 주목하다, 유의하다.

märkes|man *-mannen -män* 유명

인, 저명인.

märklig *a*. 기인한, 이상한; 중대한, 중요한, 뜻 깊은; en ~ historia 기이한 이야기; hans ~a bok om arternas ursprung 종(種)의 기원에 관한 그의 중요한 책.

märkvärdig *a*. 기이한, 이상한; 놀라운, 훌륭한; en sten med ~ form 기이한 형태의 돌; boken är inte särskilt ~ 그 책은 별로 훌륭하지가 않다; göra sig ~ 뽐내다.

märl|a *-an -or* (U자 모양의) 꺽쇠.

märr *~en ~ar* 암말.

märs *~en ~ar* 【항해】 장루(檣樓), 돛대위의 관망대.

mäsk *~en 0* 엿기름 물 (맥주의 원료).

mäss *~en ~ar* (군대 등의) 식당; 회식실.

mäss|a[1] *-an -or* ① 미사 (가톨릭), 예배 (개신교); gå i ~n 미사에 참례하다 ② 박람회, 공진회.

mässa[2] *~r ~de ~t tr. itr*. ① 미사를 올리다 ② (노래, 성가를) 부르다, 영창하다; 단조로운 말투로 말하다.

mässfall *~et ~* 미사(예배)의 취소.

mässhak|e *-en -ar* 제의 (사제가 성체 성사, 미사 때 입는 제복, 소매가 없음).

mässing *~en 0* ① 놋쇠, 황동 ② i bara ~en 나체로, 알몸뚱이로.

mässingsinstrument *~et ~* 놋쇠악기, 금관악기.

mässling *en 0* 【병리】 홍역.

mästar|e *-[e]n ~* ① 대가, 명수, 거장; Beethoven, Mozart och andra ~ 베토벤, 모차르트 그리고 다른 대가들 ② 승리자, 정복자, 챔피언; världs~ 세계 챔피언 ③ 작가; vem är ~ till det här verket? 이 작품의 작가는 누구인가?

mästarinn|a *-an -or* 여자 챔피언.

mäster (불변화명사) ① (철학, 종교, 예술 따위의) 스승, 정신적 지도자 ② 명인, 대가, 거장; (장인 (匠人)의) 우두머리.

mästerlig *a*. 뛰어난 [솜씨의], 탁월한, 빼어난.

mästerlots *~en ~ar* 뛰어난 수로(水路) 안내인을 가리키는 말, 선임 수로 안내인.

mästerskap *~et 0* 선수권 대회, 결승전, 선수권.

mästerverk *~et ~* 걸작.

mästra *~r ~de ~t tr*. 질책하다, 비평하다.

mät (불변화명사) ta[ga] i ~ 압류하다.

mät|a *-er -te -t* Ⅰ. *tr*. 재다, 측량하다; 평가(판단)하다; ~ isens tjocklek 얼음의 두께를 재다; ~ avståndet med ögonmått 눈어림으로 거리를 재다; ~ knappt 모자라게 재어 주다; ~ väl 넉넉하게 재어 주다; ~ av 재어서 나누다, 구분하다; ~ upp a) …의 치수를 재다, 측량하다 b) 분배하다, 할당하다; ~ ut a) ☞ ~ upp b) 압류하다 Ⅱ. *itr*, 재어서 …이 되다, …의 길이(폭, 무게 따위)가 …이다; rummet −er 4 gånger 5 meter 그 방은 4m x 5m 크기이다 Ⅲ. *rfl*. kunna ~ sig med … 과 능히 비교될 수 있다; han kan inte ~ sig med 그는 …과 비교될 수 없다.

mätar|e *-[e]n ~* ① 측량기, 측정기 ② 【곤충】 자벌레나방.

mätbar *a*. 측정할 수 있는, 잴 수 있는.

M

mätning *~en ~ar* 측량.

mätress *~en ~er* 【역사】 정부(情婦), 첩.

mätstick|a *–an –or* (자동차의 기름을 재는) 계량봉.

mätt *a.* 배불리 먹은, 포만한; äta sig ~ 배불리 먹다; han kunde inte se sig ~ på det 그는 그것을 암만 보아도 싫증이 나지 않았다.

mätta *~r ~de ~t tr.* ① 배부르게 하다; det finns många munnar att ~ 먹어야할 사람이 많다 ② 【화학】 포화시키다; ~ vattnet med koksalt 물을 소금으로 포화시키다.

mättad *a.* 포화된; marknaden är ~ 시장은 포화상태에 이르렀다.

mättnad *~en 0* 포화.

mättsam *a.* 배를 부르게 하는, 포만하게 하는.

mö *~n ~r* 처녀.

möbel *~n möbler* 가구 (家具).

möblemang *~et ~[er]* (방이나 아파트에 비치된) 가구(家具) 전체.

möblera *~r ~de ~t tr.* (가구를) 비치하다.

möblering *~en ~ar* 가구 비치[법].

möd|a *–an –or* 고생, 수고; göra sig [stor] ~ 수고를 많이 하다; lönar det ~n? 고생할 만한 가치가 있는가?; ej spara någon ~ 수고를 아끼지 않다.

möderne *~t 0,* vara släkt på ~t 어머니 쪽으로 친척이 되다.

mödom *~en ~ar* ① 처녀성, 동정, 순결 ② ☞ mödomshinna.

mödomshinn|a *–an –or* 처녀막.

mödosam *a.* 힘든, 수고스러운.

mödravård *~en 0* 모자보호, 모자복지; ~scentral 모자보호 센터.

mög|el *–let 0* 곰팡이.

mögla *~r ~de ~t itr.* 곰팡이가 끼다.

möglig *a.* 곰팡이가 낀.

möhipp|a *–an –or* 결혼을 앞둔 신부를 위해 여자 친구들이 열어주는 파티. 예비신부 축하 파티.

möjlig *a.* 가능한; 편리한, 실행할 수 있는; 있을 법한; mängder av ~a alternativ 시행 가능한 수많은 대안; det ~as gräns 가능한계선; på kortast ~a tid 가능한 한 단시간에.

möjligen *adv.* 혹시; ~ har han ändrat sig 혹시 그가 마음을 고쳐 먹은 지 모른다.

möjlig|göra *–gör –gjorde –gjort tr.* 가능하게 하다.

möjlighet *~en ~er* 가능성; 기회; det finns ingen annan ~ 다른 가능성은 없다.

möjligtvis *adv.* 혹시.

mönja[1] *~n 0* 연단(鉛丹), 광명단(光名丹)(산화납으로 만든 물감).

mönja[2] *~r ~de ~t tr.* …에 연단을 칠하다.

mönster *mönstret ~* ① 양식, 형, 패턴, 원형, 모형; sy efter ~ 모형에 따라 바느질하다 ② 모양, 무늬, 도안; rutigt ~ 체크무늬 ③ 본, 모범, 귀감; han är mönstret för en äkta man 그는 좋은 남편의 귀감이다.

mönstergill *a.* 모범적인, 귀감이 되는, 표본적인.

mönsterelev *~en ~er* 모범학생.

mönstra *~r ~de ~t* Ⅰ. *tr.* ① …에 무늬를 넣다 (박다) ② 살피다, 검사하다, 검열하다; 시찰하다, 사열하다; se ~nde på ngn …를 (위 아래로) 훑어

보다 ③ 모으다, 소집하다 ④ a) (선원 등을) 고용하다 b) 점호하다 Ⅱ. *itr*. ① 계약하다, 고용되다 ② …를 병적에 넣다 Ⅲ. (강세접사와 함께) ① ~ av a) *tr*. …에게 급료를 청산하고 해고하다 b) *itr*. (계약 따위를) 파기하다 ② ~ in 병적에 넣다 ③ ~ på a) *tr*. 계약하다, 고용하다 b) *itr*. 고용되다 ④ ~ ut 버리다, 제거하다; 선원으로 취직하다.

mönstring *~en ~ar* ① 무늬나 도안 집어넣기 ② 검사, 검열; 사열 ③ 병적 등록.

mör *a*. ① 부드러운, 연한 ② 온순한; känna sig ~ i hela kroppen 온몸이 쑤시고 저리다.

mörbulta *~r ~de ~t tr*. 두들겨 패다.

mörda *~r ~de ~t tr*. 죽이다, 살해하다.

mördande[1] *a*. 살인적인, 극심한, 혹독한.

mördande[2] *adv*. 매우, 몹시, 극심하게; ~ tråkig 지루하기 짝이 없는.

mördar|e *–[e]n ~* 살인자.

mördeg *~en ~ar* 밀가루, 버터, 설탕 등을 혼합한 반죽.

mörk *a*. 어두운, 깜깜한; 우울한; (색조가) 짙은, 검은; 언짢은, 시무룩한; en ~ blick 언짢아하는 시선; ~ min 음울한 표정.

mörk|er *–ret 0* 어둠, 암흑; efter –rets inbrott 어두워진 후에.

mörkhyad *a*. 검은 피부의.

mörkhårig *a*. 머리 빛깔이 어두운(다갈색의).

mörk|lägga *–lägger –lade lagt tr*. …를 어둡게 하다; (공습에 대비해) 등화관제하다.

mörk|man *–mannen –män* 반 계몽주의자, 몽매주의자.

mörkna *~r ~de ~t itr*. 어두워지다, 깜깜해지다; utsikterna har ~t 전망이 흐려졌다.

mörkningen, i ~ 황혼 무렵에.

mörk|rum *–rummet ~* 암실(暗室).

mörkrädd *a*. 어두운 곳을 무서워하는.

mörsar|e *–[e]n ~* 박격포.

mört [mœt] *~en ~ar* 유럽산 잉어과의 민물고기.

möss|a *–an –or* (테 없는) 모자.

möt|a *–er –te –t tr. itr*. 만나다; 접하다; 직면하다; 마주치다; (적과) 만나다; ~ ngn …를 만나다; ~ faran 위험에 직면하다; ~ upp 모이다, 집합하다.

möt|as *–[e]s –tes –ts itr. dep*. 서로 만나다; deras blickar –tes 그들의 시선이 교차되었다.

möte *~t ~n* 모임, 회합, 만남; 직면; (시합에서) 대전, 교전; stämma ~ med …와 만날 약속을 하다; upplösa ett ~ 모임(회합)을 해산하다; ~ på högsta nivå 정상급 회담; gå (komma) ngn till ~s …를 만나러 가다 (오다).

n [ɛn] *n–et, n* 스웨덴어 알파벳의 14번째 글자.

nabb *~en ~ar* 돌출부분, 돌기, 융기물, 꼭지.

nachspi[e]l [naχʃpil] *~et ~* 후속파티 (2차, 3차).

nacka *~r ~de ~t tr*. 목을 자르다 (비틀다); ~ en höna 닭의 목을 비틀다.

nackdel *~en ~ar* 단점(短點), 불리, 불이익; väga fördelar och ~ar 장단점(이익, 불이익)을 비교하다; till min ~, till ~ för mig 내게는 불리하게.

nack|e *~en ~ar* 목, 목덜미; bryta ~n 목을 부러뜨리다; vrida ~n av ngn …의 목을 비틀다.

nackskinn *~et 0*, ta ngn i ~et …의 목덜미를 잡다, 붙잡다.

nackstyv *a*. 목이 뻣뻣한; 목에 힘을 준, 고자세의.

nafs *~et ~* 덥석 물기, 잡아채기; i ett ~ 번개처럼, 날쌔게.

nafsa *~r ~de ~t tr*. *itr*. 살짝 물다 (efter); ~ ngn i benet …의 다리를 물다.

nafta *~n 0* 【화학】 나프타, 석유 나프타.

naftalẹn/naftalịn *~et/~en, 0* 【화학】 나프탈렌.

nag|el *–eln –lar* ① 【해부】 손톱, 발톱; tugga på naglarna 손톱을 씹다 ② vara en ~ i ögat på ngn …에게 고통거리가 되다 ③ 리벳, 대갈못.

nagelband *~et 0* (손톱 뿌리를 덮은) 얇은 피부.

nagel|fara *–far –for –farit tr*. (비판적으로) 세밀히 조사하다.

nagellack *~et ~* 매니큐어 액.

nagelpetar|e *–[e]n ~* 손톱 밑 소제기.

nageltrång *~et 0* (엄지) 발톱으로 생긴 통증이나 부어오름.

nagga *~r ~de ~t* Ⅰ. *itr*. 찔러서 구멍을 내다; ~ ngt i kanten …의 가치를 떨어뜨리다, 훼손하다, …에 흠을 내다 Ⅱ. *itr*. ~ på ngt …을 갉아먹다, 침식하다.

naggande *adv*. ~ god 정말로 좋은.

nạgla *~r ~de ~t tr*. ~ fast 못을 박아 붙이다 (고정하다).

naịv *a*. 순진한, 천진난만한, 고지식한.

naivism *~en ~er* 【예술】 나이비즘 (소박주의).

naivitẹt *~en ~er* 순진, 천진난만.

najạd *~en ~er* ① 【그리스, 로마 신

화】 나이아드(님프, 물의 요정) ② 수영을 잘하는 소녀.

naken [nɑ̣:kən] *a*. ① 벌거벗은, 나체의 ② (몸의 일부를) 드러낸, 가리지 않은 ③ (나무 가지가) 없는, 불모의; nakna fakta 적나라한(드러난) 사실; klä av sig ~ 옷을 벗다, 벌거벗다.

nakenkultur *~en ~er* 나체주의.

nakterhus *~et ~* 【항해】 나침의함(羅針儀函).

nalka|s *~ −des −ts itr. tr.* 접근하다, (시간이) 다가오다.

nalla *~r ~de ~t tr.* (물어보지 않고) 가져가다.

nall|e *−en −ar* (특히 봉제의) 장난감 곰.

namn *~et ~* 이름 (på); hennes ~ som flicka 그녀의 처녀 때 이름; hur var ~et? 성함이 무엇이지요?; jag har fått mitt ~ efter 내 이름은 …을 따서 지었다; ha ~ om sig att vara rik 부자라고 소문이 나있다; sätta ~ på kläder 의복에 이름을 표기하다; vad i Guds (herrans, fridens, himlens) ~ …? 도대체, 대체; i sanningens ~ 정직하게 말하면, 사실대로 말하면; bara till ~et 단지 명목상으로, 이름뿐으로, 이름만; i (under) sitt eget ~ 자신의 이름으로; känna ngn [bara] till ~et 이름만 들어서 알다; en man vid ~ Bo, Bo라는 이름의 남자; kalla (nämna) ngn vid ~ …를 이름으로 부르다 (…의 이름을 거론하다).

namnam *~et 0* 【일상】 사탕, 단것, 과자; det här var ~! 이것 맛있어, 달아!

namn|e *−en −ar* 같은 이름의 사람.

namnförteckning *~en ~ar* 명단, 명부.

namn|ge/namn|giva *−ger/−giver, −gav, −gett/−givit tr.* 이름 짓다, 명명하다.

namngiven *a*. 지명된, 이름 지어진, 명명된.

namnkunning *a*. 이름난, 잘 알려진, 유명한.

namnlös *a*. 이름 없는, 알려지지 않은, 형언하기 어려운.

namnsdag *~en ~ar* 명명일 (命名日, 자기 이름과 같은 이름을 가진 사람들의 기념일).

namnsed|el *−eln −lar* (경기 참가자나 입후보자 이름이 적힌) 명단.

namnskick *~et 0* 이름 사용법, 명명법.

namnteckning *~en ~ar* 서명 (namnunderskrift).

namnupprop *~et ~* 출석 호명.

napalm [nạ−/−ạlm] *~en 0* 【군사】 네이팜 소이탄.

napp Ⅰ. *~en ~ar* (유아들이 빠는 고무제의) 젖꼭지 Ⅱ. *~et ~* (물고기가 낚시를) 물기; jag fick ~ nästan genast 나는 고기가 곧장 물었다.

nappa[1] *~n 0* (장갑 등에 사용하는) 얇고 부드러우며 윤택이 나는 염소나 양의 가죽.

nappa[2] *~r ~de ~t tr. itr.* 고기가 낚시를 물다 (på), 달려들다; (제안을) 받아들이다; det ~de han på genast 그는 즉각 그것을 수락하였다; ~ på kroken 미끼를 물다.

nappa|s *~ −des −ts itr. dep.* ~ om (보통 농담조로) …을 가지고 맞붙어 싸우다, 다투다.

N

nappatag ~*et* ~ 싸움; ta ett ~ med …와 한바탕 싸우다.

nappflask|a *–an –or* 젖병.

narciss ~*en* ~*er* 수선화.

narig *a*. 살갗이 튼, 피부가 갈라진.

narkoman ~*en* ~*er* 마약 상용자.

narkomani ~*n 0* 【정신의학】 마약 상용 병(중독).

narkos [–ko:s] ~*en* ~*er* (마취, 수면제 따위에 의한) 혼수상태, 마취; ge ngn ~ …를 마취시키다.

narkotika [–ko:–] (복수명사) 마취제, 최면제, 마약.

narkotisk [–ko:–] *a*. 마취성의, 마취제의, 마약의; ~a medel 마취제, 최면제.

narr ~*en* ~*ar* 바보, 얼간이, 멍청이; 【역사】 (왕후, 귀족이 고용했던) 광대; göra ~ av ngn …를 놀리다, 조롱하다.

narra ~*r* ~*de* ~*t tr*. (악의 없이) 속이다, 꾀다.

narraktig *a*. 바보스런, 멍청한.

narra|s ~ *–des –ts itr*. *dep*. 사소한 거짓말을 하다; 농담하다; ~ inte för mig! 내게 거짓말을 하지 마!

narri ~*t 0*, på ~ 농담으로, 재미로, 장난으로.

narv ~*en 0* ① 작고 가늘게 자라는 식물 종류 ② (가죽의) 털이 나 있는 껄껄한 거죽 면.

narval ~*en* ~*ar* (북극해에 사는) 일각(一角)고래.

nasal[1] *a*. 【언어】 비음의.

nasal[2] ~*en* ~*er* 비음, 콧소리.

nasalera ~*r* ~*de* ~*t tr*. …을 비음으로 발음하다, 비음화하다.

nasare ~*n* ~ 【비어】 행상인, 소리치며 파는 행상인.

nasaré ~*[e]n* ~*er* 나사렛 사람.

nass|e *–en –ar* 【일상】 ① 돼지 ② 나치주의자 (당원).

nat|e *–en –ar* 가래 속(屬)의 수초 (못이나 잔잔하게 흐르는 물속에서 자생한다).

nation [natʃo:n] ~*en* ~*er* ① 국가, 국민 ② 대학의 향우회; Smålands ~ 스몰란드 향우회.

nationaldag ~*en* ~*ar* (우리나라의 개천절에 해당하는) 국경일; Sveriges ~ infaller den 6 juni 스웨덴의 국경일은 6월 6일이다.

nationaldräkt ~*en* ~*er* 민속의상.

nationalekonomi ~*n 0* 경제학.

nationalflagg|a *–an –or* 국기(國旗).

nationalförsamling ~*en* ~*ar* 국회, 의회.

nationalisera ~*r* ~*de* ~*t tr*. …을 국유화하다.

nationalism ~*en 0* 국가주의, 내셔널리즘.

nationalist ~*en* ~*er* 국가주의자, 민족주의자.

nationalitet ~*en* ~*er* 국적; 국민.

nationalpark ~*en* ~*er* 국립공원.

nationalsocialism ~*en 0* (독일 나치당의) 국가 사회주의.

nationalsång ~*en* ~*er* 애국가.

nationell *a*. 조국의, 국내적, 국립의, 민족적인 (반의어; internationell).

nativitet ~*en 0* 출생률.

natrium ~*[et] 0* 【화학】 나트륨.

natt ~*en nätter* 밤 (반의어; dag); en ~ i maj 5월의 어느 날 밤; god ~! 안녕히 주무세요(밤 인사); ~en till söndagen 토요일 밤; i ~ a) 간밤에

N

b) 오늘밤에 c) 이 밤에; i går (morgon) ~ 어제 (내일) 밤에; om (på) ~en (nätterna) 밤에는, 밤사이에; kl. 12 på ~en 밤 12시; arbeta till långt fram (in) på ~en 밤늦게까지 일하다; stanna över ~en 하룻밤을 묵다.

nattax|a *-an -or* 야간요금.

nattblind *a.* 밤눈이 어두운, 야맹증의.

nattdräkt *~en ~er* 잠옷.

nattduksbord *~et ~* 침대 옆의 작은 보조식탁.

nattetid *adv.* 밤에, 밤사이에.

nattfack *~et ~* (은행의) 시간외 접수구, 야간금고.

nattfjäril *~[e]n ~ar* ① 나방 ② 창녀.

nattgammal *a.* ~ is 밤사이에 언 얼음.

nattiné *~n ~er* 심야공연.

nattklubb *~en ~ar* 나이트클럽.

nattkröken (정형명사) på ~ 심야에, 한밤중에.

nattkärl [-çæ:(r)l̩] *~et ~* (침실용) 변기, 요강.

nattlig *a.* 밤의, 밤에 일어나는.

nattlinne *~t ~n* 여성의 긴 잠옷.

nattmangling *~en ~ar* 야간까지 계속되는 끈질긴 협상.

nattmar|a *-an -or* 악몽, 가위 눌림.

nattmöss|a *-an -or* 잠잘 때 쓰는 모자; prata i ~n 허튼 소리를 하다.

nattskift *~et ~* (공장 따위의) 야간근무(자).

nattskjort|a *-an -or* (무릎까지 닿는 주로 남자용) 잠옷.

nattskärr|a *-an -or* (유럽산 중간 크기의) 쏙독새.

nattstånden *a.* (술 따위가) 밤새 김이 빠진; 맥 빠진.

nattsudd [-sɵd] *~et 0* 밤늦게까지 벌이는 파티.

nattuggl|a *-an -or* 밤늦도록 안자는 사람.

nattvakt *~en ~er* 야경원, 야간 경비원.

nattvard *~en ~er* 【교회】 성찬; 【가톨릭】 성체 성사; begå (gå till) ~en 성찬을 받다, 성체를 배령하다.

nattvardsgång *~en ~ar* 【교회】 성찬식; 【가톨릭】 성체배령.

nattviol *~en ~er* 향기가 강한 흰 꽃을 가진 야생 난초.

natu̦r *~en ~er* ① (단수로만 쓰일 때) 자연 ② 기질, 성질 ③ (개인의) 성격, 특성; komma ut i ~en 야외(시골)로 나가다; Sveriges ~ 스웨덴의 자연; … har blivit hans andra ~ …은 그의 성격의 다른 일면이 되었다; av ~en ha en motvilja mot …에 대하여 본능적으로 혐오감을 갖다; det ligger i människans ~ att …하는 것은 인간의 속성이다; frågan är enkel till sin ~ 그 문제는 본질적으로 단순한 것이다.

natu̦ra, in ~ (지불을 금전이 아니라) 물품으로.

naturaförmåner (복수명사) (금전 이외의) 현물보상.

naturahushållning *~en 0* 자급자족 생활.

naturalisera *~r ~de ~t tr.* …를 귀화시키다, 시민권을 부여하다; (새로운 환경, 풍토에) 순화시키다.

naturalism *~en 0* 【예술, 문학】 자연주의.

naturalist *~en ~er* (문예, 철학 따위의) 자연주의자.

N

naturalistisk *a.* (예술, 문학) 자연주의적인.

naturbarn *~et ~* 자연아 (사회적 인습과 문화에 젖지 않은 사람).

naturbegåvning *~en ~ar* 타고난 재능.

naturbehov *~et ~*, förrätta sina ~ 대변(소변)을 보다.

naturdyrkan (불변화 en-명사) 자연[신] 숭배.

naturell[1] *a.* 자연의, 천연의.

naturell[2] *~en ~er* 천성, 기질, 본성.

naturfolk *~et ~* 원시 족, 미개 족.

naturgas *~en ~er* 천연가스.

naturhistori|a *-en 0* 박물학.

naturkatastrof *~en ~er* 큰 재해, 재난.

naturkunskap *~en 0* 과학(교과목).

naturlag *~en ~ar* 자연법, 자연의 이치.

naturlig *a.* ① 자연의, 자연에 관한 ② 자연 그대로의, 가공하지 않은, 자연스러운 ③ 타고난, 선천적인 ④ 당연한, 자명한; dö en ~ död 자연사하다; av ~a skäl 당연한 이유로; ~t urval 자연도태, 적자생존; på ~ väg 자연스럽게, 순리대로; det ~a hade varit att ……하는 것이 당연하였다.

naturligtvis *adv.* 물론, 응당; ~! 암, 물론이지!, 그렇고말고!

naturminne ☞ **naturminnesmärke**.

naturminnesmärke *~t ~n* 천연기념물.

naturmännisk|a *-an -or* 자연애호가 (naturälskare).

naturnödvändig *a.* 절대적으로 필요한, 없어서는 안 되는.

naturreservat *~et ~* 자연보호구역.

naturskyddsområde *~t ~n* 자연보호지역.

naturtillgång *~en ~ar* (흔히 복수형으로) 천연 자원.

naturtrogen *a.* (초상화 등이) 살아있는 듯한, 실물과 꼭 닮은.

naturvetar|e *-[e]n ~* 과학자, 과학도.

naturvetenskap *~en ~er* 자연과학.

naturvård *~en* 자연보호 (naturskydd).

nautik *~en 0* 항해학(술).

nautisk *a.* 바다의, 항해의; ~ mil 해리 (1,825m).

nav *~et ~* (수레바퀴 따위의) 바퀴통; 중심부.

nav|el *-eln -lar* 배꼽, 중앙부.

navelsträng *~en ~ar* 탯줄.

navigation *~en 0* 항해, 항해술.

navigera [-ge-] *~r ~de ~t tr. itr.* 항해(비행)하다.

nazism [nasism] *~en 0* 나치주의, (독일의) 국가사회주의; ~en i Tyskland 1933-1945, 1933년부터 1945년까지의 독일 국가사회주의.

nazist *~en ~er* 나치주의자, 나치주의 신봉자.

Neapel 나폴리.

neapolitansk *a.* 나폴리의.

nebulos|a [-lo:sa] *-an -or* 【천문】 성운(星雲).

necessär *~en ~er* (여행용) 화장품 가방.

ned/ner *adv.* 아래로(에), 낮은 곳으로; (ned는 문어체, ner는 대화체의 경향이 있음); uppifrån och [ända] ~ 꼭대기로부터 밑바닥까지; klia lite längre ~ 약간 더 아래쪽이 가렵다; lägga (packa) ~ ngt i …을 …에 집어

N

넣다 (싸다).

nedan[1] *adv*. 아래에(로).

nedan[2] *~et ~* (달의) 이지러짐; månen är i ~ 달이 이지러지기 시작하였다.

nedanför *prep*. ① (계단) 아래에, (산 등성이 따위의) 기슭에, …의 남쪽에 ② 아래쪽에, 남쪽에.

nedannämnd/nedanstående *a*. 하기(下記)의, 아래에 언급한.

nedbantad *a*. 수량을 줄인, 축소한 (☞ banta ned).

nedbringa *~r ~de ~t/ ~r nedbragte nedbragt tr*. 수량을 줄이다, 감소시키다 (☞ bringa ned).

nedbruten *a*. 힘이 다 빠진, 기진맥진한; 낙심한.

nedbrytning *~en ~ar* 【화학】 분해.

nedbusning *~en 0* 야만 화, 타락, 퇴폐.

nederbörd *~en 0* 【기상】 강우(강설)[량]; ingen eller ringa ~ 비 또는 눈이 오지 않거나 조금 내림 (일기 예보).

nederlag *~et ~* ① 패배; lida ~ 패배하다 ② 【고어】 창고, 저장소.

nederländar|e *–[e]n ~* 네덜란드 사람.

Nederländerna 네덜란드.

nederländsk *a*. 네덜란드의.

nederländsk|a Ⅰ. *–an –or* 네덜란드 여자 Ⅱ. *–an 0* 네덜란드 말.

nederst *adv*. 맨 밑바닥에 (i, på, vid).

nedfall *~et ~*, [radioaktivt] ~ [방사능] 재, [방사성] 낙진.

nedfrysning *~en ~ar* 동결(보존).

nedför[1] *adv*. 아래쪽으로.

nedför[2] *prep*. …의 아래쪽으로, 아래로; ~ backen 비탈 아래로; gå ~ trappan 계단을 내려가다.

nedförsback|e/nerförsback|e *–en –ar* 비탈, 내리막길.

nedgående/nergående *~t 0*, solen är i (på) ~ 해가 지고 있다.

nedgång/nergång *~en ~ar* ① 내리막길, 경사 (계단, 지하도 따위) ② 하락, 쇠퇴; solens ~ 일몰, 해질녘.

nedgången *a*. ① 구두 뒤축이 닳은 ② 낡은, 초라한, 지친.

ned|göra *–gör –gjorde –gjort tr*. (보통 분리동사로) 죽이다, 섬멸하다, 궤멸하다.

nedgörande *a*. 혹평의, 신랄한, 통렬한, 가차 없는.

nedfrån/nerifrån[1] *adv*. 밑에서부터, 아래에서부터; ~ och ända upp 아래에서 위쪽으로; femte raden ~ 아래서부터 5째줄.

nedfrån/nerifrån[2] *prep*. (거리, 부두 따위의) 아래쪽으로부터, 낮은 곳으로부터.

nedisning *~en ~ar* 빙결; (비행기 따위의) 착빙(着氷).

nedkalla *~r ~de ~t tr*. ~ över ngn [천벌, 은총을] …에게 내려 주십사고 빌다.

nedkippad *a*. (구두의) 뒤축을 눌러 신은.

ned|komma *–kommer –kom –kommit itr*. ~ med 출산하다.

nedkomst *~en 0* 출산.

nedlusad *a*. 이가 들끓는; (돈이) 풍족한.

ned|låta *–låter –lät –låtit rfl*. ~ sig till att göra ngt (gå med på att göra ngt) 자신을 굽혀 …하다, 창피를 무릅쓰고 …하다.

N

nedlåtande *a*. 비하하는, 무시하는.
nedlåtenhet *~en 0* 비하 (卑下).
nedlägga ☞ **lägga** ned.
nedläggning *~en ~ar* 폐업, 폐사.
nedpå *prep*. …의 아래로.
nedre (**nedra**) *a*. (비교급) 한층 낮은, 더 아래의; i ~ vänstra hörnet (책 페이지의) 왼쪽 맨 아래에.
nedrig *a*. 비열한, 천한; en ~ beskyllning 야비한 비난; vilken (en sådan) ~ otur! 재수 더럽게 없네!; han var ~ mot mig 그는 나에게 고약하게 굴었어.
nedrusta *~r ~de ~t itr*. 군비를 축소하다.
nedräkning *~en ~ar* (로켓 발사 때) 초읽기; 최종점검.
nedsatt *a*. 약화된, 감퇴한.
nedskrivning *~en ~ar* ① 기재, 적어둠 ②【경제】평가절하 (devalvering).
nedslag *~et ~* ① (타자) 때리기, 한 번치기; 200 ~ i minuten 일분에 200타 치기 ② (새가) 내려앉기, (비행기) 추락 ③ 여파, 영향.
nedslagen *a*. 기분이 저조한, 우울한 (nedstämd).
nedslående *a*. 낙담하게 하는, 울적하게 하는, 맥이 풀리는.
nedstämd ☞ **nedslagen**.
nedsvärta *~r ~de ~t tr*. 남을 욕하다, 험담하다 (svärta ned).
nedsättande *a*. 얕보는, 헐뜯는.
nedsättning *~en ~ar* 감소, 저하, 인하.
nedsövd *a*. 마취된.
nedtill *adv*. 밑에, 아래에.
nedtrappning *~en ~ar* 단계적 폐지 (제거).
nedtryckt *a*. 억압된, 짓눌린; han är ~ av sin fru 그는 아내에게 짓눌려 있다.
nedvärdera *~r ~de ~t tr*. 얕보다, 경시하다, 가치를 절하하다.
nedvärdering *~en ~ar* 가치절하; 얕봄, 경시.
nedåt[1] *adv*. 아래를 향하여, 아래쪽으로; ~ böj! 몸을 구부려! (체조); gå gatan ~ 거리를 내려가다.
nedåt[2] *prep*. … (아래) 방향으로, …를 따라; gå ~ staden 시내 쪽으로 가다; bo ~ Malmö 말뫼 방향에 살다.
nedärvd *a*. 유전적인, 유전성의.
nefrit *~en ~er* ①【병리】신장염 ② 연옥 (軟玉, 광석).
neg ☞ **niga**.
negation *~en ~er* 부정, 부인, 반대.
negativ[1] [nẹ–/–ị:v] *a*. 부정의, 거부의;【수학, 물리】마이너스의;【전기】음전기의.
negativ[2] [nẹ–/–ị:v] *~et ~*【사진】원판, 음판 (陰板).
negativism *~en 0* ① 부정론 ②【심리】거절증, 반항벽.
neg|er [nẹ:gər] *–ern –rer* 흑인 (아프리카계).
negera [–gẹ:–] *~r ~de ~t tr*. 부인하다, 부정하다.
negligé [negliʃẹ:] *~n ~er* (여성용) 헐거운 실내복, 네글리제.
negligera [–ʃẹ:ra] *~r ~de ~t tr*. 게을리 하다, 소홀히 하다; 무시하다, 경시하다.
negress *~en ~er* 흑인 여자.
negroid *a*. 흑인계의, 흑인의 특성을 갖춘.

nej[1] *itj*. ① (긍정문에 대한 대답에서) 아니, 아니오; (부정문에 대한 대답에서) 예, 그렇소; ~ då! 아니, 절대로! 당치 않아요! ② (놀램을 나타냄) ~ nu måste jag gå! 자 이제 가봐야 되겠네; ~, en sån överraskning! 이거 원 정말 놀랍군!; ~ men så trevligt! 이렇게 즐거울 수가 있나!

nej[2] *~et ~* '아니오'라고 말하기, 부정, 거부; få ~ 거절당하다; svara ~ 부정적 대답을 하다; tacka ~ [till bjudning] [초청을] 사절하다.

nejd *~en ~er* 구역, 지역.

nejlik|a *-an -or* ① 카네이션 (담홍색) ② 정향(丁香)나무[향료].

nejonög|a *-at -on* 칠성장어.

nejröst *~en ~er* 반대표.

neka *~r ~de ~t* Ⅰ. *tr*. ① '아니오'라고 대답하다, 부인하다; han ~de envist till [att ha begått] brottet 그는 범죄 사실을 완강히 부인하였다 ② 거절하다 (vägra); ~ ngn sin hjälp …를 돕기를 거절하다; ~ ngn att få följa med …의 동행을 거절하다 Ⅱ. *rfl*. han ~r sig ingenting 그는 절제하지 않는다.

nekande[1] *a*. 부정(否定)의, 부정적인; ett ~ ord 부정어 (否定語); ett ~ svar 거절, 기각.

nekande[2] *adv*. svara ~ 부정적으로 대답하다.

nekande[3] *~t ~n*, mot sitt ~ 자신의 부인에도 불구하고.

nekrolog [-lo:g] *~en ~er* 부고 (신문 지상의 약력을 곁들인 사망기사), 사망광고.

nektar *~n 0* ① 【식물】 꽃의 꿀 ② 달콤한 음료 ③ 【그리스신화】 신들의 음료.

nemesis (불변화 en-명사) 응보, 천벌; 【그리스신화】 네메시스 (복수, 응보의 여신).

neoklassicism *~en 0* 【예술】 신고전주의.

neon *~et 0* 【화학】 네온 (희(稀)가스류의 하나).

neonljus *~et ~* 네온불빛.

neonrör *~et ~* 네온 빛으로 채워진 형광관(管).

nepotism *~en 0* 연고자 등용, 족벌주의.

Neptunus 【로마신화】 넵튠 (해신, 그리스신화의 포세이돈에 해당).

ner ☞ **ned**.

nere *adv*. 아래에, 아래층에; (기분이) 저조한, 우울한; djupt (långt) ~ i 아래 깊숙이 ~ i stan 시내에서; han satt längst ~ vid bordet 그는 식탁 맨 끝에 앉았다.

nerladdning *~en 0* 【정보통신】 하향 스트림 (통신의 흐름에서 상위로 지정한 통신 매체에서 보내어져 하위의 통신 매체로 전해지는 데이터).

nerts/nerz [næt.ʂ] *~en ~ar* 밍크(족제비류) 모피.

nerv [nærv] *~en ~er* ① 신경 ② 【식물】 엽맥(葉脈), 나뭇결; ha dåliga ~er 신경이 쇠약하다; han går mig på ~erna 그는 내 신경을 건드린다.

nervfeber ☞ **tyfus**.

nervgas *~en ~er* (군사용) 신경가스.

nervig *a*. ① 【동·식물】 엽맥(시맥)이 있는 ② 신경질적인, 초조한, 흥분하기 쉬운,

nervknippe *~t ~n* (비유적) 매우 신경과민적인 사람.

nervkrig *~et ~* 신경전(戰).
nervositet *~en 0* 신경질, 초조, 긴장, 불안.
nervsammanbrott *~et ~* 신경쇠약.
nervsystem *~et ~* 【해부, 동물】 신경계[통].
nervös *a.* 초조한, 불안한, 당황하는; bli (var) inte ~! 당황하지 마라!
nes|a *–an 0* 치욕, 불명예.
neslig *a.* 모욕적인, 치욕스러운.
nestor *~n 0* 트로이 전쟁 때의 그리스 군의 현명한 노장(Nestor); 현명한 노인; 장로, 대가, 제1인자.
netto[1] *adv.* (비용, 손실을 제외한) 순(純); betala ~ kontant 현금으로 지불하다.
netto[2] *~t ~n,* i rent ~ 순이익(avkastning)으로.
nettopris *~et ~er* 정가.
nettovinst *~en ~er* 순익(純益).
neuralgi [nεvralgi:] *~n 0* 【병리】 신경통.
neurasteni *~n 0* 【병리】 신경쇠약.
neurasteniker *~n ~* 신경쇠약증 환자.
neurolog [nεvrɔlo:g] *~en ~er* 신경과 의사, (종합병원의) 신경과.
neuros [nεvro:s] *~en ~er* 신경증, 노이로제.
neurotiker [nεvro–] *~n ~* 신경증 환자.
neutral [neʉtrɑ:l] *a.* ① 중립의 ② 【언어】 중성[명사]의.
neutralisera *~r ~de ~t tr.* ① …를 중립화하다 ② (작용 따위를) 무효로 하다 ③ 균형을 잡다.
neutralitet *~en 0* 중립[상태], 중립정책; väpnad ~ 무장 중립.
neutron [neʉtro:n] *~en ~er* 【물리】 중성자.
neutr|um *–et, –a/–er* 【언어】 중성 (中性); "bord" är ~ "책상"은 중성[명사]이다.
nevö *~n ~er* 조카 (문학적 표현).
ni *pers. pron.* ① 당신들 (2인칭 대명사 복수 주격; 목적격은 er) ② du를 사용할 수 없는 상대방에 대한 경칭(Ni); 목적격은 er 또는 Eder로 후자는 주로 고어체, 형식문체에 사용된다.
ni|a[1] *–an –or* 숫자 9; eleverna i ~n, 9학년 학생들; ta ~n in till stan 시내로 가는 9번 [버스]를 타다.
nia[2] *~r ~de ~t tr.* ~ ngn …를 ni라고 부르다 (좀 더 친근한 사이에 쓰는 du 대신에).
nick *~en ~ar* ① 고개를 끄덕임 (흔히 응낙, 동의의 표시로) ② 【스포츠】 공을 머리로 받기.
nicka *~r ~de ~t tr. itr.* ① 고개를 끄덕이다; ~ till 잠이 들다 ② 【스포츠】 …를 머리로 치다; ~ bollen i mål 헤딩으로 골에 공을 넣다.
nickel *~n/nicklet, 0* 【화학】 니켈, 백동.
niding *~en ~ar* 불량배, 악한.
nidingsdåd *~et ~* 난폭행위, 폭행, 비행.
nidskrift *~en ~er* 비방(중상)문 (smädeskrift).
nidvis|a *–an –or* 풍자가요, 비방의 노래.
niece [niε:s/njε:s] *~n ~r* 조카딸.
nig|a *–er neg –it itr.* (여자가 무릎을 굽히고 몸을 낮추며) 절을 하다 (för ngn).
nigg|er [nigər] *–ern –rer* 【비어】

N

흑인.

nigit ☞ niga.

nihilism ~*en 0* 허무주의, 니힐리즘.

nihilist ~*en* ~*er* 허무주의자.

nihilistisk *a*. 허무적인, 허무주의적인.

nikotin ~*et*/~*en*, *0* 니코틴 (담배에 함유된 유독성 알칼로이드).

nikt ~*et*/~*en*, *0* 석송속(石松屬) 식물의 가루.

Nielen 나일강 (the Nile).

nimbus ~*en 0* ① 후광(後光); 광영(光榮) ② 비구름.

nio/nie (수사) 아홉, 9.

nionde (수사) 아홉 번째의, 제9의.

nion[de]del ~*en* ~*ar* 9분의 1.

nip|a -*an* -*or* 가파른 모래 강둑 (특히 Norrland 지방의).

nipp|el -*eln* -*lar* (파이프의) 접합용 파이프.

nipper (복수명사) (보석, 가락지 따위) 자질구레한 장신구.

nippertipp|a -*an* -*or* (익살, 경멸적) 건방진 (콧대 높은) 계집애.

nisch ~*en* ~*er* ① 벽감 (벽면을 파내어 조각품이나 장식품을 놓도록 만든 곳) ② (사람, 물건에) 적합한 장소, 적소.

nit Ⅰ. ~*et 0* 열중, 열의, 집착; av ovist ~ 무분별한 집착으로 Ⅱ. ~*en*, ~*ar*/~*er* (제비뽑기의) 빈탕; få en ~ 빈탕을 뽑다, 실수하다 Ⅲ. ~*en* ~*ar* 리벳, 대갈못.

nita ~*r* ~*de* ~*t tr*. ~ fast vid …에 리벳으로 박아 붙이다.

nitisk *a*. 열심인, 열중한.

nitrat ~*et*, ~/~*er* 【화학】 질산염.

nitroglycerin ~*et 0* 【화학, 약】 니트로글리세린.

nitti[o] (수사) 아흔, 90.

nittionde (수사) 제90의, 구십 번째의.

nitton (수사) 열아홉, 19.

nittonde (수사) 제9의, 아홉 번째의.

nittonhundranittiotalet 1990년대; på ~ 1990년대에.

nittonhundratalet 20세기, 1900년대.

nitälskan ~ *0* 열정, 열심.

nivellera ~*r* ~*de* ~*t tr*. 높이가 같게 하다, 평준화하다.

nivå ~*n* ~*er* 수준, 표준, 정도; hålla sig i ~ med …와 같은 수준을 유지하다; stå på en hög ~ 높은 수준에 있다.

njugg [njɵg] *a*. 인색한, 쩨쩨한; vara ~ med (på) maten mot ngn …에게 주는 음식을 아까워하다.

njur|e -*en* -*ar* 【해부】 신장.

njursten ~*en* ~*ar* 【병리】 신장 결석.

njut|a -*er* -*njöt* -*it* Ⅰ. *tr*. …를 즐기다, …를 향유하다 Ⅱ. *itr*. 즐겁게 지내다; ~ av ngt (av att resa) …를 (여행을) 즐기다; jag riktigt -er av att höra henne 그녀의 말을 듣는 것이 내게는 큰 즐거움이다.

njutbar *a*. 즐길 만한, 구미가 당기는, 입에 맞는; boken är ~ för ung och gammal 그 책은 젊은이와 노인에게 모두 애독될 만하다.

njutit ☞ njuta.

njutning ~*en* ~*ar* (만족, 기쁨의) 향유, 즐김; en sann (verklig) ~ för ngn …의 진정한 즐거움; sinnliga ~ar 육체적 쾌락.

njöt ☞ njuta.

NN/N.N. [ɛnɛn] (약어) 익명의 사람을 표시하는 약어, '아무개', '모인(某人)'.

nobba [nɔ-] *~r ~de ~t tr.* 거절하다.

nọbel [no:-] *a.* 고상한, 고귀한, 품위 있는.

nobẹlpris *~et ~/~er* 노벨상.

noblẹss *~en 0* ① 숭고, 고결 ② 명사, 귀족.

nock [-ɔ-] *~en ~ar* ① 지붕의 용마루 ②【항해】(선수, 선미의) 뾰족하고 좁은 끝부분, 사형(斜形)의 바깥 끝.

nod *~en ~er* (부분의) 중심점, 접합점;【식물】마디;【의학】결절;【천문】교점(交點);【수학】결절점;【물리】마디.

nog [nɷ:g] *adv.* ① 충분히, …하기에 족할 만큼; ha mer än ~ 풍족히 있다; nej nu får det vara ~! 이제 그만하면 됐다!; man kan aldrig vara ~ försiktig 아무리 주의를 해도 충분하지 않는 법이다; jag har fått ~ [av det] 진절머리가 나다, 싫증이 나다; 배불리 먹었다; ha mat ~ för …에 쓸 음식이 충분하다; det är inte ~ med att vara vacker 미모만 가지고는 안 된다 ② (약한 강세와 함께) konstigt (lyckligt) ~ kom hon 신기하게도 (다행히도) 그녀는 왔다; läget är kritiskt ~ (~ så kritiskt) 사태는 매우 심각하다; nära ~ ☞ **nästan** ③ 아마도; 십중팔구, 틀림없이, 꼭; han är ~ snart här 그는 아마 곧 이곳으로 올 거야; jag hinner ~ med tåget 나는 기차를 탈 수가 있을 거야; brevet kommer ~! 편지가 꼭 오겠지; det är ~ riktigt, men 그것이 맞을 것이야, 그렇지만; det tror jag ~ 나는 그렇게 생각하고 싶은데; ~ är han duktig men 그는 우수하기는 하다마는.

noga[1] *a.* (불변화형용사, 술어적으로만 쓰임) 주의 깊은, 세심한 (nogrann); vara ~ med att 반드시 …하다; det är inte så ~! 그것은 그리 중요하지 않다.

noga[2] *adv.* 정확하게, 틀림없이, 철저히, 주의 깊게; akta sig ~ för att …하지 않도록 철저히 주의하다; lägga ~ märke till …를 세심하게 들여다보다.

noggrann *a.* 주의 깊은, 세심한, 정확한.

noggrannhet *~en 0* 주의, 세심, 정확; bristande ~ 부정확, 정밀치 않음.

nogräknad *a.* ① 견실한, 양심적인 ② 꼼꼼한, 각별한, 까다로운.

nogsamt *adv.* 철저히, 주의 깊게, 세심하게; 충분히, 잘; detta är ~ bekant 이것은 잘 알려진 사실이다; han kände ~ till 그는 …에 대해 충분히 잘 알고 있었다.

nojs [-ɔ-] *~et 0* 장난, 농담 (skoj).

nojsa *~r ~de ~t itr.* 장난치다, 농담하다.

noll[1] [-ɔ-] *räkn. a.* 영(0), 제로; det är ~ grader 수은주가 0도를 가리키고 있다; segra med 3-0(tre mot noll), 3대 0으로 이기다.

noll【카드놀이】눌로[2] (트릭을 하나도 취하지 않는다는 선언).

noll|a *-an -or* 숫자, 제로 (0), 영; (비유적) 보잘 것 없는 사람.

nollpunkt *~en ~er* 제로 점, 0점(點), 최하점;【전지】대전(帶電)하지 않는 점.

nollställd *a.* 계기를 0의 위치에 맞춰 놓은; 동등하게 취급된.

nolltid (불변화명사) på ~ 즉시, 당장.

nomạd *~en ~er* 유목민; 방랑자.

nomadisera *~r ~de ~t itr*. 유목(방랑) 생활을 하다.

nomạdisk *a*. 유목(방랑)생활의, 유목민의.

nomen [-o:-] *~et ~/nomina* 【언어】 명사와 형용사 (명사구에서).

nomenklatụr *~en ~er* (학술상의) 체계적 명명법, (분류학적) 학명, 명칭.

nọminativ *~en ~er* 【언어】 주격.

nominẹll *a*. 명목상의; ~t värde 액면가격.

nominera *~r ~de ~t tr*. 후보를 지명하다, 공천하다.

nonaggressiọnspakt *~en ~er* 상호 불가침 조약.

nonchalans [-ạns/-ạŋs] *~en 0* 무관심, 냉담, 태만 (mot).

nonchalạnt *a*. 무관심한, 냉담한, 태연한.

nonchalera *~r ~de ~t tr*. …에 주의하지 않다, 냉담하다; …을 등한시하다, 소홀히 하다.

nonfigurativ [-tị:v/nọn-] *a*. 【미술】 비(非)구상적인, 외계를 그려 내지 않는.

nonintervention (불변화 en-명사) 내정 불간섭, 불개입.

nonsens [nọn-] (불변화 ett-명사) 무의미[한 것], 무의미한 말, 실없는 소리.

nonstop [nɔnstọp] *adv*. 중간 기착이 없이, 직행으로.

nopp|a[1] *-an -or* (털실, 직물실의) 매듭, 마디.

noppa[2] *~r ~de ~t tr*. 마디를 없애고 천을 마무리하다; (눈썹을) 뽑다; ~ sina fjädrar (~ sig) (새가 부리로) 날개를 다듬다.

nord[1] *~en 0* 북쪽 (norr).

nord[2] *adv*. 북쪽 방향으로.

Nordamerika 북아메리카.

nordamerikansk *a*. 북아메리카의.

nordan (불변화 en-명사) 【고어】 북풍(nordanvind).

Nordatlanten 북대서양.

nordbo *~n ~r* 북유럽인, 스칸디나비아인.

Norden 북유럽 제국 (스웨덴, 노르웨이, 덴마크, 핀란드, 아이슬란드, 페로즈 제도 등이 포함된다), 스칸디나비아 제국.

Nordeuropa 북유럽.

nordeuropeisk *a*. 북유럽의, 스칸디나비아의.

nordisk *a*. 북유럽의, 스칸디나비아의; de ~a länderna 북구제국; de ~a språken 북유럽어 (스웨덴어, 노르웨이어, 덴마크어, 아이슬란드어, 페로즈어 등이 포함 된다; 핀란드어는 제외된다).

Nordiska rådet 북유럽이사회 (The Nordic Council).

nordist *~en ~er* 북유럽 언어학자.

Nordkorea 북한.

nordlig *a*. 북쪽을 향한, (바람 따위가) 북쪽에서 오는; det blåser ~ vind 북풍이 불어 온다; ~ bredd 북위 (北緯).

nordnordost[1] *~en 0* 북북동(北北東, 약어; NNO).

nordnordost[2] *adv*. 북북동(北北東)쪽으로.

nordost/nordöst[1] *~en 0* 동북.

nordost/nordöst[2] *adv*. 동북쪽에, 동북쪽으로.

nordostlig *a*. 동북의, 동북쪽에 있는.

nordpolen 북극(北極).

N

nordvart *adv*. 북방에, 북방을 향해.
nordväst[1] *~en 0* 북서.
nordväst[2] *adv*. 북서쪽으로.
nordvästra *a*. 북서쪽의.
nordöstra *a*. 북동쪽의.
Norge [nọrjə] 노르웨이.
norm [–ɔ–] *~en ~er* ① 표준, 기준 ② 규범, 모범.
normal[1] *~en ~er* 【수학】 수직선(면).
normạl[2] *a*. 보통의, 정상적인, 표준적인; under ~a förhållanden 정상적으로는; han är inte riktigt ~ 그는 (정신 상태가) 약간 정상이 아니다.
normalisera *~r ~de ~t tr*. …을 표준대로 하다, 정상화하다.
normalt *adv*. 정상적으로는, 보통은.
normạnd *~en ~er* ① 노르망디 사람 ② 【역사】 중세에 노르망디, 영국, 이탈리아에 살던 바이킹의 후손 (노르만인).
normativ [nọrm–/–ị:v] *a*. 표준의, 규범적인.
normera *~r ~de ~t tr*. …을 표준화하다, 통일하다, 규격에 맞추다; 규칙화하다.
norn|a [nɑ:ɳa] *–an –or* 【북유럽 신화】 누나 (운명의 세 여신).
norpa [–ɔ–] *~r ~de ~t tr*. 【일상】 …을 훔치다.
norr[1] [–ɔ–] *adv*. 북쪽으로; ~ om …의 북쪽에.
norr[2] [–ɔ–] (불변화명사) 북, 북쪽; gränsa i ~ och söder till 북쪽과 남쪽으로 …와 경계 짓고 있다; gå från ~ till söder 북쪽에서 남쪽으로 가다.
norra *a*. 북[방]의, 북에 있는, 북부 지방의; ~ halvklotet 북반구; i ~ Stockholm 북부 스톡홀름에.
norrbagg|e *–en –ar* 【비어】 노르웨이 사람.
norrifrån *adv*. 북쪽으로부터.
norrländsk *a*. 노를란드 지방의.
norrländsk|a Ⅰ. *–an –or* 노를란드 지방의 여자 Ⅱ. *–an 0* 노를란드 지방 방언.
norrlänning *~en ~ar* 노를란드 지방 사람.
norr|man *–mannen –män* 노르웨이 사람(남성).
norrsken *~et 0* 【기상】 북극광.
norrut *adv*. 북쪽으로, 북을 향해서 (norröver).
nors [nɔʂ] *~en ~ar* 빙어(氷魚)류의 식용어.
norsk [nɔʂk] *a*. 노르웨이의.
norsk|a Ⅰ. *–an –or* 노르웨이 여자 Ⅱ. *–an 0* 노르웨이 어.
nos [nọ:s] *~en ~ar* ① (네발짐승의) 코, 비구부(鼻口部), 주둥이; blek om ~en 혈색이 나쁜 ② 【기계】 코 모양의 돌출부.
nosa *~r ~de ~t itr*. …의 냄새를 맡다, …의 낌새를 채다; ~ på ngt …에 대해 어설프게 알다, 냄새 맡다; ~ upp …의 냄새를 맡아 내다, …을 찾아내다.
noshörning *~en ~ar* 코뿔소.
nosig ☞ näsvis.
noskon *~en ~er* 노즈콘 (우주로켓 따위의 머리 끝 원추제).
nostalgi [–gi:] *~n 0* 노스탤지어, 향수(鄕愁), 회향병(懷鄕病), 과거에 대한 깊은 그리움.
not [nɑ:t] *~en ~er* Ⅰ. ① 【음악】 음표 ② 주의, 주석(註釋), 주해 ③ 각서,

메모; protest~ 항의 각서; spela efter ~er 악보에 따라 연주하다; få stryk efter ~er 응당한 벌을 받다; vara med på ~erna 이해하다 Ⅱ. *~en ~ar* 예망(曳網), 후릿그물; dra ~ 후릿그물로 고기를 잡다.

not|a *-an -or* ① 계산서; kan jag få ~n? 계산서를 주시겠어요? ② 표, 일람표, 명부.

notạbel *a*. 주목할 만한, 현저한, 저명한.

nọta bẹne *adv*. 즉, 말하자면 (약어; NB).

notabilitẹt *~en ~er* 저명인사, 명사(名士).

notariạt *~et ~* (은행의) 신탁부(과).

notariatavdelning ☞ **notariat**.

notạrie *~n ~r* 법원의 서기, 기록계.

notạrius pụblicus (불변화 en-명사) 【라틴어】 공증인.

notera *~r ~de ~t tr*. 적어 두다, 메모하다, 기입하다; ~de priser på varor 물품의 시가, 견적 가격.

notering *~en ~ar* 시세, 시가.

notesblock [nɷtes-/nɔts-] *~et ~* 노트, 공책.

notificera *~r ~de ~t tr*. 통지하다, 알리다; ~ ngn om ngt …에 대해 …에게 [공식적으로] 통보하다.

notịs [nɷtịːs] *~en ~er* ① (신문지상 따위의) 광고문, 게시, 알림 ② inte ta ~ om …에 대해 신경을 쓰지 않다.

notọrisk *a*. (보통 나쁜 뜻으로) 유명한, 소문난, 악명 높은.

notställ *~et ~* 악보 대(臺).

notvarp *~et ~* ① (그물을) 한 번 당겨 올리기, 한 그물[의 어획량] ② 손님들을 끌어 모이기.

notväxling *~en ~ar* 외교 각서 교환.

nougat [nɷgɑːt] *~en ~er* 누가 (땅콩, 아몬드 따위를 넣은 말랑말랑한 당과).

nov|a [nọːva] *-an -or* 【천문】 신성(新星).

novẹll *~en ~er* 단편 소설.

novellẹtt *~en ~er* 단편(短篇).

novẹmber (불변화 en-명사) 11월.

novịs *~en ~er* 초심자, 풋내기; (원래의 뜻) 수련 수사 (수녀).

nu[1] *adv*. ① 지금, 현재, 이제는; ~ gällande priser 현시가(現市價); ~ för tiden (nuförtiden) 요즈음에는, 오늘날은; ~ på söndag 이번 일요일에; han är ~ snart 30 år 그는 이제 곧 30세가 된다; vad ~ då? 왜 그래?, 웬일이야?; [ända] tills nu 지금까지; ät ~! 자, 먹어라! ② (비강세, 시간의 의미가 약한 일종의 형식어), hur det ~ än går 그것이 어떻게 되든지 간에; om ~ detta sker 만일 이 일이 일어난다면; vad är ~ orsaken? 그런데 무슨 이유야?

nu[2] *~et 0*, ~et 현재; i detta (samma) ~ 이 순간에.

nubb *~en ~ar* 납작한 못, 압정.

nubba *~r ~de ~t tr*. …을 압정으로 고정시키다.

nubb|e *-en -ar* 독한 술.

nuck|a *-an -or* 【비어】 시집 못 간 노파.

nudda ☞ **snudda**.

nud|el *-eln -lar* 라면, 국수.

nudism *~en 0* 나체주의.

nudist *~en ~er* 나체주의자.

nuförtiden *adv*. 요즈음, 오늘날; ungdomen ~ är 요즈음 젊은 애들은

…하다.

nugat ☞ nougat.

nukleär *a*. 【물리】 (원자의) 핵의, 핵무기의.

nuläge *~t 0* 현재 상황, 처지.

numer/numera *adv*. 지금, 현재 (nuförtiden); ett ~ föråldrat ord 지금은 쓰이지 않는 단어, 폐어.

numerisk *a*. 수의, 숫자로 표시된.

numerus (ett-명사, 단 · 복수 동형) 【문법】 (단수, 복수의) 수.

numerär[1] *a*. 숫자상의, 수적; en ~t överlägsen styrka 수적으로 우세한 군대.

numerär[2] *~en 0* (사람, 물건의) 수, 총수.

numismatik *~en 0* 화폐학, 고전학(古錢學); 지폐, 메달류 수집.

numismatiker *~n ~* 고전(古錢) 연구가, 지폐 메달류 수집가.

num|mer *-ret ~* 수, 숫자, 번호; (동일한 책, 잡지 따위) 한 부; (신문의) 발행부수; 크기, 치수; Storgatan ~ (nr) 5, Storgatan 5번지; i dagens ~ 오늘 일자 신문에; jag har ~ 39 på skor 나는 신발 크기 39를 신는다.

nummerbyrå *~n ~er* (전화국의) 가입자 전화번호 안내부.

nummerskylt *~en ~ar* (차) 번호판.

nummerupplysning *~en ~ar* 전화번호 안내.

numrera *~r ~de ~t tr*. …에 번호를 매기다, 책에 페이지 수를 매기다.

numro (불변화명사) 수, 숫자, 번호.

nun|a [nʉːna] *-an -or* 【속어】 얼굴.

nunn|a [nɵnːa] *-an -or* ① 수녀 ② 나방의 일종.

nunnedok [-dɷːk] *~et ~* 수녀의 머리 가리개, 모자.

nuntie [nɵntsjə] *~n ~r* 로마 교황 대사.

nupit ☞ nypa.[2]

nupits ☞ nypas.

nusvenska *~n 0* 현대 스웨덴어 (1900년 경 이후).

nutid *~en 0*, ~en 현대, 우리 세대.

nutid|a (불변화형용사) 현대의, 오늘날의.

nutria *~n 0* 남미산(産)의 수서(水鼠), 뉴트리아 모피.

nuvarande *a*. 현재의, 오늘의, 현직의; den ~ krisen 현재의 위기; vår ~ kung 현 국왕.

ny[1] *a*. 새로운, 최근에 생긴; 신선한, 현대적인; i ett ~tt brev 새로 쓴 편지에; den ~a generationen 자라나는 세대; ge ngn ~a krafter …에 새 힘을 북돋아 주다; ingenting ~tt 새로운 것은 없다; på ~tt 다시 한 번, 새로이.

ny[2] *~t/~et, ~/~n* 초승달; månen är i ~ 달이 차 가고 있다; i ~ och nedan 항상.

ny-[3] (다른 단어 앞에서 접두어처럼), ~anställd 새로 임용된; ~klippt (머리 따위를) 새로 깍은; ~anlagd 새로 지은.

Nya Guinea 뉴기니.

nyans [-aŋs/-ans] *~en ~er* (색, 음, 가락, 의미 따위의) 미묘한 차이, 뉘앙스, 색조.

nyansera *~r ~de ~t tr*. (색채, 음, 장단, 의미, 감정 따위의) 미묘한 차이를 내다, …에 뉘앙스를 주다; 조절하다, 완화하다; (음성 등의) 음조를 바꾸다; …에 변화를 주다.

N

nyanställ|a *-er -de -t tr.* ~ 25 män i fabrik 공장에 25명을 새로 고용하다; nyanställd 새로 임용된(고용된).

nya tiden 근세 (중세 말 이후부터 현재까지, 스웨덴의 경우에는 1521년 이후).

Nya Zeeland 뉴질랜드.

nybakad *a.* ① 새로 구운, 막 구워낸 ② 갓 졸업을 한.

nybliven *a.* 갓 …한, 막 …이 된; en ~ professor 갓 임명된 교수; hon är ~ mor 그녀는 최근에 엄마가 되었다.

nybyggar|e *-[e]n ~* 개척민, 미개척지에 최초로 이주하는 사람, 식민지 정착민.

nybörjar|e *-[e]n ~* 초보자, 초심자.

nyck *~en ~er* 난데없는 생각, 별안간 떠오른 (변덕스런) 생각; en ödets ~ 운명의 장난; ha sina ~er 변덕스럽다, 변덕이 있다.

nyck|el *-eln -lar* 열쇠, 단서 (till).

nyckelbarn *~et ~* (맞벌이 부부의) 열쇠를 갖고 다니는 아이.

nyckelben *~et ~* 【생물】 쇄골(鎖骨).

nyckelharp|a *-an -or* 줄이 셋이 달린 스웨덴 민속 현악기.

nyckelord *~et ~* ① (문제 해결, 의미 해석에서 열쇠가 되는) 핵심 단어; 정보처리에 쓰이는 색인 단어 ② 【정보통신】 핵심어 (설명문의 내용 또는 제목 내의 중요한 내용을 요약한 핵심적인 단어 또는 문구; 단어, 문서를 검색할 때 키 워드를 이용하면 원하는 정보를 쉽게 찾을 수 있다).

nyckelpig|a *-an -or* 무당벌레.

nyckelroman *~en ~er* 실화 소설, 모델 소설.

nyckfull *a.* 변덕스런, 마음이 변하기 쉬운.

nydanar|e *-[e]n ~* 개척자, 재창조자, 재생자, 쇄신자.

nyemission *~en ~er*, ~ av aktier 새 주식의 발행.

nyfiken *a.* (사물을) 알고 싶어 하는, 호기심이 강한 (på).

nyfödd *a.* 신생의, 갓 태어난.

nygift *a.* 갓 결혼한, 신혼의.

nyhet *~en ~er* ① 새로운 것, 신종 제품, 색다른 물건 ~er på bokmarknaden 신간 서적 ② 뉴스, 소식, 기별; en god (dålig) ~ 좋은 (나쁜) 소식; det var en ~ för mig 그것은 처음 듣는 말인데; inga ~er är goda ~er 무소식이 희소식이다.

nyhetsbyrå *~n ~er* 통신사.

nykomling *~en ~ar* 새로 온 사람, 새 사람 (학급, 놀이, 친구 따위에서).

nykter *a.* 술에 취하지 않은, 맑은 정신의, 온건한.

nykterhet *~en 0* 술 취하지 않은 상태, 맑은 정신; 금주, 절제.

nykterhetsrörelse *~n ~r* 금주 운동.

nykterist *~en ~er* 절대 금주[주의]자.

nyktra *~r ~de ~t itr.* ~ till 술이 깨다; 진지해지다, 냉정해지다.

nyligen *adv.* 최근, 요즈음; en ~ inträffad händelse 최근에 발생한 사건; helt ~ 아주 근래에.

nylon [-ọ:n] *~et/~en, 0* 나일론.

nymf *~en ~er* ① 【신화】 님프 (바다, 강, 숲, 산, 목장 따위에 사는 것으로 생각되는 여자 정령(精靈)) ② 미소녀, 처녀 ③ 【곤충】 (불완전변태를 하는 곤충의) 약충(若蟲).

nymodig *a*. 현대식의, 신식의, 유행을 따르는.

nymor[g]nad [-mo:ɳad] *a*. 방금 잠이 깬; 잠이 덜 깬, 졸리는 듯한.

nymån|e *-en 0* 초승달.

nynna *~r ~de ~t tr. itr*. 콧노래를 부르다, 흥얼대다.

nyp *~et ~* 꼬집기, 꼭 쥐기; ge ngn ett ~, …를 꼬집다.

nyp|a[1] *-an -or* ① hålla ngt i ~n (-orna) …을 손가락 사이에 끼우다; ta ngt med ~n (-orna) …을 손가락으로 집다 ② en ~ 한 줌, 극히 적은 분량; ta det med en ~ salt 에누리하여 듣다.

nyp|a[2] *-er nöp/-te, nupit/-t tr*. ① …을 꼬집다, 죄다, 비틀다; ~ ngn i örat …의 귀를 비틀다; kylan -er i skinnet 추위가 살을 에는 듯하다 ② 홱 잡아채다, 움켜잡다.

nyp|as *-s nöps/-tes, nupits/-ts itr. dep*. 꼬집다, 서로 꼬집다; -s inte! [나를] 꼬집지 마!

nypon *~et ~* (들)장미의 열매.

ny|påstigen *a*. några -påstigna? 【철도】 새로 승차하신 손님 계세요? (차장이 승차권 검표 시에 묻는 말).

nys *~et 0*, få ~ om ngt ① …에 대해 처음 알게 되다 ② det är bara ~, rena ~et 쓸데없는 소리, 허튼 소리.

nys|a *-er nös/-te, -t itr*. 재채기를 하다.

nysilv|er *-ret 0* 【금속】 은빛 색깔의 구리, 니켈, 아연의 합금.

nyss *adv*. ① (현재의 시점에서 볼 때) 방금, 조금 전; en ~ utkommen bok 막 출간된 책; han gick alldeles ~ 그는 방금 갔다 ② (과거의 시점에서 볼 때) 이제 막; han hade ~ ätit middag, när …일 때에 그는 막 저녁식사를 끝냈었다.

nyssnämnd *a*. ~a 방금 언급한 것.

nysta *~r ~de ~t tr*. 실을 감아 뭉치를 만들다; ~ av (upp) 실을 (실 뭉치를) 풀다; ~ upp garn till ett nystan 실을 감아 뭉치로 만들다.

nystan *~et ~* 공 모양의 것, (실, 털실, 노끈 따위의) 둥근 뭉치.

nystavning *~en ~ar* 스웨덴의 철자법 개정안 (1906년, 철자와 발음을 좀 더 일치시킴).

nysvensk|a *-an 0* 【언어】 근대 스웨덴어 (신약성서가 출간된 1526년 이후).

nyter *a*. glad (pigg) och ~ 명랑 유쾌한.

nytt ☞ **ny**.

nytt|a[1] *~an 0* 유용[성], 효용, 쓸모 있음, 효과, 이익; dra ~ av ngt …을 이용하다; kan jag göra någon ~? 뭐 좀 도와드릴까요?; jag hade ingen ~ av det 그것은 내게 소용이 없었다; komma till ~ 유용하다; vara ngn till stor ~ …에게 대단히 쓸모가 있다.

nytta[2] *~r ~de ~t itr*. det ~r till ingenting att gråta 울어도 소용이 없다.

nyttig *a*. 유용한, 쓸모 있는.

nyttighet *~en ~er* 유용성, 쓸모 있음.

nyttja ☞ **använda**.

nyttjanderätt *~en 0* (타인의 소유물에 대한) 용익권(用益權), 사용권.

nyttoföremål *~et ~* 일상생활 용품.

nyttotrafik *~en 0* 공공(公共) 교통(운송).

nytändning *~en ~ar* 그믐 뒤의 초승달의 출현; (비유적) 불타는 정열, 새로운 투쟁의지.

nyutexaminerad *a*. 갓 졸업한.

nyutkommen *a*. 신간의, 최근에 간행된.

nyval *~et ~* 재선거 (정기 총선거 중간에 내각이 의회의 신임을 잃었을 때 실시하는 선거); upplösa riksdagen och utlysa ~ 의회를 해산하고 재선거를 공고하다.

nyzeeländar|e [-seː-] *-[e]n ~* 뉴질랜드 사람.

nyår *~et ~* 새해, 신년.

nyårsaft|on *-onen -nar*, ~[en] 섣달 그믐날 (12월 31일).

nyårsdag *~en ~ar*, ~[en] 새해 첫날, 1월 1일.

nyårsvak|a *-an -or* (새해를 맞으러) 12월 31일 밤 자정을 지켜보기; hålla ~ 섣달 그믐날 밤을 새우다.

nyårs|önskan/nyårsönskning *~en ~ar* 새해 소망.

nå[1] [noː] *itj*. (가벼운 놀람) 아이구, 그래!; ~, än sen då? (못마땅한 기분) 그래, 어떻다는 거야?; ~ ja! (타이르는 조로) 암 그렇지!

nå[2] *~r ~dde ~tt* Ⅰ. *tr*. (장소에) 닿다, 도착하다; (목적 따위를) 달성하다, 이루다; (결과에) 이르다; ~ hamn 입항하다; ~ sitt syfte 자신의 목적을 달성하다; han ~ddes av underrättelsen 그는 소식에 접하였다; jag kan ~s per telefon (på nummer …) 저와는 (…번) 전화로 통화가 가능합니다 Ⅱ. *itr*. (손, 발 따위를) 뻗다; (영향, 작용 따위가) 미치다; (공간, 시간적으로) 퍼지다, 미치다, 닿다; så långt ögat ~r 시력이 미치는 데까지; gardinen ~r [ned] till golvet 커튼이 방바닥에까지 닿는다; ~ fram till …에 도착하다, …에 미치다; stegen ~r inte upp fönstret 사다리가 창문에까지 닿지 않는다.

nåd *~en ~er* ① (하느님의) 자비하심, 은혜, 은총; i ~ens år 1990 서력 1990년에; det var en Guds ~ att …하다니 정말 고마워라; finna ~ för ngn (ngns ögon) …의 총애를 얻다, …의 눈에 들다 ② 사면(赦免), 형벌의 경감; få ~ 사면되다; låta ~ gå före rätt 법의 준엄성을 자비로써 누그러뜨리다; med Guds ~e, Sveriges konung … 하나님의 은총으로, 스웨덴 국왕 … (공식 문서에서 국왕 이름 앞에 붙임.); ge sig på ~ och onåd 무조건 항복하다; leve på ~er hos ngn …의 동정으로 살아가다; synda på ~en …의 신뢰를 남용하다 ③ (왕, 귀족에게 붙이는) 칭호; Ers ~ 각하.

nådaskott *~et ~*/**nådastöt** *~en ~ar* ☞ **nådestöt**.

nådatid *~en 0* 유예, 연기.

nåde *tr*. (가정법 현재), Gud ~ dig 하느님께서 너에게 자비를 베푸시기를!, 하느님이 너를 용서해 주시기를!

nådeansökan (불변화 en-명사) 사면 탄원서.

nådebröd *~et 0*, äta (leva på) ~ [hos ngn] […의] 구호품으로 살아가다, …의 자선으로 살아가다.

nådestöt *~en ~ar* (죽음의 고통을 줄이려는) 온정의 일격.

nådevedermäle *~t ~n* 사면 증서.

nådig *a*. 자비로운, 인정(동정) 많은; (벌 따위가) 관대한; Gud vare mig

~! 하느님, 저에게 자비를 베푸소서; han blir inte ~ när …할 경우 그는 좋아하지 않을 것이다; på ~aste befallning 국왕폐하의 명으로; ~ fröken (농담조로 부르는 호칭) 아가씨, min ~a 영부인, 영애.

någon (*något*, *några*) (부정대명사) Ⅰ. någon (en-명사와 함께), något (ett-명사와 함께) ① (형용사와 명사 앞에서 부가적 용법) 약간의, 얼마간의; (단수명사 앞에서) 어떤, 무슨; har du inte någon gång önskat ngt? 언젠가 …을 원한 적이 있지 않니?; har du någon cigarett? 담배 좀 있니?; av något skäl kunde han inte komma 무슨 사정으로 그는 올 수 없었다; om någon vecka 일주일 정도 지나서 ② (보통 전치사와 함께 쓰여 불특정 수량을 나타냄), har du någon cigarett? ja, jag har några här 담배 좀 있니? 그래, 여기 몇 가피 있어; varje kväll är det dans på något av de större hotellen 매일 저녁 큰 호텔 중 어느 곳에서는 댄스가 벌어진다; det var knappast något av mjölken kvar 우유가 별로 남지 않았다; har någon av pojkarna gått? 사내아이들 중에 누가 갔느냐? ③ (불특정 사람, 사물을 나타냄) 어떤 사람, 어떤 물건, 어떤 것; om någon söker mig 누가 나를 찾으면; någon annan 다른 사람; om man inte har något att säga 별로 할 말이 없다면; är filmen något att se? 그 영화 볼 만하니? jag har något viktigt att säga 내게 중요한 이야기가 있다; om du vore något till karl 네가 진짜 사나이라면 Ⅱ. *några* (복수명사와 함께) 약간의, 몇몇의; för ~ dagar sedan 며칠 전; han är ~ och tjugo år 그는 20살 남짓하다; ~ av pojkarna kunde inte simma 사내애들 중 몇 사람이 수영을 할 수 없었다 (할 줄 몰랐다).

någon|dera (*någotdera*) (부정대명사) (둘 중의) 어느 한편, 어느 쪽이나; någotdera av förslagen 제안 가운데 어느 하나; har ~ av er sett filmen? 너희 중에 누가 영화를 보았니?

någonsin *adv*. (의문, 부정, 조건문에서) 언젠가, 여태껏, 지금까지; aldrig ~ 지금가지 절대로 …하지 않다; så mycket jag ~ kan 가능한 한 많이.

någonstans *adv*. 어디선가, 어딘가에[로]; vart ska vi gå ~? 우리 어디로 갈까?

någonstädes ☞ **någonstans**.

någonting (부정대명사) 어떤 것 (일), 그 무엇, 무엇인가.

någonvart *adv*. (부정, 의문문에서) 어딘가에[로].

någorlunda[1] *a*. 상당한, 웬만한; med ~ visshet 상당한 확신을 가지고.

någorlunda[2] *adv*. 꽤, 상당히; ~ bra 꽤 좋은; om vädret blir ~ vackert 날씨가 웬만큼 좋으면.

något[1] ☞ **någon** Ⅰ.

något[2] *adv*. 약간, 어느 정도, 얼마간, 다소; det blir ~ kallare 약간 더 추워질 것이다.

någotsånär *adv*. 꽤, 상당히.

några ☞ **någon** Ⅱ.

nåja *itj*. (응낙하는 경우) 그래, 그렇지.

nål ~*en* ~*ar* 바늘, 핀; ~ och tråd 실과 바늘; sitta som på ~ar 안절부절 못하다.

nåla *~r ~de ~t tr*. ~ fast ngt (på, vid) …을 (…에) 핀으로 고정시키다.

nålbrev *~et ~* 바늘쌈.

nålpengar (복수명사) 【고어】 (풍자적으로) 아내에게 주는 용돈, 푼돈.

nålstick *~et ~* 따끔따끔 (꾹꾹) 찌르기; 성가심, 심술궂음.

nålsting ☞ **nålstick**.

nålsög|a *–at –on* 바늘귀.

nån ☞ **någon**.

nånsin ☞ **någonsin**.

nånting ☞ **någonting**.

nånvart ☞ **någonvart**.

nånå *itj*. (격려, 안도, 위로 따위를 나타내어) 자자, 괜찮아.

nåt[1] ☞ **något**.

nåt[2] *~en ~ar* ① 【기계, 재목】 접합부분, 이음매 ② 널판, 가장자리의 대패질한 흠.

nåtla *~r ~de ~t tr*. (구두의 갑피를) 꿰매어 붙이다.

nåväl *itj*. (이야기를 끝낼 때) 그래, 그렇다 치고; (말을 이어서) 그래서, 그런데.

nä *itj*. ☞ **nej**, ~ män (놀람을 표시하여) 아니!, 이거 참!

näbb *~en/~et, ~ar/~* (비둘기, 독수리 따위의) 부리; (물건의) 뾰족한 끝; försvara sig med ~ar och klor 모든 수단을 써서 자신을 방어하다.

näbbdjur *~et ~* (오스트레일리아 산(産)) 오리너구리.

näbbgädd|a *–an –or* ① 경린류(硬鱗類) 담수어 (단단한 비늘로 덮여있고 긴 주둥이를 가진 물고기) ② 건방진 계집애 (때로는 사내아이를 가리키기도 함).

näbbig *a*. 건방진, 뻔뻔스러운.

näck[1] (불변화형용사) 【일상】 벌거벗은, 나체의.

näck[2] *~en 0* 물의 요정.

näckros *~en ~or* 수련 (睡蓮).

näktergal *~en ~ar* 나이팅게일 (유럽산 지빠귀 과의 작은 새).

nämligen *adv*. 말하자면, 즉, 왜냐하니까; jag känner honom väl, vi var ~ skolkamrater 나는 그를 잘 아는데, 우리는 말하자면 학교 동창이었지; det är ~ så, att 실은 말하자면 …이었지; han har två stora intressen, ~ kvinnor och bilar 그는 두 가지 큰 흥미거리가 있는데 그건 즉, 여자하고 자동차야.

nämn|a *–er –de –t tr*. 언급하다, …의 이름을 말하다; i ditt brev –de du att 너의 편지에서 …라고 언급하였다; höra sitt namn ~s 자기 이름이 거명되는 것을 듣다; ingen –d och ingen glömd (이 자리의) 모든 분 (감사인사 때 쓰는 표현); –da person 상기인(上記人).

nämnar|e *–[e]n ~* 【수학】 분모; minsta gemensamma ~n 최소공분모.

nämnd *~en ~er* (지방자치단체, 국가기관의) 위원회; (정부기관의) 부, 청, 원, 국, 성; (법원의) 배심원.

nämnde|man *–mannen –män* 배심원.

nämnvärd *a*. ingen ~ (inga ~a) 언급할 만한 가치가 없는, 주목할 일이 못되는; utan ~ förlust 별로 큰 손실 없이.

nämnvärt *adv*. mår du bättre? nej, inte ~ 몸 상태가 좀 좋아졌니?, 아니, 별로.

nän|nas *–ns –des –ts itr*. *dep*. (부정

문에서) …할 마음이 없다, 용기가 없다; jag –ns inte väcka honom 아무래도 그를 깨울 수가 없다.

näpen *a*. 예쁜, 귀여운; en ~ flicka 귀여운 여자아이.

näppe (불변화명사) med nöd och ~ 겨우, 가까스로 (nätt och jämnt).

näppeligen *adv*. 거의 …아니 하다, …할 것 같지 않다.

näps|a *–er –te –t tr*. 훈계하다, 나무라다, 징벌하다.

näpst *~en 0* 훈계, 책망, 징벌.

när[1] *adv*. ① 가까이[에]; från ~ och fjärran (관용적 표현으로) 도처에서; göra ngn [ngt] för ~ …의 마음을 상하게 하다; han gör inte en fluga för ~ 그는 아주 마음이 여리다; inte på långt ~ …과는 얼토당토않은, 도저히 미치지 못하는; (alla klarade sig) så ~ som på en (på en ~) 한 사람을 제외하고는 (모두가 통과 되었다); så ~ 거의, 얼추 (nästan) ② (의문부사) 언제, 몇 시에; kan du säga, ~ den blir färdig? 언제쯤 그것이 다 되는지 알려주겠니?; ~ då? 언제? ③ ~ som helst 언제라도, 아무 때나.

när[2] *konj*. ① (시간 접속사) …할 때에 ② (원인 접속사), när du nu inte vill 네가 원치 않는 이상 (않으니까).

nära[1] *a*. (*närmare*, *närmast*) (장소, 거리, 시간적으로) 가까운, 접근한; i en ~ framtid 가까운 장래에; 근친의, 친밀한; en ~ anhörig 가까운 친척.

nära[2] *adv*. ① (장소, 시간이) 가까이, 접근하여, 이웃에; hon var ~ döden 그녀는 사경(死境)에 있었다; ~ skjuter ingen hare【속담】 약간 빗나가도 빗나가기는 매일반; (아무리 성공 직전까지 가도) 실패는 실패다; hon har ~ till tårarna 그녀는 걸핏하면 운다; skolan ligger ~ till för honom 학교는 그의 집 근처에 있다; jag var ~ att säga allt 나는 하마터면 모든 것을 다 털어놓을 뻔했다; julen är ~ 성탄이 다가온다 ② 거의, 얼추, 대략.

när|a[3] *– –de –t tr*. ① …에게 먹을 것을 주다, 사육하다, 가족을 먹여 살리다; ~ sig 살아나가다, 생활하다 ② (야심, 감정 따위를) 마음에 품다, 가슴 속에 간직하다; en länge –d önskan (dröm) 오래 간직한 소망 (꿈).

närande *a*. 영양분이 많은, 영양이 되는.

närapå ☞ **nästan**.

närbelägen *a*. 가까운, 가까운 곳에 위치한.

närbesläktad *a*. 가까운 친척의.

närbutik *~en ~er* 주택가 부근의 소규모 식료품 가게.

närdemokrati *~n 0* 직접 민주주의.

närgången *a*. 주제넘은, 건방진, 무례한.

närhelst *konj*. …할 때면 언제나, 어떤 경우에도.

närhet *~en 0* (구체적, 추상적) 근처, 부근, 가까움; i ~en av något …가까이에; finns någon bank i ~en? 이 부근에 은행이 있습니까? ~en till naturen är ett stort plus 자연에 가까이 있는 것은 이점이 많다.

närig *a*. 인색한, 구두쇠의, 금전을 아끼는.

näring *~en ~ar* ① 영양분, 음식물; 양육, 조장; ge ~ åt växter 식물에 영양제를 주다; ge ~ åt elden 불길을

부채질하다 ② 생계, 살림살이; ha sin ~ av jorden 농사로써 생계를 꾸려 가다 ③ 생업; återgå till ~arna 생업으로 돌아가다 ④ 업, 산업.

näringsfrihet *~en 0* 기업 활동권, 기업 활동의 자유.

näringsfysiologi *~n 0* 영양 생리학.

näringsgren *~en ~ar* 업종, 직종.

näringsidkar|e *-[e]n ~* 사업가, 제조업자.

näringsliv *~et 0* 산업[계].

näringsrik *a.* 영양분이 많은.

näringsvärde *~t ~n* 영양가, 칼로리.

närma *~r ~de ~t* Ⅰ. *tr.* 가깝게 하다, 접근시키다; ~ tal och skrift till varandra 발음과 철자를 접근시키다 Ⅱ. *rfl.* 가까워지다, 접근하다; solen ~r sig horisonten 해가 지평선에 가까워지다; ~ sig 40 år, 40살이 가까워오다; mitt arbete ~ sig slutet 내 일이 거의 끝나간다.

närmande *~t ~n* 접근; 성적 접근.

närmare[1] *adv.* (nära의 비교급) 더 가까운, 보다 직접적인, 좀 더 자세한; vid ~ granskining 좀 더 면밀한 조사에서; ~ svar lämnas senare 보다 자세한 답변은 추후에 나옵니다.

närmare[2] *adv.* ① 좀 더 가까이서, 보다 자세하게, 더 정확하게; gå ~ in på saken 상세하게 다루다 (기술하다); komma ngn ~ …와 좀 더 가까워지다; man vet ännu inte något ~ 자세한 것은 아직 모른다 ② 거의, 근; ~ tusen anställda avskedas 근 1000여 명의 고용인이 해고 되다.

närmast[1] *a.* (*nära*의 최상급) 가장 가까운, 직접의, 가장 친한; under de ~e dagarna 앞으로 며칠 동안에; min ~e efterträdare 나의 직계 후임자; inom den ~e framtiden 가까운 장래에; i det ~e 거의, 대략.

närmast[2] *adv.* ① 가장 가까이에[서], 가장 친근하게, han tog den bok som låg ~ 그는 가장 가까이 있는 책을 들었다; ~ följande dag 바로 다음 날; den ~ sörjande 상주(喪主) ② 무엇보다도, 우선, 주로; ~ föranlett av att våren kom 무엇보다도 봄이 왔기 때문에.

närmevärde *~t ~n* 【수학】 근사치.

närsalt *~et ~er* 식물에 필요한 영양, 염분.

när|sluta *-sluter -slöt -slutit tr.* 동봉하다 (bifoga); -sluten check 동봉한 수표.

närstrid *~en ~er* 육박전.

närstående *a.* 가까운, 친밀한; en mig ~ [person] 나와 친한 사람; i regeringen ~ kretsar 정부와 가까운 서클에서는.

närsynt *a.* 근시안의; (비유적) 눈 앞일 밖에 보이지 않는.

närsynthet *~en 0* 【안과】 근시.

när|vara *-varar -varade/-var, -varat/-varit itr.* ~ vid …에 출석하다, 참석하다.

närvarande *a.* ① 출석한, 참석한; de ~ 참석자들 ② 현재의; för ~ 현재로는, 지금은.

närvaro *~n 0* 출석, 참가, 동석; i vittnens ~ 증인 앞에서.

näs *~et ~* 지협(地峽); 반도, 갑(岬).

näs|a *-an -or* 코; få lång ~ 실망하다; 속다; ha fin ~ för …에 대한 예리한 안목이 있다; ha skinn på ~n 자기의 권리를 옹호 할 수 있다; lägga sin ~ i blöt 상관없는 일에 개입하다; skriva ngn ngt på ~n …에게 …을 털어놓다 (공개하다); tala i ~n 콧소리로 말하다; stå på ~n 넘어지다; sätta sig på ~n på ngn …를 윽박지르다, 들볶다; vända ~n i vädret 죽다.

näsblod *~et 0* 코피.

näsborr|e *-en -ar* 콧구멍.

näsbränn|a *-an -or* 훈계, 질책; få sig en ~ 질책을 받다.

näsduk *~en ~ar* 손수건.

näshål|a *-an -or* 비강(鼻腔).

näsknäpp *~en ~ar* 【일상】 훈계, 질책, 꾸지람.

nässeldjur *~et ~* 무척추 자세포(刺細胞) 동물 (해파리, 산호 따위처럼 자포(刺胞)를 가진).

nässelfeber *~n 0* 【병리】 두드러기.

nässelfjäril *~en ~ar* 거북딱지 무늬나비.

nässl|a *-an -or* 쐐기풀 속(屬)의 식물.

näst[1] *adv.* (시간, 공간, 순위, 중요도 따위에 있어서) 다음에, 이웃에, 제일 가까이에; den ~ bästa 차선(次善)의 것; den ~ sista stavelsen 끝에서 두 번째 음절.

näst[2] *~et ~* (바느질감의) 한 바늘, 한 번 뜨기.

näst[3] *prep.* … 다음의(에).

nästa[1] *a.* 다음의; ~ dag (gång) 다음 날 (다음번); se ~ sida! 다음 쪽을 보시오!; ~ tisdag 이번 화요일 또는 다음주 화요일; näste man 다음번 남자, 제2인자.

nästa[2] *~n 0* 같은 인간, 이웃 du ska älska din ~ såsom dig själv 네 이웃을 내 몸과 같이 사랑할지어다.

näst|a *~r/er, ~de/-e, ~t/- tr.* ~ fast (ihop) 드문드문하게 바늘로 꿰매다.

nästan *adv.* 거의, 대략, 가까이, 하마터면; ~ aldrig 거의 …없다; jag kan ~ inte tro det 나는 그것을 거의 믿을 수가 없다; få det för ~ ingenting (gratis) 그것을 거의 무료로 얻다; det är ~ för varmt 너무 더울 정도야; han är ~ ruinerad 그는 파산한 것이나 진배없다; han är ~ lika gammal som jag 그는 거의 내 또래 나이다.

näste *~t ~n* 새의 둥우리; 은신처, 소굴, (범죄의) 온상.

nästipp *~en ~er* 코끝.

nästkommande *a.* 다음에 오는; ~ måndag 다음 월요일.

nästla *~r ~de ~t rfl.* ~ sig in hos ngn …의 비위를 맞추다, …의 마음에 자리 잡다; ~ sig in bakom frontlinjerna 전선에 침투하다 (잠입하다).

näsvis *a.* 건방진, 뻔뻔스러운.

nät *~et ~* ① 그물, 어망, 거미줄, 망상조직; ett ~ av lögner 거짓말투성이; lägga ut ~ 그물을 치다, 망을 치다 ② 【정보통신】 ~et 인터넷.

nätansluten *a.* 【전기】 본 배선(本配線)에 연결시킨.

nätbrygg|a *-an -or* 【정보통신】 게이트웨이 (넓은 의미로는 2개 이상의 다른 종류 또는 같은 종류의 통신망을 상호 접속하여 통신망 간에 정보를 주고받을 수 있게 하는 기능 단위 또는 장치).

näthinn|a *-an -or* 【해부】 눈의 망막.

nätikett *~en ~er* 【정보통신】 네티

N

켓 (통신망(network)과 예의범절(etiquette)의 합성어로, 네트워크 사용자들이 네트워크상에서 지키고 갖추어야 하는 예의범절; 망 예절이라고도 한다).

nätmag|e *-en -ar* 반추동물의 4개 위(謂)중의 하나.

nätoperatör *~en ~er* 【정보통신】 텔레커뮤니케이션을 담당하는 회사나 기업.

nätt[1] *a.* ① 귀여운, 작은, 깔끔한; den ~a summan av 300,000kr (거액에 대해 풍자적으로) 푼돈 30만 크로나 ② 부족한, 불충분한, 옹색한; ~ och jämnt 가까스로.

nätt[2] *adv.* 겨우, 가까스로, 옹색하게, 불충분하게; ~ och jämnt 간신히, 가까스로; ~ opp(upp) 바로.

nätverk *~et ~* ① 망상조직, 계통 ② 【정보통신】 (라디오, TV의) 방송망, 네트워크 (넓은 뜻으로, 지리적으로 떨어져 있는 장치(전화기, 팩스, 컴퓨터, 단말기 등) 간에 정보를 교환할 수 있도록 이들 장치를 상호 접속하기 위해 사용되는 전기 통신 기기와 장치, 전송로의 결합).

näv|e *-en -ar* 주먹; slå ~n i bordet 주먹으로 책상을 쾅 치다; 단호한 태도를 취하다; spotta i ~arna 손에 침을 바르고 벼르다; 다시 시도하다.

näv|er *~n -rar* 자작나무 껍질.

nävrätt *~en 0* 폭력지배, 폭력주의.

nöd *~en 0* 필요, 가난, 궁핍, 빈곤, 곤경; ~en har ingen lag 【속담】 사흘 굶어 도둑질 안할 놈 없다 (궁지에 몰리면 해서는 안 될 일도 하게 된다는 뜻); bruka större våld än ~en kräver 필요 이상의 폭력을 사용하다; det går ingen ~ på honom 그는 (경제적으로) 괜찮다; i ~ och lust 좋건 나쁘건, 어떻게 되든지 (결혼식의 선서문에서); med ~ och näppe 겨우, 간신히; till ~s 위기를 당하여, 비상대책으로서.

nödbedd *a.* 설득하기 어려운.

nödbjuden ☞ nödbedd.

nödbroms *~en ~ar* (기차 따위의) 비상 제동기.

nödd *a.* därtill var jag ~ och tvungen 부득이 나는 그렇게 할 수 밖에 없었다.

nöddop *~et ~* 비상세례 (신생아의 생명이 위태로워 목사가 도착하기 전에 다른 사람에 의해 긴급히 실시되는).

nödfall *~et ~*, i ~ 꼭 필요한 경우에; i yttersta ~ 최악의 경우에.

nödflagg *~en 0* 조난 신호기(旗).

nödga *~r ~de ~t tr.* …을 강제하다, 억지로 남에게 …하게 하다.

nödga|s *~ -des -ts dep.* …하지 않을 수 없다, 마지못해 …하다; till vårt beklagande ~ vi meddela att 유감스럽게도 우리는 …라는 사실을 알리지 않을 수 없습니다.

nödhamn *~en ~ar*, söka ~ 악천후에 대피항을 찾다.

nödig *a.* ① 필요한, 소용이 되는; ~a medel 필요자금 ② jag är ~ 대 · 소변이 마렵다.

nödlanda *~r ~de ~t itr.* (비행기가) 비상착륙하다.

nödlidande *a.* 궁핍한, 곤궁에 처한, 기아의; de ~ 궁핍한 자들.

nödlögn [-lœŋn] *~en ~er* 악의 없는 거짓말, 사정상 부득이한 거짓말.

nödsaka ☞ nödga.
nödsignal *~en ~er* (보통 배로부터의) 구조신호(SOS).
nödställd *a*. 곤궁에 처한, 궁핍한; de ~a 궁핍한 자들.
nödtorft *~en 0*, livets ~ 생활필수품.
nödtorftig *a*. 부족한, 불충분한, 빈약한.
nödvändig *a*. 필요한 (för), 없어서는 안 되는; det enda ~a är att 유일하게 필요한 것은 …하는 것이다.
nödvärn (불변화명사) 정당방위, 자위.
nöj|a *–er –de –t rfl*. ~ sig med …에 만족하다.
nöjaktig *a*. 만족한, 충분한.
nöj|as *–[e]s –des –ts dep*. 만족하다.
nöjd *a*. 만족한.
nöje *~t ~n* 즐거움, 오락, 향락; ett sant ~ 진정한 즐거움; mycket ~! 재미있게 놀아! det skall bli mig ett ~ 그것은 내게 즐거움이 될 거야; jag har ~t att känna din bror 나는 너의 형(동생)을 알게 되어 기쁘다; det är oss ett sant ~ att promenera 우리들은 산보하기를 매우 즐긴다; för ~s skull 재미로, 농담으로, 장난삼아.
nöjesfält *~et ~* (오락시설, 음식점이 있는) 유원지.
nöjeslysten *a*. 유흥을 쫓는, 놀기 좋아하는.
nöjsam ☞ rolig.
nöp ☞ nypa[2].
nöps ☞ nypas.
nös ☞ nysa.
nöt Ⅰ. *~en ~ter* (밤, 호도 따위의) 견과(堅果); en hård ~ att knäcka 해결하기 어려운 문제 Ⅱ. *~et ~* (집합적으로) 소(牛) 종류의 반추동물, 축우(nötkreatur); 바보, 얼간이; ditt ~! 야, 이 멍청아!
nöt|a *–er –te –t tr. itr*. (차츰) 닳다, 닳아빠지다, 헤어지다; tyget tål att ~ på 이 천은 헤어지지 않는다; ~ av (bort) …을 닳아빠지게 하다; ~ in en läxa 숙제를 되풀이하여 [머릿속에] 집어넣다.
nöthår *~et 0* 쇠털(牛毛).
nötknäckar|e *–[e]n ~* 호두까기 (nötknäppare).
nötkreatur *~et ~* 소 종류(牛類), 축우.
nötkött *~et 0* 쇠고기.
nötskal *~et ~* 견과의 껍질; i ett ~ 아주 간결하게.
nötskrik|a *–an –or* 까마귀류의 새.
nött[1] 닳아빠진, 낡은.
nött[2] ☞ nöta.
nötte ☞ nöta.
nötväck|a *–an –or* 【조류】 동고비.

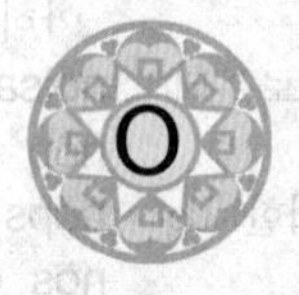

o[1] [ɷ:] *o-et, o[-n]* 스웨덴어 알파벳의 15번째 글자.

o[2] *itj.* 오! 아! (놀라움과 열광을 나타냄).

o-[3] [ɷ-] 부정, 반대의 뜻을 가진 전철; ~använd 사용하지 않은; ~artig 공손하지 못한.

oaktat [ɷ-] (문어체에서 쓰임) Ⅰ. *konj.* 비록 …이지만(fastän), …임에도 불구하고 (trots att) Ⅱ. *prep.* …임에도 불구하고.

oanad *a.* 미처 상상하지 못한, 생각(예기)하지 않은, 뜻밖의.

oanmärkt *a.* 문제되지 않은, 논쟁되지 않은.

oansenlig *a.* 중요하지 않은, 보잘 것 없는.

oanständig *a.* 상스러운, 추잡한, 음탕한.

oansvarig *a.* 무책임한, 책임을 질 수 없는.

oantastlig *a.* 흠잡을 데 없는, 비난의 여지가 없는.

oanträffbar *a.* 접촉할 수 없는, 연락이 안 되는.

oaptitlig *a.* 구미에 당기지 않는; 불쾌한, 싫은.

oart *~en ~er* 나쁜 습관, 못된 버릇.

oartig *a.* 불손한, 무례한, 실례의 (mot).

oartikulerad *a.* 발음이 분명치 않은, 알아들을 수 없는.

oas [ɷɑ̣:s] *~en ~er* 오아시스; 위안이 되는 장소.

oavbruten *a.* 중단되지 않은, 끊임없는, 연속되는; arbeta oavbrutet i 6 timmar 6시간을 계속 일하다.

oavgjord *a.* ① 비긴, 무승부의 ② 미정의, 결정되지 않은; en ~ match 무승부, 비김.

oavhängig *a.* 독립한, 자립의.

oavkortad *a.* 단축하지 않은, 발췌하지 않은.

oavlåtlig *a.* 끊임없는, 부단한.

oavlönad *a.* 무보수의.

oavsett *prep.* …에 상관없이, …에 개의치 않고; ~ om han kommer eller inte 그가 오건 말건 간에.

oavvislig *a.* 거절할 수 없는; ett ~t krav 거절할 수 없는 요구.

oavvänd *a.* 끊임없는, 쉴 새 없는.

obalans *~en 0* 불균형.

obalanserad *a.* 불균형의, 형편을 잃은, 억제되지 않은.

obanad *a.* 아무도 발을 디딘 적이 없는, 닦아 놓지 않은 [길 · 언덕].

obarmhärtig *a*. 무자비한, 몰인정한.
obducent [ɔb−] *~en ~er* 검시관(檢屍官), 검시 의사.
obducera *~r ~de ~t tr*. 검시하다.
obduktion *~en ~er* 검시, 시체해부.
obeaktad *a*. 주의를 기울이지 않은, 간과한; lämna ~ 간과하다, 주의하지 않다.
obebodd *a*. 사람이 거주하지 않는.
obefintlig *a*. (물건이) 있지 않은, 존재하지 않은.
obefläckad *a*. 오염되지 않은, 깨끗한.
obefogad *a*. 용납되지 않는, 인정되지 않는, 부당한.
obegriplig *a*. 이해되지 않는, 설명할 수 없는.
obegränsad *a*. 무제한의, 무한정의.
obehag *~et ~* 불쾌[감], 불편, 마찰; känna ~ 불쾌감을 느끼다.
obehaglig *a*, 불쾌한, 기분 나쁜; ~ till mods 마음이 편치 않아; en ~ överraskning 반갑지 않은 뜻밖의 일.
obehindrat *adv*. 방해받지 않고, 자유롭게; röra sig ~ 자유롭게 돌아다니다; tala ett språk ~한 언어를 유창하게 하다.
obehärskad *a*. 감정을 억제하지 못하는.
obehörig *a*. 해당되지 않은, 허가되지 않은; tillträde förbjudet för ~a 관계자 외는 출입금지 (관청 건물 따위에 써 붙인 간판).
obehörigen *adv*. 허가 없이, 승낙 없이.
obekväm *a*. 불편한; ~ arbetstid (정상 일과시간 외에) 불편한 근무시간 (주로 저녁시간과 휴일).
obelisk *~en ~er* 방첨탑(方尖塔), 오벨리스크.
obemannad *a*. 사람이 없는, 승무원이 없는; en ~ rymdraket 무인 우주선.
obemärkt *a*. 주의를 끌지 않는, 눈치채이지 않은.
obenägen *a*. 마음 내키지 않는, 마지못해 하는.
oberoende[1] (불변화형용사) 독립의, 독자적, 다른 데 의존하지 않는; ~ av, ~ av om [hur] …에 관계없이.
oberoende[2] *~t 0* 독립, 자립.
obemedlad *a*. 생계 수단이 없는.
oberäknad *a*. 예기치 못한, 의외의.
oberäknelig *a*. 예측할 수 없는, 변덕스런.
oberörd *a*. 마음이 동요하지 않는, 영향 받지 않는; 냉정한; en ~ min 무관심한 태도 (표정).
obesatt *a*. 비어 있는; posten är ~ 일자리는 비어 있다.
obesedd *a*. 아직 본 적이 없는; köpa en vara obesett 물건을 잘 보지 않고 사다.
obeskrivlig *a*. 형언할 수 없는, 말로 다 할 수 없는, 형용할 수 없을 만큼.
obeskuren *a*. 깎아내지 않은; 생략(발췌)하지 않은, 완전한; 제한이 없는.
obesticklig *a*. 매수할 수 없는; 부패하지 않은.
obestridd *a*. 의심할 바 없는, 논쟁의 여지가 없는, 명백한.
obestridlig *a*. 의심할 바 없는, 확실한.
obestånd *~et 0* 지불 불능, 파산; komma på ~ 지불 능력을 상실하다, 빚을 갚지 못하게 되다, 파산하다.
obeställbar *a*. 배달할 수 없는.

O

obeställbarhet *~en 0* 배달 불능.

obestämd *a.* 부정(不定)의; ett obestämt antal 확실하지 않은 수; 【문법】 ~ artikel 부정관사; på ~ tid 무기한으로.

obeständig *a.* 영속하지 않는; 변하기 쉬운; 변덕스러운; 【화학】 불안정한.

obesvarad *a.* 대답이 없는, 응답이 없는.

obesvärad *a.* 근심(걱정)이 없는, 괴로움이 없는, 자연스러운, 편안한.

obetagen *a.* det är honom obetaget att använda telefonen 그는 마음대로 전화를 써도 좋다.

obetalbar *a.* 평가할 수 없을 정도의, 매우 귀중한; (구어체) 매우 재미있는, 우스운.

obetald *a.* 미불의, 미납의, 지불되지 않은; ~ skuld 미불 채무.

obetingad *a.* 무조건의, 절대적인; 제한이 없는; obetingat förtroende 맹신(盲信), 무조건적인 신뢰.

obetonad *a.* 강조되지 않은; (음절이) 강세가 없는.

obetvinglig *a.* 정복할 수 없는; 극복하기 어려운, 감당하기 어려운, 도리 없는.

obetydlig *a.* 중요하지 않은, 보잘 것 없는, 가치가 없는; 작은; ~a detaljer 중요하지 않은 사소한 것; en ~ skillnad 사소한 차이.

obetänksam *a.* 경솔한; 생각 없는.

obevakad *a.* 수비(보호)되지 않은, 무방비의; ~ järnvägsövergång 비보호 철도 건널목; ett obevakat ögonblick 마음 놓고 있는 순간에.

obevandrad *a.* ~ i ngt …에 정통하지 못한.

obeveklig *a.* 설득을 받아들이지 않는, 냉혹한, 가차 없는.

obeväpnad *a.* 무기를 갖지 않은, 무장하지 않은; med obeväpnat öga 육안으로.

obildad *a.* 무식한, 교육을 받지 못한, 교양이 없는.

obildbar *a.* 교육할 수 없는.

obillig *a.* 불합리한, 터무니없는; 불공평한.

objẹkt *~et ~* 목적, 목표; (연구의) 대상; 【문법】 목적어.

objektiv[1] [–ịːv] *a.* 객관적인, 편견이 없는.

objektiv[2] *~et ~* (사진기 따위의) 렌즈.

objektivitẹt *~en 0* 객관성; 객관적 실재.

objektịvt *adv.* 객관적으로, 객관적인 견지에서.

oblandad *a.* 섞이지 않은, 혼합물이 없는, 순수한; ~ lycka 진실한 행복.

oblat [ɔblạːt] *~en ~er* 【종교】 성병(聖餠), 성찬용 빵.

obli|d [ɷ–] *–tt a.* 불쾌한, 불친절한, 호의가 없는; se med ~a ögon på ngn …를 불쾌하게 보다; ett –tt öde 불운.

oblidkelig [–ke–] *a.* 냉혹한, 무정한, 잔인한; 진정시킬 수 없는.

obligation [–ʃọːn] *~en ~er* 사채권; inlösa en ~ 채권을 상환하다.

obligationsdragning *~en ~ar* 채권 발행.

obligatọrisk *a.* 의무적인, 필수의; ~ skolgång 의무 교육; ~a ämnen 필수 과목.

obligatọri|um *–et –er* 의무, 필수.

oblodig *a*. 피를 흘리지 않는; en ~ revolution 무혈 혁명.

oblyg *a*. 얼굴을 붉히지 않는, 부끄러움을 모르는, 뻔뻔스러운, 파렴치한; ~a krav 뻔뻔스러운 요구, ~a priser 턱없는 가격.

oboe [o̤:bɔə] *~n ~r* 【음악】 오보에 (고음 목관악기); (오르간의) 오보에 음전(音栓).

obo-fartyg *~et ~* 석유 · 곡물 · 광석 등을 운송할 수 있는 배.

oboi̤st *~en ~er* 오보에 취주자.

oborstad *a*. 닦[이]지 않은; (성질 · 행동이) 거친, 버릇없는, (말씨가) 세련되지 않은.

obotfärdig *a*. 뉘우치지 않는, 고집 센, 회개하지 않는; de ~as förhinder 핑계.

obotlig *a*. 불치의, 치료할 수 없는, 수리할 수 없는; 철저한; en ~ optimist 철저한 낙관주의자.

obrottslig *a*. 흔들리지 않는, 지조가 굳은, (맹세 등을) 어길 수 없는, 엄밀한.

obrukad *a*. 경작되지 않은; 사용되지 않은; ~ energi 탕진되지 않은 정력(에너지).

obrukbar *a*. 쓸모없는, 사용 불능의.

obruklig *a*. 사용하지 않는, 폐기된; ett ~t ord 폐어.

obs [ɔps] ☞ **observera**.

obscen [ɔpse̤:n] *a*. 음란한, 외설한.

obscenitet *~en ~er* 외설, 음란.

observa̤nd | um *~et/~, ~/-a* 주의해야 하는 것, 주의사항.

observation [ɔpsær-] *~en ~er* 주목, 감시; 관측.

observationsundervisning *~en ~ar* (적응력이 부족한 학생을 위한) 보충교육.

observant *a*. 주의 깊은, 관찰력이 예민한.

observator [-tɔr] *~en ~er* 천문학자.

observato̤ri | um *-et -er* 천문대, 기상대, 관측소.

observatö̤r [-tœ:r] *~en ~er* 관찰자, 관측자; 옵서버 (회의를 방청할 수는 있지만 발언권이나 투표권은 없는 사람).

obsevera *~r ~de ~t tr*. 보다, 관찰하다, 관측하다, 감시하다, 주의하다; ~! 주의[하라] (obs!).

obsklass *~en ~er* (정신적 장애자를 위한) 특수 학급.

obskura̤nt *~en ~er* 반(反)계몽주의자, 몽매주의자.

obskyr [-sk-] *a*. 눈에 띄지 않은, 유명하지 않은, 이름 없는; 수상한, 의심스러운; en ~ figur 수상한 인물.

obsolet *a*. 시대에 뒤진, 구식의.

obstetri̤k *~en 0* 【의학】 산과학(産科學).

obste̤triker *~n ~* 산과 의사.

obstina̤t *a*. 고집 센, 완고한.

obstrukti̤on *~en ~er* 방해, 훼방; (긴 연설 따위에 의한 소수파의) 의사 진행 방해.

OB-tillägg *~et 0* 시간외 수당(obekvämlighetstillägg 의 약어).

obunden *a*. 묶지 않은, 풀린; (책이) 제본되지 않은; 의무를 지지 않은; i ~ form 산문체로.

obygd *~en ~er* 황무지, 황야.

obändig *a*. (사람 · 성질이) 순하지 않은; 다루기 어려운.

O

oböjlig *a.* 구부러지지 않는, 경직된, 단호한; (결심을) 바꾸지 않는; 【문법】 변화하지 않는, 굴곡하지 않는.

obönhörlig *a.* 냉혹한; 용서 없는.

obönhörligen *adv.* 사정없이, 냉혹하게.

ocean [ɷseạ:n] ~*en* ~*er* 대양(大洋), 대해, 바다.

oceanografị ~*n 0* 해양학.

och [ɔ/ɔk] *konj.* …과, …랑, 그리고; du ~ jag 너와 나; ~ dylikt 그 밖에 다른 것, 기타, 등등; ~ så vidare (osv.) …따위, 등등; ligga ~ läsa 누워서 읽다; han bara arbetar ~ arbetar 그는 계속해서 일만 한다; en ~ en 하나씩; det blir kallare ~ kallare 더욱 더 추워지고 있다; härifrån ~ dit 여기부터 저기까지; gå ~ köp en limpa 가서 빵을 사오너라.

ock *adv.* (문어체) 역시, 또, 또한; om ~ …에도 불구하고.

ock|er [ọkər] −*ret 0* 고리 대금업.

ockerhyr|a −*an* −*or* 엄청난 집세, 터무니없이 비싼 집세.

ockr|a[1] −*an* −*or* 황토(黃土), 황토색.

ockra[2] ~*r* ~*de* ~*t itr.* 폭리를 취하다, 부당이익을 얻다; ~ på ngn …를 이용하다, 악용하다.

ockrar|e −[*e*]*n* ~ 고리대금업자, 폭리를 취하는 사람.

också *adv.* 역시, 또, 또한; han måste skämta, eller ~ är han tokig 그는 농담을 하고 있거나 아니면 미쳐있는 것이 틀림없다; om ~ 비록 …일지라도; det var ~ en fråga! 기가 막힌 질문이다.

ockụlt *a.* 신비로운.

ockultịsm ~*en 0* 신비학, 비술신봉, 신비주의.

ockupation ~*en* ~*er* 점령.

ockupationsarmé ~*n* ~*er* 점령군.

ockupera ~*r* ~*de* ~*t tr.* 점령하다, 점거하다.

odal|bonde −*bonden* −*bönder* 【역사】 자작농, 소(小)지주.

odalịsk ~*en* ~*er* (특히 터키의) 여노예, 첩.

odds [ɔ−] ~*et* ~ 승산, 승리 가능성; 유리한 조건; ha ~en emot sig 지극히 불리한 입장에 있다.

ode [ɷ:də] ~*t* ~*n* 송시(頌詩).

odeciderad *a.* 확실치 않은, 주저하는.

odefinierbar *a.* 정의를 내릴 수 없는, 미묘한.

odelad *a.* 나누어지지 않은, 완전한, 전부의; 만장일치의; odelat förtroende 전폭적인 신뢰.

Oden (북유럽 신화에 등장하는 최고신) 우덴.

odiplomatisk *a.* 외교적 수완이 없는; 협상이 서투른.

odiskutabel *a.* 토론의 여지가 없는, 말할 나위 없는, 명백한.

odisputabel ☞ **odiskutabel**.

odiọ̣s *a.* 비위에 거슬리는, 싫은, 불쾌한, 혐오스러운.

odjur [ɷ:jʉ:r] ~*et* ~ 괴물; 거대한(무서운) 짐승; 몹시 잔인한 사람; ditt ~! 이 짐승 같은 놈아!

odla [ɷ:dla] ~*r* ~*de* ~*t tr.* 경작하다, (논밭을) 갈다, 개간하다; 기르다; ~ sin själ 마음을 갈고 닦다; ~ bakterier 세균을 배양하다; ~de pärlor 양식 진주.

odlar|e −[*e*]*n* ~ 경작자, 농부.

odling *~en ~ar* 경작, 개간, 재배; 세련; 재배 농장.

odon [ɷ:dɔn] *~et ~* 산앵두 나무의 일종.

odontologi [–gi:] *~n 0* 치과학; 치과 의술.

odontologie (불변화형용사) ~ doktor 치과학 박사.

odrickbar *a*. 마실 수 없는.

odryg *a*. 비경제적인, 빨리 없어지는.

odräglig *a*. 참을 수 없는, 견딜 수 없는, 못 견디게 싫은; 지겨운, 지루한; en ~ människa 몹시 지겨운 사람.

oduglig *a*. 능력이 없는, 무능한; 자격이 없는; 쓸 데 없는.

odugling *~en ~ar* 건달, 쓸모없는 사람.

odygd *~en ~er* 장난, 못된 장난.

odygdig *a*. 장난꾸러기의, 짓궂은, 개구쟁이의.

odygdspås|e *–en –ar* 못된 짓을 하는 아이, 개구쟁이, 장난꾸러기.

o. dyl. ☞ **och dylikt**.

odyssé ~[*e*]*n ~er* 장기간의 방랑(모험) 여행.

Odysseus (그리스 신화) 오디세우스.

odåg|a *–an –or* 건달, 한량, 쓸모없는 사람.

odödlig *a*. 죽지 않는, 불사의, 불후의; ~ berömmelse 불후의 명성.

odödlig|göra *–gör –gjorde –gjort tr*. 영존시키다; 불멸하게 하다.

odör *~en ~er* 나쁜 냄새, 악취, 구린내.

odört *~en 0* 【식물】 독미나리.

oeftergivlig *a*. 피할 수 없는, 꼭 필요한; 절대적인; ett ~t villkor 불가결한 조건, 절대적 조건.

oefterhärmlig *a*. 모방할 수 없는, 비길 데 없는.

oefterrättlig *a*. 구제할 수 없는; 참을 수 없는.

oegennytt|a [ɷ:egən–] *~an 0* 이타심(利他心), 애타심; 공평무사.

oegennyttig *a*. 공평무사한; 이타적인, 무사한.

oegentlig [ɷ:ejɛnt-] *a*. 그릇된, 틀린; 알맞지 않은; 비 본래적인; i ~ betydelse 비 본래적인 의미로.

oegentlighet *~en ~er* 틀림, 맞지 않음; 위조, 변조; 횡령.

oekonomisk *a*. 비경제적인, 비절약적인, 낭비의.

oemotsagd *a*. 문제가 되지 않는, 의심할 바 없는.

oemotståndlig *a*. 저항할 수 없는; 견디기 어려운; 매혹적인.

oemotsäglig *a*. 반박(논파)할 수 없는; 확실한.

oenig *a*. (의견이) 맞지 않는.

oenighet *~en ~er* 불화, 의견 차이, 알력, 싸움; 불찬성.

oense *a*. vara ~ med ngn om ngt …에 관해서 …과 의견이 맞지 않다.

oerhörd *a*. 전례가 없는, 비길 데 없는; 극심한, 엄청난.

oersättlig *a*. (다른 것과) 대치(교환)할 수 없는, 되돌릴 수 없는, 원상태로 돌아갈 수 없는.

oestetisk *a*. 심미적이 아닌, 추한.

ofantlig ☞ **oerhörd**.

ofarbar *a*. 통행할 수 없는; (바다가) 항해할 수 없는.

ofarlig *a*. 위험하지 않은; 해롭지 않은.

O

ofattbar *a*. 이해할 수 없는, 불가해한, 상상할 수 없는.
ofelbar *a*. 잘못이 전혀 없는, 절대로 틀림없는; 확실한.
offensiv[1] *a*. 공격적인, 공세를 취하는.
offensiv[2] *~en ~er* 공격, 공세; ta till ~en 공세를 취하다.
offentlig *a*. 공공의, 공적인, 대중의; 공무의, 국사(國事)의; ~a handlingar 공문서; ett ~t meddelande 공표(公表), 공고(公告); den ~a sektorn 공공분야; ~ toalett 공중변소; ~ institution 공공기관.
offentlig | göra *-gör -gjorde -gjort tr*. 공표하다.
offentlighet *~en 0* 국민, 민중; [일반] 사회; inför ~en 대중 앞에서, 대중의 면전에서.
off | er *-ret ~* (신에게 바치는) 산 제물; 희생[자]; falla ~ för ngt …에 희생이 되다.
offerera *~r ~de ~t tr*. 【상업】 (값을) 부르다, 제공하다, 팔려고 내놓다.
offerlamm *~et ~* 희생양; 결백한 희생자.
offert [ɔfæt] *~en ~er* 【상업】 오퍼, (팔 물건의) 제공; 제공 가격.
officer [-se:r] *~[e]n ~are* 장교.
officiant *~en ~er* 사제(司祭); 의식 집행자.
officiell *a*. 공무상의, 공식의.
officiera *~r ~de ~t itr*. 사제직을 맡다, 식을 집행하다.
officin [-si:n] *~en ~er* 인쇄소.
officiös *a*. 반 공식적인, 반관적(半官的)인.
offra *~r ~de ~t tr*. 희생시키다, (제물로) 바치다, 희생하다; 포기하다; ~ pengar på ngt …에 돈을 쓰다; ~ tid på ngt …에 시간을 낭비하다.
offset *~en 0* 【인쇄】 오프셋 인쇄.
offshore [ɔfʂo:r] *a*. (불변화형용사) 앞바다의.
ofin *a*. 버릇없는, 무례한; 천한.
ofog [ɷ:fɷ:g] *~et ~* 못된 장난.
oformlig *a*. 모양이 없는, (일정한) 형이 없는; 불구의; 매우 뚱뚱한.
oframkomlig *a*. 통행할 수 없는.
ofred *~en ~er* 전쟁; 불일치, 불화, 알력; stora ~en 스웨덴과 러시아의 전쟁 (1700~1721); leva i ~ med ngn …와 적대관계에 있다, 불화 속에 있다.
ofreda *~r ~de ~t tr*. 괴롭히다.
ofri *a*. 사로잡힌, 자유 없는; på ~a grunder 임차 토지에.
ofrivillig *a*. 자발적이 아닌, 마음 내키지 않는; 무심코 한.
ofruktbar *a*. (땅이) 불모인; 아이를 낳지 못하는; 효과가 없는.
ofruktsam *a*. 불임의.
ofrånkomlig *a*. 피할 수 없는, 필연적인, 불가피한.
ofrånkomligen *adv*. 필연적으로, 불가피하게.
ofrälse[1] *a*. 칭호가 없는.
ofrälse[2] (불변화 en-명사) 평민(귀족 신분에 속하지 않는).
ofta *adv*. 자주; ~ förekommande 자주 일어나는, 빈번한; allt som ~st 이따금, 가끔.
oftalmiatrik *~en 0* 【의학】 안염학(眼炎學), 안과학.
oftalmolog [-lo:g] *~en ~er* 안과 의사.

oftalmologi *~n 0* 안과학.

ofullbordad *a.* 완성되지 않은, 미완성의 불완전한; Schuberts ~e symfoni 슈베르트의 미완성 교향곡.

ofullgången *a.* 【생물】 발육 부진의, 부진성의; 미숙한.

ofullständig *a.* 불완전한, 미완의.

ofärd *~en 0* 불행, 불운.

ofärdig *a.* ① 지체부자유의, 병신이 된, 절름발이의 ② 불완전한.

oförarglig *a.* 천진한, 악의 없는; ett ~t skämt 악의 없는 농담.

oförbehållsam *a.* 무제한의; 솔직한.

oförberett *adv.* 즉시, 즉석에서, 준비 없이; 뜻밖에; tala ~ 즉석연설을 하다.

oförblommerad *a.* 솔직한, 꾸미지 않은, 소박한, 있는 그대로의.

oförbränn[e]lig *a.* 지칠 줄 모르는, 끈기 있는.

oförbätterlig *a.* 구제할 길 없는, 구제할 수 없는, 교정할 수 없는; 뿌리 깊은; 상습적인; en ~ suput 어쩔 수 없는 주정뱅이.

ofördelaktig *a.* 불리한, 불편한, 형편이 좋지 않은; 무익한; 못생긴; i en ~ dager 불리한 형편 속에; säga ngt ~t om ngn …을 헐뜯다, …을 통렬하게 비판하다.

ofördragsam *a.* 용서하지 않는, 혹독한, 무자비한.

ofördröjligen *adv.* 곧, 즉시, 당장에.

oförenlig *a.* 모순된, 양립할 수 없는, 일관성이 없는; 타협할 수 없는.

oföretagsam *a.* 게으른; 창의력이 없는.

oförfalskad *a.* 순수한, 진실한, 진짜인; en ~ lögn 완전한 거짓말.

oförglömlig *a.* 잊을 수 없는.

oförgriplig *a.* 반론할 수 없는, 논쟁(비판)의 여지가 없는; enligt min ~a mening 반론이 없으리라 보이는 저의 의견을 말씀드리자면.

oförgätlig *a.* 잊을 수 없는.

oförhappandes *adv.* 우연히, 뜻밖에, 갑자기.

oförklarlig *a.* 설명할 수 없는, 수수께끼 같은, 이상한; det är för mig ~t hur han löste problemet 그가 어떻게 그 문제를 풀었는지 알다가도 모르겠다.

oförliknelig *a.* 비길 바 없는; 비교가 안 되는, 독특한; 굉장한.

oförlåtlig *a.* 용서할 수 없는.

oförmedlad *a.* 갑작스러운, 뜻밖의, 불시의.

oförmodad *a.* 갑작스런, 뜻밖의, 예기치 않은.

oförmåga *~n 0* 무능, 불능, 무력, 무능력; 무기력.

oförmärkt[1] *a.* 남몰래 하는, 남의 눈을 피하는, 은밀한.

oförmärkt[2] *adv.* 감지되지 않게, 남몰래, 살그머니; avlägsna sig ~ 인사 없이 떠나다.

oförmögen *a.* 능력이 없는, 무능한, …할 수 없는.

oförneklig *a.* 명백한, 틀림없는, 논의의 여지없는.

oförrätt *~en ~er* 비행, 나쁜 짓; 잘못, 과실, 손상.

oförrättad *a.* med oförrättat ärende 결과 없이, 빈손으로.

oförsiktig *a.* 사려가 없는, 부주의한, 경솔한.

oförskylld *a.* 죄 없는, 이유 없는.

O

oförskämd *a*. 무례한, 뻔뻔스러운, 염치없는, 도덕을 무시한, 괘씸한.
oförskämdhet *~en ~er* 뻔뻔스러움, 무례, 오만.
oförsonlig *a*. 사정없는; 타협할 수 없는; 가차 없는; 화해의 여지가 없는.
oförstående *a*. 냉담한, 인정 없는; 감상력이 없는; 이해할 수 없는; titta ~ på ngt …을 멍청하게 쳐다보다.
oförstånd *~et 0* 상식의 결핍; 현명하지 못함, 무분별함; 어리석음.
oförställd *a*. 진실한; 변장하지 않은, 숨김없는; 성실한.
oförsvarlig *a*. 변호의 여지가 없는; 용납할 수 없는.
oförsynt ☞ oförskämd.
oförtjänt *a*. 받을 자격이 없는; 과분한; ~ inkomst 불로 소득.
oförtruten *a*. 지치지 않는, 물리지 않는.
oförtröttlig ☞ oförtruten.
oförtäckt *a*. 밝힌, 명백한; 숨김없는, 변장하지 않은; i ~a ordalag 솔직하게 말하면.
oförtövat *adv*. 기민하게, 즉시, 당장, 곧.
oförutsedd *a*. 미리 알 수 없는, 예기치 못한, 뜻밖의, 우연한; en ~ händelse 우발사건.
oförvillad *a*. 꼬임을 받지 않는, 영향을 받지 않은; 편견이 없는, 공평한, 타락하지 않은.
oförvitlig *a*. 비난의 여지가 없는, 나무랄 데 없는, 결점이 없는, 흠 잡을 데 없는; han är en ~ person 그는 나무랄 데 없는 사람이다.
oförvållad *a*. 자신의 책임이 아닌, 자기 자신이 일으키지 않은.
oförvållandes *adv*. 잘못해서, 실수로.
oförvägen *a*. 대담무쌍한, 용감한, 용기 있는.
oförytterlig *a*. 양도(이양)할 수 없는; 【법률】 ~ egendom 영구 재산.
ogemen [ɷːje–] *a*. 보기 드문, 보통이 아닌; 거대한.
ogenerad [ɷːʃe–] *a*. 자유스러운, 마음편한, 자연스러운; 스스럼없는; 뻔뻔스러운; känna sig ~ 마음 놓다.
ogift *a*. 미혼의, 결혼하지 않은; 독신의; ~ kvinna 미혼 여성; som ~ 결혼하기 전에; hennes namn som ~ 그녀의 결혼 전의 성 (姓).
ogilla *~r ~de ~t tr*. ① 싫어하다, 비난하다; 반대하다, 부인하다 ② 【법률】 기각하다.
ogillande[1] *a*. 비난하는, 불만의; med en ~ blick 눈살을 찌푸리고.
ogillande[2] *adv*. 비난하여, 불만을 나타내어.
ogillande[3] *~t 0* 부인, 비난, 불찬성; 혐오; 【법률】 기각, 각하.
ogiltig *a*. 무효의; göra ~ 무효로 하다; 인정치 않은.
ogin *a*. 불친절한, 인정 없는; 거친.
ogjord [ɷːjɷːd] *a*. 이룩하지 않은; 미완성의; vara ute i ogjort väder 하찮은 일로 소동을 벌이다, 속단하다, 헛걸음을 하다, 바보짓을 하다.
ograverad *a*. 저당 잡히지 않은, 손을 대지 않은; 새겨지지 않은.
ogripbar *a*. 실체가 없는; 이해할 수 없는, 미묘한.
ogrumlad *a*. 명랑한, 청명한; (물이) 깨끗한.
ogrundad *a*. 이유가 없는, 근거 없는,

사실에 근거를 두지 않은; ett ogrundat rykte 사실 무근의 소문.

ogräs *~et 0* 잡초.

ogräsmed|el *–let ~* 제초제.

ogudaktig *a*. 신앙이 없는; 부도덕한; 지독한.

ogulden *a*. 미불의, 미납의.

ogynnsam *a*. 불리한, 형편이 나쁜; under mycket ~ma förhållanden 불리한 상황 하에.

ogärna *adv*. 싫어서, 마지못해서.

ogärning *~en ~ar* 나쁜 짓, 비행, 범죄, 흉악한 행동.

ogärnings|man *–mannen –män* 범인, 악인, 비행자.

ogästvänlig *a*. 불친절한; 손님대접이 나쁜; 험악한.

ogörlig *a*. 실행할 수 없는, 실시하기 어려운, 불가능한.

ohanterlig *a*. 다루기 어려운; 주체 못하는.

ohederlig *a*. 부정직한, 불성실한; 사기적인.

ohejdad *a*. 억제되지 않은, 제한 없는; av ~ vana 습관에 이끌려.

ohemul *a*. 부당한; 적당치 않은.

ọherrans[1] *a*. 지독한, 심한.

oherrans[2] *adv*. 몹시, 대단히.

ohjälplig *a*. 가망이 없는, 어쩔 수 없는; 고칠 수 없는.

ohjälpligt *adv*. 희망을 잃고, 절망적으로.

ohm [o:m] *~en ~* 【전기】 옴 (전기 저항 단위).

ohoj *itj*. 【항해】 이봐; skepp ~! 이봐, 그쪽 배!

ohyfsad *a*. 버릇없는, 무례한, 예절을 모르는.

ohygglig *a*. 두려운; 지독한, 심한.

ohyra *~n 0* 해충(害蟲); 건달, 인간쓰레기.

ohyvlad *a*. 대패질하지 않은; 버릇없는, 거친.

ohågad *a*. 마음 내키지 않은; jag är ~ att studera 공부할 마음이 나지 않는다.

ohållbar *a*. 옹호할 수 없는, 지지할 수 없는; 근거가 없는; 불안정한, 위태로운.

ohägn [ɷ:hɛŋn] *~et 0* 손해, 손상, 피해.

ohälsa *~n 0* 질병, 건강치 못함.

ohälsosam *a*. 건강하지 못한, 건강에 나쁜, 해로운.

ohämmad *a*. 억압되지 않은, 자유로운, 제한 없는; ohämmat slöseri 무절제한 낭비.

ohängd *a*. 뻔뻔스러운, 버릇없는, 무례한, 세련되지 않은; din ~a lymmel! 이 버릇없는 놈아!

ohöljd *a*. 변장하지 않은, 숨김없는, 솔직한, 명백한, 적나라한.

ohörbar *a*. 들리지 않는.

ohörd *a*. 변명을 들어주지 않는; 심문받지 않은; 경청해 주지 않는.

ohörsam *a*. 말을 듣지 않는, 반항적인.

ohövlig *a*. 버릇없는, 무례한, 실례의.

oigenkännlig *a*. 인식할 수 없는, 알아볼 수 없는.

oigenkännlighet *~en 0*, förvandlad till ~ 알아볼 수 없을 정도로 변해있는.

oinskränkt *a*. 절대적인, 무조건의, 무한의; en ~ härskare 전제 군주.

ointaglig *a*. 난공불락의, 견고한.

O

ointelligent *a.* 지력이 모자라는, 지적(知的)이 아닌.

ointressant *a.* 흥미가 없는, 재미없는, 지루한.

ointresserad *a.* 무관심한, 냉담한; jag är ~ av affärer 나는 장사에 관심이 없다.

oinvigd *a.* 가입하지 않은, 입문하지 않은, 열외의; den ~e 비전문인, 열외인.

oj *itj.* 어머나!, 저런!

oja *~r ~de ~t rfl.* 끙끙거리다, 불평하다, 푸념하다.

ojust[1] [ɷ:ʃyst] *a.* 옳지 않은, 부정한.

ojust[2] *adv.* 옳지 않게; 부정하게; spela ~ (경기에서) 부정행위를 하다.

ojämförbar *a.* 비교할 수 없는.

ojämförlig *a.* 비교가 안 되는; 비길 바 없는.

ojämn *a.* 평범하지 않은, 울퉁불퉁한; 거친; 부적당한; 불규칙한; 변하기 쉬운; en ~ väg 울퉁불퉁한 길; en ~ yta 거칠거칠한 표면; kämpa en ~ strid 이길 가망이 없는 (힘겨운) 전투를 하다.

ojämnhet *~en ~er* 평평하지 않음, 울퉁불퉁함.

ojävig *a.* 편견이 없는, 공정한; 법적자격이 있는.

ok *~et ~* 멍에; 멜대; 속박.

OK ☞ okej.

oka *~r ~de ~t tr.* (마소에) 멍에를 메다.

okarin|a *-an -or* 【음악】 오카리나 (오지나 금속으로 만든 고구마 모양의 피리).

oklanderlig *a.* 나무랄 데 없는, 결점이 없는, 과실 없는.

oklar *a.* ① 희미한, 애매한, 뚜렷하지 않은, 흐린, 흐릿한 ② 【항해】 (밧줄 등이) 헝클어진.

okej Ⅰ. *a.* 좋은, 괜찮은 Ⅱ. *itj.* 좋아, 괜찮아.

oklok *a.* 지혜가 없는, 어리석은, 우둔한, 현명하지 못한.

oklokhet *~en ~er* 무지, 무분별, 어리석음.

oklädd *a.* 옷을 안 입은, 벌거벗은; 덮개를 벗긴.

oknytt *~et ~* (민간신앙에 등장하는) 초자연적 존재, 귀신.

okokt *a.* 날것의, 생의; 설익은.

okommenterad *a.* 주석을 달지 않은.

okomplicerad *a.* 복잡하지 않은, 간단한.

okoncentrerad *a.* 집중하지 않은.

okonstlad *a.* 성실한, 진심의; 간단한; 순수한.

okontant ☞ osams.

okristlig *a.* ① 비기독교의 ② 엄청난, 지독한.

okristligt *adv.* ~ dyr 터무니없이 비싼.

okränkbar *a.* 신성불가침의; 어길 수 없는.

oktaed|er *-ern -rar* 8면체.

oktạn *~en/~et , ~er/~* 【화학】 옥탄.

oktantal *~et ~* 옥탄가(價).

oktạv *~en ~er* ① 【음악】 옥타브, 8도의 음정 ② 팔절판 책.

oktẹtt *~en ~er* 【음악】 8중창(重唱)곡.

oktober [ɔktɷ:-] (불변화 en-명사) 10월.

oktroj [-rɔj] *~en ~er* (회사 · 은행 등의) 설립인가.

okulạr *~et ~* 【광학】 접안경(接眼鏡).

okulẹra *~r ~de ~t tr.* 접목하다, 대목에 어린 가지를 접붙이다.

okultiverad *a.* 경작되지 않은; 교양이 없는, 거친, 야만적인.

okulạ̈r *a.* 육안의, 시각의.

okunnig 무식한, 모르는; 무교육의.

okunnighet *~en 0* 무식, 무지, 무교육; 알지 못함; sväva i ~ om ngt …에 대해 무지 속에서 헤매다.

okuvlig *a.* 굴복하지 않는, 억제할 수 없는, 극복할 수 없는.

okvald [ɷ:k–] *a.* vara i ~ besittning av ngt …을 확실하게 소유하고 있다.

okväda *~r ~de ~t tr.* 모욕하다, 욕하다.

okvädingsord *~et ~* 모욕, 욕설.

okynne [ɷ:çynə] *~t 0* 못된 장난, 농담.

okynnig *a.* 장난꾸러기의, 짓궂은.

okänd [ɷ:çɛnd] *a.* 알려지지 않은, 잘 모르는, 미지의, 불명의, 미상의.

okänslig *a.* 무감각한, 느끼지 못하는, 곱아진; 냉담한, 냉정한; ~ för värk 고통을 느끼지 못하는; tårna är ~a av kyla 발가락이 추위로 곱아 있다.

olag (불변화명사) råka i ~ 상태가 나빠지다, 잘 돌아가지 않다; min mage är i ~ 나는 배탈이 났다.

olaga (불변화형용사) 불법의, 위법의, 비합법적인; ~ jakttid 금렵기(禁獵期).

olaglig *a.* 불법의, 위법의; en ~ handling 불법 행위.

olat *~en ~er* 악습, 악행, 비행, 악덕; ~er 나쁜 버릇.

oldboy [o:ldbɔj/ɔldbɔj] *~en ~s* 【스포츠】 베테랑 선수.

olẹand|er *–ern –rar* 【식물】 서양 협죽도.

olidlig *a.* 견딜 수 없는, 참을 수 없는.

oligarki [–kị:] *~n ~er* 과두정치, 소수 독재정치.

olik *a.* 닮지 않은, 같지 않은, 다른; smakerna är ~a 기호는 다르다; de är ~a som natt och dag 그들은 완전히 다르다; så ~t dig att glömma middagen! 저녁식사를 잊다니 너답지가 않다!

olika[1] (불변화형용사) 여러 가지의, 각종의, 다수의; 별개의; av ~ skäl 여러 가지 이유로; i ~ delar av världen 세계 각지에서; en kvinna med ~ talanger 많은 재능을 가진 여성; vi är av ~ åsikt 우리는 의견이 전혀 다르다.

olika[2] *adv.* 다르게, 같지 않게, 달리.

olikartad *a.* 이종의, 이질의, 본질적으로 다른; ☞ **olika**[1].

olikhet *~en ~er* 다름, 차이, 차이점, 차별; ~ i kvalitet 질적 차이.

oliktänkande *a.* 의견을 달리 하는, 사고가 다른.

olịv *~en ~er* 【식물】 올리브 나무(열매).

olivgrön *a.* 황록색의.

olj|a[1] *–an –or* 기름, 석유; gjuta ~ på elden 불에 기름을 붓다, 일을 더욱 크게 만들다; gjuta ~ på vågorna 분쟁을 가라앉히다, 노여움을 달래다.

olja[2] *~r ~de ~t tr.* 기름을 바르다, 기름을 치다.

Oljeberget 【성서】 올리브 산 (예루살렘 동쪽의 작은 언덕).

oljeborrning *~en ~ar* 석유 시추(試錐).

oljeduk *~en ~ar* 유포(油布).
oljeeldning *~en 0* 석유 난방.
oljefält *~et ~* 유전 (油田).
oljefärg *~en ~er* 유화 물감.
oljekann|a *-an -or* 기름통, 주유기.
oljekläder (복수명사) 방수포 의복.
oljekäll|a [-çɛla] *-an -or* 유정(油井).
oljemålning *~en ~ar* 유화(油畵).
oljeraffinaderi *~et ~er* 정유 공장.
oljestick|a *-an -or* (자동차의 크랭크케이스나 유조안의 기름 양을 재는) 계량봉.
oljeställ *~et ~* ☞ **oljekläder**.
oljetryck *~et ~* ① 유화풍의 석판화 ② 유압력.
oljeutsläpp *~et ~* (바다의) 원유 유출.
oljeväxt *~en ~er* 기름 식물 (열매나 씨에서 기름을 채취할 수 있음).
oljig *a.* 기름의, 기름투성이의, 기름 바른; 말주변이 좋은, 간살부리는.
oljud [ɷːjʉːd] *~et ~* 소음, 시끄러움; föra ~ 소음을 내다; 불평하다.
oll|e [ɷlə] *-en -ar* 스웨터.
ollon [ɔlɔn] *~et ~* ① 도토리 ②【해부】귀두(龜頭).
ollonborr|e *~en ~ar* 떡갈잎 풍뎅이.
ollonpistol *~en ~er* (경주에서) 출발 신호용 권총.
ologisk [-loː-] *a.* 비논리적인, 불합리한.
olovandes [-loː-] *adv.* 허락 없이.
olovlig *a.* 불법의; 금지된, 허락 없는.
olovligen ☞ **olovandes**.
olust *~en 0* 불안, 근심, 불만, 싫증; jag känner ~ att arbeta 나는 일할 마음이 나지 않는다.
olustig *a.* 기운 없는, 낙담한, 기가 죽은, 마음 내키지 않는; 불안한; 걱정되는; 싫은.
olvon [ɔlvɔn] *~et ~* 불두화 나무.
olyck|a *-an -or* 불행, 불운; 사고; till all ~ 불행하게도; till råga på -an 설상가상으로; råka i ~ 사고를 당하다, 성가시게 되다; en olycka kommer aldrig ensam【속담】화불단행(禍不單行) (재앙은 번번이 겹쳐온다).
olycklig *a.* 불행한, 고민하는, 괴로워하는; ett ~t misstag 돌이킬 수 없는 큰 실수.
olyckligtvis *adv.* 불행하게도.
olycksalig *a.* 불행한, 불운한, 불길한, 운수가 나쁜.
olycksbarn *~et ~* ① 불효자, 사고뭉치 ② 불운아, 버림받은 사람.
olycksbådande *a.* 불길한, 조짐이 나쁜.
olycksfall *~et ~* 사고; 사고를 당한 사람.
olycksfallsförsäkring *~en ~ar* 상해(재해)보험.
olycksfåg|el *-eln -lar* 재수 없는 사람, 불운아.
olyckshändelse *~n ~r* 사고; dö genom ~ 사고로 죽다.
olyckskorp *~en ~ar* 불길한 예언을 하는 사람; 비판론자.
olydig *a.* 말을 듣지 않는, 순종하지 않는.
olydnad *a.* 불순종, 불복종, 반항.
olympiad [ɷlym-] *~en ~er* 국제 올림픽 대회.
olympier *~n ~* ① Olympus산의 신(神) ② 올림픽 대회의 선수.
olympisk *a.* ① Olympus산의 ②【스

포츠】 국제 올림픽 대회의.
olåst *a*. 열려 있는.
olåt *~en 0* 시끄러움, 소음, 귀에 거슬리는 음색; 비탄의 소리.
olägenhet *~en ~er* 불편, 형편이 나쁨; 불리, 지장.
oläglig *a*. 계제가 나쁜, 때가 좋지 않은.
olämplig *a*. 부적당한, 알맞지 않은; 시기를 놓친; 불편한.
oländig *a*. 울퉁불퉁한, 깔죽깔죽한, (토지 등이) 나아가기 어려운.
olärd *a*. 교육을 받지 못한.
oläslig *a*. 읽을 수 없는.
olönsam *a*. 무익한, 이익이 없는.
olöslig *a*. 해결할 수 없는; 녹지 않는.
om[1] *adv*. (강세접사로 쓰인 경우) binda ~ 포장하다; helt ~! 뒤로 돌아!; röra ~ i kaffet 커피를 휘젓다; se sig ~ 둘러 보다, 구경하다; vända ~ 돌아가다; köra ~ en bil 차를 추월하다; läsa ~ en bok 책을 다시 읽다; många gånger ~ 몇 번이고 되풀이하여.
om[2] Ⅰ. *konj*. ① 만약 …이면, 만약 …한다면, …이라면; jag kommer ~ vädret tillåter 날씨가 허락한다면 가지요; ~ så är 그렇다면, 그런 경우에; ~ jag hade pengar skulle jag köpa en bil 내게 돈이 있다면 자동차를 살 텐데 ② som ~ 마치 …처럼; det förefaller som ~ det skulle regna 비가 올 것 같다 ③ även ~ 비록 …일지라도 ④ (제안할 때) ~ vi skulle gå på bio? 영화구경 하는 것 어때? ⑤ a) …인지 어떤지; han undrade ~ jag var färdig 그는 나에게 준비가 되었는지 여부를 물었다 b) 그렇고말고, 물론이지; är det kallt ute? ~! 밖에 추워? 춥다 뿐이겠어! Ⅱ. (명사로 쓰인 경우) efter många ~ och men 망설이다가.
om[3] *prep*. ① …을 둘러싸고; slå armarna ~ halsen på ngn …의 목을 끌어안다; vika ~ hörnet 모퉁이를 돌다 ② jag är kall ~ händerna 나는 손이 시리다; torka sig ~ munnen 입을 닦다; vara ~ sig och kring sig 자기만을 생각하다 ③ norr ~ Seoul 서울의 북쪽에 ④ par ~ par 두 사람씩, 짝을 지어 ⑤ (시간 표시) ~ dagen 낮에; två gånger ~ dagen 하루에 두 번; ~ fredag 오는 금요일에; till ~ lördag 토요일까지는; ~ somrarna 여름에; förr ~ åren 옛날에; året ~ 일 년 내내; ~ ett år 일 년 후에 ⑥ …에 대하여, …에 관하여; boken handlar ~ fiske 그 책은 낚시에 관한 것이다; fråga ~ vägen 길을 묻다; angelägen ~ att få veta 몹시 알고 싶어 하는; han har gott ~ pengar 그는 돈이 많다.
omak *~et 0* 불편, 고민; göra sig ~et att skriva en artikel 애써서 기사를 쓰다.
omaka (불변화형용사) 짝이 맞지 않는, (쌍 · 벌의) 외짝; 색다른; ~ handskar 외짝의 장갑, 짝이 맞지 않은 장갑.
omarbetning *~en ~ar* 개정, 교정, 개정판, 개작, 각색.
om|bedja *–ber –bad –bett tr*. han –bads att läsa boken 그는 책을 읽어 달라는 부탁을 받았다.
ombesörj|a *–er –de –t tr*. 돌보다, 뒷바라지하다.
ombilda *~r ~de ~t tr*. 재편성하다, 재조직하다, 재건하다.

ombonad *a*. 아늑한.

ombord [−bɷːd] *adv*. 배안에; gå ~ 승선하다, 탑승하다.

ombordanställd *a*. 배에서 일하는 [사람].

ombordläggning *~en ~ar* 두 척의 배가 일으킨 가벼운 충돌.

ombrytning *~en ~ar* 【인쇄】 조판, 정판.

ombud *~et ~* 대표자, 대리인; juridiskt ~ 법적 대리인.

ombuds|man *−mannen −män* 대표자, 대리인; 옴부즈만.

ombyggnad *~en ~er* 개축, 재건설; huset är under ~ 집은 개축 중에 있다.

ombyte *~t ~n* 변화, 변경; 교환, 교대; 옷 갈아입기.

ombytlig *a*. 변하기 쉬운, 잘 변하는, 변덕스러운.

omdana *~r ~de ~t tr*. 개조하다, 고쳐 만들다; 개혁하다.

omdaning *~en ~ar* 개조; 개혁.

omdebatterad *a*. 논란이 된, 말 많은.

omdirigera *~r ~de ~t tr*. 딴 데로 돌리다, 전환하다.

omdiskuterad ☞ **omdebatterad**.

omdöme *~t ~n* ① 판단력, 양식, 인식 ② 의견, 견해; 신념; 평가.

omdömesgill [−jil] *a*. 현명한, 식별력이 있는, 판단력이 좋은.

omdömeslös *a*. 현명하지 못한, 무분별한.

omedelbar [ɷːme−] *a*. 직접의, 즉석의, 즉시의; 자연스러운; ett ~t svar 즉답; i ~ närhet 바로 근처에.

omedelbart *adv*. 곧, 즉시, 당장에.

omedgörlig *a*. 순종치 않은, 친절하지 않은; 확고한; 고집스러운, 까다로운.

omedveten *a*. 눈치 채지 못하는, 모르는, 느끼지 못하는; 무의식의, 의식하지 못하는.

omelẹtt [ɔmə−] *~en ~er* 【요리】 오믈렛.

omen [ọːmən] *~et ~* 전조(前兆), 조짐, 징조; ett dåligt ~ 불길한 징후.

omfamna *~r ~de ~t tr*. 껴안다, 포옹하다.

omfamning *~en ~ar* 포옹.

omfatta *~r ~de ~t tr*. ① 포함하다, 포괄하다; avhandlingen ~r 200 sidor 논문은 200페이지로 되어 있다 ② 채택하다, 받아들이다 ③ ~ ngn med vänliga känslor …을 따뜻이 맞이하다.

omfattande *a*. 광대한, 광범위한, 넓은; 포함하는.

omfattning *~en ~ar* 범위, 정도, 한계; 넓이; i full ~ 완전히.

omforma *~r ~de ~t tr*. 변환시키다; 전환하다.

omformar|e *−[e]n ~* 【전기】 변환기, 변류기.

omfång *~et 0* 크기, 치수; 범위, 영역, 면적; 분량; produktionens ~ 생산량.

omfångsrik *a*. 광범위한, 큰, 광대한; 뚱뚱한.

omfödersk|a *−an −or* 두 번째 아이를 가진 여자.

omfördela *~r ~de ~t tr*. 재분배하다.

omförmäl|a *−er −de −t tr*. 알리다, 통지하다; 거론하다.

om|ge [ɔmjeː] *−ger −gav −gett/−givit tr*. 둘러싸다, 에워싸다; ön Jeju är −given av havet 제주도는 바다에 둘러싸여 있다.

omgift *a*. 재혼한.

omgiva *-giver -gav -gett/-givit tr*. ☞ omge.

omgivning *~en ~ar* 환경, 주의, 근처.

omgjorda *~r ~de ~t tr*. 졸라매다; 【성경】 ~ sina länder 허리띠를 졸라매다.

omgående[1] *a*. 즉시의, 재빠른; per ~ 즉시, 지급으로.

omgående[2] *adv*. 즉시, 지급으로.

omgång *~en ~ar* 한 벌, 세트, 일단; 한차례; 회전, 교대; 때리기; en ~ verktyg 도구 한 벌; en ~ studenter 일단의 학생; bjuda på en ~ öl 맥주를 한 잔씩 권하다; i ~ år 교대로, 번갈아, 차례로; du ska få dig en ~ 너를 한 번 혼내주겠다.

omgärda [ɔmjæːɖa] *~r ~de ~t tr*. 둘러싸다.

omhulda *~r ~de ~t tr*. 귀여워하다, 애육하다, 마음에 품다; 육성하다; 돌보다.

omhänder|taga *-tar/-tager -tog -tagit tr*. 돌보다; 구속하다, 수감하다.

omigen *adv*. 다시.

omild [ɷː-] *a*. 엄한, 무자비한; ett omilt straff 엄한 형벌; ett omilt klimat 모진 기후; en ~ kritik 혹평.

omintet|göra *-gör -gjorde -gjort tr*. 실패(좌절)하게 하다, 망가뜨리다; ~ ngns planer …의 계획을 좌절시키다.

ominọ̈s *a*. 불길한, 조짐이 나쁜.

omisskänn[e]lig *a*. 의심할 여지가 없는, 틀림없는, 명백한.

omistlig *a*. 절대로 빼놓을 수 없는, 없어서는 안 되는; 매우 귀중한.

omkastar|e *-[e]n ~* 【전기】 개폐기.

omkastning *~en ~ar* 갑작스러운 변화, 급변, 격변, 급격한 반동; 풍향의 변화.

omklä *~r ~dde ~tt*/omkläd|a *-er -de omklätt tr*. 옷을 갈아입히다; (가구에) 덮개를 다시 씌우다.

omklädningsrum *~met ~* (극장의) 분장실; (체육관의) 탈의실.

omkom|ma *-mer - -mit itr*. 사망하다; ~ av köld 동사(凍死)하다; ~ genom drunkning 익사하다; ~ i en bilolycka 교통사고로 죽다.

omkostnad *~en ~er* 비용, 경비.

omkrets *~en 0* 원주, 주선; (평면도형의) 주변; 주변의 길이.

omkring[1] *adv*. gå ~ på gatorna 거리를 돌아다니다; se sig ~ 둘러보다; runt ~ 부근 일대에; resa ~ 떠돌아다니며 놀다, 여행 다니다; när allt kommer ~ 결국.

omkring[2] *prep*. 둘레에; …쯤에, 경; sitta ~ bordet 테이블 주위에 앉다; ~ 100 kronor 약 100크로나; ~ klockan två 두시쯤에.

omkụll *adv*. 넘어져서; falla ~ 넘어지다; slå ~ 때려눕히다.

omkväde *~t ~n* 【시어】 후렴.

omkörning [ɔmçœːɳiŋ] *~en ~ar* 추월.

omlindad *a*. ha huvudet omlindat 머리에 붕대를 감고 있다.

omljud [-jʉːd] *~et ~* 【문법】 모음변이.

omlopp *~et ~* 운행, 순환; 자전(自轉); (화폐의) 유통; (소문의) 유포; sätta ett rykte i ~ 소문을 유포시키다;

O

sätta pengar i ~ 돈을 유통시키다.

omloppsban|a *-an -or* 【천문】 궤도.

omläggning *~en ~ar* 변화, 변경, 전환; 재배열, 재정리, 재조직; 붕대를 감는 일.

ommöblering *~en ~ar* 가구를 옮기는 것, 새로운 가구를 설치하는 것; (정치) 개각(改閣).

omnejd *~en ~er* 근처, 부근, 이웃, 근교.

omnibus[s] *~en ~ar* ☞ buss.

omnämn|a *-er -de -t tr.* 언급하다, …에 대해 말하다.

omnämnande *~t ~n* 언급, 진술.

omodern/omodärn [ɷ:-] *a.* 시대에 뒤떨어진, 구식의.

omogen *a.* 미숙한, 익지 않은; 유년기의, 미완성의.

omoral *~en 0* 부도덕, 불륜, 외설.

omoralisk *a.* 부도덕한, 품행이 좋지 않은; 음란한.

omomad *a.* 졸리는, 잠이 덜 깬, 선잠의.

omotiverad *a.* 이유가 없는, 불필요한, 공연한; 동기가 없는.

omplacera *~r ~de ~t tr.* 옮기다, 이동시키다, 전입시키다; (돈을) 재투자하다.

ompröva *~r ~de ~t tr.* 재심하다, 재고하다.

omprövning *~en ~ar* 재고, 재심의(再審議).

omrama *~r ~de ~t tr.* 액자에 넣다, 틀에 끼우다.

omringa *~r ~de ~t tr.* 둘러싸다; 포위하다.

område *~t ~n* 지역, 지방; 분야, 부분; farligt ~ 위험 지대.

omröstning *~en ~ar* 선거, 투표, 표결.

oms [ɔms] *~en 0* ☞ omsättningsskatt.

omsedd *a.* få skadan ~ 상처를 치료받다.

omsider *adv.* 차츰, 나중에; sent ~ 간신히, 마침내.

omskaka *~r ~de ~t tr.* 흔들다.

omskiftar|e *-[e]n ~* (타자기의) 시프트키.

omskolning *~en ~ar* 재교육, 다시 훈련을 받는 것.

om|skriva *-skriver -skrev -skrivit tr.* 알기 쉽게 바꾸어 말하다; 외접(外接)시키다.

omskrivning *~en ~ar* 다시 쓰기; 바꾸어 말하기, 완곡법(婉曲法); 외접; en förskönande ~ 미화법(美化法).

om|skära *-skär -skar -skurit tr.* 포피절제(包皮切除)하다.

omskärelse *~n 0* 포피절제, 포경수술.

omslag *~et ~* ① (책의) 표지, 포장지; 【의학】 붕대 ② (날씨의) 변화, (감정의) 급변.

omslagspapp|er *~et/-ret, ~* (복수정형 *~en/~na/-ren*) 포장지.

omslagsflick|a *-an -or* 커버 걸 (잡지 표지의 미녀).

om|sluta *-sluter -slöt -slutit tr.* 둘러싸다; 죄다; 포함시키다.

omslutning *~en ~ar* 총자산.

omsorg *~en ~er* 보호, 돌봄, 간호; 신중, 고심, 세심; dra ~ om ngn …를 원조하다, 생활 자금을 주다.

omsorgsfull *a.* 마음을 쓰는, 면밀한,

근면한, 애쓰는, 정확한.

omspel *~et ~* 【스포츠】 재 시합, 결승 경기.

om|spänna *–spänner –spann –spunnit tr*. 걸치다, 미치다, 뻗치다, 포함하다.

omstigning *~en ~ar* (차를) 갈아타는 것.

omstridd *a*. 논쟁상의, 논쟁의 여기가 있는, 논란이 된.

omstuvning *~en ~ar* (물건을) 다시 실어 넣기; 재탕하기.

omstående *a*. på ~ sida 뒷면에.

omställning *~en ~ar* 변화, 전환, 조정; 적응, 순응.

omständighet *~en ~er* ① 사정, 상황, 요인, 상태; alltefter ~erna 상황에 따라; det går efter ~erna bra för honom 그는 제법 잘하다; under dessa ~er 이런 상황에서는; under inga ~er 결코 …않다, 어떤 일이 있어도 …않다 ② vara i ~er 임신해있다; vara i goda ~er 유복하다; utan [vidare] ~er 소탈하게; 허물없이.

omständlig *a*. 상세한, 세부에 걸친; 장황하게 말하는; 격식을 차리는; 복잡한.

omstörta *~r ~de ~t tr*. 전복하다.

omstörtande *a*. ~ verksamhet 전복활동.

omsusad *a*. ~ av sägner 전설에 싸여 있는.

omsvep *~et ~* 회피, 둘러댐, 요점을 피하기, 핑계; göra ~ 요점을 피하다; utan ~ 분명히, 솔직히.

omsvängning *~en ~ar* 형세의 변화, (정책의) 변화, 전환, 회전.

omsvärma *~r ~de ~t tr*. …에 떼지어 모여 들다.

omsvärmad *a*. en ~ flicka 남자들에게 인기 있는 여자.

om|sätta *–sätter –satte –satt tr*. ① 변화시키다, 전환시키다; ~ i handling 실행에 옮기다, 행동화하다; ~ i pengar 현금으로 바꾸다; ~ i praktiken 실행시키다 ② …만큼의 매상을 올리다, 거래하다, 장사하다; (어음을) 갱신하다.

omsättning *~en ~ar* ① 【상업】 일정한 기간의 총매출액; 거래액; 이동 ② 【인쇄】 재 조판.

omsättningsskatt *~en 0* 판매[영업]세, 거래액 세.

omtala *~r ~de ~t tr*. 이야기하다, 보도하다, 언급하다; han är ~d för sin skicklighet 그는 솜씨 좋기로 유명하다.

omtanke *~n 0* 보호, 염려, 돌봄; 관심; 참작.

omtumlad *a*. 어지러운, 현기증 나는.

omtvistad *a*. 논쟁의 여지가 있는, 의문이 있는, 논란이 된, 문제가 된.

omtyckt *a*. 인기 있는, (사람들이) 좋아하는; illa ~ 인기가 없는, 유행하지 않는.

omtänksam *a*. 사려 깊은; 인정이 있는; 선견지명이 있는.

omtöcknad *a*. 휘청거리는, (머리가) 혼란한, (의식이) 몽롱한.

omutlig *a*. 매수할 수 없는, 뇌물이 통하지 않는; 타협하지 않는, 완고한.

omval *~et ~* 재선 (再選).

omvandla *~r ~de ~t tr*. 바꾸다, 변환시키다, 변화시키다, 개장(改裝)하다; 태환하다.

omvandling *~en ~ar* 변화, 변경, 변

형, 전환; 개장.

O

omvittna *~r ~de ~t tr*. 증언하다, 증명하다, 보증하다.

omvårdnad *~en 0* 돌봄, 간호.

omväg *~en ~ar* 우회, 돌아서 가는 길; ta en ~ 우회하다; på ~ar 우회적인 방법으로, 간접적으로.

om|välja *-väljer -valde -valt tr*. 재선거하다.

omvälvning *~en ~ar* 혁명, 대변동, 격변.

omvänd *a*. 거꾸로 된, 역의, 반대의, 전도된; 개종한; han var som en ~ hand 그는 완전히 변[절]했다; i ~ ordning 역순으로.

omvänd|a *-er -e -t tr*. 개종시키다, 전향시키다; 의견을 바꾸다.

omvändelse *~n ~r* 전향, 전환, 개종.

omvändningsfilm *~en ~er* 반전(反轉) 필름, 리버설 필름, 반전 현상 처리로 현상된 필름.

omvänt *adv*. 거꾸로, 반대로, 다른 한편으로는.

omvärdera *~r ~de ~t tr*. 재평가하다.

omvärld [ɔmvæ:d] *~en 0* 주위, 주변 세계.

omvärvd *a*. ~ av rök 연기에 싸여 있는.

omväxlande[1] *a*. 가지각색의, 다종다양한, 교대의.

omväxlande[2] *adv*. 교대로, 번갈아.

omväxling *~en 0* 교대, 교환; 변화; för ~s skull 기분전환 삼아서.

omyndig *a*. 미성년의; 【법률】 무자격의, 실격의, 자격 박탈된; förklara ngn ~ …가 무자격임을 선언하다.

omyndigförklarad *a*. (법적) 자격이 박탈된.

omåttig *a*. 지나친, 과도한, 어이없는; 끝없는.

omänsklig [ɷ:mɛnskli(g)] *a*. 무자비한, 냉혹한, 잔인한; 비인간적인.

omärklig *a*. 알지 못하는, 느끼지 못하는, 근소한, 남의 눈에 띄지 않는.

omättlig *a*. 잴 수 없는, 끝없는, 무한한.

omättad *a*. 【화학】 불포화의.

omättlig *a*. 만족할 줄 모르는, 매우 탐욕스러운, 달랠 수 없는, 진정시킬 수 없는.

omöblerad *a*. 가구를 갖추지 않은.

omöjlig *a*. 있을 수 없는, 불가능한; 참을 수 없는; 실행할 수 없는, 어쩔 수 없는; en ~ uppgift 도저히 할 수 없는 일; det är inte ~t att han kommer 그는 올 수도 있다; han brukar inte vara ~ 그는 대체로 합리적인 사람이다; begära det ~a 불가능한 일을 바라다.

omöjligen *a*. jag kan ~ göra det 나는 그것을 아무리 해도 할 수 없다.

omöjlig|göra *-gör -gjorde -gjort tr*. 불가능하게 하다, 방지하다, 방해하다.

omöjlighet *~en ~er* 실행 불가능, 불가능한 일.

omöjligt ☞ **omöjligen**.

onanera *~r ~de ~t itr*. 수음(手淫)을 하다.

onani *~n 0* 수음(手淫).

onaturlig *a*. 부자연한, 부자연스러운; 이상한; 인공적인.

ond [ɔnd] *a*. (*värre, värst*) 나쁜, 사악한; 아픈; en ~ aning 불길한 예감,

걱정, 불안; i ~ avsikt 악의로; ~ cirkel 악순환; han säger aldrig ett ont ord 그는 듣기 싫은 말을 절대로 하지 않는다; bli ~ 화를 내다; väcka ont blod 악한 감정을 일으키다; ta det ~a med det goda 인생의 고락을 태연히 받아들이다, 곤경에 처해도 태연하게 행동한다, 괴로워도 우는 소리를 하지 않는다; den ~e 악마; ont skall med ont fördrivas【속담】 이열치열(以熱治熱); intet ont anande 한 치의 의심도 없이; jag har ont i magen 나는 배가 아프다; det gör mig ont om honom 그 사람이 가엾다; vi har ont om mat 우리는 식량이 부족하다; jag har ont om pengar 나는 돈이 궁하다; ha ont om tid 시간이 거의 없다.

ond|göra *–gör –gjorde –gjort rfl.* ~ sig över ngt …에 화를 내다.

ondo (불변화형용사), vara av ~ 악하다, 나쁘다 ☞ **ond**.

ondsint *a.* 악의가 있는, 근성이 고약한, 심술궂은.

ondska *~n 0* 악, 사악, 악의.

ondskefull *a.* 악한, 악의가 있는.

ondulera *~r ~de ~t tr.* (머리를) 물결 모양으로 하다.

onekligen *adv.* 부정할 수 없이, 틀림없이, 확실히.

onera (복수명사) ☞ **onus**.

onkologi *–n 0*【의학】 종양학(腫瘍學).

onomatopoetisk *a.* 의성의, 의성어의, 성유적인.

onormal *a.* 보통과 다른, 비정상의, 변칙의, 이례적인.

onsdag [ɷns–] *~en/onsdan, ~ar* 수요일.

ontologi [–lɔgiː] *–n 0*【철학】 존재론.

onumrerad *a.* 번호가 붙지 않은, 지정석이 없는.

onus [ɷːnəs] *~et, ~/onera* 재산상의 부담.

onykter *a.* 술에 취한.

onyttig *a.* 쓸모없는, 무익한, 헛된.

onyx [ɷːnyks] *~en ~ar*【보석】 오닉스, 줄마노 (瑪瑙).

onåd *~en 0* 호감을 가질 수 없는 상태; 불만; falla (råka) i ~ hos ngn …의 불만을 사다.

onådigt *adv.* 불쾌히; uppta ngt ~ …을 불쾌하게 받아들이다.

onämnbar *a.* 말 못할, 입에 담지 못할; de ~a 속옷바지, 팬티.

onödan (불변화명사) *i* ~ 쓸 데 없이, 불필요하게, 여분으로, 헛되이.

onödig *a.* 쓸 데 없는, 불필요한, 엉뚱한.

onödigtvis *adv.* 쓸 데 없이, 불필요하게.

oombedd [ɷːɔm–] *a.* 요구받지 않은, 부탁받지 않은.

oomkullrunk[e]lig *a.* 반박할 수 없는, 부정할 수 없는, 의심할 수 없는; 요지부동의.

oomtvistlig *a.* 논쟁의 여지가 없는, 확실한.

oordentlig *a.* 부주의한, 단정치 못한, 정리되지 않은, 정돈되지 않은, 난잡한.

oordnad *a.* 난잡한, 혼란된, 무질서한; 안정되지 않은; (머리가) 헝클어진, 덥수룩한.

oordning *~en 0* 무질서, 혼란, 난잡;

O

vara i ~ 무질서하다, 뒤죽박죽이다.

oorganiserad *a*. 조직되지 않은, 노동 조합에 가입하지 않은.

oorganisk *a*. 【화학】 무기(無機)의; ~ kemi 무기 화학.

opak *a*. 불투명한, 빛이 통하지 않는.

opal *~en ~er* 【광물】 오팔, 단백석(蛋白石).

opartisk *a*. 편견이 없는, 공평무사한, 객관적인.

opassande[1] *a*. 알맞지 않은, 부적당한, 온당치 않은, 버릇없는, 부도덕한.

opassande[2] *adv*. uppföra sig ~ 버릇없이 굴다, 나쁜 짓을 하다.

opasslig *a*. 편찮은, 가벼운 병에 걸린.

oper|a [ω:pera] *–an –or* 오페라, 가극; 오페라 극장.

operation [ɔpə–] *~en ~er* 작용; 【군대】 작전, 군사 행동; 【의학】 수술; 【수학】 운산, 연산.

operativ *a*. 수술의; 작전상의.

operatris *~en ~er* 여자 수술자; 여자 조작자, 여기사.

operatör *~en ~er* (기계의) 조작자; 수술자.

operera *~r ~de ~t* Ⅰ. *tr*. 【의학】 수술을 하다; 조종하다, 운영하다 Ⅱ. *itr*. 작동하다, 일을 하다; 작전하다, 군사행동을 취하다.

operett *~en ~er* 오페레타, 경(輕)가극.

opersonlig *a*. 친근감을 못 주는, 사무적인, 딱딱한.

opiat *~et/~en, ~/~er* 아편 제.

opinion [–njω:n] *~en ~er* 의견, 견해; den allmänna ~en 여론.

opinionsbildar|e *–[e]n ~* 여론형성 주체 (특히 언론기관), 사람들의 의견에 영향을 미치는 이(것).

opinionsundersökning *~en ~ar* 여론조사.

opinionsyttring *~en ~ar* 여론 표현.

opi|um [ω:–] *–[um]et 0* 아편.

oplockad *a*. (깃털이) 뽑히지 않은, 꺾지 않은; ha en ~ gås med ngn …에게 할 말이 있다; 불평할 이유가 있다, 따져야 할 일이 있다.

opolerad *a*. 닦지 않은, 윤을 내지 않은; 세련되지 않은, 거친.

opolitisk *a*. 비정치적인; 초당파의; 정치에 무관심한.

opossum *~en ~ar* 【동물】 주머니쥐; 주머니쥐의 가죽.

opp[e] ☞ **upp[e]**.

opponent [ɔpə–] *~en ~er* 대립자, 적대자; (박사학위 논문심사에서 발표자에게 질의를 벌이는) 토론자.

opponera *~r ~de ~t* Ⅰ. *itr*. 이의를 제기하다, (박사학위 논문발표에서) 발표자에게 질의를 벌이다 Ⅱ. *itr*. *rfl*. ~ sig 이의를 제기하다, 반대하다; ~ sig mot ngt …에 저항하다, 반대하다.

opportun *a*. 적당한, 시기가 좋은, 시기에 알맞은.

opportunism *~en 0* 기회주의, 편의주의, 사대주의.

opportunist *~en ~er* 기회주의자, 사대주의자.

opposition *~en ~er* 반대, 저항, 대립; 【천문】 충(衝); ~en 야당; i ~ 반대하여.

oppositionell *a*. 반대의.

oppositionsledar|e *–[e]n ~* 야당 지

도자, 야당 당수.

opraktisk *a.* 비실용적인; 솜씨 없는.

opretentiös *a.* 허세부리지 않는, 삼가는.

oprioriterad *a.* 우선권이 없는; 긴요하지 않은.

opris *~et ~* 과도한 가격, 엄청난 가격.

oproportionerlig *a.* 어울리지 않는, 조화되지 않는; 불균형한.

optịk *~en 0* 광학.

ọptiker *~n ~* 안경 상(商); 광학기계의 제작(판매)자.

optimạl *a.* (한정된 조건 아래에서) 최선의, 최적의.

optimịsm *~en 0* 낙관, 낙천주의.

optimịst *~en ~er* 낙천가, 낙천주의자.

optimịstisk *a.* 낙관적인, 낙천적인.

optimistjoll|e [ɔptimistjɔlə] *–en –ar* 【스포츠】 한 사람이 타는 작은 돛단배.

ọptimum *~et ~* 최적(最適) 조건.

option [ɔpʃọːn] *~en ~er* 선택권, 선택의 자유; 선택 매매권, 옵션.

ọptisk *a.* 광학의; 시각상의.

opus [ɷː–] *~et ~* 음악 작품 (특히 작품 번호를 나타낼 때 사용, op).

opåkallad *a.* 불필요한, 엉뚱한, 쓸데 없는, 까닭 없는.

opålitlig *a.* 신뢰할 수 없는, 믿기 어려운, 안전하지 않은, 불안한; (날씨가) 일정치 않은.

opåräknad *a.* 갑작스런, 예기치 않은, 뜻밖의.

opåtald *a.* 논쟁의 대상이 되지 않은, 주의를 끌지 않는; 처분을 모면한, 처벌되지 않은.

opåtalt *adv.* 꾸지람을 듣지 않고; 벌을 받지 않고.

or [ɷːr] *~et ~* 【곤충】 치즈벌레 (진드기 과).

orakad *a.* 수염을 깍지 않은.

orạk|el *–let ~* 신탁(神託), 탁선(託宣); 탁선소(所); 신탁을 전하는 사람.

orange[1] [–anʃ/–aŋʃ] *a.* 오렌지색의, 적황색의.

orange[2] *~n ~r* 오렌지, 오렌지 색.

orangeri *~et ~er* 오렌지 재배용 온실.

orangutạng *~en ~er* 【동물】 성성이, 오랑우탕.

oration *~en ~er* 정식 연설, 식사(式辭).

orạtor [ɷrạːtɔr] *~n ~er* 연설자, 웅변가.

oratọrisk *a.* 연설의, 웅변을 토하는; 수사적인.

oratọri|um *–et –er* 【음악】 오라토리오, 성담곡(聖譚曲).

ord [ɷːḍ] *~et ~* 단어, 언어, 낱말, 말하기, 말; 약속; 성서의 구절; ~ för ~ 한 마디 한 마디; ett sanningens ~ 솔직한 말; ~ och inga visor 솔직히 말하기; få ~et 발언권을 받다; ge ngn sitt ~ på ngt …을 …에게 보증하다; han har ~ om sig att vara snäll 그는 착한 사람이라는 평을 받고 있다; hålla sitt ~ 약속을 지키다; lägga ett gott ~ för en vän 친구를 위해서 한마디 변호해주다; innan man vet ~et av 눈 깜짝할 사이에; i ~ och handling 언행이 다같이; vara stor i ~en 허풍떨다; med andra ~ 바꿔 말하면; ta ngn på ~en …의 말을 그대로 믿다; ta till ~a 말하기 시작하다; stå vid sitt ~ 약속을 지키다; du sa ett ~! 옳지!; inte skräda ~en 거리낌 없이

분명히 말하다.

orda *~r ~de ~t itr.* ~ om …에 관하여 말하다; ~ vitt och brett 장황하게 말하다.

ordagrann *a.* 문자 그대로의; 축어(逐語)적인; en ~ översättning 축[어]역.

ordbehandlar|e *-[e]n ~* 워드 프로세서.

ordalag (복수명사) 말, 용어; tala i allmänna ~ 개괄적으로 말하다.

ordbildning *~en ~ar* 【문법】 조어법.

ordblind *a.* 【의학】 실독증(失讀症)의.

ord|bok *-boken -böcker* 사전, 사서.

ordbyte *~t ~n* 토론, 논의, 논쟁; 말다툼.

ord|en [ọːdən] ① 【역사】 비밀결사단 ② 훈위, 훈장.

ordentlig [ɔdẹnt-] *a.* 정돈된, 단정한; 순종하는, 정연한; 정확한, 전적인; 예의바른; 손질이 잘 된; föra ett ~t liv 정돈된 생활을 하다; ett ~t uppförande 흐트러짐이 없는 처신, 단정한 몸차림; en ~ förkylning 독감; jag gav honom ett ~t kok stryk 나는 그를 호되게 때려주었다; ett ~t mål mat 충분한 식사; en ~ överraskning 대단한 놀라움.

ordentligt *adv.* 정연히, 단정하게; 예의바르게; 적당하게, 정확하게; 완전히; betala ~ 후하게 지불하다; klä sig ~ 품위 있게 옷입다.

order [ọːdər] *~n ~* ① 명령, 구령; jag gav ~ om att han skulle sätta sig 나는 그에게 앉으라고 명했다; handla enligt ngns ~ …의 명령에 따라서 행동하다 ② 【상업】 주문서, 주문; placera en ~ hos en firma 회사에 주문하다.

orderstock *~en ~ar* 【상업】 주문량, 주문 잔고.

ordfattig *a.* 어휘가 적은.

ordflät|a *-an -or* ☞ **korsord**.

ordföljd [ɷːdfœljd] *~en ~er* 【문법】 어순.

ordförande *~n ~* 회장, 의장.

ordförråd *~et ~* 어휘.

ordhållg *a.* 약속을 지키는.

ordinand *~en ~er* 【교회】 성직 수임 후보자.

ordinarie[1] [ɔdi-] (불규칙형용사) 일상의, 통상의; 정식의, 규칙에 맞는.

ordinarie[2] *~n ~r* 전임 직원, 정식 직원.

ordinat|a *-an -or* 【수학】 종좌표.

ordination *~en ~er* 【약학】 처방; 【종교】 성직 수여식.

ordinera *~r ~de ~t tr.* 【약학】 처방하다; 【종교】 서품하다, 목사로 임명하다.

ordinär *a.* 보통의, 일반적인, 평균의.

ordkarg [ɷːdkarj] *a.* 말 없는, 말수가 적은, 입이 무거운.

ordklass *~en ~er* 【문법】 품사.

ordklyveri *~et ~er* 궤변.

ordknapp ☞ **ordkarg**.

ordlek *~en ~ar* 말장난, 재담.

ordlist|a *-an -or* 단어집, 어휘, 용어풀이; 소사전.

ordna [ɔːdna] *~r ~de ~t* I. *tr. itr.* 정리하다, 배열하다, 정렬시키다; (일을) 처리하다, 조정하다, 준비하다, 마련하다; ~ håret 머리를 매만지다; ~ bostad 주거를 정하다; det skall vi nog ~ 우리가 그것을 배려(조치)하겠다; det ~r sig nog 결국에는 잘 될 거다 Ⅱ. (강세접사와 함께) ~ om 재정리하다, 배열을 바꾸다; ~ till en fest 파티를 준비하다; ~ upp ett problem 문제를 해결하다.

ordnad *a*. 정리한, 처리된, 준비된; ordnat arbete 준비된 일자리, 해결된 일.

ordning [ɔ:dn̩iŋ] *~en ~ar* 질서, 정연, 순종, 정리, 정돈, 배열; 제도, 방식, 규칙, 규정; för ~ens skull 형식상; i alfabetisk ~ ABC 순으로; den allmänna ~en 법과 질서; få ~ på ngt …을 정리하다; det är i sin ~ 괜찮다; i vederbörlig ~ 정당한 순서에 따라; göra i ~ 준비하다; kalla till ~en (의장이) 정숙히 할 것을 명하다, 개회를 선언하다; i tur och ~ 순서대로; den tredje i ~en 세 번째 순번.

ordningsbot *~en 0* 벌칙금 (현장에서 부과하는).

ordningsföljd *~en ~er* 순서.

ordningsmakt *~en 0* 경찰.

ordnings|man *-mannen -män* 학교에서 규율을 지키는 학생, 규율반장.

ordningsstadg|a *-an -or* 법규, 조례.

ordningstal *~et ~* 서수.

ordningsvakt *~en ~er* 문지기, 수위; 순찰 경관.

ordonnạns *~en ~er* 【군대】 전령, 급사(急使).

ordryttar|e *-[e]n ~* 말을 지나치게 정확히 하려는 사람, 강변가.

ordrytteri̥ *~et 0* 말을 지나치게 정확하게 사용하기, 강변.

ordspråk *~et ~* 속담.

ordstäv *~et ~* 예로부터의 속담, 격언.

ordsvall *~et ~* 청산유수.

ordval *~et ~* 단어 선택.

ordväxling *~en ~ar* 언쟁, 말다툼.

oreda *~n 0* 무질서, 어지러움, 혼란; ställa till ~ i ngt …을 어지럽게 하다, 혼란하게 하다.

oredig *a*. 무질서한, 혼란한, 어지러운.

oredlig *a*. 정직하지 못한.

oreflekterad *a*. 무분별한, 지각없는.

oregelbunden *a*. 불규칙적인.

oregerlig [ɷ:reje:li(g)] *a*. 통제할 수 없는, 다루기 힘든, 제지하기 어려운; hästen var ~ 그 말은 다루기가 어려웠다.

oreglerad *a*. 규제되지 않은, 조정되지 않은, 일정치 않은, 지불이 다 되지 않은, 미결재의, 정리되지 않은; ~ arbetstid 조정되지 않은 노동시간; en ~ fordring 미결제된 채무; ~e affärer 정리가 (청산이) 안 된 사업들.

oren *a*. 깨끗하지 못한, 더러운, 탁한, 추잡한.

orena *~r ~de ~t* Ⅰ. *tr*. 더럽게 하다, 오염시키다 Ⅱ. *itr*. förbjudet att här ~! 소변금지!, 쓰레기를 버리지 말 것!; hunden ~de på trottoaren 그 개가 보도에 오줌을 누었다.

orera *~r ~de ~t itr*. 연설하다, 장광설을 늘어놓다.

oreserverad [ɷ:resæve:rad] *a*. 거리낌 없는, 숨김없는, 솔직한; 제한이 없는, 전적인.

oresonlig *a*. 지각없는, 무분별한, 비합리적인.

organ [ɔrgɑ̣:n] *~et ~* ① 기관(器官);

O

andningsorgan 호흡기관 ② 조직, 기관(機關); ett beslutande ~ 의결기관; landets mäktigaste ~ 국가 최고 권력기관 ③ 목소리.

organdi ~n 0 얇은 모슬린 천.

organisation ~en ~er 조직, 편제, 편성; 조직체, 단체, 조합.

organisationsförmåg|a -an -or 조직력.

organisatorisk a. 조직의, 조직적인.

organisatör ~en ~er 조직자, 조직책.

organisera ~r ~de ~t tr. 조직하다, 편성하다, 체계화하다; 노동조합에 가입시키다.

organisk a. 유기체의, 유기적인, 기관(器官)의; 【병리】 기질성(器質)(性)의; en ~ sjukdom 기질성 질환.

organism ~en ~er 유기체[물], 생물, 유기적 조직체.

organist ~en ~er 풍금 연주가.

orgasm ~en ~er (성교 시의) 성적 흥분(쾌감)의 절정, 오르가즘.

org|el [ɔrj-] -eln -lar 풍금, 오르간.

orgiastisk [-giast-] a. 주신(酒神, Bacchus)제의, 주신제(祭) 같은; 난장판의, 부어라 마셔라 법석대는.

orgie [ɔrgiə/ɔrjiə] ~n ~r 진창 마시고 떠들기, 난장, 법석대기; (옛 그리스 로마에서 주신 Bacchus를 기리기 위해 광적으로 노래와 춤을 추었던) 주신제; en ~ i färg[er] 색깔의 다채로움; fira ~r i ngt …에서 극도로 …하다, 탐닉하다.

oriental ~en ~er 동양인.

orientalisk a. 동양의, 동양적인, 동양인의.

Orienten 동양.

orientera ~r ~de ~t Ⅰ. tr. …에 대해서 개괄적으로 소개하다, 적응시키다, 지도 강습을 하다; ~ de nyanställda om företagets policy 신입사원들에게 기업의 방침을 소개하다 Ⅱ. itr. 오리엔티어링 (지도와 나침반으로 목적지를 찾아가는 경기)에 참가하다 Ⅲ. rfl. ① 자신의 (행동의) 위치와 방향을 잡다; blomman ~r sig mot ljuset 이 꽃은 빛을 향해 뻗어 나간다 ② …에 관해 전반적인 지식을 획득하다; ~ sig i stan 도시의 지리를 익히다 ③ 자신의 위치를 똑바로 알다; när jag vaknade i mörkret kunde jag först inte ~ mig 어둠 속에서 잠이 깼을 때 나는 처음에는 위치를 분간할 수가 없었다.

orienterar|e -[e]n ~ 오리엔티어링 참가자.

orientering ~en ~ar ① (새로운 환경 등에 대한) 적응 ② (신입생, 신입사원들에 대한) 지도; …에 관한 전반적인 지식; 위치 파악; de tappade ~en och gick vilse i skogen 그들은 숲속에서 위치를 잃고 길을 헤맸다 ③ 오리엔티어링 경기.

orienteringsämne ~t ~n 일반교양과목 (OÄ, 역사 · 사회 · 지연 따위).

original [ɔr[i]gi-/ɔrji-] ~et ~ 원본, 원물, 원서; 괴짜, 기인.

originalitet ~en 0 독창성, 창작력.

originalitetsjäkt ~et 0 개성(독창성)에 대한 광적 추구.

originalspråk ~et ~ 원어.

originalupplag|a -an -or (책의) 원판, 초판.

originell a. 최초의, 본디의; 독창적인, 신기한, 별난.

oriktig a. 맞지 않은, 틀린.

oriktighet *~en ~er* 틀림, 잘못, 부정확.

orimlig *a.* 터무니없는, 엉터리의, 불합리한, begära det ~a 터무니없는 것을 요구하다.

orimmad *a.* (운문에서) 운이 맞지 않는.

ork [ɔ–] *~en 0* 힘, 정력.

orka *~r ~de ~t tr. itr.* …할 힘이 있다, …할 여력이 있다; knappast ngn ~de bära kavaj i den pressande värmen 그 찌는 듯한 더위에 양복상의를 입고 있을 만한 사람은 거의 없었다; försöka ~ med både utbildning och hemarbete 교육과 가사일, 두 가지 전부를 해내기 위해 노력하다; hon hade svårt att ~ upp på morgnarna 그녀는 아침에 (자리에서) 일어나기가 힘들다.

orkạn *~en ~er* 태풍.

orkeslös *a.* 힘없는, 노약한.

orkest|er *–ern –rar* 관현악단.

orkesterdike *~t ~n* (극장무대 앞부분의) 주악석(奏樂席).

orkestrera *~r ~de ~t tr.* 관현악용으로 작곡(편곡)하다.

orkidé [–ki–/–çi–] *~n ~er* 【식물】 난초[의 꽃].

orm [ɷrm] *~en ~ar* 뱀.

orma *~r ~de ~t rfl.* (강 등이) 굽이쳐 흐르다, 구부러지다; 누비듯이 나아가다.

ormmännisk|a *–an –or* (몸을 자유자재로 구부리는) 곡예사.

ormbunk|e *–en –ar* 【식물】 고사리.

ormslå *~n ~r* 【동물】 발 없는 도마뱀의 일종 (유럽산).

ormtjusar|e *–[e]n ~* 뱀 부리는 사람.

ormvråk *~en ~ar* 【조류】 말똥가리.

ornament [ɔɳamẹnt] *~et ~* 장식품, 장신구, 장식.

ornamentạl *a.* 장식의, 장식적인.

ornamentera *~r ~de ~t tr.* 꾸미다, 장식하다.

ornamentịk *~en 0* 장식[술].

ornạt *~en ~er*, i full ~ 관복(예복, 법복) 차림으로.

ornera *~r ~de ~t* ☞ ornamentera.

ornitolog [ɔɳitɔlọ:g] *~en ~er* 조류학자.

oro *~n ~[a]r* 불안, 근심, 걱정.

oroa *~r ~de ~t* Ⅰ. *tr.* 걱정하게 하다, 불안하게 하다 Ⅱ. *rfl.* ~ sig för …에 대해 걱정하다.

orolig *a.* 불안한, 걱정스러운.

orolighet *~en ~er* 소동, 소란, 동요.

oroshärd *~en ~ar* 문제의 근원; 분쟁지역.

oroväckande *a.* 걱정을 하게 하는, 불안하게 하는.

orr|e [ɔrə] *~en ~ar* ① 【동물】 멧닭 ② 따귀 때림.

ọrsak [ɷ:ʂɑ:k] *~en ~er* 이유, 원인; ~ och verkan 원인과 결과; ingen ~! 천만에요!; ~en till att han gjorde det 그가 그렇게 한 이유.

orsaka *~r ~de ~t tr.* …에 대한 원인을 제공하다, …을 일으키다.

ort [ɷ:ʈ] *~en ~er* ① 장소; 마을, 촌락, 지역, 지국; på ~ och ställe (바로) 그 자리에서, 현장에서; på högsta ~ 고위 당국 차원에서 ② 【광산】 갱도.

ortnamn *~et ~* 지명 (地名).

O

ortodọx [ɔt̬ɔ–] *a*. 정통[파]의, 정설의; 정교를 받드는; 희랍 정교회의.
ortodoxi *~n 0* 정통[주의], 정설; 정교.
ortografị *~n ~er* 철자법.
ortografisk *a*. 철자법의.
ortopẹd *~en ~er* 【의학】 정형외과 의사.
ortopedisk *a*. 【의학】 정형외과의.
ortsbefolkning *~en ~ar* 지역 주민.
orubbad *a*. 위치가 변동되지 않는, 불변의, 요지부동의.
orutinerad *a*. 미숙한, 경험이 부족한.
orygglig *a*. 요지부동의, 흔들리지 않은, 확고한.
oråd *~et 0*, ta sig det ~et före att …과 같은 어리석은 짓을 하다, 어리석게도 …하다.
orädd *a*. 겁 없는, 용감한.
oräknad *a*. 포함하지 않은, 계산에 넣지 않는.
oräknelig *a*. 셀 수 없는, 헤아릴 수 없는.
orätt[1] *a*. 옳지 않은, 틀린, 정당하지 못한.
orätt[2] *adv*. 옳지 않게, 틀리게, 부당하게; ~ fånget, lätt förgånget 부당하게 취한 것은 쉽게 없어진다.
orätt[3] *~en 0* 잘못, 부당, 불의.
orättfärdig *a*. 불의의, 부당한.
orättmätig *a*. 불법의, 옳지 못한, 부도덕한.
orättvis *a*. 부정한, 불의의, 부당한, 공정치 못한.
orättvis|a *-an -or* 불공정[함], 불공평, 부당.
orörd [ɷ:rœ:d] *a*. 손대지 않은, 원 상태로의; 순결한; maten stod ~ 음식은 손도 대지 않은 채였다.
orörlig *a*. 움직이지 않은, 옴짝달싹 않는; kvinnan satt ~ bredvid sängen 그 여인은 침대 옆에서 손가락 하나 움직이지 않고 앉아 있었다.
os[1] *~et 0* (음식이나 발화물질이 탈 때 나는) 냄새; 발연(發煙); 악취.
OS[2] 올림픽 (Olympiska spelen의 준말).
osa [ɷ:sa] *~r ~de ~t tr. itr*. 연기를 내다; 악취를 풍기다; …냄새가 나다; kaminen börjde ~ 난로에서 연기가 나기 시작했다; hon ~de sprit 그녀에게서 술 냄새가 났다.
o.s.a. 회답요망 (om svar anhålles의 준말; 프랑스어의 R.S.V.P. 에 해당).
osagd *a*. 말하지 않은, 발설하지 않은; det låter jag vara osagt 나는 그것에 대해 잘 모른다.
osaklig *a*. 요점에서 빗나간; 피상적인.
osalig *a*. 축복받지 못한, 정화되지 않은, 신성하지 않은, 저주받은; de ~as vålnader 저주받은 자들의 망령.
osammanhängande *a*. 두서없는, 조리 없는.
osams *a*. bli ~ med …과 사이가 벌어지다, vara ~ med …과 사이가 좋지 않다.
osann *a*. 거짓의, 허위의.
osannfärdig *a*. 사실과 다른, 날조의.
osanning *~en ~ar* 거짓, 허위.
osannolik *a*. 있음직하지 않은, 정말 같지 않은, 가망 없는; det är ~t att han har gjort det 그가 그 짓을 하였다고는 믿어지지 않는다.
oscillera [ɔʃil–] *~r ~de ~t itr*. 요동하다, 진동하다; (마음의) 갈피를 못

잡다.

osed *~en ~er* 악습, 폐습.

osedlig *a.* 부도덕한; 음란한, 외설스러운; en ~ kvinna 음탕한 여자.

osedvanlig *a.* 드문, 평범하지 않은, 보통이 아닌, 예외적인; ett ~t beteende 예외적 행동.

osjälvisk *a.* 이타적인, 이기적이 아닌, 사심 없는.

osjälvständig *a.* 독립적이 아닌, 주체적이지 못한.

oskad[a]d *a.* 상처를 입지 않은, 피해를 입지 않은.

oskadlig|göra *–gör –gjorde –gjort tr.* 해를 끼치지 않도록 하다, 위험을 제거하다, 무력하게 하다; 무장해제하다.

oskattbar *a.* 돈으로 따질 수 없는, 귀하기 짝이 없는.

oskick [ɷ:ʃik] *~et ~* 못된 버릇, 나쁜 습관, 악습, 폐습.

oskicklig *a.* 솜씨 없는, 둔한, 실력이 없는, 숙련되지 않은.

oskiftad *a.* 가르지(나누지) 않은, 분할되지 않은.

oskiljaktig *a.* 떼어놓을 수 없는, 각별한; de är ~a vänner 그들은 각별한 친구간이다.

oskiljbar ☞ **oskiljaktig.**

oskolad *a.* 교육을 받지 못한, 무식한, 무지한.

oskriven *a.* 불문의, 글로 정착되지 않은; (종이 등이) 사용 안 된; godta vissa oskrivna regler 몇 가지 불문율을 따르다.

oskrymtad *a.* 솔직한, 있는 그대로의.

oskuld Ⅰ. *~en 0* 죄 없음, 결백; försöka bevisa sin ~ 자신의 결백을 증명하려고 애쓰다 Ⅱ. *~en 0* 순진; 순결; ~ före giftermålet 혼전의 순결 Ⅲ. *~en ~er* 동정녀, 처녀.

oskuldsfull *a.* 순진무구한.

oskyldig [ɷ:ʃil–] *a.* ① 결백한; vara ~ till ett brott 죄에 대해 결백하다 ② 순진한; 순결한 ③ 악의 없는; ett ~t skämt 악의 없는 농담.

oskälig *a.* ① 아둔한, 말 못하는; de ~a djuren 말 못하는 금수 ② 비합리적인, 부당한, 터무니없는.

oskön *a.* 흉한, 못 생긴.

oslagbar *a.* (싸움에) 지지 않는, 무적의, 백전백승의.

oslipad *a.* 아직 갈지 않은 (보석 따위); 세련되지 않은.

osläckt *a.* 꺼지지 않은; 물에 풀지 않은; ~ kalk 생석회.

osmak *~en 0* ① 악취미 ② 불행, 악운 hon hade ~ 그녀는 운이 나빴다.

osmaklig *a.* 불쾌한, 싫은, 구역질나는, 불미스러운.

osmansk [ɔsmɑ:nsk] *a.* 터키의, 터키사람(민족, 제국)의.

osminkad *a.* 화장하지 않은, 치장하지 않은; 적나라한; den ~e sanningen 적나라한 진실.

osmält *a.* 녹지 않은; 소화되지 않은.

osmältbar *a.* 소화시킬 수 없는, 녹일 수 없는.

osnuten *a.* 건방진, 버릇없는, 예의 없는.

osnygg *a.* 불결한, 단정치 못한; 초라한, 너절한.

osolidarisk *a.* 불충실한, 불충의, 연대감이 없는.

osparad *a.* inte ha (lämna) ngn möde ~ 수고를 아끼지 않다, 최선을 다하다.

O

osportslig *a*. (운동 시합 등에서) 스포츠정신에 어긋난, 비신사적인.

oss [ɔs] *pron*. ☞ **vi** (1인칭 복수 목적격) 우리를, 우리에게.

ost [ɷst] Ⅰ. *~en 0* 동쪽 Ⅱ. *~en ~ar* 치즈; lycklig (lyckans) ~ 운 좋은 녀석 (사람); ge ngn betalt för gammal ~ …에게 진 빚을 돌려주다, 복수하다, 앙갚음하다.

ostadig *a*. 불안정한; 변덕스러운, en ~ blick 초조해하는 눈길; ~t väder 변덕스러운 날씨.

ostan/ostanvind (불변화명사) 동풍.

ostentativ *a*. 과시하는, 여봐라는 듯한.

osthyv|el *-eln -lar* 치즈 나이프 (치즈를 얇게 자르는데 사용되는 부엌용구).

Ostindien 동인도제도.

ostindisk *a*. 동인도의.

ostkak|a *-an -or* 치즈 케이크.

ostkup|a *-an -or* 치즈를 덮어 놓는 아치 모양의 덮개.

ostlig *a*. 동쪽의, 동쪽으로의, 동쪽으로부터의; ~ vind (동쪽에서 불어오는) 동풍; ligga på rakt ~ kurs 진로가 정동방향으로 잡혀 있다.

ostraffad *a*. [형]벌을 받은 적이 없는, 초범의.

ostridig *a*. 이론의 여지가 없는, 분명한.

ostron *~et ~* 【조개류】 굴.

ostronbank *~en ~ar* 굴이 많이 번식하는 곳, 굴 양식장.

ostruken *a*. ① (천 등이) 다림질이 안 된 ② 수북한; en ~ matsked salt 한 숟가락 그득한 소금.

ostyrig *a*. 다스리기 어려운, 조종하기 어려운, 말 안 듣는, 까다로운.

ostämd *a*. 음정이 조절되어 있지 않은, 음정이 맞지 않은.

ostörd [ɷ:stœ:ɖ] *a*. 방해 받지 않은; 중단 없는.

osund *a*. 건강에 해로운.

osv ☞ **och** [så vidare].

osviklig *a*. 실수 없는, 틀림없는, 빗나가지 않는, 확고한; 신뢰할 만한.

osvuren *a*. osvuret är bäst 내일의 일은 아무도 모른다, 장담이나 확신을 하는 것은 좋지 않다.

osymmetrisk *a*. 비대칭적인, 균형이 잡히지 않은.

osympatisk *a*. 불쾌한, 싫은, 밉살스러운; en ~ man som trängde sig före i kön 새치기를 한 밉살스러운 사람.

osynlig *a*. 눈에 보이지 않는, 불가시의.

osyrad *a*. (빵에) 이스트를 넣지 않은.

osäker *a*. 확실치 않은, 불안한, 안전하지 못한; framtiden verkar ~ 미래는 확실하지 않은 것 같다; en blyg och ~ ung man 수줍어하고 자신이 없어 보이는 젊은이; en ~ lekplats för barn 아이들에게 위험한 놀이터.

osäkra *~r ~de ~t itr*. (수류탄의) 안전핀을 뽑다; 안전장치를 풀다.

osämja *~n 0* 반목, 불화.

osökt[1] *a*. 자연스러운, 즉흥적인; ~ tillfälle 자연스러운 기회.

osökt[2] *adv*. 자연스럽게.

otack (불변화명사) 은혜를 모름, 감사할 줄 모름; ~ är världens lön 감사할 줄 모르는 것이 세상이치다, 은혜를 원수로 갚는 것이 세상사다.

otacksam *a*. 은혜를 모르는, 감사할

줄 모르는.

otadlig *a.* 흠잡을 데 없는, 나무랄 데 없는.

otakt (불변화 en-명사) 박자가 맞지 않음; dansa i ~ 박자가 맞지 않게 춤추다; komma i ~ med utvecklingen 발전(변화)에 따르지 못하다.

otal (불변화 ett-명사) 엄청난 수량; ett ~ fel 많은 실수 (잘못).

otalig *a.* 셀 수 없는, 무수한.

otalt *a.* ha ngt ~ med ngn …와 쌓인 (풀지 못한) 감정이 (응어리가) 있다.

otid (불변화 en-명사) 곤란한 시간, 적당하지 않은 때; i tid och ~ 너무 자주.

otidig *a.* ① 고약한, 예의를 모르는, 욕지거리를 해대는 ② 적당하지 않은 때의.

otidighet *~en ~er* 욕지거리.

otidsenlig *a.* 구식의, 제철이 지난, 시대에 뒤진.

otillbörlig *a.* 부당한, 지나친, 과도의, 어울리지 않는.

otillfredsställande *a.* 불만스러운, 불충분한.

otillfredsställd *a.* 만족하지 못한.

otillförlitlig *a.* 믿을 수 없는, 신뢰할 수 없는.

otillgänglig *a.* 접근할 수 없는, 가까이 하기 어려운, 도달할 수 없는; den ~a fjälltoppen 오르기 어려운 (정복하기 어려운) 정상.

otillräcklig *a.* 충분치 못한; ha ~t med pengar 돈이 충분치 않다.

otillräknelig *a.* 정신이상의; 정신착란의; 정신박약의; 자신의 행동에 책임을 질 수 없는.

otillständig *a.* 부당한, 과도의, 지나친, 어울리지 않은.

otillåtlig *a.* 허락할 수 없는; 용서할 수 없는.

oting (불변화 ett-명사) 바람직하지 못한 것 (일); mångordighet är för det mesta ett ~ 다변(多辯)은 대부분의 경우에 바람직하지 못하다.

otium [ọ:tium] (불변화 ett-명사) 여가, 틈; njuta sitt ~ 여가를 즐기다.

otjänlig [ω:çε:nli(g)] *a.* 부적당한, 부적합한; ~ till människoföda 식용(음식)으로 부적당한.

otjänst *~en ~er*, göra ngn en ~ …에게 누(해)가 되는 일을 하다 (비록 의도적이지는 않지만).

otrevlig *a.* 불쾌한, 마음에 들지 않은, 싫은, 사귀기 힘든, 언짢은; en ~ situation 난처한 상황; vara ~ mot …에게 언짢게 굴다.

otrevlighet *~en ~er* 불쾌한 일 (것); 사귀기 힘듬.

otro *~n 0* 불신, 의혹; 불신앙.

otrogen *a.* 부정(不貞)한; 성실하지 못한; 이교도적인, 신앙을 가지고 있지 않은; hon har varit ~ mot sin man i flera år 그녀는 수년 동안 남편 몰래 바람을 피웠다; omvända de otrogna 이교도들을 개종시키다.

otrohet *~en 0* 부정(不貞), 불성실; ~sbrott 간통죄.

otrolig *a.* 믿기지 않는, 놀라운; ~t men sant 믿기 어려우나 사실인.

oträngd *a.* i oträngt mål 쓸 데 없이, 불필요하게, 공연히.

otröstlig *a.* 위로할 수 없는, 달랠 수 없는, 슬픔에 잠긴; hon var ~ efter makens död 남편과 사별 후 그녀는 슬픔에 잠겨 있었다.

O

ott|a *-an -or* ① i -an 아침 일찍, 새벽 ② ☞ ottesång.

ottesång *~en 0* 새벽예배, 새벽미사.

ottoman *~en ~er* (등받이 · 팔걸이가 없는) 긴 의자.

otukt *~en 0* 사통, 간음; bedriva ~ med minderåriga 미성년자와 성행위를 하다.

otuktad *a.* 길들이지 않은; 【원예】 전지(前枝)가 안 된, 손질하지 않은.

otuktig *a.* 외설적인, 음란한.

otur *~en 0* 불행, 불운; ~sdag 재수 없는 날.

oturlig/otursam *a.* 재수 없는, 불운한.

otvetydig *a.* 애매모호 하지 않은, 명확한.

otvivelaktig *a.* 의심할 나위 없는.

otvungen *a.* 자연스러운, 인위적이 아닌.

otvungenhet *~en 0* 자연스러움, 무구속(無拘束).

otydlig *a.* 모호한, 희미한.

otyg *~et 0* 쓰레기, 폐물, 잡동사니, 골치 아픈 것 (병).

otyglad *a.* 자유분방한, 억제되지 않은, 방일(放逸)한.

otymplig *a.* 둔한, 주체스러운, 모양 없는.

otålig *a.* 안달복달하는, 참을성 없는.

otäck *a.* 소름끼치는, 무서운; 구역질 나는; 흉측스러운; en riktigt ~ mardröm 무섭기 짝이 없는 악몽.

otäcking *~en ~ar* 흉측한 사람, 흉몰.

otänkbar *a.* 상상할 수 없는; 재고의 여지가 없는.

oumbärlig *a.* 필수적인, 없어서는 안 될.

oundgänglig *a.* 필수적인, 꼭 필요한.

oundviklig *a.* 피할 수 없는.

ouppfostrad *a.* 교육을 잘못 받은, 버릇(예의) 없이 키운.

ouppgjord *a.* 미해결의, 미정의.

oupphörlig *a.* 끊임없는, 부단한.

oupphörligen *adv.* 끊임없이, 계속해서.

ouppklarad *a.* 미해결의; flera ~e mordbränder 많은 미해결의 방화 사건들.

oupplöslig *a.* 분리시킬 수 없는, 용해시킬 수 없는; det ~a sambandet mellan ökad produktivitet och höjda reallöner 생산성 증가와 실질임금 인상 간의 불가분관계.

ouppnåelig *a.* 도달할 수 없는, 이를 수 없는.

oursäktlig [ɑ:uʂɛktli(g)] *a.* 변명의 여지가 없는.

outförbar *a.* 실행에 옮길 수 없는; planen verkade ~ 그 계획은 실행 불가능한 것처럼 보였다.

outgrundlig *a.* 불가사의한, 수수께끼의; av ngn ~ anledning 알 수 없는 어떤 이유로

outhärdlig *a.* 참을 수 없는, 견딜 수 없는.

outplånlig *a.* 지워지지 않는, 씻(잊)을 수 없는.

outrannsaklig *a.* 불가사의의, 수수께끼의.

outrerad *a.* 과장된; 사치스러운 (☞ utrerad).

outrotlig *a.* 근절할 수 없는, 뿌리를 뽑을 수 없는.

outsider [aʊtsajdər] *~n ~[s]* (경기에서) 승산이 없는 팀 (경기자); 국외자

(局外者).

outsinlig *a*. 무진장의; 다할 줄 모르는.

outslitlig *a*. (옷감 따위가) 해지지 않는, 질기기 짝이 없는.

outsläcklig *a*. 꺼지지 않는, 맹렬한; hon kände en ~ vrede mot det grymma öde som har drabbat hennes släkt 가족을 덮쳤던 잔인한 운명에 대해 그녀는 맹렬한 분노를 느꼈다.

outsäglig *a*. 말로 형용할 수 없는, 이루 말할 수 없는.

outtalad *a*. 발설이 안 된, 무언의; ett outtalat hot 무언의 위협.

outtröttlig *a*. 지칠 줄 모르는, 불굴의.

outtömlig *a*. 무진장의, 무제한의; mormoderns ~a tålamod 외할머니의 무한한 인내.

ouvertyr [əvə–]/**uvertyr** *~en ~er* 【음악】 서곡.

ovaggad *a*. somna ~ (수면제를 복용하지 않고) 금시 잠들다.

oval *a*. 달걀모양의, 타원형의.

ovan[1] *prep*. …의 상단에; parkeringsplatser ~ jord 지상주차장.

ovan[2] *adv*. 위로, 상단에; som ~ 위에서와 같이, 상기한 바와 같이; från ~ till nedan 위에서 아래로.

ovan[3] *a*. 익숙해 있지 않은, 미숙한; vara ~ vid …에 익숙해 있지 않다.

ovan|a *–an –or* ① 경험이 부족함(없음), 미숙함; hennes ~ vid kroppsarbete 육체노동에 대한 그녀의 미숙함 ② 악습; hans ~ att spotta på golvet 바닥에 침을 뱉는 그의 못된 버릇.

ovanför[1] *prep*. …위에, …위로, …의 북쪽에; en skylt ~ ingången 입구상단에 있는 간판.

ovanför[2] *adv*. 위에서, 위로, 북쪽에.

ovanifrån *adv*. 위로부터.

ovanlig *a*. 예사롭지 않은, 드문, 예외적인; det är ~t att …하는 것은 드물다.

ovanlighet *~en ~er* 예사롭지 않은 일 (것); det hör till ~en (~erna) att han gör det 그가 그렇게 하는 것은 예외적인 일에 속한다.

ovanläd|er *–ret 0* 구두의 윗부분; sula av syntetgummi och ~ av kalvskinn 합성고무로 된 구두창과 송아지 가죽으로 된 구두 윗부분.

ovannämnd *a*. 상기한, 앞서 말한.

ovanpå[1] *prep*. …위에; han bor ~ oss 그는 우리 위층에 산다.

ovanpå[2] *adv*. 위에, 위층에; vem bor ~? 위층에 누가 사느냐?

ovansklig *a*. 영원한, 불멸의; en ~ ära 불명의 명예.

ovanstående *a*. 상기한, 진술한.

ovarsam *a*. 조심성이 없는, 부주의한.

ovation *~en ~er* 환호, 환영, 갈채; ~er mötte partiledaren 당 총재는 열렬한 환호를 받았다.

ovederhäftig *a*. 신뢰할 수 없는, 신빙성이 없는.

ovedersäglig [–ʂɛ:gli(g)/–sɛjli(g)] *a*. 반박의 여지를 남겨두지 않는, 논박할 수 없는.

overall [ɔverọ:l] *~en ~er* 추위를 차단하거나 작업 시 안전을 위해 입는 주로 상 · 하의가 붙어있는 옷; tränings~ 운동복, 체육복.

overklig *a*. 실재하지 않는, 비현실적인; 환영의; en ~ drömvärld 현실에는 존재하지 않는 꿈의 세계.

overksam *a*. ① 비활동적인, 아무 일

도 하지 않는; regeringen har ingalunda varit ~ i fråga om äldreomsorgen 노인복지에 관해서 정부가 아무 일도 하지 않는 것은 아니다 ② 효과 없는, 효과적이 아닌.

ovetande[1] *a*. 무지한, (물정을) 모르는; en fullkomligt ~ ung flicka 전혀 물정을 모르는 어린 소녀 (☞ okunnig).

ovetande[2] *adv*. 모르게; mig ~ 나 모르게.

ovett *~et 0* 꾸중, 욕지거리; han fick ~ för att han kom för sent 너무 늦게 왔다고 그는 꾸중을 들었다.

ovettig *a*. 무례한, 버릇없는; du får inte vara ~ mot gamla människor 노인들에게 버릇없이 굴어서는 안 된다.

Ovidius 로마의 유명한 시인 (B.C. 43~A.D. 17(?)).

ovidkommande *a*. 관계(관련)없는; en mig ~ sak 나와 관련 없는 일; en ~ 국외자, 관련 없는 사람.

ovigd *a*. 신의 은총을 받지 않은 (교회 묘지가 아닌 곳에 있는 무덤을 지칭할 때 주로 사용); vila i ~ jord 신의 은총을 입지 않은 땅에 묻히다.

ovilja *~n 0* 적의; 싫어함, 꺼림.

ovillig *a*. 싫어하는, 마음에 내키지 않는; hon var ~ att delta i samtalet 그녀는 대화에 끼기를 싫어하였다.

ovillkorlig *a*. 무조건의, 절대적인.

ovillkorligen *adv*. 무조건적으로, 절대적으로.

oviss *a*. 확실하지 않은, 불확실한, 확신이 서지 않는; utgången är ännu ~ 결과는 아직도 모른다.

ovisshet *~en 0* 불확실(함), 미심쩍음.

oväd|er *–ret ~* 악천후.

oväldig *a*. 공정한, 편파(향)적이 아닌.

ovän *~nen ~ner* 적(敵), 적대자.

ovänlig *a*. 불친절한.

ovänskap *~en 0* 적의, 불화, 반목, 앙숙관계; leva i ~ med …와 불화하다.

oväntad *a*. 예기치 않은, 기대하지 않은.

ovärderlig *a*. 값을 헤아릴 수 없는, 평가 할 수 없는, 귀중한.

ovärdig *a*. 가치 없는, 보잘 것 없는, 미천한; …에 미흡한; ett uppträdande ~t en gentleman 신사답지 않은 행동.

oväsen *~det 0* 소음, 소동.

oväsentlig *a*. 중요하지 않은, 필수적이 아닌.

oxalsyra *~n 0* 【화학】 수산(蓚酸).

ox|e *–en –ar* 황소, 수소.

ox|el *~n –lar* 【식물】 스웨덴산(産) 마가목류(類).

oxel|tand *–tanden –tänder* 어금니.

oxfilé *~n ~er* 필레 살 (소의 연한 허리 고기).

oxid *~en ~er* 【화학】 산화물.

oxidera *~r ~de ~t tr. itr*. 산화시키다(하다), 녹슬[게 하]다.

oxstek *~en ~ar* 불고기; (불고기용의) 소고기.

ozelot *~en ~er* 【동물】 (중남미에 서식하는) 스라소니.

ozon [ɔsoːn] *~en/~et, 0* 【화학】 오존.

oåterkallelig *a*. 돌이킬 수 없는, 변경할 수 없는.

oåterkalleligen *adv*. 돌이킬 수 없이.

oåtkomlig *a*. 닿을 수 없는, 도달할

수 없는; förvaras ~t för barn 아이들의 손이 닿지 않는 곳에 보관하시오.

oåtspord *a*. 문의가 없는, 상의 없는; honom ~ 그와는 상관없이.

oä ☞ **orienteringsämne**.

oäkta[1] *a*. 가짜의, 모조의; ~ barn 사생아, 비적출자, 서자.

oäkta[2] *adv*. ~ sammansatt verb 분리동사.

oäkting *~en ~ar* 사생아, 서자.

oändlig *a*. 끝없는, 제한 없는, 한없는; han fick vänta i det ~a 그는 한없이 기다려야 했다.

oändlighet *~en 0* 【수학】 무한대; ~stecken 무한대 기호.

oäven *a*. inte (så) ~ 상당히 좋은, 꽤 좋은.

oöm *a*. 튼튼한, 강건한; i barnkammaren finns det ~ma möbler 아이들 방에는 튼튼한 가구가 있다.

oöverlagd *a*. 경솔한, 심사숙고하지 않은.

oöverskådlig *a*. 혼란스러운, 어지러운, 질서정연하지 않은; 예측할 수 없는; företaget har en ~ organisation 그 기업은 조직이 엉망이다; händelsen kan få ~a följder 그 사건은 예측할 수 없는 결과를 낳을 수 있다.

oöverstiglig *a*. 넘을 수 없는, 극복할 수 없는.

oöversättlig *a*. 번역할 수 없는.

oöverträfflig *a*. 견줄 데 없는, 비교할 수 없는, 독보적인.

oövertänkt *a*. 경솔한, 심사숙고하지 않은 (☞ **oöverlagd**).

oövervinn[e]lig *a*. 정복할 수 없는, 무적의, 물리칠 수 없는.

p [pe:] *p*–[*e*]*t*, *p*[–*n*] 스웨덴 알파벳의 16번째 글자; sätta ~ för (ngt) …을 방해하다, 막다.

pacificera ~*r* ~*de* ~*t* *tr*. 진정시키다, 가라앉히다, 달래다; regimen försökte ~ de provinser där man demonstrerade mycket 정권은 시위가 잦은 지방들을 진정시키려고 시도했다.

pacifism ~*en* *0* 평화주의, 반전론.

pacifist ~*en* ~*er* 평화주의자, 반전주의자.

pacifistisk *a*. 평화주의의.

pack Ⅰ. ~*et* *0* 어중이떠중이, 건달, 인간쓰레기 Ⅱ. (불변화명사) pick och ~ 휴대물.

packa ~*r* ~*de* ~*t* Ⅰ. *tr*. 집어넣다, 싸다, 꾸리다; …에 채우다; ~ kläderna i resväskan 옷들을 여행용 가방에 꾸리다; ~ ner böckerna i portföljen 책들을 서류가방에 넣다; ~ resväskan full med kläder 여행용 가방에 옷을 가득 넣다 Ⅱ. *rfl*. ~ [ihop] sig (눈이) 굳어지다; (동물이) 떼를 짓다 Ⅲ. (강세접사와 함께) ① ~ ihop 함께 싸다, 꾸리다; (경기 등으로부터) 철수하다, 보따리 싸다; förlorar de en match till, kan de lika gärna ~ ihop 만약 시합에서 한 번 더 진다면 그들은 짐을 싸는 게(철수하는 게) 좋겠다 ② ~ in 짐을 꾸리다 ③ ~ sig iväg 보따리 싸서 사라지다; ~ dig iväg omedelbart! 즉시 꺼져! ④ ~ om 짐을 다시 싸다; ~ om en ny kran 새 (수도)꼭지를 끼우다 ⑤ ~ upp (짐을) 풀다.

pack|e –*en* –*ar* [짐]꾸러미; en ~ tidningar 한 꾸러미의 신문.

packis ~*en* *0* 총빙(叢氷, 바다의 부빙들이 얼어붙어 생긴 얼음 덩어리).

packning ~*en* ~*ar* ① 짐 싸기, 짐 꾸리기 ②【기계】패킹, 개스킷(실린더, 파이프 등의 결합부를 메우는 고무, 석면, 코르크 등의 판 또는 테).

padd|a –*an* –*or*【동물】두꺼비.

padd|el[1] –*eln* –*lar* (카누 따위의) 짧고 폭 넓은 노.

padd|el[2] –*eln* –*lar*【컴퓨터】컴퓨터 게임의 조작 레버 (손으로 입력하는 장치).

paddla ~*r* ~*de* ~*t* *itr*. 노를 젓다.

paff (불변화형용사) 기진맥진한.

paff *itj*. 딱(부딪히는 소리).

page [pɑ:ʃ] ~*n* ~*r* 시동(侍童), 근시(近侍); 수습기자.

pagehår ~*et* ~ 안말이(안쪽으로 말아 넣은 머리).

pagin|a [pɑ̣:g–] *–an –or* 페이지.

paginera *~r ~de ~t tr.* …에 페이지를 매기다.

pagọd *~en ~er* (동양의 여러 층으로 된) 탑.

paj *~en ~er* 파이.

pajas *~en, ~er/~ar* 광대.

pakẹt[1] *~et ~* ① 소포, 짐 꾸러미, 소화물; slå in ett ~ 짐을 싸다(포장하다) ② 일괄, 통합; ~information 일괄 정보.

pakẹt[2] *~et ~* 【컴퓨터】 데이터그램(패키지 교환망에서 취급되는 패키지의 일종).

paketavtal *~et ~* 일괄협약(계약).

paketera *~r ~de ~t tr.* 포장하다.

paketförmedling *~en ~ar* 【컴퓨터】 (수신자들에게 전달하는) 패키지 전송 방식.

pakethållar|e *–[e]n ~* (기계의) 운반설비; (자전거의) 짐받이.

paketlösning *~en ~ar* 일괄 타결.

paketres|a *–an –or* 패키지 투어(운임 · 숙박비 등을 일괄해서 내는 여행사 알선 여행).

pakistanar|e *–[e]n ~* 파키스탄 사람.

pakt *~en ~er* (국가 간의) 조약, 협정; ingå en ~ 조약을 맺다.

palatal[1] *~en ~er* 【음성학】 구개음(口蓋音).

palatal[2] *a.* 【음성학】 구개음의.

palats *~et ~* 궁전, 왕궁, 궁궐.

palatsrevolution *~en ~er* 친위혁명.

palạv|er *–ern –rer* 왁자지껄한 의논, 교섭, 상담; det började en ~ om vem som skulle betala 누가 돈을 지불할 것인지에 대한 논의가 왁자지껄하게 시작되었다.

paleografị *~n 0* 고문서학.

paleontolọg *~en ~er* 고생물학자.

paleontologị *~n 0* 고생물학.

Palestina 팔레스티나(지중해 동쪽의 옛 국가, 1948년 이후 이스라엘과 아랍지구로 나뉨).

palestịnier *~n ~* 팔레스티나 사람.

palestin[ensi]sk *a.* 팔레스티나의.

palẹtt *~en ~er* 팔레트, 조색판.

paletå *~n ~er* 가벼운 외투.

palissạd *~en ~er* 말뚝; 울타리, 울짱.

paljẹtt *~en ~er* 번쩍번쩍하는 금(은, 주석)박(箔) (연극의 의상 등에 붙이는 장식용 쇳조각).

pall *~en ~ar* 등 없는 걸상; (발 올려놓는) 발판; stå ~ för ngt …에 능히 맞서다, …을 충분히 지탱하다.

palla *~r ~de ~t tr.* ~ upp 쐐기를 괴다; (보트를) 받침나무에 얹다; ~ upp det lutande skåpet med ett par klossar 한 두 개의 받침나무(받침대)로 한쪽으로 기울어 있는 찬장을 괴다.

palliatịv *~et ~* 【의학】 완화제.

pallra *~r ~de ~t rfl.* ~ sig av (i väg) 늑장부리며 떠나다, 가다; ~ sig hem 집으로 어슬렁거리며 가다; ~ sig upp ur sängen 침대에서 늑장부리며 일어나다.

palm *~en ~er* 【식물】 야자, 종려.

palmblad *~et ~* 야자수 잎.

palmsöndag *~en ~ar* 【성서】 성지(聖枝)주일(부활제 직전의 일요일; 예수가 예루살렘에 들어간 기념일).

palp *~en ~er* (곤충 따위의) 촉수, 더듬이.

palpera *~r ~de ~t tr.* 【의학】 촉진

하다, 손으로 만져 진단하다.

palsternack|a *-an -or* 【식물】 네덜란드산 방풍나물.

palta *~r ~de ~t itr.* ~ på ngn (…의 몸을 옷 따위로) 휘감다.

paltbröd *~et ~* 거친 호밀, 선지, 농도가 낮은 술 등을 섞어 만든 빵.

paltor (복수명사) 헐고 해진 옷; 천.

pamflett *~en ~er* 풍자문, 비아냥거리는 글귀, 비난문구.

pamp *~en ~ar* 높은 양반, 거물, 고위층.

pampas (복수명사) 팜파(남미 특히 아르헨티나의 대초원).

pampig *a.* 장대한, 장려한, 웅장한.

pampusch *~en ~er* 오버슈즈, 방습(방한)용 덧신.

panafrikansk *a.* 범(汎)아프리카의.

panamahatt *~en ~ar* 파나마모자.

panamakanalen (정형명사) 파나마운하.

panamerikansk *a.* 범미(汎美)의.

panegyrik [-gy-] *~en ~er* 찬사.

panegyrisk *a.* 찬사의, 칭찬의.

panel *~en ~er* ① 위원, 위원회, (토론회 · 좌담회 등에) 참석한 전문인들; ~debatt 공개 토론회(수명의 대표자가 청중 앞에서 행하는 토론회) ② 벽판, 머름.

panelhön|a *-an -or* 무도회 따위에서 상대가 없는 젊은 여성.

panera *~r ~de ~t tr.* 육류나 생선을 튀기기 전에 달걀과 빵가루나 밀가루로 겉을 바르다.

panflöjt *~en ~er* 일종의 갈대 피리(관(管)을 길이의 차례대로 묶은 옛 악기).

pang[1] *itj.* 탕! 탁! (총소리, 부딪히는 소리 등); ~, där gick startskottet! 탕탕! 출발 신호탄이 울렸다.

pang-[2] (복합어의 접두사) 【일상적】 대단히 좋은, 놀랄만한.

panga *~r ~de ~t tr.* ① 터뜨리다(폭음 따위를), 슈팅을 강하게 하다; han ~de på med ett långskott 그는 장거리 슈팅을 하였다 ② (실수로 유리창 등을) 부수다, 깨뜨리다; han ~de en fönsterruta när de spelade fotboll 그들이 축구를 할 때 그는 유리창 한 장을 깨뜨렸다.

pangbild *~en ~er* (일상적) 아주 멋진 사진.

pangbrud *~en ~ar* (일상적) 뛰어나게 매력적인 여자.

pangnyhet *~en ~er* (일상적) 깜짝 놀랄만한 소식.

panik *~en 0* 소동, 당황, 돌연한 공포; panikslagen 공포에 질려; det utbröt ~ i varuhuset när någon ropade "Elden är lös" 누군가가 "불이야"하고 소리치자 백화점 안은 소동이 벌어졌다.

panikung|e *-en -ar* 조그만 소동.

panisk *a.* 당황하게 하는, 제정신을 잃게 하는; 당황한, 미친 듯한; ~ skräck 엄청난 공포, 두려움.

pank *a.* 빈털터리의.

pann|a *-an -or* ① 납작한 냄비; stek~ 프라이팬; kaffe~ 커피주전자 ② 이마; med rynkad ~ 찌푸린 이마로, 이마를 찌푸리고.

pannben *~et ~* [앞] 이마 뼈.

pannbiff *~en ~ar* 햄버거 스테이크 [용의 다진 고기].

pannkak|a *-an -or* 팬케이크 (핫케이크의 일종).

pannlob ~en ~er 【해부】 큰골의 앞부분.
pannrum ~met ~ 보일러실.
pannspeg|el -eln -lar (이비인후과 의사의 이마에 걸친) 반사경.
pannå ~n ~er (캔버스 대용의) 화판; 판벽 널, 어름.
panoptikon ~et ~ 납 인형(세공품) 진열장.
panorama ~t ~n 파노라마, 전경; 연달아 바뀌는 광경, 회전그림.
pansar ~et ~ ① 장갑(裝甲) ② (거북 따위의) 등딱지, (게 따위의) 딱지.
pansarbil ~en ~ar 장갑차(pansarvagn).
pansarförband ~et ~ 【군사】 기갑부대.
pansarregemente ~t ~n 기갑연대.
pansarskjort|a -an -or 방탄조끼.
pansartrupper (복수명사) 전차부대.
pansarvagn ~en ~ar 장갑차, 탱크(=stridsvagn).
pansarvärnsrobot ~en ~ar 대(對)전차 미사일.
pansra ~r ~de ~t tr. 장갑하다, 갑주를 입히다.
pant ~en ~er 저당, 담보; 저당물; 【놀이】 벌금; betala ~ för tomflaskorna 빈병에 대한 돈을 지불하다; lämna något i ~ …을 저당 잡히다; ta något i ~ …을 저당 잡다.
pantbank ~en ~er 전당포.
panteism ~en 0 범신론.
panteistisk a. 범신론의.
panteon (불변화명사) 판테온(신들을 모신 신전), 만신전(萬神殿); (위인들을 기리는) 장소, 기념비.
pant|er -ern -rar 표범.
pantför|skriva -skriver -skrev -skrivit tr. (문서의 요식을 갖춰) 저당 잡히다, 담보로 넣다.
pantomim ~en ~er 무언극.
papegoj|a -an -or 【조류】 앵무새.
papegojsjuka ~n 0 【의학】 앵무병(폐렴과 장티푸스 비슷한 전염병).
paperback [pɛjpər`bæk] ~en ~ar 문고본, 포켓북.
papier-maché ☞ papjemaché.
papiljott [-ɔt] ~en ~er 컬 클립(머리카락을 곱슬곱슬하게 하는 기구).
papill ~en ~er 【해부】 젖꼭지, 유두; 젖꼭지모양의 작은 돌기.
papjemaché [papjemaʃe] ~n 0 혼응지(混凝紙, 송진과 기름을 먹인 딱딱한 종이, 종이 세공용).
papp ~en/~et, 0 두꺼운 종이, 판지, 마분지; ~tallrik 종이접시.
papp|a -an -or 아빠, 아버지.
pappakurs ~en ~er (초생아 양육을 위한) 예비아빠 과정.
pappaledig a. 신생아 양육을 위해 아빠가 (유급) 휴가 중인.
pappasgoss|e -en -ar (부유한 가정의) 버릇없이 자란 사내아이.
papp|er ~et/-ret, ~ (복수정형 ~na/~en) 종이, 문구(文具); brev~ 편지지; omslags~ 포장지; gamla ~ 오래된 서류, 문서; ha ~ på att …을 증명해 보일 수 있는 서류가 있다; lägga ~en på bordet 공명정대하게 하다; läsa från ~et 보고 읽다; bara på ~et 서류상으로만(이론상으로만).
pappersexercis ~en 0 (형식에 사로잡힌) 비능률적인 사무, 잡다한 서식.

papperskorg *~en ~ar* 쓰레기통(휴지를 버리는).
papperskvarn *~en ~ar* (사안에 대한) 관료적 취급방식.
papperslakan *~et ~* (일회용) 종이 홑이불(시트).
papperslykt|a *-an -or* 종이 등.
pappersmass|a *-an 0* 제지용 펄프.
pappersutskrift *~en ~er* 【컴퓨터】 하드 카피 (컴퓨터의 처리 결과를 눈으로 읽을 수 있는 형태로 인쇄한 것).
pappspik *~en ~ar* 압정.
paprik|a *-an -or* 피망(스페인산 고추의 일종).
pạpua *~n ~s* 뉴기니 섬사람.
papuạn *~en ~er* 파푸아뉴기니 사람.
papỵr|us *-en/-usen, -er* ① 【식물】 파피루스(옛 이집트의 제지 원료) ② 파피루스 종이.
papyrusrull|e *-en -ar* ☞ papyrus.
par *~et ~* ① 쌍, 켤레; ett ~ handskar 한 켤레의 장갑; ett gift ~ 한 쌍의 부부; ett älskande ~ 한 쌍의 연인; ~ om ~ 쌍쌍이, 쌍쌍으로 ② 두어 개의; ett ~ (tre) dagar 이삼일; han är ett ~ och femtio 그는 50여세 정도 되었다.
para *~r ~de ~t* Ⅰ. *tr*. 짝 지우다; 교미시키다; 결합시키다 Ⅱ. *rfl*. 교미하다, 교섭하다.
parab|el *-eln -ler* ① 【수학】 포물선 ② 우화(寓話), 비유[담].
parabol *~en ~er* 【정보통신】 디시 (파라볼라 안테나의 반사판).
parabọlisk *a*. ① 【수학】 포물선의 ② 비유[담]의, 우화 같은.
parạd *~en ~er* ① 관병식, 열병; ~ för fanan 국기에 대한 경례 ② 정복; i ~ 【항해】 정장(正裝)을 한 ③ 【펜싱】 받아 넘기기; 방어, 수세.
paradera *~r ~de ~t itr*. 열병하다; (열병 따위를 위해) 정렬하다; 행진하다.
paradigm *~et ~* 보기, 모범; 【문법】 어형변화표, 활용례.
paradis *~et ~* 낙원, 천국, 극락; *~ets* lustgård 에덴동산.
paradisdräkt *~en 0*, i ~ 벌거벗고, 나체로.
paradisfåg|el *-eln -lar* 극락조, 풍조(참새목(目) 풍조 과(科) 새의 총칭; 뉴기니 및 그 부근의 섬에 살며, 수컷은 화려한 색채의 장식 깃털을 갖는다).
paradisisk *a*. 천국의, 낙원 같은.
paradisäpple *~t ~n* 각시능금나무 또는 그 열매.
parad|nummer *-numret ~* 전시용 우수 견본, 특별품; 자랑거리; han sparade sitt ~, O sole mio, till sist 그는 자신의 십팔번 오 솔레미오를 마지막 곡으로 남겨두었다.
paradox [-ɔks] *~en ~er* 역설[법].
paradoxạl *a*. 역설적인.
paraduniform *~en ~er* 【군대】 정복, 예복.
paraffin *~et/~en, 0* 【화학】 파라핀, 지랍.
parafrạs *~en ~er* (상세하게) 바꾸어 쓰기, 부연, 의역(意譯).
parafrasera *~r ~de ~t tr*. (쉽게) 바꾸어 쓰다(말하다), 말을 바꾸어서 설명하다, 의해하다.
paragrạf *~en ~er* (문장의) 절, 단락.
paragrafryttar|e *-[e]n ~* 관료적인 사람, 형식주의자.

paragrafteck|en *–net ~* (인쇄물의) 절의 표시(§).

parallax *~en 0* 【천문】 시차(視差); 【광학 · 사진】 패럴랙스(파인더와 렌즈의 시차).

parallell *~en ~er* 평행[선]; dra upp en ~ …을 대비(비교)하다.

parallellepiped *~en ~er* 【수학】 평행육면체.

parallellism *~en ~er* 평행[현상], 대응, 유사; 【수사학】 대구법.

parallellkopplad *a.* 【전기】 병렬연결의.

parallellkoppling *~en ~ar* 【전기】 병렬연결.

parallellogram *~men ~mer* 【수학】 평행사변형.

paralysera *~r ~de ~t tr.* 마비시키다.

paralysi *~n 0* 전신마비.

paralytiker *~n ~* 중풍환자.

paralytisk *a.* 마비의, 중풍의.

paranoia *~n 0* 【의학】 편집병, 과대망상증, 피해망상증.

parant *a.* (외모가) 우아한, 멋진, 세련된.

paranöt *~en ~ter* 브라질 호두.

paraply *~[e]t/~n, ~er* 우산; spänna upp (fälla ihop) sitt ~ 우산을 펴다(접다).

parapsykologi *~n 0* 초(超)심리학(정신감응, 천리안 따위의 초자연적 심리현상을 다룸).

parasit *~en ~er* 기생충; 식자, 식객,

parasitera *~r ~de ~t itr.* 기생하다; 기식하다.

parasitisk *a.* 기생충의, 기생충 같은; 기생하는, 기식하는.

parasoll *~en/~et, ~er/~* 파라솔, 양산.

parat *a.* 준비된.

paratyfus [pɑ:–/–ty–] *~en 0* 【의학】 파라티푸스.

parbladig *a.* 【식물】 우상(羽狀)의, 우상 엽이 달린.

pardon [–ɔŋ] *~en 0* (항복한 적에게 보이는) 자비, 인정, 관대; be om ~ 자비를 구하다.

parentation *~en ~er,* hålla ~ över (고인이 된) …을 기리는 연설을 하다.

parentes *~en ~er* 괄호; 삽입구; sätta ngt inom ~ …을 괄호 속에 넣다.

parentesteck|en *–net ~* 괄호기호 ( ).

parentetisk *a.* 삽입구의, 삽입구적인; 괄호의.

parera *~r ~de ~t tr.* (팔, 검 등을 이용하여 공격을) 막다, 수비하다; 받아 넘기다.

parfym *~en ~er* 향수, 향료; ~er (집합적) 향료 류, 향수.

parfymera *~r ~de ~t tr.* …에 향기가 나게 하다, 향수를 바르다(뿌리다).

parfymeri *~et ~er* 향료(향수) 판매점, 향료(향수) 제조소.

parhäst *~en ~ar* 쌍두마차의 말; köra med ~ar 쌍두마차를 몰다; de hänger ihop som ~ar 그들 둘은 꼭 붙어 다닌다.

pari *~t 0,* till ~ 액면가격으로, 보통 상태로; under ~ 액면가격 이하로.

paria *~n ~s* 남부 인도의 최 하층민, 천민.

parisar|e *–[e]n ~* ① 파리 사람 ② 【요리】 햄버거.

parisersmörgås *~en ~ar* 햄버거.

parisisk *a*. 파리의, 파리 사람의.
parisisk|a *-an -or* 파리 여자.
paritet *~en 0* 동등, 동격, 동위, 등가; hans kunnande är inte i ~ med hans entusiasm 그의 능력은 그의 정열과 같은 수준에 있지 않다.
park *~en ~er* ① 공원, 광장, 유원지 ② (차량, 기계 따위의) 저장소.
parkera *~r ~de ~t tr. itr.* ① 주차시키다 ② 세워두다, 놓아두다; han hade ~t sin väska på stolen 그는 가방을 의자 위에 놓아두었었다.
parkering *~en ~ar* ① 주차; ~ förbjuden 주차금지 ② 주차장.
parkeringsautomat *~en ~er* 주차계측기.
parkeringsavgift *~en ~er* 주차료.
parkeringsfick|a *-an -or* (다른 차들 사이의) 좁은 주차 공간.
parkeringsförbud *~et ~* 주차금지.
parkeringshus *~et ~* 주차 빌딩.
parkeringsplats *~en ~er* 주차장.
parkeringsrut|a *-an -or* 선이 그어진 주차 공간.
parkett *~en ~er* ① (극장의) 1층 정면 일등석 ② ☞ parkettgolv.
parkettgolv *~et ~* 나무쪽으로 모자이크한 마루.
parlament *~et ~* 국회, 의회; sitta i ~et 국회의원으로 있다.
parlamentariker *~n ~* 국회의원, 의회의원.
parlamentarisk *a*. 의회의, 국회의.
parlamentarism *~en 0* 의회정치, 의회제도; 의회 내각제.
parlamentera *~r ~de ~t itr.* 협상하다, 상의하다.
parlamentär *~en ~er* (전쟁에서 적과의) 협상자, 회견자.
parlamentärflagg|a *-an -or* 휴전기(백기).
parlör *~en ~er* 숙어(관용구)집.
parnass *~en ~er*, den svenska ~en 스웨덴의 기성문단.
parning *~en ~ar* 교미, 성교.
parodi *~n ~er* (풍자적, 조롱적인) 모방 시문, 희문; en mördande ~ på hans hyllningsdikt till kungen 왕에게 바친 그의 찬가를 예리하게 풍자하는 희문.
parodiera *~r ~de ~t tr.* 풍자(조롱)적으로 시문을 흉내 내다.
parodisk *a*. 희문의, 풍자적인.
paroll *~en ~er* 구호, 슬로우건.
paroxysm *~en ~er* (병의) 발작; (감정 따위의) 격발, 돌발.
part *~en ~er* ① 몫, 부담 ② 【법률】 편, 쪽, 당사자의 한 쪽; man måste höra bägge ~erna 양측 말을 모두 들어보아야한다 ③ (밧줄의) 가닥, 꼬임.
parterr *~en ~er* ① (정원의) 화단 배치 구역 ② 레슬링 경기의 시작자세 (손과 발을 경기장 바닥에 대는).
parti *~et ~er* ① 부분, 일부 ② 【상업】 (화물의) 한 뭉치, 1회의 거래액; ~er på (om) minst 1 ton 최소한 1톤의 화물; i små ~er 소량으로; i stora ~er 대량으로; (포장하지 않고) 풀린 채로; 적하한 그대로; i ~ och minut 도매와 소매로 ③ 【정치】 정당 ④ 게임, 경기; ett ~ schack 체스 한 경기 (판) ⑤ 배우자, 상대; hon är ett gott ~ 그녀는 배우자로서 좋은 상대이다 ⑥ ta ~ för ngn …의 편을 들다; ta sitt ~ 골라잡다, 어느 하나를 택하다.
particip *~en ~er* 【문법】 분사.

partiell [−tsiel] *a*. 부분적인, 일부의; ~t förlamad 부분적으로 마비된.
partigängar|e −[*e*]*n* ~ 자신이 속해 있는 당을 무비판적, 맹신적으로 따르는 사람; 당파심이 강한 사람.
partihandel ~*n* *0* ☞ grosshandel.
partik|el −*eln* −*lar* 미립자, 극히 작은 조각; 【문법】 불변화사(주로 문법적 기능을 가지고 있음); fina −lar av snö och is blåste i ansiktet på honom 아주 조그만 눈 조각과 얼음 조각이 그의 얼굴에 날라들었다; prepositioner, konjunktioner och vissa adverb räknas som −lar 불변화사로 전치사, 접속사 그리고 몇몇 부사 등이 있다.
partiledar|e −[*e*]*n* ~ 당지도자, 당수.
partilös *a*. 【정치】 무소속의, 어느 정당과도 관련이 없는.
partipolitik ~*en* *0* 정당의 정책, 당파 정치(자기당의 이익만을 생각하는).
partipris ~*et*, ~/~*er* 도매가[격].
partisan ~*en* ~*er* 【군사】 유격병, 빨치산, 게릴라.
partisk *a*. 편파적인, 불공정한.
partisplittring ~*en* ~*ar* 당파분열, 당쟁; 분당.
partitiv *a*. 【문법】 부분을 나타내는.
partner ~*n* ~[*s*] 배우자, 상대; 동업자.
party [−i/−y] ~*t* ~*n* 연회, 잔치, 파티.
partåig *a*. 【동물】 우제류(偶蹄類)의 (소 · 양 · 염소 · 사슴 따위), 발굽이 짝수인.
parv|el −*eln* −*lar* 꼬마.
parveny ~*n* ~*er* 벼락 출세자(부자).
parvis *adv*. 쌍쌍으로, 짝을 맞추어.
pasch|a −*an* −*or* 파샤(터키 문무고관의 총칭).
pasm|a −*an* −*or*/pasman ~*et* ~ 실타래, 토리.
pass[1] ~*et* ~ ① 여권, 패스포트 ② 협로, 좁은 골짜기; bergspass 산골짜기 길 ③ 순찰구역; polisen hade sitt ~ på Sveavägen 그 경찰은 스베아베겐이 자기순찰구역이었다 ④ 당직, 근무; vem har ~[et] i kväll? 오늘 저녁 당직이 누구인가? ⑤ hur ~ mycket (lång) 얼마만큼(얼마나 먼); uppsatsen är så ~ bra att den gärna kan tryckas 그 논문은(보고서는) 상당한 수준이어서 출판할 만하다; så ~ mycket 이 정도로 많이; vara ngn till ~ …를 만족시키다; det kom mig väl till ~ 그것은 나에게 안성맞춤이었다; vid ~ 약, 대강.
pass[2] *itj*. 패스! (카드놀이에서).
pass[3] *itj*. ~ för den! 그것은 내 것이야!
passa ~*r* ~*de* ~*t* Ⅰ. *itr*. ① …을 돌보다, 지키다; ~ barnen 아이들을 돌보다; ~ huset medan föräldrarna är borta 부모가 외출 중 집을 보다 ② …할 시간에 맞춰 오다; ~ tåget 기차[출발]시간에 맞춰오다; ~ tiden 시간을 지키다 ③ …에 맞다, 어울리다; skjortan ~r inte till byxorna 셔츠가 바지에 어울리지 않는다; han ~r inte som läkare 그는 의사라는 직업에 맞지 않는다; söndag ~r mig utmärkt 일요일이 나에게는 아주 좋다 ④ (시합에서 공을) 연결하다, 패스하다 ⑤ 맞추다; ~ av straffet efter förseelsen 죄과에 따라 벌을 조절하다 ⑥ (카드놀이에서) 패스하다 Ⅱ. *rfl*. ① 조심

하다, 주의하다; ~ dig så att du inte blir skadad! 몸을 다치지 않도록 주의해라! ② (격, 예의에) 어울리다, 맞다; det ~r sig inte att barnen sitter medan gamlingarna får stå 노인들이 서있는데 아이들이 앉아있는 것은 격에 맞지 않다 Ⅲ. (강세접사와 함께) ① ~ av ☞ **avpassa** 맞추다, 조절하다 ② ~ ihop a) …과 서로 잘 어울리다(맞다); handskarna ~r inte ihop 장갑들이 짝이 맞지 않는다; det ~r bra ihop med mina planer 그것은 나의 계획과 잘 맞는다 b) *tr*. 맞추다 ③ ~ in a) *tr*. …에 맞추다, 맞게 하다 b) *itr*. 맞다, 어울리다; det ~r precis in på honom 그에게 딱 들어맞는 표현(말)이다 ④ ~ på 주의하다, 조심하다; (기회를) 잡다, 이용하다; pass på, så att du inte ramlar! 넘어지지 않도록 조심해라!; ~ på att köpa kläder när de är billiga! 값이 쌀 때 옷을 사도록 하라!; han är mycket påpassad 그는 매우 주목을 받고(주시되고) 있다 ⑤ ~ till ☞ ~ av ⑥ ~ upp a) 시중들다; ~ upp passagerare 여객들에게 시중들다 b) pass upp! 조심해!, 주의해!

passạbel *a*. 괜찮은, 그럴듯한; ett ~t hotell för 100 kr. natten 하루저녁 100 크로나로는 괜찮은 호텔.

passạd *~en ~er*/**passadvind** *~en ~ar* 무역풍.

passage [–ɑːʃ] *~n ~r* ① 통로, 통과; en smal ~ mellan husen 집들 사이의 좁은 통로; avgiften erlades före ~n av bron 다리를 통과하기 전에 통과료가 지불되었다 ② (책이나 곡의) 대목.

passagerar|e [–ʃẹ–] *–[e]n ~* 승객, 여객.

passande *a*. 맞는, 어울리는, 적당한, 격(예의)에 맞는; det är inte ~ att komma i rött till begravningen 장례식에 빨간색의 옷을 입고 오는 것은 격에 어긋난다; den nye professorn sökte en ~ bostad 신임 교수는 적당한 거처를 찾고 있었다.

passar|e *–[e]n ~* ① 나침반 ② (제도용) 컴퍼스.

passbåt *~en ~ar* 연락선, 거룻배, (모선의) 부속선.

passé (불변화형용사) 구식의, 시대에 뒤떨어진.

passepartout [paspartɷː] *~en ~er* 사진틀; 결쇠.

passera *~r ~de ~t itr*. ① 지나다, 통과하다; soldaterna ~de gränsen 군인들은 국경을 통과하였다 ② 일어나다, 발생하다; ingenting av vikt har ~t 중요한 일은 한 건도 발생하지 않았다 ③【요리】거르다, 걸러내다.

passersed|el *–eln –lar* 통과증, 통행증.

passform *~en 0* (옷, 구두 등의) 만듦새; en kostym med perfekt ~ 몸에 꼭 맞는 양복.

passfoto *~t ~n* 명함판 크기의 사진 (여권 등의 증빙서류용).

passgång *~en 0* 측대보(側對步, 네발 짐승이 같은 쪽의 앞 · 뒷발을 동시에 들어 걷는 방식).

passgångar|e *–[e]n ~* 측대보로 걷는 네발동물.

passiọn *~en ~er* ① 열정, 정열; 열광, 열중; han älskade kvinnan med en glödande ~ 그는 뜨거운 열정으로 그 여인을 사랑하였다; hans ~ för alla slags hasardspel 온갖 도박에 대한 그의 광적인 열중 ② (십자가에 못 박힌) 예수의 수난.

passionerad *a.* 열정적인, 열광적인; 광적인.

passionsspel *~et ~* 예수 수난을 묘사해 주는 극, 예수 수난극.

passionsveckan (부활절의 전주인) 수난주간.

passiv[1] *a.* 수동적인; ~ delägare (경영에 참여하지 않는) 익명 동업자.

passiv[2] *~en/~et, ~er/~* 【문법】 수동태.

passivitet *~en 0* 수동성, 수동적 태도.

passiv|um *-et/-um, -er* ☞ passiv[2].

passkontroll *~en ~er* 여권검사.

passning *~en ~ar* ① 돌봄, 보호, 관리 ② 【운동】 (공의) 패스, 연락, 연결.

passopp *~en ~er* 보이, 급사, 시동; 시중드는 사람, 종자, 간호원, 수행원.

passpoal *~en ~er* (의류의 가장자리에 장식으로 붙이는) 테, 줄.

passus *~en ~ar* (텍스트의) 대목.

past|a *-an -or* ① 밀가루를 반죽해서 만든 식품(스파게티, 마카로니 등) ② 반죽해서 만든 것(튜브, 치약, 연고, 풀 등).

pastej *~en ~er* 파이.

pastell *~en ~er* 파스텔, 색분필.

pastellfärg *~en ~er* 파스텔 색.

pastellmålning *~en ~ar* 파스텔화.

pastilj/pastill *~en ~er* 정제, 알약; 향정(香錠).

pastisch *~en ~er* (문학, 미술에서의) 모방 작품.

pastor *~n ~er* 목사(牧師).

pastoral[1] *~en ~er* 목가, 전원시, 전원곡, 전원극, 전원화.

pastoral[2] *a.* 목자(牧者)의, 전원[생활]의, 목가적인; 목사(牧師)의.

pastorat *~et ~* 본당(本堂), 교구.

pastor[at]sadjunkt *~en ~er* 목사보, 부목사.

pastorsexpedition *~en ~er* 교구 사무소(호적업무 담당).

pastorsämbete *~t ~n* 교구관, 목사직.

pastörisera *~r ~de ~t tr.* (우유 따위에) 저온 살균법을 행하다.

patent *~et ~* 특허권.

patentansökan *~ 0* 특허권 청구.

patentera *~r ~de ~t tr.* …의 특허를 얻다.

patentinnehavar|e *-[e]n ~* 특허권 소지자.

patentlås *~et ~* 안전자물쇠.

patenträtt *~en ~er* 특허법; 특허권.

patentverk *~et ~* 특허국.

pat|er *-ern -rar* 【가톨릭】 사제, 수도승.

paternoster (불변화 ett-명사) 【종교】 (특히 라틴어의) 주기도문; 천주경; 천주경을 암송할 때 쓰는 염주의 큰 구슬.

patetisk *a.* 숭고한, 고양된; 감동적인, 감상적인; 열정적인.

patiens [pasiaŋs] *~en ~er* 혼자 하는 카드놀이.

patient [pas-/pats-] *~en ~er* 환자.

patientbibliotek *~et ~* 병원도서관 (입원환자에게 대출 가능).

patientkort *~et ~* (환자용) 진료카드.

P

patientmottagning *~en ~ar* 환자 진료.

pạtina *~n 0* (청동기 따위에 쓰는) 푸른 녹, 동록(銅綠), 녹청; 고색창연한 멋.

patinera *~r ~de ~t tr.* 녹청을 칠하다, 녹청을 바르다.

patolọg *~en ~er* 병리환자.

patologị *~n 0* 병리학; 병상(病狀).

patolọgisk *a.* 병리학의, 병적인.

patos *~en 0* 열정; 강한 애착; 열렬.

patrạsk *~et 0* 오합지졸, 어중이떠중이.

patriạrk *~en ~er* 가장; 족장; (희랍정교의) 총대주교.

patriarkạlisk *a.* 가부장적인; 존경할 만한.

patriarkạt *~et 0* 가부장제; 【종교】 원로, 장로의 직권, 관구.

patrịcier [patri:sjər] *~n ~* (옛 로마의) 귀족, 대관, 문벌가.

patricisk *a.* 귀족의, 귀족적인.

patriọt *~en ~er* 애국자.

patriotisk *a.* 애국적인, 애국자의.

patriotism *~en 0* 애국.

patrọn *~en ~er* ① 지주; 주인, 고용주, 임자; 수호성인, 수호신 ② 탄약통; 카트리지(만년필의 잉크 등의 교환을 용이하게 하기 위한 끼우는 식의 용기); lös(skarp) ~ 공포탄(실탄).

patrụll *~en ~er* 순찰대, 정찰대.

patrullera *~r ~de ~t tr. itr.* 순찰하다, 정찰하다.

patrullering *~en ~ar* 순찰, 정찰.

Paulus 바울(예수의 사도로 신약성서 중 서간의 필자).

paus *~en ~er* 휴지, 휴식; 【음악】 쉼; 막간, 휴게시간; göra en ~ 휴식하다; paustecken (음악에서) 쉼표.

pausera *~r ~de ~t itr.* 휴식하다, 쉬다, 휴지하다.

paussignal *~en ~er* 라디오 프로그램들 사이에 나오는 휴지신호.

paviljọng *~en ~er* 정자(亭子), 누각.

pax *itj.* ☞ **pass**[3], ~ för det röda äpplet! 저 빨간 사과는 내 것이야!

pechblände [peç–] *~t 0* 【광물】 역청 우라늄광.

pedagọg *~en ~er* 교육학자, 교육자.

pedagogịk *~en 0* 교육학.

pedagogisk *a.* 교육학의.

pedal *~en ~er* (자전거 등의) 페달.

pedạnt *~en ~er* 현학적인 사람, 아는 체 하기 좋아하는 사람.

pedanterị *~et 0* 현학, 아는 체 함.

pedantisk *a.* 학자연하는, 아는 체하는.

pederạst *~en ~er* 남색가, 계간자.

pederastị *~n 0* 남색(男色).

pediạtrik *~en 0* 소아과.

pediạtriker *~n ~* 소아과 의사.

pediatrisk *a.* 소아과의.

pedikụr *~en 0* 발 치료(티눈, 물집, 까치눈 따위의 치료).

pedikyr ☞ **pedikur**.

pegạs *~en ~er* (그리스 신화) 페가수스(시신(詩神) 뮤즈가 타는 날개 달린 말(馬)).

pejla *~r ~de ~t tr. itr.* ① …의 위치를 (방향을) 잡다; 자신의 위치를 확인하다, 주위의 형세를 살피다 ② 액체의 깊이를 측량하다.

pejling *~en ~ar* ① 방향(위치) 측정 ② 깊이 측정.

pejorativ *a.* 경멸적인; ~a ord 경멸적 의미가 담긴 단어.

P

peka *~r ~de ~t itr*. (손가락 등으로) 가리키다; 나타내다, 지시하다; han ~de på kartan med linjalen 그는 자로 지도를 가리켰다; det mesta ~de på att han hade fel 대부분이 그가 잘못했다는 것을 나타내고 있었다.

pek|bok *–boken –böcker* 어린이 그림책 (4~5세용).

pekdon *~et ~* 【정보통신】 마우스 (쥐 모양에서 유래하였으며 화면상의 항목을 지시, 선택할 수 있는 지시 장치의 일종).

pekfing|er *–ret/–ern, –rar* 둘째손가락.

pekin(g)ẹs *~en ~er* (중국산의) 매우 조그만 개.

pekorạl *~et ~* 형식, 문체가 격에 맞지 않게 과장된 글(결과적으로 우스꽝스러운 인상을 줌), 졸작.

pekpinn|e *–en –ar* 지시봉.

pekskärm *~en ~ar* 【정보통신】 터치 패널.

pekuniär *a*. 재정적인; ~a problem 재정적 문제.

pelạgisk *a*. 해양의, 대양의, 외양(外洋)에 사는; ~a djur och växter 외양동물과 외양식물.

pelar|e *–[e]n ~* (그리스 사원 등의) 원주, 기둥.

pelargọn *~en ~er*/**pelargọni|a** *–an –or* 【식물】 양아욱속(屬)(속칭 제라늄).

pelikạn *~en ~er* 【동물】 펠리컨.

pendạng [paŋ–/pan–] *~en ~er* 상대물(자), 대응물(자); tavlan är en ~ till hans mera berömda målning med samma motiv i Nationalmuseum 이 그림은 국립박물관에 소장되어 있는 같은 모티브의 더 유명한 그의 작품과 한 쌍을 이루고 있다.

pend|el *–eln –lar* (시계 따위의) 진자(振子), 추.

pendeltåg *~et ~* 통근열차.

pendla *~r ~de ~t itr*. ① (진자와 같이) 요동하다, 진동하다; han satt på bordet och lät benen ~ fram och tillbaka 그는 테이블에 앉아 두발을 앞뒤로 흔들고 있었다 ② 통근하다 (교외에 위치한 집과 시내의 직장 사이를).

pendlar|e *–en ~* (열차) 통근자.

pendling *~en ~ar* (추의) 진동, 흔들거림.

pendyḷ *~en ~er* (추에 의하여 움직이는) 벽시계.

penetration *~en ~er* 침투, 침입; stormaktens ~ av grannstaterna 주변국가들에 대한 강대국(세력)의 침투.

penetrera *~r ~de ~t tr*. 침입하다, 침투하다.

peng *~en pen[nin]gar* 동전, 지폐; silver~ 은화; bilen kostade en vacker ~ 그 자동차는 상당한 돈이 들었다; han har ~ar på banken 그는 은행에 (예금된) 돈이 있다; hon hade inga ~ar på sig 그녀는 수중에 돈이 없었다; ~arna eller livet! 죽기 싫으면 돈을 내 놓아라!; kontanta(reda) ~ar 현금; ha ~ar som gräs 막대한 돈을 소유하고 있다.

pengar (복수형) 돈, 자금.

penịbel *a*. 난처한, 곤란한, 당황하게 하는; vara i en ~ situation 난처한 형편에 있다.

penicillịn *~et 0* 【의학】 페니실린.

penis *~en ~ar* 남성의 성기.

P

penn|a *-an -or* 펜; 문인, 문필가; 깃촉 펜; han är en god ~ 그는 유능한 문인이다; leva av sin ~ 문필로 생활하다.

pennalism *~en 0* 약자 못살게 굴기.

pennalist *~en ~er* 약자를 못살게 구는 사람; (기숙사에서) 신입생의 상급생 구두 닦기.

penndator *~n ~er* 【정보통신】 펜과 유사한 기기를 이용해 입력하는 디스크 운영체제.

penndrag *~et ~* (펜, 연필, 붓 등의) 획.

pennformerar|e *-[e]n ~* 연필 깎기.

pennfäktar|e *-[e]n ~* 글을 통해 논쟁을 일삼는 문필가, 이류작가, 논객.

penning ☞ peng.

penninggräs *~et 0* 【식물】 논·밭에 나며 작은 흰 꽃이 피는 잡초.

penningpolitik *~en 0* 금융정책.

penningvärde *~t 0* 화폐가치.

penningvärdeförsämring *~en ~ar* 화폐가치의 하락.

penningväsen *~det 0* 화폐제도.

pennkniv *~en ~ar* 주머니칼(접을 수 있음), 연필 깎는 칼.

pennskaft *~et ~* 펜대.

pennvässar|e *-[e]n ~* 연필 깎기.

penny *~n pence/pennies* 페니(영국의 화폐단위), 동전(100분의 1파운드).

pensé [paŋ-] *~n ~er* 【식물】 팬지, 제비꽃속(屬)의 식물.

penséer [paŋ-] (복수명사), gå i sina ~ 생각에 잠겨 걷다.

pens|el *-eln -lar* 붓, 화필.

pension [paŋʃɑ:n] *~en ~er* ① 연금; gå i ~ 정년퇴직하다, 연금 수혜자로 퇴직하다 ② 숙박, 숙식요금; ha ngn i ~ …를 하숙시키다 ③ flick~ 기숙사제 여학교.

pensionat [paŋ-] *~et ~* (휴가손님을 위한) 작은 호텔, 숙박소.

pensionera [paŋ-] *~r ~de ~t tr.* 정년퇴직시키다, 연금 수혜자로 퇴직시키다.

pensionsbrev *~et ~* 연금증서.

pensionsförsäkring *~en ~ar* 노후연금 보험.

pensionsgrundande *a.* ~ inkomst 연금산출 근거수입.

pensionspoäng *~en ~* (수입에 근거한) 연금가산 점수.

pensionsåld|er *-ern -rar* 정년퇴직연령.

pensionär *~en ~er* 정년 퇴직자.

pensionärsbiljett *~en ~er* 경로우대 차표.

pensionärsrabatt *~en ~er* 경로우대 할인.

pensla *~r ~de ~t tr.* 물감을 칠하다, 바르다.

pens|um *-um[et], -um/-a* 과제, 임무.

pentamet|er *-ern -rar* 【운율】 오운각(五韻脚)[의 시].

pentry *~t ~n* (배, 비행기의) 취사실, (아파트 따위의) 간이부엌.

pep ☞ pipa[2].

peppar *~n 0* 후춧가루; dra dit ~n växer! 내 앞에서 꺼져버려!; det går åt ~n 다 글렀다, 망했다.

pepparkak|a *-an -or* 생강이 든 쿠키.

pepparkvarn *~en ~ar* 후추 제분기.

pepparmint/pepparmynt (불변화

명사) 박하식물에서 만든 조미료, 박하.

pepparmynt|a *-an 0* 【식물】 박하; 박하유(油).

pepparrot *~en 0* 【식물】 양고추 냉이[뿌리], 매우 강한 냄새를 풍기는 조미료.

peppra *~r ~de ~t tr. itr.* …에 후춧가루를 뿌리다, …에 후춧가루로 양념하다; (질문, 욕설 따위를) 퍼붓다.

pepprad *a.* 후추 같은, 매우 알알한; 신랄한; en ~ räkning 엄청난 계산서.

pepsin *~et/~en, 0* 펩신(위액 속의 단백질 분해 효소).

per [pær] *prep.* ① (수단·방법 따위) …에 의해, …으로; ~ brev(järnväg, telefon) 편지로(철도편으로, 전화로) ② (배분) …에 대해, …마다; ~ månad(styck, ton) 월마다, 월별로(개당, 톤당); två gånger ~ år 연 2회; ~ gång 매번 ③ (지급기일, 만기일) ~ tre månader 매 3개월마다; ~ den 31 mars, 3월 31일부로.

percipiera *~r ~de ~t tr.* 지각하다, 감지하다.

perenn[1] *a.* 연중 끊이지 않는, 여러 해 계속하는; 【식물】 다년생의.

perenn[2] *~en ~er* 다년생 식물.

perfekt[1] *a.* 완전한, 완벽한; hon talar ~ engelska 그녀의 영어는 완벽하다.

perfekt[2] *adv.* 완전하게, 완벽하게.

perfekt[3] *~et ~[er]* ☞ **perfektum**.

perfektionist *~en ~er* 완전론자, 완전을 기하는 사람.

perfekt|um *-et/-um, -er* 【문법】 완료시제; -particip (수동형을 만드는 동사의) 과거분사형.

perfid *a.* 불신의; 배반한, 딴 마음이 있는.

perfiditet *~en ~er* 불신, 불성실; 배반.

perforera *~r ~de ~t tr.* 구멍을 내다, 꿰뚫다.

perforering *~en ~ar* 구멍 뚫기, 관통.

pergament *~et ~[er]* 양피지(羊皮紙); 피지문서.

pergol|a *-an -or* 페르골라(포도나무, 등나무 등으로 덮인 정자); 덩굴시렁.

periferi *~n ~er* ① 원주(圓周), 주선(周線); 주위, 주변(지역); i stadens ~ 시가지의 변두리에.

periferisk *a.* 주위의, 주변의.

perifrastisk *a.* 에둘러 말하는, 빙 둘러 말하는, 완곡한.

period *~en ~er* ① 기간, 시기, 임기 ② 주기(週期).

periodicitet *~en 0* 주기성, 정기적임.

periodisk *a.* 주기적인, 정기의; ~ tidskrift 정기 간행물, 잡지.

periodsupar|e *-[e]n ~* (주기적으로 많이 마시며 그 사이에는 안 마시는) 알콜 중독자.

periskop [-ɔp] *~et ~* (잠수함의) 잠망경.

perkussion *~en ~er* 【의학】 타진(打診); 충격, 타격.

permanens *~en 0* 영구, 영속(성).

permanent[1] *a.* 영속적인, 항구적인, 영구의, 불변의.

permanent[2] *~en 0* [머리]파마.

permanenta *~r ~de ~t tr.* ① 머리를 파마하다; är hon ~d? 그녀는 파마를 했느냐? ② 길을 아스팔트로 포장하다.

permission *~en ~er* (병영생활, 병

원, 교도소 따위로부터) 외출, 외박, 휴가.

permissionsförbud ~et ~ 외출(외박) 금지, 휴가 금지.

permittent ~en ~er 【군대】 외출병, 휴가병.

permittera ~r ~de ~t *tr*. ① (작업축소로 근로자를 임금 없이 임시) 휴무 조치하다 ② 외출, 휴가를 허가하다.

permitteringslön ~en ~er 휴가비.

perniciös [–siø:s] *a*. 【의학】 유해한, 치명적인; ~ anemi 악성빈혈.

perpendik|el *–eln –lar* 수직선.

perpetuell *a*. 영속적인, 부단한.

perpetuum mobile (불변화명사) 영구운동기계, 끊임없이 돌아가는 기계.

perplex *a*. 당혹한, 어찌할 바를 모르는; bli ~ över ngt …에 당황하다, 깜짝 놀라다.

perrong ~en ~er (철도역, 지하철의) 승강장, 플랫폼.

perssed|el *–eln –lar* 장비, 비품일체; 군장(軍裝).

perser [pæʂ:ər] ~n ~ 페르시아인.

persian ~en 0 페르시아 산의 어린양 모피.

persienn ~en ~er 유리창을 가리는 널쪽 발, 차양.

persiflage [–flɑ:ʃ] ~t 0 (문어체에서) 야유, 농담.

persik|a *–an –or* 복숭아.

persilja ~n 0 ① 【식물】 파슬리(미나리과 초본, 양념으로 쓰임) ② prata ~ 쓸데없는 소리를 지껄이다.

persimon [–mo:n] ~en ~er 감(과일).

persisk *a*. [고대] 페르시아의; Persiska viken 페르시아 만.

persisk|a ① *–an –or* 페르시아 여자 ② *–an 0* 페르시아 말.

person [pæʂo:n] ~en ~er ① 인간, 사람, 개인; juridisk ~ 법인(法人); en fullvuxen ~ 성인; en högt uppsatt ~ 고위인사; en offentlig ~ 공인(公人); min ringa ~ 소생(小生); per ~ 개인별, 한명 당 ② 【문법】 인칭; första ~ 1인칭; ~a [–so:–] non grata 【외교】 비 환영 인물(주재국 정부가 기피하는 외교관 또는 인물).

personal ~en ~er (직장의) 임직원(집합적); ha för liten ~ 직원 수가 너무 적다; höra till ~en 직원에 속하다.

personalbrist ~en ~er 직원 부족.

personalchef ~en ~er 인사과장.

personalunion ~en ~er 【역사】 ① 2개국 1인 국가원수 체제 ② 국가 체제의 연합방식(두 개의 상이한 나라가 한 명의 국가원수를 갖는 방식).

personbevis ~et ~ (교구사무소에서 발급하는) 주민등록 초본.

personbil ~en ~ar 개인 승용차.

persondator ~n ~er 【컴퓨터】 개인용 컴퓨터.

personell *a*. 개인의, 사람의, 인적(人的).

personifiera ~r ~de ~t *tr*. 인격화하다, 인성(人性)을 부여하다, 의인화하다.

personifikation ~en ~er 의인화, 인격화.

personkult ~en ~er 개인숭배.

personlig *a*. 개인적인, (특정) 개인에 관한(속한); göra ~ bekantskap med

ngn …와 개인적인 친분관계를 갖다; för min ~a del 나 개인으로서는; ~t pronomen 인칭대명사; min ~a åsikt är 내 개인적 의견은 …하다.

personligen *adv*. 개인적으로[는], 자기로서는; 몸소, 스스로; jag inbjöd honom ~ 나 자신이 그를 초대하였다.

personlighet *~en ~er* 개성, 성격, 인격; 인물; han är en ~ 그는 인물이다; gå in på ~er 인신공격을 하다.

personlighetsklyvning *~en 0*, lida av ~ 정신분열증을 일으키다.

personnamn *~et ~* 개인성명.

personnum|mer *-ret ~* 교구사무소에 등록된 개인번호(주민등록번호에 해당).

persontåg *~et ~* 완행열차(비교 : snälltåg 급행열차; godståg 화물열차).

personundersökning *~en ~ar* 피고인의 인적 상황 조사.

personuppgiftslagen (불변화 en-명사) 개인 자료 보호법.

personvagn *~en ~ar* 개인 승용차; 객차(客車).

perspektịv *~et ~* 원근[화]법; 전망, 시각, 견지; nya ~ 새로운 전망.

perspektivfönst|er *-ret ~* 전망 창(窓).

peruạn *~en ~er* 페루 사람.

peruạnsk *a*. 페루의, 페루사람의.

perụk *~en ~er* ① 가발 ② 부스스 헝클어진 머리.

perukstock *~en ~ar* ① (나무로 된) 가발용 모자 골, 형(型) ② en gammal ~ 시대에 뒤떨어진 사람, 구식사람.

pervẹrs *a*. 타락한, 정상에서 벗어난; 성적 도착의.

perversitẹt *~en ~er* 도착(倒錯), 전도(轉倒), 타락.

pesẹt|a *-an*, *~/-as* 페세타(스페인의 은화).

peso *~n ~* 라틴아메리카 여러 나라의 화폐 단위.

pessạr *~et ~er* 여성용 피임기구.

pessimism *~en 0* 염세주의, 염세관, 비관론.

pessimist *~en ~er* 비관론자, 염세가.

pessimistisk *a*. 비관적, 염세의.

pest *~en ~er* 역병(疫病), 전염병; 페스트, 흑사병; 아주 지겨운 사람(일); hata(sky) ngt som ~en …을 철저하게 증오하다(피하다).

peta *~r ~de ~t* ① *tr*. *itr*. 찌르다, 쑤시다, 후비다; ~ hål i ngt …에 구멍을 파다; ~ naglarna 손톱을 소재하다; ~ näsan 코를 후비다; ~ i maten 음식을 깨작거리다(입맛이 없어서) ② 해고하다; (팀에서) 탈락시키다; ~ av (bort) 따다, 쥐어뜯다; ~ fram 빼내다, 꺼내다; ~ ut 제거하다; ~ ut ögonen på ngn …의 눈을 후벼 빼다, 장님을 만들다.

petgöra *~t 0* 시간만 낭비하는 지루한 일.

petig *a*. 까다로운, 몹시 신경을 쓰는, 지나치게 세심한.

petịt|a *-an -or* (국가기관의) 예산내역; lämna in sina -or 예산안을 제출하다.

petit-chou [petiʃɑː] *~n*, *~er/petits-choux* 크림빵의 일종.

petitẹss *~en ~er* 하찮은 일, 사소한 것; förlora sig i ~er 사소한 일에 마음을 사로잡히다.

P

petition *~en ~er* 탄원[서], 청원 (om).

petmoj *~en ~ar* 전화 다이얼.

petrifi[c]era *~r ~de ~t tr.* 돌이 되게 하다, 돌같이 굳게 하다, 화석화 시키다.

petroleum *~en/~et, 0* 석유, 원유.

petuni|a *-an -or* 【식물】 피튜니아 (가지 과(科), 장식용 식물).

pianist *~en ~er* 피아니스트.

piano[1] *~t ~n* 피아노; spela ~ 피아노를 치다.

piano[2] *adv.* 약하게; ta det ~! 서서히 해라!

pianol|a [-o:la] *-an -or* 자동 피아노.

pianostämmar|e *-[e]n ~* 피아노 조율사.

picka *~r ~de ~t tr. itr.* ① ~ på ngt (새가) …을 쪼다; ~ hål på ngt …에 구멍을 내다 (부리로 쪼아) ② (가슴이) 두근거리다, (시계가) 똑딱거리다.

pickelhuv|a *-an -or* 꼭대기가 뾰족한 투구(1800년대 사용).

pickels (복수명사) 절인 것(오이지 따위); (야채 · 생선 따위를) 절이는 물 (소금물; 식초 따위).

picknick *~en, ~er/~ar* 피크닉, 소풍.

pick och pack, ta sitt ~ 휴대품을 챙기다; han gav sig i väg med [allt] sitt ~ 그는 물건들을 모두 챙겨 가지고 떠났다.

pickol|a *-an -or* ☞ **pickolaflöjt**.

pickolaflöjt *~en ~er* 피콜로(높은 음이 나는 작은 피리).

pickup [-ap/-up] *~en ~er* ① 축음기의 바늘 ② 소형트럭, 용달차 ③ 베어낸 것들을 긁어모으는 농기구.

pidgin [pidji:n] (불변화명사) 혼성어(混成語).

piedestal [pide-] *~en ~er* 조상(彫像) 따위의 받침대, 대좌, 주각(柱脚).

pietet *~en 0* ① hysa ~ för …에 대해 존경의 마음을 품다 ② 전통, 옛 것을 아끼는 마음.

pietetsfull *a.* ① 전통을 살린, 고색의; en ~ ombyggnad av huset 옛 모습을 살린 집의 개축 ② 경건한, 존경심으로 가득 찬, 공손한.

pietism *~en 0* 【종교사】 경건주의 (17세기말 독일의 루터파내에 일어남; 신앙의 내면화와 경건화를 주장).

pietist *~en ~er* 【종교사】 경건파(17세기말의 독일에 있어서 루터파의 일종).

piff *~en 0* 풍미, 맛; 묘미; sätta ~ på maten 음식에 풍미를 돋구다.

piffa *~r ~de ~t tr.* ~ upp 멋을 내다, 산뜻하게 하다.

piffig *a.* 멋진, 세련된, 스마트한; en ~ maträtt 맛좋은 요리.

pig|a *-an -or* 하녀.

pigg[1] *a.* ① 쾌활한, 명랑한; 활기 있는, 기운찬 ② vara ~ på ngt …에 열심이다, …하고 싶어 하다; känna sig ~ 몸 상태가 좋다, 기분이 명쾌하다.

pigg[2] *~en ~ar* 큰 못, 뾰족한 것.

pigga *~r ~de ~t itr.* ~ upp 기운을 내다, 힘을 내다; ~ upp sig med en kopp kaffe 커피 한잔으로 기운을 돋우다.

piggna *~r ~de ~t itr.* ~ till 기운이 돌다, 정신이 나다.

piggsvin *~et ~* 【동물】 호저(豪豬,

등에 길고 거친 가시가 돋친 육식동물).

pigment ~*et* ~ 그림물감; 색소.

pigmenterad *a*. 착색한.

pigtjusar|e –[*e*]*n* ~ 엽색꾼, 난봉꾼.

pik ~*en* ~*ar* ① 미늘창, 단창(短槍); 산꼭대기 ② 가시; 비웃음, 조롱; det var en ~ till dig 그것은 너에 대한 비웃음이었다 ③ (수영 · 체조 따위에) 다리를 뻗고 몸을 굽히기.

pika ~*r* ~*de* ~*t tr*. 조롱하다, 풍자하다.

pikant *a*. ① (맛 따위가) 얼얼한, 싸한, 풍미가 있는 ② 호기심을 끄는; en ~ historia 호기심을 끄는 이야기.

pikanteri ~*et* ~*er* 얼얼함, 호기심을 끄는 것.

piké ~*n* ~*er* (불어) 골 무늬의 무명, 피케(코르덴처럼 골 지게 짠 면직물).

piktur ~*en* ~*er* 글씨체.

pil[1] ~*en* ~*ar* 버드나무.

pil[2] ~*en* ~*ar* ① 화살; Amors ~ar (로마신화) 큐피드(사랑의 신)의 화살; snabb som en ~ 화살처럼 빠른 ② 화살모양의 표시.

pila ~*r* ~*de* ~*t itr*. ~ i väg 질주하다, 달아나다.

pilbåg|e –*en* –*ar* 활(弓).

pilgrim ~*en* ~*er* 순례자, 성지 참배자.

pilgrimsfalk ~*en* ~*ar* 송골매(옛날 매사냥에 쓰이던).

pill ~*et* *0* 【일상】 까다로운 일거리.

pilla ~*r* ~*de* ~*t itr*. 만지작거리다; ~ bort kärnorna ur citronen 레몬의 씨를 발라내다; ~ på ngt …을 들추다, (손가락으로) 만지작거리다.

pill|er –*ret* ~ (복수정형; –*ren*/–*erna*) 알약; svälja det beska –ret 하기 싫은 일을 마지못해 하다.

pillerburk ~*en* ~*ar* ① (납작한) 환약 상자, 알약 갑 ② (원통형의) 챙 없는 부인모자.

pilot ~*en* ~*er* 항공기 조종사.

pilotballong ~*en* ~*er* 바람측정 기구.

pilotundersökning ~*en* ~*ar* 준비조사.

pilsnabb *a*. 아주 재빠른.

pilsner ~*n* ~ 알코올 도수가 낮은 씁쓸한 맥주.

pilspets ~*en* ~*ar* 화살촉.

pimp|el –*eln* –*lar* 추가 달린 낚시바늘.

pimpla[1] ~*r* ~*de* ~*t tr*. *itr*. (술을) 홀짝홀짝 마시다.

pimpla[2] ~*r* ~*de* ~*t tr*. *itr*. 낚시 바늘을 위 아래로 당기며 낚시질을 하다.

pin (불변화형용사, 부사), göra ngt på ~ kiv 순전히 악의로 …을 하다.

pin|a[1] –*an* –*or* 고통, 아픔; göra ~n kort (고통을) 빨리 넘기다, 단축시키다.

pina[2] ~*r* ~*de* ~*t tr*. …에 고통을 주다, 괴롭히다; ~s av oro(samvetskval) 불안(양심의 가책)으로 번민하다; ~ livet ur ngn …의 삶을 괴롭히다; en ~nde blåst 살을 에는 듯한 매서운 바람.

pinal ~*en* ~*er* 물건, 휴대품.

pincené [pɛŋsne:] ~*n* ~*er* (안경다리가 없는) 안경(알).

pincett ~*en* ~*er* 핀셋, 족집게.

pingis ~*en* *0* 【일상】 탁구(bordtennis).

pingl|a[1] –*an* –*or* 작은 종, 방울.

pingla[2] ~*r* ~*de* ~*t itr*. 딸랑딸랑 울리다, 방울소리가 나다; 【일상】 전화

를 걸다; jag ~r i eftermiddag 오후에 전화할게.

pingpong *~en 0* 탁구.

pingst *~en ~ar* 성신 강림절.

pingst|afton *-aftonen -aftnar* 성신 강림절 전날(토요일).

pingstlilj|a *-an -or* (흰색의) 수선화.

pingströrelsen (정형명사) 성령강림 운동.

pingstvän *~nen ~ner* 성령강림 교파의 신도.

pingvin *~en ~er* 펭귄.

pinje *~n ~r* (지중해 근처의) 소나무 일종.

pinka *~r ~de ~t itr.* 【일상】 오줌 누다(kissa).

pinn|e *-en -ar* 젓가락, 부지깽이; stel(styv) som en ~ (태도가) 유난히 딱딱한, 모난; trilla av pinn[en] 죽다, 기절하다.

pinnhål, komma ett par ~ högre 한두 단계 승진하다(오르다).

pinnsoff|a *-an -or* 막대형의 등널이 있는 긴 의자.

pinnstol *~en ~ar* 막대형의 등받이를 한 간이 의자.

pinoredskap *~et ~* 고문도구.

pinsam *a.* 난처한, 거북스런, 쑥스러운; ett ~t gräl utbröt mellan värden och värdinnan 안주인과 바깥주인 사이에 곤혹스런 언쟁이 벌어졌다.

pinsch|er *-ern -rar* 개의 일종.

pinụpp|a *-an -or* (벽에 꽂아 놓거나 잡지 표지에 실리는) 미인, 성적 매력이 있는 여자.

piọn *~en ~er* 작약, 작약과 비슷한 식물.

pionjạ̈r *~en ~er* ① 개척자, 선구자 ② 공병(工兵) ③ 옛 소련의 청소년 단체 단원.

pip[1] *~en ~ar* (주전자의) 주둥이, 홈통 주둥이.

pip[2] *~et ~* (새, 쥐 따위의) 삑삑, 찍찍 하는 울음소리.

pip|a[1] *-an -or* 관(管), 도관, 파이프; en ~ tobak 파이프 담배 한 대; ta sig en ~ 파이프 담배를 한 대 피우다; skära -or i vassen 자기에게 이롭도록 기회를 잘 이용하다; dansa efter ngns ~ …의 장단에 춤추다; gå åt ~n 파멸하다, 못쓰게 되다.

pip|a[2] *-er pep pipit itr.* (새, 쥐 따위가) 짹짹(찍찍) 거리다; 바람이 쌩쌩 불다; 투덜대다, 불평을 하다.

pipar|e *-[e]n ~* 【조류】 물떼새.

pipẹtt *~en ~er* 실험용 유리관(적은 양의 액체를 빨아들이는 혈액 검사용).

pipig *a.* 삐걱대는, 찍찍거리는, (애가) 칭얼거리는.

pippi *~n ~ar* ① 삐삐 새(어린이 말) ② 외곬; få ~ 머리가 좀 돌다; han har ~ på fotboll 그는 축구에 미쳐있다.

pipskägg *~et ~* 끝이 뾰족하게 올라간 수염.

pir *~en, ~ar/~er* 부두, 방파제.

pirat *~en ~er* 해적.

piratbuss *~en ~ar* 불법운행 버스.

piratkopiering *~en ~ar* 저작권 침해, 도용(盜用).

pirog [-ọ:g] *~en ~er* ① (러시아) 파스테이(고기, 생선 따위를 짓이겨 풀처럼 만든 것) ② 통나무 배, 긴 카누.

pirra *~r ~de ~t itr.* 얼얼하다, 따끔거

리다, (가슴이) 울렁거리다; det ~r i magen 안달하다, 안절부절 못하다, 속이 조마조마하다.

pirrig *a.* 초조해하는, 안달하는.

piruett *~en ~er* (발레, 스케이트 따위의) 발끝으로 돌기.

piruettera *~r ~de ~t itr.* 발끝으로 돌다.

pisk *~et 0*【일상】채찍질, 매질; få ~ 매맞다; ge ngn ~ …에게 매를 때리다.

pisk|a Ⅰ. *-an -or* 매, 채찍; låta ngn smaka ~n …에게 매맛을 보여주다; han kan inte arbeta om han inte har ~n över sig 그는 잔소리를 듣지 않으면 일을 못 한다 Ⅱ. *~r ~de ~t tr. itr.* 매질하다, 채찍질하다; (옷, 매트 따위를) 털다, 세게 치다; regnet ~r [mig] i ansiktet(på fönstret) 비가 내 얼굴(유리창)을 세차게 때린다; ~ på hästen 말을 몰아치다.

piskad *a.* 강제된, 강요받은; han var ~ att låna pengar 그는 하는 수 없이 돈을 빌려야 했다.

piss *~et 0*【비어】오줌.

pissa *~r ~de ~t itr.*【비어】오줌누다(갈기다).

pissoar *~en ~er* 소변소, 소변기.

pistasch [-ɑːʃ] *~en ~er*【식물】피스타치오(남유럽, 소아시아 산(産)의 관목), 그 열매(향료로 사용).

pistill *~en ~er*【식물】암술.

pistol *~en ~er* 권총.

pistong *~en ~er*【기계】피스톤.

pitprops *~en 0* 갱구 버팀목.

pittoresk *a.* 그림 같은, 그림같이 아름다운.

pivot [-oːt] *~en ~er*/**pivå** *~n ~er*【기계】피벗, 추축(樞軸), 선회 축.

pix|el *~n -lar*【정보통신】(텔레비전 화상 등을 구성하는 최소 단위의) 화소(畫素).

pjoll|er *-ret 0* 재잘거림, 옹알거림; 수다.

pjollra *~r ~de ~t itr.* 재잘거리다, 쓸데없는 소리를 지껄이다.

pjosk [-ɔ-] *~et 0* 노파심, 노심초사.

pjoska *~r ~de ~t itr.* 노파심을 갖다; ~ med ngn …를 응석받이로 기르다, 지나치게 염려하다.

pjoskig *a.* 응석받이의, 심약한, 나약한.

pjunk *~et 0* ① (열등감에서 나오는) 불평, 투덜거림 ② 나약함, 유약(柔弱).

pjåkig *a.* (부정문에서) idén är inte så ~ 생각자체는 그리 나쁘지 않다.

pjäs *~en ~er* ① 연극, 희곡 ② (대포, 기관총 따위의) 중화기(重火器) ③ (서양장기의) 말.

pjäx|a *-an -or* 스키용 구두, 스키화(靴).

placera *~r ~de ~t* Ⅰ. *tr.* 놓다, 앉히다, 배치하다; ~ pengar 돈을 투자하다 Ⅱ. (강세접사와 함께), ~ om 다른 자리에 앉히다, (가구를) 재배치하다, (돈을) 재투자하다; ~ ut 진열하다, 늘어놓다.

placering *~en ~ar* 자리배정, 직장배치.

placeringskort *~et ~* 초대 손님의 식탁좌석 표시카드.

pladask *adv.* falla ~ 쾅 하고 넘어지다; falla ~ i vattnet 물에 풍덩 빠지다; sätta sig ~ i stolen 의자에 털썩 주저앉다.

pladd | er *–ret 0* 잡소리, 수다, 쓸데없는 말.

pladdra *~r ~de ~t itr.* 잡담하다, 쓸데없이 지껄이다.

plafond [–fɔŋd] *~en ~er* 장식을 한 천장.

plage [–ɑ:ʃ] *~n ~r* 해변, 바닷가, 해안.

plagg *~et ~* 복장, 의복.

plagiat [–giɑ:t] *~et ~* 표절(남의 문장, 설 따위를 훔치는 것), 표절물.

plagiator *~n ~er* 표절자.

plagiera *~r ~de ~t tr.* 표절하다.

plakat[1] *~et ~* 벽보, 포스터, 플래카드.

plakat[2] *a.* (불변화, 서술적)【일상】 곤드레만드레가 된.

plakett *~en ~er* (지위, 명예를 새긴) 소패(小牌).

plan[1] Ⅰ. *~et ~* ① 평면; 수준, 층; lutande ~ 경사면; ligga i samma ~ som …과 동일수준에 있다; på ett annat ~ 다른 차원에서 ② flyg~ 비행기 Ⅱ. *~en ~er* ① 공터, 야외, 운동장, …장; fotbolls~ 축구장 ② 계획, 목표, 청사진; äventyrliga ~er 무모한 계획; göra upp en ~ för att …할 계획을 세우다; vad har du för ~er? 네 계획은 어떠냐?

plan[2] *a.* 평평한, 평면의; ~ yta 수평면.

planekonomi *~n 0* 계획경제; (반대) marknadsekonomi.

planera *~r ~de ~t tr.* ① 평평하게 하다, (땅을) 고르다 ② 계획을 세우다, 준비하다.

planering *~en 0* 계획수립, 계획.

planet *~en ~er*【천문】 혹성, 유성(遊星).

planetarisk *a.*【천문】 혹성의.

planetari | um *–et –er*【천문】 플라네타륨, 혹성의(儀); 천문관(館).

planhalv | a *–an –or* 경기장의 절반.

planhushållning *~en 0* 계획경제.

planimetri *~n 0* 평면측량학.

plank[1] *~en 0* 판자(집합적 의미).

plank[2] *~et ~* 판목을 깎아 세워 만든 울타리.

plank | a[1] *–an –or* 널, 두꺼운 판자(보통 두께가 2–6인치, 폭 9인치 이상).

planka[2] *~r ~de ~t tr.* 돈을 내지 않고 몰래 입장하다(흥행장소 따위에); (남의 글을) 표절하다.

plankorsning *~en ~ar* 교차로.

plankstrykar | e *–[e]n ~* 서툰 그림쟁이.

plankton *~et 0* 플랑크톤, 부유생물.

plan | lägga *–lägger –lade –lagt tr.* 계획을 세우다; –lagt mord 계획된 살인.

planlös *a.* 무계획한, 목표 없는, 되는 대로의.

planlösning *~en ~ar* (건축, 건물의) 방 배치.

planmässig *a.* 계획에 의한, 계획대로의.

planritning *~en ~ar* 설계도.

plansch *~en ~er* 삽화, 도해.

planskild *a.* ~ korsning 높이가 다른 도로 간의 교차로.

plant | a[1] *–an –or*【식물】 묘목, 묘종; 싹.

planta[2] *~r ~de ~t tr.* 심다.

plantage [–tɑ:ʃ] *~n ~r* (열대지방의 목화, 담배 따위를 경작하는) 큰 농장.

plantera *~r ~de ~t tr.* 심다, (식물을)

이식하다; ~ ngt i en kruka …을 화분에 심다; ~ om 옮겨 심다, 이식하다.

plantering *~en ~ar* 묘목심기, 식목; 묘목을 심은 구역.

plantskol|a *-an -or* 묘목 밭, 묘상(苗床); 양성소.

plask *~et 0* 철벅! 텀벙! (물 튀기는 소리).

plaska *~r ~de ~t itr.* (물, 흙탕 따위가) 튀다, 튀기다; ~ omkring (물을) 주위에 튀기다; vågorna ~r mot stranden 파도가 해변을 때린다.

plaskdamm *~en ~ar* 아이들이 물장난을 할 수 있는 얕은 못.

plaskvåt ☞ genomvåt.

plasm|a *-an/-at, -er* ①【생리】 혈장(血漿), 피장 ②【생물】 원형질 ③【물리】 플라스마(거의 같은 수의 양이온과 전자를 띤 가스).

plast *~en ~er* 플라스틱, 합성수지.

plastbåt *~en ~ar* 플라스틱보트.

plastịk *~en 0* ①【미술】 조형미술 ②【의학】 성형외과술 ③ 우아한 동작(무대 위에서).

plastikkirurgi [-çirərgi:] *~n 0*【의학】 성형외과술.

platạn *~en ~er* 플라타너스.

platina [-ị:-/-ɑ̣:tina] *~n 0*【화학】 백금, 플라티나(금속원소).

platinablond *a.* 엷은 금발의.

platọn[i]sk *a.* ① 플라톤의, 플라톤 학파의 ② 정신적인(연애 따위).

plats *~en ~er* ① 장소, 위치, 자리, 터; 광장, 공간; offentlig ~ 공공장소; ~en är upptagen 이 자리는 차있다; beställa ~ 좌석을 예약하다; får inte ~ 방(자리, 공간)이 없다; sjukhuset har 250 vårdplatser 그 병원은 250개의 병석을 가지고 있다; lämna ~ för …를 위하여 장소(통로)를 비우다, 자리를 양보하다; det finns gott om ~ 자리가 많이 있다; komma på femte ~ 5등을 하다; ställa ngt på sin ~ …를 제 자리에 두다; inte på sin ~ 자리에 맞지 않는, 부적합한 ② 일자리, 일터; 지위, 직(職), 부서; fast ~ 정규직; lediga ~er 빈 일자리; inta en framskjuten ~ i samhället 사회에서 높은 지위에 오르다 ③【경기】 på era ~er! 제자리에 (섯)!

P

platsbiljett *~en ~er* 좌석표(기차).

platt[1] *a.* ① 평평한, 납작한 ② 진부한, 무의미한.

platt[2] *adv.* 평평하게, 단조롭게; 전혀, 완전히; ~ omöjligt 전혀 불가능한.

platt|a[1] *-an -or* 접시 모양의 물건, 판금;【건축】 얇은 판자(조각); 레코드 판; 타일(벽에 붙이는); 취사용 전기(가스) 히터.

platta[2] *~r ~de ~t tr.* ~ till (ut) 평평하게 하다; 얇은 판자를 씌우다; ~ till ngn …를 꼼짝 못하게 하다, 창피를 주다.

plattfisk *~en ~ar* 넙치, 가자미류의 넓적한 물고기.

plattform *~en ~ar* ① 대(臺), 단(壇), 연단, 교단 ② 역의 플랫폼, 승강장 ③ (정당의) 강령, 근본방침.

plattfot *~en 0* 편평족(扁平足).

plattfotad *a.* 편평족의.

platthet *~en ~er* 평범함, 진부, 단조, 상투적인 말(plattityd).

plattsöm *~men ~mar*【자수법】 수자직 식 바느질(날줄이 적고 씨줄이 많은 옷감 짜는 방법의 하나).

plattyska *-an 0* 저지독어(lågtyska),

북부 독일지방의 방언.

platå *~n ~er* 고원, 대지.

plausịbel *a.* (구실 따위가) 그럴싸한, 진실(정말)같은, 신빙성 있는.

P

plebẹj *~en ~er* (고대 로마의) 평민; 서민.

plebẹjisk *a.* 서민의, 상스런.

plektr|um/plektr|on *–et –er* (만돌린 등의 현악기 연주용) 채.

plenarsession *~en ~er* 전체회의, 총회.

plẹn|um *–um[et], –a/–um* 전체회의, 총회.

pleonạsm *~en ~er* 용어법(冗語法), 군더더기 말을 덧붙이는 수식법.

pleonạstisk *a.* 용어법의(적), 용언(冗言)의, 군더더기 말의.

pleti ☞ **kreti**.

pli *~n 0* 규율, 훈육, 풍기; militärisk ~ 군인다운 태도; få ~ på sig 몸가짐을 배우다.

pligg *~en ~ar* (나무, 금속 따위의) 못, 쐐기.

pligga *~r ~de ~t tr.* 나무못(말뚝)을 박다, 박아 붙이다; ~ fast (지면에) 나무못으로 고정시키다; 규칙에 묶어 놓다.

plikt *~en ~er* ① 의무, 임무; en kär ~ 즐거운 임무; göra sin ~ 임무를 수행하다 ② 【고어】 벌금.

plikta *~r ~de ~t tr. itr.* 벌금을 지불하다; dömas att ~ 200 kr. 벌금 200 크로나에 처하다; ~ för ngt … 때문에 벌(고통)을 받다; ~ med livet 죄 값으로 죽다.

pliktförgäten *a.* 의무를 망각한, 충실치 못한.

pliktig *a.* …할 의무가 있는, …해야 하는(~ att göra ngt).

pliktskyldigast *adv.* (마지못해) 의무적으로 하는.

pliktrogen *a.* 충실한, 책임감 있는, 꼼꼼한, 양심적인.

pling *itj.* (방울 · 벨 따위가 울리는 소리) 딸랑딸랑!, 찌릉 찌르릉!

plint *~en ~ar* 【건축】 ① (원주 따위의) 주초(柱礎), (조상(彫像) 따위의) 대좌(臺座) ② 【체육】 뜀틀.

plira *~r ~de ~t itr.* 눈을 가늘게 뜨다 (mot, på, åt); ~ illmarigt 짓궂게 쳐다보다.

plissé *~n ~er* (재봉) 주름잡기.

plissera *~r ~de ~t tr.* …에 주름을 잡다.

plist|er *–ern –rar* 【식물】 광대수염(꽤기풀 류).

plita *~r ~de ~t itr.* 열심히 쓰다; han satt och ~de med brevet 그는 앉아서 부지런히 편지를 썼다.

plock *~et 0* ① 고르기, 선택, 주워 모은 것; för att ta ett ~ ur högen 되는대로 고르자면 ② 지스러기, 부스러기, 잡동사니.

plocka *~r ~de ~t tr. itr.* ① 주워 모으다, (꽃, 딸기, 나뭇잎 따위를) 따다; ~ bort 치우다, 제거하다 ② (강세접사와 함께) ~ fram 꺼내다, 갖다놓다; ~ in ngt i skåpet …을 찬장에 넣다; ~ sönder 조각내다, 찢다; ~ upp (바닥에서) …을 줍다; ~ ut 고르다, 선택하다 ③ *rfl.* …의 깃털을 뽑다, (새가) 날개를 다듬다.

plog *~en ~ar* 쟁기; snö~ 눈 치우는 트랙터; sätta sin hand till ~en 【성서】 손으로 쟁기를 잡다(진지하게 어려운 일에 착수하다).

ploga *~r ~de ~t tr. itr.* 갈다, 일구다; åkern var just ~d 밭은 이제 막 갈았다.

plomb [-ɔ-] *~en ~er* ① 봉랍, 봉연(封鉛) ② 【치과】 충전재, 봉.

plombera *~r ~de ~t tr.* ① …을 (납으로) 봉하다, 봉인하다 ② (치아를) 충전(充塡)하다, 봉 박다.

plommon [-ɷmɔn] *~et ~* 서양자두.

plommonstop *~et ~* 중산모자(中山帽子).

plottra *~r ~de ~t itr.* 꾸무럭거리며 일하다; ~ bort (돈이나 시간을) 낭비하다, 짤끔짤끔 쓰다.

plottrig *a.* 뒤범벅의, 혼란한(rörig), 뒤죽박죽의.

plufsig *a.* 굼뜨고 뚱뚱한.

plugg Ⅰ. *~en ~ar* 마개, 틀어막는 것 Ⅱ. *~et ~* 【일상】 집중적인 공부.

plugga *~r ~de ~t* ① *tr.* 마개를 막다 ② *itr.* 집중적으로 공부하다, (공부를) 파다, 주입식으로 공부하다; ~ i ngn(sig) ngt …에게 …을 철저히 가르치다.

plugghäst *~en ~ar* 공부벌레, 맹렬히 공부하는 사람.

plump[1] *a.* 거친, 조잡한, 상스러운.

plump[2] *~en ~ar* (잉크 따위의) 점, 얼룩; 흠, 오점.

plumpa *~r ~de ~t itr.* 얼룩지게 하다, 오점을 남기다; ~ i protokollet 실수를 하다; ~ i(ner) skrivboken 노트에 얼룩점을 지게하다.

plums[1] *~et/~en, ~/~ar* 풍덩(쿵, 철썩)하는 소리.

plums[2] *itj.* 풍덩!, 철썩!

plumsa *~r ~de ~t itr.* 풍덩 빠지다, 철썩하고 떨어지다; ~ ner i sjön 호수에 풍덩 빠지다.

plundra *~r ~de ~t tr.* (전쟁에서 군인들이) 약탈하다, 노획하다, 강탈하다; ~ julgranen 성탄트리를 치우다, 성탄트리에 장식물들을 치우다.

plunt|a *-an -or* 【역사】 위스키 따위의 포켓용 술병.

plụral[1] *~en ~er* 【문법】 복수.

plural[2] *a.* 복수의.

pluralis (불변화 en-명사) 복수.

pluralism *~en 0* (문화, 사상 측면에서) 다중성(多重性), 복수성(性).

plurr *~et 0*, ramla i ~et 물에 빠지다.

plurra *~r ~de ~t itr.* 물에 빠지다 ☞ plurr.

plus[1] *~et ~* 더하기, 플러스(+), 이익, 증가; jag står på ~ 나는 (은행통장에) 예금이 있다, 이익을 보고 있다; termometern står på ~ 수은주가 영상 온도를 가리킨다.

plus[2] *adv.* 더하면, 더해서; två ~ tre är fem 둘 더하기 셋은 다섯이다; ~ minus noll 빙점, 영.

plusgrad *~en ~er* 영상온도.

pluskvamperfekt[um] (불변화명사) 【문법】 대과거.

plussig *a.* (얼굴이) 부은, 부풀어 오른.

pluta *~r ~de ~t itr.* ~ (med läpparna) (못마땅해서) 입을 삐죽 내밀다.

plutokrạt *~en ~er* 금권(부호) 정치가.

plutokratị *~n 0* 금권(재벌) 정치.

plutokrạtisk *a.* 금권(부호) 정치[가]의.

pluton [-ɷ:n] *~en ~er* 【군대】 소대, 30-50명 단위.

plutoni|um *-um[et]/-et, 0* 【화

학】 플루토늄(방사성 원소의 하나).

plutt *~en ~ar* 꼬마, 하찮은 사람.

pluttig *a.* 작은, 보잘 것 없는.

plym *~en ~er* (특히) 큰 깃털, 깃털장식.

plysch [–y:–] *~en ~er* 플러시천(빌로드의 일종).

plywood [plạjvʊd] *~en 0* 합판, 베니어 판.

plåg|a[1] *–an –or* 고통, 아픔, 성가신 것, 골칫거리; den döende hade svåra –or 죽어가던 그 사람은 심한 고통을 겪었다; var dag har nog av sin (egen) ~ 하루의 걱정은 그날에 족 하니라; dö under svåra –or 극심한 고통 속에 죽다.

plåga[2] *~r ~de ~t tr.* …에게 고통을 주다, …를 괴롭히다; det ~r mig att se …을 보는 것이 나는 괴롭다; han ~s av dåligt samvete 그는 양심의 가책으로 괴로워한다; ~d av törst 갈증으로 허덕이는.

plågoand|e *–en –ar* 고통을 주는 사람, 괴롭히는 사람.

plågsam *a.* 고통스런, 아픈, 괴로운.

plån *~et ~* ① 성냥갑의 마찰 면(성냥개비를 긋는) ② 서자판(書字板).

plåna ☞ utplåna.

plån|bok *–boken –böcker* 지갑.

plåst|er *–ret ~* 반창고; lägga ~ på såret 상처에 반창고를 붙이다.

plåstra *~r ~de ~t itr.* ~ med …에다 반창고를 붙이다.

plåt *~en ~ar* ① 금속판, 판금(版金) ② 【사진】 감광판.

plåta *~r ~de ~t tr.* 사진 찍다.

plåtslagar|e *–[e]n ~* 판금공(版金工), 도금공.

plåtslageri *~et ~er* 판금 작업소.

pläd *~en ~ar* (시트 없이 사용하는) 작은 담요, (스코틀랜드 고지에서 입는) 격자무늬의 망토.

plädera *~r ~de ~t tr.* …을 주장하다; 【법률】 변론하다.

plädering *~en ~ar* 판결에 앞서 검사 측과 변호인 측의 마지막 진술.

pläga *~r ~de ~t itr.* …하곤 하다 (bruka).

plägsed *~en ~er* 【고어】 습관, 인습.

pläter *~n 0* 녹슬지 않도록 도금을 한 금속.

plätera *~r ~de ~t tr.* …에 도금을 하다, 판금으로 덮다.

plätt *~en ~ar* ① (특정한) 점, 장소 ② 작은 팬케이크.

plättlagg *~en ~ar* 팬케이크 구이 판.

plöj|a *–er –de –t tr.* …을 갈다, 일구다; ~ igenom …을 헤치고 나아가다; ~ sig fram …을 뚫고 나아가다.

plös *~en ~ar* (구두의) 앞 가죽, 혓바닥 가죽.

plötslig *a.* 갑작스런, 뜻밖의; ~ död 뜻밖의 죽음; ta ett ~t slut 갑자기 끝나다.

plötsligen/plötsligt *adv.* 갑자기, 뜻밖에; ~ avbryta 갑자기 중단하다; stanna ~ 갑자기 멈추다.

PM (단수복수동형) ☞ promemoria.

pneumạtisk [pnev–] *a.* 공기가 든, 공기의 작용에 의한.

pock [–ɔ–] *~et 0*, med lock och ~ 어떻게 하든지 간에.

pocka *~r ~de ~t itr.* han ~r på ngt 그는 …을 주장하다, 역설하다; ett problem som ~r på sin lösning 해결이

시급한 문제.
pockande *a*. (요구 따위가) 엄한, 가혹한; 성가신, 귀찮은; ett ~ behov 긴급한 필요성.
pocket|bok [pɔk-] *-boken -böcker* 종이표지의 소형 책, 포켓형의 (염가판) 책.
podi|um [pɷ:-] *-et -er* 연단(演壇), 지휘대.
poẹm *~et ~* (정형)시(詩).
poesi *~n ~er* (예술의 한 분야로서) 시, 운문, 시가.
poẹt *~en ~er* 시인.
poetịk *~en 0* 시학, 시론.
poetisk *a*. 시의, 시적인, 시와 같은; ~ frihet 시의 파격(破格) (시적 효과를 위해 문법, 논리, 형태 따위의 격식을 깨는 것).
pogrom [-ọm] *~en ~er* 대대적인 유대인 박해(1800년대 제정 러시아에서 시작).
point|er [pɔjn-] *-ern -rar* 포인터(사냥개).
pojkaktig [-ɔ-] *a*. 소년의, 소년다운.
pojk|e [-ɔ-] *-en -ar* 소년, 사내아이.
pojknamn *~et ~* 남자이름.
pojkvask|er *-ern -rar* 꼬마 소년.
pojkvän *~nen ~ner* 남자친구.
pokạl *~en ~er* ① 굽이 있는 잔(금속, 유리제로 손잡이가 없다) ② 우승배, 우승컵.
poker [pɔ-] *~n 0* 포커(카드놀이).
pokeransikte *~t ~n* 【구어】 무표정한 얼굴.
pokulera *~r ~de ~t itr*. de satt och ~de 그들은 함께 앉아서 술을 마셨다.
pol *~en ~er* ① 지구의 극지(極地); nordpolen 북극 ② 【물리】 (전극, 자극 따위의) 극 ③ (전기의) 양(음)극 ④ 【비유】 (사상, 성격 등의) 양극단, 정반대.
polạck *~en ~er* 폴란드 사람.
polạr *a*. 북극(남극)의, 극지(極地)의; ~ expedition 극지탐험.
polarisation *~en 0* ① 【광학】 편광 ② 【전기】 (유전체의) 분극작용, 전지의 성극(成極).
polarisering *~en ~ar* ① 편광(偏光); 분극화 ② (정당 · 의견 등의) 대립의 심화.
polaritet *~en 0* ① 【물리】 양극성 ② (주의, 성질 따위가) 정반대의 요소를 갖는 일, 모순, 양극성(兩極性).
polarsken *~et 0* 북극광(北極光)(또는 남극광).
polcirk|el *-eln -lar* 북(남)극권; norra(södra) ~n 북(남)극권.
polemịk *~en ~er* (정치, 학술, 예술 등에서) 논쟁, 논박, 반론.
polẹmiker *~n ~* 논객, 논쟁자, 토론가.
polemisera *~r ~de ~t itr*. 논쟁하다, 토론하다.
polemisk *a*. 논쟁하는, 논박하는, 반론하는.
Polen 폴란드.
polẹnta *~n 0* 폴렌타(이탈리아 요리, 옥수수, 보리 가루 따위로 만든 죽).
polera *~r ~de ~t tr*. …을 닦다, 윤(광)을 내다.
polerad *a*. 태도가 단정한, 예절바른, 세련된.
polhöjd *~en 0* 【지리, 천문】 위도.
policy [pɔlisi/pɔlisy] *~n 0* (기업체,

기관 등의) 방침, 정책.

poliklinik *~en ~er* (병원의) 외래환자 진료부.

polio [pɑ:–] *~n 0* 척추성 소아마비, 폴리오.

polis Ⅰ. *~en 0* 경찰, (집합적) 경찰관, 경찰서; kvinnlig ~ 여자 경찰관; anmäla ngn för ~en 경찰에 신고하다; efterspanad av ~en 경찰에 수배된 Ⅱ. *~en ~er* 경찰관 Ⅲ. *~en ~er* 보험증권, 보험료.

polisanmälan *~ 0* 경찰신고(고발).

polisassistent *~en ~er* 경사(警査).

polisbevakning *~en ~ar* 경찰 감시; stå under. ~ 경찰 감시망 하에 있다.

polisbil *~en ~ar* 경찰차.

polisbrick|a *–an –or* 경찰관 배지(금속).

polisbrutalitet *~en ~er* 경찰만행(압제적 방식 따위).

polischef *~en ~er* 경찰서장.

polischock [–ʃɔk] *~en ~er* 군중에 대한 경찰의 돌발적 공격(공포감을 줄 목적으로).

polisdistrikt *~et ~* 경찰관할 구역.

polisiär *a.* 경찰의.

poliskommissarie *~n ~r* 총경.

poliskonstap|el *–eln –lar* 경관, 순경.

polismästar|e *–[e]n ~* 경찰국장, 시경국장.

polisonger [–sɔŋər] (복수명사) 구레나룻(수염).

polispådrag *~et ~* 경찰병력 대거 출동.

polisstat *~en ~er* 경찰국가.

politbyrå *~n ~er* (공산국가의) 정치국.

politices, ~ magister(pol. mag.) 사회과학 학사(구제도 학위 명칭).

politik *~en 0* 정치, 정책.

politiker *~n ~* 정치인, 정치가.

politikerförakt *~et 0* 정치인 불신.

politisera *~r ~de ~t* Ⅰ. *itr.* 정치에 관여하다, 정치를 논하다 Ⅱ. *tr.* …을 정치문제로 삼다, 정치화하다.

politisk *a.* 정치의, 정치에 관한, 정치상의.

polityr *~en ~er* 연마분, 광택제, 윤내는 재료.

polk|a *–an –or* 폴카(2박자의 경쾌한 춤); 그 곡.

polkagris *~en ~ar* 엿가락 모양의 박하사탕.

polkahår *~et 0* (부인, 아이의) 단발머리.

pollar|e [pɔ–] *–[e]n ~* 【항해】 (잔교(棧橋), 부두의) 배 매는 기둥.

pollen [pɔ–] *~et 0* 화분(花粉), 꽃가루.

pollenanalys *~en 0* 꽃가루 분석 (꽃가루 출현의 분석을 통해 지질연대를 알아내는 방법(특히 이탄지층(泥炭地層)에서)).

pollett *~en ~er* 모조화폐, 돈 대신 지불 수단으로 쓰이는 동전 모양의 것, 버스 토큰 따위.

pollettera *~r ~de ~t tr.* 짐을 철도화물로 발송하다.

pollination *~en ~er* 【식물】 수분작용(授粉作用).

pollinera *~r ~de ~t tr.* 【식물】 …에 수분(授粉)하다.

pollution *~en ~er* 【의학】 몽정(夢精).

pol. mag. ☞ politices.

P

polo Ⅰ. *~t 0* 폴로; häst~ 마상(馬上)구기, vatten~ 수구(水球) Ⅱ. *~n ~r/~er* ☞ polokrage.
polokrag|e *-en -ar* 말아 접을 수 있는 셔츠나 스웨터의 칼라(깃).
polonäs *~en ~er* 폴로네즈(폴란드의 3박자로 된 느린 춤); 그 무곡(舞曲).
polsk *a.* 폴란드의, 폴란드인의.
polsk|a Ⅰ. *-an -or* 폴란드 여자 Ⅱ. *-an 0* 폴란드어 Ⅲ. *-an -or* 릴(스코틀랜드 고지의) 경쾌한 춤(곡).
polstjärnan (불변화 en-명사) 북극성.
polygam *a.* 일부다처(一夫多妻)의.
polygami *~n 0* 일부다처[주의](månggifte).
polyglott [-ɔt] *~en ~er* 수개국어에 능통한 사람.
polyhistor *~n ~er* 박학자, 박식가.
polykrom [-o:m] *a.* 다색의, 다색채 장식의.
polymer *~en ~er* 【화학】 중합체(重合體).
Polynesien 폴리네시아(대양주의 3대 지역의 하나; 하와이, 사모아제도 등이 포함된다).
polynesier *~n ~* 폴리네시아 사람.
polynesisk *a.* 폴리네시아의.
polyp *~en ~er* ① 【동물】 폴립(강장(腔腸)동물 중에서 착생생활을 하는 개체; 말미잘 · 히드라 따위) ② 【병리】 폴립(점막에 발생하는 버섯모양의 종양 · 비용(鼻茸)따위).
polyteism *~en 0* 다신론(多神論), 다신교.
polyteknisk *a.* 공예의, 공업기술의.
polär *a.* 북(남)극의, 극지의.
pomad|a *-an -or* 포마드, 머릿기름.
pomadera *~r ~de ~t tr.* (머리에) 포마드를 바르다.
pomerans *~en ~er* 맛이 신 감귤류 과일.
pommes frites [pɔmfrit] (복수명사) 프랑스식 튀김감자.
pomologi [-gi:] *~n 0* 과수재배학(법).
pomp *~en 0*/pompa *~n 0* 호화, 장려, 화려.
pompös *a.* 호화스런, 장려한; 당당한, 젠체하는.
pondus *~en 0* 권위, 위엄, 존엄, 품위.
ponera *~r ~de ~t tr.* …라고 가정하다, 상상하다; ~ nu, att han inte kommer 자, 그가 안 온다고 가정해 보아라.
ponny *~n ~er* 조랑말, 작은말.
ponton [-to:n/-tɔ:n] *~en ~er* 【군대】 ① 주교(舟橋), 주교용 철주(鐵舟) ② (수상 비행기의) 플로트 ③ (침몰선 인양 용) 부양함.
pop [po:p] Ⅰ. *~en ~er* (그리스정교회의) 교구사제(教區司祭) Ⅱ. [pɔp] *~en 0* 대중음악; 현대 대중문화를 지칭하는 말; ~konst 대중예술.
poplin *~en/~et, ~er* 【직물】 포플린.
popmusik *~en 0* 팝 뮤직(강렬한 리듬과 조명 하에 젊은이들을 열광시키는 대중음악).
popp|el *-eln -lar* 포플러(나무).
popularisera *~r ~de ~t tr.* …을 쉽게 만들다, 대중화하다, 세속화시키다.
popularitet *~en 0* 인기, 평판.
populär *a.* 인기 있는, 평판이 좋은.

populärvetenskap *~en 0* 통속과학.

por *~en ~er* ① (피부의) 털구멍 ② (식물의) 기공(氣孔).

porfyr *~en ~er* 반암(斑岩).

P

porig *a.* 구멍이 많은, (물, 공기 등이) 스며드는.

porla *~r ~de ~t itr.* 물이 졸졸 흐르다.

pormask *~en ~ar* 여드름.

pornografi *~n 0* 춘화도(春畫圖), 호색문화, 포르노(porr).

pornografisk *a.* 춘화의, 외설스러운; 호색문학의.

porrfilm *~en ~er* 【일상적】 도색(포르노) 영화(pornografisk film의 준말).

pors *~en 0* (잎이 술의 향료로 사용되었던) 들버들나무의 일종, 소귀나무속의 관목.

porslin *~et ~er* 도자기, 자기, 사기그릇.

porslinsblomm|a *-an -or* 벌꽃난초 (반들반들한 가죽 모양의 잎과 분홍색 밀랍형의 꽃이 무더기로 피는 기어오르는 식물).

port [pɷt] *~en ~ar* 앞문, 대문, 문간; 입구, 수문; helvetets ~ar 지옥문.

portabel *a.* 가지고 다닐 수 있는, 휴대용의.

portal *~en ~er* 웅장한 입구, 현관, 정문.

portalfigur *~en ~er* 뛰어난 인물, 탁월한 사람, 대표적 인물.

porter *~n 0* 검은 빛깔의 쓴 맥주.

portfölj *~en ~er* 서류가방; minister utan ~ 무임소 장관.

portför|bjuda *-bjuder -bjöd -bjudit tr.* ~ ngn …를 입장금지 시키다.

portgång *~en ~ar* 통로, 출입구; föret är alltid värst i ~en 처음에는 항상 어렵다.

portier [pɔtçe] *~[e]n ~er* (호텔의) 접수계원.

portik *~en ~er* 【건축】 주랑(柱廊), 현관.

portion [pɔtʃɷ:n] *~en ~er* ① 몫, (음식의) 인분 ② i små ~er 소량으로.

portionera *~r ~de ~t tr.* ~ [ut] 나누다, 분할하다, 분배하다.

portiär [pɔtçæ:r] *~en ~er* (문간 따위에 치는) 휘장, 막.

portjé *~n ~er* ☞ portier.

portmonnä *~n ~er* 돈지갑.

porto [pɔ–] *~t ~n* 우편요금.

portofri *a.* 우편요금 무료의.

porträtt *~et ~* 초상화; (언어에 의한) 인물묘사.

porträttera *~r ~de ~t tr.* …의 초상을 그리다, 생생하게 묘사하다.

porträttlik *a.* 살아있는 것 같은, (초상화 따위가) 실물 그대로의, 생생한.

porttelefon *~en ~er* (아파트의) 내선 전화.

portugis [pɔtugi:s] *~en ~er* 포르투갈 사람.

portugisisk *a.* 포르투갈의.

portugisisk|a ① *-an -or* 포르투갈 여자 ② *-an 0* 포르투갈어.

portvakt *~en ~er* 문지기, 수위, (아파트) 경비원.

portvin *~et ~er* 포트와인(포르투갈 산의 맛이 단 붉은 포도주).

portör *~en ~er* 식물채집상자(통).

porös *a.* 구멍이 많은, 기공(氣孔)의.

pose [pɷ:s] *~n ~r* 자세, 포즈; 꾸민 태도, 겉치레.

posera *~r ~de ~t itr.* 자세(포즈)를 취하다, (그림·사진의 모델로) 자리를 잡다.

position *~en ~er* ① 위치, 자리 ② 지위, 입장; en god ~ i samhället 훌륭한 사회적 지위.

positiv[1] *a.* 긍정적인, 건설적인; ett ~t svar 긍정적인 대답; ~ inställning 긍정적인 자세; 【사진】 양화(陽畵)의; 【전기】 양성의.

positiv[2] Ⅰ. *~en ~er* 【문법】 형용사의 원급 Ⅱ. *~et ~* (거리 악사의) 손잡이를 돌리는 휴대용 오르간.

positivhalar|e *–[e]n ~* (거리의) 수동식 오르간 연주자, 거리의 악사.

positron [–rɷ:n] *~en ~er* 【물리】 양전자.

possessiv *a.* 소유의; ~a pronomen 소유대명사(min, din, sin, vår, er 등).

post *~en ~er* ① 우편, 우편물; avgående (inkommande) 발송(도착) 우편물; har jag någon ~? 내게 온 우편물이 있느냐?; sända ngt med (per) ~ 우편으로 부치다; lägga ett brev på ~en 편지를 부치다 ② 우체국; gå till ~en 우체국에 가다; vara anställd vid ~en 우체국에 고용되다 ③ 계정액; 항목, 내역 ④ 【군대】 보초, 감시병; stå på ~ 경비(보초)를 서고 있다 ⑤ 지위, 담당부서, 근무처, 관직; bekläda en hög ~ 높은 관직에 오르다; en framskjuten ~ 높은 지위 ⑥ (문, 창의) 양옆기둥, 문설주.

posta *~r ~de ~t tr.* …을 우송하다; ~ ett brev 편지를 우체통에 넣다.

postadress *~en ~er* 우편주소.

postanstalt *~en ~er* 우체국.

postanvisning *~en ~ar* 우편환(換).

postbox *~en ~ar* 사서함(P.O.B./P.O.Box).

postdatera *~r ~de ~t tr.* (소포·송장·편지 따위의) 날짜를 실제보다 늦추어 적다.

postbuss *~en ~ar* 우편버스.

postdiligens *~en ~er* ☞ **postbuss**.

poster [pɔɷster] *~n ~s* 포스터, 플래카드.

postera *~r ~de ~t* ① *tr.* (초병, 군대 등을) 배치하다 ② *itr.* 보초를 서다, 주둔하다.

poste restante *adv.* 유치(留置)우편으로 (본인이 직접 찾아가게 하는).

postering *~en ~ar* 【군대】 전초(前哨)[대].

postexpedition *~en ~er* 우체국 분국.

postfack *~et ~* ☞ **postbox**.

post festum *adv.* 좀 늦게, 지난 뒤에.

postförskott *~et ~* 대금 상환 인도.

postgiro *~t ~n* 우편대체 제도, 지로제도; per ~ 우편 대체로.

postgymnasiạl *a.* 고등학교 이후의.

postgång *~en 0* 우편사무, 우편배달.

postiljon *~en ~er* 우편집배원.

postill|a *–an –or* 설교 집.

postkontor *~et ~* 우체국.

postkort *~et ~* 엽서; ~ med betalt svar 요금이 지불된 회신용 엽서.

postkupé *~n ~er* (철도의) 우편차.

postludi|um *~et ~er* 【음악】 후주곡(後奏曲); 예배 끝날 무렵의 풍금 독주.

postmodernism *~en 0* 【문예】 포스트모더니즘 (20세기의 모더니즘에 대항하여 1970년대에 일어난 예술 운동으로 고전적 · 역사적 양식이나 수법을 받아들이고자 함).

postmästar|e –[*e*]*n* ~ 우체국장.

postnum|mer –*ret* ~ 우편번호.

posto, fatta ~ (정해진 자리에) 서다.

postorder ~*n 0* 【상업】 통신주문, 통신판매.

postremissväx|el –*eln* –*lar* 【경제】 은행환(銀行換).

postrestant ☞ **poste restante**.

poströst ~*en* ~*er* (우편을 이용한) 부재자투표.

poströsta ~*r* ~*de* ~*t itr*. (우편을 이용한) 부재자 투표를 하다.

postskript|um –*um*[*et*], –*um*/–*a* 편지의 추신(追伸, PS); (책의) 보유(補遺), 후기.

poststation ~*en* ~*er* 우체국 분실(분국).

poststämp|el –*eln* –*lar* (우편의) 소인, 스탬프; ~ns datum 소인 일자.

postum *a*. 저자의 사후(死後)에 출판된; 사후의, 사후에 생긴.

postvagn ~*en* ~*ar* ☞ **postkupé**.

postväx|el –*eln* –*lar* ☞ **postremissväxel**.

posör ~*en* ~*er* 젠체하는 사람, 허식가(虛飾家).

potatis ~*en* ~*ar* 감자; färsk ~ 햇감자; sätta(ta upp) ~ 감자를 심다(캐다); han har satt sin sista ~ (부적절한 처신으로) 그는 더 이상 활동을 못하게 되었다.

potatismjöl ~*et 0* 감자가루.

potatismos ~*et 0* 감자를 삶아 짓이긴 음식.

potatisnäs|a –*an* –*or* 들창코.

potatissallad ~*en* ~*er* 감자 샐러드.

potens ~*en* ~*er* ① (남성의) 성기능, 정력 ② 【수학】 거듭제곱, 멱(冪)

potent *a*. (남성이) 성적 능력이 있는; 강력한, 힘센.

potentat ~*en* ~*er* 유력자, 세도가, 실력가.

potential [–si–/–tsi–] ~*en* ~*er* 가능성, 잠재력.

potentiell *a*. 가능성을 가진, 잠재력이 있는.

potkes/potkäs [–çes] ~*en 0* 코냑과 향료로 맛을 돋운 치즈 조각(잘게 자른 것).

potpurri ~*et* ~*er* 혼성곡, 메들리.

pott [pɔt] ~*en* ~*er* 【카드놀이】 판돈; 공동 출자금; 임금협상에서 제시된 인상폭; ta hem ~en 싸움에서 이기다.

pott|a –*an* –*or* (침실용) 변기, 요강; 어린이용 변기; 큰 항아리 단지.

pottask|a –*an 0* 【화학】 가성칼리.

poäng Ⅰ. ~*en*/~*et*, ~ (성적 · 경기 따위의) 점수; minus ~ 마이너스 점수, 감점; vinna med 5 ~ 5점 차이로 이기다; besegra ngn på ~ …보다 더 많은 점수를 따다 Ⅱ. ~*en* ~*er* 요점, 주안점, 포인트, (이야기 · 익살 등의) 자릿한 대목, 묘미.

poängtera ~*r* ~*de* ~*t tr*. 강조하다, 돋보이게 하다.

poängtips ~*et 0* 축구시합 예상 추첨(자기가 선정한 8개 경기 결과를 예측하여 점수로 환산하는 것).

p–pill|er –*ret* ~ ☞ **preventivpiller**.

PR [pe:ær] (불변화 en–명사) 영어 public relations의 축약어, 공보활동, 섭외사무; 광고, 선전.

pracka ~*r* ~*de* ~*t tr*. ~ på ngn ngt

(불량품 따위를) 속여서 팔다.

pragmatik *~en 0* 【언어】 화용론(話用論).

pragmatisk *a.* 【철학】 실용주의의, 실제적인 효과 · 가치에 관한, 실제적인.

prakt *~en 0* 화려함, 장관(壯觀), 장려(壯麗); där stod bruden i sin fulla ~ 거기에 신부는 최고의 화려한 자태로서 있었다.

praktexemplar (복수명사) 뛰어난 표본, 확실한 본보기.

praktfull *a.* 훌륭한, 화려한, 장려한; en ~ solnedgång 장엄한 일몰(日沒).

praktik *~en 0* 실습, 연습, 훈련; sakna ~ i(på) …에 실무 경험이 없다; i ~en 실제로는; tillämpa ngt i ~en …을 실제에 적용하다.

praktikant *~en ~er* 실습생, 직업훈련생; arbeta som ~ 실습생으로 일하다.

praktiker *~n ~* 개업의사; 실천주의자.

praktiklärar|e *–[e]n ~* 실습생 지도자.

praktisera *~r ~de ~t tr. itr.* ① 실습하다, 연습하다 ② 개업하다; ~ som läkare 의사로서 개업하다 ③ ~ sig in genom en glugg 어떻게 해서 구멍을 헤치고 들어가다.

praktisk *a.* 실지의, 실제적인, 실용적인; i det ~a livet 실제 생활에서; av ~a skäl 실제상의 이유로; 쓸모있는, 유용한; en ~ maskin 쓸모 있는 기계; ~t taget 실제로는, 거의, 모든 점에서.

praktisk filosofi 실천철학.

praktisk yrkesorientering (pryo) (기초학교 상급학년에서 실시하는) 직업준비 실습과정.

pralin *~en ~er* 크림이 든 초콜릿.

prass|el *–let 0* 바삭바삭(살랑살랑)하는 소리.

prassla *~r ~de ~t itr.* 바삭바삭(살랑살랑) 소리가 나다.

prat *~et 0* 이야기, 좌담, 한담, 잡담(strunt~); inget ~ i klassen! 교실에서는 조용히!; löst(tomt) ~ 쓸데없는 이야기; vad är det för ~? 무슨 잡소리야?

prata *~r ~de ~t itr. tr.* 이야기하다, 한담하다, 지껄이다; ~ affärer 상담(商談)하다; ~ med ngn om ngt …와 …에 관해 이야기하다; bry dig inte om vad som ~s! 세간의 말에 신경쓰지 마시오; låt oss ~s vid om saken 그것에 대해 이야기를 해봅시다.

pratbubbl|a *–an –or* 말밭(만화 따위에서 사람의 말을 적어 넣는 풍선 꼴의 윤곽).

pratig *a.* 수다스런, 말하기 좋아하는.

pratkvarn *~en ~ar* 수다쟁이.

pratmakar|e *–[e]n ~* 수다쟁이.

pratsam *a.* 말이 많은, 수다스러운, 지껄이기 좋아하는.

praxis *~[en] 0* 관습, 관례, 관행; gammal ~ 내려온 관행; bryta mot vedertagen ~ (상궤 · 규칙 · 습관 따위에서) 벗어나다, 일탈하다.

preceptor *~n ~er* 【고어】 부교수.

preciosa *~n 0* ☞ pretiosa.

precis[1] *a.* (방법 · 치수 따위가) 정확한.

precis[2] *adv.* 정확히, 명확히; bussen går ~ 버스가 정시에 떠난다; alla är ~ lika stora 모든 것이 정확히 동일한 크기이다; klockan är ~ 8 여덟시

정각이다; ~ som förut 전과 똑같이.

precisera *~r ~de ~t tr.* …을 명확히 말하다, 상술(詳述)하다; närmare ~t 좀 더 정확히 말하면.

P

precision [–ʃɑːn] *~en 0* 정확, 정밀, (기계의) 정밀도.

preciös ☞ pretiös.

predestination *~en 0* 【신학】 예정[설]; 예정, 숙명.

predestinera *~r ~de ~t tr.* …을 미리 정하다, 예정하다; 【신학】 (신이 인간의 구원을) 미리 정하다.

predịka *~r ~de ~t tr. itr.* 설교하다; (필요성을) 설명(설득)하다.

predikamẹnt *~et ~[er]* 곤경, 궁지.

predịkan (불변화 en–명사) 설교; hålla ~ 설교를 하다.

predikạnt *~en ~er* 설교사, 전도사.

predikar|e *–[e]n ~* 창도자, (종교적 복음의) 전달자, 선구자.

Predikaren (Salomos Predikare) 【성서】 솔로몬이 썼다고 전해지는 전도서.

predikạt *~et ~* 【문법】 서술부, 술어.

predikativ *a.* 【문법】 서술적인, 술어적인.

predikatsfyllnad *~en ~er* 【문법】 (주격 또는 목적격) 보어.

predịkning *~en ~ar* ☞ predikan.

predikotext *~en ~er* (설교제목 등에 이용한) 성경의 구절.

predikstol *~en ~ar* 설교단; gå upp i ~en 설교단에 오르다.

predisponera *~r ~de ~t tr.* göra … ~d …을 …에 기울어지게 하다, …의 경향을 띄게 하다.

prefẹkt *~en ~er* 대학의 연구소 소장, 한국대학의 학과장에 해당.

preferens [–ạŋs/–ẹns] *~en ~er* ① 좋아함, 다른 것보다 더 좋아함; 우선권 ② (카드놀이) ☞ priffe.

preferensaktie *~n ~r* 우선주(株).

prefịx *~et ~* 접두사.

pregnans *~en 0* (사상·기지 따위의) 풍부, 충실.

pregnạnt *a.* (생각·표현 따위가) 가득 찬, 충만한.

preja *~r ~de ~t tr.* 【항해】 정선을 명령하다, 신호하다.

prejudicerande *a.* 선례의, 선례를 이루는.

prejudikạt *~et ~* 선례, 전례; det finns inget ~ på det 그러한 선례는 없다.

prekär [–kæːr] *a.* 불안정한, 믿을 수 없는, 위험한.

prelạt *~en ~er* (가톨릭교회의) 고위 성직자.

prelimināṛ *a.* 임시의, 예비의; överskjutande ~ skatt 최종과세액을 초과한 임시과세징수분(납세자에게 환불되는 부분).

preliminärskatt *~en 0* 임시과세.

preludiera *~r ~de ~t itr.* …의 전주곡을 연주하다; …의 전조가 되다.

prelụdi|um *–et –er* 전주곡, 서곡; 서두, 서막.

premie *~n ~r* ① (경쟁 따위의) 상, 상금 ② 보험료, 보험료 불입금; 할증금.

premielån *~et ~* 추첨(복권)부 공채(公債).

premieobligation *~en ~er* 할증금이 붙은 채권.

premiera *~r ~de ~t tr.* 상을 주다, 포상하다.

premiss ~*en* ~*er* 【논리】 전제(前提); 기점.

premi|um -*et* -*er* ① 성적 우수상 ② (불변화) 옥탄함유량이 높은 휘발유.

premiär ~*en* ~*er* (영화 · 연극의) 개막공연; (복합어에서) 첫째가는, 으뜸의; ~dansös 주연 발레리나; ~lejon (연극 · 오페라 따위의) 첫날 공연의 단골 손님.

premiärminist|er -*ern* -*rar* 수상, 총리, 국무총리.

prenumerant ~*en* ~*er* 구독자.

prenumeration ~*en* ~*er* 예약 구독.

prenumerera ~*r* ~*de* ~*t* *tr*. (신문 · 잡지를) 예약하다, 구독하다(på).

preparandkurs ~*en* ~*er* 학습준비(예비) 과정.

preparat ~*et* ~ (실험 연구를 위한) 생물 · 지질 분석 자료; (약제 · 화장품 · 조미료 따위의) 조합제(劑), 조제.

preparator ~*n* ~*er* (이공계 연구소에서) 물질을 조제 · 저장하는 연구원.

preparatris ~*en* ~*er* (병원의) 실험실 여 조수.

preparera ~*r* ~*de* ~*t* *tr*. 준비하다; …을 가공처리하다.

preposition ~*en* ~*er* 【언어】 전치사.

prepositionsuttryck ~*et* ~ 전치사구.

prerogativ ~*et* ~ 【역사】 특권, 특전.

presbyteriansk *a*. 장로교회의.

presenning ~*en* ~*ar* 방수포(防水布).

presens (단수복수 동형) 현재시제; ~ particip 현재분사.

present[1] ~*en* ~*er* 선물; jag har fått den i ~ av honom 나는 그것을 그이로부터 선물로 받았다; få ngt i ~ …을 선물로 받다.

present[2] *a*. 기억하고 있는; ha ngt ~ …을 기억하다.

presenta ~*r* ~*de* ~*t* *tr*. 선물을 주다.

presentabel *a*. 내보일 만한, 흉하지 않은, 외모가 좋은.

presentation ~*en* ~*er* (정식) 소개, 제시.

presentera ~*r* ~*de* ~*t* *tr*. ① 소개하다; ~ sig 자기를 소개하다 ② 제시하다, 내놓다.

presentförpackning ~*en* ~*ar* 선물 포장.

presentkort ~*et* ~ 상품권.

president ~*en* ~*er* 대통령, 의장.

presidera ~*r* ~*de* ~*t* *itr*. 의장을 맡아보다, 사회를 보다(vid).

presidi|um -*et* -*er* 의장의 지위(직책, 임기).

preskribera ~*r* ~*de* ~*t* *tr*. ~s, bli ~d 공소(公訴)가 기각되다, 공소시효가 만료되다.

preskription ~*en* ~*er* 공소시효(公訴時效); ~stid för brottet är 10 år 이 범죄에 대한 공소시효는 10년이다.

press Ⅰ. ~*en* ~*ar* ① 인쇄기, 인쇄; gå i ~ 인쇄에 돌리다 ② 압력, 억압; utöva ~ på ngn …에게 압력을 가하다; växterna ligger i ~ 식물이 눌려있다 Ⅱ. ~*en* *0* 신문, 출판물; ~en i London 런던의 신문들.

pressa ~*r* ~*de* ~*t* *tr*. ① …을 누르다, (다리미로) 다리다; 귀찮게 졸라대다, 강요하다; ~ ett pris 값을 깎아 내리다; i andra halvlek ~de svenskarna hårt 후반전에서 스웨덴 팀은 강력히 밀어붙였다 ② (강세접사와 함께), ~ av ngn pengar …로부터 돈을 우려내다; ~ fram en bekännelse 자백을 받아내다; ~ fram en tår 눈물을 짜내다; ~ ned 값을 깎아내리다; ~ sig på en buss 사람을 헤치고 버스에 오르다; ~ ut (즙을) 짜내다; ~ ut pengar av ngn …으로부터 돈을 갈취하다.

pressande *a.* (일이) 힘 드는, 참기 어려운; (심문이) 가혹한, 집요한.

pressgurk|a *-an -or* 얇게 썰어서 식초에 절인 오이.

pressjärn *~et ~* 다리미, 인두.

presskonferens *~en ~er* 기자회견.

pressläggning *~en 0* 신문인쇄.

pressrelease [-li:s] *~n ~r* (기업체, 관공서 따위로부터) 기사거리 제보.

pressylt|a *-an -or* 누르고 저민 삶은 돼지고기.

prestanda (복수명사) 작업수행능력; 작업량.

prestation *~en ~er* 작업 성과, 업적; allt efter ~ 능력에 따라서.

prestera *~r ~de ~t tr.* 이행(수행)하다, 성취하다, 이룩하다.

prestige [-i:ʃ] *~n 0* 위신, 명성, 위세.

presumtiv *a.* 추정(가정)의 근거가 되는, 추정에 바탕을 둔; ~ arvinge 추정 상속인.

pretendent *~en ~er* 지원자, 지망자, 왕위를 노리는 자(på).

pretendera *~r ~de ~t itr.* ~ på ngt (på att) …의 소유권을 주장하다, …할 자격이 있다고 주장하다.

pretention [-taŋʃω:n] *~en ~er* 요구, 주장, 요구할 권리.

pretentiös [-taŋʃø:s] *a.* 자부하는, 자만하는, 허세부리는.

preterit|um *-um/-et, -er/-a* 【언어】 과거시제.

pretiosa (복수명사) 귀중품.

pretiös [-tsi-]/**preciös** *a.* 뽐낸, 가식의, 잘난체하는.

preventiv Ⅰ. *a.* 예방의, 방지의 Ⅱ. *~et 0* 예방법, 방지법; ~krig 예방전쟁;

preventivmed|el *-let ~* 피임약, 피임도구.

preventivpill|er *-ret ~* 피임약.

prick *~en ~ar* ① 점, 반점, 얼룩; skjuta ~ 과녁 한복판을 맞히다; träffa ~ 적중하다, 목적을 이루다; sätta ~en över i 마지막 손질을 하다; likna varandra på ~en 정확히 똑같다 ② *adv.* 정시에; hon kom ~ (klockan) två 그녀는 정각 2시에 왔다 ③ 【운동경기】 감점, 벌칙점 ④ 【항해】 부이, 부표(浮漂) ⑤ 【일상】 사람; en trevlig ~ 좋은 사람(친구); en konstig ~ 이상한 녀석.

pricka *~r ~de ~t* Ⅰ. *tr.* ① …에 점을 찍다, 점선을 긋다; (바늘로) 찌르다, 구멍을 내다 ② 맞히다 ③ 항로 표지를 하다 ④ 감점을 매기다, 비난하다, 경고하다 Ⅱ. (강세접사와 함께) ① ~ av 확인하다, 대조하다 ② ~ för …에 표시를 하다; ~ för ngt med rött …을 붉게 표시하다 ③ ~ in (점을 찍거나 바늘로 찔러서) 표시하다 ④ ~ ut (지도 위에) 표시하다.

prickfri *a.* 벌점이 없는, 감점을 받지 않은.

prickig *a.* 반점이 있는, 얼룩이 있는.

prickskytt *~en ~ar* 사격의 명수;【군사】일등 사수, 저격병.

pricksäker ☞ träffsäker.

priffe *~n 0* 스웨덴 휘스트(4명이 하는 카드놀이).

prim *~en ~er*【음악】동음(同音), 같은 도(度).

prima (불변화형용사) 일류의, 최고의; ~ ballerina 프리마 발레리나(발레단의 주역 무희); extra ~ kvalitet 최고급 품질.

primadonn|a *-an -or* (가극의) 주역 여가수, 프리마돈나.

primas (불변화 en-명사)【가톨릭】대주교.

primitiv *a.* 원시적인, 발달되지 않은, 유치한; 원초적인, 본래의.

primtal *~et ~*【수학】소수(素數)(2, 3, 5, 7, 11 따위).

primul|a *-an -or*【식물】앵초(의 꽃).

primus *~en ~ar* 최고의 사람, 최상의 것; han är ~ 그는 (반에서) 일등이다; ~ motor 주동자, 주모자.

primär *a.* 제1의, 주요한; 초기의, 원시적인, 본래의.

primärvård *~en 0* 1차 진료(개인의원, 학교 보건소 등의).

primör *~en ~er* 만물 채소, 과일.

princip *~en ~er* 원리, 원칙; av ~ 원칙상; handla efter en viss ~ 일정한 원칙에 따라서 행동하다; jag har för ~ att 나는 …하는 것을 원칙으로 한다; i ~ håller jag med dig 원칙적으로 나는 네 의견에 동의한다.

principal *~en ~er* ① 고용주 ② (오르간의 주요) 음전(音栓).

principbeslut *~et ~* (예산의 뒷받침이 없는) 의회의 원칙적인 결의.

principiell *a.* 원칙의, 원칙적인; av ~a skäl 원칙상의 이유로.

prins *~en ~ar* 왕자, 황자(皇子); ~ av blodet 왕족; må som en ~ 기분이 최고다, 즐겁게 지내다.

prinsess|a *-an -or* 공주(公主), 왕녀.

prinsgemål *~en ~er* 여왕(여황제)의 부군.

prinskorv *~en ~ar* 튀김용의 가늘고 작은 쏘시지.

prior *~n ~er* 소(小) 수도원의 원장.

priorinn|a *-an -or* 소(小) 수녀원의 여성 원장.

prioritera *~r ~de ~t tr.* …을 우선으로 하다, 우선적으로 취급하다.

prioritet *~en 0* 우선, 우선권, 우선사항.

pris[1] Ⅰ. *~et ~[er]* 값, 가격; allra lägsta ~ 가장 낮은 가격; höja(sänka) ~erna 값을 올리다(내리다); sätta ~ på …에 값을 매기다(prissätta); köpa ngt för gott ~ 적당한 가격으로 …을 사다; falla(gå ned) i ~ 값이 떨어지다; till billigt ~ 싼 값으로; till nedsatt ~ 할인 가격으로; till varje ~ 어떤 대가를(희생을) 치르더라도 Ⅱ. *~et ~[er]* 상(賞); få första ~et 일등상을 받다; sätta ett ~ på ngns huvud …의 목에 현상금을 걸다; ta ~et 상을 타다 Ⅲ. *~et 0* 칭찬; ~ ske Gud 신을 찬양하라! 신에 찬미 있으라.

pris[2] *~en ~er* (적함의) 나포, 노획, 포획; ta ~er 포획하다; ge … till ~ åt ☞ prisge.

pris[3] *~en ~ar* 꼬집기, 끼우기, 꼭 쥐기; bruka ta sig en ~ 한줌의 코담배

를 들이쉬다.

prisa ~r ~de ~t *tr*. 칭찬하다; ~ sin lyckliga stjärna 행운에 감사하다.

prisbelön|a ~r ~de ~t/-t *tr*. 상을 주다; en prisbelönt(~d) författare 상을 받은 작가, 수상작가.

prisbomb ~en ~er 가격파괴(엄청나게 낮은 가격).

prisfall ~et ~ 물가의 하락, 폭락.

pris|ge -ger -gav -givit *tr*. 희생하다, 버리다, …의 지배에 맡기다.

pris|giva -giver -gav -givit ☞ prisge.

prishöjning ~en ~ar 물가(가격) 인상.

prisindex ~en/~et, ~ 물가지수.

priskontroll ~en ~er 물가(가격) 통제.

priskrig ~et ~ (상점 간의) 가격경쟁; ~ på bensin 휘발유 가격경쟁.

prislist|a -an -or 정가표, 시세표.

prisläge ~t ~n 가격의 범위, 가격등급, i olika ~n 상이한 가격으로.

prism|a -an -or【광학】프리즘, 삼릉경.

prismatisk *a*. 삼릉경의.

prisnedsättning ~en ~ar 가격인하.

prisreglering ~en ~ar 물가조절, 가격통제.

priss|e -en -ar (일상적) 녀석, 놈, 사람; en underlig ~ 이상한 녀석.

prisstopp ~et 0 물가동결; införa ~ 물가를 동결시키다.

prissänkning ~en ~ar ☞ prisnedsättning.

pristagar|e -[e]n ~ 수상자.

prisuppgift ~en ~er【상업】시세, 시가.

prisutdelning ~en ~ar 시상(식).

privạt Ⅰ. *a*. 개인적인, 사(私)적인; ~liv 사생활; ~skola 사립학교; för min ~a del är det samma sak 내 개인의 소견으로는 마찬가지이다 Ⅱ. *adv*. 개인으로서, 비공식적으로, 은밀히.

privatbil ~en ~ar 개인 자가용차.

privatbilist ~en ~er 자가용 운전자.

privatdetektiv ~en ~er 사설탐정.

privạtim *adv*. 개인적으로, 은밀히.

privatịst ~en ~er 독학으로 고등학교를 졸업한 사람.

privatliv ~et 0 사생활.

privatpraktik ~en 0 (의사 등의) 개인영업.

privaträtt ~en 0 민법.

privilẹgiebrev ~et ~ 특허증.

privilegiera ~r ~de ~t *tr*. 특권을 주다.

privilegierad *a*. 특권 계급에 속하는, 특권이 있는.

privilẹgi|um -et -er 특권, 특전.

PR-man ~nen *PR-män* 선전 운동(활동)원.

pro【접두어】① …에 찬성하여; ~amerikan 친미주의자 ② 대리; ~rektor (대학의) 부총장 ③ 직업 선수, 프로; ~boxare 프로 권투 선수.

probera ~r ~de ~t *tr*. 해보다, 시험하다, 시도하다; (금속의 함유량을 조사하기 위하여) 분석 시험하다, 시금(試金)하다.

probẹrsten ~en ~ar 시금석(試金石).

problẹm ~et ~ 문제; 귀찮은 일.

problematịk ~en 0 (복합적 성격의) 문제.

problemạtisk *a*. 문제의, 문제가 되는.

problembarn *~et ~* 골치 아픈 아이, 말썽쟁이.
problemställning *~en ~ar* 문제 제기.
proboxning *~en 0* 프로권투.
procedu̇r *~en ~er* 진행; 순서; 과정.
procent *~en ~* 퍼센트; 10 ~s ränta, 10퍼센트의 이자.
procentar|e *–[e]n ~* (ockrare) 고리 대금업자.
procentsats *~en ~er* 백분율.
procentuėll *a.* 백분비율의.
procėss *~en ~er* ① 과정, 경과, 진행 ② 【법률】 소송절차; öppna ~ mot ngn …에 대해 소송을 제기하다; vinna en ~ 소송에 이기다; göra ~en kort med ngt …을 빨리 끝내 버리다.
processa *~r ~de ~t itr.* 소송하다; 기술적 과정을 거치다.
procession *~en ~er* 행렬, 행진; gå i ~ 줄을 지어 행진하다.
processrätt *~en 0* 소송절차법.
producėnt *~en ~er* ① 생산자, 제작자 ② 【연극】 프로듀서, 제작자.
producera *~r ~de ~t tr.* 산출하다, 생산하다, 제조하다.
produ̇kt *~en ~er* 생산품, 산물; 제작품.
produktion *~en ~er* 생산, 산출, 제작; 작품.
produktiv *a.* 생산적인, 다산의; en ~ författare 다작하는 작가.
produktivitėt *~en 0* 생산성, 생산력; 다산.
profȧn *a.* 세속적인, 비속한, 종교와 관계없는; 모독적인, 불경스런; ~t språk 속어.
profanera *~r ~de ~t tr.* 모독하다, (신성을) 더럽히다.
profession *~en ~er* 전문적인 직업.
professionalism *~en 0* 전문가 기질, 전문적 기술.
professionell *a.* 직업적인, 전문적 직업의, 프로의; en ~ fotbollsspelare 프로 축구 선수.
profėssor [–ɔr] *~n ~er* [–ω̇rər] 정교수.
professu̇r *~en ~er* 대학의 정교수 지위, 정교수 직.
profėt *~en ~er* 예언자, 신의(神意)를 전달하는 사람.
profetera *~r ~de ~t tr. itr.* 예언하다, 예측하다.
profeti|a [–tsi̇:a] *–an –or* 예언, 신의 의 전달.
profėtisk *a.* 예언의, 예언적인.
proffs *~et/~en, ~* 프로, 직업 선수.
proffsboxning *~en 0* 프로권투.
profi̇l *~en ~er* 옆 얼굴상, 측면, 옆모습; 측면도; 개성; 인물소개; i ~ 측면에서 보아.
profilera *~r ~de ~t tr.* 윤곽을 그리다; 인물소개를 쓰다; 개성을 발휘하다, 특징을 부각시키다.
profi̇t *~en ~er* 이익, 수익; 이문, 이득.
profitbegär *~et ~* 이욕(利慾).
profitera *~r ~de ~t itr.* 이익을 보다.
profitör *~en ~er* 부당이득자, 착취자, 자신의 이익만을 추가하는 사람.
pro forma *adv.* 형식에 따른; 【상업】 견적의; ~ faktura 견적송장.
profylaktisk *a.* 【의학】 질병 예방의.
profylax *~en 0* 병의 예방(법).
progesteron [–o̦:n] *~et 0* 【생화학】 황체 호르몬, 프로게스테론.

prognos [-gnọ:s] *~en ~er* 예지, 예측, 예상; (일기) 예보; 예후; ställa en ~ 예시하다, 예측하다.

prognosticera *~r ~de ~t tr. itr.* 예지하다, 예언하다, 예측하다; (날씨를) 예보하다.

prog̣ram[1] *~met ~* 프로그램, 차례표; 계획(표), 예정; (정당의) 강령; vad har du för ~ idag? 오늘 예정은 어떻게 되어 있니?

prog̣ram[2] *~met ~* 【정보통신】 프로그램 (프로그램 언어로 컴퓨터를 동작시키는 처리 순서를 기술한 형태).

programenligt *adv.* 계획에 따라, 예정에 따라; vi vann ~ 우리가 예상했던 대로 이겼다.

programmeringsspråk *~et ~* 【컴퓨터】 프로그램 언어.

programförklaring *~en ~ar* (국가·정당의) 선언서, 성명서.

programledar|e *-[e]n ~* (방송 연예의) 사회자.

programmạtisk *a.* 프로그램에 따른, 원칙에 의거한.

programmera *~r ~de ~t tr.* 프로그램을 짜다, 계획을 세우다; 【컴퓨터】 프로그램을 작성하다.

programmerar|e *-[e]n ~* 【컴퓨터】 프로그래머.

programmering *~en 0* 프로그램 작성.

programmusik *~en 0* 표제 음악.

programspråk *~et ~* 【컴퓨터】 프로그램언어(=programmeringsspråk).

programvar|a *~n -or* 소프트웨어 (=mjukvara 컴퓨터·어학 실습실·우주 로켓의 설계·설치·프로그래밍에 관한 시스템이나 서비스의 총칭; cf. hardware).

progression *~en ~er* 급수, 수열; 누진; 전진.

progressiv *a.* 진보적; 누진적; 【문법】 진행형의; ~ beskattning 누진과세.

prohibitịv *a.* 금지의; 엄청나게 비싼.

projẹkt [-ʃ-/-j-] *~et ~* 계획, 예정; 연구과제.

projektera *~r ~de ~t tr.* 계획하다, 설계하다.

projektịl *~en ~er* 투사물, 사출물; 【군】 발사체.

projektion *~en ~er* 【지리】 투영도법; 【심리】 주관의 투영, 주관의 객관화; 【영화】 영사.

projektionsapparat *~en ~er* 영사기.

projẹktor *~n ~er* 영사기, 환등기.

projic[i]era *~r ~de ~t tr.* 투영하다; 영사하다.

proklamation *~en ~er* 포고, 선언, 성명서.

proklamera *~r ~de ~t tr.* 포고하다, 선언하다, 공포하다.

prokụra *~n 0* 위임, 대리, 위임권.

prokurịst *~en ~er* 위임자.

proletariạt *~et 0* 무산계급, 프롤레타리아.

proletarisera *~r ~de ~t tr.* 프롤레타리아화하다, 무산계급화하다.

proletạ̈r[1] *a.* 무산계급의, 프롤레타리아의.

proletạ̈r[2] *~en ~er* 무산 계급의 사람, 무산자.

prolog [-lo:g] *~en ~er* (연극의) 개막사, 서사, 서막.

prolongation [-lɔŋgaʃọ:n] *~en ~er*

(계약서의 유효기간) 연장, 연기, (어음의) 기한 연장.

prolongera [-lɔŋgẹ:ra] ~*r* ~*de* ~*t* *tr*. (어음을) 개서하다, (계약을) 연장하다.

promemori|a [-mɷ:-] -*an* -*or* 각서; 비망록, 메모.

promenạd ~*en* ~*er* ① 산책; ta en ~ 산책하다 ② (해안 따위의) 유보도(遊步道), 산보길, 드라이브 길.

promenera ~*r* ~*de* ~*t* *itr*. 산책하다; gå ut och ~ 산책 나가다; ~ omkring 어슬렁거리며 산책하다.

promịlle[1] *adv*. 천분(千分)의.

promịlle[2] ~*n* *0* 천분율.

prominẹnt *a*. 현저한, 저명한.

promiskuitẹt ~*en* *0* 특정한 상대가 없는 성행위, 난교(亂交), 혼음(混淫).

promotion ~*en* ~*er* (박사학위) 수여식.

promọtor ~*n* ~*er* ① (박사학위) 수여자(授與者) ② (권투 등의) 흥행 주.

promovera ~*r* ~*de* ~*t* *tr*. 박사 학위를 수여하다.

prompt[1] *adv*. 재빠르게, 즉시, 즉석에서.

prompt[2] *a*. 신속한, 즉석의.

promulgation ~*en* ~*er* 법령의 시행.

promulgera [-gẹ:ra]~*r* ~*de* ~*t* *tr*. (법령을) 시행하다.

pronom|en -*enet*, ~/-ina 대명사.

pronominẹll *a*. 대명사의, 대명사적인.

prononcerad *a*. 현저한, 명확한, 분명한.

propagạnda ~*n* *0* 선전.

propagandist ~*en* ~*er* 선전자, 선전원.

propagera ~*r* ~*de* ~*t* Ⅰ. *tr*. 선전하다, 널리 퍼뜨리다 Ⅱ. *itr*. 선전하다.

propedeutisk [-dẹftisk] *a*. 예비의, 입문(入門)의.

propell|er -*ern* -*rar* 프로펠러, 추진기.

proper *a*. 산뜻한, 잘 정돈된, 깨끗한, 말쑥한.

proponera ~*r* ~*de* ~*t* *tr*. 제안하다.

proportion ~*en* ~*er* 비율; 균형; 정도, 규모; i ~en 3 till 1, 1대 3의 비율로; ha sinne för ~er 평형감각이 있다; stå inte i ~ till ngt …와 균형이 안 맞는다.

proportionẹll *a*. 비례의, 비례를 이루는.

proportionerlig *a*. 비례를 이룬, 적당한, 균형이 잡힌.

proposition ~*en* ~*er* 의안, 법안; framlägga ~ 법률안을 제출하다.

propp ~*en* ~*ar* 마개, 꼭지; 【전기】 퓨즈; en ~ har gått 퓨즈가 끊어졌다.

proppa ~*r* ~*de* ~*t* *tr*. 채워 넣다, 틀어막다; ~ i sig mat 걸신들린 듯이 먹다; ~ till en flaska 병에 코르크 마개를 막다.

proppfull *a*. 꽉 찬.

proprieborgen (불변화명사) 보증.

proprimo *adv*. 첫째로.

props ~*en* *0* (갱도의) 지주.

propsa ~*r* ~*de* ~*t* *itr*. ~ på ngt …을 역설하다, 주장하다.

propå ~*n* ~*er* 제안.

prorektor ~*n* ~*er* 부총장.

prosa ~*n* *0* 산문.

prosaisk *a*. 산문체의; 평범한.

prosaist/prosatör ~*en* ~*er* 산문작가.

P

prosceni|um [−sẹ:n−] *−et −er* 앞무대.

proselyt *~en ~er* 개종자(改宗者), 전향자, 변절자.

P

prosit *itj*. 아이구 어쩌나, 저런! (재채기 한 사람에게 하는 말).

prosodi *~n 0* 운율학, 운율론.

prosọdisk *a*. 운율학의, 운율법에 맞는.

prospẹkt *~et ~* 설립 취지서, 내용 설명서, (호텔) 안내서.

prospektera *~r ~de ~t itr*. (금광·석유 등을 찾아) 답사하다, 시굴하다.

prost *~en ~er* 【교회】 사제장(司祭長).

prostata *~n 0* 【해부】 전립선.

prostatit *~en ~er* 【병리】 전립선염(炎).

prostituera *~r ~de ~t tr*. (여자가) 몸을 팔다, 매춘하다, 매춘시키다; (명예 따위를) 돈을 위해 팔다, (재능을) 악용하다.

prostituerad Ⅰ. *a*. 매춘의 Ⅱ. (명사적으로 사용되어) 매춘부.

prostitution *~en 0* 매춘, 매음.

protagonist *~en ~er* 【연극】 주역, (소설·이야기의) 주인공.

protegé [−ʃẹ:] *~[e]n ~er* 피보호자, 부하.

protegera [−ʃẹ:ra] *~r ~de ~t tr*. 보호하다, 후원하다.

protein *~et ~er* 【생화학】 단백질.

protektion *~en 0* 보호, 후원.

protektionism *~en 0* 【경제】 보호무역주의, 보호정책.

protektionist *~en ~er* 보호무역론자.

protektorạt *~et ~* (한 나라의 다른 나라에 대한) 보호제도, 보호국.

protẹs *~en ~er* 인공기관, 의수(義手), 의안, 의치(義齒).

protẹst *~en ~er* 항의, 이의, 【상업】 (어음의) 지불 거절 증서; inlägga ~ 항의하다; under ~ 이의를 내세우고.

protestạnt *~en ~er* 신교도, 프로테스탄트.

protestantisk *a*. 신교의.

protestantism *~en 0* 신교.

protestera *~r ~de ~t itr*. *tr*. 항의하다, 이의를 제기하다; 주장하다.

protokoll *~et ~* 기록, 의정서; sätta upp ~ över ngt …의 각서를 만들다; föra ~ 기록하다.

proton [−o:n] *~en ~er* 【물리·화학】 프로톤, 양성자.

protoplasma *~n 0* 【생물】 원형질(原形質).

prototyp *~en ~er* 원형.

protozo [−so:] *~n ~er* 원생동물.

protuberans *~en ~er* (태양의) 홍염(紅焰).

prov *~et ~[er]* ① 시험, 실험, 고사; anställa ~ med ngt …을 실험하다; avlägga ~ 시험에 합격하다; bestå ~et 시험에 합격하다; på ~ 시험적으로 ② 견본; 시료(試料).

prova *~r ~de ~t tr*. *itr*. 시험하다, 실험하다, 테스트 해 보다.

provdock|a *−an −or* 동체 모형, 모델 인형.

proveniẹns *~en ~er* 출처, 기원, 유래.

provensạlsk *a*. 프로방스(지방의)의.

provexemplar *~et ~* 견본, (신간) 서적의 견본.

provflygar|e *−[e]n ~* 시험조종사.

provglas *~et ~* 시험관(管).
proviant *~en 0* 식량, 저장품, 양식.
proviantera *~r ~de ~t* Ⅰ. *tr.* 양식을 구입하다(사다), (…에게) 양식을 공급하다; …에 식량을 싣다 Ⅱ. *itr.* 양식을 저장하다.
provins *~en ~er* 지방, 주(州).
provinsialism *~en ~er* ① 지방적 편견; 지방주의, 애향심 ② 지방 사투리, 지방색.
provinsiell *a.* 지방의, 시골의, 시골풍의; 방언적.
provision *~en ~er* 대리 수수료, 구전, 커미션; han får 5 procents ~ på allt han säljer 그는 총 매상에서 5퍼센트의 수수료를 받는다.
provisorisk *a.* 임시의, 일시의, 일시적인; ~ regering 임시 정부.
provisori|um *-et -er* 임시변통의 수단.
provkart|a *-an -or* 견본 카드, 견본 지도.
provkör|a *- -de -t tr. itr.* 시운전하다.
provning *~en ~ar* (옷을) 입어보기, 가봉; 시험.
provocera *~r ~de ~t tr.* 화나게 하다, 약 올리다, 도발하다, 선동하다.
provokation *~en ~er* 도발.
provokativ *a.* 도발하는, 약 올리는.
provokatorisk *a.* 화나게 하는, 약 올리는, 도발적인.
provokatör *~en ~er* (경찰의) 앞잡이, 밀정; 선동가.
provorder *~n ~* 【상업】 시험주문.
provryttar|e *-[e]n ~* 행상인, 도붓장사.
provräkning *~en ~ar* 산수 시험.
provrör *~et ~* 시험관.
provrörsbarn *~et ~* 시험관 아기, 체외수정 아기.
provskrivning *~en ~ar* 필기시험.
provstopp *~et ~* 핵실험 금지.
provårskandidat *~en ~er* 교생(教生).
prudentlig *a.* 까다로운, 딱딱한.
prunka *~r ~de ~t itr.* 반짝반짝 빛나다, 눈부시다, 휘황찬란하다.
prut *~et 0* ① 값 깎기 ② utan ~ 아무 말씽이 없이, 잠자코.
pruta *~r ~de ~t itr.* 값을 깎다.
prutmån *~en ~er* 가격 할인 여지; 협상의 폭.
prutta *~r ~de ~t itr.* 【일상】 방귀 뀌다.
pry|a[1] *-an -or* 여성 직업준비 실습생.
prya[2] *~r ~de ~t itr.* 직업준비 실습을 하다.
pryd *a.* 얌전한 체 하는, 고상한 체 하는; en ~ person 얌전한 체 하는 사람.
pry|da *-der -dde -tt tr.* 장식하다, 꾸미다.
pryderi *~[e]t 0* 고상한 체 하기, 숙녀인 체 하기.
prydlig *a.* 산뜻한, 말쑥한, 단정한; 장식적인; ~t klädd 산뜻하게 차려 입은, 멋지게 차려 입은.
prydnad *~en ~er* 장식, 장식물; han är en ~ för vår skola 그는 우리 학교의 명예(자랑)이다.
pryg|el *-let 0* 채찍질, 매질; ge ngn ~ …를 매질하다.
prygla *~r ~de ~t tr.* 매질하다, 채찍질하다.

pryl *~en ~ar* 송곳; 【속어】 *~ar* 물건, 것(주로 쓸모없는 것).

pryo *~n ~r* 직업교육실습(praktisk yrkesorientering의 축약어).

prål *~et 0* 과시, 허식, 겉보기, (매우 화려한) 치장.

pråla *~r ~de ~t itr.* 자랑해 보이다, 과시하다, 뽐내다.

prålig *a.* 야한, 화려한, 휘황찬란한; 겉치레하는.

pråm *~en ~ar* 거룻배, 바지선(바닥이 평평한 짐배).

prång *~et ~* 좁은 통로, 샛길.

prångla *~r ~de ~t itr.* ~ ut falska sedlar 위조지폐를 유통시키다.

präg|el *-eln -lar* 흔적; 소인(消印); 특질; en personlig ~ 개성.

prägla *~r ~de ~t tr.* 부각시키다, (화폐를) 주조하다; 감명시키다; 날인하다; 특정지우다; ~ nya ord 새로운 단어를 만들어내다.

prägling *~en ~ar* 화폐 주조; 신조어(新造語).

präktig *a.* 훌륭한, 멋진; 튼튼한; 굳센; en ~ förkylning 독한 감기; det är en ~ människa 꽤 좋은 사람이다, 정직한 사람이다.

präll|e *-en -ar* 【속어】 목사(präst).

pränt *~et ~*, på ~ 인쇄되어; sätta ngt på ~ …을 인쇄하다, 쓰다.

pränta *~r ~de ~t tr.* 활자체로 쓰다, 정자로 쓰다.

prärie *~n ~r* 대초원, 대목초지.

präst *~en ~er* 목사, 사제; läsa för ~en 견진성사를 준비하다.

prästbetyg *~et ~* 【고어】 출생 증명서.

prästerlig *a.* 목사의, 성직의.

prästerskap *~et 0* 성직자들.

prästgård *~en ~ar* 목사관.

prästkrag|e *-en -ar* ① (목사 옷의) 가슴에 늘이는 흰 천 ② 【식물】 프랑스 국화.

prästvig|a *-er -de -t tr.* 성직에 임명하다, …를 사제(司祭)로 서위(敍位)하다.

pröjs *~et 0* 【속어】 봉급, 지불, 보수.

pröjsa *~r ~de ~t tr.* 【속어】 지불하다, 돈 내다.

pröjsare (복수명사) 【일상】 긴 콧수염.

pröva *~r ~de ~t* Ⅰ. *tr.* 시험해 보다, 조사하다, 검토하다; ~ sina krafter 힘을 시험해 보다 Ⅱ. *itr.* 시험보다 Ⅲ. *rfl.* ~ sig fram 더듬어 나아가다, 시행착오를 겪으며 나아가다 Ⅳ. (강세접사와 함께) ① ~ in 입학시험을 보다 ② ~ på 경험하다.

prövning *~en ~ar* 시험, 조사, 검토; underkasta ngt en ~ …을 조사하다.

prövosten *~en 0* 시금석, 사람의 진가를 시험하는 방법, (시험의) 표준, 기준.

P.S. (불변화명사) (편지의) 추신, (라틴어 postscriptum의 축약어).

psalm [salm] *~en ~er* 찬송가.

psalm|bok *-boken -böcker* 찬송가집.

psalmvers *~en ~er* 찬송가의 연(聯).

psaltare [s-] *~n 0* (구약성서의) 시편.

pseudo- [psẹv-] 【접두어】 위(僞), 의(擬), 가(假).

pseudoklassisk *a.* 의(擬)고전적인.

pseudohändelse *~n ~r* 꾸며낸 사건.

pseudonym *~en ~er* 익명, 필명.
psoriasis [psɔri–] *~en 0* 【병리】 건선(乾癬), 마른버짐.
psyka [–sy:ka] *~r ~de ~t tr.* 【일상】 신경질 나게 하다.
psyke [–sy:kə] *~t ~n* 정신, 연혼.
psykiat|er *~ern ~rer* 정신과 의사.
psykiatri *~n 0* 정신병학, 정신의학.
psykisk *a.* 정신의, 마음의, 심리적인; ~ sjukdom 정신 장애.
psykoanalys *~en ~er* 정신분석.
psykodrama *~t 0* 【정신병리】 심리극(정신병 치료를 위하여 환자에게 시키는 연극).
psykofarmaka (복수명사) 향정신성 의약.
psykogen [–je:n] *a.* 【심리】 심인성(心因性)의.
psykolog [–lo:g] *~en ~er* 심리학자.
psykologi [–lɔgi:] *~n 0* 심리학.
psykologisk *a.* 심리학의, 심리적; ~ krigföring 심리전.
psykopat *~en ~er* 정신병 환자, 정신병자.
psykoprofylax *~en 0* 자연(무통) 분만 요법.
psykos [–o:s] *~en ~er* 정신이상, 정신병.
psykosomatisk *a.* 정신과 신체의, 심신이 서로 관련되는.
psykoterapi *~n 0* 정신요법.
ptro *itj.* 워! (말(馬)을 멈추게 할 때 내는 소리).
pub *~en ~ar* 맥주 집.
pubertet *~en 0* 사춘기.
publicera *~r ~de ~t tr.* 출판하다, 간행하다, 발행하다.
publicist *~en ~er* 신문발행인, 언론인.
publicistik *~en 0* 저널리즘.
publicitet *~en 0* 선전; 명성, 평판; undvika ~ 세평을 피하다.
publik[1] *~en ~er* 청중, 관객; (작가의) 독자들; 출석자; en stor ~ 많은 청중; ta ~en med storm 관중으로부터 열렬한 갈채를 받다.
publik[2] *a.* 공공의, 공적인.
publikan *~en ~er* 【로마역사】 세금 징수원.
publikation *~en ~er* 공표; 간행, 출판.
publikfrieri *~et ~er* 대중적 인기를 노리고 하는 일.
publikum *~ 0* 관중, 관객.
puck *~en ~ar* 퍽(아이스하키용의 고무로 만든 납작한 원반).
puck|el *–eln –lar* 군살, 혹; en kamel med två –lar 쌍봉 낙타.
puckelrygg *~en ~ar* 곱사등.
puckelryggig *a.* 곱사등의.
puckla *~r ~de ~t tr.* ~ på ngn …을 주먹으로 치다.
pucklig *a.* 혹이 많은.
pudding *~en ~ar* 푸딩.
pud|el *–eln –lar* 푸들(작고 영리한 복슬 개).
pud|er *–ret ~* 가루, 분말, 화장분.
pudersock|er *–ret ~* 설탕의 일종(가루설탕보다 더 입자가 작음), 분말설탕.
pudra *~r ~de ~t* Ⅰ. *tr.* 가루를 뿌리다 Ⅱ. *rfl.* ~ sig i ansiktet 얼굴에 분을 바르다.
pueril *a.* 어린애 같은, 미숙한, 유치한.
puff *~en ~ar* ① 밀기, 찌르기, 팔꿈치로 슬쩍 찌르기 ② (주름, 심 따위로 인한) 옷의 불룩한 부분 ③ (의자 대용의) 두터운 쿠션 ④ (바람, 증기 따위의) 훅(칙)하는 소리.

P

puffa *~r ~de ~t* Ⅰ. *tr*. 밀다, 찌르다, 팔꿈치로 슬쩍 찌르다 Ⅱ. *itr*. 훅(칙)하는 소리를 내다.

puffr|a *-an -or* 【속어】 권총.

puffärm *~en ~ar* 불룩한 소매.

puk|a *-an -or* 케틀드럼, 팀파니.

pulk|a *-an -or* 썰매의 일종(보트모양의 일인승).

pull|a *-an -or* ① (일상적) 암탉 ② 귀여운 여자.

pullov|er [-o:-] *-ern -rar* 풀오버(스웨터의 일종).

pulp|a *-an -or* 과육(果肉); 치수(齒髓).

pulpet *~en ~er* 책상의 일종.

puls *~en ~ar* 맥박; 진동; ta ~en på ngn …의 맥을 짚다; känna ngn på ~en …의 생각을 떠보다, …의 의중을 떠보다.

pulsa *~r ~de ~t itr*. (눈 등으로) 어렵사리 발걸음을 떼어 놓다; ~ i snön 눈 속을 터벅터벅 걸어가다.

pulsera *~r ~de ~t itr*. 맥박치다, 고동치다; 【전기】 (전류가) 맥동하다.

pulsåd|er *-ern -ror* 【해부】 동맥.

pult *~en ~er* (오케스트라의) 지휘대, 연단.

pultron [-o:n] *~en ~er* 겁쟁이.

pulv|er *-ret ~* 가루, 분말; 가루약.

pulv[e]risera *~r ~de ~t tr*. 가루로 만들다, 빻다.

pum|a *-an -or* 퓨마.

pump *~en ~ar* 펌프, 흡수기.

pumpa[1] *~r ~de ~t tr*. (물을) 펌프로 푸다, 펌프로 공기를 넣다; ~ däcken 타이어에 공기를 넣다; ~ läns 물을 전부 퍼내다; ~ ngn på informationer (넘겨짚어) 정보를 캐내다; ~ ngn på pengar …에게서 돈을 뜯어내다.

pump|a[2] *-an -or* ① 호박 ② 플라스크.

pumpernick|el *-eln -lar* (조제한) 호밀 빵.

pumps (복수명사) 끈 없는 가벼운 신, 펌프스.

pund *~et ~* ① 파운드(영국의 화폐단위) ② 파운드(무게의 단위) ③ förvalta sitt ~ 재능을 최대한으로 이용하다.

pundhuvud *~et ~[en]* 멍텅구리, 얼간이.

pundig *a*. 【속어】 바보 같은, 우둔한, 어리석은.

pung *~en ~ar* ① 작은 주머니, 돈지갑; lossa på ~en 돈을 잘 쓰다 ② 【동물】 (캥거루의) 주머니, 육아 낭 ③ 【해부】 음낭.

punga *~r ~de ~t itr*. ~ ut med 1000 kronor, 1000크로나를 지불하다.

pungdjur *~et ~* 유대(有袋)동물.

pung|slå *-slår -slog -slagit tr*. ~ ngn …로부터 짜낼 대로 짜내다, 빼앗다.

punkt *~en ~er* 점, 마침표; 항목, 조목; förklara en teori ~ för ~ 이론을 하나하나 자세히 설명하다; och därmed ~! 이상으로 끝!; den kritiska ~en 【물리】 임계점; hans svaga ~ 그의 약점; sätta ~ för ngt …을 중지시키다; på denna ~ 이 점에서; tala till ~ 하고 싶은 말을 다 하다; till ~ och pricka 엄밀히.

punktera *~r ~de ~t* Ⅰ. *tr*. (타이어를) 펑크 내다; 점을 찍다 Ⅱ. *itr*. 펑크 나다, 구멍이 나다.
punktlig *a*. 시간을 지키는, 엄수하는.
punktlighet *~en ~er* 정확함, 시간엄수.
punktskatt *~en ~er* 특별소비세.
punktstrejk *~en ~er* 거점 스트라이크.
punktsvetsning *~en ~ar* 스폿 용접.
punsch [−ʃ] *~en 0* 펀치(레몬즙·설탕 등으로 만든 독한 술).
pupill *~en ~er* 【해부】 눈동자.
pupp|a *−an −or* 번데기.
pur *a*. 순수한, 단순한, 순전한.
puré *~n ~er* 퓌레(야채·고기를 삶아서 거른 진한 수프).
purgativ *~et ~* 【의학】 하제(下劑).
purism *~en ~er* (언어의) 순화, 순수주의.
purist *~en ~er* 순수주의자.
puristisk *a*. (언어) 순화주의의, 순수주의의.
puritan *~en ~er* 청교도(16~17세기에 영국국교에 나타난 신교도의 한 파); 엄격한 사람.
purjo *~n 0* 파(purjolök).
purken *a*. 기분이 언짢은, 심술 난.
purpra *~r ~de ~t tr*. 자줏빛이 되게 하다, 자줏빛을 칠하다.
purpur *~n 0* 자줏빛, 자색.
purpurfärgad *a*. 자줏빛의.
purra *~r ~de ~t tr*. 【항해】 깨우다.
purung *a*. 매우 젊은.
puss *~en ~ar* ① 웅덩이 ② 뽀뽀.
pussa *~r ~de ~t tr*. 뽀뽀하다.
pussa|s *~ −des −ts itr. dep*. 뽀뽀하다.
puss|el *−let ~* 퍼즐, 조각그림 맞추기, 수수께끼.
pusselbit *~en ~ar* 퍼즐의 조각; 【비유】 실마리.
pussig *a*. 부푼, 부은.
pussla *~r ~de ~t itr*. ~ ihop (부분을) 모으다, 짜 맞추다.
pust *~en ~ar* ① 한 번 휙 부는 바람 ② 풀무.
pust|a[1] *−an −or* 헝가리의 스텝(대초원).
pusta[2] *~r ~de ~t itr*. 헐떡이다; ~ ut 한숨 돌리다.
put|a[1] *−an −or* 방석.
puta[2] *~r ~de ~t itr*. ~ med munnen 입을 삐죽거리다; ~ ut 내밀다.
puts[1] Ⅰ. *~et ~* 못된 장난 Ⅱ. *~en 0* ① 벽토, 반죽 ② 광택제.
puts[2] *adv*. ~ väck 갑자기 사라진.
putsa *~r ~de ~t tr*. ① 닦다; ~ häcken 나무 울타리의 가지를 치다 ② 회반죽을(모르타르를) 바르다.
putslustig *a*. 우스운, 익살스러운.
putt *~en ~ar* (골프에서의) 퍼트, 경타(輕打).
putta *~r ~de ~t tr*. ~ till ngn …을 밀다.
puttefnask *~en ~ar* 꼬마; 하찮은 놈.
putten (불변화명사), gå i ~ 수포로 돌아가다.
puttra *~r ~de ~t itr*. ① 부글부글 끓다 ② (엔진이) 칙칙 소리 내다.
PVC 【화학】 폴리염화비닐(polyvinyl chloride).
pyelit *~en ~er* 【병리】 신우염(腎盂炎).
pygmé *~[e]n ~er* 피그미족(아프리

카 적도 부근에 사는 작은 흑인).
pyjamas ~en, ~/~ar 파자마, 잠옷.
pykniker ~n ~【심리】 단구 비만형의 사람.
pyknisk a. 단구 비만형의.
pylon [-o:n] ~en ~er (고대 이집트 신전의) 탑문.
pynt ~et 0 (값싸고, 아름다운) 장식, 장식물.
pynta ~r ~de ~t tr. itr. 장식하다, 꾸미다.
pyr|a - -de -t itr. 연기가 약간 나다; (분노 · 불만 등이) 끓다, 마음속에 쌓이다, 이글거리다.
pyramid ~en ~er 피라미드, 피라미드형 조직.
pyramidal a. 피라미드 모양의; 거대한.
pyre ~t ~n 작은 아이, 꼬마.
Pyrenéerna (복수명사) 피레네 산맥.
Pyreneiska halvön 이베리아 반도.
pyroman ~en ~er 방화광인 사람.
pyromani ~n 0 방화광.
pyroteknik ~en ~er 불꽃 제조법.
pyrrusseg|er -ern -rar 피루스(고대 그리스 Epirus의 왕)의 승리(막대한 희생을 치른 승리).
pys ~en ~ar 작은 소년, 꼬마.
pys|a -er -te -t itr. (증기가) 쉿 소리를 내다; 【속어】 도망치다.
pyss|el -let 0 꾸무럭거리며 하는 일, 잔일.
pyssla ~r ~de ~t itr. 꾸무럭거리며 일하다, 잔일하다.
pysslig a. 솜씨 좋은.
pyssling ~en ~ar 난쟁이, 소인(小人).
pyton[1] (불변화 en-명사) 거대한 뱀의 종류(pytonorm).
pyton[2] a. (일상적) 지긋지긋한, 매우 안 좋은; jag mår ~ 나는 매스껍다.
pyts ~en ~ar 작은 물통, 단지.
pytsa ~r ~de ~t tr. 물통으로 물을 붓다.
pytt ☞ pyttsan.
pytte|liten -små a. 매우 작은.
pyttipanna ~n 0 양파와 감자가 든 고기 프라이, 잡탕 찜; 혼동, 혼란.
pyttsan itj. jo, ~! 난센스, 그렇지 않을 텐데.
på[1] adv. en kanna med lock ~ 뚜껑이 있는 주전자; klä ~ sig 옷을 입다; vattnet är ~ 물이 나온다; radion är ~ 라디오가 켜져 있다; gå ~ 계속 걸어가다.
på[2] prep. Ⅰ. ① (장소, 물건) 위에, …에, …의 표면에; boken ligger ~ bordet 책이 책상 위에 있다; tavlan hänger ~ väggen 그림이 벽에 걸려 있다; han har handskar ~ händerna 그는 손에 장갑을 끼고 있다 ② (한정된 장소, 활동이 진행되는 장소) ~ bussen 버스에; ~ tåget 열차에; ~ himlen 하늘에; ~ 100 meters höjd 100미터의 높이에; öl ~ flaska 병맥주; ~ banken 은행에; ~ teatern 극장에; bo ~ hotell 호텔에 숙박하다; arbeta ~ kontor 사무실에서 일하다; ~ landet 시골에; undervisa ~ universitet 대학교에서 가르치다; vara ~ bjudning 파티에 있다; ~ sammanträde 회의에 ③ (거리, 섬이름 앞에), ~ Götgatan 예트가탄(스톡홀름에 있는 거리의 이름); ~ Jeju-ön 제주도에 ④ (거리), det finns inte ett träd ~ flera kilometer 몇 킬로미터

나 계속해서 나무가 하나도 없다 ⑤ (방향), gå ~ banken 은행에 가다; gå ~ besök till ngn …를 방문하러 가다; båten går ~ Korea 배가 한국에 다닌다; handeln ~ utlandet 외국과의 무역; kasta sten ~ ngn …에게 돌을 던지다; lägga ett brev ~ brevlådan 편지를 편지통에 넣다; trycka ~ knappen 단추를 누르다 ⑥ (비율, 단위), inte en ~ hundra 백에 하나도 없는; det går 100 öre ~ en krona, 1크로나는 100 외레에 해당한다 ⑦ (수송의 수단) …로; ~ cykel 자전거로, 자전거를 타고; skicka ~ posten 우편으로 보내다 Ⅱ. ① (시점 · 시기 · 날 · 순서) …에, …때; ~ dagen 낮에; ~ natten 밤에; ~ fredag 이번 금요일에; ~ samma gång 동시에; ~ våren 봄철에; idag ~ morgonen 오늘 아침에; ~ 1900-talet 20세기에; låna en bok ~ en vecka, 1주간 책을 빌리다; jag har inte ätit kimchi ~ länge 나는 오랫동안 김치를 못 먹었다; jag kan läsa ut boken ~ en timme 1시간 만에 나는 책을 다 읽을 수 있다; jag kommer ~ minuten 나는 곧 (1분 후에) 간다; gång ~ gång 몇 번이고 되풀이하여; ~ skoj 농담으로; ~ detta sätt 이 방법으로, 이렇게; ~ goda villkor 좋은 조건으로 ② (동사와 함께) arbeta ~ ngt …에 종사하다, …을 연구하다; vänta ~ ngn …를 기다리다; smaka ~ ngt …을 맛보다; samla ~ frimärken 우표를 수집하다; ändra ~ ngt …을 고치다 ③ (형용사와 함께), arg ~ ngn …에게 성을 내다; vara avundsjuk ~ ngn …를 시기하다; ett land rikt ~ olja 석유가 풍부한 나라; jag är trött ~ potatis 나는 감자에 물렸다; jag vill ha kaffe ~ maten 나는 식사한 후 커피를 마시고 싶다 Ⅲ. (전치사적 표현) en bok ~ 100 sidor, 100페이지의 책; en check ~ en miljon won 백만원짜리 수표; en person ~ 30 år, 30세 된 사람; färgen ~ huset är rött 집의 색깔은 빨갛다; en försening ~ flera timmar 몇 시간의 지체; kaptenen ~ båten 배의 선장; priset ~ kött 육류의 가격; en sedel ~ 1000 won, 1000원짜리 지폐; taket ~ huset 집의 지붕 Ⅳ. (관용적으로) ① (명사와 함께) ~ allvar 진지하게; ~ begäran 요청에 의하여; han åker ~ egen bekostnad 그는 자비로 간다; han gjorde det ~ elakhet 그는 그것을 분풀이로 했다; ~ koreanska 한국말로; jag är ~ dåligt humör 나는 기분이 나쁘다 ② (접속사와 함께), ~ det att icke …하지 않도록.

på|bjuda *-bjuder -bjöd -bjudit tr*. (세금 · 벌 · 부담 따위를) 지우다, 과하다; (정숙을) 명하다.

påbrå *~t 0* 조상, 혈통; han har gott ~ 그는 명문 출신이다.

påbud *~et~* 법령, 포고, 명령.

påbyltad *a*. 옷을 잔뜩 껴입은.

påbörda *~r ~de ~t tr*. …에 돌리다, 씌우다, 전가하다.

påbörja *~r ~de ~t tr*. 시작하다.

pådrag *~et ~* 【기계】 시동 장치; med fullt ~ (경찰이) 전력을 기울여.

pådrivar|e *-[e]n ~* 고무자, 선동하는 사람, 격려자.

pådyvla *~r ~de ~t* ☞ **påbörda**.

påfallande[1] *a*. 눈에 뜨이는, 현저한.

påfallande[2] *adv*. 현저하게.

påfart *~en ~er* 고속도로의 가속 차선.

påflugen *a.* 주제넘게 나서는, 경솔한.

påfordra *~r ~de ~t tr.* 요구하다.

påfrestning *~en ~ar* 고난, 수고, 긴장.

påfyllning *~en ~ar* 보급; (음식물의) 두 그릇째; vill du ha ~? 더 드시겠습니까?

påfåg|el *-eln -lar* 공작[새].

påföljande *a.* 따르는, 다음의; ~ dag 다음 날.

påföljd *~en ~er* 결과; 형벌, 징벌.

påför|a *- -de -t tr.* (세금 · 요금을) 부담시키다, 청구하다.

på|gå *~r -gick -gått itr.* 계속하다, 지속하다, 진행하다, …하는 중이다.

pågående *a.* 진행중의.

påhitt *~et ~* 생각, 착상, 묘안, 고안, 방책, 꾸며낸 것; ett sådant ~! 참 어처구니없군!; det var bara ~ 다만 꾸며낸 이야기일 뿐이었다.

påhittig *a.* 착상이 좋은, 교묘한; 영리한.

påhopp *~et ~* 비평, 비난, 습격.

påhugg *~et ~* 임시 일거리.

påhälsning *~en ~ar* 방문.

påhäng *~et ~* 방해물, 장애물; 언제나 따라 다니는 사람, 귀찮게 구는 사람.

påk *~en ~ar* 곤봉.

påkalla *~r ~de ~t tr.* 부르다; 요구하다.

påklädersk|a *-an -or* 극장에서 배우들에게 옷을 입히는 여자.

påkommande *a.* 일어나는, 발생하는.

påkostad *a.* 값비싼, (돈, 노력 등이) 많이 들어간.

påkänning *~en ~ar* ① 긴장, 압박 ② ha ~ av magen 배가 아파서 고생하고 있다, 위병에 걸리다.

påla *~r ~de ~t tr. itr.* 말뚝을 박아 보장하다.

pålag|a *-an -or* 부담, 세금, 부과물.

pålandsvind *~en ~ar* 해풍, 육지로 향하는 바람.

pål|e *-en -ar* (건조물의 기초로서 땅에 박는) 말뚝; 장대, 기둥, 막대기.

pålitlig *a.* 믿을 수 있는, 믿음직한, 확실한; från ~a källor 믿을 만한 소식통에 의하면.

pålkran *~en ~ar* 항타기(杭打機), 말뚝 박는 기계.

påll|e *-en -ar* 말(馬, 일상어 또는 어린이 말).

pålning *~en ~ar* 말뚝을 박아 보강하기.

pålstek *~en ~ar* 고리 매듭(밧줄 매는 방법의 일종).

pålverk *~et ~* 말뚝에 의한 구축물, 말뚝 박기.

pålägg *~et ~* ① 샌드위치 위에 얹는 햄 · 치즈 따위 ② 추가요금.

päläggskalv *~en ~ar* ① 사육 송아지 ② 장래가 유망한 젊은 사람(특히 스포츠 선수).

påmin|na *-ner -de -t tr. itr.* 생각나게 하다, 회상하다; han -ner [mig] om sin bror 그를 보면 그의 동생이 생각난다; -n henne om att hon skall ringa mig 내게 전화를 잊지 말라고 그녀에게 일러 주시오.

påminnelse *~n ~r* 생각나게 하는 것, 회상 시키는 것; 조언, 메모, 주의.

pånyttfödelse *~n ~r* 재생, 부활.

påpassad *a.* 감시받고 있는.

påpasslig *a.* 주의 깊은, 방심 않는, 기민한; vara ~ 기회를 잡다, 기회를 잃지 않다.

påpeka *~r ~de ~t tr.* 지적하다.

påpekande *~t ~n* 주의, 주목, 논평; 암시, 힌트.

påpälsad *a.* 두툼한 옷을 껴입은.

påringning *~en ~ar* 전화[접촉], 전화를 걸어오기.

påropa *~r ~de ~t tr.* (사건을 재판에) 걸다.

påräkna *~r ~de ~t tr.* …라고 생각하다, 기대하다, 예상하다.

pås|e *-en -ar* 부대, 봉지, 자루; 한 자루의 분량; 아래 눈꺼풀의 처진 살; slå ihop sina -ar 결혼하다.

påseende *~t 0* 검사, 심사; vid första ~t 일견하여, 한 번 보고; vid närmare ~ 엄밀하게 검사하여.

påsig *a.* 자루 모양의; 헐렁한; ~a byxor 헐렁한 바지; ~a ögon 부석부석한 눈.

påsk *~en ~ar* 부활절(예수의 부활을 기념하는 축제일, 3월 21일 이후 만월 다음의 첫 일요일); i ~as 지난 부활절에.

påskaft|on *-onen -nar* 부활절 전야.

påskdag *~en ~ar* 부활주일(主日).

på|skina *-skiner -sken -skinit tr.* …인 체하다, …을 가장하다; 암시하다.

påskkär[r]ing [-skçæ-] *~en ~ar* 부활절에 빗자루를 타고 지옥으로 날아가는 마녀.

påsklilj|a *-an -or* 【식물】 나팔수선화.

påskrift *~en ~er* 소포나 편지의 겉봉에 기재된 사항; 표제; 딱지; 서명, 사인.

påskris *~et ~* 착색된 깃털이 붙은 잔 나뭇가지(부활절에 사용하는 장식물).

påskrivet *a.* få ~ 질책을 받다.

påskynda *~r ~de ~t tr.* 서두르게 하다, 빠르게 하다, 촉진하다, 재촉하다; ~ sina steg 걸음을 빨리하다.

påspädning *~en ~ar* 부가, 추가, 첨가.

påssjuka *~n 0* 【병리】 이하선염(耳下腺炎).

påstigning *~en ~ar* (차를) 타는 것, 승차.

påstridig *a.* 고집스러운, 완강한.

påstruken *a.* 얼큰히 취한.

på|stå *~r -stod -stått tr.* 말하다, 진술하다, 언급하다, 주장하다, 단언하다.

påstående *~t ~n* 주장, 단언, 성명, 진술.

påståendesats *~en ~er* 【문법】 서술문.

påstötning *~en ~ar* 생각나게 하는 것, 최고(催告), 힌트.

påta *~r ~de ~t itr.* [gå och] ~ 꾸무럭거리며 일하다, 빈둥빈둥 돌아다니다; 쓸데없는 일을 하다, 이곳저곳 찾아다니다; ~ i jorden 땅에 손가락을 찔러 넣다, 파다.

på|ta[ga] *~r -tog -tagit rfl.* ~ sig (일을) 떠맡다; (책임을) 지다.

påtaglig *a.* 분명한, 명백한, 뚜렷한, 확실한, 실체적인.

påtala *~r ~de ~t tr.* 불평하다, 비평하다, 비난하다, 지적하다.

påtryckning *~en ~ar* 압력, 압축, 압박; handla under ~ar 압력을 받고

행동하다.

påträffa *~r ~de ~t tr.* 만나다; 찾아내다.

påträngande *a.* ① 주제넘게 나서는, 귀찮게 하는 ② 급한, 긴급한.

påtvinga *~r ~de ~t tr.* ~ ngn ngt …에게 억지로 …을 시키다.

påtår *~en ~ar* 또 한 잔 (커피), vill du ha ~? 커피 한 잔 더 드시겠어요?

påtänd *a.* 마약에 도취한.

påtänkt *a.* 계획한, …하려고 한; då var du inte ens ~ 네가 태어나기 훨씬 전이었다.

påv|e *-en -ar* 교황.

påver *a.* 가난한, 빈약한.

påverka *~r ~de ~t tr.* 영향을 미치다, 감화하다, 감명을 주다; ~d av starka drycker 독한 술에 취한.

påverkan *~ påverkningar* 영향, 감화, 효력.

påverkbar *a.* 영향을 줄 수 있는, 민감한.

påvisa *~r ~de ~t tr.* 지적하다, 지시하다; 증명하다.

påvlig *a.* 교황의, 교황제도의.

påyrka *~r ~de ~t tr.* 요구하다. ☞ yrka på.

påökning *~en ~ar* 임금 인상.

påökt *a.* få ~ 봉급이 오르다.

päls *~en ~ar* 모피, 모피코트; ge ngn på ~en …을 호되게 때리다, 비난하다; få på ~en 심하게 혼나다.

pälsa *~r ~de ~t tr.* ~ på sig ordentligt 따뜻한 옷을 입다.

pälsdjur *~et ~* 모피동물.

pälsäng|er *-ern -rar* 【동물】 수시렁이의 일종.

pär *~en ~er* 영국 상원에 의석을 가진 귀족.

pärl|a[1] *-an -or* 진주; (이슬의) 방울; kasta -or för svin 돼지에게 진주를 던져주다, 귀중한 것을 자격이 없는 사람에게 주다; hon är en riktig ~ 그 여자는 아주 훌륭하다; ta sig en ~ 술 한 잔 하다.

pärla[2] *~r ~de ~t tr.* svetten ~de på hans panna 그의 이마에 땀방울이 돋았다; ~nde viner 샴페인.

pärlband *~et ~* 한 줄로 꿰어진 진주.

pärlemor *~n 0* 진주층(眞珠層), 조개류 내부의 은빛 광택이 나는 부분, 자개.

pärlgrå *a.* 진주색의.

pärlhyacint *~en ~er* 【식물】 무스카리.

pärlhöns *~et ~* 뿔닭(서아프리카 산).

pärm *~en ~ar* (책의) 표지, 커버; 서류철.

päron *~et ~* 배(梨).

pärs *~en, ~er/~ar* 고통스러운 일, 힘든 일.

pärt|a *-an -or* 전나무 횃불.

pöbel *~n 0* 민중, 대중, 천민, 군중.

pöl *~en ~ar* ① 물웅덩이, 액체가 괴어 있는 곳 ② 긴 베개.

pöls|a *-an -or* 해시요리.

pörte *~t ~n* 핀란드식 오두막집.

pös|a *-er -te -t itr.* 부풀다, 팽창하다.

pösig *a.* 건방진, 자만하는, 뽐내는; 비만한, 뚱뚱한.

pösmunk *~en ~ar* 도너트; 건방진 사람.

q [kʉː] *q*–[*e*]*t*, *q*[–*n*] 스웨덴어 알파벳의 17번째 글자.

qatạrier *~n ~* 카타르(Qatạr 페르시아만 연안의 독립국) 사람.

qatarisk *a*. 카타르의.

qigong *~en 0* (중국의) 기공수련.

queer *a*. 동성애를 하는.

queerteori *~n ~er* 동성애 분석이론.

quenẹll [ke–] *~en ~er* 고기 또는 생선 완자.

quilta/kvilta [kv–] *~r ~de ~t tr*. (솜 · 털 · 깃털 등을 넣은) 누비이불을 만들다.

quisling *~en ~ar* [kvi–] 매국노, 배반자.

R

r [ær] *r–[e]t, r[–n]* 스웨덴어 알파벳의 18번째 글자.

rabạld|er *–ret 0* 동요, 폭동, 소란, 소음.

rabạrber *~n 0* 【식물】 대황(大黃), 대황의 앞줄기(식용).

rabạtt *~en ~er* ① 화단 ② 할인; lämna 20% ~ på priset 정가에서 20%를 할인하다.

rabattera *~r ~de ~t tr.* 할인하다.

rabbịn *~en ~er* 【유대교】 랍비.

rabbla *~r ~de ~t tr.* ~ (upp) 줄줄 읽다, 종알종알 말하다; ~ upp ett tal 빠른 말로 연설하다.

rabiạt *a.* 맹렬한, 격렬한; (의견이) 과격한, 광신적인; 터무니없는.

rabies [rɑ̣:bjəs/rɑ̣:biəs] ~ *0* 【병리】 광견병, 공수병.

rabulịst *~en ~er* 광신적인 급진당원; 선동자.

racer [rɛ̣:sər/rẹjsər] *~n ~[s]* 경주용 자동차(오토바이).

racka *~r ~de ~t itr.* ~ ner på ngn …을 헐뜯다.

rackar|e *–[e]n ~* 녀석; 개구쟁이.

rackartyg *~et ~* 못된 짓, 장난.

rackarung|e *–en –ar* 장난꾸러기.

racket *~en ~ar* (정구 · 탁구 등의) 라켓.

rad *~en ~er* ① 줄, 열(列); en ~ segrar 연승; tre dagar å ~ 연속 3일간 ② 행; läsa mellan ~erna 행간을 읽다, 언외(言外)의 뜻을 알아내다 ③ (관람석의) 열, 줄, 층 ④ 【물리】 래드 (1그램에 대하여 100에르그의 흡수 에너지를 주는 방사선량을 1래드라 함).

rada *~r ~de ~t tr.* ~ upp 정렬시키다, 선을 치다.

radar *~n 0* 【전자공학】 레이더, 전파탐지기.

radband *~et ~* 【가톨릭】 로사리오; 염주.

radd|a *–an –or* 【일상】 긴 줄, 긴 열, 많은 양(量).

radera *~r ~de ~t tr.* ① ~ [bort(ut)] 지우다, 문질러 없애다; ~ ut en stad 도시를 완전히 파괴하다 ② 에칭하다, 식각(蝕刻)하다.

radergummi *~t ~n* 지우개(sudd-gummi).

radering *~en ~ar* ① 지우기, 삭제 ② 에칭, 에칭술.

radhus *~et ~* 연립주택.

radiạn *~en ~er* 【수학】 라디안, 호도(弧度).

radiator ~*n* ~*er* 라디에이터, 방열기.
radie ~*n* ~*r* 【기하】 반경; 일정 거리의 구역.
radiell *a*. 【수학】 반경의.
radiera ~*r* ~*de* ~*t tr*. ① (빛 · 열을) 사출하다, 방사하다 ② (라디오로) 방송하다.
radikal[1] *a*. 근본적인, 기초의, 철저한, 급진적인.
radikal[2] ~*en* ~*er* 급진당원, 과격론자.
radikalism ~*en 0* 급진주의, 과격론.
radio Ⅰ. ~*n* ~*0* 라디오, 라디오 방송; Sveriges Radio (SR) 스웨덴 방송국; tala i ~ 라디오에서 강연하다 (말하다); sända i ~ 라디오로 방송하다 Ⅱ. ~*n* ~*r* 라디오 수신기.
radioaktiv *a*. 【물리】 방사성의; ~ strålning 방사능 방사(放射); ~t nedfall 방사능 낙진.
radioaktivitet ~*en 0* 방사능, 방사선.
radiobil ~*en* ~*ar* ① (유원지에 있는) 부딪치며 노는 소형 자동차 ② 라디오 순찰차.
radiohus ~*et* ~ 라디오 방송국.
radiolog [−lo:g] ~*en* ~*er* 방사선 학자.
radiologi [−lɔgi:] ~*n 0* 방사선학.
radiomottagar|e −[*e*]*n* ~ 라디오(수신기).
radiopejling ~*en* ~*ar* 전파 탐지.
radioreportage [−ɑ:ʃ] ~*t* ~ 라디오 방송.
radiorör ~*et* ~ (라디오용) 진공판.
radiosond ~*en* ~*er* 【기상】 라디오존데(상층 기상 관측 장치).
radiostation ~*en* ~*er* 라디오 방송국.
radiostyrd *a*. 무선으로 조종되는.
radiosändar|e −[*e*]*n* ~ 라디오 송신기.
radiotelefon ~*en* ~*er* 무선전화.
radiotelegrafi ~*n 0* 무선전신.
radioteleskop [−sko:p] ~*et* ~ 【천문】 전파 망원경.
radioterapi ~*n* ~*er* 방사선 요법.
radioutsändning ~*en* ~*ar* 라디오 방송.
radiovåg ~*en* ~*or* 【전기】 전파, 전자파.
radi|um ~/−[*um*]*et*, *0* 【화학】 라듐.
radon [−o:n] ~*et*/~*en*, *0* 【화학】 라돈(방사선의 희(稀)가스 류 원소).
raff|el −*let 0* 오싹함, 흥분, 전율.
raffig *a*. (일상적) 근사한, 놀랄 만큼 아름다운.
raffinaderi ~*et* ~*er* 정제소(정련소).
raffinemang ~*et 0* 고상함; 세련; 교묘; 영리함.
raffinera ~*r* ~*de* ~*t tr*. (석유를) 정제하다, 정련(精練)하다.
rafflande *a*. 흥분시키는, 긴장한.
rafräschissör ~*en* ~*er* (향수의) 분무기.
rafsa ~*r* ~*de* ~*t itr*. 마구잡이로 옮기다 (모으다); ~ ihop 급히 긁어모으다, 후다닥 긁어모으다; ~ ihop ett brev 편지를 휘갈겨 쓰다.
rafsig *a*. 되는 대로의, 허술한; 저돌적인.
ragat|a ~*an* ~*or* 잔소리가 심한 여자, 입심 사나운 여자.
ragg ~*en 0* 염소 털; 거친 머리칼; resa ~ 화를 내다.
ragga ~*r* ~*de* ~*t tr*. 차를 몰고 여자를 좇아다니다; 물건을 찾다.

raggar|e –[e]n ~ 차몰이꾼, 야타족 (함께 놀 여자를 구하기 위해 차를 몰고 거리를 배회하는 사내들).

raggig [ragi(g)] *a*. 털북숭이의, 털이 많은, 머리가 헝클어진.

raggmunk ~en ~ar 감자 팬케이크.

raggsock|a [–sɔkːa] *–an –or* 양모(羊毛)로 만든 두꺼운 겉 양말.

R

ragla *~r ~de ~r itr*. 비틀거리다.

raglan (불변화형용사) 래글런형 외투 (소매가 곧장 목덜미까지 뻗었으며 헐렁함).

ragnarök [raŋna–]【북구신화】최후의 심판일, 세상의 마지막 날.

ragu *~n ~er*【요리】라구 (고기·야채를 재료로 한 프랑스 스튜).

raid ☞ **räd**.

raj|a *–an –or* 인도의 황후.

rajd *~en ~ar* 썰매를 당기는 순록의 줄.

rak *a*. 똑바른, 곧은, 직립한; stå ~ 똑바로 서다; gå ~a vägen hem 곧장 집으로 가다; på ~ arm 즉석에서; det enda ~a är att gå och lägga sig 자는 것이 가장 좋겠다; ~a motsatsen 정반대; ~ ordföljd 바른 어순, 정치법(正置法)(주어+동사 순서의).

rak|a[1] *–an –or* ① 갈퀴, 써레, 고무래 ② (일상적) ☞ **raksträcka**.

raka[2] *~r ~de ~t* Ⅰ. *tr. itr*. 갈퀴질하다, 긁다; ~ ur 긁어내다 Ⅱ. *itr*. ~ i höjden 마구 쏘아대다 Ⅲ. *tr*. 면도하다; ~ sig 면도하다.

rakapparat *~en ~er* 전기면도기.

rakblad *~et ~* 면도날.

rakborst|e [–ɔʂtə] *–en –ar* 면도용 솔.

rakẹt *~en ~er* 로켓, 탄도탄, 미사일; han for iväg som en ~ 번개처럼 가버렸다.

raketgevär *~et ~*【군사】바주카포 (휴대용 대전차 로켓포).

raketvap|en *–net ~* 미사일.

rakhyv|el *–eln –lar* 안전면도기.

rakitis [–kịː–] *~en 0*【병리】구루병.

rakitisk *a*. 구루병의.

rakkniv *~en ~ar* (접을 수 있는) 면도칼.

rakkräm *~en 0* 면도용 크림.

rakl̥ång *a*. falla ~ 큰대자로 자빠지다.

rakna *~r ~de ~t itr*. 곧바르게 되다, 펴지다.

rakryggad *a*. ① 허리가 꼿꼿한 ② 정직한.

raksalong *~en ~er* 이발소.

rakstrig|el *–eln –lar* 혁지(革砥) (면도칼 가는 가죽).

raksträck|a *–an –or* 길의 직선 코스,【스포츠】경주 장의 직선 코스 (raka).

rakt *adv*. 똑바로, 일직선으로, 직립하여, 직접으로; 완전히, 절대로; det gör ~ ingenting 전혀 상관없다; det är ~ omöjligt 전혀 불가능하다; köpa en sak för ~ ingenting 물건을 거의 공짜로 사다.

rakvatt|en *–net 0* ① 면도 후에 바르는 로션 ② 면도용 물.

raljạnt *a*. (악의 없이) 희롱하는, 놀리는.

raljera *~r ~de ~t itr*. 희롱하다; ~ med ngn …를 희롱하다.

raljerị *~et ~er* 희롱.

rallar|e –[e]n ~ 철도부설 인부.

rallarsving *~en ~ar* 대단한 강타, 센

주먹.

rally *~t ~n* 자동차 랠리(경주).

ram *~en ~ar* ① 액자; 틀, 창틀; 기구; sätta inom glas och ~ 액자에 넣다; inom samhällets ~ar 사회라는 울타리 안에서; inom ~en för detta problem 이 문제의 범위 내에서 ② (날카로운 발톱이 있는 동물의) 발, 곰의 앞발; suga på ~arna 굶주리다.

rama[1] (불변화형용사), på rena ~ bondlandet 진짜 시골에; rena ~sanningen 숨김없는 진실.

rama[2] *~r ~de ~t tr*. ~ in 액자에 넣다, 틀에 끼우다.

ramaskri *~[e]t ~n* (불만에서 나오는) 외치는 소리.

ramavtal *~et ~* 기본협약.

ramberättelse *~n ~r* 액자 식 이야기.

ramla *~r ~de ~t itr*. 넘어지다, 자빠지다; ~ ihop 무너지다; ~ på! 서둘러라!

ramm *~en ~ar* 【항해】 파선퇴(破船槌).

ramma *~r ~de ~t tr*. (적함을) 충각으로 들이받다; bilen ~de spårvagnen 자동차가 전차에 심하게 부딪쳤다.

rammelbuljong *~en 0* (일상적) få ~ 매를 맞다.

ramp *~en ~er* ① (고속도로의) 진입로, 램프 ② 【극장】 각광(脚光) ③ (로켓의) 발사대.

rampfeber *~n 0* 무대 공포증.

rampljus *~et ~* 【극장】 각광; 조명; stå i ~et 세상의 주목을 받다.

ramponera *~r ~de ~t tr*. 손해를 입히다, (배를) 난파시키다; 부수다, 파괴하다.

rampris *~et ~/~er* 염가(廉價).

rams|a *–an –or* 시시한 긴 이야기; 동요.

ramsvart *a*. 시커먼.

ranch [ranʃ] *~en ~er* 미국의 대목장, 농장.

rand *~en ränder* ① 줄, 줄무늬 ② 가장자리, 테두리; 경선, 경계; på gravens ~ 죽음의 직전에; skogens ~ 숲의 바깥 가장자리.

randa *~r ~de ~t tr*. 줄무늬를 넣다.

randanmärkning *~en ~ar* 난외의 주(註); 주석.

randa|s *~ –des –ts itr. dep*. dagen ~ 날이 새다; svåra tider ~ 불경기가 다가온다.

randig *a*. 줄무늬가 있는; det har sina ~a skäl 충분한 이유가 있다.

randsydd *a*. 가장자리 장식을 댄.

rang *~en 0* (사회의) 계급, 계층; 지위; en konstnär av första ~ 일급 화가; en familj av ~ 명문가(家).

rangera [raŋʃẹ:ra] *~r ~de ~t tr*. ① 분류하다, 구분하다 ② 【철도】 열차를 딴 선로에 옮겨놓다, 전철하다.

rangerad *a*. 유복한, 부유한.

rangerbangård [raŋʃẹ:r–] *~en ~ar* 【철도】 조차장(操車場).

ranglig *a*. 흔들흔들하는, 쓰러질 듯한; 껑충한.

rangplats *~en ~er* 앞자리, 지도적 위치.

rank *a*. ① 불안정한, 흔들흔들한, 약한 ② (키가) 껑충한.

rank|a[1] Ⅰ. *–an –or* 덩굴 식물, 덩굴손, 나뭇가지 Ⅱ. (불변화명사), låta ett barn rida ~ 아이를 무릎 위에 올려놓고 흔들다; rida, rida ~ 아기를 무릎에 올려놓고 어를 때 부르는 동요.

ranka[2] ~*r* ~*de* ~*t tr*. (어떤) 지위에 두다; 분류하다; 평가하다.

rankig ☞ rank.

rann ☞ rinna.

rannsaka ~*r* ~*de* ~*t tr*. 【법률】 심리하다, 재판하다; 살피다; 철저히 찾다; ~ sitt minne 기억을 더듬다.

rannsakan ~ *0* 심문, 심리, 재판; 조사.

R

rannsakning ~*en* ~*ar* ☞ rannsakan.

ranson [−sọ:n] ~*en* ~*er* (급여물의) 정량, 배급량; (육군에서) 하루 분 식량.

ransonera ~*r* ~*de* ~*t tr*. (식량 등을) 지급하다, 배급하다.

ransonering ~*en* ~*ar* (비상시, 재난시에 식량, 의복 등의) 배급; upphöra ~en av matvaror 식료품을 배급 대상에서 제외하다.

ransoneringskort ~*et* ~ 배급표.

ranta ~*r* ~*de* ~*t itr*. (일상적) 어슬렁거리다.

ranụnk|el *−eln, −ler/−lar* 미나리아재비속(屬)의 식물.

rapa ~*r* ~*de* ~*t itr*. 트림하다.

rapning ~*en* ~*ar* 트림하기.

rapp[1] *a*. 재빠른, 신속한, 빠른, 활발한, 기민한.

rapp[2] Ⅰ. ~*en* ~*ar* 검은 말(馬) Ⅱ. ~*et* ~ 채찍, 한 번 치기 Ⅲ. ~*et 0*, han ger sig inte i första ~et 그는 쉽게 포기하지 않는다; i rödaste ~et 즉시, 즉각.

rappa ~*r* ~*de* ~*t* Ⅰ. *tr*. ~ till 채찍질하다, 때리다 Ⅱ. *itr*. ~ på! 빨리 해라! Ⅲ. *tr*. 회반죽을 바르다.

rappakalja ~*n 0* 부질없는 말, 쓸데없는 말.

rapphön|a *−an −or*/**rapphöns** ~*et* ~ 엽조(獵鳥)의 일종.

rappning ~*en* ~*ar* 회반죽, 벽토.

rappọrt ~*en* ~*er* 보고, 성명, 진술; ~erna 소식, 뉴스.

rapportera ~*r* ~*de* ~*t tr*. 보고하다, 보도하다.

rapportör ~*en* ~*er* 보고자, 보도기자; 밀고자.

raps ~*en 0* 【식물】 평지.

rapskak|a *−an −or* 평지 씨 기름을 짜낸 찌꺼기.

rapsodị ~*n* ~*er* 【음악】 광시곡.

rapsolja ~*n 0* 평지 씨 기름.

rar *a*. ① 예쁜, 귀여운; 명랑한 ② 드문.

raring ~*en* ~*ar* 사랑하는 사람, 연인.

raritẹt ~*en* ~*er* 일품, 진귀품; 골동품.

ras Ⅰ. ~*en* ~*er* 인종, 민족; 품종 Ⅱ. ~*et* ~ 사태(沙汰); 무너짐, 붕괴 Ⅲ. ~*et 0* 장난치며 뛰놀기.

rasa ~*r* ~*de* ~*t itr*. ① 무너지다, 붕괴하다; 미끄러져 내리다; 떨어지다 ② 장난치며 뛰놀다; ungdomen ~r 젊은이들은 저들이 하고 싶은 대로 하고 지낸다 ③ 격노하다, 크게 나무라다.

rasande[1] *a*. 격노한, 몹시 화가 난; en ~ storm 휘몰아치는 폭풍; hon blev ~ på honom 그녀는 그에게 몹시 화가 났다; i ~ fart 맹렬한 기세로.

rasande[2] *adv*. 대단히, 몹시, 굉장히.

rasben (복수명사), ha ~ 아름다운 다리를 가지고 있다.

rasblandning ~*en* ~*ar* 잡종, 혼혈.

rasdiskriminering ~*en 0* 인종 차별.

rasdjur ~*et* ~ (동물의) 순종.

rasera *~r ~de ~t tr.* 파괴하다, 파멸시키다; 취소하다.

raseri *~et 0* 격노, 분노; 격렬, 맹위; råka i ~ 격노하다.

rasfördom *~en ~ar* 인종 편견.

rashygien *~en 0* 우생학.

rasism *~en 0* 인종차별[주의]

rasist *~en ~er* 인종차별주의자.

rask[1] *a.* 빠른, 재빠른; ~ och kry 원기 왕성한, 노익장의.

rask[2] *~et 0*, hela ~et 모두 다, 모든 것 다.

raska *~r ~de ~t itr.* ~ på 빨리 움직이다.

rasp Ⅰ. *~en ~ar* 【연장】 이가 굵은 줄 Ⅱ. *~et 0* 긁는 소리.

raspa *~r ~de ~t* Ⅰ. *tr.* 이가 굵은 줄로 갈다, 박박 긁다 Ⅱ. *itr.* 문지르다, 긁다.

rass|el *-let 0* ① 덜컹덜컹(딸랑딸랑)하는 소리, 바삭바삭하는 소리 ② 【병리】 (폐의) 수포음(水疱音).

rassla *~r ~de ~t itr.* 달캉달캉 소리 내다, 바삭바삭 소리 내다.

rast *~en ~er* 휴식, 휴게; ta ~ 쉬다.

rasta *~r ~de ~t* Ⅰ. *tr.* (개를) 데리고 밖에 나가 운동시키다 Ⅱ. *itr.* 쉬다.

rast|er *-ret ~* 【TV】 래스터(방송이 없을 때 브라운관에 비치는 횡선의 가는 줄무늬); 【사진】 (카메라에 있는) 가느다란 눈금을 친 유리판.

rastlös *a.* 불안한, 휴식이 없는; 활동적인.

rasåtskillnadspolitik *~en 0* 인종차별 정책.

rata *~r ~de ~t tr.* 거절하다, 거부하다, 인정하지 않다.

ratificera *~r ~de ~t tr.* (조약 따위를) 비준하다; 확증하다, 확인하다.

ratifikation *~en ~er* 비준, 승인, 재가(裁可).

rationalisera *~r ~de ~t tr.* 합리화하다.

rationalisering *~en ~ar* 합리화.

rationalism *~en 0* 【철학】 이성론, 합리주의.

rationalist *~en ~er* 이성론자, 합리주의자.

rationell *a.* 합리적인, 도리에 맞는.

ratt *~en ~ar* (자동차의) 핸들, (배의) 타륜, (라디오의) 다이얼; sitta vid ~en 운전하다.

ratta *~r ~de ~t tr. itr.* 운전하다.

rattfylleri *~et 0* 취중 운전, 음주 운전.

rauk *~en ~ar* (특히 Gotland 섬의 해변에 있는) 기암괴석.

ravin *~en ~er* 골짜기, 계곡.

ravioli [-o:li] *~n 0* 라비올리 (양념한 고기를 저며서 밀가루 반죽으로 싼 이탈리아 요리).

rayon [-jo:n] *~et 0* 인조견직물.

razzi|a [-sia/-tsia] *-an -or* 습격, 기습, 현장 급습; göra en ~ 급습하다.

re|a[1] *-an -or* ☞ **realisation** ①.

rea[2] *~r ~de ~t tr. itr.* ☞ **realisera**.

rea-[3] 복합어의 접두사.

readrift ☞ **reaktionsdrift**.

reagens [-gens] *~et/~en, ~[er]* 【화학】 시약(施藥).

reagenspapp|er *-ret ~* 【화학】 시험지.

reagera *~r ~de ~t itr.* 반작용하다, 반응하다; 반대하다, 반항하다.

reaktion *~en ~er* 반작용; 반응.

reaktionsdrift *~en 0* 【항공】 제트 추진 (readrift).

reaktionär[1] *~en ~er* 반동(보수)주의자.

reaktionär[2] *a.* 반동적인.

reaktivera *~r ~de ~t itr.* 부활(재개)하다.

reaktor [-ạktɔr] *~n ~er* 원자로.

reạl[1] ☞ reell.

reạl[2] *~en 0* ☞ realexamen.

reale ☞ realgenus.

R

realexam|en *-en -ina* 【고어】 중학교 졸업.

realgenus *~et 0* 【문법】 통성.

realia (불변화 en-명사) 【학교】 지역사정.

realinkomst *~en ~er* 실질소득.

realisation *~en ~er* ① 염가 판매, 할인대매출 ② 현실화.

realisationsvinst *~en ~er* 자산 매각

realisera *~r ~de ~t* Ⅰ. *tr.* ① 싸게 팔아 치우다 ② 현금으로 태환하다 ③ 현실화하다 Ⅱ. *itr.* 염가 판매하다.

realism *~en 0* 【문학】 사실주의.

realist *~en ~er* 사실주의자.

realịstisk *a.* 현실적인, 실제적인.

realitẹt *~en ~er* 진실, 진실성; 실제, 사실, 현실.

reallön *~en ~er* 실질 소득.

realpolitik *~en 0* 현실 정책, 실제 정치.

realskol|a *-an -or* 【고어】 중학교.

realsäkerhet *~en ~er* 근저당.

realvärde *~t ~n* 실제 가치.

reaplan *~et ~* 제트기.

reassurans *~en ~er* 【보험】 재보험.

rebẹll *~en ~er* 모반자, 반역자.

rebellisk *a.* 반역하는, 모반하는, 반역적인.

rẹbus *~en ~ar* 수수께끼 그림.

recensẹnt *~en ~er* 평론가, 비평가.

recensera *~r ~de ~t tr.* 평론(비평)을 쓰다.

recension [-ʃọ:n] *~en ~er* 평론, 비평.

recentior [-sẹntsiɔr] *~n ~er* 【학교】 일학년 학생, 신입생.

recẹpt *~et ~* ① 【약학】 처방 ② 【요리】 요리법; 제법, 공식.

reception *~en ~er* ① (호텔의) 프론트 ② 환영회, 리셉션.

receptịv *a.* 잘 받아들이는; 이해가 빠른.

receptivitẹt *~en 0* 이해력, 수용력.

recẹtt *~en ~er* 극장의 수익.

recidịv *~et ~* (원 상태로) 돌아감, 퇴보; (병의) 재발.

recipiẹnt *~en ~er* 용기, 그릇.

recipiẹra *~r ~de ~t itr.* (친선협회, 종교단체에) 가입하다.

reciprok [-ọ:k] *a.* 상호의, 호혜적인; 상반되는.

recitatiọn *~en ~er* 암송, 낭독.

recitatrịs *~en ~er* 암송하는 여자.

recitatọ̈r *~en ~er* 암송하는 남자.

recitera *~r ~de ~t tr.* 암송하다.

red ☞ rida.

reda[1] (불변화형용사), ~ pengar 현금(現金).

reda[2] *~n 0* 정돈; det är ingen ~ med honom 그는 부주의하다 (소홀하다); bringa ~ i ngt …을 정돈하다; få ~ på ngt …을 알게 되다, …을 찾아내다; ha ~ på 알고 있다; hålla ~ på ngt …을 감독하다, …의 질서를 유지

하다, …의 정보를 얻어내다; leta ~ på ngt …을 찾아내다; ta ~ på 알아보다, 알아내다.

red|a[3] *-er -de rett* Ⅰ. *tr.* ① 준비하다; (양모를) 빗질하다; ~ till ☞ tillreda; ~ upp (실을) 풀다, 해결하다, 설명하다 ② 【요리】 진하게 하다 Ⅱ. *rfl.* det -er sig nog 잘 될 것이다.

redaktion *~en ~er* ① 편집 ② 편집부, 편집부원.

redaktionell *a.* 편집의.

redaktionssekreterar|e *-[e]n ~* 편집부장.

redaktör *~en ~er* 편집장.

redan *adv.* ① 벌써, 이미; hon är ~ hemma 그녀는 벌써 집에 와 있다; ~ på 1800-talet fanns det bilar 이미 19세기에 자동차가 있었다 ② ~ åsynen av en orm får honom att darra 뱀을 보기만 해도 무서워 덜덜 떤다.

redar|e *-[e]n ~* 선주, 선박 소유자.

redbar *a.* 정직한, 성실한, 솔직한.

redd *~en ~er* 【항해】 (앞바다의) 정박지, 투묘지; ligga p ~en 투묘지에 정박해 있다.

rede *~t ~n* 보금자리.

rederi *~et ~er* 해운업, 선박회사; 선박회사 사무소.

redig *a.* ① 정돈된; 읽기 쉬운 (문자); 명백한; 정신을 차리고 있는 ② ett ~t mål mat 실속 있는 식사; en ~ förkylning 심한 감기, 독감.

redigera [-ʃe:-] *~r ~de ~t tr.* 편집하다.

redigerar|e *-[e]n ~* 편집자, 교정자.

redingot [-diŋgɔt] *~en ~er* 프록코트(남자용 더블 상의).

redlig ☞ redbar.

redlös *a.* ① 【항해】 조타할 수 없는 (배) ② 곤드레만드레 취해 있는.

redning *~en ~ar* 【요리】 진하게 하는 재료 (수프의 밀가루 따위).

redo *a.* 준비되어 있는.

redobogen *a.* 준비된; 마음이 내키는.

redo|göra *-gör -gjorde -gjort itr.* ~ för ngt …에 관해서 설명하다; utförligt ~ för innehållet i en dikt 시의 내용을 자세히 분석하다.

redogörelse *~n ~r* 설명, 보고.

redovisa *~r ~de ~t tr. itr.* 보고하다, 설명하다.

redovisning *~en ~ar* (과제의) 보고, 보도, 설명.

reds (불변화명사), till ~ 준비되어 있는.

redskap *~et ~* 도구, 가구; 앞잡이.

reducera *~r ~de ~t tr.* 줄이다, 감소하다, 축소하다; 【화학】 환원.

redundans *~en 0* 과잉, 여분; 【컴퓨터】 용장도.

reduplikation *~en ~er* 되풀이, 배가, 반복; 【언어】 중복, 중복형.

redutt *~en ~er* 【군사】 요새.

reell *a.* 진실의, 진짜의, 실제의, 현실의.

refektori|um *-et -er* (수도원의) 식당.

referat *~et ~* 보고, 보도, 기록; 요약, (책 · 논문 따위의) 개요.

referendum *~[et], ~/referenda* 국민투표.

referens *~en ~er* 참조; 조회, 신원보증인, 중재자.

referensbibliotek *~et ~* 참고 도서관.
referensgrupp *~en ~er* 자문단체.
referent *~en ~er* ① 보고자 ② 언어의 표현이 가리키는 지시물 (의미).
referera *~r ~de ~t* Ⅰ. *tr.* (요점을 간추려) 보고하다, 보도하다 Ⅱ. *itr.* ~ *till* …에[게] 조회하다, 참조하다.
reflektera *~r ~de ~t* Ⅰ. *tr.* 반사하다; 비추다; 숙고하다, 나타내다 Ⅱ. *itr.* 반사하다, 반영되다; 숙고하다; ~ på att köpa ngt …을 살까 생각하다.
reflektion ☞ **reflexion**.
reflektor [–tɔr] *~n ~er* [–tɷ:rər] ① 반사기 ② 반사 망원경.
reflex *~en ~er* ① 반사, 반영 ② (보행자의 안전을 위해 옷에 부착하는) 작은 반사체.
reflexband *~et ~* 발광 테이프.
reflexiv *a.* 반사의, 반사되는; ~t pronomen 재귀대명사.
reform *~en ~er* 개혁; sociala ~er 사회개혁.
reformation *~en ~er* 개혁, 개정, 개량; ~en 종교개혁.
reformator *~n ~er* [–mɑ:tɔr] 개혁가, (복수) reformatorer [–tɷ:rər].
reformatorisk *a.* 개혁의 개정의.
reformera *~r ~de ~t tr.* 개혁하다, 개정하다, 개선하다; 재조직하다.
reformert [–mæʈ] *a.* den ~a krykan 개신교.
refräng *~en ~er* (시, 노래의) 후렴곡; tänka på ~en (파티에서) 일어서다, 집으로 가려고 하다.
refug [–fʉ:g] *~en ~er*/**refuge** [–fy:ʃ] *~n ~r* (도로의) 안전지대.
refusera *~r ~de ~t tr.* 거절하다.
regalier (복수명사) 왕위의 표장.
regalskepp *~et ~* 1750년 이전 스웨덴의 가장 큰 군함을 일컫는 명칭.
regatt|a *–an –or* 레가타, 보트 레이스.
reg|el Ⅰ. *–eln –lar* (문을 잠그는) 빗장; skjuta för ~n 빗장을 질러 잠그다 Ⅱ. *–eln –ler* 규칙, 규정, 법칙; 표준; i ~ 대체로, 일반적으로; jag tar det som en ~ att stiga upp tidigt 나는 일찍 일어나는 것을 습관으로 삼고 있다.
regelbunden *a.* 정시의, 정기의; 통상의; 규칙적.
regellös [re:gəllø:s] *–a.* 불규칙한; 규칙을 무시한.
regelmässig ☞ **regelbunden**.
regelrätt[1] *a.* 규칙적인, 정확한, 올바른.
regelrätt[2] *adv.* 규칙에 맞게, 어김없이.
regelvidrig *a.* 규칙위반의.
regemente [rege–/reje–] *~t ~n* ① 【군대】 연대 ② 지배[권]; föra ~ över ngn …를 지배하다.
regeneration *~en ~er* 재생.
regent [–jẹnt] *~en ~er* 통치자, 군주.
regera *~r ~de ~t tr. itr.* ① 통치하다, 지배하다 ② 소음을 내다.
regering [rejẹ:riŋ] *~en ~ar* 정부; 통치; 통치시대.
regeringschef *~en ~er* 수상(首相).
regeringsform *~en ~er* ① 내각구조 ② 헌법.
regeringsparti *~et ~er* 여당, 집권당.
regeringsråd *~et ~* 최고 행정법원의 위원.

regeringsrätt ~en ~er 최고 행정법원.
regi [–ʃiː] ~n 0【연극】연출;【영화】제작.
regim [–ʃiːm] ~en ~er 정부, 정권; 관리체제.
region [–gioːn] ~en ~er 지역, 지방.
regional a. 지역의, 지방의, 지방적인.
regionalpolitik ~en 0 지방 발전 정책.
regionsjukhus ~et ~ 큰 규모의 지역 종합병원(수개의 주(län)를 관리대상으로 함).
regissera ~r ~de ~t tr. 연출하다, 제작하다.
regissör ~en ~er【연극】연출가;【영화】감독.
regist|er [–ji–] –ret ~ ① 등록부, 등기부, 명부; 목차, 차례, 목록 ② (오르간의) 스톱, 음전(音栓).
registerton [–tɔn] ~net ~【항해】(배의) 등록 톤 수 (1 registerton = 2.832㎥).
registrator [rejistrɑːtɔr] ~n ~er [–toːrər] 기록계원, 등기 담당관.
registratur ~en ~er 등록부.
registrera ~r ~de ~t tr. 기록하다, 등록하다.
registreringsskylt ~en ~ar (자동차의) 번호판.
regla ~r ~de ~t tr. 잠그다.
reglage [–ɑːʃ] ~t ~ 조절기, 지레, 공간(槓杆).
reglementarisk a. 규칙에 따른, 규정에 입각한.
reglemente ~t ~n 법규, 규정.
reglementera ~r ~de ~t tr. 규정하다, 단속하다.
reglementsvidrig a. 규칙 위반의.
reglera ~r ~de ~t tr. 조절하다, 조정하다; 규정하다.
reglering ~en ~ar 규정하기, 조정, 조절.
regn [rɛŋn] ~et ~ 비, 소나기; ~ och rusk 험한 날씨; efter ~ kommer solsken【속담】어떤 구름이라도 뒤쪽은 은빛으로 빛난다, 괴로움 뒤에는 기쁨이 있다.
regna [reŋna] ~r ~de ~t itr. 비가 내리다; låtsas som om det ~r 신경을 쓰지 않다, 모르는 척하다.
regnblandad a. ~ snö 진눈깨비.
rengby ~n ~ar 비를 동반하는 질풍.
regnbåg|e –en –ar 무지개.
regnbågshinn|a –an –or【해부】(안구의) 홍채.
regnig a. 비가 많은, 비가 잘 오는.
regnmätar|e –[e]n ~ 우량계.
regnrock ~en ~ar 레인코트, 비옷.
regnskog ~en ~ar 열대우림(熱帶雨林).
regnskur ~en ~ar 호우, 소나기.
regntid ~en ~er 장마철.
regress ~en ~er 퇴보, 후퇴, 역행.
regressiv a. 퇴보하는, 후퇴하는.
reguladetri ~n 0【수학】비례법.
regulator ~n ~er 조절기.
rehabilitering ~en ~ar 사회 복귀, 명예(신용) 회복.
reinkarnation ~en ~er 영혼의 재생, 환생.
rejäl a. 정직한; 정당한; 충분한; 훌륭한; en ~ förkylning 심한 감기; ett ~t mål mat 충분한 식사; en ~ skopa ovett 엄한 꾸지람.
rek ~et ~ 등기 편지, 등기 우편.

R

rekapitulation *~en ~er* 요점의 반복, 요약.

rekapitulera *~r ~de ~t tr.* 요점을 되풀이하다, 요약하다, 개괄하다.

reklam *~en ~er* 상업 선전, 상품 광고.

reklamation *~en ~er* 【상업】 보상 청구.

reklambyrå *~n ~er* 광고 대행 업소,

reklamera *~r ~de ~t tr.* 보상을 청구하다.

R

reko (불변화형용사) 【일상적】 믿을 수 있는.

rekognos[c]era *~r ~de ~t tr. itr.* 정찰하다.

rekommendation *~en ~er* 추천, 추천장; 충고; 등기.

rekommendera *~r ~de ~t tr.* ① 추천하다 ② 등기로 발송하다.

rekonstruera *~r ~de ~t tr.* 재건하다, 개조하다.

rekonstruktion *~en ~er* 재건, 개조.

rekonvalescens ☞ konvalescens.

rekord [–ko:d] *~et ~* (경기의) 최고 기록; sätta nytt ~ 신기록을 수립하다.

rekordartad *a.* 기록적인; 비길 데 없는.

rekordhållar|e *–[e]n ~* 기록 보유자.

rekordtid *~en ~er*, på ~ 매우 빨리.

rekreation *~en ~er* 휴양, 보양, 긴장을 풀고 심신을 상쾌하게 하기 위한 활동.

rekreationsort *~en ~er* 휴양지.

rekreera *~r ~de ~t* I. *tr.* 기력을(원기를) 되찾게 하다 II. *rfl.* 건강을 되찾다, 휴양하다.

rekryt *~en ~er* 신병, 보충병; göra ~en 신병훈련을 받다.

rekrytera *~r ~de ~t tr.* 신병을 모집하다; 고용하다.

rektang|el *–eln –lar* 직사각형.

rektangulär *a.* 직사각형[모양]의.

rektor *~n ~er* [–o:rər] (대학의) 총장; 교장.

rekviem *~[et] ~* 【가톨릭】 죽은 이를 위한 미사.

rekvirera *~r ~de ~t tr.* 주문하다, 구하다; ~ hjälp 도움을 청하다.

rekvisita *~n 0* 【연극】 소품.

rekvisition *~en ~er* 주문; 요청.

rekvisitör *~en ~er* 【연극】 소품계원; 소품 담당.

rekyl [–ky:l] *~en ~er* (용수철 따위의) 되튐.

rekylera *~r ~de ~t tr.* 되튀다.

relatera *~r ~de ~t tr.* 진술하다, 이야기하다; 관련시키다, 연관시키다.

relation *~en ~er* ① 설명, 보고, 이야기 ② 관계, 관련; stå i ~ till ngt …과 관계가 있다.

relativ[1] *a.* 비교상의, 비교적; 관계있는.

relativ[2] *~et ~[er]* 【문법】 관계사.

relativism *~en 0* 【철학】 상대론.

relativitet *~en ~er* 관련성, 상대성.

relegera [–ʃe–/–ge–] *~r ~de ~t tr.* (학생을) 퇴학시키다.

relevant *a.* 관련이 있는, 적절한.

relief [–lie:f] *~en ~er* 【조각】 돋을새김 (양각); 양각 세공품.

reliefkart|a *–an –or* 기복 지도.

religion [–lijo:n/–ligio:n] *~en ~er* 종교; 신앙.

religionsfrihet *~en 0* 종교의 자유.

religionskunskap *~en 0* 【학교과목】 종교학.

religiositet [−liəsi−/−ligiəsi−] *~en 0* 신앙이 깊음.
religiös [−ʃø:s/−giø:s] *a.* 종교에 관한; 신앙심이 깊은; 경건한.
relik *~en ~er* 【교회】 성유골, 성유물.
relikt *~en/~et, ~[er]* 잔존 생물.
reling *~en ~ar* 【항해】 현장 상부, 현측의 위 끝.
relä *~et ~er* 【전기】 계전기.
reläa *~r ~de ~t tr.* 중계하여 전하다.
relästation *~en ~er* 【무선】 중계국.
rem Ⅰ. *~men ~mar* 가죽 끈, 혁대; 허리띠; 운반 벨트; ligga som en ~ efter marken 매우 빨리 달리다; lägga på en ~ 속도를 높이다 Ⅱ. *~en ~* 【물리】 렘(인체에 끼치는 피해 정도에 근거한 방사선양의 단위).
remarkabel *a.* 주목할 만한, 현저한.
remb[o]urs [rɛmbəş] *~en ~er* 신용장.
remi[1] (불변화형용사) 동점의, 무승부의.
remi[2] *~n ~er* 【장기】 무승부.
reminiscens [−nisęns] *~en ~er* 회상함, 추억; 생각나게 하는 것.
remiss *~en ~er* ① 의사의 의견서 ② (의안에 대한) 심의 요청[서].
remiss|a *−an −or* 송금[액].
remissdebatt *~en ~er* 참조 의견과 관련한 의회의 공식 토론.
remittent *~en ~er* (어음, 수표 따위의) 피지불인, 수취인.
remittera *~r ~de ~t tr.* (돈을) 보내다.
remmar|e *−[e]n ~* 큰 술잔.
remont *~en ~er* 【역사】 아직 길들이지 않은 예비용 말.
rems|a *−an −or* 길고 가느다란 조각(땅, 종이).
ren[1] *a.* 깨끗한, 청결한; 순결한, 순수한, 섞이지 않은; 진짜의; 결백한; en ~ bagatell 아주 시시한 것; ~a drag 뚜렷한 윤곽; ~a rama dumheten 완전히 어리석은 짓; en ~ förlust 전적(全的)인 손해; ~a rama lögnen 새빨간 거짓말; ~t samvete 거리낌이 없는 마음; ~t spel 정정당당한 시합, 공명정대한 행동; göra ~t 청소하다; skriva ~t ☞ renskriva.
ren[2] ☞ redan.
ren[3] *~en ~ar* ① (밭 가장자리 근방의) 두렁, 둑 ② 【동물】 순록.
rena *~r ~de ~t tr.* 깨끗하게 하다, 정돈하다, 더러움을 제거하다, 정화하다, 순화하다; ~ från synd 죄를 깨끗이 씻다.
rendera *~r ~de ~t tr.* 가져오다, 가져다주다.
rendezvous [raŋdevọ:] *~et ~er* 회합, 만남 (애인사이의); (우주선의) 랑데부.
renegat *~en ~er* 배신자, 변절자.
renfan|a *−an −or* 【식물】 쑥국화.
ren|göra *−gör −gjorde −gjort tr.* 깨끗하게 하다, 정돈하다, 청소하다.
rengöringsmed|el *−let ~* 세척제.
renhet *~en 0* 청결, 결백; 순수.
renhållning *~en 0* 청소; 쓰레기 수거.
renhållningsarbetar|e *−[e]n ~* 청소부, 쓰레기 수거인.
renhårig *a.* 정직한, 성실한; han är ~ 그는 믿을 만하다.
rening *~en ~ar* 청소, 정화(淨化); 하수 오물 처리.
reningsverk *~et ~* 하수 오물 처리장.

renlav ~en ~ 꽃이끼.
renlevnad ~en 0 금욕, 절제.
renlig a. 산뜻한, 청결한.
renlärig a. 【종교】 정통의, 정설의.
renodla ~r ~de ~t tr. 양성하다, 도야하다; 【세균】 분리하다.
renodlad a. 철저한, 순전한; 순수한.
renommé ~et 0 세평, 평판; han har gott ~ 그는 평판이 좋다; par ~ 소문으로.
R
renọns[1] ~en ~er 카드놀이의 일종.
renọns[2] (불변화형용사), vara ~ i spader 스페이드 카드가 하나도 없다; vara fullständigt ~ på ngt …가 전혀 없다.
renovera ~r ~de ~t tr. 수리하다, 새 것으로 만들다, 재건하다.
renrakad a. 【속어】 빈털터리의, 무일푼의.
renrasig a. 순혈종의.
rens ~et 0 가윗밥, 찌꺼기.
rensa ~r ~de ~t tr. 청소하다; (생선의) 창자를 빼다; (열매를) 따다; (잡초를) 뽑다; 깨끗이 하다; ~ lufen 공기를 맑게 하다, 암운을 쓸어내다; ~ upp inom partiet 정당을 정화하다; ~ ut 없애다.
renskav ~et 0 얇은 조각의 순록고기.
renskiljning ~en ~ar 순록 분류 (순록을 몰아들인 후 귀의 표식에 따라 소유주를 가리는 일).
ren|skriva -skriver -skrev -skrivit tr. 정서(淨書)하다.
rensningsaktion ~en ~er 소탕 작전.
rent adv. ① 깨끗이, 청결하게; sjunga ~ 바른 선율로 노래하다 ② 완전히; han är ~ av vår bästa spelare 그는 정말로 우리의 가장 훌륭한 선수다; du kanske ~ av känner henne 너는 혹시 그녀를 이미 알고 있는지 모르겠구나; jag säger dig ~ ut att jag inte bryr mig om det 솔직히 말해서 나는 그것에 상관하지 않는다.
rentier [rançẹ:] ~en ~er 이자 생활자, 고리 대금업자.
rentut adv. 솔직히 말해서.
rentvå ~r ~dde ~tt tr. (죄의 혐의를) 풀다.
renässạns ~en 0 부흥, 부활; ~en (이탈리아를 중심으로 한 14~16세기의) 문예 부흥.
reol [-ọ:l] ~en ~er 책장, 책꽂이.
reostạt ~en ~er 【전기】 가감(加減) 저항기, 변항기.
rep ~et ~ 밧줄, 새끼줄; ha ~et om halsen 궁지에 빠져 있다; hoppa ~ 줄넘기를 하다.
rep|a[1] -an -or 생채기, 긁기; 새긴 금.
rep|a[2] -ar -ade -at Ⅰ. tr. 할퀴다, 긁다; ~ eld på en tändsticka 성냥으로 불을 붙이다; ~ upp (실을) 풀다; ~ mod 용기를 내다 Ⅱ. rfl. ~ sig 회복하다.
reparatiọn ~en ~er 수리; utföra en ~ 수리하다.
reparatọ̈r ~en ~er 수리공.
reparera ~r ~de ~t tr. 수리하다.
repatriera ~r ~de ~t tr. (포로를) 본국으로 송환하다.
repe ~t 0 【식물】 독보리.
repertoạr [-pæt͜ɔạ:r] ~en ~er 상연 목록, 연주 목록.
repetera ~r ~de ~t tr. 반복하다, 되풀이하다; (시험을 위해) 복습하다; (음악, 연극의) 예행연습을 하다.

repetition ~*en* ~*er* 반복, 되풀이; 예행연습.

repig *a.* 생채기가 난.

replik ~*en* ~*er* ① 대답, 회답, (주장에 대한) 반론; (배우의) 대사 ② (원작자 자신이 만든) 사본, 복제.

replikera ~*r* ~*de* ~*t tr. itr.* 대답하다, 응답하다.

repmånad ~*en* ~*er* 군복무자의 재훈련 기간.

reportage [–ɑːʃ] ~*t* ~ 보도, 기사, (라디오의) 실황 방송.

report|er –*ern* –*rar* 보도 기자.

representant ~*en* ~*er* 대표자, 대리인; 순회 판매원.

representantskap ~*et 0* 대리, 대표; 대표단, 의원단.

representation ~*en*~*er* ① 국가의 대표, 대의원, 외교대표부(단) ② (공무상의) 환대, 접대, 대접.

representativ *a.* 대표적인, 전형적인.

representera ~*r* ~*de* ~*t* Ⅰ. *tr.* 대표하다, …의 표본이 되다 Ⅱ. *itr.* 환대하다.

repressalier (복수명사) 보복, 앙갚음, 보복행위; utöva ~ 보복하다.

repressiv *a.* 억압하는, 억제하는.

reprimand ~*en* ~*er* 질책, 견책.

repris ~*en* ~*er* (연극, 영화의) 재 상연, (텔레비전, 라디오) 재방송, (음악의) 반복 악절.

reproducera ~*r* ~*de* ~*t tr.* 복제하다, 복사하다.

reproduktion ~*en* ~*er* ① 복제, 복사 ② 번식.

repslagar|e –[*e*]*n* ~ 밧줄을 만드는 사람.

repsteg|e –*en* –*ar* 줄사다리.

reptil ~*en* ~*er* 파충류의 동물.

republik ~*en* ~*er* 공화국.

republikan ~*en* ~*er* ① 공화주의자, 공화정책 지지자 ② 미국 공화당의.

repulsiv *a.* 혐오감을 일으키게 하는, 불쾌한.

reputation ~*en* ~*er* 평판, 세평.

reputerlig *a.* 평판이 좋은, 위엄 있는, 존경스러운.

repövning ~*en* ~*ar* 군복무자의 재훈련.

res|a[1] –*an* –*or* 여행; lycklig ~! 안녕히 다녀오십시오!

res|a[2] –*er* –*te* –*t itr.* 여행하다; (강세접사와 함께) ① ~ bort 가버리다, 떠나다 ② ~ efter 따라 여행하다. ③ ~ förbi 지나가다 ④ ~ omkring 돌아다니다, 주유하다 ⑤ ~ tillbaka 돌아가다.

res|a[3] –*er* –*te* –*t* Ⅰ. *tr.* 올리다, 높이 들다; 일으키다, 세우다; ~ en stege 사닥다리를 세우다; ~ ett tält 텐트를 치다; ~ talan 호소하다 Ⅱ. *rfl.* ~ sig [upp] 일어나다, 일어서다; 솟아오르다; håret –te sig på hans huvud 그는 소름이 끼쳤다; folket –te sig 백성이 봉기했다.

resande[1] Ⅰ. ~*t 0* 여행하기 Ⅱ. ~*n* ~ 여객, 여행자.

resande[2] *a.* han är på ~ fot 그는 여행 중이다.

res|e –*en* –*ar* 거인(巨人).

resebyrå ~*n* ~*er* 여행사, 여행 안내 사무소.

resecheck [–çɛk] ~*en* ~*er* 여행자 수표.

resed|a –*an* –*or* 【식물】 목서초.

R

reseffekter (복수명사) 수화물.
resehand|bok *-boken -böcker* 여행안내서.
resekreditiv *~et ~* 여행자용 신용장.
reseledar|e *-[e]n ~* 여행안내인.
resenạ̈r *~en ~er* 여행자, 여객; 승객.
resẹrv [-sạerv] *~en ~er* 예비품, 보관품; 【스포츠】 예비 선수; 【군사】 예비군.
reservạnt *~en ~er* 이의를 제기하는 사람, 반대자.
resẹrvar|e *-[e]n ~* ☞ reserv-officer.
reservạt *~et ~* 보호지, 지정지역; 보류지.
reservatiọn *~en ~er* 보류, 유보; 조건, 제한; med viss ~ 어떤 조건부로, 일정한 유보 조건을 붙여.
reservationslöst *adv.* 무조건으로.
reservdel *~en ~ar* (기계의) 부(분)품.
reservdäck *~et ~* 예비 타이어.
reservera *~r ~de ~t* Ⅰ. *tr.* 남겨두다, 준비해 두다; 예약하다 Ⅱ. *rfl.* ~ sig 이의를 제기하다.
reserverad *a.* 예약된; 겸양하는.
reservoạr *~en ~er* 저수장, 저수조.
reservoarpenn|a *-an -or* 만년필.
reservofficer *~[e]n ~are* 예비군 장교.
reservutgång *~en ~ar* 비상구.
resevalut|a *-an -or* 해외여행자에게 정부가 허용하는 외화액수.
resfeber *~n 0* 여행 전의 초조불안증.
resgods *~et ~* 수화물.
resgodsinlämning *~en ~ar* (수화물의) 임시 보관소.
residẹns *~et ~* 저택, 관저.
residens|stad *-staden -städer* 도청소재지.
residera *~r ~de ~t itr.* 거주하다.
resignatiọn *~en 0* 감수, 체념, 포기.
resignera *~r ~de ~t itr.* 포기하다, 단념하다.
resignerad *a.* 순종하는, 체념한.
resistent *a.* 저항하는, 방해하는.
reskass|a *-an -or* 여비.
reskọntr|a *-an -or* 【부기】 고객 개개인의 통장이 기재된 원장, 대장, 원부.
reslig *a.* 키가 큰, 매우 높은.
resning *~en ~ar* ① 직립, 일으키기, 세우기 ② 당당함 ③ 반란 ④ 【법률】 재심.
resolụt *a.* 결심이 굳은, 단호한; 즉석의.
resolụtion *~en ~er* 결의(안, 문, 사항); 【법률】 재결; 【의학】 (종기 따위의) 소산(消散).
resọn (불변화 en-명사) 이유, 동기; ta ~ 도리에 따르다.
resonạbel *a.* 합리적인, 도리를 아는; 합당한 (값).
resonans *~en 0* 공명, 반향; 이해.
resonansbott|en *-nen -nar* (악기의) 공명관.
resonemạng *~et ~* 의논, 토론, 심의.
resonemangsparti *~et ~er* 정략(政略) 결혼.
resonera *~r ~de ~t itr.* 토론하다, 논의하다; ~ bort 얼버무리다; 논의하여 일소하다.
resorbera *~r ~de ~t tr.* 다시 흡수하다.
respass (불변화 ett-명사), ge ngn

…을 해고하다.
respẹkt ~en 0 존경, 경의, 존중, 고려.
respektạbel a. 훌륭한; 상당한.
respektera ~r ~de ~t tr. 존경하다, 존중하다, 고려하다.
respektingivande a. 존경심을 불러일으키는; 당당한, 인상적인.
respektive[1] a. 각각의, 개개의, 각자의.
respektive[2] adv. 각각, 각기, 각자.
respiratiọn ~en 0 호흡.
respirạtor ~n ~er[−tọ:rər] 인공호흡 기구.
respịt ~en ~er 일시적 중단(휴지), 소강상태; 연기.
respondẹnt ~en ~er 응답자; 【법】 피고.
rest ~en ~er 나머지, 잔여; 유물; 【상업】 대차평균; 【화학】 잔재; ~er 먹다 남은 음식; för ~en 그 외에도, 더욱이, 게다가, 그것에 관해서는; 결국.
restantier [−tantsjər] (복수명사) 체납 세금.
restaurạng [−tərạŋ] ~en ~er 식당; äta på ~ 식당에서 식사하다.
restauration ~en ~er ① 수복, 부흥, 복구 ② 【고어】 식당.
restaurạtor ~n ~er [−ọ:rər] (예술품, 건축물 등을) 복원하는 기능인.
restauratrịs ~en ~er 식당 소유자 (여자), 식당 경영자.
restauratọ̈r ~en ~er 식당 소유자 (남자).
restaurera ~r ~de ~t tr. 부흥하다, 복구하다, 수복하다.
restẹra ~r ~de ~t itr. 남다; (지불 따위가) 밀려 있다.
resterande a. 남은; ~ skulder 미불의 채무.
restituera ~r ~de ~t tr. ① (빚을) 갚다 ② 수복하다.
restitution ~en ~er 반제(返濟), 보상, 갚기.
restlängd ~en ~er 체납자 명단.
restlös a. 완전한, 절대적인.
restriktiọn ~en ~er 제한.
restriktiv a. 제한하는, 제한적인.
restskatt ~en 0 체납세금.
resultạnt ~en ~er 【물리】 합력.
resultạt ~er ~ 결과, 효과, 결론; (경기의) 득점; ett gott ~ 성공; ge som ~ …이 결과가 되다, 그 결과로 …이 되다.
resultatlös a. 효과 없는, 쓸데없는.
resultera ~r ~de ~t itr. ~ i …으로 끝나다, …한 결과가 되다.
resumé ~n ~er 요약, 개요.
resumẹra ~r ~de ~t tr. 요약하다, 개요하다.
resurs [−sɵṣ] ~en ~er 원천; ~er 재원, 자원.
resår ~en ~er ① 용수철 ② 고무줄.
resårbott|en −nen −nar 용수철 매트리스.
reta ~r ~de ~t tr. ① 간질이다, 자극하다, (식욕을) 돋우다, ② 약 올리다, 화나게 하다; ~ upp sig 흥분하다.
reta|s ~ −des −ts itr. dep. 계속 집적거리다, 놀리다, 애를 먹이다.
retfull a. 화나게 하는, 약 올리는; 도발하는.
rethosta ~n 0 자꾸 나오는 마른기침.
retin|a −an −or 【해부】 (눈의) 망막.
retirera ~r ~de ~t itr. 물러나다,

후퇴하다, 퇴직하다.

retlig *a.* 성마른, 화를 잘 내는, 과민한.

retning *~en ~ar* 화나게 하기, 화냄; 자극.

retorịk *~en 0* 수사학, 웅변술.

retọriker *~n ~* 수사학자, 웅변가.

retọrisk *a.* 수사학의; ~ fråga 수사적 질문.

retort [–tɔt̩] *~en ~er* 【화학】 레토르트, 증류기.

retroaktiv *a.* 소급하는 ~ lön 소급임금.

retrạtt *~en ~er* 후퇴, 퇴각, 철수; slå till ~ 후퇴하다.

reträttplats *~en ~er* 은퇴한 후의 직업.

retsam *a.* 화나게 하는, 약 올리는, 도발하는.

retstick | a *–an –or* 성가신 사람.

retụr *~en ~er* 반송, 회송; tur och ~ 왕복; skicka i ~ 되돌려 보내다; vara på ~ 줄어들고 있다.

returbiljett *~en ~er* 왕복표.

returglas *~et ~* 회수용 빈 병.

returmatch *~en ~er* 【스포츠】 설욕전, 리턴 매치.

returnera *~r ~de ~t tr.* 되돌려 보내다.

retụsch *~en ~er* 가필; 수정.

retuschera *~r ~de ~t tr.* 가필하다; 수정하다.

reumạtiker [revmɑ̣:–] *~n ~* 류머티즘 환자.

reumatịsm [revmatịsm] *~en 0* 【병리】 류머티즘.

rev ① *~en ~ar* 낚싯줄 ② *~et ~* 암초, 사주; 모래톱 ③ *~et ~* 【항해】 (돛의) 축범부(縮帆部) (강풍이 불 때 돛의 면적을 줄이기 위해 접는 부분).

rev | a[1] *–an –or* ① 【식물】 덩굴손 ② 째진 틈, 터진 자리.

reva[2] *~r ~de ~t tr.* 【항해】 축범(縮帆)하다.

revalvera *~r ~de ~t tr.* (화폐) 평가절상하다.

revạnsch *~en 0* 복수, 원수 갚기; (경기에서) 설욕의 기회; ge ngn ~ …와 설욕전을 하다.

revanschẹra *~r ~de ~t rfl.* ① 한을 풀다, 복수하다 ② 보답하다.

revben *~et ~* 갈비.

revbensspjäll *~et ~* 돼지갈비.

rev | el *~eln ~lar* 모래언덕 (바람에 휩쓸려 생긴); (강어귀 등의) 모래 톱.

revẹlj *~en ~er* 【군사】 기상나팔; blåsa (slå) ~ 기상나팔을 불다.

reverẹns *~en ~er* 경외하는 마음; 경례(허리를 굽히는).

reversịbel *a.* 거꾸로 할 수 있는; 가역성의.

revetera *~r ~de ~t tr.* (벽을) 초배질하다.

revidẹra *~r ~de ~t tr.* (책을) 수정하다, 개정하다.

revịr *~et ~* 삼림지대; (동물의) 점유권.

revisiọn *~en ~er* 수정, 개정, 교정; 감사.

revisionism *~en 0* 수정 사회주의.

revịsor *~n ~er* 회계 감사관.

revọlt *~en ~er* 반란.

revoltera *~r ~de ~t itr.* 배반하다, 반항하다, 폭동을 일으키다.

revolutiọn *~en ~er* 혁명.

revolutionera *~r ~de ~t tr.* 혁명을

일으키다.

revolutionär *~en ~er* 혁명가, 혁명론자.

revolv|er *-ern -rar* (회전식) 연발 권총.

revolversvarv *~en ~er* 터릿 선반.

revorm *~en ~ar* 【병리】 백선.

revy *~n ~er* 시사 풍자극, 경 희극, 레뷰; låta (gamla minnen) passera ~ 회고하다.

revär *~en ~er* 예복 바지에 있는 줄.

Rhen 라인 강 (스위스에서 발원하여 독일, 네덜란드를 거쳐 북해로 흘러든다).

rhenvin *~et ~er* 라인 포도주, 백포도주.

rh-faktor *~n 0* 【생화학】 리서스 인자(因子) (적혈구 속에 있는 응혈소).

rh-negativ *a.* 리서스 인자가 결핍된.

ri|a[1] *-an -or* (굽거나 말리는) 가마.

ri|a[2] *~r ~de ~t tr.* 가마에서 말리다.

ribb *~en 0* 외(椳; 회반죽 칠의 바탕이 되는 얇고 가는 나무 조각).

ribb|a *-an -or* 외가지(회반죽 칠의 바탕이 되는 얇고 가는 나무 조각; 가로장; 가로대).

ribbstol *~en ~ar* (체조용의) 늑목.

ricinolja *~n 0* 피마자유.

rida *rider red ridit itr. tr.* Ⅰ. 말 타고 가다, 승마하다; ~ en häst 말을 타다; ~ ut stormen (폭풍 따위를) 이겨내다, 곤란을 극복하다; ~ på ord (애매한 말로) 얼버무리다 Ⅱ. (강세접사와 함께) ~ bort 말 타고 가버리다.

riddar|e *-[e]n ~* 기사(騎士); 훈위 소유자; ~ av strumpebandsorden 가터(Garter) 훈작사; dubba ngn till ~ …에게 기사(騎士) 작위를 주다.

riddarhus *~et 0* 귀족회관; 귀족 당 (1866년 이전 의회 내의).

riddarord|en [-oːdən] *~ -nar* (중세의) 기사단.

riddarsporr|e *-en -ar* 【식물】 참제비고깔.

riddarstånd *~et 0* 기사(騎士)의 신분, 기사도.

riddarväsen *~det 0* 기사제도(騎士制度).

ridderlig *a.* 기사도의, (여성에) 예의 바른.

ridders|man *-mannen -män* 신사.

ridspö *~et ~n* 말채찍.

ridsår *~et ~* (안장에 쓸린) 다리 가랑이의 상처.

ridå *~n ~er* (극장의) 막, 휘장.

rig|el *-eln -lar* ☞ regel.

rigg *~en ~ar* ① 의장(擬裝), 범장, 삭구(索具), ② 【속어】 장비.

rigga *~r ~de ~t tr.* ① 【항해】 삭구를 장치하다; ~ stormasten 주 돛대에 삭구를 달다 ② 【속어】 ~ upp sig 의상을 차려입다.

rigorös *a.* 엄격한, 엄한, 엄밀한.

rik *a.* 돈 많은, 부유한, 부자의; 무성한; 비옥한; ~ på glädjeämnen 즐거움이 가득한; bli en erfarenhet ~are 경험한 만큼 현명해지다. 경험을 통해 배우다; i ~t mått 충분히, 풍부하게, 넉넉히.

rike *~t ~n* 나라, 왕국, 국토.

rikedom[1] *~en ~ar* 부, 재산.

rikedom[2] *~en 0* 부유, 호화.

rike|man *-mannen -män* 부자, 부유한 남자.

rikemansbarn *~et ~* 부자의 아이.

rikhaltig *a.* 풍부한, 많은; 여러 가지의.

R

riklig *a*. 풍부한, 많은; 상당한, 관대한.

rikligen *adv*. 풍부하게, 많이; 아낌없이.

rikoschett *~en ~er* 지면, 수면을 스치며 날기, 스쳐 나는 돌 (총알).

rikoschettera *~r ~de ~t itr*. (총알이) 스쳐 날다.

R

riksantikvarie *~n ~r* 국립 박물관장.

riksarkivarie *~n ~r* 중앙 문서보관소장.

riksbank *~en ~er* 중앙은행; Sveriges Riksbank 스웨덴 중앙은행.

riksbibliotek *~et ~* 국립 중앙도서관.

riksdag *~en ~ar* 국회, 의회; *~en* 스웨덴 국회; sitta i *~en* 국회의원으로 있다.

riksdagshus *~et ~* 국회청사.

riksdagsleda|mot *~en –möter* 국회의원.

riksdags|man *~nen –män* ☞ riksdagsledamot.

riksdagsmandat *~et ~* 국회의석.

riksdagsordning *~en 0* 국회조직법.

riksdagsutskott *~et ~* 국회 상임분과위원회.

riksdaler *~n ~* 1873년 이전의 스웨덴 화폐(은화).

riksföreståndar|e *–[e]n ~* 통치자, 주석.

riksförsäkringsverket (정형명사) 국립 보험청.

riksgäldskontoret (정형명사) 국채(國債) 관리소.

riksmarskalk [–maşalk] *~en ~er* 왕실 수석 의전관.

riksomfattande *a*. 전국에 걸친, 전국적인.

riksregalier (복수명사) 왕권[왕위]의 표상, 기장(紀章) (왕관, 홀(笏 scepter) 따위).

riksråd *~et ~* 【역사】 중세시대 왕의 자문기관 (자문위원); (스웨덴 근세시대 때 각료들로 구성된) 원로원.

riksrätt *~en 0* 탄핵 재판소.

rikssamtal *~et ~* 시외 전화.

riksspråk *~et ~* 표준말.

rikssvenska *~n 0* 표준 스웨덴어.

riksteat|er *–ern –rar* 국립 순회극단.

riksvap|en *–net ~* (방패 모양의) 국가 문장(紋章).

riksviktig *a*. 중대한.

riksväg *~en ~ar* 간선도로.

riksåklagar|e *–[e]n ~* 검찰총장.

riksäpple *~t ~n* (왕위를 상징하는) 십자가를 얹은 보주(寶珠).

rikta *~r ~de ~t tr*. ① 부유하게 하다, 풍요롭게 하다 ② 향하게 하다, 돌리다; 겨누다; 똑바르게 하다; ~ kritik mot ngn …를 비판하다; ~ en fråga till ngn …에게 질문하다; ~ sina steg hemåt 집으로 향하다; ~ ett slag mot ngn …에게 일격을 가하다; ~ in en kikare 망원경을 맞추다; ~ in sig på ngt …에 집중하다.

riktig *a*. 옳은, 정당한, 올바른; 정확한; 알맞은; 진실의, 진짜의; 완전한; jag hade en ~ semester 나는 휴가를 아주 잘 보냈다; ett ~t kräk 진짜 나쁜 자식; en ~ dåre 바보 얼간이; på ~t 진심으로, 진지하게.

riktighet *~en ~er* 진실, 진정, 정직, 정확, 확실.

riktigt *adv*. 정확하게, 틀림없이, 진정으로, 정당하게; 아주; alldeles ~ 바로 그렇다, 과연; maten är ~ god

음식은 아주 맛있다; jag vet inte ~ 확실히 모르겠다.

riktlinje *~n ~r* (장래 정책의) 방향지침.

riktmärke *~t ~n* 표적, 목적.

riktning *~en ~ar* ① 방향, 침로(針路), 진로; i nordlig ~ 북쪽으로; i alla ~ar 사방팔방으로 ② 경향, 방침 ③ 겨누기 ④ 똑바르게 하기.

riktnum|mer *-ret ~* (전화의) 국번, 지역번호.

riktpris *~et ~* 권장가격.

riktpunkt *~en ~er* 겨냥; 목표.

rim *~met ~* 시운(時運); utan ~ och reson 분별없는, 뭐가 뭔지 모를.

rimfrost *~en 0* 서리.

rimlig *a.* 도리에 맞는, 합법적인; till ett ~t pris 적당한 가격으로.

rimligen ☞ rimligtvis.

rimligtvis *adv.* 도리에 맞게, 합리적으로, 알맞게; 십중팔구.

rimma *~r ~de ~t* Ⅰ. *tr. itr.* 압운시를 짓다, 압운시키다 Ⅱ. *itr.* 꼭 들어맞다, 적합하다 Ⅲ. *tr.* (돼지고기를) 소금에 절이다.

rimsmed *~en ~er* 서투른 (엉터리) 시인.

ring *~en ~ar* ① 반지; 타이어; 원형, 고리; 권투장 ② (고등학교의) 학급, 학년.

ring|a[1] *-er -de -t* Ⅰ. *tr. itr.* (종, 벨을) 울리다; 전화를 걸다; (종이) 울리다; det -er i telefon 전화가 울린다; det ~er i öronen 귀가 울린다, 귀에 쟁쟁하다 Ⅱ. (강세접사와 함께) ① ~ av 전화를 끊다 ② ~ på hos ngn …의 초인종을 울리다 ③ ~ upp ngn …에게 전화를 걸다 ④ ~ ut 종을 쳐서 내보내다 Ⅲ. *tr.* 고리를 끼우다; ~ in (가축을) 에워싸서 한군데로 몰아넣다; ~ ut (여성복의) 목 부분을 깊이 파다.

ring|a[2] *a.* 적은, 얼마 안 되는; 하찮은; av ~ börd 천한 태생의.

ringakta *~r ~de ~t tr.* 경멸하다, 얕보다.

ringaktning *~en 0* 경멸, 무시.

ringblomm|a *-an -or* 【식물】 금송화.

ringdans *~en ~er* 원을 그리며 추는 춤, 원무(圓舞).

ringdomar|e *-[e]n ~* 【스포츠】 권투장의 심판.

ringduv|a *-an -or* (유럽산) 나무비둘기, 산비둘기.

ringfing|er *-ret/~n ~/-rar* 약손가락.

ringförlovad *a.* 공식적으로 약혼한.

ringhet *~en 0* 작음, 소량; 겸손; 겸양.

ringklock|a *-an -or* 초인종.

ringla *~r ~de ~t itr. rfl.* 감기다; (머리칼이) 곱슬곱슬해지다; (연기가) 소용돌이치다; (길이) 구부러지다.

ringmask *~en ~ar* 환형동물.

ringmur [-mʉːr] *~en ~ar* 도시를 둘러싸는 담.

ringmusk|el *-eln -ler* 【해부】 괄약근.

ringmärk|a *-er -te -t tr.* 고리를 끼워 표시 하다.

ringrostig *a.* 훈련부족인, 경기에서 연습을 쌓지 않은, 오랫동안 경기를 안해서 컨디션이 나쁜.

ringräv *~en ~ar* 기술 좋고 경험 많은 권투 선수.

R

rink ~*en* ~*ar* 아이스하키 경기장.

rinn|a −*er rann runnit* Ⅰ. *itr*. 흐르다; 새다 Ⅱ. (강세접사와 함께) ① ~ av 흘러가다, (물이) 빠지다 ② ~ bort 흘러가버리다 ③ ~ iväg (시간이) 지나다 ④ ~ på; sinnet rann på honom 그는 화가 났다 ⑤ ~ till 흐르기 시작하다; (물이) 흘러 모이다 ⑥ ~ ut 흘러 나가다; ~ ut i sanden 수포로 돌아가다 ⑦ ~ över 넘쳐흐르다.

R

rinnande *a*. 흐르는; kunna ngt som ett ~ vatten …을 완전히 잘 알고 있다.

rip|a −*an* −*or* 【동물】 뇌조(雷鳥).

ripost [−pọst] ~*en* ~*er* 【펜싱】 민첩한 되 찌르기; (비유적) 재치 있는 응답.

rips ~*en*/~*et*, ~*er* 골 지게 짠 직물.

ris Ⅰ. ~*et 0* 쌀, 벼 Ⅱ. ~*et* ~ ① 종이 량의 단위 (1 ris=500매) ② 잔나뭇가지, 곁가지; 덤불 ③ 자작나무 채찍; binda ~ åt egen rygg 어려움을 자초하다; ge ngn ~ …을 자작나무로 때리다.

risa ~*r* ~*de* ~*t tr*. ① 잔가지를 뿌리다 ② 비난하다, 벌주다.

risbastu ~*n* ~*r* 채찍질, 태형.

risgryn ~*et* ~ (정미한) 쌀.

risgrynsgröt ~*en 0* 라이스 푸딩 (우유와 쌀로 만든 죽, 특히 크리스마스에 먹음).

rishög ~*en* ~*ar* 잔가지 더미; 【속어】 낡고 좋지 않은 자동차.

risig *a*. 덤불이 많은; 초라한; 컨디션이 나쁜.

risk ~*en* ~*er* 위기, 모험, 위험; på egen ~ 각자의 위험부담으로, 자기 책임 하에; jag tar ~en 되든 안 되든 해보겠다.

risk|a −*an* −*or* 느타리버섯, 주름버섯.

riskạbel *a*. 위험한, 모험적인.

riskera ~*r* ~*de* ~*t tr*. 위태롭게 하다, 위험을 무릎 쓰다.

riskvast ~*en* ~*ar* 마당비, 싸리비.

riskvillig *a*. ~*t* kapital 【경제】 위험 부담 자본, 투기 자본.

riskzon [−sọ:n] ~*en* ~*er* 위험지대; vara i ~en (카드놀이) 3회 승부 중 1회를 이기다.

risotto ~*n 0* 이태리 스튜.

risp|a[1] −*an* −*or* 긁기.

rispa[2] ~*r* ~*de* ~*t tr*. *rfl*. 긁다. 할퀴다.

rispapper ~*et* ~ 얇은 고급종이, 한지, 당지.

riss|el −*let* ~ 어레미, 체.

rissl|a[1] −*an* −*or* 북부스웨덴 썰매의 일종.

rissla[2] ~*r* ~*de* ~*t tr*. 체질로 가려내다.

rist ~*en*, ~*er*/~*ar* 석쇠; 쟁깃술.

rist|a Ⅰ. ~*r* ~*de* ~*t tr*. 새기다; ~in 새겨 넣다 Ⅱ. −*er* −*e rist tr*. *itr*. 흔들다, 흔들리다, 떨다, 떨리다; ~ på huvudet 머리를 가로젓다.

ristning ~*en* ~*ar* 조각, (바위에) 명각.

rit ~*en* ~*er* 의식, 예식.

rita ~*r* ~*de* ~*t tr*. 그림 그리다; 설계하다.

ritardạndo ~*r* ~*n* 【음악】 점점 느리게 하기.

ritar|e −[*e*]*n* ~ 설계도 작성자.

ritbräde ~*t* ~*n* 제도판.

ritning ~*en* ~*ar* 그림그리기; 그림;

제도; efter ~arna 계획에 따라.
rits ~*en*, ~*ar*/~*er* 그은 선.
ritsa ~*r* ~*de* ~*t tr*. (목재 따위에) 선을 긋다.
ritstift ~*et* ~ (제도용) 오구(烏口).
ritt ~*en* ~*er* 말 타기, 기마여행.
ritual ~*en* ~*er* (종교적) 의식, 예식.
rituell *a*. 의식의.
riv ~*et 0*, ~ och slit efter biljetter 표를 얻기 위한 경쟁 (몸싸움).
riv|a −*er rev* −*it* Ⅰ. *tr*. 긁다, 할퀴다; 찢다; (건물을) 부수다; (강판 등에 무우나 홍당무 등을) 갈다; (높이뛰기의 막대를) 쳐서 떨어뜨리다 Ⅱ. *itr*. 뒤져서 찾다, 샅샅이 뒤지다; 쥐어뜯다 Ⅲ. (강세접사와 함께) ① ~ av 뜯어내다, 벗기다 ② ~ i 단호한 태도를 취하다 ③ ~ itu 찢어서 둘로 만들다 ④ ~ ned 부수다, 파괴하다 ⑤ ~ sönder 찢어버리다, 찢어 구멍이 나게 하다 ⑥ ~ upp 찢어 열다 ⑦ ~ ut 뜯어내다 ⑧ ~ åt sig 잡아채다.
rival ~*en* ~*er* 경쟁자, 라이벌, 적수.
rivalisera ~*r* ~*de* ~*t tr*. 경쟁하다, 겨루다.
rivalitet ~*en 0* 경쟁, 대항.
rivande *a*. 진취적인, 격렬한; 돌진하는.
riv|as −*s revs* −*its itr*. *dep*. 긁다, 할퀴다; 싸우다.
rivebröd ~*et* ~ 빵부스러기.
Rivieran 리비에라 (명승지로 유명한 프랑스의 세계적 관광, 휴양지).
rivig ☞ rivande.
rivjärn ~*et* ~ ① 강판(薑板) ② 입이 사나운 여자.
rivningshus ~*et* ~ 철거대상 건물.
rivstart ~*en* ~*er* (자동차의) 급작스런 출발.
ro[1] [ro:] ~*n 0* 휴식, 안정, 안심, 마음의 편안함, 조용함, 고요; jag får ingen ~ för honom 그는 나를 귀찮게 한다.
ro[2] [ro:] ~*r* ~*dde* ~*tt tr*. *itr*. 배를 젓다, 노로 젓다; ~ hit med pengarna! 【속어】 돈을 내 놓아라!; ~ upp sig 훌륭하게 되다; 승진하다.
roa ~*r* ~*de* ~*t* Ⅰ. *tr*. 즐겁게 하다, 웃기다 Ⅱ. *rfl*. ~ sig 즐겁게 보내다, 즐기다.
robot ~*en* ~*ar* 로봇; 미사일, 유도탄.
robust *a*. 건장한, 튼튼한, 굳건한, 거친, 우락부락한.
rock [rɔk] ~*en* ~*ar* 오버코트, 외투; han är för kort i ~en 그는 키가 너무 작다.
rock|a −*an* −*or* 【동물】 홍어의 일종.
rockad ~*en* ~*er* 【장기】 성장(城將)으로 왕을 지키기.
rockera ~*r* ~*de* ~*t itr*. 【장기】 성장(城將)으로 왕을 지키다.
rockvaktmästar|e −[*e*]*n* ~ (극장 따위의) 휴대품 보관소 직원.
rodd ~*en* ~*er* 보트 젓기 (여행).
roddar|e −[*e*]*n* ~ 노 젓는 사람.
roddbåt ~*en* ~*ar* 노 젓는 배.
rod|el −*eln* −*lar* 터보건 썰매.
rod|er −*ret* ~ 【항해】 배의 키; 【항공】 방향타; (비유적) 지배; sitta vid −ret 지배하다.
rodna [ro:dna] ~*r* ~*de* ~*t itr*. 붉어지다.
rodnad ~*en* ~*er* 얼굴 붉힘, 홍조.
rododend|ron −*ronen*, −*ron*/−*rer* 【식물】 철쭉 속(屬)의 식물 (만병초 따위).

roffa *~r ~de ~t tr*. 약탈하다, 빼앗다; ~ åt sig 잡아채다, 낚아채다.
rofferi *~et ~er* 약탈.
rogivande [rɷ:ji:vandə] *a*. 진정시키는; 조용한, 평온한; ~ medel 진정제.
rojalism *~en 0* 왕당주의, 군주주의.
rojalist *~en ~er* 왕정주의자, 군주지지자.
rokoko *~n 0* 로코코 양식.
R
rolig *a*. 우스운, 재미있는, 흥겨운, 유쾌한, 흥미로운; jag tycker att det är ~t att läsa 나는 책읽기를 좋아 한다; det var ~t att du kom 네가 와주어서 기쁘다; så ~t! 정말 재미있군 (즐겁군)!
rolighet *~en ~er* 재치 있는 말, 농담, 재담.
rolighetsminist|er *~n -rar* 익살스런 사람, 재담꾼, 농담 잘하는 사람.
roligt *adv*. 재미있게, 우습게; ha ~ 즐겁게 지내다; ha ~ åt ngn …를 조소하다; 비웃다.
roll *~en ~er* 역할, 배역; (배우의) 대사; ~erna är ombytta 형세가 일변되었다; det spelar ingen ~ 괜찮다; vad spelar det för ~ ? 그것이 어떻든 무슨 상관이야?
rollbesättning *~en ~ar* 배역.
rollist|a *-an -or* 배역명단.
Rom [rɔm] 로마; ~ byggdes inte på en dag 【속담】 로마는 하루에 세워진 것이 아니다; alla vägar går till ~ 【속담】 모든 길은 로마로 통한다.
rom [-ɔ-] *~men 0* ① 물고기의 알; leka ~men av sig 젊어서 방탕한 생활을 하다 ② 럼주(酒).
roman *~en ~er* 장편소설.
romanesk *a*. 낭만적인, 로맨틱한.
romanist *~en~er* 로망스어학자.
romans *~en ~er* 전기(傳奇)소설, 로맨스; 중세 기사 이야기.
romansk *a*. 로망스의 (언어, 인종에 있어서).
romantik *~en 0* 낭만주의.
romantiker *~n ~* 낭만적인 사람; 낭만주의자.
romantisera *~r ~de ~t tr*. 낭만화하다.
romantisk *a*. 낭만적인, 로맨틱한.
romar|e *-[e]n ~* 로마 사람.
romb *~en ~er* 마름모꼴, 사방형.
romersk *a*. 로마의; ~a ringar 조환(弔環) (체조기구).
romersk-katolsk *a*. 로마 가톨릭 교회의.
rond *~en ~er* (권투의) 라운드, 회전; 순환; gå ~en 순회하다.
rondell *~en ~er* 로터리.
rondo *~t ~n* 【음악】 론도, 회선곡.
ropa *~r ~de ~t* Ⅰ. *tr*. *itr*. 부르다, 소리치다, 외치다; (경매에서) 값을 부르다 Ⅱ. (강세접사와 함께) ① ~ in 불러들이다; (막이 내린 뒤 관중이 박수로써 출연자를) 막 앞으로 불러내다; (경매에서) 구입하다 ② ~ till 갑작스레 크게 소리치다 ③ ~ upp 명단에 있는 이름을 부르다.
ropar|e *-[e]n ~* 확성기, 메가폰.
roquefort [rɔkfɔr] *~en 0* (프랑스) 치즈의 일종.
ror [rɷ:r] *~et ~* stå (sitta) till ~s 키를 잡고 있다.
rorgängar|e *-[e]n ~* 【항해】 타수(舵手).
rorkult *~en ~ar* 【항해】 키의 손잡이.

rors|man *~nen –män* ☞ rorgängare.

ros Ⅰ. *~en ~or*【식물】장미꽃; ingen ~ utan törnen【속담】양약은 입에 쓰다; livet är inte bara en dans på ~or 인생은 늘 재미있는 일만 있는 것이 아니다 Ⅱ. *~en 0*【병리】단독(丹毒) Ⅲ. *~et 0* 칭찬, 찬양.

rosa[1] *~r ~de ~t tr.* 칭찬하다, 찬사를 보내다.

rosa[2] *a.* 연분홍색의, 핑크색의.

rosenkrans *~en ~ar* ① 장미화환 ② 로사리오.

rosenrasande *a.* 격노한, 광포한.

rosenträ *~t ~n* 자단(紫檀).

rosett [rɔsɛ̣t] *~en ~er* 나비매듭.

rosettfönst|er *–ret ~*【건축】장미꽃무늬 창.

rosig *a.* 장미꽃의; (얼굴빛이) 건강하게 붉은, 혈색이 좋은.

rosmarin *~en ~er*【식물】로즈메리 (상록관목으로 충실, 정조, 기억의 상징).

rossla *~r ~de ~t itr.* (숨이) 색색거리다, 헐떡거리다.

rosslig *a.* (숨이) 색색거리는, 헐떡거리는.

rost [rɔst] Ⅰ. *~en ~ar* ① (난로의) 받침쇠 ② 빵 굽는 기계 Ⅱ. *~en 0* 녹; 녹병; 녹슨 색.

rosta *~r ~de ~t* Ⅰ. *itr.* 녹슬다; gammal kärlek ~r aldrig 옛사랑을 잊을 수 없다; ~ sönder 녹슬어 못쓰게 되다 Ⅱ. *tr.* (빵을) 누렇게 굽다.

rostbeständig *a.* 녹슬지 않는.

rostbiff *~en ~ar* 구운 쇠고기.

rostfri *a.* 녹슬지 않은.

rostig *a.* 녹슨.

rostsvamp *~en ~ar*【식물】녹병균.

rot [rọ:t]~en rötter 뿌리; 근원; gå till ~en med ngt …의 원인을 규명하다; slå ~ 뿌리가 생기다; (비유적) 정착하다.

rota *~r ~de ~t* Ⅰ. *itr.* 이곳저곳 찾아다니다; ~ fram 파내다 Ⅱ. *rfl.* 정착하다.

rotation *~en ~er* 회전, 선회; 교대.

rotationspress *~en ~er* 윤전기.

rotblöt|a *–an –or* 억수, 호우, 큰비.

rotborst|e *–en –ar* 세탁용 브러시, 수세미.

rot|e *–en –ar*【군대】종렬, 오(伍).

rot|el *–eln –lar* 부(部), 과(課); (특히 경찰부서) vålds~ 강력부.

rotfast *a.* 깊이 뿌리박은.

rotfrukter (복수명사) 근채류.

rotfyllning *~en ~ar*【치과】이촉충전.

rotfäste *~t ~n, få ~* 뿌리를 내리고 건실하게 자라다.

rotlös *a.* 뿌리가 없는; 근거가 없는.

rotor *~n ~er*【전기】회전자.

rots *~en 0*【수의학】점막 마비저(粘膜馬鼻疽) (말의 전염병).

rotsaker (복수명사) (식용 가능한 뿌리를 가진) 야채.

rotselleri *~et 0*【식물】샐러리의 일종.

rotting *~en ~ar* 등(藤); få smaka ~en 매 맞다.

rotund|a *–an –or* 원형 건축물.

rotvälska *~n 0* 횡설수설, 별 뜻이 없는 말.

roué *~n ~er* 방탕자; 난봉꾼.

rouge [rọ:ʃ] *~t/~n 0* 연지.

roulạd ~en ~er ☞ rulad.
roulett ~en ~er ☞ rulett.
route ~n ~r ☞ rutt.
rov ~et ~ ① (육식동물의) 먹이, 밥; 약탈품, 탈취품 ② bli lågornas ~ 화재로 파괴되다.
rov|a -an -or ①【식물】순무 ② 호주머니 시계 ③ sätta en ~ (갑자기 펄썩) 넘어지다.
R
rovdjur [roːvjʉːr] ~et ~ 맹수, 육식동물.
rovdrift ~en ~er (산야, 삼림 따위의) 지나친 개발, 고갈, (토지의) 황폐화.
rovfiske ~t 0 물고기 남획.
rovfåg|el -eln -lar 맹금.
rovgirig a. 강탈하는; 탐욕스러운.
rovlysten ☞ rovgirig.
rubank ~en ~ar 마무리대패.
rubb ~et 0, ~ och stubb 모든 것 다; hela ~et 다, 온통.
rubba ~r ~de ~t tr. itr. 옮기다, 움직이다, 이전시키다; (계획을) 변경시키다; (평화, 평온 등을) 깨뜨리다, 어지럽히다.
rubbad a. 미친, 정신이 이상한.
rub|el -eln, -ler/~ 루블 (옛 소련의 화폐단위).
rubrịk ~en ~er 표제, 제목.
rucka ~r ~de ~t tr. itr. (시계를) 맞추다; ~ på en sten 돌을 움직이다; ~ på ett beslut 결정을 변경하다.
ruck|el Ⅰ. -let ~ 곧 쓰러질듯 한 집 Ⅱ. -let 0 흥청망청 떠들고 놀기, 흥청대기.
ruckla ~r ~de ~t itr. 향락에 빠지다, 흥청대다.
rucklar|e -[e]n ~ 방랑자.
rucklig a. 곧 쓰러질 듯한.
rud|a -n -or 잉어의 일종.
rudiment ~et ~ (발달의) 싹수, 조짐, 실마리, 시작;【생물】발육이 불완전한 기관 (부분); 퇴화한 기관, 흔적.
rudimentạ̈r a. 미발달의.
rudis a.【속어】무식한.
ruelse ~n 0 뉘우침, 회오.
ruff Ⅰ. ~en ~ar【항해】작은 갑판실 Ⅱ. ~en/~et, 0【스포츠】파울, 반칙.
ruffa ~r ~de ~t itr.【스포츠】반칙을 하다.
ruffad a.【항해】작은 갑판실이 있는.
ruffig a. ①【스포츠】반칙의 ② 초라한.
ruffla ~r ~de ~t itr.【일상】속이다.
rufsa ~r ~de ~t tr. 헝클어 놓다.
rugby [rọgby] ~n 0 럭비.
rugga ~r ~de ~t Ⅰ. tr. ① ~ upp (천에) 보풀을 세우다 ② ~ fjädrarna (새가 깃을) 곤두세우다 Ⅱ. itr. 깃털을 벗다.
rugg|e ~n -ar 숲, 덤불.
ruggig a. 헝클어진, 초라한.
ruịn Ⅰ. ~en ~er 폐허, 잔해, 파편; 유적; ligga i ~er 황폐해 있다 Ⅱ. ~en 0 영락, 파멸, 몰락; på ~ens brant 파멸의 직전에.
ruinera ~r ~de ~t tr. 파멸시키다, 파산시키다, 영락시키다.
rukit ☞ ryka.
rulạd ~en ~er【요리】룰라드 (얇게 뜬 쇠고기 살을 야채 따위로 만 미트볼).
rulẹtt ~en ~er 룰레트 (도박의 일종).
ruljangs ~en 0, sköta ~en 사업을 경영하다.

rull|a[1] *~n –or* 명부; införa ngn i –orna …의 이름을 명부에 올리다.
rulla[2] *~r ~de ~t* Ⅰ. *tr. itr.* 구리다, 굴리다, 회전하다, 회전시키다; ~ hatt 흥청망청 마시고 떠들다; låta pengarna ~ 돈을 쓰다 Ⅱ. (강세접사와 함께) ① ~ ihop 돌돌 말다 ② ~ upp 말린 것을 풀다 ③ ~ ut 펴다.
rullag|er *–ret ~* 【기계】 롤러 베어링.
rullande *a.* 구르는, 회전하는.
rullban|a *~n –or* 굴리는 운반 대.
rull|e *~n –ar* 두루마리, 롤러; 감개, 실패, 릴.
rullgardin *~en ~er* 차양, 감아올리는 커튼.
rullning *~en ~ar* 굴리기, 구르기.
rullningslist *~en ~er* 【컴퓨터】 스크롤바. 윈도 방식의 프로그램에서, 하나의 윈도 안에서 모든 정보를 표시할 수 없을 때 현재 화면의 정보가 전체에서 어디쯤 위치하는지를 표시해 주는 도구. 일반적으로 우측과 하단에 위치하고 있으며, 정보의 내용을 좌우로 이동시키는 것을 수평 스크롤바, 위아래로 이동시키는 것을 수직 스크롤바라고 한다. 가장자리에 있는 스크롤 화살표를 클릭하거나 스크롤 상자를 드래그함으로써 문서를 수직 또는 수평으로 이동시킬 수 있다.
rullskridsko *~n ~r* 롤러스케이트.
rullstensås *~en ~ar* 둥근 돌로 이루어진 산등성이.
rullstol *~en ~ar* (환자용) 휠체어, 바퀴달린 의자.
rulltrapp|a *~n –or* 자동계단, 에스컬레이터.
rulltårt|a *~n –or* 잼을 넣은 롤빵.
rulta[1] *~r ~de ~t itr.* 어기적어기적 걷다.
rult|a[2] *~n –or* 오동통하게 살찐 사람.
rultig *a.* 땅딸막한.
rum[1] [rum] *~met ~* ① 방, 숙소; har ni något ~ ledigt? 빈 방이 있습니까?; ~met är ledigt 방은 비어 있습니다; hålla sig på sitt ~ 자기 방에 틀어박혀 있다; vara på sitt ~ 자기 방에 있다 (근무 중) ② 빈자리, 여지, 여유; finns det ~ för ngt? …할 여지가 있습니까?; boken får inte ~ på hyllan 책장에 그 책을 넣을 틈이 없다; ge (lämna) ~ för (åt) …에게 자리를 내주다; ta för stort ~ 너무 많은 공간을 차지하다 ③ 우주의 공간 ④ (관형어구) inta första ~met 첫 번째 자리를 차지하다; i främsta ~met 무엇보다도; komma (sättas) i första ~met 우선하다, 맨 먼저 놓다; äga ~ (사건이) 일어나다, 발생하다; 개최하다.
rum[2] *a.* i ~ sjö 공해(公海)에서.
rumb|a *–an –or* 룸바 (원래 쿠바 원주민의 춤).
rumla *~r ~de ~t itr.* 진탕 마시고 떠들다; vara ute och ~ 밖에서 밤새 즐기다.
rumlar|e *–[e]n ~* 난봉꾼, 방탕자 (☞ rucklare).
rump|a *–an –or* (동물의) 엉덩이, 궁둥이; 꼬리부분.
rump|hugga *–hugger –högg –huggit tr.* (쳐서) 자르다, 찍어서 자르다; 너무 일찍 끝내다.
rumpstek *~en ~ar* 연한 쇠고기구이.
rumsadverb *~et ~* 【문법】 장소부사.
rumsarrest *~en 0,* få (ha) ~ 연금되다.

rumsförmedling *~en ~ar* 복덕방, 방(房)을 소개하는 기구.

rumsren *a.* (개, 고양이 따위에게) 대, 소변을 밖에서 보도록 가르친, 품행이 단정한.

rumstemperatur *~en ~er* 실내온도.

rumstera *~r ~de ~t itr. tr.* ~ [om] i 샅샅이 찾다, 뒤지다.

rumän *~en ~er* 루마니아(Rumänien) 사람.

rumänsk *a.* 루마니아의.

rumänsk|a Ⅰ. *-an -or* 루마니아 여자 Ⅱ. *-an 0* 루마니아 어.

run|a *-an -or* ① (주로 복수명사로) 룬문자 (고대 북유럽 문자) ② 부고 (신문지상 따위에 약력을 곁들인 사망 기사), 사망 광고.

rund[1] 둥근, 원형의, 구형(求刑)의; 포동포동한, 뚱뚱한; ~ i ansiktet 얼굴이 둥근; ~a kinder 포동포동한 볼; 우수리가 없는; en ~ summa 우수리를 뺀 총액; i runt tal 어림수로, 대략; ~a ord 성(性)에 대한 속어적 표현(말).

rund[2] *~en ~er* 둥근 것, 공 모양의 것, jordens ~ 지구(地球).

rund|a[1] *-an -or* (산보, 여행의) 한 바퀴; gå en ~ i parken 공원을 한 바퀴 산책하다.

rund|a[2] *~r ~de ~t tr.* 둥글게 하다, 원형으로 하다; 【음성】 입술을 둥글게 하여 발음하다; ~ av en summa 우수리를 올리거나 깎아 대략 계산하다.

rundabordskonferens *~en ~er* 원탁 토론회의.

rund|el *-eln -lar* 원반, 둥근 모양의 것.

rundfråg|a *-an -or* 설문조사.

rundhult *~et ~* 돛대.

rundhänt *a.* 관대한.

rundlagd *a.* 통통한, 살찐.

rundlig *a.* 풍부한, 충분한, 후한.

rundning *~en ~ar* 둥글게 하기, 구부림, 커브.

rundnätt *a.* (여성의 몸) 둥글둥수레한.

rundskrivelse *~n ~r* 회람장(回覽状).

rundsnack *~et 0* 내용 없는 수다, 잡담.

rundtur *~en ~er* 관광여행; göra en ~ i staden 시내 관광을 하다.

rundvirke *~et 0* 손질을 하지 않은 목재.

rundögd *a.* (놀라서) 눈이 동그래진.

runka *~r ~de ~t itr.* ① ~ på huvudet 머리를 천천히 내젓다 ② 【일상】 수음(手淫)을 하다.

runologi *~n 0* 룬 비문 연구.

runsten *~en ~ar* 룬 비문이 새겨진 돌.

runt[1] *adv.* 돌아서, 회전하여, 빙; ~ om[kring] 주위에, 둘레에; gå ~ på gatorna 거리를 돌아다니다.

runt[2] *prep* …을 둘러싸고, …의 둘레에; …을 일주하여, …을 돌아서; ~ hörnet 모퉁이를 돌아서; resa jorden ~ 전 세계일주 여행을 하다.

runtom[1] *adv.* 사방으로, 여기저기에, 둘레에; ~ i huset 집의 둘레에; ~ i landet 전국 방방곡곡에.

runtom[2] *prep.* 부근 일대에, 사방에.

runtomkring ☞ runtom.

rupie *~n ~r* 인도와 파키스탄의 화폐 단위.

rus *~et ~* ① 알코올 중독, 취하기

② 도취, 열광; sova ~et av sig 술에 취해 잠자다; ta sig ett ~ 술에 취하다; under ~ets inflytande 음주의 영향으로.

rusa *~r ~de ~t* Ⅰ. *itr*. 돌진하다, 힘차게 달리다, 급히 달리다; ~ efter hjälp 구조를 요청하러 급히 가다 Ⅱ. *tr*. ~ en motor 모터를 전속력으로 공회전 시키다; 취하게 하다 Ⅲ. (강세접사와 함께) ~ efter ngn a) …의 뒤를 따라 돌진하다 b) …를 데리러 급히 가다; ~ emot …에 돌격하다; ~ fram 달려 나가다; ~ in …에 뛰어들다; ~ på ngn …에게 달려들다; ~ till 로 급히 가다; ~ upp 뛰어 오르다; ~ ut 뛰어 나가다, 급히 나가다.

rusdryck *~en ~er* 알코올 음료.

rush *~en ~er* 돌진, 돌격, 태도.

rusig *a*. 술 취한.

rusk *~et 0* 나쁜 날씨.

rusk|a[1] *–an –or* 가지, 가지 모양의 것.

ruska[2] *~r ~de ~t tr*. *itr*. 흔들다; ~ ngn vaken (liv i ngn) …을 깨워 일으키다; ~ om (upp) …을 선동하다, 분발시키다; ~ på huvudet 머리를 흔들다.

ruska[3] *~r ~de ~t itr*. det ~r 날씨가 나쁘다.

ruskig *a*. ① 무서운, 소름끼치는, 잔인한; (사람이) 혐오감을 주는; en ~ historia 추한 이야기 ② 날씨가 궂은.

ruskväder ☞ **rusk**.

rusning *~en ~ar* (교통량의) 쇄도; 주문의 쇄도.

rusningstid *~en ~er* (출·퇴근시의) 교통 혼잡 시간, 러시아워.

russ *~et ~* 고틀란드 산(産) 조랑말.

russin *~et ~* 건포도.

rusta *~r ~de ~t* Ⅰ. *tr*. 무장하다, 장비를 갖추다 Ⅱ. *itr*. 준비하다; ~ till krig 전쟁 준비를 하다 Ⅲ. (강세접사와 함께) ~ av ☞ **avrusta** 군비를 철폐(대량축소)하다; ~ ned ☞ **nedrusta** 군비를 축소하다; ~ till en middag 저녁 식사를 준비하다; ~ upp 재무장하다, 군비를 증강하다.

rusthåll, stå för ~et 전체에 대해 책임을 지다.

rustibus[s] *~en ~ar* 건강하고 활기찬 아이.

rustik 거친 나무로 만든, 질긴, 튼튼한; 시골뜨기의.

rustkammar|e *–[e]n* rustkamrar (성(城) 내의) 무기저장소, 병기고.

rustning *~en ~ar* ① 무장, 군비 ② (중세의) 철갑옷.

rut|a[1] *–an –or* ① 정방형, 사각(형의 것), 창유리, 판자, (TV) 스크린; sätta –or i ett fönster (창에) 유리를 끼우다.

ruta[2] *~r ~de ~t tr*. …을 체크무늬로 하다, …를 알록달록하게 물들이다; –t papper 십자선을 그은 종이; –t område i gatukors (황색선을 그은) 정차가 금지된 교차로; ~ in 네모꼴로 나누다.

ruter[1] *~n ~* (트럼프의) 다이아몬드.

ruter[2] *~n ~* 원기, 정력, 활력; det är ingen ~ i honom 그에게는 활력이 없다.

rutig *a*. 체크무늬가 있는.

rutin *~en 0* ① 경험, 숙련 ② (복수명사) 판에 박힌 일, 일과.

rutinerad *a*. 경험 있는, 숙달된, 노련한.

rutinmässigt *adv*. 일상적으로, 정례적으로, 판에 박은 듯이.

rutit ☞ **ryta**.

rutscha *~r ~de ~t itr*. (언덕에서) 급히 내달리다, 미끄러져 내리다.

rutschban|a *-an -or* (놀이터의) 롤러코스터, 제트코스터.

rutschkan|a *-an -or* 미끄럼대.

rutt *~en ~er*/**route** *~n ~r* 노선, 항로, 행선 계획.

R

rutt|en *a*. 썩은, 부패한; 도덕적으로 타락한; -na tänder 썩은 이(齒); -et vatten 썩은 물.

ruttenhet *~en 0* (도덕적, 사회적) 부패.

ruttna *~r ~de ~t itr*. 부패하다, 썩다.

ruva *~r ~de ~t tr*. *itr*. (새가) 알을 품다 (på, över); 어둠이 드리우다, 감시를 게을리 하지 않다, …을 궁리하다.

ry|a[1] *-an -or* 북유럽의 융단 (rya-matta).

rya[2] *~r ~de ~t itr*. ~ om ngt …에 대해 떠들썩거리다, 법석을 떨다; 소리 지르다, 고함치다.

ryds *~en 0* ☞ **ryps**.

ryck *~et ~* (근육의) 경련, 쥐; 힘껏 끌기, 잡아당기기, 갑작스런 동작.

ryck|a *-er -te -t* Ⅰ. *tr*. *itr*. 끌다, 당기다, 잡아채다, 비틀다, 떨다; ~ ngn i håret (ärmen) …의 머리(소매)를 잡아끌다 Ⅱ. *itr*. (비인칭), det -er i mitt ben 내 다리에 경련이 일고 있다; det -er kring munnen (울음, 웃음 따위로) 입이 씰룩거리다 Ⅲ. …을 둘러싸다, 조이다, 시점에 다다르다 Ⅳ. (강세접사와 함께) ~ an 【군대】 전진하다 (mot); ~ av 깨뜨리다, 두 동강 내다; ~ fram 【군대】 전진하다, 앞으로 잡아당기다; ~ in 임시로 일하다; 군에 입대하다; ~ till (놀라서) 움찔하다; ~ undan 잡아채다, 낚아채다; ~ upp sig 정신 차리다, 분발하다; ~ ut 나아가다, (군대, 소방대가) 출동하다, 군무를 마치다; ~s bort 갑자기 죽다.

rycken (불변화명사), stå ~ 견디다, 버티다, 저항하다 (mot).

ryckning *~en ~ar* 경련, 떨림, 끌어당기기, 잡아채기, (불안, 초조로) 떨기.

ryckvis *a*. 때때로 끊기는, 간헐성의.

rygg *~en ~ar* 등(背), 등뼈; 뒷부분; 배후, 산등성이; bok~ 책의 등; bryta ~en 척추가 부러지다; ha ~en fri 퇴각로를 열어 놓다; jag vill ha ~en fri 나는 말려들고 싶지 않다; vända ngn ~en (~en åt ngn) …에게 등을 돌리다 (경멸의 뜻으로); gå bakom ~en på ngn … (누구) 몰래 일을 처리하다; ha råg i ~en 도덕성을 갖다; hålla ngn om ~en …를 지지하다, 보호하다; ligga på ~ 곧바로 눕다; lägga benen på ~en 힘껏 달리다.

rygga *~r ~de ~t tr*. *itr*. ① (무서워서) 움츠리다; 거부감, 공포를 느끼다; 배신하다; han ~de inte en tum 그는 한 치도 움직이지 않았다 (양보하지 않았다) ② 【스포츠】 말을 뒷걸음치게 하다.

ryggmärg *~en 0* 【해부】 척수(脊髓).

ryggmärgsbedövning *~en ~ar* 척수 마취.

ryggmärgsprov *~et ~* 【의학】 요추 천자(腰椎穿刺).

ryggrad *~en ~er* 【해부】 등뼈, 척추; (비유적) 중추, 골격; 강한 의지.

ryggradsdjur *~et ~* 척추동물.

ryggradslös *a.* 척추가 없는; 줏대가 없는; ~a djur 무척추동물.

ryggskott *~et ~* 【병리】 요통(腰痛).

ryggsäck *~en ~ar* 배낭, 룩색.

ryggtavl|a *–an –or* 등(背); hans breda ~ 그의 널따란 등.

ryggåsstug|a *–an –or* 천정이 열린 통나무집.

ryk|a *–er rök/–te, rukit/–t* Ⅰ. *itr.* ① 연기를 내다, 김을 뿜다; dammet –er 먼지가 날리다; det –er av soppan 국이 김을 내다 ② 잃어버리다, 사라지다; hela reskassan rök första veckan 모든 여행자금이 첫 주일에 바닥났다 Ⅱ. (강세접사와 함께), ~ ihop 싸우다, 다투다; ~ på ngn …에 대들다; …를 맹렬히 공격하다.

rykt *~en 0* 말을 돌보기, 말을 빗질하기.

rykta *~r ~de ~t tr.* (말 따위에) 빗질을 하다.

rykta|s *~ –des –ts itr. dep.* (주로 비인칭 주어에 사용), det ~ att …라는 소문이 있다; enligt vad som ~ 소문에 의하면.

ryktbar *a.* 잘 알려진, 유명한, 소문난.

ryktbarhet *~en 0* 명성, 유명; 명사(名士).

rykte *~t ~n* ① 소문, 풍문; ~t går att (det går ett ~ om att) …라는 소문이 나돈다; ~t om hans död 그의 사망에 관한 소문 ② 평판, 명성, 세평; ha gott (dåligt) ~ 호평(악평)을 받다; ha ~ om sig att vara snål 인색하다는 평을 듣다.

ryktesflor|a *–an –or* 무수한 소문.

ryktessmidar|e *–[e]n ~* 소문을 내고 다니는 사람.

ryktesvis *adv.* det berättas ~ att 소문에 …라 하더라.

rymd *~en ~er* ① 우주, 공간; yttre ~en 외계(外界) ② 용적, 용량.

rymddräkt *~en ~er* 우주복.

rymdfarar|e *–[e]n ~* 우주비행사; 우주선(宇宙船).

rymdfarkost *~en ~er* 우주여행선.

rymdkaps|el *–eln –lar* 우주로켓의 조종실.

rymdmått *~et ~* 용적의 단위, 입방미터 따위.

rymdskepp *~et ~* 우주여행선.

rymdsond *~en ~er* (탐사용) 무인 우주선.

rymdstation *~en ~er* 우주 정류장 (인공위성에 설치되는 우주선의 중계소).

rymlig *a.* 넓디넓은, 널찍한 (방, 주택 따위); 남을 잘 돌보는, 유순한.

rymling *~en ~ar* 탈옥수, 도망자, 탈주자.

rym|ma *–mer –de –t* Ⅰ. *itr.* ① 도망치다, 달아나다, 탈출하다; ~ ur fängelset 탈옥하다 ② 【항해】 바람이 선미(船尾)쪽으로 불다 Ⅱ. *tr.* 수용하다, …할 장소(여지)가 있다, 포함하다; bilen –mer sex personer 그 자동차는 여섯 명을 태울 수 있다; ~ ut ☞ **utrymma** 비우다.

rymmar|e *–[e]n ~* ☞ **rymling**, leka ~ och fasttagare 술래잡기 놀이를 하다.

rym|mas *–s –des –ts itr. dep.* …할 자리가 있다, 수용하다; så liten att den ryms i fickan 그것은 아주 작아서 주머니에 들어간다; allt som ryms

R

inom ordet demokrati 민주주의라는 단어 속에 수용되는 모든 것.
rymmen 【일상】, på ~ 도망한, 탈옥 중인.
rymning *~en ~ar* 탈옥, 도망, 탈주.
rynk|a[1] *-an -or* 주름살 (피부). 주름 (옷감).
rynka[2] *~r ~de ~t* Ⅰ. *tr. itr.* ~ pannan 이맛살을 찌푸리다; ~ ögonbrynen 미간을 찌푸리다; ~ på näsan åt …을 비웃다, 콧방귀 뀌다; …에 대해 반감을 나타내다 Ⅱ. *rfl.* (천이) 주름 잡히다, 주름지다.
rynkig *a.* (피부가) 주름진, 주름살이 있는; (천이) 구겨진.
ryps *~en 0* 【식물】 평지.
rys|a *-er rös/-te -t itr.* (추위, 공포, 걱정 따위에) 떨다, 몸서리치다; det -er i mig när jag tänker på …을 생각하면 나는 몸이 떨린다.
rysansvärd ☞ **ryslig**.
rysar|e *-[e]n ~* (극, 소설, 영화 따위의) 스릴러물 (thriller).
rysch *~et ~* 루시, (여성복의 깃, 소매 따위의) 주름장식.
rysk *a.* 러시아의,
rysk|a Ⅰ. *-an -or* 러시아 여자 Ⅱ. *-an 0* 노어.
ryslig *a.* 무서운, 소름끼치는, 두려운; 지독한, 몹시 불쾌한; han är ~ att ljuga 그는 지독한 거짓말쟁이이다.
rysligt *adv.* (강조부사) 몹시, 지독하게; jag skulle ~ gärna komma 나는 꼭 가고 싶다.
rysning *~en ~ar* 몸서리치기, 전율.
ryss *~en ~ar* 러시아인.
ryssgubb|e *-en -ar* 【식물】 키가 큰 잡초의 일종.
ryssj|a *-an -or* 깔때기 모양의 그물, 어망.
Ryssland 러시아.
ryssläd|er *-ret 0* 질기고 부드러우며 물이 새지 않는 가죽.
ryt|a *-er -röt rutit itr. tr.* (맹수가) 포효하다, (사람이) 고함치다, 노호(怒號)하다.
rytm *~en ~er* 리듬, 박자.
rytmik *~en 0* 율동법, 음률법, 음률학[론].
rytmisk *a.* 리드미컬한, 가락이 맞는.
ryttar|e *-[e]n ~* 말 타는 사람, 기수(騎手), 승마자.
ryttarinn|a *-an -or* 여기수(女騎手), 여승마자.
rytteri *~[e]t 0* 기병대(騎兵隊).
ryttla *~r ~de ~t itr.* (새가 공중에서 날개를 빨리 움직여) 잠시 머물러 있다.
ryttmästar|e *-[e]n ~* 기병대장 (소령 급).
RÅ ☞ **riksåklagare**.
rå[1] *~tt a.* ① 삶거나 굽지 않은, 날것의 ② 가공하지 않은 ③ 거친, 조잡한, 잔인한, 막돼먹은; ~tt spel 【스포츠】 난폭한 시합; ~tt språk 상스러운 말; ett ~tt överfall 잔인한 폭행 ④ 악천후의 (날씨).
rå[2] Ⅰ. *~n/~[e]t, ~r* ① 【항해】 사형(斜桁, 네모 모양의 돛을 떠받치기 위해 돛대를 가로지르는 둥근 재목) ② ☞ **rådjur** ③ 대지 경계 표시 Ⅱ. *~n/~et, ~r/~n* 요정(妖精), 숲속의 요정.
rå[3] *~r ~dde ~tt* Ⅰ. *itr.* ① …을 할 수 있다; jag ~r inte ensam 나 혼자서는 해낼 수 없다 ② ☞ **råda**

Ⅱ. *rfl*. ~ sig själv 스스로 극복하다, 자신을 통제하다, 혼자 해내다 Ⅲ. (강세접사와 함께) jag ~r inte för det 그것은 내 책임이 아니다; ~ om 가지다, 소유하다; vem ~r om hunden 그 개는 누구의 것이냐? ; hur länge får vi ~ om dig? 얼마 동안이나 우리와 함께 지낼 수 있겠니?; ~ på …보다 강하다, 이기다; jag ~r inte på honom 나는 그를 감당해낼 수가 없다.

råbandsknop *~en ~ar* 【항해】 리프노트, 맞매듭, 옭매듭.

råbarkad *a*. 거친, 무감각한, 버릇없는.

råbiff *~en ~ar* 날계란과 파 등을 곁들인 거칠게 저민 소고기.

råbock *~en ~ar* 노루의 수컷.

råd Ⅰ. *~et ~* ① 충고, 조언, 자문, 권고; många goda ~ 여러 가지 훌륭한 조언; ge ngn ett ~ …에게 충고하다; lyda (följa ngns) ~ …의 조언을 따르다; be ngn om ~ …에게 자문을 구하다 ② 자문위원회, 평의회, 협회; Nordiska ~et 북구협의회 ③ 수단, 해결책; hålla ~ om ngt …에 대한 해결책을 모색하다 Ⅱ. (불변화 en-명사) 재원, 자금, 여유; jag har inte ~ till (med) det 나는 그런 여유가 없다.

råd|a *-er -de rått* Ⅰ. *tr*. 조언하다, 충고하다, 권유하다; vi -de dem att …우리는 그들에게 …하도록 조언하였다; jag vill varken ~ till eller ifrån 나는 충고를 하고 싶지도 않고 받고 싶지도 않다 Ⅱ. *itr*. ① 지배하다, 다스리다, 우세하다; här är det jag som -er 여기서는 내가 주인이다 ② 널리 퍼지다, 우세하다, 보급되다; 있다, 존재하다; det -er ett gott förhållande mellan dem 그들 사이의 좋은 관계가 유지되고 있다; oro -er i landet 국내에 불안이 일고 있다.

rådande *a*. 퍼져있는, 유행하고 있는, 우세한; under ~ förhållande 현 사태하에서는; den ~ regimen 현 정권.

rådbråka *~r ~de ~t tr*. ① 【역사】 무거운 수레바퀴에 깔리게 하여 사형수를 처형하다 ② 엉망으로 만들다, 잡치다; på min ~de engelska 나의 엉터리 영어로.

rådfråga *~r ~de ~t tr*. 상의하다, 조언을 구하다; ~ en advokat 변호사와 상의하다.

rådför|a *- -de -t* ☞ **rådfråga**. **rådgöra**.

rådgivar|e *-[e]n ~* 조언자, 충고자, 고문.

rådgivning *~en 0* 조언, 자문 충고 (i).

råd|göra -gör -gjorde -gjort itr. ~ med ngn om ngt …에 대해 …와 상의하다.

rådhus *~et ~* 시청; (시의) 법정.

rådhusrätt *~en 0* 1971년 이전의 지방법원 지원 (현재는 tingsrätt).

rådig *a*. 지모가 풍부한, 기략(기지, 주변성)이 있는.

rådighet *~en 0* 기략, 기지, 주변성.

rådjur *~et ~* (유럽, 아시아 산(産)의) 작은 노루.

rådlig *a*. 사려 깊은, 분별 있는, 현명한.

rådlös *a*. 당황한, 속수무책인, 어쩌지 못하는.

råd|man *-mannen -män* 지방법원 판사.

R

rådpläga *~r ~de ~t itr*. *~ om ngt* …에 관하여 숙고하다, 심의하다.

rådplägning *~en ~ar* 숙고, 토의, 심의.

rådrum *~met 0* (일, 심의의) 일시적 중단 (휴지), 소강상태, 일을 잠깐 쉬기 (결정을 내리기 전에), 심사숙고 시간.

rådslag *~et ~* 심의, 토의.

R

råd|slå *–slår –slog –slagit* ☞ rådpläga.

rådvill *a*. 당황한, 어찌해야 할 지 모르는.

råg *~en 0* 호밀, 호밀의 종자; ha ~ i ryggen 정신력을 갖다, 힘이 생기다, 도덕적인 힘을 갖다.

råga[1] (불변화명사), till ~ på allt 설상가상으로.

råga[2] *~r ~de ~t tr*. 쌓아올리다, 축척하다, 가득 채우다; en ~d tallrik 한 접시 가득; i ~t mått 충분히.

råge *~n 0* 넉넉한 분량; vi fick ~ på våra portioner 우리는 몫을 넉넉히 받았다.

råglas *~et 0* 불투명 유리.

rågummi *~t 0* 생고무.

rågång *~en ~ar* 대지(垈地)의 경계.

råhet *~en ~er* 거칠음, 무도함, 잔인성.

råk *~en ~ar* 빙해(氷海)에 열린 긴 수로.

råka[1] *–an –or* (유럽산) 떼까마귀.

råka[2] *~r ~de ~t* Ⅰ. *tr*. 만나다, 마주치다 Ⅱ. *itr*. ① 우연히 …하다, 뜻밖에 …하다; jag ~de slå sönder fönstret 나는 우연히 창문을 깼다; om du skulle ~ se honom 네가 어쩌다 그를 보게 된다면 ② 만나다, 빠지다, 이르다; ~ i ett bakhåll 복병을 만나다; ~ i fara 위험에 처하다; ~ i händerna på …의 수중에 떨어지다 Ⅲ. (강세접사와 함께), ~ fast 붙잡히다; ~ in i …에 끼어들다, 연루되다; ~ på ngn …를 우연히 만나다; den första bok jag ~de på 내가 처음으로 마주친 책; ~ illa ut 곤란에 빠지다, 불행을 당하다; ~ ut för en olycka 사고를 당하다.

råkall *a*. 습기로 축축하고 추운.

råka|s *~ –des –ts itr*. *dep*. 만나다.

råkopi|a *–an –or* 【사진】 시험 인화, 견본 인화.

råkost *~en 0* 날 채소와 과일, 날 음식.

råma *~r ~de ~t itr*. (소 따위가) 음매하고 울다.

råmärke *~t ~n* (토지의) 경계표시; 경계, 한계; inom lagens ~n 법의 테두리 내에서.

rån *~et ~* ① 강도질, 약탈 ② 웨이퍼 (아이스크림 따위에 곁들이는 얇고 가벼운 과자).

råna *~r ~de ~t tr*. 강도질하다, 약탈하다, 강탈하다; ~ ngn på ngt …로부터 …을 빼앗다.

rånar|e *–[e]n ~* 강도, 도둑.

rånmord *~et ~* 살인강도.

rånock *~en ~ar* 【항해】 활대의 끝.

råolj|a *–an 0* 원유.

råseg|el *–let ~* 【항해】 횡범(橫帆), 가로 돛.

råsiden *~et 0* 생사(生絲).

råskalad *a*. (감자를) 삶기 전에 껍질을 벗긴.

råskinn *~et ~* 【일상】 난폭한 사람, 싸우기 잘 하는 사람.

råsock|er *–ret 0* 누런 설탕.

råsop *~en ~ar* 【일상】 센 주먹질.

råtť|a *-an -or* 쥐, 생쥐.

råttfäll|a *-an -or* 쥐덫.

råvar|a *-an -or* 원자재.

räck ~et ~ ① 난간 ② (체조용의) 수평봉, 철봉.

räck|a[1] *-an -or* 열, 줄.

räck|a[2] *-er -te -t* Ⅰ. *tr.* …을 넘기다, 건네주다; vill du ~ mig saltet? 소금을 내게 건네주겠니?; ~ ngn handen …에게 손을 내밀다 ② 이르다, 닿다 ③ (쇠, 성분 따위를) 늘리다, 팽창시키다 Ⅱ. *itr.* ① 충분하다 (till, för); pengarna -er inte 돈이 충분치 못하다 ② 지탱하다, 계속되다; det -er inte länge 그것은 오래가지 못할 것이다 ③ …에 미치다, 이르다; vattnet -te mig till knäna 물이 내 무릎까지 닿았다 Ⅲ. (강세접사와 함께), ~ fram handen 손을 내밀다; ~ ut tungan 혀를 내밀다; ~ upp handen 손을 쳐들다; ~ till 충분하다; min inkomst -er inte till för det 내 수입으로는 그것을 할 수 없다; ~ över 넘겨주다.

räcke *~t ~n* (발코니, 계단, 다리 따위의) 난간; 방책, 울타리.

räckhåll, inom (utom) ~ för …의 범위 (영역, 영향) 안에 (밖에).

räckvidd *~en ~er* (힘이 미치는) 범위, 영역, 반경; 의미.

räd *~en ~er* 기습, 공습 (raid); göra en ~ mot …에 대한 기습을 감행하다.

räd|as *-s -des* (완료분사형은 별로 사용안함) *tr. itr. dep.* ~ för 두려워하다, 겁을 먹다.

rädd *a.* ① 두려운, 겁나는, 무서워하는 (för); jag är ~ för att han inte kommer 나는 그가 오지 않을까 봐 걱정이 된다 ② vara ~ om …을 아끼다, 주의하다; hon var ~ om sina kläder 그녀는 자기의 옷을 아꼈다; var ~ om dig! 몸조심해요!

rädda *~r ~de ~t* Ⅰ. *tr.* (위험, 재난, 손해 따위에서) …을 구하다, 구해내다, 구조하다; ~ livet på ngn …의 생명을 구하다; ~ ngn från att drunkna …를 익사(溺死)로부터 구해내다; hans liv stod inte att ~ 그의 생명을 건질 수가 없었다 Ⅱ. *rfl.* 모면하다, 간신히 …하다; ~ sig undan förföljarna 박해자들로부터 피하다.

räddar|e *-[e]n ~* 구조자, 구원자.

räddhågad *a.* 두려워하는, 겁 많은.

räddning *~en ~ar* ① 구조, 구제, 구원 ② 【스포츠】 위험한 볼을 막아내기.

räddningslös *a.* 구제할 길이 없는.

räddningsplank|a *-an -or* 마지막 수단 (방법), 최후의 희망.

rädis|a *-an -or* 무.

rädsla *~n 0* 두려움, 공포 (för).

räffla[1] *-an -or* (문턱, 레코드판 따위의) 홈; 바퀴자국; (총의) 나선모양의 홈.

räffla[2] *~r ~de ~t. tr.* …에 홈을 내다, 파다, 도랑을 파다.

räfs|a[1] *-an -or* 갈퀴.

räfsa[2] *~r ~de ~t tr.* …을 갈퀴질하다, 긁어모으다.

räfst *~en ~er* 【역사】 세밀한 법적 조사.

räjong *~en ~er* 지역, 구역, 범위.

räk|a *-an -or* 작은 새우.

räk|el *-eln -lar*, en lång ~ 키가 껑충하고 마른 녀석.

räkenskap *~en ~er* ① (금전상의)

대차계정, 계산서, 회계; avlägga ~ för ngt …의 결산보고(설명)를 하다; ~ens dag 회계일 ② föra ~er 기장(記帳)하다; göra upp ~erna med ngn …와 결산하다.

räkenskapsår ~*et* ~ 회계(재정)연도.

räkna ~*r* ~*de* ~*t* Ⅰ. *tr. itr.* ① 계산하다, 세다, 고려하다; ~ till tio 열까지 세다; ~ det som en ära 그것을 영광으로 생각하다; ~ med ngt …을 예상하다; jag ~de inte med att det skulle ta så lång tid 나는 그것이 그렇게 오래 걸릴 줄은 예상하지 못했다; ~ på hjälp av (från) ngn …의 도움을 기대하다; jag ~r på att han kommer 나는 그가 올 것으로 알고 있다; i pengar ~t 돈으로 계산하면 ②【수학】계산하다; ~ med bråk 분수를 계산하다; ~ i huvudet 암산하다 ③ …의 수에 이르다, …을 세다; mötet ~de några tusen deltagare 그 집회 참가자는 수천 명에 달했다 Ⅱ. (강세접사와 함께) ~ av …빼다, 공제하다; ~ bort 공제하다; ~ efter hur mycket det blir 얼마나 될지 계산해 보다; ~ igenom …을 다시 세다, 일일이 세다; ~ ihop …을 다 세어내다, 합산하다; ~ in 계산에 포함하다; ~ upp …을 열거하다, …의 수를 확인하다; ~ ut 계산해 내다, 생각해 내다.

räknar|e –[*e*]*n* ~ 계산기.

räkneord ~*et* ~ 수사(數詞).

räknestick|a –*an* –*or* 계산자, 활척(滑尺).

räknesätt, de fyra ~en 산수의 네 가지 기본규칙 (더하기, 빼기, 곱하기, 나누기).

räkning ~*en* ~*ar* ① 계산, 셈, 산수; enligt min ~ 내 계산에 의하면; för min ~ 나에 관한 한, 내 입장으로는; för ngns ~ …를 위해서 ② 계산서, 청구서, 송장(送狀); ~en går (är) på 500kr 계산서는 500크로나가 된다; skriv ~en på mig 계산서를 내 앞으로 달아놓아라 ③ ett streck i ~en 뜻밖의 장애; börja på ny ~ 새로이 시작하다; lämna ngt ur ~en 계산에서 제외하다.

räl ~*en* ~*er* (철도의) 레일.

räls ~*en* ~*ar* 철도 (järnvägsspår).

rälsbuss ~*en* ~*ar* 전동차, 기동차.

rämn|a[1] –*an* –*or* (땅, 벽 따위의) 갈라진 틈.

rämna[2] ~*r* ~*de* ~*t itr*. 갈라지다. 틈이 생기다.

ränker (복수명사) 교활한 계획, 음모.

ränkfull *a*. 음모를 꾸미는, 교활한.

ränksmidar|e –[*e*]*n* ~ 음모자, 책동가.

ränkspel ~*et* ~ ☞ **ränker**.

ränn|a[1] –*an* –*or* 홈, 패인 곳, 고랑, 자국.

rän|na[2] –*ner* –*de* –*t* Ⅰ. *itr*. (쓸데없이) 왔다 갔다 뛰어다니다; ~ efter flickor 여자 뒤를 따라다니다; ~ i vädret (höjden) 급속히 성장하다 Ⅱ. *tr*. ~ kniven i ngn …를 칼로 찌르다; ~ huvudet i väggen 벽에 머리를 부딪치다 Ⅲ. (강세접사와 함께) ~ emot …에 부딪치다, 충돌하다; ~ in i ngt …과 충돌하다, 부딪치다; ~ upp på ett grund (배가) 좌초하다.

rännarban|a –*an* –*or* (중세의) 마상(馬上) 창 시합장.

rännil ~*en* ~*ar* 작은 내, 실개천.

ränning ~*en* ~*ar* (천 따위의) 날실.

rännsten *~en ~ar* (도로 한가운데 또는 길가의) 하수도랑, 시궁창.

räns|el *-eln -lar* 작은 륙색, 배낭.

ränt|a[1] *-an -or* ① 내장, 창자, ② 이자, 이율; ~ på ~ 복리(複利); betala ~ på ett lån 대부금에 이자를 지불하다; ta 5% i ~, 5%의 이자를 부과하다; leva på -or 자산의 이자로 살아간다.

ränta[2] *~r ~de ~t* ☞ **förränta**.

räntabel *a.* 이자가 붙는, 이문이 있는.

räntabilitet *~en 0* 이익, 이윤, 수익성.

räntefot *~en 0* ☞ **räntesats**.

räntesats *~en ~er* 이율(利律).

räntmästar|e *-[e]n ~* 【역사】 회계 담당관, 출납관.

rät [rɛːt] *a.* 곧은, 똑바른, 일직선의; ~ vinkel 직각.

rät|a[1] *-an 0* 직물의 겉면.

räta[2] *~r ~de ~t tr. itr.* 똑바르게 하다, 곧게 하다; ~ på (ut) benen 다리를 펴다; ~ på ryggen 등을 꼿꼿이 펴다.

rätlin[j]ig *a.* 꼿꼿한, 곧바른; 정직한, 올바른.

rätoromanska *~n 0* 레토로만어 (스위스 남부와 이탈리아 북부에서 쓰이는 로만스 어).

rätsid|a *-an -or* 직물의 겉면, 앞면; få ~ på ngt/ngn …에 대한 문제를 해결하다, 대처하다.

rätt[1] Ⅰ. *~en ~er* 요리, 일품, (요리의) 코스; middag med tre ~er 3품 요리가 나오는 만찬; dagens ~ 금일의 지정 메뉴 Ⅱ. *~en 0* ① 권리, 정의; ~en till arbete 취업의 권리; få ~ inför domstol 소송에 이기다; ge ngn ~ …가 옳다고 인정하다; ha ~ i [ngt] …에 대해서 옳다; det har du ~ i …에 있어서 네가 옳다; ha ~ att …할 권리를 갖다; hålla (stå) på sin ~ 자신의 권리를 주장하다; med ~ eller orätt 옳거나 그르거나; med vad ~ ? 무슨 권리로?; skilja mellan ~ och orätt 정의와 불의를 구별하다 ② få (skaffa, ta) ~ på 찾다, 알아보다 Ⅲ. ~en ~er 법률, 법령; 법정, 재판소; sitta i ~en 법정에 앉아 있다.

rätt[2] *a.* 올바른. 정확한; 적절한, 적당한, 공정한; det var ~ av henne att 그가 …한 것은 온당하였다; det enda ~a 유일하게 옳은 것은; i ordets ~a bemärkelse 그 말의 진정한 의미로는; en ~trogen kristen 진실한 기독교인; nu är ~a tiden för 지금이 바로 …를 할 때이다; i ~ tid 적기에, 제때에.

rätt[3] *adv.* ① 바르게, 올바르게; eller ~are sagt 아니 좀 더 정확히 말하면; går din klocka ~? 네 시계 꼭 맞니?; handla ~ 올바르게 행동하다; är det ~ räknat? 계산은 정확하니?; träffa ~ 명중하다 ② (강조부사) 아주, 꽤, 상당히; han börjar se ~ gammal ut 그는 꽤 늙어 보이기 시작한다; jag tycker ~ bra om henne 나는 그녀를 꽤 좋아한다 ③ ~ och slätt 순전히, 단지; han är ~ och slätt en bedragare 그는 순전히 사기꾼 이다 ④ 막, 방금; ~ som [vad] det var 갑자기, 돌연; ~ som jag satt där 내가 마침 거기에 앉아 있었을 때 ⑤ 곧 바로, 제대로, 올바르게; sitter hatten ~? 내 모자가 제대로 씌어 졌느냐? ; ~ i norr 정(正)북으로; gå ~ över gatan 길을 곧바로 건너가다.

rätta[1] (불변화명사), med ~ 바르게, 정당히; finna sig till ~ (환경에) 적응

하다; komma till ~ med 처리하다, 대처하다, (어려움을) 극복하다; ställa allt till ~ 모든 일을 정돈(정리)하다; sätta sig till ~ 자리잡다, 정착하다; tala ngn till ~ 잘 알아듣게 …에게 말하다; visa ngn till ~ …에게 길을 안내하다; gå till ~ med ngn …를 나무라다, 책망하다 (för).

rätta[2] *~r ~de ~t* Ⅰ. *tr. itr.* ① 고치다, 교정하다, 바로잡다; ~ en skrivning 채점하다; ~ till (옷을) 고쳐 입다. 바로 입다; 바로 잡다, 시정하다 ② 조절하다, 적응하다 (efter) Ⅱ. *rfl.* ① 잘못한 말을 바로잡다 ② ~ sig efter 따르다, 순응하다, 적응하다; det är ingenting att ~ sig efter 따라야 할 게 아무것도 없다; priserna ~r sig efter tillgång och efterfrågan 가격은 수요와 공급에 의해 결정된다.

rättar|e *–[e]n~* 【역사】 농장의 작업반장.

rättegång *~en ~ar* 재판, 공판; ~en mot X, X에 대한 공판.

rättegångsbalk *~en ~ar* 소송법.

rättegångsbiträde *~t ~n* 법률고문, 고문 변호사.

rätteligen *adv.* 당연히, 마땅히.

rättelse *~n ~r* 교정, 수정, 개정.

rättesnöre *~t ~n* 지침, 방침; ta ngt till ~ …을 지침으로 삼다

rättfram *a.* 솔직히, 똑바른.

rättfärdig *a.* 바르게 사는, 경건한.

rättfärdiga *~r ~de ~t tr.* 정당화하다, 옹호하다; ~ ngn från misstankar …를 의심에서 풀어주다.

rättighet *~en ~er* 권리, 권능; de mänskliga ~erna 인권.

rättik|a *–an –or* 검정 무.

rättmätig *a.* (상속자, 소유자와 관련하여) 법률이 인정하는, 정당한; det ~a i hans krav 그의 요구가 지니는 합법성.

rättning *~en ~ar* ① 교정, 수정 ② (군대 정렬) ~ höger! 우로나란히!

rättrogen *a.* 진실한, 믿음(신앙)이 굳은, 투철한, 정통파의.

rättrådig *a.* 곧은, 정직한, 청렴한.

rättsfall *~et ~* 소송 (사건).

rättshaveri *~et ~er* 독단론, 독단주의.

rättshjälp *~en 0* 법률 구조(救助) (재력이 없는 사람의 소송비용을 정부가 부담하기).

rättsinnad *a.* 마음이 올바른, 정직한.

rättskaffens (불변화 형용사) ☞ rättsinnad.

rättskipning [–ʃipniŋ]*~en 0* 사법행정.

rättskrivning *~en ~ar* 철자법 (연습), 정서법; ha ~ 받아쓰기를 하다.

rättskänsl|a *–an –or* 정의감.

rättslig *a.* 법이 인정하는, 합법의; 사법의; ~t skydd 법적 보호; vidta ~a åtgärder mot ngn …에 대하여 사법적 조치를 취하다.

rättsläkar|e *–[e]n ~* 법의학 전문의.

rättslös *a.* 법률상의 권한이 없는, 법적인 보호를 받지 못하는.

rättsmedicin *~en 0* 법의학.

rättspsykiatri *~n 0* 사법 정신의학.

rättssak *~en ~er* 사법 사건.

rättssamhälle *~t ~n* 법질서 사회.

rättsskipning ☞ rättskipning.

rättsstat *~en ~er* 법치국가.

rättsstridig *a.* 불법의, 법에 저촉되는.

rättssäkerhet *~en 0* (개인의 보호를

위한) 법질서, 안녕 질서; den enskildes ~ 개인의 법적 권리.
rättstavning *~en 0* 맞춤법.
rättsvetenskap *~en 0* 법학, 법리학.
rättsvidrig *a.* 불법의, 비합법적.
rättsväsen *~det 0* 【집합적】 사법기관.
rättvis *a.* 올바른, 공정한; det är inte ~t att han får mer godis än mej! 그가 나보다 더 많은 과자를 받는 것은 불공평하다; vad är en ~ klocka? 정확히 몇 시냐?
rättvisa *~n 0* 정의, 공평, 평등; kämpa för ~ i samhället 사회 정의를 위해 투쟁하다; i ~ns namn 정의의 이름으로; överlämna ngn åt ~n …를 법에 의거하여 처벌하다.
rätvinklig *a.* 직각을 하나 낀.
räv *~en ~ar* 여우; 교활한 사람; ha en ~ bakom örat 간계(奸計)가 있다.
rävaktig *a.* 교활한, 꾀가 많은.
rävfarm *~en ~ar* (털을 얻기 위한) 여우사육장.
rävgift *~et 0* 여우 잡는 독약.
rävspel *~et ~* ① 여우와 거위 놀이 ② 교활한 행위, 간계.
rö *~[e]t ~n* 갈대.
röd *rött a.* 붉은, 빨간, 적색의; ~a armén (소련의) 적군(赤軍); Röda korset 적십자사; ~a kinder 불그스레한 볼; vid rött ljus 붉은 신호(등)에; den ~a tråden (생각, 이론의) 줄거리, 맥락; inte ett rött öre 단돈 한푼도 …하지 않다; bli ~ i ansiktet av blygsel 부끄러워 얼굴이 붉어지다; i dag ~, i morgon död 지금은 살아있지만 언제 죽을지 모른다, 인생무상; se rött 격노하다; ~a hund 홍역.
rödbet|a *-an -or* 검붉은 색의 무 종류,
rödblommig *a.* (건강, 상기 따위로) 볼이 불그스레한.
rödbrusig *a.* (흥분, 또는 술에 취해) 얼굴이 빨개진.
rödfärg *~en 0* (집이나 헛간에 칠하는) 황토색 물감.
rödgråten *a.* 울어서 눈이 빨개진.
rödhak|e *-en -ar* 울새, 개똥지빠귀의 일종.
röding *~en ~ar* 【어류】 곤들메기류, 연어의 일종.
rödklöver *~n 0* 【식물】 붉은 토끼풀.
rödkål *~en 0* 붉은 양배추.
rödlätt *a.* 불그스름한, 혈색이 좋은.
rödlök *~en 0* 붉은 양파.
rödskinn *~et ~* (북미) 인디언.
rödsot *~en 0* 【의학】 이질, 설사병
rödspott|a *-an -or* ☞ **rödspätta**.
rödsprit *~e 0* 변성 알코올.
rödspätt|a *-an -or* 가자미, 넙치 류.
rödstjärt *~en ~ar* 붉은 색의 꼬리를 가진 개똥지빠귀.
rödvin *~et ~er* 붉은 포도주.
rödögd *a.* 붉은 눈을 가진.
röj|a *-er -de -t tr.* ① 드러내다, 탄로시키다; 배반하다; ~ en hemlighet 비밀을 폭로하다; ~ sig 제 본성(본심, 정체)을 드러내다 ② (…의 장애를) 제거하다, (토지 따위를) 개간하다, 개척하다; ~ väg för …를 위한 길을 열어 놓다 ③ (강세접사와 함께) ~ av 치우다, 비우다; ~ bort 제거하다, 걷어치우다; ~ upp [i ett rum] 깨끗이 치우다; ~ (ngn) ur vägen (…를) 죽이거나 꼼짝 못하게 하다.

röjdykar|e *-[e]n ~* 잠수 공작원(병).
röjning *~er ~ar* (삼림지의) 개간, 개척, 길을 열기.
rök[1] *~en ~ar* 연기, 담배연기; ingen ~ utan eld 【속담】 아니 땐 굴뚝에 연기 나랴; gå upp i ~ 사라지다, 계획이 무산되다; inte se ~en av …의 흔적도 볼 수가 없다.
rök[2] ☞ **ryka**.
R
rök|a *-er -te -t* Ⅰ. *itr*. 담배를 피우다; ~ på sin pipa 파이프 담배를 피우다 Ⅱ. *tr*. 연기 나게 하다. 그을리게 하다, (물고기를) 훈제하다 Ⅲ. (강세 접사와 함께) ~ in 연기가 나다; ~ upp en cigarrett 담배를 다 피우다; ~ ut 구멍 같은 곳에 연기를 피워 몰아내다.
rökar|e *-[e]n ~* ① 흡연; icke ~ 금연자 ② 【스포츠】 강한 볼 (타격).
rökbomb *~en ~er* 발연탄(發煙彈).
rökdykar|e *-[e]n ~* 방독모를 쓴 소방대원.
rökelse *~n ~r* 태울 때 강한 향내를 풍기는 수지(樹脂).
rökeri *~et ~er* (고기, 생선 등의) 훈제장[실].
rökfärgad *a*. 잿빛의.
rökhost|a *-an 0* 지나친 흡연으로 인한 기침.
rökkupé *~n ~er* 기차의 흡연 칸, 끽연실.
rökning *~en 0* ① 흡연 ② 훈제; ~ förbjuden 금연; ~ tillåten 흡연.
rökridå *~n ~er* 【군대】 연막.
röksvamp *~en ~ar* 【식물】 방귀버섯.
rökverk *~et 0* 담배 류, 피우는 것들; har vi ~? 무엇 피울 만한 것 있느냐?
röllek|a/röllik|a *-an -or* 【식물】 서양가새풀.
rön *~et ~* (새로운) 발견 또는 관찰, 실험 조사의 결과; hans ~ har visat sig varaktiga 그의 실험 결과는 계속 유효한 것으로 나타났다.
rön|a *-er -te -t tr*. (승낙, 이해, 저항 따위를) 받다, 맞다; (호의, 비판 등에) 마주치다, 당하다; ~ livlig efterfrågan 대단한 수요를 맞다.
rönn *~er ~ar* 【식물】 마가목류.
röntga *~r ~de ~t tr*. …의 뢴트겐 사진을 찍다; 엑스선으로 검사하다.
röntgen (불변화 en-명사) 엑스선; ~behandling 엑스선 치료.
röntgenbild *~en ~er* 엑스선 촬영 사진.
röntgenstrål|e *-en -ar* 엑스선.
rör *~et ~* ① 파이프, 관(管), 도관(導管) ② 라디오, TV의 진공관 ③ 갈대; 대; bambu~ 대나무의 대 ④ 관(管) 모양의 스케이트.
röra[1] *~n 0* 뒤범벅, 혼란, 엉망진창.
rör|a[2] *- -de -t* Ⅰ. *tr*. ① 움직이게 하다, 건드리다, 휘젓다; inte ~ ett finger för att …하기 위해 손가락 하나 까딱하지 않는다; ~ trumman 북을 두드리다; han -de knappt maten 그는 음식을 거의 건드리지 않았다; rör mig inte! 나를 건드리지 마라 ② 자아내다, 감동시키다; ~ ngn till tårar …의 눈물을 자아내다 Ⅱ. *itr*. ~ i brasen 불을 쑤석거려서 돋우다; jag vill inte ~ i den saken 나는 그 일에 쓸데없이 참견하고 싶지 않다; ~ på sig 움직이다, 가벼운 운동을 하다 Ⅲ. *rfl*. ① 움직이다, 가벼운 운동을 하다; - dig inte! 움직이지마! jorden

– sig kring solen 지구는 태양의 주위를 돈다 ② (비유적) han har mycket pengar att ~ sig med 그에게는 운용할 돈이 많이 있다; han – sig med många lärda uttryck 그는 여러 가지 유식한 표현을 구사한다; det – sig om din framtid 그것은 네 장래와 관련된 것이다; det – sig om stora summor 거액이 걸려 있다 Ⅳ. (강세접사와 함께) ~ i mjöl i såsen 양념(소스)에 밀가루를 넣어 젓다; ~ till 재료를 뒤섞다, 어지럽히다; ~ upp (먼지 등을) 일으키다.

rörande[1] *a.* 감동적인, 마음에 와 닿는, 애처로운.

rörande[2] *prep.* …에 관해서는, …의 점에서는

rörd *a.* 감동한, 마음이 움직인 (gripen).

rördrom *~men ~mar* 【조류】 알락해오라기.

rörelse *~n ~r* ① 운동, 움직임. 활동; han är snabb i ~rna 그는 동작이 빠르다; sätta fantasin i ~ 상상의 나래를 펴다; sätta ngt i ~ …을 움직이게 하다; hela staden är i ~ 온 도시가 떠들썩하다; vara i ständig ~ 계속 동작 중이다 ② (정치, 사회적) 활동, 운동 ③ 기업 활동, 사업, 기업; driva ~ 사업을 하다 ④ 감정, 정서; rösten svek honom av ~ 그는 감정에 격해서 말을 할 수가 없었다.

rörelsehindrad *a.* 지체부자유의.

rörelseidkar|e *–[e]n ~* ☞ **näringsidkare**.

rörelsesjuk|a *–an 0* (자동차, 배) 멀미.

rörig *a.* 정돈되지 않은, 어지러운, 혼잡한; vad här är ~t! 여기 엉망이군!

rörlig *a.* 옮기거나 변경할 수 있는; ~ ränta 변동 이율; ~a helgdagar 부정기 축제일; ~a kostnader 변동가격; ~a trupper 기동부대.

rörläggar|e *–[e]n ~* 배관공, 연관공.

rörmokar|e *–[e]n ~* 수도관 공.

rörsock|er *–ret 0* 사탕수수 설탕.

rörsopp *~en ~ar* 【식물】 모자 모양의 버섯류.

rör|tång *–tången –tänger* 파이프 렌치.

rös[1] *~et ~* ☞ **röse**.

rös[2] ☞ **rysa**

rösa *~r ~de ~t tr.* 돌 더미로 길을 표시하다.

röse *~t ~n* 돌 더미(무더기) (이정표, 기념비 따위로 쌓아올린).

röst *~en ~er* ① 목소리, 음성; höja (sänka) ~en 목청을 높이다 (낮추다); sakna ~ 목소리가 나지 않는다; med hög (låg) ~ 높은 (낮은) 소리로 ② 【정치】 투표, 찬반 의사 표시; antalet avgivna ~er 총 투표수; nedlagd ~ 기권표; lägga ned sin ~ 기권하다 (투표에서); med tio ~ers övervikt 10표 차로; ge sin ~ åt …에게 표를 던지다.

rösta *~r ~de ~t* Ⅰ. *itr.* 투표하다; en ~nde 투표자; ~ för (mot) ngt …에 찬성 (반대) 투표를 하다; ~ på regeringspartiet 집권당에 투표하다; jag ~r för att vi går på bio i kväll 나는 우리가 오늘 저녁 영화 구경을 가는 것에 찬성한다 Ⅱ. (강세접사와 함께) ~ igenom (표결에 부쳐) 통과시키다; ~ ned (표결로) 부결시키다.

röstberättigad *a.* 투표권이 있는.

röstetal *~et ~* 투표수; vid lika ~

avgör lotten 찬반동수일 때는 추첨으로 결정한다.

röstläge *~t ~n* 목소리(의 높낮이).

röstlängd *~en ~er* 투표인 명부.

rösträtt *~en 0* 투표권, 선거권; allmän ~ 보통선거권.

röstsed|el *-eln -lar* 투표용지.

röt ☞ **ryta**.

röta[1] *~n 0* 부패, 부식, (도덕적) 타락; ta ~ 썩기 시작하다.

röta[2] *~r ~de ~t tr.* 썩다, 부패하다; 도덕적으로 타락하다.

rötmånad *~en 0* 삼복더위 (대체로 7월 23일부터 8월 23일까지).

rötägg *~et ~* 품행이 좋지 않은 사람; familjens ~ 집안의 골칫거리, 말썽꾼.

röva *~r ~de ~t tr.* 강도질하다, 약탈하다; ~ ngt från ngn …로부터 …을 훔치다, 빼앗다.

rövar|e *-[e]n ~* 강도, 도둑.

rövarhistori|a *-en -er* 터무니없는 이야기, 황당무계한 이야기; 산적이야기.

rövarpris *~et, ~/~er*, jag fick det för ~ 터무니없이 싼 값으로 얻었다; tvingas betala ~er 터무니없이 비싼 값을 치러야 한다.

röveri *~et ~er* 강도, 약탈.

S

s [ɛs] *s–et, s* 스웨덴 알파벳의 19번째 글자.

sa ☞ sade.

sabbat *~en ~er* 안식일.

sabbatsbrott *~et ~* 【역사】 안식일 위반(안식일에 쉬지 않고 일하는 경우).

sabbatstermin *~en ~er* 안식학기(대학교수의 연구를 위한 유급휴가 학기).

sabbatsår *~et ~*안식년(대학교수의 연구를 위한 일 년간의 유급휴가).

sab|el *–eln –lar* ① 기병검, 사브르 ② *–lar*! 이런 제기랄!

sabla *~r ~de ~t tr*. ~ ned 베어 넘어뜨리다, 찢어서 조각내다.

sabla (불변화형용사 및 부사) ☞ jäkla.

sabotage [–ɑːʃ] *~t ~* 사보타지(노동쟁의 전술의 하나, 고의로 기계설비, 제품 따위에 손상을 입혀 생산을 저해하는 행위).

sabotera *~r ~de ~t tr*. *itr*. …에 대해 사보타지를 하다, (고의로) …을 방해(파괴)하다.

sabotör *~en ~er* ① 사보타지 하는 사람 ② 파괴공작원.

sacka *~r ~de ~t itr*. ~ efter 뒤처지다, 뒤떨어지다.

sackarin *~et 0* 【화학】 사카린.

sade ☞ säga.

sad|el *–eln –lar* ① (말 따위의) 안장; stiga i ~n 말을 타다, 말에 오르다 ② 동물의 척추 후반부(사슴종류) ③ (현악기의, 활의) 조리개, 너트.

sadelgjord *~en ~ar* ① (말 따위의) 뱃대끈 ② 성기게 짠 끈, 띠.

sadelknapp *~en ~ar* 안장머리.

sadelmakar|e *–[e]n ~* 마구(馬具) 제조인, 마구 장이.

sadelplats *~en ~er* 경마장의 제일 좋은 관객석.

sadism *~en 0* 【정신의학】 사디즘, 가학성 음란증; 잔학한 일을 즐김.

sadist *~en ~er* 가학성 음란 증의 사람; 잔학한 일을 즐기는 사람.

sadistisk *a*. 가학성 음란증의, 사디스트적인.

sadla *~r ~de ~t* Ⅰ. *tr*. 말에 안장을 얹다; ~ av(på) 말에서 안장을 내리다(말에 안장을 얹다) Ⅱ. *itr*. ~ om (직업, 의견 따위를) 바꾸다.

safari *~n, ~er/~s* (아프리카 동부에서의) 사냥여행(원정).

safaripark *~en ~er* 사파리 공원 (동물을 놓아기르는 동물 공원; 차를 타고 구경함).

saffran *~en/~et, 0* 【식물】 사프란; 제과, 식품에 쓰이는 착색용의 값비싼 황색소.

safir *~en ~er* 사파이어, 청옥(靑玉).

sagolik *a.* 믿어지지 않는, 아주 멋진, 전설상의.

sak *~en ~er* ① 일, 사물, 사항, 물건 ② 사정, 문제, 사건; en ~ av största vikt 매우 중대한 문제; ~er och ting 사물, 사건; som ~en ligger till 현재의 상황으로는; ~en är klar! 그 문제는 끝났다!; vad gäller ~en? 무슨 문제이냐?; den ~en skall jag ordna 그것은 내가 조치하겠다; det är en annan ~ 그것은 다른 일이다; det är inte min ~ att döma 그것은 내가 판단할 일이 아니다; det är samma ~ med mig 내게는 매한가지다; I ~ har inga förändringar gjorts 실질적인 변화는 아무것도 없다; han är säker på sin ~ 그는 자신의 견해에 확신을 가지고 있다; hålla sig till ~en 요점을 벗어나지 않다 ③ 【법률】 소송[사건]; göra ~ av det 재판에 붙이다; söka ~ med ngn …와 분쟁하다; ~en går till domstol 재판에 회부되다.

saka *~r ~de ~t tr.* (카드놀이) 소용없는 패를 버리다.

saker (불변화형용사) *a.* ~ till (법률) 유죄의.

sakfråg|a *-an -or* 구체적인 문제(사항).

sakförar|e *-[e]n ~* 소송대리인, 사무변호사.

sakkunnig *a.* 사실을 중시하는, 구체적 사안의, 객관적인; en ~ bedömning 객관적 평가; på ~a grunder 사실에 근거하여.

saklöst *adv.* 별 문제없이; 【법률】 법적 책임이 없이; det kan ~ utgå 그것은 안심하고 제외시킬 수 있다.

sakna *~r ~de ~t tr.* ① …이 없다, …이 결핍되다; beskyllningen ~r grund 그 비난은 근거가 없다; han ~r humor 그는 유머 감각이 없다; jag ~r ord för att uttrycka … 나는 …을 표현할 낱말을 찾지 못해 어쩔 줄을 모르겠다 ② 찾지 못하다, 빠뜨리다; ~r du något? 무엇을 잃어 버렸느냐?; jag ~r mina nycklar 내 열쇠가 없어졌나 봐 ③ …이 없는 것을 깨닫다, …이 없는 것을 섭섭하게(불편하게) 생각하다; jag ~r det inte 나는 그것이 아쉽지 않다, 그것 없이 지낼 수 있다; ~ ngn mycket …를 몹시 그리워하다.

saknad *~en 0* ① 손실, 잃음; ~en efter honom är stor 그를 잃은 슬픔이 아주 크다 ② 부족, 결핍; vara i ~ av 결핍되어 있다.

sakn|as *~ -ades -ats itr.* 결핍되다, 없다(fattas); det ~ kärlek 사랑이 결핍되다.

sakprosa *~n 0* 일반 산문(문학적 산문과 구별해서 쓰는 말).

sakral *a.* 신성한, 신께 바쳐진, 종교적인.

sakrament *~et ~* 【교회】 성찬식, 성체(聖體); nattvardens ~ 성찬식.

sakramentskad *a.* 저주받은, 지독한, 빌어먹을.

sakregist|er *-ret ~* 사건 색인(표).

sakristi|a *-an -or* (교회의) 제복실, 성구(聖具)보관소.

sakrosankt *a.* ① 특히 신성한 ② (종

종 비꼬아서) 신성불가침의.

sakskäl *~et ~* 사실에 근거한 이유.

sakta[1] *adv.* 천천히; 부드럽게; ~ framåt! 서서히 앞으로; ~ i backarna! 여유를 가지고!, 천천히!

sakta[2] (불변화형용사) 약한, 연한; steka över ~ eld 약한 불에 굽다.

sakta[3] *~r ~de ~t tr. itr.* ① 속력을 늦추다, 늦어지다; ~ stegen 발걸음을 늦추다; ~ av, ~ in, ~ ned 속력을 줄이다 ② 힘이 약해지다; nu ~r sig vågorna 이제 파도가 가라앉기 시작한다.

sakteligen/sakteliga *adv.* 천천히, 부드럽게.

saktfärdig ☞ **senfärdig**.

saktmod *~et 0* 얌전함, 온순, 온화함.

saktmodig *a.* 얌전한, 유화한, 온순한.

sal *~en ~ar* ① (회의, 강연용) 큰 방, 강당, 큰 거실; mat~ 식당 ② 병원의 입원실; sjukhus~ 병동, 병실.

sala *~r ~de ~t itr.* ~ ihop till …을 위해 돈을 걷다.

saladjär *~en ~er* 샐러드용 납작한 주발.

salamand|er *-ern -rar* ① 도롱뇽, 불도마뱀 ② 불에 견디는 사람.

salami *~n 0* 마늘 맛이 나는 훈제 소시지.

saldera *~r ~de ~t tr.* 【회계】 장부를 결산(정리)하다.

saldo *~t ~n* 【상업, 회계】 대차(貸借)평균, 대차계정, 수지(계정); utgående ~ 이월잔액.

salicylsyr|a *-an 0* 【화학】 살리실산.

salig *a.* ① 신성한, 신의 은총을 입은 ② 행복한; min ~ far 선친(先親); var och en blir ~ på sin fason 모든 이는 자기 나름의 삶의 방식에 만족한다, 행복은 남이 주지 못하는 것.

saliggörande *a.* den allena ~ 유일하게 도움을 주는, 모든 문제를 해결하는.

salighet *~en 0* 은총, 축복, 지복(至福); den eviga ~en 【신학】 천국의 기쁨.

salin *~en ~er* 염전, 해수 소택지.

saliv *~en 0* 침, 타액(唾液).

sallad *~en ~er* ① 양상치, 상치 ② 샐러드; tillreda en ~ 샐러드를 만들다.

salladshuvud *~et ~* 다발모양의 상치.

sallat *~en 0* ☞ **sallad**.

salmiak *~en 0* 【화학】 염화 암모늄.

salomonisk *a.* 현명하고 공정한 (재판).

salong *~en ~er* ① (우아한) 응접실, 접견실, (여객선의) 담화실 ② 콘서트홀이나 극장의 관람석 ③ 전람회장 (예술작품); rök~ 흡연실; skönhets~ 미용실.

salongsberusad *a.* 약간의 취기가 있는.

salongsfähig ☞ **salongsmässig**.

salongsgevär *~et ~* 소구경 소총.

salongslejon *~et ~* 명사, 유명인, 인기 있는 사람.

salongsmässig *a.* 내보이기에 알맞은, 외모가 좋은, 알맞은, 흉하지 않은.

saloon [–ɑ:n] *~en ~er* (미국 서부활극의) 간이주점.

salpeter *~n 0* 초석.

S

salpetersyra *~n 0* 【화학】 질산.
salt[1] *~et ~er* 소금.
salt[2] *a.* 소금기가 있는, 짠.
salta *~r ~de ~t tr. itr.* ① 소금을 치다(på); …을 소금에 절이다(in) ② 터무니없이 비싼 값을 부과하다; ~d räkning 터무니없는 계산서.
saltkar *~et ~* (식탁용) 소금단지.
saltlake *~n 0* 소금물, 채소 절이는 소금물.
saltomortal *~en ~er* 공중제비, 재주넘기.

S

saltsill *~en ~ar* 소금에 절인 청어.
saltsjö [salt-ʃø:] *~n ~ar* 염수호(鹽水湖).
saltsjöbadsandan (불변화 en-명사) 노사간의 협력정신(1938년 Saltsjöbaden에서 체결된 스웨덴 노사간의 대 타협에서 유래).
saltsyra *~n 0* 【화학】 염산, 염화수소산.
salu, till ~ 팔 물건인, 팔려고 내놓은.
saluhall *~en ~ar* 식품 종합 판매장.
salut *~en ~er* 예포(禮砲); ~ gavs med 21 kanonskott, 21발의 예포를 쏘았다.
salutera *~r ~de ~t tr. itr.* 경례하다; 예포를 쏘다.
salutorg *~et ~* 식품 판매 광장.
salv|a[1] *-an -or* 일제 사격; (질문, 욕설 따위의) 연발; avlossa en ~ 일제 사격을 가하다.
salv|a[2] *-an -or* 연고, 고약.
salvelse *~n 0* 가장한 열정, 겉으로만 감동한 척 하는 것, 과장된 열정(감동).
salvi|a *-an -or* 세이지(차조기과(科)의 다년생 초본); 세이지의 잎(약용, 조미료용).
sam ☞ simma.
sam- 【접두어】 함께, 공동으로, 다같이.
samarbeta *~r ~de ~t itr.* 협력하다, 협동하다.
samarbete *~t ~n* 협력, 협동; han har skrivit boken i ~ med A, 그는 A와 공동으로 그 책을 썼다.
samarbetsavtal *~et ~* 상호협력에 관한 협약.
samarit *~en ~er* ① (성서의) 사마리아 사람 ② 응급처치요원, 구급요원.
samband *~et ~* 결부, 관련, 관계; stå i ~ med …과 관계가 있다.
sambeskatta *~r ~de ~t tr.* 부부의 총수입에 세금을 부과하다.
sambo *~n ~r* 【일상】 (미혼) 동거인.
same *~n ~r* 라플란드 사람.
samexistens *~en 0* (평화적) 공존.
samfund *~et ~* ① 종교단체, (국교에 속하지 않는) 교회 ② 학회, 협회.
samfälld *a.* 공동의, 집단의; ~ mark 공유지.
samfärdsel *~n 0* 교통수단.
samfärdsmed|el *-let ~* 사람, 화물의 운송체계.
samförstånd *~et 0* 상호이해, 합의; i ~ med …과의 합의로.
samhälle *~t ~n* ① 사회, 사회 집단, 공동체; hans ställning i ~t 그의 사회적 지위; det svenska ~t 스웨덴(국가) 사회; ett bi~ 벌의 사회 ② (소규모) 집단주거 지역.
samhällelig *a.* 사회의, 사회적인; 국가의; ~ kontroll över näringslivet 산업 경제의 국가통제.

samhällsarbete *~t 0* (국가나 지방자치 단체의 업무) 공무(公務).
samhällsbevarande *a*. 보수적인.
samhällsekonomi *~n 0* (총체적) 국가경제.
samhällsfarlig *a*. 국가 안위에 유해한. 반사회적.
samhällsgrupp *~en ~er* (수입, 직종, 교육, 출신 별) 사회집단.
samhällsklass *~en ~er* 사회 계층.
samhällskunskap *~en 0* (중, 교교의) 사회과목.
samhällsskick *~et ~* 사회 체제(구조).
samhällsställning *~en ~ar* 사회적 지위.
samhällsstöd *~et 0* 국가의 경제적 지원.
samhällsvetenskap *~en ~er* 사회과학.
samhällsvård *~en 0* (부모 밑에서 정상적 성장이 불가능한 아동에 대한) 국가의 보호조치.
samhörighet *~en 0* 연대감, 공동체 의식, 동질성.
samiska *~n 0* 라프족의 언어.
samklang *~en 0* 일치, 화합, 조화.
samkväm *~et ~* 간단한 친교 모임.
samkönad [-çø:-] *a*. (동식물의) 자웅양성(雌雄兩性)의.
samköming *~en ~ar* (부정, 불법 등을 색출해 낼 목적으로) 컴퓨터의 여러 입력 자료를 대조 비교함.
samla *~r ~de ~t* Ⅰ. *tr*. 모으다, 수집하다, 축적하다; ~ data 자료를 수집하다; ~ en förmögenhet 재산을 모으다; ~ kunskaper 지식을 쌓다 Ⅱ. *itr*. ~ på ngt …을 수집하다, ~ till ngt …을 위해 저축하다. Ⅲ. *rfl*. 마음을 가라앉히다, 기운, 정신을 차리다 Ⅳ. (강세접사와 함께) ~ ihop ett lag 팀을 구성하다; ~ in namnunderskrifter 서명운동을 하다; ~ på sig (쓰레기 등이) 쌓이다; ~ upp 주워 모으다.
samlag *~et ~* 성교(性交).
samlar|e *~[e]n ~* 수집가, 채집가.
samlevnad *~en 0* 공존; fredlig ~ 평화공존; äktenskaplig ~ 부부생활.
samling *~en ~ar* ① 모임, 회합, 집회; (정치) 연립 ② (주화, 책 따위) 수집 ③ (심리적) 집중.
samlingsregering *~en ~ar* 연립 내각 (정부).
samliv *~et 0* 동거생활; äktenskapligt ~ 결혼생활.
samma/samme *a*. …과 동일한, 같은(som); jag kom ~ dag som du 네가 …하던 날에 나는 왔다; en och ~ person 동일인; det är en och ~ sak 결국 마찬가지다; de är alla av ~ ull 그들은 동종(同種)이다; de är i ~ ålder 그들은 동갑(同甲)이다; på ~ gång 동시에.
sammaledes *adv*. 마찬가지로, 동일한 방법으로.
sammalen *a*. 기울을 빼지 않고 간(빻은).
sammalunda *adv*. 마찬가지로.
samman *adv*. 함께, 더불어; sammanräkna 합산하다.
sammanbiten *a*. 단호한, 확고한, 결연한.
sammanblanda *~r ~de ~t tr*. 뒤섞다, 혼동하다.
sammanbo *~r ~dde ~tt itr*. (미혼

S

남녀가) 동서(同棲)하다(med).

sanmanbrott *~et ~* 붕괴, 좌절, 실패.

sammandrabbning *~en ~ar* 교전, 전투, 충돌.

sammandrag *~et 0* 요약, 개요, 발췌; nyheterna i ~ 간추린 뉴스.

samman|falla *–faller –föll –fallit itr*. (의견, 성질) 일치하다, 부합하다; 동시에 일어나다.

sammanfatta *~r ~de ~t tr*. 요약하다, 요약해서 말하다.

sammanfattning *~en ~ar* 요약, 개요.

sammanfattningsvis *adv*. 요컨대, 즉, 요약해서 말하면.

sammanfoga *~r ~de ~t tr*. 결합하다, 잇다.

samman|föra *–för –förde –fört tr*. 묶다, 합치다.

sammangadda *~r ~de ~t rfl*. 음모를 꾸미다, 공모하다.

sammanhang *~et ~* ① 관계, 관련, 전후관계, 맥락 ② 인과관계; i detta ~ 이와 관련하여, 이 점에 대하여; se saken i ett större ~ 더 큰 맥락 속에서 그 문제를 보다; brist på ~ 앞뒤가 맞지 않음, 조리가 서지 않음.

sammanhållning *~en 0* 단결, 유대, 일치.

sammanhäng|a *–er –de –t itr*. 결부되다, 연결되다.

sammanhängande *a*. 연관된, 결부된; 조리가 선, 시종 일관한.

sammankalla *~r ~de ~t tr*. 소집하다(회의 따위).

sammankomst *~en ~er* 회합, 모임.

sammanlagd *a*. 총계의, 전체의; ~a beloppet 총액; deras ~a inkomster 그들의 총수입.

sammansatt *a*. 복합적, 복잡한; ~ ord 복합어; vara ~ av …으로 구성되어 있다.

sammanslagning *~en ~ar* 연합, 합일, 합병.

sammanslutning *~en ~ar* 조합, 동맹, 클럽.

samman|slå *–slår –slog –slagit tr*. 통합하다, 합치다(slå samman).

sanmanställ|a *–er –de –t tr*. (자료들을) 짜 맞추다, 종합하다.

sammanställning *~en ~ar* 종합, 정리, 편집, 짜 맞추기.

sammansvuren (명사화 형용사) 음모자, 공모자.

samman|svärja *–svär/–svärjer –svor –svurit rfl*. 음모를 꾸미다, 공모하다, 모의하다.

sammansättning *~en ~ar* ① 짜 맞추기, 조합, 조립 ② 구성, 구조, 성립 ③【언어】복합어.

samman|träda *–träder –trädde –trätt itr*. 회합하다, 모이다, 집합하다.

sammanträde *~t ~n* 회합, 회의, 모임; han sitter i ~ 그는 회의 중이다.

sammanträffande *~t ~n* ① 모임, 회의 ② (우연의) 일치, 부합; ett egendomligt ~ 이상야릇한 인연, 기이한 일치.

samme ☞ **samma**.

sammelsuri|um *–et –er* 뒤범벅, 잡동사니, 혼란.

sammet *~en 0* 비로드, 우단.

samojed *~en ~er* (북부 시베리아의) 사모예인.

samordna *~r ~de ~t tr*. …을 조정하다 (정치, 행정에 있어서).

samordnande *a*. 【언어】 ~ konjunktioner 등위(等位) 접속사(men, eller 따위).

samordning *~en ~ar* 조정, 통일, 일치; 등위, 등치.

samovar *~en ~er* 사모바르(러시아의 물 끓이는 주전자).

sam|råda *–råder –rådde –rått itr*. 서로 협의하다, 상담하다.

samröre *~t 0* (불순한) 협력, 제휴, 접촉; ~ med hälare 장물아비와의 제휴.

sams (불변화형용사) vara ~ 친구가 되다; 서로 좋은 사이이다; bli ~ igen 다시 친구가 되다.

sams|as ~ *–ades –ats itr*. *dep*. 일치하다, 합의에 이르다, 잘 지내다, 사이좋게 지내다.

samspel *~et 0* 【음악】 합창, 합주; 【스포츠】 팀워크, 공동작업, 상호작용.

samspråk *~et 0* 가벼운 대화, 한담; komma(slå sig) i ~ med …와 이야기를 나누다.

samspråka *~r ~de ~t itr*. 대화하다, 이야기하다.

samstämd *a*. 가락이 맞는, 조율이 잘된, 조화를 이룬.

samstämmig *a*. 일치한, 조화된.

samsändning *~en ~ar* (라디오, TV 등 여러 채널의) 동시방송.

samt[1] *adv*. jämt och ~ 꾸준히, 여전히; ~ och synnerligen 너나 할 것 없이 모두, 이것저것 모두, 예외 없이.

samt[2] *konj*. …과 함께, 그리고; fyra charmanta damer ~ direktör Svensson 4명의 우아한 부인과 스벤손 사장.

samtal *~et ~* 회화, 대담, 담화; telefon~ 전화통화; samtalsavgift 통화료.

samtala *~r ~de ~t itr*. 이야기하다, 담화를 주고받다(om).

samtalsmarkering *~en ~ar* (전화) 통화시간 측정 음.

samtalsterapi *~n 0* 대화를 통한 정신요법.

samtalsämne *~t ~n* 대화 주제.

samtid *~en 0* a) 현대 b) 당대, 동시대.

samtida (불변화형용사) 현대의, 당대의, 동시대의

samtidigt *adv*. 동시에.

samtliga (형용사 복수형) 모든, 총, 전부의; deras ~ tillgångar 그들의 총자산; ~ närvarande 참석자 전원.

samtrafik *~en 0* (여러 운송회사, 제반 교통수단 간의) 연계 교통.

samtyck|a *–er –te –t itr*. 동의하다, 승낙하다; ~ till förslaget 제안에 동의하다.

samtycke *~t ~n* 동의, 승낙, 승인; ge sitt ~ 동의하다, 승낙하다.

samuraj *~en ~er* 일본 봉건 시대의 무사.

samvaro *~ 0* 교제, 친교, 함께 어울림; under vår sista ~ 우리들의 마지막 교제에서.

samverka *~r ~de ~t itr*. 협력하다, 협조하다.

samverkan (불변화 en-명사) 협력, 협동, 공동 대응.

samvete *~t ~n* 양심, 도의심; ha dåligt ~ för(över) ngt …때문에 마음이 꺼림칙하다; ha gott(rent) ~ 마음

S

에 거리낌이 없다; han har inget ~ 그는 파렴치한 사람이다; med gott ~ 마음에 거리낌이 없이; ha något på sitt ~ 마음에 꺼림칙한 것이 있다.

samvetsgrann *a.* 양심적인, 성실한, 진지한.

samvetskval (복수명사) 양심의 가책, 죄책감.

samvetslös *a.* 파렴치한, 비양심적인, 지조 없는.

samvetsäktenskap *~et ~* 관습법 혼인(결혼식 등의 의식, 형식을 갖추지 않은 혼인) 내연 관계.

samvetsöm *~t ~ma a.* 지나치게 양심적인; (명사적으로) 양심적 병역 기피자.

samvälde *~t ~n*, Brittiska ~t 영[영국]연방.

samåk|a *-er -te -t itr.* (자동차에) 동승하다.

sanatori|um *-et -er* 결핵 요양소.

sand *~en 0* 모래; rinna ut i ~en 수포로 돌아가다.

sanda *~r ~et ~t tr.* …에 모래를 뿌리다.

sandal *~en ~er* ① 샌들(고대 그리스, 로마인의 가죽신발) ② (여성, 아동의) 샌들(신발).

sandalett *~en ~er* 뒤축이 높은 멋진 부인용 샌들.

sandbank *~en ~ar* 모래 언덕.

sandig *a.* 모래의, 모래땅의.

sandlåd|a *-an -or* 주택가의 모래터(어린이 놀이터).

sandning *~en 0* 미끄럽지 않도록 모래뿌리기.

sandpapper *~et ~* 사포(砂布) 샌드페이퍼.

sandpappra *~r ~de ~t tr.* 사포로 닦다, 갈다.

sandsten *~en 0* 【지질】 사암(砂岩).

sandtag *~et ~* 모래 파내는 곳, 사갱(砂坑).

sandwich [sɛndwitç/sạndvitç] *~en ~ar* ① 샌드위치(빵) ② 【기술】 부드러운 뼈대를 두 겹으로 대기(덮기).

sandwich|man *-mannen -män* 몸 앞뒤로 선전 광고판을 맨 사람.

sanera *~r ~de ~t tr.* ① 청소하다, 정결하게 하다; 【군대】 방사성 물질, 독가스 등을 제거하다, 소독하다 ② 빈민굴을 개발 · 철거하다.

saneringsfastighet *~en ~er* 재건축, 철거 대상 지역.

saneringsplan *~en ~er* 재개발 계획.

sanforisera *~r ~de ~t tr.* 빨아도 줄지 않도록 가공하다.

sang *~en ~* 으뜸 패를 빼고 하는 카드 놀이.

sangviniker *~n ~* 쾌활한 사람, 낙천적인 사람.

sangvinisk *a.* 쾌활한, 낙천적인.

sanitetsbind|a *-an -or* 월경대, 생리대.

sanitetsgods *~et 0* (변기, 욕조 등) 위생시설.

sanitär *a.* 위생의, 보건상의.

sank[1] *a.* 늪의, 수렁의, 질퍽질퍽한.

sank[2] (불변화명사) borra(skjuta) … i ~ (배를) 가라앉히다, 침몰시키다; gå i ~ (배가) 침몰하다; (계획이) 틀어지다, 실패하다.

sankt *a.* 성(聖)… (인명, 지명 앞에 붙임; 축약 S:t); ~e Per 성(聖) 페르; ~a Lucia 성(聖) 루시아.

sanktbernhardshund *~en ~ar* 희고

주황색의 긴 털을 가진 큰 개.

sanktion *~en ~er* ① (보통 복수명사) 제재(制裁) (경제) 보복 조치; tillgripa ~er 제재를 가하다, 제재 조치를 취하다 ② 재가(載可) 인가.

sanktionera *~r ~de ~t tr*. 재가하다, 인가하다.

sann *a*. 정말의, 진실의, 진짜의; en ~ berättelse 사실의 이야기; det finns inte ett sant ord i vad han säger 그가 하는 말에는 한마디도 진짜가 없다; inte sant? 그렇지? 어때? (eller hur?); det är så sant som det är sagt! 정말이구나! 딱 들어맞는구나!

sanna *~r ~de ~t tr*. ~ mina ord! 내 말을 잘 들어요, 그렇게 될 것이니!

sannerligen *adv*. 사실상, 진실로, 참으로.

sannfärdig *a*. 진실의, 참된.

sanning *~en ~ar* 진리, 참; 사실, 진실한 이야기; eviga ~ar 영원한 진리; tala ~ 사실을 말하다; ~en att säga var jag inte där 사실은 내가 거기에 없었다; ~en är [den] att … 사실은 …하다; det är hela ~en 그게 사실의 전모다; i ~ 진실로, 참으로.

sanningsenlig *a*. 진실의, 사실의, 사실과 일치하는.

sannolik *a*. 있을 법한, …할 듯한, 개연적인; det är ~t att han kommer 그가 올 것 같다.

sannolikhet *~en ~er* 있을 법한 일, 가망성, 개연성; med all ~ 아마도, 십중팔구는.

sannolikhets|kalkyl *~en ~er* 【수학】 확률(−läran).

sannolikt *adv*. 아마도, 십중팔구는; han kommer ~ inte 아마 그는 오지 않을 것 같다.

sannskyldig *a*. 참된, 진실의, 진짜의.

sannspådd *a*. han blev ~ 그의 예측이 맞았다.

sans *~en 0* ① 의식; förlora(mista) ~en 의식을 잃다; komma till ~ igen 의식을 다시 회복하다 ② 사려, 분별, 판단력; lösa frågan med ~ 문제를 사려 깊게 해결하다; med ~ och måtta 알맞게, 조심스럽게, 적절하게.

sansa *~r ~de ~t rfl*. 진정하다, 마음을 가라앉히다.

sansad *a*. 침착한, 분별 있는, 냉정한.

sanskrit *~[en] 0* 산스크리트, 범어(梵語).

sanslös *a*. 의식 없는, 무분별한.

sapfisk *a*. 사포(기원전 600년경의 그리스 여류시인)의, 사포풍의, 사포시체(詩體)의.

saracẹn *~en ~er* 【역사】 사라센 사람, (나중에) 아라비아 사람, (특히 십자군에 대항한) 회교도.

sardẹll *~en ~er* 멸치젓, 안초비.

sardịn *~en ~er* 작은 청어류.

sardinar|e *−[e]n ~* 사르디니아(이태리 서쪽 지중해 내의 이탈리아령의 섬) 사람.

sardinsk/sardisk *a*. 사르디니아 섬의.

sardọnisk *a*. 냉소적인, 비웃는.

sarg [−j] *~en ~er* 가장자리 난간, 테두리.

sarga [−jɑ] *~r ~de ~t itr*. 난폭하게 … 을 찢다, 잡아 찢다, 상하게 하다, 상처를 내다.

sarkạsm *~en ~er* 비꼼, 풍자, 야유.

S

sarkastisk *a*. 비꼬는, 풍자적인, 비웃는.
sarkofag *~en ~er* (조각 따위를 한) 석관(石棺).
sarkom [-kom] *~et ~* 【병리】 육종(肉腫).
satan ~ *0* ① 악마, 마귀 ② (욕설이나 강한 표현에서) ett ~s oväsen 야단법석, 소동; en ~ till att spela bra 경기를 지독히 잘 하는 사람.
satanisk *a*. 사탄의, 악마 같은, 흉악한.
sat|e *~en ~ar* 【욕설】 악마, 악마 같은 녀석; 불쌍한 사람; stackars ~ 불쌍한 녀석.
satellit *~en ~er* ① 【천문】 위성(衛星) ② 인공위성; tele~ 통신 위성, väder~ 기상 위성.
satellitbild *~en ~er* 위성통신 사진.
satellitstat *~en ~er* 위성국가.
satellitsändning *~en ~ar* (라디오, TV의) 위성중계 방송.
satin/satäng [satɛŋ] *~en/~et, ~er* 새틴, 공단, 수자(繻子).
satinera *~r ~de ~t tr*. (종이, 천 따위에) 광택을 내다, 윤을 내다.
satir *~en ~er* 비꼼, 풍자, 야유(över).
satiriker *~n ~* 풍자작가, 풍자시인.
satirisera *~r ~de ~t itr*. ~ över ngt …을 풍자하다, 비꼬아 말하다.
satirisk *a*. 풍자의, 비꼬는.
satkär[r]ing *~en ~ar* 심술궂은 여자, 못된 여자.
sats *~en ~er* ① 【언어】 문장, 절 ② 【논리, 수학】 명제, 정리 ③ 뛰기, 달리기; hopp med ~ 도움닫기, 높이뛰기; hopp utan ~ 제자리높이뛰기.
satsa *~r ~de ~t* Ⅰ. *tr*. 투자하다, …을 걸다; ~ 100kr på en häst 어떤 말에 100크로나를 걸다 Ⅱ. *itr*. ① 내기에 돈을 걸다, …을 얻으려고 하다; ~ på fel häst (경마에서) 질 말에 걸다, 판단을 잘못하다 ② 달리다, 움직이다.
satsanalys *~en ~er* 문장 분석.
satsbord *~et ~* 포개어 놓을 수 있게 된 탁자.
satsdel *~en ~ar* 문장 성분.
satsfogning 【언어】 (종속절을 가진) 복문구성.
satsförkortning *~en ~ar* 문장 축약.
satslära *~n 0* 문장론, 통어론.
satslösning *~en ~ar* ☞ satsanalys.
satsmelodi *~n ~er* 【언어】 억양.
satsning *~en ~ar* (도박, 게임 등에서 돈 따위를) 걸기, 내기; (자본, 노력 따위의) 투자 집중; 시도 ambitiösa ~ar 야망에 찬 시도.
satt[1] ☞ sitta.
satt[2] ☞ sätta.
satt[3] *a*. 땅딸막한.
satte ☞ sätta.
sattyg *~et ~* 못된 짓, 짓궂은 장난.
satung|e *-en -ar* 장난꾸러기, 말썽장이.
Saturnus ① (로마신화의) 농업의 신 ② 【천문】 토성.
satyr *~en ~er* 사티로스(그리스 신화에 등장하는 반인반수(伴人伴獸)의 숲의 신으로 말의 귀와 꼬리를 가졌고 술과 여자를 좋아함).
satäng *~en/~et, ~er* (비단, 나일론 따위의) 견수자(絹繻子) 공단, 새틴.
Saudi-Arabien 사우디아라비아.
sav *~en 0* 수액(樹液).

sava *~r ~de ~t tr. itr.* 수액이 차다; …에서 수액을 짜내다.

savạnn *~en ~er* (특히 열대, 아열대의) 대초원.

savaräng *~en ~er* 쿠키의 일종.

sax *~en ~ar* 가위.

saxa *~r ~de ~t tr.* ① (가위로) 자르다, 잘라내다 ② 인용하다 ③ 교차시키다, (손, 발 따위를) 엇걸다; ~ med benen 다리를 꼬다.

saxofon [–ọːn] *~en ~er* 【악기】 색소폰.

scarf [skɑːf] *~en ~ar* 스카프.

scen [seːn] *~en ~er* 장면, 무대; (극의) 장(場); ställa till en ~ 소동을 피우다; bakom ~en 막후에서, 남몰래; sätta i ~ 무대에 올리다.

scenanvisning *~en ~ar* 무대 설명.

scenari|o *–ot, –on/–er* 【연극】 극본; 【영화】 시나리오.

scenbild *~en ~er* 무대 장면; *~[er]* 무대장치.

scenerị *~et ~er* (무대의) 장치; 장면; 풍경, 경치.

sceningång *~en ~ar* 무대 출입구.

scenisk *a.* 무대의; 극적인; 연극의.

schaber (복수명사) 돈, 금전.

schablon [ʃabloːn] *~en ~er* 형판(型板) 본, 틀; måla efter ~ …에 스텐슬(형판)을 대고 찍다; fri från ~er 구태의연함이 없는, 독창적인.

schablonavdrag *~et ~* 【세제】 기초 공제.

schablonmässig *a.* 판에 박은 듯한, 구태의연한, 기계적인.

schabrak *~et ~* 장식 마의(馬衣).

schack [ʃak] Ⅰ. *~et ~* ① 서양장기, 체스 ② (*~en ~ar*도 가능) (체스에서) 장군 Ⅱ. *itj.* (체스에서) 장군! Ⅲ. *a.* göra ngn ~ och matt …에게 외통장군을 부르다.

schacka *~r ~de ~t tr. itr.* 장군을 부르다.

schackdrag *~et ~* (서양장기에서의) 행마(行馬).

schackra *~r ~de ~t itr.* 도부치다, 행상하다; 값을 깎다; ~ om ngt …을 흥정하다; ~ bort 헐값으로 팔아넘기다.

schackrar|e *–[e]n ~* (경멸적) 장사치.

schagg *~en ~er* 견면(絹綿) 벨벳, 플러시 천.

schah/shah *~en ~er* 【칭호】 (이란의) 왕.

schajas ☞ sjajas.

schakal ☞ sjakal.

schakt *~et ~* 【광산】 수갱(竪坑).

schakta *~r ~de ~t tr.* 파다, 굴착하다.

schal ☞ sjal.

schalett ☞ sjalett.

schalottenlök *~en ~ar* 【식물】 골파 류.

schampo *~t ~n* 샴푸, 세발제.

schamponera *~r ~de ~t tr.* 샴푸로 씻다.

schanker *~n 0* 【의학】 하감(下疳).

schappa ☞ sjappa.

schappen ☞ sjappen.

scharlakan *~et 0* 주홍색.

scharlakansfeber *~n 0* 【의학】 성홍열.

schas ☞ sjas.

schasa ☞ sjasa.

schattera *~r ~de ~t tr.* 【그림】 (착

색, 염색 따위를) 수색(修色)하다, 조금씩 변화시키다.
schattering *~en ~ar* 【그림】 묘영법(描影法) 명암법; 그늘지게 하기.
schatull *~et ~* (귀중품, 보석 등을 넣는) 작은 상자, 손궤.
schavott *~en ~er* 처형대, 교수대.
schavottera *~r ~de ~t itr.* 처형대에서서 군중들의 조소를 받다; 조소와 경멸을 당하다.
schejk *~en ~er* (아라비아사람, 회교도의) 대가족의 가장(家長) 족장, 촌장.
schellack *~en 0* 셸락(도료).
schema *~t ~n* 시간표, 계획표.
schematisera *~r ~de ~t tr.* 도식화하다.
schematisk *a.* 개요의, 도식적인.
schersmin *~en ~er* 고광나무속(屬)의 식물.
scherzo [skertsɔ] *~t ~n* 【음악】 스케르초(해학적이며 활기에 넘치는 곡).
schimpans/chimpans *~en ~er* 【동물】 침팬지.
schism *~en ~er* 갈등, 마찰.
schizofrẹn [skitsɔ–] *a.* 성격분열[증]의.
schizofrenị *~n 0* 성격분열증.
schlag|er *-ern, ~/-rar* 인기곡, 히트송.
schlarạffenland (불변화 ett–명사) 환락향(歡樂鄕)(물질적 욕구가 모두 충족되는 상상 속의 나라).
schnauz|er *-ern, -er/-rar* 독일산의 테리어 개.
schottis *~en ~ar* 4분의 2박자의 민속춤.

Schwaben 독일 슈바벤 지방.
Schweiz [ʃvejts] 스위스.
schweizar|e *~[e]n ~* 스위스 사람.
schweizerost *~en ~ar* 치즈의 일종(단맛과 밤 맛이 나며 큰 구멍이 있는).
schweizisk *a.* 스위스의.
schweizisk|a *-an -or* 스위스 여자.
schvung *~en 0* 활기, 활력.
schvungfull *a.* 활기 있는, 힘 있는.
schäf|er *~ern ~rar* 셰퍼드(개의 일종).
schäs *~en ~ar* 2륜(4륜)의 경쾌한 마차.
schäslong [–ɔ] *~en ~er* 침상, (몸을 눕히거나 기댈 수 있는) 소파.
scirocko [si–] *~n 0* 열풍(아프리카에서 남유럽 쪽으로 몰아쳐오는 사막의 바람).
scooter ☞ **skoter**.
scout [skaut] *~en ~er* 스카우트.
scoutrörelse *~n 0* 스카우트 운동.
scratch [–ɛ–/–a–] (불변화명사) starta [från] ~ 무에서 시작하다, 맨 처음부터 시작하다.
script|a *-an -or* 스크립트 걸(감독, 연출자등의 여자조수).
se *ser såg sett* Ⅰ. *tr. itr.* 보다; 주목하다, 관찰하다; 이해하다; 입증하다 ~ bra 시력이 좋다; jag ~r saken annorlunda 나의 관점은 다르다; som jag ~r det 내 의견으로는, 내 생각으로는; vi får ~ (결과를) 기다려 보자; där ~r du [själv]! 그것봐!; väl(illa) ~dd 인기있는(인기없는); djupast ~tt 깊이 생각해보면; ekonomiskt ~tt 경제적인 면에서 볼 때; i stort ~tt 크게 보아서, 대략; ytligt ~tt 피상적으로는, 겉만 보면; ~ ngn i ansiktet

…의 얼굴을 쳐다보다; jag ~r i honom en vän 나는 그를 친구로 생각한다; man ~r på honom att han är utlänning 그를 보면 그가 외국인이라는 것을 알 수 있다; ~ till syftet, inte till resultatet 결과가 아닌 목적을 생각해 보라 Ⅱ. *rfl.* ① 느끼다 ② ~ sig i spegeln 자신의 모습을 거울에 비추어 보다 Ⅲ. (강세접사와 함께) ① ~ efter a) 알아보다, 조사하다 ~ efter om det finns i lådan 서랍에 있나 알아보다 b) 돌보다; ~ efter fåren 양을 돌보다 ② ~ ned på 경시하다 ③ ~ om a) 한번 더 보다; han såg om filmen 그는 그 영화를 또 보았다 b) 손질하다, 돌보다 ④ ~ på 주의해 보다, 관찰하다; ~ på nu hur man startar bilen! 차를 어떻게 시동거는 지 잘 봐! ⑤ ~ sig för 주의하다, 조심하다; det gäller att ~ sig för när man skall gå över gatan 길을 횡단할 때는 항상 조심하도록 해야 한다 ⑥ ~ till a) 만나다, 조우하다; jag har inte sett till henne på länge 나는 그녀를 오랫동안 만나지 못했다. b) ☞ se efter b), c) …하도록 하다, …에 대한 책임을 지다; hon såg alltid till att barnen gjorde sina läxor 그녀는 항상 아이들이 숙제를 하는지 챙기었다 ⑦ ~ upp för bilarna! 차를 조심해라! ⑧ ~ ut a) …처럼(같이) 보이다; ~ bra ut 좋아 보이다; det ~r ut att bli regn 비가 올 것 같다 b) 고르다, 선택하다; hon såg ut en klänning åt sig 그녀는 자신 몫으로 드레스 한 벌을 골랐다 ⑨ ~ över 훑어보다, 일람하다; ~ över klubbens finanser 클럽의 재정을 조사하다.

seans [–aŋs] 집회, (특히) 강신술(降神術)의 모임.

sebr|a *–an –or* 【동물】 얼룩말.

sebu *~n ~er* 【동물】 혹소(등에 큰 혹이 있음) 봉우(아시아 · 동아프리카 서식).

sed *~en ~er* 관습, 풍습, 풍속; *~er* 도덕, 윤리, 선행, 덕행; ~er och bruk 풍속; man får ta ~en dit man kommer 로마에서는 로마사람처럼 행동하라!

sedan/sen[1] Ⅰ. *adv.* ① 그 후, 나중에; först …, ~ …, 처음에는 …하고, 나중에는 …하다; det är ett år ~ nu 지금으로부터 일 년 전이다 ② än sen då? 그래서 어쨌다는 것인가? Ⅱ. *prep.* …후에; ~ dess 그 이후에; hon är blind ~ flera år [tillbaka] 수년 전부터 그녀는 앞을 보지 못한다. Ⅲ. *konj.* …한 후로; [ända] ~ jag kom hit 내가 여기에 온 이래로 [쭉]; det var först ~ jag hade sett den som … 내가 그것을 본 후에야 비로소 …하였다.

sedan[2] *~en ~er* 【자동차】 세단.

sede|betyg *~et ~* (학교에서의) 행실 점수.

sedefördärv *~et 0* 도덕의 타락.

se|del *–eln –lar* ① 지폐; ~förfalskning 지폐 위조 ② 증권; lott~ 당첨권; röst~ 투표권.

sedelära *~n 0* 윤리학.

sedelärande *a.* (품행이) 방정한.

sedeskildring *~en ~ar* 풍속기.

sedeslös *a.* 부도덕적인, 비윤리적인.

sedig *a.* (특히 말 등이) 다루기 쉬운, 온순한.

sediment *~et ~[er]* 침전물.

S

sedimentär *a.* 침전물의, 침전으로 생긴.
sedlig *a.* 도덕적인, 윤리적인.
sedlighet *~en 0* 도덕성, 도의, 덕성.
sedlighetsbrott *~et ~* 풍기문란 죄.
sedlighetssårande *a.* 풍기를 문란하게 하는.
sedvan|a *-an -or* 풍습, 관습.
sedvanerätt *~en 0* 관습법, 불문율.
sedvanlig *a.* 관습적인, 일상의.
sedvänj|a *-an -or* 풍습, 관행.
seeda [si:da] *~r ~de ~t tr.* ☞ **sida**[2].
seg *a.* 질긴; ~t gummi 질긴 고무.
seg|el *-let ~* ① 돛; hissa ~ (-len) 돛을 올리다 ②【식물】(꽃의) 익판(翼瓣); 익상과(翼状果)의 깃.
segelbar *a.* 항해할 수 있는, 배를 타고 건널 수 있는, 배로 통행할 수 있는.
segelbräd|a *-an -or* 돛 달린 서프보드(surfboard).
segelbåt *~en ~ar* 돛단배, 요트, 범선.
segelflyg *~et 0* 활공, 활주.
segelgarn *~et 0* 꼰 실, 삼실.
segelkanot *~en ~er* 돛이 있는 카누.
segelled *~en ~er* 해로.
segelmakar|e *-[e]n ~* 돛을 만들거나 수선하는 사람.
segelställ *~et ~* 한 질의 돛.
seg|er *-ern -rar* 승리, 정복.
segerherr|e *-en -ar* 승리자, 승자.
segerhuv|a *-an -or*【해부】대망막(大網膜); född med ~ 출세할 운명을 타고난.
segertåg *~et ~* 승승장구의 행진.
seghet *~en 0* 질김, 단단함.
segla *~r ~de ~t tr. itr.* 항해하다; båten ~r bra 이 배는 (성능이) 좋다; ~ i kvav 침수(침몰)하다; ~ i sank 가라앉다, 침몰하다; ~ på grund 암초에 얹히다, 좌초하다.
seglar|e *-[e]n ~* ① 요트 조종자 ② 범선.
seglation *~en 0* 항해, 운항.
seglats *~en ~er* 항해, 항정(航程).
segling *~en ~ar* ① 범주(帆走) ② 항해.
seglivad *a.* 생명력이 강한, 질긴.
segment *~et ~* ①【수학】(직선의) 선분; (원의) 호(弧) ② 단편, 조각, 부분; 마디 ③【동물】체질, 환절.
segmenterad *a.* 분단된, 마디진.
segna *~r ~de ~t itr.* ~ ned 털썩 내려앉다, 꼬꾸라지다.
segra *~r ~de ~t itr.* 이기다, 승리하다.
segrar|e *-[e]n ~* 승[리]자.
segrarinn|a *-an -or* 여자 승[리]자.
segregation *~en ~er* 인종분리, 인종차별.
segregationist *~en ~er* 인종차별주의자.
segsliten *a.* 질긴, 시간을 오래 끄는.
seismisk *a.* 지진의, 지진과 관련된.
seismograf *~en ~er* 지진 탐지계.
sejd|el *-eln -lar* 큰 조끼 (뚜껑이 없는 맥주잔).
sejour [-ʃɷ:r] *~en ~er* (짧은 기간 동안의) 체류.
sekatör *~en ~er* 전정(剪定) 가위.
sek|el *-let, ~/-ler* 세기(世紀).
sekelskifte *~t ~n* 세기가 바뀔 무렵, 세기 말엽.
sekiner [-ki:n-] (복수명사) ① 중세 말기와 르네상스 시대에 베니스에서 통용되던 금화 ② (속어) 돈.

sekond [-ɔnd] *~en ~er* ① 부사령관 ② (권투시합에서의) 세컨드.
sekrẹt¹ *~et ~* 【생리】 분비물, 분비액.
sekrẹt² *a.* 비밀의.
sekretariạt *~et ~* 총무처, 비서국.
sekreteṛar|e *-[e]n ~* 비서, 서기.
sekreteṣs *~en 0* 비밀[성], 비밀로 함, 비밀주의.
sekretion *~en ~er* 【생리】 분비[작용].
sekretär *~en ~er* 서랍이 달린 사무용 책상.
sekt *~en ~er* 분파, 종파, 교파.
sekterism *~en 0* 분파심, 종파심, 교파심; 학벌, 파벌.
sekterist *~en ~er* 분파주의자.
sekteristisk *a.* 분파적인.
sektion *~en ~er* ① 【수학】 (입체의) 절단면; 원뿔 곡선 ② 부문, 부속; (단체의) 당, 파.
sektor *~n ~er* ① 【수학】 부채꼴 ② 부문.
sekularisera *~r ~de ~t tr.* 세속화시키다.
sekularisering *~en 0* 세속화.
sekụnd *~en ~er* 초; 순간.
sekunda (불변화형용사) 2류의, 2등의.
sekundạnt *~en ~er* (결투할 때의) 입회인.
sekundera *~r ~de ~t tr.* 입회하다, 보좌하다, 시중들다.
sekundvisar|e *-[e]n ~* (시계의) 초침.
sekundär *a.* 제 2의, 부차적인.
sekvẹns *~en ~er* (연속된) 한 장면, 곡조(曲調)의 일부.
sela *~r ~de ~t tr.* (말 · 소에) 마구를 매다.
seldon (복수명사) 마구.
sel|e *-en -ar* 마구(특히 줄로 된 부분).
selektiv *a.* 선택적인, 선발적인.
selektivitẹt *~en 0* 선택성.
selẹn *~et/~en, 0* 【화학】 셀렌, 셀레늄(비금속 원소; 기호 Se; 번호 34).
selleri *~et/~n, 0* 【식물】 셀러리.
semafọr *~en ~er* (철도의) 가로대식 신호기, 시그널.
semaforera *~r ~de ~t tr. itr.* 신호기(수기 신호)로 알리다.
semantịk *~en 0* 【언어】 의미론.
semest|er *-ern -rar* 휴가.
semesterstängd *a.* 휴가 중 휴업인.
semestra *~r ~de ~t itr.* 휴가 중이다, 휴가를 보내다.
semifinal *~en ~er* 준결승[전].
semikolon *~et ~* 세미콜론(;).
seminarist *~en ~er* 세미나 참가 학생.
seminari|um *-et -er* ① 세미나; 세미나 참가 학생들; 연구 집회 ② 사범학교; 신학교; 양성소; 학원.
semination *~en 0* 파종; 수예, 수정.
seminera *~r ~de ~t tr.* (씨앗을) 뿌리다; 수태시키다; 수정시키다.
semiotịk *~en 0* 기호학.
semịt *~en ~er* 셈족(유태, 아라비아 사람 등).
semitisk *a.* 셈족의, 셈 어의.
seml|a *-an -or* 사순절에 먹는 빵의 일종.
sen¹ ☞ **sedan¹**.
sen² *a.* ① 늦은 (시간); till ~a kvällen 저녁 늦게까지 ② 느린, 더딘; inte

vara ~ att … 하는 데 느리지 않다.
sen|a *-an -or* 근(筋) 힘줄, 근육.
senap *~en 0* 겨자; 갓.
senapsgas *~en 0* 이페릿 (미란성(靡爛性) 독가스).
senare Ⅰ. *a.* 나중의; 후자의 den ~ 후자; det blir en ~ fråga 그것은 추후의 문제다; på ~ år 근년에 Ⅱ. *adv.* 나중에, 후에, 근자에; en dag ~ 하루 뒤에.
senast Ⅰ. *a.* 맨 나중의, 최근의; de ~e dagarnas händelser 최근 며칠간의 사건들 Ⅱ. *adv.* ① 가장 나중에, 최근에; de ~ inträffade händelserna 최근에 발생한 사건들 ② 늦어도; jag måste ha det ~ om måndag 나는 늦어도 월요일까지는 그것을 갖고 있어야 한다.
senat *~en ~er* (로마의) 원로원; (미국 등의) 상원.
senator *~en ~er* 상원 의원.
sendrag *~et 0* (손·발 따위에 일어나는) 경련, 쥐.
senfärdig *a.* 느린, 더딘.
senfödd *a.* 말기의, 후기의.
sengångar|e[-gɔŋarə] *-[e]n ~* 【동물】 나무늘보.
senhinn|a *-an -or* 【해부】 공막 (눈의 외부를 둘러싸고 있음).
senig *a.* 근육질의, 근육이 잘 발달한; 질긴.
senil *a.* 노쇠한, 노망한.
senilitet *~en 0* 노쇠, 노망.
senior Ⅰ. *a.* 손위의, 연상의; 선배의, 선임의, 고참의, 상급의 Ⅱ. *-[e]n ~er* 일급경기에 출전하는 운동선수.
senkommen *a.* 더딘, 때늦은.
sensation *~en ~er* 센세이션, 물의.
sensationell *a.* 물의를 일으키는; 선풍적 인기의.
sensibel *a.* 예민한, 민감한; 잘 토라지는.
sensitiv *a.* 예민한, 민감한, 과민한.
sensitiv|a *-an -or* 과민한 사람.
sensmoral [sens-/saŋs-] *~en ~er* (책, 연극 따위의) 주제.
sensualism *~en 0* 감각주의; 쾌락주의; 관능주의.
sensualitet *~en 0* 관능성, 감각적임.
sensuell *a.* 감각적인, 관능적인.
sent *adv.* 늦게; bättre ~ än aldrig 늦게라도 하는 것이 안하는 것보다 낫다.
sentens *~en ~er* 금언, 격언.
sentera [sen-/saŋ-] *~r ~de ~t tr.* 인식하다, 평가하다.
sentida *a.* 근래의, 최근의, 근자의.
sentimental *a.* 감상적인; 심약한.
sentimentalitet *~en 0* 감상, 감상적임; 심약, 심약함.
separat *a.* 분리된, 갈라진, 따로따로의.
separatfred *~en ~er* 단독 강화.
separation *~en ~er* 분리.
separatism *~en 0* 분리주의.
separatist *~en ~er* 분리주의자.
separator *~en ~er* (우유 따위의) 분리기, 격리판.
separera *~r ~de ~t tr. itr.* 분리시키다, 가르다; 별거하다.
separering *~en ~ar* 분리.
sepia *~n 0* 뼈오징어의 먹물 또는 그것으로 만든 세피아 그림[물감]; 세피아 빛.
september (불변화 en-명사) 9월.

septẹtt *~en ~er* 【음악】 7중주[창]곡, 7부 합주[창]곡.
septisk *a.* 부패시키는, 부패에 의한.
serạf *~en ~er* 천사; 치품천신(熾品天神; 세 쌍의 날개를 가지고 있음).
serạlj *~en ~er* 후궁, 처첩의 방.
serb *~en ~er* 세르비아 사람.
Serbien 세르비아(유고슬라비아의 한 지방).
serbisk *a.* 세르비아의, 세르비아 말의.
serbokroạtisk *a.* 세르비아와 크로아티아의.
serbokroạtisk|a *-an 0* 세르보크로아티아 말(유고슬라비아에서 사용하는 슬라브계의 언어).
serenạd *~en ~er* 세레나데, 소야곡.
sergeant [-ʃạnt] *~en ~er* 하사관, 중사, 상사.
serie *~n ~r* ① 일련, 한 계열, 연속; ~krock 연쇄 충돌 ② 시리즈, 총서, 연속 출판물 ③ 연속 시합 ④ 【수학】 급수.
seriekoppling *~en ~ar* 【전기】 직렬연결.
seriekrock *~en ~ar* 연쇄추돌.
seriemagasin *~et ~* 연재만화.
serietidning *~en ~ar* 연재만화 잡지.
serietillverkning *~en ~ar* 연속 생산.
seriös *a.* 진지한; 심각한; 오락이 아닌, 딱딱한.
serpentịn *~en ~er* (파티 등에 사용하는) 색 테이프; 굴곡; gå i ~er 구부러져 있다.
ser|um *-umet/~, -a/-um* ① 【생리】 장액 ② 【의학】 혈청; 유장; 임파액.
serva [særva] *~r ~de ~t tr. itr.* 【스포츠】 서브를 넣다; 서비스하다(주유소에서).
servar|e [særvarə] *-[e]n ~* 【스포츠】 서브권자.
serv|e [særv] *-en -ar* 【스포츠】 서브.
servera *~r ~de ~t* Ⅰ. *tr.* (음식을) 접대하다, 대접하다 Ⅱ. *itr.* 식사 시중을 들다.
servering *~en ~ar* ① 접대; 시중 ② 식당; 간이식당.
serveringsrum *~met ~* 식료품[저장]실, 식기실.
servẹtt *~en ~er* 냅킨.
service [særvis] *~n 0* 봉사, 공헌, 이바지.
servicebox *~en ~ar* 【은행】 개인용 비밀금고.
servicehus *~et ~* (노약자나 장애인 등을 대상으로) 식사 등을 제공하고 건강을 관리해주는 아파트.
servịl *a.* 노예근성의, 비굴한.
servịs *~en ~er* ① 식기의 한 벌 ② ☞ **servisavgift** ③ 포병대.
servisavgift *~en ~er* (식당 따위에서 계산서에 첨가시키는) 봉사료.
servisledning *~en ~ar* (가스, 수도의) 옥내관.
servitrịs *~en ~er* (식당의) 여종업원.
servitụt *~et ~* 【법】 지역권.
servitör *~en ~er* (식당의) 남종업원.
servobroms *~en ~ar* 【기계】 서보 제어 장치(일종의 자동 제어 장치).
sesam (불변화 ett-명사) 참깨; ~, öppna dig! 열려라, 참깨!
session *~en ~er* (의회의) 회기, 개정(開廷) 기간.
sesă *itj.* (달래거나, 위로할 때) 그래

그래!, 자!

set ~et ~ ① 【스포츠】 세트 ② 한 질, 한 벌, 한 조, 한 세트; ett ~ underkläder 한 벌의 내의.

sett ☞ **se**.

sett|er *-ern -rar* 세터(사냥감을 발견하면 곧 서서 그 소재를 알리도록 훈련된 개).

sevärd *a.* 볼 만한[가치가 있는], 주목할 만한, 구경할만한.

sevärdhet *~en ~er* 볼만한 것(곳) 구경거리.

sex[1] *räkn.* 여섯, 6.

sex[2] *~et 0* (불변화명사) 성(性) 성별.

sex|a *-an -or* ① 6의 숫자, 숫자 6과 관련이 있는 사물이나 사람; komma ~ 6번째로 오다(들어오다) ② 파티 석에서 대접하는 가벼운 석식.

sexig *a.* ① 성적 매력이 있는, 성적 자극이 있는 ② 성적인, 외설적인.

sexpipig *a.* 육 연발의; ~ revolver 육 연발 권총.

sext *~en ~er* 【음악】 6도 음정, 제 6음.

sextant *~en ~er* 육분의.

sextett *~en ~er* 【음악】 6중창(주).

sexti[o] *räkn.* 육십, 60.

sextionde *räkn.* 육십 번째의.

sexton *räkn.* 십육, 16.

sextonde *räkn.* 열여섯 번째의.

sexualbrott *~et ~* 성범죄.

sexualitet *~en 0* 성욕, 성적 관심, 성 행위.

sexualkunskap *~en 0* 성지식.

sexualsystem *~et ~* 생식기관에 따른 식물분류법(린네).

sexuell *a.* 성적인.

sfinx *~en ~er* 스핑크스(인간의 머리와 사자의 몸을 가진 이집트의 신화적 존재).

sfär *~en ~er* ① 구체(球體) 구; 구형 ② 【천문】 천구, 천체 ③ (활동의) 영역, 범위.

sfärisk *a.* 구의, 구상의, 둥근; 천체의.

shagtobak [ʃɛg-] *~en 0* 살담배의 일종.

shak|er [ʃejker] *-ern, -ers/-rar* 세이커(칵테일 따위를 만들기 위한 음료 혼합기).

shantung *~en 0* 산동(山東) 비단.

shejk ☞ **schejk**.

shellack ☞ **schellack**.

sheriff *~en ~er* ① (미국) 군(county) 보안관 ② (영국) 주 장관.

sherry *~n 0* 셰리(스페인산 백포도주).

shetlandströj|a *-an -or* 셰틀랜드산의 양털로 짠 스웨터.

shilling *~en ~[s]* 영국의 옛 화폐 단위 (12펜스).

shingla *~r ~de ~t tr.* (머리를) 싱글 커트로 하다.

shoppa *~r ~de ~t itr.* 물건을 사다, 쇼핑하다.

shopping *~en 0* 쇼핑, 물건사기.

shoppingcentr|um *-um/-[um]et, -a/-um/-er/***shoppingcent|er** *-ret -rer* (교외 주택지 등의) 상점가(街).

shoppingvagn *~en ~ar* 쇼핑 손수레.

shoppingväsk|a *-an -or* 장바구니, 쇼핑백.

shorts [ʃɔ-] (복수명사) 짧은 바지,

운동팬츠.

show [ʃoːɷ] *~en ~er* 구경거리, 연극, 쇼, 흥행.

shunt *~en ~ar* ① 【철도】 전철[기] ② 【전기】 분로, 분류기.

shuntventil *~en ~er* 바이패스 밸브.

si *adv*. än ~, än så 이렇다 저렇다, 이러쿵저러쿵; det är lite ~ och så 그저 그렇다, 썩 좋지는 않다.

sia *~r ~de ~t itr*. 예언하다, 예측하다.

siamesisk *a*. 샴의, 샴어(語)의.

siar|e *-[e]n ~* 예언자.

Sibirien 시베리아.

sibirier *~n ~* 시베리아 사람.

sibirisk *a*. 시베리아의, 시베리아 사람의.

sibyll|a *-an -or* (옛 그리스 로마의) 여자 점쟁이.

siciliạn *~en ~er*/sicilianar|e *-[e]n ~* 시칠리아 사람.

siciliansk *a*. 시칠리아[사람]의.

siciliansk|a *-an -or* 시칠리아 여자.

Sicilien 시칠리아(이탈리아 반도 남단의 지중해 최대의 섬).

sicksack (불변화명사) 지그재그, Z 자형, 번개 형.

sid|a[1] *-an -or* ① 몸의 옆 부분, 옆구리; (물체의) 측면, 옆 부분; (문제 따위의) 면, 양상, 관점; (입방체의) 면; (시합에서의) 편, 팀; (혈통의) …쪽, 계; ~ vid ~ 나란히; hans starka ~ 그의 강한 면; från regeringens ~ 정부 측에서; på andra ~n ngt …의 반대편에; vi är släkt på min mors ~ 어머니 쪽으로 우리는 친척 간이다; ställa sig på vår ~ 우리 편에 가담하다; vid ~n av(om) …외에, …와 나란히, …와 함께; å ena ~n … å andra ~n … 한편으로는 …하고 한편으로는 …하다; lägga åt ~n 옆으로 제쳐 놓다; gå åt ~n 옆으로 비키다 ② (책의) 면, 페이지; se ~[n] 5!, 5페이지를 보시오!

sida[2] *~r ~de ~t tr*. (경기 대진을) 시드하다(우수선수끼리 처음부터 맞붙지 않도록 대진표를 짜다).

siden *~et 0* 비단.

sidensvans *~en ~ar* 【동물】 여새.

sidfläsk *~et 0* 베이컨(소금에 절여 말리거나 훈제한 돼지의 옆구리 고기).

sidled *~en ~er*, i ~ 옆으로; besläktad i ~ 방계친족의.

sidvagn/sidovagn *~en ~ar* (오토바이의) 사이드 카.

siersk|a *-an -or* 예언녀, 여자 점쟁이.

siffergranskar|e *-[e]n ~* (회계 등의) 감사관, 감사역.

siffr|a *-an -or* 숫자.

sifọn *~en ~er* 사이펀, 흡수관.

sifonflask|a *-an -or* 사이펀 병, 탄산수 병.

sig [sej] *rfl. pron*. ① (재귀목적어로 주어와 동일인을 나타냄) hon försvarade ~ 그녀는 자신을 방어하였다; han tror ~ vara ett geni 그는 자신이 천재라고 생각하고 있다 ② a) (장소전치사와 함께 부사구를 이루는 경우) hon har inga pengar på ~ 그녀는 수중에 일전 한 푼 없다 b) (소유관계를 나타낼 때) han tvättade ~ om händerna 그는 손을 씻었다 c) (부정법 표현과 함께) han sade ~ vara nöjd 그는 만족했다고 말했다 d)

S

föreställa ~ 생각하다, 상상하다; känna ~ 느끼다; lära ~ 배우다 e) gråta ~ till ngt 울어서 …을 얻어내다 f) (결과를 나타내는 표현에서) han gick ~ trött 그는 지칠 때까지 걸었다, 그는 걷다가 지쳐 버렸다 g) (전치사와 함께) vidskeplig av ~ 미신적인, 미신을 잘 믿는; var för ~ 각기, 따로따로, 하나씩; till höger om ~ 자신의 오른쪽으로.

sightseeing *~en ~ar* [sajtsi:ŋ] 관광.

sigill [siji̦:l] *~et ~* 도장, 인장, 문장(紋章); 인형(印形); 옥새.

signa [siŋa] *~r ~de ~t tr.* 은총을 내리다, 자비를 베풀다, 축복하다.

signal [siŋnɑ̦:l] *~en ~er* 신호; (전화의) 벨소리; hårda ~er 요란한 벨소리; slå en ~ till ngn …에게 전화를 걸다.

signalemẹnt *~et ~* 용모파기(容貌疤記) (지명수배자의) 자세한 인상착의.

signalera [siŋna–] *~r ~de ~t* Ⅰ. *tr.* 신호하다, 알리다 Ⅱ. *itr.* 교신하다, 신호하다, 신호로 알리다.

signaltrupp *~en ~er* 통신 부대.

signatur [siŋnatu̦:r] *~en ~er* 서명; (성명의) 머리글자; 필명.

signaturmelodi *~n ~er* (라디오 · 텔레비전 등의) 테마 음악.

signatärmakt [siŋna–] *~en ~er* [국제] 조약 가맹국.

signera [siŋn–/sinj–] *~r ~de ~t tr.* 서명하다, 사인하다.

signetring [siŋne̦t–] *~en ~ar* 도장을 새긴 반지.

signifikati̦v [siŋn–] *a.* 의미 있는, 의미심장한, 암시적인.

sign|um [siŋn–] *–umet, –a/–um* 특징, 특질; (성명의) 머리글자.

sik *~en ~ar* 【동물】 송어의 일종.

sikt[1] *~en ~ar* 체, 조리, 여과기.

sikt[2] *~en 0* ① 시야; skymma ~en 시야를 가리다 ② på ~ 장기적인 안목에서 볼 때 ③ 보기, 일견, 일별; vid ~ 일별하고, 보고.

sikta[1] *~r ~de ~t tr.* (체, 조리 등으로) 거르다, 걸러 내다.

sikta[2] *~r ~de ~t* Ⅰ. *tr.* …을 보다, 인지하다, 발견하다 Ⅱ. *itr.* 조준하다, 겨냥하다.

sikte *~t ~n* ① (총포의) 가늠자, 가늠쇠 ② 시계, 시야; förlora ngt ur ~ …을 시계에서 놓치다 ③ 목표, 의도 arbeta med framtiden i ~ 장래를 내다보고(염두에 두고) 일하다.

sil *~en ~ar* 여과기, 거르개.

sila *~r ~de ~t* Ⅰ. *tr.* 거르다, 걸러 내다 Ⅱ. *itr.* 똑똑 떨어지다; (빛, 광선 따위가) 새어 들어오다; regnet ~r ned 빗방울이 떨어진다.

sileshår *~et ~* 【식물】 끈끈이주걱.

silhuẹtt *~en ~er* 실루엣, 그림자 그림, 반면 영상(보통 흑색).

silikat *~et ~[er]* 【화학】 규산염.

silikon *~en/~et, ~er/~* 【화학】 규소(비금속 원소의 하나; 원자 기호 si).

silke *~t ~n* 비단, 견.

silkesfjäril *~en ~ar* 누에나방.

silkesmask *~en ~ar* 누에.

silkespapper *~et ~* 박엽지(搏葉紙) 티슈페이퍼.

silkessnöre *~t ~n* 비단 끈; ge ngn ~t …에게 그가 더 이상 필요 없다는 것을 넌지시 알리다.

sikesvantar (복수명사) behandla ngn

med ~ …에게 매우 부드럽게 대하다.
sill *~en ~ar* 청어; inlagd (salt) ~ 소금에 절인 청어.
sillgrissl|a *-an -or* 【조류】 바다오리 류.
silo *~n ~r* 사일로(사료 · 풀을 저장하여 신선함을 유지시키는 원탑형의 건조물).
siluett ☞ silhuett.
silv|er *-ret 0* 은(銀); av förgyllt ~ 은으로 도금한.
silverbröllop *~et ~* 은혼식.
silverräv *~en ~ar* 은여우.
simblås|a *-an -or* (물고기의) 부레.
simbyxor (복수명사) 수영 팬티.
sim|fot *-foten -fötter* 물갈퀴가 있는 발.
simhopp *~et ~* 다이빙.
simhud *~en 0* 물갈퀴.
simili *~n/~t, 0* 유사품, 모조품.
similidiamant *~en ~er* 모조 다이아몬드.
simma *~r ~de/sam ~t/summit itr.* 헤엄치다, 수영하다; ~ i blod 피투성이가 되다; ~ i tårar 눈물바다를 이루다.
simmar|e *-[e]n ~* 수영 선수.
simmersk|a *-an -or* 여자 수영 선수.
simmig *a.* 걸쭉한, 끈끈한; (눈이) 몽롱한, 흐릿한.
simning *~en ~ar* 헤엄치기, 수영하기.
simp|a *-an -or* 【어류】 머리가 큰 물고기(메기 등).
simpel *a.* 평범한; 간단한; 비천한, 범속한.
simulạnt *~en ~er* 꾀병을 앓는 병사.
simulator *~en ~er* 【기계】 모의 장치.
simulera *~r ~de ~t* I. *tr.* 가장하다, 시늉하다 II. *itr.* 꾀병을 앓다.
simulering *~en ~ar* 가장, 흉내; 꾀병 앓기.
simultạn *a.* 동시의.
simultantolkning *~en ~ar* 동시통역.
sin[1] (*sitt sina*) *poss. pron.* (재귀소유대명사) 그의, 그녀의, 그것의; 자기의, 자신의; på ~a ställen 여기저기에, 이곳저곳에; i ~om tid 때가 되면(오면) 조만간에; på ~ tid 당시에; var och en fick sitt 각자가 자신의 몫을 받았다.
sin[2] (불변화명사) stå i ~ 젖이 나오지 않다.
sinekur *~en ~er* 한직(책무가 별로 없으면서 보수가 좋은 직책).
singel[1] *~n 0* 둥글고 작은 돌, 조약돌(자갈보다 큼).
sing|el[2] *-eln -lar* 【운동】 단식(單式).
singla *~r ~de ~t* I. *tr.* 던지다; ~ slant om ngt …에 대해 동전을 던지다(던져 결정하다) II. *itr.* 나풀거리며 내려오다; lövet ~de ned 나뭇잎들이 나풀나풀 떨어져 내려왔다.
singular [sịng-] I. *~en ~er* ☞ singularis II. *a.* 단수의.
singularis (불변화 ett-명사) 단수.
sinka[1] *~r ~de ~t* I. *tr.* 지연시키다, 지체시키다 II. *itr.* det ~r 시간이 걸린다 III. *rfl.* ~ sig med ngt …으로(…하느라고) 시간을 보내다.
sink|a[2] I. *-an -or* 리벳, 대갈못 II. *~r ~de ~t tr.* 리벳(대갈못)을 박아 잇다; 【건축】 열장이음으로 하다.

S

sinkadus *~en 0* 우연.
sinnad *a.* …한 성향의, …한 경향의, …한 성질의; fientligt ~ nation 적성국; allvarligt ~ 진지한 성격의.
sinne *~t ~n* ① 감각; de fem ~na 오감(五感) ② 마음; 기질, 성질, 성벽 ett glatt ~ 명랑한 성질; ~t rinner på honom 화를 내다, 울화통을 터뜨리다; ha ~ för …에 대해 센스(이해)가 있다; ha ett vaket(öppet) ~ för allt nytt 모든 새로운 것에 대해 개방적이다(마음을 열어두고 있다); efter mitt ~ 내 마음대로; ha ont i ~t 앙심을 품다; lägga ngt på ~t …을 마음에 새겨 두다; dyster till ~s 마음이 울적한; vara ung till ~t 마음은 젊다.
sinnebild *~en ~er* 상징, 증표.
sinnelag *~et ~* 성질, 기질, 성격.
sinnesförvirring *~en ~ar* 정신 착란.
sinnesnärvaro *~n 0* 제정신, 침착, 냉정.
sinnesrubbad *a.* 정신 이상의, 미친.
sinnessjuk *a.* 정신이상의, 미친(☞ **mentalsjuk**).
sinnesslö *a.* 무기력한.
sinnesstyrk|a *-an -or* 정신력.
sinnesstämning *~en ~ar* 기분.
sinnessvag *a.* 정신박약의.
sinnesundersökning *~en ~ar* 심리검사.
sinnevärld *~en ~ar* 감각세계, 관능세계.
sinnlig *a.* 감각적인, 관능적인.
sinnrik *a.* 기발한, 정교한.
sinom[1] ☞ **sin**[1].
sinom[2], tusen ~ tusen 천 곱하기 천.
sinsemellan *adv.* …사이에서, 서로서로, 상호간에.
sipp *a.* 고상한 체하는, 점잔 빼는, 새침한.
sipp|a *-an -or* 【식물】 (야생) 아네모네, 바람꽃.
sippra *~r ~de ~t itr.* 똑똑 떨어지다; (물, 수분이) 배어 나오다, 새어 나오다.
sira *~r ~de ~t tr.* 꾸미다, 장식하다.
sirap *~en 0* 당밀; 시럽.
sirat *~en ~er* 장식.
siren *~en ~er* 사이렌, 호적(號笛); 세이렌(그리스 신화에 등장하는 반인반조의 바다 요정, 아름다운 노래로 뱃사람을 유혹하여 죽게 하였음).
sirlig *a.* 우아한; 정중한.
sirocko *~n 0* 시로코(북아프리카에서 남유럽으로 몰아치는 사막의 열풍) (☞ **sciroko**).
sisalhamp|a *-an 0* 사이질 마(麻).
sist Ⅰ. *adv.* 마지막으로, 끝으로 han kom allra ~ 그는 맨 마지막으로 왔다; komma ~ på listan (명단)의 맨 끝에 들다; ~ men inte minst 차례는 맨 끝이지만 중요성은 어느 것에 뒤지지 않은, 끝으로 중요한 점을 덧붙이면; sedan ~ 마지막으로 …한 이래도; till ~ 끝으로, 마지막으로 Ⅱ. *konj.* 최근 …했을 때; ~ jag var där 최근 내가 거기에 있었을 때.
sista/siste *a.* 마지막의, 끝의, 맨 뒤의; för ~ gången 최후로, 마지막으로; lägga ~ handen vid …에 마지막 손질을 보다; i ~ hand 결국, 마침내; i ~ minuten 마지막 순간에; han är den siste jag skulle vilja se 그는 내가 정말로 보기 싫어하는 사람이다; in i det ~ 마지막까지, 최후까지.
sistan (불변화명사) leka ~ 술래잡기

하다.

siste ☞ sista.

sistliden *a.* 바로 지난; sistlidna vecka 요전 주.

sistone (불변화명사) på ~ 근자에, 최근에.

sisu *~n 0* 인내, 불굴의 투지.

sisyfusarbete *~t ~n* 헛수고.

sits *~en ~ar* ① 자리, 좌석 ② kortens ~ (트럼프 놀이에서) 패의 분포[도]; dra om ~en (트럼프 놀이에 참가하는 사람들의) 자리를 정하다, 파트너를 정하다.

sitt ☞ sin.

sitt|a *-er satt suttit* Ⅰ. *itr.* ① 앉다; 앉아있다; 있다; 머무르다; 살다, 거주하다; …에 재직하다; var så god och -! 앉으세요!; ~ hemma 집에 있다(머물러 있다); nu -er vi där(vackert)! 우리가 궁지에 빠졌군!; jag fick ~ en dans [hela kvällen] 나에게 춤을 청하는 사람은 [저녁 내내] 아무도 없었다; ~ som …[자격]으로 있다; ~ i fängelse 구속 중이다; ~ på bank 은행에 재직하고 있다; ~ på ngt …을 차지하고 있다 ② [놓여]있다, 위치하다, 걸려 있다; 달라붙어 있다(못, 단추 등); 옷의 착용상태가 …하다; var -er såret [på dig]? 상처가 난 곳이 어디냐?; klänningen -er bra 드레스가 잘 맞는다 Ⅱ. (강세 접사와 함께) ① ~ av a) 복역하다; ~ av böter 벌금을 물지 않아 이에 해당하는 기간을 복역하다 b) ~ av [hästen] 말에서 내리다 ② ~ emellan 고통(곤란)을 받다 ③ ~ fast a) 단단히 붙어 있다(고정되어 있다); den -er fast i(vid) väggen 그것은 벽에 단단히 붙어 있다 b) 꼼짝달싹 못하다, 빠져 나오지 못하다 ④ ~ i 남아있다; fläcken -er i 얼룩이 [지워지지 않고] 남아 있다 ⑤ ~ ihop 붙어 있다, 연결되어 있다 ⑥ ~ inne a) 집에 (머물러) 있다 b) 복역 중이다 c) 가지고 있다(정보, 지식 등) 알고 있다; han -er inne med upplysningar 그는 정보를 가지고 있다 ⑦ ~ åt (옷 등이) 몸에 꼭 끼다; den -er åt i midjan 그 옷은 허리가 꼭 낀다 ⑧ ~ hårt åt 힘이 들다, 어렵다; det satt hårt åt innan han lyckades säkra segern 승리를 보장할 수 있을 때까지 그는 많은 힘이 들었다.

sittbrunn *~en ~ar* (비행기, 요트 등의) 조종석.

sittdemonstration *~en ~er* 연좌데모(농성).

sittning *~en ~ar* ① 회의 ② 파티의 전반부(초대 손님들이 모두 좌정하고 있는 시간) ③ (화가들을 위한) 모델 서기.

sittopp [-ɔp] *~en ~ar* 뺨 때리기.

sittstrejk *~en ~er* 연좌(농성) 파업.

sittvagn *~en ~ar* ① (침대칸이 아닌) 좌석 칸 ② (접는 식의) 유모차.

situation *~en ~er* 상황, 정황; 사정, 형편, 입장; vara ~en vuxen 그런 상황에 대처할 수 있을 정도로 성숙해 있다; sätt dig in i min ~! 내 입장에서 보라!

situerad *a.* vara illa(sämre) ~ 형편(경제적 사정)이 나쁘다(더 나쁘다).

sjabbig [ʃabi(g)] *a.* 초라한, 남루한.

sjaber ☞ schaber.

sjagg ☞ schagg.

sjajas *~en ~ar/~er* 상스러운 사람,

S

천박스런 사람.

sjakal *~en ~er* 【동물】 재칼(여우와 이리의 중간형).

sjal *~en ~ar* 숄, 스카프, 목도리.

sjalett *~en ~er* (여성의) 머리 수건.

sjalkrag|e *-en -ar* 숄칼라.

sjanghaja *~r ~de ~t tr.* 【항해속어】 (폭력이나 술책을 써 강제로) 선원을 만들다.

sjappa *~r ~de ~t itr.* 도망가다, 줄행랑치다.

sjappen (정형명사) ta till ~ 줄행랑치다.

sjas *itj.* 쉬이!, 쉿! (새 따위를 쫓는 소리).

sjasa *~r ~de ~t tr.* 쉬이 하며 쫓다.

sjaska *~r ~de ~t tr.* ~ ned 더럽히다.

sjask|er *-ern -ar* 상스러운 사내.

sjaskig *a.* 단정치 못한, 추접한, 추레한, 꾀죄죄한.

sjava *~r ~de ~t itr.* 발을 질질 끌다, 지척거리다.

sjok *~et ~* 큰 덩어리.

sju [ʃʉː] *räkn.* 일곱, 7.

sju|a *-an -or* 7의 숫자, 숫자 7과 관련이 있는 사람이나 식물; komma ~ 칠등으로 (일곱 번째로) 들어오다.

sjubb *~en ~ar* 【동물】 완웅(浣熊) 그 모피.

sjud|a *-er sjöd sjudit* Ⅰ. *itr.* 지글지글 끓다; vattnet har börjat ~ 물이 끓기 시작하였다 Ⅱ. *tr.* 끓이다.

sjudit ☞ **sjuda**.

sjuglasvagn *~en ~ar* 7개 창문의 대형 사륜(四輪)마차.

sjuk [ʃʉːk] *a.* ① 몸이 아픈, 병에 걸린; ~ till kropp och själ 몸과 맘이 병든 ② 병적인, 불건전한, 음침한; hans ~a samvete 그의 병든 양심; ~ humor 건전하지 못한 유머.

sjuk|a *~an ~or* ① 질병; socker~ 당뇨병; sjö~ 배멀미 ② 병원, 의원; han låg på ~n en månad 그는 병원에 한 달 동안 입원해 있었다.

sjukanmäl|a *-er -de -t tr. rfl.* ~ ngn (sig) (의료 보험 관리 공단이나 직장에) 질병신고를 하다.

sjukavdrag *~et ~* 질병결근에 따른 월급 삭감.

sjukbesök *~et ~* 문병(問病).

sjukbärar|e *-[e]n ~* 들것을 드는 사람.

sjukdom *~en ~ar* 병, 질병.

sjukfrånvaro *~n 0* 직장 병결(병으로 인한 결근).

sjukförsäkring *~en ~ar* 의료 보험.

sjukgymnast *~en ~er* 물리 치료사, 물리 요법자.

sjukhem *~met ~* 요양원, 요양소.

sjukhus *~et ~* 병원.

sjukjournal *~en ~er* (의사의) 진료기록.

sjukkass|a *-an -or* 의료보험 센터 (의료보험 관리공단에 해당).

sjukledig *a.* 의병(依病)휴가의, 질병 휴가중인.

sjuklig *a.* 병든, 건강하지 못한; 비정상적인, 건전하지 못한; ~t begär 병적인 욕망.

sjukling *~en ~ar* 병자.

sjukläg|er *~ret ~* 병석.

sjukna *~r ~de ~t itr.* 아프다, 병들다.

sjukpenning *~en 0* 질병수당(의료보험에서 지급하는 질병기간 중 잃는 수입에 대한 보상금).

sjukpension *~en ~er* (질병으로 인한) 조기 퇴직.

sjuk|skriva *–skriver –skrev –skrivit tr.* (의료보험공단에) 질병신고를 하다.

sjukskötar|e *–[e]n ~* 남자 간호원.

sjuksköterskl|a [ʃʉːkʃøːtəʂka] *–an –or* 여자 간호원.

sjukstug|a *–an –or* (시골의 작은) 의원.

sjuksyst|er *~n –rar* ☞ **sjuksköterska**.

sjukvård *~en 0* ① (환자의) 간호 ② 의료제도.

sjukvårdar|e *–[e]n ~* 남자 간호원.

sjukvårdsbiträde *~t ~n* 간호보조원.

sjumilastövlar (복수명사) 동화에 등장하는 구두(이 구두를 신으면 빨리 이동할 수 있음).

sjunde *räkn.* 일곱 번째의.

sjung|a *–er sjöng –it* Ⅰ. *tr. itr.* 노래하다, (새 등이) 지저귀다; 창화(唱和)하다; ~ rent(falskt) 바른 가락으로(가락이 맞지 않게) 노래하다; ~ till piano 피아노 반주에 맞추어 노래하다; ~ på sista versen 죽을 지경이다; 바닥이 나다(hålla på att ta slut) Ⅱ. (강세접사와 함께) ① ~ in a) 노래를 연습하다 b) ~ in ngt på grammofonskiva …를 음반에 취입하다 c) 노래로 돈을 벌다 ② ~ ut a) (한 곡의) 끝까지 노래 부르다 b) (마음속에 있는 바를) 솔직하게 털어 놓다.

sjunk|a *–er sjönk –it* Ⅰ. *itr.* 가라앉다; 떨어지다, 하향하다, 내려가다; 감소하다; (가옥 등이) 무너지다; priserna har –it 물가가 내려갔다; ~ i ngns aktning …의 존경심이 떨어지다; låta maten ~ 음식이 소화되도록 하다 Ⅱ. (강세접사와 함께) ① ~ ihop 붕괴하다; 오그라들다 ② ~ in 안으로 가라앉다, 밑으로 떨어지다 ③ ~ ned i …속으로 빠져 들어가다; ~ ned i gyttjan 진흙 속에 빠지다 ④ ~ tillbaka 물이 빠져 수면이 원상태가 되다; 뒤 쪽으로 몸을 기울이다 ⑤ ~ undan 가라앉다.

sjusovar|e *–[e]n ~* ① 【동물】 다람쥐 비슷한 쥐의 일종 ② 늦잠 자는 사람.

sjustjärnan (불변화 en–명사) 북두칠성.

sjutti[o] *räkn.* 칠십, 70, 일흔.

sjuttionde *räkn.* 칠십 번째.

sjutton *räkn.* ① 열일곱, 십칠, 17 ② fy ~! 빌어먹을!, 제기랄!; ja, för ~!, 그렇고 말고!

sjuttonde *räkn.* 열일곱 번째, 십칠 번째.

sjå *~[e]t 0*, ett fasligt ~ 지독히 힘든 일; ha fullt ~ [med] att …하느라고 매우 힘들어 하다.

sjåar|e *–[e]n ~* (항구에서 짐을 부리는) 짐꾼, 하역 인부, 부두인부.

sjåpa *~r ~de ~t rfl.* (감정을) 과장하다, 굽실거리다; ~ sig för …에게 대해 굽실거리다, 비하하다.

sjåpig *a.* 매우 감상적인, 맥이 빠진, 유약한, 연약한, 겁 많은.

sjåser (복수명사) 짐짓 꾸밈, 꾸미는 태도.

sjåsig *a.* 짐짓 꾸민, …인 체하는.

själ [ʃɛːl] *~en ~ar* 마음; 심성; 영혼; (정신, 지적 능력 소유자로서의) 인간, 인물; min ~! 맹세코!, 틀림없이!; 이거 놀랐는걸!; ~arnas sympati 정신적 유대감; inte en [levande] ~ 한 사람도 …하지 않다; små ~ar! 귀여운 아이들!; två ~ar och en tanke 사람은 둘이지만 마음은 하나; i ~ och hjärta 마음속으로는, 실상은, 본심은; det skär mig in i ~en 그것이 내 마음을 아프게 하다; med hela min ~ 내 마음을 다하여, 충심으로.

själaglad *a.* 매우 즐거운, 환희에 찬.

själamäss|a *-an -or* 【가톨릭】 레퀴엠, 죽은 이를 위한 미사[곡]; 진혼곡.

själaringning *~en ~ar* 조종(弔鐘).

själasörjar|e *-[e]n ~* 목자, 목사.

själatåget (정형명사) ligga i ~ 임종의 순간에 있다.

själavandring *~en ~ar* 전생, 윤회.

själavård *~en 0* 영혼의 수양, 정신수양.

själfull *a.* 열정적인, 활기에 찬; 영혼이 담긴.

själlös *a.* 혼이 없는, 정성이 담기지 않은; 활기 없는.

själsdödande *a.* 정신을 황폐하게 하는; 지루하기 짝이 없는.

själsfrände *~n ~r* 마음을 나눈 친구.

själsförmögenheter (복수명사) 정신적(지적) 능력.

själslig *a.* 정신적인, 심적인.

själsliv *~et ~* 정신적(지적) 생활, 정서적 삶.

själsstrid *~en ~er* 정신적 투쟁.

själsstyrk|a *-an -or* 정신력.

själv *pron.* 그 자신; ingen kan ångra det så mycket som jag ~ 나 자신만큼 그것에 대해 후회할 사람은 없다; jag gjorde det ~ 나는 혼자서 그 일을 했다; jag frågade honom ~ 나 자신이 그에게 물어보았다, 나는 그 사람 자신에게 물어 보았다; arbetet gör sig inte ~t 그 일이 저절로 되는 것은 아니다; han är godheten ~ 그는 선(善)의 화신이다; han är inte sig ~ längre 그는 이제 과거의 그가 아니다; vara sig ~ nog 남에 대한 관심이 없이 자족하다; det kan du vara ~! 너나 먹어라!; du ~ då? 너 자신은 어때?

själv *a.* ~a arbetet 그 일 자체; ~a tanken är inte ny 그 생각 자체는 새로운 것이 아니다; ~a[ste] kungen 국왕께서 몸소(친히); i ~a Stockholm 스톡홀름 중심부에; det är (var) då ~a[ste] den(katten) att …하다니 귀찮기 짝이 없다.

självaktning *~en 0* 자존[심], 자중, 자부[심].

självantändning *~en ~ar* 자연 발화, 자연 연소.

självbedrägeri *~et ~er* 자기기만.

självbehärskning *~en 0* 자제(自制).

självbekännelse *~n ~r* 자기 고백.

självbelåten *a.* 자기만족의, 자만의.

självbespegling *~en ~ar* 자기 투영, 자아 분석.

självbestämmanderätt *~en 0* 자결권.

självbetjäning *~en 0* 셀프 서비스, 자급식.

självbevarelsedrift *~en 0* 자기 보존 본능.

självbindar|e *-[e]n ~* 【농업】 베어서 단으로 묶는 기계, 바인더.

självbiografi *~n ~er* 자서전.

självbiografisk *a.* 자서전의, 자서전적인.

självcensur *~en ~er* 자기검열.
självdeklaration *~en ~er* 【세금】 소득 자진신고.
själv|dö *–dör –dog –dött itr.* 자연사하다.
självfallen ☞ självklar.
självförvållad *a.* 스스로 과(過)한, 자초한.
självgod *a.* 독선의, 독선적인.
självhjälp *~en 0* 자립, 자조.
självhushåll *~et 0* 자급자족.
självhäftande *a.* (봉투 · 우표 등이) 자체에 풀이 묻은.
självhärskar|e *–[e]n ~* 독재자, 독재 군주.
självhävdelse *~n 0* 자기주장.
självisk *a.* 이기적인.
självklar *a.* 명백한, 분명한, 자명한; ja, det är ~t! 그럼! 두 말하면 잔소리지.
självklarhet *~en ~er* 자명한 말.
självkostnadspris *~et ~er* 생산가.
självkritik *~en 0* 자기비판.
självkännedom *~en 0* 자기 인식.
självkänsla *~n 0* 자의식; 자부심, 자중.
självljud *~et ~* 모음.
självlärd *a.* 독학의.
självlärd (명사화 형용사) 독학한 사람.
självmant *adv.* 자의에 의해서, 자진해서.
självmedveten *a.* 자의식이 강한, 자신 있는.
självmord *~et ~* 자살.
självmordsförsök *~et ~* 자살 기도(企圖).
självmål *~et ~* 자살골.
självmördar|e *–[e]n ~* 자살자.
självporträtt *~et ~* 자화상.
självrisk *~en ~er* 【보험】 자손 부담금.
självrådig *a.* 제멋대로 구는, 억지 부리는, 완고한, 유아 독존식의.
självservering *~en ~ar* 셀프 서비스, 자급식.
självskriven *a.* 적임의; 자명한.
självsprick|a *–an –or* 동창(凍瘡); 균열.
självstart *~en 0* 자동 시동 장치.
självständighet *~en 0* 자립, 독립.
självsvåld *~et 0* 억지, 제멋대로임, 방자, 완고함.
självsvåldig *a.* 억지의, 제멋대로 구는, 방자한, 완고한.
själv|så *–sår –sådde –sått rfl.* (식물이) 자생하다.
självsäker *a.* 자만하는, 자신 있는.
självtillit *~en 0* 자신(自信) 자기 신뢰.
självtillräcklig *a.* 자족하는.
självuppoffring *~en ~ar* 자기희생.
självupptagen *a.* 자기중심의.
självutlösar|e *–[e]n ~* 자동 개폐기, 자동 셔터.
självägande *a.* ~ bonde 자영농.
självändamål *~et 0* 목적 자체.
självöverskattning *~en 0* 자기 과신.
självövervinnelse *~n 0* 자기 극복, 자아 극복.
sjö [ʃøː] *~n ~ar* ① 호수; 바다; skogs~ 숲속의 호수; ~fart 해상 교통; ~fågel 해조; han låg i en ~ av blod 그는 피바다 속에 누워있었다; kasta (pengarna) i ~n 낭비하다, 돈을 물 쓰듯 하다; kasta yxan i sjön 포기하다 ② 큰 파도; ~arna slog in i

S

sittbrunnen 커다란 파도가 배의 조종석 안까지 밀쳐 왔다.
sjöbefäl *~et 0* (민간 선박의) 고급 승무원.
sjöbefälsskol|a *-an -or* 해양대학.
sjöbjörn *~en ~ar* 나이가 들고 경험이 풍부한 뱃사람(선원).
sjöblöt *a.* 흠뻑 젖은.
sjöbod *~en ~ar* 정고(艇庫) 고기잡이 창고.
sjöborr|e *-en -ar* 【동물】 섬게.
sjöbris *~en 0* 바닷바람, 해풍, 해연풍(海軟風).
sjöbuss *~en ~ar* ☞ sjöbjörn.
sjöd ☞ sjuda.
sjöfarande Ⅰ. *a.* 항해의 Ⅱ. *~n ~* 선원.
sjöfart *~en 0* 해운; 항해.
sjöflygplan *~et ~* 수상 비행기.
sjöfolk *~et 0* 선원, 뱃사람.
sjöförklaring *~en ~ar* 해난 보고서.
sjögräs *~et 0*【식물】 해초, 바닷말.
sjögång *~en 0* 거친 파도.
sjöhäst *~en ~ar* 【신화】 해마(해신의 전차를 끄는 말머리에 물고기 꼬리를 단 괴물); 【동물, 어류】 해마.
sjöhävning *~en 0* (잔잔한) 파도.
sjöjungfru *~n ~r* 인어.
sjökapten *~en ~er* 선장, 함장.
sjökort *~et ~* 해도, 수로도.
sjö|man *-mannen -män* 선원, 뱃사람.
sjömansbiff *~en 0* 쇠고기, 양파, 감자를 넣어 찐 냄비요리.
sjömansblus *~en ~ar* (넓은 칼라가 달린) 수병들의 상의, 그런 모양의 옷.
sjömanshus *~et ~* 선원의 집, 해원회관(관공서로써 선원을 위해 승선, 등록, 직장알선 등의 일을 맡아 본다).
sjömanskap *~et 0* 선박 조종술.
sjömanskostym *~en ~er* 수병들의 제복, 그러한 모양의 아동복.
sjömanskrag|e [-krɑgə] *-en -ar* 수병들의 상의에 붙어 있는 칼라.
sjömil *~en ~* 해리(1852m).
sjömärke *~t ~n* 항해표지.
sjömätning *~en 0* 수로 측량.
sjöng ☞ sjunga.
sjönk ☞ sjunka.
sjönöd *~en 0* 항해 중의 위험(비상)사태.
sjörapport *~en ~er* 해상일기예보.
sjöreglering *~en ~ar* 호수의 수량조절.
sjörövar|e *-[e]n ~* 해적.
sjösjuk *a.* 배멀미의.
sjösjuka *~n 0* 배멀미.
sjöskum *~met 0* 【광물】 해포석.
sjöslag *~et ~* ① 해전 ② 술잔치, 술 파티.
sjöstjärn|a *-an -or* 불가사리.
sjösättning *~en 0* 진수(進水).
sjötomt *~en ~er* 해변 가의 토지.
sjötung|a *-an -or* 【어류】 혀 가자미, 혀 넙치.
sjöväg *~en ~ar* 해로.
sjövärdig *a.* 항해에 적합한, 항해에 견디는.
s.k. (så kallad의 약어) 즉, 말하자면, 소위, 이른바.
ska [skɑː]/[ska] ☞ skola.
skabb *~en 0* 【의학】 개선, 옴.
skabbig *a.* 옴에 걸린, 딱지투성이의, 더러운.
skabrös *a.* 외설적인, 음란한.
skad|a[1] *-an -or* ① 부상, 상처; 파

손, 고장; 해, 장해; 손해; få en liten ~ på …에 약간 파손된 곳이 있다; göra mycket ~ 많은 해를 끼치다; ta(lida) ~ av …으로부터 고통을 받다, 손해를 보다; ta ~n igen 손해를 보충하다, 복수하다; tillfoga ~ 해를 끼치다; vara till ~ för …에 해가 되다 ② 애석한 일; 애석함; det är ~ att …하다니 애석하다.

skada[2] *~r ~de ~t tr.* 해를 끼치다; 상처를 입히다; 손해를 끼치다; 손상시키다; ~ ngns rykte …의 이름(체면)에 누를 끼치다; ~ [sig i] benet 다리를 다치다; det ~r inte att försöka 시도해 보아서 손해될 것은 없다; det skulle inte ~ med …해도 해가 되지는 않을 걸(나쁘지 않을 거야).

skadeanmälan ~ *0* 손해 신고.

skadedjur *~et ~* 해충, 해가 되는 동물.

skadeersättning *~en ~ar* 손해 배상.

skadeglad *a.* 남의 불행을 보고 좋아하는, 사악한.

skadegörelse *~n ~r* 파손, 손상.

skadereglering *~en ~ar* (보험 회사에서 담당하는) 손해 배상 조정.

skadeslös *a.* hålla ngn ~ [för] …[에 대해] …에게 손해 배상하다.

skadestånd *~et ~* (금전적인) 손해 배상.

skadeverkan ☞ **skadeverkning**.

skadeverkning *~en ~ar* 해[가 되는 작용], 손상; tobakens ~ar 담배의 해독.

skadlig *a.* 해가 되는, 건강에 나쁜.

skad|skjuta *-skjuter -sköt -skjutit tr.* (동물에게 총을 쏘아) 상처를 입히다.

skaffa *~r ~de ~t* Ⅰ. *itr.* 얻다, 획득하다, 갖추다; ~ *ngn ngt* a) …에게 …을 가져다주다, 찾아주다 b) …에게 …을 제공하다, 주다; ~ ngn ett arbete …에게 일자리를 구해주다; det ~de honom ryktbarhet 그것은 그에게 명성을 안겨 주었다 Ⅱ. *rfl.* 마련하다, 얻다, 구하다; 구입하다; ~ sig ryktbarhet 명성을 얻다; ~ sig vänner 친구를 사귀다 Ⅲ. *itr.* ① …하다, 관계하다, 상관하다; vad har du med det att ~? 당신은 그것과 무슨 상관이 있는가?; då får du med mig att ~! 그렇다면 당신은 나를 상대해야 한다; du har ingenting här att skaffa 당신은 이것과 아무 관계가 없다 Ⅳ. (강세접사와 함께) ① ~ bort ☞ ~ **undan** ② ~ fram 얻다, 입수하다, 획득하다 ③ ~ igen …을 되찾다 ④ ~ ihop 모으다 ⑤ ~ undan 치우다.

skafferi *~et ~er* 식료품 저장실.

skaffning *~en ~ar* (간단한) 음식.

skafföttes *adv.* [ligga] ~ 서로 머리와 발을 맞대고 누워 있다.

skaft *~et ~* ① (연장 등의) 자루, 대; kniv~ 칼자루; penn~ 펜대 ② (식물의) 줄기, 대, 또는 이와 비슷한 것; blom~ 꽃대 ③ (장화, 부츠 등의) 윗부분; stövel ~ 장화 윗부분 ④【동물】깃촉,【건축】작은 기둥; han har huvudet på ~ 그는 언행에 실수가 없다, 빈틈이 없다; hans ögon stod på ~ 그는 넋을 잃고 바라보고 있었다; ingen vill hålla i ~et 아무도 책임을 지려고 하지 않는다.

skafta *~r ~de ~t tr.* 손잡이(자루, 대)를 달다.

skaka *~r ~de ~t* Ⅰ. *tr.* 흔들다;

S

동요시키다; 떨다; olyckan ~de henne djupt 사고는 그녀를 심히 동요시켰다; ~ hand med ngn …와 악수하다 Ⅱ. *itr*. 흔들리다, 진동하다; 떨다; jag fryser så jag ~r 나는 추워서 몸이 떨린다; ~ på ngt …을 흔들다; han ~r på handen 그는 손을 떤다(질병, 노쇠 등의 이유로); ~ på huvudet (부인의 뜻으로) 고개를 젓다; ~ på sig 몸을 떨다 Ⅲ. (강세접사와 함께) ① ~ av(bort) …을 털다; ~ av sig ngt 몸을 흔들어 …을 털다 ② ~ fram 구하다, 입수하다 ③ ~ upp a) (베개 따위를) 흔들어 모양을 바로 잡다 b) 동요시키다.

skakande *a*. 동요시키는, 경악하게 하는, 전율케 하는.

skak|el *–eln*, *–lar*/*–lor* (수레의) 채; hoppa över –larna a) 말이 봇줄을 벗어 던지다 b) 거칠어지다, 반항하다, 말을 잘 안 듣다.

skakig *a*. 떨리는, 흔들리는, 진동하는.

skakis (불변화형용사) 두려워하는, 겁먹은.

skal *~et ~* ① 껍질, 표피; *ett tomt ~*, *ett ~ utan kärna* (속이) 텅 빈 껍질, 【비유적】 허구, 허상; släpper ~et lätt? 껍질이 잘 벗겨지나?; krypa ur ~et 제 껍데기에서 나오다, 마음을 터놓다 ② inte ett ~ 전혀 …하지 않다; inte bry sig ett ~ om ngt …을 전혀 개의치 않다.

skal|a[1] *–an –or* 눈금, 저울눈, 척도; 【음악】 음계; 규모; 전(全) 범위, 전반; (라디오의) 다이얼; 축척; 비례, 비율; hela ~n av … 모든(전 범위에 걸친); ritad efter i förminskad ~ 축소해서 도안한; en karta i ~n, 1 : 1000 축척, 1000분의 1의 지도.

skala[2] *~r ~de ~t* Ⅰ. *tr*. (껍질을) 벗기다 Ⅱ. *itr*. 빨리 걷다, 총총걸음으로 걷다; ~ iväg 잽싸게 달아나다.

skalbagg|e *–en –ar* 투구벌레[류], 딱정벌레.

skald *~en ~er* 시인.

skalda *~r ~de ~t itr*. 【고어】 작시하다, 시를 짓다.

skaldegåv|a *–an 0* 시적 재질.

skaldekonst *~en 0* 문예.

skaldinn|a *~an ~or* 여류 시인.

skaldjur *~et ~* 조개, 갑각류.

skaldskap *~et 0* 시작(詩作).

skalk *~en ~ar* ① 빵이나 치즈의 딱딱한 부분 ② 악한, 무뢰한, 깡패.

skalka *~r ~de ~t tr*. ~ luckorna 【항해】 누름대로 (배의) 창구를 막다.

skalkaktig *a*. 악당 같은, 무뢰한의; 개구쟁이의.

skalka|s *~ –des –ts itr*. *dep*. 농담하다, 장난하다.

skall[1] ☞ skola, 조동사 skola의 현재형.

skall[2] *~et ~* 짖기, 짖는 소리; (나팔 등의) 소리, 울려 퍼짐; ge ~ 짖어대다, 짖다.

skalla *~r ~de ~t* Ⅰ. *itr*. (나팔 소리 등이) 울려 퍼지다 Ⅱ. *tr*. 머리로 상대방의 머리를 들이받다.

skallbas *~en ~er* 두개골의 하반부.

skall|e *–en –ar* 두개골.

skallerorm *~en ~ar* 방울뱀.

skallgång *~en ~ar* 수색, 샅샅이 뒤짐; *gå ~ efter* …을 찾으려고 샅샅이 뒤지다.

skallig *a*. 대머리의.

skallr|a[1] *-an -or* (유아들의 장난감) 방울, 딸랑이; 이와 비슷한 소리를 내는 기구, 도구.

skallra[2] *~r ~de ~t itr.* 딸랑거리다, 달각달각 소리 내다; han frös så att tänderna ~de 추워서 그는 이가 떨렸다.

skalm *~en ~ar* ① (수레의) 채 ② (안경 등의) 대, 자루.

skalmej|a *-an -or* 중세의 오보에 (목관 악기) 종류.

skalp *~en ~er* 머리 가죽.

skalpell *~en ~er* 수술칼.

skalpera *~r ~de ~t tr.* …의 머리 가죽을 벗기다.

skalv *~et ~* 지진; 진동.

skam *~men 0* 수치, 모욕, 불명예; det är ingen ~ att vara fattig 가난한 게 수치스러운 것은 아니다; nu går ~ på torra land 이제 한계에 달했다, 더 이상 참을 수 없다; inte ha någon ~ i sig, ha bitit huvudet av ~men 부끄러움을 모른다, 뻔뻔하기 짝이 없다; ~ till sägandes har jag glömt det 부끄러운 일이지만, 깜빡 했는데; för ~s skull 체면상, 낯부끄럽지 않게; komma på ~ (희망, 기대 등이) 어긋나다, 좌절되다; till min ~ 유감스럽게도, 부끄럽지만.

skamfila *~r ~de ~t tr.* är ~d (사용하여) 몹시 낡아있다.

skamfläck *~en ~ar* 수치거리, 모욕거리; han är en ~ för landet 그는 나라의 수치이다.

skamlig *a.* 불명예스러운, 수치스러운, 모욕적인.

skamlös *a.* 무례한, 부끄러운 줄 모르는, 염치없는.

skampål|e *-en -ar* 공공장소에 죄인을 묶어 두던 통나무 기둥; stå vid ~n 만인의 웃음거리가 되다.

skamsen *a.* 부끄러운, 수치스러운.

skamvrå *~n 0* 아동들이 벌을 섰던 (구석진) 장소.

skandal *~en ~er* 추문, 스캔들; 불명예, 치욕.

skandalisera *~r ~de ~t tr.* 모욕하다, 수치스럽게 하다; 추문을 터뜨리다.

skandalös *a.* 수치스러운.

skandera *~r ~de ~t tr.* (시나 구호를) 운율에 맞추어 읽다.

skandinav *~en ~er* 북유럽인, 스칸디나비아인.

Skandinavien 북유럽, 북구, 스칸디나비아.

skandinavisk *a.* 북구의, 스칸디나비아의.

skandinavism *~en 0* (1800년대의) 범(凡)스칸디나비아 운동.

skank *~en, ~ar/~or* (동물에 있어서) 뒷발의 정강이 부분.

skann|er *~n -rar* 【TV · 통신】 스캐너, 영상 주사기(走査機); 【컴퓨터】 스캐너.

skans *~en ~ar* ① 요새, 진지 ② 앞 갑판 밑에 위치한 선원실 ③ 선원들의 식당.

skapa *~r ~de ~t tr.* 만들다, 창조하다; 세우다, 건립하다; 야기 시키다; 새 말을 만들어내다; ~d varelse 창조물; han är som ~d för det 그것에는 그가 적임자다.

skapande *a.* ① 창조적인, 건설적인 ② inte ett ~[s] grand 전혀 …하지 않다.

S

skaparanda *~n 0* 영감, 창조적 정신.
skapar|e *–[e]n ~* 창조자; 원조; 작곡가; 발명가.
skapelse *~n ~r* 창조물; ~n 자연, 우주[만물].
skaplig *a.* 괜찮은, 쓸 만한.
skaplynne *~t ~n* 성격, 성질.
skapnad *~en ~er* 형상, 모습, 형태; 외모.
skar ☞ **skära**
skar|a *–an –or* 무리, 떼; en ~ arbetare 일단의 노동자들; i stora –or 큰 무리를 지어.
skarabé *~n ~er* 풍뎅이의 일종.
skare *~n 0* 눈이 녹았다 다시 얼어붙은 단단한 표면.
skarp[1] *a.* 날카로운, 예리한; (절벽 등이) 가파른; (음식의 맛 등이) 강한, 독한; (윤곽 등이) 명료한; (감각이) 예민한; (빛이) 강렬한; ~ ammunition 화약(탄약)이 장전되어 있는 무기; ett ~t svar 신랄한 대답; ~a drag (윤곽이) 뚜렷한 모습(특징); ~ intelligens 예리한 지성; ~ kontrast 날카로운 대조; ~ krök(kurva) 심한 굴곡; ~ köld 혹독한 추위; hålla ~ utkik 삼엄한 파수를 보다.
skarp[2] *~en 0* , hugga i på ~en 마음을 굳게 먹고 착수하다, 달려들다; säga till [ngn] på ~en …에게 엄하게 말하다; ta itu med ngn på ~en …을 엄하게 다루다.
skarpblick *~en ~ar* 날카로운 눈매; 안식력, 혜안.
skarprättar|e *–[e]n ~* 망나니, 교수형 집행자.
skarpsill *~en ~ar* 청어 속(屬)의 작은 물고기.
skarpsinne *~t ~n* 총명, 날카로운 통찰력.
skarpsinnig *a.* 총명한.
skarpsinnighet *~en ~er* ☞ **skarpsinne**.
skarpskjutning *~en ~ar* 실탄 발사.
skarpskuren *a.* 윤곽이 뚜렷한.
skarpsynt *a.* 눈이 날카로운, 관찰력이 예리한.
skarpsås *~en 0* 소스의 일종(삶은 달걀이나 생달걀에 겨자, 식초, 휘핑크림(whipping cream) 등을 섞어 만든 것으로 주로 생선요리와 함께 먹음).
skarpögd *a.* 눈이 날카로운, 관찰력이 뛰어난.
skarv *~en ~ar* ① 【조류】 가마우지 ② 이음새, 접합부; 환절기.
skarva *~r ~de ~t* Ⅰ. *tr. itr.* ① (길이나 너비를) 잇다, 넓히다 ② 접합하다 ③ 과장하다, (상상 속에서) 가공하다 Ⅱ. (강세접사와 함께) ① ~ i en bit i …에 한 조각을 붙이다, 잇다 ② ~ ihop 잇다, 접합하다 ③ ~ till (…을 붙여 이어) 길게 하다.
skat|a *–an –or* 까치.
skatt *~en ~er* ① 보물; 부, 재산 ② 세금, 조세; 관세, 광물; kommunal ~ 지방세; ~ vid källan 원천 과세 (källskatt).
skatta *~r ~de ~t* Ⅰ. *tr.* ① …에서 훔치다, 약탈(강탈)하다, 빼앗다; ~ ett träd på frukt 나무에서 과일을 따다; ~ ett fågelbo på ägg 새집에서 새알을 훔치다 ② 평가하다; en förmån som inte kan ~s nog högt 아무리 높이 평가해도 충분하지 않은 혜택(이점) Ⅱ. *itr.* ① 납세하다 ② (비유적 표현); ~ åt …의 희생이 되

다; ~ åt förgängelse 죽다.

skattebetalar|e *-[e]n ~* 납세자.

skatteflykt *~en 0* 탈세.

skattefusk *~et 0* 세금 사기, 탈세.

skattekron|a *-an -or* 지방세 산출 단위(100크로나 과세수입에 해당하는); skatten fastställs 29 kronor per ~ 지방세은 100크로나 당 29크로나(29%)로 결정되었다.

skattemedel (복수명사) 세입, 세원.

skattepliktig *a.* 납세의무가 있는.

skattetabell *~en ~er* 과세 등급표.

skatteåterbäring *~en ~ar* 초과 과세 징수분에 대한 상환금.

skattkammar|e *-[e]n ~* 보물을 저장해 놓은 곳; 보고(寶庫); 국고.

skattkammarväx|el *-eln -lar* 대장성 증권, 국고 증권.

skatt|skriva *-skriver -skrev -skrivit* (성경에 사용되었던 용어) 납세의무자로 등록시키다.

skav|a *-er -de -t tr. itr.* 문지르다, 문질러서 반반하게 하다; 밀어내다, 깎아내다; knäna -er mot varandra när hon går 그녀가 걸을 때는 무릎이 서로 스친다; -sår 긁힌 상처; hon försökte ~ bort färgen för att se vilket träslag stolen var gjord av 의자의 재질이 무엇인가를 알아보기 위해 그녀는 나무의 색칠을 긁어내려고 애를 썼다.

skavank *~en/~et, ~er* 결점; 불구; 파손.

skavsår *~et ~* 긁힌 상처, 찰상.

ske [ʃe:]*~r ~dde ~tt itr.* 일어나다, 발생하다; 진행하다; 처리되다; (신고 등이) 이루어지다; 실행되다; han hoppas att undret skall ~ 그는 기적이 이루어지기를 바라고 있다; ~ Guds vilja! 하느님의 뜻이 이루어지소서!

sked *~en ~ar* ① 숟가락; ta ~en i vacker hand 현실에 자신을 맞추다, …에 순응하다, 주어진 상태에서 최선을 다하다 ② 【직조】 바디, 리드.

skeda *~r ~de ~t tr.* (화학적으로) 분리시키다.

skede [ʃe-]*~t ~n* 시대; 단계.

skeende *~t ~n* (사태의) 진행, 추이.

skela *~r ~de ~t itr.* 사팔 눈이다, 곁눈질로 보다.

skelett [sk-] *~et ~* 해골.

skelögd *a.* 사팔뜨기의

skelört *~en 0* 【식물】 애기똥풀; 미나리아재비의 일종.

sken Ⅰ. *~et ~* ① 빛 ② 외모; 겉보기; 꾸밈; 가면; 구실, 핑계; 유사, 닮음; ett ~ av …과 유사함(비슷한 것); ~et bedrar 겉보기와는 다르다; för att bevara(rädda) ~et 체면(얼굴)을 생각하여, 구색을 맞추기 위해; ge sig ~ av att vara rik 부자인 것처럼 꾸미다(인 체하다); han har ~et emot sig 그의 외모는 좋지 않다; för ~ets skull 체면상; under ~ av vänskap 친구라는 명분하에 Ⅱ. *~et 0,* falla(råka, sätta av) i ~ 질주하다; i fullt ~ 전속력으로.

skena[1] *~r ~de ~t itr.* 질주하다; hans fantasi ~r i väg med honom 그는 멋대로 상상하기 시작하였다.

sken|a[2] *-an -or* 철로, 철도; (수레바퀴 따위의) 테, 외륜; (접골치료용의) 부목(副木).

skenbar *a.* 외견상의, 명목만의; 환영의, 착각적인.

skenbarligen *adv.* 명백하게, 어느 모로 보나.

skenben *~et ~* 【해부】 경골, 정강이 뼈.

skenbild *~en ~er* 허상; 흉내, 가짜.

sken|död[1] *~en 0* 가사(假死).

skendöd[2] *a.* 가사 상태의.

skenfrukt *~en ~er* 【식물】 위과(僞果).

skenhelig *a.* 위선의

skenhelighet *~en 0* 위선.

skenäktenskap *~et ~* 위장 결혼.

skepnad *~en ~er* 모습, 모양, 형상, 형태; 유령.

S

skepp [ʃep] *~et ~* ① 배, 선박; bränna sina ~ 배수진을 치다 ② 【건축】 (교회, 성당의) 본당 회중석 ③ 【인쇄】 게라, 교정쇄.

skeppa *~r ~de ~t tr.* (선박을 이용하여) 수송(운송)하다.

skepparbrev *~et ~* 선장 자격 증명서.

skeppar|e *–[e]n ~* 선장.

skepparexam|en *~, ~/~ina* 선장 자격시험.

skepparhistori|a *–en –er* (바다, 항해와 관련된) 허황된 이야기.

skepparkrans *~en ~ar* 구레나룻, 턱수염.

skeppning *~en ~ar* 선박 운송; 배에 싣기, 선적.

skeppsbrott *~et ~* 난파, 조난.

skeppsbruten *a.* 난파된, 조난당한.

skeppsbåt *~en ~ar* 구명정.

skeppshandel *~n 0* 선박 내의 매점 (주로 생활필수품 취급) 배에 필요한 도구를 파는 상점.

skeppsklock|a *–an –or* 신호용 종(鐘)(선박이 안개 때문에 정박해 있을 때 사용하는).

skeppsmask *~en ~ar* 【어패류】 좀조개.

skeppsmäklar|e *–[e]n ~* 선박 (매매) 중개인.

skeppsredar|e *–[e]n ~* 선주(船主).

skeppsrederi *~et ~er* 선박 회사.

skeppsskorp|a *–an –or* 선내에서 식량으로 쓰이는 비스킷.

skeppssättning *~en ~ar* 배 모양의 돌무덤(선사시대 유적).

skepsis [sk–] *~en 0* 회의.

skepticism *~en 0* 회의론, 회의주의.

skeptiker *~n ~* 회의론자.

skeptisk *a.* 회의적인.

sket ☞ skita

sketch [sk–] *~en ~er* 토막극, 촌극.

skev *a.* 휜, 뒤틀린.

skeva *~r ~de ~t* Ⅰ. *itr.* 뒤틀리다, 휘다, 뒤둥그러지다; ~ med benen 다리를 벌리고 (앉아) 있다 Ⅱ. *tr.* (노깃을) 수평으로 젓다 Ⅲ. *tr. itr.* 【항공】 뱅크하다, 기울다.

skevrod|er *–ret ~* (비행기의) 보조익(날개).

skick [ʃik] *~et 0* ① 상태; i dåligt ~ 나쁜 상태에 있는; hålla i gott ~ 좋은 상태를 유지하다; sätta ngt i ~ [igen] …을 다시 좋은 상태로 만들다(일으키다) ② 행동, 몸가짐; är det ~ och fason[er]? 그것이 바른 몸가짐이라는 것인가? ③ 관습, 관례; efter ~ och bruk 관습에 따라.

skicka *~r ~de ~t* Ⅰ. *tr.* ① 보내다, 우송하다 ② 결정하다; försynen har ~t det så, att 하나님께서 …하기로 뜻을 결정하셔서 Ⅱ. (강세접사와 함께) ① ~ av 보내다, 우송하다 ② ~ bort …을 내어 보내다 ③ ~ efter

…을 가지러 [사람을] 보내다 ④ ~ i väg 보내다, 발송하다 ⑤ ~ med …을 동봉하다; ~ med ngn ngt …에 딸려 …을 보내다 ⑥ ~ omkring 회람시키다; 돌리다 ⑦ ~ på ngn …에게 […을] 억지로 보내다 ⑧ ~ ut 밖으로 내보내다 ⑨ ~ vidare (편지 따위를) 회송하다, 전교하다 ⑩ ~ över 파견하다.

skickad *a.* 어울리는, 맞는, 적당한.

skickelse *~n ~r* 운명; 하늘의 뜻, 섭리.

skickelsediger [−diːgər] *a.* 운명적인, 중대한; 파란만장한.

skicklig *a.* 재주 있는, 솜씨 좋은, 숙련된, 노련한, 경험이 풍부한; 영리한; ett ~t svar 영리한 대답; vara ~ i sitt fack 자신의 분야에 숙달된; vara ~ i [att göra] ngt …을 하는데 숙달되어 있다.

skid|a[1] [ʃiː−] *−an −or* ① 칼집 ② 【식물】 (콩 따위의) 깍지, 꼬투리.

skid|a[2] *−an −or* 스키; åka −or 스키를 타다.

skiddräkt *~en ~er* 스키복.

skidföre *~t 0,* det är bra ~ 스키타기에 좋은 눈이다.

skidlift *~en ~ar* 스키 타는 사람을 나르는 리프트.

skidlöpar|e *−[e]n ~* ☞ **skidåkare**.

skidpjäx|a *−an −or* 스키화(靴).

skidsport *~en ~er* (스포츠로서의) 스키(타기).

skidstav *~en ~ar* 스키스틱, 스키 대.

skidvall|a *−an −or* 스키 밑에 바르는 밀.

skidåkar|e *−[e]n ~* 스키를 타는 사람.

skiff|er *−ern −rar* 【지질】 편암, 혈암(頁岩); (지붕을 이는) 슬레이트

skifferolja *~n 0* 혈암유.

skiffrig *a.* 슬레이트와 같은; 편암[질]의.

skift *~et ~* (근무의) 교체, 교대시간; arbeta i ~ 교대제로 일하다.

skifta *~r ~de ~t* Ⅰ. *tr.* (유산을) 분배하다, 분할하다, 구분하다; (외관을) 바꾸다; ~ skor 구두를 갈아신다 Ⅱ. *itr.* 변하다, 바뀌다, 번갈아 나타나다, 교체하다; ~ i rött 붉게 물들이다; ~ i regnbågens alla färger 온갖 빛깔이 교차하다

skiftande *a.* 변하는, (날씨가) 불순한; 가지각색의, 각기 다른.

skiftarbete *~t ~n* 교대제 근무.

skifte *~t ~n* 분배, 분할; 【고어】 (땅의) 한 구획; 변화, 변천; i livets alla ~n 인생의 부침(浮沈) 속에.

skiftesbruk *~et 0* 【농업】 윤작.

skiftesrik *a.* 변화가 많은; ett ~t liv 기복이 심한 생애.

skiftning *~en ~ar* 분배, 분할; 변화.

skiftnyck|el *−eln −lar* 멍키 스패너 (렌치).

skifttangent *~en ~er* 【정보통신】 키보드 상의 대소문자 전환 키.

skikt *~et ~* 【지질】 지층, 단층; (필름의) 감광유제; (페인트의) 칠; (사회) 계급.

skiktad *a.* 층을 이루고 있는.

skild *a.* ① 분리한; 이혼한 ② 서로 다른; vi har vitt ~a seder 우리는 풍속이 아주 다르다; vi sover i ~a rum 우리는 각기 딴 방에서 잔다.

skildra [ʃildra] *~r ~de ~t tr.* 묘사하다, 설명하다, 서술하다.

skildrar|e *–[e]n* ~ 묘사하는 사람, 서술자.

skildring *~en ~ar* 서술, 기술, 묘사; 소품(小品).

skil|ja *–jer –de –t* Ⅰ. *tr. itr.* 분리하다, 떼어놓다; 절단하다; 구별하다; ~ kyrkan från staten 교회를 국가로부터 분리시키다; ~ två pojkar som slåss 싸우고 있는 두 소년을 떼어놓다; ~ grädden från mjölken 우유를 탈지하다; vi –des efter middagen 저녁 식사 후 우리는 헤어졌다; ~ mellan vete och korn 밀과 보리를 구분하다; 옥석을 가리다 Ⅱ. *rfl.* ~ sig 이혼하다.

skiljaktig *a.* 서로 다른.

skil|jas *–js –des –ts itr. dep* 헤어지다; 이혼하다; ~ som vänner 사이좋게 헤어지다.

skiljedom *~en ~ar* 【법】 중재, 중재판정.

skije|man *–mannen –män* 【법】 중재인, 재정인.

skiljemynt *~et ~* 잔돈; 거스름돈.

skiljeteck|en *–net ~* 구두점.

skiljeväg *~en ~ar* 기로, 갈림길; stå vid ~en 인생의 갈림길에 서있다.

skillingtryck *~et ~* 【고어】 싸구려 책 (호객 행상인이 팔고 다니던 이야기 · 속요 따위의 소책자).

skillnad *~en ~er* 차이, 차별; det är ~ det! 그것은 별개의 문제다; göra ~ mellan ngt …을 구별하다; till ~ från mig är hon vacker 나와 달리 그녀는 아름답다.

skilsmäss|a *–an –or* 이혼; 헤어짐, 이별; söka ~ 이혼 소송을 제기하다.

skilsmässobarn *~et ~* 이혼한 사람의 아이, 결손 가정의 자녀.

skim|mel [ʃi–] *–meln –lar* 밤색 털에 흰색 털이 섞인 말(馬).

skim|mer *–ret 0* 아른아른하는 빛; (기쁨의) 표현.

skimra *~r ~de ~t itr.* 희미하게 반짝이다, 아른거리다.

skin|a *–er sken –it itr.* 빛나다, 비치다; ~ av glädje 얼굴이 기쁨으로 빛나다; han sken upp 그의 표정은 밝아졌다.

skingra *~r ~de ~t tr.* 흩어지게 하다, 쫓아버리다.

skingra|s *~ –des –ts itr. dep.* 흩어지다, 이산하다, (안개가) 사라지다.

skingringsförbud *~et ~* 【법】 재산처분 금지[명령].

skink|a *–an –or* (돼지의) 허벅다리의 살, 햄; 궁둥이.

skinn *~et ~* 가죽, 피부; (우유 표면에 생기는) 엷은막; kylan biter i ~et 추위가 몸에 파고든다; sälja ~et innan björnen är skjuten 떡 줄 놈은 생각도 않는데 김칫국부터 마신다; ha ~ på näsan 자기 뜻대로 하다; hålla sig i ~et 자제하다, 정도를 넘지 아니하다; rädda sitt eget ~ 무사히 빠져나가다.

skinna *~r ~de ~t tr.* (남에게서) 돈을 빼앗다, 사취하다, 바가지 씌우다.

skinnar|e *–[e]n ~* 사기꾼, 가죽 가공하는 사람.

skinnbaggar (복수명사) 【곤충】 반시류(半翅類)(물거나 쏘는 벌레 종류).

skinnband *~et ~* 가죽표지의 책.

skinnknutt|e *–en –ar* 가죽 잠바 차림새의 오토바이 족.

skinntorr *a.* 말라빠진.

skioptikon [ski–/ʃi–] *~et ~* 슬라이

드 프로젝터.

skipa [ʃiː–] *~r ~de ~t tr*. ~ rättvisa 공평을 기하다, 정의를 구현하다.

skippa [ski–] *~r ~de ~t tr*.【일상】~ ngt …을 하지 않고 넘어가다, …을 건너뛰고 하다.

skir *a*. 맑은, 투명한; 얇고 가벼운;【詩】천상의.

skira *~r ~de ~t tr*. (버터를) 녹이다.

skiss [skis] *~en ~er* 약도, 초안, 스케치.

skissera [ski–] *~r ~de ~t tr*. 스케치하다, 사생하다; 개략을 쓰다, 약도를 그리다.

skit [ʃiːt] *~en ~ar*【비어】똥; 엉터리; 쓸모없는 것, 똥 쌀 놈; prata ~ 거짓말하다, 개소리 치다.

skit|a *–er sket –it itr*.【비어】똥 싸다; det –er jag i 나는 조금도 개의치 않는다; det skall du ~ i 네가 알 바 아니다, 무시해 버려라; ~ ner 더럽히다.

skitig *a*.【비어】더러운.

skitit ☞. skita

skitviktig *a*. 재는, 잘난 체 하는.

skiv|a *–an –or* ① 평판, 널빤지; (축음기의) 음반 ② (빵 · 고기 따위를 [베어] 잘라 낸) 얇은 조각 ③【일상】파티; klara ~n 성공하다, 해내다.

skiva *~r ~de ~t tr*. (빵 · 고기 따위를) 잘라 내다.

skivbroms *~en ~ar* (자동차의) 디스크 브레이크.

skivenhet *~en ~er*【컴퓨터】자기(磁氣) 디스크.

skivfodral *~et ~* 음반의 종이 케이스.

skivling *~en ~ar*【식물】주름버섯.

skivpratar|e *–[e]n ~* 디스크자키.

skivspelar|e *–[e]n ~* 레코드 플레이어, 전축.

skiv|stång *~en –stänger* 역기(力器).

skivtallrik *~en ~ar* (축음기의) 회전반.

skjort|a [ʃɷʈa] *–an –or* 와이셔츠; han äger inte ens –an på kroppen 그는 매우 가난하다; klä av ngn inpå bara –an …으로부터 돈을 짜내다, 갈취하다.

skjortbröst *~et ~* 와이셔츠의 가슴 부분.

skjortlinning *~en ~ar* 와이셔츠의 칼라를 붙이는 부분.

skjortärm *~en ~ar* 와이셔츠의 소매; ta av sig i ~arna 상의를 벗다.

skjul *~et ~* 헛간; 광; 누옥; 마차의 차고.

skjut|a [ʃʉːta] *–er sköt –it* Ⅰ. *tr*. *itr*. ① (총 · 화살을) 쏘다, 발사하다, 사격하다; ~ efter ngn …을 겨냥하여 쏘다; ~ i mål 골인하다; ~ bra 사격 솜씨가 좋다; ~ sig 자기를 쏘아 자살하다 ② 밀다; ~ på 밀어 옮기다; 연기하다; ~ regeln för dörren 빗장을 질러 잠그다 ③ ~ rygg (고양이가) 등을 활 모양으로 구부리다 ④ ~ ax (보리의) 이삭이 패다 Ⅱ. (강세접사와 함께) ① ~ av 발사하다 ② ~ bort 밀어 치우다, 배제하다 ③ ~ fram (의자 따위를 가까이에) 밀어 움직이다; 밀어내다 ④ ~ för (뚜껑을) 밀어 닫다; ~ för regeln 빗장을 질러 잠그다; ⑤ ~ ifrån regeln 빗장을 벗기다; ~ ifrån sig ansvaret 책임을 회피하다 ⑥ ~ igen (문을) 닫다 ⑦ ~ ihjäl 사살하다 ⑧ ~ ihop (문을) 밀어 닫다; (돈을) 모으다 ⑨ ~ in sig 사정(射程)

S

거리 측정을 위해 목표물의 앞뒤를 차례로 시사(試射)하다 ⑩ ~ ned 쏘아 떨어뜨리다, 쏘아 죽이다; 내리다 ⑪ ~ på 앞으로 밀다 ⑫ ~ till (문을) 닫다; (돈을) 기부하다 ⑬ ~ upp 밀어 올리다; (문을) 밀어 열다; (유도탄을) 쏘아 올리다; 연기하다; (식물이) 돋아나다, 위로 튀어나오다 ⑭ ~ ut 쏘아내다, 돌출해 있다; ~ ut en båt i vattnet 보트를 물에 띄우다; en udde -er ut i havet 곶이 바다를 향해 돌출해 있다 ⑮ ~ över skulden på ngn 책임을 …에게 전가하다.

skjutban|a *-an -or* 사격장.

skjutdörr *~en ~ar* 미닫이 문.

skjutfält *~et ~* 대(大)사격장.

skjutjärn *~et ~*【일상】총, 권총, 총기.

skjutjärnsintervju *~n ~er* 속사포 같은 인터뷰.

skjutmått *~et ~* 버니어 캘리퍼스.

skjutning *~en 0* 사격.

skjuts *~en ~ar* ① ge ngn ~ …을 차에 태워주다 ② 마차.

skjutsa *~r ~de ~t tr.* 태워주다.

skjutvap|en *~net ~* 소화기(小火器).

skjuva *~r ~de ~t tr.* 천천히 움직이다.

skleros [-o:s] *~en ~er*【병리】경화증.

sklerotisk [-o:-] *a.*【병리】경화증의.

sko[1] [skω:] *~n ~r* 구두, 신발; (말의) 편자; det är där ~n klämmer 문제는 바로 그것이다.

sko[2] *~r ~dde ~tt tr.* 구두를 신기다; (말에) 편자를 박다; 철로 강하게 하다; ~ sig på ngns bekostnad …의 비용으로 돈을 벌다.

skoblock *~et ~* (모양 보존을 위해 넣어두는) 구두틀.

skoborst|e [-bɔʂ-] *-en -ar* 구두 닦는 솔.

skock [skɔk] *~en ~ar* (사람의) 무리, 떼; 짐승의 무리.

skocka *~r ~de ~t rfl.* 떼 지어 모이다.

skocka|s *~ -des -ts itr. dep.* 모이다, 붐비다.

skodon (복수명사) 신는 것(구두 · 장화 · 슬리퍼 · 운동화 등).

skog [skω:g] *~en ~ar* 숲, 삼림; fälla ~ 삼림을 벌채하다; kan inte se ~en för bara trän 나무만 보고 숲은 못 본다, 작은 일에 구애 되어 큰일을 놓친다; det går åt ~en 일이 실패할 것이다; dra åt ~en! 뒈져라!

skogig *a.* 수목이 무성한, 수목으로 덮힌.

skogsarbetar|e *-[e]n ~* 벌목꾼.

skogsavverkning *~en ~ar* 벌채.

skogs|brand *~en -bränder* 산불.

skogsbruk *~et 0* 임업(林業).

skogsbryn *~et ~* 숲의 변두리.

skogsdung|e *-en -ar* 작은 숲.

skogsduv|a *-an -or* 들비둘기.

skogsfru *~n ~ar* ☞ skogsrå.

skogshuggar|e *-[e]n ~* 벌채꾼.

skogs|mus *~en -möss* 들쥐.

skogsmård *~en ~ar* 담비의 일종.

skogsplantering *~en 0* 조림, 식림.

skogsrå *~[e]t ~n* 숲의 요녀(마녀).

skogsskövling *~en 0* 삼림의 황폐화.

skogssnuv|a *-an -or* ☞ skogsrå.

skogssnår *~et ~* 덤불.

skogsstjärn|a *-an 0* 별 모양의 꽃이 피는 여러 종류의 초본의 총칭; 백합

과의 오르니소갈룸이나 앵초과의 기생꽃 따위.

skogsvård *~en 0* 영림(營林) 산림관리, 임학(林學).

skogvaktar|e *–[e]n ~* 산림 감시인, 산림 경비원; 사냥터 관리인.

skohorn *~et ~* 구두주걱.

skoj *~et 0* ① 농담, 재담, 익살, 장난; för ~s skull 농담으로, 재미로 ② 속임수, 사취, 협잡, 엉터리.

skoja *~r ~de ~t* Ⅰ. *itr*. 장난치다, 떠들고 놀다; 농담하다 Ⅱ. *itr*. *tr*. 사기를 치다, 속임수를 쓰다, 사취하다; ~ av ngn pengar …에게서 돈을 사취하다.

skojar|e *–[e]n ~* ① 사기꾼, 협잡꾼, 건달 ② 재담꾼, 농담하는 사람, 익살꾼.

skojeri *~et ~er* 속임수, 사취.

skojfrisk *a*. 농담을 잘하는.

skojig *a*. 재미있는, 우스운, 익살맞은.

skokräm *~en 0* 구두약.

skola[1] *ska/skall skulle ~t hjälpv*. Ⅰ. *skola* (추측); han lär ~ komma 그는 올 것이라고들 한다 Ⅱ. *ska/skall skulle* a) (단순미래) jag ska ge mig av imorgon 내일 출발한다; han ska säkert lyckas 그는 꼭 성공할 것이다; jag skall bli 50 nästa vecka 다음 주에 나는 50세가 된다; det går nog bra skall du se 잘 될 것이다; jag skulle behöva två timmar för att läsa ut boken 그 책을 다 읽으려면 두 시간 걸릴 텐데; doktorn sade att jag snart skulle bli frisk 의사는 내가 곧 회복할 것이라고 말했다; det ser ut som om vi skulle komma för sent 우리는 늦게 도착할 것 같다; det ser ut som om det skulle bli regn 비가 올 것 같다 b) 막 …하려하고 있다(의지); jag skall just till att åka 나는 막 떠나려는 참이다; han skulle till att gå ut när telefonen ringde 전화가 왔을 때 그는 막 외출하려던 참 이었다 c) (동작동사가 생략된 경우) jag ska [gå] på bio 나는 영화구경하러간다; jag ska [fara] till stan 나는 시내에 간다; ska du [komma] hit ikväll? 당신은 오늘 저녁에 여기에 오실 겁니까? d) (예정) tåget skall komma klockan 2 기차는 2시에 도착할 예정이다; om vi skall vara i stan klockan ett måste vi ta en taxi 시내에 한시까지 가려면 택시를 타야 한다; hon frågade om han skulle gå dit 그녀는 그가 거기에 가기로 되어있느냐고 물었다 e) (의지 · 제안 · 결정 · 약속 · 의도 · 협박 · 명령 · 강제 · 의무) vi ska fråga honom 그에게 물어보자; det ska jag göra 그래, 그렇게 하지; jag skall ta reda på det 내가 알아보겠다; vad ska du med så mycket pengar? 뭣하러 그렇게 많은 돈을 가지고 있느냐?; jag skulle ha ett paket cigarretter 담배 한 갑 주세요 (가게에서); lovade du inte att du skulle diska idag? 오늘은 당신이 설겆이하겠다고 약속하지 않았어요?; ska vi gå på teater[n]? 연극을 보러 갈까요?, 연극을 보러 갑시다; du ska gå till skolan 너는 학교에 가야한다; du skall icke stjäla 【성서】 도둑질 하지 말라; det ska du få sota för 따끔한 맛을 보여줄테다; vad ska det här betyda? (화가나서) 이것은 도대체 어떻게 된 일이냐?; vad ska det tjäna till? 무슨 소용이 있어?; skall det vara en kopp kaffe? 커피 한 잔 드시겠습니까?; ska det vara, så ska det (vara) 어떤 일을 하려면 철저히 해야지; han vet inte vad han ska tro 그는 무엇을 (누구 말을) 믿어야 할 지 모른다; gör vad du skall! 네가 해야 할 일을 해라!; han skulle ge det till dig 그는 그것을 당신에게 주려고 했었다; han vill att jag skall komma 그는 내가 오기를 바란다; han ska då jämt bråka 그는 항상 시비를 건다; det ska [allt] vara en dumbom som gör något sådant 그런 짓을 하다니 바보로군 f) (조건절) jag skulle bli glad om han kom 그가 온다면 나는 기쁠텐데; om det vore jag, så skulle jag resa till Sverige 나 같으면 스웨덴에 갈텐데; han skulle ha kunnat göra det om han hade försökt 만일 그가 하려고 했으면 그것을 할 수 있었을텐데 g) (풍문 · 추측) över hundra människor ska ha omkommit 100여명이 사망했다고들 한다; skulle han vara rik? 그가 부자라는 말이냐? h) (수사적 의문) hur ska jag kunna veta det? 내가 어떻게 그것을 알 수 있겠는가? i) (감정 따위를 나타내는 주절에 이어진 att-절 속에서) jag är förvånad över att hon skulle göra något sådant 그녀가 그런 짓을 하다니 놀랍습니다; att han skulle säga något sådant! 그가 그런 말을 하다니!; det är synd att vi skulle missa ett sådant tillfälle 우리가 그러한 기회를 놓치는 것은 안타까운 일이다; det är beklagligt att du skall vara så envis 네가 그렇게 고집스럽다니 유감이다 j) (목적을 나타내는 종속절에서) han lade undan kniven så att barnet inte skulle skära sig 그는 아이가 다치지 않도록 칼을 치웠다; jag gjorde det för att han skulle vara nöjd 나는 그를 만족시키기 위하여 그것을 했다 k) (조건이나 제안을 나타내는 종속절에서) om du skulle träffa honom, så be honom ringa mig 만일 그를 만나시면 저에게 전화하라고 하십시요; han pratar som om han skulle veta allting 그는 마치 무엇이든 다 아는 것처럼 이야기를 한다; om vi skulle gå på bio! 영화 구경가는게 어때? l) (전치사를 앞세운 att-절속에서) de väntar på att vi skall börja 그들은 우리가 시작하기를 기다린다; jag är säker på att han skall lyckas 그는 반드시 성공하리라고 생각한다 m) (기타의 경우) du skulle bara våga! 그런 일은 생각도 하지마라!; och det ska du säga! 네가 그런 말을 할 수 있어! ② (본동사 생략후 강세접사와 함께) jag ska av här 나는 여기서 내려요; jag ska hem 나는 집에 가려고 한다; jag ska in till stan imorgon 나는 내일 시내에 갈 것이다; jag ska med honom till Sverige 나는 그와 함께 스웨덴에 가려고 한다.

skol|a² *-an -or* 학교; 학파; 방식; gå i -an 학교에 다니다; den romantiska -an 낭만[주의]파; han är en man av den gamla -an 그는 옛날식 남자다.

skol|a³ *-ar -ade -at tr.* 교육하다, 훈련하다, 양성하다; ~ om 재교육하다.

skolad *a.* 교육을 받은.

skolastịk *~en 0* (중세의) 스콜라[철

학] 신학.

skolavgift *~en ~er* 학교등록금, 납부금.

skolavslutning *~en ~ar* (학교의) 종업, 종강.

skolbetyg *~et ~* 성적[통지표].

skolbänk *~en ~ar* 학교 책상; sitta på ~en 학교에 다니다.

skolchef *~en ~er* 교장.

skoldirektör *~en ~er* (큰 군 지방자치 구역의) 학교장.

skolexemp|el *–let ~* 전형적인 예.

skolfartyg *~et ~* 연습선.

skolflygplan *~et ~* (군대의) 연습기.

skolföreståndar|e *–[e]n ~* 교장.

skolgång *~en 0* 학교 교육.

skolgård *~en ~ar* 학교 운동장.

skolk *~et 0* 꾀부림, 무단결석.

skolka *~r ~de ~t itr.* 학교를 무단결석하다.

skolklass *~en ~er* 학급, 반, 학년.

skolkort *~et ~* 학생용 승차권.

skolkök *~et ~* 【교과목】 가정학, 가사; 교내 취사장.

skoll|a *–an –or* 납작한 접시; 얇은 조각[층, 막].

skolled|a *–an 0* 학교생활에 대한 염증.

skollärar|e *–[e]n ~* 교사.

skolmogen *a.* 학교에 갈 나이가 된, 입학적령의.

skolmästaraktig *a.* 학자연하는, 현학적인.

skolplikt *~en 0* 의무교육.

skolridning *~en ~ar* 승마술 연습.

skolråd *~et ~* 중앙교육청(SÖ)의 국장.

skolsjuk *a.* 꾀병을 부리는, 학교에 가기 싫어하는.

skolskjuts *~en ~ar* (장거리 통학생에 대한) 교통편의 제공, 통학버스.

skolstyrelse *~n ~r* 군 지방자치단체의 교육 위원회.

skolunderbyggnad *~en 0* 기초교육.

skolöverstyrelse *~n 0* 중앙교육청.

skomakar|e *–[e]n ~* 구두 수선공, 제화공.

skomakarlåda *~n 0* 요리의 일종.

skomakarrealism *~en 0* 상세하나 활기 없는 사실주의.

skomakeri *~et ~er* 제화공의 작업장; 구두제조(업).

skona *~r ~de ~t tr.* 해를 입히지 않고 두다; 용서해 주다, 자비를 베풀다; ~ ngns liv …의 목숨을 살려주다; ~ sin hälsa 건강에 조심하다.

skonar|e *–[e]n ~* 【항해】 스쿠너 (두개 이상의 돛대를 가진 세로돛의 범선).

skonert *~en ~er* ☞ **skonare**.

skoning *~en ~ar* 가장자리 단을 달기; 관용, 용서.

skoningslös *a.* 무자비한, 잔인한.

skonsam *a.* 자비로운, 관대한.

skop *~et ~* (신문의) 특종.

skop|a[1] *–an –or* 국자; (밀가루 · 설탕 따위를 퍼내는) 작은 삽; 한 번 퍼내는 양; en ~ ovett 꾸짖음, 책망.

skopa[2] *~r ~de ~t itr. tr.* 국자로 퍼내다.

skoputsar|e *–[e]n ~* 구두 닦는 사람.

skorp|a *–an –or* ① 비스킷의 일종 ② 빵 껍질; 【지질】 지각; 상처의 딱지.

skorpion [–piω:n] *~en ~er* 전갈;

S

~*en*【천문】 전갈좌.
skorpmjöl ~*et 0* 빵부스러기(가루).
skorra ~*r* ~*de* ~*t itr*. 목젖을 떨어 r을 발음하다; 삐걱거리다.
skorsten [skɔʂte:n] ~*en* ~*ar* 굴뚝.
skorstensfejar|e –[*e*]*n* ~ 굴뚝 청소부.
skorstenspip|a –*an* –*or* (굴뚝의) 연도(煙道).
skorv[1] ~*en* ~*ar* 낡고 느린 배.
skorv[2] ~*en 0*【의학】 비듬.
skorvig *a*. 비듬투성이의.
skoskav ~*et 0* (구두가 작아서 발에 입은) 찰과상.
skosnöre ~*t* ~*n* 구두끈.
skosul|a –*an* –*or* 구두창.
skot ~*et* ~【항해】 돛 밑을 묶는 밧줄, 아딧줄, 범각삭(풍향에 따라 각도를 조절하는 밧줄).
skota ~*r* ~*de* ~*t tr*. ~ hem ett segel 범각삭을 잡아당겨 돛을 활짝 펴다.
skot|er –*ern* –*rar* 모터스쿠터.
skotsk *a*. 스코틀랜드의.
skotsk|a ① –*an* –*or* 스코틀랜드의 여성 ② –*an 0* 스코틀랜드어.
skotstek ~*en 0*【항해】 결삭(結索)의 일종.
skott ~*et* ~ ① 발사, 총성; 탄환;【스포츠】 치기, 차기; som ett ~ 즉시, 급히 ② (풀 · 나무의) 발아, 새싹 ③【항해】 격벽(隔壁).
skotta ~*r* ~*de* ~*t tr*. 삽으로 파내다, 떠내다; ~ snö 삽으로 눈을 치우다.
skottavl|a –*an* –*or* (사격의) 과녁, 표적; 대상.
skottdag ~*en* ~*ar* 윤일(閏日).
skott|e –*en* –*ar* 스코틀랜드 인;【일상】 구두쇠.
skottfält ~*et* ~ 발사 범위.
skottglugg ~*en* ~*ar* (성벽의) 총안, 총구멍; hamna i ~en 비난의 대상이 되다.
skotthåll ~*et 0* 사정(착탄)거리; inom ~ 사정거리 내에; utom ~ 사정거리 밖의.
skottkärr|a –*an* –*or* 손으로 미는 일륜차, 외바퀴 손수레.
skottlossning ~*en 0* 발사, 사출.
skottpengar (복수명사) (맹수를 잡아서 타는) 상금.
skotträdd *a*. 총소리를 무서워하는.
skottspol|e –*en* –*ar* (직조기의) 북; fara omkring som en ~ 미친 듯이[쏜살같이] 돌아다니다.
skottsäker *a*. 방탄의; ~ väst 방탄복(조끼).
skottår ~*et* ~ 윤년(閏年)
skov|el [skɑ:–/skɔ–] –*eln* –*lar* 삽; (터빈의) 날개.
skovelhjul ~*et* ~ (기선의) 외륜; 둘레바퀴.
skovla ~*r* ~*de* ~*t tr*. 삽으로 떠내다.
skrabbig *a*. 곧 쓰러질 듯한, 초라한.
skraffera ~*r* ~*de* ~*t tr*. 평행선의 음영을 새겨 넣다.
skraj *a*.【일상】 vara ~ 깜짝 놀라다; vara ~ för ngt …에 겁을 먹고 있다.
skrak|e –*en* –*ar*【조류】 비오리.
skral *a*. 빈약한, 조잡한; 부족한; 허약한; 서투른; han är ~ i svenska 그는 스웨덴어가 서투르다.
skraltig *a*. ☞ skral.
skraml|a[1] –*an* –*or*【장난감】 딸랑이.
skraml|a[2] ~*r* ~*de* ~*t itr*. ① 덜컹거리다, 딸랑딸랑 소리를 내다, 쨍그랑

소리를 내다 ② ~ till ngt …을 사기 위하여 돈을 내다.

skram|mel *-let 0* 딸랑딸랑, 덜컹덜컹.

skranglig *a.* 여윈 편인, 후리후리한; 흔들흔들하는, 쓰러질 듯한.

skrank *~et ~* 난간; 법정 피고석; träda inför ~et 법정에 서다.

skrank|a *-an -or* (주로 복수로 쓰임) 방벽, 방해물, 장애; 제한; inom lagens -or 법률의 테두리 안에서.

skrap *~et 0* 긁는 소리, 득득 하는 소리; 깎아낸 부스러기; 쓰레기.

skrap|a[1] *-an -or* ① 깎는 도구; 땅 고르는 기계, 정지기; (철제의) 말빗 ② 생채기, 찰과상 ③ 호된 꾸지람.

skrapa[2] Ⅰ. *~r ~de ~t tr. itr.* 문지르다, 긁다, 할퀴다 Ⅱ. (강세접사와 함께) ① ~ av 긁어내다 ② ~ ihop pengar 돈을 긁어모으다.

skrapjärn *~et ~* 구두 흙털이개.

skrapning *~en ~ar* ① ☞ **skrap** ② 【의학】 소파, 인공 임신 중절.

skratt *~et ~* 웃음; få sig ett gott ~ 크게 웃다; hålla sig för ~ 웃음을 참다; brista ut i ~ 갑자기 웃음을 터뜨리다.

skratta *~r ~de ~t itr.* 웃다; ~ ngn rakt upp i ansiktet …를 맞대놓고 비웃다; ~ ihjäl sig 포복절도하다; ~r bäst som ~r sist 【속담】 최후에 웃는 자가 가장 잘 웃는 자다, 지레 기뻐하지 마라; ~ till 웃음소리를 내다; ~ ut ngn …를 조롱하며 웃다.

skrattgrop *~en ~ar* 보조개.

skrattmås *~en ~ar* 갈매기의 일종.

skrattretande *a.* 웃기는, 익살맞은, 우스운; 우스꽝스러운.

skrattsalv|a *-an -or* 왁자한 웃음소리.

skred[1] ☞ **skrida**.

skred[2] *~et ~* 사태(沙汰).

skrek ☞ **skrika**.

skrev[1] ☞ **skriva**.

skrev[2] *~et ~* (바지의) 가랑이; (사람의) 샅.

skrev|a[1] *-an -or* 갈라진 틈.

skreva[2] *~r ~de ~t itr.* ~ med benen 양다리를 벌리다.

skri *~et ~[n]* 날카로운 외침, 절규, 비명; 올빼미의 우는 소리.

skria *~r ~de ~t itr.* 고함치다; (새가) 날카로운 소리로 울다.

skriande *a.* 긴급을 요하는, 절박한; 명백한; en ~ nöd 절박한 궁핍.

skribent *~en ~er* 작가, 기자.

skrid|a *-er skred -it itr.* 느리고 엄숙하게 걸어가다; (시간이) 지나가다; ~ till handling 조치를 취하다.

skridit ☞ **skrida**.

skridsko *~n ~r* 스케이트; åka ~[r] 스케이트를 타다; göra en ~tur 스케이트 타러 가다.

skridskoåkar|e *-[e]n ~* 스케이트를 타는 사람.

skrift[1] *~en ~er* ① 서법, 필적, 문자 ② 문서, 간행물; 소책자; periodisk ~ 정기 간행물; den heliga ~ 성서.

skrift[2] *~en 0* 【가톨릭】 죄의 고백; gå till ~ 성찬을 받다; 고해하러 가다.

skrifta *~r ~de ~t rfl.* 죄를 고백하다.

skriftermål *~et ~* 죄의 고백.

skriftlig *a.* 필기의, 문서로 한.

skriftligen *adv.* 서면으로, 필기로.

skriftlärd *a.* (명사화한 형용사) 【성서】 (den) ~e 유대의 율법학자 겸

S

정신적 지도자.

skriftspråk *~et* ~ 문어(文語).

skriftställar|e *-[e]n* ~ 작가, 문학가.

skrik *~et* ~ 외침, 고함; (아이가) 우는 소리; *sista ~et* 최신 유행.

skrik|a[1] *-er skrek -it itr. tr.* ① 외치다, 고함치다; 큰 소리로 말하다; 높은 소리로 울다; ~ av smärta 고통스러운 나머지 소리 지르다; ~ på hjälp 도와 달라고 소리치다 ② (차바퀴가) 삐걱 삐걱 소리 내다; det -er i magen på mig 배고파 죽겠다, 배에서 꼬르륵 꼬르륵 소리가 나다.

skrik|a[2] *-an -or* 【새】 어치; mager som en ~ 말라서 피골만 남은.

skrikhals *~en ~ar* 큰소리로 울기만 하는 아이, 울보.

skrikig *a.* 큰소리로 우는; (색깔이) 지나치게 눈에 띄는, 야한; 예리한(소리).

skrin *~et* ~ 상자; 돈궤.

skrind|a *-an -or* (건초를 나를 때 사용하는) 틀 세운 마차.

skrin|lägga *-lägger -lade -lagt tr.* 포기하다, 연기하다.

skrinnar|e *-[e]n* ~ 스케이트 타는 선수.

skript|a *-an -or* 【영화】 영화, 텔레비전 촬영현장에서 진행 상황을 기록하는 기록계원(감독의 비서).

skritt *~en 0*, i ~ (말의) 걸음 속도로, 평보로.

skriv|a [skr-] *-er skrev -it* Ⅰ. *itr. tr.* 쓰다; ~ bra 글씨를 잘 쓰다; ~ rent 정서(淨書)하다; ~ maskin 타자하다; ~ svenska 스웨덴어 시험을 보다 Ⅱ. (강세접사와 함께) ① ~ av 베끼다 ② ~ dit 덧붙여 쓰다 ③ ~ ihop 합쳐 쓰다 ④ ~ in 써넣다; 등록하다; ~ in en elev 학생을 학교에 입학시키다; ~ in sig på hotell 호텔에 투숙하다 ⑤ ~ ned 써두다, 적어 놓다; 평가 절하하다 ⑥ ~ om 다시 쓰다, 고쳐 쓰다 ⑦ ~ på 서명하다, 사인하다; (어음에) 배서하다; (내용의 설명을) 서류 이면에 기입하다 ⑧ ~ under 서명하다, 사인하다 ⑨ ~ upp 적어 놓다; 평가 절상하다 ~ upp värdet på ngt …의 평가 가격을 높이다; det kan du ~ upp! 틀림없이 그럴 거야, 정말이다! ⑩ ~ ut (수표를) 발행하다; (타자기로 보고를) 쓰다; (병사를) 징모하다; (환자를) 퇴원시키다 ⑪ ~ över förmögenheten på sin son 재산을 아들에게 물려주다.

skrivar|e *-[e]n* ~ 필기하는 사람.

skriv|bok *~en -böcker* 연습장, 공책.

skrivbord *~et* ~ 책상.

skrivbordslåd|a *-an -or* 책상의 서랍.

skrivbyrå *~n ~er* ① 복사소,, 대서소, ② 책상.

skrivelse *~n ~r* 공문서, 공식 서한.

skriveri *~et ~er* 쓰기, 집필.

skrivklåda *~n 0* 쓰고 싶어서 못 견딤; 저술을 하고 싶은 욕망.

skrivkramp *~en 0* 서경(書痙), 손가락 경련.

skrivmaskin *~en ~er* 타자기.

skrivning *~en ~ar* 쓰기, 쓰는 것; 필기시험.

skrivskydd *~et* ~ 【정보통신】 디스크 쓰기 금지.

skrivstil *~en ~ar* 서체(書體), 필적.

skrivställ *~et* ~ (장식적인) 문방구

한 벌, 잉크스탠드.

skrivteck|en *-net ~* 글자; 기호, 부호.

skrivvakt *~en ~er* 시험 감독관.

skrivövning *~en ~ar* 작문[연습].

skrock *~et 0* 미신.

skrocka *~r ~de ~t itr.* (닭이) 꼬꼬하고 울다; 껄껄 웃다.

skrockfull *a.* 미신의, 미신에 사로잡힌.

skrodera *~r ~de ~t itr.* 자랑하다, 뽐내다.

skrodör *~en ~er* 허풍선이, 호언장담가.

skrofler (복수명사) 【병리】 연주창(결핵균 때문에 목의 임파선이 붓는 병).

skrot *~et 0* 쇠 부스러기, 고철; 쓰레기; av samma ~ och korn 같은 종류의 사람.

skrota *~r ~de ~t* Ⅰ. *tr.* 쓰레기(폐물)로 만들다, 쓰레기로서 버리다; (배를) 해체하다 Ⅱ. itr. vinden ~r 풍향이 오른쪽으로 바뀌다; gå och ~ 시간을 멍하니 보내다, 빈둥빈둥 지내다.

skrott *~en ~ar* 과일의 씨 부분; 과일 중 먹고 버리는 부분.

skrotupplag *~et ~* 고철 하치장; 고철 더미.

skrotvärde *~t 0* 고철의 가치.

skrov [-ro:-] *~et ~* 선체(船體); 짐승의 시체; 【일상】 배, 위; få något i ~et 밥을 먹다, 요기하다.

skrovlig *a.* 거친, 거칠거칠한, 울퉁불퉁한; 목쉰 소리의.

skrovmål [skro:-] *~et ~*, få sig ett ~ 맛있는 것을 배불리 먹다.

skrubb *~en ~ar* 잡동사니를 두는 방.

skrubb|a[1] *-an -or* 【어류】 가자미의 일종.

skrubba[2] *~r ~de ~t tr.* (솔 등으로) 문지르다, (피부를) 벗겨지게 하다.

skrubbhyv|el *-eln -lar* (큰) 막대패, 건목 대패.

skrubbor (복수명사) 호된 꾸지람.

skrubbsår *~et ~* 찰과상.

skrud *~en ~ar* 복장, 의상, 예복; 【교회】 성가대 예복.

skruda *~r ~de ~t* Ⅰ. *tr.* 입히다, 곱게 차려 입히다 Ⅱ. *rfl.* 멋지게 입다.

skrumpen *a.* 시든, 말라 죽은; 주름진.

skrumplever *~n 0* 【병리】 간장의 경변증, 간경화.

skrumpna *~r ~de ~t itr.* 시들다, 말라죽다.

skrup|el *-eln -ler* 양심의 가책.

skrupelfri *a.* 염치없는, 비양심적인.

skrupulös *a.* 성실한, 꼼꼼한, 착실한; 신중한.

skrutit ☞ **skryta**.

skruttig *a.* 【일상】 초라한; 노쇠한.

skruv *~en ~ar* 나사, 나사못; (공의) 스핀; han har en ~ lös 그는 머리가 좀 돌았다; ta ~ 효과가 나타나다.

skruva *~r ~de ~t* Ⅰ. *tr. itr.* 나사로 죄다, 나사로 고정하다, 돌다 Ⅱ. (강세접사와 함께) ① ~ av 나사를 빼다; (수도의) 꼭지를 틀어막다; (텔레비전을) 끄다 ② ~ fast 돌려 고정시키다 ③ ~ igen 바짝 죄다; (수도를) 잠그다 ④ ~ ihop 나사로 연결하다 ⑤ ~ på 나사를 죄다; (라디오를) 켜다 ⑥ ~ upp (소리를) 크게 하다 ⑦ ~ åt

꽉 죄다.

skruvad *a*. 억지의, 긴장한, 절박한.

skruvboll *~en ~ar* 【스포츠】 스핀 볼.

skruvgäng|a *-an -or* 나사의 날.

skruvis *~en 0* 총빙(叢氷).

skruvlock *~et ~* 나사 뚜껑.

skruvmejs|el *-eln -lar* 나사돌리개, 드라이버.

skruvnyck|el *-eln -lar* 스패너.

skruvstäd *~et ~* 바이스(vice).

skrym|ma *-mer -de -t itr*. (장소를) 차지하다.

skrymmande *a*. 부피가 커서 다루기 어려운, 장소를 많이 차지하는.

skrymsl|a *-an -or* ☞ **skrymsle**.

skrymsle *~t ~n* (방의) 구석, 구석진 곳.

skrymt *~et/~en, 0* ① 위선, 위선적 행위 ② 마법, 마술.

skrymta *~r ~de ~t itr*. 성인인 체하다, 위선적인 태도를 취하다.

skrymtar|e *-[e]n ~* 위선자.

skrymteri *~et ~er* ☞ **skrymt**.

skrynkelfri *a*. (천이) 주름지지 않는.

skrynkl|a[1] *-an -or* 주름.

skrynkla[2] *~r ~de ~t tr*. 주름지게 하다; ~ *ihop* (종이를) 구깃구깃 뭉치다.

skrynkla|s *~ -des -ts itr. dep*. 구겨지다.

skrynklig *a*. 주름진, 구겨진.

skryt *~et 0* 자랑, 허풍.

skryt|a *-er skröt skrutit itr*. 자랑하다, 뽐내다.

skrytsam *a*. 허풍떠는, 자랑하는.

skrå *~[e]t ~n* 【역사】 동업조합, (단체) 길드; 우애 단체.

skråanda *~n 0* 도당심; 집단 이기주의.

skrål *~et ~* 고함 소리; 고함지르듯이 노래 부르기.

skråla *~r ~de ~t itr*. 고함 소리를 내다, 고함지르다, 시끄럽게 노래를 부르다.

skråll|a *-an -or* 재미있는 모양의 모자.

skråm|a *-an -or* 찰과상.

skråpuk *~en ~ar* 흉측하게 생긴 가면.

skråväsen *~det 0* 길드 제도.

skräck *~en 0* 공포, 소름이 끼침; vara stum av ~ 겁에 질려 말을 못하다.

skräckfilm *~en ~er* 공포 영화.

skräckinjagande *a*. 무섭게 하는, 소름끼치게 하는, 전율케 하는.

skräckkabinett *~et ~* 공포의 방(고문도구 등의 진열 장소).

skräckslagen *a*. 공포에 질린, 겁먹은.

skräckvälde *~t ~n* 공포 정치.

skräcködl|a *-an -or* 【고어】 공룡.

skräd|a *-er -de skrätt tr*. (체로 밀가루를) 쳐서 가리다; (광석을) 가리다; han -er inte orden 그는 거리낌 없이 말한다, 그는 솔직히 말한다.

skräddar|e *-[e]n ~* 재봉사.

skräddarsydd *a*. 맞춤의; ~ kostym 맞춤 양복; en ~ lösning på problemet 문제에 대한 안성맞춤격의 해결책.

skrädderi *~et ~n* 양복점.

skräll *~en ~ar* 요란한 소리; 센세이션.

skräll|a *-er -de -t itr*. (라디오가) 크게 울리다, 요란한 소리가 나다; 【스포츠】 센세이션을 일으키다.

skrälle *~t ~n,* ett ~ till hus 곧 쓰러질 듯한 낡은 집; ett ~ till gubbe 늙어빠진 노인.

skrällig *a.* 시끄러운; ~ musik 시끄러운 음악.

skräm|ma *-mer -de -t tr.* 깜짝 놀라게 하다, 겁먹게 하다, 무서워하게 하다; ~ bort ngn …를 겁주어 쫓아버리다; ~ upp 겁나게 하다.

skrämsel *~n 0* 갑작스러운 공포, 놀람.

skrämskott *~et ~* 경고 발사; 엄포.

skrän *~et ~* 고함 소리; 까치의 울음소리.

skräna *~r ~de ~t itr.* 고함 소리를 내다, 외치다.

skränfock *~en ~ar* 날카로운 소리를 잘 지르는 사람; 뽐내는 사람.

skränig *a.* 시끄러운.

skränk|a *-er -te -t tr.* 톱니를 조절하다.

skräp *~et 0* 쓰레기, 찌꺼기; 터무니없는 짓, 무의미한 생각(말); det är bara ~ med mig 나는 몸이 약해졌다.

skräpa *~r ~de ~t itr.* ~ ned rummet 방을 어지르다; gå och ~ 빈둥빈둥 세월을 보내다.

skräpig *a.* 더러운.

skräppost *~en ~er* 【컴퓨터】 스팸메일 (통신이나 인터넷을 통해 무차별적으로 대량 살포되는 광고성 전자메일).

skräv|el *-let 0* 자랑 ☞ **skryt**.

skrävla *~r ~de ~t itr.* 지나치게 자랑하다, 으스대다.

skrön|a *-an -or* 거짓 이야기.

skröplig *a.* 몸이 약한, 허약한; 쓰러질 듯한.

skröt ☞ **skryta**.

skubb [sk-] *~et ~* 심부름.

skubba *~r ~de ~t* Ⅰ. *tr.* 문지르다 Ⅱ. *itr.* 【일상】 달리다, 뛰다.

skudda *~r ~de ~t tr.* ~ stoftet av sina fötter 사라지다, 자리를 박차고 떠나다.

skuff *~en ~ar* ☞ **knuff**.

skuffa *~r ~de ~t tr.* ☞ **knuffa**.

skugg|a[1] *-an -or* 그림자, 그늘; -or och dagrar 명암; nattens -or 밤의 장막; han är en ~ av sitt forna jag 옛날 모습이 없다; ställa ngn i -an …의 빛을 잃게 하다.

skugga[2] *~r ~de ~t tr. itr.* ① 그늘지게 하다 ② 그림자처럼 따라 다니다, 미행하다.

skuggbild *~en ~er* 그림자 그림, 실루엣.

skuggboxning *~en 0* 【권투】 혼자 하는 연습, 섀도복싱.

skuggig *a.* 그림자가 있는, 그늘진.

skuggkabinett *~et ~* 【영국】 예비내각 (야당 각료 후보자들).

skuggrädsla *~n 0* 지나친 겁.

skuggsid|a *-an -or* 그늘진 쪽, 북쪽; leva på livets ~ 인생의 그늘에서 살다, 재미없는 생활을 하다.

skuggspel *~et ~* 그림자 연극.

skuld *~en ~er* ① 빚; göra ~er 빚을 내다; stå i ~ hos ngn …에 빚을 지고 있다 ② 죄, 과실의 책임; ~en är hans 그것은 그의 잘못이다; jag får bära ~en för det 내가 그것에 대해 책임을 지겠다; de gav mig ~en för misslyckandet 그들은 실패의 책임을 내 탓으로 돌렸다; förlåt oss våra ~er 【성서】 우리의 죄를 용서하소서.

skuldbelastad *a.* 빚이 많은; 죄의식을 가지고 있는.
skuldbörd|a *-an -or* 부채(負債).
skuldebrev *~et ~* ☞ **skuldsedel**.
skulderblad *~et ~* 【해부】 견갑골.
skuldförbindelse *~n ~r* ☞ **skuldsedel**.
skuldr|a *-an -or* 어깨; ta ngt på sina -or …의 책임을 지다.
skuldsatt *a.* 빚진.
skuldsed|el *-eln -lar* 【상업】 약속어음, 차용 증서.
skuld|sätta *-sätter -satte -satt tr.* 부채를 지우다; ~ sig 빚을 지다.
skull, för min ~ 나를 위해서; för pengars ~ 돈 때문에; för min ~ får du gärna röka 당신은 담배를 피워도 괜찮아요; för skojs ~ 농담으로, 재미로.
skulle[1] ☞ **skola**[1] Ⅰ.
skull|e[2] *-en -ar* 건초를 쌓아두는 다락(☞ **höskulle**).
skulor (복수명사) (부엌의) 구정물.
skulptera *~r ~de ~t tr. itr.* (나무·돌 따위를) 새기다, 조각하다, 새겨서 상을 만들다.
skulptris *~en ~er* 여자 조각가.
skulptur *~en ~er* 조각, 조각품.
skulptör *~en ~er* 조각가.
skum[1] *a.* ① 어두운, 어둑어둑한, 어둠침침한, 희미한 ② 수상한; 평판이 나쁜.
skum[2] *~met 0* 거품, 포말.
skumgummi *~t 0* 기포(氣泡)고무.
skumma *~r ~de ~t* Ⅰ. *itr.* 거품이 일다; ~ av raseri 격분하다 Ⅱ. *tr.* (액체표면에서 웃물 따위를) 걷어내다; ~ grädden av mjölken 우유에서 지방분을 걷어내다; ~ en tidning 신문을 대충 훑어보다.
skummjölk *~en 0* 탈지유.
skumpa *~r ~de ~t itr.* 덜컹덜컹 움직이다, 흔들려 움직이다.
skumrask *~et 0* 어스름, 박명(薄明).
skumraskaffär *~en ~er* 수상한 사업.
skumsläckar|e *-[e]n ~* 거품 소화기.
skumögd *a.* 눈이 침침한, 시력이 약한.
skunk *~en ~ar* 【동물】 스컹크.
skur *~en ~ar* 소나기; (질문의) 빗발.
skura *~r ~de ~t tr. itr.* (솔로) 북북 문지르다, 문질러 닦다.
skurborst|e *-en -ar* 청소용 큰 솔.
skurit ☞ **skära**.
skurk *~en ~ar* 악당, 나쁜 사람, 건달.
skurkaktig *a.* 악당 같은.
skurkstreck *~et ~* 비행.
skurlov *~et 0* (학교건물 대청소시 학생들이 맞는) 방학.
skurpulv|er *-ret 0* (청소 시 사용하는) 가루비누.
skut|a *-an -or* ① 작은 화물선 ② (광산) 폭파 시 부서져 나오는 바위덩이.
skutt *~et ~* 뜀, 도약.
skutta *~r ~de ~t itr.* 껑충 뛰다.
skvad|er *-ern -rar* 몸체의 반은 산토끼, 반은 큰 뇌조(雷鳥)로 이루어진 박제 동물.
skvadron [-ɑːn] *~en ~er* 【군대】 기병대대.
skvala *~r ~de ~t itr.* 억수같이 비가 내리다, (액체가) 세차게 흐르다.
skvall|er *-ret 0* 소문, 험담, 중상;

springa med ~ 소문을 퍼뜨리다.
skvalleraktig *a*. 남의 비밀을 누설하는, 고자질하는.
skvallerbytt|a *-an -or* 남의 비밀을 누설하는 사람, 고자질장이.
skvallerspeg|el *-eln -lar* 밖에 있는 사람들을 볼 수 있도록 창문에 붙인 거울.
skvallra *~r ~de ~t itr*. 고자질하다, 남의 비밀을 누설하다, 남의 말을 주고 받다; ~ för ngn …에게 비밀을 알려주다; ~ på ngn …를 밀고하다.
skvalmusik *~en 0* (라디오 방송국 등에서 계속해서 들려주는) 유행 음악.
skvalp *~et 0* 철벅철벅하는 소리, 튀김 튀기는 소리.
skvalpa *~r ~de ~t itr*. (물결이) 찰싹 찰싹 밀려오다, 물결이 일다.
skvatt[1] ☞ **skvätta**.
skvatt[2] (불변화 ett-명사) inte ett ~ 아무것도(조금도) …이 아니다.
skvatt[3] *adv*. vara ~ galen 완전히 미치다.
skvattram *~en 0* 【식물】 로즈메리의 일종.
skvimpa *~r ~de ~t itr*. (액체가) 튀어 넘치다.
skvätt *~en ~ar* 소량의 액체; 마시다가 (컵에) 남은 액체; hon grät en ~ 그녀는 조금 울었다.
skvätt|a *-er -e/skvatt, skvätt* Ⅰ. *tr. itr*. 튀기다, 튀다 Ⅱ. *itr*. ① 이슬비가 내리다 ② 깜짝 놀라다.
sky[1] [ʃy:] *~n ~ar* ① 구름 ② 하늘; stå som fallen från ~arna 깜짝 놀라다; skrika i högan ~ 야단스럽게 소리를 지르다; höja ngn till ~arna …를 극구 칭찬하다.
sky[2] *~n 0* 육(肉)즙, 육수.
sky[3] *~r ~dde ~tt tr*. 피하다, 비키다; utan att ~ några kostnader 비용에 개의치 않고.
skydd *~et ~* 보호, 방어; 보호물; 피난; i ~ av mörkret 어둠을 틈타서.
skydda *~r ~de ~t tr*. 보호하다, 방어하다, (위험으로부터) 지키다; 피난시키다; 안전하게 하다; ~s för väta! 습기 주의; träden ~r huset från insyn 집은 사람 눈에 잘 띄지 않게 나무로 가려져 있다, 집은 나무로 인해 사람들의 이목을 피할 수 있다; vara ~d mot regnet 비를 맞지 않게 되어 있다.
skyddsand|e *-en -ar* 수호신.
skyddsfärg *~en ~er* 보호색.
skyddshelgon *~et ~* (사람 · 토지 등의) 수호성인(聖人).
skyddskonsulent *~en ~er* 보호 감찰사(판결에 의해 집행유예를 받았거나 감시대상자로 지목된 사람을 감시하는 일을 맡은 사람).
skyddsling *~en ~ar* 【법률】 피후견인, 피보호자.
skyddsmask *~en ~er* 방독면.
skyddsombud *~et ~* 작업 안전관(노동 환경과 작업 안전 문제의 책임 감독관).
skyddsområde *~t ~n* 【군대】 출입 금지 구역.
skyddspatron *~en ~er* ① ☞ **skyddshelgon** ② 후원자.
skyddsrum *~met ~* 방공호, 대피호.
skyddstillsyn *~en 0* 【법률】 보호 관찰.
skyddstull *~en ~ar* 보호 관세.
skyddsympa *~r ~de ~t tr*. 예방 주사를 놓다.

S

skyddsäng|el *-eln -lar* 수호신, 수호천사.

skydrag *~et ~* 【기상】 바다 회오리, 물기둥.

skyfall *~et 0* 억수, 호우.

skyff|el *-eln -lar* 삽, 쓰레받기; 괭이.

skyffla *~r ~de ~t tr.* 삽으로 떠내다; 괭이로 파다.

skygg *a.* 소심한, 잘 놀라는, 겁이 많은, 부끄러워하는.

skygga *~r ~de ~t itr.* 겁을 먹다, 겁내다, (말이) 뒷걸음치다.

skygglappar (복수명사) (말의) 눈가리개; gå med ~ 주변 형세를 모르고 있다.

skyhög *a.* 하늘처럼 높은, 매우 높은.

skyl *~en ~ar* 곡물의 단을 쌓은 가리, 볏가리.

skyla[1] *~r ~de ~t tr.* 볏단을 가리다.

skyl|a[2] *-er -de -t tr.* 덮다, 숨기다, 가리다.

skyldig *a.* ① 유죄의; han är ~ till stöld 그는 절도죄를 범하고 있다 ② 빚진; jag är ~ honom 10,000 won 나는 그에게 10,000원의 빚이 있다 ③ 책임이 있는; jag är ~ att undervisa 10 timmar i veckan 나는 1주에 10시간 강의해야 한다.

skyldighet *~en ~er* 책임, 의무; ikläda sig ~er 책임을 지다.

skyldra *~r ~de ~t tr.* ~ gevär! 받들어 총!

skylight [skailait] *~et ~* (배의 천장에 낸) 채광창, 천창(天窓).

skyll|a *-er -de -t tr. itr.* 나무라다, 비난하다; 책임을 지우다, 탓으로 돌리다; han -de på okunnighet 그는 몰랐다고 변명했다; skyll dig själv! 자업자득이다.

skylt *~en ~ar* 간판; 명찰, 표찰; 도표(道標).

skylta *~r ~de ~t itr.* 가게의 진열장을 (상품으로) 꾸미다, 진열하다; han ~r med sina kunskaper 그는 자기 자신을 과시한다.

skyltdock|a *-an -or* (양복집의) 장식 인형, 마네킹.

skyltfönst|er *-ret ~* 진열장; gå och titta i -ren (물건을 사지 않고) 진열장을 구경하다.

skymf *~en ~er* 모욕, 무례, 경멸.

skymfa *~r ~de ~t tr.* 모욕하다.

skymflig *a.* 모욕의, 무례한.

skym|ma *-mer -de -t* Ⅰ. *tr.* 어두침침하게 하다, 가려버리다, 덮어 감추다; du skymmer mig 너는 불빛을 가리고 서있다; hennes ögon -des av tårar 그녀의 눈은 눈물로 흐려져 있었다 Ⅱ. *itr.* 날이 어둑어둑해지다.

skymning *~en ~ar* 황혼, 어스름, 땅거미.

skymt *~en ~ar* 힐끗 보기, 일별; (희망의) 번득임; få se en ~ av ngt …을 힐끗보다; jag har inte sett ~en av honom 나는 그의 그림자도 못 보았다.

skymta *~r ~de ~t* Ⅰ. *tr.* 힐끗 보다, 일별하다 Ⅱ. *itr.* 희미하게 보이다; ~ förbi 휙 지나가다.

skymundan (불변화 en-명사) i ~ 남의 눈에 띄지 않는 곳에; hålla sig i ~ 뒤에 숨어 있다, 이목을 피하다.

skynda *~r ~de ~t* Ⅰ. *itr.* 서두르다, 급하게 하다; ~ långsamt! 【속담】 급할수록 천천히 하라 Ⅱ. *rfl.* ~ sig 서두르다 Ⅲ. (강세접사와 함께) ①

~ emot ngn …를 급히 마중하러 가다 ② ~ fram till en plats …장소로 급히 가다 ③ ~ på ngn …을 서두르게 하다.

skyndsam *a.* 빠른, 재빠른, 신속한; 지체 없는, 즉석의; ett ~t svar 즉석 답.

skynke *~t ~n* 덮개 직물; vara ett rött ~ (för ngn) …에게 화거리가 되다, …를 약 올리는 화근이 되다.

skyskrap|a *-an -or* 마천루, 고층 빌딩.

skyt [sk-] *~en ~er* 스키타이 사람(옛날 흑해와 카스피해의 동부지방에 살았던 사람).

skytt *~en ~ar* 사수(射手), 사격의 선수; 【천문】 Skytten (정형명사) 궁수자리.

skytte *~t 0* 사격; 총사냥.

skyttegrav *~en ~ar* 【군대】 참호.

skyttegravskrig *~et ~* 참호전.

skytt|el *-eln -lar* (직조기의) 북(☞ skottspole).

skyttelinje *~n ~r* 【군사】 산병선(散兵線)(산병으로 이루어진 전투선), 사선(射線).

skytteltrafik *~en 0* (근거리) 왕복 운행.

skåda [sko:-] *~r ~de ~t itr. tr.* 보다; ~ dagens ljus 태어나다; vad ~r mitt öga! 아니, 정말 놀라운 일이군!

skådeban|a *-an -or* 무대.

skådebröd *~et 0* 【성서】 진설병(陳設餠).

skådespel *~et ~* 연극, 희곡; 광경; 쇼, 구경거리.

skådespelar|e *-[e]n ~* 배우.

skådespelersk|a *-an -or* 여자 배우.

skål [sko:l] *~en ~ar* ① 주발, 사발, 그릇 ② 축배, 건배; dricka ngns ~ …의 건강을 위하여 건배하다 Ⅱ. *itj.* ~! 건배! 듭시다!

skåla *~r ~de ~t itr.* 건배하다; ~ för ngn …를 위하여 건배하다.

skålla *~r ~de ~t tr.* (뜨거운 물로) 튀기다; 데치다.

skållhet *a.* 매우 뜨거운.

skålpund *~et ~* (무게의 단위) 약 425 그램.

Skåne 스웨덴 남쪽에 위치한 지방.

skåning *~en ~ar* 스코네 지방 남자.

skånsk *a.* 스코네 지방의.

skånsk|a *-an -or* Ⅰ. 스코네 지방 여자 Ⅱ. *-an 0* 스코네 지방 사투리.

skåp *~et ~* 찬장, 식기장, 옷장; bestämma var ~et skall stå 자기주장을 하다, 가정에서 주인 노릇을 하다.

skåpbil *~en ~ar* 유개(有蓋) 트럭.

skåpmat *~en 0* 남겨놓은 음식.

skåp|supa *-super -söp -supit itr.* 남몰래 술을 조금씩 마시다.

skår|a *-an -or* 새긴 금, 벤 상처; (도끼로) 자른 자국.

skäck [ʃɛk] *~en ~ar* 얼룩말.

skädd|a *-an -or* ① 가자미의 일종 ②【항해】 요크, 계철.

skägg *~et ~* ① 수염, 턱수염; lägga sig till med ~ 수염을 기르다; tala ur ~et 큰 소리로 말하다 ② ☞ takskägg.

skäggdopping ~en ~ar 【동물】 농병아리의 일종.

skäggig *a.* 수염이 있는, 수염을 깎지 않은.

skäggstubb *~en 0* 듬성듬성 난 수염.

skäggsvamp *~en 0* 【병리】 모창(毛

S

倉) 이발소 습진.

skäkt|a[1] *-an -or* ① 석궁(石弓)용 화살 ② 빈대의 일종 ③ 삼(麻) 두드리는 막대, 타마기(打麻機).

skäkta[2] *~r ~de ~t tr*. 마를 쳐서 가리다.

skäl [ʃɛːl]*~et ~* ① 목적, 이유, 근원; ~ och motskäl 찬반양론; göra ~ för sig 급료만큼 일을 하다 ② ☞ **vägskäl**.

skälig *a*. 온당한, 합리적인.

skäligen *adv*. ① 합리적으로, 온당하게 ② 꽤, 좀.

S

skäll *~et 0* ☞ **ovett**.

skäll|a[1] *-an -or* 벨, 방울; nu blev det annat ljud i -an 이제 상황이 바뀌었다.

skäll|a[2] *-er -de -t* Ⅰ. *itr*. ① (개가) 짖다 ② 욕하다, 모욕하다; ~ på ngn …을 꾸짖다 Ⅱ. (강세접사와 함께) ~ ut 비난하다, 야단치다.

skällsord *~et ~* 욕설.

skälm *~en ~ar* 장난꾸러기, 개구쟁이.

skälmaktig *a*. 짓궂은, 익살스러운.

skälmroman *~en ~er* 악한 소설.

skälmsk *a*. ☞ **skälmaktig**.

skälv|a *-er -de/skalv -t itr*. 흔들리다, 진동하다, 떨리다.

skämd *a*. 썩은.

skäm|ma *-mer -de -t tr*. 보기 흉하게 하다, 모양을 망치다; ~ bort ett barn 아이의 응석을 받아주어 성격을 버려놓다; ~ ut ngn …에게 불명예를 안겨주다.

skäm|mas *-s -des -ts itr. dep*. 부끄러워하다, 창피해하다; ~ ögonen ur sig 매우 창피해 하다.

skämt *~et ~* 농담, 재담, 우스갯소리; ~ åsido! 농담은 그만두고; på ~ 농담으로.

skämta *~r ~de ~t itr*. 농담을 하다, 우스갯소리를 하다; ~ med ngn …을 조롱하다; ~ bort 웃어넘기다.

skämtar|e *-[e]n ~* 재담꾼, 익살꾼, 유머가 있는 사람.

skämtlynne *~t ~n* 유머 감각.

skämtsam *a*. 농담을 잘하는, 유머가 있는, 해학적인.

skämttecknar|e *-[e]n ~* 만화가.

skämtteckning *~en ~ar* 만화.

skända *~r ~de ~t tr*. 신성한 것을 더럽히다, 모독하다.

skändlig *a*. 수치스러운; 밉살맞은.

skändligen *adv*. 수치스럽게; ~ misslyckas 완전히 실패하다.

skändlighet *~en ~er* 수치스러운 행동.

skändning *~en ~ar* 신성 모독.

skänk[1] *~en ~ar* 찬장, 식기대.

skänk[2] *~en ~er* 선물; få till ~s 선물로 받다, 무료로 받다.

skänk|a *-er -te -t tr*. ① 선사하다; 기증하다, 주다 ② ~ i glaset 잔에 따르다.

skänk|el *-eln -lar* (가위와 같은 물건의) 손잡이 부분; 말 타는 사람의 다리.

skäpp|a *-an -or* ① (옛날 용량의 단위) 20.9리터 ② ge ngn -an full …을 심하게 공격하다; sätta sitt ljus under -an 겸손하게(수줍어서) 자기의 재능을 숨기다.

skär[1] *~et ~* 작은 바위섬, 암초.

skär[2] *~et ~* ① (칼 따위의) 날; (보습의) 날 ② 새긴 눈금 ③ (스케이트

선수의) 보조.

skär[3] *a.* 연분홍색의.

skär[4] *a.* 순수한; en ren och ~ lögn 새빨간 거짓말.

skär|a[1] *-an -or* ① 낫 ② 초승달

skär|a[2] [ʃæ:ra] *- skar skurit* Ⅰ. *tr. itr.* 베다, 자르다; (선 따위가) 교차하다; (파도를) 헤치고 나아가다; kniven - bra 칼이 잘 든다; ~ bollen (정구에서) 공을 잘라 치다; ~ i trä 나무에 새기다; det höga ljudet - i öronen 고음이 귀에 거슬린다 Ⅱ. (강세접사와 함께) ① ~ av 잘라내다, 베어버리다 ② ~ bort 잘라버리다 ③ ~ igenom 끝까지 자르다; medarna - igenom (썰매의) 활주부가 땅을 스친다 ④ ~ ihop (과열 때문에 기계가) 움직이지 못하게 되다 ⑤ ~ in 새기다 ⑥ ~ ned 베어 넘어뜨리다; (비용을) 줄이다, 삭감하다 ⑦ ~ till 잘라내다; 격통을 느끼다 ⑧ ~ upp 잘라내다; 잘라서 열다.

skärande *a.* (날이) 잘 드는, (음성이) 날카로운, 예리한.

skärbräde *~t ~n* 도마.

skärbön|a *-an -or* 강낭콩.

skärgård *~en ~ar* 군도(群島).

skärkarl *~en ~ar* 군도에 사는 사람, 섬사람.

skärm *~en ~ar* 가리개, 병풍, 칸막이; (모자의) 앞 챙.

skärma *~r ~de ~t tr.* 가리다.

skärmbild *~en ~er* X-선 사진.

skärmbilda *~r ~de ~t tr.* X-선으로 진찰하다. X-선 사진을 찍다.

skärmbildsundersökning *~en ~ar* X-선 검사.

skärmmöss|a *-an -or* 앞 챙이 있는 모자.

skärmsläckar|e *-[e]n* ~ 【컴퓨터】 화면 보호 장치.

skärmytsling *~en ~ar* 작은 논쟁, 사소한 충돌.

skärningspunkt *~en ~er* 교차점, 교점(交點).

skärp *~et* ~ 허리띠.

skärp|a[1] *-an 0* 날카로움, 예리함, (시력의) 날카로움; 【광학】 명료도(明瞭度); (텔레비전의) 선명도; med ~ 힘을 주어.

skärp|a[2] *-er -te -t* ① *tr.* 날카롭게 하다, 갈다; 강하게 하다; 심하게 하다; 엄하게 하다 ② *rfl.* ~ sig 기운을 되찾다; 정신 차리다.

skärpeinställning *~en ~ar* 【사진】 초점 맞추기.

skärpning *~en ~ar* 강하게 함, 심하게 함, 강화; 기운을 되찾기.

skärpt *a.* 영리한, 똑똑한.

skärra *~r ~de ~t tr.* 자극하다, 흥분시키다, 두렵게 하다.

skärrad *a.* 흥분한; 두려워하는.

skärseld *~en ~ar* 【가톨릭】 연옥, 정죄의 장소; 호된 시련.

skärskåda *~r ~de ~t tr.* 조사하다, 검토하다, 면밀히 검사하다.

skärskådande *~t 0*, ta ngt i ~ …을 자세히 조사하다.

skärslipar|e *-[e]n* ~ 칼 가는 사람.

skärtorsdag *~en ~ar* 부활절 직전의 목요일, 세족 목요일.

skärv *~en ~ar* (옛) 소액 화폐; 소액이나마 정성 어린 기부.

skärv|a *-an -or* (나무나 돌의) 부스러기, 파편.

skök|a [ʃø-] *-an -or* 매춘부, 창녀.

S

sköld [ʃœld] *~en ~ar* 방패, (문장이 그려진) 방패; (거북과 같은 동물의) 딱딱한 외피(外皮).

sköldkört|el *-eln -lar* 【해부】 갑상선.

sköldmö *~n ~r* 여자 전사(戰士).

sköldpadd *~en 0* 거북딱지, 별갑(鼈甲).

sköldpadd|a *-an -or* 거북.

skölj|a *-er -de -t* Ⅰ. *tr*. 헹구다, 가볍게 씻다; ~ munnen 입안을 가시다 Ⅱ. (강세접사와 함께) ① ~ av 씻어내다 ② ~ bort 씻어 내다 ③ ~ ned maten med öl 맥주로 음식을 넘기다 ④ ~ upp 빨리 세탁하다; (파도가) 밀려오다 ⑤ ~ ur kläder 빨래를 헹구다.

sköljning *~en ~ar* 헹구기.

sköljvatt|en *-net 0* 헹구는 물.

skön[1] (불변화 ett-명사) efter eget ~ 자기의 마음대로.

skön[2] *a*. 아름다운, 예쁜; 편안한, 안락한; den ~a 미인.

skönhet *~en ~er* 미인; 아름다움, 미(美).

skönhetsfläck *~en ~ar* 결점, 옥에 티.

skönhetsmed|el *-let 0* 화장품.

skönhetssalong *~en ~er* 미용실.

skönj|a *-er -de -t tr*. (뚜렷이) 분간하다, (먼 곳에 있는 것을) 알아보다, 인지하다, 어렴풋이 알다.

skönjbar *a*. 분간할 수 있는, 구별할 수 있는.

skönlitteratur *~en 0* 순수 문학.

skönmåla *~r ~de ~t tr*. 이상화하다.

skönskrift *~en ~er* 능서, 달필.

skönsmässig *a*. 임의의, 자유재량의.

skönstaxering *~en 0* 인정(認定) 과세.

skör *a*. 깨지기 쉬운, 부서지기 쉬운, 허약한.

sköra *~r ~de ~t tr*. 【항해】 (돛을) 찢다.

skörbjugg *~en 0* 【병리】 괴혈병.

skörd *~en ~ar* 수확, 수확물, 농작물; bärga ~en 농작물을 거두어들이다; en rik ~ 풍작; i ~en 수확기에.

skörda [ʃœːɖa] *~r ~de ~t tr*. (농작물을) 베어들이다, 수확하다, 거두어들이다; (노력의 보답을) 받다; som man sår får man ~ 【속담】 자기가 뿌린 씨는 스스로 거둔다.

skördefest *~en ~er* 추수감사제.

skördetrösk|a *-an -or* 곡식 수확기.

skörlevnad *~en 0* 품행이 단정치 못한 생활.

skört *~et ~* (코트의) 자락.

skörta *~r ~de ~t tr*. ~ upp (소매 따위를) 걷어 올리다; 부당한 값을 요구하다; bli uppskörtad 터무니없는 값을 물다.

sköt[1] ☞ **skjuta**.

sköt[2] *~en ~ar* 청어 잡이 유망(流網).

sköt|a *-er -te -t* Ⅰ. *tr*. ① 간호하다, 간병하다, 진료하다; ~ sin hälsa 건강을 유지하다 ② 경영하다; (기계를) 조종하다, 다루다; (직무를) 이행하다; ~ ett arbete 사무를 처리하다; han -er sitt arbete 그는 일을 충실히 한다; hon -er hushållet 그녀는 집안의 살림을 맡아한다; han kan inte ~ pengar 그는 돈을 갈무리하지 못한다, 돈을 낭비 한다; - du dina affärer! 네 걱정이나 해라! ③ 돌보다, 조치하다 Ⅱ. *rfl*. ~ sig 건강에 조심하다;

잘 행동하다; 성실히 하다.

skötar|e *–[e]n* ~ 간호인, 돌보는 사람; (기계를) 지키는 사람.

skötbord *~et* ~ 유아의 기저귀를 갈 때 쓰는 높은 탁자.

sköte *~t ~n* 자궁, 외음부; 품안; i familjens ~ 가족의 품에; man vet aldrig vad framtiden bär i sitt ~ 장래에 어떻게 될지 알 도리가 없다.

sköteban *~et* ~ 가장 사랑하는 아이.

skötersk|a *–an –or* 간호원.

sköterskebiträde *~t ~n* 간호보조원.

skötesynd *~en ~er* 빠지기 쉬운 죄.

skötsam *a.* 양심적인, 성실한; 예의 바른.

skötsel *~n 0* 돌봄, 간호; 처리, 조치; 경작.

skövla *~r ~de ~t tr.* 유린하다, 파괴하다; 약탈하다.

slabba *~r ~de ~t itr.* ☞ **slaska**.

slabbig *a.* ☞ **slaskig**.

slacka *~r ~de ~t tr.* (밧줄을) 느슨하게 하다.

sladd *~en ~ar* ① (전기) 코드; 밧줄의 끝 ② (자동차의) 옆으로 미끄러지기 ③【경작기구】 나래 ④ komma på ~en 순번이 꼴지가 되다.

sladda *~r ~de ~t* Ⅰ. *itr.* 옆으로 미끄러지다 Ⅱ. *tr.* 나래질 하다.

sladdbarn *~et* ~ 다른 형제들보다 훨씬 뒤늦게 나온 아이, 터울이 큰 아이.

sladd|er *–ret* ① 재잘거림 ② ☞ **skvaller**.

sladdertack|a *–an –or* 뜬소문에 열중하는 사람.

sladdra *~r ~de ~t itr.* (시시한 이야기를) 재잘재잘 지껄이다.

sladdrig *a.* 늘어진.

slaf *~en ~ar*【속어】 침대.

slafa *~r ~de ~t itr.*【속어】 잠자다.

slafsa *~r ~de ~t itr.* ① ~ i sig 걸신들린 듯이 먹다 ② 철썩철썩 소리를 내다.

slafsig *a.* 너저분한.

slag[1] *~et* ~ 종류, 품목, 부문; alla ~s böcker 모든 종류의 책; vad för ~? 뭐라구요?; vad är det för ~s bil? 차종(車種)이 무엇이냐?

slag[2] *~et* ~ ① 타격, 강타; 히트; 찰싹 치기; ge ngn ett ~ …를 한대 때리다; hans död var ett hårt ~ för mig 그의 죽음은 나에게 큰 타격 이었다; ett ~ i ansiktet 직접적인 모욕; ett ~ i luften 헛수고; göra ~ i saken 어떤 일을 하기로 결정하다; vara i ~ 컨디션이 좋다; i ett ~ 갑자기 ② 고동, 맥박; (기계의) 동작; 진동; 날개치기 ③ (시계의) 치기; på ~et 시간을 엄수하여; 정각에; på ~et två 2시를 치면, 정각 2시에 ④ 회전, 돌기, 선회 ⑤ ett ~ 잠깐 동안; 전에, 한때는; vänta ett ~ 잠깐 기다려주세요 ⑥ 전투 ⑦【병리】 졸증, 졸중풍의 발작; få ~ 뇌일혈로 쓰러지다; skrämma ~ på ngn …을 움찔하게 하다, …를 놀라 자빠지게 하다 ⑧【항해】 가로돛의 바람 받는 방향에 따라 돌리기, 침로를 바꾸기 ⑨ (뜨개질의) 한번 뜨기 ⑩ (사냥개가 느끼는 짐승의) 뒷냄새 ⑪ (양복상의의) 접은 깃; (바지 깃의) 접어올린 부분.

slag|a *–an –or* (보리 따위를 터는) 도리깨.

slaganfall *~et* ~ 졸중풍(의 발작).

slagbjörn *~en ~ar* 가축을 해치는 곰.
slagbom *~men ~mar* ① 【철도】 올렸다 내렸다하는 차단기 ② (베틀의) 바디.
slagbord *~et ~* 접고 펼 수 있는 책상.
slagdäng|a *–an –or* 유행가.
slagfält *~et ~* 전쟁터.
slagfärdig *a.* 재치가 넘치는, 기민한.
slagg *~en/~et, 0* 녹은 쇠찌끼, 용재, (석탄을 태우고 난 다음의) 타지 않은 덩어리.
slagga *~r ~de ~t* Ⅰ. *tr. itr.* 보일러에서 타지 않은 덩어리를 꺼내다 Ⅱ. *itr.* 【속어】 잠자다.
slaghök *~en ~ar* 【조류】 참매.
slaginstrument *~et ~* 【음악】 타악기.
slagit ☞ slå.
slagkraft *~en 0* 효력; 설득력; (무기의) 파괴력.
slagkraftig *a.* 효력이 있는, 힘이 센. 파괴력이 있는.
slagkryssar|e *–[e]n ~* 순양[전]함.
slaglängd *~en 0* 【기계】 동정(動程).
slagnum|mer *–ret ~* 히트, 성공, 대인기, 히트한 노래(프로그램, 영화 등).
slagord *~et ~* 슬로건, 표어, 상투어구.
slagpås|e *–en –ar* (권투연습용의) 샌드백; 비난, 공격의 목표가 되는 사람.
slagregn *~et 0* 억수같이 퍼붓는 비.
slagrut|a *–an –or* (지하의 수맥을 찾는) 점지팡이.
slagrörd *a.* 마비된.
slags ☞ slag[1].
slagsida *~n 0* (배가) 한쪽으로 기울기; båten har ~ åt styrbord 배는 우현으로 기울어 있다.
slagskepp *~et ~* 전함.
slagskugg|a *–an –or* 검은 그림자.
slagskämp|e *–en –ar* 싸움을 잘하는 사람, 전투원.
slagsmål *~et ~* 싸움, 난투.
slagstift *~et ~* (총의) 방아쇠.
slagträ *~[e]t ~n* 【스포츠】 타봉, 배트.
slagvatt|en *–net 0* 【항해】 배 밑에 괴는 오수, 감수(淦水).
slagverk *~et ~* ① (시계의) 타종 장치 ② 【음악】 타악기.
slak *a.* 느슨한, 늘어진. 헐렁헐렁한; (신체적으로) 약한, 힘없는.
slakna *~r ~de ~t itr.* 느슨해지다; 기운이 없어지다.
slakt *~en ~er* 도살; 학살, 대량 살인.
slakta *~r ~de ~t tr.* 도살하다; 학살하다; (헌 자동차에서) 사용 가능한 부품을 떼어내다.
slaktar|e *–[e]n ~* 푸주한, 정육점 주인, 도살자.
slakteri *~et ~n* 도살장; 정육점.
slakthus *~et ~* ☞ slakteri.
slaktmask *~en ~er* 가축 도살 기구.
slalom (불변화 en–명사) 【스키】 회전 활강 경기.
slam[1] *~men ~mar* 【카드놀이】 (1회 게임을 제외한) 전승.
slam[2] *~met 0* (강 · 못 · 바다의 바닥에 쌓인) 개흙, 진흙, 진창.
slamma *~r ~de ~t tr. itr.* 【광산】 세광하다; ~ igen 진흙으로 쌓이다.
slam|mer *–ret 0* 덜커덕거리는 소리.
slammig *a.* 진흙의, 질퍽질퍽한; 탁한.

slamp|a *-an -or* 매춘부; 행실이 나쁜 여자; 말괄량이.
slampig *a.* 깔끔치 못한, (여자가) 행실이 나쁜.
slamra *~r ~de ~t itr.* 덜걱덜걱 울리다, 쨍그랑거리다.
slams *~et 0* 수다, 재갈거림; 어리석은 행동.
slams|a[1] *-an -or* ① 행실이 나쁜 여자 ② 고기의 조각.
slamsa[2] *~r ~de ~t itr.* 품행이 단정치 못하다; 빈둥거리다; 수다 떨다.
slamsig *a.* 수다스러운; 방탕한; 고기가 흐늘흐늘 하는.
slan|a *-an -or* 가늘고 구부리기 쉬운 막대기.
slang[1] *~en 0* 속어.
slang[2] *~en ~ar* (고무의) 관(管), 호스.
slang,[3] slå sig i ~ med ngn …와 이야기하기 시작하다.
slangbell|a *-an -or* 고무줄 새총.
slangbåg|e *-en -ar* ☞ **slangbella.**
slanggurk|a *-an -or* 길고 가는 오이.
slangord *~et ~* 속어.
slank[1] ☞ **slinka.**
slank[2] *a.* 날씬한.
slankig *a.* 흐늘흐늘한, 늘어진.
slant[1] ☞ **slinta.**
slant[2] *~en ~ar* 동전; ~ar 돈; en bra ~ 거액의 돈; han arbetar för hela ~en 그는 일밖에 모른다; vända på ~arna 절약하다.
slanta *~r ~de ~t tr. itr.* 견지낚시로 낚다, 견지 낚시질하다.
slapp[1] ☞ **slippa.**
slapp[2] *a.* 느슨한, 늘어진, 흐느적거리는; 기운 없는; 게으른.
slappa *~r ~de ~t itr.* 늘어지다, 느슨해지다.
slarv *~et 0* 부주의, 경솔; 태만.
slarv|a[1] *-an -or* 품행이 단정치 못한 여자.
slarva[2] *~r ~de ~t itr.* 부주의하다, 되는대로 하다, 아무렇게나 하다; ~ bort 잃어버리다; 낭비해 버리다; vara ute och ~ 흥청망청 마시고 떠들다.
slarv|er *-ern -ar* 쓸모없는 사람, 건달.
slarvig *a.* 부주의한, 신중하지 않은; 되는 대로의, 경솔한.
slarvsylt|a *-an -or,* göra ~ av ngn …를 호되게 때리다.
slashas *~en ~ar* 게으름뱅이.
slask[1] *~et 0* ① 녹기 시작한 눈, 진창, 눈이 녹은 날씨 ② 개숫물.
slask[2] *~en ~ar* (부엌의) 싱크, 수채.
slaska *~r ~de ~t* Ⅰ. *itr.* 눈이 녹다 Ⅱ. *tr.* (물을) 튀기다.
slaskhink *~en ~ar* 구정물 통.
slaskig *a.* 눈이 녹은, 진창의.
slaskspalt *~en ~er* 【경멸적】 가십난(신문에서 가벼운 내용이나 스캔들을 다루는 난).
slasktratt *~en ~ar* (부엌의) 싱크, 수채.
slatt *~en ~ar* (컵에 남은) 마시다 남은 술.
slav[1] *~en ~er* 슬라브 민족.
slav[2] *~en ~ar* 노예; 악습에 물든 사람.
slava *~r ~de ~t itr.* 노예처럼 일하다.
slavdrivar|e *-[e]n ~* 노예 감시인;

혹독한 고용자.

slaveri ~et 0 노예 제도, 노예 신분.

slavhandel ~n 0 노예 매매.

slavinn|a -an -or 여자 노예.

slavisk[1] a. 슬라브 민족의.

slavisk[2] a. 노예의, 노예 같은.

slejf ~en, ~er/~ar 가죽 끈, 혁대; 어깨끈.

sleke ~t ~n 암염(岩鹽) 덩어리.

slem ~met 0 가래, 점액.

slemhinn|a -an -or 점막(粘膜).

slemlösande a. 【의학】 담을 나오게 하는; ~ medel 거담제.

slemmig a. 끈적끈적한, 질퍽질퍽한; 점액의.

slentrian ~en 0 판에 박힌 일; följa samma gamla ~ 판에 박은 듯 같은 일만 하다.

slet ☞ slita.

slev ~en ~ar 국자; 흙손; få en släng av ~en 불똥이 자기에게도 튀기다.

sleva ~r ~de ~t tr. ~ i sig 음식을 마구 퍼 넣다, 게걸스럽게 먹다.

slick ~en ~ar 소량.

slicka ~r ~de ~t Ⅰ. tr. 핥다 Ⅱ. (강세접사와 함께) ① ~ av 핥아 없애다; ~ av tallriken 접시를 깨끗이 핥아먹다 ② ~ i sig 핥아먹다.

slickepinn|e -en -ar 막대기에 붙인 캔디.

slickepott ~en ~ar ① 집게손가락, 식지 ② 반죽 찌꺼기를 닦아내는 주걱.

slid ~en ~er 【기계】 활동부.

slid|a -an -or 칼집; 【해부】 질(膣).

slig ~en 0 결이 고운 농축 광석.

slik a. ☞ sådan.

sling|a -an -or (새끼줄 · 철사 따위의) 한사리, 타래; (머리털의) 술; (연기의) 소용돌이; (끈 따위의) 고리.

slingerbult ~en ~ar 발뺌.

slingerköl ~en ~ar 【항해】 만곡부의 용골(배가 옆으로 흔들리는 것을 방지하기 위한 용골형 돌출재).

slingerskott ~et ~ 【항해】 악천후 때 화물이 움직이는 것을 막는 테, 하지판(荷止板); 제지골재.

slingerväxt ~en ~er 덩굴 식물.

slingra ~r ~de ~t Ⅰ. itr. tr. (실을) 꼬다; (배가) 좌우로 흔들리다 Ⅱ. rfl. (도로가) 꾸불꾸불 나아가다; 꿈틀거리다; (연기가) 소용돌이쳐 오르다; 회피하다 Ⅲ. (강세접사와 함께) ① ~ sig ifrån 피하다 ② ~ sig igenom 속을 요리조리 빠져나가다 ③ ~ sig undan 빠져나가다.

slingrig a. 꼬불꼬불한, 꼬인, (길이) 굽은; 복잡다단한.

slink|a[1] -an -or 매춘부.

slink|a[2] -er slank slunkit itr. 미끄러지듯 가다, 살짝 나가다(들어오다); det slank ur mig (기억 따위에서) 사라지다; ~ in på en bar 술집에 잠깐 들르다.

slint s. slå ~ 실패하다, 일이 잘못되다.

slint|a -er slant sluntit itr. (헛디뎌서) 미끄러지다, (자동차 따위가) 옆으로 미끄러지다.

slip ~en ~ar 【항해】 (경사진) 조선대(造船臺), 선가(船架).

slipa ~r ~de ~t tr. …을 갈다, …을 날카롭게 하다, 매끄럽게 하다, 윤내다; ~ egg på en kniv 칼을 갈다.

slipad a. 약삭빠른, 교활한.

slipar|e -[e]n ~ 연마사, 유리절단공.

slip|er *-ern -rar* (철도의) 침목.

sliperi *~et ~er* (날붙이 따위를) 가는 집, 연마소(研磨所).

slipmassa *~n 0* 목재 펄프.

slipov|er [-ɔ-] *-ern -rar* 팔소매가 없는 스웨터.

slipp|a *-er slapp sluppit* Ⅰ. *tr. itr.* ① …을 피하다, 면하다, 안 해도 되다 (ifrån, undan); ~ undan straffet 처벌을 면하다; du -er göra det 너는 그것을 안 해도 된다; jag hoppas att jag -er se honom mera 나는 그를 더 이상 안보면 좋겠다; för att ~ besväret 곤란을 면하기 위하여 ② 살짝 빠져 나가다 Ⅱ. (강세접사와 함께) ① ~ fram …을 뚫고 빠져나가다 ② ~ ifrån …을 면하다, …일을 하지 않고 빠지다 ③ ~ igenom 살짝 들어오다(나가다) ④ ~ in 들어오다 ⑤ ~ ur …에서 빠져 나오다; det slapp ur mig 그것은 내 기억에서 사라졌다 ⑥ ~ ut (뉴스 등이) 새어 나오다, 도망치다; ingen -er ut ur rummet 아무도 그 방에서 나오지 못하도록 되어 있다.

slipprig *a.* 미끄러운; 상스러운, 추잡한.

slips *~en ~ar* 넥타이.

slipsten *~en ~ar* 회전 숫돌(연마기).

slira *~r ~de ~t itr.* (바퀴가) 미끄러지다, 공전하다.

slirig *a.* (길바닥이) 미끈미끈한, 잘 미끄러지는.

slisk *~et 0* 구역질나게 단 것; 과장된 감상물(소설, 영화 따위).

sliskig *a.* 욕지기나게 단맛의; 지나치게 감상적인.

slit *~et 0* 힘든 일, 노고; ~ och släp 악착같이 일함.

slit|a *-er slet -it* Ⅰ. *tr. itr.* ① (옷이) 닳아빠지다, 해어지다; hålla att ~ på 오래 가다(견디다) ② 찢다, 잡아뽑다; ~ sitt hår 자기의 머리를 쥐어뜯다 ③ 힘들여 일하다(med), 애써 일하다; ~ ont[hund] 고생하다, 혼이 나다 ④ ~ en tvist 분쟁을(시비를) 해결하다 Ⅱ. *rfl.* …에서 도망치다; hästen har -it sig 말이 도망쳤다; …로부터 몸을 뿌리쳐 달아나다 Ⅲ. (강세접사와 함께) ~ av 찢어지다; ~ bort 닳아 빠지다; ~ ifrån ngn ngt …로부터 …을 낚아채다; ~ ihjäl sig 과로하여 죽다; ~ loss(lös) 도망치다, (몸을) 뿌리치고 떠나다; ~ ned 닳아 없어지다, 마멸하다; ~ sönder 째지다, 찢어지다; söndersliten 닳아 빠진; ~ upp 찢어 열다; ~ ut 닳아 없어지게 하다, 녹초가 되다.

slitage [-ɑ:ʃ] *~t 0* 마모, 소모, 입어서 닳아빠짐.

slitban|a *-an -or* 타이어의 마모 부분.

sliten *a.* (입어서, 써서) 낡은, 닳아해진.

slitig *a.* 매우 힘든, 고달픈.

slitning *~en ~ar* ① 마모, 소모, 닳아헤짐 ② (보통 복수형으로) 부조화, 마찰, 알력.

slits *~en ~ar* 찢어진 곳, 갈라진 틈, 옷의 터진 구멍.

slitsa *~r ~de ~t tr.* ~ *upp* …을 베어 열어 제치다; 찢어 가르다.

slitsam *a.* 몹시 힘 드는, 고생스러운.

slitstark *a.* (천이) 질긴, (옷, 구두 따위가) 오래가는.

slitvarg *~en ~ar* ① 【일상】 옷을 험하게 입는 아이 ② (운동에서) 집요하

S

게 뛰는 선수.
slockna ~r ~de ~t itr. ① (타던) 불이 꺼지다 ② 전기불이 꺼지다 ③ 잠들다; 의식을 잃다.
slog ☞ slå².
slogan ~/~en, ~/~er/~s 슬로건, 표어, 선전문구.
sloka ~r ~de ~t itr. 늘어지다, 수그러지다; ~ med svansen 꼬리를 늘어뜨리다.
slokhatt ~en ~ar (앞 챙이 늘어진) 소프트 모자.
slokörad a. 풀이 죽은, 실망한.
slopa ~r ~de ~t tr. 폐지하다, 버리다; 중지하다.
slott [-ɔ-] ~et ~ 궁전, 성(城), 대저택.
slottsstek ~en ~ar 쇠고기 스튜.
slottstappad a. 산지에서 직접 포도주를 담근.
slovạk ~en ~er 슬로바키아(체코슬로바키아의 일부) 사람.
slovạkisk a. 슬로바키아의, 슬로바키아 사람의.
slovakisk|a ① -an -or 슬로바키아 여자 ② -an 0 슬로바키아 말.
slovẹn ~en ~er 슬로베니아 사람.
slovẹnsk a. 슬로베니아의, 슬로베니아 사람의.
slovensk|a ① -an -or 슬로베니아 여자 ② -an 0 슬로베니아 말.
sludd|er -ret 0 불명료한 말[발음].
sluddra ~r ~de ~t itr. (말 따위를) 똑똑치 않게 발음하다.
sluddrig a. (발음, 말이) 똑똑치 않은.
slug a. 영리한, 약삭빠른.
slugg|er -ern -rar 【스포츠】 (야구, 권투, 크리켓 따위의) 강타자.
sluka ~r ~de/slök ~t tr. (씹지 않고) 삼키다, 먹어 치우다; 빨아들이다 (upp).
slum ~men 0 ① 빈민굴, 빈민가 ② 구세군의 자선 활동.
slummer ~n 0 가벼운 잠, 선잠, 졸음.
slump ~en ~ar ① 우연, 행운; det var en ren ~ att …한 것은 정말 우연이었다; av en [ren] ~ [정말] 우연히, 뜻밖에; på en ~ 우연히, 아무렇게나 ② 나머지, 잔여.
slumpa ~r ~de ~t Ⅰ. tr. 헐값에 팔아버리다(bort) Ⅱ. rfl. 우연히 …하다.
slumpmässig a. 우연한, 되는 대로의.
slumra ~r ~de ~t itr. 선잠을 자다, 잠시 졸다.
slumrande a. 잠자는; (능력 따위가) 잠재해 있는, (자원이) 개발되지 않은.
slung|a¹ -an -or 투석기(投石器); 꿀 짜내는 통; 제설 풀무기.
slunga² ~r ~de ~t tr. ① …을 (투석기로) 던지다, 세게 내던지다; ~ ngt i ansiktet på ngn …의 면전에 …을 던지다 ② 꿀을 짜내다.
slunkit ☞ slinka²
sluntit ☞ slinta
slup ~en ~ar 돛대가 하나뿐인 범선; 거룻배; 소형 증기선.
sluppit ☞ slippa
slurk ~en ~ar 한 모금, 소량; en ~ kaffe 커피 한 모금.
slusk ~en ~ar 누추한 사람, 꾀죄죄한 사람.
sluskig a. 꾀죄죄한, 추레한.
sluss ~en ~ar (운하의) 수문, 방조문

(防潮門), 여닫이 문; (감정 따위의) 배출구.

slussa *~r ~de ~t itr. tr.* 수문을 통과시키다(in, ut); …을 빠져 나가다.

slusstrapp|a *-an -or* (수면의 높이에 차이가 많은) 일련의 수문.

slut[1] *~et ~* 끝, 마침, 종료, 결말, 결과; ~examen 최종시험; ~et gott, allting gott 결과가 좋으면 다 좋다; få(göra) ~ på …을 끝내다, 마치다; göra ~ på ngt …을 전부 쓰다; ta ~ 끊어지다, 바닥이 나다; i ~et av maj(månaden) 5월(이달) 말에; till ~ 결국, 마침내.

slut[2] *a.* (불변화, 서술적) 끝마친, 완료한, 마무리된, 다 써버린; boken är ~ på förlaget 출판사에 책이 다 동났다; mjölken har tagit ~ 우유가 다 떨어졌다; det är ~ mellan oss 우리 사이는 이제 끝났다; 힘이 다 빠진, 지쳐버린(utmattad).

sluta[1] *~r ~de(slöt) ~t tr. itr.* 끝내다, 완료하다; här ~r vägen 길은 여기에서 끝난다; affären har ~t 상점은 폐업하였다; terminen ~r i juni 학기는 6월에 끝난다; regnet verkar ha ~t 비가 그친 것 같다; ordet ~r på vokal 그 단어는 모음으로 끝난다; ~ skolan 학업을 마치다.

slut|a[2] *-er slöt -it* Ⅰ. *tr.* ① 닫다; ~ ögonen 눈을 감다; ~ ngn i sina armar …을 껴안다; cirkeln är -en 원점으로 돌아가다 ② 최종적으로 결정하다, 조약 따위를 체결하다; ~ ett fördrag 조약을 맺다 ③ 결론을 짓다, 추론하다; ~ av ngt att …으로부터 …을 판단하다 Ⅱ. *itr.* ~ till 꼭 맞는다; ~ upp 함께 모이다, 규합하다; ~ upp kring ngn …를 중심으로 결속하다 Ⅲ. *rfl.* ① (문이) 닫히다; ~ sig inom sig själv 세상을 등지다, 운둔하다 ② ~ sig till ngn …와 결속하다, 연대하다 ③ ~ sig till ngt …으로 결론짓다, 귀결하다.

slutar|e *-[e]n ~* (사진기) 셔터.

slutartik|el *-eln -lar* 【언어】 어말관사, 명사의 정형어미; båten에서 어미 -en.

slut|en *a.* 닫힌, 밀폐된, 봉한; ett -et samhälle 폐쇄 사회; 내성적인, 말이 없는; en tyst och ~ man 말이 없는 내성적인 남자; ~ vokal 폐모음, 고모음.

slutenvård *~en 0* (환자의) 입원치료(반대말: öppenvård).

slut|föra *-för -förde -fört tr.* 끝내다, 완결하다.

slutförvaring *~en 0* 핵폐기물의 안전처리.

slutgiltig *a.* 최종적인, 마지막의, 결정적인.

slutit ☞ **sluta**

slutkläm *~men ~mar* 마지막 장식, 마무리.

slutkörd *a.* 힘이 다 빠진, 녹초가 된.

slutledning *~en ~ar* 추론, 결론; dra(göra) ~ar 결론을 내리다.

slutlig *a.* 최종적인, 궁극적인, 결정적인; ~ skatt 최종과세.

slutligen *adv.* 최종적으로, 마침내.

slutljud *~et ~* 【음성학】 어말음.

slutlön *~en ~er* (한 직종의) 최고 호봉임금.

slutplädering *~en ~ar* (재판에서 당사자의) 최후 진술.

slutsats *~en ~er* 결론; dra förhastade

S

~er 성급한 결론을 내리다.

slutspel *~et ~* ① 선수권 대회의 결승전 ② (서양장기의) 종반, 시합의 마지막 판.

slutsteg *~et ~* 【무선】 증폭단(增幅段); 로켓 발사의 마지막 단(段).

slutstycke *~t ~n* (총의) 놀이쇠.

slutta *~r ~de ~t itr.* 경사지다, 비탈지다, 비스듬히 기울다; ~ brant(sakta) ned mot …쪽으로 급경사가 지다(경사가 완만하다).

sluttning *~en ~ar* 경사, 언덕바지.

slutvinjett *~en ~er* 【인쇄】 (서책의) 장(章)의 끝, 권말에 넣는 컷.

slyn|a *-an -or* 말괄량이, 왈가닥.

slyng|el *-eln -lar* 선머슴애, 개구쟁이.

slyngelaktig *a.* 버릇없는, 돼먹지 않은.

slå[1] *~n ~ar* ① 빗장, (사다리의) 가로장, 단 ② 옷의 단.

slå[2] [slo:]*~r slog slagit* Ⅰ. *tr. itr.* 치다, 때리다, 두드리다, …을 패배시키다; ~ ngn med 2–1 i tennis 테니스에서 …를 2대 1로 이기다; ~ fienden 적을 패배시키다; ~ ett nummer 번호를 돌리다; när klockan ~r två [slag] 시계가 2시를 치면; det slog mig 갑자기 내게 생각이 났다; ~ händerna för ansiktet 손으로 얼굴을 가리다; ~ ngt i bitar …을 조각내다, 부수다; ~ en spik i …에 못을 박다; ~ huvudet i(mot) 머리를 …에 부딪치다; ~ i dörrarna 문을 쾅 닫다; ~ i lexikon 사전을 찾다; ~ armarna om ngn …를 끌어안다; ~ ngn till marken …를 때려눕히다 Ⅱ. *itr.* ① 계속해서 치다, 두드리다, (심장, 맥 따위가) 뛰다, 고동치다, 물결이 철썩철썩 치다; dörren står och ~r 문이 계속 쾅쾅 부딪친다; regnet ~r mot fönstret 비가 창가에 부딪친다 ② (새가) 지저귀다; lärkan ~r 종달새가 지저귄다 ③ 두드리다(slå an) ④ ~ för en flicka 여자에게 구애하다 Ⅲ. *rfl.* ① 다치다, 부상당하다; ~ sig i huvudet(på knät) 머리를(무릎을) 다치다; ~ sig på(mot) en sten 돌에 부딪히다 ② ~ sig på 공격하다, (병 따위가) …을 침범하다 ③ 휘다, 구부러지다 ④ 추위가 누그러지다 Ⅳ. (강세 접사와 함께) ① ~ an 인기를 얻다; ~ an på ngn …의 마음에 들다 ② ~ av …을 쳐서 떼다, 털다; ~ av askan på en cigarr 궐련의 재를 털다; 스위치를 끄다; 값을 깎다(på priset); 줄이다; 기운이 빠지다 ③ ~ bort 흘려버리다, 떨쳐 버리다, …을 경시하다 ④ ~ ifrån (기계, 스위치 따위를) 끄다; ~ ifrån sig 거절하다, 떨쳐 버리다 ⑤ ~ igen (책, 상자를) 덮다, 문을 쾅 닫다; 되받아치다 ⑥ ~ igenom med en bok 책을 써서 유명해지다 ⑦ ~ ihjäl (폭력으로) …을 죽이다, 살해하다 ⑧ ~ ihop (책, 우산 등을) 덮다, 닫다; 병합하다, 통합하다; ~ ihop en firma med 회사를 …과 통합하다 ⑨ ~ in 때려 박다, (유리창을) 깨부수다; ~ in öppna dörrar 헛수고를 하다; ~ in ngt i papper(ett paket) …을 종이(소포)에 싸다; (꿈이) 실현되다, 맞아 떨어지다 ⑩ ~ ner (땅에) 떨어지다; ~ sig ner 앉다, (새가) 내려앉다 ⑪ ~ om (날씨가) 갑자기 바뀌다, (정치인이) 변절하다; ~ om ett papper om ngt …을 종이로 싸다 ⑫

~ på 못을 박다; (엔진, 전등 따위를) 켜다, 스위치를 넣다 ⑬ ~ samman ☞ ~ ihop ⑭ ~ till 한대 치다; 공격하다; 기회를 포착하다 ⑮ ~ upp 세우다, (광고를) 붙이다; (술, 커피 등을) 따르다; 책을 펴다; ~ upp ett ord i ett lexikon 사전에서 단어를 찾다; …을 조사하다; 파혼하다; en uppslagen förlovning 파혼 ⑯ ~ ut (담뱃재를) 털어내다; (날개, 깃발을) 펴다, 펼치다; 쏟아 버리다; 【스포츠】 상대방을 맹타하여 물러나게 하다; 배분하다; ~ ut kostnaderna på alla deltagarna 비용을 모든 참가자에게 분담시키다; (꽃봉오리가) 피다, 벌어지다; 결과가 나타나다 ⑰ ~ över (실수로) 넘어지다; (행동, 연기를) 지나치게 하다, 과장하다.

slående *a.* 두드러진, 놀라운, 눈에 띌 만한.

slån *~en/~et, 0* 야생 오얏나무.

slåss ~ *slogs slagits itr. dep.* 서로 싸우다; ~ han jämt? 그는 늘 싸우느냐?; ~ om ngt …을 놓고 싸우다.

slåtter *~n 0* 건초[만들기].

slåttermaskin *~en ~er* 풀 베는 기계.

släck|a[1] *-er -te -t tr.* (타고 있는 불 따위를) 끄다, 전기 불을 끄다; ljuset är -t 전기불이 꺼져 있다.

släck|a[2] *-er -te -t tr. itr.* 【항해】 밧줄을 늦추어 풀어 주다.

släd|e *-en -ar* 썰매, 큰 썰매.

slädparti *~et ~er* 야외 썰매타기; 썰매 소풍.

slägg|a *-an -or* ① (두 손으로 치는) 큰 망치 ② 【육상경기】 해머(둥근 쇠뭉치 끝에 쇠사슬을 매어 돌리다가 던지는 기구).

släggkastning *~en ~ar* 【육상경기】 해머 던지기.

släkt[1] *~en ~er* ① 일가(一家) 친척 (ätt); ~en Vasa 바사 가문; ~förening 종친회 ② 친척관계, 일가; ha stor ~ 일가가 많다; räkna ~ med ngn …와 친척지간이다; tjocka ~en 가문 일족.

släkt[2] *a.* (서술적) 친척의, 인척관계가 있는; 【언어】 동계의, 기원이 같은; vi är nära ~ 우리는 가까운 친척이다; ~ på långt håll 먼 일가친척.

släkt|as ~ *-ades -ats itr. dep.* ~ på ngn …를 닮다.

släktdrag *~et ~* 일가(一家)의 특징.

släkte *~t ~n* 【생물】 종(種), 종류, 속(屬); 가계, 가족; det manliga ~t 수컷류.

släktforskning *~en 0* 족보학, 계보학.

släkting *~en ~ar* (직계 가족 이외의) 친척, 일가; en ~ till mig 내 친척중의 한 사람.

släktkrönik|a *-an -or* (문학) 혈통사, 가계(家系) 이야기.

släktled *~et ~* 친족(혈연, 인척) 관계, 같은 세대의 자손.

släktnamn *~et ~* ① 성(姓氏) ② 【생물】 속명(屬名).

släktskap *~en 0* 친척관계, 혈연관계; 유사, 근사.

släkttycke *~t 0* 친척간의 닮은 점, 유사점.

sländ|a[1] *-an -or* 잠자리.

sländ|a[2] *-an -or* 실패, (물레의) 가닥.

släng *~en ~ar* 급회전, 홱 돌림; (채찍 따위를) 한 번 휘두르기, 한 번 후려치

S

기; 병의 발작.

släng|a *−er −de −t* Ⅰ. *tr*. 마구 던지다, 내버리다, 내팽개치다 Ⅱ. *itr*. 흔들리다, 흔들거리다; sitta och ~ med benen 앉은 채로 다리를 흔들거리다 Ⅲ. *rfl*. 몸을 내던지다; ~ sig i en bil 차 안으로 뛰어들다 Ⅳ. (강세 접사와 함께) ~ igen (문을) 쾅 닫다, (책, 뚜껑을) 덮다; ~ till ngn ngt …을 …에게 팽개치다; ~ ur sig 불쑥 말하다, 내뱉다.

slängd *a*. ~ i ngt 【일상】 ~에 능숙한.

slängig *a*. 홱 움직이는, 덜컹덜컹 움직이는.

slängkapp|a *−an −or* 팔소매가 없는 코트.

slängkyss *~en ~ar*, ge ngn en ~ (kasta en ~ åt ngn) 손끝을 입술에 대고 …에게 키스를 보내다.

slängkälk|e *−en −ar* 빙판 위의 회전 목마.

slänt *~en ~er* 경사, 비탈.

släntra *~r ~de ~t itr*. 어슬렁어슬렁 걷다, 한가롭게 거닐다.

släp *~et ~* ① (길게 끌리는 의복의) 옷자락 ② 트레일러, 동력차로 예인되는 차; pråmarna bildade ett långt ~ 거룻배들이 긴 열을 지었다 ③ ha(ta) på ~ (파손한 배 따위를) 밧줄로 끌다 ④ 힘든 일, 노역, 고된 일.

släpa *~r ~de ~t* Ⅰ. *tr*. …을 [질질] 끌다, [질질] 끌며 가다; ~ fötterna efter sig 발을 질질 끌다 Ⅱ. *itr*. ~ på 무거운 듯이 나르다, 끌려가다; ~ med fötterna 발을 끌며 걷다; 애써서 일하다 Ⅲ. *rfl*. 발을 끌다, 느릿느릿 가다 Ⅳ. (강세접사와 함께) ~ efter 꾸물거리다, 처지다; ~ fram ngt ur källaren 지하실로부터 …을 끌어내다; ~ sig fram (일, 시간 따위를) 질질 끌다; ~ ut sig 지치다, 쇠약해지다.

släpig *a*. (아주) 느릿느릿한 (걸음, 말투 따위).

släpp|a *−er −te −t* Ⅰ. *tr*. …을 놓아주다, 풀어주다, 방면하다, 석방하다, …을 놓치다, 떨어뜨리다; 포기하다; släpp mig! 나를 놓아다오!; ~ en hund 개를 끈에서 풀어놓다; ~ korna på bete 젖소를 방목하다; han −tes efter förhör 그는 심문을 받은 후 석방되었다 Ⅱ. *itr*. 풀리다, 벗겨지다, 느슨해지다; (아픔, 피로가) 차차 사라지다 Ⅲ. *rfl*. 방귀를 뀌다 Ⅳ. (강세 접사와 함께) ~ efter på (기강이) 해이해지다, 느슨해지다; ~ fram ngn till ngt …에게 …하도록 하다; ~ fri 놓아주다, 석방하다; ~ ifrån sig 포기하다, 단념하다, 버리다; ~ igenom 통과시키다, 허가하다; ~ in ngn i …를 …로 들여보내다; ~ lös (포로를) 놓아주다, …을 멋대로 하게 놔두다; ~ sig lös 자제력을 잃다; ~ på (물, 전기를) 틀다, 켜다; ~ till 공급하다, 제공하다; ~ upp (풍선을) 띄어 올리다, 날려 보내다; ~ ut 흘려보내다, 내보내다.

släpphänt *a*. 느긋한, 멋대로 하는, (기강이) 해이된.

släptåg *~et 0*, ha … i ~ …를 동행시키다; i ngns ~ …의 뒤를 좇아.

släpvagn *~en ~ar* 트레일러, 동력차에 연결된 차.

slät *a*. 평평한, 매끄러운; 보통의, 평범한; ha ganska ~a betyg från

gymnasiet 고등학교 성적이 평범하다; en ~ kopp kaffe 빵, 과자를 곁들이지 않은 커피 한잔.

släta *~r ~de ~t tr.* ~ till, ~ ut …을 평평하게 하다, 매끄럽게 하다; 주름살을 펴다; 일이 순조롭게 되게 하다; ~ över …을 잘 얼버무리다, (과실 따위를) 숨기다.

släthårig *a.* 곱슬머리가 아닌.

slätlöpning *~en 0* 【승마】 평지 경주[법].

slätprick *~en ~ar* 【항해】 꼭대기 표지가 없는 부표(浮標).

slätstruken *a.* 보통의, 좋지 않은 편인, 무미건조한.

slätt[1] *~en ~er* 평원, 평지.

slätt[2] *adv.* rätt och ~ 단순히, 단지; stå sig ~ i konkurrensen 경쟁에 불리하다.

slätvar *~en ~ar* (유럽산) 가자미.

slö *~tt a.* ① (칼날, 끌 따위가) 무딘, 뭉툭한 ② (감각, 이해 따위) 둔감한, 느린; 게으른, 나태한.

slöa *~r ~de ~t itr.* 게으름 피우다, 빈둥거리며 지내다; ~ bort tiden 허송세월하다.

slödd|er *-ret 0* 【경멸적】 (하층민, 천민의) 떼, 집단.

slöfock *~en ~ar* 게으름뱅이, 잠꾸러기.

slöhet *~en 0* 나태, 게으름.

slöj|a *-an -or* 베일, (여자의) 면사포; 장막, 시야를 가리는 것; dra en ~ över …을 덮어서 숨기다; 【사진】 음화(陰畫)의 어두운 면.

slöjd *~en ~er* 수세공(手細工) 수예, 수예품; trä~ 목공예품, 【학과목】 목공.

slöjda *~r ~de ~t tr. itr.* (비전문적으로) 수공예품을 만들다, 새겨서 …을 만들다(나무 따위에).

slök ☞ sluka.

slör[1] *~et ~* (칠면조, 닭의) 육수(肉垂, 주둥이 아래 늘어진 붉은 살).

slör[2] *~en 0* 【항해】 순풍.

slöra *~r ~de ~t itr.* 돛에 충분한 바람을 받고 달리다.

slösa *~r ~de ~t tr. itr.* (돈을) 낭비하다, 함부로 쓰다(på, bort).

slösaktig *a.* 낭비하는, 아끼지 않는, 활수한(med).

slösar|e *-[e]n ~* 돈 씀씀이가 헤픈 사람, 낭비가 심한 사람.

slöseri *~et 0* 낭비, 허비.

slöt ☞ sluta.

smack[1] *~en ~ar* 【항해】 (연안 항해 및 어업용의) 소형 돛배.

smack[2] *~et 0* ① 입맛 다시는 소리 ② inte ett ~ 조금도 …이 아니다(inte ett dugg).

smacka *~r ~de ~t itr.* …에 입맛을 다시다, 혀를 차다(med tungan).

smak *~en ~er* ① 맛, 풍미; ~en förändras 취향은 변한다; var och en har sin ~ 각자 취향이 다르다; har ingen ~ (har förlorat ~en) 입맛이 없다; ha(ta) ~ av …의 맛이 나다 ② 미각, 취향, 스타일, 감식력; hon är inte i min ~ 그 여자는 내 취향에는 맞지 않는다; falla ngn i ~en …의 마음에 들다 ③ 【일상】 운수, 재수; nu hade du ~ som inte blev påkörd 차에 치이지 않았으니 너는 운이 좋구나.

smaka *~r ~de ~t* Ⅰ. *tr. itr.* 맛보다, 먹어보다, 경험하다; får jag ~ på

S

det? 내가 맛 좀 볼까?; det ~r ingenting 아무 맛이 없다; han ~r aldrig vin 그는 포도주를 입에 대지도 않는다; hur ~r det? 그것은 맛이 어때?; låta sig väl ~ 맛있게 먹다 Ⅱ. (강세접사와 함께) ~ av såsen med …으로 소스 맛을 내다; ~ på …을 맛보다, 체험하다.

smakbit *~en ~ar* 맛보는 소량, 시식용의 작은 분량.

smakdomar|e *-[e]n ~* 맛보는 사람, (술, 차 등의) 감별인.

smakfull *a.* 취미가 있는, 고상한, 심미안이 있는.

smaklig *a.* ① 맛좋은, 풍미가 좋은; ~ måltid! 맛있게 드십시오! ② 즐거운, 기분 좋은.

smaklös *a.* 맛없는, 무미건조한, 시시한.

smaksak (불변화 en-명사) 취향문제(smakfråga).

smaksinne *~t 0* 미각(味覺).

smak|sätta *-sätter -satte -satt tr.* …에 맛을 내다, 풍미를 곁들이다.

smal *a.* 좁은, 가는, 호리호리한; lång och ~ 키가 크고 날씬한; det var hans ~a lycka 그는 운이 좋았다; det är en ~ sak för honom 그에게는 아주 쉬운 일이다; den ~a vägen (도덕적으로) 옳으나 실행하기 어려운 행위.

smalben *~et ~* 【해부】 발목 윗부분.

smalfilm *~en ~er* 35밀리미터 이하 필름; 16밀리미터 필름.

small ☞ smälla

smalna *~r ~de ~t itr.* 좁아지다, 가늘게 되다, 날씬해지다.

smalspårig *a.* 【철도】 협궤의, 좁은 선로의(궤간이 1.435미터 이하인 것).

smalt ☞ smälta[2]

smaragd *~en ~er* 【광물】 에메랄드, 녹옥색.

smart *a.* 재치 있는, 영리한, 약삭빠른.

smash [-a-/-ɛ-] *~en ~ar* (테니스, 배드민턴, 탁구) 스매시(높이 오는 볼을 세게 내려치기).

smasha *~r ~de ~t itr.* (정구 따위에서) 스매시하다.

smaska *~r ~de ~t itr.* (술, 음식 등을 먹을 때) 소리를 내다; ~ i sig 게걸스럽게 먹다.

smaskig *a.* 【일상】 (끈끈한 음식이) 아주 맛이 있는.

smatt|er *-ret 0* (접시, 기계, 말발굽소리 따위가) 덜커덕거리는 소리.

smattra *~r ~de ~t itr.* 타다닥거리다 (총을 쏠 때나, 타자기를 칠 때 또는 빗방울이 떨어질 때 나는 소리 *jfr.* skramla).

smed *~en ~er* 대장장이.

smedj|a *-an -or* 대장장이의 일터, 대장간.

smek *~et 0* 애무.

smek|a *-er -te -t tr.* 애무하다, 어루만지다, 쓰다듬다.

smek|as *-s -tes -ts itr. dep.* 서로 애무하다.

smekmånad *~en ~er* 밀월, 신혼의 첫 달; 행복한 시기, 협조가 잘되는 초기.

smeknamn *~et ~* 애칭.

smekning *~en ~ar* 애무, 어루만짐.

smeksam *a.* 애무하는, 어루만지는.

smet[1] ☞ smita.

smet[2] *~en ~er* 묽은 반죽.

smeta *~r ~de ~t* Ⅰ. *tr.* …에 바르다, 칠하다, …을 더럽히다(på) Ⅱ. *itr.* 더러워지다 Ⅲ. (강세접사와 함께) ~ av(ifrån) sig på …에 오점을 남기다; ~ igen …을 채우다, 메우다(med); ~ med ngt …을 더럽히다.

smetig *a.* 더럽혀진, 얼룩투성이의.

smick|er *-ret 0* 아첨, 아부; utan ~ sagt är hon söt 아첨하려는 말이 아니라 그녀는 정말 아름답다.

smickra *~r ~de ~t* Ⅰ. *tr.* …을 기쁘게 하다; 아첨하다, 아부하다; jag är ~d[över] att han kom 나는 그가 와서 기쁘다 Ⅱ. *rfl.* 우쭐해하다, 의기양양해하다.

smickrar|e *-[e]n ~* 아첨꾼, 아부하는 사람.

smid|a *-er -de smitt tr.* (쇠를) 벼리다, 대장질하다; (계획, 구상 따위를) 세우다, 안출하다; ~ medan järnet är varmt 【속담】 호기를 놓치지 말라, 쇠뿔도 단김에 빼라.

smide *~t ~n* ① 단조물(鍛造物), 연철(鍊鐵) ② 대장장이의 직.

smidig *a.* 구부리기 쉬운, 유연성의, 노글노글한; 융통성이 있는, 고분고분한; ~ diplomati 유연한 외교.

smil *~et ~* 미소, 방긋거림.

smila *~r ~de ~t itr.* 미소 짓다, 방실거리다; ~ in sig hos ngn …의 비위를 맞추려고 웃다.

smilband *~et ~*, dra på ~et 미소 짓다, 생긋 웃다.

smilfink *~en ~ar* 비위를 맞추는 사람, 아첨하는 사람.

smilgrop *~en ~ar* 보조개.

smink *~et ~er* 화장, (배역의) 분장, 화장품.

sminka *~r ~de ~t tr.* …을 화장(化粧)하다; ~ sig (자신을) 화장하다.

sminkör *~en ~er* 분장사(扮裝師).

smisk *~et 0* 【일상】 (손바닥 따위로) 찰싹 때리기.

smiska *~r ~de ~t tr.* 찰싹 때리다, 가볍게 치다.

smit|a[1] *-er smet smitit itr.* ① 살짝 빠져나가다, (교통사고 현장에서) 도망치다(från); ~ in i ett rum 방으로 몰래 숨어들다 ② ~ åt (옷이) 꽉 끼다 ③ 색깔이 바래다.

smit|a[2] *-an 0* 한 떼, 무리.

smitit ☞ smita.

smitt ☞ smida.

smitt|a[1] *-an -or* (병 따위의) 전염, 감염.

smitta[2] *~r ~de ~t* Ⅰ. *tr.* 전염시키다(ned), 감염시키다; jag blev ~d av honom 나는 그에게서 감염되었다 Ⅱ. *itr.* 병균으로 오염되다; ~ av sig på (남에게) 영향을 주다, 물들게 하다.

smittbärar|e *-[e]n ~* 병균 보유자, 보균자.

smitthärd/smittohärd *~en ~ar* 전염병의 발생지.

smittkoppor (복수명사) 【병리】 천연두.

smittsam *a.* 전염성의, 옮기기 쉬운.

smittämne *~t ~n* 병원균, 박테리아, 세균.

smock *~en 0* 거북등 모양의 장식 주름, 쇠사슬 자수.

smock|a[1] [-ɔ-] *-an -or* 강타, 때리기.

smocka[2] *~r ~de ~t tr.* ~ till ngn

…를 강타하다, 때리다.
smockfull *a.* 꽉 들어찬.
smog [-ɔ-] *~en 0* 스모그, 연무(燃霧, 매연이나 배기가스가 섞인 안개).
smoking [-o:-] *~en ~ar* 약식 야회복(연미복 대용).
smolk *~et 0* 먼지, 티끌; få ~ i ögat 눈에 먼지가 들어가다; det har kommit ~ i mjölken 옥에 티(흥, 기쁨을 망치는 것).
smord *a.* 기름을 칠한.
smorde ☞ smörja[2].
smorläd|er *-ret 0* (작업화용으로) 기름을 진하게 먹인 가죽.
smugg|el *-let 0* 밀수.
smuggelgods *~et 0* 밀수품.
smuggla *~r ~de ~t tr.* …을 밀수입하다(in), …을 밀수출하다(ut).
smugglar|e *-[e]n ~* 밀수업자.
smugit ☞ smyga.
smul|a[1] *-an -or* 부스러기, 소량; en ~ pengar 약간의 돈.
smula[2] *~r ~de ~t* Ⅰ. *tr.* …을 산산조각 나게 하다, 부수다 (~ sönder) Ⅱ. *rfl.* 산산조각이 나다, 부서지다.
smultit ☞ smälta[2].
smultron *~et ~* 야생딸기.
smultronställe *~t ~n* 특별히 아늑한 장소(곳).
smuss|el *-let 0* 속임수, 부정.
smussla *~r ~de ~t* Ⅰ. *itr.* 속임수를 쓰다, 사기를 치다 Ⅱ. *tr.* ~ ngt till ngn (~ till ngn ngt) …을 …에게 살짝 쥐어주다; ~ in(ut) …을 몰래 들여(내어) 보내다.
smuts *~en 0* 먼지, 때, 오물, 진창; 【비유】(정신, 도덕의) 타락, 오손.
smutsa *~r ~de ~t tr.* …을 더럽히다 (ned); 【비유】(명예, 정신 따위를) 훼손하다, 상처를 입히다; ~ ned sig 더럽히다.
smutsgris *~en ~ar* 【일상】 개구쟁이, 지저분한 애.
smutsig *a.* 더러운, 불결한; 비도덕적인, 추잡한; lätt bli ~ 더러워지기 쉽다; han är ~ i ansiktet 그는 얼굴이 더럽다.
smutskasta *~r ~de ~t tr.* …를 비방하다, 비난하다.
smutstit|el *-eln -lar* 표제지의 앞면에 인쇄된 간략한 표제(책이름).
smutt *~en ~ar* ① 한 모금, 홀짝거림 ② 좁은 통로.
smycka *~r ~de ~t tr.* …을 장식하다, 꾸미다.
smycke *~t ~n* 【장신구】 보석류(귀걸이, 목걸이 따위).
smyg *~en ~ar* ① 모서리, 구석 ② i ~ 몰래, 슬그머니; skratta i ~ 몰래 웃다.
smyg|a *-er smög smugit* Ⅰ. *itr.* 살짝 빠져나가다; ~ på tå 발끝으로 살금살금 걷다; gå och ~ 몰래 움직이다 Ⅱ. *rfl.* ~ sig efter 바싹 뒤따르다; ~ sig intill ngn …에게 바싹 달라붙다.
smygande *a.* 【비유】(병, 비난 따위가) 모르는 사이에 진행되는.
små [smo:] *a.* ☞ liten.
småaktig *a.* 사소한, 하찮은, 속이 좁은.
småbarn *~et ~* 취학 전 어린이.
småbarnsfamilj *~en ~er* 취학 전 어린이가 있는 가족.
småbildskamer|a *-an -or* 소형 카메라(36밀리 이하의 필름을 쓰는).

småborgar|e -[e]n ~ (하위) 중산계층; 중소 상공업자; 소시민.

småbruk ~et ~ 소규모 영농.

småbrukar|e -[e]n ~ 소규모 자작농.

småbröd ~et 0 커피용 빵 또는 과자.

småfolk ~et 0 ① 하층민; 어린아이 ② 신화속의 난장이들.

småföretag ~et ~ 소규모 기업(피고용인 50명 이내).

smågräla ~r ~de ~t itr. 사소한 언쟁을 하다; ~ på ngn [över ngt] …를 […에 대해] 약간 꾸짖다.

småhus ~et ~ 소규모 단독주택.

småindustri ~n ~er 소규모 공업(수공예와 공업의 경계가 될 만한 생산규모).

småkryp ~et ~ 기어 다니는 작은 곤충류.

små|le -ler -log -lett itr. 미소 짓다 (mot, åt).

småländsk a. 남부지방 스몰란드 (Småland)의.

småländsk|a ① -an -or 스몰란드 여자 ② -an 0 스몰란드 방언.

smålänning ~en ~ar 스몰란드 사람.

småningom adv. så ~ 차츰, 점차로.

småord ~et ~【문법】 허사, 불변화사(접속사, 전치사, 관사 따위).

småpengar (복수명사) 잔돈, 거스름돈, 10크로나 이하의 동전.

småplanet ~en ~er 소행성.

småpotatis ~en 0, det är inte ~ 적은 액수가(분량이) 아니다.

småprata ~r ~de ~t itr. 한담하다 (med), 담소하다.

smårätter (복수명사) 스머르고스부드 요리의 일부, 스칸디나비아 식 전채(前菜)요리.

småsak ~en ~er ① 작은 장식용 물건 ② 사소한 일; gräla om ~er 사소한 일로 시비하다.

småsint a. 사소한, 대단치 않은; 소심한, 마음이 좋은.

småskol|a -an -or【고어】 기초학교의 저학년 (현재의 lågstadium에 해당).

småskuren a. 편협한, 소심한, 관대하지 못한.

småsparar|e -[e]n ~ 소액 예금자.

småstadshål|a -an -or 초라한 도시, 보잘 것 없는 도시.

småsyskon (복수명사) 어린 형제자매.

småtimmarna (복수명사) 삼경(밤 12시 이후부터 3시경까지); på ~ 삼경에.

smått[1] a. 작은, 조금의; allt var så ~ i bilen 차안의 모든 부품들은 아주 작았다.

smått[2] (형용사의 명사화) allt möjligt ~ och gott 다양한 종류의 작은 물건들; i ~ 소규모로; ljuga i ~ 약간의 거짓말을 하다; hon väntar ~ 그녀는 임신 중이다.

smått[3] adv. så ~ 아주 조금; ha det ~ (ha ~ om det) 조금 있다; skriva ~ 글씨를 작게 쓰다.

småtting ~en ~ar 어린애, 어린것.

småvarmt (명사적 형용사) (스머르고스부드 차림상 가운데) 적은 양의 따뜻한 요리.

småvilt ~et 0【집합적】 (토끼, 새 따위의) 작은 사냥감.

småvuxen a. 키가 작은.

smäck|a -er -te -t Ⅰ. tr. ~ igen

S

(문, 창 따위를) 쾅 닫다; ~ till ngn …를 강타하다. Ⅱ. *itr.* 속이다, 거짓말하다.

smäcker *a.* 가느다란, 날씬한.

smäda *~r ~de ~t tr.* 비난하다, 헐뜯다, 모욕하다.

smädebrev *~et ~* 비난 편지, 중상 모략하는 편지.

smädelse *~n ~r* 비방, 욕설, 모욕.

smädlig *a.* 독설의, 욕하는, 모욕적인.

S

smäkta *~r ~de ~t itr.* 애타게 그리워하다, 갈망하다(efter).

smäktande *a.* (시선이) 동경하는 듯한, 갈망하는 듯한.

smälek *~en 0* 치욕, 불명예; lida ~ 치욕을 받다.

smäll[1] *~en ~ar* ① 굉음, 발포하는 소리, 쾅[하는 소리] ② 타격, 세게 치기.

smäll[2] *~et 0* 찰싹 때리기; få ~ på fingrarna 벌 받다, 훈계를 듣다.

smäll|a *-er -de/small -t* Ⅰ. *tr.* …을 찰싹 때리다, 세게 치다, …을 쾅하고 닫다 Ⅱ. *itr.* (문이) 쾅하고 닫히다, 꽝하는 소리가 나다; ~ med fingrarna (…을) 경멸하다; i kväll -er det 오늘 밤에 사건이 일어날 것이다 Ⅲ. (강세 접사와 함께) ~ av (총포, 화기를) 발사하다, 쏘다; ~ igen (책을) 탁 덮다; ~ till 실제로 …을 행하다; ~ upp 급히 짓다.

smällar|e *-[e]n ~* (땅바닥에 던지면 터지는) 불꽃놀이용 화약.

smällfet 엄청나게 뚱뚱한.

smällkall *a.* 지독히 추운.

smällkaramell *~en ~er* 성탄트리에 매다는 폭죽 캐러멜.

smält|a[1] *-an -or* 용해된 금속.

smält|a[2] *-er -e/smalt, -/smultit* Ⅰ. *tr. itr.* ① (열로) 녹다, (액체 안에서) 용해하다, 사라지다, 없어지다; päronet -er i munnen 배가 입안에서 녹아버리다 ② (음식을) 소화하다 Ⅱ. (강세접사와 함께) ~ ihop 차츰 사그라지다; ~ ihop med …과 합병하다, 하나로 되다; ~ in i …에 융화되다, 조화를 이루다; ~ ned (금속을) 녹이다; ~ samman ☞ ~ ihop.

smältdeg|el *-eln -lar* 도가니.

smältost *~en ~ar* 가공한 치즈.

smältpunkt *~en ~er* 【물리】 융점, 융해점.

smältvatt|en *-net 0* (눈, 얼음이) 녹은 물.

smärgel [-j-/-g-] *~n 0* 【광】 금강사(金剛砂, 연마용).

smärgla *~r ~de ~t tr.* 금강사로 …을 닦다, 문지르다.

smärre *a.* 사소한, 하찮은, 대단치 않은, 약간의.

smärt *a.* 날씬한, 호리호리한.

smärt|a[1] *-an -or* 아픔, 고통; ha -or i huvudet 머리가 아프다.

smärta[2] *~r ~de ~t* Ⅰ. *tr.* …에게 고통을 주다, …을 괴롭히다; det ~r mig djupt 그것이 나를 심히 괴롭힌다 Ⅱ. *itr.* 아프다, 쑤시다; det ~r i benet 다리가 쑤신다.

smärting *~en 0* 돛을 만드는 포목, 범포(帆布).

smärtsam *a.* 아픈, 괴로운, 가슴 아픈.

smärtstillande *a.* 통증을 덜어주는, 진통제의; ~ medel 진통제.

smög ☞ **smyga**.

smör [smœ:r] *~et 0* 버터; breda ~ på …에 버터를 바르다; gå åt som ~ i solsken 불티나게 팔리다; komma uppe i ~et 안락하게 살아가다, 높은 자리에 오르다.

smöra *~r ~de ~t tr.* …에 버터를 바르다.

smörbakelse *~n ~r* 가루반죽 과자 (파이, 타트 따위의 총칭).

smörblomm|a *-an -or* 미나리아재비 속(屬)의 식물.

smördeg *~en 0* 버터를 섞은 밀가루 반죽.

smörgås [smœrgɔs] *~en ~ar* 스머르고스(스칸디나비아식 샌드위치; 버터 바른 빵 위에 야채, 새우 따위를 얹음); en ~ med räkor på 새우를 얹은 샌드위치; kasta ~ 물수제비뜨다.

smörgåsbord [smœrgɔsbɑ:ɖ] *~et ~* 스칸디나비아 식 뷔페요리.

smörgåsmat *~en 0* 버터 바른 빵 위에 햄, 치즈 따위를 얹은 간이식사.

smörgåsniss|e *-en -ar* (호텔, 식당 따위의) 급사, 견습생.

smörj *~et 0* 【일상】 때리기, 두들김, 채찍질, 매질.

smörj|a[1] *-an -or* ① 수지(獸脂) 지방, 윤활유; 연고 ② 쓰레기, 시시한 것, 오물.

smörj|a[2] *-er smorde smort tr.* ① …에 기름칠을 하다, …을 매끄럽게 하다 (med, på); ~ ansiktet med kräm 얼굴에 크림을 바르다 ② 남에게 돈을 슬쩍 집어주다, …에게 아부하다.

smörjelse *~n ~r* 【종교】 성유(聖油).

smörjhål *~et ~* 기름구멍.

smörjig *a.* 기름을 바른, 기름투성이의; 더러운.

smörkräm *~en 0* 버터, 설탕, 계란 노른자를 섞은 크림.

smörpapper *~et 0* 납지(蠟紙), 기름 먹인 종이.

smörsopp *~en ~ar* 그물버섯의 일종.

smörsvamp *~en ~ar* ☞ smörsopp.

smörsyr|a *-an 0* 【화학】 낙산(酪酸), 부티르산.

snabb *a.* 빠른, 급속한; ~t beslut 신속한 결정; ~ som blixten 번개같이 빠른.

snabbfotad *a.* 발이 빠른.

snabbförband *~et 0* 반창고.

snabbköp *~et ~* 슈퍼마켓.

snabbköpsbutik *~en ~er* ☞ snabbköp.

snabblunch *~en ~er* 즉석 점심; 간이 식당.

snabbläsning *~en ~ar* 속독(速讀).

snabbskrift *~en 0* 속기.

snabbstål *~et 0* 【야금】 고속도강(高速度鋼).

snabbtelefon *~en ~er* 구내(기내) 통화 장치.

snabbtänkt *a.* 기민한, 재치 있는.

snab|el *-eln -lar* (코끼리 따위의) 긴 코, (곤충 따위의) 주둥이.

snabel-a @, 전자우편(e-메일) 주소 표지.

snack *~et 0* 【일상】 이야기, 객담, 수다.

snacka *~r ~de ~t tr. itr.* 지껄이다, 잡담하다.

snackbar *~en ~er* 간이식당.

snagga *~r ~de ~t tr.* 머리를 짧게

깎다.

snappa ~r ~de ~t tr. itr. 잡아채다, 낚아채다; ~ upp 낚아채다.

snapphan|e -en -ar 스웨덴-덴마크 전쟁 중(1600년대 중반) 덴마크 편에서 싸웠던 스코네, 블레킹에, 할란드 출신의 게릴라.

snaps ~en ~ar 독주(브랜디, 위스키 따위).

snapsa ~r ~de ~t itr. 독주를 마시다, 술을 퍼마시다.

S

snapsvis|a -an -or 주연(酒宴)의 노래, 술자리에서 하는 노래, 스납스(snaps)를 마시기 전에 부르는 노래.

snar a. ① 재빠른, 신속한 ② (시간이) 가까운, 임박한; inom en ~ framtid 가까운 장래에.

snar|a[1] -an -or 덫, 올가미; 함정; lägga ut en ~ för …에 올가미를 놓다.

snara[2] ~r ~de ~t tr. 덫을 놓다, (동물을) 덫에 걸리게 하다.

snarare adv. 오히려, 차라리; han är inte dum ~ lat 그는 둔하다기보다는 오히려 게으르다.

snarast[1] a. med det ~e 가능한 한 빨리.

snarast[2] adv. ~ möjligt 될 수 있는 대로 빨리; 오히려, 차라리; han är ~ kommunist 그는 오히려 공산주의자라 할 수 있다.

snarfager a. 천박스럽게 아름다운.

snarfyndig a. 기민한, 재치가 넘치는.

snarka ~r ~de ~t itr. 코를 골다.

snarlik a. 닮은 편인, 어느 정도 비슷한; ett ~t fall 유사한 경우.

snarstucken a. 성마른, 과민한.

snart adv. 곧, 머지않아, 얼마 안 있어; så ~ som möjligt 될 수 있는 대로 속히 (snarast möjligt); ~ sagt 거의; jag kommer ~ tillbaka 나는 곧 돌아올 것이다; så har det varit i ~ tio år 근 십년간이나 이러하였다.

snask ~et 0 ① 단 것, 사탕 ② 음탕, 음란, 외설.

snaska ~r ~de ~t itr. tr. ① …을 와삭와삭(우둑우둑) 먹다 ② 엉망으로 만들다, 어지럽히다; ~ ned duken 식탁을 어지럽히다.

snaskig a. 너절한, 지저분한; 남의 사생활을 파헤치려는.

snatta ~r ~de ~t tr. itr. 슬쩍 훔치다; ~ i butiker 상점에서 물건을 사는 척하고 훔치다, 날치기하다.

snattar|e -[e]n ~ 좀도둑.

snatt|er -ret 0 꽥꽥, 끽끽(오리 따위가 우는 소리); 나불나불 지껄임, 재잘거림.

snatteri ~et ~er 좀도둑질, 슬쩍 훔치기.

snattra ~r ~de ~t itr. (오리 따위가) 꽥꽥(끽끽) 거리다; 재잘거리다, (시시한 이야기를) 지껄이다.

snava ~r ~de ~t itr. 비틀거리다, 넘어질 뻔하다.

sne|d[1] -tt a. 비스듬한, 기울어진; 비틀거리는, 불안정한; ha ~ rygg 등이 구부러져 있다; kasta ~a blickar på …에 곁눈질을 하다.

sned[2] (불변화명사) på ~ 비스듬히, 기울어져; gå på ~ (일, 계획 따위가) 잘못되다, 어긋나다; komma på ~ 길을 잃다, 타락하다; din hatt sitter på ~ 네 모자가 비뚤어져있다.

snedda ~r ~de ~t Ⅰ. tr. ~ [av] ngt …을 비스듬히 자르다 Ⅱ. itr. (길을 비스듬히) 가로지르다[över gatan].

snedden (정형명사) på ~ 비스듬히, 대각선으로.

snedgången *a*. ~ sko 뒤축이 비뚤게 닳은 구두.

snedseg|el *-let* ~ 【항해】 종범식(綜帆式)의 돛.

snedsprång *~et* ~ (도덕적) 비행(非行), 외도(外道).

snedsteg *~et* ~ (법률, 도덕적 규범의) 위반, 이탈.

sned|vrida *-vrider -vred -vridit tr*. 비틀다, 왜곡하다.

snedögd *a*. 눈 꼬리가 치켜 올라간.

snegla *~r ~de ~t itr*. ~ på ngn …를 슬쩍 보다, 힐끗 보다.

snett *adv*. 비스듬히, 기울어져.

snibb *~en ~ar* (옷감의) 모서리, 가장자리.

snickar|e *~[e]n* ~ 목수.

snickeri *~et ~er* 목수일, 목공업; 목공소.

snickra *~r ~de ~t itr*. *tr*. 목공일을 하다.

snicksnack *~et 0* 【일상】 잡담, 시시한 소리.

snida *~r ~de ~t tr*. (나무, 돌 따위에) 새기다, 조각하다.

snidar|e *-[e]n* ~ 조각가.

snideri *~et ~er* 조각[술], 조각품.

sniffa *~r ~de ~t tr*. *itr*. …을 코로 들이마시다, …의 냄새를 맡다.

sniff[1] *~en ~ar* 냄새 맡기, 코로 들이쉬기.

sniff[2] *~et 0* (마약의) 흡입(吸入).

snig|el *-eln -lar* 달팽이.

snigelfart, med ~ 느릿느릿.

snigelpost *~en ~er* (e-mail에 비해 도착하는 데 시간이 걸리는) 기존의 보통 우편.

sniken *a*. 욕심 많은, 탐욕스런.

snille *~t ~n* 천재.

snilleblixt *~en ~ar* 갑자기 떠오른 멋진 생각, 영감.

snillefost|er *-ret* ~ 천재적 작품.

snillrik *a*. 천재적인, 재기에 넘치는.

snip *~en ~ar* (주전자, 컵 따위의) 주둥이, 홈통 주둥이.

snip|a *-an -or* ① 경주용 보트, 앞뒤가 뾰족한 작은 배 ② 주둥이가 달린 목이 길쭉한 물주전자(단지).

snipig *a*. 가늘고 뾰족한; 못마땅한, 기분이 안 좋은.

snirk|el *-eln -lar* 소용돌이무늬, 소용돌이 꼴.

snirklad *a*. 소용돌이무늬 장식의; 【비유】 복잡다단한, (옷 따위가) 번지르르한.

snits *~en 0* (복장의) 스타일, 멋, 우아함; sätta ~ på ngt …에 멋을 내다.

snitsa *~r ~de ~t tr*. …을 멋지게 하다, 우아하게 만들다.

snitsig *a*. 【일상】 멋있는, 우아한.

snitsla *~r ~de ~t tr*. 종이테이프로 (길 따위를) 표시하다.

snitt *~et* ~ ① 자르기, 베기; 벤 자리, 칼자국; ett djupt ~ 깊이 자르기 ② (양복의) 재단, 마름질 ③ 평균; i ~ brukade det komma 1000 personer på matcherna 경기시합에는 평균 1000명 이상이 모이곤 했다.

snittblomm|a *-an -or* 꽃꽂이용 꽃.

sno *~r ~dde ~tt* Ⅰ. *tr*. (실, 끈 따위를) 꼬다, 짜다, 감다; 【일상】 훔치다 Ⅱ. *itr*. 급히 떠나다, 냉큼 달리다 Ⅲ. *rfl*. 꼬이다, 뒤틀리다; 서두르다;

S

~ dig! 빨리 해! Ⅳ. (강세접사와 함께) ~ ihop (음식을) 빨리 만들다; ~ om ngt med ett snöre 끈으로 …을 감다; ~ upp 감긴 것을 풀다.

snobb [-ɔ-] *~en ~ar* 맵시꾼, 멋쟁이; 잘난체하는 사람.

snobba *~r ~de ~t itr*. (지식 따위를) 과시하다, 뽐내다, 잘난 척 하다.

snobberị *~et ~er* 멋 부리기, 겉치레, 잘난 척 하기.

snobbig *a*. 멋 부리는, 잘난 척 하는.

snodd *~en, ~er/~ar* 짠 실, 꼰 끈.

snok *~en ~ar* ① 작은 뱀(유럽산으로 무독) ② 기웃거리며 다니는 사람.

snoka *~r ~de ~t itr*. (남의 사사로운 일을) 찾아다니다, 뒤지다, 엿보다; gå och ~ 엿보고 돌아다니다; ~ igenom 샅샅이 찾다.

snopen *a*. 실망한, 기대에 어긋난.

snopp [-ɔ-] *~en ~ar* ① (아이들의) 자지, 고추 ② (자른) 끝, 꼭지; 담배꽁초, 양초심지의 탄 부분.

snoppa *~r ~de ~t tr*. ~ av …의 끝을 자르다, 가지를 치다; ~ av ngn …에게 타박을 주다.

snor *~et 0* (감기) 콧물.

snorgärs *~en ~ar* ① 농어류의 일종(유럽산 민물고기) ② 건방진 녀석, 【경멸적】 코흘리개, 머리에 피도 안 마른 녀석.

snorig [snɷ:ri(g)] *a*. 콧물의, 콧물로 더러워진.

snork|el *-eln -lar* ① 잠수용의 호흡기구 ② 잠수함의 환기장치.

snorkig *a*. 오만한, 거만한.

snorung|e *-en -ar* 【경멸적】 코흘리개, 어린 놈.

snorvalp *~en ~ar* ☞ snorunge.

snubbla *~r ~de ~t itr*. 비틀거리다; ~ på(över) …에 치어 넘어지다; ~ fram 비틀거리며 걸어가다; ~nde nära …아주 가까이, 거의 …한.

snubbor (복수명사) ge ngn ~ …를 야단치다.

snudd *~en ~ar* 대기, 닿기, 만지기; ~ på skandal 추문에 가까움; ha ~ på seger 승리 직전에 있다.

snudda *~r ~de ~t itr*. ~ vid …에 살짝 대다, 가볍게 스치다; (어떤 화제에 대해) 살짝 언급하다.

snugg|a *-an -or* (살담배용의) 짧은 파이프.

snurr [snɵr]*~en 0* 빙빙 돎, 회전; få ~en 미치다, 흥분하다; det är rena ~en 정말 미친 짓이야!

snurr|a[1] *-an -or* ① 놀이용 회전 장치, 빙빙 도는 것 ② 선외(船外) 모터(aktersnurra).

snurra[2] *~r ~de ~t itr*. *tr*. ~ runt 빙빙 돌다, 빙빙 돌리다, 휘두르다; allting ~r runt för mig 내 머리가 혼란스럽다.

snurrevad *~en ~ar* 예망(曳網), 후릿그물.

snurrfåtölj *~en ~er* 회전의자.

snurrig *a*. 현기증이 나게 하는, 어지러운.

snus *~et ~er* 코담배.

snusa *~r ~de ~t itr*. *tr*. ① 입담배 피우다, 코담배를 들이마시다 ② 킁킁거리며 냄새를 맡다, …을 코로 들이마시다 ③ 자면서 숨소리를 내다.

snusbrun *a*. 코담배 색깔의, 황갈색의.

snusen (정형명사) vara på ~ 얼큰하게 취하다.

snusförnuft *~et 0* 현명한 체 하기, 개똥철학.

snusförnuftig *a*. 현인인 체 하는, 사이비의.

snusk *~et 0* 더러움, 불결; 외설, 호색문화.

snuska *~r ~de ~t itr. tr.* ~ ner 더럽히다, 지저분하게 만들다; 방탕하다.

snuskhum|mer *-mern -rar* 음탕한 남자.

snuskig *a*. 더러운, 불결한; 상스러운, 음란한.

snusnäsduk *~en ~ar* (색깔 있는 바탕에 흰무늬를 홀치기 염색한) 큰 손수건.

snustorr *a*. 완전히 마른; 무미건조한.

snut *~en ~ar* ① 【일상】 경찰 ② 코, 입.

snutfager [-ger] *a*. 인공적으로 아름다운.

snutit ☞ **snyta**.

snuv|a *-an* ① (복수형 *0*) 비(鼻)카타르; 감기콧물 ② (복수형 *-or*) 숲속의 요정.

snuvig *a*. 감기기가 있는, 콧물이 나는; jag är litet ~ 나는 감기기가 좀 있다.

snyfta *~r ~de ~t itr*. 흐느껴 울다.

snygg *a*. ① 단정한, 깨끗한 ② 멋있는, 훌륭한, 매력 있는; ~a tjejer 멋진 아가씨들; du är verkligen en ~ vän! 자네는 정말 좋은 친구야!

snygga *~r ~de ~t tr. itr.* ~ till(upp) 멋지게(아름답게) 꾸미다, 깨끗하게 하다.

snylta *~r ~de ~t itr*. 기생하다, 붙어살다(på).

snyltgäst *~en ~er* 기식자(寄食者), 식객; 기생동물.

snyt|a *-er snöt snutit tr*. ① 코를 풀다, (어린애의) 코를 닦아주다 ② 훔치다(snatta) ③ 속이다.

snyte *~t ~n* (동물의) 긴 코; 얼굴.

snyting *~en ~ar*, ge ngn en ~ …의 얼굴을 때리다.

snål *a*. ① 인색한, 구두쇠 같은 ② 충분하지 못한 ③ (바람이) 살을 에이는 듯한.

snåla *~r ~de ~t itr*. 인색하다, 지나치게 아끼다(på, med); ~ in på maten för ngn …의 음식을 줄이다; ~ på beröm 칭찬을 아끼다.

snålhet *~en 0* 인색.

snåljåp *~en ~ar* 구두쇠, 인색한 사람.

snålskjuts *~en 0*, åka ~ 차를 공짜로 타다; (남의 것을) 이용하다.

snålvarg *~en ~ar* ☞ **snåljåp**

snår *~et ~* 덤불, 잡목 숲.

snårig *a*. 관목(덤불)이 무성한; 복잡한.

snäck|a *-an -or* ① 연체동물, (동, 식물의) 딱딱한 외피, 조가비 ② 【장식】 소용돌이 무늬, 소용돌이 꼴(바이올린 따위의) ③ 【해부】 내이(內耳)의 와우각(蝸牛殼) ④ 【기계】 웜(웜 톱니바퀴를 움직이는 나선형 나사) ⑤ 조개모양의 과자.

snäckskal *~et ~* 연체동물의 딱딱한 외피, 조가비.

snäckväx|el *-eln -lar* 【기계】 웜 톱니바퀴.

snäll *a*. 착한, 마음이 좋은, 친절한; (아이가) 말을 잘 듣는; ~a Bo, får jag följa med? Bo야, 나도 같이 좀

가자구나; var ~ och (var god och/var vänlig och) gör det 그것을 좀 해주세요; vill du vara ~ och komma hit! 이리로 좀 오겠니!

snälltåg *~et ~* 급행열차.

snäpp|a *−an −or* 도요과(科)의 새.

snärj *~et 0* 시간에 쫓김, 허둥지둥하기, 급박, 긴박.

snärj|a *−er −de −t tr.* ① …을 덫으로 잡다, …을 올가미에 걸리게 하다 ② …을 꾀어 들이다, 함정에 빠뜨리다; försöka ~ ngn med frågor …를 질문 공세로 함정에 빠뜨리려고 하다 ③ 서둘러 …하다, 정신없이 …하다.

snärjig *a.* ① 잡목이 무성한 ② 정신없이 바쁜, 힘든.

snärt *~en ~ar* ① 채찍의 끝머리, 채찍에 달린 가죽 끈 ② 채찍으로 살짝 때리기 ③ 비웃음, 조롱, 비꼼.

snärt|a[1] *−an −or* (건방진) 계집애.

snärta[2] *~r ~de ~t tr.* …를 살짝 때리다, …를 조소하다.

snärtig *a.* 매서운, 얼얼한; 통렬한, 신랄한.

snäs|a[1] *−an −or* 타박주기, 호되게 야단치기, 거절.

snäs|a[2] *−er −te −t tr.* 타박주다, 거절하다.

snäsig *a.* 딱딱거리는, 성질이 급한, 골 잘 내는(mot).

snäv *a.* ① (옷이) 꽉 죄는, 좁은, 제한된; ~ krets 제한된 범위 ② 완고한, 냉담한.

snö *~n 0* 눈(雪); det som göms i ~ kommer upp i tö 모든 것은 조만간에 드러난다; den ~ som föll i fjol 지나간 일.

snöa *~r ~de ~t itr.* 눈이 내리다; det ~r 눈이 내리고 있다; vägen har ~t igen 눈이 와서 길이 막혔다.

snöblind *a.* 설맹(雪盲)의.

snöboll *~en ~ar* 눈뭉치, 눈덩이; kasta ~ på …에 눈덩이를 던지다.

snöbär *~et ~* (북미 산의) 인동과(科)의 관목.

snöd *a.* 탐욕스런, 치사한.

snödropp|e *−en −ar* 【식물】 스노드롭 (초봄에 순백의 꽃이 핀다).

snöglopp *~et 0* 진눈깨비; det är ~ 진눈깨비가 내린다.

snögräns *~en 0* 설선(雪線).

snögubb|e *−en −ar* 눈사람.

snöig *a.* 눈이 내리는, 눈이 많은.

snökedj|a *−an −or* (겨울철에) 타이어에 매는 쇠사슬.

snömos *~et 0* 빈 말, 공허한 것.

snöp|a *−er −te −t tr.* (정신적으로) 거세하다.

snöplig *a.* 불명예스러운, 면목이 없는; få ett ~t slut 유감스럽게 끝나다.

snöplog *~en ~ar* 제설기(차).

snör|a *snör −de −t tr.* …을 끈으로 묶다(매다); ~ av sig (~ upp) skorna 구두끈을 풀다; strupen −des samman av gråt 울어서 목이 메었다; ~ åt 꽉 죄다, 팽팽하게 당기다.

snöre *~t ~n* 실, 노끈; slå [ett] ~ om ett paket 끈으로 소포를 묶다.

snörip|a *−an −or* 뇌조(雷鳥, 겨울에는 백색으로 변하는 꿩 과(科)의 새로 요리에 쓰임).

snörliv *~et ~* 구식의 코르셋.

snörmakar|e *−[e]n ~* 가두리 장식을 만드는 사람.

snörp|a *−er −te −t tr. itr.* …에 주름을 잡다, 주름살이 지게 하다 (ihop);

~ på munnen 입을 오므리다.
snörpvad ~en ~ar (어업용의) 건착망(巾着網) 후릿그물.
snörrät a. (팽팽한 끈처럼) 아주 곧바른.
snörvla ~r ~de ~t itr. 콧소리로 말하다. 코를 킁킁거리다, 코가 막히다, 콧물을 훌쩍거리다
snörvlig a. (감기 등으로) 코로 숨을 쉬는, 코를 훌쩍거리는.
snöskat|a -an -or (유럽산) 티티새의 일종.
snösko ~n ~r 방한화.
snöskot|er -ern -rar 한쪽 발로 미는 썰매; 설상차(雪上車).
snöskottar|e -[e]n ~ (직업적으로) 눈 치우는 사람.
snöskred ~et ~ 눈사태.
snöslung|a -an -or 제설기(차).
snösparv ~en ~ar 흰 멧새(한랭지방의 새).
snöstorm ~en ~ar 눈보라.
snöväng ~en 0 (지방자치구역(콤뮨)의) 제설반원.
snöt ☞ snyta.
snötäckt a. 눈에 덮힌.
snövit a. 눈같이 흰, 순백의.
Snövit (동화에 나오는) 백설공주.
snöyr|a -an 0 눈보라.
so [sɷː] ~n 0 암퇘지(복수형은 sugga의 복수형 suggor를 씀).
soaré [sɷarẹː] ~n ~er 야회(夜會), 밤의 초대 회.
sob|el [sọː-] -eln -lar 검은담비, 아메리카 족제비.
sober [sọː-] a. 온건한, 절도 있는, 건전한, (색깔 따위가) 수수한, 점잖은, 차분한.

social [sɷsiạːl] a. 사회의, 사회적.
socialarbetar|e -[e]n ~ 사회복지 분야 종사자.
socialassistent ~en ~er 군 지방자치단체의 사회과 직원.
socialbyrå ~n ~er 콤뮨(지방자치단체)의 사회복지국(각종 보조금 지원 및 보건 · 의료 담당).
socialdemokrat ~en ~er 사회민주주의자, 사회민주당 당원.
socialdemokrati ~n 0 사회민주주의.
socialdirektör ~en ~er 콤뮨(큰 규모의 지방자치단체)의 사회국장.
socialfall ~et ~ 사회보호 대상자, 구호 대상자.
socialförsäkring ~en ~ar (전 국민에게 적용되는) 사회보험.
socialförvaltning ~en ~ar 콤뮨(지방자치단체)의 사회복지 담당 부서.
socialgrupp ~en ~er 사회계층.
socialhjälp ~en 0 (수입이 없는 자에게 지급되는) 국가부조, 급여.
socialisera ~r ~de ~t tr. 국유로(국영으로) 하다.
socialisering ~en ~ar 국유화.
socialism ~en 0 사회주의[운동].
socialist ~en ~er 사회주의자.
socialistisk a. 사회주의적인.
socialläkar|e -[e]n ~ 사회의학 전문의 (국민보건향상에 주력함).
sociallön ~en 0 (일정한 수입이 없는 자에 대한) 국가부조의 한 형태.
socialmedicin ~en 0 사회의학.
socialnämnd ~en ~er 군(콤뮨) 사회과 (육아, 양로, 음주문제 등을 주로 다룸).
socialpolitik ~en 0 사회정책 (국민생

활 수준의 평준화를 위해 개인에게 물질적 지원을 하기 위한).

socialregist|er *-ret* ~ 국가부조 수혜자 명부.

socialstyrelsen (정형명사), (스웨덴) 사회복지청.

socialvetenskaplig *a.* 사회과학의.

socialvård *~en 0* 사회복지.

societẹt *~en ~er* ① 상류사회, 사교계 ② 협회, 학회.

sociolog [-lọ:g] *~en ~er* 사회학자.

sociologi [-lɔgi:] *~n 0* 사회학.

sociologisk [-lọ:gisk] *a.* 사회학[상]의.

socionom *~en ~er* 대학에서 사회과를 졸업한 사람; 대학에서 정식으로 교육과정을 마친 사회사업가.

sock|a [sɔ-] *-an -or* 짧은 양말.

sock|el *-eln -lar* ① 구조물의 바닥(기초), 가구나 조각상의 대좌(臺座), 【전기】 소켓 ② (벽 따위의) 징두리돌.

sock|en *-nen -nar* 옛 교구, 부락마을 (교회를 중심으로 한).

sock|er *-ret 0* ① 설탕 ② 당뇨병.

sockerbagar|e *-[e]n* ~ 【고어】 제과점.

sockerbet|a *-an -or* 사탕무우.

sockerbruk *~et* ~ 제당공장, 제당소.

sockerdrick|a *-an -or* 레몬 탄산수, 레모네이드.

sockerfri *a.* 무가당(糖)의.

sockerkak|a *-an -or* 카스텔라의 일종 (쇼트닝을 넣지 않고 달걀을 많이 사용한 케이크).

sockerlag *~en 0* 시럽, 당유액(糖乳液).

sockerpill|er *-ret* ~ 당의(糖衣)를 입힌 알약.

sockerrör *~et* ~ 사탕수수.

sockersjuk *a.* 당뇨병의, 당뇨병에 걸린.

sockersjuk|a *-an 0* 당뇨병.

sockerskorp|a *-an -or* 단맛이 나는 러스크 (빵에 버터, 설탕을 바르고 오븐에 구운 것).

sockertopp *~en ~ar* 막대설탕 (원뿔꼴로 정제당(精製糖)을 굳힌 것).

sockra *~r ~de ~t* Ⅰ. *tr.* …에 설탕을 넣다(뿌리다), …을 설탕으로 단맛을 내게 하다 Ⅱ. *itr.* ~ i(på) ngt …을 단맛이 나게 하다; …을 미화하다.

soda [sɶ:-] *~n 0* 소다, 탄산소다, 소다수.

sodavatt|en *-net 0* 소다수.

sodomị *~n 0* 동성연애, 수간(獸姦).

sodomịt *~en ~er* 동성연애자, 수간자(獸姦者).

soff|a [sɔfa] *-an -or* 소파, 긴 안락의자.

soffgrupp *~en ~er* 한 세트의 소파.

soffhörn *-et* ~ 소파의 모서리.

soffliggar|e *-[e]n* ~ 게으름뱅이, 빈둥거리는 사람; 투표 기권자.

sofism *~en ~er* 궤변, 억지이론.

sofist *~en ~er* 궤변가; (고대 그리스의) 소피스트.

sofistikẹrad *a.* 교양 있는, 세련된, (기계, 기술 따위가) 정교한; 순진성을 잃은.

sofistisk *a.* 궤변의, 궤변을 늘어놓는.

soignerad [sɶanjẹ:-] *a.* 몸을 단정하게 꾸민.

soja [sɔja] *~n 0* 간장.

sojabön|a *-an -or* 콩.

sol [sɶ:l] *~en ~ar* 해, 태양; gå upp

som en ~ och ned som en pannkaka 짧은 전성기를 갖다; ~en går upp 06; 45, 해는 6시 45분에 뜬다.

sola *~r ~de ~t* Ⅰ. *tr.* …을 햇빛에 노출시키다 Ⅱ. *rfl.* 일광욕을 하다; …의 덕을 보다, 은혜를 입다.

solạr/solarisk *a.* 태양의

solạri|um *-et -er* 일광욕실, 선룸.

solarplexus - *0* 【해부학】 (위(胃)의 후부에 있는) 태양 신경총(神經叢).

solbad *~et ~* 일광욕.

solbada *~r ~de ~t itr.* 일광욕을 하다.

solbränd *a.* 햇볕에 탄, 그을린.

solbränna *~n 0* (햇볕에 탄 피부가 갖게 되는) 황갈색.

sold [sɔ-] *~en 0* 【역사】 고용병의 월급; stå i ngns ~ …에게 고용되다.

soldạt [sɔldɑ:t] *~en ~er* 군인, 병사.

soldatẹsk *~en 0* (무법으로 날뛰는) 한 떼의 군졸, 병사.

soldattorp *~et ~* 【역사】 병사가 기거하는 가옥.

soldis *~et 0* 아지랑이.

soldyrkan (en-명사) 태양숭배.

solenergi *~n 0* 태양에너지.

solẹnn *a.* 예식을 올려서 행하는, 정식의, 엄숙한, 장엄한.

solennitẹt *~en ~er* 의식, 엄숙, 진지함.

solfjäd|er *-ern -rar* 부채; fläkta sig med en ~ 부채로 부치다.

solfläck *~en ~ar* 태양의 흑점.

solförmörkelse *~n ~r* 일식(日蝕).

solglasögon (복수명사) 햇빛을 가리는 색안경, 선글라스.

solhöjd *~en 0* 태양의 높이.

solịd *solitt*(중성형) *a.* 진짜의, 순수한; 단단한, 튼튼한; ~a kunskaper 알찬 지식; ~ vänskap 신뢰할 수 있는 우정.

solidarisera *~r ~de ~t rfl.* …와 연대성을 표시하다 (med), 연대하다.

solidạrisk *a.* ① 연대의, 결속의; förklara sig ~ med ngn …와의 연대를 선언하다 ② 연대책임의.

solidaritẹt *~en 0* ① 연대성, 결속 ② 연대책임.

soliditẹt *~en 0* 단단함, 견실, 견고.

soliditetsupplysning *~en ~ar* 신용정보.

solig [sɑ:li(g)] *a.* ① 햇볕이 잘 드는, 화창한, 태양의 ② 명랑한, 밝은.

solist [səlist] *~en ~er* 독창자, 독주자.

solitär[1] [sɔ-] *a.* 고독한.

solitär[2] *~en ~er* 은둔자; (반지 따위에) 한 알만 박은 보석.

solk *~et 0* 오물, 더러운 것, 오손된 땅.

solka *~r ~de ~t tr.* ~ ned …을 더럽히다.

solkatt *~en ~er* 햇빛의 반사; sätta ~[er] på ngn …를 거울로 눈부시게 하다.

solkig [sɔ-] *a.* 더럽혀진, 오염된.

solklar *a.* 명백한, 분명한.

solnedgång *~en ~ar* 일몰, 해질녘; i (vid) ~en 해질녘에.

solo[1] [səlist] *a.* 혼자 하는, 독주(독창)의.

solo[2] [sɑ:lə] *adv.* 혼자, 독주로, 독창으로.

solo[3] *~t ~n* 독주[곡], 독창[곡].

solochvår/sol-och-vår (불변화명사) 돈을 갈취할 목적으로 여자에게

S

정중하고 사랑스럽게 접근하기.

solochvåra/sol-och-våra *~r ~de ~t tr.* ~ ngn 결혼을 빙자하여 …의 돈을 뜯어내다.

solochvårar|e/sol-och-vårar|e *-[e]n ~* 결혼을 빙자하여 돈을 갈취하는 사람.

sololj|a *-an -or* 피부가 햇볕에 너무 타지 않게 바르는 기름.

solros *~en ~or* 해바라기.

solrök *~en 0* 아지랑이 (soldis).

solsken *~et 0* 햇볕; sitta i ~et 양지쪽에 앉다.

solskydd *~et 0* (창 따위의) 차양.

solsting *~et 0* 일사병.

solsystem *~et ~* 태양계.

soluppgång *~en ~ar* 해돋이, 동틀 녘.

solur *~et ~* 해시계.

solution *~en ~er* 해결(책).

solv *~et ~* 【직물】 잉아.

solvarg *~en ~ar* 환하게 웃는 사람; grina som en ~ 능글맞게 웃다.

solvarv *~et ~* ① 해, 년(年) ② 밤낮, 하루 ③ 【천문】 태양순환기 (율리우스력으로 매월의 요일 순이 같아지는 기간, 28년).

solvẹns *~en 0* 지급능력.

solvẹnt *a.* 지급능력이 있는.

solvänd|a *-an -or* 물푸레나무과(科)의 식물.

som[1] [sɔm] ① *rel. pron.* (사람, 사물에 모두 쓰임, 단수, 복수, 주격, 목적격 동형); bilen ~ jag köpte i fjol 내가 작년에 산 자동차; han var den förste ~ kom 그는 제일 먼저 온 사람이었다; flickorna ~ satt på bänken 의자에 앉았던 소녀들; jag var dum ~ trodde honom 그를 믿었던 내가 어리석었지; det är någon ~ knackar på dörren 누군가 문을 두드린다. ② (의문사와 함께) jag vet inte vem ~ har rätt (vad ~ är rätt) 나는 누가 (무엇이) 옳은지 모른다; (관계사, 양보를 나타냄) vem ~ än 누구라도; vilken ~ än 어느 것이라도, vad ~ än 무엇이든.

som[2] *konj.* ① (등위접속), såväl A ~ B, B는 물론 A도, B와 마찬가지로 A도 ② (비교) …로서 (자격, såsom), …처럼, …과 같이(liksom, såsom); vilda djur, ~ lejon och tigrar 사자와 호랑이 같은 야생동물; han är lika lång ~ du 그는 너만큼 키가 크다; först ~ sist 즉시; om jag vore ~ du 만일 내가 네 입장이라면; ~ lärare var han tvungen att … 그는 교사로서 …을 하지 않을 수 없었다; ~ sagt 전에 말한 대로 ③ (주어진 시점) just (bäst) ~ jag öppnade dörren, kom han in 내가 막 문을 열자 그가 들어왔다 ④ (이유) ~ hon nyss kommit har hon ingenting uträttat 그녀는 이제 막 도착했기 때문에 해놓은 것이 없다.

som[3] *adv.* ① (최상급 앞에서) när vattnet står ~ högst 수위가 가장 높을 때; när festen pågick ~ bäst 파티가 한창일 때 ② 그토록, 얼마나; ~ jag har saknat dig! 내가 얼마나 너를 그리워했는지 몰라!

somạtisk *a.* 신체의, 육체의

somlig *pron.* (부가적) 어떤, 일부, 약간의; (독립적) 어떤 것, 약간의 것; ~ frukt 어떤 과일; ~a kvinnor 어떤 여자들; ~t var bra, ~t dåligt 일부는 좋고 일부는 나빴다.

sommar ~[e]n *somrar* 여름.
sommarklädd *a.* 여름 옷 차림의.
sommarlov *~et ~* 여름방학.
sommarnöje *~t ~n* 여름별장, 여름 휴가지.
sommarolympiaden / sommar-OS 하계올림픽.
sommarsjuk|a *-an 0* ① 여름 설사 ② 진드기로 전염되는 가축병.
sommarsolstånd *~et 0* 【천문】 하지.
sommarstug|a *-an -or* 여름별장.
sommartid *~en 0* ① 일광절약 시간, 서머타임 ② 여름철 단축 근무시간.
somna *~r ~de ~t itr.* ① 잠들다; ~ ifrån ljuset 불을 켜둔 채 잠들다; ~ in 잠들다, 죽다(avsomna); ~ in djupt 깊이 잠들다 ② 손, 발이 마비되다, 감각을 잃다.
somnambụl[1] *a.* 몽유병의, 몽유병 환자의.
somnambụl[2] *~en ~er* 몽유병 환자.
somras ☞ **sommar**; i ~ 작년 여름에.
somt ☞ **somlig**.
son [sọ:n] *~en söner* 아들.
sona *~r ~de ~t tr.* (죄 따위를) 보상하다, 갚다, 속죄하다.
sonạt *~en ~er* 【음악】 소나타.
sond [sɔnd/sɔŋd] *~en ~er* ① 【의학】 외과용 탐침(探針) ② 우주 탐사기 (로켓, 기구 따위).
sondera *~r ~de ~t tr,* 우주 탐사기로 조사하다; 세밀하게 조사하다; ~ terrängen 분위기, 상황 등을 조사하다.
son|dotter *-dottern -döttrar* 친손녀.
sonẹtt *~en ~er* 【운율】 소네트, 14행시, 단시(短詩).
sonika *adv.* helt ~ 아주 간단히.
sonlig [sọ:n-] *a.* 자식의, 자식다운.
sonor [sɔnọ:r] *a.* 잘 울리는, 낭랑한.
sonoritẹt *~en 0* 울려 퍼짐, 공명; 소리의 들림.
son|son *-sonen -söner* 친손자.
sopa [sω:pa]*~r ~de ~t tr. itr.* (먼지, 티끌 따위를) 쓸다, 청소하다; ~ bort 깨끗이 하다; ~ igen spåren efter ngt …의 흔적을 없애다; ~ ngt under mattan …을 숨기려 하다.
sopbil *~en ~ar* 청소차.
sopnedkast *~et ~* (고층아파트의) 쓰레기 활송(滑送) 장치 (높은 곳에서 낮은 곳으로 내려 보내는 홈통, 관 따위), 쓰레기 버리는 곳.
sopor (복수명사) 쓰레기.
sopp [sɔ-] *~en ~ar* 그물버섯의 일종.
sopp|a [sɔ-] *-an -or* 스프, 고기국물; 어수선함, 혼잡, 뒤죽박죽; koka ~ på en spik 아무것도 없는 데서 무엇인가를 만들어내다.
sopp|rot *~en -rötter* ① 바보, 얼간이 ② 스프용 야채.
soprạn [sɔprɑ̣:n] *~en ~er* 【음악】 소프라노 (여성, 어린이의) 최고음.
soptipp *~en ~ar* 쓰레기더미.
soptunn|a *-an -or* 쓰레기통.
sorbet [sɔrbẹ:] *~en 0* 과일 주스로 만든 아이스크림.
sordịn *~en ~er* (악기의) 약음기(弱音器); lägga ~ på glädjen 기쁨을 자제하다.
sorg [sɔrj] *~en ~er* ① 슬픔, 애석(över); 근심, 후회, 유감; i glädje och ~ 기쁨과 슬픔 속에; efter sju

~er och åtta bedrövelser 수많은 근심 걱정 끝에; i ~en över motgångarna 좌절의 고통 속에; med (till min) ~ har jag hört … 유감스럽게도 …하다는 소식을 들었습니다 ② 상(喪)을 당하다; lägga av (bort) ~en 탈상하다.

sorgband *~et ~* 상장(喪章).

sorgebud *~et ~* 사망소식.

sorgdräkt *~en ~er* (검은색의) 상복.

sorgebarn *~et ~* 문제아, 속 썩이는 자식.

sorgesam *a.* 슬픈, 애석한.

sorgespel *~et ~* 비극.

sorgfällig *a.* 조심스런, 신중한.

sorgkant *~en ~er* (사망 통지서 따위의) 검은 테두리.

sorgklädd *a.* 상복차림의.

sorgkläder (복수명사) 상복.

sorglig *a.* 슬픈, 애통한, 울적한; han fick ett ~t slut 그는 슬픈 종말을 맞았다; det är ~t men sant 그것은 매우 유감스러우나 사실이다; det var, ~ att säga, mycket dåligt 미안한 얘기지만, 그것은 아주 불량했습니다.

sorglustig *a.* 희비극적인.

sorglös *a.* ① 근심(걱정)이 없는, 무사태평한 ② 관심이 없는, 개의치 않는, 무심한.

sorgmod *~et 0* 우울, 슬픔.

sorgmodig *a.* 우울한, 울적한, 슬픈.

sorgsen *a.* 슬픈, 비통한.

sork [sɔ–] *~en ~ar* 들쥐 류.

sorl [sọ:(r)l̩] *~et 0* (시냇물 따위의) 졸졸 흐르는 소리; (사람들의) 와글거리는 소리.

sorla *~r ~de ~t itr.* 졸졸 소리 내다; 와글대다.

sort [sɔt̩] *~en ~er* ① 종류; en ~s egendomliga insekter 특이한 종류의 곤충; en ny ~s vete 신종의 밀; den sämsta ~ens nattklubb 가장 저질의 나이트클럽; han är en ~ för sig 그는 유별난 사람이다; sju ~ers kakor 7가지 과자 ② 【수학】 단위; vad var det för ~ i talet? 수치의 단위가 무엇이었지요? kronor och ören 크로나와 외레 (스웨덴의 화폐단위)였지요.

sortera *~r ~de ~t* Ⅰ. *tr.* 분류하다, 가려내다; ~ efter storlek 크기대로 분류하다; ~ i bokstavsordning 알파벳 순서로 분류하다 Ⅱ. *itr.* ~ under …에 속하다.

sorterad *a.* 골라 맞춘, 갖가지를 갖춘, 조화된.

sortering *~en ~ar* 분류, 가려내기; 종별, 등급(매기기), 유별.

sorti *~n ~er* 나감, 퇴거; 【연극】 (무대에서) 퇴장; göra ~ 퇴장하다.

sortiment *~et ~* (물건을 골고루) 갖추기, 구색; ett rikt ~ av …의 구색을 잘 갖추기.

SOS *~ ~, ett ~* 【무전】 조난신호.

soss|e *–en –ar* 【일상】 사회민주주의자.

sot [sọ:t] *~en 0* ① 검댕, 매연 ② 【식물】 흑수병, 【고어】 질병.

sota[1] *~r ~de ~t* Ⅰ. *tr.* (굴뚝 따위를) 청소하다, 쓸어내다; (검댕으로) 시커멓게 만들다; ~ ned sig om händerna 손이 시커멓게 되다 Ⅱ. *itr.* 검은 연기를 내다.

sota[2] *~r ~de ~t itr.* ~ för …으로 고통을 받다, 대가를 지불하다; det här ska han få ~ för! 이 일에 대해 그는 따끔한 맛을 좀 봐야한다.

sotar|e *–[e]n ~* ① (굴뚝) 청소부

② 석쇠에 구운 청어.

sotdöd *~en 0*, dö ~en 자연사(自然死)하다.

soteld *~en ~er* 굴뚝 속의 검댕에 붙은 불.

sothön|a *–an –or*【조류】물닭.

sotig [sɷ:ti(g)] *a.* 그은, 거무스레한.

sotning *~en 0* 굴뚝청소.

sotsäng *~en 0*【고어】ligga på ~en 임종을 기다리다.

sottis [sɔti̩:s] *~en ~er* 바보 같은 소리, 어리석은 말,

soulagera [–ʃe̩:ra] *~r ~de ~t tr.* 보상하다, 위로하다.

souvenir [sɷv–] *~en ~er*/**suvenir** *~en ~er* 기념품.

sov ☞ **sova**.

sov|a [so:–] *–er sov –it* Ⅰ. *itr.* 잠자다, 수면을 취하다 ~ gott 숙면을 취하다, 푹 자다; – gott! 잘 자거라; jag har inte kunnat ~ på hela natten 밤새 잠을 이루지 못했다 Ⅱ. (강세접사와 함께) ~ av sig (술, 분노 따위를) 잠으로 씻어버리다; ~ på saken 잘 생각해보다, 다음날 아침까지 생각하다; ~ ut 오래 자다, 푹 자다; ~ över 늦잠자다 Ⅲ. *itr.* (신체의 일부가) 무감각해지다; armen –er 팔에 감각이 없다.

sovalkov *~en ~er* 잠자리용 작은 공간; 침대가 들어갈 만한 벽의 우묵한 곳.

sov|el [so:–] *–let 0* 감자, 빵을 제외한 고기와 치즈 따위 음식류,

sovit ☞ **sova**.

Sovjet ☞ **Sovjetunionen**.

sovjetisk *a.* 소비에트의.

Sovjetunionen 옛 소련

sovkupé *~n ~er* (열차의) 침대칸.

sovra *~r ~de ~t tr.* 가려내다, 채로 치다.

sovrum *~met ~* 침실.

sov|stad *~en –städer* 교외 주택지, 주로 통근자들이 거주하는 도시.

sovsäck *~en ~ar* (등산용 따위) 침낭, 슬리핑 백.

sovvagn *~en ~ar* 침대차.

spack|el Ⅰ. *~n –lar* 창문유리 따위의 접합제를 문지르는 칼 Ⅱ. *–let 0* 창문유리 따위의 접합제.

spackla *~r ~de ~t tr.* 틈이 난 곳, 울퉁불퉁한 곳을 매끈하게 문지르다; hon är ~d i ansikten 그녀의 얼굴에는 화장기가 더덕더덕 하다.

spad *~et/spat, 0* ① 국물, 육수 ② hoppa i spat 물속으로 뛰어들다.

spad|e *~en ~ar* 삽, 가래.

spader *~n ~*【카드놀이】스페이드.

spagat *~en 0* (발레나 곡예 등에서) 일직선으로 두 다리를 짝 벌리고 앉은 자세.

spaghetti/**spagetti** *~n 0* 이탈리아 국수(가늘고 긴, 구멍이 없는 마카로니).

spak[1] *~en ~ar* 지렛대, 조종간.

spak[2] *a.* 길들이기 쉬운, 온순한.

spaljé *~n ~er* 격자, 격자 울타리.

spalt *~en ~er* ①【인쇄】세로단(段), 세로줄; komma i ~erna 신문에 나다 ② 가죽을 몇 층으로 쪼갠 것, 박피.

spalta *~r ~de ~t tr.* ① 쪼개다 ②【인쇄】세로단에 배치하다.

spaltfyllnad *~en ~er* (신문기사의)

불필요한 삽입구, 빈자리를 채우는 글.

spaltkorrektur *~et ~* 【인쇄】 교정쇄(校正刷).

spana *~r ~de ~t itr*. 유심히 바라보다, 몰래 찾아내다, 정찰하다 (efter).

spanar|e *−[e]n ~* 척후병, 정찰병, 정찰기.

spaniel *~n, ~ar/~s* 스패니얼 (애완용 개의 일종).

Spanien 스페인.

spaning *~en ~ar* 척후, 정찰; 살펴봄.

spanjolett *~en ~er* 지렛대형의 창문고리.

spanjor *~en ~er* 스페인 사람 (남자).

spanjorsk|a *−an −or* 스페인 여자.

spankulera *~r ~de ~t itr*. 어슬렁어슬렁 거닐다, 산책하다.

spann ☞ **spinna**.

spann[1] *~et ~* ① (다리의) 경간(徑間, 지주 사이의 거리) ② 스키의 활모양 부분.

spann[2] *~et ~* (수레 따위에 맨) 한 떼의 동물, (멍에를 씌운) 한 쌍의 소.

spann[3] *~et/~en, ~[ar]/spänner* 물통.

spannmål *~en 0* 곡식, 곡물.

spansk *a*. 스페인의, ~a sjukan (1차 세계대전 후에 유행했던 것과 같은) 스페인 유행성 감기.

spansk|a Ⅰ. *−an 0* 스페인 어. Ⅱ. ☞ **spanjorska**.

spanskrör *~et ~* (등나무) 지팡이, 단장.

spant *~et ~* 【조선(造船)】 늑재(肋材).

spara *~r ~de ~t* Ⅰ. *tr. itr*. ① …을 모으다, 아껴 쓰다, 절약하다; ~ pengar till semestern 휴가를 위해 돈을 모으다 ② (금전, 노고, 시간 따위를) 덜다, 쓰지 않고 지내다; den bör användas för att ~ tid 그것은 시간을 절약하기 위해 사용되어야 한다; ~ sina krafter [på krafterna] 힘을 아끼다; ~ på beröm 칭찬에 인색하다 Ⅱ. (강세접사와 함께) ~ ihop 모으다, 저축하다; ~ in på ngt …의 소비를 줄이다.

sparar|e *−[e]n ~* 저축가, 절약가.

sparbank *~en ~er* 저축은행.

sparböss|a *−an −or* 저금통.

spargris *~en ~ar* 돼지저금통.

spark *~en ~ar* ① 차기, 발길질; ge ngn en ~ …를 한번 걷어차다; få ~en 해고당하다; ge ngn ~en …를 해고하다 ② ☞ **sparkstötting**.

sparka *~r ~de ~t* Ⅰ. *tr*. 차다; ~ boll 볼을 차다; ~ ngn i ändan …의 엉덩이를 걷어차다, …를 몹시 꾸짖다; bli ~d (få sparken) 직장에서 쫓겨나다 (해고당하다) Ⅱ. *itr*. 발을 휘두르다; ~ inte på dörren 문을 발로 차지 말아라 Ⅲ. (강세접사와 함께) ~ av sig skorna 구두를 차서 벗다; ~ fram ngn till en post …를 …자리에 억지로 끌어 앉히다; ~ ihjäl ngn …를 발로 차서 죽이다; ~ undan (bort) …을 (길 밖으로) 차내다; ~ ut ngn 내쫓다, 해고하다.

sparka|s *~ −des −ts itr. dep*. (…를 우연히 또는 습관적으로) 차다, 서로 차다.

sparkass|a *−an −or* (협회 또는 단체 내의) 저축 대부 조합.

sparkcyk|el *−eln −lar* 한 발 스케이트 (어린이가 한쪽 발을 올려놓고 다

른 발로는 땅을 차며 달리는).
sparkstötting *~en ~ar* 한쪽 발로 차면서 나가는 썰매.
sparlakan *~en 0* 침대 둘레에 드린 커튼.
sparlakansläx|a *-an -or* 베개 밑 공사 (아내가 잠자리에서 남편에게 하는 잔소리).
sparlåg|a *-an 0* 가스렌지의 약한 불꽃; gå på ~ (활동이) 약해지다, 감소하다.
sparra *~r ~de ~t itr.* ~ mot ngn (권투 따위에서) …와 상대하여 연습하다.
sparr|e *-en -ar* ① 각재(角材), 네모지게 켜낸 목재 ② 【건축】 서까래.
sparris *~en ~ar* 【식물】 아스파라거스.
sparsam *a.* ① 절약하는, 검약한 (med) ② 희박한, 드문드문한; en ~ dager 약한 일광.
sparsamhet *~en 0* 근검, 경제, 절약.
spartạn *~en ~er* (고대) 스파르타인; 검소하고 엄격한 사람.
spartạnsk *a.* 스파르타의, 스파르타식의; 검소하고 엄격한 생활을 하는.
sparv *~en ~ar* 참새; han väntar att stekta ~ar ska flyga i munnen på honom 그는 홍시가 저절로 입안으로 떨어지기를 기다린다.
sparvhök *~en ~ar* 새매.
sparvuggl|a *-an -or* 침엽수림에 사는 작은 부엉이.
spasm *~en ~er* 【의학】 경련, 쥐, 발작.
spasmodisk [-mọ:disk] *a.* 【의학】 경련[성]의, 발작적인.
spạstiker *~n ~* 경련성 마비 환자.
spạstisk *a.* 【의학】 경련[성]의
spat *~en ~er* 【광물】 철평석(鐵平石).
spạt|el *-eln -lar* (석고, 에나멜, 그림물감 따위를 펴는) 주걱; 【의학】 압설기(壓舌器).
spatiös [-tsiọ:s] *a.* 넓은, 넓은 범위의.
spatsera *~r ~de ~t itr.* 거닐다, 산책하다.
spatt *~en 0* 【수의학】 (말의 발의) 비절내종(飛節內腫); jag tror jag får ~ 【일상】 미치겠다.
spattig *a.* 비절내종에 걸린, 절뚝거리는.
spe (불변화 ett-명사) 조롱, 조소, 비웃음; göra ~ av ngn …를 조소하다.
speaker[spị:kər] *~n, ~/~s/ speakrar* 통보자, 아나운서, 방송인.
speceriaffär *~en ~er* 건물상(乾物商), 식료 잡화점.
specerịer (복수명사) 건물류 (양념, 커피, 곡물 따위), 식료품류.
specerist *~en ~er* 식료품 장수, 식료잡화상.
speciạl *~en ~er* ① 본 지도에 접힌 확대된 지역(부분) ② (복합어의 전철) 특수한, 특별한; ~erbjudande 특별제공.
specialisera *~r ~de ~t tr. rfl.* 전문적으로 하다, 전공하다 (på, i).
specialist *~en ~er* 전문가, 전공자 (på); han är ~ på arabfrågor 그는 아랍문제 전문가이다.
specialitẹt *~en ~er* 전문, 전공, 본직; 특제품, 특별요리.
specialklass *~en ~er* (학습부진 학생을 위한) 특수반.

S

specialstål *~et 0* 특수강(特殊鋼).

speciell *a*. 특수한, 독특한; i vårt ~a fall 우리의 특수한 경우에는.

species (복수명사) 종류; 【생물】 종(種).

specificera *~r ~de ~t tr*. …을 명확히 말하다, …을 상술(詳述)하다; nedan ~de varor 아래에 명시한 물품.

specifik *a*. 특수한, 특정한.

specifikation *~en ~er* 상기(詳記), 명세[사항], 내역.

specim|en *~ –en/–ina* ① 표본, 견본 ② (교수직을 신청할 때 제출하는) 학술논문.

speciminera *~r ~de ~t tr*. 학술논문을 쓰다 (출판하다).

spedition *~en ~er* 화물발송, 운송.

speditör *~en ~er* 화물운수업자, 운송회사.

speedway [spi:dwei] *~en 0* 400미터 오토바이 경주.

spefull *a*. 조롱하는, 놀리는.

spefåg|el *–eln –lar* 익살꾸러기, 까불이.

speg|el *–eln –lar* ① 거울, 거울처럼 평평한 것 ② 패널 (문, 천장 따위의 한 칸(구획)).

spegelbild *~en ~er* 영상(映像).

spegelblank *a*. 거울처럼 반질반질한.

spegelfäkteri *~[e]t ~er* 가장, 시치미떼기; 변명; 허튼 소리.

spegelreflexkamer|a *–an –or* 【사진】 반사 카메라.

spegelvänd *a*. (거울에 비친 영상처럼) 반대로 된, 뒤집어진.

spegla *~r ~de ~t tr*. 반사하다, (상(像)을) 비추다, 반영하다; ~ sig i spegeln 자신을 거울에 비춰보다.

speja *~r ~de ~t tr*. 염탐하다, 정찰하다, 망보다.

spejar|e *–[e]n ~* 염탐꾼, 척후병, 정찰병.

spektak|el *–let ~* ① 광경, 장관, 불쾌한 광경; ett sånt ~ 장관이로군!, 꼴불견이네! ② 조롱, 놀림; driva ~ med ngn …를 놀리다.

spektakulär *a*. 눈부신, 깜짝 놀라게 하는; 볼만한, 구경거리의.

spektroskop *~et ~* 【광학】 분광기(分光器).

spektr|um *–um[et]/–et, –um/–a* 【물리】 스펙트럼, 분광(分光).

spekulant *~en ~er* ① 구매예정자, (경매) 입찰자, 경매자 ② 투기꾼, 증권투자자.

spekulation *~en ~er* ① 심사숙고, 사색, 추측 ② 투기[매매] (på).

spekulativ *a*. 사실적인, 사변적인; 투기의, 투기매매의.

spekulera *~r ~de ~t itr*. ① 깊이 생각하다, 사색하다 (över) ② (증권 따위에) 투기를 하다; ~ på [att köpa] ett hus 집을 한 채 장만할 궁리를 한다.

spel *~et ~* ① 【음악】 연주 ② 【연극】 상연, 공연, 연기; stumt ~ 무언극 ③ 【스포츠】 경기, 시합; 도박, 노름; ~ om pengar 돈내기 시합; förlora (vinna) på ~ 도박에서 돈을 잃다(따다) ④ (동물의) 구애, 교배 ⑤ (짐 등을) 감아올리는 기계 장치 ⑥ musklernas ~ 근육운동; spela ett högt ~ 위험한 수를 쓰다, 큰 도박을 하다; rent ~ 공정한 시합 ha ett finger med i ~et …에 관여하다; stå på ~ 위험에 처하다; sätta ngt på ~ …을

위태롭게 하다.

spela[1] *~r ~de ~t itr.* ① (경기, 유희 따위를) 하다, 연주하다, (연극을) 상연하다, (영화를) 상영하다; 노름하다; 가장하다; ~ Hamlet i kväll 오늘 저녁 햄릿(Hamlet)을 공연하다; ~ rollen Hamlet 햄릿 역할을 하다; ~ teater 연극을 하다; ~ sjuk 아픈 체하다; ~ mot ngn i en pjäs 작품에서 …의 상대역을 하다; ~ ngn i händerna …의 이익이 되도록 행동하다; vad ~r vi om? 내기로 무엇을 걸겠는가?; ~ på lotteri 복권을 사다 ② 교미, 교접을 하다 ③ (강세접사와 함께) ~ av ett band 테이프를 복사하다; ~ in en film 영화를 만들다; ~ in ngt [på band] …을 녹음하다; ~ om (시합) 재경기하다, …을 재연하다.

spela[2] *~r ~de ~t tr.* …을 감아올리다.

spelar|e *-[e]n ~* 운동선수; 함께 놀이를 하는 사람; 도박꾼; 연주자; 【연극】 등장인물.

spelautomat *~en ~er* 자동 도박기계.

speldos|a *-an -or* 자동주악기 (뮤직 박스).

spelevink *~en ~ar* / **spelevink|er** *~n -ar* 농담하기를 좋아하는 사람, 태평인 사람.

spelfilm *~en ~er* 장편영화, 극영화.

spelhål|a *-an -or* 도박장.

spel|man *-mannen -män,* (복수정형) *-männen* 민속음악 연주자, 바이올리니스트.

spelplan *~en ~er* (음악회, 연극) 공연순서, 레퍼토리.

spelrum *~met 0* (활동의) 범위, 여지, 여유; fritt ~ 자유로운 활동범위.

speltid *~en ~er* 【영화】 상영시간; 축음기판의 회전시간.

spelöppning *~en ~ar* (서양장기) 초판의 수, (행동이나 거래 따위의) 시작.

spenat *~en 0* 시금치.

spendera *~r ~de ~t tr.* (돈을) 소비하다, 쓰다, 들이다; ~ mycket på ngn …에게 돈을 많이 쓰다, 후하게 대접하다.

spendersam *a.* 돈을 후하게 쓰는; vara ~ 돈을 아낌없이 쓰다.

spen|e *-en -ar* (동물, 특히 소의) 젖꼭지.

spenslig *a.* 가냘픈, 날씬한.

sperma [-pær-] *~n/~t, 0* 정액(精液).

spermatozo *~n ~er*/**spermie** *~n ~r* 【생물】 정자, 정충.

speta *~r ~de ~t itr.* 위로 튀어나오다; 걸어 나가다.

spetig *a.* 피골이 상접한, 말라빠진.

spets[1] *~en ~ar* ① (뾰족한) 끝, (가늘어진) 맨 끝; [산]꼭대기, 가장 높은 지위; ~arna inom politiken 정계의 지도자들 ② (대학학점) 우수합격; hon fick ~ på tentan 그녀는 시험에서 우수합격 점수를 받았다 ③ sätta ~ på (음식이나 음료에) 양념을 가미하다; sätta saken på sin ~ 사태를 위기 속에 빠뜨리다, 일을 극단적인 상황으로 몰고 가다.

spets[2] *~en ~ar* 레이스, 몰, 장식 끈.

spetsa *~r ~de ~t tr.* ① …을 날카롭게 하다, 뾰족하게 하다; ~ läpparna (munnen) 입을 삐죽 내밀다; ~ öronen 귀를 쫑긋 세우다; ~ till 위기

(극단적인 상황)에 빠지게 하다 ② …을 꿰뚫다, 관통하다, …을 꿰찌르다 ③ …에 레이스를 장식하다, …에 가선(가두리 장식)을 달다.

spetsborgar|e *–[e]n* ~ 중산층, 부르주아 계급.

spetsbov *~en ~ar* 【고어】 악당, 교활한 놈.

spetsbåg|e *–en –ar* 【건축】 끝이 뾰족한 아치 (고딕건축 양식).

spetsfundig *a.* 미묘한, 포착하기 어려운; 말을 얼버무리는; 궤변의.

spetsfundighet *~en ~er* 미묘, 민감; 궤변; 꼬치꼬치 캐묻기.

spetsglas *~et* ~ 원추형의 술잔.

spetsig *a.* 끝이 뾰족한, 날카로운; ~t leende 냉소; ~ tunga 독설; en ~ replik 냉소적인 (신랄한, 비꼬는) 대답.

spett *~et* ~ 쇠꼬챙이.

spett[e]kak|a *–an –or* (스코네지방에서 즐겨 먹는) 피라미드모양의 케이크.

spetälsk *a.* 【병리】 나병에 걸린, 나병의; en ~ 문둥이, 나병환자.

spetälska *~n 0* 【병리】 나병.

spex *~et* ~ 학생들의 광대극.

spexa *~r ~de ~t itr.* 광대노릇을 하다, 익살을 부리다.

spexig *a.* 재미있는, 익살스런.

spicken *a.* 소금을 뿌려 말리거나 훈제한.

spigg *~en ~ar* 큰 가시고기 (총칭).

spik[1] *adv.* ~ nykter/spiknykter 철저히 절주하고 있는, 절대로 술에 취하지 않는.

spik[2] *~en ~ar* 못; slå (träffa) huvudet på ~en 적절한 말(행동)을 한다, 요점(핵심)을 찌르다.

spika *~r ~de ~t* Ⅰ. *tr. itr.* …을 못으로 박다, 못을 붙이다; (날짜를) 최종적으로 확정하다; ~ sin avhandling tre veckor före disputationen 박사논문 공개발표 3주전에 논문을 공개(연구소 게시판에 게시)하다 Ⅱ. (강세접사와 함께) ~ fast 못질하여 아무렇게나 만들다; ~ igen (창문을) 열지 못하게 못을 박다; ~ upp (창문 따위를) 못질하여 고정시키다; (게시물을 벽 따위에) 못으로 붙이다.

spikad *a.* (자리가) 만원인.

spikklubb|a *–an –or* ① 철퇴 (끄트머리에 쇠갈고리가 달린 중세 때의 무기) ② 산사나무의 열매.

spikmatt|a *–an –or* 못이 박힌 양탄자 (도주하는 차량의 타이어에 구멍을 내어 정지시키는 경찰의 도구).

spiksko *~n ~r* 스파이크(담장 못)를 박은 구두.

spilkum *~en ~ar* 작은 쟁반.

spill *~et 0* 낭비, 손실.

spill|a *–er –de –t* Ⅰ. *tr. itr.* ① 엎지르다, 떨어뜨리다; det är inte värt att gråta över –d mjölk 【속담】 엎질러진 물을 다시 담을 수 없다, 지나간 일은 생각하지 마라 ② 낭비하다, 잃다; ~ ord (tid) på ngn …에 쓸데없는 말을 하다 (…에 시간을 낭비하다); –d möda 허비한 노력 Ⅱ. (강세접사와 함께) ~ bort sin tid på struntsaker 하찮은 일에 시간을 낭비하다; ~ ned duken 식탁을 더럽히다; ~ på sig …을 옷에 묻혀 더럽히다; ~ ut vinet …에 술을 흘리다.

spillkråk|a *–an –or* 【조류】 딱따구리의 일종 (정수리부분이 빨간색임).

spillning *~en 0* (동물의) 배설물,

spillo (불변화명사), gå till ~ 잃게 되다, 못쓰게 되다, 소용이 없게 되다, 쓸모가 없게 되다.

spillr|a *-an -or* 조각, 파편; fartyg slogs i -or mot klipporna 배가 암벽에 부딪혀 산산조각이 났다.

spillång|a *-an -or* 말린 대구, 건대구.

spilt|a *-an -or* 마구간.

spin ☞ **spinn**[1].

spind|el[1] *-eln -lar* 거미.

spind|el[2] *-eln -lar* 물레 가락 (실을 잣아 감는 토리구실을 하는 막대기); (방적기계의) 방추(紡錘); 굴대; (공장기계의) 주축(主軸).

spindelnät *~et ~* 거미줄.

spindelväv *~en ~ar* 거미줄.

spinett *~en ~er* 옛날의 소형 하프시코드.

spinkig *a.* 깡마른, 비쩍 마른.

spinn[1] *~et ~* 스핀, 회전; 【항공】 나선식 강하; 【양자론】 전자의 선회.

spinn[2] *~ et 0* 릴(감개)낚시 (☞ **spinnfiske**).

spinn|a *-er spann spunnit* Ⅰ. *tr. itr.* 잣다, 방적하다, 실로 만들다; 돌리다, 회전시키다 Ⅱ. *itr.* (고양이가 기분 좋은 듯이) 목을 그르렁거리다 Ⅲ. (강세접사와 함께) ~ ihop 꼬다; ~ in 감아서 싸다, 고치로 만들다; ~ om …주위를 감다, 감아서 싸다; ~ ut 오래 끌다, (이야기를) 계속하다, 장황하게 하다; ~ vidare på tråden (생각 등을) 발전시키다.

spinnak|er *-ern -rar* 선수(船首)의 큰 삼각돛 (경주용 요트의 대장범 반대쪽에 순풍일 때 친다).

spinnar|e *-[e]n ~* ① 나방의 일종 ② 【낚시】 꾐미끼의 일종.

spinneri *~et ~er* 방적공장.

spinnfiske *~t 0* 릴(감개) 낚시.

spinnhus *~et ~* 옛날 여자 죄수들을 가두어 두던 감호소 (이곳에서 강제로 방적작업 등을 하게 하였음).

spinnrock *~en ~ar* 물레.

spinnsidan (불변화 en-명사) 모계(母系).

spinnspö *~[e]t ~n* 릴(감개) 낚시 대.

spion *~en ~er* 간첩, 스파이.

spionprogram *~met ~* 【정보통신】 스파이웨어 (사용자의 동의 없이 또는 사용자를 속이고 설치하여 광고나 마케팅용 정보를 수집하거나 중요한 개인 정보를 빼내는 악의적 프로그램).

spionage [-ɑːʃ] *~t 0* 첩보활동.

spionera *~r ~de ~t tr.* 첩보활동을 하다.

spioneri *~et ~er* 첩보활동.

spir|a[1] *-an -or* ① 장대, 폴; 돛대 ② 뾰족탑; (풀의) 잎, (가는) 싹 ③ (왕권의 상징인) 홀대.

spira[2] *~r ~de ~t itr.* ~ upp (fram) 싹트다, 움트다; ~nde kärlek 싹트는 사랑.

spiral *~en ~er* ① 나선, 나선 모양의 것 ② 피임 기구의 일종.

spiralfjäd|er *-ern -rar* 나선 모양의 스프링.

spiralformig *a.* 나선모양의.

spiraltrapp|a *-an -or* 나선형 계단,

spire|a *-an -or* 【식물】 조팝나무과(科)의 식물,

spiritism *~en 0* 강신술, 교령술.

spiritist *~en ~er* 강신술사.

S

spiritistisk *a*. 강신술의; 유심론의
spiritualism *~en 0* 강신술; 【철학】 유심론, 관념론.
spiritualitet *~en ~er* 기지, 유머, 재치.
spirituell *a*. 기지 있는, 재치 있는.
spirituosa *~n 0* 알코올, 술.
spis[1] *~en ~ar* 난로, 스토브, 레인지 (요리용 난로); öppen ~ 벽난로.
spis[2] *~en 0* 【고어】 음식.
spisa *~r ~de ~tr. itr*, ① 먹다, 들다 ② (재즈음악 등을) 듣다.
spisar|e *–[e]n ~* 【재즈】 음악 팬 (애호가).
spisbröd *~et 0* 바싹 말린 빵의 일종.
spiselkrans *~en ~ar* 벽난로의 앞 장식; 벽난로 선반.
spiskrok *~en ~ar* (장작불을 헤칠 때 사용하는) 꼬챙이.
spisning *~en 0* 식사.
spjut *~et ~* 표창, 창(槍).
spjutkastar|e *–[e]n ~* 투창선수.
spjutkastning *~en 0* 【스포츠】 투창.
spjuv|er *–ern –rar* 익살꾼.
spjäl|a[1] *–an –or* 【건축】 외(椳)(흙을 바르기 위해서 벽 속에 엮는 나뭇가지, 댓가지, 수숫대, 싸리); 가로장; 얇고 좁은 널(금속) 조각.
spjäla[2] *~r ~de ~t tr*. 【의학】 …에 부목을 대다.
spjälka *~r ~de ~t tr*. ① 쪼개다 ② 【의학】 …에 부목을 대다 ☞ spjäla[2].
spjäll *~et ~* (난로 따위의) 바람문, 조절판; skjuta ~et 조절판을 닫다.
spjälsäng *~en ~ar* 유아용 침대 (가장자리가 막혀 있어 유아가 침대 밖으로 떨어지지 않게 제작됨).
spjärn *~en 0*, ta ~ med fötterna mot ngt …에 발을 딛고 버티다.
spjärna [spæːɳa] *~r ~de ~t itr*. ~ emot …하지 않기 위해 (…에 반해) 기를 쓰다, 발을 딛고 버티다, 용을 쓰다; 저항하다, 항거하다.
spleen [–iːn] *~en 0* 우울[증].
splendid *a*. 빛나는; 훌륭한; 멋진.
splint *~en 0* ① 【식물】 변재, 백목질 (나무껍질 바로 밑의 연한 목재) ② 지저깨비, 부서진 (쪼개진) 조각.
splinta *~r ~de ~t tr*. (장작 따위를) 쪼개다.
split *~et 0* 불화, 갈등.
splits *~en ~ar* (밧줄 등의) 가닥 맞춰 잇기.
splitsa *~r ~de ~t tr*. (밧줄 등의) 가닥을 맞추어 잇다.
splitt[er][1] ☞ spritt.
splitt|er[2] *–ret ~* 부서진 (쪼개진) 조각, 파편.
splitterny [–tәnyː] *a*. 아주 새로운, 신품의.
splittr|a[1] *–an –or* 부서진 (쪼개진) 조각, 파편 ☞ splitt|er[2].
splittra[2] *~r ~de ~t* Ⅰ. *tr*. 쪼개다, 부수다; 분열시키다; partiet har ~ts 그 정당은 분열되었다 Ⅱ. *rfl*. 쪼개지다, 부서지다, 갈라지다; 분열되다.
splittring *~en 0* 분열, 반목, 불화, 이간; ~en inom landet 국내의 반목.
spola [spɯːla] *~r ~de ~t. itr*. 물로 씻어 내리다; ~ ned ngt på toaletten …을 변기에 넣고 물로 씻어 내린다.
spola *~r ~de ~t tr*. 감다; ~ av 풀다; ~ om (tillbaka) 되감다.
spolarvätsk|a *–an –or* (자동차의)

바람막이 유리 세척액.
spol|e ~en ~ar ① 얼레, 보빈 ②【전기】코일.
spolformig a. 실패모양의, 얼레모양의;【생물】방추상(紡錘狀)의.
spoliera ~r ~de ~t tr. 망치다, 엉망진창이 되게 하다.
spoling ~en ~ar 풋내기, 애송이; 건방진 녀석.
spolmask ~en ~ar 회충, 거위.
spolning ~en 0 감기.
spondé ~n ~er【운율】강강격; 장장격.
spondeisk a. 강강격의; 장장격의.
sponsor [-sɔr]~n ~er 스폰서, 광고주.
sponsra ~r ~de ~t tr. (상업방송의) 광고주(스폰서)가 되다.
spont ~en ~ar【건축】은촉.
spontad a. ~e bräder 은촉 물림 판자.
spontan a. 자연의, 무의식적인; 자동적인; (문체 따위가) 자연스러운.
spontan[e]itet ~en 0 자연스러움; 자발성.
spor ~en ~er【생물】포자, 아포(芽胞).
sporadisk a. 간헐적인, 산발적인.
sporra ~r ~de ~t tr. ① 박차를 가하다; 고무시키다 ② …을 들쭉날쭉하게 만들다.
sporr|e -en -ar 박차; 박차 모양의 것; 고무, 격려, 자극; sätta -arna i hästen 말에 박차를 가하다; tjäna sina -ar 첫 번째 공훈을 세우다, 처음으로 이름을 떨치다.
sporrsträck (불변화명사) i ~ 전속력으로.
sport [spɔt]~en 0 스포츠, 체육, 운동[경기]; ~ och idrott 운동과 (운동)경기.
sporta ~r ~de ~t itr. 운동하다, 체력단련하다.
sportbil ~en ~ar 스포츠카.
sportfiske ~t 0 낚시질 (시합이나 취미로).
sportig a. 스포츠적인, 운동가다운; (복장 따위가) 경쾌한, 스포티한.
sportler (복수명사) 팁, 부수입, (급료 외에 더 주는) 행하(行下).
sportlov ~et ~ 스포츠 방학 (2월이나 3월 중 1주일간 겨울스포츠로 체력을 단련하도록 실시하는 방학).
sportslig a. ① 스포츠의, 스포츠와 관련된 ② 정정당당한, 운동가다운; en ~ chans 정당한 기회.
sports|man -mannen -män 스포츠맨, 운동가.
sportsmannaanda ~n 0 스포츠맨십, 운동가 정신, 정정당당함.
sportstug|a -an -or (겨울철에 주로 이용하는 간단한 시설의) 별장.
spotsk a. 경멸적인, 조롱하는, 오만한.
spott[1] ~en/~et, 0 침, 타액.
spott[2] ~en/~et, 0 경멸, 조소, 조롱.
spotta[1] ~r ~de ~t tr. itr. 침 뱉다, (가래 따위를) 뱉아 내다; ~ ngn i ansiktet …의 얼굴에 침을 뱉다; han ~r inte i glaset 그는 술을 좋아한다; ~ upp sig 분발하다.
spott|a[2] -an -or【어류】가자미, 넙치류.
spottkopp ~en ~ar 타구(唾具).
spottstyver (불변화 en-명사), köpa ngt för en ~ …을 헐값에 사다.
spov ~en ~ar【조류】마도요.

sprack ☞ **spricka**.

spraka *~r ~de ~t itr*. 불꽃이 튀기는 소리를 내다, 딱딱(바지직) 소리를 내다; ~nde färger 강렬한 색상들.

sprakfål|e *-en -ar* 제멋대로 구는 젊은이, 망아지.

sprallig *a*. 들뜬, 신바람 난.

spratt *~et ~* 장난; spela ngn ett ~ …에게 장난을 치다 (걸다).

spratt ☞ **spritta**.

sprattelgubb|e *-en -ar* 실을 당기면 손 · 발이 움직이는 인형 (쉽게 이용당하는 사람을 비유하는 말).

S

sprattla *~r ~de ~t itr*. (손발을) 허우적거리다; 껑충거리다.

spred ☞ **sprida**.

sprej *~en, ~er/~ar* (향수, 소독약 따위의) 분무기, 스프레이; 분무.

spreja *~r ~de ~t tr*. 분무하다, 뿌리다.

spreta *~r ~de ~t itr*. (손 · 발 등을) 뻗다, 퍼지다; ~ med fingrarna 손가락을 뻗다.

spri *~et ~n* 사형 (斜桁, 돛을 펼치는 활대).

sprick|a[1] *-an -or* (갈라진) 금, 틈; flaskan har en ~ 그 병은 금이 가 있다.

spricka[2] *~er sprack spruckit itr*. ① 금가다, 쪼개지다, 파멸되다; det värker så att huvudet kan ~ 머리가 깨질 듯이 아프다; ~ av svartsjuka 질투심으로 터질 듯하다; sprucken röst 변성; ~ ut (slå ut와 동의어) 싹트다, 움트다, (꽃봉오리가) 터지다, 피어나다 ② (시험 등에) 떨어지다, 낙방하다, 실패하다.

sprickfärdig *a*. 터질 듯한.

sprickig *a*. 금이 (사방에) 나 있는.

sprid|a *-er -de/spred spritt/-it* Ⅰ. *tr*. 퍼지게 하다, 산재시키다, 뿌리다, 흩어지게 하다; ~ arbetstiderna 근무시간에 시차제(時差制)를 두다; ~ kostnaderna 비용을 (경비를) 분산(분담)시키다; ~ ett rykte 소문을 퍼뜨리다 Ⅱ. *rfl*. 퍼지다, 흩어지다, 분산되다; elden spred sig snabbt 불길이 순식간에 번졌다; sjukdomen har spritt sig till Europa 그 병은 유럽에까지 상륙했다 (퍼졌다) Ⅲ. (강세접사와 함께) ① ~ omkring …의 주의에 퍼지다 ② ~ ut 퍼뜨리다; ryktet är utspritt i hela stan 소문은 온 도시에 퍼져 있다.

spridar|e *-[e]n ~* 분무기; 분배자; (사상 따위의) 보급자.

spridd *a*. 퍼진; 산재된; 유포된; ~ bebyggelse (여기저기) 흩어져 있는 집들; en mycket ~ tidning 구독자가 많은 신문, 널리 읽히는 신문.

spridning *~en 0* 분포, 유포, 산재; hans böcker fick stor ~ över hela världen 그의 책은 세계 전역에 널리 알려졌다.

spring *~et 0* 뛰기; hon blir trött av allt ~ i trapporna 그녀는 계단을 오르락내리락하다가 지친다.

spring|a *-an -or* 틈, 간격; dörr~ 문틈; med ögon som *-or* 눈이 조그만.

spring|a *-er sprang sprungit* Ⅰ. *itr*. ① 달리다; 도망치다; ~ 100 meter 100미터 달리기를 하다; ~ sin väg (kos) 도망치다; ~ efter någon …뒤를 쫓아(따라) 다니다; ~ för ngn (ngt) av rädsla …에 놀라 달아나다; ~ i klädema 옷을 급히 입다; ~ på dörren 달아나다; oljan −er i dagen på flera ställen 기름이 여러 군데에서 솟아 나온다 ③ 터지다; 끊어지다; ~ i luften 폭발하다; en säkring har sprungit 퓨즈가 끊어졌다; ~ i småbitar 산산 조각나다 Ⅱ. (강세접사와 함께) ① ~ av a) 터지다, 끊어지다 b) ~ benen av sig 미친 사람처럼 달리다 ② ~ efter a) 뒤쫓아 가다 b) …을 가지러 뛰어가다 ③ ~ emot a) …를 만나러 뛰어가다 b) …와 부딪히다 ④ ~ fatt ngn …를 뛰어가 잡다 ⑤ ~ fram a) (앞으로) 뛰어 나오다 b) (사상 등이) 기원하다, 솟아 나오다, 돌출하다 c) ~ om ngn (ngt) …를 따라잡다, 만회하다 ⑥ ~ på a) 계속해서 달리다 b) ~ på ngn …에게 달려들다 ⑦ ~ upp a) 위로 달려가다, 치솟다(가격 따위) b) …에 뛰어오르다; ~ upp på hästen 말에 뛰어 오르다 c) 일어나다; ~ upp ur sängen 침대에서 벌떡 일어나다 d) 갑자기 (문 등이) 열리다.

springar|e −*[e]n* ~ (승마용의) 말; (체스에서) 나이트.

springbrunn *~en ~ar* 분수(噴水).

springflick|a *−an −or* 심부름하는 소녀.

springflod *~en 0* (초승 · 보름 경에 일어나는) 한사리(大潮).

springpojk|e *~en ~ar* 심부름하는 소년.

sprinkler *~n ~[s]* 물뿌리개, 살수장치.

sprint *~en ~ar* (자물쇠 등에 있는) 비녀못, 비녀장.

sprinter *~n ~[s]* 단거리 선수.

sprinterlopp *~et 0* 단거리 경주.

spriseg|el *−let ~* 사형범(帆) (선수재 밑의 활대에 친 가로돛).

sprit *~en 0* 알코올, 술, 주류; denaturerad ~ 변성알코올.

sprita[1] *~r ~de ~t itr.* 술 마시다.

sprita[2] *~r ~de ~t tr.* …에서 깍지 꼬투리를 벗기다, …에서 씨를 빼내다.

spritbegär *~et 0* 술에 대한 욕구.

spritdryck *~en ~er* 알코올이 함유된 음료.

spritförbud *~et 0* 음주 금지.

spritahaltig *a.* 알코올이 함유된.

spritkök *~et ~* 알코올을 연료로 사용하는 스토브.

spritlangar|e −*[e]n* ~ 주류밀매 자.

spritpåverkad *a.* 술에 취한.

spriträttigheter (복수명사) 식당의 주류 판매권.

sprits *~en ~ar* 【요리】 가루반죽을 담아 짜내는 깔때기 모양의 용기.

spritsa *~r ~de ~t tr.* sprits(위 단어 참조)를 사용하여 가루반죽 과자 등을 만들다.

spritt *adv.* 완전히, 몹시 (강조부사); ~ galen 완전히 미친; ~ naken 완전히 벌거벗은, 전라(全裸)의.

spritt|a *−er spratt spruttit itr.* 뛰어오르다; (흥분, 기쁨, 욕망 등으로) 떨다; det −er i benen på mig av danslust 춤추고 싶은 충동으로 다리가 꿈틀거린다; fisken −er 물고기가 파닥거린다; ~ av liv 활기에 넘치다; ~ upp ur sömnen 깜짝 놀라 잠에서 깨어나다.

spritande Ⅰ. *a.* 생기에 찬, 생기에 넘쳐흐르는, 발랄한, 생동감 있는 Ⅱ. *adv.* ~ glad 날뛸 정도로 기쁜.

S

spritlgalen ☞ spritt.
sprittning ~*en* ~*ar* 떨림, 경련, 씰룩거림.
spritärter (복수명사) 완두의 일종 (껍질은 먹지 못함).
sprudla ~*r* ~*de* ~*t itr*. 거품이 일다, 부글거리다, 샘솟다; 번뜩이다, 넘치다; ~ av liv 생기(활기)가 넘치다; ~ av kvickhet 재기가 번뜩이다.
sprudlande *a*. 풍부한, 넘치는, 샘솟는; 원기 왕성한, 활기가 넘치는; 번뜩이는.
sprund ~*et* ~ 갈라진 틈, 틈새 (옷 따위의); 통 주둥이.
sprungit ☞ springa.
sprut|a[1] –*an* –*or* 주사기; 스프레이어.
spruta[2] Ⅰ. ~*r* ~*de* ~*t tr*. *itr*. 솟다, 뿜다, 솟구쳐 올라온다; 뿜어내다; 주사하다; ~ eld 불을 뿜다; ~nde eld 솟구치는 불길 Ⅱ. (강세접사와 함께) ① ~ in 주사하다, 주입하다 ② ~ ut 뿜어내다.
språk ~*et* ~ 말, 언어; 어투; 경구; juridiskt ~ 법률어; skriva ett ledigt ~ 평이한 문체의 글을 쓰다; tala sitt tydliga ~ 확실하게 말하다 (대변하다); lärare i ~ 어학교사; ge (slå) sig i ~ med ngn …와 대화하다; ut med ~et! 말해!; på vanligt ~ 일상언어로.
språka ~*r* ~*de* ~*t itr*. 말하다, 이야기하다.
språka|s ~ –*des* –*ts itr*. *dep*. ~ vid 이야기를 나누다, 대화하다.
språkbegåvad *a*. 어학에 재능이 있는.
språkbegåvning ~*en 0* 어학 재능.
språkbehandling ~ *en 0* 언어사용, 말씨, 어법.
språkbruk ~*et 0* 어법, 언어사용.
språkfamilj ~*en* ~*er* 어족.
språkförbistring –*en 0* 언어적 혼란 (상태).
språkhistori|a –*en 0* 언어사(言語史).
språkkunnig *a*. 어학실력이 있는.
språkkunnighet ~*en* ~*er* ☞ språkkunskaper.
språkkunskaper (복수명사) 어학실력.
språklaboratori|um –*et* –*er* 어학실습실.
språklig *a*. 언어의, 언어학의, 문헌학의.
språkljud ~*et* ~【음성】말소리, 음소.
språklärar|e –[*e*]*n* ~ (남성) 어학교사.
språklärarinn|a –*an* –*or* 여성 어학교사.
språkprov ~*et* ~ ① 어학시험 ② 언어자료.
språkrör ~*et* ~ 대변인, 대변자.
språksam *a*. 말 많은, 수다스런.
språksamhet ~*en 0* 수다스러움, 다변(多辯).
språkundervisning ~*en* ~*ar* 어학강의, 언어교육.
språkvetenskap ~*en* ~*er* 언어학, 문헌학.
språkvetenskaplig *a*. 언어학의, 문헌학의.
språkvidrig *a*. 어법에 어긋난.
språkvård ~*en 0* 언어 순화.
språköra ~*t 0*, ha gott ~ 말(어학)에 재능이 있다, 말 재주가 있다.

språng *~et ~* ① 뛰어 오르기, 도약; 달리기; ta ett ~ ut i det okända 미지의 세계에 뛰어들다; i fullt ~ 전속력으로; stå på ~ 막 떠나려 하다 ②【항해】현호(舷弧, 선측선의 만곡).
språngande *adv*. 강조부사로 spritt (완전히, 몹시)와 같은 뜻.
språngbräd|a *-an -or* 도약대.
språngmarsch [-marʂ] *~en ~er* 구보 행진.
språngseg|el *-let ~* 대피망, 안전그물 (높은 위치에서 뛰어내리는 사람을 안전하게 받기 위한 기구).
språngvis *adv*. 뛰어서; 때때로, 이따금.
spräck|a *~er ~te ~t tr*. ① 금이 가게 하다, 쪼개다, 깨뜨리다 ② 낙제시키다.
spräcklig *a*. 얼룩덜룩한.
spräng|a *-er -de -t* Ⅰ. *tr*. 터뜨리다, 폭파시키다; 부수다; 깨뜨리다; ~ en häst 말이 지쳐 쓰러질 때까지 달리다; ~ i luften 폭파시키다 Ⅱ. *itr*. ① 말을 타고 질주하다 ② (신체 내부가) 아프다, 진통하다 Ⅲ. (강세 접사와 함께) ① ~ bort a) (폭파시켜) 날려 보내다 b) 말을 달려 사라지다 ② ~ fram 말을 달려 다가오다.
sprängbomb *~en ~er* 폭탄.
sprängd *a*.【요리】(요리하기 전에) 소금물에 절인.
spränglist|a *-an -or* 정당 공천자 이외의 입후보자 명부.
sprängläird *a*, 박학한, 학식이 많은.
sprängämne *~t ~n* 폭발물, 폭약.
sprätt Ⅰ. *~en ~ar* 멋쟁이, 맵시꾼 Ⅱ. *~en 0*, sätta ~ på …에 활기(생기)를 불어넣다; sätta ~ på pengarna 돈을 마구 (헤프게) 쓰다.
sprätt|a[1] *-er -e sprätt tr. itr*. ① 긁다; hönsen gick och -e marken efter korn 암탉은 낟알을 찾으려고 돌아다니며 흙을 뒤적거렸다 ② (모래, 비료 따위를) 흩뿌리다 ③ 튀기다, 뿌리다 ④ 찰싹 (탁) 치다.
sprätt|a[2] *~r/-er ~de/-e sprätt itr*. 멋 내다, 뽐내다, 으쓱거리다.
sprätta[3] *~r ~de ~t tr*. (칼 따위로) 가르다, 뜯어내다.
sprättig *a*. 뽐내는, 멋 내는, 으쓱거리는.
spröd *a*. 가냘픈, 잘 부서지는; hennes ~a änglalika gestalt 그녀의 가냘프고 천사 같은 모습.
spröjs *~en ~ar* 격자(格子).
spröt *~et ~* ①【곤충】촉수 ② (우산의) 뼈대, 살.
spurt [spɵt] *~en ~er*【경기】역주(力走).
spurta *~r ~de ~t itr*.【경기】역주하다.
sputnik *~en ~ar* (옛 소련의) 인공위성.
spy *~r ~dde ~tt itr. tr*. 토하다.
spydighet *~en ~er* 빈정거리는 말, 냉소적인 말.
spyflug|a *-an -or* ①【곤충】금파리 ② 빈정거리기 좋아하는 사람.
spygatt *~et ~*【항해】(갑판의) 배수구, 물 빼는 구멍.
spå *~r ~dde ~tt itr*. 점치다, 예언하다 ~ ngn i kort (handen) 카드로 (손금을 보아서) 점치다; människan ~r och Gud rår【속담】일은 사람이 꾸미되 성패는 하늘에 달렸다.
spådom *~en ~ar* 점; 예언.

spågubb|e *-en -ar* 점쟁이 할아버지.

spågumm|a *-an -or* 점쟁이 할머니.

spåkvinn|a *-an -or* 여자 점쟁이.

spåkäring [-çæriŋ] *~en ~ar* 여자 점쟁이.

spå|man *-mannen -män* 점쟁이.

spån *~et ~* (금속의) 깎아낸 부스러기; 대팻밥, 지저깨비; hon är dum som ett ~ 그녀는 어리석기 짝이 없다.

spånad *~en 0* ① 방적[업] ② 꼰 실.

spång *~en, spänger/~ar* (보행자용) 인도교(人道橋).

spånkorg *~en ~ar* (과일 따위를 담는) 무늬목으로 엮은 바구니.

spånskiv|a *-an -or* 파티클 보드 (건축용 합판).

spåntäck|a *-er -te -t tr.* 지붕널로 이다.

spår *~et ~* ① 흔적, 자국, 자취; 단서, 증거; inte det minsta ~ av tvivel 의혹한 점 없는; finna ~ av …의 흔적을 발견하다; sopa igen (utplåna) ~en 흔적을 없애다; straffet följer brottet i ~en 인과응보 ② 선로, 궤도; hoppa av (ur) ~et 궤도에서 이탈하다 ③ 【정보통신】 실린더 (자기 디스크에서 반지름이 같은 트랙의 모임).

spåra *~r ~de ~t* I. *tr.* …의 뒤를 쫓다, 추적하다; ~ upp 조사해내다, 발견하다 II. *itr.* ① (스키경주의) 스키트랙을 만들다 ② ~ ur 탈선하다, 본궤도를 벗어나다; en urspårad 낙오자.

spårhund *~en ~ar* 경찰견의 일종.

spårljusprojektil *~en ~er* 예광탄.

spårlöst *adv.* 흔적 없이, 자취 없이.

spårvagn *~en ~ar* 전차(電車).

spårvidd *~en ~er* ① (철도) 표준 궤간(軌間) ② 윤거 (자동차 따위의 좌우 두 바퀴간의 거리).

spårväg *~en ~ar* (전차 등의) 선로.

spä *~r ~dde ~tt*/ spä|da *-r -dde -tt tr.* ~ [ut] (액체의 농도를) 묽게 하다; ~ på med …을 첨가하다, …으로 진하게 하다.

späck *~et 0* 라드 (돼지비계를 정제한 반고체의 기름), 비계.

späcka *~r ~de ~t tr.* (맛을 돋우기 위해) 라드조각을 집어넣다, 채우다; 윤색하다.

späckad *a.* 채워진, 불룩한.

späd *a.* 가냘픈; 약한, 미숙한; spätt barn 유아; ~ röst 여린 목소리.

späda ☞ spä.

spädbarn *~et ~* 유아.

späk|a *-er -te -t tr. rfl.* ~ köttet (sig) (정욕, 감정 따위를) 억제하다, 극복하다, 고행하다, 정화하다.

späkning *~en ~ar* 금욕, 고행, 정화.

spänd *a.* 당긴, 팽팽한; 긴장한; ett spänt ansiktsuttryck 긴장된 표정; ~ båge 팽팽하게 당겨진 활; ett spänt förhållande 긴장된 상황 (관계); vara ~ på att få veta 알고 싶어 안달하다; stå på ~ fot 소원한 관계에 있다.

spänn (불변화명사), vara på ~ 긴장해 있다; hålla ngns intresse på ~ …의 관심을 모으고 있다 (끌고 있다).

spän|na *-ner -de -t* I. *tr.* 뻗치다, 잡아당기다, 팽팽하게 하다; 긴장시키다; ~ en fjäder 스프링을 팽팽하게 하다; ~ ngns förväntningar …으로 하여금 기대를 갖게 하다; ~ hästar för vagnen 말을 마차에 매다; för att

~ intresset hos läsaren 독자의 관심을 끌기 위하여; ~ all sin kraft 전력을 경주하다; ~ skidor på 스키를 …에 고정시키다 ~ öronen 귀를 기울이다 Ⅱ. *itr*. 조이다, 당기다; byxorna −de över baken 바지의 엉덩이 부분이 조여졌다; ~ över 포함하다, …범위에 걸쳐있다 Ⅲ. *rfl*. 긴장하다 Ⅳ. (강세 접사와 함께) ① ~ av [sig] 풀다, 벗다 ② ~ fast 착용하다, 매다, 두르다 ③ ~ från [hästen] [말에서] 마구를 풀어 놓다 ④ ~ för [hästen] [말을] 마차에 매다 ⑤ ~ om sig ☞ ~ fast ⑥ ~ på [sig] 매다, 착용하다 ⑦ ~ till ☞ ~ åt ⑧ ~ upp a) 풀다 b) (우산 등을) 펴다 ⑨ ~ ut 뻗다, 확장시키다 ⑩ ~ åt 조이다, 팽팽하게 하다.

spännande *a*. 흥분시키는, 오싹하게 하는.

spänne *~t ~n* 걸쇠, 버클.

spänning *~en ~ar* 팽팽한; 긴장; 신장(伸長); 흥분; 【전기】 전압.

spännvidd *~en ~er* 전장(全長); 【건축】 경간(徑間), 지간(支間); 【항공】 비행기의 날개 폭.

späns/spens *~en ~er* 허리띠, 허리끈.

spänsband *~et ~* ☞ **späns**

spänst *~en 0* 활기, 원기, 체력, 활력, 힘; 유연성; för att bibehålla ~en 활력을 유지하기 위하여.

spänsta *~r ~de ~t itr*. 유연하게 (힘있게) 움직이다; 운동하다.

spänstig *a*. 활력 있는, 원기 있는, 힘 있는, 유연한; med ~a steg 유연한 걸음걸이로.

spänta *~r ~de ~t tr*. (장작을) 패다, 쪼개다; ~ stickor 나무를 쪼개다.

spärr Ⅰ. *~en ~ar* ① 장애(물), 방해 ② 【기계】 톱니바퀴 멈추개 ③ 울타리; 관문; 방벽 Ⅱ. *~en 0* ① 【인쇄】 철자 간의 간격 띄우기; med ~ 철자 간의 간격을 띄워. ② 【정보통신】 정체현상 (어떤 특정 시간에 망 용량 또는 조작 가능 능력을 초과한 호출이 망에 입력되었을 때 생기는 특수한 상태, 또는 수요량이 수용 용량을 초과했을 때 나타나는 현상).

spärra *~r ~de ~t* Ⅰ. *tr*. ① (통로 등을) 막다, 차단하다; 방해하다; 봉쇄하다; ~ en hamn 항구를 봉쇄하다 ② 【인쇄】 철자간의 간격을 띄우다 Ⅱ. (강세접사와 함께) ① ~ av (길 등을) 차단하다, 막다, 봉쇄하다 ② ~ in 감금시키다; ~ in ngn i fängelse …를 유치장에 감금시키다 ③ ~ upp munnen (ögonen) 입을 크게 벌리다 (눈을 크게 뜨다) ④ ~ ut 펴다, 뻗다; ~ ut fingrarna 손가락을 펴다.

spärrballong *~en ~er* (비행기의 접근을 막기 위한) 조색기구(阻塞氣球).

spärreld *~en ~ar* 【군사】 탄막(彈幕).

spärrkonto *~t ~n* (계좌 소지자가 마음대로 돈을 꺼낼 수 없도록 한) 봉쇄계정.

spärrvakt *~en ~er* (지하철역 등의) 검표인, 집표인.

spätta *−an −or* 【어류】 가자미, 넙치류; 오토바이족을 따라 다니는 여자.

spö *~[e]t ~n* 잔가지, 대; 회초리; 낚싯대; regnet står som ~n i backen 비가 억수같이 쏟아지고 있다; [få] slita ~ (벌로) 회초리를 맞다.

spöka *~r ~de ~t* Ⅰ. *itr*. ① (유령

따위가) 나오다, 출현하다; det ~r här i huset 이 집에는 유령이 나온다 ② (비유적) varför går du här och ~r? 너는 왜 여기를 돌아다니며 기웃거리느냐?; han kunde inte sova, det var antagligen jobbet som ~de 그는 눈을 붙일 수 없었다, 직장일로 신경이 쓰였던 것 같다 Ⅱ. (강세접사와 함께), ~ till (ut) sig (복장을) 괴상하게 차려입다; hon var utspökad i en gammal hatt 그녀는 낡은 모자를 쓴 괴상한 차림이었다.

spökbild *~en ~er* ① 환영, 허깨비, 곡두, 그림자 ② 【광학, 텔레비전】 제2영상, 고스트.

spöke *~t ~n* ① 유령, 망령, 귀신 ② (비유적 표현에서) 망령, 허수아비; krigets ~ 전쟁의 망령.

spökeri *~et ~er* 유령의 출현.

spöklik *a.* ① 유령과 같은 ② 무서운, 소름끼치는.

spökskepp *~et ~* 유령선(船).

spöregn *~et 0* 소낙비.

spörj|a *-er sporde sport tr. itr.* ① 묻다, 질문하다 ② det spör[j]s att …라고 말한다; det spör[j]s om (jag undrar om) …인가(…일지) 궁금하다.

spörsmål *~et ~* 문제, 일, 사안; ett invecklat ~ 복잡한 문제; juridiska ~ 사법적인 사안.

stab *~en ~er* ① 【군사】 참모, 막료 ② 부원, 직원, 사원, 간부.

stabb|e *-en -ar* (장작을 팰 때 받침판으로 사용되는 단단한) 목판, 그루터기; 나무 도막을 말로 사용하고 주사위를 던져 하는 놀이; 아버지 (고어).

stabil *a.* 안정된, 견고한.

stabilisator *~n ~er* (비행기, 배 등의) 안전장치.

stabilisera *~r ~de ~t tr. rfl.* 안정시키다, 견고하게 하다.

stabilitet *~en 0* 안정된, 견고함, 안정성.

stack[1] *~en ~ar* (밀짚, 장작, 퇴비 등의) 더미.

stack[2] ☞ **sticka**.

stacka *~r ~de ~t tr.* (더미로) 쌓아 올리다.

stackar|e *-[e]n ~* 불쌍한 사람, 가엾은 사람.

stackars (불변화형용사) 불쌍한, 가엾은; ~ hon! 불쌍한 그녀!

stackato[1] *adv.* 【음악】 스타카토로, 단음적으로, 음을 명확히 끊어서.

stackato[2] *~t ~n* 스타카토, 단음, 단주.

stad[1] *~en städer* 도시; 읍; 시내 (특히 상가) gamla ~en (stan) 구시가지; han är ute på ~en 그는 시내에 나가 있다.

stad[2] (불변화 en-명사) 집, 거처; ej ha någon varaktig ~ 일정한 거주지가 없다.

stad[3] *~en ~er* (천의) 변폭, 가장자리, 테두리.

stadd *a.* (… 상태에) 처해 있는, …하고 있는; vara ~ i upplösning 부패(붕괴)하고 있다; vara ~ i utveckling 발전 중이다; vara ~ på flykt 도망중이다; vara ~ vid kassa 돈을 가지고 있다.

stadfäst|a *-er -te - tr.* (제도, 법률 등을) 제정하다; 재가하다, 비준하다, 추인하다; 확인하다.

stadg | a[1] Ⅰ. *-an 0* 안정성, 견고함 Ⅱ. *-an -or* 규칙, 규정, 법규, 조례.

stadga[2] *~r ~de ~t tr*. ① 안정시키다, 견고하게 하다 ② 규정하다; 법규화하다; 명하다.

stadgad *a*. 안정된; 규정된.

stadgande *~t ~n* ① 규정, 법규화 ② ☞ **stadga**.

stadgar (복수명사), enligt ~na 규정(법규, 조례)에 의하면.

stadig *a*. 안정된, 견고한, 동요되지 않는; 고정된; ha ~t arbete 일정한 직업을 가지고 있다; ~ karaktär 변하지 않는 성격; ~ kund 고객; ~t väder 안정된 날씨; ~ ålder 성숙된 연령.

stadigvarande *a*. 지속적인.

stadion (불변화 ett-명사) 경기장.

stadi | um *-et -er* 단계, 정도, 시기; 과정; hög~, låg~, mellan~ (9년제 기초학교의) 고, 저, 중급 과정.

stadsarkitekt *~en ~er* (군 지방자치단체의 도시계획 담당공무원) 도시계획관.

stadsbibliotek *~et ~* 시립도서관.

stadsbo *~n ~r* 도시에 사는 사람, 시민.

stadsbud *~et ~* 짐꾼, 포터.

stadshus *~et ~* 시청.

stadsfullmäktig ① *~e* 시의회 (1971년 이전) ② 시의회 의원.

stadsplan *~en ~er* 도시계획.

stadsrättigheter (복수명사), få ~ 도시로 승격되다.

stafẹtt *~en ~er* ①【경기】(릴레이의) 바통; 이어달리기, 릴레이.

stafettlöpar | e *-[e]n ~* 이어달리기 선수 (주자).

stafettlöpning *~en 0* 이어달리기.

staffage [-fɑ:ʃ] *~t 0* 풍경화에 담겨진 사람들; 별로 중요하지 않은 인물.

staffagefigur *~en ~er* 별로 중요하지 않은 인물, 가외 등장인물.

stafflị *-et, ~er/~n* 그림걸이 대, 이젤.

stag *~et ~*【선박】지삭(支索, 돛대를 앞쪽으로 유지하는데 쓰임).

staga *~r ~de ~t tr*.【항해】지삭으로 버티다.

stagnation *~en ~er* 침체; ekonomisk ~ 경제 침체.

stagnera *~r ~de ~t tr*. 침체하다.

stagseg | el *-let ~*【항해】(삼각형의) 지삭범(支索帆 지삭에 치는 삼각돛).

stag | vända *-vänder -vände -vänt itr*.【항해】뱃머리를 바람 불어오는 방향으로 돌리다.

staka *~r ~de ~t* Ⅰ. *tr*. ① (작은 배를) 삿대로 젓다 ② 표지를 세우다, 표시하다; 규정하다 Ⅱ. *itr*.【스키】폴대를 이용해 전진하다 Ⅲ. *rfl*. ① ~ sig fram a) 삿대를 저어 전진하다 b) 폴대를 이용해 전진하다 ② 더듬거리며 읽다.

stak | e *-en -ar* ① 삿대, (길고 튼튼한) 막대 ② 돛대.

staket *~et ~* 울타리; (철조망으로 만들어져 있는) 담, 벽.

stal ☞ **stjäla**.

stalagmịt *~en ~er*【광물】석순(石筍).

stalaktịt *~en ~er*【광물】종유석.

stall *~et, ~/~ar* ① 마구간, 헛간 ② (현악기의) 기러기발.

stall | broder *-brodern -bröder* 친구, 벗, 동무, 죽마고우.

S

stam *~men ~mar* ① 나무둥지,【언어】 어간 ② 가문; 종족, (동물의) 혈통; 가계 ③【군사】 기간요원, 본부 ④ 부본 (수표, 영수증 따위를 떼어 주고 남겨두는 쪽지).

stamaktie [–ạktsiə] *~n ~r* 보통주식.

stamban|a *–an –or* (철도 따위의) 간선.

stam|fa[de]r *–fadern –fäder* 선조, 조상.

stamgäst [–jɛst]*~en ~er* 고객, (주로 식당의) 단골.

stamkund *~en ~er* 단골, 고객.

stamlokus *~et ~* 좋아하는 식당, 단골 음식점.

stamma[1] *~r ~de ~t* ☞ **härstamma**.

stamma[2] *~r ~de ~t itr*. 더듬거리며 말하다.

stam|moder *–modern –mödrar* (여자) 조상.

stamning *~en 0* 말더듬기.

stamp[1] *~et 0* 발을 구르는 소리.

stamp[2] *~en ~ar* 타인기(打印器).

stampa[1] *~r ~de ~t* Ⅰ. *itr*. ① 발을 구르다; stå och ~ på samma fläck 제자리에 서서 발을 구르다; ~ takten 발을 굴러 박자를 맞추다 ② (배가) 뒷질하다, 앞뒤로 흔들리다 Ⅱ. (강세 접사와 함께) ① ~ av [sig] smutsen (snön) 발을 굴러 흙(눈)을 털어내다 ② ~ fram 마법으로 불러내다, 출현시키다 ③ ~ sönder ngt …을 밟아 부수다 ④ ~ till a) *tr*. 짓밟다, (도구를 이용하여 흙 등을) 다지다 b) *itr*. 발을 구르다.

stampa[2] *~r ~de ~t tr*. *itr*. 저당 잡히다.

stampen (불변화 en–명사) 전당포.

stramtavl|a *–an –or* 족보(族譜).

stamträd *~et ~* 계통수(系統樹).

stan staden의 준말.

standar *~et ~* 기(旗), 기치, 기장.

standard *~en ~er* 표준, 규격, 규범; 등급.

standardisera *~r ~de ~t tr*. 표준화시키다, 규격화하다.

standardverk *~et ~* 권위를 인정받은 책, 표준서.

standert *~en ~ar* 페넌트, 길고 좁은 삼각기(三角旗).

stank[1] *~en ~er* 악취.

stank[2] ☞ **stinka**.

stanna *~r ~de ~t* Ⅰ. *itr*. ① 머물다, 남다; det ~r oss emellan 너와 나만이 (우리만이) 아는 일이다; ~ hos ngn …집에 머무르다; ~ vid …을 고수하다 ② 멈추다, 중지하다; ~ tvärt 갑자기 멈추다; klockan har ~t 시계가 멈추었다; ~ i växten 성장을 멈추다; det ~de vid hotelser 위협에 그쳤다 ③ 굳어지다, 엉겨 뭉치다, 응고하다 Ⅱ. *tr*. 멈추게 하다, 제동을 걸다 ~ blödningen 출혈을 멈추게 하다 Ⅲ. (강세접사와 함께) ① ~ av 멈추다, 중단하다 ② ~ borta 타지에 머물다 ③ ~ hemma 집에 머물다 ④ ~ uppe sent 자지 않고 밤늦게까지 깨어 있다 ⑤ ~ ute i det fria 옥외에 (야외에) 머물다.

stannfåg|el *–eln –lar*【동물】 이주하지 않는 새.

stanniol *~en 0* (담배 따위를 싸는) 은박.

stans[1] *~en ~er*【운율】 절(節), 연(聯); 스탠저 (약강5음보로 되어 있는 시의 단위).

stans[2] *~en ~ar* 구멍 뚫는 기구.

stansa *~r ~de ~t tr.* (구멍 뚫는 기구로) 구멍을 뚫다.

stap|el *-eln -lar* ① 더미, 쌓아 올린 것; höga -lar med böcker 산더미처럼 쌓여 있는 책 ② 【선박】 gå (löpa) av ~n 진수하다; 시작하다 ③ 알파벳의 세로줄 ④ (도표의) 기둥.

stapelavlöping *~en ~ar* (선박의) 진수(進水).

stapelbar *a.* ~a stolar 쌓아 올릴 수 있는 의자.

stapelbädd *~en ~ar* (배를 건조하는) 조선대, 선가(船架).

stapelvar|a *-an -or* 국제적으로 널리 거래되는 원자재.

stapla *~r ~de ~t itr.* 쌓아 올리다.

stappla *~r ~de ~t i tr.* ① 비틀거리다; gå med ~nde steg 비틀거리며 걸어가다 ② 말을 더듬거리다; han talade en ~nde engelska 그는 더듬거리며 영어로 말했다.

star|e *-en -ar* 【조류】 찌르레기.

stark *a.* ① 강한, 힘센, 억센; ~ som en björn 곰처럼 힘센; den ~ares rätt 강자의 법; ha ~a nerver 강심장을 가지고 있다; en ~ vilja 강한 의지; en ~ armé 강력한 군대; en ~ regering 강력한 정부; ~a vindar 강풍 ② 우수한, 실력 있는; vara ~ i matematik 수학에 우수하다 ③ 대규모의, 대폭적인, 강한; ~ efterfrågan på arbetskraft 노동력에 대한 대대적인 수요; hon var ~t sminkad 그녀는 화장을 짙게 하고 있었다; ~ lust 강한 욕구 ④ 강렬한; ~t doftande 향기가 강한; ~t kaffe 진한 커피; ~a kryddor 매운 향료 (양념); ~ sprit 독한 술; det ~a dagsljuset 강렬한 일광 ⑤ 【문법】 강변화의.

starksprit *~en 0* 독주 (알코올 농도가 높은 술).

starkström *~men ~mar* 【전압】 고압전류.

starkvar|a *-an -or* 독한 술.

starkvin *~et ~er* 알코올 농도가 높은 포도주.

starköl *~et/~en,* ~ 알코올 농도가 높은 맥주.

starr[1] *~en ~ar* 【식물】 사초(莎草)속의 각종 식물.

starr[2] *~en 0* 【의학】 [grå] ~ 백내장; grön ~ 녹내장.

starrbliga *~r ~de ~t itr.* 뚫어질 듯이 쳐다보다, 응시하다.

start *~en ~er* 시작; 출발; 이륙; flygande ~ 조주(도움닫기) 스타트; stående ~ 제자리 스타트.

starta *~r ~de ~t* Ⅰ. *itr.* 출발하다; 이륙하다 Ⅱ. *tr.* 시작하다; 시동을 걸다; (기업 등을) 건립하다.

startblock *~et ~* 【트랙경기】 스타팅 블록 (트랙주자나 단거리주자가 출발할 때 쓰는 기구).

starter *~n ~* 경주 때 출발신호를 하는 사람.

startgrop *~en ~ar* 육상경기 시 출발 전 발을 고정시키는 구멍; ligga i ~arna 출발 준비를 하고 있다.

startmotor *~n ~er* 시동엔진.

startsid|a *-an -or* 【정보통신】 홈페이지.

startsignal [-siŋnɑ:l] *~en ~er* 출발신호.

stass *~en 0* 연회복; klä sig i full ~ 가장 좋은 옷으로 차려 입다.

S

stat *~en ~er* ①【정치】 국가, 정부; Förenta Staterna 미합중국; en man i ~en 국가 공무원, 공복 ② 직원, 사원 ③ 급여체제, 편성, 편제; 경비 ④ 물품으로 지급되는 급여 ⑤ föra stor ~ 호화스런 생활을 하다; dra in på ~en 경비를 줄이다.

statar|e *-[e]n ~*【역사】 현물로 일 년의 사경(私耕)을 받던 농사일꾼.

statera *~r ~de ~t itr.* (연극, 영화 등에서) 단역을 맡다.

statịk *~en 0*【물리】 정역학(靜力學).

statiọn [-ʃọ:n] *~en ~er* 역, 정거장.

stationera *~r ~de ~t tr,* 배치하다, 주둔시키다.

stationsinspektor *~n ~er* 역장.

stationsskrivar|e *-[e]n ~* 역서기.

stationsvagn *~en ~ar* 사람과 물품 운송 겸용차, 스테이션 왜건.

stationạ̈r [-ʃonæ:r] *a.* 움직이지 않는, 정체의, 정착의.

statisk *a.* ① 정적인, 정지상태의 ②【물리】 정지의 ③【전기】 공전의, 정전의; ~ elektricitet 정전기.

statist *~en ~er* 단역배우.

statistịk *~en ~er* 통계[학], 통계표.

statịstiker *~n ~* 통계가, 통계학자.

statistisk *a.* 통계[학]의.

statịv *~et ~* (사진기의) 삼발이, 고정대, 지지대.

statlig *a,* 국가의, 정부의; 국유의, 국립의, 공공의; ~a myndigheter 공공기관, 관공서; företaget är ~t 이 기업은 국가가 소유하고 있다.

statsbidrag *~et ~* 국고 보조, 정부 지원.

statsbudget *~en, ~er/~ar* 국가 예산.

statschef *~en ~er* 국가 원수.

statsfientlig *a.* 반국가적인.

statsform *~en ~er* ☞ **statsskick.**

statsförvaltning *~en 0* 국가 행정.

statshemlighet *~en ~er* 국가 기밀.

statsinkomster (복수명사) 국가 수입.

statskass|a *-an -or* 국고.

statskunskap *~en ~er* 정치학.

statskupp *~en ~er* 쿠데타, 무력정변.

statskyrk|a *-an -or* 국교(國敎).

statslån *~et ~* 국채.

statslös *a.* 무국적의.

statsmakt *~en ~er* ① 국력, 국위 ② 정부와 의회, 국가; tredje ~en 언론계.

statsminist|er *-ern -rar* 정부의 수반, 수상.

statsreligion *~en ~er* 국교(國敎).

statsråd *~et ~* 각료, 내각, 각의.

statssekreterar|e *-[e]n ~* 차관 (일부 부서의).

statsskick *~et ~* (국가의 조직형태로서) 정체(政體), 국체(國體).

statsskuld *~en ~er* 국채.

statstjänst *~en ~er* 공직, 관직.

statsutskott *~et ~* 의회의 재무 분과 위원회.

statsverksproposition *~en ~er* 국가 예산안.

statsvetenskap *~en ~er* 정치학.

statsvälvning *~en ~ar* 쿠데타, 무력 정변.

statsägd *a.* 국유의.

statsöverhuvud *~et ~* 국가 원수.

statuera *~r ~de ~t tr.* för att ~ ett exempel 타에 경종이 될 만한 예를

들자면; ~ ett exempel 예를 들다.

status ~/~*en*, *0* 지위, 신문.

statusrad ~*en 0*【정보통신】상태 표시줄 (윈도 운영 체계의 응용 소프트웨어에서 현재의 작업 상황을 보여 주는 메시지 라인. 보통 해당 프로그램 창의 하단에 표시된다).

statussymbol ~*en* ~*er* 신분(지위)의 상징.

statutenlig *a*, 규정에 의거한 (준한).

statuter (복수명사) 규칙, 규정.

staty ~*n* ~*er* 조상(彫像), 동상; han står ~ (en ~ är rest över honom) i parken 그의 동상이 공원에 세워져 있다.

statyett ~*en* ~*er* 조그만 동상.

stav Ⅰ. ~*en* ~*ar* ① 막대, 장대, 봉; bryta ~en över ngn …를 저주하다 ② ☞ **stavhopp** ③【해부】시신경의 간상체 Ⅱ. (~*en stäver*) 통(桶)널, 통판.

stava ~*r* ~*de* ~*t tr*. *itr*. (낱말을) 철자하다, …의 철자를 말하다 (쓰다); han ~r bra 그의 철자는 정확하다; ~ fel på ett ord 한 단어의 철자가 틀리다; hur ~s det? 그 단어의 철자는 어떻게 쓰나?; ~ och lägga ihop 사실로부터 명확한 결론을 끌어내다, 이것저것 종합해서 생각해보다; ~ sig till. 해독하다, 판독하다.

stavelse ~*n* ~*r* 음절(音節).

stavfel ~*et* ~ 오자(誤字).

stavhopp ~*et* ~【경기】장대높이뛰기.

stavning ~*en* ~*ar* 철자법.

stavningskontrollprogram ~*met* ~【정보통신】맞춤법 확인 프로그램.

stavrim ~*met* ~ 두운[법](頭韻法).

stearin ~*et*/~*en*, *0*【화학】(양초 제조에 사용되는) 스테아르산, 경지(硬脂).

stearinljus ~*et* ~ 양초.

steg ~*et* ~ 걸음, 보행; 발소리, 발자국; 보조; (침대, 기차 따위의) 발판, 디딤판; 단계, 계층; ~ för ~ 단계적으로; gå med långsamma ~ 느린 걸음으로 걷다; följa ngn på några ~s avstånd 몇 발자국 뒤에서 …를 따라가다; ta första ~et 첫발을 내딛다, 기선을 잡다; ta ~et fullt ut 마음껏 …하다, 남김없이 말하다; ta ut ~en 더 빨리 걷다.

stega ~*r* ~*de* ~*t* Ⅰ. *tr*. 뚜벅뚜벅 걷다 Ⅱ. *itr*. 발걸음으로 거리를 재다.

steg|e −*en* −*ar* 사닥다리.

steg|el −*let* ~【역사】(사람을 찢어 죽이는데 쓰였던 수레바퀴 모양의 고문기구) 형차(刑車).

stegla ~*r* ~*de* ~*t tr*. 형차에 못 박아서 매달다.

steglits ~*en* ~*er*/**steglits|a** −*an* −*or*【조류】검은 방울새의 일종

stegra[1] ~*r* ~*de* ~*t tr*. 증가하다, 상승하다; 악화되다.

stegra[2] ~*r* ~*de* ~*t rfl*. 뒷발로 서다; 거역하다, 거부하다, 저항하다, 항거하다.

stegvis[1] *adv*. 단계적으로, 점차.

stegvis[2] *a*. 단계적인.

stek[1] ~*et* ~【항해】결색 (結索).

stek[2] ~*en* ~*ar* (넓적다리나 허리 부위의) 고기구이.

stek|a −*er* −*te* −*t* Ⅰ. *tr*. (고기를) 굽다 Ⅱ. *itr*. ① 구어지다, 구이용이다; låta köttet ~ en kvart 15분 동안 고기가 구워지도록 놓아두다; köttet

−er 이 고기는 구이용이다 ② (해가) 쨍쨍 내리쬐다 Ⅲ. *rfl.* ~ sig framför brasan 장작불에 몸을 쬐다; ~ sig i solen 햇볕에 몸을 태우다.

stek|el *−eln −lar* 【곤충】 막시류(膜翅類).

stekfett *~et ~er* 구이용 기름; 고기를 구울 때 나오는 기름.

stekhet *a.* 타는 듯이 뜨거운.

stekos *~et 0* 타는 냄새.

stekpann|a *−an −or* 후라이팬.

stekspad|e *−en −ar* 뒤집는 주걱 (요리기구).

stekspett *~et ~* (고기 굽는) 쇠꼬챙이, 건치.

stel *a.* 뻣뻣한, 형식적인, 경직된; han är mycket ~ [och sluten] 그는 매우 경직되어 있다; jag var ~ av att ha suttit i en obekväm ställning 불편한 자세로 앉아 있었더니 몸이 뻐근하였다.

stelbent *a.* 다리가 뻣뻣한, 경직된.

stelkramp *~en 0* 【병리】 (근육의) 강직성 경련.

stelna *~r ~de ~t itr.* 굳어지다, 뻣뻣해지다, 얼어붙다, 생기를 잃다; 응결하다, 응고하다.

sten *~en ~ar* 돌; 【의학】 결석 (結石), 자갈; en ~ har fallit från mitt bröst 마음속의 부담이 덜어졌다; det kan röra en ~ till [tårar] 돌심장을 가진 사람이라도 움직이겠다 (눈물을 흘리겠다); bygga av ~ 돌로 짓다.

stena *~r ~de ~t tr.* 돌을 던져 …을 죽이다.

stenbit *~en ~ar* 【어류】 성대류.

stenblock *~et ~* 바위, 표석(漂石).

stenbrott *~et ~* 채석장.

stenbräck|a *−an −or* 【식물】 범의 귀류.

stencil *~en ~er* 스텐실, 원판, 형판 (종이나 금속판에 글자 등을 쓰고, 그 위에 잉크를 발라 인쇄하는); 스텐실로 찍은 문자 (무늬); 등사원지.

stencilera *~r ~de ~t tr.* …에 스텐실(형판)을 대고 찍다; 등사하다.

stendös *~en ~ar* 【고고학】 돌멘, 고인돌.

stendöv *a.* 전혀 듣지 못하는.

sten|fot *−foten, −fötter/−fotar* 주춧돌.

stenfrukt *~en ~er* 핵과(核果) (매실, 복숭아 따위).

stenget *~en ~ter* 【동물】 샤무아.

stengods *~et ~* 석기, 도자기.

stenhuggar|e *−[e]n ~* 석수, 석공.

stenig *a.* 자갈투성이의, 돌이 많은.

stenkast *~et ~* 돌 던지기; 돌을 던져 닿을만한 거리.

stenkist|a *−an −or* 석관(石棺).

stenkol *~et ~* 석탄.

stenlagd *a.* 보도블럭이 깔린.

stenläggning *~en ~ar* 포장 도로, 포장한 인도, 보도.

stenograf *~en ~er* 속기사.

stenografera *~r ~de ~t tr. itr.* 속기하다.

stenografi *~n 0* 속기[술].

stenografisk *a.* 속기의.

stenogram *~met ~* 속기 기록, 속기 메모.

stenparti *~et ~er* 암석정원, 석가산(石假山)이 있는 정원.

stenrös *~et ~*/**stenröse** *~t ~n* (기념물, 이정표 등으로서) 돌무덤.

stenskvätt|a *−an −or* 【조류】 흰머

리딱새 무리.
stenskott ~et ~, ett ~ 도로에서 날아온 돌.
sten|sätta *-sätter -satte -satt tr.* 길에 보도 블럭을 깔다.
stensöt|a *-an -or* 【식물】 탈미역고사리, 다시마 일엽초의 무리.
stentorsröst *~en ~er* 우뢰와 같은 목소리.
stentorsstämm|a *-an -or* ☞ stentorsröst.
stenåldern (en-명사) 【역사】 석기시대.
step[p] *~en 0* 탭댄스.
steppa *~r ~de ~t itr.* 탭댄스를 추다.
stereo (불변화 en-명사) 입체 음향, 입체 사진.
stereoanläggning *~en ~ar* 스테레오 장치 (전축).
stereofoni *~n 0* 【물리】 입체 음향[효과].
stereofonisk *a.* 입체 음향[장치]의.
stereometri *~n 0* 체적 측정[법], 구적법.
stereometrisk *a.* 체적 측정[법]의.
stereoskop *~et ~* 실체경, 입체경, 입체사진경.
stereoskopisk *a.* 실체경의.
stereotyp[1] *a.* 진부한, 판에 박은 듯한.
stereotyp[2] *~en ~er* 【인쇄】 연판(鉛版).
stereotypera *~r ~de ~t tr.* 연판으로 인쇄하다, 판에 박다.
steril *a.* 불모의; 살균된, 소독된.
sterilisera *~r ~de ~t tr.* 불모화시키다; 살균하다, 소독하다.
sterilisering *~en ~ar* 불임케 하기, 단종; 살균, 소독.
sterilitet *~en 0* 불임상태.
sterling [stæ:ḷiŋ/stœ:ḷiŋ] (불변화명사) pund ~ 파운드 (영국의 화폐 단위, 1971년 2월 15일 이후 100pence; 종전에는 20shillings에 해당).
stetoskop *~et ~* 【의학】 청진기.
steward [stjɷ:ad] *~en ~er*/stewart [stjɷ:at] *~en, ~ar/~er* (여객기, 여객선 따위의) 스튜어드, 여객 계원, 급사.
sti|a *-an -or* 돼지우리.
stick[1] *~et ~* ① (벌 등의) 쏘기, 찌르기; 찌르는 듯한 아픔 ② 【카드놀이】 한 판[에 얻는 득점] ③ (동판 등의) 판화 ④ lämna ngn i ~et …를 곤경에 버려두다.
stick[2] *adv.* ~ i stäv 정반대로.
stick|a[1] *-an -or* ① (나무 따위의) 가시, 막대; få en ~ i fingret 손가락을 가시에 찔리다; mager som en ~ 꼬챙이처럼 여윈 ② 뜨개바늘.
stick|a[2] *-er stack stuckit* Ⅰ. *tr.* ① a) 찌르다, 쏘다, (모기가) 물다 b) 찔러 넣다; ~ gaffeln i 포크를 …에 찔러 넣다; ~ hål i …에 찔러 구멍을 내다; tjuta som en stucken gris 쇳소리를 내며 마구 떠들어 대다 ② 집어넣다 han stack armen under hennes 그는 그녀의 팔 밑으로 자기의 팔을 집어넣었다 (팔짱을 끼었다); ~ sin näsa i ngt …에 참견하다 ③ 【카드놀이】 (지금까지 나온 카드보다) 더 높은 카드로 치다 Ⅱ. *itr.* ① det -er i benen 다리가 쑤신다; röken -er i näsan på mig 연기가 코를 쑤신다, 연기가 맵다; den röda färgen -er i ögonen 빨강색이 튀어 나온다 (조화를 깨뜨린다) ② ~ under stol med ngt …을

감추다 ③ 떠나다, 가다, 도망가다; jag måste ~ nu 나는 지금 가야해 Ⅲ. (강세접사와 함께) ① ~ av mot (från) …와 충돌하다; 색깔이 조화를 이루지 않는다 ② ~ emellan a) …사이에 집어넣다 b) 중단시키다, 끼어들다 ③ ~ fram 내밀다, 내뻗치다 ④ ~ ihjäl ngn …를 찔러 죽이다 ⑤ ~ in a) 집어넣다, 찔러 넣다; hon hade en ros instucken i håret 그녀의 머리카락 사이에는 장미 한 송이가 꽂혀 있었다 b) 안으로 들어가다 ⑥ ~ ned a) 찔러 죽이다 b) ~ ned ngt i …을 …안에 집어(찔러) 넣다 ⑦ ~ till a) 찔러 넣다, 집어넣다 ~ till ngn en femma …의 손에 5크로나 짜리를 찔러 넣다 b) det stack till i mig 나는 갑자기 심한 통증을 느꼈다 ⑧ ~ undan 감추다, 숨기다 ~ sig undan 도망치다, 은신하다 ⑨ ~ upp a) 싹트다, 움트다 b) 대들다, 덤벼들다 c) 세우다 ⑩ ~ ut a) 내밀다; ~ ut ögonen på ngn …를 노려보다 b) 튀어나오다, 돌출하다 ⑪ ~ åt ☞ ~ till ⑫ ~ över 【카드놀이】 높은 카드로 상대방을 누르다.

sticka³ *~r ~de ~t tr*. 뜨개질하다; ~ vid 뜨개질을 해서 늘리다, 키우다.

stickande *a*. ① 찌르는 (느낌의), 쏘는; (눈에) 부시는; ② komma ~ med ngt …를 제안하다.

stickas *sticks stacks stuckits itr. dep*. 찌르다, 쏘다, 물다.

stickig *a*. 찌르는, 쏘는, 무는.

stickkontakt *~en ~er* 【전기】 플러그.

stickling *~en ~ar* 삽수(揷穗) (꺾꽂이용으로 식물체에서 잘나낸 뿌리, 줄기, 잎).

stickning *~en ~ar* ① 쑤시는 듯한 느낌 (통증) ② 뜨개질.

stickord *~et ~* ① 가시 도친 말 ② 표제어 ③ 【연극】 큐 (대사의 마지막 말, 다음 연기 또는 배우 등장의 신호).

stickpropp *~en ~ar* 플러그.

stickprov *~et ~* 무작위 테스트.

stickreplik *~en ~er* ☞ **stickord** ③.

stickspår *~et ~* 【철도】 측선, 대피선.

stift¹ *~et ~* 주교구(主教區), 주교관구(主教館區).

stift² *~et ~* ① 핀, 못바늘, 장식바늘; 압정 ② (연필의) 심, 펜촉 ③ 라이터돌; 【전기】 (콘센트에 끼우는) 플러그; (전축의) 바늘 ④ 【식물】 암술대, 화주(花柱).

stifta¹ *~r ~de ~t tr*. ~ fast ngt på (vid) …을 …에 붙이다.

stifta² *~r ~de ~t tr*. ① 세우다, 설립하다, (법을) 제정하다 ② ~ bekantskap med …와 교분을 트다; ~ fred 평화가 오게 하다.

stiftar|e *-[e]n ~* 설립자.

stiftelse *~n ~r* 설립, 제정; 재단; 기관, 시설.

stiftsadjunkt *~en ~er* 교구의 부주교.

stiftsjungfru *~n ~r* 교단의 수녀.

stift|tand *-tanden -tänder* 【치과】 보존된 치근 위에 부착시키는 의치.

stig *~en ~ar* (좁게 나 있는) 길, 오솔길.

stig|a *-er steg stigit* Ⅰ. *itr*. ① 걷다; han steg in i salen 그는 홀 안으로 들어왔다; ~ ur bilen 하차하다, 차에서 내리다; ~ av cykeln 자전거에서

내리다; ~ på tåget 기차에 타다; ~ ombord 승선하다; han brukar ~ upp tidigt 그는 아침 일찍이 일어난다 ② 올라가다, 상승하다; solen −er på himlen 태양이 하늘 높이 떠오른다; febern steg 열이 (체온이) 올랐다; priserna har stigit 물가가 올랐다; marken har stigit i värde 땅값이 상승하였다 Ⅱ. (강세접사와 함께) ① ~ av 하차하다, 내리다; ~ av bussen 버스에서 내리다 ② ~ fram 앞으로 걸어 나가다; ~ fram ur mörkret 어둠 속으로부터 나타나다 ③ ~ in 들어오다, 승차하다; − in! 들어와요! (노크를 했을 때), 타세요! ④ ~ ned 내려오다; ~ ned från stegen 사다리에서 내려오다 ⑤ ~ på a) ☞ ~ in b) 승차하다; ~ på bussen (tåget) 버스(기차)에 타다; ~ på cykeln 자전거에 타다 ⑥ ~ undan 길에서 비껴나다, 옆으로 비끼다 ⑦ ~ upp (잠자리에서) 일어나다, 기상하다; 오르다, 상승하다; ~ upp på en stege 사다리를 오르다 ⑧ ~ ur, ~ ur sängen (tåget) 침대(기차)에서 내려오다 ⑨ ~ över 넘어가다; ~ över tröskeln 문설주를 넘다.

stigbyg|el *−eln −lar* ① 등자(鐙子) ② 【해부】 등골(鐙骨).

stigma *~t ~n* 【종교】 성흔(성인 등의 몸에 나타나는 십자가 위의 예수상 비슷한 상처 자국); 낙인.

stig|man *−mannen −män* 노상강도.

stigmatisera *~r ~de ~t tr.* …에 낙인을 찍다, 오명을 씌우다.

stigning *~en ~ar* 경사; 비탈길; vägen var smal och ~en brant 길은 좁고 경사가 심했다.

stil *~en ~ar* ① 필체; [en] driven ~ 달필 ② 【인쇄】 활자, 자체, 활자의 크기; kursiv[erad] ~ 사체(斜體), 이탤릭체 ③ 문파; 유파, 양식, 체(體), 유(流); 모양; 유행; 역법; 멋; i bunden (obunden) ~ 운문(산문)체로; i stor ~ 거창하게, 호화롭게; i den ~en 그런 식으로; annat i samma ~ 동류의 것; i ~ med …풍의, …류의; gå i ~ med …에 어울리다, …풍에 속하다; det är ~ på henne 그녀에게는 멋이 있다 ④ (학생들이 과제로) 번역해야 할 텍스트.

stilart *~en ~er* 문체; 유형, 양식.

stilblandning *~en ~ar* 문체의 혼합.

stilblomm|a *−an −or* 미사여구, 장황한 문체.

stilbrott *~et ~* 문체 위반.

stilenlig *a.* 시대의 유행에 맞는 (따르는); 조화된.

stilett *~en ~er* 작은 단검의 일종.

stilfull *a.* 멋있는, 맵시 있는, 우아한, 품위 있는, 격조 높은.

stilig *a.* 준수한, 수려한, 미려한, 우아한.

stilisera *~r ~de ~t tr.* ① 양식화하다, 전형화하다 ② 말로 나타내다, 묘사하다.

stilist *~en ~er* 명문가(名文家), 문체를 다듬는 사람.

stilistik *~en 0* 문체론.

stilistisk *a.* 문체[론]의.

still ☞ stilla[1] ②.

stilla[1] *a. adv.* (불변화) ① (부가적으로 사용) 고요한, 조용한; 평화로운; Stilla havet 태평양; föra ett ~ liv 조용한 삶을 보내다; en ~ period 불경기, 한산기; [den] ~veckan 성주간

(부활절의 전주) ② (서술적으로 사용) var (stå) ~! 움직이지 마!, avlida ~ 조용히 죽다; ligga ~ 움직이지 않은 채 누워 있다; ligga ~ med armarna 팔을 움직이지 않고 누워 있다.

stilla[2] *~r ~de ~t tr*. (욕구, 허기, 호기심 등을) 가라앉히다, 진정시키다; ~ törsten 갈증을 풀다; ~ upproret 폭동을 진압시키다.

stillasittande *a*. 앉은 채 있는; 좌업(坐業)의, 좌업으로 인해 발생하는.

stillastående *a*. 움직이지 않는, 정지된; 작동하지 않는; 고여 있는.

stillatigande Ⅰ. *a*. 말없는, 조용한; 은연중의, 임시적인 Ⅱ. *adv*. 말없이, 잠자코.

stillbild *~en ~er* 보통 사진 (활동사진과 반대 개념으로).

stilleben *~et ~* 【회화】 정물화.

stillestånd *~et ~* ① 【경제】 침체, 정체 ② 휴전.

stilleståndsförhandlingar (복수명사) 휴전 협상.

stillhet *~en 0* 고요함, 조용함; 평화로움; leva i ~ 조용한 삶을 보내다, 은둔 생활을 하다.

stillna *~r ~de ~t itr*. 진정하다, 가라앉다, 한산하게 되다.

stillsam *a*. 조용한, 고요한, 평화로운.

stillös *a*. 멋이 없는, 모양 없는.

stillmöb|el *-eln -ler* 고가구(古家具).

stilren *a*. …풍(식)에 맞는, 순수하게 …풍인, 격식을 따르는.

stiltje *~n 0* ① 무풍, 잔잔함 ② 휴지기(休止期).

stilvidrig *a*. 유행을 따르지 않는, 양식에 어긋난, 세태에 어긋난.

stim *~met ~* (물고기의) 떼; 왁자지껄한 소리.

stimma *~r ~de ~t itr*. (물고기 등이) 떼를 지어 다니다; 왁자지껄하게 떠들다.

stimulans *~en ~er* 자극, 격려, 고무; 흥분; 흥분제.

stimulạntia [-sja] (복수명사) 자극물.

stimulera *~r ~de ~t tr*. 자극시키다, 격려하다, 고무시키다, 흥분시키다.

sting *~et ~* ① (곤충의) 물기, 쏘기, 찌르기; 격통; jag kände ett ~ i hjärtat 나는 가슴(마음)이 아픔을 느꼈다 ② 생기, 활력; hon har tappat ~et 그녀는 생기를 잃었다.

sting|a *-er stack stungit tr*. 쏘다, 물다, 찌르다.

stingslig *a*. 성마른, 과민한.

stink|a *-er stank* (완료분사는 없음) *itr*. 악취를 풍기다.

stinkdjur *~et 0* 【동물】 스컹크.

stinn *a*. 불쑥한, 터질 듯한, 꽉 찬, 포만한; en ~ portfölj 두툼한 서류가방.

stins *~en ~ar* (철도의) 역장.

stint *adv*. se (stirra) ~ på ngn …를 뚫어지게 쳐다보다; se ngn ~ i ögonen …의 눈을 빤히 쳐다 보다.

stipendiạt *~en ~er* 장학생.

stipendieansökan *~ 0* 장학금 신청[서].

stipẹndi|um *-et -er* 장학금.

stipulera *~r ~de ~t tr*. (조항 따위를) 규정하다, 명기하다, 약정하다.

stirra *~r ~de ~t* Ⅰ. *itr*. 응시하다; 노려보다; ~ ut i luften 허공을 응시하다 Ⅱ. *rfl*. ~ sig blind på ngt …을

멍하니 쳐다보다, 넋을 잃고 …을 쳐다 보다.

stjäl|a [ʃɛːla] *stjäl stal stulit* Ⅰ. *tr. itr.* 훔치다, 도둑질하다 Ⅱ. *rfl.* ~ sig bort 몰래 도망치다; ~ sig till att göra ngt 몰래 …을 하다; ~ sig till att se på ngt 몰래 …을 보다.

stjälk *~en ~ar* (식물의) 줄기, 대.

stjälp|a *–er –te –t* Ⅰ. *tr. itr.* ① 넘어뜨리다, 전복시키다, 뒤집다; får ej ~s! (운송 시) 뒤집어서는 안 됨! ② (물 따위를) 붓다 Ⅱ. (강세접사와 함께) ~ av (쓰레기 따위를) 뒤집어 비우다; ~ i sig 꿀꺽꿀꺽 마시다; ~ upp 뒤집다; ~ ur (ut) (내용물을) 비우다.

stjärn|a [ʃæːɳa] *–an –or* 별, 항성; lägga en ~ för ngn 카드로 …의 운명을 점치다.

stjärnbaneret (정형명사) 성조기(星條旗).

stjärnbild *~en ~er* 성좌(星座).

stjärnfall *~et ~* 별똥별, 유성.

stjärngoss|e *–en –ar* 별 소년 (루시아(Lucia) 축제나 성탄절 행사에 하얗고 긴 치마를 입고 머리에는 별이 붙은 뾰족한 모자를 쓰고 등장하는 소년).

stjärnkikar|e *–[e]n ~* 천체 망원경.

stjärnklar *a.* 별이 총총한.

stjärnskott ☞ **stjärnfall**.

stjärnsmäll *~en ~ar* 별이 보일 정도로 세게 때림 (머리를); 어려운 시련, 실패.

stjärntydar|e *–[e]n ~* 점성가.

stjärt [ʃæʈ] *~en ~ar* 꼬리, 엉덩이, 뒷부분.

stjärtfen|a *–an –or* 【어류】 꼬리지느러미; (비행기의) 꼬리 날개.

sto *~et ~n* 암말; 당나귀, 얼룩말의 암컷.

stock[1] *~en ~ar* ① 통나무; sova som en ~ 곤하게 푹 자다; över ~ och sten 산 넘고 물 건너 ② sättas i ~en (옛날 형벌의 일종) 통나무에 발이 묶이는 벌을 받다 ③ (연장, 도구 등의) 몸통, (총의) 개머리판 ④ (나무의) 줄기; vin~ 포도나무 줄기.

stock[2] ☞ **stockdum**.

stocka *~r ~de ~t rfl.* 막히다, 들러붙다, 응고(응결)하다; det (orden) ~de sig i halsen på honom 그는 말문이 막혔다.

stockdum *a.* 돌대가리의.

stockfisk *~en ~ar* 어물; 건어, 건대구.

stockholmar|e *–[e]n ~* 스톡홀름 사람.

stockholmsk *a.* 스톡홀름의.

stockholmsk|a Ⅰ. *–an –or* 스톡홀름 여자 Ⅱ. *–an 0* 스톡홀름 방언.

stockning *~en ~ar* 정체, 침체, 부진; 응고; ~ i trafiken 교통 정체.

stockros *~en ~or* 접시꽃.

stod[1] *~en ~er* 조상(彫像), 동상.

stod[2] ☞ **stå**.

stoff *~et ~/~er* ① 원료, 재료; 원단 ② 제재, 자료.

stoffera *~r ~de ~t tr.* ① …의 가장자리를 감치다, …에 가선을 대다 ② ~ ut 치장하다, 장식하다.

stofil *~en ~er* (성격이 이상한 데가 있는) 노인, 영감.

stoft *~et 0* ① 먼지, 가루; krypa i ~et för ngn …에게 아부하다, 아첨하다, 벌벌 기다; bli till ~ 먼지(가루)가 되다 ② 육신, 재, 유해; frid över hans

~! 고인에게 평화를!

stofthydd|a *−an −or* 육신, 육체, 몸.

stoicism *~en 0* 스토아 철학, 금욕주의.

stoiker *~n ~* 스토아학파의 철학자, 금욕주의자.

stoisk *a.* 스토아 철학의, 금욕주의의.

stoj *~et 0* 왁자지껄함, 떠들썩함.

stoja *~r ~de ~t itr.* 떠들다, 왁자지껄하다.

stol [stɷ:l] *~en ~ar* 의자, 걸상; uppfällbar ~ 등받이를 세웠다 접었다 할 수 있는 의자; den heliga (påvliga) ~en 로마 교황의 지위; sätta sig mellan två ~ar 지나치게 욕심을 부리다가 모두 실패하다, 두 마리의 토끼를 쫓다가 한 마리도 잡지 못하다; sticka under ~ med ngt …을 감추다.

stol|a *−an −or* 【가톨릭】 영대(領帶)(늘어뜨리는 헝겊), 어깨에 걸치는 긴 옷.

stolgång *~en ~ar* 대변; 【해부】 항문.

stoll *~en ~ar* 【광산】 횡갱.

stoll|a [−ɔ−] *−an −or* 어리석은 년, 미친년.

stoll|e *−en −ar* 어리석은 놈, 미친놈.

stollig *a.* 정신 나간, 어리석은.

stolp|e *−en −ar* 기둥, 지주, 버팀목; (연설, 강연 시 기억을 돕기 위해 메모해 두는) 주요 사항.

stolpill|er *−ret ~* 좌약(坐藥).

stolsben *~et ~* 걸상(의자) 다리.

stolt *a.* 자랑스러워하는, 뽐내는; 건방진; 고고한; hans ~a gång 그의 당당한 걸음걸이.

stolthet *~en 0* 자랑스러움, 긍지, 자부심, 자존심.

stoltsera *~r ~de ~t itr.* 자랑스러워하다, 뽐내다.

stomm|e *−en −ar* 틀, 골격, 구조.

stop [stɷ:p] *~et ~* 큰 술잔; 부피를 나타내는 치수, 약 1.3리터.

stopp[1] [stɔp] Ⅰ. *~et ~* 막힘, 정체, 정지, 중단; det är ~ i röret 관이 막히다; sätta ~ för ngt …을 중단시키다; säg ~! (술잔에 술을 부을 때) 그만이라고 말해! Ⅱ. *itj.* 정지!, 중지!

stopp[2] *~en ~ar* 꿰맨 곳; 파이프 한 대분의 담배.

stoppa[1] *~r ~de ~t* Ⅰ. *tr.* 정지시키다, 중단시키다 Ⅱ. *itr.* ① 서다, 중지하다 ② 변비를 일으키게 하다 ③ …에 맞서다, 견디다 ④ 충분하다, 족하다; det ~r inte med …으로 충분하지 않다.

stoppa[2] *~r ~de ~t* Ⅰ. *tr.* (양말 등을) 깁다, 꿰매다; 채우다, 메우다, (의복 등에) 솜을 채워 넣다; 집어넣다, 쑤셔 넣다 Ⅱ. (강세접사와 함께) ① ~ för ☞ ~ till ② ~ i sig 먹다 ③ ~ igen ☞ ~ till ④ ~ in 집어넣다; 챙겨 넣다; 감추다 ⑤ ~ ned 챙겨 넣다; ~ ned handskarna i fickan 장갑을 주머니 속에 넣다 ⑥ ~ om a) ~ om ngn lakanet 홑이불로 …를 덮어주다 b) (소파, 침대 등에) 속을 다시 넣고 천을 씌우다 ⑦ ~ på sig ngt …을 포켓(주머니)에 넣다; 착복하다, 가로채다 ⑧ ~ till (구멍 따위를) 막다, 메우다 ⑨ ~ undan 치워 두다 ⑩ ~ upp (동물을) 박제로 하다.

stoppning *~en ~ar* ① (가구 등에) 속을 넣어 수선하기 ② 속[감]; ~ av ejderdun 오리털로 된 속[감].

stoppur *~et ~* 스톱워치, 경주에서 시간을 재는 시계.

stor [stɷ:r] *a.* ① a) 큰 b) 대(大), 위대한 c) 많은; Peter den ~e 표트르 대제; ~t antal 많은 수; den ~a armadan 대 함대, 스페인의 무적함대; ~t avstånd 장거리; en ~ del av …의 대부분; i ~a drag 대략, 개괄적으로; ~familj 대가족; ~a förluster 막대한 손실; till min ~a förvåning 놀랍게도; vara till ~ hjälp 큰 도움이 되다; en ~ hund 큰 개; ~a ingången 정문; en ~ konstnär 위대한 예술가; det är mig ett ~t nöje att …하는 것은 나에게 커다란 즐거움 입니다; Stora oceanen 태평양; ~a ord 허풍; tala ~a ord 허풍 떨다; göra ~a pengar 큰돈을 벌다; ~a sedlar 고액권; i ~ stil 호화롭게, 거창하게; du ~e [tid]! 맙소사!, 저런!; uträtta ~a ting 큰일을 성취하다; hur ~ är den? 그것은 얼마나 크냐?; dubbelt så ~ som …보다 갑절 큰; de är lika ~a 그것들은 크기가 같다; han är ~ för sin ålder 그는 나이에 비해 크다; vara ~ i maten 많이 먹는다; i ~t sett 대략, 대체로; man måste se det i ~t 넓은 (큰) 시각에서 그것을 보아야한다 ② 성인이 된; bli ~ 어른이 되다; de ~a 어른들 ③ ~ bokstav 대문자.

storartad *a*, 호화로운, 장대한.

storasyst|er *-ern -rar* (큰)언니; (큰)누나.

Storbritannien 대영제국, 영국.

storcirk|el *-eln -lar* 대원(大圓, 구체의 중심을 지나는 평면과 그 구면이 만나는 선).

stordator *~en ~er* 【컴퓨터】 대형 컴퓨터 (고수준 언어, 운영 체계와 더불어 극히 복잡하고 막강한 기능의 논리 회로로 구성되어 있어 고도의 연산 능력을 요하는 복잡한 프로그램을 수행할 수 있는 컴퓨터).

stordrift *~en 0* 대량생산.

stordåd *~et 0* 큰 일, 대업적.

store|bror *-brodern -bröder* (큰)형, (큰)오빠.

storfinansen (정형명사) 재벌.

storfrämmande *~t 0* 귀빈.

storhertig *~en ~ar* 대공(大公).

storhet *~en ~er* ① 위대함 ② 위인, 명사(名士) ③ 【수학】 양; 양을 나타내는 숫자, 기호.

storhetsmani *~n 0* 과대망상[증].

storhetsvansinne *~t 0* ☞ **storhetsmani**.

storhjärnan (불변화 en-명사) 【해부】 큰골, 대뇌.

stork [stɔrk] *~en ~ar* 【조류】 황새.

storkna *~r ~de ~t itr.* 숨 막히다, 질식하다; vara nära att ~ av skratt 우스워 죽을 뻔하다.

storkors [stɷ:rkɔʂ] *~et ~* 대 십자훈장.

storlek *~en ~ar* 치수, 크기, 양; 중대성, 위대함; en stjärna av första ~en 일급의 스타, 대 스타; jag har ~ 7 i handskar 내 장갑 치수는 7호다; skor i ~ 5 치수, 5 문짜리 구두; till ~en 치수로.

storleksordning *~en ~ar* 크기, 양, 치수 등의 순; pojkarna stod uppställda i ~ 소년들은 키순으로 정렬해 있었다; en kostnad av ~en 10 miljoner kronor 약 천만 크로나 정도의 경비.

storligen *adv*. 대단히, 매우, 몹시.

storm *~en ~ar* ① 폭풍; halv ~ 강풍; en ~ i ett vattenglas 내분, 집안 싸움 ② 【군사】 습격, 급습; löpa (gå) till ~s mot …을 급습하다 ③ 실크햇 (모자).

storma *~r ~de ~t* Ⅰ. *itr*. ① det ~r 폭풍이 몰아친다 ② 몰아치다, 급습하다 Ⅱ. *tr*. 습격하다, 급습하다.

stormarknad *~en ~er* (변두리의) 대형 슈퍼마켓.

S

stormakt *~en ~er* 강대국.

stor|man *-mannen -män* 실력자, 세도가; 위인.

stormande *a*. 폭풍이 치는, 폭풍과 같은; ~ bifall 우뢰와 같은 박수 (환호).

stormast *~en ~er* 주 돛대 (가장 큰 마스트), 앞에서 두 번째 마스트.

stormby *~n ~ar* 질풍, 돌풍.

stormflod *~en ~er* 해일.

stormfåg|el *-eln -lar* 【조류】 섬새과 (물새의 일종).

stormhatt *~en ~ar* ① 실크 해트 ② 【식물】 바곳.

stormig *a*. 폭풍이 치는.

stormning *~en ~ar* 기습, 습격.

stormsteg (복수명사), med ~ 고속으로, 빨리.

stormsval|a *-an -or* 【조류】 바다제비류.

stormästar|e *-[e]n ~* 대가(大家).

storordig *a*. 허풍떠는.

storrysk *a*. 러시아 제국의.

storseg|el *-let ~* 주돛 (주 돛대에 있는 돛).

storsinnad/storsint *a*. 마음이 넓은, 도량이 큰.

storslagen *a*. 장려한, 장대한.

storslam *~men ~mar* 【카드놀이】 전승.

storslägg|a *-an -or*, ta till ~n 강력한 조처를 취하다.

storspov *~en ~ar* 【조류】 마도요.

stor|stad ~en -städer 대도시.

storstadsbo *~n ~r* 대도시인.

storstilad *a*. 호화로운; 장려한, 장대한; 원대한.

storstrejk *~en ~er* 총파업.

storstövlar (복수명사) 긴 장화, 부츠.

stortinget (정형명사) 노르웨이 국회의사당.

stortröj|a *-an -or* (선원이 입는) 두꺼운 더블 모직 상의.

stortå *~n ~r* 엄지발가락.

storverk *~et ~* 대작.

storvilt *~et 0* 큰 엽수.

storvulen *a*. 거창한, 원대한.

storvuxen *a*. 장성한.

straff[1] *~et ~* 벌, 형벌, 형; ett strängt ~ 엄한 벌, 엄벌; lagens strängaste ~ 법정 최고형; villkorligt ~ 집행유예[판결]; belägga ngt med ~ …에 형을 가하다; få ~ för …에 대한 벌을 받다; gå fri från ~ 벌을 면하다; vid laga ~ förbjudet 법에 의해 금지된.

straff[2] *~en ~ar* 【경기】 반칙에 대한 벌, 페널티; 【카드놀이】 벌점.

straffa *~r ~de ~t* 벌을 주다, 형을 과하다; synden ~r sig själv 죄는 스스로 벌을 자초한다, 자업자득; han har varit ~d 3 gånger tidigare 그는 전과 3범이다.

straffarbete *~t ~n* 징역; livstids ~ 무기징역.

straffbar *a*. 형을 받을만한, 범법의.

straffkast *~et ~* 농구나 핸드볼에서의 페널티 드로우.

strafflag *~en ~ar* (옛) 형법; 1864 rs ~ 1864년의 형법.

straffområde *~t ~n* 【축구】 벌칙 구역 (페널티 킥).

straffregist|er *−ret ~* 전과자 명부.

straffrätt *~en 0* 형법.

straffspark *~en ~ar* 【축구】 페널티 킥.

strafföreläggande *~t ~n* 즉결, 즉심.

stram *a.* (줄 등이) 팽팽한; (꽉) 조이는; (몸가짐, 행동이) 딱딱한; 절제하는, 검소한, 내핍의; 엄[격]한, 준엄한; 내성적인; hålla ngn i ~a tyglar …를 엄격히 통제하고 있다; en ~ budget 내핍 예산.

strama *~r ~de ~t* Ⅰ. *itr.* (못 등이) 조이다; tröjan ~r över bröstet 그 스웨터는 가슴부분이 조인다 Ⅱ. *tr.* 팽팽하게 하다, 조이다; ~ åt skärpet 벨트를 조이다 Ⅲ. (강세접사와 함께) ① ~ upp sig 차렷 자세를 취하다, 정신 차리다 ② ~ åt (till) 죄다, 팽팽하게 하다; 축소하다; krediten ~s åt 신용대부를 줄이다.

stramạlj *~en ~er* 캔버스, 화포.

strand *~en stränder* 해변, 강변; på ~en 해변에서; på andra ~en 반대편 해변에서; [nere] vid ~en 해변 가에서.

stranda *~r ~de ~t itr.* 좌초되다; 실패하다; förhandlingarna har ~t 협상은 실패로 끝났다.

strandhugg *~et ~*, göra ~ 잠깐 동안 상륙하다.

strandning *~en ~ar* 좌초; 실패.

strandpipar|e *−[e]n ~* 【조류】 떼새류.

strandråg *~en 0* 【식물】 해변 가에 서식하는 식물의 일종.

strandsatt *a.* 곤경에 빠진, 궁지에 몰린.

strandskat|a *−an −or* 【조류】 검은머리 물떼새.

strand|sätta *−sätter −satte −satt tr.* ~ ngn …를 낯선 해변에 버리다; …를 궁지(곤경)에 버려두다.

strapạts *~en ~er* 역경, 고생.

strapatsfylld/strapatsrik *a.* 역경에 찬.

strass *~en 0* (모조 보석용의) 납유리.

stratẹg *~en ~er* 전략가.

strategi *~n 0* 전략.

stratẹgisk *a.* 전략적인.

stratosfạ̈r *~en 0* 【기상】 성층권.

strax[1] *adv.* ① 즉시, 바로 (시간적 의미); ~ efter …후 즉시; ~ innan han for 그가 떠나기 바로 전; [jag] kommer ~ 금방 올게 ② 바로 (장소적 의미); ~ bredvid …의 바로 옆; ~ efter …의 바로 뒤.

strax[2] *konj.* ~ jag såg honom 나는 그를 보자마자.

streber *~n* strebrar 출세에 눈이 어두운 사람.

streck *~et ~* ① 일필, 한 획; 줄, 선, 금; 경계, 한계; 대시 기호(−); 【음악】 세로줄, 마디; vita ~ 횡단보도; låt oss dra ett ~ över det 그것은 잊어버리도록 합시다; artikel under ~et 특집 기사; debatt utan ~ 시간제한이 없는 토론 ② 줄; 빨랫줄 ③ 장난 ④ hålla ~ 유효하다, 적용되다; 기대에 상응하다.

S

strecka *~r ~de ~t tr.* ~ en linje 줄을 (대시를) 긋다; ~ för i en bok 책 속에 줄을 긋다; ~ under …에 줄을 긋다.

streckteckning *~en ~ar* 선화(線畵; 펜화, 연필화 따위).

stred ☞ **strida**.

strejk *~en ~er* 파업, (노동)쟁의, 스트라이크; vild ~ 무단 파업 (조합의 한 지부가 노조연맹 집행부의 승인 없이 벌이는 쟁의); gå i ~ 파업에 들어가다.

strejka *~r ~de ~t itr.* 파업하다; (기계 등이) 말썽을 부리다, 고장 나다, 문제를 일으키다.

strejkbrytar|e *–[e]n ~* 파업 이탈자.

strejkvakt *~en ~er* 감시원 (노동쟁의 때 방해자를 감시하는 사람).

strejkvars|el *–let ~* (노동) 쟁의 신고.

streptokock *~en ~er* 【세균】 연쇄상 구균.

stress *~en 0* 스트레스, 긴장.

stressad *a.* 스트레스가 쌓인.

stressande/stressig *a.* 스트레스를 주는.

streta *~r ~de ~t itr.* 열심히 일하다 (공부하다), 분투하다; 버둥거리다, 허우적대다; ~ emot 분투하다, 항거하다; ~ uppför backen 애써 언덕을 오르다.

strid[1] *a.* 물살이 센, 급류의; tårarna rann i ~a strömmar 눈물이 하염없이 흘렀다.

strid[2] *~en ~er* 싸움, 전쟁, 전투; 경쟁; 분쟁, 논쟁, 갈등; ~en om …을 위한 (얻기 위한) 전쟁; ~en om makten 권력 투쟁; en ~ på liv och död 생사가 걸린 투쟁; inre ~ 내적 갈등; falla i ~en 전사하다; i ~ med (mot) …과 반대로, …에 거슬러.

strid|a *–er stred stridit itr.* ① 싸우다, 전투하다, 분투하다; 논쟁하다 ② det –er mot sunt förnuft 상식에 어긋난다.

stridbar *a.* ① 전투력이 있는 i ~t skick 전투태세로 ② 공격적인, 논쟁을 좋아하는.

stridig *a.* ① 다투기 좋아하는, 논쟁적인 ② 어긋나는, 모순되는 ③ göra ngn rangen ~ …와 버금가다.

stridsdomar|e *–[e]n ~* 심판자 (전투 연습 시 어느 편이 이겼는지를 심판하는 사람).

stridshandsk|e *–en –ar*, kasta ~n 결투 신청을 하다, 도전하다.

stridslysten *a.* 다투기 좋아하는, 공격적인, 호전적인; 논쟁적인.

stridsskrift *~en ~er* 격문, 어떤 사물이나 현상을 공격하는 글.

stridstupp *~en ~ar* 싸움닭, 투계(鬪鷄); 툭 하면 싸우는 사람.

stridvagn *~en ~ar* 탱크.

stridsyx|a *–an –or* 전투용 도끼; gräva ner ~n 종전하다, 평화를 맺다.

stridsäpple *~t ~n* 계속 논쟁 대상이 되었던 사안, 문제.

strig|el [–gəl] *–eln –lar* 칼을 갈 때 쓰이는 가죽 끈.

strigla *~r ~de ~t tr.* 가죽 띠를 이용하여 칼을 갈다.

strikt[1] *a.* ① 엄한, 엄중한; ~a regler 엄격한 규칙 ② ~ och korrekt (복장이나 태도가) 단정하고 나무랄 데 없는.

strikt[2] *adv.* ① 엄하게, 엄중하게 ② ~ klädd 복장이 단정한.

stril *~en ~ar* (파이프, 호스 등의) 주둥이 (끝), 노즐; 물뿌리개, 살수 장치.
strila *~r ~de ~t tr. itr.* 흩뿌리다; ~nde regn 가랑비, 이슬비.
striml|a[1] *-an -or* 가늘고 긴 것; purjolöks ~ 가늘고 길게 썬 양파; skära köttet i -or 고기를 가늘고 길게 썰다.
strimla[2] *~r ~de ~t tr.* 【요리】 가늘고 길게 썰다.
strimm|a *-an -or* 길고 가는 선 (줄), 줄 자국, 줄무늬; en ~ av hopp 한 줄기 희망.
strimmig *a.* 줄무늬가 (줄 자국이) 있는.
stringẹns *~en 0* 논리[성], 정확[성].
stringẹnt *a.* 논리적인, 설득력 있는.
strip|a *-an -or* 곧게 뻗은 머리카락.
stripig *a.* 머리카락이 쭈뼛쭈뼛한 (곧게 뻗은).
stripp|a[1] *-an -or* 스트리퍼, 스트립쇼의 무희.
strippa[2] *~r ~de ~t itr* 옷을 벗다, 벌거벗다; 스트립쇼를 하다.
strit *~en ~ar* 【곤충】 매미.
strof *~en ~er* 구, 시구(詩句); 운문, 시(詩).
strofisk *a.* (시)구로 나누어진.
strong [-ɔ-] *a.* (정신력이) 강한; 우수한.
stropp *~en ~ar* ① 고리, 띠; (전차 따위의) 가죽 손잡이; 【선박】 활차의 띠 끈 ② 허풍쟁이.
stroppig *a.* 허풍떠는, 건방진.
strosa *~r ~de ~t itr.* gå och ~ [på gatorna] 길거리를 배회한다.
strukit ☞ **stryka**.
struktur *~en ~er* 구조.
strukturẹll *a.* 구조적인.
strukturera *~r ~de ~t tr.* 구축하다, 조직(화)하다.
strukturering *~en ~ar* 구조[화].
strukturrationalisering *~en ~ar* 경제 구조 합리화.
strul [strʉ:l] *~et 0* 복잡한 문제.
strula *~r ~de ~t itr.* 문제를 일으키다, 말썽을 부리다; det ~r till sig 문제가 복잡해지다, 문제가 생기다.
struma *~n 0* 【의학】 연주 창, 갑산성종.
strump|a *-an -or* ① 양말, 스타킹 ② 말 다리에 나있는 하얀 털.
strumpbyxor (복수명사) 팬티스타킹; 타이즈.
strumpeband *~et ~* 양말 댓님, 양말 멜빵.
strumpebandsorden (정형명사) 양말 댓님을 표징으로 삼은 영국 수도회.
strumpläst *~en 0*, gå i ~en (신을 벗은 채로, 맨발로) 버선다리로 돌아다니다.
strunt Ⅰ. *~en/~et, 0*, 쓰레기, 잡동사니, 하잘 것 없는 것, 무가치한 것; 허튼 소리, 난센스; 사소한 일; ~ i det! 잊어버려! 마음에 두지 마! Ⅱ. *~en ~ar* 등신, 쓸모없는 사람, 변변치 못한 인간.
strunta *~r ~de ~t itr.* ~ i …을 개의치 않다, 신경 쓰지 않다.
struntprat *~et 0* 허튼 소리.
struntsumm|a *-an -or* 몇 푼 안 되는 금액.
strup|e *-en -ar* 목, 목구멍; luft~ 기도(氣道); mat~ 식도.
struphuuvud *~et ~* 【해부】 후두.
strut *~en ~ar* 원추형의 것, (과자 따위

를 담는) 원추형의 종이 봉지; glass~ 아이스크림콘.

struts *~en ~ar* 【조류】 타조.

strutsmag|e *–[e]n, –ar*, ha ~ 아무 것이나 먹어도 잘 소화시킨다.

strutspolitik *~en 0* 눈 가리고 아웅 하는 식의 정치.

strutta *~r ~de ~t itr*. 으쓱거리며 걷다; hönsen ~de omkring och sprätte i marken 암탉이 으쓱대고 걸어 다니며 땅을 후볐다.

struv|a *–an –or* (계란, 설탕, 밀가루, 생크림 등을 반죽해 튀긴) 튀김 과자.

stryk *~et 0* 체벌, 매; 꿍꽝거림; (시합에서) 짐, 패배; få ~ i tennis 테니스 시합에 지다; han tigger ~ 그는 매를 맞고 싶은가 봐; ful som ~ 흉하기 짝이 없는.

stryk|a *–er strök strukit* Ⅰ. *tr*. ① 어루만지다, 쓰다듬다, 문지르다 ~ ngn över håret …의 머리를 어루만지다; ~ eld på en tändsticka 성냥개비에 불을 붙이다; ~ en lie 낫을 갈다 ② (다리미로) 다림질하다 ③ a) (색칠 등을) 하다, 입히다, 페인트칠을 하다; ~ golvet med fernissa 마룻바닥에 니스 칠하다 b) 바르다 ~ salva på såret 상처에 연고를 바르다; ~ smör på bröd 빵에 버터를 바르다 ④ 삭제하다; ~ ett namn på en lista 명부에서 이름을 삭제하다 ⑤ (줄을) 긋다; ~ ett streck över …위에 줄을 긋다; låt oss ~ ett streck över det! 그 일(것)은 잊어버리기로 하자! ⑥ (손으로 문질러) 털다, 없애다, 닦다; ~ askan av en cigarrett 담뱃재를 털다; ~ svetten ur pannan 이마에서 땀을 훔치다 ⑦ (돛, 기 따위를) 내리다, 걷다 Ⅱ. *itr*. ① ~ med handen över …위를 손으로 쓰다듬다, 어루만지다 ② planet strök över hustaket; 비행기가 지붕 위를 스칠 듯이 지나갔다; ~ kring …주위를 배회하다; ~ på landsvägarna 떠돌아다니다, 방랑하다 ③ 뒤로 물러나게 하다; låta hästen ~ 말을 뒤로 물러나게 하다; ~ med årorna 노를 저어 배를 뒤로 가게 하다; ~ på foten 뒷걸음치다 Ⅲ. *rfl*. ~ sig mot …에 몸을 문지르다; ~ sig om hakan 턱을 어루만지다 Ⅳ. (강제접사와 함께) ① ~ av 닦다, (모자, 장갑 등을) 벗다 ② ~ bort 털다, 닦아내다, 없애다, (얼룩 등을) 제거하다 ③ ~ för ngt [med rött] [빨강색으로] …에 줄을 긋다 ④ ~ förbi 스쳐 지나가다 ⑤ ~ in 문질러 바르다 ⑥ ~ med a) 없어지다, 사라지다, 떨어지다; allt har strukit med 모든 것이 바닥이 났다 b) 죽다, 소멸하다 ⑦ ~ ned 짧게 하다, 단축시키다 ⑧ ~ omkring 배회하다 ⑨ ~ på 바르다 ⑩ ~ under 밑줄 치다, 강조하다 ⑪ ~ ut 지우다, 삭제하다 ⑫ ~ över (선을 그어) 지우다, 삭제하다.

strykande *a*. ha ~ aptit 굉장한 식욕을 가지고 있다; ha ~ åtgång 날개 돋친 듯이 팔리다; ha ~ åtgång på sina varor 물건이 날개 돋친 듯이 팔리다.

strykbräde *~t ~n* 다림 틀.

strykersk|a *–an –or* 직업적으로 다림질을 하는 여자.

strykfri *a*. 다림질할 필요가 없는, 구김살이 가지 않는.

strykjärn *~et ~* 다리미.

strykklass *~en 0*, sätta ngn i ~ …을 희생시키다, 차별하다, 소외시키다.

stryknin *~et/~en, 0* 【화학】 스트리

키니네 (유기 염기의 일종, 신경 흥분제).

strykning *~en ~ar* ① 쓰다듬기, 어루만짐, 문지름 ② 다림질 ③ 칠, 페인트칠 ④ 삭제, 제거 ⑤【지질】주향(走向).

strykpojk|e *–en –ar* 맡아 놓고 (이유가 있건 없건) 비난이나 꾸중을 듣는 어린이 또는 어른.

stryktäck *a.* 매를 두려워하지 않는, 당돌한.

stryp|a *–er, –te/ströp –t tr.* 목을 조르다.

strå *~[e]t ~n* 짚, 밀짚; 머리카락; dra det kortaste ~et 지다, 패하다; dra sitt ~ till stacken 최선을 다해 돕다; inte lägga två ~n i kors 손가락 하나 까딱 하지 않다; vara ett ~ vassare 약간 더 좋다.

stråk[1] *~et ~* ① 교통량이 많은 도로, 고속도로; 통로; 상점가 ② 띠, 끈 또는 그와 같은 것; ett ~ av dimma 띠처럼 둘러져 있는 안개 ③ 광맥.

stråk/stråkdrag[2] *~et ~*【음악】활의 당김.

stråk|e *–en –ar* (바이올린 등의) 활.

stråkinstrument *~et ~* 현악기.

stråla *~r ~de ~t* Ⅰ. *itr.* 빛나다; ~ av lycka 행복해서 (얼굴이) 환하다 Ⅱ. (강세접사와 함께) ① ~ samman a) 한 점에 모이다 b) 만나다 ② hon ~de upp av glädje 그녀는 기뻐서 얼굴이 환해졌다 ③ ~ ut a) *itr.* 발하다, 방사하다 b) *tr.* 발산하다, 사출하다.

strålande *a.* 빛을 발하는, 빛나는, 눈부신; en ~ framgång 눈부신 성공.

strålbehandling *~en ~ar* 방사선 치료.

strålben *~et ~*【해부】요골.

strål|e *–en –ar* ① 광선, 빛; en ~ av hopp 한 줄기 희망의 빛 ②【식물】사출화 ③ (가스, 증기 따위의) 사출, 분출[물], 제트 ④ (말의) 재차 (개구리모양을 닮은 발굽 중앙의 연갑).

strålkastar|e *–[e]n ~* 조명등, 전조등, 서치라이트, 헤드라이트.

strålning *~en ~ar* (빛, 열 따위의) 방사, 방출.

strålningsrisk *~en ~er* 방사선(뢴트겐선)에 노출될 위험.

strålskydd *~et 0* 방사선 (뢴트겐선) 노출 보호 장치.

stråt *~en 0* 길.

stråtrövar|e *–e[n] ~* 노상강도.

sträck Ⅰ. (불변화 ett–명사), i [ett] ~ 계속해서, 끊임없이; hela dagen i ~ 하루 내내 Ⅱ. ~et ~ (나는 새의) 떼; ett ~ änder 한 떼의 오리.

sträck|a[1] *–an –or* 거리, 구간, 길이; ~n från Strockholm till Åbo 스톡홀름에서 오보까지의 구간; tillryggalägga en ~ på 5km, 5km의 거리를 가다 (주파하다).

sträck|a[2] *–er –te –t* Ⅰ. *tr.* ① 뻗치다, 당기다, 확장시키다, 연장시키다; armar uppåt sträck! 팔을 올려!; ~ kölen till [en båt] 용골을 세우다, 배의 건조를 시작하다; ~ en lina 밧줄을 잡아당기다 ② ~ en muskel 근육을 무리하게 쓰다; ~ armen ur led 팔이 빠지다 (탈골하다) ③ ~ vapen 무기를 버리다, 항복하다 ④ ~ ngn till marken …를 때려눕히다 Ⅱ. *itr.* ① ~ på benen 다리를 뻗다; (일을 하기 위해) 몸을 움직이다; ~ på sig 다리를

뻗다, 기지개를 켜다, 몸을 반듯이 하다, 자세를 바로 하다 ② (철새가) 이동하다 Ⅲ. *rfl*. ① 기지개를 켜다; ~ sig efter ngt …을 집으려고 (…에 닿으려고) 몸을 뻗치다; ~ sig i armen 팔이 빠지다 (탈골하다) ② 미치다, 뻗어있다, …범위에 걸쳐 있다; bergskedjan −er sig från A till B 산맥은 A에서 B에 걸쳐 뻗어 있다; jag kan ~ mig till 100 kr. 나는 100크로나까지 낼 수 있다; ~ sig in på 1500−talet, 1500년대까지 걸쳐 있다 Ⅳ. (강세접사와 함께) ① ~ fram 앞으로 뻗치다 ② ~ upp sig 단장하다, 예쁘게 차려 입다 ③ ~ ut a) 늘리다; ~ ut sig i gräset 잔디에 누워 기지개를 켜다 b) 걸음을 내디디다; (말이) 전속력으로 달리다.

sträckbänk *~en ~ar*, ligga på ~en 고문을 당하고 있다; hålla ngn på ~en …로 하여금 중대한 사안에 대한 회답을 오랫동안 기다리게 하다.

sträckläs|a *−er −te −t tr*. 쉬지 않고 읽다.

sträckning *~en ~ar* ① (무리한 몸놀림으로 인한) 근육이나 힘줄의 손상 ② (길 따위의) 방향, 위치.

sträng[1] *a*. 험한, 엄격한; 혹독한, 힘든; 철저한, 뚜렷한; ~a föräldrar 엄한 부모; en ~ vinter 혹한 겨울; kungaparet stod under ~ bevakning 국왕 부처는 철저한 경호(감시) 하에 있었다.

sträng[2] *~en ~ar* ① (악기 등의) 줄; sätta nya ~ar på …의 줄을 새로 갈다 ② [초인]종 치는 줄 ③ (밧줄의) 가닥 ④【식물】꽃실, (수술의) 화사(花絲) ⑤ (말리기 위하여 줄지어 놓은) 꼴풀, 보릿단.

stränga *~r ~de ~t tr*. (악기 등에) 줄을 달다.

strängeligen *adv*. 엄격하게; ~ förbjudet 절대 금지.

stränginstrument *~et ~* 현악기.

sträv *a*. 거친; (목이) 쉰; (맛이) 떫은; ~ hud 거친 피부; ~t vin 떫은 맛이 나는 포도주.

sträv|a[1] *−an −or*【건축】지주, 버팀목.

sträva[2] *~r ~de ~t itr*. 애쓰다, 노력하다, 분투하다; ~ efter att …하기 위해 노력하다; ~ efter makt 권력을 추구하다; ~ emot 저항하다, 대항하다.

strävan *~ 0* 추구, 노력, 분투; inrikta sin ~ på att …하기 위해 노력을 경주하다.

strävhårig *a*. (개 따위가) 털이 빳빳한 (드센).

strävpelar|e *−[e]n ~*【건축】버팀벽, 부벽.

strävsam *a*. 힘든, 고된, 고생스러운.

strö[1] *−[e]t 0* ① (짐승의) 깔짚, 깃 ② ☞ **strösocker**.

strö[2] *~r ~dde ~tt tr*. 뿌리다, 흩뜨리다, 어지르다; ~ rosor på ngns väg …(누구누구가) 가는 길에 장미를 뿌리다; ~ under …에 깃(깔짚)을 깔아주다; ~ ut … för vinden 바람에 실어 …을 뿌리다.

ströar|e *−[e]n ~* 양념 통.

ströbröd *~et ~* 빵가루.

strödd *a*. 뿌려진, 산재한, (여기저기) 흩어져 있는; ~a skrifter 잡문.

strög *~et ~* 대로, 중심 상가.

strök ☞ **stryka**.

ström *~men ~mar* ① 조류; 강; kalla (varma) ~mar 한(난)류; driva (följa) med ~men 파도에 떠다니다 ② (비유적 사용) en ~ av bilar 자동차의 물결; en ~ av ord 도도한 변설, 청산유수 같은 말; en ~ av tårar 눈물의 홍수; i en jämn ~ 변함없이 계속하여 ③ 전류; 전력; bryta ~men 전기를 끊다.

strömavbrott *~et ~* 정전(停電).

strömbrytar|e *-[e]n ~* 단락 기, 스위치.

strömkantring *~en ~ar* 조수가 바뀌는 것; 형세 일변.

strömkarl *~en ~ar* 개울가의 남성 악령 (민담에 등장하는 초자연적 존재로 개울가에서 연주하는 그의 바이올린 소리는 사람의 넋을 잃게 한다, näcken 이라고도 불리 움).

strömlinjeformad *a*. 유선형의.

strömma *~r ~de ~t* Ⅰ. *itr*. 흐르다; 흘러나오다; 퍼붓다; folk ~de till byn 사람들이 밀물처럼 마을로 몰려갔다; regnet ~de 비가 퍼부었다 Ⅱ. (강세접사와 함께) ① ~ emot ngn …를 향해 몰리다 (몰려들다) ② ~ fram 흘러나오다 ③ ~ in 흘러들어가다 ④ ~ ned (비 따위가) 쏟아지다 ⑤ ~ till 떼지어 모이다, 흐르기 시작하다 ⑥ ~ över 넘쳐흐르다.

strömming *~en ~ar* 【어류】 청어.

strömning *~en ~ar* 흐름; 해류, 기류.

strömstar|e *-[e]n -ar* 【조류】 잠수하는 새 (물총새, 물까마귀 따위).

strömstyrk|a *-an -or* 전류량, 암페어 수.

strömställar|e *-[e]n ~* ☞ **strömbrytare**.

strömt (중성형용사), ~ vatten 급류; här är mycket ~ 여기선 급류가 흐른다.

ströp ☞ **strypa**.

strösock|er *-ret 0* 가루 설탕.

ströva *~r ~de ~t itr*. ~ omkring 돌아다니다, 배회하다, 방랑하다, 소요하다.

strövtåg *~et ~* 소요.

stubb[1] (불변화 ett-명사), rubb och ~ 모두.

stubb[2] *~en 0* 그루터기; 잘린 뒤 남은 털 (나무의 줄기) 등; skägg~ 턱수염 자국.

stubba *~r ~de ~t tr*. ~ [av] 잘라내다, 베어내다, 깎아내다; ~d åker 수확이 끝난 경작지.

stubb|e *-en -ar* (나무의) 그루터기.

stubbsvans *~en ~ar* 잘린 꼬리, 꼬리 잘린 동물.

stubbsvansa *~r ~de ~t tr*. …의 꼬리를 짧게 자르다.

stubin *~en ~er*/**stubintråd** *~en ~* 도화선; (폭뢰 · 포탄 따위의) 신관(信管).

stuck *~en ~er* 치장 벽토.

stuckatur *~en ~er* 치장 벽토 세공.

stuckatör *~en ~er* 치장 벽토 세공사.

stucken *a*. 기분이 상한, 언짢은; bli ~ över …에 언짢아하다.

student *~en ~er* ①【역사】 고등학교 졸업생; 고등학교 졸업시험 ② 대학생 ③ ta ~en 고등학교 졸업시험에 합격하다.

studentbetyg *~et ~* 고등학교 졸업시험 성적[표]; 고등학교 졸업성적.

studentexamen (정형명사) 고등학교 졸업시험 (1968년 폐지되었음).

studenthem *~met ~* 학생기숙사.

studentikos *a*. (젊은 학생답게) 명랑한, 쾌활한, 근심 걱정 없는.

studentkår *~en ~er* (대학의) 학생회, 총학생회.

studentmöss|a *-an -or* 고등학교를 졸업하거나, 고등학교 졸업시험에 합격한 학생들이 썼던 하얀 모자.

studentsk|a *-an -or* ① 고등학교 졸업시험에 합격한 여학생 ② 여대생.

studera *~r ~de ~t tr. itr*. 공부하다, 연구하다, 살피다.

studerande[1] *a*. 공부하는, 재학의; vara ~ 대학에 재학 중이다; de ~ 대학생들.

studerande[2] Ⅰ. *~n ~* ① 학생 ② 대학 재학생 Ⅱ. *~t 0* 공부.

studie *~n ~r* 연구, 연구 업적; 【연극】 대사 암기.

studiebesök *~et ~* 견학.

studiebidrag *~et ~* 학자 보조금.

studiecirk|el *-eln -lar* 학습 서클.

studiedag *~en ~ar* 교사들의 세미나 일(日).

studielån *~et ~* 대여장학금(studiemedel 중에서 상환 부분).

studiemed|el *-let ~* (국고) 대여장학금.

studierektor *~n ~er* (기초학교, 고등학교 따위의) 교감.

studievägledar|e *-[e]n ~* 학생 상담 카운슬러.

studio *~n ~r* (화가의) 일터; 사진 촬영소; (라디오 · 텔레비전의) 방송실; 영화촬영소.

studi|um *-et -er* 공부, 연구, 학문; lärda -er 과학적 연구; efter avslutade -er 졸업 후에; idka -er 공부하다; i och för -er 공부를 위하여.

studs *~en ~ar* 튐, 되튐.

studsa *~r ~de ~t itr*. (공이) 튀다, 되튀다, (총알이) 스쳐 날다; ~ till 깜짝 놀라다.

studsar|e *-[e]n ~* 사냥용 총.

studsmatt|a *-an -or* 트램펄린 (trampoline, 스프링이 달린 캔버스로 된 도약 용 운동기구).

stuert ☞ **steward**.

stuff *~en ~er* 광물의 견본.

stug|a *-an -or* 오두막집, 시골에 있는 작은 집.

stugby *~n ~ar* 휴가 촌, 현대적 행락지.

stugsittar|e *-[e]n ~* 외출을 싫어하는 사람.

stuk|a[1] *-an -or* (흙 · 짚을 덮어서 저장한) 감자 더미.

stuka[2] *~r ~de ~t tr*. (손목 · 발목 따위를) 삐다; (모자를) 찌그러뜨리다.

stulit ☞ **stjäla**.

stult|a[1] *-an -or* (아직 걸음을 잘 걷지 못하는) 여자 아이.

stulta[2] *~r ~de ~t itr*. (유아처럼) 아장아장 걷다.

stum [stɵm] *a*. 벙어리의, 입을 다문, 침묵한; 【음성】 묵음의; 탄력성이 없는.

stumfilm *~en ~er* 무성영화.

stump *~en ~ar* (연필의) 쓰다 남은 토막, (담배의) 꽁초; 짧은 밧줄; 짧은 가곡.

stump|a *-an -or* (일상적) 소녀; min lilla ~! 우리 귀여운 아가야!

stund [stɵnd] *~en ~er* 잠깐 동안, 순간, 일각(一刻); vänta en ~! 잠깐 기다려 주십시오!; för en ~ sedan

조금 전; en god ~ 오랫동안; efter en ~ 잠시 후; ett ~ens barn 충동적인 사람; i sista ~ 마지막 순간에; i denna ~ 바로 지금; i farans ~ 유사시에; om en liten ~ 잠시 후에.

stunda ~*r* ~*de* ~*t* *itr*. 다가오다.

stundligen *adv*. 계속적으로, 끊임없이, 항상; dagligen och ~ 언제나, 아무 때라도.

stundom *adv*. 때때로, 가끔.

stundtals *adv*. 때때로, 가끔.

stungit ☞ stinga.

stunt|man -*mannen* -*män* 위험한 장면의 대역(代役), 스턴트 맨.

stup[1] *adv*. ~ i ett 계속적으로, 잇달아, 끊임없이.

stup[2] [stʉːp] ~*et* ~ 절벽, 벼랑.

stupa ~*r* ~*de*/*stöp* ~*t* *itr*. ① 가파르게 경사지다 ② 쓰러지다; ~ i säng 급히 잠자리에 기어들다 ③ 실패하다, 실수하다; han ~de på svenskan 그는 스웨덴어 때문에 시험에 낙제했다 ④ 죽다, 전사하다.

stupfull *a*. 몹시 취한.

stupid *a*. 어리석은, 우둔한.

stupränn|a -*an* -*or* (빗물용) 하수관.

stuprör ~*et* ~ ☞ stupränna.

stupstock ~*en* ~*ar* 단두대.

sturig *a*. 뚱한, 시무룩한.

Sturm-und-Drang (불변화명사) 질풍노도 운동 (18세기 말 독일 낭만주의 문학운동).

stursk [stəʂk] *a*. 건방진, 뻔뻔스러운, 거만한.

stuss ~*en* ~*ar* 궁둥이.

stut Ⅰ. ~*en* ~*ar* (네 살 이하의) 어린 수소 Ⅱ. ~*en* *0*【고어】매질, 태형.

stuteri ~*et* ~*er* 종마 사육장.

stuv ~*en* ~*ar* (한 두루마리 천의) 나머지, 남은 천.

stuva ~*r* ~*de* ~*t* *tr*. ①【항해】배에 물건을 실어 넣다; ~ in folk i ett rum 사람들을 방에 가득 집어넣다 ② (흰 소스에) 음식을 만들다; ~de champinjoner 크림에 요리한 버섯 ③ ~ om en text 텍스트를 고쳐 쓰다.

stuvar|e ~[*e*]*n* ~ (배의) 하역 인부, 부두 인부.

stuvning ~*en* ~*ar*【요리】스튜 (stew).

stybb ~*en* /~*et*, *0* 석탄가루, (경주용 트랙에 사용했던) 뜬 숯.

styck (불변화 ett-명사), 100won [per] ~ 개당 100원 씩; pris per ~ 단가(單價).

stycka ~*r* ~*de* ~*t* *tr*. ① (고기를) 큰 부분으로 자르다; ~ sönder 산산조각 내다 ② (토지를) 분할하다.

stycke ~*t* ~*n* ① 일부분, 일부, 부분, 조각, 단편; ett ~ land 땅 한 평; ett ~ bröd 빵 한 조각; jag har hunnit ett gott ~ 나는 상당한 일을 했다; i ~n 산산조각으로; ett gott ~ bort 상당히 떨어져서; han är ett gott ~ över 50 그는 족히 50세가 넘었다 ② 단락 ③ 개; två ~n böcker 두 권의 책; fem ~n kor 다섯 마리의 소; några ~n 몇 개의 ④ i många ~n 많은 점에서 ⑤ det leda ~t! 죽일 놈!; ett lättfärdigt ~ 매춘부.

styckebruk ~*et* ~【고어】대포 주조 공장.

styckegods ~*et* ~ (기차나 배에 실은) 잡다한 화물.

styck[e]vis *adv*. 한 개씩; 개당.

styckjunkar|e -[*e*]*n* ~ (1972년 이전

의) 포병대의 준위.

styckmästar|e –[*e*]*n* ~ 도살업자.

styckverk ~*et* ~ 잡동사니.

stygg *a*. 버릇없는, 사악한; 못생긴, 지독한.

styggelse ~*n* ~*r* 혐오, 증오.

stygging ~*en* ~*ar* 개구쟁이, 심술보.

stygn [styŋn] ~*et* ~ (바느질감의) 한 바늘, 한 땀, 한 코, (뜨개질의) 한 번 뜨기; (상처를 꿰매는) 한 바늘.

stylt|a –*an* –*or* 죽마(竹馬); gå på –or 죽마를 타다.

stympa ~*r* ~*de* ~*t tr*. 손발을 잘라내다; 짧게 잘라 줄이다; 생략하다.

styng ~*et* ~ ① ☞ **stygn** ② ☞ **sting** ① ③ (소·말에 꾀는) 등에, 쇠파리.

styr (불변화 en–명사), hålla sig i ~ 자제하다.

styr|a – –*de* –*t* Ⅰ. *tr*. *itr*. 조종하다, 조타하다, 키를 잡다; …를 책략으로 움직이다; 통치하다; (감정을) 억누르다; (동사가 목적어를) 지배하다; ~ sina steg hemåt 발길을 집으로 향하다; låta sig ~s av förnuftet 상식대로 하다; de ~nde i samhället 권력자들; ~ sin tunga 말조심하다; jag har mycket att ~ och ställa med 나는 할 일이 많다 Ⅱ. (강세접사와 함께) ~ om att …하도록 하다; ~ till det för sig 곤란에 빠지다; ~ ut sig 성장하다, 의상을 차려입다.

styrbar *a*. 조종할 수 있는.

styrbord ~*et* ~【항해】우현(右舷); segla för ~s halsar 바람을 우현으로 받고 범주하다.

styre ~*t* ~*n* ① (자전거·오토바이의) 핸들 ② 통치권; under brittiskt ~ 영국 지배하에.

styrelse ~*n* ~*r* 정부, 통치, 행정기관; 경영; 위원회, 이사회, 재단.

styrelseleda|mot –*moten* –*möter* 이사, 위원.

styrelseordförande ~*n* ~ 이사장, 위원장.

styren ~*et*/~*en*, *0*【화학】스티렌(styrene).

styres|man –*mannen* –*män* 관리자, 우두머리, 장(長).

styrfart ~*en 0*【항해】타효(舵效) 속도 (키를 조종하는데 필요한 최저 속도).

styrhytt ~*en* ~*er*【항해】조타실.

styrk|a[1] –*an* –*or* ① 힘, 세기, 활력, 세력, 내구력, (소리의) 강도, (기계의) 동력; den råa –an 폭력; koreanska är hans ~ 한국어를 할 수 있는 것이 그의 장점이다 ② 병력, 부대, 군세; (집합적) 직원; 부원, 사원; väpnade –or 무력.

styrk|a[2] ~*er* ~*te* ~*t tr*. 확증하다, 격려하다; (정신적으로) 튼튼히 하다; ~ sin identitet 신원을 증명하다; ~ äktheten hos ett dokument 서류가 진짜임을 증명하다; en –t namnteckning 확인서명; ~ sig med en kopp kaffe 커피 한 자을 마셔서 기운을 돋우다.

styrketräning ~*en* ~*ar* 체력 단련.

styrketår ~*en 0* 소량의 자극성 음료, 독한 술.

styr|man –*mannen* –*män*【항해】(상선의) 항해사; andre ~ 2등 항해사;【해군】하사관; (보트의) 타수.

styrning ~*en* ~*ar* 조종, 조타, 조타장치.

styrplatta ~*n 0*【컴퓨터】트랙패드

(사용자의 손가락 동작을 감지해서 디지털 신호로 변환시키는 장치. 트랙패드 밑에 하나의 버튼이 있어 손가락으로 톡톡 치면 클릭과 같은 반응을 하기 때문에 마치 마우스를 사용하여 클릭하는 것과 같다).

styrsel [styːʂəl] *~n 0* (배 등의) 안정성; 의지력; det är ingen ~ på honom 그는 의지력이 없다; utan ~ 불안정한, 흔들리는.

styr|stång *–stången –stänger* 자전거의 핸들.

styrtangent *~en 0* 【컴퓨터】 컨트롤 키. 컴퓨터 키보드상의 특수 키 중의 하나.

styv *a.* ① 굳은, 딱딱한, 빼근한, (몸의 근육이) 당기는, (줄이) 팽팽한; ~ bris 질풍; ~ fjäder 단단한 용수철; ~ kuling 강풍; visa sig på ~a linan 자랑해 보이다; ~ i korken (일상적) 거만한, 건방진 ② 능숙한, 우수한; han är ~ i koreanska 그는 한국어를 잘 한다.

styvbarn *~et ~* 의붓자식.

styv|bror *–brodern –bröder* 이복형제.

styv|dotter *–dottern –döttrar* 의붓딸.

styver *~n ~* 【고어】 화폐 단위.

styv|far *–fadern –fäder* 의붓아버지.

styvföräldrar (복수명사) 의붓 부모.

styv|mor *–modern –mödrar* 의붓어머니, 계모.

styvmoderlig *a.* vara ~t behandlad 부당한 대우를 받다.

styvmorsviol *~en ~er* 【식물】 팬지.

styvna *~r ~de ~t itr.* 뻣뻣해지다, 딱딱해지다, 굳어지다.

styvnackad *a.* 완고한, 고집 센.

styvnad *~en ~er* 딱딱함; 강성(强性).

styv|son *–sonen –söner* 의붓아들.

styvt *adv.* 딱딱하게, 단단하게; hålla ~ på ngt …을 강요하다, …을 주장하다, 고수하다; det var ~ gjort! 잘했다!

stå *~r stod stått* Ⅰ. *tr. itr.* ① 서다, 있다; som saken nu ~r 현 상태로 (보아); ~ orörlig 까딱도 않고 서 있다; ~ ostadigt 흔들흔들하다; nu ~r vi där! 우리가 곤경에 빠졌구나!; dörren ~r öppen 문이 열려 있다; det ~r 3–1 i matchen 경기의 득점 상황은 3대 1이다; vasen ~r på bordet 꽃병은 책상 위에 있다; kaffet har ~tt och blivit kallt 커피가 식었다; hans liv stod inte att rädda 그를 살려내지 못했다; ~ efter ngt …을 얻으려고 열망하다; det är inget att ~ efter 애쓸 가치가 없다; ~ för ngt …에 책임을 지다, 지지하다, 부담하다, 대표하다; ~ för följderna 결과를 감수하다; ~ för sina åsikter 자신의 견해를 굽히지 않다; den åsikten får ~ för honom 다만 그 사람의 의견이다; ~ i affär 상점에서 일하다; jag ~r i tur att gå 내가 갈 차례다; aktierna ~r i 2000 won 주식은 2000원 씩이다; ha mycket att ~ i 할 일이 많다; det ~r och faller med honom 전부 그에게 달려 있다; uppgift ~r mot uppgift 말이 서로 어긋난다; termometern ~r på 5 minusgrader 온도계는 영하 5도를 가리키고 있다; mitt hopp ~r till honom 나는 그에게 희망을 건다; ~ till förfogande 이용이 가능하다, 쓸모가

있다, 유용하다 ② 멈추다, 그치다, 중지하다; min klocka ~r 나의 시계가 멈췄다 ③ 일어나다; när ska bröllopet ~? 언제 결혼식을 올립니까? ④ 써 있다 ⑤ ~ risken 위험을 무릅쓰다 Ⅱ. (강세접사와 함께) ① ~ bakom 지지하다, 후원하다; …의 원인이다 ② ~ bi 견디다, 억지로 버텨내다 ③ ~ efter 뒤를 잇다; …보다 못하다; han ~r inte ngn efter 그는 …에 못지 않다 ④ ~ emot 견디다; jag ~r emot frestelsen 나는 유혹에 안 넘어간다 ⑤ ~ fast 고수하다, 변치 않다; ~ fast vid ett löfte 약속을 지키다 ⑥ ~ framme; maten ~r framme 밥상이 차려져 있다 ⑦ ~ för ngn …를 가리우다 ⑧ ~ i [arbete] 열심히 일하다, 힘을 내다 ⑨ ~ på (라디오 따위가) 켜져 있다; vad ~r på? 웬 일이냐?; det stod inte länge på innan han dök upp 얼마 안 되어서 그가 나타났다; fartyget ~r på 배가 암초에 얹혀 있다; ~ på sig 자기의 주장을 고수하다; ~ på dig! 포기하지 마세요! ⑩ ~ till; hur ~r det till? 안녕하십니까? ⑪ ~ tillbaka 연기되다 ⑫ ~ under 하위에 있다 ⑬ ~ upp från de döda 소생하다, 살아남다 ⑭ ~ ut 튀어나오다; 견디다, 참다 ⑮ ~ över …보다 높다, 우수하다, 뛰어나다; 다음 차례에 하다, 연기하다.

stående *a.* 서 있는, 수직의, 연직의, 세워 있는; 움직이지 않는; 일정한 ~ kommitté 상임위원회; ~ armé 상비군; ~ fras 상투적인 문구; ~ rätt 고정 요리; ~ skämt 판에 박은 농담.

ståhej *~en 0* (일상적) 소음, 큰 소동.

stål *~et ~* 강철; härdat ~ 단련된 강철; ett hjärta av ~ 냉혹한 마음.

stål|man *-mannen -män* 초인, 슈퍼맨

stål|sätta *-sätter -satte -satt tr.* 단련하다; ~ sig mot plågorna 고통을 참을 각오를 단단히 하다.

stålull *~en 0* 강면, 강철솜.

stålverk *~et ~* 제강소.

stånd *~et ~* ① 초목 ② 노점, 가게, 포장마차 ③ 혼인 관계; ingå i det äkta ~et 결혼하다 ④ 사회계층 ⑤ 【역사】 정치 · 사회의 계급 ⑥ a) 야수의 잠자리 b) göra ~ 사냥개가 사냥감이 있는 곳을 가리키다 ⑦ 수평 ⑧ 【생리】 발기 ⑨ hålla ~ 계속 저항하다, 견디다 ⑩ 상태, 상황; sätta i ~ 수리하다; vara i ~ att göra ngt …을 할 수 있다; få till ~ 실현되다, 일어나다; han är ur ~ att arbeta 그는 일할 수 없게 되었다.

ståndaktig *a.* 고집 센, 참을성 있는, 확고한.

ståndar|e *-[e]n ~* 【식물】 수술.

ståndarmjöl *~et 0* 【식물】 화분, 꽃가루.

ståndkrag|e *-en -ar* (상의의) 곧추선 깃.

ståndkrok *~en ~ar* 바닥 미끼를 단 낚싯줄.

ståndpunkt *~en ~er* 견지, 태도, 관점; ändra ~ 견해를 바꾸다.

ståndrätt *~en 0* (전시) 특별 군사 재판부.

ståndscirkulation *~en 0* 사회 계층 변화.

ståndsmässig *a.* 신분 계급과 일치하는, 신분에 어울리는; 고급의.

ståndsriksdag *~en 0* (귀족 · 성직자 · 상공인 · 농민의 4계급으로 구

성되었던) 신분제 의회.

stång *~en stänger* 막대기, 장대.

stånga *~r ~de ~t tr.* 뿔로 받다.

stångjärn *~et ~* 철봉, 철근.

stångjärnshammar|e *–[e]n, ~/ –ar* 동력으로 움직이는 큰 망치, 기계 해머.

stångkorv *~en ~ar* 고기 · 허파 · 보리 따위로 만든 소시지.

stångpisk|a *–an –or* 【고어】 변발, 꼭두에서 땋아 내린 가발(머리).

stånk|a[1] *–an –or* (손잡이 · 뚜껑이 달린) 큰 컵.

stånka[2] *~r ~de ~t itr.* 헐떡이다, 숨차하다, 신음하다; loket ~r iväg 기관차는 푹푹 연기를 내뿜으면서 간다.

ståplats *~en ~er* (경기장, 영화관, 버스 등의) 입석.

ståt *~en 0* 호화, 화려, 장려.

ståta *~r ~de ~t itr.* 자랑해 보이다; ~ med ngt …을 과시하다.

ståthållar|e *–[e]n ~* 【역사】 (주 지방의) 지사; 왕궁 총 관리관.

ståtlig *a.* 장려한, 장대한, 화려한; 고상한, 숭고한; 멋진; 품위가 있는.

stäck|a *–er –te –t tr.* 좌절시키다, 실패시키다, 망가뜨리다; ~ planerna 계획을 좌절시키다.

städ *~et ~* ① 모루, 두들기는 대 ② 【해부】 침골 ③ (일상적) 청소부 ④ 뇌운(雷雲)의 일부분.

städa *~r ~de ~t* Ⅰ. *tr. itr.* 청소하다, 정리하다 Ⅱ. (강세접사와 함께) ~ undan 청소하다; 치우다; ~ upp 정돈하다.

städad *a.* 예절에 맞는, 예의바른.

städar|e *–[e]n ~* 청소부.

städdille *~t 0* 청소 열, 청소 광(狂).

städersk|a *–an –or* 여자 청소부.

städja *städ[j]er stadde statt tr.* 【고어】 고용하다.

städse *adv.* 항상, 언제나, 늘.

städsla *~r ~de ~t* ☞ **städja**.

ställ *~et ~.* ① (물건을 늘어놓거나 올려놓는) 대, 받침대; …걸이, …받침, …꽂이 ② 한 벌, 한 짝, 세트.

ställ|a *–er –de –t* Ⅰ. *tr.* ① 놓다, 두다, 얹다, 세우다, 놔두다; ~ ngn inför en svårighet …를 곤란에 직면케 하다; ~ stora förväntningar på ngn …에게 큰 기대를 걸다; ~ ngt till förfogande …을 사용할 수 있게 하다 ② (시계를) 맞추다 ③ ~ stegen mot affären 발길을 상점으로 향하다; ~ brevet till denna adress 이 주소로 편지를 보내다; ~ en fråga till ngn …에게 질문을 하다 ④ han vet att ~ det bra för sig 그는 잘 지낼 줄을 안다; han har det bra –t 그는 유복하다 (부유하다) ⑤ ~ krav 요구하다; ~ villkor 조건을 내세우다 Ⅱ. *rfl.* ~ sig i kö 줄을 서서 기다리다; ~ sig i vägen 방해하다; ~ sig upp 일어서다; hur –er han sig till saken? 이 일에 대한 그의 태도는 어떻습니까?; han –de sig ovetande 그는 모르는 척했다 Ⅲ. (강세접사와 함께) ① ~ av 꺼버리다, 정지시키다 ② ~ bort 치워 버리다 ③ ~ fram ☞ **sätta** [fram] ④ ~ för (병풍 따위로) 가리다 ⑤ ~ ifrån sig 놔두다 ⑥ ~ in 넣다; (망원경 따위를) 맞추다; (라디오 따위를) 조정시키다; 취소하다; ~ in sig på att gå 갈 준비를 하다; ~ in sig hos ngn …의 비위를 맞추다 ⑦

~ om 재정리하다, 개편하다, 변화시키다; ~ om sig efter nya förhållanden 새로운 상황에 적응하다 ⑧ ~ till [med] 처리하다, 마련하다, 조직하다, 일으키다, (소동을) 벌이다; ~ till med bröllop 결혼식을 준비하다; ~ till med fest 파티를 열다; vad har du nu -t till med? 너는 무슨 짓을 했느냐?; ~ till ngt …을 엉망으로 만든다 ⑨ ~ tillbaka 제자리에 돌려놓다; ~ tillbaka klockan 1 timme 시계 바늘을 1시간 되돌리다 ⑩ ~ undan 치우다 ⑪ ~ upp 세우다, 조립하다; ~ upp trupper 군대를 정렬시키다; ~ upp ngt på en en hylla …을 선반 위에 올려 놓다; ~ upp ett lag 【스포츠】 팀을 시합에 참가시키다; ~ upp ett kontrakt 계약을 체결하다; ~ upp ngt som sitt mål …을 목표로 하다; ~ upp i ett lopp 【스포츠】 경주에 출전하다; ~ upp sig på led 일렬로 늘어서다 ⑫ ~ ut 내놓다; (여권 따위를) 교부하다; 전시하다.

ställbar *a.* 조정할 수 있는.

ställd *a.* 난처한, 어쩔 줄 모르는.

ställe *~t ~n* 장소, 곳; 토지; på ~t 즉석에서, 그 자리에서; inte på något ~ 아무데서도 …않다; gå på ett visst ~ 화장실에 가다; jag får inte pianot ur ~t 나는 그 피아노를 조금도 움직일 수 없다; i ~t 대신에; vad skulle du göra i mitt ~? 네가 내 입장에 있다면 어떻게 하겠느냐?

ställföreträdande *a.* 대리의.

ställföreträdar|e *-[e]n ~* 대리인.

ställning *~en ~ar* 위치, 입장, 지위; 자세; 신분; (경기의) 득점; 걸이; (건축용의) 비계; ta ~ 결심하다; ta ~ för ngn …의 편을 들다; i sittande ~ 앉은 자세로.

ställningskrig *~et ~* 소강상태에 있는 전투.

ställningssteg *~et ~*, göra ~ 【군대】 차려 자세를 취하다.

ställningstagande *~t ~n* 입장, 태도의 표명.

ställverk *~et ~* (철도의) 신호 통제소.

stämband *~et ~* 성대, 목청.

stämgaff|el *-eln -lar* 음차(音叉), 소리굽쇠.

stämjärn *~et ~* 조각도(刀)

stämm|a[1] *-an -or* ① 목소리; 【음악】 성부, 음부, (오르간의) 스톱(stop); sjunga i tre -or 3부 합창을 하다 ② 회의, 집합, 집회.

stäm|ma[2] *-mer -de -t* Ⅰ. *tr. itr.* ① 【음악】 (악기를) 조율하다; 일치하다; ~ med orginalet 원본과 일치하다; det -mer! 옳다! ② 막다, 저지하다; ~ blod 출혈을 막다; det är bättre att ~ i bäcken än i ån 【속담】 미연에 방지하라 ③ 소송하다, 고소하다 Ⅱ. (강세접사와 함께) ① ~ i 노래를 부르기 시작하다; 연주하기 시작하다 ② ~ in (노래의 가락에) 맞추어 끼어들다 ③ ~ ned tonen 저자세를 취하다 ④ ~ samman 조화하다 ⑤ ~ upp en sång 노래를 부르기 시작하다 ⑥ ~ överens 일치하다.

stämning *~en ~ar* ① 【음악】 조율 ② 기분; 분위기; 감정 ③ 【법률】 소환.

stämp|el *-eln -lar* ① 도장 ② 검증 각인; (우편의) 소인.

stämpelavgift *~en ~er* 인지세.

stämpeldyn|a *-an -or* 인주.

stämpelur *~et* ~ 시간 기록 시계.
stämpla *~r ~de ~t tr. itr.* ① 도장 찍다, (우표에) 스탬프를 찍다; ~ ngn som lögnare …를 거짓말쟁이라고 비난하다; ~ skog 껍질을 벗겨서 나무에 표적을 내다 ② gå och ~ 실업수당을 받다 ③ 음모를 꾸미다.
stämpling *~en ~ar* ① 도장 찍기 ② 음모.
stämskruv *~en ~ar* (현악기의) 줄감기.
stämsväng *~en ~ar* 【스키】 제동회전.
ständer ☞ **stånd**.
ständig *a.* 불변의, 영원한, 연속적인; ~ ledamot 종신회원.
ständigt *adv.* 영원히, 불변하게, 영속적으로.
stäng|a *–er –de –t* Ⅰ. *tr. itr.* 닫다, 잠그다, 폐쇄하다; dörren är –d 문이 닫혀 있다 Ⅱ. (강세접사와 함께), ~ av (가스를) 잠그다, (라디오를) 끄다, 울타리를 막다; (도로의) 통행을 금하다, (선수의) 출전을 정지시키다; ~ igen 문을 닫다; ~ in 가두어 두다; 감금하다; ~ till 잠그다; ~ ute 못 들어오게 하다, 가로막다, 제외하다.
stäng|el *–eln –lar* (식물의) 줄기.
stängs|el *–let* ~ 울, 울타리.
stänk *~et* ~ 튀기기; 얼룩; 물방울.
stänk|a *–er –te –t* Ⅰ. *tr. itr.* 튀기다, 튀다, 끼얹다; det –er 비가 후두둑 내린다 Ⅱ. (강세접사와 함께) ~ ned 튀겨서 더럽히다.
stänkskydd *~et* ~ (자동차 바퀴의) 흙받이.
stänkskärm *~en ~ar* (자동차 · 자전거 따위의) 진흙받이.
stäpp *~en ~er* (나무가 자라지 않는) 대초원; 스텝 지방.
stärbhus *~et* ~ 유산, 상속재산; 상속인.
stärk|a *–er –te –t tr.* 강하게 하다, 튼튼하게 하다, 기운 나게 하다; 확증하다.
stärkelse *~n 0* 전분, 녹말.
stärkkrag|e *–en –ar* 빳빳하게 한 칼라.
stätt|a *–an –or* (목장 · 농장 따위의 울타리에 설치한) 넘어 다니는 계단.
stäv *~en ~ar* 【항해】 (배의) 이물, 고물.
stäv|a[1] *–an –or* (나무로 만든) 들통, 버킷.
stäva[2] *~r ~de ~t itr.* (배가 …로) 향하여 나아가다.
stävja *~r ~de ~t tr.* 방해하다, 저지하다, 진압하다; ~ ngns högmod …의 콧대를 꺾다; ~ sin nyfikenhet 호기심을 억누르다.
stöd *~et* ~지지, 유지; 원조; 지주, 버팀; 후원자, 지지자; ge ngn sitt ~ …를 후원하다; ha ~ för sitt påstående 주장에 확실한 근거가 있다; ta ~ mot väggen 벽에 기대다.
stöd|a *–er* –de stött ☞ **stödja**.
stöddig [stœdi(g)] *a.* 【일상】 거만한, 건방진; 억센, 강건한, 튼튼한; (양이) 상당한.
stöd|ja *–jer –de stött tr. itr.* 지지하다, 유지하다; 원조하다, 후원하다; ~ armbågarna mot bordet 테이블에 두 팔꿈치를 얹다; ~ en stege mot en vägg 사닥다리를 벽에 걸쳐 세워놓다; ~ sig på fakta 사실에 입각하다.
stödområde *~t ~n* 정부의 보조금을

S

받는 지역.

stödundervisning *~en 0* 보충교육.

stök *~et 0* 【일상】 청소, 집안 일.

stöka *~r ~de ~t* Ⅰ. *itr*. 청소하다, 집안의 일을 하다 Ⅱ. (강세접사와 함께), ~ till 엉망으로 만들다; ~ till i rummet 방을 어지르다; ~ undan 정리하다.

stökig *a*. 혼란된, 너절한; 까부는.

stöld *~en ~er* 도둑질, 절도[죄].

stöldgods *~et 0* 훔친 물건, 도난품, 약탈품.

S

stöldsäker *a*. 도난 방지의.

stön *~et ~* 신음.

stöna *~r ~de ~t itr*. 신음하다, 끙끙거리다.

stönande *~t ~n* ☞ **stön**.

stöp[1] *~et 0* 녹기 시작한 눈, 진창; gå i ~et 수포로 돌아가다.

stöp[2] ☞ **stupa**.

stöp|a *-er -te -t tr. itr*. 주조하다; 눈이 녹기 시작하다; ~ ljus 양초를 만들다; -t i samma form 똑같은 성질의.

stöpslev *~en ~ar* 주조 국자; ligga i ~en 완전히 개조되다.

stör *~en ~ar* ① 철갑상어 ② 막대기, 말뚝.

stör|a [stœ:ra] *- -de -t tr. itr*. 방해하다, 훼방 놓다, 불안하게 하다; ~ ngn i hans arbete …의 일을 방해하다; ~ tystnaden 침묵을 깨다; får jag ~ ett ögonblick? 잠깐 시간을 내주실 수 있습니까?, 잠깐 실례 좀 할까요?

störning [stœ:ɳiŋ] *~en ~ar* 방해; 불안; (정신 따위의) 질환; (라디오 방송 교란) 전파.

större ☞ **stor**.

störst ☞ **stor**.

stört [stœʈ] *adv*. 아주, 전혀; ~ omöjlig 전혀 불가능한.

störta *~r ~de ~t* Ⅰ. *tr. itr*. 떨어뜨리다, 빠뜨리다, 넘어뜨리다; (정부를) 전복시키다, 타도하다; 떨어지다, 낙하하다; 추락하다; 넘어지다, 쓰러지다; ~ ngn från tronen …를 퇴위시키다; ~ ngn i elände …를 몰락시키다; ~ ett land i krig 나라를 전쟁으로 몰아넣다; ~ till marken 쓰러지다 Ⅱ. (강세접사와 함께), ~ efter 뒤쫓다; ~ emot 달려들다, 공격하다; ~ fram 달려 나오다; ~ förbi 급히 뛰어 지나가다; ~ in 급히 뛰어 들어가다; (벽 · 지붕이) 무너지다; ~ ned 급히 뛰어 내려가다, 추락하다; ~ omkull 쓰러지다; ~ samman 무너지다; ~ ut 급히 뛰어나가다.

störtdykning *~en ~ar* (비행기의) 급강하.

störthjälm *~en ~ar* 안전 헬멧.

störtlopp *~et ~* 【스키】 (급경사 언덕을 내달리는) 활강경기.

störtregn *~et 0* 호우, 폭우.

störtskur *~en ~ar* 억수같은 비, 호우.

stöt *~en ~ar* ① 찌르기, 강타, 치기; 급격한 동작; (포환의) 던지기; (나팔의) 취주; 전격(電擊); 부딪치기; 돌풍; ödets ~ar 운명의 수난; få en elektrisk ~ 감전되다; det gick en ~ genom mig när jag fick se henne 그녀의 모습을 보고 내 가슴이 설렜다 ② 절구공이 ③ 【음성】 성문 폐쇄음 ④ 【속어】 도둑질, 강도.

stöt|a *-er -te -t* Ⅰ. *tr. itr*. 찌르다, 강타하다, 치다; (포환을) 던지다; (나팔을) 취주하다; 부딪히다; ~ ngn i sidan …의 옆구리를 찌르다; ~ i en mortel 절구에 찧다; det −er i ögat 눈에 거슬린다; ~ och blöta ett problem 문제를 면밀히 검토하다; ~ på grund (배가) 좌초하다; ~ sig med ngn …에게 미움을 받다; …와 사이가 나빠지다 Ⅱ. (강세접사와 함께) ~ bort 밀어젖히다; 저항하다; (사람을) 소외하다, 멀리하다; ~ emot …에 부딪치다; ~ ifrån sig 후퇴시키다; (제안을) 거절하다; ~ ihop 서로 부딪치다; ~ ihop glasen (건배할 때) 컵을 부딪쳐 쨍강 울리다; bilarna −te ihop 자동차가 충돌했다; ~ ned 두드려 떨어버리다; ~ omkull 뒤집어엎다, 때려눕히다; ~ på 우연히 발견하다, 마주치다, 우연히 만나다; 생각나게 하다; ~ på svårigheter 곤란에 부딪치다; ~ sönder 산산이 부수다; ~ till 부딪치다; 가입하다; ~ tillbaka 도로 밀치다; 거절하다; ~ ut en båt 배를 떠밀어 보내다.

stötande *a*. 비위에 거슬리는, 충격을 주는.

stötdämpar|e −[*e*]*n* ~ 【기계】 완충기.

stötesten ~*en* ~*ar* 방해물, 장애물 (för).

stötfångar|e −[*e*]*n* ~ (자동차 앞뒤의) 범퍼.

stötmin|a −*an* −*or* 촉발수뢰.

stötsäker *a*. (시계 · 기계가) 내진성의.

stött *a*. ① (감정이) 상한, 화가 난 ② (과일이) 상처가 난.

stött|a[1] −*an* −*or* 지주, 버팀목.

stötta[2] ~*r* ~*de* ~*t tr*. 지주로 떠받치다, 지주를 대다; 지지하다; 【항해】 진로를 따라 나아가다.

stöttepelar|e −[*e*]*n* ~ 지주; 중심인물.

stöttrupp ~*en* ~*er* 【군대】 돌격부대.

stötvis[1] *a*. 간헐적인, 때때로 끊기는.

stötvis[2] *adv*. 이따금, 단속적으로, 간헐적으로.

stövar|e −[*e*]*n* ~ 사냥개의 일종.

stöv|el −*eln* −*lar* 장화.

stövelknekt ~*en* ~*ar* 장화 벗는 기구.

stövelskaft [−skaft] ~*et* ~ 장화의 목.

stöveltramp ~*et* ~ (행진하는 병사들의 쿵쿵거리는) 발자국 소리 : (비유) 침략적 파시즘이나 군국주의.

stövla ~*r* ~*de* ~*t itr*. 무거운 발걸음을 옮기다.

stövlett ~*en* ~*er* 가벼운 여자용 단화.

subaltẹrn ~*en* ~*er* 【고어】 육군의 소위와 중위.

subb|a −*an* −*or* 【비어】 단정치 못한 여자.

subdominant ~*en* ~*er* 【음악】 하속음, 제4음.

subjẹkt [səbjɛ̣kt] ~*et* ~ 【문법】 주어 【철학】 자아.

subjektiv *a*. 주관적인.

subjektivism ~*en 0* 주관주의, 주관론.

subkultur ~*en* ~*er* (사회의 규범에서 벗어나는) 하위문화.

subkutạn *a*. 【해부】 피하(皮下)에 있는.

sublimạt ~*et*/~*en*, *0* 【화학】 승화물, 승홍.

sublimera ~*r* ~*de* ~*t tr*. 【화학】 승화시키다.

submarịn *a*. 해중의, 해저의.

subordinera *~r ~de ~t tr. itr.* 복종시키다, 종속시키다.

subrẹtt *~en ~er* (연극 중의) 시녀 (재치와 계략이 뛰어난).

subsịdier (복수명사) 보조금.

subskribẹnt *~en ~er* 구독자, 예약자.

subskribera *~r ~de ~t itr.* 구독하다; 예약하다.

subskription *~en ~er* 예약, 구독예약.

substạns *~en ~er* 물질; 【철학】 실체.

substantiẹll [–siẹ:l] *a.* 실질적인, 내용이 있는; 본질적인, 중요한; en ~ måltid 실속 있는 식사.

sụbstantiv *~et ~* 【문법】 명사.

substantivera *~r ~de ~t tr.* 명사화하다.

substantivsjuka *~n 0* 명사편중 증세 (동사 대신에 지나치게 많은 명사를 사용하는 것).

substitụt *~et ~* 대용품.

substrạt *~et ~* 토대, 기초, 근원, 하층; 【세균】 배양기, 배지.

subtịl *a.* 미묘한, 희미한; 교묘한.

subtrahera *~r ~de ~t tr.* 빼내다, 추출하다.

subtraktiọn *~en ~er* 【수학】 뺄셈, 빼기.

subtropisk *a.* 아열대의.

subvention *~en ~er* (정부의) 보조금, 조성금.

subventionera *~r ~de ~t tr.* 보조금을 지급하다.

subversịv *a.* 전복시키는.

succé [səksẹ:] *~n ~er* 성공, 대성공, 히트; göra ~ 성공하다; 【연극】 장기 흥행하다.

succession [səkseʃọ:n] *~en ~er* 연속, 연발; (왕위의) 계승.

successiv *a.* 연속하는, 잇따르는.

suck *~en ~ar* 한숨, 탄식; dra sin sista ~ 죽다.

sucka *~r ~de ~t itr.* 한숨 쉬다, 신음하다, 탄식하다.

suckạt *~en/~et, 0* 설탕에 절인 과일 껍질.

Sudạn 수단 공화국.

sudanesisk *a.* 수단의.

sudd Ⅰ. *~en ~ar* 솜뭉치 Ⅱ. *~et 0* 더러움, 오점.

sudda *~r ~de ~t itr.* 때가 묻다; 도료를 바르다; 서툴게 그리다; 문지르다; 흥청망청 지내다; ~ ut på svarta tavlan 흑판을 지우다; vara ute och ~ 흥청망청 마시고 떠들다; ~ ut (bort) 닦아내다, 지우다.

suddgummi *~t ~n* 지우개.

suddig *a.* 더러워진; 불명료한, 흐릿한, 애매한, 어둑한, 희미한.

Sudeterna 체코슬로바키아 북부 및 서북부의 산악지대.

suffịx *~et ~* 【문법】 접미사.

sufflé *~n ~er* 수플레 요리 (달걀 노른자 · 화이트 소스 · 생선살 · 치즈 등을 넣고 달걀 흰자를 거품내어 구운 요리).

sufflera *~r ~de ~t tr, itr.* 【연극】 (배우에게) 대사를 무대 뒤에서 알려주다.

sufflẹtt *~en ~er* (자동차, 유모차 따위의) 덮개.

sufflör *~en ~er* (연극의) 후견역 (무대 뒤에서 대사를 읽어주는 사람).

sufflös *~en ~er* 여성 후견역.

suffragett [-gẹt] *~en ~er* (20세기 초 영국의) 여성참정권 주창자.

sug Ⅰ. *~et ~* 빨기, 흡수 Ⅱ. *~er ~ar* 흡입기구; tappa ~en 포기하다.

suga [sʉːga] *suger sög sugit tr, itr.* Ⅰ. 빨다, 흡입하다, 흡수하다 Ⅱ. (강세접사와 함께) ~ upp 빨아들이다; ~ ut 착취하다.

sugen [sʉːgən] *a.* känna sig ~ …하고(먹고) 싶다.

suggerera *~r ~de ~t tr.* 암시를 주다, …에게 … 행동을 하게 하다.

suggestion [sʉːgəʃọːn] *~en ~er* 암시, 넌지시 비춤.

suggestiv *a.* 암시적인, 넌지시 비추는.

sul|a[1] *-an -or* 구두창.

sula[2] *~r ~de ~t tr.* 구두에 밑창을 대다.

sulagera [-ʃẹra] *~r ~de ~t tr.* 보상하다, 배상하다.

sulfa *~n 0* 【약품】 술파제.

sulfạt *~et/~en, ~er* 【화학】 황산염.

sulfịt *~et/~en, ~[er]* 【화학】 아황산염.

sulky [-ki/-ky] *~n ~er* (말 한 필이 끄는 1인승) 2륜 마차.

sultạn *~en ~er* 회교국 군주, 술탄.

sultạnat *~et ~* 술탄의 지위.

summ|a *-an -or* 총계, 합계, 총액, 총수.

summạrisk *a.* 요약의, 개략의, 총체적; ~ rättegång 즉결재판.

summera *~r ~de ~t tr.* ~ ihop 합하다, 더하다.

sump Ⅰ. *~en 0* 커피 찌꺼기 Ⅱ. *~en ~ar* (산 물고기를 넣어두는) 활어 탱크.

sumpa *~r ~de ~t tr.* ① ~ ner sig 쇠퇴하다 ② 놓치다.

sumpig *a.* 습지의, 늪의.

sumpmark *~en ~er* 습지, 소택지.

sund[1] *a.* 건강한, 건강에 좋은; vara ~ till kropp och själ 심신이 모두 건강하다.

sund[2] *~et ~* 해협.

sundhet *~en 0* 건강.

SUNET Swedish University Network 의 약어.

sunnan *~ 0* 남풍(南風).

sup *~en ~ar* 술 한 잔.

sup|a [sʉːpa] *-er söp -it* Ⅰ. *tr. itr.* 술 마시다; ~ sig full 술에 취하다; ~ ngn under bordet …에게 술을 먹여 곯아떨어지게 하다 Ⅱ. (강세접사와 함께) ~ ihjäl sig 죽도록 술을 마시다; ~ in 흡입하다; ~ upp 마셔버리다; ~ upp pengarna 술을 마셔 돈을 날리다.

supé *~n ~er* 저녁식사.

supera *~r ~de ~t itr.* 저녁식사를 하다.

supẹrb *a.* 훌륭한, 장려한, 웅대한, 호화로운.

superdator *~en ~er* 【정보통신】 슈퍼 컴퓨터 (가장 빠른 연산 속도를 실현하기 위해 설계된 과학 기술 계산 전용의 컴퓨터).

superfosfạt *~et 0* 과잉산염.

superị *~et 0* 과음.

superlativ[1] *a.* 【문법】 최상급의.

superlativ[2] *~en ~er* 최고도, 극도; 【문법】 (형용사 · 부사의) 최상급.

supermakt *~en ~er* 강대국.

supernov|a *-an -or* 【천문】 초신

성(超新星).

supig *a.* en ~ karl 술고래.

supin|um *-um/-et,* *~/-er* 【문법】 완료분사 (supine).

suppleant *~en ~er* 대리인.

supplement *~et ~* 추가, 부록, 증보.

supplera *~r ~de ~t tr.* 부가하다, 보충하다.

supplikant *~en ~er* 간청자, 탄원자.

support|er [səpɔːtər] *-ern -rar* 후원자, 지지자.

S

supradental *~en ~er* 【언어】 권설음.

suput [səpʉːt] *~en ~er* 술꾼.

sur [sʉːr] *a.* ① (맛이) 신, 시큼한; 기분이 언짢은, 뚱한; göra livet ~t för ngn 비참한 생활을 하게 하다; mjölken har blivit ~ 우유가 시어졌다 ② 젖은.

sura *~r ~de ~t itr.* (일상적) 부루퉁하다.

surdeg *~en 0* 발효시킨 밀반죽.

surfa *~r ~de ~t itr.* ① 파도타기를 하다, 서핑하다 ② 【정보통신】 인터넷상에서 정보를 찾아 검색하다.

surkart *~en, ~ar/~* (일상적) (심술궂게) 뿌루퉁한 사람.

surkål *~en 0* 소금에 절인 양배추.

surmjölk *~en 0* 신 우유.

surmulen *a.* 침울한.

surna *~r ~de ~t itr.* 시어지다.

surpupp|a *-an -or* ☞ **surkart**.

surr *~et 0* ①【고어】 대용품 (surrogat) ② (모기 따위의) 윙윙거리는 소리.

surra *~r ~de ~t* Ⅰ. *tr.* (밧줄로) 묶다, 매다 Ⅱ. *itr.* 윙윙거리다.

surrealism *~en 0* (문학 · 미술의) 초현실주의.

surrealist *~en ~er* 초현실주의자.

surrogat *~et ~* 대용품.

surrogatkaffe *~t 0* 커피의 대용품.

surstek *~en ~ar* 【요리】 요리하기 1주전부터 식초에 담가놓은 고기.

surströmming *~en ~ar* (발트 해 산의) 발효시킨 청어.

sursöt ☞ **sötsur**.

surven (정형명사) 【일상】 hela ~ 이것저것 모두, 전부.

surögd *a.* 눈이 침침한, 눈을 찡그리는.

sus *~et 0* ① (바람이) 휘휘, 쏴쏴 부는 소리, 술렁거림, (사람들의) 웅성거림 ② leva i ~ och dus 방탕한 생활을 하다.

susa *~r ~de ~t itr.* (바람이) 술렁거리다, 쏴쏴(윙윙)거리다; (사람들이) 웅성거리다; (총알이) 윙하는 소리를 내다.

susen (정형명사) 【일상】 göra ~ 일이 잘 되다, 목적을 달성하다.

susning *~en ~ar* 윙윙하는 소리, 술렁거리는 소리; 웅성거리는 소리.

suspekt *a.* 의심스러운, 수상한.

suspendera *~r ~de ~t tr.* 일시 정직(停職)시키다, 정지시키다.

suspension [-paŋ-/-pen-] *~en ~er* 정직(停職); 【화학】 현탄(액).

suspensiv *a.* ~t veto 지연거부.

suspensoar *~en ~er* (운동선수)의 성기보호대(帶).

sussa *~r ~de ~t itr.* (일상적) 잠자다.

sutar|e *-[e]n ~* 【동물】 잉어의 일종.

sutenör *~en ~er* 갈보집 주인, 포주,

기둥서방.

suterräng *~en ~er* 지하층, 지하실.

suttit ☞ sitta.

sutụr *~en ~er* 【외과】 (상처의) 꿰맨 자리.

suvenịr *~en ~er* 기념품(souvenịr).

suverạ̈n[1] *a.* 주권이 있는, 최고의, 지상의.

suverạ̈n[2] *~en ~er* ① 통치자, 군주 ② 뛰어난 운동선수.

suveränitẹt *~en 0* 통치권, 주권, 독립.

svabb *~en ~ar* 갑판용 자루 달린 걸레.

svabba *~r ~de ~t tr.* 자루 달린 걸레로 갑판을 청소하다.

svack|a *-an -or* 움푹 들어간 곳; 경제의 불황.

svada *~n 0* 다변, 수단.

svag *a.* 약한, 힘이 없는, 허약한; 알코올 성분이 적은; ~ böjning 【문법】 약변화; ~ färg 연한 색깔; ~t förstånd 정신박약; det ~a könet 여성; ~t verb 【문법】 약변화 동사 (어간모음의 변화 없이 어미를 붙여 과거형을 만드는 동사); ~ vind 경풍; han är ~ för godis 그는 사탕을 무척 좋아한다.

svagdricka *~n 0* 달고 약한 맥주의 일종.

svaghet *~en ~er* 약함, 허약; 저능.

svagsint *a.* 정신박약의, 지능이 낮은.

svagström *~men 0* 저압전류.

svagt *adv*, 약간; ~ gul 옅은 황색; ~ sluttande 약간 경사진.

svaj *~et 0*, ligga på ~ 닻을 내리고 있다; ha hatten på ~ 모자를 비스듬히 쓰다.

svaja *~r ~de ~t itr.* (배가) 흔들리다.

svajig *a.* ① 흔들리는 ② 멋진.

sval *a.* 시원한, 서늘한, 선선한; 냉담한, 무관심한.

sval|a *-an -or* 제비.

svalbo *~[e]t ~n* 제비집; 【요리】 제비집 요리.

svalde ☞ svälja.

sval|e *-en -ar* 현관.

svalg [-lj] *~et ~* ①【해부】 인두 ② 구멍, 틈, 심연.

svalgång *~en ~ar* 집 위층의 바깥쪽 회랑.

svalka[1] *~n 0* 서늘함, 냉기.

svalka[2] *~r ~de ~t tr.* 서늘하게 하다, 시원하게 하다.

svall *~en 0* 큰 파도, 크게 굽이치는 파도; 동요; (감정 · 말 따위의) 분출.

svalla *~r ~de ~t itr.* (파도가) 일다, 물결치다; (피가) 끓다; (감정이) 격해지다.

svallning *~en 0* 물결치기.

svallvåg *~en ~or* 【항해】 (해안에) 부딪쳤다가 밀려나는 물결.

svalna *~r ~de ~t itr.* 식어지다.

svalt [svalt] ☞ svälta.

svalört *~en ~er* 【식물】 봉선화의 일종.

svamla *~r ~de ~t itr.* 철없는 소리를 하다, 허튼 소리를 하다.

svamlig *a.* 철없는 소리를 하는, 쓸데없이 떠드는.

svam|mel *-let 0* 철없는 소리, 헛소리.

svamp *~en ~ar* ① 【식물】 버섯; 진균류(眞菌類), 효모균; plocka ~ 버섯을 따다; växa upp som ~ar ur jorden 버섯처럼 빨리 퍼지다 ② 스폰지, 해

면(행주용); dricka som en ~ 술을 많이 마시다. ③【병리】용류(茸瘤), 해면종.

svampdjur (복수명사) 수중에 기생하는 미생물군(群).

svampig *a*. 흡수력이 있는, 스펀지처럼 부드러운.

svampsjukdom *~en ~ar* 【병리】 용류병(茸瘤), 해면종, 균상종.

svan *~en, ~ar/~or* 백조.

svanesång *~en ~er* (시인의) 마지막 작품.

svang (불변화명사), en mängd rykten kom i ~ 여러 소문이 나돌았다.

svanhopp *~et ~* 【스포츠】 제비 식 다이빙 (양팔을 벌리고 두 다리를 모아 물속으로 뛰어드는 자세).

svankrygg *~en ~ar* 굽은 등.

svankryggig *a*. 비정상적으로 등이 굽은.

svann ☞ svinna.

svans *~en ~ar* 꼬리; (사람의) 행렬, 행렬의 후미; sticka ~en mellan benen (혐오 · 두려움으로) 등을 돌리다.

svansa *~r ~de ~t itr*. ~ för ngn …에게 아첨하다.

svanskot|a *–an –or* 【해부】 꼬리의 척추골.

svar *~et ~* 대답, 응답; 반응; ~ betalt 회신료가 지불된; jag blev honom ~et skyldig 질문에 어찌 대답해야 좋을지 몰랐다; ge ~ på tal 맞받아 쏘아주다, 받은 것만큼 갚다; stå till ~s 책임을 지다; ställa ngn till ~ för ngt …의 책임을 …에게 지우다.

svara *~r ~de ~t itr*. 대답하다, 응답하다; 반응하다; ~ i telefonen 전화를 받다; ~ på ett brev 답장하다; ~ på en hälsning 답례하다; ~ för ngt …을 보증하다; ~ för kostnaderna 비용을 부담하다; ~ mot 해당하다, 대응하다.

svarande *~n ~* 【법률】 피고인.

svaromål *~et ~* 【법률】 변호; ingå i ~ 자기를 변호하다.

svarslös *a*. stå ~ 어찌할 바를 모르다; göra ~ 어찌할 바를 모르게 하다.

svarstid *~en 0* 【정보통신】 응답시간 (단말기에서 문제를 제기한 후 응답을 받을 때까지 경과된 시간).

svart[1] *a*. 검은, 흑색의, 캄캄한; 음울한; ~a börsen (외화 · 배급물품의) 암시장; Svarta havet 흑해 (동유럽과 아시아 사이에 있는 바다); stå på ~a listan 요시찰인 명부에 오르다; ~a tavlan 흑판; de ~a 흑인들; familjens ~ får 가문의 이름을 더럽히는 아이, 부모 속을 썩이는 자식.

svart[2] *adv*. 불법적으로.

svart[3] (형용사의 명사적 사용) 흑색; jag kan visa ~ på vitt att jag har rätt 내가 옳다는 것을 명백하게 보여줄 수 있다; begära ~ på vitt på ngt …에 대한 명백한 (문서상) 증거를 요구하다.

svartabörshaj *~en ~ar* 암거래 상인.

svartaktig *a*. 거무스름한.

svart|broder *~n –bröder* 도미니크 교단의 수도사.

svartbygge *~t ~n* 무허가 건물.

svartepett|er *–ern/–rar* 【카드】 도둑놈 뽑기.

svart|fot *~en –fötter* (일상적) 파업 이탈자; 북미 인디언족의 하나 (Montana와 Albert 보호구역 거주).

svarthårig *a*. 까만 머리의, 머리 빛깔

이 까만.
svartkonst *~en ~er* 마법, 마술.
svartkrut *~et 0* 흑색 화약.
svartlista *~r ~de ~t tr.* 요시찰 명부에 싣다.
svartmuskig *a.* (피부가) 거무스름한.
svartmåla *~r ~de ~t tr.* 비방하다, 흑색선전하다.
svartna *~r ~de ~t itr.* 검어지다, 눈앞이 캄캄해지다.
svartpeppar *~n 0* 후추 가루.
svartrock *~en ~ar* (일상적) 목사, 신부 (神父).
svartrost *~en 0* (야채의) 흑청병.
svartsjuk *a.* 질투하는, 시기하는.
svartsjuka *~n 0* 질투, 시기.
svartskjort|a *-an -or* 이탈리아의 파시스트 당원.
svartsoppa *~n 0* 거위 또는 돼지의 선지를 주원료로 해서 만든 수프.
svartvit *a.* 흑백의.
svarv *~en ~ar* 선반.
svarva *~r ~de ~t tr. itr,* 선반으로 깎다; ~de fraser 잘 표현된 말.
svarvar|e *-[e]n ~* 선반공.
svassa *~r ~de ~t itr.* 어깨를 으쓱대며 걷다, 우쭐대며 걷다.
svassande *a.* 호언장담하는, 풍을 치는, 우쭐거리는, 으쓱대며 걷는.
svav|el *-let 0* 【화학】 유황.
svavelkis [-çi:s]*~en 0* 【광산】 황철광.
svavelpredikant *~en ~er* 지옥의 고통을 설교하는 목사.
svavelsyr|a *-an 0* 【화학】 아황산.
svavel|syrad *a.* -syrat kali 【화학】 황산칼륨.
svavelväte *~t 0* 【화학】 황화수소.
Svea, ~ rike 스웨덴의 옛 이름; svear (복수) 스웨덴 종족.
sweat|er [svẹtər] *-ern -rar* 스웨터.
sved ☞ **svida**.
sveda[1] *~n 0* (상처의) 아픔, 쑤심.
sved|a[2] *-er -de svett tr.* 그을리다; (머리칼을) 지지다.
svedja *~r ~de ~t tr.* (산이나 숲에) 불을 놓아 밭을 일구다.
svedjebruk *~et ~* 화전농(火田農).
svek[1] *~et ~* 배신, 배반.
svek[2] ☞ **svika**.
sven *~nen ~ner* 【고어】 ① 젊은이; 기사(騎士) 교육 초보과정을 마친 애송이 ② 숫총각.
svendom *~en 0* 육체적인 순결.
svensex|a *-an -or* 결혼할 남자를 위하여 친구들이 베푸는 파티.
svensk[1] *a.* 스웨덴의.
svensk[2] *~en ~ar* 스웨덴 사람.
svensk|a Ⅰ. *-an -or* 스웨덴 여자 Ⅱ. *-an 0* 스웨덴 어.
svep *~et ~* 한번 휘두름; 수색; i ett ~ 일거에; berätta ngt i stora ~을 개괄적으로 말하다.
svep|a *~er ~te ~t tr. itr* Ⅰ. 싸다, 덮다, 휘두르다, 휩쓸다; 【항해】 소해하다; ~ ett glas 단숨에 마시다; ~ ett lik 시체에 수의를 입히다 Ⅱ. (강세접사와 함께) ~ fram 휘몰아치다; ~ i sig 단숨에 마시다; ~ in 둘러싸다; berget var insvept i dimma 산이 안개에 휩싸였다; ~ in sig i en filt 담요로 둘러싸다; ~ med sig ngt (바람이) …을 휩쓸어 가다; ~ om ngt med papper …을 종이에 싸다.
svepe *~t ~n* 【식물】 총포(總苞).

S

svepning *~en ~ar* ① 【항해】 소해(掃海) ② 수의(壽衣).
svepskäl *~et ~* 구실, 핑계.
Sverige 스웨덴.
svets *~en ~ar* 용접, 용접 점.
svetsa *~r ~de ~t tr.* 용접하다, 단접(鍛接)하다; 합일하다.
svetsar|e *–[e]n ~* 용접공.
svetslopp|a *–an –or* 용접할 때 생기는 불꽃.
svetsning *~en ~ar* 용접작업, 용접.
svett *~en 0* 땀.
svetta|s *~ –des –ts itr. dep.* 땀이 나다; ~ ut en förkylning 땀을 내서 감기를 고치다.
svettband *~et ~* (운동할 때 끼는 이마, 손목의) 땀받이 띠.
svettig *a.* 땀투성이의, 땀에 젖은; 힘드는.
svettkört|el [–çœtəl] *–eln –lar* 【해부】 한선(汗腺).
svick|a *–an –or* (통의 공기구멍 · 주둥이 따위의) 마개.
svid *~en ~ar* 【일상】 양복.
svid|a *–er sved –it itr.* (상처 따위가) 따끔따끔 쑤시다, 쓰리다; brännsåret –er 화상이 아리다; peppar –er på tungan 후추에 혀가 알알하다; tårgasen sved i ögonen 최루 가스로 눈이 쓰리다; det –er i hjärtat 마음이 아프다; ett –ande nederlag 재기 불능한 참패.
svik|a *–er svek –it tr. itr.* 실망시키다, (남의 기대를) 저버리다; modet svek honom 그는 용기가 꺾였다; orden svek mig 나는 말이 나오지 않았다; ~ sitt löfte 약속을 어기다; minnet –er 기억이 나지 않다.
svikt Ⅰ. *~en 0* 탄력성, 탄성, 굴곡성 Ⅱ. *~en ~ar* (수영의 다이빙용) 도약판.
svikta *~r ~de ~t itr.* 구부러지다, 휘다, 위 아래로 동요하다, 탄력이 있다; rösten ~r 목소리가 떨린다.
svikthopp *~et ~* 【스포츠】 도약판 다이빙.
svimfärdig *a.* 기절할 지경의.
svimma *~r ~de ~t itr.* 기절하다, 졸도하다.
svin *~et ~* 돼지.
svina *~r ~de ~t tr. itr.* ~ ner 더럽히다.
svinaktig *a.* 잔인한, 야만적인, 비천한; 지독한.
svindel *~n 0* ① 어지러움, 아찔함; 【병리】 현기증 ② 사취, 속임수.
svindla *~r ~de ~t* Ⅰ. *itr.* 어지럽다; det ~r för ögonen på mig 나는 현기증이 난다 Ⅱ. *tr.* 속이다, 사취하다.
svindlande *a.* ~ höjd 아찔한 높이; ~ priser 엄청난 가격; i ~ fart 무서운 속도로.
svindlar|e *–[e]n ~* 사기꾼.
svindleri *~et ~er* 사취, 속임수.
svineri *~et ~er* 더러움, 상스러움.
sving *~en ~ar* 휘두르기, 스윙(swing).
swing [sviŋ] *~en 0* 스윙 음악.
svinga *~r ~de ~t tr. itr.* 휘두르다; 흔들다, 흔들리다; ~ sig över ett staket 울타리를 뛰어넘다.
svinhugg *~et 0*, ~ går igen 맞받아 쏘아주다.
svinkall *a.* det är ~t (일상적) 몹시 춥다, 되게 춥다.
svinmoll|a *–an –or* 【식물】 명아주.

svinn ~*et* ~ (증발 · 도난 · 취급 부주의 등으로) 물건의 무게나 분량의 감소.
svinn|a −*er svann svunnit itr*. (시간이) 지나가다.
svinotta ~*n 0*, i ~n 매우 이른 아침에.
svinpäls ~*en* ~*ar* (경멸조) 비열한 놈.
svinsti|a −*an* −*or* 돼지우리.
svira ~*r* ~*de* ~*t itr*. 흥청망청 마시고 떠들다.
svirv|el −*eln* −*lar* 인조 미끼(낚시밥)의 일종.
sviskon ~*et* ~ 자두의 일종.
svit ~*en* ~*er* 한 조, 한 벌; 수행원, 종자(從者)의 일행; (호텔에) 붙은 방; 【카드놀이】 수가 연속된 동종의 패; 【병리】 후유증; 뒤작용.
sviv|el −*eln* −*lar* (사슬의) 회전 조인트.
svor ☞ svära.
svordom [svɑːdɵm] ~*en* ~*ar* 욕, 저주.
svullen *a*. 부은, 부풀어 오른.
svullna ~*r* ~*de* ~*t itr*. 부풀다, 팽창하다, 부어오르다.
svullnad ~*en* ~*er* 부스럼, 혹.
svulst ~*en* ~*er* 부어오른 부분; 부스럼, 종양.
svulstig *a*. (문체가) 허풍떠는, 과장된, 수식어 투성이의.
svulten *a*. 배고픈, 굶은.
svunnen *a*. 지나간.
svuren *a*. 맹세한; svurna fiender 불구대천의 원수, 철천지 원수; svurna bröder 의형제.
svurit ☞ svära.
svåg|er −*ern* −*rar* 남편의 형제, 아내의 오빠나 남동생, 자매의 남편, 처남, 매부, 시숙.
svågerpolitik ~*en 0* (관직 임용 따위에서) 친척 편중, 인척 등용.
svål ~*en* ~*ar* 머리가죽; (돼지의) 외피.
svångrem ~*men* ~*mar* 허리띠; dra åt ~men 허리띠를 조르다; 내핍생활을 하다, 긴축하다.
svår [svoːr] *a*. 어려운, 곤란한, 힘드는; 심한; ett ~t arbete 어려운 일; ett ~t misstag 중대한 과오; en ~ fråga 어려운 문제; en ~ förkylning 심한 감기; ~a förluster 【군대】 많은 사상자; vara i ~ knipa 궁지에 빠져 있다; en ~ sjukdom 중한 병; ~a smärtor 격심한 아픔; göra det ~t för ngn …를 힘들게 만들다; han är ~ att ha att göra med 그는 사이좋게 지내기가 어려운 사람이다; ha ~t att fatta 이해가 더디다, 이해하기 어렵다; han är ~ på fruntimmer 그는 늘 여자 꽁무니를 따라다닌다.
svårartad *a*. en ~ sjukdom 악성의 병.
svårbegriplig *a*. 이해하기 어려운.
svårfattlig ☞ svårbegriplig.
svårflörtad *a*. 새롱거리기 힘든; 환심을 사기 어려운.
svårighet ~*en* ~*er* 곤란, 어려움; 난국, 어려운 일; 고생, 고난, 곤궁; 불편; det möter inga ~er 그것은 어렵지 않다.
svårighetsgrad ~*en 0* 어려움의 정도, 난이도.
svårligen *adv*. 거의 …아니다, 겨우.
svårmod ~*et 0* 우울, 슬픔.
svårmodig *a*. 우울한.
svårsmält *a*. 녹기 어려운; 소화하기

S

어려운.

svårtillgänglig [–tiljɛŋli(g)] *a.* 가까이 하기 (얻기) 어려운, 이해하기 어려운.

svägersk|a *–an –or* 형수, 계수, 동서, 시누이, 올케, 처형, 처제.

svälj|a *–er svalde svalt tr. itr.* 삼키다; (모욕을) 참다.

sväll|a *–er –de –t itr.* 팽창하다, 부풀다, 넓어지다; hans hjärta –de av stolthet 그는 자랑스러워 가슴이 뿌듯해졌다.

S

svällande *a.* 부푼, 불룩한.

svält *~en 0* 굶주림, 기아.

svält|a *–er –e/svalt –/svultit tr. itr.* 굶기다, 굶주리다; ~ ihjäl 굶어죽다.

svältfödd *a.* (정신적으로) 굶주린, 결핍한 (för).

svältlön ~en ~er 기아 임금.

svämma *~r ~de ~t itr.* ~ över 넘치다, 넘쳐흐르다, 범람하다.

sväng *~en ~ar* 회전, 돌림, 굽은 곳, 굴곡; göra en ~ till affären 가게에 갔다 오다; ta sig en ~ 춤추다; vara med i ~en 한창 활동 중이다.

sväng|a *–er –de –t* Ⅰ. *tr. itr.* 휘두르다, 흔들다, 흔들리다; 동요하다; 돌다; ~ om hörnet 길모퉁이를 돌다; ~ åt vänster 좌회전하다; ~ sig 핑계대다; ~ sig med citat (이야기를) 인용으로 윤색하다 Ⅱ. (강세접사와 함께) ① ~ av från vägen 길에서 빠져 나가다 ② ~ in på en annan väg 다른 길로 접어들다 ③ ~ om 돌아가다, 방향을 바꾸다 ④ ~ runt 회전하다, 돌다, 돌리다.

svängbro *~n ~ar* 선회교(旋回橋).

svängdörr *~en ~ar* 안팎으로 열리는 문.

sväng|el *–eln –lar* (마구의 봇줄을 매는) 물추리막대; 두레박.

svänghjul [svɛŋjʉ:l] *~et ~* 【기계】 회전 조절용 바퀴, 속도 조절 바퀴.

svängig *a.* (음악이) 유쾌한.

svängning *~en ~ar* 진동, 흔들리기, 진폭, 휘두르기; 동요; 회전; 변동; 파동.

svängom (불변화명사), ta sig en ~ 춤추다.

svängrum *~met ~* 움직일 여지, 활동의 폭.

svär|a – *svor svurit tr. itr.* 맹세하다; 욕하다; ~ en ed 선서하다, 맹세하다.

svärd *~et ~* 검(劍).

svärdfisk *~en ~ar* 황새치.

svär|dotter *~n –döttrar* 며느리.

svärdslilj|a *–an –or* 【식물】 붓꽃.

svärdssidan (불변화명사), på ~ (족보의) 남자 계열에.

svär|far *–fadern –fäder* 장인, 시아버지.

svärföräldrar (복수명사) 시부모.

svärja ☞ **svära**.

svärm *~en ~ar* 떼, 무리.

svärma *~r ~de ~t itr.* ① (벌 등이) 떼 짓다, 많이 모여들다 ② (남녀가) 정답게 앉아 사랑을 속삭이다; ~ för ngt …을 매우 좋아하다 ③ 몽상에 잠기다.

svärmar|e *–[e]n ~* ① 몽상가, 열광자 ② 【동물】 박각시나방.

svärmeri *~et ~er* ① 열중, 열심, 열광 ② 열애, 연정; 연인, 애인.

svärmisk *a.* 공상에 잠겨 있는, 몽상적인.

svär|mor *–modern –mödrar* 시어머

니, 장모.
svärord ~et ~ 욕, 욕설.
svär|son –sonen –söner 사위.
svärt|a[1] Ⅰ. –an 0 흑색도료 Ⅱ. –an –or【동물】 검둥오리.
svärta[2] ~r ~de ~t tr. itr. 검게 하다, 검게 되다; ~ ned ngn 뒤에서 …를 헐뜯다.
sväva ~r ~de ~t itr. 뜨다, 떠다니다, 높이 날다; ~ i fara 위험 상태에 있다; ~ mellan liv och död 생사의 갈림길에서 헤매다.
svävar|e –[e]n ~ 호버크라프트(분출하는 압축 공기를 아래쪽으로 분사하여 지상이나 수면 위를 나는 기구).
sy ~r ~dde ~tt Ⅰ. tr. itr. 꿰매다; 바느질하다 Ⅱ. (강세접사와 함께) ① ~ dit en knapp 단추를 달다 ② ~ fast 꿰매어 붙이다 ③ ~ in (옷의) 기장을 줄이다.
syask ~en ~ar 재봉함, 바느질함.
syateljé ~n ~er 양장점.
sybarit ~en ~er 쾌락에 빠진 사람.
sybehörsaffär ~en ~er 방물류 가게 (바늘 · 실 · 단추 등을 파는 가게).
syd ~ en/0, 0 남쪽.
Sydafrika 남아프리카.
sydafrikan ~en ~er 남아프리카인.
sydafrikansk a. 남아프리카의.
Sydamerika 남아메리카, 남미.
sydamerikan ~en ~er 남아메리카인.
sydamerikansk a. 남아메리카의.
sydfrukt ~en ~er 열대과실.
Sydkorea 대한민국.
sydkorean ~en ~er 대한민국사람.
sydkoreansk a. 대한민국의.
sydlig a. 남쪽의, 남부지방의.
sydländsk a. 남국의, 남쪽 나라.
sydlänning ~en ~ar 남국사람, 남쪽 나라 사람.
sydost[1] adv. 동남쪽에.
sydost[2] ~en 0 동남쪽.
sydpol ~en 0, Sydpolen 남극.
sydstaterna (복수명사) 미국 남부의 여러 주.
sydväst[1] adv. 서남쪽으로
sydväst[2] Ⅰ. ~en 0 서남쪽 Ⅱ. ~en ~ar (선원이 쓰는) 폭풍우용 방수 모자.
syfilis ~en 0【병리】 매독.
syfilistisk a.【병리】 매독에 감염된.
syfta ~r ~de ~t itr. 목표로 삼다; ~ på 암시하다, 지향하다.
syfte ~t ~n 목적, 목표.
syjunt|a –an –or 재봉 봉사회, 바느질 봉사단.
syl ~en ~ar 송곳; inte få en ~ i vädret 대화에서 말 한 마디 못하다.
sylfid ~en ~er ① 공기의 요정(妖精) (공중에 산다고 하는) ② 가냘프고 아름다운 소녀.
sylfidisk a. 공기의 요정과 같은; 날씬하고 우아한.
syll ~en ~ar (철도의) 침목.
syllabisk a.【음성】 음절주음의, 음절핵의.
syllogism [–lɔgism] ~en ~er【논리】 3단 논법.
sylt ~en ~er 잼.
sylt|a[1] –an –or ① 소 · 돼지의 머리고기로 만드는 식품의 일종 ② (일상적) 형편없는 식당.
sylta[2] ~r ~de ~t tr. itr. 잼을 만들다; ~ in sig i ngt …에 말려들다.
syltgurk|a –an –or 간물에 절인 오이.

S

sylvass *a*. 매우 뾰족한.
sylvester (불변화 en-명사) 섣달 그믐날.
symaskin *~en ~er* 재봉틀.
symbios [-bio:s] *~en 0* 【생물】 공생(共生).
symbol [-bo:l] *~en ~er* 상징; 기호, 부호.
symbolik *~en ~er* 상징적 표현.
symbolisera *~r ~de ~t tr*. 상징하다; 기호로 나타내다.
symbolisk *a*. 상징적인.
symfoni *~n ~er* 【음악】 심포니, 교향곡.
symfoniker [-fo:-] *~n ~* 교향곡 작곡자.
symfonisk *a*. 【음악】 심포니의, 교향곡의.
symmetri *~n 0* 대칭, 상징.
symmetrisk *a*. 대칭적인.
sympati *~n ~er* 동정, 동감; fatta ~ för ngn …를 좋아하다.
sympatisera *~r ~de ~t itr*. 동정하다, 동조하다, 공감하다; jag ~r med henne 나는 그녀와 공감한다.
sympatisk *a*. 좋은, 마음에 든, 매력 있는.
sympatistrejk *~en ~er* 동조 파업.
sympatisör *~en ~er* 동조자; 지지자, 찬성자.
symposi|um [-po:-] *-et -er* ① 토론회, 심포지움 ② 【옛】 주연(酒宴).
symptom ☞ symtom.
symtom [-to:m] *~et ~* 징후, 증상, 조짐.
symtomatisk *a*. 징후의, 증상의, 조짐을 보이는.
syn *~en ~er* ① 시력, 시각; ha dålig ~ 눈이 나쁘다; förlora ~en 실명하다; få ~ på ngt …을 발견하다 (찾아내다) ② 보기, 일견; 의견, 견해, 고려 ③ 환영; se ~er 환영을 보다 ④ för ~s skull 체면상, 형식상; till ~es 겉으로 보기에는, 일견.
syna *~r ~de ~t tr*. 점검하다, 검사하다.
synagog|a *-an -or* 유태교 회당.
syn|as *-[e]s -tes -ts itr. dep*. ① 보이다, 나타나다; -s ärret fortfarande? 상처가 아직도 보이느냐?; huset -s inte härifrån 집은 여기서 보이지 않는다 ② …인 것 같다, …처럼 보이다; det -[e]s mig vara överflödigt 내가 보기에는 불필요한 것 같다.
synbar *a*. 눈에 보이는, 명백한.
synbarligen *adv*. 분명히, 명백하게.
synd *~en ~er* ① (종교 · 도덕상의) 죄, 죄악 ② (형용사적으로) det är ~ att han inte kan komma 그가 올 수 없다니 유감이다; jag tycker ~ om henne 내가 보기에는 그녀가 안됐어.
synda *~r ~de ~t itr*. 죄를 짓다, 규정을 위반하다.
syndabekännelse [-beçεnelsə] *~n ~r* 신앙고백, 참회.
syndabock *~en ~ar* 속죄양, 남의 죄를 대신 지는 사람.
syndafall *~et ~* 인간(아담과 이브)의 타락 (아담과 이브가 선악과를 따먹은 죄과).
syndaflod *~en ~er* (구약성서) 노아의 홍수; 범람, 쇄도.
syndapengar (주로 복수명사) 부정한 방법으로 번 돈, 부당한 이득.
syndar|e *-[e]n ~* (종교 · 도덕상의)

죄인.

syndig *a*. 죄 있는, 죄 많은.

syndikalism *~en 0* 노동조합주의, 신디칼리즘 (생산과 분배를 수중에 넣으려는 투쟁적인 노동조합 운동).

syndikalist *~en ~er* 노동 조합주의자.

syndikạt *~et ~* 기업연합, 신디케이트.

syndrom [–rọ:m] *~et 0* 증후군(症候群).

syne *~n ~r* ☞ **syn** 환상, 환영.

synhåll (불변화 ett-명사), inom (utom) ~ 시야 내(밖)에; försvinna ur ~ 시야(視野)에서 사라지다.

synkop [–ọ:p] *~en ~er* 【음악】 절분법.

synkope *~n 0* 【언어】 어중음 소실.

synkopera *~r ~de ~t tr*. ① 【음악】 절분(切分)하다 ② 【언어】 어중음을 생략하다.

synkretism *~en 0* 【철학 · 종교】 제설(諸說) 혼합주의.

synkron [–kọ:n] *a*. 동시(성)의, 동기(同起)의.

synkronisera *~r ~de ~t tr*. 동시에 하다; 【영화 · 텔레비전】 화면과 발성을 일치시키다.

synskärpa *~n 0* 시력.

synlig *a*. (눈에) 보이는, 또렷한.

synnerhet (불변화명사) i ~ 특히, 무엇보다도.

synnerlig *a*. 특별한, 각별한, 특유의.

synnerligen *adv*. 특별히, 유별나게; en ~ viktig fråga 특히 중요한 문제.

synod [–ω:d/–ọ:d] *~en ~er* 종교회의.

synonỵm[1] *a*. 동의어의.

synonỵm[2] *~en ~er* 동의어(同義語)(till).

synonymịk *~en 0* 유의(類義).

synops [–ɔps] *~en ~er* 개관, 개요; 영화대본의 줄거리.

synopsis (불변화명사) ☞ **synops**.

synpunkt *~en ~er* 견해, 관점, 입장(立場); från (ur) min ~ 내 견해로는.

synrand *~en 0* 지평선, 수평선.

synskadad *a*. 눈이 멀었거나 시력이 약한.

synsvag *a*. 시력이 약한.

syntạktisk *a*. 구문론의, 통어법의.

syntạx *~en ~er* 구문론, 통사론.

syntẹs *~en ~er* 종합; 【화학】 합성.

syntẹtisk *a*. 종합적인, 종합의; 【화학】 합성의.

synvill|a *–an –or* 눈의 착각.

synvink|el *–eln –lar* ① 시각(視角) ② 견해, 관점; ur en annan ~ 다른 시각(관점)에서.

synål *~en ~ar* 바늘.

syo (studie- och yrkesorientering의 약어) (기초학교와 고등학교의) 교과 및 직업안내.

syr|a *–an –or* ① 【화학】 산(酸), 산성 ② 신맛 ③ 【식물】 참소투쟁이 속(屬)의 식물.

syra *~r ~de ~t tr*. 시게 만들다.

syrafast *a*. 산(酸)에 의하여 퇴색하지 않는.

syre *~t 0* 산소(酸素).

syrebrist *~en ~er* 산소 부족.

syrefattig *a*. 산소량이 적은.

syremättad *a*. 산소가 충분한.

syrẹn *~en ~er* 【식물】 라일락.

syrenfärgad *a*. 라일락 색깔의.

syrgas *~en 0* 산소가스.

S

Syrien 시리아.
syrier *~n ~* 시리아 사람.
syrisk *a*. 시리아의.
syrlig *a*. 신 맛이 약간 나는; 야유적인, 신랄한.
syrr|a *–an –or* 누이.
syrs|a *–an –or* 【곤충】 귀뚜라미.
syr|sätta *–sätter –satte –satt tr*. 산소를 공급하다.
sysilke *~t 0* 비단실.
syskon *~et ~* 형제자매; har du några ~? 형제자매가 있느냐?; det yngsta av fem ~ 5형제 · 자매 중 막내.
syskonbarn *~et ~* 조카; brorsbarn 형이나 아우의 아이; systerbarn 누이나 여동생의 아이.
syskongrupp *~en ~er* 혼합 연령반 (탁아소에서 나이가 다른 아이들을 섞어 놓은 반).
syskonkärlek *~en 0* 형제 · 자매애(愛).
syssel|sätta *–sätter –satte –satt* Ⅰ. *tr*. …에게 일자리를 제공하다, 고용하다; vi måste ~ dem 우리는 그들에게 무엇인가 시켜야 된다 Ⅱ. *rfl*. …에 종사하다, 헌신하다 (med).
sysselsättning *~en ~ar* 일거리, 종사하는 일, 고용; full ~ 완전고용; sakna ~ 일거리가 없다.
sysselsättningspolitik *~en 0* 노동시장 정책.
sysselsättningsterapi *~n 0* 작업 요법.
syssl|a[1] *–an –or* 일거리, 직업; sköta sina –or 자기 업무를 보다.
syssla[2] *~r ~de ~t itr*. ① (잠시) …일을 하고 있다(med); hon ~r med bakning 그녀는 빵을 굽고 있다 ② (직업에) 종사하다(med); vad ~r du med? 당신이 하는 일이 무엇이요?; vad ~r du med på söndagarna? 일요일에는 무엇을 하며 소일하느냐?
syssling *~en ~ar* 육촌, 재종.
sysslolös *a*. 할 일 없는, 무직의.
sysslo|man *–mannen –män* ① (경영 · 관리) 피신탁인, 관리자 ② 병원의 재무 관리인.
system *~et ~* ① 시스템, 체재, 체계; 방법, 계획 ② *~et* ☞ **systembolag**.
systematik *~en 0* 분류학, 분류.
systematisera *~r ~de ~t tr*. 조직화하다, 체계화하다.
systematisk *a*. 체계적인, 계획적인.
systembolag *~et ~* 국영 주류 판매소.
systemerar|e *–[e]n ~* 【정보통신】 시스템 분석가.
systemfil *~en ~er* 【정보통신】 시스템파일 (시스템이 사용하는 파일로서 운영 체계의 기능을 단계별로 몇 개의 세그먼트로 분할하여, 이용 빈도가 낮은 것은 파일에 기억시켜 두고 필요에 따라 호출할 수 있도록 한 것).
systemkrasch *~en 0* 【정보통신】 시스템 장애 (컴퓨터 시스템이 하드웨어 또는 소프트웨어의 이상으로 인해서 작업을 계속할 수 없는 상태).
systemman ☞ **systemerare**.
systemprogramvar|a *–an –or* 【정보통신】 시스템 소프트웨어.
syst|er *–ern –rar* ① 여자 형제, 자매, 언니, 누이 ② (가톨릭) 수녀; 간호사.
systerbarn *~et ~* 여자 형제의 자식 (조카).
syster|dotter *–dottern –döttrar* 여

자형제의 딸 (조카딸).

systerfartyg *~et ~* 자매선(船).

syträd *~en ~ar* 바느질 실.

så[1] *adv*. ① 이렇게 (så här), 그렇게 (så där), 그와 같은 방법으로 (på ett sådant sätt), …처럼(såsom); ~ som jag säger 내가 말하는 대로; han är ~ stor som en dörr 그는 대문짝만큼 크다; än si, än ~ 이랬다저랬다; det är ~ att …사실은 이렇다 ② (정도 표시), det var ~ varmt att vi svettades 하도 더워서 우리는 땀을 흘렸다; ~ länge kan jag inte vänta 나는 그리 오래 기다릴 수 없다; tack ~ mycket 매우 고맙다; rätt ~ stor 꽤 큰 편인 ③ (결과 표시), om det regnar, ~ blir det blött 비가 오면 축축해진다; om alla har kommit, ~ kan vi börja 이제 다 모였으면 시작해보자 ④ (감탄 표시), ~ roligt! 정말 재미있구나!; ~ synd (tråkigt) 참으로 안됐어!; ~, det var intressant att höra 아 그래, 들어 보니 재미있구나 ⑤ 그 다음에, 다음에는, 그렇다면, 그러면; gå först till höger, ~ till vänster 먼저 오른쪽으로 가라, 그다음에는 왼쪽으로; gör det, ~ får du ett äpple 네가 그것을 하면 사과를 하나 주지.

så[2] *konj*. ① (목적표시) …하기 위해서; han talar högt, ~ att de ska höra honom 그는 그들이 자기 목소리를 알아듣도록 크게 말한다; skynda dig, ~ [att] du inte kommer för sent 늦지 않으려면 서둘러라 ② (결과표시) 그래서, 그러므로; det fanns inga bilar lediga, ~ [att] vi måste gå hem 빈 차가 없어서 우리는 집으로 걸어가야만 했다; han var inte där, ~ vi gick 그가 거기에 없어서 우리는 가버렸다.

så[3] *pron*. 이것, 저것 (detta); i ~ fall 이 경우, 그렇다면; på ~ sätt 이러한 방식으로.

så[4] *~n ~ar* 크고 둥근 물통, 양동이.

så[5] *~r ~dde ~tt tr*. *itr*. 씨 뿌리다.

sådan (sån) *pron*. ① (부가적) 그러한, 그와 같은; en ~ bok 그러한 책; ~a böcker 그와 같은 책들; i ett ~t väder 그러한 날씨에; 【감탄】 얼마나, 정말이지; en ~ fin häst! 참 멋진 말(馬)인데! ② (독립적) 그러한 것 (사람); han är ~ att han kan göra vad som helst 그는 무엇이든지 할 수 있는 사람이다; arbetet som ~t 그와 같은 노동 (일); jag har en ~ (några ~a) hemma 나는 그런 것을 하나 (몇 개) 집에 가지고 있다; ~t händer varje dag 그런 일은 매일 일어난다; något ~t har jag aldrig upplevt 그런 일은 전혀 경험한 바가 없다.

sådd *~en ~er* 파종(播種), 씨뿌리기; 씨앗; höst~ 가을파종.

sådor (복수명사) 왕겨, 겨.

sådär *adv*. ① 그렇게, 그와 같이 (på sådant sätt); kan du dansa ~? 그렇게 춤을 출 수 있니?; (일이 끝났을 때) ~, då var det klart! 그렇지, 이제 다 됐다 ② 약, 대략 (ungefär); han sprang ~ en tio meter 그는 약 10미터쯤 뛰었다; en inkomst på ~ 4000 kronor 대략 4000크로나 정도의 수입 ③ (일상적) 그저 그래 (별로 좋지 않을 때); hur var filmen? ~ 영화는 어땠니? 그저 그래.

såfrạmt ☞ om, såvida.

såg[1] ☞ se.

såg[2] *~en ~ar* ① 톱 ② 제재소.

S

såga *~r ~de ~t* Ⅰ. *tr. itr.* 톱으로 켜다, 톱질하다 Ⅱ. (강세접사와 함께), ~ av 두 쪽으로 자르다; bli avsågad 해고당하다; ~ bort 잘라내다; ~ sönder 잘라서 조각내다.

sågs ☞ **ses**.

sågspån *~et ~* 톱밥.

sågverk *~et ~* 제재소.

såhär/så här *adv*. 이와 같이, 이렇게.

såja *itj*. 천천히, 침착히; ~, det är ingen fara 그래, 침착히, 걱정하지 말고.

såld *a*. ① 팔린 ② (일이) 틀린, 절단난; han är ~ 그이는 이제 다 틀렸다 (희망이 없다).

sålde ☞ **sälja**.

således *adv*. ① 따라서, 그 결과로써 ② 그렇게; ~ ligger saken till 그 일의 정황은 이러하다.

såll *~et ~* 체, 어레미, 조리.

sålla *~r ~de ~t tr*. 체로 치다, 체질하다; 응모자 가운데서 뽑다 (bort, ut).

sålunda *adv*. 이렇게, 이런 식으로, 따라서, 그래서.

sång *~en ~er* ① 노래, 창가 ② 가곡, 단가.

sångar|e *−[e]n ~* ① 남성가수, (재즈 · 밴드 등의) 성악가 ② 시인 ③ 아름답게 지저귀는 작은 새 종류.

sångbar *a*. 노래하기 쉬운, 노래 부를 수 있는.

sångersk|a [sɔŋəʂka] *−an −or* 여자 가수.

sånggudinn|a *−an −or* (그리스 신화에서) 뮤즈(시 · 음악 · 학예를 주관하는 9여신 중의 하나).

sånglärk|a *−an −or* 【조류】 종다리.

sångmö *~n ~r* ☞ **sånggudinna**.

såning *~en 0* 【고어】 파종, 씨뿌리기.

sånär *adv*. 거의, 하마터면; han hade ~ kört på en cyklist 그는 하마터면 자전거 타고 가는 사람을 칠 뻔했다; ~ som på …을 제외하고.

såp|a[1] *−an −or* 연성(軟性)비누.

såpa[2] *~r ~de ~t tr*. …에 비누질을 하다.

såpass *adv*. 그 정도로; hon är ~ dålig att hon inte kan ta emot besök 그녀는 방문을 받지 못할 정도로 건강이 나쁘다.

såpbubbl|a *−an −or* 비눗방울; blåsa −or 비눗방울을 불다.

såphal *a*. 매우 미끄러운.

såpoper|a *−an −or* *TV*−연속극, 홈(멜로) 드라마(감상적 통속극).

sår *~et ~* 상처, 부상, 칼로 베인 상처; 마음의 상처; riva upp gamla ~ 옛 상처를 건드리다; ~salva 연고, 고약; ~läkande 상처를 아물게 하는.

såra *~r ~de ~t tr*. 상처를 입히다; (감정을) 상하게 하다; känna sig ~d 마음에 상처를 입다.

sårbar *a*. 상처를 입기 쉬운, 민감한.

sårig *a*. 상처투성이의.

sårnad *~en ~er* 건드리면 아픈 곳, 헌데, 종기, 상처.

sås *~en ~er* 소스, 양념.

såsa *~r ~de ~t* Ⅰ. *tr*. ① ~ ned (ner) 소스로 얼룩지게 하다 Ⅱ. *itr*. 늑장부리다, 꾸물거리다.

såsig *a*. ① 양념투성이의 ② 늑장부리는, 빈들거리는.

såsom *konj*. ① …과 같은 방식으로, …처럼, …과 같이; han gjorde alltid

~ han blev tillsagd 그는 항상 시키는 대로 했다; ~ sina föräldrar blev han politiker 부모와 마찬가지로 그는 정치인이 되었다 ② …으로서 (자격); ~ chef hade han stor makt 사장으로서 그는 막강한 힘을 가지고 있었다 ③ [예를들면] …와 같은; känsloladdade ord ~ förtjusande och gräslig '매력적인' 또는 '소름끼치는' 것과 같은 감정을 나타내는 단어.

såt *a*. ~a vänner 믿을만한 친구.

såtillvida *adv*. …하는 한, 여기까지는; hon hade ~ rätt 여기까지는 그녀가 옳았다.

såvida *konj*. 만일에, …한 경우에.

såvitt[1] *adv*. …하는 한.

såvitt[2] *konj*. ☞ **såvida**; vi ses ~ inget oförutsett inträffar 예상치 못한 일이 발생하지 않는 한 우리 다시 만나자.

såväl *konj*. (som과 함께), ~ gamla som unga 젊은이뿐만 아니라 노인들도; ~ i tal som i skrift 문어체뿐만 아니라 구어체에 있어서도.

säck *~en ~ar* 자루, 부대, 배낭, 작은 가방; 【해부】 낭(囊); en ~ potatis 감자 한 부대; mörkt som i en ~ 캄캄한, 칠흑 같은; i ~ och aska 깊이 뉘우쳐; 비탄에 잠겨.

säcka *~r ~de ~t itr. rfl*. 자루모양이 되다, 헐렁해지다; ~ ihop 무너지다, 쓰러지다, 주저앉다.

säckig *a*. 자루모양의, 늘어진, 불룩한, 헐렁한.

säcklöpning *~en 0* (자루에 들어가 목만 내놓고 달리는) 자루경주.

säckpip|a *-an -or* 백파이프 (스코틀랜드 고지 사람들이 부는 피리).

säckväv *~en 0* 부대 감(천).

säd *~en 0* ① 곡식, 곡류 ② 정액(精液) ③ 【고어】 자손, 후예, 자녀.

säde *~t ~n* 씨앗, 종자.

sädescell *~en ~er* 【생리】 정충(精虫).

sädesslag *~et ~* 씨앗종류.

sädesvätsk|a *-an 0* 【생리】 정액(精液).

sädesärl|a *-an -or* 【조류】 할미새.

säg|a [sɛja] *-er sade sagt* Ⅰ. *tr*. ① 말하다, 알리다, 뜻하다; ~ ngt till (åt) ngn …에게 …을 말하다; - ingenting om det här till någon! 이것에 대해서는 아무에게도 말하지 말라; var snäll och - mig …을 나에게 좀 알려다오; får jag ~ 'du'? '너'라고 불러도 되겠지?; som sagt 이미 언급한대로; det -s att han är rik 그가 부자라는 소문이 있는데 ② vad -er du om hennes förslag? 그녀의 제안을 어떻게 생각하니?; det -er inte så mycket 그것으로는 잘 모르겠는데 ③ (관용적) det vill ~ (så att ~) 말하자면; han är lingvist, det vill ~ språkforskare 그는 언어학자이다, 말하자면 언어연구자란 말이야 ④ …하기로 작정하다; då -er vi på lördag klockan 12 그럼 토요일 12시로 하자; då -er vi att vi köper tvättmaskinen 그러면 그 세탁기를 사는 것으로 하자 Ⅱ. *rfl*. hon -er sig vara lycklig 그녀는 행복하다고 말한다; det -er sig självt 그것은 말할 것도 없다 Ⅲ. (강세 접사와 함께) ① - efter mig! 나를 따라 반복하시오 ② ~ ifrån (항의·이의를) 말하다; - ifrån när du blir trött 네가 피곤해지면 말해라 ③ ~

till 명령하다; ~ till [ngn] …에게 알리다; – till honom att komma 그에게 오라고 해라 ④ ~ upp …와의 관계를 끊다, (계약 · 구독 따위를) 끝내다, 취소하다; ~ upp bekantskapen med ngn …와 교제를 끊다; jag har sagt upp min våning 나는 내 아파트를 내놓았다 (임대 계약 연장을 그만두다); 해고하다; han har blivit uppsagd 그는 해고되었다 ⑤ ~ ut 분명하게 말하다; – ut din mening! 네 의견을 딱부러지게 말해라 ⑥ ~ åt …에게 명령하다; 꾸짖다; du måste ~ åt honom när han bråkar sådär 그가 저렇게 말썽을 부리면 야단을 쳐야한다.

säg|en [sɛ:gən] *–nen –ner* 전설, 설화; det går en ~ att …라는 전설이 있다.

sägenomspunnen *a.* 전설[상]의, 전설적인, 전설에 쌓인.

säja ☞ **säga**.

säk|er *a.* ① 안전한; ta en ~ väg 안전한 길을 택하다 ② (일이) 확실한, 믿을만한; –ra uppgifter 믿을만한 정보; han är ~t över femtio 그는 확실히 50세는 넘었다; ~ på …에 대해 확신을 가진; jag är ~ på att hon kommer 나는 그녀가 오리라고 확신한다; jag är inte ~ på att jag vill resa 나는 여행을 갈지 확실치 않다 ③ (지식 · 기술이) 정확한, 자신이 있는; vara ~ i matematik 수학에 자신(自信)이 있다.

säkerhet *~en ~er* ① 안전[성], 무사; befinner sig i ~ 안전한 상태에 있다; den allmänna ~en 공공안전; ~savstånd 안전거리; ~spolis 비밀경찰; för ~s skull 안전을 위해서 ② 확실성, 확신; de är med ~ engelsmän 그들은 확실히 영국인들이다 ③ 자신감; hon uppträdde med stor ~ 그녀는 자신감에 넘쳐 등장했다 ④ 보증, 담보; låna ut pengar mot ~ 담보를 받고 돈을 대출하다.

säkerhetsbestämmelse *~n ~r* 안전규정 (säkerhetsföreskrift).

säkerhetsbälte *~t ~n* (자동차 · 비행기 좌석의) 안전띠.

säkerhetskopi|a *–an –or* 【정보통신】 예비복사 파일 (파일 또는 데이터 세트를 복사한 것. 원래의 것이 파괴될 경우에 대비하여 비치해 둔다).

säkerhetskopiering *~en 0* 【정보통신】 예비복사.

säkerhetsnål *~en ~ar* 안전핀.

säkerhetspolis *~en ~er* 비밀경찰.

säkerhetspolitik *~en 0* 국가안보를 유지하기 위한 정책.

säkerhetsrisk *~en ~er* (치안상, 안보상의) 위험[인]물.

säkerhetsrådet (정형명사) [유엔] 안전보장 이사회.

säkerhetsskäl *~et ~*, av ~ 안전(안보)상의 이유로.

säkerligen *adv.* 확실히, 의심할 여지 없이.

säkerställ|a *–er –de –t tr.* 안전하게 하다, 확실하게 하다, 보증하다.

säkert *adv.* 확실히, 틀림없이; kom ~! 꼭 와야된다!; det vet jag ~ 그것은 내가 확실히 알지.

säkra *~r ~de ~t* Ⅰ. *tr.* 안전하게 하다, 보증하다; en ~d framtid 보장된 미래; (소총의) 안전장치를 걸다 Ⅱ. *rfl.* 자신을 보호하다 (안전하게 하다).

säkring *~en ~ar* ① (전기) 퓨즈 ② (총 따위의) 안전장치.

säl *~en ~ar* 바다표범, 물개.

säldjur *~et ~* (바다표범 따위의) 기각류(鰭脚類)동물.

sälg [sɛlj] *~en ~ar* 버드나무속(屬)의 식물.

sälj|a *-er sålde sålt tr. itr.* 팔다; ~ ngt för 100 kr. …을 100크로나에 팔다; hans böcker -er bra 그의 책은 잘 팔린다.

säljar|e *-[e]n ~* 판매인, 【법률】 매각인.

säll *a.* 행복한, 축복받은.

sälla *~r ~de ~t rfl.* ~ sig till (단체 · 기구에) 가입하다.

sällan *adv.* ① 드물게; tågen går ganska ~ 기차는 드물게 가는 편이다 ② 절대로 …는 아니다, 전혀 …아니다; är du trött? ~! 너 피곤하지? 아니, 전혀!

säll|e *-en -ar* (부정적 의미의) 사내, 놈; en liderlig ~ 순전한 난봉꾼.

sällhet *~en 0* 더 없는 행복, 희열.

sällsam *a.* 독특한, 특이한, 이상한.

sällskap *~et ~* ① (사교적) 모임, 동반, 회합 ② 단체, 동우회, 협회; får vi ~? 우리 동행할까?; göra ~ med ngn till stationen 정거장까지 …와 동행하다; de reste i ~ 그들은 같이 여행을 떠났다; i ~ med …와 함께; vara med i ~et 그 단체(그룹)에 끼다.

sällskapa *~r ~de ~t itr.* ① ~ med ngn 어울리다, 동반하다 ② (지속적으로) 교류하다; han ~de med henne några år 그는 그 여자와 몇 년간 교제를 계속했다.

sällskaplig *a.* 사교적인, 친목적인, 교제의.

sällskapsdam *~en ~er* 【역사】 부자 집 마님의 말벗으로 고용된 여자.

sällskapsdjur *~et ~* 애완동물.

sällskapsmännisk|a *-an -or* 사교를 잘 하는 사람.

sällskapsres|a *-an -or* 단체(관광) 여행.

sällskapsrum *~met ~* 휴게실, 담화실, 거실.

sällskapssjuk *a.* han är så ~ efter en vecka ensam på landet 그는 시골에서 일주일간을 혼자 지내고 나서 아주 사람을 그리워한다.

sällskapsspel *~et ~* 카드 또는 주사위 놀이.

sällspord ☞ **sällsynt**.

sällsynt *a.* 보기 드문, 진귀한.

sälta *~n 0* 짠 맛, 소금기, 염분.

sämja *~n 0* 공감, 조화, 일치.

sämj|as *-[e]s -des -ts itr. dep.* 마음이 맞다, 일치하다 (om ngt).

sämre *a.* (dålig의 비교급) …보다 나쁜, 열등한; bli allt ~ [och ~] 점점 더 나빠지다.

sämskskinn *~et ~* (염소 · 양 · 사슴 등의 부드러운) 담황갈색 가죽.

sämst[1] *a.* (dålig의 최상급) 최악의, 가장 나쁜.

sämst[2] *adv.* 가장 나쁘게; de ~ ställda 형편이 가장 어려운 사람들.

sänd|a *-er -de -t* Ⅰ. *tr.* 보내다, 발송하다; ~ barnen till skolan 아이들을 학교에 보내다 Ⅱ. (강세접사와 함께), ~ efter (사람 · 물건을) 가져(데려)오게 하다, 물건을 주문하여 집에서 받다; ~ fram 군대를 전선에 보내다.

sändar|e –[*e*]*n* ~ 송신기; 전달자 (avsändare).

sändebud ~*et* ~ ① 대사(大使), 사절, 전권공사; det svenska ~et i Korea 한국주재 스웨덴 대사 ② 전달자, 배달인, 사자(使者).

sänder *adv*. i ~ 한번에, 하나씩 하나씩; litet i ~ 조금씩 조금씩.

sändning ~*en* ~*ar* ① 탁송(託送), 위탁 판매품 ② (라디오, 텔레비전) 방송.

S

säng ~*en* ~*ar* ① 침대; bädda ~en 잠자리를 깔다(개다); dela ~ 잠자리를 같이 하다; gå till ~s 잠자리에 들다; ligga till ~s 침대(병석)에 누워 있다 ② 화단, 모판.

sängbott|en –*nen*/~, –*nar* 침대의 바닥.

sängdags *adv*. det är ~ 잠 잘 시간이다.

sängfösar|e –[*e*]*n* ~ 자기 전에 마시는 술.

sänghalm ~*en 0* 【역사】 깔 짚, 침대 밑에 까는 짚.

sänghim|mel –*mel*[*e*]*n* –*lar* 침대 위의 지붕 모양의 닫집.

sängkam|mare –*mar*[*e*]*n*, –*rar*/~ 침실.

sängkläder (복수명사) 잠옷.

sänglinne ~*t 0* 침대 시트(홑이불)와 베갯잇.

sängvätar|e –[*e*]*n* ~ 야뇨증 환자.

sängöverkast ~*et* ~ 침대 덮개(커버).

sänk|a[1] –*an* –*or* ① 계곡 ② 휴식상태에서 적혈구의 침강(沈降) 속도.

sänk|a[2] –*er* –*te* –*t* Ⅰ. *tr*. ① (가격, 세금을) 낮추다, 줄이다; ~ anspråken 요구를 줄이다; ~ farten 속도를 낮추다; med –t blick 눈을 내리깔고 ② 배를 침몰시키다 Ⅱ. *rfl*. 내리다, 드리우다; dimman –te sig över dalen 안개가 계곡을 덮었다.

sänke ~*t* ~*n* (낚시 줄 따위의) 봉돌.

sänkhåv ~*en* ~*ar* 건지는 그물, 채그물.

sänkningsreaktion ~*en 0* 적혈구의 침강 속도.

säpo ☞ **säkerhetspolis**.

sär ☞ **isär**.

sära ~*r* ~*de* ~*t* 가르다, 떼어놓다, 갈라놓다 (på).

särart ☞ **egenart**.

särbehandla ~*r* ~*de* ~*t tr*. …을 특별취급하다.

särbeskatta ~*r* ~*de* ~*t tr*. (부부의 수입을) 분리과세하다.

särdeles[1] (불변화형용사) 훌륭한, 뛰어난, 탁월한.

särdeles[2] *adv*. 특별히, 유난히.

särdrag ~*et* ~ 특성, 특질; 변별적 자질.

säregen [sæ:re:gən] *a*. 특이한, 이상한, 독특한, 기묘한.

särk ~*en* ~*ar* (여성의) 속옷의 일종, 슈미즈.

särklass (불변화 en–명사), stå i ~ 눈에 띄다, 걸출하다; den i ~ bästa prestationen 가장 뛰어난 성과.

särling ~*en* ~*ar* 괴짜, 기인(奇人).

särprägel ~*n 0* 특이한 점, 특이성.

särpräglad *a*. 독특한, 차이를 나타내는, 특유의.

särskild *a*. 특별한, 특유의, 특수한; ~a omständigheter 특수한 사정; är det någon ~ rätt som önskas? 특별히

원하는 음식이 있느냐?

sär | skilja *-skiljer -skilde -skilt tr.* 분리하다, 구별하다.

särskilt *adv.* 특히, 각별히; alla var trötta, ~ småbarnen 모두가 피로했다, 특히 어린애들이.

särskol | a *-an -or* (정신박약 아동을 위한) 특수학교.

särställning *~en ~ar*, inta en ~ 이례적인 지위를 차지하다.

särtryck *~et ~* 별쇄본.

säsong [-sɔŋ] *~en ~er* 계절, 철, 시즌; det är ~ för jordgubbar 이제 딸기 철이 되었다; ~(s)arbetare 계절적 노동자.

säte *~t ~n* ① 자리, 좌석, 본부, 소재; biskops~ 주교관구 ② 엉덩이.

sät | er *-ern -rar* 양치기들의 방목지와 오두막 (fäbod).

säteri *~et ~er* 장원(莊園)의 주농장.

sätesbjudning *~en 0* 거꾸로 된 태위(胎位).

sätt *~et ~* Ⅰ. ① 모양, 방식, 수단, 방법; det billigaste ~et att resa 가장 싸게 여행하는 방법; jag tycker inte om hennes ~ att le 나는 그녀의 웃는 모양이 맘에 안 든다; på ~ och vis 어떤 뜻으로는, 어느 정도, 어떤 점에서는; på annat ~ 다른 방법으로; på det ~et 그러한 방식으로, 그와 같이; på det ena eller andra ~et (på ett eller annat ~) 이러저러한 방식으로; på följande ~ 다음과 같이; på många ~ 여러 가지 점에서; på vad (vilket) ~ 어떻게, 무슨 방법으로 ② 태도, 버릇; ett obehagligt ~ 불쾌한 태도; hans ~ mot kvinnor 여성을 대하는 그의 태도 Ⅱ. 한 조, 한 벌, 한 세트, 일련; ett tåg~ på 10 vagnar 객량 10량(輛)의 기차.

sätt | a *-er satte satt* Ⅰ. *tr.* ① 놓다, 설치하다, 붙이다, (사람을 일 따위에) 배치하다; var ska vi ~ honom? 그를 어디에 배치할까?; ~ kaffekopparna på bordet 커피 잔을 식탁에 놓다; ~ frimärken på brevet 편지에 우표를 붙이다; ~ smak på …에 맛을 내다, 풍미를 돋구다; ~ mod i ngn …에게 용기를 북돋아 주다; ~ ngt som mål …을 목표로 정하다; ~ eld på …에 불을 놓다 ② (내기에) 돈을 걸다, 투자하다; jag -er 100 kronor på att han vinner 그가 이기지 못하면 100크로나를 내겠다 ③ (감자를) 심다, 놓다 ④ 활자를 짜다, 기계를 조립하다 Ⅱ. *rfl.* ① (자리에) 앉다; vill du inte ~ dig? 왜, 앉지 그래?; ~ sig bredvid ngn … 옆에 앉다; ~ sig i bilen (på cykeln) 자동차(자전거)에 타다; ~ sig vid ratten 운전대를 잡다; ~ sig att arbeta 앉아서 일을 시작하다 ② 상황에 처하다; 처지에 놓이다; ~ sig i fara 위험에 처하다; ~ sig i förbindelse med …와 접촉하다 ③ (건물 · 땅이) 내려앉다 Ⅲ. (강세접사와 함께), ~ av (속력을 내어) 출발하다; ~ av pengar (tid) till 돈(시간)을 배정하다; ~ bort 밀어놓다, 제쳐두다, 허비하다; ~ efter 추적하다; ~ sig [e]mot …에 반대하다; ~ fast ngt i (på) …에 …을 붙이다, 고정시키다; ~ sig fast 막히다, 곤궁에 처하다; ~ i 넣다, 집어넣다; ~ i sig 먹다, 먹어치우다; ~ ihop (조각을) 이어붙이다, 조립하다; ~ in bilen i garaget 자동차를 차고에 넣다; ~

S

in pengar på ett konto 돈을 구좌에 넣다; vara insatt i …에 정통하다; ~ ned 내려놓다, 심다, 값을 내리다; ha nedsatt hörsel 청력이 약해지다; ~ på (단추 · 스위치 따위를) 누르다; ~ på radion 라디오를 켜다; ~ på kaffet 커피 주전자를 (가스레인지에) 올려놓다; ~ till 더하다, 추가하다; ~ till alla krafter 온 힘을 다 기울이다; ~ till att skrika 소리 지르기 시작하다; ~ upp 붙이다, 세우다; ~ ut 밖에 내놓다, (보초병 등을) 배치하다; ~ åt 죄다, 팽팽하게 하다; ~ sig över ngt …을 무시하다.

sättar|e −[*e*]*n* ~ 【인쇄】 식자공(植字工).

sätteri ~*et* ~ (인쇄소의) 식자실(植字室).

sättning ~*en* ~*ar* ① 기악편성 ② (바닥 따위가) 내려앉음 ③ 감자심기 ④ 【인쇄】 식자(植字).

sättpotatis ~*en* ~*ar* 씨감자.

sättsadverb ~*et* ~ 방법부사.

säv ~*en 0* 【식물】 등심초속(屬)의 식물, 골풀.

sävlig *a*. 느린, 한가한, 여유작작한.

söcken (불변화명사) 【고어】 평일; i helg och ~ 주중(평일)과 일요일에.

söder[1] *adv*. 남쪽으로

söder[2] ~*n 0* 남쪽.

Söderhavet 남태평양.

söderifrån *adv*. 남쪽으로부터.

södermanländsk *a*. 쇠데르만란드의.

södermanlänning ~*en* ~*ar* 쇠데르만란드 사람.

söderut/söder ut *adv*. 남쪽으로.

södra *a*. 남쪽의; ~ Götaland 남부 예탈란드.

sög ☞ suga.

sök|a −*er* −*te* −*t* Ⅰ. *tr*. *itr*. ① (얻으려고) 구하다, 찾다, 추구하다; ~ efter boken i bokhyllan 책장에서 책을 찾다; ~ en förklarning 해답을 찾다 ② 만나고 싶어 하다; vem −s (vem −er ni)? 누구를 찾으시지요?; det är en man som −er dig 너를 찾는 남자가 있다 ③ (일자리 · 허가 따위를) 신청하다; ~ till en annan stad 다른 도시에 일자리를 신청하다 ④ 애쓰다, 노력하다 (부정법); ~ vinna hans tillit 그의 신임을 얻으려고 애쓰다 Ⅱ. *rfl*. ~ sig fram 길을 찾아가다, 애써 나아가다; ~ sig till 찾아 나서다; folk ~er sig till storstäderna 사람들은 대도시로 이주하려는 경향이 있다 Ⅲ. (강세접사와 함께), ~ in i en skola 학교에 입학원서를 내다; ~ upp 찾아내다; ~ upp ngn …를 찾아가다.

sökande ~*n* ~ 신청자; 150 ~ till 30 platser 정원 30석에 150명 신청.

sökar|e −[*e*]*n* ~ 【사진】 파인더.

sökarljus ~*et* ~ 탐조등.

sökmotor ~*n* ~*er* 【정보통신】 검색 엔진 (키워드를 이용해서 인터넷상의 정보 자원을 찾아 주는 검색 도구 또는 서비스).

söksystem ~*et* ~ ☞ sökmotor.

sökt *a*. 부자연스러운, 억지의, 무리한.

sökväg ~*en* ~*ar* 【정보통신】 경로 (컴퓨터 명령의 논리 계열, 즉 루틴을 수행할 때 컴퓨터가 취하는 논리적 과정이나 방향 행로).

söl ~*et 0* ① 빈둥대기, 꾸물거리기 ② 더럽히기, 지저분하게 함.

söla *~r ~de ~t* Ⅰ. *itr*. 빈둥거리며 걷다, 늑장부리다, 지체하다 Ⅱ. *tr*. 더럽히다 (ner).
sölig *a*. ① 느린, 빈둥대는 ② 더럽혀진, 지저분한.
sölj|a *-an -or* 죔쇠, 스카프(목도리)를 여미는 고리.
sölkorv *~en ~ar* (일상적) 느림보.
söm Ⅰ. *~men ~mar* (천 · 가죽 따위의) 솔기, 이음매, 봉합, (상처의) 꿰맨 줄; gå upp i ~mama 솔기가 터지다 Ⅱ. *~met/~men, ~* 말(馬)의 징.
sömma *~r ~de ~t tr*. 꿰매다, 깁다.
sömmersk|a *-an -or* 침모(針母), 양재사.
sömn *~en 0* 잠, 수면; ha god ~ 잠을 잘 자다; jag har inte fått någon ~ i natt 나는 밤새 잠을 자지 못했다; gnugga ~en ur ögonen 눈을 비벼 잠을 깨다; falla i ~ 잠들다; gå i ~en 수면 중에 걸어 다니다, 몽유병을 가지고 있다.
sömnad *~en ~er* 재봉, 바느질.
sömndrucken *a*. 잠에 취해서 멍한.
sömngångar|e *-[e]n ~* 몽유병자.
sömnig *a*. 졸린, 잠이 오는.
sömnlös *a*. 잠을 못자는, 불면증의; ligga ~ en natt 하룻밤을 뜬 눈으로 새우다.
sömnmed|el *-let ~* 수면제, 잠약 (sömntablett).
sömnsjuka *~n 0* (아프리카의) 수면병.
sömntut|a *-an -or* (일상적) 잠꾸러기.
sömsmån (불변화 en-명사) 옷단.
söndag *~en ~ar* 일요일.
söndagsbarn *~et ~* (비유적) 세상만사가 잘 되어가는 사람.
söndagsbilag|a *-an -or* 일요일판 부록.
söndagsskol|a *-an -or* 주일학교.
sönder *adv*. ① 깨어진, 부러진, 조각난; gå ~ 깨어지다; hon slog ~ glaset 그녀가 잔을 깨뜨렸다; trampa ~ 밟아 부수다 ② 고장 난; TV-n har gått ~ 텔레비전이 고장 났다; klockan är ~ 시계가 고장이다.
sönderfall *~et ~* 분해, 분열.
sönder|falla *-faller -föll -fallit itr*. ① 조각나다 ② 분해되다, 세분되다.
söndra *~r ~de ~t* Ⅰ. *tr*. 나누다, 분리시키다, 불화를 일으키다 Ⅱ. *rfl*. 나뉘다, 갈라지다.
söndrig *a*. 부서진, 깨진, 해어진.
söndring *~en ~ar* 분할, 분열, 불일치, 불화; djup och varaktig ~ (이혼의 원인이 되는) 깊고 지속적인 불화.
söp ☞ **supa**.
sörja[1] *~n 0* 진창[길], 진흙.
sörj|a[2] *-er -de -t* Ⅰ. *tr*. …을 애도하다, 슬퍼하다; ~ hans bortgång 그의 죽음을 애도하다; hon -er fortfarande sin döda mor 그녀는 아직도 돌아가신 어머니를 애통해한다 Ⅱ. *itr*. ① 슬퍼하다, 애통해 하다, 마음 아파하다 (över) ② ~ för 돌보다, 준비하다, 대비하다; ~ för ngns behov …의 필요에 응하다 Ⅲ. *rfl*. ~ ihjäl sig 비탄에 빠져 죽다.
sörjig *a*. 질퍽거리는, 진창의.
sörmländsk ☞ **södermanländsk**.
sörpla *~r ~de ~t tr*. 뜨거운 것을 소리 내어 마시다; hon ~de i sig den heta soppan 그녀는 뜨거운 스프를 소리 내어 먹었다.

S

söt *a*. ① 단, 단맛이 나는 ② 예쁜, 사랑스런; en ~ flicka 예쁜 (귀여운) 소녀; en ~ klänning 귀여운 옷; ~t vatten 민물.

söta *~r ~de ~t tr*. 달게 하다.

sötaktig *a*. 좀 단[맛이 있는].

sötebrödsdagar (복수명사) 즐거운 삶, 좋은 시절.

sötma *~n 0* (맛 · 향기가) 단 것, 즐거움, 기쁨.

sötmand|el *–eln –lar* 쓴 맛이 없는 편도(扁桃), 아몬드.

sötmjölk *~en 0* (신맛이 없는) 보통 우유.

sötningsmed|el *–let ~* 감미료.

sötnos *~en ~ar* (일상적) (애칭으로 써) 귀여운 것, 사랑스런 아이; den lilla ~en har fått två tänder 그 귀여운 것이 이가 두 개나 났다.

sötsaker (복수명사) 단 것, 사탕 류.

sötsliskig *a*. 너무 단, 지독히 단.

sötsur *a*. ① (맛이) 시고도 단 ② 친절하면서도 까다로운 면이 있는.

sötvatt|en *–net 0* (염분이 없는) 민물.

söv|a *–er –de –t tr*. 잠재우다; 【의학】 마취시키다 (ned).

S

T

t [tẹ:] *t–et, pl. t–n* 스웨덴어 알파벳의 20번째 글자.

ta/taga *~r/tager tog tagit* Ⅰ. *itr. tr.* ① 손에 잡다, 쥐다; 가지다; 취하다; 먹다; 선택하다; 받다; 받아들이다; (책임, 의무 등을) 떠맡다, 지다; (문제, 사태를) 거론하다, 다루다; ~ [en] bil 택시를 타다; ~ bollen 볼을 잡다; ~ (bära, ha) frack 야회복을 입다; det ~r bara några minuter 몇 분밖에 걸리지 않는다; vilken väg ska jag ~? 어느 길을 택해야 하나; han tog det hårt 그는 그것을 심각하게 받아들였다; ~ ngt som ett skämt …을 농담으로 받아들이다; ~ ngn för en annan (en tjuv) …를 다른 사람(도둑)으로 오인하다; vem ~r ni mig för? 내가 누구라고 생각하느냐?; ~ ngn i armen …의 팔을 잡다; ~ ngt på allvar …을 심각히 받아들이다; ~ till [사용하기] 시작하다; det är taget ur Bibeln 그것은 성서에서 나온 말이다 Ⅱ. *rfl.* ① 구하다, 장만하다, 취하다; ~ sig uttryck 표현하다, 나타나다, 드러나다 ② …에 이르다; ~ sig till gränsen 국경에 이르다 ③ 개선되다, 나아지다; det ~r sig för dig! 네가 잘 해나가고 있구나! Ⅲ. (강세접사와 함께) ① ~ sig an 돌보다 ② ~ av 벗다, 제거하다; (방향 등을) 꺾다, 돌다; 감소하다(avta) ③ ~ bort 치우다, 제거하다 ④ ~ efter ngn (ngt) …를 흉내 내다 ⑤ ~ emot a) 받다, (방문객, 환자 따위를) 접견하다; ~ emot besök 방문을 받다; alla bidrag ~s emot med tacksamhet 모든 찬조금은 감사히 접수하겠습니다 b) 거치적거리다, 방해가 되다; 마음이 내키지 않다; det ~r emot att besvära dem 그들에게 폐를 끼치고 싶지 않다 ⑥ ~ fast 잡다, 쥐다; ~ fast tjuven! 도둑 잡아라! ⑦ ~ fel 잘못하다, 그르치다, 실수하다 ⑧ ~ fram ngt …을 꺼내다, 만들어 내다 ⑨ ~ för sig 마음대로 집어먹다 ⑩ ~ sig före (일, 소일거리를) 시작하다, 하다 ⑪ ~ hem med sig 집으로 가져오다 ~ hem spelet (시합을) 이기다 ⑫ ~ i a) 힘이 세지다; vinden tog i 바람이 거세졌다 b) 온 힘을 다하다; om vi skall flytta pianot måste vi ~ i 피아노를 옮기려면 우리가 온 힘을 다해야 한다 c) 과장하다; ~ inte i så där! 그렇게 과장하지 마! ⑬ ~ igen 다시 찾다, 회복하다 ⑭ ~ in a) 꿰매어 좁히다 b) ~ in på hotell (hos ngn) 호텔(…집)에 투숙

하다 ⑮ ~ itu med 일을 착수하다 ⑯ ~ loss 떼어내다 ⑰ ~ ner (ned) 내려 놓다; 범위를 줄이다; (가치를) 낮게 평가하다 ⑱ ~ på sig (옷, 신발, 안경 따위를) 입다, 쓰다, 걸머지다, 떠맡다; ~ på sig skulden 비난을 뒤집어 쓰다 ⑲ ~ sig samman 마음을 가라앉히다 (가다듬다); 정신을 차리다 ⑳ ~ sig till 알맞은 조치를 취하다, 적절히 대하다 ㉑ ~ till a) (…방법을) 사용하다, (…방법에) 의지하다 b) 즉흥적으로 시작하다; folkmassan tog till att sjunga 군중들은 즉흥적으로 노래를 불렀다 ㉒ ~ tillbaka 취소하다, 철회하다 ㉓ ~ undan 치우다, 보관해 놓다 ㉔ ~ upp a) (문제를) 상정하다, (협상, 투쟁을) 전개하다; ~ upp igen [på nytt] 다시 상정하다; ~ upp ngt till diskussion …을 토론에 부치다 b) 열다, 꺼내다; ~ upp pengar ur fickan 주머니에서 돈을 꺼내다 c) 모으다; ~ beställningar 주문을 모으다 d) (꿰메어) 짧게 하다, 줄이다; klänningen måste tas upp två centimeter 그 옷은 2센티미터 줄여야 한다 e) (관용적) ~ illa upp 불쾌하게 받아들이다 ㉕ ~ ur 꺼내다, 비우다, 제거하다; ~ ur kärnorna ur frukt 과일에서 씨를 빼내다 ㉖ ~ ut a) 꺼내다, 빼내다; ~ ut pengar på banken 은행에서 돈을 꺼내다; ~ ut en tand 이를 빼다; ~ ut sin examen 졸업증을(학위를) 받다 b) 고르다, 선발하다 c) 분석(분해)하다; ~ ut satsdelar 문장 성분을 분석하다 d) 악곡을 들은 기억대로 연주하다; hon kan redan ~ ut enkla låtar på pianot 그녀는 이미 간단한 곡을 듣고서 피아노로 칠 수 있다 e) 온 힘을 기울이다 ㉗ ~ vid a) 계속하다, 뒤따라 하다 b) ~ illa vid sig 불쾌하게 느끼다 ㉘ ~ på sig a) 자기 탓(공)으로 돌리다 b) vad ~r det åt dig? 무슨 일이냐? ㉙ ~ över (일, 책임을) 떠맡다; ~ över sig 걸치다.

tabasco *~n 0* 아주 매운 소스 (양념류).

tabb|e *-en -ar* 대 실책, 큰 실수.

tabell *~en ~er* 도표, 일람표, 목록.

tabellarisk *a.* 도표의, 표로 만든.

tabernak|el *-let, -el/-ler* ① (유태인의) 이동 신전(移動 神殿), 예배당 ② 【고어】 제단, 세례반(洗禮盤)이 설치된 천개(天蓋)가 달린 건물.

table d'hôte [table[e] do:t] 정식(定食).

tablett *~en ~er* ① 알약 ② (식탁에서 뜨거운 요리접시 밑에 까는) 깔개.

tablå[1] *itj.* 에이 참!, 이런! (난처하거나 우스울 때 놀람을 표현하는 감탄사); fröken hittade fusklappen, tablå! 선생님이 부정행위 쪽지를 찾아냈으니, 이걸 어쩌면 좋아!

tablå[2] *~n ~er* ① 도표, 개요 ② 연극의 한 장면.

tabu [tɑ:-/-bʉ:] Ⅰ. *~t ~n* 금기(禁忌); belägga med ~ 금기하다 Ⅱ. (불변화형용사) 금기(禁忌)의, 꺼리는.

tabulator *~n ~er* (타자기의) 도표 작성 장치.

taburett *~en ~er* ① 등 받침대가 없는 낮은 의자 ② 각료직.

tack *~et/~en, ~* 감사, 사의(謝儀), 사례; ~brev 감사장; (감탄사로서) ja ~! 예, 좋습니다 (vill du ha …? …을 들겠습니까? 에 대한 대답); nej

~! 아니, 괜찮습니다 (권유를 거절할 때); hjärtligt (varmt, mycken) ~ för … …에 대해 진심으로 감사합니다; tusen ~! 대단히 고마워요, 어떻게 감사해야 할지!; ~ så mycket (~ ska du ha)! 정말 감사합니다; ska det vara ~en för vad jag har gjort för dig? 내게 네게 베풀어 준 것에 대한 인사가 고작 그거야? ; ~ och lov att vi hann! 다행히 (고맙게도) 우리는 늦지 않았다!; ~ för maten! 잘 먹었습니다 (식사 후 주인에 대한 인사말) ; ~ för senast (sist) 지난번 초대에 감사합니다; ~ vare hans hjälp 그가 도와준 덕분에.

tack|a[1] *-an -or* ① 암양(羊) ② 금속 덩어리, 선철(銑鐵).

tacka[2] *~r ~de ~t itr. tr* …에게 감사하다, …에게 사례하다; ~ ja (nej) (제의, 초청에) 응락하다 (거절하다); ~ för det! 물론이지!; ingenting att ~ för! 천만에요, 무얼 그런 것 가지고; ~ vet jag sommaren 나는 정말 여름을 좋아해.

tack|el *-let ~* 【항해】 (돛 조종용의) 고패장치; ~ och tåg (선박의) 돛, 삭구(索具).

tackjärn *~et 0* 선철(銑鐵).

tackkort *~et ~* 감사표시 엽서.

tackla *~r ~de ~t tr.* ① 【선박】 돛, 삭구 등을 장착하다 ② 상대방의 …을 빼앗으려고 달려들다; (일, 문제 따위에) 달려들다, 달라붙다.

tackling *~en ~ar* ① 돛, 삭구(索具) ② 맞붙잡음, (축구) 태클.

tacknämlig *a.* 감사할만한, 고마운; en ~ insats 치하를 받을 만한 협조.

tacksam *a.* 감사하고 있는, 고마워하는; de var ~ma för det fina vädret 그들은 날씨가 좋아서 고마워했다.

tacksamhet *~en 0* 감사한 마음, 사의(謝意); visa ngn sin ~ för …에게 …에 대해서 사의를 표하다.

tacksamhetsskuld *~en 0*, stå i ~ till ngn; …에게 신세를 지고 있다.

tacksägelse [-sɛgelsə] *~n ~r* ① (종교 의식상의) 감사하기 ② 미사 예배 시 사망 보고.

tacksägelsegudstjänst ~en ~er 감사절 예배.

tacktal *~et ~* 답사(答辭).

tad|el *-let 0* 비난, 허물.

tadelfri *~tt a.* 험 잡을 데 없는, 틀림이 없는.

tadla *~r ~de ~t tr.* 비난하다, 나무라다.

tafatt[1] *a.* 어설픈, 세련되지 못한, 선부른.

tafatt[2] (불변화명사) 술래잡기; leka ~; 술래잡기하다.

taff|el *-eln -lar* ① 크고 우아한 파티용 식탁 ② 현(絃)이 수평으로 걸려 있는 옛날 피아노.

taffelmusik *~en 0* 식사 중 나오는 가벼운 음악.

tafs *~en ~ar* ① 낚시를 매는 목줄(실, 말총 따위) ② 【일상】 få på ~en 호되게 야단맞다; hon gav honom på ~en 그녀는 그를 몹시 꾸짖었다.

tafsa *~r ~de ~t itr.* ~ på ngt (ngn); …을 만지작거리다, 건드리다; ~ på flickor 여자를 건드리다.

taft *~en/~et, 0* 호박단(琥珀緞), 광택 있는 엷은 평직(平織) 명주.

tag *~et ~* ① 잡기, 쥐기 (om, i); 타격, 침, 일격; hon grep ~ i livlinan;

T

그녀는 구명줄을 잡았다; det var hårda ~; 심한 타격이었다; han tappade ~et och föll 그는 붙잡았던 것을 놓치고 떨어졌다; få (ha) ~ i (på) (ngt) …을 잡다 (장악하다); få (ha) ~ i (på) (ngn) …와 접촉하다, …와 만나다 ② 일회, 한 번, 한 대, 시도; andas ett ~; 한 번 숨 쉬다; dricka ut glaset i ett ~ 단숨에 잔을 비우다; i första ~et 첫 번째 시도에서; två i ~et 한 번에 두 명; det var ett ~ sen vi sågs sist 오랜만 일세; vi tar en sak i ~et 우리는 한 번에 한 가지씩 한다.

taga ☞ **ta**.

tagas ☞ **tas**.

tag|el *-let* ~ 말 털 (말갈기 또는 말 총).

tagen *a*. 지친; 감동된.

tagg *~en ~ar* 가시; 바늘, 가시 같은 것.

taggig *a*. 가시투성이의, 바늘이 있는.

taggsvamp *~en ~ar* 머리 부분의 안쪽이 가시모양으로 돋아난 버섯류.

taggtråd *~en ~ar* 철조망.

tagning *~en ~ar* 사진 찍기, 노출; 촬영.

tajma *~r ~de ~t tr*. 시기에 맞추어 …하다, 시기를 맞추다.

tajt *a*. 몸에 꼭 끼는.

tak *~et ~* 지붕, 천정, 꼭대기; ~et på huset 지붕 꼭대기; inte ha (stå utan) ~ över huvudet 살 집이 없다; rummet är högt i ~[et] 그 방은 천정이 높다; bo under samma ~ 한 지붕 밑에 살다.

takkron|a *-an -or* 샹들리에.

taklag *~et ~* 지붕 구조물 (버팀목, 용마루 따위를 포함한).

taklagsfest *~en ~er* 상량식(上梁式).

taklagsöl *~et ~* ☞ **taklagsfest**

taklök *~en 0* 돌나물과(科) 풀.

takmålning *~en ~ar* 천장에 그린 그림, 천장화.

taknock *~en ~ar* (지붕의) 용마루.

takomet|er *-ern -rar* 회전 속도계, 유속계(流速計).

takpann|a *-an -or* 지붕기와 (taktegel).

takpapp *~en/~et, 0* 지붕에 까는 콜타르를 칠한 두꺼운 판지.

takräcke *~et ~* 자동차 지붕 위의 짐받이.

takskägg *~et ~* (집의) 처마.

takstol *~en ~ar* 지붕 버팀목.

takt *~en ~er* ①【음악】박자, 속도, 리듬, 템포; markera ~en 박자를 표시하다; hålla ~en 보조를 맞추다, 박자를 맞추다; öka ~en 속도를 높이다; i ~ med …과 동시에, …에 맞추어; komma ur ~en (행진에서) 발이 틀리다 ②【음악】리듬단위,【운율】음보(音步), 운각(韻脚) ③ 재치, 기지, 요령.

taktart *~en ~er*【음악】박자; till de enklaste ~erna hör 2/4-takt och 3/4-takt 제일 간단한 박자로는 4분의 2박자와 4분의 3박자가 있다.

taktfast *a*. 박자가 맞는, 율동적인.

taktfull *a*. 분별 있는, 재치 있는, 요령이 많은.

taktik *~en ~er* 전략, 술책, 방책;【군사】전술, 용병학.

taktiker *~n ~* 전술가, 모사, 책략가.

taktisk *a*. 전술상의, 용병상의; 변통수에 능한, 책략에 능란한.

taktkänsl|a *–an 0* ① 리듬 감각 ② 재치, 기지, 분별력.

taktlös *a.* 재치(요령)없는, 머리가 안 도는.

taktlöshet *~en ~er* 요령 부족, 재치 없음, 서투름.

taktpinn|e *–en –ar* 【음악】 지휘봉.

taktäckar|e *–[e]n ~* 지붕 이는 직공.

takås *–en –ar* 용마루.

tal *~et ~* ① 수, 수효, 총계; hela ~ 정수(整數), 완전수; räkna ut ett ~ 계산하다, 산수 문제를 풀다 ② 연설, 담화, 대화; direkt (indirekt) ~【언어】 직접(간접)화법; det kan inte bli ~ om det 그것에 대해서는 말 할 필요가 없다; det är ~ om att …, …라는 이야기가 있다; hålla ~ 연설하다; i ~ och skrift 구두와 문서상으로; falla ngn i ~et …의 이야기를 방해하다; på ~ om det 그것에 대해서 말하자면; komma på ~ 언급되다, 화제가 되다; han är omöjlig att komma till ~s med 그와는 대화가 안 된다.

tala *~r ~de ~t* Ⅰ. *tr. itr.* 말하다, 이야기하다, 연설하다; ~ är silver, tiga är guld 【속담】 웅변은 은, 침묵은 금이다; ~ bra 언변이 좋다, 말을 잘 한다; allvarligt ~t 진지하게 말해서; ~ emot förslaget 제안에 반대하다; ~ för 옹호하다, 대변하다; allting ~r för hans oskuld 모든 것을 미루어 보아 그는 무죄이다; ~ för sig själv 혼자 말하다; ~ med ngn …와 말하다; kan jag få ~ med ngn …와 이야기를 할 수 있나요, …를 만날 수 있나요?; vem ~r jag med? (전화상으로) 실례이지만 누구신지요?; det är någon som vill ~ med dig i telefon 누가 전화로 너를 찾는다; låt oss ~ om något annat 우리 화제를 바꿔 이야기하자; ~ över ett ämne 어떤 주제에 대해서 이야기하다 Ⅱ. (강세접사와 함께) ① ~ in …을 녹음하다 ② ~ om 말하다, 알리다; ~ om ngt för ngn …에게 …에 대해서 말하다 ③ ~ ut 거리낌 없이 이야기하다.

talan *~ 0* ①【법률】 소송, 고소, 소원, 탄원 ② 주장, 논거

talande *a.* 의미 있는, 시사하는 바가 있는; den ~ 화자(話者).

talang *~en ~er* (천부적) 재능, 소질; han är en verklig ~ 그는 정말 재주꾼이야.

talangscout *~en ~er* (연예계, 스포츠계의) 신인 발굴 담당자.

talar|e *–[e]n ~* ① 연사(演士), 화자(話者) ②【언어학】 언어사용자.

talarstol *~en ~ar* 연단, 강단.

tala|s *~ –des –ts itr. dep.* vi får ~ vid om saken 우리 그 문제에 대해서 이야기 합시다.

talde ☞ **tälja**.

talekonst *~en 0* 웅변(변론)술 (talarkonst).

tales|man *–mannen –män* 대변인.

talesätt *~et ~* ① 관용어법 ② 경구(警句).

talfel *~et ~* 언어 장애.

talför *a.* 잘 지껄이는, 수다스런, 말하기 좋아하는.

talg [–lj] *~en 0* 수지(樹脂), 쇠기름, 양(羊) 기름.

talgdank *~en ~ar* 수지로 만든 양초; nu gick det upp en ~ för mig 이제

나도 갑자기 깨닫게 되었다.

talisman *~en ~er* 호부(護符), 부적.

talj|a *–an –or* 권양기(捲揚機), 도르래 장치.

talk *~en 0* 【광물】 활석(滑石), 탤크.

talka *~r ~de ~t tr.* 활석을 뿌리다.

talkör [–kœ:r]*~en ~er* (구호 따위를) 이구동성으로 외치기.

tall *~en ~ar* (키가 크고 곧은) 소나무.

tallbit *~en ~ar* 【조류】 멋쟁이 새 (붉고 잿빛이 나는 피리새 종류).

talli|um *–um/–[um]et, 0* 【화학】 탈륨 (금속 원소의 하나).

tallkott|e *–en –ar* 솔방울.

T

tallkott[s]kört|el *–eln –lar* 【해부】 송과선(松果腺).

tallrik *~en ~ar* 접시.

tallös *a.* 무수한, 셀 수 없는.

tal|man *–mannen –män* 국회 의장; Herr ~! 국회의장님!; 큰 회의의 의장.

talmi *~t 0* 금 입힌 놋쇠, 탈미금(金).

talong [–o:ŋ] *~en ~er* ① 부본, 원부(原簿) (수표, 승차권, 영수증 따위를 떼 주고 남은 쪽지) ② (카드놀이) 돌리고 남은 패.

talorgan *~et ~* 발음기관.

talpedagog *~en ~er* 언어 치료사 (logoped).

talregistreringsapparat *~en ~er* 전화 자동 응답기에 장치된 녹음기.

talrik *a.* 수많은.

talrubbning *~en ~ar* 언어장애.

talscen *~en ~er* 대화 중심의 연극 장면.

talspråk *~et ~* 구어(口語).

taltrast *~en ~er* (유럽산(産)) 지빠귀류 새.

talträngd *a.* 말하기 좋아하는, 수다스러운.

tam *a.* 길들인, 길든, 온순한; ~a djur 가축.

tamarisk *~en ~er* 【식물】 위성류(渭城柳), 능수버들.

tambur *~en ~er* 복도, 현관.

tamburin *~en ~er* 탬버린 (타악기의 일종).

tamburmajor *~[e]n ~er* (악대의) 고수 장, 악대장.

tamde ☞ **tämja**.

tamp *~en ~ar* 밧줄의 끝.

tampa|s *~ –des –ts itr. dep.* ~ [med varandra] 맞붙어 싸우다.

tampong [–o:ŋ] *~en ~er* 【의학】 지혈(止血) 마개, 월경대.

tamtam (불변화 ett–명사) 징.

tand *~en tänder* 이, 이빨; borsta tänderna 이를 닦다; dra ut en ~ 이를 한 개 뽑다; visa tänderna 위협적인 태도를 보이다; ha ont i tänderna 이가 아프다; beväpnad till tänderna 완전 무장한.

tanda *~r ~de ~t tr.* …에 이(齒)를 달다, (톱 따위의) 날을 세우다; ~d 이가 달린, 이가 있는; (동, 식물의) 톱니 모양의.

tandagnisslan (불변화 en–명사), gråt och ~ 울며불며 이를 갈기.

tandborst|e *–en –ar* 칫솔.

tandbrygg|a *–an –or* 【치과】 의치를 떠받는 브리지, 가공 의치(架工義齒).

tanddoktor *~n ~er* 치과의사.

tandem ① *~et 0* 앞뒤로 연결한 두 필의 말이 끄는 마차 ② 2인승 자전거.

tandemcyk|el *–eln –lar* 2인승 자전거.

tandhals *~en ~ar* 【치과】 치경(齒頸).

tandkron|a *-an -or* 【치과】 치관(齒冠).

tandkräm *~en ~er* 치약.

tandkött *~et 0* 잇몸, 치경(齒莖).

tandläkar|e *-[e]n ~* 치과의사.

tandlös *a.* 이가 없는; 힘이 없는, 무기력한.

tandpast|a *-an -or* 치약.

tandpetar|e *-[e]n ~* 이쑤시개.

tandprotes *~en ~er* (한 벌의) 틀니, 의치.

tandreglering *~en 0* 치열(齒列)교정.

tand|rot *~en -rötter* 치근(齒根).

tandröt|a *-an 0* 【치과】 치(齒)카리에스, 이가 부식하는 것.

tandsten *~en 0* 치석(齒石).

tandställning *~en ~ar* 치열, 치열교정기.

tandtråd *~en ~ar* 치실.

tandval *~en ~ar* 치경(齒鯨), 고래의 일종.

tandvall *~en ~ar* 윗잇몸과 경구개 사이의 부분.

tandvårdsförsäkring *~en ~ar* (사회보험으로서) 치과 진료 보험.

tandvärk *~en 0* 치통; ha ~ 이가 아프다.

tangent [-jẹnt/-gẹnt] *~en ~er* ① 타자기의 키, 피아노의 건(鍵) ② 【수학】 탄젠트, 정접(正接).

tangentbord *~et ~* 타자기의 키보드, 피아노의 건반.

tangera [taŋgẹ:-/tanjẹ:-] *~r ~de ~t tr.* ① 【기하】 (선 또는 면에) 접하다 ② …에 닿다, …과 경계를 접하다; (어떤 화제에) 살짝 언급하다; (스포츠) 기록과 똑같은 결과를 내다.

tango [taŋgɔ/taŋgə] *~n, ~r/~er* 탱고; dansa ~ 탱고 춤을 추다.

tanig *a.* (신체가) 가는, 홀쭉한, 마른.

tank Ⅰ. *~en ~ar* (술, 가스, 물 따위의) 탱크 Ⅱ. *~en, ~ar/~s* 【군대】 전차, 탱크.

tanka *~r ~de ~t tr. itr.* (자동차, 배, 비행기에) 연료를 채우다.

tank|e *-en -ar* 생각, 사상, 의견(om), 견해; ~n är fri 생각은 자유다; den ~n föll mig in 그 생각이 내게 떠올랐다; det är min ~ att … 내 의견은 …하다; jag har inte en ~ på att …, …할 생각이 나는 없다; läsa ngns -ar …의 마음을 헤아리다; utbyta -ar med varandra 서로 의견을 교환하다; falla i -ar 사색에 잠기다; han gjorde det i den ~n att … 그는 …할 생각에서 그렇게 하였다; med ~ på …를 고려하여, …한 관점에서; komma på bättre -ar 더 좋은 생각이 나다.

tankedig|er [-di:gər] *-ert -ra a.* 생각이 깊은, 사고력이 풍부한, 심오한.

tankeexperiment *~et ~* 가정, 상상.

tankegång *~en ~ar* 논리적 사고, 추론, 사유.

tankeläsar|e *-[e]n ~* 독심술(讀心術)을 하는 사람.

tanker *~n, ~/tankrar* 유조선.

tankeställar|e *-[e]n ~* 교훈거리, 생각해 보게 하는 것; det gav oss en ~ 그것은 우리에게 교훈이 되었다.

tankeväckande *a.* 생각을 일깨우는, 사고를 자극하는.

tankeöverföring *~en 0* 정신 감응

T

(술), 텔레파시.

tankfartyg ☞ tanker.

tankfull *a*. 사려 깊은, 신중한, 생각에 잠기는.

tanklös *a*. 생각이 없는, 부주의한.

tankning *~en ~ar* (배, 비행기, 자동차의) 연료 보급.

tankspridd *a*. 방심 상태의, 멍해 있는, 얼빠진.

tankstreck *~et ~* 이음표, 대시(–).

tankställare ☞ tankeställare.

tannin *~et/~en, 0* 【화학】 타닌산.

tant *~en ~er* 고모, 이모, 아주머니, 아줌마 (아이들이 처음 보는 여자에게 부르는 호칭).

tantaluskval (복수명사), lida ~ 쉽게 도달할 수 있는 것을 쟁취하지 못하는 데서 고통을 받다.

tantiem *~en/~et, 0/~er* 회사의 임직원에게 주는 상여금.

tantig *a*. 아줌마 같은, (옷차림, 외모가) 유행에 뒤진, 촌스런.

taoism *~en 0* (노자가 제창한) 도교(道敎).

tape [tejp] *~n 0* ☞ tejp.

tapet *~en ~er* 벽지; vara på ~en 심의중이다, 토의중이다.

tapetdörr *~en ~ar* 【건축】 벽과 같은 평면에 눈에 띄지 않게 만든 문.

tapetsera *~r ~de ~t tr*. …에 벽지를 바르다.

tapetserar|e *–[e]n ~* 실내장식 업자.

tapioka *~n 0* 타피오카, 식용녹말 (남미의 카바사라는 식물 뿌리에서 채취함).

tapir *~en ~er* 【동물】 맥(貘) (말레이, 중남미산 맥과(科)의 포유동물).

tapisseri *~et ~er* 태피스트리(색실로 짠 주단).

tapp *~en ~ar* ① (통의) 주둥이, 꼭지, 마개 ② 쐐기, 못, 핀 ③ (짚 따위의) 한 움큼, 작은 다발, (머리털 따위의) 숱 ④ 【해부】 원추체, 추상체 ⑤ 주유소.

tappa[1] *~r ~de ~t tr*. …을 붓다, 따르다, 비우다; ~ vin på buteljer 병에 포도주를 붓다; ~ vin ur tunnan 통에서 포도주를 비우다.

tappa[2] *~r ~de ~t tr*. …을 떨어뜨리다, 놓치다; 잃다; ~ håret 머리카락이 빠지다; ~ huvudet 어쩔 줄 모르다, 당황해하다; vi ~de bort varandra i trängseln 우리는 북새통에 서로를 놓치고 말았다; ~ bort sig 길을 잃다.

tapper *a*. 용감한, 대담성이 있는.

tapperhet *~en 0* 용기, 용감성.

tappning *~en ~ar* 통에다 술을 붓기; 꼭지로부터 술을 따르기.

tappt *adv*. ge ~ 굴복하다, 항복하다, 포기하다.

tapto *~t ~n* 【군사】 귀영나팔(북).

tarant|el *–eln –lar* (이탈리아의) 독거미의 일종.

tarantella *~n 0* 이탈리아의 춤 (타란텔라).

tariff *~en ~er* 가격표, 요금표, 세율표.

tarm *~en ~ar* 창자, 장; blind~ 맹장.

tarmkäx [–çɛks] *~et ~* 장간막(腸間膜).

tarmludd *~en/~et, 0* 창자의 융모(絨毛).

tarmvred *~et ~* 【병리】 장폐색(腸閉塞).

tars *~en ~ar* 【조류】 부척골(跗蹠

骨); 【곤충】 부절(附節).

tartelett *~en ~er* 과일을 넣은 파이.

tarv *~et 0* 【고어】 förrätta sitt ~ 대(소)변을 보다.

tarva *~r ~de ~t tr.* 필요로 하다, 요구하다.

tarvlig *a.* 거친, 상스러운, 저속한.

tas/tagas *tas togs tagits itr. dep.* …와 접촉하다, 다루다(med); hon är inte god att ~ med 그녀는 대하기가 쉽지 않다.

taskig *a.* 【일상】 불친절하고 야비한.

taskspelar|e *-[e]n ~* 요술쟁이, 마술사.

tass *~en ~ar* (개, 고양이 따위의 발톱이 있는) 발.

tassa *~r ~de ~t itr.* 조용히 살금살금 걷다.

tass|el *-let 0* 소곤거리는 소리; det var mycket tissel och ~ om deras förhållande 그들의 관계에 대해서 수군거리는 소리가 많았다.

tatar *~en ~er* 타타르족 사람.

tattar|e *-[e]n ~* 집시처럼 유랑 생활을 하는 천민.

tatuera *~r ~de ~t tr.* 문신(文身)을 하다.

tatuering *~en ~ar* 문신(文身).

tautologi [-gi:] *~n ~er* 같은 말의 반복, 동의어 반복.

tavelgalleri *~et ~er* 미술관, 화랑.

tavern|a *-an -or* 선술집, 여인숙.

tavl|a *-an -or* ① 그림, 회화 ② 게시판(anslags~) ③ 항해표지.

tax *~en ~ar* 닥스훈트 (독일 산 사냥용 개).

tax|a *-an -or* 요금, 사용료; enhetlig ~ 단일 요금.

taxamet|er *-ern -rar* (택시의) 미터, 요금표시기.

taxera *~r ~de ~t tr.* 과세하다.

taxering *~en ~ar* 과세, 평가.

taxeringsnämnd *~en ~er* 세무서.

taxeringsvärde *~t ~n* (부동산의) 과세 평가액.

tax-free [taksfri:] (불변화형용사) 면세의.

taxi *~n ~* 택시.

taxibåt *~en ~ar* 전세 보트.

taxichaufför [-ʃɔfœ:r] *~en ~er* 택시 운전기사.

taxiflyg *~et ~* 전세 비행기.

taxistation *~en ~er* 택시 정류소.

tazett [-set] *~en ~er* 【식물】 나팔수선화.

T-bana ☞ tunnelbana.

tbc [tebese:] *tbc-n 0* 【의학】 결핵 (tuberkulos).

te[1] *~[e]t ~er* 차(茶).

te[2] *~r ~dde ~tt rfl.* …인 것 같다, …처럼 보이다.

teach-in [ti:tʃin] *~et ~* 시사 문제 공개대토론회.

teak [ti:k] *~en 0* 티크 나무 (배, 가구 재료).

team [ti:m] *~et ~* 조, 팀, 작업 조.

teat|er *-ern -rar* 극장, 연극; spela ~ 연극을 공연하다; gå på ~n 연극 구경을 가다.

teaterkritik *~en 0* 연극 비평.

teaterpjäs *~en ~er* 연극, 각본, 희곡.

teaterviskning *~en ~ar* (의도적으로 옆 사람이 들을 수 있게 하는) 큰 소리의 속삭임.

teatralisk *a.* 극장의, 연극의, 연극 같은.

teck|en *-net* ~ ① 신호, 기호, 표시, 징후 ② 몸짓, 손짓; alla ~ tyder på att …, …할 징후가 농후하다; det fanns inte ett ~ till liv 살아있는 기미가 전혀 없었다; det är ett gott (dåligt) ~ 좋은 (나쁜) 징조이다; ge ~ till anfall 공격 신호를 보내다; till (som) ~ på ngt …에 대한 표시(신호)로서.

teckensnitt *~et ~*【컴퓨터】문자체.

teckenspråk *~et ~* 손짓 말, 수화(手話).

teckentydar|e *-[e]n ~* 점쟁이, 예언자.

teckna *~r ~de ~t tr. itr.* ① 그리다, (줄, 선을) 긋다, 묘사하다; en ~d film 만화영화 ② 서명하다, 예약하다, 구독하다, 주식을 사다, 보험에 들다 ③ 신호를 보내다 (till, åt).

teckna|d *a.* ett vackert -t djur 아름답게 그린 동물.

tecknar|e *-[e]n ~* 제도사, 그리는 사람; reklam~ 광고제도사.

teckning *~en ~ar* ① 그리기, 스케치 ② 계약 서명, 기명 동의.

teckningsrätt *~en 0* (새 주식 발행시) 주주들의 주식 구입권.

teddybjörn *~en ~ar* 장난감 곰.

tefat *~et ~* 받침 접시; flygande ~ 비행접시.

teg[1] ☞ tiga.

teg[2] *~en ~ar* 밭떼기.

teg|el *-let ~* 벽돌.

tegelbruk *~et ~* 벽돌공장.

tegelpann|a *-an -or* 지붕기와.

tegelsten *~en ~ar* 벽돌;【일상】두꺼운 책.

tein *~et 0*【화학】다소(茶素).

teint [tɛːŋ] *~en 0* 안색, 피부.

teism *~en 0* 유신론(有神論), 일신론(一神論).

tejp *~en ~er* 테이프 (접착용); 녹음테이프.

tejpa *~r ~de ~t tr.* 테이프로 고정시키다.

tekak|a *-an -or* 차 마실 때 먹는 과자.

tekann|a *-an -or* 찻병, 찻주전자.

teknik *~en ~er* (전문)기술, 공학.

tekniker *~n ~* 기사, 기술자, 전문가.

teknisk *a.* 기술적, 기술의, 전문적, 공업(공예)의; ~ högskola 공과 대학.

teknokrat *~en ~er* 전문기술 관료.

teknokrati *~n 0* 전문기술인 지배 (전문기술인과 경제인이 정치적으로 영향력을 행사하는 사회), 전문기술인 정치.

teknolog *~en ~er* 공과 대학생.

teknologi *~n 0* 공업(과학) 기술, 공예학.

teknologie *a.* (불변화형용사) ~ doktor 공학 박사.

teknologisk *a.* 공예(상)의, 공예학의, 기술의.

tekoindustri *~n 0* 방직 및 봉제 공업.

telefax *~en ~ar* ☞ fax.

telefon *~en ~er* 전화, 전화기; det är ~ till dig (du har ~) 네게 온 전화다; sitta i ~ 전화를 받고 있다; tala med ngn i ~ …와 전화로 통화하다; per ~ 전화로 (…을 알리다); på ~ 전화로 (…와 만나다).

telefonabonnent *~en ~er* 전화 가입자.

telefonera *~r ~de ~t tr. itr.* 전화하다.

telefoni ~n 0 전화기술, 전화통화법 [술], 텔레포니, 전화통신.
telefonist ~en ~er 전화 교환수.
telefonkatalog ~en ~er 전화번호부.
telefonkiosk ~en ~er 공중 전화실.
telefonlur ~en ~ar 전화수화기.
telefonstation ~en ~er 전화 교환국.
telefonsvarar|e –[e]n ~ 전화 자동 응답기.
telefonvakt ~en ~er 안내 교환수 (전화 가입자의 부재중 가입자를 위해 메시지를 주고받는 교환수).
telefonväx|el –eln –lar 구내전화 교환 장치.
telefoto ~t ~n 사진 전술.
telegraf ~en ~er 전신, 전보.
telegrafera ~r ~de ~t tr. itr. 타전하다, 전송하다.
telegrafi ~n 0 전신술(학).
telegrafisk a. 전보(전신)의, 전송의.
telegrafist ~en ~er 전신 기사.
telegram ~met ~ 전보.
telegramadress ~en ~er (전보의) 수신인 약호.
telegrambyrå ~n ~er 통신사.
telegramstil ~en 0 전문체(電文體) 형식; 거두절미 식 표현.
telekommunikation ~en ~er (라디오, 텔레비전, 전신, 전화 따위에 의한) 전기 통신.
teleobjektiv ~et ~ 망원 렌즈.
teleologi [–gi:] ~n 0 목적론.
teleologisk a. 목적론적인, 목적론의.
telepati ~n 0【심령】정신 감응.
teleprint|er –ern –rar 텔레타이프, 전신타자기.
teleskop ~et ~ 망원경.
teleskopisk a. ① 망원경의, 망원경으로 본 ② 겹으로 포개어 끼우는.
telestation ~en ~er 전신 전화국.
Televerket (정형명사) (국립 스웨덴) 전기통신소.
television ~en 0 텔레비전 (TV, teve).
telex ~en 0 텔렉스.
telf|er –ern –rar 텔퍼 (고가 궤도 전력 운반 장치).
telning ~en ~ar ① 어린 나무, 싹 ② 어린애, 어린 것.
tema ~t ~n ① 주제, 제목, 화제 ② (학교) 번역 시험 (스웨덴어를 외국어로) ③【문법】동사변화형; ~t på 'falla' är 'falla – föll – fallit – fallen'.
temp ~en 0【일상】체온 ((kropps)temperatur의 약어).
temp|el –let ~ 신전(神殿), 사원(寺院), 교회.
tempera[1] ~r ~de ~t tr.【군사】포탄, 로켓 등을 발사 위치에 배열하다.
tempera[2] ~n 0 회화 물감의 일종.
temperament ~et ~ 기질, 성미, 체질; ett hetsigt ~ 성 잘 내는 (신경질적인) 기질.
temperatur ~en ~er 온도, 기온; 체온, 신열; ta ~en på ngn …의 체온을 재다.
temperera ~r ~de ~t tr. ① …에 적당하게 온도를 조절하다; 부드럽게 하다, 진정시키다 ②【음악】조율하다.
tempo ~t ~n ① (활동, 운동 등의) 속도 ②【음악】빠르기, 박자, 템포 ③ 작업 단계 (계제, 공정).
tempoarbete ~t ~n 일관 작업; industrins enformiga ~n 산업체의 단조로운 일관 작업.

T

temporal *a*. 【문법】 때를 나타내는, 시제의.

temporär *a*. 일시적인, 잠시의, 잠정적인.

tempus *~et ~* 【문법】 동사의 시제, 시제변화.

ten *~en ~ar* 가늘고 짧은 금속봉 (棒).

tendens *~en ~er* 경향, 추세.

tendentiös [−tsiø:s/−siø:s] *a*. 경향을 나타내는, 의도가 있는, 목적이 있는, 편파적인.

tend|er *−ern −rar* ① (증기 기관차의) 탄수차(炭水車) ② 모선(母船)의 부속선, 거룻배.

T

tendera *~r ~de ~t itr*. 경향이 있다, 향하다 (mot, åt, till).

tenn *~et 0* 주석 (금속원소, 기호 Sn).

tennis *~en 0* 정구, 테니스.

tennsoldat *~en ~er* (쇠붙이로 만든) 병정놀이 감.

tenor *~en ~er* 테너 (남성 고음), 테너 가수.

tent|a[1] *−an −or* 【일상】 시험.

tenta[2] *~r ~de ~t itr*. 시험 치다 (tentera).

tentak|el *−eln −ler* (하등 동물의) 촉수, 촉각.

tentam|en *−en −ina* 시험; muntlig ~ 구두시험; ~sbok 【역사】 대학의 (시험) 성적 기록부.

tentand *~en ~er* 수험생.

tentator *~n ~er* 시험관.

tentera *~r ~de ~t* Ⅰ. *tr*. ~ ngn …를 시험 치게 하다 (i, på) Ⅱ. *itr*. 시험보다(치다).

teodice *~n 0* 【신학, 철학】 악의 존재를 신의 섭리라고 하는 주장, 신정설(神正說).

teokrati *~n ~er* 신권 정체(政體), 신정(神政, 신탁(神託)에 의한 정치).

teolog [−o:g] *~en ~er* 신학자.

teologi *~n 0* 신학(神學).

teologie (불변화형용사) 신학부의; ~ doktor 신학박사.

teologisk *a*. 신학의.

teorem *~et ~* 증명할 수 있는 일반 원리, 법칙, (수학) 정리(定理), 공리(公理).

teoretiker *~n ~* (학)설을 세우는 사람, 이론가, 공론가.

teoretisk *a*. 이론(상)의; ~ fysik 이론 물리학.

teori *~n ~er* 이론, 학설, 설(說), 논(論).

teosofi *~n 0* 견신론(見神論), 접신론(接神論), 접신학.

terapeut [tærapɛft] *~en ~er* 요법 학자, 임상 학자, 치료사.

terapeutisk *a*. 치료의, 치료법의.

terapi *~n 0* 치료, 요법.

term [tærm]*~en ~er* 용어, 술어.

termer (복수명사) (옛 그리스, 로마의) 공중목욕탕.

termik *~en 0* 상승 온난 기류.

termin *~en ~er* ① 학기; höst~ 가을 학기 ② 지정 만기일.

terminal *~en ~er* ① (버스, 컨테이너) 터미널, 종점, 항공여객 버스 발착 장 ② 컴퓨터 단말기.

terminologi *~n ~er* (집합적) 전문용어, 술어.

terminologisk *a*. 술어학(상)의, 술어(용어)상의.

terminsavgift *~en ~er* 학기 등록금.

termisk *a*. 열의, 열량의, 온도의.

termit *~en ~er* ① 흰개미 ② 【화학】

테르밋 (약 3,000℃의 고온을 냄; 용접용 · 소이탄용).

tẹrmodynamik ~en 0 열역학.

termomẹt|er -ern -rar 온도계, 체온계.

termonukleär a. 열핵의, 원자핵 융합 반응의.

tẹrmos ~en ~ar 보온병 (termosflaska).

termostạt ~en ~er 온도 조절 장치.

teros ~en ~or 【식물】 월계화 (중국 원산으로 차의 향기가 나는 장미의 변종을 총칭하여 이르는 말).

terrakotta ~n 0 점토의 질그릇; 테라코타 건축재.

terrạri|um ~et ~er 자연 동물 사육장, 식물원.

terrạss [tæras] ~en ~er ① 단지 (段地, 경사지를 제단 모양으로 깎은), 제단 모양의 뜰 ② (지붕이 있는) 작은 발코니.

terrassera ~r ~de ~t tr. 제단 모양으로 하다; 발코니에 지붕을 달다.

terrẹster/terrestrisk a. 지구(상)의, 지상의, 뭍의, 뭍에서 사는.

tẹrrier ~n ~ 【동물】 테리어 개 종류 (사냥개, 애완견 등).

terrịn ~en ~er (뚜껑이 있는) 수프 대접.

territorialvatt|en -net ~ 영해, 수역.

territoriẹll [tær-] a. 영토의, 토지의.

territọri|um -et -er (영해, 영공을 포함한) 영토.

tẹrror [tærɔr]~n 0 공포, 두려움; 가공할 만한 일, 무서운 사람 (것), 폭력, 테러.

terrorisera ~r ~de ~t tr. 위협, 협박, 폭력 등을 동원해서 공포심을 심어주다.

terrorism ~en 0 테러리즘, 공포 정치; 폭력주의, 테러 (폭력) 행위.

terrorist ~en ~er 테러리스트, 폭력주의자.

terrạng ~en ~er ① (자연) 대지, 지대, 개간하지 않은 땅; 기초, 근거; 【군사】 지형, 지세 ② 【스포츠】 löpa ~ 크로스컨트리 경주를 하다.

terränglöpning ~en ~ar 크로스컨트리 경주.

ters [tæʂ] ~en ~er ① 【음악】 셋째 음, 3도 음정 ② 【일상】 세 번째 잔; helan, halvan och sedan ~en 첫잔, 둘째 잔, 그리고 셋째 잔.

tersẹtt/terzẹtt ~en ~er 【음악】 3중창(주, 곡).

tertiär [-tsiæ:r] a. 제 3의, 제 3위의; 제 3기의.

terzin [-(t)si:n] ~en ~er 이탈리아의 3운구법(韻句法, 단테 '신곡'의 시 형식).

tes ~en ~er 논제, 주제.

tesked ~en ~ar 티(차)스푼.

teskedsvis adv. 한 번에 티스푼으로 한 숟가락씩.

test[1] ~et/~en, ~/~er 시험, 검사, 테스트.

test[2] ~en ~ar (머리칼 따위의) 작은 다발, 한 줌의 머리카락.

testa ~r ~de ~t tr. (순도, 성능, 정도 따위를) 시험하다, 검사하다.

testamentạrisk a. 유언의, 유언장에 의한.

testamẹnte ~t ~n 유언(서); Gamla (Nya) Testamentet 구약(신약) 성서; efterlämna ett ~ 유언을 남기다.

testamentera ~r ~de ~t tr. ~ ngt till ngn …에게 …을 유증하다, 유산

T

으로 남기다.

testamentsexekutor *~n ~er* 【법률】 지정 유언 집행자.

testator *~n ~er* 유언자.

testbild *~en ~er* (TV) 테스트 패턴 (화면 조정용 도형).

testik|el *-eln -lar* 【해부】 고환, 정소(精巢).

testning *~en ~ar* 시험, 검사, 조사.

tetanus (불변화 en-명사) 【의학】 파상풍(균).

tête-à-tête *~n ~r/tätatät ~en ~er* (애인끼리의) 단둘의 밀담, 은밀한 만남.

tetraed|er *-ern -rar* 【수학】 4면체.

teve *~n, ~ar/~* 텔레비전의 약어.

t.ex. till exempel의 약어, 예를 들면.

text *~en ~er* ① (서문, 부록 등에 대하여) 본문 ② (요약, 번역에 대하여) 원문 ③ (설교 등에 인용되는) 성서의 구절; dagens ~ 금일의 성경 구절; fransk film med svensk ~ 스웨덴어 자막을 단 프랑스 영화.

texta *~r ~de ~t tr. itr.* ① 인쇄체로 또박또박 쓰다 ② (대사를) 또박또박 말하다 ③ (외국 영화에) 자막을 달다.

textbehandling *~en ~ar* ☞ ordbehandling.

textförklaring *~en ~ar*, försedd med ~ar 원문 비평을 단.

textil[1] *a.* 직물의.

textil[2] *~en, ~er/~ier* 직물, 옷감.

textilier (복수명사) 직물.

text-TV (불변화명사) 텔레텍스트, 문자 다중방송.

textur *~en ~er* (직물의) 발, 짜임새; (암석, 목재 따위의) 결, 감촉.

Thailand 태국.

thailändar|e [taj-] *-[e]n ~* 태국 사람.

thailändsk *a.* 태국의.

thailändsk|a Ⅰ. *-an -or* 태국 여자 Ⅱ. *-an 0* 태국어.

thinner ☞ tinner.

thrill|er [tr-] *-ern, -rar/-ers* (소설, 영화 따위의) 스릴러 물.

ti|a *-an -or* 숫자 10과 관련이 있는 사람이나 사물, 10크로나짜리 지폐, 트럼프에서 카드 10, 10번 버스나 전차.

tiar|a *-an -or* 고대 페르시아인의 관; 로마 교황의 3중관.

tibast *~en 0* 서양 사향, 서양 팥꽃나무 (이른 봄에 향내와 보랏빛이 감도는 핑크색 꽃이 핀다).

Tibet 티베트.

tibetan *~en ~er* 티베트 사람.

tibetanar|e *-[e]n ~* ☞ tibetan.

tibetansk *a.* 티베트의.

tibetansk|a *-an -or* ① 티베트 여자 ② 티베트 어 (단수로만 사용).

tick|a[1] *-an -or* 말굽버섯과 따위의 균류의 총칭.

ticka[2] *~r ~de ~t itr.* (시계 등이) 똑딱거리는 소리를 내다, 똑딱거리다.

ticktack *~et 0* 시계의 똑딱거리는 소리 (감탄사도 사용).

tid *~en ~er* ① 때, 시간; 시일, 세월; 기간; 시대; 시기, 시절; 약속한 시간; 기회 ② (전치사 없이 부정형으로 사용될 때) a) stanna en ~ 잠시 머무르다; min första ~ i Sverige 내가 스웨덴에 처음 머무를 때; du store (stora) ~, vad jag är sjuk 아이구(맙소사)!

몸이 아파 죽겠군; medan ~ är 시간이 있을 때; ~s nog får du veta det 곧 알게 될거야; alla tiders 세기의, 굉장한, 어마어마한; beställa ~ hos …에 시간을 예약하다; jag har inte ~ med (för) …할 시간이 없다; ha god ~ på sig 시간이 많다; ta ~ på …의 시간을 재다; ta god ~ på sig 시간을 충분히 할애하다; det var andra ~er då 그 때는 시대가 달랐지 b) (전치사 없이 정형으로 사용될 때) ~[en] och rum[met] 시간과 공간; ~en är ute! 시간이 넘었다(종료되었다); gamla ~en 옛날; den gamla goda ~en 옛날의 좋았던 시절; [den] nya ~en 현대; den gustavianska ~en 구스타브왕조 시대 ③ (전치사와 함께 사용될 때) a) efter ett års ~ 1년이란 기간이 지난 후; vara efter sin ~ 시대에 뒤떨어져 있다 b) för en tid av 5 år, 5년이란 기간 동안 c) vara före sin ~ 시대에 앞서 있다 d) i ~ 제시간 안에; i ~ och otid 언제나, 때를 가리지 않고; i två års ~ 2년이란 기간 동안; nu i två års ~ 최근 2년 동안; i vår ~ 우리의 시대에는; i alla ~er 항상, 영원히; vad i alla ~er vill detta säga? 세상에 (맙소사!) 이게 무슨 일인가?; aldrig i ~en 절대로; det låg i ~en att …하는 것은 당시의 풍조였다 e) med ~en 시간이 지남에 따라 f) på ~en 시간 내에 (마치려고 노력하여); det är på ~en att gå 가야 할 시간이다; på bestämd ~ 정해진 시간에; på min ~ 내가 …했던 시절에는; de var vänner på sin ~ 한 때 그들은 친구였다; på olika ~er 다른 시대에 (시간에); på (under) Gustav Ⅲ: s ~ 구스타브 3세 시대; göra ngt på kort ~ 단시간에 … 하다 ; resa bort på en kort ~ 잠간 여행하다; på lång ~ 오랫 동안; på den ~en då …했을 그 시절에; på senare ~/på senaste (sista) tiden 최근에, 근자에 g) till en ~ 당분간 h) under ~en …의 기간 동안에; 그 동안; jag är upptagen under den närmaste ~en 나는 요 며칠 동안 바쁠 것이다 i) gå ur ~en 생애를 마치다 j) vid ~en 당시; vid den här ~en borde du ligga 이 때쯤이면 네가 벌써 잠자리에 들어야 할 시간이다; vid den här tiden igår 어제 이맘때쯤; vid samma ~ i morgon 내일 같은 시간에.

tidegärd [jæd] *~en ~er* 정해진 시간에 올리는 기도.

tidelag *~et ~* 수간(獸姦), 수성(獸性).

tideräkning *~en ~ar* 연대학; 연대기, 연표.

tidevarv *~et ~* 시대.

tidig *a.* 이른; 초기의; 조기의; 햇과일의; 조숙한; ~are 전에, 이전에.

tidlön *~en ~er* 시간제 급여.

tidlös *a.* 특정 시간에 한정되지 않은, 영구적인, 영원한.

tidlös|a *-an -or* 【식물】 콜키쿰 (백합과의 다년생 식물로 씨에서 콜히친을 채취한다. 가을에 커다란 백색, 핑크색 또는 자색의 꽃이 핀다).

tidning *~en ~ar* 신문, 잡지; vecko~ 주간[잡]지.

tidningsank|a *-an -or* 신문의 허위 보도.

tidningsartik|el *-eln -lar* 신문기사.

tidningsbud *~et ~* 신문배달부.

tidningsläsar|e *-[e]n ~* 신문독자.

tidnings|man *-mannen -män* 언론인.
tidningsprenumeration *~en ~er* 신문구독.
tidpunkt *~en ~er* 시점, 시각; vid ~en för …할 때.
tidrymd *~en ~er* 시간; 시대.
tidräkning ☞ tideräkning.
tidsand|a *-an 0* 세태, 시세.
tidsbild *~en ~er* 시대상.
tidsenlig *a*. 시대에 맞는, 현대의.
tidsfrist *~en ~er* 기한; 연기, 유예.
tidsfråga (단수 부정형으로만 사용), det är bara en ~ 그것은 단지 시간문제야, 시간이 지나면 해결될 것이다.
tidsfördriv *~et ~* 소일거리.
tidsinställd *a*. 시간을 맞추어 놓은; ~ bomb 시한폭탄.
tidsinställning *~en ~ar* (사진 찍을 때) 노출시간 조정.
tidskrift *~en ~er* 정기간행물.
tidskrävande *a*. 장시간을 필요로 하는, 시간이 걸리는 (tidkrävande라고 표기하기도 함).
tidsplan[1] *~en ~er* (일의) 시간표.
tidsplan[2] *~et ~* 시간적 차원, 시차적 계획.
tidsrymd ☞ tidrymd.
tidsschema *~t ~n* 시간표.
tidssignal *~en ~er* (라디오, 텔레비전의) 시보(時報).
tidsskillnad *~en ~er* 시차.
tid[s]spillan (불변화 en-명사) 시간허비, 시간손실.
tidsutdräkt *~en 0* 시간허비, 시간손실.
tidsåld|er *-ern -rar* 시대.
tidsödande *a*. 시간이 드는, 시간을 허비하는.
tidtabell *~en ~er* 시간표; 스케줄.
tidtagar|e *-[e]n ~* 시간 기록계원, 계시원.
tidtagarur *~et ~* 스톱워치.
tidvatt|en *-net ~* 조류(潮流).
tidvis *adv*. 가끔, 때때로.
tig|a *-er teg, tegat/-it itr*. 침묵을 지키다, 잠자코 있다; ~ ihjäl 은폐하다, 얼버무리다.
tig|er [tịːgər] *-ern -rar* 호랑이.
tigerhjärta *~t ~n*, tröst för ett ~ 별 도움이 안 되는 위로 (위안).
tigg|a *-er -de -t itr*. 구걸하다; ~ ihop 구걸하여 모으다.
tiggar|e *-[e]n ~* 거지, 걸인.
tiggarmunk *~en ~ar* 탁발승(托鉢僧).
tiggeri [tigərịː] *~[e]t ~er* 구걸.
tiggersk|a *-an -or* 여자 거지.
tigrerad *a*. 호랑이 털 무늬의.
tigrinn|a *-an -or* 호랑이 암컷, 암호랑이.
tik *~en ~ar* 암캐.
tilj|a *-an -or* 널빤지, 판자; (비유적으로) 무대; gå över ~n 공연되다, 무대에 오르다.
till[1] *prep*. ① (장소, 방향) a) …으로, …을 향한; en dörr ~ köket 부엌문; falla ~ marken 땅에 떨어지다; dricka vin ~ middagen 정찬에 (곁들여) 포도주를 마시다; färdas ~ fots 걸어서 여행하다; inbjuda ngn ~ lunch …를 점심에 초대하다; komma ~ makten 권력을 차지하다; huset ligger ~ höger 그 집은 오른쪽에 위치해 있다; sitta ~ bords 식탁에 (식사하기 위해) 앉다; ta av ~ höger 오른쪽으로 돌다 b) (도착) anlända ~ staden 그 도시에

도착하다; komma ~ ett resultat …결과에 도달하다 c) (출발) tåget ~ Stockholm 스톡홀름행 기차 ② (시간) a) …(어느 특정한 시점)까지; från 1985 ~ 1992, 1985년부터 1992년까지; från morgon ~ kväll 아침부터 저녁까지; ~ långt in på natten 밤늦게까지; ~ en tid 당분간 b) …(어느 특정한 시점)에; han börjar skolan ~ hösten 그 아이는 올 가을에 학교에 입학 한다; han gav mig presenter ~ jul och födelsedagen 그는 크리스마스와 생일에 나에게 선물을 주었다; läxorna ~ tisdag 화요일 숙제 ③ (간접목적어 앞에서) …에게, …에; ett brev ~ dig 너에게 온 편지; hans längtan ~ hemmet 집을 그리워하는 그의 마음; ha tid ~ ngt …을 할 시간이 있다; vi ropade ~ honom 우리는 그를 소리쳐 불렀다; sjunga ~ gitarr 기타 반주에 맞추어 노래하다 ④ (소속이나 관계) …에게, …의; höra ~ …에게 속하다; han är son ~ en läkare 그는 의사의 아들이다; författaren ~ boken 그 책의 저자; en källa ~ glädje 기쁨의 원천; min ställning ~ förslaget 그 제안에 대한 나의 입장; en vän ~ mig 나의 친구 ⑤ (목적, 의도) …로[서]; få ngt ~ belöning av …에 대한 상으로 …을 받다; ~ förklaring av …에 대한 설명으로; köpa ngt ~ julklapp åt ngn 크리스마스 선물로 …을 …에게 사주다; ha ngn ~ lärare 선생님으로 …를 모시고 있다 ⑥ (영향, 결과) ~ min fasa 놀랍게도; ~ skada för …에 해롭게도; vara skyldig ~ ngt …에 대해 책임이 있다 ⑦ (변화, 전환) förvandla ~ …으로 전환(변화)시키다; en förändring ~ det sämre 악화(惡化); mala säd ~ mjöl 곡식을 가루로 빻다 ⑧ (보어관계) …으로, …에; han är döpt ~ Johan 그는 요한이라는 세례명을 받았다; detta gjorde honom ~ en berömd man 그것은 그를 유명인사로 만들었다 ⑨ …에 있어서; ~ antalet 수에 있어서; känna ngn ~ namnet …의 이름은 알고 있다; liten ~ växten 키가 작은 ⑩ (성격, 특성) en jätte ~ karl 거인같은 사내; hon har pinnar ~ ben 그녀는 새다리를 가지고 있다 ⑪ (한계, 제한) ~ billigt pris 저렴한 가격으로; ~ en längd av 3 meter, 3미터길이로 ⑫ (관용적 표현), ~ att börja med 우선, 처음에는; vara för lat ~ att göra det 그 일을 하기에는 너무 게으르다; ~ och med …까지 (목적어 포함); från 1950 ~ och med 1953, 1950년부터 1953년까지 (1950년과 1953년도 포함됨).

till[2] *adv*. ① 더; en gång ~ 한 번 더; två dagar ~ 이틀 더; lika mycket ~ 똑같은 양을 더 ② (전기기구 등이 플러그에) 연결이 되어 있는 ③ …이 들어 있는, 부착되어 있는, 딸려 있는; en ficklampa med batteri ~ 전지가 딸려 있는 손전등 ④ (기타), ~ och från 가끔; gå ~ och från 왔다 갔다 하다; det gör varken ~ eller från 그렇다 해도 아무 차이가 없다; ~ och med 심지어.

till[3] (접속사와 함께), ~ dess [att] …할 때까지.

tillaga *~r ~de ~t tr*. 요리하다, 식사를 준비하다.

tillbaka *adv*. 뒤로, 뒤쪽으로; en blick

~ på …을 뒤돌아보는 눈길 (시선); känna ngn sedan några år ~ 몇 년 전부터 …를 알다; jag längtar ~ hem 나는 집에 돌아가고 싶다.

tillbakadragen *a*. 신중한, 말없는, 내성적인.

tillbakagång *~en ~ar* 후퇴, 퇴보; vara på ~ 퇴보 중이다.

tillbakasatt *a*. känna sig ~ 무시당한 기분이 들다.

tillbakavisa *~r ~de ~t tr*. 거부하다, 부인하다, 반박하다.

tillbaks ☞ **tillbaka**.

till|be[dja] *-ber/-bedjer -bad -bett tr*. 숭배하다, 경외하다.

T

tillbedjan *~ 0* 숭배.

tillbedjar|e *-[e]n ~* 숭배자.

tillbehör *~et ~* 딸린 물건, 부속품, 부대 물.

tillblivelse *~n 0* 태어남, 잉태, 창조.

tillbringa *~r ~de ~t tr*. 지내다, 보내다; ~ natten på ett hotell 어느 호텔에서 밤을 지내다; en väl ~d dag 재미있게 (잘) 보낸 하루.

tillbringar|e *-[e]n ~* (유리, 사기 등으로 된) 물 주전자; mjölk~ 우유 주전자.

tillbud *~et ~* ① 제공, 제의 ② (심각한 결과를 초래할 수 있었던) 가벼운 사고, 재난.

tillbuds *adv*. stå ~ 쓸 수 있다, 이용(사용)할 수 있다.

tillbörlig *a*. 적당한, 적절한; 마땅한; 합당한; visa ngn ~ aktning …에게 (그가 받아) 마땅한 경의를 표하다.

tilldela *~r ~de ~t tr*. 내리다, 주다, 수여하다; 배급하다, 할당하다; priset ~des honom 그에게 상이 수여되었다.

tilldelning *~en ~ar* 배급, 배당, 할당.

tilldels/till dels *adv*. 부분적으로, 일부.

till dess *adv*. *konj*. 그 때까지, …할 때까지.

till|dra[ga] *-drar/-drager -drog -dragit rfl*. ① 일어나다, 발생하다 ② (마음을) 끌다.

tilldragande *a*. (마음을) 끄는, 매력적인, 매혹적인.

tilldragelse *~n ~r* 사건, 행사, 대사건.

tilldöm|a *-er -de -t tr*. ~ ngn ngt …에게 …을 선고하다.

tillerkän|na *-ner -de -t tr*. ~ ngn ngt …에게 …을 주다, 수여하다; …에게 …을 승인하다; boken kan inte ~s vetenskapligt värde 그 책은 학문적인 가치가 있다고 할 수 없다.

till|falla *-faller -föll -fallit itr*. ~ ngn …의 몫이 (차지가) 되다, …에게 낙찰되다; priset -föll en svensk författare 그 상은 한 스웨덴 작가가 타게 되었다.

tillfart *~en ~er* ☞ **tillfartsväg**.

tillfartsväg *~en ~ar* …로 가는 길, 접근하는 길, 통로, 진입로; ~en till bron var spärrad 그 다리의 진입로는 차단되어 있었다.

tillfinnandes *adv*. 참석해 있는, 동석해 있는; om alla är ~ kan vi börja lektionen 모두 다 왔으면 수업을 시작합시다.

tillflykt *~en ~er* 피난, 은신처.

tillflöde *~t ~n* 유입[물].

tillfoga *~r ~de ~t tr*. ① 첨가하다 ② 야기하다, 끼치다, 주다; ~ ngn

ett nederlag …에게 패배를 안겨 주다.

tillfreds *a.* (서술적으로만 쓰임) 만족한; han var ~ med resultatet 그는 결과에 만족해했다.

tillfredsställ|a *–er –de –t tr.* 만족시키다.

tillfredsställande *a.* 만족시키는, 만족한 (för).

tillfredsställd *a.* 만족한.

tillfredsställelse *~n 0* 만족.

tillfriskna *~r ~de ~t itr.* (병으로부터) 회복하다, 건강해지다.

tillfrisknande *~t 0* 회복, 쾌차.

tillfrågan (불변화 en–명사) 질문, 문의.

tillfullo/till fullo *adv.* 완전하게, 충분히; man förstår ~ dem som tar ledigt i juni 6월에 휴가를 갖는 사람들을 충분히 이해할 수 있다.

tillfyllest *adv.* 충분히; att bara vara närvarande är inte ~ 단지 참석하는 것만으로는 충분하지 않다.

tillfånga|ta[ga] *–ta[ge]r –tog –tagit tr.* 붙잡다, 검거하다.

tillfälle *~t ~n* ① 때, 시기, 기간; vid det ~t bodde han i Stockholm 그 때 그는 스톡홀름에 살고 있었다; för ~t har vi inte den varan inne 현재 (지금) 우리에게는 그 물품이 없습니다; vid ~ 적당한 때 ② 기회; han hade inte ~ att komma på festen, för hans fru var sjuk. 그는 부인이 아파서 파티에 올 수 없었다; passa på ~t! 이 기회를 놓치지 마세요!

tillfällig *a.* ① 잠깐 동안의, 한시적인, 일시적인; ett ~t avbrott i sändningen 방송의 일시적 중단 ② 우연한, 우발적인, 뜻하지 않은; händelsernas ~a spel 사건의 돌발적인 전개.

tillfällighet *~en ~er* 뜻밖의 사건 (일), 우연; av en ~ 우연히, 뜻하지 않게.

tillfällighetsdikt *~en ~er* 즉흥시, 특별한 경우를 (결혼식, 장례식 등을) 위해 지어진 시.

tillfälligt *adv.* 일시적으로, 한시적으로; 지금.

tillfälligtvis *adv.* ① 우연히, 뜻하지 않게 ② ☞ **tillfälligt**.

tillför|a *– –de –t tr.* 주다; 공급하다; ~ den skadade nytt blod 부상자에게 수혈하다.

tillförlitlig *a.* 믿을 만한, 신뢰할 만한.

tillförne *adv.* 예전에는.

tillförordna [–fœro:dɳa] *~r ~de ~t tr.* 임시로 (일시적으로) 임명하다, 대리로 임명하다.

tillförordnad *a.* 임시의, 대리의; ~ (tf.) professor (정교수의) 대리교수, 직무대행 교수.

tillförsel *~n 0* 공급.

tillförsikt *~en 0* 자신[감], 낙관; sakna ~ 자신감이 없다.

tillge ☞ **tillgiva**.

tillgift *~en 0* 용서; be om ~ för ngt …에 대해 용서를 빌다.

till|giva *–giver –gav –givit tr.* 용서하다.

tillgiven *a.* 애착을 가지고 있는, 사랑하는; Din tillgivne … (편지 말미에) 친애하는 …로부터.

tillgivenhet *~en 0* 애정, 사랑.

tillgjord *a.* 꾸민, 위장한.

tillgodo/ till godo *adv.* 이롭게, 편리하게; (경기에서) 앞서 있는; reformen kommer de studerande ~ 그 개혁은 학생들에게 이익을 줄 것이다; håll

T

~! 마음껏 드세요!

tillgodo | göra *-gör -gjorde -gjort rfl.* …을 취해 자기 것으로 하다, 소화하다; ett ämne som kroppen inte kan ~ sig 몸이 소화할 수 없는 요소.

tillgodohavande *~t ~n* 미불 계정.

tillgodoräkna *~r ~de ~t rfl.* …을 셈(계산)에 넣다; …을 장점(이점)으로 계산하다; för … ~r vi oss ett arvode av 200kr. …의 대가로 우리는 사례금 200크로나를 청구합니다; man får ~ sig vård av barn när man söker anställning 직장을 구할 때 자녀 양육은 가산점이 된다.

T

tillgodo | se *-r -såg -sett tr.* 만족시키다, 충족시키다; han kunde inte ~ båda parter 그는 양쪽 다 만족시킬 수 없었다.

tillgrepp *~et ~* 도둑, 절도.

tillgripa *-griper -grep -gripit tr.* ① 도둑질하다 ② 힘(도움)을 받다, 취하다; ~ rättsliga åtgärder 법적 조처를 취하다.

till | gå *-går -gick -gått* ① *itr.* 진행되다, 전개되다; han berättade hur det hade -gått 그는 모든 것이 어떻게 진행되었는지 말해 주었다 ② *tr.* 이용하다, 취하다, 택하다; det finns ingen annan lokal än kyrkan att ~ 이용할 수 있는 장소로 교회 밖에는 없다.

tillgång *~en ~ar* ① 출입[권], 사용[권] ge ngn ~ till sitt bibliotek 자신의 도서실을 …에게 사용하도록 허락하다 ② 공급; ~ och efterfrågan 수요와 공급 ③ 재산, 자산; 이점; 보배; han är en verklig ~ för företaget 그는 정말 회사의 보배이다.

tillgänglig *a.* ① 접근할 수 있는, 도달할 수 있는; 개방된 byn är inte ~ med bil 그 마을은 자동차로 갈 수 없다; bilblioteket är ~t för allmänheten 그 도서관은 일반인에게 개방되어 있다 ② 이용 가능한, 입수할 수 있는; boken finns nu ~ i en pocketupplaga 그 책은 문고판으로 나와 있다; med alla ~a medel 가능한 모든 수단을 총동원하여 ③ 사귀기 쉬운, 어울리기 잘하는, 사교적인.

tillgänglighet *~en ~er* 접근할 수 있음, 출입할 수 있음; 입수하기 쉬움.

tillhanda/ till handa *adv.* …의 소지하에, 입수 하에; svaret ska vara oss ~ före onsdag 회신은 수요일 전에 우리 측에 도착되어야 한다.

tillhanda | hålla *-håller -höll -hållit tr.* 제공하다; 팔려고 내놓다; tidningen -hålles i alla kiosker 그 신문은 모든 가두 판매대에서 구입할 수 있다.

tillhands/ till hands *adv.* (이용할 수 있도록) 근처에 있는, 손길이 쉽게 닿는.

tillhjälp *~en 0* 도움; med ~ av …의 도움으로, …을 이용하여, …을 수단으로 하여.

tillhopa *adv.* 전부, 합하여.

tillhygge *~t ~n* (긴박한 상황에서) 무기대신 사용하는 물건, 무기; hon använde ett paraply som ~ mot våldtäktsmannen 그녀는 성폭행 범에 대항하여 우산을 무기로 사용하였다.

tillhåll *~et ~* 소굴, 은신처, 아지트; krogen var ett ~ för konstnärer 그 술집은 예술가들이 모여 드는 곳이었다.

till | hålla *-håller -höll -hållit tr.* 훈계하다.

tillhör|a – *–de –t tr.* ① …에게 속하다, …의 것이다; bilen – honom 그 자동차는 그의 것이다 ② …에 소속하다; valarna – däggdjuren 고래는 포유동물에 속한다.

tillhörande *a.* …에 속하는.

tillhörig *a.* …소유의; en bil ~ honom 그 사람 소유의 자동차.

tillhörighet *~en ~er* ① 소유물 ② 소속.

tillika *adv.* …이외에도, 그밖에; ~ med …와 함께; församlingens kyrkoherde, ~ pionjär i ungdomsarbetet 교구 목사이자 청소년 활동에 있어서 선구자.

tillintetgjord *a.* 완파된, 파멸된.

tillintet|göra *–gör –gjorde –gjort tr.* 파괴하다, 파멸시키다.

tillintetgörelse *~en 0* 파괴, 파멸.

tillit *~en 0* 믿는 마음, 믿음, 신뢰; sätta sin ~ till …을 신뢰하다.

tillitsfull *a.* 믿음에 찬; barnets ~a ansikte 그 아이의 천진난만한 얼굴.

tillknäppt *a.* 말 없는.

till|komma *–kommer –kom –kommit itr.* ① 생기다, 출현하다; det året –kom hans mest populära verk 그 해 그의 작품 중 가장 인기 있는 작품이 나왔다 ② 추가되다; 첨가되다; grundpriset är 1000 kr. men sedan –kommer moms och frakt 원가는 1000크로나이지만 부가가치세와 운송비가 추가된다 ③ …의 권한이다; det –kommer konungen att …하는 것은 국왕의 권한이다 ④ …에 속하다; äran –kommer honom 명예를 차지할 사람은 그 사람이다.

tillkommande *a.* 미래의, 장래의; hon är min ~ 그녀는 나의 배우자가 될 사람이다.

tillkomst *~en 0* 기원; 창조; 출현; ~en av denna nya industri 이러한 신규 산업의 출현.

tillkämpa *~r ~de ~t rfl.* 쟁취하다; de fackliga rättigheter arbetarna ~t sig 노동자들이 쟁취한 조합의 권익들.

tillkänna ☞ **tillkännage**.

tillkänna|ge *–ger –gav –givit tr.* 발표하다, 공표하다, 천명하다; nyheten om kungens död –gavs i radion 국왕이 서거하였다는 소식은 라디오를 통해 발표 되었다.

tillkännagivande *~t ~n* 발표, 공표, 천명.

tillmäle *~t ~n* 욕설, 험담, 비방, 모욕적 언사.

tillmötes/ till mötes *adv.* 만남으로, 회합으로.

tillmötes|gå *–går –gick –gått tr.* 응하다, (희망 사항 등을) 들어주다.

tillmötesgående[1] *a.* 친절한, 남의 말을 잘 들어주는, 고분고분한, 싹싹한.

tillmötesgående[2] *~t 0* 고분고분함, 친절; 응낙, 수락.

tillnamn *~et ~* 성(姓); 별명.

tillnärmelsevis *adv.* 대략, 대충, 대강; (부정문에서) 전혀.

tillopp *~et ~* 흘러 듦, 유입, 쇄도.

tillpass *adv.* komma [väl] ~ [잘] 이용하게 되다.

tillra *~r ~de ~t itr.* (눈물 등이) 흐르다.

till|reda *–reder –redde –rett tr.* (음식 등을) 만들다, 준비하다.

tillreds/ till reds *adv.* 준비되어, 채비

T

를 차려.

tillrygga | lägga *-lägger -lade -lagt tr*. 주파하다; han -lade fem mil om dagen 그는 하루에 5마일을 주파했다.

till | råda *-råder -rådde -rått tr*. 충고하다, 권고하다.

tillrådan (불변화 en-명사) 충고, 권고.

tillrådlig *a*. 권장할 만한.

tillräcklig *a*. 충분한; han var ~t frisk för att lämna sjukhuset 그는 병원을 퇴원해도 될 만큼 건강이 좋아졌다.

tillräkna ☞ **tillskriva** ②.

tillräknelig *a*. (서술적으로만 쓰임) 자신의 행동에 책임을 질 수 있는, 제정신의, 정신이 온전한; icke ~ 미친, 종잡을 수 없는, 정신이상의.

tillrätta *adv*. 바른 장소나 위치에(로).

tillrätta/lägga *-lägger -lade -lagt tr*. 바로 잡다, 시정하다; 수정하다 ~ ett missförstånd 오해를 풀다.

tillrättavisa *~r ~de ~t tr*. 나무라다, 질책하다, 훈계하다.

tillrättavisning *~en ~ar* 꾸중, 질책, 훈계.

tills[1] *konj*. …할 때까지; vänta här ~ han kommer 그가 올 때까지 여기에서 기다려라.

tills[2] *prep*. …까지; ~ vidare 당분간; ~ i morgon 내일까지; ~ på fredag 금요일까지.

tillsamman[s] *adv*. 같이, 함께, 모두, 합하여; alla ~ 모두 함께; det blir 100 kr. ~ 모두 합해 100크로나가 된다; ~ med …와 함께.

tillsats *~en ~er* 첨가; genom ~ av citron kan man förhöja smaken 레몬을 넣어 더 좋은 맛을 낼 수 있다 ② 첨가물, 함유물; en massa kemiska ~er i korven 소시지에 함유된 많은 화학성 첨가물 ③ 부속물(품); med hjälp av en ~ kan man fotografera på nära håll 한 가지 부속품이 있으면 근접한 거리에서 사진 촬영을 할 수 있다.

till | se *-ser -såg -sett tr. itr*. …하도록 하다, 감시하다; ~ att varorna kommer i tid 물품이 제 시간에 도착하도록 하다.

tillsinnes *adv*. 기분 상, 기분이; dyster ~ 기분이 우울한.

tillsist *adv*. 결국, 마침내.

tillskansa *~r ~de ~t rfl*. 차지하다; 탈취하다; ~ sig makten 권력을 찬탈하다.

till | skjuta *-skjuter -sköt -skjutit tr*. 기부하다, 기여하다.

tillskott *~et ~* 부가, 첨가, 증가.

till | skriva *-skriver -skrev -skrivit tr*. ① …에게 편지를 쓰다 ② (결과 따위를) …의 탓으로 돌리다; (성질, 특징을) …에 속하는 것으로 하다; 추정하다; tavlan har -skrivits Rembrandt 이 그림은 렘브란트의 작품으로 추정되었다; hon ringde aldrig, men det -skrev han hennes glömska 그녀는 전화를 통 하지 않았는데 그는 그것을 그녀의 건망증 탓으로 돌렸다.

tillskynda *~r ~de ~t tr. itr*. 서두르다; 서둘러 오다 (가다); 끼치다, 입히다; …을 위해 힘쓰다; ~ ngn förlust …에게 손해를 입히다.

tillskyndan ~ *0*, på ~ av …의 주도하에, …의 지도하에; genom ngns ~ …의 사주로, 선동으로.

T

tillskärar|e [tilʃæ–] –[*e*]*n* ~ 재단사.

till|sluta –*sluter* –*slöt* –*slutit tr. itr.* 닫다, 봉하다, 밀봉하다; –slut locket väl 뚜껑을 잘 닫도록 하여라.

tillspetsa ~*r* ~*de* ~*t tr. rfl.* (표현 등을) 신랄하게 하다; (상황을) 긴박하게 하다; den ~de formuleringen irriterade många 그 통렬한 표현은 많은 사람의 비위를 건드렸다.

tillspillo *adv.* ☞ spillo.

tillspillo|ge/ tillspillo|giva –*ger*/–*giver,* –*gav* –*givit tr.* 희생시키다.

tillströmning ~*en 0* 유입, 쇄도.

tillstymmelse ~*n* ~*r* 기, 기색, 아주 미미한 흔적; hon visade inte ens en ~ till nervositet 그녀는 초조한 기색을 조금도 보이지 않았다.

tillstyrk|a –*er* –*te* –*t* 지지하다, 동의하다.

till|stå –*står* –*stod* –*stått tr.* 받아들이다, 인정하다; jag måste ~ att jag har underskattat henne 그녀를 얕잡아 보았다는 것을 나는 인정할 수밖에 없다.

tillstånd[1] ~*et* ~ 허가, 재가; arbets~ 노동허가.

tillstånd[2] ~*et* ~ 상황, 정황, 정세, 상태; undantags~ 비상사태; ~et för patienten är gott 환자의 상태는 양호하다.

tillstädes *adv.* komma ~ 장소에 도착하다; vara ~ 참석하다.

tillställ|a –*er* –*de* –*t tr.* ~ ngn ngt …에게 …을 보내다, 전하다, 발송하다.

tillställning ~*en* ~*ar* 파티, 연회; dans~ 댄스파티.

tillsvịdare/ tills vịdare *adv.* 당분간, 임시로, 앞으로 계속.

tillsyn ~*en 0* 감시, 감독; ha ~ över …을 감독하다; ~smyndighet 감독관청.

tillsynes/ till synes *adv.* 겉으로 보기에, 외면상.

tillsynslärar|e –[*e*]*n* ~ 기초학교 교감 (학교의 시설, 교재, 교구 등을 관리함).

till|säga –*säger* –*sade* –*sagt tr.* 훈계하다, 질책하다; 명하다.

tillsägelse [–sɛjelsə] ~*n* ~*r* 명령; 호출, 소환; 훈계, 질책; han fick ~ att vänta 그는 기다리라는 명령을 받았다; de kortspelande eleverna fick en ~ av läraren 카드놀이를 한 학생들은 선생님으로부터 꾸중을 들었다.

till|sätta –*sätter* –*satte* –*satt tr.* ① 임명하다, 발족하다; 충원시키다 ~ en professor 교수를 임명하다; professuren är inte –satt 그 교수직은 충원되지 않았다 ② 넣다, 첨가하다.

tilltag ~*et* ~ 장난, 분별없는 행동; det barnsliga ~et att bada i fontänen 분수대에서 목욕하는 어린애 같은 분별없는 짓.

till|ta[ga] –*ta*[*ge*]*r* –*tog* –*tagit itr.* 늘어나다, 길어지다, 팽배해지다, 증가하다; vinden –tog 바람이 세어졌다.

tilltagande[1] *a.* 늘어나는, 길어지는, 팽배해지는, 증가하는.

tilltagande[2] ~*t 0* 팽배, 증가.

tilltagen *a.* 잡아진, 취해진; 책정된; siffran är för högt ~ 그 수는 너무 높이 잡아졌다.

tilltagsen *a.* 대담한, 불손한; en ~

ung man som bad att få tala direkt med ministern 장관과 직접 면담을 원하는 대담한 청년.

tilltal *~et 0* …에게 말을 걸기; han svarade knappt på ~ 말을 붙여 봐도 그는 대답을 하지 않았다.

tilltala *~r ~de ~t tr.* ① 말을 걸다; den ~de (호칭, 경칭을 붙여) 지칭된 사람 ② 매혹시키다, 매료시키다.

tilltalande *a.* 매력적인; 마음에 드는.

tilltalsnamn *~et ~* 이름.

tilltalsord *~et ~* 호칭; barnen använde ~et "fröken" 아이들은 "fröken (선생님)"이라는 호칭을 사용하였다.

T

tilltro[1] *~n 0* 믿음, 신뢰; ~n till regeringen är rubbad 정부에 대한 신뢰는 손상을 입었다.

tilltro[2] *~r ~dde ~tt tr.* ~ ngn ngt …가 …을 할 능력이 있다고 믿다; de tyckes ~ honom övernaturliga krafter 그들은 그가 초능력을 가지고 있다고 믿는 것 같았다.

tillträ|da *–der –dde –tt tr.* 시작하다, 착수하다, 취임하다; 차지하다; han –dde tjänsten den 4 juni 그는 6월 4일부터 직무에 들어갔다.

tillträde *~t 0* ① 들어가기, 입장; ~ förbjudet! 입장불가! ② 시작, 착수, 수행, 취임; 점유; regeringens ~ 정부의 취임; omgående ~ till lägenheten 아파트의 즉각적인 입주.

tilltugg *~et 0* (술)안주.

till|tvinga *–tvingar, tvingade /–tvang, –tvingat/–tvungit rfl.* 강제로 뺏다, 강점하다.

tilltyga *~r ~de ~t tr.* 손상시키다, 거칠게 다루다, 학대하다; bilen var illa ~d 그 차는 심한 손상을 입었다.

tilltänkt *a.* 계획된, 예정된; (명사화) 신랑감, 신부감; det ~a resmålet 예정된 여행 목적지.

tillvalsämne *~t ~n* 선택과목.

tillvara/ till vara *adv.* ta sig ~ 조심하다, 주의하다; ta ~ 돌보다; 아끼다, 선용하다; 옹호하다.

tillvara|ta[ga] *–tar/tager –tog –tagit tr.* 돌보다; 아끼다, 선용하다; 옹호하다; ~ tiden 시간을 아끼다; paraply –taget 분실 우산 보관 중; ~ medlemmarnas intressen 회원의 이익을 옹호하다.

tillvaro *~n 0* 존재; 삶; 생존; kampen för ~n 생존 투쟁; hela hans ~ förändrades när hustrun dog 부인이 죽은 후 그의 삶 전체에 변화가 왔다.

tillverka *~r ~de ~t* 만들다, 제조하다, 제작하다, 생산하다.

tillverkar|e *–[e]n ~* 제작자, 생산자.

tillverkning *~en ~ar* 제작, 생산.

tillviljes/ till viljes *adv.* göra [ngn] ~ …의 의사를 들어주다.

till|vinna *–vinner –vann –vunnit rfl.* 얻다, 획득하다; ~ sig respekt 존경을 받다.

tillvita *~r ~de ~t tr.* 비난하다, …을 …의 탓으로 하다.

tillvitelse *~n ~r* 비난, 책망.

tillväga/ till väga *adv.* gå ~ (일을) 계속하다, 진행하다.

tillvägagångssätt *~et ~* …하는 법, 절차, 순서; det rätta ~et att öppna champagneflaskan 샴페인 병의 마개를 여는 올바른 법.

tillvälla *~r ~de ~t rfl.* 강점하다, 탈취하다; ~ sig makten 권력을 강점하다.

tillväxt *~en 0* 성장, 증가, 팽창; ~en

av den offentliga sektorn 공공 부문의 팽창; ~hormon 성장 호르몬.

til|låta *-låter -lät -låtit* Ⅰ. *tr.* 허가하다, 허락하다; hon -lät honom resa 그녀는 그가 여행하도록 허락하였다; -låt mig presentera … 저에게 …을 소개하도록 해 주십시오 Ⅱ. *rfl.* (욕망, 쾌락 따위에) 빠지다, 탐닉하다; 마음대로 …하다, 제멋대로 …하다; han -låter sig vad som helst 그는 무엇이든지 꺼리지 않고 한다.

tillåtelse *~n ~r* 허가, 허락, 허용; be om ~ att …하는 데 허가를 구하다.

tillåten *a.* 허용된; rökning ~ 흡연해도 좋음; högsta tillåtna hastighet 최고 허용 속도.

tillåtlig *a.* 허용할 수 있는, 용서할 수 있는; en grymhet som knappast var ~ ens i krig 전쟁에서조차 용서될 수 없는 잔인함.

tillägg *~et ~* 추가, 첨가; 추가 조항; 부록; 유언 보충서; 보조금; bostads~ 주택보조금; med ~ av frakten 운송비를 추가하여.

til|lägga *-lägger -lade -lagt tr.* 추가하다, 첨가하다, 보충하다.

tilläggsavgift *~en ~er* 추가요금; ~ för övervikt 중량초과 추가요금.

tilläggspension *~en ~er* 추가연금 (국민기본 연금이외로 직장 근무 시 소득 수준을 감안하여 차등 지급됨).

tillägna [-ɛŋna]*~r ~de ~t* Ⅰ. *tr.* ~ ngn en bok …에게 책을 헌정하다 Ⅱ. *rfl.* a) 얻다, 획득하다; ~ sig språkkunskaper 어학 지식을 습득하다 b) (공공물 등을 불법으로) 제 것으로 하다, 전유하다; ~ sig annans egendom 타인의 재산을 차지하다.

tillägnan [-ɛŋnan] (불변화 en-명사) 헌정.

tillämpa *~r ~de ~t tr.* (배운 지식 등을 실생활에) 이용하다, 응용하다, 적용하다; ~ en ny metod 새로운 방법을 적용하다; ~d fysik 응용 물리학.

tillämplig *a.* 적용할 수 있는; 이용 가능한; den gamla metoden är inte ~ längre 구식 방법은 더 이상 이용할 수 없다.

tillämpning *~en ~ar* 적용; 이용; 응용.

tillämpningsprogram *~met ~* 【정보통신】 응용프로그램.

tillända/ till ända *adv.* gå ~ (시기 등이) 끝나다.

tilländalupen *a.* 끝난; nu var hans läroår tilländalupna 이제 그의 학창시절은 (수학 시기는) 끝났다.

tilläventyrs/ till äventyrs *adv.* 만약, 혹시.

tillökning *~en ~ar* 불어남, 늘어남, 증가; 인상; begära ~ på lönen 월급 인상을 요구하다; vänta ~ (아이의) 출산을 기다리고 있다.

tillönska *~r ~de ~t tr.* ~ ngn ngt …에게 …을 소망하다; god jul ~s av ngn 즐거운 성탄이 되기를 …가 기원합니다.

tillövers/ till övers *adv.* 남아 있는; har du något bröd ~ 너 빵 남은 것 있니?; inte ha ngt (mycket) ~ för ngn …을 매우 싫어하다.

tilt|a *~an ~or* 두둑, 이랑.

tima *~r ~de ~t itr.* 일어나다, 발생하다; 다가오다.

timbal *~en ~er* ① 【음악】 케틀드럼, 팀파니 ② 【요리】 템발 (새고기,

생선을 갈아 달걀흰자 따위를 넣고 만든 요리).

timbre [tɛ:mbər] *~n 0* 음질, 음색.

timglas *~et ~* 모래시계.

timid *a.* 소심한, 심약한.

timiditet *~en 0* 겁, 소심, 내성적임.

timjan *~en 0* 【식물】 백리향.

timlig *a.* 시한적인, 속세의; ~ lycka 세속적인 행복; lämna det ~a 세상을 (속세를) 떠나다.

timlärar|e *-[e]n ~* 시간강사.

timlön *~en ~er* 시간수당.

timm|e *-en -ar* 시간; 강의, 수업; halv~ 30분, 반시간; bli sämre för varje ~ 시간이 갈수록 악화되다; i ~n [한] 시간 당; om en ~ 한 시간 후에; per ~ [한] 시간당.

tim|mer *-ret ~* 재목, 목재.

timmeravverkning *~en ~ar* 벌목.

timmer|man *-mannen -män* 목수.

timmerstock *~en ~ar* 통나무.

timmerstug|a *-an -or* 통나무 집.

timplan *~en ~er* 시간표.

timra *~r ~de ~t* Ⅰ. *tr.* 목재를 이용하여 짓다 Ⅱ. *itr.* 목수 일을 하다.

timvisar|e *-[e]n ~* 시침(時針).

tin|a[1] *-an -or* ① 통, 함지 ② (물고기, 새우 따위를 잡을 때 이용하는) 통발.

tina[2] *~r ~de ~t itr. tr.* 녹다; 활달해지다; den djupfrysta fisken får ~ några timmar i rumstemperatur 냉동된 물고기는 실내 온도에서 몇 시간 녹여야한다; efter några drinkar ~de gästerna upp 몇 잔 술을 든 후 손님들은 활달해졌다.

tindra *~r ~de ~t itr.* 반짝반짝 빛나다, 반짝이다.

ting[1] *~et ~* ① (지방법원(tingsrätt)의 개정, 개정 기; hålla ~ 개정하다; sitta ~ 지방 법원에서 근무하다 ② 고대북구에서 입법과 사법의 시행을 위한 회의.

ting[2] *~et ~* 사정, 상황, 사태, 현상; 사물, 대상, 물체; 것; det finns viktigare ~ i livet än karriären 인생에는 출세(경력)보다 더 중요한 것이 있다; ~et i sig 사물 자체.

tinga *~r ~de ~t tr.* 확보하다; 예약하다, 미리 주문하다; ~ rum på hotellet 호텔방을 예약하다.

tingeltang|el *-let 0* ① 색깔이 요란하고 겉이 번지르르하나 가치는 없는 물건; de hängde en massa ~ i julgranen 그들은 크리스마스 트리에 수많은 장식물들을 달았다 ② 가벼운 오락, 간단한 쇼.

tingest *~en ~ar* (모양이 특이하고 기이한) 사물, 물체, 것; segerpokalen var en anskrämlig ~ 우승 트로피는 모양이 괴상하기 짝이 없었다.

tingshus *~et ~* 지방법원 (건물).

tingsrätt *~en ~er* 지방법원.

tinktur *~en ~er* 【약】 정기제(丁幾劑).

tinn|e *-en -ar* 작은 뾰족탑; 정상, 절정; nå ärans -ar 명예의 절정에 이르다.

tinner *~n 0* (도료 따위를 엷게 하는) 용제, 희석제.

tinning *~en ~ar* 관자놀이.

tio *räkn.* 십, 열, 10.

tiokamp *~en ~er* 【스포츠】 10종 경기.

tiokampar|e *-[e]n ~* 【스포츠】 10종 경기 선수.

tionde[1] *räkn.* 열 번째[의]

tionde[2] *~n/~t, 0* 10분의 1세 (교구민이 교회의 유지를 위하여 내는 소득의 10분의 1세), 십일조.

tion[de]del *~en ~ar* 10분의 1.

tiotal *~et ~* ① 대략 10이 되는 수; 십 자리 수; det kom bara ett ~ personer 십여 명 밖에 오지 않았다; andra siffran från höger betecknar ~ 오른쪽에서 두 번째 수가 십 자리 수가 된다 ② (주로 정형으로 사용) 10년대.

tiotalssystemet (정형명사) 십진법.

tioårsperiod *~en ~er* 10년의 기간.

tipp[1] *~en ~ar* Ⅰ. 끝; näs~ 코 끝; svans~ 꼬리 끝 Ⅱ. 쓰레기장, 쓰레기 비우는 기구.

tippa[1] *~r ~de ~t* Ⅰ. *tr.* (기울여 내용물을) 쏟다, 버리다, 비우다 Ⅱ. *itr.* 쓰러지다, 뒤집히다; de gungade så våldsamt att gungstolen ~de över 그들이 너무 세게 흔들어 대서 흔들의자가 뒤집혔다.

tippa[2] *~r ~de ~t itr. tr.* ① 예상하다, 예측하다; ~ vem som vinner 누가 이길지 알아 맞춰봐 ② (축구) 현상권에 기입하다 (어느 팀이 이길 지를 예상하여 기입한 후 많이 맞추면 상금을 타게 된다).

tips *~et ~* ① 귀띔, 비밀정보, 조언, 암시, 힌트 ② vinna på ~et (축구) 현상 권 응모에서 상금을 타다.

tipsa *~r ~de ~t tr.* 귀띔하다, 힌트를 주다.

tiptop (불변화형용사) 일급의, 최상권의, 최고 상태의; bilen är ~ fastän den har gått 15,000 mil 이 자동차는 비록 150,000 킬로미터를 주행하였지만 최상의 상태를 유지하고 있다.

tirạd *~en ~er* 장광설, 잔소리.

tisdag *~en ~ar* 화요일.

tiss|el *–let 0*, ~ och tassel 소근거림, 쑥덕거림.

tissla *~r ~de ~t itr.* ~ och tassla 소곤거리다, 쑥덕거리다.

tist|el *–eln –lar* 【식물】 엉겅퀴.

tistel|stång *–stången –stänger* (우차, 마차 따위의) 채.

titạn Ⅰ. (그리스 신화에 등장하는) 타이탄 신 Ⅱ. *~en ~er* 거인 Ⅲ. *~en/~et, 0* 【화학】 티탄 (원자기호 Ti).

titanisk *a.* 거인의, 거인 같은.

tịt|el *–eln –lar* 이름, 제목, 직함, 칭호; 선수권; ~n professor 교수라는 직함; ~n på boken 서명; inneha ~n 선수권을 소지하고 있다.

titelblad *~et ~* (책의) 표제지, 본문 앞의 첫 페이지 (겉장 바로 다음에 오는 면으로 대개 서명과 저자명이 명시되어 있다).

titelroll *~en ~ar* 주제 역(主題役) (연극, 영화의 제목과 동일한 등장인물.

titelsid|a *–an –or* ☞ **titelblad**.

titt[1] *adv.* ~ och tätt 되풀이해서, 자주.

titt[2] *~en ~ar* ① 보기, 일별; ta [sig] en ~ på …을 한 번 (흘끗) 보다 ② 잠깐 동안의 방문; tack för ~en 들러 주셔서 감사합니다.

titta *~r ~de ~t* Ⅰ. *itr.* 보다, 흘끗 보다; 응시하다 Ⅱ. *rfl.* ~ sig i spegeln 거울을 보다 (자신의 모습을 거울에 비춰보다) Ⅲ. (강세접사와 함께) ① ~ fram 내보이다, 내비치다; först var det mulet, men sedan tittade solen fram 처음에는 날씨가 흐렸으나 나중에 해가 나왔다 ② ~ inte hit! 여기 쳐다보지 마!; ~ hit (hem till oss)!

이곳에 (우리 집에) 들러! ③ ~ in 들르다, 방문하다 ④ ~ ned till oss [någon gång]! 언제 (내려와서) 우리에게 들러라! ⑤ ~ upp till oss [någon gång]! 언제 (올라와) 우리에게 들러라! ⑥ ~ ut ngn a) …를 빤히 (무례하게) 쳐다보다 b) ~ ut till ngn på landet 시골에 사는 …를 방문하다; titt ut! 깍꿍! (숨어 있다가 아이를 놀려주는 장난).

tittar|e *-[e]n ~* 시청자.

titthål *~et ~* 들여다보는 구멍; 옹이구멍.

tittut (불변화명사), leka ~ (숨거나 얼굴을 가렸다가 불쑥 모습을 보이는 장난) 까꿍 장난을 하다.

titulatur *~en ~er* 칭호.

titulera *~r ~de ~t tr.* …을 …라고 부르다, …에게 …이라는 칭호를 붙이다; ~ ngn professor …에게 교수님이라고 부르다.

titulär *a.* 직함뿐인, 명의뿐인.

titulärprofessor *~n ~er* 명의(名義) 교수.

tivoli *~t ~n* (오락시설이 구비되어 있는) 유원지.

tja [çɑː] *itj.* (망설임이나 주저, 확실하지 않음을 나타냄) 글쎄; vad tycker du? - Tja … 네 생각은 어때? - 글쎄….

tjafs *~et 0* 허튼 소리, 푸념; han var utled på hennes romantiska ~ 그녀의 감상적인 허튼 소리에 그는 진절머리가 났다.

tjafsa *~r ~de ~t itr.* 허튼 소리를 하다, 푸념하다.

tjafsig *a.* 허튼 소리를 해대는, 푸념 섞인.

tjalla *~r ~de ~t itr.* 고해바치다, 밀고하다.

tjallar|e *-[e]n ~* 밀고자.

tjat *~et 0* 잔소리.

tjata *~r ~de ~t itr.* 잔소리하다; ~ sig till ngt 잔소리해서 …을 얻어내다.

tjatig *a.* 잔소리가 심한; 지겨운; det ~a sorteringsarbetet 지겹기 짝이 없는 분류작업.

tjattra *~r ~de ~t itr.* (높은 소리로, 빨리, 알아듣지도 못하게) 지껄이다; (새 따위가) 깩깩 소리 지르다; papegojorna ~de i träden 앵무새들이 나무에서 깩깩 거렸다.

tjeck [çek] *~en ~er* 체코 사람.

tjeckisk *a.* 체코의.

tjeckisk|a Ⅰ. *-an -or* 체코 여자 Ⅱ. *-an 0* 체코어.

Tjeckoslovakien (국명) 체코슬로바키아.

tjeckoslovakisk *a.* 체코슬로바키아의.

tjej [çɛj] *~en ~er* 소녀.

tji (불변화명사) 실패; han tänkte lura henne, men ~ fick han 그는 그녀를 속일 생각이었으나 뜻대로 되지 않았다.

tjoa *~r ~de ~t itr.* 떠들어대며 즐거워하다; 소리치다, 고함치다; det ~nde krogsällskapet 흥이 나서 떠들어대는 주막 손님들.

tjock [çɔk] *a.* 두꺼운; 뚱뚱한, 살찐; 머리숱이 많은; 빽빽한; 농후한, 짙은; en ~ tröja 두꺼운 스웨터; han blev ~ på äldre dagar 그는 만년에 뚱뚱해졌다; hans ~a hår 숱이 많은 그의 머리; ~ dimma 짙은 안개; en ~ sås 진한 소스.

tjocka *~n 0* 짙은 안개.
tjockhudad *a.* 피부가 두꺼운; 낯이 두꺼운.
tjockis [çɔkis] *~en ~ar* 뚱보.
tjocklek *~en ~ar* 두께.
tjockna *~r ~de ~t itr.* 뚱뚱해지다; 짙어지다; 농후해지다; 빽빽해지다.
tjockskall|e *-en -or* 둔한 사람, 멍청이, 천치.
tjockskallig *a.* 둔한, 멍청한.
tjocktarm *~en ~ar* 【해부】 대장.
tjog [ço:g] *~et ~* 20개 (음식물 재료 수량); ett ~ ägg 달걀 20개; två ~ kräftor 가재 40마리.
tjogtals (불변화형용사/부사) 수십 명(개)의; ~ med människor dödades vid olyckan 사고로 수십 명이 죽었다.
tjogvis *adv.* 20(명, 개) 단위로.
tjud|er *-ret ~* (마소용의) 매는 밧줄.
tjudra *~r ~de ~t tr.* (소, 말 따위를) 밧줄로 매다.
tjugo [çụ:gɵ/-gə] *räkn.* 스물, 20.
tjugonde *räkn.* 스무 번째의.
tjugon[de]dagen (정형명사) 크리스마스로부터 20일째 되는 1월 13일.
tjugotal *~et ~* ① 20 여개(명) ② tjugotalet 1920년대.
tjugu ☞ **tjugo**.
tjur [çʉ:r] *~er -ar* 황소.
tjurfäktning *~en ~ar* 투우경기.
tjurig *a.* 황소처럼 고집 세고 항상 부루통한.
tjurnack|e *-en -ar* 굵고 억세게 생긴 목덜미.
tjurskall|e *-en -ar* 고집 세고 항상 부루퉁한 사람.
tjurskallig *a.* 고집 세고 항상 부루퉁한.
tjusa *~r ~de ~t tr.* 매혹시키다, 매료시키다.
tjusig *a.* 매력적인, 매혹적인.
tjuskraft *~en ~er* 사람을 끄는 힘, 매력.
tjusning *~en 0* 매력.
tjut *~et ~* (늑대 등이) 울부짖는 소리; 외침소리, 고함.
tjut|a *-er tjöt tjutit* (늑대 등이) 울부짖다, 고함치다; hunden tjöt om nätterna 그 개는 밤이면 울어댔다.
tjuv [çʉ:v] *~en ~ar* 도둑.
tjuvaktig *a.* 도둑 같은.
tjuveri *~et ~er* 도둑질, 절도.
tjuvgods [çʉ:vgɵts] *~et 0* 도난품.
tjuv[gods]gömm|a *-an -or* 도둑질한 물건을 숨겨 놓는 곳.
tjuvlyssna *~r ~de ~t itr.* 엿듣다.
tjuvnad *~en ~er* 절도.
tjuvnyp *~et ~* 몰래 꼬집기; 넌지시 비꼬기.
tjuvpojk|e *-en -ar* 개구쟁이, 말썽꾸러기.
tjuvskytt *~en ~ar* 밀렵꾼.
tjuvskytte *~t 0* 밀렵.
tjuvstart *~en ~er* (육상 등의 경주에서) 부정 출발.
tjuvstarta *~r ~de ~t itr.* (육상 등의 경주에서) 부정 출발하다.
tjuvtjockt *adv.* 몸이 매우 불편한; jag mår ~ 몸이 매우 불편하다.
tjyvnyp ☞ **tjuvnyp**.
tjäd|er *-ern -rar* 【조류】 큰 뇌조.
tjäle *~n 0* 지면의 결빙; ~n har gått ur jorden 얼어붙었던 땅이 녹았다.
tjällossning *~en 0* 결빙된 지면의 해빙.
tjälskott *~et 0* 【지질】 (지면의 결빙

으로 인해 생기는) 구혈(甌穴).

tjäna *~r ~de ~t* Ⅰ. *itr. tr.* ① (계약에 의해서 정기적으로) 돈을 벌다, 수입이 있다; 이익이 되다; han ~r 20,000 kr. i månaden 그는 한 달에 20,000크로나를 번다; hon skulle ~ på att klä sig lite vackrare 그녀는 옷을 조금 더 예쁘게 입으면 좋을 텐데 ② 일하다, 재직하다; han ~de hos en greve 그는 백작 댁에서 일했다; ~ dräng hos en bonde 어떤 농부 집에서 머슴으로 일하다; ~ staten 공직에 있다; ~ folket 백성을 섬기다, 민복이 되다 ③ …기능을 갖다; kudden fick ~ som ljuddämpare 쿠션은 (베개는) 소음의 역할을 하였다; det ~r ingenting till att protestera 항의를 해보아도 아무 소용이 없다 Ⅱ. (강세접사와 함께) ① ~ av 복역하다; han har ~t av halva strafftiden 그는 형기의 절반을 복역하였다 ② ~ ut 오랫동안 사용하여 못 쓰게 되다; den här rocken har ~t ut 이 코트는 오랫동안 입어서 다 닳아졌다.

tjänare[1] *itj.* (만날 때나 헤어질 때 인사) 안녕! 어이!

tjänar|e[2] *−[e]n ~* 하인, 종; (주의. 신조 따위에) 몸을 바치는 사람, 봉사자, 충복; en statens trogne ~ 국가의 충복; ett stort hus med många ~ 많은 하인을 둔 대저택.

tjänarinn|a *−an −or* 하녀.

tjänst [çɛnst] *~en ~er* ① 직, 직장, 근무처; heltids~ 상근 직 ② 근무, 봉직; 쓰임, 유용; jour~ 당직 [근무]; ~eresa 출장; han var i ~ hos en greve 그는 어떤 백작 댁에서 일하였다; ta tekniska hjälpmedel i sin ~ 자신의 직무에 기술적인 보조수단을 이용하다 ③ 봉사, 진력, 시중, 공훈, 도움; han har gjort sitt land ovärderliga ~er 그는 조국에 큰 봉사를 하였다 (큰 공로를 남겼다); han erbjöd dem sina ~er 그는 그들에게 도움을 주겠다고 제안했다.

tjänstaktig ☞ tjänstvillig.

tjänstduglig *a.* 직무에 적합한.

tjänsteand|e *−en −ar* 【역사】 충실한 하인, 충복.

tjänstebrev *~et ~* 공무서한.

tjänstefel *~et ~* 업무상의 과오.

tjänsteflick|a *−an −or* 하녀.

tjänstefolk *~et 0* 종속(從屬), 하인.

tjänsteförrättande *a.* 근무 수행의, 업무 수행의.

tjänste|man *−mannen −män* 사무직원; 공무원.

tjänstepension *~en ~er* 퇴직연금.

tjänsteplikt *~en ~er* (비상사태 등의 상황에서 당국의 명령에 의한) 노역의 의무.

tjänsteres|a *−an −or* 공무여행, 사업여행, 출장.

tjänstetid *~en ~er* ① 근무시간 ② 근무연한.

tjänstevikt *~en 0* 운행 준비가 완료된 상태의 차량 무게 (운전자의 체중도 포함됨).

tjänsteår *~et ~* 근무연한.

tjänst|göra *−gör −gjorde −gjort itr.* ① 일하다, 근무하다, 봉직하다; den 1 juni börjar han ~ igen efter sjukdomen 그는 병이 나아 6월 1일부터 다시 근무를 시작한다 ② …기능을 하다, …의 역을 하다, 대신하다; tidningen fick ~ som regnskydd 신문

지가 우산 대용으로 이용되었다.

tjänstgöring *~en ~ar* 일, 근무, 봉직; övertids~ 초과근무.

tjänstgöringsintyg *~et ~* 재직증명서.

tjänstgöringstid *~en ~er* ① 근무시간 ② 재직기간.

tjänstledig *a.* 직장을 쉬고 있는, 휴직의; 휴가의.

tjänstvillig *a.* 남을 돕기 좋아하는, 친절한.

tjära[1] [çæːra] *~n 0* 타르 (석탄, 목재를 건류할 때에 나오는 기름 모양의 검은 액체).

tjära[2] *~r ~de ~t tr.* …에 타르를 칠하다.

tjärblomst|er *-ret ~* 【식물】 끈끈이귀개과의 식물, 끈끈이대나물, 파라지옥풀 따위.

tjärn *~en/~et, ~ar* (숲속의) 작은 호수.

tjärpapp *~en/~et, 0* 펠트 (지붕 재료로 사용되는 건축재).

tjöt ☞ **tjuta**.

toa [tọːa] *~en 0* 화장실.

toalẹtt *~en ~er* ① 화장실; g p ~en 화장실에 가다 ② 화장, 단장; göra ~ 화장을 하다; morgon~ 아침화장 ③ 정장, 예복; afton~ (여성의) 저녁정장, 나이트 드레스.

toalettbord *~et ~* (여성의) 화장대.

toalettpapper *~et 0* 화장지.

toalettsaker (복수명사) 화장도구.

tobak [tọːbak]*~en 0* 담배; ta sig en pipa ~ 파이프 담배를 피우다.

tobakịst *~en ~er* 담배 가게 주인, 담배 장수.

tobaksaffär *~en ~er* 담배 가게.

todd|y *-yn -[y]ar* 토디 (브랜디나 위스키 따위에 뜨거운 물, 설탕, 향료를 넣은 음료).

toff|el *-eln -lor* 슬리퍼, (실내용) 덧신.

toffelblomm|a *-an -or* 현상과(科) 칼세올라리아속(屬) 식물의 총칭 (슬리퍼 모양의 꽃이 핀다. 미국 열대 지방산).

toffeldjur *~et ~* 미소(微小) 동물 (육안으로는 거의 보이지 않는 현미경상의 동물; 적충, 윤충 따위).

toffelhjält|e *-en -ar* 공처가.

tofs *~en ~ar* (실, 풀, 털 따위의) 작은 술; en mössa med röd ~ 빨간 술이 달린 모자.

tofsvip|a *-an -or* 【조류】 댕기물떼새.

toft *~en ~er* (보트에서 노 젓는 사람이 앉는) 가로장; (통나무배의) 옆 가름대.

tog ☞ **ta[ga]**.

tog|a *-an -or* 토가 (고대 로마 시민이 입던 헐거운 겉옷).

tok [tọːk] *~en ~ar* ① 바보, 천치, 미친 놈 ② gå (vara) på ~ 엉망진창이 되다; på ~ för mycket 너무 많은.

tok|a *-an -or* 바보, 천치, 미친 년.

tokajer *~n 0* 헝가리의 토케이산 포도주 (황갈색).

tok|er *-ern -ar* ☞ **tok** ①.

tokerị *~et ~er* 터무니없고 우스꽝스러운 짓 또는 말; hans ~er om flygande tefat 비행접시에 관한 그의 터무니없는 말.

tokig [tɷːki(g)] *a.* 미친, 정신 나간; 어리석은; 우스꽝스러운.

tokrolig *a.* 매우 재미있는.

T

tokstoll|e *-en -ar* ☞ **tok** ①.

tolerans *~en ~er* ① 관용, 관대, 용인 ② 【기계】 공차(公差), 허용차.

tolerant *a.* 관용적인, 관대한.

tolerera *~r ~de ~t tr.* 참다, 인내하다, 용인하다, 관대히 취급하다.

tolft *~en ~er* (같은 종류의 것, 특히 판자나 널빤지를 셀 때) 다스, 12개.

tolfte *räkn.* 열두 번째의.

tolftedel *~en ~ar* 12분의 1.

tolk [tɔlk] *~en ~ar* 통역; 해석가.

tolka[1] *~r ~de ~t tr.* 통역하다; 해석하다.

tolka[2] *~r ~de ~t itr.* (군대에서) 자전거, 썰매, 스키를 탄 채 차량이나 말 등이 견인하다.

T

tolkar|e *-[e]n ~* 해석가.

tolkning Ⅰ. *~en ~ar* 통역; 해석 Ⅱ. *~en 0* 【스포츠】 말이 끄는 썰매의 일종.

tolv *räkn.* 열둘, 12.

tolv|a *-an -or* 12와 관계가 있는 사람이나 사물; 12가지를 맞추는 현상권; 카드놀이의 일종; komma ~ (경주 등에서) 12번째로 들어오다; ~orna får 1,500 kr. 12개를 다 맞힌 사람은 1,500크로나를 받게 된다.

tolvfingertarm *~en ~ar* 【해부】 십이지장.

tolvtonsmusik *~en 0* 【음악】 12음 음악[기법].

tom *a.* ① 빈; ~ flaska 빈 병; ~ i magen 배가 몹시 고픈 ② 허무한, 허전한; 무표정의; 무의미한; ~t prat 빈 말, 무의미한 말; hon är ~ i bollen 그녀는 어리석다; hans ~ma blick 무표정한 그의 시선; det kändes ~t efter den bortgångne vännen 친구가 죽고 난 후 허무하게 느껴졌다.

t.o.m. *adv.* (till och med의 약어) …까지; från 1939 ~ 1945, 1939년부터 1945년까지; 심지어.

tomahawk/tomahåk [-ɔk] *~en ~er* 인디언들의 전투용 도끼.

tomat [tɔmɑ:t] *~en ~er* 【식물】 토마토.

tomatpuré *~n ~er* 【요리】 토마토 퓌레.

tombol|a *-an -or* 복권의 일종.

tomglas [tɵm-] *~et ~* 빈 [술]잔.

tomgång *~en 0* (모터의) 공전; motorn går på ~ 모터는 공전하고 있다.

tomhet *~en 0* 비어있음; 허무, 무의미.

tomhänt *a.* 빈손의.

tomrum *~met ~* 빈자리, 빈 장소, 공간; 허전함.

tomt *~en ~er* 대지; 땅.

tomt|e *-en -ar* ① 농가의 요정 (북구의 민간신앙에 등장하는 존재로 농가의 헛간이나 광에 살면서 가사를 거든다고 함) ② 산타클로스.

tomtebloss *~et ~* 크리스마스트리 장식물중의 하나, 폭죽, 불꽃.

tomtjobbar|e *-[e]n ~* 땅 투기꾼.

tomträtt *~en 0* 토지 임차권.

ton Ⅰ. *~net ~* ① 【중량단위】 톤 (1톤은 1,000킬로그램에 해당) ② (배의 크기, 적재능력단위) 톤, 적재 톤 Ⅱ. *~en ~er* ① 음, 음조, 장단, 음색; ~en C, C음; folkvise~ 민요조; instrumentet har en vacker ~ 그 악기는 아름다운 음색을 가지고 있다 ② 말투, 어조; kommando~ 명령적인 어조, 명령조; rösten hade en försmädlig ~ 목소리는 경멸조였다 ③ 색조, 색상; grå ~ 회색빛깔의 색조.

tona *~r ~de ~t* Ⅰ. *itr*. 소리 나다, 울리다 Ⅱ. *tr*. …에 색조를 (색상을) 맞추다.

tonande *a*. 소리 나는, 울리는; 【음성학】 유성음의.

tonart *~en ~er* 【음악】 주조 음.

tonfall *~et ~* 억양, 어조; han hörde på hennes ~ att hon spelade teater 그는 어조에서 그녀가 연극을 하고 (속이고) 있다는 것을 알았다.

tonfisk *~en ~ar* 【어류】 다랑어.

tongivande *a*. 영향력 있는, 주도적인; en ~ huvudstadstidning 영향력 있는 수도권 신문.

tongång *~en ~ar* 【음악】 (음 또는 화성의) 진행, 선율; 어조, 말투.

tonhöjd *~en ~er* 【음악, 음향】 소리의 높이, 음고; 음조.

tonic *~en 0* (향기가 있는) 탄산수.

toning *~en ~ar* ① 가락을 맞추기, 조율 ② 【사진】 조색.

tonläge *~t ~n* 소리의 높이, 음고; 음조.

tonlös *a*. 【음성학】 무성음의.

tonnage [–ɑːʃ] *~t 0* ① (선박의) 용적 톤수 ② (한 나라, 한 선박회사 등의) 총 톤수; 총 선박.

tonsil *~en ~er* 【해부】 편도[선].

tonsteg *~et ~* 【음악】 음정.

tonstyrk|a *–an –or* 음량.

tonsur *~en ~er* 【교회】 (성직 종사자 표시의) 머리털을 박박 깎은 부분, 체발(剃髮).

ton|sätta *–sätter –satte –satt tr*. 작곡하다.

tonsättar|e *–[e]n ~* 작곡가.

tonvikt *~en 0* 강세.

tonåren (복수명사), en flicka i ~ 십대의 소녀.

tonåring *~en ~ar* 십대[의 소년이나 소녀].

topas *~en ~er* 황옥, 황수정.

topografi *~n 0* 지형, 지세; 지세도; 지형학.

topografisk *a*. 지지의, 지형상의, 지형학의.

topp[1] *itj*. 좋아!; jag föreslår att vi delar lika. – Topp! 우리 똑같이 나누도록 하자 – 좋아!

topp[2] *~en ~ar* ① 사물의 제일 높은 부분, 꼭대기, 정상; de snöklädda ~arna 눈으로 덮인 산꼭대기들; finger~ 손가락 끝; en tjänsteman i företagets ~ 기업의 고위층 간부; han är ~en! 그는 참 멋있어!; på ~en av alla dessa besvärligheter kommer nu ekonomiska problem 이렇게 두통거리가 많은데 이제 경제적인 문제까지 겹쳤다; från ~ till tå 머리끝에서 발끝까지; med flaggan i ~ 명예롭게, 자랑스럽게 ② ~ tunnor rasande 매우 화난, 격노한 ③ 투피스의 윗도리.

toppa *~r ~de ~t tr*. ① (식물 따위의) 우듬지를 (끝을) 잘라내다 (치다, 다듬다) ② …의 수위를 차지하다.

toppdomän *~en 0* 【정보통신】 최상위 도메인 (인터넷 도메인 네임 중에서 오른쪽 끝부분에 있는 것).

toppig *a*. 끝이 뾰족한.

topplock *~et ~* (엔진의) 실린더헤드.

toppluv|a *–an –or* 끝이 뾰족한 빵모자.

toppmöte *~t ~n* 정상회담.

topp|rida *–rider –red –ridit tr.* 못살게 굴다, 마음대로 다루다.

Tor 【신화】 투르 신 (북구신화에 나오는 신으로 괴력을 지녀 신들의 세계를 수호한다).

torde [tɷ:ɖə] *hjälpvb.* ① (추측이나 가능성을 나타냄), 5,000 kr ~ räcka för resan 5,000크로나면 여행경비로 충분할 것이다 ② (권고나 요망의 정중한 표현), ni ~ infinna er kl. 16 여러분께서는 16시까지 꼭 오셔야 합니다.

tordmul|e *–en –ar* 【조류】 큰 부리 바다오리.

T

tordyv|el *–eln –lar* 【곤충】 (인축(人畜)의 배설물에 꾀는) 풍뎅이의 일종.

tordön *~et ~* 천둥 또는 이와 비슷한 소리.

tordönsröst *~en ~er* 뇌성벽력 같은 목소리.

toreador *~en ~er* 투우사.

torftig *a.* 보잘 것 없는, 하잘 것 없는, 변변치 못한; bokens innehåll var ~t 책의 내용은 보잘 것 없다.

torg [tɔrj] *~et ~* 광장 (주로 노점상들이 생활필수품을 파는 곳).

torg|föra *–för –förde –fört* ① 광장에서 팔기 위해 물건을 내놓다 ② 표현하다, 묘사하다; ~ sitt tvivel 자신의 회의감을 나타내다.

torgskräck *~en 0* 【정신병】 광장(공간) 공포증.

tori|um *~/–[um]et, 0* 【화학】 토륨 (방사성 금속원소의 하나; 원자기호 Th).

tork Ⅰ. *~en ~ar* ① 건조기, 건조대; hår~ 헤어드라이어 ② 알코올 중독자 요양원 Ⅱ. (불변화명사) 말리기; skjortorna hänger på ~ 셔츠가 마르도록 걸려 있다.

torka[1] *~n 0* 가뭄.

torka[2] *~r ~de ~t* Ⅰ. *tr.* 말리다, 건조시키다; 닦다; ~ kläderna i solen 햇볕에 옷을 말리다; ~d svamp 말린 버섯; ~ tårar 눈물을 닦다 Ⅱ. *itr.* 마르다; tvätten har ~t 세탁물들이 말랐다 Ⅲ. *rfl.* 닦다; ~ sig i ansiktet 얼굴을 닦다 Ⅳ. (강세접사와 함께) ① a) ~ in 말라붙다; gröten ~de in på tallriken 죽이 접시에 말라붙었다 b) 취소되다; festen ~de in 파티는 취소되었다 ② ~ inne 취소되다, 실현되지 못하다.

torkarblad *~et ~* (자동차의) 와이퍼, 유리창 닦이 개.

torkställ *~et ~* (식기) 건조대.

torktumlar|e *–[e]n ~* (세탁물의) 회전식 건조기.

torn [tɷ:ɳ] Ⅰ. *~en ~ar* 가시 Ⅱ. *~et ~* 탑.

torna *~r ~de ~t,* ~ upp 쌓아 올리다; ~ upp sig 쌓여지다; isen ~de upp sig 어름이 쌓여졌다.

tornado *~n, ~r/~er* 회오리바람, 대선풍(旋風) (미시시피 강 유역에서 4~6월 사이에 일어나는 선풍으로 무서운 파괴력이 있다), 폭풍.

tornera *~r ~de ~t itr.* 마상(馬上)시합에 참가하다.

tornering *~en ~ar* (중세 기사의) 마상 시합.

tornerspel ☞ tornering.

tornist|er *–ern –rar* ① (군인, 여행자가 휴대하는) 식량자루, 잡낭 ② (말의 코와 입 주위에 걸려 있는) 사료

자루.

torp ~*et* ~ (옛) 소작농토 (지주에 대한 봉사의 대가로 얻은); (현재) 시골의 작은 여름 집.

torpar|e −[*e*]*n* ~ 소작인 (옛 제도로 소작인은 농사 일 이외에 주인집을 위해 봉사한 대가로 농토를 얻었음); (현재) 시골에 작은 여가집을 소유한 자.

torpẹd ~*en* ~*er* 어뢰.

torpedbåt ~*en* ~*ar* 어뢰정.

torpedera ~*r* ~*de* ~*t tr*. 어뢰로 파괴시키다.

torr *a*. ① 마른, 건조한; 오줌을 싸지 않은, 오줌을 가릴 줄 아는; hans läppar var alldeles ~a 그의 입술은 바싹 말라 있었다; hon blev ~ redan i ettårsåldern 그녀는 한 살 때 벌써 오줌을 가릴 줄 알았다; ha sitt på det ~a (경제적으로) 안정된 기반 위에 있다; i vått och ~t 궂을 때나 좋을 때나; inte ~ bakom öronen 미숙한 ② (포도주 등이) 설탕 농도가 낮은, 맛이 담백한 ③ (문체 등이) 건조한; 지루한, 무미건조한, 냉담한; ett ~t föredrag 지루한 강연.

torrdestillation ~*en* ~*er*【화학】건류, 분해증류.

torrhosta ~*n* *0* 마른기침.

torr|lägga −*lägger* −*lade* −*lagt tr*. 배수시키다, 간척하다.

torrskodd *a*. 신발이 젖지 않은.

torrsubstans ~*en* *0* 고체.

torsdag [tɷːʂdɑ(g)]/[tɷːʂtɑ] ~*en* ~*ar* 목요일.

torsionsfjäd|er −*ern* −*rar* 비틀림 용수철.

torsk Ⅰ. ~*en* ~*ar*【어류】대구; 사창가에 자주 드나드는 사람 Ⅱ. ~*en* *0*【병리】아구창.

tors|o −*on* −*er* (인체의) 몸통, 동체;【조각】토르소 (머리나 팔, 다리가 없고 몸통뿐인 조각).

tortera ~*r* ~*de* ~*t tr*. 고문하다.

tortỵr ~*en* ~*er* 고문.

tortyrkammar|e −[*e*]*n* ~ 고문실.

tortyrredskap ~*et* ~ 고문기구.

torv ~*en* *0* ①【지질】이탄(泥炭) ② 잔디, 떼.

torv|a −*an* −*or* ① 잔디, 잔디밭; 뗏장 ② den egna ~n 자작농지, 자신의 땅.

torvtak【역사】~*et* ~ 잔디나 떼로 만들어진 지붕.

tosig *a*. 제 정신이 아닌, 미친, 무모한, 무분별한, 별난.

tosing ~*en* ~*ar* 미친 사람, 무분별한 사람, 별난 사람.

tota ~*r* ~*de* ~*t tr*. (강세접사 ihop, till과 함께) 모으다, 종합하다, 편집하다, 짜 마주다.

totạl *a*. 전체의, 전부의, 총체의; 총력의; 전적인; det ~a kriget 총력전.

totalisạtor ~[*e*]*n* ~*er* ① 총액(총계) 계산기 ② (경마에서) 건 돈(매상금)의 전광표시판, 건 돈 표시기.

totalitẹt ~*en* *0* 전체성, 총체성, 완전함.

totalitạ̈r *a*. 전체주의의, 전체주의적인.

tọtem (불변화 en-명사) ① 토템 (미개인이 종족의 조상과 혈연관계가 있다고 생각하여 숭배하는 자연물, 특히 동물) ② 토템의 상(그림).

toto ~*n* ~*ar* ① ☞ totalisator ② (아이들 용어) 말.

tott, *~en ~ar* (머리카락, 털실 따위의) 술, 타래, 떨기.

toucha [tɵʃa] *~r ~de ~t tr.* 살짝 건드리다, 대다, 만지다; han ~de hennes arm 그는 그녀의 팔을 살짝 건드렸다.

touche [tɵʃ] *~n ~r* ① 살짝 건드리기, 대기, 만지기, 접촉 ② (건반, 현의) 터치, 필치, 운필 ③ (나팔 등의) 화려한 취주.

touchning [tɵʂnɪŋ] *~en ~ar* 살짝 건드리기, 대기, 만지기, 접촉.

tov|a[1] *–an –or* 꼬인 (헝클어진) 실, 머리카락 등.

T

tova[2] *~r ~de ~t rfl.* ~ [ihop] sig 꼬이다, 헝클어지다.

tovig *a.* 꼬인, 헝클어진, 텁수룩한; skägget var ~t och ovårdat 턱수염은 텁수룩하고 손질이 안 되어 있었다.

toxịn *~et/~en, ~er* 독소.

tradition [–ʃo̜:n]*~en ~er* ① 전통, 관습, 관례, 인습 ② 구전, 구비, 전설 ③【법률】 인도, 교부.

traditionẹll *a.* ① 전통적인, 전승의, 관습적인 ② 구전의, 구비의, 전설의.

traditionsbunden *a.* 관습(인습)에 얽매인.

traditionsenlig *a.* 관습에 따른, 전통에 의거한.

trafịk *~en 0* 교통, 교통차량; 사람의 왕래; 통신, 매매; ~säkerhet 교통안전; ~en bestod mest av bussar 교통차량은 주로 버스로 이루어져 있었다; gång~ 보도통행.

trafikạbel *a.* 왕래할 수 있는, 통행할 수 있는.

trafikạnt *~en ~er* 통행인, 보행자, 승객.

trafikdelar|e *–[e]n ~* 차선방향 지시판.

trafikera *~r ~de ~t tr.* 통행하다.

trafikhind|er *–ret ~* 교통장애[물].

trafikkonstap|el *–eln –lar* 교통순경.

trafikolyck|a *–an –or* 교통사고.

trafikpolis *~en ~er* 교통경찰.

trafiksignal *~en ~er* 교통신호[등].

trafikstockning *~en ~ar* 교통정체.

trafiksäkerhet *~en ~er* 교통안전.

trafikvakt *~en ~er* 주차 위반 단속반원(lapplisa).

tragedị [–ʃ–] *~n ~er* 비극; 비극적인 사건; 비운.

tragediẹnn *~en ~er* 비극에 주로 출연하는 여배우.

traggla *~r ~de ~t itr.* ① 되풀이하다, 반복하다 ② 힘들여 일하다; hon stod fortfarande och ~de med disken 그녀는 아직도 서서 애써 설거지를 하고 있었다.

tragik [–gi̜:k] *~en 0* (추상명사로만) 비극; livets ~ 인생의 비극.

trạgiker *~n ~* 비극작가.

tragikomisk *a.* 희비극의, 희극과 비극적 요소가 다 있는.

tragisk [–gi̜sk] *a.* 비극적인.

trailer [trẹj–] *~n ~[s]* ① 트레일러, 동력차로 예인되는 차 ②【영화】 예고편.

trakassera *~r ~de ~t tr.* 괴롭히다, 애먹이다, 방해하다.

trakasserị *~et ~er* 괴롭힘, 박해, 학대.

traké *~n ~er* 【해부】 (동물의) 기관, 호흡 관, (식물의) 도관.

trakt *~en ~er* 지역, 지구; 마을; han

lämnade ~en 그는 그 마을을 떠났다; fjäll~erna 산악지대.

trakta *~r ~de ~t itr*. ~ efter 갈구하다; ~ efter rikedom och ära 부와 명예를 갈구하다.

traktamente *~t ~n* (주거비, 교통비, 여비 따위를 포함한) 출장비.

traktan (불변화 en-명사) 갈구, 추구.

traktat *~en ~er* ① (국가 간의) 조약, 비준 ② (철학적, 도덕적 논제에 관한) 논문.

traktera *~r ~de ~t tr*. ① 접대하다, 대접하다 ② (악기 등을) 연주하다.

traktering *~en ~ar* 대접, 접대, 환대.

traktor *~n ~er* 트랙터.

trall[1] *~et/~en, ~/~ar* (물에 젖지 않도록 참호, 진창 따위에 깐) 건널판, 깔개.

trall[2] *~en ~ar* ① 가락, 곡조, 멜로디 ② 틀에 박힌 수법.

trall|a[1] *-an -or* ① 시내전차 ② 고가(高架) 이동 활차 ③ 손수레, 광차(鑛車).

tralla[2] *~r ~de ~t itr. tr*. 노래를 명랑하게 (트랄랄라 하고) 부르다.

tramp *~et 0* 발걸음 (발소리), 쿵쿵거리며 걷기.

tramp|a[1] *-an -or* (자전거 등의) 페달.

trampa[2] *~r ~de ~t* Ⅰ. *itr. tr*. ① 쿵쾅거리며 걷다; 밟다; soldaterna ~de fram över fälten 군인들은 들판을 쿵쿵거리며 걸어갔다; han råkade ~ på hennes fot 그는 우연히 그녀의 발을 밟았다 ② (자전거의 페달 등을) 밟다, 구르다 Ⅱ. (강세접사와 함께) ① ~ upp (발로) 밟아 평평하게 하다, (길을) 닦다; i sin forskning följde han de stigar som hans lärare ~t upp 그는 자신의 연구에서 스승이 닦아놓은 길을 따랐다 ② ~ ur (자동차의) 클러치를 떼다 ③ ~ ut (신발 따위를 오랫동안 자주 사용하여) 늘리다, 확장시키다; ~ ut barnskorna 자라다, 성장하다.

trampdyn|a *-an -or* (동물의) 발바닥, 육지(肉趾).

trampolin *~en ~er* 다이빙 대.

trams *~et 0* 허튼 소리, 난센스.

tran *~en 0* 고래 기름, 어유.

tran|a *-an -or* 【조류】 두루미, 왜가리, 학(鶴).

tranbär *~et ~* 【식물】 넌출월귤 (매우 신맛이 나고, 젤리나 소스를 만드는 데 사용됨).

trance ☞ **trans**.

tranchera [-ʃe:ra] *~r ~de ~t tr*. (요리한 고기를) 자르다.

trankil [-ki:l] *a*. 고요한, 근심 없는.

trans *~en 0* 명상, 황홀감.

transaktion *~en ~er* 거래, 매매; (업무의) 처리, 해결.

transatlantisk *a*. 대서양 저편의, 대서양 건너의.

transcendent/transcendental[1] *a*. 초자연적인, 형이상학적인, 선험적인.

transcendent/transcendental[2] *~en ~er* 【수학】 초월함수.

transfer *~en 0* ① 【법률】 (재산, 권리 따위의) 양도; 이적; 【경제】 명의 변경, 대체, 명의 개서 ② 이동, 이전, 운반.

transferera *~r ~de ~t tr*. 옮기다, 이동시키다; 【법률】 (권리 따위를) 양도하다.

transformạtor *~n ~er*【전기】변압기.

transformera *~r ~de ~t tr.* ① (형태, 외견, 속성 따위를) 바꾸다, 변경하다 ②【전기】변압시키다;【수학】변화(변형)시키다;【문법·논리】변형시키다.

transfusion *~en ~er* 수혈.

transịstor *~n ~er* ①【전자공학】트랜지스터 (반도체를 이용한 소형 증폭장치) ② 트랜지스터 라디오.

transistorradio *~n 0* 트랜지스터 라디오.

transit *~en 0* 통과, 경과, 경유.

transitera *~r ~de ~t tr.* 통과시키다, 경유시키다.

trạnsitiv *a.* 타동사의.

transito *~n 0* 통과, 경과, 경유.

transkribera *~r ~de ~t tr.* ① (연설 따위를) 받아 적다, 필기하다 ② …을 다른 문자로 바꾸어 쓰다; …을 발음기호로 전사하다, 음표문자로 쓰다 ③ 편곡하다.

transkription *~en ~er* ① 필사, 전사(轉寫) ② 편곡.

translạtor *~n ~er* (공인)번역가.

transmission *~en ~er* ①【기계】(동력, 전력의) 전송, 전도; (자동차의) 전동장치 ②【물리】전도, 전송;【무선】송신, 전송, 투과.

transoceạn/transoceansk *a.* 대양 저편의, 바다 저편의.

transparạng *~en ~er* (유리 위에 그려진) 투명한 문자와 그림, 투명화, 슬라이드.

transparẹnt *a.* 투명한, 비쳐 보이는.

transpiration *~en 0* 배출, 발산, 땀.

transpirera *~r ~de ~t itr.* 땀을 흘리다, (노폐물을) 배출하다;【식물】(잎을 통해) 수분을 발산하다.

transplantation *~en ~er* 이식(移植).

transplantera *~r ~de ~t tr.* 이식하다.

transponera *~r ~de ~t tr.*【음악】이조(移調)하다.

transpọrt *~en ~er* ① 수송, 운반, 운송 ②【경제】(유가증권 따위의) 명의변경, 대체 ③ (직원의) 전임, 전속.

transportạbel *a.* 운반(수송)할 수 있는.

transportera *~r ~de ~t tr.* ① 수송하다, 운반하다, 운송하다 ②【경제】명의변경하다, 대체시키다 ③ 전임시키다, 전속시키다.

transportör *~en ~er* ① 수송 (운반) 장치, 컨베이어 ② 수송업자, 운반인.

transsexuell *a.* 성(性) 전환의, 성도착자의.

transsibirisk *a.* 시베리아를 횡단하는.

trans[s]ubstantiation *~en ~er*【종교】신체변화, 성(聖)변화 (성찬의 빵과 포도주가 그리스도의 몸과 피로 변한다는 것).

transụmt *~et ~* 요약, 개요.

transurạn *~et/~en, ~er* 초우라늄원소.

transversạl[1] *a.* 횡단의.

transversạl[2] *~en ~er*【기하】횡단선.

transvestịt *~en ~er* 성(性) 도착자.

trapẹts Ⅰ. *~en ~er* (체조, 곡예용) 공중그네 Ⅱ. *~et ~er*【기하】부등변 사각형; 사다리꼴.

trapp|a *-an -or* 계단; 층; spiral~

나선형 계단; han bor fem –or upp 그는 5층에 살고 있다.

trappavsats *~en ~er* 【건축】 (계단의) 층계참.

trappformad *a.* 계단식의.

trappgav|el *–eln –lar* 【건축】 박공, 박풍 (기와지붕에 붙인 합각머리에 ^자 꼴로 붙인 널빤지).

trapphus *~et ~* 【건축】 계단통 (건물의 계단을 포함한 수직 공간, 대지로부터 계단, 지붕에 이르는 건물의 공간).

trappsteg *~et ~* 계단, 층계.

trappsteg|e *–en –ar* 발판 사닥다리.

tras|a[1] *–an –or* ① 누더기; gå i –or 누더기를 걸치고 다니다 ② 걸레.

trasa[2] *~r ~de ~t tr.* ~ sönder 갈기갈기 찢다.

trashank ~en ~ar 누더기를 걸친 사람, 부랑아.

trasig *a.* ① 고장 난, 파손된 ② 갈기갈기 찢어진, 누더기의.

traska *~r ~de ~t itr.* 터벅터벅 걷다.

trasmatt|a *–an –or* 천 조각으로 만든 깔개.

trassat *~en ~er* 【상업】 어음 수취인.

trass|el *–let 0* ① (기계 소제 따위에 사용되는) 지스러기 솜, 넝마 ② 문제, 난제, 곤란, 골칫거리.

trassent *~en ~er* 【상업】 어음 발행인.

trassera *~r ~de ~t tr.* 어음을 발행하다.

trassla *~r ~de ~t* Ⅰ. *itr.* 뒤죽박죽이 되다, 엉망진창이 되다 Ⅱ. *rfl.* (함정, 곤란 따위에) 빠지다, 말려들다 Ⅲ. (강세접사와 함께) ① ~ sig fram 힘들여 헤쳐 나가다 ② ~ ihop 헝클어놓다, 망쳐놓다 ③ ~ in sig 말려들다, 빠지다 ④ ~ till 엉망진창을 만들다, 뒤죽박죽이 되게 하다; man bara ~r till saken 일을 더 복잡하게 만든다.

trasslig *a.* 얽히고설킨, 뒤헝클어진, 복잡한.

trast *~en ~ar* 【조류】 지빠귀 과의 작은 새.

tratt *~en ~ar* 깔때기.

tratt|a[1] *–an –or* 환어음.

tratta[2] *~r ~de ~t tr.* ~ i ngn ngt …에게 …을 배부르게 먹이다; ~ i sig a) 과시하다 b) 벌컥벌컥 마시다.

trattformig *a.* 깔때기 모양의.

traum|a *–at, –an/–er* 【정신분석】 마음의 상처, 쇼크, 정신적 외상.

traumatisk *a.* 정신적 쇼크의.

trav *~et/~en, 0* (말의) 속보; hjälpa ngn på ~en …을 도와 (일의) 시작을 순조롭게 해주다.

trava *~r ~de ~t* Ⅰ. *itr.* (말 등이) 속보로 달리다, 총총걸음으로 가다 Ⅱ. *tr.* 쌓아 올리다.

travar|e *–[e]n ~* 속보로 달리는 말, 속보 마(速步馬).

travban|a *–an –or* (경마의) 속보 경기장.

trav|e *–en –ar* (책, 장작 등의) 더미, 쌓아올려진 것.

travers *~en ~er* 고가(高架), 크레인.

travestera *~r ~de ~t tr.* 희화화(戲畫化)하다, 익살스럽게 흉내 내다.

travesti *~n ~er* 희화화, 희작(戲作).

travsport *~en 0* 속보경마.

tre *räkn.* 3, 셋, 삼; ett par ~ stycken 두세 개; alla goda ting är ~ 삼(3)이 이상적인 숫자이다.

tre|a *-an -or* 3번 버스, 3학년 등 (삼(3)이란 숫자와 관련이 있는 사람이나 사물); han kom ~ och fick alltså brons 그는 3등으로 들어와 동메달을 받았다; han bor i en ~ 그는 방 세 개짜리 아파트에 산다; komma upp i ~n 3학년이 되다.

tredimensionell *a*. 삼차원의.

tredje *räkn*. 삼(3)의 서수, 세 번째[의]; 제3의; 3등급의; den ~ från slutet 끝에서 세 번째; för det ~ 셋째로; ~ man 【법률】 제3자.

tredjedag *~en ~ar* 큰 명절로부터 삼일이 되는 날; ~ jul 12월 27일.

T

tredsk *a*. 말을 잘 듣지 않는, 반항적인; 【법률】 법정의 소환(명령)에 응하지 않는.

tredska *~n 0* 완강한 불복종; 【법률】 관명무시(官命無視).

tredska|s *~ -des -ts itr. dep*. 말을 듣지 않다, 복종하지 않다.

tredskodom *~en ~ar* 궐석재판.

tredubbel *a*. 세 배의, 삼중의.

treenighet *~en 0* (기독교의) 삼위일체[론].

trefaldig *a*. 세 배의, 삼중의; 세 부분으로 이루어진.

trefaldighet *~en 0* ① (기독교의) 삼위일체 ② ☞ **trefaldighetssöndagen**.

trefaldighetssöndagen (정형명사) 삼위일체의 축일.

trefasig *a*. 【전기】 삼상(三相)의.

trefjärdedelstakt *~en 0* 【음악】 4분의 3박자.

trefot *~en 0* 삼각대; 세 다리 의자; 삼발이.

trehjuling *~en ~ar* 삼륜차; 세발자전거.

trehörning *~en ~ar* 삼각형.

trehövdad *a*. 머리가 셋 달린.

trekant *~en ~er* 삼각형.

treklang *~en ~er* 【음악】 3화현, 3화음.

treklöver *~n 0* 세잎 클로버; (비유적) 삼총사.

trekvart (불변화명사) ① 4분의 3; 45분; ~s meter 0.75미터; ~s timme 45분 ② sitta på ~ 걸터앉아 있다; hänga på ~ 비스듬하게 걸려 있다.

trekvartsstrump|a *-an -or* 무릎까지 오는 양말.

trema *~t ~n* 【음성학】 분음부호 (나란히 놓인 두 모음이 따로따로 발음됨을 나타내는 부호).

tremulera *~r ~de ~t itr*. 목소리를 떨며 말하다(노래하다).

trenchcoat [trɛnʃkɔt] *~en ~ar* 트렌치코트.

trend *~en ~er* 경향, 추세.

trenne *räkn*. 【고어】 (tre의 고어) 삼, 셋.

trepanation *~en ~er* 【의학】 두부절개[술].

trepanera *~r ~de ~t tr*. (관상 톱으로 …의 머리를) 수술하다.

trespråkig *a*. 세 가지 언어를 사용하는, 3중 언어 사용의.

trestavig *a*. 삼음절의.

trestegshopp *~et ~* 【스포츠】 삼단뛰기.

trestjärnig *a*. 세 개의 별로 (최고의 등급임을) 표시한.

tretti[o] *räkn*. 30, 삼십, 서른.

trettionde *räkn*. 삼십 번째의.

tretton *räkn*. 13, 십삼, 열셋.

trettonde *räkn*. 십삼 번째의.

tretton[de]dagen (불변화 en-명사) 예수공현(公顯)축일 (크리스마스로부터 열세 번째 되는 날로, 그리스도 탄생 때 세 명의 동방박사가 찾아간 것을 축하하기 위함, 실제적으로 1월 6일이 됨).

tretungad *a.* 세 개의 혀를 가진; (깃발이) 세 갈래로 나누어진.

treudd *~en ~ar* 삼지창 (그리스 · 로마신화에 등장하는 바다의 신 포세이돈을 상징하기도 함).

treva *~r ~de ~t* Ⅰ. *itr.* 더듬다; han ~de efter strömbrytaren 그는 전기 스위치를 더듬어 찾았다 Ⅱ. *rfl.* ~ sig fram 길을 더듬어 나아가다.

trevande *a.* 조심스러운, 신중한.

trevar|e *-[e]n ~* 상대방의 의향을 떠보는 사람; 타진; en diplomatisk ~ i gränsfrågan 국경문제에 관한 외교적 타진.

trevlig *a.* 유쾌한, 재미있는, 마음에 드는; en ljus och ~ lägenhet 밝고 아늑한 아파트; hans ~a fru som jämt skämtar och är glad 항상 농담을 잘하고 명랑한 그의 사근사근한 부인.

trevnad *~en 0* 편안[함]; sprida ~ omkring sig 주변 사람에게 편안한 기분을 주다.

triạng|el *-eln -lar* 삼각형.

triangeldram|a *-at -er* 삼각관계를 다룬 연극.

triangelformig *a.* 삼각형 모양의.

triangelmätning *~en 0* 【측량, 항해】 삼각형 측량[술].

triangelpunkt *~en ~er* 삼각점.

triangulär *a.* 삼각형의, 삼각형 모양의.

triasperioden (불변화 en-명사) 【지질】 삼첩기(三疊紀), 중생대 최초의 시대.

tribụn *~en ~er* ① 연단, 강단 ② (로마의) 호민관.

tribunạl *~et/~en, ~er* 법정, 재판소, 심판소.

tribụt *~en ~er* 공물, 조세.

trick Ⅰ. *~et/~en, ~/~ar* (카드놀이에서) 열세 번 승부에서 양쪽이 서로 여섯 번 이긴 결과 최종 승부를 결정하는 열세 번째의 대결 Ⅱ. *~et ~/~s* 계책, 계략, 책략, 수단, 교묘한 수법.

trigonometrị *~n 0* 삼각법, 삼각술.

trigonometṛisk *a.* 삼각법의, 삼각법에 의한.

trikịn *~en ~er* 선모충 (기생충의 일종).

trikolọr *~en ~er* 삼색기, 특히 프랑스 국기.

trikå *~n ~er* ① 트리코 (이랑지게 짠 직물) ② (댄서, 곡예사 등이 입는) 몸에 찰싹 달라붙는 옷, 타이즈.

triljon *~en ~er* (영국, 독일, 스웨덴) 100만조.

trilla *~r ~de ~t* Ⅰ. *itr.* 떨어지다; hon ~de av hästen 그녀는 말에서 떨어졌다 Ⅱ. *tr.* ~ piller 알약을 (둥글게) 만들다.

trilling *~en ~ar* 세쌍둥이.

trillion ☞ triljon.

trilobịt *~en ~er* 【고생물】 삼엽충.

trilogị *~n ~er* (극, 가극, 소설 등의) 3부작, 3부극.

trilsk *a.* 말을 듣지 않는, 제멋대로의, 복종하지 않는.

trilska *~n 0* 제멋대로 구는 행동.

trilska|s *-s -des -ts itr. dep.* 제멋대로 굴다.

T

trilskhet ~*en 0* 제멋대로 구는 행동.

trim ~*men*/~*met*,*0* (심신의) 좋은 상태, 컨디션, 기분; hålla sig i ~ med motion 운동을 하여 몸을 좋은 상태로 유지하다.

trimma ~*r* ~*de* ~*t tr*. 손질하다; (불필요한 털 따위를) 잘라내다; mopeden var ~d och gjorde 60 km i timmen 동력자전거(모터달린 자전거)는 손질이 잘 되어 있어 한 시간에 60킬로미터를 달렸다.

trind *a*. 둥근, 불룩한, 뚱뚱한.

trio ~*n* ~*r*. ① 3인조, 트리오 ② (메뉴엣, 행진곡 따위의) 부속곡.

T

tripp[1] ~*en*, ~*er*/~*ar* 단기간의 여행.

tripp[2] *itj*. ~ trapp trull 키가 각각 다른 세 사람이나 3개의 사물.

trippa ~*r* ~*de* ~*t itr*. 사뿐사뿐 걷다; hon ~de fram på högklackade skor 그녀는 굽 높은 수두를 신고 사뿐사뿐 걸어 나갔다.

triss|a[1] −*an* −*or* 풀리, 활차; (가구 등에 달린) 다리바퀴.

trissa[2] ~*r* ~*de* ~*t tr*. ~ upp priset 값(가격)을 올리다.

trist *a*. 우울하게 하는, 지루한, 재미없는; 울적한.

tristẹss ~*en 0* 우울[함], 적막[함].

triụmf ~*en* ~*er* 승리, 개선, 성공.

triumfạtor ~*n* ~*er* 승리한 사람, 개선장군.

triumfbåg|e −*en* −*ar* 개선문.

triumfera ~*r* ~*de* ~*t itr*. 승리하다, 성공하다; 승리를 축하하다.

triumvirạt ~*et* ~ (고대 로마의) 삼두정치.

triv|as −*s* −*des* −*ts itr*. *dep*. 행복하게 지내다, 잘 지내다; 잘 자라다; de −s bra i sin nya lägenhet 그들은 새 아파트에서 잘 지내고 있다.

triviạl *a*. 사소한, 진부한, 시시한.

trivialitẹt ~*en* ~*er* 시시한 일(것); 평범.

trivsam *a*. 편안한, 편한; han är så ~ 그는 대하기가 참 편하다.

trivsel ☞ trevnad.

tro[1] ~*n 0* ① 가정, 믿음, 생각; han levde i ~n att hon hade dött 그는 그녀가 죽은 것으로 믿고 살았다 ② 믿음, 신뢰, 신념; den blinda ~n på …에 대한 맹신; utvecklings~ 진보에 대한 신념 ③ 신앙, 믿음; den kristna ~n 기독교 신앙 ④ 충절; de svor ledaren ~ och lydnad 그들은 지도자에게 충성과 복종을 맹세하였다.

tro[2] ~*r* ~*dde* ~*tt itr*. *tr*. ① 가정하다, 생각하다, 믿다; han ~dde att Berlin var huvudstad i Västtyskland 그는 베를린이 서독의 수도인 줄 알았다; hon ~dde sig kunna genomföra uppgiften 그녀는 자신이 임무를 해낼 수 있으리라고 믿었다 ② 믿다, 신뢰하다, 신용하다; man skall inte tro [på] allt som man hör 들은 바를 곧이곧대로 믿어서는 안 된다; han ~dde henne på hennes ord 그는 그녀의 말을 믿었다 ③ 신의 존재를 믿다, 신앙을 갖다; ~r du på Gud? 너는 신을 (신이 존재한다는 것을) 믿니?

troende *a*. 신앙을 가지고 있는; en ~ 신자.

trofast *a*. 의리 있는; 충성스러운; 변함없는; ~ kärlek 변함없는 사랑.

trofé ~*n* ~*er* 전리품, (경기 입상 기념의) 트로피, 기념품.

trogen [trɷ:gən] *a*. ① 의리 있는, 충성

스러운, 신뢰할 수 있는; ~ som guld 매우 충실한, 신용할 수 있는 ② 사실에 바탕을 둔.

trohet *~en 0* ① 의리, 충성; (연인, 배우자에 대한) 성실; ~en mot kamraterna 친구(동지)들에 대한 의리 ② 일치, 합치.

trohjärtad [trɷːjæṭad] *a.* 충실한; 순진한; han var bra ~ när han lät en främmande person ta hand om plånboken 낯선 사람에게 지갑을 맡기다니 그는 참 순진하다.

Troja 트로이 (소아시아 서북부에 위치한 고대도시).

trojan *~en ~er* 트로이 사람.

trojansk *a.* 트로이의.

troké *~n ~er* 강약음보.

trokeisk *a.* 강약음보의.

trolig *a.* …할 듯한, 개연적인; 유망한; 믿을만한; det är ~t att han kommer 그는 아마 올 것이다; en föga ~ förklaring 믿기 어려운 설명.

troligen ☞ troligtvis.

troligtvis *adv.* 아마, 십중팔구, 대체로.

troll *~et ~* 트롤 (북구의 민담이나 동화에 등장하는 요물로 사람처럼 생겼으나 그 모습이 흉측하고 행동이 굼뜨며 주로 깊은 숲속이나 산에 살고 있다고 함); 혐오감을 일으키는 사람; 귀염둥이; han är ful som ett ~ 그는 흉하기 짝이 없다; mammas lilla älskade ~ 엄마의 귀염둥이; det har gått ~ i ngt …에 무슨 일이 일어났는지 (무슨 영문인지) 도무지 모르겠다; rik som ett ~ 갑부의.

trolla *~r ~de ~t itr.* 마술을 부리다, 요술부리다; en gammal häxa som kunde ~ 요술쟁이 마귀할멈; en man i hög hatt ~de med näsdukar 높은 모자를 쓴 사람이 손수건을 가지고 요술을 부렸다.

trollbunden *a.* 매혹된, 매료된.

trolldom *~en 0* 마술, 요술.

trolleri *~et ~er* (마술사의) 마술, 요술.

trollkarl *~en ~ar* ① 마법사 ② 마술사, 요술쟁이.

trollkonst *~en ~er* 마술, 요술.

trollkonstnär *~en ~er* 마술사, 요술쟁이.

trollpack|a *–an –or* 마녀.

trollslända|a *–an –or* 잠자리.

trolovad *a.* 결혼서약을 한.

trolovning *~en ~ar* 【역사】 결혼 서약 (약혼보다 더 강한 의미가 있음).

trolsk *a.* 환상적인.

trolös *a.* 성실(충실)하지 못한, 의리 없는; 부정한.

trolöshet *~en 0* 불성실, 불충, 비리, 부정.

tromb[1] *~en ~er* 회오리바람, 대 선풍.

tromb[2] *~en ~er* 【병리】 혈전 (혈관 안의 혈행을 방해하는 섬유소의 덩어리).

trombon *~en ~er* 【악기】 트롬본.

trombos *~en ~er* 【병리】 혈전증.

tron *~en ~er* 왕좌, 권좌; 왕권, 권력; han besteg ~en 그가 왕위에 올랐다.

trona *~r ~de ~t itr.* 왕좌(권좌)에 앉아 있다; 위풍당당하게 자리를 차지하고 있다.

tronarving|e *–en –ar* 황태자, 왕위 계승자.

tronavsägelse [–sɛːgelsə]*~n ~r* 양위(讓位).

T

tronbestigning *~en ~ar* 즉위.
tronföljar|e *-[e]n ~* 왕위 계승자.
tronföljd *~en ~er* 왕위계승.
tron|himmel *-himmel[e]n/-himlen, -himlar* 천개(天蓋, 왕좌의 상부를 가리는 장식).
tronpretendent *~en ~er* 왕위 계승권이 자신에게 있다고 주장하는 자.
tropikerna (복수명사) 열대지방.
tropikhjälm *~en ~ar* (차양이 넓은) 헬멧 모자.
tropisk *a*. 열대지방의
troposfär *~en 0* 【기상】 대류권.
tropp *~en ~ar* 【군사】 분대, 반 소대; (관청 따위의) 과, 반.
troppa *~r ~de ~t* Ⅰ. *tr*. ~ fanan 군기분열식을 하다 Ⅱ. *itr*. ~ av 흩어지다.
tros|a *-an -or* (여자용) 팬티.
trosartik|el *-eln -lar* 교의, 교리(教理).
trosbekännelse *~n ~r* 신앙고백.
trosfrihet *~en 0* 신앙의 자유.
troskyldig ☞ **trohjärtad**.
tross Ⅰ. *~en 0* 【군대】 급식 담당관 Ⅱ. *~en ~ar* 굵은 밧줄, 닻줄.
trossbott|en *-nen/~, -nar* 【건축】 이중바닥.
trosviss *a*. 확신하는, 신념에 찬.
trotjänar|e [-çɛnarə] *-[e]n ~* 충복(忠僕).
trotjänarinn|a *-an -or* (여자) 충복.
trots[1] *prep*. …임에도 불구하고.
trots[2] *~et 0* 고집, 완고; 도전, 반항; 무시, 멸시; 허세; i ~ av ngt …을 무시하고; göra ngt på ~ 허세(기세)로 …을 하다.
trotsa *~r ~de ~t* Ⅰ. *tr*. 무시하다, 멸시하다, 반항하다, 도전하다; det ~r all beskrivning 말로 이루 형용할 수 없다 Ⅱ. *itr*. 고집을 부리다, 허세를 부리다.
trotsig *a*. 고집 센; 도전적인; 반항적인.
trotsåld|er *-ern -rar* 반항기.
trottoar *~en ~er* 보도(步道).
trotyl *~en 0* 【화학】 트리니트로톨루엔 (강력폭약: TNT).
trovärdig *a*. 믿을 만한, 신뢰할 만한.
trubadur *~en ~er* 음유시인.
trubba *~r ~de ~t tr*. 뭉툭해지다; 무감각해지다, 흐려지다; pennan hade ~ts [av] 펜 끝이 뭉툭해졌다; tröttheten ~de av hans omdöme 피곤이 그의 판단력을 흐리게 하였다.
trubbig *a*. 무딘, 뭉툭한.
trubbnos *~en ~ar*/**trubbnäs|a** *-an -or* 들창코.
truck *~en ~ar* 지게차.
truga *~r ~de ~t tr*. 자꾸 권하다, 강권하다, 간청하다; ~ ngn att äta …에게 먹으라고 자꾸 권하다; låta sig ~s 권하기를 기다리다; ~ sig på ngn …의 일에 주제넘게 나서다.
truism *~en 0* 자명한 이치, 진부한 문구.
trulig *a*. 부루퉁한, 골이 난, 뚱한.
trumf *~en, ~/~ar* 【카드놀이】 으뜸 패; spela ut sin sista ~ 자신의 마지막 으뜸 패를 쓰다.
trumfa *~r ~de ~t* Ⅰ. *itr*. 으뜸 패를 사용하다; han försökte ta spel med ässet men motspelaren ~de 그는 에이스 카드로 게임을 이기려 했으나 상대방이 으뜸 패를 사용하였다 Ⅱ. (강세 접사와 함께) ① ~ i ngn ngt …의

머릿속에 …을 밀어 넣다 (주입하다); han lyckades ~ i vakten att han hade ett viktigt ärende 그는 중대한 용무가 있다고 보초를 설득하는 데 성공했다 ② ~ igenom 관철시키다; han lyckades ~ igenom förslaget i styrelsen 그는 위원회에서 안건을 관철시키는 데 성공했다.

trumfkort *~et ~* 으뜸 패.

trumhinn|a *-an -or* 【해부】 고막.

trumm|a[1] *-an -or* ① 북, 드럼 ② 도관, 송수관, 통기 관.

trumma[2] *~r ~de ~t itr. tr.* 두드리다, 치다, 때리다; han ~de nervöst med fingrarna mot bordet 그는 손가락으로 책상을 초조하게 두드리고 있었다.

trumpen *a.* 부루퉁한, 뚱한, 골이 난.

trumpet *~en ~er* 트럼펫, 나팔.

trumpeta *~r ~de ~t itr. tr.* 트럼펫을 불다; 나팔 불다.

trumpetar|e *-[e]n ~* 나팔수.

trumslagar|e *-[e]n ~* 고수, 북연주자.

trunk [trɵŋk] *~en ~ar* 여행용 가방.

trupp *~en ~er* 군대; …단; olympiad~ 올림픽 선수단.

truppförflyttning *~en ~ar* 군대 이동.

truppslag *~et ~* 병종, 병과(兵科).

trust *~en ~er* 【경제】 기업합동, 트러스트.

trut *~en ~ar* ① 【조류】 갈매기 ② 입, 주둥이; håll ~en! 입 닥쳐!

truta *~r ~de ~t itr.* 입을 내밀다.

tryck *~et ~* ① 누르기, 밀기, 압축, 압착, 압력; 억압, 압박, 강제; blod~ 혈압; han kände ett ~ över bröstet 그는 가슴에 압박을 느꼈다; stormaktens ~ mot grannlandet 인접국에 대한 강대국의 압력 ② 인쇄, 인쇄물.

tryck|a *-er -te -t* Ⅰ. *itr. tr.* ① 누르다, 밀다, 압박하다, 압축하다, 압력을 가하다; 억압하다, 강요하다; ~ på knappen 단추를 누르다; sorgen -te henne 슬픔이 그녀를 짓눌렀다 ② ~ på ngt …을 강조하다 ③ 꼼짝 않고 숨어있다; haren låg och -te 산토끼는 꼼짝 않고 숨어 있었다 ④ 인쇄하다 Ⅱ. rfl. ~ sig tätt intill ngn …에게 바싹 다가붙다 Ⅲ. (강세접사와 함께) ① ~ av a) 찍어내다, 복사하다; ~ av några sidor av boken i kopieringsapparaten 책의 일부를 복사기로 찍어내다 b) 발사하다 ② ~ på 강제하다, 강권하다; han försökte ~ på dem sina åsikter 그는 그들에게 자신의 견해를 억지로 밀어부쳤다 ③ ~ upp en dörr 밀어서 문을 열다; ~ upp hissen 단추를 눌러 엘리베이터가 올라가게 하다.

tryckande *a.* (더위가) 찌는 듯한, 무겁게 짓누르는.

tryckar|e *-[e]n ~* 인쇄공, 인쇄업자.

tryckbok|stav *-staven -stäver* 인쇄체.

tryckeri *~et ~er* 인쇄소.

tryckfel *~et ~* 오식(誤植), 오자(誤字), 미스프린트.

tryckfelsniss|e *-en -ar* 오식을 범하게 한다는 가공의 존재.

tryckfrihet *~en 0* 출판의 자유.

tryckkabin *~en ~er* 【항공】 여압실(與壓室), 기밀실(氣密室).

tryckkokar|e *-[e]n ~* 압력솥.

tryckluft *~en 0* 압축공기.

tryckning *~en ~ar* ① 죔, 누름, 압축, 압력 ② 인쇄; boken är under ~ 그

책은 인쇄 중에 있다.

tryckort *~en ~er* 인쇄처, (책 등의) 인쇄가 이루어진 도시.

tryckpress *~en ~ar* 인쇄기.

trycksak *~en ~er* 인쇄물.

trycksvärta *~n 0* 인쇄용 잉크.

tryff|el *–eln –lar* ① 송로(松露, 버섯의 일종) ② 조미료.

tryffera *~r ~de ~t tr.* 송로버섯으로 속을 채우다, 송로버섯으로 맛을 내다.

trygg *a.* 안전한, 안정된, 마음이 편한, 편안한; 신뢰할 수 있는; en ~ ekonomisk ställning 안정된 경제적 상태; pappas ~a famn 아파의 편안한 품.

trygga *~r ~de ~t tr.* 안정시키다, 안전하게 하다, 편안하게 하다; ~ sin ålderdom 노후를 편하게 보내도록 하다.

trygghet *~en 0* 안정, 편안, 안전.

trygghetskänsl|a *–an –or* 안정감.

trymå *~n ~er* (창과 창 사이의 벽에 붙인) 큰 거울, 체경.

tryne *~t ~n* (돼지의) 코, 돼지코.

tryt|a *–er tröt trutit itr.* 없어지다, 떨어지다; 부족하다; pengarna börjar ~ efter tre veckors semester 3주간의 휴가 후에 돈이 바닥나기 시작하였다; hennes tålamod –er 그녀의 참을성은 한계에 달했다; mig –er ingenting 나는 아무것도 부족하지 않다.

trå *~r ~dde ~tt itr.* ~ efter …을 그리워하다, 연연해하다.

tråckla *~r ~de ~t tr.* (임시로) …을 꿰매어 붙이다.

tråd *~en ~ar* ① 실, 섬유; 바느질 실; 철사; (전구의) 필라멘트; han har inte en ~ på kroppen 그는 몸에 실한 오라기도 걸치지 않았다; han håller ~arna i sin hand 모든 권력은 그의 손에 있다; dra i ~arna 뒤에서 조종하다, 막후조종하다; tappa ~en (이야기의) 실마리를 잊다; hans liv hänger på en ~ 그의 생명은 풍전등화의 위기에 처해있다; få ngn på ~en …와 통화하게 되다 (전화) ②【정보통신】 컴퓨터 프로그램 수행 시 프로세스 내부에 존재하는 수행 경로, 즉 일련의 실행 코드.

trå|da *–der –dde –tt tr.* ~ dansen 춤추다.

trådbuss *~en ~ar* 트롤리버스, 무궤도 전차.

tråddragning *~en 0* 철사 만들기.

trådig *a.* 실의, 실모양의; 섬유의, 섬유모양의; ~t kött 힘줄 투성이의 살.

trådlös *a.* 무선의.

trådmask *~en ~ar* 선충(線蟲).

trådradio *~n 0* 유선 방송.

trådsliten *a.* (옷 따위가) 닳아서 실밥이 보이는, 낡은, 해진.

trådsmal *a.* 실처럼 가는.

tråg *~et ~* (밀가루 반죽 등을 위한) 반죽 그릇.

tråka *~r ~de ~t tr.* ① 싫증나게 하다, 지루하게 하다 ② 놀리다, 골리다.

tråkig *a.* 싫증난; 지루한; 재미없는; 슬픈, 유감스러운; en ~ film 재미없는 영화; det har hänt något ~t 유감스러운 일이 발생했다; det var hemskt ~t att du inte kunde komma 네가 올 수 없다니 매우 유감이구나.

tråkmåns *~en ~ar* 재미없는 사람.

trål *~en ~ar* 트롤망, 저인망 (그물의 일종).

trålar|e –[e]n ~ 트롤선.
trålfiske ~t ~n 저인망(트롤) 어업.
tråna ~r ~de ~t itr. 그리움에 사무치다, 연연해하다.
trånad ~en 0 (가슴에 사무치는) 그리움.
trång a. ① 좁은, 작은; skorna var för ~a 구두는 너무 작았다; det var ~t om plats vid bordet 식탁은 자리가 비좁았다 ② (돈 따위가) 부족한, 딸리는 ③ 편협한; 재능이 없는; (시각) 제한된; ~synt 편협한.
trångbodd a. 주거 면적이 협소한, 비좁은.
trångbröstad a. 편협한; 편견이 많은; 소인배의.
trångmål ~et ~ 난관, 곤란; råka i ~ 난관에 봉착하다.
trångsint ☞ trångbröstad.
trångsynt a. 시야가 좁은, 편협한.
trånsjuk a. 애타게 사모하는.
trä[1] ~[e]t ~n ① 재목, (재목으로서) 나무; stolar av ~ 나무의자 ② 장작.
trä[2] ~r ~dde ~tt tr. (양말 등을) 신다 입다, 끼다; 집어넣다; ~ strumpan på foten 발에 양말을 신다; ~ tråden genom nålsögat 바늘구멍에 실을 넣다.
träaktig a. 지루하기 짝이 없는; en ~ person som bara kunde prata affärer 사업밖에 이야기할 줄 모르는 재미없는 사람.
träben ~et ~ 나무 발, 목발.
träbit ~en ~ar 나무 조각.
träblåsar|e –[e]n ~ 목관악기 연주자.
träbock ~en ~ar 재미없고 싱거운 사람.
träck ~en 0 배설물.
träd ~et ~ 나무; sådana saker växer inte på ~ 그런 것은 흔하지 않다.
träd|a[1] –an –or 휴한지(休閑地), 휴작지(休作地).
trä|da[2] –der –dde –tt Ⅰ. ☞ trä[2] Ⅱ. itr. tr. 걷다, 가다; 나타나다; 들어가다, 맺다; nu var det hans tur att ~ fram på scenen 이제 그가 무대에 등장할 차례였다; ~ i dagen 백일하에 드러나다; ~ i förbindelse med någon …와 접촉을 (관계를) 맺다; ~ emellan 중재하다; ~ i kraft 효력을 발생하다; ~ fram 나타나다, 나오다.
träde ~t ~n ☞ träda[1].
trädgren ~en ~ar 나뭇가지.
trädgräns ~en ~er 수목한계선.
trädgård [trɛgɔd] ~en ~ar 정원, 식물원, 뜰.
trädgårdsmästar|e –[e]n ~ 정원사.
trädgårdssångar|e –[e]n ~ 꾀꼬리과의 일종.
träff ~en ~ar ① (과녁의) 맞힘, 명중 ② 만남, 데이트.
träffa ~r ~de ~t tr. ① 만나다 ② 맞히다, 명중시키다; en rak höger som ~de honom i ansiktet 그의 안면을 강타한 오른손 스트레이트; ~ huvudet på spiken 핵심을 찌르다 ③ (조처를) 취하다, 하다; (조약을) 맺다; ~ vissa förberedelser 몇 가지 준비를 하다; ~ en överenskommelse 동의에 이르다, 합의를 보다; ~ sitt val 선택을 하다.
träffad a. 마주친, 맞은; känna sig ~ 양심의 가책을 받다, 마음이 꺼림칙하다.
träffande a. 딱 들어맞은, 적절한, 적

합한, 적당한.

träffa|s *-s -des -ts itr. dep.* 만나다.

träffsäker *a.* 겨냥이 틀림없는.

träfiberplatt|a *-an -or* 목(木)섬유판.

träförädling *~en 0* 나무세공, 목공.

trägen *a.* 근면한, 지칠 줄 모르는; 【속담】 ~ vinner 인내심이 있으면 다 해낼 수 있다.

träig *a.* 나무와 비슷한, 지루한, 따분한.

träindustri *~n 0* 목재산업.

träkarl *~en ~ar* 【카드놀이】 (브리지 같은 4명이 하는 놀이를 3명이 할 때의) 빈자리.

T

träkol [-ko:l] *~et ~* 숯, 목탄.

träl *~en ~ar* 남자 노예; …에 사로잡힌 사람.

träla *~r ~de ~t itr.* 노예처럼 일하다, 뼈 빠지게 일하다, 꾸준히 일하다.

trälbunden *a.* 노예가 된.

träldom *~en 0* 노예의 처지 (신분), 노예제도.

trälinn|a *-an -or* 여자 노예.

trämask *~en ~ar* 나무좀.

trämass|a *-an -or* 목재펄프.

trämassefabrik *~en ~er* 펄프공장.

träna *~r ~de ~t itr. tr.* 훈련하다, 훈련을 받다, 연습하다.

tränar|e *-[e]n ~* 훈련자, 코치, 지도자.

träng *~en 0* 육군 병참 부대.

träng|a *-er -de -t* Ⅰ. *tr.* 밀어붙이다, 육박하다 Ⅱ. *itr.* 꼭 죄다 Ⅲ. (강세접사와 함께) ① ~ bort 억압하다, 억제하다, 참다 ② ~ fram 침투하다, 꿰뚫다, 전진하다; ~ fram till …에까지 육박하다, 닿다, 도착하다; ~ fram ur 밀치고 나아가다 ③ ~ sig före i kön 차례를 무시하고 앞쪽으로 새치기하다 ④ ~ igenom 꿰뚫다, 뚫고 나가다; hans idéer har -t igenom 그의 사상(생각)이 받아들여졌다 ⑤ ~ ihop 꽉 들어차다 ⑥ ~ in ngn i ett hörn …를 궁지에 몰아넣다, …를 구석으로 밀어넣다 ⑦ ~ på 밀어닥치다; ~ sig på ngn …에게 귀찮게 굴다; förlåt att jag -er mig på 방해해서 죄송합니다; minnena -er sig på 추억이 떠오른다 ⑧ ~ undan 밀어제치다; radion har -ts undan av TV 라디오는 텔레비전으로 대치되었다 ⑨ ~ ut 밀어내다.

trängande *a.* 긴급한, 급박한, 다그치는; jag är i ~ behov av pengar 긴급히 돈이 필요하다.

träng|as *-s -des -ts itr. dep.* 떼지어 모이다, 붐비다, 밀어닥치다, 서로 밀치다.

trängsel *~n 0* 많은 사람들, 군중, 떼.

trängta *~r ~de ~t itr.* 그리워하다.

trängtan *~ 0* 열망.

trängtrupper (복수명사), ~na 육군 병참단.

träning *~en 0* 훈련, 연습; ligga i ~ 연습하고 있다.

träningsläg|er *-ret ~* (운동선수의) 합숙 훈련소.

träningsoverall *~en ~er* 운동선수의 보온복.

träningsvärk *~en 0*, ha ~ 운동 훈련으로 근육이 굳어 있다.

träns *~en ~ar* ① (말의) 작은 재갈 ② 꼰 끈, 납작한 끈 ③ (실 · 끈의) 고리, 올가미.

träsk *~et ~* 늪, 소택지; (범죄의) 소굴.

träskall|e *–en –ar* 멍청이, 바보.
träsko *~n ~r* 나막신.
träslag *~et ~* 나무의 종류.
träslev *~en ~ar* 나무 국자.
träslöjd *~en 0* 목재 세공, 목공.
träsmak *~en 0* 나무 의자에 너무 오래 앉아서 엉덩이가 아픈 것.
träsnidar|e *–[e]n ~* 목각사(木刻師).
träsnitt *~et ~* 목판화.
träsprit *~en 0* 메틸알코올, 목정(木精).
trät|a[1] *–er –te –t itr.* 싸우다, 다투다; ~ på ngn …를 꾸짖다.
trät|a[2] *–an –or* 싸움.
trätgirig [–ji:ri(g)] *a.* 싸움을 좋아하는.
träto|broder *–brodern –bröder* 잘 싸우지만 좋은 친구.
trätoff|el *–eln –lor* 나막신.
träull *~en 0* (상자 속에 포장용으로 넣는 가늘고 긴 양질의) 대팻밥.
trävit *a.* 표면처리를 하지 않고 자연미를 살린 목재의.
trög *a.* (움직임이) 둔한; ha ~ mage 변비에 걸려 있다.
trögdjur *~et ~* 【동물】 나무늘보; 느린 사람.
trögflytande *a.* 끈끈한, 끈적거리는.
tröghet *~en 0* 활발치 못함, 완만, 지둔; 【물리】 관성, 타성.
trögmåns *~en ~ar* 게으른 사람, 게으름뱅이.
trögt *adv.* 나태하게, 느리게, 둔하게; samtalet gick ~ 대화가 맥이 빠졌다.
trögtänkt *a.* 우둔한.
tröj|a *–an –or* 스웨터.
trösk|a[1] *~r ~de ~t tr.* 탈곡하다.
trösk|a[2] *–an –or* 탈곡기.
trösk|el [trœskəl] *–eln –lar* 문지방; 시작, 발단, 출발.
tröskelvärde *~t ~n* 【물리】 한계값.
tröskverk *~et ~* ☞ **tröska**[2].
tröst Ⅰ. *~en 0* 위로, 위안; finna ~ i glaset 술로 위안을 찾다 Ⅱ. *~en ~ar* 고무젖꼭지 (tröstnapp).
trösta *~r ~de ~t tr.* 위로하다; vi kan ~ oss med att han lever 그가 살아 있는 것만으로 위안을 삼자.
tröstar|e *–[e]n ~* 위로하는 사람, 위안자; 고무젖꼭지.
trösterik *a.* 위안이 되는.
tröstlös *a.* 위안이 없는, 위로할 길 없는; 희망이 없는, 절망적인.
tröstnapp *~en ~ar* ☞ **tröst** Ⅱ.
tröstpris *~et ~* 위로 상, 감투 상.
tröt ☞ **tryta**.
trött *a.* 피곤한, 지친; bli ~ 피곤해지다; jag är ~ av att resa 나는 여행으로 피곤하다; han är ~ på livet 그는 세상이 싫어졌다.
trötta *~r ~de ~t tr.* 피곤하게 하다.
trötthet *~en 0* 피곤, 피로.
tröttkörd [–çœ:ɖ] *a.* 과로한, 지쳐버린; jag är ~ efter den hårda träningen 고된 훈련으로 나는 지쳐버렸다.
tröttna *~r ~de ~t itr.* 피곤해지다, 지치다, 싫증이 나다.
tröttsam *a.* 지루한, 싫증나는; 귀찮은, 성가신; 피로케 하는.
tsar [sɑ:r]/[tsɑ:r] *~en ~er* 러시아 황제.
tsarinn|a *–an –or* 러시아의 여 황제, 황후(皇后).
tsetseflug|a *–an –or* 【곤충】 체체파리 (열대 아프리카에서 서식하는 파리로 수면병을 옮긴다).

tu *räkn.* 둘; ett ~ tre 느닷없이, 갑자기, 돌연; de unga ~ 젊은 부부; det är inget ~ tal om den saken 의심할 여지가 없다; på ~ man hand 은밀히, 살짝.

tub *~en ~er* ① (그림물감 · 치약 따위의) 튜브 ② 망원경 (kikare) ③ (보일러 속의) 관(管).

tub|a *–an –or* 【악기】 튜바 (넓은 구경의 저음 금관악기).

tubba *~r ~de ~t tr.* 사주하다, 꾀다; ~ ngn att begå mened …에게 위증시키다.

tube̦rk|el *–eln –ler* 【해부】 작은 결절.

tuberkelbacill *~en ~er* 【의학】 결핵균.

tuberkuli̦n *~en 0* 【의학】 투베르쿨린 주사액 (치료용의 결핵균 추출액).

tuberkulos [–o̦:s] *~en 0* 【병리】 결핵.

tuberkulös *a.* 결핵의.

tudela *~r ~de ~t tr.* 둘로 쪼개다.

tuff[1] *~en ~er* 【지질】 응회암.

tuff[2] *a.* 【일상】 억센, 강인한.

tuffa *~r ~de ~t itr.* 연기 따위를 폭폭 내며 움직이다.

tuffing *~en ~ar* 억세고 끈질긴 사람.

tufsa *~r ~de ~t tr.* ~ till håret 머리를 헝클어뜨리다; ~ till ngn …을 난폭하게 취급하다.

tugg|a[1] *–an –or* 한입의 음식; 씹기.

tugg|a[2] *~r ~de ~t itr. tr.* 씹다, 깨물다; (꾸준히) 연구하다 ~ om samma sak 같은 말을 자꾸만 되풀이하다.

tuggbuss *~en ~ar* (씹는 담배의) 1회 분량.

tuggtobak *~en 0* 씹는담배.

tuggummi *~t ~n* 껌, 씹는 껌.

tuj|a *–an –or* 지빵나무.

tukt *~en 0* 규율; hålla ngn i Herrans ~ och förmaning …에게 규율을 잘 지키도록 하다.

tukta *~r ~de ~t tr.* ① 훈육하다, 혼내주다, 징벌하다 ② 나무의 가지를 치다.

tuktan *~ 0* 매질, 징벌, 징계, 훈육.

tukthus *~et ~* 【역사】 감화원.

tulare̦mi *~n 0* 【병리】 야토병, 들토끼병.

tull *~en ~ar* 관세, 세관; belägga med ~ 관세를 부과하다; passera ~en 세관을 통과하다; bo utanför ~arna 시외(市外)에 살다.

tulla *~r ~de ~t itr. tr.* ① 관세를 치르다 ② 허락 없이 재고품에서 조금씩 가져가다.

tullar|e *–[e]n ~* 【일상용】 ☞ tulltjänsteman.

tullavgift *~en 0* 관세.

tull|belägga *–belägger –belade –belagt tr.* 관세를 부과하다.

tullbevakning *~en 0* 밀수 감시.

tulldeklaration *~en ~er* 국제소포의 내용장.

tullfri *a.* 면세의.

tullhus *~et ~* 세관.

tulljakt *~en ~er* 세관의 밀수 감시선.

tullkammar|e *–[e]n ~* 세관.

tullmur *~en ~ar* 관세 장벽.

tullpliktig *a.* 과세 대상의.

tullsats *~en ~er* 관세율.

tillsnok *~en ~ar* 【일상】 세관원.

tullstation *~en ~er* 세관.

tull|tjänsteman *–tjänstemannen –tjän-*

stemän 세관원, 밀수 단속 경비원.

tullunion *~en 0* 관세 동맹.

tulpan *~en ~er* 튤립 꽃.

tult|a[1] *-an -or* 걸음마를 시작한 어린애.

tult|a[2] *~r ~de ~t itr*. ~ omkring 아장아장 걷다.

tum *~men ~* 인치; jag ger mig inte en ~ 나는 한 치도 양보하지 않겠다; han är en kung i varje ~ 그는 더할 나위 없는 왕이다.

tumhandsk|e *-en -ar* (엄지손가락만 있는) 가죽 벙어리장갑.

tumla *~r ~de ~t* Ⅰ. *itr*. 넘어지다, 비틀거리다, 장난치며 뛰놀다 Ⅱ. *tr*. 반(半) 회전하게 하다 Ⅲ. (강세접사와 함께) ① ~ av hästen 말(馬)에서 떨어지다 ② ~ om 장난치며 뛰놀다 ③ ~ omkull 넘어지다.

tumlar|e *-[e]n ~* ① 참돌고래 ② 밑이 평평한 큰 컵 ③ 세탁물의 회전식 건조기.

tumma *~r ~de ~t itr*. *tr*. ~ på ngt …을 만져보다; 더럽히다; 약속하다; ~ på överenskommelsen 합의에 이르다.

tumm|e *-en -ar* 엄지손가락; ha ~ med ngn …와 친하다; hålla -arna 좋은 결과를 (행운을) 빌다; rulla -arna 아무것도 하지 않고 빈둥거리다; -en upp! (만족을 나타내는 표현) 잘 됐어!; ha -en mitt i handen 솜씨가 없다.

tummeliten (불변화 en-명사) 난장이, 작은 사람.

tummelplats *~en ~er* 전쟁터, 싸움터; 활동 장소.

tumreg|el *-eln -ler* 어림셈.

tumskruv *~en ~ar* 엄지손가락을 죄는 기구 (옛날의 고문 도구); sätta ~ar på ngn …를 협박하다.

tumstock *~en ~ar* 접을 수 있는 자.

tumult *~et ~* 소동, 폭동, 난동, 혼잡.

tumultuarisk *a*. 시끄러운, 소란한.

tumvant|e *-en -ar* 벙어리장갑.

tumör *~en ~er* 【병리】 종양, 부스럼.

tun *~et ~* 울타리; 마당.

tundr|a *-an -or* (시베리아 북부의) 툰드라.

tung *tyngre tyngst a*. 무거운; 다루기 어려운; (심기 따위가) 답답한; 어색한; ett ~t ansvar 중책; en ~ börda 무거운 짐; ~a skatter 무거운 세금; ~a steg 무거운 걸음걸이; ~a tankar 우울한 생각; ~t vatten 【화학】 중수(重水).

tung|a *-an -or* ① 혀; (저울의) 바늘; 【음악】 (관악기의) 혀, 리드; han har en elak ~ 그는 입이 걸다; hon är ~n på vågen 그녀는 결정적 위치에 있다; hålla ~n rätt i mun[nen] 조심하다, 집중하다; bita sig i ~n 말을 뚝 끊다; jag har ordet på ~n men kan inte spotta ut det 그 말이 혀끝에서 뱅뱅 돌 뿐 정확히 나오지 않는다 ② 【동물】 혀가자미.

tungarbeta|d *a*. ett -t kök 불편한 부엌.

tungband *~et ~* 【해부】 혀의 인대.

tunghäfta *~n 0*, ha ~ (부끄러움 · 당혹 따위로) 말문이 막히다.

tungläst *a*. (문체가) 딱딱한.

tungmetall *~en ~er* 중금속.

tungomål [tøŋɔmo:l] *~et ~* 언어, 말.

tungrodd *a*. 다루기 어려운; 불편한.

tungrots-r *~et ~* 【음성】 목젖 떨음 소리 'r'.

tungsinne *~t 0* 우울, 우울증.

tungsint *a.* 우울한, 침울한.

tungspen|e *-en -ar* 【해부】 목젖.

tungspets *~en ~ar* 【해부】 혀끝.

tungspets-r *~et ~* 【음성】 설단전음 'r', 혀끝 떨음소리 'r'.

tungsten *~en 0* 【화학】 텅스텐.

tungt *adv.* 무겁게, 묵직하게; en ~ lastad bil 묵직하게 짐을 실은 화물차; gå ~ 무겁게 걷다; hans ord väger ~ 그의 의견은 영향력이 있다.

tungus *~en ~er* 퉁구스 사람.

T

tungvikt *~en 0* (권투·레슬링의) 헤비급.

tungviktar|e *-[e]n ~* 헤비급 선수.

tunik|a *-an -or* (고대 로마의 남녀가 입던 무릎까지 내려오는) 낙낙한 가운.

Tunisien 튀니지(Tunisia).

tunisier *~n ~* 튀니지 사람.

tunisisk *a.* 튀니지의.

tunn *a.* 얇은; 가는; 묽은, 약한 (액체); 빈약한; 야윈; ~ luft 희박한 공기; en ~ röst 가냘픈 목소리.

tunn|a[1] *-an -or* 통(桶); 한통의 분량; hoppa i galen ~ (직업을) 잘못 선택하다.

tunna[2] *~r ~de ~t itr. tr.* 얇게 하다, 묽게 하다, 가늘게 하다, 희박하게 하다, 가늘어지다, 얇아지다, 희박해지다; hans hår ~r av 그의 머리가 벗겨지고 있다.

tunnband *~et ~* (나무통의) 테.

tunnbindar|e *-[e]n ~* 테메우는 사람, 통장이.

tunnbröd *~et 0* 효모가 들어 있지 않은 얇은 보리빵.

tunn|el *-eln -lar* 터널, 지하도.

tunnelban|a *-an -or* 지하철.

tunnelbanestation *~en ~er* 지하철역.

tunnhårig *a.* 성긴 머리칼의.

tunnland (옛) 경작지 면적 단위 : 5000평방미터, 약 2분지 1 헥타르.

tunnsådd *a.* 드문드문 심은; 드문, 적은.

tunntarm *~en ~ar* 소장, 작은창자.

tupera *~r ~de ~t tr.* (부풀리기 위해) 머리를 거꾸로 빗질하다.

tupp *~en ~ar* 수탉.

tuppa *~r ~de ~t itr.* ~ av 기절하다; 잠에 들다.

tuppfjät *~et ~*, bara ett [par] ~ 단지 한 뼘 정도의 가까운 거리.

tuppfäktning *~en ~ar* 닭싸움.

tuppkam *~men ~mar* 수탉의 볏.

tuppkyckling [-çykliŋ] *~en ~ar* 어린 수탉; 젠체하는 젊은이.

tupplur *~en ~ar* 선잠; få sig en ~ 선잠을 자다.

tur[1] *~en 0* 운수, 행운; ha ~ 운이 좋다; ha ~ med sig 행운이 있다; det är ~ i oturen 불행 중 다행이다, 불행해 보여도 끝내는 행복이 온다; som ~ var regnade det inte 다행히도 비가 안 왔다.

tur[2] *~en ~er* ① 회전, 차례; det är min ~ att betala 이번에는 내가 낼 차례다 ② 유람 여행; 산책; 정기 운행; ta en ~ 여행하다; ~ och retur 왕복 ③ 【춤】 피겨 (일련의 선회).

tura *~r ~de ~t* ☞ turas.

tura|s *-s -des -ts itr.* ~ om att arbeta 차례를 바꾸어 가면서 일하다.

turban ~*en* ~*er* 터번식의 모자.
turbin ~*en* ~*er* 터빈 (증기의 힘으로 회전하는 원동기).
turbogenerator ~*n* ~*er* 터빈 발전기.
turbomotor ~*n* ~*er* 터보 엔진.
turbulens ~*en 0* 풍파의 사나움;【기상】(대기의) 난류.
turism ~*en 0* 관광, 관광사업.
turist ~*en* ~*er* 관광객, 여행자.
turista ~*r* ~*de* ~*t itr*. 관광여행하다.
turistbyrå ~*n* ~*er* 여행안내소, 여행사.
turisklass ~*en 0* (비행기의) 2등 칸(석).
turistsäng ~*en* ~*ar* 접을 수 있는 침대.
turk ① ~*en* ~*ar* 터키 사람 ② ~*en 0* 터키 목욕, 증기 목욕.
Turkiet 터키.
turkinn|a [tərkina] -*an* -*or* 터키 여자.
turkisk *a*. 터키의.
turkisk|a Ⅰ. -*an 0* 터키어 Ⅱ. -*an* -*or* 터키 여자.
turkos [-o:s] ~*en* ~*er* 터키 옥(玉).
turlig ☞ tursam.
turlist|a [tʉ:r-] -*an* -*or* 시간표, 운행시간표.
turné ~*n* ~*er* (극단의) 순회공연; göra en ~ 순회공연을 나서다.
turnera ~*r* ~*de* ~*t* Ⅰ. *itr*. 순회공연하다 Ⅱ. *tr*. 멋지게 표현하다.
turnering ~*en* ~*ar* 선수권 대회.
turnum|mer -*ret* ~ 차례 번호.
turnyr ~*en* ~*er* 허리받이 (예전에 여성의 스커트 뒤를 불룩하게 하기 위하여 허리에 댄 것).
turs ~*en* ~*ar*【신화】거인족의 하나.
tursam *a*. 운이 좋은, 행운의, 다행한.
turturduv|a -*an* -*or* 산비둘기, 호도애; 연인.
turvis *adv*. 차례로, 교대로, 번갈아.
tusan (불변화 en-명사), för ~! 제기랄; ~ också! 아이참; en ~ till karl 남자다운 남자.
tusch Ⅰ. ~*en 0* ① (악기의) 탄주, 터치;【음악】화려한 트럼펫 취주 Ⅱ. ~*en*/~*et*, *0* 먹, 먹물.
tuscha ~*r* ~*de* ~*t tr*. ① 만지다, 대다, 닿다, 가볍게 문지르고 지나가다 ② 먹으로 그림을 그리다, 쓰다; ~ ögonbrynen 눈썹을 그리다.
tuschpenn|a -*an* -*or* 펠트펜.
tusen *räkn*. 천(千); vasen gick i ~ bitar 화병은 산산조각이 났다; jag ber ~ gånger om ursäkt 정말 죄송합니다; ~ sinom ~ 무수한; Tusen och en natt 천일야화(千一夜話), 아라비아 야화 (10세기경부터 전해지는 아라비아 민화집(民話集)).
tusende Ⅰ. ~*t* ~*n* 수천, 천개 Ⅱ. 천 번째.
tusen[de]del ~*en* ~*ar* 1,000분의 1.
tusenfaldig *a*. 천배의.
tusenfalt *adv*. 천배로.
tusenfoting ~*en* ~*ar* 지네.
tusenkonstnär ~*en* ~*er* 만물박사, 무엇이든 대충 아는 사람.
tusenkronorssed|el -*eln* -*lar* 1,000크로나 짜리 지폐.
tusenlapp ~*en* ~*ar*【일상】☞ tusenkronorssedel.
tusenskön|a -*an* -*or*【식물】데이지.
tusental 천(千); ett ~ personer 천여 명의 사람들; på ~et 11세기에.

T

tusentals (불변화형용사) 수천; ~ människor 수천 명의 사람들.

tuss *~en ~ar* (솜 · 종이 따위의 부드러운 것으로 된) 작은 뭉치.

tussa *~r ~de ~t tr*. ~ en hund på ngn 개를 부추겨 …에게 덤벼들게 하다.

tussilago *~n ~r* 【식물】 머위.

tut *itj*. 뚜뚜 나는 소리.

tut|a[1] *–an –or* ① 손가락 끼우개, 골무 ② 【일상】 자동차의 경적.

tuta[2] *~r ~de ~t itr*. *tr* ① 나팔을 불다, (기적이) 뚜뚜 울리다; det ~r upptaget (전화에) 통화중의 신호가 난다; ~ i ngn ngt …에게 …을 믿게 하다 ② 【일상】 술 마시다.

tuting *~en ~ar* 【일상】 술 한 잔.

tutt|a[1] *–an –or* 【일상】 소녀.

tutta[2] *~r ~de ~t tr*. 【일상】 ~ [eld] på ngt …을 태우다, …에 불지르다.

tutt|e *–en –ar* 【일상】 젖꼭지, 유방.

tuv|a *–an –or* (잡초 등이 나있는) 조그만 언덕; liten ~ välter ofta stort lass 【속담】 호미로 막을 데 가래로 막는다 (부정적).

tuvig *a*. (잡초 등이) 더부룩이 자라 있는.

TV/tv [te:ve:] *~n ~ar* 텔레비전; se (titta) på ~ 텔레비전을 보다; sända i ~ 텔레비전으로 방송하다.

tvagning *~en 0* 씻기, 세척.

tvang ☞ tvinga.

tvedräkt *~en 0* (의견 따위의) 충돌, 불화, 알력.

tweed [tvi:d]/ [təi:d] *~en 0* 트위드 천의 옷.

tveeggad [tve:ɛgad] *a*. (칼이) 쌍날의, 양쪽에 날이 선.

tvegifte *~t 0* 【법률】 중혼(죄).

tvehågsen *a*. 의심스러운, 불확실한, 마음이 이러지도 저러지도 못하는.

tvehövdad *a*. 양두(兩頭)의.

tveka *~r ~de ~t itr*. 주저하다, 망설이다, 우물쭈물하다; utan att ~ 주저없이, 바로, 단호히.

tvekamp *~en ~er* 양자 간의 싸움, 1대 1의 싸움.

tvekan (불변화 en–명사) 주저, 망설임.

tveklös *a*. 주저 없는, 망설이지 않는.

tveksam *a*. 주저하는, 머뭇거리는, 의심스런, 불확실한; jag är ~ om hans förmåga 나는 그의 능력을 믿을 수가 없는데.

tvekönad [tve:çø:nad] *a*. 양성(兩性)의.

tvenne 【옛】 둘.

tvestjärt [–ʃæʈ] *~en ~ar* 【동물】 집게벌레.

tvetalan (불변화 en–명사) 일구이언; beslå ngn med ~ …가 거짓말하는 것을 증명하다.

tvetungad *a*. 일구이언(一口二言)의, 기만적인.

tvetydig *a*. (의미가) 애매한, 두 가지 뜻으로 해석되는; 수상한, 의심스런.

tvi *itj*. ~ [vale]! (혐오, 경멸의 소리) 어! 체!

tvilling *~en ~ar* 쌍둥이; Tvillingarna 【천문】 쌍둥이자리.

tvillingsyst|er *–ern –rar* 쌍둥이자매.

tvina *~r ~de ~t itr*. 약해지다, 기력이 없어지다.

tving *~en ~ar* 죄는 기구, 꺾쇠.

tvinga *~r ~de/tvang, ~t/tvungit* Ⅰ. *tr*. 강제하다, 억지로 시키다; ~ ngn att erkänna …에게 억지로 자백케 하다; jag ~des att begära avsked 나는 사직서를 내도록 강요받았다; han ~de mig att göra arbetet 그는 나에게 억지로 그 일을 시켰다 Ⅱ. (강세접사와 함께) ① ~ av ☞ **avtvinga** ② ~ fram en bekännelse av ngn …에게 자백을 강요하다; ~ fram ett leende 억지로 미소를 짓게 하다 ③ ~ i ngn mat …에게 강제로 밥을 먹이다 ④ ~ på ngn en åsikt …에게 의견을 강요하다 ⑤ ~ till sig ngt …을 강제로 취득하다.

tvingande *a*. 긴급한, 긴박한, 꼭 필요한.

tvinna *~r ~de ~t tr*. (실 · 끈 따위를) 꼬다.

tvinsot *~en 0* 【병리】 결핵.

tvist *~en ~er* 논쟁, 말다툼.

twist [twist]/[tvist] *~en 0* 【춤】 트위스트.

tvista *~r ~de ~t itr*. 논쟁하다, 말다툼하다.

tvistefrö *~[e]t ~n* 싸움의 원인, 분쟁의 씨.

tvistemål *~et ~* 【법률】 민사사건.

tvistig *a*. 논쟁의 여지가 있는.

tviv|el *-let ~* 의심, 의문점; utan ~ 확실히, 의심할 바 없이.

tvivelaktig *a*. 의심스러운, 불확실한, 믿어지지 않는.

tvivelsmål *~et 0*, dra ngt i ~ …에 의심을 품다.

tvivelsutan *adv*. 의심할 바 없이, 확실히.

tvivla *~r ~de ~t itr*. 의심하다.

TV-pjäs *~en ~er* 텔레비전 드라마.

TV-program *~met ~* 텔레비전 프로.

TV-rut|a *-an -or* 텔레비전 화면.

TV-tittar|e *-[e]n ~* 텔레비전 시청자.

tvungen *a*. 강요된, 강제적인, 억지로 만든; ett tvunget leende 억지웃음; jag är ~ att gå 나는 가야한다; jag är så illa ~ att studera 나는 공부할 수밖에 다른 도리가 없다.

två[1] *~r ~dde ~tt/tvagit tr*. 씻다; jag ~r mina händer 나는 손을 떼겠다.

två[2] *räkn*. 둘; båda ~ 둘 다; ~ gånger 두 번; de ~ andra barnen 다른 두 아이; det skall vi nog bli ~ om! 자네 혼자 결정할 일이 아니야!

två|a *-an -or* (숫자 2와 관계가 있는 사람이나 사물을 나타냄) 둘, 2등, 2단(기아), 2학년.

tvåbyggar|e *-[e]n ~* 자웅이체(異體)의 식물, 암수 딴 몸의 식물.

tvådimensionell *a*. 2차원의, 깊이가 없는.

tvåendel 【음악】 tre ~s takt 2분의 3박자.

tvåfaldig *a*. 2배의, 2중의.

tvåfilig *a*. 2차선의 (도로).

tvåhjuling *~en ~ar* 2륜 차, 2륜 자전거.

tvåhjärtbladig *a*. 떡잎이 두 장 있는.

tvåkron|a *-an -or* 【역사】 2크로나짜리 은화.

tvål *~en ~ar* 비누.

tvåla *~r ~de ~t tr*. ~ in 비누로 문지르다; ~ till ngn …를 꾸짖다, 때리다.

tvålfager [-gər] *a*. 시시하게 예쁜, 예쁘나 깊이가 없는.

tvålfling|a *-an -or* 선전용의 소형비누.

T

tvållödd | er *–ret 0* 비누거품.
tvåloper | a *–an –or* 멜로드라마 유형의 텔레비전 연속극.
tvålvatt | en *–net 0* 비눗물.
tvåmanskanot *~en ~er* 2인이 타는 카누.
tvåmotorig *a*. 쌍발의; ~t flygplan 쌍발 비행기.
tvåmänning *~en ~ar* 【옛】 사촌.
tvång *~et 0* 강제, 억지, 억압, 강압, 억제; 【심리】 강박 충동; rättstridigt (olaga) ~ 【법률】 강박, 강요, 강제; pålägga sig ~ 자제하다.
tvångsarbetsläg | er *–ret ~* 강제노동 수용소.
tvångsföreställning *~en ~ar* 강박 관념.
tvångshandling *~en ~ar* (이성에 어긋나는) 충동적인 행위.
tvångsmässig *a*. 강제된, 강제적인.
tvångströj | a *–an –or* (미친 사람이나 광폭한 죄수에게 입히는) 구속복; 자유로운 발달을 방해하는 것.
tvåplanslägenhet *~en ~er* (상하 층 공용으로 된) 복층 아파트.
tvåspråkig *a*. 2개 국어를 말하는, 이중언어의.
tvåstavig *a*. 2음절의.
tvåtaktar | e *–[e]n ~* 【일상】 ☞ **tvåtaktsmotor**.
tvåtaktsmotor *~n ~er* 【기계】 (발동기 작동 형식에서) 2행정(行程) 엔진.
tvåvingar (복수명사) 쌍시류의 곤충.
tvåäggstvilling *~en ~ar* 이란성(二卵性) 쌍생아.
tvär[1] *~en 0*, på ~en 가로로; det gick på ~en 잘못되었다, 틀렸다; sätta sig på ~en 반대하다.
tvär[2] *a*. 가파른, 험준한; 돌연한, 갑작스러운; 무뚝뚝한.
tvära *~r ~de ~t itr. tr.* (길을) 건너다, 넘다.
tvärarg *a*. bli ~ 화를 발칵 내다.
tvärbjälk | e *–en –ar* 대들보.
tvärbrant[1] *a*. 가파른, 절벽의.
tvärbrant[2] *adv*. 가파르게.
tvärbrant[3] *~en ~er* 절벽, 벼랑.
tvärbromsa *~r ~de ~t itr*. 갑자기 브레이크를 걸다.
tvärdrag *~et ~* 통풍, 틈으로 들어오는 바람.
tvärgat | a *–an –or* 교차 도로.
tvärgående *a*. 가로의, 횡단하는.
tvärhand (불변화 en–명사), en ~ 손의 폭, 한 뼘의 길이.
tvärmätt *a*. bli ~ 갑자기 배부르다.
tvärnita *~r ~de ~t* 【일상】 ☞ **tvärbromsa**.
tvärs *adv*. 가로질러서, 직경으로; 【항해】 (배의) 똑바로 옆으로; akter om ~ 배의 바로 옆에서 뒤쪽으로; härs och ~ 사방팔방으로.
tvärskepp *~et ~* 【건축】 수랑(袖廊) (십자형 교회당의 좌우의 익(翼部).
tvärskepps *adv*. 【항해】 선체를 가로질러.
tvärsnitt *~et ~* 횡단면.
tvärsom ☞ **tvärtom**.
tvärstanna *~r ~de ~t itr*. 갑자기 멈추다.
tvärstopp *~et 0* 갑자기 멈추기, 급정거.
tvärsäker *a*. 확신하는, 절대 확실한.
tvärt [tvæt] *adv*. 가파르게, 급경사로; 즉시; 갑자기; vägra ~ 단호히 부인하다.

tvärtemọt *prep. adv.* 반대, 정반대로.
tvärtom *adv.* 정반대로, 거꾸로; … och ~ … 그리고 역(逆)도 같음.
tvärvetenskaplig *a.* 학제적(學際的), 다른 학문 분야 사이에 관계가 있는.
tvärvigg *~en ~ar* 불평가, 투덜대는 사람.
tvätt *~en ~ar* 세탁, 빨래, 세탁소; kemisk ~ 드라이클리닝.
tvätta *~r ~de ~t* Ⅰ. *tr. rfl.* 세탁하다, 빨래하다, 씻다; ~ [sig om] händerna 손을 씻다; ~ sig i ansiktet 얼굴을 씻다; ~ sig 세수하다; ~ bilen 세차하다 Ⅱ. (강세접사와 함께) ① ~ av 씻어 없애다 ② ~ upp en skjorta 와이셔츠를 세탁하다.
tvättbalj|a *-an -or* 빨래 통.
tvättbar *a.* 세탁할 수 있는, 씻을 수 있는.
tvättbjörn *~en ~ar* 【동물】 너구리.
tvättbräde *~t ~n* 빨래판.
tvättdag *~en ~ar* (가정의 정기) 세탁일.
tvätterị *~et ~er* 세탁소.
tvättkläder (복수명사) 세탁물, 빨래.
tvättklämm|a *-an -or* 빨래집게.
tvättkorg [-kɔrj]*~en ~ar* 세탁물 바구니.
tvättlapp *~en ~ar* 목욕용 수건, 행주수건.
tvättmaskin *~en ~er* 세탁기.
tvättmed|el *-let 0* 세제, 세탁비누.
tvättning *~en 0* 씻기, 세탁, 세척.
tvättomạt *~en ~er* 손님이 직접 조작하는 세탁시설.
tvättpulv|er *-ret 0* 가루비누.
tvättrum *~met ~* 세면소, 화장실.
tvättstug|a *-an -or* 세탁하는 방, 세탁실.
tvättställ *~et ~* 세면기, 세면대.
tvättsvamp *~en ~ar* 목욕용 스펀지.
tvättäkta *a.* 세탁할 수 있는; 바래지 않는; 진짜의, 진정한; 완전한; han är en ~ dåre 그는 진짜 바보다.
ty[1] *konj.* 왜냐하면 …이니까, …이므로, … 때문에.
ty[2] *~r ~dde ~tt rfl.* ~ sig till ngn …에게 의지하다, …에게 (위로 · 도움 따위를) 구하다.
tya *~r ~de ~t itr.* …할 힘이 있다.
tyck|a *-er -te -t itr. tr.* ① …이라고 생각하다, …이라는 의견이다; jag -er [att] hon är vacker 나는 그녀가 아름답다고 생각한다; jag -er det är rätt 그것이 옳다고 생각한다; jag -te jag hörde ngt 나는 무슨 소리를 들은 것 같다; hon -te det var bäst att vänta 그녀는 기다리는 편이 좋겠다고 생각했다; vad -er du om den där boken? 너는 그 책에 대해서 어떻게 생각하니?; tyck inte illa vara om jag säger min mening rent ut 솔직히 말씀드려도 언짢게 생각지 마시오; gör som du -er! 마음대로 하세요 ② ~ om 좋아하다, 즐기다; jag -er om att läsa 나는 독서를 즐긴다; vad -er du bäst om, te eller kaffe? 홍차와 커피 중 어느 쪽을 좋아하십니까?
tyck|as *-s -tes -ts itr. dep.* …인 것 같다, …인 듯하다; han -s vara en ärlig man 그는 정직한 사람인 것 같다; hon -s vara lycklig 그녀는 행복해 보인다; vad -s? 어떻게 생각하니, 어떻게 보이니?
tycke *~r ~n* ① 의견, 견해; i mitt ~ 나의 생각으로는 ② 기호, 취미;

hon är i mitt ~ 그녀는 내가 좋아하는 타입이다; fotboll är inte i mitt ~ 축구는 내 기호에 맞지 않는다; efter eget ~ 자신의 판단에 따라; studenterna fattade ~ för sin lärare 학생들은 선생님을 좋아하게 되었다 ③ 유사, 닮음; han har ett visst ~ av sin far 그는 어느 정도 자기의 아버지를 닮았다.

tyckmycken *a*. 꽤 까다로운.

tyd|a *-er -de tytt* Ⅰ. *tr*. 해석하다, 뜻을 풀다 Ⅱ. *itr*. ~ på …의 표시이다, 지시하다, 가리키다; allting -er på succé 모든 것이 성공의 조짐을 보이고 있는 것 같다; hans uppförande -er på vansinne 그의 행동을 보니 미친 사람 같다; hans svar -er på oenighet 그의 대답으로 보아 반목이 있는 것 같다.

tydbar *a*. 뜻을 풀이할 수 있는, 해독 가능한.

tydlig *a*. 분명한, 명백한, 명료한, 똑똑히 보이는 (들리는), 뚜렷한, 명확한; en ~ förändring 뚜렷한 변화; ett ~t faktum 명백한 사실; det är ~t att han ljuger 그가 거짓말을 하고 있는 것이 분명하다; i ~a ordalag 명확한 진술로.

tydligen *adv*. 명백히, 분명히, 뚜렷이.

tydlig|göra *-gör -gjorde -gjort tr*. 밝히다, 설명하다, 분명히 하다.

tydlighet *~en ~er* 명백, 명료도, 명확함; med all ~ 반드시, 확실하게.

tydligt *adv*. 똑똑히, 분명히, 명료하게, 뚜렷이, 명백히, 확실히.

tydligtvis ☞ tydligen.

tydning *~en ~ar* 해석, 해설, 설명.

tyfon [-ọn] *~en ~er* ① 태풍 ② 호적(號笛), 사이렌.

tyfus *~en 0* 【병리】 발진티푸스.

tyg *~et, ~/~er* ① 옷감, 천 ② 병기(兵器), 군수물자 ③ (arbeta för) allt vad ~en håller 전력을 다해서 (일하다).

tyg|el *-eln -lar* 고삐; ge ngn fria -lar …에게 마음대로 하게 하다; gripa -larna 권력을 잡다; hålla ngn i strama -lar …를 엄격히 제어하다.

tygellös *a*. 제멋대로의, 억제 받지 않은, 제한 없는; 방탕한, 방종하는.

tygla *~r ~de ~t tr*. 고삐로 제지하다; 제어하다, 억제하다; ~ sin vrede 화를 억누르다.

tyken *a*. 다루기 힘든, 무례한.

tykobrạhedag *~en ~ar* 불행한 날, 액일(厄日).

tyll *~en/~et, 0* 【직물】 튈 (베일용의 얇은 망 모양의 비단).

tyna *~r ~de ~t itr*. 약해지다, 기력이 없어지다, 활기가 없어지다; ~ bort 초췌해지다, 수척해지다.

tyng|a *-er -de -t itr. tr*. 무거운 짐을 지우다, 무겁게 하다; 괴롭히다; 짓누르다; det där problemet -er mig hårt 그 문제는 나를 매우 괴롭힌다; jag -s av sorgen 나는 슬픔에 짓눌려 있다.

tyngd *~en ~er* 무게, 무거움, 무거운 짐; 【물리】 중력; en ~ har fallit från mitt bröst 내 마음의 무거운 짐이 덜어졌다.

tyngdkraft *~en 0* 지구 인력, 중력.

tyngdlagen (정형명사) 중력의 법칙.

tyngdlyftar|e *-[e]n ~* 역도 선수.

tyngdlyftning *~en 0* 역도.

tyngdlöshet *~en 0* 무중력 상태.

tyngdpunkt *~en ~er* 무게 중심(重

心); (토론의) 요점.

tyngre ☞ tung.

tyngst ☞ tung.

typ *~en ~er* ① 【인쇄】 활자, 서체 ② 유행, 양식; 별난 사람; hon är inte min ~ 그녀는 내게 어울리지 않는다; hon är ~en för den moderna kvinnan 그녀는 전형적인 현대풍의 여자다; han är en underlig ~ 그는 별난 녀석이다.

typisk *a*. 전형적인, 대표적인 (för); 특유의; en ~ gentleman 전형적인 신사; att göra så är ~t för honom 이러한 행동은 그다운 짓이다.

typograf *~en ~er* 활판기술자, 인쇄공.

typografi *~n 0* 활판인쇄술, 식자술.

typografisk *a*. 인쇄상의, 인쇄술의.

typologi *~n 0* 【철학 · 언어】 유형학(類型學).

typsnitt *~et ~* 【인쇄】 (활자의) 서체, 체.

tyrann *~en ~er* 압제자, 폭군, 전제군주.

tyranni *~[e]t 0* 압제, 폭정, 전제정치; 포악, 횡포, 학대.

tyrannisera *~r ~de ~t tr*. 폭정을 펴다, 학대하다.

tyrannisk *a*. 전제적인, 폭군적인; 포학한.

tyrolar|e *–[e]n ~* 티롤 사람.

Tyrolen 티롤 지방 (오스트리아 서부 및 이탈리아 북부의 산악지대).

tysk Ⅰ. *a*. 독일의 Ⅱ. *~en ~ar* 독일인.

tysk|a Ⅰ. *–an –or* 독일 여자 Ⅱ. *–an 0* 독일어.

Tyskland 독일.

tyst[1] *a*. 조용한, 정숙한, 소리를 안 내는, 무언의, 입이 무거운; ~ förbehåll 심중유보(心中留保); ~ som graven 무덤처럼 조용한; håll ~! 조용히 해!; hålla sig ~ 조용히 있다; i det ~a 비밀리에, 은밀히.

tyst[2] *adv*. 조용히, 소리 없이, 말없이, 잠자코; hålla ~ med ngt …을 덮어두다; tala ~ 낮은 소리로 말하다; det skall vi tala ~ om 우리는 그 일을 덮어두는 것이 좋겠다.

tysta *~r ~de ~t tr*. 침묵시키다, 입 다물게 하다; låt maten ~ mun! 밥을 먹을 때는 말하지 마라!; ~ ned en skandal 추문을 쉬쉬해 버리다.

tysthet *~en 0* 침묵, 무언, 과묵, 정숙, 무성, 고요; i all ~ 비밀리에, 남몰래.

tystlåten *a*. 말없는, 입이 무거운, 무언의.

tystna *~r ~de ~t itr*. 조용해지다, 정숙해지다; 말을 그치다; 죽다.

tystnad *~en 0* 침묵, 무언, 정숙, 무성; ~! 조용히!; obrottslig ~ 절대 비밀; iaktta ~ 조용히 있다; förbigå ngt med ~ …을 묵살하다, 무시하다; under ~ 조용하게, 말없이, 침묵 속에서.

tystnadsplikt *~en 0* (의사 · 전화 교환수 등의) 직업상의 비밀보장 의무.

tyvärr *adv*. 불행하게도, 공교롭게도, 미안하게도; ~ kan jag inte komma 유감스럽게도 갈 수가 없습니다.

tå *~n ~r* 발가락; (구두 · 양말의) 앞부리; gå på ~ 발끝으로 걷다; trampa ngn på ~rna …의 발가락을 밟다.

tåa *~r ~de ~t tr*. 【스포츠】 ~ bollen 발끝으로 공을 차다.

tåg[1] *~en 0* 【식물】 골풀.

tåg[2] *~et ~* ① 열차; byta ~ 열차를

갈아타다; ta ~[et] 열차를 타고 가다 ② 밧줄, 노끈, 새끼, 로프 ③ 행렬.

tåg|a[1] *-an -or* 섬유; det är ~ i honom 그는 강인한 사람이다.

tåga[2] *~r ~de ~t itr*. 행진하다, 줄을 지어 행진하다; ~ i fält 출전하다; ~ ut 나가다.

tågbyte *~t ~n* 기차 갈아타기.

tågfärj|a *-an -or* 열차 연락선, 열차 페리.

tågklarerar|e *-[e]n ~* 열차 발착계원, 조차계원.

tågledes *adv*. 기차로.

tågluffa *~r ~de ~t itr*. 할인 승차권으로 기차 여행을 하다.

T

tågmästar|e *-[e]n ~* (기차의) 여객전무, 여객주임.

tågombyte *~t ~n* 기차 갈아타기.

tågordning *~en 0* (안건 처리의) 순서, 절차.

tågpersonal *~en 0* 열차 승무원.

tågsätt *~et ~, ett ~* 열차(列車); ett ~ på 10 vagnar 10량의 열차.

tågvirke *~t 0* (배의 삭구로 쓰이는) 삭조, 밧줄.

tågångar|e *-[e]n ~* 지행동물(趾行動物), 발가락으로 걷는 동물 (개, 고양이).

tåhätt|a *-an -or* (구두의) 앞닫이, 앞부분.

tål|a *- -de -t tr*. 견디다, 참다; jag - honom inte 나는 그를 참을 수 없다; han - inte mycket 그는 약하다; 그는 술을 조금 마셔도 취한다; 그는 성미가 급하다; - påfrestningar (압력, 자극을) 견뎌내라!

tålamod *~et 0* 인내, 참을성, 자제; ha ~ 참을성이 있다; jag har inget ~ med honom 나는 그를 참을 수 없다.

tålamodsprövande *a*. 참기 힘 드는.

tålig *a*. 참을성이 있는; 질긴, 내구성이 있는.

tålmodig *a*. 참을성이 있는.

tånag|el *-eln -lar* 발톱.

tåls, ge sig till ~ 참다, 견디다.

tång[1] *~en tänger* 집게.

tång[2] *~en 0* 해조, 다시마.

tår *~en ~ar* ① 눈물; brista i ~ar 울음을 터뜨리다; hålla tillbaka ~arna 눈물을 참다; vara rörd till ~ar 감동해서 울음을 터뜨리다; med ~ar i ögonen 눈물을 머금고 ② 방울, 물방울; en ~ på tand 술 한 모금; en ~ kaffe 커피 한 모금.

tårad *a*. 눈물이 글썽한.

tåra|s *-s -des -ts itr. dep*. 눈물이 글썽하다.

tårdrypande *a*. 감성적인, 감상적인.

tårgas *~en 0* 최루가스.

tårkanal *~en ~er* 【해부】 누관(漏管).

tårpil *~en ~ar* 수양버들.

tårt|a *-an -or* 케이크; det är ~ på ~ 그게 그 말이야 (필요 없이 같은 말을 되풀이 하는 것), 옥상옥(屋上屋).

tårögd *a*. vara ~ 눈물이 고이다.

tåt *~en ~ar* 한 가닥의 끈.

täck *a*. 예쁜, 아름다운, 귀여운; det ~a könet 여자.

täck|a *-er -te -t tr*. 덮다, 가리다; ~ sina behov 자기 수요를 충족시키다, 자신에게 필요한 것을 스스로 감당하다; ~ en förlust 손실을 보충하다; ~ kostnaderna 비용을 감당하다.

täckdike *~t ~n* 땅 밑의 배수로(排水路).

täckdikning *~en 0* (농지의) 암거(暗渠), (지하수) 배수.

täcke *~t ~n* 덮개; 이불; spela under ~t med ngn …와 공모하다, …와 짜고 행동하다.

täckelse *~t ~r*, låta ~t falla från en staty 동상의 제막식을 거행하다.

täckjack|a *−an −or* 파카 재킷.

täckmant|el *−eln −lar* 가장(假裝), 가면; under religionens ~ 종교의 가면을 쓰고.

täcknamn *~et ~* 가명(假名).

täckning *~en ~ar* 덮개, 덮기; en check utan ~ 부도수표.

täckt *a.* 덮은.

tälj|a *−er −de −t itr.* (칼로) 나무토막을 깎다.

täljar|e −[e]n ~ 【수학】 (분수의) 분자.

täljkniv *~en ~ar* (날이 한쪽만 있는) 단도(短刀).

täljsten *~en 0* 【광물】 동석(凍石).

tält *~et ~* 텐트, 천막; slå upp ett ~ 천막을 치다; sova i ~ 천막을 치고 자다.

tälta *~t ~de ~t itr.* 천막을 치다, 밖에서 자다.

tältduk *~en 0* 범포(帆布), 즈크, 캔버스, 화포.

tältpinn|e *−en −ar* 천막 말뚝.

tältsäng *~en ~ar* (접을 수 있는) 캠프용 침대.

tämj|a *−er −de/tämde −t/tämt tr.* 길들이다; 복종시키다; ~ sina begär 욕망을 억제하다.

tämjbar *a.* 길들일 수 있는.

tämligen *adv.* 어지간히, 꽤; ~ gammal 늙수그레한; ~ lång 기름한; ~ röd 불그스름한; ~ kort 좀 짧은, (키가) 좀 작은; ~ ung 좀 젊은.

tänd|a *−er −e tänt* Ⅰ. *tr.* 불을 붙이다, 불을 켜다, 점화하다, 태우다; ~ eld 불을 붙이다; ~ en cigarrett 담배에 불을 붙이다; ~ på ett hus 집에 불을 지르다; jag är − på henne 나는 그녀에게 달아올랐다 Ⅱ. *itr.* 불이 붙다, 발화하다.

tändanordning *~en ~ar* 점화장치, 점화기.

tändar|e *−[e]n ~* 라이터.

tändhatt *~en ~ar* (구식 소총의) 뇌관, 기폭장치.

tändkulemotor *~n ~er* 내연 기관의 일종.

tändning *~en ~ar* 점화, 발화.

tänd[nings]nyck|el *−eln −lar* (자동차 등의) 이그니션 키 (엔진시동 용 열쇠).

tändrör *~et ~* (폭뢰 · 포탄 따위의) 신관(信管).

tändstick|a *−an −or* 성냥.

tändstift *~et ~* (내연 기관의) 점화전, 스파크 플러그; (총포의) 격침 (뇌관을 발화시키는 폭발장치).

tänj|a *−er −de −t tr.* (신체를) 펴다, 뻗다; (이야기를) 오래 끌다, 늘이다.

tänjbar *a.* 탄성 있는, 탄력 있는; 융통성 있는; 팽팽하게 할 수 있는.

tänk|a *−er −te −t* Ⅰ. *itr.* 생각하다, 사고하다, 생각나다, 숙고하다; − först och tala sedan! 【속담】 돌다리도 두드려 보고 건너라; − bara! 자 생각해보세요!; − så dumt! 참 터무니없는 말이군!; − om han kommer nu, då! 그가 지금 돌아온다면 어떻게 될까; − om vi misslyckas! 만일 실패하

면 어찌하지; – om vi skulle läsa lite 우리 책이나 좀 읽는 것이 어때; säga vad man –er 털어놓고 이야기하다; var det inte det jag –te 그럴 줄 알았어; det vore ngt att ~ på 그것은 생각해볼만하다; när jag –er rätt på saken så är det bättre att inte gå dit 다시 생각해보니 거기 안 가는 것이 좋겠다 Ⅱ. *tr.* …할 작정이다, …하려고 생각하다; han –er gå dit 그는 그곳에 갈 작정이다 Ⅲ. *rfl.* ~ sig 상상하다; kan du ~ dig! 좀 상상해봐! ~ sig för 신중히 생각하다; 조심하다 Ⅳ. (강세접사와 함께) ① ~ efter 숙고하다; låt mig ~ efter 가만있자, 좀 생각해보자 ② ~ sig in i ngt …을 상상하다, 공감하다, 맛보다, 이해하다 ③ ~ om 다시 생각해보다 ④ ~ tillbaka på ngt …을 상기하다 ⑤ ~ ut ngt …을 생각해내다; 발명하다; 계획하다 ⑥ ~ över 고려하다, 곰곰이 생각하다.

tänkande[1] *~t 0* 생각하기, 사색, 숙고하기.

tänkande[2] *a.* 생각하는, 생각이 깊은, 생각에 잠긴.

tänkar|e *–[e]n ~* 생각하는 사람, 사상가.

tänkarpann|a *–an –or* 높은 이마.

tänkbar *a.* 상상할 수 있는; 가능하다고 여겨지는.

tänkespråk *~et ~* 격언(格言), 금언, 속담.

tänkesätt *~et ~* 사고방식.

tänkt *a.* 상상의, 가상의, 공상의, 가공의; 허(虛)의.

tänkvärd *a.* 주목할 만한; 기억할 만한; 고찰할 만한.

täpp|a[1] *–an –or* 작게 구획된 땅, 정원 대지.

täpp|a[2] *–er –te –t tr.* ~ till (igen) 막다, 질식시키다, 숨을 막다.

tär|a *– –de –t itr. tr.* 소비되다, 파괴되다, 수척해지다, 소비하다, 소모하다; det – på krafterna 몸이 쇠약해지다, 기력을 상실하다.

tärd *a.* 수척한, 여윈; se ~ ut 초췌해 보이다; ~ av bekymmer 근심으로 초췌한.

tärn|a[1] [tæːɳa] *–an –or* 제비갈매기.

tärn|a[2] *–an –or* 신부들러리.

tärning *~en ~ar* 주사위, 다이스; 주사위 놀이; 주사위 꼴, 작은 입방체; spela ~ 주사위를 던지다; skära i ~ar 깍두기 꼴로 썰다; ~en är kastad 운명은 이미 결정되었다.

tät[1] *~en ~er* 선두; ta ~en 선도하다; ligga i ~en 선두를 가다, 솔선해서 가다.

tät[2] *a.* ① 좁은, 밀집한, 짙은, 자욱한; (물이) 새지 않는, 촘촘한, 전망이 막힌; ett ~t mörker 암흑 ② 자주 일어나는, 빈번한, 흔히 있는 ③ 유복한, 부유한.

täta *~r ~de ~t tr.* 막다, 방수하다; 틈을 틀어막다, (물・공기가) 새지 않게 하다.

tätatät *~en ~er* 밀담, 대담.

tätbebyggd *a.* 건물로 조밀하게 들어차 있는 (장소), 밀집된.

tätbebyggelse *~n 0* ☞ tätort.

tätbefolkad *a.* 인구가 조밀한, 인구밀도가 높은.

täthet *~en 0* 조밀, 밀집(도); 꿰뚫기 어려움; 자주 일어남, 빈번.

tätna *~r ~de ~t itr.* 밀집하다, 짙어

지다; 빈번해지다.

tätort *~en ~er* 인구 밀도 조밀 지역, 건물이 빽빽이 들어차 있는 지역.

tätt *adv*. 가까이, 밀접하게, 친밀히, 단단히, 엄밀히; snön faller ~ 눈이 펑펑 내린다; olyckorna kom ~ 불행이 계속 닥쳐왔다; båten håller ~ 그 배는 물이 새지 않는다; han höll ~ med saken 그는 비밀을 지켰다; locket sluter ~ 뚜껑이 꽉 닫힌다; ~ åtsittande kläder 몸에 꼭 맞는 옷; ~ i hälarna på ngn 바로 …의 뒤를 따라서.

tätting *~en ~ar* 참새목의 새.

tätört *~en ~er* 벌레잡이 제비꽃.

tävla *~r ~de ~t itr*. 경쟁하다; ~ med andra i löpning 경주에서 남들과 경쟁하다.

tävlan *~ 0* 경쟁, 겨룸.

tävlande[1] *a*. 경쟁하는, 겨루는.

tävlande[2] *~n ~* 경쟁자, 경쟁상대.

tävling *~en ~ar* 경기, 대회, 시합.

tävlingsban|a *-an -or* 경주로, 트랙.

tö *~et/~en 0* 눈이 녹음; 눈이 녹아내리는 따뜻한 날씨.

töa *~r ~de ~t itr*. (얼음 · 눈이) 녹다; ~ bort 녹아버리다; ~ upp 녹다.

töck|en *-net ~* 안개, 연무, 아지랑이.

töcknig *a*. 안개가 자욱한, 안개로 싸인.

töffa *~r ~de ~t* ☞ **tuffa**.

töj|a *-er -de -t* ☞ **tänja**.

töjbar ☞ **tänjbar**.

tölp *~en ~ar* 거친 사람, 야인, 버릇없는 사람, 얼간이.

tölpaktig *a*. 거친, 버릇없는.

töm *~men ~mar* 고삐.

töm|ma *-mer -de -t tr*. ① 비우다, 없애다 ② ~ på flaskor 병에 (액체를) 붓다.

tönt *~en ~ar* 【일상】 멍청한 바보.

töntig [tœnti(g)] *a*. 바보같이 멍청한.

tör ☞ **torde**.

tör|as *-s tordes torts itr. dep*. 감히 …할 수 있다; jag skulle göra det om jag tordes 할 수만 있다면 해보고 싶다; -s man fråga en sak 물어봐도 될까요?

töre *~t 0* 수지(樹脂)가 많은 소나무 장작.

törhända *adv*. 아마, 어쩌면.

törn *~en ~ar* ① 충격, 부딪치기, 충돌, 추돌 ② 【항해】 4시간 교대의 당직.

törna *~r ~de ~t itr*. ~ emot 부딪치다; ~ in 【항해】 잠자리에 들다.

törnbeströdd *a*. 가시가 많은, 고통스러운.

törne *~t ~n* 가시.

törnros *~en ~or* 【식물】 야생 장미.

Törnrosa 잠자는 공주.

törnrọsasömn [-sœmn] *~en 0* 깊은 잠; 무 활동 상태.

törnrosbusk|e *-en -ar* ☞ **törnros**.

törnskat|a *-an -or* 때까치의 일종.

törntagg *~en ~ar* 가시.

törst [tœʂt] *~en 0* 목마름, 갈증; 갈망, 열망.

törsta *~r ~de ~t itr*. 목이 마르다; 갈망하다.

törstig *a*. 목이 마른; jag är ~ 나는 목이 마르다.

tös *~en ~er* 소녀, 아가씨.

töva *~r ~de ~t* ☞ **dröja**.

tövädǀer *–ret 0*, det blir ~ 해빙기(얼음을 녹이는 따뜻한 날씨)가 시작된다.

u [ʉː] *u-[e]t, u[-n]* 스웨덴어 알파벳의 21번째 글자.

U-balk *~en ~ar* 홈 쇠(U자 모양의 쇠).

ubåt *~en ~ar* 잠수함.

UD ☞ utrikesdepartement.

udd *~en ~ar* (뾰족한) 끝, (풍자 등의) 신랄함, 자극성; bryta ~en av diskussionen 토론의 열기를 완화하다.

udda (불변화형용사) 외짝의, 홀수의, 기수의; ~ tal 홀수, 기수; en ~ person 특이한 사람; ~ nummer 기수; ~ varor 잡동사니; jag ska låta ~ vara jämnt denna gång 이번에는 너그럽게 보아주겠다.

udd|e *-en -ar* 곶, 갑(岬).

uddig *a.* 뾰족한 [끝이 있는]; 신랄한.

uddljud *~et ~* 【언어】 첫소리, 초성(初聲).

uddlös *a.* 뾰족한 끝이 없는, 무딘; 무의미한.

ugandier *~n ~* 우간다 사람.

ugandisk *a.* 우간다의.

uggl|a[1] *-an -or* 올빼미; jag anar -or i mossen 나는 낌새를 알고 있다, 알아채고 있다.

uggl|a[2] *~r ~de ~t itr.* sitta uppe och ~ 밤늦도록 안자다.

ugn [ɵŋn] *~en ~ar* 오븐, 화덕, 가마,

ugnsbakad *a.* 오븐에 구운.

ugnspannkak|a *-an -or* 오븐에 구운 핫케이크.

u-hjälp *~en 0* 개발도상국 원조.

ukas *~en ~er* 칙령, 포고.

ukrainar|e *- [e]n ~* 우크라이나 사람.

ukrainsk *a.* 우크라이나의.

ukulele *~n ~r* 우쿨렐레 (기타 비슷한 4현 악기).

ulan *~en ~er* 【역사】 창기병(槍騎兵).

u-land *~et u-länder* 개발도상국 (utvecklingsland).

ulk *~en ~ar* 【어류】 머리가 큰 물고기.

ulka *~r ~de ~t itr.* 흐느껴 울다.

ull *~en 0* 양모, 양의 털; han är inte av den ~en 그는 그런 사람이 아니다.

ullgarn *~et 0* 털실, 양털.

ullhår *~et 0* 곱슬곱슬한 머리.

ullig *a.* 양모의, 털이 많은.

ullspinneri *~et ~er* 양모 방적공장.

ullstrump|a *-an -or* 양모 양말; gå på i -orna 쉬지 않고 계속해서 열심히 일하다.

U

ulltott *~en ~ar* 양모의 한 뭉치.
ulst|er *-ern -rar* 얼스터 외투.
ultimativ *a.* 최후의, 결정적인.
ultimat|um *~et/~, ~/-a* 마지막으로 내세우는 조건, 최종 제안, 최후 통첩.
ultimo[1] *~t 0* 한 달의 마지막 날.
ultimo[2] *adv.* ~ juni 6월 30일.
ultrakonservativ *a.* 극단적으로 보수적인.
ultrakortvåg *~en ~or* 【무선】 초단파.
ultraljud *~et ~* 【물리】 초음파.
ultramarin *a.* 감청색의.
ultrarapid[1] *a.* 느린; (고속도 촬영에 의한) 슬로모션의.
ultrarapid[2] (불변화명사), i ~ 슬로모션으로.

ultraviolett *a.* 자외[선]의.
ulv *~en ~ar* 늑대; en ~ i fårakläder 양의 탈을 쓴 이리, 위선자.
umbra *~n 0* 밤색
um|bära *-bär -bar -burit tr.* …없이 지내다.
umbärande *~t ~n* 고생, 고난.
umbärlig *a.* 없어도 되는, 그다지 중요하지 않은.
um|gås *-gås -gicks -gåtts itr. dep* ① 교제하다, 사귀다; vi ~ ofta 우리는 자주 만나 시간을 같이 보낸다; han har lätt att ~ med folk 그는 사귐성이 좋다 ② ~ med 다루다, 취급하다, …와 같이 어울리다 ③ ~ med planer på att resa 여행을 계획하다.
umgäll|a *-er -de -t tr.* …의 대가를 지불하다, …의 결과에 대해 책임을 지다.
umgänge [ɵmjɛŋə] *~t ~n* 교제, 사귐; 관계; sexuellt ~ 성교; ha stort ~ 친구가 많다.
umgängesrätt *~en 0* 【법률】 이혼한 사람이 자식을 만날 권리.
umgängsam *a.* 사교적인, 교제를 좋아하는.
undan[1] *adv.* ① 떠나서, 옆으로; ~! 비켜라! komma ~ 탈출하다, 벗어나다, 도망치다 ② 빨리; det går ~ med arbetet 일이 잘 진척되고 있다; låt det gå ~! 빨리 해라! ③ ~ för ~ 단계적으로, 차츰.
undan[2] *prep.* 벗어나서; söka skydd ~ regnet 비를 피할 곳을 찾다; slingra sig ~ militärtjänster 병무(군복무)를 기피하다.
undanbad ☞ undanbe[dja].
undan|be[dja] *-be[de]r -bad -bett rfl.* 정중히 사절하다; jag -ber mig sådant arbete 나는 그런 일을 안 했으면 좋겠다; rökning -bedes 담배는 삼가 해주십시오.
undanbett ☞ undanbe[dja].
undan|dra[ga] *-dra[ge]r, -drog, -dragit* Ⅰ. *tr.* ~ ngn ngt …에게서 …을 빼앗다 Ⅱ. *rfl.* ~ sig sina plikter 자신의 의무를 회피하다.
undandräkt *~en 0* 【법률】 사소한 횡령죄.
undanflykt *~en ~er* 핑계, 얼버무리기; komma med ~er 변명하다.
undangjord *a.* 다 끝난.
undangömd *a.* 숨겨진, 숨은; 은둔한; 멀리 떨어진.
undan|hålla *-håller -höll -hållit tr.* ~ ngn ngt …에게 …을 알리지 않다.
undanmanöv|er *-ern -rar* 도피, 회피; 충돌을 피하려는 방향 전환.

undanskymd *a.* 숨겨진; 멀리 떨어진.

undanstökad ☞ **undangjord.**

undantag *~et ~* ① 예외; ett ~ från regeln 규칙의 예외; ~et bekräftar regeln 예외가 있다는 것은 원칙이 있다는 증거이다; göra ~ för ngt …을 예외로 하다; med ~ av …을 제외하고; utan ~ 예외 없이 ② sitta på ~ 【역사】 농촌에서 노인을 일손에서 물러앉게 하다.

undan|ta[ga] *–ta[ge]r –tog –tagit tr.* 제외하다, 빼다, 면제하다.

undantagandes *prep.* …이외에는 …을 제외하고.

undantagsfall *~et ~* 예외적 사례.

undantagslag *~en ~ar* 긴급조치, 비상령.

undantagslöst *adv.* 예외 없이, 남김 없이.

undantagstillstånd *~et 0* 비상사태.

undantagsvis *adv.* 예외적으로.

und|er[1] *–ret ~* 기적, 신기; teknikens ~ 과학의 경이; göra ~ 기적을 행하다.

under[2] *prep.* 밑에, 기슭에, 속에 묻혀, 아래쪽에, 아래에; 동안, 중에, 사이에; sortera ~ ngt …에 속하다; sätta sitt namn ~ ngt …에 서명하다; ta ngn ~ armen …의 팔을 붙잡다; ett slag ~ bältet 비겁한 짓, 비열한 비판; ~ all kritik 비난할 가치조차 없는; ~ falskt namn 가명으로; barn ~ 15 år 15세 미만 어린이; ~ dagen 낮에; ~ 5 dagar 닷새 동안; ~ hela livet 평생을 통하여; ~ tiden 그 사이에; ~ det att …하는 사이에, …하고 있는 동안에.

under[3] *adv.* 밑으로, 아래로.

underarm *~en ~ar* 【해부】 전박(前膊), 전완(前腕), 팔뚝.

underavdelning *~en ~ar* 분과, 소부(小部); 지점.

underbalansẹrad *a.* ~ budget 불균형 예산.

underbar *a.* 훌륭한, 멋진; 기적적인.

underbarn *~et ~* 천재 아동, 신동(神童).

underbefäl *~et ~* 육군 하사관.

underbemannad *a.* 일손이 부족한, 승무원이 부족한.

underben *~et ~* 정강이.

underbett *~et 0* 주걱턱.

underbetala *~r ~de ~t tr.* 임금 · 급료를 충분히 지급하지 않다.

underbetyg *~et ~*, få ~ 낙제하다.

underblås|a *–er –te –t tr.* 증가시키다, 강화하다; 유발하다, 선동하다.

underbygg|a *–er –de –t tr.* 실증하다, 증명하다, 확증하다, 뒷받침하다; en teori –d på fakta 사실에 입각한 이론.

underbyggnad *~en ~er* (건조물의) 하부 구조, 기초; 기초 지식.

underbyxor (복수명사) 속바지, 팬츠, 팬티.

underdoktor *~n ~er* 기적을 행하는 사람.

underdrift *~en ~er* 【수사학】 곡언법(曲言法).

underdånig *a.* 겸손한, 겸양하는, 순종하는, 아첨하는, 아부하는.

underexponẹra *~r ~de ~t tr.* 【사진】 (필름 등을)노출 부족으로 하다.

underfụnd *adv.* komma ~ med ngt …을 알아내다; (문제)를 풀다, …을

해결하다; …을 이해하다; jag kan inte komma ~ med honom 나는 그의 말(행동)을 이해할 수가 없다.

underfundig *a*. 재치 있는; 미묘한, 속뜻이 있는; ~ humor 미묘한 (속뜻이 있는) 유머; ett ~t leende 의미심장한 미소.

under|förstå *-förstår, -förstod -förstått* 암시하다, 함축하다; -förstådd 넌지시 암시되는, 언외에 담긴; ett -förstått medgivande 묵인(默認); -förstått hot 은근한 협박.

undergiven *a*. 복종하는, 순종하는, 겸손한.

undergräv|a *-er -de -t tr*. …의 밑을 파다; 기초를 위태롭게 하다; (건강을) 서서히 약화시키다.

U

under|gå *-går -gick -gått tr*. 겪다, 경험하다; ~ ett prov 시험을 치르다; ~ en operation 수술을 받다; ~ förändringar 변화를 겪다.

undergång *~en ~ar* ① 파괴, 파멸, 멸망; 영락, 몰락; 난파; romarrikets ~ 로마제국의 멸망; kortspel blev hans ~ 카드놀이 때문에 그는 신세를 망쳤다; han går mot sin ~ 그는 파멸의 길을 걷고 있다; vi står på ~ens brant 우리는 파멸 직전에 있다 ② 지하도; 아래 통로.

undergörande [-jœrandə] *a*. 신기한 힘이 있는; 기적을 행하는; ~ medicin 신기하게 잘 듣는 약.

underhal *a*. det är ~t på vägarna 길이 얼어붙어 미끄럽다 (윗부분은 눈에 쌓여 있지만 길바닥은 빙판이라는 뜻).

underhaltig *a*. 조악한, 열등한, 결핍하고 있는, 표준 이하의.

underhaltighet *~en 0* 결핍, 표준 이하.

underhand *adv*. 개인적으로, 남몰래, 비밀로.

underhandla *~r ~de ~t itr*. 교섭하다, 협상하다; ~ med en firma om inköp av maskiner 한 회사와 기계 구입을 상담하다.

underhandlar|e *-[e]n ~* 교섭하는 사람.

underhandling *~en ~ar* 교섭, 상담, 협상; inleda ~ar med ngn …와 교섭을 개시하다; ligga i ~ar med ngn …와 교섭중이다.

underhandslöfte *~t ~n* 비공식 (비밀) 약속.

underhavande *~n ~* 종자, 부하, 신하.

underhud *~en 0* 【해부】 진피(眞皮); 【일반적】 피부, 외피.

underhuggar|e *-[e]n ~* 【경멸적】 아랫사람, 부하.

underhuset (불변화 ett-명사) (영국의) 하원(下院).

underhåll *~et ~* 보존, 유지; 부양금, 부양.

under|hålla *-håller -höll -hållit tr*. ① 부양하다, 유지하다 ② 보존하다, 계속하다; 수리하다 ③ 즐겁게 해주다, 재미나게 하다.

underhållande *a*. 재미있는, 유쾌한.

underhållning *~en ~ar* 오락, 흥미.

underhållningsmusik *~en 0* 경음악.

underhållsbidrag *~et ~* (이혼한 부모 중의 한 사람이 지급하는) 자녀 양육비.

underhållskostnader (복수명사) (토지, 가옥, 자동차의) 유지비, 수리비.

underifrån *adv*. 밑에서 (아래로)부터.

underjorden (불변화 en-명사) 지하; 지옥.

underjordisk *a*. 지하의, 지옥의; 비밀의; en ~ rörelse 지하운동.

underkant *~en 0* 아랫부분, 밑의 부분; i ~ 너무 작게, 빠듯하게.

underkasta *~r ~de ~t* Ⅰ. *tr*. ~ ngn tortyr …를 고문하다; ~ ngn förhör …에게 심문을 받게 하다; ~d statligt godkännande 정부의 승인을 받아야 하는 Ⅱ. *rfl*. ~ sig en operation 수술을 받다.

underkastelse *~n 0* 항복, 복종, 굴복, 온순; ~ under ödet 운명의 감수.

underkjol *~en ~ar* 속치마.

underklass *~en 0* 무산계급.

underklassig *a*. 서민의.

underkläder (복수명사) 속옷, 내의.

underklänning *~en ~ar* (여성용) 속옷.

underkropp *~en ~ar* 하체.

underkunnig *a*. 알고 있는, 알아차린 (om).

underkur [-kʉ：r] *~en ~er* 경이적인 치료법.

underkuva *~r ~de ~t tr*. 정복하다, 진압하다, 억누르다.

under|kyld [-çy:ld] *a*. 결빙의, 몹시 차가운; -kylt regn 진눈깨비.

underkäk|e *en -ar* 【해부】 아래턱, 하악골.

underkänd [-çɛnd] (시험에) 낙제한, 불합격의; bli ~ (시험에) 불합격하다.

underkän|na *-ner -de -t tr*. 거절하다, 거부하다, 인정하지 않다; 낙제시키다.

underkänt *a*. få ~ (시험에) 불합격하다.

underlag *~et ~* 기초, 근거, 근본; 【건축】 토대.

underleverantör *~en ~er* 하도급 업자.

underlig *a*. 이상한, 괴상한, 기묘한.

underlighet *~en ~er* 기묘(이상)한 일; 특이성, 별남, 괴벽스러움.

underligt *adv*. 이상하게, 기묘하게; ~ nog 이상하게도.

underliv *~et 0* 【해부】 하복부, 외음부(外陰部).

underlydande Ⅰ. *a*. 지배를 받는, 종속하는; en ~ stat 속국 Ⅱ. *s*. 하급자, 부하, 종자(從者).

under|låta *-låter -lät -låtit tr*. 무시하다, 경시하다.

underlåtenhet *~en ~er* 태만, 소홀.

underläge *~t ~n* 불리한 상황; vara i ~ (시합에) 지고 있다.

underlägg *~et ~* (접시의) 장식용 깔개.

underlägsen *a*. (위치 · 계급 · 지위가) 아래인; 하위의; …보다 못한, 열등의.

underlägsenhet *~en 0* 하위, 하등, 열등.

underlätta *~r ~de ~t tr*. …을 간단하게 하다, 단순화하다, 쉽게 하다.

undermedvetande *~t 0* 잠재의식, 반의식.

undermedveten *a*. 잠재의식의, 어렴풋이 의식하고 있는.

undermening *~en ~ar* 암시, 속뜻, 함축.

underminera *~r ~de ~t tr*. 밑을 파

U

다, 뿌리(토대)를 침식하다; 은밀히 해치다.

undermålig *a.* 품질이 나쁜, 조악한, 열등한; 부족한, 결핍되어 있는.

undernärd *a.* 영양 부족의.

undernäring *~en 0* 영양부족.

underofficerar|e *–[e]n ~* 육군 하사관.

underordna *~r ~de ~t* Ⅰ. *tr.* …을 하위에 두다 Ⅱ. *rfl.* ~ sig 복종하다.

underordnad Ⅰ. *a.* 하위의; 복종하는; ~ sats 종속절 Ⅱ. (명사적으로 사용) 부하, 종속.

underpant *~en ~er* 증거, 증표; kärlekens ~ 사랑의 증표.

underpris *~et ~er* 손해 보는 가격; sälja till ~ 염가로 판매하다, 투매하다.

underrede *~t ~n* (자동차의) 차대, 섀시.

underredsbehandla *~r ~de ~t tr.* 초벌칠하다.

underrepresenterad *a.* 대표자 수가 적은.

underrubrik *~en ~er* 작은 표제, 부제(副題).

underrätt *~en ~er* 하급법원.

underrätta *~r ~de ~t tr.* 알리다, 통지하다, 신고하다.

underrättad *a.* …을 들어서 알고 있는, 유식한, 견문이 넓은.

underrättelse *~n ~r* 정보, 보고; 소식.

underrättelsetjänst *~en 0* 정보기관.

undersid|a *–an –or* 아래쪽.

underskatta *~r ~de ~t tr.* 낮게 평가하다, 얕보다, 경시하다.

underskott *~et 0* 부족액, 적자, 부족량.

underskrid|a *–er underskred –it tr.* …에 못 미치다.

underskrift *~en ~er* 서명, 사인.

underskön *a.* 놀랄만하게 아름다운.

underslev *~et ~* 횡령죄.

underst *adv.* 맨 밑에.

understa *a.* 맨 아래의; den ~ lådan 맨 밑의 서랍.

under|stiga *–stiger –steg –stigit tr.* …에 미치지 못하다.

under|stryka *–stryker –strök –strukit tr.* 강조하다.

underström *~men ~mar* (해류 따위의) 저류(底流), 하층류, 암류.

understucken *a.* 바뀌친, 가짜의, 숨겨진.

understundom *adv.* 때때로.

under|stå *–står –stod –stått rfl.* ~ sig att göra ngt 뻔뻔스럽게도 …하다; ~ dig inte att göra om det! 다시는 그런 일을 하지 말라.

underställ *~et ~* 한 벌의 속옷.

underställ|a *–er –de –t tr.* 하위에 두다, 종속시키다; –d ngn (ngt) …에게 종속된, 예속된.

understöd *~et ~* 보조, 구원, 구조; 수당[금], 보조금.

understöd|ja *–er/–jer –de understött tr.* 원조하다, 지지하다.

under|såte *–såten –såtar* 신하, 국민.

undersåtlig *a.* 충성스러운, 충실한.

undersätsig *a.* 땅딸막한, 튼튼한, 굵고 짧은.

undersök|a *–er –te –t tr.* 조사하다, 검토하다, 검사하다, 심사하다; 진찰하다; 연구하다.

undersökning *~en ~ar* 검사, 심사,

U

조사; 진찰; 문의, 질문; företa en ~ 조사하다.

underteckna *~r ~de ~t tr*. 서명하다, 사인하다.

undertecknar|e *–[e]n ~* 서명자.

undertiden/ under tiden *adv*. 동시에, 그 사이에.

underton *~en ~er* 【음악】 기초 음 아래의 배음; 숨겨진 감정; 기조, 저류, 잠재적 요인.

undertryck|a *–er –te –t tr*. 억제하다, 참다; 진압하다; 억누르다.

undertröj|a *–an –or* 내복.

underutvecklad *a*. 저개발의, 후진의

undervattensbåt *~en ~ar* ☞ **ubåt**.

undervegetation *~en 0* 숲속의 풀, 덤불, 작은 나무 등.

underverk *~et ~* 기적; världens sju ~ 세계의 7대 불가사의; göra ~ 기적을 행하다.

undervisa *~r ~de ~t itr. tr*. 가르치다, 교수하다; ~ i koreanska 한국어를 가르치다.

undervisning *~en 0* 가르치기, 강의, 수업, 교육.

undervisningsråd *~et ~* 중앙교육청 국장.

undervärdera *~r ~de ~t* ☞ **underskatta**.

underårig *a*. 미성년의 (18세 이하).

und|falla *–faller –föll –fallit itr*. (무심결에) 새나오다, …의 기억으로부터 사라지다; låta ~ sig (무심코) 입 밖에 내다.

undfallande *a*. 순종하는, 고분고분한; 공손한.

undfly *~r ~dde ~tt tr*. 피하다, 비키다, 꺼리다.

und|få *–får –fick –fått tr*. 받다, 얻다.

undfägna [–fɛŋna] *~r ~de ~t tr*. 대접하다, 환대하다.

undfägnad *~en 0* 대접, 접대, 음식물.

und|gå *–går –gick –gått tr*. 벗어나다, 피하다, 면하다; ~ straff 처벌을 모면하다; ingenting ~r honom 그는 무엇이든지 알아챈다; låta tillfället ~ sig 기회를 놓치다.

undkom|ma *–mer – –mit itr. tr*. 벗어나다, 면하다.

undra *~r ~de ~t itr*. 궁금하다, 알고 싶다; jag ~r vem det där kan vara 저 사람이 누구인 지 궁금하다; jag ~r om det blir regn imorgon 내일 비가 올 지 궁금하다; jag ~r inte på att han misslyckades 그가 실패한 것은 이상할 게 없다 (당연하다); ~ på det! 놀랄 일이 아니다.

undran *~ 0* 놀라움.

undre *a*. 하부의, 밑의; den ~ världen 범죄 세계, 악의 세계.

undseende *~t 0* 관대, 관용.

undskyll|a *–er –de –t rfl*. ☞ **ursäkta**.

und|slippa *–slipper –slapp –sluppit itr. tr*. ☞ **undgå, undkomma**.

und|sätta *–sätter –satte –satt tr*. 구조하다, 구원하다.

undsättning *~en 0* 구원, 구조.

undulat *~en ~er* 【동물】 잉꼬.

undvar|a *~r ~de ~t/–it tr*. …없이 지내다 (해나가다); 잡아두다; 빌려주다; kan du ~ ett par minuter? 잠깐 뵐 수 있겠습니까?

und|vika *–viker –vek –vikit tr*. 피하

U

다, 비키다, 가까이 가지 않다.

undvikande[1] *~t 0* 회피, 기피.

undvikande[2] *a.* 회피적인, 도피적인; ett ~ svar 회피적인 답변.

undvikande[3] *adv.* 회피적으로, 도피적으로.

ung *yngre yngst a.* 젊은, 어린, 연소한; en ~ man 젊은 남자; den ~a generationen 젊은 세대.

ungdom *~en ~ar* 청년기, 청춘기, 젊음, 젊은이; i sin ~ 청년 시절에.

ungdomlig *a.* 팔팔한, 젊어 보이는; han har ett ~t utseende 그는 젊어 보인다.

ungdomsfängelse *~t ~n* 청소년 교도소.

ungdomsgård *~en ~ar* 유스 센터 (청소년 여가 센터).

ungdomsvårdsskol|a *-an -or* 감화원, 소년원.

ung|e *-en -ar* (동물의) 새끼, 어린 짐승; 【일상】 젊은이, 풋내기, 철부지.

ungefär [ɵnjəfæ̣ːr] Ⅰ. *adv.* 대체로, 거의, 대략; det är ~ en kilometer 약 1km이다; det hände för ~ tio dagar sedan 열흘쯤 전의 일이다 Ⅱ. (불변화명사), på ett ~ 대체로.

ungefärlig *a.* 대체적인, 대략의; en ~ beräkning 개산(概算).

ungefärligen *adv.* 대체로.

Ungern [ɵŋən] 헝가리.

ungersk *a.* 헝가리의.

ungersk|a [ɵŋəʂka] Ⅰ. *-an -or* 헝가리 여자 Ⅱ. *-an 0* 헝가리어.

ungersven *~nen ~ner* 미혼의 젊은 남자.

ungherrskap *~et ~* 한 가족의 자녀, 젊은 부부.

ungkarl [ɵŋkɑːr] *~en ~ar* 총각, 미혼 남자.

ungkarlsflick|a *-an -or* 독신 (미혼) 여성 또는 동거관계의 여자.

ungskarlshotell *~et ~* (무주택, 실직 남성을 위한) 간이 숙박소.

ungmö *~n ~r* 처녀, 미혼 여성; gammal ~ (결혼 적령기가 지난) 미혼 여성, 노처녀.

ungrar|e *-[e]n ~* 헝가리 남자.

ungtupp *~en ~ar* 어린 수탉; 건방진 젊은이.

uniform[1] *~en ~er* 제복, 군복, 교복.

uniform[2] *a.* 모양이 같은, 똑같은.

uniformera *~r ~de ~t tr.* ① 모양을 통일하다 ② 제복을 입히다.

uniformitet *~en 0* 균일, 한 가지 모양.

unik *a.* 유일한, 독특한.

unik|um *-et ~/-a, ett ~* 유일한 사람 (물건, 것).

unilateral *a.* 일방적인.

union [ɵniωːn] *~en ~er* 결합, 합동, 연방.

unison [-sωːn] *a.* 일치의.

universal *a.* 보편적인, 널리 쓰이는, 일반적인, 만유의.

universalarving|e *-en -ar* 잔여 재산 수유자 (受遺者).

universell [-væʂe̩l] *a.* 보편적, 만유의; 전 세계의.

universitet [ɵnivæʂite̩ːt] *~et ~* 대학교; ligga vid ~et 대학교에서 공부하다.

universitetskansler *~n ~er* 전국대학연합 사무총장.

universitetslektor *~n ~er* 대학 전임강사.

U

universum *~/~et, 0* 우주.
unken *a.* 후덥지근한; 퀴퀴한.
unna *~r ~de ~t* I. *tr.* ~ ngn ngt …에게 …을 아끼지 않다, 인색하지 않다; han ~r inte mig någonting 그는 나에게 아무것도 베풀지 않는다 II. *rfl.* ~ sig ngt 스스로 …을 허용하다.
uns *~et ~* ① 【무게 단위】 온스(약 30그램) ② inte ett ~ 조금도 아니다.
upp *adv.* ① 위쪽으로; ~ och ned 오르내리는; 위아래로; 거꾸로; sida ~ och sida ner 책 페이지마다; det går ~ och ned för honom 그는 인생의 단맛 쓴맛을 다 맛보고 있다; ~ med dig! 일어나!, 올라가!; ~ med händerna! 손들어! ② hälla ~ te 차를 따르다 ③ knyta ~ (묶은 것을) 풀다; låsa ~ 자물쇠를 풀다; packa ~ en väska 가방의 내용물을 꺼내다; städa ~ 청소하다, 정리하다.
uppamma [–ama] *~r ~de ~t tr.* 양육하다; 조장하다, 선동하다, 유발하다.
uppassar|e *–[e]n ~* 웨이터, 급사.
uppassersk|a *–an –or* 웨이트리스, 여급(女給).
uppassning *~en ~ar* 시중들기.
uppbackning *~en ~ar* 후원, 지원.
upp|bjuda *–bjuder –bjöd –bjudit tr.* ~ alla sina krafter 있는 힘을 다 내다.
uppbjudande *~t 0*, med ~ av alla sina krafter 있는 힘을 다해서.
uppblåsbar *a.* 부풀릴 수 있는.
uppblåst *a.* (공기 · 가스로) 부푼; 우쭐해진.
uppbragt *a.* 격분한, 분개한.
uppbringa *~r ~de ~t tr.* ① 나포하다, 강탈하다 ② 손에 넣다.
uppbrott *~et 0* 긴급이동, 출발, 해산.
uppburen *a.* 이름 높은, 저명한.
uppbyggelse *~n 0* 덕성의 함양.
uppbygglig *a.* 교훈적인.
uppbåd *~et ~* 군중, 무리.
uppbåda *~r ~de ~t tr.* 동원하다.
upp|bära *–bär –bar –burit tr.* ① (급료를) 받다 ② ~ kritik 비판의 대상이 되다.
uppbörd [–bœ:d] *~en ~er* 세금 징수; förrätta ~ 세금을 징수하다.
uppbörds|man *–mannen –män* 세리(稅吏), 징세 관.
uppdaga *~r ~de ~t tr.* 발견하다, 깨닫다, 알리다, 누설하다.
uppdatera *~r ~de ~t tr.* 【정보통신】 업데이트하다, 갱신하다.
uppdelning *~en ~ar* 분할, 분배, 구분; 나누기.
uppdiktad *a.* 꾸며낸, 날조된.
uppdrag *~et ~* 위임, 위탁; 사명, 지시, 임무; enligt ~ 지시에 의하여(따라).
upp|dra[ga] *–drar –drog –dragit tr.* ① 위임하다, 임무를 주다, 권한을 주다 ② ☞ **dra upp**.
uppdragsgivar|e *–[e]n ~* 변호 의뢰인; 위임자, 위탁자; 고용주.
upp|driva *–driver –drev –drivit* ☞ driva upp.
uppdriv|en *a.* 증가된, 격렬한.
uppe *adv.* 위에, 위층에; längst ~ 맨 위에; han är redan ~ 그는 벌써 일어났다; solen är ~ 해가 떴다; han sitter ~ hela natten 그는 밤새도록 자지 않고 일어나 있다; dörren står ~ 문이 열려 있다; igår var han ~ i tentamen 어제 그는 시험을 보았다.

U

uppehåll *~et ~* ① 중지, 중단, 휴지(休止) 휴식; 정지; arbeta utan ~ 쉴 사이 없이 일하다; göra ett ~ 정지하다, 중지하다, 휴식하다; tåget gör ~ på varje station 열차는 역마다 선다 ② 체류.

uppe|hålla *-håller -höll -hållit* Ⅰ. *tr*. 방해하다, 지연시키다, 지체하게 하다, 기다리게 하다; 유지하다; jag vill inte ~ er längre 더 이상 당신들을 기다리게 하고 싶지 않습니다; jag blev -hållen av regnet 나는 비 때문에 늦었다; ~ livet 자활하다, 살아가다, 생활해 나가다; ~ en tjänst 일자리를 가지고 있다 Ⅱ. *rfl*. ~ sig 체류하다, 거주하다.

uppehållsort *~en ~er* 거류지, 주거지, 주소지, 체류지; 행방.

uppehållstillstånd *~et ~* 체류(거류) 허가.

uppehållsväd|er *-ret 0* 갠 날씨.

uppehälle *~t 0* 생계, 생활 수단; fritt ~ 무료숙식; förtjäna sitt ~ 생활비를 벌다; sörja för ngns ~ …를 부양하다.

uppemọt *prep*. 거의.

uppenbạr *a*. 분명한, 명백한, 뚜렷한.

uppenbara *~r ~de ~t* Ⅰ. *tr*. 명백히 하다, 분명하게 보이다, 명시하다; 폭로하다, 밝혀내다 Ⅱ. *rfl*. ~ *sig* 나타나다; (신학) 계시하다.

uppenbarelse *~n ~r* ①【신학】계시, 천계, 묵시 ② (특이한) 모습.

Uppenbarelseboken【성서】요한 계시록.

uppenbarligen *adv*. 명백하게, 뚜렷이.

uppercut [ạperkat] *~en ~ar*【권투】어퍼컷.

uppfart *~en ~er* 고속도로 진입로, 도로의 입구.

uppfartsväg *~en ~ar* ☞ uppfart.

uppfatta *~r ~de ~t tr*. 이해하다, 깨닫다, 알아듣다; …으로 여기다; ~ ngt galet …을 오해(곡해)하다.

uppfattning *~en ~ar* 이해, 인식; 지각; 의견; 인상; 개념; bilda sig en ~ om ngt …에 대한 의견 (생각, 개념 등)을 갖다.

uppfattningsförmåga *~n 0* 이해력; 지각력.

upp|finna *-finner -fann -funnit tr*. 발명하다.

uppfinnar|e *-[e]n ~* 발명가, 창안가.

uppfinning *~en ~ar* 발명, 창안, 발명품.

uppfinningsrik *a*. 발명의 재능이 있는, 현명한.

uppflammande *a*. ~ vrede 타오르는 분노.

uppflugen *a*. (횃대 따위에) 올라 앉아 있는 (i, på).

uppfordra *~r ~de ~t tr*. ① 명령하다 ② 끌어 올리다, 갱내(坑內) 광석을 운반하다.

uppfordran [-fɷːdran] *~ 0* 명령, 요구, 요청.

uppfostra *~r ~de ~t tr*. 양육하다, 기르다, 가르치다.

uppfostran *~ 0* 양육, 교육, 훈육.

uppfostringsanstalt *~en ~er* 감화원, 소년원.

uppfriskande *a*. 기운을 돋우는, 상쾌하게 해주는; 시원한.

uppfyll|a *-er -de -t tr*. 가득하게 하다, 채우다; 실행하다, 다하다, 이

U

행하다, 완수하다; 만족시키다; han är –d av glädje 그는 기뻐서 가슴이 뿌듯하다; ~ sina löften 약속을 이행하다; ~ sina plikter 임무를 완수하다.

uppfyllelse *~n 0* 실행, 이행, 실현, 성취, 수행; 만족; min dröm gick i ~ 나의 꿈이 실현되었다.

uppfånga *~r ~de ~t tr*. 입수하다, (말귀를) 이해하다, 포착하다.

uppfällbar *a*. 세울 수 있는, 펼 수 있는.

uppföd|a *–er –de uppfött tr*. 양육하다, 기르다; (가축을) 사육하다.

uppföljning *~en ~ar* 후속조치.

uppför[1] *prep*. 위로, 위쪽으로; gå ~ en stege 사닥다리를 올라가다.

uppför[2] *adv*. 위로.

uppför|a – *–de –t tr*. Ⅰ. ① ☞ **föra upp** ② 짓다, 세우다 ③ (연극을) 공연하다, 상연하다 Ⅱ. *rfl*. ~ sig 행동하다, 처신하다; lära barnen att ~ sig väl 아이들에게 버릇을 가르치다; ~ sig illa 버릇없이 굴다.

uppförande *~t ~n* Ⅰ. ① 건설, 설립; 건설물 ② 상연, 연극; 연주 ③ 등록, 기록 Ⅱ. *~t 0* 버릇, 태도.

uppförsback|e *–en –ar* 오르막 길.

upp|ge *–ger –gav –givit tr*. ① ☞ **ge upp** ② 진술하다, 알리다, 언명하다, 나타내다, 보도하다; noga ~ 상술하다, 열거하다; han –gav sig heta Karlsson 그는 자신의 이름이 칼손이라고 했다.

uppgift [–jift] *~en ~er* ① 보도, 보고, 정보, 진술; 상기, 상술; oriktiga ~er 허위 진술; lämna ~er 정보를 주다 ② 직무, 의무; 사명; 문제.

upp|giva *–giver –gav –givit tr*. ☞ **uppge**.

uppgivande *~t 0* 진술하기, 알리기, 보도하기.

uppgiven *a*. 항복한, 기권한; 포기한, 체념한.

uppgjord *a*. 이미 확정된, 미리 정한, 사전 조정한.

uppgradera *~r ~de ~t tr*. 【정보통신】 하드웨어나 소프트웨어 성능을 기존 제품보다 좋은 새 것으로 바꾸다.

uppgradering *~en ~ar* 【정보통신】 하드웨어나 소프트웨어 성능을 기존 제품보다 좋은 새 것으로 바꾸는 작업.

upp|gå *–går –gick – gått itr*. ① (수효가) 이르다, 달하다; ~ till stora summor 막대한 액수에 이르다 ② 더 큰 단위로 흡수되다; firman –gick i en annan firma 그 회사는 다른 회사와 합병했다.

uppgång *~en ~ar* ① 올라가는 길; (아파트의) 입구; 계단 ② (해 · 달이) 뜨기; 번영; 증가; 상승, 발전.

uppgörelse *~n ~ar* ① 약속, 협정, 협약, 해결, 화해; träffa en ~ 합의에 도달하다, 협정하다; ha en ~ med ngn …와 화해하다 ② 논쟁, 결판, 충돌; det kom till en häftig ~ mellan makarna 부부 간에 격렬한 논쟁이 벌어졌다.

upphetsande *a*. 자극적인, 흥분시키는, 격하게 하는.

upphetsning *~en 0* 자극, 흥분; 동요.

upphetta *~r ~de ~t tr*. 뜨겁게 하다, 데우다.

upphittad *a*. 발견된, (잃어버린 물건을) 찾아낸.

upphọv [–hɑ:v] *~et 0* 근원, 기원, 원천, 유래, 원인; mina dagars ~ 나의

U

부모; ~et till allt ont 모든 악의 뿌리; ge ~ till ngt …을 일으키다, …의 원인이 되다.

upphovs | mạn *-mannen -män* 발기인, 창작자, 저자, 창시자; 선동자.

upphovsrätt *~en 0* 저작권, 판권.

upphällning *~en 0*, vara på ~en 부족하다, 떨어지다, 줄어들다.

upphängningsanordning *~en ~ar* 매다는 장치.

upphäv | a *-er -de -t tr.* 취소하다, 폐지하다, 무효로 하다.

upphöj | a *-er -de -t tr.* 올리다, 들어올리다; 승진시키다; ~ ngn till kapten …를 대위로 진급시키다.

upphöjd *a.* 높아진; 고상한, 숭고한, 고결한; 고귀한; 진급한.

U

upphöjelse *~n ~r* 진급, 승진.

upphöjning *~en ~ar* 높아진 곳, 언덕, 오르막, 고지(高地).

upphör | a *- -de -t itr.* 그만두다, 중지하다, 그치다, 끝나다; ~ att arbeta 일을 그만두다; jag har -t att röka 나는 담배를 끊었다.

upphörande[1] *a.* 중지하는, 그치는, 끝나는.

upphörande[2] *~t 0* 중지, 중절; 휴지(休止).

uppifrån[1] *prep.* 위로부터.

uppifrån[2] *adv.* 위에서.

uppiggande *a.* 기운을 북돋우는, 힘이 나게 하는, 자극적인.

uppjagad *a.* 흥분한, 격앙된.

uppkalla *~r ~de ~t tr.* ~ efter ngn/ngt …의 이름을 따서 명명하다.

uppkastning *~en ~ar* 구토, 구역질; få ~ar 구역질하다, 구토하다.

uppklarnande *a.* 맑아지는, (날씨가) 개는.

uppkok *~et 0* ① 끓임 ② 【비유적】 재탕, 개작.

uppkomling *~en ~ar* 벼락출세한 사람, 벼락부자.

uppkom | ma *-mer - -mit itr.* 발생하다, 나타나다, 생기다.

uppkomst *~en 0* 기원, 발생, 창시, 유래.

uppkäftig *a.* 건방진, 주제넘게 구는.

uppköp [ɵpçø:p]*~et 0* 구입, 구매, 매입.

uppköpar | e *-[e]n ~* 구입자, 매입자, 사는 사람; 구매 담당.

uppkörd *a.* ① (과식으로 인하여) 비대한 ② 속은, 바가지를 쓴 ③ (자동차 바퀴 등의) 자국이 난.

uppkörning [ɵpçœ:ɳiŋ] *~en ~ar* 운전면허 실기시험.

uppladdning *~en ~ar* 충전, (탄약) 장전; (시합에 앞선) 정신 강화.

upplag *~et ~* 저장소, 창고; 저장, 비축.

upplag | a *-an -or* (신문의) 발행부수; 간행본; andra -an 제 2판.

upplagd *a.* …할 생각이 있는; jag är inte ~ för att sjunga 나는 노래를 부를 기분이 안 난다.

upplagsplats *~en ~er* 저장소.

uppland *~et ~* (해안 · 하안(河岸) 따위의) 후배지(後背地).

upplev | a *-er -de -t tr.* 경험하다, 맛보다; 목격하다; jag hoppas få ~ år 2,050 나는 2,050년까지 살 수 있기 바란다.

upplevelse *~n ~r* 경험.

uppliva *~r ~de ~t tr.* 되찾다; 되살리다; (기억을) 새로이 하다; 명랑하게 하다; ~ minnet av en vän 친구를 회상하다.

upplivad *a.* 유쾌한, 기분 좋은, 고조된, 한잔 마신 기분인.

upplopp *~et ~* ① 폭동, 소동, 소란, 반란 ② 【스포츠】 피니시 (육상 등에서 골인지점 직전의 마지막 구간).

uppluckra *~r ~de ~t tr.* 완화하다, 늦추다; ~ reglerna 규칙을 완화하다.

upplupen *a.* ~ ränta 증식된 (늘어난) 이자.

upplyftande *a.* 고상한; 교화하는.

upplys|a *-er -te -t tr.* ① 비추다, 조명하다 ② 계몽하다, 알리다.

upplysande *a.* 계몽적인; 유익한.

upplysning *~en ~ar* ① 조명, 투광 ② 계몽, 계발, 교화; ~en 계몽주의 시대 ③ 설명, 정보, 보고.

upplysningstiden (정형명사) 계몽주의 시대.

upplysningsvis *adv.* 참고로.

upplyst *a.* 계몽된, 개화된, 문명화된; 교육받은.

upplåning *~en ~ar* 대여, 차관.

upp|låta *-låter -lät -låtit tr.* 임대하다, 세놓다; (입을) 벌리다.

uppläggning *~en ~ar* ① (긴 옷을) 짧게 하기 ② 계획; (계약서의) 작성; 머리 땋는 방법 ③ 저장; (배를) 도크에 집어넣는 것 ④ (접시에 음식을) 배열하는 방법.

uppläsar|e *-[e]n ~* 낭송자; (라디오 방송의) 아나운서.

uppläxning *~en ~ar* 꾸짖음, 책망.

upplös|a *-er -te -t* Ⅰ. *tr.* ① ☞ lösa ② (액체를) 녹이다, 용해시키다. ③ (의회를) 해산하다 ④ 풀다 Ⅱ. *rfl.* ~ sig 용해되다, 분해되다.

upplösning *~en 0* 용해, 분해; 해산; (소설의) 대단원, 종국적 장면; 해결.

upplösningstillstånd *~et 0*, han var i ~ 그는 미칠 지경이었다.

uppmana *~r ~de ~t tr.* 권유하다; 부탁하다, 요구하다.

uppmaning *~en ~ar* 권고, 요구, 요망.

uppmarsch [-arʃ] *~en ~er* 【군대】 (부대의) 전개, 배치, 집결.

uppmjukning *~en ~ar* 몸을 유연하게 풀기.

uppmuntra *~r ~de ~t tr.* 용기를 북돋아 주다, 격려하다, 자극하다.

uppmuntran *~ 0* 격려, 자극.

uppmärksam *a.* 주의 깊은, 조심성 있는.

uppmärksamhet *~en ~er* 주의, 고려.

uppmärksamma *~r ~de ~t tr.* 주의하다, 알아차리다, 깨닫다.

uppnosig *a.* 건방진, 뻔뻔스러운.

uppnå *~r ~dde ~tt tr.* 이르다, 달성하다, 닿다, 미치다; ~ sina önskemål 소망을 이루다; ~ en slutledning 결론에 도달하다.

uppnåelig *a.* 이를 수 있는, 닿을 수 있는, 미칠 수 있는, 도달할 수 있는.

uppnäs|a *-an -or* 들창코.

uppnäst *a.* 들창코의.

uppochnedvänd *a.* 거꾸로 된; 엉망이 된, 혼란된.

uppoffra *~r ~de ~t* Ⅰ. *tr.* 희생하다, 바치다; 삼가다 Ⅱ. *rfl.* ~ sig 자신을 희생하다.

uppoffrande *a.* 헌신적인, 자기희생의.

uppoffring *~en ~ar* 희생, 희생적 행위.

U

uppreklamera *~r ~de ~t tr.* 과대하게 선전하다; 마구 칭찬하다.
upprensning *~en ~ar* 일소, 정리, 처분; 소탕.
upprepa *~r ~de ~t tr.* 반복하다, 되풀이하다; ~de gånger 되풀이해서; ~ sig 같은 말을 되풀이 하다.
upprepning *~en ~ar* 되풀이, 반복.
uppres|a *-er -te -t* Ⅰ. ① 세우다 ② 봉기시키다 Ⅱ. *rfl.* ~ sig 반항하다.
uppretad *a.* 화가 난.
uppriktig *a.* 성실한, 솔직한, 진심의; ~t sagt 솔직히 말하면; ett ~t tack 진심에서 우러나오는 감사.
uppriktighet *~en 0* 진심, 진실, 성실, 정직.
uppringning *~en ~ar* 호출.
upprinnelse *~n 0* 근원, 원천, 유래, 원인.
upprivande *a.* 가슴이 찢어질 듯한, 비참한.
uppriven *a.* 마음이 흔들리는, 동요된; 절망한.
upprop *~et ~* ① 출석 점검, 점호 ② 호소; 포고.
uppror *~et ~* 반란, 모반, 반항; 흥분, 격동; göra ~ 반란을 일으키다; råka i ~ 격분하다.
upprorisk *a.* 반역하는, 모반하는, 반역적인; 폭동의, 반항하는.
uprorsmakar|e *-[e]n ~* 반란자; 말썽을 일으키는 사람.
upprusta *~r ~de ~t itr.* 재무장하다, 재군비하다.
upprustning *~en 0* 【군대】 재무장, 재군비; 군비증강; 수선; 개량.
uppryckande *a.* 자극적인, 격려가 되는.
uppryckning *~en 0* 분발, 재기; göra en ~ 기운을 내다, 분발하다.
upprymd *a.* 우쭐한, 매우 기뻐하는, 들뜬, 흥분된.
uppräkning *~en ~ar* 열거, 계산, 계수.
upprätt *a. adv.* 똑바른, 직립한; 똑바로, 직립하여.
upprätta *~r ~de ~t tr.* ① 설립하다, 창설하다; 제정하다 ② (계약서를) 작성하다 ③ (질서를) 확립하다 ④ (명예를) 회복시키다.
upprättelse *~n ~r* (명예)회복; ge ngn ~ …의 명예를 회복시키다.
upprätt|hålla *-håller -höll -hållit tr.* 계속하다, 유지하다; ~ ordningen 질서를 유지하다; ~ en tjänst 직무를 맡다.
uppröjning *~en ~ar* 개척; 제거.
upprör|a *- -de -t tr.* 분노를 일으키다. 화나게 하다.
upprörande *a.* 충격적인, 화나게 하는.
upprörd *a.* 격분한, 분개한, 마음이 동요한; 반감을 가지고 있는.
uppsagd *a.* 사직 통고를 받은; bli ~ 사직 통고를 받다, 해직되다.
uppsalabo *~n ~r* 웁살라 주민.
uppsaliensare *~n ~* 웁살라 대학교와 관계있는 사람.
uppsamling *~en ~ar* 집합, 모으기, 소집.
uppsats *~en ~er* 작문, 논문, 소론(小論), 논설; (그릇 · 용기 따위의) 세트.
uppsatt *a.* en högt ~ person 높은 지위에 있는 사람, 중요인물.
uppseende *~t ~n* 주의; väcka ~

주의를 끌다.

uppseendeväckande *a.* 눈에 뜨이는, 주의를 환기시키는.

uppsegling *~en 0*, vara under ~ (일이) 일어나고 있다, 다가오고 있다.

uppsikt *~en 0* 감독; ha ~ över ngt …을 감독하다.

uppsjö (불변화 en-명사) en ~ av ngt 산더미 같이 많은 …이.

uppskakande *a.* 충격을 주는, 충격적인.

uppskatta *~r ~de ~t tr.* ① 평가하다, 견적하다, 어림하다 ② 존중하다, 존경하다, 높이 사다, 높이 평가하다.

uppskattning *~en ~ar* 평가, 어림; 존중, 존경.

uppskattningsvis *adv.* 대체로, 대략.

upp|skjuta *-skjuter -sköt -skjutit* ① 연기하다 ② 쏘아 올리다.

uppskov [-kɑ:v] *~et ~* 연기, 뒤로 미루기, 유예; utan ~ 즉시.

uppskrivning *~en ~ar* (화폐) 평가절상.

uppskruvad *a.* 억지로 끌어올린; 달아오른 ~ glädje 억지로 꾸민 즐거운 표정 ~e priser 치솟은 가격.

uppskrämd *a.* 두려워하는, 무서워하는.

uppskuren *a.* 잘라진, 절단된.

uppskärrad ☞ **skärrad**.

uppskörta *~r ~de ~t* ☞ **skörta**.

uppslag *~et ~* ① (바지 깃 등의) 접어 올린 부분 ② (신문 · 잡지 따위의) 서로 마주보는 면 ③ 착상(着想), 아이디어, 시사(示唆).

uppslagen *a.* (병이) 열려있는, (신문이) 펼쳐진; 파혼된.

uppslags|bok *-boken -böcker* 백과사전, 참고 도서.

uppslagsord *~et ~* 표제어.

uppslagsrik *a.* 발명 재능이 있는, 현명한, 아이디어가 풍부한.

uppslagsänd|a *-an -or* 문제를 푸는 실마리.

uppslitande *a.* 몹시 슬픈, 비통한, 가슴이 터질 것 같은.

uppsluka *~r ~de ~t tr.* 빨아들이다; 병합하다; han var som ~d 그는 종적도 없이 사라졌다.

uppsluppen *a.* 기분이 좋은, 유쾌한, 명랑한, 들뜬.

uppsluppenhet *~en 0* 유쾌, 명랑, 상쾌.

uppslutning *~en 0* 후원, 원조; 참여, 쇄도.

uppsnappa *~r ~de ~t tr.* 우연히 듣게 되다.

uppspelt ☞ **uppsluppen**.

uppspetad *a.* sitta ~ på en gren 나뭇가지에 앉아 있다.

uppspärrad *a.* 넓게 열린 (트인), 크게 벌려진.

uppstigen *a.* han är ~ 그는 침대에서 일어나 있다.

uppstigning *~en ~ar* 상승; 일어서기, 올라가기.

uppstoppad *a.* 박제한; en ~ fågel 박제(剝製)된 새.

uppsträckning *~en ~ar* 질책, 비난.

uppsträckt *a.* 예복을 입은, 성장한.

uppstudsig *a.* 반항하는 고집 센.

uppstyltad *a.* 허풍떠는; 과장된.

upp|stå *~r -stod ~tt itr.* 일어나다, 생기다.

uppståndelse *~n 0* ① 부활, 소생 ② 야단 법석.

U

uppställ | a *-er -de -t tr.* 정렬하다, 배치하다, 규정하다; ~ regler 규칙을 정하다.

uppställning *~en ~ar* ① 배열, 배치, 정렬 ②【군사】진형.

uppstötning *~en ~ar* 트림.

uppsvensk *a.* 중부 스웨덴지방의 (Mälaren 호수 부근).

uppsving *~et 0* 진보, 발달, 발전; 폭등, 급등.

uppsvälld *a.* 부풀어 오른, 부은.

uppsyn Ⅰ. *~en ~er* 얼굴의 표정 Ⅱ. *~en 0* 감독.

uppsynings | man *-mannen -män* 감독자.

uppsåt *~et ~* 의지, 의도; 목적; av ont ~ 악의를 가지고.

U

uppsåtlig *a.* 고의적인, 의도적인.

uppsåtligen *adv.* 고의적으로, 의도적으로.

upp | säga *-säger -sade -sagt tr.* ~ ngn tro och lydnad …에 대한 충성과 복종을 철회하다. (jfr.) säga upp.

uppsägning [-sɛjniŋ] *~en ~ar* (계약 해제, 퇴거, 해고, 사직 따위의) 예고, 통고.

uppsägningstid *~en 0* 사전 통보 기간 (계약 해제, 퇴거, 해고, 사직 따위).

uppsättning *~en ~ar* ① 수집, 한 벌, 전집 ② 상연.

uppsök | a *-er -te -t* ☞ söka upp.

upp | ta[ga] *-ta[ge]r -tog -tagit tr.* ① ~ ett barn som sitt 한 아이를 양자로 삼다; ~ ett ord från koreanskan 한국어에서 단어를 차용하다 ② (시간 · 장소 따위를) 잡다, 차지하다 ③ ~ ngt som skämt …을 농담으로 받아들이다 ④ ~ föda 음식을 소화하다 ⑤ ☞ ta upp.

upptagen *a.* 바쁜, 여가가 없는; jag är ~ varje kväll 나는 저녁마다 (약속이 있어) 바쁘다; telefonen är ~ 전화가 통화중이다.

upptagning [-tagniŋ] *~en ~ar* 기록, 녹음, 영화 촬영.

upptagningshem *~met ~* 고아원.

upptagningsområde *~t ~n* 어떤 기관의 관할구역, 의료구역, 취학구역.

upptakt *~en ~er* ①【운율】행수 잉여음 (시행의 첫머리에 파격으로 덧붙인 하나 또는 두개의 약한 음절), 상박, 약박 ② 시작, 준비 행위, 서두.

upptaxering *~en 0* 과세 증가.

uppteckna *~r ~de ~t tr.* 기록하다, 적어놓다.

uppteckning *~en ~ar* 기록, 각서, 메모.

upptill *adv.* 위에.

upptina *~r ~de ~t itr. tr.* 녹이다, 녹다.

upptrappning *~en 0* 단계적 확대.

uppträd | a *-er -de upprätt itr.* ① 나타나다, 연기(演技)하다, 상연하다; ~ offentligt 공개석상에 나오다 ② 행동하다.

uppträdande *~t ~n* 출현, 상연; 행동.

uppträde *~t ~n* 야단법석, 소동; ställa till ett ~ 울고불고 야단법석을 떨다.

upptuktelse *~n ~r* 꾸짖음, 질책; *ge ngn en ~* …를 꾸짖다.

upptåg *~et ~* 못된 장난, 질이 나쁜 장난, 희롱; ställa till ~ 장난치다.

upptågsmakar | e *-[e]n ~* 익살꾸러

기, 까불이.
upptäck|a *−er −te −t tr*. 발견하다, 찾아내다; 깨닫다.
upptäckar|e −[e]n ~ 발견자.
upptäckt *~en ~er* 발견.
upptäcktsfärd *~en ~er* 탐험여행.
upptäcksresande *~n ~* 탐험자.
upp|tända *−tänder −tände −tänt tr*. 흥분시키다, 자극하다; 주입하다; 불을 붙이다, 점화하다; −tänd av kärlek 홀딱 반한; −tänd av vrede 격분한.
upptänklig *a*. 상상할 수 있는, 생각할 수 있는, 있음직한.
uppvaknande *~t 0* 깨어남, 눈뜸, 깨달음.
uppvakta *~r ~de ~t tr*. ① 구애하다; 축하하다, 경하하다 ② (특별한 용무로) 방문하다; 시중들다.
uppvaktning *~en ~ar* ① 구애; 축하, 경하 ② 방문; 시중.
uppvigla *~r ~de ~t tr*. 선동하다.
uppviglar|e *−[e]n ~* 선동자.
uppvigling *~en 0* (폭동의) 선동.
uppvind *~en ~ar* 역풍.
uppvisa *~r ~de ~t tr*. ① 보이다, 나타내다, 제시하다; 증명하다 ② 뽐내다, 자랑하다 ③ ☞ visa upp.
uppvisning *~en ~ar* 보이기, 명시, 공시, 전시, 전람; 겉치레; 과시.
uppvuxen *a*. 성장한, 자란.
uppväck|a *−er −te −t tr*. 되살리다, 소생시키다; ~ vrede 격분케 하다; ~ gamla minnen 옛 기억을 되살리다.
uppväg|a *−er −de −t tr*. 상쇄하다; 중립화하다; ~ det onda med det goda 악을 선으로 보상하다.
uppvärmning *~en 0* 가열; 난방; elektrisk ~ 전기 난방.
uppväxt *~en 0* 성장, 발육, 성숙.
uppväxttid *~en 0* 청소년기.
uppåt[1] *prep*. 위쪽으로, 위로; gå ~ berget 산 위쪽으로 가다.
uppåt[2] *adv*. 위를 향해서, 위쪽으로.
uppåtgående[1] *a*. 위를 향한, 위쪽으로의; 상승하는.
uppåtgående[2] *~t 0*, vara i ~ 상승하고 있다.
uppöver *prep*. han är ~ öronen förälskad i henne 그는 그녀에게 홀딱 반했다.
ur[1] *~et ~* 시계.
ur[2] (불변화명사) i ~ och skur 어떤 날씨에도, 항상.
ur[3] Ⅰ. *prep*. 속에서, 으로부터; ~ bruk 쓰이지 않는, 고장이 난; ~ minnet 기억으로, 외워서 Ⅱ. *adv*. …에서; ta ut ngt ~ …으로부터…을 꺼내다 (떼어내다).
urakt|låta *−låter −lät −låtit tr*. 경시하다, 무시하다, 소홀히 하다; (무관심 · 부주의 따위로) …하기를 잊다.
uraktlåtenhet *~en 0* 경시, 무시; 태만, 부주의.
Urạlbergen (복수명사) 우랄 산맥.
urạn *~et/~en, 0* 【화학】 우라늄.
urarta *~r ~de ~t itr*. 퇴화하다, 타락하다.
urarva *a*. 상속권을 포기하는; göra sig ~ 【법률】 상속권을 포기하다.
urbạn *a*. ① 사귀기 쉬운, 세련된 ② 도회지풍의, 도시의.
urbanisera *~r ~de ~t tr*. 도시화하다, 도회지 풍으로 변화시키다.
urbanisering *~en 0* 도시화, 도회지화.
urbefolkning *~en ~ar* 원주민.

urberg *~et ~* 태고의 산.
urbild *~en ~er* 원형; 모범.
urblekt *a.* 색이 바랜, 시든, 퇴색한.
urblåst *a.* 내부가 파괴된; 【비유적】 어리석은, 바보 같은.
urbota [ʉ:rbɷ:ta] *a.* ①【법률】~ straff 구금, 감금, 금고형 ② 희망이 없는, 절망적인; en ~ idiot 구제불능의 천치.
urdjur *~et ~* 원생동물.
uremi *~n 0* 【병리】 요독증.
ur|fader *–fadern –fäder* 선조, 조상.
urfolk *~et 0* 원주민.
urfånig *a.* 매우 어리석은.
urgammal *a.* 먼 옛날의; 몹시 낡은, 대단히 늙은; 고대의.
urgermansk [ʉ:rjær-] *a.* 상고 게르만 민족의.
urgröpning *~en ~ar* 움푹 파인 곳, 우묵한 곳.
urguayar|e *–[e]n ~* 우루과이 사람.
urguaysk *a.* 우루과이의.
urholka *~r ~de ~t tr.* 파내다, 속이 비게 하다, 도려내다.
urholkning *~en ~ar* 우묵함, 움푹 꺼짐; 우묵한 곳, 움푹 꺼진 곳.
urin [ʉri:n] *~en 0* 오줌, 소변.
urinblås|a *–an –or* 【해부】 방광.
urindrivande *a.* ~ medel 이뇨제(利尿劑).
urinera *~r ~de ~t itr.* 오줌을 누다, 소변 보다.
urinförgiftning *~en 0* 【병리】 ☞ uremi.
urinoar *~en ~er* ☞ pissoar.
urin[ne]vånar|e –[e]n ~ 원주민.
urinprov *~et ~* 검뇨용 오줌, 오줌검사.
urinrör *~et ~* 【해부】 요도(尿道).
urklipp *~et ~* (신문 따위의) 오려낸 것.
urkokt *a.* 너무 삶아서 맛이 사라진.
urkonservativ *a.* 극단적으로 보수적인.
urkoppling *~en ~ar* (자동차의) 클러치 떼기.
urkraft *~en ~er* 원시적 힘; 엄청난 힘.
urkund *~en ~er* 원전; 서류; 【법률】(차용증 따위) 날인 증서.
urkundsförfalskning *~en 0* 서류 위조[죄].
URL 【정보통신】 Uniform Resource Locator의 약어. 인터넷에서 파일, 뉴스그룹과 같은 각종 자원을 표시하기 위한 표준화된 논리 주소.
urladdning *~en ~ar* 【전기】 방전; (감정의) 격발, 분출.
urlakad *a.* 지쳐 빠진, 지친; 물이 마른.
urlastning *~en ~ar* 하적.
urmakar|e *–[e]n ~* 시계 제조업자, 시계 수리인.
urmakeri *~et ~er* 시계 제조[업], 시계 수리[업]; 시계방.
urminnes *a.* sedan ~ tider 태고적부터.
urmodig *a.* 시대에 뒤떨어진, 구식의.
urn|a [ʉ:n̩a] *–an –or* 단지, 독; 유골단지.
urnlund *~en ~ar* 납골장 (納骨場).
urolog [ʉrɔlo:g] *~en ~er* 비뇨기과 전문의사.
urologi *~n 0* 【의학】 비뇨기학.
urox|e *–en –ar* 오록스 (유럽산의 들소, 지금은 멸종).

urpremiär *~en ~er* 맨 처음 상연, 초연.
urringad *a.* (여성복이) 목 부분이 깊이 패어진.
urringning *~en ~ar* 목이 깊이 패어진 부분.
ursinne *~t 0* 격노, 격분.
ursinnig *a.* 격노한; (바다 · 바람 따위가) 광란하는.
urskil|ja *–jer –de –t tr.* (눈 · 귀로) 분명히 인식하다, 분간하다, 알아보다; 구별하다.
urskillning *~en 0* 식별, 인식; 판단력; med ~ 차별적으로, 분별력을 가지고; utan ~ 무차별적으로, 분별없이, 마구잡이로, 가리지 않고.
urskillningsförmåga *~n 0* 판단력, 식별력.
urskog *~en ~ar* 처녀림, 원생림, 미개발 삼림.
urskulda *~r ~de ~t tr.* 용서하다; ~ sig 변명하다, 사과하다.
ursprung [ʉːʂprəŋ] *~et ~* 근원, 기원, 원천, 유래, 원인.
ursprunglig *a.* 원시의, 본래의, 최초의, 초기의; 선천적인.
ursprunglien *adv.* 원래, 본래는, 처음부터.
ursprunglighet *~en 0* 독창성; 원시성.
ursprungsbeteckning *~en ~ar* 제조국 표시.
urspårad *a.* 탈선한; 타락한.
urspår[n]ing *~en ~ar* 탈선.
urståndsatt *a.* 무능하게 된, 능력이 없는, 무능한.
ursäkt [ʉːʂɛkt] *~en ~er* 변명, 사과; 구실; komma med ~er för ngt …을 변명하다; be om ~ 사과하다.
ursäkta *~r ~de ~t tr.* 용서하다; ~ sig för sitt uppförande 자기 행위를 변명하다.
ursäktlig *a.* 용서할 수 있는, 변명이 되는.
urtag *~et ~* V자형의 벤 자리, 새김눈.
urtavl|a *–an –or* 시계의 문자판.
urtext *~en ~er* 원문, 원서, 원작.
urtid *~en 0, ~en* 시생대, 태고대.
urtima (불변화형용사), ~ riksdag 임시국회.
urtråkig *a.* 몹시 지루한.
urtyp *~en ~er* 원형, 원판, 오리지널, 본; 고태형.
urusel *a.* 아주 나쁜.
urval [ʉːrvɑːl] *~et ~* 선택, 선발; 선택된 것; det naturliga ~et 자연 도태; Strindberg i ~ 스트린드베리 선집; göra ett ~ 선택하다.
urvattnad *a.* 묽어진; 재미없는, 맥빠진, 지루한.
urverk [ʉːrværk] *~et ~* 시계의 내부장치; som ett ~ 규칙적으로, 정확하게.
urvuxen *a.* min kostym är ~ 나의 양복은 작아졌다.
uråldrig ☞ **urgammal**.
usch [–ʃ] *itj.* 우! (혐오 · 공포의 소리).
usel [ʉːsəl] *a.* 비참한, 참혹한, 고약한, 지독한; ~ lön 형편없는 봉급; usla kläder 닳아 해진 옷; ~t väder 고약한 날씨.
usling *~en ~ar* 불행한 사람, 가엾은 사람; 나쁜 사람, 악인.
usurpera *~r ~de ~t tr.* 횡령하다, (권력 · 지위를) 빼앗다.

U

U-sväng *~en ~ar* (자동차 운전에서) 유턴.

ut *adv*. 밖으로; gå ~ 나가다; livet ~ 평생을 통하여; jag vet varken ~ eller in 나는 어찌할 바를 모르겠다; dag ~ och dag in 날이면 날마다; vända rocken ~ och in 코트를 뒤집다; jag måste ~ med en massa pengar 나는 돈을 많이 내야한다; gå ~ på restaurang 식당에 가서 식사하다.

utackordera *~r ~de ~t tr*. (아이를) 다른 집에 기숙시키다.

utagera *~r ~de ~t tr*. 끝내다, 마치다, 종결시키다.

utan[1] *prep*. 없이, 가지지 않고; ~ arbete 실직하여; ~ avgift 무료로; ~ slut 한정 없이; ~ tvivel 의심할 것도 없이; han blev ~ lunch 그는 점심을 걸렀다; det är inte ~ att han lyckas 그는 틀림없이 성공할 것이다.

utan[2] *adv*. 밖으로, 밖에; känna ngt ~ och innan …을 속속들이 알다.

utan[3] *konj*. 이에 반해서, 그러나, 하지만; …이 아니고; hon är inte bara vacker ~ också intelligent 그녀는 용모가 아름다울 뿐만 아니라 총명하기도 하다.

utanda|s *-s -des -ts tr. dep*. ☞ andas ut; ~ sin sista suck 마지막 숨을 거두다, 죽다.

utandning *~en ~ar* 숨을 내쉬기.

utanför[1] *prep*. …의 밖에, 외에; jag hörde fotsteg ~ rummet 나는 방 밖에서 나는 발소리를 들었다.

utanför[2] *adv*. 밖에, 바깥쪽에, 외부에.

utanläx|a *-an -or* 외어야 할 숙제 (utantilläxa).

utanordna *~r ~de ~t tr*. ~ ett belopp 금액을 지불할 것을 지시하다.

utanpå[1] *prep*. …의 밖에; …에 더하여; hans uppförande går ~ allt 그의 행동은 도가 지나치다.

utanpå[2] *adv*. 밖에; 이상으로.

utanskrift *~en ~er* 표서(表書), 수취인 주소 성명; 외관.

utantill *adv*. 암기하여, 외어서; lära sig ngt ~ …을 암기하다.

utanverk *~et ~* 외루 (外壘).

utarbeta *~r ~de ~t tr*. 만들어 내다, 성취하다; 집계하다; 작성하다, 정밀하게 마무르다.

utarbetad *a*. ① 만들어 낸; 작성한; 집계한 ② 과로한.

utarma *~r ~de ~t tr*. 가난하게 만들다, 몰락시키다.

utarrendera *~r ~de ~t tr*. (토지를) 임대하다.

utav ☞ av

ut|be[dja] *-be[de]r -bad -bett rfl*. ~ sig ngt …을 요구하다, 요청하다.

utbetala *~r ~de ~t tr*. 지불하다.

utbetalning *~en ~ar* 지불.

utbilda *~r ~de ~t tr*. 교육하다, 가르치다; 훈련하다.

utbildning *~en ~ar* 교육, 훈련.

utbildningsdepartement *~et ~* 교육부.

ut|bjuda *-bjuder -bjöd -bjudit tr*. 권하다, 제출하다, 제공하다; 팔려고 내놓다.

utblick *~en 0* 일견, 일람, 전망.

utblommad *a*. 시든, 쇠퇴한.

utblottad *a*. 궁핍한, 극빈의.

utbordar|e *-[e]n ~* 발동기가 외부에 달린 배.

utbre|da *-der -dde -tt tr.* 펴다, 펼치다, 뻗다, 널리 퍼뜨리다.

utbredd *a.* 편, 펼친; en allmänt ~ teori 널리 퍼진 이론; med ~a armar 양팔을 벌리고.

utbredning *~en 0* 펼치기, 뻗음; 널리 행하여짐; 확대.

utbringa *~r ~de ~t tr.* ~ en skål för ngn …를 위하여 축배를 들다.

ut|brista *-brister -brast -brustit itr.* ① 소리치다, 외치다; 말하다 ② ☞ brista ut.

utbrott *~et ~* (분노 · 폭동 · 전쟁 따위의) 돌발, 발생, 발발, (화산의) 폭발, 분화, (감정의) 격발.

utbrytning *~en ~ar* 탈옥, 【군사】 포위망 돌파; (장거리 육상경주에서) 갑자기 선두로 나서기; (정당 · 종교 단체 따위의) 탈퇴.

utbua *~r ~de ~t tr.* ~ *ngn* …가 물러나도록 야유하다.

utbud *~et ~* ① 제공 ② 공급, 배급.

utbuktning *~en ~ar* 돌출, 돌출부, 불룩한 부분, 볼록면.

utbyggnad *~en ~er* 부가물, 첨가물, 부속가옥; 확대, 확장; 발달.

ut|byta *-byter -bytte -bytt tr.* ① 교환하다, 교체하다 ② ☞ byta ut.

utbytbar *a.* 바꾸어 놓을 수 있는, 교환할 수 있는.

utbyte *~t ~n* ① 교환, 맞바꾸기; i ~ mot ngt …의 대신으로, …과 교환으로 ② 이익, 수익, 산출액; en investering som ger gott ~ 높은 이익을 남기는 투자.

utbytesstudent *~en ~er* 교환학생.

utbär[n]ing *~en 0* 배달.

utböling *~en ~ar* 외부사람, 국외자.

utdebitera *~r ~de ~t tr.* ① (부담 · 세금 따위를) 지우다, 부과하다 ② 분할하다.

utdelning *~en ~ar* 배달, 배급, 분배, 분할; (주식의) 배당, 이익배당.

utdikning *~en ~ar* 배수[공사].

utdrag *~et ~* 인용, 초록, 개요, 요약.

utdragbar *a.* 펼 수 있는, 늘일 수 있는.

utdragen *a.* 뽑아낸, 제거한; 잡아 늘인; 지루한, 오래 걸린.

utdragssoff|a *-an -or* 소파 식 침대.

ut|driva *-driver -drev -drivit* ☞ driva ut.

utdrivning *~en ~ar* 추방, 축출; 귀신 쫓아내기.

utdunsta *~r ~de ~t tr.* 증발하다, 발산하다.

utdunstning *~en ~ar* 증발, 발산하는 것; 땀.

utdöd *a.* (생명, 생물이) 절멸한, 사멸한, 쇠퇴한, 퇴행한; ett utdött språk 사어(死語).

utdöende[1] *a.* 사멸해가는, 사라지는

utdöende[2] *~t 0* 사멸, 절멸, 쇠퇴.

utdöm|a *-er -de -t tr.* ① (형벌을) 지우다 ② 불량품이라고 정하다, 폐기처분하다, 받아들이지 않다.

ute *adv.* ① (장소) 밖에; 외국에; äta ~ 외식하다; sova ~ 외박하다; vara ~ på sjön 항해 중이다 ② (시간) allt hopp är ~ 가망이 없다; tiden är ~ 시간이 다 되었다; det är ~ 유행이 지나갔다; det är ~ med honom 그는 끝장이 났다 ③ 【비유적】 jag är illa ~ 나는 궁지에 빠졌다; vara för sent ~ 너무 늦었다.

uteban|a *-an -or* 옥외 운동장.

ute|bli[va] *-blir -blev -blivit itr.*

오지 않다, 나타나지 않다, 결석하다, 일어나지 않다; belöningen −blev 보수가 지불되지 않았다.

uteblivelse ~*n 0* 결석.

utebliven *a.* 나타나지 않은, 나오지 않은, 결석한; ~ accept 【상업】 어음 인수 거절; ~ betalning 미불, 지불하지 않음; ~ part (재판의) 궐석자.

utedass ~*et* ~ 옥외 변소.

utefter *prep.* …을 따라.

utegångsförbud ~*et 0* (계엄령 하의) 야간 통행금지령.

utelek ~*en* ~*ar* 옥외 장난.

uteliggar|e −[*e*]*n* ~ 노숙자.

uteliv ~*et 0* ① 야외 생활 ② 식당 따위에서 주로 취식하기.

utelämna ~*r* ~*de* ~*t tr.* 빼다, 빠뜨리다.

utemöbler (복수명사) 실외에서 사용하는 가구.

utensilier (복수명사) 도구, 기구, 용기, 용구.

uterus (불변화명사) 【해부】 자궁.

uteservering [−særve:riŋ] ~*en* ~*ar* 옥외 카페, 옥외 식당.

ute|sluta −*sluter slöt* −*slutit tr.* 제외하다, 제거하다; 빼다; ~ ngn ur advokatsamfund …에게서 변호사 자격을 박탈하다; reglerna −sluter alla under 18 rs ålder 규칙에 따라 18세 이하는 제외 된다; det är −slutet 그것은 전혀 불가능하다.

uteslutande[1] *a.* 독점적인, 유일한, 하나뿐인; ~ privilegium 독점권, 특권.

uteslutande[2] *adv.* 독점적으로; 오직.

uteslutande[3] ~*t 0* ☞ uteslutning.

uteslutning ~*en* ~*ar* 제외, 축출; 변호사의 자격 박탈; ~ ur kyrkan 교회 파문.

utespelar|e −[*e*]*n* ~ 【스포츠】 (축구) 골키퍼 이외의 다른 선수.

utestående *a.* ① ~ gröda 아직 수확하지 않은 농작물 ② 미결의, 미불의; ~ fordringar 미불채무.

utestäng|a −*er* −*de* −*t* ☞ stänga ute.

utestängning ~*en* ~*ar* 배제; ☞ uteslutning.

utexaminera ~*r* ~*de* ~*t tr.* 졸업시키다; bli ~d 졸업하다.

utfall ~*et* ~ ① 【펜싱】 찌르기; (군대의) 반격, 출격; göra ett ~ 반격하다 ② 생산액, 결과 ③ 이탈 ④ 방사능 낙진.

ut|falla −*faller* −*föll* −*fallit itr.* ① 이탈하다, 낙오하다 ② lotten −föll med vinst 복권이 당첨되었다 ③ 결과가 …이 되다; ~ väl 잘 되다.

utfart ~*en* ~*er* 출발, 출구.

utfattig *a.* 극히 빈곤한, 몹시 가난한.

utflugen [−gən] *a.* barnen är utflugna 아이들이 집을 떠났다.

utflykt ~*en* ~*er* ① 소풍, 유람 여행; göra en ~ 소풍가다 ② 본론을 벗어남.

utflyttning ~*en* ~*ar* 이동, 이전, 이민, 이주.

utflöde ~*t* ~*n* 유출, 유출물.

utfodra ~*r* ~*de* ~*t tr.* 먹이를 주다, 먹을 것을 주다; han ~r hästen med havre 그는 말에게 귀리를 먹인다.

utforma ~*r* ~*de* ~*t tr.* 모양 짓다, 만들다; 계획하다; 명확한 형태로 나타내다.

utformning ~en ~ar 모양 짓기; 설계, 모습, 형태.

utforska ~r ~de ~t tr. 찾아내다, 살피다; 조사하다, 검사하다; 탐험하다.

ut|frysa –fryser –frös –frusit tr. (냉대하여) 몰아내다.

utfråga ~r ~de ~t tr. 심문하다, 질문으로 추궁하다.

utfrågning ~en ~ar 힐문, 반문, 심문.

utfyllnad ~en ~er 채워 넣기, 채우는 것; 추가물, 보충물.

utfällning ~en ~ar 【화학】 침전, 침전물.

utfärd ~en ~er ☞ utflykt.

utfärda ~r ~de ~t tr. (명령을) 내리다, 발행하다, 발하다; 공포하다; 작성하다; ~ en fullmakt 위임장을 발급하다.

utfäst|a –er –e – tr. 공약하다.

utfästelse ~n ~r 약속, 맹세; 공약.

utför[1] prep. 밑에.

utför[2] adv. 밑으로.

utför|a – –de –t tr. 다하다, 행하다, 수행하다, 실행하다, 이행하다, 완수하다, 거행하다, 집행하다; ~ en plikt 의무를 완수하다; ~ en plan 계획을 실행하다; ~ en vigsel 결혼식을 거행하다.

utförande ~t ~n (작업의) 완수, (임무) 수행, 집행, 성취; 반출; bringa en plan till ~ 계획을 실천하다; komma till ~ 구체화하다, 틀을 잡다, 실현하다.

utförbar a. 실행할 수 있는, 실천 가능한.

utförlig a. 자세한, 철저한.

utförsback|e –en –ar 내리막 길.

utförsel ~n 0 수출, 반출.

utförsgåvor (복수명사) 말재주; 수완, 수단.

utförslöp|a –an –or 【경기】 트랙의 내리막이.

utförsåkning ~en 0 【스키】 활강 경기.

utförsäkrad a. (보험기간이) 만료된, 끝난; han blev ~ från a–kassan efter 180 dagar 180일이 지나 그의 실업보험은 끝났다.

utför|sälja –säljer –sålde –sålt tr. 팔아 치우다, 싸게 팔아 치우다.

utförsäljning ~en ~ar 매각처분, 팔아 치우기, 재고정리.

utgallring ~en ~ar 솎아내기, 제거, 배제.

utge/utgiva utger/utgiver utgav utgett/utgivit tr. ① 넘겨주다, 내놓다, (돈을) 쓰다, 지불하다 ② 간행하다, 출판하다 ③ ~ sig för att vara …라고 주장하다, …인 체하다.

utgift ~en ~er (보통 복수명사) 지출, 비용.

utgivar|e –[e]n ~ 발행인, 출판업자.

utgivning ~en ~ar 간행, 발행, 출판.

ut|gjuta [–jʉːta] –gjuter –göt –gjutit tr. Ⅰ. 따르다, 붓다, 흘리다, (감정을) 발산하다; ~ sitt hjärta 자기의 괴로움을 토로하다, 마음을 털어 놓다 Ⅱ. rfl. (비난조로) 자기의 감정을 터뜨리다.

utgjutelse ~n ~r ① 유출, (심정, 기쁨) 토로, 발로 ② 흘리기, 발산.

utgjutning ~en ~ar ① 내출혈 ② 방출, 분비.

utgrävning ~en ~ar (유적) 발굴, 파내기, 굴착.

U

ut|gå *-går -gick -gått itr.* ① 나오다, 생기다, 발산하다 (från, ur) ② 지불되다; lönen -går från sjunde dagen 임금은 7일째부터 지불된다 ③ 제외되다, 삭제되다; boken är -gången på förlaget 그 책은 출판사에서 절판되었다 ④ (기한, 효력 따위가) 끝나다, 마감되다; ansökningstiden -går den 30 mars 신청 마감은 3월 30일이다.

utgående[1] *a.* 나가는, 출발하는; ~ post 발송 우편물.

utgående[2] *~t 0* 출발, 나가는 것.

utgång *~en ~ar* ① 출발, 나감 ② 출구(出口) ③ 마감, 만료 ④ 결과, 성과.

utgångspunkt *~en ~er* 시발점, 출발점 (för).

utgåv|a *-an -or* (출판의) 판(版), 간행.

ut|göra *-gör -gjorde -gjort tr.* ① 구성하다, 만들다, 이룩하다; det -gör ett bevis för 그것은 …에 대한 증거가 된다; -görs av …으로 구성되다 ② 【고어】 (법률상으로) 보상하다.

uthuggning *~en ~ar* 발매, 산판의 나무를 한목 베기; 벌목 뒤의 공터, 빈터; (산림을 벌채하여 만든) 개간지, 개척지.

uthus *~et ~* 별채, 헛간, 변소.

uthyrning *~en ~ar* 전세(傳貰), 대여.

uthållig *a.* 잘 견디어 내는, 참을성 있는, 끈기 있는.

uthärda *~r ~de ~t tr.* 오래가다, 지속(지탱)하다, 견디다.

uthärdlig *a.* 견딜 만 한, 참을 만 한.

uti ☞ i.

utifrån[1] *prep.* 밖에서, 바깥쪽으로부터.

utifrån[2] *adv.* 밖에서, 해외에서.

util[itar]ism *~en 0* 【철학】 공리설, 공리주의.

utjämna *~r ~de ~t tr.* ① 평평하게 하다, 고르다, 평등하게 하다, 보상하다 ② (대차, 수지 따위를) 차감하다; (셈을) 청산하다, 지불하다.

utkant *~en ~er* 가장자리, 가(邊), 경계, 교외.

utkast *~et ~* ① 초안, 초고, 윤곽; göra ett ~ till …에 대한 초안을 만들다 ② (구기 시합에서) 공 던져주기.

utkastar|e *-[e]n ~* (레스토랑, 유흥시설 따위의) 경비원.

utkik [-çi:k] *~en ~ar* 망보기, 경계; hålla ~ 망보다, 경계하다.

utklarera ☞ klarera.

utklassa *~r ~de ~t tr.* 이기다, 물리치다, …을 능가하다, …보다 훨씬 낫다.

utklädd *a.* …으로 분장한, 가장한.

ut|komma *-kommer -kom -kommit itr.* (신문, 잡지가) 나오다, 발행되다 (utges).

utkomst *~en 0* 생계, 살림, 호구지책.

utkora *~r ~de ~t tr.* 선택하다, 지명하다.

utkristallisera *~r ~de ~t rfl.* 결정화하다; (사상 · 계획 등이) 구체화되다.

utkräv|a *-er -de -t tr.* 요구하다, 실행하다; ~ hämnd 복수하다.

utkyld [-çy:ld] *a.* (방, 집 따위가) 차가운, 냉기가 도는.

utkämpa [-çɛmpa] *~r ~de ~t tr.* 끝까지 싸워내다, 결전하다.

utkörar|e [−çœ:rarə] −[e]n ~ 배달인(부).

utkörd a. 【일상】 지친, 피곤한.

utland ~et 0 외국 (정형이나 복합형으로 쓰임).

utlandssvensk ~en ~ar 해외 거주 스웨덴인.

utled[sen] a. 완전히 지친, 녹초가 된; 물린, 싫증난, 진저리가 난.

utlevad a. 노쇠한, 쇠약해진; (낡아서) 덜거덕 거리는; 타락한.

utljud ~et ~ (단어의) 맨 끝소리, 종성(終聲).

utloggning ~en ~ar 【정보통신】 로그아웃, 접속종료.

utlokalisera ~r ~de ~t tr. (관공서를) 지방으로 분산시키다.

utlopp ~et ~ ① 출구, 방수구(放水口) ② (감정의) 표출; ge ~ åt sin vrede 화를 내다.

utlupen a. (기간이) 끝난, 만기가 된.

utlys|a −er −te −t tr. 공표하다, 공고하다.

utlåning ~en ~ar (책의) 대출, (은행의) 대부(貸付).

ut|låta −låter −lät −låtit rfl. ~ sig …에 대해 (비판적) 의견을 제시하다.

utlåtande ~t ~n 의견 진술, 평가 보고.

utlägg ~et ~ 지출, 경비.

utläggning ~en ~ar ① 설치, 배치 ② 해설, 설명.

utlämna ~r ~de ~t tr. 넘겨주다, 양도하다; 버리다; känna sig ~d 버림받은 느낌이다.

utlämning ~en ~ar 배달, 양도; (포로, 범인 따위의) 인도(引渡).

utländsk a. 외국의, 대외적인; ~ brytning 외국 말투.

utländsk|a −an −or ① 외국여자 ② 【일상】 (단수로 사용) 외국말.

utlänning ~en ~ar 외국인, 이방인.

utlärd a. 훈련된, 숙련된.

utläs|a −er −te −t itr. ① 발음하다, 읽다 ② (표정, 마음을) 읽다, 알아채다.

utlöp|a −er −te −t itr. ① (배가) 부두를 떠나다 ② (기간이) 만료되다 (tiden är utlupen).

utlöpar|e −[e]n ~ ① (바위, 산 따위) 돌출부, 씨 갈래, 지맥, 지류 ② 덩굴, (딸기 따위의 기는 줄기) 포복지(匍匐枝).

utlös|a −er −te −t tr. ① 【기계】 내뿜다, 방출하다; 야기하다, 일으키다 ② ☞ lösa [ut].

utlösning ~en ~ar ① 방출, 발사, 투하 ② 【성교】 사정(射精).

utmana ~r ~de ~t tr. 도전하다; 자극시키다; 도발하다; 무시하다; 반항하다, 노하게 하다, 약 올리다; eleverna ~de läraren öppet 학생들은 교사에게 노골적으로 무례하게 대들었다.

utmanande (불변화형용사) 도전적인, 오만한; 무시하는; (옷차림, 몸짓 따위가) 유혹적인, 자극적인.

utmanar|e −[e]n ~ 도전자 (시합, 정치 부분에서).

utmaning ~en ~ar 도전.

utmark ~en ~er 외딴 곳, 변두리.

utmatning ~en 0 (전산기) 출력, (생산체계) 산출량.

utmattad a. 지칠 대로 지친, 기진맥진한.

utmed prep. …을 따라서, …을 좇아.

utminutering ~en 0 (주류) 소매.

utmynna *~r ~de ~t itr.* ① (강물이) 흘러 들어가다, (거리, 길) …에 이르다 ② …로 귀착하다, …로 끝나다 (resultera i).

utmåla *~r ~de ~t* (생생하게, 과장해서) 그리다, 묘사하다.

utmärk|a *–er –te –t* Ⅰ. *tr.* ① 명예를 주다, 영예스런 작위를 주다, 예우하다 ② 표시하다, 나타내다 ③ 특징짓다, 구별하다 Ⅱ. *rfl.* 부각하다, 두드러지다; 유명해지다.

utmärkelse *~n ~r* 수훈(殊勳), 영예(메달, 훈장 따위); ge ngn en ~ …에게 훈장을 수여하다.

utmärkt[1] *a.* 우수한, 뛰어난.

utmärkt[2] *adv.* 우수하게, 출중하게.

utmätning *~en ~ar* 【법률】 동산압류.

utmönstra *~r ~de ~t tr.* 가려내다 솎아내다, 폐기하다.

utnyttja *~r ~de ~t tr.* 이용하다, 쓸모 있게 하다; ~ ngt på bästa sätt …을 최대한으로 이용하다; (부정적 의미로) 이용하다, 악용하다; han bara ~r sina vänner 그는 친구들을 이용하기만 한다.

utnämn|a *–er –de –t tr.* 임명하다, 지명하다; ~ ngn till chef …를 사장으로 임명하다.

utnämning *~en ~ar* 임명, 지명.

utnött *a.* 써서 낡은, 닳아빠진; 진부한.

utochinvänd/ut och invänd *a.* 뒤집은.

utom *prep.* ① …을 제외하고는, …외에는 (med undantag av); alla ~ han 그를 제외하고는 모두 ② …의 바깥쪽에[의, 으로] hon var inte ~ dörren på flera dagar 그녀는 며칠간 문 밖에 나가지 않았다; vara ~ all fara 위험이 없다, 안전하다 ③ bli (vara) ~ sig av glädje (sorg) 기뻐서 (슬퍼서) 어쩔 줄 모르다.

utombords *adv.* 배 밖의(으로), 뱃전 밖의.

utombordsmotor *~n ~er* 선외 모터.

utomhus *adv.* 집 밖(옥외, 야외)에서.

utomhusban|a *–an –or* 실외 경기장.

utomlands *adv.* 해외에서, 외국에서, 국[해]외로.

utomordentlig *a.* 비상한, 비범한, 우수한.

utomstående *a.* 열외의, 국외의, 관계없는, 아웃사이더의.

utomäktenskaplig *a.* 혼외(婚外)의, 불륜의.

utopi *~n ~er* 유토피아, 이상향(理想鄕).

utopisk *a.* 이상향의, 유토피아 같은.

utpeka *~r ~de ~t tr.* (…을 …에 대한 책임이 있는 사람으로) 지목하다 (peka ut).

utpinad *a.* 고통을 당한, 괴로움을 받은.

utplåna *~r ~de ~t tr.* 없애다, 섬멸하다, 말살하다 (plåna ut).

utpost *~en ~er* 【군사】 전초(前哨), 전초 지점.

utpressar|e *–[e]n ~* 협박군, 공갈범.

utpressning *~en ~ar* 공갈 취재(取財), 협박.

utprickning *~en ~ar* 암초, 해로 표시.

utpräglad *a.* 뚜렷한, 현저한.

utpumpad *a.* 【일상】 기진맥진한,

녹초가 된.

utrangera [–ʃẹːra] *~r ~de ~t tr*. 떼어버리다, 솎아내다, 버리다, 폐기 처분하다.

utrannsaka *~r ~de ~t tr*. 찾아내다, 철저히 조사하다.

ut|reda *–reder –redde –rett tr*. 조사하다, 심의하다, 밝혀내다.

utredning *~en ~ar* ① 조사, 심의, 분석, 해명; (결과) 보고서 ② 조사 위원회, 심의 위원회.

utrensning *~en ~ar* 숙청, 제거.

utrerad *a*. 과장된, 지나친.

utres|a *–an –or* 해외여행; på ~n till …로 여행 중.

utriggad *a*. 뱃전 밖 기움 돛줄대가 있는.

utriggar|e *–[e]n ~* ① 뱃전 밖 기움 돛줄대, 현외 부재(浮材) ② (보트의 뱃전에 설치된) 노걸이를 버티는 쇠막대 ③ 현외로 내민 노걸이 받침쇠가 있는 보트.

utrikes[1] (불변화형용사) 외국의; ~ affärer 대외 무역.

utrikes[2] *adv*. 국[해]외로; resa ~ 해외로 여행하다.

utrikesdepartement *~et ~* 외무성(부).

utrikesminist|er *–ern –rar* 외무부 장관.

utrikisk *a*. 【일상】 외국의(utländsk).

utrikisk|a *–an 0* 【일상】 외국말.

utrop *~et ~* ① 고함, 외침 ② (경매에서) 가격을 알리는 소리.

utropa *~r ~de ~t tr*. ① 외치다, 소리치다 ② 공포[선포]하다; Israel ~des till självständig stat 1948, 이스라엘은 1948년에 독립국가로 선포되었다 ③ 경매하다.

utropar|e *–[e]n ~* 상점에서 손님을 끄는 사람, 경매인, 외치며 파는 장사꾼.

utropsord *~et ~* 【문법】 감탄사 (oj, fy 따위).

utropsteck|en *–net ~* (정형복수형 –nen) 감탄부호(!).

utrota *~r ~de ~t tr*. 뿌리를 뽑다, 근절하다, 박멸하다.

utrotningshotad *a*. 멸종 위기의.

utrusta *~r ~de ~t tr*. (…에 필요한 것을) 갖추어 주다, (배·군대를) 장비하다.

utrustning *~en ~ar* ① 장비, 비품 ② 설치, 설비.

utryckning *~en ~ar* ① 비상소집, 출동 ② 제대, 출감.

utryckningsfordon *~et ~* 긴급 출동 차량 (구급차, 소방차, 경찰차).

utrym|ma *–mer –de –t tr*. 비우다, 철수하다, 떠나다.

utrymme *~t ~n* ① 공간, 장소, 여지 ② (아파트, 주택 내의) 저장소, 빈자리; i mån av ~ 공간이 허용하는 한.

utrymning *~en 0* 비우기, 철수; ~sorder 철수명령.

uträkning *~en ~ar* ① 계산 ② 의도, 계획; vad har han för ~ med det? 그것에 대한 그의 의도는 무엇이냐?

uträtta *~r ~de ~t tr*. (임무) 수행하다, 완수하다; ~ sina behov 대소변을 보다.

utrön|a *–er –te –t tr*. (실험, 검토, 조사 따위로) …을 확인하다, (사실 여부를) 확정하다, 조사하다, 알아내다.

ut|saga/ut|sago *~n –sagor* 진술,

주장.

utsatt *a.* ① 드러난, 노출된; med ~ namn 기명으로 ② (시간이) 확정된, 정해진; på ~ tid 정해진 시간에 ③ (위험에) 처한; bli ~ för …을 당하게 되다, …에 처하다.

utschasad *a.* 일에 지친, 피로한.

ut|se *-ser -såg -sett tr.* 선출하다, 지명하다 (~ ngn till).

utseende *~t ~n* ① 외모, 풍채; förlora sitt ~ 체면을 잃다; hon har ett typiskt svenskt ~ 그녀는 전형적인 스웨덴 인의 모습을 하고 있다.

utsid|a *-an -or* 바깥쪽, 표면.

utsikt *~en ~er* ① 조망(眺望), 시계(視界), 경치 ② 전망, 가능성; matsalen har ~ mot sjön 식당에서는 호수 쪽의 전망이 있다 ③ 일기예측 (väder~).

U

utsiktslös *a.* 가망이 없는, 희망이 없는.

utsirad *a.* 꾸민, 장식을 한.

utsjasad ☞ **utschasad**.

utskeppa *~r ~de ~t tr.* 배편으로 (외국으로) 보내다.

utskjutande *a.* 돌출한, 튀어나온, 불룩 내민.

utskott *~et ~* ① 위원회 ② 융기, 돌기, 혹 ③ 불량품, 손상 품.

utskrattad *a.* 조소를 당한.

utskrift *~en ~er* (원고의) 정서 본, 최종 본.

utskylder *~en ~er* 【고어】 (복수형) 빚.

utskällning [-ʃɛlniŋ] *~en ~ar* 꾸지람, 호통.

utskänk|a *-er -te -t tr.* 식당에서 주류를 팔다.

utslag *~et ~* ① 관청의 최종결정, 판결 (dom) ② 【의학】 발진, 뾰루지 ③ 계기(計器) 따위의 바늘의 편향 ④ 명시, 사례, 보기, 결과; ett ~ av missnöje 불만의 표시.

utslag|en *a.* ① 묶지 않은, 펴져 있는; -et hår 늘어뜨린 머리; en ~ blomma 활짝 핀 꽃 ② 분배된, 나누어진 ③ 패배한 ④ (사회적응 문제 등으로) 노동시장에서 배제된, 낙오된.

utslagning *~en 0* (경기, 시합에서) 탈락, 배제; (질병, 사회적응 불능 따위로) 노동시장에서 배제됨, 낙오.

utslagsgivande *a.* 결정적인.

utslagsröst *~en ~er* 결정투표 (찬부 동수일 때 의장이 던지는).

utslagstävling *~en ~ar* 【스포츠】 토너멘트시합.

utsliten *a.* 낡은, 닳아빠진; (일로) 지친.

utslocknad *a.* 꺼진, 사멸한, (가계가) 단절된; en ~ ätt 대가 끊긴 가계(家系).

utsläpad *a.* 지쳐빠진, 과로한.

utsläpp *~et ~* ① (환경오염 물질의) 배출, 방출 ② 출구, 배출구.

utsmyckning *~en ~ar* 장식, 꾸밈.

utsocknes[1] (불변화형용사) 타 지역 출신의.

utsocknes[2] *adv.* 다른 지역에서; 다른 지역으로.

utspela|s *-s -ds -ts itr. dep.* (사건이) 일어나다, 발생하다.

utspinna *-spinner -spann -spunnit rfl.* (대화가) 시작되다, 일어나다.

utspisa *~r ~de ~t tr.* (많은 사람에게) 식사를 제공하다, 음식을 먹이다.

utspridd *a.* 흩어진, 산재한.

utsprång *~et ~* 돌출, 돌기, 돌출부

(절벽, 건물 따위).

utstaka ~*r* ~*de* ~*t tr*. (일의 방향을) 결정하다; (행동노선 등을) 정하다.

utstråla ~*r* ~*de* ~*t* Ⅰ. *itr*. (빛, 열이) 발하다, 방사하다 Ⅱ. *tr*. (빛, 열을) 발산하다, 내보내다; (기분, 태도를) 내보이다, 나타내다.

utstrålning ~*en 0*【비유】발산, 방출, 감화력, 영향.

utsträck|a –*er* –*te* –*t tr*. 늘이다, 확장하다; ~ sig till …에 까지 확대하다, …까지 확대되어 있다, …에 까지 펼쳐져 (이어져) 있다.

utsträckning ~*en 0* 범위, 정도; i stor ~ 상당한 정도로, 광범위하게; i viss ~ 어느 정도는.

utstuderad *a*. 심사숙고한, 계산된, 계획된; 간교한.

utstyrs|el –*eln* –*lar* 장비, 채비, (신부의) 혼수 옷가지.

ut|stå –*står* –*stod* –*stått* (*p.p.*) –*stånden tr*. 견디다, 참다 (stå ut med).

utställning ~*en* ~*ar* 전시, 전람, 진열.

utstöt|a –*er* –*te* –*t tr*. ① 소리를 내다; ~ ett skri 소리 지르다 ② 제거하다, (교구, 지역사회로부터) 고립시키다, 쫓아내다.

ut|suga –*suger* –*sög* –*sugit tr*. (힘, 영양분을) 빼내다, 착취하다.

utsugar|e –[*e*]*n* ~ 착취자.

utsugning ~*en 0* 착취.

utsvulten *a*. 굶주린, 기아의.

utsvävande (불변화형용사) 타락한, 방탕한; ett ~ liv 방탕한 생활.

utsvävning ~*en* ~*ar* ① (복수로) 방탕, 난봉 ② 이탈, 지나침.

utsåld *a*. 매진된, 다 팔린.

utsäde ~*t* ~*n* 씨앗, 종자; vår~ 봄씨앗.

ut|sända –*sänder* –*sände* –*sänt tr*. (사람을) 내보내다, 파견하다; vår –sände medarbetare 우리의 특파원.

utsändning ~*en* ~*ar* (라디오, TV) 방송.

ut|sätta –*sätter* –*satte* –*satt* Ⅰ. *tr*. ① 드러내다, 내놓다, 노출시키다, …에게 당하게 하다 ② (시간, 가격) 정하다 Ⅱ. *rfl*. ~ sig 노출하다, 당하다, 걸리다, 입다; ~ sig för risker 위험을 자초하다.

utsökning ~*en* ~*ar*【법률】체납처분.

utsökt *a*. 절묘한, 우아한, 고상한.

utsöndring ~*en* ~*ar*【생리】분비작용.

utsövd *a*. 잠을 푹 잔, 숙면한; jag är inte ~ 나는 잠을 푹 자지 못했다.

uttag ~*et* ~ ① (전기) 콘센트 ② 출구, 배수구 ③ (예금) 인출(引出); göra ett ~ på banken 은행에서 돈을 찾다.

uttagning ~*en* ~*ar* ① 인출 ②【스포츠】선발.

uttal ~*et* ~ 발음; ha bra engelskt ~ 영어 발음이 좋다.

uttala ~*r* ~*de* ~*t* Ⅰ. *tr*. ① 발음하다 ② (의견을) 발표하다, 진술하다 Ⅱ. *rfl*. 의견을 개진하다; ~ sig offentligt 공개적으로 발표하다 (언급하다).

uttalande ~*t* ~*n* (공식적) 발표, 진술, 언급.

uttalsbeteckning ~*en* ~*ar* 음성(발음)기호.

uttaxera ~*r* ~*de* ~*t tr*. 세금을 부과(징수)하다.

utt|er *-ern -rar* ① 【동물】 수달 ② 낚시 도구의 일종 (담수용).

uttjatad [-çɑ:tad] *a.* 【일상】 너무 많이 입에 오른.

uttjänad/uttjänt *a.* 낡은, 닳아빠진.

uttolka *~r ~de ~t tr.* 해설하다, 설명하다, 해독하다.

uttryck *~et ~* ① (사상, 감정의) 표현, 표시, 말씨, 어법 ② 표정.

uttryck|a *-er -te -t* Ⅰ. *tr.* (표정, 몸짓, 말, 그림, 음악 따위로) 표현하다, 나타내다 Ⅱ. *rfl.* 생각하는 바를 말하다.

uttrycklig *a.* 분명한, 명백한.

uttryckligen *adv.* 분명하게, 명백하게.

uttrycksfull *a.* 표현(표정)이 풍부한, 의미심장한, 함축적인.

uttryckslös *a.* 무표정한.

uttryckssätt *~et ~* 표현법, 어법.

uttråkad *a.* 지루한, 질린, 싫증난.

utträda *-träder -trädde -trätt itr.* 떠나다, 탈퇴하다 (ur), 사임하다 (avgå).

utträde *~t 0* 탈퇴, 사임; anmäla sitt ~ ur …으로부터 탈퇴를 신고하다.

uttröttad *a.* 지친, 기진맥진한.

ut|tyda *-tyder -tydde -tytt tr.* 해석하다, 해독하다, 풀이하다.

uttåg *~et ~* 줄지어 나가기, 퇴거, 퇴장.

uttänjd *a.* 늘어나서 크거나 긴; 너무 길고 지루한, 장황한.

uttömmande (불변화형용사) 철저한, 남김 없는.

utur *prep.* …로부터 (ur).

utvakad *a.* 잠을 못자서 피곤한.

utvald *a.* 선택된, 뽑힌.

utvandra *~r ~de ~t itr.* (외국으로) 이민하다.

utvandrar|e *-[e]n ~* (출국) 이민, 이주자.

utvandring *~en 0* (출국) 이민, (외국으로의) 이주.

utveckla *~r ~de ~t* Ⅰ. *tr.* ① 발달시키다, 발전(발육)시키다, (자원을) 개발하다 ② 펴지다, 나오다 Ⅱ. *rfl.* 발육하다, 발전하다, 성장하다; ~ sig till en storstad 큰 도시로 발전하다.

utvecklas ☞ **utveckla** Ⅱ.

utveckling *~en ~ar* 발전, 변화, 진보.

utvecklings|land *-landet -länder* 개발도상 국가 (u-land).

utvecklingslär|a *-an 0* 진화론.

utvecklingsstörd *a.* 정신 지체의; psykiskt ~ 정신 지체의, 정신박약의.

utverka *~r ~de ~t tr.* 얻다, 획득하다.

utvidga *~r ~de ~t* Ⅰ. *tr.* 넓히다, 확장하다 Ⅱ. *rfl.* 커지다, 성장하다, 퍼지다.

utvikning *~en ~ar* 벗어남, 일탈, 편향.

utvilad *a.* (충분히) 휴식한.

ut|vinna *-vinner -vann -vunnit tr.* (광석, 기름 따위) 캐내다, 뽑아내다, 추출해내다.

utvisa *~r ~de ~t tr.* ① (외국인을) 추방하다, (선수를) 퇴장시키다 ② 명백하게 드러내다.

utvisning *~en ~ar* 추방, (경기장에서) 퇴장.

utväg *~en ~ar* ① 나가는 길, 통로 ② 해결책, 가능성.

utvändig *a.* 바깥쪽의, 외부의.

utvärdera *~r ~de ~t tr.* 평가하다.

U

utvärtes *a.* 외부의, 밖의; 외용의.

utväxla *~r ~de ~t tr.* 교환하다.

utväxling *~en 0* ① 교환 ② 【기계】 전동(傳動)장치, 기어.

utväxt *~en ~er* ① 동 · 식물체의 이상 생성물 (군살, 혹 따위).

utåt[1] *prep.* (방향) …쪽으로, …을 향하여.

utåt[2] *adv.* 바깥쪽으로, 국외로.

utåtriktad *a.* 바깥쪽으로 향한; (성격이) 외향적인.

utöka *~r ~de ~t tr.* 증가하다, 늘리다.

utös|a *–er –te –t itr.* 소나기가 퍼붓다, 노여움을 터뜨리다.

utöva *~r ~de ~t tr.* (기능 · 힘) 발휘하다, (직업을) 수행하다, 적용하다.

utövar|e *–[e]n ~* (직업 · 예술 활동을) 수행하는 사람.

utöver *prep.* …이외로, …을 제외하고는; han har ingenting ~ pensionen 그는 연금이외는 아무것도 없다.

uv *~en ~ar* 【조류】 수리부엉이.

uvertyṛ/ouvertyr *~en ~er* 【음악】 서곡 (till).

uvulạr *~en ~er* 【음성학】 목젖소리.

v [vẹ:] *v*–[*e*]*t*, *v*[–*n*] (복수정형 v–na) 스웨덴어 알파벳 22번째 글자.

w [dəbəlve:] *w*–[*e*]*t*, *w*[–*n*] (복수정형 *w–na*) 스웨덴어 알파벳 23번째 글자.

V 로마자 숫자 5.

va[vɑ:]/[va] 【일상】 무어라고? (vad).

vaccin [vaksị:n] *~et*/*~en*, ~ (복수정형 *~en*) (접종용의) 백신, (각종 전염병의 병원균으로 만든 접종용에 쓰이는 면역 약물).

vaccination/vaksination *~en ~er* 【의학】 백신주사, 예방주사 (접종).

vaccinera/vaksinera *~r ~de ~t tr*. 백신 (예방) 주사를 놓다.

vacker *a*. ① 아름다운, 사랑스런, 멋진, 훌륭한; ~t väder 아름다운 날씨 ② 상당한, 꽤 되는 (액수); en ~ slant på banken 은행에 있는 상당한 금액.

vackla *~r ~de ~t itr*. 비틀거리다, 동요하다; 확실치 않다, 헤매다; språkbruket ~r på den punkten 언어 사용이 이 점에서는 불확실하다.

vacklan ~ *0* 동요, 흔들림.

vad[1] [vɑ:d]/[va] 【일상】 *pron*. ① (의문사) 무엇; ~ (va)? 뭐라고? (hur sa); ~ för en (ett) 어느 것 (종류); ~ har du för planer? 무슨 계획을 가지고 있니? ② (관계대명사) han gör ~ han vill 그는 자기가 하고자 하는 바를 한다.

vad[2] *adv*. 얼마나, 참으로; ~ tiden går fort! 참으로 세월이 빠르군!

vad[3] *~en*, *~er*/*~or* 장딴지.

vad[4] *~en ~ar* 예망(曳網), 큰 그물.

vad[5] *~et* ~ ① 내기, 걸기, 노름; skall vi slå ~ om det? 그것에 대해 내기를 할까? ② 상소, 상고(上告).

vad[6] *~et* ~ 여울 (개울), (걸어서 건널 수 있는 곳, 물이 장딴지 정도밖에 차지 않는 곳).

vada *~r ~de ~t itr*. (개천 따위를) 걸어서 건너다; ~ i pengar 돈이 산더미처럼 많다, 돈방석에 앉다.

vadan *adv*. 【고어】 어디에서, 왜; ~ detta? 왜, 어째서?

vadar|e –[*e*]*n* ~, –fågel 【조류】 섭금류 (부리와 다리가 긴 새 종류).

vadd *~en ~ar* (충격, 마찰 등을 막는 섬유질의) 덧대는 것, 메워 놓는 것.

vaddera *~r ~de ~t tr*. …에 덧대다 (메우다); (옷 따위에) 솜을 두다.

vadhẹlst *pron*. …하는 것은 무엇이든 (vad (som) än).

vadhållning *~en ~ar* 내기.

vạdmal *~en/~et, 0* 두껍고 거친 나사(羅紗).

vadsomhelst/vad som helst ☞ helst[2].

vadfalls *adv. itj.* 뭐라고? (hursa?, vad?).

vag [vɑ:g] *a.* 모호한, 애매한, 막연한.

vagabond [–bọnd/–bọŋd] *~en ~er* 방랑자, 뜨내기.

vag|el *–eln –lar* ① (새의) 횃대 ② 【의학】 맥립종(腫), 다래끼.

vagg|a *–an –or* 요람.

vagga *~r ~de ~t tr.* (그네, 요람을) 흔들다.

vaggsång *~en ~er* 자장가 (vagg-visa).

vagin|a [–gi:–] *–an –or* 【해부】 질(膣).

vagn [vaŋn] *~en ~ar* (4륜) 마차, 탈것, 차량; häst~ 마차 spår~ 전차; hus~ 캠핑용 자동차; barn~ 유모차.

vagnskadeförsäkring *~en ~ar* 차량 손상 보험.

vagnpark *~en ~er* 【집합적】 차량.

vaja[1] *~r ~de ~t itr.* 흔들리다, (깃발) 바람에 나부끼다, 펄럭이다.

vaj|a[2] *–an –or* 순록 암컷.

vạj|er *–ern –rar* (복수형은 잘 쓰지 않음) 굵은 철사, 전선, 케이블.

vak[1] *~en ~ar* 얼음 위의 구멍.

vak[2] *~et 0* 밤샘, 철야, 불침번.

vak|a[1] *–an –or* ☞ **vak**, nyårs~ 설 전날 밤 철야; val~ 철야개표.

vaka[2] *~r ~de ~t itr.* 자지 않고 앉아 있다, 철야하다.

vakans [–ạns/–aŋs] *~en ~er* 공석(空席), 결원.

vakant [–ɑnt/–ɑŋt] *a.* 공석의, 결원의.

vaken *a.* 깨어있는; 방심하지 않는, 정신을 바짝 차린.

vakna *~r ~de ~t itr.* ~ [upp] 잠이 깨다, 눈뜨다; 각성하다, 자각하다.

vaksam *a.* 자지 않고 조심하는, 경계하고 있는.

vaksin ☞ **vaccin**.

vakt *~en ~er* ① 감시, 경계, 임무; slå ~ om friheten 자유를 수호하다 ② 경호인 (livvakt), 수위, 문지기, 감시인.

vakta *~r ~de ~t tr. itr.* 감시하다, 경계하다.

vakt|el *–eln –lar* 【조류】 메추라기.

vaktmästar|e *–[e]n ~* 문지기, 수위, (아파트, 사무실) 관리인; (호텔, 음식점) 급사, 웨이터 (약간 경멸조로).

vaktpost *~en ~er* 【군사】 보초, 초병.

vạkuum/vaccum *~et ~* 진공, 공허.

vakuumförpackning *~en ~ar* 진공 포장.

vakuumtorkning *~en 0* 진공건조.

val[1] *~et ~* ① 선택, 선정 ② 선거, 투표; allmänna ~ 총선거; förrätta ~et 선거(투표)를 실시하다.

val[2] *~en ~ar* ① 고래 ② (옛 생선 단위) 80마리.

valack [vạl–/–lạk] *~en ~er* 거세한 말(馬).

valbar *a.* 피 선거 자격이 있는, 적임의 (till).

valberedning *~en ~ar* 후보자 추천 위원회.

valberättigad *a.* 선거권이 있는.

valborgsmässo|afton [vɑ:lbɔrjs–] *–aftonen –aftnar* 발푸르기스 전야제

V

(4월 30일 밤, 마녀들이 모여 환락을 벌인다고 함).

valbyrå *~n ~er* (정당의) 선거운동 사무소.

valde ☞ **välja**.

vald *a.* 선출된, 선택한.

valdag *~en 0* 선거(투표)일.

valdistrikt *~et ~* 선거구.

valen *a.* (추위로 손, 발이) 마비된, 무감각해진.

valẹns *~en ~er* 【화학】 원자가(原子價).

walesar|e [weilsarə] *–[e]n ~* 웨일즈 사람.

walesisk *a.* 웨일즈의.

walesisk|a ① *–an 0* 웨일즈 말 (켈트어) ② *–an –or* 웨일즈 여자.

valfisk *~en ~ar* 【고어】 고래.

valfläsk *~et 0* 【일상】 (과장된) 선거 공약.

valfri *a.* 선택의, 임의의; ~tt ämne 선택 과목.

valfrihet *~en 0* 선택의 자유, 선택권.

valfusk *~et 0* 선거부정.

valfångar|e *–[e]n ~* 포경선.

valhänt *a.* (추위로) 감각을 잃은, (얼어서) 손가락이 곱은.

valk *~en ~ar* ① 피부경련 (경화) ② 다발, 뭉치, 꾸러미.

valka *~r ~de ~t tr.* ① (천을) 축융(縮絨)하다, (빨거나 삶아서) 천의 올을 베게하다 ② 앞뒤로 굴리다.

valkampanj *~en ~er* 선거운동.

walkie–talkie [wɔkitɔ:ki] *~n ~r* 휴대용 무선전화기.

valkig *a.* (피부가) 굳은, 못 박힌.

walk over [wɔk ɔ:ver] (불변화 en–명사) 기권승.

valkrets *~en ~ar* 선거구.

valkyri|a [–ky:rja] *–an –or* (북유럽 신화의) Oden 신을 모시는 여성전사(戰士) (valkyrja).

vall¹ *~en ~ar* 둑, 제방.

vall² *~en ~ar* 목초지, 목장.

valla¹ *~r ~de ~t tr.* ① 풀을 뜯어 먹게 하다; 감시 하에 데리고 가다 ② 스키바닥에 왁스칠을 하다 (~ skidor).

vall|a² *–an –or* 스키바닥에 바르는 왁스 (밀초).

vallfart *~en ~er*/**vallfärd** *~en ~er* 순례여행.

vallfärda *~r ~de ~t itr.* 순례여행길에 오르다.

vallgrav *~en ~ar* (도시나 성곽 둘레의) 해자(垓字), 외호(外濠).

vallmo *~n ~r* 【식물】 양귀비.

vallọn *~en ~er* 왈론 사람 (벨기에 동남부의).

vallọnsk *a.* 왈론(사람)의.

vallängd *~en ~er* ☞ **röstlängd**.

val|man *–mannen –män,* (복수정형 *–männen*) 투표권자, 선거인.

valmanskår ☞ **väljarkår**.

val|nöt *–nöten –nötter* 【식물】 호두나무, 호두.

valp *~en ~ar* 강아지; (경멸적) 풋내기.

valpa *~r ~de ~t itr.* (개 따위가) 새끼를 낳다.

valpaktig *a.* 강아지 같은.

valplats *~en ~er* 전장, 싸움터.

valpsjuk|a *–an 0* 디스템퍼 (강아지의 전염병).

valrav *~en 0* 경뇌(鯨腦), 경랍 (향유고래의 머리에서 채취).

V

valross *~en ~ar* 【동물】 해마.
valrätt ☞ **rösträtt**.
valrörelse *~n ~r* 선거운동.
vals[1] *~en ~er* (춤) 왈츠.
vals[2] *~en ~ar* 롤러, 압연기(壓延機), 원통, 실린더.
valsa *~r ~de ~t* Ⅰ. *itr*. 왈츠를 추다 Ⅱ. *tr*. 롤러 사이로 펴서 판판하게 하다 Ⅲ. 【일상】 거짓말하다.
valsed|el *–eln –lar* 투표용지.
valspråk *~et ~* 모토, 좌우명.
valthorn [–hɷːn̩] *~et ~* 【음악】 프렌치호른 (소용돌이 꼴의 금관취악기).
valurn|a [–ʉːn̩a]*–an –or* 투표함.
valụt|a *–an –or* ① 화폐, 통화; utländsk ~ 외환; hård ~ 경화(硬貨) ② 보상, 대가.
valutakurs *~en ~er* ☞ **växelkurs**.
valutareserv *~en ~er* (중앙은행의) 외환 보유액.
valv *~et ~* ① 둥근 천장, 아치형 천장 ② 지하(저장)실, 금고실 (kassavalv).
valvak|a *–an –or*, de höll ~ 그들은 밤을 새며 선거결과를 지켜보았다.
valör *~en ~er* ① 가치, 가격 (주화, 우표 따위의) ② 색조, 색채, 뉘앙스.
vamp *~en, ~ar/~er* 요부, 바람난 계집.
vampa *~r ~de ~t tr*. 【일상】 사내를 호리다, 유혹하다.
vampyr *~en ~er* ① 흡혈귀 ② 【동물】 흡혈박쥐.
van [vɑːn] *a*. 경험이 있는, 숙련된, 잘하는, 익숙한; med ~ hand 능숙한 솜씨로; gör som du är ~ 네가 여느 때 하던 대로 해라; ett språk som han är ~ vid 그가 잘 아는 언어.
van|a *–an –or* 습관, 경험; bli en ~ 습관이 되다; han har stor ~ att undervisa 그는 교직경험이 풍부하다; av gammal ~ 오랜 습관으로.
vanartad *a*. 버릇 나쁜, 심술궂은 (vanartig).
vandal *~en ~er* ① 반달 사람 (5세기 민족 대이동 시기에 로마를 휩쓴 게르만족의 한 갈래) ② 무자비한 파괴자.
vandalisera *~r ~de ~t tr*. 파괴하다.
vandalism *~en 0* 파괴, 만행, 파괴욕구.
vandel *~n 0* 행동, 처신, 생활 방식.
vandra *~r ~de ~t itr*. 거닐다, 산책하다, 헤매다; ~ i fjällen 등산하다; ~ omkring 돌아다니다; (전설, 동화 따위가) 한 나라에서 다른 나라로 퍼지다.
vandrar|e *–[e]n ~* 방랑자, 걸어서 돌아다니는 사람.
vandrarhem *~met ~* 유스 호스텔 (간이 숙박소).

vandring *~en ~ar* 방랑, 도보여행, 소풍; folk~ 민족이동.
vandringspris *~et, ~/~er* 쟁탈용상(賞).
vandringsutställning *~en ~ar* 이동전시회(展示會).
vanebildande *a*. (약재, 마약 따위가) 습관성의.
vaneförbrytar|e *–[e]n ~* 상습범.
vanemännisk|a *–an –or* 여러 가지 습관이 뿌리박힌 사람.
vanemässig *a*. 습관적인, 버릇의; 일상의, 판에 박힌.
vanetänkande *~t 0* 구태의연한 생각.
vanfrejd *~en 0* 【고어】 (유죄 선고에

의한) 공민권 상실.
vanför *a*. 지체장애의.
vanföreställning *~en ~ar* 망상, 착각.
vanheder *~n 0* 불명예.
vanhedrande *a*. 불명예의, 수치스런.
vanhelga *~r ~de ~t tr*. 신성을 더럽히다, 남용하다.
vanhävd *~en 0* 농사태만, 관리부실, 피폐.
vanilj *~en 0* ① 【식물】 바닐라 (아메리카 열대지방산의 덩굴 식물) ② 바닐라 열매에서 얻은 향료; ~glass 바닐라 향료를 친 아이스크림.
vank (불변화 en-명사) 결함, 결점; utan någon ~ 결함 없이.
vanka *~r ~de ~t itr*. 무거운 발걸음으로 천천히 가다, 산보하다.

vanka|s *-s -des -ts itr. dep*. 주어지다, 제공되다; det -des något gott 맛 좋은 것이 주어졌다.
vankelmod *~et 0* 우유부단, 망설임, 동요.
vankelmodig *a*. 결단력 없는, 우유부단한, 우물쭈물하는.
vanlig *a*. 보통의, 평소의, 일반적, 흔한; i ~a fall 보통의 경우, 일반적으로; som ~t 평소와 같이, 여느 때처럼.
vanligen *adv*. 대개, 일반적으로.
vanlighet *~en ~er* 보통, 일상, 평소; mot ~en 여느 때와는 달리; efter ~en 여느 때처럼.
vanligtvis ☞ vanligen.
vanlottad *a*. 불리한, 불공평한.
vanmakt *~en 0* ① 무력감 ② 무의식, 인사불성.
vanmäktig *a*. ① 힘없는, 무력의 ② 의식을 잃은.
vanpryd|a *-er -dde -tt tr*. 미관을 손상시키다, 추하게 하다, 볼꼴 사납게 하다.
vanrykte *~t 0* 나쁜 평판, 악평.
vansinne *~t 0* 정신이상, 광기(狂氣); det vore rena ~t att …하는 것은 완전히 미친 짓이야.
vansinnig *a*. 미친, 정신이 나간; har du blivit ~? 너 정신 나갔니?
vanskapad *a*. 불구의, 보기 흉한.
vansklig *a*. 어려운, 힘든, 까다로운.
vansköt|a [vɑ:nʃø:ta] *-er -te -t tr*. 관리를 잘 못하다, 태만히 하다 ~ sig i sitt arbete 직무를 태만히 하다.
vansläkta|s *-s -des -ts itr. dep*. 퇴보하다, 타락하다.
vanstyre *~t 0* 실정(失政), 악정(惡政).
vanställ|a *-er -de -t tr*. 볼 꼴 사납게 하다, 추하게 하다.
vant[1] ☞ vänja.
vant[2] *~et, ~/~er* 돛대 밧줄 (돛대 꼭대기에서 양쪽 뱃전에 치는).
vant|e *-en -ar* 털실로 짠 (벙어리) 장갑; lägga -arna i bordet 파산하다.
vantolka *~r ~de ~t tr*. 잘못 해석하다, 오해하다; 왜곡하다.
vantriv|as *-s -des -ts itr. dep*. 불편을 느끼다, 편치 않다; jag -s med arbetet 나는 직장 일에 전혀 만족하지 않는다.
vantrivsel *~n 0* 불편, 잘 지내지 못함.
vantro *~n 0* 불신, 그릇된 확신, 이단.
vantrogen *a*. 믿지 않는, 이단의, 의심하는.
vanvett *~et 0* 정신이상, 미친 짓.
vanvettig *a*. 미친, 광기의.
vanvård *~en 0* 관리부실 (태만).

vanvårda ☞ vansköta.

vanvördig *a.* 무례한, 불경한, 불손한.

vanvördnad *~en 0* 불경, 무례.

vanära1 *~n 0* 불명예, 치욕; dra ~ över sin familj 가족(집안)을 망신시키다.

vanära2 *~r ~de ~t tr.* 망신시키다, 명예를 손상하다.

vap|en *-net ~,* (복수정형 *-nen*) ① 무기; nedlägga -nen 휴전하다 ② 육해공군 중의 하나; flyg~ 공군 ③ 문장(紋章).

vapen|broder *-brodern -bröder* 전우(戰友).

vapendragar|e *-[e]n ~* 【역사】 기사(騎士)의 시종; 추종자.

vapenfri *a.* (종교, 양심의 이유로) 무기 소지를 거부하는; ~ värnpliktig 비무장 의무병(義務兵).

vapenrock *~en ~ar* 보통 군장(軍裝)의 웃옷.

vapensköld [-ʃœld] *~en ~ar* 문장(紋章)이 든 방패.

vapenslag *~et ~* ☞ vapen ②

vapenstillestånd *~et ~* 휴전.

vapenvägrar|e *-[e]n ~* 양심적 병역 거부 자.

var1 *~et 0* 【의학】 고름, 농즙(膿汁).

var2 *~et ~* (베개, 요, 따위) 잇, 덥개.

var3 *vart pron.* ① 각자의, 각각의, 매(每)…; …마다; ~ dag 매일; ~ femte dag 매 5일마다 ② ~ och en 모든 이, 각자; de gick ~ och en till sin plats 그들은 각자 자기 자리로 돌아갔다; vi betalar ~ och en för sig 우리 각자 지불하도록 하자; det är ~s och ens plikt att …하는 것은 각자의 임무이다 ③ ~ sin 각자의, 각각의; vi fick ~ sina två glassar 우리는 각자 두 개씩 아이스크림을 받았다.

var4 *adv.* 어디에; ~ i all världen har du varit? 도대체 어디에 갔었던 거야?; här och ~ 여기저기에; ~ som helst 어디든지.

vara1 *är var varit* Ⅰ. *itr.* (보어와 함께) …이다, 있다, 발생하다, 개최하다, 머물다; han är smed 그는 대장장이다; var är han? 그는 어디에 있느냐? vad är det nu då? 무슨 일이 생겼느냐?; (가정법) jag vore glad om du kom 네가 온다면 좋겠는데; (명령법) var inte dum! 멍청하게 굴지 마! Ⅱ. *hjälpvb.* när är han född? 그는 언제 태어났느냐?; bilen är (var) stulen 자동차를 도난당했다 (당했었다); han är bortrest 그는 여행 중(출타중)이다 Ⅲ. (강세접사와 함께) ~ av med 잃다, (원치 않는 것을) 면하다, …을 벗어나다, 없애다; ~ med 참가하다; är du med 무슨 뜻인지 이해하니?; ~ med om 동의하다, 일치하다; ~ på …상태(과정)에 있다; den ungen är på allting! 그 애는 무엇이든지 하려고 해!; ~ till 있다, 존재하다.

vara2 *~r ~de ~t itr.* ① 계속하다, 지속(존속)하다; mötet ~de till midnatt 회의는 자정까지 계속되었다 ② (상처 따위가) 곪다.

var|a3 *-an -or* 물품, 상품, 물건; det är äkta ~ 그것은 진짜 물건이다.

vara4 (불변화명사), ta sig till ~ 주의하다, 조심하다; ta till ~ 돌보아 이용하다; ta ~ på (상하지 않도록) 돌보다.

V

varaktig *a.* 지속하는, 영속하는.

varandra/varann *pron.* 서로, 상호간에; de lånade ~s böcker 그들은 책을 서로 빌렸다.

varannan *vartannat pron.* 하나 걸러; ~ dag 하루걸러; efter vartannat 잇따라.

varav *adv.* (av vilken, vilket, vilka) (형식 문체) 그중의 (of which); tre barn ~ två flickor 세 아이 중 여자 둘.

varda *varder vart varden* (*p.p.*), 완료분사 없음; 자동사 bli의 고어형, *varde* (가정법 현재) "varde ljus", och det vart ljus "빛이 있을 지라"하니 빛이 있었도다.

vardag *~en ~ar* 평일 (일요일 이외의 날).

vardaglig *a.* 매일의, 일상의, 보통의, 평범한.

vardagslag (불변화 ett-명사), i ~ 평일에, 일상적으로, 보통.

vardagsmat (불변화 en-명사) 흔히 있는 일, 예사로운 일; det är inte ~ 흔히 일어나는 일이 아니다.

vardagsrum *~met* ~ 거실, 응접실.

vardande, *det är i* ~ 그것은 생성(발달) 중이다.

vardera *vartdera pron.* (여러 개 중의) 하나하나, 각각 (var och en); i vartdera fallet 각각의 경우에; på ~ sidan av floden 강의 양편에.

varefter *adv.* (efter vilken, vilket, vilka) 그 다음, 그 뒤에.

varelse *~n ~r* ① 존재, 동물, 인간; levande ~ 생물 ② 【고어】 삶, 생활.

varenda *vartenda pron.* (단수명사와 함께) 매…, …마다; ~ dag 매일.

vare sig *konj.* ① …이든가 또는…; jag känner inte ~ honom eller hans bror 나는 그도 그의 형도 모른다 ② …인지 어떤지 간에; han måste gå ~ han vill eller inte 그가 원하든 원하지 않든 가야만 하다.

varest *adv.* 【고어】 거기에, 그곳에.

vareviga *varteviga a.* 매(每)…, 모든; hon jobbar ~ kväll och kommer hem sent 그녀는 매일 밤일하고 늦게 집에 온다.

varför *adv.* ① (의문사) 왜, 무슨 이유로; ~ tror du det? 어째서 너는 그렇게 생각하느냐? ② (관계부사) 그러므로, 그런 이유로, 그래서; jag var fökyld, ~ jag stannade hemma 나는 감기에 걸렸다 그래서 집에 있었다.

varg [varj] *~en ~ar* 늑대.

vargavint|er *-ern -rar* 춥고 긴 겨울.

varginn|a [varjina] *-an -or* 암 늑대.

vargung|e *-en -ar* (옛 명칭) 보이스카우트의 유년부원 (8~11세).

varhelst *adv.* 어디든지 (~ än).

vari *adv.* (i vilken, vilket, vilka, vad) 그 안에 (in which), 어디에; hon visste inte ~ hennes verkliga styrka låg 그녀는 자신의 힘이 실제로 어디서 나오는지 알지 못했다.

varia (복수명사) 이 것 저 것, 잡동사니; 한 권에 수록된 논문, 잡문.

variab|el[1] *-eln -ler* 【수학】 변수.

variab|el[2] *a.* 변하기 쉬운, 일정치 않은, 유동적인, 가변적인.

variant *~en ~er* 변체(變體), 변형(變形).

variation *~en ~er* 변화, 변동, 변이.

variera *~r ~de ~t* Ⅰ. *itr.* 변하다, 바뀌다 Ⅱ. *tr.* …에 변화를 주다, 다양

하게 하다.

varietẹ ~n ~er ① 버라이어티 쇼 (노래와 춤, 식사로 엮어진) ② 버라이어티쇼 극장.

varietẹt ~en ~er 이종, 변종.

varifrån *adv*. ① (의문사) 어디에서 (로부터); ~ kommer du? 어디 출신인가?; 어디서 오는 길인가? ② (관계부사) han är från Stockholm, varifrån jag också kommer 그는 스톡홀름 출신인데 나도 거기 출신이다.

varig *a*. 고름의, 화농성의.

varigenom *adv*. (genom vilken, vilket, vilka) …을 통해서 (관계부사); 무엇을 통해서 (의문부사).

varje *pron*. ① 모든, 매(每)…; han kommer ~ dag 그는 매일 온다; i ~ fall 어떠한 경우에도, 어쨌든 ② lite[t] av ~ 이것저것 모두 조금씩.

varjehanda *pron*. 모든 종류의 것.

varjämte *adv*. (tillsammans med vilken (vilket, vilka)) 그것에 더하여, 그것과 함께, 그밖에.

varken *konj*. ~ … eller …도 아니고 …도 아니다 (둘 중에서 어느 쪽도 …아니다); hon blev ~ glad eller ledsen 그녀는 기뻐하지도 슬퍼하지도 않았다.

varkunna ~r ~de ~t *rfl*. 【고어】 ~ sig över …를 동정하다, 불쌍히 여기다.

varlig *a*. 조심하는, 주의 깊은 (varsam).

varm *a*. 따뜻한, (음식, 목욕물이) 뜨거운; 마음으로부터의, 진정한; tre grader ~t 영상 3도; en ~ dag 더운 날; känna sig ~ 온기를 느끼다, 몸이 더워지다.

varmblod ~*et* ~ 순종 말.

varmblodig *a*. ① 변온(變溫) 동물의 ② 혈기에 찬, 욱하는 ③ 정열적인, 색정이 강한.

varmed Ⅰ. *adv*. (med vilken, vilket, vilka); (형식문체) 그것으로써, 그것과 함께 (with which) Ⅱ. (의문부사) 무엇으로 ~ kan jag stå till tjänst? 무엇을 도와 드릴까요?

varmfront ~*en* ~*er* 【기상】 온난전선 (반어 kallfront).

varmgång ~*en* *0* (기계의) 과열.

varmhjärtad *a*. 마음씨가 따뜻한, 온정적인.

varmrätt ~*en* ~*er* (식사의) 주 요리(主料理), 메인코스.

varna [vɑːɳa] ~*r* ~*de* ~*t* *tr*. 경고하다, (…하지 않도록) 주의시키다 (för att göra ngt).

varnagel (불변화명사) 【고어】 honom till straff och andra till ~그에게는 처벌을 다른 사람에게는 경고로, 일벌백계(一罰百戒)로.

varning ~*en* ~*ar* 경고, 주의 (för).

varom Ⅰ. *adv*. (om vilken, vilket, vilka) 그것에 관해서 (about which) Ⅱ. (의문부사) 무엇에 관하여 Ⅲ. *konj*. ~ icke 만약 그렇지 않으면, 딴 방법으로는.

varp[1] ~*en* ~*ar* 【직조】 날실.

varp[2] ~*et* ~ ① 광석 채광 후 남은 돌산 ② (어업) 그물을 끌어올리기 ③ 배를 끄는 밧줄.

varp|a[1] −*an* −*or* ① 【직조】 정경기(整經機) (직조 준비용으로 날실을 많이 감아 두는 데) ② 【스포츠】 넓적한 돌이나 금속판을 던져 세워 놓은 말뚝에 던지는 경기 (고틀란드에서

주로 행해졌던 경기) ③ 던지는 넓적한 돌이나 금속판.

varpa² *~r ~de ~t* ① *tr*. 직조 준비로 날실을 감다 ② (배가) 닻줄을 당겨 움직이다.

varpå Ⅰ. *adv*. (på vilken, vilket, vilka) 그 후 (시간표시 관계부사, after (on) which); Ⅱ. (의문부사) 어디에.

vars¹ *pron*. (관계대명사 소유격) vilkens, vilkets, vilka s(whose, of which), 그 사람[물건]의 (−이) …하는.

vars² *itj*. ja (jo) ~ 좋아요!, 좋지!

varsam *a*. 조심하는, 주의 깊은, 용의주도한.

varse (불변화형용사, 서술적), bli ~ 알아채다, 인식하다, 보다.

varse|bli/ varse|bliva *−blir/ −bliver, −blev −blivit* ☞ **varse**.

varseblivning *~en 0* 【심리】 지각력(작용), 인지.

vars|el *−let ~* ① 예고, 통지 (파업, 해고 따위); strejk~ 파업예고 ② 징후, 전조, 예감.

varsko *~r ~dde ~tt tr*. (미리) 알리다, 경고하다 (~ ngn om ngt).

varsla *~r ~de ~t itr. tr*. …의 전조가 되다, …을 예시(예고)하다; det ~r inte gott 예감(조짐)이 좋지 않다; ~ om strejk 파업을 예고하다.

varsna *~r ~de ~t tr*. 알아채다, 인식하다, 보다.

varsomhelst *adv*. 어디든지, 어디에나.

varstans *adv*. 【일상】 여기 저기, 도처에.

Warszawa 바르샤바 (폴란드의 수도).

vart¹ *adv*. 어디로 (방향); ~ än (helst) 어디든지; ~ ska du? 어디로 가느냐?

vart² (불변화 en−명사), jag kommer inte någon ~ 나는 갈 데가 없다 (진전이 없다).

vart³ ☞ **var³**.

vartannat ☞ **varannan**.

vartefter Ⅰ. *konj*. …한 이후 Ⅱ. *adv*. 뒤에, 후에.

varthelst *adv*. 어디든지.

varthän *adv*. 어디로.

vartill Ⅰ. *adv*. …에 대하여, …에 더하여 (till vilken, vilket, vilka); Ⅱ. (의문부사) 어디에; det brott ~ han gjort sig skyldig 그가 저지른 범죄.

vartsomhelst/vart som helst *adv*. 어디든지; jag åker ~ med dig 너와 함께라면 나는 어디든지 간다.

varu− (복합어에서 vara 대신에 사용) 물건, 상품.

varubeteckning *~en ~ar* 물품 표시.

varudeklaration *~en ~er* 품질 명세서, 품질표시.

varuhus *~et ~* 백화점.

varulv *~en ~ar* 【전설】 이리가 된 인간, 인간 늑대.

varumärke *~t ~n* (등록)상표.

varunder *adv*. (under vilken, vilket, vilka) 그 밑에 (아래에); den byrå ~ katten låg 고양이가 밑에 누워 있는 책상.

varur Ⅰ. *adv*. (ur vilken, vilket, vilka) 그 것으로부터; boken, ~ vi hämtat siffrorna 우리가 숫자를 인용한 책 Ⅱ. (의문부사) varur har du hämtat boken? 어디에서 책을 가져왔는가.

varv¹ *~et ~* 조선소(造船所).

varv[2] *~et ~* 회전, 선회; (경기) 일주, 한바퀴; 회전운동, 순회; 층(層), 켜.

varva *~r ~de ~t tr.* ① 층을 깔다, 켜를 앉히다 ② 【경기】 한 바퀴 이상 앞서다 ③ 교대하다, 차례를 바꾸다.

varvid *adv.* …할 시에 (때에) (at which); han snubblade, ~ han föll 그는 비틀거리다가 넘어졌다.

varvig *a.* 【지질】 ~ lera 연층(年層) 점토.

varvsindustri *~n ~er* 조선업.

varvtal *~et ~* (단위 시간당) 회전수.

vas *~en ~er* 꽃병.

vasạll *~en ~er* 【역사】 봉신(封臣) (봉건 군주에게서 영지를 받은 제후).

vasallstat *~en ~er* 속국(屬國).

vasaloppet 바사 스키경주.

vaselin *~et/~en, 0* 【화학】 와셀린.

vask *~en ~ar* (부엌의) 수채, 물 버리는 곳, 하수구.

vaska *~r ~de ~t tr.* ~ guld 세광(洗鑛)하다, 세광해서 금을 얻다; 【일상】 씻다, 설거지하다.

vass[1] *a.* 날카로운, 예리한; ~ penna 끝이 뾰족한 펜, 통렬한 붓; han har en ~ tunga 그는 독설가다.

vass[2] *~en ~ar* 갈대.

vassl|a *-an 0* 유장(乳漿).

vassla *~r ~de ~t rfl.* 유장이 되다, 유장처럼 되다.

vasslig *a.* 유장(乳漿)의, 유장 비슷한.

Vatikanen 바티칸 궁전, 로마교황청, 교황정부.

watt [va–] (복수명사) 와트 (전력의 단위 W).

vatt|en *-net ~* (복수정형 *-nen*) ① 물, 바다, 수역; soda~ 소다수; högt (lågt) ~ 만(간)조 (滿(干)潮); ta ~ från en källa 샘에서 물을 긷다; ta sig ~ över huvudet 능력에 넘치게 일을 맡다 ② 액체; ~ i lungsäcken 습성 늑막염 ③ 오줌; kasta ~ 오줌 누다.

vattenbad *~et ~* 수욕(水浴), 탕욕(湯浴) (데우려는 재료를 담은 그릇을 소정 온도의 물이 담긴 그릇 속에 넣는 온도 조절법).

vattenbryn *~et 0* 해안에 가까운 호수나 바다의 일부.

vattendelar|e *–[e]n ~* 분수령, 분수계.

vattendrag *~et ~* 개울, 도랑, 수로, 강.

vatttenfall *~et ~* 폭포.

vattenfast *a.* 물에 녹지 않는.

vattenfärg *~en ~er* 그림물감; målning i ~ 수채화.

vattenförorening *~en ~ar* 수질오염.

vattenglas *~et ~* ① 물 컵(잔) ② 물유리 (규산나트륨의 진한 수용액으로 만든 물질).

vattenkann|a *–an –or* 조로 (꽃밭에 물을 주는).

vattenklosett *~en ~er* 수세식 화장실 (W.C.).

vattenkoppor/ **vattkoppor** (복수명사) 수두(水痘), 작은 마마.

vattenkraft *~en 0* 수력(水力).

vattenkraftverk *~et ~* 수력발전소.

vattenkran *~en ~ar* 수도(통)꼭지.

vattenlås *~et ~* 물을 채워 넣기 (하수관내 가스나 악취 누출 방지용으로 관의 구부러진 데에 채워 놓는 물).

vattenmelon *~en ~er* 수박.

vattenmärke *~t ~n* ① (종이, 지폐

따위) 속에 비치는 무늬 ② 수위표(水位標), 만재(滿載) 흘수선(吃水線).

vattenpass *~et ~* (수평)수준기(水準器).

vattenpolo *~n 0* 【경기】 수구(水球).

vattensjuk *a.* 습지의, 질퍽질퍽한, 늪이 많은.

vattenskid|a *-an -or* 수상스키.

vattenspridar|e *-en ~* 살수장치, 스프링클러.

vattenstånd *~et ~* 수위(水位).

vattenstämpel ☞ vattenmärke.

vattentät *a.* 방수의, 물이 새지 않는; 완벽한, 완전한.

vattenång|a *-an 0* 증기, 수증기.

vattkoppor ☞ vattenkoppor.

vattna *~r ~de ~t tr.* (동물, 채소밭에) 물을 주다, 관개하다.

vattna|s *-s -des -ts itr. dep.* det ~ i munnen på mig 내 입에 침이 고인다.

vattnig *a.* 물기가 많은, 축축한.

vattrad *a.* (견직, 유리 등에) 물결무늬가 있는 (vattrig).

Vattumannen 【천문학】 물병자리.

vattuskräck *~en 0* 【의학】 광견병.

vattvälling *~en 0* 묽은죽, 미음.

vax *~et 0* 밀초, 밀랍.

vaxa *~r ~de ~t tr.* …에 밀(蜜)을 바르다, 밀로 닦다.

vaxbön|a *-an -or* 완두의 일종.

vaxduk *~en ~ar* 유포(油布), 기름과 찰흙을 먹인 천 (방수용).

vaxkabinett *~et ~* (유명인사의) 납(蠟) 인형 진열장.

vaxljus *~et ~* 밀랍 양초.

vaxpropp *~en ~ar* 밀랍 귀마개.

wc [vẹse:] *wc-t, wc[-n]* (복수정형 *wc-na*) 수세식 화장실 (W.C.); gå på ~ 화장실에 가다.

VD/vd *VD:n VD:ar*, verkställande direktör의 준말로 기업의 회장이라는 뜻.

ve (불변화명사) 불행, 악; ngns väl och ~ …의 행과 불행; svära ~ och förbannelse över ngn …에게 욕설을 퍼붓다, 저주하다; 【감탄】 ~ mig! 아아 슬프도다!; ~ den dagen! 아아! 참으로! 어찌 한담!

webb *~en 0* 【정보통신】 ☞ www.

webbadress *~en ~er* 【정보통신】 ☞ URL.

webbansvarig *adj.* (주로 명사화해서 사용됨) ☞ 【정보통신】 webbmästare.

webbklient *~en ~er* 【정보통신】 ☞ webbläsare.

webbläsar|e *-[e]n ~* 【정보통신】 인터넷에서 월드 와이드 웹 정보를 검색하는데 사용되는 응용 프로그램. 웹브라우저, 또는 브라우저라고도 한다.

webbmästar|e *-[e]n ~* 【정보통신】 웹 서버, 또는 홈페이지 총 관리자.

webbplats *~en ~er* 【정보통신】 인터넷에서 사용자들이 정보를 필요로 할 때 언제든지 그 것을 제공할 수 있도록 웹 서버에 정보를 저장해놓은 집합체.

webbsajt *~en ~er* 【정보통신】 ☞ webbplats.

webbsid|a *~n -or* 【정보통신】 웹페이지. 월드 와이드 웹의 개별적인 컴퓨터 화면 문서.

veck *~et ~* 주름, 접은 자리, 주름겹단; lägga ett tyg i ~ 천의 주름을

잡다; lägga pannan i ~ 이마를 찌푸리다.

vecka *~r ~de ~t* Ⅰ. *tr.* (천의) 주름을 잡다 Ⅱ. *itr.* 주름지다, 오그라들다.

veck|a *–an –or* 주(週, 일요일에서 토요일까지); veckodag 주중의 평일; veckoslut 주말; en gång i –an 주당 한 번; om en ~ 일주일 후에(지나서); vad är det för veckodag i dag? 오늘은 무슨 요일이냐?

veckig *a.* 주름진, 오므라진.

veckla *~r ~de ~t tr.* …을 감다, 싸다; ~ om …을 싸매다; ~ upp 감싼 것을 펼치다.

vecklar|e *–[e]n ~* 【동물】 잎말이나방.

veckopeng *~en ~ar* 【일상】 아이들의 주당 용돈.

veckopress *~en 0* 주간 종합 뉴스지.

veckotidning *~en ~ar* 주간지 (신문, 잡지).

veck[o]vill *a.* 무슨 요일인지 모르는.

ved *~en 0* 나무, 땔나무, 장작.

vedartad *a.* 나무의, 나무와 비슷한, 목질의.

vedbod *~en ~ar* 장작 헛간.

vederbör|a *opers. itr.* (현재시제 vederbör만 사용됨) den (dem) det – 관계자, (관계자들).

vederbörande Ⅰ. (불변화형용사) 관련된, 해당의, 문제의 Ⅱ. *s.* 당사자, 관계자, (당국); tala med ~ tjänsteman 담당 직원과 말하다.

vederbörlig *a.* 마땅한, 적당한, 당연한.

vederbörligen *adv.* 마땅히, 정당하게.

veder|faras *–far[e]s –fors –farits itr. dep.* 【고어】 (…의 신상에) 일어나다, 닥치다; den ära som –fors honom 그에게 일어난 영광.

vedergäll|a *–er –de –t tr.* 갚다, 보상하다; 복수하다 (hämnas).

vedergällning *~en 0* 보복, 응보, 보답.

vederhäftig *a.* 믿을 만한, 신뢰하는.

vederkvick|a *–er –te –t tr.* 심신을 새롭게 하다, 기운 나게 하다.

vederkvickelse *~n ~r* 기분 상쾌, 원기 회복.

vederlag *~et ~* (경제적) 보상, 지불.

vederlik|e *–en –ar* 동등자, 대등한 사람, 동배(同輩).

veder|lägga *–lägger –lade –lagt tr.* 논파(논박)하다.

vedermäle *~t ~n* 표시, 징표, 증거.

vedermöd|a *–an –or* 고통, 고난, 곤란.

vedersakar|e *–[e]n ~* 적대자, 경쟁자.

vederstygglig *a.* 지긋지긋하게 싫은, 혐오할 만한.

vedertagen *a.* 인정받은, 용인된, 채택된.

vedervilj|a *–an 0* 반감, 혐오 (mot).

vedervärdig *a.* 비위에 거슬리는, 불유쾌한, 혐오스러운.

vedettbåt *~en ~ar* 초계정.

vedkap *~en ~ar* 모터 달린 둥근 톱.

vedlår *~en ~ar* 장작 저장 통.

vedträ *~[e]t ~n* 자른 나무토막.

weekend [wị:k–/vị:k–] *~en, ~er/~s* 주말 (영어 차용어).

vegetabilier [vege–] (복수명사) 식물성 식료품, 야채.

vegetabịlisk *a.* 야채의, 식물성의.

vegetariạn [vege-] *~en ~er* 채식주의자.

vegetạrisk *a.* 야채로 만든, 야채만의.

vegetation *~en ~er* 【집합적】 식물, 초목.

vegetatịv *a.* 생장하는, 생장력 있는.

vegetera *~r ~de ~t itr.* (식물이) 생장하다; 따분한 생활을 하다, 활기 없는 생활을 하다.

vek *a.* ① 구부러지기 쉬운, 부드러운 ② 약한, 연한, 유약한, 심약한.

vek|e *-en -ar* 등 심지, 양초의 심지.

veklagan (불변화 en-명사) 비탄, 애도.

veklig *a.* 부드러운, 나약한, 자극에 민감한.

vekling *~en ~ar* 나약한 사람, 소심한 남자, 심약한 사람.

V

vekna *~r ~de ~t itr.* 부드러워지다, 약해지다.

vektor *~n ~er* 【수학】 벡터, 동경(動徑), 방향량.

vela *~r ~de ~t itr.* 결정하지 못한 채 이랬다 저랬다 하다.

velar[1] *a.* 연구개의.

velar[2] *~en ~er* 【음성학】 연구개 자음.

velig *a.* 결단력 없는, 우유부단한.

vellpapp|wellpapp *~en 0* 주름 잡힌 판지, 마분지.

velocipẹd *~en ~er* 【고어】 자전거.

velodrom [-ọ:m] *~en ~er* (자전거, 오토바이 따위의) 경주장.

velour [-lɷ:r] ☞ **velur**.

veltervikt [vẹltər-] *~en 0* (권투, 레슬링, 유도) 웰터급.

velụr *~en 0* 벨루어, 벨벳처럼 생긴 천의 일종.

vem *pron.* ① (의문사) 누구, 어느 사람; ~ av er …? 당신들 중 누가 …?; jag vet inte ~ som kom 누가 왔는지 나는 모른다; ~ får jag hälsa ifrån? 누구시라고 전할까요? ② (관계절에서), ge det till ~ du vill 네가 원하는 사람에게 그것을 주어라; ~ som helst 누구든지.

vemod *~et 0* 서운함, 무상함, 우울, (약한) 서글픔.

vemodig *a.* 쓸쓸한, 섭섭한, 허전한, 우울한.

vem som helst ☞ **vem** ②.

ven[1] ☞ **vina**.

ven[2] *~en ~er* ① 혈관; 정맥 ② 잎이 부드럽고 가는 풀의 일종.

Venedig 베니스.

venẹrisk *a.* 【의학】 성병의.

venetian [-tsịan] *~en ~er* 베니스(베네치아) 사람.

venetianar|e *-[e]n ~* ☞ **venetian**.

venetiansk *a.* 베니스(풍)의.

venezuelan *~en ~er* 베네수엘라 사람.

venezuelansk *a.* 베네수엘라의.

ventịl *~en ~er* ① 통풍(환기)장치, 액체 조절 장치 ② (기계의) 판, 판막, 밸브, säkerhets~ 안전판.

ventilation *~en ~er* 환기, 통풍.

ventilạtor *~n ~er* 통풍장치.

ventilera *~r ~de ~t tr.* ① (방을) 환기하다, 바람을 쏘이다 ② 토의하다, 토론에 부치다.

ventilgummi *~t ~n* 무시 고무(자전거 바퀴의 바람이 새지 않도록 튜브에 부착하는 작은 고무관).

ventrịk|el *-eln -lar* 【해부】 ① 위

(胃) ② 뇌실(腦室) ③ 심실(心室).

venös *a*. 정맥의, 혈관의.

verạnd|a *-an -or* 베란다, 툇마루.

verb *~et ~* 【문법】 동사(動詞).

verba (복수명사), i klara ~ 분명한 말로, 명료한 말씨로.

verbạl *a*. ① 동사의 ② 말의, 말에 나타난, 어구의 ③ 축어적으로, 한 마디 한마디 (번역의 경우).

verbalsubstantiv *~et ~* 【문법】 동사적 명사, 동명사(예 : läsning 읽기).

verifiera *~r ~de ~t tr*. 증명하다, 입증하다, 확인하다.

verifikation *~en ~er* 확인, 입증, 검증.

veritạbel *a*. 진실의, 틀림없는.

verk *~et ~* ① 일, 노동, 행위; allt detta är hans ~ 이 모두는 그가 한 짓이다; i själva ~et 실제로, 사실상; skrida till ~et, gripa sig ~et an 일을 시작하다 ② 작품, 생산물; litterära ~ 문학작품 ③ 공장, 제작소 ④ 청(廳) 수준의 큰 관공서; skolverket 교육청 ⑤ 기계의 장치, 구조 (움직이는 부분).

verka *~r ~de ~t itr*. ① 일하다, 행동하다; ~ medan dagen är! 해가 지기 전에 일하라! 시간이 있을 때 일하라!; ~ som lärare 교사로서 일하다 ② 작용하다, 효과가 있다; medicinen ~de inte 이 약은 효과가 없었다 ③ …인 것 같다, …처럼 보이다; ~ barnslig 유치하게 보이다.

verkan *~ 0* 영향, 효과, 결과; talet gjorde stark ~ 연설은 강한 효과를 가져왔다; bli utan ~ 효과가 없다; orsak och ~ 원인과 결과.

verklig *a*. 진실의, 진짜의, 현실의, 실제의; ~ händelse 사실.

verkligen *adv*. 참으로, 정말, 실제로; jag vet ~ inte 나는 정말 모른다.

verklighet *~en ~er* 진실, 사실, 현실, 실체.

verklighetsflykt *~en 0* 현실도피.

verklighetsfrämmande *a*. 현실과 동떨어진, 비현실적인.

verklighetstrogen *a*. 실감나는, 생생한, 살아있는 것 같은, 사실에 근거한.

verkmästar|e *-[e]n ~* (노동자 집단의) 십장, 직공장(長), 작업반장.

verkning ☞ **verkan**.

verkningsfull *a*. 효과적인, 반응이 있는.

verkningsgrad *~en ~er* 【기계 · 물리】 효율, 능률.

verkningslös *a*. 무효의, 효과 없는.

verksam *a*. 활동적인, 일하는, 근면한; vara ~ som …으로 일하다.

verksamhet *~en ~er* ① 활동, 사업, 운동, 작용; han började sin ~ i fjol 그는 사업을 작년에 시작했다; lägga ned ~en 폐업하다.

verksamhetsberättelse *~n ~r* 연보(年報), 사업 활동 보고서.

verksläkar|e *-[e]n ~* 큰 관공서 전담 의사.

verk|stad *-staden -städer* 작업장, 수리 장.

verkstadsindustri *~n ~er* 기술 산업.

verkstadsklubb *~en ~ar* 노조의 작업장 분회.

verkställ|a *-er -de -t tr*. 이행하다, 수행하다, (명령, 판결을) 집행하다.

verkställande *a*. 의결사항의 집행권을 갖는; ~ direktör 전무이사, 회장.

verkställighet *~en 0* 집행, 실행; gå

V

i ~ 집행되다.

verktyg [værk-] ~et ~ 도구, 기구, 연장; 수단.

verktygsfält ~et ~ 【정보통신】 도구막대.

vermouth/vermut [værmɵt] ~en 0 베르무트 (강한 포도주의 일종).

vernissage [vænisɑ:ʃ] ~n ~r 전람회 개관식.

vers [væʂ] ~en, ~er/~ar 운문, 시, 시의 한 행(行), 시의 마디; sätta … på ~ …을 운문으로 바꾸다; sjunga på sista ~en 다 죽어가다, 기진하다.

versal ~en ~er (인쇄체) 대문자 (A, B, C 등).

verserad a. 예절바른, 점잖은, 정중한.

vers|fot -foten -fötter 【운율】 운각, 시각(詩脚).

versifiera ~r ~de ~t tr. 시로 만들다, 시(詩)로 바꾸다, (산문을) 운문으로 고치다.

version [værʃɷ:n] ~en ~er ① (개인적 또는 특수한 입장에서의) 해석, 의견, 소견 ② 번역문(서).

verslär|a -an -or 운율학.

versmått ~et ~ 【운율】 보격(步格), 격조.

vertikal[1] [vætikɑ:l] a. 수직의, 세로의

vertikal[2] ~en ~er 수직선(면).

verv [værv]~en 0 (예술작품에서의) 기백, 기력, 활기, 힘.

vesir ~en ~er (회교국의) 고관, 대신.

vesper ~n 0 (가톨릭교) 저녁미사.

vessl|a -an -or ① 【동물】 족제비 ② 벨트가 달린 트랙터.

vestal ~en ~er 【역사】 Vesta 여신(女神)을 섬긴 처녀; 순결한 여성(처녀).

vestibul ~en ~er 현관, 호텔 라운지.

veta vet visste vetat Ⅰ. tr. 알다, 알고 있다, 이해하고 있다; såvitt (vad) jag vet 내가 알기로는; det vet jag väl! 나는 그것을 잘 알고 있지! (알다 뿐이겠나!); vet hut! vet skäms! 부끄러운 줄을 알아야지!; vet du vad vi gör, vi går på bio! 너 말이지, 영화관에 같이 가자!; hur fick du ~ det? 그것을 어떻게 알게 되었니? Ⅱ. (강세접사와 함께) ① ~ av (att) …을 알다, 관계하다; inte ~ av att (ngt) …에 대해서 알지 못하다; honom vill jag inte ~ av 나는 그와 상관을 하지 않겠다 ② ~ med sig 알고 있다; det vet jag säkert med mig 나는 그것을 확실히 알고 있다 ③ ~ om …에 대해서 알다; ingen vet om att jag ligger på lur 내가 숨어서 기다리는 줄을 아무도 모른다 ④ inte ~ till sig (av glädje) (기뻐서) 어쩔 줄 모르다.

vetande[1] a. 알고 있는, 숙지의.

vetande[2] ~t 0 지식.

vete ~t 0 밀 (곡류).

vetebröd ~et ~ 참밀가루로 만든 둥근 빵 (단 맛이 있음).

vetekli ~[e]t 0 밀기울.

vetemjöl ~et 0 밀가루.

vetenskap ~en ~er 과학, 학문, 과학 연구(법), …학; humanistisk ~ 인문과학.

vetenskapa ~r ~de ~t itr. 【일상】 연구에 종사하다.

vetenskaplig a. 과학적, 과학의.

vetenskaps|man -mannen -män 과학자, 학자.

veteran ~en ~er 경험이 많은 대가, 노력가, 노병(老兵).

veterinär ~[*e*]*n* ~*er* 수의사.

veterlig *a*. 알려진; göra ~ 알리다, 공고하다.

veterligen *adv*. mig ~ 내가 알기로는 (veterligt).

vetgirig [-ji:ri(g)] *a*. 지식에 굶주린, 몹시 알고 싶어 하는.

veto ~*t* ~*n* 거부권, 금지; inlägga sitt ~ 거부권을 행사하다.

vetorätt ☞ **veto**.

vetskap ~*en 0* 아는 바, 인식, 이해; få ~ om 알게 되다; utan min ~ 내가 모르게.

vett ~*et 0* ① 분별, 사려, 지각, 판단력, 센스; vara från ~et 제 정신을 잃다, 미치다 ② 예의범절, 단정한 자세.

vett|a -*er* -*e* -*at itr*. ~ mot (åt) …로 향하다, 면해 있다; balkongen vetter mot norr 발코니는 북쪽으로 나있다.

vett|e -*en* -*ar* (사냥) 미끼로 쓰이는 새.

vettig *a*. 분별 있는, 지각 있는.

vettlös *a*. 지각없는, 몰상식한, 무의미한.

vettskrämd *a*. 놀라서 정신을 잃은, 공포에 사로잡힌, 벌벌 떠는.

vettvillig *a*. 미친, 정신 나간.

vev ~*en* ~*ar* [기계] 크랭크, 굽은 축; 손잡이.

veva ~*n 0*, i den ~n, i samma ~ 거의 동시에, 그 순간에, 때를 맞추어.

veva ~*r* ~*de* ~*t itr*. 손잡이를 틀다, 돌리다; ~ i gång (엔진을 시동하기 위해) 크랭크를 돌리다.

whisky [vis-/wis-] ☞ **visky**.

whist ☞ **vist**.

vi *pron*. 우리들, 저희들; ~ andra 남은 우리; oss emellan sagt 우리끼리 얘기지만.

via *prep*. …을 통하여, 경유하여 (genom).

viadukt ~*en* ~*er* 육교(陸橋), 고가교(高架橋).

vibrafon [-o:n] ~*en* ~*er* 비브라폰 (재즈음악에 쓰이는 타악기의 일종).

vibration ~*en* ~*er* 진동, 떨림.

vibrera ~*r* ~*de* ~*t itr*. *tr*. 진동하다, 떨다, 진동시키다.

vice (불변화명사) (관직 등의 명사 앞에서) 부(副)……, 대리…, 차(次); ~ ordförande 부회장.

viceamiral ~*en* ~*er* 해군 중장, 해군 참모 차장.

vicekung ~*en* ~*ar* (속국의) 부왕(副王), 총독.

vice versa 거꾸로, 반대로, 역(逆)도 같음.

vicevärd ~*en* ~*ar* 전세 집 관리인.

vichyvatt|en [viʃ-] -*net 0* 소다수.

vicka ~*r* ~*de* ~*t* Ⅰ. *itr*. 이리저리 흔들리다, 비틀거리다, 들썩거리다, 동요하다; ~ på foten 발을 흔들다 Ⅱ. (강세접사와 함께), ~ omkull 뒤집어지다, 넘어지다; ~ till 기울어지다.

vicker ~*n 0* 【식물】 야생의 완두, 살갈퀴덩굴 속(屬).

vickning ~*en* ~*ar* (파티 후의) 가벼운 저녁식사.

vid[1] *vitt a*. 넓은, 광활한; på ~a havet 대양(大洋)에서; ~ kjol 넓은 스커트.

vid[2] *prep*. ① (장소, 위치) …에, …곁에, …근처에, …가까이에; sitta ~ ett bord 책상 옆에 앉다; uppträda ~

domstolen 법정에 출두하다; staden ligger ~ en flod 도시는 강가에 자리 잡고 있다; han stod ~ vägen 그는 길가에 서 있었다 ② (직장, 소속) …에 속하여, …의 일을 하고; vara [anställd] ~ en firma 어느 회사에 있다; han är professor ~ universitetet i Lund 그는 룬드대학의 교수이다 ③ (시각, 시점) …에, …인 때에, …때쯤, …하는 경우, …과 관련하여; vara försiktig ~ använding av den 그것을 사용할 때 주의하다; redan ~ första besöket 첫 번 방문 시에 이미; ~ midnatt 한밤중에, 자정 경에 ④ (상태) ~ min ära 맹세코 나는; ~ Gud! 하나님께 맹세코, 꼭, 반드시; vara ~ god hälsa 건강상태가 좋다; vara ~ liv 살아있다; van ~ …에 익숙한.

vid³ *adv*. …에 밀착하여, …에 아주 가까이; hon satt ~ [sitt arbete] tills jobbet var klart 그녀는 일이 다 끝날 때까지 붙어 앉아 있었다.

vida *adv*. ① 널리; ~ omkring 두루, 널리, 도처에 ② (정도) (비교급에서) 훨씬 더; ~ bättre 훨씬 더 좋은 ③ så till ~ …한 점에 있어서, …하는 식으로, 그 점에 있어서, 그러한 식으로, …하는 한에 있어서.

vidare *adv*. ① 더 멀리, 더 나아가, 한층 더하여; vad sa han ~? 그가 무어라고 더 말했니?; jag vill inte se honom ~ 나는 그를 더 이상 보고 싶지 않다 ② och så ~ 기타, 등등; tills ~ 당분간, 잠정적으로; utan ~ 간단히, 별 어려움 없이; 기꺼이; 그 자리에서, 즉석에서; 예고 없이, 아무 말 없이 ③ (일상), ingen (inget) ~ 별로 …아닌; det är inget ~ roligt att vara… …한 것은 그리 재미있지 않다 ④ 계속해서 …하는; läsa ~ 계속 읽다.

vidarebefordra *~r ~de ~t tr*. (편지 따위를) 전송(轉送)하다, 송달하다.

vidareutbilda *~r ~de ~t rfl*. (직장관계로) 보충 교육을 받다.

vidbränd *a*. (음식이) 솥 바닥에 눌러 붙은; det luktar vidbränt 눌은 냄새가 난다.

vidd *~en ~er* ① 폭, 나비 ② 범위, 크기, 정도; ~en av olyckan 사고의 정도 ③ (복수로) ~er 넓고 툭 트인 곳.

vide *~t 0* 【식물】 고리버들 (가는 가지는 광주리 짜는 데 사용함).

videoband *~et ~* 비디오테이프.

videobandspelar|e *-[e]n ~* 비디오카세트 녹화기.

videokassett *~en ~er* 비디오카세트.

vidfilm *~en ~er* 와이드스크린 필름.

vidga *~r ~de ~t* Ⅰ. *tr*. 넓히다, 크게 하다(ut) Ⅱ. *rfl*. 넓어지다, 커지다.

vid|gå *-går -gick -gått tr*. 인정하다, 시인하다.

vid|hålla *-håller -höll -hållit tr*. (의견을) 주장하다, 고집하다.

vidimera *~r ~de ~t tr*. 증명하다, 입증하다, 서류 복사본을 원본과 대조 확인하다; ~d avskrift 대조확인 본.

vidj|a *-an -or* 【식물】 고리버들 또는 그 가지 (광주리 짜는 데 사용).

vidkommande (불변화 ett-명사), för mitt ~ 내 입장으로는, 내게 관한 한.

vidkän|nas *-ns -des -ts tr. dep*. ① …을 당하다, (손해를) 입다; få

~ förluster 손실을 보다 ② 인정하다 (인척, 친지 관계를).

vidlyftig *a.* (너무) 광범위한; 품행이 나쁜.

vid|låda *–låder –lådde –lått tr.* 붙어 있다, 결부되다; det felet –låder dem 그들에게 그러한 문제점이 있다.

vidmakt|hålla *–hålla –höll –hållit tr.* 유지하다, 보존하다.

vidrig *a.* ① 넌더리가 나는, 구역질이 나는, 혐오감을 일으키는 ② 거슬리는, 불리한.

vidräkning *~en ~ar* 공격, 비판; göra (hålla) ~ med 책망하다.

vid|röra *–rör –rörde –rört tr.* 스치다, 만지다, 언급하다, 간단히 말하다.

vidskepelse *~n ~r* 미신.

vidskeplig *a.* 미신에 의한, 미신적인.

vidsyn *~en 0* 식견, 통찰력.

vidsynt *a.* 마음이 넓은, 관대한, 편견이 없는.

vid|ta[ga] *–tar/–tager –tog –tagit* Ⅰ. *tr.* (대책, 조치를) 취하다, 행하다 Ⅱ. *itr.* (ta vid), 시작하다, 계속하다.

vidtala *~r ~de ~t tr.* ~ ngn …에게 알리다, 요청하다; han är ~d 그는 통보를 (요청을) 받았다.

vidund|er *–ret ~* 괴물, 도깨비.

vidunderlig *a.* (주로 긍정적 의미에서) 상상하기 어려운, 믿기 어려운.

vidvinkelobjektiv *~et ~* 광각(廣角) 렌즈.

vidöppen *a.* 넓게 열린.

Wien 비엔나.

wienerbröd *~et ~* 커피에 곁들여 먹는 단맛의 빵.

vietnames *~en ~er* 베트남 사람.

vietnamesisk *a.* 베트남의.

vietnamesisk|a *–an –or* ① (단수로만) 베트남어 ② 베트남 여자.

vift *~en 0*, vara ute på ~ 바람 쏘이며 즐기다, 흥청망청 떠들고 놀다.

vifta[1] *~r ~de ~t itr. tr.* 손을 흔들어 신호하다; ~ farväl till ngn …에게 손을 흔들어 작별 인사를 하다; ~ på svansen 꼬리를 흔들다; ~ bort flugor 파리를 쫓다.

vift|a[2] *–an –or* 쫓아버리는 도구.

vig *a.* (몸이) 나긋나긋한, 유연한.

vig|a *–er –de –t tr.* ① 결혼식을 거행하다; vi skall –as borgerligt 우리는 시민 결혼식으로 할 것이다 ② 성화(聖化)하다, 봉헌하다, 성직에 임명하다; ~ ngn till biskop …를 주교에 임명하다; ~ sitt liv åt vetenskapen 생애를 학문에 바치다.

vigg *~en ~ar* 【일상】 소액의 대부, 대여; slå en ~ hos ngn …에게 돈을 좀 빌리다 (빌리려 하다).

vigga *~r ~de ~t tr.* ~ pengar av ngn …에게 돈을 빌리다 (빌리려고 하다).

vigla *tr.* ~ upp ☞ **uppvigla**.

vigs|el *–eln –lar* 결혼식; borgerlig ~ 시민결혼 (신고결혼); kyrklig ~ 교회 결혼; förrätta en ~ 결혼식을 집행하다.

vigselakt *~en ~er* 결혼식.

vigvam|wigwam [vigvam/wigwam] *~en ~er* (북아메리카 원주민의) 원형의 오두막집.

vigör [–gœr] *~en 0* 활기, 활력, 체력; vara vid full ~ 정력이 왕성하다.

vik *~en ~ar* 만(灣), 협만.

vik|a *–er vek vikit/–t* Ⅰ. *tr.* ① 접다,

접어 포개다; ~ ett papper i fyra delar 종이 한 장을 네 부분이 되도록 접다 ② (장소를) 예약하다 Ⅱ. *itr*. 양보하다, 굴복하다 (ge vika), 포기하다; han vek inte från sin ståndpunkt 그는 자기의 입장을 바꾸지 않았다; ~ åt sidan 길을 비켜서다; ~ om hörnet 모퉁이를 돌다 Ⅲ. *rfl*. 몸을 구부리다; ~ sig dubbel av skratt 배를 잡고 웃어대다; gå och ~ sig【일상】잠자리에 들다 Ⅳ. (강세접사와 함께), ~ av till höger 오른편으로 돌다; ~ av från 빗나가다, (진로 등을) 벗어나다; ~ in (안쪽으로) 접어 넣다, 접어들다; ~ tillbaka 후퇴하다, 뒷걸음치다; ~ upp 접어 올리다; ~ ut 펴다, 내밀다.

vikar|e *–[e]n ~* (이마가 좁은) 북해산의 작은 물개.

vikariat *~et ~* 직무대리, 임시직.

vikarie *~n ~r* 직무대리인, 보결.

vikariera *~r ~de ~t itr*. ~ för ngn … (임시로) 대신에 일하다; ~ för rektorn 교장 직무를 대행하다.

viking *~en ~ar* 바이킹 (북유럽 해적, 8~10세기 경).

vikingatiden 바이킹 원정시대 (800~1060 A.D).

vikt Ⅰ. *~en ~er* 무게; mått och ~ 도량형; sälja efter ~ 중량에 따라 팔다 Ⅱ. *~en 0* 중요성, 값어치; fästa (lägga) stor ~ vid ngt …에 중요한 의미를 부여하다; av stor ~ 매우 중요한.

viktig *a*. ① 중요한, 본질적인, 긴급한; en ytterst ~ fråga 지극히 중대한 문제; det ~aste är att … 가장 중요한 것은 …이다 ② 젠 체하는, 자부심이 강한; göra sig ~ 젠 체하다, 뽐내다.

viktigpett|er *–ern –rar* 건방진 자, 거드름 피우는 사람.

viktklass *~en ~er*【스포츠】체중 등급.

viktori|a *–an –or* 승리, 대성공.

viktoriansk *a*. 빅토리아 여왕(시대)의 (1800년대 영국).

viktualier (복수명사)【고어】음식물, 양식, 식료품.

vil|a[1] *–an 0* 휴식, 휴양, 평온 (마음의); 영면(永眠); den sista (eviga) ~n 죽음; gå till ~ 잠자리에 들다.

vila[2] *~r ~de ~t* Ⅰ. *tr*. 눕히다; ~ huvudet mot kudden 머리를 베개에 눕히다 Ⅱ. *itr*. 쉬다, 휴식하다; ~ i frid! 고이 잠들라!; ~ på årorna (노 젓기를 멈추고) 잠깐 쉬다, 한숨 돌리다; mörkret ~de över byn 어둠이 마을에 드리웠다 Ⅲ. *rfl*. 쉬다, 잠자다; ~ upp sig 푹 쉬다.

vild *a*. 야생의; 거친, 난폭한; ~a djur 야생동물; Vilda Västern (개척 시대의) 미국 서부; bli ~ 격노하다.

vilddjur *~et ~* 맹수.

vild|e *–en –ar* 야만인, 미개인.

vildkatt *~en ~er*【동물】살쾡이; (성급한) 난폭한 사람.

vildmark *~en ~er* 황야, 사람이 살지 않는 넓은 땅.

vildsint *a*. 흉포한, 몹시 사나운.

vildsvin *~et ~* 멧돼지.

vildvuxen *a*. (식물이) 마구 퍼진, 거칠게 자라난.

vilj|a[1] *–an –or* 의지, 의욕, 의도; den fria ~n 자유의지; driva sin ~ igenom 자신의 뜻대로 하다, 자신의 뜻을 관철시키다; stridiga –or 갈등을 일으

키는 의지; med eller mot min ~ måste jag gå 나는 좋든 싫든 가야만 한다.

vilja[2] *vill ville velat* Ⅰ. *itr. tr.* (조동사) (의향, 속셈, 희망) …할 작정이다, …하겠다, …하고 싶다; jag vill att du skall göra det 나는 네가 그것을 하기를 바란다; vill du ha mera te? 차 좀 더 하겠니? Nej, det vill jag inte 아니, 더 않겠어; vill du vara snäll och … 미안하지만 …좀 해주겠니; gör vad du vill 네가 하고 싶은 대로 해라; jag vill gärna (skulle gärna ~) följa med 나도 기꺼이 함께 가고 싶다 Ⅱ. *rfl.* det ville sig inte 일이 잘 되지 않았다 Ⅲ. (강세접사와 함께, 본동사 생략), jag vill av här 나는 여기서 내리겠다; jag vill bort härifrån 나는 여기를 떠나고 싶다; jag vill hem 나는 집에 가고 싶다 (가련다).

vilje (불변화 en-명사)【고어, 성서】 의지, 의욕; göra ngn till ~s …가 원하는 대로 하다, …의 원을 들어주다.

viljelös *a.* 의욕이 없는, 저항하지 않는.

viljestark *a.* 의지력이 강한.

viljerstyrka *~n 0* 의지력.

viljesvag *a.* 의지력이 약한.

vilk|en *-et -a pron.* ① (의문사) 어느 것, 어느 쪽, 어느 사람, 누구, 무슨; ~ dag är det idag? 오늘이 무슨 요일이냐? -a böcker har du läst? 무슨 책들을 읽었느냐?; ~ av dem menar du? 그들 중에 누구를 말하느냐?; -a kommer? 누가(어떤 사람들이) 오느냐?; (선행절을 가리킴) boken såldes dåligt, -et var oväntat 책은 잘 팔리지 않았는데, 이것은 예기치 못했던 일이다. ② (관계대명사) huset i -et han bodde 그가 살던 집; den bil i -en han färdades 그가 타고 돌아다니던 차; ③ (감탄사) ~ dag! 좋은(나쁜) 날이야! (기쁘거나 불쾌한 감정을 표시할 때); ~ otur! 재수 더럽군!

vilkendera *vilketdera pron.* (둘 또는 그 이상에서) 어느 것.

vill ☞ vilja.

vill|a[1] *-an -or* (정원을 갖춘) 단독주택.

vill|a[2] *-an -or* 환상, 착각.

vill|a[3] *~r ~de ~t tr.* ~ bort …를 혼란시키다, 계획 따위를 깨뜨리다; ~ bort sig 길을 잃다.

ville ☞ vilja.

villebråd *~et ~* (쫓기는) 사냥물; 추구의 목표.

villervalla *~n 0* 혼동, 뒤죽박죽.

vill|fara *-far -for -farit tr.* 동의하다, 승낙하다, 요구에 응하다.

villfarelse *~n ~r* 오해, 착각, 망상.

villig *a.* 기꺼이 …하려는, 자발적인, …할 준비가 된; ~ till samarbete 협력할 준비가 된.

villkor [-ko:r] *~et ~* ① 조건, 상황, 사정; ställa ~ 조건을 제시하다; på vissa ~ 일정한 조건으로 ② 생활형편; leva i goda ~ 유족한 형편 속에 살다.

villkorlig *a.* 조건부인, 조건부로 한.

villkorsbisats *~en ~er* 【*문법*】 조건절.

villkorslös *a.* 조건 없는, 무조건의.

villolära ☞ irrlära

villospår *~et ~* 잘못된 추적 (단서); leda ngn på ~ …를 추적에서 떨쳐

버리다.

villoväg *~en ~ar*, råka (komma) på ~ar 길을 잃다, 잘못하다.

villrådig *a*. 망설이는, 결단력이 없는, 주저하는.

vilodag *~en ~ar* 공휴일 (직장을 쉬는 날).

vilopaus *~en ~er* 휴식(시간).

vilsam *a*. 휴식을 주는, 편안한 (för).

vilse *adv*. gå (köra, flyga) ~ 길을 잃다; föra ngn ~를 잘못 인도하다; 타락시키다.

vilse|leda *–leder –ledde –lett tr*. 그릇 인도하다, 현혹시키다.

vilseledande *a*. 그르치기 쉬운, 오해하게 하는, 현혹시키는.

vilsegången/vilsekommen *a*. 길을 잃은.

vilsen *a*. 길 잃은, 처진.

vilt[1] *adv*. 격렬하게, 사납게; ~ främmande 전혀 생소한, 낯선.

vilt[2] *~et 0* 사냥물, 추구 물.

vimla *~r ~de ~t itr*. 떼를 지다, 많이 모여들다, 가득 차다 (av); sjön ~r av fisk 그 호수에는 고기가 많다; det ~r av folk på gatorna 거리에는 사람들이 복작거린다.

vim|mel *–let 0* 군중, 혼잡, 쇄도.

vimmelkantig *a*. 현기증 나는, 어지러운, 아찔한.

vimp|el *–eln –lar* 길고 좁은 삼각기(旗), 페넌트.

vimsig *a*. 머리가 산만한, 들뜬, 차분치 못한.

vin[1] *~et ~er* ① 포도주 (보통 알코올 8~14%) ② 포도나무.

vin[2] *~et 0* 바람이 윙윙 거리는 소리, 총알이 팽하는 소리.

vin|a *–er ven –it itr*. 바람이 윙윙거리다, 탄환이 팽하고 나가다.

vinbergssnäck|a *–an –or* 식용 달팽이.

vinbär *~et ~* 【식물】 까치밥나무 (작은 포도 종류로 rött ~, svart ~ 따위가 있음).

vind[1] *~en ~ar* 바람; lätt ~ 미풍, 산들바람; ~en har vänt sig 바람의 방향이 바뀌었다; vara borta med ~en 바람과 함께 사라지다; 경향, (인기, 유행의) 바람; socialdemokratiska ~ar 사회민주당 바람.

vind[2] *~en ~ar* 다락방; på ~en 다락방에.

vind[3] *a*. 휘어진, 뒤틀린.

vinda[1] ☞ skela.

vinda[2] *~r ~de ~t tr*. ~ upp 감다, 감아올리다.

vind|a[3] *–an –or* 메꽃속(屬)의 식물.

vindbrygg|a *–an –or* 【역사】 도개교(跳開橋, 옛날 성의 해자에 걸쳐 놓은) 들어 올리는 다리.

vinddriven *a*. ① 바람에 내몰린; 정처없는, 생활 근거가 없는; –drivna existenser 사회에서 버림받은 자들 ② 풍력을 이용한.

vind|el *–eln –lar* 나선형의 것, 나선용수철.

vindfläkt *~en ~er* 살랑거리는 바람 한 점, 미풍.

vindflöj|el *–eln –lar* 바람개비, (지붕 끝에 설치하는 수탉 모양의) 풍향계, 풍경.

vindfång *~et ~* ① 바깥쪽으로 향한 작은 현관 ② 바람맞이 표면 (거죽); seglet har stort ~ 그 돛단배는 바람을 아주 많이 받는다.

vindfälle *~t ~n* 바람에 쓰러진 나무.
vindil *~en ~ar* 미풍, 산들바람.
vindkantring *~en ~ar* 풍향전환.
vindkraft *~en 0* 풍력 (발전 에너지).
vindkraftverk *~et ~* 풍력발전소.
vindla *~r ~de ~t itr.* (강, 길이) 꼬불꼬불 구부러지다, 굽이치다.
vindling *~en ~ar* 구부러짐, 굴곡, 굽이; hjärn~ 【해부】 뇌회.
vindpinad *a.* 바람에 시달린.
vindpust *~en ~ar* 불어오는 바람 한 점.
vindrut|a *–an –or* 자동차 앞 유리.
vindrutetorkar|e *–[e]n ~* 자동차 앞 유리 와이퍼.
vindruv|a *–an –or* 포도.
vindspel *~et ~* 권양기(卷揚機).
vindstilla[1] (불변화형용사) 조용한, 평온한, 바람 한 점 없는.
vindstill|a[2] *–an –or* 평온, 정적.
vindstöt *~en ~ar* 일진의 바람, 돌풍.
vindsurfer [–sørfa] *~n 0* 파도타기 놀이, 윈드서핑.
vindsvåning *~en ~ar* 다락.
vindögd *a.* 사팔뜨기의, 곁눈질하는.
ving *~en ~ar* 축구팀의 공격수, 윙 (좌, 우).
vingad *a.* 날개가 달린.
vingbruten *a.* 날개가 부러진; 의기를 잃은.
ving|e *–en –ar* 날개; få luft under –arna …을 본격적으로 시작하다; ta ngn under sina –ars skugga …를 보호하다; pröva –arna 스스로 해결하도록 해보다.
vingklipp|a *–er –te –t tr.* 날개를 자르다; 힘을 못 쓰게 하다.
vingla *~r ~de ~t itr.* 비틀거리다, 흔들리다; 동요하다 (의견, 결심).
vinglig *a.* 비틀거리는, 동요하는.
vingmutt|er *–ern –rar* 【기계】 (손가락으로 돌리게 된) 나비 모양의 암나사.
vingslag *~et ~* 날갯짓.
vingård *~en ~ar* 포도밭.
vinjẹtt *~en ~er* 책의 장(章) 머리와 끝의 커트 (장식무늬).
vink *~en ~ar* 손을 흔들기, 신호, 암시; lyda ngns minsta ~ …가 원하는 대로 하다 (시키는 대로 하다).
vinka *~r ~de ~t itr. tr.* 손을 흔들다, 손짓으로 신호하다; ~ adjö åt ngn …에게 손을 흔들어 잘 가라고 하다; ~ av ngn …와 작별하다, (손을 흔들어) 헤어지다; inte ha någon tid att ~ på 할애할 시간이 없다.
vink|el *–eln –lar* 각도, 모서리, 귀퉁이.
vinkelhak|e *–en –ar* 삼각자.
vinkelrät *a.* 수직의 (mot).
vinkla *~r ~de ~t tr.* 기울이다, 비스듬하게 하다, 경사지게 하다.
vinn (불변화명사), lägga sig ~ om ngt …을 위해 애쓰다, 힘쓰다.
vinn|a *–er vann vunnit itr. tr.* ① 이기다, 쟁취하다, 얻다; ~ tid 시간을 벌다; ~ på en affär 장사로 이익을 얻다 ② 좋아지다, 유리해지다; rummet vann på ommöbleringen 가구를 바꿔 놓으니 방이 나아졌다; boken –er i längden 그 책은 (인기가) 차츰 좋아질 것이다 ③ ~ över ngn (경기에서) …를 이기다.
vinnande *a.* 마음을 끄는, (태도 따위가) 애교가 있는.
vinnar|e *–[e]n ~* 승리자; 당첨자 (추첨).

V

vinning *~en 0* 이익, 이득; göra ngt för snöd ~s skull 탐욕을 위해 …을 하다.

vinningslysten *a.* 욕심 많은, 탐욕에 찬.

vin|lägga *–lägger –lade –lagt rfl.* ~ sig om ngt …을 위해 갖은 애를 쓰다(bemöda sig).

vinrank|a *–an –or* 포도덩굴.

vinrättighet *~en ~er* (보통 복수로) 레스토랑의 주류 판매권.

vinsch *~en, ~ar/~er* 윈치, 권양기(卷揚機).

vinscha *~r ~de ~t tr.* 권양기로 끌어 올리다 (감아올리다).

vinst *~en ~er* 이익, 이득, 소득; ren ~ 순이익; dela ~en 이익을 나누다; på ~ och förlust 모험적으로, 투기적으로.

vinstock *~en ~ar* 포도덩굴.

vinsyr|a *–an 0* 【화학】 주석산(酒石酸).

vint|er *–ern –rar* 겨울; i vintras 지난 겨울에.

vinterbona *~r ~de ~t itr.* 겨울철에 지내기 편리하도록 열관리를 잘하다 (절연을 잘하다).

vinterdäck *~et ~* 스노우(동절기) 타이어.

Vintergatan 【천문】 은하수.

vintergrön|a *–an –or* 【식물】 빙카 (유럽원산의 협죽도과(科) 식물).

vintergäck *~en 0* 【식물】 겨울백부자 (白附子, 독초).

vinterlig *a.* 겨울의, 겨울같이 추운.

vinterolympiaden/ vinter-OS 동계 올림픽.

vintersolstånd *~et ~* 【천문】 동지.

vintertid *~en 0* 겨울철.

vinterträdgård *~en ~ar* 겨울철에 내한성 식물을 두는 온실 (휴식, 친교 장소로 사용됨).

vinthund *~en ~ar* 그레이하운드 종의 개.

vintrig *a.* 겨울의, 겨울 같은.

vinyl *~n 0* 비닐.

vinättik|a *–an 0*/ vinäger [–nɛːgər] *~n 0* 강한 식초.

viol [–oːl] *~en ~er* 제비꽃.

viol|a [–oːla] *–an –or* 비올라 (바이올린과 비슷하나 조금 더 큰 악기).

violett Ⅰ. *a.* 보라색의 Ⅱ. (불변화명사) 보라색.

violin *~en ~er* 바이올린, 제금.

violinist *~en ~er* 바이올린 연주자, 제금가.

violoncell *~en ~er* 【악기】 첼로.

violoncellist *~en ~er* 첼로연주자.

VIP [viːajpiː] 요인(要人).

vip|a *–an –or* 【조류】 댕기물떼새.

vipp *~en ~ar*, vara på ~en att 바야흐로 …하려고 하다, …할 지경이다.

vipp|a[1] *–an –or* ① 분첩, 깃털 먼지 털이 ② 【식물】 원추화(서) (圓錐花(序)).

vippa[2] *~r ~de ~t itr.* 위아래(앞뒤)로 움직이다, 시소를 타다; ~ med foten 발을 흔들거리다; ~ på stjärten (새 따위가) 꼬리를 흔들다.

vips *adv.* 【일상】 단번에, 갑자기.

vira[1] *~r ~de ~t tr.* 감다, 묶다.

vira[2] *~n 0* 3인이 하는 카드놀이.

wir|e [vajər] *~en ~er* ☞ vajer.

viril *a.* 남성적인, 남자다운, 씩씩한.

virka *~r ~de ~t itr. tr.* (갈고리바늘로) 뜨개질하다.

virke ~*t* *0* 목재, (건축용) 재목; 재료, 원료, 성격; han är av annat ~ 그는 기질이 다른 사람이다.

virkning ~*en* ~*ar* (갈고리바늘을 이용한) 뜨개질.

virknål ~*en* ~*ar* 뜨개질용 갈고리바늘.

virrig *a.* 머리가 산만한, 혼란스러운.

virrvarr ~*et* *0* 산만, 혼란, 혼잡.

virtuos[1] [vitʉọ:s]/[−ọ:s] ~*en* ~*er* (예술의) 거장(巨匠), 대가.

virtuọs[2] *a.* 대가다운, 명수의, 능란한.

virtuositẹt ~*en* *0* 예술상(특히 음악)의 묘기(妙技), 기교, 탁월한 기량.

virulẹns ~*en* *0* 독성, 병 독성.

virulẹnt *a.* 유독한, 독성의.

virus ~*et* ~ ① 병독, (여과성) 병원체, 바이러스 ② 【정보통신】 컴퓨터 바이러스 (컴퓨터의 정상적 작동에 나쁜 영향을 미치거나 저장된 데이터나 프로그램을 파괴하는 프로그램. 생물학에서 다루는 바이러스처럼 자기 자신을 복제하여 다른 컴퓨터에 전염시키는 특성을 갖고 있다. 컴퓨터 통신이나 불법복사를 통하여 활동범위를 넓혀간다).

virv|el −*eln*, −*lar* ① 선회, 핑핑 도는 것, 소용돌이 ② (북의) 연타(連打).

virvelstorm ~*en* ~*ar* 선풍, 큰 회오리바람, 태풍.

virvelvind ~*en* ~*ar* 선풍; 소용돌이 같은 것, 돌풍.

virvla ~*r* ~*de* ~*t* *itr.* 소용돌이치다, 핑핑 돌다.

vis[1] ~*et* ~ 방법, 태도, 모양, 양식; på koreanskt ~ 한국식으로; på sätt och ~ 어느 면에서는; på inget (intet) ~ 전혀 … 아닌.

vis[2] *a.* 현명한, 슬기로운, 박식한.

vis|a[1] −*an* −*or* 노래; barn~ 동요; folk~ 민요; Höga Visan (Salomons höga ~) 아가(雅歌; 구약성서 중의 일편); bli till en ~ 화제 거리가 되다; (det var) ord och inga −or 가식이 없는 진솔한 말(이었다).

visa[2] ~*r* ~*de* ~*t* Ⅰ. *itr. tr.* (물건, 모습 따위를) 보이다, 보여주다, 진열하다, 나타내다, 안내하다; kyrkklockan ~r rätt tid 교회탑 시계는 정확한 시간을 알린다; undersökningen ~de att … 조사(결과)는 …으로 나타났다; ~ tacksamhet 사의(謝意)를 표하다; ~ ngn vägen till …에게 …로 길을 안내하다 Ⅱ. *rfl.* 보이다, 나타나다, 알려지다, 분명해지다; hans talang ~de sig redan vid första försöket 그의 재능은 벌써 첫 번째 시도에서 나타났다; det ~de sig att beräkningarna var 계산은 …인 것으로 나타났다; ~ sig vara felaktig 잘못된 것으로 판명되다 Ⅲ. (강세접사와 함께) ~ fram 내보이다, 나타내다; ~ tillbaka 거절하다; ~ upp (증명을) 내보이다, (결과물을) 내놓다.

visar|e −[*e*]*n* ~ (시계) 바늘, (계기) 바늘, 침, 표시기; väg~ 길 안내판.

visavị[1] ~[*e*]*n* ~*er* 마주보고 있는 사람, (춤의) 상대역.

visavị[2] *prep.* …와 마주보고, …에 관한, …에 대한.

visavị[3] *adv.* 마주보고, 상대해서.

visdom ~*en* *0* 지혜, 현명함.

visdoms|tand −*tanden* −*tänder* 사랑니.

vis|e −*en* −*ar* 여왕벌.

V

visent ~*en* ~*er* (유럽 종) 들소.
visera ~*r* ~*de* ~*t* *tr*. …에 사증(査證)하다, 배서(背書)하다.
vishet ~*en* *0* 지혜, 현명.
vision [–ʃo:n] ~*en* ~*er* 환상; 이상.
visionär[1] *a*. 환영(幻影)의, 환상적인, 가공의.
visionär[2] ~*en* ~*er* 공상가, 몽상가.
visir[1] ~*en* ~*er* ☞ vesir.
visir[2] ~*et* ~ 【역사】 (투구의) 면갑(面甲) (내려서 얼굴을 가리는 것).
visit ~*en* ~*er* 방문 (인사), 내방, 들름; avlägga ~ hos ngn …를 방문하다.
visitation ~*en* ~*er* 방문조사, 검열.
visitera ~*r* ~*de* ~*t* *tr*. (소지품 등을) 검사하다, 조사하다.
visitering ~*en* ~*ar* (가방, 의복 등의) 조사, 검사.
visitkort ~*et* ~ 명함.

viska[1] ~*r* ~*de* ~*t* *itr*. *tr*. 속삭이다, 귓속말하다.
visk|a[2] –*an* –*or* 작은 비, (빗자루 모양의) 솔, 대솔.
viskning ~*en* ~*ar* 속삭임, 귓속말.
viskositet ~*en* *0* 점질(粘質), 점성(粘性).
visky ~*n* *0* 위스키.
viskös [–skø:s] *a*. 점성(粘性)이 강한, 끈끈한.
visligen *adv*. 현명하게, 지혜롭게.
vismut ~*en* *0* 【화학】 창연(蒼鉛).
visning ~*en* ~*ar* 전시, 전람.
visp ~*en* ~*ar* (달걀, 크림 따위를) 휘젓는 기구.
vispa ~*r* ~*de* ~*t* *tr*. 때리다, 털다, (달걀, 크림 따위를) 휘젓다.
vispgrädde ~*n* *0* 지방분이 많은 크림 (세게 휘저어 사용함), 휘핑크림.

viss *a*. ① (서술적) 확실한, 확실하다고 생각하는; det är ~t och sant 그것은 정말이야 (진짜야); deras seger är ~ 그들의 승리는 확실하다 ② 일정한, 확실히 정해진, 어떤 (상세히 말하지 않고), 어느 정도의; anställd för ~ tid 일정기간 고용된; en ~ ung dam söker dig 어떤 젊은 여자가 너를 찾는다; i ~ mån har du rätt 어느 정도는 네가 맞다; i ~a avseenden 어느 면에서는.
visselpip|a –*an* –*or* 호적(號笛), 호각.
vissen *a*. 시들은; (육체적, 정신적으로) 저조한, 진부한.
visserligen *adv*. …한 것은 사실이나 (대개의 경우 뒤에 men으로 시작되는 절이 따른다).
visshet ~*en* *0* 확신, 확실성.
vissl|a[1] –*an* –*or* 기적(汽笛), 경적(警笛), 호각.
vissla[2] ~*r* ~*de* ~*t* *itr*. *tr*. 휘파람을 불다, (바람이) 씽 불다; ~ efter tjejer 휘파람으로 아가씨를 부르다.
vissling ~*en* ~*ar* 휘파람, 기적(汽笛), 휭 하는 소리.
vissna ~*r* ~*de* ~*t* *itr*. (식물이) 시들다; 노쇠하다.
visso, för visso ☞ förvisso; till yttermera ~ 만전을 기하기 위해, 다시 한 번 강조하건데.
visst *adv*. ① 확실히, 틀림없이; vi har ~ träffats förr 우리는 전에 확실히 만난 적이 있다; ja ~! 물론, 암만; ja ~ ja! 물론이지, 정말이야, 아이구, 깜박 했네; ~ inte 절대로 그렇지 않아 ② 아마, 필경; han har ~ rest 필경 그는 여행을 떠났을 거야.

visste ☞ veta.

vist *~en 0* 【트럼프】 휘스트 놀이.

vista|s *–s –des –ts itr. dep.* 머물다, 체류하다, 거주하다.

vistelse *~n ~r* 머무름, 체재, 체류; under min ~ i Stockholm 내가 스톡홀름에 체류하는 동안에.

vistelseort *~en ~er* 체류지.

visthus *~et ~* (옛 농가의) 식료품 저장실.

visuẹll *a.* 시각의, 눈에 보이는.

vịs|um *~/–umet, –a/–um, best.pl. ~en /visa* 비자, 사증(査證).

vit *vitt vitare a.* ① 하얀, 흰색의; ~ bok 백서 (정부 발행의 보고서); Vita huset 백악관; en ~ 백인; de ~a 백인종 ② 깨끗한, 순결한; den ~a bruden 순결한 신부(新婦).

vit|a *–an –or* (달걀, 눈의) 흰자위.

vitạl *a.* ① 생명의, 생명에 관한, 생생한, 힘찬, 활기에 넘치는 ② 극히 중대한, 사활에 관한.

vitalitẹt *~en 0* 생명력, 활력, 원기, 정력.

vitamịn *~et/~en, ~er* 비타민.

vitaminera/vitaminisera *~r ~de ~t tr.* (음식에) 비타민을 강화하다, 비타민을 보충하다.

vit|bok[1] *–boken –böcker* 백서(白書) (정부가 발표, 공개하는 외교, 경제 보고서 (vit bok).

vitbok[2] *~en ~ar* 【식물】 서나무속(屬) (자작나무과의 낙엽수).

vite *~t ~n* 벌금, 과료(科料).

vitkål *~en 0* 양배추.

vitlimma *~r ~de ~t tr.* 희게 회칠하다, 흰 도료를 칠하다.

vitling/vittling [vịt–] *~en ~ar* 【어류】 대구과의 일종 (유럽산).

vitlök *~en ~ar* 마늘.

vitmena *~r ~de ~t tr.* 희게 회칠하다.

vitmetall *~en ~er* 백색합금.

vitna *~r ~de ~t itr.* 희게 되다.

vitpeppar *~n 0* 후추.

vitrinskåp *~et ~* 유리진열장, 문이 유리로 된 찬장.

vitriọl *~en 0* 【화학】 황산염.

vitrysk *a.* 백러시아의, 벨로루시의.

vitryss *~en ~ar* 백러시아인, 벨로루시 사람.

Vitryssland *~en ~ar* 백러시아, 벨로루시.

vits *~en ~ar* ① 말장난 (동음이의의 말을 장난삼아 씀) ② 익살, 재치; det är det som är ~en med det hela 그것이 바로 핵심이야.

vitsa *~r ~de ~t itr.* (동음이의어를 가지고) 농담하다.

vitsig *a.* 재치(기지)있는, 익살맞은.

vitsipp|a *–an –or* 【식물】 아네모네속의 초본; 북유럽 산 숲바람꽃.

vitsord *~et ~* 증명서, 인정서; (좋은) 성적.

vitsorda *~r~de ~t tr.* 증명(입증)하다, 확인하다; 인정하다, 보증하다.

vitt *adv.* 널리, 넓게, 크게; ~ och brett 두루, 널리; prata ~ och brett om …에 관해 장황하게 말하다.

vitten (불변화명사) 옛날 동전; inte ett (en) ~ 조금도 …않은.

vitter *a.* 문학의, 문학에 조예가 깊은.

vitterhet *~en 0* 문학, 순문학.

vitterhetsakademi *~n ~er* 문학예술원.

vittja *~r ~de ~t tr.* 그물을 비우다; ~ ngns fickor …의 호주머니를 털다.

vittling ☞ vitling.

vittna *~r ~de ~t itr.* 증언하다, 입증하다 (om).

vittne *~t ~n* 증인; bröllops~ 결혼식 증인; ~ till olyckan 사고의 현장 증인.

vittnesbörd *~et ~* 증거, 증언.

vittnesgill [–jil] *a.* 증인의 증거가 (증언이) 유효한.

vittnesmål *~et ~* 증거, 증인.

vittomfattande *a.* (영향 따위가) 멀리까지 미치는, 광대한, 드넓은, (학문이) 포괄적인.

vittra *~r ~de ~t itr.* 【지질】 풍화(風和)하다, 부서져 내리다.

vittring *~en 0* 【사냥】 (짐승이 지나간 자리의) 냄새.

vitvaror (복수명사) (염색하지 않는) 무명, 홑이불, 시트 류.

vitöga *~t 0*, se ngt i ~t (위험을 무릅쓰고) …과 대치하다, …과 직면하다.

viv *~et ~* 【고어】 배우자, 아내.

vivisektịon *~en ~er* 생체해부.

vivre [vịːvrə/vịːvər] *~t 0*, fritt ~ 무료 숙식 (임금조건의 일부).

vivör *~en ~er* 방탕자, 탐색가(貪色家).

vodka [vɔdka] *~n 0* 보드카, 러시아 위스키.

voffla ☞ våffla.

voja *~r ~de ~t rfl.* (아파서, 애처롭게) 말하다, 아야 하고 비명을 지르다.

wok [vɑk]*~en ~ar* 중국식 프라이팬 (고온으로 지글지글 소리가 나도록 구울 때 사용하는 프라이팬).

woka *~r ~de ~t itr. tr.* 중국식 프라이팬을 이용해 지글지글 소리가 나도록 굽다.

vokạb|el *-eln -ler* 단어.

vokabulạ̈r *~en ~er* 단어(집), 어휘(목록).

vokạl[1] *a.* 성대의, 목소리의.

vokạl[2] *~en ~er* 【음성학】 모음.

vokạlisk *a.* 모음의.

vokalist *~en ~er* 성악가, 가수.

vokalmusik *~en 0* 성악.

vokativ [vɔk–] *~en ~er* 호격(呼格).

volạng *~en ~er* (부인복 스커트의) 주름장식.

volfram [vɔl–] *~en/~et, 0* 텅스텐, 볼프람 중석(重石).

volm *~en ~ar* (원추 꼴의) 건초 더미.

volma *~r ~de ~t tr.* 건초 더미를 쌓다.

volontär [–ɔnt–/–ɔŋt–] *~[e]n ~er* 견습생; 옛 직업사병(士兵).

volt[1] *~en ~* 【전기】 볼트, 전위차(電位差).

volt[2] *~en ~er* ① (수영, 체조) 공중회전, 재주넘기 ② 승마장의 둥근 주로(走路), 트랙.

voluminös *a.* 용적이 큰, 부피가 큰, (의복 따위가) 넉넉한.

volỵm *~en ~er* ① 체적, 부피, 양, 음량 ② 책, 권.

vom *~men ~mar* (반추동물의) 첫째 위(胃).

von [fɔn] …의, …출신 (많은 귀족 이름의 일부로 보통 성(姓)앞에 붙임); Carl von Linne 린네 공(公).

vorden ☞ varda.

votera *~r ~de ~t itr. tr.* 투표하다, 가결(표결)하다.

votering *~en ~ar* 투표, 표결 (회의에서); vid en ~ 표결에서.

vot|um *-umet, ~a/-um* (복수정형

~en) 투표, 표결에 관한 발언, 토론에서의 의견 제시; misstroende~ 불신임투표.

vov *itj*. ~ [~]! 멍멍!

vovv|e *-en -ar* 개, 멍멍이 (아동언어).

vrak *~et ~* ① 난파선, 사고 차량의 잔해 ② (질병, 마약 따위로) 영락한 사람.

vraka *~r ~de ~t tr*. ① 가려내다 (버리다) ② ~ bort 헐값으로 팔아버리다.

vrakpris *~et*, *~/~er* 헐값.

vred[1] ☞ vrida.

vred[2] *~et ~* 손잡이, 문고리.

vred[3] *a*. 매우 성난, 몹시 노한.

vrede *~n 0* 격노, 분노; låta sin ~ gå ut (utlösa sin ~) över ngn …에게 화풀이를 하다.

vredesmod *~et 0*, i ~ 격노하여, 분통이 터져.

vredgad *a*. 몹시 화가 난, 성난.

vredga|s *-s -des -ts itr*. *dep*. 격노하다.

vrenska|s *-s -des -ts itr*. *dep*. 다루기 힘들어지다, 순종하지 않다.

vresig *a*. ① 투정부리는, 앵돌아진, 꽤 까다로운 ② 마디가 (혹이) 많은, 마디 진.

vricka *~r ~de ~t itr*. *tr*. ① (발목 따위를) 삐다; jag har ~t [mig i] foten 나는 발을 삐었다 ② ~ på en tand (이를 빼려고) 앞뒤로 흔들다 ③ 노를 젓다.

vrickad *a*. 【일상】 약간 돈, 미친, 바보의.

vrid|a *-er vred vridit* Ⅰ. *itr*. *tr*. 돌리다, 비틀다, 감다; ~ på huvudet 머리를 돌리다; ~ nacken av en höna 닭의 목을 비틀다; ~ och vända på ngt …을 여러 면에서 검토하다 Ⅱ. *rfl*. 돌다, 회전하다; ~ sig av smärta 고통으로 몸을 뒤틀다, 몸부림치며 괴로워하다 Ⅲ. (강세접사와 함께) ~ av 비틀어 떼다 (꺾다); ~ bort huvudet 머리를 돌리다; ~ fram klockan 시계 바늘을 앞으로 맞추어 놓다; ~ om nyckeln 열쇠를 돌리다; ~ på kranen (radion) 수도꼭지를 돌리다 (라디오를 켜다); ~ upp klockan 시계태엽을 감다.

vridbar *a*. 돌릴 수 있는, 회전하는.

vriden *a*. 【일상】 약간 미친, (머리가) 돈; 뒤틀린, 왜곡된.

vridscen *~en ~er* 회전무대.

vrist *~en ~er* 발등, 발목.

vrå *~n ~r* 구석, 구석진 곳, 숨을 곳; jag har inte någon egen ~ 나는 내 자신의 공간이 없다.

vråk *~en ~ar* 【조류】 말똥가리 속(屬).

vrål *~et ~* 으르렁 거리는 소리, 포효(咆哮), 노호.

vråla *~r ~de ~t itr*. 으르렁거리다, 크게 소리 지르다, 고함치다.

vrålap|a *-an -or* 【동물】 짖는 원숭이 (수컷이 짖어대는 듯한 소리를 낸다, 열대 아메리카산).

vrålåk *~et ~* 멋지고 강력한 힘을 가지고 있는 자동차.

vrång *a*. ① 말을 듣지 않는, 순종하지 않는 ② 잘못된, 그른.

vrångbild *~en ~er* 왜곡된 모습, 부정확한 묘사.

vrångstrupen, få ngt i ~ (실수로) …이 목(숨통)에 걸리다.

vräk|a *-er -te -t* Ⅰ. *tr*. ① 내던지다

V

② 퇴거시키다, 축출하다 Ⅱ. *itr*. 쏟아지다, 몰려오다; regnet −er ned 비가 쏟아진다 Ⅲ. *rfl*. sitta och ~ sig 편안한 자세로 다리를 뻗고 앉다; ~ sig i lyx 사치에 빠지다 Ⅳ. (강세접사와 함께) ~ bort (ut) 내던지다, 버리다; ~ ur sig (욕설 등이) 터져 나오다; ~ över ansvaret på ngn …에게 책임을 지우다.

vräkig *a*. 속되게 번지르르한, 야한, 난한.

vräkning *~en ~ar* 축출, 퇴거조치 (주택에서).

vräng|a *−er −de −t tr*. 뒤집다, 왜곡하다, 곡해하다.

vulgär [−gæ:r] *a*. 저속한, 야비한, 속된, 서민의, 일반민의.

vulka *~r ~de ~t tr*. (고무를) 고 온도에서 경화(硬化)하다.

vulkan *~en ~er* 화산.

vulkanisera ☞ **vulka**.

vulkanisk *a*. 화산의, 화산성의.

vulkanutbrott *~et ~* 화산폭발.

vurm *~en ~ar* 열광, …벽, …광(狂), 열 (för, på); samlar~ 수집벽.

vurma *~r ~de ~t itr*. ~ för ngt …에 열광하다, 미치다.

vurp|a[1] *−an −or* 재주넘기, 공중회전; göra en ~ 재주넘다.

vurpa[2] *~r ~de ~t itr*. 재주넘다, 뒤집히다.

vux|en *−et −na a*. 성장한, 성숙한, 어른의; de −na 성인, 어른.

vuxenutbildning *~en ~ar* 성인 교육.

www 【정보통신】 World Wide Web의 약자. 세계 규모의 거미집, 또는 거미집 모양의 망이라는 뜻으로, 하이퍼텍스트 기능에 의해 인터넷상에 분산되어 존재하는 온갖 종류의 정보를 통일된 방법으로 찾아볼 수 있게 하는 광역정보서비스 및 소프트웨어.

vy *~n ~er* 광경, 경치, 전망, 조망(眺望); ha vida (trånga) ~er 넓은 (좁은) 시야를 갖다.

vykort *~et ~* 그림엽서.

vyss[j]a *~r ~de ~t tr*. 어르다, 달래다, 자장가를 불러서 재우다.

våd *~en ~er* (치마, 양산, 낙하산의) 한 폭; 도배지의 한 폭.

våd|a *−an −or* (의도적으로 야기된 것이 아닌) 피해, 사고; av ~ 운수 나쁘게, 잘못하여.

vådaskott *~et ~* 오발탄(誤發彈).

vådeld *~en ~ar* 실화(失火).

vådlig *a*. 위험한, 무서운.

våffl|a *−an −or* 풀빵 (밀가루, 우유, 계란 따위를 반죽하여 구운 것).

våg[1] *~en ~ar* 저울.

våg[2] *~en ~or* 물결, 파도, 파동, 파(波); ~orna går höga 바다에 큰 파도가 친다; gå i ~or 굽이치다, 물결치다.

våga[1] *~r ~de ~t* Ⅰ. *itr*. *tr*. ① 감히 …하다, 위험을 무릅쓰다, 대담하게 …하다 ② (생명, 재산을) 내걸다 ③ jag ~r påstå att … 나는 감히 …라고 주장한다; ~ livet 생명을 걸다 Ⅱ. *rfl*. ~ sig fram [ur gömstället] [은신처에서] 용기를 내어 나오다; ~ sig på ngn …에게 감히 공격하다.

våga[2] *~r ~de ~tr*. ~ håret (머리칼에) 웨이브를 넣다, 물결치게 하다.

vågad *a*. 대담한, 뱃심 좋은, 모험적인, 도전적인.

vågbrytar|e *−[e]n ~* 방파제.

våghals *~en ~ar* 물불 가리지 않는

사람.

våghalsig *a*. 앞뒤를 가리지 않는, 무모한.

vågig *a*. 물결 모양의, 물결이 이는.

våglängd *~en ~er* 【물리】 파장(波長).

vågmästar|e *–[e]n ~* 결정투표권자 (찬반 동수일 때 의장이 됨).

vågmästarpolitik *~en 0* 의견이 다른 2개 블럭 간의 균형을 유지해야 하는 소수당 정부의 정치.

vågrät *a*. 수평면의, 수평의, 가로의

vågskål *~en ~ar* 천평(天平)의 접시.

vågspel *~et ~* 위험한 일, 모험사업.

vågstycke *~t ~n* ☞ vågspel.

våld *~et 0* 폭력, 강제, 힘; göra ~ på sig (감정을) 억제하다, 자제하다; ge sig i ngns ~ …에게 항복하다; med ~ 힘으로, 강제로.

våld|föra *–för –förde –fört rfl*. ~ sig på …에 폭력을 사용하다; ~ sig på en kvinna 여자를 강간하다.

våldgästa *~r ~de ~t itr. tr*. …의 집에 불쑥 가서 숙식을 청하다; 초대도 없는데 쳐들어가다.

våldsam *a*. 격렬한, 맹렬한; 광포한, 폭력적인, 엄청난; göra ~t motstånd 강력하게 저항하다; i ~ fart 맹렬한 속도로.

våldsamhet *~en ~er* 격렬, 맹렬; 폭력, 난폭.

våldsdåd *~et ~* 폭력행위, 난폭한 짓.

våldsrot|el *~n –lar* 강력계,

våldsverkar|e *–[e]n ~* 폭력범, 흉행자(兇行者).

våld|ta[ga] *–ta[ge]r –tog –tagit tr*. 강간하다.

våldtäkt *~en ~er* 강간.

vålla *~r ~de ~t tr*. …의 원인이 되다, 일으키다, 야기하다; ~ ngn smärta …에게 고통을 안겨주다.

vålm/vålma ☞ volm/volma.

vålnad *~en ~er* 유령, 망령, 귀신, 허깨비.

våm ☞ vom.

vånd|a *–an –or* 고뇌, 고통, 고민.

vånda|s *–s –des –ts itr. dep*. 고민하다, 고통을 느끼다.

våning *~en ~ar* ① 아파트; en ~ på tre rum 방 세 개짜리 아파트 ② 층, 계층; bo på tredje ~en 3층에 살다.

våningssäng *~en ~ar* 2층 침대.

våp *~et ~* 바보, 얼간이 (특히 여자).

våpig *a*. 겁 많고 아둔한.

vår[1] *~en ~ar* 봄, 봄철; i ~ ska jag arbeta hårt 올 봄에는 열심히 일하겠다; ~en 1984, 1984년 봄; i ungdomens ~ 한창 젊은 시절에.

vår[2] *poss. pron*. 우리들의, 우리들의 것; ~t lag 우리 팀; ~a män 우리 편 사람들.

våran 【일상】 우리들의 (vår).

våra|s *–s –des –ts itr. dep*. det ~ i markerna 대지에 봄이 오고 있다.

vård[1] *~en ~ar* 비, 비석.

vård[2] *~en 0* 돌봄, 간호, 보호; få ordentlig ~ på sjukhus 병원에서 제대로 치료를 받다; lämna ngn i ngns ~ …을 …의 간호에 맡기다; ta ~ om ngn …를 간호하다, 돌보다; sluten ~ 입원치료, 폐쇄 감호; öppen ~ 통원치료, 개방 감호.

vårda *~r ~de ~t tr*. ① 간호하다, 돌보다; han ~s på sjukhus 그는 병원

에서 요양 중이다 ② 보존하다, 유지하다; ~ sitt språk 말을 가려서 하다.

vårdad *a.* 잘 보존된, 잘 유지된, 세련된.

vårdagjämning *~en ~ar* 【천문】 춘분.

vårdar|e *-[e]n ~* 간호인, 간병인; sjukvårdare 남성 간호인; fångvårdare 교도관.

vårdarinn|a *-an -or* 여성 간병인.

vårdnad *~en 0* 보호, 간호, 돌봄, 양육.

vårdnadshavar|e *-[e]n ~* 보호자, 【법】 후견인.

våldscentral *~en ~er* 보건소.

vårdslös *a.* 보호(관리)가 소홀한, 부주의한, 소홀한.

vårdslösa *~r ~de ~t tr.* 게을리 하다, 방치하다, 소홀히 하다.

vårdslöshet *~en 0* 태만, 부주의, 소홀.

vårdteck|en *-net ~* (복수정형 *-nen*) (합의가 이루어졌다는 사실에 대한) 증거물, 상징 (결혼반지를 가리키는 옛말).

vårflod *~en 0* 봄 홍수 (겨우내 쌓였던 눈이 녹아 내려 냇가나 강둑 가득히 흐르는 물).

vårlig *a.* 봄날의, 봄철의.

vårlök *~en ~ar* 【식물】 마늘 류의 일종 (이른 봄에 옅은 노란색 꽃을 피움).

vårrull|e *-en -ar* 【요리】 춘권채 (春券菜) (얇게 구운 밀전병에 소를 넣고 기름에 튀겨 만든 중국요리).

vårt|a *-an -or* 【의학】 (피부에 나는) 무사마귀; bröst~ 젖꼭지.

vårtermin *~en ~er* 봄 학기 (1월초~6월초).

vårtig *a.* 무사마귀가 있는, 무사마귀투성이의.

våt *a.* 젖은, 축축한; bli ~ om fötterna 발이 젖다; ~ av svett 땀으로 축축한; hålla ihop i ~t och torrt 좋을 때나 나쁠 때나 항상 협조하다.

våtvaror (복수명사) 액체상태의 물품 (술 종류).

våtvärmande *a.* ~ omslag 찜질용 띠 (붕대).

väck *adv.* [puts] ~ 갑자기 사라져 버린; ~ med det! 그것 치워!

väck|a *-er -te -t tr.* ① (잠을) 깨우다 ② (정신적으로) 눈뜨게 하다, (기억, 흥미를) 불러일으키다; ~s av bullret 소음으로 잠이 깨다; han är religiöst ~t 그는 종교에 눈을 떴다; ~ upp ngn [ur sömnen] …를 [잠에서] 깨우다; ~ ngns intresse …의 흥미를 돋구다. ③ (제안, 안건을) 제출하다, 제안하다.

väckarklock|a *-an -or* 자명종시계.

väckelse *~n ~r*, religiös ~ 신앙부흥; ~rörelse 신앙부흥 운동.

väckning *~en ~ar* 깨우기; får jag be om ~ kl.7?, 7시에 (전화로) 날 좀 깨워주겠니?

väd|er *-ret ~* (복수정형 *-ren/-erna*) ① 기후, 날씨, 일기, 기상; vackert ~ 아름다운 날씨; vad är det för ~ idag? 오늘 날씨가 어떠냐?; prata om ~ och vind 시시한 소리를 (내용 없는 말을) 하다; lita på honom i alla ~ 어떠한 경우라도 그를 믿다 ② 공기, 바람; släppa ~ 방귀뀌다; prata i -ret 쓸데없는 소리를 하다 ③ få ~ på en hare (사냥) 산토끼 냄새를 맡다.

väderbiten *a.* 비바람에 시달린, 햇볕

에 탄.

väderkorn *~en 0* (사냥개의) 후각(嗅覺); ha gott ~ 예민한 후각을 갖다; få ~ på ngt …을 냄새 맡다 (눈치채다).

väderkvarn *~en ~ar* (제분소, 양수기의) 풍차.

väderlek *~en 0* 기후, 날씨, 일기.

väderleksrapport *~en ~er* 일기예보.

väderlekstjänst *~en 0* 기상대 (vädertjänst).

väderstreck *~et ~* 나침판의 제 방향 (동, 서, 남, 북 또는 조합형의 방향).

vädja *~r ~de ~t itr.* ① 간청하다, 호소하다, 탄원하다; han ~de till mig om hjälp 그는 나에게 도움을 청했다 ②【법률】항소하다, 상고하다.

vädjan(불변화 en-명사)/ **vädjande** *~t ~n* 간청, 탄원.

vädra *~r ~de ~t itr. tr.* ① 환기하다, 바람을 쐬다; (비유적) en ny teori ~des 새 이론이 소개되었다; ~ sovrummet varje morgon 매일 아침 침실을 환기하다 ② 냄새를 맡다; (비유적) 감지하다, 알아차리다; ~ hare 산토끼의 냄새를 맡아내다; ~ fara 위험을 감지하다.

vädur *~[e]n ~ar* 숫양.

Väduren【천문】백양궁.

väft *~en 0* (직물의) 씨실.

väg *~en ~ar* ① 길, 도로; ~kant 노변; ~märke 이정표; bil~ 차도; lands~ 국도; järn~ 철로; gen~ 지름길; skilje~ 갈림길 ② (주로 전치사 på와 함께 사용) …을 향해 가는 중; hjälpen är på ~ till katastrofområdet 구조대가 재난을 당한 지역으로 가고 있는 중이다; priserna är på ~ uppåt 물가가 상승하고 있다; gå ~en 성공하다; vara på ~ att …하는 중이다 ③ 길, 방법; bana ~ för …의 길을 터놓다; nya ~ar inom språkforskningen 언어연구에 있어서 새로운 방법들; söka andra ~ar för finansieringen 재정 충당을 위해 다른 길을 모색하다; på laglig ~ 합법적인 방법으로; på torra ~en 열을 가하여; på våta ~en 액체에 용해시켜; stå i ~en 방해하다, 길을 막다 ④ något i den ~en 그와 같은 것; 그와 같은 종류의 것.

väg|a *-er -de -t* Ⅰ. *tr.* 무게를 달다; 저울질하다; ~ skälen för och emot 논의를 찬반 양쪽으로 생각해보다; ~ upp …을 저울에 달다 Ⅱ. *itr.* …의 무게가 나가다; 큰 의미를 지니고 있다; 균형을 잡다 den -er 50 kilo 그것은 무게가 50킬로그램이 나간다; chefens ord -er alltid tungt 사장의 말은 항상 중요하게 받아들여진다; det står och -er i matchen 경기는 팽팽하게 진행 중이다.

vägande *a.* 중요한, 중차대한.

vägg *~en ~ar* 벽, 담; (용기, 내장 따위의) 내벽, 안쪽; ~arna har öron 낮말은 새가 듣고 밤 말은 쥐가 듣는다; bo ~ i ~ med ngn …와 이웃지간이다; köra huvudet i ~en 달걀로 바위를 치다; ställa ngn mot ~en …을 꼼짝 못하게 몰아붙이다; tala för tomma ~ar 들어주는 사람 없이 혼자 말하다; det är uppåt ~arna 엉망이 되다.

väggfast *a.* 벽에 고정되어 있는, 붙박이의; en stor sal med ~a bänkar 벽에 고정되어 있는 벤치가 딸린 넓은 홀.

väggkontakt *~en ~er* ☞ vägguttag.

vägg|lus *–lusen –löss* 빈대.

väggmålning *~en ~ar* 벽화.

väggtidning *~en ~ar* 대자보.

vägguttag *~et ~* 【전기】 (벽에 붙인) 콘센트.

vägkant *~en ~er* 노견, 갓길.

vägkart|a *–an –or* 도로지도.

vägkorsning *~en ~ar* 십자로, 교차로.

väglag *~et ~* 도로의 상태.

väg|leda *–leder –ledde –lett* 길을 안내하다; 지도하다.

vägmärke *~t ~n* 도로 표지판; 이정표.

vägnar (복수명사), å (på) ngns ~ …을 대신하여, …을 대표하여; …의 명의로 å (på) ämbetets ~ 공무상; å styrelsens ~ 위원회를 대표하여.

vägnät *~et ~* 도로망, 도로체계.

vägra *~r ~de ~t* 거절하다, 거부하다.

vägran (불변화 en–명사) 거절, 거부.

vägren *~en ~ar* 도로가, 노견 (vägkant).

vägröjar|e *–[e]n ~* ① 안내인 ② 도로안내 표지 ③ 길잡이(가 되는 책); 가이드 북.

vägskylt *~en ~ar* 도로 표지.

vägsträck|a *–an –or* 거리.

väj|a *–er –de –t itr.* (충돌을 피하기 위해) 비껴나다; 회피하다; ~ för en bil som fått fel på bromsarna 브레이크 고장이 난 차를 피하다; han –er inte för våldet i sina filmer 그는 자신이 제작한 영화에서 폭력 사용을 주저하지 않는다.

väjningsskyldig *a.* (운전 시) 양보 의무가 있는.

väjningsplikt *~en ~er* (운전 시) 양보 의무.

väktar|e *–[e]n ~* 파수, 보초, 경비; 수호자; lagens ~ 법의 수호자.

väl[1] *adv.* ① 잘, 좋게, 널리, 광범위하게 det är svårt att skriva ~ på ett skakande tåg 흔들리는 기차 속에서 글씨를 잘 쓴다는 것은 어려운 일이다; det är ~ känt att …는 널리 알려져 있는 사실이다; allt är gott och ~ 모든 것이 다 좋다; göra ~ ifrån sig 잘 하다; hålla sig ~ med ngn …와 잘 지내다; ligga ~ till …하기에 안성맞춤이다; slå ~ ut 성공하다; stå ~ hos ngn …로부터 높은 평가를 받고 있다, …에게 잘 보이다 ② 상당히, 제법, 꽤; 너무, 지나치게; hon är ~ ung 그녀는 너무 어리다 ③ …이 약간 넘게, …을 약간 초과하게 (drygt); gott och ~ en timme 족히 한 시간 ④ (사건이나 행위가) 발생한 후에 ~ hemkommen slängde hon sig på sängen och somnade 집에 돌아온 후 그녀는 침대에 몸을 던져 잠에 빠졌다 ⑤ 반면에(däremot); jag såg inte … men ~ hans bror 나는 …를 보지 못했으나 그의 동생은 보았다.

väl[2] *adv.* ① 아마; han blir ~ frisk någon gång 그는 언젠가는 건강해질 것이다; det kan ~ hända att boken är tråkig, men … 그 책이 재미없을지도 모르나 … ② 여하튼, 아무튼; vi kan ~ ta en promenad 하여튼 산보하러 나가자 ③ (의문문에서 허사로 사용), vem kunde ~ tro nåt sånt om henne? 누가 그녀에 관해 그런 것을 믿을 수 있었겠느냐?

väl[3] (불변화 ett-명사) 안녕, 행복; mitt ~ och ve beror på honom 나의 행복과 불행은 그에게 달려 있다.

välartad *a.* 행실이 좋은, 장래가 촉망되는.

välbefinnande *~t 0* 안녕, 행복.

välbehag *~et 0* 쾌감, 만족.

välbehållen *a.* 무사한, 좋은 상태에 있는.

välbeställd *a.* 유복한, 부유한.

välbetänkt *a.* 심사숙고한, 사려 깊은.

välboren *a.*【고어】사람의 이름 앞에 붙이는 경칭 välborne herr … 존경하는 …씨.

välbärgad [-bærjad] *a.* 유복한, (경제적으로) 넉넉한.

välde *~t ~n* ① 제국; det romerska ~t 로마제국 ② 지배, 권력; penning~ 금권지배.

väldig 거대한; 막강한.

välfunn|en *a.* 적질한, 적당한, 안성맞춤의; ett -et exempel 적절한 예.

välfägnad [-fɛŋnad] *~en 0* 산해진미.

välfärd *~en 0* 복지, 안녕.

välfärdsstat *~en ~er* 복지국가.

välfödd *a.* 살찐, 뚱뚱한; 영양이 좋은.

välförrättad *a.* (일, 임무 등을) 잘 수행한, 잘 마친.

välförtjänt *a.* 제 힘으로 얻은, (보답 따위가) 당연한.

välgjord *a.* 잘 만든.

välgång *~en 0* 성공, 행운; 번영, 번창, 융성.

välgärning *~en ~ar* 선행.

välgörande *a.* ① 상쾌한, 후련한; det känns ~ att äntligen få tala ut 마음속에 담고 있는 것을 말하고 나니 가슴이 후련하다 ② 자선의, 자비로운; en insamling för ~ ändamål 자선 모금.

välgörar|e *-[e]n ~* 자선을 (은혜를) 베푸는 사람, 후원자.

välgörarinn|a *-an -or* 자선을 (은혜를) 베푸는 여자, 후원하는 여자.

välgörenhet *~en 0* 선행, 자선, 후원.

välj|a *-er valde valt itr. tr.* 고르다, 선택하다, 뽑다; ~ och vraka 신중히 고르다, 선발하다; välj dina ord! 말조심해!

väljar|e *-[e]n ~* (집합적) 선거인, (한 선거구의) 유권자.

väljarkår *~en ~er* (한 지구의) 선거인, 유권자.

välkommen[1] *a.* 환영받는, 기꺼이 받아들여지는.

välkommen[2] *itj.* 어서 오십시오; ~ tillbaka! 또 와! 또 봐!; hälsa ngn ~ …을 환영하다.

välkomna *~r ~de ~t tr.* 환영하다, 기꺼이 맞이하다.

välkomstfest *~en ~er* 환영파티.

välkomsthälsning *~en ~ar* 환영인사.

välkänd [-çɛnd] *a.* 잘 알려진.

väll|a *-er -de -t* Ⅰ. *tr.* ~ fram 솟아나오다, 분출하다; blodet -de fram ur det djupa såret 깊은 상처에서 피가 솟구쳤다 Ⅱ. *tr.* 용접시키다.

vällevnad *~en 0* 호사, 호사스런 생활.

välling *~en ~ar* 오트밀, 죽.

välljud *~et 0* 듣기 좋은 소리, 화성, 해조(諧調).

vällovlig *a.* 칭찬할 만한; 떳떳한, 명예로운; i ~a ärenden 떳떳한 용무로.

V

vällukt *~en 0* 좋은 냄새, 향기.

vällust *~en 0* 쾌락, 쾌감 (관능적); en svag ~ började stiga inom henne 희미한 쾌감이 그녀 내부에 일기 시작했다.

vällustig *a.* 관능적인, 육감적인, 요염한.

vällusting *~en ~ar* 주색에 빠지는 사람, 호색가.

välmatad *a.* 알찬, 충실한.

välmenande *a.* 선의의, 호의의.

välmening (불변화 en-명사) 선의, 호의.

välment *a.* 선의의, 선의에서 나온.

välmåga *~n 0* ① 양호한 건강상태 ② ☞ **välstånd**.

välrenommerad *a.* 평판이 좋은.

välsigna [-siŋna] *~r ~de ~t tr.* 축복하다.

välsignad *a.* ① 신의 은총을 입은, 축복받은, 반가운; vara i välsignat tillstånd 임신 중이다 ② 저주받을; 지독한; 지겨운.

välsignelse *~n ~r* ① 신의 은총, 축복 ② 반가움; 승인; det var ändå en ~ att han fick dö 그가 죽게 된 것은 그래도 고마운 일이었다.

välsituerad *a.* 유복한, (경제적으로) 넉넉한.

välskapad *a.* 잘 생긴; 건강하게 태어난; det blev ett välskapat gossebarn 건강한 사내아이가 태어났다; hon är ~ 그녀는 아름다운 몸매를 가지고 있다.

välskrivning *~en 0* 서법(書法).

välskött *a.* 잘 가꾸어진, 잘 다듬어진, 잘 보살펴진.

välsorterad *a.* 잘 구비된, 많은 것을 갖추고 있는; den här affären är ~ 이 가게에는 많은 물건이 구비되어 있다.

välstånd *~et 0* 부(富), 부유함.

vält *~en ~ar* 땅 고르는 기계, 롤러.

vält|a[1] *-er -e - itr. tr.* 엎어지다, 전복하다; 굴러 떨어뜨리다, 굴리다; bilen -e i diket 자동차가 개천으로 굴렀다.

välta[2] *~r ~de ~t tr.* 땅 고르는 기계로 (땅을) 고르다.

vält|a[3] *-an -or* 통나무를 쌓아 올려 놓은 것, 통나무 더미.

vältalar|e *-[e]n ~* 명연설가, 웅변가, 능변가.

vältalig *a.* 웅변의, 능변의.

vältalighet *~en 0* 웅변, 능변; 웅변술.

vältra *~r ~de ~t* Ⅰ. *tr.* 굴리다; ~ bort stenen 돌을 굴러 치우다 Ⅱ. *rfl.* 구르다; ~ sig i sängen 침대에서 엎치락뒤치락하다.

välunderrättad *a.* 정보에 밝은, 잘 알고 있는, 견문이 넓은.

väluppfostrad *a.* (가정)교육을 잘 받은.

välv|a *-er -de -t* Ⅰ. *tr.* ① 활모양으로 하다 (굽히다), …에 아치를 만들다; kyrkans tak -des högt 교회지붕이 드높이 아치형을 이루고 있었다 ② (계획, 생각 등을) 품다; ~ stora planer 큰 계획을 품고 있다 Ⅱ. *rfl.* 아치를 이루다, 활모양으로 되다 (굽다).

välvd *a.* 아치를 이루고 있는, 활모양으로 굽은; vackert ~a ögonbryn 아름답게 굽은 눈썹.

välvilja *~n 0* 호의; hysa ~ mot (för) ngn …에게 호의를 품고 있다.

välvillig *a.* 호의를 가지고 있는, 상냥한; ~a känslor 호감.

väm|jas *–jes –[j]des –[j]ts itr. dep.* 구역질나다, 구토증을 느끼다; 혐오감을 느끼다 han –des vid lukten av barnbajs 그는 아이의 똥 냄새에 구토증을 느꼈다.

vämjelig *a.* 구역질나게 하는; 혐오감이 드는.

vämjelse *~n 0* 구역질, 구토; 혐오감.

vän[1] *a.* 고운, 아름다운.

vän[2] *~nen ~ner* 친구, 동무; en god ~ till mig 나의 가까운 친구; släkt och ~ner 친지들; bli [goda] ~ner igen 다시 친구가 되다, 화해하다; djur~ 동물애호가.

vänd|a[1] *–er –e vänt* Ⅰ. *itr. tr.* (방향을) 돌리다, (어떤 방향으로) 향하게 하다; 바꾸다, 바꾸어지다; vi blev tvungna att ~ på halva vägen 절반까지 와서 우리는 돌아가야 했다; det var för sent att ~ om 돌아가기에는 너무 늦었다; ~ blad 책장을 넘기다; ~ bort ansiktet i skam 수치심으로 얼굴을 돌리다; ~ den negativa utvecklingen 부정적 사태진전을 바꾸어 놓다; ~ kappan efter vinden 형세(여론)에 따라 자신의 태도를 바꾸다, 지조가 없다; ~ ngn ryggen …에게 등을 돌리다; ~ på slantarna 돈을 쓰기 전에 잘 생각해보다; ~ upp och ned 완전히 뒤바꾸어 놓다; ~ ut och in (안팎을) 뒤집다 Ⅱ. *rfl.* ① 접촉하다, 문의하다; han blev tvungen att ~ sig till en advokat 그는 변호사와 접촉할 수밖에 없었다; inte veta vart man skall ~ 어찌할 바를 모르다 ② 순회하다, 회전하다, 돌다, (방향을) 바꾸다; det –er sig i magen på mig 뱃속이 뒤집히는 것 같다; ~ sig i sängen 침대에서 엎치락뒤치락하다; ~ sig mot ngn a) …를 향하다 b) …에게 (질문, 문의 따위로) 공격하다 c) …를 적대하다 d) …에게 (의심, 혐의 등을) 두다; ~ sig till ngn a) …를 향하다 b) …에게 (질문, 문의 등을) 하다 Ⅲ. (강세접사와 함께) ① ~ om a) 돌아가다 b) (책장을) 넘기다, 돌리다; ~ sig om efter ngn …를 향해 몸을 돌리다 ② ~ tillbaka 돌아가다 ③ ~ åter 돌아가다.

vänd|a[2] *–an –or* ① gå en ~ ut i badrummet 욕실에 잠깐 다녀오다 ② 차례, 순배, (경기 등의) 한 회.

vändkors *~et ~* 회전식 문(門).

vändkrets *~en ~ar* 【지리】 회귀선; Kräftans ~ 북회귀선; Stenbockens ~ 남회귀선.

vändning *~en ~ar* ① 회전, 돌기; 전환, 발전; 변화; en ~ från ett underskott på 10 miljoner till en vinst på två miljoner 천만 크로나의 적자에서 2백만 크로나의 흑자로 전환; vara snabb i ~arna 일처리가 기민하다 ② 표현, 말투; planen har redan i skarpa ~ar fördömts 그 계획은 이미 혹독하게 비난을 받았다.

vändpunkt *~en ~er* 전환점.

vändskiv|a *–an –or* 【철도】 전차대(轉車臺), 회전대.

Vänern 배네른 (스웨덴 서남부에 위치한 최대의 호수).

vänfast *a.* (친구 간에) 신의가 있는.

väninn|a *–an –or* 여자친구.

vänj|a *–er vande vant* Ⅰ. *tr.* 익숙하게 하다, 길들이다; det tog några ögonblick att ~ ögonen vid dunklet därinne 그 어두운 곳에서 눈이 트이는 데 몇 초가 걸렸다; han försökte ~ henne av med att gråta i tid och otid 그는 시도 때도 없이 우는 그녀의 버릇을 고치려고 노력했다 Ⅱ. *rfl*. 익숙해지다, 길들다; hon kunde aldrig ~ sig vid att stiga upp tidigt på morgnarna 그녀는 아침에 일찍 일어나는 일에 절대로 익숙해질 수가 없었다; ~ sig av med att baktala andra människor 다른 사람을 헐뜯는 습관을 고치다.

vänkrets *~en ~ar* 친구지간, 사귀는 사람들, 교제부류.

vänlig *a*. 친절한, 상냥한; 다정한 ett ~t mottagande 친절한 응접; vill ni vara ~ och räcka mig saltet (정중한 표현으로) 죄송합니다만 소금 좀 저에게 건네주시겠습니까?

vänlighet *~en ~er* 친절, 상냥함, 친밀; gäst~ 손님에게 친절함; regerings~ 친정부적인 태도 [행위].

vänskap *~en 0* 우정; fatta ~ för ngn …에게 친구로서의 정을 가지게 되다.

vänskaplig *a*. 친절한, 상냥한, 다정한, 친구 같은, 격의 없는.

vänskapsbevis *~et ~* 우정의 증거 (증표).

vänsla|s *-s -des -ts itr. dep*. 다정하게 어루만지며 키스하다.

vänster[1] *a*. 왼쪽의, 좌익의; hon satt på hans vänstra sida 그녀는 그의 왼쪽에 앉아 있다; partiets vänstra flygel 당의 좌파.

vänst|er[2] *-ern -rar* ① (부정형단수로만 사용가능) 왼쪽; hon satte sig till ~ om honom 그녀는 그의 왼쪽에 앉았다 ② 좌익, 좌파 (정치적인 그룹); ~parti 좌익정당 ③ (권투시합) 레프트, 왼 주먹 강타.

vänsteranhängar|e *-[e]n ~* 좌파, 좌익분자.

vänsterhänt *a*. 왼손잡이의.

vänsterorienterad *a*. 좌경의.

vänsterparti *~[e]t ~er* 좌파정당.

vänsterprass/el *-let ~* 혼외정사.

vänsäll *a*. 친구가 많은.

vänta *~r ~de ~t* Ⅰ. *itr. tr*. ① 기다리다; 늦추다, 연기하다; stå i kö och ~ 줄을 서서 기다리다; ~ med att låsa dörren; 아직 문을 잠그지 않다; ha ett jobb som ~r när man slutar skolan 학교가 끝나면 기다리는 직장이 있다; ~ på ditt besked 너의 회답을 기다리다; ~ på att ngn skall komma …가 오기를 기다리다; låta ~ på sig 지체하다; ~ bara! 두고 봐! 조심해! ② 기대하다, 예상하다; regeringen kan ~ kritik för sitt beslut 정부는 자신의 결정사항에 대해 비난을 받을 소지가 있다; resultatet blev bättre än ~t 결과는 예상외로 좋았다 Ⅱ. *rfl*. 기다리다, 기대하다; ekonomin återhämtade sig snabbare än någon ~t sig 경제는 기대했던 것 보다 더 빨리 회복되었다 Ⅲ. (강세접사와 함께) ① ~ in …이 들어오는 것을 기다리다; tåget ~s in kl. 10, 열차는 10시 도착 예정이다 ② ~ ngn tillbaka …가 돌아오기를 기다리다 ③ ~ ut ngn …이 나오기를 기다리다.

väntan (불변화 en-명사) 기다림, 기대; i ~ på …을 기다리며.

vänteläge *~t ~n* 【정보통신】 대기상태.

väntetid *~en ~er* 기다리는 시간, 대기시간.

väntjänst *~en ~er* (우정이나 친절에서 나온) 행위, 처사.

väntrum *~met ~* (특히 병원의) 대기실.

väntsal *~en ~ar* 대기실, (특히 기차역의) 대합실.

väpna *~r ~de ~t tr.* …을 무장시키다.

väpnar|e *–[e]n ~* 【역사】 기사(騎士)의 종자(從者).

väppling *~en ~ar* 【식물】 토끼풀, 클로버.

värd[1] *a.* ① (술어적으로) …할 가치가 있는; …에 상당하는; tavlan anses vara ~ omkring en miljon 그 그림은 백만 크로나에 상당하는 가치가 있다고 평가 된다; det är knappast värt försöket 그것은 시도해 볼 만한 가치도 없다; det är fara värt 위험을 무릅쓸 가치가 있다; vara ~ sin vikt i guld 매우 가치가 높다 ② 존경스러운 min ~e vän 존경하는 나의 친구.

värd[2] *~en ~ar* (손님을 접대하는) 주인, 주인노릇; 집주인; 여관집주인; 식당지배인; 호텔지배인.

värde *~t ~n* 가치, 장점, 쓸모; känna ngns ~ …의 가치를 인식하고 있다; sätta ~ på ngt …에 가치를 부여하다, …를 중요하게 생각하다; av ringa ~ 값어치가 없는; falla (minska, sjunka) i ~ 가치가 떨어지다; stiga (gå upp) i ~ 가치가 오르다.

värdebeständig *a.* 안정된, (가치가) 변하지 않는.

värdebrev *~et ~* 등기우편, 보험우편.

värdefull *a.* 가치 있는.

värdeföremål *~et ~* 귀중품.

värdehandling *~en ~ar* (금전적 가치가 있는, 귀중한) 문서.

värdelös *a.* 가치 없는, 무가치한.

värdemiskning *~en ~ar* 가치하락.

värdepapper *~et ~* 유가증권 (어음, 수표, 채권, 증권 등).

värdera *~r ~de ~t tr.* ① (가치를) 평가하다; 측정하다, 판단하다; ned~ 과소평가하다; ~ riskerna för människor och djur 인간과 동물에 끼치는 위험을 측정하다 ② 높이 평가하다, 귀중하게 여기다; vår ~de medarbetare 우리가 존경하는 동료.

värdering *~en ~ar* 가치평가.

värdesak *~en ~er* 귀중품 (värdeföremål).

värdestegring *~en ~ar* 가치상승.

värde|sätta *–sätter –satte –satt* (가치를) 평가하다.

värdesättning *~en ~ar* 가치평가.

värdeökning *~en ~ar* ☞ **värdestegring**.

värdfolk *~et ~* (연회 등의) 남자주인과 여자주인.

värdig *a.* ① …에 어울리는, …하기에 족한, …할 자격이 있는; hon kände sig inte ~ hans kärlek 그녀는 자신이 그의 사랑을 받을 자격이 없다고 느꼈다; en ~ segrare 충분한 실력을 갖춘 승리자; det är dig inte ~t att handla så 그렇게 행동하다니 너답지 않구나 ② 위엄 있는; med ~ min 당당한 표정으로.

värdiga|s *–s –des –ts itr. dep.* 친히 (손수) …하다, …하는 은혜를 베풀다; skulle kungen ~ mottaga honom?

국왕께서 친히 그를 영접하실 것입니까?

värdighet *~en ~er* ① 위엄, 체신, 품위, 격, 위신; det är under min ~ att syssla med sådant 그러한 일을 한다는 것은 내 위신에 맞지 않다 ② 지위, 계급, 서열.

värdinn|a *–an –or* (연회 등의) 여주인; 집 여주인; 식당 지배인; 호텔 지배인; (회사 따위의) 응접(접수)계원; 가정부; 우두머리 하녀.

värdhus *~et ~* 여인숙, 여관, 식당.

värdskap *~et 0* (연회 등의) 주인 노릇; sköta (utöva) ~et (식탁 등에서) 주인노릇을 하다.

värj|a[1] *–an –or* 가늘고 긴 쌍날의 검 (주로 결투용); 【펜싱】 에페 (끝이 뾰족한 시합용의 검).

värj|a[2] *–er –de –t* Ⅰ. *tr*. 방어하다, 수비하다, 막다, 지키다 Ⅱ. *rfl*. 자신을 방어하다, 자신을 지키다; jag kunde inte ~ mig för misstanken att 나는 …라는 의혹을 떨쳐버릴 수가 없었다.

värk *~en ~ar* 아픔, 통증, 진통; 산고; jag har ~ i hela kroppen 나는 온 몸이 아프다.

värk|a *–er –te –t itr*. 아프다, 진통이 있다; det –er i fingret [på mig] 손가락이 아프다.

värkbruten *a*. 류머티즘으로 거의 몸을 못 쓰는.

värld [vɛːd]*~en ~ar* ① 온 세계, 천지, 우주, 삼라만상; ~salltet 천지만물, 삼라만상; ~ens skapelse 천지창조, 세계창조 ② 세계, 지구; väst~ 서구[세계]; tredje ~en 제3세계 ③ …계; (특정분야의) 세계 ande~ 정신계; djur~ 동물세계; barnets ~ 아이들의 세계.

världsalltet (불변화 ett-명사) 천지만물, 삼라만상.

världsatlas *~en ~er* 세계지도.

världsbekant *a*. 세계적으로 알려진.

världsberömd *a*. 세계적으로 유명한.

världsbild *~en ~er* 세계상(像), 세계관.

världsdel *~en ~ar* 세계 7대륙 중의 하나.

världsett|a *–an –or* 세계 1위(최고).

världsfred *~en 0* 세계 평화.

världsfrånvänd *a*. 속세를 등진, 염세의.

världsförbättrar|e *–[e]n ~* [사회]개혁가.

världshandel *~n 0* 세계 무역, 국제무역.

världshav *~et 0* 대양, 해양.

världshistori|a *~n/–en, –er* 세계사.

världskart|a *–an –or* 세계 지도.

världsklok *a*. 물정에 밝은, 처세에 능한.

världskrig *~et ~* 세계 전쟁.

världslig *a*. 세속적인.

världsmakt *~en ~er* 강대국.

världs|man *–mannen –män* 세정에 밝은 사람, 교제에 능란한 사람.

världsmarknad *~en 0* 세계 시장.

världsmedborgar|e *–[e]n ~* 세계인 (세계 전체를 자신의 모국으로 간주하는 사람), 세계주의자.

världsmästar|e *–[e]n ~* 세계 챔피언 (선수권자).

världsmästarinn|a *–an –or* 여자 세계 챔피언.

världsmästerskap *~et 0* 세계선수권 대회(VM).

världsomfattande *a.* 세계적인.

världsordning *~en 0* 세계 질서.

världsrekord *~et 0* 세계 기록.

världsrymd *~en ~er* 우주.

världssmärta *~n 0* 세계고(苦), 비관적 세계관.

världsutställning *~en ~ar* 국제 박람회.

världsvan *a.* 세정에 밝은, 사교계에서 처신이 능숙한.

världsåskådning *~en ~ar* 세계관.

värm|a *-er -de -t* Ⅰ. *tr.* ① 데우다, 따뜻하게 하다; ~ upp maten 음식을 데우다 ② 열기를 주다; kaminen ~er bra 이 난로는 참 따뜻하다 Ⅱ. *rfl.* 불을 쬐다, 몸을 따뜻하게 하다.

värme *~n 0* 온기, 고온, 열기; 따뜻함, 온정, 인정; kropps~ 체온; sommar~ 여름의 더위; ~n i hans hälsning 그의 인사 속에 담긴 온정.

värmebeständig *a.* 내열의.

värmebölj|a *-an -or* 혹서기(酷暑期), 몹시 더운 계절.

värmeelement *~et~* 라디에이터, 복사난방기, 방열기, 난방장치.

värmeisolerande *a.* 단열의.

värmeledning *~en ~ar* ① 【생리】 (지각 따위의) 전도 ② 난방장치.

värmepann|a *-an -or* 보일러.

värmeskåp *~et ~* 음식을 따뜻하게 저장하는 찬장 (식기장).

värmeslag *~et 0* 열사병, 일사병.

värn *~et ~* 수비, 방어, 보호.

värna *~r ~de ~t itr. tr.* 수비하다, 방어하다.

värnlös *a.* 무방비의.

värnplikt *~en 0* 병역(국방)의무, 병역.

värnpliktig *a.* 병역 의무가 있는.

värnpliktsvägran (불변화 en-명사) 병역 거부.

värnpliktsåld|er *-ern -rar* 병역 연령.

värp|a *-er -te -t itr. tr.* (알을) 낳다; de där tre gamla hönsen bara äter och -er ingenting 저 세 마리 늙은 암탉은 먹기만 하고 알은 낳지 않는다.

värpning *~en 0* 산란.

värre[1] *adv.* ① (dåligt의 비교급) 더 나쁘게; (강조부사) 더 할 나위 없이; ~ ställt är det med ……는 형편이 더 안 좋다; dess ~ 불행히도, 유감스럽게도 ② 많이, 아주 hotellet har blivit fint ~ 그 호텔은 매우 좋아졌다.

värre[2] *a.* (dålig의 비교급) ① 더 나쁜; 더 어려운; något ännu ~ kan inträffa 더 나쁜 일이 일어날 수 있다; vägen blev ~ längre fram 조금 더 앞으로 나아가니 길은 더 나빠졌다; han blev ~ när han drack 그는 술을 마시면 행실이 더 나빠졌다; ~ är det att komma åt problemets kärna 문제의 핵심에 접근하는 것은 더 어렵다 ② 더 나은, 더 좋은 (반어적 의미); han vill alltid vara ~ än kamraterna i alla idrottsgrenar 그는 체육 분야에서 친구들보다 늘 더 잘하기를 원한다.

värst[1] *adv.* (dåligt의 최상급) 가장 나쁘게, 가장 어렵게; huvudstaden rapporterades vara ~ drabbad av jordskalvet 지진으로 수도가 가장 심하게 피해를 입었다고 보도되었다; inte så ~ 별로 …않다; inte vidare ~ 그렇게 [특히] …않다.

värst[2] *a.* ① 가장 나쁜, 가장 어려운; ~ är det när vinterkylan kommer 겨울 추위가 다가 올 때가 가장 어렵다; det var det ~a! 이런 일도 있나!; det var ~ vad 참 …했구나; det var ~ vad du klätt dig fin! 너 옷을 참 예쁘게 차려 입었구나!; i ~a fall 최악의 경우에 ② (반어적 사용) 가장 좋은, 가장 잘하는; hon ska alltid vara ~ i allting 그녀는 항상 모든 일에 가장 우수해야 한다.

värsting *~en ~ar* 불량학생.

värv *~et ~* 임무, 일; 업무 efter väl förrättat ~ 임무를 잘 마치고.

värva *~r ~de ~t tr.* (신입회원 등을) 모집하다, 보강하다; ~ anhängare 추종자들을 모집하다.

värvning *~en 0* 모집, 보강.

väs|a *-er -te -t itr.* (뱀, 거위 따위가) 쉿 하는 소리를 내다, (비난, 분노 등의 표시로) 쉿 소리를 내다; med ~nde röst 쉿소리가 나는 음성으로.

väsen[1] (불변화 ett-명사) 소란; 야단법석 barnen förde ett förskräckligt ~ 아이들이 매우 소란을 피웠다; inte göra så mycket ~ av sig 야단법석을 떨지 않다, 다소곳하다.

väsen[2] *~det, ~/~den*/**väsende** *~t ~n* ① 본질, 본성; 성격, 성질; 태도, 몸가짐; tingens [innersta] ~ 사물의 본질; ha ett behagligt ~ (vara behaglig till sitt ~) 몸가짐이 (태도가) 좋다 ② 존재, 실재; ande~ 정신적 존재, 영; ett övernaturligt ~ 초자연적 존재 ③ (다른 명사와 결합해서) 집합체, 조직, 계통; post~ 우편업무, 우편제도.

väsensfrämmande *a.* 생소한.

väsensskild *a.* 본질적으로 상이한.

väsentlig *a.* 본질적인, 중대한, 필수적인; en ~ brist 심각한 결핍; en ~ del av ngt …의 상당 부분.

väsentligen *adv.* 주로, 대체로.

väsentlighet *~en ~er* 본질적인 것; 중요한 것.

väsk|a *-an -or* 가방, 백 (bag).

väsljud *~et ~* 쉬하는 소리; 【음성학】 마찰음.

väsna|s *-s -des -ts itr. dep.* 소란을 떨다, 왁자지껄하다.

vässa *~r ~de ~t tr.* 날카롭게 하다, 뾰족하게 하다; ~ pennan 펜(끝)을 날카롭게 하다.

väst[1] *~en ~ar* 조끼.

väst[2] (불변화명사) ① 서쪽; ~kust 서해안 ② 서방세계; ~världen 서방세계.

väst[3] *adv.* 서쪽에 ~ om staden 도시의 서쪽에.

västan (불변화en-명사) ☞ **västanvind**.

västanvind *~en ~ar* 서풍.

väster[1] *~n 0* ① (부정형 단수로만 사용) 서쪽; ~havet 서해; ~ifrån 서쪽으로부터; rummet längst mot ~ var matsal 서쪽 맨 끝에 위치한 방이 식당이다 ② 서부, 서쪽지역; (북미의) 서부지역; hyreshusen i ~ 서부의 임대주택들; västernfilm 서부영화.

väster[2] *adv.* 서쪽에; de begav sig ~ut 그들은 서쪽으로 갔다.

västerifrån *adv.* 서쪽으로부터.

västerlandet (정형명사) 구라파, 유럽.

västerländsk *a.* 서구의, 서유럽의.

västerlänning *~en ~ar* 서양인.

västerut *adv*. 서쪽으로.
Västeuropa 서구, 서유럽.
västfick|a *-an -or* 조끼주머니.
västgötaklimax *~en ~ar* 【수사학】 점강법(漸降法), 급락법; 용두사미.
Västindien 서인도.
västindisk *a*. 서인도의.
västlig *a*. ① 서쪽으로부터의; ~ vind 서풍 ② 서쪽 방향의; 서쪽에 위치한 ligga på rakt ~ kurs (배가) 정서쪽 방향의 침로에 있다 ③ 서구의.
västmakterna (복수정형) 서방 강대국.
västra *a*. 서쪽의, 서쪽에 위치한.
västtysk *a*. (독일 통일 이전) 서독의.
Västtyskland (독일 통일 이전) 서독.
västvärlden (불변화명사 en-명사) 서방세계.
väta[1] *~n 0* 습기, 수분; aktas för ~! 습기에 주의하시오! 건조한 곳에 보관하시오!
vät|a[2] *-er -te -t itr*. *tr*. 축이다, 적시다, 축축하게 하다; 젖다, 축축해지다; ~ fingrarna för att kunna bläddra 책장을 넘기기 위해 손가락을 물에 적시다; ~ ned sig 옷에 오줌을 싸다.
väte *~t 0* 수소.
vätebomb *~en ~er* 수소폭탄.
vätesuperoxid *~en 0* 【화학】 과산화수소.
vätgas *~en 0* 수소가스.
vätsk|a[1] *-an -or* 액, 액체; 수분; vid feber är det viktigt att tillföra kroppen mer ~ 열이 있을 때 몸에 수분을 많이 공급하는 것이 중요하다; en brandfarlig ~ 인화성 액체; vara vid sunda -or a) 건강하고 균형이 잡혀 있다 b) 정신이 제대로 박혀 있다.
vätska[2] *~r ~de ~t itr*. *tr*. (액체를) 분비하다, 유출하다; (액체가) 나오다, 분비되다; såret ~r [sig] 상처에서 고름이 나온다.
vätska|s *-s -des -ts dep*. ☞ vätska[2].
vätt|e *-en -ar* (땅 속의 보물을 지킨다는) 늙은 난장이, 땅의 요정, 꼬마 도깨비.
Vättern 스웨덴 남부 중앙에 위치한 긴 호수 이름.
väv *~en ~ar* ① 직물; 한 베틀분의 천; bomulls~ 면직; sitta vid ~en 베틀에 앉아 천을 짜다; spindel~ 거미줄; en ~ av lögner 거짓투성이 ② 【생물】 조직 (vävnad).
väv|a *-er -de -t* 베를 짜다.
vävar|e *-[e]n ~* 베 짜는 사람, 직공.
väveri *~et ~er* 직조공장.
vävnad *~en ~er* ① 피륙, 직물, 옷감 ② 【생물】 조직.
vävplast *~en ~er* 합성수지로 한 면이 방수 처리된 천.
vävstol *~en ~ar* 베틀, 직조기, 직기.
väx|a *-er -te -t/vuxit* Ⅰ. *itr*. 자라다, 성장하다, 발육하다; 발전하다, 증가하다; 서식하다; barnen -er upp 아이들은 자란다; ljudet -te och blev allt starkare 소리는 점점 강해졌다; ~ sig stark 성장하여 건장하게 되다; den ekonomiska demokratin kan ~ fram på olika sätt 경제적 민주주의는 여러 가지 상이한 방식으로 발전될 수 있다; i parken -er mycket rosor 공원에 장미가 많이 자라고 있다; sådant -er inte på träd (trän) 그런

것은 아무 곳에서나 볼 수 없다 (드물다) Ⅱ. (강세접사와 함께) ① ~ bort 자라면서 없어지다 (사라진다); kobentheten -te bort 안짱다리는 자라면서 고쳐졌다 ② ~ i …에 맞을 정도로 자라다 (성숙하다); ~ i en kostym 양복이 몸에 맞을 정도로 자라다; hon -er nog i chefskapet med tiden 그녀는 시간이 자남에 따라 책임자의 직무에 익숙해질 것이다 ③ ~ ifrån (성장, 시간의 경과로 나쁜 버릇 등에서) 벗어나다; …에 비해 몸집이 더 커지다; han kommer snart att ~ ifrån tumsugningen 곧 엄지손가락을 빨지 않게 될 것이다; ~ ifrån sina föräldrar 부모들보다 몸집이 더 커지다 ④ ~ igen (잡초 따위가) 무성해지다, 덮이다; stigen har vuxit igen (är igenvuxen) 잡초가 자라 길을 뒤덮었다 ⑤ ~ till sig 자라서 모양(모습)이 더 좋아지다; flickan har vuxit till sig 그 여자아이는 크면서 예뻐졌다 ⑥ ~ ur …에 대해 몸집에 너무 커지다; ~ ur kavajen …몸집이 커져 상의가 작다; ~ ur barnskorna 어른이 되다, 성숙하다.

väx|el *-eln -lar* ① 환어음, 지불명령서; ~ per 5 juli 7월 5일 만기인 환어음; en 3 månaders ~ å 500 kr. 500크로나 짜리 3개월 어음; dra en ~ på ngn …앞으로 어음을 발행하다; dra -lar på …을 이용하다; dra -lar på framtiden 떡줄 놈은 생각도 않는데 김칫국부터 마시다 ② 잔돈, 거스름돈, 작은 단위 화폐; här är ~ tillbaka 여기 잔돈이 있습니다; kan du ge mig ~ tillbaka på en tia? 10크로나를 잔돈으로 바꾸어 주실 수 있겠습니까?; jag har ingen ~ på mig 나는 잔돈이 수중에 없다 ③ (자동차의) 기어; lägga in ettans ~ 1단 기어를 넣다; köra på tvåans ~ 2단기어로 운전하다 ④【철도】포인트, 전철기 ⑤【전화】교환; 교환대.

växelbruk *~et 0* 돌려짓기, 윤작.

växelkurs *~en ~er* 환율.

växellåd|a *-an -or* 기어박스, 변속기.

växelpengar (복수명사) 잔돈.

växelspak *~en ~ar* 기어레버, 변속지레.

växelström *~men ~mar*【전기】교류.

växelsång *~en ~er* 번갈아 부르는 노래, 교창; 교송성가(交誦聖歌).

växelverkan (불변화 en-명사) 상호작용, 교호작용.

växelvis *adv.* 교대로.

växla *~r ~de ~t* Ⅰ. *tr.* ① (돈 등을) 바꾸다, 교환하다, 주고받다; kan ni ~ en tia i enkronor? 10크로나 짜리 지폐를 1크로나 짜리 동전으로 바꾸어 주실 수 있겠습니까?; det är svårt att få ~t 잔돈 바꾸기가 어렵다 ②【철도】차량을 측선에 넣다, 전철하다 Ⅱ. *itr.* ① 변하다, 바뀌다; 가지각색이다; priserna ~r a) 물건 가격은 곳에 따라 다르다 b) 물가는 올랐다 내렸다 하는 법이다 ② (자동차운전) 변속하다; ~ till lägre växel 저단기어로 변속하다 ③【철도】옆 선로로 들어가다, 대피하다 Ⅲ. (강세접사와 함께) ① ~ om 번갈아 일어나다, 교대하다, 엇갈리다; ~ om till tvåan 2단기어로 바꾸다 ② ~ ut 바꾸다, 교환하다.

växlande *a.* 변하는, 바뀌는; ~

vindar 일정치 않은 바람 (날씨예보).

växling *~en ~ar* 변화, 변동, 변이; 교환; 교대; 순환; 【철도】 전철(기); marknadens ~ar 시장 상황의 변동; ödets ~ar 운명의 성쇠.

växt Ⅰ. *~en 0* 성장, 발육; hämmad i ~en 발육부진의; stanna i ~en 성장을 멈추다 Ⅱ. *~en ~er* a) 식물 b) 종양, 병적증식.

växthus *~et ~* 온실.

växthuseffekt *~en 0* 【기후】 온실효과.

växtlighet *~en 0* (집합적) 식물.

växtriket (정형명사) 식물의 세계.

växtvärk *~en 0* (급격한 성장에 기인하는) 어린이의 사지 신경통.

vörda *~r ~de ~t tr.* 존경하다, 숭배하다.

vördig *a.* 존경스러운.

vörnad *~en 0* 존경, 숭배.

vörnadsbjudande *a.* 존경해야 할, 존경스러운.

vördnadsfull *a.* 존경스러운, 존경할 만한.

vördsam *a.* 경의를 표하는, 정중한, 예의바른, 공손한.

vört *~en 0* 맥아즙.

vörtbröd *~et ~* 맥아즙으로 만든 빵.

V

x [ɛks] *x-et,* ~ 스웨덴 알파벳의 24번째 글자; en herr x 모씨(某氏).

x *räkn.* 로마숫자 10.

x-a [eksa] *~r ~de ~t tr.* …에 가위표(X표)를 하다.

xantịpp|a [ks-] *-an -or* 잔소리가 심한 여자, 으드등대는 여자.

x-ax|el *-eln -lar* 【수학】 X축.

xenon [ksenọ:n] *~et 0* 【화학】 크세논(회유/회유가스, 원소기호 xe; 번호 54).

x-krok *~en ~ar* x모양의 갈고리, x자 핀.

xylofon [ksylɔfọ:n] *~en ~er* 실로폰.

xylofonist *~en ~er* 실로폰 연주자.

X

y [yː] *y*-[*e*]*t*, *y*[-*n*] 스웨덴어 알파벳의 25번째 글자.

yacht [jɔt] *~en ~er* 요트.

yankee [jæŋki] *~n*, *~r*/*~s* (특히 북동부출신의) 미국사람.

y-ax|el *-eln -lar* 【수학】 y축.

yla *~r ~de ~t itr*. (개, 늑대 등이) 울부짖다.

ylle *~t 0* 모직물.

yllestrump|a *-an -or* 모직양말, 털양말.

ylletröj|a *-an -or* 털 스웨터.

ymnig *a*. 풍부한, 넘쳐 나는; (눈, 비) 많은 양의; 풍요한; ~a tårar 한없이 흐르는 눈물.

ymnighet *~en 0* 풍부, 대량, 풍요, 풍족.

ymnighetshorn *~et 0* 풍요의 뿔 (그리스 신화에서 제우스신에게 젖을 먹였다고 전해지는 염소의 뿔).

ympa *~r ~de ~tr*. ① 접목시키다 ② 【의학】 접종하다, 예방접종하다.

ympkvist *~en ~ar* (접붙이기의) 접순, 접가지.

yng|el *-let ~* ① (물고기, 개구리 따위의) 새끼 ② 선머슴, 애새끼(경멸적).

yngla *~r ~de ~t itr*. 산란하다; (새끼를) 낳다; 아이를 많이 낳다(경멸적); ~ av sig 새끼를 까다(부정적).

yngling [yŋliŋ] *~en ~ar* 젊은이, 청년.

ynglingasinne *~t ~n* 젊은이들의 마음, 기질(밝고, 희망적이며 낭만적인 성향).

yngre [yŋrə] *a*. (ung의 비교급) 더 젊은; 더 나중의; 보다 최근의; 후배의. 후진의; i [sina] ~ dagar 젊었을 적에; av ~ datum 보다 최근 일자의; den ~ stenåldern 신석기 시대; Sten Sture den ~ 스텐 스투레 2세.

yngst *a*. (ung의 최상급) 가장 젊은; 제일 나중의; 가장 최근의; den ~e(~a) i familjen 가족 중 제일 나이가 어린 사람.

ynka[1] (불변화형용사) 아주 적은, 보잘 것 없는; 이따금씩; någon ~ gång 어쩌다 한번.

ynka[2] *~r ~de ~t* ☞ **ömka**.

ynkedom *~en 0* 가엾음, 비참함.

ynklig *a*. 가련한; 비참한; 초라한; 볼품없는, 빈약한; ett ganska ~t träd 볼품없는 나무.

ynkrygg *~en ~ar* 비겁자, 겁쟁이

ynnest *~en 0* 호의 자비.

ynnestbevis *~et ~* 호의의 표시.

yoga [jo:ga] *~n 0* 요가.

yoghurt [jo:gut] *~en 0* 요구르트

yppa *~r ~de ~t* Ⅰ. *tr.* 드러내다, 밝히다, 폭로하다 Ⅱ. *rfl.* 나타나다; (생각 따위가) 떠오르다; (기회가) 오다, 생기다.

ypperlig *a.* 일품의, 일급의, 훌륭한, 뛰어난, 탁월한.

ypperst *a.* 특품의, 특급의, 탁월한, 뛰어난; av ~a kvalitet 최고의 품질.

yppig *a.* 무성한, 넘치는, 풍부한; 원기 왕성한; 풍만한.

yr *a.* ① (정신이) 흐린, 혼란된; 어지러운, 현기증 나는, 아찔한(기쁨 등으로), (마음이) 들떠있는; bli ~ av att åka karusell 회전목마를 타서 머리가 어지럽다 ② 야단법석을 떠는.

yra[1] *~n 0* ① 열광, 광희, 황홀; i segerns ~ 승리에 열광하여 ② 눈보라 (snö~).

yra[2] *~r ~de ~t itr.* 헛소리하다; (미친 사람처럼) 소리치다.

yr|a[3] *– –de –t* (눈, 모래 등이) 휘날리다, 휘몰아치다; snön –de in i rummet 눈이 방안까지 휘몰아쳤다.

yrhätt|a *–an –or* 말괄량이.

yrka *~r ~de ~t itr. tr.* ~ [på] (…에 대한 결정을) 요구하다; 주장하다; ~ på större bidrag 더 많은 보조금을 요구하다.

yrkan (불변화 en–명사) ☞ **yrkande**.

yrkande *~t ~n* (공식적) 요구, 청구; 주장; ~ om avdrag 공제를 청구하다; kärandens ~ 원고의 주장; på ~ av …의 요구로.

yrke *~t ~n* 직업; han är advokat till ~t 그는 직업이 변호사이다.

yrkesarbetande *a.* 직업이 있는, 직장 일을 하는.

yrkes|broder *–brodern –bröder* 직장동료.

yrkeskvinn|a *–an –or* 직업여성.

yrkes|man *–mannen –män* 직업인, 전문가.

yrkesskad|a *–an –or* 산재(산업재해).

yrkesutbildning *~en ~ar* 직업교육.

yrkesvägledning *~en ~ar* 직업안내.

yrsel *~n 0* 아찔함, 현기증, 혼미.

yrvaken *a.* 잠이 덜 깬.

yrväd|er *–ret ~* 눈보라가 치는 날씨.

ysta *~r ~de ~t.* Ⅰ. *tr.* (우유를) 응유(凝乳)로 만들다 Ⅱ. *itr.* 치즈를 만들다.

yster *a.* 활기에 찬; 까불거리는, 좋아서 날뛰는; 혈기왕성한.

yt|a *–an –or* 표면; 표층, 표피, 겉; 면적; se endast till ~n 겉만을 보다; –behandling 표면처리.

ytinnehåll *~et 0* 면적, 공간.

ytlig *a.* 표면의, 표층의; 피상적인; ~a kunskaper 피상적 지식.

ytt|er *–ern –rar* (럭비, 축구 등에서) 날개(윙)의 위치를 맡은 선수.

ytterlighet *~en ~er* 극단, 비정상, 과격; driva ngt till ~ 극단으로 몰고 가다.

ytterlighets|man *–mannen –män* 과격주의자, 극단적인 사람.

ytterlig *a.* 극도의, 극심한; 과장된; 철저한.

ytterligare[1] *a.* 그 이상의, 또 하나의.

ytterligare[2] *adv.* 게다가, 더욱이, 그 위에; ~ två månader 2개월 더; ~

ett exempel 또 하나의 예.

yttermera (불변화형용사) till ~ visso 게다가, 그 위에; 또 다른 증거로, 재확인으로.

ytterskär *~et ~* 【스케이트】 바깥쪽 날을 이용한 활주; ka ~ 바깥쪽 날로 활주하다.

ytterst *adv*. ① 가장 멀리, 맨 바깥쪽에; stå ~ i rad 줄 맨 끝에 서있다; ~ till vänster 왼쪽 맨 끝에 ② 매우, 극심하게, 극히; ~ framgångsrik 매우 성공적인 ③ 최후로, 궁극적으로.

yttersta *a*. ① 가장 먼 쪽에 있는, 맨 바깥쪽에 있는, 제일 끝의; Europas ~ hörn 유럽의 맨 끝에 있는 구석; den ~ högern 극우; den ~ gränsen 극한선 ② 최후의, 최종의, 마지막의; göra en ~ ansträngning 마지막 시도를 하다; på den ~ dagen 최후의 날에; ~ domen 최후의 심판; ligga på sitt ~ 임종의 자리에 누워있다 ③ 극도의, 최고의, 최대의; med ~ försiktighet 극도로 조심하여; av ~ vikt 극히 중요한; göra sitt ~ 최선을 다하다; driva ngn till det ~ …를 극한으로 몰고 가다; kämpa till det ~ 죽을 때까지 싸우다; utnyttja ngn till det ~ …를 최대한 이용하다.

yttervärld *~en ~ar* 외부세계.

ytterör|a *-at -on* 외이(外耳).

yttra *~r ~de ~t* Ⅰ. *tr*. 말하다, 이야기하다, 발언하다, 표현하다; ~ sin mening 자신의 의견을 말하다; inte ~ ett ord 말 한 마디 하지 않다 Ⅱ. *rfl*. ① (견해를) 피력하다; ~ sig om anklagelserna 비난에 대해 자신의 의견을 말하다 ② 나타나다, 눈에 띄다; hur ~r sig sjukdomen? 병의 증상은 어떠하냐?

yttrande *~t ~n* 말, 발언, 진술.

yttandefrihet *~en 0* 표현의 자유.

yttre[1] (불변화형용사) ① 겉의, 바깥의; 외면적인; ~ skador 외상(外傷); ~ likhet 외견상의 유사점; bevara det ~ skenet 체면을 유지하다, 겉치레하다 ② 외부의, 외부로부터 오는; ~ omständigheter 외부사정.

yttre[2] (불변화 ett-명사) 외모, 모양; ett välvårdat ~ 잘 다듬어진 외모; ett tilldragande ~ 매력적인 외모.

yttring *~en ~ar* 명시, 표명, 현시; glädje~ 기쁨의 표시; sjukdoms~ 증상.

yv|as *-s -des -ts itr*. *dep*. …을 자랑스러워하다, 우쭐거리다, 뽐내다.

yvig *a*. 무성한, 털이 많은; 빽빽한; (문체 따위가) 과장된, 허풍떠는.

yx|a[1] *-an -or* 도끼; kasta ~n i sjön 완전히 포기하다.

yxa[2] *~r ~de ~t tr*. 도끼로 다듬다, 대충 다듬다.

yxskaft *~et ~* 도끼자루; goddag ~ 동문서답.

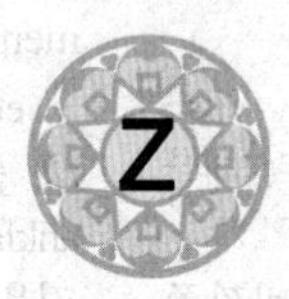

z [se:ta] *z-t*, *z*[*−n*] 스웨덴 알파벳의 26번째 글자.

zenit [se:−] (불변화명사) 천정(天頂); 정점, 절정; stå i ~ 절정에 있다.

zeppelinare *~n* ~ 체펠린 비행선(발명자, 독일인 F. von Zeppelin에서 유래).

zigenar|e [sije−/sige:−] *−*[*e*]*n* ~ 집시(인도북부에서 시작하여 세계 각처에 흩어져 살고 있는 종족).

zigenersk|a *−an −or* 집시여자.

zink *~en 0* 【화학】 아연(금속 원소의 한 가지, 원자기호 Zn).

zinkvitt (불변화명사) 【화학 · 약학】 아연화, 아연백(산화아연을 주성분으로 한 백색 안료(顔料)).

zodiaken (정형명사) 【천문】 황도대(黃道帶).

zon [so:n] *~en ~er* 지역, 지구.

zoolog [sɷlọ:g] *~en ~er* 동물학자.

zoologi *~n 0* 동물학.

zoologisk *a*. 동물학의.

zulu *~n ~er* (남아프리카 나탈지방의 반투족에 속하는) 줄루족[사람].

å[1] [oː] *å–[e]t*, *å[–n]* 스웨덴어 알파벳의 27번째 글자.

å[2] *~n ~ar* 개울, 시내, (조그만) 강; den slingrande ~n 굽이굽이 흐르는 강.

å[3] *prep.* ☞ på (공간적) 위치 표시 전치사로 주로 대상물의 바로 윗부분을 가리킨다); (추상적) ~ ena sidan … ~ andra sidan … 한편으로는 …하고 또 한편으로는 …하다; han talade ~ hennes vägnar 그는 그녀를 대신하여 말했다.

å[4] *itj.* (놀라움, 기쁨, 절망 등의 감정을 표시) ~ min Gud! 오 신이시여!; 아이구 야단[큰일] 났네! 맙소사!; mår du inte bra? – ~ nej 너 어디 아프니? – 아니요, 전혀.

åberopa *~r ~de ~t tr.* (자신의 행동이나 견해를 지지받고자) 조회시키다, 참조하게하다; ~ [sig på] ngn (ngt) …을 인용하다, (예로서) …을 끌어들이다; ~ ngt till sitt försvar 자신에 대한 변호로써 …을 지적하다.

åbrodd *~en 0* 【식물】 (남유럽 산) 쓴쑥의 일종 (관목상 다년생 초본으로 맥주 맛을 내는데 쓰인다).

åbäka *~r ~de ~t rfl.* 야단법석을 떨다, 으스대다, 거드름피우다, 뽐내다; aporna skrek och ~de sig 원숭이들이 소리를 지르며 야단법석을 떨었다.

åbäke *~t ~n* 크기만 하고 모양이 없는 것(사람); ett ~ till karl 돼지처럼 살만 찐 녀석.

åbäk[l]ig *a.* 크기만 하고 모양 없는; 움직이기 어려운; 보기 흉한.

åd|a *–an –or* 오리의 암컷.

ådaga|lägga *–lägger –lade –lagt tr.* 보이다, 드러내다, 증명하다, 표명하다.

åder *~n ådror* 혈관; 정맥; puls~ 동맥; malm~ 광맥.

åderbrock/åderbråck *~et ~* 【병리】 정맥 노장(怒張), 정맥류증.

åderförkalkad *a.* 동맥경화의; han börjar bli ~ 그는 노쇠하기 시작하였다.

åderförkalkning *~en 0* 【병리】 동맥경화.

åder|låta *–låter –lät –låtit tr.* 출혈시키다, 방혈하다; landet blev starkt –låtet genom kriget 그 나라는 전쟁으로 극심한 피해를 입었다.

åderlåtning *~en 0* 출혈, 방혈.

ådr|a[1] *–an –or* ☞ åder.

ådra[2] *~r ~de ~t tr.* …에 (맥 · 결과

같은) 줄을 넣다.

ådra[ga] *ådrar/ådrager ådrog ådragit* Ⅰ. *tr.* …을 야기하다 Ⅱ. *rfl.* (병에) 걸리다; (피해를) 입다; (위험, 비난 따위를 스스로) 초래하다; ~ sig skulder 빚을 지다; akta sig för att ~ sig uppmärksamhet 주의를 끌지 않도록 조심하다.

ådrig *a.* 맥(나뭇결)이 있는, 절리가 있는, 혈관이 보이는.

ådring *~en ~ar* (집합적) 맥, 줄; 엽맥, 시맥.

ådöm|a *-er -de -t tr.* …형을 내리다, 선고하다(주로 수동태로 사용); -as ett långt fängelsestraff 장기 징역형을 받다; ~ ngn 500 kronors böter 500 크로나의 벌금형을 내리다.

åfärde *adv.* vara ~ …일이 일어나려고 하다, 발생하려고 하다; det är fara ~의 위험에 직면해 있다.

åh *itj.* ☞ **å**[4].

åhå *itj.* 아! [그랬었구나](놀라움을 표시); ~, inte visste jag att han kände till den saken 아, 그래! 그가 그 일을 알고 있는 줄을 나는 몰랐어.

åhör|a *- -de -t tr.* 듣다, 청취하다; det var intressant att ~ deras samtal 그들의 대화를 듣는 것은 흥미가 있었다.

åhörar|e *-[e]n ~* 청취자.

åhörarskar|a *-an -or* 청중.

åja[1] *adv.* 어지간히, 제법; hur mår du? åja, så där 어떻게 지내니? 그저 그렇게.

åja[2] *itj.* (거부와 반대를 표시) 웃기지 마! 까불지 마!; ~, så perfekt är du inte själv 웃기지마! 너 자신도 그렇게 완벽하지는 못해.

åjavars ☞ **åja** ①.

åk *~et ~* ① 차량, 자동차; lyx~ 사치스런 자동차 ② 경주.

åk|a *-er -te -t* Ⅰ. *itr. tr.* ① …을 타고 가다; ~ gratis 공짜로 타다; ~ buss 버스를 타고 가다; ~ tunnelbana 지하철을 타고 가다; ~ kälke 썰매를 타다; ~ skidor 스키를 타다; hela familjen -te cykel till badet 가족 모두가 자전거를 타고 야외수영장에 갔다 Ⅱ. 미끄러지다; ~ i golvet 바닥에서 미끄러져 넘어지다; ~ kana (빙판에서) 미끄럼 타다 Ⅲ. (강세접사와 함께) ① ~ av 벗겨져(미끄러져) 내리다 ② ~ dit 붙잡히다, 낙제하다; 폭로되다 han -te dit för skattefusk 그는 탈세로 붙잡혔다 ③ ~ efter a) …의 뒤에서 타고 가다 b) 가서 …를 데려오다 ④ ~ fast 붙잡히다, 붙들리다; han -te fast för rattfylleri 음주운전으로 붙잡혔다 ⑤ ~ ihop 합쳐지다, 부딪치다; 다투다 ⑥ låta ngn [få] ~ med …을 태워주다, 합승하게 하다 ⑦ ~ om ngn …를 따라잡다, 추월하다, 만회하다 ⑧ ~ på a) 부딪치다, 충돌하다 b) (사고 등을) 접하다, 걸리다; hon -te på en förkyling under semestern 그녀는 휴가 중 감기에 걸렸다; vi -te på övertid igår igen 우리는 어제 또 시간외 근무에 걸렸다.

åkalla *~r ~de ~t tr.* (신에게 도움, 가호 따위를) 기원하다, 빌다; (악마 따위를) 주문으로 불러내다.

åkallan (불변화 en-명사) 기원; 주문으로 악마 등을 불러냄.

åkarbras|a *-an -or* ta sig(slå) en ~ 양팔을 휘둘러 몸을 덥히다.

åkar|e *-[e]n ~* ① 운송회사를 경영

하는 사람 ② 경주선수; skid~ 스키선수.

åkdon *~et ~* 차량.

åker *~n åkrar* 경작지.

åkerbruk *~et ~* 농사.

åkerbär *~et ~* 나무딸기(장미와 나무딸기 속 루부스 관목의 총칭); 나무딸기의 열매.

åkeri *~et ~er* 운송회사.

åkerlapp *~en ~ar* 조그만 넓이의 경작지, 밭때기, 논때기.

åkerren *~en ~ar* 두렁길, 논둑.

åkersenap *~en 0* 【식물】 야생겨자(곡식밭의 성가신 잡초).

åkerspöke *~t ~n* 허수아비.

åklaga *~r ~de ~t* ☞ **åtala**.

åklagar|e *-[e]n ~* 소추자, 기소자, 검찰관, 검사; allmän ~ 검사.

åkning *~en ~ar* 드라이브, 운전.

åkomm|a *-an -or* (심각하지는 않으나 일상생활에 지장을 주는) 병, 몸의 불편함.

åksjuk|a *-an 0* (차)멀미.

ål *~en ~ar* 장어; havs~ 바다장어.

åla *~r ~de ~t itr. rfl.* 기다, 포복하다; han ~de sig fram mot fienden genom det höga gräset 그는 높이 자란 풀 사이를 기어서 적에게 다가갔다.

Åland 스웨덴과 핀란드의 중간지점에 있는 섬 이름.

åld|er *-ern -rar* 나이, 연령; ha ~n inne 성년의 나이에 있다; av ~ 옛적부터; hon är lång för sin ~ 그녀는 나이에 비해 키가 크다; i en ~ av 70 år, 70의 나이에; barnet är i den besvärliga ~n 그 애는 말을 듣지 않는 나이에 있다; på(i) sin ~s höst 인생의 황혼기에; vid 15 års ~ 15세 때에.

ålderdom *~en 0* 노년.

ålderdomlig *a.* 해묵은, 오래된, 구식의; de ~a sedvänjorna i bygden 그 마을의 오래된 풍속들.

ålderdomshem *~met ~* 양로원.

ålderdomssvag *a.* 노쇠한.

ålder|man *-mannen -män* (농경사회에서의) 촌장; 길드(동업조합)의 장.

ålderspresident *~en ~er* 최고참, (국회 또는 직장에서) 가장 오랫동안 봉직한 사람, 선임자.

åldersstreck *~et ~* 연령 제한선; falla för ~et 연령 제한선을 넘다.

åldersstigen *a.* 나이가 든.

åldfru *~n ~ar* 왕실의 가사 관리인.

åldrad *a.* 늙은, 나이가 든; 해묵은; hennes ~e ansikte 그녀의 쭈글쭈글한 얼굴.

åldrande *~t 0* 노화; undersöka ~ts processer 노화과정을 연구하다.

åldrig *a.* 나이 많은, 늙은; 해묵은, 오래된.

åligga *åligger ålåg ålegat itr.* …에게 책임 지워져 있다, …의 책임이다; det åligger åklagaren att bevisa den tilltalades skuld 기소된 자의 유죄를 입증하는 것은 검사의 책임이다.

åliggande *~t ~n* 책임, 의무; 임무 Sverige är ett av de länder som fullgjort sina ~n gentemot u-länderna 스웨덴은 개발도상국에 대한 자신의 의무를 다한 나라들 중의 하나이다.

ålägga *ålägger ålade ålagt tr.* (책임 따위를) 지우다, 과하다; 맡기다; ledamöterna har ålagts tystnadsplikt 위원들에게 함구령이 내려졌다; vi kan inte ~ honom att utföra det arbetet

우리는 그 일을 수행하는 것을 그에게 맡길 수 없다.

åläggande *~t ~n* 명령; 부과.

åländsk *a.* 올란드의.

åländing *~en ~ar* 올란드 사람.

åma *~r ~de ~t rfl.* 으스대다, 뽐내다, 거드름 피우다.

åminnelse *~n 0* 기념, 추모; till ~ av …을 기념하여.

ånej *adv.* (감탄사로도 사용됨) (놀라움을 표시) 저런, 아니, 그럴 수가.

ång|a[1] *–an –or* 김, (수)증기; det bolmade ~ från tvättstugans ventiler 세탁장의 환기통에서 김이 모락모락 올라왔다; –båt 증기선.

ånga[2] *~r ~de ~t itr. tr.* ① 김을 내다; genomvåta kläder som ~de av kroppsvärmen 체온으로 인해 김이 나는 흠뻑 젖은 옷들 ② 찌다, …에 김을 쐬다 ③ 증기의 힘으로 나아가다.

ångar|e *–[e]n ~* 기선.

ångbåt *~en ~ar* 기선(규모가 작은).

ånger *~n 0* 후회, 자책.

ångerfull/ångerköpt *a.* 후회하는, 양심의 가책을 느끼는.

ångest *~en 0* 고뇌, 번민; 공포.

ångfartyg *~et ~* 기선.

ångkoka *~r ~de ~t tr.* 찌다.

ångkraft *~en ~er* 증기력.

ångkraftverk *~et ~* 증기발전소.

ångmaskin *~en ~er* 증기기관.

ångpann|a *–an –or* 증기보일러.

ångra *~r ~de ~t* Ⅰ. *tr.* 후회하다, 유감스럽게 생각하다; jag ~r att jag gjorde det 그 일을 한 것을 나는 후회한다; det här skall du få ~ 이 일을 너는 후회하게 될 거야; det skall du inte behöva ~ 너는 후회하지 않을 거야 Ⅱ. *rfl.* 후회하다; 마음을 고쳐먹다.

ångturbin *~en ~er* 증기터빈.

ångvissl|a *–an –or* 기적.

ånvält *~en ~er* (도로 공사용의) 증기롤러.

ånyo *adv.* 새롭게, 새로이, 다시; ~ bekräfta 다시 확인하다.

år *~et ~* 해, 연; 연도 ① (전치사 없이) ~[et] 1993, 1993년; förra ~et 작년; ett halvt ~ 반년; ett och ett halvt ~ 1년 반; vart femte ~ 매 오년째마다; hon fyller ~ i morgon 그녀는 내일이 생일이다; hon är tjugo ~ [gammal] 그녀는 나이가 20세이다; ~et efter 이듬해; ~et om 일 년 내내; ~ ut och ~ in 세세 연년, 끊임없이, 시종; hon skall stanna här ~et ut 그녀는 연말까지 여기에 머무를 것이다; så här ~s 일 년 중 이맘 때면; ett två ~s barn 두 살배기 아이 ② (전치사와 함께) ~ efter ~ 해마다, 해를 거듭하여; hon blir äldre för varje ~ 그녀는 해가 갈수록 늙어간다; i ~ 올해; i två ~ 이년동안; en man i sina bästa ~ 인생의 절정기에 있는 사람; med ~en 해가 가면서; om ett ~ 일 년 후; idag om ett ~ 일 년 후 오늘; två gånger om ~et 일 년에 두 번; per ~ 일 년 단위로; jag har inte sett honom på många ~ 여러 해 동안 나는 그를 보지 못했다; för första gången på många ~ 여러 해 만에 처음으로; på(under) senare ~ 근년에; på(under) de senaste ~en 최근에; ett barn på två ~ 두 살배기 아이; jag kan inte säga på ~et 연도까지는 알지 못하고 있다; ung till ~en 나이가 어린; vara till ~en [kommen] 나이가 든, 나이를 먹은; under ~ens lopp 해가 지나는 동안에; vid mina ~ 내 나이에; dö vid unga ~ 요절하다.

år|a *-an -or* (배 젓는) 노.

åratal (불변화 ett-명사) i(på) ~ 수년 동안.

ård|er *-ret/-ern, -er* 쟁기.

årgång *~en ~ar* ① 발행연도; 2008 års ~ av tidningen 그 신문의 2008년도 판 ② 연령층; studenter av samma ~ 같은 학번의 학생들; min ~ 나와 출생연도가 같은 사람 ③ 포도 수확기.

århundrade *~t ~n* 세기.

årklyk|a *-an -or* 노걸이.

årlig *a.* 연간, 1년의; 5% ~ ränta 일 년에 5%의 이자.

årligen *adv.* 1년마다; 해마다; två gånger ~ 일 년에 두 번.

årsbarn *~et ~,* vi är ~ 우리는 동갑내기이다.

årsberättelse *~n ~r* 연보(年報).

års|bok *-boken -böcker* 연보, 연감.

årsgammal *a.* 돌 지난, 한 살의, 일년생의.

årsklass *~en ~er* 동갑그룹, 동기; ~en 1993, 1993년 동기(그룹).

årskurs *~en ~er* 학년; 커리큘럼, 교과과정.

årsring *~en ~ar* (나무의) 연륜, 나이테.

årsskifte *~t ~n* 해가 바뀌는 시기(연말, 연초).

årstid *~en ~er* 계절.

årtag *~et ~* 노 젓기.

årtal *~et ~* 연대(年代).

årtionde *~t ~n* 10년간.

årtull *~en ~ar* 노걸이.

årtusende *~t ~n* 1000년[간].

ås *~en ~ar* 산등성이; 분수령; (지붕의) 용마루.

åsamka *~r ~de ~t* ☞ ådra[ga].

åse *~r åsåg åsett tr.* 보다, (증인으로서) 임석하다.

åsido *adv.* 곁으로, 옆쪽에; (의도, 목적 따위에서) 떠나서, 벗어나, 버려두고; lämna ngt ~ …을 제쳐두다.

åsido|sätta *-sätter -satte -satt tr.* …을 제쳐두다, …을 무시하다; känna sig -satt 무시당한 기분이 들다.

åsikt *~en ~er* 의견, 견해; ~erna är delade 의견은 분분했다.

åsk|a¹ *-an -or* 천둥; 번개, 천둥치는 날씨; ~n går 천둥이 친다; ~or av applåder 우레와 같은 박수.

åska² *~r ~de ~t itr.* 천둥치다.

åskledar|e *-[e]n ~* 피뢰침.

åskmoln *~et ~* 뇌운.

åskväd|er *-ret ~* 우레를 수반하는 일시적인 폭우, 심한 뇌우.

åskåda *~r ~de ~t tr.* 보다, 구경하다; (증인으로서) 임석하다; matchen ~des av knappt 3000 personer 시합을 보러 3000명이 채 못 되는 관중이 모였다.

åskådan (불변화 en-명사) 구경, 관전, 관람.

åskådar|e *-[e]n ~* 관객, 관중; 목격자; -bänk 관람석; hon blev ofrivillig ~ till en brutal misshandel 그녀는 본의 아니게 잔인한 폭행을 목격하게 되었다.

åskådlig *a.* 명료한, 생생한.

åskådlig|göra *-gör -gjorde -gjort*

tr. 명료하게 하다, 생생하게 하다.

åskådlighet *~en 0* 명료함, 생생함.

åskådning *~en ~ar* (정신적) 시야, 견지, 견해, …관; livs~ 인생관; världs~ 세계관.

åskådningsundervisning *~en 0* 실물교육, 실지훈련.

åsn|a *–an –or* 당나귀; 고집쟁이; envis som en ~ 황소처럼 고집이 센.

åsneaktig *a*. 나귀의, 나귀 같은; 고집불통의.

åsnebrygg|a *–an –or* 자습서; 부진한 학생을 위한 보조교재.

åsneföl *~et ~* 당나귀 새끼.

åsnehingst *~en ~ar* 당나귀 수컷.

åsnesto *~[e]t ~n* 당나귀 암컷.

åsneör|a *–at –on* 당나귀 귀.

åsninn|a *–an –or* 당나귀 암컷.

åstạd *adv*. …로 부터; bege sig ~ 떠나다; ryktet kom stor oro ~ 소문은 큰 불안을 야기 시켰다.

åstad|komma *–kommer –kom –kommit tr*. 야기 시키다, 초래하다; 가져오다, 일어나게 하다, 실현시키다; partiet vill ~ radikala förändringar 그 당은 급진적인 개혁을 원한다~ förargelse 분노를 사다.

åstunda *~r ~de ~t tr*. 원하다, 갈망하다, 열망하다.

åstundan (불변화 en–명사) 갈망, 열망.

Å

åsyfta *~r ~de ~t tr*. 뜻하다, 의미하다, 가리키다; 목표로 삼다; vad som här ~s är en riksdagsdebatt förra våren 여기에서 지적하는 것은 지난봄에 국회에서 있었던 토론이다; medicinen gjorde inte ~d verkan 그 약은 예상했던 효과를 거두지 못했다.

åsyn *~en 0* 보기; 시계, 시야; 광경; han blev varm om hjärtat vid ~en av henne 그녀를 본 그는 마음이 따뜻해졌다; föräldrarna drack aldrig sprit i barnens ~ 부모들은 아이들이 보는 자리에서 절대로 술을 마시지 않았다; försvinn ur min ~! 내 눈앞에서 사라져!

åsyna (불변화형용사) (부가적으로만 사용) ~ vittne 목격자.

åt[1] *prep*. ① (장소를 나타낼 때) …을 향해; han har något ~ hjärtat 그는 심장에 문제가 있다; han tog sig ~ huvudet 그는 손으로 머리를 만졌다; ~ alla håll 모든 방향으로, 사방으로; ~ höger 오른쪽으로; ~ norr 북쪽으로; gå ~ sidan 옆으로 비껴나다; nicka ~ ngn …를 향해 고개를 끄덕이다; skratta ~ …을 비웃다 ② (간접목적어 앞에서) …에게; ge ngt ~ ngn …을 …에게 주다; göra ngt ~ ngn …를 위해 …을 하다; hänge sig ~ ngt …에 전념하다, 몰두하다; säga ngt ~ ngn …을…에게 말하다; det är rätt ~ dig 그래 싸다, 그것 보라니까; ägna sig ~ ngt …에 전념하다 ④ två ~ gången 일석이조, 한 번에 두 개씩.

åt[2] *adv*. 꽉, 단단히; skruva ~ 단단히 나사로 조이다.

åta[ga] *åta[ge]r åtog åtagit rfl*. 책임지다, 맡다; advokaten vill inte ~ sig fallet 변호사는 그 사안을 맡으려 하지 않는다.

åtagande *~t ~n* 맡은 일, 임무; han fick arbeta övertid för att kunna fullgöra alla sina ~n 자신의 임무를 완수하기 위해 그는 초과 근무를 해야

만 했다.

åtal *~et ~* 기소, 고소, 고발, 소추, 소송; allmänt ~ 공소; enskilt ~ 개인 소송; väcka ~ 소송을 제기하다, 기소하다.

åtala *~r ~de ~t tr.* 기소하다, 고소하다, 고발하다, 소송을 제기하다; bli ~d för stöld 절도죄로 기소되다; den ~de 피고.

åtalseftergift *~en 0* 【법률】 기소유예.

åtanke *~n 0* 생각; 염두; vid blotta ~n gick det en rysning genom honom 생각만 해도 그는 몸서리가 쳐졌다; när man diskuterar besparingar i sjukvården, måste man ha patienternas intressen i ~ 의료분야에서의 절약을 논의할 때 환자들의 이익을 염두에 두지 않으면 안된다.

åtbörd *~en ~er* 몸짓.

åt|el *-eln -lar* 죽은 동물의 몸체, 사육(死肉).

åter *adv.* ① 뒤로, 제자리로; fram och ~ 왕복으로 ② 다시, 또; nu är han ~ här 지금 그는 다시 여기에 와 있다; han gick ~ in i rummet 그는 다시 방에 들어갔다 ③ 반면에.

återanpassa *~r ~de ~t tr.* 재적응시키다.

återanskaffa *~r ~de ~t tr.* 대체하다, 교환하다.

återberätta *~r ~de ~t tr.* 다시 말하다, 술회하다.

återbesök *~et ~* 재차 방문.

återblick *~en ~ar* 회상, 회고, 추억; en vemodig ~ på barndomens försvunna värld 사라진 유년시절의 감상어린 회고.

återbud *~et ~* 방문 취소 통지; ringa ~ till tandläkaren 치과 의사에게 방문 취소 전화를 하다.

återbäring *~en ~ar* 반제, 반환, 상환; få ~ på skatten 세금의 일부를 환불받다.

återbörda *~r ~de ~t tr.* 되돌려주다, 반환하다; 송환시키다, 귀환시키다.

återfall *~et ~* (악습, 질병 등의) 재발.

åter|falla *-faller -föll -fallit itr.* (원래의 좋지 않은 상태로) 되돌아가다, 다시 빠지다.

åter|finna *-finner -fann -funnit tr.* 다시 찾다, 재발견하다; 회복하다; citatet -finns på sid. 30 인용문은 30 페이지에 있다.

återfinnande *~t 0*, han var vid ~t …그를 다시 발견하였을 때는 …

åter|få *-får -fick -fått tr.* 되돌려받다; 회복하다, 다시 찾다.

återförena *~r ~de ~t tr.* (재)통일하다.

återförening *~en ~ar* (재)통일.

återförsäkring *~en ~ar* 재보험.

återförsäljar|e *-[e]n ~* 전매인(轉賣人), 소매상인.

åter|ge/åter|giva *-ger/-giver, -gav, -gett/-givit tr.* ① 번역하다; 묘사하다; 표현하다, 재현하다; hans roman finns -given på svenska 그의 장편소설은 스웨덴어로 번역되어 있다; skådespelaren lyckas med enbart gester och mimik ~ rollfigurens själsliv 그 배우는 몸짓과 표정만으로 배역인물의 심리를 재현하는 데 성공하고 있다 ② 다시 주다, 되돌려주다.

återgivande *~t ~n* ☞ återgivning.

återgivning *~en ~ar* 묘사, 표현, 재

현; 번역.

åter|gå *–går –gick –gått itr.* ① 되돌아가다, 복귀하다; ~ till den tidigare ekonomiska politiken 종전의 경제정책으로 되돌아가다 ② (원소유자, 상속인 등에게) 복귀하다 ③ 취소되다.

återgång *~en 0* ① 복귀 ② 취소, 폐기, 무효화; ~ av äktenskap 결혼무효.

återgälda *~r ~de ~t* (빚을) 갚다; ~ ett lån 빚을 갚다; ~ ont med gott 악을 선으로 갚다.

åter|hålla *–håller –höll –hållit tr.* 자제하다, 억제하다; en –hållen, dämpad röst 자제된 나지막한 목소리; verka ~nde på …에 억제효과를 갖다.

återhållsam *a.* 자제하는, 억제하는; 극단에 흐르지 않는, 온건한; 알맞은, 절제 있는.

återhämta *~r ~de ~t* Ⅰ. *tr.* 회복하다; 되찾다; ~ sina krafter 기력을 회복하다 Ⅱ. *rfl.* 회복하다; kurserna på börsen har ~t sig efter senaste nedgången 주가가 최근의 하락으로부터 회복되었다.

återigen *adv.* 다시.

återkalla *~r ~de ~t tr.* ① 되부르다, 소환하다; 소생시키다, 회복시키다; ~ ngn till arbetet …를 직장으로 다시 부르다; ~ ngn till livet …를 소생시키다 ② 취소하다, 철회하다; myndigheten ~de beslutet 당국은 결정을 철회하였다.

återkasta *~r ~de ~t tr.* (소리, 빛 등을) 반사시키다, 되돌리다.

återklang *~en 0* 메아리; 반향, 공명.

åter|knyta *–knyter –knöt –knutit tr.* 재결합하다; 재건하다, 부흥하다, 회복시키다; ~ kontakterna med sina vänner 친구들과의 접촉을 재개하다.

åter|komma *–kommer –kom –kommit itr.* 돌아오다; 반복하다; ~ till hemlandet 고국에 돌아오다.

återkommande *a.* 반복되는; hennes ~nde skuldkänslor 반복되는 그녀의 죄의식.

återkomst *~en 0* 귀가, 귀향, 귀국.

återkoppling *~en ~ar* 【전자공학】 피드백, 귀환.

återlös|a *–er –te –t tr.* 【신학】 (그리스도가 죄인을) 구하다.

återlösning *~en 0* 【신학】 (그리스도에 의한) 속죄, 구제.

återseende *~t 0* 재회.

återskall *~et ~* 메아리, 산울림.

återskalla *~r ~de ~t itr.* 메아리치다.

återsken *~et 0* 반사광, 반영; kasta ett ~ på …에 반영되다.

återspegla *~r ~de ~t tr.* 반영시키다, …에 비추다.

återstod *~en ~er* 나머지, 잔여물(분); ~en av arvet 유산의 나머지.

åter|stå *~r –stod –stått itr.* 남다; det ~r att bevisa 증명하는 일이 남아 있다; det ~r ännu tio minuter 10분이 아직 남아 있다.

återställ|a *–er –de –t tr.* ① 복구하다, 부흥시키다, 재건하다; 회복시키다; ~ ngt i dess forna skick 예전의 상태로 …를 되돌려놓다; ~ ordningen 질서를 회복시키다 ② 갚다, 되돌려주다; ~ ett lån 빚을 갚다.

återställar|e *–[e]n ~* (아침) 해장술.

återställd *a.* 회복된, 복구된, han är fullt ~ efter sin sjukdom 그는 병에서

완전히 회복되었다.

återställningsteck|en *-net ~* 【음악】 본위기호.

åter|ta[ga] *-ta[ge]r -tog -tagit tr.* ① 되찾다, 탈환하다; man får ~ tjuvgods endast från en tjuv som tas på bar gärning 현장에서 잡힌 도둑으로부터만 도난품을 되찾을 수 있다(현장에서 도둑이 잡힌 경우 신고 없이 장물을 되찾아가도 된다) ② 다시 인수하다, 다시 취하다; ~ befälet 명령권을 회수하다 ③ 취소하다, 철회하다 ④ (말, 이야기 등을) 계속하다, 이어서 하다; andra timmen -tog professorn föreläsningen precis där han slutat 둘째 시간에 교수님은 지난번에 끝난 바로 그 곳부터 강의를 계속하셨다.

återtåg *~et ~* 후퇴, 퇴진.

återuppliva *~r ~de ~r tr.* 소생시키다, 부활시키다; de försökte förgäves ~ den drunknade 그들은 익사한 사람을 소생시키려고 노력했으나 헛된 일이었다.

återupprättelse *~n ~r* (위신, 명예 등의) 복원, 원상회복.

återupp|stå *~r -stod -stått itr.* 부활하다, 부상하다; ~ från de döda 죽은 자들로부터 부활하다.

återval *~et ~* 재선.

återverka *~r ~de ~t itr.* 영향을 끼치다(주다); faderns spritproblem ~de på hela familjen 아버지의 주벽은 가족 모두에게 영향을 끼쳤다.

återverkan (불변화 en-명사) ☞ **återverkning**.

återverkning *~en ~ar* 영향.

åter|vinna *-vinner -vann -vunnit tr.* 되찾다; ~ hälsan 건강을 되찾다; ~ ngns kärlek …의 사랑을 되찾다.

återväg *~en 0* 되돌아가는 길, 귀로.

åter|vända *-vänder -vände -vänt itr.* 돌아가다, 귀환하다; han -vände till sin hemstad 그는 자기 고향으로 돌아갔다.

återvändo (불변화 en-명사) 돌아가는 길. 귀로; det finns ingen ~ 귀로는 없다; 돌아갈 수 없다; utan ~ 돌이킬 수 없이, 변경할 수 없이.

återvändsgat|a *-an -or* 막다른 골목, 막힌 길,

återvändsgränd *~en ~er* 막다른 골목.

återväxt *~en 0* ① 새로 자라는 초목 ② 신세대, 젊은 세대, 차세대.

åtfölj|a *-er -de -t tr.* 따라가다, 동행하다, 수행하다; ~ ngn på resan …의 여행에 동행하다.

åtgång *~en 0* 소비; 판매; med den nya metoden blir det en minskad ~ av råvaror 새로운 방법으로 원자재의 소비가 줄어들 것이다; biljetterna till tävlingen fick en strykande ~ 그 시합의 입장권은 날개 돋친 듯이 팔렸다.

åtgången *a.* 비난을 받은; 함부로 다루어진(취급된); finansministern blev hårt ~ för skatteförslaget 재무부장관은 그 세제안과 관련하여 호된 비난을 받았다; en bucklig och illa ~ bil 찌그러지고 함부로 다룬 자동차.

åtgärd *~en ~er* 조치; vidta ~er 조치를 취하다.

åtgärda *~r ~de ~t tr.* 조치를 취하다, 조처하다, 대처하다.

åtgörande *~t ~n* 개입, 조처.

åthutning *~en ~ar* 비난, 질책; den

berusade mannen fick sig en ordentlig ~ av medpassagerarna 그 술 취한 사람은 승객들로부터 호된 질책을 받았다.

åthävor (복수명사) 동작, 행동; utan ~ 야단을 떨지 않고.

åtkomlig *a.* …의 손이 닿을 수 있는 곳에, 접근이 용이한.

åtkomst *~en 0* 【법률】 소유, 점유.

åt|lyda *-lyder -lydde/löd -lytt tr.* 복종하다.

åtlöje *~t 0* 웃음거리, 조롱거리.

åtminstone *adv.* 적어도, 최소한.

åt|njuta *-njuter -njöt -njutit tr.* 가지고 있다, 지니다; 누리다; ~ gott anseende 좋은 평판을 가지고 있다.

åtnjutande *~t 0* 소유, 누림; komma i ~ av vissa förmåner 몇 가지 혜택을 누리게 되다.

åtnöj|as *-[e]s -des -ts itr. dep.* 만족해하다.

åtra *~r ~de ~t rfl.* 마음을 바꾸다; (약속 등을) 취소하다.

åtrå[1] *~r ~dde ~tt tr.* (성적으로) 욕구하다, 욕망하다.

åtrå[2] *~n 0* (성적) 욕구, 욕망.

åtråvärd *a.* 소망스러운, 바람직한, 매력적인.

åtsid|a *-an -or* (동전 등의) 앞면, 전면.

åtsittande *a.* 꼭 끼는.

åt|skilja *-skiljer -skilde -skilt tr.* 구별하다, 분별하다.

åskillig *a.* ① 대량의; det finns ~t nytt 새로운 것이 많이 있다 ② 다수의; det finns ~a som …, …하는 사람이 많이 있다.

åtskillnad (불변화 en-명사) 구별, 분간; göra ~ mellan …사이의 차이를 구별하다.

åtskils *adv.* 따로, 각각; de bor ~ 그들은 떨어져(따로 따로) 산다.

åtstramning *~en ~ar* 긴축; ~spoltik 긴축정책.

åtta[1] *räkn.* 여덟, 여덟시; i morse sov jag till ~ 오늘 아침 나는 8시까지 잤다.

åtta[2] *-an -or* 8의 숫자; 8이란 숫자와 관련이 있는 사람이나 현상; rita en ~ 8자를 그리다; han gick ut sjunde klass i fjol och går nu i ~n 그는 작년에 7학년을 마치고 지금은 8학년이다.

åtti[o] *räkn.* 팔십, 여든.

åttionde *räkn.* 팔십 번째의.

åttonde *räkn.* 여덟 번째의.

åtton[de]del *~en ~ar* 8분의 1.

åverkan (불변화 en-명사) 손상; göra ~ på ngt …을 손상시키다.

åvila *~r ~de ~t tr.* (책임 따위가) …에 있다; det politiska ansvaret ~r statsministern 정치적 책임은 수상에게 있다.

åväga|bringa *~r, ~de/-bragte, ~t/-bragt tr.* 가져오다, 해내다, 이룩해내다, 성사시키다; 초래하다; ~ en försoning mellan syskonen 남매가 화해하도록 하다.

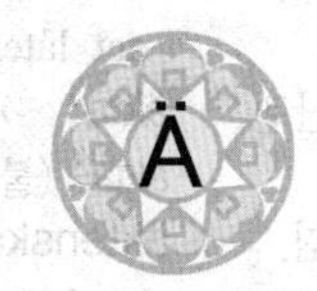

ä[1] [æ:] *ä–[e]t, ä[–n]* 스웨덴 알파벳의 28번째 글자.

ä[2] *itj.* 에이! (싫은 감정이나 거부의사, 불확실함 등을 나타낼 때) ~, lägg av nu och kom med! 아이참, 그만 하고 따라와!; ~, jag vet inte så noga 근데! 그렇게 자세히는 모르겠는데.

äck|el *–let 0* 역함, 구토; 혐오; jag känner ~ vid blotta tanken 나는 그 생각만 해도 구역질이 나려고 해.

äckla *~r ~de ~t tr.* 구역질나게 하다, 혐오를 느끼게 하다; hon ~s av hans attityd mot kvinnor 여성들에 대한 그의 태도에 그녀는 혐오를 느낀다.

äckla|s *–s –des –ts itr. dep.* 구역질하다, 혐오하다.

äcklig 구역질나는, 혐오스러운.

ädel *a.* 귀한; 값비싼, 귀중한; 고결한, 고귀한; av ~ börd 귀족 가문의; hans ädlare känslor 그의 고귀한 감정들; [ett] ~t villebråd 귀한 사냥감; ett ~t vin 귀한(고급의) 포도주.

ädelgas *~en ~er* 불활성 기체.

ädelmetall *~en ~er* 귀금속.

ädelmod *~et ~* 고결한 마음(정신).

ädelmodig *a.* 고결한, 숭고한.

ädelost *~en ~ar* 고급 치즈의 일종.

ädelsten *~en ~ar* 보석.

ädling *~en ~ar* 귀족.

äg|a[1] *–er –de –t tr.* ① 가지다, 소유하다; han –er en stor förmögenhet 그는 큰 재산을 가지고 있다; vem –er hunden? 개 주인이 누구인가?; mitt ~ndes hus 내 소유의 집 ② 권리를 가지다; han –er att bestämma 그는 결정권을 가지고 있다 ③ 가지고 있다, 자격이 있다; påståendet –er sin riktighet 그 주장은 사실이다.

äg|a[2] *–an –or* ① (복수로만 쓰임) 부지, 소유지, 택지 ② ha … i sin –o …을 소유하고 있다; komma i ngns –o …의 손에(소유로) 들어오다; vara(befinna sig) i ngns –o …의 소유로 있다; vara i privat –o 개인 소유이다.

äganderätt *~en 0* 소유권.

ägar|e *–[e]n ~* 소유인(자).

ägarinn|a *–an –or* 여소유인.

ägg *~et ~* 【생물】 알, 남자; ~et ska inte lära hönan värpa 부처님에게 설법하지 마라.

äggbildning *~en 0* 【생물】 배란.

äggcell *~en ~er* 알, 난자.

äggkläckning *~en 0* 부화, 동물의 알이 깨짐.

äggkopp *~en ~ar* 삶은 달걀을 올려

Ä

놓는 작은 컵.

äggledar|e –[*e*]*n* ~ 【해부】 난관, 수정관.

äggröra ~*n* *0* 【음식】 달걀부침.

äggsjuk *a*. gå omkring som en ~ höna 할 말을 못하고 안절부절 하다.

äggskal ~*et* ~ 알껍데기.

äggstanning ~*en* ~*ar* 【음식】 오믈렛.

äggstock ~*en* ~*ar* 【해부】 난소.

äggtoddy ~*n*, ~*ar*/*äggtoddar* (밀크와 설탕이 든) 달걀술, 달걀을 넣은 플립.

äggul|a –*an* –*or* 달걀노른자.

äggvit|a –*an* –*or* 달걀흰자.

äggviteämne ~*t* ~*n* 흰자질.

ägna [ɛŋna] ~*r* ~*de* ~*t* Ⅰ. *tr*. …을 바치다; …을 봉납하다, 헌납하다; ~ intresse åt …에 흥미를 보이다, …에 관심을 두다; ~ sin tid åt …에 시간을 쓰다(할애하다); ~ ngt sin uppmärksamhet …에 관심을 두다 (주의를 쏟다) Ⅱ. *itr*. som det ~r och anstår 격에 맞게 (어울리게) Ⅲ. *rfl*. ① ~ sig åt …에 전념하다, 몰두하다 ② ~ sig …에 어울리다, 적당하다.

ägo (불변화 en–명사) ☞ **äga**[2] ②.

ägodel ~*en* ~*ar* 소유물.

äh *itj* ☞ **ä**[2].

äkta[1] (불변화형용사) ① 진짜의, 진품의; 진실의; 순수한; det här är ~ vara 이것은 진품이다 ② 적출의, 정통의; ~ barn 적자(嫡子); ~ hälft (농담) 아내; ~ maka (make) 합법적 부인(남편); ~ par (기혼) 부부; det ~ ståndet 기혼의 신분; född i ~ säng 적출의.

äkta[2] *adv*. 진짜로; 진실로; 순수하게; så ~ svenskt! 진짜 스웨덴식이군!; det låter ~ 진실처럼 들린다.

äkta[3] ~*r* ~*de* ~*t* *tr*. …와 결혼하다.

äkta[4] (불변화명사) ta till ~ 결혼하다.

äktenskap ~*et* ~ 결혼, 혼인; i händelse av nytt ~ 재혼의 경우; ingå ~ med …와 결혼하다; född inom ~et 적출의; född utom ~et 사생아의; till ~ ledig 매인 몸이 아닌, 미혼의.

äktenskaplig *a*. 결혼의, 부부의; ~t samliv 부부생활.

äktenskapsannons ~*en* ~*er* 결혼광고.

äktenskapsbrott ~*et* ~ 간통.

äktenskapsbrytare –[*e*]*n* ~ 간통한 사내, 간부(姦夫).

äktenskapsbrytersk|a –*an* –*or* 간통한 계집, 간부(姦婦).

äktenskapsförord ~*et* ~ 혼인재산계약.

äktenskapshind|er –*ret* ~ 【법률】 (혈통, 인척관계 등으로 인한) 결혼 장애.

äktenskapslöfte ~*t* ~*n* 결혼서약.

äktenskapsmäklar|e –[*e*]*n* ~ 결혼중매인.

äktenskapsmäklersk|a –*an* –*or* (여자) 결혼중매인.

äktenskpasskillnad ~*en* *0* 이혼.

äktenskapsålder ~*n* *0* 결혼적령.

äkthet ~*en* *0* 진짜임, 진품임; 순수성; 진실성.

äldre *a*. 더 나이 먹은, 연장자의; 선임의, 선배의; 더 오래된; 더 빠른 Sten Sture den ~ 스텐 스투레 Ⅰ세; av ~ datum 더 오래 된 시기의, 전기의; den ~ stenåldern 구석기 시대; det har gjort honom 10 år ~ 그 일은 그를

10년이나 더 늙게 하였다; vara ~ i tjänsten 직장의 선임자이다; tre år ~ än jag 나보다 세 살 더 먹은.

äldst *a.* 최 연장자의, 가장 손위의, 직장경력이 가장 많은; (시기가) 가장 이른; vem är ~ av oss? 우리들 중 누가 가장 나이가 많지?

älg [ɛlj] *~en ~ar* 【동물】 큰뿔사슴, 북구 큰사슴.

älggräs *~et 0* 【식물】 조팝나무 속의 식물; 터리풀 속의 식물.

älgjakt *~en ~er* 큰뿔사슴 사냥.

älgko [ɛljkɷ] *~n ~r* 큰뿔사슴 암컷.

älgstek *~en ~ar* 큰뿔사슴 구이.

älgtjur *~en ~ar* 큰뿔사슴 수컷.

älgört *~en 0* ☞ **älggräs**.

älska *~r ~de ~t itr. tr.* ① 사랑하다, 좋아하다; hon ~r att dansa 그녀는 춤추기를 좋아 한다; när man ~r 사람이 사랑할 때 ② 성교하다.

älskande *a.* 사랑하는, 사랑에 빠진; ett ~ par 사랑하는 남녀(한 쌍).

älskar|e *–[e]n ~* 애인, 정부(情夫); 애호가; när hennes man var bortrest, brukade hon ta sig ~ 그녀의 남편이 출타 중일 때 그녀는 정부와 즐기곤 하였다; musik~ 음악 애호가.

älskarinn|a *–an –or* 애인; 정부(情婦).

älsklig *a.* 매력적인, 사랑스러운.

älskling *~en ~ar* 사랑하는 사람, 연인.

älskog *~en 0* (성적) 사랑.

älskogskrank *a.* 상사병에 걸린, 욕정에 찬.

älskvärd *a.* 상냥한; 매력적인; 정중한.

älskvärdhet *~en ~er* 상냥함; 매력; 정중함.

älta *~r ~de ~t tr.* (가루, 흙 등을) 반죽하다; 같은 말(생각)을 되풀이 하다.

älv *~en ~ar* 강, 하천.

älv|a *–an –or* 요정(妖精).

älv[a]drottning *~en ~ar* 요정의 여왕.

älv[a]kung *~en ~ar* 요정의 왕.

ämạbel *a.* 상냥한, 공손한, 정중한.

ämbar *~et ~* (물)양동이, (물)항아리.

ämbete *~t ~n* 관직, 공직 bekläda ett offentligt ~ 관직에 오르다; lägga ned sitt ~ 퇴직하다, 은퇴하다, 퇴임하다.

ämbets|man *–mannen –män* 관리, 공직자.

ämbetsverk *~et ~* 관청, 중앙행정관청.

ämna *~r ~de ~t* Ⅰ. *tr.* …하려고 하다, 의도하다; i höst ~r han ge ut en roman 올 가을에 그는 장편소설을 출간하려고 한다 Ⅱ. *rfl.* ~ sig hem 집으로 가려고 하다.

ämne *~t ~n* ① 물질, …질; enkelt ~ 【화학】 원소, 요소; sammansatt ~ 【화학】 화합물; 혼합물, 합성물 ② 재료, 원료; 자질; det finns ~ till en författare hos honom 그는 위대한 작가가 될 수 있는 자질을 가지고 있다 ③ 주제, 재재; 과목; frivilligt ~ 선택과목; byta samtals~ 대화의 주제를 바꾸다; hålla sig till ~t 요점을 벗어나지 않다; komma till ~t 핵심을 찌르다, 요점에 들어가다.

ämneskonferens *~en ~er* 동일과목 담당 교사회의.

ämneslärar|e *–[e]n* ~ 과목교사.

ämnesnamn *~et* ~ 물질명사.

ämnesomsättning *~en 0* 【생물】 신진대사, 대사 작용.

än[1] *prep.* ① (형용사 비교급과 함께) …보다; han är längre ~ sin bror 그는 자기 형보다 키가 크다; tjäna mer ~ 100,000 om året 일 년에 100,000 크로나 이상을 벌다 ② …외에, …을 제외하고; det finns ingen annan ~ du för mig 나에게는 너 외에는 아무도 없다.

än[2] *konj.* …하는 것보다 (형용사 비교급과 함께) under olympiaden tittade han mycket mer på TV ~ han brukade göra 올림픽 기간 동안에 그는 평상시보다 TV를 훨씬 더 많이 보았다.

än[3] *adv.* ① 아직도; han har inte lyckats sälja villan ~ 그는 아직도 빌라를 팔지 못하였다; den gamla bilen fungerar ~ 그 고물차는 아직도 움직인다 ② 한 때는 (…하고) 한 때는 (…하다); ~ regnade det, ~ stack solen fram 비가 오다가 햇빛이 비치다 하였다 ③ 한층 더; problemet har blivit ~ svårare 그 문제는 한층 더 어려워 졌다 ④ 어떤 경우에라도; jag skall hitta det var det ~ finns 그것이 어디에 있든지 나는 찾고야 말겠다.

ända[1] *adv.* 끝까지; …까지; han följde henne ~ hem 그는 집까지 그녀를 따라갔다; hit har det kommit folk ~ från Kiruna 키루나서부터 이곳까지 사람들이 왔다; vi är lediga ~ till nästa tisdag 다음 주 화요일까지 우리는 쉰다; företaget har haft en ledande roll ~ sedan 1990–talet 그 기업은 1990년대 이래 줄곧 선도적 역할을 해왔다.

änd|a[2] *–an –ar/änd|e –en –ar* 끝, 마지막 부분; hon satt på ~n av bänkraden 그녀는 좌석 맨 끝줄에 앉았다; rep~ 줄끝; resa till världens ~ 세계의 끝까지 여행하다; det finns ingen ~ på svårigheterna 어려움에는 끝이 없다; vara till ~ 끝나다; dagen i ~ 하루 종일.

änd|a[3] *–an –or* 엉덩이; en full kroggäst som envisades att klappa servitrisen i ~n 접대부의 엉덩이를 굳이 쓰다듬으려는 취한 술집 손님.

änd|a[4] *~r ~de ~t itr. tr.* 끝내다, 끝마치다; 끝나다; hans liv ~de oktober i fjol 그의 삶은 작년 10월에 종지부를 찍었다.

ändalykt *~en 0* ① 끝; 종말; en sorglig ~ 슬픈 종말 ② 엉덩이.

ändamål *~et* ~ 목적, 목표; ~et med resan 여행의 목적; ~et helgar medlen 목적이 수단을 정당화 한다; det lämpar sig för sitt ~ 목적에 일치 한다; i ett bestämt ~ 특정한 목적으로.

ändamålsenlig *a.* 합목적의.

ändamålslös *a.* 목적이 없는, 목표가 없는; 쓸모없는, 무능한.

ända|s *–s –des –ts –itr. dep.* 끝나다.

änd|e *–en –ar* ☞ **ända**[2].

ändelse *~n ~r* 어미.

ändlig *a.* 한계가 있는; 무상한; lyckan är ~ 행복은 영원한 것이 아니다; vårt ~a vetande 우리의 제한된 지식.

ändlös 끝없는.

ändmorän *~en ~er* 【지질】 (빙하에 의한) 퇴석, 모레인.

ändock *adv.* 비록 …할지라도, 그래도.

ändra *~r ~de ~t* Ⅰ. *tr*. 바꾸다, 변화시키다, 변경하다, 고치다; 개정하다; det ~r ingenting i sak 본질적인 것에는 달라진 것이 없다; ~ möbleringen i arbetsrummet 서재의 가구배치를 바꾸다 Ⅱ. *rfl*. 마음을 바꾸다; (성격 등이) 달라지다; vill du fortfarande gifta dig med mig eller har du ~t dig? 당신은 아직도 나와 결혼하기를 원합니까, 아니면 마음을 바꾸었습니까?; man ~r sig med åren 사람은 세월이 흐름에 따라서 달라진다.

ändring *~en ~ar* 변경, 바꿈; 정정, 가정; 전환; en ~ till det bättre 개선.

ändstation *~en ~er* 종착역.

ändtarm *~en ~ar* 【해부】 직장(直腸).

ändå *adv*. ① 그럼에도 불구하고, 그래도; 결국; 하여튼; han försökte men ~ misslyckades 그는 노력했지만 그래도 성공하지 못하였다; hon är ~ bara ett barn 그녀는 그래도 어린 아이에 불과하다; det tycks ~ bli regn 아무튼 비가 올 것 같다; och lite[t] mer ~ 약간 더, 조금 더 ② 한층 더; ~ bättre 한층 더 좋은 ③ (기원문에서) …하기만; om du ~ vore här 네가 여기에 있기만 한다면.

äng *~en ~ar* 초원, 목초지.

äng|el *–eln –lar* 천사.

änglamakersk|a *–an –or* 사생아 보육인(여자) (1800년대 돈을 받고 보육 책임을 맡았다가 소홀히 하여 아기를 죽게 했음).

ängsla *~r ~de ~t* Ⅰ. *tr*. 걱정하게 하다, 불안하게 하다 Ⅱ. *rfl*. 걱정하다, 불안해하다.

ängslan (불변화 en–명사) 근심, 걱정, 불안.

ängsla|s *–s –des –ts itr*. *dep*. 걱정하다, 근심하다.

ängslig *a*. ① 걱정의, 근심의, 불안의; göra ngn ~ …에게 걱정을 끼치다; vara ~ för …을 두려워하다 ② 꼼꼼한, 용의주도한, 면밀한; med ~ noggrannhet 용의주도하게, 면밀하게.

ängsull *~en 0* 【식물】 황새풀(습지에서 자라며 흰 솜 같은 이삭을 가진 사초과 식물).

änk|a *–an –or* 과부, 미망인; hon är ~ efter … 그녀는 …의 미망인이다.

änkedrottning *~en ~ar* 국왕의 미망인.

änkefru *~n ~ar* 미망인.

änke|man *–mannen –män* 홀아비.

änkestånd *~et 0* 과부신세, 과부살이.

änkestöt *~en ~ar* 팔꿈치 신경이 찌르르한 충격.

änkling *~en ~ar* 홀아비.

ännu *adv*. ① 지금까지, 여태까지, 아직도; boken har ~ inte kommit ut 그 책은 아직도 발간되지 않았다; ~ hade han krafter kvar 아직도 그는 여력이 있었다; det dröjer flera dagar ~ 아직도 며칠이 더 걸린다 ② 한층 더; förhållandena blev ~ besvärligare 상황은 한층 더 어려워졌다 ③ 또, 더; ~ en dag 하루 더; ~ en gång 또 한 번.

änskönt [ɛnʃønt] *konj*. 비록 …하지만.

äntligen *adv*. 결국.

äntra *~r ~de ~t* Ⅰ. *tr*. (배, 기차 등에) 타다; (탈취 또는 승선을 위하여

다른 배에) 올라타다, 갈아타다 Ⅱ. *itr*. 기어오르다.

äppelmos *~et 0* 짓이긴 사과.

äppelskrott *~en ~ar* 사과의 먹고 남은 부분, 사과 속.

äppelträd *~et ~* 사과나무.

äpple *~t ~n* 사과; ~t faller inte långt från trädet 그 아버지에 그 아들.

ära[1] *~n 0* 명예, 영예; 신앙, 명성; 영광; ~ vare Gud! 신에게 영광을!; det är en stor ~ för mig att …하는 것은 제에게 큰 영예(영광)입니다; ~n var räddad 명예는 지켜졌다, 체면은 살렸다; får jag den ~n att …하는 영광을 제가 누려도 되겠습니까?; det gick hans ~ för när 그의 자존심을 상하게 하였다; jag har den ~n! [att gratulera!] 축하 합니다; sätta en(sin) ~ i att …하는데 명예를 걸다; vinna ~ 명예를 얻다; visa ngn en ~ …에게 경의를 표하다; bortom all ~ och redlighet 문명으로부터 소외되어; hålla ngn i ~ …를 존경하다; på min ~ 나의 명예를 걸고; dagen till ~ 그 날을 기념하여.

ära[2] *~r ~de ~t tr*. 경의를 표하다, …에게 영광을(명예를) 주다, 존경하다, 숭배하다.

ärad *a*. 존경하는, 영예로운; ~e kollega! 존경하는 동료!; den siste ~e talaren 존경하는 마지막 연사; ~e åhörare 존경하는 신사 숙녀 여러분.

ärbar *a*. 정숙한.

ärbarhet *~en 0* 정숙함, 예의바름.

äregirig [–ji:rig] *a*. 명예욕이 있는.

ärekränk|a *–er –te –t tr*. 명예를 손상시키다.

ärekränkning *~en 0* 명예훼손.

ärelysten ☞ äregirig.

äreminne *~t ~n* 【역사】 추도사(追悼辭).

ärende *~t ~n* ① 심부름, 잔일, 용건, 볼일, 용무; han uträttade några ~n på lunchrasten 그는 점심시간에 몇 가지 일을 보았다; kan du gå ett ~ åt mig? 너 심부름 하나 해줄래?; skicka ngn i ett ~ …를 심부름 보내다 ② 사안; ett ~ som rör ändring av stadsplanen 도치계획 변경에 관련된 사안.

ärenpris *~en 0* 【식물】 꼬리풀의 일종

ärerörig *a*. 명예를 훼손하는.

ärevördig *a*. 존경스러운, 덕망 있는.

ärftlig *a*. 세습의, 상속의; 유전에 의한.

ärftlighet *~en 0* 유전 형질유전.

ärftlighetslära *~n 0* 유전학.

ärg [ærj] *~en 0* 녹청(綠靑).

ärga [ærja] *~r ~de ~t itr*. *rfl*. 녹청이 끼다.

ärga|s *–s –des –ts itr*. *dep*. ☞ ärga.

ärgig [ærji(g)] *a*. 녹청이 낀.

ärkebiskop *~en ~ar* 대주교.

ärkebiskopinn|a *–an –or* 대주교 부인.

ärkefiende *~n ~r* 철천지원수.

ärkehertig *~en ~ar* 대공(大公).

ärkestift *~et ~* 대주교 관구.

ärkeang|el *~eln ~lar* 대천신(大天神).

ärl|a *–an –or* 【조류】 할미새.

ärlig *a*. 정직한, 솔직한, 강직한, 공정한; om jag skall vara ~ 솔직히 말해서; ~t spel 공정한 시합; ett ~t svar 정직한 대답.

ärligen *adv*. 정직하게, 솔직하게; det har han ~ förtjänat 그는 마땅히 그럴 가치가(자격이) 있다.

ärlighet *~en 0* 정직, 솔직함; ~ varar längst 정직이 최상의 방책이다.

ärm *~en ~ar* 소매.

ärmlinning *~en ~ar* 소매 끝, 소맷동.

ärmlös 소매가 없는.

ärna *~r ~de ~t* ☞ **ämna**.

ärofull *a*. 명예로운, 영광스러운.

ärorik *a*. 영광스러운, 찬란한, 빛나는; 이름난.

ärr *~et ~* 흉터, 상처자국.

ärra *~r ~de ~t rfl*. ☞ **ärras**.

ärra|s *-s -des -ts itr. dep*. 상처를 남기다, 흉터가 생기다.

ärrig *a*. 상처투성이의.

ärt *~en ~er/ärt|a -an -or* 【식물】 완두(콩).

ärtsoppa *~n 0* 완두콩과 돼지고기를 재료로 만든 스프.

ärv|a *-er -de -t itr. tr*. 물려받다, 상속받다; han fick ~ gården efter sin far 그는 부친의 농장을 물려받게 되었다.

ärvdabalk *~en 0* 【법률】 상속법.

äsch ☞ **ä**[2].

äska *~r ~de ~t tr*. 요청하다; ~ tystnad 정숙을 요청하다.

äss *~et ~* (카드, 주사위의) 1번; (운동경기의) 일류선수, 우수선수, 명수.

ässj|a *-an -or* 괴철로(塊鐵爐), (대장간의) 노(爐).

ät|a *-er åt ätit* Ⅰ. *itr. tr*. 먹다, 들다; 복용하다; 먹고 살다; när skall vi ~ lunch 우리 언제 점심을 먹을까?; jag -er inte fisk 나는 생선을 먹지 않는다; tycka om att ~ gott 맛좋은 음식을 좋아하다; ät litet! 좀 먹어 보렴; duga att ~ 먹을 만하다; vad skall vi ~ till middag? 정찬(저녁)으로 무엇을 먹을까?; ~ ngn ur huset …의 음식을 거덜 내다 Ⅱ. *rfl*. ~ sig mätt 배불리 먹다; ~ sig sjuk 많이 먹어 탈이 나다; ~ sig sjuk på choklad 초콜릿을 너무 많이 먹어 탈나다 Ⅲ. (강세접사와 함께) ① ~ sig igenom 먹어 들어가다 ② ~ sig in i 파먹어 들어가다 ③ ~ upp 먹어 치우다; jag har ätit upp maten 내가 음식을 다 먹어 치웠다 ④ ~ upp sig 살찌게 먹다; grisarna fick ~ upp sig före slakten 돼지들은 도살되기 전에 살이 찌도록 많이 먹어야 했다 ⑤ ~ ut ngn …를 제거하다.

ätbar *a*. 먹을 수 있는; potatisen hade frusit och var inte ~ 감자는 얼어서 먹을 수가 없었다.

ätlig *a*. 식용의; ~a svampar 식용버섯.

ätt *~en ~er* 가문, 가계, 일족, 집안.

ättartavl|a *-an -or* 족보.

ätte|fader *-fadern -fäder* 선조, 조상.

ättelägg *~en ~ar* 후손, 자손.

ättestup|a *-an -or* 【역사】 자살절벽(옛날 늙은이들이 가족에게 짐이 되지 않도록 몸을 던져 죽었다던 절벽, 벼랑).

ättika *~n 0* 식초.

ättiksyra *~n 0* 초산.

ättling *~en ~ar* 후예, 자손.

även *adv*. 역시, …도, 또한, …까지도; en lag om bilbälten ~ i baksätet (자동차) 뒷좌석에도 안전벨트를 착

용해야 하는 법; ~ om 비록 …하지만, …임에도 불구하고; inte blott … utan ~ …뿐만 아니라 …도.

ävenledes *adv*. 같은 식으로, 같은 방법으로.

ävensom *konj*. …과 마찬가지로.

ävenså *adv*. 【고어】 역시; han hade ~ varit i Sverige 그도 스웨덴에 가본 적이 있다.

äventyr *~et 0* ① 모험; 불행, 재난; en film som handlade om ~ i Sydamerikas djungler 남아메리카 정글에서의 모험을 다룬 영화 ② vid ~ att …을 걸고; vid ~ av böter 벌금형을 받는 조건으로 ③ till ~s 유사시, 우연히 어쩌다가.

äventyra *~r ~de ~t tr*. 모험하다, 위험을 무릅 쓰고 …하다, 감행하다, 걸다; ~ sitt unga liv 자신의 젊은 목숨을 걸다.

äventyrar|e *–[e]n ~* 모험가; 사기꾼.

äventyrersk|a *–an –or* 여자 모험가.

äventyrlig *a*. ① 모험에 찬 ② 위험부담이 큰.

ävlan (불변화 en–명사) 분투, 노력.

ävla|s *–s –des –ts itr*. *dep*. 노력하다, 분투하다.

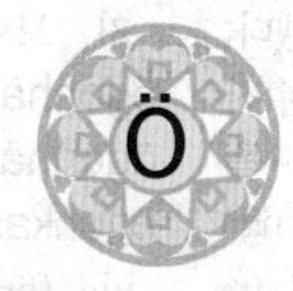

ö[1] [øː] *ö–[e]t, ö[–n]* 스웨덴 알파벳의 29번째 (마지막) 글자.

ö[2] [øː] *~n ~ar* 섬; bo på en ~ 섬에 살다.

ÖB ☞ överbefälhavare.

öbo *~n ~r* 섬사람.

öd|a *–er –de ött tr.* 낭비하다.

öde[1] *~t ~n* 운명, 숙명; 운명을 좌우하는 힘, 운명의 신; ~sgudinna 운명의 여신; hans ~ stod skrivet i stjärnorna 그의 운명은 별에 써 있었다; ett tragiskt ~ 비극적 운명; vi lämnade honom åt hans ~ 우리는 그를 그의 운명에 맡겼다; människo~ 인간의 운명.

öde[2] (불변화형용사) 황량한, 불모의; 인적 없는, 버려진, 폐허가 된; en ~ ö 무인도; den ~ havsstranden 황량한 해변.

öde|lägga *–lägger –lade –lagt tr.* 폐허화시키다, 초토화시키다.

ödeläggelse *~n ~r* 폐허, 파괴, 황폐.

ödem *~et ~* 【병리】 부종(浮腫), 수종.

ödemark *~en ~er* 황무지, 황야.

ödesbestämd *a.* 운명적인, 운명으로 정해진.

ödesdiger [–diːger] *a.* 결정적인. 치명적인, 숙명적인.

ödesgudinnorna (복수명사) (그리스 신화에 등장하는) 운명의 여신들.

ödl|a *–an –or* 도마뱀.

ödmjuk *a.* 겸손한, 공손한, 겸양하는; han är en ~ natur som alltid först klandrar sig själv om något blir fel 그는 무엇인가 잘못되면 항상 먼저 자신을 탓하는 겸손한 천성을 지녔다.

ödmjuka *~r ~de ~t rfl.* 자신을 낮추다, 겸손하게 굴다.

ödmjukhet *~en 0* 겸손, 겸양, 공손.

ödsla *~r ~de ~t itr.* 낭비하다, 허비하다; ~ med pengar 돈을 낭비하다.

ödslig *a.* 황량한, 적막한, 쓸쓸한.

ög|a *–at –on* ① 눈; (바늘 등의) 코, 틈새, 벌어진 틈; hon har blont hår men bruna –on 그녀의 머리는 금발이나 눈은 갈색이다; hon miste synen på ena –at 그녀는 한쪽 눈이 안 보인다; glasögon 안경; skarpa –on 날카로운 안목; spärra upp –onen av förvåning 놀라 눈을 크게 뜨다; hon fick allas –on på sig 모두의 시선이 그녀에게 집중되었다; betrakta världen med nya –on 새로운 눈으로 세상을 보다; blått ~ 멍이 든 눈; det var nära –at 하마터면 큰일 날 뻔 했다; ge ngn –on …와 농탕치다, …와 수작을 부리다; ha ngt för –onen …을 목표로 삼다; ha tummen i ~t på ngn …를 감시하다; (synas) med blotta ~t 육안으로 (보이다); mellan fyra –on 둘만의 사이에; skämmas –onen ur sig 부끄러워 쥐구멍이라도 들어가고 싶다; sticka [ngn] i –onen …의 눈에 거슬리다; vara en nagel i ~t på ngn …눈의 가시다 ② (감자의) 순, 눈 ③ (주사위, 카드 등의) 눈, 점.

ögl|a *–an –or* (실, 끈 따위의) 고리, 올가미; slå(göra) en ~ på tråden 실에 고리를 만들다.

ögna [øŋna/ø:gna] *~r ~de ~t itr.* 훑어보다; han ~de lite i tidningen medan han väntade 그는 기다리는 동안 신문을 좀 훑어보았다.

ögonblick *~et ~* 순간, 찰나; ett ~! 잠깐만 [기다리세요]!; det tror jag inte ett ~ 나는 잠시도 그렇게 생각해 보지 않았다; vilket ~ som helst 어느 순간에라도; det avgörande ~et 결정적인 순간; för ~et 잠깐 동안, 지금; inom ett ~ 순식간에, 곧; om ett ~ (på ~et) 곧, 당장; på ett ~ 눈 깜짝할 사이에.

ögonblicklig *a.* 즉시의; en ~ död 즉사.

ögonblickligen *adv.* 즉시.

ögonblicksbild *~en ~er* 스냅, 순간 촬영 사진.

ögonbryn *~et ~* 눈썹; rynka ~en 눈썹을 찌푸리다.

ögonfrans *~en ~ar* 속눈썹.

ögonfägnad [–fɛŋnad] *~en 0* 눈요기, 보아서 즐거운 것.

ögonhål|a *~an ~or* 안구(眼球).

ögonhår *~et ~* 속눈썹.

ögonkast *~et ~* 눈짓, 눈길; kärlek vid första ~et 첫 눈에 반한 사랑.

ögonlock *~et ~* 눈꺼풀.

ögonläkar|e *–[e]n ~* 안과의사.

ögonmärke *~t ~n* 표적.

ögonsikte (불변화 ett–명사) 시야; förlora … ur ~ 시야에서 …을 놓쳐(잃어)버리다.

ögonskenlig *a.* 뚜렷한, 분명한.

ögonskugg|a *–an –or* 눈꺼풀 바르는 화장품, 아이섀도.

ögonsten *~en ~ar*, ngns ~ …가 애지중지하는 사람(물건).

ögontjänar|e *–[e]n ~* 아첨꾼, 알랑쇠.

ögontröst *~en 0* 【식물】 좁쌀풀 속의 식물(옛날에는 눈의 치료에 썼다).

ögonvatt|en *–net ~* 안약.

ögonvittne *~t ~n* 목격자.

ögonvrå *~n ~r* 눈의 가장자리, 눈가.

ök *~et ~* (수레 등을 끄는데 이용되는) 동물, 우마.

öka *~r ~de ~t* Ⅰ. *tr.* 늘리다, 증가시키다, 불리다, 높이다, 상승시키다; ~ antalet av …의 수를 늘리다; ~ förbrukningen 소비를 증가시키다; ~ … till det dubbla …을 배로 늘리다 Ⅱ. *itr.* 증가하다, 높아지다, 상승하다, 늘다, 불다; du har ~t i vikt 너는 몸무게가 늘었다.

ökad *a.* 늘어진, 높아진, 상승된, 증가된; ~e utgifter 불어난 지출.

öka|s *–s –des –ts itr. dep.* ☞ öka Ⅱ.

ök|en *–nen –nar* 사막.

öknamn *~et ~* 별명.
ökning *~en ~ar* 증가, 불어남; 상승, 확대, 인상 ~ av farten 속도의 증가, 가속; ~ av lön 급여인상.
ökänd *a.* 악명 높은, 소문이 자자한; en ~ krigsförbrytare 악명 높은 전범자.
öl *~et ~* 맥주; [ljust] ~ 맥주 중 색이 옅은 것; mörkt ~ 흑맥주.
ölbutelj *~en ~er*/**ölflask|a** *-an -or* 맥주병.
ölglas *~et ~* 맥주잔.
ölkafé *-et ~er* 맥주 집(식사와 맥주를 판매).
ölsinne *~t 0*, ha gott(dåligt) ~ 술버릇이 좋다(나쁘다).
öm *a.* ① 쓰리는, 아리는, 닿으면 아픈, 피부가 까진; ett ~t tandkött 쓰리는 잇몸; jag är ~ i fötterna 나는 발이 까졌다(쑤신다); jag känner mig ~ i hela kroppen 나는 온 몸이 쑤신다 ② 다정한, 애정이 담긴; hysa ~ma känslor för ngn …에게 애정을 품고 있다.
ömfotad *a.* (구두에 닿아) 발이 까진, 발이 아리는.
ömhet *~en 0* ① (신체 접촉 시 느껴지는) 쓰림, 아림, 아픔 ② 정, 애정.
ömhetsbehov *~et ~* 애정에 대한 갈망.
ömhetsbetygelse *~n ~r* 애정의 표시, 사랑의 말, 애무.
ömhjärtad *a.* 정이 많은
ömka *~r ~de ~t* Ⅰ. *tr.* 가엾게 여기다, 불쌍하게 생각하다 Ⅱ. *rfl.* 동정하다, 연민을 느끼다; de ~de sig över den fattiga släktingens olycksöde 그들은 가난한 친척의 불행을 동정했다.
ömkan (불변화 en-명사) 동정, 연민 själv~ 자기연민.
ömkansvärd *a.* 가엾은, 불쌍한.
ömklig *a.* 비참한, 애처로운, 슬픈, 초라한; en ~ min 애처로운 표정; ett ~t slut 슬픈 종말.
ömma *~r ~de ~t itr.* ① 쓰리다, 아리다, 쑤시다; en ~nde tand 아리는 이; ~ för minsta tryck 조금만 눌러도 아프다 ② 애정을 품다, 정을 느끼다.
ömmande *a.* ① ☞ **öm** ② 비참한, 정상을 참작해야 하는; ett ~ fall 정상을 참작해야 하는 경우; ~ omständigheter 곤궁한 상태.
ömsa *~r ~de ~t tr.* 갈다, 바꾸다; ~ skinn (뱀 등이) 허물을 벗다; ~ tänder 이를 갈다.
ömse *a.* på ~ håll(sidor) 양쪽(편)에.
ömsesidig *a.* 상호의; ~t beroende 상호의존; den ~a misstron 상호불신.
ömsevis *adv.* 번갈아, 교대로; ~ glad, ~ sorgsen 기뻐했다가 슬퍼했다가.
ömsinnad/ömsint *a.* 정이 많은.
ömsom *adv.* ~ … ~ 어떨 때는 …하고, 또 어떨 때는 …하는; han är ~ glad ~ ledsen 그는 기뻐했다가 슬퍼했다 종잡을 수 가 없다.
ömtålig *a.* ① 부서지기 쉬운; 망가지기 쉬운; (음식 등이) 쉬기 쉬운; bordets ~a yta 망가지기 쉬운 책상 표면 ② 허약한, 무른; 예민한; 미묘한, 취급에 신중을 요하는, 섬세한; en blyg och ~ pojke 수줍고 마음이 여린 소년; det ~a läget i löneförhandlingarna 임금협상에서 신중을 요하는 상황.

önska *~r ~de ~t tr.* 원하다, 바라다, 기대하다, 욕구하다; jag ~r något skall hända 나는 무슨 일인가가 벌어지기를 원한다; jag ~r tala med …와 말하고 싶은데요; jag ~r ingenting hellre(högre) än en bil 나는 자동차 이상 원하는 것이 없다; ~ ngn gott nytt år …에게 새해 복 많이 받기를 원하다; ~ ngn välkommen …를 환영하다; ~ [sig] ngt i julklapp 크리스마스 선물로 …을 원하다; vad ~s? 원하시는 것이 무엇이지요? jag ~r mig tillbaka till Rom 로마에 돌아가면 좋겠다.

önskan (불변화 en-명사) 소원, 소망; efter ~ 원하는 대로; mot min ~ 내가 원하지도 않았는데.

önskedröm *~men ~mar* 꿈, 소망.

önskelist|a *-an -or* 원하는 선물 목록.

önskemål *~et ~* 소망사항; ~et om sextimmarsdagen 1일 6시간 근무의 소망사항.

önsketänkande *a.* (실현 가능성이 희박한) 소망, 바람.

önsklig *a.* 바람직한, 원하는; det vore ~t att hon gjorde det 그녀가 그렇게 하는 것이 바람직한데.

önskning *~en ~ar* ☞ **önskan**.

önskvärd *a.* ☞ **önsklig**.

öpp|en *a.* ① 열려진, 열려 있는, 열어 놓은; sova för -et fönster 창문을 열어 놓은 채로 자다 ② 펼친, 펼쳐져 있는; 노출된; boken låg ~ på skrivbordet 책은 책상 위에 펼쳐져 있었다 ③ 훤히 트인, 막히지 않은, 방해물이 없는; -na horisonter 툭 트인 지평선; ligga i ~ dag 확실하다, 분명하다 ④ (뚜껑, 덮개 등이) 없는; i vårt klimat passar -na bilar illa 우리나라 같은 기후에서는 오픈카가 적당하지 않다 ⑤ 공공연한, 터놓고 대하는, 솔직한; jag erkänner -et att misstag har begåtts 실수가 있었던 것을 나는 솔직하게 인정한다; den -na prostitutionen 공공연한 매춘행위 ⑥ 공개된, 출입이 자유로운, 일반인에게 열려 있는; ett universitet -et för alla kategorier 모든 범주의 사람들에게 개방된 대학 ⑦ 미해결의; vi måste tills vidare lämna frågan ~ 우리는 당분간 이 문제를 미해결 상태로 남겨두어야 한다.

öppenhet *~en 0* 솔직함; 개방됨.

öppenhjärtig *a.* 솔직한, 직설적인; en ~ självbiografi 솔직한 내용의 자서전.

öppettider (복수명사) 개방시간, 열려져 있는 시간, 개점시간.

öppna *~r ~de ~t tr.* ① (문 등을) 열다; 열어젖히다; (병의 마개를) 따다; (책 등을) 펼치다; ~ ett fönster 창문을 열다; ~ en konservburk 캔 뚜껑을 열다 ② 개점하다, 개방하다; han brukar ~ sin butik kl. 9 그는 9시에 상점 문을 열곤 한다 ③ 개업하다; han tänker ~ ett konditori 그는 제과점을 열 생각이다 ④ 시작하다, 개시하다; fästningen ~de eld mot fienderna 요새는 적을 향해 총포를 발사하기 시작했다.

öppning *~en ~ar* ① 틈, 깨진 틈, 구멍, 통로; göra två ~ar i burken med tomatjuice 토마토주스가 든 깡통에 두개의 구멍을 뚫다 ② 공지, 빈터 en älg skymtade i en ~ av täta skogen

빽빽한 숲 속의 빈 터에 한 마리의 큰뿔사슴이 힐끗 보였다 ③ 개점, 개회, 개원, 개통 ④ 시작, 개시.

öppningshögtidlighet *~en ~er* 개회식.

ör|a *–at –on* ① 귀; man ska höra mycket innan –onen faller av! 다음번에는 무슨 일이 생길까!, 이런 해괴한 일이 또 있을까!; dra –onen åt sig 주의를 기울이다, 경계하다; ha [fint] ~ för musik 음악적 감각을 가지다; sakna ~ för musik 음악적 감각이 없다; klia sig bakom –at (난처해서) 머리를 긁적이다; det gick in genom ena –at och ut genom det andra 한 쪽 귀로 들어와 한 쪽 귀로 나가 버렸다; [ligga och] sova på sitt ~ 잠에 곯아떨어지다; vara kär(skuldsatt) upp över –onen … 에게 반해 홀딱 빠져 있다(빚더미에 쌓여 있다) ② (냄비, 항아리 따위의) 손잡이.

öre *~t ~[n]* 스웨덴의 최하 화폐 단위 (100외레는 1크로나에 해당); vara utan ett ~ 동전 한 푼 없다; inte värd ett rött ~ 일전 한 푼의 가치가 없는; jag kan inte säga dig priset på ~t 나는 정확한 가격을 모르고 있다; betala till sista ~t 한 푼의 에누리 없이 전부 지불하다.

örfil *~en ~ar* 따귀.

örfila *~r ~de ~t tr.* …의 따귀를 때리다.

örhänge *~t ~n* ① 귀걸이 ② 히트한 노래, 곡.

örike *~t ~n* 섬나라.

öring *~en ~ar* 【어류】 바다 송어.

örlig (불변화명사) 해전, 해상전투.

örlogsfartyg *~et ~* 군함.

örlogsflagg|a *–an –or* 군함의 깃발, 해군기(旗).

örlogsflott|a *–an –or* 함대, 군함 전체.

örlogs|man *–mannen –män* ☞ örlogsfartyg.

örn [œːn̩] *~en ~ar* 독수리.

örnbräken (불변화명사) 【식물】 (큰) 양치식물, (특히) 고사리.

örngott *~et ~* 베갯잇, 베개 커버.

örnnäs|a *–an –or* 매부리코.

öronbedövande *a.* 고막이 터지는 듯한.

öroninflammation *~en ~er* 【병리】 귀앓이, 이염.

öronlappsfåtölj *~en ~er* 등받이 좌우에 날개가 달린 안락의자.

öronmussl|a *–an –or* 【해부】 외이(外耳), 이각.

öronpropp *~en ~ar* (귓속에 집어넣는) 귀마개.

örontrumpet *~en ~er* 【해부】 유스타키오관(管), 이관(耳管)(중이에서 인후로 통하는 관).

öronvax *~et 0* 귀지.

örring *~en ~ar* 귀걸이.

örsnibb *~en ~ar* 귓불.

örsprång *~et 0* 【병리】 귀앓이.

ört *~en ~er* 풀, 초본; 약초.

örtagård *~en ~ar* 【고어】 정원.

ös|a *–er –te –t* Ⅰ. *tr.* (액체를) 따르다, 붓다; 퍼내다 ~ en båt 배안에서 물을 퍼내다; ~ en stek 고기에 버터(양념 따위)를 바르다; ~ julklappar över barnen 아이들에게 크리스마스 선물을 몽땅(잔뜩) 안기다 Ⅱ. *itr.* 비가 억수같이 쏟아지다.

öskar *~et ~* (배 밑바닥의 괸 물을

퍼내는) 바가지.

ösregn *~et ~* 소나기.

ösregna *~r ~de ~t itr.* 소나기가 퍼붓다.

öst[1] (불변화명사) ① 동쪽; ~kust 동해안 ② 동유럽; ~block 동구권.

öst[2] *adv.* 동쪽에.

östan (불변화 en-명사)/**östanvind** *~en ~ar* 동풍, 동쪽으로부터 불어오는 바람.

östasiatisk *a.* 동아시아의.

Östasien (지명) 동아시아.

östblock *~et 0* 동구권.

öster[1] *~n 0* ① (항상 부정형) 동쪽; solen börjar gå upp i ~ 태양이 동쪽에서 떠오르기 시작한다 ② 동부; 동양; Fjärran Östern 극동.

öster[2] *adv.* 동쪽에.

Österlandet (정형명사) 동양.

österländsk *a.* 동양의.

österlänning *~en ~ar* 동양인.

österrikar|e *-[e]n ~* 오스트리아 사람.

Österrike (국명) 오스트리아.

österrikisk *a.* 오스트리아의.

österrikisk|a *-an -or* 오스트리아 여자.

Östeuropa (지명) 동유럽.

östgot *~en ~er* 동고트족 사람.

östgotisk *a.* 동고트족의.

östlig *a.* 동쪽방향의; 동양의 ② 동쪽의, 동쪽을 향한, 동향의.

östra *a.* 동쪽에 위치한.

östromersk *a.* 동로마[제국]의.

östtysk (옛) 동독의.

Östtyskland (지명) 【역사】 동독.

öva *~r ~de ~t tr.* ① 훈련시키다, 연습하다, 단련하다; ~ in 훈련시키다, 연습하다; en noggrant inövad gest 잘 훈련된 몸짓; ~ upp 단련하다, 발전(발달)시키다; ~ sig i engelska 영어를 익히다; hans uppövade minne 그의 잘 발달된 기억력 ② 행하다, (죄 등을) 범하다, 베풀다; ~ barmhärtighet mot …에게 자비를 베풀다; ~ brottsliga gärningar 범죄적 행위를 일삼다.

över[1] *prep.* ① (장소적 개념) a) …위에; …을 넘어서, …을 건너서; …의 저쪽에; hon hade kappan ~ axlarna 그녀는 어깨위에 외투를 걸치고 있었다; bred ~ axlarna 어깨가 딱 벌어진; 1,000m ~ havet 해발 1,000미터; ~ hela världen 전 세계에; 5 grader ~ noll 영상 5도; bron ~ älven 강 위의 다리; gå ~ gatan 길을 횡단하다; det går ~ min förmåga 내 능력 밖의 일이다; hoppa ~ ett dike 개천을 뛰어넘다; han hänger alltid ~ böckerna 그는 항상 책 속에 파묻혀 있다; höjd ~ alla misstankar 혐의가 없는, 혐의 밖의; kasta sig ~ ngn …에게 달려들다; snava ~ en sten 돌에 걸려 넘어지다; sträcka sig ~ bordet 탁자 위로 팔을 뻗치다; nu är vi ~ det värsta 이제 우리는 가장 어려운 단계를 통과했다; han är inte ~ sig lycklig 그는 결코 행복하지 않다; det är inte så ~ sig 결코 좋지 않다; b) …을 통한, …을 경과하는; tåg till Stockholm ~ Uppsala 웁살라 경유 스톡홀름 행 열차 c) …을 지배하여, 제압하여, …을 능가하여; seger ~ …에 대한 승리; föra befäl ~ …에 대해 지휘권을 가지다; härska ~ ett rike 한 왕국을 지배하다; stå ~ ngn (지위, 계급 등이) …위

에 있다 ② (시간적 개념) a) …동안, 쭉; bortrest ~ sommaren 여름동안 출타 중 b) (시점을) 넘은, 지난; klockan är ~ fem 다섯 시가 넘었다 ③ (수량 따위가) 넘은, 초과한; ~ 10 kilo 10킬로그램이 넘은; dra 10 minuter ~ tiden 10분을 초과하다 ④ (연관관계를 나타낼 때) en biografi ~ Strindberg 스트린드베리의 전기; en karta ~ Sverige 스웨덴 지도 ⑤ …에 관한, …에 대한; en föreläsning ~ …에 관한 강의(강연) ⑥ (형용사 또는 동사와 함께) …때문에; förvånad ~ … 때문에 놀랜; lycklig ~ …해서 행복한; skryta ~ …에 대해 으스대다; undra ~ …에 대해 궁금해 하다.

över[2] *adv*. ① 위에, 너머, 건너; 저쪽에; en säng med en filt ~ 담요가 덮여 있는 침대; de som bor [i våningen] ~ 위층에 사는 사람들; jag har varit ~ hos dem 나는 그들 집에 다녀왔다 ② 지난, 넘은, 끝난; faran är ~ 위험은 넘겼다; kriget var ~ 전쟁은 끝났다 ③ 남은; det som blev ~ 나머지; när jag har tid ~ 내가 시간이 남을 때.

överallt *adv*. 도처에[서], 사방에; han hade blåmärken ~ på kroppen 그는 온 몸이 멍들어 있었다.

överanstränga *~r ~de ~t* Ⅰ. *tr*. 지나치게 긴장시키다, 무리하게 쓰다. Ⅱ. *rfl*. 너무 무리하다. 과로하다.

överansträngning *~en ~ar* 과로, 무리.

överantvarda *~r ~de ~t tr*. 넘기다; 맡기다; ~ ngn i krykans hägn …를 교회의 보호에 맡기다.

överarbeta *~r ~de ~t tr*. 지나치게 손보다, 지나치게(과하게) …하다 ② 다시 손보다, …하다, 개정하다, 개편하다.

överbalans *~en 0*, ta ~en 균형을 잃고 넘어지다(떨어지다).

överbalanserad *a*. (예산의) 수입이 지출보다 많은.

överbefälhavar|e *-[e]n ~* 총사령관.

överbett *~et 0* 【치과】 피개교합(아랫니 위에 윗니가 겹쳐지는 상태).

överbetyg *~et ~* (합격선 이상의) 우수성적.

överbevisa *~r ~de ~t tr*. 반증하다.

över|bjuda *-bjuder -bjöd -bjudit tr*. 앞지르다, 능가하다, 경쟁하다; de -bjöd varandra i artigheter 그들은 정중함에서 서로 앞서려고 했다.

överblick *~en ~ar* 개괄, 개관; ta en ~ över läget 상황을(정세를) 개관하다.

överblicka *~r ~de ~t tr*. 개괄하다, 개관하다; 전망하다; vi behöver mer tid för att ~ hela situationen 전반적인 정세를 개관하려면 시간이 더 필요하다.

överbliven *a*. 남은, 여분의.

överbord *adv*. falla ~ 배에서 물속으로 떨어지다.

över|bringa *~r ~de/-bragte, ~t/-bragt tr*. 전하다, 전달하다. ~ den goda nyheten 좋은 소식을 전하다.

överbrygga *~r ~de ~t tr*. 메우다, 가교(중개) 역할을 하다.

överbud *~et ~* (경매에서) 더 높이 부른 값; 더 나은 제안.

överbyggnad *~en ~er* 상부구조; 【항해】 선루.

överdirektör *~en ~er* 일부 중앙행정청의 청장 또는 부청장.

överdos *~en ~er* (약의) 과량, 지나친 투여, 과잉 복용.

överdrag *~et ~* ① (베개, 가구 등의) 덮개, 커버 ② (시간의) 지체.

överdragskläder (복수명사) 위에 겹쳐 입는 덧옷, 작업복.

överdrift *~en ~er* 과장; 과도; fallen (benägen) för ~er 과장하는 경향이 있는, 과장을 잘하는; gå till ~ 극단으로 가다; man kan utan ~ säga att …하는 것이 과장이 아니다.

över|driva *-driver -drev -drivit itr. tr.* 과장하다, 지나치게 하다.

över|driven *a.* 과장된, 지나친.

överdåd *~et ~* ① 사치, 낭비 ② 만용, 무모.

överdådig *a.* ① 사치스러운 ② 훌륭한, 탁월한; en ~ pianist 훌륭한 피아니스트 ③ 무모한.

överdäck *~et ~* 상갑판.

överdängar|e *-[e]n ~* …에 뛰어난 사람, 명수, 달인; han är en ~ i tennis 그는 테니스의 명수이다.

överens (불변화형용사) 같은 의견의, 생각이 일치된 de var ~ om 그들은 …에 관해서 같은 생각이었다; komma ~ om var man skall träffas 어디에서 만날 것인지에 관해 동의하다; de kommer bra ~ 그들은 의기투합이 잘 된다.

överens|komma *-kommer -kom -kommit itr.* 동의하다, 합의하다; en -kommen vapenvila 합의된 휴전협정.

överenskommelse *~n ~r* 동의, 합의.

överensstäm|ma *-mer -de -t itr.* 일치하다, 합의하다; kopian -mer med originalet 사본은 원본과 일치한다.

överensstäm|melse *~n ~r* 일치, 합의.

överexponera *~r ~de ~t tr.*【사진】(필름 따위를) 지나치게 노출시키다.

överexponering *~en ~ar*【사진】노출과도.

överfall *~et ~*【법률】폭행.

över|falla *-faller -föll -fallit tr.* 폭행하다, 공격하다.

överfart *~en ~er* (선박) 여행, 항해.

överflygla *~r ~de ~t tr.*【군대】(적)의 측면을 찌르다; …을 앞지르다.

överflöd *~et 0* 넘칠 만큼 많음, 풍부, 다량, 풍요; 과다; ha ~ på …을 풍부하게 가지고 있다; mat finns i ~ 음식이 넘칠 만큼 많이 있다; leva i ~ 풍요하게 살다, 사치스럽게 살다.

överflöda *~r ~de ~t itr.* 넘치다, 풍부하다; 남아돌아가다.

överflödig *a.* 넘치는, 풍부한; 남아돌아가는, (많아서) 불필요한; ~ arbetskraft 과잉 노동력; känna sig ~ 자신이 쓸모없는 것처럼 느끼다; det är ~t att säga att …을 말할 필요도 없다.

överfärd *~en ~er* ☞ överfart.

över|föra *-för -förde -fört tr.* 옮기다, 이동시키다, 나르다; 양도하다; 번역하다 fången har -förts till ett annat fängelse 죄수는 다른 감옥으로 옮겨졌다; äganderätten har -förts till henne 소유권은 그녀에게 양도 되었다.

överförfriskad *a.* 술에 취한, 과음한.

överföring *~en ~ar* 이동; 전임; 양도; 전사; 수혈; 전달; 전송, 송신.

överförmyndar|e *-[e]n ~* 법적무능력자를 돌보는 지자체의 대리인.

överförtjust *a.* 매우 기뻐하는.

över|ge/ över|giva *-ger/-giver, -gav, -gett/-givit tr.* 버리다, 배신하다; 포기하다; ~ sin familj 자기 가족을 버리다; ~ en teori 학설을 버리다(포기하다).

övergiven *a.* 버림받은.

övergläns|a *-er -te -t tr.* 뛰어나다, 압도하다, 능가하다; hon försökte alltid ~ männen 그녀는 항상 남자들을 압도하려고 노력했다.

övergrepp *~et ~* (법, 도덕을 어기는) 비행, 폭행; 무례, 모욕; ~ mot minderåriga flickor 미성년 소녀에 대한 폭행.

övergripande *a.* 전부의, 전체적인, 종합적인; ha ett ~ ansvar 전반적인 책임을 지니다.

över|gå *~r -gick -gått itr. tr.* ① 바꾸다, 전환하다; låt oss ~ till affärerna 사업 이야기로 들어가자 ② 바뀌다, 전환되다; regnet -gick i solen 비가 그치고 햇빛이 비쳤다 ③ 벗어나다, 초과하다. 초월하다; det -går mitt förstånd 나는 이해가 가지 않는다.

övergående *a.* 일시적인, 잠시 동안의; ~ regn 일시적인 비; av ~ natur 일시적 성격의.

övergång *~en ~ar* ① 횡단; ~sställe 횡단보도 ② 전환, 이동; (버스) 갈아타기; en ~ till högertrafik 우측통행으로 전환; ~sregering 과도정부; ~stid 과도기, 전환기.

övergångsbestämmelse *~n ~r* 한시적 규정.

övergångsställe *~t ~n* 횡단보도.

övergångstid *~en ~er* 전환기, 과도기.

övergångsåld|er *-ern -rar* 갱년기, (여성의) 폐경기, 사춘기.

överhalning *~en ~ar* ① (배의) 갑작스러운 기울어짐; skeppet gjorde en ~ 배가 갑자기 기울어졌다 ② (배의) 철저한 조사, 분해 검사(수리) ③ 꾸중, 야단.

överhand *~en 0*, få(ta) ~[en] a) 통제에서 벗어나다, …보다 우세하다, 이기다; gråten fick ~ (자제하지 못한) 울음이 터져 나왔다 b) 퍼지다, 위세를 떨치다.

överhet *~en ~er* 권력층, 윗사람.

överhopa *~r ~de ~t tr.* …을 대량으로 주다; han ~de henne med gåvor 그는 그녀에게 수많은 선물을 주었다.

överhuset (정형명사) (영국의회의) 상원.

överhuvud *~et, ~/~en* 수반, 우두머리.

överhuvud[taget] *adv.* (긍정문에서) 대체로, 전반적으로, 전체로 보아; (부정문, 의문문, 조건문에서) 전혀, 조금도; 도대체; 적어도, 조금이나마; han ångrade att han ~ hade åtagit sig uppgiften 그는 그 임무를 맡은 것 자체에 대해 후회를 했다; hon skulle ~ aldrig ha flyttat utomlands 그녀는 결코 외국으로 이주하지 말았어야 했다; hur är det ~ möjligt? 그게 도대체 가능한 일이냐?

överhängande *a.* 시급한 조처를 요

하는, 시급한; det är ingen ~ fara 그것은 당면한 위험이 아니다; ~ arbete 긴급한 일.

överhöghet *~en 0* 최상, 지고(至高); 패권, 주권, 통치권; minoriteter under islamisk ~ 이슬람 통치권하의 소수 민족들.

överhövan *adv*. (주로 부정문에서) 매우, 몹시.

överila *~r ~de ~t rfl*. ~ sig 경솔하게 행동하다.

överilad *a*. 경솔한.

överinseende *~t 0* 감독, 관리, 지휘.

överjag *~et 0* 【심리학】 초자아(超自我).

överjordisk *a*. 천상의, 신성한.

överkant (불변화 en-명사) 과도, 과잉, 초과, 지나침; vara djärv i ~ 지나치게 대담한.

överkast *~et ~* 침대 덮개, 침대 커버.

överklaga *~r ~de ~t tr*. 항소하다, 상고하다; (경기에서 판정을) 어필하다, 항의하다.

överklagande *~t ~n* 항소, 상고, 어필, 항의.

överklass *~en ~er* 상류층, 상류계급.

överklassig *a*. 상류층의.

överklivning *~en ~ar* 【운율】 뜻이 다음 행 또는 연구(聯句)로 이어지기.

överkomlig *a*. 극복할 수 있는, (가격 등이) 적당한.

överkropp *~en ~ar* 상체(上體).

överkucku *~n ~ar* 【일상】 우두머리, 수뇌부.

överkvalificerad *a*. 과잉자격의.

överkäk|[e] *-en -ar* 【해부】 위턱.

överkänslig *a*. 과민한.

överkörd *a*. 차에 치인.

överlag *adv*. 예외 없이, 구별 없이, 모두, 전부.

överlagd *a*. 심사숙고한, 사전에 계획된; överlagt mord 사전에 잘 계획된 살인.

överlappa *~r ~de ~tr. itr*. 겹치다, 포개다; 포개지다, 중복하다.

överlastad *a*. ① 과적한; ~ med arbete 일이 산적한 ② 술 취한.

överlev|a *-er -de -t tr. itr*. 살아남다, 생존하다.

överlevande *a*. 생존한, 살아남은; de ~ 생존자들.

överliggar|e *-[e]n ~* 【역사】 (게을러 졸업을 못하는) 만년 대학생.

överlista *~r ~de ~t tr*. 꾀를 써서 이기다, 선수 치다; ~ motståndarna 꾀를 부려 상대방을 물리치다.

överljudshastighet *~en ~er* 초음속.

överljudsplan *~et ~* 초음속 비행기.

överlopps, till ~ ☞ **tillövers**.

överloppsgärning *~en ~ar* 의무(필요) 이상의 일.

överlupen *a*. ① ~ av …로 들끓는, 꽉 찬 ② ~ av(med) …로 우거진, 뒤덮인.

överlycklig *a*. 너무 기뻐서 어쩔 줄 모르는.

över|låta *-låter -lät -låtit tr*. ① 양도하다 ② 맡기다.

överlåtelse *~n ~r* 양도.

överläge *~t ~n* 우세한 판국(형세).

över|lägga *-lägger -lade -lagt itr*. 의논하다, 협의하다.

över|lägsen *a*. 우세한, 월등한; 뛰어난; han är mig ~ 그는 나보다 월등하다; svara i ~ ton 오만한 음성으로

대답하다.

överlägsenhet *~en 0* 우세, 월등.

överlämna *~r ~de ~t* Ⅰ. *tr.* 건네다, 맡기다; 전하다, 전달하다; 인도하다, 양도하다; ~ ett brev 편지를 전하다; ~ ngn i ngns vård …를 …의 보호에 맡기다(위탁하다); ~ ngt åt slumpen …을 운에 맡기다 Ⅱ. rfl. ~ sig till(åt) fienden 적에게 투항하다; ~ sig åt sin förtvivlan 절망에 빠지다.

överlöpar|e *–[e]n ~* 탈영병; 도망자; 탈당자; 변절자.

övermaga (불변화형용사) 뻔뻔스러운. 주제넘은, 건방진, 뱃심 좋은; ~ uppträdande 건방진 행동.

övermakt *~en 0* 우세, 우세한 군사력, 우위, 탁월; 지배; vreden fick ~ över honom 노여움이 그를 사로잡았다; ha ~en i fråga om antal 수적으로 우세하다.

över|man *–mannen –män* 뛰어난 사람, 우월(우세)한 사람; finna sin~ 자신보다 뛰어난 사람을 만나다; han har ej sin ~ 그는 자신보다 나은 사람이 없다.

övermanna *~r ~de ~t tr.* 압도하다, 당해내지 못하게 하다, 손들게 하다; tröttheten ~de honom 그는 피곤함을 당해 낼 수 없었다.

övermod *~et 0* 오만, 자만, 불손; ungdomligt ~ 젊음의 혈기.

övermorgon (불변화명사) i ~ 모레.

övermått *~et ~* 과잉, 과다, 초과; ett ~ av kraft 힘의 과잉.

övermåttan *adv.* 극도로; roa sig ~ 더할 나위 없이 즐기다.

övermäktig *a.* 월등한, 우세한, 우월한, 이겨내기 힘든; sorgen blev henne ~ 그녀는 슬픔을 참을 수 없었다.

övermännisk|a *–an –or* 초인.

övermänsklig *a.* 초인의, 초인적인.

övernationell *a.* 초국가적인.

övernatta *~r ~de ~t itr.* 밤을 지내다(보내다).

övernaturlig *a.* 초자연적인.

övernog *adv.* 충분하고 남을 만큼; nog och ~ 풍족한, 주체 못할 정도로 넘쳐나는.

överord (복수명사) 과장, 떠벌리기.

överordnad *a.* 높은, 상위의, 상급의; ~ myndighet 상급기관; han är min ~e 그는 나의 상사이다.

överpris *~et ~[er]* 비싼 값, (정가를) 초과하는 가격.

överraska *~r ~de ~t tr.* 놀라게 하다.

överraskande *a.* 놀라게 하는.

överraskning *~en ~ar* 놀람, 경악; 뜻밖의 일, 놀라운 일; till min stora ~ 매우 놀랍게도.

överrede *~t ~n* 본체; (자동차의) 차체; 선체; 동체.

överres|a *–an –or* (배를 이용한) 여행, 항해.

överrumpla *~r ~de ~t tr.* …을 불시에 덮치다, 기습 점령하다; planen var att kringgå och ~ fienden (작전) 계획은 우회하여 적을 불시에 덮치는 것이다.

överrumpling *~en ~ar* 불시에 치기.

överräck|a *–er –te –t tr.* 건네주다; ~ gåvan 선물을 건네주다.

överrösta *~r ~de ~t tr.* ① 더 큰소리로 압도하다; oväsendet ~de musiken 소음이 음악소리를 압도하였다 ② (투표) 수로 이기다.

Ö

övers (관용구) inte ha mycket(ngt) till ~ för ngn(ngt) …에게(에) 관심을 두지 않다; ha tid(pengar) till ~ 여분의 시간(돈)이 있다.

över|se *–ser –såg –sett itr. tr.* ① 훑어보다, 검사하다 ② 빠뜨리다, 간과하다; han –såg en detalj 그는 세부사항 하나를 간과했다 ③ 눈감아 주다, 너그럽게 보아주다; hon –såg gärna med hans fel 그녀는 기꺼이 그의 잘못을 눈감아 주었다.

överseende[1] *a.* 관용적인, 너그러운.

överseende[2] *~t 0* 관용, 너그러움.

översiggiven *a.* 절망한, 낙망한.

översikt *~en ~er* 개관, 개괄, 개설; en ~ över den västerländska filosofin 서양 철학 개설.

översiktlig *a.* 개괄적인, 종합적인.

översinnlig *a.* 선험적인, 초자연적인, 초절적인.

översittar|e *–[e]n ~* 약자를 못살게 구는 사람, 압제자; spela ~ 약한 사람을 들볶다.

översitteri *~et 0* 약한 자를 괴롭히는 것.

överskatta *~r ~de ~t tr.* 과대평가하다.

överskeppa *~r ~de ~t tr.* 배로 수송하다.

överskjutande *a.* ① 초과하는; ~ skatt (임시과세 시) 초과징수세액(납세자에게 환불됨) ② 돌출한.

överskott *~et ~* 과잉, 초과, 잔여; import~ 수입초과; ~ på arbetskraft 노동력 과잉.

över|skrida *–skrider –skred –skridit tr.* (한계를) 넘다, 초과하다; ~ gränsen för det tillåtna 허용 한계선을 초과하다.

överskrift *~en ~er* 표제, 제목.

överskugga *~r ~de ~t tr.* ① 그늘지게하다, 가리다 ② …의 빛을 잃게 하다; denna avgörande fråga ~de allt annat 이 중대한 문제에 비하면 다른 것은 아무 것도 아니었다.

överskyl|a *–er –de –t tr.* 가리다, 감추다, 숨기다.

överskåda *~r ~de ~t* ☞ **överblicka**.

överskådlig *a.* 알기 쉬운, 명료한, 개관할 수 있는, 정연한.

överslag *~et ~* ① 어림평가(계산), 대강의 견적; hon gjorde ett snabbt ~ i huvudet innan hon bestämde sig för köpet 그녀는 구입을 결정하기 전에 미리 속에서 빨리 어림계산을 하였다 ② 【전기】 방전에 의한 단락.

överspel *~et ~* 과장된 연기.

överspänd *a.* 과도하게 긴장한.

överst *adv.* 맨 위에, 맨 꼭대기에; ~ på listan 목록(명부)의 맨 위에.

överstag *adv.* gå ~ 【항해】 돛의 바람 받는 방향에 따라 침로를 (좌우현으로) 돌리다, 갈지자로 나아가게 하다.

överstatlig *a.* 초국가적인.

överst|e *–en –ar* (육군의) 대령; 연대장.

överstelöjtnant *~en ~er* (육군) 중령.

överstepräst *~en ~er* 대 제사장.

över|stiga *–stiger –steg –stigit tr.* 넘다, 초과하다; tillgången –stiger efterfrågan 공급이 수요를 초과하다.

överstyr *adv.* gå ~ (회사 등이) 망하다; (계획 따위가) 엉망이 되다.

överstyrelse *~n ~r* (국가) 평의회.

överstånd|en *a.* 지나간, 넘어간; det värsta är –et 가장 힘든 것은 넘겼다.

överståthållar|e –[*e*]*n* ~ 【역사】 스톡홀름 주지사(1968이전).

överstökad *a.* (일을) 해치운, 끝낸, 완료된.

översvallande *a.* 넘치는, 충만한, 쏟아져 나오는, 용솟음치는; ~ entusiasm 넘치는 열광; ~ glädje 솟구쳐 오르는 기쁨.

översvämma ~*r* ~*de* ~*t tr.* 넘치다, 범람하다, 침수하다; 몰려들다, 쇄도하다; stora områden är ~de 넓은 지역이 홍수가 졌다; stränderna ~s av turister 해변은 관광객들로 붐볐다.

översvämning ~*en* ~*ar* 홍수, 범람, 쇄도.

översyn ~*en* ~*er* 검사, 조사.

översynt *a.* 원시안의.

översålla ~*r* ~*de* ~*t tr.* (모래, 꽃 따위를) 흩뿌리다; (…의 표면을) 온통 뒤덮다; marken var ~d med blommor 대지는 꽃들로 뒤덮여 있었다.

översåt|e –*en* –*ar* (지위가) 높은 양반, 윗사람.

översän|da –*der* –*de* –*t tr.* 보내다, 우송하다.

över|sätta –*sätter* –*satte* –*satt tr.* 번역하다.

översättar|e –[*e*]*n* ~ 역자(譯者).

översättning ~*en* ~*ar* 번역.

över|ta –*tar* –*tog* –*tagit* ☞ **övertaga**.

övertag ~*et* ~ 우세, 우월, 유리; få ~et över ngn …보다 우세하다(유리한 입장에 있다).

över|taga –*tager* –*tog* –*tagit tr.* 맡다, 짊어지다, 계승하다, 인계받다, 접수하다; ~ makten 권력을 인계받다.

övertala ~*r* ~*de* ~*t tr.* 설득하다, 타이르다.

övertalig *a.* 정원(정수) 이상의; ~ personal 임시 직원, 정원 외 인원.

övertalning ~*en* ~*ar* 설득, 설복.

övertid ~*en 0* 초과 근무시간; arbeta på ~ 초과 근무를 하다.

övertidsarbete ~*t* ~*n* 초과근무(노동).

övertidsersättning ~*en* ~*ar* 초과 근무 수당.

överton ~*en* ~*er* 【음악】 상음(上音), 배음(倍音).

övertramp ~*et* ~, göra ~ (넓이 뛰기 등에서) 출발선을 넘어서 뛰다.

övertrassera ~*r* ~*de* ~*t tr.* (예금 따위를) 초과 인출하다.

övertro ~*n 0* 과신; ~ på tekniken 기술에 대한 과신.

övertrumfa ~*r* ~*de* ~*t tr.* 앞지르다, 능가하다, 뛰어나다.

övertryck ~*et 0* (대기의 압력보다 높은) 고압.

över|träda –*träder* –*trädde* –*trätt tr.* (제한, 범위 등을) 넘다, 벗어나다; (법 따위를) 위반하다, 어기다.

överträdelse ~*n* ~*r* 위반, 반칙; 범죄, (도덕적) 죄.

överträffa ~*r* ~*de* ~*t tr.* 앞지르다, 능가하다, 뛰어나다, 우세하다, 우월하다; ~ ngn i ngt …에서 …를 능가하다.

övertyga ~*r* ~*de* ~*t tr.* 확신시키다, 납득시키다, 깨닫게 하다; ~ ngn om att …에게 …임을 확신(납득)시키다;

Ö

vara ~d om att …을 확신하고 있다; ~ sig om ngt …을 확신하다.

övertygande *a.* 확신시키는, 납득시키는.

övertygelse *~n ~r* 확신, 신념.

övertänd *a.* 화염에 쌓인.

övervaka *~r ~de ~t tr.* 감시하다, 감독하다, 관리하다; ~ arbetet 작업을 감독하다.

övervakar|e *-[e]n ~* 감시자, 감독관, 관리인.

övervakning *~en ~ar* 감시, 감독, 관리.

över|vara *~r, ~de/-var, -t/-varit tr.* 참석하다, 출석하다; ceremonin -vars av konungen 식에는 국왕께서 참석하셨다.

övervikt *~en 0* 중량초과, 과중; 몸무게 초과; betala ~ 과중 부담금을 지불하다; patienten har ~ 그 환자는 비만이다.

överviktig *a.* 중량초과의.

över|vinna *-vinner -vann -vunnit tr.* 극복하다, 이겨내다; ~ sin fruktan 두려움을 극복하다.

övervintra *~r ~de ~t itr.* 겨울을 나다.

övervåld *~et 0* 폭행.

överväg|a[1] *-er -de -t tr.* 곰곰이 생각하다, 심사숙고하다; ~ följderna 결과를 잘 생각해 보다; ett väl -t beslut 심사숙고한 결정.

överväg|a[2] *-er -de -t itr. tr.* ja-röster -er 찬성투표가 과반수 이상이다; fördelarna -er nackdelarna 장점이 단점보다 많다.

Ö

övervägande[1] *~t ~n* 심사숙고, 숙려, 고찰; efter moget ~ 잘 생각해 본 후에; vid närmare ~ 더 잘 생각해 보니.

övervägande[2] *a.* 다수의, 과반수의.

överväldiga *~r ~de ~t tr.* 압도하다; han ~des av rörelse 그는 감동으로 압도되었다.

överväldigande *a.* 압도적인, 압도하는; en ~ majoritet 압도적 다수.

överväx|el *-eln -lar* 【기계】 오버드라이브 (엔진의 회전수를 변화시키지 않고 속도를 증가하는 전환기어 장치).

överårig *a.* 노쇠한.

överända *adv.* 자빠져, 쓰러져; välta bordet ~ 탁자를 넘어뜨리다.

överös|a *-er -te -t tr.* 아낌없이 주다. 많이 주다; ~ ngn med gåvor …에게 선물을 아낌없이 주다.

övlig *a.* 관습적인; 평상의, 일상의 på ~t sätt 평소의 방식대로.

övning *~en ~ar* 연습, 훈련, 단련; ~ ger färdighet 뭐니 뭐니 해도 연습이 제일이다, 연습을 통해서 완벽해진다.

övningslärar|e *-[e]n ~* 실기과목 교사.

övningsämne *~t ~n* 실기(實技) 과목 (미술, 음악, 공작 등).

övre *a.* 상부의, 위쪽의; sätta en ~ gräns för utgifterna 지출의 상한선을 정해놓다.

övrig *a.* 여타의, 나머지의; hans uppförande lämnar mycket ~t att önska 그의 행동(몸가짐)은 개선되어야 할 점을 많이 가지고 있다; för ~t a) 그 외에 b) 그런데 c) 반면에, 다른 점에 있어서; för ~t hade vi inga pengar 그 외에도 우리는 돈이 없었다;

han var för ~t här igår 그런데 그가 어제 여기에 왔었다; i ~t 다른 점에 있어서; i ~t har jag inget att tillägga 다른 점에 있어서는 더 할 말이 없다.

부 록

1. 명사변화 일람표

변 화 형	부정형 정 형	단 수	복 수
제1변화 (**-or**)	부 정 형 정 형	en skola skola/**n**	två skol/**or** skol/**orna**
제2변화 (**-ar**)	부 정 형 정 형	en säng säng/**en**	två säng/**ar** säng/**arna**
	부 정 형 정 형	en handske handske/**n**	handsk/**ar** handsk/**arna**
제3변화 (**-er**)	부 정 형 정 형	en film film/**en**	två film/**er** film/**erna**
	부 정 형 정 형	ett konditori konditori/**et**	två konditori/**er** konditori/**erna**
제4변화 (**-n**)	부 정 형 정 형	ett frimärke frimärke/**t**	två frimärke/**n** frimärke/**na**
	부 정 형 정 형	ett knä knä**et**	två knä/**n** knä/**na**
제5변화 (단복동형)	부 정 형 정 형	ett kök kök/**et**	två kök kök/**en**
	부 정 형 정 형	ett fönster fönstr/**et**	två fönster fönstr/**en**
	부 정 형 정 형	en lärare lärare/**n**	två lärare lärar/**na**
	부 정 형 정 형	en ordförande ordförande/**n**	två ordförande ordförande/**na**

2. 형용사어미 변화표

	부가적 용법		술어적 용법
	부 정 형	정 형	
	단 수	단 수	단 수
(통 성)	en dyr bil	den dyra bilen	En bil Bilen } är dyr.
(중 성)	ett billigt hus	det billiga huset	Ett hus Huset } är billigt.
	복 수	복 수	복 수
(통 성)	två dyra bilar	de dyra bilarna	Två bilar Bilarna } är dyra.
(중 성)	två billiga hus	de billiga husen	Två hus Husen } är billiga.

3. 대명사

(1) 인칭대명사

격 / 인칭, 수	주 격		목 적 격	
1인칭 단수	jag		mig	
2인칭 단수	du	ni(존칭)	dig	er(존칭)
3인칭 단수	han hon den det		honom henne den det	
1인칭 복수	vi		oss	
2인칭 복수	ni		er	
3인칭 복수	de		dem	

부정사	현재	과거	완료분사	과거분사
glädja (기쁘게하다)	glädjer	gladde	glatt	—
gnida (문지르다)	gnider	gned	gnidit	gniden
gripa (꽉쥐다)	griper	grep	gripit	gripen
gråta (울다)	gråter	grät	gråtit	(be)gråten
gå (가다, 걷다)	går	gick	gått	gången
göra (하다)	gör	gjorde	gjort	gjord
ha[va] (가지다)	har	hade	haft	-havd
heta (~라 불리다)	heter	hette	hetat	—
hinna (~할 시간이 있다)	hinner	hann	hunnit	hunnen
hugga (도끼로 찍다)	hugger	högg	huggit	huggen
hålla (유지하다)	håller	höll	hållit	hållen
kliva (활보하다)	kliver	klev	klivit	-kliven
klyva (쪼개다)	klyver	klöv	kluvit	kluven
knipa (꼬집다)	kniper	knep	knipit	knipen
knyta (잡아매다)	knyter	knöt	knutit	knuten
komma (오다)	kommer	kom	kommit	kommen
krypa (기어가다)	kryper	kröp	krupit	krupen
kunna (~할 수 있다)	kan	kunde	kunnat	—
le (미소짓다)	ler	log	lett	—
leva (살다)	lever	levde	lev[a]t	-lev[a]d
lida (괴로워하다)	lider	led	lidit	liden
ligga (눕다)	ligger	låg	legat	-legad
ljuda (소리가 나다)	ljuder	ljöd	ljudit	—
ljuga (거짓말하다)	ljuger	ljög	ljugit	ljugen
lyda(~라고 쓰여있다, 복종하다)	lyder	lydde, löd	lytt	-lydd
låta (소리나다, ~하게하다)	låter	lät	låtit	låten
lägga (놓다)	lägger	lade	lagt	lagd
— (~해야한다)	måste	måste	måst	—
niga (무릎을 굽혀 인사하다)	niger	neg	nigit	—
njuta (즐기다)	njuter	njöt	njutit	njuten
nypa (꼬집다)	nyper	nöp	nupit	nupen
nysa (재채기하다)	nyser	nös	nyst	—
pipa (피리를 불다)	piper	pep	pipit	—
rida (말타다)	rider	red	ridit	riden
rinna (흐르다)	rinner	rann	runnit	runnen

(2) 소유대명사

인칭대명사		소유대명사(부가적용법)	소유대명사(독립적용법)
1인칭 단수	jag	**min** (bil) **mitt** (hus) **mina** (bilar, hus)	Bilen är **min**. Huset är **mitt**. Bilarna (Husen) är **mina**.
2인칭 단수	du	**din** (bil) **ditt** (hus) **dina** (bilar, hus)	Bilen är **din**. Huset är **ditt**. Bilarna (Husen) är **dina**.
3인칭 단수	han hon den det	**hans** (bil, hus; bilar, hus) **hennes** (bil, hus; bilar, hus) **dess** (bil, hus; bilar, hus) **dess** (bil, hus; bilar, hus)	Bilen (Huset; Bilarna, Husen) är **hans**. Bilen (Huset; Bilarna, Husen) är **hennes**. (dess는 매우 드물게 사용된다.)
1인칭 복수	vi	**vår** (bil) **vårt** (hus) **våra** (bilar, hus)	Bilen är **vår**. Huset är **vårt**. Bilarna (Husen) är **våra**.
2인칭 복수	ni	**er** (bil) **ert** (hus) **era** (bilar, hus)	Bilen är **er**. Huset är **ert**. Bilarna (Husen) är **era**.
3인칭 복수	de	**deras** (bil, hus; bilar, hus)	Bilen (Huset; Bilarna, Husen) är **deras**.

4. 동　사

(1) 동사변화표

변화종류	부 정 법	현 재	과 거	완료분사
Ⅰ.	dansa/	dansa/r	dansa/de	dansa/t
Ⅱa.	ställ/a	ställ/er	ställ/de	ställ/t
	kör/a	kör/	kör/de	kör/t
Ⅱb.	köp/a	köp/er	köp/te	köp/t
Ⅲ.	tro/	tro/r	tro/dde	tro/tt
Ⅳ.	skriv/a	skriv/er	skrev	skriv/it
	se	se/r	såg	se/tt

(2) 과거분사

과거분사 유형

	통 성 (기본형)	중 성	복수 및 정형	완료분사
제1변화①	baka**d**	baka**t**	baka**de**	bakat
제2변화②	a) stäng**d** b) köp**t**	stäng**t** köpt	stäng**da** köp**ta**	stäng**t** köpt
제3변화③	sy**dd**	sy**tt**	sy**dda**	sy**tt**
제4변화④	skriv**en**	skriv**et**	skriv**na**	skriv**it**

과거분사의 사용례

	부가적 용법	술어적 용법
① 부정형	en hembaka**d** kaka.	Kakan är hembaka**d**.
	ett hembaka**t** bröd.	Brödet är hembaka**t**.
	två hembaka**de** kakor.	Kakorna är hembaka**de**.
정 형	den hembaka**de** kakan.	
	det hembaka**de** brödet.	
	de hembaka**de** bröden	
② a) 부정형	en stäng**d** dörr	Dörren är stäng**d**.
	ett stäng**t** fönster	Fönstret är stäng**t**.
	två stäng**da** dörrar	Dörrarna är stäng**da**.
정 형	den stäng**da** dörren	
	det stäng**da** fönstret	
	de stäng**da** dörrarna	
b) 부정형	en köp**t** bok	Boken är köp**t**.
	ett köp**t** bord	Bordet är köp**t**.
	två köp**ta** bord	Böckerna är köp**ta**.
정 형	den köp**ta** boken	
	det köp**ta** bordet	
	de köp**ta** böckerna	
③ 부정형	en sy**dd** kjol	Kjolen är sy**dd**.
	ett sy**tt** skärp	Skärpet är sy**tt**.
	två sy**dda** kjolar	Kjolarna är sy**dda**.
정 형	den sy**dda** kjolen	
	det sy**dda** skärpet	
	de sy**dda** kjolarna	

	부가적 용법	술어적 용법
④ 부정형	en skriv**en** roman	Romanen är skriv**en**.
	ett skriv**et** brev	Brevet är skriv**et**.
	två skriv**na** brev	Romanerna är skriv**na**.
정 형	den skriv**na** romanen	
	det skriv**na** brevet	
	de skriv**na** breven	

(3) 강변화동사 및 불규칙동사표

부정사	현재	과거	완료분사	과거분사
be(bedja) (기원하다, 요청하다)	ber(beder)	bad	bett	-bedd
binda (잡아매다)	binder	band	bundit	bunden
bita (물다)	biter	bet	bitit	biten
bjuda (초대하다, 제공하다)	bjuder	bjöd	bjudit	bjuden
bli (bliva)(~로 되다)	blir	blev	blivit	bliven
bringa (가져오다)	bringer	bragte	bragt	bragd
brinna (불타다)	brinner	brann	brunnit	brunnen
brista (터지다)	brister	brast	brustit	brusten
bryta (깨지다)	bryter	bröt	brutit	bruten
bära (운반하다)	bär	bar	burit	buren
dra (draga)(끌다)	drar	drog	dragit	dragen
dricka (마시다)	dricker	drack	druckit	drucken
driva (몰아치다)	driver	drev	drivit	driven
duga (알맞다)	duger	dugde(dög)	dugt	—
dö (죽다)	dör	dog	dött	—
dölja (숨기다)	döljer	dolde	dolt	dold
falla (떨어지다)	faller	föll	fallit	fallen
fara (타고가다)	far	for	farit	faren
finna (발견하다)	finner	fann	funnit	funnen
flyga (날아가다)	flyger	flög	flugit	flugen
flyta (뜨다)	flyter	flöt	flutit	fluten
frysa (추워떨다)	fryser	frös	frusit	frusen
få (얻다, ~해도 좋다)	får	fick	fått	—
försvinna (사라지다)	försvinner	försvann	försvunnit	försvunnen
gala (닭이 울다)	gal	gol	galit	—
ge (giva) (주다)	ger	gav	gett(givit)	given
gjuta (주조하다)	gjuter	göt	gjutit	gjuten
glida (미끌어지다)	glider	gled	glidit	gliden

(2) 소유대명사

인칭대명사		소유대명사(부가적용법)	소유대명사(독립적용법)
1인칭 단수	jag	**min** (bil) **mitt** (hus) **mina** (bilar, hus)	Bilen är **min**. Huset är **mitt**. Bilarna (Husen) är **mina**.
2인칭 단수	du	**din** (bil) **ditt** (hus) **dina** (bilar, hus)	Bilen är **din**. Huset är **ditt**. Bilarna (Husen) är **dina**.
3인칭 단수	han hon den det	**hans** (bil, hus; bilar, hus) **hennes** (bil, hus; bilar, hus) **dess** (bil, hus; bilar, hus) **dess** (bil, hus; bilar, hus)	Bilen (Huset; Bilarna, Husen) är **hans**. Bilen (Huset; Bilarna, Husen) är **hennes**. (dess는 매우 드물게 사용된다.)
1인칭 복수	vi	**vår** (bil) **vårt** (hus) **våra** (bilar, hus)	Bilen är **vår**. Huset är **vårt**. Bilarna (Husen) är **våra**.
2인칭 복수	ni	**er** (bil) **ert** (hus) **era** (bilar, hus)	Bilen är **er**. Huset är **ert**. Bilarna (Husen) är **era**.
3인칭 복수	de	**deras** (bil, hus; bilar, hus)	Bilen (Huset; Bilarna, Husen) är **deras**.

4. 동 사

(1) 동사변화표

변화종류	부정법	현재	과거	완료분사
Ⅰ.	dansa/	dansa/r	dansa/de	dansa/t
Ⅱa.	ställ/a	ställ/er	ställ/de	ställ/t
	kör/a	kör/	kör/de	kör/t
Ⅱb.	köp/a	köp/er	köp/te	köp/t
Ⅲ.	tro/	tro/r	tro/dde	tro/tt
Ⅳ.	skriv/a	skriv/er	skrev	skriv/it
	se	se/r	såg	se/tt

(2) 과거분사

과거분사 유형

	통 성 (기본형)	중 성	복수 및 정형	완료분사
제1변화①	bak**ad**	bak**at**	bak**ade**	bak**at**
제2변화②	a) stäng**d** b) köp**t**	stäng**t** köp**t**	stäng**da** köp**ta**	stäng**t** köp**t**
제3변화③	sy**dd**	sy**tt**	sy**dda**	sy**tt**
제4변화④	skriv**en**	skriv**et**	skriv**na**	skriv**it**

과거분사의 사용례

	부가적 용법	술어적 용법
① 부정형	en hembak**ad** kaka. ett hembak**at** bröd. två hembak**ade** kakor.	Kakan är hembak**ad**. Brödet är hembak**at**. Kakorna är hembak**ade**.
정 형	den hembak**ade** kakan. det hembak**ade** brödet. de hembak**ade** bröden	
② a) 부정형	en stäng**d** dörr ett stäng**t** fönster två stäng**da** dörrar	Dörren är stäng**d**. Fönstret är stäng**t**. Dörrarna är stäng**da**.
정 형	den stäng**da** dörren det stäng**da** fönstret de stäng**da** dörrarna	
b) 부정형	en köp**t** bok ett köp**t** bord två köp**ta** bord	Boken är köp**t**. Bordet är köp**t**. Böckerna är köp**ta**.
정 형	den köp**ta** boken det köp**ta** bordet de köp**ta** böckerna	
③ 부정형	en sy**dd** kjol ett sy**tt** skärp två sy**dda** kjolar	Kjolen är sy**dd**. Skärpet är sy**tt**. Kjolarna är sy**dda**.
정 형	den sy**dda** kjolen det sy**dda** skärpet de sy**dda** kjolarna	

④ 부정형	en skriv**en** roman	Romanen är skriv**en**.
	ett skriv**et** brev	Brevet är skriv**et**.
	två skriv**na** brev	Romanerna är skriv**na**.
정 형	den skriv**na** romanen	
	det skriv**na** brevet	
	de skriv**na** breven	

(3) 강변화동사 및 불규칙동사표

부정사	현재	과거	완료분사	과거분사
be(bedja) (기원하다, 요청하다)	ber(beder)	bad	bett	-bedd
binda (잡아매다)	binder	band	bundit	bunden
bita (물다)	biter	bet	bitit	biten
bjuda (초대하다, 제공하다)	bjuder	bjöd	bjudit	bjuden
bli (bliva)(~로 되다)	blir	blev	blivit	bliven
bringa (가져오다)	bringer	bragte	bragt	bragd
brinna (불타다)	brinner	brann	brunnit	brunnen
brista (터지다)	brister	brast	brustit	brusten
bryta (깨지다)	bryter	bröt	brutit	bruten
bära (운반하다)	bär	bar	burit	buren
dra (draga)(끌다)	drar	drog	dragit	dragen
dricka (마시다)	dricker	drack	druckit	drucken
driva (몰아치다)	driver	drev	drivit	driven
duga (알맞다)	duger	dugde(dög)	dugt	—
dö (죽다)	dör	dog	dött	—
dölja (숨기다)	döljer	dolde	dolt	dold
falla (떨어지다)	faller	föll	fallit	fallen
fara (타고가다)	far	for	farit	faren
finna (발견하다)	finner	fann	funnit	funnen
flyga (날아가다)	flyger	flög	flugit	flugen
flyta (뜨다)	flyter	flöt	flutit	fluten
frysa (추워떨다)	fryser	frös	frusit	frusen
få (얻다, ~해도 좋다)	får	fick	fått	—
försvinna (사라지다)	försvinner	försvann	försvunnit	försvunnen
gala (닭이 울다)	gal	gol	galit	—
ge (giva) (주다)	ger	gav	gett(givit)	given
gjuta (주조하다)	gjuter	göt	gjutit	gjuten
glida (미끌어지다)	glider	gled	glidit	gliden

부정사	현재	과거	완료분사	과거분사
glädja (기쁘게하다)	glädjer	gladde	glatt	—
gnida (문지르다)	gnider	gned	gnidit	gniden
gripa (꽉쥐다)	griper	grep	gripit	gripen
gråta (울다)	gråter	grät	gråtit	(be)gråten
gå (가다, 걷다)	går	gick	gått	gången
göra (하다)	gör	gjorde	gjort	gjord
ha[va] (가지다)	har	hade	haft	-havd
heta (~라 불리다)	heter	hette	hetat	—
hinna (~할 시간이 있다)	hinner	hann	hunnit	hunnen
hugga (도끼로 찍다)	hugger	högg	huggit	huggen
hålla (유지하다)	håller	höll	hållit	hållen
kliva (활보하다)	kliver	klev	klivit	-kliven
klyva (쪼개다)	klyver	klöv	kluvit	kluven
knipa (꼬집다)	kniper	knep	knipit	knipen
knyta (잡아매다)	knyter	knöt	knutit	knuten
komma (오다)	kommer	kom	kommit	kommen
krypa (기어가다)	kryper	kröp	krupit	krupen
kunna (~할 수 있다)	kan	kunde	kunnat	—
le (미소짓다)	ler	log	lett	—
leva (살다)	lever	levde	lev[a]t	-lev[a]d
lida (괴로워하다)	lider	led	lidit	liden
ligga (눕다)	ligger	låg	legat	-legad
ljuda (소리가 나다)	ljuder	ljöd	ljudit	—
ljuga (거짓말하다)	ljuger	ljög	ljugit	ljugen
lyda(~라고 쓰여있다, 복종하다)	lyder	lydde, löd	lytt	-lydd
låta (소리나다, ~하게하다)	låter	lät	låtit	låten
lägga (놓다)	lägger	lade	lagt	lagd
— (~해야한다)	måste	måste	måst	—
niga (무릎을 굽혀 인사하다)	niger	neg	nigit	—
njuta (즐기다)	njuter	njöt	njutit	njuten
nypa (꼬집다)	nyper	nöp	nupit	nupen
nysa (재채기하다)	nyser	nös	nyst	—
pipa (피리를 불다)	piper	pep	pipit	—
rida (말타다)	rider	red	ridit	riden
rinna (흐르다)	rinner	rann	runnit	runnen

부정사	현재	과거	완료분사	과거분사
riva (찢다)	river	rev	rivit	riven
ryta (으르렁거리다)	ryter	röt	rutit	—
se (보다)	ser	såg	sett	sedd
sitta (앉다)	sitter	satt	suttit	-sutten
sjuda (끓어 오르다)	sjuder	sjöd	sjudit	—
sjunga (노래하다)	sjunger	sjöng	sjungit	sjungen
sjunka (가라앉다, 빠지다)	sjunker	sjönk	sjunkit	sjunken
skina (비치다)	skiner	sken	skinit	—
skjuta (쏘다)	skjuter	sköt	skjutit	skjuten
skola (~할 것이다)	ska[ll]	skulle	skolat	—
skrida (전진하다)	skrider	skred	skridit	-skriden
skrika (소리치다)	skriker	skrek	skrikit	-skriken
skriva (글쓰다)	skriver	skrev	skrivit	skriven
skryta (뽐내다)	skryter	skröt	skrutit	-skruten
skära (자르다)	skär	skar	skurit	skuren
slippa (~을 면하다)	slipper	slapp	sluppit	-sluppen
slita (닳아 없어지다)	sliter	slet	slitit	sliten
sluta (감다, 닫다, 안다, 맺다)	sluter	slöt	slutit	sluten
smita (빠져 달아나다)	smiter	smet	smitit	—
slå (치다, 때리다)	slår	slog	slagit	slagen
slåss (싸우다)	slåss	slogs	slagits	—
smyga (몰래 들어가다)	smyger	smög	smugit	smugen
smälta (녹다)	smälter	smalt	smultit	smulten
smörja (기름치다)	smörjer	smorde	smort	smord
snyta (코풀다)	snyter	snöt	snutit	snuten
sova (자다)	sover	sov	sovit	—
spinna (실잣다)	spinner	spann	spunnit	spunnen
spricka (터지다)	spricker	sprack	spruckit	sprucken
sprida (퍼지다)	sprider	spred(spridde)	spritt	spridd
springa (뛰다)	springer	sprang	sprungit	sprungen
spörja (질문하다)	spörjer	sporde	sport	spord
sticka (찌르다)	sticker	stack	stuckit	stucken
stiga (솟아오르다)	stiger	steg	stigit	-stigen
stinga (찌르다)	stinger	stack	stungit	stungen
stjäla (훔치다)	stjäl	stal	stulit	stulen
strida (싸우다)	strider	stred	stridit	

부정사	현재	과거	완료분사	과거분사
stryka (다림질하다)	stryker	strök	strukit	struken
stå (서있다)	står	stod	stått	-stådd
stödja (지지하다)	stöder	stödde	stött	stödd
suga (빨아들이다)	suger	sög	sugit	sugen
supa (술마시다)	super	söp	supit	-supen
svida (쓰리다(아픔))	svider	sved	svidit	—
svika (배신하다)	sviker	svek	svikit	sviken
svälta (굶주리다)	svälter	svalt	svultit	svulten
svär[j]a (맹서하다)	svär[jer]	svor	svurit	svuren
säga (말하다)	säger	sade	sagt	sagd
sälja (팔다)	säljer	sålde	sålt	såld
sätta (놓다, 두다)	sätter	satte	satt	satt
ta[ga] (취하다)	ta[ge]r	tog	tagit	tagen
tiga (침묵하다)	tiger	teg	tigit(tegat)	-tegen
tjuta (울부짖다)	tjuter	tjöt	tjutit	—
tvinga (강제하다)	tvingar	tvingade (tvang)	tvingat (tvungit)	tvingad (tvungen)
[töras] (감히~하다)	törs	tordes	torts	—
vara (~이다, 있다)	är	var	varit	—
veta (알다)	vet	visste	vetat	—
vika (접다)	viker	vek	vikit	viken(vikt)
vilja (~하기 원하다)	vill	ville	velat	—
vina (윙소리가 나다)	viner	ven	vinit	—
vinna (이기다)	vinner	vann	vunnit	vunnen
vrida (비틀다)	vrider	vred	vridit	vriden
välja (선택하다)	väljer	valde	valt	vald
vänja (익숙해지다)	vänjer	vande	vant	vand
växa (성장하다)	växer	växte	vuxit (växt)	vuxen
äta (먹다)	äter	åt	ätit	äten

참고문헌

Dahlgren, Sven. Kortfattad Medicinsk Ordbok. Liber AB, 7 uppl. 2004.

Ekonomisk ordbok: 11 språk. Norstedts Akademiska Förlag, 2004.

Engström, Einar. Svensk-engelsk teknisk ordbok = Swedish-English technical dictionary. Tekniska Ord AB/Arbor Publ AB, 11 uppl. 1999.

Garlén, Claes. Svenska språknämndens uttalsordbok - 67 000 ord i svenskan och deras uttal. Norstedts Akademiska Förlag, 2003.

Gullberg, Ingvar E. Svensk-engelsk fackordbok - för näringsliv, förvaltning, undervisning och forskning. Norstedts Akademiska Förlag, 2000.

Hedelin, Per. Norstedts svenska uttalslexikon. Stockholm: Norstedts, 1997.

Illustrerad svensk ordbok. 3 rev. uppl. Stockholm: Natur och Kultur, 1977.

Malmström Sten/ Györki Iréne. Bonniers svenska ordbok. Stockholm: Bonnier Fakta Bokförlag, 1981.

Medicinsk ordbok: 11 språk. Norstedts Akademiska Förlag, 2004.

Modern svensk-engelsk ordbok. Stockholm: Prisma, 1975.

Norstedts stora engelsk-svenska ordbok: 135.000 ord och fraser. Norstedts Akademiska Förlag, 3 uppl. 2000.

Norstedts stora svensk-engelska ordbok : 135.000 ord och fraser. Norstedts Akademiska Förlag, 3 uppl. 2000.

Nylund-Brodda, Elizabeth/ Britta Holm. Deskriptiv svensk grammatik. Stockolm: Skriptor, 1974.

Nyord i svenskan från 40-tal till 80-tal. Stockholm: Esselte Studium, 1986.

Oldenburg, Lennart. Svensk-engelsk affärsordbok. Natur och Kultur, 2 uppl. 2002.

Svenblad, Ralf. Norstedts förkortningsordbok. Norstedts Akademiska Förlag. 2 uppl. 2003.

Svensk-engelsk ordbok. Stockholm: Esselte Studium, 1968.

Svensk ordbok. Stockholm: Esselte Studium, 1986.

Svenska Akademiens ordlista över svenska språket. 11 uppl. Stockholm: Norstedts Förlag, 1986.

Svenska Akademiens ordlista på CD - SAOL Plus. Svenska Akademien. Norstedts Akademiska Förlag, Sverige, 2007.

Svenska Akademiens ordlista över svenska språket. SAOL 13 uppl. Stockholm: Norstedts Akademiska Förlag, 2006.

Svenska ord med uttal och förklaringar: Språklexikon för invandrare. Stockholm: Esselte Studium, 1984.

Teknisk ordbok: 11 språk. Norstedts Akademiska Förlag, 2004.

Thorell, Jerker. Paginas IT-ordbok. Pagina Förlags AB, 2007.

변광수. 종합 스웨덴어(문법, 강독, 작문). 서울: 문예림, 2007.

엮은이 소개

김 상 열(金相悅)

한국외국어대학교 서양어대학 스칸디나비아어과 졸업.
Uppsala대학교 북유럽문학 문학 석사.
Göteborg대학교 박사 과정.
Stockholm대학교 교환교수, Mälardalen대학 교환 교수.
한국외국어대학교 대학원 교학처장 역임.
현재 한국외국어대학교 스칸디나비아어과 교수.

저서

코레아 코레아(1987), 곰인형(1994), 산적의 딸 로냐(1994), 스웨덴어-한국어 사전(공저, 1996), 세계문학의 기원(공저, 2001), 노벨문학상과 한국문학(공저, 2001), 해님의 알(2003), 한국어-스웨덴어사전(공저, 2004), 스웨덴 기자 아손, 100년 전 한국을 걷다(2005), 일 년은 열두 달(2006), 닐스의 신기한 모험(2006), 내 탓이 아니야(2007), 천국으로 스매싱(2008), 리디아의 비밀(2009)

논문

소설 〈바드쇠핑시의 마르쿠렐가〉의 이중적 구조(1992), 스웨덴 문학사에 있어서의 주요 흐름(1995), 스웨덴의 모더니즘 문학(1995), 북구 신화 속의 여성들(1997), 스웨덴 아카데미와 노벨 재단(2000), 노벨재단과 노벨 문학상의 유래(2001), 북구신화의 세계(2002), 스웨덴 페미니즘의 시원-북구신화(2002), 박태원의 소설, 『소설가 구보씨의 일일』과 스웨덴 산책 문학의 비교(2003), 아스트리드 린드그렌의 작품에 등장하는 인물 연구(2005), 1차적 텍스트로서의 형식주의 문예비평(2006) 외 다수.

엮은이 소개

변 광 수(卞光洙)

충남 공주 출생.
서울대학교 문리과대학 언어학과 졸업.
스웨덴 Uppsala대학교 스칸디나비아어학, 일반언어학 석사.
스웨덴 Borås(보로스) 도서관대학 졸업.
스웨덴 Stockholm대학교 언어학 박사.
한국외국어대학교 스웨덴어과, 스칸디나비아어과 교수, 서양어대학 학장 역임.
한국 스칸디나비아학회 초대 회장 역임.
스웨덴 Stockholm대학교 동양학부 초빙교수.
스웨덴 Karl Gustaf 16세 국왕으로부터 '북극성훈장'(Nordstjärneorden) 받음.
한국-스웨덴협회 문화이사.
현재 한국외국어대학교 스칸디나비아어과 명예교수.

저서

Östasiatisk skönlitteratur på svenska 1930-1976: en annoterad bibliografi över kinesisk, japansk och koreansk skönlitteratur 1978. 복지의 나라 스웨덴(공저) (1981)1993. 스웨덴어 문법 1983. 알바 뮈르달(역서) 1983. Korean-Swedish Interlanguage Phonology (Ph D Thesis) 1987. 외래어 표기 용례집 (북구권 지명, 인명) 1995. 스웨덴어-한국어 사전 (공편,초판) 1996. 여행필수 스웨덴어 회화 2001. 세계주요언어(편저) (1993) 2003. 스웨덴, 스웨덴 사람들(수상록), 문예림 (2005)2009. 북유럽사 (1988)2006. 한국어-스웨덴어 사전(공편) 2004. 종합스웨덴어(문법,강독,작문), 문예림 (2005)2007. 그밖에 논문 다수.

유럽연합 회원국
(EU:s medlemsländer)

 Belgien(벨기에)

 Bulgarien(불가리아)

 Cypern(키프로스)

 Danmark(덴마크)

 Estland(에스토니아)

 Finland(핀란드)

 Frankrike(프랑스)

 Grekland(그리스)

 Irland(아일랜드)

 Italien(이탈리아)

 Lettland(라트비아)

 Litauen(리투아니아)

 Luxemburg(룩셈부르크)

 Malta(몰타)

 Nederländerna(네덜란드)

 Österrike(오스트리아)

 Polen(폴란드)

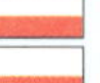 Portugal(포르투갈)

 Rumänien(루마니아)

 Slovakien(슬로바키아)

 Slovenien(슬로베니아)

 Spanien(스페인)

 Storbritannien(영국)

 Sverige(스웨덴)

 Tjeckien(체코)

 Tyskland(독일)

 Ungern(헝가리)